MANUEL

DU LIBRAIRE

ET

DE L'AMATEUR DE LIVRES

SUPPLÉMENT

CONTENANT

**1° UN COMPLÉMENT DU DICTIONNAIRE BIBLIOGRAPHIQUE
DE M. J.-CH. BRUNET**

Avec renvoi de chaque article, déjà cité dans le dictionnaire, aux numéros de la table raisonnée ;
la description minutieusement détaillée, d'après les originaux, d'un grand nombre d'ouvrages français et étrangers, inconnus de M. Brunet, ou négligés par lui comme ayant peu de valeur, alors
qu'il rédigeait son *Manuel,* ouvrages fort recherchés et fort appréciés aujourd'hui. On y a joint une
concordance des prix auxquels une partie de ces ouvrages ont été portés dans les principales ventes
publiques de France et de l'Etranger, depuis quinze ans, ainsi que l'évaluation approximative des
livres dont il n'a pas été possible de citer d'adjudication.

2° LA TABLE RAISONNÉE DES ARTICLES

Au nombre d'environ 10,000, décrits au présent supplément.

PAR MM. P. DESCHAMPS ET G. BRUNET

TOME PREMIER

A — M

PARIS

LIBRAIRIE DE FIRMIN-DIDOT ET Cⁱᵉ

IMPRIMEURS DE L'INSTITUT, RUE JACOB, 56

1878

Les Eeuilles préliminaires

seront livrées lors de la publication du second volume.

Paris. — Typ. de Firmin-Didot et Cie, 56, rue Jacob. — 5536

MANUEL

DU LIBRAIRE

ET

DE L'AMATEUR DE LIVRES

SUPPLÉMENT

TOME I

A LA MÉMOIRE RESPECTÉE

DE

M. AMBROISE FIRMIN-DIDOT

LE PROMOTEUR DE CE LIVRE

LES AUTEURS.

AVERTISSEMENT

Lorsqu'en 1870 notre vénérable ami et savant confrère, M. Ambroise Firmin-Didot, nous fit l'honneur inattendu de nous demander un SUPPLÉMENT à l'œuvre immense de M. J.-Ch. Brunet, au MANUEL DU LIBRAIRE ET DE L'AMATEUR DE LIVRES, notre première impression fut un sentiment d'effroi ; bien que la nature de nos anciens travaux nous eût preparé à ce rude labeur, il nous était vraiment difficile de ne pas reconnaître notre insuffisance, et absolument impossible de nous dissimuler les grandes difficultés de l'entreprise ; et cependant telle était, telle est et telle sera jusqu'à la fin notre passion aveugle pour la Bibliographie, et si grand était notre dévouement au respectable éditeur, que nous acceptâmes sans hésitation et d'enthousiasme cette redoutable mission.

L'amour éclairé que portait M. Ambroise Firmin-Didot aux études bibliographiques, les longs et affectueux rapports (nous ne le rappélons pas sans tristesse) qui nous unissaient cordialement depuis tant d'années, nous faisaient d'ailleurs un devoir d'obtempérer sans objection au désir qu'il voulait bien nous faire l'honneur de nous manifester.

La fatale guerre de 1870 vint brutalement interrompre notre travail.

Il ne fut repris qu'à la fin de 1871.

Cette époque désastreuse de notre histoire fut marquée par un bien singulier phénomène : l'énorme rançon payée par notre pauvre France, les misères de toute sorte qu'elle avait endurées, les horreurs de la Commune et les douleurs qui en furent la suite, semblaient devoir amener une baisse considérable sur les prix des valeurs de convention, sur les tableaux, les livres et les objets d'art. On avait encore présente à la mémoire la Révolution de 1848, et l'énorme baisse qui s'en était suivie ; en 1871, ce fut le contraire qui eut lieu.

« Tout est lié dans la nature, a dit le grand Laplace, et ses lois générales enchaînent les uns aux autres les phénomènes qui semblent les plus disparates. »

Nous estimons qu'il serait bien difficile de rattacher cette résultante aux faits désastreux qui l'ont précédée ; mais un seul mot, pensons-nous, suffira à l'expliquer, et ce mot, c'est : *La confiance!*

Oui ! du haut en bas de l'échelle sociale, riches ou pauvres, savants et illettrés, nous prîmes confiance dans le gouvernement régulier du *Libérateur du territoire*, dans ses tendances absolument libérales et *conservatrices.*

On lui vota par acclamation, ce qui en France, aux époques désastreuses de notre histoire, n'a jamais été décerné qu'aux hommes EXCELLENTS, on lui vota : *La confiance publique,* et cette récompense nationale le paya généreusement de ses pénibles efforts et de ses angoisses patriotiques.

Qu'on ne vienne pas nous interrompre et nous objecter qu'un bibliographe doit éviter avant tout de parler religion ou politique ; c'est là une banalité à laquelle nous souscrivons volontiers ; mais il n'y a dans les lignes qui précèdent aucune allusion qui puisse blesser la susceptibilité la plus pointilleuse ; c'est l'expression naïve d'une vive reconnaissance personnelle, et ce sentiment, aussi vrai que désintéressé, est par cela seul respectable. D'ailleurs nous avons sur les droits et devoirs du bibliographe des principes arrêtés, une théorie toute faite, qui nous serviront toujours de règle et dont nous ne nous départirons jamais : c'est que la responsabilité d'un vrai bibliographe doit rester indépendante des passions des bibliophiles et des intérêts des libraires ; pour s'exercer utilement dans la calme atmosphère où se réfugie la saine critique, le *métier* a besoin à la fois d'indulgence et de liberté.

Était-ce besoin d'oublier? ou plutôt, par un sentiment d'amour-propre patriotique, voulait-on affirmer la vitalité de la France à la face de l'Europe attentive? Nous l'ignorons ; mais ce qui frappa tous les amis des lettres, des arts et des livres, d'un étonnement qui devint de la stupéfaction, ce fut quand on vit les amateurs se jeter à corps perdu, avec une frénésie quasi-insensée dans ces élégantes passions, presque toujours inoffensives, qui semblent être l'apanage exclusif des nations arrivées à l'apogée de la civilisation ; tels les Athéniens, après la guerre du Péloponnèse, durent payer les marbres de Praxitèle et de Phidias, ou les tableaux de Zeuxis et d'Apelles.

Le nombre des bibliophiles augmenta dans une proportion extraordinaire ; les heureux du jour, les riches s'en donnèrent à bourse déliée ; les amis des livres, ceux qui savent lire, mais qui ne sont pas les favoris du grand dieu Plutus, le plus grand des dieux de l'Olympe, quoi qu'en disent

Homère et la tradition mythologique, ceux-là luttèrent avec l'énergie du désespoir, et remportèrent quelques victoires à la Pyrrhus qui eurent du retentissement.

Les ventes qui avaient obtenu le succès le plus éclatant, le plus bruyant, celle de M. Yéméniz, le célèbre bibliophile gréco-lyonnais, en 1867; celle de M. Brunet, en 1868; celle du baron Jérôme Pichon, en 1869; celle enfin de notre éminent libraire, M. Potier, en 1870, toutes ces *auctions* qui avaient été des triomphes, qui avaient porté les beaux livres à des prix qu'on trouvait alors insensés, se trouvèrent tout à coup dépassées et furent laissées bien loin en arrière.

Cet aphorisme, qui passait pour un audacieux paradoxe, qu'on ne saurait jamais payer trop cher un tableau de grand maître, un beau livre ou une reliure signée d'un nom célèbre, devint tout à coup une vérité absolue.

Nous reviendrons avec quelques développements sur ce singulier mouvement, et sur les vicissitudes bizarres par lesquelles ont passé depuis dix ans le goût et la passion des livres; les hauts faits de MM. les néo-bibliophiles seront exposés, analysés et commentés dans une préface que nous avons l'intention, si Dieu nous prête vie, de publier avec le second volume du *Supplément au Manuel du libraire;* ces pages de critique bibliographique ne seraient point ici à leur place de bataille.

Nous avons cité la vente de M. Potier en 1870; cet excellent libraire, le continuateur des Gabriel Martin, des Barrois, des Née de la Rochelle, des De Bure, des Renouard et des Brunet, ce modèle des catalogographes (Littré dit catalogueur), qu'on est d'accord pour surnommer le dernier des grands libraires, s'est retiré de l'arène, et ne sera certainement pas remplacé de sitôt, mais une nouvelle école lui a succédé.

Quelques libraires, aussi audacieux qu'habiles, prirent résolûment la direction du mouvement prodigieux qui bouleversait le commerce des livres; pour favoriser cette impulsion, la développer, la pousser à son paroxysme, ils s'attachèrent à publier d'excellents catalogues à prix marqués, qui devinrent aussitôt, dit avec raison notre excellent ami M. Paul Lacroix, de véritables répertoires bibliotechniques, où les bibliophiles affamés trouvaient à satisfaire leurs plus luxueux appétits, où les bibliographes, empêchés ou éloignés, rencontraient les renseignements les plus sûrs, les détails les plus minutieux, qui leur épargnaient en grande partie ce travail à la fois irritant et pénible de recherches si souvent infructueuses à travers les collections publiques ou particulières.

L'excessive plus-value du prix des livres précieux tient-elle absolument à l'impulsion donnée par ces libraires? Évidemment ils ont fait beaucoup

pour arriver à ce résultat ; mais, en bonne conscience, il faut avouer que
MM. les amateurs se sont prêtés avec infiniment d'abandon à ces exagérations, s'y complaisent encore et y contribuent dans une large mesure.

Où tout cela s'arrêtera-t-il ?

Un ardent collectionneur nous disait, il y a quelques années : « Nous
nous arrêterons, quand le prix des éditions originales des pièces de Molière
atteindra, en France, le prix qu'obtiennent en Angleterre les éditions originales des pièces de Shakespeare. »

Mais ces prix sont atteints et même dépassés depuis longtemps ; à
l'exception de l'*Hamlet* de 1603, dont on ne connaît que deux exemplaires
incomplets, l'un du titre, l'autre du dernier feuillet, et dont un exemplaire
parfait se payerait certainement 500 à 600 guinées, toutes les pièces
originales du grand tragique ne se vendent que 40 à 50 livres sterling en
moyenne, et ici les pièces rares de notre illustre comique arrivent à des
prix infiniment plus élevés.

De plus, les livres précieux, *rari nantes*, tendent évidemment à diminuer
de jour en jour ; quelques-uns, n'offrant plus qu'une faible résistance à
l'injure *irréparable* du temps, sont mis entre les mains des *restaurateurs,
laveurs* et *réparateurs,* mais, par le seul fait d'une restauration plus ou
moins habile, d'un lavage plus ou moins réussi, ils perdent cette pureté
virginale du livre *genuine* qui seul est absolument précieux, aux yeux du
moins de MM. les amateurs du jour, infiniment plus vétilleux, plus
méticuleux que leurs célèbres devanciers du dix-huitième siècle et de la
première moitié du dix-neuvième.

D'autres beaux livres, à chaque vente, vont s'engloutir dans ces vastes
nécropoles qu'on appelle les Bibliothèques publiques, au seuil desquels est
inscrit à leur adresse le vers de Dante : *Lasciate ogni speranza...*, et pourtant lisez le rare volume de MM. Bordier, Lalanne et Bourquelot, et vous
verrez que cette garde qui veille aux barrières des bibliothèques n'empêche pas toujours les livres d'en sortir, et que les morts s'échappent des
tombeaux.

Les *Librairies* nouvelles fondées en Amérique, particulièrement au
Canada, et jusqu'en Australie, font l'office de pompes aspirantes et
attirent à elles par-delà l'Atlantique bon nombre de nos curiosités ; et
spécialement les livres si rares qui racontent les hauts faits des premiers
Conquistadores sont devenus absolument inabordables.

Mais tous ces détails reviendront, avec force preuves à l'appui, dans
notre *Préface;* ne sortons pas de l'*Avertissement.*

Obligé, par suite de circonstances bien indépendantes de notre volonté,
d'exécuter ce long travail dans une petite et triste ville de province (triste,

lugubre même, au point de vue des ressources littéraires), privé de la communication des précieux et innombrables documents qu'offrent aux bibliographes les bibliothèques publiques de la *Grand'Ville*, cet ouvrage a dû nous présenter des difficultés tout à fait exceptionnelles; aussi nous faut-il réclamer l'indulgence du public spécial, redoutable à tous égards, auquel nous nous adressons.

Ce public difficile nous reprochera sans aucun doute de ne pas observer rigoureusement, en toutes circonstances, cette loi de la sécheresse noble, qui semble être une règle d'État pour les bibliographes, particulièrement pour ceux de l'ancienne école. Mais la bibliographie est-elle fatalement vouée à cette austérité? L'écrivain doit-il se voiler éternellement la face avec le masque tragique, absolument comme s'il était condamné à déclamer à perpétuité le récit de Théramène?

Mais alors rentrons tout de suite dans la forme aride des répertoires anglais et allemands, et nos catalogues gagneront en dignité et en correction glaciale ce qu'ils perdront en intérêt et en mouvement.

Notre première intention, quand nous eûmes résolu de nous rendre au désir formulé par notre respectable éditeur, fut de condenser en quelques feuilles seulement les notes complémentaires que nous avions en réserve, en y ajoutant les rares corrections nécessitées par quelques inexactitudes d'assez peu d'importance, qu'avait laissées passer M. Brunet, ou plutôt le correcteur émérite qui avait bien voulu se charger d'un travail trop pénible pour les quatre-vingt-cinq ans du bibliographe.

Puis il nous revint en mémoire que M. Brunet nous avait fait l'honneur de nous témoigner son regret de ne pouvoir mettre à profit les excellents travaux sur l'Espagne, publiés par MM. Zarco del Valle et Sancho Rayon; à toutes les pages de l'*Ensayo de una biblioteca Española* se rencontrent en effet des renseignements, présentant un vif intérêt, sur les premières éditions des Incunables et des Classiques espagnols ; nous entendons parler des Romans de chevalerie, et l'on sait ce que se payent en vente publique les *Tirante el Bianco* et les *Claribalte*..

M. Brunet avait même rédigé, de sa main d'octogénaire, un assez grand nombre de notes, de corrections et d'additions qu'il destinait à former un court supplément à son grand ouvrage ; ces notes ont malheureusement disparu, malheureusement! surtout pour nous, auquel elles auraient été d'un si précieux secours.

Nous eûmes également à consulter le second et très-précieux catalogue de Vicente Salvá, qui nous fournit encore nombre de renseignements et de notes qu'il ne nous était pas permis de passer sous silence.

Le travail, ainsi raisonné, prenant un certain développement, il devint nécessaire de l'uniformiser, c'est-à-dire de donner aux littératures des autres pays l'extension que nous avions cru devoir attribuer à l'Espagne.

D'autre part, la *great attraction* qu'exerçait sur les nouveaux bibliophiles une série bien négligée, à l'époque où M. Brunet donnait la cinquième édition de son *Manuel*, celle des livres illustrés du dix-huitième siècle, nous obligeait à nous en occuper avec d'assez longs détails.

Enfin il nous parut utile de continuer le travail de notre devancier, en tenant compte et donnant les chiffres des prix extraordinaires, atteints par une foule de livres déjà signalés par M. Brunet, déjà précieux de son temps, mais dont les adjudications récentes dépassaient de mille coudées les prix les plus extravagants des âges antérieurs.

Qu'aurait dit le vénérable bibliographe, quand il décrivait le *Molière* de 1666, en portant les prix de 55 fr., en *mar. doublé*, de Soleinne, 245 fr. Armand Bertin ; enfin 499 fr., avec dix pièces de 1666 à 1671, et de plus avec *Elomire*, Costabili, s'il avait eu à enregistrer les chiffres quelque peu déraisonnables de 5,700, 6,000, 7,600 fr., que nous signalons?

Quelles exclamations n'aurait-il pas poussées en voyant ses chers *Contes de La Fontaine* de 1762, qu'il soignait et ménageait avec une passion jalouse, qui figurèrent toujours dans sa vitrine, bien et dûment recouverts en fort papier, ces bijoux d'une reliure étincelante qu'il avait payés 625 fr. en 1837, et qui atteignirent à sa vente faite en 1868 le prix de 7,200 fr., pour être poussés au chiffre énorme de 13,000 fr. à la vente Benzon de 1875?

Il nous fallait donc tenir compte de ces exagérations et en dresser procès-verbal ; c'était une navigation longue et fastidieuse à travers des flots agités, mais elle nous était sévèrement imposée par l'obligation de mettre les lecteurs et bibliophiles étrangers au courant des exploits de la *furia francese*.

Nous avons eu pendant quelque temps la pensée de faire figurer dans notre cadre les Romantiques, dont fut brillamment constellé le ciel de la seconde renaissance française qui suivit le mouvement de 1830 ; les premières éditions de nos poëtes et romanciers, Hugo, le chef de l'école, Musset, Théophile Gautier, Sainte-Beuve, etc., atteignent depuis quelques années dans nos ventes des prix fort élevés ; mais, après de longues hésitations, nous avons renoncé à nous faire l'historiographe des *Rapsodies* et de la *Madame Putiphar* de Petrus Borel, du *Sylphe* de Dovalle ou des *Heures perdues* de Félix Arvers ; ces curiosités se payent au poids de l'or, mais M. Charles Asselineau, dont nous avons à déplorer la perte récente, s'étant fait l'Homère et le Plutarque de ces fières élucubrations, nous n'avons pas voulu rééditer son livre, charmant du reste, et lui en avons laissé tout l'honneur.

Nous avons cru pouvoir apporter quelques légères modifications au plan suivi par notre excellent maître; ainsi les *Heures,* dont nous avons retrouvé un certain nombre d'éditions, dont les titres ne figurent pas au *Manuel,* n'occupent point au *Supplément* une place à part sous forme d'appendice; nous les avons réintégrées à leur ordre alphabétique, et réunies sous la rubrique : Horæ.

Les nombreuses éditions des très-nombreux volumes consacrés aux travaux de l'aiguille sont ici classés sous la rubrique : Dentelles.

Ainsi pour Paris; sous ce vocable, nous avons placé les publications nouvelles concernant notre grande et noble capitale.

Toutes les fois que nous avons eu à mentionner un livre déjà décrit au *Manuel,* nous avons, comme chiffre de rappel, inscrit celui que M. Brunet lui avait accordé dans sa table méthodique.

Notre deuxième volume sera également suivi d'une table raisonnée et méthodique, qui prendra forcément un assez grand développement.

Nous approchons du terme de ce trop long avertissement, et nous touchons à la partie réellement facile du travail.

Nous avons à citer quelques-uns des nombreux travaux de bibliographie que nous avons mis à contribution, et c'est pour nous un devoir, mais un devoir bien doux, d'adresser de sincères et affectueux remercîments aux bibliographes et aux nombreux bibliophiles qui ont bien voulu nous aider de leurs conseils, qui, avec une parfaite bonne grâce, ont mis à notre entière disposition leur critique, leur expérience et leur érudition.

Au premier rang de ces bienveillants confrères, il nous faut citer notre excellent ami, M. Gustave Brunet, de Bordeaux, duquel nous n'avons cru pouvoir reconnaître l'aide incessante et l'active coopération, qu'en le priant de vouloir bien nous permettre d'unir fraternellement, au frontispice de notre livre, son nom si honorablement connu à notre nom obscur.

Nommons aussi notre grand libraire, M. L. Potier, qui a bien voulu lire quelques-unes de nos épreuves, et dont les conseils et la critique autorisée nous ont été du plus grand secours. L'affection cordiale qui nous unit est trop ancienne pour qu'il puisse nous refuser d'accepter ici l'hommage sincère de notre gratitude.

Tous les bibliophiles connaissent et honorent le nom de M. Paul Lacroix, le célèbre conservateur de l'Arsenal, l'un de nos plus éminents confrères en bibliographie; ses travaux récents nous ont été d'un puissant secours, et sa vieille amitié ne nous a jamais fait défaut.

Un bibliophile plein de goût et d'une étonnante ardeur, qualités qui ne se trouvent pas toujours réunies, fort érudit d'ailleurs et d'une complaisance extrême, le baron James de Rothschild, a bien voulu nous adresser de nombreuses et importantes communications.

Ainsi a fait le baron Jérôme Pichon, le célèbre collectionneur, le digne président de la Société des bibliophiles, qui a mis à notre disposition le résultat de ses recherches savantes, et dont nous sommes heureux de nous dire l'obligé.

Nous avons parlé plus haut de ces intrépides libraires qui depuis quelques années avaient pris haut la main la direction du mouvement littéraire et bibliographique que nous avons signalé.

C'est à ces libraires, c'est à leurs catalogues descriptifs, que nous devons en partie d'avoir pu mener à bonne fin notre long travail; aussi ne saurions-nous trop louer, de l'aide qu'ils nous ont fournie, MM. Auguste Fontaine, Maisonneuve, Morgand et Fatout, Claudin, Labitte, etc.

Ils ont fait œuvre de bibliographes; au lieu de ces sèches nomenclatures que nos voisins d'outre-Rhin et d'outre-Manche baptisent du nom de Catalogues, ils nous ont donné, nous ne saurions trop le répéter, de véritables livres de bibliographie, où nous n'avons eu qu'à puiser à pleines mains.

Le mouvement de recherches rétrospectives, de rénovation bibliographique, s'est étendu à la province tout entière; de nombreuses monographies consacrées à l'histoire des typographies locales nous ont révélé certains livres précieux jusque-là restés enfouis dans la poussière des archives départementales.

Les consciencieux travaux du respectable docteur Desbarreaux-Bernard, de Toulouse, ceux de MM. Martial Millet, Vaschalde, H. Gloria, Aug. Denis, Vayssière, et de beaucoup d'autres écrivains provinciaux, nous ont rendu de vrais services.

Les beaux ouvrages si recherchés de M. Harrisse, le bibliographe américain, les très-savantes lettres de M. Madden, si pleines d'ingénieuse perspicacité, la Bibliographie Cornélienne de M. Picot, les notices intéressantes de M. Hipp. Destailleur sur les artistes français depuis la Renaissance, les livres à vignettes de M. Cohen, tous ces excellents et savants ouvrages ont été mis par nous à contribution, « sans scrupule, mais non sans profit ».

Pendant la composition et l'impression de ce livre de longue haleine, nous avons eu la douleur de voir disparaître deux libraires de Paris, qui, depuis bien des années, portaient le plus vif intérêt à nos travaux, et dont le premier, plus particulièrement, nous avait fourni, à mainte reprise, les plus curieux documents, MM. Edwin Tross et Auguste Aubry. Personne, dans le monde des bibliophiles, n'a été mieux placé que nous pour apprécier à leur valeur les services qu'ils ont rendus à la bibliographie... et aux bibliographes.

Mais le deuil qui s'impose à tous, le deuil que les bibliographes et les bibliophiles des deux mondes ont le plus douloureusement ressenti, c'est celui qu'a provoqué la perte récente de notre respectable éditeur, M. Ambroise Firmin-Didot, le promoteur de ce livre, le maître et l'ami dont nous ne pourrons jamais oublier ni les enseignements ni la cordiale affection! C'était l'âme de tous les travaux consacrés à l'histoire de la Typographie, et les savantes recherches qu'il avait, à diverses reprises, publiées sur ces difficiles problèmes, étaient devenues classiques. Il est mort plein de jours, plein d'honneurs, sans laisser un seul ennemi! Son nom s'impose à notre admiration, comme son caractère s'imposait aux respects de tous.

C'est sous l'égide de ce nom vénéré que nous avons placé notre livre; nous sommes heureux que son fils, M. Alfred Firmin-Didot, qui continue dignement l'œuvre et les traditions de son glorieux père, ait bien voulu nous le permettre.

Un seul mot encore, et nous finissons.

S'il est un *métier* au monde, ingrat, pénible, ardu, mal rétribué, peu considéré, c'est, à coup sûr, celui de bibliographe. « Un bibliographe! qu'est-ce que c'est que ça? » disent les gens du monde, et *ça* est un euphémisme...

« Un bibliographe! disent les savants et quelques lettrés; mais c'est un sous-ordre qui a son utilité! D'abord il ne porte ombrage à personne, attendu qu'il est systématiquement écarté de l'administration des bibliothèques publiques; puis il peut, dans sa sphère modeste, nous rendre quelques services; quand nous sommes embarrassés, il nous renseigne à l'endroit des sources spéciales; il nous indique les curiosités scientifiques; c'est un catalogue ambulant..., etc., etc. »

Et Dieu sait s'il est quotidiennement consulté, ce catalogue!

Bref, un bibliographe peut, à tout prendre, mériter quelque intérêt.

Eh bien! vous tous, à qui j'adresse ces dernières lignes, « *Lecteurs* très-illustres, et vous, *Abonnez* très-précieux (car à vous tous, non à d'autres, sont desdiez mes escritz... »), si un bibliographe rend des services (et non point des arrêts), s'il est à certains égards digne de quelque indulgence, daignez lui savoir gré de ses efforts, et ne lui reprochez pas avec trop d'amertume ses faiblesses, ses oublis, ni même ses erreurs.

P. D.

MANUEL

DU LIBRAIRE

ET

DE L'AMATEUR DE LIVRES

(SUPPLÉMENT)

A

ABACO (Libro de). [7861]

A la vente Libri de 1861, figurait un exempl. complet de la première édit. de l'*Abaco* de 1478.

Une édition s. d., mais imprimée vers 1510, est indiquée dans le catal. du libraire Friedländer, de Berlin (1862) ; c'est un petit in-8, de 80 pp. Une autre édition également de 80 pp. et sans date, est portée au même catal.; elle offre de grandes différences et paraît postérieure d'une dizaine d'années.

L'édition donnée à « *Milano per Io. Antonio Borgo* », s. d., in-8, est de 1547, et celle de « *Venetia, Ant. de' Uberti*, 1548 », est la réimpression pure et simple de la précédente ; la première a été vendue, en *mar.* de Capé, 52 fr. Yéméniz.

A cette vente figurait une édition non décrite :

— Libro de Abaco. Qui comēza la nobel opera de Arithmeticha nelaqual se tratta tutte le cose a mercantia pertinente fatta ꝑ compilata per Piero Borgi da Venezia.
— *Impressa in Venezia per Zuane Baptista Sessa.* M. D I., in-4.

Bel exempl. en *mar.* de Capé, 140 fr. Yéméniz.

A B C ou l'instruction des chrestiens. Pour bientost apprendre à lire, et former les lettres, tant pour les grands que pour les petits. Auec la figure et noms des lettres grecques à la fin. *S. l.* (*Genève*), 1568, pet. in-8, de 16 ff.

2 Petit abécédaire à l'usage des jeunes protestants. 5 à 30 fr.; 70 fr. cat. Tross (1870).

A B C (L') avec plusieurs prières, fort propre pour instruire la ieunesse (Gallico-Germanice). *Nürnberg, Christoph. Lochner*, 1591, in-8.

Non moins rare que le précédent.

ABDIAS. L'histoire apostolique d'Abdias, premier Euesque de Babylon institué par les apostres, mise en François. *A Paris, chez Thomas Belot*, 1569, in-16.

Petit vol. rare ; hagiographe quelque peu romanesque. 12 à 15 fr.

ABECEDARIUM. Sur vélin. 8 pp. de très-petit format in-16.

Ce célèbre petit volume a été découvert par M. J. Enschedé, imprimeur-libraire à Haarlem, en 1751 ; il était dissimulé dans un bréviaire hollandais, Ms. du XVe s., auquel les deux ff. sur vélin, dont il se compose, servaient de garde.

Le regrettable M. Holtrop a consacré à ce très-précieux incunable une longue dissertation, que, par respect pour sa mémoire et par souvenir pieux d'une honorable amitié, l'on nous excusera de donner *in extenso*.

« Ce petit livre, dit-il, contient un *Alphabet*, le *Pater*, l'*Ave Maria*, le *Credo*, l'*Ave salus Mundi* et autres prières très-courtes. Quoiqu'il ne porte ni nom d'imprimeur, ni indication de lieu, ni date, il suffit de jeter un coup d'œil sur le fac-simile (*Monum. typogr. des Pays-Bas*, pl. 12 (115), pour reconnaître dans les types leur origine hollandaise ; les pages 1—8 et 4—5, qui ont été collées contre la reliure, ont souffert lorsqu'on les en a détachées, ce qui leur donne un aspect usé ; les autres pages sont mieux conservées. Les types sont mal faits ; l'encre dont l'imprimeur s'est servi est d'une très-mauvaise qualité ; les lignes sont en général inégales ; les pages mal enchâssées ; les lettres *u* et *n* sont pour la plupart renversées ; il y a même des syllabes à la fin de la ligne coupées en deux, comme à la p. 8e, où les deux premières lettres du mot « *spiritu* » se trouvent à la fin de la 3e ligne, tandis que le reste du mot est transporté à la ligne suivante...

« M. Chatto (*History of Wood-Engraving*, pp. 198-199), qui n'est pas partisan de la cause de Harlem, a vu probablement dans ces fragments une preuve en faveur de cette cause, et, pour l'écarter, il s'est permis d'accuser M. Enschedé, un habile fondeur de caractères et imprimeur, d'avoir fabriqué ces pages. Il ne regarde pas cet *Abecedarium* comme une ancienne édition, mais, au contraire, comme l'essai d'un imprimeur hollandais, destiné à abuser de la crédulité populaire.

« Mais, si M. Chatto eût mieux connu le caractère respectable de celui sur lequel il ose jeter un pareil soupçon, et surtout s'il eût mieux étudié les fragments en question, il se serait épargné la honte de voir retomber sur lui-même le ridicule et l'odieux de son insinuation.

« Du reste, la trouvaille des fragments d'un *Donat* imprimé avec les mêmes types suffit pour réfuter complétement l'accusation de M. Chatto.

« Les bibliographes ne sont pas d'accord sur le titre qu'il faut donner à ce petit livre. Meerman et Köning le nomment un *Horarium* ; M. Enschedé le nomme un *Abecedarium*, et je crois qu'il a raison ; car, si ce livret était réellement un *Horarium* ou livre de prières, l'on n'y trouverait ni un *Alphabet* ni le *Credo*. C'est un livre d'école à l'usage des jeunes élèves.

« Meerman a cru voir dans ce livret tant de preuves des premiers essais de la typographie, qu'il lui a donné le pas sur le *Speculum* et même sur les *Donat*.

« M. Bernard (*De l'Orig. de l'impr.*, p. 91), ne partage pas cette opinion : « Ce n'est pas, dit-il, dans le début de l'art qu'on a résolu la difficulté des *Impositions.* »

« J'avoue que je m'étais aussi arrêté à cette difficulté, et l'opinion d'un homme tellement versé dans l'art typographique que M. Bernard me confirmait dans mon doute.

« Mais un autre bibliographe, M. Berjeau, n'accepte pas cette objection de M. Bernard : « Au fond, dit-il (dans son édition du *Speculum*, Introduction, p. LXV), l'idée de l'*imposition* ne paraît compliquée que dans les manuels modernes de typographie, où la *forme* d'un in-8, par exemple, montre la p. 8 au-dessous de 1 ; 6 opposé à 16 ; 13 à 12 ; 5 à 4, etc.; sans aucune raison frappante de cette étrange répartition. Mettez au contraire, un homme de génie, un inventeur enfin, en présence du problème à résoudre et qui consiste à imprimer, des deux côtés du papier, une feuille qui doit offrir huit pages. Quoi de plus simple que de plier la feuille en quatre et d'inscrire sur chaque page du cahier ainsi formé, le chiffre de la page que doit présenter le livre ? En déployant la feuille sans la couper, on voit tout de suite la place que chaque page doit occuper dans la *forme*. Le problème de l'*imposition* n'a pu arrêter un seul instant l'inventeur de la typographie. »

« D'ailleurs, M. Bernard reconnaît lui-même que l'*imposition* n'a point été un obstacle pour l'imprimeur du *Speculum*, puisque tous les exempl. de ce livre ont été imposés pour former des cahiers uniformes dans toutes les éditions, excepté pour la préface, etc. »

M. Holtrop fait remarquer que l'alphabet en tête de l'*Abecedarium* renferme la lettre K, qui ne fait pas partie de l'alphabet latin ; il en tire cette conséquence que cet alphabet était destiné à un texte hollandais ; d'autre part le W ne s'y voit pas, mais cette lettre est souvent remplacée dans les impressions anciennes par les lettres *v* et *u*, comme dans le *Speculum* hollandais, ou par *v* et *o* ; d'où cette conclusion, qu'en admettant l'hypothèse, il faut reconnaître que les livres hollandais imprimés avec ces types ont disparu.

L'exempl. de cet *Abecedarium*, retrouvé par M. J. Enschedé, figure sous le n° 1 au catal. de la bibliothèque de cette illustre famille d'imprimeurs, vendue à Amsterdam en 1867, par MM. Muller et Nijhoff ; il a été adjugé au prix de 1000 florins.

A BIEN vienne tout. A B C... L'Oraison dominicale, la Salutation Angélique... etc. *Imprimé à Paris par Nicolas Brusle : pour Guillaume Merlin*, s. d. (vers 1500), in-8, goth., de 8 ff.

Vendu en *mar.* de Trautz, 40 fr. vente baron Pichon. — le même exempl. 115 fr. Potier (n° 599).

ABRÉGÉ des Empereurs Romains et Alemans, qui subsécutivement ont régné depuis l'an premier de Jésus-Christ. *A Paris, chez Vincent Sertenas*, 1561, in-8.

Vol. peu commun. 8 à 10 fr.

ABSOULTE (La Grant) de Pasques (vers 1484). *S. l. n. d.* Pet. in-4, goth., de 4 ff.

Cette pièce peu intéressante, mais fort rare, porte aux premiers et derniers ff. la marque de Jehan Alexandre, libraire à Angers, en 1492 ; elle avait été citée par Zaccaria, dans la *Bibliotheca Ritualis*.

En *mar.* de Duru, 92 fr. Desq, pour M. Giraud de Savines.

(A) B t der Abt sol vor lehen entphaen ‖ denne die beisorge ehner lehē ent - ‖ phet so kan er nicht lehērecht ge - ‖ thun. (A la fin) : Wunden mit wunden adder mit gewunten czimmer mag man wol ‖ heymsuchunge beweisen wich, av. Lxxxvi. B. R. *S. l. n. d.* (*Basileæ, apud Bernardum Richel ?* c° 1470), sans chif., récl. ni sign., in-4, de 199 ff., à 37 lig. par page.

Dictionnaire de droit appliqué à la jurisprudence des pays Saxons et Souabes. 150 fr. Tross, (1870).

ABUNDANCE (Jean d'). [16265]

« Du Verdier, dit M. Brunet, qui connaissait fort bien les livres imprimés à Lyon au milieu du XVIe siècle... » Du Verdier possédait évidemment les catal. des Foires de Francfort, et il trouvait là les titres, malheureusement trop succincts, des livres rares qu'il citait ; ainsi, de J. d'Abundance :

— Les Fauxbourgs d'Enfer, la prinse de l'acteur, etc. *Lyon, par Jacques Moderne*, s. d., in-8, goth.

— La Captivité du bien public, auec plusieurs aultres matières. *Lyon, par le Grand Jacques*, 3. d., in-16.

— Prosopopeie de la France à l'empereur Charles-Quint, sur la nouvelle entrée à Paris. *Tolose, Nicolas Vieillard*, s. d. (1539), in-4.

— Adresses véritable à tous viatiques, allans et retournans par divers pais et spécialement par la France, pour sçavoir les bons logis et dangereux passages. *Lyon, par Jacques Moderne*, s. d., in-4.

Ces vol. auraient évidemment aujourd'hui une valeur considérable.

Voici comment la *Bibliotheca Exotica* (cat. des Foires de Francfort, 1610), donne le titre d'un livre de Jean d'Abondance, cité au *Manuel*, à l'art. « Quinze signes » :

— J. d'Abondance. Les quinze grands ‖ et merveilleux signes novvellement ‖ descendus du ciel au païs d'Angleterre ‖ la lettre dEscorniflerie ‖ la chanson de la Grand Gorre. *Lyon, J. Moderne, s. d.,* in-16.

M. Brunet dit encore : « Voyez DADOUVILLE : *Grands et merveilleux faictz de Nemo* » ; or on ne trouve pas ce vol. à « *Dadouville* », ni à « *Grands & merveilleux faictz* ». Il a été imprimé *à Lyon, chez Pierre de Sainte-Lucie* », s. d., in-16, goth.

Toutes ces pièces sont à peu près introuvables et la plupart même ont totalement disparu.

M. Cigongne possédait un splendide exempl. d'une pièce fort rare attribuée à J. d'Abondance :

— LA GUERRE et le débat entre la Langue, les Membres & le Ventre... *Paris, en la rue Neufve N.-D.,* s. d., in-4, goth., de 18 ff.(auj. chez le duc d'Aumale).

ABUS (De l') des nuditez de gorge. *Paris,* 1677, pet. in-12. [1353]

En *mar.* 81 fr. Potier.

Voir sur cet ouvrage, P. L. Bibl. Jacob, *Enigmes et découvertes bibliographiques,* pp. 276-280.

ABUS (Les) du mariage... *Amsterdam,* 1641, in-4, obl. [18094]

275 fr. en *mar.* Desq. — 550 fr. en *vélin*, Van-der-Helle, réuni au « *Miroir des plus belles courtisannes.* »

ABUS (Les) et tromperies des Tauerniers et Tauernières qui brouillent le vin : et comment on les doibt punir. *A Lyon, chez Iean Saugrain,* s. d., in-4, lettres rondes. 80 à 120 fr.

ABUSÉ EN COURT (L') (par René d'Anjou). [13409]

Voici le titre de l'édition de Jean Lambany, que mentionne M. Brunet d'après Du Verdier :

— LABUSÉ en court qui se complainct a lActeur du temps perdu quil a faict tout le temps de sa vie et lacteur luy donne bon enseignement et a toutes personnes. *A Lyon, chez Iean Lambany,* s. d., in-4, goth.

ACADÉMIE ROYALE DE BELGIQUE. Collection de ses anciens et nouveaux mémoires, bulletins, annuaires, etc. *Bruxelles,* 1780-1865, ens. 181 vol., in-4 et in-8.

Cette collection importante et devenue *très-rare,* se compose comme suit :

ANCIENNE ACADÉMIE : Mémoires, tom. I à V, in-4, avec fig.

ACADÉMIE ACTUELLE : Mémoires non couronnés, tom. I à XXXV, in-4, avec fig. — Mémoires couronnés, tom. I à XXXII, in-4, avec fig. — Le supplément de 69 pl. au Mémoire de M. Sauveur sur les végétaux fossiles. — Mémoires couronnés et autres, in-8, tom. I à XVII. — Bulletins de l'Académie, années 1832 (première) à 1865. — Annuaire de l'Académie, années 1835 (première) à 1865, in-12. — Bibliographie Académique, 1854, in-12.

Un bel exempl. relié uniformément vaut de 1000 à 1200 fr.

ACCIDENT (L'Estrange et véritable) arrivé en la ville de Tours, où la Royne couroit grand danger de sa vie, sans le marquis de Rouillac et M. de Vignolles. *Paris, G. Marette,* 1616, pet. in-8, de 8 pp.

ACCOLTI (*Pietro*), Gentiluomo Fiorentino. Lo Inganno degli Occhi, prospettiva pratica, trattato in acconcio della Pittura. *Firenze,* 1625, in-fol., fig. s. b. 15 à 18 fr.

Divisé en trois parties, cet ouvrage estimé, dit Cicognara, est aussi remarquable par l'étendue des préceptes sur la perspective, que par la saine méthode qui préside au traité des ombres et de la lumière.

ACIER (*E.* d'). Palinodie d'Estienne d'Acier, de Bar-sur-Aube (à M. Mammes Tardy de Langres). *Imprimé à Paris,* 1562, pet. in-8, de 7 ff.

Pièce de vers écrite à l'occasion d'une satire que l'auteur regrettait d'avoir faite contre un Dr Bonnet. 31 fr. vente Pichon.

ACIM-EFFENDI. Le Kamous, Grand Dictionnaire arabe, expliqué en turc. *Boulaq,* 1250 (1835), 3 vol. in-fol. 120 fr.

ACONTIUS (*J.*). Les Ruses de Satan, traduictes du Latin. *Basle, P. Perne,* 1565, pet. in-4. [1936]

« Cette traduction, dit M. Brunet, a été reproduite à Delft, en 1611 ». Ajoutez : quelques exemplaires portent : *A Amsterdam, chez Henry Laurens,* 1611, in-8.

ACOSTA (*Jos.* de). Histoire naturelle des Indes tant Occidentales qu'Orientales, où il est traité des choses remarquables du ciel, des élémens, métaux, plantes et animaux, qui sont propres à ce pays : ensemble des mœurs, des cérémonies, lois et gouvernement des mêmes Indes, traduict de l'Espagnol en françois par Robert Regnault. *Paris,* 1598, in-8 (et non pas in-12, comme dit Ternaux). [4539]

Cette traduction française est très-médiocre.

L'édition de 1606 est imprimée à Paris par Michel Orry.

L'original espagnol a été aussi traduit en anglais : — NATURAL and moral history of the Indies, translated by Edw. Grimstone, dedicated to sir Rob. Cecill. *London,* 1604, in-4. £. 3. Sh. 7. North.

ACTA (Hæc sunt) Capituli generalis Bononiæ, celebrati in Conuento S. Dominici in festo SS. Pentecostes Anno Domini millesimo quingentesimo quarto : Die vigesimo Maij. Sub Reverendissimo Patre frate Vincentio Justiniano Chiense Sacræ S. Theologiæ Professore Magistro generali Ordinis Predicatorū Diffinientibus Reverendis Diffinitoribus : videlicet... *Impressa sunt hæc acta, Mexici, apud Petrum Ocharte, Typographum, Anno Domini* 1567, *die quinto-decimo mensis aprilis,* in-4, fig. s. b.

£. 5. Sh. 2. D. 6. Fischer.

ACTES et dispenses de mariage entre

Henry de Bourbon et Marie de Clèves. *Lyon, B. Rigaud,* 1573, in-8.

Pièce rare. 33 fr. en *mar. r.* Pontlaville.

ACTOS de la batalla y trance entre los magníficos caualleros Juã Cerdan descatron requerido : y Juan Roger dansa requerido : pasados en la villa de Pau : ante la presencia del muy serenissimo el rey don Juan del abril. *S. l. n. d.* (1512), in-4, goth., de 8 ff. non chiffrés.

Opuscule ignoré des bibliographes. Un exempl., regardé comme unique, se trouve dans la bibliothèque Salvá (voir le *Catalogo,* tome II, p. 1). Ce combat singulier, vrai duel judiciaire, eut lieu en présence du roi de Navarre le 1er juin 1514 ; Juan Cerdan fut vainqueur : il renversa son adversaire, auquel il fit grâce de la vie.

ACUÑA (*Christoval* de). A Relation of the great river of the Amazons in south America. *London,* 1698, in-4. [28707]

Cette traduction (rare et chère auj.) a été faite, non pas sur l'édition originale espagnole de 1641, mais sur la traduction française de Marin Leroi de Gomberville ; *Paris,* 1682.

ADAIRE (*Archibault*), Escossois. Narré de la conférence verbale et par écrit entre P. du Moulin et Cayer. *S. l.,* 1625, in-8. 8 à 10 fr.

ADAM (*Daniel a Weleslavina*). Sylva quadrilinguis Vocabulorum et phrasium Bohemicæ, Latinæ, Græcæ et Germanicæ linguæ. Ad calcem Sylvæ adjectus est locupletissimus index omnium vocum et locutionum germanicarum, quibus Bohemica, Latina et Græca Synonimice explicantur. *Pragæ, typis M. Danielis Adami a Weleslavina,* 1598, 2 tomes en 1 vol. in-4.

28 fr. catal. Maisonneuve.

ADAM DE LA HALLE. OEuvres complètes, publiées sous les auspices de la Société des sciences et arts de Lille, par E. de Coussemaker. *Lille,* 1872, in-4, LXXIV-440 pp. [16272]

Édition fort estimable, précédée d'une savante introduction. Voir le *Journal des Savants,* 1872, p. 598.

ADAMO (*Piero*) di Mantova. Come Pieradam sognando vede Lombardia in Italia in forma d'vn Giardino in vna gran campagna... etc. *S. l. n. d.* (v. 1475), in-4, en car. ronds, sans ch., récl. ni sign., de 4 cahiers de 6, 12, 10 et 12 pp., 23 lignes à la p. entière.

Pièce rare (20 à 30 fr.), dont un bel exempl. est conservé à la Magliabecchiana.

ADELPHUS. Ein warhafftige Beschreibung des Lebens vnd der Geschichte Keiser Friderichs des Ersten genant Barbarossa. Durch Johannẽ Adelphum. *Strassburg, Gruninger,* 1520, in-fol., de 77 ff. chiff., fig. sur b. [26412]

M. Brunet cite sous la même date, mais de format in-4 et imprimé à Schaffhouse, une édition de ce rare vol.; il y a sans doute une erreur dans cette allégation ; l'édition de Strasbourg est bien la première, et nous ne connaissons pas celle de Schaffhouse; de plus ce n'est point une chronique, mais un véritable roman de chevalerie; les gravures sur bois sont fort belles ; un exempl. était porté chez M. Tross au chiffre excessif de 250 fr.

ADENÈS LI ROIS. Li Roumans de Cléomadès, publié pour la première fois d'après un manuscrit de la bibliothèque de l'Arsenal à Paris, par André van Hasselt. *Bruxelles,* 1865, 2 vol. gr. in-8. 10 fr.

M. Scheler a rendu un compte détaillé de cette publication dans l'*Jahrbuch für romanische Literatur,* tome VII (1866), p. 347-359.

ADER (*Guillaume*). Lov Catovnet gascovn. Boudat à Mousseigné de Fontarailles. *Thovlovse, Jacqves Colomiez, et Ramond Colomiez,* 1607, pet. in-8, de 32 pp. [14375]

Édition originale.

Un exempl., court de marges, 46 fr. Burgaud des Marets.

— LOU CATOUNET gascoun, boudat à Mousseigné de Fontarailles. *Toulouso, J.-J. Boude,* 1701, in-12, de 21 pp. 19 fr. Burgaud des Marets.

—LOU CATOUNET gascoun par Guillaume Ader. *Tolose,* 1605 (1607), in-12.

Réimpression à 60 exemplaires.

ADIEU (L') des Macquereaux et Macquerelles allant à la conqueste de Gayac aux Isles Infortunées. *S. l. n. d.* (XVIIe s.), in-8.

Pièce fort rare, qui n'a été vendue que 3 livres 6 s. chez Duquesnoy (*Catal.,* an XI, nº 411), et qui vaudrait sans doute aujourd'hui cinquante ou soixante fois ce prix ; elle fait allusion à la déportation des filles aux colonies d'Amérique.

ADIEU (L') du Plaideur à son argent. *S. l.,* 1624, pet. in-8.

On lit sur le titre :

Le Jeu de Paulme et le Palais
Sont (ce me semble) de grands frais ;
Les tripots et les plaideries
Sont le vray Jeu du Coquimbert ;
Car il en couste aux deux parties
Et tous deux qui gaigne perd.

— Réimpr. en 1626. 40 fr. en *mar. bl.* Solar.

ADOLESCENCE (L') amoureuse de Cupido auec Psyché, oultre le vouloir de la déesse Vénus, sa mère. *A Lyon, François Juste,* 1536, très-pet. in-8, goth.

Pièce introuvable et peut-être perdue, que nous ne mentionnons que d'après les catal. des Foires de Francfort, mais que nous avons cru devoir citer et recommander aux chercheurs de *Curiosités,* en faveur du nom de son imprimeur.

ADONIS (L') de la cour, divisé par XII Nymphes (de Cl. Favier). *A Paris, chez Ant. de Sommaville,* 1624, in-12.

Rare et curieux. 24 fr. Solar.

ADRESSES (Les) de la ville et fauxbourgs

de Paris. *Paris, Ch. Saugrain*, 1708, in-12.

C'est un autre ouvrage que le *Livre Commode* de Pradel. Un exempl. en *mar.* 50 fr. Giraud, et serait vendu plus cher aujourd'hui.

ADRIAN VI, Pape. Epistre aux Princes dAlemagne par laquelle il les exhorte de viure tous en paix et concorde, mise de latin en françoys. *A Lyon, par François Juste*, 1536, in-16, goth.

Pièce à peu près introuvable, que nous mentionnons d'après les catal. des Foires de Francfort, et que nous indiquons aux chercheurs.

ADUARTE (*Diego*). Historia del Sancto Rosario de la orden de predicatores en Philippinas, Japon y China. Añadida por el muy Rev. Fr. Dom. Gonçalez. *En Manila, Luis Beltram*, 1640, 2 tom. en 1 vol. in-fol. [21586]

M. Brunet n'avait fait qu'indiquer cette première édition d'un livre fort rare, que M. Tross porte à 150 fr. dans ses catal.; ce libraire l'avait payé 30 th. à la vente Andrade.

Les quatre vol. in-fol., décrits au *Manuel*, ont été vendus 53 thalers chez M. Sobolewski.

ADULTÈRE (L') ou les poësies hardies du Sr. D. et du Sr. St. *A Vitry, chez Corneille Bastard (Hollande, à la Sphère)*, s. d. (vers 1680), pet. in-12. [14241]

Ce recueil de poésies libres est cité par M. Brunet. L'exempl. vendu non relié 76 fr. (Costabili), et 150 fr. (Auvillain), fut acheté par M. Potier, qui le fit relier par Chambolle; à la vente Potier de 1870, il fut payé 470 fr.

La pièce capitale du recueil est une satire contre la ville de Mantes, intitulée : *la Mante débauchée*. Cette pièce isolée vient d'être réimprimée à 31 exempl. par les soins d'un amateur; cette jolie réimpression, qui n'a pas été mise en vente, porte cette épigraphe : « *Autre temps, mêmes mœurs.* »

ÆGLOGA de Calvis, Calvastri retrogradum Carmen. *S. l. n. d.* (v. 1515), in-4, de 4 ff. 12 à 15 fr.

Encore un de ces tours de force un peu puérils dont plusieurs sont déjà signalés; tous les mots de ce petit poëme commencent par un C.

ÆMILIUS (*Paulus*). De Rebus gestis Francorum, usque ad christianum Galliarum regem Franciscum Valesium ejus nominis primum, lib. X.... *Parisiis, ex officina Mich. Vascosani*, 1550, in-fol. [23229]

Un bel exempl. de ce livre, revêtu d'une admirable et très-riche reliure exécutée pour le duc Charles de Croy, 3100 fr. vente de Jos. Techener en 1865.

— Deux livres de Paul-Émile, de l'Histoire de France, traduits de latin en françois, par Simon de Monthière. *Paris, Michel de Vascosan*, 1556, in-4.

Ce vol. est rare et admirablement imprimé.

— LES CINQ premiers livres de l'histoire Françoise, trad. en françoys du latin de Paul-Emile, par Jean Regnart, Angevin. *Paris, Michel Fezandat*, 1556, in-fol. (Première édition).

— La seconde édition est donnée par le même Michel Fezandat, 1566, in-fol.

Au commencement, sont quatre pages de poésies d'Estienne Jodelle.

— La troisième édit. est de *Paris, Claude Micard*, 1573, in-fol.

Tous ces in-folios en exempl. ordinaires, sont de peu de valeur, et susceptibles, par suite de la condition de reliure ou de la provenance, d'acquérir une plus-value considérable.

L'édition française la plus complète de l'historien de Vérone est celle qui a été donnée après la mort d'Arnold Leferron, de Bordeaux, qui avait déjà publié en 1549 une édition latine, *A Paris, chez M. Vascosan*, in-8 :

— L'HISTOIRE des faicts, gestes et conquestes des Roys, princes, seigneurs et peuple de France, descripte en X livres, et composée premierement en latin par noble et sçavant personnage Paul-Æmyle, Véronais, et depuis mise en françois par Iean Regnart ... avec la suyte de ladicte histoire, tirée du latin de feu M. Arnold le Ferron ... et autres bons auteurs; et table très-ample du contenu en icelle. *Paris, F. Morel*, 1581, in-fol.

ÆNEAS SILVIUS (*Piccolomini*).

Il y a trois Bulles célèbres du Pape Pie II : la *Lettre à Mahomet*, du milieu de l'année 1462, la *Bulle des Rétractations*, du 26 avril 1463, et celle de la *Croisade*, du 23 octobre 1463.

Un bibliographe aussi érudit qu'ingénieux, M. J. P. A. Madden, a consacré à ces trois pièces célèbres la première série de ses excellentes lettres bibliographiques; il cherche à établir, disons hardiment, il prouve :

1° Que ces Bulles ont suivi cet ordre :

La Lettre à Mahomet a été promulguée par le Pape en été ou en automne 1462, imprimée en janvier 1463.

La Bulle des Rétractations, promulguée le 26 avril 1463, a été imprimée le 26 mai de la même année.

La Bulle de la Croisade, promulguée le 23 octobre 1463, a été imprimée le 22 novembre de la même année.

2° Que de la lettre à Mahomet il existe trois exemplaires différents; et M. Madden, avec une exactitude minutieuse, décrit les détails typographiques qui différencient ces divers exemplaires; enfin que ces trois exempl., qui ne constituent pas trois éditions distinctes, ont été composés par des apprentis inexpérimentés sous la même dictée.

3° M. Madden démontre, enfin, que ces trois exemplaires dissemblables ont été composés par de jeunes apprentis typographes, dans la maison des Frères de la vie commune établie à Cologne, sous le nom de Weidenbach (le ruisseau des Saules).

Ulrich Zell, auquel on prête la plupart des éditions anonymes des débuts de l'imprimerie, avait probablement, après avoir quitté l'atelier de Schœffer, été appelé par les Frères de la vie commune à Weidenbach, et a formé là un atelier auquel M. Madden n'hésite pas à donner la paternité d'un grand nombre de produits typographiques de cette époque.

Nous renvoyons le lecteur à ces lettres aussi remarquables par leur érudition que par leur ingéniosité. M. Brunet attribue l'impression de la *Bulle, de la Croisade* à J. Fust; ce misérable banquier, persécuteur de Gutenberg, n'a jamais imprimé; il a été simplement le commanditaire de l'atelier de Schœffer.

— PROVERBIORUM Libellus. Une édition, *S. l. n. d.* in-4, de 5 ff. est portée au catal. de la Grenvilliana.

— HISTORIA BOHEMICA. (Hain, 255, décrit une édit. de cet ouvrage, in-4, goth., de 59 ff.); on lit à propos de ce livre dans la *Biblioth. des chanoines de Rebdorf*, p. 71 : « Ad finem legere licet, quod hoc opusculum compilatum fuerit anno 1457, vivente adhuc Georgio Poggiepracio (Podiebrad), tùm sequitur registrum absque loci, anni vel typographi indicio. »

— La Historia de : Bohemia en : romance. *Sevilla, Juan Varela de Salamanca. Acabose a ocho dias de Enero del año mill & quinientos & nueve*, in-fol., goth., de XLIIII ff. y compris le frontispice.

Le traducteur était *el commendador* Hernando Nuñez de Tolède. Indiqué au cat. Salvá, t. II, p. 105, ainsi que l'ouvrage suivant cité d'après le *Registre* de la Bibliotheca Colon :

— VISION DELEYTABLE de la casa de la Fortuna, compuesta por Eneas Silvio en latin y traducido en español por Juan Gomez. *Valencia, 4 Aprilis año 1511*, in-4.

F. Colon note qu'il paya ce volume 5 *dineros* à Valence au mois d'août 1513.

— Opuscula Enee Siluii de du ‖ obus amantibus (Euryalo et Lucretia). Et de reme ‖ dio amoris. Cum epistola retra ‖ ctoria eiusdem Pii secundi ad ‖ quendam Karolum. *S. l. n. d.*, *et sans nom d'imprimeur*, pet. in-4, goth., de 28 ff. sign. A-Eiij, 36 lig. à la p.

Hain ne cite pas cette édit.; on lit à la fin du traité *De Remedio Amoris* : Ex Vienna secundo kalendas januarii anno Domini millesimo quadringentesimo quadragesimo tercio.

— LE REMEDE damours compose par Eneas Sylvius. Aultrement dict pape Pie second. Träslate de latin en françois par maistre Albin des Auenelles chanoyne de leglise de Soyssons. Auec aulcunes additions de Baptiste Mantuen. *Nouuellemèt imprime a paris par Alain Lotriã libraire et imprimeur.* S. d., pet. in-4, goth., de 12 ff.

L'exempl. Yéméniz, en *mar.* de Bauzonnet, haut de 0,186 m., 58 fr., et rev. 190 fr. Potier.

— Historia de dos Amantes, Eurialo Franco y Lucrecia Senesa. *Salamanca, a XVIII dias del mes de octubre de mil quatrocientos & noventa & seys*, in-4, goth.

— Réimpr. *Sevilla, por Jac. Cromberger*, 1512, in-4, goth.; et *Sevilla, J. Cromberger*, 1524, in-4, goth.

— L'édition de *Sevilla, Cromberger*, indiquée par Antonio, porte, d'après l'*Ensayo*, la date de 1533; le *Manuel* dit 1530.

ÆSCHINES. Orationes : edidit F. Schulz. *Lipsiæ*, 1865, in-8, XXVII — 355 pp. [12103]

L'éditeur a consulté 27 mss., dont plusieurs n'avaient jamais été collationnés; il a joint au texte un ancien commentaire presque entièrement inédit et des notes nombreuses.

ÆSCHYLUS. Tragœdiæ, gr. lat., cum versione Th. Stanleii. *Londini*, 1663, pet. in-fol. [16050]

Les bibliophiles d'autrefois (les goûts ne sont plus les mêmes) aimaient à réunir les admirables éditions anglaises des quatre poëtes grecs, dont les noms suivent :

Æschyle de Stanley ;

Euripide de Barnès ;

Pindare de West et Welsted ;

Lycophron de Potter.

Ces quatre vol. in-fol., en grand papier et reliés en *mar.*, auraient obtenu, à la fin du siècle dernier et au commencement de celui-ci, une valeur triple ou quadruple de celle qu'ils auraient aujourd'hui. Jusqu'en 1830 environ, jusqu'à la vente de M. de Château-Giron, de M. de Labédoyère, ces belles et excellentes éditions des classiques grecs et latins avaient conservé une grande valeur, si justement méritée; Nodier survint, et ce fut l'inventeur de la *curiosité* en bibliophilie; ce *système* devait triompher et arriver à ces victoires écrasantes qui s'appellent les ventes Pichon et Potier.

Les différentes éditions d'Æschyle appartenant à M. Yéméniz ont été vendues :

— *Venetiis, Aldus*, 1518, in-8, en *mar.* de Bozérian, 60 fr.

— *Parisiis, Turnèbe*, 1552, anc. rel. *mar.* 40 fr.

— *Parisiis, H. Estienne*, 1557, in-4, *mar.* de Bozérian, 35 fr.

— *Antuerpiæ, Plantin*, 1580, in-12, en *mar.* de Du Seuil, exempl. Ch. Nodier, 66 fr.

— L'édition de la Porte du Theil (avec traduction). *Paris*, an III, 2 vol. in-8, pap. vél. *mar.* 34 fr.

— Théâtre d'Æschile en grec & en fr. par Fr. J.-G. de la Porte du Theil. *Paris, an III, de l'impr. de la République*, 2 vol. in-8.

Un exempl. sur pap. vél., avec les dessins originaux, en *mar.* de Trautz, 120 fr. Labédoyère, 1862.

— Eschyle, traduit par Alexis Pierron. *Paris*, 1840 (traduction couronnée par l'Académie française); — 8e édit., revue et corrigée, 1870, in-12.

— Eschyle, traduit par Leconte de Lisle. *Paris, A. Lemerre*, 1872, in-8.

— PROLEGOMENA zu Æschylus' Tragœdien von R. Westphal. *Leipzig, Teubner*, 1869, in-8, XIX-224 p. (Voir la *Revue critique*, 31 juillet 1869.)

ÆSOPUS. Αἰσώπου μύθοι. (A la fin :) Ἐν τῇ Σαληκατη Ενετιησι. Ἀναλώμασι τῆς ἱερᾶς τῶν φίλων Ξυνωρίδος. α. γ. μ. δ. (*Venise*, 1644), in-8. [16934]

Vol. entièrement grec, orné de planches grav. sur bois de la grandeur des pages; ces grav. sont un peu rudes, mais d'une grande naïveté.

— Vita Esopi fabulatoris clarissimi e greco latina per Rimicium facta reuerendissimû patrem dominû Anthoniû tituli sancti Chrisogoni presbiterum Cardinalem. *S. l. n. d.* (*Augustæ*, cª 1472), in-fol., goth., sans chif. ni récl., avec sign., fig. s. b.

Dibdin décrit cette édition intéressante au tome I de la *Spenceriana*, p. 246. Les fables d'Esope et d'Avienus sont en vers latins et en car. plus forts que ceux qui servent à l'impression des autres parties du livre; les fig. fort intéressantes sont parfois d'une crudité remarquable; un très-bel exempl., dans une splendide rel. de Trautz, a été porté au prix élevé de 1100 fr. à la vente Yéméniz.

— Æsopi fabulæ cuȝ interpretatione vulgari : et figuris acri cura emendatæ. *Brixiæ, impendio Ludovici Britañici :*

ɕ *Fratruʒ*, MDXXII, in-4, goth., fig. s. b.

En *mar.* rel. angl. 250 fr. Yéméniz.

Édition avec la traduction de Salon en vers latins et la traduction italienne; M. Brunet cite à la date de 1532 une traduction latine avec interprétation italienne qui se rapporte mot pour mot à celle-ci; le catal. Riva et le catal. Libri donnent également la date de 1532; nous pouvons donc admettre l'inexactitude du catal. Yéméniz, ou tout au moins nous pouvons humblement penser qu'un X sauté ou gratté dans la date énoncée aura pû induire en erreur le savant rédacteur du catalogue.

— Les subtiles Fables de. Esope. Auec celles de Auien. Ensemble les Joyeusetez de Poge Florentin. *Imprimees a Lyon cheux Gilles et Jaques Huguetan. Lan de grace Mil. CCCCC. XL.*, in-4, goth., fig. en b. au trait; le portrait d'Ésope, sur le titre, est tiré en rouge et en noir.

Édition non citée; 860 fr. cat. Tross du mois de nov. 1865, prix réduit à 700 fr. IVᵉ cat. 1866.

— Les Fables et la vie d'Esope, traduitz de nouveau en francoys. *A Paris, par Estienne Groulleau*, 1548, in-16, fig. s. b.

— Les Fables et la vie d'Esope, traduites de nouveau en françois selon la vérité grecque. *Paris, Hierosme de Marnef*, 1582, in-16, 150 fig. sur bois (34 pour la vie et 116 pour les fables). 10 fr. Yéméniz.

Édition très-rare. M. A. F. Didot n'avait pu la découvrir dans aucune bibliothèque publique ou particulière; il s'en est trouvé un exempl. à la vente Yéméniz, nᵒ 2074. Voir l'*Essai sur Jean Cousin*, p. 175.

— Esopo historiado. *Stampato in Venetia per Maestro Manfredo de Bonello de Streno de Monteferrato; nel anno del Signore* M. CCCCC. II, *a di* XXV *de Febraro*, pet. in-4, de 88 ff., dont le dernier blanc, orné de 68 grav. au trait, sur bois, de l'Ecole de Mantegna, entourées d'une large bordure historiée; les fables sont trad. en vers latins et italiens. 300 fr., cat. Tross (1870).

— Las Fabulas del clarissimo y sabio fabulador Ysopo, nueuamente emendadas. A las quales agora se anadieron algunas nueuas muy graciosas (fabulas extravagantes, fabulas collectas de Alfonso, de Pogio y de otros)... *Vendense en Anveres por Juan Steelsio* (vers 1545), in-16 allongé, fig. s. b. 60 fr. 1866.

— Vida y exemplares fábulas del ingeniosissimo fabulador Esopo Frigio, y de otros clarissimos autores assi griegos como latinos, con sus declaraciones... traduzidas por Joachin Romera de Ce-

peda. *Sevilla, Juan de Leon*, 1590, pet: in-8, grav. s. b.

Traduction en vers que n'a pas connue M. Salvá. 40 fr. cat. Tross.

— Faules de Isop filosof moral... y de altres preclarissim · autors. *Barcelona, Jordi, Roca, y Gasper*, s. d., in-8.

Traduction en dialecte limousin, fort rare. 2 guinées, *Libri*, 1862.

M. Yéméniz avait réuni une collection d'environ 24 éditions du fabuliste, dont quelques-unes d'un grand prix.

— Æsopi Vita et Fabulæ, latine, cum versione italica et allegoriis Fr. Tuppi. *Neapoli*, 1485, in-fol., fig. s. b.

Belle et fort rare édit. dont un très-bel exempl. a été porté au prix excessif de 1610 fr.

— Esopus Moralisatus. *Daventriæ, per me Jacobum de Breda*, 1494, in-4, goth.; 25 fr. seulement.

— Æsopi Vita et Fabellæ... *Venetiis, ap. Aldum*, 1505, in-fol.; en *mar.* de Trautz, 205 fr.

— Æsopi Fabule cum interpr. vulgari. *Milano, fr. Bernardino da Valleche*, 1554, in-4, goth., fig. s. b.; 75 fr.; rev. 42 fr. Huillard.

— Fabellæ Æsopicæ. *Anvers, Plantin*, 1566, in-16, fig. s. b.; en *mar.* de Trautz, 46 fr.

— Æsopi Fabulæ. *Anvers, Plantin*, 1567, in-16. — L'exempl. du comte d'Hoym, en *mar. v.* 170 fr. Double; il avait été payé 210 fr. Solar.

— Æsopi Fabulæ (gr. lat.). *Lugduni, ap. Joan. Tornæsium*, 1582, in-16, fig. s. b.; en *mar.* de Trautz, 46. fr., rev. 24 fr. Huillard.

— Anthologia Æsopica. *Francof., N. Hofman*, 1610, in-8, fig. s. b.; en *mar. r.* aux armes de J. A. de Thou; 185 fr.

— Asopo historiado. *Stampado in Venetia per Mᵒ Manfredo de Bonello de Streno de Mofera*, 1497, in-4, fig. s. b.; 170 fr.

— Les Fables et la vie d'Esope phrygien. *A Lyon, par François et Claude Marchant frères*, 1547, in-16, fig. s. b.; en mar. de Niédrée, 155 fr.

— Les Fables d'Esope... mises en ryme françoise... par A. du Moulin Masconnois. *A Lyon par Jean de Tournes et Guillaume Gazeau*, 1549, in-16, fig. s. b.; en *mar.* de Bauzonnet, 570 fr.; un exempl. est porté à 1500 fr. au catal. Morgand (1876).

— Les Fables ɕ la vie d'Esope... (*Lyon*) *J.. de Tournes*, 1607, in-16, fig. s. b.; en *mar.* de Duru, 90 fr.

— Les Fables d'Esope phrygien... *Bruxelles, Fr. Foppens*, s. d., in-12 ; en *mar.* de Trautz, 105 fr.

AFFAYTATI (*F.*). Phisicæ et astronomicæ considerationes. *Veneliis*, 1549, pet. in-8.

Ce vol. renferme 6 traités, dont l'un des titres exciterait la curiosité : *De androgyne a se ipso concipiente.*

AFFICHE. LES CHEVALIERS DE LA GLOIRE à tous ceux qui la recherchent. *A Paris, chez Micard*, 1612, in-fol. plano.

52 fr. Ruggieri.

C'est le seul exemplaire connu de l'Affiche-Annonce de ce célèbre tournoi, donné à la place Royale à l'occasion du mariage de Louis XIII.

AFFIGES (*sic*) des grands opérateurs de Mirlinde, nouuellement arrivés pour guérir toutes sortes de maladies. *Paris*, 1618, in-8, de 4 ff.

Cette facétie, ou plutôt cette satire politique, est de la plus grande rareté. 40 à 50 fr.

AGLIONBY (*William*). Painting illustrated in three Dyallogues, containing some choice observation upon the art. Together with the lives of the most eminent Painters, from Cimabue to the time of Raphael and Michael-Angelo. *London, John Gain*, 1685, in-4, de XVIII ff. non ch., et 375 pp.

Volume d'une grande rareté.

AGOCCHIE (*Giov.* dall'). Dell' Arte di Scrimia Libri III, ne' quali brevemente si tratta dell' arte dello schermire, della giostra, dell' ordinar battaglie. *Venetia, Tamborino*, 1572, pet. in-4, fig. en taille douce.

Un exempl. non rogné, 30 fr. Favart.

AGRIPPA (*Camillo*). Nuove Inventioni soprà il modo di navigare. *Roma, D. Gigliotti*, 1595, pet. in-4, de IV ff. lim., contenant un portr., la dédic. au card. Borromeo, et une pl. gravée, 52 pp. chiff., 2 pp. de table et 2 grandes pl. pliées. [4294]

M. Brunet a cité ce vol., sans le décrire; il est auj. fort recherché à cause des détails qu'il donne sur l'Amérique. 40 à 50 fr.

AGRIPPA (*H. Corn.*). Traicté de l'excellence de la femme, traduict du latin par Loys Viuant. *A Paris, chez Jean Poupy*, 1578, in-16. [18039]

Ce Loys Viuant (*Loys qui ne meurt point*) était imprimeur à Troyes.

— TRAITÉ de la grandeur et excellence des femmes. *Paris, Babuty*, 1713, petit in-12; en *mar.* de Derome (ex. Girardot de Préfond), 60 fr. Labédoyère.

— DÉCLAMATION sur l'incertitude, vanité et abus des sciences, trad. en françois (par Loys de Mayerne Turquet) . *S. l.* (*Genève*), *Jean Durand*, 1582, in-8. [3283]

Cette trad. est entière, tandis que celle de Gueudeville, qui se trouve à la suite de la Noblesse et excellence du sexe féminin (*Leyde*, 1726, 3 vol.) a été faite sur une édition incomplète; en *mar.* de Trautz, 78 fr. Potier.

— La Philosophie occulte, trad. du latin (par A. Levasseur). *La Haye*, 1737, 2 vol. in-8.

En gr. pap. et mar. de Duru, 95 fr. Yéméniz.

AGUERO (*Christoual* de), *Predicador en conuento de Oaxac, y vicario actual del Pueblo de Theozapotlan.* Miscelaneo Espiritual, en el Idioma Zapoteco que administra la provincia de Oaxac de la Orden de Predicatores. In que se contienen los Quinze misterios del S. Rosario. Las mas principales Indulgencias algunas Oraciones Devotas, el Cathecismo de toda la Doctrina Christiana. Con un Confessionario para los que empiecan à aprender el dicho Idioma. *Mexico, por la viuda de Bernardo Calderon*, 1666, in-4.

Ce livre est important pour l'étude de la philologie américaine; les ouvrages imprimés en langue zapotèque sont d'une extrême rareté. £. 6. Sh. 6. Fischer.

AGUEROS (*Pedro Gonzalez* de). Descripcion historial de la provincia y archipel de Chiloe, en el reyno de Chili. *S. l. en la imprenta de Don Benito Cano*, 1791, in-4, de 4 ff. lim., 318 pp., plus une grande carte et une grav. en taille-douce à la p. 15. 18 à 20 fr.

AGUILAR (*Gaspar* de). Arte de principios de canto llano en español, nuevamente emendado y corregido por Gaspar d'Aguilar, con otras muchas necesarias para perfectamente cantar. *S. l. n. d.*, in-8, 16 ff. non chiffrés, 26 chapitres.

AGUILON (El secretario). Historia del duque Carlos de Borgoña, bisaguelo del emperador Carlos Quinto. *En Pamplona, por T. Porrälis*, 1586, in-4.

Volume rare et curieux. 12 à 15 fr.

AIGNEAU (*D. L.'*). Traicté pour la conservation de la santé et sur la saignée de ce temps, augmenté d'un traicté de Galien, apologie contre Jean Terad (Daret), fils de Louys, medecin de Paris, traicté de la physiognomie, etc. dédié à MM. les Parisiens et pourquoy? par David L'Aigneau, Provençal. *Paris*, 1650, in-4, de plus de 800 pp. avec deux portraits et 53 fig. de physionomies diverses.

37 fr. vente Randin et Rostain.

AIGVE (*Estienne* de L'). Traicté des tortues, escargots, grenouilles et artichaux. *A Lyon, par Pierre de Ste-Lucie*, s. d. (1536), pet. in-8, goth.

Pièce d'une très-grande rareté, dont il nous a

été donné de voir un exemplaire incomplet des ff. de la fin.

AILLY (*Pierre* d'). Censuyuent les sept degres de leschelle de penitence figures et exposes au vray sur les sept pseaulmes penitenciels, etc. *S. l. n. d.* (impr. à la fin du XVᵉ s.), pet. in-4, goth., de 32 ff. avec le 1ᵉʳ f. blanc. 30 à 40 fr.

AINSLIE (*Whitelaw*). Materia Indica, or some account of those articles employed by the Hindoos. *London*, 1826, 2 vol. in-8. 56 fr. en 1832.

Omis par Lowndes.

AIOLPHO del Barbicone disceso del ‖ la nobile stirpe di Rainaldo : ‖ el quale tracta delle battaglie dapoi la morte del Re Carlo ‖ Magno : ꝑ come fu capitano de venetiani : ꝑ come ‖ cōquista Candia ꝑ molte altre cittade.... *Venetia, per Marchio Sessa*, 1516, in-4.

Vendu 108 fr. (1862).

— AIOLPHO. *Milano, Mᵒ Gotardo da Ponte*, 1519, in-8, sem. goth., de 88 ff. à 2 col., dont les deux derniers blancs; 100 fr. au cat. Tross.

AIROLO CALAR (*Gabriel* de). Laurentina, poema heroico de la victoria naval que llevo contra los Olandeses don Fabrique de Toledo. *Cadiz, Juan de Borja*, 1624, in-8, de 8 ff. et 75 pp.

Poëme en neuf chants, inconnu à Antonio et aux autres bibliographes espagnols (cat. Salvá, nᵒ 418). L'auteur était né au Mexique.

AIRS de cour et de différents autheurs. *Paris, P. Ballard*, 1615-28, 8 parties en 2 vol. in-8. [14287]

M. Brunet n'avait cité ce recueil si rare que d'après le cat. de La Vallière. 120 fr. Turquety.

AIRS et vaudevilles de cour, dédiez à son Altesse Royale Mademoiselle. *A Paris, chez Charles de Sercy*, 1665, 2 vol. in-12, front. gr. 40 à 50 fr.

ALAGONA (*Artelouche* de). La Fauconnerie. *Poictiers, Enguilbert de Marnef*. 1567, in-4.

Volume malheureusement perdu, et dont nous empruntons le titre succinct aux curieux cat. des Foires de Francfort.

ALARCON (Fr. *Arcangel* de). Vergel de Plantas divinas en varios metros espirituales. *Barcelona, Jayme Cendrat, año* M.D.XCIIII (1594), in-8, de 400 ff.

Volume dédié à la Vierge et devenu très-rare; voir le catalogue Salvá, nᵒ 420, et *Ensayo*, t. I, nᵒ 70.

ALARD (Le P.). La Sainteté de la vie, tirée de la considération des fleurs, par le Rev. P. Alard Le Roy. *Liège, Bauduin Bronckart*, 1641, in-12.

Ouvrage non moins singulier que celui du même auteur cité au *Manuel*; il a été réimpr. par le même typogr. en 1653.

ALARD. L'Entrée du Roy (Louys XIII) à Tolose, par Alard. *Tolose, R. Colomiès*, 1622, pet. in-8, de 6 ff. lim., 146 pp. et un f. « *Aux lecteurs : Le sieur Chalette mérite un trait de plume pour les excellents traits de pinceau qu'il donne aux tableaux.* »

Volume fort rare dont un exempl. (il est vrai de médiocre conservation) n'a été vendu que 25 fr. en 1861. Il ne possédait pas le « *Persée François* », partie de 200 pp.

ALBENAS (*J. P.* d'). Discours historial de l'antique et illvstre cité de Nismes, en la Gaule Narbonoise, avec les pourtraictz des plus antiques & insignes bastimens dudict lieu... Par Jean Poldo d'Albenas. *Lion, Guillaume Rouillé*, 1560, in-fol., de VI ff. lim., 226 pp. et 7 ff. d'index.

30 à 40 fr.

ALBENINO (*Nicolao* de). Verdadera y copiosa ‖ relacion : todo lo nueuamente ‖ suscedido ‖ en los Reynos e prouin-‖ cias dl peru, dĕde la yda ‖ à ellos dl Vi Rey Blasco ‖ nuñez vela, hasta el des ‖ barato y muerte de Gon ‖ çalo Piçarro. (Al fin :) *Acabose la presente obra en la muy ‖ noble y memorable ciudad d Seuilla ‖ a dos dias del mes de Enero del año ‖ de Christo de* M.D. XLIX. *En casa de Juan de ‖ leon. Siĕdo primero manda ‖ da ver y examinar por los muy reue ‖ rēdos y muy magnificos Señores inquisidores, y con su licēcia ‖ mandada imprimir*, in-8, goth.; de LXXX ff. non chiff.

Le nom de l'auteur est au verso du titre : « Segũ glo vio y escriuio Nicolao de Albenino Florentin. »

Le seul exempl. connu de ce curieux vol. est à la Bibliothèque nationale (Réserve, O, 1729).

ALBERT (Le grāt) des Secretz des vertus des herbes : pierres et bestes. Et aultre liure des merueilles du monde, d'aulcuns effectz, causez daulcunes bestes. Item a este adiouste de nouueau ung traictie de Pline determinant aulcūs secretz & merueilles etc. A tout penser et bien coprendre ‖ Mourir conuient et cōpte rendre. *S. l. n. d.* (v. 1500), in-16, goth.

Cette édition inconnue finit ainsi : *Cy finist le liure de Pline le docteur ‖ naturel daulcuns secretz & mer ‖ ueilles du Monde tāt des her ‖ bes que bestes et pierres.* 150 fr. catal. Asher (*Libri*), 1865.

— Albert le Grand. Le Manuel de parfaicte vertu, appellé le Paradis de l'ame traduict de latin en françois par François de Larben. *Paris, Jean Bonhomme*, 1551, in-16. 25 à 30 fr.

ALBERTI (*Leone-Baptista*). Hécatomphile... Les fleurs de poésie Françoise. *On les vend à Lyon, en la maison* *de Françoys Juste*, 1534, pet. in-8 allongé, goth. [17986]

Édition fort rare. 109 fr. Cailhava.

— HÉCATOMPHILE. Ce sont deux dictions grecques composées, signifiant Centiesme amour..... Ensemble les fleurs de poësie françoise... *(Paris) On les vend en la rue neufve Nostre-Dame... par Pierre Sergent*, 1539, petit in-8, gravure sur bois. C'est à cause de cette seconde partie que ce vol. est extrêmement recherché, et non pas à cause des charmantes vignettes sur bois dont il est décoré; c'est qu'à la suite des *Fleurs de poésie* viennent (pp. 55-79) *les Blasons des diverses parties du corps féminin*, dont quelques-unes sont représentées en figure, et ces pièces les plus piquantes du recueil des Blasons de Méon ont parfois nécessité des cartons; vendu, à cause d'une note excitante comme M. Potier savait les faire, et dans une charmante rel. de Trautz, 1425 fr. baron Pichon.

Les éditions italiennes de l'Hécatomphile ont peu de valeur; la 1re (de 1491), rel. avec *la Deiphira* de 1534, 25 fr., et c'était l'exempl. de Renouard, en *mar*. de Trautz.

ALBERTINIS *(Fr.* de). De Roma ‖ Prisca et ‖ nova varii ‖ Avctores ‖ provt inse ‖ quenti pa ‖ gella cer ‖ nere est. (In fine) : *Romae ex Aedibus Iacobi Mazochii Ro. Achademiae ‖ bibliopolae. anno Domini.* M.D.XXIII, *Decimo Kal' februarias. Pontificatus ‖ Sanctissimi Dñi ‖ Adriani Anno secundo*, in-4, de IV ff. lim., 112 ff. chiffrés, et 72 ff. non chiffrés; la marque de l'imprimeur est au v. du dernier f.

Dans ce vol. cité par M. Harrisse, il est question d'Améric Vespuce et du nouveau monde.

ALBERTUS *(Leander)*. De Viris illustribus ordinis prædicatorum libri sex.... *Bononiæ*, 1517, in-fol., fig. s. b. [21807]

L'exempl. de Grolier, payé 303 fr. à la vente de Wurtz et Audenet en 1841, a été revendu lors de la dispersion de la bibliothèque de l'illustre amateur lyonnais, M. Yéméniz, 3050 fr.

ALBUKERQUE. Dese Machteghe en grot stat Adé genoemt die gelege es int conincrye vä persë inden wech ‖ vä mecha was bestormt en beuochtë vä Alfonso dalbukerke capitein generael vandë hogë eñ ‖ machtegë edele coñic vä portegael heer Emanuel mz drieduist vijfhödert volckx die welcke voch ‖ te drie urë läc tsegë die ide stat warë, dese bataelge gesciede up de heiligë paeschauöt int iaer ōs ‖ heerë Ihu cristi als mē screef. M. CCCCC.XIII. *S. l. n. d. (Anvers*, 1513), 9 planches gr. in-fol.

Chacune de ces grandes planches gravées sur bois a 38 cent. de large, sur 26 de haut; les 9 lignes de texte qui les accompagnent, ont été imprimées en car. mobiles, et les grosses lettres qu'employaient les typogr. d'Anvers à cette époque. Ce siège d'Aden est d'une extrême rareté; il est décrit pour la première fois par M. Tross, qui porte ces 9 planches à 360 fr.

ALBUM Amicorum habitibus mulierum omnium nationum Europæ, tum tabulis ac cuneis vacuis in aes incisis adornantur, ut quisque et symbola et insignia sua gentiliata in iis depingi commode curare possit. *Lovanii, Zangrinus*, 1599, pet. in-4 oblong. [5969]

Joli recueil de fig. de costumes et d'ornements finement gr. en taille-douce; M. Brunet a cité l'édition de 1605; vendu 40 fr. Raifé, et serait plus cher aujourd'hui.

ALBUMASAR de Magnis conjonctionibus... *Augustæ-Vind., E. Ratdolt*, 1489, in-4, goth., s. ch. ni récl., de 118 ff. avec sign. A-P. par 8, sauf le cahier O qui est de 6., fig. s. b. [8380]

130 fr. Yéméniz, en *mar*. de Trautz.

ALBURQUERQUE Coello *(Duarte* de), marqués de Basto. Memorias diarias ‖ de la guerra del Brasil ‖ por discvrso de peçando desde el ‖ de M.DC. XXX. ‖ escritas ‖ por Duarte de Albvrqverqve Coello... Con privilegio. ‖ *En Madrid, por Diego Diaz de la Carrera, Impressor del Reyno. Año* 1654, in-4, de 295 ff. chiffrés.

Volume rare et précieux; un exempl. qui devait être incomplet, puisqu'il est annoncé comme n'ayant que 287 ff., 20 thal. 25 gr. Andrade.

ALCABICE. Traicté des coniunctions des Planetes en chacun des XII signes, et de leurs pronostications et revolutions d'années, traduict par Oronce Fine. *A Paris*, s. d., in-8.

Vol. fort rare.

ALCALA *(Jayme* de). Cavalleria celestial. [17580]

L'édition d'*Alcala*, 1570, petit in-8, goth., est un volume de CCCXXVIII ff. chiffrés, y compris 8 ff. préliminaires qui ne le sont pas, et 6 pour la table. Salvá, qui décrit un exempl. de cette édition (t. II, p. 2), dit en avoir vu une imprimée à *Valencia, por Navaro*, en 1556, in-4, goth., CLIII ff., plus un blanc et 4 de table; le nom de la ville, de l'imprimeur et la date ont été ajoutés à la main au bas du frontispice, de sorte qu'on ne peut y accorder une confiance absolue, mais l'*Epistola nuncupatoria* de l'édition de 1570 fait mention d'une impression antérieure qui est sans doute celle-ci.

ALCEGA *(Juan* de). Libro de Geome ‖ tria, Practica y Traça. El ‖ qual trata de lo tocante al officio de sastre para saber pedir el pa ‖ ño, seda o otra tela que sera menester para mucho genero de ‖ vestidos, ansi de Hombres como de Mujeres... Compuesto por Joan de Alcega.... Visto y examinado, y con privilegio *impreso, en Madrid, en casa de Guillermo Drouy, impresor de libros. Año de* 1580, in-12, de 104 ff., portrait de l'auteur et fig. gr. sur b.

Édition originale, décrite dans l'*Ensayo*, d'un livre rare, précieux pour l'histoire du costume au XVIe siècle, réimprimé à Madrid par le même typogr. en 1589, pet. in-fol., fig. sur bois avec deux grandes planches pliées. £. 5. Sh. 5. Libri (1862) ; 200 fr. cat. Tross.

ALCIATUS. Viri cla ‖ rissimi D. An ‖ dree Alciati Iurisconsultiss. ‖ Mediol. Ad D. Chonra ‖ dum Peutingerū Augu ‖ stanum, Iurisconsul ‖ tum emblema ‖ tum liber. M. D. XXXI. (In fine :) *Excusum Augustæ Vindelicorum per Heynricum Steynerum, die* 28 *februarij anno* MDXXXI, [pet. in-8, avec 94 fig. d'une exécution grossière. [18563]

— Les Emblèmes de maistre André Alciat, mis en rime Françoyse, (par Jehan Lefevre). *S. l. n. d.*, in-8, en car. ronds et ital., avec 113 emblèmes. ·

Les bibliographes, dit le rédacteur du cat. de Morante, ne citent pas cette édition sans gravures, qui paraît être originale, et antérieure à celle de Wechel, 1536, qui a passé jusqu'à ce moment pour être la première.

En anc. rel. *mar.* 96 fr. de Morante.

— L'édition de *Wechel*, 1539, in-8, goth., en *mar.* de Niédrée, 151 fr. même vente ; en *mar.* de Trautz, 155 fr. Gancia ; 41 fr. Yéméniz.

— Celle de *Wechel*, 1542, in-8, en *mar.* de Hardy, 86 fr. même vente.

— Omnia emblemata, cum commentariis Claudii Minois Diuionensis. *Antverpiae excudebat Christophorus Plantinus,* 1577, pet. in-8, de 732 pp., 1 fr. pour la souscr. et 1 f. blanc, fig. s. b.

Cette édition n'est pas citée dans les *Annales Plantiniennes;* elle est bien exécutée et vaut de 12 à 15 fr. 43 fr. Morante.

ALCIBIADE FANCIULLO. [18035]

Un exempl. broché de la réimpression in-12, de 124 pages, 565 fr. vente H. de Chaponay ; l'exempl. Pixérécourt a été revendu 100 fr. Chedeau et 150 Potier. Un exempl. de l'édition originale figure au cat. Cigongne, n° 2191.

— Une réimpression en 1862, à 100 exempl. (dont 2 sur peau de velin), non livrés au commerce, 2 ff., 103 p. et 4 pages non chiffrées, contenant 4 pièces de vers signées M. V.

Un savant italien a établi, d'après [des arguments qui paraissent péremptoires, que *l'Alcibiade* est l'œuvre de Ferrante Pallavicino; il a paru une traduction de sa dissertation, accompagnée de notes par un bibliophile français (M. G. Brunet). *Paris, J. Gay,* 1862, petit in-8, 78 pages.

Il a paru une traduction française intitulée :

— *Alcibiade à l'école.* Amsterdam (Bruxelles) chez l'ancien Pierre Marteau, 1866, in-12, 123 pages et 2 ff. non chiffrés contenant quatre sonnets traduits en vers blancs. Avant-propos, XV pp. Tirée à 150 exemplaires.

ALCINOI disciplinarū Platonis epitoma. — *Anno salutis* M. CCCC. LXXII, *die vero* XXIIII *mensis nouēbris,* in-fol. [3365]

Ce volume a été réellement exécuté avec les car. d'Ant. Koburger, qui ont servi à l' « *Ymago mundi ad solitarium* » (Bauer, t. II, p. 138), et à « *Vitæ Philosophorum* » (*Bibl. Solger.* 1, p. 199).

Quant à la date, elle est exacte ; nous avons vu un bel exempl. de ce livre rare dans sa première reliure en parchemin, portant la date gravée à froid de 1473.

ALCOCK. (Rev. *Thomas*). Relation du

bombardement et siége de Quebec, par un Jésuite du Canada ; with an English traduction. *London, Yates,* 1770, in-12. [19991] 12 à 15 fr.

Volume intéressant, omis par Lowndes et par Field.

ALDAMA y Guevára (D. *José Agustin*). Arte de la Lengua Mejicana, despuesto por D. J. Ag. de Aldama y Guevara, presbitero de el Arzobispado de Mejico. *En la Imprenta Nueva de la Biblioteca Mejicana, en frente del convento de San Agustin, año de* 1574, in-4; sans chiffres, jusqu'à la sign. T. ij. [11977]

ALECTOR, histoire fabuleuse. *Lyon, Pierre Fradin,* 1560, in-8. [17140]

Voici la composition de ce rare volume, d'après un bel exempl. jadis en vente chez M. Tross, au prix de 90 fr. (prix du jour) : VIII ff. lim. non chiffrés, XVI ff. chiffrés en car. rom., et 152 ff. chiffrés en chiff. arabes.

ALEGACIONES en favor del clero del obispado de la Puebla de los Angeles en el pleito con las religiones de S. Domingo, S. Francisco y S. Agustin. *S. l. n. d.* (*Puebla,* 1614), in-fol., de 274 ff. et 16 ff. pour el index.

14 th. Andrade.

ALEGATO. Por el maestro Martin Garcia de Gasti-Zabal, chantre desta santa Iglesia Catedral de Guatemala. Con el señor obispo de Arequipa don Agostin de Ugarte y Sarabia. *S. l.* (*Guatemala*), 1641, in-fol., de 12 ff.

Pièce fort rare, l'un des plus anciens spécimens connus des presses de Guatemala. 30 fr. 1869 ; 15 th. Andrade.

ALEMAN (*Mateo*). Primera parte de Gvzman de Alfarache, por Mateo Aleman, Criado del Rey don Felipe III... *se vende en casa de Nicolas Bonfons en calle de Nuestra Señora en Paris. Año de* 1600, in-12, de 288 ff., sign. a-A-Z, portr. gr. [s. b.; l'approbation et le privilége espagnols sont datés de Madrid, 1598 ; il y a de plus un privilége français, daté de *Paris le dernier jour de mai* 1600. [17586]

— Primera parte ‖ de Guzman ‖ de Alfarache por ‖ Matheo Aleman, criado del Rey ‖ nuestro señor, y natural ‖ vezino de Seuilla, ‖ etc. *En Madrid, Por Iuan Martinez,* ‖ *Año de* MDCI ‖ Esta tassado a tres marauedis cada pliego. (A la fin :) *En Madrid* ‖ *Por Francisco de Espino.* ‖ *Año de* MDCI, pet. in-8 de XVI-278 ff. chiff., 1 f. pour la souscription et 1 f. blanc.

Cette édition comprend 3 livres ; elle n'est pas citée dans l'*Ensayo de una Biblioteca Española.* 15 à 20 fr.

— Primera e segunda parte de la vida del

Picaro Guzman de Alfarache, compuesta por Matheo Aleman. *Tarragona, en casa de Felipe Roberto*, 1603, 2 tom. en un vol. gr. in-8.

Cette édition n'est pas mentionnée dans l'*Ensayo*. 280 fr. Gancia.

Le *Manuel* cite une édition de l'*Ortografia* de 1606; il y a là une erreur qui vient d'Antonio; voici le titre :

— ORTOGRAFIA Castellana. A Don Ivan de Billela, del consejo del rey nuestro señor, presidente de la real audiencia de Guadalajara, visitador jeneral de la Nueva España. Por Mateo Aleman, criado de su Majestad. Con privilejio por diez años. *En Mexico. En la imprenta de Ieronimo Balli. Año 1609. Por Cornelio Adriano Cesar.* In-4, de 92 ff., portr. gr. sur bois; approb. datée de *Méjico*, 31 marzo 1609.

ALEMAND. Histoire monastique de l'Irlande. *Paris*, 1690, pet. in-8. 8 à 10 fr.

Cet ouvrage a été fort augmenté par le capitaine Stevens, et publié sous le titre de *Monasticum Hibernicum*; Dublin, 1786, in-4. Il avait été en 1722 traduit en anglais par Will. Mears, et cette trad. avait été publiée à Londres in-8.

ALESSIO Piemontese. Les Secretz du rev. Sr Alexis Piemontois, etc. [7679]

Le *Manuel* cite un grand nombre d'éditions de cette traduction française, si souvent réimprimée au XVIe siècle. La première, croyons-nous, est celle de *Lyon, Guillaume Rouillé*, 1557, in-16 : c'est cette édition qui fut copiée par Plantin la même année. Nous citerons encore l'édition de *Paris, Martin le Jeune*, 1564, pet. in-8, et celle de *Lyon, Loys Cloquemin*, 1572, in-12.

Tous ces livres, dans une condition ordinaire, ont assez peu de valeur.

ALEXANDER Aphrodisiensis. Essai sur Alexandre d'Aphrodisée, suivi du *Traité du destin et du libre pouvoir*, traduit pour la première fois en français par M. Nourrisson. *Paris, Didier*, 1870, in-8, VIII et 336 pp. [3512]

M. Frank a rendu compte de ce travail dans le *Journal des savants*, novembre 1872.

ALEXANDER (Graff). Die Ware Hys-to||ria von dem Graffen Ale || xander in dem Fflug. || *Getruckt zu Augspurg, bey* || *Michael Manger*, s. d. (v. 1530); à la fin (r^o du f. 8) : Zu Metz laszt || man das Hembde sehen, und die kut-ten bey ir beyder Grabe, jr, Jarzeyt man gar frolich be-|| geth, jung und alt || beyren ihren || Tage. Pet. in-8, de 8 ff.

Pièce d'une extrême rareté; le héros de cette légende Messine fut fait prisonnier par le roi « Machomet » et attelé à une charrue. 100 fr. Tross, 1870.

ALEXANDRE (Le R. P.) de Caen. La Ruine des presches de M^r· de la religion prétendue réformée du Havre, de Harfleur et de Saint Vic, et celle de la prétendue mission du sieur Guérard, leur ministre, et de tous ses confrères, et conséquemment de tout le calvinisme, par le R. P. Alexandre de Caen, prédi-

cateur capucin. *Havre de Grâce, Jacq. Gruchet*, 1685, in-8.

Rare & curieux. Vente Claudin (1870).

ALEXANDER *Magnus*. Γέννησις, κατορθώματα καὶ Θάνατος Ἀλεξάνδρου τοῦ Μακέδωνος διάστιχον. *In Venegia, per Franc. Rampazzetto, ad instantia di M. Damian di Santa Maria*, M. D. LIII, in-4. fig. s. b.

Traduction en vers grecs modernes du roman d'Alexandre, dont le texte latin a été publié pour la première fois par le cardinal Mai; le texte grec, attribué au Pseudo-Callisthenès, a été publié *in extenso*, par M. Ch. Muller, à la suite d'*Arrien*, dans la *Biblioth. script. græcorum* de A. F. Didot (*Paris*, 1846). 41 fr. Potier.

— Ἀλεξάνδρου τοῦ Μακεδωνος... Histoire fabuleuse d'Alexandre de Macédoine en grec vulgaire (en prose). *Venetiis*, 1788, in-12.

Volume rare. 30 à 40 fr. M. Brunet ne cite que la réimpression de 1810.

ALEXANDRE (Romant d'). Sensuyt l'Histoire || du tres vaillant || noble preux 3 har || dy roy Alixandre le grant, iadis Roy et sei || gneur de tout le Monde..... xiij. (A la fin:) cy finist lhistoire du || noble et vaillant Roy Alixandre, iadis seigneur || de tout le monde. *Nouuellement imprime a* || *Paris par alain Lotrian demourant en la* || *rue neufue Nostre Dame. A l'enseigne de lescu de France*, s. d. (1530?), pet. in-4, goth., à long. lig., 54. ff., sign. A. Niij, 1er cahier, 6ff., les autres, 4, le chiffre Xiij indique le nombre des cahiers; fig. s. bois. [17055]

Rare édition portée à 680 fr. au cat. Tross (1865), mais adjugée seulement à 380 fr. dans une vente que fit ce libraire au mois de novembre de la même année.

— Icy cōmence lhystoi || re du tres vaillăt no || ble preux et hardy || roy alixădre le grāt iadis Roy ᴢ seigneur de tout || le monde. (A la fin :) ❡ Cy fine le liure et lhystoire du noble et vaillăt roy Alixandre || iadis seigneur || de tout le monde, *lequel a esté nouuellemēt* || *imprimé a Lyon sur le rosne par Oliuier Arnoul- let*, in-4, de 59 ff., chif. de Ai à h iiij, il y a de plus un f. blanc (60e); le premier cahier est de 4, les autres de 8; sur le titre, une fig. s. b.; le vol. est orné de fig. s. b. et de belles majuscules gravées.

Jolie édition imprimée vers 1535.

— La même. *Nouuellement imprime à paris par Alain Lotrian. Demourant en la rue* || *Neufue- nostre-dame. A lenseigne de lescu de France*. S. d., petit. in-4, goth., à long. lig., fig. s. b.

Cette édition, quoique portant un titre exactement semblable, diffère cependant de la précédente; elle a 60 ff., sign. A. N.

— Une édition, peut-être plus ancienne que celle d'Alain Lotrian, est celle dont nous avons vu d'importants fragments chez M. Tross : ALEXANDRE

LE GRAND. ℭ cy cōmēce lhystoire du très-vaillant Noble : preux et har‖dy roy Alixandre le grant, in-4, goth., à 48 lig. à la page entière ; l'exempl. que possédait M. Tross (1862) était incomplet de la fin (sign. A-Hiij), il n'était que de 42 ff. ; sur le titre se trouvait une grande gravure sur bois : le texte est absolument différent de celui qu'offre l'édition d'Arnoullet ; une mention mss. au titre donnait la date de 1527 ; le caractère rappelait celui de l'imprimerie Trepperel.

— Un exempl. de l'Histoire du... roy Alixandre le grãt ; *Lyon, Olivier Arnoullet*, s. d., in-4, goth., de 42 ff., à longues lignes. 820 fr. Yéméniz.

ALEXIS (*Guillaume*). Le grant Blason de faulces amours. *S. l. n. d.*, gr. in-8, goth., de 16 ff. [13273]

Édition qui paraît sortir des presses lyonnaises à la fin du XVᵉ siècle.

En *mar.* de Bauzonnet-Trautz, 400 fr. Yéméniz.

L'exempl. Solar de la première édition du *Blason des faulses amours*, 600 fr. pour la Bibl. nat. C'était un livre d'une admirable pureté, auquel les amateurs délicats ne reprochaient qu'une reliure trop riche de Duru.

— Le grand Blason des faulces amours. *Paris, en la rue neufve Nostre Dame*, s. d., pet. in-8, goth., de 28 ff.

Vendu avec 2 pièces imparfaites, 100 fr. baron Pichon.

— Le Blason des faulses amours a été réimprimé à *Genève, par J. Gay et fils*, en 1867, in-18, de 60 pp., 102 exempl., dont 2 sur vélin et 4 sur pap. de Chine.

— DÉCLAMATION faicte... sur leuangile *Missus est Gabriel... Cy finist le...* etc. [13277]

M. Brunet dit bien que cette pièce signée G. H., est le complément de l'*exposition de l'Ave Maria* de Raoul de Montfiquet ; le titre de cette *déclamation* forme le 8ᵉ f. non chiffré du cahier F de l'*exposition* de l'*Ave Maria*. Le bel exempl. de cette pièce qui appartenait à M. Yéméniz est venu confirmer cette assertion ; il faisait le complément de deux petits traités de Raoul de Montfiquet et commençait en tête du dernier f. du cahier f.

En *mar.* de Duru, 510 fr. Yéméniz.

La *Bibliotheca Exotica* (cat. des Foires de Francfort) nous donne le titre d'un opuscule de Guillaume Alexis, qui, croyons-nous, a disparu :

— Le Miroir des Moines. *A Rouen*, s. d., in-8, goth.

Du Verdier, qui emprunte la plus grande partie de ses renseignements à cette source assez peu sûre, ne manque pas de répéter cette attribution.

— Le Débat de l'homme et de la femme. *Paris, J. Trepperel*, 1493, in-4, goth., de 6 ff. [13276]

L'exemplaire de cette pièce rare, acquis 720 fr. par Yéméniz à la vente de Bure et réuni à trois autres pièces non moins précieuses, a été porté à 1850 fr., à la vente du bibliophile lyonnais.

— Le Débat de l'homme et de la femme. *Paris, J. Trepperel*, s. d., in-4, goth., de 4 ff.

En *mar.* de Bauzonnet, 360 fr., même vente.

— Le Passe temps de tout homme et de toute femme. *Paris, J. Saint Denys*, s. d., pet. in-4, 24 cahiers formant 110 ff. non chif. [13275]

En *mar.* de Trautz, 430 fr. même vente ; en *mar.* de Trautz, 455 fr. W. Martin.

— Le Martilloge des faulces langues... *Paris, Jehan Lambert*, 1493, pet. in-4, goth. 405 fr. baron Pichon.

ALFAY (*Joseph*). Delicias de Apolo, recreaciones dei Parnaso per las tres Musas Urania, Euterpe y Caliope : hechas de varias poesias de los mejores ingenios de España. *Zaragoza, Juan de Ybar*, 1670, in-4.

Indiqué par Ticknor, trad. française, III, 441.

ALFIERI (*V.*). [19242]

M. Brunet, qui donne le détail des œuvres philosophico-politiques du grand poëte, a omis sa plus célèbre satire :

— Il MISOGALLO, Prose et Rime. *Londra*, 1799, in-8. Cette première édition est d'une grande rareté.

ALFORDUS. Fides regia Britannica, sive annales ecclesiæ Anglicanæ ubi potissimum Anglorum Catholica, Romana et Orthodoxa fides, e regum et augustorum factis, et aliorum sanctorum rebus e virtute gestis asseritur. Auctore R. P. Michaele Alfordo, alias Griffith, Anglo, Soc. Jesu. *Leodii*, 1663, 4 vol. in-fol. [21504]

Livre important que M. Brunet cite à sa table méthodique. £. 4. Sh. 4 (Lowndes).

— Britannia illustrata, sive Lucii, Helenæ Constantini, Patria et Fides. *Antverpiæ*, 1641, in-4. £. 3. Sh. 5, Horner, 1854.

ALIEDO y Herrera. Historia de Guayaquil en las Costas de la Mar del Sud. *Madrid*, 1741, in-4, avec une carte. 15 à 20 fr.

ALIONI Astensis (*Joh. Georg.*). Opera jocunda... *Impressum Ast per Franc. de Silua*, 1521, pet. in-8. [13128]

L'exemplaire de M. Brunet de ce livre si rare avait été acheté chez Rich. Heber ; on le croyait complet, mais il s'est trouvé qu'il manquait deux ff. dans les rebus qui terminent le vol. ; il a été payé 805 fr. à la dispersion de la belle collection du célèbre bibliographe.

M. Brunet a donné une édition des poésies françaises que renferme ce précieux vol. ; à sa vente un des trois exempl. sur Chine, dans une reliure de Trautz en *mar. plein*, a été vendu 120 fr.

— Poesie Francesi di G. G. Alione Artigiano, composte dal 1494 al 1520, aggiuntavi la *Macharonea* dello stesso con 52 tavole incise. *Milano, G. Daelli*, 1865, 1 vol. (*Poësies françaises* de J. G. Alione, avec une notice biographique et bibliogr. par J. Ch. Brunet.) — Commedia e farse carnavalesche nei dialetti astigiano, milanese e francese, misti con latino barbaro, composte sul fine del XVᵒ sec. *Milano*, 1865, 1 vol. Ensemble 2 vol., pet. in-8. 15 f.

Seule édition complète des œuvres d'Alione.

· Recueil curieux au double point de vue de la littérature française et italienne ; il contient les plus anciennes farces connues en langue française, et les plus anciennes *Macaronées*, tous ces morceaux sont plus que libres ; en outre, plusieurs pièces sont traduites ou imitées d'anciennes sotties ou moralités françaises, du XVe siècle.

ALIZON, Comédie, dédiée cy-devant aux jeunes veuves et aux vieilles filles, et à présent aux beurières de Paris. *Paris*, 1664, in-12, fig.

En *mar.* de Chambolle, 40 fr. Morel, de Lyon.

ALLARD (*Marcellin*). La Gazette Françoise. *Paris, P. Chevalier*, 1605, pet. in-8, front. gravé sur bois. [19065]

115 fr. Solar (la pièce intit. : Ballet en langage forésien, *s. l. n. d.*, petit in-8, vendue séparément 78 fr.). — Les deux pièces réunies, en *v.* f.; 200 fr. Chaponay ; en *mar.* de Duru, 220 fr. W. Martin.

ALLÉGRESSE au peuple et citoyens de Paris, sur la réception et entrée de très-illustre princesse Elisabeth d'Autriche, royne de France, en sa bonne ville de Paris, par F. D. B. C. *Paris, Gervais Malot*, 1571, pet. in-8, de 19 ff.

Un exempl. de cette pièce de vers, en *mar.* de Masson & Debonnelle, 103 fr. Ruggieri.

ALLIO. Lexicon latino-criticum. *Venetiis*, 1742, in-4. 6 à 8 fr.

Aussc de Villoison qualifie ce volume d' « *Opus rarissimum et utilissimum.* »

ALMANACH du Diable, contenant des prédictions très sérieuses et absolument infaillibles pour l'année 1737. *Aux enfers* (*Hollande*), s. d., pet. in-12.

En *mar.* de Trautz, 39 fr. Potier.

A la même vente figuraient :

— PRÉDICTIONS générales et particulières pour l'année 1741 et autres. *Paris, chez Tel, à la Sybille*, 1741, petit in-12.

Satyre contre les auteurs et les acteurs ; avec une clef ; en *mar.* de Capé, 25 fr.

— ALMANACH du diable pour 1738 (par l'abbé Quesnel, neveu du célèbre). *S. l.*, 1738, in-12. Aussi fort rare.

ALMANACH du Trou-Madame. *Paris*, 1791, in-16. (*Cat. Leber*, n° 2566). 50 fr. en *mar.*, Lefebvre d'Allerange ; en demi-rel. 32 fr. Veinant.

Il en existe une réimpr. publiée par J. Gay à Genève et tirée à petit nombre.

ALMANACH spirituel et perpétuel, nécessaire à tout homme sensuel et temporel. *S. l. n. d.* (1530 ?), in-16, goth., de 16 ff.

Pièce rare ; critique des almanachs du temps. 22 fr. Cailhava.

ALMANACHS. Les Canons et documens tres amples, touchant lusaige et practique des communs Almanachz, que l'on

nomme Ephémérides. *Imprimez à Paris par Simon de Collines*, 1543, in-8.

En *mar.* de Chambolle-Duru, 20 fr. Potier ; c'est-à-dire à peu près le prix de la reliure.

ALPHABET anglois contenant la prononciation des lettres avec la déclinaison & conjugaison. *A Rouen, chez Louys Oursel*, 1639, pet. in-8, de 32 pp.

— Grammere angloise pour facilement et promptement apprendre la langue angloise ; qui peut aussi aider aux Anglois pour apprendre la langue Françoise. *Rouen, L. Oursel*, 1639, pet. in-8, de 205 pp.

Ces deux parties réunies d'un livre rare n'ont été vendues que 10 fr. Solar.

ALPHABET et invention de l'utilité des Lettres et divers Karacteres de lettre italique. *Paris, veuve Rob. Micard*, 1602, pet. in-4 obl. 30 à 40 fr.

ALPHABETS XYLOGRAPHIQUES.

La Bibliothèque nationale possède deux précieux alphabets historiés, dont Heinecken n'a point eu connaissance, et que Samuel Leigh Sotheby a très-imparfaitement décrits dans ses *Principia typogr.*

Le premier alphabet est compris en 2 ff. petit in-fol. de 261 mill. de h., sur 188 m. de l. ; la marque du papier est une tour donjonnée ; c'est une marque allemande que l'on n'a pas citée jusqu'à présent, du moins à notre connaissance.

Le premier f. est divisé en 3 compart., dans sa largeur : celui du milieu représente la mort du Juste ; au chevet du lit, une sainte femme avec l'eau lustrale ; au pied, le prêtre avec la croix ; chacun des personnages a sa légende explicative en allemand sur rouleaux. Au-dessus du sujet principal, cinq anges tiennent suspendus des écussons ou drapeaux avec légendes en allemand ; en bas, cinq diables ; les trois personnages du sujet principal sont marqués des lettres A. B. C. ; les cinq anges sont désignés par E. G. I. L. N. et les diables par D. F. H. K. M.

2e feuillet, 2 compartiments ; le premier, divisé lui-même en deux parties, représente le Christ dans sa gloire, avec deux anges lui tendant, l'un le rameau de paix, l'autre le glaive ; au-dessous de l'arc-en-ciel sur lequel trône le Seigneur, se trouve une sainte femme avec trois personnages nus et mains jointes, vêtus simplement d'une étole : ce sont des âmes qui écoutent leur jugement ; l'une est sauvée et entre au paradis, l'autre écoute sa sentence, la 3e attend son tour de séance.

Le compartiment du bas représente l'ange de la justice pesant une âme, tandis que le diable plaide d'un côté et le bon ange réplique de l'autre.

Chacun des dix personnages ci-dessus a sa légende en bas-allemand, et sa lettre justificative, en haut : O. Q. P., au milieu : R. T. V. S, en bas : Y. X. Z.

Le second alphabet, sur même papier, est aussi sur 2 ff. petit in-fol.

Chacun des deux ff. est divisé en trois compartiments à peu près de même dimension.

Dans le premier, la mort offre au pécheur une écharpe ou une étole qu'il semble refuser, tandis que son bon ange vient à son aide.

Dans le second, la mort a réussi à lui faire accepter cette écharpe, par laquelle, dans le troisième elle l'entraîne vers le diable qui l'attend.

Chacun des personnages a sa légende en allemand et sa lettre capitale :

Au 1er comp., l'ange A, le pécheur B, la mort C.
Au 2e, la mort D, le pécheur E.
Au 3e, la mort F, le pécheur G, et le diable H.

Au 2e f. les sujets correspondent à ceux du 1er f.; l'écharpe personnifie sans doute l'état de péché ou l'impureté, mais quelle est l'origine mystique de l'emblème, nous ne saurions le dire.

Au 1er comp., le pécheur qui a refusé l'écharpe au f. correspondant est introduit par le Christ au paradis.

L'Ange I, le pécheur K, le Christ L.

Au 2e, le pécheur qui hésite est tiré d'un côté par le diable, de l'autre par le bon ange; l'enfer est là, mais l'ange triomphe, repousse le diable et lui assène un bon coup de croix; dans l'enfer, sont trois pécheurs qui brûlent. Il n'y a pour ces dix personnages que cinq lettres et cinq légendes :

Le diable M, le pécheur et l'ange N, les trois brûlés : O, P, Q.

Au 3e enfin, le pécheur qui s'est affublé de l'écharpe est poussé par un diable, chaussé de souliers à la poulaine, vers un autre diable qui a le croc de fer à la main; la porte de l'enfer est là toute ouverte avec les trois damnés.

Trois légendes et trois lettres :

Le diable R, le pécheur S, l'autre diable T; les quatre dernières lettres ne sont pas figurées.

Ces quatre feuillets xylographiques sont d'une superbe conservation; l'encre d'imprimerie est très-noire et le tirage d'une grande netteté. Ce n'est plus là l'impression au frotton du cartier; c'est le vrai tirage d'une planche gravée sur bois en relief, tirage très-net et très-soigné.

Le caractère des légendes est la pure lettre gothique allemande du XVe siècle.

Ces planches nous paraissent exécutées avant 1470.

La Bibliothèque nationale possède un cinquième feuillet, joint à ces deux alphabets; M. Sotheby ne l'a pas vu, car il ne le signale pas dans la note ms. qu'il a laissée à la bibliothèque; la marque du papier figure deux mamelons superposés dans un écusson.

Dix sujets dans le sens de la largeur du feuillet; chacun d'eux a sa légende en 2 lignes : ce sont les dix commandements de Dieu; le diable intervient dans cinq de ces commandements; ce sont les 2e, 5e, 7e, 8e et 9e du Décalogue; le tirage de cette feuille est très-noir et doit être à peu près de la même époque; la planche est entourée d'un large filet noir, et sa largeur entre les filets est de 180 mill., sa hauteur de 253 mill.

Nous avons décrit avec quelques détails ces précieux monuments de la xylographie, dont il ne nous est pas possible de donner, même approximativement, la valeur.

ALPHABETH (Livre d'), à escrire des exemples pour l'usage des Escoliers. *A Francofurt, chez Théodore de Bry.* 1594, in-4, fig. s. b. 20 à 25 fr.

Volume rare que recommande le nom de Th. de Bry.

ALQUIÉ (*Fr. Savinien* d'). Les Délices de la France, avec une description des provinces et des villes du royaume, enrichi des plans des principales villes de cet Estat, par F. S. d'Alquié. *Amsterdam, Commelin,* 1670, in-12, fig.

Petit volume rare et assez curieux. 10 à 12 fr.

ALTUS. Mutus liber. *Rupellæ, apud Pe-*

trum Savouret, 1677, in-fol., un front. gravé, un f. de texte impr., 14 planches, et un f. contenant le privilège. [8983]

ALVA (*Bartholome* de), *Beneficiado del Partido de Chiapa de Mota.* Confessionario mayor y menor, en lengua Mexicana, y platicas contra las supersticiones de Idolatria, que el dia de oy an quedado a los Naturales desta Nueua España, e instruccion de los s. sacramentos,... etc. *En... Mexico, por Francisco Salbago, impressor del secreto del santo officio,* 1634, in-4.

Volume précieux qui n'est mentionné par aucun des bibliographes américains.

£. 6. Sh. 7. D. 6. P. Fischer.

ALVAREZ (*Francisco*). Ho Preste Ioam das indias (Vignette en bois, tirée en rouge & noir, et au-dessous) : Verdadera informaçam das terras do Preste ‖ Joam segundo vio ʒ escreueo ho padre Francisco Aluarez capellã del Rey nosso ‖ senhor. — *Agora nouamẽte impresso (en Coimbra) por mandado do dito señhor em casa de Luis ‖ Rodriguez liureiro de su alteza. ‖ Acabouse no año de encarnaçam... ‖ a hos vinte dous dias de Out ‖ ubro ‖ de mil o quinhentos ʒ quarenta años,* in-fol., goth., de 2 ff. lim., 136 ff. chif., v ff. de table et 1 dernier f. pour la marque de Luis Rodriguez. [28414]

Les caractères, qui ont servi à l'impression de ce rare vol., ont été gravés à Paris (Voy. Ramusio, *Navig.*, 1, 189).

Prix actuels : cat. Tross, 1872, 1000 fr.; autre exempl. 1200 fr.

ALVAREZ (*Garci*). Contemptus mundi que hazia Garci Aluarez capelan de la Serenisima señora : doña Germana reyna de Aragon. *S. l. n. d.,* in-4, de 11 ff.

Poëme inconnu aux bibliographes; décrit (n° 431) au catalogue Salvá, qui le croit imprimé à Valence.

ALVAREZ GUERRERO (*L. Alfonso*). Las docientas del Castillo de la Fama, compuestas por el licenciado. *Valencia, Juan Iofre, ano de* 1520, in-4, goth., 45 ff. non chiffrés.

De longs détails sur ce livret très-rare dans l'*Ensayo de una Biblioteca española,* 1, 165.

ALVENTOSA (*Pedro* de). Historia lastimosa y sentida de los dos tiernos amantes Marcilla y Segara, naturales de Teruel. *S. l. n. d.,* in-4, 16 feuillets, à 2 col.

Poëme en redondillas, divisé en trois parties; le caractère gothique donne lieu de croire qu'il fut imprimé au plus tard en 1555. Un exempl. de cet ouvrage, inconnu aux bibliographes, se trouve dans la bibliothèque du duc de Marlborough, au château de Blenheim (Ticknor, *Hist. de la litt. esp.,* t. III, p. 433).

AMADIS. [17520]

Les questions relatives à l'auteur de l'Amadis ont été abordées par Clemencin, dans ses notes sur *Don Quichotte;* par Salvá, dans le tome IV du *Repertorio americano,* et par M. Pascual de Gayangos, dans le très-bon *Discurso preliminar* qu'il a placé en tête des *Libros de caballerias* (contenant l'*Amadis* et *Las Sergas*); Madrid, 1857, in-8.

Divers romans de chevalerie, tels que *Tirant lo Blanc, El Baladro del sabio Merlin* et la *Demanda del Sancto grial,* ayant été imprimés au quinzième siècle, Moratin a eu tort d'avancer, dans ses *Origenes del teatro,* que l'Amadis était le premier *libro caballeresco* qui avait vu le jour en Espagne. Consulter aussi l'ouvrage de M. E. Baret : *De l'Amadis de Gaule et de son influence sur les mœurs et la littérature au seizième et dix-septième siècle. Avec une notice bibliographique;* 2e édit.; Paris, Firmin-Didot, 1873, in-8.

AMADIS DE GAULA. Los quatro libros del Uir ‖ tuoso cauallero Amadis ‖ de Gaula : Complidos. ‖ (au-dessus, une grande gravure sur bois, et dans une banderole les mots : AMA ‖ DIS ‖ DE ‖ GAULA ‖). (A la fin :) Acabanse los quatro libros del esforçado y muy virtuoso Caualle ‖ ro Amadis de Gaula : enlos quales se hallan muy por estenso las grandes auenturas y ‖ terribles batallas que en sus tiępos por el se acabaron y vencieron y por otros mu ‖ chos Cavall' os : assi de su linaje, como amigos suyos. ❡ *Fueron emprimidos en ‖ la muy noble, y muy leal ciudad de Çaragoça, por George Coci Ale ‖ man. Acabaröse a XXX dias del ‖ mes de octubre del año del na ‖ scimiëto de ñro saluador Jesu Xpo mil y quinientos y ocho años* (en dessous, au r° du 298e f., la grande marque de l'imprimeur; le dernier f. est blanc). In-fol., goth., à 2 col., 302 ff. dont les 298 premiers sont chiffrés, sign. *a-z* et A-P, à 8 ff. par cahier, à l'exception de P qui n'en a que 6, 46 lignes à la p. entière. ʃ

Première édition, découverte à Ferrare par M. Tross, et absolument inconnue aux bibliogr. espagnols. Un bel exempl. de ce livre important vaudrait bien cinq ou six mille francs et peut-être plus.

— Los quatro libros del muy esforzado cauallero... nueuamente emendados è hystoriados. *Salamanca,* 1510, in-fol.

D. Diego Clemencin, dans une note de son édition de *Don Quixote* (I. 107), cite cette édition en se référant à Lenglet du Fresnoy et à Quadrio; elle est également mentionnée dans un catal. dont le ms. autographe est au British Museum; mais aucun bibliographe sérieux n'ayant décrit cette édition, non plus que celle de Sevilla, de 1510, on doit les considérer comme hypothétiques; toutefois *las Sergas de Esplandian,* c'est-à-dire la 5e partie de l'*Amadis* ayant paru à Séville en 1510, et le *Florisando* (6e partie) à Salamanca la même année, il y a tout lieu de croire qu'il existe de l'*Amadis* des éditions plus anciennes qui n'ont point encore revu le jour, et la découverte faite par M. Tross d'une édition de 1508, prouve surabondamment le fait.

— Los quatro libros de Amadis de Gaula corregidos por Garci Ordoñez de Montalvo. *Seuilla, a XX dias del mes de Marzo* 1511, in-fol., goth., à 2 col.

Cette édition figure au catal. de la bibl. de D. Fernando Colon à Séville, mais elle a disparu.

— Los quatro libros del ‖ muy esforçado Caua ‖ llero Amadis de Gaula ‖ ... *El qual fue imprimido por Antonio de Salamā ‖ ca. Acabose en el anno del nascimiëto de nues ‖ tro salvador Jesu Cristo de mil z quiniëtos z XIX años, à XIII dias de mes de April,* in-fol., goth., à 2 col., de 284 ff., fig. s. b.; le privilège de Léon X est adressé à Ant. de Salamanca.

Cette édit. est décrite à l'*Ensayo* et au cat. Salvá, tome II, p. 3 ; l'exempl. Heber, incomplet de 2 ff., est à Londres chez R. S. Turner ; un second est à la bibl. d'Oporto ; Clemencin dit en avoir vu un autre à la *Bibliot. Nacional* de Madrid, mais il a disparu.

— Los quatro libros ... *Fuerö emprimidos en ... Çaragoça ... por George Coci Alemā — Acabaronse à XXX dias del mes de Julio, en el año ... de mil, y quinientos y veynte uno,* in-fol., goth., à 2 col., de 302 ff. y compris le front. et la table.

— Los quatro libros ... *Toledo,* 1524, in-fol. Édition qui n'est indiquée par Salvá que d'après une note ms. d'Heber.

— L'édition de *Sevilla, Juā Cröberger,* 1531, in-fol., de 300 ff., est décrite au *Manuel* et par Salvá (II, p. 5).

— L'édit. de *Venecia, Anton. de Sabio,* 1533, in-fol., de VI-300 ff., lett. rondes, avec le titre en rouge, est indiquée au *Manuel;* un exempl. en *v.* a été vendu 1025 fr. Luzarche.

— L'édit. de *Sevilla, J. Cromberger,* 1535, in-fol., à 2 col. de 300 ff., est la copie littérale de celle de 1531, aussi bien que celle de 1539; elles sont décrites au *Manuel* et au cat. Salvá.

— Los quatro libros ... *Medina del Campo, Joā de Villaquirā y Pedro de Castro,* 1545, in-fol., goth., à 2 col., de 207 ff.

— Dunlop indique une édition de *Salamanca,* 1547, in-fol., mais il est fort probable qu'il se trompe, et qu'il s'agit de l'édition publiée à Séville cette même année.

— L'édition de *Salamanca, Vincencio de Portonaris,* 1575, indiquée au *Manuel* comme se trouvant à la bibliothèque de la rue Richelieu, figure au catalogue Salvá, où elle est décrite, t. II, p. 7.

— Une édition *s. l.,* 1547, in-fol., est indiquée par le bibliographe portugais Barbosa Machado.

— Une réimpression mal exécutée et accompagnée de figures au-dessous du médiocre, a paru à Madrid en 1838, 4 vol. in-4.

— LAS SERGAS del muy virtuoso cauallero Esplandian, hijo de Amadis de Gaula, llamadas ramo de los quatro libros de Amadis. — *Fue impresso en Sevilla por maestro Jacobo Cromberger à 31 de Julio de mil quinientos z diez años, trasladolas y emendolas Garci Gutierrez de Montaluo...* in-fol., goth., à 2 col.

Catal. de Don Fernando Colon.

C'est la plus anc. édit. citée ; celle du même catal. datée du 31 juin 1510, doit être la même : il n'y a qu'une erreur de mois bien admissible.

— L'édition de *Toledo,* 1521, citée par M. Brunet d'après l'exempl. de la Mazarine, est acceptée par les rédacteurs de l'*Ensayo,* qui ne peuvent en citer d'ex. en Espagne.

— Las Sergas... *Sevilla, Juan Varela de Salamanca. Acabose à dias dias de Abril. Año de mill z quinientos e vcynte z seys años,* in-fol., goth., à 2 col. 119 ff.

Le *Manuel* ne cite cette édition que sur la foi de Lenglet Du Fresnoy copié par d'autres bibliographes, mais elle est décrite dans l'*Ensayo,* I, 369, d'après un exempl. conservé dans la bibliothèque de D. José de Salamanca. Il faut observer que le nom du correcteur et traducteur est indiqué Gutierrez, au lieu d'Ordoñez, erreur qui provient sans doute de celle que présente l'édition de 1510, et qui a été reproduite depuis.

— L'édition de *Burgos, Juan de Junta*, 1526, indiquée mais non décrite au *Manuel*, se compose de 126 ff. à 2 col. Un exempl. dans la bibliothèque Salamanca. Celle de *Sevilla*, 1542, dont un exempl. est à la bibliothèque Mazarine, se trouve aussi dans la *Grenvilliana*.

— Celle de *Burgos*, *Simon de Aguayo*, *Año* MDLXXXVII, in-fol., lettres rondes, à 2 col., 138 ff., n'a point de souscription, elle se termine par les mots : LAUS DEO. Il se trouve également un des exempl. de cette édition dans la bibliothèque Salamanca ; elle fut destinée sans doute à servir de second tome aux quatre premiers livres publiés par Juan de Junta en 1526.

— L'édition de *Çaragoça*, 1587 (à la fin 1586) que le *Manuel* indique comme étant de 120 ff. est de 116 ff. chiffrés et 5 non chiffrés, selon l'*Ensayo*. Celle d'*Alcala*, 1588, in-fol., est décrite en détail au catalogue Salvá, t. II, p. 8.

Esplandian a reparu à la suite de l'*Amadis de Gaula* publié à Madrid en 1857 (voir plus haut).

— SEXTO de Amadis (DON FLORISANDO).

— El sexto Libro del muy esforçado e grande rey Amadis ‖ de Gaula : en q̃ se recuentã los grandes e hazañosos fe ‖ chos del muy valiẽte e esforçado cauallero florisando ‖ principe de Cãtaria su sobrino, fijo del rey don Florestã. Cum privilegio. (Al fin :) *Acabose esta obra... á XV dias del mes d'Abril año d' nuestro Saluador de mil e quinientos e diez años en la muy noble e muy leal cibdad de Salamãca : Impressa en casa de Juã de Porras...* in-fol., goth., à 2 col., de VI et 218 ff, dont les 64 premiers ne sont pas chiffrés. (Bibl. de Don José de Salamanca.)

Le prologue dédic. adressé à Don Juan de la Cerda nous apprend que l'auteur de Don Florisando se nommait Paez de Rivera ; il se dit traducteur d'un texte italien, ce qui, d'après les us et coutumes de l'époque, veut dire l'auteur.

— L'édit. de 1526 est décrite au *Manuel* d'après le bel exempl. de la Bibl. nationale.

— SEPTIMO de Amadis (LISUARTE DE GRECIA).

— El septimo libro de Amadis de Gaula que trata de los grandes fechos en armas de Lisuarte de Grecia, fijo de Esplandian y assi mesmo de los de Perion de Gaula. *Sevilla, por Joan Varela de Salamanca, año de mil e quinientos e catorce*, in-fol., goth., à 2 col.

Cette première édition, dont on ne peut indiquer d'exempl., n'est citée par l'*Ensayo* que d'après le *Catal. de la Colombina* de Séville.

— L'édition de *Sevilla*, *por Jacobo Crõberger aleman y Juã Crõberger*, 1525, *a veynte dias del mes de Octubre*, in-fol., goth., est citée au *Manuel*.

Don José Salamanca en possède un exempl.

— L'édit. de *Toledo*, *Joan de Ayala*, 1539, in-fol. goth. à 2 col., est citée au *Manuel* d'après l'exempl. de la Bibl. nat. de Paris.

— El septimo libro (al fin) : *Fenesce ... impresso en .... Seuilla por Dominico de Robertis. Acabose a veynte dias de Deziembre. Año de mill e quinictos e quarenta y tres*, in-fol., goth., à 2 col., indiqué par l'*Ensayo* d'après un exempl. de la *Bibl. de Cámara* du roi d'Espagne.

— L'édit. de 1548 est citée au *Manuel*.

— El Septimo Libro..... *Seuilla, Jacome Cromberger. Acabose a dezinueve dias de henero, año de mil e quinientos e*

TOME I.

cincuenta, in-fol., goth., à 2 col., CIX ff., fig. sur bois.

— L'édition de *Çaragoça*, 1587, que le *Manuel* indique d'après Lenglet du Fresnoy, est un in-fol. à 2 col., lettres rondes, *en casa de Pedro Puig y Ioan Escarilla*, 97 ff. chiffrés, et 2 non chiffrés pour la table.

— Un exempl. de l'édit. de *Lisboa*, 1587, in-fol., 112 ff. chiffr., figure au cat. Salvá, n° 1513 ; c'est le seul livre de chevalerie qui Salvá ait vu tiré sur grand papier. L'édition de *Çaragoça*, 1587, est également au cat. Salvá, qui cite, sans la décrire, une édition de *Toledo*, 1534, in-fol., d'après une note d'Heber, une de *Sevilla*, *Jacobo Cromberger*, 1550, et une de *Estella*, *Adrian de Anvers*, 1550, in-fol., goth., à 2 col., cxlij ff., inconnue à tous les bibliographes.

— OCTAVO de Amadis.

— El octavo Libro de Ama ‖ dis : que trata de las estra ‖ ñas y grandes proezas de su hijo Lisu ‖ arte y de la muerte del in ‖ clito rey Amadis, 1526. (al fin) : Fenece ... *Fue sacado de lo Griego è toscano en castellano por Juan diaz bachiller en canones. Fue impreso en la muy noble y leal cibdad de Seuilla por Jacome Cromberger. Acabose a XXV de setiembre. Año de mil e quinientos e veynte seys*, in-fol., goth., à 2 col., fig. en b. au commencement des chap., 223 ff. (Bibl. Salamanca).

— NOUENO de Amadis (AMADIS DE GRECIA).

— Le catal. de la *Colombina* indique vaguement une édition de 1530, qui, en tout cas, a disparu sans laisser d'autre trace.

— L'édit. de *Burgos*, 1535, est également enregistrée par l'*Ensayo* sur la foi de Lenglet du Fresnoy, qui n'a point une autorité suffisante.

— L'édition de *Sevilla*, *J. Crõberger*, 1542, in-fol. est décrite au *Manuel*.

— L'édit. de *Medina del Campo, por Francisco del canto, a costa del honrado varon Benito Boyer, mercader de libros. Acabose a doze dias del mes de abril, año de 1564*, in-fol., lett. rondes, à 2 col. de 232 ff. et IV pour la table, est décrite dans l'*Ensayo*, d'après l'exempl. qui fait partie de la bibl. Salamanca.

— M. Gayangos mentionne une édition de *Valencia*, 1582, et une *S. l. n. d.*, in-fol., goth., à 2 col.

— Salvá (tome II, p. 12) décrit une édition de *Lisboa*, *Simon Lopez*, 1596, de VI ff. lim. (et non pas 5, comme dit le *Manuel*) et 232 ff.; un exempl. est à la bibl. Salamanca.

Cette édition de *Lisboa. S. Lopez*, 1596, est la seule que possède Salvá ; il fait remarquer qu'à la suite du *Lisuarte* imprimé à Saragosse par Pedro Puig en 1587, on lit ces mots : « *A este libro se segue la cronica del cauallero de la ardiente Espada, llamado Amadis de Grecia*, » ce qui peut faire croire qu'il a paru à Saragosse une édition de ce 9e d'Amadis, faisant suite à celle de *Lisuarte*.

— DON FLORISEL DE NIQUEA.

— Les éditions de *Valladolid*, 1532, in-fol., goth., et de *Sevilla*, *Jac. Cromberger*, 1546, in-fol., goth., sont toutes deux suffisamment décrites au *Manuel*.

— L'édition de *Lisboa*, *em casa de Marcos borges Impressor do Rey nosso senhor*, XX *dias de abril de 1566*, est un in-fol., en lett. rondes, de 282 ff. à 2 col. et 4 ff. de table ; la bibl. Salamanca en possède un exempl.

— L'édition de *Çaragoça*, 1584, in-fol., est décrite au *Manuel*.

Un exempl. d'une édition de *Burgos, s. d.*, in-fol., goth., figure sur un catal. de la librairie Longman de Londres, année 1825 ; il est fort probable qu'il y a là quelque erreur ; en tout cas nous ne la connaissons pas, non plus que celle de *Tarragona*,

1584, in-fol., citée dans un catal. de Hambourg, et qui, suivant toutes sortes de probabilités, est la même que celle de Çaragoça, 1584, citée au *Manuel*.

— ONCENO de Amadis (ROGEL DE GRECIA).

— L'édition de 1546, *Sevilla, J. Cromberger*, in-fol., citée au *Manuel*, est donnée par l'*Ensayo*, comme la première. Zarco del Valle et Sancho Rayon n'admettent pas l'existence d'une édition de *Medina del Campo*, 1535, que donne le catal. de *la Colombina* de Séville, non plus que celle de *Sevilla*, 1586, que cite Lenglet du Fresnoy.

L'édition de *Salamanca*, 1551, indiquée au *Manuel* est un in-fol., lettres rondes, 197 ff. à 2 col. et un f. sur lequel est la souscription. La seconde partie commence au f. 169 avec un titre spécial. C'est une des meilleures impressions exécutées par André de Portonariis.

— Parte tercera de la chronica del muy valiente principe ... *Seuilla, Jacome Cromberger, año de mil y quinientos y cinquenta y uno*, in-fol., goth., à 2 col., 215 ff.

Un exempl. dans *la Biblioteca de Cámara* du roi d'Espagne.

— Un exempl. de l'édition d'*Evora*, s. d., est décrite au catalogue Salvá, tome II, p. 14 ; la pagination est très-irrégulière.

— Les livres I à XII d'Amadis de Gaule mis en françois, par le seigneur des Essars, Nicolas de Herberay. *A Anvers, chés Jean Waesberghe*, 1561, 12 part. in-4.

Un bel exempl. en anc. rel. *mar.* armorié, 350 fr., cat. à prix marqué Aug. Fontaine.

— Liv. I à XIV, *Anvers, Silvius*, 1574, 14 part. in-4.
— Liv. XV à XXI, *Lyon, Benoist Rigaud*, 1577-82, 7 vol. in-16. Liv. XXI, XXII, XXIII. *Paris, Gilles Robinet*, 1615, 3 vol. in-8. Le Trésor, (*Lyon*, 1567, in-16.) 100 fr. Morel de Lyon. — Le bel exempl. de M. Yéméniz était formé de 26 vol. in-8 et in-16 (remontés in-8) de toutes dates (1550 – 1615), uniformément reliés en anc. rel. *mar. r.* attribuée à Padeloup, 910 fr.

Le Trésor des Amadis, contenant les epitres, complaintes, concions, harangues, deffis et cartels, recueillis des douze livres d'Amadis de Gaule. *Anvers, par Christ. Plantin*, 1560, pet. in-8, de IV-172 ff. chif., impr. en car. ital., excepté les têtes de chapitre qui sont en car. ronds ; le titre est entouré d'une bordure s. b.

Non cité dans les *Annales Plantin*. 25 à 30 fr.

AMANDUS Zierixensis (*Fr.*). Chronica ‖ compendiosissima ab ‖ exordio mundi vsq3 ad annum Domini ‖ millesimum, quingentesimũ trigesimũ ‖ quartum : per venerandum patrem. F. ‖ Amandum Zierixensem..... Adjectæ sunt Episto ‖ læ duæ quæ christiani regis Aethiopiæ, Dauidis, ad ‖ Clementem septimum, Rhomanum pontificem ‖ anno domini, 1533 destinatæ.... Aliæ quoq3 tres epistolæ ex noua maris ‖ Oceani hispania transmissæ... *Antuerpiæ apud Simonem Cocum. Anno Do ‖ mini* M.CCCCC. XXXIIII, *mense Maio*, in-8, de VIII-128 ff. chiffrés.

Ce qui donne du prix à cette chronique, citée par les bibliographes belges, ce sont les lettres écrites du Mexique par divers religieux. (Harrisse, *Bibl. amér ic.*, n° 186.)

AMATUS Fornacius. [18034]

C'est à tort qu'on a avancé que cet écrit contient le texte original du livre italien *Alcibiade fanciullo*. Cette erreur est reproduite dans le catalogue imprimé à Madrid de la bibliothèque de M. de la Cortina, marquis de Morante, lequel possédait deux exempl. de l'*Amatus*. En réalité les deux ouvrages n'ont entre eux aucun rapport.

AMBOISE (*François* d'). Au Roy sur son entrée, son mariage et sa chasse, theralogue, ou Eclogue Forêtière, faicte par son commandement et prézentée à sa Majesté. *Paris, Gervais Mallot*, 1571, pet. in-8, de 8 ff., avec le portrait de Fr. d'Amboise au v° du titre.

Cette pièce est citée par Niceron. 80 fr. Tross, 1869.

Parmi les autres ouvrages de cet écrivain fécond, que n'a pas daigné citer M. Brunet, nous croyons devoir signaler :

— — ELEGIE sur le trespas d'Anne de Montmorency. *Paris, Nicolas Chesneau*, 1568, in-4. — Première édition. 30 à 40 fr.

— LE TOMBEAU de Gilles Bourdin, etc. *Paris, Denys du Pré*, 1570, in-4.

— PANÉGYRIQUE sur le mariage de M. Henry de Lorraine, Duc de Guise, et de Madame Catherine de Clèves, comtesse d'Eu. *Paris, Nicolas du Mont*, 1570, in-8.

On sait que c'est à Franç. d'Amboise qu'on doit la première édit. des *OEuvres poétiques de Claude Turrin*. Paris, 1572, petit in-8.

AMBOISE (*Michel* d'). Le Guidon ‖ des gens de guerre, ou ‖ quel est contenu l'art de scauoir mener et ‖ cõduyre gens de cheual, et de pied, assiéger ‖ villes, les assaillir, et deffendre, faire ram ‖ - pars, bastillons, trenchees, batailles, batail ‖ ons, scoyadrõs, courses, etc...... Faict et compose par Mi ‖ chel d'Amboyse, escuyer ‖ Seigneur de Cheuil ‖ lon, dict l'escla ‖ ve Fortune. *Imprime a Paris pour Galliot du pre, libraire, et fut acheue le* XV° *iour du mois de mars* 1543, pet. in-8, de 6 ff. prél., de III ff. chiffrés et d'un f. blanc.

Volume dont nous n'avions trouvé trace que dans les catal. des Foires de Francfort, et dont M. Tross a retrouvé un exempl., sur lequel nous avons pris la description.

50 fr. (1866), en *mar.* de Hardy-Mennil ; 150 fr. chez M. Pichon en *mar.* de Trautz.

— LES EPISTRES VÉNÉRIENNES, etc, *Paris, Jehan Longis*, 1556, in-8. [13364]

Cette édition, moins précieuse que celle de 1532, qui vaut 200 ou 300 fr., que celle de 1534, qui est presque aussi recherchée, est encore d'une certaine valeur et tout aussi rare que la première.

— Voici quelques prix :

— LES ÉPISTRES Vénériennes... Paris, *Alain Lotrian et D. Janot*. S. d., in-8, goth. en *mar.* 120 fr. W. Martin.

— LES CENT ÉPIGRAMMES... *Paris, Al. Lotrian et J. Longis*, 1532, in-8, goth. En mar. de Kochler, 140 fr. W. Martin.

— LES CÔTRESPISTRES d'Ouide. *Paris, D. Janot*, 1541, in-8. Exempl. Nodier, 195 fr. W. Martin.

— LE RIS DE DÉMOCRITE... *Paris, Arn. L'Angelier*. 1547, in-8. 30 fr. W. Martin.

— Le même. *S. l. n. d.* in-16, de 96 ff. non chiffrés, sign. A-M., car. ital., fig. s. b. — Un exempl. incomplet du titre a été vendu 11 fr. chez W. Martin; le rédacteur du catal. croit que cette édit. pouvait être celle que Duverdier indique comme impr. à *Rouen par Robert et Jean du Gort*, en 1550.

— Le Secret d'amours..... *Paris, Arnoul et Charles les Angeliers frères*, 1542, in-8. [13366]

L'exempl. Ch. Nodier, 225 fr. W. Martin.

AMBROISE (S.). Sensuyt le Traictie sainct Ambroise ‖ du bien de la mort. (Au r° du 39° f., lig. 6 : ⁋ cy finist le liure de sainct Ambroise du ‖ bien de la mort. *S. l. n. d.* (vers 1510), pet. in-8, goth., de 39 ff., sign. A.-E., grav. en b. sur le titre 25 à 30 fr.

AMBROSINO da Soncino. Vita e conversatione sancta del Beato Jacobo do Alemania conuerso de l'ordine de' Predicatori, nouamente morto a Bologna (riueduta et abbreviata per il R. P. F. Sil, vestro da Pierio). *Bologna, per Zoanne Antonio delli Benedicti*, 1501, in-4, en car. semi-goth.

Fort rare.— A. da Soncino a été longtemps regardé comme le plus grand artiste verrier qu'ait produit l'Italie; cet art lui fut enseigné par Fra Jacopo en témoignage de gratitude; il le considérait comme un frère, aussi dit-il naïvement : *«Con lui dormito uno anno sopra uno medesimo sacone.»*

AMBROSIUS (S.) Mediolanensis. Opera. *Basileae, Joh. de Amerbach*, MCCCC. LXXXXII, 3 vol. in-fol., goth. [989]

Cette première édition des œuvres de saint Ambroise offre cette particularité qu'en tête du 1er tome se trouve une épître de Jean de Stein (de la Pierre), le célèbre recteur de la Sorbonne, auquel on doit l'introduction de l'art typographique à Paris; cette lettre prouve qu'à cette date il était revenu se fixer à Bâle, où l'on ne sait qu'il finit ses jours.
— D. AMBROSII Mediolanensis Hexahemeri libri sex. Liber de Paradiso. — Sermo de ortu Adæ. — Item sermo de Arbore interdicta & liber de Caïn & Abel; Præmittitur Vita S. Ambrosii sec. Paulinum Episc. Nolanum. *S. l. n. d.* (*Mediolani*, c° 1475), in-fol., car. ronds, à longues lignes, avec sign., sans ch. ni récl.

Les mots grecs ont été laissés en blanc, pour être écrits à la main; la préface de l'éditeur Venca est fort intéressante; il récrimine vertement contre l'incurie des Italiens, qui par leur négligence ont laissé perdre les plus précieux trésors de l'antiquité littéraire.

Cette belle édit. fort rare n'est pas citée par Hain.

AME (L') ou l'honeste amour, du S. D. M. C. L. R. L. V. — *S. l.*, 1575, pet. in-4.

Ce recueil de vers du XVI° siècle, qui avait échappé aux recherches de l'abbé Goujet et de Viollet le Duc, a figuré à la vente L. Double, où, relié en *mar.* par Trautz-Bauzonnet, il a atteint le prix de 320 fr.

AMIGUER (*A.*). Lectura feta per lo reuerent mestre Anthoni Amiguer mestre en medicina sobre la tractat segon del R. mestre Guido lo qual tracta de apostemas in general. *S. l. n. d.*, in-4 goth.

Traité de médecine et de chirurgie en dialecte catalan, qui n'est pas cité par les bibliogr. espagnols.
50 fr. Maisonneuve (incomplet).

AMMAN (*Jost*). Enchiridion artis pingendi, fingendi et sculpendi, in quod (sic) thesaurus novus et ingens variarum figurarum virorū, mulierum, infantum (sic) et animalium, in usum adolescentiæ cupidæ adeoque omnium artis huius amantium, est congestus a Jod. Ammano. *Francof. ad Mœnum*, 1578, pet. in-4, fig. s. b. (le reste comme au *Manuel*). [9233]

— Cleri totius Romanæ ecclesiæ subjecti. *Francofurti, sumptibus Sig. Feyrabendij*, 1585, in-4, de 114 ff. avec 102 fig. s. b. [21703]

AMOUR (L') en fureur, ou les excès de la jalousie italienne. *Cologne, Olivier*, 1684, in-16.

Petite nouvelle assez rare. 8 à 10 fr.

AMOUR (L') philosophe (attribué à N. Rapin). *S. l. n. d.* (vers 1600), gr. in-16, de 16 ff. 85 fr. J. Pichon.

Cet opuscule a été imprimé sous le nom de Rapin dans le tome Ier des *Muses ralliées* de Despinelle, 1599. On le trouve aussi dans les *Amours du grand Alcandre*. Cette 1ere édition dont on ne connaît pas d'autre exemplaire, a dû paraître vers 1599, Gabrielle d'Estrées y étant nommée comme encore vivante.

AMOUREUZ BRANDONS (Les) de Franciarque et Callixene. *Paris, Bourriquant*, 1606, in-12. [16372]

— Réimp. à 106 ex., dont 4 sur pap. de Chine et 2 sur vélin. *Genève, Gay*, 1868, in-18, 159 pp.; notice de P. Lacroix, p. 7-12.

Il n'existe d'autre exempl. que celui de la bibliothèque de l'Arsenal et aucun n'a passé en vente. Beauchamp signalait cette pièce en 1735 (*Recherches sur les Théâtres*, in-4, 2me partie, p. 76), d'après le seul exempl. connu qui était alors dans la bibliothèque de M. de Coligny. Le duc de La Vallière ne la possédait pas encore en 1768, puisqu'elle n'est ni analysée, ni citée dans la Bibl. du théâtre français; ce n'est que plus tard qu'il devint possesseur d'un exempl. en assez mauvais état compris dans le catal. La Vallière-Nyon.

Les figures sont des bois d'une taille grossière usés et cassés, qui avaient déjà été employés dans d'autres publications.

Il n'y a pas de privilège, ce qui peut expliquer la disparition du livre. Le nom de l'auteur est inconnu. Beauchamp indique les initiales A. B., mais sans dire où il les a prises. La pièce, pleine d'aventures extraordinaires et d'imbroglio romanesque, a toutes les allures d'une ancienne tragi-comédie italienne ou latine du XVe siècle; c'est évidemment du latin ou de l'italien qu'elle a été tirée. On reconnaît à chaque phrase le travail du traducteur. Beauchamp, reproduit par Brunet, dit que cette pièce est très-libre; ce n'est pas exact; on rencontre seulement dans deux ou trois scènes des expressions grossières et des images peu voilées, selon l'usage de l'époque ; le drame est d'ailleurs fort intéressant, malgré ses longueurs ; on pourrait comparer cette pièce à quelques productions de l'ancien théâtre espagnol, notamment à la *Célestine*.

AMOURS (*Guil*.). La grant Prenostication (*sic*) nouvelle et Almanach pour lan mil cinq cens XVIII, composée sur le climat de la France par Mᵉ. Guillaume Amours, docteur en médecine de la faculté de . Louvain. *S. l. n. d.* (*Louvain*, 1518), in- . 4, goth., de 4 ff., avec 2 fig. s. b.

Cette pièce est fort rare, et semble avoir donné à Rabelais l'idée de ses célèbres *Prognostications*. 50 à 60 fr.

AMOURS (Les) de Microton, ou les charmes d'Orcan, pastorale enjouée, mêlée d'ornements singuliers et divertissans, représentée par la troupe royale du Marais. *A Paris et se distribue à l'hostel des Pigmées au Marais*, s. d., in-4.

Ce ballet curieux n'est cité nulle part. C'est le seul qui nous reste du répertoire de l'organiste Raisin, inventeur du théâtre des Pygmées ou des petits enfants. Il est de 1660 ou 1662. Réimprimé dans le *Bibliophile fantaisiste*, nᵒ 12 (décembre 1869, p. 529-547).

AMOURS (Les) de S. A. R. Mademoiselle souveraine de Dombes, avec le comte de Lauzun. *S. l. n. d.* (*Hollande, vers* 1672), in-12, de 71 pp.

En mar. de Capé, 38 fr. Solar ; 60 fr. en avril 1867.

AMOURS folastres du Filou et de Robinette. Réimpr. de l'édit. de 1629 avec avant-propos et notes par P. L. (Paul Lacroix). *Paris, J. Gay*, 1862, in-18, XXIV et 7 pp. [17162]

Tiré à 115 exempl. Lenglet-Dufresnoy ne l'a pas cité dans sa Bibliothèque des romans. Il est au catal. Nyon, 10236, et vendu 7 fr. De Bure (1835).

AMPHIAREO da Ferrara (*Vespasiano*). Opera di Frate Vesp. Amph. da Ferrara, nella quale si insegna a scrivere varie sorti di lettere. *Venetia*, 1559, pet. in-4 obl., de 44 ff., contenant un grand nombre d'alphabets, ornés de rinceaux et de figures. 30 à 40 fr.

AMUSEMENTS (Les) de la Garderobe. *S. l.*, 1712, in-12 oblong.

41. 14 s. vente Gersaint. Cette pièce fort rare vaudrait aujourd'hui 12 ou 15 fois ce prix.

AMYRAUT (*Moyse*). Hymne de la puissance divine. *Paris, Pierre des Hayes*, 1625, pet. in-12, de 35 pp.

Pièce rare, dédiée à « *très-vertueuse, Mademoiselle de Clermont d'Amboise.* »

En mar. de Capé, 115 fr. Taschereau.

Au même catal. figurait également :

— CENT CINQUANTE sonnets chrestiens. *Paris, Pierre des Hayes*, 1625, pet. in-12, de 80 pp.

En mar. de Capé, 150 fr. même vente.

ANACRÉON. Odes, texte Grec, avec traduction Française et notice par M. Am-
broise Firmin Didot et 54 sujets photographiés d'après les dessins de Girodet. *Paris, Didot*, 1864, in-12. 40 fr. [12364]

A chaque pièce de cette charmante publication correspondent une ou plusieurs photographies exécutées sur les dessins de Girodet. Les culs-de-lampe ont été composés par M. Catenacci. L'ouvrage est terminé par des imitations en vers des odes d'Anacréon, dues à Girodet lui-même. ⸺

ANBURY (*Thomas*). Travels in the interior parts of America, during the course of the last war, in a series of letters, by an officer to his friends. *London*, 1791, 2 vol. in-8. — Traduit en français par M. Noël. *Paris*, 1793, 2 vol. in-8.

Nous citons cet ouvrage intéressant que nous ne trouvons pas dans l'*Indian Bibliography* de Th. W. Field, et que Lowndes a également omis.

ANCIENS POETES de la France, publiés sous la direction de M. F. Guessard. *Paris*, 1858-64, 12 vol. in-16. [13174]

ANDECHS (Abb. d'). Die Heilthumer und Reliquien des Heiligen Berges Andechs (le Trésor et les Reliques de la Sainte Montagne d'Andechs). *S. l.*, 1496, in-fol. plano.

Xylographe à 112 compartiments, H. 52 cent., L. 75 cent. ; composé de 4 grandes planches ; ce précieux monument de la gravure sur bois était destiné à servir d'affiche ; il s'y trouve du texte allemand, également xylographique ; c'est la plus vaste composition de ce genre qui nous reste de l'art xylogr. à la fin du XVᵉ siècle ; on y remarque les armes de Bavière et celles de l'abbé Jean d'Andechs. Bien que l'exempl. que nous avons vu chez M. Tross de ce placard puisse être considéré comme unique, nous ne donnons pas moins le prix qu'en demandait ce libraire : 300 fr. en 1870.

ANDOQUE (*Pierre*). Histoire du Languedoc, avec l'état des provinces voisines, par Mᵉ Pierre Andoque.... *Béziers, J. et H. Martel et G. Besse*, 1648, in-fol. 15 à 20 fr. [24723]

Citons encore :

— CATALOGUE des Evesques de Béziers. *Béziers, imprimerie de J. Martel*, 1650, in-4. 6 à 8 fr.

ANDOVILLE (D'). Les Regretz et peines des maladuisez. *A Lyon, chez Olivier Arnoullet, s. d.*, in-8, goth.

Pièce que nous croyons perdue et dont nous ne trouvons le titre que dans les divers *Catal. des Foires de Francfort* au commencement du XVIIᵉ siècle ; il n'est pas besoin d'ajouter qu'un exempl. retrouvé atteindrait un grand prix.

ANDRÉ (*Pierre*). Traicté de la peste, aussi de la disenterie (sic). *Poictiers, Nicolas L'Ogeroys*, 1563, in-8.

Rare. 20 à 25 fr.

ANDREA (*Alejandro*). De la Guerra de Campaña de Roma, y del Reyno de Napoles en el Pontificado de Pavlo IIII, año de M.D.LVI y LVII. *Madrid, Viuda de Guerino Gerardo*, 1589, in-4, de 6 ff., 320 pp. et 12 ff. de tables.

L'auteur avait publié sur le même sujet un ouvrage italien divisé en trois dialogues ; ce fut à la demande de l'un des ministres de Philippe II qu'il le traduisit en espagnol en y introduisant quelques améliorations et en lui donnant une forme nouvelle. Catal. Salvá, 2814.

ANDREAS (Joh.). Lectura super arboribus cōsanguinitatis, affinitatis... [3181]

La 1ʳᵉ édition paraît être celle décrite dans le catal. des Chanoines de Rebdorf : Sans nom de lieu, d'année ni d'imprim.; pet. in-fol., 8 ff., sans ch., récl. ni sign., 3 fig. ou arbres, gr. sur bois, lett. init. grav. en bois.

Nous connaissons de ce théologien bien d'autres traités :

— Suma Johannis Andree de sponsalib? et matrimoniis. S. l. n. d. (Romæ, cᵃ 1474). In-4, à 2 col. sans ch. ni récl. mais avec sign., lett. capit. rubr. (Catal. canon. Rebdorf, nᵒ 97.)

— Quaestiones mercuriales super regulis juris. — 1475, gr. in-fol.

— Incipiunt constitutiones Cle. Pape. V. Unacum apparatu dñi Jō. Andree. — Basileæ, M. Wenssler, 1476, in-fol. max.

— Tractatus de consanguinitate, affinitate, et spirituali cognatione.

C'est le même ouvrage que celui du Manuel.

— (I) sta est sūma Iohīs Andree breuis et ‖ utilis ordinata, suᵽ. secundo decretaliū ‖ anteq̄? dicat aliquid de processu iudicii. S. l. n. d. (Tolosæ, cᵃ 1474). In-4, goth., de 28 ff. dont deux blancs, à 23, 25 et 26 lig.. sans ch., récl. ni sign., divisé en deux parties, dont la seconde contient le commentaire sur le ivᵉ livre des décrétales.

Nous citons ce volume, parce qu'au dire de M. Desbarreaux-Bernard, c'est le premier produit des presses toulousaines ; il serait antérieur au premier livre impr. avec date (1476). Voyez Barbatius.

ANDREINI (Giov. Bat.). La Venetiana, comedia di Ser Cocalino da Cocalini. Venezia, 1619, in-8.

Pièce libre et spirituelle (Gamba, Bibliografia del dialetto Veneziano, p. 109)..

ANDRES (Mossen Juan). Conte vell baralla noua. Sumario breue d' la pratica de la arithmetica d'todo el curso de larte mercătiuol bien declarado : el qual se llama maestro'de Cuento. Valencia, Juan Joffre, año mil DXV, in-4, goth., 144 ff.

ANDRES de S. Nicolas. Imagen de N. S. de Copacauana, portento del nueuo mundo y a conocido en Europa. Madrid, 1663, in-8.

Volume peu connu ; Copacauana est un établissement de la province de Omasuyos au Pérou, et la station de N.-D. de la Candella, ou du Chandelier, est l'une des plus renommées du pays.

ANDRES DE UZTARROZ (Juan Francisco). Segvnda parte de los anales de la corona y Reyno de Aragon, siendo sus reyes doña Ivana y Don Carlos. Que prosigve Los del Doctor Bartholome Leonardo de Argensola. Desde el año

M.D.XXI hasta el XXVIII. Zaragoza, Herederos de Pedro Lanaja. 1663, in-fol., de XIII ff., 150, 134 et 150 pp., plus 15 pour l'indice.

Ouvrage publié par un moine, Miguel Ramon Zapater. La députacion de l'Aragon ordonna en 1664 la suppression de ces Anales.

L'Ensayo de una Bibl. Española cite un grand nombre d'ouvrages du même écrivain.

ANDROUET voy. DUCERCEAU.

ANDUXAR (Martin de). Geometria y trazas pertenecientes al officio de sastres. Tiene 320 traças Españolas, Francesas, Vngaras y de otras naciones. Escrita por Martin de Anduxar, maestre sastre (maitre tailleur). En Madrid, en la imprenta del Reyno, por Alonzo Perez. 1640, pet. in-fol., fig. en b. avec 2 grandes pl. pliées. 120 fr. cat. Tross.

Livre du Tailleur, fort important pour l'histoire du costume ; c'est l'application scientifique des principes de la géométrie à l'art de l'habillement.

ANEAU (Barth.). Genethliac musical et historial de la conception et nativité de Jésus-Christ par vers et chants divers, entresemez et illvstrez des noms Royaux, et de Princes, etc. Auec un chant Royal pour chanter a lacclamation des Roys. Ensemble la ivᵉ Eclogue de Virgile intitulée Pollion ou Auguste, prophetizant la natiuité de Jésus-Christ, etc. A Lyon, chez Godefroy Beringen, 1559, in-8. [16226]

Volume de la plus grande rareté et d'un très-grand prix.

— Exhortation Rationale de S. Euchier à Valerian, ... traduicte en vers françois iouxte l'oraison latine. Lyon, Macé Bonhomme, 1556, in-8.

— Les trois livres de la Métamorphose d'Ovide, avec les mythologies et allégories, etc. A Lyon, Macé Bonhomme, 1556, in-8.

L'exempl. Nodier, en mar. de Köhler, 160 fr. Yéméniz.

— Pasquil antiparadoxe, Dialogue contre le Paradoxe de la faculté du vinaigre. A Lyon, 1549, in-8.

Pièce citée par plusieurs auteurs et par les catal. des Foires de Francfort, mais que, jusqu'à nouvelle indication, nous devons croire perdue.

— Decades de la description, forme et vertu naturelle des Animaulx... A Lyon, par Baltazar Arnoullet, 1549, in-8, A. D. par 8 ff., E. par 4, non chiffrés, le dernier f. blanc. [13674]

Un très-bel exempl. richement relié, 285 fr. Yéméniz.

— Picta poesis... Lugduni apud Matthiam Bonhomme, 1552, in-8, fig. sur bois. [13675]

Un bel exempl. de cette édition orig., 82 fr. Yéméniz.

— Picta poesis... Lugduni, Matt. Bonhomme, 1556, in-16, fig. sur bois.

En anc. rel. mar. 14 fr. seulement Yéméniz ; en mar. de Capé, 60 fr. Potier (1870).

— Imagination poëtique... Lyon, Macé Bonhomme, fig. sur bois. [13675]

L'exempl. Debure (28 fr.), 76 fr. Solar; mais un second exempl. beaucoup plus beau et dans une charmante rel. de Trautz, 200 fr.; un exempl. ordin. en *mar.* 80 fr. Potier (1870).

ANGELAE (B.) de Fulgineo Vita et opuscula a Paulo Rhosello D. Angelicæ Abbatissæ Divæ Luciæ Venetiarum dicata : cum qua græce, (quod mirum) aliquando loquitur. *Sine ulla notatione* (*Venetiis,* cª 1520), in-8.

Libellus rarissimus (*Catal. dei Volpi,* p. 267).

ANGELIN (Jésuite). Recréations pieuses et gaillardises. *Rouen,* s. d., in-12.

Nous ne connaissons pas ce livre, dont nous empruntons le titre au catal. des Elzevirs de 1634, in-4, mais nous croyons devoir le citer comme livre rare et nous pensons qu'il obtiendrait en vente publique un certain succès de curiosité.

ANGELUS (*Johannes*). Astrolabium planum in tabulis ascendens Joh. Angeli, continens qualibet hora atque mito, equationes demorumque celi..... *Venetiis, per Lucam Antonium de Giunta,* 1502, in-4. [8365]

Beau livre orné de lettres gravées en manière criblée et de plus de 400 fig. d'emblèmes et de sujets familiers. 80 fr. Gancia.

ANGER (*Paul*). Défense de la Contr'Amye de Charles Fontaine. *A Paris, chez Jehan Ruelle,* 1545, in-16, lett. rondes.

Pièce rare qui se réunit aux poëmes de la Borderie, de Charles Fontaine et d'Heroet. 50 à 60 fr.

ANGLERIUS (P. *Martyr*). Poemata : in qui ‖ bus supreme ‖ laudes catholicorū Re ‖ gum continentur : que sunt. ‖ Pluto furens ‖ Janus ‖ Inachus ‖ Equestria ‖ Satyra ‖ Victoria ‖ Conuiuium regium lectu sapida ᴣ utilia.... Author Prothonotarius ‖ Petrus Martyr Regius ‖ senator ‖ .˙. .˙. .˙. (In fine :) *Castigatum tersum* ᴣ *ad unguem emaculatū No* ‖ *nas Februarias. Anno a xp̄i Natali vigessimo* ‖ *supra quingētessimū* ᴣ *millesimum,* ‖ in-4, goth., de 71 ff.

Ce volume fort rare est la réimpression tirée à part des poëmes ajoutés par P. d'Anghiera à sa célèbre première édition des *Décades* (*Hispali,* 1511) ; il contient également le commentaire d'Antonio de Lebrixa.

— De Orbe novo decades octo. *Parisiis, Guillelmus Auvray,* 1587, pet. in-8, de VIII ff. lim., carte gr. s. cuivre, 605 pp. chif., et 12 ff. non ch. [28479]

— The decades of the Newe Worlde or West India, conteyning the navigations and conquestes of the Spanyards..... wrytten in the Latin tongue and translated in to Englyshe by Richard Eden. *London,* 1555, in-4. Rare et cher.

ANGOT (*Rob.*). Sieur de l'Esperonniere. Les nouveaux satyres et exersices gaillards de ce temps..... *Rouen, Mich. L'Allemant,* 1637, pet. in-8. [13998]

L'ex. Nodier, court, 130 fr. baron Pichon.

Nous donnons le titre rectifié d'une pièce de l'auteur déjà citée au *Manuel :*

— Chef-d'œuvre poétique ou première partie du concert des Mvses françoises. Dédié à Messieurs de la cour du Parlement de Normandie, par le sieur de l'Esperonnière Angot, advocat au siége présidial de Caen. *A Caen, chez Iacques Brenouset et Iulian le Boulanger demeurant à Froide rue,* 1634. 3 pièces in-4, faisant ensemble 18 ff.

M. Brunet avait donné ce titre ainsi que celui des *Bouquetz poétiques* du même auteur, d'après un exempl., qui a été payé 600 fr. Soleil, et 605 fr. II. Bordes.

A la vente W.Martin, les *Bouquets poétiques* avaient été vendus séparément 105 fr., et le *Chef-d'œuvre poétique,* 100 fr.

C'est toujours le même exempl. qui repassa à la vente Soleil et à la vente Bordes ; il avait appartenu primitivement à M. de la Ferrière-Percy.

Ces deux opuscules ont été réimpr. avec des notes de M. Prosper Blanchemain : *Rouen,* 1873, in-4, XI et 73 pp. (Publication de la société Rouennaise des Bibliophiles).

— Mélanges poétiques, ou continuation de l'Ile Fleurie, par Robert Angot, sieur de l'Esperonière, avocat au Présidial de Caen. *S. l.,* 1614, in-4, de 36 pp.

— Le Tombeau de Jean Bapt. de Vassi, sieur du Gast, recueilli de divers auteurs, par R. A. S. D. L. à madame de la Forest, sa mère. *S. l.,* 1612, in-4, de 18 pp.

— Les Amours solitaires d'Arlanges, à M. de la Fresnaye Vauquelin (par le même). *Suivant l'exemplaire imprimé à Paris,* 1611, in-4, de 51 pp.

Ces poésies du célèbre satirique normand sont d'une telle rareté qu'elles étaient restées inconnues à M. Brunet et à M. Frère. M. Brunet indique le *Prélude poétique* du même auteur, et nous savons par Goujet que ce recueil renferme l'*Isle Fleurie ou les premières amours d'Euridice,* en 88 sonnets, suivis de 12 élégies ; or les *Mélanges poétiques* font suite à l'*Isle Fleurie.*

Les trois pièces qui précèdent ont été vendues 299 fr. à la vente Pichon.

ANGOULEVENT. Les Satyres Bastardes. *Paris, Ant. Estoc,* 1615, pet. in-12. [13919]

455 fr. de Chaponay ; En *mar. doublé* de Bauzonnet, 700 fr. Pichon.

ANIMUCCIA (*Giov.*). Primo libro di Madrigali a quatro, a cinque et a sei uoci de l'Animuccia, nouamente venuti in luce. *In Venetia, appresso Antonio Gardano,* 1547, 5 part. en un vol. in-4 obl.

On trouve rarement réunies toutes les parties de ces recueils anciens. 60 fr. (vente du 3 mai 1865).

ANNIBALE Padovano, organista della illustrissima Signoria de Venetia in San Marco, il primo libro de Madrigali a cinque voci, nouamente da lui poste, composti e per Antonio Gardano posti in luce. *Venetia, Ant. Gardano*, 1564, 5 part. en un vol. in-4 obl.

Ce recueil diffère essentiellement du précédent. 61 fr. vente Tross, 1865.

ANSELME de Sainte-Marie (Le P.). Le Palais d'honneur. *Paris, Estienne Loyson*, 1686, in-4, de 711 pp., fig. et blasons. [28840]

Cette seconde édition, très-augmentée, n'est pas sans valeur; on y joint le *Palais de la Gloire*, édit. de 1664. 20 à 25 fr.

Il faut bien remarquer que dans la première édition du *Palais d'honneur*, les pages 595-596 (*généalogie des La Rochefoucauld*), ont été réimprimées et forment un carton; les exempl. qui n'ont pas ce carton doivent être préférés.

ANSELME (Le Père). Histoire généalogique et chronologique de la Maison royale de France, des Pairs, Grands Officiers de la couronne et de la maison du Roy, et des anciens Barons du royaume; avec les qualitez, l'origine, le progrès et les armes de leurs familles. Ensemble les Statuts et le Catalogue des Chevaliers, Commandeurs et Officiers de l'ordre du Saint-Esprit. Le tout dressé sur titres originaux, par le Père Anselme, continuée par Dufourny; revue, corrigée et augmentée par les soins du P. Ange et du P. Simplicien. (Réimpression de l'édit. de 1726-1733). 4° édit., corrigée, annotée et complétée par M. Potier de Courcy. *Paris, Firmin-Didot*, 1868, in-4, t. IV, blasons.

En cours de publication. Annoncé en 30 livraisons, formant 10 vol., 360 fr. en souscription.

Cette nouvelle édit. renferme de plus la continuation des généalogies de 1733 à 1868; la chronologie des officiers reçus de 1733 à 1790 et leurs généalogies jusqu'à nos jours; la description héraldique des armoiries et l'indication des provinces originaires des familles alliées à celles des grands officiers de la couronne, et de nombreux documents nobiliaires ou historiques d'une haute importance.

ANTECHRIST (Cy commêce la Vie de) bien vtille et contêplatiue a veoir et a lyre. Auec la prophecie et dictz des douze Sibilles. *Nouuellement imprimeez a Paris pour Guillaume Godard*, s. d., pet. in-fol., goth., de iv ff., avec bordures et fig. gr. s. b.

Cette édition est portée à trois guinées au catal. de Payne et Foss. (1837)

ANTHOLOGIA overo raccolta di fiori poetici in morte di Titiano Vecellio di Cadore cavaliere et oratore. *Venetia*, 1621, in-12, portr.

Pet. vol. assez intéressant. 6 à 8 fr.

ANTHOLOGIA. Epigrammatum Græcorum Anthologia Palatina. *Paris, Didot*, 1864-72, 2 vol., in-8. 30 fr.

Ce recueil des petites pièces de 320 poëtes avait été entrepris par M. Boissonade et continué par MM. Jacobs et Bothe; il fut repris par l'illustre helléniste Dübner, qui y joignit les notes si intéressantes de Saumaise, retrouvées par lui à la Biblioth. nation. dans les collections provenant de Chardon de la Rochette; le commentaire exégétique de M. Dübner, malgré sa concision, n'omet aucun des éclaircissements nécessaires à l'intelligence de ces textes souvent obscurs.

ANTHOLOGIA Latina, sive Poesis Latinæ supplementum, recensuit A. Riese. *Lipsiæ, Teubner*, 1869-72, fasc. I & II, in-8.

ANTHOLOGIE morale et chrestienne, contenant divers opuscules, discours et traictez. *A Genève, chez Samvel Crespin*, 1618, in-8.

Recueil protestant curieux et recherché; 20 à 25 fr.

ANTICAIRE (*Jacques*).

Dans le catalogue de la bibliothèque de Blois, publié avec l'exactitude qui lui est habituelle, par M. Michelant, on lit:

« Une autre oraison latine, en parchemin, *imprimée*, faicte pour le peuple de Millan, par Jacques Anticaire, couvert de satin cramoisy ».

Quel est ce livre ou cette pièce?

ANTICHRISTO (Libro del). Epistolas de Rabi Samvel. *Çaragoça*, 1496, in-4, goth., fig. s. b.

Livre espagnol, fort rare, fait d'après la célèbre xylographie allemande; il consiste en 83 pp., dont une seule porte un chiffre; il y a un feuillet blanc entre les pp. 67 et 68; il est imprimé à deux colonnes et orné de bois fort curieux.

Nous empruntons cette description au catal. d'une vente faite à Londres en 1850 par *an eminent collector* (M. Libri).

ANTI-GARASSE (L'), divisé en cinq livres. I. le Bouffon. II. l'Imposteur. III. le Pédant. IV. l'Injurieux. V. l'Impie. *Paris, Rollin Baragnes*, 1627, in-8, de xvi ff. lim., et 940 pp.

Attribuée au Prieur Ogier, cette satire bien connue du sottisier célèbre publiée en 1623 par le P. François Garasse, n'a pas été signalée par M. Brunet, et méritait de l'être. 20 fr. cat. Tross.

ANTIGUEDADES arabes de España. (*Madrid*, 1780-1804), 2 vol., in-fol. [25961]

Un exemplaire, vendu par M. Maisonneuve en 1869, contenant en plus, après la 2e partie, une suite de 23 planches, avec ce titre: *Los mismos Letreros segun lo dexo Casiri*. Ces 23 pl. correspondaient aux pl. 1-14, 16-20, 26-29. Peut-être ces planches n'étaient-elles que des épreuves d'essai, tirées à part pour Casiri lui-même.

ANTITHÈSE de la vraye et de la fausse Église. *Paris*, 1561, in-16.

Satire d'une grande rareté contre l'Église romaine; vendue, en *mar.* de Duru, 44 fr. Cailhava, en 1862.

ANTITHESIS Christi et Papæ. Les Faictz de Jésus-Christ et du Pape, par lesquels chascun pourra facilement congnoistre la grâde différence de entre eulx: nouuellement reueuz, corrigez et augmentez selon la vérité de la saincte Escripture et des droicts canons par le lecteur du Sainct Palais. (A la fin:) *Imprimé à*

Rome par Clément de Medicis, au Chas-teau Sainct Ange. Cum priuilegio Apostolico, s. d. (*Genève*, 1530?), pet. in-fol., goth., avec 32 grandes grav. en bois.

Ce vol. infiniment rare (nous n'en connaissons qu'un seul exempl.) est tout autre chose que l'*Antithesis Christi et Antichristi* (Voy. Brunet, vol. I, col. 324). C'est une traduction non citée jusqu'ici d'une violente diatribe dont l'original latin est attribué à Martin Luther.

ANTITHESIS figurata vitæ Christi et Antichristi. *S. l. n. d.* (*Wittembergæ*, circa 1522), in-4, car. ronds, fig. s. b. de Lucas Cranach.

ANTONIANI (*Silvio*, cardinale). Educazione de' Figliuoli. *Veronæ*, 1584, in-4.

Livre remarquable, dit la *Libreria de' Volpi*, p. 267, que S. Charles Borromée avait fait écrire, et qu'il faisait lire publiquement dans les églises; et « S. Carlo però l'avrebbe desiderato più piano, e adattato a tutte le condizioni. »

ANTONINO (San). A gloria y á loor de Dios aqui comienza un tratado mucho provechoso y de gran doctrina, en el cual se contienen materias tocantes al sacramento de la penitencia.... E el tractado que està en romance, es el que compuso el Rev. S. Antonino Arzobispo de Florencia.... *Sevilla, por industria de Menardo Ungut, aleman, y Lançalao pollono maestres de libros de molde y compañeros,* s. d. in-4, goth., de 128 ff. sans ch., récl. ni sign., avec l'écusson des imprimeurs, gr. s. b., où se trouvent les lettres M. et S. (*Menardo et Stanislao*).

ANTONIUS NEBRISSENSIS (Antonio de Lebrija). Aurea Expositio hyño℣ vna c̃ textv : abAntonii Nebrisseñ. castigatione fideliter trāscripta. (à la fin) :

Quidquid in hymnorum caruisset pondere libro :
  Antonij planum candida musa dedit.
Transscripsit coci sic seduda cura Georgij.
  A primo dicens cuncta venire typo.
Veriferis igitur iam perlege carmina scriptis,
  Lector; ut a veris commoda magna feras.
Quingentos sol quum post mille peregerit orbes :
  Bis denosq : ut Christus venit ab arce patris.
Cum Ianus mensis tibi dederit ipse calendas;
  Cesarea impressum percipe lector opus.

S. l. n. d. (*Cæsaraugusta, apud Georgium Reysk*, 1520), in-4, goth., avec 24 planches gravées sur bois.

Ouvrage d'une certaine importance et d'une extrême rareté. 85 fr. Yéméniz.

ANUNCIACION (P. *Juan* de la), *subPrior del monasterio de San Augustin de Mexico.* Doctrina christiana, muy complida, donde se contiene la exposicion de todo lo necessario para Doctrina a los Yndios, y administralles los Sanctos Sacramentos, compuesta en lengua Castellaña y Micicana. *Mexico, en casa de Pedro Balli*, 1575, in-4, portr. gr. s. b., lettres ornées.

Antonio ne consacre qu'une note absolument insignifiante à cet écrivain ecclésiastique, dont les ouvrages sont nombreux; celui-ci est un des plus rares; il a été vendu £ 13, sh. 5. P. Fischer.

— Sermonario en lengua mexicana, donde se contiene (por el orden del Missal Nuevo Romano), dos sermones en todas las Dominicas y Festividades principales... con un Cathecismo en lengua Mexicana, con el Calendario. Compuesta por P. Juan de la Anunciacion. *Mexico, por Antonio Ricardo*, 1577, in-4.

Un exempl. incomplet £ 3, sh. 3.Fischer.

— Aq̃ se cõtiene un Sermon para publicar la Sancta Bulla, q̃ por mandamiento del yllustrissimo señor D. Pedro Moya de Contreras, Arçobispo de Mexico. En lengua Mexicana y Castellana. *S. l. n. d.* (*Mexico*, 1577), in-4, de 9 ff.

£ 22 ». » Fischer.

APARICIO (*Bartolomé*). Obra de El Pecador. Obra del Santisimo Naçimiento de nuestro Salvador Jesucristo, llamada de El Pecador. *S. l. n. d.,* in-4, de 10 ff.

Ce mystère est réimprimé *in extenso* dans l'*Ensayo de una biblioteca Española*, tome 1, pp. 221-245.
— Le catal. Salvá (n° 1093) en indique une autre édition, *s. l. n. d.,* in-4 de 12 ff., et Barrera en signale une troisième de *Sevilla,* 1611, in-4 de 10 ff.
Malgré ces diverses éditions, cette production de l'ancien théâtre espagnol était restée ignorée des bibliographes spéciaux.

APIANUS (*Petrus*). Cosmogra ‖ phicus Liber Petri Apiani Ma ‖ thematici studiose collectus. (Colophon à la p. 104 :) *Excusum Landshutæ typis ac formulis ‖ D. Joannis Weyssenhurgers : impensis ‖ Petri Apiani. Anno Christi Sal ‖ uatoris omnium Millesimo ‖ quingentesimo vicesimo ‖ quarto mense Ia ‖ nu* (sic): *Phebo Sa ‖ turni Domi ‖ cilium ‖ possidente,* in-4, titre 1 f., 5 ff. prélim. non chiffrés (dans qq. ex. ces ff. sont placés à la fin du vol.), 103 pp. chiffrées; au v° du titre les armes de l'archev. de Saltzburg, et à la p. 2, un globe avec le mot : AMERI placé sur une île; fig. s. b. et fig. mobiles. [8222]

M. d'Avezac a consacré une notice importante à cette première édit. fort rare.
M. Harrisse décrit avec soin toutes les éditions d'Apian antérieures à 1550.

APICIUS (*Cœlius*). Edidit C. I. Schuch. *Heidelbergæ*, 1867, in-12. [10275]
Le texte d'Apicius est très-difficile à rétablir.

APOCALI ‖ PSIS iesu ‖ christi. hoc est re ‖ latione fatta a sancto Giohanni. ‖ Euangelista. cum ‖ noua expositione : in lingua volgare cõ ‖ posta per el reuerendo theologo ange ‖ lico spirito frate Fede-

rico veneto, Or ‖ dinis predicatorum.
Impressa p mi Alexandro de Paga-
nini ‖ in Venitia.... Vendesse sopra la
riua de li carboni. (A la fin :) *Exposi-*
tione... deducte in luce per Alexandro
Paganini in Venitia del M. D. XV. A
di. VII de Aprile. 2 parties en un vol. in-
fol.

Ce vol., impr. en car. goth. et en partie avec les
caract. singuliers de Paganini, se compose pour la
première partie d'un titre imprimé en rouge et noir,
dans une belle bordure gr. en bois et de 91 ff. chiffrés. La seconde partie contient 16 ff. avec 16 gr. de
la grandeur des pages, y compris le titre suivant :
APOCHALYPSIS IHESV CHRISTI, ce titre et les 14 premières gravures ont au verso un texte en latin,
impr. en car. goth. Ce texte finit au v° du f. 15, col.
11. par ces mots : *Impressa per Alex. Pag. a Nativi.*
Domini M. D. XVI.

Les grav. ont en partie le monogr. ꝑ. A. D., en
partie J. R., en partie ꝑova Andrea. Ces pl. en général
dessinées d'après A. Dürer, ont 27 cent. de h. sur 19
de largeur.

Passavant décrit cette 2ᵉ partie, sauf le titre.
600 fr. cat. Tross de 1863.

APOCALYPSIS S. Johannis. (*Heinecken*,
p. 334). [330]

Un très-bel exempl. complet de la première édition
de cette xylographie : 3,310 thal. Weigel (1872).

APOLLON charlatan, allégorie critique
(en vers). *S. l. n. d.* (*Paris*, v. 1685),
in-4, de 8 pp.

Sorte de complainte satirique virulente, dirigée
contre Racine en son théâtre; comme *Athalie* et *Es-*
ther ont échappé à la critique, il est à croire que
cette pièce est imprimée avant 1689.

APOLLONIUS de Thyane, sa vie, ses ouvrages, ses prodiges, ses lettres, traduits du grec, avec une introduction,
des notes et des éclaircissements par
A. Chassaing. *Paris*, 1861, in-8.

— Reproduit avec changements sous le titre de : *Le*
Merveilleux dans l'antiquité. Apollonius de Tyane.
Paris, Didier, 1862, in-12.

APOLLONIUS de Tyr. [16987]

— Un texte grec a été publié par M. Gide, en collaboration avec M. Wagner, d'après le manuscrit
591 de la bibliothèque nationale de Paris et inséré
dans le *Philological Society,* extra-volume, 1869-
1872, *Mediæval greek texts.*

APOLOGI nelle quali si scuoprano li abusi,
schiocheze, superstitioni, errore, ido-
latrie et impieta della sinagoga del Papa,
et specialmente de suoi preti, monaci et
frati. *S. l.* (*Genève, J. Gerard*), 1554,
pet. in-8, de 117 pp., mal chiffrées.

2 exempl. de ce livret fort rare ont figuré à une
vente de livres sur la réforme faite par M. Tross en
1867, et tous deux ont été vendus 61 fr.

APOLOGIA veræ doctrinæ eorum qui
vulgo appellantur Valdenses vel Picardi.
Retinuerunt enim Joannis Hussitæ doctrinam, cum scripturis sanctis consentien-
tem. *Witebergæ, G. Rhaw,* 1538, pet.
in-4, de IV ff. lim., dont le 4ᵉ est blanc, et

de 128 ff. chiff., avec le portrait sur bois
de Jean Hus, aux premier et dernier ff.

Livre rare et important. 20 à 25 fr. 37 fr. en 1872.

APOLOGIE pour messire Henry-Louys
Castaigner de la Rochepozay, Euesque
de Poictiers, contre ceux qui disent qu'il
n'est pas permis aux Ecclésiastiques d'a-
uoir recours aux armes en cas de nécessité. *Paris,* 1615, in-8. 8 à 10 fr.

APOLOGIE (Seconde) contre les calomnies
des Impériaux. *A Lyon, Macé Bon-*
homme, 1552, in-4. [23475]

APOLOGUE ‖ nouveau : ‖ du debat
d'Eole, et ‖ Neptune, conte ‖ nant les
dan- ‖ gers de la ‖ court. ‖ Auec priuilege. ‖ *On les vend à Paris en la rue*
Neufue Nostre ‖ Dame à l'enseigne
Sainct-Nicolas, s. d., in-8, de 8 ff. non
chiffrés, de 29 lignes à la p., sans sign.
ni récl., impr. en lettres rondes. [13411]

Cette pièce vient d'être réimpr. par M. Anatole de
Montaiglon dans le 10ᵉ vol. du *Recueil de Poësies*
françoises du XVᵉ et XVIᵉ siècle, publié à Paris
chez Paul Daffis, in-16.

D'une note très-substantielle de l'éditeur qui précède cette réimpression, il résulte que l'édition gothique, portée par M. Brunet à la date approximative
de 1530, ne peut avoir été exécutée que vers 1545,
ainsi que l'édition en lettres rondes; à cette date la
librairie à l'enseigne St-Nicolas, dans la rue Neufve-
Nostre Dame, appartenait à Pierre Sergent, qui ne
disparait qu'en 1547.

APOMAZAR (*Achmet*). Des Significations
et événemens des songes. *Paris, Jean*
Houzé, 1591, pet. in-8. [8923]

C'est la même édition que celle que décrit le *Ma-*
nuel, avec un nom différent d'imprimeur.

Апостолъ (Apostol, id est Acta et Epistolæ Apostolorum). *Moscuæ* (*Ivan Fe-*
dor et Pierre Timoféew Mstislavzov),
1564, in-4.

Premier livre imprimé à Moscou, par les soins du
tzar Ivan Vassiliévitsch; on n'en connait qu'un
seul exempl., découvert en 1730, et conservé pieu-
sement à la bibliothèque de l'Ermitage.

APOTHÉOSE (L') et le Mémorial (en vers)
de la vie partout célèbre et miraculeuse
du bienheureux maistre Jean Clément, le
Coustelier, exterminateur des hérétiques.... *S. l. n. d.* (1650), in-8, de 3 pp.

Pièce fort rare, signée : *Mittanous, phytologue*
de S. A. R. et astronome de son Altesse de Conty.
7 fr. Delasize.

APPARITION merveilleuse de trois phan-
tosmes dans la forest de Montargis. *Pa-*
ris, 1649, in-4.

Pièce curieuse. *Canard* du temps. 12 à 15 fr.

APPIEN Alexandrin, historien grec, des
guerres des Romains, livres XI.... le
tout traduict en françoys par feu Cl. de
Seyssel. *Lyon, Ant. Constantin,* 1544,
in-fol. [22889]

Un exempl. en v. br. à riche comp. aux armes de François de Lorraine, duc de Guyse, *le Balafré*, acheté pour M. Solar 50 fr., payé 400 fr. à sa vente, a été porté à 1270 fr. à la vente de Jos. Techener en 1865, et serait vendu le double aujourd'hui.

APULEJUS. Lucij Apuleij Platonici ℨ Aristote ‖ lici philosophi Epitoma diuinū de ‖ mundo seu cosmographia ductu ‖ Conradi Celtis impressū Vienne. (A la fin :) *Impressū℈ per Ioannē de hiberna arce ‖ Haud procul a ripis Renanis ‖ Ex urbe inuentrice ℨ parente impressorie ‖ Artis Mogunciaca feliciter*, 1497, pet. in-fol., goth., de 6 ff.

Pièce importante pour l'histoire de la découverte de l'imprimerie, à cause de la souscription. 80 fr. Tross.

AQUILINAS (*Paulus* Hradecenus). Elegantissimæ colloquiorum formulæ, ex P. Terentii Comœdiis selectæ ac in Bohemicam et Germanicam linguam versæ... Quibus additi sunt Rhytmi Boiemici, singuli singulas regulas continentes. *Prostannæ, J. Guntherus*, 1550, 2 part. en 1 vol. in-8; 1ʳᵉ : 168 ff. non chiff., (dont le 8ᵉ et les 2 derniers blancs); 40 ff. non chiff. pour la seconde.

Volume curieux et fort rare; c'est le premier spécimen de l'imprimerie de Prossnitz que nous ayons rencontré.

ARAGON (D. *Henrique* de). Arte cisoria, o tratado del arte del cortar del cuchillo que escrivo Don H. de Aragon, marquez de Villena. *En Madrid*, 1766, in-4, fig. s. b.

1ʳᵉ édition, publiée sur un manuscrit daté de 1425. 12 à 15 fr.

ARANDA (*Luis* de). Glosa de moral sentido hecha à las coplas de Don Jorge Manrique. *Valladolid, Cordóba, impresor*, in-4, goth., de 40 ff.

Volume très-rare, indiqué dans l'*Ensayo*, I, 255, d'après un exempl. imparfait. On ne le trouve pas au catalogue Salvá.

— OBRA nuevamente hecha intitulada Glosa Peregrina, porque va glosando pies d'diuersos Romãces. Va repartida en cinco Canticos. *Seuilla, en casa de la biuda de Alonso de la Barrera, Año de M d c v ij*, in-4, goth., de 8 ff. à 2 col.

ARAVJO (*Juan Martinez* de). Manual de los santos sacramentos en el idioma de Michuachan. *México, doña Maria de Benavides, viuda de Juan de Ribera*, 1690, in-4, de 7 ff. lim., 93 ff. ch. et 1 f. de table.

L'auteur était curé de l'église de Saint-Michel, à Tlazazalca; ce vol. n'est cité ni par Ternaux ni par Ludewig (*Bibl. Glottica*). £7. Sh. 17. D. 6. Fischer.

ARBOLANCHE (*Jerónimo* de), Poeta Tudelano. Los nueue libros de las Habidas. *Zaragoza, Juan Millan, Año 1566*, in-8, de VIII ff. sans sign., texte signé A-X par 8, excepté le dernier cahier qui est de 12. [15142]

Cet ouvrage fort rare peut être classé parmi les épopées chevaleresques; c'est un poëme en neuf chants; Gayangos l'a signalé peu exactement dans la trad. espagnole de Ticknor, tome III, p. 557; l'*Ensayo* le cite et en donne des extraits, et Salvá en parle avec de longs détails.

ARBRE des Batailles (par Honoré de Bonnor). [17007]

— Un bel exempl. de la première édition donnée par Barthélemy Buyer à Lyon, vers 1480, a été découvert par M. Tross, et vendu par lui 4,000 fr.; il est passé en Angleterre.

— Un exempl. de l'édition de *Paris, Anth. Vérard*, 1493, in-fol., goth., à 34 longues lignes, sign. A.T. par 8, excepté O et T de 6, dans une rel. en *mar. doublé* de Duru avec le titre ancien : *Larbre des batailles*, vendu 1,800 fr., Yéméniz. Le titre était endommagé et avait été fortement restauré, mais enfin c'était le titre.

— L'édition de *Paris, Jehan Dupré*, sous cette même date de 1493, plus rare encore, vendue sans titre 815 fr. Morel de Lyon.

— L'ARBRE DES BATAILLES. *Lyon, Oliv. Arnoullet.* s. d., in-4, goth. 760 fr. Yéméniz.

— *Paris, Michel le Noir*, 1505, in-4, goth., fig. s. b., au titre; exempl. rempli de raccommodages, 73 fr. seulement, Huillard.

Un splendide manuscrit de ce célèbre roman de chevalerie, 3,050 fr. Baron P... pour le British-Museum.

ARCADIA de Entremeses, escritos por los Ingenios mas clasicos de España. Priméra parte. *Pamplona, Juan Micou*, 1691, in-8, de 173 ff.

Ce volume curieux contient 19 pièces, dont une de Calderon. Une seconde édition, même ville et même éditeur, 1701, 168 ff., ne donne que 18 pièces. La seconde partie annoncée n'a pas paru, mais un volume ayant le même titre a vu le jour à *Madrid, A. P. Rubio*, 1723, in-8, 4 ff et 264 pp.; il comprend 23 *entremeses* dont deux figuraient déjà dans le volume publié à *Pampelune* (cat. Salvá, n° 1095-1097).

ARCANDAM (Livre d'), docteur et astrologue, traictant des prédictions de l'astrologie, princepalement des naissances, etc. *A Paris, chez Nicolas Bonfons*, 1575, in-16. [9003]

Première édition, non citée. 8 à 10 fr.

ARC-EN-CIEL (L') de la ville de Mascon, representant par l'esclat de ses couleurs les rares perfections de Henry de Bourbon premier prince du sang, gouverneur pour sa majesté ès païs de Bourgongne, Bresse, etc... en son entrée triomphante dans ladite ville, le 4 décembre 1632. *A Bourg-en-Bresse, par Jean Tainturier*, 1633, pet. in-4, vignette au titre.

Cette entrée du père du grand Condé, l'époux de Charlotte de Montmorency, est fort rare; nous ne saurions en citer d'autre adjud. anc. que celle du cat. Secousse (1 fr.); ce cat. nous donne le nom de l'auteur : le P. Gaspard Maconnay; un bel exempl. a été porté à 139 fr. au cat. Ruggieri.

ARCHBELL (*James*). A grammar of the Bechuana language. *Graham's Town*, 1837, in-8.

L'un des plus rares volumes consacrés aux divers

idiomes de l'Afrique méridionale (*Sir G. Grey's catal.*). 17 fr. Maisonneuve.

ARCHIAC (*A.* d'). Cours de Paléontologie stratigraphique, professé au Muséum d'histoire naturelle par A. d'Archiac, membre de l'Institut. *Paris, Savy,* 1864, 2 vol. in-8. 16 fr.

On sait la mort déplorable de ce savant justement regretté.

ARCO (*Carlo* d'). Storia della vita e delle opere di Giulio Pippi, Romano. *Mantova,* 1833, gr. in-fol. [31060]

Il faut 70 planches, gravées par Comeri, et le portrait de Jules Romain ; 46 fr. Binda.

ARCOS (*Christobal* de). Itinerario del venerable varon Micer Luis, patricio Romano, en el cual cuenta mucha parte de la Ethiopia, Egypto, y entrañas Arabias, Siria y la India, buelto de Latin in romance por Christoval de Arcos, clerigo, nunca hasta aqui impreso en lengua castillana. *En Sevilla, por Juan Cromberger, año de* 1520, pet. in-fol., goth.

Ce vol., qui a échappé aux recherches de MM. Zarco del Valle et D. Sancho Rayon, est cité par M. Libri, dans le catal. Pseudo-Canazar, où il n'a été vendu que 23 fr. ; c'était, il est vrai, en 1835.

ARCUSSIA. La fauconnerie de Charles d'Arcussia. [10457]

— *Aix, Jean Tholosan,* 1598, in-8, fig. s. b. ; édit. orig., avec le portr. de Henry IV, au v° du front. 150 fr. Yéméniz.

— *Paris, Jean Houzé,* 1599, in-8, fig. en taille-douce. 50 fr. baron P...

— *Paris, Jean-Houzé,* 1605, in-8. 116 fr. Tufton.

— *Paris, J. Houzé,* 1607, in-8, fig.; en mar. de Duru, et relié avec l'*Autourserie de P. de Gommer.,* 150 fr. baron P.

— *Paris, J. Houzé,* 1615, in-4, fig. en taille-douce ; l'exempl. de Huzard, relié avec deux autres pièces, sur la chasse, de Charles d'Arcussia, 65 fr. Yéméniz ; en mar. de Duru, 150 fr. baron P.

— *Paris, Jean-Houzé,* 1627, in-4, fig.; en mar. de Duru, 170 fr. baron P., revendu chez M. [Potier (1872) ; en mar. de Trautz et relié sur brochure, 700 fr. Potier (1870).

ARENA. Antonius Arena || provincialis de bragardissima villa de Soleriis || ad suos côpagnones studiâtes ⱷ sunt de persona || friâtes bassas dâsas in gallâti stilo bisognatas : || et de novo p ipm̄ correctas et tôliter augmētatas, || et cum guerra Neapolitana : et cum reuolta Genuēsi : || et guerra Auenionensi : et Epistola ad falotissimam || garsam pro passâdo lo tēpus alegramētū mādat. || Leges dansandi sunt hic quas fecit Arena || Bragardisantus atque falotus homo. || *Explicite utilissimū opus quer* || *rarum et dansarum Impressatum* || *in bragardissima villa de Leone* || *per discretum hominem magistrum* || *Petrum de Sancta Lucia, alias* || *le*

Prince, 1535, pet. in-8, goth., titre rouge et noir ; 98 ff. [13131]

Belle édition, non citée, qui renferme la musique des Danses, avec la notation chiffrée.

(Vente Tross, 1868 ; M. Tross l'avait porté dans son 3e cat. de 1868 à 90 fr.).

ARENAS (*Pedro de*). Vocabulario. [11979]

Voici la description de la célèbre édition de 1611 :

— VOCABULARIO || de las lengvas || Castellana y Mexicana || en qve se contienen || las palabras, preguntas, y respuestas mas co || munes, y ordinarias que se suelen offre || cer en el trato, y comunicacion || entre Españoles, e Indios. || Compuesto por Pedro || de Arenas. || Impresso con licencia, y approbacion. || *En Mexico.* || *En la emprenta* || *de Henrico Martinez,* s. d. (1611), pet. in-4, de VIII ff. lim. (1 pour le titre, 1 pour l'approbation, 1 pour la préface, 5 pour la table), et 160 pp. chiffrées. La date est placée à la fin du privilège.

M. Brunet a-t-il pris dans le cat. Héber le format pet. in-12 qu'il indique? mais nous affirmons avec Th. W. Field que le livre est pet. in-4. Un exempl. complet vaudrait de 200 à 300 fr.

— VOCABVLARIO Manval de las Lenguas Castellana y Mexicana. *Mexico,* 1690, pet. in-8, de IV ff. lim. 118 pp. et 1 f. pour la table (11 th. 5 gr. Andrade).

— LE MÊME. *Mexico, por F. de Rivera Calderon,* 1728, pet. in-8 de VI-140 pp. (édit. citée par M. Brunet).

— LE MÊME. *Mexico, herederos de la viuda de B. Calderon,* s. d., pet. in-8, de VI-140 pp. (50 fr. cat. Tross.).

Cette édition a le même nombre de pp. que la précédente, mais la disposition typogr. n'est pas la même.

— LE MÊME. *Puebla de los Angeles, por Pedro de la Rosa,* 1793, pet. in-8.

— LE MÊME. *Puebla, à cargo del C. Manuel Buen Abad,* 1831, pet. in-8, de 10 ff. lim. et 132 pp.

C'est la dernière édit. de ce livre important qui nous soit connue.

AREODUS (*Petrvs*). Habes, Lector Humanissime, fontis Ignivomi ardentisque proxime Gratianapolim positi ecphrasin, nunc primum a Petro Areodo, Forcalqueriensi, medice facultatis doctore, Gratianopoli praxim exarante, editum. *Impressum Lugduni per Gilbertum de Villiers,* 1525, pet. in-8, goth.

Petit volume curieux, donnant la description d'une fontaine ignivome des environs de Grenoble ; acheté 18 fr. par le dr Payen, en 1865, auj. à la Bibl. nation.

AREST (L') du proces criminel faict a lencôtre de Messire Jacques de Beaulne, chevalier, seigneur baron de Samblançey, vicomte de Tours, conseiller et chamberlan du roy nostre sire, bailly et gouuerneur de Thouraine. *S. l. n. d.* (*Paris,* 1527), pet. in-8, goth., de 4 ff., armes de France sur le titre, et fig. en b. au v° du dernier f.

Pièce aussi rare qu'importante ; 170 fr. Taschereau.

ARETINO (*Pietro*). La Vita di san Tomaso, signor d'Aquino, opera di M. Pietro Aretino. *In Venegia, per Giouanni de Farri e i fratelli,* 1543, pet. in-8, de

125 ff. chif., 1 f. pour la souscript. et 1 f. blanc, en car. ital.

Première édition fort rare; sur le titre le portrait de l'Arétin, gr. en bois, avec la légende : *D. Petrus Aretinus flagellum principum.* 20 à 25 fr.

— Bibliothèque d'Arétin, contenant les pièces marquées à la table. *Cologne, Pierre Marteau, s. d. (Amsterdam, vers 1680),* in-12, de 404 pp. [18009]

L'exempl. de M. de Chaponay (410 fr.), revendu 385 fr., Desq, puis chez M. de la Villestreux, 505 fr., a été enfin adjugé à 800 fr. vente H. B. (Potier, 1873). L'exempl. Solar avait été payé 300 fr.

— On cite deux autres éditions, l'une de 4 ff. et 398 pp.; l'autre de 2 ff. et 402 pp.; la réimpression in-12 de 500 pp. a été faite non à Bruxelles, mais à Lugano, suivant Cleder.

— L'ARÉTIN François, par un membre de l'Académie des dames (Félix Nogaret). *S. l.,* 1787, in-12', avec fig. assez bien gravées par Eluin. (Voy. MEURSIUS).

Ce graveur, assez peu connu, s'est donné la spécialité de l'illustration des ouvrages licencieux. C'est à son burin, quelque peu lourd et incorrect, que l'on doit les planches qui *décorent* : Le *Portier des Chartreux*; — *La Fille de joye*; — *Thérèse philosophe*; — *Félicia*; et peut-être *Justine* et *Juliete*, ou la suite de *Justine*, ces deux productions ineptes du marquis de Sade; on attribue les dessins de ces *illustrations* à Borel. Eluin est mort à Bicêtre et de Sade à Charenton.

Un autre Eluin (le père de celui-ci?), très-médiocre graveur, a gravé le portrait du P. Houbigand, d'après Valade.

— Le CABINET D'AMOUR ET DE VÉNUS est une reproduction pure et simple de la *Biblioth. d'Arétin.* On en connaît deux éditions; l'une, qui porte : *Cologne, chez les Héritiers de Pierre Marteau,* est imprimée en France, probablement à Paris, vers 1766, 2 vol. pet. in-12 de IV ff. et 174 pp. pour le premier; IV ff. et 234 pp. pour le second; les 42 figures qui n'ont aucun rapport avec l'ouvrage; ce sont des gravures au trait d'après des dessins faussement attribués au Titien; la seconde édition, imprimée quelques années après, sous le même intitulé que la première, se compose également de deux vol. in-12, le 1er de 215 pp. et 2 ff., le second de 220 pp. et 12 ff.

Des exempl. de ces volumes pornographiques sont portés aux prix excessifs de 750 et de 800 fr. au cat. du libraire Fontaine (1873).

— DIALOGUE de l'Arétin où sont déduites les vies et déportements de Laïs et de Lamia. *Strasbourg, (Turin, J. Gay),* 1871, in-18, de LXXIII et 85 pp. et 1 f. [18032]

Réimpr. d'après l'édit. *S. l. n. d.* (34 fr. Crozet, n° 1010). Il avait été inséré à la suite des : « Secrètes ruses d'amour » *Paris,* 1610. L'introduction se compose d'extraits des notices de Philomneste Junior, d'autres de la vie d'Arétin par Boispréaux et de la notice de Peignot sur Arétin et sa fortune.

— DUBBII Amorosi, Altri dubbij e sonetti Lussuriosi di Pietro Aretino. *In Roma, nella stamperia Vaticana, con privilegio di Sua Santità,* MDCCXCII, pet. in-8, de 68 pp. [14982]

Cette édition comprend 31 et 17 *dubbij* et 26 *sonetti*; elle a été probablement donnée par Crudeli ou peut-être par Buondelmonte.

Melzi fait observer, d'après Mazzuchelli, que le style et la langue de ces poésies ne permettent pas d'en accorder la paternité à l'Arétin.

— L'Arétin d'Augustin Carrache. A *la Nouvelle Cythère, s. d. (Paris,* v. 1798), in-4.

Les figures, assez médiocrement exécutées qui accompagnent ce volume, ne sont pas gravées d'après Augustin Carrache, mais bien d'après des gravures de Pierre de Jode, exécutées sur les compositions d'Augustin.

Les prix des éditions italiennes d'Aretino n'étant pas sensiblement augmentés depuis quinze ans, nous ne pensons pas qu'il soit utile de fatiguer les bibliophiles de la sèche nomenclature des prix de vente.

— CORONA di Cazzi. *S. l. n. d.,* in-16.

Edition originale, 'qui figure au supp. du cat. de Boze, 1759, n°. 1170.

— *S. l. n. d.,* de 7 ff. pour la *Corona*, pp. 1-14; de 15 ff. pour les *Dubbii,* paginés 83-113.

Tirage à part fait par Floncel de ces deux pièces impr. dans le *Recueil du cosmopolite;* l'ex. a passé chez M. Hubeaud de Marseille, il est aujourd'hui, par suite d'un legs, arrivé à la Bibl. nationale. L'ordre des sonnets est interverti; ils présentent des leçons différentes de celles des éditions ordinaires. Il y en a 18, après lesquels un *Dialogo,* un *Sonetto ultimo* et un *Epilogo.*

— *Vinegia,* 1556, in-16, 22 ff. imprimés seulement au recto. Nodier 41 fr.

— L'ARÉTIN, sa vie et ses écrits, par Philarète Chasles. *Neuchatel,* mai 1873 (*Nice, J. Gay*), in-12, de XIX et 109 pp. — Tiré à 100 ex.

Articles extraits de la *Revue des Deux-Mondes,* 15 octobre et 1er novembre 1834, précédés d'un Avertissement de la Société des bibliophiles cosmopolites.

— SONNETS luxurieux, suivis des doutes amoureux, avec leurs solutions, traduits de l'italien en français pour la première fois par A. P***, précédés d'une notice bio-historico-bibliographique sur l'Arétin. *Rome, aux dépens des plus illustres cardinaux* M. D. XXIV (1871), in-16, de XXI-123 pp. et 1 f. pour la table.

Tiré à 150 exempl., dont 15 in-8, sur grand papier fort de Hollande; 10 sur fort papier album jaune; 5 sur pap. de chine.

— PUTANA errante, trad. française. *Lampsaque,* 1760. (*Bruxelles, J. Gay*), 1871, gr. in-8, avec 24 grav. au trait. — Tiré à 100 exempl.

ARGAIZ (*Gregorio de*). La Perla de Cataluña, Historia de Nvestra Señora de Monserrate. *Madrid, Andrés Garcia de la Iglesia,* 1677, in-fol., de 7 ff. et 504 pp.

ARGENSON (*René* Voyer, Sr d'). Traicté de la Sagesse chrestienne ou de la riche science de l'uniformité (*sic*) aux volontez de Dieu. *Paris, Séb. Huré,* 1651, in-8.

Livre que son auteur écrivit pendant les six mois de détention qu'il eut à subir comme prisonnier de guerre à Milan en 1640. Il mourut à Venise, où il avait été envoyé par le roi en qualité d'ambassadeur, et, l'année même de sa mort, son fils publia ce livre à Paris, en même temps qu'il en donnait à Venise une traduction italienne qui parut en 1655.

Il fit encore imprimer en 1677 une traduction de l'*Imitation,* que son père avait également terminée pendant sa détention.

En *mar.* de Du Seuil, 179 fr. Taschereau.

Nous plaçons ici une pièce rare, consacrée à célébrer la mémoire d'un des plus illustres personnages de cette famille.

— TOMBEAU (Le) de très-haut et puissant seigneur messire Jean de Voyer... vicomte de Paulmy... Seigneur d'Argenson, etc... en plusieurs langues (grec, latin, italien et françois, par Ant. Valet, P. de la Roche, Saintongeois, Nouvellet, Jodelle, etc.). *Lutetiæ, apud. J. Benenatum,* 1571, in-4, de 43 pp.

En *mar.* de Duru, 110 fr. même vente.

ARGENT (*Abel d'*). La Semaine d'Argent, contenant l'histoire de la seconde création, ou restauration du Monde. *Sedan, Jaques de Turenne*, 1629, pet. in-8.

Ce vol. est rare et offre quelque intérêt; c'est un poëme dont Du Bartas a donné l'idée, et fourni le sujet; il est resté inconnu à Goujet.

En *mar.* de Chambolle, 15 fr. Potier; 34 fr. Turquety.

— LA SEMAINE d'Argent, contenant l'histoire de la seconde création ou restauration du genre humain. *Sédan, J. Jannon*, 1630, in-8. 50 fr. Soleil.

ARIAS (*Pedro*) de Avila, v° Pedrarias. Lettere di Pietro Arias Capitano generale,° della conquista del paese del Mar Occeano (*sic*) Scripte alla Maesta Cesarea dalla Cipta di Panama delle Cose Vltimamente scoperte nel Mar Meridiano decto el Mar Sur. M.D.XXV, *S. l.*, in-16, de 4 ff. fig. s. b. au titre.

Cette pièce rare, en ottava rima, parle du départ de Pizarre à la découverte du Pérou en 1525; elle figure dans le cat. Asher de 1865, où elle faisait partie d'un recueil de seize pièces italiennes rares et curieuses qui venaient de Libri; Asher demandait du recueil : £ 35; celle-ci atteindrait certainement le prix de 60 à 80 fr.

ARIAS Montanus (vulgò Dumont). Ariæ Montani, benedicti hispalensis, communes et familiares hebraïcæ linguæ idiotismi, omnibus bibliorum interpretationibus ac præcipue latinæ sontis pagnini versioni accomodati atque ex variis doctorum virorum laboribus et observationibus selecti et explicati. *Antuerpiæ, excudebat Chr. Plantinus* 1572. — Liber Joseph, sive, de Arcano sermone, ad sacri apparatus instructionem, a bened. Aria Montano hispal. concinnatus... *ibid. id.* 1572. — Liber Jeremiæ, sive de actione... *ibid. id.* 1573. — Thubal Caïn, sive de mensuris sacris liber..., *ibid. id.* 1572. — Phaleg, sive, de gentium sedibus primis, orbisque terræ situ. *Ibid. id.* 1572. in-fol.

Cinq traités rares et curieux; ils sont ornés de cartes et fig. s. b., mais n'ont pourtant qu'une valeur médiocre. 15 à 20 fr.

ARIAS DE PORRES (D. *Gomez*). Resvmen de la Verdadera destreza en el maneio de la Espada. *Salamanca, Melchior Estevez* (1657), in-4, front. gr. représ. les armes de D. Fernando de Villalobos y Porres, oncle de l'auteur, à qui le livre est dédié; un titre, 10 ff. lim., 147 pp. et IV; fig. s. b. dans le texte.

Non cité par les bibliogr. espagnols. 40 fr. cat. Maisonneuve.

ARIAS (*Franciszek*). Theologàstry Tractati. duchowe. (Trois Traités spirituels.) *W Poznaniu, J. Wolràb*, 1610, in-4.

Traduction de l'espagnol en polonais.

ARIOSTO (*Ludov.*). Orlando Fvrioso. *Ferrara*, 1516, in-4. [14741]

On connaît au moins huit exemplaires de ce livre infiniment précieux : celui de Soubise à la Biblioth. nationale; celui de la biblioth. de Dresde; celui de Grenville au British-Museum; un exemplaire à Ferrare; un autre à Dublin; un exempl. chez lord Spencer, le septième, croyons-nous, appartient au comte Melzi; enfin M. Panizzi cñ signale un huitième exempl. à Dublin, qui de la collection de M. Quin a passé à la bibl. de Trinity College.

— Orlando..... *Ferrara*, 1521, in-4.

On ne connaît que deux exemplaires de cette seconde édition, celui de Trinity College à Dublin; et celui de la *Bibliotheca Angelica* à Rome.

— Orlando. *Milano*, 1524.

Il faut remarquer dans cette édition, presque aussi rare que les deux premières, que le v° du feuillet 37 a été, par suite d'une erreur d'imposition, imprimé au v° du f. 35, et celui du f. 35 au v° du f. 37. L'exemplaire du British-Museum vient du rev. Henry Wellesley.

— Orlando. *Ferrara*, 1532, pet. in-4. à 2 col., gr. s. b. et bordures signées *F. de Nanto*.

M. Panizzi consacre un long article à ce graveur distingué. On connaît, dit M. Brunet, cinq exempl. sur vélin de cette précieuse édition : bibl. publique de Vicence ; bibl. Barberini; bibl. de lord Charlemont ; British-Museum ; un cinquième a été vendu 2000 fr. à Paris en juin 1876.

— Orlando fv ‖ rioso di Messer Luodovico Ariosto di ‖ Nuouo ristãpato, & historiato : con ogni diligenza dal suo ori ‖ ginale tolto : con le nuoua giùta, & le notationi di tutti gli ‖ luoghi, doue p lui e stato tal opra ampliata.... (A la fin :) *Stampato in Vinegia per Aluuise de Torli, Nelli anni del Signore* M.DXXXIX, *del mese di Aprile*... pet. in-8, goth., à 2 col., portr. d'Arioste au titre, fig. s. bois, de CCXLIX ff. chiff., IV ff. non ch., plus un dernier f. ne contenant que le portrait du poëte.

250 à 300 fr. L'exempl. qu'avait vu M. Brunet était incomplet.

— Orlando furioso. *Lione, app. Bastiano di Bartholomeo Honorati*, 1556, in-4, fig. s. b.

Un très-bel exempl. recouvert d'une belle reliure en *mar.* citr., à riches comp., au chiffre répété de Catherine de Médicis, acheté, par M. Solar à M. Techener, 600 fr.; rev. le même prix en 1860, a été porté au chiffre de 1,510 fr. à la vente du libraire Jos. Techener faite en 1865.

— Orlando furioso. *Birmingham, G. Baskerville*, 1773, 4 vol. in-4., fig. de Bartolozzi, Eisen, Moreau le Jeune, Monnet, Cipriani.

La plupart des planches de cette belle édition sont dues au burin de Bartolozzi; pendant que cet artiste travaillait à ce livre, son peu d'activité, sa nonchalance désespéraient l'éditeur, qui adressa un jour à l'artiste toute sorte d'invectives : « *asino, poltrone, animale...* » étaient les plus douces; l'artiste ne répondait rien, mais en ce moment il travaillait à la planche destinée au 43e chant, et sur un tombeau, de la pointe de son burin, il traçait les trois mots qui venaient de retentir à son oreille.

Un bel exempl. en gr. pap. relié en *mar.* par Derome, 400 fr. La Bédoyère; 300 fr. Potier; un second exempl. en pap. ord., mais également en anc. rel. *mar.*, 215 fr. même vente. L'exempl. Debure, rel. par Bradel, 335 fr. Tufton.

— Orlando Fvrioso. De Lvdivico (*sic*) Ariosto nuévamente traduzido de .hervo ad berbum (de verbo ad verbum) de vulgar Toscano en el nvestro Castellano, por Hernando Alcoçer. (Al fin :) *Fué impressa la presente obra en la Imperial Ciudad de Toledo, por Juan Ferrer... año del Nascimiento de N. S. Iesv Christo de* MDL, in-4, de 250 ff., port. de l'Arioste gr. en b. Le privilége est du 1° agosto 1549.

Cette traduction d'Alcoçer, n'ayant pas été réimprimée, est devenue fort rare; signalons, en passant, une singulière erreur d'Antonio, qui indique une édit. de cette traduction à la date de 1510, quand l'original italien n'a paru qu'en 1516.

— Nous citerons encore une édition de *Barcelona, Claude Bornal*, 1564, in-4, de IV ff. lim., 215 ff. et 5 pour la table.

— Salva (II, 22) signale aussi la traduction en *prosa castellana* de Diego Vasquez de Contreras, *Madrid, Francisco Sanchez, Año* M D. LXXV, in-fol. à 2 col., de VI ff. lim., et 236 ff. de texte.

— L'édition d'*Anvers, Martin Nucio*, 1556, in-4, citée au *Manuel* (I. 443), se compose de 3 ff. lim., 180 ff. et un pour la *tabla*. — Celle de 1557 est identique.

— L'édition de *Zaragoza*, 1555, in-4, n'est connue que par l'indication de Jiménez, et celle d'*Anvers, s. d.*, a la enseña de los dos Cigüeñas (marque de Nucio) n'est mentionnée que par Gayangos.

— Rolandi Furiosi liber primus et cantus cujusque principia, latinitate donati a Visito Mauritio de Monte florum. *Auximi, per Astulfum de Grandis*, 1570, in-8.

C'est le premier livre imprimé dans la petite ville d'Osimo.

ARISTEAS. Histoire de la translation del la loy de Moyse par les LXXII, qu'on dit pour cause de briefueté les septante interprètes, traduicte par Guil. Paradin. *A Lyon, chez Jean de Tournes*, 1552, in-16. [540]

Première édition fort rare de cette traduction, réimpr., comme le dit le *Manuel*, à Lyon en 1564, in-4.

ARISTOTELES. Opera, Gr., per D. Eras (mum). *Basileæ, ap. Io. Bebel*, 1539, 2 tom. en un vol. in-fol. [3375]

Cette édition offre cette particularité intéressante que l'on y rencontre, mêlées à beaucoup d'autres initiales gravées sur bois, six lettres du célèbre *Alphabet de la mort* d'Holbein, savoir :

Δ. H. A. M. O. Π.

— Opera quæ extant... studio Frid. Silburgii. *Fracofurdi, Ant. Wechelii hæredes*, 1584-87, 11 tomes, in-4.

Cette édition d'Aristote, donnée par Sylburg, est très-rarement complète, parce que les vol. en ont été publiés et vendus séparément. La biblioth. de Dresde en possède un bel exempl. complet, relié en

5 vol., dont le 7ᵉ tome renferme les *Problemata* que David Clément (t. II, p. 97) assure manquer aux exempl. de la bibliothèque du roy (nationale) et à celui de Bünemann.

— Opera omnia. Græce et latine. *Parisiis, Didot*, 1862-1874, 5 vol. gr. in-8, à 2 col. 80 fr.

Véritable monument élevé à la mémoire du grand polygraphe; c'est incontestablement la meilleure des innombrables éditions de l'illustre philosophe grec; l'index a été rédigé par M. Bussemaker; la mort l'a frappé lorsqu'il touchait à la fin de ce grand travail, qui a été revu et achevé par Heitz, avec de nombreuses notes et observations d'Egger.

Les fragments des ouvrages perdus d'Aristote, qui nous restent, ont été recueillis par Emile Heitz, et forment la 2ᵉ partie (1869) du tome IV de l'Aristote publié par la maison Didot.

Ce travail a été consciencieusement analysé par M. Egger dans le *Journal des savants* de mars 1872.

— Aristotle, by George Grote, edited by Al. Bains et J. Croone Robertson. *London*, 1872, 2 vol., in-8.

— Historia Animalium (Th. Gaza interprete). *Basileæ, apud Hervagium*, 1534, in-fol. [5582]

Un bel exempl. en *mar.* à comp., relié pour Thom. Maioli, acheté par M. Solar au libraire Techener 800 fr.; a été revendu en 1860, 1260 fr., et à la vente des livres de ce libraire faite en 1865 porté à 2,025 fr.

— Organe (L'), avec les commentaires du seigneur de Fresnes. *A Paris*, 1589, in-fol. [4508]

— Le Liure du monde... traduict en fräcoys par Loys Meigret. *Paris, Denys Janot*, 1541, pet. in-8. [4195]

C'est la même édit. que celle de Jehan André, portée au *Manuel*, avec un nouveau nom d'éditeur.

— Opuscule du Monde : auec opuscule de Philon Juif, du Monde : et le songe de Scipion : le tout traduict par P. Saliat. *A Lyon, chez Pierre de Tours*, 1543, pet. in-8, en lett. rondes.

Pet. vol. fort rare, comme la plupart des impressions de Pierre de Tours.

— Les Éthiques, le gouvernement des Princes, le trésor de Noblesse, et les fleurs de Valère le grand. *A Paris, chez Anthoine Vérard*, 1497, in-fol., goth. [3674]

Nous ne voyons signalée dans aucune biblioth. cette édition de l'illustre imprimeur; a-t-elle disparu depuis les premières années du XVIIᵉ siècle, où elle figurait encore sur les catal. des Foires de Francfort?

— Dialogues des vertus morales, contenant les Éthiques de Aristote, avec les vertus adjoutées par figures & exemples de ceux qui en icelles ont versé, ensemble aucunes sentences et réponses facétieuses des anciens philosophes, translatées du latin en françois par Claude Grivel de Verdunsur-Saône. *Nouuellement imprimé à Paris pour Pierre Sergent* (1537), in-8, goth. 76 fr. en 1869.

— The Ethics illustrated with essays and notes, by Sir Alexander Grant, 3ᵈ édit. revised. *London*, 1872, 2 vol. in-8.

Le traducteur n'attribue à Aristote que le 1ᵉʳ et le dernier livre; les dissertations préliminaires ont une véritable importance philologique.

— Les Œconomiques d'Aristote, translatées nouuellement du latin en françoys, par Sibert Louuenbroch, licencie es loix, demourant en la noble ville de Coulongne. *Imprime nouuellement a Paris, en la rue Nefue Nostre Dame a l'enseigne sainct Jehan Baptiste pres saincte Geneuiefue des ardans*, s. d., (1532), in-16, lettres rondes. [3846]

Ce petit volume est dédié à Jehan Rync de Cologne ; le dernier f. contient une grav. s. b. avec la marque de l'imprimeur Denis Janot. L'exempl. Huzard est porté à 40 fr. par Tross en 1870.

— SENSUYT le secret des secretz de Aristote pour cognoistre les conditions des hommes et des femmes, lesquelz il fist pour le roy Alexandre son disciple. *Paris, veuve Jehan sainct Denys*, s. d., pet. in-8, goth., de 8 ff. fig. s. b. 80 fr. Potier.

— — CYROMANTIA, cum figuris. *Ulmæ*, 1499, in-4, de 22 ff. à 32 lignes avec 6 grandes grav. sur bois de la grandeur des pages, reprós. une main ouverte, avec inscription xylographique.

Cette édition est indiquée par Hain (n° 1778). £ 1, Libri, 1862.

Nous donnons le détail des traductions du grand polygraphe grec dues à la plume savante de M. Barthélemy Saint-Hilaire ; ces traductions représentent le labeur d'une vie tout entière bien remplie, mais l'illustre helléniste a trouvé le moyen d'y joindre de très-importants travaux que nous signalons à son nom.

— POLITIQUE d'Aristote, trad. par M. Barthélemy Saint-Hilaire, 3e édition. *Paris*, 1874, un vol. gr. in-8, 1000 ex. et 25 sur pap. de Hollande.

La première édit. de cette traduction parfaite date de 1837, 2 vol. in-8 ; elle était accompagnée du texte grec ; les éditions suivantes (1848, 1874) n'ont pas le texte.

— LOGIQUE d'Aristote, trad. en français pour la première fois et accompagnée de notes perpétuelles. *Paris*, 1839-1844, 4 vol. gr. in-8.

— PSYCHOLOGIE, traduite pour la première fois en français et accompagnée de notes perpétuelles. *Paris*, 1846, 1 vol. gr. in-8.

— OPUSCULES (Parva Naturalia). *Paris*, 1847, 1 vol. gr. in-8.

— MORALE. *Paris*, 1856, 3 vol. gr. in-8.

— POÉTIQUE, trad. en français et accompagné de notes perpétuelles. *Paris*, 1858, 1 vol. gr. in-8.

— PHYSIQUE, trad. pour la première fois en français, et acc. de notes perpétuelles. *Paris*, 1862, 2 vol. gr. in-8.

ARKUDIUS de Purgatorio. *Romæ*, 1632, in-4.

Livre mystique assez curieux, qui traite cette importante question « utrum detur purgatorium et an illud sit per ignem ». 3 fr. Campion (1767).

ARLEGUI (J.). Chronica de la provincia de S. Francisco de Zacatecas. *Mexico*, 1737, in-4, de 15 ff. lim., 412 pp. et 9 ff. de table.

51 thal. 10 gr. Andrade.

— Réimpr. à *Mexico*, 1851, in-4.

ARMES (Les) Triomphantes de Son Altesse Monseigneur le duc d'Espernon pour le sujet de son heureuse entrée faite dans la ville de Dijon le 8 may 1656 (par Benigne Grignette). *A Dijon, chez Philibert Chavance*, 1656, pet. in-fol. de VII ff. et 77 pp., titre gr. et 18 pl. gr. à l'eau-forte par Mathieu, d'après Godran.

80 à 100 fr. et plus, dit M. Vinet (*Bibl. des Beaux-Arts*) ; 74 fr. Ruggieri.

ARMEURE de pacience en aduersite. (Petit Traicte appelle l') tresconsolatif pour ceulx qui sont en tribulation, auquel sont bien au long declairez plusieurs grans prouffitz qui sont et se trouuent es tribulation, et aduersitez paciemment endurees. Mil cinq cens XXXVII. (A la fin :) *Cy finit le liure appelle Larmeure de pacience nouuellement imprime a Paris, et fut acheue de imprimer le iiiie iour de Janvier Mil cinq cens XXXVII*, in-8, goth. 2 fig. sur bois au r° et v° du titre ; une autre au r° du dernier f., dont le v° est blanc. [1537 ou 1627]

51 fr. Yéméniz.

Nous avons dû donner le titre détaillé de cette pièce rare, qui n'est pas décrite au *Manuel* (à l'art. TRAICTÉ).

— Autre édit. Lyon, *Jehan de Tournes*, 1555, pet. in-8.

ARMOIRIES de la ville de Paris, sceaux, emblèmes, couleurs, devises, livrées et cérémonies publiques. Ouvrage commencé par feu le comte A. de Coëtlogon, refondu et complété par M. L. Tisserand et le service historique de la ville de Paris T. Ier. *Paris, impr. nationale*, 1875, in-4.

Les 2 vol. avec 40 pl. et plus de 400 bois gravés coûteront 100 fr.

ARMORIAL de la ville de Paris. (Armoiries gravées par Beaumont.) *Paris*, s. d. (1760), in-fol.

Rare et recherché. 150 à 200 fr.

ARMORIAL des États du Languedoc ; fig. et blasons gr. par Beaudeau. *Montpellier*, 1586, in-4.

Vol. important. 50 à 60 fr.

ARNALTE et Lucenda, histoire de l'amant mal traicté de s'amye, traduicte de l'Espaignol de San Pedro, par Nicolas de Herberay. *A Lyon, chez Eustace Barricat*, 1550, in-16. 40 à 50 fr.

ARNOLDUS de Nova-Villa. Regimen sanitatis Salernitanū necnō et ‖ magr̃i Arnoldi d̃ noua villa. Feliciter icipit. (Au r° du dernier f. :) *Explicit regimen sanitatis compositum seu ordi ‖ natum a magistro Arnoldo de villa noua Cathalo ‖ no omnium medicorum viuentium Gemma, ‖* in-4, goth., s. d., de 135 ff. à longues lignes de 30 à la p. entière, sans ch. ni récl., mais avec la sign. A²-r4 (r8). [12814]

Édition fort rare, imprimée à Louvain par Jean de Westphalie.

ARNOULX (*François*). Les Merveilles de l'autre monde, contenant les horribles tormens de l'Enfer, les admirables Joyes du Paradis, auec le moyen d'éviter l'un et acquérir l'autre, par Françoys Arnoulx, chanoine de Riez, en Provence.

Lyon, B. Rigaud, 1615, pet. in-12. [1249]

Édition, probablement originale, de ce livre singulier, où se trouvent dépeints, d'une façon naïve, les divers tourments des sens, *l'ouye, l'odorat, le goust, l'attouchement*, etc. 7 fr. 25, vente Randin et Rostain ; le même exempl. 20 fr. cat. Fontaine.

— De ces « Merveilles de l'autre monde » nous citerons encore deux éditions que ne mentionne pas M. Brunet ; l'une de *Rouen*, *J. Berthelin*, 1651, pet. in-12 ; l'autre impr. dans la même ville en 1668 et de même format.

Du même chanoine, qui était aussi ancien avocat au parlement d'Aix, nous citerons deux opuscules encore plus rares :

— LA POSTE ROYALE de Paradis par Fr. Arnoulx. *Lyon*, 1634 (réimpr. *ibid.*, 1635), in-12. 8 fr. Gersaint.

— LE SECRET pour ouvrir la porte du Paradis en mourant... pour, au partir de ce monde, s'envoler dans le ciel, par Fr. Arnoux, chanoine en l'église de Riez en Provence. *Lyon, P. Rigaud*, 1622, in-12.

Ouvrage qualifié de rare et singulier par M. Potier, et vendu comme tel, en *mar.* de Lortic, 30 fr. Desq (1866).

— Il a été réimpr. sous cet autre titre : *L'Eschelle de Paradis*, pour, au partir de ce monde, escheller les cieulx. *Rouen*, 1661, in-12.

L'ignorance et la crédulité de cette époque, que l'on qualifie de *bon vieux temps*, faisaient à ces élucubrations d'une imagination malade un succès qui se traduisait par de nombreuses réimpressions, dont le lecteur, nous l'espérons, nous permettra de lui faire grâce.

ARON (*Pietro*). Toscanello in Musica, nuouamente stampato con l'aggiunto da lui fatta etc. *Vinegia, per Maestro Bernardino et M° Mattheo de Vitali*, 1529, in-fol., de 64 ff., y compris le titre et un f. blanc, fig. s. b. [10142]

Cette édition est indiquée au *Manuel* comme n'ayant que 36 ff. ; un bon exempl. a été vendu 50 fr. Asher.

C'est de cet écrivain florentin « e crosachiero » qu'un contemporain a osé dire :

In memoria æterna erit Aron,
Et nomen ejus nunquam destruetur.

ARRÊT de la cour du parlement portant condamnation capitale contre Simon du May et déclaration d'innocence du seigneur Davantigny et la Tour. *Lyon*, 1566, in-8, de 4 ff. 20 fr. (1869).

ARREST de la cour du parlement de Bordeaux contre une jeune damoiselle, laquelle fit manger le foye de son enfant à un jeune gentilhomme qui avait violé sa pudicité. *Paris*, 1614, pet. in-8, 8 à 10 fr.

AREST (L') du proces criminel faict a len || côtre de mesire Jaques de Beaulne che || ualier seigneur baron de Samblancey || viconte de tours : conseiller et chamber || lan du Roy nostre sire ﾷ gouuer || neur de thouraine. *S. l. n. d.* (*Paris* 1527), pet. in-8, en gros car. goth., de 4 ff. ; le dernier feuillet ne contient

qu'une gravure en bois, et sur le titre sont les armes de France.

Pièce fort rare. 125 fr. en 1866 ; revendu 170 fr. Taschereau.

ARREST donne aux Manãs ﾷ habitãs de la ville de Bordeaulx, ensemble les articles du proces verbal, auec les lettres patêtes du Roy ñre sire enuoyees en la duche de Guyenne pour la reformatiõ des estaz. *Imprime a Paris, par Nicolas Chrestian, Mil cinq cens XLIX*, pet. in-8, Goth. de 16 ff. 15 à 20 fr.

ARREST donné, Prononcé et Exécuté contre Jehan d'Oldenbarnevelt, n'aguères Aduocat d'Hollande et West-Frise, le 13° de May 1619, en la cour du chasteau deuant la grande salle à la Haye. Traduit de Flamen en François.... *A la Haye, chez Loys Elsevier, marchant libraire à la Salle, an.* 1619, *avecq privilége*, in-4, de 16 pp., en car. ital.

— Arrest.... *Jouxte la copie imprimée à La Haye, chez Loys Elsevier*, 1619, pet. in-8, de 24 pp., en car. ronds.

Pièce fort rare, dont la première édition a été vendue 31 fr. chez J. de Meyer, et la seconde, 26 fr. à la vente Pieters.

ARREST mémorable du Parlement de Tolose contenant vne histoire prodigieuse de nostre temps, avec cent belles et doctes annotations de M. Maistre Jean de Coras, conseiller en la dicte cour et rapporteur du Procès. *Paris*, 1565, pet. in-8.

Pièce rare, relat. au procès de Martin Guerre.

ARREST de la cour de Parlement, donné à l'encontre des nommés Théophile, Frenicle, Colletet, Berthelot et leurs complices. *Paris, Morel et Mestayer*, 1623, in-8.

ARREST du privé conseil du Roy, donné à Moulins, entre Mrs de Guise et Mr. l'Admiral. *S. l.*, 1566, in-8, de 7 ff.

— ARREST de la cour, contenant reglement pour les armes, tiltres et qualitez des Gentilshommes et de leurs femmes, et pour la reformation des habits et tiltres selon la qualité des personnes, lu en audiance le dernier de feurier 1625, et publié à son de trompe le mesme iour par les carrefours de la ville de Dijon. *S. l.* (*Dijon*) *imprimé par Claude Guyot, imprimeur ordinaire du roy*, 1625, in-8.

ARREST de dernière exécution contre Gaspard de Coligny, Fr. Briquemaut et Regnault de Cavaignac. *Lyon, Michel Jouue*, 1573, in-4.

201 fr. d'Hervilly en mars 1872.

— ARREST de la cour de Parlement contre Jean Chastel. *Paris*, 1595, in-8.

— ARREST contre le très-méchant parricide Fr. Ravaillac. *Ib.* 1610, in-8.

—ARREST portant défenses de mandier dans la ville de Paris sur peine de galères et du fouet. *Ibid.* 1629, in-8.

— ARREST portant desfense aux escholiers de s'assembler et porter espées et autres armes défendues, à peine de la vie. *Ib.* 1629, in-8.

ARRESTZ (Les) et ‖ Ordonnances de la court contre Luther : les luthe ‖ riens et leurs liures : et aultres Liures deffen ‖ dus : publiez à Paris. *S. l. n. d.* (*Paris*, 1525), pet. in-8, goth., de 4 ff. Le premier Arrêt est daté du 5 février 1525 ; le 2ᵉ, du 12 août 1525.

Pièce curieuse. 45 fr. Tross, 1866. Vaut plus cher.

ARS MEMORATIVA. La Bible figurée. 72 ff. imprimés des deux côtés, h. 100 millim. l. 78 ; contenant plus de 1,200 motifs gravés sur cuivre. [9031]

Ce volume, entièrement gravé, se compose de 8 cahiers de 10 ff. chacun, sign. A.-H. La sign. D. n'a que 2 ff. dans l'exempl. unique décrit par M. Tross; les chapitres y sautent de Job aux Proverbes, et les 8 ff. qui devaient contenir les Psaumes sont remplacés par 2 ff. de vélin, contenant au milieu un tableau ms. ; cette suite n'a pas été gravée sur de grandes planches ; chaque page en a été tirée séparément, et ce sont 144 cuivres qui ont servi à l'impression du volume.

Lès têtes de chapitre ont été rubriquées à la main, et un certain nombre de ff. ont un texte explicatif ms. Chaque page pleine contient 10 petits tableaux, mais sur quelques-unes, à la fin des chapitres, on n'en trouve que 2, 4 ou 6.

On remarque deux fois dans cette suite le monogr. I. H. (Johan Heyns, architecte, M. 1515?) Les filigranes du papier sont la tête de bœuf avec une fleur à longue tige entre les cornes, et la balance au milieu d'un cercle; celui-ci est une marque employée fréquemment par Jenson à Venise, mais il a servi également à des imprimeurs allemands; quant à la tête de bœuf, on la trouve à peu près partout; ce précieux vol. que M. Tross estime environ 3,000 fr. n'a été décrit par aucun iconographe.

ARS MORIENDI (Xylographique). [1730]

Pet. in-fol. composé de 24 ff. imprimés d'un seul côté, 13 pour le texte et 11 planches; les pages de texte et les gravures sont entourées d'un triple filet noir, à l'exception des ff. 13 et 17, qui n'ont qu'un filet double. Nous n'avons pu malheureusement voir cette précieuse édition d'une des plus importantes xylographies connues; nous ne pouvons donc la décrire *de visu*, c'est-à-dire vérifier si l'assertion de M. Tross qui l'a découverte est absolument exacte, et si l'édition est véritablement non citée et non décrite. Nous nous bornons en conséquence à reproduire fidèlement la description donnée par ce libraire érudit.

Les deux premiers ff. contiennent la préface; on remarque d'abord dans la bordure les mots « ARS MORIENDI », et la préface commence au verso du premier feuillet. Les feuillets de texte commencent ainsi :

I. Quamvis ecundū philosophū Tertio ethicorum

II. Xpian' credere debet letus

III. Tentacŏ dyaboli de fide

IV. Bona Ispiracŏ angeli de fide

V. Temptacŏ dyaboli de speracŏe

VI. Bona Ispiracŏ Angeli contra desperacŏ?

VII. Temtacŏ dyaboli de impaciencia

VIII. Bona Ispiracŏ angeli de paciencia

IX. Temptacio dyaboli de vana gloria

X. Bona Ispiracŏ angeli cõtra vanã gloriam

XI. Temptacio dyaboli de Auaricia

XII. Bona Ispiracŏ angli cĩra Auariciã

XIII. Si agonisãs logᵗ et usum.

« Les gravures, dit M. Tross, sont d'une exécution artistique, et ont, sans les filets, une hauteur de 200 à 203 millim., et une largeur de 145 mill., le papier a la marque de la tête de bœuf ».

Le texte du premier f. se termine par : « Pmŏ ut credat sicut bonᵗ » ; l'édition n'a pas de signatures.

D'après cette description, il semble en effet que ni Sotheby, ni Ebert, ni Heinecken n'aient vu cette édition ; et la Bibliothèque nationale, qui possède cinq éditions de cette xylographie, n'en a aucune que l'on puisse lui assimiler.

— Nous avons vu passer en vente chez M. Yéméniz un exemplaire de l'ARS MORIENDI de 24 ff. in-4, que le catal. dit être de la même édition que celle décrite par Ebert sous le nº 2, par Sotheby, Heinecken et Brunet sous le nº 1; nous devons signaler cependant de notables différences, et pour que le lecteur puisse en juger, nous allons donner la description minutieuse de l'admirable exempl. de la Biblioth. nat.; disons d'abord que l'exempl. Yéméniz a atteint le chiffre respectable de 9,550 fr. sans les frais, et est allé enrichir ce monument bibliographique qui s'appelle la biblioth. de M. Ambr. Firmin-Didot.

Voici la description de cet ARS MORIENDI que possède la Bibl. nat.; il a été découvert par P. J. Mariette; à sa vente il fut payé 1070 livres par le duc de la Vallière; vendu 1,610 fr. en 1783, et acquis par Debure pour Le Camus de Limare; à la vente de celui-ci enfin (1786), il fut acheté 1,280 liv. pour la Bibliothèque du roy.

Mariette, qui ne se contentait pas d'être le plus savant des iconophiles, mais joignait, au goût le plus délicat en fait de livres, un sentiment exquis de la forme, un vrai bibliophile en un mot, fit relier par Derome, en *mar. r.* à petits fers d'un charmant modèle, avec une large dentelle, et doubler de tabis le précieux volume; de plus il fit imprimer, en car. rouges et noirs, et mit un titre spécial, ainsi conçu : « ARS MORIENDI, *opus, si structuram spectes, nullius momenti, sed quod ab eo, typographia, ars nobilissima, exordium sumpserit, multi pretii. Laurentius Joannes Costerus, civis Harlemensis, excudebat, ut aiunt, circa annum R. S. H. CIꓛ. CCCCXL.*

« *E pulvere, in quo forsan adhuc jaceret, eruit, et nitidiori tegumento decoravit P. J. Mariette, Bibliopola Parisiensis* ».

En regard de ce titre, et en conséquence de cette attribution qu'il revendiquait hautement (alors la fable de Coster était chose nouvelle et passionnait nombre d'amis des livres!), Mariette mit un précieux portrait de L. Coster remarquablement gravé par J. V. Velde. Voilà pour le décor extérieur.

Le volume est composé de 13 ff. de texte, imprimés d'un seul côté, et de 11 planches de la grandeur des pages; les pages sont entourées d'un simple trait noir.

Iᵉʳ f. Ars moriendi, 27 lig.

IIᵉ f.(Suite de l'avant-propos), 30 lig.

IIIᵉ Image gravée.

IVᵉ Temptacio Dyaboli de fide, 28 lig.

Vᵉ Image.

VIᵉ Bona inspira angeli de fide, 34 lig.

VIIᵉ Image.

VIIIᵉ Temptatio Dyabo de despacione, 31 lig.

IXᵉ Image.

Xᵉ Bona Ispiracŏ migli' (*sic*) contra despacoēm, 28 lig.

XIe Image.

XIIe Temptacio dyaboli de Ipaciencia, 27 lig.

XIIIe Image.

XIVe Bona ĩspiracio anglĩ de paciẽcia, 37 lig.

XVe Image.

XVIe Temptacio dyaboli de vana gloria, 25 lig.

XVIIe Image.

XVIIIe Bona ĩspiracio anglĩ contra vanã gloriã, 29 lig.

XIXe Image.

XXe Temptacio dyaboli de Auaricia, 27 lig.

XXIe Image (avec trois tonneaux, voy. Sotheby & Heinecken).

XXIIe Bona ĩspiracio anglĩ cõtra auariciã, 31 lig.

XXIIIe Image.

XXIVe 32 lignes sans titre.

Les pp. 10, 12, 14, 16, ont une place laissée en blanc pour la capitale gravée qui commence le texte.

Le caractère de cette belle xylographie est d'une grande irrégularité; les pages manquent absolument d'uniformité; les espaces sont inégaux; la 14e page surtout est extraordinairement compacte; les caractères sont taillés en raison du texte à reproduire, allant en grossissant quand il y a peu de copie; en diminuant, au contraire, quand le commentaire est considérable.

Les caractères sont bien ceux que jadis on nommait : caractères de forme.

Les capitales sont gravées au double trait mince et disposées pour l'enluminure.

La hauteur totale est (mesure prise en dehors des traits) de 191 millim., la largeur de 142, la hauteur des planches varie de 134 à 136 millim., la largeur de 97 à 100.

Le papier est très-fort, résistant, à pontuseaux larges et apparents; la marque est parfois le trèfle ou quintefeuille, parfois la roue dentée, dite roue de Ste-Catherine.

Le volume est imprimé au frotton du cartier; l'encre est régulièrement pâle et bistrée.

Après avoir vu ce bel exemplaire, M. Sotheby, fils, (son père, on s'en souvient, avait écrit ses *Principia typographica*, sans avoir vu les xylographies de Paris, Munich et Vienne), écrivit cette note : « PERFECT *this the Mariette's copy is an earlier and much finer copy than these in the Spencer and British Museum libraries* ».

Un bel exempl. de l'édition de cette xylographie classée par M. R. Weigel comme la première de toutes les éditions de l'*Ars Moriendi*, ce qui est parfaitement discutable : 7150 thalers T.-O. Weigel (1872).

— Un exempl. médiocre de la 7e édition (suiv. Heinecken), relié en *mar. vert*, avec quelques mouillures, 1,200 thalers T.O. Weigel, acheté par M. Clément, de Paris. — Un second exempl. de la même édition; l'impression est moins belle et on peut signaler quelques différences aux pp. 26 et 27, en *mar. bleu*, 1,245 thalers T.-O. Weigel.

ARS MORIENDI.

Au 1er f., en deux lignes : TRACTATUS breuis ac valde vtilis de arte et scientia bene moriendi.

A la fin (v^o du dernier f.) : ARS MORIENDI, en très-grands car. ombrés gr. sur bois et tirés sur fond noir, et au dessous, en car. goth. mobiles : Cvm orationibvs pvlcherrimis dicendis circa agonisantem. *S. l. n. d.*, in-4, de 20 ff., avec 12 pl. xylographiques de la grandeur des pages, (le titre final forme la 12e); les pages entières avec explication ont 36, 37 et 38 lignes.

Les car. mobiles, dont s'est servi l'imprimeur, ont été comparés avec soin par M. Claudin, libraire-expert, et reconnus pour partie identiques à ceux qu'employait P. Metzinger, le proto-typogr. de Dijon; mais comme le car. est usé et que bon nombre de lettres sont absolument différentes, M. Claudin en tire cette déduction assez plausible que le matériel de l'imprimerie de Dijon aurait passé dans les mains d'un nouvel imprimeur, auquel serait due l'impression de ce curieux monument xylographique.

Le filigrane du papier se compose de la *roue dentée* qui se voit fréquemment sur les papiers de Lyon au XVe siècle, et de la lettre B.

Les planches sont toutes signées du monogramme I. D., que M. Claudin croit être la marque de Jean Duvet; il faudrait alors faire remonter l'exécution de ces belles pl. à 1510 au moins, époque à laquelle l'auteur de l'*Apocalypse* aurait eu environ 25 ans. Le fait n'est pas impossible, mais a cependant besoin de confirmation.

Un exempl. de cette précieuse xylographie a été adjugé au prix de £ 7, sh. 15 à la v^{te} Libri de 1862 à Londres; un autre (peut-être le même, relié à nouveau), acquis pour le cabinet des estampes de la bibl. nat., 460 fr. à la vente Randin et Rostain de Lyon.

— L'édition typographique, imprimée par Nicolaüs Goetz de Slettstadt, imprimeur à Cologne de 1474 à 1478, pet. in-fol., goth., fig. s. b.; exempl. incomplet du premier f. contenant la préface et le texte relatif à la première pl., 100 th. 15 gr. Weigel.

— ARS MORIÉDI ex va ‖ rijs scripturarũ sententijs collecta ‖ cũ figuris ad resistendũ in mortis ‖ agone dyabolice sugestioni valẽs ‖ cuilibet Christi fideli utilis ac mul ‖ tum necessaria. *S. l. n. d.*, (*Lipsiæ, Conrad Kachelofen*, de 1489 à 1495), 14 ff. contenant 14 planches gr. d'un côté et 13 ff. de texte de l'autre côté, pet. in-4, en *mar.*, 103 th. 10 gr. Weigel, 1872.

— La riche collection Weigel contenait plusieurs autres éditions ou fragments de l'*Ars moriendi* en allemand, imprimées : à *Leipzig*, en 1494 (95 th.); par *Melchior Lotter* à *Leipzig*, en 1507 (74 thal.); par *Johann Weyssenburger* à *Nürnberg*, s. d., (c^a 1504), (66 thal.); une autre édit. de *Nürnberg*, *Weyssenburger*, 1512 (71 thal.); enfin une 3e édit. typogr. de *Weyssenburger* à *Landshut* en 1514 (84 thal.).

— ARS MORIENDI. Quamuis secundum philosophoų etc., f. 1 (v^o) col. 2. Temptacio dyaboli de fide... f. 12 r° col. 1, lig. 1 : si agonizans loqui et usum, etc... col. 2, à la fin : Et tantum de Arte moriendi. *S. l. n. d.* (*Coloniæ, apud Henric. Quentell*, c^a 1480), in-4, de 12 ff., à 2 col., avec 11 fig. xylographiques, sans chif., récl. ni sign. (Hain, 1831), précieux vol. 750 fr. Tross, (1869).

— ARS MORIENDI. ‖ (Q)' Vamuis sẽdm philosophoų tertio .ethicorũ. Oīm terribilium ‖ mors corporis sit terribilissima : etc., à la fin : (v^o du f. 11). Et tĩn de arte moriẽdi qẽ ars artium. *S. l. n. d.*, in-fol., goth., sans ch., récl., ni sign. 12 ff. avec 11 gr. s. b.

Édition fort ancienne, que ne citent ni Brunet, ni Hain; elle est imprimée en car. mobiles à longues lignes, tandis que celle attribuée à Quentel, de Cologne, est à deux col. M. Weigel de Leipzig en attribue l'impression à Nicolas Götz de Schelestadt, impr. à Cologne de 1474 à 1478; il existe des épreuves de ces planches avec un texte xylographique aux musées de Berlin et de Harlem ainsi qu'à Wilton-House. 1250 fr. catal. Tross.

— ARS MORIENDI ex variis sententiis collecta cum figuris ad resistendum in mortis agone dyabolice suggestioni valens cuilibet Christi fideli utilis ac multum necessaria. *In civitate Landeshutensi ducali, apud I. W. anno millesimo quingentesimo decimo quarto*, in-4, avec 60 belles et intéressantes pl. gravées sur bois.

Les initiales I. W. indiquent le typographe de Nuremberg, Jean Weyssenburger, dont nous venons de citer une importante production; nous avons donné, dans un autre livre, l'histoire de son établissement à Landshut.

— ARS MORIENDI. Tractatus succinctus ac valde ‖ vtilis de arte et scientia perfe ‖ cte viuendi beneꝗ mori ‖ endi : varijs historijs ‖ ac orationibus ‖ illustratus, (marque de P. Mareschal). A la fin, au rᵒ de Eiiij : FINIS. ‖ *Impressum Lugduni a Petro Mareschal.* ‖ s. d. (cᵃ 1500), pet. in-4, goth., de 20 ff., sign. A-Eiiij par 4, avec 11 belles et grandes planches gravées sur bois.

Porté à 500 fr. au IVᵉ cat. Tross de 1874.

Est-ce la même édition que celle que nous trouvons décrite au cat. Libri de *Londres*, 1862, le fait n'est pas impossible; mais alors la description en aurait été *rafraîchie*.

— ARS MORIENDI. Eyn loblich und ‖ nutzbarlich puchelein von dem ster ‖ ben, wie ein ytzlich christen mensch recht in warem christen ‖ glauben sterben sol..... (au vᵒ du 15 f.) : — *Gedruckt zu Nurmberg durch* ‖ *Her Hansen Weyssenburgen* ‖ *Am erichtag nach Letare* ‖ *Im neunten Iar.* (1509), pet. in-4, goth., de 16 ff., avec 13 fig. en bois, de la grandeur des pp., dont 11 entourées de bordures; le 16ᵉ f. ne contient que la grande et belle marque de l'imprimeur.

200 fr. au VIᵉ cat. Tross (1873).

ARS NUMERANDI. Incipit cōpendiosus tractatulꝫ quia ‖ tupliciū dicōnū numeraliū.. (In fine :) Opusculū paū d. dicōnibb' nūalibꝫ finit. (*Absque nota, sed Ulrich Zell, cᵃ 1471*), in-4, goth., de 5 ff., sans ch., récl. ni sign.

« Tout annonce, dit M. Libri, auquel nous empruntons ce titre, que cet opuscule a paru avant le célèbre *Abaco* de Trévise, 1478, et qu'il peut être considéré comme le plus ancien livre sur l'Arithmétique qui ait été imprimé. £ 6. Libri (1862).

On a eu longtemps l'habitude d'attribuer à Ulrich Zell la paternité de tous les incunables allemands des débuts de l'imprimerie, qui ne portent ni le nom de l'imprimeur, ni le nom de la localité où ils ont été exécutés; les savants travaux de M. Madden et la constatation de l'existence d'un atelier des frères de la vie commune à Waydenbach nous permettent d'émettre l'hypothèse que l'on doit renvoyer à ces doctes et modestes typographes l'attribution de cet « *Ars numerandi* ».

ARSÈNE (Le P.). Dernière lettre du révérend Père Arsène de Paris, étant de présent en l'Inde Occidentale, en la côte du Brésil, en une île nommée Maragnan, qu'il envoie au Rev. P. Provincial des Capucins de la province de Paris (27 août 1612). *Paris, J. Nigaud*, 1613, in-8. 25 à 30 fr.

Pièce rare et recherchée.

Cette lettre et celle du P. Claude d'Abbeville (voy. ce nom) ont été réimprimées à *Paris, chez D. Langloys*, 1613, in-8; on y a joint la relation du sieur Dumanoir.

ART (L') de bien traiter, divisé en trois parties, ouvrage nouveau, curieux et fort galant... exactement recherché et mis en lumière par L. S. R. *Paris, Fréd. Léonard*, 1674, in-12.

Livre rare et curieux; vendu, en *mar. r.* rel. de Trautz, 150 fr. Pichon.

ART (L') de bien vivre. *Paris, Ant. Ve-*

---

rard, 1492, pet. in-fol., goth., fig. s. b. [1730]

Cette édition est bien décrite au *Manuel :* l'exempl. Solar a été vendu 805 fr. et vaudrait plus aujourd'hui. Un bel exempl., dans une très-belle reliure du vieux Niédrée, a été vendu 1205 fr. Yéméniz; il venait de Rich. Héber.

— Dans la même vente Yéméniz figurait l'édition de *Paris, Henry Pacquot*, s. d., in-4, goth,, sans ch. ni récl., avec sign. A. Y. par 8, à l'exception du dernier cahier par 4, à 2 col.; les fig. sont la copie de l'édit. de Vérard (460 fr.).

— L'édition de *Rouen, Jean Crevel*, s. d., in-4, goth., à 2 col., fig. s. b. 190 fr. Chedeau.

ART et science (Sensuit L') de bien parler et de soy taire, moult utile à scauoir et entendre à toute personne. *Nouuellement imprime à Rouen* (*chez Robinet Macé*), s. d. (vers 1510), pet. in-4, goth., de 6 ff. [13414]

En *mar.* de Kochler, 215 fr. baron P.; — 270 fr. Potier.

ART (L') science et praticque de plaine musique ‖ tresutile profitable et familiere nouuellement côpo ‖ see en francoys moyennant laquelle vng chascū poʳ ‖ ra côprendre pratiquer ꝗ sauoir p soy mesmes ꝗ pueir (*sic*) ‖ a grant congoissāce ꝗ pfectiō en ladᵉ sciēce de musique. — suit la grande marque de l'imprimeur Gaspard Philippe; (A la fin :) *Imprime a Paris par Gaspard Philippe demou* ‖ *rant en la rue sainct iaques aux deux daulphins cou* ‖ *ronnes au dessoubz saint yues*, s. d., pet. in-8, goth., sign. musique notée. [10120]

Communiqué par le baron J. Pichon.

ART (The) of illuminating as practised in Europe from the earliest times, illustrated by borders, initial letters and alphabeths selected and chromilithographes by W. R. Gymms, with an essay and instruction by M. Digby Wyat. *London, published by Day and son*, 1860, in-4.

Splendide publication, ornée de 100 grandes pl. 66 fr. Curmer.

ARTE de la Lengua Tarasca. *S. l. n. d.*, pet. in-8 de VI ff. et 102 pp.

62 fr. vente faite par M. Tross en novembre 1868.

ARTEFEUIL (*Louis* Ventre de la Touloubre). Histoire héroïque et universelle de la Noblesse de Provence. *Avignon*, 1776, 2 vol. in-4, avec 8 grandes planches d'armoiries. 100 fr.

ARTENICE (L'). *S. l. n. d.*, in-8, de IV ff. lim., et 118 pp. chiffrées; (les chiffres des pp. 85 et 86 se trouvant répétés donnent le nombre réel, bien que le dernier f. soit coté 116.)

Pastorale qui n'est restée inconnue aux bibliographes dramatiques, mais qui, dénuée d'intérêt et d'action, ne méritait guère la longue note que lui a consacrée le rédacteur du cat. Yéméniz; elle a pourtant atteint, grâce à une splendide rel. ancienne, le prix de 150 fr. à la vente de ce célèbre collectionneur; revendu 120 fr. cat. Tross, en 1869.

ARTICLES accordez entre le Roy de France et le Roy de la Grande Bretaigne, pour le commerce des François et Anglois. *Paris*, 1623, in-8.

Pièce qui a une certaine importance économique. 8 à 10 fr.

ARTICLES accordez par le grand seigneur en faueur du Roy et de ses subiectz au sieur de Guerine, trésorier de France, son ambassadeur en Turquie, pour la liberté et sécurité du Traffic, commerce et passage ès pays et mers du leuant. *Paris*, 1570, in-4.

Pièce intéressante et peu commune. 12 à 15 fr.

ARTICLES contenant les causes qui ont meu le Roy nostre sire Henry deuxiesme de ce nom très chrestien, à faire la procession generale a Paris, ville capitale de son Royaume, le quatriesme iour de Iuillet 1549. *A Paris, chez Andry Roffet dict le Faulcheur, demeurât en la rue neufue Nostre-Dame deuât saincte Geneuiefue des Ardents, a l'enseigne du Faulcheur,* 1549, pet. in-4, de 4 ff.

Pièce non citée par Le Long; c'est le récit d'une procession faite à Paris, pour la confusion des hérésies anciennes et nouvelles. 50 fr. Tross (1866); l'exempl. acheté par M. Potier a été revendu 555 fr. en 1870.

ARTICLES des inionctions, deffenses et déclarations faictes (² publiées en la court de Parlement pour lobseruation de la justice ès causes venant en ladicte court. *A Paris, chez Jean André, le* VIe *iour de ianvier*, M. D. XXXVI, in-8, goth.

25 à 30 fr. au moins.

ARTICLES et conditions sur lesquelles les marchands négociants du Royaume supplient le Roy de leur accorder sa déclaration et les graces pour l'établissement d'une compagnie pour le commerce des Indes Orientales. *A Paris (Amsterdam, Elsevier)*, 1665, in-12, de 23 pp.

ARTUS. Sensuit le preux || Chevalier Artus de Bretaigne, traictant de ||┼ merueilleux faitz. Imprime nouuellemêt a Paris en la || rue neufue Nostre dame a lê || seigne de lescu de France... XXXVI. (A la fin :) Cy finist le liure du vail || lant Cheualier Artus, filz du Duc de Bretaigne || *Imprime nouuellement a Paris par Alain* || *Lotrian Imprimeur et libraire demourant* || *en la rue neufue Nostre Dame a lenseigne de* || *lescu de France.* S. d. (après 1518), pet. in-4, goth., à 2 col., avec fig. en bois ; sign. *a - zr* et A - M. Chaque cahier a 4 ff.,

à l'exception du premier, qui en a 6. [17027]

M. Tross a cité le premier cette édition évidemment fort rare, mais peu précieuse ; il a cependant pu la porter à 700 fr. dans un de ses catal. de 1865, et la vendre à ce prix exagéré alors, peut-être trop modéré aujourd'hui ; nous croyons que cette édition est la même que celle qui est indiquée dans le *Manuel*, sous la rubrique d'*Alain Lotrian et Denis Janot*, c'est-à-dire avec un titre réimprimé, ce qui se faisait si souvent quand plusieurs libraires se partageaient un tirage.

— de Bretaigne. *Paris, Michel le Noir*, 1502, pet. in-4, goth., fig. s. b.

Un très-bel exempl. dans une richissime reliure de Chambolle-Duru, 3,500 fr. Tufton.

— de Bretaigne (Sensuit le preux cheualier). *Paris, veufue feu Jehan Trepperel*, s. d., in-4, goth., à 2 col., fig. s. b. [17027]

En anc. rel. mar. (exempl. Secousse), 300 fr. Yéméniz.

— *Paris, Nicolas Bonfons*, 1584, in-4, fig. s. b. lett. rondes à 2 col. (exempl. Audenet), 260 fr. Yéméniz ; et ne valait pas la moitié.

ASCHAM (*Roger*). English Works. [19330]

L'édition de 1815 n'est pas la dernière :

— WORKS collected and revised with a life by Giles. *London*, 1865, 3 vol. in-12.

— EPISTOLÆ, poemata. *Hanoviæ*, 1602, in-12 ; 105 fr. mar. Solar, n° 2333 ; exempl. de de Thou.

M. Brunet, qui consacre au polygraphe anglais une notice assez détaillée, omet une pièce qui offre un certain intérêt aux collectionneurs français :

— A REPORT and Discourse of the affaires and state of Germany, and the Emperor Charles his Court, duryng certaine yeares (1550-52), while the said Roger was there. *London, by John Daye*, 1552, in-4, goth., de 36 ff.

Cette pièce est considérée par le Dr Campbell comme l'un des documents historiques les plus ingénieux et les plus intéressants qui aient jamais été écrits en anglais ; il en existe deux réimpr., l'une sans date et l'autre de 1570.

ASSAULT (L') de Paradiz du Chevalier spirituel. *S. l. n. d.* (marque d'A. Vérard à la fin), in-8, goth., de 27 ff., fig. s. b.

Livret inconnu jusqu'à la vente Pichon, où il atteignit le prix de 65 fr.

ASSEDIO (L') e presa di Caffa per li Turchi. *S. l. n. d.* (*Venezia*, vers 1475), in-4, goth., en prose, de 6 ff. dont les pp. entières ont 29 et 31 l. ; il commence et finit par une pièce de vers, la première avec la date de 1475.

£ 2. Sh. 12 Libri.

ASSIER DE VALENCHES. Les Fiefs du Forez. *Lyon, L. Perrin*, 1858, gr. in-4, pap. teinté, fig. et blasons.

— Recherches sur la noblesse de l'Assemblée bailliagère de la province de Forez, convoquée à Montbrison en 1789. (La nouvelle Diana ou Armorial. Pièces justificatives. Le monument de Feurs, etc.) *Lyon, Louis Perrin*, 1860, gr. in-4, pap. teinté, fig. et blasons.

Ces deux beaux vol., imprimés avec le soin et le luxe que donnait à ses éditions le regrettable Louis Perrin, ont été tirés à 120 ex., qui n'ont pas été mis dans le commerce. 150 à 180 fr.

ASSOUCY (*Ch. C.* d'). Le Jugement de Paris, en vers burlesques, par M. Dassoucy. *Paris, Quinet,* 1648, in-4, de 14 ff. prél., 92 pp. et 2 ff. non chif., 2 gravures. 5 à 6 fr.

— A son altesse Sérénissime Madame Marguerite Louyse d'Orléans, sur son mariage avec S. Alt. Sér. Cosme de Médicis, prince de Toscane. *A Florence,* 1661, in-4.

Pièce fort rare; aux pp. 20, 21 et 22, un curieux parallèle entre Paris et Florence. 12 à 15 fr.

— Ovide en belle humeur. *Paris, Gabr. Quinet,* 1664, in-12.

En *mar.* de Koehler, 210 fr. Yéméniz.

ASTARLOA (*D. P.* de). Apologia de la lengua Bascongada , o ensayo criticofilosofico de sa perfeccion y antiguedad sobre todas las que se conocen, por Don Pedro de Astarloa. *Madrid,* 1803, in-4.

Ce volume est assez recherché; l'auteur prouve que la langue basque ou eskuara est la plus ancienne, la plus noble et la plus riche des langues parlées. 14 fr. Burgaud des Marets. Cet ouvrage fut attaqué par D. J. A. Conde, l'auteur de *l'Histoire de la domination des Arabes en Espagne ;* à cette violente diatribe D. Pedro de Astarloa répondit par :

— Reflexiones filosóficas en defensa de la Apologia de la Lengua Bascongada, o' respuesta á la censura critica del cura de Montuenga. *Madrid, Cano,* 1804, pet. in-8.

8 fr. même vente.

ASTIER (*B.*). Le Bouquet de la feintise, lié d'une soye desliée par la constance, et que l'amour a faict d'un lis et d'une rose sans espine, où sont ensemble pliées les amours fleuries du baron de Bellerose et de la marquise Desbeaulis, descriptes par Bernard Astier, advocat du païs d'Auvergne. *Lyon, P. Rigaud,* 1610, in-12.

Livre annoncé comme *fort curieux* au catal. Turquety, et de plus comme *seul exempl. connu.*

ASTROLOGUE (L') amoureux contenant la façon de cultiver, planter et recueillir tout ce qui se sème en amour (par Godenot). *Paris, Loyson,* 1657, pet. in-12, de 4 ff. prél. et 68 pp., front. gr. par L. Spirinx. 8 à 10 fr. [18003]

ATHANASIO. Del Matrimonio de preti e delle monache. *S. l. n. d.* (*Basilea, Giacomo Parco,* vers 1550), pet. in-8, de 12 ff.

Cette pièce curieuse figure pour la première fois au catal. du Pasteur Conod, où elle est vendue 78 fr.

— Copia di una lettera scritta a iii di Gennaro 1550, nella quale sono alcune nuoue di Germania et d'Inghilterra, cerca la religione. *S. l. n. d.* (*Basle,* 1550), pet. in-8, de 12 ff.

Pièce inconnue, dédiée aux « *Fratelli d'Italia* », et vendue 51 fr. en 1867.

AUBE (*Iean*). Lamentation de la France

sur le décez de Magdaleine de Thuraine comtesse de Tende ‖ auec quelques autres compositions en vers. *Paris, J. de Gourmont,* 1581, in-4. 15 à 18 fr. (Voy. Aulbe).

AUBERT (*Esprit*). Les Marguerites poëtiques tirées des plus fameux poëtes françois tant anciens que modernes. *A Lyon, par Barthélémy Ancelin,* 1613, in-4, front. gr., sign. + — LLLLII, 1215 pp. chiffrées, avec iv ff. lim. et xiv ff. pour la table et le privilége ; il est à remarquer que le cahier KKK n'est que de 4 ff. [13645]

— En *mar.* de Duru, 195 fr. vente Techener (avril 1865). En *mar.* 175 fr. W. Martin.

AUBERT (*Guillaume*). Histoire de la Terre Saincte conquise par les Chrestiens sur les Barbares soubs la conduite de plusieurs princes de France. *Paris, Philibert Gaultier de Roville,* 1562, in-4. [23047]

C'est le titre exact d'un livre qu'indique seulement le *Manuel.*

— Elégie sur le Trespas de feu Joachim Dubellay, Angevin, par G. Aubert de Poictiers, aduocat à la court de Parlement de Paris. *Paris, de l'imprimerie de Frederic Morel,* 1561, in-4, de 10 pp. 20 à 25 fr.

Un bel exempl. relié par Duru est porté au cat. à prix marqué du libraire Fontaine au prix exagéré de 140 fr.

AUBERY (*Jean*). Les Bains de Bourbon-Lanci et L'Archambauld. (*A Paris*) *chez Adrian Périer,* 1604, in-8, titre gravé.

Les livres thermo-descriptifs étant assez recherchés depuis quelques années, celui-ci vaut bien de 8 à 10 fr. Il faisait partie de la collection Payen, auj. à la Bibl. nation.

AUBIGNÉ (*Théod. Agrippa* d'). Mémoires de d'Aubigné publiés par Ludovic Lalanne. *Paris, Charpentier,* 1854, gr. in-18, de xii-468 pp. [23661]

Ces mémoires parurent pour la première fois sous le titre d'*Histoire secrète* à la suite du *Baron de Fœneste,* édité par Le Duchat en 1729, 2 vol. pet. in-8. Ils furent réimprimés en 1731 avec d'autres pièces. Buchon a reproduit le texte de cette 2e édition dans le *Panthéon littéraire.* Le premier éditeur a modernisé le style si énergique dans sa concision de d'Aubigné. C'est bien pis encore dans l'édition de 1731, qui ne présente en quelque sorte que la paraphrase du texte réel ; des récits sont tronqués ou allongés, des pages entières supprimées, des anecdotes plus que suspectes intercalées.

Lalanne a suivi l'excellent texte d'un manuscrit qui existait à la bibliothèque du Louvre, de douloureuse mémoire. Il en existe heureusement une copie fidèle à la Bibl. nation. et deux autres à l'Arsenal. L'original (autographe, dit-on!) existe à Genève et fait partie de la bibliothèque du colonel Tronchin.

— Mémoires de sa vie... *Amsterdam, J. Fréd. Bernard,* 1731, 2 tom. en 1 vol. in-12.

En *mar.* de Derome, 175 fr. baron P.

— PETITES OEuvres meslees du sieur d'Aubigné. *Genève, Pierre Aubert*, 1630, in-8. [19071]

En *mar.* de Duru, 190 fr. W. Martin.

— LES AVENTURES du baron de Fœneste. *Au Dezert*, 1630, pet.-in-8, de VI-308 pp. [23060], première édit. des quatre livres réunis.

En *mar.* de Duru, 100 fr. Cailhava (1862).

— HISTOIRE universelle. *A Maillé, par J. Moussat*, 1616-1620, 3 vol. in-fol. [23070].

165 fr. Tufton.

— LES TRAGIQUES, donnez au public par le larcin de Prométhée. *Au Dézert, par L. B. D. D.* 1616, in-4. [13928]

Édition originale, rare avec l'*errata*, qui, ayant été ajouté après coup, manque à beaucoup d'exemplaires. 68 fr. Costa de Beauregard.

En *mar.* de Chambolle, 370 fr. Potier. — Sans l'*errata*, 50 fr. Chedeau.

— LES TRAGIQUES. *S. l. n. d. (J. Moussat, au Dézert)*, 1620, in-8.

Seconde édit. plus complète, 150 fr. Turquety ; rev. le même prix chez M. Huillard.

AUBRET. Mémoires pour servir à l'histoire de Dombes, publiés et annotés par M. Guigue, archiviste paléographe. *Trévoux*, 1872, 4 vol. in-4.

Ouvrage important pour l'histoire de la Bresse, du Forez et provinces circonvoisines. 80 fr.

AUCTORES octo continentes libros, videlicet Cathonem, Facetum, Theodulum de contemptu mundi, Floretum, Alanum de parabolis, fabulas Æsopi, Thobiam. *S. l. (Lugduni, apud Jacobum Arnollet)*, MDIV, in-4, goth., fig. s. b. avec la marque de Jacques Arnollet au titre. [12481]

70 fr. de Morante.

AUDIFFREDI. Librorum typis impressorum bibliothecæ Casenatensis catalogus. *Romæ*, 1761-1788, 4 vol., in-fol., portr.

Il faut, pour que l'exempl. de ce beau et consciencieux catal., que M. Brunet signale comme s'arrêtant à la lettre I, soit complet, avoir le commencement du 5e vol., qui a été imprimé jusqu'à l'article LEODGARIUS.

Un exempl. broché et complet est porté à 250 fr. au 4e cat. Tross de 1874.

AUGER (*Emond*). Histoire des choses mémorables sur le faict de la religion chrestienne dictes & exécutées ez pays et royaumes des Indes Orientales par ceux de la compaignie de Jésus, translatée de latin. *A Lyon, chez Benoist Rigaud*, 1571, in-8.

C'est peut-être le livre le moins fastidieux de ce Jésuite que cite le *Manuel* ; il faut aussi indiquer une pièce assez recherchée :

— BREF Discours sur la mort de feu M. le cardinal de Lorraine, extrect d'une lettre escripte d'Auignon, le 27e du moys passé, par M. Maistre Emond Auger... (27 Xbre 1574). *Paris, de Roigny*, s. d. (1574), in-8.

Cette pièce est à la Bibl. nationale.

AUGIER (*Chr.*). Trésor des titres justificatifs des priviléges et immunités, droitz et revenus de la ville de Nyort. Ensemble la liste de ceux qui ont esté maires de ladicte ville... Le tout recherché et imprimé par les soins de maître Christophle Augier, sieur de la Terraudière... Maire... *A Nyort, par A. Faultré*, 1675, in-8.

Vol. peu commun. 10 à 12 fr.

AUGUSTINUS (*D. Aur.*). Opera. *Basileæ, ap. Frobenium*, 1529, 10 vol, in-fol.

En anc. rel. mar., 226 fr. Solar ; cet exempl. avait été payé 100 fr. et ne valait pas plus.

— LA SAINCTE et sacrée Exposition de Monseigneur saît Augustin sur la première quinquagene du Psaultier de Dauid, translatée de lat. en fr. *Il s se vendent à Lille lez Flandres en la maison de Jehan Mullet en la court Jehan Labe près la chappelle des Bons-Enfans. Imprimé à Paris par Gilles Cousteau pour Jehan de la Porte*, 1519, in-fol. goth., à 2 col., fig. s. b. Le titre dans un encadrement s. b., avec les armes de Lille au mileu.

50 fr. Solar ; 200 fr. Germeau.

° Un exempl., sans doute celui de Solar, a figuré dans une vente faite par Techener en 1864, mais il a été retiré.

— TROYS OPUSCULES asçauoir de l'estat de veufuage, de la manière de prier Dieu, et de la vie de Ste Monique, mère dudict S. Augustin, translaté de latin par Adrian Gemelli. *à Paris, Jehan Petil*, 1517, in-4, goth.

Rare et assez précieux.

— LE PSEAUTIER, à sa mère Monique, translaté de latin en françoys par Jean Riuière. *Paris, Jehan Réal*, s. d., in-8, goth.

Vol. que nous ne trouvons porté qu'au catal. des Foires de Francfort.

— L'EPISTRE à Vincent, Euesque de l'heresie Rogatiane, traduict de latin par Clément Vaillant. *A Paris, Mathurin Prevost*, 1573, in-8. 5 à 6 fr.

— LE LIVRE de l'esprit et de la lettre, traduict par Jacques le Conte *A Lyon, chez Jean Didier*, 1547, in-16.

Voici quelques prix obtenus dans les ventes depuis quinze ans par divers livres de S. Augustin :

— DE CIVITATE Dei (*Subiaci*) 1467, in-fol.;

Le bel exempl. Solar 399 fr., 450 fr. Cailhava.

— DE CIVITATE Dei (*Venetiis, J. de Spire*), 1470, in-fol. 180 fr. Costa de Beauregard.

— DE CIVITATE Dei, *S. l. n. d. (Argentorati, J. Mentelin)*, in-fol. 20 fr. Chedeau.

— DE CIVITATE Dei. (*Venetiis, Oct. Scoti*), 1489, in-fol. goth. 600 fr. de Morante.

— LA CITÉ de Dieu (tr. par Lambert). *Paris, André Pralard*, 1675, 2 vol. in-8, en anc. rel. de Duseuil, 260 fr. Brunet.

En *mar.* aux armes de Colbert 199 fr. Potier.

— LA CITÉ de Dieu... *Paris, Nic. Pépie*, 1701, 2 vol. in-8.

En *mar.* de Padeloup, exempl. du duc d'Orléans, fils du régent, 380 fr. Brunet.

— CONFESSIONUM lib. XIII. *S. l. n. d. (Argentorati, Mentelin*, C^a 1468), in-fol. de 143 ff.

Édit. princeps, 190 fr. Cailhava.

— CONFESSIONUM libri XIII. *Mediolani, Joh. Bonus*, 1475, in-4.

Première éd. avec date ; 132 fr. Cailhava.

— CONFESSIONUM lib. XIII. *Duaci*, 1612, in-12.

En *mar.* aux armes de de Thou, 75 fr. Brunet.

— CONFESSIONUM (libri XIII). *Lugd. (Batav. D. Elzevir*, 1675, in-12.

Un exempl. de 0, 125 m. 130 fr. Solar; un exempl.
de 0,134, payé 60 fr. Potier, 72 fr., Chaponay, et rev.
90 fr. Huillard; un délicieux exempl. en *mar.* de
Padeloup, aux insignes de Longepierre, venant de
M. de Montesson, a été porté au prix élevé, mais non
extraordinaire, de 1530 fr. à la vente Potier de 1870.

— CONFESSIONUM lib. XIII. *Parisiis, Coignard,*
1687, in-12.

En *mar. doublé* de Boyet, 190 fr. Brunet.

— LES CONFESSIONS (tr. de Dubois). *Paris, Coignard,* 1686, gr. in-8, portr. gr.

Un exempl. en gr. pap. *mar. doublé de mar.,*
au semis de croix de Lorraine et d'M entrelacées
(Marie d'Apremont?), 1930, fr. baron P.

— LES CONFESSIONS (même trad.). *Paris, Coignard,*
1716, in-8, en anc. rel. *mar.,* 121 fr. Brunet.

— LES LETTRES de S. Augustin, tr. par du Bois. *Paris, J. B. Coignard,* 1701, 6 vol. in-8.

En *mar. doublé* de *mar.* aux armes et aux chiffres
de Mad. de Chamillart, 5025 fr. baron P...

— DE CONSENSU Evangelistarum. *In civitate Laugin-
gen impr.,* 1478, pet. in-fol., goth. 185 fr. Morante.

— DE VERÆ vitæ cognitione libellus. *S. l. n. d.*
(*Moguntiæ, scuto Schefferi,* cª. 1470), in-4, goth.,
de 34 ff. 36 fr. Cailhava.

En *mar. anc.* (exempl. du Roure), 90 fr. Huillard.

AULBE (Le comte d'). La Tasse. [16444]

Réimprimée dans le *Recueil de pièces rares et
facétieuses* en vers et en prose. *Paris, Barrault,*
1873, t. III, p. I-XV et 1-161, fig.

Préface par le bibliophile Jacob. L'exempl. Lang et
Solcinne fut acheté par un amateur lyonnais; il en
est question dans la curieuse préface mise par M. J.
T. Bory en tête de la réimpression de la *Perle* de
Zerbin.

C'est un petit chef-d'œuvre digne de figurer à côté
de *Pathelin.* Le dialogue, animé du *vis comica* de
l'ancien théâtre populaire, renferme les boutades les
plus divertissantes.

M. Bory croit que les mots *comte d'Aulbe* sont un
anagramme de Claude Bouet, qui, dès 1595, avait fait
imprimer à Aix une tragi-comédie : le *Désespéré*
sous un autre anagramme Neuvet du Lac. M. Lacroix ne partage pas cet avis; il a existé au 16e siècle des seigneurs d'Aulbe ou Aube en Provence et en
Dauphiné; La Croix du Maine indique Jean Aube du
Thouret, gentilhomme provençal, qui fit imprimer
en 1581 à Paris une *Lamentation de la France* sur
le décès de Mᵐᵉ Madeleine de *Thurenne.*

« Adhuc sub judice lis est. »

AURIGNY (*Gilles* d'). Les Fictions poëti-
ques, colligées des bons et meilleurs autheurs, pour le soulagement et contentement de ceux qui désirent cognoistre et entendre chose difficile : auec la
joyeuse description d'Hercules de Gaule,
traduicte du grec (de Lucien) en françois, par l'innocent Egaré. *Lyon, Benoist Rigaud et Jean Saugrain,* 1557,
in-16. [13672]

Cité par du Verdier et Brunet sous la date de 1577.
40 fr. en *mar.* de Duru, vente Pichon.

— CONTEMPLATION sur la mort de Jésus-Christ. *Paris, Iac. Bogard,* 1547, in-8.

— TRENTE PSALMES du royal prophète David. *A Roen*
(sic), *Jean Mallard,* s. d., in-8.

Toutes ces pièces ont peu d'importance et sont
médiocrement recherchées.

AUTO agora nueuamente hecho sobre la

quinta Angustia que nuestra Señora
passo al piè de la Cruz, muy deuoto y
contemplatiuo. *Burgos, Juan de Iuan,*
in-4, goth., de 8 ff. à 2 col.

Le seul exempl. connu se conserve au Musée britannique; Salvá (*Catalogo,* t. I, p. 363) décrit ce livret
et en donne des extraits.

AUTO de dia de Ivizo. *Lisboa, Antonio
Aluarez,* 1625, in-4, de 12 ff.

La *Bibliotheca* de Barboza Machado et les autres
bibliographes n'ont pas cité cette pièce que le catalogue Salvá, n° 1104, qualifie de *farsa ;* l'approbation
est datée de 1619, ce qui permet de croire qu'il a
existé une édition plus ancienne. Le même catalogue, n° 1105-1107, décrit trois autres *autos* imprimés
à Lisbonne en 1625 et 1634.

AUTO general de la Fee..., celebrado en
la plaça mayor de la muy noble, y muy
leal ciudad ‖ de Mexico, á los 19 de Noviembre de 1659 años. ‖ *Con licencia,
En Mexico,* ‖ *En la Imprenta del Secreto del Santo Officio.* ‖ *Por la
Viuda de Bernardo Calderon, en la
calle de San Agustin,* in-4, de 76 ff.

16 thal. 5 gr. Andrade.

AUTUN (La très-ancienne ville d'), cou-
ronnée de joye, d'honneur et de félicité
par la nouvelle et heureuse promotion de
Mgr.... Louys Dony d'Attichy, dans son
siége épiscopal. *Chalon-sur-Saône, chez
Philippe Tan,* 1653, in-4, de 320 pp.

43 fr. Ruggieri.

AUVRAY. Le Banquet des Muses, ou vers
satyriques du sieur Auvray. *A Rouen,
David Ferrant,* 1624, 2 vol. en un pet.
in-8, 2 ff. prél., y compris le titre, 32 pp.
pour *les Amourettes,* et 368 pp. pour
les Muses (2e édition non citée). 38 fr.
nov. 1866. [14196]

— LE BANQUET des Muses... *Rouen, David Ferrand,*
1636, in-8. 15 à 20 fr.

— La première édition : *Rouen,* 1623, in-8.

En *mar.* de Thompson, 140 fr. W. Martin.

AVANTURES satyriques de Florinde. *Im-
primé en l'an* 1625, pet. in-8. [17216]

Complétons la note de M. Brunet; malgré les prix
exagérés auxquels on porte les livres rares depuis
quelques années, nous devons dire que l'exempl.
Guyon de Sardière, des *Avantures de Florinde,* recouvert d'une charmante rel. molle en *mar. vert*
de Padeloup, n'a été payé que 31 fr. à la vente Solar.

AVARICIEUX (L') pensant iour et nuyt à
son tresor. *S. l. n. d.,* pet. in-8, goth.,
de 4 ff. comprenant 130 vers, une vignette gr. sur b. au titre.

Pièce curieuse et non citée; le seul exempl.
connu a été vendu par A. Aubry 255 fr. (W. Martin),
et cet exempl., relié en *mar.* par Duru, a été revendu
300 fr. par M. Tross.

Une copie figurée sur vélin, en *mar.* de Capé, 61 fr.
même vente.

AVE MARIA (L') des Espaignols. *S. l.
n. d.,* pet. in-8, de 4 ff., goth., fig. s. b.

Pièce fort rare qui faisait partie d'un recueil de 18 pièces (n° 3,071 du cat. La Vallière), lequel recueil fut porté au prix considérable de 3,900 fr. en 1869, à la vente du baron Pichon.

AVENAIRE (*Jean*). La deuocieuse Semaine, traduict de latin en françois. *A Montbelliard, Jacques Foillet*, 1590, in-12.
— Prières chrestiennes. *Ibid., Id.*, 1600. in-12, réimpr. *à Franckfurt, chez Erasmus Kempffer*. 1614, in-8.

Vol. rares, mais assez peu précieux.

AVENELLES (*Albin* des). La Clef d'amour.
— Les sept arts libéraux d'amour. — Déclaration morale de l'amant, renonçant à folle amour. — Le remède d'amour, composé en latin par Æneas Sylvius, etc. — Ensemble la complaincte d'auoir faict les amours d'Euryalus et Lucrèce. Le tout imprimé avec l'Opuscule d'Ovide de l'Art d'aymer. *A Paris, par Estienne Groulleau*, 1548, in-8.

Livre qui sera d'un grand prix, lorsqu'il figurera sur la table du commissaire-priseur, mais que nous sommes forcé de déclarer perdu depuis la publication des cat. des Foires de Francfort.

AUENTURIER (L') rendu a dāgier conduit par aduis traictât des guerres de Bourgongne. *Paris*, s. d., pet. in-4, goth. [13415]

Un exempl. de ce livre précieux, vendu 300 fr. en 1824, puis 15 fr. seulement, en 1841, à la vente de M. de Bock, qui n'avait pas été annoncée, était tombé dans les mains du baron P., qui, quoique jeune alors, avait déjà le goût sûr et délicat du bibliophile le plus exercé; il fit refaire le f. qui manquait, sur celui de la Bibl. nation., relier le vol. en *mar.* par Niédrée, et ainsi rhabillé, lors de sa vente en 1869, ce livre atteignit le prix de 1050 fr.

ADUERTISSEMENT aux trois Estats sur la publication de la paix. Auec la triomphe d'icelle, vne chanson par le peuple de France. *A Lyon*, 1570, in-4.

Cette pièce rare n'est pas citée par le P. Lelong et manque à la Bibl. nat.

ADUERTISSEMENT certain contenant les pertes aduenues en l'armée d'Espagne, vers le Norest (*sic*) de la coste d'Irlande, en leur voyage intenté depuis les Isles du Nord par delà l'Escosse envers Espagne, et du nombre des hommes et navires perdus. Avec deux lettres, l'une d'un Flamen demeurant à Londres, et l'autre de Monsieur Candiche, qui a passé le destroit de Magellan, pour aller aux Indes, et est retourné par le cap de Bonne Espérance... *S. l.*, M. D. LXXXVIII, pet. in-8, de 28 pp. et 2 ff. non chiffrés ; la lettre de Thomas Candish sur son voyage et ses découvertes ne comprend que 2 pages.

120 fr. cat. Tross.

ADUERTISSEMENT des nouvelles cruautez et inhumanitez, desseignées par le

tyran de la France. *A Paris, par Rollin Thierry*, 1589, pet. in-8, de 11 ff.

Opuscule fort rare; véhémente diatribe contre Henry III; vendu avec les *Sorceleries de Henry de Valois*, 67 fr. Ch. Nodier.

ADUERTISSEMENT du médecin de Monseigneur le cardinal de Guyse à Ronsard, touchant sa Franciade. *Paris, par D. du Pré*, 1568, in-8.

Pièce fort rare. 20 à 30 fr.

A DUERTISSEMENT sur la censure qu'ont faicte les Bestes de Sorbonne touchant les livres qu'ilz appellent hérétiques. *S. l.*, 1547, in-16, de 16 ff.

Opuscule fort rare et des plus curieux ; en ancienne rel. *mar.*, 22 fr. Delasize.

ADUERTISSEMENT sur les iugemens d'Astrologie a vne studieuse Damoyselle. *A Lyon, par Iean de Tournes*, 1546, très-pet. in-8.

Pièce fort rare. 40 à 50 fr.

AVILA (*Cl. P. Francisco* de). Arte de la Lengua Mexicana, y breves pláticas de los Mysterios de N. Santa Fe Cathólica, y otras para exortacion de su obligacion á los Indios. *En México, por los herederos de la Viuda de Miguel de Ribera Caldero en el Empedradillo, año de 1717*, pet. in-4, de 12 ff. lim., et 37 ff. chif. (13 th. 5 gr. Andrade). [11976]

AVILA y Zuñiga (*D. Luis* de). Comentario del ‖ Illustre Señor Don Luis de Auila y Çu ‖ niga Comendador Mayor de Al-‖ cantara : de la guerra de Alemaña ‖ hecha de Carlo. V. Maximo ‖ Emperador Romano ‖ Rey de España : En el año de M. D. XLVI. Y M. D. XLVII.. (Colofon): *Fue impreso el ‖ presente comentario en la Inclita ‖ ciudad de Venetia, en el año del ‖ Señor de M. D. XLVIII....* in-8, de 103 ff. sign. A-N. [26057]

Première édition. 90 fr. (nov. 1865).

— COMENTARIO ‖...... *Impreso en Salamanca ‖ En casa de Pedro de Castro.* ‖ M. D. XLIX , in-8, de 96 ff. sign. A-M. 2e édition.

— COMENTARIO..... *En Anvers ‖ En casa de Iuan Steelsio.* ‖ M. D. L. ‖. in-8, de IV-95 ff. ch., sign. A.-M.

— COMENTARIO.....*ibid.* id. M. D. L. in-8, de 116 ff., sign. A-P., portrait.

Ces deux éditions sont ornées de quatre cartes ou planches, dont trois pliées.

— Quelques exempl. de la traduction française, publiée à Paris en 1551, portent : *Chrestien Wechel,* au lieu de : *Vincent Sertenas et Jehan Longis.*

Une pièce presque inconnue d'Avila, dont nous ne pouvons citer l'original espagnol, est donnée par les vieux catalogues des Foires de Francfort :

— DÉPLORATION sur le trespas d'Isabeau de Valois, Roine d'Espagne, traduict d'Espaignol en vers françois. *A Lyon, Michel Ioue*, 1569, in-8.

AVILÈS (Marques de). Ciencia heroyca, reducida a las leyes heraldicas del blason : illustrada con exemplares de todas las piezas, figuras y ornamentos deque puede componerse un escudo de armas interior, y exteriormente. *Madrid, Ibarra*, 1780, 2 vol. pet. in-8.

Ce nobiliaire, sorti des presses du célèbre imprimeur madrilène, n'est pas cité par Salvá ; le premier vol., qui traite de la noblesse de tous pays, contient 34 pl. qui donnent 680 blasons, dont un grand nombre français ; le second, consacré à l'esthétique du blason, est orné de 26 pl. d'armoiries. 25 à 30 fr.

ADUIS de Vien ‖ ne en Autriche, et de ‖ Hongrie, ausquels est comprins ce qui s'est ‖ passé esdictz lieux, depuis le vingcinquies ‖me iour du mois de Juing iusques au huictiesme d'Aoust, Mil cinq cens soixante six. ‖ La conqueste de quelques Citez, et Terres sur le grand Turc, et des ‖ confiture de ses gens. ‖ *Imprimé nouuellement à Vienne*, 1567, pet. in-8, de 4 ff., grav. s. b. au titre.

40 fr. cat. Tross (1874).

ADVIS et exhortation à Messeigneurs du conseil d'Estat contre les blasphémateurs du nom de Dieu et de ceux qui seront trouvés en adultère et paillardise, plus un advertissement audict conseil d'oster les boutiques des perruquiers qui vendent les cheveux des morts et des vivants. *Paris, Binet*, 1589, pet. in-8.

Vol. fort curieux (cat. L'Escalopier).

AVISI particolari delle Indie di Portugallo riceuuti in questi doi anni del 1551 et 1552, da li Reuerēdi Padri de la Cōpagnia de Iesu. *In Roma*, 1552. — Novi avisi delle Indie di Portugallo riceuuti questo anno del 1553, *id. ibid.* — Novi Avisi di più lochi dell'India e massime de Brasil riceuuti quest'anno del MDLIII... *In Roma, per Antonio Blado*, 1553, in-8.

65 fr. Yéméniz.

AXULAR (*Pierre* d'). Gvero ‖ Bi Partetan ‖ Partitua eta Berecia ‖... *Bordelen* ‖ *G. Millanges Erregueren Imprima —* ‖ *Caillea baithan.* ‖ M. DC. XLIII. ‖, in-8, de 20 pp. pour la dédicace, les approbations et l'avant-propos ; texte pp. 21-621, table 8 pp. [1728]

On ne connaît que deux exempl. de cette célèbre édition originale du *Gueroco Guero* du curé de Sare, Pierre d'Axular, qui le dédia à Bertrand d'Echaus, archev. de Tours ; l'un appartient au prince L. Bonaparte ; l'autre, fort beau, en *mar.* de Trautz, a été vendu 420 fr. Burgaud des Marets.

Les approbations étaient datées de décembre 1642 ; c'est par erreur que M. Fr. Michel cite, d'après Chaho, une édition de 1640.

— La seconde édition : *Bordelen, G. Millanges*, s.d., (*Bigarren edicionea, corrigetua eta emendatua*) pet. in-8, de 623 pp. et VIII de table ; en *mar.* de Capé, 65 fr. même vente.

AYMON (*J.*). Monumens authentiques de la religion des Grecs, et de la fausseté de plusieurs confessions de foi des chrestiens orientaux produites contre les théologiens réformez par les prélats de France et les docteurs de Port-Royal. *La Haye, Ch. Delo*, 1708, in-4, fac-simile. [22385]

Vol. important. 25 à 30 fr.

AYO (Dr *Cristóbal*). Tratado de las propriedades, escelencias y virtudes del Tabaco. *Salamanca*, 1645, in-4, 32 pp.

Décrit dans l'*Ensayo*, I, 351, d'après un exempl. incomplet.

AYORA de Córdoua (*Gonzalo* de). Muchas hystorias dignas de ser sabidas q̃ estauan ocultas, sacadas y ordenadas. *Salamanca, Lorenço de Liom, à veynte y dos dias del mes de Abril. Año de mil y quinientos y dezinueue años*, in-4, goth., sign. *a-c*.

Livret rarissime décrit au cat. Salvá, n° 2828. Antonio l'indique vaguement et sans l'avoir vu. L'*Ensayo* le décrit (n° 319). Il a paru une réimpression à Madrid, 1851, in-4 ; elle est précédée d'une introduction due à D. Pascual de Gayangos.

AYRAIL (*Pierre*). L'Esté d'Ayrail (Recueil de quatrains par Pierre Ayrail). *Paris, Claude Morel*, 1607, pet. in-8, de 7 ff. prél. et 29 pp.

Nous croyons que ces poésies fort rares sont l'œuvre de Pierre Ayrault, second fils du célèbre lieutenant criminel d'Angers. Cette pièce n'a été vendue cependant que 3 fr. chez M. Potier en 1872.

AYRAULT (*Pierre*). De Patrio Jure ad Filium Pseudo-Jesuitam. *Parisiis*, 1593, in-8.

— Le même, en Françoys. Traité de la puissance paternelle, contre ceux qui, sous prétexte de religion, volent les enfants à leurs père et mère. *Tours, J. Mettayer*, 1593, in-8.

La première édition, qui porte seulement au titre : De la puissance paternelle, avait paru chez le même libraire en 1589.

M. Brunet qualifie d'*ouvrage singulier* cette admirable revendication d'un fils par un père ulcéré ; tout le monde connaît cet éloquent et foudroyant réquisitoire en faveur de l'autorité paternelle si impudemment violée par la société de Jésus.

P. Ayrault avait, quelques années auparavant, adressé à son fils une sommation régulière :

— CONCLUSION de l'ordre, formalité et instruction judiciaire de P. Ayrault... à René Ayrault, son fils, qu'il ne luy est pas licite de faire vœu sans le vouloir et consentement de ses père et mère.... *S. l.* 1588, in-4.

Parmi les ouvrages de ce grand jurisconsulte, citons :

— DES PROCÈS faits aux Cadaver, aux cendres, à la mémoire, aux bêtes brutes, choses inanimées et coutumax. Livre quatriesme, de l'ordre, formalité et instruction judiciaire. *Angers, Antᵉ Hernault*, 1591, in-8.

AYRES (The first booke of), containing Divine and morall songs to be sung

to the Lute and Viols, in two, three, and
foure parts : or by one voyce to an instrument. *London, by T. Snodham,* s. d.
— THE SECOND BOOKE OF AYRES. Containing light conceits of Lovers. *London, by T. Snodham,* s. d. — THE
THIRD AND FOURTH BOOK OF AYRES.
Composed so as they may be expressed
by one Voyce, with a Violl, Lute, or
Opharion. *London, by T. Snodham,* s. d.
quatre livres en 3 vol. pet. in-fol., imprimés vers 1600.

Chansonnier fort rare, qui est resté inconnu à
Lowndes ; il est imprimé par Thomas Snodham,
« *for Mathew Sownes and I. Browne* » ; un
exempl. incomplet d'un f. est porté par M. Tross à
275 fr. en 1869.

AYROLO CALAR (*D. Gabriel* de). Pen-
sil de Principes i varones ilustres por el
D^r. D. Gabriel deAyrolo Calar, abogado
de la real audiencia de Mejico... *En Sevilla, por Fernando Rey, año de* 1617,
in-4, de VIII-52 pp.

Poësies détachées.

— LAURENTINA, poema heroico de la Victoria que
llevo contra Olandeses D. Fadrique de Toledo,
Osorio, marques de Villanueva. *Cadiz, Juan de
Borja,* 1624, in-8, de VIII-75 ff.

L'auteur, que ne cite pas Antonio, était né au Mexique (Ticknor, trad. fr., III, 437).

B

BAAST (*A.*). Le Trésor caché découvert
dans le champ du Seigneur, par Antoine
Baast, Anglois, et traduit par François Doujat. *Paris, Damien Foucauld,*
1669, in-12, 9 fig.

Non cité par Lowndes. Un exempl. de dédicace,
en anc. rel. *mar. r.*, avec armes et chiffres, 21 fr.
Desq.

BABEL. Desseins de Jouaillerie et de Bijouterie, inventés par Maria et gravés
par Babel. *Paris,* s. d., gr. in-fol. obl.

Recueil précieux et fort rare d'ornements et de bijoux ; Babel, orfèvre et graveur, est mort en 1770.
Un bel exempl. relié en *mar.* à *comp.* par Hardy,
170 fr. Solar, pour M. Hulot ; serait vendu plus cher
aujourd'hui.

BACCIUS (*Andr.*). Discorso dell' Alicorno
dell' excellente medico et filosopho M.
Andrea Bacci. *In Fiorenza, appresso
Giorgio Marescotti,* 1582, in-8. [5702]

· Un bel exempl. relié en *vélin* aux premières armes
de J. A. de Thou, 52 fr. baron P.

BACHOT (*Amb.*). Le Gouuernail d'Amboyse Bachot, capitaine ingénieur du roy,
lequel conduira le curieux de géométrie
en perspective dedans l'architecture des
fortifications, machines de guerre et
plusieurs autres particularitez y contenues. *Imprime a Melun soubz l'autheur
et se trouvera aussi en son logis, rue
de Seine, à Paris.* MDIIC., in-fol., planches gr. s. b. et eaux-fortes. [18494]

BACHOT (*Gaspard*). Erreurs populaires
touchant la médecine et regime de santé,
par M. Gaspard Bachot Bourbonnois.
OEuure nouuelle, désirée de plusieurs
et promise par feu M. Laurens Joubert.
A Lyon, par Barthelemy Vincent,
1626, in-8. [6509]

31 fr. Yéméniz.

BADDEL (*B.*), Bassinois. Poëmes ‖ damours où se voyent les diuersités amoureuses. *En Amsterdam, imprime par
Paul Rauesteyn, chez Jansson, anno*
1616, in-4, fig. s. b. au titre. [13924]

Un très-bel exempl. en *mar.* doublé, rel. de Chambolle-Duru, 460 fr. vente H. B. (1873).

BADERE (*Bapt.*). Devotes Méditations
chrestiennes par M. Dorron, maistre des
requestes du Roy, et depuis mises en
vers françois, par Baptiste Badere, Parisien. *Paris,* 1588, in-12.

5 fr. Turquety.

BADIUS Ascensius (*Jodocus*). La Nef des
Folles selon les cinq sens de nature....
*Et sont a vendre au pellican devant
sainct Yves à Paris.* (À la fin :) *Imprime nouuellement a Paris par Petit
Laurens, pour Geoffroy de Marnef,
libraire, demeurant a Paris,* s. d., (marque de Marnef au titre). Pet. in-4, goth.,
fig. s. b. [12053]

Un exempl. imprimé sur *vélin,* relié par Trautz
en *mar.* doublé de *mar.* 6050 fr., baron Pichon.

— LA NEF des Folles selon les cinq sens de nature
composes (sic) selon leuangille de M. Sainct Mathieu des cinq vierges... (trad. du latin de Joce
Bade par J. Droyn). *Paris, Jehan Trepperel,* 1501,
pet. in-4, goth., fig. s. b.

En *mar.* de Trautz, 455 fr. Desq.

— LA GRAND nef des Folles... *A Lyon par Jean d'O-
gerolles,* 1583, in-4, fig. s. b. En *mar.* 275 fr. Yéméniz ; en anc. rel. molle en *mar.,* ex. de Ballesdens,
260 fr. Brunet.

BADIUS (*Conradus*). Les Vertus de nostre maistre Nostradamus. *A Paris, par
l'Autheur mesme,* 1562, pet. in-8.

Vol. fort rare.

BADUEL (*Claude*). Oraison funèbre sur
le trespas de vertueuse dame, Dame Flo-
rete Sarrasie, premièrement faicte en la-

tin par Claude Baduel, et depuis traduicte en langue françoyse par Ch. Rozel. *Lyon, Jean de Tournes*, 1546, pet. in-4, de 42 pp.

Cette pièce rare commence par une épître en vers de 7 pp., et sur le vᵒ du 4ᵉ f. est un *huictain aux petites Damoyselles de Nysme*; suit l'*oraison funèbre* qui se termine par un dizain au lecteur.

BAGONEAU (Fr. *Jean*). Reueil des chrestiens à la vie Religieuse. *A Toul*, 1618, in-8.

Pièce de peu d'importance, mais qui a échappé aux consciencieuses recherches de M. Beaupré.

BAIF (*Ian Antoine* de). Euures en ‖ rime de Ian ‖ Antoine de Baïf ‖ secretaire de ‖ la chambre ‖ du Roy. ‖ *A Paris* ‖ *Pour Lucas Breyer Marchant libraire te* ‖ *nant sa boutique au second pilier de la grand' salle du Palais.* ‖ M.D.LXXII. *Auec priuilege du Roy.* ‖ In-8, de x ff. lim. et 272 ff. chiffrés.

On trouve des exempl. identiques avec la date de 1573; ce premier vol. est dédié au roy Charles IX.

— Les Amours ‖ de Ian Antoine ‖ de Baïf. ‖ A ‖ Monseigneur le ‖ duc d'Aniou fils et ‖ frere de Roy. ‖ *A Paris*, ‖ *Pour Lucas Breyer.* ‖ M.D.LXXII. ‖ In-8, de VIII-232 ff. chiffrés.

— Les Ieux de ‖ Ian Antoine ‖ de Baïf. ‖ A ‖ Monseigneur le ‖ duc d'Alençon. ‖ *A Paris*, ‖ *Pour Lucas Breyer...* M.D.LXXII. ‖ *Auec priuilège du Roy.* ‖ In-8, titre et 230 ff. chiffrés.

On trouve également la date de 1573.

— Les ‖ Passe-Temps ‖ de Ian Antoine ‖ de Baïf. ‖ A Monseigneur ‖ le Grand Prieur. ‖ *A Paris* ‖ *pour Lucas Breyer....* M.D.LXXIII. ‖ *Auec priuilège du Roy.* ‖ In-8, de IV-126 ff. chiffrés. [13819]

Ces quatre volumes ont paru dans quelques ventes depuis la dernière édition du *Manuel*.

En 1863, un bel exempl., bien égal, dans une bonne rel. de Duru, n'a été vendu que 505 fr. chez M. de Chaponay, et porté à 1640 fr. à la vente Lebeuf en 1876.

L'exempl. de M. L. Double était formé de quatre volumes de rel. uniforme, mais d'inégale grandeur; ils furent divisés; les Evvres de 1572, 145 fr.; Les Amours... 151 fr.; les leux... de 1573, 100 fr; Les Passe-Temps, 105 fr. (rev. 155 fr. Potier).

Les quatre volumes, en *mar.* de Duru, 730 fr. W. Martin, pour M. Bordes, à la vente duquel ils furent portés à 1445 fr. en 1873, et l'année suivante à 1500 fr. seulement au cat. Fontaine.

Les quatre vol. en *mar.* de Duru, 1000 fr. Sainte-Beuve.

— Les Evvres. 1573.

Un bel exempl. en papier fort, revêtu d'une magnifique reliure du temps à compart. de couleur, exempl. offert à la reine Catherine de Medicis, avec une pièce de vers autographe de Baïf sur une f. de *vélin*, 2820 fr. Brunet.

M. Brunet avait payé 70 fr. ce beau livre à la vente de la librairie Debure du 7 décembre 1835.

— EVVRES en rimes (1573), les Amours (1572), 2 tomes en un vol. in-8, dans une rel. anc. à compart., très-fatiguée, 510 fr. Brunet.

— LES AMOURS (1572), dans une belle rel. anc. à comp., 390 fr. même vente.

— ETRÈNES de Poézie Fransoeze an vers mezurés... les bezones é jours d'Eziode... par Ian Antoène de Baïf. *Paris, Denys du Val*, 1574, in-4.

En *mar.* de Thouvenin, un exempl. non rogné, double de M. Cigongne, 100 fr. Techener, en 1864.

Un très-bel exempl., avec une pièce de Baïf imprimée avec la singulière orthographe et les caractères adoptés par l'auteur, 900 fr. Brunet.

Voici le titre de cette pièce :

— DE PROFECTIONE et Aduentu Henrici, regis Polonorum Augusti, in regnum suum, ode Joannis Aurati, ex Gallico Joan. Ant. Baïf. — Sur le voeiaje et l'arrivée du Roc de Polone, Ode de Ian-Ant. Baïf, 1574, in-4.

— QUATRE LIVRES de l'Amour de Francine. *Paris, André Wechel*, 1555, in-8, de 110 ff. chiffrés, VIII ff. non chiffrés, contenant les tables, une pièce de vers de Jacques Tahureau, le colophon et la marque de l'imprimeur. 130 fr. Tross (1869).

— LE RAUISSEMENT d'Europe. *Paris, veuve de Maurice de la Porte*, 1552, in-8, de 8 ff. en car. italiques; en *mar.* de Trautz, 210 fr. Potier.

— LES MIMES. *Paris, Mamert Patisson*, 1597, pet. in-12; en *mar.* de Niédrée, 115 fr. de Chaponay, rev. 200 fr. Lebeuf en 1876. Un bel exempl. a été vendu 205 fr. Germeau.

— LES MIMES... *Tolose, Jean Jagourt*, 1612, in-12, portr. En *mar.* de Trautz, 138 fr. W. Martin, revendu 121 fr. Danyau.

— LE MANUEL d'Epictète. Item Mimes, Enseignemens et prouerbes. *A Paris, chez Lucas Breyer*, 1576, in-12. Fort rare.

— EPITAFES d'Anne de Joyeuse. *Paris, Morel*, 1588, in-4; c'est la seconde édition, la première, *s. l. n. d.* (*Paris*, 1587), in-4, de 12 ff. a figuré dans un recueil à la vente Lebeuf de 1876.

Citons encore :

— PROPHÉTIE faite par M. Abel Ongeur, doyen de la grande église de Therouenne, l'an 1477, trouuée dans les papiers de Jean Anthoine de Baïf, l'an 89. *Paris, P. Buray*, 1611, pet. in-4, de 3 ff.; — réimpr. chez le même en 1614. 20 fr. W. Martin.

— LE FAICT du procès de Baïf, contre Frontenay et Monguibert. *S. l. n. d.*, in-8.

C'est un factum en vers adressé à Desportes par le fils de J. A. de Baïf, et daté de Fontainebleau, le 14 juin 1609. 30 fr. W. Martin.

— POÈME de la vérité, à Monsieur le Prince, par le sieur de Baïf, gentil-homme servant de la feüe royne Marguerite. *Paris, Mathieu le Maistre*, 1620, in-4.

Encore un essai poétique du fils du poëte; en *mar.* de Capé, 37 fr. W. Martin.

BALBI (*Gasp.*). Viaggio dell' Indie Orientali. *Venetia, C. Borgominieri*, 1590, pet. in-8 de XVI-159 ff. chif. et 23 ff. non chif. [12560]

10 fr. Yéméniz.

BALBUS (*Hieronymus*). Balbi opusculum epigrammatum.... *Joh. Winterburg, in urbe Wienneň*, 1494, in-4, goth. de 2 ff. lim., contenant avec le titre, la dédicace en vers « Hier. Balbus... Christoforo de Liechtenstein, marescalco Austrie », plus 20 ff. de texte. [12962]

— HIERONYMI Balbi de rebus Turcicis liber. *Romae, apud Minutium Calvum*, 1526, in-4, bord. gr. s. b.

BALDIT (*M.*). L'Hydrothermopotie des nymphes de Bagnols en Gevaudan, ou les merveilles des eaux et des bains de Bagnols.... par Michel Baldit. *Lyon, J. Huguetan*, 1651, pet. in-8. 10 à 12 fr.

BALDUIN (*François*). Histoire des Roys et princes de Pologne. *A Paris, chez Pierre l'Huillier*, 1573, in-4.

Vol. fort rare. 20 à 30 fr.

BALDUS de Ubaldis de Perusio. Lectura super I. II et III codicis... finit Lectura... — *Impssiõi Venetijs extat exposita ‖ ductu et ĩpẽdio Johañis de Colonia nec ‖ nõ Johañis Mãthen de Gherretzem. Anno ‖ salutz ‖ M.CCCC. LXXIIII*, in-fol., de 382 ff. à 2 col. de 55 lignes, avec signatures à partir de la moitié du vol. (*Hain*, 2286). [2499]

C'est la plus ancienne édition avec date; elle est assez précieuse.

Le Dr Middleton, dans une dissertation sur l'origine de l'imprimerie en Angleterre (*London*, 1734), donne ce livre comme le premier dans lequel aient été employées les signatures.

Magné de Marolles cite plusieurs vol. exécutés cette même année comme en ayant également, mais tous sortent de cette même imprimerie.

BALESDENS (*Jean*). Le Transport du Dauphiné fait à la couronne de France. *Paris*, 1639, pet. in-8.

Pièce de peu d'importance, mais que nous avons cru pouvoir mentionner à cause du nom de son auteur; ce n'est point parce que Balesdens a fait preuve d'une rare modestie en s'effaçant devant le grand Corneille à la porte de la Comédie française, ce n'est point à cause des nombreuses traductions qu'il a publiées, c'est uniquement comme bibliophile plein de goût et de délicatesse; c'est parce que sa signature, d'une écriture si ferme et si élégante, se rencontre fréquemment sur les plus parfaits exemplaires des livres rares des XVIe et XVIIe siècles, et jamais sur un volume médiocre.

A ce titre seul il nous semble qu'il a bien mérité des bibliophiles, et son nom doit être honoré, comme les volumes qui portent ce nom méritent d'être recherchés de tous les vrais amateurs.

BALINGHEM (*P. Ant.* de). Triomphe de chasteté et totale défaite du fol amour, en forme de dialogue divisé en huit journées autant utile aux mariez qu'aux non mariez, par le P. Ante. de Balinghem. *Lille, Impr. de P. de Rache*, 1616, 2 vol. in-8.

Un extrait intelligent du sommaire de ce livre rare, « où il est question de l'adultère, paillardise, regards deshonnestes, etc., » a naturellement chatouillé la convoitise des nombreux amateurs de curiosités malsaines, et a fait vendre 32 fr. Desq, un lourd et indigeste traité de théologie morale.

BALISTE (*Barthélemy*). Élégie sur le trespas de... Pierre Loys de Bonnefoy, qui en l'aage de treize ans, chantant au premier rang des poëtes françois, emporta le prix qu'on donne aux mieux disans.

A Tholose, par Guyon Boudeville, 1560, in-8.

Pièce fort rare et peu connue.

BALZAC (*J. L. Guez de*). [19072]

Quelques prix obtenus depuis la dernière édition du *Manuel*.

Un exempl. des *OEuvres complètes* imprimées par les Elzevirs, en 9 vol. in-12, absolument non rogné, relié par Bauzonnet sur brochure, 810 fr. Solar.

Un double à grandes marges, en 7 vol. in-12, en *mar.* de Trautz, 252 fr. même vente; rev. 450 fr. Double; rev. 300 fr. Chedeau.

En *mar.* de Simier, 7 vol., 195 fr. Yéméniz.

En 6 vol. (Les Elzevirs n'ont imprimé que ces 6 vol.), en *mar.* de Thibaron, 350 fr. II. B. 1873.

En 7 vol., dont 3 reliés sur brochure, mais les autres très-mediocres, 84 fr. seulement, Pieters.

En 7 vol. *mar.* de Duru (0,131 m.), 380 fr. Potier.

Deux autres exempl. appartenaient encore à ce libraire; ils ont figuré dans la vte de 1872; le premier en 6 vol. relié en *mar.* par Thibaron (0,130 m.)... Le second en 8 vol. (0,128 à 0,130), en *mar.* de Hardy.

L'exemplaire des œuvres de Balzac, qui appartenait au baron Jérôme P., était formé de 9 vol. in-12; d'éditions françaises, imprimées à Rouen et à Paris pour Thomas Jolly, Louis Billaine et Augustin Courbé; mais il était recouvert d'une assez belle reliure en *mar.* vert, aux armes du comte d'Hoym, et pour ajouter à la valeur de cette illustre provenance, ces vol. avaient appartenu antérieurement à Longepierre, qui ne les avait pas trouvés dignes d'être décorés extérieurement de ses insignes, et avait seulement fait coller ses armes, gr. sur papier, dans l'intérieur de la reliure.

Cet exempl. a été adjugé à M. Potier moyennant 1125 fr., et cet habile libraire l'a divisé lors de sa vente de 1870, il a obtenu les prix suivants :

— LE PRINCE. *Paris, L. Billaine*, 1677, 200 fr.

— ARISTIPPE ou de la Cour. *Rouen et Paris, Courbé*, 1660, 104 fr.

— LES ENTRETIENS... id. *ibid*, 1660, 63 fr.

— LETTRES diverses. *Paris, Th. Jolly*, 1664, 2 vol., 240 fr.

— LETTRES familières à M. Chapelain. *Paris, Courbé*, 1659, 82 fr.

— LETTRES à Conrart. *Paris, L. Billaine*, 1677, 75 fr.

— OEuvres diverses. *Paris, Th. Jolly*, 1664, 2 vol. in-12, 122 fr. (mauvaise affaire).

BAMBERGISCHE Halsgerichts und rechtlich Ordenung, in peynlichen Sachen zu Volnfaren. *Getruckt zu Mentz durch Joh. Schœffer*, 1508, in-fol., goth. de 52 ff., avec l'écusson de l'imprimeur à la fin.

Ce livre d'ordonnances et de coutumes est fort curieux au point de vue de la typographie et de l'ornement; les Schœffer avaient évidemment à cette époque gravé de nouveaux caract., mais ils achevaient d'user les anciens; on trouve dans ce petit vol. les caract. du *pseautier* de 1457 et de la *Bible* de 1462; les grav. s. bois au nombre de 22 (dont plusieurs de la grandeur des pp.) sont d'une exécution remarquable.

40 à 50 fr.

BANC (*Jean*). La Mémoire renouvellée des

merveilles des eaux naturelles, en faveur de nos nymphes françoises, et des malades qui ont recours à leurs emplois salutaires, par Jean Banc, de Molins, en Bourbonnois. *Paris, Pierre Sevestre,* 1605, in-8.

Collection Payen.

Vol. assez curieux ; c'est l'œuvre d'un médecin que M. Brunet signale à sa *Table raisonnée* sous le nom de Jean Blanc.

BANDELLO. Titi Romani et Egesipi Atheniensis, amicorum Historia (ex J. Boccacii Decamerone) in Lat. versa per F. Matthæum Castronovensem. *Mediolani, Gottardus Ponticus,* 1509, pet. in-4, de 33 ff. [16997]

Le bel exempl. en *mar. citron à comp.* doublé de *mar. r.,* relié par Padeloup, aux armes de Girardot de Préfond, qui passa de là chez Gaignat, Mac-Carthy, Debure, vendu 350 fr. chez ce dernier, puis 795 fr. chez Solar, a été porté à 901 fr. à la vente des livres de Jos. Techener en 1865 ; il est aujourd'hui réuni, chez M. James de Rothschild, à un assez grand nombre de précieux volumes, provenant de la même bibliothèque.

— Historias Tragicas exemplares, sacadas de las obras del Bandello Veronese, Nueuamēte traduzidas de las que en lengua Francesa adornaron Pierres Boistuau y Francisco de Belleforet. *Salamanca, Pedro Lasso,* 1584, in-4, de IX-373 ff.¶

Voici quelques prix :

— CANTI XI, composti dal Bandello de le lodi de la S. Lucretia Gonzaga... *Agen, Reboglio,* 1545, pet. in-4. [14886]

En *mar.* de Hardy, très-bel exempl., 400 fr. Solar ; exempl. médiocre, en anc. rel., 120 fr. Chedeau ; 150 fr. Gancia.

— HISTOIRES Tragiques, extraictes des œuvres italiennes de Bandel et mises en langue françoise par Boystuau et Belleforest. *Rouen, P. Calles,* 1603-1604, 7 vol. in-16.

En *mar.* de Trautz, bel exempl., 425 fr. Potier (1870).

— LES HISTOIRES Tragiques... *Lyon, P. Rigaud,* 1616, 9 tom. en 13 vol. in-16.

En anc. rel. *mar.* 195 fr. Chedeau.

— LA PRIMA (secunda e terza) parte de le Novelle. *In Lucca, per il Busdrago,* M.D.LIII. — La Quarta Parte... *In Lione,* MDLXXIII, 3 vol. in-4, et un in-8.

L'exempl. Utterson, 300 fr. Techener (1865).

— LE QUATTRO parti de le Novelle del Bandello. *Londres, Harding,* 1740, 4 tom. en 3 vol. in-4.

Un exempl. en gr. pap., anc. rel. *mar.* (ex. Renouard), 201 fr. Labedoyère.

BANGIO. Incommença lo Prologo sopra lo tractato delle excommunicationi ppali τ ‖ uescouali. Compilate τ ordinate in terza rima vulgare, dallo veñabile τ Re ‖ ligioso fratre Jacobo de Bāgio dellaquila... *S. l. n. d. (Aquila Cᵃ* 1485). Pet. in-4, goth. de 2 ff. de table et de 68 ff. non chiffrés, sign. A.-K ij. Les sign. A. C. D. F. I, ont 8 ff., la sign. B. en a

6, et les sign. E et K, 4 ; le registre pour collationner le vol. se trouve à la dernière p., le texte, en terza rima, est impr. en gros car. goth., et le commentaire en petits.

Ce rare vol., porté à 200 fr. dans un cat. de M. Tross, n'est cité que par quelques bibliogr. italiens.

BANQUET (Le) du Boys. [13416]

Il existe de cette pièce de poésie si rare une autre édition goth. que ne mentionne pas M. Brunet :

— LE BANCQUET DU BOYS. — *Cy finist vng petit traictie ioyeux ‖ nomme le Bancquet du boys. ‖ S. l. n. d.,* petit in-18, goth. de 6 ff.

Les savants éditeurs des *Poésies franç. des XVᵉ et XVIᵉ s.* qui ont réimpr. cette pièce dans le Xᵉ vol. publié en 1875, chez M. Daffis, citent cette édition, d'après laquelle M. G. Duplessis aurait donné sa réimpr. de Chartres, 1838, à 25 exempl. ; mais ils n'en connaissent pas d'exempl. original ; il est donc permis, jusqu'à preuve contraire, de n'admettre l'existence de cette édition qu'avec de sérieuses réserves.

Ce poëme a été publié également d'après un ms. de la bibl. de l'Arsenal, par M. Paul Lacroix :

— LES DEUX TESTAMENTS de Villon, suivis du bancquet du Boys. — *Paris, Acad. des Bibliophiles,* 1866, in-16.

Malheureusement ce ms. paraît incomplet, et les 6 premières strophes, comprenant 42 vers, sont omises.

Le Banquet du Boys est un tableau curieux de la vie champêtre au XVIᵉ siècle. Cette pièce est la même que celle qu'on peut appeler les *Dictz de Franc Gontier,* à laquelle Villon a répondu dans les *Contredictz de Franc Gontier.*

E. de Laurière a cru pouvoir attribuer, dans son édit. de Villon (1723), ces *Dictz* à Philippe de Vitré, mort évêque de Meaux en 1351.

M. Lacroix pense que le *Banquet* dans lequel on retrouve quelques-unes des qualités du style de Villon, pourrait être une des œuvres de sa première jeunesse.

BAPTESME (Le) de Monseigneur le Daulphin de France (en prose). *S. l. n. d. (Paris,* 1518), pet. in-8, goth., de 4 ff.

Pièce fort rare, 150 à 180 fr.

(Voy. aussi BÉNÉDICTION du Pape, et ORDRE (L') exquis.)

BAPTISTA (El Padre Fray *Joan*). Advertencias. Para los confessores de los naturales, compuestos por el P. Fr. Joan Baptista dela orden del Seraphico Padre Sanct Francisco, lector de Theologia, y guardian del conuento de Sanctiago Tlatilulco : dela Provincia del sancto Euangelio. *En Mexico, en el conuento de Sanctiago, d'Tlatilulco, por Melchior Ochoarte,* 1599-1600, 2 part. en un vol. pet. in-8.

Voici la description de l'exempl. provenant de l'empereur Maximilien : Titre, XV ff. lim. ; ff. 1 à 112 num., 58 ff. de table. 1 part. — ff. 113 à 443 num., 104 ff. de table, pour la 2ᵉ part. ; en langue lat., mexicaine et espagnole.

Ce rare et précieux vol. est sorti de l'imprim. spéciale du couvent-collège franciscain de Tlatilulco, à Mexico; il est inconnu à Ludwig (*Bibl. Glottica*), à Ternaux, etc.

50 thal. (Andrade); **300 fr.** Tross; (incomplet des 2 derniers ff.). **£ 1.** Fischer.

— Sermonario en lengua Mexicana, parte prima (unica). *Mexico, Diego Lopez Daualos*, 1606. in-4, de 26 ff. lim., 710 pp., plus 24 ff. de table. datés de 1607; fig. s. b.

31 thal., Andrade; **230 fr.** cat. Tross. **£. 5,** Sh. 12, D. 6. Fischer.

L'auteur donne au XIᵉ f. lim. le cat. des ouvrages qu'il a publiés en divers idiomes mexicains; celui-ci porte le nᵒ 16.

L'auteur, frère gardien du couvent de Santiago de Tlatilulco, était né dans cette ville en 1555; il est considéré comme l'un des auteurs qui ont le plus purement écrit dans la langue des Aztèques.

Nous citerons encore :

— Huehuetlahtolli. *Mexico*, 1599, in-4.

C'est un fragment intéressant qui figure au catal. du jésuite Fischer, rédigé par Puttick and Simpson, de Londres; il reproduit les discours tenus par les Indiens dans les circonstances solennelles, naissances, mariages, funérailles, etc. La préface est d'une haute moralité. **£. 4.** Sh. 10. D. 6. Fischer.

— Confessionario en lengua Mexicana y Castellana. Con muchas aduertencias muy necessarias a los confessores. (Con Privilegio). Aduertencias para los confessores de los naturales. *Mexico, en el conuento de Santiago de Tlatilulco, por Melchior Ocharte, año de 1599-1600*, 2 part. en 3 vol. in-8.

Le cat. Fischer n'indique pas le format; la première partie de l'exempl. acquis par ce jésuite était incomplète du titre, des ff. lim., etc., la seconde ne valait guère mieux; le tout a été vendu tel quel **£. 2.** Sh. 17. D. 6.

Nous ne pouvons, comme MM. Puttick et Simpson, admettre l'ouvrage qui suit parmi les élucubrations du frère gardien de Tlatilulco :

— COMPENDIO de las excelsias de la Bulla de la Sancta Cruzada, en lengua mexicana. Por el Padre Fray Elias de S. Juan Batista, Religioso de la Orden de N. S. Señora del carmen de los Descalzos, desta Nueua España en S. Sebastian. *Mexico, à costa de Christoual de la Paz, Alguazil de la Sancta Cruzada. En la Imprenta de Enrico Martinez, interprete del sancto officio de la Inquisicion, año de 1599*; sans indic. de format.

Ce vol. a été vendu **£. 3.** Sh. 2. D. 6. Fischer.

Mais Antonio nous donne les titres de deux autres vol. :

— PLATICAS morales de los Indios para la doctrina de sus hijos. *Mexico, en conuento... por M. Ocharte*, 1601, in-8.

— DE LA MISERIA y Brevedad de la vida. *En Mexico, por Diego Lopez Daualos, el año de 1604*, in-8. (En lengua Mejicana.)

Tous ces vol. sont rares, précieux, chers et intéressants, surtout au point de vue philologique.

BAPTISTA Mantuanus. La Vie de la Vierge Marie, ou la Parthenice Mariane de R. P. Baptiste Mantuan, religieux carme italien, trad. de ses carmes latins, en vers françois, par frère Nicolas Dadier, religieux du même ordre, au couvent de Ploermel en Bretagne. *Rennes*,

Tile Harau, imprimeur et libraire, 1613, pet. in-8.

Vol. rare et non décrit par M. Brunet, mais qui ne méritait guère de l'être. 20 fr. Turquety.

BARBARINO da Fabriano (*Barth.*), detto il Pesarino. Libri de Madrigali. *Venetia*, 1600-1610, pet. in-fol. La musique est imprimée en car. mobiles.

Vol. rare. 20 à 25 fr.

BARBELI (Das). Ein ḡspraech von ‖ eine Muter mit jhr tochter, ‖ sye in ein Closter zebringen. Auch ‖ etlicher Müncs und Pfaffen regiment, ‖ damit sie dad Closterleben als einen heyli- ‖ gen Stand wöllen beschirmen, und ‖ den Ehstanr verwerffen. *Getruckt zu Strassburg*, ‖ *bey Christian Mullers Erben, s. a.*, pet. in-8, goth., de 40 ff. dont le dernier bl.; fig. en bois au titre. [16818]

Comédie composée en 1526 par un réformé; édit. non citée par M. Brunet. 40 à 50 fr.

BARBERIIS (*Philippi* de). Opuscula. Discordatie sanctorum doctorum Ieronymi, Augustini.— Sibyllarum de Christo vaticinia cū appropriatis singularū figuris... etc. *Impressum Oppenheym, s. d.*, pet. in-4, de 50 ff. non chif.; fig. s. b. (20). [18955]

Cette impression de Jacques Köbell est une copie de l'édit. romaine de Phil. de Lignamine; les planches sont gravées dans le sens opposé.

BARBIER (*Ant.-Alex.*). Dictionnaire des ouvrages anonymes; 3ᵉ édition, revue et augmentée par MM. Olivier Barbier, René et Paul Billard, de la Bibl. nationale. *Paris, Paul Daffis*, 1872-76, 6 parties (t. I à III) gr. in-8, à 20 fr. le vol.

Il a été tiré de cette excellente continuation à laquelle M. G. Brunet, de Bordeaux, a pris une part considérable, quelques exempl. en gr. pap. de Hollande, au prix de 40 fr. le vol.

BARCIA. Ensayo chronologico para la historia general de la Florida, desde el año 1512-1722, por D. Gabriel de Cardeñas. *Madrid*, 1723, in-fol., de XVIII ff. lim., 366 pp. et 28 ff.; plus un tableau généalogique du comte de Canalejas, gouverneur de la Floride.

BARCLAY (*William*). De Regno et regali potestate adversus Buchananum, Brutum, Boucherium et reliquos Monarchomachos, libri sex. *Parisiis*, 1600, in-4.

Dans ce traité célèbre, le jurisconsulte écossais, Will. Barclay, quoique catholique convaincu, n'admet l'ingérence ni directe ni indirecte de la Papauté dans le domaine temporel. Son livre, mis à l'*Index* par la commission romaine, fut combattu par le cardinal Bellarmin, et ce qu'il y eut d'assez piquant, ce fut que la réfutation de Bellarmin fut, elle-même, mise à l'*Index* et condamnée, parce que le prudent cardinal n'avait pas osé affirmer le droit à l'intervention directe, et avait seulement soutenu l'intervention indirecte.

M. Ernest Dubois, professeur à la Faculté de droit
de Nancy, a consacré, en 1873, une étude fort intéressante à cet éminent jurisconsulte.

BARDANAC. La Vie de Bien vivre (sic),
autrement les enseignemens de Bardanac. Imprime a Tolose, s. d. (vers 1580),
in-8.

Fort rare.

BARLAEUS(Casp.). Rerum per octennium
in Brasilia et alibi nuper gestarum... historia. Amstelodami, J. Blaeu, 1647,
gr. in-fol. de IV ff. lim., 55 pl. et cartes gr. par Matham et autres ; 340 pp.,
front. gr. et portrait de Maurice de Nassau ; les pp. 283-289 contiennent un vocabulaire de la langue chilienne. [28664]

Bien que ce livre ne soit pas d'une grande rareté,
il mérite d'être recherché. 75 fr. Tross.

BARLAMONT (Le nouveau), ou Deuis
familiers en françois et alemand. Strasbourg, chez Bertram, 1608, in-8.

Petit vol. devenu fort rare comme la plupart des
livres destinés à la jeunesse.

BARLES (L.). Les Nouvelles Découvertes
sur les organes des femmes servant à la
génération. Ensemble leur composition,
connexion, action et usages. Avec des
dissertations suivies des remarques curieuses et très-utiles pour la pratique des médecins et des chirurgiens, par maistre
Louys Barles... Lyon, E. Vitalis, 1674,
in-12. 8 à 10 fr.

BARON (J.). Origine, généalogie et démonstration de cette excellente et heroï-
que maison de Lorraine et Guise en dé-
pendante, avec plusieurs... très-hauts
faits des ducs Charles de Lorraine...
avec les martyres de Henry et Louis, duc
et cardinal de Guise, par le commandement tyrannique de Henry de Valois
tiers, abusant du sceptre, couronne et
dignité royale de France (par Jacques
Baron). Paris, J. Perinet, 1589, in-8.

Pièce fort curieuse et très-véhémente, qui n'a pas
d'autorité héraldique, mais toute la valeur d'un
pamphlet virulent. 12 à 15 fr.

BARONIUS. Caesaris S. R. E. card. Ba-
ronii, Od. Raynaldi et Jac. Laderchii,
congregationis Oratorii presbyterorum,
Annales Ecclesiastici denuo excusi et ad
nostra usque tempora perducti ab Augustino Theiner, ejusdem congregationis
presbyt. Bar-le-Duc, impr. et libr.
Guérin, 1863 et ann. suivantes, in-4. 13
fr. le vol.

Cette nouvelle édition, due au savant père Theiner,
ne formera pas moins de 45 à 50 vol.

BARRAL (Vinc.). Chronologia sanctorum
et aliorum virorum illustrium ac abba-
tum sacræ insulæ Lerinensis. A domno
Vincentio Barrali... Monacho Lerinense,

in unum compilata, cum annot. ejusdem. Lugduni, sumptibus P. Rigaud,
1613, in-4. 8 à 10 fr.

BARREIROS (Gaspar). Commentarius de
Ophyra regione. Coimbra, 1561, in-4.

Ce rare vol. fait suite à la Chorographia du même
auteur, mentionnée au Manuel; les signatures correspondent.

BARRIET (Geraud de). Les Loix, statuts
et ordonnances du roy Henry II, suiuant ses neufs (sic) edicts faicts ès années 1551 et 1552, sur la creation et
reiglement des noueaux conseillers,
magistrats, Iuges criminels, et aultres officiers establis ès siéges du Royaulme de
France. En Auignon, par Humbert
Parmentier, 1554, in-8. 12 à 15 fr.

BARRIO NUEVO y Moya (Juan de). So-
ledad entretenida en que se da noticia de
la storia de Ambrosio Calisandro con-
puesta por Joan de Barrio Nuevo y Moya
clerigo, maestro de grammatica, natura
de Villanueva jurisdicion de la ciudad
de Andújar. Impresso en Ecija por Luis
Estupiñan, a la calle de Cinteria, 1638,
in-4.

C'est le dernier roman de chevalerie espagnole; il
est aussi fastidieux que rare.

BARRIOS (Miguel de). Imperio de Dios en
la harmonia del mundo. S. l. n. d., in-
4, de 4 ff. et 32 pp.

Poëme en 125 octaves, inconnu à Nic. Antonio
(cat. Salvá, nº 451). Le même catalogue (nº 452) signale quelques productions poétiques du même auteur, ignorées des bibliographes et imprimées sans
lieu ni date, mais probablement à Amsterdam, de
1682 à 1688.

BARROS (Alonso de). La Perla de los
Prouerbios morales. [17497]

C'est à tort que le Manuel cite une édition de
Lisboa, Rodriguez, 1607; il faut lire 1617; l'Ensayo
de una bibl. españ., qui cite cette édition, en décrit plusieurs autres, de Madrid, por Alonso Martin, 1608, in-8, de 68 ff.; de Baeça, Pedro de la
Cuesta, 1615, in-4, de 94 ff.; une autre, publiée à
Lisbonne la même année que celle de Iorge Rodriguez, mais imprimée par le célèbre Pedro Craesbeck, 1617, in-4, de 92 ff., et plusieurs autres plus
ou moins importantes, mais de peu de valeur.

BARROS (Ioaõ de). Prymera parte da cronica do em ‖ perador Clarimundo donde
os ‖ Reys de Portugal descendem. (Al
fin :) tyrada de ‖ lynguagen Ungara em
á nossa Portuguesa por Joam de Barros:
z ympre ‖ ssa per German gualharde..... nesta nobre e sempre leal cydade de Lyxboa. A iii dias de ‖ Marzo
da era de Mil z ‖ quinhentos ‖ e xxij,
in-fol. goth. de 176 ff. à 2 col., sans
compter le titre et 2 ff. de table au commencement. [17656]

— A PRIMEYRA parte da Cronica do Emperador
Clarimundo... impressa per Joam da Barreyra,

impressor de universidade de Coimbra... nesta nobre e sempre leal cibdad de Coimbra. A cinco dias do Mes de Julho da era de Mil z quinhentos z LV annos, in-fol., goth., de VI ff. lim. et 192 ff. à 2 col.

Il est à croire que cette édition est la même que celle qui, par suite d'une erreur typographique, est indiquée au *Manuel* sous la date de 1553.

— L'édition de *Lisboa, Ant. Aluarez*, 1601, indiquée sans description au *Manuel*, est un in-fol. de VIII-211 ff. à 2 col.; il s'en trouve un exempl. dans la bibl. Salamanca.

— L'édition de Lisboa, 1742, qualifiée « *Quarta empressaõ* », est un in-fol. de 509 pp.

— Enfin une dernière édition a été publiée à Lisbonne en 1790, *na officina de Joaon Antonio de Silva*, 4 vol. in-8.

BARTHÈS (*J. J.* de). Civilité ou instruction de la jeunesse, pour apprendre les bonnes mœurs et à bien lire et escrire, par J. J. de Barthès, ecclésiastique. *A Paris, de l'imprimerie des nouveaux caractères inventez par P. Moreau, rue S. Germain de l'Auxerrois, proche la vallée de Misère*, 1645, pet. in-8.

Un des vol. les plus rares, imprimés avec les jolis car. cursifs de P. Moreau; ce traité de 200 pp. est dédié à l'abbé de Beaumont, précepteur du roy; chaque p. est entourée d'ornements imitant les traits de plume; c'est à la fois un curieux traité de pédagogie et un bon cours de grammaire française.

BARTHOLINI (*Th.*). [6951]

— RECHERCHES bibliographiques sur deux ouvrages intitulés : de *l'Utilité de la Flagellation* par J. H. Meibomius, et *Traité du Fouet* de F. A. Doppet, par Viost Lainopts, bibliophile. *Paris, H. Vaton, et Londres, Hooggs*, 1875, pet. in-12.

Ce nom d'auteur est bien évidemment un pseudonyme dont nous n'avons pas la clef.

La préface de ce livre donne de longs et curieux détails sur les traductions publiées en 1792; elle signale une édition nouvelle « enrichie de notes historiques, critiques, littéraires et bibliographiques, d'une Introduction et d'un *Index* des auteurs cités », *London, Georges Peacock*, 10008002. (*Bruxelles*), 1875), avec 4 fig.; volume imprimé à 150 exempl. in-12, et à 20 ex. in-8.

BARTOLI Lvcani Epistola ad Saulum Flavium Patricium Venetum : Elegia : Saule, Decus Venetum,... (in fine :) *Utini.* || XII. *Kalendas Octubris.* || M. CCCC. LXXVI. || *Gabriel Petri*, pet. in-4, de XII ff. sans ch., récl. ni sign., en car. ronds, se rapprochant par la netteté de ceux de Nic. Jenson.

Premier livre imprimé à Udine, antérieur de 8 années à celui qui est cité par M. Brunet (11, col. 323). Bartolini (*Typogr. Friuli*) décrit longuement ce précieux incunable.

BARTOLOMMEI (*Girolamo*). L'America, poema eroico al cristianissimo Luigi XIV, Re di Francia e di Navarra. *Roma*, 1650, in-fol. portr. 1½ à 18 fr. [14686]

BARY (*R.*). L'Esprit de cour, ou les conversations galantes, divisées en cent dialogues, par René Bary, conseiller et historiographe de S. M. *Suiv. la copie de Paris, à Amsterdam, Jacob de Zet-*

ter, 1665, pet. in-12 de 52 ff. et 444 pp. front. gr.

Petit volume assez peu intéressant, mais que l'on peut rattacher à la collection Elzevirienne.

En *mar.* 40 fr. Danyau.

BASALENQUE (Fr. *Diego*), *Provincial que fue de la Provincia de Michoagan, y su chronista.* Arte de la Lengua Tarasca dispuesta con nueuo estilo y claridad; sacado à luz P. Nicholas de Quixas. *En Mexico, por Francisco de Rivera Calderon, año de* 1714, in-8. [11981]

£. 5. Sh. 10. D. o. Fischer.

M. Brunet ne mentionne cette première édit. que d'après Ludwig.

BASILI (*C.*). La Mvsca fvrmica, poema eroicv di Carlo Basili. *Palermo, per il Bisagni*, 1663, pet. in-8, de 3 ff. et 144 pp.

Poëme rare en dialecte sicilien; il est impr. sous un nom supposé : le vrai nom de l'auteur est Luigi de Heredia, de Palerme, auteur de deux autres poëmes siciliens (*La Cuccagna conquista et la Surci giurania*), publiés sous le nom de Gio. Battista Basile [Note de M. Maisonneuve.], 8 fr. Burgaud des Marets.

BASILICA SS. Vdalrici et Afræ, historice descripta atque æneis figuris illustrata. *Augustæ Vindelicorum*, 1627, in-fol.

Vol. publié par B. Hertfelder; il est orné de nombreuses planches gravées sur métal, où sont représentés les curieux reliquaires qui sont encore auj. conservés en partie dans cette église célèbre. 20 à 30 fr.

BASILII, Cæsariensis episcopi, Opera quædam.... *Venetiis, per Stephanum de Sabio*, 1535, in-fol. [891]

L'exempl. à la reliure de Henry II, signalé par M. Brunet, comme ayant dû appartenir à la Bibliothèque nationale, n'a point été revendiqué; après avoir été payé £. 85 chez Libri en 1859, il a été revendu 3,150 fr. chez M. Double en 1863 et enfin 3,000 fr. à la vente du libraire Techener en 1865; c'était un admirable specimen de la reliure royale.

BASILII Magni Libellus de legendis poetis, cum præfatione Leonardi Aretini. *Sic finis Libelli Basilii est, p. A. H. (per Andream Hess) Bude*, s. d. (1473), pet. in-4, de 20 ff., à 24 longues lignes à la p., sans ch., récl. ni sign.

L'un des premiers livres imprimés à Bude, par ce typographe, Andreas de Hassia, que Mathias Corvin fit venir en Hongrie, probablement de Parme.

BASSOMPIERRE. Mémoires... *Cologne* (Holl., *Elzev.*), 1665, 2 vol. pet. in-12. [23695]

L'exempl. du duc de la Vallière en *mar. doublé de mar.* venant de Bonnemet, 985 fr. baron Pichon; auj. chez M. de la Roche-L. C.

En rel. de Boyet, *mar. r.* 395 fr. Brunet, rev. 1200 fr. Lebeuf (1876).

BASTA (*George*), comte du Saint Empire. Le Maistre de camp général, c'est-à-dire description et instruction de la charge du maistre de camp, premièrement mise en lumière en langue italienne, traduict en langue française et déclaré par figures, par Ian Théodore de Bry. *A Oppenheim*, 1617, in-fol., fig.

Livre fort rare. 40 à 50 fr.

BASTIMENT (Le) de Recettes, traduit d'italien en françois. Plus de la medecine de maistre Grimache (en vers). *Rouen, Guil. Pavie*, 1583, in-16. 12 à 15 fr. [7678]

BATAILLE (La) des rats et des grenouilles faite à l'imitation de la Batrachomyomachie d'Homère. *Paris, Martin le jeune*, 1580, pet. in-8, de 13 ff.

Cette traduction du petit poëme de Calentius est un opuscule assez rare, inconnu à l'abbé Goujet, mais de peu d'importance; aussi est-il difficile de comprendre qu'un amateur en ait fait recouvrir un exempl. d'une reliure de Chambolle-Duru qui n'a pas dû coûter moins de 100 à 120 fr.; plus difficile encore d'admettre qu'un libraire l'ait porté, ainsi habillé, au prix fantastique de 350 fr. (*Cat. Fontaine*, 1872); il est vrai que cette plaquette ne fut portée qu'à 200 fr. à la vente II. Bordes (1873).

BATAILLE et rencontre par les ducs Dallemaignes a lencontre de larmee de lempereur. *Imprime a Lyon, par Jehan de Zurich*, 1501, in-12, goth., de 4 ff.

Cet imprimeur n'est pas cité par M. de Montfalcon dans la liste des imprimeurs lyonnais.

En *mar.* de Bauzonnet, 101 fr. Yéméniz.

BAUDIER (*Michel*). Inventaire de l'histoire générale des Turcs; tiré de Chalcondyle athénien, Paul Ioue, Leon Clauius, Leonicerus e aultres. *A Paris, chez Sébastien Chappelet*, 1617, in-4. 10 à 12 fr.

BAUDOIN DE FLANDRES. Cy commēce la table de ce present liure intitule Baudoin côte de Flādres et de Ferrant filz au roy de Portīgal qui apres fut côte de Flandres... — Cy finist ce present liure ītitule le liure Baudoyn conte de Flandres et de Ferrāt, filz au roy de Portingal, qui apres fut côte de Flandres contenāt aulcunes croniques du roy Phelippe de France ɔ de ses quatre filz et aussy du roy saint Loyz et de sō filz Jehan Tristan qu'ilz firent encontre les Sarrazinz. —*Impresse a Lyon sur le Rosne ɔ fini le douzeiesme iour du moys de nouembre lā courant mil iiii cens* LXXviij, pet. in-fol., goth., de IV ff. lim., et de 91 ff., signés A.-N. à 2 col. de 27 lignes. [17078]

Ce très-précieux roman de chevalerie, imprimé par Barthélemy Buyer, est d'une insigne rareté. Le bel exempl. La Vallière, double de la Bibl. nat., a été vendu chez Solar, 4,300 fr., et peut-être aujourd'hui le payerait-on le double de ce grand prix.

Depuis cette époque, un très-bel exemplaire fut acquis par Tross de M. de Montaynard; il était mal-

heureusement incomplet d'un f. (le 17e); malgré ce défaut, qui fut réparé, avec le talent qu'on lui connaît, par M. Pilinski, ce livre précieux fut payé 4,500 fr. par un célèbre bibliophile parisien; nous croyons que c'était l'exempl. de Scherer.

Le BAUDOUIN de Chambéry (1485), qui fut vendu 1,250 fr. chez Solar, avait été payé 700 fr. chez Giraud; il avait le titre refait très-habilement.

— Cy commence le Liure de Baudoin conte de Flandres et de Ferrant filz au roy de Portingal qui aprés fut conte de Flandres. *Cy finist.... imprimé à Paris par Michel Le Noir demourant sur le pont Saint-Michel à lymage de Sainct-Jehan lévangeliste lan de grâce mil quatre cens quatre vingtz et dix huit, le dernier jour de février*, in-4, goth., de 88 ff. non chif., sign. A-O, à longues lignes.

Un exempl. incomplet de cette édit. non citée 41 fr. seulement, Morel de Lyon; un bon exempl. complet serait vendu quinze ou vingt fois ce prix.

— Un exempl. de l'édit. de *Paris, Michel Le Noir*, s. d., in-4, goth., fig. s. b., sign. A-I, par 8 et 4 ff., M. de 6 ff. En mar. de Trautz, 500 fr. Yéméniz.

— *Lyon, Olivier Arnoullet*, s. d., in-4, goth., fig. s. b., sign. A-M par 4 ff. En *mar.* de Duru, 460 fr. même vente, et rev. 500 fr. Potier (1870).

— *Lyon, Claude Nourry*, 1509, in-4, goth., fig. s. b. En mar. de Trautz, 1040 fr. même vente.

BAYARTE Calasanz (D. *Juan* de). Novedades ‖ ancianas ‖ dedvcidas de los svcesos ‖ de Concino Concin, Marques de ‖ Ancre, Mariscal de Francia... *En Napoles. Por Iaçinto Pacaro*, 1677, in-4, de 48 ff.

Ouvrage intéressant et devenu fort rare.

BAYTAZ (*N.*). Abréviations des plus difficiles opérations de perspective pratique, soulagement très-grand aux curieux de cet art, principalement aux vrais peintres qui opèrent avec connoissance de raison, par Nicolas Baytaz, doyen de Nostre-Dame d'Annecy. *Annecy, par Andre Leyat*, 1644, pet. in-8, pl. gravées. 5 à 6 fr.

BEAUCHESNE (*Jacques* de), Parisien. Le Thresor d'escripture. *Paris*, 1550, in-4 oblong, de 65 pl. encadrées de bordures sur b. non compris les ff. liminaires. [9055]

Cette date, contestée par M. Brunet, est parfaitement exacte.

BEAUGRAND (I. de). Panchrestographie, par Jean de Beaugrand, escriuain du roy. *S. l.*, 1597, in-4 obl.

L'exempl. du baron Pichon, vendu 80 fr., contenait 46 pl. gravées par L. Gaultier et P. Firens, et 6 ff., impr. pour les épîtres au Roi, à la Reine, au Dauphin, l'avis au Recteur et les explications.

BEAUJEU (*Christophe* de). Les Amours. *Paris, Millot*, 1589, in-4. [13857]

M. Brunet n'indique pas d'adjudication de ce livre assez rare, composé de sonnets, d'élégies, d'odes, de complaintes, etc. On y remarque une pièce intitulée : *L'ordre du convoy de M. de Joyeuse* (tué à Coutras). Dans le livre sur la Suisse, l'auteur raconte la légende de Guillaume Tell.

En *mar.*, 71 fr. Solar; en *mar.* de Duru, 210 fr. W. Martin; en vélin, 140 fr. baron Pichon; en *mar.* Thibaron, 255 fr. Potier.

BEAUJOYEULX (*Balt.* de). Ballet comique de la Royne, faict aux nopces de M. le duc de Joyeuse. *Paris*, 1582, in-4, fig. et musique. [10385]

L'exempl. Solar, court et inégal de marges, 96 fr. seulement; en *mar.* de Duru, bel exempl., 350 fr. Double; en *mar.* de Masson et Debonnelle, 700 fr. Ruggieri ; en *mar.* 330 fr. Van-der-Helle.

BEAULIEU (*André* de Rosiers de). Alphabet de chansons pour danser et pour boire. *Paris, Robert Ballard*, 1646-60, 10 part. en un vol. pet. in-8, titre gr. s. b., musique notée.

En *mar.* de Capé, 175 fr. W. Martin.

BEAULIEU. Chrestienne resiouissance, composée par Eustorg de Beaulieu, natif de la ville de Beaulieu : au bas pays de Lymosin. Jadis Prestre, Musicien et Organiste : en la faulce Eglise Papistique, et despuis, par la miséricorde de Dieu, Ministre Euangelique : En la vraye Eglise de Jésus Christ. *S. l.* (*Basle*), 1546, pet. in-8, de 8 ff. prél., 227 pp. chif. et 10 pp. non chif. pour la table.

Ce recueil de « *chansons* (160) *et joyeuseIez chrestiennes* » est resté inconnu jusqu'à la vente du 4 novembre 1867, faite par Tross, où il atteignit le prix de 640 fr. On y trouve *le Blason spirituel à la louenge des vertus de J. C.*, que cite M. Brunet.

— L'Espinglier des filles, composé par Eustorg, aultrement dict : Hector de Beaulieu, Ministre Euangelique, natif aussi de la ville de Beaulieu. *Basle*, 1550, pet. in-8, de 8 ff. (78 fr. en 1867).

C'est bien à Eustorg de Beaulieu que l'on doit la pièce célèbre connue sous le titre de : « *Blasons anatomiques* » dont M. Brunet donne l'édition de 1550 comme la première; ceci est une erreur; l'édition de la *Chrestienne resiouissance*, citée plus haut à la date de 1546, contient le *Blason spirituel* dans lequel se trouvent les vers célèbres :

Quand me souuient de sept blasons lubriques
Qu'au Liure dict : Blasons anathomiques...

De plus ce bibliographe nie l'existence d'une édition antérieure des *Blasons anatomiques*, exécutée à Lyon par François Juste en 1536, et veut que cette édition ne soit autre que l'*Hécatomphile* d'Alberti; voici cependant le titre exact de cette première édition :

— BLASONS anathomiques des parties du corps féminin, inuention de plusieurs poëtes françois contemporains. *A Lyon, François Juste*, 1536, in-16, goth.

BEAULXAMIS (*Thomas*). Enqueste et griefs sur le sac et pièces et dépositions des tesmoings produicts par les fauoris de la nouuelle Esglise contre le Pape. *A Paris, chez Hier. de Marnef et Guil. Cauellat*, 1572, in-8. 6 à 8 fr.

— Oraison funèbre prononcée à la sépul-

ture de feu Charles de Gondy. *Paris, G. Chaudière*, 1574, in-8. (Bibl. nation.)

M. Brunet cite deux éditions de : Résolution sur certains pourtraicts et libelles, 1568 et 1569; il faut ajouter une réimpression donnée à Paris en 1573, in-8, par Hier. de Marnef.

— HISTOIRE des sectes tirées de l'Armée Sathanique, lesquelles ont oppugné le sainct Sacrement du corps et sang de Jesus-Christ, depuis la promesse d'iceluy faicte en Capernaum jusques à présent. Et la victoire de la vérité et parole de Dieu contre le mensonge. *Paris, Guillaume Chaudière*, 1576, pet. in-8, de 142 ff. chif., 13 ff. de table et un f. blanc. □

20 fr. vente Conod.

BEAUMARCHAIS (CARON de). La Folle Journée ou le Mariage de Figaro, comédie en cinq actes, en prose, par M. de Beaumarchais. *Au Palais-Royal, chez Ruault*, 1785 (*Paris, impr. de Ph. D. Pierres*), in-8.

C'est là la véritable édition originale; l'édit. de la *Société typogr.* (Kehl, 1785) avec les jolies figures de St-Quentin, n'en est que la réimpression; mais la première vaut cent sous et la seconde se vend de 50 à 60 fr.

BEAUPLAN (de). Description de l'Ukranie, qvi sont plvsievrs prouinces du royaume de Pologne, contenuës depuis les confins de la Moscovie, jusqu'aux limites de la Transilvanie, par Guillaume de Beauplan. *Rouen, Jacques Cailloüé*, MDCLX, in-4, de 112 pp. et IV ff. lim., avec grav. et 1 carte.

Vol. rare et fort intéressant, dont une première édit. tirée à 100 exempl., et non destinée à la vente, avait été donnée dans la même ville, en 1650. 25 à 30 fr.

BEAUPORT (*Benjamin*). Monotessaron des Euangiles, aultrement dict en francoys : Un de quatre. *A Paris, chez Maurice de la Porte*, 1552, in-16.

Petit vol. rare, 8 à 10 fr.

BELISLE. Le Mariage de la reine de Monomotapa, comédie, par Bel-Isle (un acte en vers). *Leyde, Félix Lopès*, 1682, pet. in-12, de 3 ff. prél. contenant le titre et la dédicace à M. Ruys, conseiller et échevin de la ville de Leyde, et 42 pp.

Pièce rare, dans laquelle on voit une suite d'allusions satyriques dirigées contre l'ennemi des Provinces-Unies, le Grand-Roi. 8 fr. Favart (2 exempl. chez M. de Soleinne).

BELLAY (*Joachim* du). [13706]

Nous ajoutons quelques détails bibliographiques au long article que M. Brunet a consacré à ce poëte illustre.

— L'édition des œuvres datée de 1569 comprend un certain nombre de pièces publiées séparément en 1568 chez Frédéric Morel, savoir : L'Olive et autres œuvres poétiques. — Recueil de poésie présenté à très-illustre princesse madame Marguerite. — Deux livres de l'Enéide de Virgile. — Divers poëmes. — Les Regrets et autres œuvres poétiques. — Divers jeux rustiques et autres œuvres poétiques. — Epithalames sur le mariage de... Philibert-Emmanuel de Savoye et... Marguerite de France.

Vendu 216 fr. Yéméniz, et le même exempl.
125 fr. seulement, Huillard; en *mar.* de Trautz, 205
fr. Double; dans une belle rel. de Capé, 450 fr. cat.
à.prix marqué Aug. Fontaine; 246 fr. Auvillain; en
mar. de Duru, 285 fr. L. de M. (1876).

— Œuvres, revues par G. Aubert, de Poictiers, avocat
au Parlement de Paris. *Paris, Féd. Morel,* 1573,
2 vol. in-8.

Un exempl. 150 fr. Solar; un second ex. aussi beau
53 fr.; en *mar.* de Capé, 225 fr. Desq.

— Œuvres. *Paris, Féd. Morel,* 1574, in-8.

En *mar.*, 105 fr. Tufton.

— Œuvres. *Lyon, Ant. de Harsy,* 1575, pet. in-8.

Cette édition est copiée littéralement sur celle de
Paris, 1574; seulement le dernier f. est blanc, tandis
que dans l'édit. parisienne, il contient le privilége;
c'est donc une contrefaçon pure et simple; les imprimeurs de Lyon ne s'astreignaient qu'avec peine à
l'observation des lois préservatrices de la propriété
littéraire.

L'exempl. acheté par M. Yéméniz 57 fr., chez Ch.
Nodier, a atteint le chiffre de 285 fr. à sa vente; en
mar. de Trautz, 260 fr. Cailhava; en *mar.* de Petit,
65 fr. Desq.; 68 fr. de Chaponay; 51 fr. Huillard.

— Œuvres. *Paris, Abel L'Angelier,* 1584, petit.
in-12 de 584 ff. non chiffrés.

Cette édition doit avoir à la fin un feuillet portant
cette mention : « *Achevé d'imprimer le dernier
jour de janvier* 1584, *par Pierre le Voirrier, imprimeur du Roy ès-mathématiques* ». En *mar.* de
Duru, 91 fr. Pieters; en *mar.* de Duru, 71 fr. Chaponay; en *mar.* (ex. d'Audenet), 60 fr. W. Martin;
en *mar.* de Trautz, 169 fr. Turquety.

— Œuvres. *Rouen, G. L'Oyselet,* 1592, in-12.

En *mar.* de Trautz, 60 fr.. Chedeau; 34 fr. Germeau; 92 fr. Potier, 1870; 165 fr. vente H. B. (1873).

— Œuvres. *Rouen, Raphael du Petit-Val,* 1597,
in-12.

Bel. exempl. rel. par Trautz, 96 fr. Chaponay; 150
fr. Potier, 1870; avec le nom de « *vesue Thomas
Mallard* », 40 fr. Danyau; en *mar.* de Thouvenin,
ex. de Ch. Nodier, 365 fr. L. de M.; en *mar.* de Thibaron, 305 fr. Benzon.

— L'édition de F. Morel, 1561, quoique ne portant
pas le nom collectif d'*Œuvres,* contient un certain nombre de pièces : La défense et illustration de
la langue française, la musagnœomachie, l'antérotique de la vieille et de la jeune amye, vers lyri-
ques, etc. *Paris, F. Morel,* 1561, 2 part. en un vol.
in-4, 1re partie, sign. A-K, 38 ff. chif. et 2 ff. non
chiffrés ; 2e partie, sign. A-R, 76 ff. non chiffrés.

— L'édit. de *Paris, Ch. L'Angelier,* 1562, in-4, est également formée de pièces imprimées séparément, et
réunies sous un titre général : La Deffense... 1562,
36 ff.; L'Olive... 1551, 58 ff.; L'Antérotique... 24 ff.
dont le dernier blanc; Recueil de poésies... 1562,
40 ff.

Un recueil de 13 pièces en édit. originales, in-4,
en *mar.* de Duru, 230 fr. Double.

Un autre recueil en 2 vol. in-8, 205 fr. Yéméniz;
un recueil de 10 pièces, en *mar.* de Capé, 400 fr. Em.
Gautier.

Un autre de 16 pièces reliées par Trautz dans un
vol. in-4, 500 fr. Potier (1871).

4 pièces rares en *mar.*de Capé, 300 fr. Dr. Danyau.

Un autre recueil de 6 pièces, 41 fr. W. Martin.

— Œuvres françoises, avec une notice biographique
et des notes par Ch. Marty-Laveaux. *Paris, Alphonse Lemerre,* 1866, 2 vol. in-8.

Bonne édition, très-soignée; il en a été tiré 2 exempl.
sur vélin, en 4 vol. in-8; un de ces deux exempl. a
été vendu 510 fr. vente du mis de B. de M. (1869);
l'autre 250 fr. Em. Gautier (1872).

.Voici les prix de quelques pièces séparées :

— LES REGRETS et autres œuvres poétiques. *Paris,
Morel,* 1558, in-4, de IV-46 ff. chif. 52 fr. W. Martin; réimpr. 1559, in-4, 8 fr. Delasize; 20 fr. Turquety.

— DIVERS JEUX rustiques. *Paris, F. Morel,* 1558,
in-4, de 76 ff. non chiffrés, sign. A-T.

Vendu avec d'autres pièces, 41 fr. W. Martin;
réimpr. 1559, 1560, 1561; un exempl. de 1560, 10 fr.
Delasize; 20 fr. Turquety.

— ENTREPRISE du Roy Daulphin.... *Paris, Morel,*
1558-1559, in-4, de 14 ff. non ch.

Avec la date de 1559,. 5 fr. Delasize; 16 fr. Turquety. Avec la date de 1558, 62 fr. Chedeau.

— HYMNE au Roy sur la prinse de Calais avec quelques autres œuvres sur le mesme sujet, par I. du
Bellay. *A Lyon, par Jean Binart,* 1558, pet. in-8, de
8 ff. L'édit. de *Paris, Morel,* 1559 (citée au *Manuel*) est de 6 ff. non chif., 5 fr. Delasize; 16 fr.
Turquety.

— EPITHALAMES sur le mariage de... Philibert-Emmanuel de Savoye.... *Paris, Morel,* 1559, in-4, de 14 ff.
non ch. 16 fr. Turquety; 5 fr. Delasize.

— RECUEIL de poésie présenté à madame Marguerite,
par I. D. B. A. *Paris, Guil. Cavellat,* 1553, pet.
in-8. En *mar.* 105 fr. Chedeau; 32 fr. W. Martin.

— ODE SUR LA NAISSANCE du petit duc de Beaumont,
fils de Monseigneur de Vendosme, Roy de Navarre,
par J. D. B. A. ensemble certains sonnetz du mesme
autheur à la royne de Navarre, auxquels la dicte
dame fait elle mesme responce. *Paris, Morel,* 1561,
in-4, de 14 ff. non chif., 5 fr. Delasize; en *mar.*
de Capé, 80 fr. W. Martin ; en très-riche rel. de
Chambolle-Duru, cet opuscule est porté à 400 fr.
au cat. à prix marqué du libraire Aug; Fontaine.

— LE PREMIER LIVRE DES ANTIQUITÉS DE ROME.... *Paris, Morel,* 1558, in-4, de 14 ff., dont 13 chif. et
1 non chif.

— DEUX LIVRES DE L'ÉNÉIDE DE VIRGILE, *ibid. id.,*
1560, in-4, de 64 ff chif., ou 1561, même nombre de
pp. 10 fr. Delasize ; 10 fr. Turquety.

— LA COURTISANNE ROMAINE par J. D. B. A. *Lyon,
Edoard,* 1558, in-8.

C'est la plus rare des poésies de du Bellay; nous
n'avons jamais vu passer en vente cette édition.

— TUMULUS HENRICI II, *ibid. id.* 1559, 14 ff. non ch.

— LOUANGE de la France, et du roy très chrestien
Henry II. *Paris, F. Morel,* 1560, in-4, de 8 ff., 5 fr.
Delasize; 22 fr. Turquety.

— DOCTE et singulier Discours sur les quatre estats
du royaume de France, déploration et calamité
du temps présent, composé par feu Joachim du
Bellay. *Lyon, Benoist Rigaud,* 1567, pet. in-8, de
15 ff., 12 fr. W. Martin.

Réimpr. l'année suivante à *Paris,* sous le titre de :

— AMPLE Discours au roy sur le faict des quatre
estats du royaume de France. *Paris,* 1568, in-8,
de 16 ff.

— LE QUATRIÈME Livre de l'Énéide de Virgile, trad. en
vers françoys. — La Complainte de Didon à Énée,
prinse d'Ovide et autres œuvres de l'invention
du translateur. *Paris,* 1552, in-8.

Édit. orig., un très-bel ex. en *mar.* de Trautz, 170
fr. Cailhava (1862).

— DISCOURS au Roy sur la Trefue de l'an 1555.
Paris, F. Morel, 1559, in-4. 16 fr. Turquety.

BELLEAU (*Rémy*). Les Œuvres poétiques.
[13800]

— *Paris, Mamert Patisson,* 1578, in-12.

En *mar.* de Niédrée, 160 fr. Chaponay; en *mar.*
du XVIe siècle à riches comp., exempl. Pixérécourt,
1,000 fr. Brunet; un exempl. médiocre, en *veau*,

n'a été vendu que 30 fr. Germeau ; et un autre également médiocre, 25 fr. Turquety.

— *Paris, Mamert Patisson*, 1585, in-12.

En *mar.* de Trautz, 420 fr. Double ; en *mar.* de Duru, 134 fr. Desq, rev. 46 fr. Dr Danyau ; en *mar.* de Bauzonnet-Trautz, 360 fr. Germeau ; en *mar.* du même relieur, et très-bel exempl., 830 fr. baron Pichon ; en *mar.* de Hardy, 121 fr. Turquety ; rev. 190 fr. L. de M. (1876).

— On trouve des exempl. de cette édit. au nom de *Gilles Gilles ;* un exempl. médiocre, 41 fr. Turquety.

— *Lyon, Thomas Soubron,* 1592, 2 tomes en 1 volume, in-12.

Cette édition offre cette particularité, signalée par M. Potier, que, réimprimée fidèlement sur l'une des deux éditions données par Mamert Patisson à Paris en 1578 ou 1585, l'éditeur s'est pourtant permis de supprimer une partie d'un cahier qui suit la page 304, où se trouvent répétés des vers déjà imprimés dans le volume, sans s'apercevoir ou sans daigner tenir compte qu'il en enlevait en même temps la table du premier vol. et quelques autres vers ; M. Potier a remarqué cette lacune sur les nombreux exempl. qu'il a tenus entre les mains.

En *mar.* de Duru, 155 fr. W. Martin.

Cette édition a été réimpr. l'année suivante par le même imprimeur :

— Les Œuvres poëtiques, rédigées en deux tomes, revues et corrigées en cette dernière impression. *A Lyon, pour Thomas Soubron,* 1593, 2 tom. en un vol. pet. in-12.

La première partie a 288 ff. chif. et 2 ff. non chif.; la 2e, 154 ff. chif. et 2 non chiffrés, qui contiennent des hommages à la mémoire du poëte, signés de Dorat, Jamyn, Desportes, Ronsard et Baïf.

La particularité signalée dans l'édit. de 1592 n'existe plus dans celle-ci ; ce fait peut expliquer la réimpression presque immédiate de cette édition, par un typogr. soigneux, qui, ayant laissé se glisser une faute, s'est empressé de la réparer à la première réimpression.

255 fr. vente du mls de B. de M. (1869).

— Œuvres. *Rouen, Claude le Villain,* 1604, in-12.

100 fr. Auvillain.

— La Bergerie... *Paris, Gilles Gilles,* 1572, 2 part. en un vol. in-8.

En *mar.* de Trautz, 80 fr. Solar ; 46 fr. W. Martin ; 200 fr. Em. Gautier ; 31 fr. Turquety (exempl. médiocre) ; en *mar.* de Trautz, 315 fr. L. de M. (1876).

Parmi les éditions séparées de pièces originales de Rémy Belleau que ne cite pas le *Manuel,* nous relèverons :

— Epithalame sur les nosses (*sic*) de René Dolu, trésorier et conseiller et trésorier général de la Roine d'Escosse, et de Denize Morel. *A Paris, XIe iour de juillet,* 1569, in-4, de 7 ff.

Nous avons vu passer un exempl. de ce rare opuscule chez M. Claudin, en 1857.

— Chant pastoral || de la Paix. || Par R. Belleau. || *A Paris,* || *De l'imprimerie d'André Wechel,* || 1559. || Auec Priuilege du Roy. Pet. in-4, de 10 ff. non

chif., de 27 lig. à la page, sign. A-B par 4, C par 2, car. ital.

Au recto du 10e f., un extrait du privilége accordé à Wechel pour 10 ans, à la date du 11 juin 1557, ce qui prouve que le poëme n'avait pas été composé pour la paix de 1559.

50 fr. cat. Morgand et Fatout.

— Chant pastoral || sur la mort de Joa || chim dv Bellay Angevin. || Par || Rémy Belleau. *Paris, impr. de Robert Estienne,* 1560, in-4, de 8 ff. non chiff., car. ital.

Édition originale qui a été réimpr. chez le même éditeur-typographe en 1566, in-4, de 8 ff.

Ces deux éditions ont figuré dans la première vente Delasize en 1862, 19 et 5 fr.

— Les Amours et nouveaux eschanges des pierres précieuses.... *Paris, Mamert Patisson,* 1576, in-4, portr. gr. sur cuivre.

Le bel exempl. de cette édition, que M. Brunet cite comme ayant été payé 175 fr., Gancia, en 1860, a été revendu en 1869, 310 fr. chez M. W. Martin.

BELLE DAME (La) qui eut Mercy. *S. l. n. d.,* pet. in-4, goth., de 10 ff. sign. A-Av. (les ff. qui portent des sign. sont A. iii et A v.), 22 et 23 vers de 8 syllabes à la page entière, la dernière n'a que 16 vers ; se termine au ro du 10e f. par : *Cy fine la belle dame qui* || *eut Mercy.* Sans ch. ni récl. [13418]

Cette édition paraît être la première ; elle semble être imprimée à Lyon vers 1490, avec les caractères qui ont servi à l'exécution de *la Belle Dame sans Mercy,* et du *Songe doré de la Pucelle.* (Bibl. nationale.)

— Une édition *s. l. n. d.,* de 7 ff. non paginés, in-4, est décrite dans le *Bulletin du Bibliophile* (1874, p. 476) d'après l'exempl. qui se trouve dans le cabinet de Lurde.

On sait que cette pièce est attribuée par quelques critiques à Alain Chartier.

BELLEFOREST (*François* de). Aduenement héureux à la couronne de France du Roy Henry III de France et de Pologne. *A Paris, Jean Hulpeau,* 1574, in-8.

— Recueil diligent et proffitable des choses plus notables à remarquer de toute l'histoire de Jean Froissard, mis en un abrégé et illustré de plusieurs adnotations. *Paris, Guillaume de la Noue,* 1572, in-16.

— Remonstrances aux princes François de ne faire paix auec les rebelles. *A Paris, chez Vincent Sertenas,* 1561, in-8.

— LE CHANT pastoral sur les nopces de Philippe d'Austriche et d'Élizabeth, est impr. à *Paris par Annet Brière,* 1559, in-4. [13782]

— LES HARANGUES militaires sont impr. à *Paris, chez Nicolas Chesneau.*

BELLEMERE (*Françoys*). Directoire de la vie humaine, traduict du latin de Jehan de Capoue. *A Paris, Poncet le*

Preux, 1537, in-16, goth. (Voy. BID-PAY.)

Cette traduction doit avoir disparu, car nous ne la trouvons citée que dans les divers catal. des Foires de Francfort.

BELLEVILLE (*L.* de). Discours du voyage des François en Suède, et des cruautez et massacres qui y ont esté exercez contre eux au mois de septembre 1610, par Louis de Belleville. *Paris, G. Marette*, 1611, pet. in-8.

BELLEVILLE.

Un certain Belleville fut pendu le 1er décembre 1584, pour « *auoir mis en lumière un méchant liure par luy composé contre le Roy* » — Quel est ce livre?

BELLI (*Domenico*). Il Primo libro dell' Arie a Una e a Due voci, per sonarsi il chitarrone. *Venetia*, 1616, in-fol. oblong. La musique est impr. en car. mobiles. 20 à 25 fr.

BELLIARD (*Guil.*). Le premier liure des poëmes de Guillaume Belliard (de Bloys), secretaire de la royne de Nauarre... *Paris, Cl. Gontier*, 1578, in-4. [13810]

Fort rare.

En mar. de Duru, 320 fr. W. Martin.

BELLIN. Description géographique de la Guiane, contenant la possession et les établissemens des François, des Espagnols, des Portugais et des Hollandois dans ces vastes pays... par le sr Bellin. *Paris, Didot*, 1763, in-4, cartes et fig.

En *mar.* aux armes de madame de Pompadour, 270 fr. baron Pichon.

BELLIN (*Guillaume*). Les Canticques de la Bible, mis en musique, à 4 parties. *A Paris, chez Adrian le Roy*, 1560, in-8.

Petit vol. fort rare.

BELLOCQ (*P.*). Deux nouvelles critiques de la satyre X de M. D. (Boileau-Despréaux), l'une en prose (par P. Bellocq, valet de chambre du roy); l'autre en vers. *S. l.* (*Rouen*), *suiv. la copie de Paris*, 1698, in-12.

Citons aussi :

— NOUVELLES Remarques sur la satire de M. Boileau contre les femmes, par le sieur D. M. *La Haye*, 1694, in-12.

— NOUVELLES Remarques sur tous les ouvrages du sr D. (par Pradon). *La Haye* (*Lyon*), 1685, in-12.

Toutes ces critiques sont assez recherchées, mais n'en valent guère la peine.

BELLOGUET (ROGET de). Ethnogénie gauloise, ou Mémoires critiques sur l'origine et la parenté des Cimmériens, des Cimbres, des Ombres, des Belges, des Ligures et des anciens Celtes. *Paris*, 1868-72, 3 vol. in-8. 20 fr.

- Ouvrage qui a obtenu le prix Gobert en 1869; c'est un monument d'érudition et de patientes et sagaces recherches élevé à la religion, aux mœurs, à la langue de nos pères.

BELLONE (*Estienne*). Chansons Folastres...... reueues et augmentées de nouveau par le sieur de Bellone. *Rouen, Jean Petit*, 1612. — Le second liure de chansons folastres... *Rouen, J. Petit*, 1612, 2 part. en 1 vol. in-12. [14288]

La première partie est de 72 ff. non numérotés, et la seconde du même nombre de ff. chiffrés.

L'exempl. de M. Taschereau, sur lequel M. Brunet avait donné la description de ce vol. introuvable, a été vendu, rel. en mar. par Trautz, 3,750 fr. à la vente de ce regrettable bibliophile. M. Brunet l'avait estimé à 200 ou 300 fr., prix qui lui semblait excessif.

BELMONTE Bermudez (D. *Luis* de). La Aurora de Cristo. *Sevilla, por Francisco de Lyra*, 1616, in-8, VI et 40 pp.-

Poëme en octaves.

— Algunas hazañas de las muchas de Don Garcia Hurtado de Mendoça, marques de Cañete. *Madrid, Diego Flamenco*, 1622, in-4, IV et 70 pp.

C'est une *comedia*, dont la scène se passe en Araucanie; plusieurs poëtes du temps y collaborèrent. Voir l'*Ensayo* n° 1352.

Belmonte Bermudez laissa de nombreux ouvrages manuscrits; il composa aussi des comédies; on en connaît au moins quatorze qui ont été imprimées.

BELTRAN de Santa Rosa Maria (El R. P. Fr. *Pedro*). Arte de el idioma maya reducido a succintas reglas, y semilexicon yucateco. *México, por la viuda de D. Jose Bernardo de Hogal*, 1746, in-4, de VIII ff. lim., et 188 pp. [11991]

Entre les pp. 172 et 173 on doit trouver 2 pl. grav., représentant la descendance des familles, et servant d'exemple à l'art. XIII sur la parenté.

BELVEDER. Libro general de las redvcciones de plata y oro de diferentes leyes y pesos, de menor à mayor cantidad, y de sus intereses á tanto por ciento, con otras reglas y auisos muy necesarios para estos reynos del Peru. Compuesto por Ioan de Belveder natural de la villa de Tahuste...... *En Lima, por Antonio Ricardo, en el año de* M. D. XCVII, in-4, de 207 ff.

Vol. rare; 130 fr. cat. Tross, 1875.

BEMBO (*P.*). L'Histoire du Nouveau Monde découvert par les Portugallois, escrite par le seigneur Pierre de Bembo. *Paris, par Jean d'Ogerolles*, 1556, in-8. [28483]

C'est la même édition, sous un nouveau nom d'imprimeur, que celle que cite M. Brunet. Nous ne connaissons pas l'original italien.

— Gli Asolani. [18637]

— Une belle édition de la traduction de ce livre célèbre par J. Martin a été donnée en 1557, à *Paris, par Michel Vascosan*, in-8.

Quelques prix :

— Petri Bembi Opuscula (*Basileæ*, c°. 1550), 2 tom. en 1 vol. in-8.

Aux premières armes de de Thou, en *vélin*, 200 fr. Brunet.

— Asolani. *Venetia, Aldo*, 1505, in-4.

Avec l'épître dédic. à Lucrèce, 21 fr. seulement Chaponay.

En *mar.* de Bradel-Derome, mais sans l'épître dédic., 20 fr. Potier.

— Asolani. *Vinegia, Paganino*, 1515, pet. in-32. En *mar.* de Trautz, 60 fr. Potier.

— Les Azolains de Mgr Bembo... tr. par J. Martin. *Paris, M. Vascosan*, 1545, in-8.

En *mar.* de Trautz, 70 fr. Chaponay ; en *mar.* de Hardy, 59 fr. Cailhava (1862).

— *Paris, Galiot du Pré*, 1553, in-16. 21 fr. Cailhava.

— *Paris, M. Vascosan*, 1547, pet. in-8.

En *mar.* de Trautz, 71 fr. Potier.

— Rime... terza impressione. *Roma*, 1548, in-4. [14517]

Un exempl. sur pap. bleu, en *mar.* de Bauzonnet-Trautz, 50 fr. Yéméniz.

— Prose. *Vinegia, Giovan Tacuino*, 1525, in-fol.

Un splendide exempl. en *mar.*, sans restauration, relié aux emblèmes de Demetrio Canevari, £ 56 « » Libri (1862).

— *Firenze, Torrentino*, 1549, in-4. En anc. rel. *mar.* aux armes des Foscari, 27 fr. Potier.

— Lettere. *Vinegia, figliuoli d'Aldo*, 1552. 2 vol. pet. in-8. En *mar.* de Niédrée, 37 fr. Potier.

— Epistolæ. *Lugduni, Th. Paganus*, 1540, in-8. En anc. rel., 51 fr. Yéméniz.

— Delle Lettere di M. Pietro Bembo a sommi pontefici, a cardinali ed ad altri signori scritte, primo (e secondo) vol., corretto da Fr. Sansovino, con la giunta della vita del Bembo. *Venetia, Fr. Sansovino*, 1560. 2 vol. in-8.

En *mar.* de Thompson, 30 fr. W. Martin.

BENDIER (*Cl.*). La Défense des principales prérogatives de la ville et de l'Eglise royale de Saint-Quentin en Vermandois, par laquelle il est clairement justifié que cette ville est l'ancienne *Auguste* de Vermandois, et son église le siége primitif des évêques de ce diocèse. Divisée en deux parties. Par un docteur de Sorbonne, natif de la même ville... (Claude Bendier). *Saint-Quentin, Le Queux*, 1671, in-4. 18 à 25 fr.

BENEDETTI (*Alessandro*) da Verona. Alex. Benedicti Physici anatomice, sive historia corporis humani. *S. l.* (*Basileæ*), *Eucharius excudebat.* M. D. XXVII, in-8, titr. gr.

Ce vol. a peu de valeur, mais un exempl. en v. br. à comp. élégants, avec le nom et la devise de Grolier, 1,500 fr. Potier (1870). Ce joli vol. avait, non pas le titre refait, comme l'a dit Le Roux de Lincy, mais restauré.

— Diaria de Bello Carolino. *S. l. n. d.*, (*Venetiis, Aldus Manutius*, 1496), in-4, de 68 ff. [25286]

En *mar.* 120 fr. Solar ; en *mar.* de Duru, 86 fr. Costa de Beauregard ; en rel. angl. 59 fr. Potier, 1870.

— Il Fatto d'arme del Tarro, fra i principi Italiani et Carlo Ottavo, re di Francia, insieme con l'assedio di Novara, trad. per Messer Lud. Domenichi. *Vinegia, G. Giolito*, 1549, pet. in-8, de 58 ff. chif., 1 f. pour la marque de l'imprimeur et 1 f. blanc.

Traduction du *Diarium de Bello Carolino*; 30 fr. Riva ; 30 fr. Libri ; 24 fr. Tross ; 7 fr. Costa de Beauregard.

BENEDETTI (*Rocco*). Le vray Discours des triomphes faits par la sérénissime seigneurie de Venise à l'entrée... du... Roy... Henry IIIe... de ce nom, et de Pologne. Faict en italien par M. Rocco Benedetti, puis traduict en françois. *Lyon, par Michel Ioue*, 1574, in-8.

— Le même. *Paris, P. Lhuillier*, 1574, in-8. [25469]

M. Brunet ayant cité l'original italien, nous avons cru pouvoir indiquer la traduction française.

Nous renvoyons du reste au catal. de l'histoire de France de la Bibl. nationale.

BENEDICTI (Le P.). La Somme des Peschez et le remède d'iceulx. *A Lyon, Charles Pesnot*, 1584, in-4.

L'édition, citée par M. Brunet, de la « Triomphante victoire de la vierge Marie sur sept malins esprits » *Lyon*, 1611, in-16, est une réimpression ; la première fut donnée *à Lyon, par François Didier*, in-8, s. d. C'est une pièce fort rare.

BENEDICTION (La) du Pape (en prose). *S. l. n. d.* (*Paris*, 1518), pet. in-8, de 4 ff., goth., avec fig. sur bois sur le titre et à la fin. 40 à 60 fr.

Cette pièce a été composée à l'occasion du baptême du Dauphin, fils de François 1er, dont le pape était le parrain.

BENEFICE (Le) commun de tout le monde, ou commodité de vie d'un chacun, pour la conservation de santé. Remedes segretz, tirés des plantes contre toutes maladies. *A Rouen, pour Robert du Gort, au portrait des Libraires*, 1558, 2 part. en un vol., in-16, avec une fig. s. b. au titre de la 1re, et la marque du libraire au r° du titre de la 2e, avec la légende : De. Gort. Ex. Gort.

22 fr. Yéméniz.

BENFEY (*Th.*). A Sanskrit-English Dictionary, with references to the best editions of sanskrit authors, and etymologies and comparisons of cognate words chiefly in Greek, Latin, Gothic and Anglo-Saxon. *London*, 1866, in-8. 60 fr.

BENLOWES (E.). Threnothriambruticon. Charles II. King of Great Britain. Imperii restituti Regis, subjugata traditione, gratulatio. In-fol. plano en 2 parties, pièce de vers latins composée par Benlowes, datée de 1660, imprimée (à Londres) en forme d'affiche, avec les armes d'Angleterre ; elle est ornée des portraits des rois Charles 1er et Charles II.

Cette pièce précieuse est restée inconnue à Lowndes. 120 fr. au moins.

BENOIST (*R.*). L'Ordre et la cérémonie du sacre et couronnement du très-chrestien roy de France Henry III, en latin et en francoys, traduict par M. René Benoist, Angevin, curé de Saint-Eustache à Paris. *Paris, Nicolas Chesneau*, 1575, pet. in-8.

En *mar.* d'Andrieux, 60 fr. Ruggieri.

— Traicté des processions des chrestiens, auquel il est discouru pourquoy la croix y est élevée et portée... par René Benoist. *Paris, Michel de Roygny*, 1573, pet. in-8, de 15 pp. (cat. L'Escalopier).

Première édition d'une pièce qui a échappé aux recherches de Niceron et des autres bibliogr.; elle a été réimpr. par le même typographe, *à Paris*, s. d., pet. in-8, de 25 pp.

La liste des innombrables élucubrations du célèbre curé de Saint-Eustache, surnommé le *Pape des Halles*, est relevée avec soin par le P. Niceron (tom. XLI, p. 1); M. Brunet en a cité quelques-unes; nous pouvons encore relever :

— Ordre et Cérémonies du sacre et couronnement du roy Henri III. En latin et en françois. *Paris, Nic. Chesneau*, 1575, in-8. En *mar.* 60 fr. Ruggieri.

— Traicté enseignant en bref les causes des maléfices, sortilèges et enchanteries, tant des ligatures et nœuds d'Esguillettes pour empescher l'action et exercice du mariage qu'autres et du remède qu'il faut avoir à l'encontre. *Paris, Jean Poupy*, 1579, in-8. (Se trouve à la suite du livre de Pierre Massé, du Mans, que cite le *Manuel*.)

— Trois sermons de saint Augustin, non moins doctes qu'utiles en ce temps, auxquels il est enseigné que ceux qui adherent aux magies, sorcelleries et infestations diaboliques, pour néant sont chrestiens et abusent de leur foy, trad. par R. Benoist. *Paris, J. Poupy*, 1579, in-8, de 48 pp. non chif.

— Discours du miracle des ardents du temps de Philippes, Roy de France. Avec un petit traicté des processions des chrestiens. *A Paris, Thom. Belot*, 1564, in-8 (omis par Niceron).

BENZONI (*Girolamo*). Historia del Mondo nuovo.... *Venetia, Fr. Rampazetto*, 1565, pet. in-8, de iv ff. prélim. et 175 ff. de texte avec fig. s. b. [28486]

Nous donnons le titre et la description détaillée de la traduction française de 1579 :

— Histoire novvelle du Novveau Monde, contenant en somme ce que les Hespagnols ont fait iusqu'à présent aux Indes Occidentales, et le rude traittement qu'ils font à ces poures peuples-là. Extraite de l'italien de M. Hierosme Benzoni milanois. Par M. Vrbain Chavveton. Ensemble vne petite histoire d'vn massacre commis par les Hespagnols sur quelques François en la Floride. Auec vn indice des choses les plus remarquables. *S. l. (Genève) par Evstace Vignon*, 1579, in-8, en 2 parties.

La première partie, dont nous venons de donner le titre, est formée de 3 ff. lim., 726 pp. et 7 ff.

La seconde partie, de 104 pp., porte le titre suivant : Brief discovrs et histoire d'vn voyage de quelques François en la Floride : et du massacre autant iniustement que barbarement exécuté sur eux par les Hespagnols, l'an mil cinq cens soixante-cinq... M. D. LXXIX.

Il y a des exempl. avec la date de 1589; le livre a été réimpr. en 1590, in-8.

Les traductions allemandes sont de *Bâle*, 1579 et 1583, in-fol., et de *Helmstadt*, 1590, in-4.

BÉRANGER (*G.*). Responce à plusieurs injures et railleries escrites contre Michel, seigneur de Montagne, dans un livre intitulé : « La Logique, où l'art de penser... » avec un beau traité de l'éducation des enfans (par G. Béranger). *A Rouen, par Laurens Maurry*, 1667, in-12.

Vol. recherché, 15 à 18 fr.

BEREAU (*J.*). Les ‖ Eglogves ‖ et aultres oevvres ‖ poetiques de Iaques Bereav Poicteuin. ‖ *A Poictiers* ‖ *par Bertrand Noscereau* ‖ *maistre imprimeur en* ‖ *ladicte ville.* ‖ M. D. LXV. ‖ In-4, sans ch. ni récl., en car. ronds. La première partie est signée A-Hiiij.; la 2ᵉ, A-Iiiij, vᵒ. [13763]

BERGAÑO (Fr. *Diego*). Vocabulario de Pampango en Romance, y diccionario de Romance en Pampango compuesto por el M. R. P. Lector Fr. Diego Bergaño.... Procurador del convento de S. Pablo de Manila. *Impreso en Manila, en el convento de Nuestra Señora de los Angeles, año* de 1732, in-fol., de 399 pp., plus 18 pp. de *Principios*. [11920]

BERGELLANUS(*J.-A.*). De Chalcographiæ invent. poema encomiacticum. *Moguntiæ*, 1541, in-4. [12965]

Le *Manuel* cite cette pièce d'après un exempl. incomplet; il faut un XIIᵉ f. qui contient la marque de l'imprim. Fr. Behem.

BERGERON (*Nicolas*). Le Valois Royal. *Paris, Gilles Beys*, 1583, in-8. 12 à 15 fr.

BERGERON (*Pierre*). Traicté de la navigation et des voyages de descouvertes et conquestes modernes... principalement des François. *Paris*, 1629, in-8.

— Le même. *Paris, Joly*, 1630, in-8.

Ces deux éditions sont rares, mais assez peu recherchées. 6 à 8 fr.

BERGERON (*Pierre*). Larmes et soupirs de l'âme pénitente, avec une paraphrase sur l'oraison de S. Bernard. *Paris, J. Richer*, 1614, pet. in-8, de 4 ff. prél., 52 ff. chiffrés et 1 f. non chif.

Ces rares mais intéressantes poésies sont divisées en 51 soupirs. 10 à 12 fr.

BERGIER (*Nic.*). Le Point du jour, ou traicté du commencement des jours et de l'endroit où il est étably sur la terre. *Reims, N. Hécart*, 1629, in-8. 6 à 8 fr.

— Un exempl. du Bouquet royal (*Reims, J. de Foigny*, 1637, in-4), 139 fr. Ruggieri.

BERGOMAS (*J. Ph.*). Nouissime hysto͏̈riarӡ omniū repercussio ‖ nes nouiter a Reuerendissimo patre Ja ‖ cobo Philippo Bergomēse ordinis Her ‖ emitarum edite : que supplementum ‖ supplementi cronicarū nuncupantur. ‖ Incipiendo ab exordio MUNDI, usqӡ in Annum salutis nostre. M. MUNDI (In fine :) *explicit supplementum Chronicarum Diligiter Et ‖ Accurate Reuisum Atque Correctū. Venetiis Im ‖ pressuӡ Per Albertinū de Lissona Ver cellē ‖ sem. Regnā. Leonardo Loredano Ve ‖ netiarum Principe. A Natiui ‖ tate Christi* M. ccccc. ‖ iii. *Die* iiii. *Maii.* ‖ *Cuӡ Gratia Et ‖ Privilegio*, in-fol., goth., de 451 ff., plus 10 ff. non paginés pour l'index ; sur le titre, les armes du cardinal Pallavicini.

C'est la première édition où se trouve la longue notice sur Colomb et la découverte de l'Amérique (v° du f. 441, et f. 442) ; elle mérite surtout d'être recherchée pour les belles gr. sur ʼbois qui diffèrent de celles de 1486.

31 florins Butsch ; 150 fr. cat. Tross.

— NOUISSIME historiarū ‖ omniū repercussiōes :... que supplementum supple ‖ menti cronicarū nuncupan ‖ tur... — Explicit supplementum... *Venetiis impressum opere et impensa Georgii de Ru ‖ sconibus anno a natiuitate Christi* M. D. VI, in-fol., goth., de XIII ff. non paginés, et de 449 pp. fig. s. b. [21283]

— Autre édition : *Venetiis impressuӡ opere ɟ impensa Georgii de Rusconibus Anno a Natiuitate Xƥi* M. D. XIII. *die XX Augusti*, in-fol., de 335 ff. chiffrés.

Parmi les traductions italiennes, citons :

— Celle de *Venetia, G. de Rusconi*, 1520, in-fol., de 356 ff., titre goth., fig. s. b., le vol. en car. ronds.

Le passage relatif à l'Amérique est compris aux ff. 342 et 343. 70 fr. Tross.

— Et celle de *Venetia, J. Francisco et J. Ant. fratelli de Rusconi*, 1524, in-fol., de 366 ff. chiffrés, fig. s. b.

— SUPPLEMENTUM Supplementi delle croniche. Novamente revisto, vulgarizato et historiato ; con la gionta del 1534 insino al 1535. *Veneti* (sic), *Bernardino Bindone*, 1535, in-fol., avec les pl. sur bois de l'édit. de 1503 et de larges bordures.

Le passage sur l'Amérique est aux pp. 342 et 343. 60 fr. cat. Tross.

BERINUS. Lhystoire du noble Chevalier Berinus. *Cy finist la tres-delectable et ioyeuse histoyre du cheualier Berinus... imprime nouuellement a Paris p Jehā Jannot, imprimeur*, s. d. (1521), in-4, à 2 col., fig. s. b., sans ch. ni récl. [17079]

En mar. doublé de Capé, un admirable exempl. a été vendu 950 fr. Solar pour la Bibliothèque nationale ; ce beau livre avait été payé 1,000 fr. au libraire Duquesne de Gand, et la reliure avait coûté 200 fr. ; il valait certainement le double.

L'exempl. de M. Yéméniz était en mauvais état et court de marges ; il a été porté à 860 fr.

·M. Cigongne ne possédait que l'exempl. de l'édition de la veuve Trepperel, avec le 4ᵉ f. du cahier N. N. refait ; il n'en avait pas moins fait splendidement relier ce livre imparfait par notre grand artiste Trautz-Bauzonnet.

BERJEAU.(*J.-Ph.*). Early Dutch, German, and English Printers' Marks. *London, E. Rascol*, 1866, in-8, de 100 pl. et 36 pp. d'index.

Tiré à 250 exempl.

BERKELEY (*M.-J.*). The Works of G. Berkeley, avec sa vie et sa correspondance, par Al. Campbell Frazer. *Oxford*, 1871, 4 vol. in-8.

BERLAINMONT. Noel van Ber ‖ lainmōt scoolmeester Tātwerpē ‖ Vocabulare vā ‖ nyens gheordineert. — Vocabulaire de ‖ nouueau ordonne et· de rechief re ‖ corrige, pour apprēdre legieremēt ‖ a biē lirre, escripre et parler fran ‖ cois et Flameng, leƍl est mis tout ‖ la plus part par personnaiges. ‖ *Dese vocabularē vintmē te coope Tant ‖ werpe tot Willem Worsterman Indē ‖ gulden Eenhoren : Int iaer* ‖ 1536, pet. in-4, goth., à 2 col., composé de 42 ff., le titre en rouge et noir est entouré d'une bordure gr. sur bois ; au v° du dernier f., la grande marque de Vorsterman. [11039]

Le *Manuel* cite d'après le cat. Crevenna (3175) une édition antérieure de 1511, in-4, goth., qui n'a été vendue avec 3 autres vol. rares, que 1 fl. 10 gr. ; nous ne pouvons donner la description de cet exempl., le seul connu, qui a disparu depuis.

L'édit. de 1536 a été vendue par M. Tross 250 fr. en 1868.

BERLINGHIERI (*Francesco*). Geographia... *Impresso in Firenze per Nicolo Tedesco*, cᵃ 1480, in-fol. [14848]

M. Brunet décrit, d'après Mercier de Saint-Léger, les différences qui peuvent servir à faire distinguer les deux éditions de ce précieux vol. ; en voici quelques autres :

Les exemplaires de la première édition ont 122 ff. imprimés, avec 29 cartes géogr. gravées sur cuivre ; plus 2 cartes qui sont en regard (la 8ᵉ et la 9ᵉ de l'Asie) ; en outre plusieurs ff. blancs.

— Les autres exempl. auxquels on a ajouté un titre et un registre avec le nom de la ville (*Fiorenza*) et celui de l'imprimeur (*Nic. Tedesco*) ont 123 ff. imprimés, 31 cartes et des ff. blancs.

BERMUDEZ de Pedrasa (*L. Francisco*). Antiquedad y excelencias de Granada. *Madrid, Luis Sanchez*, 1608, in-4, de XII-120 pp., plus 6 pour la table.

BERNA (*H. de*). Panegyricon illustrissimorum principum comitum druydarum et Aurivallensium et Niuernensium, Hervero a Berna, Curione Amandino Allifero auctore. *Parisiis, V. Gaultherot*, 1543, in-8.

Pièce importante pour l'histoire d'Aurillac. 10 à 12 fr.

BERNARD. Ar Veac'h devot hac agreabl eus a perc'herinet Santes-Anna e Guenet. Composet gant breuzr Bernard ar speres Santel... *E Montroules (Morlaix), e t'y N. du Brayet* (1656), in-8.

Pièce rare, relative à la dévotion des Bretons à Sainte-Anne d'Auray.

BERNARD (*Georges*). Sommaire de la chronique et vies des roys de France. *A Lyon, chez Clément Baudin*, 1580, in-8, fig. s. b. 10 à 12 fr.

BERNARD (*Cl. Barth.*), dit Bernard de Riom. L'Epistre de saint Paul aux Romains : l'hymne de Prime et le Psalme 106. *A Lyon, chez Jean d'Ogerolles*, 1560, in-16.

BERNARD (*Jean - Pierre*). Sauvegarde pour ceux qui craignent la fumée, et instruction pour faire cheminées neufues, corriger les vieilles, pour éviter l'incommodité de la fumée, l'accident du feu et naissance de la suie.... *Dijon, par Claude Guyot*, 1621, pet. in-8.

Livre curieux, qui en dit plus que le titre n'en promet ; ainsi il y est fait mention des supplices infligés à l'aide de la fumée, au temps des guerres de religion, aux protestants par les catholiques, et réciproquement.

Un exempl. incomplet, 10 fr. Aubry.

BERNARD (*Samvel*) de Genève. Tableau des actions des jeunes gentilshommes, diuise en forme de dialogues, pour l'usage de ceux qui apprennent la langue françoise. *Strasburg, par Paul Ledertz*, 1615, in-8. 10 à 15 fr.

Les livres français imprimés à Strasbourg à cette époque sont fort rares.

BERNARDEZ (*Diego*). Varias rimas ao bom Jesvs, e a Virgem gloriosa sua May... Com outras mais de honesta & proueitosa Licão.... por Dioguo Bernardez... *Em casa de Simão Lopez*. M. D. XCIIII, in-4, de 112 ff. [15356]

— La seconde édition est donnée : *Em Lisboa, em Casa de Pedro Craesbeck, anno* de 1608, in-4, de 60 ff.

— La 3e édit. *Lisboa, P. Craesbeck*, 1616, in-8, de 120 ff.

— Antonio cite sous le titre de « RIMAS DEVOTAS » *Lisbonne*, 1622, une nouvelle édit. des Varias rimas.

— Rimas Varias. Flores de Lima. *Lisboa, Manoel de Lyra*, 1597, in-8, de VIII ff. lim. et 184 pp.

Ce vol. fort rare est cité par Salva (*Cat.* n° 465).

— Antonio cite du même auteur : RIMAS PORTVGVESAS y castellanas. *Lisboa, Jorge Rodriguez*, 1601, in-4, mais l'*Ensayo* n'enregistre pas le titre de ce volume que nous devons croire apocryphe.

— Olyma, de Diogo Bernardez... *Foy Impresso em Lisboa, em casa de Simão Lopez, anno* 1596, in-4, de 167 ff., fig. s. b.

— Réimprimé : *Em Lisboa, por Lourenço Crasbecck*, 1633, in-12, de 138 ff., portr. gr. s. b.

BERNARDINO (*B.*) da Feltre. Predica.

Venezia, stampata per le mani delle convertite, 1557, in-8.

Le catal. de'Volpi (p. 272) nous dit : « Queste Religiose avranno avuto una picciola stamperia per imprimere in essa colle proprie mani alcuni libri sacri, e adattati alla professione religiosa ».

BERNARDUS (S.). Florum nobiliorum Libri X. *S. l. n. d.*, in-fol., goth., de 160 ff., dont 8 blancs, à 2 col. de 40 lignes, sans ch., récl. ni sign. (*Nuremberg, Sensenschmidt*). [1116]

— Incipiunt Cōtemplationes beati Bernhardi abbatis clarauallis de interiori homine. *S. l. n. d.*, pet. in-fol., car. min. goth., sans lettres initiales gravées ; sans ch., récl. ni sign., en un mot sans aucune espèce d'indication, mais impr. à Cologne, vers 1470.

Deux titres ; pour la première partie :

Contēplatioēs........... *Bernardi*.

Pour la seconde partie :

de Interiori............... *Homine*.

Non cité par Hayn.

— DES DEGREZ d'humilité : des deux ieux de lame : le miroir de la vie religieuse : le tout traduict de latin par Iacob de Pierre Viue. *A Paris, chez Simon Vostre...* M. D. X, in-4, goth.

— LE TRAICTE de saint Bernard enuoye a sa seur contenant la maniere de bien viure en la religion treschrestienne... *A Paris, chez Durand Gertier*, s. d. (vers 1518), in-8, goth.

— LE GOUVERNEMENT de Mesnaige, selon la doctrine sainct Bernard (en prose). *Paris*, s. d. pet. in-8, goth., de 4 ff., fig. en bois sur le titre.

— LE REGIME de Mesnaige selon sainct Bernard. *S. l. n. d.*, in-4, goth., de 6 ff., avec une fig. s. b. au v° du 1er ., et une autre au bas du r° du dernier.

Cet opuscule a été imprimé à Lyon dans les premières années du XVIe siècle ; le *Manuel* en cite une édition en IV ff. 76 fr. Yéméniz ; M. L. Techener porte le même exempl. dans son cat. de 1869, au prix de 140 fr.

BERNSPRUNCK (*L.*). Campus sophistarum Stephani de Monte : viri ingenio acutissimi, ordinis beate Marie de Monte Carmeli : quodlibet scibile sophistice insolubiliter que interimere docens per Laurentium Bernsprunck. *S. l. n. d.*, pet. in-4, goth., de 6 ff. 12 à 15 fr.

Impr. au XVe siècle ; non cité par Hain.

BEROA (Padre *Jacobo* de). Litteræ annuæ provinciæ Paragvariæ soc. Jesu (ab anno 1635, ad mensem Julium a. 1637)..... ex hispanico avtographo latinè redditæ a P. Francisco de Hamal belgā soc. eiusdem. *Insvlis, Tossani Le Clercq*, 1642, in-12, de 3 ff. lim. et 347 pp.

Ces lettres sont datées *Cordubiæ Tucumaniæ*, 13 *Aug.* 1637, et signées Jac. de Beroa.

Vol. fort rare, que ne cite pas Antonio.

BEROALDE DE VERVILLE (*François*). Le Moyen de parvenir. Ovvre (sic) contenant la raison de tout ce qui a esté, est et sera.... S. Reveu, corrigé et augmenté par le mesme autheur. *Imprimé ceste année, s. l. n. d.*, in-12. [17833]

Cette édition, imprimée en gros car., au commencement du 17ᵉ siècle, est considérée comme l'une des premières de ce livre célèbre, mais ne peut être l'édition princeps, puisque les mots : « *Reveu, corrigé et augmenté* » indiquent tout au moins une édit. antérieure; elle est composée de 972 pp., dont la dernière est chiffrée par erreur 672.

« En comparant cette édition avec les suivantes, dit M. Potier [*Cat. Taschereau*, n° 1731], un œil exercé y reconnaît facilement une édition plus ancienne. Une marque plus sûre encore de son antériorité se voit dans le texte, qui parfois est différent de celui des éditions que nous considérons comme plus récentes. Dans ces dernières, on remarque des membres de phrase et même des phrases entières, qui n'existent pas dans celle-ci. On voit que l'auteur, en les ajoutant après coup, a voulu développer ou compléter sa pensée.

« C'est évidemment d'après une édition postérieure à la présente et renfermant ces augmentations, que les suivantes auront été publiées, sans plus tenir compte des premières ».

En *mar.* anc. 160 fr. Double; en *mar.* de Trautz, 140 fr. Chaponay, rev. 87 fr. Huillard; en *mar.* de Masson et Debonnelle, 191 fr. Taschereau.

— Le même. S. *Imprimé ceste année*, in-12 de 617 pp., 29 l. à la p.

Cette édition n'a en réalité que 592 pp., l'imprimeur ayant sauté de la p. 168 à 179, de 562 à 575 et de 598 à 601. Le troisième vers du quatrain final, qui a été tronqué ou dénaturé dans la plupart des éditions anciennes et modernes, y est imprimé correctement :

> Apportez quatre gros ès trons (*sic*)
> Afin que l'œuvre se parfasse.

L'édition précédente ne donne pas cette leçon qui est certainement la bonne, et qui présente une équivoque sale et non une saleté non équivoque.

En *mar.* de Capé, 150 fr. Taschereau.

— Le même. *Imprimé ceste année*, in-12, 2 ff. lim. et 691 pp.

Édition à peu près aussi anc. que la précédente. En *mar.* de Masson et Debonnelle, 156 fr. Taschereau.

— Le même. *Imprimé ceste année*, in-12, de 617 pp., mais en réalité de 593; l'imprimeur ayant sauté des pages 168 à 179, 391 à 402 et 598 à 601.

Édition avec la version honnête des « *quatre gros ès trons* » 26 fr. Auvillain; en *mar.* de Bauzonnet (exempl. Ch. Nodier), 279 fr. Taschereau.

— Le même. *Imprimé ceste année* (v. 1640), in-12, un f. de titre et 500 pp., 31 fr. Auvillain; en *mar.* de Masson, 155 fr. Taschereau.

— Le même. *Imprimé ceste année* (v. 1650), in-12 de 432 pp. en petits car. 30 fr. Auvillain; en *mar.* de Niédrée, 150 fr. Potier; en v. f. avec des additions mss. 25 fr. Taschereau.

— Le même. *Imprimé ceste année* (v. 1650), in-12, de 623 pp. En *mar.* de Duru, 110 fr. Taschereau.

— Le même. *Imprimé ceste année* (*Hollande, Elz.*). très-pet. in-12, de 439 pp.

Édition qui se joint à la collection elzevirienne; en *mar.* de Trautz, 140 fr. Chaponay; en vélin, 31 fr. Auvillain; — en *mar.* de Capé, 230 fr. Taschereau; l'exempl. Nodier, 150 fr. Leb. de M.

— Le même. *Imprimé ceste année* (*Hollande*, 1698), pet. in-12, de 348 pp.

Cette édit. peut être également rattachée à la collection des Elzevirs. En *mar.* de Bauzonnet, 81 fr. Chaponay, et rev. 116 fr. H. Bordes (1873); rel. en

mar. par Trautz, 80 fr. Chedeau; en *vél.* 24 fr. Auvillain; en *mar.* de Bozérian, 90 fr. Taschereau.

Il faut noter qu'au vᵒ du dernier f. doit se trouver un « *Catalogue de quelques livres galands qui se vendent en Hollande* ». Cette édition a été imprimée simultanément avec les deux titres qui suivent :

— LE COUPECUL de la mélancolie, ou Vénus en belle humeur. *Parme, chez Jacques le Gaillard* (*Holl. à la Sphère*), 1698, pet. in-12, de 348 pp.

En *mar.* 61 fr. Veinant; 91 fr. Chaponay; et en anc. rel. *mar.* (exempl. Ch. Nodier), 189 fr. Taschereau.

— LE SALMIGONDIS ou le Manège du genre humain, *Liège, chez Louis Réfort* (*Holl. à la Sphère*), 1698, pet. in-12, de 348 pp.

En *mar.* de Duru, 126 fr. Chaponay; l'exempl. Ch. Nodier, 130 fr. Germeau. En *mar.* de Bozérian, 100 fr. Taschereau.

Nous renvoyons pour les éditions du XVIIIᵉ siècle au *Manuel* et à l'excellent catal. Taschereau, rédigé par M. Potier; nous citerons seulement :

— LE MOYEN de parvenir... nouvelle édition, collationnée sur les textes anciens, avec notes, variantes, index, glossaire et notice bibliographique, par un bibliophile campagnard (M. Prosper Blanchemain). *Paris, L. Willem*, 1870, 2 vol. pet. in-8.

Bonne édition, tirée à un petit nombre d'exempl., dont quelques-uns sur papier de Chine.

Voici la description de quelques-unes des élucubrations du fécond Tourangeau :

— LES APPRÉHENSIONS spirituelles (poésies)... *Paris Timothée Joüan*, 1584, 2 part. en un vol. in-12, de 55 pp. et 135 pp., plus un f. *d'errata*. [13895]

20 fr. Taschereau.

Après les *Appréhensions spirituelles* se trouve un poëme intit.: *Les Cognoissances nécessaires*, qui se trouve parfois séparé, et ici commence la seconde partie du vol.; il est suivi d'un autre petit poëme intit.: *la Muse céleste ou l'amour divin*, réimpr. à *Tours par Jamet Mettayer*, en 1593, pet. in-12.

— L'IDÉE de la République françoise... *Paris, Timothée Joüan*, 1583 ou 1584, in-12, de X ff. lim., et 104 ff. de texte [13896]. Réimpr. à *Paris par D. Perrier* en 1588, pet. in-12.

A la suite de ce petit poëme se trouve une partie de 24 ff. en vers, intit.: DIALOGUE DE LA VERTU. *Paris, Tim. Joüan*, 1584, in-12.

— LES SOUPIRS amoureux, avec un Discours satyrique de ceux qui écrivent d'amour, par N. Le Digne. *Paris ou Rouen*, 1583, 1584, 1597, 1598, ou 1606, pet. in-8, dont les premières éditions ont 60 ff.

38 fr. Chaponay. L'exempl. de M. Taschereau, vendu 19 fr., n'avait pas le *Discours satyrique*.

Parmi les poésies de Beroalde, il s'en trouve de fort libres. Le *Discours satyrique* de N. Le Digne, qui n'a jamais été imprimé séparément, a été reproduit dans les *Variétés bibliographiques* de M. Tricotel (*Paris*, 1863, pp. 98-149).

BEROALDE (*Phil.*). Beroalde de la Félicité humaine. Traduict de latin en François par Caluy de la Fontaine, Parisien. *Paris, de l'Imprimerie de Denys Janot, Imprimeur du roy en langue Françoyse*, 1543, pet. in-8, de 56 ff. avec 25 pl. gr. sur b. dont quelques-unes sont remarquablement exécutées.

— Il y a de cet opuscule une autre édition s. d., *imprimée à Lyon par Jehan Saugrain*, in-16.

BERTAUT (*Jean*). OEuvres poëtiques. *Paris, Mamert Patisson*, 1601, in-8. [13910]

En *mar.* de Trautz, 69 fr. Solar; un exempl. médiocre, 5 fr. Turquety.

— ŒUVRES poétiques. *Paris, Abel L'Angelier*, 1605, in-8, avec : Recueil de quelques vers amoureux. *Paris, Phil. Patisson*, 1606, in-8.

Les deux parties reliées en anc. rel. *mar.* à comp. 400 fr. Brunet; en *mar.* de Hardy, 48 fr. Danyau.

— ŒUVRES poétiques. *Paris, Lucas Breyer*, 1605, in-8. En *mar.* de Capé, 65 fr. Double; en *mar.* de Lortic, 79 fr. Danyau; en *mar.* de Chambolle-Duru, 132 fr. Potier.

— ŒUVRES poétiques... *Paris, Toussaint Quinet*, 1620, in-8.

Bel exempl. en v. 100 fr. Cailhava; en *mar.* de Hardy, 58 fr. Desq; en *veau*, aux armes du Prince Eugène de Savoie, mais avec piqûre mal raccomm., 32 fr. Turquety; 50 fr. Sainte-Beuve.

— ŒUVRES poétiques, *Paris*, 1633, in-8.

C'est l'édition la plus complète.

En *mar.* de Trautz, 173 fr. Solar (bel exemplaire); un second exempl., 59 fr.; en *mar.* de Duru, 91 fr. Chaponay; en *mar.* de Trautz 180 fr. W. Martin.

— RECUEIL de quelques vers amoureux. *Paris, Vve Mamert-Patisson*, 1602, pet. in-8.

En *mar.* de Trautz, 230 fr. Double.

— Réimpr. en 1605 et 1606. *Paris, Philippes Patisson*, 1606, in-8, VI ff. lim. et non pas IV comme dit le *Manuel*. 30 fr. W. Martin.

BERTELLI (*F.*). Omnium fere gentium nostræ ætatis habitus..... *Venetiis*, 1569, in-4. [9603]

60 pl. chif., plus un f. pour le titre, très-joli comme travail de burin.

Nous avons vu un exempl. de cette suite, daté de MDLXIII, dont les planches étaient numérotées.

— DIVERSARUM nationum habitus..... *Patavii, P. Bertellius*, 1594-96, in-8.

L'exempl. Michelin (390 fr.) a repassé chez M. Desq (315 fr.), et chez M. Benzon (500 fr.).

Le tome Ier avait IV ff. prélim. (titre gr., 2 fl. de dédicace, 1 f. d'armoiries); 104 planches numérotées, et 2 grandes pl. représ. la procession du Pape et celle du Doge de Venise.

Le tome II : 4 ff. lim. (1 titre gr., 2 ff. de dédicace, 1 f. d'armoiries), 78 fig. numérotées et 1 grande pl. pliée (*Pompa regis Turcarum*).

Tome III, 4 ff. lim. (1 titre gr., 2 ff. de dédicace, 1 f. d'armoiries), 78 fig. non chiffrées.

BERTHAULT. Archevêché de Paris, divisé en ses 3 archidiaconés, en ses 2 archiprêtrés, et subdivisé en ses 7 doyennés ruraux. *Paris, chez Desnos, ingénieur géographe*... 1764, pet. in-8, de VI et 104 pp., avec un titr. gr. par Marillier et 15 cartes col.

C'est un charmant petit volume, intéressant pour la géographie et l'hist. ecclésiastique de l'Ile de France. Il est assez rare de rencontrer les exempl. complets des ff. préliminaires, qui sont gravés et montés sur onglets.

BERTHEMIN (*D.*). Discours des eaux chaudes et bains de Plombières, diuisez en deux traictez... par D. Berthemin, sieur de Pont, cons[er] et médecin ordinaire de son altesse de Lorraine, *A Nancy,.... par Iacob Garnich, imprimeur de son altesse*, 1615, pet. in-8, de

VIII ff. lim., et 167 ff. chif., plus une page d'errata.

45 fr. en *mar.* de Duru en 1872.

Ce petit livre, duquel Dom Bouquet, dans sa *Bibl. Lorraine*, dit « qu'on ne pouvait guères y ajouter », fut réimpr. en 1628; les armes de Lorraine sont gr. sur le titre et on y lit, à la suite du nom de Garnich : « *et se vend audit Plombières, par Pierre Gustin Marchand* ».

La réimpr. n'est guère moins rare que l'original.

BERTONIO (*L.*). Vocabvlario || de la lengua || Aymara. || Primera parte, donde por abe || cedario se ponen en primer lugar los Vocablos de la lengua || Española para buscar los que les corresponden || en la lengua Aymara. || Compuesto por el P. Ludovico || Bertonio Italiano de la Compañia de Jesus en la Provincia. — Segunda || Parte del Vocabulario en la qual || por orden del ABC se ponen en primer lugar los || vocablos de la lengua Aymara... *Impressa en la casa de la Compañia de Jesus del pueblo de Iuli, que esta en la Pprouincia* (sic) *de Chucuyto, en la emprenta de Francisco del Canto*, 1612, pet. in-4, 1re partie, XIV ff. lim., et 473 pp. à 2 col. ; 2e p. 399 pp. à 2 col. [11991]

Un bel exempl. de ce livre, mal indiqué au *Manuel* et à peine connu, a été vendu 400 fr. La Ferté Senectere, et est porté à 650 fr. au VIIe cat. de M. Tross (1873).

— COMFESIONARIO muy copioso en dos lenguas, Aymara y Española,... por el Padre Ludovico Bertonio, Italiano, de la compañia de Jesus en la provincia del Peru..... *Impreso en la casa de la Compañia de Jesus de Iuli en la provincia de Chucuyto, por Francisco del Canto*, 1612, in-8, de VIII-350 pp. et 1 f. de *tabla*, à la fin.

BERTOUL (*Jean*). Le Reiglement ou Régime de la santé translaté du latin de l'eschole de Salerne, par M. Jean Bertoul, licentié ès-droictz et aduocat à Douay. *Douay, Pierre Auroy*, 1615, 3 part. en un vol. pet. in-8, traduction en vers, avec le texte latin en regard.

BERTRAMI, presbyteri, de corpore et sanguine Domini liber ad Carolum Magnum imperatorem, jam recens aeditus. *Coloniæ, Johannes Prael excudebat anno* 1531, in-8, de 40 ff. [1227]

5 fr. Delasize.

BERTRAND. Lettre missi || ve, touchant la || conversion et bap || tesme du grand Sagamos de || la nouuelle Frāce, qui estoit || auparauant l'arriuée des Fran || - çois le chef et souuerain. || Contenant sa promesse d'amener ses subiets || à la mesme conuersion, ou les y contrain - || dre par la force des armes. || Enuoyée du Port Royal de la Nouuelle France au s[r] de la Tronchaie, dattée || du 28 juin 1610.

‖ *A Paris*, ‖ *chez Iean Regnovl, ruë du Foin*, ‖ *pres sainct Yues*. ‖. 1610. ‖ *Avec permission*, pet. in-8, d'un f. pour le titre ; le texte est compris entre les pp. 3 et 6 ; la lettre est signée Bertrand.

BERTRAND (*Pierre*). La Dialectique Francaise pour les chirurgiens. *A Paris*, *chez Denys du Pré*, 1571, in-8.

Vol. rare. 8 à 10 fr.

BERTRANDI (*Nic.*). Les Gestes des Tholosäis et d'aultres nations d'alenuiron...... translatez du latin.... *A Tholose, par Anthoyne Le Blanc*, s. d., in-4, goth.[24730]

Ce sont les catal. des Foires de Francfort qui nous donnent le titre de cette édition, dont nous ne pouvons citer d'adjudication.

— LES GESTES des Tholosaïs. *Lyon, Olivier Arnoullet*, 1517, in-4, goth., sans ch. ni récl.

En *mar. br.*, 250 fr. Solar ; en *mar.* de Bauzonnet, 410 fr. Yéméniz ; en *mar.* de Duru (annoncé à tort sous la date de 1527), 325 fr. Morel de Lyon.

— LES GESTES des Tolosains et d'autres nations de l'environ, composées premièrement en latin, revues et augmentées de plusieurs histoires, par feu Monsieur Maistre Nicolas Bertrand, et depuis faictes françoises... *Tolose, Jacques Colomiés*, 1555, pet. in-fol., fig. s. b. et grandes lettres ornées.

Les augmentations faites à cette édition sont dues à Guillaume de la Perrière. En *mar.* de Capé, 180 fr. Desq.

BERTY (*Adolphe*). La Renaissance monumentale en France, spécimens de composition et d'ornementation architectonique, empruntée aux édifices construits depuis Charles VII jusqu'à Louis XIV, par Ad. Berty. *Paris, Morel*, 1864, 2 vol., in-fol. pl. [9912]

54 fr. Curmer.

BESANÇON (*Philippe*). Traicté de merveilleux effects de deux admirables fontaines en la forest d'Ardennes, et le moyen d'un vser en plusieurs maladies, traduict du latin par Marin le Fèure. *A Paris, Pierre Cauellat*, 1577, in-8. (Coll. Payen, Bibl. nat.)

BESARD, de Besançon. Thesaurus harmonicus divini Laurencini, Romani, nec non præstantissimorum musicorum qui hoc seculo in diversis orbis partibus excellunt, selectissima omnis generis cantus in testudine modulamina continens, per Jo. Bapt. Besardum, Vesontinum. Additus est de modo testudinē studendi libellus. *Coloniae, excudebat Gerardus Greuenburch, sumptibus authoris*, 1603, in-fol., de ɪᴠ-172 ff. chif., plus ɪᴠ ff. non ch. à la fin. Le 3ᵉ livre, aux ff. 37-56, contient un *cantionere* italien. Le 4ᵉ (ff. 57-82), un *chansonnier* français ; ce sont des *airs de cour*, musique et texte.

Volume précieux. 250 fr. Tross (1866).

BESCHREIBUNG des Wilhalmen Hertzogen in Baiern und der fürstin Renata von Lothringen hochzeitlichen Ehrenfestes. (Description des fêtes données à l'occasion des noces de Guillaume de Bavière et de Renée de Lorraine). *München, A. Berg*, 1568, gr. in-fol., avec 15 grandes planches gravées sur cuivre par Nicolas Solis.

C'est l'un des plus beaux livres de fêtes qui ait paru au XVIᵉ siècle. 80 à 100 fr.

— DISCORSI delli Trionfi, giostre, apparate, e delle cose piu notabili, fatte nelle... nozze dell' Illust. signor Duca Guglielmo, etc... Di Massimo Trojano da Napoli, Musico del signor duca di Bauaria. *In Monaco, appresso Adamo Montano*, 1568, pet. in-4 de 4 ff. lim., 191 pp., 4 ff. de table, et 1 f. contenant les armes de Bavière.

— Le *Manuel* cite (v. TROJANO) une trad. espagnole de Venise, 1569 ; nous pourrions aussi donner le titre d'une autre relation allemande publiée par H. Wirre, et impr. à Augsbourg par Ph. Ulhart.

BESSARIONIS Card. Niceni in Calumniatorem Platonis Lib. IV..... Metaphysicorum Aristotelis XIV librorum tralatio. — Theophrasti metaphysicorum lib. I. (In fine :) *Venetiis, in ædibus Aldi et Andreæ soceri*, 1526, 2 part. en un vol. in-fol. [3369]

Un très-bel exempl. à la reliure de Grolier en *mar. br.*, comp. et mosaïque, 1,900 fr. vente Jos. Techener (1865).

BESSON (*Jacques*). L'Art et science de trouver les eaux et fontaines cachées, par Jacques Besson, Daulphinois, mathématicien. *Orléans, pour Pierre Trepperel*, 1569, pet. in-4, de ᴠɪ ff. lim. et 83 pp. [8919]

Un charmant exempl. relié en vélin aux premières armes de J. A. de Thou, 190 fr. baron Pichon.

— Les Figures du Théâtre de Jacques Besson, mathématicien, interprétées. *A Lyon, chez Barthélemy Vincent*, 1578, in-fol., fig. s. b. 15 à 25 fr.

— L'ART et moyen parfaict de tirer huyles et eaux, de tous medicamens simples et oléagineux. *Paris, Galliot du Pré*, 1573, pet. in-8, fig. s. b. 8 à 10 fr.

— Théâtre des instrumens mathématiques et méchaniques de Jacques Besson... *Lyon, Barthélemy Vincent*, 1578, in-fol. [8167]

1 front. gr. et dédic. à François d'Hastings, 1 f. ; vers adressés à Fr. d'Hastings et préface, 2 ff. ; texte XVI ff., 56 planches gr. par Androuet du Cerceau, et 4 gravées par René Boyvin.

BESTIAIRE Damours (sensuyt le) : Moralise sur les bestes et oyseaulx. Le tout par figure ɋ hystoire. *Imprime nouuellement*. S. l. n. d., in-4, goth., de 28 ff. à 2 col., sign. A-G., titre en rouge et noir, suivi de 6 figures d'animaux gr. s. b. [13419]

Un exempl. de cette édition, non citée, d'une pièce fort rare, a été vendu 1,100 fr. (Yéméniz) ; il était, il est vrai, recouvert d'une admirable reliure de Trautz, qui avait certainement coûté 400 ou 500 fr.

BETANCURT (Fr. *Agustin* de). Arte de la lengua Mexicana, dispuesto por orden y mandato de nuestro Rev. padre fray Francisco Treviño... Por el padre fray Agustin de Betancurt, hijo de la dicha provincia del santo Evangelio, Predicador jubilado..... (Al fin :) *Con Licencia, en Mexico, por Francisco Rodriguez Lupercio, año* de 1673, in-4, de 5 pp. lim., 49 pp. de texte et VII à la fin, qui forment une sorte de catalogue Mexicano-Español.

Volume rare et précieux; la langue mexicaine manque de 9 lettres, B, D, F, G, R, S, T, N et Ll.

BETENCOURT. Les XV Mystères du Rosaire de la sacrée Vierge Marie.... mis en vers françois, et dédiez à la confrairie du Rosaire par le seigneur de Bétencourt. *A Anvers, en l'imprim. de Chr. Plantin*, M. D. LXXXVIII, pet. in-4, de 21 ff., avec 15 estampes médiocres et sans nom de graveur.

BETHENCOURT (*Jean* de). Histoire de la première découverte et conqueste des Canaries, faite en 1402, par Jean de Bethencourt.... escrite du temps mesme, par F. Pierre Bontier... et Jean Verrier prestre, et mise en lumière par M. Galien de Bethencourt..... *Paris, Jean de Hacqueville, ou Michel Soly*, 1630, pet. in-8, de VIII ff. prélim., 208 pp. et un portrait de J. de Béthencourt par Moncornet. [20923]

BETSONOFF (*P.*). Kalyéki perekhojié. Sbornik stikhov. (Recueil de chants populaires de toute la Russie.) *Moscou*, 1861-64, 6 vol. in-8, fig.

40 fr. Maisonneuve.

BETTENDORF (*Juan Felipe*). Compendio || da doutrina || Christiam || Na lingua Portugueza et Brasilica ||..... Pelo P. Joam Phelippe Bettendorff || da Companhia de Jesus... *Lisboa. Na Officina de Miguel Deslandes : anno* 1678, in-8, de 84 ff.

Les approbations et *licencias* prouvent que le volume ne fut imprimé qu'en 1687, bien que le frontispice porte la date de 1678.

BEZ (*Ferrand* de). In omnium Regum Franconiæ et Franco-Galliæ res gestas, a Pharamundo usque ad Franciscum I, Compendium : Ferrando de Bez auctore. *Parisiis*, 1577, in-fol.

— LIBRI tertii pars prima, Hugovinorum Regum Galliæ res gestas complectens, *ibid.* 1578, in-4.

Les mêmes histoires ont été réunies dans une édition donnée : *Parisiis*, 1583, in-4.

Nous donnons le titre rectifié d'une pièce plus rare de l'auteur, que cite le *Manuel*.

— Esiouissance de Nysmes du siege presidial establi et du college nouuellement erigé pour la ieunesse. *En Auignon, par Barthélémy Bonhomme pour Jean Luquet de Nysmes*, 1553, pet. in-8.

Goujet écrit DEBAZ.

BÈZE (*Théodore* de).

Bien qu'il n'entre pas dans notre programme d'énumérer en détail les innombrables écrits inspirés aux hétérodoxes par les grandes luttes religieuses du XVIe siècle, nous croyons cependant devoir donner quelques titres des principaux traités du célèbre ami de Calvin.

— TRACTATIO de repudiis et divortiis. *Genevæ, J. Crispinus*, 1569, pet. in-8, de 376 pp. et VIII ff. de table. [1927]

— TRACTATIO de Polygamia et divortiis, in qua et Ochini pro polygamia et montanistarum ac aliorum adversus repetitas nuptias argumenta refutantur. *Genevæ, J. Crispinus*, 1571, pet. in-8, de 334 pp. et un f. blanc.

Avec la pièce qui précède, 18 fr. novbre 1867.

— Les deux pièces ci-dessus réimpr. : *Genevæ, apud Eust. Vignon*, 1573, in-8. 20 fr. Delasize.

— EPISTOLARUM Theologicarum Theod. Bezæ Vezelii, liber unus. *Genevæ, apud Eust. Vignon*, 1573, in-8, de IV ff., 406 pp., plus 12 ff. non chiffrés.

Édit. originale d'un livre intéressant; la dernière de ces lettres est adressée au roi Henry de Navarre, et datée du 10 juillet 1572, c'est-à-dire quelques semaines avant la St-Barthélémy; en *vélin*, 58 fr. Delasize.

— EPISTOLA Magistri Benedicti Passavantii, responsiva ad commissionem sibi datam a venerabili D. Petro Lyzeto, etc. *S. l. (Genevæ)*, 1553, pet. in-8, de 48 ff., dont les 3 derniers blancs. [12837]

9 fr. vente Conod.

— CONFESSIO christianæ fidei. *S. l. (Genevæ), Eust. Vignon*, 1587, pet. in-8, de VIII ff. lim., 271 pp., VII ff. de table, et un f. blanc. [1926]

9 fr. novbre 1867.

— CONFESSION de la foy chrestienne, faicte par Théod. de Besze, contenant la confirmation d'icelle et la réfutation des superstitions contraires. Quatrième édition, reveuë sur la latine et augmentée; avec un abrégé d'icelle. *S. l.*, 1562, pet. in-8, de 340 pp. et 6 ff. de table; à la p. 10 se trouve le portrait gr. s. b. de la *vraye Religion*.

50 fr. Delasize.

— DE PESTE quæstiones duæ explicatæ, una, sitne contagiosa, altera, an et quatenus sit Christianis per secessionem vitanda. *Genevæ, Eust. Vignon*, 1580, pet. in-8, de 32 pp.

22 fr. novbre 1867.

— RESPONSIO ad quæstionum et responsionum librum Dan. Hoffmanni. *Genevæ, E. Vignon*, 1584-85, 2 part. en un vol. in-8, 146 pp. et un f. blanc; 339 pp., 1 f. d'errata et 1 f. blanc. 10 fr. (1867).

— ZACHARIÆ Ursino Silesio viro in omni disciplinarum genere exercitatissimo, theologo summo, vitæ inculpatæ... Th. Beza charissimo in Christo fratri P. *S. l.*, 1583, in-fol., feuille volante, contenant un poème en vers hexamètres (25) sur la mort de Z. Ursinus.

— AD REPETITIONEM primam F. Claudii de Sainctes de rebus Eucharistiæ controversis, T. Bezæ responsio. *Genevæ, E. Vignon*, 1577, pet. in-8, de 7 ff. lim., 102 ff. chif., 1 f. d'errata et 1 f. blanc. 30 fr. (1872).

— AD REPERTAS Jac. Andreæ et Nicol. Selnecceri calumnias responsio. *Genevæ, E. Vignon*, 1578, pet. in-8, 74 pp. et 1 f. blanc. 35 fr. en 1872.

— L'exempl. du *Traité de l'autorité du magistrat* (Genève), 1560, in-8, qui avait été vendu 56 fr. (Giraud) en anc. rel. *mar.*, a été revendu 301 fr. (Morante).

— L'HISTOIRE de la vie et mort de feu M. Jehan Calvin, fidèle serviteur de Jésus-Christ. *Genève*, *Pierre Chouet*, MDCLVII, pet. in-8, de 204 pp.; avec un portr. de Calvin (à la Bibliothèque Mazarine). 30 fr. Delasize.

Cette édition précieuse et fort rare a été réimprimée avec une introduction et des notes par M. Alfred Francklin. *Paris*, *Cherbuliez*, 1864, gr. in-32, de LXII et 294 pp.

— L'HISTOIRE de la vie et mort de feu M. Jehan Calvin... augmentée de diverses pièces considérables et surtout de plusieurs témoignages authentiques de ses adversaires, qui servent à sa justification. *Genève*, *Chouet*, 1563, in-8.

— LA MÊME... prinse de la préface de Théodore de Besze aux commentaires dudict Calvin sur Josué... *Genève*, *impr. de Fr. Perrin*, 1565, in-8.

Édition publiée avec de notables différences.

Lorsqu'en 1575 de Bèze fit paraître à Genève les lettres latines de Calvin, il composa, pour servir d'introduction à ce recueil, une troisième biographie assez différente du texte de 1563 et 1564, et de celui de 1565; elle est intitulée : « *Johannis Calvini vita a Theodoro Beza accurate descripta* ». Cette rédaction a été reproduite dans les œuvres complètes de Calvin (*Genève*, 1617, et *Amsterdam*, 1671), et reproduite en français par Antoine Teissier en 1681.

Pour une autre biographie, quelque peu satirique, de Calvin, voyez BOLSEC et TAILLEPIED.

— LES VRAIS pourtraits des hommes illustres en piété et en doctrine. *Genève*, *Jean de Laon*, 1581, in-4, avec 103 portraits ou planches gr. s. b. [30454]

123 fr. Delasize.

L'édition de 1580, citée au *Manuel*, porte la sign. A-Qq; elle est imprimée, comme la trad. française, « *apud Joannem Laonium* »; l'édit. contient 91 vies des réformateurs et des philosophes, avec 37 portraits, dont le premier est celui de Jacques VI, roi d'Écosse, à qui le livre est dédié et 44 emblèmes;les principaux portraits sont ceux de Jean Hus, Savonarole, Erasme, Luther, Zwingle, Calvin, Melanchton, P. Viret, Æcolampade, François Ier, Marguerite de Valois, Marot, Rob. Knox, etc. 79 fr. Delasize.

— TRAICTÉ de vrayes, essentielles et visibles marques de la vraye Église catholique.. *A Genève*, 1591, in-8.

— SERMONS sur l'histoire de la passion et sépulture de N. S. J. C. descritte par les IV Évangélistes. *Genève*, 1591, in-8.

— SERMONS sur l'histoire de la résurrection de N. S. J. C. *A Berne*, *chez Jean le Preux*, 1609, in-8.

— SERMONS sur les trois premiers chapitres du Cantique des cantiques de Salomon. *Genève*, *Jehan le Preux*, 1586, in-8.

Un exempl. aux armes de de Thou, 530 fr. baron Pichon.

BIARD (*P.*). Relation ‖ de la ‖ Novvelle ‖ France, de ses ‖ terres, du naturel du ‖ Païs, & de ses Habitans; ‖ Item, ‖ du voyage des Peres Iesuites ausdictes ‖ contrées, & de ce qu'ils y ont faict ‖ iusques à leur prinse par ‖ les Anglois. ‖ Faicte ‖ par le P. Pierre Biard, Grenoblois, ‖ de la compagnie de Iesvs. ‖ *A Lyon*, ‖ *chez Lovys Mvgvet*, *en* ‖ *ruë Merciere*. ‖ M. DCXVI. ‖ *Auec priuilege du Roy*,

pet. in-8, de VI ff. lim., non chiff. ; texte, 338 pp. chif., plus 18 ff. non chif. pour la table et le privilège.

Ce vol. rare et précieux est bien décrit par M. Harrisse (*Notes sur la Nouv. France*, n° 30), qui joint à une minutieuse description bibliographique des recherches historiques d'un vif intérêt.

Nous trouvons trace dans plusieurs catalogues anciens, et particulièrement dans les catal. des foires de Francfort, d'une première édition de la relation du P. Biard, donnée à Lyon, en 1612, in-12; cette édition nous fait l'effet d'être absolument apocryphe; le récit du narrateur embrassant les faits survenus dans la colonie jusqu'à l'année 1614, date à laquelle le P. Biard, fait prisonnier par les Anglais, venait de rentrer en France.

BIBLIA SACRA.

I. BIBLES LATINES.

BIBLIA LATINA. In-fol. [1]

Un exempl. sur vélin de la Bible de 42 lignes, avec un assez grand nombre de marges coupées, a été vendu en 1864 15,000 fr. par M. Tross à l'Angleterre.

En 1873 un exempl. sur vélin, irréprochable, a été poussé au prix énorme de £. 3,400 » » (85,000 fr.), à la vente Perkins, et un exempl. sur papier, bien complet, à £ 2,690 » » (67,250 fr.).

Un bel exempl., également sur vélin de la Bible de 1462, a été cédé par M. Tross au prix de 15,000 fr., qui serait aujourd'hui loin de paraître exagéré; il a été revendu à Londres près de 20,000 fr. en 1866; un autre exempl. sur vélin, £. 780 » » Perkins (1873).

— Bible de 36 lig. (*Moguntiæ*, *Gutenberg*). In-fol.

2 ff. de cette célèbre Bible sont portés à 58 thalers au cat. Weigel.

— Biblia latina (ex versione S. Hieronymi). *Parisiis*, *Ulr. Gering*, *Mart. Krantz et Mich. Friburger*. S. d. (c⁰ 1476), 2 vol. in-fol., goth., à 2 col. de 48 l., sans ch., récl. ni sign.

C'est le gros car. de Gering; les lettres tourneures sont laissées en blanc, les marques du papier sont l'Ecu de France et la rosette surmontée d'une croix.

Cette édition est célèbre parce que Maittaire et Vogt ont voulu prouver qu'elle devait être imprimée à Paris vers 1464; ils traduisaient : « Jam semi vndecimus lustrum Francoꝝ Lvdovicus Rex erat, Ulricus, Martinus, itemque Michael orti Teutonia hanc mihi composuere figuram », par : « déjà Louis XI régnait sur les Français depuis un demi-lustre », et Louis XI étant monté sur le trône le 22 juillet 1461, un demi-lustre mettait aux premiers mois de 1464.

— Biblia vulgata. *Neapoli*, *M. Moravus*, 1476, in-fol., goth. 910 fr. de Morante.

— Biblia sacra latina (ex versione S. Hieronymi). *Nurembergæ*, *per Antonium Coburger*, 1477. *Augusti vero Kal. tercio*, 2 vol., in-fol. à 2 col. de 51 lignes; en lettres de somme; sans ch., récl. mais avec signat.; tourneures en blanc, peintes à la main dans l'ex. de la Bibl. nat.; marque du papier, une rosette. 1er vol. 233 ff.; 2e vol. 277 ff.

— Biblia sacra latina. — Au bas du dernier f. est le colophon : *Biblia impressa Venetijs opera atqꝛ impesa Theodo-*

rici de Reynsburch & Reynaldi de Nouimagio Theutonicoꝛ ac socioꝛ. M. CCCC. LXXViij, in-fol., sur 2 col. de 53 lignes, en lettres de somme (cinq lignes mesurent environ 18 millim.), sans ch., récl., mais avec sign. de A2 à QQ, jusqu'à la table ; celle-ci est signée A-C. ; marque du papier, une balance dans un cercle ; 353 ff., y compris 33 ff. pour la table des noms hébreux.

— Biblia sacra latina.... *Venetiis, Franc. de Hailbrun,* 1480, in-4, de 469 ff., à 2 col., sans ch. ni récl., avec sign. *A-y,* 1-18 et **A-D**, par 10 et 12 ff.

Un exempl. impr. sur vélin de 0,248 de h. 3,000 fr. vente J. Techener (1865).

— BIBLIA sacra. *Lugduni, apud Seb. Gryphium,* 1550, 3 vol. gr. in-fol.

Un bel exempl. recouvert d'une reliure du XVIe s. à comp. de couleurs, bien conservée, aux armes du cardinal Louis de Bourbon (N. 1496, M. 1556), 1500 fr. à la vente du libraire Techener faite en 1865.

— BIBLIA sacra ad optima quæque veteris, ut vocant, translationis exemplaria summa diligentia, parique fide castigata. *Lugduni, apud I. Tornæsium,* 1554, in-8, de VIII-1152 pp. et 38 ff. pour les index, avec 198 pl. gravées sur b. par le Petit-Bernard.

Une partie des fig. de l'Anc. Testament avait paru pour la première fois en 1553 dans les *Quadrins historiques de la Bible* (Genèse), et les *Quadrins historiques de l'Exode.* (Bibl. Yéméniz et Ambr. F.-Didot.)

— BIBLIA ad vetustissima exemplaria nunc recens castigata, Romæque reuisa... additis, ubi res postulavit, elegantissimis figuris. *Lugduni, apud Gulielmum Rouillium,* 1573, in-8, de 1214 pp. et 50 ff. d'index.

Cette Bible doit être signalée à cause des 404 fig. gr. sur bois qui la décorent ; à la pl. de la page 1189, se voit le nom du graveur Jean Moni.

Un exempl. médiocre, 59 fr. 3e vente de Morante (voy. *Catal. raisonné* de M. Firmin-Didot, n° 551).

— BIBLIA sacra latina. *Antuerpiæ, ex off. Chr. Plantini,* 1583, in-fol.

M. Brunet accuse à tort M. Græsse d'inexactitude ; cette Bible figure au catal. Gaignat (n° 37), où un exempl. en gr. pap., *mar. r.,* a été vendu 79 fr. 19 s. A la vente du duc de La Vallière faite en 1767, un exempl. en gr. pap., *mar. citron,* fut vendu 61 fr.

Quant à la vente *Coste,* c'est probablement *de Colte* qu'avait écrit ou voulu écrire M. Græsse.

— BIBLIA sacra... *Coloniæ Agrippinæ, sumpt. Bᵗ Gualtheri,* 1630, pet. in-8.

En *mar. r.* à riches comp., admirable rel. du Gascon, ce beau livre, payé 130 fr. par Renouard à la vente Lamy en 1808, fut porté à sa vente à 1,305 fr. ; M. Potier, en dernier lieu, l'avait acquis de M. de Montesson, et à sa vente de 1870, le livre fut adjugé à 5,000 fr.

II. VERSIONS FRANÇAISES.

LA BIBLE en laquelle sont contenus tous les liures canoniques de la saincte Escriture (trad. par P. R. Olivetan). *S. l.* (Genève, J. Gerard), MDXL, in-4, à 2 col., en car. ronds.

Cette Bible protestante, en lettres rondes, est au moins aussi rare que l'édit. goth. donnée par le même imprimeur en cette même année 1540 ; en voici la description : VI ff. limin. (titre, aduis au lecteur, etc.) : 350 ff. chiffrés (pour le Vieux Testament) ; 84 ff. chti.

(pour les apocryphes) ; 107 ff. chif. (pour le Nouveau Testament) ; 1 f. blanc ; 15 ff. de table (*Indice ordonné par N. Malingre, prescheur du St Evangile à Juerdon*) ; plus 1 f. contenant des vers au lecteur. 300 fr. chez Tross en 1867.

— Bible (La). Traduction nouvelle avec introduction et commentaires par Édouard Reuss, professeur à l'université de Strasbourg. *Paris, Sandoz et Fischbacher,* 1874-76, vol. I à III.

L'ouvrage complet formera 12 à 15 vol. qui seront publiés dans un délai de 3 à 4 ans ; prix : 100 fr. environ.

Beau travail, fait avec les idées avancées de la science moderne, et que recommande aux philosophes le nom du traducteur.

Voici quelques prix de Bibles de bonne provenance.

— LA BIBLE qui est toute la saincte Escripture... (par Olivetan et Calvin). *Neufchastel, Pierre de Wingle,* 1535, in-fol., goth.

(Première Bible française que les protestants aient publiée, en anc. rel. *mar. r.* aux armes du cᵗᵉ d'Hoym, 505 fr. Solar (au pᶜᵉ Napoléon).

— LA SAINCTE BIBLE, tr. par René Benoist. *Paris, M. Gaillard,* 1568, 2 vol. in-4.

En *mar. v.* aux armes de Dufresnoy, 100 fr. Solar ; rev. 260 fr. Potier (1870).

— LA SAINTE BIBLE (tr. de Lemaistre de Sacy). *Paris, G. Desprez,* 1715, 2 tom. en 3 vol. in-fol.

Mar. r. aux armes du cᵗᵉ d'Hoym, 389 fr. Solar, rev. 425 fr. Potier (1870).

En *mar. doublé,* reliure de Boyet, en 8 vol. in-12, exempl. de M. de La Bédoyère (180 fr. en 1837), 405 fr. Double.

— BIBLIA (cum annot. Fr. Vatabli). *Lutetiæ, R. Stephanus,* 1545, 2 vol. gr. in-8.

L'exempl. de Diane de Poitiers, avec le monogr. HD et les trois croissants, « £. 80. » Perkins.

Un ex. en très-riche rel. à comp. en mosaïque du XVIe siècle, fut offert par J. Grolier à J. Aug. de Thou, et fut vendu en 1789 avec la bibl. Soubise ; acheté par M. Brunet après la mort de M. Renouard, et revendu en 1868 3,000 fr. — Un exempl. en *mar.* de Padeloup aux armes du comte d'Hoym, 360 fr. Potier (1870).

— LA SAINTE BIBLE. (tr. Lemaistre de Sacy), *Paris, Desprez,* 1707, 8 vol. pet. in-12.

En *mar.* à mosaïque, *doublé de mar. bl.,* élégante reliure de Padeloup, et d'une extrême fraîcheur, 2,050 fr. Brunet.

— LA SAINTE BIBLE... *Paris, Desprez,* 1711, 8 vol. pet. in-12.

En *mar.* à mosaïque de Padeloup, exempl. de J. J. Debure, 2,700 fr. Brunet.

— LA SAINTE BIBLE (tr. de Lemaistre de Sacy). *Liège, Fr. Bronckart,* 1700, 3 vol. in-4.

En *mar. doublé* de Padeloup, 175 fr. prince Radziwill.

— BIBLIORUM sacrorum Vulgatæ versionis editio, ad instit. Ser. Delphini. *Parisiis, Fr. Ambr. Didot,* 1785, 2 tomes en 4 vol. in-4.

L'un des deux exempl. sur vélin, 1,000 fr. Yéméniz.

— LA MÊME. *Parisiis, excud. Fr. Ambr. Didot,* 1785, 8 tomes in-8, divisés en 15 vol.

Imprimé sur vélin, 1,250 fr. Yéméniz.

— BIBLIA SACRA... *Parisiis, Ant. Vitré,* 1652, 8 tom. en 10 vol. in-12.

En *mar. bl.* de Padeloup, exempl. de Longepierre, très-frais, 5,200 fr. baron Pichon, pour M. D. de Rouen.

Il avait été payé 84 fr. chez M. Didot en 1810, adjugé à M. Brunet pour Pixerécourt, et à la vente de celui-ci acheté 471 fr. par le baron Pichon.

— BIBLIA SACRA (cum notis Cl. Lancelot). *Parisiis*, *Ant. Vitré*, 1662, in-fol.

En *mar.* de Padeloup, aux armes et au chiffre du comte d'Hoym, 400 fr. baron Pichon ; avait été payé 42 fr. à la vente Didot ; 130 fr. à la vente Boutourlin de 1839.

— LA SAINTE BIBLE. *Paris, J. du Puys*, 1587, in-fol.

Riche rel. du temps en *mar.* à comp. 700 fr. baron Pichon.

— LA SAINTE BIBLE, trad. de Lemaistre de Sacy, fig. de Marillier. *Paris, Defer*, 1789-1804, 12 vol. gr. in-4.

En gr. pap. vél., fig. avant et avec la lettre, 720 fr. Labédoyère à M. Lebeuf.

Les 300 dessins originaux de Marillier, 3,995 fr. même vente, acquis par le même ; ces dessins avaient coûté 1,299 fr. à M. de Labédoyère en 1849.

A la vente Lebeuf de Montgermont en 1876, cet exempl., relié avec les dessins originaux par M. Capé, a été porté au prix de 24,500 fr.

III. VERSIONS ESPAGNOLES.

BIBLIA (La) ‖ que es, los ‖ sacros libros del ‖ vieio y nueuo Te ‖ stamento, ‖ Transladada en español (por Cassiod. Reyna). *S. l. (Basileae) año del señor*, M. D. LXIX, *en septiembre*. 3 parties en 1 vol. in-4, fig. s. b.

Bible bien connue sous le nom de *Bible de l'ours*, à cause de la marque de l'imprimeur ; cette Bible a été imprimée par Thomas Guarin à Bâle par ordre du sénat de cette ville ; ce Thomas Guarin (ou Garin) était né à Berne ; la *Bible de l'ours* a été tirée à 2,600 exempl., ce qui n'empêche qu'elle soit devenue fort rare.

— La Biblia vulgata Latina traducida en Español. *Valencia, Montfort*, 1790-93. 10 vol., in-fol., fig.

Cette traduction du P. Felipe Scio de San-Miguel a été si littéralement faite sur le texte hébraïque, qu'elle est à peu près inintelligible, comme aussi la traduction d'Aquila en grec.

Le cardinal Passionei a écrit qu'il regardait cette Bible volumineuse comme l'une des plus rares de son immense collection ; elle n'en est pas moins tombée à bas prix.

IV. VERSIONS ALLEMANDES.

BIBEL. Die Deutsch Guldin Bibel nach ordnung des A. B. C. (A la fin :) *Hie Endet die guldin Bibel zu Augbspurg gedruckt* (c^a 1472), in-fol., goth.

Volume fort rare, imprimé par Hohenwang à Ulm, dit Hassler ; la souscription citée plus haut a été effectivement ajoutée au volume postérieurement à son exécution ; cependant M. Hassler n'a point remarqué que les grandes et riches capitales gravées sur bois qui ornent le volume se retrouvent dans le « *Salemonis Glossa* » imprimé vers cette époque à Augsbourg, tandis qu'elles ne se rencontrent dans aucune autre impression de Hohenwang.

— Bibel (die) Cœlner, niederdeutsch. *S. l. n. d.* (*Manuel*, tome 1, col. 898.)

On a imprimé sous ce titre à Cologne, et en même temps, deux éditions de la Bible en deux dialectes différents ; le premier est le véritable patois de Cologne ; le second est un dialecte bas-allemand, qui diffère essentiellement du premier par l'orthographe.

C'est le prince Lucien Bonaparte qui a fourni cette indication au libraire Tross, lequel a bien voulu nous la transmettre.

— BIBEL... *Gedruckt durch H. Schönsperger... in... Augsburg*, 1487, 2 vol. in-fol., goth., de 799 ff. chiffrés et 1 f. blanc., fig. s. b.

Les figures sont fort belles et donnent du prix à cette édition.

— BIBLIA, das ist, die gantze heylige schrifft. Teutsch. D. Martin Luth. sampt einem register, und schœnen Figuren. *Franckfurt, Sigmund Feyrabend*, 1561, 2 vol. in-fol.

C'est la belle Bible dite *des Palatins;* elle est ornée de plusieurs centaines de gr. sur bois, exécutées d'après les dessins de Virgile Solis.

V. VERSIONS EN FLAMAND ET EN HOLLANDAIS.

BIBEL. Dat oude ende dat nieuwe Testament. *Antwerpen*, 1526, 2 vol., in-fol., goth.

Première édition de la Bible protestante exécutée en Belgique ; elle est imprimée par Jacob van Lies veldt.

BIBLIA, das is, de Gantsche Heylighe schrift. *S. l. (Dordrecht)*, 1571, in-4.

Première édition de la Bible en hollandais faite pour les églises réformées ; elle fut imprimée clandestinement pendant la tyrannie du duc d'Albe et est devenue fort rare (voy. Le Long, *Bibles Néerland.* pp. 734-36).

— BIBLIA. Het oude Testament gedrukt door last van zyne Czaarske Mayesteit Petrus den Eersten Keyser van Groot en klein Rusland. *Amsterdam*, 1721, 4 vol. in-fol.

— HET NIEUWE Testament gedruckt door last van zyne Czaarske Majesteyt Petrus den Eersten, Keyser van Groot en klein Rusland. *S'Gravenhage, Johannes van Duren*, 1717, 2 vol. in-fol.

Cette Bible, tout entière en lettres capitales, a été exécutée aux frais du czar Pierre le Grand ; elle est fort rare ; le *Manuel* cite le Nouveau Testament ; voici la description :

Ancien Testament. Vol. 1, 3 ff. lim., contenant le faux titre, le titre et « *dedicatie aan zyne czaarsch Majesteit*, » signée D. V. Leuwen, plus 560 ff. chiffrés. Vol. II, 3 ff. lim. et 504 ff. Vol. III, 3 ff. lim. et 398 ff. Vol. IV, 3 ff. lim. et 376 ff. *Nouveau Testament.* Vol. I, 4 ff. lim. et 255 ff. Vol. II, 2 ff. lim. et 196 ff.— M. Tross possédait en 1867 un bel exempl. de cette splendide publication, dont il demandait 2,000 fr.

VI. VERSIONS ANGLAISES.

THE HOLY BIBLE. (*Manuel*, tome I, col. 907.)

L'exempl. Dent de la première édit. de la Bible trad. en Anglais par Miles Coverdale, 1535, in-fol. [65], a été vendu £. 400 » » Perkins, incomplet du titre, de 2 ff. et de la carte ; il n'en existe aucun exempl. parfait.

M. Brunet cite différentes parties de la Bible imprimée séparément par William Tyndall. A la vente Offor, remarquable par la collection extraordinaire de Bibles que comprenait le catal., figurait une édition du « Newe Testament newlye corrected. — Wm^e Tyndall's version, with prologue and notes. — *Antwerp*, 1536. » Pet. in-8, goth., fig. s. b. ; cette édition est absolument différente de celle qui figure à la même date dans le catal. de la *Grenviliana;* les pp. comprennent 40 lignes et ne sont pas chiffrées.

— HOLIE Bible, faithfully translated into English, with arguments, annotations..... by the English college at Doway. *Doway, by Laurence Kellam*, 1609-10, 2 vol. in-4.

C'est la plus ancienne édition de la Bible en anglais, imprimée à Douai pour le célèbre collége catholique.

— THE HOLY Bible. *London, Rob. Barker*, 1611, 2 vol. in-fol. (au *Manuel*).

Il y a une réimpression sous la même date, que l'on distingue de la bonne édition par les fautes « qui cette fois sont dans la mauvaise » : O E pour O F et *Chkist* pour *Christ*.

— NEW TESTAMENT in Englyshe, according to the Translation of the great Byble Cranmer's version London, Edward Whitchurche, 1547. (At the Ende:) ℭ *Imprynted at Londõ* ‖ *in Flete strete at the sy* ‖ *gne of the sunne ouer a* ‖ *gainst the cõ-duit, by Ed* ‖ *warde Whitchurche* ‖ *the first day of De* ‖ *cember*. M. D. XLVII. ‖ *cum privilegio ad Impri* ‖ *mendum solum*, pet. in-8, goth.

Figure à la vente Offor, n° 341.

VII. VERSION EN GRISON.

LA SACRA BIBLIA :..... Tschantada vertida e stampada in lingua romanscha d'Ingadina Bassa : tras cumun cuost è lavur da Jacobo Antonio Vulpio serviaint del pled da Deis in Ftaun. Et Jacobo Dorta à Vulpera serviant del pled da Deis in Scuol. *Stampad in Scuol in Ingadina Bassa : tras Jacob Dorta a Vulpera juven F. Moderatür dalla stamparia. Anno* 1679, 3 vol. in-fol., de 753, 286, 332 et 140 pp., plus au 1er vol. un titre avec gr. s. b., une lettre après le titre et 4 autres ff. limin.

Première édit. de la Bible traduite en dialecte grison de la basse Engadine ; en même temps c'est le premier livre impr. à Scuol (canton des Grisons).

VIII. VERSIONS EN TCHÈQUE.

BIBLJ CESKA (czeska). *W Benátkách u Petra z Lichtensteinu.* (Bible en tchèque à l'usage des Hussites.) *Venetiis, in Edibus Petri Liechtenslein Coloniensis Germani. Anno Virginei partus. M. D. VI. Die V. Decembris*, in-fol., goth., de 570 ff. à 2 col., de 53 lig., sans ch. ni récl., mais avec signat., fig. en bois au monogr. L. A.

On remarque parmi les anges des ténèbres le portrait du pape Jules II (voy. Ungar, p. 20 et suiv.)

Bible fort rare et admirablement imprimée ; elle est portée par M. Tross au prix exagéré de 750 fr.

— Biblia Swata, to get Kniha-wniz se wssecka. Pisma Swatá Starèho y Noweho Zàkoma Zdrzugj. *S. l.*, 1596, in-8, goth., à 2 col., de 1140 pp. chif., plus 10 ff. de table non ch., en car. rouges et noirs.

Bible fort rare en langue tchèque ; elle est sortie des presses particulières du comte Jean de Zerotjn, établies à Kralitz, en Moravie, à l'usage spécial des frères Moraves. 200 fr. Tross (1870).

— Biblia. Manualnjk aneb G'adro wsseho cele Bibli Swato... Léta M. DC. LVIII. (A la fin :) *Wytlačeno w Amsterodamé v Gabriele a Roy*, pet. in-8, impr. en car. goth., avec les fleurons elzéviriens.

Bible tchèque fort rare. 25 fr. Maisonneuve.

TOME I.

IX. VERSIONS PALÉOSLAVES.

Библія Руска... Bible russe traduite par le docteur François Skorina, natif de la grande ville de Polotzk, en l'honneur de Dieu et à l'instruction du public. (A la fin :) Доканавы суть.... cy finissent les cinq livres de Moïse qu'on nomme en hebreu *Elgadworin*, en grec *Deuteronomos*, en latin *Lex secunda*, en russe Вторый законъ, à l'aide de Dieu, par ordre et par les soins du docteur Fr. Skorina de Polotzk, homme savant dans la science de la médecine, dans la grande ville de Prague (*w Mieste Praszkem*), après l'incarnation du verbe de Dieu par la sainte Vierge, 1519, in-4.

Imprimé en caractères cyrilliques, avec peu ou point d'abréviations ; le v° du titre est orné d'une fig. représ. les Anges combattant le démon, et au-dessus la Trinité ; en tête de chaque livre se trouve une préface, et au-dessus des chapitres, qui ne sont pas divisés par versets, est un sommaire du contenu ; nombreuses fig. s. b. et capitales ornées.

La traduction est faite d'après la Vulgate ; l'auteur, Fr. Skorina, est le même qui a traduit les *Actes des Apôtres* (Апостолъ) publiés en 1517 à Vilna.

Livre aussi précieux que rare ; nous n'en connaissons d'autre exempl. que celui qui est conservé à la bibl. de l'Ermitage, à Saint-Pétersbourg.

BIBLIA SCLAVONICA. Siriétch knighi vetkhavo i novavo zaviéta po iazykou slavenskou. (La Bible, c'est-à-dire les livres de l'Ancien et du Nouveau Testament, én langue slavonne.) *Moscou*, 1663, in-fol., grav. s. bois, impr. en caractères cyrilliques.

Troisième édition de la précédente.

Bible d'une extrême rareté que M. Brunet ne fait que signaler. Un exempl. avec le titre refait : 350 fr. au cat. Tross (1873).

X. VERSION SLOVÈNE.

BIBLIA Tu Je, Vse Svetu Pismo, Stariga inu Noviga Testamenta, Slovenski tolmazhena, skusi Jvria Dalmatina. Bibel, Windisch. *Wittenberg, Hans Kraffts Erben*, 1584, 3 part. en un vol. in-fol., nombreuses fig. en b.

Cette Bible, en langue winde ou slovène, a été traduite de la version de Luther par Georgius Dalmata ; elle a été imprimée aux frais des États de Carinthie, Styrie et Carniole.

300 fr. cat. Tross.

XI. VERSIONS TAHITIENNES.

BIBLIA. Te buka a teperopheta a Daniela, e te buka hoi a Ruta a Eseta ; Iritihia ei paran Tahiti. *Tahaa, printed at the Leeward mission press*, 1824, pet. in-8, de 67 pp. chiff. dans le bas.

La trad. littérale est : le Livre du prophète Daniel, et le livre aussi de Ruth et d'Esther, traduit en langue tahitienne. 50 fr. Maisonneuve.

— TE EVANELIA a Joane no Jesu Christ to tatou Fatu ; iritihia ei paran Tahiti. *Tahiti, printed at the Windward mission Press*, 1821, pet. in-8, de 68 pp. chiffrées dans le bas. 12 à 15 fr.

5

BIBLIA aurea cū suis historiis necnon exemplis Veteris atque Novi Testamenti. (In fine :) *Peracta est Biblia aurea Veteris ac Novi Testamenti magna cum diligetia et fideli studio revisa. Impressaq? per Magistrum Johānem Grüninger, dominice Natiuilatis, Anno, M. CCCC. LXVj. Octavo deniç? idib' decembrium. Finit feliciter,* in-4, à 2 col., impr. en pet. car. goth., sans ch., récl. ni sign.

Évidemment c'est là encore une date irrégulière.

BIBLIOTHECA Americana : or a Chronological Catalogue of the most curious and interesting books, pamphlets, state papers, etc., upon the subject of North and South America. *London, Debrett,* 1789, gr. in-4, de 11-271 pp. 12 à 15 fr. [31784-85]

BIBLIOTHECA Americana. A Catalogue of books relating to North and South America in the library of J. Carter Brown of Providence, 2 part., 1493-1700. With notes by J. R. Bartlett. *Providence,* 1865-66, in-4.

Ce cat. n'a été tiré qu'à 50 exempl. qui n'ont pas été mis dans le commerce ; il est de la plus haute importance et fort rare ; cependant nous ne comprenons pas le prix de 140 thalers auquel il a été porté à la vente Sobolewski.

BIBLIOTHECA Dumbensis, ou Recueil de chartes, titres et documents relatifs à l'histoire de Dombes, publié par M. Valentin Smith, conseiller à la cour imp. de Lyon. *Trévoux, Damour,* 1864, in-4, de 746 pp. 20 fr.

BIBLIOTHECA Exotica. Bibliothèque universail (*sic*) contenant le catalogue de tous les livres qui ont été imprimés ce siècle passé..... *Frankfourt, par Pierre Kopf,* 1610-11, 2 part. en un vol. in-4.

C'est un des plus curieux catal. des célèbres Foires de Francfort ; on y trouve en grand nombre les titres de livres disparus ; il vaut auj. de 15 à 20 fr.

L'édition de 1625 est tout aussi chère.

Les précédentes, beaucoup moins complètes, sont moins recherchées.

BIBLIOTHECA geographorum arabicorum edidit J. M. de Goetjer, pars prima viæ regnorum, auctore Aba Ishac al Farisi al Istakhri. *Leyde,* 1870, in-8.

Voir une notice de M. Barbier de Meynard dans le *Journal asiatique,* 6ᵉ sect., tome XVIII, pp. 434-453. Il en fait l'éloge.

BIBLIOTHECA Heinsiana, sive cat. librorum quos..... collegit... Nic. Heinsius, Danielis filius, in duas partes divisa. *Lugduni in Batavis, apud J. de Vivie,* s. d., in-12, portr. d'Heinsius.

— Autre édit., *ibid.,* 1682, in-12.

Ce catal., avec le prix d'adjudic., est rare et curieux,

quoique assez peu exact ; il a été classé par M. Pieters dans la collection des Elzevirs.

Un exempl. de la première édit. s. d., relié en 2 vol., interfolié de pap. blanc, couvert des notes de Grævius, et orné d'un charmant portrait d'Heinsius, d'après Mieris, n'a été vendu que 11 fr. Binda.

BIBLIOTHÈQUE Arménienne. Collection des historiens anc. et modernes de l'Arménie, trad. en français, avec le concours des membres de l'Académie arménienne de S.-Lazare de Venise et des principaux Arménistes franç. et étrangers, par |M. Victor Langlois. *Paris, Didot.* 1867-69, 2 vol. gr. in-8, à 2 col. 30 fr., et 60 fr. en gr. pap.

On a adopté l'ordre chronologique pour la disposition des importants documents que présente cette collection : le tome Iᵉʳ comprend les ouvrages grecs et syriaques perdus dans ces deux idiomes, et dont les Arméniens nous ont conservé une traduction ; ce sont, pour les Grecs, Agathange et Faustus de Byzance, et pour les Syriens, Mar Apas Catina, Bardesane, Leroubna d'Edesse, Zénob de Glag, avec son continuateur Jean Mamigonien. Toute cette première partie est accompagnée des textes grecs qui ont échappé à la destruction ; elle comprend en outre des fragments d'auteurs grecs perdus, dont les Arméniens nous ont transmis des passages en leur idiome.

Le tome II embrasse l'âge d'or de la littérature arménienne, c'est-à-dire les œuvres de Gorioun, de Moïse de Khoren, d'Elisée et de Lazare de Pharbe, tous contemporains et narrateurs des événements accomplis durant la période sassanide ; ces écrivains, qui remontent aux IVᵉ et Vᵉ siècles, furent témoins de la chute de l'empire d'Arménie.

Cette collection, qui devait se composer de cinq volumes, a été interrompue par la mort de M. Langlois.

BIBLISCHE HISTORIEN... Neue künstliche Figuren biblischer Historien grüntliche von Tobia Stimmer gerissen..... *Zu Basel bei Thoma Gwarin,* 1576, in-4, de v ff. lim., sign. A.-X. par 5, avec 170 fig. gr. s. b., entourées d'une large bordure.

Bernard Jobin (l'impr., graveur), Christophe Henri Stimmer, frère ainé de Tobias, Bocksberger et autres graveurs, ont coopéré à l'exécution de cette belle Bible ; Thomas Guarin avait été, en 1569, l'imprimeur de la célèbre *Bible de l'Ours.*

31 fr. vente H. D. M. (Potier, 1867) ; voy. sur cette première édition *Catal. F. Didot,* nᵒ 315.

BIBLOS thos Bosein. — Commentarius in Prophetas Hebraïce. *Trebisondæ,* 1574, in-fol., à 2 col.

Vol. fort rare, comme le doivent être tous les livres imprimés en Asie au XVIᵉ siècle. Nous manquons de détails sur cette typographie hébraïque de Trébizonde.

BIDPAY. — Exemplario contra los engaños..... Acabóse el excelente libro..... *emprentado en la muy noble y leal ciudad de Burgos, por Maestre Fadrique aleman de Basilea, à 16 dias del mes de Febrero, año de nuestra saluacion,* 1498, in-fol., de 96 ff., goth., impr. en

deux car. différents, l'un pour le texte ,
l'autre pour les notes marginales.

— Salvá décrit une autre édition de *Çaragoça, Gorge
Coco*, in-fol., goth., de 88 ff. chiffrés.
— L'édition de *Sevilla, en la emprèta de Juan
Cromberger*, 1534, est un in-fol., goth., de 60 ff.,
et non in-4, comme dit le *Manuel*. [16954]
— BIDPAY. Directorium humane vite..... *S. l. n. d.*
(*Argentorati*, c⁵ 1480), in-fol., goth., fig. s. b.

Cette édition, classée la première par M. Brunet,
est toujours recherchée à cause de ses 119 singulières fig. s. bois; un bon exempl. vaut de 150 à
180 fr.; porté à 300 fr. Tross (1875).

BIGANDET. The life and legend of Gan-
dama, the Buddha of the Burmese, with
annotations by the Rev. P. Bigandet,
Bishop of Ramutka. *Rangoon*, 1866, in-
8, de XI-538 pp. [22673]

Deux art.de Barthélemy Saint-Hilaire, insérés au
Journal des Savants en août et sept. 1869, font
l'éloge de cette édition.

BIGNON (*Hierosme*). Discours de la ville
de Rome, antiquitez, etc. *Paris*, 1604,
in-8, fig. s. b. 8 à 10 fr.

BJGORNE qui me - ‖ ge tous les hommes
qui ‖ font le commandement de leur
femmes. (A la fin:) *Cy finissent les dictz
‖ de Bigorne la tresgrasse beste. ‖ Laquelle ne mange seulle = ‖ ment que
les Hommes qui ‖ font entièrement le
com = ‖ mandement de leurs femmes.*
S. l. n. d., pet. in-4, goth., 4 feuillets.
[13420]

Cette édition diffère de celle qui est décrite dans
le *Manuel*. La figure de Bigorne se trouve au titre
et au verso du dernier feuillet; au verso du titre se
trouve une autre gravure en bois représ. un homme
et une femme, cueillant des fleurs à un arbre.

Un bel exempl. non rogné a été cédé par le libraire Tross à M. James de Rothschild.

BILLY (*J.* de). Six liures du second aduenement de Nostre Seigneur, auec un traicté
de S. Basile, du Iugemèt de Dieu ; plus
les Quatrains sentencieux de S. Gregoire,
euesque de Naziance, avec une breue et
familiere exposition, par M. Iacques de
Billy (de Guise en Picardie), abbé de
S. Michel en l'Herm. *Paris, Guillaume
Chaudière*, 1576, in-8.

41 fr. vente W. Martin.

— SONNETZ SPIRITUELS, commentez en prose. *Paris, Nicolas Chesneau*, 1573, in-8.

109 sonnets réimpr. en 1575.

— SEIZE SONNETS spirituels, avec le commentaire.
Livre second. *Paris, Nic. Chesneau*, 1578, in-16.

Goujet annonce pour ce second recueil 100 sonnets.

BINARD. Le Tableau de l'hérésie ou l'Im-
piété de Calvin descouverte, avec les
preuves des veritez catholiques par le sieur
Binard (en 421 stances). *Paris, Sébastien Huré*, 1643, in-8, front. gr.

En mar. de Hardy, 102 fr. Potier.

BINET (*Claude*). Discours de la vie de
Pierre de Ronsard.... auec une eclogue
representee en ses obseques; par Claude
Binet. Plus les vers composez par ledict
Ronsard peu avant sa mort. Ensemble
son tombeau, recueilli de plusieurs excellens personnages. *Paris, Gabriel Buon*,
1586, in-4.

40 à 50 fr.

— MERVEILLEUSE RENCONTRE sur les noms tournez
du roy et de la royne... Plus Adonis ou le trespas
du roy Charles IX, eglogue de chasse.... les Dau-
fins, ou le retour du roy, eglogue marine... par
Claude Binet...... *Paris, impr. de Morel*, 1575,
in-4. 10 à 15 fr.

BIONDO (*Mich. Ang.*). De Ventis et Na-
viga‖tione, libellvs ‖ Auctore Michaele ‖
Angelo Blondo ‖ inqvo navigationis vtilis ‖ sima continetur doctrina cvm ‖
Pixide nouo, & diligenti examine ‖ ven-
torum, et tempestatum.... *Venetijs apvd
Cominum de ‖ Tridino Montisferrati ‖*
M. D. XLVI, in-4, de 18 ff. chif., texte en
ital., bois gr. Au r° 16 f. commence :
De Nauigatione oceani ad nouũ orbem.
cap. XXV.

Pièce rare. 50 à 60 fr.

— DELLA NOBILISSIMA PITTURA. *Vinegia*, 1549,
in-8, de IV-27 ff. [9232]

60 fr. cat. Tross.

BIRAGUE (*Flaminio* de). Les premières
OEuvres poétiques de Flaminio de Birague, gentilhomme ordinaire de la chambre du Roy. A très-haute princesse Anne
d'Este, duchesse de Nemours. *Paris,
Nicolas Chesneau*, 1583, in-16, de 122
ff. chif. et IV ff. non chiffrés, contenant
la table, l'*errata* et le privilége [13834].

Un exempl. incomplet d'un cahier, 19 fr. W. Martin, et revendu 32 fr. Potier ; cet exempl. venait de
M. Viollet le Duc.

— Les premières OEuvres poétiques. *Paris,
Th. Périer*, 1585, pet. in-12, portraits
de Henry III et de l'auteur, gr. par Th.
de Leu.

En mar. de Duru-Chambolle, 120 fr. Desq.

Le splendide exempl. du baron Pichon, déjà signalé au *Manuel*, recouvert d'une superbe reliure
de Trautz, a été vendu 3,300 fr. en 1869.

En anc. rel. mar., 160 fr. Turquety (1868).

BISSON (*Loys*). Plusieurs excellentes Chansons. *A Paris, chez Nicolas du Chemin*,
1567, in-12.

Vol. disparu; nous ne trouvons ce titre que dans
les catal. des Foires de Francfort.

BLACHIÈRE (*Jean* de la). L'Histoire très-
véritable et très-sacrée de J.-C., fils unique de Dieu le père, tirée des quatre évangélistes. *Niort*, 1605, in-8. 10 à 12 fr.

BLACKFORD (*D. D.*). Précis de l'état actuel des colonies anglaises, dans l'Améri-

que septentrionale. *Milan* (*Paris*), 1771, in-12.

Vol. fort intéressant et peu commun.

BLANCHARD (*François*). Les Généalogies des maîtres des requêtes ordinaires de l'hôtel du Roy. *Paris, J. Le Gras*, 1670, in-fol. 12 à 15 fr.

Le *Manuel* (*Table raisonnée*, 24069 et 24070) cite ce généalogiste.

BLANCHEROSE (*Claude* de). Salvtifere et vtile conseil, auec un regime aux tres dangereuses maladies ayant cours en l'an 1531. *A Lyon*, 1531, in-8, goth.

Vol. fort rare et fort curieux, dans lequel il est question de la maladie mystérieuse qui avait emporté le Dauphin l'année précédente.

BLASON des armes (Le) (par Sicille, hérault d'armes du Roy d'Aragon). *Imprimé à Rouen par Richard Goupil pour Richard Macé*, s. d., pet. in-8, goth., de 24 ff., avec blasons.

En mar. de Hardy, et avec les blasons finement coloriés, 78 fr. Desq; 70 fr. Potier.

— LE BLASON des armes. *Lyon, Claude Nourry, dict le Prince*, s. d., pet. in-8, goth., de 16 ff.

Blasons coloriés.

— LE BLASON des armes... *Paris, Pierre Sergent*, s. d., pet. in-8, goth.

Blasons color.; en mar. de Chambolle, 54 fr. Potier (1870).

— LE BLASON des couleurs en armes.... *Paris, en la rue Neufue Nostre Dame, à l'enseigne St-Nicolas (P. Sergent)*, s. d., pet. in-8, goth., fig.

En mar. de Chambolle, 45 fr. Potier.

— LE BLASON des armes... *Lugduni, ex officina Petri de Sancta Lucia, alias le Prince*, 1542, pet. in-8.

Blasons col.; 50 fr. Chedeau.

BLASON (Le) des Basquines et Vertugades, auec la belle remons'trance qu'ont faict quelques dames quand on leur a remonstré qu'il n'en falloit plus porter. *Lyon, Benoist Rigaud*, 1563, pet. in-8, de VIII ff. [13939]

Le seul exempl. connu de cette pièce rare et curieuse a été vendu 650 fr. en mar., chez le baron J. Pichon; c'était sur cet exempl. qu'il avait fait exécuter la réimpression de 1830, chez Pinard, à 50 exempl., dont 3 sur vélin.

BLASONS (Les) anatomiques du corps féminin.... *Paris, pour Ch. L'Angelier*, 1550, in-16, fig. s. b. [13636]

L'exempl. de ce rare et fort joli volume qui se trouve à la Biblioth. Nationale offre cette particularité que les signatures E.-F. ont été tirées sur une feuille et que les pages au verso de cette feuille sont mal imposées. Cette irrégularité se retrouve sur un exemplaire que le libraire Tross a découvert en Allemagne et qui avait été relié pour les Fugger d'Augsbourg au milieu du XVIe siècle, c'est-à-dire aussitôt après la publication du volume.

— Ce très-rare et très-charmant livre a été réimprimé à *Amsterdam* (*Bruxelles*), *J. Gay*, 1866, in-12, de 155 pp.

Tiré à 104 exempl.

.Une notice bibliographique commence à la p. 145.

La première édition, dont le *Manuel* ne semble pas admettre l'existence, est celle de *Lyon, François Juste*, 1536, in-16; on n'en connaît pas un seul exempl., mais elle est décrite dans tous les catal. des Foires de Francfort. L'éditeur de la réimpression croit qu'elle fut publiée par les soins de Clément Marot; nous n'y contredisons pas, si l'on nous accorde que l'auteur en est Eustorg de Beaulieu.

Le *Manuel* signale quatre éditions postérieures des *Blasons anatomiques*, probablement très-différentes de la première, puisqu'elles paraissent avoir été faites, corrigées et augmentées par les soins de Ch. de la Hueterie et des autres ennemis de Marot.

— Une seule, *Paris, Ch. L'Angelier*, 1550, a passé sous nos.yeux. On peut supposer qu'elle reproduit exactement une édition antérieure, publiée par le même libraire en 1543, dont un exempl. a été vendu £. 3. Sh. 10 à la vente White Knight.

— Une autre de *Paris, N. Chrestien*, 1554, in-16, figure dans un catal. Potier de 1856, et l'exempl. relié en mar. est porté à 250 fr.

— Quant à la dernière édit., le *Manuel* en donne le titre, *Paris, Vve Bonfons*, s. d., in-16, sans y joindre une seule adjudication.

— Voy. BEAULIEU (*Eustorg* de).

BLEGIERS de la Salle (*Antoine* de). La magnifique et triomphanteEntrée de Carpentras faicte au cardinal Alexandre Farneze, comme légat de Sa Sainteté, mise en rithme françoise. *Avignon, Bonhomme*, 1553, pet. in-8, fig. s. b. [24833]

Pièce que M. Brunet dit avec raison être fort rare, et dont nous avons cru devoir rectifier le titre; elle manquait à la collection Ruggieri.

BLESSEBOIS (*Pierre-Corneille* de). OEuvres satyriques de Corneille Blessebois. *Leyde*, 1676-1876, in-18. [19080]

Tiré à 204 exempl., dont 4 sur papier de Chine et 39 in-8. — Avant-propos biographique et bibliographique, XXXIV pp.

Une bibliographie bien complète de Blessebois figure à la suite de la notice de M. Cleder, jointe à la réimpression du *Zombi du grand Pérou* (*Paris, J. Gay*), tirée à 115 exempl.

Odolant Desnos parle également de ce poëte, si souvent attaqué et difficilement défendu, dans le tome 2 de ses *Mémoires sur Alençon*.

Nous n'avons jamais vu passer dans les ventes que deux exemplaires complets des *OEuvres satyriques* de Blessebois, celui du docteur Gratiano (*Sylvestre*, 1844, nº 589), et celui de Millot.

L'exempl. Solar, vendu 526 fr., ne contenait ni *Marthe le Hayer* ni *Filon*. Dans une vente faite par Olivier à Bruxelles le 15 mars 1866, figurait un exempl. aux armes de la comtesse de Verrue, qui fut retiré à 500 fr.; il était incomplet des deux mêmes pièces.

L'exempl. Millot, payé en 1846 418 fr. par M. Pieters, en 1864 acheté 570 fr. par M. de la Villestreux, revendu 1,000 fr. à la vente de ce dernier, a été porté au prix peu justifié de 1520 fr. à la vente H. Bordes (Potier, 1873); il comprenait 7 parties en un vol. in-12.

— MADEMOISELLE DE SCAY, petite comédie satyrique. *A Calais, chez Augustin Pasquin* (*Hollande, à la Sphère*), 1684, pet. in-12, de 45 pp. et un f. blanc.

22 fr. en 1865; 25 fr. Favart; en mar. de Trautz,

165 fr. Potier (1872), revendu 155 fr. H. B. (Potier, 1873).

— LE BRETTEUR, comédie nouvelle et galante en trois actes. *S. l.*, *imprimée pour l'année* 1758, pet. in-12, de 24 pp.

C'est la même pièce que *Marthe le Hayer* ou *Mademoiselle de Scay ;* cette réimpression a dû être faite par un typographe amateur, opérant clandestinement ; la composition et le tirage sont déplorables. L'exempl. acheté par M. de Soleinne, à la 2ᵉ vente du fonds Dehure (1836) avait été payé 18 fr. 50 c., nous ignorons ce qu'il est devenu ; les pièces libres réunies par M. de Soleinne ayant été retirées de la vente, il en est de même pour *la Corneille de Mademoiselle de Scay*, dont le seul exempl. connu figurait à la vente de Soleinne et a disparu.

— L'EUGÉNIE. *Leyde*, 1676, pet. in-12, de 62 pp., 3 ff. de portraits en vers et un f. blanc.

C'est l'édition décrite au *Manuel ;* un exempl. non rogné et en partie non coupé, 185 fr. Favart.

— LE RUT ou la Pudeur éteinte, pièce galante. *S. l.* (*Leyde*), 1676, 3 part. en un vol. pet. in-12.

En *mar.* de Bauzonnet, et à grandes marges, 150 fr. Germeau.

— LES SOUPIRS de Sifroi, ou l'innocence reconnue, tragédie par M. de Corneille Blessebois. *Châtillon-sur-Seine, P. Laymeré*, 1675, in-8.

En *mar.* de Chambolle, 45 fr. H. Bordes.

— LUPANIE, histoire amoureuse de ce temps. (*Hollande, à la Sphère*), 1668, pet. in-12.

28 fr. Chedeau.

— LUPANIE, histoire amoureuse de ce temps. *Pari* (sic), *chez Jams* (sic) *Pierre de Marteau*, 1669, pet. in-12.

18 fr. Auvillain.

— LUPANIE, hist. amoureuse de ce temps. *S. l. n. d.*, *imprimé cette année* (v. 1685), in-12.

En *mar.* de Trautz, 165 fr. Tufton.

— LUPANIE, avec les Maximes d'Amour. *A la tendresse, chez les Amans*, 1700, in-12.

Le titre est entouré d'une bordure gr. sur bois. En *mar.* de Duru, 39 fr. Chedeau, et revendu 110 fr. Potier.

— SAINT-GERMAIN, ou les amours de M. D. M. T. P. (Madame de Montespan ?), avec quelques autres galanteries. *S. l. n. d.*, pet. in-12.

C'est le même livre que *Lupanie*, avec un titre nouveau ; à la fin se trouvent quelques pièces en vers dignes de l'auteur du *Rut* et de *Filon.* En *mar.* 38 fr. Chedeau.

Quelques bibliographes, particulièrement l'éditeur de la réimpression de 1862, attribuent, non sans grandes vraisemblances, à Corneille Blessebois une pièce bien connue, le *Zombi du Grand Pérou.*

— LE ZOMBI du Grand Pérou ou la comtesse de Cocagne. *Nouvellement imprimé (à Rouen)* le 15 février 1697, in-12, de v ff. lim. pour le faux titre, le titre, et le portrait de la comtesse de Cocagne, et 145 pp.

L'exempl. Chaponay a été vendu 278 fr. (Taylor, 58 fr.; Baudeloque, 59 fr.; Nodier, 2 exempl., 151 fr., et 61 fr.; Sebastiani, 76 fr.). Cet exempl. Chaponay a été revendu 285 fr. Chedeau. Un très-bel exempl. non rogné, en *mar.* de Capé, 240 fr. seulement, Potier (1870).

M. Odolant Desnos donne encore à Corneille Blessebois la paternité de : *Le Cabinet d'Amour et de Venus.* (Voyez ce nom.)

BLOCKLAND (*Corneille* de). Placart pour cognoistre le point et avbe du iour, la nuict fermante, le leuer et le coucher du soleil, ensemble la longueur du iour et de la nuict, par tous les mois de l'an, au pays de Lyonnois, Bourgogne, Savoye et Bresse, qui servira pour gouverner tous horloges. *Imprimé à Lyon, par Benoist Rigaud* (v. 1570). — (V. au *Manuel.*)

BLOEMART (*Abrahamus*), inventor. Ecole du Dessin. S. d. in-fol. [9192]

Première édition de 166 pl. gravées à l'*aqua tinta* et à l'*eau forte* par Nic. Visscher ; elle a été exécutée à Amsterdam et elle est fort belle.

126 fr. vente Tross (1856); un bel exempl. relié en *mar.* sur brochure, 240 fr. Solar.

BLOIS (*Louis* de). Images des principaux mystères de la Vierge Marie, avec des prières pour l'honorer chaque jour de la sepmaine et à ses festes, tirées des OEuvres de Blosius (Louis de Blois). *Paris, Alex. Boudan, imprimeur du Roy pour les tailles-douces*, s. d. (vers 1640), in-8, de 32 pp., front. et 11 fig. gr. par Campion.

Imprimé en car. cursifs, qui rappellent ceux de P. Moreau ; un exempl. dans une belle rel. anc. 210 fr. Potier ; un exempl. ordinaire vaudrait 12 à 15 fr.

BLOME (*Richard*). English America, or a description of the Isles and countries of the King of England in America, with maps. *London*, 1673, in-8.

Lowndes cite de cet auteur une : « Description of the Island of Jamaica. *London*, 1672, in-12. — Mais il ne signale pas l'*English America ;* ce vol. a été traduit en français :

— L'AMÉRIQUE Angloise, ou Description des isles et terres du Roi d'Angleterre, dans l'Amérique. Avec de nouvelles cartes de chaque isle et terres, traduit de l'anglois. *Amsterdam, Abr. Wolfgang*, 1688, in-12, de 1 f. lim., 332 pp. et 7 cartes ; Ternaux, qui cite le vol., n'annonce que 6 cartes. — Cette traduction a été réimprimée en 1715, in-12, et en 1742, in-8.

BLONDEAU (*Claude*). La Bibliothèque canonique, contenant par ordre alphabétique toutes les matières ecclésiastiques et bénéficiales qui ont été traitées par Mᵉ L. Bouchel, avocat au Parlement de Paris, dans sa Somme bénéficiale, par Mᵉ Claude Blondeau, avocat au même parlement. *Paris, Denis Thierry*, 1689, 2 vol. in-fol.

Ouvrage important dédié à Messire Ant. Turgot ; certains articles, tels que : *Biens d'église, Collèges, Dîmes, Mariages*, etc., offrent un sérieux intérêt. En papier ord., 15 à 18 fr.; en grand pap., 40 à 50.

BLONDI Flavii Forliviensis, de Roma triomphante, libri X.... *Basileæ, in off. Frobeniana*, 1531, in-fol. [25217]

Un superbe exempl. en *mar. br.* mosaïque, au nom et à la devise de Thom. Maioli, venant de la vente Bergeret, où il avait été porté à 2,000 fr., a été revendu 2,325 fr. chez Jos. Techener en 1865.

BLOSSIVS (*Loys*). La Reigle de vie spiritvelle ou le Paradis de l'âme fidèle ; tra-

duict de latin par Charles de St-Simon.
Paris, Jean de Roigny, 1564, in-8.

— COLLYRE pour les Hérétiques, translaté de latin
par J. Tonnelier. *En Anuers, Martin Nuyts,* s. d.
(v. 1560), in-16.

— MIROIR spirituel, traduict de latin par Jean de
Billy. *A Paris, chez Guil. Chaudière,* 1576, in-16.
Petits traités mystiques, dont le principal mérite
est la rareté.

BLUETTES du feu divin présentees à la
Reyne Regente. Seconde édition. *Paris,*
1648, in-12.

Poésies d'un aveugle, nommé Le Foullon; nous
ne connaissons pas la première édition.
6 fr. Turquety.

BOAISTUAU (*Pierre*). Histoires tragiques
extraictes des œuvres italiennes de Bandel, et mises en nostre langue françoise...
etc. *Paris, pour Vincent Sertenas tenant sa boutique au Palais...* 1559,
in-8, de IV ff. prél., 171 ff. chiffrés, plus
un dernier f. où se trouve un sonnet
de Belleforest.

Le privilége, placé au v° du titre, porte la date
du 11 janvier 1558, ce qui peut laisser admettre une
édition antérieure. Jusqu'à ce que cette édit. pa-
raisse, celle-ci est la première. £ 2. Sh. 2. Libri.

BOCCACIO (*Gioranni*). De la genea ‖ logie des Dieux. — *Cy finist Jehan Bocace de la genea ‖ logie des Dieux.
Imprime nouuellement à Paris... Anthoine Vérard...* 1498, in-fol. [22544]

Quelques exempl. présentent certaines particularités, qui, du reste, ont été déjà signalées dans quelques livres imprimés par Vérard. La feuille A qui,
dans les exempl. de premier tirage, est de 8 ff.,
est quelquefois imprimée avec le petit caractère de
Vérard, et ne forme que 6 ff.; au v° du titre, qui est
blanc dans les exempl. de premier tirage, a été re-
portée, aux exempl. du second, la grande planche
gr. s. b., placée primitivement au v° du 2e f.; en
sorte qu'il a suffi de gagner à l'aide du petit texte
la valeur de trois pages, et pour y parvenir on n'a
laissé dans la feuille A qu'un seul petit bois, au lieu
de 6 qui sont dans l'édit. originale; les ff. B ii et B
vii, Hii et H vij ont été également réimpr. en plus
petits car., et les bois offrent des différences. Il est
à remarquer en outre que sur le titre des exempl.
de premier tirage, on lit : GÉNÉOLOGIE, faute qui
est corrigée à la réimpression du titre.

Ces particularités sont à signaler sur le bel
exempl. Guyon de Sardière conservé à la Bibl. nationale et se retrouvent sur un très-bel exempl.
sur papier qui fait partie de la riche bibl. du baron
J. de Rothschild.

Un bel exempl. aux armes d'Anne d'Autriche,
980 fr. Yéméniz.

— DE LA GÉNÉALOGIE des Dieux... *Paris, Phil. Le
Noir,* 1531, in-fol., goth., à 2 col.

122 fr. Potier (1870).

— CY COMMENCE Jehan Bocace de Certal son liure intitule de la Ruyne des nobles hommes et femmes.
Lyon, Math. Husz, 1483, in-fol., goth., à 2 col., fig.
s. b. [30387]

En mar. *doublé* de Bauzonnet - Trautz, 640 fr.
Yéméniz.

— LIBRO que tracta de las illustres Mugeres... *Sevilla,
Jacobo Cromberger, año de* 1528, in-fol., goth., 86
ff. plus 3 pour la table.

En mar. 200 fr. Morante.

— Incomincia la comedia nuncupata Nimphe di Ameto. *Impressa in Roma, nell
anno...* M. CCCC. LXXVIII. (*Per Johannem Schurener, de Boppard*), pet.
in-4, en car. ronds, de 132 ff. avec le
premier blanc; le second contient le registre. [14928]

— AMETO over comedia delle nimphe Fiorentine,
compilata da Messer Giovanni Boccaci. *Vinegia,
Gregorio de Gregori,* 1526, pet. in-8.

Édition non citée, mais de peu de valeur; elle a
été découverte par M. A. Baschet.

— Nimphale Di fiesole che tracta damore.
(*Senza nota, secolo* XV.) In-4, de
60 ff., avec sign A.-H. ; les 6 premiers
cahiers par 8, les cahiers G. et H. par
6, en anciens car. romains.

Le poëme se termine par ces mots :
Finito ilnimphale (*sic*) difiesole (*sic*)
Che tracta damore.

Cette édition, vendue 5 guinées chez M. Libri en
1862, doit être la première décrite par Hain, et cependant elle semble en différer; ainsi celle décrite
par Hain porte dans le titre, au v° du 1er f. : *Boc-
cacci poeta,* tandis que dans celle-ci on lit : *Bocaci
poetai* (sic.)

— NIMPHALE Fiesolano. *Venezia, pel Sessa,* 1503,
in-4, de 40 ff. dont le dernier est blanc, sign. A. F.,
curieuse fig. s. b. au titre. Sh. 10. Libri (1862).

— NIMPHALE. *Venezia,* 1528, in-4.

Bonne édition qui a encore quelque valeur.
6 à 8 fr.

— LE NYMPHAL Fliessolan, de Me Jean Boccace, contenant le discours de deux amans. Ensemble l'o-
rigine de Florentius, histoire non moins belle que
récréative. Traduict de l'italien par Ant. Guer-
cin du Crest. *Lyon, Gabriel Cotier,* 1556, in-16.

— Il Decamerone. (A la fin :) ‖ *Giouanne
da Reno quindi minprese* (sic) *cum
mirabile stampa : Il cui fulgore ‖ dal
ciel per gracia infra mortal disceso
‖ se ad'unque di mi arnese ‖ vestir
roleti i suono ad ogni spirto ‖ El mio
vulgar che orna di lor e mirto. ‖* M.
CCCC. LVIII. (sic). *S. l.* (*Vicenza*),
in-fol., de 441 ff. à 2 col.

Voir au *Manuel*; c'est une excellente et fort
rare édition, et de plus c'est un de ces livres que l'on
recherche à cause de sa fausse date (1458 pour
1478).

Voici les prix de quelques-unes des innombrables
éditions de ce livre célèbre; nous ne signalons,
bien entendu, que les prix un peu élevés d'éditions
exceptionnelles.

— IL DECAMERONE. *Vinegia, Gregorio de' Gregori,*
1516, in-4.

Un exempl. un peu court de cette rare et précieuse édition n'a été vendu que 47 fr. à la vente
Potier de 1870.

— IL DECAMERONE, *Venetia. Aldus,* 1522, in-4.

En mar. br. 520 fr. Bearzi; rev. 680 fr. Chedeau.
En rel. du XVIe s., mar. à comp. 195 fr. Tufton.

— IL DECAMERONE. *Firenze, per li heredi di Philippo di Giunta,* 1527, pet. in-4, de 285 ff. de texte et VI ff. de tables, car. ital.

Un bel exempl. £ 52. (1300 fr.) Dunn Gardner
(1854); un autre, en rel. ital., à riches comp. 900 fr.

Gancia; un troisième en anc. rel. *mar.* 840 fr. Tufton.

— IL DECAMERONE nuovamente corretto, historiato e con diligenza stampato. *Impresso in Vinegia, per Nicolò d'Aristotile, detto il Zoppino,* 1531, in-8.

C'est la première édit. donnée par cet imprimeur distingué; en *mar.* de Lortic, 80 fr. Gancia.

— IL DECAMERONE. Aggiunte le annot. di Monsr. Bembo. *Lione, app. G. Rovillio,* 1555, in-16.

Dans une charmante rel. à comp. du XVIe s., 300 fr. Germeau. En *mar.* de Trautz, 40 fr. seulement Huillard.

—IL DECAMERONE... *In Amsterdamo (Elzevir),* 1665, in-12.

En *mar.* de Thouvenin (h. 0,150 m.), 105 fr. Solar. Un double, en anc. rel. *mar.* et même grandeur, 106 fr. même vente. En anc. rel. *mar.* (0,149), 100 fr. Chaponay. En *mar.* de Duru, (0,146), 60 fr.. Techener (1864). En *mar.* de Niédrée (0, 147), 60 fr. Chedeau. En *mar.* de Bauzonnet 0,150), 155 fr. Brunet. En anc. rel. (0,149 1/2), 150 fr. Germeau. En anc. rel. *mar.* (0,146), 23 fr. prince Radziwill. En *mar.* (0,151) 75 fr. Huillard; rev. 105 fr. Potier (1872). En *mar.* de Biziaux (0,146), 130 fr. Tufton.

— LE LIURE CAMERON, aultrement surnomme le prince Galliot... *Paris, Michel Le Noir,* 1521, in-fol., goth., à 2 col., fig. s. b.

150 fr. Germeau.

— LE CAMERON, aultrement dict les Cent Nouuelles. *Imprime a Paris, Oudin Petit* (ou *Ambr. Girault),* 1541, pet. in-8, goth.

En *mar.* de Niédrée, 129 fr. Techener en 1864, rev. 66 fr. Desq; en anc. rel. *mar.* 40 fr. Chedeau.

— LE DECAMERON,... trad. par Anth. Le Maçon. *Paris, Est. Roffet,* 1545, in-fol., fig. s. b.

Un bel exempl. de la première édit. de cette traduction, en *mar.* de Trautz, 900 fr. Potier (1870), et porté à 1,250 fr. au cat. de Fontaine.

— LE DECAMERON,.... trad par Anth. Le Maçon. *Paris, Est. Roffet,* 1548, in-8, fig. s. b.

En *mar.* 75 fr. Solar.

— LE DECAMERON de Me Jehan Boccace Florentin, traduict par Me Anth. Le Maçon. *A Lyon, chez Guil. Rouille,* 1552, in-16, de 1088 pp. et XIII ff. de table.

En car. ital., avec grav. s. b. en tête des *Journées,* exécutées dans le style de Bernard Salomon. Jolie édition non citée.

— LE DECAMERON.... trad. par Anth. Le Maçon. *Paris, Martin le Jeune,* 1559, pet. in-8.

En anc. rel. doublée de du Seuil, aux armes du grand Dauphin, 300 fr. Brunet. En *mar.* de Trautz, 150 fr. H. Bordes (1873).

— LE DECAMERON. *Londres (Paris),* 1757, 5 vol. in-8.

Sur pap. de Hollande, avec de nombreuses fig. ajoutées, très-bel exempl. 580 fr. Solar. Un exempl. médiocre, avec double suite de figures, 245 fr. Chaponay. En anc. rel. *mar.* 200 fr. Techener (1864). En *mar.* de David (fig. doubles), 300 fr. Desq. En anc. rel. *mar.* avec quelques fig. doubles, 620 fr. Brunet. En *v. éc.* doubles épreuves, 240 fr. Radziwill. En *v. rac.* (ex. ordin.), 160 fr. Potier. En *v. f.* pap. de Holl., fig. doubles, 500 fr. Tufton. En anc. rel. *mar.*, 399 fr. Curmer.

Un exempl. avec les fig. libres en *mar.* de Thouvenin, est porté à 500 fr. au cat. de Fontaine.

— CONTES ET NOUVELLES. *Amsterdam, Gallet,* 1697, 2 vol. pet. in-8, fig.

90 fr. Chedeau. En *mar.* de Duru, 190 fr. Potier.

— CONTES ET NOUVELLES. *Amst., Gallet,* 1698, 2 vol. petit in-8, fig.

Anc. rel. *mar.*, 40 fr. Chedeau.

— CONTES ET NOUVELLES de Bocace. *Amsterdam,* 1699, 2 vol., pet. in-8.

En *mar.* de Capé, 100 fr. Solar. En anc. rel. *mar.*, 305 fr. Double. En *mar.* de Courteval, 41 fr. Chaponay. En anc. rel. *mar.* de Derome, 151 fr. Radziwill. En *mar.* de David, 155 fr. Huillard.

— CONTES ET NOUVELLES. *Cologne (Holl.), J. Gaillard,* 1702, 2 vol. pet. in-8, fig.

En anc. rel. *mar.*, 46 fr. Radziwill.

— **Decameron, das ist Cento Novelle.** *S. l. n. d. (Ulm, Zainer,* 1472), in-fol., goth. [17407]

Les ff. sont numérotés au haut de la page en chiffres romains, mais cette pagination, probablement la première qui ait été appliquée à un vol. imprimé, est très-irrégulière; on trouve par exemple : 47, 48, 47, 50, 56, 57, 59, 61; tout compte fait et après minutieuse vérification, faite sur l'exempl. de la Bibl. nationale, on trouve XI ff. sans numération, et 386 ff. chiffrés; en tout 397 ff.

Vendu £ 18. Libri (1862).

— **Complainte très piteuse de Flamette a son amy Pamphyle, translatee d'italien en vulgaire françoys.** *A Lyon, François Juste,* 1532, in-24 allongé, goth., fig. s. b.

En *mar. doublé,* charmante rel. de Trautz, 1,500 fr. Brunet.

— COMPLAINTE des tristes amours de Flamette a son amy Pamphile. *Lyon, Cl. Nourry, dict le Prince,* 1532, in-16, goth., fig. s. b.

En *mar.* de Bauzonnet-Trautz, 200 fr. Yéméniz.

— COMPLAIN‖CTE, trespiteuse de Flamette à son ‖ amy Pamphile, translatée d'i ‖ talien en vulgaire francoys, ‖ le tout reueu et corrigé. ‖ Nouuellement im ‖ primée à Paris. ‖ 1541. ‖. *On les vend à Paris.... par Denys ‖ Janot libraire & imprimeur,* in-16, de 134 ff. chiffrés et 1 f. non ch., fig. s. b. dans le texte.

En *mar.* de David, 150 fr. cat. Fontaine.

— LA FIOMETA *(sic)* de ‖ Juan Vocacio. (A la fin :) *Fue impresso en la muy noble e leal ciudad de Salamanca en el mes de enero de* 1497. *Deo gracias.* Pet. in-fol., goth., de 43 fl. à 2 col.

Cette édition, ainsi que celles de 1535 et 1541, sont fort rares, parce qu'elles ont eu l'honneur d'être proscrites par le tribunal du S. Office; elles offrent un même texte. L'édit. de *Lixboa* se compose de 41 ff. non chiffrés. Cette traduction est attribuée à un Valencien du nom de Pedro Rocha.

— PHILOSTRATO. *Vinezia,* (sans nom d'imprimeur), 1528, in-4, de 31 ff., en car. ital.

Elle diffère essentiellement de celle décrite par M. Brunet, sous la même date, et qui sort des presses de Sessa.

3 guinées, Libri.

— LE PHILOCOPE... trad. par Adr. Sevin. *Paris, D. Janot,* 1542, in-fol., lett. rondes, fig. s. b.

En *v.* aux armes de la Pompadour, 160 fr. Yéméniz.

— INUECTIUA di Messer Giouanni Boccaccio contra una Mal ‖ uagia dofia. Decto laberinto damore ed altrimenti il Cor ‖ baccio. *S. l. n. d. (Firenze,* 1490), in-4, de 42 ff. à 33 lign.; sign. A-Ev, jolie bordure sur bois au titre.

50 fr. cat. Tross.

— LABERINTO. *Sevilla, Andres de Burgos, año de* M. D. XL-VI, in-4, goth., IV-44 ff., sign. A-E par 8, excepté le dernier cahier, qui en a 12.

L'exempl. de la vente White-Knight (marquis de Blandford) a passé chez Salvá, qui le décrit en longs détails (*Cat.*, t. II, p. 31).

— Il Corbaccio. *Parigi, Fed. Morello*, 1569, in-8.

En *mar.* de Capé, 125 fr. Cailhava ; dans une jolie rel. anc. à riches comp., 240 fr. de Morante.

— La Teseide (ovvero Amazonide in ottava rima), colle chiose di Pietro Andrea del Basso. (In fine :)

Hoc opus impressit Theseida nomine dictum
Bernardo genitus bibliopola puer :
(Augustinus ei nomen) : cum dux bonus urbem
Herculeus princeps Ferrariam ageret.

(*Ferrariæ, Augustinus Carnerius*), M.CCCC. LXXIIIII, in-fol., car. ronds, 165 ff., dont le 5e et le dernier blancs.

Le splendide exempl. de ce précieux incunable (longuement décrit au *Manuel*, ainsi que par Hain et Gamba), que nous avons vu chez M. Tross, offrait cette particularité, que les deux sonnets et la souscription, occupant en général deux feuillets, n'en formaient qu'un seul. La première ligne : « Adsit principio uirgo beata meo... » était tirée en rouge ; l'exempl. offrait au reste des différences assez notables avec ceux décrits par Hain et Gamba.

— Epistre consolatoire de l'exil envoyée à Pino de Rossi, traduict de l'italien par Marguerite de Cambis, baronesse d'Aygremont. *A Lyon, Guillaume Rouille*, 1556, in-16.

Pet. vol. fort rare et non cité.

BOCCALINI (*Trajano*). Avisos de Parnaso. Primera y segunda centuria. Traducidos de lengva toscana en española por Fernando Perez de Sousa. *Madrid, Diego Diaz de la Carrera*, 1633, 2 vol. in-4. [18351]

Antonio ne cite pas cette édition ; il dit que la première centurie fut imprimée à Madrid en 1620, et la seconde en 1640. L'épître dédicatoire de la première centurie est signée P. A. V., ce qui ne concorde pas avec le nom du traducteur inscrit sur le frontispice.

BOCELLIN (*P.*). La Practique de maistre Pierre Bocellin, chyrurgien et citoyen de la noble cité de Belleys en Savoye, sur la matière de la contagieuse et infective maladie de lèpre. *Ils se vendent à Lyon, à l'enseigne de la Fontaine. Imprime à Lyon sur le Rhosne par Masse* (sic) *Bonhomme*, 1540, pet. in-4.

37 fr. Luzarche.

BOCHETEL (*Guill.*). Le Sacre et coronnement de la Royne. *Paris, Me Geoffroy Tory de Bourges*, M. D. XXXI, in-8, goth., de VIII ff. [23456]

Seconde édition, dont un bel exemplaire est conservé à la Bibl. nationale ; le privilège de la première n'avait été donné que pour un an.

L'édition de 1530 a été réimprimée en fac-simile à 50 exempl. pour celui de la Bibl. royale de Bruxelles ; l'un des deux ex. sur vélin, en *mar.* 80 fr. Ruggieri.

Les catalogues des Foires de Francfort citent encore une édition de 1532, sous ce titre :

— GUIL. BOUCHETEL : L'Ordre et forme de l'entrée de la royne Éléonor en la ville de Paris : et de son sacre et couronnement à Saint-Denys. *A Paris, Geoffroy Tory*, 1532, in-4.

Nous ne la connaissons pas, et M. Aug. Bernard n'en avait point entendu parler.

— L'ENTRÉE de la Royne à Paris. *G. Tory*, 1531, in-4.

075 fr. Ruggieri.

BOCHIUS. Descriptio publicæ gratulationis, spectaculorum et ludorum, in adventu Seren. principis Ernesti, archiducis Austriæ... cum carmine panegyrico... Accessit denique Oratio funebris, in archiducis Ernesti obitum ijsdem Provinciis luctuosissimum. Omnia a Joanne Bochio. S. P. Q. A. a secretis conscripta. *Antverpiæ, ex officina Plantiniana.* M. D. XCV, in-fol., de 174 ff. et 1 f. pour l'approbation et la souscription ; avec 35 grandes planches sur cuivre de Peter van der Borcht.

Le texte, en latin, est intéressant pour l'histoire des familles nobles des Pays-Bas ; voici la souscription : *Antverpiæ, ex officina plantiniana apud Viduam et Ioannem Moretum*, 1595. Christophe Plantin était mort le 1er juillet 1589 ; il avait cédé son établissement de Leyde à son gendre François van Ravelinge, et celui d'Anvers à son autre gendre Jean Moereturf (Moretus).

BODECHERI, Banningii (*J.*) Epigrammata Americana. *Lugduni (Batav.), D. Lopez de Haro (Elzevir)*, 1639, pet. in-fol., de 2 ff. prél. et 15 pp.

Fort rare. 60 fr. (cat. Tross).

BODEMANN (*Eduard*). Xylographische und typographische Incunabeln der Königlichen öffentlichen Bibliothek zu Hannover. *Hannover*, 1866, in-fol., de VI-130 pp. et 41 ff. de fac-simile, plus une partie de 17 ff. pour les marques des anciens papiers.

Remarquable et précieux vol., tiré à petit nombre. 40 fr.

BODIN (*Jean*). Apologie pour la république contre Augier Ferrier, par René Herpin (J. Bodin). *A Paris, Jacques du Puys*, 1581, in-8. [3934]

C'est, croyons-nous, la première édition de l'*Apologie*, qui fut réimprimée avec les éditions suivantes de la *République*.

— LE DISCOURS [de J. Bodin sur le rehaussement et diminution des Monnoyes.... *Paris, Jacques du Puys*, 1578, éd. in-4 ; et réimpr. en 1580 par le même typographe, in-8.

Il est intéressant de lire, à propos de la rareté des divers ouvrages de Jean Bodin, un passage de : *Biblioth. Augustæ* (Wolfenbuttel) *Hist.*, pars III, cap. IV, pp. 334 et 335.

BOECKH. Corpus inscriptionum græcarum. [29936]

Dans le tome III, publié par J. Franz en 4 fascicules, de 1845 à 1853, Boeckh n'eut qu'une très-faible part. Le volume se termine par des *Addenda et corrigenda* qui en forment une portion considérable (p. 1051 à 1271). Franz étant mort, le 4e vol. fut con-

fié d'abord à E. Curtius, puis à Ad. Kirchhoff; ce
4e vol. ne répond pas dignement aux trois premiers.
Les inscriptions de provenance douteuse et les chré-
tiennes sont celles qui laissent le plus à désirer.

On peut consulter sur les recueils d'inscriptions
grecques les articles de M. Egger dans le *Journal
des Savants* , mars, mai et juin 1871.

BOEMUS (*J.*). Recueil de diverses histoires, touchant la situation de toutes regiõs et payz contenuz ez trois parties du
monde... *On les vend a Paris par Galliot du pré... Achevé d'imprimer à Paris l'an* MDXXXVIII, *par Michel Fezandat*, pet. in-8, en car. ronds, de
xx ff. lim., 268 ff. chif., 1 f. blanc et
1 f. pour *la Navire* de Galiot du Pré.

BOETIUS: De philosophico Consolatu. *Argentine*, per Joh. *Grüninger*, 1501, in-
fol., car. ronds. [3692]

Le *Manuel* indique cette édition comme gothique ;
il n'y a que les en-têtes de chap. et des pp. qui soient
composés avec ces caract. ; le texte est en car. ronds.

— LA CONSOLATION de la Philosophie, traduit par le
sieur de Ceriziers, aumosnier du Roy (prose et vers).
Edition douzieme. *A Paris, Vve J. Camusat*,
1647, in-12, front. gr. et fig. en taille-douce.

Jolie édition en très-petits caractères (6); la première est de 1636. La reliure donne parfois un certain prix à ces petits volumes.

BOILEAU Despréaux (*Nicolas*). OEuvres
complètes de Boileau, accompagnées de
notes historiques et littéraires, et précédées d'une étude sur sa vie et ses ouvrages par A. Ch. Gidel. *Paris, Garnier*,
1869-73, 4 vol. gr. in-8. 30 fr. [14047]

Bonne édition ; la notice est un long et sérieux
travail.

— OEuvres POÉTIQUES, avec des notices par M. Pou-
joulat. Eaux-fortes par V. Foulquier. *Tours, Alfred Mame*, 1870, gr. in-8, 21 eaux-fortes. 40 fr.

Tiré à 270 exempl. numérotés.

— LE LUTRIN, poëme héroï-comique, édition conforme au texte original, ornée de vignettes par
Ernest et Fréd. Hillemacher. *Lyon, impr. Perrin*,
1862, in-4. 12 fr.

Belle édition, tirée à petit nombre.

— SATIRES du sieur D***. *Sur l'imprimé à Paris*,
1667, in-12, IV ff. lim. et 42 pp. (*Sat.* 1 à VII.)

— SATIRES du sieur D***. *Sur l'imprimé à Paris*,
1668, in-12, de 20 pp. y compris le titre et le privilége. (VIIIe *sat.*)

— SATIRES du sieur D***. *Sur l'impr. à Paris*.
1668, in-12, 34 pp. et 1 f. pour le privilége. (IXe *sat.*,
et *Discours sur la satire*.)

— SATIRE du sieur D***. *Sur l'impr. à Paris*, 1669,
in-12, 10 pp. (Xe *sat.*)

— ÉPITRE au Roy, par le sieur D***. *S. l. n. d.*, in-12,
20 pp.

Les trois premières pièces sont impr. en Hollande ;
les deux dernières, imprimées en plus gros car., semblent être des contrefaçons exécutées en province,
peut-être à Rouen. Toutes ces pièces sont assez peu
intéressantes et d'un prix médiocre.

Nous donnons quelques prix obtenus par diverses
éditions de Boileau, dans des conditions remarquables.

— LES SATIRES. *Paris, Louis Billaine* (ou *Claude
Barbin*), 1666, in-12.

Édit. orig. des sept premières satires : en *mar.* de
Trautz, 71 fr. Solar ; double (ex. médiocre), 50 fr.
même vente. En *mar.* de Trautz (bel exempl.), 250 fr.
baron P., rev. 380 fr. Leb. de Montgermont.

— SATIRES du sieur D.. *Paris, Cl. Barbin*, 1668, in-
12.

En anc. rel. *mar.*, 110 fr. (1864).

— SATIRES du sieur D.. *Paris,'Cl. Barbin*, 1669, in-
12.

En *mar.* de Niédrée, 40 fr. Cailhava.

— SATIRES du sieur D... *Amsterdam*, 1671, pet. in-
12.

Cette édition renferme, comme 'celle de 1669, les
neuf satires, la satire contre les gens d'Église, qui
n'est pas de Boileau , et le discours sur la satire. Le
volume se termine par plusieurs ff. imprimés avec
pagination séparée, contenant des contes de Sanlecque et de La Fontaine. Vendu par Techener en 1862,
31 fr. Cailhava.

— OEUVRES... *Paris, D. Thierry*, 1674, in-4, front.
gr.

Première édition sous le titre d'*OEuvres*. En *mar.*
de Duru, 79 fr. Solar ; en *mar.* de Trautz, 125 fr. Desq;
en *mar.* de Duru, 70 fr. Chedeau ; en *mar.* de Belz-
Niédrée, 80 fr. Germeau ; rev. 102 fr. vente H. B. (1873);
en *mar.* avec 4 dessins ajoutés, 100 fr. baron P. (il
va sans dire que les dessins étaient médiocres); en
mar. de Duru, 102 fr. Potier ; en *mar.* de Hardy,
100 fr. Danyau ; en *mar.* de Duru, 140 fr. Lebeuf.

— OEUVRES DIVERSES. *Suiv. la cop. impr. à Paris*,
1677, in-12. (*Édit. Elzev.*)

En *mar.* de Duru, 92 fr. Solar.

— OEUVRES DIVERSES... *Paris, D. Thierry*, 1694,
2 vol. in-12.

En *mar.* de Thibaron, mais avec un envoi autographe de Boileau, 465 fr. Potier (1870).

— OEUVRES DIVERSES. *Amsterdam, A. Schelte*, 1697,
2 tomes en 1 vol. in-12.

En *mar.* de Boyet, 255 fr. Potier.

— OEUVRES... *Paris, D. Thierry*, 1701, in-4, front.
gr. par Landry, 2 fig. gr. par Chauveau. •

En anc. rel. *mar.* aux armes de l'abbé de Thou ,
en qui s'est éteinte la famille de l'illustre président,
bel. exempl. avec un portr. de Boileau par Drevet
ajouté, 470 fr. baron Pichon.

— OEUVRES, *Paris, D. Thierry*, 1701, 2 vol. in-12.

En anc. rel. de *mar.* *doublé de mar.* aux armes de
Mad. de Chamillart, 2,100 fr. baron P.; rev. 3,920 fr.
Leb. de Montgermont; en *mar.* de Capé, 88 fr. Potier.

— OEUVRES... fig. gr. par B. Picard. *Amsterdam,
Mortier*, 1718, 2 vol. in-fol., portr.

En anc. rel. *mar.* bel exempl., 100 fr. Radziwill ;
en *mar.* de Derome, 265 fr. H. B. 1873 ; en anc. rel.
mar., exempl. en *gr. pap.*, 500 fr. Labédoyère,
pour M. Potier; c'était l'exempl. Mac Carthy payé, en
1815, 2,195 fr.

— OEUVRES, avec fig. gr. par B. Picard. *La Haye*,
1722, 4 vol. in-12.

En *mar.* de Padeloup, avec fig. ajoutées, 500 fr.
Double ; en anc. rel. *mar.* 80 fr. Chedeau ; en anc.
rel. *mar.* 470 fr. Huillard; en *mar.* *doublé de mar.*
de Derome, très-joli exempl., 900 fr. baron Pichon ;
en anc. rel. *mar.* 100 fr. Potier.

— OEUVRES. *Paris, Vve Alix*, 1740, 2 vol. in-4.

Un exempl. en *gr. pap.*, tiré pet. in-fol., en *mar.*
d'Anguerrand, exempl. de Gros de Boze, 150 fr. Potier.

— OEUVRES..... avec les: remarques de Saint-Marc.
Paris, David, 1747, 5 vol. pet. in-8.

En papier fin, 150 fr. Brunet ; en *mar.*, anc. rel.,
superbe exempl. de d'Hangard, en pap. fin de Hollande, 480 fr. prince Radziwill; un second exempl. en

mar. de Derome, 400 fr. même vente; ces deux exempl. étaient fort beaux. En *mar.* de Simier, 67 fr. Huillard; en *mar.* de Duru-Chambolle, ex. en pap. fin de Holl., 245 fr. Potier (1870).

— ŒUVRES CHOISIES. *Paris, Didot,* 1781, in-18.

Pap. fin., en *mar.* de Derome, 13 fr. 50 c. Radziwill; un exempl. impr. sur vélin, en *mar.* de Derome, 200 fr. Potier (1870).

— ŒUVRES... Imprimées par ordre du roi pour l'éduc. du Dauphin. *Paris, Didot l'aîné,* 1789, 2 vol. in-4.

En anc. rel. *mar.,* 50 fr. Radziwill.

— ŒUVRES..... *Paris, P. Didot l'aîné,* an VII, 2 vol. gr. in-12.

Impr. sur vélin, 290 fr. Brunet.

— ŒUVRES. *Paris, Blaise,* 1821, 4 vol. in-8, fig.

Un des douze exempl. en *gr. pap.* de Hollande avec les eaux-fortes et épreuves avant la lettre, ex. du prince d'Essling, 175 fr. Chaponay.

Un même exempl., avec beaucoup de fig. et portraits ajoutés (212 pièces), en *mar.* de Capé, 870 fr. Huillard.

BOILLOT (*Joseph*). Nouveaux Pourtraitz et figures de termes pour vser en l'architecture.... *Imprime a Lẽgres par Jehã des prey (Desprez).* S. d. (1592), in-fol. [10042]

Dans la dédicace au duc de Nevers, Boillot donne de curieux détails sur sa vie; il nous apprend que son livre fut interrompu lors des guerres de la Ligue : « Ayant voulu, dit-il, résister de force à mon « possible aux maquereaux et paillards qui vou- « loient desbaucher nostre ville... »

BOILY. Philotechne françois. *La Haye,* 1766, in-8, fig.

Livre intéressant pour l'histoire des arts au XVIIIe siècle.

BOISSARD (*J. J.*). Emblesmes de J. J. Boissard, nouuellemẽt mis de latin en françoys par Pierre Joly. Le tout taillé en cuivre et mis en lumière par Théodore de Bry. S. *l.* (*Metz*) *par Abraham Faber, imprimeur des honorez seigneurs de la ville de Metz,* 1595, pet. in-4. [18568].

60 fr. Tross (1870).

— Parnassvs cum imaginibus Mvsarum Deorumq praesidium Hippocrenes. *Labori ac sumptui suo non parcens iterum publicat Joh. Theod. de Brij, ciuis Oppenheiensis,* 1613, in-fol. 15 à 20 fr. [8868]

Cette édit., inconnue à M. Brunet, qui ne cite que celles de 1601 et de 1627, se compose d'un titre gr., VIII ff. et 25 pl. grav. par Théod. de Bry, à l'exception des n° 2, 4, 5, 16, 17 et 20, qui sont de Rob. Boissard.

BOISSEAU (*J.*). Itinéraire, ou Table alphabétique contenant les noms et situations des choses plus considérables décrites sur le plan... de la ville... et banlieue de Paris, dressée... par Jean Boisseau... *Paris, Boisseau,* 1643, in-8.

Pièce fort rare (*Bibl. nationale*).

BOISSIÈRE (*Claude* de). Les Principes

d'astronomie et de cosmographie. *Paris, Guil. Cavellat,* 1556, in-8.

Vol. rare, mais peu important, 8 à 10 fr.

BOISSIÈRE. Les Devises de monsieur de Boissière, auec un Traitté des reigles de la deuise, par le mesme autheur. *Paris,* 1654, in-8.

Vol. assez intéressant. 18 fr. en 1867.

BOIVIN (*Jean*). Le Siége de la ville de Dole, capitale de la Franche-Comté de Bourgogne, et son heureuse délivrance; racontés par Jean Boivin. *Dole, Binart,* 1637, in-4, plan. 20 à 30 fr.

Comme beaucoup de livres relatifs à l'histoire des provinces, celui-ci est devenu rare et recherché.

On trouve souvent réuni :

— LETTRE de Louis Petrey, sieur de Champvans, sur ce qui s'est passé pendant et après le siége de Dôle. *S. l.* (*Dôle*), 1637, in-4.

BOLAÑOS (*J.*). La portentosa Vida de la Muerte, emperatriz de los sepulcros, vengadora de los agravios del altisimo y muy señora de la humana naturaleza cuya célebra historia encomienda à los hombres de buen gusto. *Mexico,* 1792, in-4, 19 grav.

Livre resté inconnu jusqu'ici; c'est une *danse des morts* gravée assez brutalement en taille-douce par un artiste mexicain. 41 thal. Andrade.

BOLOGNINUS (*A.*). Liure de Ange Bologninus. De la Curation des ulceres extérieurs du corps humain, traduit de Latin en Frãcoys. *A Paris au pot casse. En limprimerie de Oliuier Mallard Libraire & Imprimeur pour le Roy,* 1542, in-8, de 32 ff., avec privilége daté du 1er décembre 1542. [7280]

C'est l'une des dernières impressions d'Ol. Mallard, qui est remplacé au 1er janvier 1543; après lui l'Enseigne et le matériel de l'imprimerie du *Pot cassé* devinrent la propriété du libraire-imprimeur Thomas de la Guierche, rue Saint-Jacques.

— TRAICTÉ de la curation des Vicères... *A Lyon, Benoist Rigaud,* s. d. (vers 1550), in-16.

Édition tout aussi rare, mais moins recherchée.

BOLSEC (*H. H.*). Histoire de la vie, mœurs, actes, doctrine, constance et mort de Jean Calvin, jadis ministre de Genève, recueilly par M. Hierosme Hermes Bolsec, docteur-médecin à Lyon. *A Lyon, par Jean Patrasson,* 1577, in-8, de 143 pp. [30583]

Cette édition est publiée la même année que les éditions citées au *Manuel,* et exécutées par deux libraires associés, qui se sont partagé le tirage, G. Mallot et G. Chaudière. M. Potier croit cette édition de Lyon la première, d'abord parce que l'auteur était médecin à Lyon, parce que l'Epitre dédicatoire est adressée à l'archevêque de Lyon, enfin et surtout parce que l'extrait du privilége est daté de Lyon, 9 juillet 1577.

Vendu 52 fr. Delasize.

— G. Mallot donna une réimpr. *A Paris,* 1582, in-8.

Cette Vie satirique de Calvin parut à Cologne,

traduite en latin, *apud hæredes J. Soteris*, 1582, in-8.

Du même médecin Bolsec, nous citerons :

— MIROIR de vérité. *S. l. (Paris)*, 1562, in-8.

Vol. assez rare, mais assez peu recherché.

BOLTZ (*V.*). Farbbüch oder Illuminier-buch durch Valētinū Boltz. MDXLIX. *Getruckt zü Basel, vff dem Nüwen Platz, by Jacob Kündig*, in-12, de 372 pp., 118 fig. s. bois.

Livre intéressant pour l'histoire de l'art de la miniature ; il décrit la composition de toutes les couleurs employées au commencement du XVIᵉ siècle ; M. Didot croit que le frontispice du *Register* est une composition d'Holbein.

BOMBARDEMENT (Le) de Saint-Malo, ou Relation de ce qui s'y est passé jour par jour, poëme lyrique. *Saint-Malo, Raoul de la Mare*, 1694, in-12.

Il faut une figure sur bois, représentant la flotte anglaise bombardant les forts de la rade pendant la nuit ; cette pl. manquait à l'exempl. vendu 38 fr. Turquety.

BONAVENTURA (*S.*). Dialogus, in quo anima deuota meditando, interrogat et homo interior mentaliter respondet... *Parisiis*, M. CCCC. XXIII (*sic*) (cᵃ 1480), in-4, goth.

Livre que sa fausse date doit faire remarquer, avec le *Decor puellarum*, etc., le 1ᵉʳ f. est blanc ; le texte commence A 2. (Cat. Libri, 1864, nᵒ 202.)

— BONAVENTURÆ Sermones de Tempore et de Sanctis. *Zwollis (Joh. de Vollhoe)*, 1479, in-fol., goth., à 2 col.

1ʳᵉ édit. et 1ᵉʳ livre avec date impr. à Zwoll.

— AUCTORITATES utriusque Testamenti. *S. l. n. d.,* (*Argentinæ, typis H. Eggesteyn*, cᵃ 1470), in-fol., goth., de 40 ff., à 2 col., de 45 lig. à la colonne. 12 à 18 fr.

— LEGENDA maior beati Francisci a sancto Bonauē-tura edita.... *Parisiis... pro Symone Vostre*, 1507, in-4, goth.

30 fr. Yéméniz.

— Laiguillon damour divine (trad. du latin de s. Bonaventure par J. Gerson). *S. l. n. d.* pet. in-4, goth., de 128 ff., savoir un pour le titre, deux pour la table, plus 2 ff. blancs et 123 ff. de texte ; sign. A-Q, par 8, 30 lignes à la p., car. de 9 points typogr. ; fig. s. b. [1517]

Sur le rᵒ du dernier f. est la marque de l'imprimeur (figurée au *Manuel*), et les lettres S. C. H. P., qui signifient : *Stevan* (pour *Estevan*) *Clebat*, et *Hierosme Parix*, imprimeurs de Toulouse à la fin du XVᵉ siècle.

— LAGUILLON damour divine (trad. par J. Gerson). *Paris, pour Pierre le Caron demourant en la rue de Quincampoist*, M CCCC XXXX et XIIII, pet. in-4, goth. (on sait qu'il faut lire 1494).

Une singularité qu'offre ce livre, c'est qu'au vᵒ du dernier f. est la marque d'Anth. Vérard, mais tirée de manière que son nom et son monogramme soient supprimés. En *mar.* de Koehler, 145 fr. baron Pichon.

BONDIA (*M. Ambrosio*). Cytara ‖ de Apolo, ‖ i parnaso en ‖ Aragon.... *En Zaragoça: Por Diego Dormer*, ‖ Año

M. DC. L., in-4, de 343 ff. signés depuis le 6ᵉ A.-Pppp.

BÖNEBOEK. Eeen förmaning til bön. *Tryckt i Stocholm aff Amund Laurentzson, Anno Domini* 1552, pet. in-8, de 8 ff. lim., 153 ff. chif. et 1 f. blanc, grav. s. b.

Cette édition fort rare diffère essentiellement de celle de 1553. 150 fr. Tross (1869).

BONFADINI. La Caccia dell' Archibugio del Capitan vita Bonfadini con la pratica del tirare in volo, in aere, ed a borita, et il modo d'ammaestrare i bracchi, e curargli da molte malattie, e di conoscere la diversità degli Uccelli... *Bologna, pel Ferroni*, 1641, in-12.

— Réimpr. *Milano, pel Dionisio Gariboldi*, 1648, in-12.

Livre curieux et rare ; la seconde édition 45 fr. vente Pichon.

BONI (*Guillaume*). Les Soñetz de Pierre de Ronsard, mis en musique à 4 parties. *Paris, Adrian le Roy et Robert Ballard*, 1579, in-4 obl.

C'est un des premiers livres sur lesquels apparaît le nom de Ballard, si célèbre au XVIIᵉ siècle.

— Les quatrains du sieur de Pibrac, mis en musique, à 3, 4, 5 et 6 parties. *Paris, A. le Roy et R. Ballard*, 1582, in-4 obl.

Ces deux vol. sont fort rares et valent un prix assez élevé.

BONIFACIUS Papa VIII. Liber sextus decretalium. *Moguntiæ, per Petrum Schoiffer, anno* 1470 *die* 17 *aprilis*. In-fol., de 137 ff. [3173]

Un très-bel exempl. impr. sur vélin, 1120 fr. Solar ; revendu 1000 fr. Techener (1865).

Un second exempl., également sur vélin, figurait à cette même vente du libraire Techener père ; il n'a été vendu que 450 fr. ; il était beaucoup moins beau, des bandes de vélin avaient été coupées à plusieurs ff. ; il avait été payé 605 fr. à la 2ᵉ vente Cailhava en 1862.

BONNAFFÉ (*Ed.*). Les Collectionneurs de l'ancienne Rome, notes d'un amateur. *Paris, A. Aubry*, 1867, pet. in-8.

Vol. intéressant, épuisé, 8 fr. sur pap. ord., 15 fr. sur pap. de couleur.

— LES COLLECTIONNEURS de l'ancienne France, notes d'un amateur. *Paris, A. Aubry*, 1873, pet. in-8, pap. vergé.

Tiré à 600 ex. 5 fr. ; sur parchemin, 40 fr.

BONNET (*Philibert*). Des grands Biens, vertuz et bontez que Dieu a donné aux fêmes. *A Paris, chez Simon Caluarin* 1558, in-8.

Ce volume doit être bien rare, car nous ne le trouvons cité que dans les divers catal. des Foires de Francfort, et nous pensons que s'il reparaissait un jour il serait payé un bon prix.

Du même auteur nous pouvons encore citer :

— LES EXCELLENTES Dignitez, vertus et puissances

de la Vierge Marie. *A Paris, chez Estienne Denys*, 1557, in-8.

BONNOR, Voy. ARBRE DES BATAILLES.

BONNYN (*G.*). Les Joyes et allegresses pour le bien-vieignement et entrée de monseigneur fils de France et frère unique du Roy en la ville de Bourges, ville capitale du païs et duché de Berry, par Gabriel Bonnyn, avocat au parlement de Paris. *Lyon, Benoist Rigaud*, 1576, pet. in-8, de 6 ff. en vers.

En *mar.* de Masson et Debonnelle, 71 fr. Ruggieri.

Dans la même vente figuraient deux éditions de l'entrée de ce prince dans la même ville; la première, de *Bourges, Pierre Bouchier*, 1576, pet. in-4, de 6 ff. (au lieu de 16, *Manuel*) a été vendue en *mar.* de Chambolle, 300 fr.; la seconde, de *Lyon, par Benoist Rigaud*, pet. in-8, en *mar.* de Masson et Debonnelle, 60 fr.

BONREPOS (Le Chev. de). Description du Mississipi, le nombre des villes et colonies établies par les François, les îles, rivières et territoires qui le bordent, les mœurs et négoces des sauvages qui y habitent, la manière de se faire la guerre et la paix, la fertilité du pays, et la chasse aux différents animaux qui s'y trouvent; par M. le chevalier de Bonrepos. *Paris, B. Gyrin*, 1720, in-8. 10 à 12 fr.

— Cette pièce rare a été réimpr. à *Rouen*, 1772, in-12.

BONTEMPS (*Gerard*). Nouveau Recueil de pièces comiques et facétieuses les plus agréables et divertissans de ce temps. *Lyon, A. Olyer*, 1663, in-12. 15 à 25 fr.

BONTEMPS (*Leger*). Consolation des affligés. *Paris, Vincent Sertenas*, 1555, in-12.

— Le Miroir de parfaicte beauté. *Paris, Guillaume Guillard*, 1557, in-12.

Nous trouvons les titres de ces deux vol. aux catal. des Foires de Francfort.

BOPP (*Franz*). Grammaire comparée des langues Indo-européennes, comprenant le sanscrit, le zend, l'arménien, le grec, le latin, etc., traduite et précédée d'une introduction par M. Bréal. *Paris, Hachette*, 1866-74, 5 vol., gr. in-8. 38 fr.

Excellente traduction de la célèbre grammaire de Bopp; le tome V : *Registre détaillé des mots compris dans les quatre vol.*, par M. Francis Meunier, se vend séparément, 6 fr.

BORBONE (Il) crudele, overo il successo della guerra d'Italia per là venuta del Duca di Borbone; l'anno 1527, con il sacco di Roma. *Bologna, Carlo Malisardi*, 1632, in-8.

Pièce fort rare et intéressante : le Connétable de Bourbon jugé par les Italiens. 15 à 20 fr.

BORDEAUX (*Chr.* de). Deux Discours sur les faits miraculeux aduenus de-

puis quelque temps à l'endroit de plusieurs pélerins de S. Michel-du-Mont-de-la-Mer, avec les cantiques ou chansons....; ensemble un sonnet sur la construction et bastiment de l'Esglise et abbaye dudict Mont-S.-Michel, en quel temps et sous quel roy de France elle a été bâtie et fondée, et par qui. Par Christophe de Bordeaux. *Paris, par F. Bourriquant*, 1613, in-8.

Cette pièce fort rare n'est pas citée par M. Frère; nous ne connaissons que l'exempl. de la Biblioth. nationale; sans doute il s'en trouve quelqu'autre dans les collections normandes.

— RECUEIL de plusieurs belles chansons spirituelles (sic). *Paris, Magdeleine Berthelin*, s. d., in-16.

L'exempl. de la vente Veinant de 1855 est le seul connu; il a été revendu 600 fr. Pichon.

B..... (Le) des Muses, ou les Neuf Pucelles putains, caprices satyriques de Théophile le jeune (par Claude Le Petit); divisés en quatre parties. Fragment. Partie première. Omnia tempus habent. *A Leyden, sur le véritable manuscrit de l'auteur fidèlement reveu et mis en ordre par un de ses amis après sa mort;* s. d., in-8, de 24 pp.

Ce fragment du livre, qui devait être intitulé le *B.....des muses*, serait la seule chose qui en eût paru, et encore, d'après le titre même, ne serait-ce qu'un ouvrage posthume. Il contient : Une épître dédicatoire sous le nom du baron de Schildebek à M. Christ. Wolfgang, la table générale du contenu dans les quatre parties, 4 sonnets, une épigramme, stances sur le *B... des muses*, et frontispice de l'*Europe ridicule*. Voir, pour plus de détails, l'édition de *Théophile*, annotée par M. Alleaume (Paris, Jannet, 1856, tome Ier, p. 111). De plus, une lettre de M. Ed. Fournier, lue à l'audience du 10 février 1860 au tribunal civil de la Seine, dans le procès de M. Alleaume et des propriétaires de la Bibliothèque Elzévirienne (lettre reproduite dans le *Droit* du 13-14 février), nous apprend que c'est à la Bibliothèque nationale (à l'*Enfer*) qu'Alleaume a trouvé l'exemplaire peut-être unique du *B.....* (*Bulletin du bouquiniste*, 1860, p. 138). Voici aussi ce que dit à l'égard de cet ouvrage M. Tricotel dans ses *Variétés bibliographiques*, pp. 338-339 :

« Le *B.....* des *Muses*, comme on l'a pu voir dans l'arrêt que nous avons reproduit plus haut, est le livre qui a causé la mort de Le Petit; mais ce n'est évidemment pas ici l'édition originale, puisqu'on dit que l'ouvrage est imprimé sur un manuscrit de l'auteur *fidèlement reveu après sa mort*. D'après une copie manuscrite qui nous a été communiquée de ce livre infâme, nous avons pu voir que le *B..... des Muses* n'était pas un poème suivi, mais bien une collection de pièces détachées.

BORDIER (*Henri-Léonard*). Le Chansonnier Huguenot du XVIe siècle. *Paris, Tross* (*impr. à Lyon par L. Perrin et Marinet*), 1871, 2 vol. gr. in-16.

Beau et bon livre divisé en quatre parties et précédé d'une préface historique de 84 pp.; les pp. 417 à 492 contiennent une curieuse bibliographie de la chanson protestante. Sur pap. teinté, 20 fr.; sur pap. de Hollande, 30 fr.

BORDONE (*Bened.*). Isolario ‖ di Benedetto Bordone ‖ nel qual si ragiona di tutte l'Isole del mon ‖ do.... *Impresse in Venegia per Nicolo d'Aristotile, detto Zoppino, nel mese ‖ di Giugno. del* M.D. XXXIIII, in-fol., de x ff. lim. comprenant 3 doubles cartes, et 64 ff. chiffrés ; à la p. 10 est un plan de Mexico avant la conquête.

BORJA (D. *Juan* de), Duque de Gandia. Empresas Morales, à la S. C. R. M. del Rev D. Felipe, dirigidas por D. Juan de Borja, de su Consejo, y su Embajador cerca de la Majestad Cesarea del Emperador Rodulfo II. *Praga, por Jorge Nigrin*, 1581, in-4, de 2-101 ff. et 3 ff. de tables.

Le lieu d'impression est expliqué par les fonctions d'ambassadeur en Bohême qu'exerçait l'auteur.
— L'édit. de *Foppens à Bruxelles*, 1680, forme un in-4, de VIII-455 pp. et 6 p. la table et les *Errata*.

BORRI (P. *Chr.*). Relation de la nouvelle mission des Pères de la Compagnie de Jésus au royaume de la Cochinchine, trad. de l'italien du P. Chr. Borri par le P. Ant. de la Croix. *Rennes, Jean Hardy*, 1631, pet. in-8, de 4 ff. lim., 222 pp. et 1 f. pour le privil.

Première relation imprimée sur la Cochinchine ; elle fut traduite en plusieurs langues ; cette première édit. française est fort rare. 25 à 30 fr.

BORRIGLIONE (P.). Petri Borrilhoni medicinae pfessoris Arismetices Praxis. — *Impressum Taurini per ihoaneto de Castellio ‖ no impensa D. P. H. Ca. Taur. anno do ‖ mini*, 1506, *die.* 19 *octobris ‖ regnante illustrissimo ‖ Duce Sabaudie ‖ Carolo.* In-4.

Vol. rare, réimpr. à Turin en 1523 « *die. VI. mensis Junii* », également in-4.

BORROMAEUS (*S. Car.*). Lettre pastorale du.... Cardinal Borromeo, arcevesque de Milan, à son peuple, traduict de l'Italien par Loys de Creil. *A Paris, chez G. Chaudière*, 1574, in-8.

6 à 8 fr.

BOSCH (*A.*). Summari, index, o epitome dels admirables, y nobilissims titols de honor de Cathalunya, Rossello y Cerdanya. *Perpinya, per Pere Lacavalleria*, 1628, in-fol.

Livre rare et important pour la philologie catalane. 30 à 35 fr.

BOSQUET (*Jean*). Redvction ‖ de la ville ‖ de Bone ‖ par messire Charles, ‖ dvc de Croy et d'Arschot, ‖ Prince de Chimay, &c., en l'An 1558. ‖ Et autres siens faits memorables, ‖ Descrits par Iean Bosquet Montois. ‖ *A Anvers, ‖ De l'Imprimerie de Martin Nutius, ‖ aux deux Cigoignes*, M. D. XCIX. *Auec Privilége.* In-4, deux portr. et 4 fig. gr.

sur cuivre par H. Wierix ; les deux portraits sont ceux de l'auteur et du duc d'Arschot. [13852]

Ce petit poëme rare est cité au *Manuel*, [I-1125] ; M. Brunet dit que J. Techener en 1846 en portait un exempl. au *Bulletin du Bibliophile*, au prix de 42 fr. ; en 1875 un autre libraire en fait relier un second par Trautz en *mar.*, et le fait figurer dans son catal. à prix marqué au prix de 1,000 fr. ; nous disons : mille francs.

BOSSE (*Abraham*). Traité des manières de dessiner les Ordres de l'architecture antique en toutes leurs parties... *Paris, P. Aubouin, P. Emery et Ch. Clousier*, s. d., in-fol. [9192]

Il faut non pas 44 planches, mais 47, y compris le titre gravé et un second titre.

Vendu complet, 5 fr. Luzarche.

— REPRÉSENTATION de diverses figures humaines, avec leurs mesures prises sur des antiques qui sont de présent à Rome. *Paris*, 1656, in-24, de VII ff. de texte gravé, un f. blanc, et 20 ff. chif. de fig. [9566]

En *mar.* de Capé, 140 fr. Taschereau.

— REPRÉSENTATIONS géométrales de plusieurs parties de bastiments faites sur les reigles de l'architecture antique. *Paris*, 1688, in-fol. [9192]

On trouve dans ce recueil, gr. par Abr. Bosse, des motifs d'ornement pour portes, cheminées, etc. ; il faut 24 et non 22 ff. gravés. 8 fr. Luzarche.

L'édit. de 1659, avec une autre pièce et un ms. ajouté, 42 fr. Taschereau.

BOSSIANA Chronica. *Mediolani*, 1492, in-fol. [21284]

L'admirable exempl. de Grolier en *mar. cit.*, à compart. de couleur, avec l'arbre généalogique des Visconti, tiré en or, 3,000 fr. vente Solar ; la reliure était d'un goût exquis et d'une conservation parfaite.

BOSSUET (*Jacques-Bénigne*).

La bibliographie de l'évêque de Meaux nous paraît suffisamment développée au *Manuel* ; nous y ajouterons quelques-uns des prix qu'ont obtenu depuis quinze ans ses principaux ouvrages, et ferons remarquer que les prix des éditions originales de Bossuet ne s'élèvent d'une façon vraiment extraordinaire, qu'en raison de la condition et surtout de la provenance de l'exemplaire.

— ŒUVRES COMPLÈTES. *Versailles, Lebel*, 1815-19, avec les 4 vol. de l'*Histoire de Bossuet*, et les *Lettres inédites*, 48 vol. in-8. [1766 ou 19084]

En pap. vélin, 430 fr. La Bédoyère.

— RECUEIL d'oraisons funèbres, composées par Messire J.-B. Bossuet. *Paris, veuve de Séb. Cramoisy*, 1689, in-12. [12190]

Édit. originale du recueil complet ; quelques exempl. portent : *Paris, Séb. Mabre-Cramoisy.* En *veau*, 30 fr. d'Ortigue ; en *mar.* de Trautz, 500 fr. Leb. de Montgermont.

— RECUEIL des oraisons funèbres. *Paris, Ant. Dezallier*, 1691, in-12.

En *mar.* de Hardy, 140 fr. Danyau.

— ORAISON funèbre de Henriette-Marie de France, reine de la Grande-Bretagne. *Paris, Séb. Mabre-Cramoisy*, 1669, in-4.

51 fr. seulement vente Chedeau (1865) ; 26 fr. d'Ortigue.

— ORAISON funèbre de Henriette-Anne d'Angleterre, duchesse d'Orléans. *Paris, S. Mabre-Cramoisy*, 1670, in-4.

En *mar.* de Trautz-Bauzonnet, 250 fr., vente Potier de 1870.

— ORAISON funèbre de Marie-Thérèse d'Autriche, reine de France. *Paris, Séb. Mabre-Cramoisy,* 1683, in-4.

En *mar. r.* de Trautz, 510 fr. vente H. B. (Potier, 1873); en vélin, même vente, 206 fr.; cart. 20 fr. seulement, vente Chedeau, 1865; en *mar.* de Trautz, 180 fr. vente Potier (1870); cart. 25 fr. d'Ortigue; en *mar.* de Trautz (ex. Bordes), 380 fr. Benzou.

— ORAISON funèbre de Michel Le Tellier, chancelier de France... *Paris, Seb. Mabre-Cramoisy,* 1686, in-4.

En *mar. r.* de Trautz-Bauzonnet, 450 fr. vente H.B. (Potier, 1873); rev. 405 fr. Benzon; avec les *Oraisons funèbres* du chancelier, par Fléchier, par l'abbé Maboul et la trad. de l'Éloge latin prononcé par les Bénédictins, le tout relié en *mar.* par Capé, 55 fr., Huillard; en *mar.* de Trautz, 170 fr. Potier (1870); le même recueil avait été vendu 49 fr. Desq; cart. 28 fr. d'Ortigue.

— ORAISON funèbre de très haut et puissant prince Louis de Bourbon, prince de Condé. *Paris. Séb. Mabre-Cramoisy,* 1687, in-4, vign.

En *mar. r.* aux armes de Bossuet, 405 fr. baron Pichon pour M. de Montalivet; en *mar. r.* de Trautz-Bauzonnet, 550 fr., vente H. B. (Potier, 1873); non relié (médiocre), 12 fr. Huillard; en *mar.* de Trautz, 200 fr. Potier (1870); cart. 30 fr. d'Ortigue; en *mar.* de Chambolle, 300 fr. Leb. de Montgermont.

— EXPOSITION de la Doctrine de l'Église Catholique. *Paris, Séb. Mabre-Cramoisy,* 1671, in-12, de 189 pp. (1765)

L'édition dite *des Amis,* que tous les Bibliophiles connaissent, n'a que 174 pp.

En *mar.* de Duru, 47 fr. Solar; rev. 78 fr. Huillard; en *veau ant.,* 13 fr. Yéméniz.

— EXPOSITION de la doctrine de l'Église Catholique sur les matières de controverse. *Paris, Séb. Mabre Cramoisy,* 1679, in-12.

En *mar. r.,* aux armes du grand Condé, 900 fr. baron J. Pichon, pour l'abbé Bossuet.

— DISCOURS sur l'Histoire Universelle. *Paris,* 1681, in-4. [21294]

En condition ordinaire, relié en veau ou basane, 15 à 20 fr. Vendu en *mar. r., gr. pap.,* aux armes du cardinal de Bouillon (Du Seuil), 550 fr. Radziwill; en *mar. r., gr. pap.,* aux armes de la duchesse d'Orléans, 1,020 fr. baron Pichon, rev. 1,300 fr. Leb. de Montgermont; en *mar.* aux armes du prince Eugène de Savoie, 415 fr. Costa de Beauregard; en *mar.* de Chambolle-Duru, 105 fr. Potier.

— DISCOURS... *suiv. la copie imprimée à Paris (Hollande),* 1681, in-12.

En *mar.* de Trautz, 119 fr. H. Bordes (1873).

— DISCOURS... *Paris,* 1682, 2 tom. en un vol. in-12.

En *mar. vert* de Derome, 76 fr. Solar; en *mar. r.,* rel. de Du Seuil, aux armes de Bossuet, 1,250 fr. baron Pichon, pour l'abbé Bossuet.

— DISCOURS.... *Paris, Mabre-Cramoisy,* 1691, pet. in-8.

En *mar. doublé de mar.* aux armes de la duchesse de Bourgogne, 80 fr. Porquet; rev. 399 fr. Solar; et vaudrait plus du double aujourd'hui.

— DISCOURS..... *Paris, Michel David,* 1703, in-12.

Dernière édition revue par Bossuet, avec des différences.

En *mar.* de Chambolle, 66 fr. Potier.

— HISTOIRE des Variations. *Paris,* 1688, 2 vol. in-4. [22426]

En *mar. r.,* aux armes de Bossuet, 780 Solar (pour le comte Roger du Nord). Un autre exempl. dans la même condition, ayant de plus : Avertissemens aux

protestants. (*Paris,* 1689, in-4), a été payé 5,000 fr., pour l'abbé Bossuet, à la vente Germeau; en *mar. r.* de Capé, 180 fr. H. Bordes (1873); rev. 305 fr. Benzon; en *veau br.,* 31 fr. Yéméniz.

— SERMON presché à l'ouverture de l'assemblée générale du clergé de France, le 9 nov. 1681. *Paris,* 1682, in-4. [1449]

En *mar.* aux armes de J. B. Colbert, 141 fr. Techener (1865); l'ex. Solar a été revendu 40 fr. Huillard; en rel. anc., *mar. r.* à comp., 225 fr. Potier, rev. 460 fr. Leb. de Montgermont.

— CONFÉRENCE avec M. Claude. *Paris, S. Mabre-Cramoisy,* 1682, in-12. [1765]

En *mar. r.* de Du Seuil, 60 fr. Solar; rev. 260 fr. Huillard; en *mar. r.* anc. rel. aux armes de Mad. de Maintenon, avec la croix de St-Cyr sur les plats, 630 fr. Potier; en *mar.* de Thibaron, 51 fr. en 1876.

— EXPLICATION de quelques difficultés sur les prières de la messe. *Paris, Vve S. Mabre-Cramoisy,* 1689, pet. in-12. [657]

En *mar.* de Thibaron, 100 fr. Potier.

— L'APOCALYPSE, avec une explication. *Paris, Vve Séb. Mabre-Cramoisy,* 1689, in-8. [500]

En anc. rel. *mar.,* 72 fr. Yéméniz.

— CATÉCHISME du diocèse de Meaux. *Paris, S. Mabre-Cramoisy,* 1690, in-12. [1386]

En anc. rel. *mar.* 53 fr. Solar; en *mar.* de Trautz, 54 fr. Yéméniz.

— MAXIMES et réflexions sur la comédie. *Paris,* 1694, in-12. [1362]

En *mar.* de Trautz-Bauzonnet, 50 fr. Solar; en *mar.* de Thibaron, 134 fr. Potier; rev. 100 fr. en 1876.

— MÉDITATIONS sur la rémission des péchez, pour le temps du Jubilé... *Paris, Jean Anisson,* 1696, in-12.

En anc. rel. de *mar. r.,* 80 fr. H. Bordes. (1873).

— INSTRUCTION sur les Estats d'oraison. *Paris, J. Anisson,* 1697, in-8.

En *mar. r.* aux armes de Bossuet, 175 fr. Solar; rev. 260 fr. d'Ortigue; en *mar. r.,* anc. rel. 10 fr. Soleil; 133 fr. Potier; en anc. rel., *mar.,* 44 fr. Danyau.

— INSTRUCTION.... *Paris, Anisson,* 1697, in-8.

2e édition, publiée avec de notables différences. En *mar. r.,* aux armes de Bossuet, 200 fr. Solar.

— DIVERS ÉCRITS ou mémoires sur le livre intit. Explication des Maximes des saints. *Paris, J. Anisson,* 1698, in-8. [1683]

En *mar. r.* aux armes de Bossuet, 121 fr. Giraud; 170 fr. Solar; en *mar. r.,* aux armes du grand Dauphin, 60 fr. Giraud; 103 fr. Solar; 205 fr. Huillard; en *mar r.* anc. rel. 25 fr. Soleil; 133 fr. Potier.

— RÉPONSES de Msr l'évesque de Meaux aux lettres et écrits de Msr l'archevêque de Cambray. *Paris,* 1699, in-8.

En *mar. r.,* aux armes de Bossuet, 285 fr. Solar.

— EXPLICATION de la prophétie d'Isaïe sur l'enfantement de la sainte Vierge. *Paris, Anisson,* 1704, in-12. [469]

En *mar.* de Thibaron, 60 fr. Potier.

— POLITIQUE tirée de l'Écriture sainte. *Paris,* 1709, in-4, portr. gr. par Edelinck. [3926]

En *gr. pap., mar. r.,* aux armes du duc du Maine, 150 fr. Giraud; 152 fr. Solar.

— La même. *Bruxelles, J. Léonard,* 1721, 2 vol. in-12, front. par Harrewin.

En *mar. v.* de Derome? 22 fr. Soleil; *Mar. r.* anc. rel., 135 fr. Potier; *Mar. bl.* de Derome, 80 fr. H. Bordes (1873).

— ÉLÉVATIONS à Dieu sur tous les mystères de la religion chrétienne. *Paris, J. Mariette*, 1727, 2 vol. in-12. [1718]

En *mar. r.*, anc. rel., 99 fr. Giraud; 61 fr. Solar; en *mar. r.*, anc. rel., 200 fr. Chedeau (avait été payé 160 fr. Parison).

— MÉDITATIONS sur l'Évangile. *Paris, P.-J. Mariette*, 1731, 4 vol. in-12. [1717]

En *mar. r.*, aux armes du comte de Toulouse, 520 fr. baron Pichon.

— RELATION sur le Quiétisme. *Paris, J. Anisson,* 1698, in-8. [1683]

En *mar.* de Dusseuil, aux armes du marquis de de la Vieuville, 72 fr. vente M. H. D. M. [1867]

— TRAITÉ de l'amour de Dieu, nécessaire dans le sacrement de Pénitence. *Paris, Barth. Alix,* 1736, 2 part. en 1 vol. in-12.

En *mar. r.*, aux armes du comte d'Eu, fils du duc du Maine, 335 fr. baron Pichon.

— TRAITEZ du libre arbitre et de la concupiscence. *Paris, B. Alix,* 1731, in-12.

En *mar. r.*, aux armes du duc d'Orléans, fils du Régent, 530 fr. baron Pichon; en *mar.* de Thibaron, 126 fr. Potier; en *mar.*, aux armes du duc de Montpensier, 59 fr. Yéméniz.

— DÉFENSE de la tradition et des SS. Pères. *Paris, J. Th. Hérissant*, 1763, 2 vol. in-12.

En *mar. r.*, anc. rel. aux armes d'un archevêque, 225 fr. baron Pichon.

BOTAL (*Léon*). Traicté de la manière de saigner, scarifier et appliquer les sangsues. *A Lyon, J. Huguetan,* s. d. (vers 1550), in-8.

Vol. rare et peu connu.

BOTELER (*Antonio*). La Scala de paradis. *Barchinona, Johan Rosenbach,* 1495, in-4, goth., sign. *a* et *b*, 8 ff., *c.* 6 ff.

Antonio ne cite pas cet écrit, et Mendez n'a pas connu cette édition (cat. Salvá, 3857).

BOTELLO (*Miguel*). Prosas y versos del Pastor de Clenarda. *Madrid, Viuda de Fernando Correa Montenegro*, 1622, in-8, 8 et 158 ff.

Cat. Salvá, n° 1717.

BOTON (*P.*). La Camille de Pierre Boton Masconnois. Ensemble les resueries et discours d'vn Amant désespéré. *A Paris, par Jean Ruelle...* 1573. Auec Priuilége, pet. in-8, de VIII ff. lim., 63 ff. et 1 f. pour le privilége, sign. A-I par 8. [13872]

Le titre de ce vol., assez peu intéressant, mais fort rare, est entouré d'un charmant encadrement sur b. Un exempl. richement relié en *mar.* doublé par Chambolle-Duru est porté à 500 fr. au cat. Fontaine. Ce libraire l'avait payé 365 fr. en 1873 chez M. Bordes. Un bel exempl. en *mar.* de Hardy avait été vendu 160 fr. W. Martin, et quelques années auparavant un bel exempl. en *mar.* de Niédrée payé par M. de Chaponay 28 fr. 50 c., avait été adjugé à 70 fr. à la vente de cet amateur, et revendu 81 fr. Turquety.

— LES TROIS VISIONS de Chilpéric. *Paris, Fr. Morel,* 1595, in-8.

46 fr. Turquety.

BOTURINI Benaduci (*Lorenzo*). Idea de una nueva historia general de la America septentrional. Fundada sobre material copioso de figuras, symbolos, caracteres, y yeroglificos, cantares y manuscritos de autores indios, ultimamente descubiertos. *Madrid, Juan de Zuniga,* 1746, 2 vol. pet. in-4, front. gr., 29 ff. non chiff., portrait de Boturini, 167 pp. — 2° vol. Catalogo del Museo historico Indiano del Cavallero L. B. Benaduci, señor de la Torre y de Hono, 3 ff. et 96 pp. [28506]

Ce livre présente un vif intérêt, au point de vue de l'histoire américaine; il décrit une foule de documents précieux, mss., dictionnaires, grammaires écrits dans les différents dialectes de la Nouvelle-Espagne, peintures mexicaines, etc. 30 à 35 fr.

BOUCHARD (*Alain*). Les Grādes Croniques de Bretagne. *Paris, J. de la Roche pour Galiot du Pré,* 1514, in-fol. [24442]

Un très-bel exempl. de cette première édition, 555 fr. Solar; il venait de M. Coppinger; ce beau livre serait vendu plus cher aujourd'hui. Un bel exempl. en *mar.* de Chambolle, 575 fr. Potier.

BOUCHER DE BOIS-COMMUN (*M.*). Exhorta||tion aux soldats || qui sont en l'armée du || Roy conduite par monseigneur le prince || de Condé, avec le cantique de Moyse || trad. par Michel Boucher de Bois || commun. Et dedié à très illustre prince Henry de Bourbon, duc d'Anguyen. *S. l.,* 1568, in-12, de 7 ff. [13764]

BOUCHER DE PERTHES. Antiquités celtiques et antédiluviennes. *Paris, Treuttel et Wurtz, Dumoulin,* 1847-1857-1864, 3 vol. gr. in-8, avec 118 pl. représ. 2,200 fig.

Ouvrage à juste titre estimé; 25 fr.

BOUCHET (*Cl.*). Histoire tragique aduenue de nostre temps contenant acte jugé d'un fils de famille, qui batit sa mère, à cause de quoy fut saisi, estroittement emprisonné, pendu et bruslé, dilatée de quelques exemples pour l'instruction de la jeunesse, par F. Claude Bouchet, de Coumons, au comté de Venaissin, religieux du couvent de la Sainte-Trinité de Tharascon. *Lyon, P. Rigaud,* 1624, pet. in-8, de 92 pp.

En vers. L'auteur, Cl. Bouchet, n'est pas cité dans le *Dict. hist., biogr. et bibliogr. du département de Vaucluse,* par M. Barjavel.

28 fr. d'Ortigue.

BOUCHET (*Guillaume*). Les Sérées. *Paris, Jérémie Périer,* 1608, 3 vol. in-12. [17346]

En *mar.* (ex. de Coislin), 200 fr. Auvillain; en vélin, 150 fr. Cailhava; un bel exempl. en *mar.* de Trautz, 450 fr. Potier, rev. 800 fr. Leb. de Montgermont.

— LES SÉRÉES... *Lyon, P. Rigaud,* 1614, 3 vol. pet. in-8.

En un vol. relié en *mar.* par Raparlier, 92 fr.

Desq, rev. 82 fr. Potier (1872) ; en *mar.* de Thouvenin, 145 fr. Chaponay.

— LES SÉRÉES. *Lyon, P. Rigaud*, 1615, 3 part. en u vol. in-8.

En *mar.* de Duru, 130 fr. Potier (1872).

— LES SÉRÉES. *Lyon, P. Rigaud*, 1618, 3 part. en un vol. pet. in-8.

Un exempl. mouillé, 23 fr.'Auvillain ; un bel ex. en *mar.* de Duru, 685 fr. Yéméniz, prix que ne justifie ni la rareté, ni la beauté du livre.

— LES SÉRÉES. *Rouen, Louys et Daniel Loudet*, 1635, 3 vol. pet. in-8.

Nous ne partageons pas le mépris de M. Brunet pour cette édition, qui est sur papier médiocre, il est vrai, mais bien imprimée. Le 1er vol. est de VIII — 382 pp.; le second de VIII — 372 pp. et pour le 3e, après 2 ff. lim., la pagination continue de 373 à 715.

31 fr. Chedeau ; l'exempl. Ch. Nodier, 252 fr. Double, pour M. Huillard, à la vente duquel il a été revendu 300 fr.; il était revêtu d'une excellente rel. de Thouvenin.

BOUCHET (*Jehan*). Lamou‖reux transy sans espoir.... *Paris, Anthoine Verard*, s. d. (v. 1503), in-4, goth. [13345]

L'exemplaire qu'avait vu M. Brunet, lors de la rédaction de la note du *Manuel*, appartenait à M. J. Coppinger ; il était incomplet des ff. 3 et 4 du cahier A ; toutes les signatures sont par 6.

— LE LABYRINTH de Fortune.... *Paris et Poictiers, Enguilbert de Marnef*, s. d. (v. 1522), in-4, goth. [13348]

Un admirable exempl. de cette édition, dans une belle reliure du temps, aux armes de Claude Gouffier, duc de Rouannois, grand écuyer de France, est décrit au cat. du baron Jerôme Pichon ; mais il fut cédé à l'amiable avant la vente.

— SENSUYT LE LABYRINTH de Fortune.... *Paris, Alain Lotrian*, s. d., in-4, goth., fig. s. b.

100 fr. Turquety.

— LE LABIRINTH de Fortune.... *Paris, Philippe Le Noir*, s. d., in-4, goth., fig. s. b.

Un très-bel exempl. en *mar.* de Capé, 1,000 fr. W. Martin.

— Opuscules du Traverseur....— le Chappelet du prince contenant cinquante rondeaux et cinq ballades.... *Paris, vve feu Jehan Janot*, s. d., pet. in-4, goth. [13349]

Un bel exempl. en *mar.* de Trautz, 185 fr. Double ; en *mar.* de Bauzonnet (ex. Audenet), 300 fr. Brunet ; rev. 620 fr. Potier.

— OPUSCULLES du Traverseur des voyes perilleuses, nouuellement par luy reveuz, amendez et corrigez. Epistre de justice a l'instruction et honneur des ministres dicelle. Le chappelet des princes. — Ballades morales. Deploration de leglise excitant les princes a paix. (A la fin :) *Imprimez a Poictiers par Jacques Bouchet à la Celle le XV iour daougst lan* 1525, in-4, goth.

Cette édition n'est pas la première, mais elle doit être plus ancienne que celle de la *Veuve Jehan Jannot*, s. d., qu'indique M. Brunet. L'exempl. Girardot de Préfond, vendu 18 livres en 1757, a été revendu 100 fr. chez Huillard, puis 150 fr. chez M. Potier ; un exempl. en 1864 à une vente de Techener, 60 fr.

— LE PANEGYRIC du Cheuallier sans reproches (Louis de la Trimouille). *Poictiers, Jacques Bouchet*, 1527, pet. in-4, goth. [13350]

Au titre se trouve la marque de Marnef ; au bas du titre, 10 vers latins ; au v°, une figure en bois.

En *mar.* de Duru, 355 fr. Yéméniz ; 140 fr. W. Martin.

— LES ANCIENNES et modernes Généalogies des Roys de France. *Imprimez à Poictiers, Jacques Bouchet*, 1531, pet. in-4, goth, fig. et portr. s. b. [23233]

En *mar.* de Capé, 75 fr. Solar.; 65 fr. W. Martin ; 150 fr. Potier (1870).

— LES ANCIENNES et modernes Généalogies... *Poictiers, Jacq. Bouchet*, 1535, in-4, goth, 57 portr. gr. s. b.

En *mar.* de Duru, 187 fr. Solar ; 62 fr. Yéméniz.

— LES ANCIENNES et modernes Généalogies des Roys de France... *Paris, Arnoul et Charles les Angeliers*, 1539, in-8, goth.

En *mar.* de Trautz, 275 fr. Potier.

— LES GÉNÉALOGIES, effigies et épitaphes des Roys de France..... *Poictiers, Jacques Bouchet*, 1545, pet. in-fol., lettres rondes.

En *mar.* de Duru, 220 fr. Solar ; 255 fr. Cailhava ; Un ex. médiocre, 31 fr. Turquety.

— L'histoire et cronicque de Clotaire... *Poictiers, Enguilbert de Marnef*, s. d. (1517), in-4, goth. [23344]

L'exempl. Armand Bertin (735 fr.), acheté par ou pour M. Solar 900 fr. au libraire Techener, a été revendu 755 à M. Double, et à la vente de ce dernier porté à 1,400 fr.

— Les Triumphes de la noble et amoureuse Dame, et l'art de honnestement aymer, compose par le Traverseur des voyes perilleuses. *Nouuellement imprime à Paris. — On les vend en la rue Neufue Nostre Dame, a lenseigne S. Iehan Baptiste, pres saincte Geneuiefue des Ardens, par Denys Ianot.* M. D. XXXiiij, in-8, goth. [13352]

Édition non citée ; 101 fr. cat. Grandjean d'Altevilie.

— LES TRIUMPHES de la noble et amoureuse dame. *Paris, au clos Bruneau*, 1537, in-8, goth.

65 fr. W. Martin.

— LES TRIUMPHES de la noble et amoureuse dame. *Paris, Estienne Caveiller*, 1539, in-8, goth., de XII-390 ff.

130 fr. Germeau ; 72 fr. W. Martin.

— LES TRIUMPHES de la noble et amoureuse dame. *On les vend à Paris par Oudin Petit*, 1541, pet. in-8, goth.

En *mar.* de Capé, 72 fr. Desq.

— LES ANGOYSSES et remedes Damours. *Poictiers, Iehan et Enguilbert de Marnef*, M.D.XXXVI. Pet. in-4, goth., fig. s. b. [13356]

En *mar.* de Duru, bel exempl., 305 fr. Solar ; en *mar.* de Duru-Chambolle, 300 fr., baron Pichon.

— LES ANGOISSES et remèdes d'amours. *Rouen, Abr. Cousturier*, 1599, pet. in-12.

En *mar.* de Duru, 45 fr. W. Martin ; 31 fr. Turquety.

— LE JUGEMENT poetic de l'honneur feminin. *Poictiers*, 1538, *par Jehan et Enguilbert de Marnef frères*, in-4, avec 11 grav. s. b. de la grandeur des pages, dont 4 signées de la croix de Lorraine. [13357]

En *mar.* de Clarke, 292 fr. Solar ; en anc. rel. *mar.*, 300 fr. Double.

— EPISTRES MORALES et familières du Traverseur. *Poictiers, chez Jacques Bouchet*, 1545, 2 part. en un vol. in-fol. [13358]

Les deux parties, l'une pour les *Epistres morales*, l'autre pour les *familières*, ne sont pas souvent réunies. Ces épistres sont intéressantes, voir surtout l'*Epistre à gens de tous mestiers et arts méchaniques* et l'*Epistre aux imprimeurs*; dans cette dernière, Bouchet donne la liste de ses ouvrages.

En *mar.* de Lortic, 104 fr. Solar; en *v. f.*, 82 fr. Techener; en *mar.* de Capé, bel exempl. mais incomplet des *Epistres familières*, 40 fr. Potier (1865); en *mar.* de Duru, 100 fr. baron Pichon; rev. 310 fr. Potier (1870).

— Les annalles Dacquitaine, faictz et gestes en sommaire des roys de France et Dangleterre et du pays de Naples et de Milan. — Et sont à vendre à Paris, en la rue Saint-Jacques, deuant S. Yues, et à Poictiers, deuant le Pallayz au Pellican, par Enguilbert de Marnef. Et à l'imprimerie à la celle et deuant les Cordeliers, par Jaques Bouchet, imprimeur. (A la fin :) *Cy finissent les Annales Dacquitaine, faictz et gestes des roys de France dignes de mémoire; auec les antiquités de Poictiers et la vie de sainct Hilaire et de sainct Guillaume, comte de Poictou; recueilliz des anciennes et approuvées histoires et de plusieurs pancartes par maistre Jehan Bouchet, procureur à Poictiers. Et imprimées audict lieu pour maistres Enguilbert de Marnef et Jaques Bouchet le... iour du moys de... lan mil cinq cens vingt et quatre.* In-fol. goth. [24667]

Première édition, extrêmement rare, dont deux exempl. sont à la Bibl. nationale.

— LES ANNALLES Dacquitaine.... nouuellement corrigées auec aucunes additions de la duché de Bourgogne et comté de Flandres (au bas du titre on lit :) Et sont à vendre à Paris en la rue Saint-Jacques deuât Saint-Yues, et à Poictiers à la Celle et deuant les Cordeliers par Jacques Bouchet, imprimeur. (Au v° du dernier f. :) *Cy finissent.... par Mr Jean Bouchet, procureur à Poictiers et imprimées audict lieu pour maistres Enguilbert de Marnef et Jacques Bouchet, libraires iurés de luniuersité dudit lieu, le tiers iour du moys de mars, lan mil cinq cent XXV. In-fol., goth., avec* ch. et sign.

— Les mêmes. *S. l. n. d.*, in-fol. goth.

— Les mêmes. *Poictiers, J. Bouchet*, in-fol. goth. Le titre porte : Les correctes et additionnées Annales Dacquitaine,... nouuellement corrigées et additionnées par l'acteur mesmes jusques a lan mil cinq cens trente et ung.

— Les mêmes, revues et corrigées par lacteur mesmes jusques en lan mil cinq cens trente et cinq, et de nouvel jusques en lan mil cinq cens XXXVI. *Paris, G. du Pré*, 1537. In-fol. goth.

— Les mêmes, revues jusques en lan mil cinq cens XXXVII. *Paris, Richard du Hamel*, 1537. In-fol., goth.

— Les mêmes, reveues... jusques en lan mil cinq cens quarante. *Paris, A. Girault*, 1540. In-fol., goth.

Suivre au *Manuel*.

— EPITRES, élégies, épigrammes et épitaphes composées sus et pour raison du décès de feue.. Renée

de Bourbon... *Poictiers*, 1535, *J. et Eng. de Marnef*, in-4, goth.

Ex. Bertin, en *mar.* de Niédrée, 406 fr. Solar, pour le duc d'Aumale.

— LES TRIOMPHES du tres chrestien... roy de France, François premier de ce nom, contenant la différence des nobles. *Poictiers, Jean et Enguilbert de Marnef frères*, 1549, in-fol.

40 fr. W. Martin.

— LA FLEUR et triomphe de cent et cinq rondeaulx, voy. RONDEAULX.

BOUCHIN. Plaidoyer de Bouchin sur le faict d'un prétendu Impubère, accusé pour avoir dit qu'une femme mariée avait esté trouuée à diuerses fois auec son curé qui la connaissait charnellement. *Dijon*, 1618, in-8.

Cette pièce piquante n'a été vendue que 1 liv. 10 s. chez Gersaint en 1750; aujourd'hui dans une reliure de Trautz-Bauzonnet, et figurant dans un bon catal., ornée d'une de ces notes dont M. Potier avait le secret, elle dépasserait peut-être cent francs.

BOUCLIER (Le) d'Estat et de justice (par le baron de l'Isola). *S. l.*, 1667, pet. in-12.

M. Brunet (*collection elzevirienne*) nous dit que trois éditions de ce livre ont été imprimées en Hollande et que l'une d'elles, ayant 251 pp. en très-petits car., peut bien avoir été imprimée par les Elzevirs.

L'une de ces éditions, au moins, a été exécutée en Suisse au château de Duilliers, dans le canton de Vaud, par Widerhold; cette impression donna même lieu à un procès qui fut intenté par le gouvernement genevois à l'imprimeur, pour contravention aux règlements sur l'imprimerie.

On trouve aux registres du conseil (*Archives de Genève*), l'arrêt suiv. du vendredi 17 avril 1688 : « Vû la requête du Sr J. H. Widerhold, aux fins qu'il plaise au conseil de le décharger de l'amende de 500 écus à laquelle il a été condamné pour l'impression d'un petit livre int. : *le Bouclier d'estat et de Justice*, vû qu'il se veut publiquement en France.... ladite amende a été modérée à cent escus, et ordonné qu'il sera censuré. »

On sait que l'imprimerie de Duilliers contrefaisait les éditions elzeviriennes, et appliquait la sphère, l'une des marques des célèbres imprimeurs, à ses produits.

BOUFON (Le) de la cour, ou Remède préservatif contre la mélancolie. *Paris, Claude Barbin* (*Hollande*), 1695, pet. in-12.

En *mar.* de Belz-Niédrée, 29 fr. Desq.

BOUJU (de), surnommé de Beaulieu. Cartel de deffy envoyé à Du Moulin sur le point de la cêne et des marques de la vraye Eglise. *Genève*, 1625, in-8.

Diatribe catholique des plus virulentes.

BOUKVAR yazika slavenska. Syllabaire de la langue slavonne, suivi d'instructions nécessaires à ceux qui veulent apprendre à lire l'Ecriture sainte. *Publié et imprimé par les soins des moines du couvent du Saint-Esprit, de Vilna,*

1640, pet. in-8, composé d'un titre et de 36 ff., à longues lignes, en car. cyrilliques.

Le titre est entouré d'une bordure sur bois, et le corps d'ouvrage est orné de nombreuses vignettes ; au v° du titre et dans l'intérieur du vol., 6 planches, de la grandeur des pp., représentent les Évangélistes, David, la résurrection de Lazare et le crucifiement de Jésus.

Livre presque inconnu, porté à 100 fr. au cat. Maisonneuve.

— BOUKVAR yasika slavenska... Abécédaire de langue slavonne, c'est-à-dire commencement d'instruction pour les enfans qui veulent apprendre la lecture de l'Écriture sainte. Publié par ordre de Joakim, patriarche de Moscou, et dédié à la princesse Feodora Alexiévitch. *Imprimé dans la grande ville de Moscou*, 1679, in-8, de 104 ff., y compris le titre ; imprimé en rouge et noir.

Cette édition est à peu près aussi rare que la précédente, et est portée au même prix par M. Maisonneuve ; dans un cat. suivant elle descend à 50 fr.

BOULLAY (*B.*). Le Tailleur sincère, contenant ce qu'il faut observer pour bien tracer, couper et assembler toutes les principales pièces qui se font dans la profession de tailleur, par le sieur B. Boullay. *Paris*, 1671, in-8, fig. s. b. portrait. [10269]

En *mar.* 52 fr. Solar.

— LE TAILLEUR sincère. *Paris*, 1673, in-8, fig. et portr. s. b., 1 ⚤ 4 ** Gersaint.

BOULLAY (*Emond* du). Les Généalogies des tres illustres et tres puissans princes les ducz de Lorraine, Marchis, avec le discours des alliãces et traictez de mariages en icelle maison de Lorraine, iusques au duc Françoys, dernier décédé. *Paris, pour Vincent Sertenas*, 1549, pet. in-8, de 72 ff., blasons gr. s. bois. [24890.]

30 fr. (1868) ; une partie de l'édition porte : *Gilles Corrozet*. M. Brunet a laissé glisser une erreur à la col. 1172 de son premier vol.; la note dans laquelle il relève la modicité du prix qu'a obtenu l'exempl. du duc de la Vallière s'applique à ce vol. de Du Boullay et non point au : *Dialogue en forme d'argument.*

BOULOESE (*Jehan*). Le Manuel de l'admirable Victoire du corps de Dieu sur l'esprit maling Beelzebub, obtenue à Laon, lan 1566... prins pour l'extraict et souverain sommaire de toute l'histoire notoire par les hérétiques, impugnée et publiquement avérée par la veuë de plus de cẽt cinquante mil personnes... *Paris, D. du Val*, 1575, in-16.

Le *Manuel* ne cite pas cette édition.

— Celle de 1578, *Nic. Chesneau*, in-4, est de XL ff. lim. et 787 pp.

BOVNIN (*Gabriel*). Les ioyes et allegresses pour le Bienveignement de Francoys fils de France ès ville de Bourges. *A*

Bourges, chez Pierre Bouchier, 1576, in-4.

Pièce des plus rares.

— TRAGÉDIE sur la defaite et occision de la Piaffe et la Picquorée et hannissement de Mars. *Lyon, B. Rigaud*, 1579, in-8, de 32 pp. [16297]

95 fr. baron Pichon.

M. Brunet indique une édit. de Paris sous la même date.

BOURBON (Fr. *Jacques*, Bastard de), commandeur de Sainct Mauluiz... La grande et merueilleuse et très-cruelle oppugnatiõ de la noble cité de Rhodes... *Cy finist le present liure.... imprime a Paris pour... Gilles de Gourmont par maistre Pierre Vidoue*, 1525, pet. in-fol., goth. [21990]

En *mar.* de Duru, 205 fr. Solar, pour M. Didot.

— La même, *imprimée à Paris par honneste personne Gilles de Gourmont l'an mil cinq cens* XXVI, in-4, goth.

En *mar.* de Niédrée, 205 fr. Yéméniz.

— La même..... *imprimée par le commandement du dit seigneur l'an mil cinq cens vingt et sept*, pet. in-fol., lett. rondes.

En *mar. bl.* de Duru, 300 fr. baron Pichon.

BOURDIGNÉ (*Jean* de). Cronicques d'Anjou.... *imprimées à Paris pour Anth. Couteau, l'an* 1529, in-fol., goth. [24409]

Avec la marque de Galliot du Pré au dernier f.

167 fr. Solar ; rev. 200 fr. Huillard ; en *v. f.* de Capé, 142 fr. Potier, (1865) ; en *mar.* de Duru (bel exempl.), 121 fr. Desq ; en anc. rel. du XVI° s., 110 fr., Chedeau, et rev. 76 fr. Potier (1872), les marges du haut étaient en mauvais état ; en *mar.* de Thompson, 230 fr. Potier ; un exempl. grand de marges, 400 fr. Tross (1875).

BOURDIN (*Jacques*). Les Phrases latines d'Aldus Manutius. *A Paris, chez Gervais Mallot*, 1557, in-16. 10 à 12 fr.

BOURDIN (*Nic.*). L'Uranie de messire Nicolas Bourdin, Chevalier, seigneur de Villennes, ou la traduction des quatre livres des jugemens des Astres de Claude Ptolémée .. (en vers). *Paris, Cardin Besongne*, 1640, pet. in-12.

En *mar.* à comp., rel. du temps, 40 fr. baron Pichon.

BOURG (*Pierre*). Paraphrase en vers françois sur les CL. psaumes de David, par noble Pierre Bourg, conseiller de S. A. de Mantoue, duc de Nivernois. *S. l.* 1655, in-8.

A la fin, diverses poésies, entre autres des stances d'Adam Billaut, adressées à l'auteur ; un exempl. incomplet, mais annoncé comme ayant appart. à la reine Marie-Antoinette, avec son nom autogr., figure au cat. des livres de l'abb. de Six, en Faucigny.

BOURGEOIS, dite Boursier (*Louyse*). Observations diuerses sur la stérilité... *Paris, A. Saugrain*, 1609, pet. in-8, 121 ff.; le volume se termine par une table de 50 chapitres [7586]

— Autres éditions: *Paris, A. Saugrain*, 1617, in-8. — *Paris, Melchior Mondiese*, 1626. — *Rouen, Vve Thomas Doré*, 1626 : ces éditions de 1626 sont augmentées de deux nouvelles parties. — *Paris, J. Dehoury et Henri Ruffin*, 1651, 1652 et 1653 ; ces éditions renferment de plus l'*Instruction à ma fille* et le *Récit véritable de la naissance des enfants de France*.

— LES SIX COUCHES de Marie de Médicis, reine de France et de Navarre, racontées par Louise Bourgeois, dite Boursier, sa sage-femme. Étude biographique, notes et éclaircissements par le docteur Achille Chereau. *Paris, L. Willem, P. Daffis*, 1875, petit in-8, 161 pp., 2 portraits.

Tiré à 325 exempl., dont 22 sur véritable papier de Chine et 3 sur parchemin.

BOURGEOYS (*Loys*). Psalmes 83 de Dauid en musique à 4, 5 et 6 parties. *Paris, Antoine Le Clerc*, 1561, in-4 oblong.

— LE DROICT Chemin de musique. *A Geneve*, 1550, in-8.

Nous ne trouvons ces deux vol. cités qu'aux divers catal. des Foires de Francfort; c'est dire que nous les croyons extrêmement rares, sinon totalement perdus.

BOURGES (*Jean* de). Commentaire sur le liure de la nature humaine, faict par Hippocrates. *A Paris, Sulpice Mérenget*, 1548, in-16.

Ce petit volume fort rare est le premier qui soit sorti des presses de cet imprimeur, peu connu; Lottin dit, en effet, que ce fut en cette année 1548 qu'il fut reçu imprimeur-libraire.

BOURGUET (*J.*). Livre de Taille d'épargne de goût ancien et moderne, propre pour les orfèvres, avec du petit relief sur les ouvrages en or d'orfévrerie et d'orlogerie, avec une breve explication, inventé et gravé par J. Bourguet, maistre orfèvre. *Paris*, 1725, in-8 oblong, de 12 ff. avec 52 sujets gravés, y compris un titre gr. en taille-douce.

Suite précieuse, dont un exempl. réuni à un recueil du même genre, a été porté à 180 fr. à la vente Gancia, en 1868.

Voici le titre de cette seconde suite :

- BRICEAU, maistre orfèvre à Paris. Recueil d'ornements, pour orfèvres, etc. *Paris*, 1709, in-8, obl., de VIII ff. avec 38 sujets gravés en taille-douce.

BOURLE (*Jacq.*). Adhordation au peuple de France de s'amender pour appaiser l'Ire de Dieu. *A Paris, chez Denys du Pré*, 1568, in-8.

— PRIÈRE à J.-C. pour la prospérité du roy Charles IX. *A Paris*, s. d., in-8.

— DÉPLORATION sur la mort du roy Charles IX. *A Paris, Jean Hulpeau*, 1574, in-8.

Toutes ces pièces sont rares, mais de peu d'importance et d'un prix médiocre.

BOURNEUF (de). L'Algouazil burlesque,

imité des visions de Quevedo-Villegas, accompagné du Jardin burlesque (en vers). *Paris, A. de Sommaville*, 1657, pet. in-8, 8 à 10 fr.

BOUSSARD (*J.*). Études sur l'art funéraire moderne dans ses conceptions les plus pratiques. *Paris, Baudry*, 1872, 20 liv. de 10 pl. 120 fr.

BOUTEROÜE (*Claude*). Recherches curieuses des monnoyes de France. *Paris, Edme Martin*, 1666, in-fol. [24104]

Un superbe exempl. en *gr. pap.*, relié en *mar.* par Padeloup, provenant du duc de la Vallière, 345 fr. prince Radziwill; un exempl. en *gr. pap.*, et dans une bonne rel. anc. en *mar.*, 200 fr. baron J. Pichon; revendu 130 fr. seulement Potier (1870).

BOUTON (Le P. *J.*). Relation de l'Établissement des François depuis l'an 1635, en l'Isle de la Martinique, l'une des Antilles de l'Amérique. Des mœurs des sauvages, de la situation et des autres singularitez de l'Isle, par le P. Jacques Bouton. *Paris, S. Cramoisy*, 1640, pet. in-8, de 4 ff. lim., et 141 pp. [28637]

Petit volume rare et recherché, 40 à 50 fr.; il est surtout intéressant à cause des détails qu'il donne sur les mœurs des Caraïbes.

BOUVIGNES. Miroir de la vanité des femmes mondaines, par le P. Louis de Bouvignes, prédicateur capucin. *Namur, Adrien la Fabrique*, 1675, pet. in-12. [1351]

Première édition d'un traité théologique fort naïf et fort curieux, dont M. Brunet a cité la 3e.

M. Potier avait vendu ce livre 35 fr. chez Veinant en 1860; mais une note piquante, comme cet éminent libraire excellait à les faire, l'a fait vendre 155 fr. chez M. de Chaponay, en 1863, et 169 fr. chez M. Desq, en 1866.

BOYM (Le R. P. *Michel*). Briefue relation de la notable conuersion des personnes royales et de l'estat de la religion chrestienne en la Chine... *Paris, S. Cramoisy*, 1654, in-8, de VI-75 pp. Au vo de la dernière p. l'extrait de privilége.

Relation curieuse et peu connue, 60 fr. cat. Porquet.

BOYSSAT (*P.*), seigneur de Licieu. Remerciement au Roy par les anoblis du Dauphiné, où est touché de la dignité de la noblesse... et de la proüesse et reputation des anciens Allobroges, qui sont à présent le bailliage de Viennois. *Paris, P. Pautonnier*, 1603, in-4.

Pièce rare et intéressante pour le Dauphiné.

BOYSSIÈRES (*Jean* de). Sonnets sur la mort et passion de Jésus-Christ, par Jean de Boissières (de Montferrand, en Auvergne), escuyer. *Paris, Laurens du*

Coudret, 1585, pet. in-8, de 8 ff. 7 fr.
Potier, 1872.

Les *Secondes œuvres poétiques* du même auteur, données à *Paris par Jean Poupy*, en 1578, sont in-12, et non pas in-4.

On connaît encore de ce pauvre poëte :

— LES ŒUVRES SPIRITUELLES. *A Lyon, chez Thibault Ancelin*, 1582, pet. in-12.

Est-ce le même Boyssières ou Boëssière qui a traduit l'Arioste?

— L'ARIOSTE Françoes de Jean de Boëssière, de Montferrand au Auuernie. *Lyon, Thibault Ancelin*, 1580, in-8.

Un exempl. raccomm. 8 fr. Turquety.

BRACCHESCO (*Giovanni*). Dialogue appelé le *Bois de la vie,* auquel est déclaré quelle fut la médecine par le moyen de laquelle les premiers Peres viuoient 900 ans; traduict de l'italien de Jean Bracchesco par Charles Garnier. *A Toulouse, chez Jacques Colomiez*, 1565, in-8.

Vol. rare et curieux ; 20 à 30 fr. L'original italien, non moins rare, est intit. :

— IL LEGNO DELLA VITA, nel quale si dichiara qual fosse la medicina, per la quale i primi Padri vivevano novecento anni, di Giov. Bracesco. *Roma, pel Dorico*, 1542, in-8.

« E un dialogo assai curioso », dit Haym.

BRACH (*Pierre* de). Poëmes. *Bourdeaux, S. Millanges*, 1576, in-4. [13796]

132 fr. Solar; en *mar.* de Koehler (ex. Ch. Nodier), 205 fr. Chaponay; 180 fr. Turquety | (1868); rev. 150 fr. Huillard; en vélin, 555 fr. W. Martin; en *mar.* de Koehler, 360 fr. Leb. de Montgermont.

— ŒUVRES POÉTIQUES de Pierre de Brach, sieur de la Motte-Montussan, publiées et annotées par Reinhold-Dezeimeris. *Paris, A. Aubry*, 1861, 2 vol. in-4, portr. et fig.

Belle publication tirée à 260 exempl., dont 60 sur papier vergé ; épuisé ; un de ces derniers exempl., en demi-rel., 61 fr. W. Martin.

BRACKENAU (*W. Höck* de). Mentagra, sive tractatus de causis praeservatis, regimine et cura morbi Gallici vulgo Malafrançosz, ingenio.. Wendelini Höck de Brackenau.. quem subsequitur tractatus de curandis ulceribus hunc morbum ut in plurimum consequentibus. *Argentinæ, Schott*, 1514, pet. in-4, de 56 ff. [7267]

Première édition d'un vol. curieux; l'auteur dit que la première apparition de ces syphilitiques date de 1444. 7 fr. (Vente Stengel, 1861.)

BRADIAMONTE. La historia de Bradiamonte, figliola di ‖ Carlo Magno di Franza. Nouamente stampata. (A la fin :) *Impresso in Milano per Rocho z Fratello da Ualle che sta in corduxo ‖ appresso alla speciaria del Montone, ad instantia de Meser ‖ Nicolo da Gorgonzola. Nel anno del Signor no‖stro miser Jesu Christo.* M.CCCCC. XXIII. ‖ a di. XXVII. *Februario.* (Suit la marque de l'imprimeur), pet. in-4, goth., à 2 col. 6 ff., grav. en b. au titre.

300 fr. cat. Tross, 1872.

BRANDIS (*Frantz Adam* von). Desz Tirolischen Adlers Immergrünendes Ehren-Kräntzell Oder Zusammen gezogene Erzhlung jeniger Schrifftwürdigisten Geschichten, so sich in den Zehen nacheinander gefolgten Herrschungen der Fürstlichen Graffschafft Tirol von Noë an, bisz auff jetzige zeit zugetragen. *Gedruckt zu Botzen, bey Paul Nicolaus Führer*, 1678, in-4.

Nobiliaire du Tyrol que ne cite pas Ebert; il est en deux parties : la 1re, de 3 ff. lim. et 234 pp., renferme 1 pl. contenant 10 blasons, une carte du Tyrol et le plan de la ville de Botzen (sic), gravée par l'auteur; la 2e partie, composée de 234 pp., renferme 11 pl. de blasons; le vol. se termine par 2 ff. de table.

BRANDT (*Sebastian*). Das narren Schyff. L'édit. de *Francfürdt-am-Mayn*, dont parle le *Manuel* (t. I, col. 1203), *durch Hermann Gülfferichen*, est de 1553. C'est un pet. in-8, de 158 ff. chiffrés, plus 2 ff. de table; gr. s. bois. [14493]

— STULTIFERA NAVIS Narragonicæ profectionis nunquam satis laudata navis. *Basileæ, J. Bergman de Olpe*, 1497, pet. in-4, de 159 ff., lett. rondes, fig. sur bois.

Voir au *Manuel* et ajouter : entre les ff. 144 et 145, on doit trouver 4 ff. non chiffrés, avec l'intit. : *De Fatuis Sagittariis;* ainsi complet, 37 fr. Favart.

— SALUTIFERA (pour stultifera) NAVIS... (*Lugduni*) *per Jac. Zachoni de Romano*, 1588, in-8, fig. s. b.

C'est 1498 qu'il faut lire.

En *mar.* de Bauzonnet-Trautz, 92 fr. Yéméniz.

— NAVIS STULTIFERA. *Parisiis (Marnef)* 1505, in-4, fig. s. b.

51 fr. Yéméniz.

— NAVIS STULTIFERA.... A Jac. Lochero latinitate donata. (*Basileæ*) *Nic. Lamparter*, M.CCCC.V (1506), in-4, goth., fig. s. b.

En anc. rel. *mar.* 76 fr. Chedeau.

— NAVIS STULTIFERA... *Parisiis (Marnef)*, 1515, in-4, goth., fig. s. b.

En *mar.* de Duru-Chambolle, 69 fr. Desq.

— LA GRĀT NEF des folz du mōde..... *Paris, Geoffroy de Marnef*, 1499, in-fol., fig. s. b.

150 fr. Yéméniz.

— LA GRAND NEF des folz des monde. *Lyon, Françoys Juste*, 1530, in-4, goth., fig. s. b.

En *mar.* de Duru, 205 fr., Chaponay; rev. 210 fr. Desq; en anc. rel. *mar.* 200 fr. Chedeau.

— STULTIFERA NAVIS.... the ship of Fooles, translated out of latin into english by Alexander Barclay, Priest. *S. l. (London, John Cawood)*, 1570, pet. in-fol., goth., fig. s. b.

200 fr. Tufton.

— MEMORABILES evangelistarum figuræ, cum versibus latinis Seb. Brandt... *ista tibi tradidit Thomas Phorcensis, cognomento Anshelmi...*, 1503, in-4, avec 15 grandes fig. en bois copiées de l'*Ars memorandi* xylographique.

En *mar.* de Rauzonnet, 190 fr. Brunet.

Sous un autre titre :

— HEXASTICHON Seb. Brant in memorabiles Evangelistarum figuras. *S. l.* (*Phorcheim*), 1502, in-4, fig.
s. b.

37 fr. Yéméniz ; en *mar.* de Duru, 102 fr. Tufton.

BRANTEGHEM (*Guilhelm* van). Leter-
nelle generation de Christ venant de
Père. *Paris, par Pierre Regnault*, 1541,
pet. in-8, de 1 f. pour le titre, 168 ff.,
110 ff. pour les Epistres, XVIII ff. pour
la table, et 60 grav. s. b.

C'est, sous ce titre, le même livre que « *la vie de
Nostre-Seigneur Jesus-Christ par figures* » ; voy.
au *Manuel.*

BRASCHA (Sanctus). Viagio a Jerusalem.
(*S. l. n. d.*, XVᵉ s.), in-4, de 58 ff. non
chif., sign. a-g 5, goth. [20529]

Cette édition est peut-être antérieure à celle de
1481, citée par M. Brunet, comme étant la première,
et qu'il omet de décrire ; elle se compose de 2 ff.
lim. contenant *Memorie de le Castelle*, de 58 ff.
sign. A.-G.; (la sign. G. par 10) et de 4 ff. dont le
dernier blanc ; la sign. H. 1 et 2 contient *Oratio
per santo Brascha* ; ce précieux vol. a été vendu £.
3. Sh. 5 Libri et porté par M. Tross en 1862 au prix
exorbitant de 450 fr.

BRAVO (*F.*). Opera me ‖ dicinalia, in q̄bus
‖ ⚕ plurima extant ‖ scitu medico ne ‖
cessaria in-4. 11. ‖ (*sic*) di‖gesta, quę pagina ‖ versa cŏtinentur, ‖ Authore Francis ‖ co Brauo Orsumē ‖ si doctore, ac
Me‖xicano medico. ‖ 1549. ‖ — *Mexici,
apud Petrum Ocharte, ‖ cum priuilegio.* Très-pet. in-4, goth , de IV ff.
lim., et 303 ff. chiffrés ; pl. gr. s. b.

C'est le premier livre imprimé en Amérique qui
contienne des planches de botanique ; il est orné de
très-belles initiales gr. s. bois. £. 8. Sh. 15. Libri
(1862).

BRAŸSSINGAR (de). La Tabulature d'Es-
pinete. *A Lyon, Jacques Moderne*, s. d.,
in-4 obl.

Vol. fort rare que nous n'avons point su trouver
dans Fétis, et dont les catal. des Foires de Francfort
nous donnent le titre, sans autre détail ; nous ne le
reproduisons qu'à titre de curiosité.

BRÉCOURT. La Nopce de village, comédie. *Paris, J. Guignard*, 1666, pet.
in-12, front., 6 ff. lim., 35 pp. [16463]

Cette édition originale est ornée de 8 belles planches gravées par le Pautre.

59 fr. Favart.

BREF Recueil de l'assassinat commis
en la personne du très-illustre prince
Monseigneur le prince d'Orange, comte
de Nassau, marquis de Vere, etc., par
Jean Jauregui, Espaignol. *A Anvers, en
l'imprimerie de Christophle Plantin*,
M. D. LXXXII, pet. in-4, de 32 ff. non
chiff. Le privilége est du 3 septembre
1581, au nom des États-Généraux.

— Le même (en Flamand). *T'Antwerpen, ten huyse*

van Christoffel Plantyn, 1582, in-4, de VIII — 22
ff.

BRÈS (*Guy* de). La Racine, source et fondement des Anabaptistes ou rebaptisez
de nostre temps. Avec... réfutations des
argumens principaux, par lesquels ils ont
accoustumé de troubler l'Eglise de Nòtre
S. J. C., et séduire les simples.... *S. l.*
(*à Lyon*) *chez Abel Clemence*, 1565,
in-8.

Vol. fort rare. 90 fr. Asher (1865).

— LA RACINE, source et fondement des Anabaptistes
ou Rebaptisez de nostre temps. (A l'Eglise de
N.S. J. C. qui est esparse ès-pays bas des Flandres,
Brabant, Hainault et Artois). *S. L., chez Pierre de
S. André*, 1595, pet. in-8, de VIII — 903 pp. 25 à
30 fr.

BRESCE (*Guy* de). Le Baston de la foy
chrestienne, propre pour rembarrer les
ennemis de l'Evangile... *S. l.* (*Genève*)
Imprimé par Guillaume Regnault,
1562, in-16.

Vol. fort rare. 15 à 20 fr. Il est probablement du
même auteur que l'ouvrage précédent ; ces irrégularités dans l'orthographe des noms se retrouvent fréquemment au XVIᵉ siècle.

BRESLAY (*Guy*). Dialogue du bien de Paix
et calamité de guerre. *Paris, Galiot
du Pré*, 1538, très-pet. in-8, goth.
[18622]

Le catal. du baron d'Heiss ne donne pas de date à
cette pièce fort rare ; elle a atteint à cette vente célèbre le prix de 13 livres 10 sous ; mais comme elle
était réunie à quatre autres pièces, tout aussi précieuses (entre autres « l'Hécatomphile, *de Paris,
Galiot du Pré*, 1534 »), il est permis de croire que
seule elle cût atteint à peine le cinquième de ce
prix, soit 2 ou 3 livres ; un exempl. aujourd'hui serait certainement payé cent fois ce prix.

Les catalogues des Foires de Francfort donnent
tantôt la date de 1528, tantôt celle de 1538.

BRESSANI (Fr. *Giuseppe*), Jesuita. Relazione de gli Missionarii della compagnia di Giesu, nella Nuova Francia. *Ma-
cerata, Grisci*, 1653, pet. in-4.

Pièce rare, que n'a pas citée M. Harrisse.

BRETONNAYAU (*René*). La Génération de
l'homme... *Paris, Abel Langelier*, 1583,
in-4. [13838]

En *v. f.*, 60 fr. Solar ; 42 fr. Chaponay (ex. Viollet
le Duc, 12 fr.) ; rev. 80 fr. Turquety ; en *mar.* de
Thompson, 149 fr. W. Martin.

BRETONNEAU (*Guy*). Poezographia,
dialogus præcipuas loquendi formulas
complectens quas inter ludendum in
qualibet palaestra, nostrates scholastici
frequentius usurpare solent, in gratiam
principæ Pontæsianæ juventutis, authore Guidoco Britonnello, Pontæsiano.
Parisiis, 1628, in-16, portr. gr. s cuivre.

Ce petit vol., en franç. et latin, traite des jeux des
écoliers au XVIIᵉ siècle ; il est fort curieux ; tous
nos jeux de collège s'y retrouvent, les barres, la tou-

pic, le ballon, le cheval fondu, etc.; il est dédié au cardinal de Richelieu ; l'auteur était principal du collége de Pontoise.

BRÉVIAIRE (Le) des amoureux, ou tableaux du tableau d'Amour (sic). Rouen, 1615, in-12.

A la bibl. Mazarine.

BREVIARIUM.

Nous suivons l'ordre alphabétique, comme au *Manuel.*

BREVIARIUM secundum usum majoris et Cathedralis Ecclesie Aptensis. Lugduni, D. de Harsy, 1532. pet. in-8, goth., car. rouges et noirs à 2 col., fig. s. b., et quelques-unes d'une grande finesse paraissant gr. sur métal en relief.

Ce livre est rare et assez précieux.

BREVIARIUM ad usum fratrum ordinis Cartusiensis. Venetiis, And. Thoresanus de Asula, M. CCCC. ICI (1491), très-pet. in-8, goth., à 2 col., de 24 ff. prél. et 371 ff. non chif., imp. en car. rouges et noirs, avec la marque du beau-père d'Alde l'Ancien, Torresanus de Asula, tirée en rouge.

150 fr. Tross. (1869).

BREVIARIUM CONSTANTINENSE. S. l. n. d. (Strasbourg ? 1470?) in-fol., car. semi-goth. et car. ronds, 532 ff. dont 2 blancs, à 2 col., sans ch., récl. ni sign. — Commence par un calendrier de 6 ff.; viennent ensuite 11 autres ff. lim., et le texte commence au f. 18.

Inconnu aux Bibliographes ; 600 fr. Tross. (1869).

BREVIARIUM in usum Ecclesie Gebennensis noviter impressum cum annotationibus historiarum in marginibus positis... Explicit breviarium.... Impressum Lugduni impensis Gabrielis Pomardi, Impressoris et librarii Lugduni. Anno Domini M. CCCCC. Xiij, die XXiij mensis novembris, pet. in-8, goth., à 2 col., car. rouges et noirs, fig. s. b., VIII ff. lim., pour le titre et le calendrier, et CCCXXXI ff. chiffrés.

Au vº du dernier f. se trouve la souscription, et au bas après le registre la marque de Gabriel Pomard, que nous retrouvons quelques années après exerçant à Genève et à Annecy.

Le seul exempl. connu de ce précieux bréviaire a été vendu 565 fr. Luzarche; il était extrêmement sale, usé, fatigué, mais bien complet.

BREVIARIUM Lochiense. Regalis et collegiate Ecclesie beatissime Dei genitricis et Virginis Marie Lochiensis sancte sedi apostolice immediate subjecte Breviarium. Loches. (A la fin :) Opera et labore calcographi ac bibliopole Mathei Chercele, in clarissima Turon. urbe impressa anno sesquimillesimo tricesimo

sexto (1536), 3 part. en un vol. in-8, goth., à 2 col., fig. s. b., car. rouges et noirs.

606 fr. vente Luzarche (1868) ; un exempl. beaucoup plus beau et plus grand, 1,000 fr. Taschereau. Ces deux exempl., nous dit M. Potier, sont jusqu'à présent les seuls connus.

BREVIARIUM Nidarosiense. Holae, Mathieson, 1531, pet- in-fol.

Premier livre imprimé à Hoolum, en Islande; l'imprimeur était Suédois ; il n'existait de ce livre qu'un seul exemplaire, lequel était conservé précieusement dans la bibliothèque d'Arnas Magnaeus à Copenhague; cette bibliothèque ayant péri dans le terrible incendie qui détruisit la plus grande partie de cette ville en 1728, ce livre précieux a disparu.

BREVIARIUM ordinis sancti Be‖nedicti de novo in monte ‖ pånonie Sancti Marti‖ni. Ex rubrica patrū ‖ melliceñ. Suña ‖ diligētia ex‖tractuɔ. Venetiis in edibus Petri Liechtenstein. Mandato Luce Alantse Librarii Wiennensis, 1519, pet. in-8, goth. de 501 ff. chiff. à 2 col. impr. en rouge et noir, fig. s. b. (à l'usage de l'abb. de Szent-Marton).

45 fr. 1869.

BREVIARIUM. Roemisch Brevier (Deutsch). — Gedruckt zu Venedig durch Gregoriū de Gregoriis, 1518, am letstē dag dessz monatz octobris, in-4, goth. fig. s. b., car. rouges et noirs. sign. A.-B., 16 ff., dont le 1er blanc. — Sign. a-ǧ, 25 cahiers de 8 ff. et 1 de 6 (206 ff.). — Sign. A.-Z, 22 cah. de 8 ff. et 1 de 6 (182 ff.). — Sign. Aa-Kk, 10 cah. de 8 ff (80 ff.) — Sign. AA.-DD, 3 cah. de 8 et un de 6. (30 ff), en tout 514 ff. dont le premier blanc.

M. Tross consacre à ce magnifique volume une notice intéressante, dans son IXe cat. à prix marqué de 1862.

Dans la préface, l'éditeur, Christophe Frangepan, prince de Zeng Vögel, nous apprend qu'il fut fait prisonnier par les Vénitiens et qu'enfermé en 1514 dans la prison de « Dorasel », il y était encore le 31 octobre 1518 ; ce fut là qu'avec l'aide de sa femme Apollonia, qui vint partager sa captivité, il fit imprimer ce vol., qui fut tiré à 400 ex., pour être offert aux personnes pieuses qui voudraient prier pour lui.

Ce vol. est très-irrégulièrement paginé ; il contient de nombreuses pl. gr. sur bois, entre autres au dernier f. une grande gravure reprès. le couronnement de la Vierge. 250 fr. (1862).

BREVIARIUM secundum usum alme Ecclesie Strigoniensis. Anno 1524. Venetiis in edibus Petri Liechtenstein, Michael Prischwiɔ, Librarius Budensis... excudi mandavit, pet. in-8, impr. en rouge et noir, fig. s. bois, de 16 ff. lim. et 488 ff. chif.

150 fr. Tross, (1868). .

Ce bréviaire à l'usage de Gran est d'une extrême rareté; le fait de l'impression à Venise des livres liturgiques du royaume de Hongrie prouve combien les relations, établies par Mathias Corvin avec l'Italie, avaient été sérieuses et durables; et pourtant depuis 45 ans la ville de Bude possédait un établissement typographique, mais, depuis la mort du libérateur de la Hongrie, il était presque abandonné.

BREVIS et admiranda Descriptio regni Guianae... *Nurembergae, impensis Levini Hulsii*, 1599, in-4 (cité par M. Brunet à l'art. *Schmidel*).

L'exempl. que nous avons vu chez M. Tross diffère de celui décrit par M. Brunet en quelques points essentiels; c'est un in-4, de 10 ff., avec une grande carte entourée de larges marges, deux planches pliées et une gravure au titre; M. Brunet veut qu'il y ait sept planches, dont l'une forme la moitié de la carte géographique; il y a évidemment là une erreur. Le vol. porte à la fin : *Noribergae, excudebat Christophorus Lochner, Anno Epochae christianae*, CIƆ. IƆ. XCIX. 80 fr. cat. Tross.

BREYDENBACH (*Bern.* de). Bern. de Breydenbach peregrinationum.. opus. *Per Erhardū Reüwich de trajecto inferiori impressum in civ. Moguntina* anno 1486... in-fol., goth., sans ch., récl. ni sign., fig. et cartes gr. sur bois. [20531]

40 fr. Yéméniz ; en mar. de Hardy-Mennil, 295 fr. Desq.

— DES SAINCTES PEREGRINATIONS de Jherusalem... *Imprime a Lyon par... Michelet topie de pymont... la...* 1488, in-fol. goth, à longues lignes, fig. et plans en taille-douce.

Un exempl. médiocre, n'ayant en original que la carte de la Terre sainte sur cuivre. 205 fr. Yéméniz.

— LE SAINT VOIAGE et pelerinage de la cité saincte de Hierusalem... *S. l.* 1489, in-fol., goth, fig. et cartes sur bois, copiées sur celles de Mayence, 1486.

En mar. de Niédrée, 205 fr. Yéméniz.

BRICE (*Germain*). Description nouvelle de ce qu'il y a de plus remarquable dans la ville de Paris, par M. B. *Paris, Vve Audinet*, 1685, 2 tom. en un vol. in-12.

Édition originale. 49 fr. Solar; cet exempl. avait été payé 22 fr. Lassus.

Il en a été fait la même année une réimpression en Hollande, *La Haye, chez Abraham Arondeus;* c'est une jolie édition en car. elzeviriens; en mar. de Duru, 110 fr. baron Pichon.

— La meilleure édition est celle de *Paris, libraires associés*, 1752 ; 4 vol. in-12, fig., 20 fr. Le Roux de Lincy ; 26 fr. vente P. D., pour la Bibl. nationale.

Cette édition a été publiée après la mort de l'auteur, avec des additions de Mariette pour les 3 premiers vol., et de l'abbé Perreau pour le dernier.

BRIÇONNET (*Guillaume*). Coram Julio secundo : maximo Pontifice : sacroq̄ cardineo collegio : pro christianissimo Francoꝛ rege Ludovico Xij, aduersus impudentem et parum consultū calūniatorē appologia : per reverendissimum D. D. Gulielmū Briçonnetum : Lodoviēsem meritissimum antistitem, Romae habita M. CCCCCVII. (A la fin :) *Impressum Lugduni impensis Vincentii de portonariis de Tridino de Monteferrato.*

Anno Domini M. CCCCC. VII. die XII mensis octobris, in-4, lett. rondes.

En mar. de Capé, 25 fr. Taschereau.

— Réimpr. : *Rothomagi, impensis Martini Morin*, anno 1507, *die XXVI oct.* in-8.

En anc. rel., 21 fr. même vente.

Cette pièce a été trad. en français :

— LA HARENGUE de Monseigneur de Lodeue (Guillaume Briçonnet) ꝓposee deuant Nostre Sainct Pere le Pape, trāslatee de latin en françois. *S. l. n. d.* (1507), in-4, goth., de 16 ff.

50 fr. même vente.

BRICOT (*Th.*). Tractatus insolubilium Mag. Thomae Bricot (au vᵒ une pl. s. b. repres. l'auteur en méditation). *Impressum Parisiis pro Johanne Petit*, 1511, pet. in-4, goth., à 2 col. (marque de l'imprimeur Fr. Regnault).

En mar. de Masson-Debonnelle, 60 fr. Ruggieri.

L'auteur fut chanoine de N.-D. et député de Paris aux Etats de Tours de 1506. Ce fut lui qui, après avoir demandé la répression des désordres des gens de guerre et la réforme de la Justice, décerna au roi Louis XII le glorieux surnom de *Père du peuple*, que l'histoire a confirmé.

BRIEF Discours gentil et proufitable sur l'excellence et antiquité du pays d'Anjou, et princes qui y ont commandé et en sont sortis, servant d'avantcoureur à l'histoire entière. Auec les regrets sur le trespas de monseigneur le maréchal de Cossé.... Y joint l'épithaphe de feuë Claude de Brie.... Par le sieur Dufau-Robin..... — *Paris, pour E. Richard*, 1582, in-8.

Pièce intéressante. 15 à 20 fr.

BRIEF Discours des singularitez de la terre du tres-hault et tout puissant roy, prestre Jehan ; ensemble, un Brief Récit de la naissance et vie d'un enfant monstre nay, apparu en la contrée de Colloze, trad. d'italien en françois. *Anvers, Ad. Lebriet*, s. d., pet. in-8.

On trouve là des lions verts, et des hommes cornus (cat. L'Escalopier). Cette pièce, malgré le désordre d'imagination qui en fait le fond, ou plutôt à cause de cette exubérance, est précieuse et fort recherchée.

BRIEF Racueil (*sic*) || des OEuures des dix com||mandemens. || Acheuez de lire : et || puis iuges. (A la fin :) Le nom du seigneur soit beneict. *S. l. n. d.*, pet. in-8, goth. de 12 ff. dont le dernier blanc, sign. A.-Biii.

Pièce protestante, impr. vers 1530; vaut auj. de 100 à 120 fr.; voir pour une pièce du même auteur inconnu : EXHORTATION AU PEUPLE.

BRIEFVE Description du royaume de Pologne, contenant la situation du lieu, les mœurs et façons de vivre polonnois; les archeueschez qui y sont, et autres singularitez, proprietez du pays. Recolligee par F. L. P. *Lyon, par Benoist Ri-gaud*, 1573 , pet. in-8. 38 pp. et un f. blanc.

Pièce rare. 20 à 25 fr.

BRIEFVE Instruction pour tous Estats, en laquelle est sommairement déclairé comme chacun en son estat se doit gouverner et vivre selon Dieu. *Paris, de l'Imprimerie de Philippe Danfrie et Richard Breton*, 1558, in-4. [3858]

En caractères de civilité.

M. Brunet indique (au mot : *Bref*) plusieurs édit. postérieures; celle-ci doit être la première; l'Epitre dédicatoire à *Jacqueline de Rohan, marquise de Rotelin*, est signée *Veilroc*, anagramme de *Girard Corlieu*.

205 fr. rel. en *mar.*, vente H. B. (*Potier*, 1873).

BRIGITA de Swecia (S^a). Prophetie Merueill‖ieuse de ma dame saincte Brigide, et iusques a ‖ present trouuee veritable despuis lan Mil. CCCC. ‖ LXXXiiij. iusques a ceste p̄sente annee Mil. CCCCC. ‖ XXVij. touchant lestat de leglise et le bras seculier... (A la fin :) *Imprime à Lyon le X iour de decem‖bre mil cinq cens. XXVij. avec le preuiliege et se ‖ vendēt en la maison de Jehan Clein pres le ‖ puys Pellu et deuant le Maillet dargent en ‖ la rue Merciere.* Pet. in-8, goth. [1513]

Première édition. M. Brunet indique, d'après le cat. Méon, une édit. de 1536, et nous citerons encore :

— PROPHÉTIE (La) merveilleuse de madame saincte Brigide, et iusques a present trouuee veritable depuis lan Mil CCCCLXXXIIII iusques a ceste presente annee Mil CCCCCXLV touchant lestat de leglise et le bras seculier, et durera ladicte prophetie iusques a lan Mil CCCCCLXVII translatee nouuellement de latin en françois. (A la fin :) *Imprime nouuellement a Lyon cheux Iaques Moderne*, 1545, in-16, goth., sign. A-Kiiii; au r° de dernier f. une fig. s. b., et au v° la marque de Jacques Moderne.

50 fr. Chedeau.

BRINON (*Pierre* de). Les sept Pseaumes poënitentiels de David, avec l'*Exaudiat* pour le Roy, mis en françois par Pierre de Brinon. *Rouen, J. Osmont*, 1626, in-4, de 29 pp.

Pièce omise par M. Frère. 5 à 6 fr.

BRIS (*Nicolas* de). Institution à porter les aduersitez du monde patiemment. *A Paris, chez Jean Loys*, 1542, pet. in-4.

— Bref Esguillon à aimer l'estat de religion chrestienne. *Paris, Viuant Gaultherot*, 1544, in-8.

Ces deux pièces sont rares, mais assez peu intéressantes, comme la plupart des élucubrations mystiques de ce temps.

BRITTI (*P.*). Dialogo fatto tra una Ruffiana procura con i suoi inganni da ri-

durla al mal operare : et la Putta schivandosi si difende et resta al fine vittoriosa, composto nuouamente da me Paolo Britti Cieco, da Venetia. *In Venetia, appresso Pietro Vsso*, 1628, pet. in-8 de 6 ff. à 2 col. avec grav. s. b. au titre.

Pièce rare et curieuse. 20 à 25 fr.

BRIXII (*Germani*), Altissiodorensis, Herueus siue Chordigera Flagrans. *Argentorati, ex aedibus Math. Schurerii*, 1514, pet. in-4, de 12 ff., dont le dernier bl., fig. en bois au titre.

Poëme latin de 300 vers hexam., célébrant la défaite des Anglais lors de leur descente en Bretagne; il est dédié à la Royne Anne de Bretagne. Lowndes ne le cite pas. (Voy. Joly, *Bibl. de Bourgogne*, I, 508.)

BROCARD ou Brochard (*Manuel*, I, col. 1270).

Nous trouvons aux catal. des Foires de Francfort, l'indication d'une traduction du voyage de ce religieux, qui semble avoir disparu :

— BONAVENTURE Brochard. Description de la Palestine et de la Terre saincte. *A Paris, par Jean Le Clerc*, s. d., in-8, goth.

BRODEAU (*Victor*). Les Louanges du sainct nom de Jésus... plus une Espistre d'ung pescheur à J.-C., faicte par le dict Brodeau. *A Lyon, chez Estienne Dolet*, 1544, pet. in-8, goth.

Édition fort rare ; elle est comprise au nombre des livres censurés et proscrits par l'université de Paris, d'après l'édit. du roi, donné à Châteaubriand. (Voy. *Catal. des livres examinez et censurez ; Paris*, 1551, pet. in-8.)

BROOKE (Sir *Robert*). Ascun nouell cases de les ans et temps le Roy, Hen. VIII., Edw. VI. e la Royne Mary escrié, ex la grand abridgement... icy collected sub ans. *London, R. Toltelli*, 1578, pet. in-8, de 166 pp. et une table à la fin.

Très-curieux petit volume qui offre cette particularité d'être rédigé en trois langues, l'anglais, le français et le latin ; ce qui fait le plus bizarre amalgame.

Il a été réimpr. en 1587 et 1597, in-8, et vaut en Angleterre de 25 à 30 fr.

BROWN (*Ch. Philip*). A Dictionary Telugu and English, and English Telugu, explaining the colloquial style used in business, and the poetical dialect; with explanations in English and in Telugu, also with the pronunciation of English words. *Madras*, 1852, 2 vol. in-4.

Dictionnaire très-important pour l'étude des dialectes de l'Hindoustan. 160 fr. Maisonneuve.

— A DICTIONARY of the mixed dialects and foreign words used in Telugu, with an explanation of the Telugu Alphabet. *Madras*, 1854, gr. in-8. 18 fr.

— THE PROSODY of the Telugu and Sanscrit languages explained. *Madras, college Press*, 1827, in-4 20 fr.

— DIALOGUES in Telugu and English with a grammatical analysis. *Madras*, 1853, in-8. 12 fr.

BRUGMAN (*Joannes*). La Vie admirable tressaincte et miraculeuse de madame saincte Oteli, escrite en langue latine par F. Jean Brvgman, et mise en françois par W. Walrand. *Douay, Balth. Bellère*, 1599, in-8.

M. Brunet nous donne le titre et la souscription du livre célèbre de Johan Brugman, « *Vita Lydwi- nae Sciedammitæ* » *Sciedammis*, 1498, in-4; voici la description du vol.; c'est un in-4, goth., de 124 ff., à 28 lignes à la p. entière, avec fig. xylogr., sans ch., réc. ni sign.; à la fin deux pl. sur b., dont la dernière porte, avec les armes de la ville, l'inscrip- tion : a

SCHIEDAM. || *in Hollandia* ».

M. Holtrop signale plusieurs éditions anciennes de ce volume impr. en Hollande, et particulièrement à Delft.

BRUN (*Andres*). Arte muy provechoso para aprender de escribir perfectamente. Hecho y experimentado por el Maestro Andres Brun, infanzon, vecino y natural de la ciudad de Zaragoza... *En Zara- goza, por Iuan de Larumbo, año de* 1612, in-fol, 2 ff. de texte, et 48 plan- ches de modèles d'écritures gravés sur bois.

BRUNES (*Joh.* de). Emblemata (en hol- landais). *T'Amsterdam bii Ian Evert- sen Kloppenburch*, 1636, in-4, de VI ff. lim. et 378 pp.

Très-charmantes fig. grav. sur cuivre dans le genre de Crispin de Passe; il s'y trouve des pièces de poésie française.

BRUNET (*J.-Ch.*). Manuel du libraire et de l'amateur de livres, 5e édition originale en- tièrement refondue et augmentée d'un tiers par l'auteur. *Paris, Didot*, 1860-1865, 6 tom. en 12 vol., gr. in-8, à 2 col. 120 fr.

L'éclatant succès qui a accueilli cette dernière et excellente édition d'un ouvrage classique nous dis- pense de nous étendre sur la méthode qui a présidé à ses divisions ; c'est incontestablement le plus vaste et le plus utile des monuments érigés à la gloire de la typographie, le plus indispensable des diction- naires mis au service de cette passion ardente et noble qu'on appelle la bibliophilie; son illustre et vénérable auteur a pu jouir encore pendant quel- que temps du succès de son œuvre gigantesque; il s'est éteint plein de jours, entouré de la considéra- tion universelle, le 14 novembre 1867, et le vide qu'il a laissé dans les rangs éclaircis des bibliogra- phes ne sera pas comblé de sitôt.

Les exempl. du *Manuel*, tirés au nombre de 150, sur grand papier vergé de Hollande, et du format in-4, atteignent dans les ventes le prix de 350 à 400 fr.

BRUNET (*Gustave*). Recherches sur diver- ses éditions elzéviriennes faisant suite aux études de MM. Bérard et Pieters, extr. des papiers de M. Millot. *Paris, Aubry*, s.d., pet. in-8, pap. vergé.

Vol. intéressant, tiré à 250 ex. numérotés, 6 fr.; sur pap. de Chine, 12 fr.

— IMPRIMEURS imaginaires et libraires supposés. Études bibliogr. suivies de recherches sur quelques ouvrages imprimés avec des indications fictives de lieux ou avec des dates singulières. *Paris, Tross*, 1866, in-8, de 290 pp. (épuisé).

— LA FRANCE littéraire au XVe siècle, ou catal. rai- sonné des ouvrages en tous genres impr. [en lan- gue française jusqu'à l'an 1500. *Paris, Franck*, 1865, pet. in-8 de VIII — 265 pp. tiré à 300 exempl. sur pap. vergé, 10 sur pap. vélin, 10 pap. chamois, 2 pap. de Chine.

Voy. aussi BARBIER, QUÉRARD, etc.

BRUNET (*Pierre*). Tablature de Mandorre. *A Paris, Adrian le Roy*, 1578, in-4.

C'est un des innombrables recueils d'airs notés ou livres de musique, qui ont presque disparu ; nous ne trouvons celui-ci indiqué que par les catal. des Foi- res de Francfort.

BRUNI (*Enrico*). I Rilievi delle urne etrus- che, publicati a nome dell' Instituto di correspondenza archeologica. *Roma*, 1870, in-4, t. Ier, 99 pl., 75 fr.

BRUNO (*Joh.*). Memoriale institutionum quod librorum in titulos, et singulos eorum paraphos, itemque duorum ex Digestis co- piosissimorum titulorum de verborum significatione, et de diversis regulis juris leges singulas emblematibus et imagini- bus ita efficta continet... Excogitavit, et communis boni causâ edidit Johannes Bruno, praefationibus artificii hujus ra- tiones explicantur, ipsiusque operis usus ostenditur. *Ratzeburgi, typis exscripsit Nicol. Nissen*, 1672, in-4.

Ce livre de jurisprudence est orné de planches sur bois d'une rare extravagance. 150 fr. de Mo- rante.

BRUSCAMBILLE. — Les fantaisies de Bruscambille..., *Paris, Jean de Bor- deaulx*, 1612, pet. in-8. [17841]

En *mar.* de Trautz, exempl. raccommodé, 110 fr. Solar; sous le titre de : *Paris, Jean Millot*, in-8, avec 4 ff. réemmargés, 32 fr. Auvillain ; en *mar.* de Duru-Chambolle, 40 fr. Potier.

— LES FANTAISIES. *Paris, Jean Millot*, 1615, in-8.

En *mar.* de Trautz, 210 fr. Solar; en *mar.* de Bauzonnet, 130 fr., de Chaponay ; en *mar.* de Hardy, 88 fr. Potier.

— FANTAISIES..... *Rouen, Th. Malard*, 1618, pet. in-12.

En *mar.* de Duru, 45 fr. Chedeau; court de mar- ges, 32 fr. Auvillain ; en *mar.* de Koehler (ex. Ber- tin) 21 fr. Huillard.

— LES FANTAISIES de Bruscambille.... *Lyon, Chas- tellard*, 1622, in-12.

En *mar.* de Duru, 84 fr. Solar; 52 fr. Desq; en *mar.* de Duru, 60 fr. Potier.

— FANTAISES (*sic*). *Paris (Holl. Elzev.)*, 1668, pet. in-12.

En *mar.* de Bauzonnet, 120 fr. Solar; en anc. rel. *mar.* 150 fr., Chaponay ; en *mar.* de Thouvenin, 70 fr. Chedeau ; en *mar.* (ex. du marquis du Roure), 65 fr. Auvillain ; double, en *mar.* de Duru, 90 fr. même vente; en *v. gr.* 40 fr. Brunet, rev. 36 fr. Potier ; en *mar.* de Niédrée, 46 fr. Tufton ; en *mar.* de Cham- bolle, 78 fr. Leb. de Montgermont.

— Les Nouvelles et Plaisantes Imaginations... *Paris, François Huby*, 1613, in-12.

Première édit. fort rare; un exempl. court et taché, 7 fr. Auvillain; un bel ex. relié par Bauzonnet, 107 fr. Morel de Lyon.

— LES NOUVELLES et Plaisantes Imaginations.... *A Bergerac, chez Martin la Babille*, 1615, pet. in-12.

En *mar.* de Trautz, très-bel ex. 160 fr. Solar; en *mar.* de Duru, 103 fr. Cailhava.

— NOUVELLES et Plaisantes Imaginations. *Jouxte la copie impr. à Paris, chez F. Huby*, 1617, pet. in-12.

18 fr. Chedeau ; en vélin, 25 fr. Auvillain ; avec les Plaisants Paradoxes. *Rouen, Mallard*, 1617, in-12. 10 fr. baron J. Pichon.

— ŒUVRES..... *Paris, Claude Collet*, 1619, in-12.

En *mar.* de Bauzonnet (ex. Nodier), 68 fr. Auvillain.

— ŒUVRES..... *Rouen, M. de la Motte*, 1626, pet. in-12.

En *mar.* de Trautz, 92 fr. Auvillain.

— ŒUVRES..... *A Rouen, chez R. Séjourné*, 1629, in-12.

51 fr. Solar.

— ŒUVRES... *Lyon, Jean Huguetan*, 1634, in-12.

En *mar.* de Trautz (bel exempl.), 180 fr. Solar; avec le nom de *Cl. Chastellard*, comme libraire, en *mar.* de Hardy, 49 fr. Leb. de Montgermont.

— ŒUVRES.... *Rouen*, 1635, in-12.

En *mar.* de Duru, 95 fr. Cailhava; en anc. rel. *mar.*, 170 fr. Chaponay; en anc. rel. (ex. Nodier et d'Essling), 90 fr. Desq; en anc. rel. 30 fr. Auvillain.

—PROLOGUES non tant superlifiques que drolatiques nouvellement mis en veuë. *Imprimé à Rouan*, 1610, in-12.

Première édit. de l'une des plus rares facéties de Deslauriers dit *Bruscambille*.

L'exempl. A. Bertin, 49 fr. Solar.

— DISCOURS facécieux et très-récréatifs pour oster des esprits d'un chacun tout ennuy et inquietude. *Imprimé à Rouan*, 1610, pet. in-12.

Exempl. Ch. Nodier, 157 fr. Desq.

— PROLOGUES tant sérieux que facécieux avec plusieurs galimatias, par le sieur D. L. *Paris, chez Jean Millot*, s. d., in-12, tit. gr.

Cette édit. rare renferme 33 prologues ; le dernier est le *Prologue du Cul*. Des Lauriers est nommé dans le privilège daté de 1610.

En *mar.* de Bauzonnet (joli ex.), 150 fr. Auvillain ; revendu 250 fr. Huillard.

— PROLOGUES tant sérieux que facécieux. *S. l.*, 1610, in-12.

Ex. Ch. Nodier, 36 fr. Auvillain.

— FACÉTIEUSES PARADOXES de Bruscambille... *Jouxte la cop. impr. à Rouen, chez Th. Mallard*, 1615, pet. in-12.

En *mar.* de Trautz, 80 fr. Solar; en anc. rel., mais avec les armes de Coislin ajoutées, 82 fr. Desq; il avait été payé 73 fr. chez M. Auvillain.

— PLAISANTS PARADOXES..... *Lyon, Claude Chastellard*, 1622, in-12.

Un exempl. très-court, 5 fr. Auvillain ; 10 fr. Morel de Lyon.

— PÉRIPATÉTIQUES RÉSOLUTIONS et remonstrances... *A Lyon, prins sur la coppie impr. à Paris, chez Va-du-Cul, gouverneur des singes*, 1619, in-8.

En *mar.* de Bauzonnet (ex. Nodier), 55 fr. Solar.

— LES PLAISANTES IDÉES du sieur Mistanguet..... parent de Bruscambille... *Paris, Millot*, 1615, in-8.

En *mar.* de Bauzonnet-Trautz, 60 fr. Chedeau.

BRUSLEMENT des moulins des Rochelois. La défaicte de M. de la Noue. Et la blessure de Montpouillant. Ensemble la conuersion du ministre de Touars et de son fils. *Paris, Ant. Vitray*, 1621, pet. in-8, de 14 pp.

BRUYN (*Abr.* de). Costumes civils et militaires du XVIᵉ siècle. [9607]

Une reproduction fac-simile de la précieuse édition de 1581 a été exécutée à *Bruxelles, Van Trigt*, 1875, in-4. Le texte est traduit et annoté par Aug. Schoy ; 33 planches dont 8 de double grandeur donnent environ 200 costumes.

Prix : 60 fr.

BRY (*J. Theod., J. Isr.* de). Collection des grands et petits voyages. [19813]

Nous ne voulons pas recommencer l'immense travail de M. Brunet sur *les grands et petits voyages;* il nous est revenu d'ailleurs qu'un bibliophile rouennais bien connu préparait une monographie spéciale sur cette précieuse collection ; nous voulons seulement décrire l'exemplaire de M. Sobolewski, le plus beau, le plus complet connu, exemplaire que son célèbre *constructeur* a mis plus de 40 ans à réunir, et qui, relié en mar. en 55 vol. in-fol., par Niédrée et son successeur Belz, a atteint à la vente de cet illustre bibliophile moscovite, le prix de 5016 thalers, près de 19,000 fr. Il a été acquis par le libraire Müller d'Amsterdam.

COLLECTIONES PEREGRINATIONUM in Indiam occidentalem. (*Grands Voyages* en latin, 1ʳᵉ édition).

Pars I. 1590 (conforme à la description du *Manuel*). On a ajouté au vol. « *Elenchus* » de la 3ᵉ édit., 10 ff. de la réimpr. de Debure ; l'édit. originale de l'*Elenchus*, fort rare, se trouvait jointe à la 3ᵉ édit. de la 1ʳᵉ partie.

Pars II. 1591. Conforme.

Pars III. 1592. Conforme. La page 146 représente deux grav. différentes ; détail qui n'avait pas été noté.

Pars IV. 1594. Conforme.

Pars V. 1595. Conforme. Sur le titre gravé, le mot : *Hia* pour *Historia;* les 22 planches numérotées en chiffres romains.

Pars VI. Conforme. Le dernier f. après la planche 28 est blanc.

Pars VII et VIII. 1599. Conformes. Le dernier f. après la pl. 18 est blanc.

Pars IX. 1602. Conforme ; seulement un f. blanc après la pl. XXIV de la seconde partie.

Pars X. 1619. Le titre double, l'un avec *l'homme et la femme debout*, l'autre avec *l'homme et la femme assis ;* la lettre initiale de la p. 21 est à l'envers.

Pars XI. 1619. Appendix, 1620. Conformes. Le dernier f. après la p. 49 du texte est blanc, ainsi que celui qui vient après la pl. XX de l'*Appendix*.

Pars XII. 1624. Conforme ; la gr. de la p. 130 est imprimée dans le texte.

Pars XIII. 1634. Exempl. bien complet ; les gravures dans le texte sont aux ff. suiv. : 4, 5, 11, 18, 25, 28, 46, 87, 99, 102, 104, 108. (chiffré 118), 112, 113, 116, 118, 125, 127, 132, 137, 140.

COLLECTIONES PEREGRINATIONUM in Indiam occidentalem. Ed. *J. et Theod. de Bry*. (*Grands Voyages*, en latin, 2ᵉ édit.)

Pars I. 1590. Sur le titre : « *Feirabendi* » au lieu de « *Feirabendii* », au bas de la grav. d'Adam et Eve « *Jo. Th. de Bry fe.* » Les légendes des grav. finissent dans la première ligne à la pl. III.

Pars II. 1591. Conforme. Le titre des grav. porte : 1609.

Pars III. 1605. Quelques différences.

Les pp. 67 et 68 sont doubles ; sur la p. 68 est une grav. et sur l'autre la place de la planche est restée en blanc ; les pp. 143 et 144 doubles ; sur l'une la p. 144 est restée sans pl., avec la place en blanc ; sur l'autre la gr. d'*Adam et Eve* avec la souscript. : « *Theodore de Bry fe.* ». La gr. de la p. 223 est à l'envers.

Pars IV. 1594. Après le dernier f. de texte, comme après celui des grav., il y a un f. blanc.

Pars V. 1595. Conforme ; après le dernier f. des grav., un f. blanc.

Pars VI. 1617. Conforme ; deux ff. blancs l'un après le texte, l'autre après les planches.

Pars VII et VIII. 1625. La page 58 de la partie VIII est blanche ; la carte de la Guiane manque ; le dernier f. après la p. 160 est blanc ; la pagination est irrégulière ; elle saute de 149 à 160.

Pars IX. 1633. Conforme ; le dernier f., après la p. 102, est blanc.

GRANDS VOYAGES EN LATIN, 3e édit.

— HISTORIA americæ sive Novi Orbis, compræhendens in XIII sectionibus.... *Francofurti, M. Merian*, 1634, in-fol.

Titre gr. et titr. impr., «*præfatio et elenchus*» 10 ff. (édit. orig.). Conforme à la description du *Manuel*, les pp. 7, 8 et 29, 30, en double, avec des différences. Le dernier f. aussi en double, l'un blanc au v°, l'autre avec les « *Mendæ quæ typographicas operas fugerunt* ».

COLLECTIONES PEREGRINATIONUM in Indiam orientalem. Edid. J. et Th. de Bry. *Francofurti*, 1598-1628, XII pp. in-fol. (*Petits Voyages* en latin, 1re édition.)

Pars I. 1598. Conforme. Après l'*Index* de 3 ff., un f. blanc.

Pars II. 1599. Conforme, sauf que l'*Index*, signé A-2, A-3, est placé après le texte, p. 114, et suivi d'un f. blanc.

Pars III. 1601. Conforme. Le f. blanc, donné par Brunet à la suite du titre, se trouve après la p. 170. La pl. 58 est ici en double, l'une avec le v° blanc, l'autre avec la carte de la « *Nova Zembla* ». Le dernier f. après la table est blanc.

Pars IV. 1601. Conforme. La pl. X est impr. à l'envers.

Pars V. 1601. Conforme. Le dernier f. après la pl. 20 est blanc.

Pars VI. 1604. Conforme. Un f. blanc après l'Epitre dédic. en 2 ff.; à la fin se trouvent : « *Delineatio cartæ trium navigationum* », qui est déjà dans la 1re partie, et 2 autres cartes : « *A ciudade de Angra da Tercera* ».

Pars VII. 1606. Le f. de l'Epitre dédic. est en double avec des écussons différents. Sur les pl. 8 et 9 sont les nos (contrairement à l'assertion de Camus). Les derniers ff. après la p. 226 et la pl. XXII sont blancs.

Pars VIII. 1607. Après la pl. XVIII est un f. blanc.

Pars IX. 1612. Le titre en double, l'un dans un frontispice surmonté du mot « *Architectura* », l'autre avec un autre front. au bas duquel un livre ouvert avec ces mots : « *Vita Memoriæ* ». Après le texte un f. blanc. Les planches III, IV, VI, VII et X sont doubles ; la pl. XII avec des différences, et les autres avec les mêmes gr. en contre-épreuves. Après la p. 88 du suppl. un f. blanc. Les 5 grav. du suppl. sont aussi en double (avec les contre-épreuves), et avec la date de 1613. Les cartes de

Ste-Hélène et de Mozambique sont reliées avec la VIIIe partie.

Pars X. 1613. Conforme.

Pars XI. 1619. Après le texte, un f. blanc. La pl. VII représente la cérémonie de la femme qu'on porte au bûcher ; le dernier f. après la pl. X est blanc.

Pars XII. 1628. Conforme.

PETITS VOYAGES EN LATIN, 2e édit.

Pars I. Cum append. 1624-25. Après l'*Index*, un f. blanc, la grav. de la p. 39 de l'appendice s'y trouve ; et un f. blanc après la p. 86.

Pars II. 1628. La grande pl. « *de foro Goa* » se trouve entre les pp. 80 et 81 ; la pl. des monnaies entre les pp. 118 et 119. Après l'Index un f. blanc.

Pars III. 1629. Après le texte, un f. blanc ; les pl. *Ascensio, S. Helena, Descript. Hydrographica* et *Angra* sont à la fin.

Pars X. 1633. Conforme. « Cette seconde édit., dit M. Sobolewski, est de toute rareté ; je ne l'ai vue que dans l'exempl. Debure ».

GRANDS VOYAGES EN ALLEMAND, 1re édit.

— SAMMLUNG von Reisen nach dem occid. Indien.... *Frankfurt*, 1590-1630, in-fol.

Theil I. 1590. Le titre avec l'adresse du libraire en allemand ; le titre des planches n'est pas gravé, comme dit le *Manuel*, mais imprimé. Sur le v° du dernier f. de l'Index un avis « an den günstigen Leser » ; après le dernier f. cont. la souscription, un f. blanc.

Theil II. 1591. Après le texte (F. V.), un f. blanc.

Theil III. 1593. Conforme ; après la carte, 4 ff. cont. la dédicace au comte de Nassau.

Theil IV. 1594. Après la préface, un f. (signé 23) avec une grav. « *Americæ retectio* » et des vers adressés « *an Dietrich von Bry* ».

Theil V. 1595. Le titre s. d.

Theil VI. 1597. Le texte comprend 61 ff. et non pas 61 pp.

Theil VII. 1597. Le texte sur 31 ff. chiffrés ; le v° du 1er f. blanc.

Theil VIII. 1599. Conforme.

Theil IX. 1601. Conforme. Pas de date au titre dans l'exempl. S. Sobolewski.

Theil X. 1618. Le titre en double avec des vignettes différentes ; la p. 66 bien paginée ; ajouté 4 ff. pour les relations de Vespuce, de ses voyages aux Indes occid. de 1501 à 1503. Deux cartes, dont l'une, représ. Borneo entourée des archipels indiens ; l'autre la Mappemonde avec « *Terra per Petrum Fernandez de Quirrecens detecta* ».

Theil XI. Avec le titre « *Historische Beschreibung* » l'appendice de 1620 s'y trouve ; après les pl. de cet appendice vient un f. blanc.

Theil XII. 1623. Conforme. (L'exempl. Sobolewski était incomplet des cartes 9 à 12.)

Theil XIII. 1628. Quatre des grav. placées dans le texte aux pp. 5, 37, 42 et 69 n'ont pas été tirées ; elles ont été ajoutées ; la pl. que le *Manuel* dit avoir le titre : « *Warhafftige Abbildung von Einnehmung der statt S. Salvador* » n'a que ce titre : « *S. Salvador* ». — M. Brunet annonce à tort un autre texte pp. 1-38. Ce texte n'existe pas.

Theil XIV. 1630. Avec les cartes « *Das Norder Theil des Lands Brasilien* » et « *America Noviter delineata* ». Les 3 cartes citées par Weigel ne s'y trouvent pas et ne font pas partie du vol.

GRANDS VOYAGES EN ALLEMAND (2e édition).

Theil I. 1600. Le dernier f. après la table est blanc.

Theil II. 1603. Avec la carte de la Floride.

Theil III. 1593. Le 4e f. est en double ; sur l'un le v°

blanc; sur l'autre la pl. avec les 7 écussons; avec la carte « *Corographia Peruanæ provinciæ & Brasiliæ* ». Les pp. 1 et 2 doubles avec des grav. différentes.

Theil IV. 1613. Le titre de l'éd. latine avec la date 1594. La carte : « *Occidentalis Americæ* » ; le titre des grav. en latin.

Theil V. 1613. Conforme.

Theil VI. 1619. Conforme. Avec la carte : « *America*, 1596 ».

Theil VII. VIII. 1617-1624. Dans la partie VII le titre impr. pour les gravures, daté 1624 ; les trois grav. y sont. Dans la partie VIII, il n'y a que la préface de W. Raleigh.

Theil IX. *S. d.* Le f. avec la dédicace et les armes n'appartient pas à cette édit., non plus que le f. d'avertissement. Cette 2ᵉ édit. ne contient qu'un f. d'avertissement : *An den gutwilligen Leser*.

GRANDS VOYAGES EN ALLEMAND, 3ᵉ édit.

Theil I. 1620. Conforme.

PETITS VOYAGES EN ALLEMAND, 1ʳᵉ édition. Sammlung von Reisen nach dem Orientalischen Indien. Herausgegeben von J. und Th. de Bry. (**13** Thle.) *Frankfurt*, 1597-1628, in-fol.

Theil I. 1597. Dédicace et préf. (3 ff.); avec 14 pl.; avant la pl. 11, un titre impr. : *Folgen noch etliche Figuren*, etc., le reste conforme.

Theil II. 1598. La carte topographique de la navigation des Hollandais, que cite M. Brunet, ne fait pas partie de ce vol., dit M. Weigel ; l'exempl. Sobolewski ne l'avait pas.

Theil III. 1599. Conforme. (L'exempl. Sobolewski n'avait pas l'épître dédic. à Chr. de Franckenstain.)

Theil IV. 1600. Conforme.

Theil V. 1601. Conforme.

Theil VI. 1603. Conforme.

Theil VII. 1605. M. Sobolewski croit que la préface à Maurice, de 2 ff., dont parle Brunet, ne fait pas partie du vol. ; en tout cas elle manquait à son exempl.; texte 52 pp. et deux ff. « *Register* ». — 134 pp. et 1 f. « *Register* », le dernier f. après la pl. 22 est blanc.

Theil VIII. 1606. Conforme.

Theil IX. 1612. Le titre double avec des grav. différentes ; les cartes de S. Hélène et de Mozambique reliées après les titres; les pl. 3, 4, 6, 7, 10, 12 doubles avec des différences; la « *Continuatio* », avec la date de M.DC.XIII., les 5 pl. de la « *Continuatio* » doubles avec des différences.

Theil X. 1613. Un f. blanc après la p. 37; la carte indiquée au vᵒ du titre des gr. n'existe pas.

Theil XI. 1618. Avec les 2 titres, l'un avec le portrait de Noort, l'autre avec les 3 vaisseaux; l'exempl. a les 8 pp. citées par Weigel; le dernier f. après la p. 53 est blanc.

Theil XII. 1628. Conforme.

Theil XIII. 1628. Conforme. On a relié à la suite du vol.: Extract der Orient. Indien durch Caes. Longinum. *Frankfurt*, *Fitzer*, 1629, de 566 pp. in-fol. (*Man.* 1-1362).

PETITS VOYAGES EN ALLEMAND, 2ᵉ édition.

Theil I. 1609. Conforme. Après la pl. 14, un f. blanc.

Theil II. 1613. *Vorrede* 2 ff., dédicace 2 ff., *Vorrede de Linschoten* avec son portrait, 1 f.; pour le reste, conforme.

Theil III. 1616. Conforme.

Theil IV. 1617. Conforme.

Theil V. 1623. Le texte commence au f. A-2 et non pas à la p. 1, comme le disent Brunet et Weigel.

Theil VI. 1630. Conforme.

Voy. HARIOT et DANTZIG (*Arthus* von).

BRYE (*Jean* de). Le bon Bergier. *Paris*, *Vᵉᵉ feu Jehan Trepperel et Jehan Jehannot*, s. d., pet. in-8, goth., fig. s. b.

L'exempl. acheté trois guinées à la vente R. Heber, revêtu d'une riche rel. de Koehler, a été vendu 400 fr. baron J. Pichon.

BUCHANAN (*G.*). Le Cordelier, ou le St-François de George Buchanan, prince des poëtes de ce temps, fait en vers françois par Florent Chrestien.... *Impr. à Sédan, pour Chovet (de Genève)*, 1599, in-4. [13088]

Edition tout aussi rare que celle de 1567.

BUC'HOZ (*P. Jos.*). Dissertation en forme de catalogue raisonné des livres composant sa bibliothèque avec les prix de la vente qui en a été faite (1778). *S. l. n. d.*, gr. in-fol.

C'est une réimpression avec quelques notes du cat. in-8, impr. en 1778 par G. de Bure.

— LISTE chronologique de ses ouvrages, depuis 1758 jusqu'en 1786, in-8.

Il y a encore de lui plusieurs dissertations in-fol. (car il affectionnait singulièrement ce format), dont l'une est une pétition au Directoire exécutif, etc., avec les lamentations du pétitionnaire.

Ces pièces sont fort rares, n'ayant pas été mises dans le commerce, mais elles offrent un médiocre intérêt.

BUCOLICAE Querelæ. Eucharii Synesii Romulus. Baptistae Persii Thyrsis. *Excusum Argentine in ædibus Jacobi Jucundi*, 1540, in-8, de 16 pp., gr. s. b. au titre.

Deux satires sous le nom d'Eglogues; la première est une plainte douloureuse de la Papauté, dont la puissance est ébranlée par les doctrines de Luther et autres hérésiarques ; à la fin la belle marque de l'imprimeur, représentant un cygne entonnant son dernier chant, avec *la Musique* gravée, et s'accompagnant sur une cithare.

190 fr. de Morante.

BUCQUOY (*J. Alb.* d'Archambaud, comte de). Evénement des plus rares. [23892]

Il y a une première édition de 1718 qui est absolument introuvable; elle n'existe pas à la biblioth. nationale.

Cette histoire de l'abbé de Bucquoy a été réimprimée en 1866 (*J. Gay*.), in-18 de XXII et 119 pp.; on en a tiré 2 exempl. sur vélin, 15 sur pap. de Chine et 15 sur pap. chamois.

L'appendice biographique et bibliographique, qui commence à la p. 89, contient des détails intéressants sur les divers opuscules qui accompagnent l'histoire de l'abbé de Bucquoy.

Cette histoire se trouve d'ailleurs, mot pour mot, dans les lettres de madame des Noyers, recueil intéressant dont la bibliographie est loin d'être établie. Il en existe plusieurs éditions, une de 1704, 7 vol. in-12, que cite Quérard et que nous ne connaissons pas.

Une autre de *Amsterdam* (*Bond*), 1720, 4 vol. in-12, et deux éditions complètes posthumes, *Londres* (*Trévoux*), 1739-41, 6 vol. in-12, et *Londres*, 1757, 9 vol. in-12 ; celle-ci est faite avec soin et terminée par une *Table des Matières* assez ample.

Asselineau a consacré au comte de Bucquoy dans le

Bulletin du Bibliophile, 1866, p. 255, un article intéressant, et Gérard de Nerval, qui avait payé 66 fr.
l'exempl. Motteley de 1719, en a parlé dans un de ses
contes, *Angéltique*, dans les *Filles de Feu*, 1854.

Il existe encore un livret, *Paris, Buisson*, 1787,
in-12 de 72 pp., qui a été publié à l'occasion des
Mémoires de Latude et de l'histoire de l'abbé de
Bucquoy; ce livret est curieux, mais, bien que cata-
logué à la biblioth. nationale, il est de ces livres qui
s'y trouvent, ou doivent s'y trouver, mais qu'on n'y
trouve pas.

BUENAUENTURA (Fray *Gabriel* de San)
*Predicador, y Difinidor habitual de
la Provincia de San Joseph de Yucathan del Orden de N. P. S. Francesco.*
Arte de la lengua Maya. *En Mexico, por
la viuda de Bernardo Calderon, año de
1684*, in-4.

Vol. rare, qui n'est mentionné ni par Rich, ni par
Stevens. 80 à 100 fr.

BUFFET (*Marg.*). Nouvelles Observations
sur la langue françoise, où il est traitté
des termes anciens et inusitez, et du bel
usage des mots nouveaux, par damoiselle
Marguerite Buffet. *Paris*, 1668, pet. in-
12.

Ce vol. rare figure au catal. Luzarche; M. Claudin
fait remarquer que l'auteur, qui fait profession d'enseigner aux dames l'art de bien parler et de bien
écrire, relève comme vicieuses une foule de locutions, usuelles aujourd'hui, et enregistre un grand
nombre d'expressions populaires aujourd'hui totalement oubliées. 17 fr. Luzarche.

BUGNYON (*Philibert*). Discours des proprietez et vertu d'vne source d'Eaue (*sic*),
retrouuée nouuellement en Vivarez. *A
Lyon, Ben. Rigaud, 1583*, in-8.

De ce poëte-jurisconsulte nous pouvons citer
ombre d'opuscules rares et assez recherchés :

— DISCOURS sur l'espouuentable et merueilleux des-
bordement du Rosne, dans et à l'entour de Lyon.
A Lyon, Benoist Rigaud, 1570, in-8.

— NUPTIALE sestine (en vers). *En Auignon, Barthélemy Bonhomme*, 1554, in-8. (V. Goujet, t. XII).

— DEPLORATION élégiaque sur le trespas du grand
maitre de Malte (Jean de la Valette). *Lyon, B. Rigaud*, 1568, in-8.

— DEPLORATION sur le trespas de la reine d'Espagne,
Isabelle de Valois... (en vers). *A Lyon, Michel
Iouc*, 1568, in-8.

— SOUHAICT du peuple françois sur le retour du roy
de Poloigne. *Lyon, B. Rigaud*, 1574, in-8.

- DE LA PAIX et du profit qu'elle rapporte. *Lyon,
B. Rigaud*, 1577, in-8.

(Voy. Goujet, tom. XII.)

- L'EROTASME de Phidie et Gelasine... *Lyon, Jean
Temporal*, 1557, in-8, cité au *Manuel*. En mar.
de Bauzonnet, a été vendu 360 fr. Brunet.

BULAEUS (*Caes. Egasseus*). Historia
universitatis Parisiensis. *Parisiis*, F.
Noel et P. de Bresche, 1665-73, 6 vol.
in-fol. [30245]

Ce livre très-important de Du Boullay se vend aujourd'hui fort cher; un bel exempl. en anc. rel.
mar. 500 fr. cat. Porquet; un second ex. moins
beau, 570 fr.

BULLA confirmationis et novae conces-
sionis Privilegiorum omnium ordinum
Mendicantium, cum certis Declarationi-
bus, Decretis et Inhibitionibus S. D. N.
D. Pij Papae V. *Mexici, apud Antonium
Spinosa*, anno 1568, in-4.

Vol. extrêmement rare, £ 8. Sh. 10. Fischer.

BULLA canonizationis San||cti Leopoldi
Marchionis : || .. (A la fin :) *Datū Rome.
Apud sanctum Petr.* || *Anno incarna-
tionis Dominice, millesimo quadrigē* ||
*tesimo octuagesimo quarto. Octauo
Idus Januarij, pō* || *tificatus nostri An-
no primo. S. l. n. d.*, pet. in-4, de 4 ff.,
à 34 lig. par page.

Pièce imprimée en 1484 à Klosterneuburg, près de
Vienne. M. Tross, qui a possédé de cette curiosité
bibliographique deux exempl., a signalé certaines
corrections typographiques qui indiquent un second
tirage. 40 fr. (1868).

BULLA. Exemplar Bullae siue donationis
authoritate cujus Episcopus Romanus
Alexander ejus nominis sextus concessit
et donavit Ferdinando et Elizabethae
Regi et Reginae Castellae, Legionis 2c.,
et suis successoribus regiones et insulas
noui orbis 2c. *S. l. n. d.* (*Romae*, 1493),
in-fol., un f. imprimé d'un seul côté.

Cette pièce de la plus haute importance a été vendue par Puttick et Simpson, à Londres, le 24 mai
1854, £ 4. Sh. 8; elle fut acquise par Rich, probablement pour l'Amérique; nous ne trouvons pas trace
d'autre adjudication. Cette feuille volante aurait auj.
beaucoup plus de valeur.

BULLA S. B. N. Leonis X. Pont. Max. —
Priuilegiorum Xp̄ianissimo Franco⁊ regi
2 Gallice Natiōi loco Pragmatice sanc-
tionis concessorum in Lateranen̄ concilio approbata. *Romæ.* M. D. XVI, in-4,
lett. rondes, sign. Ai-Diiij.

Sur le titre sont gravés l'écusson des Medicis, surmonté de la thiare, et celui de France, surmonté
d'une couronne ouverte; François Iᵉʳ ne fit en effet
fermer sa couronne qu'en 1519, époque où Charles-
Quint, son heureux compétiteur, obtint l'empire.

Cette pièce est rare et précieuse; elle est peut-être
la première du concordat entre Léon X et le roi de
France.

BULLAE. Summaria declaratio Bulle Indulgentiarum sacratissimarum quas sum-
mus pontifex ordinauit publicari in Ger-
manie, Dacie, Norvegie, Frisie, Prussie,
omnibusⳁ provinciis, sacro romano Imp.
subiectis, pro expedicione quā intendit
facere contra perfidissimos et rabidos
Thurcos. *S. l. n. d.* (*Mogunciae, P. Schoeffer*, 1503), in-fol. goth. de 12 ff. dont le
premier blanc.

50 fr. 1870.

BULLANDRE (*L.*), prieur de Milly en
Beauvoisis. Le Lievre de Simon de Bullandre. *Paris, de l'impr. de Pierre*

Chevillot, 1595, in-4. (Bibl. de l'Arsenal).
[13848]

Ce poëme fort rare a été réimprimé en 1860 à Lyon, par Louis Perrin, pour Victor Pineau, libraire à Beauvais; cette réimpression, charmante comme tous les livres exécutés par ce regrettable imprimeur, a été tirée à très-petit nombre.

BUONAROTTI (*M. Agn.*) Sonetto di Michel Agnolo Buonarrotti, commentato dal Varchi; con lettere del Vasari, Bronzino, Pontormo, San Gallo, Tribolo, Cellini, Michel Agnolo, &c. *Firenze, Torrentino*, 1549, in-4.

Vol. rare et précieux, qui n'a été payé que 5 livres au catal. à prix marqué de l'abbé Campion, *Paris*, 1767, in-8; 24 fr., Canazar (Libri), et serait payé 80 à 100 fr. aujourd'hui.

— MICHEL ANGELO Buonarotti, Sculptor, Painter, Architect. The Story of his Life and Labours, by Ch. Christ. Black, Illustrated with 26 Woodbury types. *London*, *Mac Millan & C°*, 1874, in-8. 31 Sh. 6.

BURATTI (*Pietro*). Poesie e satire di P. B., Veneziano, corredate di note preliminari ed annotazioni scritte dallo stesso autore. Edizione *ad usum Delphini*. *Amsterdam, J. Lowke e figlio*, 1823, in-12.

Edition faite clandestinement à Florence; bien peu d'exemplaires ont résisté aux poursuites. Ce sont des poésies éminemment licencieuses, voire quelque peu obscènes.

BURGKMAIER (*Hans*). Images des saints et saintes issus de la famille de l'empereur Maximilien Ier, d'après les dessins de H. Burgkmaier, gr. in-fol., pl. gr. s. b. [28740]

Un premier tirage original de ces planches précieuses a été fait en 1517 et 1518 (*Bartsch*, VII, p. 242); les exempl. en sont d'une si absolue rareté, que l'on ne connaît de complet que celui de la biblioth. impériale à Vienne.

Les noms des graveurs sont : H. Frank, C. Liefrink, H. Lindt, J. de Negker, W. Resch, H. et G. Taberith, N. Secman, etc.

Tout le monde connaît la réimpr. qui a été faite à Vienne des 119 planches que l'on avait retrouvées, et dont les bois se sont trouvés en état de résister à la presse.

Un exempl. de 87 grandes planches originales a figuré à la vente Chedeau en 1865; il avait été vendu à cet amateur saumurois par M. Tross, et ce fut M. Tross qui le racheta 699 fr. Il y avait quelques différences à signaler; le n° 28 de la réimpression de 1799 portait dans l'édit. originale le nom de *S. Edmundus*; les n°s 83, *Sancta Adeldradis* et 23, *Sancta Balestridis* n'ont pu être réimprimés, les planches n'ayant pu résister à cette attente de près de 3 siècles.

La réimpr. de 1799 vaut de 40 à 50 fr.

BURGOA (*Francisco* de). Palestra Historial de la Provincia de Predicadores de Guaxaca, en este nuevo mundo de la America en las Indias Occidentales. *Mexico, Imprenta de Juan Ruiz*, 1670, in-fol. titre gr.

— HISTORIA, geografica descripcion de la parte sep-

tentrional del Polo artico de la America, etc. *Mexico, J. Ruiz*, 1674, 2 vol. in-fol.

Ouvrage important et rare; les trois volumes, £ 41, Fischer.

BURGOYNE (Général *John*). A State of the Expedition from Canada... dedicated to the officers of the army he commandet. *London*, 1780, in-4 (Maps).

Vol. assez intéressant; l'auteur est cet élégant officier qui, avec Howe et Gage, commandait les troupes de Sa Majesté britannique lors de la guerre de l'indépendance américaine.

BUSSCHE (Van der). Cinquante Aenigmes françoises d'Alexandre Sylvain, avec les expositions d'icelles. *Paris, G. Beys*, 1581, pet. in-8, de 4 ff. lim. et 54 ff. chif. 8 à 12 fr.

Première édition non citée au *Manuel*.

— QUARENTA AENIGMAS en Lengua Espannola, par le même. *Paris, id.*, s. d., in-8, de 4 ff. lim. et 26 ff. chif.

— POEMES et anagrames composez des lettres du roy et des roynes... par le Sylvain de Flandres. *Paris, Guil. Julian*, 1576, in-4.

En mar. de Koehler (ex. Nodier), 120 fr. baron J. Pichon; en *mar.* de Duru, 82 fr. Desq.

BUSSY Rabutin. Carte géographique de la cour et autres galanteries. *Cologne, Pierre Michel*, 1668, in-12 de 80 pp.

15 fr. Chedeau; rel. en mar. par Thibaron, 50 fr. Potier.

— L'édit. de *Cologne, Pierre Marteau*, 1668, in-12, (décrite au *Manuel*), en mar. de Trautz, 51 fr. H. B. (1873); 24 fr. La Villestreux.

— HISTOIRE amoureuse des Gaules. *Liége*, (à la *Croix de Malte*), s. d., pet. in-12.

En mar. de Trautz, 70 fr. Solar.

— HISTOIRE amoureuse des Gaules. *Liége* (à la *Croix de Malte*), pet. in-12 de 190 et 69 pp. plus 1 f. pour le titre et 2 ff. pour la clef.

En mar. de Trautz, 172 fr. H. B., 1873.

— Une édit. semblable, mais décrite ainsi : 190 et 68, plus 2 ff. de clef. 20 fr. Chedeau; 33 fr. Potier.

— HISTOIRE amoureuse des Gaules. *S. l. n. d.*, pet. in-12, avec le cantique de *Deodatus* à la fin.

En *mar.* de Duru, 130 fr. Auvillain.

C'était l'édition (dite à *la Renommée*), avec les noms dans le texte, et par conséquent sans clef; après la p. 244 se trouve la *Copie d'une lettre escrite au duc de S. Aignan par le comte de Bussy*, et le f. séparé pour le cantique de « *Deodatus* ».

En *mar.* de Niédrée, 66 fr. Chedeau; en *mar.* doublé, jolie rel. anc., 115 fr. baron J. Pichon.

— HISTOIRE amoureuse des Gaules. *Liége* (à la *Croix de Malte*), s. d., in-12 de 2 ff. lim. et 259 pp.

En vélin, 75 fr. H. Bordes, 1873.

Une de ces éditions à *la Croix de Malte*, 50 fr. Pieters; rev. 100 fr. La Villestreux.

— HISTOIRE amoureuse des Gaules, P. M. de Bussy. *S.* (*salon*) *de la Bastille*, pet. in-12 de 258 pp.; titre gr. (*un salon*).

Edition fort rare; avec le cantique de Deodatus aux pp. 196-197; en anc. rel. *mar.* 40 fr. Potier.

— HISTOIRE amoureuse de France. *S. l.* (*Holl.* à la *Sphère*), 1666, in-12, de 258 pp.

En *mar.* 40 fr. Solar.

— HISTOIRE amoureuse... *S. l., à l'Hospital des Fors (Holl.)*, 1666, pet. in-12, 190 pp. et un f. de clef. 10 fr. Chedeau.

— HISTOIRE amoureuse... *Cologne (Holl.)*, 1690, in-12, avec les noms propres dans le texte. 18 fr. 50 c. Auvillain.

BUSTO (*Bernabe*). Arte para aprender à leer y escribir perfectamente en romance y latin. *S. l. n. d.*, in-4, goth., de 10 ff.

Opuscule fort rare qui paraît dater de 1535 ; décrit au *catalogue Salva* nº 2213. L'auteur dit avoir fait une traduction de l'*Institutio principis christiani* d'Erasme ; Antonio n'en fait aucune mention.

BUTTET (*Marc-Claude* de), Savoisien. Deux livres des OEuvres poétiques. *Paris, H. de Marnef*, 1588. [13757]

L'exempl. Viollet-le-Duc, payé 38 fr., relié en mar. par Koehler, a été vendu 260 fr., Chaponay ; en *v. br.*, 30 fr. Turquety.

— ODE à la paix. *Paris, Gabriel Buon*, 1559, in-4, de 6 ff.

En mar. de Capé, 140 fr., W. Martin.

— EPITHALAME ou Nosses (*sic*) de tres illustre prince Emanuel Philibert, duc de Savoye et de.... Marguerite de France.... *Paris, |Rob. Estienne*, 1559, in-4, de 14 ff.

En *mar.* de Capé, 205 fr. W. Martin.

C

CABIAS (*J.-B.* de). Les Vertus merveilleuses des bains d'Aix en Savoie, par le docteur J.-B. de Cabias. *Lyon, Jacques Roussin*, 1623, pet. in-8.

— Réimpr. à *Lyon, Benoît Vignuc*, 1688, in-12.

Cette seconde édit. est presque aussi rare que la première ; mais elles ont bien peu de valeur, puisque, réunies, elles n'ont atteint que le prix de 1 fr. 50 c. à la vente du Dʳ Payen.

CABINET d'Amour et de Vénus. *Cologne (Amsterdam, Elz.), Les héritiers de Pierre Marteau*, 2 vol. in-18, de 2 ff. lim. et 215 pp. pour le premier tome, et de 220 ff. pour le second, avec 12 fig. gravées.

L'un des plus rares ouvrages de la collection sotadique ; il est attribué par plusieurs bibliographes, entre autres par M. Odelent-Desnos, à Corneille Blessebois ; on y trouve *Marthe le Hayer*, ou *Mlle de Scay*, petite comédie libertine de M. Pierre-Corneille Blessebois ; la *Comédie galante* de M. de Bussy ; *un Dialogue en vers* (*Filon réduit à mettre cinq contre un*), entre Filon, Mirène, Lisette, Catin, Marote, Alise, Janeton et Isabelle.

Le seul exempl. que nous ayons vu passer en vente, était celui de M. de Soleinne ; il a été retiré de la vente et peut-être détruit.

— LE CABINET d'Amour et de Vénus. *Cologne (Amst., à la Sphère). S. d.*, pet. in-12.

En mar. de Hardy, 146 fr. Auvillain ; en mar. de Duru, 505 fr. La Villestreux.

Cette édition, imprimée vers 1690, est ainsi composée : 3 ff. prélim. pour le titre et la table ; le texte suit 3 à 398.

C'est en somme la réimpr. pure et simple de la *Bibliothèque d'Arétin*.

CABINET du Roy (Collection d'Estampes connue sous le nom de). 23 vol. gr. in-fol. [9568]

Un bel exempl. en *veau*, reliure dite *du Louvre*, aux armes de France. £ 131 .0-0- Perkins (1873).

CABINET satyrique (Le), ou Recueil parfaict des vers piquans et gaillards de ce temps. *Paris, P. Billaine*, 1618, in-12. [14224]

Cette édition, qui doit avoir été exécutée dans une

ville de province, postérieurement à la date énoncée, est fort mal imprimée sur du papier détestable ; elle se compose du titre gravé, du titre imprimé, de 2 ff. lim. et de 669 pp. Le privilége, daté du 8 juin 1618, occupe le vº de la page 669 et une partie du rº du 670ᵉ f. non paginé ; suit la table en 8 ff.

En mar., 170 fr. Auvillain.

Nous donnons quelques prix obtenus par les diverses éditions de ce célèbre recueil depuis quinze ans.

Voici d'abord la première édition ; elle est, comme le dit le *Manuel*, publiée sous un autre titre :

— RECUEIL des plus excellans vers satyriques de ce temps trouvés dans les cabinets des sieurs Sigognes, Régnier, Motin, etc. *Paris, Anthoyne Estoc*, 1617, in-12.

Première édit., fort rare, du *Cabinet satyrique*, 40 fr. Auvillain.

— CABINET SATYRIQUE... *Paris, Ant. Estoc*, 1618, pet. in-12, titr. gr.

C'est la première édit. qui porte le nom de *Cabinet satyrique* ; nous ne la trouvons que bien rarement citée.

135 fr. Auvillain ; en mar. de Duru, 102 fr. Huillard.

— CABINET SATYRIQUE... *Paris, Ant. Estoc*, 1619, pet. in-12, titr. gr.

Un exempl. fort laid, 27 fr. Auvillain.

— CABINET SATYRIQUE... à *Paris, chez Ant. Estoc*, 1620, in-12, relié avec : les *Satyres du sieur Régnier. Paris, Ant. Estoc*, 1619, 36 fr. Auvillain.

— CABINET SATYRIQUE... *Rouen*, 1627, in-8 ; en mar. de Hardy, bel exempl., 85 fr. Auvillain.

— CABINET SATYRIQUE... *S. l. (Holl. Elzevier, à la Sphère)*, 1666, 2 vol., pet. in-12.

En mar. (bel exempl.), 180 fr. Solar ; en vélin (H. 0ᵐ125), 120 fr. Chaponay ; en mar. (H. 0ᵐ123), 115 fr. même vente ; en mar. doublé de Thouvenin, 118 fr. (1864) ; 52 fr. Chedeau ; en mar. de Bauzonnet (H. 0ᵐ131), 295 fr. Brunet, revendu 260 fr. Potier ; l'exemplaire Pieters, très-court (H. 0ᵐ119), 150 fr. ; en anc. rel. mar. et rempli de témoins (H. 0ᵐ131), 200 fr. prince Radziwill ; en mar. de Thibaron (H. 0ᵐ126), 241 fr. H. Bordes, prix exagéré ; en vélin (H. 0ᵐ125), 150 fr. Tufton ; enfin un joli exempl. de 0ᵐ125 seulement, mais dans une charmante rel. de Trautz, 880 fr. Leb... de Montgermont, et 1,200 fr. au catal. à prix marqué de Morgand et Fatout.

— CABINET SATYRIQUE..... *S. l. (Rouen)*, 1667, 2 vol. pet. in-12.

Réimpr. fort rare, mais très-médiocre, de l'édition elzevirienne.

En mar., 50 fr. Morel, de Lyon.

— CABINET SATYRIQUE..... au Mont-Parnasse, de l'impr. de Messer Apollon, l'année satyrique (v. 1700), 2 vol. in-12.

En mar. v. de Derome, 106 fr. Chaponay; en mar., 37 fr. Auvillain; en mar. de Simier, 39 fr. Desq; en mar. de Bradel, 160 fr. Huillard; en mar. cit. de Derome, 72 fr. prince Radziwill; en mar. bleu de Duru, 114 fr. Morel, de Lyon; en veau, 36 fr. Sainte-Beuve; en mar., 54 fr. Danyau.

— LE CABINET SATYRIQUE, ou Recueil parfaict des vers piquants et gaillards de ce temps... etc.; nouvelle édit. complète. S. l. (Gand, Duquesne), 1864, 2 vol. gr. in-18, titr. gravé à l'eau-forte; 40 fr. Un exempl. br., 24 fr. Sainte-Beuve.

CABOSSE *(J.)*. Le Mirouer de prudence, par Maistre Jehan Cabosse (en vers). *Nouuellement imprimé à Paris*, 1541, avec la marque de Denis Janot à la fin, pet. in-8.

En tête se trouve un dizain de dédicace à *Jehan d'Estourmel, escuyer de M. le Daulphin.* 30 à 40 fr.

CABOTA *(Sebastiano)*. Navigatione delle Parte settentrionale. *Venezia*, 1583, in-fol. [20948]

Nous trouvons, sans autre indication, ce titre succinct porté au catal. de la Bodléienne, à Oxford (1674, in-fol., p. 122).

Nous croyons, comme M. Brunet, bien que le titre que cite ce bibliographe diffère de celui qui est porté au catal. de la Bodléienne, que c'est la traduction de Dionigi, insérée au tome II des *Navigationi e viaggi di Ramusio*, de *Venezia*, 1583, in-fol.

CABRERA *(Cristóbal)*. Meditatiunculæ, ad serenissimum Hispaniarum Principem Philippum. *Excud. fr. Fernandez Cordubensis Typographus. Pincix. Mense Augusto. Anno* M.D.XLVIII, in-4, de 80 ff. chif.

— Flores de consolacion, dirigidas á la muy ilustre y muy generosa Señora la Señora Dª Juana de Zuñiga, marquesa del Valle, 1549. (Al fin :) *Acabóse á 17 dias de Junio deste año de mil 2⁄ quinientos z cinquenta en la muy noble y felice villa de Valladolid por Francisco Fernandez de Cordoba, impresor junto á las Escuelas mayores*, in-8, 1 f. de front., 97 ff. de texte, dont le dernier n'a que la marque de l'imprimeur.

Ce livre est fort curieux, disent les auteurs de l'*Ensayo de una Bibl. españ.*, il est rempli d'allusions au séjour que le prêtre Chr. Cabrera fit en Amérique; l'épître dédicatoire est datée de : « Cuernavaca, ó como los Indios dicen, Gohaunauac, el más fresco y apacible pueblo de la Nueva España. »

M. Harrisse, qui cite ces deux vol. dans la *Bibl. améric.*, possède du même auteur 2 ff. précieux, les derniers d'un volume malheureusement disparu, qui aurait aujourd'hui une valeur considérable; ce volume a échappé aux consciencieuses recherches de MM. Sancho Rayon et Zarco del Valle. Voici la souscription heureusement conservée :

¶ Imprimiose este MANUAL DE ADULTOS *en la grã ciudad d' Mexico por mãdado d'los Reuerêdissimos Señores Obispos d' la nueua España y a sus expêsas; en casa d' Juã Cromberger. Año d'l nacimiêto d' nuestrõ señor Jesu Christo (sic) d' mil 2 quiniêtos y quarêta. A. xiij. dias d'l mes d' Deziêbre.*

M. Harrisse consacre un très-long et fort intéressant travail à prouver que ces fragments d'un livre imprimé en 1540 sont « *The first book printed in America* »; il s'efforce de démontrer que les témoignages de Davila Padilla et de Gil Gonzalez Davila, touchant l'introduction de la typogr. à Mexico, en 1532 (ou plutôt en 1535), ne reposent sur aucun fait précis, mais sur des hypothèses, et que la fameuse *Escala del Paradiso de S. Juan Climacho*, n'ayant été décrite de *visu* par personne, est un livre très-problématique, sinon imaginaire.

Nous n'avons point à prendre parti dans un débat qui, jusqu'à présent, n'a point eu de contradicteur; et donnons acte volontiers à M. Harrisse de la découverte faite par M. Gayangos, du précieux fragment cité par la *Bibl. americana*; en même temps nous sommes heureux de pouvoir ici, une fois de plus, le féliciter de ses très-intéressantes recherches bibliographiques.

— ROSARIUM beatæ benedictæq; et almæ virginis, Dei genitricis Mariæ; juxta sanctum Euangelium... triplici lingua lat., ital. et hispanica meditatum. *Romæ, exc. Vinc. Accoltus*, 1584, in-8, fig. s. b.

En anc. rel. ital. de mar. à comp., 81 fr., Yéméniz; un exempl. ordinaire serait sans valeur.

CABROL *(B.)*. Alphabet anatomic, auquel est contenue l'explication exacte des parties du corps humain, et réduites en tables selon l'ordre de dissection ordinaire, avec l'Ostéologie, et plusieurs observations particulières, par Barthélemy Cabrol..... *Tournon, C. Michel et G. Linocier*, 1594, in-4, fig. s. b.

Vol. rare, qui eut à l'époque un certain succès; il a été réimpr. à Lyon, par *Pierre Rigaud*, en 1614, in-4, et à Genève, traduit en latin avec un titre grec : Ἀλφάβητον Ἀνατομικόν, *par Jacq. et Ch. Chouet*, en 1624, in-8.

L'auteur s'intitulait l'*Anatomiste de l'Université de Montpellier*...

CACCIATA (La) de Turchi da Otranto, dal re Ferdinando e suo figlio, duca di Calabria. Poema Cavalleresco. *S. l. n. d.*, in-4, de 4 ff.

Cette pièce non citée commence ainsi :

Nel mille quattrocento con ottanta e due. La Maestà del Re Ferrante...

46 fr. Gancia, 1868.

CACERES *(José* de). Los siete dias de la Semana, sobre la criacion del Mundo. Por Iosepho de Caceres. Dirixido al muy Illustre Señor Iacob Tyrado, ... que reside en esta muy noble y opulenta villa de Amstradama. *Por Alberto Boumeester, cerca de la puerta nueua Iunto a la gran calle. Año de la cria cion del Mundo.* 5373, in-8, de 184 pp., portr. gr. s. b.

Livre fort rare.

CÆSAR *(Julius)*. Commentariorum liber

primus de bello Gallico. *Nicolaus Jenson Gallicus Venetiis feliciter impressit.* M. CCCC. LXXI, in-fol. [22892]

Un exempl. médiocre de cette admirable édition, 72 fr. seulement, de Morante; un autre plus beau, en *vélin*, 220 fr. Luzarche; cet exempl., recouvert d'une riche rel., en *mar. doublé*, par Chambolle-Duru, n'a été porté qu'à 200 fr. à la vente Benzon.

— C. J. CÆSARIS Commentarii... *Tarvisii, Michael Manzolinus Parmensis,* 1480, in-fol. de 168 ff. en car. ronds, dont le premier est blanc (et non 166, comme dit le *Manuel*), 110 fr. Luzarche.

— C. J. CÆSARIS rerum gestarum Comment... *Francof. ad Moenum, G. Corvinus,* 1575, in-fol., fig. s. b.

En *mar.*, aux armes de J.-A. de Thou, 110 fr. Potier, 1870; et rev. 75 fr. seulement, H.-B. (Potier, 1873).

— J. CÆSARIS quæ exstant... *Lugd. Bat., ex off. elzev.,* 1635, in-12, cartes.

En *mar.* de Duru (H. 0m127), 127 fr. Cailhava 1862; (H. 0m128) 60 fr. Chedeau; en anc. rel. *mar.* (H. 0m124), 41 fr. Morante.

M. Pieters, l'elzeviriographe, avait conquis un exempl. de H. 0m117, qui a atteint le prix de 12 fr. à la vente de 1864. L'exempl. du baron J. Pichon était aussi fort court (H. 0m122), mais il était recouvert d'une si charmante reliure de Du Seuil, en *mar. doublé,* qu'il a été porté à 273 fr. Un charmant exemplaire de H. 0m128 en *mar. doublé* de Bauzonnet-Trautz, venant de M. de Montesson, 560 fr. Potier, 1870; en *mar.* de Bozérian (H. 0m125), 78 fr. H. B. (1873); en *mar.* de Trautz (H. 0m125 et 1/2), 190 fr. L. de M. (1876).

— CÆSARIS (C. J.) quæ exstant... in usum Delphini. *Paris,* 1678, in-4, fig. en taille-douce et carte.

En *mar.* 95 fr. Morante.

— CÆSARIS (C. J.) Opera. *Londini, Tonson,* 1712, in-fol., nombreuses grav., et à la p. 135 la fameuse figure du *Taureau* ithyphallique.

Un exempl. passable (dit *superbe*), 100 fr. Morante; un superbe exempl. en gr. pap., en anc. rel. angl., *mar.*, 125 fr. Radziwill; un second exempl. en gr. pap., en anc. rel. *mar.*, 165 fr., même vente; en rel. *mar.* de Kalthoeber (rel. angl. de la fin du XVIIIe s.), 79 fr. Potier.

— C. J. CÆSARIS quæ exstant omnia... cum animadv. D. Vossii... *Lugd. Batav.,* 1713, 2 vol. in-8, front. de B. Picart, portr., fig. et cartes.

En *mar. doublé* de Boyet (excellent exempl. de De Bure), 510 fr., baron J. Pichon.

— LES COMMENTAIRES de Julius Cesar (mis en françoys par R. Gaguin). *Paris, Anth. Vérard,* s. d. (vers 1490), in-fol., goth., fig. s. b.

En *mar.* de Koehler, 159 fr. Giraud, et rev. 230 fr. Solar.

— LES CÒMENTAIRES et briefues descriptions de Jules Cesar... trãslatez de latin en vulgaire françois, par frère Robert Gaguin. *On les vend à Paris en la grãt salle du palays, par Arnoult et Charles les Angeliers,* 1358 (sic pour 1538), in-16, fig. en b. 15 à 25 fr.

— *Paris, Jeh. Petit,* 1539, 2 vol. in-8, fig. 69 fr. Curmer.

— LES ŒUVRES et briefues expositions de Julius Cesar sur le fuict des batailles de Gaule (à la fin) : *Imprime nouuellement à Paris par la veufue feu Michel le Noir.* S. d., in-4, goth., fig. s. b. hors texte et dans le texte.

L'exempl. d'Audenet 105 fr. Yéméniz.

— LA GUERRE DES SUISSES, traduite du premier livre des Commentaires de Jules César, par Louis XIV, Dieudonné. *Paris, Impr. royale,* 1651, in-fol., pl.

En anc. rel. *mar. doublé de mar.,* 126 fr., prince Radziwill.

Louis XIV avait treize ans lorsqu'on publia en son nom cette traduction; l'édition fut tirée à petit nombre, pour être distribuée aux principaux personnages de la cour; ce bel exempl. du prince Radziwill, en *mar. fleurdelisé,* venait de d'Hangard.

— GUERRE DES GAULES de J. César. Traduction nouvelle, avec notes, par Alex. Bertrand et le général Creuly. *Paris,* 1867-68, 2 vol. in-8.

— CÆSARIS COMMENTARII, edidit Fr. Dübner. *Paris, Impr. impér.,* 1866, in-fol.

Edition magnifique, imprimée avec un grand luxe pour l'Exposition universelle de 1867; c'est en même temps un modèle de science et de saine critique; elle a été réimpr. l'année suiv. en 2 vol. in-4.

CÆSARIUS (Cisterciensis Monachus). Dialogus miraculorum. *S. l. n. d. (sed Coloniæ, caract. Ulr. Zell),* in-4, de 310 ff., à 2 col., de 35 l., sans ch., récl. ni sign. [1130]

Cette collection vraiment curieuse comprend des légendes et des faits historiques, dont la plupart sont contemporains des croisades; le tout est assaisonné d'anecdotes bizarres et souvent amusantes.

— Réimpr. *Cologne, Héberlé,* 1851, 2 vol. pet. in-8.

CAIADUS. Sacratissimo Hemanueli prio por || tugaliæ Algaraborumz citraz ultra || mare in Africa regi dominoqz Guinee || seruulus Henricus Caiadus. || (A la fin :) *Impressit accurate Bononiæ || Justinia || nus de Ruberia. X. Kalendas Augustas* (1496).. Pet. in-4, goth., de 30 ff.

En vers.

Il y a une seconde dédicace : *Henricus Caiadus (Lusitanus) magnifico viro Jacobo de Souza. Ill. Joannis secundi Portugalliæ regis legato.*

La dédicace adressée au roi Emmanuel est datée : *Ex Bononia, XV Kal. Julias M. CCCC. LXXXXVI.* Ainsi ce petit vol., dédié par l'auteur le 17 juin, est imprimé le 23 août. 40 fr. cat. Tross.

CAILLAVET (N. de), sieur de Monplaisir. L'Immortalité du Carrousel de Mgr le duc d'Espernon, duc et pair de France..... avec le trophée de ses victoires. *Paris, Veuve du Carroy, jouxte la copie imprimée à Bourdeaux, par Guillaume Millange,* 1627, in-8, de 32 pp.

En *mar.* de Chambolle-Duru, 300 fr. Ruggieri.

Les Poésies de cet auteur, dont Goujet et M. Brunet citent l'édition de 1634, *à Paris, chez Pierre Targa,* in-4, méritent d'être recherchées; il s'y trouve une Ode sur le portrait de Michel de Montagne, dans laquelle notre poète fait un vif éloge du grand philosophe.

CAISSAN (J.). Recette tres-veritable pour la guerison des personnes, et animaux mordus de chiens, loups et autres animaux enragez. Pour les experiences qui en ont été faites, achettee auec l'autorité du Parlement de Prouence par les Estats dudit pays de Jacques Caissan, habitant du lieu du Luc, pour le prix et somme de dix-huict censliures. *A Paris,*

7

chez Toussaint du Bray, rüe S. Jaques, aux Epics-Meurs, MDCXV,
pet. in-8, de 15 ff.

32 fr. Yéméniz.

CALANCHA (Fr. *Antonio* de la). Coronica || Moralizada || del Orden de || San
Avgvstin en el || Perv, con svcesos ||
egenplares en esta || monarquia..... Año
1638. Con licencia. || *En Barcelona :
Por Pedro Lacavalleria, en la || calle
dela Libreria*. In-fol., de 496 ff., le
texte à 2 col. [21593]

— CORONICA || Moralizada || de la provincia || del.
Peru del Orden || de S. Augustin || nuestro padre.||
Tomo segundo. || Por el R. P. Mro. Fr. Antonio
de la Calancha... || *En Lima* || *Por Iorge Lopez
de Herrera, Impresor de libros*. || Año de 1653.
In-fol. en deux parties : la 1re de VII-268 pp. ;
la 2e de 92 pp. et 2 ff. de *tabla*.

Les deux vol. 126 fr. Leclerc; 151 thal. Sobolewski; le tome second a été vendu seul à Londres
£ 11. »»

CALANIUS (*Prosper*). Traicté excellent
de l'entretenement de santé,... faict premièrement en latin par Prosper Calanius,
et mis nouuellement en françois. *Lyon,
Jean Temporal*, 1550, in-16. [7039]

Cette première édition française porte également
la souscription de *Paris, Vincent Sertenas*; l'original latin a été imprimé « *Parisiis, apud Franciscum
Giraud*, 1549 », in-16.

CALENDRIER (Le) de toutes les Confréries de Paris, tant de celles de dévotion
(où toutes personnes sont reçeuës) que
de celles des nobles communautez, marchands, bourgeois, gens de mestier,
artisans et mécaniques (par Le Masson,
Foresien). *Paris, M. Collet*, 1621, in-8.

Au v° du privilége on doit trouver la *figure du
Crieur de Confréries*, gr. s. b.; en *vélin* de Trautz,
50 fr. Leroux de Lincy.

CALENDRIER Génois. La Razone de la
Pasca e de la || Ivna e le Feste || M. CCCC.
LXXIV... la Pasca sera a di X daprille.
|| LXXV... a di XXV de Marzo. ||

Les VI premières pages sont remplies de notes
semblables ; la 7e contient une paraphrase du *Pater*,
composée par Dante Alighiéri :

   La Oratione cantaua Dante oñi hora.

Jo credo in Dio : e in uita eterna spero.
In sancto spirito : e in Iesv di Maria ;
Si com la chiesa scriue : e cãta I uero.
O Padre nostro chi in Cieli stia :
Sanctificato il tvo sancto nome :
Rendiamo gratia di quel che tu fia :
Da ogi a noi la cottidiãna maña :
Senza la qual per questo aspro deserto :
A retro va chi piv de gir s'ufaña.
E come noi del mal chabiam' soferto :
Perdoniam' a ciascv : e te perdona :
Benigno : e non guardar a nostro merto.

Suit une prière latine.

Les 9 pp. suiv. contiennent 4 pièces de vers à la
louange de Florence, et 2 sur Venise; puis une
description de Gênes et du pays génois.

Ce petit vol. est un in-4 de 16 pp., à 32 lignes à

la page entière; le caractère est italien et l'exécution typographique très-rudimentaire; la marque du
papier figure des *Ciseaux*, d'où descend une ligne
que termine une *étoile*.

Ce calendrier est évidemment imprimé à Gênes, et
peut être sorti des presses de Michel de Munich,
l'associé du célèbre Mathieu Morave, qui, ainsi qu'on
peut le voir à l'art. SUPPLEMENTUM du *Manuel*, imprima à Gênes avant de partir pour Naples, où il
fonda un établissement considérable.

CALENDRIER. — Kalender, mit astrologischen Anmerkungen und Gesundheits-Regeln. *Gedruckt zu Augspurg
von Johannes Blaubirer*, 1481, pet. in-4
goth., de 80 ff., dont le premier et dernier
blancs, avec un grand nombre de curieuses pl. grav. sur bois.

120 fr. (1868).

CALENDRIER (Le Grand), ou Journal historique de la ville et du diocèse de Rouen,
ouvrage dans lequel on voit quantité de
fragments de l'histoire, qui ont eu part
avec la ville et diocèse de Rouen, comme
aussi les années de la mort des rois de
France, ducs de Normandie... Le tout
distribué par chaque jour de l'année...
Par un curé du diocèsè. *Rouen, Guil.
Machuel*, 1698, in-12, de 2 ff. lim. et
128 pp.

Vol. curieux et recherché, dont le père Lelong
nomme l'auteur, qui est l'abbé Peuffier.

CALENDRIER historial. *Lyon, Charles
Pesnot*, 1563, in-4, fig. sur bois, sign.
A-B, par 8, sans pagination.

M. Brunet cite à la même date une édition in-16
de ce calendrier, également impr. à Lyon, mais par
Jean de Tournes [8381]. 12 à 15 fr.

CALENDRIER Romain, auquel a esté
adiousté mainctes hystoires..... *A Lyon,
par Corneille de Sept Granges*, 1555,
in-16, de 25 ff., en car. ronds et goth.,
rouges et noirs. [8381]

48 fr. Yéméniz.

CALEPIEN (*Ange*). La vraye et tres fidele
narration du succès des assaultz, defenses
et prinse du royaulme de Cypre, traduict en françois. *A Paris, chez Guillaume Chavdière*, 1580, in-4.

Vol. rare.

CALIDASA. Reconnaissance de Sakountala, trad. du sanscrit, par P. E. Foucaux. *Paris, Lemerre*, 1874, in-16.
[16922]

Excellente traduction.

CALLIER (*J.*). Histoire sur la généalogie
de l'illustre maison de Bourbon, Vandosme et Montpensier..... plus un recueil
de la... maison des Chalons et des princes
d'Orange... Par Iacques Callier... *Lyon,
par E. Palmier*, 1607, in-8.

CAL ‖ LIMACHI (*Phil.*) Geminia ‖ nensis historia ‖ de rege Vla ‖ dislao, ‖ seu clade ‖ Var ‖ nen ‖ si. *Augustæ Vindelicorum excusa, in officina Sigismundi Grim medici atque Marci Vuirsung,* 1519, in-4, car. ronds. [27832]

Le titre, entouré d'une bordure, gr. sur bois, est impr. en car. rouges et noirs ; le dernier f. ne contient que la marque des imprimeurs.

Pièce importante pour l'hist. de Pologne. 50 à 60 fr.

CALMET (Dom). Bibliothèque de Lorraine. [24884]

Ce vol. in-fol. est justement recherché ; il forme, ainsi que le dit M. Brunet, le 4e vol. de *l'Histoire ecclés. et civile de la Lorraine*, de Dom Calmet, édition de Nancy, 1745-57, 7 vol. in-fol.

La *Biblioth.* de Lorraine est ainsi composée : XXVIII pp. lim., 1047 col. ; suppl. 118 col., plus VI ff. de table ; *avis sur le poëme de Pilladius*, 1 f. ; *Pilladii Rusticiados libri* VI, 84 ff., plus une p. *d'errata*.

Dom Calmet a légué sa biblioth. à Jamet ; son livre des *Apparitions et des Vampires* lui a été fort reproché ; la Biblioth. de la Sorbonne en conserve un curieux exempl., annoté par l'auteur, qui en préparait une nouvelle édition.

CALVIN (*Jean*).

Les catalogues des Foires de Francfort nous donnent les titres de cinquante-deux traités du célèbre réformateur, écrits en français ; ces titres sont malheureusement presque toujours beaucoup trop succincts pour que nous puissions les reproduire, attendu qu'il nous serait impossible de donner aucune description bibliographique du plus grand nombre ; nous ne citerons que ceux qu'il nous a été donné de voir, ou ceux dont quelques libraires autorisés nous ont donné une sérieuse description.

— OPERA OMNIA. *Genevae*, 1617, 7 tom. in-fol.

Un exempl. relié en 13 vol. ; 76 fr. Conod.

— OPERA OMNIA... *Amstelodami*, 1667-70, 9 vol. in-fol. portr.

C'est la meilleure édition ; 210 fr., même vente.

— CATECHISMUS, sive Christianæ religionis institutio, communibus renatæ nuper in Evangelio Genuensis ecclesiæ suffragiis recepta. *Basileae, Rob. Winter*, 1538. Pet. in-8, de VIII ff. lim., 62 pp. et 1 f. pour la souscription. [1919]

52 fr. en 1867.

— CATÉCHISME de Genève, c'est-à-dire le formulaire d'instruire les enfans en la chrestienté, fait en manière de dialogue, où le ministre interrogue, et l'enfant respond, par M. Jean Calvin. *Genève, par Jean Girard*, 1549, très-pet. in-8, de 134 pp. et 5 ff. non chif.

M. Brunet indique comme devant exister une édition de Strasbourg, 1541, qu'il n'a point vue ; et il n'en cite aucune antérieure à celle de *Genève, R. Estienne*, 1553.

En mar. de Duru, 305 fr. Potier (1870).

— CATECHISMO, a saber es formulario para instruyr los mochachos en la Christiandad : Hecho a manera de Dialogo donde el ministro de la Yglesia pregunta, y el mochacho responde. *S. l. (Genève)*, 1550, pet. in-8 de 115 pp., 1 f. d'*errata* et 1 f. blanc.

Cette traduction est précieuse et d'une extrême rareté. 120 fr. vente Tross (1867) ; un double, 101 fr., même vente ; 125 fr. en 1872.

— THE CATECHISM, or maner to teach children the christian religion. Wherein the minister demandeth the question and the child maketh answer,

by John Calvin. *Middelburgh, R. Schilders*, 1598, in-16.

Cette édition n'est pas citée par Lowndes ; un exempl. est porté au prix un peu élevé de 200 fr. au 2e cat. Tross de 1870 ; elle était, il est vrai, jointe à une pièce tout aussi rare : Psalmes of Dauid (in English Meter), *ibid*, 1598, in-16.

— Institution de la Religion chrestienne. *Genève, de l'imprimerie de François Jaquy, Antoine Dauodeau et Jaques Bourgeoys,* 1557, grand in-8, imp. en car. ronds. [1924]

Édit. non citée.

L'édit. de *Jacques Bourgeois, Genève*, 1562, est un grand in-4 ; elle est exécutée en caractères ronds et à longues lignes ; c'est un beau livre. 70 fr. Delasize ; 20 fr. de Chaponay ; un exempl., qualifié d'in-fol. au 2e cat. de Morante, 95 fr.

— INSTITUTION de la religion chrestienne. *Lyon, Jean Martin*, 1565, pet. in-8 de 100 ff. lim., et 1256 pp.

Ce gros vol., bien exécuté, a été, croyons-nous, imprimé à Genève ; 35 fr., vente Tross de novembre 1867 ; une guinée, Perkins.

— INSTITUTIONE della religione christiana, in volgar italiano, tradotta per Giulio Cesare P(ascali). *Geneva, Iac. Burgese, Ant. Dauodeo e Franc. Jacchi,* 1557, gr. in-8, car. ronds, de VIII ff. lim., 754 pp. chif. et 15 ff. de table.

Melzi, qui nous donne le nom du traducteur, indique cette édition sous le format in-4, ce qui est une erreur.

— PETIT TRAICTÉ monstrant que c'est que doit faire un homme fidele congnoissant la vérité de l'Evangile, quand il est entre les papistes. *S. l. (Genèvae)*, 1544, pet. in-8, de 110 pp., plus 1 f. blanc.

86 fr. en nov. 1867.

— INTERIM adultero-germanicum... cui adjecta est vera christianæ pacificationis et ecclesiæ reformatæ ratio, per Joan. Calvinum. *S. l. (Genevæ)*, 1549, pet. in-8, de 203 pp. et 2 ff. non chif., 5 fr. 1872.

— LES ACTES de la journée impériale, tenue en la cité de Reguespourg, aultrement dicte Ratisbone, l'an mil cinq cens quarante et un, sur les differens qui sont aujourd'huy en la religion. *S. l.*, 1541, pet. in-8, de 216 ff. non chiff. ; réimpr. en 1542.

L'édit. de 1541 est portée à 65 fr. au cat. L. Techener de 1869 ; un exempl. médiocre de l'édit. de 1542 a été vendu 85 fr. en 1872.

- - LA DOCTRINE novvelle et ancienne, revue de nouveau et conférée selon le texte de la Saincte Escriture (par J. Calvin). *S. l.*, 1551, in-8.

— DEUX TRAICTEZ touchant la réformation de l'Eglise chrestienne, et le vray moyen d'appointer les differens qui sont en icelle, par M. Jean Calvin. *S. l. (Genève)*, par *Anthoine Reboul*, 1559, in-16, de 535 pp.

En mar. de Thibaron, mais un peu court de marges, 182 fr. H. Bordes (Potier, 1873).

— TRAITÉ des bénéfices, où il y a plusieurs matières et questions bénéficiales, décidées selon la pure et simple vérité de la parole de Dieu, par M. Jean Calvin. *Genève, J. Gérard*, 1554, in-16 de 127 pp.

En mar. de Thibaron, 245 fr., vente H. Bordes (Potier, 1873).

— DEL FUGGIR le superstitioni che ripugnano a la vera e sincera confession de fede. *S. l.*, 1553, très-pet. in-8, XXXII et 267 pp. chif., 2 pp. non chif. et 1 f. blanc.

Fort rare. 90 fr. en 1872.

— DE PRÆDESTINATIONE et providentia dei libellus. *Excusum Genevae, apud Jo. Crispinum, Conradi Badii opera*, 1550, pet. in-8, de 112 pp.

— DE TRINITATE ac mysteriis Christi, Alcuini levitæ libri tres, D. Carolo Imperatori dicati. *Argentorati, P. Schefer et J. Apronianus*, 1530, pet. in-8, de 68 ff., dont le dernier blanc.

35 fr., vente de livres sur la réforme (1867).

— ADMONITIO, qua ostenditur qua e re christianæ reipublicæ foret sanctorum corpora et reliquias velut in inuentarium redigi, quæ tam in Italia quam in Gallia, Germania, Hispania, cæterisque regionibus habentur. E Gallico per Nic. Gallæsium in lat. sermonem conversa. *Genevae, J. Gerardus*, 1548, pet. in-8, de 99 pp., 1 f. pour les *errata* et 1 f. pour la marque de *l'Épée*.

102 fr. vente de novembre 1867.

— Epistre au tres chrestien Roy de France, Françoys premier de ce nom : en laquelle sont démonstrées les causes dont procèdent les troubles qui sont aujourd'huy en l'Eglise, par Iean Caluin. *S. l.* (*Genève*), 1541, pet. in-4, de 20 ff., sign. Ai-E ii., le dernier f. est blanc.

Pièce fort rare, dont nous avons eu le bonheur de procurer un bel exempl. à la Bibl. nationale.

— DEFENSIO orthodoxæ fidei de sacra Trinitate, contra prodigiosos errores Michaelis Serveti Hispani : ubi ostenditur hæreticos iure gladii coercendos esse, et nominatim de homine hoc tam impio iuste et merito sumptum Genevæ fuisse supplicium. *S. l.* (*Genevae*), *oliua Roberti Stephani*, 1554, in-8.

28 fr., 1869; — l'exempl. de Girardot de Préfond en *v. mar.*, 126 fr. Morante.

— DEFENSIO sanæ et orthodoxæ doctrinæ de sacramentis, eorumque natura, vi, fine, usu et fructu. *Tiguri, Chr. Froschouerus*, 1555, pet. in-8, de 64 pp.

20 fr., 1869.

— VINGT-DEUX SERMONS de Jean Calvin, auxquels est exposé le Psaume 119e, contenant pareil nombre de huictains. *Genève, Fr. Estienne*, 1562, in-8.

100 fr. de Morante.

— SERMONS sur le ve livre de Moyse, nommé Deuteronome, recueillis fidèlement de mot à mot selon qu'il les preschoit publiquement. *Genève, Courteau*, 1567, in-fol.

32 fr. Conod.

— PLUSIEURS (27) SERMONS de Jean Calvin, touchant la divinité, humanité et nativité de Notre-Seigneur Jésus-Christ : Item touchant sa passion, mort, résurrection, ascension et dernier advenement. Puis touchant la descente du Sainct-Esprit sur les Apostres, et la première prédication de sainct Pierre. *Genève, de l'impr. de Michel de Blanchier*, 1563, in-8, de 625 pp.

Sur le titre, la marque de Mich. Blanchier, une tête de mort reposant sur un scorpion et surmontée d'une plume, avec cette devise :

Là mort, engloutie en victoire,
Par Christ nous est salut et gloire.

En *vélin* 60 fr. Delasize.

— Les 65 SERMONS, cités au *Manuel* (col. 1508), ont été imprimés en 1562 par Conr. Badius.

76 fr. Delasize.

— SERMONS sur le liure de Job. *A Genève*, 1563, in-fol.

En *vélin*, 50 fr. vente du pasteur Conod.

— SERMONS of master John Calvin, upon the book of Job. Translated by Arthur Golding. *Imprinted*

at London, by H. Binneman, for L. Harrison and G. Bishop, 1574, in-fol., à 2 col., d'environ 800 pp.

20 fr. en 1872.

— DEUX SERMONS faitz en la ville de Genève... *Imprimé à Genève par Jean Girard*, 1546, pet. in-8.

55 fr. Yéméniz.

— SERMONS recueillis fidèlement de sa bouche selon qu'il preschoit. *A Genève, par Jean Vignon* (également : *Jacque Stoer*), 1611, in-fol.

— CALVIN démasqué, ou sa politique découverte avec les pleurs de ses ministres sur les agonies de sa réforme... *Jouxte la copie imprimée à Metz* (*Holl.*), 1665, in-12.

Pièce fort rare, 15 fr. 50 c., vente du pasteur Conod.

— CALVINIANUS Candor, hoc est, de eximia pietate, fide, doctrina et modestia Theodori Bezae..... Wilhelmi Holderi altera admonitio. *Tubingae*, 1582, in-4, de 148 pp. et 1 f. blanc.

36 fr. en 1872.

— J. CALVIN, seine Kirche und sein Staat in Genf, von F. W. Kampschulte. *Leipzig*, 1869, gr. in-8, tome I.

Ouvrage important. Annoncé en trois volumes.

CAMILLI (*Franc.*). Oraison des fallaces et ruine du monde, prononcé en la présence des Pères du Concile de Trente, traduict du latin. *Paris, Guil. Nyverd*, s. d., in-8, goth.

Pièce rare.

CAMOENS (*Luis* de). Os Lvsiadas ‖ de Lvis de Camoës. ‖ Agora de nouo impresso, com algūas anotacões, ‖ de diuersos Autores. ‖ *Em Lisboa. Anno de* 1591, in-8, de 222 ff., sign. A-Ee, portr. gr. s. b. ; la Licença est datée du « 15 Mayo 84 » (*sic*). [15352]

Edition fort rare.

La traduction en vers espagnols de Benito Caldera, exécutée à Alcala de Henares, por Iuan Gracian, en 1580, et citée au *Manuel*, forme un vol. in-4, de 202 ff. sans pagination, mais avec sign. A-Aa.

CAMPANELLA (*Thomaso*). Scelta d'alcune poesie filosofiche di Settimontano Squilla (Thom. Campanella), da suo' libri detti : La Cantica con l'espozitione. *S. l., Stampato nel anno* M.DC.XXII, pet. in-4, de IV ff. lim. et 128 pp.

C'est là la première édition de ces sombres poésies, dictées à ce grand esprit par la douleur et les tortures de 27 années d'une cruelle captivité ; le professeur Orelli, éditeur de la réimpr. de 1834 que cite le *Manuel*, les croit impr. à Wolfenbuttel ; nous ne connaissons que 2 exempl. de ce livre précieux. 280 fr. Tross, 1862.

— MONARCHIA Messiæ, compendium in quo, per philosophiam divinam et humanam, demonstrantur jura summi pontificis super universum orbem, etc. *In Jesi, Gregorio Arnazzini*, 1633, in-4, de IV ff. lim., dont le 4e blanc. et 92 pp. [3224]

— DISCORSI della libertà e della felice sugettione allo stato ecclesiastico del Tomaso Campanella. *In Jesi, Greg. Arnazzini*, 1633, in-4, de 18 pp. et 1 f. blanc.

Pièces fort rares. 21 fr. Delasize.

, — DE LIBRIS propriis et recta ratione studendi syntagma. *Parisiis, apud viduam Gulielmi Pelé*, .1642, in-8, de 6 et 88 pp.

Edit. origin. 15 fr., même vente.

CAMPANIUS (*Thomas*) de Stockholm. Lutheri ‖ Catechismus ‖ Ofwersatt ‖ pa ‖ American-Virginiste ‖ spratet. *Stockholm*. ‖ *Anno* MDCXCVI (1696), in-24, de 160 pp., titre gravé et titre imprimé en rouge; avec XIV pp. lim.

Cette traduction du catéchisme de Luther dans le dialecte des Delawares fut faite par Th. Campanius, pasteur résidant dans la colonie; les 6 dernières pages sont consacrées à une analyse et à un vocabulaire succinct du dialecte Mohawk; ce vol. est devenu d'une excessive rareté, même en Amérique.

— DESCRIPTION abrégée de la province de la nouvelle Suède, en Amérique, appelée aujourd'hui Pensylvanie (en suédois). *Stockholm*, 1702, in-4, fig.

Réfutation des erreurs d'un certain Pastorius, qui, en 1700, avait publié en allemand un mauvais livre sur la Virginie.

CAMPBELL (*M. F. A. G.*). Annales de la typographie néerlandaise au XVe siècle. *La Haye, Martinus Nijhoff*, 1874, gr. in-8, sur pap. vergé de Holl., de plus de 600 pp. 20 fr.

M. Campbell, bibliothécaire de la Haye, est le digne et savant successeur du regretté M. Holtrop; le bel ouvrage qu'il consacre aux origines de la typographie néerlandaise fait le plus grand honneur à ce bibliographe éminent, et son exécution aux imprimeurs de la Haye.

CAMPENSIS (Van den Campen). Paraphrase ‖ c'est à di ‖ re, claire, et ‖ briefue interpretation ‖ sur les Psalmes ‖ de Dauid. ‖ Item ‖ Aultre interpretation paraphra ‖ stique sur l'Ecclesiaste ‖ de Salomon, ‖ le tout faict par Cam ‖ pensis. ‖ *A Lyon, chés Estienne Dolet*, ‖ 1542, in-16, de 446 pp., et un f. pour la marque et la devise de l'imprimeur. [121]

Ce rare petit vol. est cité, mais non décrit par M. Brunet; un bel exempl. vaut plus de 150 fr., vendu 205 fr. en 1872.

CAMPION. Recueil de lettres qui peuvent servir à l'histoire, écrites depuis l'an 1631 jusqu'en 1646, et diverses poësies du mesme auteur (Alex. de Campion). *Rouen, aux despens de l'autheur, par Laurent Maurry*, 1657, in-8, de. IV-302 pp.; les poësies vont de la p. 217 à la p. 302. [*Manuel*, I, 1525]

Ce vol. est rare et précieux; l'auteur, attaché, comme gentilhomme, au comte de Soissons, et, après la bataille de la Marfée, au duc de Longueville, est mêlé à toutes les affaires du temps de 1631 à 1656; ses lettres adressées à de Thou, aux ducs de Vendôme, de Retz, aux duchesses de Chevreuse, de Longueville et autres personnages politiques de l'époque, sont intéressantes; quelques exemplaires n'ont pas le f. 242-43, supprimé avec soin par la comtesse de Fiesque (voy. Barbier, *Dict. des Anon.*), qui contenait un bout-rimé dont l'extrême liberté offensait la belle comtesse.

Un exempl. complet en *mar.* de Duru, 401 fr. d'Auffay; incomplet du f. 242. 130 fr. Favart.

CAMPY (Planis de). Traicté des Playes faictes par les mousquetades. *Paris*, 1623, in-8.

L'exempl. de dédicace à Louis XIII, avec l'écusson sur les plats et le dos fleurdelisé. £ 20. Sh. o. D. o. Perkins.

CANAPPE (*Jehan*). Prologue et chapitre singulier, traduict du latin et illustré de commentaires par Jehan Canappe..... *Lyon, Est. Dolet*, 1542, pet. in-8.

(Voy. au *Manuel* l'art. GALENUS, où l'on indique plusieurs traductions de ce médecin lyonnais).

CANCIONERO de la Academia de los Nocturnos de Valencia, estratado de sus Actos originales por D. Pedro Salvá. *Valencia, Ferrer de Orga*, 1869, in-8.

Jolie édition dont il n'a été tiré qu'un exempl. sur *vélin* et 25 sur papier fort.

Le Recueil manuscrit des compositions de l'*Academia de los Nocturnos* est amplement décrit au catal. Salvá, n° 156.

CANCIONERO de Nuestra Señora. En el qual se contienen muchos romances, canciones, villancicos y chistes. *Agora nueuamente Impresso*. *S. l. n. d.* (vers 1540), in-4, goth.

Salvá (n° 189) n'indique qu'un exempl. incomplet de ce vol. fort rare, qui ne figure pas dans les catalogues du *Romancero general*, édité par Duran.

— Cancionero de Nuestra Señora en el qual ay muy buenos romances, Canciones y Villancicos. *Barcelona, viuda de Hubert Gotart*, 1591. in-12, de 84 ff.

Ce vol., resté inconnu à tous les bibliographes, est décrit pour la première fois au catal. Salvá, n° 190.

CANEPHIUS (*Baruch*). Athéomachie, ou réfutation des erreurs et détestables impiétez des Athéistes, Libertins et autres esprits profanes de ces derniers temps, escrite pour la confirmation des Infirmes en la foy de l'Église chrestienne. *A Genève, Jean Durant*, 1582, in-8.

Violente diatribe.

CANISIUS (*P.*). Le Catéchisme imprimé par images. *Augustæ, Joan. Kruger*, 1614, in-8, avec jolies fig. s. b. [1382]

C'est le titre de la seconde édition d'un livre décrit au *Manuel*.

— Summa naúka kristïanskóga castnago naucitelia bógoslová Pétra Kanisié, toumacena izu Latinskóga iazika oú Slovinski. *Outicena v Lyéto Gospodnié* 1583, in-4, de 196 ff. chiffrés, titre compris, en car. cyrilliens.

Doctrine chrétienne du Jésuite Canisius, trad. en dalmate par Simon Budina, prêtre de Zara; imprimée à Rome chez F. Zanetti?

Livre de la plus grande rareté, et très-peu connu;

Safárik en estropie le titre, dit M. Maisonneuve. 350 fr., catal. Maisonneuve (1873).

CANONS (Les) et documens tres amples, touchant lusaige et practique des communs almanachz, que lon nomme Ephemerides. Briefue et isagogique introduction, sur la judiciaire astrologie : pour sçauoir prognostiquer des choses aduenir, par le moyen des dictes Ephemerides..... *Imprimez a Paris par Simon de Collines*, 1543, in-8.

20 fr. Pichon ; 33 fr. Potier.

CANSON provençalle soubre lou cant dau psaume 9 contenant la complainto daux Papaux, ensemble le cruautat qu'a estat facho a quellos de la Religion reformado durant la guerro. *Lyon*, 1564, in-8, de VIII ff.

C'est la pièce : « Las ! que faren paures Papaux...» . (Biblioth. du professeur J. Adert à Genève).

CANTIONES triginta selectissimæ, quinque, 6, 7, 8-12, et plurium vocum, a præstantissimis huius artis artificibus compositæ. Collectæ et editæ per Clementem Stephani. *Noribergæ*, 1568, in-4, obl.

Vol. rare et précieux.

CANTIQUES provençaux, où les pseaumes, les hymnes et les prieres de l'Église sont exposés d'une manière proportionnée à l'intelligence des plus simples. *Aix, Guil. le Grand*, 1702, in-12, de VII ff. lim., et 244 pp.

Edition originale de ces cantiques en latin et provençal. L'approbation et la permission sont datées d'octobre 1698, mais le privilége du roy est de juillet 1702. Cependant Pierquin de Gembloux cite une édition de 1689 et même une de 1698. Dans la permission signée du vicaire général, l'auteur est nommé : Messire Jean B^{te}. d'Isnard, chanoine-sacristain de l'église collégiale de Salon. [Note de M. Maisonneuve.]

En vélin, 3 fr. Burgaud des Marets.

— L'édit. de 1703. *Aix, veuve de Guil. le Grand*, in-12, de VII-242 pp., 4 fr. même vente.

CANTO Giardino de Musici Ferraresi, Madrigali a 5 voci. *Venetia*, 1593, in-4 obl.

— CANTO del Metallo alla Neapolitan, à 4 et 5 voci, con due canzoni Francese per sonnare. Libri 4. *In Venetia*, 1594, in-4 obl.

Ces deux recueils sont fort rares et sont restés inconnus à Fétis.

CANTUS monastici, formula noviter impressa ac melius redacta. Cantorinus et Processionarius per totum annum in divinis officiis celebrandis secundum ritum congregationis Cassinensis, etc. *Venetiis, in officina Luceantonii Iunte Florentini*, 1535, in-8, fig., musique notée.

Livre de musique, à l'usage du Mont-Cassin; impr. en beaux car. rouges et noirs ; il est resté

inconnu à Renouard ; il en existe une ou plusieurs éditions antérieures.

60 fr. Gancia (1868).

CAPELLA (*Jean*). Secretz curieux mis en lumière tout de nouveau, par vostre serviteur Jean Capella. *Grenoble, Ed. Raban*, 1638, pet. in 8, de 14 pp.

Pièce curieuse ; c'est le prospectus d'un charlatan dauphinois, qui propose toutes sortes de recettes tabarinesques « ..... *pour faire péter et éternuer tout ensemble..... pour assembler les lièvres d'une contrée.....* etc. »

15 à 20 fr. au moins.

CAPITOLI et ordinationi di Mare et Mercantalìe. *Roma, Ant. Blado*, 1519, in-fol., grav. s. b.

C'est le premier livre imprimé par ce typographe renommé ; le frontispice représente un navire à la mer, protégé par quatre saints.

Le livre est curieux et recherché à juste titre.

CAPPEL (*Jacques*). Les Liures de Babel, ou l'histoire du Siége Romain. *A Sédan, par Pierre et Jacques Chovet*, 1616, in-8.

Contre la papauté. 8 à 10 fr.

CAPPONI (*Gino*). Storia della republica di Firenze. *Firenze, G. Barrera*, 1875, 2 vol. in-8, de XXIII-667 et de XIX-632 pp.

C'est un noble livre et d'un noble esprit ; le marquis Gino Capponi, dont tous les artistes et littérateurs français ont pu apprécier l'urbanité et les qualités hospitalières à Florence, s'était rencontré avec M. Thiers dans la pensée d'écrire l'histoire de la République florentine ; il ne la mit à exécution que lorsqu'il apprit que M. Thiers, empêché, renonçait à ce grand travail.

Quand les deux volumes parurent pendant l'hiver de 1874-75, Gino en adressa le premier exempl. avec cette dédicace : « A M. Thiers, qui eût fait mieux », et l'illustre homme d'État répondit : « Je vous remercie, il était impossible de mieux faire. »

Le noble marquis Capponi vient de s'éteindre à Florence, et sa mort a été un deuil public ; il avait 83 ans.

CAQUET (Le) des bonnes chambrières. *Lyon, Barn. Chaussard*, s. d., pet. in-8, goth. [13939]

M. Brunet ne donne que 8 ff. à cette pièce, qu'il décrit exactement du reste ; elle en a 12, y compris la *Pronostication sur les Mariez et femmes veufues*, qui en a 3 et fait partie intégrante du vol. L'exempl. de Nodier a été revendu 310 fr. Yéméniz.

CARACCIOLO (*Ant.*), prince de Melphi (Amalfi). Hymne genethliaque sur la naissance de monsieur le comte de Soissons, etc., traduict par Florent Chrestian. *Paris, Mamert Patisson*, 1568, in-4.

Pièce fort rare. 12 à 15 fr.

CARAVAJAL y Saavedra (Doña *Mariana* de). Novedades de Madrid, ‖ y noches entretenidas, ‖ en ocho novelas. ‖ *Año de 1633. ‖ Con privilegio. En Madrid. Por Domingo Garcia Morrás*, in-4, de 198 ff.

CARBON (Dr *Damian*). Libro del arte ‖ de Las Còmadres ‖ ó madrinas, ‖ y del regimiento delas preña ‖ das y pari- das y de los ni ‖ ños. Por el expertissi ‖ mo doctor en artes y ‖ medicina, mestre ‖ Damian Car ‖ bon d'Mallorca cõ ‖ puesto..... *Impresso en la ciudad de Mallorca por Hernando de ‖ Cau- soles... Año d' mil z quinientos y quarenta y uno*, in-4, de 116 ff., sign. A-P.

Première édition, fort rare, d'un livre curieux.

CARDAVERAZ (*Aito Agustin*). Eus- queraren Berri onac : eta ondõ Escri- bitceco, õndo iracurteco, ta ondo itze- guiteco Erreglac : Cura Jaun, ta escola maisu celosoai Jesus-en Compañiaco Aito Agustin Cardaberaz ec esqueñtcen, ta dedicatcen dieztenac. *Iruñean, Antonio Castilla,* 1761, in-8, de 63 pp., titre compris.

Rhétorique basque; livre des plus rares, cité par la *Noticia de las Obras Vascongadas*. En *vélin*, 45 fr. Burgaud des Marets.

Le P. Augustin de Cardaveraz, né à Saint-Sébas- tien, écrivit plusieurs ouvrages de piété en basque : dans sa *Retorica Vascongada*, il trace les règles de la langue, en vante les grâces et accompagne le tout de renseignements intéressants. (Voir IGNATIUS.)

CARDERERA (D. *Valentin*). Iconogra- phie espagnole, collection de portraits, statues, mausolées, etc., des rois, reines, grands capitaines, écrivains, etc., depuis le XIe siècle jusqu'au XVIIe. *Madrid,* 1855-64, 2 t. en 1 vol. in-fol. 425 fr.

Magnifique ouvrage, imprimé avec luxe et rempli de superbes planches en or et couleurs, fort inté- ressantes au point de vue de l'art et de l'archéo- logie.

Le prix de souscription ne se soutient pas; un exempl. relié en *veau*, aux armes de Morante, a été acquis par Tross, au prix de 205 fr., et porté dans son catal. à 350 fr.

CARDIM (*A.-F.*). Relacaõ da gloriosa morte de quatro embaixadores pòr- tuguezes, da cidade de Macao, com sin- coen ta et sete christaõs de sua com- panhia, dego ládos todos pella fè de Christo em Nangassaqui, a 3 de Agosto de 1640. *Lisboa,* 1643, in-4, de 24 pp.

Pièce fort rare. 4 th. 5 ngr, Sobolewski.

CARDONNE (*Jean* de). Remonstrance aux catholiques de prendre les armes en l'armée de la Croisade instituée en la ville de Tholose contre les calvinistes, huguenots, traistres et rebelles. *A Tho- lose, Jac. Colomiez,* 1568, in-8.

Vol. qui doit être bien rare, car nous ne le voyons figurer qu'aux divers catal. des Foires de Francfort, dans la théologie *papistique;* aussi ne le citons- nous que comme renseignement.

CARIBARYE (La) des artisans, ou Recueil nouveau des plus agréables chansons vieilles et nouvelles. *Paris, Nicolas Boisset,* s. d., in-12, de 204 pp., dont 3 pp. de table (69 chansons).

On ne connaît de l'édition originale de ce précieux recueil qu'un seul exempl., décrit au catal. de la Vallière-Nyon, et aujourd'hui conservé à la Bibl. de l'Arsenal; il y a là des pièces historiques, donnant des renseignements qu'il serait à peu près impos- sible de se procurer ailleurs.

La date de l'impression du vol. n'est pas indiquée, M. Brunet la place vers 1644 ; c'est une erreur, car la chanson de la mort du cardinal de la Rochefou- cauld, arrivée en 1645, doit la faire reporter au plus tôt en 1646.

Il en a été fait, par les soins de M. Percheron, en 1862, une réimpression tirée à 115 exempl. (*Paris, J. Gay,* in-18); il y a deux exempl. sur *vélin.*

Cette réimpr. épuisée a été vendue 20 fr. Alvarès; 9 fr. 50 c. W. Martin ; 13 fr. Auvillain.

CARION (*Jean*). Histoire ou Chronique des choses plus mémorables aduenues depuis le commencement du monde iusques au règne du roy Henry IVe, tra- duicte du latin de J. Carion, et augmentée par Iean le Blond. *A Lyon, chez Bar- thélémy Vincent,* 1610, 2 vol. in-8. [21292]

— Réimpr. l'année suivante *à Genève, chez S. Cres- pin...* 2 vol. in-8.

CARLES (*Lancelot* de), évêque de Riez. Lettre au roy Charles IXe, contenant les actions et propos du duc de Guyse, depuis sa blessure iusques à son trespas. *Paris, Jacq. Keruer,* s. d. (1563), in-8.

Pièce intéressante et fort rare. 25 à 30 fr.

Les pièces qui suivent sont moins importantes :

— EXHORTATION, ou Parénèse à Jean de Carle son nepueu. *Paris, Michel Vascosan,* MDLX, in-8.

— L'ECCLESIASTE de Salomon paraphrasé. *A Lyon, Nicolas Edoard,* 1561, in-8.

— ELOGE, ou Tesmoignage d'honneur du roy Henri IIe de France. *A Paris, Michel Vascosan,* 1560, pet. in-fol.

— LES CANTIQUES de la Bible. *Paris, A. Le Roy,* 1560, in-8, obl. (cités au *Manuel*), ont été réim- primés en 1562 *à Paris chez Vascosan,* in-8, obl.

Cette édition est au moins aussi rare, et tout aussi précieuse que la première.

CARLO MAGNO. Hystoria del emperador Car ‖ lo magno y de los doze pares de Francia : z de la cruda batalla que uvo oliveros cõ fie ‖ rabras Rey de Alexãdria ‖ hijo del grãde Almirãte balan. (Al fin :) ... *Fue impressa la presente hystoria..... en la muy noble z muy leal cibdad de Seuilla por Jacobo Cromberger, ale- man. Acabose a veynte z cuatro dias del mes de Abril. Año de nacimiento de nuestro saluador Iesu Christo de mill e quinientos XXV.* In-fol., goth., de 48 ff., à 2 col., le titre est orné d'une grav. s. b. représentant Charlemagne assis sur son trône; les trois dernières pages comprennent la table. [17518]

Un exempl. de ce très-précieux vol. se trouvait dans la bibl. de D. Jose de Salamanca, il doit se trouver aujourd'hui dans celle du baron Sellière.

— Une édition du *Carlo Magno*, imprimée dans la même ville et par le même imprimeur en 1534, faisait également partie de la collection Salamanca; cette édit. fut achevée le 7 février 1534; c'est un in-fol., goth., de 46 ff., à 2 col., avec des fig. s. b., intercalées dans le texte.

Un exempl. de l'édit. décrite au *Manuel* de *Sevilla*, 1547, in-fol. goth., est indiqué comme le *seul connu* au catal. Libri de 1861, n° 114; vendu £ 13. Sh. 10. C'était peut-être l'exempl. de la vente De Bure, adjugé à 230 fr.

L'*Ensayo* (1-641) indique de ce roman de chevalerie deux autres éditions de Séville, 1548 et 1549, et plusieurs autres exécutées au XVII° siècle.

CARNEVALE (Il) Italiano mascherato. *Venetia*, 1613, in-8, avec 26 planches.

Ces planches, gravées sur cuivre, sont imprimées d'un seul côté, avec des inscriptions en vers et en patois vénitien, également gravées. Ces gravures représentent les Mascarades vénitiennes de l'époque. 40 à 50 fr.

CARO (*Rodrigo*). Antigvedades y principado de la ilvstrissima civdad de Seuilla, y chorographia de sv conuento ivridico. *Sevilla, Andres Grande,* 1634, in-fol., de XIII et 220 ff. [26231]

Ouvrage savant, que ne cite pas l'*Ensayo de una Bibl. españ.*; il s'y trouve, mêlés à d'importantes recherches, un grand nombre de récits fabuleux; l'auteur avait laissé des *Adiciones* qui ont été publiées par l'*Academia de la Historia*, dans le tome I° du *Memorial historico*.

CAROCHI (*Hor.*). Arte de la Lengua Mexicana, con la declaracion de los aduerbios della, al III° y rev° señor don Juan de Mañozca, arçobespo de Mexico. Por el Padre Horacio Carochi, rector del colegio de la Compañia de Iesus de San Pedro y San Pablo de Mexico. *Impresso con Licencia. En Mexico, por Juan Ruyz, en el año de* 1645, pet. in-4, de 132 pp. de texte et v ff. prélim. [11973]

Vol. précieux; vaut auj. 200 fr. environ; un exempl. médiocre a été vendu £ 4. Sh. 17. D. 6. Fischer, et dans la même vente un exempl. du *Compendio* de 1759, a été porté à £. 3. » »

CARON (*Claude*). L'Antechrist démasqué. *A Tournon, par Guillaume Linocier,* 1589, in-8.

— RESPONSE aux Blasphèmes d'un ministre de Calvin sacramentaire semez dans ses escris, contre le S. sacrifice de l'autel. *Tournon*, 1589 et 1591 .in-8.

— LE PRIX du Chevalier Chrestien. *A Tournon*, 1590, in-8.

— TRAICTÉ du S. Sacrement de Baptesme et cérémonies d'iceluy. *Tournon, Guil. Linocier*, 1591, in-8.

Toutes ces élucubrations mystico-liturgiques d'un jésuite du collège de Tournon sont rares, mais peu recherchées et surtout moins qu'intéressantes.

CAROSO (*Fabricio*). Il Ballarino. Nobiltà di Dame del S°. Fabricio Caroso da Sermoneta, libro alta volta, chiamato il Ballarino..... aggiunta il basso et il soprano della musica. *Venetia, Il Muschio*, 1600, in-4, fig. sur cuivre et musique imprimée.

Édition dédiée à Rinuccio Farnese et Margarita Aldobrandi, dont les portraits figurent au 4° f.; les planches des costumes sont gravées par Giacomo Franco.

Un bel exempl. a été porté à 100 fr. à la vente Solar.

CARRARA (*Mich.*). Regola ferma et vera (del Lauto) di novo corretta, autore Mich. Carrara perito sonatore di Lauto et musico eccellente. *Romæ, Joan Antoni de Paulis Formis*, 1594, grand tableau doublé, hauteur : 45 cent., largeur, 56 cent.

Cette école de luth, en forme d'affiche, est entièrement gravée sur cuivre, musique et texte; le luth y est représenté presque aussi grand que nature.

CARREAU (*P.*). Dessein de l'histoire du pays et duché de Touraine (par Pierre Carreau, sieur de la Perée). *S. l. n. d.*, in-4.

Cette pièce est fort rare, et M. V. Luzarche le constate par cette brochure :

— Note sur une rareté bibliographique, relative à l'histoire de Touraine : « *Dessein de l'histoire du pais*, etc... » — *Tours, impr. de Ladevèze*, 1851, in-8.

CARRERA (D. *Fern.*). Arte de la Lengua Yunga de los valles del obispado de Truxillo del Peru..... *Lima, J. de Contreras,* 1644, pet. in-8. [12000]

Vendu £ 15. Sh. 15, chez lord Kingsborough, non relié ; racheté par Thorpe, relié en *mar.*, et revendu par ce libraire 8 guinées seulement.

CARRÈRE. Catalogue raisonné des ouvrages qui ont été publiés sur les eaux minérales en général et sur celles de la France en particulier, avec une notice de toutes les eaux minérales de ce royaume... publié par J.-B.-F. Carrère. *Paris, Rémont*, 1785, in-4. [31714]

Catalogue devenu fort rare. 24 fr. Payen.

CARRILLO (*F.*). Proposicion que la civdad de Mexico hizo in su consistorio, en 28 de setiembre a la junta general, que côuoco de religiones, universidad, y côsulado : maestros, y contadores, para informar a su Excellencia cerca del desague de esta civdad; con la resolucion de los quatro punctos côtenidos en el papel de su Excellencia, y arbitrios para su execucion. *Mexico, Salbago*, 1630, in-fol., de 7 ff.

Pièce citée pour la première fois au catal. Sobolewski, où elle a été vendue 6 thalers.

CARILLO y Sotomayor (D. *Luis*). Obras ‖ de Don Luys ‖ carrillo y soto ‖ mayor, cavallero ‖ de la Orden de Santiago,... con privilegio. ‖ *En Madrid, por Iuan de la Cuesta.* ‖ Año de M. DC. XI, in-4, de 296 ff., sign. ξ-ξξξ-A-Li, portr. gr. s. b. 20 à 30 fr.

— Réimpr. *En Madrid, por Luis Sanchez. Año* 1613, in-4.

CARROTO (*Luis Estéban*). Aqui se contienen dos ‖ Xácaras, primera y segvnda parte, ‖ sacadas de los muertes que hizo Salgado, ‖ y sus compañeros, como capitan dellos. Y del modo que los prendie ‖ ron, y el arrepentimiento que hizieron en la capilla. Com ‖ puestas por Luys Esteuan Carroto. Año de 1644. ‖ *Con Licencia en Valladolid : por Ines de Logedo. Año* 1666, in-4, de 4 ff., gr. s. b.

Pièce excessivement rare.

CARROUSEL (Le) des pompes & magnificences faites en faveur du mariage du très-chrestien roy Louys XIII, avec Anne Infante d'Espagne, le jeudy, vendredy, samedy, 5, 6, 7 d'avril 1612, en la place Royale, à Paris, par tous les princes et seigneurs de France, avec leurs noms. *Paris, Louys Mignot,* 1612, in-8, de 16 pp.

Édition originale. En *mar.*, mais un peu court de marges, 50 fr. Ruggieri.

— Le même. *Jouxte la Copie impr. à Paris, pour Louys Mignot,* 1612, in-8, avec le portr. du roy, gravé sur bois au titre; en *mar.* de Chambolle-Duru, 80 fr. même vente.

— Le même. *Suivant la copie impr. à Paris pour Jean Mignot,* 1612, in-8, de 16 pp.; en *mar.* d'Andrieux, 51 fr. même vente.

Toutes ces pièces sont relatives au mariage de Louis XIII avec Anne d'Autriche; le catal. Ruggieri et le catal. de la Bibl. nation. nous fournissent les titres de bon nombre d'autres pièces concernant la même solennité, nous citerons :

— SATIRE des Dames contre les Chevalliers du carrouzel, par M. A. D. R., avec la responce des chevalliers aux dames, par J. B. L. C. S. l. (*Paris*), 1612, in-8, de 8 pp.

En vers satiriques; relié en *mar.* avec une autre pièce, 80 fr. Ruggieri.

— CAMP (Le) de la place Royalle, ou Relation de ce qui s'y est passé les 5e, 6e, 7e jour d'avril 1612, pour la publication des mariages du Roy et de Madame, avec l'infante et le prince d'Espagne (par Honorat Laugier de Porchères). *Paris, Jean Laquehay,* 1612, in-4.

92 fr. Ruggieri.

CARTAGENA (D. *Alonso* de). Este Libro se llama Doctrinal de los caballeros, en que están copiladas ciertas leys e ordenanzas que están en los Fueros é Partidas de los reinos de Castilla e de Leon... (Al fin :) *Fué impreso este libro en Búrgos por Maestre Fadrique Aleman... Acabóse á* 20 *de Junio año de mill* CCCC *y* LXXXVII, in-fol., sans

chif. ni récl., avec sign., A-Ll par 8, excepté le dernier cahier, qui est de 14 ; IV ff. prél., car. goth.

Première édition d'un ouvrage composé par un évêque de Burgos; elle est décrite au catal. Salvá et à l'*Ensayo de una Bibl. española*; Salvá considère son exemplaire comme unique; tout au moins il est certain que le volume est d'une extrême rareté.

Antonio en décrit une autre édition de *Burgos*, 1492, qui doit être celle que nous venons de mentionner, il n'y a là qu'une erreur de chiffre, et Antonio n'y regardait pas de si près.

Le catal. Salvá et l'*Ensayo* décrivent une autre édition de *Burgos, por Juan de Búrgos. A Seys de Mayo, año de mill* ɔ. cccc. ɔ-xcvij, in-fol. goth. à 2 col., CXVIII ff. chif.

— Voy. SENECA.

CARTARI (*Vinc.*). Le Imagini degli dei de gli antichi. *Venetia, per Mo Antonio Zaltieri,* 1592, in-4, de XX ff. lim., 460 pp. et 1 f. de registre; belles fig. en taille-douce. [22544]

L'une des plus belles éditions de ce livre bien connu.

CARTAS que os padres e irmãos da companha de Jesus, que andaõ nos reynos de Japaõ, escreveraõ... *Coimbra, A. de Maris,* 1570, pet. in-8, de 675 ff. [21581]

Le *Manuel* désignait à tort ce volume comme in-4. Avec le titre endommagé, 16 thal. 20 ngr. Sobolewski.

— Cartas que los padres y hermanos de la compañia de Jesus... escrivieron...... *Alcala de Henarez,* 1575, pet. in-4, de VIII ff. lim., et 321 ff. chiffrés.

Ces deux volumes, surtout l'espagnol, sont beaucoup plus recherchés et plus chers aujourd'hui, qu'à l'époque des ventes Gohier et Rich. Heber.

CARTHENY (Fr. *Jehan* de), carme. Le Voyage du chevalier errant. *Anvers, chez S. Bellère,* 1595, in-12. [17138]

Édition moins précieuse que celles de 1557 et 1572 citées au *Manuel*, mais qui pourtant vaut la peine d'être indiquée.

CARTIER (*J.*). Brief recit, & ‖ succincte narration, de la nauiga ‖ tion faicte es ysles de Canada, Ho ‖ chelage & Saguenay & autres, auec ‖ particulieres meurs, langaige & ce ‖ rimonies des habitans d'icelles : fort ‖ delectable à veoir. ‖ — Auec priuilege. ‖ — *On les uend à Paris au second pillier en la grand* ‖ *salle du Palais, & en la rue Neufue Nostredame à* ‖ *l'enseigne de lescu de Frâce, par Ponce Roffet dict* ‖ *Faucheur, & Anthoine le Clerc frères.* ‖ 1545. ‖ In-8, titre et privilége, un f., 1 f. non chiffré, 3 ff. lim. chif., 48 ff. chif. pour le texte; les 2 derniers contiennent un vocabulaire du « *Lâgage des pays et royaulmes de Hochelaga & Canada* ».

C'est le récit du second voyage du Canada ; on ne connaît en Europe que l'exemplaire du British Museum, provenant de Courtanvaux ; un second exemplaire, qui avait passé par les mains de M. Tross, fut expédié en Amérique, mais le navire qui le portait périt en mer.

Ce volume fut réimprimé en 1863 avec un très-grand soin par M. Tross ; cette édition, confiée à M. d'Avezac, qui la fit précéder d'une très-intéressante notice historique, est enrichie des variantes des trois manuscrits découverts à la Bibl. nation. ; c'est un charmant volume de 12 à 15 fr., qui bientôt deviendra plus cher.

En 1867, MM. Michelant et Ramé découvrirent à la Bibl. nation. une pièce manuscrite de 17 ff., portant pour souscription : « *Voyage de Jacques Cartier*, 1544 ; ce manuscrit, malgré cette erreur de date, fut reconnu renfermer le récit du premier voyage de J. Cartier au Canada, fait en 1534 ; il a été publié par M. Tross avec grand soin, et forme un vol. in-8, enrichi de précieux documents inédits sur le Canada, découverts par M. Ramé, spécialement dans les archives de Saint-Malo.

L'édition de 1598 est de VIII ff. lim. — Texte, pp. 17-71.

Pour les traductions anglaise et italienne, nous renvoyons à l'excellent livre de M. Harrisse sur la bibliographie du Canada.

CARVACHO (*Juan Francisco*). Primera parte del honesto y agradable entretinimiento de Damas y galanes. Traduzido de lengua toscana por Francisco Truchado. *Pamplona, Nicolas de Assiayin*, 1612, ih-8, de 202 ff. = Segvnda parte. (*Pamplona*, 1612, in-8, de IV et 203 ff.

Le nom de l'auteur italien est « *Giovanni Franç. Straparola da Caravaggio* ».

Antonio cite une édition de cette traduction de *Madrid, Luiz Sanchez*, 1598, mais il ne signale pas celle-ci.

CARVAJAL (*Bernardino*). Oratio super præstanda solenni obedientia San || ctissimo, D. N. Alexandro Papæ VI, ex parte Chri || stianissimorum domino♉ Fernandi et Helisabe (*sic*) Re || gis et Reginæ Hispaniæ habita Romæ in consisto || rio publico per R. Patrem dūm Bernardinum Car || uaial Ēpm Carthaginen̄ die Mercurii. XIX. Iunii sa || lutis Christianæ. M. CCCC. XCIII, pet. in-4, *s. l. n. d.* (*Romæ, Planck*, 1493), de 8 ff., avec sign. A-Aiiij, sans chiffres.

Cette pièce, décrite par Panzer, Hain, Audiffredi, Harrisse, etc., a été omise par M. Brunet ; elle est précieuse et fort rare ; c'est, après les lettres de Christ. Colomb, le plus ancien document relatif à l'Amérique.

CARVAJAL y Robles (D. *Rodrigo* de). Fiestas || qve celebro la || Civdad de los Reyes del || Pirv, al nacimiento dèl Serenis || simo Principe Don Baltasar Carlos de Austria || nuestro Señor. || .... Por el Capitan D. Rodrigo de Car || uajal y Robles, Corregidor y Iusticia mayor de la Prouin || cia de Colesuyo. || *Impresso*

en Lima, (a costa de la civdad). || *Por Geronymo de Contreras, Año* de 1632, in-4, de 109 ff.,

En vers,̊

L'exemplaire Ruggieri, vendu 99 fr., en *mar.* de Chambolle-Duru, n'avait que V ff. lim. et 88 ff.; il nous est permis de le croire et de le dire incomplet, car l'*Ensayo de una Bibl. española*, qui décrit longuement ce rare volume et en donne des extraits, est d'une scrupuleuse exactitude.

CARVALLO (*Luis Alfonso* de). Cisne de Apolo, de || las excelencias, y dig || nidad y todo lo que al Arte Poetica y versifi || catoria pertenece. *En Medina del Campo, Por Iuan Godinez* || *de Millis. Año* 1602, in-8, de 230 ff., en vers.

Ouvrage divisé en cinq dialogues, à trois interlocuteurs : *Lectura, Carvallo* et *Zoylo*.

— ANTIGVEDADES y cosas memorables del Principado de Asturia. *Madrid, Ivlian de Paredes*, 1695, in-fol. de XXIV ff. lim., 470 pp. et XIV ff. pour la table. [26141]

Cet ouvrage, publié à la fin du XVIIe siècle, avait été composé plus d'un siècle auparavant.

CARVE (*Th.*). Itinerarium Tomæ Carve Tipperariensis. [20054]

Ce récit de la guerre de Trente ans, fait par l'aumônier des troupes écossaises au service de l'empereur, est extrêmement recherché en Angleterre. Le *Manuel* et Lowndes en décrivent exactement les premières éditions.

Il a été réimprimé à Londres, en 1859 : 3 parties en 1 vol. in-4, de XXIV-432 pp. avec portrait, Sh. 30 ».

CASA (*Juan* de la). Tratado llamado Galatheo o tratado de los costumbres, Traduzido de lengua Toscana en Castellano por el Doctor Domingo de Bezerra. *Venecia, Juan Varrico*, 1585, in-12, de 176 ff.

Livre fort rare, décrit au catal. Salvá sous le no 3867.

CASANOVA (*José* de). Primera parte || del Arte de escrivir ||.todas formas de || letras. || *En Madrid, Por Diego Diaz de la Carrera. Año* 1650, in-fol., de 65 ff., avec grav. en taille-douce.

Volume précieux et d'une grande rareté.

CASANOVA de Seingalt. L'Icosameron, ou l'Histoire d'Edouard et d'Elisabeth. *Prague*, s. d. (vers 1786), 5 vol. in-8.

Cet indigeste roman d'un aventurier, suffisamment connu, est de la plus grande rareté ; il n'a jamais mérité les honneurs d'une réimpression ; 90 fr. catal. Tross.

CASAS (*Barth.* de las). Las Obras. Breuissima relacion de la Destruycion de las Indias Occidentales por los Castellanos. *Sevilla, S. de Trugillo*, 1552, in-4, goth. [28481]

300 fr. au catal. Hérold, en 1864.

— Tyrannies et cruautez des Espagnols... fidèlement traduictes par Jacques de

Miggrode... *Anvers, Fr. de Ravelinghien*, 1579, pet. in-8.

L'exempl. aux armes de Jac. Aug. de Thou, en reliure molle de *vélin blanc*, 145 fr. Ch. Giraud ; revendu 275 fr. Solar ; c'était un livre charmant, qui serait vendu plus cher aujourd'hui.

— Tyrannies et cruautez... *Rouen, Jacq. Cailloué*, 1630, in-4, de XI ff. lim. et 214 pp. mal chiffrées (la p. 3 est chiffrée 9), titre rouge et noir.

— La Découverte ‖ des Indes Occidentales, ‖ par ‖ les Espagnols ‖ écrite par Dom B. de las ‖ Casas, évêque de Chiapa... *A Paris, chez André Pralard*, M. DC. XCVII. Auec privilège du roy. In-12, titr. gravé, IV ff. lim., 382 pp.

— Relation ‖ des ‖ voyages ‖ et des ‖ découvertes ‖ que les Espagnols ont fait dans les ‖ Indes Occidentales ; ‖ écrite par Dom B. de las Casas, évê ‖ que de Chiapa. ‖ Auec la relation curieuse des voyages du ‖ sieur de Montauban, capitaine des ‖ flibustiers, en Guinée, l'an 1695. ‖ *A Amsterdam, chez J. Louis de Lorme.....* M. DC. XCVIII, in-12, frontisp., v ff. lim., 402 pp. et ii ff. suppl.

Cette traduction, totalement différente de celle de Miggroie, est attribuée par Rich à l'abbé de Bellegarde.

— Conqvista ‖ dell' Indie ‖ Occidentali ‖ di monsignor ‖ Fra Bartolomeo dalle Case, ‖ o Casaus, Sinigliano, Vescouo di Chiappa. ‖ trad. in italiano per opera di Marco Ginammi..... *In Venetia*, M. DC. XXXXV. *Presso Marco Ginammi...* in-4, de VIII pp., 2 ff., 17 pp. et texte : 30-184.

Pour les autres traductions italiennes du saint évêque de Chiapa, voy. Thomas W. Field : *Indian Bibliography*, pp. 225-226.

CASCALES (*L. Francisco*). Discvrsos historicos de la mvi noble i mvi leal civdad de Murcia. *En Murcia, Por Luis Beros*, 1621, in-fol. de X ff., y compris le front., 458 ff. chiffrés et IV de table. [26204]

Ce livre important, le seul qui contienne l'histoire de la province de Murcie, a été réimprimé avec de nombreuses additions et corrections, « *Murcia, Francisco Benedito*, 1775, in-fol.

— Tablas ‖ poeticas, ‖ del Licenciado ‖ Francisco Cascales. ‖ *En Murcia, Por Luis Beros, Año de* ‖ M. DC. XVII, in-8, de 240 ff., fig. s. b.

— Cartas ‖ philologicas, ‖ Es á saber, de letras hvmanas, ‖ varia erudicion, Explicaciones de lugares, Lecciones ‖ curiosas, Documentos poeticos, Obseruaciones, ‖ ritos i costumbres... ‖ *En Murcia, por Luis Veros. En este presente año de* 1634, in-4 de 162 ff.

Antonio ne mentionne pas ce volume, que D. Ant. de Sanchù fit réimprimer à Madrid, en 1779, in-8.

CASIO DE MEDICI (*Girolamo*). Opere varie (*S. l.*). 1527-28, in-8. [14510]

— Libro intitulato Cronica, oue si tratta di epitaphii, di amore, e di virtuti, VIII-136 ff. chif.

— Supplimento alla Cronica. 8 ff. chif.

— Libro intitulato Bellona, nel quale si tratta di arme, di lettere et di amori, 28 ff. non chif., sign. A. G. — Vita et morte di Giesu Christo, 8 ff. non chif., sign. a. — Lo anno del S. M.D.XXVII, 12 ff. non chif., sign. A-C. — Capitoli quatro et tre sonetti, 8 ff., sign. a.

— Canzon oue si narra la strage e il sacco di Roma, 4 ff. sign. ✝

— Supplimento II alla Cronica, 8 ff. chif., 73-80.

Collection assez précieuse, 40 à 50 fr.

CASSAN (*Jacq.*). Les Dynasties, ou Traicté

des anciens roys des Gaulois et des François... *Paris, Gervais Alliot, s. d.*, in-8, front. gr. s. cuivre. [23198]

Un exemplaire de dédicace, au roi Louis XIII, en mar., semé de fleurs de lys d'or, avec les armes de France et de Navarre, 300 fr., vente Techener de 1865.

CASSAUS (*J. de Cervantes*). Informe y parecer al Marques de Cadereyta vicerey de la Nueva España, sobre el principio del desague de Gueguetoca, su estado, v dificultados : y que el remedio essencial, y total de las inundaciones de Mexico, consiste en hazerle general, y perpetuo de su laguna : y los medios importantes que para ello se deuen poner. *Mexico*, 1636, in-fol., de 12 ff. chiff.

11 thalers Sobolewski.

CASTALION (*Séb.*). Conseil à la France désolée, auquel est monstré la cause de la guerre présente et le remède qui y pourroit estre mis, et principalement est avisé si on doit forcer les consciences. *S. l.*, 1562, in-8.

Cet opuscule est de Sébastien Castalion, le défenseur de Michel Servet ; il a été vendu 132 fr. à la 2ᵉ vente de Morante ; il était relié avec un autre opuscule non moins rare :

— L'Origine des erreurs de l'Église, la variété des opinions et diversité des sectes, que les prestres et autres qui tirent nourriture de l'humeur de l'Église, ont planté et semé en icelle les premiers abus. Par Joach. du Ch. *S. l.*, 1562, in-8.

CASTAÑEDA. Historia del descubrimiento y conquista dela India por los Portugueses. *En Anvers, Martin Nucio*, 1554, pet. in-8. [27949]

M. Brunet ne cite pas cette rare édition d'une traduction espagnole.

CASTEL (*J. de*). Le Specule des pescheurs faict et compile... par frere Jehan de Castel religieux de l'ordre Sainct-Benoist et cronicqueur de Frãce... tãt en latin cõme en francois, mixtiõne en pluseurs lieux à la requeste de reuerend pere en Dieu, Messire Jehan du Bellay, noble homme euesque de Poictiers.... lan de grace mil quatre cens LXVIII. *S. l. n. d.*, in-4, goth., de 30 ff. [13260]

Cette édition d'un volume précieux, est-elle la même que celle du catal. la Vallière ? Celle-ci, d'après Mercier de Saint-Léger, était imprimée en 1483 par Anth. Caillaut et Loys Martineau ; elle figure au nº 66 du catal. du Ciᵗᵉⁿ M. (Montesquiou) en l'an VII, où elle fut vendue 12 liv. 19 s. (c'était le bon temps), et le catal. porte l'indication du nom du *libraire-imprimeur Ant. Caillaut*.

Celle du catal. Yéméniz, du même nombre de feuillets, nous a paru moins ancienne ; elle a été vendue 290 fr.

CASTELLANOS (*Juan de*). Primera parte, ‖ de las Elegias ‖ de Varones Ilus ‖ tres de Indias. ‖ *En Madrid, ‖ En casa de la viuda de Alonso Gomez. Año* 1589, in-4, de 202 ff., portr. de l'auteur.

Texte en *octavas.*

CASTELLANUS (*P.*). Κρεωφάγια, sive de vsu carnium libri IV, authore P. Castellano. *Antuerpiæ*, 1626, in-8.

Volume rare sur l'ancienne cuisine; on y voit la manière de préparer toutes les viandes, même celles dites *de siége* : l'*âne*, le *cheval*, le *chameau*, etc. 6 à 8 fr.

CASTELVI y Aragon (D. *José*), marques de Villatórcas. Fúnebres elogios à la memoria de D. Pedro Calderon de la Barca, escritos por algunos apasionados suyos del Alcázar... *En Valencia, por Francisco Mestre, año* 1681, in-4, de 19 pp.

Monument poétique élevé à la mémoire du grand poëte tragique de l'Espagne.

CASTIGLIONE. Le Courtisan du comte Baltazar de Castillon, reduyct de langue italicque en françoys (par J. Colin). *S. l. n. d.*, 4 part. en 1 vol. pet. in-8. [19196]

Cette édition, non décrite, porte sur le frontispice la marque d'*Icarus*, avec la devise : *Ne hault ne bas.*

En *mar.* de Trautz-Bauzonnet, 125 fr. Double; et seulement 48 fr., Desq.; M. Double l'avait payé 122 fr. chez Veinant (1860), où M. Potier annonce au catalogue que l'on voit, par le permis d'imprimer, placé dans les prélim. du livre, que cette édition a été donnée par Denis de Harsy, à Lyon, *du consentement de Jehan Longis, imprimeur à Paris*, à qui l'on doit la première édition de cette traduction.

— LE PREMIER (second, tiers et quart) Livre du Courtisan du comte Balthazar de Castillon reduict de langue ytalicque en françoys (par J. Collin). *S. l.*, 1540, 4 part. en 1 vol., pet. in-8.

En *mar.* de Duru, 70 fr. Potier.

— LIBRO LLAMADO EL CORTESANO (por Baldasar Castellon), traduzido agora nuevamente en nuestro vulgar Castellano, por Boscan. A la muy magnifica señora doña Jeronima palona, Almogauar, Garcilaso de la Vega. *S. l. n. d.*, pet. in-4, goth., de 110 ff. chif., avec bordure au titre gr. s. b.

— Le catal. Salvá (t. II, p. 121) mentionne une édition *s. l. et sans nom d'imprimeur*, d'el Cortesano, à la date de 1542, in-fol. goth, CXL ff. chif.

— LOS CUATRO LIBROS d'el Cortesano, trad. por Boscan. *Enveres, Martin Nucio*, 1544, in-8 de 239 ff.

— EL CORTESANO. *Valladolid, Franc. Fernandez de Cordova*, in-8. ·

— Réimpr. *en Amberes, Philippo Nucio*, 1574, in-8.

CASTILLEJO (*Christoval* de). Las Obras de || Christoval de || Castillejo || corregidas y emen || dadas, por madado del Consejo || de la Santa y General || Inquisicion. || *En Madrid, por Pierres Cosin.* || M.D. LXXIII, in-12, de 464 ff., dont VIII de lim.; le premier f. est blanc. [15177]

« Christ. de Castillejo est le dernier champion de la véritable poésie espagnole, il lutta avec gloire contre l'italianisme de Boscan. »

— LAS OBRAS. *En Madrid, por Francisco Sanchez*, 1577, in-12, de 404 ff., plus VI de liminaires.

— L'édition d'*Anvers*, 1598, pet. in-12, est assez rare, mais fort incorrecte.

— Celle de *Madrid*, 1600, in-8, est composée de 445 ff.

— Diálogo || q habla delas condiciones de||las mugeres. Son interlocutores Alethio que || dice mal de mujeres, y Fileno q las de || fiende. *S. l. Fué impresso este presente Diálogo en el mes* || *de Hebrero. Año* M. D. XLVI, in-4, à 2 col., front. gr.

Pièce fort rare et fort curieuse; elle a été réimpr. : « *En Alcalá : En casa de Andres Sanchez* || *de Ezpeleta.* » En 1615, pet. in-8 de 68 ff.

— DIALOGO entre la verdad y la lisonja. En el qual se hallará como se pueden conocer los aduladores y lisonjeros, que se meten en las casas de los Principes... *Alcala, Andres Sanchez de Ezpeleta*, 1614, in-8, de 136 ff.

— HISTORIA || de los dos leales amadores Piramo, y Tisbe. En la qual || se declara la grande fuerça que haze el || amor, pues pierde su vida por el || Amado, Como en esta obra || se declara... *En Alcala : En casa de Andres Sanchez de Ezpeleta. Año* 1615, pet. in-8, de 50 ff., avec 2 fig. gr. s. b.

— SERMON de amores, nuevamente compuesto por el menor Aunes, á los galanes *z* damas de la Córte. *S. l. n. d.*, in-4, goth., de 12 ff.

Cette pièce en vers est fort rare; une édition différente est citée au *Manuel.*

CASTILLO (*Balthasar* de). Luz y Guia de los Ministros Evangelicos, et uno en Idioma Castellano, y el otro en la Mexicana. *Mexico, por Juan Jos. Guillena*, 1694, in-4.

£ 1, Sh. 17, Fischer. ·

CASTILLO Solórzano (D. *Alonso* de). Donaires del Parnaso. *Con privilegio, en Madrid, por Diego Flamenco, año de* 1624, in-8, de 132 pp., et VIII limin.

En vers.

— Réimpr. *ibid, id.*, 1625, in-fol. de 126 ff.

Cet ouvrage, composé de *romances*, de *fábulas*, etc, est très-longuement analysé à l'*Ensayo de la Bibl. española.*

— VARIOS || y || honestos, || entretenimientos en varios Entremeses, y pasos || apacibles, que dió á luz || Don Alonso de Castillo || Solorzano. | *En Mexico*, 1625, || *por orden del autor, Juan Garces*, in-8, de 162 pp., plus 2 ff. de titre et de pièces limin. [17617]

Ce volume, vendu 41 fr., De Bure, serait infiniment plus cher, aujourd'hui que les livres imprimés en Amérique sont si recherchés... en Amérique.

— JORNADAS Alegres. *En Madrid, por Juan Gonzalez, año* 1626. *A costa de Alonso Perez, mercader de libros*, in-8, de VIII-224 pp. (en vers).

— TIEMPO de Regozijo, y Carnestollendas de Madrid. *En Madrid, por Luis Sanchez*, M. DC. XXVII, in-8, de 178 ff., sign. A-Y., portr. gr. s. b.

— LISARDO enamorado. *Impreso con licencia en Valencia, por Juan Crisostomo Garriz, año* 1629, in-8 de XII-358 pp.

Divisé en 8 livres, de prose et vers.

— HUERTA de Valencia, prosas y versos en las Academias della. (Al fin :) *En Valencia, por Miguel*

Sorolla, junto á la Universidad, 1620, in-8, de VIII-286 pp. et 88 de *Una comedia*, sans chiffres.

Ce rare volume, longuement analysé à l'*Ensayo*, renferme quatre *Novelas*.

— NOCHES de ‖ plazer. ‖ En que contiene ‖ doze Nouelas, dirigidas a diuersos ‖ Titulos, y Caualleros de ‖ Valencia. Año 1631. *En Barcelona, por Sebastian de Cormellas*, in-8, de 218 ff.

— LAS HARPIAS ‖ en Madrid, ‖ y co ‖ che de las Estafas. Año 1631. *En Barcelona, por Sebastian de Corme ‖ llas at Call. Y á su costa*, in-8, de 119 ff., sign. A-P.

— Réimpr. au même lieu en 1633, in-8, de 116 ff.

— LA NIÑA de los embustes, Teresa de Manzanares, natural de Madrid. Año 1632. *En Barcelona, por Geronimo Margarit*, in-8, de IV pp. lim., 118 pp. de texte et 3 de *tabla*.

— LOS AMANTES andaluces; historia entretenida prosas y versos. *En Barcelona, por Seb. de Cormellas*, 1633, in-8, de 2 ff. lim. et 221 pp.

Ouvrage divisé en 6 livres; l'impression en est fort incorrecte.

— EPITOME de la vida y hechos del inclito rey D. Pedro de Aragon, Tercero deste nombre, cognominato el Grande. *En Zaragoza, por Diego Dormer, año* 1639, in-8, de IV-224 pp.

— SALA de recreacion. *En Zaragoza, por los herederos de Pedro Lanaja y Lamarta*, in-8, de VIII et 252 pp.

Ce volume contient cinq nouvelles et une comédie : *la Torre de Florisbella*.

— LA ‖ GARDVNA de ‖ Sevilla, y anzvelo ‖ de las bolsas. ‖.... *En Madrid. En la Imprenta del Reyno. ‖ A costa de Domingo Sanz Herran, Mer ‖ cader de libros. ‖ Año* 1642, in-8, de 200 ff., titre gravé sur bois. [17621]

L'*Ensayo* décrit encore un certain nombre de productions dues à la plume originale de ce trèsfécond écrivain.

CASTILLO de Larzával (D. *Antonio* del). El Adonis. *En Salamanca, en la oficina de Jacinto Taberniel. Año* 1632, in-4, de 44 pp.

Poëme en octavas, fort rare.

CASTILLO de Villasante (Dr. *Diego*). Tratado muy vtil y proue ‖ choso en reprobaciõ de los juegos : ‖ y no menos prouechoso para ‖ la vida y estado de los hõ ‖ bres. (Al fin :) *Acabose ‖ de imprimïr ‖ en la ‖ muy noble z muy leal villa de ‖ Valladolid : por maestre ‖ Nicolas tyerri. ‖* xviij. *de Abril ‖ de.* M.D.XXVIIJ ‖ *Años*, in-4, goth., de 48 ff., sign. a-f.

— SATYRA ‖ z inuectiua contra los tahures : en que se declaran los da ‖ ños que al cuerpo, y al alma ‖ y á la hazienda se siguen ‖ del juego de los ‖ naypes... *Fve impresso en Seuilla, en casa de Martin de Montesdoca.* M.D.L vij, in-8, de 64 ff., sign. A-H., titre rouge et noir.

— TRATADO de cuentas... En el qual se contiene que cosa es cuēta... *Fve impresso en Salamanca, por Juan de Junta*, M.D.XLij, in-4, goth., de 28 ff., sign. a-d.

L'*Ensayo* signale une seconde édition, même ville, même imprimeur, de 1551, in-4, goth., de 38 ff.

Le *Manuel* ne cite de cet écrivain que le Tractatus de Duello. [28746]

CASTRO (*G.* de). Summario delle cose successe-à don Giovan de Castro gouernator del stato della India per il potentissimo Re di Portugallo tanto nelle Guerre contra lo Ydalcaaon, signore della terra ferma qual è presso alla Città di Guoa, come anche principalmente nella uittoria che hebbe rõpendo l'esercite del Re di Cābaia qual teneua assediata la fortezza della Città de Diù, oue era per Capitano di essa D. Giouan Mascharenhas, et l'haueua difeso dal detto esercito per spatio di otto mesi che era durato l'assedio. (A la fin :) *Stampato in Roma per Antonio Blado*, 1549, pet. in-4, 16 ff., car. ital., les armes du Portugal gr. sur bois au titre.

80 fr. catal. Tross.

CASTRO (*Jehan* de). L'œuvre de ce célèbre musicien est considérable ; nous ajouterons quelques titres à ceux que donne le *Manuel*, en en rectifiant quelques autres :

— LIVRE des Meslanges contenant un recueil de chansons à IV parties, mis en ordre conuenable, suivant leurs tons. *A Anuers, J. Bellère*, 1575, in-4 oblong.

— CHANSONS, odes et sonnetz de Pierre de Ronsard, mises en mvsique à 4, 5 et 7 parties. *Paris, A. Le Roy et Robert Ballard*, 1576, in-4 obl.

— Réimpr. à *Louvain*, 1577, in-4 obl.

— LA FLEUR des chansons à troys parties, contenant un recueil produit de la diuine musique. *A Louain*, 1575, in-4 obl.

— Réimpr. à *Anuers, J. Bellère*, 1582 et 1597, les deux éditions in-4 obl.

— LIVRE de chansons, composé à troys parties. *Paris, Adrian Le Roy*, 1580, in-4 obl.

— LIVRE de chansons à cinq parties, conuenable tant à la voix, comme à toute sorte d'instrumens, auec une pastorelle à vy (sic) en forme de dialogue. *A Anuers, Bellère*, 1586, in-4 obl.

— SONNETZ avec vne chanson contenant 9 parties l'vne suiuant l'aultre, le tout à deux parties tant conuenables à la voix, comme aux instruments, mis en musique. *A Anuers*, 1592, in-4 obl.

— RECUEIL de chansons à 3 parties. *Antwerp*, 1591, in-4 obl.

— QUINTINES, sentines, sonnetz, composez en musique à cinq parties. *A Colonie* (sic), 1594, in-4 obl.

— HARMONIE délectable, contenant aucunes stanzes et chansons à quatre parties. *En Anuers*, 1595, in-4 obl.

— CHANT musical mis en musique à 5 parties. *Colonie* (sic), 1597, in-4 obl.

— ODES (3) contenant chacune delles 12 parties, l'vne suyuant l'aultre, le tout mis en musique à 4 parties. *A Douay, J. Bogard*, 1592, in-4 obl.

— CENTO Rose Fresche, Madrigali nuoui di Giouan di Castro à tre voci. *In Venezia*, 1591, in-4.

Il est inutile, croyons-nous, d'ajouter que toutes ces pièces et recueils sont d'une extrême rareté, et susceptibles d'atteindre un prix fort élevé.

CASTRO (M. Fr. *José* de). Viaje de América á Roma, que hizo y escribió el muy reverendo padre fray José de Castro, lector actual de teologia, Prominstro y Padre de la santa Provincia de Nuestro padre San Francisco di Zacatecas, que dedica al muy reverendo P. Fr. Martin Urizar.... Año 1689 à 90, in-8. *S. l. n. d.*, et sans pagination.

Ce livre est cité dans l'*Ensayo de Bibl. españ.*, qui le donne comme imprimé, mais sans aucun détail bibliographique.

CASTRO (*Miguel Bermudez* de). Descripcion de las Fiestas que el señor marques de Castel Rodrigo, embayador de España, celebrò en esta corte a la nueua election de Ferdinando III. de Austria Rey de Romanos. Hecha por Miguel Bermudez de Castro. *En Roma, por Francisco Cabalo*. M.DC.XXXVII. *Con licencia de los superiores*, pet. in-4, de 15 pp., fig.

C'est pour ce beau livre, aussi précieux que rare (nous n'en connaissons que deux exemplaires) que Claude Lorrain fit les célèbres eaux-fortes connues sous le nom de *feux d'artifices*; l'exemplaire de M. Carderera, de Madrid, ne renferme que deux planches. Celui de M. Galichon, en vélin, aux armes du cardinal Antonio Barberini, II. 0,195 sur 0,140 de L., renfermait 10 *feux d'artifices*; il a été vendu en mai 1875 4,250 fr.

La Bibl. nation. (dépôt des estampes), possède 13 *feux d'artifices*, d'épreuves diverses, mais malheureusement n'a pas le texte.

Voy. Robert-Dumesnil, *le Peintre-Graveur français*, t. XI, p. 123, et la *Gazette des Beaux-Arts*, t. XI, p. 225.

CATALOGUE des docteurs de l'Eglise de Dieu, assavoir tant de ceux qui ont esté dès le commencement du monde (contenus aux sainctes Escritures) que de plusieurs qui ont puis après succédé par ordre iusques à nostre temps. *La Rochelle, héritiers de Hierosme Haultin*, 1607, pet. in-8.

Par Simon de Voyon, ministre à Orléans. 71 fr. en 1872.

CATALOGUES.

1. LIVRES PROHIBÉS OU AUTORISÉS.

CATHALOGUS librorum hæreticorum, qui hactenus colligi potuerunt a viris catholicis, de commissione Tribunalis S. inquisitionis Venetiarum. *Venetiis, Gabr. Julitus (Giolito)*, 1554, pet. in-8.

Volume aussi intéressant que rare. 100 fr. en 1872, vente Tross.

CATALOGUE des liures reprouuez, et de ceulx que l'on pourra enseigner par ladvis de Luniuersité de Louuain. *A Louuain, par Servais Sassenas, imprimeur jure, lan de grace* 1550, pet. in-4, de 12 ff., 25 à 30 fr.

Porté à 50 fr. au VIe catal. Tross, de 1865.

CATALOGUE (Le) des livres reprouvez et des livres que l'on pourra lire aux enfans ès escholles particulières, selon le jugement de l'université de Louvain.

Louvain, par Martin Verhassell, 1558, in-4, de 20 ff.

5 fr. 50 c., Potier (1872).

Ces livres réprouvés ou autorisés sont en grec, latin, français et en langue thioise ou flamande.

2. CATALOGUES OFFICINAUX.

— BIBLIOGRAPHIA CRAMOSIANA : sive catalogus librorum, quos Sebastianus Cramoisy, ab anno 1654, vbi desiit bibliographia gallica vniuersalis, usque ad hunc annum 1659, excudit. *Parisiis*, 1659, in-4 de 12 pp.

— CATALOGUS librorum Sebastiani Mabre-Cramoisy, typographi regii, sive quos ipsemet edidit, aut quorum ab avo suo Sebastiano Cramosio editorum copiam habet. *Parisiis, via Jacobaea, sub Ciconiis*, M. DC. LXXVIII, in-12, de 106 pp. chif.

Catalogue officinal intéressant; après le titre (1 f.), vient une épitre de Séb. Mabre-Cramoisy au lecteur; le volume se termine par 7 ff. pour l'*index auctorum*; M. Harrisse a cité ce petit volume dans ses *notes sur la Nouvelle France*, il vaut de 6 à 8 fr.

— INDEX librorum omnium quos suis typis excudit Christianus Wechelus. *Parisiis, sub scuto Basiliensi, in vico Jacobaeo, et sub Pegaso in vico Bellovacensi*, 1543, in-8, de 12 ff.

Très-rare, 17 fr., vente Tross (x^{bre} 1875).

— CATALOGUS librorum qui ex officina J. Lod. Tiletani prodierunt, ibidem vel nati, vel alioqui illustrati et excusi. *Parisiis, ex adverso Collegii Remensis, calendis octobris*, 1546, in-8, de 16 ff., dont le dernier blanc. 10 fr., même vente.

— LIBRI VENALES in bibliopolio Reginaldi Calderii, tum ab Simone Colinæo, tum a Calderio excusi. *Parisiis*, 1546, *mense Augusto*, in-8, de 28 ff. 13 fr., même vente.

— LIBRORUM per Joannem Oporinum partim excusorum hactenus, partim in eiusdem officina uenalium, INDEX : ..... (A la fin :) *Basileae, ex offic. Ioan. Oporini*, M. D. LII, pet. in-8, de 40 ff. chif., dont le dernier est blanc, et l'avant-dernier n'a que le colophon au recto. 10 fr., même vente.

Le second catal. d'Oporin est daté de Bâle, 1567; c'est un in-8, de 56 pp.

— INDEX librorum vænalium apud Guil. Morelium in Graecis typographum Regiû, quos aut recens excudit, aut aliunde comparavit. *S. l. n. d.*, in-8, de 5 ff.

Du même célèbre imprimeur, qui fut longtemps le correcteur de J. Louis de Tielt, plus connu sous le nom de Tiletanus, et qui fut l'un des vrais maîtres de la typogr. au XVIe siècle (1548-1564), nous avons encore :

— INDEX librorum qui in offic. G. Morelij typographi Regii sunt excusi. *Parisiis*, 1562, *apud eundem Morelium*, in-8, de 10 ff.

— LIBRORUM alter index, quos apud G. Morelium venales reperias. *S. l. n. d.*, in-8, de 78 ff. et 1 f. blanc.

Nous avons aussi le catal. de ses impressions grecques; il était, on le sait, le successeur de Conrad Neobar et de Robert Estienne, comme imprimeur royal pour le grec.

— INDEX librorum qui in græcis typographi Regii officina typis excusi sunt, aut ibidem aliunde aduecti, prostant venales. *Parisiis*, 1558, in-8, de 12 ff.

— INDEX librorum qui Antverpiæ in officina Christophori Plantini excusi sunt. *Antverpiæ, ex officina Christ. Plantini. Plantini*, architypographi Regii, 1575, in-8, de 26 ff., sign. A-Ciij.

Catalogue rare et important; il est cité dans les *Annales plantiniennes*, n° 40, d'après la *Bibliotheca sacra* de Le Long, mais l'auteur n'en donne pas le titre. 55 fr., Tross (1875).

— INDEX librorum qui ex typogr. Plantiniana prodierunt. *Antverpiae, ex offic. Plantiniana, apud viduam et filios Io. Moreti*, 1615, in-8, de 92 pp.

Volume tout aussi rare que le précédent.

— CATALOGUS librorum in Anglia impressorum... qui venales prostant. *Lutetiae Paris., in Apothecis Ludovici Billaine*, M. DC. LXXIX, in-8, de 14 pp.

Fort curieux et peu connu.

— CATALOGVS librorum qui in Ivnctarvm bibliotheca Philippi Haeredum Florentiæ prostant. *Florentiae*, MDCIV, in-12, de 532 pp.

— CATALOGUS universalis librorum qui reperiuntur in officina Ioannis Ant. et Samvelis de Tournes, bibliopolarum Genevensium. *Genevae*, 1670, in-8, de 500 pp.

— CATALOGUS librorum qui prostant apud Joan. Anisson, typogr. regiæ directorem, via Jacobæa... plerique propriis sumptibus excusi. *Parisiis*, 1695, in-8, de 40 pp.

A la vente Tross de 1875 figurait un autre catalogue Anisson :

— BIBLIOGRAPHIA Anissoniana, seu index librorum, qui venales reperiuntur in offic. fratrum Anisson et Joan. Poysvel, bibliopolarum Lugdunensium. *Lugduni*, 1676, in-12, de 417 pp.

Tous ces catalogues officinaux sont intéressants, bien que la description des livres soit en général très-succincte ; nous pourrions en citer un grand nombre : Georg Willer, d'Augsbourg. *Francfurt*, 1592, in-4, de VIII-636 pp.; — Hennings Grossen. *Lipsiae*, 1598-1600, 5 parties en 1 volume, in-4; — Mᵐᵉ Pelé, libraire, *Paris*, 1643, in-8, de 137 pp.; — les Libraires associés, S. Cramoisy, L. Billaine, etc., *Paris*, 1658, in-4; — Pierre le Petit, *Paris*, 1659, in-4; — Fr. Léonard, *Paris*, 1672, in-12, de 180 pp. ; — Robert Scott, *London*, 1674, in-4, de III-206 pp. (fort curieux; les pièces de Molière y sont portées); — Regn. Leers. *Rotterdam*, 1691-1693, 3 parties in-12, de 24 pp. chacune, etc.

— CATALOGUS librorum qui in bibliopolio Elzeviriano venales exstant. *Lugduni Batavorum, ex offic. Elzev.* aº CIƆ IƆC XXXIV, in-4, de 80 pp. pour les livres latins, grecs, hébreux, etc., et de 30 pp. pour les français, italiens, espagnols.

M. Pieters avait deux exemplaires de ce rare volume : le premier, 15 fr. ; le second, non rogné, 18 fr.

— CATALOGUS librorum officinæ Joh. Elzevirii Acad. typogr., designans libros qui tam ipsius typis et impensis prodierunt, quam quorum aliàs ipsi copia suppetit. *Lugd. Batav., ex typogr. Joh. Elsevirii*, 1655, pet. in-8, de 21 pp.

Le plus rare peut-être des catalogues elzéviriens ; M. Pieters n'avait pu en avoir qu'une copie fac-similé.

— CATALOGUS librorum officinæ Ludovici et Danielis Elzeviriorum, designans libros, qui tam eorum typis et impensis prodierunt, quam quorum aliàs copia ipsis suppetit. *Amstelodami, ex offi. Elseviriana*, 1661, pet. in-8, de 10 ff.

Fort rare; M. Pieters n'en avait qu'une copie fac-similé.

— CATALOGUS librorum off. Danielis Elzevirii, designans libros qui ejus typis et impensis prodierunt, aut quorum aliàs magna ipsi copia suppetit. *Amstel., apud Dan. Elsev.*, 1678, in-12, de 18 ff.

Vente De Bure (1849), 48 fr. ; Pieters, 48 fr.

A la suite de ces catalogues qui complètent la série si rare des catalogues elzéviriens, nous pouvons joindre la pièce suivante :

— PROEVE der Drukkerye van M. Abraham Elsevier, in Zyn leven drukker van de universiteyt tot Leyden, welke verkocht zal worden tot Leyden in

de Academy, op Maaerdag den 20 february 1713, pet. in-4, de 28 ff.

Curieuse notice de la vente du matériel de l'imprimerie d'Abraham II Elzevier, avec le spécimen et le poids des caractères et des vignettes. 15 fr., Pieters.

— WALTHER (Dʳ *Ch. Fr.*). Catalogue méthodique des dissertations ou Thèses académiques, imprimées par les Elzevier de 1616 à 1712, recueillis dans la Bibl. impér. de Saint-Pétersbourg. *Bruxelles, Heussner*, 1864, in-8, de 107 pp.

932 et 147 dissertations.

3. CATALOGUES DES BIBLIOTHÈQUES PARTICULIÈRES.

— MALDONADO y Pardo (D. *Jose*). Mvseo, o bibliotheca selecta de Dⁿ. Pedro Nuñez de Guzman, marques de Montealegre, conde de Villavmbrosa, etc. *Madrid*, 1677, in-fol.

Catalogue rare et précieux ; il renferme de nombreuses impressions espagnoles anciennes, romans, chroniques et poëtes.

— CATALOGUE des livres de feu M. BELLANGER, trésorier général du sceau de France, par G. Martin. *Paris, G. et Cl. Martin*, 1740, in-8.

Excellent catalogue ; les livres y sont détaillés avec un très-grand soin. Il faut à ce catalogue un premier supplément, allant de la page 623 à 638. Un deuxième, contenant le catal. des estampes, de xij pp., la table des auteurs, 45 pp., un catal. des livres, qui se vendent chez G. Martin. et un supplément en placard, contenant une liste de livres non vendus ou doubles.

— CATALOGUE des livres de la bibliothèque de MM. BOSSUET, Evesques de Meaux et de Troyes. *Paris, P. Gandouin*, 1742, in-8.

Catalogue assez succinct et par conséquent peu intéressant ; un exemplaire avec les prix de vente, la table manuscrite des auteurs, et renfermant 96 notes étendues sur divers ouvrages de cette bibliothèque, a été porté au prix exagéré de 230 fr. à la dernière vente de Leroux de Lincy ; le libraire Tross le portait à 5 fr. dans son 2ᵉ catal. à prix marqué de 1866, et nous en avons vu passer plusieurs en vente, qui ont été adjugés à des prix minimes.

Le dernier exemplaire, que nous ayons vu, a été porté à 59 fr. à la vente Lebeuf de Montgermont.

— CATALOGUE des livres, tableaux, estampes et dessins de feu M. GERSAINT. *Paris, Barrois*, 1750, in-8.

Le célèbre expert Gersaint avait formé une collection curieuse ; les poëtes français, les facéties, les livres libres y abondent ; tout cela se donnait pour quelques sous ; ainsi, la *Pernette du Guillet* s'y vendait 4 ♯ 19 s.; les *Marguerites de la Marguerite* de 1558, 4 ♯ 15 s. ; le *Cl. Marot* de 1534, 4 ♯, etc.

— CATALOGUE des livres de feu Monsieur R (ACINE). (A la fin :) *Se trouve chez G. Martin, libraire, rue S. Jacques*, 1755, in-8.

Cette vente a commencé le 7 avril et a fini le 14 ; une partie intéressante des livres provenant du grand Racine ne figure pas dans le catalogue imprimé, mais forme un supplément manuscrit qui complète le volume ; ce supplément porte à 903 le chiffre des nᵒˢ vendus.

30 fr. Soleil.

— CATALOGUE raisonné des principaux manuscrits du cabinet de M. J. D. DE CAMBIS, marquis de Velleron (par lui-même). *Avignon, L. Chambeau*, 1770, in-4.

Ce catalogue a été tiré à petit nombre ; il doit, pour être complet, posséder les additions qui portent le nombre des pages à 766.

40 fr. vente H. B. (1873).

— CATALOGUE des livres qui composent la bibliothèque de M. Lenoir, conseiller d'État, lieutenant général de police. *Paris, Valade*, 1782, in-4.

Charles Nodier, à qui a appartenu l'exemplaire en *mar.*, aux armes de Lenoir, de ce catalogue assez peu intéressant, a trouvé le moyen d'en faire l'objet d'une de ces notules à effet, dont il usait et abusait quelquefois : « Voici certainement le plus rare des livres !... Cet exemplaire unique a été imprimé par Valade, pour le service de la bibliothèque, dont il contient le catalogue... », cela fit vendre le catalogue 30 fr. en 1827, il fut adjugé au marquis de Morante, à la vente duquel il fut payé 41 fr. en 1872.

— CATALOGUE des livres imprimés et manuscrits de la bibl. de M. de LAMOIGNON. *S. l. (Paris)*, 1784, 6 part. en 4 vol. in-fol.

Catalogue imprimé pour l'usage spécial de la bibliothèque ; il vaut de 20 à 30 fr.

— CATALOGUE (a) of the remaining library of the late emperor NAPOLÉON, removed from the island of St. Helena, by order of His Majesty's government. *London*, 1823, pet. in-8.

Catalogue fort rare et d'un certain intérêt. 25 à 30 fr.; vendu avec les prix et noms des acquéreurs, 50 fr. Binda.

— CATALOGUE des livres et manuscrits de la bibl. de feu M. ROETZEL (Ternaux-Compans). *Paris*, 1836, in-8.

Catalogue important pour la collection des ouvrages relatifs à l'Amérique. 8 à 12 fr.; vendu avec deux autres catalogues du même genre, le catalogue Warden, 1831, et un catalogue Ternaux de 1820 *(Bibl. americo-septentrionalis)*, 35 fr. en 1875.

Depuis quelques années nous avons vu se succéder, en très-grand nombre, les ventes de livres précieux ; par suite de la mort du propriétaire, ou par raison spéculative, la plupart des cabinets célèbres ont été dispersés ; il est quelques-unes de ces ventes que nous ne pouvons passer sous silence :

— CATALOGUE de la bibl. de M. Félix SOLAR. *Paris, Techener*, 1860, 2 part. en 1 vol. in-8.

3,544 nᵒˢ ayant produit environ 600,000 fr.

— CATALOGUE Léopold DOUBLE. *Paris, Techener*, 1863, in-8, pap. de Holl.

Beaux livres et splendides reliures ; 397 nᵒˢ ayant produit 272,000 fr.

— CATALOGUE Ch. PIETERS. *Gand, Heussner*, 1864, in-8. Collection elzevirienne.

— CATALOGUE des livres du prince Sig. RADZIWILL. *Paris, L. Potier*, 1865, in-8.

Bibliothèque formée au XVIIIᵉ siècle, dans laquelle avaient été enfouis bien des livres précieux, dont les chercheurs avaient perdu la trace ; il en a été tiré quelques exempl. sur pap. de Holl.

— CATALOGUE des livres de la bibl. du prince M. GALITZIN, rédigé d'après ses notes autographes par Ch. Gunzbourg, avec 6 planches. *Moscou*, 1866, in-8.

De ce catalogue important, il a été tiré quelques exemplaires gr. in-4, avec les armes du prince, tirées en or et couleurs ; M. Sobolewski possédait deux exemplaires, reliés sur brochure de cet in-4 ; le premier en demi-reliure, 5 th. 5 ngr.; le second en *mar.* plein, également 5 th. 5 ngr.

— CATALOGUE de la bibl. ENSCHEDÉ. *Amsterdam, Muller et La Haye, Nijhoff*, 1867, in-8.

Précieuse collection néerlandaise, formée par trois générations successives de libraires bibliophiles ; la vente eut lieu à Haarlem.

— CATALOGUE de la bibl. de M. YÉMÉNIZ. *Paris, Bachelin*, 1867, in-8.

Grande bibliothèque de 4,000 nᵒˢ, dans laquelle les livres gothiques, les livres imprimés sur *vélin* et les belles reliures abondaient. Cette riche collection a produit environ 725,000 fr.

— CATALOGUE des livres rares et précieux, composant la bibl. de feu M. J.-Ch. BRUNET. *Paris, Potier*, 1868, 3 part. in-8.

De la première partie, contenant les livres précieux, il a été tiré un certain nombre d'exemplaires sur pap. vergé, et 10 exempl. sur pap. de Chine.

Il nous paraît inutile d'insister sur les trésors de goût et de pureté, que, pendant sa longue carrière, avait pu réunir l'illustre auteur du *Manuel du Libraire ;* les beaux livres, provenant de cette collection, ont doublé de prix depuis la vente.

— CATALOGUE de D. José Maria ANDRADE. *Leipzig, List et Francke*, 1869, in-8.

Catalogue important pour les bibliophiles américains (collᵒⁿ mexicaine).

— CATALOGUE du P. FISCHER. *London*, 1869, in-8.

Le confesseur de l'infortuné Maximilien avait ramassé hâtivement une collection mexicaine, dans laquelle, malgré le peu de soin et de goût qui avait présidé au choix de la collection, s'étaient glissés quelques trésors.

— CATALOGUE des livres du baron J (érôme) P(ICHON). *Paris, Potier*, 1869, in-8.

Admirable collection, faite avec un goût parfait ; 1,087 nᵒˢ qui ont produit 451,650 fr.; il en a été tiré quelques exemplaires sur pap. de Holl.

— CATALOGUE des livres rares et précieux de M. L. POTIER. *Paris*, 1870, in-8.

Très-belle réunion d'excellents livres ; les raretés y atteignirent des prix réellement inusités.

Outre l'intérêt de curiosité qui devait s'attacher à cette collection, les profondes sympathies qu'excitaient parmi tous les amateurs le caractère et le savoir de ce libraire (le dernier des grands libraires, comme on se plaisait à l'appeler), ont contribué fortement au prodigieux succès de cette vente.

— CATALOGO de la biblioteca de Salvá, escrito por D. Pedro SALVÁ y Mallen, y enriquecido con la descripcion de muchas obras, de sus ediciones, etc. *Valencia, imprenta de Ferrer de Orga*, 1872, 2 vol. gr. in-8, fig. et fac-simile.

Très-important au point de vue bibliographique espagnol ; 80 fr.

— KATALOG frühester Erzeugnisse der Druckerkunst (catal. des premières productions de l'art typographique, provenant de M. T. O. WEIGEL, à Leipzig). *Leipzig, T. O. Weigel*, 1872, in-8.

533 nᵒˢ seulement, qui ont produit 307,471 fr. 50 c.

Ce catalogue, fort curieux, se vend 12 fr., et plus avec les prix et noms des acquéreurs.

— A CATAL. of the very valuable and important library formed by the late Henry PERKINS, esq. *London, Gadsden, Ellis & Cᵒ*, 1873, gr. in 8.

Catalogue richement illustré de spécimens de reliures et de manuscrits fort bien exécutés ; les beaux livres atteignirent des prix énormes ; ainsi la BIBLE de 42 lignes, bel exempl. sur *vélin*, fut vendue £ 3,400, et un exempl. sur papier £ 2,690 : la première édition de Shakespeare, £ 585 ; la BIBLE de 1462, sur *vélin*, £ 780, etc.

— CATALOGUE de la bibl. RUGGIERI. *Paris*, 1873, in-8.

Collection des fêtes, sacres, entrées, tournois, etc. Cette collection était unique en Europe ; les livres y ont été vendus à de très-hauts prix ; la condition cependant laissait parfois à désirer.

— CATALOGUE de la bibl. de feu M. Serge SOBOLEWSKI (de Moscou). *Leipzig, List et Francke*, 1873, in-8.

4,448 nᵒˢ. Les livres étaient en médiocre collection, mais il y avait là quelques précieux volumes, entre autres un admirable exemplaire des *Grands & Petits voyages de De Bry*.

4. CATALOGUES DES BIBLIOTHÈQUES PUBLIQUES.

CATALOGUE de la Bibliothèque impériale. Département des Imprimés. Catalogue de l'histoire de France. *Paris, Firmin-Didot,* 1855-70, t. I à X, in-4.

Cette partie doit être complète en 15 vol.

CATALOGUE de la Bibliothèque impériale (puis nationale). Départ. des Imprimés. Catalogue des Sciences médicales. *Paris, Firmin-Didot,* 1857-73, t. I et II, gr. in-4, à 2 col. Chaque vol., 25 fr.

Il sera complet en 3 vol.

CATALOGUE général des Manuscrits des Bibliothèques publiques des départements. T. III et IV. *Paris,* 1861-72, 2 vol. gr. in-4. [31376]

Le 3e vol. contient les manuscrits de la bibl. de Saint-Omer (par Michelant) ; ceux de la bibl. d'Épinal ; ceux de Saint-Dié, de Saint-Mihiel, de Schlestadt.

Le 4e vol. contient la notice des manuscrits d'Arras, par M. Jules Quicherat ; le catal. des manuscrits d'Avranche, par M. Taranne ; enfin celui des manuscrits de Boulogne-sur-Mer, par Michelant.

Les tables de ces deux volumes ont été rédigées avec soin par M. Cocheris.

CATALOGUS Librorum refertissimæ Bibliothecæ Mediceæ, quæ asservatur Florentiæ in cœnobio D. Laurentii, editus ab H. Erastio, J. V. D. *Amstelodami, ap. J. Janssonium,* 1641, in-12, de 96 pp. 6 à 8 fr.

CATALOGUS Librorum typis impressorum bibliothecæ Casanatensis (a P. Audiffredi). *Romæ,* 1761-88, 4 vol. in-fol.

Cet excellent livre n'a pas été terminé ; il faut, pour avoir complet ce qui en a été imprimé, posséder les premières feuilles du tome V, qui vont jusqu'à l'art. LEODGARIUS.

CATANEO (*J. M.*). Io. Ma || riæ Catanæi || Genua. (Au vo du titre :) *Data Roma calendis februarii.* M. D. XIIII. (In fine :) *Impressum Romæ apud Iacobum Mazo* || *chium Ro. Acad. bibliopolam,* in-4, de 11 ff., non chiffrés et un f. blanc ; bord. gravée sur b. au titre.

Ce poëme de Cataneo sur la prise de Gênes contient quelques vers en l'honneur de Colomb et de ses découvertes. 20 fr. Tross, 1865.

CATANEO (*Ierosme*). Le Capitaine, contenant la manière de fortifier place..... traduict d'italien et mis en françois par Iean de Tournes. *A Lyon, chez le traducteur,* 1574, in-4. [8642]

Première édition fort rare ; elle a été réimprimée à *Lyon,* 1600 (voir au *Manuel*), et aussi *à Genève, chez Iac. Chovet,* 1600, in-4.

CATÉCHISMES (Les) de Genève et du

TOME I.

Palatinat, auec leurs dépendances, ausquels sont adioustés de nouueau le petit Catéchisme du Palatinat et les Prières qu'on fait en les temps calamiteux audict Païs. *A Franckfourt, chez Iaques de Zetter,* 1621, in-12. 8 à 12 fr.

CATECHISMUS (Ta Celi), eni psalmi, inu teh vershih godou, stare inu nove kerszhanske Pejsni od P. Truberi, S. Krellia, inu od drugih sloshena... *V Bitembergi,* 1584, pet. in-8, fig. s. b.

Livre de cantiques, traduit par Pierre Truber, en langue wende, avec la musique notée, et impr. à Wittemberg.

CATEL (*Guil.* de). Histoire des comtes de Tolose, par Me Guillaume Catel... Auec quelques traités et chroniques anciennes concernant la même histoire. *Tolose, P. Bosc,* 1623, in-fol. [24732]

— MÉMOIRES de l'histoire du Languedoc, curieusement et fidèlement recueillis de divers auteurs..... et de plusieurs titres et chartes... par Me. Guillaume de Catel..... *Tolose, P. Bosc,* 1633, in-fol.

Quelques exemplaires du dernier ouvrage portent également : *Tolose, Colomiez.*

Ces deux volumes ne sont pas communs, et M. Brunet aurait pu les citer.

CATHELAN (*A.*). Passevent Parisien respondant à Pasquin Romain, de la vie de ceux qui se disent vivre selon la réformation de l'Evangile. *Lyon,* 1556, in-12.

Diatribe violente. L'exemplaire de De Thou, en *mouton vert,* 12 fr. libr. De Bure (1835).

CATHERINOT (*Nicolas*). Distiques du Louvre (en latin et en français). *Bourges,* 1672, in-8, de 15 pp.

Nous ne voulons pas entrer dans le détail des cent trente-deux opuscules de l'écrivain berrichon ; mais nous croyons devoir indiquer cette pièce rare et vraiment curieuse ; elle a été vendue dans un recueil de plusieurs pièces, chez Lamoignon ; et le même recueil a été adjugé à 26 fr. à la 4e vente de De Bure (1837).

CATHON en Francoys. *A Lyon, chez Claude Nourry,* M.D.IV., *le viije iour de septembre,* in-4, goth.

28 fr. en 1862.

— LES QUATRE LIVRES de Caton pour la doctrine des mœurs, traduitz de vers latins en rithme françoise, par François Habert, auec les épigrammes moralisez... *A Thurin, par Jean l'Espieier* (sic), 1550, in-16.

En *mar.* de Chambolle-Duru, 62 fr. Potier.

— LE MIROUER du régime et gouvernement de l'âme, composé par le saige Caton... (*Paris*) *de l'impr. de Denis Ianot,* 1543, in-16, goth., fig. s. b. assez grossières, mais dont quelques-unes plus fines rappellent le faire de G. Tory.

En *mar.* de Chambolle, 72 fr. Potier.

— LE MIROUER du régime et gouvernement du corps et de l'âme, composé par le sage Cathon... *Paris, Groulleau,* 1550, in-16, fig. s. b.

14 fr. Yéméniz.

— EXEMPLOS de Caton... *Impresso con licencia en Burgos en casa de* || *Felippe de Iunta. Año*

de M. D. LXiij, in-4, de 12 ff., portr. et fig. gr.
sur bois.

CAULIACUS (*Guido*). Cyrurgia. [7466]

Mendez (2e édit., p. 347) indique d'après le *Rela-torio*, publié à Lisbonne en 1844, une édition de la traduction espagnole (citée au *Manuel*), imprimée à *Sevilla, año de* 1482, comme se trouvant dans la Bibl. royale de Lisbonne.

— Le même. *Çaragoça, año* M. D. LV, *a* VIII *dias del mes de Agosto*, in-fol. goth. à 2 col., de VIII ff. lim., 293 ff. chif., et 1 f. pour la souscription. Edition décrite au catal. Salvá.

Cette traduction est due à Joan Lorenço Carnicer; Antonio, dans l'article qu'il consacre à cet écrivain, ne parle que d'une édition de 1533, publiée par Coci; Latusa (*Biblioteca Aragonesa*, t. I, p. 82) la cite également, et il en signale une autre de 1535, publiée par Bernuz; l'*Errata* annonce que cette date est fautive et qu'il faut lire 1555; Antonio enregistre également le :

— LIBRO DE CYRURGIA... que escribe Guido de Cauliaco... *Valencia*, 1597, in-8.

CAUMARTIN. Le Nobiliaire de Champagne.

Recherche de la noblesse de Champagne, sur les généalogies dressées ou revues par Charles-René d'Hozier, juge d'armes de France; continuée par M. Larcher, intendant en Champagne, avec un complément. *Réimpression textuelle* de l'édition de *Châlons*, 1673 (Voy. au *Manuel*). *Paris, Didot*, 1868, 1re livr., in-4.

Annoncée en 16 livraisons, au prix de 12 fr. 50 c., cette publication est exécutée par la maison Didot avec un grand soin et dans les mêmes conditions typographiques que l'*Armorial de d'Hozier*.

CAUPIN (*H.*). Le Desert de Devotion,

qui est un traicte plaisant, utile et proffitable a toutes manieres de gens devots ou curieux, seculiers ou réguliers... (A la fin :) Cy fine ce present liure intitule le desert de la Passion. Et a este compose par frere Henry Caupin. *Imprime nouuellement a Páris par Jehan Bonfons, demourant en la rue Neufue Nostre Dame*, s. d., pet. in-8, goth., fig. s. b.

L'auteur était frère mineur du couvent d'Abbeville; le volume contient diverses pièces de poésie française.

CAUS (*Salomon* de), ingénieur et architecte de Son Altesse l'électeur Palatin.

Institution harmonique diuisée en deux parties. *Heidelberg*, 1614, in-fol.

C'est la première édition.

La seconde édition (citée au *Manuel*) est celle de *Francfourt*, 1615, in-fol.; elle se trouve aussi fréquemment avec le nom de *Jean Bill* comme éditeur, qu'avec celui de *Jean Norton*.

— Les Raisons des forces moūantes, auec diuerses machines, tant vtiles que plaisantes, ausquelles sont adioinctes plusieurs desseingns de grotes et fontaines, par Salomon de Caus, ingenieur et architecte de Son Altesse Palatine Electorale, auec le liure troisiesme traittant de la

fabrique des orgues. *A Francfort, en la boutique de Jean Norton*, 1615. 3 part. in-fol., fig. sur bois et gr. en taille-douce, musique gravée. [8096]

Certains exemplaires portent : *à Francfort, chez Jean Bill*.

Voici la description exacte :

1re partie, un titre gravé, 3 ff. lim., dont une dédicace au roi très-chrestien, et 14 ff. chif.

2e partie, un titre gravé, 1 f. de dédicace à la princesse Elisabeth, d'Angleterre, princesse Palatine, et 20 ff. chif.

3e partie : un titre impr. en caract. mobiles, 9 ff. chif., et une grande pl. grav., avec l'intitulé : *Sisteme vulgairement dict diapason*, etc.

CAVALCANTI (*Andrea*). Eseqvie del seren.

principe Francesco, celebrate in Fiorenza dal seren. Ferdinando II, grandvca di Toscana svo fratello, nell' insigne collegiata di S. Lorenzo. Il di 30 d'Agosto 1634. *Fiorenza, G. B. Landini*, 1634, in-4, de 52 pp. de texte, ornées de 10 pl. gravées par Etienne de la Belle, qui sont : le portrait du prince François; vue de l'intérieur de S. Laurent, avec le catafalque, et 8 emblèmes gravés dans le texte.

CAXTON. Epistole (tres) Sixti quarti. —

(A la fin [c viij r°] :) Finiunt sex pereregantissime epistole ‖ quarum tris (*sic*) a summo Pontifice Sixto ‖ Quarto et Sacro Cardinalium Collegio ‖ ad Illvstrissimum Venetiarum ducem ‖ Joannem Mocenigum totidemq; ab ipso ‖ Duce ad eundem Pontificem et Cardina ‖ les ‖ ob Ferrariense bellum susceptum con-‖ scripte sunt. ‖ *Impresse per Willelmum Cax-‖ton | et diligenter emendate per Petrum Camelianu̅* (pour *Carmelianum) Poeta Laureatum | in West ‖ monasterio*. Au-dessous du colophon, est un quatrain latin commençant par : « *Eloquii cultor* », suivi de l'*« Interpretatio magnarum litterarum punctatarum paruarumque »*, qui se termine au v° du même feuillet. *S. d.* (mais imprimé vers 1483), in-4, goth., de 24 ff., avec sign. *a, b, c*, par 8 ff.

Les caractères sont ceux du *« Servitium de visitatione* », et de l'*« Order of Chivalry* », exécutés tous deux vers 1483; les lettres vont du reste du 11 décembre 1482 à février 1483. Après une introduction, qui occupe 3 pages, commence le texte des lettres qui continue, comme nous l'avons dit, jusqu'au r° du feuillet xviij.

Cette pièce, infiniment précieuse pour l'Angleterre, est absolument unique; et, un fait assez intéressant à signaler, c'est que sur un total de 96 produits des presses de W. Caxton, 35 sont à cet état d'unique exemplaire; celui qui nous occupe a été découvert tout récemment par le Dr G. Könnecke, archiviste de Marburg, en parcourant un vieux livre du XVe siècle, dans l' *« Hecht-Heinean bibliothek* » à Halberstadt.

Ces lettres du pape Sixte IV ont pour objet d'obtenir du doge Mocenigo la fin de la guerre de la république avec Ferrare.

Pierre Carmelianus, « poëte lauréat », qui mourut en 1527, fut employé par Caxton comme correcteur ; on sait que l'évêque de Worcester, John de Giglis, n'avait pas dédaigné d'exercer ces modestes fonctions dans la proto-typographie anglaise.

CAYLUS. Souvenirs de Mme de Caylus, avec des notes par Ch. Asselineau. *Paris, Techener,* 1860, in-12, fig. et portr.

Un exemplaire imprimé sur *vélin,* avec les armes de Mme de Caylus, peintes sur le titre, un encadrement en or et cinq dessins originaux à la sépia, rehaussés d'or, 660 fr. vente de la librairie Jos. Techener (1865).

CAYLUS (Comte de). Recueil de têtes de caractère et de charges dessinées par Léonard de Vinci, et gravées par M. L. C. D. C. *Paris, Mariette,* 1730, gr. in-4, front. gr., et 66 planches gr. sur cuivre.

Il en a été donné une seconde édition à *Paris,* 1767, in-4. 12 fr. Mariette.

L'œuvre de ce graveur-amateur, donné par M. Mariette au cabinet de Dresde, se compose de 6 vol. in-fol. Celui qui a été vendu 510 livres à la vente Mariette était formé de plus de 3,200 pièces.

CAYRASCO (*B.*). Templo Militante, triumphos de virtudes festividades y vidas de Santos, por B. Cayrasco da Figueroa. *Valladolid, por Luis Sanchez,* 1602, pet. in-8, portr.

Première édition. Antonio donnait celle de 1603 comme la première.

CAZE (*Jean*). Discours de la vie et de la mort, en vers, par Jean Caze. *Nismes, Malignan,* 1593, in-4.

Poëme détestable, mais d'une extrême rareté.

CAZZARIA (La). [18036]

Il a été fait en 1863 une réimpr. de cette pièce célèbre ; c'est un petit in-8, de LXXXI pp. lim., contenant une notice sur l'académie des *Intronati* (par E. Cleder), et 104 pp. de texte. Cette réimpression n'est point destinée au commerce ; elle n'a été tirée qu'à 100 exemplaires numérotés, dont 90 sur pap. vergé et 10 sur pap. de Holl. ; elle est datée de *Bruxelles,* impr. de *J.-H. Briard,* traduisez : *Paris, Jouaust.*

CAZZATI (*M.*). Motetti a voce sola del sign. Mauritio Cazzati. *Bologna, Giac. Monti,* 1668, pet. in-4 oblong, fauxtitre, titre, 182 pp., et 1 f. de table.

28 fr. en 1869.

CECIER (*J. D.* de). Chrestienne récréation de Jean Denis de Cécier, dit Colony Gexien. *Berne, Jean le Preux,* 1601, pet. in-8.

Recueil de poésies protestantes, d'une insigne rareté ; l'auteur et l'imprimeur étaient français et s'étaient réfugiés en Suisse à la fin du XVIe siècle.

En *mar.* de Trautz, 131 fr. Cailhava.

CELESTINA. Tragi comedia de Calisto y Melibea. *Medina del Campo,* 1499, in-4. [16757]

D. Buenaventura Carlos Aribau, dans une note consacrée à la description des différentes éditions de la *Celestina,* insérée au tome III, p. 12, de la *Bibliotheca de autores españoles,* est le seul bibliographe qui donne cette indication succincte, que Mendez enregistre sans aucun commentaire.

Les auteurs de l'*Ensayo de una biblioteca española* n'ont point encore parlé de la *Celestina,* et n'ont pu, en conséquence, dissiper les nuages qui obscurcissent la genèse de cette célèbre comédie.

Cette pièce a dû être composée vers 1490, et son auteur présumé est Rodrigo Cota (voy. ce nom) ; tout au moins pour le premier acte ; les autres seraient attribués à Fernando de Rojas.

Ce n'est point ici un terrain où nous puissions aborder les questions philologiques : nous devons cependant signaler les éditions où le texte, dans sa primitive crudité, a subi les moindres retranchements ; c'est l'édition espagnole de 1502 ; l'édition d'Alcala, 1586 ; de Madrid, 1595 ; le texte des deux éditions plantiniennes de 1595 et de 1599 est très-pur ; enfin la traduction italienne de Venise, 1525, est à peu près intacte.

De nos jours, la traduction allemande de Bulow (*Leipzig,* 1843) est très-exacte et très-fidèle.

Voici quelques prix :

— TRAGI-COMOEDIA de Calisto y Melibea..... *Fue in Sevilla impresso... año* 1502, in-4, goth., fig. s. b.

Un bel exemplaire a été vendu 310 fr. Solar, pour la Bibl. nationale ; incomplet des trois derniers ff. 130 fr. Gancia.

— LA CÉLESTINE... trad. de l'espagnol, de J. de Mena et de Fern. de Roxas. *Paris, Galliot du Pré,* 1527, in-8, goth., fig. s. b.

En *mar.* de Duru, 105 fr. ; revendu 62 fr. seulement Chedeau, mais racheté par M. Potier, et à sa vente de 1870, payé 330 fr. ; en *mar.* de Duru, bel exemplaire, 401 fr. Morel, de Lyon.

— LA CÉLESTINE... *Paris, Galliot du Pré,* 1527, pet. in-8, goth., fig. s. b.

Cette édition semble être identiquement la même que la précédente ; cependant il y a des différences qui constituent certainement un tirage particulier ; ainsi les mots : « *translate dytalien en françoys* », ne se retrouvent pas sur le titre de celle-ci.

En anc. rel. *mar.,* exemplaire de Soleinne, 180 fr. Desq ; revendu 415 fr. Potier.

— LA CÉLESTINE..... *Lyon, Claude Nourry,* 1529, in-8, goth., fig. s. b.

Un bel exemplaire, en *mar.* de Trautz, 360 fr. Yéméniz.

— CELESTINA. Tragicom. de Calisto y Melibea.., *Venecia, Estefano da Sabio,* 1534, in-8, goth. fig. s. b.

En *mar.* de Hardy, 195 fr. vente Bachelin (1867), rev. 105 fr. Gancia, et 200 fr. cat. Gonzalez (à prix marqué).

— LA CÉLESTINE fidellement repurgée et mise en meilleure forme par J. de Lavardin. *Paris, Gilles Robinet,* 1577, in-16.

Dans une reliure de Le Gascon, aux chiffres de Louis XIII et d'Anne d'Autriche (?), 395 fr. Yéméniz ; en *mar.* de Duru, 103 fr. Morel, de Lyon.

— LA CÉLESTINE. *Paris, Nicolas Bonfons,* s. d. (1598), in-16, lett. rondes.

En anc. rel. *mar.* (avec *la Vieille Courtisane* de J. Du Bellay) ; 137 fr. Solar.

— LA CÉLESTINE. *Rouen, Théodore Reinsart,* 1598, pet. in-12.

En *mar.* de Derome (exempl. La Bédoyère), 95 fr. Solar.

C'est la même édition, avec un nom d'éditeur différent, que :

— LA CÉLESTINE. *Rouen, Cl. Le Villain*, 1598, pet. in-12.

En *veau*, 22 fr. Auvillain; en *mar.* de Bauzonnet, 106 fr. Brunet.

— LA CELESTINA. *Antuerpiæ, ex offic. Plantiniana*, 1599, pet. in-12.

En *mar.* de Trautz, 68 fr. Solar.

CELTIS (*Conradi*) Quatuor Libri amorum et alia. *Norimbergæ*, 1502, pet. in-fol. [12972]

Ce volume est orné de gravures en bois, de la grandeur des pages; « il y en a deux, dit M. Brunet, qu'on attribue à Albr. Dürer. » La seconde planche porte le monogramme du grand artiste; ceci constitue plus qu'une attribution : c'est une preuve.

CENE (De ‖ la Tressaincte ‖) de Nostre ‖ Seigneur Jesus : ‖ Et de la Messe ‖ quon chante com ‖ munement. *S. l. n. d.* (*Neufchatel, vers* 1534?) in-16, goth., de 96 ff.

Pièce décrite pour la première fois en 1867, et attribuée à Guillaume Farel, l'un de nos plus illustres réformateurs français; le texte finit au rº du f. M. JIIIJ; viennent ensuite 3 ff., avec quelques citations en caract. ronds, et 1 f. blanc.

Un très-bel exemplaire de cette curieuse pièce a été vendu 590 fr. en 1867 (vente Tross, *Livres sur la réforme*).

CENT (Les) heureux et glorieux Eloges du très-aimable sexe, en gavotte, à danse ronde. *S. l. n. d.*, in-8.

Nous ne trouvons cité ce volume, évidemment fort rare, que dans le catalogue de l'expert Gersaint (1750), à la vente duquel il atteignit *la somme de dix sous*.

Ce catalogue est extrêmement curieux, et les facéties ou histoires galantes y pullulent; l'exemplaire de ce catalogue que nous avons sous les yeux est annoté par l'abbé Sepher, et il a écrit de sa main, en tête du volume : « Catalogue fort curieux en livres de singularités ridicules. »

Ces ridicules-là se payent un bon prix aujourd'hui.

CENT Nouvelles nouvelles (Les). [17329]

Les manuscrits de ce précieux recueil sont extrêmement rares, et quelques-uns sont de la plus haute importance, au point de vue philologique.

Nous citerons particulièrement celui de la bibl. des ducs de Bourgogne, décrit dans la *Bibl. prototypogr.* de Barrois (*Paris*, 1830, p. 283), qui est conservé à la Bibl. royale de Bruxelles, et celui qui figurait au catal. Gaignat, où il atteignit le prix de 100 fr.

Ce dernier fait aujourd'hui partie du musée Hunter, à Glasgow.

Le texte de Vérard et celui des éditions subséquentes est très-incorrect et très-imparfait. On doit admettre qu'Antoine Vérard s'est servi d'un manuscrit médiocre, et qu'il l'a imprimé avec une rare négligence. On a continuellement changé les phrases qui appartenaient à l'idiome picard; on a fait des omissions assez considérables, souvent dans le but de raccourcir et d'abréger. Ces omissions deviennent de plus en plus fréquentes, et prennent plus d'importance au fur et à mesure que l'on avance dans l'ouvrage; pour en donner une idée, dans l'édition de Vérard, comparée aux manuscrits, la dernière nouvelle est abrégée de près d'un tiers.

Le Roux de Lincy, Wright et quelques autres érudits croient pouvoir attribuer à Antoine de la Salle la paternité de cette œuvre si célèbre; c'est une question fort controversée, et nous demandons la permission de nous abstenir, en restant dans notre modeste rôle de bibliographe.

Les Cent Nouvelles doivent avoir été composées de 1450 à 1460.

Le texte des éditions de Cologne et de la Haye est *rajeuni* et détestable; c'est celui de Vérard, mais absolument défiguré.

Cette belle, mais incorrecte édition de Vérard est l'un des livres gothiques les plus rares et peut-être le plus précieux qui existe.

Le bel exemplaire, vendu 6,001 fr. chez Solar, venait de M. de Clinchamp, qui l'avait fait relier; il fut acquis par M. Double, et, à la vente de cet amateur, payé 8,000 fr.

Cet exemplaire, si beau, si grand, si pur, n'était pas complet; le cahier T, qui doit avoir 10 ff., n'en avait que 8. M. Double, avec une galanterie et une loyauté parfaites, consentit à perdre une somme considérable sur ce malheureux livre, et l'acquéreur le conserva précieusement et mystérieusement, attendant avec patience une occasion qui pouvait ne jamais se présenter; cela dura de longues années; enfin à la vente Tufton, en 1873, l'exemplaire Bertin, incomplet de plusieurs feuillets, mais possédant les 2 ff. supplémentaires du cahier T, fut mis sur table et payé 3,950 fr.; il était un peu moins grand que l'exemplaire de Clinchamp, mais, malgré ce léger défaut, l'exemplaire complété est aujourd'hui peut-être le plus beau gothique français qui soit dans une bibliothèque particulière.

— *Paris, Jehan Trepperel*, s. d., in-4, goth.

390 fr. Solar. C'était la bonne édition de Trepperel; l'exemplaire très-pur et très-frais venait de M. Coppinger; il fut acheté par M. Didot, et serait payé aujourd'hui trois fois plus cher.

— *Paris, Michel Le Noir*, s. d., in-4, goth.

En *mar. doublé* de Bauzonnet, 1,205 fr. baron Pichon.

— *Lyon, Olivier Arnoullet*, s. d., in-4, goth.

En *mar.* de Boyet, exemplaire Pontchartrain, Méon, Richard Heber, Cigongne, 425 fr. Double; en *mar.* de Duru, 550 fr. Chedeau; en *mar.* de Trautz, exemplaire médiocre, 145 fr. seulement Yéméniz.

— *Cologne* (*Amsterdam*), *P. Gaillard*, 1701, 2 vol. pet. in-8, fig.

Avec les gravures de R. de Hooghe dans le texte, en *mar.* de Padeloup (exempl. Ch. Nodier), 410 fr. Brunet; en *mar. v.*, anc. rel., 226 fr. Double; en *mar.* de Bozérian, 152 fr. de Chaponay; en *mar. citron*, anc. rel., 215 fr. Huillard; en *mar. r.*, anc. rel., 160 fr. Potier; en *v. f.*, aux armes de Bernard de Rieux, 100 fr. même vente; en *mar.* de Hardy, 189 fr. Solar; en anc. rel. de Derome, exemplaire de Caillard, 235 fr. même vente; en *v. br.*, 88 fr. Morel, de Lyon; en *mar.* de Trautz, 480 fr. Lebeuf, et 650 fr. au catal. Morgand et Fatout.

— Les mêmes. Figures hors texte.

En *mar.*, bel exemplaire d'Hangard, 175 fr. prince Radziwill; en anc. rel. *mar.*, 131 fr. même vente.

CENTORIO De gli Hortensi (*Ascanio*). [14544]

— Mémoires de la guerre de Transylvanie et de Hongrie, entre l'Empereur Léopold Iᵉʳ et le grand seigneur Mehemet IV... (tr. de l'ital. en françois). *Amsterdam, Daniel Elzevier*, 1680, 2 tom. en 1 vol. in-12.

Un exemplaire non rogné, 92 fr. La Bédoyère

(1862), rev. 62 fr. la Villestreux. Un exemplaire, haut de 0,132 n'a été vendu, en *mar.* de Simier, que 6 fr. 50 c. Pieters.

CENTRE (Le) de l'Amour découvert... *Paris, chez Cupidon,* 1680, pet. in-4 obl., titre gr., avec 93 fig. en taille-douce, non compris le titre gravé. [18587]

La seconde édition est de 1687, et un troisième tirage, sans date, a été exécuté après que la date eût été grattée sur la planche. (Note du catal. Pichon.)

Un bel exemplaire de la première édition de 1680, en *mar.* de Trautz, 325 fr. baron J. Pichon.

En *vélin* (3e tirage), 100 fr. de Chaponay ; 105 fr. Chedeau.

CEPEDA (*Fern.* de), y F. Alf. Carillo. Relacion universal legitima, y verdadera del sitio en que esta fundada la muy noble... ciudad de Mexico. Lagunas, rios y montes que la ciñen y rodean. Calçadas que la dibiden. Y Azequias que la atraniesan. Ynundaciones que à padecido desde su Gentilidad. Remedios aplicados. Desagues propuestos, y emprentidos. Origen y fabrica del de Gueguetoca, y estado en que oy se halla. Ymposiciones, derramas, y gastos que se an hecho. Forma con que se à auctuado desde el año de 1553, hasta el presente de 1637. *En Mexico, en la imprenta de Francisco Salbago,* 1637, in-fol., de 2 ff. prél., 31 ff., 41 ff. numérotés 1-42 (le 39e f. est omis) ; 30 ff., numér. 1-28 (les ff. 17, 18, numér. deux fois ; 12 ff. (le f. 11 est num. 2 fois), et 11 ff. numér. 29-39. [28605]

24 thalers seulement Andrade, et 22 thalers Sobolewski.

CERDA (D. *Martin Silvestre* de la). Cancion. ‖ Don Martin Silvestre de ‖ la Cerda en Sevilla. ‖ Al Rey Don Felipe Quarto ‖ el grande Nuestro Señor. ‖ Sobre las guerras de Francia. ‖ *En Madrid, por la viuda de Iuan Gonçalez. Año de* 1638, in-fol., de 2 ff.

Pièce rare.

CÉRÉMONIES et solennitez observées en l'Eglise de Nostre-Dame de Paris, au mariage du roy de la Grande-Bretagne & de Madame sœur du roy. *Lyon, Nic. Jullieron,* 1625, pet. in-8.

C'est le mariage de Charles Ier et d'Henriette-Marie. 70 fr. Ruggieri.

CÉRÉMONIES (Les) qui ont été faictes en la présence du roy aux espousailles de Madame sœur aisnée de Sa Majesté, jusques à son départ vers l'Espagne. *Suiv. la copie imprimée à Bourdeaux,* 1615, pet. in-8, de 12 ff.

Cette pièce faisait partie d'un recueil de pièces intéressantes, relatives au mariage de Mme Elisabeth de France, sœur du roi, avec l'infant D. Philippe ; ce recueil, composé de 8 pièces, n'a pas été vendu moins de 400 fr. Ruggieri.

CERONE (D. *Pedro*) de Bergamo, musico en la real capella de Neapoli. El Melopeo y maestro, tratado de musica teorica y practica.... *En Napoles,* 1613, in-fol.

Réimpr. : *Antverpiæ, apud Belleros,* 1619, in-fol.

Cette seconde édition est presque aussi rare que la première.

CERTAMEN Equestre. *Stockholm, Joh. G. Eberdt,* in-fol. obl. [27680]

Il faut au moins 61 planches, du moins l'exemplaire Raifé que nous avons vu et qui paraissait bien complet, avait ce nombre de planches.

CERTON (*Pierre*). Chansons composées en musique à quatre parties. *Paris, Adr. Le Roy et Robert Ballard,* 1564-1567, 19 parties, in-8 obl.

Un exemplaire de ce recueil, d'une grande rareté, mais n'ayant que le *tenor* et *contra tenor,* relié avec un autre recueil non moins rare, 65 fr. seulement Chedeau.

CERVANTES (*Miguel* de).

— Primera parte de la Galatea, dividida en seis libros, compuesta por Miguel de Cervántes. Dirigida al Ill. sr. Ascanio Colona, Abad de Sancta Soffia (un écusson). Con privilegio. *Impressa. en Alcala por Iuan Gracian. Año de* 1585. *A costa de Blas de Robles mercader de libros,* in-8, de VIII-375 pp. [17588]

L'approbation est du 1er février 1584, et le privilége est daté de Madrid, 22 febrero 1584.

C'est là la première édition, et M. Brunet a confondu la date et le lieu du privilège avec une édition de Madrid, 1584, que n'enregistre pas l'*Ensayo.*

— Relacion ‖ de lo svedi ‖ do en la Civdad ‖ de Valladolid, desde ‖ el punto del felicissimo nacimiento del ‖ Principe Don Felipe Dominico Victor ‖ nuestro Señor : hasta que se acabaron las ‖ demostraciones de alegria que ‖ por él se hizieron. ‖ Al Conde de Miranda. ‖ Año (ici les armes royales) 1605. ‖ Con Licencia. ‖ *En Valladolid, Por Iuan Godinez de Millis,* ‖ *Vendese en casa de Antonio Coello en la libreria,* in-4, de 46 ff., portr.

De nouvelles recherches ont permis d'attribuer avec certitude cette relation à l'immortel Cervantes. Ce rare volume est à classer aux *solemnités, fêtes publiques,* etc.

— El Ingenioso ‖ Hidalgo don Qui ‖ xote de la Mancha. Compuesto por Miguel de Ceruantes ‖ Saavedra. Dirigido al Duque de Bejar, ‖ Marques de Gibraleon, Conde de Barcelona, y Baña ‖ res, Vizconde de la Puebla de Alcocer, Señor de ‖ las Villas de Capilla, Curiel, y ‖ Burguillos. ‖ Año 1605. ‖ Con priuilegio de Castilla, Aragon, y Portugal. ‖ *En Madrid, por*

Iuan de la Cuesta. ‖ *Vendense en casa de Francisco de Robles, librero del Rey ñro Señor,* in-4, de 12 pp. lim., 316 pp. de texte, et 3 pp. de table des chapitres à la fin. [17560]

Voici une autre observation qui permettra de reconnaître les deux éditions décrites au *Manuel* : celle dont le privilège est de *Valladolid,* du 20 décembre 1604, est intitulé : « *el Ingenioso Idalgo de la Mancha* »; tandis que celle de « *Valladolid, du 26 setiembre* 1604 » porte « *el Ingenioso Hidalgo de la Mancha* ».

— L'édition de *Valencia, Pedro Patricio Mey,* 1605. *A costa de Jusepe Ferrer, mercader de libros,* est un in-8, de XVI ff. lim., et 768 pp., l'approbation est datée de *Valencia,* 18 *julio,* 1605.

— L'édition de « *Lisboa, impresso por Pedro Crasbeeck, año* M. DCV », in-8, est de 460 ff.

— L'édition imprimée dans la même ville, la même année, par *Iorge Rodriguez,* in-4, est de 230 ff., avec front. gr. s. b.

— L'édition de *Bruxelles,* 1607, pet. in-8, est de 312 ff., portr. s. b. 175 fr. de Morante.

— **Segvnda parte** ‖ del Ingenioso ‖ Cavallero don Quixote de la ‖ Mancha. ‖ Por Miguel de Ceruantes Saauedra, autor de su primera parte. ‖ Dirigida a don Pedro Fernandez de Castro, Conde de Le ‖ mos, de Andrade, y de Villalua, Marques de Sarria, Gentil ‖ hombre de la Camara de Su Magestad,...... ‖ Año 1615. ‖ *Con privilegio,* ‖ *En Madrid, Por Iuan de la Cuesta,* ‖ *vendese en casa de Francisco de Robles, librero del Rey N. S.* (A la fin :) *En Madrid, por Iuan de la Cuesta.* ‖ *Año M. DC. XV,* in-4, de 292 ff., privilège pour 10 ans, de *Madrid,* 30 *Marzo,* 1615; sign. *A. Nn.,* front. gr. s. b.

Cette première édition de la seconde partie n'est guère moins rare que la première; celle de *Bruselas,* 1616, in-8, de 352 pp., se trouve moins difficilement.

— L'édition de *Madrid, imprenta real,* 1797-98, 6 vol. in-12, fig. 280 fr. Morante.

— Celle donnée la même année à Madrid, par D. Juan Antonio Pellicer, 1797-98, 5 vol. in-4, avec de nombreuses figures grav. sur cuivre, par Moreno, d'après A. Navarro.

En gr. pap. et rel. en *mar.,* 202 fr. de Morante.

Parmi les nombreuses éditions de l'immortel chef-d'œuvre, qui figuraient dans la bibl. de M. de Morante, nous signalerons celle de *Barcelona, en casa de Bautista Sorita,* 1617, in-12. C'est la première dont les deux parties aient été à la fois imprimées sous une date uniforme; 100 fr.

Deux exemplaires de l'édition d'Ibarra, 1780 : l'un en *basane,* 111 fr.; l'autre, en gr. pap. en *v. v.,* 160 fr.; un bel exemplaire a été vendu 330 fr., Brunet, et un autre, plus beau et d'une excellente reliure de Derome, 700 fr. prince Radziwill; en *v. ec.,* 121 fr. Cailhava; en *mar.* de Raparlier, 217 fr. Danyau.

— EL INGENIOSO HIDALGO don Quijote de la Mancha. Nueva edicion. *Madrid, en la Imprenta nacional,* 1862-63, 3 vol. in-fol., gr. s. cuivre.

Splendide édition dont il a été tiré des exemplaires en très-grand papier; elle a été publiée par ordre du gouvernement espagnol, et tirée à petit nombre; cette édition offre une particularité typographique, c'est que la disposition a été calculée de telle sorte,

qu'il n'y a pas un seul mot coupé à la fin des lignes.

280 fr. Morante.

— DON QUIXOTE..... *Mexico, Ignacio Camplido,* 1842, 2 vol. gr. in-8.

Impression soignée; 125 figures lithographiées.

— Le même. *Nueva York,* 1861, gr. in-8.

Édition donnée par G. Ticknor.

— Le même. Edicion corregida con especial estudio de la primera, por D. J. E. Hartzenbusch. *Argamarilla de Alba, imprenta de Manuel de Ribadeneyra,* 1863, 4 vol. in-12.

Cette jolie édition a été revue et annotée par M. Hartzenbusch (qui y a joint une introduction intéressante) et Cajetano Rosell; elle a été imprimée dans la maison même, où la tradition veut que Cervantes ait été emprisonné.

— L'INGÉNIEUX HIDALGO Don Quichotte de la Manche (trad. de Louis Viardot, dessins de G. Doré). *Paris, Hachette,* 1863, 2 vol. in-fol.

Excellente traduction, la seule qui ait fait passer dans notre langue quelques-unes des beautés de l'original; mais cette édition d'un format incommode n'a qu'un succès médiocre; un exemplaire, en *mar.* de Petit, n'a été vendu que 139 fr. Em. Gautier, c'est-à-dire que le prix de la reliure n'a pas été *atteint.*

— **Novelas** ‖ **exemplares** ‖ de Migvel de ‖ Ceruantes Saauedra. ‖ Dirigido a Don Pedro Fernan ‖ dez de Castro, Conde de Lemos, de Andrade, etc..... Año 1613. Cõ priuilegio de Castilla, y de los Reynos de la Corona de Aragõ. *En Madrid, por Iuan de la Cuesta.* ‖ *Vendese en casa de Frãcisco de Robles, Librero del Rey ñro Señor.* (A la fin :) *En Madrid,* ‖ *por Iuan de la Cuesta.* ‖ *Año M. DC. XIII.,* in-4, de XII-274 ff., signés §-§§. *A-Mm.,* front. gr. en b., priv. pour la Castille « *al autor por diez años.* » *Madrid,* 22 9bre 1612; priv. pour l'Aragon pour 10 ans : *San Lorenzo el Real,* 9 *agosto* 1613. [17643]

Un bel exemplaire de cette édition si rare, payé jadis 5 fr. par M. Brunet, a été revendu 1,550 fr. à sa vente; il est aujourd'hui en Amérique.

— NOVELAS EXEMPLARES. *En Pampelona,* 1615, pet. in-8.

Un exemplaire de cette édition rare, en *mar.* à compart., aux armes de Phelypeaux de la Vrillière, 300 fr. vente Techener, 1865.

— **Viage** ‖ del Parnaso, ‖ Compvesto por ‖ Miguel de Ceruantes ‖ Saauedra. ‖ Dirigido a don Rodrigo de Tapia, ‖ Caballero del Habito de Santiago, ‖ ..... Año 1614. ‖ Con privilegio. ‖ *En Madrid,* ‖ *por la Viuda de Alonso Martin,* in-8, de 88 ff., sign. §. A-K. Privil. pour six ans, daté de : *Ventosilla,* 18 *Octubre* 1614. [15243]

— VOYAGE au Parnasse, traduit pour la première fois avec une notice biographique, par J. M. Guardia. *Paris, Gay,* 1864, in-12, clxxvi et 260 pp.

— **Los Trabaios** ‖ de Persiles, y ‖ Sigismvnda, histo ‖ ria setentrional. ‖ Por Migvel de Cervantes ‖ Saauedra. ‖ Dirigido a Don Pedro Fernandez de ‖:Castro Conde de Lemos.... ‖ Año 1617. ‖ *Con priuilegio. En Madrid. ‖ Por Iuan de la Cuesta. ‖ A costa de Iuan de Villarroel mercader de libros en la Plateria.* (Al fin :) *En Madrid. ‖ Por Iuan de la Cuesta.* M. DC. XVII. In-4, de 232 ff. sign. §. A-Ff. Privilége pour 10 ans « á la viuda del autor D. Catalina Salazar » daté de : San Lorenzo, 24 setiembre 1616. [17590]

La seconde édition, donnée par le même imprimeur, Juan de la Cuesta, sous la même date, est un in-4, de iv ff. lim. et 186 pp. à 2 col. Le prix taxé est de 4 marav. la feuille ; cette taxe (*tasa*) est datée de Madrid, 23 décembre 1616, le volume comprend 47 ff. et demi, qui, à 4 maravedis l'un, font « 5 *reales y* 16 *maravedises* ».

— L'édition de *Valencia, Pedro Patricio Mey*, 1617, in-8, de 599 pp., plus 6 de lim. ; Approb. de Valencia, 14 avril 1617.

— L'édition de *Lisboa, Iorje Rodriguez*, 1617, est un in-4 de 222 ff. ; la *tasa* est datée du 4 juillet.

— L'édition donnée *Én Paris, a costa de Estevan Richer, en Palacio* (conforme á lo translado impresso en Madrid, por Iuan de la Cuesta), est un in-8, de 251 ff., sign + A. Hh. ; elle reproduit l'approb. de Madrid du 9 septembre 1616.

— Enfin l'édition de *Bruxelas, por H. Antonio*, 1618, est un in-8, de 256 ff., l'approb. est de « *Bruxellœ*, 5 *julii* 1617 ».

Nous donnons quelques prix des traductions françaises.

— HISTOIRE de l'admirable Don Quichotte de la Manche (trad. par Filleau de Saint-Martin). *Amsterdam, Pierre Mortier*, 1695-96, 5 vol. pet. in-12, figures.

Un exemplaire en anc. rel. de *mar. doublé*, 315 fr. Brunet ; un autre (exempl. Paris), en *anc. mar.* défraîchi, 80 fr. prince Radziwill ; un exemplaire médiocre, 50 fr. Yéméniz ; un joli exemplaire en *vélin*, 62 fr. en 1870.

La bonne édition hollandaise, que l'on rattache à la collection elzévirienne « *suiv. la copie impr. à Paris*, 1681, » 4 vol. in-12, front. et fig. s. b., 100 fr. baron Pichon ; un bel exemplaire, joint au 5e vol. de 1696 et aux 2 vol. des *Nouvelles Aventures* d'Avellaneda (*Liège*, 1705), fut acquis à la vente Veinant, 1860, par M. de la Villestreux, qui fit relier les 7 vol. par Trautz ; il ne fut payé que 305 fr. à sa vente, et depuis vendu 1,000 fr. chez M. Benzon ; un bon exemplaire, en *mar.* de Thibaron, 300 fr. Lebeuf de Montgermont.

— HISTOIRE de l'admirable Don Quichotte de la Manche (tr. de Filleau de Saint-Martin et Challes). *Paris*, 1741, 6 vol. in-12.

Vendu avec les NOUVELLES AVENTURES (d'Avellaneda), trad. par Lesage. *Paris*, 1741, 2 vol. in-12. et la Suite nouvelle..... de l'histoire et des aventures..... (attribuée à Lesage). *Paris*, 1741, vol. in-12 ; en tout 14 vol. in-12, en *mar. r.*, aux armes de la duchesse de Montmorency-Luxembourg, 405 fr. Double ; un autre exemplaire des 14 vol. en *veau marbré*, n'a été vendu que 19 fr. Luzarche ; il était affreux.

Les 6 premiers volumes seuls de la trad. de Filleau de Saint-Martin, en anc. rel., *mar.* et avec les grav. de Folkema ajoutées, 105 fr. Huillard ; ils avaient été payés 125 fr. chez M. Germeau.

— HISTOIRE de l'admirable Don Quichotte de la Manche..... enrichie de belles figures, dessinées par Coypel, et grav. par Folkema. *Amsterdam et Leipsick, Arksteé et Merkus*, 1768, 6 vol. in-12.

— NOUVELLES de Mich. de Cervantes, enrichies de figures en taille-douce (par Folkéma). *Amsterdam*, 1768, 2 vol. in-12. Ces 8 vol. en *mar.* de Bozérian jeune.

Cet exemplaire, formé par les soins du bibliophile Caillard, avait en double la suite avant toutes lettres (moins quatre) des charmantes vignettes de Folkéma, et les vignettes des nouvelles, presque toutes avant la tomaison ; il avait été vendu 255 fr. chez Caillard ; 256 fr. chez Vallet ; à la vente Pixérécourt, il retombe à 80 fr. ; chez M. de la Bédoyère, en 1862, remonte à 320 fr., et reparait en 1876 à la vente Lebeuf de Montgermont, où il atteint le prix extraordinaire de 1,500 fr.

Un exemplaire des 8 vol. en *mar.* de Alló, 350 fr. catal. Morgand et Fatout.

— LES PRINCIPALES Aventures de l'admirable Don Quichotte, représ. en fig. par Coypel, Picard le Romain..... *La Haye*, 1746, gr. in-4.

Un très-bel exemplaire en *mar.*, 195 fr. Cailhava ; en *mar. anc.*, bel exemplaire de la bonne édition, 135 fr. Huillard ; en *v. m.*, 72 fr. Morel, de Lyon ; en anc. rel. *mar.*, 350 fr. Lebeuf de Montgermont, et porté à 500 fr. au catal. à prix marqué du libraire Morgand ; l'exemplaire était en grand papier et les figures avant les numéros.

Nous citerons à propos des éditions, traductions, imitations de Don Quixotte, l'ouvrage de Ticknor (*trad. franç.*), t. II, p. 497 à 504.

La *Revista de Madrid*, 1869, contient un article bien complet sur les éditions originales, mais cet article est emprunté en grande partie au consciencieux travail de D. Sancho Rayon et Zarco del Valle dans l'*Ensayo*.

On peut encore consulter avec fruit :

— ASSENSIO (J.-M.). Observaciones sobre las ediciones primitivas de Don Quixote, dans la *Revista de España*, 1869, tome IX.

— PELLICER. Vita di Cervantés, pages 154-165.

— NAVARETTE. Vita, pages 144-151.

— CLEMENCIN. Note, part. 2, chap. LIX.

— CASTRO (*Adolfo* de). El Conte Duque d'Olivarez. *Cadiz*, 1846, in-8, page 11.

— Le charmant travail de FERNAN CABALLERO : Pericia geografica de Cervantes. *Madrid*, 1840, in-12.

— CHASLES (*Émile*). Miguel de Cervantes, sa vie, son temps, son œuvre politique et littéraire. *Paris, Didier*, 1866, in-8.

Le premier volume de l'*Ensayo de una Bibliotheca española*, donne (tome 1er, col. 1257-1301) *una Carta inédita de Cervantes*, accompagnée de notes fort intéressantes ; cette pièce est suivie d'*Algunos datos nuevos para ilusirar el Quijote* ; nous recommandons ces précieux documents à l'excellent traducteur du chef-d'œuvre de la littérature espagnole, M. Louis Viardot.

CERVANTES de Salazar. Obras. — *Imprimiasse en Alcala de henares ‖ en casa de Iuã de brocar, en el ‖ año de ñra Saluaciõ de mil ‖ y quiniẽtos y quaren ‖ ta y seys años, ‖ en el mes de ‖ Mayo*, in-4, de XIV ff. lim., 80 ff. chif., 56 ff. chif. pour l'*introducion;* un f. non chif., 1 f. pour le titre de l'*apologo*, X ff. non chif..... 1 f. blanc, 69 ff. chif., et 1 f. pour la marque de J. de Brocar. [19263]

CERVERA (*Juan Francisco*) Valenciano. Arte y suma de canto llano, compuesta y adornada de algunas curiosidades.

Valencia, Pedro Patricio Mey, 1595, in-8, de vııı ff. et 141 pp.

Volume rare, que ne cite pas l'*Ensayo*.

CESPEDES. Poema tragico del Español Gerardo, y Desengaño del amor lascivo, por don Gonzalo de Cespedes y Meneses, vezino y natural de Madrid. *En Madrid, por Luis Sanchez*, 1615, in-8, de xx et 304 ff., dont le dernier ne porte que la date et les noms de ville et d'imprimeur. [17597]

Cité au *Manuel* comme in-4. 100 fr. Gancia (1868).

— Une autre édition, sans date, a été donnée « *en Lisboa, por Antonio Aluarez.* » C'est un in-4, de 238 ff., à 2 col. ; la *Licencia* est datée du 26 mayo 1618.

CHABANEL (*J.* de). De l'Antiquité de l'Eglise Nostre-Dame, dite la Daurade, à Tolose, et autres antiquités de la ville ; illustrées de diverses observations et singularitez remarquables, par Jean de Chabanel... *Toulouse, par B. Colomiez*, 1621, in-12. 15 à 18 fr.

Petit volume fort rare.

CHABERT (*Joseph Bernard*, marquis de). Voyage fait par ordre du roy, en 1750 et 1751, dans l'Amérique septentr. pour rectifier les cartes des côtes de l'Acadie, de l'isle Royale et de l'isle de Terre Neuve. *Paris, Impr. roy.*, 1753, in-4. 8 à 10 fr.

CHAI (Le) de Nôvelle, dialôgue de Plantebode et Rudemeigne. *Ai Dijon*, 1689, pet. in-12.

Pièce rare en patois bourguignon. 27 fr. Morel, de Lyon.

CHALCONDYLE (*Laonice*). Histoire de la décadence de l'empire grec, et establissement de celuy des Turcs, traduicte du grec par Blaise de Vigenère. *A Paris, chez Nicolas Chesneau*, 1577, in-4.

Volume assez rare. 12 à 15 fr.

CHALMETE (*Anthoine*). Enchiridion, ou Liuret portatif pour les chirurgiens, où sont contenus en brief les remèdes tant vniuersels que particuliers de maladies externes ; traduict du latin. *A Lyon, Loys Cloquemin*, 1572, in-16.

Un de ces petits livrets dont la grande rareté fait à peu près tout le mérite ; celui-ci doit être des plus rares, car nous ne le trouvons cité qu'aux catalogues des Foires de Francfort.

CHAMBRAY (Le marq. *G.* de). L'Art de cultiver les pommiers, les poiriers et de faire les cidres. *Paris*, 1765, in-12, réimpr. en 1803.

Petit volume devenu rare. 5 à 6 fr.

CHAMPAIGNE (*Jean*). Discours du sacre et couronnement du roy de France (Henry III) en forme d'Epistre, auec l'exposition des cérémonies dudict sacre et celles du sacre du premier roy Saül. *A Lyon, chez Benoist Rigaud*, 1575, in-8.

On trouve également cette pièce sous la rubrique : *A Rheims, Jean de Foigny*, 1575, in-8. En *mar.* d'Andrieux, 66 fr. Ruggieri.

CHAMPEAUX (des). Discours de la pitoyable et tragicque mort du sieur de Brifaumont, gentilhomme françois, lequel a esté estrangle en sa maison le jour de ses nopces, par une estrange et diabolique inuention de ses ennemis, le 22 décembre 1608 (*sic*). *Troyes, Nicolas Oudot*, 1603 (sic), in-8, de 7 pp., fig.

19 fr. Costa de Beauregard.

CHAMPIER (*S.*). Les Gestes, ensemble la vie du preulx cheualier Bayard, avec sa genealogie ; comparaisons aulx anciens preulx chevaliers : gentilx, israélitiques et chrestiens ; ensemble oraisons, lamentations, epitaphes dudict cheualier Bayard. Contenant plusieurs victoyres des roys de France Charle VIII, Loys XII et Françoys, premier de ce nom. — CHAMPIER. — *Lyon, par Gilbert de Viliers, lan de grace MCCCCCXXIV, le xııı de nouembre*, in-4, goth., fig. s. b. [23460]

Première édition, que n'ont point connue M. P. Allut, ni M. Brunet, et que possède la Bibl. nation. ; nous n'en connaissons pas d'autre exemplaire ; à la fin se trouvent, comme dans l'édition de 1525, décrite au *Manuel*, les 4 ff. en italique, intitulés : « *Compendiosa illustrissimi Bayardi vita, una cum panegyricis, epitaphiis ac nonnullis aliis* » ; cette pièce a la même figure en bois qui se trouve au frontispice de la partie gothique.

Nous renvoyons, pour les divers opuscules de Symphorien Champier, à l'excellente monographie que lui a consacrée M. Allut, bibliographie qui est dans les mains de tous les bibliophiles.

Voici quelques prix obtenus depuis la vente Solar par divers ouvrages français de Symphorien Champier.

— LE MYROUEL des apothiquaires..... *Lyon, Pierre Mareschal*, s. d., pet. in-4, goth.

En *mar.* de Niédrée, 100 fr. Yéméniz ; l'exemplaire était court de marges.

— LA NEF DES PRINCES..... *Lyon, Guil. Balsarin*, 1502, in-4, goth., fig. s. b.

En *mar. doublé*, riche rel. de Lortic, 605 fr. Desq.

— LA NEF DES PRINCES..... *Paris*, 1525, *Phil. Le Noir*, pet. in-4, goth.

En *mar.* de Capé, 500 fr. Potier (1870), l'exemplaire provenant de la 2ᵉ vente Cailhava ; il figure à 900 fr. dans le premier catalogue des libraires Morgand et Fatout, en 1876.

— LES GESTES ensemble la vie du preulx chevalier Bayard..... *Paris, J. Trepperel*, s. d., in-4, goth., fig. s. b.

En *mar.* de Thouvenin, 805 fr. Yéméniz.

— HISTOIRE des gestes du preux chevalier Bayard. *Lyon, Pierre Rigaud*, 1602, in-8.

En *mar.* de Bauzonnet, 240 fr. Yéméniz.

— LE RECUEIL ou Cronicque des histoires des royaulmes d'Austrasie..... *Venûdantur... apud Lugdunum in off. Vinc. de Portunariis de Tridino*, s. d. (1510), pet. in-fol., goth., fig. s. b.

En *mar.* de Trautz, 415 fr. Solar ; revendu 825 fr. Double ; en *mar.* de Bauzonnet, 300 fr. Desq, et 330 fr. Huillard ; en *mar.* de Duru, 590 fr. Yéméniz.

— CRONIQUES (les grans) des gestes des ducz et princes des pays de Savoye et Piemôt. *Paris, pour Jehan de la Garde*, 1516, in-fol., goth., fig. s. b.

L'exemplaire du prince Eugène de Savoye, en *mar. r.* (double de la Bibl. de Vienne), 295 fr. Solar ; un second bel exemplaire, à grandes marges, 260 fr. même vente ; en *mar.* de Bauzonnet, 600 fr. Yéméniz.

— CY COMMENCE ung petit liure de l'antiquite origine et noblesse de..... Lyon. *Imprime a l'Isle Gallique dicte Lyoñoise* (1529), in-4, goth.

En *mar.* de Duru, 159 fr. Solar, et revendu 188 fr. Cailhava, en 1862 ; puis 225 fr. Desq ; en *mar*. 135 fr. Yéméniz.

— DISCOURS de l'antiquité..... de Lyon. *Lyon, Guil. Testefort*, 1579, pet. in-8.

100 fr. Yéméniz.

— CY COMENCE un petit liure du royaulme des Allobroges... *S. l. n. d. (Lyon,* v. 1520), in-8, goth.

En *mar.* de Bauzonnet, 281 fr. Solar ; en *mar.* de Duru, 360 fr. Yéméniz.

— LE FONDEMENT et origine des titres de noblesse... *Lyon, Jean de Tournes,* 1547, in-16.

En *mar.* de Trautz, 200 fr. Yéméniz.

CHAMPLAIN (*Samuel*). Des ‖ savvages, ‖ ov ‖ voyage de Samvel ‖ Champlain, de Brovage, ‖ contenant ‖ les mœurs, façon de viure, mariages, guerres & habi ‖ tations des sauuages de Canadas. ‖ De la descouuerte de plus de quatre cens cinquante ‖ lieuës dans le païs des sauuages. Quels peuples y ha ‖ bitent... *A Paris,* ‖ *chez Clavde de Monstr'œil, tenant sa* ‖ *boutique en la cour du Palais, au nom de Iésus.* ‖ *Auec Priuilege du Roy* (du 15 novembre 1603), s. d., in-8, de IV-36 ff. chiffrés au v°. [21014]

C'est le compte rendu de la première expédition de Champlain, à la Nouvelle-France.

Elle a été réimprimée l'année suivante, si, comme on le peut supposer, l'année de l'obtention du privilège est celle de l'exécution typographique du livre ; cette réimpression est à peu près identique ; M. Harrisse relève cependant la différence suivante :

Dans la seconde édition, les 6ᵉ, 7ᵉ et dernières lignes du titre sont en italique ; et l'avant-dernière ligne porte la date de 1604. La souscription de l'Épitre à Charles de Montmorency est en caractères différents. Le feuillet 3 porte la signat. Aiii, et la première ligne du feuillet 33 donne le mot *lees* au lieu de *les* comme dans l'autre.

Cette édition est plus rare et tout aussi précieuse que la première.

Une réimpression de la première édition a été faite à Québec en 1870 ; c'est un in-4, tiré à petit nombre, de 4 pp. prélim., plus IV ff. et 63 pp.

L'édition de MDCXIII, sommairement citée au *Manuel,* forme un in-4, composé de 1 f. pour le titre, 1 f. pour l'épître, 1 f. : *à la Roine Régente* ; 7 pp. de vers, 5 pp. pour *le sommaire,* 1 f. pour *le privilége,* et 325 pp. de texte chiffrées, plus 5 pp. de table ; il faut une partie séparée de 52 pp. : « Quatriesme ‖

voyage dv ‖ Sʳ de Champlain ‖ capitaine ordinaire pour ‖ le Roy en la marine, ‖ lieutenant de monseigneur le prince ‖ de Condé en la Novvelle-France, ‖ fait en l'année 1613. » ‖ Avec 13 cartes dans le texte et hors texte et 3 planches sur bois.

L'exemplaire de M. Potier, incomplet de la grande carte, a été porté, à sa vente du 1870, à 270 fr.

Faribault (*Catal. d'ouvrages relatifs au Canada*) mentionne des éditions de *Paris,* 1615 ; *Paris, Berjon,* 1617, in-8, que nous ne connaissons pas et que M. Harrisse passe sous silence dans son excellente *Bibliographie canadienne.*

Cette édition de 1613 a été réimprimée à Québec en 1870, in-4, de IV pp., + XVI + 327 pp. + 24 cartes ou planches gravées sur feuillets tirés à part. Ces réimpressions canadiennes, fort bien exécutées et tirées à petit nombre, sont rares en Europe et méritent d'être recherchées.

Le récit du voyage de Champlain, exécuté de l'année 1615 à la fin de 1618, fut publié par Claude Collet, à Paris, en 1619 ; il est cité au *Manuel.* Il a été également réimprimé à Québec en 1870, in-4, de IV pp. prélim., VIII-143 pp. et 6 planches *on separate sheets.*

Voici le titre de la réimpression de 1620 :

— LES ‖ VOYAGES ‖ du Sʳ de Cha ‖ mplain capitaine ordinaire ‖ pour le Roy ‖ en la nouuelle ‖ France es an ‖ nees 1615. ‖ et 1618. ‖ dédiées au Roy. ‖ chez C. Collet au ‖ Pallais a Paris ‖. Auec preuilege du Roy. ‖

— 2ᵉ titre : VOYAGES ‖ et descovvertvres ‖ faites en la Nouvelle ‖ France, depuis l'année 1615, iusques ‖ à la fin de l'année 1618. ‖ Par le sieur de Champlain, capitaine ‖ ordinaire pour le Roy en la Mer du Ponant. ‖ Où sont descrits les mœurs, coustumes, habits, ‖ façons de guerroyer, chasses, dances, etc... *A Paris, chez Clavde Collet, au Palais, en la* ‖ *Gallerie des prisonniers.* ‖ M. DC. XX. ‖ *Auec priuilege du Roy,* in-8, de VIII ff. limin., 158 ff. chif., grav. s. b. au r° du f. 23, au v° du f. 87 et du f. 99 ; deux grandes planches pliées, qui manquent souvent.

L'édition de 1627 est identique à celle de 1620.

Nous arrivons à la célèbre édition de 1632, dont voici la description : VIII ff. prél., y compris le titre, et 308 pp. pour la première partie ; seconde partie, 310 pp. et 1 f. blanc ; puis, avec une pagination distincte, *table pour cognoistre les lieux remarquables de cette carte,* en 8 pp. ; *Traité de la marine et du devoir d'un bon marinier,* en 54 pp. et 1 f. blanc ; la *Doctrine de Ledesme,* traduite par le P. Brebeuf, en *canadois,* et l'*Oraison dominicale,* trad. en *montagnard,* par Massé, 20 pp.

La grande carte porte un titre en 9 lignes : *Carte de la Nouvelle-France,* etc.

M. Harrisse fait observer que quelques exemplaires de cette édition si recherchée sont cartonnés ; le premier tirage du premier paragraphe de la page 27, se terminant par ces mots : « Telles descouuertes ; ce que n'ont pas les grands hommes d'estat, qui sçauent mieux manier et conduire le gouuernement et l'administration d'vn royaume que celle de la nauigation, des expéditions d'outremer, et des pays loingtains, pour ne l'avoir iamais practiquée. » Cette critique bien innocente, que l'on eut être adressée au cardinal de Richelieu, dut être supprimée, et les exemplaires des tirages suivants ne la contiennent pas.

M. Tross a fait reproduire avec une admirable exactitude, à 36 exemplaires, la grande carte qui manque à presque tous les exemplaires, même à celui de la Bibl. nation.

L'éditeur de Champlain, Claude Collet, céda une partie de cette édition à ses confrères, *Pierre le Mur, à la grand'salle du palais,* et *Louis Sevestre, imprimeur-libraire, ruë du Murier près la porte S. Victor et en sa boutique de la cour du palais.*

Tous les exemplaires qui portent l'un ou l'autre de ces trois noms, sont identiques.

L'exemplaire de M. Potier, avec la grande carte en fac-simile, a été payé 270 fr. à la vente de 1870.

Enfin la dernière édition de Champlain de 1640, in-4, est absolument la même que celle de 1632, avec un titre rajeuni ; Faribault dit pourtant : « L'on dit que cette édition de 1640 est la meilleure. »

Nous nous en tenons à l'affirmation de M. Brunet ; M. Harrisse, n'ayant pu voir et collationner cette édition, reproduit simplement la note du *Manuel*.

— ŒUVRES de Champlain, publiées sous le patronage de l'université de Laval, par l'abbé C. A. Laverdière. *Québec, impr. au séminaire,* 1870, 6 vol. in-4.

La *Revue des questions historiques*, numéro du 1er juillet 1873, fait l'éloge de cette édition, qui est fort rare en France.

CHAMPOLLION-FIGEAC. Monographie du palais de Fontainebleau, dessinée par M. R. Pfnor. Texte historique et descriptif par Champollion-Figeac. *Paris, Morel,* 1863, gr. in-fol.

Il a été tiré des exemplaires sur grand papier, avec les épreuves sur Chine ; cette monographie se compose de 145 planches, dont 5 en chromolithographie, et d'un texte illustré.

La partie historique est traitée par M. Champollion-Figeac avec beaucoup de science, et la publication d'un grand nombre de documents inédits la rend intéressante.

CHANDOS (*H.*). The Black Prince, an historical poem written in french by Chandos Herald with a translation and notes by H. O. Coxe, sub-librarium of the Bodleyan, printed for the Roxburghe-Club. *London,* 1842, in-4, de XII-399 pp., un feuillet fac-simile.

Le manuscrit est un in-8 oblong, sur *vélin*, de 61 ff. ; il a été légué au Worcester-College par le Dr George Clarke.

Un assez grand nombre des belles et rares réimpressions, exécutées aux frais du célèbre Club, intéressent la France, au point de vue historique ou philologique ; nous citerons :

— LE LIVRE DU FAUCON, 1817, in-4.

— CEREMONIAL at the marriage of Mary queen of Scots with the Dauphin of France, 1818, in-4, à 40 exemplaires.

— LA MORT ARTHUR. The Adventures of sir Launcelot du Lake, with a glossary, 1819, à 31 exemplaires, in-4.

— POÈME sur la journée de Guinegate. Nouvelle édition. *Paris,* 1825, in-4 ; ce volume a été exécuté aux frais du marquis de Fortia d'Urban.

— ZULÉIMA, par C. Pickler, imité de l'allemand par H. C. (Henri de Chateaugiron). *Paris,* 1825, in-4.

— LA VRAYE CRONICQUE d'Escoce. Pretensions des Anglois à la couronne de France. Diplôme de Jacques VI, roi de la Grande-Bretagne. Drawn from the Burgundian Library by major Robert Anstruther, 1847, in-4.

— THE BOKE of Noblesse ; adressed to King Edward IV, on his invasion of France in 1475. Edited by J. G. Nichols, 1860, in-4.

— LA QUESTE del Saint Graal, par maistre Gautier Map (Walter Mapes). Edited by F. J. Furnivall, 1864, in-4.

CHANGY (*Pierre* de). Instrvction de la vertu d'humilité. *A Paris, Pierre Cavellat,* 1579, in-16.

Outre la traduction de la *Femme chrestienne* de Vivès, Pierre de Changy a encore donné :

— SOMMAIRE des singularitez des XVI premiers liures de la Naturele Histoyre de Pline. *A Lyon, chez Jean de Tournes,* 1551, in-16.

Réimpr. *à Paris, Richard Breton,* 1559, in-8 (en caract. de civilité).

En *mar.* de Chambolle, 15 fr. seulement à la vente du baron J. Pichon.

CHANORRIÈRE (*Antoine*). La Légende dorée des prestres et des moines, descouurant leurs impietez secrètes. *Genève,* 1556, in-16. [2124 ou 13754]

Première édition, plus rare encore que celle de 1560, citée au *Manuel,* et qui serait payée aujourd'hui de 120 à 150 fr.

CHANSON d'Aspremont.

Un fascicule très-rare, imprimé à Paris, chez F. Didot, 1855, gr. in-8, à 2 col., contient les 1,800 premiers vers. C'est tout ce qui a paru de la collection des anciens poëtes de la France, dont le ministre Fortoul avait pris l'initiative.

On connaît de cette *chanson de geste* de nombreux manuscrits, mais le texte entier n'a jamais été imprimé.

Bekker a publié en 1839 (*Mém. de l'Académie de Berlin,* 289 et suiv.) des fragments de la version italienne, d'après les manuscrits de Venise ; ce poëme était populaire en Italie. Voy. L. Gautier, *Épopées françaises,* II, 63.

CHANSON de Roland. Texte critique, par Léon Gautier. 3e édition, revue avec soin et précédée d'une nouvelle préface. *Tours, Mame,* 1872, in-18, de 208 pp. et 1 f. [13184]

Jolie édition, tirée à 100 exemplaires, et qui n'a pas été mise dans le commerce.

M. Gautier a le mérite d'avoir rétabli partout un texte intelligible et correct ; il a pu, à l'aide des nombreux manuscrits qu'il a consultés, combler les lacunes du manuscrit d'Oxford.

— RENCESVAL. Édition critique du texte d'Oxford de la Chanson de Roland, par Édouard Boehmer. *Halle,* 1872, M. *Niemeyer,* pet. in-8, de 109 pp.

— DAS ROLANDS Lied herausgegeben von Karl Bartsch. *Leipzig, Brockhaus,* 1874, in-12, de XXII-382 pp.

Cette traduction de la *Chanson de Roland,* faite entre 1127 et 1139 par le curé Conrad, fut imprimée pour la première fois en 1727 (cent dix ans avant l'original) par Schilter ; elle a été publiée une seconde fois par Wilhelm Grimm en 1838.

L'édition de Bartsch est très-soignée ; elle renferme une introduction, des notes nombreuses et un glossaire.

CHANSON, moult pitoyable des grievouses oppressions que la poure commune de Engleterre souffre, et aultres chansons. *London,* 1818, in-4.

Édité par sir Francis Palgrave.

CHANSON nouuelle composee sur les dix commandemens de Dieu, extraicte de la saincte Escripture. *S. l. n. d.,*

pet. in-4, goth., de 4 ff., fig. s. b.,
au r°, au v° du titre et à la fin.

120 fr. baron J. Pichon.

CHANSONNIER huguenot du XVIe siècle.
Publié par H. L. Bordier. (*Imprimé
par L. Perrin et Marinet, à Lyon.*)
Paris, Tross, 1871, 2 vol. gr. in-18.

Cette publication, très-soignée et fort intéressante,
est ainsi composée : Préface historique, LXXXIV pp.
Livre premier : Chants religieux, professions de foi,
cantiques, moralités pastorales. — Livre second :
Chants polémiques et satiriques. — Livre troisième :
Chants de guerre et chansons politiques. — Livre
quatrième : Chants de martyre. Les pages 417 à
492 contiennent la *Bibliographie de la chanson
protestante.*

Prix : sur papier teinté, 20 fr. ; sur papier de Hollande, 30 fr.

CHANSONS a quatre parties..... convenables tant à la voix comme aux instruments (Superius, Tenor, Contra-Tenor et
Bassus). *Imprimées en Anvers par
Thielman Susato, imprimeur et correcteur de musicque,* 1543-1560, 14 livres
in-4 obl. [14262]

Voici le détail des parties connues de cette pré-
cieuse et infiniment rare collection : Le premier
livre des chançõs à quatre parties, auquel sont conte-
nues trente et une nouvelles chançons (par Th. Susato,
Th. Cricquillon, Jo. Baston, Cor. Canis, Louis Picton,
Jo. Lupi, de Rocourt, Rogier, Joh. de Hollande).
Anvers, Th. Susato, 1543. — Le second livre, auquel
sont contenues trente et une chançons (par Petr. de
Manchicourt, Cor. Canis, Jo. Lecocq, N. Combert,
Th. Susato, Sandryn, Th. Cricquillon, Jo. Gallus,
J. Lupi, Payen). *Ibid,* 1544. — Le tiers livre, conte-
nant trente-sept chançons (composées par maistre
Th. Cricquillon, maistre de la chapelle de l'empe-
reur). *Ibid,* s. d. — Le quart livre, auquel sont con-
tenues trente et quatre chançons (par N. Gombert,
P. Lescornet, Cor. Canis, Phil. de Vuildre, Goddart,
Jo. Gallus, An. Barbe, Th. Cricquillon, P. Certon,
Jo. Lecocq, Jo. Baston, Th. Susato, Adr. Vuillart,
P. de Manchicourt, Gerardus, Claudin, Benedictus).
Ibid, 1544. — Le cinquiesme liure, contenant trente
et deux chansons à cincq et six parties, composées
par maistre Nicolas Gombert et aultres excellents
autheurs (Jo. Lupi, Larchier, Josquin des Prés, Ri-
chafort, Cor. Canis, Adr. Vuillart, Jo. Gallus, Jo.
Baston, Benedictus). *Ibid,* 1544. — Le sixieme liure,
contenant trente et une chansons nouuelles à cincq
et à six parties (par Adr. Vuillart, Th. Cricquillon,
Larchier, N. Gombert, P. Manchicourt, Noël Baul-
duuyn, J. Lecocq, Jo. Mouton, Benedictus, Th. Susato,
Jo. Courtois, Ph. de Vuildre). *Ibid,* 1545. — Le septiesme liure, contenant vingt et quatre chansons à
cinq et à six parties, composées par feu Joasquin
des Prés... *ibid,* 1545 (superius, tenor ; contra-tenor,
bassus ; quinta et sexta, pars.). — Le huitiesme livre
des chansons à quatre parties, auquel sont contenues
trente et deux chansons (par Damian, Havericq, Clé-
mens non Papa, Cor. Canis, Th. Cricquillon, Jo. Ri-
chafort, Jo. Baston, Ciprian de Rore). *Ibid,* 1545. —
Le neufiesme liure, auquel sont contenues vingt et
neuf chansons, composées par maistre Pier de Manchicourt, maistre de la chapelle de Nostre-Dame de
Tournay... *Ibid,* 1545. — Le dixiesme liure, contenant la bataille à quatre, de Clément Jannequin,
avec la cinquiesme partie de Phil. Verdelot, et deux
chasses de lievre à quatre parties, et le chant des
oyseaux à troix (*sic*), par Nic. Gombert... 1545.

Les cinquiesme et sixiesme parties des livres 5,
6 et 7, sont imprimées à part, pour le 5e en 1554 ;
pour le 6e en 1554 et pour le 7e en 1545.

Il doit exister quatorze parties au moins de ce
curieux recueil, puisque M. Fétis, dans sa *Bibliogr.
de la musique* (tom. VIII, pages 276-77), cite un
quatorzième livre imprimé en 1560 ; les 11e, 12e et
13e livres ont disparu.

Un exemplaire des dix premiers livres bien complets a été acheté par M. Potier 1,205 fr., à une
vente faite par M. Tross le 3 mai 1866 ; au catal. des
livres de ce libraire, dont la vente eut lieu en mars
1870, ce recueil figure sous le n° 1069 ; il y atteignit
le prix de 1,900 fr. (voy. aussi SUSATO).

CHANSONS. Sensuyt plusieurs belles chansons nouuelles et fort ioyeuses. *Paris,
Alain Lotrian,* s. d., in-16, goth., de
99 ff., et IX pp. pour la table. [14259]

Le seul exemplaire connu de ce très-précieux
volume est heureusement à la Bibl. nation.
[Y.6117].

Le *Manuel* croit que ce recueil est une réimpression, augmentée du volume portant le même titre,
imprimé par Alain Lotrian en 1537, et décrit au
catal. Cigongne, n° 1203.

Cette assertion n'est pas exacte, puisque ce ne
sont pas les mêmes pièces qui figurent dans les deux
recueils ; celui-ci est annoncé comme devant contenir 214 chansons ; mais plusieurs manquent.

Onze de ces chansons ont été reproduites dans le
Cosmopolita di Bordighese, de J. Gay, tome Ier,
pages 159-171 (en 1875).

CHANSONS et Cantiques spirituelz de
diuers autheurs catholiques et deuots,
principalement de Michel Coyssard, de
la Compagnie de Jesus, et de I. Lejau,
penit. et chan. d'Eureux. *Fribourg en
Suisse, Dauid Irrbisch,* 1657, pet. in-12,
de 250 pp. 12 à 15 fr.

Voy. LE JAU.

CHANSONS folastres des Comédiens.....
Paris, 1637, pet. in-8.

Nous ne trouvons ce volume fort rare indiqué,
sous ce titre succinct, que dans la catal. de S. Walter Scott (*Abbotsford Library*), page 119.

Il est relié avec une pièce qui n'est pas moins
rare, et ce que nous croyons, bien que le titre en
soit infiniment moins attrayant :

— LE PLAT DE Carnaval, ou les Beignets apprêtés
par Guillaume Bonnepâte, etc. *A Bonne Huile,* etc.,
s. d., pet. in-8.

C'est une de ces lourdes et indigestes facéties,
comme il en a paru tant au XVIIIe siècle ; elle a été
reproduite par Caron.

CHANSONS nouvelles. (Le Vinaigrier de
la Cour, la Ruse et finesse des seruantes
de Rouen, etc.) *S. l. n. d. (Rouen, vers
1650)*, pet. in-8, de 12 pp.

Ce recueil fort rare, dont un exemplaire est conservé à la Bibl. de Rouen, est imprimé dans le genre
de la *Muse normande ;* on peut, sans témérité, le
porter à l'actif de D. Ferrand.

CHANSONS spirituelles composées sur le
chant de plusieurs pseaumes. *Quevilly
(Rouen), D. Berthellier,* MDCLXXVIII,
in-12, de 137 pp.

Recueil de 41 chansons ; il est cité au *Chansonnier
huguenot,* page 486.

CHANSONS spirituelles pour le temps de Carême.

C'est sous ce titre que figurent au catal. Harmand, de Troyes, deux pièces reproduites dans le xe vol. des *Poésies françaises du XVe et XVIe siècle*, publié par MM. de Montaiglon et James de Rothschild.

Ces deux pièces sont imprimées chacune sur une feuille volante, dont le ve est blanc, dans le format d'agenda; elles n'ont aucun titre et ne recèlent aucune indication bibliographique; un imprimeur de Paris, au commencement du xvie siècle, semble avoir eu la spécialité de ces sortes de publications volantes, qui se vendaient dans les rues et aux porches des églises; il s'appelait Pierre Bige, et son nom se trouve au bas d'une pièce de vers de Gringore, conservée à la Bibl. nation.; est-ce à lui que l'on doit attribuer l'exécution de ces deux placards qui font aujourd'hui partie de la très-riche bibl. de M. James de Rothschild; c'est ce qu'une confrontation permettrait peut-être de déterminer.

Quoi qu'il en soit, de ces deux pièces, l'une intitulée : Chanson nouvelle sur le chant : *Quand je fus prins devant Péronne*, est imprimée en lettres de forme très-nettes, et porte en tête un fragment de bordure; l'autre, imprimée assez grossièrement en caractères gothiques ordinaires, est précédée d'un bois représentant Jésus-Christ, bénissant ses disciples; elle est intitulée : (chanson) sur : *Hélas ! que vous a fait mon cueur, ‖ ma dame, qui le gardez tant*.

CHANSONS vulgaires de diuers autheurs à IV parties. *Impr. à Amsterdam, chez Henry Laurens,* 1620 et 1621, in-4 obl.

Ce recueil doit se composer d'au moins VII livres, car nous connaissons le VIe et le VIIe.

Il faut le distinguer du suivant, dont nous ne connaissons que le VIIe livre :

— LIVRE SEPTIÈME des chansons vulgaires de diuers autheurs à IV parties, auec aultres belles chansons de maistre Jean Pierre Suuellinck, maistre Iacques Vredeman et maistre Gerard Ianszoon Schagen, qui ne sont pas imprimées en première édition. *S. l.,* 1608. *Apud Cornelium Nicolai,* in-4 obl.

Des exemplaires complets de ces recueils sont à peu près introuvables; ils seraient payés un très-grand prix.

CHANTECLER (*Charles* de). Plusieurs aduis et conseils de Fr. Guicciardin, tant pour les affaires d'Estat que priuées : auec XLII articles concernant le mesme subiect, traduict de l'italien. *A Paris, Robert Le Mangnier,* 1577, in-8. 8 à 10 fr.

CHANTEPLEUR d'eau vive. [1633]

Une autre édition fort ancienne est portée au catal. Baluze (n° 6410), sous ce titre :

— FOCARIUM poenitentiale, cum sulphuratis suis, sive Chantepleure et fusil de la pénitence, avec ses allumettes. *S. l. n. d.,* in-8, goth.

L'édition de 1537, citée au *Manuel*, est ornée de figures sur bois.

CHANUEL (Maître *Claude*). Le Chasse-Vérolle des petits enfans. *Lyon, Barthélémy Vincent,* 1610, in-12.

Réimpr. *Ibid, id.,* 1615, in-8. °

Nous ne trouvons ce volume indiqué que dans les catal. des Foires de Francfort; il doit être aujourd'hui perdu, et nous ne le citons que pour mémoire; Chanuel était peut-être le précurseur de Jenner.

CHAPELLE. Voyage de Chapelle et de Bachaumont. [14039]

Une édition imprimée *en Hollande,* 1697, in-12, est assez recherchée et mérite de l'être, parce qu'elle contient, outre *le Voyage, le Chapelain Décoiffé,* deux séries d'*épitaphes de Molière,* la célèbre *Conversation du Maréchal d'Hocquincourt avec le Père Canaye,* etc.

CHAPPUYS (*François*). Sommaire contenant certains et vrays remedes contre la peste..... *A Genève,* 1548, in-8.

CHAPPUYS (*Gabriel*). Les Actes des apostres représentez par un grand nombre de figures interprétées par stances, par G. C. T. (Gabr. Chappuys, Tourangeau). *Lyon, B. Honorati,* 1582, pet. in-8, orné de 153 pl. grav. sur bois par S. Moni, d'après le Petit Bernard.

Volume assez précieux, 190 fr. (Tross, 1868); un exemplaire portant : Lyon, par *Estienne Michel* (*impr. par Basile Bouquet*), réuni aux figures de la Bible et du Nouveau Testament, et relié en mar. par Capé, 140 fr. Taschereau.

— HEUREUX PRÉSAGE sur la bien venuë du roy de France et de Pologne, Henry IIIe, en sa ville de Lyon. *A Lyon, chez Benoist Rigaud,* 1574, in-8.

— HARANGUE de Charles Paschal sur la mort de Marguerite de Valois, fille de Françoys Ier, épouse du prince Emmanuel Philebert, duc de Savoye; traduite de latin en françoys, par G. Chappuys. *Paris, Jean Poupy,* 1574, in-8, de 31 pp.

Le P. Nicéron nous donne les titres de 68 ouvrages, dus à la plume de ce fécond traducteur.

CHAPPUZEAU. Lyon dans son lustre. Discours divisé en deux parties; la première embrasse les éloges de la ville et des habitants; la deuxième, par une recherche curieuse, met au jour l'état présent du corps ecclésiastique, du politique et du militaire... (Signé : Chappuzeau.) *Lyon, S. Iasserme,* 1656, in-4. 30 à 40 fr.

Volume fort rare que possède la Bibl. nation., et que ne cite pas M. Montfalcon dans le *Manuel du bibliophile lyonnais.*

CHAPPUZEAU (*Samuel*). Le Théâtre françois, divisé en trois livres. *Lyon,* 1674, pet. in-12. [16187]

60 fr. Le Roux de Lincy; 112 fr. Potier.

Ce volume rare et assez recherché a été réimprimé : *Bruxelles,* 1867, in-18, de 180 pp.; les notes commencent à la page 137; et une nouvelle édition vient d'en être donnée, avec notes de G. Monval, *Paris,* 1876, in-8.

CHARDAVOINE. Le Recueil des plus belles et excellentes chansons en forme de voix de ville tirées de diuers autheurs... ausquelles a esté nouuellement adapté la musique de leur chant commun... par Jehan Chardavoine. *Paris, Claude Micart,* 1575, in-16, de 8 ff. prélim.,

titre compris, 281 ff. chif. et 1 f. blanc,
avec la musique notée. [14271]

Volume précieux, mal décrit au *Manuel.*

CHARLES, cardinal de Lorraine. Sermon
enseignant par quel moyen nous debuons
préparer nos consciences pour recevoir
J. C. venant à nous. Deux Oraisons,
l'une faicte au concile de Trente, l'autre
au colloque de Poissy, en la présence du
roy, contre les erreurs et blasphêmes des
calvinistes contre le S. Sacrement de
l'autel. *A Rheims, Jean de Foigny,*
1579, in-8.

Ces deux oraisons avaient été imprimées séparément.

— Oraison, ou Harangue faicte en l'assemblée du
colloque de Poissy, le roy y estant. *Paris, Guil.
Morel,* 1561, in-8.

— Harangue au roy Charles IXe, à son entrée en sa
ville de Rheims, en lan 1561. *A Rheims, chez
J. de Foigny,* 1561, in-8.

— Lettre à Mme de Guyse, sa belle-sœur, sur le
trespas de feu son frère excellent prince François
de Lorraine, duc de Guyse, etc. *A Lyon, chez
Benoist Rigaud,* 1563, in-8.

Toutes ces pièces sont rares, et, nous ne dirons
pas précieuses, mais du moins assez recherchées.

CHARLEVOIX (P. Fr. *Xavier* de). La
Vie de la Mère Marie Guyard, de l'Incarnation (première supérieure des Ursulines de la Nouvelle-France, née à Tours
en 1599, décédée à Québec en 1672).
Paris, Cl. Briasson, 1724, pet. in-8,
portr.

24 fr. Taschereau.

— Réimpr. *Paris, Le Mercier,* 1735, in-8.

Un exemplaire non rogné, 30 fr. même vente.

— La Vie de la vénérable mère Marie de l'Incarnation (Marie Guyard, veuve de Cl. Joseph Martin), première supérieure des Ursulines de la
Nouvelle-France (par le R. P. Claude Martin, son
fils, bénédictin). *Paris, L. Billaine,* 1677, in-4,
portr. grav. par Edelinck.

C'est la première édition, 60 fr. Taschereau ; et
un second exemplaire avec le portrait un peu rogné,
58 fr. même vente.

— Histoire du Paraguay. *Paris, Desaint et Saillant,* 1756, 3 vol. in-4, fig. et cartes.

En *mar. citron,* aux armes de Mme de Pompadour,
600 fr. au catal. à prix marqué des libraires Morgand
et Fatout, 1876.

CHARMES et caractères de sorcellerie de
Henry de Valoys, trouvés en la maison
de Miron, son premier médecin. *Paris,
Jean Parant,* 1589, in-8, de 20 pp.,
avec une planche in-fol. gr. sur bois,
représentant le « *pourtraict des charmes
et caractères de sorcellerie de Henry
de Valoys.* »

30 à 40 fr. ; 52 fr. Chedeau.

CHARMOY (*Nicolas* de). Le Liure de
Paix : A bien faire laissez dire. *A Paris,
chez Charles l'Angelier,* 1543, in-16,
lett. rondes.

Petit volume fort rare.

CHARPENTIER (*Fr.*). Relation de l'establissement de la compagnie Françoise
pour le commerce des Indes-Orientales,
dédié au roy. *Paris, chez Séb. Cramoisy et Séb. Mabre-Cramoisy,* 1666,
in-12.

Quelques exemplaires portent : A Amstredan (sic)
*de l'imprimerie et aux despens de Simon Moinet,
le long du canal du Laurier, dans le cu-de-sac du
Potier,* 1666, pet. in-12.

— Discours d'un fidèle sujet du roy, touchant
l'establissement d'une compagnie françoise pour
le commerce des Indes-Orientales. *Paris,* 1666,
in-12.

— Articles et conditions sur lesquelles les marchands négocians du royaume supplient… le roy
de leur accorder la déclaration… pour l'establissement d'une compaignie, pour le commerce des
Indes-Orientales. *Paris,* 1665, in-12.

Ces trois opuscules sont de François Charpentier ;
ils ont été imprimés à Amsterdam par Simon Moinet, l'ancien correcteur des Elseviers, et vendus
28 fr. Pieters.

CHARRIER (*Lucas*). Miroir de la nauigation de la mer occidentale et orientale,
praticqué et assemblé par Lucas fils et
Jean Charrier : diuisé en deux parties,
et augmenté d'une historiale description
des proprietez et origine de chacvne
prouince, par Richard Slotboom. *A
Anuers, chez Iean Bellère,* 1591, in-fol.,
fig. s. b.

Volume précieux. 50 à 60 fr.

CHARRON (*J.* de). Histoire généalogique
des roys de France, depuis la création
jusques à présent, enrichie de leurs pourtraicts… extraict de l'histoire universelle
de Jacques de Charron. *Paris, Thomas
Blaise,* 1630, in-8, avec 153 portraits
de rois, depuis Adam jusqu'à Louis XIII.

66 fr. Ruggieri.

CHARTIER (*Alain*). Complainte du Bergier : et responce de la Pastorelle de
Gransson, composée p tresexcellent rhe-
toricien maistre Alain Chartier. *Cy fine
la Pastorelle de Graässon* (sic) *Imprime
a Paris,* s. d., pet. in-8, goth., de 4 ff.,
avec une gravure sur bois au titre ;
le v° du 4° f. blanc.

Un exemplaire médiocre est porté par M. Tross, en
1868, à 60 fr.

Une autre édition de cette pièce fort rare, qui
peut-être est antérieure, porte ce titre :

— Initium sapientie timor dñi. ps. cx. ‖ Complainte du Bergier : et responce de ‖ la Pastorelle
de Gransson. composee p tres excellent rheto-
ricien Alain ‖ Chartier. (A la fin :) *Cy fine la
Pastorelle de Grässon.* ‖ *Imprime a Paris,* s. d.
(vers 1510), in-8, goth., de 4 ff., dial. en vers.

— La Belle Dame sans mercy. Pet. in-4,
goth., de 20 ff. sign. A-Ciii, 24 vers de
8 syllabes à la p. entière. Sur le 1er f.,
au-dessous du titre, une gravure représentant l'*Amant et la Belle Dame.* (A la

fin :) *Cy fine le liure de la belle* ‖ *Dame sans mercy par laquel* ‖ *le ne soit iamaisprie.* Sans ch. ni récl., avec sign.; marque du papier : le P. goth. [13239]

Cette pièce, fort rare de cette édition, paraît imprimée à Lyon vers 1490; c'est le caractère qui a servi à l'impression du *Songe doré de la Pucelle* (Bibl. nation. Y. b, 6156).

Donnons maintenant quelques prix :

— LES FAIS maistre Alain Chartier, notaire et secrétaire du roy Charles VIe. (A la fin :) *Ce present liure..... a este imprime par... M. Pierre le Caron..... demourant en la grant rue du Temple..... le v jour de septembre. Lan mil iiij[e] iiii ** et noeuf*, in-fol., goth., à 2 col., 1 fig. s. b., répétée trois fois; sans chif., ni récl., avec sign. a-d par 8 ; c de 6, f-g de 8, h de 6, i de 10, k de 7 et *explicit*. A-D par 8, E de 6, F-G de 8, H de 5, J-L par 8; le dernier feuillet contient la table; les colonnes ont 36 lignes. [13235]

En *mar.* de Bauzonnet, 420 fr. Yéméniz ; en anc. rel. *v. f.*, exemplaire Girardot de Préfond, très-pur, 1,100 fr. baron Pichon ; revendu chez M. Potier 900 fr., pour le libraire Fontaine, qui en demande 1,400 fr. dans son catal. à prix marqué, et le vend à ce prix.

— LES FAIS maistre Alain Chartier..... *Imprimez à Paris par Pierre le Caron,* ‖ *pour Anthoine Verard, demourant à Paris sur leipont* (sic) *Nostre-Dame.....* S. d., marque de Verard, in-fol., goth., à 2 col.

L'exemplaire sur *vélin* venant de Pâris, ayant appartenu successivement à Mac-Carthy, à Hibbert, à Bourdillon (3,605 fr.), a été adjugé à la vente Yéméniz à 11,050 fr.; il provenait des Minimes de Tonnerre.

L'exemplaire Solar, en *mar. r.* de Trautz-Bauzonnet, 370 fr. seulement; avait été payé 400 fr. chez Giraud; en *mar. doublé* de Trautz, 680 fr. Double, et revendu 605 fr. Desq.

— LES FAICTZ de maistre Alain Chartier. *Paris, Vve Trepperel et J. Jehannot,* s. d., in-4, goth., à 2 col.

En *mar.* de Belz-Niédrée, 50 fr. Chedeau.

— LES FAICTZ..... *Paris, Michel Le Noir,* 1514, pet. in-4, goth., fig. s. b.

32 fr. Desq.

— SENSUYUENT les faictz et dietz de maistre Alain Chartier. (A la fin :) *Imprimez a Paris par Philippe Le Noir, lan mil cinq cens et xxiii le penultieme jour de janvier,* in-4, goth., à 2 col. (Édition non citée au *Manuel*.)

En *mar. r.* anc. rel., 50 fr. Chedeau, et 61 fr. Potier (l'exempl. était fort médiocre).

— LES FAICTZ... *Paris, Galiot du Pré,* 1526, in-fol., goth., à 2 col., fig. s. b.

En *mar.* 180 fr. Chedeau; un double, même vente, 101 fr.

En *mar.* de Lortic, 200 fr. Potier.

— LES ŒUVRES feu maistre Alain Chartier. *Paris, Galliot du Pré,* 1529, in-8, lettres rondes.

En *mar. cit.* de Derome aîné, 450 fr. Solar; en *mar. r.* de Derome, 560 fr. Double; en *mar.* de Trautz, 440 fr. de Chaponay; en rel. anglaise, 385 fr. en 1864; revendu 615 fr. Tufton; en *mar.* de Trautz, 345 fr. Desq; l'exemplaire de M. Brunet, dans une très-belle reliure de Trautz, très-pur et très-grand (H. 0m142), 3,100 fr.; en *mar. doublé*, très-belle reliure de Trautz, exemplaire sur papier jaune, 950 fr. Yéméniz; l'exemplaire avait 0m133 millim. de haut, et le rédacteur du catalogue taxait M. Brunet d'inexactitude, parce qu'il avait avancé que les très-beaux exemplaires devaient avoir 0m144 millim., ce qui est effectivement la grandeur du superbe exemplaire de M. le marquis de Ganay.

L'exemplaire du prince Radziwill, provenant de La Vallière et d'Hangard, en anc. rel. *mar.*, 405 fr. au libraire Fontaine, qui, dans son catal. de 1874, en demande 1,350 fr.; en *mar.* de Trautz, 345 fr., Desq; l'exemplaire Potier (1870), 820 fr.; il provenait, croyons-nous, de la vente Cailhava de 1864, et de M. Tufton; il a été revendu 1,100 fr. chez H. Bordes, en 1873; l'exemplaire Benzon, dans une très-riche (trop riche) reliure de Capé, 820 fr.; en *mar.* de Niédrée, joli exempl. de Clinchamp, 610 fr. Lebeuf, et 750 fr. au catal. Morgand et Fatout; l'exemplaire Coste (325 fr.); Cailhava (425 fr.) a été revendu 1,100 fr. Perkins (£ 44, » »).

— SENSUYT le debat de reueille matin. *S. l. n. d.,* pet. in-8, goth., de 8 ff.

L'exemplaire Ch. Nodier (30 fr. en 1844) a été revendu 160 fr. Yéméniz.

Citons encore :

— LES CHRONIQUES du feu roy Charles septiesme. *Paris, Jehan Longis,* 1528, in-fol., goth. (L'auteur n'est pas Alain Chartier, mais Gilles le Bouvier, dit *Berry,* hérault d'armes.)

Première édition. En *mar.* de Trautz, 920 fr. Potier, 1870; en *mar. doublé* de Chambolle, 755 fr. Benzon.

M. D. Delaunay, prof. de philosophie au lycée de Rennes, a publié, sous forme de thèse de doctorat, une très-intéressante *Etude* consacrée au poëte favori de Marguerite d'Ecosse (*Paris, Thorin,* 1876, in-8).

CHARULI Pagani, Bellunensis, de passione Christi Libellus aureus. Addita sunt et Lactantii firmiani ac divi Bernardi de eadem passione Domini carmina perquam pulchra. *S. l. n. d.,* in-12.

Poëme du XVIe siècle, en vers hexamètres; nous n'avons pas l'intention de citer les poëtes latins du Moyen-Age et de la Renaissance, omis intentionnellement par M. Brunet; la plupart sont aussi fastidieux que communs; mais celui-ci a paru digne, au marquis de Morante, imprimé en *mar.* de notre grand artiste Trautz-Bauzonnet, et cette reliure l'a fait vendre 95 fr.; un exemplaire ordinaire vaudrait bien de 3 à 4 fr.

CHASSANION (J.). Excellent traité de la Marchandise des Prestres. *A Hanau,* 1603, in-12.

Diatribe virulente, imprimée à Genève.

— HISTOIRES mémorables des grands... iugemens et punitions de Dieu..... *A Morges,* 1581, in-8.

C'est la première édition, non citée au *Manuel;* la seconde est de *Genève, Jehan Lepreux,* 1586, in-8.

CHASSE (La) donnée aux épouvantables esprits du château de Biscestre, près la ville de Paris, par la démolition qui en a été faite; avec les étranges tintamarres et effroyables apparitions qui s'y sont toujours vus. *Paris, J. Brunet,* 1634, in-8.

Cette pièce, fort rare, vaut bien de 15 à 20 fr.

CHASSIGNET (J.-B.). Paraphrases sur les douze petits prophètes du Viel Testament, mis en vers. *A Besançon, Chouet,* 1600, in-8.

Volume rare. 10 à 12 fr.

CHASTELAIN (*Georges*). Les Épitaphes d'Hector et Achilles, auec le iugement d'Alexandre le Grand. *A Paris, chez Jehan S. Denys*, 1525, in-8.

Pièce que nous ne trouvons citée qu'aux catalogues des Foires de Francfort.

CHASTELIER (Le). Mémoires du Chastelier-Barlot, maréchal de camp. *Fontenai*, 1643, pet. in-4.

Volume rare. 9 fr. 50 c. Aimé-Martin ; serait évidemment vendu beaucoup plus cher aujourd'hui.

CHASTILLON (*P.* Joulet, sieur de). Les Amours d'Armide. *Rouen*, 1614, in-12.

25 fr. Asher.

CHATEAU DE BLOIS (Le). Ensemble et détails, sculpture ornementale, décorations peintes, etc. *Paris, H. Cagnon*, 1875, in-fol.

Ce bel ouvrage, comprenant 60 planches, chromolithographies et photographies, imprimées par un procédé nouveau, qui, l'éditeur l'affirme, doit les rendre inaltérables, est divisé en trois fascicules, et publié au prix de 180 fr.

CHATTO (*W. A.*). A Treatise on wood engraving historical and practical with upwards of 300 illustrations, engraved on wood by J. Jackson (the historical portion by W. A. Chatto). Second edition with a new chapter on the contemporaneous artists by H. G. Bohn, with 145 additionnals wood engravings. *London, Bohn*, 1861, gr. in-8, pap. vél.

34 fr. vente P. D.

CHAUCER (*Geoffroy*). Originals and analogues of somes of Chaucer's Canterbury Tales. *London, Trübner*, 1872, in-8.

Publié par la *Chaucer's Society*.

— POETICAL Works of Chaucer. *London*, 1867, 6 vol. in-8.

Une traduction allemande des *Canterbury Tales*, par W. Hertzberg, a été publiée à *Hildburghausen*, en 1866, in-8.

CHAUFFOURT (*Jacq.*). Recueil des lieux où l'on a accoustumé mettre les relais pour faire la chasse au cerf. *Rouen, Raphaël du Petit Val*, 1642, pet. in-8. [10439]

Édition qui n'est guère moins rare que celle de 1618, citée au *Manuel*, dont un exemplaire en *mar.* de Duru, n'a été vendu que 50 fr. (Pichon).

J. de Chauffourt, lieutenant général des eaux et forêts au bailliage de Gisors, est encore l'auteur du traité suivant :

— INSTRVCTION sur le faict des eaues et forests, contenant en abrégé les moyens de les gouverner et administrer..... *Paris*, 1609, in-8, ou *Rouen*, *impr. de David du Petit-Val*, 1618, in-8.

CHAULMER (*Charles*). Le Nouveau Monde, ou l'Amérique chrestienne ; suite du Nouveau Monde. *Paris*, 1659, in-12.

Fort rare. £ 1. Sh. 11. D. 6. J. R. Smith (1865).

CHAURAND (*P.*). Passages de controverse, tirez des livres les plus authentiques de la religion prétendue réformée, leus et verifiez en chaire, aux sermons de la Mission preschez à Tours et depuis à Dieppe, par le Rév. P. Chavrand. *Dieppe, Nicolas Dubuc*, 1671, 4 part. en 1 vol. pet. in-4.

Ce volume rare n'est pas cité par M. Frère.

CHAVARLANGES (*A.* de). Extraict par abrégé de la quantité des provinces, des villes, bourgs et paroisses, qui sont dans le royaume de France....... et une description de l'enceinte, des murs, des portes, rues, ponts, places.... qui se retrouvent à présent dans la ville et faubourgs de Paris... par le sieur Anthoine de Chavarlanges... *Paris, J. Rebuffe*, 1639, in-12.

Petit volume fort rare.

CHAVIGNY (*Jean-Aimé* de) Beaunois. Hymne de l'Astrée, à M. Larcher, conseiller au parlement de Paris. *A Lyon, par Benoist Rigaud*, 1570, in-4.

— LE PYLOTE de nef lyonnoise, à M. de Mandelot, seigneur de Passy, gouverneur ès pays du Lyonnois, et Beaujolois. *Lyon, Benoist-Rigaud*, 1570, in-4,

— L'ANDROGYN né à Paris le 20 juillet 1570, traduit du latin de Jean Daurat..... *A Lyon, Michel Joue*, 1570, in-8.

Toutes ces pièces sont curieuses, mais à peu près introuvables ; elles sont décrites, avec plusieurs autres qu'il est inutile de citer ici, par la Croix du Maine, Du Verdier et l'abbé Goujet ; quelques auteurs ont voulu distinguer Jean de Chevigny, de Jean-Aimé de Chavigny ; Goujet prouve que c'est une seule et même personne.

CHEF (D'un nouveau) qui au temps des Empereurs s'esleua à Rome. Liure contenant comment et par quelz moyens s'est eleuee la Papaute, la decadence d'icelle, ses merueilleuses pratiques, et en somme ce qu'on peut espérer de ce temps. *S. l. (Genève)*, 1550, pet. in-8, de 152 pp.

Fort rare. 85 fr. vente Tross (nov. 1867).

CHEFFONTAINES (*Christophe* de). Les Quatre Fins de l'homme (en vers bretons), par Penfeunteunyou. *Imprimé au couvent de Cuburien, près Morlaix*, en 1570, in-8. [1199]

Volume fort rare et fort recherché en Bretagne.

Chr. de Cheffontaines a donné une édition du *Miroir de la mort*, d'Olivier de la Marche, à son couvent de Cuburien, en 1573.

Il a fait imprimer à Paris plusieurs volumes religieux :

— DÉFENSE de la foy que nos ancêtres ont eue de la présence réelle du corps de Dieu, au saint Sacrement de l'autel. *Paris, Cl. Frémy*, 1572, in-8 (vente De Bure, 1834, 2 fr.) ; réimpr. *ibid*, 1585, in-8 (catal. Baluze).

— Response familière à une épitre contre le libéral arbitre. *Paris*, 1568, in-8.

— Chrestienne Confutation du point d'honneur, sur lequel la noblesse fonde aujourd'huy ses querelles et monomachies. *A Paris, chez Pierre L'huillier,* 1571, pet. in-8. 6 à 8 fr.

Voy. au *Manuel* : Capitefontium.

CHÉNIER (*André*). Poésies d'A. Chénier, édition critique par L. Becq de Fouquières. *Paris,* 1862, in-8, de XCI-493 pp.

Cette édition est enrichie de notes nombreuses, et peut-être d'un peu trop de citations grecques et latines ; elle est ornée d'un portrait d'A. Chénier.

— Œuvres poétiques avec notice et notes par Gabriel de Chénier. *Paris, Lemerre,* 1874, 3 vol. in-12.

Édition définitive ; elle est d'une exécution charmante, comme la plupart des productions de la librairie Lemerre ; un exemplaire en *mar.* de Chambolle-Duru est porté à 130 fr. au catal. Morgand et Fatout.

CHENU (*Et.*). Regimen castitatis, auctore Stephano Chenu. *Tolosæ,* 1517, in-4.

Ouvrage singulier au sujet duquel on peut consulter le Bibliophile illustré, *London*, n° 25 (janvier 1865).

CHERREAU (*Ol.*). Histoire des illustrissimes archevesques de Tours, avec les noms et le nombre des papes, empereurs et roys de France en chacun siècle, les saincts et hommes lettrez qui ont fleury..... par Ollivier Cherreau, tourangeau. *Tours, Jacques Poinsot,* 1654, in-4, de VI ff. lim., et 90 pp., fig.

83 fr. Taschereau.

Le même catalogue donnait un exemplaire du même livre et de la même édition, offrant quelques différences dans les préliminaires.

Dans celui-ci, au v° du titre, se trouvent deux pièces de vers qui, dans l'autre tirage, ont été imprimés en plus petits caract. au r° du VI° feuillet lim., tandis que le v° du titre est resté blanc.

Une autre différence consiste en ce qu'il doit se trouver au v° du 3° feuillet lim., au-dessus d'un acrostiche, une gravure qui est dans le présent exemplaire, mais qui n'a pas été tirée dans l'autre. Ce second exemplaire, en *mar.* de Capé, a été vendu 95 fr.

CHERUBINO. Sermo in festo sācti Iuonis aduocati ‖ pauperum editus a uenerabili fratre ‖ Cherubino ‖ ordinis fratr⁊ heremitar⁊ ‖ sancti Augustini. (A la fin, au r° du 8° f. :) I. 18. : Augeas : Firmes : tribuas beatos ‖ Nestoris annos. Dixi. ‖ DFO (*sic*) Gratias. *S. l. n. d.* (*Romæ, Adamus Rot, Metensis diocæseos, circa* 1472), pet. in-4, de 8 ff. à 24 l., sans ch., récl. ni sign.

Cette pièce, inconnue à Hain, est la plus ancienne qui ait été consacrée au saint avocat breton, 150 fr. Tross (1874).

CHEVALET (*Antoine*). La Vie de sainct Christofle..... icy finist le Mystère du glorieux sainct Christofle... *Imprime a Grenoble le vingt huit de januier lan*

cōptāt a la Natiuite de N. S., mil cĩq cens trente aux despens de maistre *Anemond Amalberti, citoyen de Grenoble,* gr. in-4, lett. rondes. [16236]

L'admirable exemplaire du duc de La Vallière, dans une reliure en *mar.* vert, avec une bordure à mosaïque d'une étonnante conservation, qui avait appartenu au financier Solar, n'a été vendu que 1,000 fr., et il en valait le double ; il est aujourd'hui en bonne et belle compagnie, chez le duc d'Aumale ; nous n'en avons pas vu passer d'autre exemplaire, et c'était le *desideratum* de M. Cigongne.

CHEVALIER (L'abbé *C.*). Archives royales de Chenonceau. Comptes des recettes et dépenses faites en la chastellenie de Chenonceau, par Diane de Poitiers... Lettres et devis de Philibert de l'Orme, et autres pièces relat. à la construction de Chenonceau..... publiés pour la première fois par M. l'abbé C. Chevalier, secrétaire de la société archéologique de Touraine. *Paris, Léon Techener (impr. Lahure),* 1864, 3 vol. in-8, CLXXIX-763 pp., papier vergé.

Publication extrêmement intéressante. 30 fr.

CHEVALIER. Les Amours de Calotin. *Paris,* 1664, in-12. [16449]

Une réimpression de cette pièce rare a été donnée à Turin, par J. Gay, en 1870, in-18, avec une notice de Paul Lacroix ; il a été tiré de cette édition 102 exemplaires, dont 2 sur *vélin* et 4 sur papier de Chine ; le volume est composé de VIII et 74 pp.

L'auteur, qui était comédien du théâtre du Marais et qui a composé ses comédies en vers, est resté absolument inconnu ; quelques rares passages dans les dédicaces de ses comédies fournissent seuls de faibles indications. Le premier acte, en prologue, des *Amours de Calotin,* renferme quelques détails précieux pour la biographie de Molière ; les deux actes qui suivent n'ont malheureusement aucun rapport avec le premier, ou tout au moins ne concernent en aucune façon Molière ; cette pièce obtint quelques succès ; elle n'avait eu qu'une édition.

Un des deux exemplaires sur *vélin,* en *mar.* de Masson et Debonnelle, est porté à 100 fr. au catalogue Morgand et Fatout.

CHEVALIER (*Pierre*). Histoire de la guerre des Cosaques contre la Pologne... *Paris, Claude Barbin,* 1663, pet. in-12.

Ce petit volume est intéressant et vaut de 12 à 15 fr.

CHEVILLARD (Chanoine). Les Portraits parlans, ou Tableaux animés du sieur Chevillard (prêtre de l'église d'Orléans). *Orléans, Claude Verjon,* 1646, in-8, 13 fig. gr. par Moncornet, Mariette, Boudan et autres.

La plupart des pièces qui forment ce recueil sont adressées à des habitants d'Orléans. En *mar.* de Hardy, 40 fr. baron Pichon.

— L'Entrée pompeuse et magnifique de l'illustrissime et reverendissime Perc en Dieu, messire Alphonse Delbene, euesque d'Orléans, en son église, le 26 mai 1648. *Orléans. G. Hotot,* 1648, in-16.

Un exemplaire de ce petit livre rare est porté au

prix excessif de 150 fr. dans un catalogue du libraire Tross de 1866 ; il est vrai qu'il était recouvert d'une charmante reliure ancienne ; un exemplaire de condition ordinaire peut être estimé de 20 à 25 fr.

CHEVILLARD (*André*), religieux dominicain. Les desseins de Son Exc. le cardinal de Richelieu pour l'Amérique ; ce qui s'y est passé de plus remarquable depuis l'établissement des colonies, et un ample traité du naturel de la religion, et des mœurs des Indiens insulaires, et de la Terre ferme. *Rennes, J. Durand,* s. d. (1659), in-4 ; les approbations sont des 12 janvier, 15 et 18 juin 1659.

Volume rare, dans lequel se trouvent, avec un étalage d'érudition souvent fatigant, quelques renseignements d'un assez haut intérêt.

CHEVILLARD (*Jacques-Louis*). [28774]

— RECUEIL de tableaux généalogiques, gr. in-fol.

Un exemplaire contenant 220 ff. avec les blasons contrecollés, 300 fr. Lebeuf.

-- ARMORIAL de Bourgogne et de Bresse. *Paris,* 1726, in-fol. de VIII ff., dont un pour le titre, sur lequel se trouvent les armoiries des villes de la Bourgogne et de la Bresse, et celles des évêques et abbayes des deux provinces. 50 fr. Potier.

CHÉZONOMIE. [14160]

— Nouvelle édition, ornée de 4 eaux-fortes, par J. Chauvet. *Paris,* 1873, in-8.

En papier *vélin*, fig. en noir, 3 fr. 75 c.

En papier fort, fig. rouges, 7 fr. 50 c.

En papier de Chine, fig. noires et rouges, doubles épreuves, 15 fr.

CHICHEFACE qui mange tou = ‖ tes les bonnes femmes. (Au verso du titre :) Cy commencent les ditz de ‖ Chicheface .lhorrible beste. Laquelle ne menge si = ‖ non les femmes qui font en tout temps ‖ le cômandement de leurs maris. (F° 3, recto, l. II.) : Cy finissent les ditz‖ de Chicheface. Epitre de Lasne au coq ‖ par Francoys la Salla, a son amy ‖ Pierre Bordet. (*A la fin*, f. 4, verso) : Tout par esgard. FINIS. *S. l. n. d.*, pet. in-4, goth., 4 feuillets.

Pièce facétieuse en vers, qui a été découverte par M. Tross ; l'exempl. était non rogné.

Nous ne trouvons mentionnée par aucun bibliographe cette curieuse facétie. On remarque sur le titre une grande gravure en bois, représentant une ânesse fantastique qui dévore une femme. (Bibl. James de Rothschild.)

CHI-KING (Le), ou le livre des vers, trad. pour la première fois en français par G. Pauthier. *Paris, Maisonneuve,* 1872, gr. in-8. 15 fr.

CHIRINO (El P.). Relacion de las islas Filipinas i de lo que en ellas han trabaiado los padres de la Compania de Jesus. *Roma,* 1604, in-4, de 2 ff. lim., et 200 pp.

Ce livre rare est intéressant et d'une certaine importance philologique au point de vue du dialecte des îles Philippines ; 16 thal. 5 ngr. Sobolewski.

CHIROMANTIA. Incomencia larte diuina dela chyromantia recolta dala excellentissi ‖ ma schola de philosophi. — Finisse la naturale scientia chyromantica : recolta dala diuina Acade ‖ mia deli philosophi. *Stampata Venetie di Maister Erhardo Ratdolt,* s. d., pet. in-4, goth., de 28 ff., à 37 lig., orné de 21 pl. grav. s. b. au trait.

Hain (*Repert.*), qui décrit un grand nombre d'éditions de ce curieux traité, n'a pas connu celle-ci. 180 fr. catal. Tross.

CHOLIÈRES (S^r de).

Nous donnons quelques prix :

— LES NEUF MATINÉES... *Paris, J. Richer,* 1585, in-8. [17343]

En *mar.* de Trautz (bel exemplaire Clinchamp), 92 fr. Solar ; revendu 205 fr. Huillard ; en *v. f.,* annoncé bel exemplaire, 75 fr. Cailhava ; 20 fr. Chedeau ; en *mar.* 131 fr. Auvillain ; en anc. rel. *mar. citr.,* 150 fr. baron Pichon ; en *mar.* de Duru et Chambolle, 100 fr. Lebeuf.

— LES NEUF MATINÉES... *Paris, J. Richer,* 1586, in-12.

Avec les APRÈS-DISNÉES, *ibid., id.,* 1587, in-12, 2 vol. en *v. m.,* aux armes de Mme de Pompadour, 102 fr. Chaponay, qui les avait payés 55 fr. Montmerqué ; ces deux volumes ont été revendus 100 fr. Desq ; et enfin (dernière étape) 150 fr. H. Bordes, en 1873.

Les Neuf Matinées de 1586 seules, 45 fr. Auvillain.

Un exemplaire des *Neuf Matinées* de 1586, avec les *Après-Disnées* de 1588, 2 vol. pet. in-12, en *mar.* de Niédrée, 165 fr. Chedeau.

— LES CONTES et Discours bigarrez... déduitz à Neuf Matinées. *A Paris, par Auth. Du Breuil,* 1611, 2 vol. in-12.

En *mar. bl.* de Trautz (bel exemplaire), 181 fr. Solar ; en 1 vol. rel. par Bruyère, de Lyon, 20 fr. Desq.

— LES APRÈS-DISNÉES. *Paris, J. Richer,* 1587, in-12.

Édition originale, 65 fr. Chedeau ; 62 fr. Auvillain ; en *mar.* de Bauzonnet-Trautz, 200 fr. baron J. Pichon ; en *mar.* de Trautz, 200 fr. Lebeuf.

— LES APRÈS-DISNÉES... *Paris, J. Richer,* 1588, *v. f.*

Un exemplaire piqué de vers, 48 fr. Brunet.

— LA GUERRE des masles contre les femelles. *Paris, Pierre Chevillot,* 1588, pet. in-12. [18048]

En *mar.* de Duru, 80 fr. Chaponay.

— *Paris, G. Robinot,* 1614, pet. in-8.

L'exempl. de Pâris, en anc *mar.,* 115 fr. Radziwill, et rev. 176 fr. Lebeuf.

CHOMEDEY (*Hiérosme* de). L'Histoire de la coniuration de Catilin, auec un discours de Nic. Machiavel touchant les coniurations : le tout traduict d'Italien. *A Paris, chez Abel l'Angelier,* 1575, in-8.

Volume rare.

Nous trouvons dans les catal. des Foires de Franfort, le titre d'un autre volume du même auteur que nous ne connaissons pas :

— DIALOGUE des *festins*. *Paris, Denys Du Pré*, 1579, in-8.

CHOUAYNE de Chambellay (*Fr.*). L'Adieu d'Amynte et de Clorice (en vers). *Chartres*, 1610, in-8, de 4 ff.

Pièce fort rare.

CHRESTIAN (*Guillaume*). Perioche des VII. premiers liures de la thérapeutique de Galien. *A Paris, Denys Janot, s. d.* (1540), pet. in-8, goth.

23 fr. en 1864; ce traité n'est pas moins rare que le volume décrit au *Manuel* sous le n° 6562.

CHRESTIENNE de Pisan. Sensuyt lespitre de Othea, deesse de prudence moralisee en laquelle sont contenuz plusieurs bons et notables enseignemens pour toutes personnes voulant ensuiuir les vertus et fuir les vices, par Christine de Pisan..... *Imprimee a Paris, par la veufue de Jehan Trepperel.....* S. d. (vers 1518), in-4, goth.

En *mar.* de Trautz, 390 fr. Solar; rev. 300 fr. par Techener en 1864.

— LES CENT hystoires de Troyes. *Paris, Phil. Le Noir*, 1522, gr. in-4, goth. [13231]

En *mar.* de Koehler, 800 fr. Solar; l'exemplaire Guyon de Sardière, relié par Derome, 500 fr. Borluut; revendu 360 fr. Yéméniz; l'exemplaire du prince d'Essling, 705 fr. vente Techener, avril 1865.

Un splendide manuscrit de ce précieux monument littéraire, orné de 115 miniatures d'un beau caractère, exécuté pour le duc de Bourgogne, Philippe le Hardy, a été vendu £ 650 chez Perkins en 1873.

— THE FAYT of armes and Chyualrye. *Emprynted by Caxton*, 1489, in-fol. goth. [17119]

Un exemplaire avec 4 ff. refaits, sale et taché, 1,620 fr. Solar; il avait été adjugé à 2,210 fr., mais revendu à cause de son état, dont la note portée au catalogue ne pouvait laisser soupçonner la gravité; il n'avait, du reste, été payé que 1,500 fr. par M. Solar, au libraire anglais Bohn.

Un exemplaire annoncé *magnifique et complet*, avec 1 f. blanc à la fin, £ 255. Libri (1862).

Il est intéressant de donner le colophon de ce livre précieux :

« Ainsi finist ce liure que Christine de Pisan fit, et tira du liure de Uegece de Re Militari, et de larbre des batailles auec bien des choses aultres adioustees, lequel estans en françoys me fust deliuré a moy Guillaume Caxton, par le tres chrestien roy et redoubté prince, mon souuerain et naturel lord le roy Henri VII, roy d'Angleterre et de France, dans son palais de Westminster, le XXIII de janvier. Qui a voulu me commander de traduire ledict liure et de le réduire aussi à notre anglaise et naturelle langue et de le mettre en imprime.

« Amen per Caxton. »

CHRONIQUES de France (appelées Chroniques de saint Denys). *Paris, Ant. Vérard*, 1493, 3 vol. in-fol. [23227]

Le très-bel exemplaire de la vente Solar, qui avait appartenu à Talleyrand, fut acquis par M. Coppinger, qui le fit relier par Duru, et le vendit 3,500 fr.; il fut acheté 2,450 fr. à la vente Solar par Techener, qui le céda à M. Double; à la vente de ce bibliophile, il fut payé 4,300 fr. pour l'Angleterre, où il est resté; c'était un livre parfait.

Avec deux feuillets refaits par Pilinski, mais dans

une belle reliure de Trautz, l'exemplaire de M. Potier a été payé 8,050 fr. en 1870.

— LE PREMIER (second et tiers) volume des grans chroniques de France... *Paris , Guil. Eustace*, 1514, 3 vol. in-fol., fig. s. b.

Un très-bel exemplaire, venant de M. de Montesson, a été vendu 1,050 fr. chez M. Potier en 1870; il avait été payé 980 fr. chez M. Germeau; un second exemplaire, malgré quelques taches et piqûres, également relié par Thouvenin, a figuré à la seconde vente de ce libraire en 1872, où il a été payé 1150 fr.; l'exemplaire richement relié par Capé, adjugé à 1,295 fr. à la 2e vente Cailhava, en 1862, a été porté à 1,801 fr. à la vente H. Bordes, en 1873.

— LA MER des histoires et croniques de France. *Paris, Galliot Du Pré* (*Michel Le Noir et J. Petit*), 1517 et 1518, 4 vol. in-fol. goth.

Édition plus complète.

En *mar.* de Duru, 1,000 fr. Solar (avait été payé 1,200 fr. à M. Coppinger); en *mar.* de Trautz, 1,020 fr. Chedeau; en rel. angl., 345 fr. Potier, 1870.

CHRONIQUES (Les) du tres-chrestien et tres-victorieux Loys de Valoys, feu roy de France... *S. l. n. d.* (*Lyon, Michelet topie de Pymont, vers* 1488), in-fol., goth.

C'est la *Chronique scandaleuse*.

En *mar.* de Bauzonnet, 645 fr. Solar; en *mar.* doublé de Trautz, 1,544 fr. 2e vente Cailhava; en *mar.* de Capé, 900 fr. Potier.

CHRONICQUES abregiees depuis lan tresze iusques à lan vingt sept (1513-1527)..... Auec un chant royal au los de l'empereur. *S. l. n. d.* (*Imprimé à Anvers, chez Vostermann*, 1528), in-4, goth., à 2 col.

En vers. L'exemplaire A. Audenet a été vendu chez Solar 131 fr.

CHRONIQUE de Flandre... avec les memoires d'Olivier de la Marche... mis en lumiere par D. Sauvage. *Lyon, Rouillé*, 1551-62, 3 tom. en 1 vol. in-fol.

1re part. VII-250, plus 3 ff. d'annot.

2e part. *Continuation de l'hist. et Chron. de Flandre*. Lyon, 1561, VI-367.

3e part. *Mémoires de messire Ol. de la Marche*, ibid., id., 1561, VI-435, plus IV pag. d'annot.

CHRONIQUES de Flandre. — Recueil de chroniques, chartes et autres documents concernant l'histoire et les antiquités de la Flandre occidentale, publié par la Société d'Émulation de Bruges. *Bruges*, 1839-65, 43 vol. gr. in-4, fig.

Il en a été tiré quelques exemplaires en grand papier *vélin*; 250 fr.

Cette collection se compose des ouvrages suivants : Chronica monasterii de Dunis. — Chronic. monast. Aldenburgensis. — Annales abbatiæ S. Petri Blandiniensis. — Histoire de N. D. de la Poterie. — Hist. de l'abbaye de N. D. du Mont d'or. — Chronique de l'abbaye de Ter Doest. — Chronicon monast. Aldenburg. majus. — Id. monast. S. Andreae. — Chronicon Vormeselense. — Lettre sur la généal. des comtes de Flandre. — Les chronikes des contes de Flandre. — Chronicon abbatiæ S. Nicolaï Furnensis. — Histor. episc. Yprensis. — Chronicon abbat. War-

nestoniensis. — Id. abb. Evershamensis. — Iaer-
boeken van Vuerne, 4 vol. — Chronique de l'abbaye
de Hemelsdaele. — Cronico et cartularium monast.
de Dunis, 2 vol. — Chronique de Flandres. — Phi-
lippide de Guillaume le Breton. — Histoire des gueux
des bois. — Rerum flandric. auct. de Meyer. — Ges-
chiedenis van Vlaenderen. — Relation de ce qui est
arrivé à Ypres. — Excidium Morini. — Vie de Charles le Bon. — La triumphante entrée de Charles-
Quint. — Keuren de Bruges. — Oratio in laudem
urbis Brugensis. — Elegiæ Jacobi papæ Hyprensis.
— Memoires de J. de Dadizeele. — Inventaire des
chartes du séminaire. — Furor bellicos. — Histoire
des choses arrivées à Bruges sous Ch. de Croy. —
Incompste van François d'Anjou. — Discours de ce
qui est arrivé à Bruges en 1582. — Bulletin du Comité
archéologique. — Églises du moyen âge au nord de
la France. — Essai sur l'histoire du Saint Sang.

CHRONIQUES belges inédites, publiées par
ordre du gouvernement. *Bruxelles,*
1836-66, 27 vol. gr. in-4.

Collection complète, publiée à 390 fr.; ce prix ne
se soutient pas.

Chroniques de Flandre, 4 vol. — Van Heelu. — De
Klerk, 2 vol. — De Dynter, 4 vol. — Documents, trou-
bles de Liége et de Gand, 2 vol. — Monuments rela-
tifs à Namur, 7 vol. — Molanus, Louvain, 2 vol. —
Jean de Stavelot. — Jehan des Preis. — Ph. de
Moustier, 2 vol. — Table des chartes.

CRONYCKE (Die) van Hollandt Zeelandt ||
eñ Vrieslant beghinnende vā Adams ||
tiden tot die geboerte ons heren Jhū ||
Voertgaende tot dē iare M. CCCC.
Ende || XVII... (A la fin, rº du 436ᵉ f.):
Voleynt tot Leyden Bi mi Ian Seversz || den
XVIII dach. in oestmaent. An XV-C.
eñ || XVII, Lof god van al. In-fol., goth.,
à 2 col., de 2 ff. lim., 436 pp. chif., et
4 ff. de table, avec un grand nombre de
fig. s. b., dont 15 de Lucas de Leyde;
plusieurs des gravures ont servi à l'ornementation du *Chevalier délibéré*
impr. à Gouda.

L'exemplaire décrit au *Manuel* était sans doute
incomplet.

CRONICA (La) de Sancto Isidero Menore,
con alchune additioni caciate del texto et
Istoria della Biblia e del libro de Paulo
Orosio. *Impresso in Ascoli in casa de
Rev. Plebano de sancto Venantio
Miser Pascale : per mano del degno
impressore Magº Golielmo de Linis
de Alamania. M. CCCC. LXXVII,*
in-4, de 157 ff., en car. rom.

C'est le premier livre connu imprimé à Ascoli.

CRONICA del Rey don Rodrigo || con la
destruyçion de España. (Al fin :) *Fue
impressa la presente obra ē la muy ||
noble y muy leal cibdad de Seuilla
por Ja || cobo Cromberger Alemã.
E acabose en fin || de Setiembre,
año del nascimiento de ñro || saluador
Jesu xpo de Mill ƈ quinientos y ||
onze años.* In-fol. goth., de ccx ff.,
à 2 col., et VIII pour la table à la fin

du vol., divisé en deux parties, dont la
première a cxxiiii ff. [26005]

Voici la première édition connue de cette chronique chevaleresque du roi Don Rodrigue, que
composa Pedro de Corral, au commencement du
XVᵉ siècle; nous disons *connue*, parce que les bibliographes espagnols admettent l'existence d'une édition antérieure, qui a disparu.

— La Cronica del Rey dō || Rodrigo con
la destruycion de España. *Fue impressa... En Sevilla. Acabose en X dias
de julio || Año del nascimiento de ñro
salua || dor Jesu Xp̄o de Mille e || qui-
nientos e* XXII, in-fol., goth., titre rouge
et noir, avec fig. s. b., 187 ff., à
2 col., et VIII ff. de table, la seconde
partie commence au f. CXI.

L'édition de *Sevilla*, 1526, est décrite au *Manuel*
d'après Graesse; elle n'est citée par l'*Ensayo* que
d'après le catal. de la bibl. Colon.

— LA CRONICA del Rey dō || Rodrigo, con la des-
truy || cion de España... *Fue impressa... en
Sevilla... Año de Mill ƈ || Quiniētos ƈ XXVII,*
in-fol., goth., de 187 ff., à 2 col., et VIII pour la table.

Sous la même date l'*Ensayo* décrit une autre édition de *Valladolid , por Maestre Nicolas Tierri,*
in-fol., goth., de 215 ff., à 2 col., et IV de table.

Perez de Guzman, dans le *Prologo* de ses *Claros
Varones*, et Mormo de Vargas, dans son *Historia de
Merida*, attribuent avec beaucoup de probabilités la
paternité de cette chronique à Pedro de Corral.

CRONICA del famoso caua || llero Cid
Ruydiez || campeador. (Al fin :) Aqui se
acaua la Cronica del muy noble y esfor-
çado y siempre vitorioso Cid ruy || diez
Campeador : A costa y despensa de los
reuerendos padres Abad monjes ƈ con ||
vento del Monesterio de Sant Pedro de
Cardeña : *Fue ympressa en la muy
noble y leal || ciudad de Burgos : por
arte ƈ industria de Fadrique Aleman
de basilea : acabose || a treynta ƈ vn
dias del mes de março año... de mill ƈ
quinientos ƈ doze años,* in-fol., de XIII
et 116 pp., à 2 col., en car. goth.
[26008]

Première édition, avec date de cette célèbre chronique; car l'édition de 1509, que cite le catal. de la
Colombina, paraît apocryphe, ou du moins à totalement disparu.

Il est très-important de distinguer la rédaction
sérieuse de ce monument historique qu'on appelle
la Chronique du Cid, de la légende puisée dans
qui se rapproche des romans de chevalerie,
ainsi que la légende des preux Duguesclin et
Bayard en France; cette chronique populaire du
Cid est indiquée au *Manuel*; c'est l'édition de Séville, s. d., in-4, de 70 ff. non chiffrés; l'édition de
1512, imprimée à Burgos, comprend 292 chapitres,
la généalogie du Cid et un abrégé de la chronique
du monastère de Cardeña ; l'édition populaire, certainement antérieure, n'est formée que de 62 chapitres, avec un abrégé de la vie et des hauts faits du
héros : « *Arreglado para uso del pueblo* ».

Un exemplaire de la chronique populaire du Cid,
imprimé à Tolède en 1526 (décrite au *Manuel*), a été
vendu 625 fr. Solar.

Le seul exemplaire connu de l'édition de Séville

1541, également cité au *Manuel*, fait partie du Musée britannique.

Citons encore, d'après l'*Ensayo de una Biblioteca española*, les éditions de : *Alcala de Henarès, Luyz Guttierez*, M. D. LXII, in-fol., goth., de 37 ff. chiffrés (29 pour le Cid, et 8 pour Fernan Gonçalez); de *Burgos, Phelipe Junta*, 1568, in-4; de *Sevilla, Alonso de la Barrera*, 1587, in-4, goth., de 48 ff.; cette édition comprend 83 chapitres, onze de plus que les éditions ordinaires, et la rédaction en est attribuée à Mossen Diego de Valera.

Mentionnons encore pour mémoire les éditions de *Cuença, Salvador Viader*, 1618; in-4; de *Sevilla, Franc. de Leefdael*, in-fol. à 2 col., etc.

CHRONIQUE Norvégienne. Norlands Chrönika. *Wiisingsborg, Johann Kankel*, 1670, in-fol. (Au *Manuel*, I, 1890).

Ce rarissime volume est composé de 2 ff. pour le titre et le faux titre; 2 ff. de préface; 2 ff. pour les armes de Suède, gr. s. b., et le privilége; *Hugonis Grotii Foretal*..... 110 ff.; *Chronicon*, 523 pp. (la dernière est chiffrée par erreur, 529); *Chronologia* et *Index vocum*, 4 ff.

CHRONIQUE burlesque, ou Recueil d'histoires divertissantes et d'avantures comiques, arrivées de fraiche date dans les païs voisins. *Londres*, 1742, pet. in-12.

Recueil assez scandaleux. En *mar.*, 28 fr. Morel, de Lyon.

CHRYSOGONI (*Feder.*) nobilis Jadertini... de modo collegiandi : pronosticandi : et curandi febres. Necnon de humana felicitate : ac denique de fluxu et refluxu Maris lucubrationes. *Venetiis, Joan. Ant. de Sabbio et fratres*, 1528, in-fol., goth., à 2 col., de 28 ff. chif., fig. s. b.

Le dernier feuillet contient une grande figure à compartiments mobiles, démontrant la théorie du flux et reflux de la mer; au bas un privilége pour dix ans des *Pregadi* de Venise.

60 fr. en 1867.

CHVYES (de). La Guide de Paris, contenant le nom et l'adresse de toutes les rues de ladite ville et faubourgs... ensemble les places, ponts... Le tout rédigé par ordre alphabétique... Par le sieur de Chvyes, lyonnois... *Paris, J. Brunet*, s. d. (1647), in-12.

9 fr. vente P. D., 1864; 140 fr. Le Roux de Lincy; vaut aujourd'hui de 30 à 40 fr.

CICERO (*Marcus Tullius*). [18935]

— Opera philosophica. *S. l. n. d.* (*Parisiis, Udal. Gering*, etc., 1471), in-fol. de 124 ff., à 31 lignes.

Nous donnons la description détaillée de ce précieux incunable :

VIII ff. limin. dont 1 f. blanc, qui manque à l'exemplaire de réserve de la Bibl. nation.

Le premier feuillet et le recto du 2e comprennent l'épitre de Fichet : Guillermus Fichaetus parisiensis theologus lector ‖ Joanni Lapidano theologo pfessori. S. P. D. ‖ Un quatrain de Fichet termine ce recto; au verso se lit la réponse de Jean de la Pierre.: « Nam ut clo ‖ quentia e Grecis in Latiñ Cicero p̄mus omniū cumulatissime ‖ traiecit ! sic e Latio Luteciam ‖ eam tu longe primus intulisti... » Cette

épitre se termine au recto du 3e f., par un quatrain de J. de la Pierre à G. Fichet.

Au verso du 3e f. commence la table des matières, qui se termine au recto du 7e par le mot : FINIS; suit une pièce de vers de 2 octaves, adressée par Jean de la Pierre « *Cunctis virtutū amatoribus* », S. P. D.; le verso est blanc, ainsi que le feuillet suivant.

OFFICIA, 66 ff. — DE AMICITIA, 19 ff. — DE SENECTUTE, 17 ff. — SOMNIUM SCIPIONIS, 6 ff. — PARADOXA, 8 ff.— TUSCULANAỊ QSTIONŪ LIBER, 85 ff.; au verso du 85e f. et aux 2 ff. suivants, 86 et 87, se trouvent : Erhardus Ciceronianæ lectionis amatoribus S. P. D. (cet Erhardus était le prote de l'imprimerie Gering, il se nommait Erhard Windsberg); puis 14 vers; la table des chapitres des *Tusculanes*; 15 vers et ces mots : « Vale lector studiose ».

Les 87 ff. des QUÆSTIONES TUSCULANÆ font partie intégrante du volume, ce qui, avec les 124 ff. qui précédent, donnent un total de 211 ff., tous à 31 lignes.

Les marques du papier sont : pour les *Tusculanes*, l'ancre; un double PP. gothiques aux *Offices*, et des tenailles aux autres livres.

Le volume est sans chiffres, réclames ni sign., les capitales sont laissées en blanc pour être rubriquées à la main, ainsi que les titres courants.

— Ciceronis Epistolæ ad familiares (sans intitulé) : (E) Go omni officio ac potius pietate erga te cæ ‖ teris satisfacio omnibus mihi ipse nunq̄ satis ‖ facio. Tanta enim magnitudo est tuo⅔ erga ‖ me meritorum...... (Au v° du 180e f. :)

FINIS.

Nicia quis vestros polycleteqȝ cantet honores,
Si videat manibus praemia parta novis :
Rarus erat numerus lectorum : inuenta litura est,
Quæ queat æternum reddere laudis opus.

S. l. n. d., in-fol., de 180 ff., dont le premier blanc, à 34 lignes à la page entière; sans chif., récl. ni signat., et imprimé vers 1470 en beaux caractères ronds, les mêmes qui ont servi à la première édition d'Horace (voy. HORATIUS); la place en blanc est laissée pour les grandes et petites initiales.

Un très-bel exemplaire, imprimé sur *vélin*, de ce livre précieux est décrit dans le VIIIe catal. de M. Tross (année 1873); il fait aujourd'hui partie de la bibl. du baron James de Rothschild.

Nous donnons un très-petit nombre de prix exceptionnels :

— OFFICIORUM Libri tres.,. *Moguntiæ, P. Scheffer*, 1466, très-pet. in-fol., goth., de 88 ff.

Un bel exemplaire, imprimé sur *vélin*, 8,500 fr. de Corbière.

— CICERONIS Opera. *Parisiis, ap. Sim. Colinaeum*, 1543-1545. — *Ex offi. Rob. Stephani*, 1546-47, 10 vol. in-16.

En *mar., doublé de mar.*, aux chiffres de Lougepierre, 1,000 fr. Solar, pour Techener, qui le revendit 1,250 fr. à M. Double; à la vente de celui-ci 915 fr. pour M. Huillard, et enfin à cette dernière vente 1,500 fr.

— CICERONIS OPERA. *Lugd. Bat., Elzev.*, 1642, 10 vol. in-12.

En *mar.* de Derome jeune (H. 0m138 mill.), acheté chez Bruyères-Chalabre 341 fr. par M. Renouard; 535 fr. Solar, pour l'Angleterre; en *mar. r.* de Derome (exemplaire Mac-Carthy et La Bédoyère,

(H. 0ᵐ138), 900 fr. Brunet; un second exemplaire de 0ᵐ133, en *mar.* de Bozérian, 300 fr. même vente; revendu 300 fr. Huillard; en *mar.* de Closs (H. 0ᵐ133), 200 fr. Pieters; en anc. rel. *mar.* (H. 0ᵐ130 mill. et 1/2), 270 fr. Radziwill; en *mar. r. doublé*, rel. de Padeloup, aux armes du comte d'Hoym, 5,000 fr. baron Pichon; ce charmant exemplaire avait appartenu à Naigeon, qui l'avait payé 300 livres en 1793; le second exemplaire du comte d'Hoym, en *mar. vert*, avait été vendu £ 61, chez Libri en 1859, il était un peu moins pur et plus court; de plus la reliure n'était pas doublée; il a été revendu chez M. Lebeuf en 1876, 4,910 fr., et acheté par les libraires Morgand et Fatout, qui en demandent 7,000 fr. dans leur catalogue à prix marqué; cet exemplaire a 0ᵐ126 de hauteur; un bel exemplaire a jusqu'à 0ᵐ138 mill.

— CICERONIS OPERA. *Amst. Lud. et Dan. Elzev.*, 1665, 2 vol. in-4.

En *mar. doublé* de Du Seuil, 210 fr. De Bure; 270 fr. Solar.

— CICERONIS OPERA. Ed. J. Oliveto. *Paris*, 1740-42. 9 vol. in-4.

En *v. f.*, 115 fr. Brunet; en *mar. r.*, exemplaire Soubise, 220 fr. Radziwill.

Le Cicéron d'Olivet fut imprimé à Genève par Cramer en 1743-46; le *Manuel* signale cette édition et la réimpression de 1758; voici, sur le prix auquel on pouvait établir les livres à cette époque, un passage du *prospectus* de 1742 qui nous a paru intéressant :

« Les héritiers Cramer et frère Philibert proposent au public une nouvelle édition de Cicéron avec commentaire de d'Olivet, en beau papier et caractères neufs de Saint-Augustin, pour le texte, et de Garamond pour les notes, conformément à l'édition de Paris, et très-correcte, s'engageant à réimprimer les feuillets où il y aurait des fautes essentielles. Il y aura 9 vol. in-4 pour le prix de 67 livres de France, ce qui est la moitié moins que celle de Paris. On donnera séparément le même ouvrage, en payant 8 livres 16 sols de France chaque volume. On donnera les noms de tous les souscrivants. Au reste, cette édition se fait sous l'approbation de M. l'abbé d'Olivet lui-même, qui veut bien faire quelques changements. »

Les livres séparés des diverses éditions de Cicéron ont atteint parfois des prix excessifs, mais l'édition n'entrait que pour bien peu de chose dans ce prix de convention, et la condition extérieure du volume pour beaucoup.

— M. T. CICERONIS OFFICIA. *Lugduni, Trechsel*, 1533, in-8.

L'exemplaire de Grolier, en *mar. noir*, avec sa devise et son nom sur le dos, 1,115 fr. Solar; il avait été payé 995 fr. chez Coste; il a été revendu depuis 1,450 fr. à la vente Chedeau.

— EPISTOLÆ FAMILIARES. *Venetiis, Aldus*, 1522, in-8.

Exemplaire de Grolier, en *mar. noir*, 1,825 fr. Yéméniz.

— DE PHILOSOPHIA, volumen primum. *Lugduni, Gryphius*, 1585, in-16.

En *mar. vert*, aux armes et à la devise de Henry III « *Spes mea Deus* », 425 fr. Double, qui l'avait payé 280 fr. à M. Potier; il a été revendu 310 fr. Huillard.

— RHETORICORUM tom. sec. *Lugduni, Gryphius*, 1546, in-16.

Un exemplaire en rel. du temps, assez ordinaire, mais avec la signature et 27 notes autographes de Racine, 410 fr. Brunet.

— ORATIONES. *Parisiis, apud Sim. Colinaeum*, 1543-44, 3 vol. in-16.

Dans une charmante reliure à compartiments du

XVIᵉ siècle, 440 fr. Brunet; un exemplaire ordinaire vaudrait 15 à 20 fr.

— LES LIVRES de la Vieillesse et de l'Amitié... trad. par Du Bois. *Paris, J. B. Coignard*, 1698, in-12.

Volume qui vaut 3 fr. en condition ordinaire; il a été vendu 610 fr. chez le baron Pichon; l'exemplaire était en *mar. doublé*, aux armes et au chiffre de Mᵐᵉ de Chamillard.

— HUIT ORAISONS (trad. par divers auteurs). *Paris Camusat*, 1638, in-4.

Mar. r., aux armes du comte d'Hoym, 130 fr. baron Pichon, et 230 fr. Potier (1870).

— SENSUYT le livre Tulles des Offices, c'est-à-dire des opérations humaines, vertueuses et honnestes, familierement, clerement et selon la vraye sentence et intention de lacteur translate en françoys par honnorable et prudent homme David Miffaut, conseiller et gouverneur de la ville de Dieppe... Cy finist le tres noble eloquent livre, nomme Tulles des offices. Imprime nouuellement a Paris par Phelippe Le Noir... lan mil cinq cens et xxviii, in-4, goth., fig. s. b., titre rouge et noir.

Au recto du dernier feuillet, une gravure sur bois, et au verso, la marque de Phil. Le Noir.

En *mar.* de Capé, 135 fr. Luzarche.

— LES BILLETS que Cicéron a escrits tant à ses amis communs qu'à Attique son amy particulier (trad. par Thomas Guyot, dit *le Bachelier*). Auec une méthode en forme de préface pour conduire un escolier dans les lettres humaines. *A Paris, chez la veuve de Claude Thiboust*, 1668, in-12.

Dédié au chev⁰ de Rohan, fils du duc de Montbazon.

L'un des livres les plus burlesques, que jamais auteur ait écrit sérieusement. 18 à 20 fr.; l'exemplaire de dédicace, en anc. rel. *mar.*, 64 fr. Sainte-Beuve.

CICHOCIUS. Alloquiorum Osiecensium sive variorum familiarium sermonum libri V, in quibus præter examen Anatomiæ Cichocianæ, pro Societate Jesu ante triennium editæ, hæreticismi progressus et regressus, siue fluxus et refluxus repentini, præcipue per Regnum Poloniæ, Magnum ducatum Lithuaniæ et alias adjacentes provincias in amplissimis familiis historice narrantur. Authore Casparo Cichocio, Canonico Sendomiriensi. *Cracoviæ, in officina Basilii Skalski*, 1615, in-4, de 6 ff. prél., 540 pp.

Ouvrage important pour l'histoire religieuse de Pologne; le second livre contient de curieux documents sur les grandes familles slavo-russes.

CICOGNARA *(Leop.).* Elogio del Tiziano Vecellio... di Giorgione... etc. *Vinegia*, 1809-11, 2 part. en 1 vol. in-8. 6 à 8 fr.

— LE PREMIER SIÈCLE de la chalcographie. Avec un appendice sur les Nielles, par A. Zanetti. *Venise*, 1837, in-8.

L'appendice sur les Nielles est de XXVI pp.; la seconde partie, comprenant *les Ecoles allemande, flamande et française*, par C.-A. (Carlo Albrizzi), est de VIII-183 pp. chif., 1-183, avec un *errata* à la page 184.

CIEÇA *(Pedro)* de Leon. Primera Parte de la Chronica de Piru, que trata la demarcacion de sus provincias, la descripcion dellas, las fundaciones delas nuevas ciudades, los ritos y costumbres de los Indios con otras cosas estrañas dignas de saberse. — *En la grand y muy noble ciudad de Seuilla... por Martino Clemente,* 1553, in-fol. [28682]

Première édition. Réimprimée à Anvers par Jan Steels, en 1554, in-8.

Cet ouvrage important a été traduit aussitôt en italien par Agostino Cravaliz ou Gravaliz. La première édition de cette traduction fut donnée à Rome, *ex officina Valerii Dorigii,* 1555, in-8.

La seconde est de l'année suivante :

— LA PRIMA PARTE dell' Istorie del Perv; dové si tratta l'ordine delle Provincie, delle città nuove in quel Paese edificate; riti e costumi de gli Indiani, con molte cose notabile, e degne, che uengano a notitia. *Venetia, Andrea Arrivabene,* 1556, in-8, de XI-215 ff. de texte, 1 f. pour le registre et la marque de l'imprimeur.

Cette édition fut signalée par M. Maisonneuve, et fut vendue par lui en 1869.

— LA PRIMA PARTE dell' historie del Perù, composta da Pietro Cieza. *Venetia, Giordano Ziletto,* 1560. La seconda parte delle historie dell' India, nelle quali, oltre all' imprese del Colombo e di Magelanes, si tratta particolarmente della presa del Re Atabalippa...... *In Venetia, appresso Giordan Ziletti,* 1565, 2 part. en 1 vol. pet. in-8; le premier volume a 8 ff. lim. et 215 ff. chif., plus le feuillet pour le registre et la souscription; le second a 16 ff. lim., et 324 ff. de texte chif.

CISLANUS (Dis ist der). Zu dutsche Hartmant : (H) orent do crist' wart besnitten... etc., in-fol.

Pièce imprimée d'un seul côté avec les grands caractères de Pfister à Bamberg, et peut-être son premier essai typographique. Elle se compose pour chaque mois de 6 vers, formant 3 lignes; les mois sont : *Hartmant, Hornung, Mertze, Apprille, Meye, Brochmât, Haumât, Augst, Herbstmât, Schlachtmât, Wintermât;* cette pièce, qui n'est citée par aucun bibliographe, doit être d'une excessive rareté; un exemplaire fort endommagé, mais peut-être le seul qui ait survécu, a été vendu 200 fr. par M. Tross en 1876.

CISNEROS (Dr. *Diego).* Sitio, naturaleza y propiedades de la ciudad de Méjico, aguas y vientos á que esta sujeta, y tiempos del año... por el Dr Diego Cisneros, médico Complutense... (Al fin :) *Impreso en Mejico... en casa del bachiller Ioan Blanco de Alcázar, año* 1618, in-4, front., portr. de l'auteur, carte, XIV-148 ff. chiffrés, et 10 pour la table.

Ce volume précieux est orné d'un grand plan de Mexico, gravé en taille-douce par S. Estradan (Stradan ?), d'Anvers, et d'un portrait de l'auteur, gravé par le même artiste. 85 thal. 5 gr. Andrade.

CISNEROS (*Luys* de). Historia de el principio y origen, progressos, venidas á Mexico y milagros de la Santa Ymagen de Nuestra Señora de los Remedios, extra muros de Mexico. *Mexico, Juan Blano de Alcaçar,* 1621, in-4.

Un exemplaire taché et médiocre. £ 7, Fischer.

CISSÉ (Courtin de). Les Evvres poetiques de Iaques de Courtin de Cissé, gentilhomme percheron. — Les Hymnes de Synese Cyrenean, euesque de Ptolemaïde. Traduits du grec en françois, par Iaques de Courtin de Cissé. *A Paris, pour Gilles Beys, rue Sainct-Iaques, au Lis Blanc,* MDLXXXI, 2 part. en 1 vol. pet. in-12.

Un bel exemplaire, relié par Duru, 170 fr. Yéméniz; l'exemplaire du comte Alf. d'Auffay, en *mar.* de Trautz, 249 fr. Turquety.

CISSEY (*Odo* de). Histoire et Miracles de Nostre-Dame de Roc-Amadour au pays de Quercy. Tiré de divers manuscrits, par le P. Odo de Cissey. *Tulle, J. Dalvy,* 1666, in-12. 10 à 12 fr.

CIVILE honesteté pour les Enfans. *Paris, Richard Breton,* 1560, pet. in-8, en car. *de civilité.* [3899]

Les catalogues du XVIe siècle nous donnent le nom de l'auteur de ce livre célèbre; il s'appelait Gilbert de Calviac. Les catalogues des Foires de Francfort citent une édition de *Paris, Richard Breton,* in-8, à la date de 1559, qui serait très-probablement la première; elle semble avoir disparu, ce qui n'a rien d'extraordinaire, puisque ce livre était fait pour les enfants.

L'exemplaire Veinant, de l'édition de 1560, a été revendu 505 fr. chez M. Pichon.

CIVILITÉ (La) puérile, à laquelle auons adiousté la discipline et instruction des enfans. Aussi la doctrine et enseignemens du père de famille à la jeunesse. *Paris, Mahiel du Boys, pour Claude Micard,* 1582, pet. in-8, en car. *de civilité.* 40 à 60 fr.

CLAMADES..... Cy finist Clamades liure tres excellent et piteux. — *Imprime a Vienne, par maistre Pierre Schenck,* s. d., in-4, goth., A-D par 8 ff., E de 7, une fig. sur b. au vo du dernier f. [17088]

Le seul exemplaire connu de cette édition, qui appartenait à M. Yéméniz, était incomplet du feuillet *a-i* et du cahier *D,* de 8 pp.; il n'en a pas moins été vendu 700 fr.

— CLAMADES. *Paris,* (*Trepperel*), s. d., in-8, goth., à longues lignes, fig. s. b.

En *mar.* de Duru, 600 fr. Yéméniz.

CLARIAN de Landanis. [17545]

— LIBRO PRIMERO... *Impressa en la muy noble e muy leal Ciudad de Seuilla por Jacobo Cromberger Aleman z Juan Cromberger,* 1527, in-fol., goth., de 220 ff., à 2 col., avec bois intercalés dans le texte.

Un exemplaire dans la bibl. Salamanca.

L'édition de la *segunda parte* :

— FLORAMANTE DE COLONA..... *Impresa en la muy noble y muy leal Ciudad de Seuilla. En casa de Juan Vasquez de Avila,* 1550, in-fol., goth., de 143 ff., à 2 col. [Bibl. *Salamanca*]

Cette édition n'est certainement pas la première; le catal. de la *Colombina* enregistre :

— LIBRO II de la Historia de D. Clarian de Landanis,

traducido en castellano por Alvaro, físico. *Impr. en Toledo, á 5 de noviembre de* 1522, in-fol., goth., à 2 col.

La *Tercera parte* de ce roman de chevalerie a disparu; c'est également au catal. de la *Colombina* qu'il nous faut avoir recours :

— LIBRO III de la Historia de D. Clarian de Landanis, en español. *Impr. en Toledo, á 10 de junio de* 1524, in-fol., goth., à 2 col.

Les détails que Fernando Colon donne sur ces deux livres, divisés « *por capitulos, epigraphes y numeros* », la date et le prix de leur acquisition à Madrid, en avril 1525, nettement indiqués, ne permettent pas de douter de leur existence.

La quatrième partie, imprimée à Tolède en 1528, est bien décrite au *Manuel;* cette date même est une preuve de l'existence d'une édition de la seconde partie, antérieure à 1550. Un bel exemplaire de cette « quarta parte » fait partie de la bibl. Salamanca.

CLARIMUNDO. Cronica do emperador Clarimundo por João de Barros. *Coimbra,* 1520, in-fol. [17656]

— Prymera parte da cronica do em ‖ perador Clarimundo donde os ‖ Reys de Portugal descendem. ‖... *Ympressa per German gualharde com prevylegio real..... A qual se empremio nesta nobre e sempre leal cydade de Lyxboa. A iii dias de Marzo da era de Mil ʒ quinhentos e xxii,* in-fol., goth., à 2 col., de 176 ff., non compris le front., et 2 ff. de table au commencement.

L'*Ensayo* indique une autre édition de *Coimbra,* 1555, de VI-192 ff., in-fol.; et une autre de *Lisboa,* 1601, in-fol., de VIII-211 ff.

CLAUDE (d'Abbeville). L'Arrivée des Pères Capucins en l'Inde Nouvelle, appelée Maragnon (Maranhão), avec la réception que leur ont faite les sauvages de ce pays, et la conversion d'iceux à notre saincte foy. Déclarée par une lettre que le R. P. Claude d'Abbeville... envoie à frère Martial..... et à M. Foullon, ses frères. (20 août 1612.) *Paris, A. Le Febvre,* 1612, in-8. [21596]

Pièce fort rare, réimprimée l'année suivante, à *Paris, chez J. Nigaut,* 1613, in-8.

Les deux éditions sont également précieuses.

— L'HISTOIRE de la Mission des Pères Capucins en l'île de Maragnan. *Paris, Huby,* 1614, in-8.

Outre les figures, ce vol. doit avoir une carte; un exemplaire a été vendu 50 fr. en 1864.

La Suite de l'histoire... (du Père Yves d'Évreux) de *Paris, Fr. Huby,* offre cette particularité, que la date est ainsi figurée : MCDXV, pour 1615 ; l'éditeur est François de Rasilly (40 à 50 fr.).

CLAUDE de Sainctes (F.). Discours sur le saccagement des églises catholiques par les heretiques anciens et nouueaux calvinistes, en l'an 1562... par F. Claude de Sainctes, docteur en théologie. *Paris, Fremy,* 1562 (aussi 1563), in-8.

Pièce virulente, qui valut à son auteur l'évêché d'Évreux. (Bibl. nation.)

CLAVERGER (*Jean*). L'Euthymie, ou du Repos d'esprit : La Themis ou des loyers et peines avec des Quatrains, par J. Claverger. *Paris,* 1624, in-8.

Nous ne pouvons citer de ce livre curieux qu'une seule adjudication, celle de la vente Gersaint en 1750 ; cet illustre expert avait réuni une collection vraiment précieuse de livres rares, et principalement de poésies, nouvelles et facéties, qui font de son catalogue un des plus curieux que nous connaissions ; le livre de Jean Claverger a été porté au prix de dix sous ! il est vrai que dans cette même vente on rencontre des prix comme ceux-ci : le *Marot* de 1534, 4 ♯ ; la *Pernette du Guillet. Lyon,* 1552, 4 ♯ 19 s. ; les *Marguerites de la Marguerite,* 4 ♯ 15 s., etc., etc. C'était le bon temps.

CLAVIER (*G.*). Les Heureux Amours de très haut..... prince Louis XIII, roi de France... et très haute... princesse Anne d'Autriche, infante d'Espagne, par G. Clavier, Tourangeau. *Paris, de l'Impr. de Fr. Julliot,* 1616, in-8, portr. équestre de Louis XIII.

Recueil de 99 sonnets, odes et autres poésies à la louange d'Anne d'Autriche, dont on célèbre les charmes les plus secrets en vers d'une rare crudité.

Vendu, grâce à une note piquante de M. Potier, 400 fr. Taschereau.

CLÉMENT (*N.*). Clementis Trelæi Mosellani Anagrammatographia (Francisco Alenconii Duci). *Parisiis, oliva P. l'Huillier,* 1582, pet. in-8, de 22 ff., dont le dernier blanc.

— Anagrammes de N. Clément de Treles (à M. de Lavergne). *Paris, pour Pierre l'Huillier,* 1582, pet. in-8, de 16 ff., dont les 2 derniers bl.

Ces deux pièces rares, mais assez peu intéressantes, sont portées à 25 fr. dans un des derniers catalogues de M. Tross.

CLÉMENT . (*P.*). Les Sainctes Curiosités, par Mᵉ Pierre Clément, chanoine régulier. *A Langres, chés* (sic) *Mᶜ Jean Boudrot,* s. d. (1651), pet. in-8, titre grav. à l'eau-forte.

Livre curieux, où se trouvent traitées les questions les plus singulières.

16 fr. 25 c. vente Randin et Rostain.

CLEMENTIS Alexandrini Opera, ex recensione C. Dindorfi. *Oxonii, Clarendon press,* 1870, 4 vol. in-8. [867]

Potter n'avait pas pris la peine de consulter le *Codex* conservé à la Bibl. nation., et qui est de l'an 914 ; Dindorf donne, dans sa préface, de la manière la plus complète, l'histoire du texte de Clément d'Alexandrie et des diverses éditions qui en ont été publiées; celle, entre autres, donnée par Sylburg en 1616, à *Leyde,* est une des moins mauvaises. Potter a eu le tort d'invoquer l'autorité de l'édition interpolée de *Paris* (1641) et de l'édition donnée par Heinsius.

CLERIADUS. Le Livre de Cleriadus & Meliadice. *Paris, Ant. Vérard,* 1495, in-fol., goth., à 38 lignes. [17028]

Le splendide exemplaire sur *vélin,* que Jannet céda jadis à M. Yéméniz, pour une somme bien minime, a été porté à sa vente à 10,000 fr., et ce n'est point un prix exagéré aujourd'hui ; il fait partie de la belle collection Firmin-Didot.

— CLÉRIADUS. *Paris, P. Sergent*, s. d. (*vers* 1530), in-4, goth.

En *mar.* de Hardy, 380 fr. Chedeau ; en *mar.* de Niédrée, 350 fr. Morel, de Lyon.

CLICHTOVEUS. Tractatus de Regis officio. *Paris, Simon de Colines*, 1519, in-4.

Nous citons ce volume uniquement parce que c'est le premier sur lequel le grand typographe breton ait mis son nom.

CLODORÉ (*Joseph*). Relation de ce qui s'est passé dans les Isles et Terre-ferme de l'Amérique, pendant la dernière guerre avec l'Angleterre en 1666 et 1667, avec un Journal du dernier voyage de M. de la Barre en l'Isle de Cayenne (*sic*). *Paris, Clousier*, 1671, 2 vol. in-12.

30 à 40 fr.

CLOUET. Three hundred french Portraits representing personages of the courts of Francis I, Henry II, and Francis II, by Clouet, autolithographed from the originals at Castle Howard, Yorkshire, by Lord Ronald Gower. *London, Sampson Low, Marston Low and Searle*, 1875, 2 vol. in-fol. £ 6. ».

Ces portraits de l'école de Clouet, représentent les personnages de la Renaissance française, sont exécutés d'après les dessins de la collection Gaignières, dont un certain nombre de volumes ont malheureusement été acquis par l'Angleterre.

COBARRUBIAS (Fr. *Pedro* de). Cõ Preuilegio Real (E. de A.). — Remedio de Jugadores com ‖ puesto por el reuerēdo maestro en sancta Theologia ‖ fray Pedro de cobarrubias de la orden de los predi ‖ cadores :.... (A la fin :) *Fue con mucha deligencia ‖ impresso : en la muy noble y mas leal cib ‖ dad de Burgos : por arte y industria ‖ de Alonso de Melgar impressor ‖ acabose a.* XXiiij. *dias del mes ‖ de Nouiembre año de ‖ mil y quinientos ‖ y diez y nueue. ‖ Años.* In-4, de 90 ff., sign. A-L., en car. goth. [10470]

• 300 fr. catal. de Morante.

COCHET. La Seine-Inférieure, historique et archéologique, par M. l'abbé Cochet, inspecteur des monuments historiques et religieux de ce département. Époques Gauloise, Romaine & Franque, avec une carte archéologique de ces trois périodes. *Dieppe, impr. Delevoye ; Paris, Derache*, 1864, in-4, de 552 pp.

Bon livre d'un écrivain dont les archéologues ont vivement ressenti la perte récente.

COCHLÆUS (*J.*). Historiæ Hussitarum libri XII, operose collecti ex variis et antiquis, tum Bohemorum, tum aliorum codicibus antea nunquam excusis. Quibus adiuncti sunt duo de septem sacramentis et de cæremoniis, ecclesiæ tractatus duorum Bohemorum, Jo. Rokyzanæ et Jo. Przibram. *Apud S. Victorem prope Maguntiam, ex officina Fr. Behem*, 1549, in-fol., de XVI ff. lim., et 599 pp. chiffrées.

Volume important que M. Brunet ne porte qu'à sa table méthodique. 11 fr. vente Tross, 1867.

Le *Manuel* a consacré bien peu de développement à l'article COCHLÆUS ; il conviendrait cependant de citer quelques-uns des innombrables traités de ce fougueux chanoine :

— PRO SCOTIÆ regno apologia adversus personatum Alex. Alesium Scotum. Ad Ser. Scotorum regem Jacobum V. *Lipsiæ, M. Blum*, 1534, in-4, de 19 ff., bordure au titre. 10 fr. même vente.

— DE MATRIMONIO Regis Angliæ Henrici VIII. Congratulatio disputatoria. *Lipsiæ*, 1535, in-4.

— SCOPA in Araneas Ricardi Morysini Angli. *Lipsiæ*, 1538, in-4.

Ces deux dernières pièces, relatives au divorce de Henry VIII et de Catherine d'Aragon, sont fort recherchées en Angleterre.

— COMMENTARIA Jo. Cochlæi, de actis et scriptis Martini Lutheri. *Apud Sanctum Victorem, prope Moguntiam, ex offic. Fr. Behem*, 1549, in-fol. 15 à 20 fr.

CODE (Le) Lyrique, ou Règlement pour l'Opéra de Paris (par monsieur de Querlon). *Utopie (Paris)*, 1743, in-12.

Rare et recherché.

CODIGOS (Los) españoles, concordados y anotados. Coleccion de todos los cuerpos de derecho de la monarquia española, precedidos de discursos historicos y criticos, y enriquecidos con multitud de concordancias y comentarios, por varios jurisconsultos. *Madrid*, 1847-51, 12 tomes ordinairement reliés en 6 vol., in-fol.

Épuisé. 290 fr. Maisonneuve.

COIGNAC (*Joachim* de). Deux Satyres, l'une du Pape, l'autre de la papauté. *S. l.*, 1551, pet. in-8. [13677]

L'exemplaire Cailhava a été payé 300 fr. à la vente de Morante ; le livre était annoncé au catalogue de cet amateur comme *inconnu* (sous-entendu : *au rédacteur du catalogue*).

COLECCION de documentos ineditos para la historia de España. *Madrid, viuda de Calero*, 1842-66, 48 vol. pet. in-4. [26104]

Cette intéressante collection a été publiée par D. Martin Fernandez Navarrete, D. Miguel Salvá, D. Pedro Sainz de Baranda et autres membres de l'Academia de la Historia ; les premiers volumes sont épuisés, ce qui maintient le prix d'un exemplaire complet à 600 fr. environ.

COLERIDGE (*Samuel*). The Rime of the ancient Mariner. Illustrated by Gustave Doré. *London*, 1876, in-fol., fig.

Volume assez remarquable comme exécution. 50 à 60 fr. La maison Hachette vient d'en publier une belle traduction française, ornée des mêmes gravures.

COLET (*Cl.*). L'Histoire Palladienne, traitant des gestes et genereux faictz d'armes de plusieurs grandz princes & seigneurs, specialement de Palladien, filz du roy Milanor d'Angleterre et de la belle Sellerine, sœur du roy de Portugal. Nouuellement mise en nostre vulgaire françois par feu Cl. Colet, Champenois. *A Anvers, Jean Waesberghe.* (A la fin :) *de l'Imprimerie de Christophe Plantin,* 1562, pet. in-4, de IV-112 ff. chif., à 2 col., avec fig. en bois. [17068]

Volume rare, qui n'est pas cité dans les *Annales plantiniennes.* 40 à 50 fr.

COLIN (*N.*). Lieux communs et discours spirituels extraits des sermons du P. Louis de Grenade, et mis en françois. *Paris, G. Chaudière,* 1580, in-8 (dédiés au cardinal de Guyse, archev. de Reims).

Un exemplaire ordinaire de ce volume ne vaudrait guère plus de 3 fr. ; mais à cause d'une belle reliure en *veau* à compart., exécutée pour le roi Henry III, avec les armes de France et de Pologne, la devise : *Spes mea Deus,* les fleurs de lis et la tête de mort, un exemplaire a été porté à 350 fr. à la vente du libraire Techener en 1865.

COLIN (*Séb.*). Declaration des abuz et tromperies que font les apothicaires, fort utile et nécessaire à un chacun studieux et curieux de sa santé, composée par maistre Lisset Benancio (Seb. Collin, médecin). *Lyon, chez Michel Jouc,* 1556, in-16. (Bibl. nation.)

Opuscule assez divertissant, et qui n'a cependant été vendu que 3 fr. chez M. Desq.

COLINII Castellionii (*Gasparis*), magni quondam Franciæ amirallii Vita. *S. l.,* 1572, pet. in-8, de 139 pp., et 3 ff. blancs. 23 fr. en 1872.

Réimprimé page pour page en 1575.

COLLÉ (*Charles*). Journal et Mémoires sur les hommes de lettres, les ouvrages dramatiques et les événements les plus remarquables du règne de Louis XV (1748-1772). Nouvelle édition, augmentée de fragments inédits recueillis dans le manuscrit de la Bibl. du Louvre, avec une introduction et des notes par M. Hon. Bonhomme. *Paris, Didot,* 1868, 3 vol. in-8. 18 fr.

COLLÉGE (Le) royal de France, ou institution, establissement et catalogue des lecteurs & professeurs ordinaires du roy, fondez à Paris par le grand roy Françoys Ier. *Paris, Mace Bouillette,* 1644, pet. in-4.

Un curieux exemplaire de cette pièce intéressante a figuré à la vente posthume de M. Le Roux de Lincy ; il avait été formé par Guil. du Val, et renfermait les lettres d'invitation aux convois des professeurs avant 1644 ; il a été vendu 52 fr.

COLLENUCCIO (*P.*). La Vita de Josep figliolo de Jacob, recitata in la inclita Città de Venetia p misser Franc. Cherea de Nobili da Luca, de l'año MDXXIII. (Composta da Pandolpho Collenuccio da Pesaro.) (In fine :) *Impressa in Venetia per Benedetto et Augustino fratelli de Bendoni, sotto gratia et privilegio de messer Nicolo di Augustini, regnante lo inclito Principe Antonio Grimano, Nel año MDXXIII, a di primo de Aprile,* in-8, titre goth., lett. rondes, sans chif. ni récl., sign. A-M.

Première édition, inconnue jusqu'à la vente Yéméniz, d'une pièce dont Allacci cite plusieurs éditions; la plus ancienne est de 1525 ; elle est en *terza rima.* 36 fr. Yéméniz.

— COMEDIA de Jacob : e de Joseph..... in terza rima Istoriata. *Stampata nella inclita città de Venetia, per Nic. Zoppino e Vicentio compagno, nel MDXXIII, a di XIII de Agosto. Regnante lo inclito principe messer Andrea Gritti,* in-8, fig. s. b.

50 fr. Yéméniz; seconde édition de cette *moralité.*

La troisième est donnée à Venise, en 1525, par Nic. Zoppino di Aristotile da Ferrara, in-8.

— DIALOGUE de la Teste et du Bonnet (trad. par Ant. Geuffroy). *Paris, Chrest. Wechel,* 1543, in-4, de 16 ff., dont le dernier ne contient que la marque de Wechel. 70 fr. Tross.

COLLERYE (*Roger* de). Les OEuures de maistre Roger de Collerye, hôme tres sauät natif de Paris... *On les vend a Paris en la rue Neufue Nostre Dame a lenseigne Faulcheur.* M. V. XXX. VI. (1536), pet. in-8, en lett. rondes, avec la marque de Pierre Roffet au titre. [13389]

M. Brunet a donné une bonne description de ce poëte rare; l'exemplaire vendu 220 fr. chez M. de Soleinne fut acheté par le baron J. Pichon, qui le fit recouvrir d'une charmante reliure en *mar.,* à compartiments de couleur, doublé de *mar. r.,* dent. à petits-fers, chef-d'œuvre de Trautz-Bauzonnet, et il fut vendu 6,880 fr. en 1869.

L'heureux acquéreur ne conserva ce volume que peu de mois, et le céda à son libraire, M. Fontaine, qui, dans une riche catalogue à prix marqué, publié en 1872, en demandait 10,000 fr. et les *trouva.*

Cette progression (220-10,000) continuera-t-elle ?

COLLETET (*François*). La Ville de Paris, contenant le nom de ses rues, de ses faubourgs... ouvrage reveu, corrigé et augmenté, que l'on peut porter sur soi sans incommodité... par le sieur Colletet. *Paris, Ant. de Rafflé,* 1677, in-12. (Le permis d'imprimer est du 28 juillet 1671.)

Réimpressions : *Paris, A. de Rafflé,* 1679, in-12.
— *Paris, A. de Rafflé,* 1689, in-12.
— *Paris, J. Musier,* 1699, in-12.

Et sous un nouveau titre :

— LES RUES de Paris, avec les quais, ponts..... Nouvelle édition, corrigée et augmentée des Académies..... et de plusieurs autres particularités historiques (par Colletet, revu par Élisabeth Gaudin). *Paris, veuve Jombert,* 1722, in-12.

— Iovrnal des avis et des affaires de Paris, contenant ce qui s'y passe tous les jours de plus considérable pour le bien public. (par Colletet.) *A Paris, du Bureau des Journaux des Avis et Affaires publiques, ruë du Meurier, proche S. Nicolas du Chardonnet,* 1676, in-4, de 152 pp.

Le seul exemplaire connu, qui faisait partie de la bibl. du duc de La Vallière, et qui se trouve aujourd'hui à la bibl. de l'Arsenal (n° 8078, II.), ne contient que 18 numéros, du 5 juillet 1676 au 24 novembre de la même année. Une ancienne note manuscrite permettrait de supposer que ce journal a paru *jusqu'à janvier* 1679. Il se distribuait d'abord au « *Bureau d'adresse establiy chez le sieur Colletet, rue du Meurier* »; ce bureau fut transporté plus tard sur le quai de l'Horloge du Palais. Il paraissait le jeudi par cahiers de 8 ou 10 pages. Chaque numéro comprend un journal de ce qui s'est passé de plus considérable à Paris pendant la semaine. On y trouve ensuite les « *Avis et affaires de la semaine* », imprimés en italique, et suivis de l'annonce des livres nouveaux. Il paraîtrait que le privilége accordé à François Colletet, pour la publication de son journal d'avis, lui fut retiré à la requête des Renaudot, qui regardaient ce privilége comme une usurpation sur celui qu'ils exploitaient eux-mêmes en publiant la *Gazette*, et en conservant tous les droits de l'ancien Bureau d'Adresses.

(Note communiquée par M. Paul Lacroix.)

COLLETET (*Guil.*). Le Bonheur de la vie solitaire, représenté dans la retraite des anciens ermites du Mont-Valérien, par les sieurs G. Colletet et de la Croix. *Paris, par R. Sara,* 1647, in-8. 8 à 10 fr.

— AMOURS (Les) de Mélisse. *Paris, de l'imprimerie de Rob. Estienne,* 1625, in-8.

Guil. Colletet, éditeur de ces poésies, dit, dans l'avis au lecteur, qu'elles sont d'un de ses amis. Un exemplaire, vendu 80 fr. chez M. Potier, en 1872, porte cette mention autographe : *Don de l'autheur, le 27 mars* 1625, G. COLLETET.

— L'ILLUSTRE Beuveur à ses amis, et autres gayetez de Caresme-Prenant. *Paris, Auth. de Sommaville,* 1640, in-4 de 16 pp.

COLLIN (*J.*). Histoire sacrée de la vie des saints principaux et autres personnes plus vertueuses qui ont pris naissance, qui ont vécu, ou qui sont en vénération particulière en divers lieux du diocèse de Limoges. *Limoges, Martial Barbou,* 1672, in-12, 30 ff. lim. et 708 pp.

Volume rare. 15 à 20 fr.

COLLOT-D'HERBOIS. Armana dou Pere Gerard, per l'annadou 1792, la quatriémou de lérou de la Liberta, per J. M. Collot-d'Herbois. Emprima par ordre de Messieurs lei coumissari civil, deputa per lou Rei din lei ci-devan Eta d'Avignoun et doo Coumta Venessin. *Su l'enprima, a Paris. Et se ven, a Carpentra, ché*

Jaque Allié, 1792, in-8, de VIII ff. et 68 pp.

En *vélin,* 40 fr. Burgaud des Marets.

COLOM (S^r de). La Complainte du pays souverain ou Béar (*sic*) sur les menaces faites de l'unir à la France, par le sieur de Colom, syndic dudit pays... *Lascar* (sic), *impr. de J. de Saride,* 1617, in-4.

Pièce fort rare, dont nous ne connaissons d'autre exemplaire que celui de la Bibl. nation.

COLOMA (*Cárlos*). Las Guerras de los estados Baxos desde el año de M. D. LXXXVIII hasta el de M.DXCIX. *Amberes, Pedro y Juan Bellero,* 1625, in-4, de 379 pp.

Antonio ne mentionne que l'édition de *Barcelona,* 1627, in-4; Coloma est rangé parmi les auteurs classiques de l'Espagne.

COLOMA (D. *Juan*). Decada de la Passion de Nuestro Redemptor Iesu Christo; con otra obra intitulada cantico de su gloriosa resurreccion. *En Caller, MDLXXVI, por Vincencio Sembenino, Impressor del Reuerendo Doctor Nicolas Cañyellas, canonigo y Vicario general de la Yglesia de Caller,* pet. in-8, fig. s. b:, VIII ff. prél., A-K. par 8 ff., L de 6. Les chiffres sautent de 86 à 89 sans lacune dans le texte, les réclames correspondant; Q-S. par 8, le 8e f. de la sign. R. (136) est blanc; la sign. T s'arrête au 5e f. (149); suivent 3 ff. blancs qui complètent la sign. T.; vient le *Cantico* occupant 15 pp. chif., 152-166, et signés V et X. [15149]

En *mar.* de Trautz-Bauzonnet, 400 fr. Yéméniz.

COLOMBUS (*Chr.*)

❡ Epistola Cristophori Colom : cui ętas nostra multū debet : ‖ de Insulis Indię supra Gangem nuper inuętis. Ad quas p ‖ quirēdas octavo antea mēse auspiciis ꝯ ęre inuictissimi Fernandi hispania⅘ Regis missus fuerat : ad Magnificū dīm Raphaelē Sanxis : eiusdem serenissimi Regis Tesaurariū ‖ missa : quam nobilis ac litteratus vir Aliander de Cosco ab ‖ Hispano idiomate in latinū cōuertit : tertio kal^s. May. M. ‖ CCCC. XCIIJ Pontificatus Alexandri Sexti Anno primo. ‖ *S. l. n. d.,* petit-in-4, 4 feuillets, 38 lignes à la page pleine; marque du papier, un P gothique.

Au verso du 4e feuillet :

❡ Epigramma. R. L. de Corbaria Episcopi Montispalusti ‖ Ad Inuictissimum Regem Hispaniarum. ‖

Au 5e vers, il faut lire *merito* au lieu de *incrito* qu'on trouve dans Harrisse, page 13, et qui est certainement une faute.

Le caractère est le petit gothique rond de Th. Martens.

Le seul exemplaire connu de cette édition est conservé à la Bibl. royale de Bruxelles. M. Campbell ne veut pas admettre qu'il soit de Th. Martens, malgré la grande ressemblance des caractères; il prétend qu'il y a des abréviations que Martens n'employait pas. M. Holtrop et les employés de la Bibl. de Bruxelles l'attribuent à Martens.

— Señorpor que se que aureis plazer de la grand ‖ victoria que ñtro señor me ha dado en mivyaie ‖ vos escriuo esta por la ǫl sabreys como ẽ xxxvj ‖ dias pase alas Indias cōla armada que losillu ‖ s-trissimos Rey z reynañtos señores me dieron ‖ dondeyo falle muy muchas islas pobladas con gẽte syn ‖ numero, y dellas todas he comado possessiō por sus altezas ‖ conpregon y vādera real estēdida y nō me fue cōtradicho : ‖

Ce sont les huit premières lignes d'une lettre de Christophe Colomb à l' « Escribano de Racion » d'Aragon; cette lettre forme 4 ff., pet. in-4, sans titre, colophon, date ou nom d'imprimeur; il y a 32 lignes à la page entière; l'impression est en caractère semi-gothique, du modèle le plus grossier; le fait que cette lettre est en espagnol autorise à croire qu'elle sort d'une typographie espagnole.

Les trois dernières lignes de cette pièce sont : « Esta Carta embio Colon a lescriuano Deracion » de las islas halladas en las Indias, contenida ‖ a otra de sus Altezas. »

Le seul exemplaire connu, de cet infiniment précieux document, fut légué en 1852 par le baron Pietro Custodi, le savant continuateur de la « Storia di Milano » de Verri, à la riche bibliothèque Ambroisienne de cette ville.

Cette lettre du grand navigateur avait été déjà publiée par Navarrete, mais sur une copie inexacte; elle a été, depuis quelques années, plusieurs fois réimprimée, particulièrement par les soins du marquis d'Adda, qui en a fait imprimer un fac-simile parfait.

M. Harrisse (Bibl. améric., n° 7) consacre à la description de cette pièce si curieuse une notice détaillée et pleine d'intérêt, à laquelle nous ne pouvons que renvoyer les bibliophiles.

Citons une pièce allemande d'une grande rareté, que M. Panizzi qualifie de « very interesting », et dont un bel exemplaire fut donné au British Museum par M. Grenville :

— Ein Schöne ‖ newe zeytung so Kayser-lich ‖ Mayestet ausz India yetz ‖ nemlich zü Kommen seind. ‖ Gar hüpsch vō den Newen ‖ ynseln, vnd von yrem sytten ‖ gar. Kurtzweylig züleesen. ‖
Ce titre est dans une bordure gravée sur bois et au-dessous est l'Ecusson impérial, l'aigle à deux têtes. S. l. n. d. (Augsburg, cª 1522), in-4, goth., de 8 ff., le filigrane du papier est un P goth.

Le caractère rappelle celui dont se servait Sigismond Grimm à Augsbourg, mais Panzer ne signale pas cette pièce parmi les produits de la typogr. du « Gelehrter und doctor der Arzney Gelehrsamkeit », de 1517 à 1524.

M. Harrisse a donné dans son beau livre (Bibl. améric., 115), le fac-simile du titre de cette pièce si rare « containing an account of Colombus, Mexico, etc. »

— HISTORIE del Sig. D. Fernando Colombo, nelle quali s'ha particolare e vera relatione della vita et de fatti dell' Almiraglio, don Christoforo Colombo suo Padre..... In Venetia, 1571, appr. Francesco de' Franceschi Sanese, in-8, de 248 pp.; plus 19 limin. pour le titre et pour la table. [25335]
M. Brunet donne exactement le titre de l'édition de 1571 de cette rare traduction italienne; mais il se trompe en donnant comme imprimée à Venise la seconde édition de 1614.

— HISTORIE...... Con aggiunta di lettere et testamento dell' Amiraglio, e dedicate alla Ser. Republica di Genova da Cesare Parona. Milano, G. Bordone, 1614, pet. in-8, de 16 ff. prél. (dont le dernier blanc), 16 ff. de table, et 494 pp.; les pages 253 à 290 contiennent l'ouvrage de Fr. Roman Pane sur les Indiens d'Hispaniola, écrit par ordre de l'Amirauté de Castille.

Nous connaissons d'autres réimpressions de ce volume rare aux dates de 1676 et 1685, et de plus la Vie de Christ. Colomb, trad. en franç. par Cotolendi. Paris, Barbin, 1680, 2 vol. in-12. A été réimprimée en 1681.

COLONIUS (Dan.). Analysis paraphrastica Institutionum Theologicarum Joh. Calvini disputationibus XLI contexta, auctore Daniele Colonio. Lugduni Bat., ex officina Elzeviriana, 1636. Cum privilegio. Pet. in-12, de IV ff. lim., le titre, impr. en rouge & noir, compris, et 950 pp.

Très-joli elzevir. 25 fr. Asher, 1865.

COLO-PIERROT. Kiot bite, dit ch'Gouailleux, m'neu d' Bergneux de Ch'don, rue des Bondes, à Amiens; à ch'obrieux d'évêque gueuvernon, comm'-y-serre sans entrailles den ch'département del Somme, à Amiens. A ch'plein scieu, chez tous ché marchands d'beux. S. d., in-8, de 21 pp.

Pièce imprimée à Amiens à la fin du siècle dernier; elle en patois picard, et nous citée par l'abbé Corblet (Glossaire Etymol.), qui donne le titre d'une autre pièce du même auteur : Ch' Nouvieu beudet d' Balaam.

La première, 16 fr. Burgaud des Marets.

COLOQUIO de Fenisa nueuamente compuesto en muy gracioso estilo. Valladolid, Herederos de Bernardino de Santo Domingo, 1588, in-4, de 4 ff.

Pièce curieuse et fort rare, que Salvá cite dans son catalogue (n° 1186), et que Gallardo a réimprimée dans le n° 7 du Criticon. Moratin en indique une édition de Sévilla, de 1540.

COMBAT (Le) du capitaine d'Auvillars et de la Graverie, son lieutenant, lesquels se sont entretuez à Sapinicourt en Partois, en l'armée de Msr le duc de Guyse, le dix-huictiesme de may 1617. Iouxte la coppie imprimée à Paris, chez Joseph Guerreau, 1617, in-8, de 8 pp. 8 à 10 fr.

COMEDIA intitolata Sine nomine. Fiorenza, appr. i Giunti, 1554, pet. in-8. [16691]

Allacci dit 1554 et non pas 1574, et son autorité est suffisante.

COMEDIAS de los mejores y mas insignes poetas de España. *Lisboa*, 1652, in-4. [16752]

12 comédies; volume extrêmement rare; l'exemplaire de Gayangos et celui du catal. Salvá (n° 1190) sont l'un et l'autre incomplets.

Citons encore :

— LAS COMEDIAS nuevas de los mas celebres Autores, y realzados Ingenios de España. *Amsterdan* (sic), *David Garcia Henriquez*, 1726, in-4, de 2 ff. et 506 pp. (*Salvá*, 1191).

COMÉDIE des Tuilleries (La), par les cinq autheurs (Boisrobert, P. Corneille, Rotrou, Colletet, l'Estoile). *Paris, Courbé*, 1638, in-4, de 10 ff. prél. et 140 pp.

9 fr. Solar; 21 fr. Favart.

— La même. *S. l. n. d.* (*Paris, Courbé*, 1648), pet. in-12, titre gravé.

Le prologue, de G. Colletet, contient la description du jardin des Tuileries, avant qu'il fût transformé par Le Nôtre.

En mar. de Trautz, réuni à l'*Aveugle de Smyrne*, par les cinq auteurs, également en *mar.* de Trautz, 430 fr. L. de Montgermont.

COMÉTARIOS del Veneciano. Vistos y examinados por los muy reuerẽdos señores inquisidores y con su licencia mandados imprimir. (A la fin :) *Esta hobra Fue impressa en la muy noble y muy leal ciudad de Seuilla. En casa de Antonaluarez impresor, acabose a quinze de Setiembre de Año de Mill y quiniẽtos y q̃rẽta y Seys* (1546), in-8, goth., de 72 ff. à longues lignes, 27 à la p., avec titre et texte encadrés.

C'est une traduction, faite par Fernando Xuarez, d'un voyage de Venise à Constantinople, publié en italien à Venise, sous ce titre :

— VIAGGIO da Venezia a Costantinopoli, il qual contiene le cose de' Turchi. *Venezia in casa de' Figliuoli d'Aldo*, 1541, in-8.

L'original et la traduction espagnole sont divisés en 5 livres; le premier est le récit du voyage, les deux autres sont relatifs à l'histoire et au gouvernement du pays.

L'original italien et la traduction sont des livres précieux. 40 à 50 fr.

COMESTOR (*Petrus*). Le Premier Volume de la Bible en Francoys. Le second volume de la Bible en Francoys. *A este imprimee ceste Bible en frãcois hystoriee pour Pierre Bailly, marchãt libraire, demourãt a Lyon, Lan de grace Mille* CCCCCXXI, *le* VIIIIᵉ *iour de decembre*. 2 tom. en 1 vol. in-fol., goth., à 2 col., avec d'innombrables fig. sur bois. [295]

300 fr. 1866; a passé dans la collection G. Offor.

— LE PREMIER VOLUME ‖ de la Bible en françoiz. ‖ (A la fin :) A la louange de Dieu ‖ créateur ꝑ de la tressa ‖ crée mere ‖ finist le premier volume de la grãt Bi ‖ ble en frãçois ‖ historice ꝑ corrigee auec le psaul ‖ tier. Et fut acheue d'imprimer le. xxiiii. iour de ‖ octobre. Lan mil cinq centz et. XXXVII.

Le second volume :

— A LA LOUENGE..... *Nouuellement im* ‖ *primee a Paris. Par Anthoyne Bonnemere, demourant au mont Sainct Hy* ‖ *laire, a l'hostel d'Albret. Lan mil cinq cenz trente huyt*.

2 vol.-in-fol., de X ff. lim., CLXV pp. chif., plus 1 f. blanc, sign. a-ccc-iii; de X-CXLIIII pp., plus pour le *Nouueau Testament* : c i (pour 1) à cxiii, sign. AA-yyy-iiii, fig. s. b. et en taille-douce. Vendu 160 fr., broché non rogné, en 1867.

COMMERCE (Le) honorable ou considérations politiques contenant les motifs... qui se trouvent à former des compagnies... pour l'entretien du négoce de Mer en France, composé par un habitant de la ville de Nantes. (Armes de Bretagne.) *A Nantes, par Guillaume Le Monnier, imprimeurs du Rei* (sic), *demourant en la grand rue à l'enseigne du petit Jesus*. M.DC. XXXXVI (sic, pour 1647), avec privilége du roy. In-4, de XV ff. limin., et 361 pp. pour le texte, sign. *a-yy* 5 ; toutes les sign. sont de 4 ff., *yy* comme les autres, mais il y a un dernier f. pour la p. 361, dont le v° est blanc et qui tient au cahier yy.

Les premiers feuillets limin. sont signés a, e, i, o, pour le titre, l'avertissement, la table et le privilége ; la dédicace au duc de la Meilleraie, signée F. M., comprend 7 ff. signés a, a 2, a 3, 4, e, 2, 3 ; probablement le feuillet complétant le cahier doit exister; il est peut-être blanc.

A la fin de la page 361, on lit : *Achevé d'imprimer le 23 mars 1647 pour la première fois.*

L'auteur de ce livre, aussi intéressant que rare, serait un nommé Jean Eon, en religion Mathias de S. Jean ; le but qu'il s'est proposé est de propager le goût du commerce maritime et de combattre l'opinion régnant, qui l'interdit en quelque sorte à la noblesse; l'auteur examine la nature et l'étendue du commerce étranger en France; fait la comparaison du traitement que subissaient alors les commerçants français à l'étranger avec celui que recevaient les étrangers en France; ces détails statistiques et économiques sont fort intéressants et tout à l'honneur de notre pays.

M. Dugast-Matifeux, de Nantes, a consacré à ce livre une notice substantielle, avec réimpression des passages importants. (Communiqué par le baron J. Pichon.)

COMMENT chascun se doibt vestir selon son estat. *Imprime a Paris*, s. d., pet. in-8, goth., de 4 ff., contenant 118 ff., le v° du dernier f. porte six lettres grises dont la réunion forme le mot : MUNIER.

Cette pièce curieuse paraît imprimée à Paris au commencement du XVIᵉ siècle. L'exemplaire Wᵐ. Martin, en *mar.* de Duru, a été vendu 225 fr. en 1869, et revendu 310 fr. chez M. Potier, l'année suivante.

COMMINES (*Ph.* de). Chronique et Histoyre faicte et composée par feu Messire Philippe de Commines, chevalier seigneur d'Argenton, contenant les choses advenues durant le règne du Roy Loys unziesme, tant en France, Bourgongue, Flandres, Arthois, Angleterre que Espaigne et lieux circonvoisins..... *Achevé d'imprimer le vingtième iour de Mars MDXXIV, pour Francoys Regnault*, pet. in-fol., de IV et 106 ff. [23414]

Nous trouvons l'indication de cette édition précieuse dans un catalogue rédigé par M. Bachelin-Deflorenne; nous n'avons pu vérifier l'exactitude de cette date; mais le prix infime, auquel elle a été portée (31 fr. à la vente du marquis de B. de M., en 1869), nous fait croire que l'exemplaire était dans un bien piteux état; quoi qu'il en soit, admettant comme authentique la date du 20 mars 1524, il faut classer cette édition avant celle de Galliot du Pré, du 26 avril de la même année, portée au *Manuel* comme la première; à moins que le rédacteur du catalogue n'ait mal lu la date, qu'il faudrait peut-être rétablir ainsi : M. D. XXIX ou XXVIII.

— CHRONIQUE et Hystoire faicte et composée par feu messire Phelippe de Commines... *Et fut acheveé dimprimer le septiesme iour du moys de septembre, lan mil cinq cens XXIIII, par Anthoine Couteau, paur Galiot du Pré*, pet. in-fol., goth.

En *v. f.*, 150 fr. Costa de Beauregard ; un exemplaire très-médiocre, 26 fr. Desq.

— CHRONIQUE..... *Imprimee le* XVe *iour de feurier lan 1525 par maistre J. G.*, pet. in-fol., goth.

En anc. rel. *mar.*, 131 fr. Cailhava ; 49 fr. catal. de M. (Labitte, 1876).

— CHRONIQUE..... *Lyon, Claude Nourry*, 1526, gr. in-4, goth.

Reliée avec la première édition de la *Chronique* de Charles VIII, de 1528, en anc. *mar. v.*, 370 fr. Solar; seule, 60 fr. Costa de Beauregard.

— CHRONIQUE du roy Charles huytiesme..... *Paris, Enguillebert de Marnef*, 1528, pet. in-fol., goth.

120 fr. Costa de Beauregard; l'exemplaire Solar, dans une riche reliure de Capé, 195 fr.; revendu 315 fr. Cailhava. Dans une riche rel. d'Hardy-Mennil, 800 fr. au cat. à prix marqué Gonzalez.

Il y a des exemplaires de l'édition de 1529, qui portent *Nicolas Cousteau*, au lieu d'Enguilbert de Marnef, ou de Françoys Regnault.

Avec le dernier nom du libraire, en *mar.* de Trautz, mais avec raccomm., 280 fr. Tufton; avec le nom de Marnef, un exemplaire provenant, dit-on, de Mazarin, mais relié par Trautz, 500 fr. Gancia.

— CRONICQUE et Histoire faicte et composée par feu messire Philippe de Commines, contenant les choses aduenues durant le règne du roy Loys unziesme, et la Cronicque du roy Charles huitiesme. *On les vend à Paris, par Symon Collinet*, 1538, in-8, goth.

Édition fort rare. En *mar.* de Duru-Chambolle, 126 fr. Morel, de Lyon.

— CHRONIQUE... *Paris, Jehan Ruelle*, 1560, petit in-8.

En *mar. v.*, aux armes et emblèmes du roi Henry III, avec la devise : « *Spes mea Deus* », 300 fr. seulement Gancia.

— MÉMOIRES de Philippe de Commines. *Leyde, Elzevier*, 1648, in-12.

En *mar.*, anc. rel., de 4 pouces 11 lig., 132 fr. Solar; de 0m131 (4 p. 10 lig.), 140 fr. Cailhava; de 0m130, 66 fr. Pieters; de 0m134 (exemplaire Sensier et d'Essling), 145 fr. Chaponay; de 0m133, 110 fr. Brunet, il était relié par Derome, mais avait quelques racommodages, il a été revendu 265 fr. chez M. Potier en 1870; un second exemplaire en papier dit *plus fort*, en *mar. doublé* de Bauzonnet-Trautz, de 0m132, 310 fr.; de 0m131, en *mar.* de Trautz, 220 fr. Huillard; de 0m131, relié

par Thouvenin, 157 fr. Chedeau ; en anc. rel. *mar.* de 0m130, 265 fr. baron Pichon. Enfin, l'exemplaire de M. de Montesson, de 0m137, en *mar. doublé* de Trautz, 1,200 fr. Potier (1870).

En *mar.*, rel. anc., aux armes du marquis de la Vieufville, de 0m131, 118 fr. Gancia.

A la vente H. Bordes, en 1873, figurent deux exemplaires : l'un en *mar.* de Duru (H. 0m134 et 1/2), 435 fr.; l'autre également relié par Duru en *mar.*, de 0m130, 300 fr.

Mais à la vente Benzon figurait un délicieux exemplaire, qui provenait encore de l'amateur bordelais, haut de 0m134 ; il était recouvert d'une reliure de Derome, d'une grande fraîcheur, aussi atteignit-il le prix de 1,230 fr.

L'un des derniers exemplaires qui passa en vente figura dans la vente Leb..... en mars 1876; il n'avait que 0m129, et n'était relié que par Hardy; il fut vendu 176 fr.; un autre de 0,127 1/2, en *mar.* de Padeloup, 200 fr. Labitte, en juin 1876; celui de M. de la Villestreux, de 0,128, en *mar.* de Capé, 81 fr.

Un exemplaire de 0m134, en *mar.* de Duru, 300 fr. au catalogue à prix marqué des libraires Morgand et Fatout.

— MÉMOIRES de messire Phil. de Commines. *Londres et Paris*, 1747, 4 vol. in-4, portr.

L'exemplaire de d'Hangard, en grand papier, avec la dédicace et les portr., en anc. rel. *mar.*, 485 fr. prince Radziwill; en *mar.* de Duru, également en grand papier, 355 fr. baron Pichon.

COMPAGNIE (La) des Penitens. *A Lyon, Estienne Dolet*, 1542, in-16, goth.

Ce petit livre doit avoir disparu, car nous ne le trouvons porté qu'aux catalogues des Foires de Francfort.

COMPAIGNE (*B.*). Chronique de la ville et diocèse d'Acqz ; par M. Bertrand Compaigne. *Orthez, J. Rouyer*, 1657, in-4.

Pièce rare; M. Brunet cite du même écrivain les *Chroniques de Bayonne*.

COMPENDIO de la humana salud. (Al fin :) *Fue acabada la p̃sente obra por || maestro arnaud guillẽ de brocar en || p̃aplona. a. x. d'octubre año.* M. CCCC. LXXXXV. In-fol. goth., de 72 pp., fig. s. b. au titre.

Ce volume, fort rare, est divisé en 9 *tratados*.

COMPENDIO Spiritual de Vida Christiãa, tirado de moutos autores pello primeiro Arcebispo de Goa, etc. *Impresso en Goa por Ioão Quinquencio, e Ioão de Endem, e por mãdado do Senhor Arcebispo.* (A la fin :) *Acabouse este presente livro..... aos 2 de Iulho, d3 1561. Annos.* In-12, de 431 pp. chiffrées, précédées de VIII ff. sans pagination et contenant « *O exercicio de toda a Somana.* » A la fin, un f. blanc; on voit dans le livre quelques grandes capitales avec des sujets passablement gr. s. bois.

C'est là, croyons nous, le premier livre imprimé aux Indes Orientales; il précède de deux ans le « *Colloquios de los simples* » (voy. DORTA). L'impression en est rudimentaire; la justification de certains feuillets n'est pas la même au recto et au verso.

Machado (*Bibl. Lusitana*, t. II, p. 161) cite de Gaspar de Leam, un « *Compendio espiritual de vida Christam* », imprimé à Goa en 1561, in-12, réimpr. à Coimbra en 1600, in-8. C'est très-évidemment le livre que nous venons de décrire, et dont un bon exemplaire a atteint le prix de £ 13, Sh. 5, à la vente Libri de 1862.

COMPENDIUM ad omnes materias In‖Jure ciuili inueniendas Margarita le‖gum appellatuʒ. In noïe domini Incipit. — (Au vᵒ du f. 51 :) Explicit summa que Margari ‖ ta legum nuncupatur. — (Au rᵒ du f. 52 :) Incipiunt casus speciales domī Ama ‖ nelli de claris acquis legū excellētissimi. — (Au vᵒ du f. 76 :) Incipiunt Textus et glose sīgula ‖ res et speciales... — (Au rᵒ du f. 108 :) Incipiunt Textus et Glose ‖ singulares ff. Novi... (Au vᵒ du f. 125 :) Incipiunt Textus et glo. singulares ‖ domini Guilhelmi de lugo legum ‖ excellentissimi. (Enfin au vᵒ du f. 152 :) Finit tractatus domī Bartoli de ‖ testibus et eoruʒ reprobacōnibus. *S. l. n. d.* (*Tholose, circa* 1475), pet. in-4, goth., de 152 ff., plus 2 ff. blancs au comm. et à la fin, 26 lig. à la p. entière; sans chif., récl. ni sign.

Ce précieux incunable est imprimé avec les caractères du DE FIDE INSTRUMENTORUM, d'André Barbatia, de 1476 (voy. *Dict. de géographie*, suppl. col. 1476). 150 fr. Tross, 1869.

COMPENDIUM facultatum et Indulgentiarum quæ religiosis societatis Jesu, et aliis Christi fidelibus, in Indiarum Orientalium et Occidentalium provinciis conceduntur. *Romæ*, 1585, in-8.

Édition originale. £ 1. Sh. 11. D. 6, Thorpe, 1847.

COMPENDIUM recenter editum, de multiplici Parisiensis Uniuersitatis magnificentia, dignitate et excellentia ejus fundatione. *Venundantur Parrhisiis, per Toussanum Denis*, s. d. (1517), in-4, de 20 ff.

En *mar.* de Duru, 33 fr. Le Roux de Lincy.

COMPILATION d'aucuns priviledges et reglamans deu pays de Béarn, feyts et octroyats à l'intercession deus estats ab los sermeʊts de fidelitat à sous subjets, et per reciproque deus subjets à lour Seignour. *Orthès, J. Rouyer*, 1576, in-4.

Volume rare et fort curieux. 40 à 50 fr.

— COMPILATION d'avgvns priviledgis et reglamens dev pays de Bearn, feyts et octroyats a l'intercession devs estats ab los serments de fidelitat devs seignovrs à soos subiects, et per reciproqne (*sic*) deus subiects à loor seignovr. *A Lascar, par C. de la Place*, 1633, in-4.

Édition que M. Maisonneuve croit à tort la première. 30 fr. Burgaud des Marets.

COMPLAINCTE (La) de France sur le

grief Trespas et Mort (proditoirement commise) de feu très-vertueux et très-magnanime prince François de Lorraine, duc de Guyse..... *Troyes, François Trumeau*, 1563, in-8, goth.

Cette pièce est remarquable par le caractère gothique, qu'un libraire de Troyes employait encore à cette date; on avait depuis longtemps abandonné à Paris et à Lyon le caractère gothique, qu'utilisèrent longtemps certaines imprimeries de province.

La pièce que nous venons de citer avait été d'abord imprimée à Paris en lettres rondes, 1563, in-8.

CŌPLAINCTE (La) des ‖ quatre elemēs. Laer. Feu. Le ‖ aue ⸱ℓ terre cōcordāmens Cōtre ‖ les mondains tāt hōmes q̄ fē ‖ mes. De pechez desqeulz (*sic*) horri ‖ bles et infames vengēce estre ‖ faict req̄rēt et demãdēt Laq̄lle‖cōmence et se parfera si de bref ‖ ilz ne samendent. Lacteur. *S. l. n. d.* (*Paris, vers* 1530), in-8, goth., de 4 ff., de 30 lig. à la p., sans ch., récl. ni sign.

Au-dessus des titres ci-dessus, un bois grossier, représentant un porcher avec son chien et ses pourceaux.

Un exemplaire de cette pièce précieuse fait partie de la bibl. du baron James de Rothschild, qui l'a reproduite au tome XI du *Recueil de Poésies françoises des XVᵉ et XVIᵉ siècles*.

COMPLAINTE de tous Capitaines et soldats Catholiques, reuenus de Poictou sur la cessation d'armes accordée aux hérétiques de Poictou : ensemble l'Epitaphe de feu M. de Guyse, fait par lesdits capitaines et soldats. *Paris, par C. Roger*, 1589, in-8.

Pièce fort rare. (Bibl. nation.)

COMPLAINCTE, doctrine et instruction de sapience, à la manière des doctes. *S. l.*, mis en lumière le 20 d'octobre de l'an 1544, in-16, titre, 94 pp. et 1 f. blanc.

Petit volume protestant, curieux et fort rare. Un exemplaire cartonné, 171 fr. Tross, 1870.

COMPLAINCTE (La) douloureuse de lame danee. ⟨⟨ Cy cōmence la complaincte de ‖ lame dannee faicte a l'utilite ‖ et salut dung chūn pescheur ‖ ..... *S. l. n. d.*, pet. in-4, de 18 ff., non chiffrés, à 24 lig. par p., en gros car. goth. [13435]

Quelques différences dans l'énoncé du titre au *Manuel* peuvent induire à penser que ceci est une édition inconnue; elle a le même nombre de feuillets et de lignes à la page, mais le caractère est différent, et elle semble plus ancienne. 215 fr. Yéméniz; en *mar.* de Trautz. 290 fr. W. Martin; revendu 350 fr. Potier.

— LA COMPLAINCTE douloureuse de lame dāpnee (suit une fig. en bois). — Cy finist la complaincte de lame dampnee. *Imprime a paris nouuellement en la rue neufue nostre dame a l'enseigne de lescu de France*, s. d., pet. in-8, goth., de 16 ff., dont le dernier blanc. 172 fr. Yéméniz.

COMPLAINTE (Cy cŏmance la) dung ‖ amoreux et la respŏce de sa dâme. — *Explicit deo gratias. S. l. n. d. (vers 1500)*, in-4, goth., de 8 ff., de 27 lignes à la page, sans ch., récl. ni sign.

Cette pièce de poésie n'est autre que la pièce célèbre attribuée à Alain Chartier : *La Belle Dame qui eut Mercy;* André du Chesne l'inséra dans l'édition qu'il donna d'Alain Chartier en 1617, sous un titre équivalent : *Complainte d'Amour et Responce.* (Pages 684-694.)

COMPLAINTE. La Cŏplaincte du ‖ petit monde. ‖ En ce monde ‖ ny a que peine. ‖ *On les vēd a Paris a la rue Saint Es ‖ tiēne des Grecz deuāt le college de Lysieux ‖ a lenseigne de la raquette par Bonauēture ‖ Guillotoys.* — Finis. *S. l. n. d. (Paris, vers 1530)*, in-8, goth., de 4 ff., de 20 lignes à la p. entière, sans sign., fig. gr. s. b. au titre; le vº du dernier f. est blanc; le nom du libraire est resté inconnu à Lottin.

Cette pièce en vers fait partie d'un recueil conservé à la bibl. de la Sorbonne, et qui provient des jésuites; elle est reproduite dans le 10e volume du *Recueil de Poésies françoises des XVe et XVIe siècles*, publiées et annotées par MM. Anatole de Montaiglon et James de Rothschild.

COMPLAINTE et Regrets de Gaspard de Colligny, qui fut admiral de France. *Paris*, 1572, in-8.

Pièce rare. 20 à 25 fr.

COMPLAINTE et Regret du capitaine de la Fleure, vaillant comme Cesar, a la sortie de prison tua trois gentilshommes avec une grille de fer..... *Lyon*, s. d. (1609), in-8, fig., de 7 pp.

16 fr. 50 c. Costa de Beauregard.

COMPLAINTE faicte à Dieu l'an MDLX, lors que les grandes tyrannies et cruelles persécutions s'exercent à l'encoutre des fidèles. *S. l.*, 1561, in-8, de 32 pp.

Après une complainte de 140 vers se trouvent trois chansons, dont la première est accompaguée de la musique.

Cette pièce fort rare est reproduite dans le *Chansonnier huguenot*, page 450.

CŎPLAINCTE (La) q̃ ‖ Faict Lamant A Sa Dame Par Amours. — *Finis. S. l. n. d. (Paris, vers 1540)*, pet. in-8, goth., de 4 ff., de 26 lignes à la p., sign. A. [13943]

Au titre, le bois de l'homme qui appuie la main sur la garde de son épée et parle à une femme.

Un bel exemplaire de cette pièce faisait partie du catal. Cigongne (nº 833); il est aujourd'hui chez le duc d'Aumale; le Musée britannique en possède un second.

L'exemplaire de l'édition de Jean Bonfons, qui appartenait à M. Brunet, a été porté, réuni à trois autres pièces de poésies gothiques, à 1,520 fr.

C'est une des pièces les plus libres qui existe; elle n'a pu être reproduite dans le *Recueil des Poésies françoises*, publié par M. de Montaiglon.

COMPLAINTES. Les ‖ Complaintes ‖ des Monniers aux ‖ Apprentifz des Tauerniers ‖ Qui font leur complaintes *(sic)* aux Monniers ‖ Et les Monniers (dont cest pitié) se plaignent plus qu'eux la moytié. ‖ *A Roüen ‖ chez Abraham Cousturier, libraire; tenant ‖ sa boutique, pres la grand'porte du Palais, au Sacrifice d'Abraham, s. d. (vers 1600)*, pet. in-8, de 8 ff., de 24 lignes à la page, sans sign.

Le verso du titre est blanc ainsi que le dernier feuillet; au titre, un personnage grotesque, gr. s. b. (*Bibl. nation.*, Y. 4796, A. 8. Rés.)

MM. Anat. de Montaiglon et J. de Rothschild, qui insèrent cette pièce de poésie populaire au tome XI des *Poésies françoises des XVe et XVIe siècles*, font remarquer que cette complainte se rapporte à deux règlements de police, publiés en 1546; cette édition rouennaise n'est certainement pas la première.

COMPOST et Kalendrier des Bergers. [9019]

L'édition de *Paris*, *Guy Marchant*, de l'an MIIIIC (1500), in-fol., goth., de 91 ff., sign. A-n, avec 1 f. indépendant qui suit le cahier *h*, et représente la tour de sapience, 1,850 fr. Yéméniz, dans une riche reliure de Niédrée.

Un très-bel exemplaire de la première édition donnée à Paris en 1493, par Guiot Marchant, relié par Trautz, 3,000 fr. baron Pichon.

M. Brunet signale, sous une forme presque dubitative, une édition de 1497; voici la description :

— COMPOST (Cy est le) et Kalēdrier des Bergiers..... *A Paris, imprime par Guy Marchant... lan M. cccc. iiii-XX et XVij. Le XVIe iour de septembre*, pet. in-fol., goth., fig. s. b., de 88 ff., sign. A-N. iiij.

COMTE (Le) de Soissons, nouvelle galante (par Isaac Claude). *Cologne, Pierre Marteau*, 1687, pet. in-12.

52 fr. vente Potier.

CONCILIUM Sanctum provinciale Mexici celebratum anno dñi 1585, præsidente in eo D. P. Moya de Contreras, archiep. Mexicano. Romæ confirmatum 1589, nunc vero ad instantiam et ex sumptibus D. Joannis de la Serna Archiep. Mexic., iussu regio editum..... Accedunt Statuta ordinata a Sancto Concilio provinciali Mexicano III, anno 1585. *Mexici, Jo. Ruiz*, 1622, 2 part. en 1 vol. in-fol., de IV-102 ff. chiff., et 2 ff. non chiff. pour l'index, front. gravé. 2e partie, titre et 39 ff. chif...

Volume fort rare, vendu 13 thal. Andrade; porté à 150 fr. au catal. Tross; un autre exemplaire £ 1. Sh. 9. » Fischer.

CONFESSIO doctrinæ Saxonicarum Ecclesiarum Synodo Tridentino oblata A. D. 1551. *Basileæ, Oporinus*, 1552, pet. in-8, de 52 pp.

Pièce rare. 26 fr. novembre 1872.

CONFESSIO fidei ac religionis baronum ac nobilium Bohemiæ (ecclesiæ Picardorum ut vocant in Bohemia et Moravia)..... Hanc multæ ecclesiæ quæ sunt in regno Poloniæ nuper susceperunt (cum præfat. P. P. Vergerii). *S. l.*, 1558, pet. in-8, de IX-51 ff. ; la préface est datée : *Tubingæ, Kal. Augusti M.D.LVII.* 30 fr.

CONFESSIO fidei, quam Anna Burgensis, clarissimus doctor parlamenti Parisiensis obtulit eodem parlamento. Addita historia Martyrii quo Confessionem suam sanguine obsignavit Lutetiæ. *S. l.*, 1559, in-4, de 16 ff.

Relation calviniste du martyre d'Anne du Bourg; cette pièce est fort rare. 20 fr. 1869.

CONFESSIO Augustana. *S. l.*, 1530, in-4, de 5 ff.

Édition originale latine, citée au *Manuel.* [Widekind, page 248 ; Bauer, *suppl.*, page 144.]

— CONFESSIO fidei exhibita invictissimo imp. Carolo V, in comiciis Augustæ, anno 1530. Addita est Apologia confessionis (Auct. Phil. Melanchtone). *Wittebergae, Georg Rhaw*, 1531, in-4, titre gr. s. b.

— CONFESSIO fidei..... ibid, id., 1531, in-8.

David Clément signale cette édition comme imprimée quatre mois après l'édition de 1531, in-4, ci-dessus ; celle-ci contient d'importantes modifications apportées par Melanchton. 36 fr. Delasize.

De nombreuses réimpressions sont signalées : *Augsburg*, 1535, in-4 ; *Witteberg*, 1540, in-4 ; 1541, 1542, in-8 ; un exemplaire de cette dernière édition, donnée également par G. Rhaw, exemplaire enrichi d'une note autographe en 11 lignes de Melanchton. 32 fr. Delasize.

— Confession de la foy presentee a Tres inuictissime Empereur Charles V a la journee d'Auspurg, composee en latin par Philippe Melanchthon, et depuis translatee en françoys par Jehan Dalichamps. *Imprimé nouuellement*, M.D. XLII. (À la fin :) *Achevé d'imprimer le IX de Janvier Mil cinq Cent XLIII. Strasbourg*, in-8, de 143 pp., avec titre encadré sur bois.

Édition précieuse et peut-être la première de la version française. Un exemplaire réuni à une pièce de Calvin, 500 fr. Soleil.

— Confession de foy présentée par les princes, électeurs, seigneurs et communautez des Eglises réformées d'Allemagne à l'empereur Charles cinquiesme, en l'assemblée des Etats d'Allemagne, tenuë à la journée d'Augsbourg. *S. l.*, pet. in-8, de VIII ff. lim., dont un f. blanc, et 48 ff. chiffrés, en car. ronds.

Une réimpression, sous la date de 1561, in-16, a été donnée à Genève en 1855, par les soins de J.-G. Fick.

Nous n'avons pas à parler des éditions allemandes, pour lesquelles nous renvoyons au *Manuel*, à Widekind, à Bauer et même à Graesse ; mais nous citerons quelques-unes des traductions les plus rares :

En grec :

— CONFESSIO fidei...., græce reddita a Paulo Dolscio. *Basileæ*, 1559, in-8.

En danois :

— DEN CHRISTELIGE TROES bekindelfe, overgivet til Augsborg 1530. Fordansket ved Jorgen Jensen as Wiberg til Otthens. *Kiobenhave*, 1533, in-8.

Une édition en langue finnoise a été exécutée à Abö (Tourkou), *Turusa*, 1693, in-4.

En croate :

— ARTICULI deili, te prave stare vere Kerszhauske. Drey Christliche confessionen, nämlich Augspurgische, Wirtembergische vnd Sächsische, wie die eine dem grosmächtigisten Römischen Keiser Carolo dem fünfften... *V Tubingi, vtim leitu po Christuseuim Roistun.* M. D. LXII, in-4.

Cette version, fort rare, a été exécutée en caract. ronds, à la typographie protestante fondée en 1561, à Tubingen, par le baron Hans Ungnad ; le très-petit nombre de livres que produisit cette imprimerie fut en général confisqué et détruit par l'empire aussi sont-ils devenus d'une extrême rareté ; un exemplaire de cette version croate n'a été vendu que 8 florins Butsch ; mais il est porté à 240, puis à 200 fr. aux derniers catalogues Tross.

En suédois :

— CONFESSIO Augustana. Eller Tronnes Bekennelse, som Churforsten aff Sachsen, sampt medh nagre andere Tyske Forster och stader, uthi then Riksdag som stood I Ausburg, 1530. Affsatt pa Swenska aff. P. Jo. Gotho. *Rostock, Mollmann*, 1581, petit in-8.

Livre fort rare. Un très-bel exemplaire a été payé 55 fr. à la vente du past. Conod.

On trouve encore des versions bohémiennes: *S. l.*, 1607, in-12, et *Ollmütz*, 1620, in-12 ; hollandaises : *Wesel*, 1543, in-4 ; ibid, 1558, in-8 ; et *S. l.*, 1567, in-12 ; polonaises : *Königsberg*, 1561, in-4 ; *Dantzig*, 1594, in-4 ; *Thorn*, 1635, in-4, etc.

Tous ces volumes sont d'autant plus rares en France qu'ils y sont moins recherchés.

CONFESSION (La) de foy de Nicolas Xilander, Borussien, de Sebastian Flaschius, de Mansfelt, de Jean Brunner, de Togkembourg, jadis ministres de la confession d'Auguste (*Augsbourg*, sic) ou secte luthérienne. Lesquels depuis l'abjuration de la secte, en laquelle avoyent esté nez, enseignez dès leur ieunesse, et puis dogmatisé au peuple, remonstrent par vives raisons les occasions de leur réduction, en descouvrant en outre la nature, abus et ruses des sectaires modernes... *Lyon, J. Stratius*, 1584, pet. in-8.

Volume rare et curieux. 30 fr. 1862.

CONFESSION. La Grande ‖ Côfession ‖ Generalle pour scauoir côgnoistre a tous ‖ bons chrestiens pour soy examiner et con ‖ fesser tous ses pechez. *Nouuellement im ‖ primee a Paris*, s. d., pet. in-8, goth., de 8 ff., fig. s. b. au titre.

En *mar.* de Lortic, 175 fr. catal. Fontaine ; en condition ordinaire, ne vaudrait guère que 20 à 25 fr.

CONFUCIUS. Werke des tschinesischen Weisen Kung-fu-dsü, trad. en allemand par C. Schott. *Halle*, 1826, in-8, de 216 pp. [3783]

Landresse, dans le *Journal asiatique* (nouvelle série, tome II, pages 143-157), fait une rude critique de ce travail. Schott, bien loin d'avoir pénétré le génie de la langue chinoise, s'est, paraît-il, borné à traduire en allemand la version anglaise du *Lun yu* donnée à Sérampore en 1809, par J. Marschman.

Cette traduction a été réimprimée à Berlin en 1832, 2 part., pet. in-8.

CONGRATULATION à la France pour le bénéfice de la paix générale entre les princes chrétiens, faicte et conclue le deuxième May 1598. *A Lyon, par Thibaut Ancelin*, 1598, pet. in-8, de 12 ff.

Un bel exemplaire de cette pièce, en *mar.* de Masson et Debonnelle, 51 fr. Ruggieri.

Il était réuni à une seconde pièce moins rare :

— LA PUBLICATION de la paix entre Henry, roy de France, et Philippes, roy des Espagnes. *Lyon*, 1598, in-8.

CONJURATIONS (Les) faites à un démon possédant le corps d'une grande dame. Ensemble les étranges réponses par lui faites aux saints exorcismes en la chapelle de Notre-Dame-de-la-Guarison, au diocèse d'Anche (*sic*), le 19 novembre 1618. *Paris, I. Mesnier*, 1619, in-8.

Pièce curieuse. 8 à 10 fr.

CONQUESTE de Trebisonde (Sensuit la). Cy fine ce present liure intitule la conqueste de l'empire de Trebisonde faicte par Regnault de Montauban filz du duc Aymond... *Nouellemēt imprimee a Paris pour Yuon Gallois libraire demeurant audict lieu sur le pont aux Musniers a l'enseigne Sainct Françoys et Sainct-Yues*, s. d., in-4, goth. [17036]

Cette édition a précédé, selon nous, celle de la veuve Jehan Trepperel, que M. Brunet cite comme la première ; elle est à longues lignes et en gros caractères, rappelant le caractère du premier Anth. Vérard ; elle doit avoir été exécutée vers 1515 ; Yvon Gallois, d'ailleurs, ne figure pas au catal. de Lottin ; les mots : « *nouuellement imprimé* », qui se trouvent au colophon de l'édition de la veuve Trepperel et de celle-ci, semblent du reste indiquer une édition plus ancienne dont nous n'avons pas le titre.

L'édition de la veuve Trepperel, en *mar. doublé* de Koehler, 390 fr. Solar ; et à la même vente, l'édition de Yvon Gallois, en *mar.* de Thompson, 700 fr. pour la Bibl. nation.

Un bel exemplaire de l'édition d'*Alain Lotrian*, s. d., in-4, goth. à 2 col., fig. s. b., relié en *mar.* par Duru, 1,010 fr. Yéméniz.

— LA CHRONIQUE de Turpin, archeuesque et duc de Reims, et premier pair de France. Faisant mention de la conqueste du très-puissant empire de Trebizonde, faite par le très-pieux Regnaut de Montauban... *A Lyon, par François Arnoullet*, 1583, in-8.

Ce titre semblerait indiquer la reproduction de la chronique de Turpin, et c'est uniquement une réimpression du roman de la conqueste de Trébizonde. En *mar. doublé* de Koehler, 240 fr. Yéméniz.

CONQUISTA de Cataluña por el Marques de Olias y Mortara. *S. l. n. d.*, in-fol., de 2 ff., et 183 pp.

Volume dont on ne connaît pas l'auteur ; il doit avoir été imprimé à la fin du XVIIᵉ ou au commencement du XVIIIᵉ siècle ; il semble être sorti d'une imprimerie particulière, et ne paraît pas avoir été destiné au commerce. Ce livre, d'une extrême rareté, contient le récit des opérations militaires, dont la Catalogne fut le théâtre de 1650 à 1652.

CONRAD (*Olivier*). Le Mirouer des pescheurs. [13372]

La date (1526) n'est point à la fin du prologue en vers, mais bien à la fin d'une épître latine de l'auteur, qui précède le prologue.

C'est une traduction du SPECULUM PECCATORUM.

L'épître est datée : « *Ex Cœnobio Magdunio ad Ligerim. Idibus decēbris, anno a natali Christiano Millesimo Quingentesimo vigesimo sexto* ». Le *Cœnobium Magdunium* c'est Mehun-sur-Loire, aujourd'hui *Meung*, patrie de Jehan de Mehun.

CONRADUS Turicensis (Conrad de Zurich). Repertorium historico-poeticum. (Au commᵗ. :) Repertorium vocabulorum equisitorum oratorie poesȝ et ∥ historiarum cum fideli narracōne earum rerum que ambigui ∥ tatem ex huiusmodi vocabulis accipiūt per quod fere om ∥ nes occulte et difficultatis et subtilitatis in studiis lᵲumani ∥ tatis facile iuxta alphabeti ordinem inveniētur. Editum a ∥ doctissimo lᵲarum amatore Magistro Cunrado Turicensi ∥ ecclesie cantore et ōple- tus anno dñi Mᵒ CCLXXIIIᵒ in vigilia assumcōnis beate Marie Virgine indictione prima Incipit feliciter.

Unde liber venerit presens si forte requiras Quidve novi referat perlege quod sequitur Bertoldus nitide hūc impresserat in Basilea, etc.

(*In fine :*) *Deo gracias*. S. d. (cᵃ 1474), in-fol.

Volume rare et précieux que nous n'avons trouvé décrit qu'au catalogue des chanoines réguliers de Rebdorf.

CONSECRATIO et Coronatio regis Francie. *Venundantur Parisiis, in vico Judaico, in intersignio duorum Sagittariorum...* (*Marque de Guil. Eustace sur le titre.*) S. d., pet. in-8, goth., de 20 ff., avec une fig. s. b., imprimé en car. rouges et noirs.

Opuscule intéressant et fort rare ; le privilége en français, placé à la fin de la pièce, donne la date : *Et a doñe nostre syre audit Guillaume Eustace..... lettre de privilege..... Faict le XX de mars. mil. cccc. et X.* 50 fr. Ruggieri, et 70 fr. au catalogue à prix marqué du libraire Tross.

CONSIDÉRANT (*Victor*). Destinée sociale. *Paris, au Bureau de la Phalange*, 1834-38-44, 3 vol. in-8.

Édition originale, rare aujourd'hui, du plus important ouvrage du chef de l'École phalanstérienne. 28 fr. Delasize.

— La même. 2ᵉ édition. *Paris*, 1847, in-8.

10

— THÉORIE de l'éducation naturelle et attrayante, dédiée aux mères. *Paris, librairie de l'École sociétaire*, 1844, in-8.

Édition originale d'un livre qui fait suite à la *Destinée sociale*. 6 fr. 50 c. Delasize.

CONSTANCE (La) des femmes nouvellement descouverte. *Lyon, jouxte la coppie*, 1627, pet. in-8.

Satire antiféminine qui traite de la constance des femmes, à la façon des *Contes* de la Fontaine, qui font l'éloge de leur chasteté.

CONSTANT (P.). Discours de l'entrée faicte en Avignon, à très-noble et illustrissime prince Monseigneur le Cardinal de Bourbon, légat, le 26 octobre 1574... par P. Constant Lengrois. *Lyon, Benoist Rigaud*, 1574, in-8, de 16 pp.

Pièce curieuse, relative au cardinal de Bourbon, le roy de la Ligue.

En *mar.* de Koehler, 170 fr. Ruggieri.

CONSTITUTION (La) de l'hôtel du Roule, ou les Cent-une propositions de la très-célèbre madame Pâris. *A Condom, l'an des C...*, 10007 (vers 1755), pet. in-8, de 144 pp.

Recueil de 101 épigrammes, chacune de dix vers de huit syllabes, et qui ne paraissent avoir été réimprimées nulle part ailleurs, si ce n'est dans un volume plus rare encore, intitulé : *L'Unigenitus du duc de R...* (Richelieu), l'an des C..., 7756 (1756). Ce dernier offre quelques variantes sur le premier, mais peu importantes.

Ce petit vol sotadique est d'une extrême rareté ; il a été réimpr. à très-petit nombre.

CONSTITUTIONES Dioecesis Lascuriensis per Jacobum de Fuxo editæ. *S. l. (Lescar), typis Johannis de Vingles*, 1552, in-4.

Ce livre liturgique, fort rare, fut édité par Jean de Foix, évêque de Lescar, et, suivant toutes les apparences, imprimé dans le palais même de l'évêque, par l'imprimeur de Pau, J. de Vingles, avec un matériel spécialement apporté à Lescar.

CÕSTITUTIONES fratruum (*sic*) hæremitarum Sancti patris ñri Augustini Hiponensis episcopi et doctoris ecclesiæ. *S. l. n. d.*, in-4, de 84 ff.

Ce livre ne porte ni date ni lieu d'impression, ni le nom de l'imprimeur ; mais on y trouve la marque de Jean Paul, le premier imprimeur de Mexico, c'est-à-dire un cœur percé de trois flèches ; les caractères et les capitales ornées sont absolument les mêmes que ceux qui se rencontrent dans les deux rares ouvrages de 1556 décrits sous la rubrique : *Ordinarium*.

C'est un livre de la plus grande rareté et d'un prix fort élevé.

CONSTITUTIONES..... Ordinis Velleris aurei. *Antverpiæ, ex off. Plantiniana.* S. d. (cᵃ 1620), in-4. [28755]

Ce livre se compose d'un titre, de deux gravures en taille-douce de Corn. Galle, représentant les armes d'Espagne et les insignes de la Toison ; de 4 ff. de table, et de 91 pp. de texte et additions, plus 2 ff. blancs.

Corneille Galle est né en 1576, et le livre doit avoir été imprimé vers 1620 par Jean Moret.

Un exemplaire sur *vélin* de la première édition des *Constitutiones Ord. Velleris Aurei* est porté au catal. de Gancia en 1855, à 6 guinées.

L'exemplaire La Vallière n'avait été estimé par M. De Bure que 50 fr. en 1840 (7ᵉ catal.).

CONSTITUTIONES Societatis Jesu. *Romæ, in Ædibus Societatis Jesu*, 1558, in-8, de 158 pp., et un index de 4 pp. — Primum ac generale Examen. *Ibid.*, 1558, in-8, de 52 pp., et 3 ff. blancs ; — Constitutiones soc. Jesu. *Ibid.*, 1559, in-8, de 6 ff., dont le 6ᵉ blanc... (le reste comme au *Manuel*).

L'édition de Rome, 1606, in-8, doit avoir un portrait de saint Ignace, gr. s. b. au titre ; un exemplaire sur *vélin* est porté à 150 fr. au 7ᵉ catalogue de la librairie De Bure en 1840.

CONSTITUTIONS et Ordonnances faictes par le roy à Vennes, ou (*sic*) Moys daougst 1532, sur le faict de l'abreviation des proces en Bretaigne. *On les vend a Nantes, chez Anthoyne et Michel les Papolins*, 1532, pet. in-4, goth., de 8 ff.

Pièce rare. 15 à 20 fr.

CONTEMPTU (De) mundi cum commento. Venundantur Cadomi pro Michaele angier eiusdē loci uniuersitatis bibliopole, et Johanne mace Redonis commorante. (A la fin :) *Cadomi Impressus per Laurentium hostingue : Impensa honesti viri Iohannis mace Redonis commorantis. S. d.* (cᵃ 1500.), pet. in-4, de 24 ff., sign. A-D, avec la marque de Mich. Angier sur le titre.

L'une des plus rares impressions de Caen. 45 fr. 1868.

CONTENANCES (Les ‖) de la Table. ‖ *S. l. n. d.*, in-4, de 6 ff. [13442]

Le premier feuillet contient le titre qui commence par la grande L historiée de Vérard ; les deux feuillets suivants sont signés *a* ii et *a* iii. Le reste de la pièce est sans chiffres ni réclames ; il n'y a pas de ponctuation.

Le 10ᵉ quatrain qui finit le verso du 2ᵉ f. et commence le 3ᵉ, a cinq vers ; c'est-à-dire que le 2ᵉ vers se trouve répété en haut du 3ᵉ f., ce qui constitue une sorte de réclame.

Au verso du 5ᵉ f. commence la ballade de 3 strophes octosyllabiques ; plus un quatrain, et à la suite, au bas du recto du 6ᵉ f. : *Cy finissent les contenāces de la table.* (Bibl. nation. Y — 6156. B.)

— LA CONTENĀCE de la table. *Nouuellement imprime a Paris, s. d.*, pet. in-8, de 4 ff. goth., avec une fig. s. b.

Édition décrite au *Manuel* ; elle a été vendue 255 fr. Yéméniz ; c'était l'exemplaire de Ch. Nodier ; il était relié avec deux autres pièces : *La Doctrine du père au filz. Paris, s. d.*, in-8, goth., de 4 ff., et *Les Jours heureux et périlleux de lañce reuelez par lange au bon sainct Job. S. l. n. d.*, in-8, goth., de 4 ff., 2 fig. s. b.

CONTES en vers par un Vendéen. *Aux Sables d'Olonne*, 1810, in-18.

Curieux et rare. 8 à 10 fr.

CONTES et Nouvelles en vers, par Voltaire, Vergier, Senecé, Perrault, Montcrif et le P. Ducerceau. *Paris, Leclère fils*, 1862, 2 tom. en 1 vol. in-12.

Portrait de Voltaire et de Grécourt ; vignettes à mi-page ; un des 20 exemplaires sur papier de Chine, en *mar*. de Capé, 95 fr. vente du marquis de B. de M. ; en demi-rel., papier ordin., 50 fr. catal. Morgand et Fatout.

CONTRACT ‖ d'Association ‖ des Iésuites ‖ au Trafique de Canada ‖ Pour apprendre à Paul de Gimont, l'un ‖ des donneurs d'aduis pour les Iesvites contre le ‖ recteur & Uniuersité de Paris, & à ses ‖ semblables, pourquoy les Iesvites ‖ sont depuis peu arrivez en ‖ Canada. ‖ M. DC. XIII. *S. l.*, pet. in-8, titre un f., texte pp. 3 à 8.

M. Edw. Tross a fait faire de cette pièce, aussi rare qu'intéressante, une réimpression figurée, qui n'a été tirée qu'à 12 exemplaires, tous sur *vélin* ; plus 2 exemplaires de mise en train sur papier de Hollande ; cette réimpression a été parfaitement exécutée chez D. Jouaust ; les exemplaires sur *vélin* étaient portés à 40 fr., et les deux, sur papier, à 12 fr.

CONTRACT passé entre les docteurs de la Faculté de médecine de Paris, et les maistres barbiers chirurgiens de ladicte ville. *S. l. n. d.* (*Paris*, 13 janvier 1505), in-4, goth.

Pièce dont nous ne connaissons qu'un exemplaire (Bibl. nation., *Recueil Thoisy*).

CONTRAFEHEDE Herrn Fugger et Frawen Fuggerin. (Portraits des seigneurs de Fugger et de leurs femmes.) *Augsburg*, 1620, in-fol., 127 portr. gravés par Lucas Kilian. 40 à 50 fr.

CONTRERAS (*Christoval* Manso de), Regidor de la ciudad de Antequara, valle de Oaxaca. Relacion cierta y verdadera de lo que sucedió, y a sucedido en esta villa de Guadalcaçar, provincia de Tehuantepeque, desde los 22 de Março de 1660, hasta los 4 de Julio de 1661. Cerca de que los naturales Indios de estas Provincias, tumultuados y amotinados, mataron a D. Juan de Avellan. *En Mexico, por Juan Ruyz*, 1661. in-4.

Récit fort curieux de la guerre d'indépendance des Indiens Tehuantepec, en 1660. £ 3. Sh. 7. D. 6., Fischer.

CONTRERAS (*Jeron.* de). Selva de aventuras, compuesta por Hieronimo de Contreras, coronista de S. M. Va repartida en siete libros..... *En Barcelona en casa de Claudes Bornat, al Aguila Fuerte*, 1565... (Al fin :) *Acabose esta selva de Aventuras... a diez y siete dias del mes de Abril, en la muy noble y rica ciudad de Barcelona, en casa de Claudes Bornat*, 1565.

In-8, de VIII et 120 pp. chiffrées. [17581]

Première édition.

Une édition de *Salamanca*, 1573, in-8, est citée par Ticknor, 111-153.

Ce roman fut compris dans l'*Index expurg.* de 1667, page 529.

CÔTROUERSES ‖ des sexes masculin ‖ et feminin (par Gratian du Pont, seigneur de Drusac). *S. l.*, M.D.XXXVII, 3 part. en 1 vol. in-16, fig. s. b., lettres rondes. [13390]

Cette édition, avec la date de 1537, correspond exactement à la description de l'édition de 1536, donnée au *Manuel* ; rien de plus ordinaire, du reste, que de rencontrer, alors comme aujourd'hui, des exemplaires d'une seule et même édition, avec des dates différentes. Les signatures sont a-z par 8 ff. ; A-O par 8 ; P de 10 ; Aa de 8 et Bb de 6 ff. ; la première partie a 48 ff., dont le dernier blanc ; la deuxième va du feuillet 49 à 216, et le tiers-livre de 217 à 295 ; puis 11 ff. de table non chiffrés, et 14 ff. non chiffrés pour « *la Requeste* ». Au verso du dernier feuillet est la marque inconnue du libraire-imprimeur qui a donné en 1537 une édition de Marot, et une autre de Rabelais, marque que reproduit le *Manuel* au tome III, col. 1450.

Un bel exemplaire de cette édition, avec la date authentique de 1537, recouvert d'une splendide reliure de Trautz, parfaitement disproportionnée comme éclat avec l'importance du livre, est porté au prix excessif de 1,500 fr. au catal. du libraire Fontaine ; la reliure doit certainement entrer dans ce chiffre pour 700 ou 800 fr.

Il doit exister une autre édition sous la même date, car, dans un catal. à prix marqué du libraire Bachelin, nous trouvons une édition de 1537, dont la première partie a 40 ff. ; il est vrai que le 40e f. est chiffré par erreur, XXXV, ce qui répond à la description du *Manuel* ; l'exempl. dont nous parlons, en *mar*. de Thibaron-Joly, est porté à 600 fr.

— CÔTROUERSES des sexes masculin et femenin. MDXXXIX. *S. l.*, in-16, fig. s. b., en lettres rondes ; le titre, qui porte : *Requeste du sexe masculin*, est imprimé en goth.

En *mar*. de Bauzonnet, 165 fr. Yéméniz.

Le bel exemplaire Solar de la première édition (1534) a été vendu 281 fr. ; l'exemplaire Chedeau, en *mar*. de Simier, 400 fr.

L'exemplaire Crozet, de l'édition de 1537, in-16, en *mar*. de Bauzonnet-Trautz, 285 fr. de Chaponay ; il avait été payé 120 fr. à M. Tross, mais relié depuis.

— L'édition de *Paris*, *Denys Janot*, 1540, pet. in-8, dans une riche reliure en *mar*. *doublé*, 600 fr. catal. Morgand et Fatout.

— L'édition de *Paris*, *Maurice de la Porte*, 1541, pet. in-8, lettres rondes, en *mar*. de Padeloup, exemplaire *Girardot de Préfond*, 351 fr. Double ; et une édition sous la même date, de *Paris*, *Françoys Regnault*, pet. in-8, fig. s. b., en *mar*. de Duru, 72 fr. Desq.

COPE (*Alan.*). Dialogi sex contra summi Pontificatus, monasticæ vitæ, sanctorum, sacrarum imaginum oppugnatores et pseudomartyres. *Antverpiæ, ex officina Christ. Plantini*, 1566, in-4, de XVI ff. lim., 1002 pp. et XXIV ff. de table ; avec une grande planche pliée qui n'est pas citée dans les *Annales plantiniennes*.

Ouvrage important. 30 à 40 fr.

COPERNIC (N.). Nicolai Co ‖ pernici Torinensis ‖ de reuolvtionibvs orbi ‖ vm cœlestivm Libri VI. ‖ Habes in hoc opere jam recens nato et ædito, ‖ Studiose Lector, Motus stellarum..... restitutos... Ἀγεωμέζητος οὐδεὶς εἰσίτω... *Apud Joh. Petreium Norimbergæ,* 1543, pet. in-fol., de x ff. lim., et 196 ff. chiff., fig. [8256]

Nous avons cru devoir rectifier le titre et la disposition de cette célèbre édition originale.

COPEY etlicher brieff ‖ so ausz Hispania kummē ‖ seindt, anzaygt die eygenschafft des ‖ Newen Lands, so newlich von Kay. ‖ May. Armadi auffdem newen ‖ Mön gefunden ist worden, durch die Hispanier. M. D. XXXV. *S. l.*, pet. in-4, de 4 ff.

Pièce d'une grande rareté, non citée dans la *Bibl. americana vetus.* de Harrisse, et que M. Tross porte à 260 fr.; c'est une courte relation de l'expédition de Pizarre, au Pérou.

COPIA delle lettere del prefetto del ‖ la India la Nuoua Spagna detta, alla Cesarea Maesta rescritte. *S. l. n. d.*, pet. in-4, de 2 ff., texte en car. ronds.

Cette pièce, relative à la conquête du Pérou, par Fr. Pizarre, est d'une extrême rareté; nous ne pouvons, avec M. Harrisse, en citer qu'un exemplaire, qui de R. Heber a passé chez Grenville, et de là au British Museum; elle était évidemment écrite tout d'abord en espagnol; mais le texte original est perdu. Cette lettre curieuse fut traduite en italien, puis en allemand, enfin en français.

Voici les titres de ces deux pièces :

— NEWE ZEYTUNG ‖ aus hispanien und ‖ italien. ‖ Mense februario. ‖ 1534. ‖ *S. l.*, pet. in-4, de IV ff. non chiff., dont le premier pour le titre.

« Gazette d'une excessive rareté, dit M. Libri, et qui paraît avoir été imprimée à Nuremberg. Elle contient la première nouvelle de la découverte du Pérou, et est restée inconnue à tous les bibliographes que nous avons pu consulter..... » On sait que le premier document qui fut connu, jusqu'à présent, relat. à la conquête du Pérou, était la *Lettera dalla nobil Citta,* datée du 25 novembre 1534; cette gazette précède de 9 mois la *Lettera.*

£ 4. Sh. 6. Libri.

— NOUVELLES certai ‖ nes des Isles ‖ du Peru, 1534. *On les vend a Lyon chez Fräcoys* ‖ *Juste deuāt Nostre dame* ‖ *de Confort.* ‖ In-16, goth.

Traduction française, citée au *Manuel;* cette pièce aurait une très-grande valeur aujourd'hui.

COPIA delli ultimi avisi dove s'inteńde la immortale vittoria, che ha haveto il Christ. Re di Francia, contra i suoi ribelli, co'l nome et cognome di tutti quelli che sono morti, con la confirmatione della morte del grand'Admiraglio di Franza, etc. *Bologna,* s. d. (1572). In-4, de 4 ff., fig. en bois au titre.

Pièce fort rare, apologétique de la Saint-Barthélemy; nous citerons encore :

— COPIA di una lettera venuta nuovamente da Lione. Nella quale si contiene il gran successo della morte dell' Ammiraglio, con la mortalità di infiniti Vgonotti per comandamento di Sua Maestà Christianissima fatta in Parigi, Lione, et altri luoghi del regno di Francia. *In Firenze,* 1572, in-4, de 4 ff.

Pièce aussi importante que rare. 50 fr. en 1872.

COPIA del Triūpho del Christianissimo Re di Frāza ‖ nel ītrata facta de laʃiclita Citta di Milano cō tutta la sua ‖ baronia con el nome de tutti li Capitanei & Côdutieri. ‖ Adi XII. de Octobrio M.CCCCC.XV. Cō la ītrata che ‖ fece nel Castello adi XIIII del dito mese. *S. l. n. d.* (1515). Pet. in-4, de 2 ff., avec une vue de Milan gr. s. b. au 1er ff., car. ronds.

Entrée de François Ier à Milan; pièce précieuse; 50 à 80 fr.; la Bibl. nation. en conserve un bel exemplaire.

COPIA der Newen Zeytung ‖ ausʒ Bresillg Landt. *S. l. n. d.*, pet. in-4, de 4 ff. non chiffrés, dont le dernier blanc; sur le rº du premier f., après le titre ci-dessus est une grav. s. b., représ. un port, des îles et des navires.

M. Harrisse, qui cite cette pièce curieuse et rare, lui donne la date approximative de 1520 ; Humboldt croit que cette relation allemande est traduite de l'italien et non du portugais, et qu'elle a trait à un voyage au détroit de Magellan, fait entre 1525 et 1540 ; M. de Varnhagen dit, au contraire, que c'est un extrait du voyage espagnol de Solis et Pinson, et fixe la date de 1508 ; M. Harrisse pense que la première version de ce voyage a été écrite en portugais et traduite en italien, puis en allemand.

— COPIA der Newen Zeitung ‖ ausʒ Bresillg Landt.— *Gedruckt zū Augspurg durch Erhart Oglin.* S. d., in-4, de 4 ff.; sur le titre, au lieu de la vignette, un écusson renfermant les armes du Portugal; le dernier feuillet ne contient que 10 lignes.

COPIA de vna littera del Re de Portogallo mādata ‖ al Re de Castella del viaggio ʒ successo de India. (A la fin :) *Impresso in Roma per Maestro Ioanni de Besicken* ‖ *nel anno* M. CCCCCV. *a di xxiij de Octobre.* Pet. in-4, goth., de 8 ff.

Cette précieuse plaquette, dont on ne connaît que trois ou quatre exemplaires, est porté à 800 fr. au catal. Tross de 1872.

COPIA de vna lettera di nvoue delle Indie Orientali, mandate dallo inuittissimo Re di Portogallo alla Santita di N. S.; la qual narra la conuersione di quattro Re con li loro popoli alla nostra santa Fede christiana. Con lo acquisto del Reame de Abexine di Prete Gianni, il quale era stato per il passato dalli Mori occupato. *S. l. n. d.* (*Milano,* 1544), pet. in-4, de 4 ff., car. ronds, fig. au titre.

50 à 60 fr.

COPIA di una lettera di Sybilia venuta al signor Don Lope Imbasciadore Cesareo in Venetia. *S. l. n. d.*, in-8, de 2 ff.

Cette lettre, importante pour l'histoire des découvertes dans le nouveau monde, est datée du

8 février 1538. M. Harrisse (*Bibl. americ., add.*) la reproduit textuellement, d'après un exemplaire, le seul vraisemblablement connu, qui est conservé à la Magliabecchiana.

COPIA d'una lettera scritta da uno gentilhomo della corte dell Seren. Re di Spagna, da Vincestre..... del felicissimo viaggio in Inghilterra, et delli sposalitii fatti con quella Seren. Regina. Con la Nota di Signori Spagnioli vestiti de diversi rechami et lor livree (*sic*). *Vinegia*, 1554, pet. in-4, de 4 ff. 25 à 30 fr.

Pièce rare et curieuse, non citée par Lowndes.

COPIA d'una lettera uenuta di Francia in Roma duno Abbatimento facto nuouamente per duo Signori dinazi al Re Christianissimo & del numero di exerciti di sua Maesta che vengono in Italia. *S. l. n. d.*, pet. in-8, en prose ; le titre est encadré. 18 à 25 fr.

COPIARIA, Carmerineo (*Lud.* de). Atroces hechos de impios tyranos por intervention de Franceses, O Atrocidades Francesas executadas por impios tyranos, escritas primero en latino, traducidas despues en español. *Valeria*, 1633, in-8.

Volume fort rare, qui pourrait être le premier produit cité des presses de Valera la Vieja, si l'on ne devait pas admettre la probabilité de la supposition du lieu d'impression ; une édition postérieure donne à l'auteur le nom de *Copiana*.

COPIE des Lettres ‖ Du terrible deluge aduenu en la noble ‖ ville ₃ cite de Romme depuis le septies ‖ me iour Doctobre Mil cinq cens. XXX. *S. l. n. d.*, pet. in-8, de 4 ff., en gros car. goth., en prose & en vers.

30 fr. (Tross, 1866) ; 40 fr. Potier (1870).

Sur le même sujet, nous citerons :

— LE TERRI ‖ BLE DELU ‖ GE aduenu ‖ en la no ‖ ble cite et ‖ ville de Rôme : auec ‖ la grande pcession ‖ faicte par nostre sainct Père le pape, ₃ les pardons et Jubile q̃l ‖ a dônes a tous côtes, nous les dã ‖ giers ou estoit le pouure peuple ‖ pour le deluge. (A la fin :) *Faict à Rôme Le XII de Nouembre. Lan mil cinq cens trente. S. l. n. d.*, pet. in-8, de 4 ff., en gros caract. goth., sauf les deux dernières pages, qui sont en petits caractères.

Cette pièce a été réimprimée sous un titre différent, mais la composition était la même :

LA PCES ‖ SION faicte ‖ a Rôme par no ‖ stre saĩct pere le ‖ Pape auec les ‖ pardons dõnez ‖ par luy et jubile ‖ a tous confess : ‖ veu les dãgiers et fortunes qui ‖ sõt aduenus ₃ aduienẽt tous les iours à Rôme... Pet. in-8, goth.

COPLAS de la muerte, come llama á un poderoso cauallero y otras coplas hechas por Juan de la Enzina. *S. l. n. d.* (vers 1530), in-4, goth., de 4 ff.

Salvá (*Catal.*, n° 1195) regarde son exemplaire comme unique et donne de longs extraits de cet opuscule intéressant.

COPLAS de Mingo Revulgo glosadas por Hernando de Pulgar. [15092]

— Le catal. Salvá (n° 806) signale une édition *s. l.*

n. d. (vers 1500), in-4, goth., sign. A.-F. par 4, et G. par 6, dont le dernier feuillet est blanc ; on doit l'attribuer aux presses de *Stanislao Polono*, à *Sevilla*.

— Fernando Colon, dans le *Registro* de sa *biblioteca*, mentionne une édition de *Sevilla*, et 23 de *junio, año de* 1506, in-4.

— Une édition séparée de la *Glosa* de ces *Coplas*, *fecha por Fernando del Pulgar. S. l. n. d.* (vers 1485), in-fol., sign. A-D, est inscrite au catal. Salvá sous le n° 805 ; elle contient seulement 15 des 32 *letras* de Pulgar.

— Une édition de *Toledo, Ramon de Petras*, 1525, in-fol., goth., sign. A-B par 8, et C de 4 ff., figure au catal. Salvá sous le n° 808, et ce même catalogue indique les éditions postérieures de *Medina del Campo, Pedro de Castro*, 1542, in-4, de 20 ff., et de *Sevilla, Juan de Leon*, 1565, in-8, goth.

Ces Coplas ont été réimprimées dans divers recueils et à la suite de plusieurs ouvrages qu'indique Salvá.

Consulter, à l'égard de Fernando de Pulgar et de ses poésies, Sarmiento, *Memorias para la historia de la poesia*, page 397, et Gallardo, *Criticon*, n° 4, page 24.

COPLAS de una doncella y un pastor. *S. l. n. d.* (vers 1530), in-4, goth., de 4 ff.

Il existe une autre édition de *Alcala de Henarès*, 1604, in-4 ; elle donne un texte modernisé. Moratin cite une édition de *Valladolid*, 1540.

Ces Coplas sont citées dans l'*Ensayo*, qui les reproduit, et au catal. Salvá, nos 1196 et 1197.

COPPIE des lettres noufelles du camp du Roy nostre Sire, auec lordre et conduicte de son armee et des villes et chasteaulx prinses ou pays de Hanault. *S. l. n. d.*, pet. in-8, goth., de 4 ff., avec fig. s. b.

Pièce fort rare, qui faisait partie d'un recueil précieux, provenant de La Vallière (n° 3071) ; ce recueil, composé de 18 pièces introuvables, avait été vendu 60 fr. en 1783 ; il a été payé 3,900 fr., sans les frais, à la vente du baron Pichon, en 1869.

COPPIE d'une lettre de deffiance envoyée à Maximilien.... empereur des Romains, par Solyman le grant Turc, le 16 décembre 1564. *S. l.*, 1565, in-4, de 4 ff.

22 fr. Brunet.

— COPPIE d'une lettre en forme de deffy faicte par le grand Sophy, de Perse, au grand Turc. *Paris*, 1608, in-8.

COPPIE d'une lettre escrite de Lyon, par un serviteur du roy à un sien amy de Tours, contenant au vray ce qui s'est passé en la réduction de ladite ville en l'obéissance de S. M. les VII, VIII et IX de février 1594. *A Middelburg, chez Richard Schilders, imprimeur des estats de Zélande*, 1594, pet. in-8, de 7 ff.

En mar. de Masson et Debonnelle, 30 fr. Ruggieri.

COPPIN. Le Bouclier de l'Europe..... Avec une relation des voyages faits dans la Turquie, la Thébaïde et la Barbarie, par le R. P. Coppin. *Imprimé au Puy, et se vend à Lyon, chez A. Briasson,* 1686, in-4. [19949]

Réimprimé en 1720 *à Lyon, chez Bruysset,* in-4.

COPPO DA ISOLA (*Pietro*). Portolano. — *Stampata in Venetia per Augusti ‖ no di Bindoni,* 1528. *A di.* 14. *de marzo.* Très-pet. in-4, sign. A-F par 4, faisant 24 ff., le vᵒ du dernier est blanc ; avant le titre est une carte ovale sur deux pages, · représentant le globe terrestre; on y voit figurer : *Cuba, Jamaiqua, Spagnuolla, Mŏdo nouo,* etc.

Le passage concernant Colomb, signalé pour la première fois par Morelli (*Lettera rarissima,* p. 63), commence au verso du feuillet Fiij.

Ce petit volume est d'une extrême rareté; il a été légué au British Museum par M. Grenville (Harrisse, *Bibl. americ.,* nᵒ 144).

COPPOYS (*Simon*). Quelques Poésies, tant sur la réduction de la Rochelle, que sur d'autres matières. *Troyes,* 1629, pet. in-4, de 48 pp. 10 à 12 fr.

COQ-A-L'ASNE (Du). Sur les Tragédies de France, Arnaud à Thony. Ensemble la response de Thony à Arnaud. *S. l.,* 1589, pet. in-8, de 39 pp.

Pièce satirique en vers; l'épître adressée au lecteur commence ainsi :

Le Pape souffle au chalumeau
Pensant arrondir son église;
Pour ce, le ballaffré de Guyse·
Luy sert d'un almanach nouveau.

Un bel exemplaire de cette pièce intéressante, en *mar.* de Trautz, annoncé comme unique, a été porté à 500 fr. au 2ᵉ catal. de Morante ; cette pièce diffère absolument de celle qui figure au *Manuel* sous le nᵒ 13944.

COQUILLART (*Guillaume*). Sensuyent les droitz nouueaulx : auec le desbat des dames..... On les vend a Paris par Philippe le Noir. *Imprime nouuellement à Paris, par Philippe le Noir, maistre imprimeur et lung des deux relieurs de liures iurés en l'uniuersité de Paris.* In-4, goth., *s. d.* (v. 1515), fig. s. b.

En *mar.* de Trautz-Bauzonnet, 590 fr. Solar; 530 fr. Double.

— SENSUYUENT les ‖ Droitz nouue ‖ aulx auec le De ‖ bat des dames et des armes... *Paris, imprime par la vefue feu Jehan Trepperel,* s. d., pet. in-4, goth., de 88 ff., en 22 cahiers, signés AA-BB et A-U, titre rouge et noir.

En *mar.* citron de Trautz, 820 fr. vente Techener en avril 1865; l'exemplaire venait de M. Coppinger.

— Les Droitz (s'ensuyuent) nouueaulx auec le Debat des dames et des armes..... *Paris* (J. Jannot), *s. d.* (vers 1518), pet. in-4, goth., à 2 col., fig. s. b.

En *mar.* de Trautz-Bauzonnet, 425 fr. Solar.

— Les OEuvres... 1532. *Paris, Galliot du Pré,* pet. in-12, lettres rondes.[13282]

L'exemplaire La Monnoye, Gluc de Saint-Port,

Rich. Heber (1ʳᵉ vente, nᵒ 1683), Ch. Nodier, de La Carelle, 430 fr. Solar à M. Defresne; un bel exemplaire en *mar.* doublé, à riches compartiments, de Trautz, mais avec le haut du titre remmargé par Vigna, 2,600 fr. vente Lebeuf (1876).

— LES OEUVRES..... 1534. *Imprime a Paris, par Denys Jannot, pour Pierre Sergent et Iehan Longis, libraires,* in-16.

En *mar.,* anc. rel., 170 fr. W. Martin.

— LES OEUVRES..... *Lyon, Francoys Juste,* 1535. (A la fin :) *A Lyon, le XXIᵉ de januier* 1535, in-16, goth., format d'agenda.

Extrêmement rare, 136 fr. seulement, Cailhava (1862).

— LES OEUVRES. *Lyon, François Juste,* 1540, in-16, goth.

En *mar.* de Trautz-Bauzonnet, 200 fr. Solar; 300 fr. Chedeau, pour M. Didot; M. Coppinger, auquel le volume avait appartenu, avait écrit sur un feuillet de garde « seul exemplaire connu de cette édition », ce qui, selon nous, est une assertion quelque peu aventurée.

— LES OEUVRES. *Paris, Jeanne de Marnef,* 1546, in-16.

Édition peu intéressante; cependant un exemplaire beaucoup trop rogné, mais dans une fraiche et charmante reliure de Le Gascon, au chiffre de Louis XIII et d'Anne d'Autriche, en *mar.* bleu à compart., a été vendu 600 fr. Brunet.

— LES OEUVRES. *Paris, Coustelier,* 1723, pet. in-8.

En anc. rel. *mar.,* un exemplaire imprimé sur *vélin,* 195 fr. Double; un autre en anc. rel. *mar.,* aux armes de France, 255 fr. Desq.

COQUILLON (*B.*). Complaincte de l'Uniuessité de la mort du roy Henry (II), auec la consolation des escoliers, et l'exortation du roy François regnant à présent; par M. Barthélémy Coquillon (en vers). *Paris, veuve N. Buffet,* s. d. (1559). Pet. in-8.

Pièce intéressante. 25 à 30 fr.

COQUY (*F. H.*). Triomphe glorieux de l'Église chrestienne contre ses ennemis, et du juste jugement de Dieu contre ung nommé Gaspard de Colligny, qui fut seigneur de Chastillon et admiral de France. Le tout sur le pseaume 128, par frere Hilaire Coquy..... *Troyes, impr. de Moreau,* 1573, pièce in-8.

Monument abominable des fureurs catholiques. (*Bibl. nation.*)

Ce *Coquy* ou *Coqui* était gardien des cordeliers d'Auxerre, il avait, au dire de L. Noël d'Amy, chanoine d'Auxerre, fait imprimer un ABRÉGÉ des antiquités d'Auxerre; mais nous ne pouvons décrire ce volume, que cite seulement pour mémoire le P. Lelong.

CORAS (*Jacq.* de). Jonas, ou Ninive pénitente, poëme sacré, par de Coras. *Paris, Angot,* 1663, pet. in-12, de 18 ff. lim., 156 pp. et 2 ff. non chif. 5 à 6 fr.

CORBIN (*Jacques*). [*Manuel,* t. II, col. 269.]

M. Brunet cite un assez grand nombre de volumes échappés à la plume trop féconde de ce poëte-avocat; en voici un qu'il n'a pas connu :

— LES TROPHÉES de l'Amour. *Paris*, 1604, in-16.
1 # 19 s. vente Gersaint, 1750.

CORBLET (L'abbé *J.*). Glossaire étymologique et comparatif du patois picard,
ancien et moderne, précédé de recherches
philologiques et littéraires sur ce dialecte.
Amiens, 1851, in-8.

Bon ouvrage qui se vend de 6 à 8 fr.; il est précédé d'une bibliographie du dialecte romano-picard
et du patois picard; vendu 7 fr. Burgaud des Marets.

CORDEMOY (*G.* de). Discours physique
de la parole, dédié au Roy. *Paris, Michel le Petit*, 1671, in-12.

— TRAITÉ contre les Sociniens: *Paris*, 1696, in-12.

Ce petit traité vaut bien vingt sous, mais un
exemplaire en *mar. r.*, aux armes de Bossuet, a été
vendu 100 fr. Solar; revendu 93 fr. Double.

On doit à Giraud de Cordemoy, mort lecteur du
grand Dauphin en 1684, de nombreux ouvrages,
entre autres une *Histoire de France. Paris, Coignard*, 1685-89, en 2 vol. in-fol., qui vaut à peu près
le prix du papier.

CORDOVA SALINAS (*Diego* de). Guardian del Convento de S. Francisco de
Jesus de Lima. Coronica de la Religiosis-
sima Provincia de los Doze Apostoles
del Peru, de la Orden de S. Francisco.
Lima, por J. Lopez de Herrera, 1651,
in-fol. [21594]

£. 11. Sh. 5. Fischer.

CORELLA (*Joan Rozes* de). Lo plant de
la Reina Ecuba en prosa catalana, compost per Mosen Joan Rozes de Corella.
*Impreso en Barcelona, por Joan Lus-
cher*, s. d. (avant 1513), in-4, goth.

Pièce d'une extrême rareté, en dialecte catalan, que
l'*Ensayo* ne cite que d'après le catal. manuscrit de
la *Colombina*.

CORNEILLE (*Pierre*). [16457]
— OEuvres de Corneille. Première partie.
*Imprimé à Rouen, et se vend à Paris,
chez Antoine de Sommaville, et Augustin Courbé, au Palais.* M. DC. XLIV
(1644). Pet. in-12, de ıv ff. limin.,
654 pp. et 1 feuillet blanc.

Les feuillets liminaires sont : 1° un frontispice
gravé, représentant deux génies, élevant dans les
airs un écusson sur lequel on lit : *OEuvres de Corneille*, 1645; 2° un titre imprimé à la date de 1644,
portant au verso l'indication du contenu du volume;
3° un *Avis au lecteur*; 4° un portrait de Corneille,
au bas duquel sont les armoiries, le monogramme
de Michel Lasne, et la date de 1644.

On lit à la fin de la page 654 : *Imprimé à Rouen,
par Laurens Maurry.* Il n'y a pas de privilège ni
d'achevé d'imprimer.

Ce recueil est incontestablement le premier qui
ait paru sous le titre d'*OEuvres*; il contient huit
pièces : *Mélite, Clitandre, la Veuve, la Galerie du
Palais, la Suivante, la Place Royale, Médée* et
l'*Illusion comique*.

Il paraît certain que cette première partie n'a pas
été suivie d'une seconde; M. Taschereau (OEuvres
de Corneille. *Paris, Jannet*, 1857, tome Iᵉʳ, p. XXX)
a fort bien démontré pourquoi cette seconde partie
n'a pas dû exister.

Il a bien paru un volume intitulé :

OEUVRES de Corneille : *Paris, Aug. Courbé*,
M. DC. XXXXVII, tome II, in-12, destiné à faire
suite à celui de 1644, mais il ne constitue pas une
édition proprement dite; c'est un recueil factice,
composé des pièces suivantes, imprimées isolément :
le Cid (*Paris, Aug. Courbé, s. d.*); Horace (*ibid, id.*,
1647); Cinna (*ibid, T. Quinet*, 1643); Polyeucte
(*ibid, Sommaville et Courbé*, 1645); la Suite du
Menteur (*ibid, id.*, 1645); Théodore (*ibid, Courbé*,
1646), et Rodogune (*ibid, id.*, 1647). Ce volume est
à lui seul la preuve de la non-existence d'un
tome II, faisant véritablement la suite du premier
de 1644; car si celui-ci eût été publié de 1644 à
1646, il ôtait toute raison d'être à la réunion faite
par Courbé, en 1647, de pièces imprimées séparément,
réunion factice pour laquelle il n'a eu qu'à faire
exécuter un titre et une table.

Il n'a jamais dû exister qu'un nombre bien restreint d'exemplaires de ce tome II, car jusqu'à présent on n'en a vu passer qu'un seul en vente; cet
exemplaire, accompagné du premier volume de 1644
a été porté d'abord à 1,000 fr. environ à la vente V.
(Villars, avril 1870); les deux volumes ont été richement reliés par Chambolle, et revendus 3,850 fr.
chez M. H.-B. (H. Bordes, février 1873), puis chez
M. Benzon (avril 1875), 4,000 fr.

On connaît trois autres exemplaires du premier
vol. chez M. de Lignerolles, Firmin-Didot et Bancel.

La première partie de 1644 a été vendue seule
61 fr. en 1855; 160 fr. en 1858, et 505 fr. en *mar.*,
Chedeau (sans le portrait et le titre gravé).

Il se trouvait à la vente de Soleinne (n° 1142 du
catal.) un exemplaire de ce premier volume, n'ayant
que le frontispice gravé à la date de 1643 et le portrait; on l'avait complété avec le privilège et
l'*achevé d'imprimer* du premier volume de l'édition
de 1648, et l'on y avait réuni *Théodore* (*Paris*,
1646) et *Héraclius* (*Paris*, 1647); il était incomplet
de 4 ff.; il fut payé tel quel, 3 fr. par A. Bertin, et
revendu 8 fr. en 1854.

Dans le catal. La Vallière de 1767 figure un exempl.
des OEuvres de P. Corneille. *Paris, Aug. Courbé*,
1647, 2 vol. in-4; c'est un simple recueil factice de
pièces originales ou de réimpressions in-4, ainsi
que nous en avons pu le assurer par la communication du tome II de ce recueil, qui nous a
été faite par M. de Lignerolles.

— OEUVRES de Corneille. Première (et seconde)
partie. *Imprimé à Rouen, et se vend à Paris chez
Augustin Courbé* (ou *chez Antoine de Sommaville*, aussi *chez Toussainct Quinet*).
M. DC. XLVIII. *Avec Privilège du Roy*, 2 vol.,
pet. in-12.

Première partie. — Portrait de Corneille, par
Michel Lasne; frontispice gravé avec la date de
1655; titre imprimé et *Avis au lecteur*; ensemble
ıv ff. limin, 654 pp. et 1 f. non chiffré pour le privilège, qui commence au bas de la page 654 et se
termine au verso du feuillet non chiffré par
l'*achevé d'imprimer* du 30 mars 1648.

Cette première partie contient dans un nombre
égal de pages les mêmes pièces que le volume de
1644, mais la composition typographique diffère.

Seconde partie : 2 ff. pour le titre et l'*Avis au
lecteur*; 639 pp., 3 pp. non chiffrées pour le privilège du 25 février 1647, et 1 f. blanc; l'*achevé
d'imprimer* est du 31 (*sic*) septembre 1648.

Cette seconde partie contient 7 pièces : *le Cid,
Horace, Cinna, Polyeucte, Pompée, le Menteur* et
la *Suite du Menteur*; elle est précédée d'un *Avis
au lecteur* : « Voicy une seconde partie de pièces
de théâtre, un peu plus supportables que celles de
la première. »

Cet avis n'a été reproduit que dans les éditions
de M. Taschereau et de M. Marty-Laveaux.

Vendu 256 fr. en *mar. doublé*, Ch. Giraud,

l'exemplaire était incomplet du titre gravé et du portrait au premier volume, et de 2 ff. dans le second ; ces 2 ff. furent retrouvés quelques années après en Angleterre, et l'exemplaire annoncé complet fut vendu 1,015 fr. Solar, puis, après constatation de l'absence du titre gravé et du portrait, revendu 800 fr. ; un autre exemplaire en *mar.* de Capé, également incomplet du titre et du portrait, 310 fr. Gancia, en 1860; revendu 2,105 fr. H. Bordes, en 1873, et enfin 1,505 fr. Benzon.

La seconde partie seule, 710 fr. Chedeau.

— ŒUVRES de Corneille. Première (deuxième et troisième partie.) *Imprimé à Rouen, et se vend à Paris, chez Aug. Courbé* (ou *chez Ant. de Sommaville, ou chez T. Quinet,* M. DC. LII), 3 vol., pet. in-12.

Première partie : Portrait de Corneille, frontispice gravé, 2 ff. pour le titre imprimé et *l'Avis au lecteur,* et 656 pp.

Deuxième partie : 2 ff. limin. et 642 pp.

Troisième partie : 287 pp., y compris 1 f. blanc, le titre général et un titre particulier pour *Théodore.*

Cette édition a la même justification que celles de 1644 et de 1648; le contenu des deux premiers volumes est identiquement le même que celui des deux parties de 1648, mais on les distinguera facilement, parce que l'édition de 1652 est imprimée par cahiers de 12 ff., tandis que les deux premières sont par cahiers de 6.

Le privilège et l'*achevé d'imprimer* sont les mêmes que ceux de 1648.

Le troisième volume contient *Théodore, Rodogune* et *Héraclius ;* il ne possède ni le privilège ni l'achevé d'imprimer.

—- ŒUVRES de Corneille. Première (deuxième et troisième) partie. *Imprimé a Rouen, et se vend A Paris, chez Augustin Courbé* (ou *chez Guillaume de Luyne),* M. DC. LIV, *avec Privilège du Roy,* 3 vol. in-12.

1er vol., 2 ff. limin., 691 pp. ; 2e vol., 2 ff., 642 pp.; 3e vol., 670 pp., y compris 1 f. blanc; ce 3e volume a de plus que le volume correspondant de l'édition précédente : *Andromède, Don Sanche, Nicomède* et *Pertharite.*

Le format de cette édition est plus grand que celui des éditions précédentes, et le caractère plus fort.

Vendu : S. G., 1869, 270 fr.; Aguilhon, 1870, 380 fr.

Il existe sous la même date et le même titre : *Œuvres de Corneille,* une *Quatriesme partie,* en 224 pp., qui contient deux pièces de Th. Corneille, *le Feint astrologue* et *D. Bertrand de Cigarral:* dans les extraits de privilège qui se trouvent aux pages 108 et 224, ces deux pièces sont confondues avec celles de Pierre Corneille.

Nous avons vu, sous la date de 1655, un exemplaire de cette *Quatriesme partie,* ayant à la page 224 un *achevé d'imprimer* du 24 septembre 1655 ; à la suite se trouvaient, du même Thomas, *l'Amour à la Mode,* avec un faux titre et un *achevé d'imprimer* du 4 septembre 1655, et quatre autres pièces datées de 1656 et 1657.

— ŒUVRES de Corneille. Première (deuxième et troisième) partie. *A Paris, chez Ant. de Sommaville* (ou *chez Pépingué,* ou *chez L. Chamhoudry).* M. DC. LV, 3 vol. pet. in-12, impr. en petits caract., sans privilège ni achevé d'imprimer.

325 fr. non relié, Aguilhon, 1870.

— ŒUVRES de Corneille. Première (deuxième et troisième) partie. *A Paris, chez A. Courbé* (ou *chez G. de Luyne),* M. DC. LVI, 3 vol. in-12.

On ne connaît pas d'exemplaire de la première partie ; un exemplaire des deux derniers volumes,

qui a passé sous les yeux de M. Potier, avait été complété avec le premier volume de 1657.

— ŒUVRES..... Première (deuxième et troisième) partie. *A Paris, chez A. Courbé* (ou *chez G. de Luyne),* M. DC. LVII, avec privilège du roy, 3 vol. in-12.

Il existe une quatrième partie, qui contient, comme l'édition de 1654, deux pièces de Th. Corneille; cette quatrième partie doit exister également pour 1656.

Toutes ces éditions sont absolument conformes comme texte à l'édition de 1648.

— LE THÉATRE de P. Corneille. Reveu et corrigé par l'autheur. I. (II. et III.) partie. *Imprimé à Rouen, et se vend à Paris chez Augustin Courbé et Guillaume de Luyne.* M.DC.LX, 3 vol. in-8, trois front. gr. et 23 figures par Chauveau et autres.

Corneille, qui, en 1644 et 1648, avait fait une première révision de son théâtre, le revit de nouveau avec soin en 1660. C'est dans cette édition qu'il donne, pour la première fois, ses trois discours *de l'Utilité du poëme dramatique, de la Tragédie,* et *des trois Unités,* et qu'il ajouta des *Examens* dans lesquels il passe en revue chacune de ses pièces.

En *mar.* de Niédrée, 120 fr. Giraud.

On trouve quelquefois réunis, à cette édition, les 2 volumes suivants : Poëmes dramatiques de Th. Corneille. *Imprimés à Rouen, et se vendent à Paris, chez A. Courbé et G. de Luyne.* 1661, 2 vol. in-8, front. gr., fig.

— LE THÉATRE de P. Corneille. Reveu et corrigé par l'autheur. I. (et II.) partie. *Imprimé à Rouen, et se vend à Paris chez G. de Luyne.* M.DC.LXIII, 2 vol. in-fol., front. gr. et portr.

On trouve des exemplaires à la date de 1664 et de 1665, comme au nom de Th. Jolly ou de L. Billaine.

1er vol. XXX ff. limin., sans compter le portrait, le front. gr. et le titre imprimé, 638 pp. et 1 f. blanc. Le volume contient 12 pièces, de *Mélite* à *Polyeucte,* et se termine par un second privilège ; le premier est compris dans les feuillets liminaires.

2e vol., titre imprimé, XXX ff. limin., 672 pp., xvij pp. pour le *Discours des trois unités,* et 1 f. blanc; c'est dans ce volume qu'est publiée, pour la première fois, la *Toison d'Or.*

Ce fut dans cette édition que Corneille voulut introduire un nouveau système d'orthographe, pour faciliter aux étrangers la prononciation de notre langue; ce système est exposé en détail dans l'*Avis au lecteur,* qui précède le premier volume.

Le Théâtre-Français possède un exemplaire de cette édition, qui porte ce titre : LE THÉATRE de Pierre Corneille. Imprimé du vivant de l'auteur. *A Rouen, chez L. Maurry, à l'Imprimerie du Louvre.* M.DC.LXIII, avec privilège du roy, 2 vol. in-fol.

Cet exemplaire ne contient ni le portrait, ni le frontispice gravé, ni les discours; c'est probablement un exemplaire de *mise en train* ou de *bonnes feuilles,* dont Corneille fit hommage au théâtre avec un titre provisoire.

250 fr. Solar ; 99 fr., *v. br.,* Aguilhon ; 49 fr. (sans le portrait) Potier (1870) ; 90 fr. Techener (1865) ; le même exemplaire 550 fr. Danyau (1872); 900 fr. *mar.* de Duru-Chambolle, Benzon, 1875.

— LE THÉATRE de P. Corneille. I. (II. III. et IV.) partie. *A Rouen, et se vend à Paris chez G. de Luyne* (ou *Th. Jolly* ou *L. Billaine).* M.DC.LXIV, 4 vol. in-8, fig.

La quatrième partie est datée de 1666.

Copie de l'édition in-fol.; le contenu des trois premiers volumes est le même que l'édition de 1660,

sauf la *Toison d'Or*, qui est ajoutée au troisième ;
les frontispices sont ceux de 1660, et on a conservé
cette date ; mais l'orthographe de Corneille est celle
de l'édition in-fol., et c'est ce qui permet de distinguer cette édition de celle de 1660.

La IVᵉ partie de 1666 contient *Sertorius*, *Sophonisbe* et *Othon*, ornées de 3 figures, publiées sans
doute après le tirage, car elles manquent au plus
grand nombre des exemplaires.

Avec le théâtre de Pierre Corneille parurent les
Poëmes dramatiques de Thomas Corneille, I. (II. et
III.) partie. *Rouen et Paris*, G. de Luyne, 1665-66,
5 vol. in-8, front. gr. et fig.

Vendu avec Th. Corneille, 485 fr. Solar, et 260 fr.
même vente ; 760 fr. *mar.* de la veuve Niédrée,
Benzon.

Sans les poëmes de Thomas, 140 fr. Gancia, et en
mar. de Trautz, 250 fr. Gancia, en 1868 ; revendu
910 fr. de Mᵗᵗᵗ (Labitte), 1876 ; 2,000 fr. *mar. doublé* de Trautz, au catal. de Fontaine, et en *mar.* du
même, 1,000 fr. chez le même libraire.

— LE THÉÂTRE de P. Corneille. *Rouen et Paris*, 1668,
4 vol. in-12.

On trouve des exemplaires de ces quatre volumes
auxquels les libraires ajoutèrent les trois dernières
pièces de Corneille (*Tite et Bérénice*, *Pulcherie et
Suréna*), soit en édition originale, soit en réimpressions. Ils firent même imprimer pour quelques
exemplaires 40 pp. in-12, dont les signat. correspondent à celles du quatrième volume ; cette partie
additionnelle contient les vers et poëmes, traduits ou
composés par Corneille, sur les victoires du roi.

Vendu, avec les trois dernières pièces, en *mar.* de
Niédrée, 200 fr. Giraud ; avec Th. Corneille (3 vol.),
en *mar.* de Capé, 220 fr. Chedeau ; en *vélin* (8 vol.),
240 fr. Soleil (1872).

Il existe sous la même date une contrefaçon ou
plutôt une nouvelle édition en 4 vol. in-12 ; elle est
imprimée avec les mêmes caractères, mais sur mauvais papier, et beaucoup plus compacte ; on la re-
connaîtra par ce fait que, pour gagner de la place,
l'imprimeur, au lieu d'insérer les noms des interlocuteurs à la ligne et en vedette, les a indiqués en
abrégé, en marge de la page.

On trouve des exemplaires de cette édition, assez
laide, avec des titres renouvelés, à la date de 1680.

— LE THÉÂTRE de P. Corneille. *A Paris, chez
Guill. de Luyne* (ou *chez Est. Loyson*, ou *chez
P. Trabouillet*), 1682, 4 vol. in-12, front. gr.

C'est la dernière édition qu'ait revue et corrigée
l'auteur ; c'est donc là son texte définitif ; elle est
importante à ce titre ; les exemplaires n'en sont pas
rares, mais sont rarement complets, parce que
chaque volume doit avoir un frontispice différent ;
elle est malheureusement assez incorrecte comme
typographie.

Th. Corneille a donné également chez les mêmes
libraires une édition de ses *Poëmes dramatiques*,
en 5 vol. in-12 ; les trois premiers volumes ont un
frontispice gravé, les deux derniers semblent n'en
point avoir.

Les neuf volumes de cette édition n'ont été vendus
que 200 fr. Giraud, en *mar.* de Boyet.

— LE THÉÂTRE de P. Corneille. *Paris*, G. de
Luyne (ou *P. Trabouillet*), 1692, 5 vol. in-12. —
Poëmes dramatiques de Th. Corneille. *Ibid*, id.
1692, 5 vol. in-12.

Bonne copie de l'édition de 1682 ; on y a ajouté le
discours de réception à l'Académie de Thomas, rem-
plaçant son illustre frère en 1685 ; relié en *mar.* par
Anguerrand, et divisé en 20 vol., 1,000 fr. baron Pichon.

Pour les autres éditions françaises, nous renvoyons le lecteur au *Manuel* et à la *Bibliographie
cornélienne* de M. Picot ; cependant nous pouvons
encore citer :

— LE THÉÂTRE de P. Corneille (et *Poëmes drama-*

tiques, de T. Corneille). *Paris, Cavalier*, 1706,
10 vol. in-12.

Un bel exemplaire, délicieusement relié par Boyet,
aux armes de Mᵐᵉ de Chamillart, 550 fr. de Soleinne,
et 4,100 fr. Brunet.

— LE THÉÂTRE de P. Corneille. *Paris, David l'aîné*,
1738, 5 vol. in-12.

On joint à cette édition *le Théâtre* de Thomas,
Ibid, id., également en 5 vol. in-12, et de la même
année ; cette édition a été donnée par Marc-Ant.
Joly, qui y a joint un avertissement donnant d'intéressants détails sur l'époque de la représentation et
de l'impression de chaque pièce ; en *mar.* anc., les
10 vol., 172 fr. Techener, 1865 ; le Pierre Corneille
seul en 6 vol., dans une riche rel. anc., à mosaïque
de couleur, 290 fr. Double, et rev. 206 fr. Desq.

Au catal. Chedeau, rédigé par M. Potier en 1855,
nous trouvons :

— LE THÉÂTRE de Corneille, auquel se voyent les plus
belles pièces qu'il a faites : sçavoir, le Cid, le
Cinna, le Polyeucte, les Horaces, la Mort de
Pompée, la Rodogune, l'Héraclius ou la Mort
de Phocas, le Menteur, la Suite du Menteur, le
Don Sanche. S. l. n. d., in-12, de 668 pp., plus
38 pp. pour *Don Sanche*.

Cette édition, dit M. Potier, semble avoir été imprimée en province vers 1650 ; elle a été payée
25 fr. pour la Bibl. nation.

Parmi les éditions modernes, fort nombreuses,
citons celle donnée par M. Marty-Laveaux, chez
Hachette, en 1862, 12 vol. gr. in-8 ; c'est un véritable monument élevé à la gloire de Corneille ;
150 exemplaires ont été tirés sur grand papier, et
valent aujourd'hui de 300 à 350 fr.

— LE THÉÂTRE de P. Corneille, reveu, corrigé et
augmenté de diverses pièces nouvelles. *S. l.
(Amsterd., Abr. Wolfgang), suivant la copie imprimée à Paris*, 1664, 5 vol. pet. in-12.

Bien décrit au *Manuel* et à la *Bibliographie cornélienne*.

L'exemplaire en 11 vol. de Sensier et du prince
d'Essling (600 fr.), a été payé 710 fr. chez Solar,
pour la Bibl. nation.; en 10 vol. *mar.* de Duru,
630 fr. Chedeau ; en 9 vol. *mar.* de Trautz (exempl.
Montesson), 2,400 fr. Potier, 1870 ; en 11 vol. *mar.*
de Duru, avec quelques pièces de secondes dates,
500 fr. La Villestreux, 1872 ; en 10 vol. *mar.* de
Duru, 755 fr. H. Bordes ; en 10 vol. *mar. doublé* de
Lortic, 1,750 fr. Benzon ; en 9 vol. *mar.* de Trautz,
4,500 fr. L. de Montgermont.

— L'ILLUSTRE THÉÂTRE de Monsʳ. Corneille. *A Leyde*,
M.DC.XLIV, pet. in-12. .

Recueil factice de cinq pièces imprimées séparément par Bonaventure et Abraham Elzevir, chacune
avec un titre particulier, portant une sphère et ces
mots au-dessus de la date : *Suivant la copie imprimée à Paris*, savoir : *le Cid*, 1641 ou 1644, 87 pp.
(y compris 3 ff. limin. non chiffrés) ; *Horace*, 1641,
IV ff. et 75 pp.; *Cinna*, 1644, VIII f. et 68 pp., plus
1 f. blanc ; *la Mort de Pompée*, 1644, V ff., 72 pp.
et 1 f. blanc ; les cinq pièces sont précédées de 2 ff.
pour titre et table.

On ne connaît que cinq exemplaires, avec le titre
indiqué ci-dessus, de ce précieux volume : 1° celui
de Sensier (150 fr.), Pixérécourt (228 fr.), Buvignier,
(245 fr.), de Clinchamp, en 1870, 4,000 fr. Potier, et en
1875, 6,000 fr. Benzon, hauteur 0ᵐ128 ; 2° celui de
Bourdillon, Pieters, La Villestreux, vendu en 1872
1,795 fr., hauteur 0ᵐ122 ; 3° celui de M. de Lignerolles, provenant d'une vente faite à Bruxelles en
1863 ; c'est le plus beau connu, hauteur 0ᵐ133 ;
4° celui de M. Huillard, 900 fr., hauteur 0ᵐ121 ;
5° celui du marquis de Coislin et de M. Pasquier,
1,000 fr.; l'exemplaire avait le titre raccommodé et
0ᵐ124 de hauteur, il avait de plus les éditions
d'*Horace* et de *Pompée* de seconde date.

On rencontre quelquefois des recueils des cinq

pièces ci-dessus, composés des mêmes éditions, sans le titre : *Illustre Théâtre ;* il est évident que l'absence de ce titre leur ôte la plus grande partie de leur valeur ; d'autres recueils réunissent jusqu'à onze pièces, imprimées par les Elzevirs, de Leyde, toutes avec la sphère, et le : « *Suivant la copie imprimée à Paris* » ; les pièces ajoutées sont ordinairement *le Menteur* et la *Suite du Menteur, Rodogune, Héraclius, D. Sanche d'Aragon, Sertorius,* et même *Andromède, suivant la copie,* 1660, qui, est-il dit dans le catalogue de la librairie Potier de 1863, paraît avoir été imprimée à Leyde par Jean Elzevir.

ÉDITIONS ORIGINALES, suivant l'ordre de leur représentation.

— 1. Mélite, ou les fausses lettres. Pièce comique. *A Paris, chez Fr. Targa,* 1633, in-4, de VI ff. lim., 150 pp. et 1 f. blanc.

Quelques exemplaires présentent certaines corrections, qui indiquent sinon un second tirage, du moins que de légers changements ont été opérés pendant l'impression.

— MÉLITE... *A Paris, par Jaques de Loges, à l'enseigne du Mauvais Temps,* 1633, in-8, de IV ff. limin., 135 pp., caract. ital.

Contrefaçon qui a pu avoir été exécutée en province. En *mar.* de Chambolle, 50 fr. Potier (1870).

Le catalogue de Mme de Pompadour indique une édition de *Paris, Fr. Targa,* 1633, in-12, qui n'a jamais passé en vente depuis ; bien que cette édition soit mentionnée après l'édition in-4, on peut mettre son existence en suspicion légitime.

— 2. Clitandre, ou l'Innocence délivrée, tragi-comédie. *A Paris, chez Fr. Targa,* 1632. — Meslanges poetiques du mesme. *A Paris, chez Fr. Targa,* 1632, in-8, de 12 ff. lim., et 159 pp. pour les deux parties, qui se suivent sous la même pagination.

Il y a dans cette édition originale des passages libres, qui n'ont pas été reproduits dans les éditions suivantes.

— 3. La Vefue ou le traistre trahy, comédie. *A Paris, Fr. Targa,* 1634, in-4, de 20 ff. lim., et 144 pp.

— 4. La Galerie du Palais, ou l'amie rivale, comédie. *A Paris, chez Aug. Courbé* (ou *Fr. Targa*), 1637, in-4, de IV ff. lim. et 143 pp.

— 5. La Suivante, comédie. *A Paris, chez Aug. Courbé* (ou *chez Fr. Targa*), 1637, in-4, de V ff. lim., et 128 pp.

— 6. La Place royale, ou l'amoureux extravagant, comédie. *A Paris, chez Aug. Courbé* (ou *Fr. Targa*), 1637, in-4, de IV ff. et 112 pp.

— 7. Médée, tragédie. *Paris, Fr. Targa,* 1639, in-4, de IV ff. lim. et 95 pp.

En *vélin,* 170 fr. Huillard.

Il existe une réimpression : *Sur l'imprimé à Paris, chez Fr. Targa,* 1639, in-12 de IV et 96 pp.; elle semble avoir été imprimée à Caen.

— 8. L'Illusion comique, comédie. *Paris, Fr. Targa,* 1639, in-4, de IV-124 pp.

— 9. Le Cid, tragi-comédie. *A Paris, chez Augustin Courbé* (ou *Fr. Targa*). M.D.XXXVII, avec privilége du roy, in-4, de IV ff. lim. (titre, dédicace à Mme de Combalet, extr. du privil., et noms des acteurs), et 128 pp. Le privilége, pour 20 ans, est du 21 janvier 1637; l'*achevé d'imprimer* du 23 mars.

Il existe un second tirage où l'*achevé d'imprimer* est du 24 mars ; on y remarque d'autres différences, notamment dans la disposition du titre et dans la troisième strophe du Monologue de Rodrigue.

Du premier ou du second tirage, cette édition est rare et précieuse.

— LE CID. *Paris, Fr. Targa* (ou *A. Courbé*), s. d. (*vers* 1537), pet. in-12 de IV ff. et 88 pp.

Cette édition, imprimée en petits caractères, présente quelques leçons qui diffèrent des deux tirages de l'édition in-4. En *mar.,* 34 fr. Solar.

Il existe une autre édition sans date, in-12, copiée sur celle-ci, avec le même frontispice gravé ; le format en est plus grand, et comme on y lit le nom de Pierre le Petit, accollé au nom d'Aug. Courbé, cette édition ne peut être antérieure à 1642, qui est l'année d'entrée en exercice de cet imprimeur.

— LE CID, tragi-comédie nouvelle. *A Leyde, chez Guillaume Chrestien,* 1638, pet. in-12, de IV ff., 76 pp. et 2 ff. blances.

Édition peu connue, dont le caractère a beaucoup de rapports avec celui des Elzevirs ; fleuron de la sirène ; marque du libraire : un pélican avec la devise « *Nil penna sed usus* ».

En *mar.* de Duru, 79 fr. Giraud ; 75 fr. Solar.

— LE CID, tragi-com. nouvelle. *Jouxte la copie imprimée à Paris* cIƆ. IƆc. XXXVIII (*Leyde, Bon. et Abr. Elzevirs,* 1638), pet. in-8, de 95 pp. (y compris 2 ff. lim. non chiffrés.)

Édition imprimée en caractères italiques, semblables à ceux de l'*Herodes infanticida* d'Heinsius, auxquels les Elzevirs ont mis leur nom; le titre porte le fleuron de la tête de Méduse.

A la suite de cette pièce, vendue en décembre 1848, vente L. (Lambert), se trouvait *le Mariage du Cid,* par Urb. Chevreau, imprimée avec les mêmes caractères; les deux pièces en *mar.* de Niédrée, 107 fr.; un autre exemplaire en *mar.* de Trautz, 250 fr. Leb. de Montgermont; *le Cid* seul, 81 fr. Chedeau, et 13 fr. Pieters.

Le grand succès du *Cid* provoqua une virulente polémique entre des détracteurs acharnés et des protagonistes non moins ardents; on en trouvera le détail dans la *Bibliographie cornélienne* de M. Picot.

La première attaque fut portée par Georges de Scudéry : — Observations sur le Cid. *Paris,* 1637, in-8, 1 f. blanc, titre et 96 pp.; et Corneille répond : — Lettre apologétique du sieur Corneille, contenant sa responce aux observations faictes par le sieur Scudéry, sur le Cid. *Rouen,* 1637, in-8, de 14 pp.

Nous citerons aussi la pièce qui termine le débat; elle est de Chapelain : — Les Sentiments de l'Académie française sur la tragi-com. du Cid. *Paris,* 1638, in-8, de 192 pp.; il existe de cette dernière des exemplaires sur grand papier, un desquels, relié en *mar. rouge,* aux armes du cardinal de Richelieu, fait bonne figure dans la collection de M. de Lignerolles; la Bibl. nation. possède le manuscrit original de Chapelain, avec des annotations autographes du cardinal.

— 10. Horace, tragédie. *Paris, Aug. Courbé,* 1641, in-4, de VI ff. lim., et 103 pp., le front. gr. d'après Le Brun, représente le combat des Horaces et des Curiaces.

95 fr. Huillard, 1870.

Il existe deux éditions sous la même date, imprimées page pour page et ligne pour ligne ; le frontispice de la première est d'un meilleur tirage ; la marque du libraire est au contraire plus noire dans la seconde, mais on voit que le cuivre a été retouché ; la réimpression est fort incorrecte, et semble avoir été faite à la hâte ; voici une faute qui permettra sûrement de distinger la bonne édition de la mauvaise.

Page 5, 8ᵉ vers :

Ny d'obstacle aux vainqueurs.....

Dans la copie on lit :

Ny d'obstacles aux vainqueurs.....

HORACE, trag. *Paris, Aug. Courbé*, 1641, in-12, —de VI ff. lim. (le front. gr. représente *Rémus et Romulus*), 106 pp. et 1 f. pour le privilége ; la pagination est régulière jusqu'à la page 96, dernière du cahier II, puis elle reprend à 79 et se continue jusqu'à la fin du cahier I (79-88).

— 11. Cinna, ou la Clémence d'Auguste, trag. *Imprimé à Rouen, aux dépens de l'Autheur, et se vendent à Paris, chez Toussainct Quinet*, 1643, in-4, de VIII ff. lim., avec front. représ. les conjurés implorant la clémence d'Auguste, et 110 pp.

300 fr. Huillard ; 135 fr. (court de marges) Potier, 1870 ; 62 fr. Chedeau ; 145 fr. baron Pichon.

— CINNA, ou la clémence d'Auguste, tragédie. *Paris, T. Quinet*, 1643, in-12 de X ff. lim., le front. gr. représente l'*Aigle romaine*, et 76 pp.

— L'édition de *Paris, T. Quinet*, 1646, in-4 de VIII ff. et 96 pp., se recommande par la lettre de Balzac à Corneille, 27 fr. Ch. Giraud.

— 12. Polyeucte, martyr, tragédie. *A Paris, chez Antoine de Sommaville & Aug. Courbé*, 1643, in-4, de VIII ff. lim., le front. gr. représente le brisement des Idoles, 121 pp. et 1 f. pour la fin du privilége, qui commence au vᵒ de la p. 121.

105 fr. Huillard.

— Le même. *Paris, A. Sommaville et A. Courbé*, 1644, in-12 de X ff. lim., 85 pp. et 1 f. pour la fin de l'extrait du privilège.

51 fr. Chedeau : en *mar.* de Duru-Chambolle, 100 fr. Potier, 1870.

Une édition elzévirienne de 1656, in-12, de 94 pp., non citée, figure au catal. Pieters.

— 13. La Mort de Pompée, trag. *A Paris, chez A. de Sommaville et Aug. Courbé*, 1644, in-4, de 8 ff. lim. (le front. représente la mort de Pompée gr. par Chauveau), 100 pp.

100 fr. Huillard ; sans le front. gr., 20 fr. Chedeau.

Dans l'exemplaire Cousin (à la Sorbonne) on trouve 2 ff. de plus aux préliminaires, contenant la traduction en vers latins du *Remerciement à Mazarin* ; mais ces feuillets doivent avoir été ajoutés après coup.

— La même. *Ibid., id.*, 1644, in-12, de XII ff. lim. et 71 pp.

En *mar.* de Duru-Chambolle, 80 fr. Potier.

— 14. Le Menteur, comédie. *Imprimé à Rouen et se vend à Paris, chez A. de Sommaville et Aug. Courbé*, 1644, in-4, de IV ff. lim., 136 pp. et 1 f.

En *mar.* de Duru, 30 fr. Giraud ; et vaut quatre fois ce prix aujourd'hui.

— Le même. *Ibid., id.*, 1644, in-12, de IV ff. limin. et 91 pp.

— 15. La Suite du Menteur, comédie. *Imprimé à Rouen et se vend à Paris, chez Sommaville et Courbé*, 1645, in-4, de VI ff. lim. et 136 pp.

39 fr. Chedeau ; 40 fr. Huillard, et le même exemplaire 170 fr. Potier, 1870.

— La même. *Ibid., id.*, 1645, in-12 de VI ff. limin., 93 pp. et 1 f. blanc.

— 16. Rodogune, princesse des Parthes, tragédie. *Imprimé à Rouen, et se vend à Paris, chez T. Quinet* (ou *Sommaville*, ou *Courbé*), 1647, in-4, de IX ff. lim. et 115 pp. ; le front. représ. Rodogune arrêtant Antiochus au moment où il va prendre la coupe, gr. d'après Le Brun.

En *mar.* de Hardy, 90 fr. Voisin (1876).

— La même. *Ibid, id.*, 1647, in-12, de X ff. limin. et 87 pp. ; le frontispice gravé manque souvent ; en *mar.* de Gruel, 16 fr. Giraud ; *cart.* 74 fr. Chedeau.

— RODOGUNE, princesse des Parthes, tragédie. *Jouxte la copie imprimée à Rouen, et se vend à Paris, Ant. de Sommaville*, 1647, in-12, de 10 ff. limin. et 115 pp.

Contrefaçon assez bien exécutée, que M. Picot n'a pas citée ; c'est une des pièces qui ont motivé un arrêt du Parlement du 28 septembre 1658, rendu contre Antoine Sommaville « pour avoir contrefait des pièces de Corneille » (*Code de la librairie*, 1744, page 421) ; cet arrêt ne corrigea pas ce libraire, car nous le voyons, quelques années après, condamné à nouveau à 400 livres de dommages-intérêts envers de Sercy, « auquel il avoit contrefait *le Cyrano de Bergerac*. »

— La même. *Au Nord*, M.DCC.LX, in-4, 3 ff. limin., y compris la figure et 80 pp. de texte encadré.

Édition bien connue et bien décrite ; l'estampe placée en tête et représentant Rodogune, montrant à Antiochus Cléopâtre, qui vient de boire la coupe empoisonnée, porte la mention suivante : *F. Boucher, inv. et delin.*, 1759 ; *gravé à l'eau-forte par Mᵐᵉ de Pompadour. Retouché par C. N. Cochin.*

En anc. *mar.*, 41 fr. Chedeau ; avec le portrait de Mᵐᵉ de Pompadour, d'après C. Vanloo, une lettre autographe de la marquise et un portrait de Corneille, ajoutés, 51 fr. seulement La Bédoyère ; revendu 215 fr. baron Pichon.

— 17. Théodore, vierge et martyre, trag. chrestienne. *Impr. à Rouen, et se vend à Paris, chez T. Quinet* (ou *Sommaville* ou *Courbé*), 1646 ou 1647, in-4, de V ff. lim., avec front. gr., représentant le martyre de Théodore, 128 pp.

Les exemplaires, à la date de 1646, n'ont pas le frontispice gravé.

— La même. *Ibid, id.*, 1646, in-12, de IV ff. limin., 82 pp. et 1 f. blanc.

En *mar.* de Gruel, 20 fr. Giraud ; en *mar.* de Chambolle, 75 fr. Potier, 1870.

— 18. Héraclius, empereur d'Orient, trag. *Impr. à Rouen et se vend à Paris, chez T. Quinet* (ou *Sommaville,* ou *Courbé*), 1647, in-4, de VI ff. lim., 126 pp. et un f. blanc.

En *mar.* de Hardy, 201 fr. Voisin (1876). |

— Le même. *Ibid, id.,* 1647, in-12, de VI ff. limin., 93 pp. et 1 f. blanc.

24 fr en *mar.* Giraud ; 67 fr. Chedeau.

— 19. Andromède, trag. Représentée avec les machines sur le théâtre royal de Bourbon. *A Rouen, chez L. Maurry,* M.DC.LI. *Et se vendent à Paris, chez Ch. de Sercy,* in-12, de VIII ff. lim. et 92 pp.

L'*achevé d'imprimer* est du 13 août 1650.

Un exemplaire piqué, 11 fr. Chedeau.

— La même. Représentée avec les machines sur le théâtre royal de Bourbon. *Rouen, L. Maurry, et Paris, Ch. de Sercy,* 1651, in-4, de VI ff. limin., dont un frontispice gravé par Chauveau, et 123 pp., plus 6 fig. pliées en deux et formant chacune 2 ff. ; la première et la cinquième sont signées de Chauveau.

Les exemplaires complets sont fort rares ; un exempl., incomplet du front. gr., en *mar.* de Hardy, 165 fr. Voisin (1876).

L'*achevé d'imprimer* est du 13 août 1651.

Avant de publier cette pièce, Corneille en avait rédigé et fait imprimer un programme à l'usage du spectateur :

— DESSEIN de la tragédie d'Andromède, représentée sur le théâtre royal de Bourbon. Contenant l'ordre des scènes, la description des théâtres et des machines, et les paroles qu'ils chantent en musique. *Imprimé à Rouen aux despens de l'autheur,* M.DC.L., *et se vend à Paris chez Aug. Courbé,* in-8, de 68 pp., y compris le titre.

Les machines sont de Torelli et la musique d'Assoucy.

Un autre programme fut imprimé pour la reprise de cette pièce en 1682 ; il est absolument différent ; les vers mis en musique s'y trouvent également, mais avec des variantes et des additions qui manquent à toutes les éditions de Corneille.

— 20. D. Sanche d'Arragon, com. héroïque. *Rouen et Paris, A. Courbé,* 1650, in-4, de VIII ff. lim. et 116 pp.

En *mar.* de Hardy, 375 fr. Voisin (1876).

— Le même. *Ibid. id.,* 1650, in-12 de VIII ff. limin. et 83 pp. ; l'*achevé d'imprimer à Rouen, par Laurens Maurry,* est, comme pour l'in-4, du 14 mai 1650.

60 fr. Chedeau ; 22 fr. Martial Millet.

— 21. Nicomède, trag. *A Rouen, chez Laurens Maurry,* 1651. *Et se vend à Paris, chez Ch. de Sercy,* in-4, de IV ff. limin. et 124 pp.

En *mar.* de Hardy, 150 fr. Voisin (1876).

— Le même. *A Paris, chez G. de Luyne* (ou *Aug. Courbé*), 1652 ou 1653, in-12, de IV ff. limin. et 80 pp.

Les exemplaires, à la date de 1652, sont fort rares ; avec la date de 1653, 20 fr. Chedeau.

Il existe une autre édition de 1652, in-12, *A Rouen, chez L. Maurry ;* elle a le même nombre de feuillets et de pages que celle de Paris, mais les fleurons et les caractères diffèrent.

— 22. Pertharite, roy des Lombards, trag. *Rouen, L. Maurry et Paris, G. de Luyne,* 1653, in-12, de VI ff. lim. et 71 pp.

90 fr. Voisin (1876).

— 23. OEdipe, trag. *Rouen et Paris, Aug. Courbé et G. de Luyne,* 1659, in-12, de VI ff. lim. et 89 pp., plus un f. blanc.

42 fr. Chedeau.

M. Marty-Laveaux (*édition de Corneille,* VI, p. 110) nous apprend qu'en tête de quelques exemplaires, on trouve une pièce intitulée : « *Sur la Mort de Damoiselle Elisabeth Ranquet, femme de Nic. de Chevreul, escuyer, sieur d'Esturville, Épitaphe* ».

— 24. La Toison d'or, tragédie. Représ. par la troupe royale du Marest, chez M. le marquis de Sourdeac, en son chasteau de Neufbourg, pour réjouissance du mariage du roy et de la paix avec l'Espagne, et ensuite sur le théâtre royal du Marest. *Rouen et Paris, Aug. Courbé et G. de Luyne,* 1661, in-12, de VI ff. lim. et 105 pp., plus un feuillet non chiffré.

205 fr. en *mar.* de Thibaron, Huillard ; 100 fr. en *mar.* de Chambolle, Germeau ; 42 fr. Chedeau.

Le programme de cette pièce avait été d'abord publié sous ce titre :

— DESSEINS de la Toison d'Or, tragédie..... *Impr. à Rouen, et se vend à Paris,* 1661, in-4, de 26 pp., y compris le titre et 1 f. pour l'extr. du privilège.

Une autre édition de ce programme, *Paris, Courbé,* 1661, in-8, est citée par M. Marty-Laveaux.

Un nouveau programme pour la reprise de cette pièce en 1683 a été publié :

— LA TOISON D'OR, tragédie en machines de M. Corneille. *Paris, chez V. Adam,* 1683, in-4 ; il est précédé d'un prologue en vers par Chapelle.

— 25. Sertorius, trag. *Rouen et Paris, A. Courbé et G. de Luyne,* 1662, in-12, de VI ff. lim. et 95 pp.

120 fr. *vélin,* Huillard ; 102 fr. *vélin* et 155 fr. *mar.* de Chambolle, Potier, 1870, et 220 fr. *cart.* Leb. de Montgermont.

Il existe une réimpression sous la même date, et les mêmes noms de libraires ; elle a VI ff. limin., mais 82 pp. au lieu de 95.

— 26. Sophonisbe, trag. *Rouen et Paris, G. de Luyne* (ou *Th. Jolly,* ou *L. Billaine*), 1663, in-12, de VI ff. lim. et 76 pp.

60 fr. *mar. anc.* Chedeau, 1865 ; en *vélin,* 130 fr. Voisin (1876).

Il existe une réimpression sous la même date, *A Paris, chez G. de Luyne,* in-12, de VI ff. limin., 80 pp. et 1 f. pour l'*Extrait* du privilège.

Cette pièce de Sertorius donna lieu à une polémique animée entre l'abbé d'Aubignac et Donneau de Visé ; nous renvoyons pour le détail des pièces à la *Bibliographie cornélienne* de M. Picot.

— 27. Oton, tragédie. *Paris, G. de Luyne* (ou *Th. Jolly,* ou *L. Billaine*), 1665, in-12, de ıı ff. lim., 78 pp. et 1 f.

En *vélin*, 53 fr. Chedeau.

Quelques exemplaires ont le titre rectifié : *Othon.*

— 28. Agésilas, trag. en vers libres rimez par P. Corneille. *A Rouen et se vend à Paris, chez Th. Jolly* (ou *G. de Luyne,* ou *L. Billaine*), 1666, in-12, de 11 ff. lim., 88 pp. et 2 ff., dont le dernier blanc.

Il existe des exemplaires où le titre a été renouvelé avec la date de 1667 et de 1668.

37 fr. Chedeau; 50 fr. Huillard; 150 fr. en *mar.* de Chambolle, Germeau; revendu 155 fr. Potier; 26 fr. Yéméniz; 39 fr. Martial Millet.

— 29. Attila, roy des Huns, tragédie. *A Paris, chez G. de Luyne* (ou *Th. Jolly,* ou *L. Billaine*), 1668, in-12, de ıv ff. lim., 78 pp. et 1 f. blanc.

Quelques exemplaires portent sur le titre : *Thomas* au lieu de *Pierre Corneille.*

En *vélin*, 120 fr. Chedeau.

— 30. Tite et Bérénice, com. héroïque. *A Paris, chez Th. Jolly* (ou *G. de Luyne,* ou *L. Billaine*), 1671, in-12, de ıv ff. lim. et 76 pp.

La page 76 est chiffrée par erreur 44; 20 fr. Chedeau; 135 fr. Voisin (1876).

« Le privilège offre cette particularité, qu'il est donné non-seulement pour *Tite et Bérénice,* mais encore pour une traduction en vers français de la *Thébaïde* de Stace. »

Une critique de cette pièce et de la *Bérénice* de Racine parut sous ce titre : *La Critique de Bérénice* (par l'abbé de Villars). *Paris, L. Billaine,* 1671, pet. in-8.

— 31. Pulchérie, com. héroïque. *Paris, G. de Luyne,* 1673, in-12, de ıv ff. lim. et 72 pp.

50 fr. Potier, 1870; l'exemplaire avait été payé 20 fr. chez Chedeau, où un second exemplaire ne fut vendu que 10 fr.; 67 fr. Voisin (1876).

— 32. Suréna, général des Parthes, trag. *Paris, G. de Luyne,* 1675, in-12, de 11 ff. lim., et 72 pp.

Un exemplaire cartonné 121 fr. Chedeau, pour M. Bancel; un second exemplaire 80 fr.

POÉSIES RELIGIEUSES.

Pour la traduction de l'*Imitation de Jésus-Christ,* voyez : IMITATIONE (De).

— Lovanges de la Sainte-Vierge, composées en rimes latines, par S. Bonaventure. Et mises en vers françois par P. Corneille. *A Rouen, & se vendent à Paris, chez Gabriel Quinet,* M. DC. LXV. Avec privilége du roy, in-12, de v ff. lim. et 83 pp.; le front. gravé, qui manque souvent, représente la Vierge tenant l'Enfant Jésus sur ses genoux.

En *mar.* de Niédrée, 41 fr. Giraud; en *mar.* de Hardy, 32 fr. 50 c. Veinant; en *veau,* 60 fr. Chedeau; en *mar.* de Trautz, 90 fr. Solar; sans le frontispice, en *mar.* de Duru, 70 fr. Potier (1870).

— Les mêmes. *Sur l'impr. à Paris, se vend à Lille,* 1665, pet. in-8, de ıv ff. limin., 28 pp. plus une figure.

Édition imprimée à Bruxelles par Foppens.

— L'Office de la Sainte Vierge, trad. en françois, tant en vers qu'en prose, avec les sept pseaumes pénitentiaux, les Vespres et Complies du dimanche..... par P. Corneille. *A Paris, chez Robert Ballard, seul impr. du roy pour la musique. Et chez Th. Jolly* (ou *G. de Luyne,* ou *L. Billaine*), 1670, in-12, fig., vııı ff. lim., 528 pp., 2 ff. pour le privilége, plus 10 fig., y compris celle qui est en regard du titre.

Ce livre a été réimprimé sous un autre titre : Heures contenant l'office de la Vierge, etc. *Paris, Cl. Blageart,* 1685, in-12.

— VERSION des Hymnes de Saint Victor. *S. l. n. d.* (*Paris, vers* 1680), pet. in-4, de 4 pp.

Cette traduction d'une pièce latine, de Santeul, n'a qu'un titre de départ, et ne porte pas le nom du traducteur.

— VERS inédits de P. Corneille, publiés par M. Faugère. *Paris, Didot,* 1847, in-8, de 16 pp.

C'est une version des Hymnes de sainte Geneviève, dont l'original tout entier, de la main de Corneille, a été retrouvé par M. Faugère à la Bibl. Sainte-Geneviève.

PIÈCES DIVERSES.

— MESLANGES poétiques. *Paris, Fr. Targa,* 1632, in-8.

Cette pièce a été publiée à la suite de CLITANDRE. (Voy. plus haut.)

— EXCUSES à Ariste. *S. l. n. d.* (*Paris,* 1637), in-4, de 2 ff.

Une édition in-8 de 4 pp. a été imprimée presque simultanément.

— RONDEAU (contre Scudéry) : « Qu'il fasse mieux, ce jeune Jouvencel ». *S. l. n. d.,* 1 f. in-4.

— LETTRE apologétique du sieur Corneille, contenant sa réponce aux observations faictes par le sieur Scudéry sur le Cid. *S. l.,* 1637, in-8 de 14 pp.

— Autre édition, 1637, in-8, de 8 pp.

— REMERCIEMENT à Monseigneur l'Eminentissime cardinal Mazarin. *Paris, Sommaville et Courbé,* 1643, in-4, de 4 ff. non chiffrés.

Inséré la même année dans l'édition originale de la *Mort de Pompée.*

— SUR LE DÉPART de Mme la marquise de B. A. C., in-4.

(Indiqué par Granet, dans l'édition des *OEuvres,* de Paris, 1738.)

— REMERCIEMENT au Roy. *Paris,* 1663, in-4, de 7 pp.

— A MONSEIGNEUR le duc de Guise. Sur la mort de Monseigneur son oncle. Sonnet. *S. l. n. d.* (*Paris,* 1664), 1 f. in-fol.

— AU ROY, sur son retour de Flandre. *S. l.* (1667), in-4, de 4 pp. chiffrées.

— POÈME sur les Victoires du Roy; trad. de latin (du P. de la Rue) en françois. *Paris, G. de Luyne* (aussi *Th. Jolly*), 1667, in-8, de 38 pp. et 1 f. pour le privilége.

— AU ROY, sur la conqueste de la Franche-Comté. *S. l. n. d.* (*Paris,* 1668), in-4, de 2 ff.

Réimprimé à *Rouen,* la même année, in-8, de 8 pp. avec diverses pièces latines.

— POÈME sur les Victoires du Roy. Traduit de latin

(du P. de la Rue) en françois. *S. l. n. d. (Paris, vers* 1670), in-12, de 34 pp. et 1 f. pour. le privilége.

— DEFFENCE des Fables dans la Poésie. (Imitation du latin de M. de Santeul.) *S. l. n. d. (Paris, vers* 1670), in-4, de 4 pp.

— LA THÉBAÏDE de Stace, traduite en vers françois.

On ne connaît de cette traduction que les trois vers cités par Ménage, dans ses *Observations* sur la langue française de 1672. Nous avons dit plus haut que le privilége de *Tite et Bérénice* comprenait également la *Thébaïde* de Stace.

— REGI, pro restituta apud Batavos catholica fide. (*Parisiis,* 1672.) In-12, de 2 ff.

Pièce de 24 vers latins, que cite Granet, dans l'édition des *OEuvres* qu'il a donnée en 1738.

— LES VICTOIRES du Roy sur les Estats de Hollande, en l'année 1672. *Paris, G. de Luyne,* 1672, in-fol., de 19 pp., fig. sur le titre et à la 3ᵉ page.

Trad. du latin du P. de la Rue.

Granet cite une autre édition in-8, publiée à la même date chez les mêmes libraires, et il en existe une autre de *Grenoble,* 1673, in-12.

— AU ROY, sur sa libéralité envers les marchands de la Ville de Paris. *S. l. n. d.* (*Paris,* 1674), in-fol., de 4 ff.

Cette pièce n'a qu'un titre de départ, surmonté d'un fleuron de Chauveau ; c'est une traduction d'un poëme de Santeul, imprimée à Paris la même année.

Il en existe une autre édition avec le texte latin en regard :

— AU ROY, sur sa libéralité envers les marchands de Paris, présenté par les gardes des marchands de la Ville de Paris, par Pierre Corneille. *Paris, chez Pierre le Petit,* 1674, in-4, de 14 pp.

Cette édition semble différer de celle (*s. l. n. d.*) décrite par M. Picot (*Bibliogr. cornél.*, 163) ; l'exemplaire de la collection L. (Labitte, 1874) a été vendu 20 fr.

Dans la même vente figurait un exemplaire de la DEFFENCE des fables dans la poésie, imitation du latin de M. de Santeul. *S. l. n. d.,* in-4. Vendu 14 fr.

— AU ROY, sur son départ pour l'armée en 1676. *S. l. n. d. (Paris,* 1676), in-4, de 4 pp.

— VERS presentez au Roy sur la campagne de 1676. *Paris, G. de Luyne,* 1676, in-4, de 2 ff.

— ODE à M. Pellisson. *S. l. n. d. (Paris, vers* 1676). in-4.

Cité par Granet (édit. de 1738).

— SUR LES VICTOIRES du Roy, en l'année 1677. *Paris, G. de Luyne* (1677), in-4, de 2 ff.

— AU ROY, sur la paix de 1678. *De l'impr. de P. le Petit,* in-fol., de 4 pp.

— A MONSEIGNEUR, sur son mariage. *S. l. n. d. (Paris,* 1680), in-fol. de 4 pp., avec un fleuron, représentant Apollon et les Muses.

— OEUVRES diverses de P. Corneille. *A Paris, chez Gissey et Bordelet,* 1738, in-12, de xxxiv-461 pp. et 3 ff. non chif. pour la table.

Ce recueil contient 96 pièces ; la préface est suivie de la *Défense du grand Corneille,* par le P. Tournemine ; le volume doit renfermer un carton qui n'est pas partout semblable ; dans quelques exemplaires il contient le *Sonnet sur la Mort de Louis XIII ;* dans les autres ce sonnet est suivi du *Placet au Roy, sur le retardement de sa pension.*

Ce recueil a été réimprimé à *Amsterdam, chez Zach. Chatelain* en 1740, in-12.

— LES TRIOMPHES de Louis le Juste. Voir VALDOR (Jean), au *Manuel.*

— BIBLIOGRAPHIE cornélienne, ou Description raisonnée de toutes les éditions des OEuvres de Corneille, des imitations ou traductions qui en ont été faites, et des ouvrages relatifs à Corneille et à ses écrits, par Émile Picot. *Paris, Aug. Fontaine,* 1876, in-8, portr., pap. de Holl. (500 ex.), 25 fr. ; pap. Whatmann (50 ex.), 50 fr. ; pap. de Chine (10 ex.), 60 fr.

Excellente monographie, fruit d'un long travail et de consciencieuses recherches, à laquelle nous reconnaissons volontiers avoir emprunté la presque totalité des renseignements qui précèdent ; l'éditeur, M. Fontaine, a confié l'impression de ce beau livre à M. Georges Chamerot, qui a produit un chef-d'œuvre de typographie.

CORNEJO (*Pedro*). Compendio y breve relation de la Liga y confederacion Francesa : con las cosas en aquel reyno acontecidas desde el año de ochēta y cinco. *En Brucellas, en casa de R Velpio,* 1591, in-8.

Nous citerons encore du même auteur :

— DISCORSO y breue relacion de las cosas acontecidas en el cerco de la famose-Villa de Paris, y su defensa por el duque de Nemours contra Henrique de Borbon. *En Brucellas,* id., 1591, in-8.

Pièces historiques d'un certain intérêt.

CORNET (*Séverin*). Chansons françoises à 5, 6 et 8 parties, mises en musicque par Severin Cornet, maistre de la musicque en la grande église d'Anvers, 1581. *En Anvers, de l'imprimerie de Christ. Plantin,* in-4, obl.

— CANTIONES musicæ 5, 6, 7 et 8 vocum, auctore Sev. Cornet, ecclesiæ D. Virginis Mariæ Antverpiensis phonasco. *Antverpiae, ex offi. Chr. Plantini,* 1581, in-4.

— MADRIGALI a 5, 6, 7 et 8 voci, di Sev. Corneti, maestro di capella della chiesa maggiore d'Anversa. *Anversa, Chr. Plantino,* 1581, in-4.

Ces trois volumes, dans les trois langues, sont fort rares et précieux.

CORNU (*P.*). Les OEuvres poétiques de Pierre Cornu, Dauphinois, contenant sonnets, chansons, odes, etc. *Lyon, J. Huguetan,* 1583, in-8. [13843]

En *mar.* de Duru, 440 fr. Double (avait été payé 284 fr.) ; en *mar.* de Bauzonnet, 220 fr. Yéméniz ; en *mar.*, 341 fr. Morel, de Lyon, 1873 : un bel exemplaire 370 fr. Desq ; 350 fr. Chaponay ; revendu 400 fr. Turquety : un autre bel exemplaire en *mar.* de Trautz, a été porté à 850 fr. à la vente L. de Montgermont en 1876.

— OEUVRES poétiques de Pierre de Cornu. *Turin, Gay et fils,* 1870, pet. in-12.

Avec une préface et des notes, par un membre de la Société des bibliophiles gaulois (Prosper Blanchemain), tiré à 100 exemplaires, 96 sur papier *vélin* et 4 sur papier de Chine, plus 3 sur *vélin ;* le volume est composé de XXVII-232 pp., dont les 7 dernières pour la table.

CORNUTUS (*J.*). Jac. Cornvti Doctoris Medici Parisiensis Canadensium Plantarum, aliarumque nondum editarum Historia. Cui adiectum est ad calcem Enchiridion Botanicum Parisiense. *Parisiis, venundantur apud Simonem Le Moyne,* 1635, in-4, de VII-119 ff. de texte, avec pl. grav. sur métal et 1 f. pour le privilége.

Volume assez rare et recherché par les bibliophiles canadiens ; 80 fr. Maisonneuve (1867).

CORONA mistica beate Marie virginis. *Antverpie, Gerard de Leew*, 1492, in-8, goth., contenant outre le titre et la marque de l'imprimeur, 26 figures grav. sur b. de la grandeur des pp. [1673]

Hain, qui cite ce rare volume, ne parle pas des planches. £ 3. Sh. 12, Libri.

CORPUS inscriptionum Atticarum, consilio et auctoritate Academiæ litterarum regiæ Borussicæ editum. Vol. primum, edid. Adolphus Kirckhoff. *Berolini, Reimerus*, 1873, in-fol., de VII et 244 pp.

M. Egger, dans le *Journal des Savants*, de novembre 1874, a rendu compte de cette intéressante et savante publication.

Nous citerons également :

— Corpus scriptorum historiæ bysantinæ, editio emendatior et copiosior, consilio B. G. Niebuhrii C. F. instituta, auctoritate Academiæ litterarum regiæ Borussicæ continuata. Nicephorus Gregoras. *Bonnæ, typis C. Georgii, impensis Ed. Weberi.* Volumen primum, in-8.

CORREAL (*François*). Voyages aux Indes Occidentales, contenant ce qu'il y a vu de plus remarquable pendant son séjour, depuis 1666 jusqu'en 1697. *Paris*, 1722, pl. et cartes, 2 vol. in-12. 15 fr. Maisonneuve.

— Les mêmes. *Amsterdam*, 1722, 3 vol. in-12, avec cartes et planches gravées sur bois. Sh. 6. J. R. Smith (London).

CORROZET (*Gilles*). ⟨ Sésuyuët plu ‖ sieurs belles pe- ‖ tites instructions et enseignemens ensem ‖ ble plusieurs nouueaulx prouerbes demã ‖ des | et ioyeulx quolibetz faictz par manie ‖ re de passetemps par l'indigët de sapience ‖ Plus que moins. — ⟨ *Fin des instructions prouerbes et colibetz.* ‖ ⟨ *Plus que moins. S. l. n. d.* [*Paris, vers* 1535], pet. in-8, goth., de 12 ff., de 22 lignes à la page, sign. A-C, fig. sur bois au titre.

Le verso du 12ᵉ feuillet est blanc.

— ⟨ Les Epitaphes ‖ faictes sur le trespas de messire Robert ‖ de la Marche, seigneur de Floren ‖ ges, mareschal de France et ‖ cheualier de lordre du ‖ Roy nostre sire. ‖ *Il est permis a Iehan Andre et Gilles ‖ Corrozet faire imprimer et vendre ces epita = ‖ phes et deffences a tous autres iusques a vng ‖ moys prochainement venant. Fait le .viii. iour de Ianuier. Mil .V.C. XXXVI. ‖ l. l. de mesmes.* In-8, goth., de 4 ff. de 26 et 27 lignes à la page, sans chiffres, réclames ni signatures, avec fig. sur bois au titre.

— Les Menues ‖ pêsez damours. Finis *S. l. n. d.* (*Paris, vers* 1530), pet. in-8, goth., de 4 ff. de 20 lignes à la page, sign. A, fig. sur bois au recto et au verso du titre, et au verso du dernier f.

Au recto du dernier feuillet on lit ce quatrain.

L'ACTEUR :

Gilles Corroset or envoye
Aux amoureux sotz sans science
Cest escript qu'il a mis en voye
Par l'indigent de sapience

Plus que moins.

— Hecatomgraphie... *Paris, D. Janot*, 1541, in-8. [13726]

Première édition.

Un bel exemplaire, en mar. de Niédrée, 250 fr. Yéméniz.

— HECATONGRAPHIE. *Paris, D. Janot*, 1543, in-8, fig. s. b. et encadrement.

En anc. rel. mar., 503 fr. Brunet ; ce bel exemplaire, bien complet, avec 100 charmantes figures sur bois, venait de R. Heber ; en v. f. de Trautz-Bauzonnet, 150 fr. Yéméniz.

— HECATONGRAPHIE. *Paris, Est. Groulleau*, 1548, in-16, fig. s. b. sans encadrements.

En mar. de Bauzonnet, 135 fr. Yéméniz.

— HECATONGRAPHIE. *S. l. n. d.*, in-12, sans figures.

Cette édition est d'un imprimeur dont la marque est la chute d'Icare, avec la devise : *Ne hault, ne bas, médiocrement.* En mar. v. de Derome, 50 fr. Morante.

— La Tapisserie de l'Eglise chrestienne et catholique ; en laquelle sont depainctes la Natiuité, vie, passion, mort et resurrection de Nostre Sauueur et Redempteur Jésus-Christ. Auec un huictain soubz chacune histoire, pour l'intelligence d'icelle. *Paris, de l'imprimerie d'Estienne Groullan*, 1551, in-16, fig. s. b., finement gravées ; les quatrains placés au-dessous des figures sont de Gilles Corrozet. [13727]

Le *Manuel* cite de ce petit volume l'édition de 1549 ; celle-ci est d'une excessive rareté ; M. Didot, qui la décrit dans son *Essai sur la gravure sur bois*, n'avait vu que l'exemplaire de la Bibl. nation., qui est rogné à la lettre ; il déclare que les gravures dont il est orné sont dignes du burin de l'illustre J. Cousin. 430 fr. baron Pichon, pour M. Didot.

— Le Parnasse des Poëtes françois modernes. *Paris, Galiot Corrozet*, 1557, pet. in-16.

Première édition fort rare. (Voy. *Bull. du bibliophile*, Année 1837, page 542.)

— L'édition de 1571, *Paris, Galiot Corrozet*, pet. in-8, 75 fr. Chaponay ; l'exempl. Solar, 360 fr. Leb. de Montgermont.

— L'édition de 1583, *Lyon, B. Rigaud*, in-16. 20 fr. Chedeau.

— LES DIVERS propos mémorables des nobles..... hommes de la chrestiente. *Paris, Gilles Corrozet*, 1556, in-8.

En mar. de Duru, 20 fr. baron Pichon.

— LE CATALOGUE des antiques érections des villes

et cités..... *On les vend à Lyon, chez Fr. Juste.* S. d., in-16, goth., fig. s. b.

En belle rel. anc. 200 fr. Yéméniz.

— LA FLEUR des antiquitez... *Paris, Galiot du Pré,* 1532, pet. in-8. [24124]

Bel exemplaire de la première édition, 355 fr. Le Roux de Lincy (1865); en *mar.* de Duru, 205 fr. Yéméniz (court de marges).

— LA FLEUR des antiquitez..... 1533. *Paris, G. de Bossozel,* pet. in-8.

En *mar.* de Duru, et relié sur brochure, 315 fr. Le Roux de Lincy.

— LA FLEUR des antiquitez.... de la Ville de Paris. *Paris,* 1534, in-16, lettres rondes.

En *mar.* de Trautz-Bauzonnet, 170 fr. Solar.

— LA FLEUR des antiquitez... de la Ville de Paris..... *On les vend à Paris... par Pierre Sergent,* 1543, in-16.

Outre l'ouvrage de Corrozet, cette édition contient *les Rues et Eglises de Paris,* et elle est la seule qui donne les tenants et aboutissants des rues de Paris, indication fort utile pour celui qui veut en retrouver l'emplacement.

En *mar.* de Trautz-Bauzonnet, 750 fr. baron Pichon.

— LES ANTIQUITEZ,..... 1550. *Paris, Gilles Corrozet,* in-8.

En *v. f.* de Trautz-Bauzonnet, 130 fr. Le Roux de Lincy; en *mar. bl.* du même relieur, 300 fr. baron Pichon.

— LES ANTIQUITEZ et singularitez excellentes de la ville, cité et université de Paris. *A Paris, de l'imprimerie de Nicolas Chrestien,* 1555, in-16 de 64 ff. 60 à 70 fr.

Cette édition avait échappé aux recherches de M. Brunet; elle porte au verso du titre : « Le contenu de ce qui a esté adiousté oultre les precedentes impressions. — Les noms des rues, églises, chapelles et collèges de Paris. — La despense qui se faict chascun iour en icelle, le tour et enclos de la ville. — Le contenu de la despence qu'une personne peut faire par an et par iour, etc. »

Un exempl. incomplet, 41 fr. Le Roux de Lincy (1868).

— LES ANTIQUITEZ..... de Paris, corrigées et augmentées pour la seconde édition. *Paris, N. Bonfons,* 1561, in-8.

En *mar.* de Duru, 88 fr. Solar; en *v. f.* de Chambolle, 110 fr. Le Roux de Lincy; 200 fr. Yéméniz.

— ANTIQUITEZ..... Augmentées par N.-B., parisien. *A Paris, par Nic. Bonfons,* 1576, in-8.

En *mar.* de Duru, 180 fr. Le Roux de Lincy; à la première vente de 1855, un exemplaire s'était vendu 245 fr.

— LES ANTIQUITEZ..... *Paris, Nic. Bonfons,* 1581, pet. in-8.

En *v. f.* de Trautz-Bauzonnet, 63 fr. Solar; en *mar.* de Duru, 102 fr. Le Roux de Lincy; 45 fr. (taché d'huile) Yéméniz.

— LES ANTIQUITEZ..... par G. Corrozet, parisien, et depuis augmentées par N. B. (Nic. Bonfons). *Paris, Nic. Bonfons,* 1586-88.

Le bel exemplaire de M. De Bure, 89 fr. Solar; en *v. f.* de Duru, 125 fr. Le Roux de Lincy; en *mar. bl.* de Duru, 150 fr. baron Pichon; en *vélin,* 82 fr. Yéméniz; en *mar.* de Thibaron, 145 fr. H. B. (1873); en *mar.* de Duru et Chambolle, 175 fr. Leb. de Montgermont.

— LES FASTES, antiquitez et choses plus remarquables de Paris..... par P. Bonfons. *Paris,* 1607, pet. in-8.

Édition non citée au *Manuel,* en *v. f.* de Chambolle, 45 fr. Leroux de Lincy.

CORSUCCIO. Il vermicello della seta. *Rimino, G. Simbeni,* 1581, in-4.

Livre intéressant, consacré aux vers à soie; chaque page est entourée d'une bordure gravée sur bois. 20 fr. en 1869.

CORTEZ (*Fernand*). En lan M. CCCCC xxjj. ou (*sic*) mois daoust ‖ la Tressacree Imperiale et Catholique Mageste lui estant en ‖ la cite de Palace en Castille, eust nouuelles des Marches Ysles ‖ et terre ferme Occeanes, que lon appelle et nôme vulgairemêt ‖ les Indes, pource q̃ vne partie dicelles est a confronte envers lesdz̃ indes. (A la fin, v° du f. 16 :) ❡ Depuis sont venues a sa mageste nouuel ‖ les de certaiẽs ysles trouuez p les espaignolz plaines despecerie et beau ‖ cop de mines dor, lesq̃lles nouuelles il receupt en ceste ville de Vailladolid ‖ le primier doctobre XV. cent xxij. Finis : ‖ ❡ *Imprime en Anuers par Michiel de Hoocstraten.* ‖ ❡ *Cum gratia et priuilegio,* pet. in-4, de 16 ff., sign. Ai-Diij., la première et dernière ligne impr. en car. goth., le reste du vol. en car. ronds.

Cette relation inconnue a été publiée vers 1523, sur les deux premières lettres de F. Cortez; elle commence avec le départ de Cortez de la Vera-Cruz en 1519, et se termine avec la mort de Montezuma (non cité par la *Bibl. americ.* de Harrisse). Nous avons donné cette note d'après un exemplaire incomplet du premier feuillet que le libraire Edw. Tross voulut bien nous communiquer en 1866.

— La Preclara narratione di Ferdinan ‖ do Cortese della Nuoua Hispagna del Mare Oceano, al ‖ Sacratissimo et Iuuictissimo Carlo di Romani Imperatore sen ‖ pre Augusto Re Dhispagna, et cio che siegue nellaño del si ‖ gnore. M.D. XX. trasmessa : Nella quale si côtẽgono mol ‖ te cose degne di scienza et ammiratione, circa le cittadi ‖ egregie di quelle Prouincie, costumi dhabitatori, sa ‖ crifici di Fanciiulli et religiose persone. Et massimamente della celebre citta Temixtitlan (trad. per Nicolo Liburnio). *Stampato in Venetia per Bernardino de Viano* ‖ *de Lexona Vercellese. Anno domi* ‖ *ni M.D. XX.IIII. A di XX Agosto,* in-4, de 74 ff. non·chif. Le dernier f. ne contient que la marque de l'imprimeur.

£ 2. Sh. 2, catal. Thorpe; 1838 ; 250 et 350 fr. catal. Tross; 350 fr. Yéméniz (en *mar.* de Trautz) ; incomplet de 2 ff. et du plan de Mexico, 80 fr. Tross; en *vélin,* 700 fr. Maisonneuve (1867).

— Historia de Nueva-España, aumentada con otros documentos y notas por D. Franc. Ant. Lorenzana, arzobispo de Mexico. *Mexico, J. Ant. de Hogal,* 1770, in-fol., x ff. prél., 400 pp. de texte et 6 ff. d'indice, front. gr., plan de la Nouvelle-Espagne, du grand Temple de Mexico, de la Californie, etc. [28598]

Volume précieux, qui contient les plus curieux documents; les lettres de Fernand Cortez y figurent; entre les pages 176-177, sont 31 planches qui représentent en *fac-simile* un livre mexicain en caractères hiéroglyphiques, avec la traduction espagnole; 70 fr. Maisonneuve.

— AVENTURAS y relaciones de Hernan Cortés, en México, por una sociedad de literados. *Mexico, V. Segura*, 1853, in-18 de xv-328 pp., plus 1 f. de table.

— CARTAS y relaciones de Hernan Cortés al emperador Carlos V, colegidas é ilustradas por don Pascual de Gayangos. *Paris*, 1866, gr. in-8, de 51 et 572 pp., plus 2 ff. de table.

Belle et intéressante édition, imprimée aux frais du banquier Salamanca, et non destinée au commerce.

— THE PLEASANT history of the conquest of the west India, now called new Spayne, by Hernando Cortes, most delectable to reade, translated by T. Nicolls (avec des vers en l'honneur du livre, par Stephen Gosson). *London*, *H. Bynneman*, 1578, dédic. à Francis Walsingham. (2 guinées, Rich. Heber.)

— Réimpr. « *London*, *T. Creede*, 1596. » £ 3. Sh. 10, Inglis.

CORTES (*Martin*). Breve compendio de la Sphera y de la arte de nauegar..... *Sevilla*, 1551, in-fol. [8492]

La traduction anglaise est un livre rare et précieux, quoi que dise M. Brunet.

— ARTE of Nauigation, conteyning a compendious description of the sphere, with making of certain instruments and Rules for Navigation, exemplified by manys demonstrations, by Richard Eden, dedicated to the Merchant adventurers.... *London*, *emprynted by R. Jugge*, 1561, in-4, planches gravées sur bois et cartes, dont un plan du *New-World*, 83 ff. et une table; en outre une dédicace aux Aldermen de la *Citie of London*.

— Réimpr. en 1589, in-4.

— Réimpr. en 1596, in-4.

— Réimpr. en 1609, in-4.

Cette dernière édition, corrigée et fort augmentée par John Tapp.

CORTESII (*Pauli*) protonotarii Apostolici, de cardinalatu Libri III. — *Impressus per Sym. Nic. Nardum in Castro Cortesio*, 1510, in-fol., lett. rondes.

Livre imprimé à petit nombre et dans une imprimerie particulière, qui n'a pu être déterminée : « Libro rarissimo » (Tiraboschi).— « Liber admodum rarus » (catal. Pinelli). 3 guinées, Thorpe, 1837.

CORUM (*Andrieu*). L'Art de Chyromance. *S. l. n. d.*, pet. in-8, goth., de 92 ff., avec fig. s. b.; sign. A-M par 8, sauf le cahier C, qui est de 4. [8930]

Nous répétons ce titre, déjà inscrit au *Manuel*, parce que nous désirons reproduire une excellente note que nous empruntons à un catal. de M. Tross (1863), qui porte à 400 fr. ce volume, qu'il avait payé 10 livres sterl. à la vente de la partie réservée des livres de M. Libri. « Ce volume, qui contient beaucoup de figures sur bois, offre un intérêt particulier, en ce qu'il sert à prouver l'existence d'un petit volume xylogr. sur la chiromancie (un *Hartlieb* en miniature), qui aurait été exécuté en France au xve siècle, et dont les planches auraient servi à

l'ornementation du présent volume avec l'addition d'un texte en caractères mobiles; ce qui semble le prouver, c'est que presque toutes ces gravures portent des signatures gravées dans la planche en bois; ces signatures n'affectent aucune régularité de disposition, mais se rapportent à l'ordre différent dans lequel elles étaient rangées dans le xylographe: elles vont de *a* à *t*, et doivent avoir formé des cahiers de 8; il semble donc que ces planches ont reçu ces signatures à une époque où elles n'étaient point accompagnées d'un texte en caractères mobiles. »

Les xylographes français sont trop clair-semés, et l'histoire de la xylographie, en France, est trop imparfaite, pour que nous ayons pu laisser de côté cette note intéressante.

CORVUS (*Andreas*). Liber de Chiromantia. *Venetiis, Aug. de Zannis,* 1513, pet. in-8.

Ce livre rare renferme plus de 150 gravures sur bois, de la grandeur des pages; le titre se trouve au verso du premier feuillet: le recto est occupé par une gravure, où l'on voit trois hommes, dont l'un est sans doute l'auteur du livre.

On a traduit en français, d'une façon bizarre, le nom de l'auteur par : ANDRIEU CORUM.

COSSARD (*Jacques*). Méthode pour apprendre à lire, à escripre, chanter le plain chant, et compter, avec plusieurs petites tablettes et explications d'icelle, par Me Jacques Cossard, prestre, bachelier en théologie, curé de Dormans. *A Paris, chez l'auteur du présent, au collège de la Marche,* 1633, pet. in-8. [9067]

Volume curieux, dédié à Mlle de Montpensier; à la fin, une partie de 16 pages, consacrée à l'alphabet grec et hébreu. 12 à 15 fr.

COSTE (*Pascal*). Monuments modernes de la Perse, mesurés,. dessinés et décrits par P. Coste. *Paris, A. Morel,* 1867, gr. in-fol., 61 planches, dont quelques-unes en couleur.

102 fr. Curmer.

COSTUMES historiques des xvie, xviie et xviiie siècles, dessinés par E. Lechevalier-Chevignard, gravés par MM. A. Didier, L. Flameng, Lallemand, etc. Avec un texte historique et descriptif par M. G. Duplessis. *Paris, A. Lévy* (1864)-73, 2 vol. in-4, avec 150 grav. color.

Ce livre est destiné à faire suite aux *Costumes historiques*, de Bonnard; 50 exemplaires ont été tirés sur grand papier vergé, avec figures coloriées; 57 livraisons de cet état exceptionnel ont été portées à 102 fr. Em. Gautier, en 1872, et à cette même vente, un très-bel exemplaire des *Costumes* de Bonnard, avec double suite de figures, a été vendu 276 fr.

COTA (*Rodrigo*). Diálogo entre el Amor y un Caballero viejo, hecho por el famoso Autor Rodrigo Cota, el tio, natural de Toledo, el cual compuso la Egloga que dicen de Mingo Revulgo, y el primer

Autor de Celestina, que algunos fasalmente atribuyen á Juan de Mena. Añadido El Blason de las Mujeres, discurrido por sus perfecciones, y calificado con las plausibles calidades de muchas insignes Matronas que celebran las Historias Sagradas y Profanas. In-4, de 16 pp., *impr. sans aucune désignation de lieu, d'imprimeur, ni d'année.*

Au bas de la 5e page, le dialogue est suivi de cette indication : « *Se hallará en la imprenta de D. Pedro Josef Alonso de Padilla, impresor y mercader de libros : vive en la calle sancto Tomas, junto al Contraste.* »

Cette qualification d'*auteur de la Celestina*, appliquée hautement à Rodrigo Cota, est d'une importance telle, que nous avons cru devoir reproduire *in extenso* le titre d'une pièce de 8 ff., qui n'a pas d'autre importance que son extrême rareté.

COTEREAU (*Cl.*). Du Deuoir d'un capitaine et chef de guerre, aussi du Combat en camp cloz ou duel. Le tout faict latin par Claude Cotereau, et mis en langue françoise par Gabriel du Préau. *On les vend à Poictiers, à l'enseigne du Pelican,* 1547, in-4, car. ronds. [8582]

Première édition de la traduction française.

COTTI (*Aureliano*). Vita di Michelangelo Buonarroti narrata con l'aiuto di nuovi documenti. *Firenze,* 1875, 2 vol. in-8, de XIII-380, et 245 pages.

Ouvrage important, qui a été publié à l'occasion du centenaire de Michel-Ange.

COUCHOU (Lou). Lagno Provençaou per esconjurar las melancoulies de leys gens. *A Apt, aquo de Iean Roize,* 1654, in-12, de 112 pp.

Recueil inconnu à tous les bibliographes, et qui figure au catal. Bory.

COVET (*Jacq.*). La Conférence faicte à Nancy entre un docteur Jésuite, accompagné d'un capucin, et deux ministres de la parole de Dieu ; descrite par J. Covet, Parisien. *Imprimé à Basle,* 1600, in-8, de 141 pp.

18 fr. Tross (1870).

COVLON. Le Fidelle Condvcteur pour le voyage de France. *A Troyes, chez Nicolas Oudot, et se vendent à Paris chez G. Clouzier,* 1654, pet. in-8.

A la suite vient la description de l'*Angleterre,* partie de 112 pp., avec une erreur de numération ; les 12 dernières pages sont chiffrées 200-212, au lieu de 100-112, 8 à 10 fr.

CORONEMENT (Le) de Messire Françoys Petrarque, poete florentin, faict à Rome, envoyé par Messire Sennucce del Bene au magnifique Cam della Scala, Seigneur de Vérone, nouuellement traduit du toscan en françoys (par J. B. de Barlemont).

Paris, Gabr. Buon, 1565, in-4, de 9 ff.

15 fr. Ruggieri, et en *mar.* de Chambolle-Duru, 50 fr. vente H. Bordes.

COURONNEMENT (Le) du Sérénissime Henry de Valois, roy des Polonnes, envoyé à l'Illustrissime Seigneur de la Mante, gouverneur de la citadelle de Lyon. *Lyon, par Michel Jove,* 1574, pet. in-8.

En *mar.* de Masson, 60 fr. Ruggieri.

COURÕNEMENT (Le) dv tres illvstre roy de Bolemen (*sic*), archidvc Ferdinand, et de sa royalle maieste espousee la Royne, faict en la grande et puissant cité de Prag, au royaume de Bohème, en lan MDXXVII. Translate au vray d'Alleman en Françoys, par Vuygant de Köln. *S. l. n. d.,* pet. in-4, goth., de 4 ff.

Pièce qui figure pour la première fois au catalogue de la Bibl. de Saint-Ylie (30 novembre 1869), où il fut acquis par un intrépide amateur, au prix excessif de 510 fr. ; lequel, après l'avoir fait relier très-richement par Lortic, le revendit 1,000 fr. Cet amateur était M. Ruggieri.

COURRIER facétieux (Le), ou Recueil des meilleurs rencontres de ce temps. *Lyon,* 1647, in-8, front. gr. [17867]

Ce petit volume, rare et curieux, a été plusieurs fois réimprimé. En *mar.* de Hardy, 64 fr. Auvillain.

COURRIER françois (Le), traduict fidelement en vers burlesques (par de Saint-Jullien). *S. l.,* 1649, 12 parties in-4. 8 à 12 fr.

Cette gazette en vers, sur *la Fronde,* est assez rare quand elle est complète ; elle a été réimprimée l'année suivante sous ce titre :

— LE COURRIER bvrlesque de la guerre de Paris, envoyé à monseigneur le prince de Condé, pour divertir son altesse pendant sa prison..... *Imprimé à Anvers et se vend à Paris au Palais,* 1650, in-12 de IV et 123 pp.

En *mar.* de Koehler, 51 fr. Morel, de Lyon.

Ce petit volume a dû être imprimé à Rouen.

Ces récits, à la mode de Loret et de Robinet, ont été réimprimés en 2 vol. in-16, par C. Moreau, *Paris,* 1858.

COURROUX (Le) de la Mort côtre les ‖ angloys, donnant proesse ꝣ cou ‖ raige aux Françoys. *S. l. n. d.,* pet. in-4, goth., de 4 ff. à 34 lig., le 1er f. signé a1. [13444]

Cette pièce rare, vendue 200 fr. (Audenet), paraît imprimée à Rennes avant 1490 avec les caractères du *Floret, en françoys,* de 1485 ; elle finit au verso du 4e feuillet par ce vers :

· Selon bon droit viues en voz estatz.

☾ FINIS.

La capitale (L) ornée, qui commence cet opuscule, est gravée en manière criblée. (*Bibl. nation.*)

COURS (Le) du jour chrétien, dédié à

Mme de Maintenon. *A Paris, chez Noël Pissot*, 1714, pet. in-12, fig. (en vers).

La figure de la Vierge, qui est en tête du livre, est, dit Chardon de la Rochette, le portrait de Mme de Maintenon, ce qui ne laisse pas d'être une assez piquante assimilation ; une figure représente le Christ en croix, avec le vers de Tibulle :

Te teneam moriens deficiente manu.

En mar. de Masson-Debonnelle, 200 fr. au catal. à prix marqué de Morgand et Fatout.

COURSES (Les) de bague faictes en la place Royale, en faveur des heureuses alliances de Frāce et d'Espagne, par les princes et seigneurs de France. *A Paris, pour Jean Millot et Jean de Bordeaulx*, 1612, 4 ff. pet. in-8. [23745]

Relié avec une autre pièce rare : *La Satire des Dames contre les chevalliers du Carrouzel. S. l.*, 1612, in-8, de 8 pp., 80 fr. Ruggieri.

COURTOISIE françoise (La), enrichie de plusieurs belles et rares lettres de compliment et d'un bouquet de marguerites et fleurs d'élite choisies dans leur jardin. *Heydelberg (Hollande)*, 1658, pet. in-12, front. gravé.

Ce petit volume contient, en outre, des proverbes, des dialogues, et se termine par un *Récit des reliques qui sont dedans le thrésor de la royale abbaye de Saint-Denis*. En mar. de Trautz, 52 fr. Solar.

COUSIN (J.). Livre de povrtraictvre de maistre Jean Covsin, peintre et geometrien très-excellent, contenant, par une facile instruction, plusieurs plans et figures de toutes les parties séparées du corps humain : ensemble les figures entières, tant d'hommes que de femmes et de petits enfans, veues de front, de profil et de dos, avec les proportions, mesures et dimensions d'icelles, et certaines règles pour raccourcir par art toutes lesdites figures : fort utile et nécessaire aux peintres, statuaires, architectes, orfeures, brodeurs, menuisiers, et généralement à tous ceux qui ayment l'art de peinture & de sculpture. *A Paris, par Jean le Clerc, rue Saint-Jean de Latran, à la Salamandre, auec privilège du roy* (de Mantes, le 13 juillet 1593). A la fin : *Achevé d'imprimer ce 10 mars 1595. — De l'Imprimerie de David le Clerc, rue Frementel, à l'Estoile d'or ;* in-4 oblong, sign. A-Kiiij. [9188]

C'est cette édition, excessivement rare d'ailleurs, qui est citée dans le *Manuel* sous la date de 1503 ; quant aux deux premières, de 1571 et de 1589, personne ne les a vues, et tout porte à croire qu'elles n'existent pas ou qu'elles n'existent plus.

Voici la série des éditions, subséquentes, qui toutes conservent encore une valeur relative :

— *Paris, Jean Leclerc*, 1603, in-4 obl.
— *Ibid.   id.*   1608, in-4 obl.
— *Ibid.   id.*   1612, in-4 obl.
— *Paris, Jean Leclerc*, 1618, in-4 obl.
— *Ibid.   id.*   1635, in-4 obl.
— *Ibid. Guillaume le Bé*, 1640-1642-1647-1656, in-4 obl.
— La 13e édition, si l'on compte celles de 1571 et de 1589, porte la souscription : *Jouxte la copie imprimée à Paris et se vendent à Lyon.* Demasso, 1663, in-4 obl.
— La 14e. *Paris, Guil. le Bé*, 1671, in-4 obl.

La première édition des LIVRES DE PERSPECTIVE, *A Paris, de l'impr. de Jehan le Roger*, 1560, in-fol., fig. en bois, a été adjugée à 100 fr. à une vente faite par M. Tross, en mars 1870.

M. Ambroise Firmin-Didot a consacré au maître de Sens une remarquable monographie qui abonde en renseignements intéressants et qui révèle d'immenses et consciencieuses recherches ; elle est accompagnée d'un album de reproductions chromo-lithographiques, héliographiques, gravures sur bois d'une haute valeur artistique :

— ÉTUDE sur Jean Cousin, suivie de Notices sur Jean Leclerc et Pierre Wociriot, par A. Firmin-Didot. *Paris*, 1872, in-8, planches.
— RECUEIL des œuvres choisies de Jean Cousin. Peinture, sculpture, vitraux, miniatures, gravures à l'eau-forte et sur bois, reproduits en *fac-simile* (41 pl. dont quatre en couleurs), et publiées avec une introduction par Ambroise Firmin-Didot, de l'Académie des inscriptions. *Paris*, 1873, in-fol.

Dans l'intervalle de ces deux publications, l'Institut avait tardivement couronné une longue vie de travail et de recherches littéraires et scientifiques, en appelant M. Didot dans son sein.

COUSSEMAKER (De). Drames liturgiques au Moyen-âge. *Paris*, 1862, in-4, de XX-350 pp.
— L'ART Harmonique aux XIIe et XIIIe siècles. *Paris*, 1865, in-4.

Ces deux ouvrages fort estimés des savants, qui regrettent la perte récente de l'auteur, sont analysés dans la *Bibl. de l'Ecole des Chartes.*

COUSTUMIER (Le Grand) de France, et instruction de pratique et manière de procéder et pratiquer ès souveraines cours de parlement, préuosté et vicomté de Paris, etc. *Paris, Galliot du Pré*, 1515, pet. in-fol., goth.

36 fr. Tross, 1870.

Il existe onze éditions gothiques, de 1514 à 1539.

COUSTUMIER (Le Grand) de France... Nouvelle édition donnée par Laboulaye et H. Dareste. *Paris*, 1868, in-8, de XLV et 848 pp.

COUSTUMES generalles du bail ‖ liage damiës auec celles des preuostez ‖ de Monstroeul, Beauquesne, Foullois, ‖ Sainct Ricquier, Doullens, et Beauuoisis. Nou ‖ uellement publiez et decretees en la ville Damiens. *Imprime a Paris, pour Guillaume Eu ‖ stace... lā mil cicq cēs et seize*, pet. in-8, goth., de 96 ff. chiffrés.

120 fr. Tross (1872).

COUSTUMES generales du bailliage d'Amyens, auec celles des preuostez de

Monstroeul, Beauquesne, Foulloys, Sainct-Ricquier, Doullens et Beauuoisis. *On les vend à Amyens, chez Jehan Caron, libraire, le* XXV° *iour de janvier* 1546, in-8, goth., de 114 ff. chiffrés, plus le titre et 1 f. blanc à la fin ; sign. A-P. iïj.

Jeh. Caron n'était pas imprimeur, nous dit M. F. Pouy, dans ses *Recherches sur l'imprimerie à Amiens;* ce volume rare a sans doute été imprimé à Paris. 115 fr. vente Chedeau.

COUSTUMES du pays et duche Danjou, publiees par Messeigneurs maistres Thibault Baillet, president, et Jehan le Lieure, conseiller en la court du Parlement. *Imprimées pour Mathurin Amat, Clement Alexandre, Leon Cailler, Jehan Leroy et Jehan Arnoul, libraires et suppotz de l'Université d'Angiers,* 1509, pet. in-8, goth., de 136 ff. non chiff., avec la marque de Jehan Arnoul.

Cette édition, quoique ayant le même nombre de feuillets, diffère de celle indiquée au *Manuel* sous la même date ; elle est à peu près de la mêm valeur.

COUSTUMES du bailliage de Vermandois en la ville... de Laon. *Rheims, chez J. de Foigny,* 1585, in-4.

— COUSTUMES de la cité et ville de Rheims. *Rheims, J. de Foigny,* 1571, in-4, de 58 ff.

— COUSTUMES de Chaalons et ressort du siége dudit lieu, en ce qui est du bailliage de Vermandois. *Rheims, J. de Foigny,* 1585, in-4, de 33 ff.

COUSTUMES du pays et comté de Poictou, commentées et paraphrasées... par N. Theveneau... *A Poictiers, par Simon Frère,* 1595, in-8, de XIV ff. lim. (A 8 et B 6), 410 pp. chiffrées et un f. de vers et de table.

COUSTUMES (Les) generales du comte d'Artois.

Une édition, pet. in-8, est donnée par Jehan Bourgeois en 1553, et celle-ci porte la mention d'impression à Arras même.

COUSTUMES du Berry.

Le catal. de la Bibl. de Rennes indique une édition, donnée avec les commentaires de Boërius, comme imprimée à Lyon en 1509, in-8 ; c'est une erreur. Le rédacteur a visé l·édition de 1512 (citée au *Manuel*), qui porte la marque de Marnef.

— CONSUETUDINES generales Bituriceñ..... *Parisiis,* ap. Fr. *Regnault,* 1529, gr. in-4.

Le texte des coutumes est en français, et imprimé en gros caractères gothiques.

COUSTUMES du Bourbonnoys. *Paris,* 1521, in-8.

L'exemplaire sur *vélin,* vendu 159 fr. Montmerqué, après avoir été revêtu d'une splendide reliure de Trautz-Bauzonnet, a été revendu 1,300 fr. Yéméniz.

COUSTUMES (Les) du pays de Bourgongne, redigees par escript... auec les postilles de droit escript interprétant lesdictes coustumes. *Venundantur Lugduni per Petrum Balet.* La souscription est au r° du 34° feuillet : *Cy finissent les coustumes du pays de Bourgongne nouuellement imprimees a Lyon par Antoyne du Ry, pour Pierre Ballet, et furent acheuees lan* MCCCCC *et* XVI *le* VI° *iour de nouembre;* à la fin, la marque de P. Ballet. In-8, goth., de 36 ff. à 2 col.

Première édition ; le commentaire qui accompagne le texte français de la coutume est en latin ; ce rare volume n'a été vendu que 62 fr. Chedeau.

COUSTUMES DE BRETAIGNE. *Lantreguer,* 1485, pet. in-8, goth.

Ce volume, extrêmement rare et précieux, se compose de 29 cahiers, contenant 236 ff. ; tous sont de VIII ff., à l'exception des cahiers V et Q, qui sont de 10.

— Les mêmes. *Bréant-Loudeac,* 1485, in-4.

Un bel exemplaire de cette précieuse édition s'est vendu à Londres, en 1863 £ 43 ; M. Tross, qui s'en est rendu acquéreur, l'a recédé à 1,500 fr.

— COUSTUMES, Establissemens et Ordonnances du pays et duche de Bretagne, auecques plusieurs allegacions de droict conformes au texte de ladicte coustume, etc. Item y est aussi contenu les coustumes de la Mer. *Ex caracteribus Parrhisiis,* 1528, pet. in-8, goth. (titre rouge et noir), 209 ff. chiff. et 20 ff. de table, grav. s. b. 30 à 40 fr.

COUSTUMIER (Le) de Chartres, côte de Dreux, Perche, Gonet et aultres terres et seigneuraies estans au bailliage de Chartres et pays Chartrain. *Imprimees a Paris par la veufue feu Jehan Treperel, et Jehan Jehannot demourant... en la rue Neufue Nostre Dame, s. d.* (vers 1508), pet. in-8, goth., de 64 ff., sign. A-H. iiij.

Incomplet d'un feuillet, 35 fr. Chedeau.

Une édition des *Coustumes de Chartres* est imprimée à Chartres en 1576 (voy. catal. Secousse, n° 473).

COUSTUMES (Les) du Bailliage de Chaulmont en Bassigny. *Imprimees a Troyes, chez Jehan Le Coq,* s. d., pet. in-8, goth., de 56 ff. signés A-G, par 8.

100 fr. Chedeau.

COUSTUMES du bailliage & chastellenie de Dourdan. *Paris, Galiot du Pré,* 1559, in-8.

14 fr. Auvillain.

COUSTUMES..... de Lille. *Imprime en Anvers, par Jehan de Ghelen,* s. d. (1533), pet. in-4, goth., fig. s. b., marque de J. de Ghelen, 32 ff.

En mar. de Hardy, 90 fr. Potier.

COUSTUMES (Les) generalles du bailliage de Meaulx. *Imprimées à Paris, en la rue Neufue Nostre Dame, a l'enseigne de l'Escu de France.* (A la fin :) *Im-*

prime a Paris, par la veuve Trepperel et Jehan Jannot, s. d., pet. in-8, goth., de 52 ff., sign. A-G ij.

Ce volume rare est sans date, mais a dû être imprimé vers 1515. 100 fr. Chedeau.

COUSTUMES (Les) generalles du bailliage de Meleun. *Paris, Marnef,* 1519, pet. in-4, goth.

55 fr. Potier.

COUSTUMES (Les) du bailliage et prevoste de Montargis, et aultres lieux regiz et gouuernez selon lesdictes coustumes, avecques le procès verbal. On les vend a Paris, par Gilles Corrozet, 1552. (A la fin :) *Cy finissent ces presentes coustumes et proces verbal nouuellement imprimees a Paris, par Jehan Real...* pet. in-8, goth.

En *mar.* de Chambolle, 38 fr. Potier.

COUSTUMES du pays de Normandie, 1483. *S. l. (Paris, Jehan Dupré),* in-fol., goth.

Un assez bel exemplaire de 281 millimètres de haut, relié en *mar.* de Duru, 750 fr. Yéméniz, et 505 fr. seulement Potier.

'COUSTUMES de Normandie. Fol. 1. (r° blanc) : au v°, une grav. sur b. représ. les *Etats de Normandie.* Fol. 2. (r°) : Le prologue || (P) Our ce que nostre intencion est de || clarer en cest œuure au mieulx q̃ || nous pourrōs les Loix... etc. Au v° du f. S. vj., lig. 1re : Ville de Vernon, le xxij^e iour de iuing, lan || mil CCCCLIIIJ. Ainsi signe par cōmande || mant de Messeigneurs les commissaires. || Pierre Neruonin. *S. l. n. d. (Paris, fin du xve siècle).* Pet. in-8, goth., de 152 ff., sign. A-Svj, le dernier f., blanc au v°, contient au r° la marque de Phil. Pigouchet.

360 fr. Tross, 1868.

L'édition n'est pas citée par M. Frère, qui en signale une autre du même format et du même nombre de pages, mais *imprimée à Rouen pour Robinet Macé (par Guill. Gaultemier).*

COUSTUMES (Les) obseruées et gardées en la prévosté et vicomté de Paris. *On les vend à Paris, en la rue Neufue Nostre Dame, à l'enseigne Sainct Nicolas.* (A la fin :) *Ladicte publication encommencée à faire le* XXVIIe *iour de mars l'an mil cinq cens dix.* Pet. in-8, goth., de 56 ff., signat. A-G, par 8.

En *mar.* de Chambolle-Duru, 345 fr. Pasquier 1875.

COUSTUMES (Les) generales de la preuoste et viconte de Paris. *Et sont lesdictes coustumes à vêdre a Paris, en la rue de la Juifrie, à l'enseigne des deux Sagittaires, en lhostel Guillaume Eustace, ou au Palais au tiers pilier. Et en la rue Sainct-Iaques, à l'enseigne de la Fleur de lys d'or, en lhostel Jehan Petit, commis des greffiers du Chastellet de Paris, auec le privilége de Nosseigneurs de Parlement,* s. d., gr. in-8, goth., de v-58 ff.

L'extrait des registres du Parlement est daté de 1513 ; sur le titre la marque de G. Eustace.

C'est la première édition des coustumes de la prévosté de Paris ; elle est fort rare.

Un exemplaire piqué, 51 fr. Leroux de Lincy ; un autre en *mar.* de Capé, 80 fr. Potier.

COUSTUMES du comté et pays de Poictou, anciens ressorts et enclaves d'iceluy, par Me Jacques Barraud, docteur ès-droictz. *A Poictiers, chez Iulian Thoreau,* 1625, in-4.

Un exemplaire en *v. f.* aux armes de J.-A. de Thou, 52 fr Solar.

L'exemplaire sur *vélin,* aux armes de François Ier, des *Coustumes du Poictou,* de *Paris* et *Poictiers,* 1514, in-4, vendu chez MM. Solar et Double, était incomplet du xve feuillet ; il fait aujourd'hui partie de la splendide collection Firmin-Didot.

COVSTVMES du bailliage de Sens et anciēs ressorts d'iceluy. *A Sens, de l'impr. de Gilles Richebois,* 1556, in-4.

Un exemplaire sur *vélin,* offert au roi Henry II, avec son portrait en relief sur les plats, richement orné et enluminé, 2,450 fr. Yéméniz.

COUSTUMES et Vsaiges du pays et duchie de Touraine, des ressors et exemptions Danjou et du Maine, rédigés et mis par escript en la ville de Langes (Langeais) par nous Baudelet-Berthelot, conseiller du Roy nostre sire, lieutenant-général de M. le Baillif de Touraine... par lopinion, advis, conseil et délibération de honorables hommes... Pierre Godeau, lieutenant de M. le Bailly de Tours, maistre Jean Avandeau, lieutenant au siège de Chinon..... (A la fin, avant la table :) *Ces presens coustumes et stilles ont este concluz et arrestees en la ville de Langes... le* xiiij *iour de mars lan mil iiii cens* LX... In-4, goth., 34 ff. sign. Ai-D.

COUSTUMES.—Stilles du pays et duchie de Touraine, rédigés et mis par escript en la ville de Langes, par nous Baudelot-Berthelot. *S. l. n. d.,* in-4, goth., de 25 ff., sign. Ai-C. [2697]

Cette édition, inconnue du coutumier de Touraine, apparaît pour la première fois dans le catalogue de M. Taschereau, rédigé par M. Potier ; nous ne pouvons mieux faire que de reproduire la note donnée par cet excellent libraire :

« Cette édition, dit M. Potier, nous paraît être la première de ces coutumes ; elle est en tout cas antérieure à celle de Vérard, 1507, puisqu'elle nous donne le texte de la rédaction de 1460, qui diffère notablement de celui de la révision de 1507. »

On n'y trouve aucune indication, ni date, ni lieu d'impression, ni nom d'imprimeur. Elle est même sans titre, car celui que nous donnons ci-dessus fait partie du préambule qui précède le texte. Il n'en faut pas d'autre d'ailleurs, le volume commençant par le feuillet Ai.

D'après les caractères et les abréviations qui y fourmillent, nous croyons qu'elle a été imprimée avant la fin du xvᵉ siècle.

Les *stilles du duchie de Touraine* sont du même temps et de la même impression. »

Ce livre précieux, relié en *mar.* par Capé, a été vendu 500 fr. Taschereau.

— Coutumes (Les) et Stilles du pays et duchie de Touraine (à la fin, la marque de Martin Morin, avec ces mots autour : *Imprime a Rouen devant Sainct-Lo*), pet. in-8, goth., fig. s. b.

C'est encore le texte de la rédaction de 1460, elle est donc, comme l'édition précédente, antérieure à la révision de 1507.

Un exemplaire incomplet de 4 ff., 5 fr. Taschereau.

Un bel exemplaire de l'édition de Vérard, 1507, en *mar.* de Masson-Debonnelle, 195 fr. même vente.

Voici la liste des autres éditions des *Coutumes de Touraine*, qui figuraient à cette vente :

— Consuetudines totius præsidatus seu Turonensis Baillivie..... (A la fin :) *Imprime a Paris par Jacques Poussin, pour Hylaire Malicam, libraire demourant en la rue du Change, à Blois... et pour Jehan Margerie, libraire demourant à Tours, devant la grande porte Sainct-Gatien* (vers 1510, dit M. Potier), in-4, goth.

En *mar.* de Capé, 121 fr. Taschereau.

— Consuetudines..... *Parisiis, Fr. Regnault,* 1529, in-4 goth., à 2 col., (Texte en français.)

39 fr. Taschereau.

— Consuetudines..... *Parisiis, a Galeato Pratensi,* 1543, in-4, à 2 col. (Texte en français.)

22 fr. même vente.

— Coutumier (Le) et Stilles du bailliage de Touraine avecqs les Ordonnances royaulx faites sur labbreviation des procès dudit bailliage, le nouueau corrigees et imprimees a Tours, pour Martin Siffleau. — *Cy finissent les abbreviations du proces..... auecque le Coustumier et les Stilles imprimez a Tours par Mathieu Chercele, et furent acheuees le V iour de may mil cinq cens xxxiiij, par Martin Siffleau, libraire, demourant prés monsieur Saint-Gacian,* 3 part. en 1 vol., petit in-8, goth.

Première édition non citée de cette coutume, imprimée à Tours; chaque partie a un titre et souscription particuliers.

9 fr. Taschereau.

— Le même. *Tours, Math. Chercelé, pour J. Richart,* 1536, in-8, goth., édition citée au *Manuel.*

En *mar.* de Capé, 116 fr. Taschereau.

— Le même. *Tours, Math. Cherchelé, pour Pierre Siffleau,* 1553, in-8, goth., fig. de saint Pierre, à la fin, sur un feuillet à part.

En *mar.* de Capé, 65 fr. même vente.

— Coustumes (Les) du païs et duché de Touraine... réformées. *Tours, Guil. Bourgeat...* 1560, in-4.

Première édition de la coutume réformée. 41 fr. Taschereau.

La seconde édition de 1561, en *mar.* de Capé, 35 fr. même vente; c'est de cette édition qu'un admirable exemplaire sur *vélin,* dans une splendide reliure du temps (Nic. Eve), fut vendu 825 fr. seulement à la vente Solar; il avait été poussé à 820 fr. par M. Taschereau. Le duc d'Aumale se rendit acquéreur de ces beaux exemplaires des coutumes réformées d'*Auxerre, de Lille, de Mante et Meullant, de Meaulx, de Paris, du Perche et de Touraine,* imprimés sur vélin et richement reliés.

COUSTUMES (Les) generalles gardees et

obseruees au bailliage de Vitry en Partois. *Troyes, Jehan le Coq, demourant devant Nostre-Dame,* s. d. (vers 1511), pet. in-8, goth., sign. A-G iiij., de 72 ff.

Le titre et la dernière page portent la marque de J. Le Coq. 100 fr. Chedeau.

COUTEL. Les Promenades de Messire Antoine Coutel, chevalier, seigneur de Monteaux, des Ruez, Fouynais, etc. *A Blois, chez Alexis Moettes,* s. d. (après 1661), en vers et en prose. [14042]

A la page 103 se trouve la pièce intitulée : *Sur l'Indolence,* qui rappelle presque identiquement la célèbre idylle des moutons de Mᵐᵉ des Houlières; fut-elle victime ou coupable du plagiat, la question est en litige.

M. De Bure, dans son 3ᵉ catalogue de 1836, cite une édition d'Antoine Coutel, datée de 1676, et imprimée à Blois, également chez Alexis Moettes; l'exemplaire ne fut vendu que 14 fr. 50 c., prix qui ne diffère pas sensiblement de la valeur actuelle du livre, puisque, sans chercher d'autre adjudication, nous voyons le bel exemplaire de M. L. de Montgermont, en *mar.* de Muller, adjugé à 42 fr. en 1876.

COUTUME de Châteauneuf.

Une édition des coutumes de Châteauneuf est imprimée à Mantes en 1732, in-12.

COUVAY (*Louis*). Première et seconde partie de la grammaire latine, contenant les communes qualitez des noms, selon le rapport qu'ils ont aux personnes ou aux choses signifiées, pour l'intelligence des genres; ouvrage enrichi de petits tableaux. *Paris, chez l'Auteur,* 1668, in-8, 6 ff. de texte, y compris le titre; le reste du volume se compose de 39 pl. gravées en taille-douce, où sont, au moyen d'un nombre infini de petits tableaux, expliquées les règles méthodiques de la grammaire; ces gravures, d'une certaine finesse de burin, sont du frère de l'auteur, Jean Couvay, graveur, né à Arles en 1622.

45 fr. 1869; 29 fr. Soleil.

COXE (*Daniel*). Description of the English Province of Carolina, by the Spaniards called Florida, and by the French *La Louisiane,* as also of the great and famous River Meschacebe or Mississipi, the five vast navigables Lakes of fresh water, and the parts adjacents. *London,* 1722, in-4, with maps.

Réimpr. en 1741, in-4.

COYE. Lou Novy para. Coumediou prouvençalou, en tres acte, par J.-B. C*** (Coye). *Cracouviou, Owart Pénzepdorousky,* 1743, in-8.

Édition originale d'une comédie en dialecte arlésien, de la plus grande rareté.

7 fr. Burgaud des Marets.

Les vers provençaux de l'auteur ont été publiés à *Arles, chez Ad. Mesnier,* en 1829, in-8.

En demi-rel. 10 fr. même vente.

CRAISSON (*D.*). De rebus Venereis, ad usum confessariorum, auctore D. Craisson, olim superiori majoris seminarii ac vicario gen. dioc. Valentinensis. *Parisiis*, 1870, gr. in-8, de VI-240 pp.

Livre scabreux à l'usage des jeunes confesseurs, « eximiæ raritatis opus (apud profanos). »

12 fr. cat. Isid. Liseux.

CRÉBILLON (*Prosper* Jolyot de). OEuvres. *Paris, Huet*, 1796, in-4. [16507]

Jolie édition, imprimée en petits caractères. 7 à 8 fr.

CREBO-COUER (Lou) d'un paysan sur la mouert de son ay ; eme la souffranso et la miseri dei forças que son en galéro. *S. l.*, M.DC. XCII, pet. in-12, de 48 pp., titre compris. [16591]

Édition inconnue ; la plus ancienne que cite le *Manuel* est de 1709, il en existe des réimpressions de 1720, 1728, 1732, 1750, etc.

10 fr. Burgaud des Marets.

CRESCI. Essemplare di piu sorti lettere di Giov. Fr. Cresci Milanese, dove si demostra la vera e nova forma dello scrivere cancellaresco corsivo, da lui ritrovati... *Vinetia, gli heredi di Fr. Rampazetto*, 1578, in-4, 16 ff. de texte encadrés et 56 pp. de modèles.

20 fr. Potier.

CRESPET (*P.*) Célestin de Paris. La Pomme de Grenade mystique, ou institution d'une vierge chrestienne, et de l'âme dévote. *Paris*, 1586, in-8. 6 à 8 fr.

Production d'un mysticisme outré, qui fut réimprimée à Lyon en 1600 et 1609, in-16.

— LE JARDIN de plaisir et de récréation spirituelle. *S. l.*, 1605, 2 vol. in-8. 5 à 6 fr.

CRESPIN (*Jean*) d'Arras. Actiones et Monimenta Martyrum, qui a Wicleffo et Husso ad nostram hanc ætatem in Germania, Gallia, Anglia, Italia, et ipsa demum Helvetia, veritatem Euangelicam sanguine suo constantes obliguaerunt. *S. l.* (*Genevæ*), *Jo. Crispinus*, 1560, in-4, de 20 ff. lim.. 321 ff. chif. et 1 f. non chif.

Livre fort important pour le protestantisme ; le *Manuel* en cite plusieurs traductions françaises.

— HISTOIRE des vrays tesmoins de la vérité de l'Évangile, qui de leur sang l'ont signée, depuis Jean Hus iusques au temps présent. Comprinses en VIII liures. *S. l.* (*Genève*), *Jean Crespin*, 1570, in-fol. de XIV-709 pp. et 3 ff.

125 fr. Tross, 1869.

CRESPO. Relation du glorieux martyre des Pères Roch Gonzalez, Alphonse Rodriguez et Jean de Castille, de la Comp. de Jésus..... massacrés par les Indiens de la province d'Uruay, au mois de novembre de l'an 1628. Traduit de l'espagnol du P. François Crespo, procu-

reur des Indes Occidentales. *Lille, P. de Rache*, 1630, in-12, de 40 pp.

CRESUELO (*José*). Historia de la vida y martirio que padecio en Inglaterra el año M.D.L.XXXXV. el padre Enrique Valpolo, sacerdote de la Compañia de Jesus, con el martirio de quatro Sacerdotes. *Caragoça, Lorenzo de Robles*, 1596, in-8.

Ce livre est d'une extrême rareté ; il est resté inconnu à Lowndes et est cité par Salvá (*Catalogue*, n° 3439) ; il obtiendrait certainement un prix fort élevé en Angleterre.

CRETIN (*Guil.*) Chătz Royaulx..... *Imprime a Paris pour Jehan sainct Denys, s. d.*, pet. in-8, de IV ff. lim., y compris le titre qui a au v° une gr. s. b. ; texte I-CXXXV. Au v° du 135° f. commence la table, qui finit au r° du 136° f., non numéroté ; au bas, la souscription et la marque de l'imprimeur.

On trouve au XXXVI° feuillet le débat entre deux dames, sur le passe-temps des chiens et des oyseaulx ; ce traité finit au v° du 50° feuillet (97 fr. librairie De Bure). [13309]

— CHANTZ Royaux. *Paris, Galiot du Pré*, 1527, in-8, goth.

Un exemplaire, avec des notes de la Monnoye, en *mar. r.*, anc. rel., 450 fr. Double ; en *v. m.* 205 fr. baron Pichon, et 205 fr. Yéméniz ; un très-bel exemplaire en rel. anc., que nous croyons celui de la vente Double, 1,010 fr. W. Martin.

— LES POÉSIES de G. Crétin. *Paris, Coustelier*, 1723, in-8.

Mar. r., anc. rel., impr. sur *vélin*, 105 fr. Double ; revendu 150 Desq.

CREUXIUS. Historiæ || Canadensis, || sev || Novæ Franciæ || libri decem, || ad annum usque christi M.DC.LVI. || Auctore P. Francisco Creuxio, é soc. Jesv. || *Parisiis, apud Sebastianum Cramoisy & Seb. Mabre-Cramoisy, typographos Regis, via Jacobæa, sub Ciconijs.* || M.DC.LXIV. || *Cum privilegio Regis*, in-4, XV ff. lim., dont 1 f. blanc, 810 pp. de texte ; 5 pp. d'*Index* ; 1 p. d'*Errata* ; 13 planches et une grande carte, fort inexacte. [28510]

Cet ouvrage, du Père du Creux, est cité sommairement au *Manuel* ; il est très-recherché par les bibliophiles canadiens, bien que diffus et inexact. 100 fr., catal. Tross ; un très-bel exemplaire de dédicace, aux armes de Louis XIV, en *mar.*, semé de fleurs de lis, 251 fr. catal. Potier (1870).

CROIX (La) ✝ De pardieu. *S. l. n. d.* (v. 1500), pet. in-4, goth., de 6 ff., sign. aij-aiiij, impr. en gros car. rouges & noirs.

Pièce en quatrains ; le titre ci-dessus, imprimé en rouge, est suivi d'une grande figure en bois à 6 compartiments, remplis d'un texte imprimé en caractères mobiles rouges et noirs. Cette gravure est suivie de cette sorte de souscription : « En ce rondeau est côtenu l'exposition de l'oraison dñicale et sūmaire de toute la science requise a ung chascun côtenue en ce petit liuret. »

180 fr. catal. Tross, de 1874.

CRONICA. Voy. CHRONICA.

CRUAUTÉ (La grande) et tyrannie exercée en la ville d'Arras, le 28ᵉ jour de mai 1618, par un jeune gentilhomme et une damoiselle frère et sœur, lesquels on (sic) commis inseste (sic)... *Paris, veuve J. du Carrois, jouxte la copie impr. à Arras par G. de la Rivière, 1618, in-8.*

Pièce fort rare. 15 à 18 fr.

CRUAUTÉ plus que barbare de trois soldats Espaignols contre une jeune Demoyselle Flamande. *Paris,* s. d. (1582), in-8. 8 à 10 fr.

CRUAUTÉS (Les grandes) commises par les Juifs de la ville de Metz contre l'image du Crucifix, et la rage abominable qu'ils exercent contre les chrestiens, dont l'un d'eux nommé Raphael Lévi a esté condamné par arrest du Parlement a estre bruslé vif pour avoir enlevé un enfant chrestien, âgé de trois ans..... *A Orléans, par Charles Paris, devant S. Sauveur,* s. d. (v. 1671), in-4, de 12 pp. 10 à 12 fr.

CRUAUTÉS (Les) inhumaines d'une femme de Paris, nouuellement exercées sur la personne de son mari, et le sujet pourquoi. Le dimanche 19 février 1634. *Paris,* 1634, in-8.

Pièce curieuse. 8 à 10 fr.

CRVDELE (Il) et sangvinoso fatto d'arme, segvito tra Francesi, et Vgonotti Luterani, con le battaglie..... Et il nome de morti e prigioni... Et l'ultimo affronto del S. Duca d'Angio, e del Borbonese contra il principe di Conde, con la morte sua, et de suoi seguaci. Fatta tra la villa di Angolem, et Jernach, alli 13 di Marzo, 1569. *S. l. n. d.,* pet. in-4, de 6 ff.

Poëme en ottava rima sur la bataille de Jarnac. Extrêmement rare. 30 fr. (catal. Tross, 1864.)

CRUEL martyre de la personne du très-valeureux capitaine M. le comte de la Richardière, mis à mort par les mains des Turcs en la ville de Constantinople, le 19 août 1620, pour n'avoir voulu renier la foi chrestienne... *A Lyon, chez C. Armand dit Alphonce. Jouxte la copie imprimée à Bourdeaux,* 1620, in-8.

Pièce rare. 6 à 8 fr.

CRUSENIUS. Monasticon Augustianum, autore Nic. Crusenio August.

Monachii, ap. Jo. Hertfroy, 1622, in-fol.

Volume important, qui contient les documents les plus variés sur les diverses maisons de l'ordre; il est terminé par un Index des provinces et des établissements conventuels, appartenant aux Augustins. 20 à 30 fr.

CRUZ (Fr. *Geronymo* de la). Defensa de los estatvtos, y noblezas españolas. Destierro de los abvsos, y vigores de los informantes. *Zaragoça, en el hospital real,* 1637, in-fol. de XVI ff. lim., dont un front. gravé, 290 pp. et 14 ff. d'index ; divisé en trois livres.

Ce volume n'est pas cité par Salvá, et Franckenau (*Bibl. Heraldica*) n'en fait pas mention.

CRUZ (F. *Juan* de la). Doctrina Cristiana en la lengua Guasteca con la lengua Castellana, la Guasteca correspondiente à cada palabra de Guasteco..... Compuesta por industria de un Fraile de la órden del glorioso sant Augustin, obispo y Doctor de la Santa Iglesia. *En Mejico, en casa de Pedro Ocharte,* 1571 : (al fin): *En Méjico, en casa de Pedro Ocharte, à 15 de setiembre de 1571 años. A Costa de Hernando Pacheco,* in-4, fig. de S. Augustin au titre, 50 pp. et 2 ff. à la fin, grav. s. b.

Extrêmement rare et très-précieux ; ce livre est longuement décrit dans l'*Ensayo de vna Biblioteca española.*

CRUZAMONTE (*Luis* de la). Atroces hechos de impios tiranos por intervencion de Franceses, ó Atrocidades francesas ejecutadas por impios tiranos; colegidas de Autores diversos, mayores de toda eseccion, y escritas en lengua latina... trad. en Español..... *S. l.,* 1633, in-4, de 77 pp.

CRY de la guerre ouuerte entre le roy de France et l'empereur roy des Hespaignes, et ce à cause des grandes, execrables et estranges iniures, cruaultez et inhumanitez, desquelles ledict Empereur a use enuers le Roy et mesmement envers ses ambassadeurs, a cause aussy des pays qu'il luy detient et occupe induement et iniustement. *Lyon, chez Estienne Dolet,* 1542, petit in-4, de 4 ff. avec la *Doloire* au dernier. Manifeste du roi François Iᵉʳ.

Plaquette rarissime, que cite le P. Le Long sous cette date, mais in-8 et sans nom d'imprimeur. 252 fr. vᵗᵉ Conod.

On en connaît une réimpression par *Poncet le Preux. S. d.,* in-8, de 4 ff.

CUBA (*J.*). Ortus Sanitatis. De herbis et plantis. De animalibus et reptilibus. De avibus et volatilibus..... (Authore Joanne Cuba). (A la fin du traité *de Lapidibus,* on lit) : *Impressum Venetiis per Bernardinum Benalium.* S. d., in-fol., goth. [4471 ou 7366].

Avec d'innombrables gravures sur bois, qui sont pour la plupart copiées sur la première édition, *s. l. n. d.*, citée par Hain et par Brunet (au mot *Hortus*). Les grandes figures, au verso du titre de l'ouvrage, et celles du traité *De Urinis* diffèrent de celles de cette édition; Bernardino Benali imprimait à Venise depuis 1484; le traité *de Lapidibus* est orné de planches, intéressantes au point de vue des mœurs et des métiers du xve siècle; Brunet et Hain ont oublié de citer cette belle édition.

CUETO (*Damiano Gonzales* de). Oratio in exequiis Pat. Antonii Arias S. J. *Mexico, Henr. Martinez*, 1603, in-4, de 9 ff.

Pièce inconnue à Rich. 14 Sh. Libri.

CUEVA DE GAROZA (*Juan* de la). Obras de Juan de la Cueva, dirigidas al Ilmo. Sr. D. Juan Telloz Jiron, Marqués de Peñafiel, etc... Con privilegio. *En Sevilla, por Andrea Pescioni, año* 1582. *A costa de Francisco Rodriguez, mercader de libros*, in-8, de 135 pp. et IV pour la table. [15207]

A la fin, une gravure sur bois, représentant Vénus pleurant la mort d'Adonis; privilége daté de *Lisboa*, 15 avril 1582. Sur le titre, la marque du libraire : une palme avec la légende : *Peu à Peu*, en français (chose assez curieuse pour une impression de Séville).

Une seconde partie, restée inédite, se conserve à Grenade, dans la bibl. du duc de Gor.

Ticknor cite une édition de 1581, ce qui est une erreur.

Tous les livres de cet écrivain célèbre, au delà des Pyrénées, sont longuement décrits et analysés à l'*Ensayo*, II, 636 et *seq.*

ÇUMARRAGA (*J.*). Doctrina cristia || na : mas cierta y ũdadera ꝑa gēte sin erudi || ciō y letras : en q̃ se cōtiene el catecismo o in || formaciō ꝑa indios cō todo lo principal y || necessario q̃ el Xpiano deue saber y obrar. || Impressa en Mexicó por mādado del Reuerēdissimo se || ñor Dō fray Juan Çumarraga : primer obꝑo de Mexico. (En fin :) *A gloria de Jesv Christo y de su beñdi || ta Madre : a qui se acaba lo añedido al Cathecizmo por || doctrina mas facil para los indios menos enten || didos y mas rudes y negros. El qual fue || impresso en la muy leal y gran ciudad || de Mexico por mandado dl reue || rendissimo señor dō fray Juan || cummarraga : primer obispo d' || Mexico. Del cōsejo dsu Magestad, etc. Acabo || se d'imprimir ē fin dl || año mil ꝛ quiniē || tos y quaren || ta y seys || años.* In-4, goth., de 100 ff., avec sign. par VIII, à l'exception du cah. K, qui est par IV; 6 feuillets sont non paginés. [1400]

Volume infiniment précieux, et l'un des plus anciens produits authentiques des presses mexicaines. 485 thal. Andrade; £ 41. Fischer.

M. Brunet a cité et suffisamment décrit, d'après l'article de M. Desbarreaux-Bernard, de Toulouse, inséré au *Bulletin du bibliophile* de 1859, la première DOCTRINA BREUE, du premier archevêque de Mexico, D. Juan Çumarraga, imprimée par Juan Cromberger en 1544; l'exemplaire Andrade n'a pas été vendu moins de 805 thalers, c'est-à-dire plus de 3,000 fr.

Voyez aussi REGLA CHRISTIANA, et DOCTRINA CHRISTIANA.

Nous citerons encore, d'après M. Harrisse (*Bibl. amer. add.* 102) :

— ZUMARRAGA (*Juan* de) : Vniversis || et Singvlis R. P. ac Fratribus in Chri || sto Jesu Domino nostro sincere dilectis ordinum Mendican || tiū, et præsertim Ordinis Prædicatorij et minoritarū, re || gularis Obseruantiæ : Frater Joañes de Çumarraga, || professino Minorita Episcopus Tenuxtitlam || Mexici..... (A la fin :) *Ex Maioreti Oppido Kl'. Januarij* M. D. XXXIII, in-4, de 4 ff., sans aucune indication, imprimé en lettres italiques.

Cette pièce, à peu près unique, est portée au catal. de la célèbre bibl. *Colombine* de Séville.

CUMBERLAND (*George*). An Essay on the utility of collecting the best works of the anciens engravers of the Italian School, accompanied by a critical catalogue. *London*, 1827. in-4.

Livre intéressant, publié à Sh. 10, aujourd'hui épuisé et rare. 22 fr. Binda.

— SOME Anecdotes of the life of Julio Bonasone, a Bolognese Artist. *London*, 1793, in-8.

Tous les livres de cet écrivain sont recherchés par les artistes bibliophiles, et à juste titre.

CUNDALL (*Joseph*). On Ornament art, applied to ancient and modern bookbinding. Illustrated with specimens of various dates and countries. *London*, 1848, 13 pl. en or et couleurs et un fac-simile.

Les planches représentent les plus beaux spécimens de reliure, conservés au Musée britannique.

Belle publication, à petit nombre, et au prix de 2 guinées.

CUPIĒTES emere libros infra notatos venient ad hospi || ciu subnotatum. Venditorem habituri largissimum. Affiche, gr. in-fol.

C'est le catalogue d'un libraire ambulant, imprimé vers 1473, avec les grands caractères d'Eggestein, à Strasbourg. Le nom de l'hôtel, où s'établissait le marchand, restait en blanc pour être rempli à la main; on remarque parmi les livres offerts : *Summa Antonini; Pantheologia; Biblias; Glosam Lombardi; Specula Vincentii; Rationale diuinoꝝ officioꝝ; Leonardus de Utino de Sanctis; Vocabularium Salomonis; Boeciū de Consolatioē Philē; Avincennam*, etc.

C'est incontestablement le plus ancien catalogue de livres qui ait été imprimé; le seul exemplaire connu a été mis en vente par M. Tross, au prix de 80 r.

CURA clericalis. Lege, Relege, *nouuelle-*

mĕt imprime a proüis a lHome Sauuaige, pres le pŏt au poysson. (A la
fin :) Nouuellemĕt imprime a puins par
la. veufue Jehă Trumeau... mil cinq
cens xxj, pet. in-8, goth., avec la marque de J. Trumeau, qui n'a pas été donnée par M. Silvestre.

C'est une des plus rares impressions de Provins
au XVIᵉ siècle. Vendu 40 fr., J. Pichon.

— CURA CLERICALIS, lege, relege. (A la fin :) Explicit
iste liber gemmis qui carior extat. Impressum
Trecis, in edibus Joannis le Coq, s. d. (vers 1525),
pet. in-8, en caract. ronds de 16 ff.

L'une des premières impressions de Jean le Coq;
c'est un fort curieux volume. 60 fr., 1870.

CURIO (Cœlius Secundus). Pasquillus
ecstaticus non ille prior, sed totus plane
alter, auctus et expolitus : cum aliquot
aliis sanctis pariter et lepidis dialogis.
Genevæ, per Jo. Girardum, 1544, pet.
in-8, de VI ff. prél., 257 pp. et 1 f. b.

26 fr. (1867).

— UNA familiare et paterna institutione della Christiana religione, di M. Celio Secundo Curione. Basi-
leœ (1549), pet. in-8, de 104 ff., dont les 18 derniers
contiennent les Rime spirituale di Curion.
95 fr. (1867).

— QUATTRO lettere Christiane, con uno paradosso
sopra quel detto : Beati quegli che piangono : e un
sermone, over discurso de l'orazione, etc. In Bologna, per M. Pietro e Paulo Perusini Fratelli
(Basileae), 1552, pet. in-8, de 184 pp., avec une préface signée : Celio S. C.

85 fr. (1867).

CURIOSITAETEN der Literarisch-Artis-
tisch-Historischen vorund Mitwelt. Weimar, 1811-23, 10 vol. in-8, 60 fr.

Collection curieuse et rare, ornée de nombreuses
planches gravées ; traite spécialement de la littérature et de l'histoire des arts au moyen âge.

CUYSINE (Liure de) tres utile et prouffitable contenant en soy la maniere d'habiller toutes viandes, auec la maniere de
seruir es banequetz et festins, le tout
reueu et corrige oultre la premiere impression par le grant escuyer de cuysine. On les vend a Paris en la rue
Neufue Nostre Dame à l'enseigne
Sainct Nicolas. (Marque de P. Sergent,
après la table et avant le texte.) Pet.

in-8, goth., fig. s. b.; au titre la figure de
l'écuyer tranchant.

Un bel exemplaire, relié par Trautz-Bauzonnet en
mar. doublé, 700 fr. vente Pichon.

M. Brunet, qui cite ce livre à l'article TAILLEVANT
(Manuel, v-648), ne connaissait pas cette édition.

Nous mentionnerons également :

— CUISINIER (Le grand) de toute cuisine : tres utille
et prouffitable, contenant la maniere dhabiller
toutes viandes tant chair que poisson, et de servir
es banquetz et festes, auec un memoire pour faire
un escriteau pour un bancquet ; composé par plusieurs cuisiniers, reueu et corrigé par Pierre
Pidoux. A Paris, pour Jehan Bonfons, s. d. —
Cy fine la fleur de toute cuysine nouuellement
imprime a Paris, pour Jehan Bonfons, pet. in-8,
goth., de 91 ff., fig. en bois sur le titre.

M. Brunet, au mot PIDOUX, cite la Fleur de toute
cuysine, mais ne mentionne pas cette édition. Ce
livre est, à quelques modifications près, le même que
le précédent.

Un bel exemplaire, dans une admirable reliure de
Trautz, 750 fr. Pichon.

CUZZI (Cl. de). Philologue d'Honneur,
faict et presenté par Claude de Cuzzi a
Monseigneur Charles de Bourbon, duc
de Vendosme, et Monseigneur Loys par
diuine Prouidence Cardinal de Bourbon,
Archeuesque de Sens, Euesque de Laon
et Abbé de Sainct Denys. On les vend
en la rue Neufue Nostre Dame à l'enseigne Sainct Iehan Baptiste pres
Saincte Geneuiefue des Ardans (chez
Denys Janot). S. d. (Privilége daté du
XVᵉ iour de novembre MDXXXVII),
in-16, fig. s. b. [13391]

115 fr. Yéméniz.

CYREIO (Joannes de). Collecta quorum-
dam pruilegiorum ordinis Cistercieñ. —
Impressum Divione p Magistrũ Petrũ
Metlinger alemanũ. Anno dñi M.CCCC.
nonagesimo primo. IIII. nonas Julias.
In-4 de 200 ff., dont le 1ᵉʳ et les deux
derniers sont blancs ; car. goth.

Premier livre imprimé à Dijon.

CYRILLI (P. Constant.). Confessio christianæ Fidei. Gr. lat. — Jasii , 1642,
in-8.

Ce livre fort rare, imprimé à Jassy, est plus ancien
que ceux qui ont été signalés par le Dr Cotton.

D

DADONVILLE (ou d'Adouville). L'honneur des nobles blazons ; propriete de
leurs armes... le tout nouuellemĕt compose p Dadouuile. S. l. n. d., pet. in-8,
goth., de 28 ff. [13399]

Un exemplaire de ce livret si rare, revêtu d'une

riche reliure, a été porté au prix de 1,180 fr. lors
d'une vente faite par le libraire Bachelin, en mars
1870.

DAIGUE (Est.). Singulier traicte contenant la propriete des tortues, escargotz,
grenouilles et artichaulz. Nouuellement

imprime. S. l. n. d., pet. in-8, goth., de 16 ff., fig. sur bois au titre. [5836]

L'exemplaire de Girardot de Préfond, de Mac-Carthy et de Huzard (26 fr.), a été revendu 121 fr. baron J. Pichon.

DAÏRA. Voy. LA POPELINIÈRE.

DALIBRAY (*Charles* Vion). Les œuvres poétiques du sieur Dalibray, divisées en vers bachiques, satyriques, héroïques, amoureux, moraux et chrestiens. *Paris, J. Guigard* (ou *Antoine de Sommaville*), 1653. 6 part. en un vol. in-8. (14008)

Avec le nom du premier libraire, 25 fr. Turquety; en *mar.* de Trautz, 140 fr. Leb. de Montgermont.

Avec le nom de Sommaville, en *mar.* de Trautz, 185 fr. W. Martin.

— LA MUSETTE D. S. D. *Paris, T. Quinet*, 1647, pet. in-8.

En *mar.* de Lortic, 95 fr. W. Martin.

DALY (*César*). L'Architecture privée au XIXᵉ s., nouvelles maisons de Paris et des environs, plans, élévations, coupes; détails de constructions, de décoration et d'aménagements, par César Daly. *Paris, Morel*, 1864, 3 tom. en 2 vol. in-fol., avec 238 planches gravées sur acier, et un texte illustré.

Prix : 240 fr.; 125 fr. à Grenoble, novembre 1867.

— THÉATRE de la place du Chatelet. *Paris, Ducher*, in-fol., avec 64 pl. 112 fr.

D'AMERON (*J.*). Première partie des plaisans loisirs de Jean d'Ameron de Ste Mexance (*sic*), sieur du Lolier, contenant le Combat des saisons. *Paris, Toussaint du Bray*, 1620, pet. in-8.

Roman allégorique en prose et vers à peu près inconnu; il n'a été vendu que 4 ⚜ 15 s. chez Gersaint, en 1750 (n° 1114); à la vente Potier de 1870 il a atteint le prix de 45 fr.

DAMERVAL (*Eloy*). Le liure de la Deablerie. *S. l. n. d.* (*Paris, Michel le Noir*, 1508), pet. in-fol., goth., 3 fig. s. b. [13300]

M. Tross a possédé un exemplaire de ce livre précieux, qui n'avait que 124 ff., y compris le titre et la table; celui de la Bibl. nation. n'a également que 124 ff.; cette édition n'a été vendue que 24 ⚜ 15 s. à une vente faite par De Bure en 1785, à peu près le même prix qu'à la vente La Vallière; il se vendrait aujourd'hui vingt fois ce prix; l'exemplaire Morante, raccommodé, 400 fr.; le bel exemplaire du prince d'Essling, 605 fr. Desq.

— L'édition de la veuve Trepperel et J. Jehannot, s. d. (*Manuel*, 11, col. 478), 425 fr. Yéméniz.

— Celle d'Alain Lotrian, 400 fr. même vente.

Voy. DYABLERIE (LA PETITE).

DAMHOUDERE (*Josse* de). La Practicque et enchiridion des cavses criminelles, illvstrée par plusieurs élégantes figures, rédigée en escript par Iosse de Damhoudere, docteur ès-droictz... *A Lovvain,*

imprimé par Estienne Wauters et Iean Bathen, 1554, in-4, fig. s. b. [2808]

Les 56 figures sur bois, dont ce livre bien connu est illustré, le font rechercher des curieux, surtout à cause des planches libres qui ont pour sujet : l'*Adultère*, la *Fornication* et l'*Inceste*.

150 fr. au catal. Aug. Fontaine, ordinairement de 30 à 40 fr.

DAN (le P. F. *Pierre*). Le Trésor des Merveilles de la maison royale de Fontainebleau..... *Paris, Seb. Cramoisy*, 1642, in-fol. de XXII ff. lim., 354 pp. et 1 f. pour le privilége. [24179]

72 fr. vente P. D. (1864).

DANCING-Master (the compleat country), containing great variety of dances, both old and new, particulary those perform'd at the several masquarades; together with all the choicest and most noted countrydances. *London, printed by H. Meere for J. Walsh, servant in ordinary to his Majesty*, 1718-19. 2 tom. en 1 vol. in-8 obl., de 364 et 376 pp., fig. s. b., musique notée. (Inconnu à Lowndes.)

32 fr. Favart (1864).

DANIEL. Guerra noua del Turcho contra la Po ‖ tente Cita di Rhodi principiada adi vinti ‖ sei Zugno 1522. Cöposta per Daniel perosino. *Stampata a Napoli per maestro Zuane di Conti*, s. d. (1522), in-4, de 4 ff. à 2 col. en car. ronds; gr. sur bois au premier frontispice; en *ottava rima*.

40 fr. Tross.

DANIEL (*Jean*). Sensuyuent plusieurs Noelz nouueaulx ‖ Titulus : ‖ Chansons nouuelles de Nouel ‖ composees tout de nouuél, ‖ Esquelles verrez les pratiques ‖ De confondre les heretiques. ‖ Jo. Daniellus organista. *S. l. n. d.* (*vers* 1520), pet. in-8, goth. de 8 ff. [14333]

L'exemplaire du recueil La Vallière (3081, n° 6), relié en *mar.* de Bauzonnet-Trautz, 280 fr. baron J. Pichon.

— NOELS JOYEUX plain de plaisir. ‖ a chanter sans nul desplaisir. ‖ Johannes Danielis, org. *S. l. n. d.*, pet. in-8 goth. de 12 ff.

Le n° 7 du même recueil La Vallière, en *mar.* de Bouzonnet-Trautz, 250 fr. baron J. Pichon.

Nous pensons que ces deux plaquettes sont ensevelies aujourd'hui dans les profondes ténèbres de la bibliothèque incomparable du plus mystérieux des bibliophiles, M. le comte de L.

DANILOVITCH (*K.*). Drevniya rossiiskaya Stikhotvoreniya. *Moscou*, 1818, in-4. 25 fr.

Collection des anciennes poésies russes avec la musique.

DANSE AUX AVEUGLES. Voy. MI-CHAULT.

DANSE macabre (La). [13446]

M. Brunet dit que la Bibl. nation. (Dépôt des estampes) possède un fragment sur vélin de l'édition de Vérard ; ce splendide *fragment* n'est ni plus ni moins qu'un incomparable exemplaire ; les cinq feuillets, imprimés d'un seul côté, dont il se compose, forment cinq grands placards, réunissant chacun quatre feuillets, richement enluminés en or et couleurs ; ils sont précédés d'un écusson aux armes de France, finement miniaturé ; c'est évidemment un exemplaire de dédicace que Vérard a fait tirer sur *vélin*, dont il a fait enluminer les gravures, et dont il a formé cinq tableaux qu'il offrit au roi de France ; cet exemplaire provient de la Bibl. du château de Blois.

La première édition de Guy Marchand manque, croyons-nous, à la Bibl. nation.; du moins nous n'en connaissons qu'un seul exemplaire qui fait partie de la Bibl. de Grenoble.

M. Desbarreaux Bernard, de Toulouse, signale une édition que ne cite pas le *Manuel* :

— La Danse macabre. *S. l. (Toulouse)*, 1492, in-4, goth. de 26 ff., de 24 lignes longues, sans chiffres, ni récl., avec signat. A.-D. Chaque cahier a 6 ff., excepté le premier, qui est de 8. Le caractère est identique à celui des *Ordonnances enregistrées au Parlement de Toulouse*, le 28 avril 1491.

La description de cette précieuse édition a été reproduite dans les *Mémoires de l'Académie des Inscriptions de Toulouse*.

— LA DANSE macabre. (A la fin :) *Cy finist la dâce macabre historiee et augmentee de plusieurs nouueaux personnages ⁊ beaux dits. Et les trois mors et trois vifs ensēble nouuelleīnnt ainsi cōposee et imprimee à Paris par Gillet coustiau et Jehan menart. Lan de grace mil quatre cẽs quatre vings ⁊ douze* (1492), *le* XXVI. *iour de Juing*. In-4, goth., à 2 col., de 12 ff., avec 19 fig. à mi-page.

Ces figures occupent plus de la moitié de la page ; elles sont, dit M. Didot (*Essai sur l'histoire de la gravure sur bois*, col. 118, 119), d'un beau style et bien dessinées, et la gravure, tout en étant largement exécutée, a conservé la naïveté et la correction du dessin.

Ce beau livre n'aurait-il pas été imprimé pour le compte d'Anthoine Vérard ? Le caractère est certainement le même qui a servi à la belle édition du *Josephus de la bataille judaïque*, publiée par ce grand imprimeur en cette même année 1492.

Le seul exemplaire connu de cette belle édition appartenait au comte Archinto, de Milan ; il fut payé 1,500 fr. à M. Tosi, et fait aujourd'hui l'ornement de la splendide Bibl. de M. Ambr.-Firmin-Didot, de si regrettable mémoire.

M. Edwin Tross découvrit un exemplaire d'une édition inconnue de la *Danse Macabre*, dont il a bien voulu nous donner communication :

a grant danse macabre des hômes et des fēmes *hystoriee et augmētee de* beaulx ditz en latin.

Le debat du corps ⁊ de lame.
La complainte de lame dampnée.
Exhortation de bien viure ⁊ bien mourir.
La vie du mauluais antecrist.
Les quinze signes.
Le iugement.

(Ici un grand bois représentant l'orchestre des squelettes musiciens.)

(A la fin, au rᵒ du 40ᵉ feuillet, col. 2) :

¶ *Cy finist la danse macabre des hom ‖ mes et des femmes hystoriée et augmen ‖ tée de personnages et beaulx ditz en la ‖ tin. Imprimee à Lyon par Claude nour ‖ ry. Le.* xvij. *iour de Nouembre. Mil.* cccc. *et* xix.

In-4, goth., à 2 col., 40 ff. non chiffrés, sign. a i j jusqu'à k i i j, fig. en bois.

Tous les passages imprimés en italique dans ce titre et ce colophon, sont tirés en rouge dans le volume ; il est assez curieux de noter qu'il n'y a pas un seul mot de latin dans cette pièce précieuse.

M. Yéméniz possédait cinq exemplaires de diverses éditions de la *Danse Macabre* ; en voici les prix :

— *Lyon*, 1499, in-fol., goth., sans ch. ni récl., signé A-G, par 6 (exempl. Gaignat et Maccarthy), 2,000 fr.

— *Lyon, Cl. Nourry*, 1501, in-fol., goth., sans ch. ni récl., signé A-G, par 6, sauf E et G de 4 ff. ; en mar. *doublé* de Köhler, 850 fr. (exempl. médiocre, qui venait de M. Cailhava.)

— *Lyon, Cl. Nourry*, 1523, pet. in-4, goth., sans ch. ni récl., signé A-J, par 4, en mar. *doublé* de Trautz-Bauzonnet ; riche reliure et exemplaire non rogné, 1,050 fr.

— *Troyes, Nicolas le Rouge*, 1528, in-fol., goth., sans ch. ni récl., signé A-K, par 4 ; copie des plus belles planches de l'édition de Guy Marchand ; en mar. de Bauzonnet-Trautz (exempl. Crozet), 1,560 fr.

— *Paris, Est. Groulleau*. S. d., in-fol., fig. 995 fr.

— LA GRĀD DANSE Macabre ‖ des hômes ⁊ des fēmes ‖ hystoriee et augmentee ‖ de beaulx dictz en latin.

Le debat du corps ⁊ de lame
La complaincte de lame damnee
Exhortation de bien vivre ⁊ bien mourir
La fin du mauluais antechrist
Les quinze signes
Le iugement.

— *On les vend a Lyon sur le Rosne en la maison de Pierre Saincte Lucie dict le Prince pres Nostre Dame de Confort.* (A la fin :) *Imprimee a Lyon le deuxiesme iour de septembre Lan Mil* ccccLXVIII (1568), in-4, goth., de 40 ff., avec fig. s. b.

« Cette date doit être inexacte, dit M. F.-Didot (*Catal.* nᵒ 556), car Pierre de Sainte-Lucie, dit le *Prince*, a succédé en 1533 à Claude Nourry, également appelé le Prince, dont il a épousé la veuve cette même année, et il n'a exercé sa charge que jusqu'en 1555. C'est probablement 1548 qu'il faut lire ; mais les 59 bois sont beaucoup plus anciens et ont été exécutés vers 1499, pour le prédécesseur de Cl. Nourry, dans le fonds duquel Sainte-Lucie les a trouvés ». Ces figures sont une grossière et brutale imitation des beaux bois parisiens, exécutés pour l'édition de 1492.

— LES SOIXANTE huict Huictains, cy deuant appelez

la Danse Macabrey... *Paris, Iaques Varangles*, 1589, pet. in-8, avec deux têtes de mort dans le fleuron du titre.

En *mar.* de Chambolle-Duru, 69 fr. baron J. Pichon.

— DANÇA general de la Muerte. *Paris*, 1856, in-8.

Ce poëme de 79 stances, de 8 vers, a été publié par Ticknor (*trad. franc.* I, 543-563), d'après un manuscrit de l'Escurial; l'édition de Paris réproduit le texte d'un manuscrit conservé à la Bibl. nation.

— RECHERCHES sur la danse macabre, peinte en 1425 au cimetière des Innocents, par l'abbé Valentin Dufour. *Paris*, 1873, in-4, de 52 pp.

Il a été tiré deux exemplaires sur *vélin.*

— Voy. TODTENTANZ (Der).

DANTE Alighieri. La divina Commedia. *Fiorenza, Nicholo di Lorenzo della Magna* (Nicolo Tedesco), 1481, in-fol., fig. de Baccio Baldini. [14621]

Un exemplaire à grandes marges, avec deux figures sur métal de B. Baldini, mais incomplet de 2 ff., 9 £. Libri (1862); également avec deux figures, 100 fr. Costa de Beauregard; et revendu 145 fr. Potier (1870); avec 5 fig., 590 fr. Gancia (1872).

— COMEDIA del divino poeta Fiorentino Dante Alighieri (con commento di Chr. Landino). *Vinegia, Octaviano scoto da Monza*, 1484, in-fol.

En *mar.* de Capé, 274 fr. Luzarche.

— DANTE Alighieri Fiorentino (revisto per el rev. M. Piero di Figino). *Vinetia, per Matheo di Chodecha da Parma*, 1493, in-fol., fig. s. b. au trait, d'après Mantegna.
41 fr. Luzarche.

— LE TERZE RIME di Dante. *Venet.*, in aed. *Aldi*, 1502, in-8.

En *mar.* de Trautz, 370 fr. Benzon; un bel exemplaire dans sa première reliure à compartiments, première édition avant l'ancre, 585 fr. Brunet, pour l'Angleterre; Gage, à Londres, £ 32 (1867); 125 fr. Gancia (1868), rev. 49 fr. Gancia (1872).

— LO INFERNO, il Purgatorio, il Paradiso. *Vinegia, Aldo*, 1515, in-8, fig. s. b.

Édition dédiée à la marquise de Pescaire; dans son ancienne reliure en *mar.* 105 fr. Tufton; 43 fr. Gancia.

— LA COMEDIA con la nova espositione di Al. Vellutello. *Vinegia, Fr. Marcolini*, 1544, in-4, fig. s. b,

Un exemplaire de cette belle édition, dans une ancienne et riche reliure italienne du temps. 205 fr. Brunet; 40 fr. Gancia.

— LA COMÉDIE de Dante, de l'Enfer, du Purgatoire et du Paradis, mise en ryme françoise, et commentée par P. Grangier. *Paris, Gesselin*, 1597, 3 vol. in-12.

C'est la même édition, avec un nom différent du libraire, qui est signalée au *Manuel* à l'adresse de George Drobet; en *mar.* de Belz-Niédrée, 185 fr. Chedeau; un exemplaire, au nom de Drobet, est porté à 100 fr. au catal. Fontaine.

— L'ENFER de Dante Alighieri, traduction française de P.-A. Fiorentino, accompagnée du texte italien. *Paris, Hachette*, 1861, in-fol. (épuisé.)

Bonne traduction; l'édition est ornée du portrait de Dante, et de 75 dessins, par Gustave Doré; en demi-rel. non rogné, 83 fr. Danyau; 56 fr. Em. Gautier; 60 fr. Huillard; 80 fr. Sainte-Beuve.

— LE PURGATOIRE. *Paris, Hachette*, 1868, in-fol., dessins de G. Doré.

45 fr. Em. Gautier.

— LE PARADIS. *Paris, Hachette*, 1868, in-fol., dessins de G. Doré.

21 fr. Gautier.

Divers exemplaires des trois parties réunies sont vendus chez le libraire Fontaine à des prix qui varient de 100 à 350 fr., suivant la condition de la reliure.

— Credo che Dante fece quando fu accusato per heretico allo Inquisitore a Ravenna. *S. l. n. d.*, in-4, goth., de 4 ff., à 40 lignes à la p. entière. [14963]

Cette édition contient un beau portrait de Dante, gravé sur bois; elle a dû paraître vers 1500; un exemplaire est décrit au catal. Libri du 25 juillet 1862, mais il n'a point été vendu.

— LA SPADA di Dante Alighieri, per Messer Nicolo Liburnio... raccolta. *Vinegia, Giov. Ant. di Nicolini da Sabio*, 1534, in-8, de 24 ff., signé A-F.

Ce livre fort rare contient un grand nombre de vers de Dante, classés méthodiquement.

Un exemplaire à la reliure du Doge Foscarini, 30 fr. Solar, a été revendu £ 1. 0.0 Libri, en 1862; en *mar.* de Lortic, 61 fr. Gancia (1872).

DANTE (*Francisci*), Alighieri, Dantis tertii filii, Antiquitates Valentinæ. *Romæ, Ant. Bladus*. S. d. (circà 1537), in-8.

Livre fort rare en Italie; l'auteur, natif de Vérone, descendait de l'auteur de la *Divina Commedia;* Tiraboschi mentionne l'ouvrage, dont Maffei conteste l'existence; tout au moins affirme-t-il que la première partie n'a jamais été imprimée, ce qui prouve que l'édition ci-dessus lui est restée inconnue.

£ 2 0-0. Libri (1862).

DANTISCO (*Lucas Gracian*). Galateo Español. De lo que se deue hacer y guardar en la comun conversacion para ser bien quisto y amado de las gentes. *Barcelona*, 1595, in-12, de VII et 107 ff. [3875]

Ce petit livre eut un grand succès; la dédicace est datée de *Madrid, a 16 de enero de 1582*, et le livre parut sans doute cette même année, mais cette édition semble perdue. Une édition de *Zaragoza*, 1593, in-12, est citée au catal. Sora. Salvá décrit des éditions de *Medina del Campo*, 1603, in-12; de *Madrid*, 1632, in-12; de *Barcelona*, 1680, in-12; cette dernière porte une approbation datée de 1594.

Enfin le succès du livre se prolongea jusqu'à la fin du XVIIIe siècle; il fut encore réimprimé à *Madrid* en 1728 et en 1746, in-8, et à *Valencia* en 1769, également in-8.

DANTZIG (*Arthus von*). Warhafftige Beschreibung ‖ der unglückhafften Schiffarht eines Schiffs ‖ von Ambsterdam, die silberne Welt genannt, welches nach ‖ ersuchung des Gestadts Guinea von seinem Admiral durch Vngewitter ‖ abgetrieben, vnd nach Rio de Plata zu gefahren, wie es nemblich daselbst vor einem Fle- ‖ cken Bonas Aeras, durch ein falsche Freundligkeit des Spanischen Gubernatorn..... dass allein der Schiffman Henrich Ottsen, nach 30 Monden,

‖ so er auff dieser Reyse armselig zuge-
bracht wieder ‖ in Holland angeländet.
Auss Niedérländischer Erzehlung ge-
mettes schiffmanns, ‖ in Hochdeutscher
sprach beschrieben ‖ Durch M. Gotthart
Arthus von Dantzig. Auch mit schönen
Kupfferstücken geziert vnd an Tag ge-
ben, ‖ durch Dietrich de Bry, seligen
hinterlassem Wittibe vnd zween Söhne.
*Gedruckt zu Franckfurth am Mayn
by Wolf‖ Richtern.* M.D.C.IIII , in-4,
un titre, 62 pp. chiffrées avec 5 pl. grav.
en taille douce ; sur le titre une gravure;
le dernier f., après la p. 62, est blanc.

Ce livre appartient à la collection in-4, publiée
par les frères de Bry ; ces volumes sont tous d'une
grande rareté ; mais celui-ci, découvert par M. Serge
Sobolewski, était absolument inconnu ; il a été
vendu à Leipzig en 1873, 80 thal.

DAPPER (*Olfert*). Le Nouveau-Monde inconnu ou description de l'Amérique et
de la terre Australe, trad. du Hollandais.
Amsterdam, Jac. van Meurs, 1671,
in-fol.

Cette traduction française d'un livre sur l'Amérique, du médecin Dapper, est certainement le livre
le plus recherché, comme il est le plus rare qui
porte son nom.

M. Graesse cite une édition hollandaise :

— DIE UNBEKANNTE neue Welt oder Beschreibung
 des Welttcils Amerika und des Südlandes. Durch
und durch mit viclen nach dem Leben in Amerika selbst entworf. Abbild. Gez. *Amst.,* 1673,
in-fol.

Description intéressante, ornée d'un grand nombre de gravures et cartes en taille-douce, gravées
d'après De Bry. 6 thal. Sobolewski ; 7 fl., 12 kr. Scheible ; 22 fr. 50 c. Scheible ; 39 fr. Asher ; 5 thal.
Weigel.

DARCEL. Voy. DELANGE.

DARES Phrygius de excidio Troie… *Parrhisiis, in off. Nic. Pratis, pro Petro
Gandoul,* 1520, pet. in-4, goth. (22773)

Les dix gravures sur bois qui décorent ce rare
volume sont d'une exécution grossière, mais la
grande marque de Pierre Gandoul, qui représente
le Jugement de Paris, est d'une singulière hardiesse
et d'une remarquable exécution.

DARINEL. La sphère des Deux-Mondes.
Anvers, 1555, in-4. [13683]

Les cartes géographiques qui complètent ce volume précieux sont intéressantes, celle entre autres
où se trouve indiqué *le détroit de Magellan,* et celle
du Pérou ; le *Canto Nupcial* (pages 43-44) est composé en vers espagnols en l'honneur de Philippe II
et de la reine Mary, *(Queen of England.*

En 1835 ce volume, qui vaut une soixantaine de
francs au moins, se vendait 9 fr. à la troisième
vente De Bure ; et deux ans après était adjugé à
15 Sh. chez Payne.

DARIOT (*Cl.*). Premier discours, de la
Préparation des medicamens, contenant
les raisons poùrquoy et comme ils le
doiuent estre, par Claude Dariot, natif
de Poumart, medecin à Beaulne. *A Lyon,*

par Charles Pesnot , MDLXXXII ,
in-8.

20 fr. Yéméniz.

DASSIÉ. Description générale des costes
de l'Amerique, havres, isles, caps, gol-
fes, bancs, écueils, basses, profondeurs,
vents et courans d'eau. Des peuples qui
les habitent, du temperamment de l'air,
de la qualité des terres et du commerce.
Rouen, B. le Brun, 1677, in-12 de 8 ff.
lim., et 421 pp. 12 à 15 fr. (Cité à la
table méthod. du *Manuel.*) [28504]

— L'ARCHITECTURE navale, avec le routier des
Indes orientales et occidentales. *Paris, J. de la
Caille,* 1677, deux parties en un volume in-4, fig.;
la seconde partie qui traite de la navigation sur
les côtes d'Amérique se compose d'un titre, suivi
d'un feuillet blanc, de 209 pp. chif., et de 3 pp. de
table non ch. 18 à 25 fr.

On trouve cette seconde partie seule, avec un titre
séparé :

— LE ROUTIER des Indes orientales et occidentales,
traitant des saisons propres à y faire voyage ; Vne
description des Anchrages, profondeurs de plusieurs Havres et Ports de Mer. Avec vingt-six différentes navigations. *Paris, Jean de la Caille,*
1677, in-4.

DATI (*Juliano*). Incomēza la passione di
Christo historiato ‖ in rima vulgari secondo che recita e represen ‖ ta de parola a parola la dignissima Cōpagnia ‖ de
la Gonfalone di Roma lo Venerdi sancto
‖ in loco dicto Coliseo. ‖ Dice langelo. ‖
A. la fin : *Stampato nel anno mille cinque cen ‖ to e uno* (1501), *per Jouani
Besicken e Martino de Amsterdam,*
pet. in-4, goth., à 2 col., 16 ff. avec 25
grav. en bois. [16618]

Première édition avec date, rare et précieuse.

— HISTORIA di Sancto Job propheta, messa in versi
volgari per Messer Juliano Dati fiorentino in
Roma. *S. l. n. d. (Romae, ca 1510),* in-4, goth.,
avec fig. en bois au titre.

Dati est surtout connu pour avoir traduit en
ottave la lettre de Colomb sur la découverte de
l'Amérique.

Un bel exemplaire, relié par Bedford, est porté à
100 fr. au catal. Asher de 1865.

DAUDIGUIER (*Vital*), sieur de La Menor (en Rouergue). La défaite d'amour
et autres œuvres poëtiques, de V. D. S.
de La Menor. *Paris, Toussaint du
Bray,* 1606, in-12.

Première édition des poésies d'un écrivain, auquel
le roman de *Lysandre et Caliste* [17168] a valu une
sorte de célébrité ; il fut, au dire de Colletet, assas-
siné dans un tripot, en 1624, à la suite d'une querelle
de jeu.

Cette première édition n'a que peu de valeur.
4 fr. 50 c. Turquéty.

— La *Défaite d'amour* fut réimprimée en 1614,
avec divers autres petits poëmes : l'*Histoire de
Palmedor,* les *Amours de Pyrame,* etc. La
seconde partie de cette nouvelle édition est dédiée
à la reine Marguerite (Goujet, XIV, pp. 341 et suiv.) :
en voici le titre :

— LES Œuvres poétiques du sieur Daudiguier, en deux parties. *A Paris, chez Toussaint du Bray*, 1613-1614, in-8.

En mar. de la veuve Niédrée, 102 fr. W. Martin.

DAVID (*Jacques*). Recueil des chansons et des poésies spirituelles françoises et provençales, du sᵣ David. *Marseille, Ch. Brebion*, 1686, in-8, de xɪ ff. et 239 pp.

L'auteur était Marseillais, ainsi que le déclare l'extrait du registre du Parlement, imprimé en tête du volume.

En *mar.* 102 fr. Burgaud des Marets.

DAVID (*P.*). Cérémonies pratiquées au sacre et couronnement des Roys de France... (par Pierre David, libraire). *Paris, P. David*, 1654, pet. in-12.

En mar. de Duru, 16 fr. Ruggieri.

DAVILA (D. *Fr.*). Tratado de los Evangelios que nvestra Madre la Iglesia propone en todo el año desde la primera dominica de Aduiento hasta la vltima Missa de difvntos... etc. Explicase el Euangelio y se pone vn sermon en cada vno, en las lenguas Castellana y general de los Indios deste Reyno del Perú, etc. por el doctor Fr. Davila, natvral de la civdad del Cvzco, etc. *S. l.*, 1646, 2 tom. en 1 vol. in-fol. *S. l. n. d.* sur le titre, mais en tête du bref qui recommande ce traité aux évêques, prêtres, chapitres, etc., du royaume, on lit : *En la civdad de los Reyes* (Lima), *en veynte y ocho de Julio* 1646. Le texte est sur deux col. l'une en car. italiques pour l'espagnol, l'autre en car. latins pour la traduction indienne. Le premier tome a un front. gr. et 44 ff. lim., 564 pp. de texte ; le deuxième, exécuté deux ans après le premier, ne comprend que six ff. lim. et 134 pp. de texte ; il est intitulé : *Obra postuma del Doctor D. Fr. Davila.*

Un bel exemplaire de ce précieux volume est porté à 350 fr. au 7ᵉ catal. Tross (1873).

DAVILA y Heredia (D. *Andres*). Palestra || particvlar || de los exercicios || del cauallo ; sus propiedades, y || estilo de Torear... Por Don Andres Davila || y Heredia, señor de la Garena, capi || tan de cauallos, Ingeniero Mi || litar por su Magestad. (colophon) : *Con licencia.* || *En Valencia.* || *Por Benito Macè, junto al Co* || *legio del señor Patriarca.* || *Año de* 1674, in-8, de 132 ff., port. et fig. s. b.

L'*Ensayo de una Bibl. españ.* nous donne les titres de plusieurs ouvrages traitant *de Omni re scibili*, dûs à la plume de cet ingénieur espagnol ; celui que nous avons cité nous a paru curieux et nous pensons qu'il serait payé un prix assez élevé.

DAVILA Padilla (Fr. *Augustin*). Historia ||

de la || fvndacion y discorso || de la provincia de Santiago || de Mexico, || de la Orden de predicadores || Por las vidas de sus varones insignes y casos Nota || bles de Nueua Espanã. || Por el Maestro Fray Avgvstin Davila Padilla... Editio segvnda. || *En Brvsselas.* || *En casa de Ivan de Meerbeque.* || M.D.XXV, in-fol., de 334 ff., avec un portr. rouge et noir.

La première édition de ce livre rare fut donnée à Madrid, en 1596, in-4, (Antonio) ; elle est tellement rare que les auteurs de l'*Ensayo bibliogr.* n'ont pu la décrire.

La troisième édition fut publiée à *Valladolid*, en 1634, in-fol., sous ce titre :

— VARIA HISTORIA de la Nueua España y Florida.

DAZA (*Estéban*). Libro de musica || en cifras para Vihuela, intitulado el || Parnasso, en el qual se hallara toda diuersidad de Musica. *Impresso por Diego Fernandez de Cordoua. Año de* M.D.LXXVI, in-4, de ɪv ff. lim. et de texte, et de 113 ff. de musique, divisés en 3 livres.

On ne connaît qu'un seul exemplaire de ce précieux volume ; il est conservé à la Bibl. royale de Madrid.

DEBASTE (*Nicolas*) Chartrain. Les Passions d'Amour... Plus les meslanges de Carmes latins et françois. *Rouen, Thomas Mallard*, s. d. (vers 1586), pet. in-12. [13853]

Ce livre est décrit au *Manuel*, où l'on en donne quelques modestes adjudications ; mais voici les prix à l'ordre du jour : en *mar.* de Trautz, 430 fr. W. Martin ; en *mar.* de Chambolle-Duru, 405 fr. Bordes.

DEBAT de lhomme mondain et du religieux. *S. l. n. d.*, petit in-4, goth., de 12 ff., avec fig. s. b. au vᵒ du titre qui porte la marque de Jehan Trepperel. [13460]

Un exemplaire à toutes marges, mais fortement raccommodé, 100 fr. Yéméniz ; un second exemplaire, beaucoup plus beau, relié avec trois autres pièces, a été porté à 1,850 fr. ; ce Recueil avait été payé 720 fr. chez De Bure en 1853 ; les autres pièces étaient :

— LE DÉBAT de l'homme et de la femme. — *Cy fine le debat de lhomme et de la femme, faict et compose par frere Guillaume Alexis, religieux de Lire et prieur de bussy. Imprime a Paris par Jehan Trepperel, Lan mil quatre cent quatre vingt t treize*, in-4, goth., de 6 ff.

— LE DÉBAT du vieulx et du jeune nouuellement faict. *S. d. (Paris, Trepperel)*, in-4, goth., de 8 ff., 2 fig. s. b.

— LE DÉBAT de la dame et de lescuyer, nouuellement faict. *S. d. (au verso du premier feuillet la marque de Jehan Lambert, libraire de Paris)*, in-4, goth.

DEBAT (Le) de liuer et de leste. [13454]

Un texte plus ancien de cette pièce célèbre vient d'être réimprimé par MM. de Montaiglon & J. de Rothschild (xᵉ vol. des *Poésies françoises des xvᵉ et*

XVIᵉ s.), d'après un ms. du XVᵉ s. de la Bibl. de la ville de Genève. Cette publication est accompagnée de recherches fort intéressantes sur les origines de cette poésie et ses imitations en diverses langues.

En voici une en anglais, qui est une traduction textuelle :

℃ — THE DEBATE ‖ and stryfe betwene somer and wynter ‖ with the estate present of Man. — Finis. ‖ Cum priuilegio. ‖ *Imprynted by me laurens andrew* ‖ ℃ *these bookes be for to sell at the signe of seynt Iohn* ‖ *Euangelyst, in saynt Martyns parisshe besyde Cha* ‖ *rynge Crosse, s. d.* (*vers* 1530), in-4, goth., de 4 ff. de 30 lig. à la page, sans sign., un bois gravé au titre, et au dernier feuillet la marque de l'imprimeur.

On ne connaît qu'un exemplaire de cette pièce; il est conservé au British Museum.

DEBAT des heraulx darmes de France et dAngleterre. *Cy finist le debat des heraulx darmes de France et dAngleterre aultrement* (sic) *dit passetemps nouuellement imprimé a Paris.* S. d., pet. in-4 goth., à 2 col., titre gr. sur bois. [13457]

Édition non citée au *Manuel;* l'exemplaire de la vente Pichon était malheureusement incomplet du titre; il n'a été vendu que 30 fr.

DEBAT (Cy commèce le) du corps et de lame. *S. l. n. d.,* pet. in-4 goth., de 16 ff. sign. A et B par 6 et C par 4. [13458]

Nous portons ici cette édition, parce qu'un exemplaire incomplet, vendu 155 fr. chez M. William Martin en 1869, est signalé par le libraire comme présentant des différences avec l'édition décrite par M. Brunet; M. Aubry ne nous dit pas quelles sont ces différences.

L'exemplaire Bertin a été revendu 200 fr. Yéméniz; et 200 fr. Benzon.

DÉBAT (Le) du vieux et du ieune. *S. l. n. d.* (*Paris, Trepperel,* v. 1500), in-4, goth. de 8 ff., avec 2 figures sur bois. [13459]

Ces deux figures sur bois se retrouvent dans plusieurs autres pièces dues aux presses de Trepperel; on les voit également sur une édition *s. l. n. d.* du *Debat du Religieux et de l'homme mondain,* in-4, de 12 ff. (150 fr. Solar).

L'exemplaire du *Débat du Vieux et du Ieune,* qui avait été acheté 36 fr. chez Crozet par M. Yéméniz, a été revendu 200 fr. à la vente de cet illustre bibliophile.

— Une édition *s. l. n. d.,* in-4, goth., de 6 feuillets, avec une figure en bois au titre, reproduite au verso, a été portée à 190 fr. à la même vente.

DÉBAT (Le) du vin et de leau. *S. l. n. d.* (*Lyon, B. Chaussard et P. Mareschal,* v. 1500), in-4, de 8 ff. [13461]

L'exemplaire Cailhava, payé 175 fr. par M. Yéméniz, a été poussé à la vente de cet amateur au prix élevé de 410 fr.; les caractères, qui sont ceux du *Livre des quatre choses,* permettent d'attribuer cette édition aux presses lyonnaises.

— L'édition de *Michel le Noir,* in-4, goth., de 6 ff.; en *mar.* de Niédrée, provenant de Ch. Nodier, 335 fr. Yéméniz.

DEBAT (Sensuyt le) et proces de nature et de ieunesse à deux personnages. *S. l. n. d.* (vers 1520), pet. in-8. [13462]

L'exemplaire Veinaut (405 fr.) n'a été porté qu'à 400 fr. à la vente du baron Pichon.

DEBOIS-ROUVRAY (*I.*), sieur de Marçay. Traité et décision de l'ancienne dispute d'entre les archevesques de Bourges et de Bourdeaux sur la primatie d'Aquitaine, contenant l'antiquité de ladite ville de Bourges... *Lyon, pour P. de Coeursilly,* 1628, in-8.

Volume rare, 10 à 12 fr.

DE CEULX qui mainent mauluaise vie et doibuent mourir mauluaisement.

Despendre trop, rien gaigner ne acquérir,
Font en la fin l'homme son pain querir.

S. l. n. d., pet. in-8, goth, de 4 ff.

10 fr. Potier; en *mar.* de Duru-Chambolle, 40 fr. Desq.

D'ECHEPARE (*Bernard*). Poésies basques de Bernard d'Echepare d'Eyheralarre (Basse-Navarre), nouvelle édition absolument conforme à celle de 1545. *Bayonne, Cazals,* 1874, in-8. [14418]

Texte reproduit page pour page, ligne pour ligne, mot pour mot, faute pour faute.

Tiré à 206 exemplaires, dont 100 sur papier de Hollande, 50 sur papier teinté, 50 sur papier carré et 6 sur papier de couleur.

DECISIONES casuum forensium secundum jus municipale Moravicum. (Commence ainsi, à ii :) [R] Ustici de Schibnitz petiue ‖ rūt sibi suꝑ casu subscripto ‖ iuris sẽtẽtiã inueniri, etc. *S. l. n. d.* (*Brunnæ*, 1479), in-fol., goth., de 167 ff. chif., dont le 1ᵉʳ blanc et 1 f. pour la table. Le f. 137, plus grand que les autres et plié, contient un : « *Arbor consanguinitatis* » gravé s. b. (80 fr. 1868).

DECIUS(*Franciscus*). Colloquium cui titulus Pædapechtlia.*S. l. Anno* M.D.XXXVI, in-4, goth., de 16 ff. sign. A et B.

C'est un dialogue entre Antonius et Beraldus au sujet de la guerre entre Charles Quint et François Iᵉʳ. Ce livret, fort rare, se rattache donc à l'histoire de France; il figure au catalogue Salvá, sous le n° 2908.

DECLARACION ó confession de fé, hecha por ciertos fieles Españoles, que huyendo los abusos de la Iglesia Romana, y la crueldad de la Inquisicion de España, hicieron a la Iglisia de los fieles..... *Francford,* 1577, pet. in-12 de 40 ff.

Pièce d'un réformateur espagnol qui n'est pas citée; M. Usoz y Rio, dans sa bibliographie des réformateurs espagnols, en mentionne seulement une édition fort rare imprimée à Cassel en 1601. 310 fr. de Morante.

DÉCLARATION de la messe, le fruit d'icelle, la cause, le moyen, pourquoi et comment on la doibt maintenir. Nouuellement revue et augmentée par son premier autheur M. Antoine Marcourt. *S. l.*, 1544, pet. in-8. [2061]

Ce livre est l'un des premiers que les Calvinistes aient répandu en France; c'est un traité virulent contre la doctrine du Catholicisme; le dernier chapitre est intitulé : *Sensuyuent aucuns abus damnables qui sont en la messe....*

Un bel exemplaire de cette édition, non citée, qui donne pour la première fois le nom de l'auteur et la date, en *mar.* de Chambolle-Duru, 305 fr., vente du baron Pichon.

DÉCLARATION de Marc-Anthoine de Dominis, arcevesque de Spalatto, métropolitain de Croatie et de Dalmatie, sur les raisons qui l'ont meu à se departir de l'Esglise Romaine. *A la Rochelle*, 1617, pet. in-8, de 24 pp. 6 à 8 fr.

C'est la seconde édition ; la première, qui porte le même titre, est imprimée à *Saumur*, 1616, in-8.

DÉCLARATION ‖ des iustes cavses ‖ qui ont mev la ‖ Royne d'Angleterre de mettre ‖ sus vne armée naualle pour ‖ enuoyer vers l'Espagne. *Imprimé à Paris, par* ‖ *Iean le Blanc.* ‖ *Iouxte la copie imprimée à Londres* ‖ *par les Deputez de Christophe* ‖ *Barker, imprimeur pour la très* ‖ *excellente Maiesté la Royne,* ‖ 1597, pet. in-8, de 8 ff., dont les 2 derniers blancs.

Non cité par Lowndes. 40 fr. en 1872.

DÉCLARATION de tres-illustre Iean Casimir, comte Palatin, en laquelle sont exposées les causes pour lesquelles il a esté contraint prendre les armes et entrer en la guerre de Cologne pour la deffence de tres-illustre Mgr Gebhard, archevesque de Cologne, à cause de la Religion. Item pour defendre et maintenir la vraye religion chrestienne contre la tyrannie de l'évesque de Rome. *S. l. (Anvers), Iean des Boys*, 1584, pet. in-4 de 11 ff. lim. et 178 pp.

60 fr. en 1872.

DÉCLARATION (La) du Mystère, ou Secret de Dieu, demonstrée par deux figures, avec l'exposition des quatre empires qui doivent régner, et persecuter Jesus-Christ et ses membres iusques à son second aduenement un peu deuant lequel il deliurera son peuple de Babilone italique, et du filz de perdition l'Antechrist, les condamnans et enuoyans en l'estang de soulphre, Enfer, etc. *S. l. n. d.* (vers 1550), in-16, avec 2 curieuses gr. s..b.

Ce volume est composé de prose et de vers. Une des pièces en vers est intitulée : *Discours de la République françoise désirant la lecture de la saincte Escriture en sa langue vulgaire*, etc.... Cet ouvrage singulier est l'œuvre d'un protestant du XVIᵉ siècle, comme on peut le voir à la page 86, où l'auteur dit : « Qui voudra plus ample déclaration lise les cent sermons de Bullinger sur l'Apocalypse, et lise L.

(Luther) et Melanthon sus Daniel... » Naturellement la « Babylone italique » est Rome, et l'Antechrist, c'est le très-saint Père (Note de M. Potier).

En *mar. r.*, 40 fr. Desq.

DÉCLARATION du Roy sur la mort de l'Admiral, ses adherans et complices. *Lyon, Michel Joue*, 1572, in-8. 10 à 15 fr.

DECLARATION faicte par le Roy, sur les difficultez que l'on faict sur lédict des habillemêts de soye, publié le quatorziesme iour daoust mil cinq cens quarante neuf. *On les vend à Paris, chez Jehã Andre, au Palays, pres la chappelle. S. d.* (1549), pet. in-8, goth.

21 fr. (vente Favart).

DÉCLARATION (La) présentée au conseil privé par M. le prince de Condé, le 15 may 1563, touchant la juste deffense de M. l'Amiral, sur le faict de la mort de M. de Guyse. *S. l.*, 1563, pet. in-8, de 7 ff.

55 fr. baron Pichon.

DECOUVERTES des intrigues monacales dans le Dialogue de deux chats de couvent, avec une pièce en vers burlesques sur le même sujet. Nouuellement traduit de l'italien pour réjouir les Mélancoliques. *A Génes (Amsterdam)*, 1693, pet. in-12.

Violent pamphlet antimonacal. 25 fr. de Morante.

DECRETA Sabaudie Ducalia. *Taurini, impressa per insignem Joannem Fabri lingonensem. Anno* 1477, in-fol. de 178 ff.; les 7 premiers renferment la table des matières et le 171ᵉ f. est blanc. [2969]

En *mar.* de Hardy, 210 fr. Techener, 1865.

DECRETUM super flumine Abduæ reddendo navigabili Mediolanum usque cum testificatione Christianissimi Regis in hanc urbem liberalitatis et munificentiæ. *Mediolani, Aug. de Vicomercato*, 1520, pet. in-4.

Pièce des plus intéressantes en latin et en italien, pour la France comme pour l'Italie; cette ordonnance, relative à la navigabilité de l'Adda, est restée à l'état de projet. Le titre du volume est gravé sur cuivre, il représente François Iᵉʳ haranguant les magistrats de Milan ; au verso du feuillet signé D iiij, on doit trouver une carte entièrement gravée sur cuivre. 60 fr. 1869.

DEDUCTION de l'innocence de messire Philippe, baron de Montmorency, comte de Hornes, admiral, etc., et chevalier de la Thoison d'or, contre la malicieuse apprehension, indeüe detention, iniuste procedure, fausse accusation, iniques sentences et tyrannique execution en sa personne à grand tort, par voye de faict perpetrees. *S. l. Imprimé au mois de septembre* M.D.LVIII, pet. in-8, de 8 ff. lim., 573 pp. et 1 f. d'errata. [25017]

Rare et curieux volume. 47 fr. en 1872; 80 fr. cat. Tross.

DEFAICTE (La) des Espaignoz (*sic*) et prinse du port de Naples par M. de Lautret et le conte Philipin. *S. l. n. d.*, in-8, goth.

Pièce fort rare; 60 à 80 fr.

— Défaite (La furieuse) des Espagnols, et la sanglante bataille donnée au Pérou, tant par mer que par terre. Entre lesdits Espagnols et les Hollandois, conduits par leur admiral, Jacques l'Hermite. *A Paris, chez Jean Martin, rue de la Vieille-Boucherie, à l'Escu de Bretagne. Iouxte la copie flamande imprimée à Anvers*, 1625, pet. in-8, 8 ff. 50 à 60 fr.

— Défaite (La ‖ furieuse) ‖ des ‖ Espagnols, et la ‖ sanglante bataille donnée ‖ au Pérou, tant par mer ‖ que par terre. ‖ Entre lesdits Espagnols et les Hollandois ‖, conduits .par leur admiral, ‖ Iaques l'Hermite. ‖ *Tolose, de l'imprimerie de J. Boude, jouxte la coppie imprimée à Paris*, 1625, pet. in-8, de 15 pp.

40 fr. cat. Tross de 1870.

DEFFENCE (La) contre les émulateurs, ennemys et mesdisans de France. Consolation et bon zèle des trois estats' (en vers). *S. l. n. d.*, 6 ff. in-4, goth., fig. s. b. [13463]

Cette pièce rare faisait partie d'un recueil de pièces gothiques, qui n'a été vendu que 161 fr. chez M. De Bure en 1834 (n° 2665), et vaudrait aujourd'hui dix fois ce prix.

DEFFENSE de Monseigneur le Duc et madame la Duchesse Daustriche.... (au f. 1) : (P)our entendre la bône et loyalle q̄re ‖ le et deffense de mes tres redoubtez & souue ‖ raīs seignr̄ & dame † mōsgr̄ le duc & madame la ‖ duchesse daustriche et de bourgōgne † alēcōtre de ‖ linique torciōniere & dāpnable guerre et hosti-lite ‖ que le roy a suscite et meu † pre-mieremēt alēcōtre ‖ de feu Mōsgr le duc Charles derrenier trespasse ‖ q̄ Dieu ab-soille † et depuis son trespas alencōtre ‖ de mesdissz̄r ent dame † fault presup-poser por̄ cho ‖ se notoire & veritable ce que cy apres sensuit..... In-4, *sans indic. de lieu, de typogr. et d'année.* (*Bruges, Jean Britoen*, 1477-1481 ?), 36 ff. en car. goth. de 2 grandeurs, 26 long. lignes à la p., avec sign. et récl. sans chiffres.

Le seul exemplaire connu de cette pièce importante est conservé aux archives communales de Bruges, et il est incomplet de 8 ff.

DEFFIANCHE. Vng traictiez en ‖ brief ‖ de la deffianche du roy de Franche ‖ faicte au tresnoble empereur̄ Char ‖ le Et la respōse dudict Empereur. — (Au v° du dernier f. :) ❡ *De p̄ moy Iaques de*

Liesuelt. Pet. in-8, goth., de 4 ff. de 20, 21 et 22 l. à la p., sans ch., récl. ni sign. [23454]

Au titre, un bois représente Charles-Quint avec le manteau et la couronne; son héraut est derrière; au verso du dernier feuillet, la marque de l'imprimeur gravée sur bois.

Le seul exemplaire connu de cette pièce appartenait à M. de Meyer de Gand; il fut acheté en 1809 par M. J. Caperon; et à la vente de cette dernière collection, en avril 1875, acquis pour la Bibl. nation. de Paris.

C'est un petit poëme de 15 strophes de 8 vers, que MM. Anat. de Montaiglon et J. de Rothschild ont eu soin de reproduire dans le x° volume des *Poésies françoises des* XV° *et* XVI° *s.*, impr. à Paris, chez Daffis, en 1875.

Ce poëme est une réponse au cartel présenté à l'empereur au nom des rois de France et d'Angleterre; cartel dont le texte a été publié plusieurs fois, et dont le *Manuel* indique une édition d'*Anvers, Iaques de Liesuelt*, in-4, goth., de 10 ff. de 34 lig., sign. A-C. L'exemplaire, payé 32 fr. à la vente Coste, fait partie de la riche biblioth. de M. de Lignerolles, qui en possède une seconde édition.

— Sensuyt la manière : ‖ de la deffiace faicte ‖ par les He- ‖ raulx des Roys de France ℭ Dē ‖ gleterre a Lempereur nostre si- ‖ re | et la res-ponce donnee | par la ‖ mesme Imperiale maieste | aux ‖ dictz Heraulx. (A la fin :) *Imprime en la ville Danuers par moy* ‖ *Guillaume Vosterman, demou* ‖ *rant a la rue de la Chambre* ‖ *a len-seigne de la licorne dor* ‖ *Lan mil. cincq cens* ‖ *xxviii Le. xxviii iour du mois de Auril.* In-4, goth., de 12 ff. de 37 lig. à la page entière, signature A.-C., marques et bordures gr. s. b., et pl. au titre représentant l'empereur sur son trône, entouré de quatre personnages dont deux couverts d'une armure complète.

Le texte de l'édition donnée par Jacques Liesvelt est en dialecte picard.

Nous renvoyons le lecteur aux notes philologiques et bibliographiques fort étendues, dont les éditeurs du x° vol. des *Poésies franc. des* XV° *et* XVI° *siècles* ont fait précéder la reproduction des pièces relatives à cet important fait historique.

DEFOE (*Daniel*). La vie et les aventures surprenantes de Robinson Crusoë. *Amsterdam, L'Honoré et Châtelain*, 1720-21, 3 vol. in-12, fig. [17722]

Les exemplaires en anc. rel. *maroquin* des premières éditions de cette traduction de Saint-Hyacinthe et de Van-Effen, montent à d'assez hauts prix.

En *vélin*, 62 fr. Chaponay; en *mar.* de Trautz (très-bel exempl.), 305 fr. baron Pichon; en *mar.* de Capé, 340 fr. L. de Montgermont.

— La vie .... *Leyde, E. Luzac Junior*, 1754, 3 vol. in-12. En *mar.* de Mouillié, 142 fr. Radzi-will.

— La vie et les Avantures de Robinson Crusoë..... *Paris, veuve Panckoucke, an VIII.* 3 vol, in-8, fig. de Stothart.

Un bel exemplaire en papier vélin, figure avant la lettre et en *mar.* de Lefèvre, 81 fr. Chaponay; en demi-rel.; 53 fr. Danyau; 35 fr. Potier.

DEHANGEST (*Hierosme*). Contre les Tenebrions, Lumiere euangelique. *On les vend à Paris en la rue Sainct Jacques, à la Fleur de Lys (enseigne de Jehan St. Denis).* La dédicace à Anne de Montmorency porte : « *Imprime de* *ce iourdhui XVe iour de janvier* 1534, pet. in-8.

Violente diatribe contre la doctrine protestante, concernant l'Eucharistie.

DEHARME. Plan de la ville et fauxbourgs de Paris. *Paris*, 1763, in-4, texte gr., accompagné de 35 pl. gr. en taille-douce.

Volume assez rare; 21 fr. vente P. D. (1864).

DEIMIER (*Pierre* de). Le Printemps des lettres amoureuses, ou délices de l'Eloquence françoise, dédié à la Royne Marguerite, par Pierre de Deimier, Avignonnois. *Paris, F. Huby*, 1615, pet. in-12, 6 ff. lim., 480 pp. [13160]

Le *Manuel* ne cite pas cette édition, vendue 17 fr. (Favart).

DE LA CROIX (*H.*). Lamentation de nostre mère saincte Eglise sur le désastre et merveilleux excez des ennemis de nostre foy..... par Hierosme de la Croix, prestre. *Paris, Laurent du Coudret*, 1586, in-8, de 4 ff.

31 fr. Ruggieri.

DELANGE. Monographie de l'OEuvre de Bernard Palissy, suivie d'un choix de ses continuateurs ou imitateurs. Dessiné par MM. Carle Delange et C. Borneman, et accompagné d'un texte par M. Sauzay et Henri Delange. *Paris,* 1862, in-fol. 100 pl. coloriées.

Très-bel ouvrage, qui vaut aujourd'hui environ 200 fr.; un exempl. en *mar.* plein de Chambolle-Duru est porté à 500 fr. au catalogue à prix marqué des libraires Morgand et Fatout.

— RECUEIL des faïences italiennes des XVe, XVIe et XVIIe siècles, dessiné par MM. Carle Delange et C. Borneman, texte par M. A. Darcel et H. Delange. *Paris*, 1869, in-fol., 100 pl. coloriées.

Même observation que pour le numéro précédent; un exemplaire en *mar.* de Chambolle-Duru, 500 fr. catal. Morgand et Fatout.

DELBENE (*Barth.*). Civitas veri, sive morum, sive poetica virtutum et felicitatis ex libris X Aristotelis ad Nicomachum descriptio, cum præfatione Th. Marcilii. *Parisiis, apud Hier. Drouart*, 1609, in-fol.

Livre assez peu intéressant, mais que font rechercher le frontispice gravé et les 33 planches de Thomas de Leu, dont il est décoré. 30 à 40 fr.

DELEPIERRE (*Octave*). Tableau de la littérature du Centon chez les anciens et les modernes. *Londres, Trübner et C°*, 2 vol. in-4.

— ANALYSE des travaux de la Société des philobiblions de Londres, par Oct. Delepierre. *Paris*, J. *Hetzel*, 1862, in-8. 5 fr.

— SUPERCHERIES littéraires, pastiches, suppositions d'auteur, dans les lettres et dans les arts. *Londres, Trübner*, 1872, in-8.

Volume intéressant, mais qui est loin de valoir les

45 fr., prix auquel un exemplaire en demi-rel. a été porté dans une vente faite par M. Labitte en 1877.

DELESCORNAY (*J.*). Mémoires de la ville de Dourdan, recueillis par M. Jacques Delescornay... dédié à Louis XIII. *Paris, B. Martin*, 1624, in-8.

Volume rare et recherché. 15 à 18 fr. Deux exemplaires à la vente Auvillain, 19 et 21 fr.

DE LE VILLE (P. F. *Nic.*). La Cynosure de l'âme, ou poésie morale dans laquelle l'âme amoureuse de son salut peut considerer les voies plus assurées pour arriver au ciel, par le P. F. Nicolas De le Ville, prieur des Célestins de Hevre-lez-Louvain. *Lovain, André Bouvet*, 1658, pet. in-8.

En *mar.* de Bozérian, 20 fr. Pieters; revendu 28 fr. Turquety.

— DÉVOTES CONCEPTIONS. *Louvain*, 1659, pet. in-8. [14104]

12 fr. Turquety; l'auteur entre dans des détails d'une singulière naïveté sur les beautés de la Vierge.

DELGADO y Buenrostro (*Ant.*). Historias varias canonicas moralizadas en sermones. Predicados en las Indias de la Nueva España. *Puebla de Angeles*, 1693, in-fol. de XII ff. lim., 948 pp. et 16 ff. de table.

Livre d'une extrême rareté. 9 thal. Andrade.

DELIBERATION (La) des trois estatz de France sur lentreprise des Anglois et Suisses. (A la fin:) *Imprime a Paris par Symon troude libraire papelier demourant audit lieu soubz Chastelet*, s. d. (1512), in-8, goth., de VIII ff. non chiffrés.

Pièce fort rare (Bibl. nation., réserve).

DÉLICES (Les) de la poésie galante des plus célèbres autheurs du temps, dédiées à M. le marquis de Coislin. *Paris, J. Ribou*, 1663, in-12, front. gr. [13985]

Les pages 276 et suivantes contiennent une poésie de P. Corneille. Le cahier K doit avoir 13 feuillets, c'est-à-dire un carton, et les pages 233 et 234 en double.

Cette première édition, *achevée d'imprimer pour la première fois le 25 septembre 1663*, n'est pas citée par M. Brunet, qui ne mentionne que celle de 1666. 25 à 30 fr.

L'édition de 1666, en *mar.* de Capé, a été vendue 99 fr. Leb. de Montgermont.

DELOCHE (*Max.*). Études sur la géographie historique de la Gaule, et spécialement sur les divisions territoriales du Limousin au moyen âge, par M. Maximin Deloche, membre de la Soc. des Antiq. de France. *Paris, impr. Impériale*, 1864, in-4, de 215-541 pp. et carte.

DE LORME. Voy. LORME (De).

DELPHINUS (*Petrus*). Epistolarum libri XII. *Venetiis*, 1524, in-fol. [18734]

M. Brunet, qui cite un grand nombre d'adjudications de ce livre jadis si précieux, omet la plus intéressante : il a été adjugé, en 1719, au prix de 1,000 livres à la vente d'Est. Baluze (tome I, n° 1941).

DELUGE et Innundation d'eaux fort effroyable advenu és faulxbourgs S. Marcel, à Paris, la nuit précédente jeudy dernier, neufiéme apvril, an présent 1579. *Lyon*, *Benoist Rigaud*, 1579, pet. in-8. 20 à 30 fr.

Un exemplaire relié par Duru en *maroquin*, avec deux autres pièces, 250 fr. Potier (1870).

Voici le titre de ces deux pièces :

— PRODIGES merveilleux apparuz au pays d'Anjou et du Maine, les XIII et XIIII du mois de mars année présente. *Lyon*, *B. Rigaud*, 1575, pet. in-8.

— LE VRAY DISCOURS du grand déluge et ravage d'eau advenu au bourg de Regny-le-Ferron, pres la Ville-Neufve l'archevesque et Montenon, le quatriesme jour de juin 1586, la veille de la Feste-Dieu, au pays de Champagne... *Lyon*, *B. Rigaud*, 1586, pet. in-8.

DELVAU (*Alfred*). Dictionnaire de la langue verte, argots parisiens comparés ; deuxième édition, entièrement refondue et considérablement augmentée. *Paris*, *E. Dentu*, 1867, in-8.

Livre curieux et devenu rare, 20 à 30 fr. ; 19 fr. 50 c. D' Danyau.

— LES SONNEURS de sonnets (1540-1866). *Paris*, *Bachelin*, 1867, in-16.

Il a été tiré de ce livre, épuisé aujourd'hui, un exemplaire sur *vélin*, vendu 101 fr. marquis de B. de M., et 50 fr. Em. Gautier.

DEMANDES (Les) ‖ damours auecques les responzes ‖ (*sic*).

Au 1ᵉʳ f. r° l'L gravé sur b. de la grandeur de la p., semblable aux L de Vérard ; le v° bl. ; au 2ᵉ f. : sensuiuent pluseurs demandes da ‖ mour auecques les responses. ‖ Finit au v° du XIᵉ f. par : ❦ *Cy finët les demandes damours ‖ auecques les responses.* ‖ ; le 12ᵉ f. est blanc. Pet. in-4, goth., de 12 ff., sans ch. ni récl., avec sign. A-C. (1ᵉʳ f., signé A ; 3ᵉ f., signé B ; 5ᵉ f., signé C ; les autres sans sign.) 22 et 23 longues lignes à la p. entière. [13237]

Cette pièce, en prose, sans indication de lieu ni de date, doit être imprimée à Paris, par Vérard, vers 1490. (*Bibl. nation.* Y.-6156.) B.

— LES DEMANDES damours auec les Responses joyeuses. — *Finis. Cy finent les Demandes damours auec les Responces ioyeuses, imprimees nouuellement a Lyon. S. d.* (vers 1530), pet. in-8, goth., de 8 ff., 22 lignes à la page.

En *mar.* de Bauzonnet-Trautz, mais avec la marge du haut refaite, 135 fr. William Martin (1869).

— DEMANDES ioyeuses (Les). *Cy finissent les demandes joyeuses par manière de recreation, imprimees a Rouen pour Robinet Macc. S. d.* (vers 1500), pet. in-4, goth., fig. s. b. au dernier feuillet ; marque de R. Macé sur le titre.

L'exemplaire Hibbert et R. Heber, en *mar.* de Bauzonnet, 350 fr. baron J. Pichon.

DEMETRIUS. The Russian Impostor, or the History of Muskovie, under the usurpation of Boris and the Imposture of Demetrius, late Emperors of Muskovy. (By R. M.) *London*, 1674, in-8.

Première édition que nous avons vainement cherchée dans Lowndes ; la seconde, publiée en 1677, fut augmentée des : « Amours of Demetrius and Dorinski », et son titre porte les initiales du nom de l'auteur, tandis que dans la première ces initiales sont au bas de la préface.

4 thalers Sobolewski.

DEMONSTRATION· (Vne belle et clere), par laquelle on peult considérer, sçauoir, et congnoistre, et veoir, là où et en ce qui c'est qu'est la Vraye Foy, et qui s'en peult vanter ou persuader de consister soubz icelle. *S. l. n. d.* (v. 1545), in-16, de IV ff. lim., 53 ff. et 1 f. blanc ; car. ronds.

Volume protestant fort rare, sorti des mêmes presses que la « *Complaincte, doctrine et instruction de Sapience* », citée ci-dessus.

Un exemplaire cartonné, 116 fr. Tross, vente du 15 mars 1870.

DEMONT Bourcher. Traicté des cérémonies et ordonnances appartenans à gages de bataille et combats en camp-clos, par P. Demont Bourcher, Sieur de la Rivaudière. *Paris*, 1608, pet. in-8.

Pièce rare, 6 à 8 fr.

DENISOT (*Nicolas*), dit *comte d'Alsinois*, Cantiques du premier avenement de Jesus-Christ, par le conte d'Alsinois. *Paris*, *veufve de Maurice de la Porte*, 1553, pet. in-8. [14335]

Le *Conte d'Alsinois* est l'anagramme de Nic. Denisot ; en *mar.* de Bedford, 6 guinées Libri (1862) ; revendu 200 fr. Desq.

DENOMBREMENT tant des corps des Saints que de ceux des Roys, des Reines et des autres dont les tombeaux sont dans l'église royale de S. Denis en France. *Paris*, *impr. de J. Chardon*, 1714, in-8.

DENON (*Vivant*). OEuvres. *Paris*, *Barraud*, 1872, 2 vol. in-4.

Belle édition, composée de 30 livraisons de 8 planches (texte par A. de la Fizelière), à 6 fr. la livraison, et tirée à 500 exemplaires.

Les trois dernières livraisons contiennent les Priapées à part, une Notice détaillée sur Denon, avec des lettres de Voltaire, qui ne se trouvent dans aucune édition.

DENTELLES, BRODERIES, GUIPURES, etc.

Nous avons réuni sous ce titre les diverses éditions de ces précieux recueils qui ont échappé aux recherches de M. Brunet.

— Ce liure est plaisant et utile

A gens qui besongnent de l'eguille
Pour comprendre legerement
Damoyselle bourgoyse ou fille
Femmes qui ont l'esperit agille
Ne scauroient fallir nullement
Corrige est nouuellement
Dung honneste homme par bon zelle
Son nom est Dominicque Celle
Qui a tous lecteurs shumilye
Domicille a en Italie
En Thoulouse a prins sa naissance
Mise il a son intelligence
A lamander subtillement
Taille il est totallement
Par Jehan Coste de rue Merciere
A Lyon et consequemment
Quatre vingtz fassons a vrayement
Tous de differente maniere.
    S. d. In-4.

Le titre versifié est placé dans un encadrement;
au verso on lit un avis au lecteur, imprimé en
gothique; suivent 27 ff. contenant 54 planches de
patrons de lingerie et de broderie.

L'exemplaire de ce livre presque inconnu, que
possédait M. Pichon, semblait avoir été complété
avec quelques feuillets d'une justification plus petite,
extraits d'un autre recueil du même genre; il a
cependant été adjugé à 605 fr. à M. Lesouffaché.

— (L) JURE nouueau, dict ‖ patrōs de lingerie : ‖ cestassauoir a deux ‖ endroitz,
a point croise, poït ‖ couche ꝑ point
picque en fil ‖ dor, dargēt, de soye, ou
aul ‖ tre, en quelque ouurage que ce
soit : en côprenant lart de ‖ broderie et
tissuterie (sic). On les vēd a Lyō, chez
Pi ‖ erre de Sête Lucie dict le prin ‖
ce pres nre dame de Côfort. S. d. (vers
1535), pet. in-4, goth., de 28 ff., dont le
dernier blanc, sign. A-F., titre, 52 pl.
de modèles grav. sur bois; sur la dernière p. la marque de l'imprimeur.

Un bel exemplaire de ce livre, infiniment rare,
serait sans aucun doute vendu au moins 1,000 fr.

— FLEUR (La) des ‖ patrons de lingerie, a
deux en ‖ droitz, a point croise, a point
cou ‖ che, et a point picque, en fil d'or,
‖ fil d'argēt ꝑ fil de soye, ou aultre ‖ en
quelque ouuraige que ce soit, ‖ en comprenant lart de broderie ‖ et tissuterie.
On les vend a Lyon ‖ en la maison
de Pierre de ‖ Saincte Lucie, q꜀ fut
dict feu ‖ Prince. S. d. (vers 1550),
pet. in-4, goth., de 16 ff., sign. A. C., titre,
22 pl. de modèles gravés sur bois, et la
marque de l'imprimeur à la dernière
page.

— PATRONS de diuerses manieres ‖ Inuentez tressubtilement ‖ Duysans a Brodeurs et Lingieres ‖ Et a ceulx lesquelz
vrayement ‖ Veullent par bon entendement ‖ Vser Dantique, et Robesque, ‖

Frize et Moderne proprement ‖ En comprenant aussi Moresque. ‖ C. A tous
massons, menusiers, ꝑ verriers ‖ Feront
prouffit ces pourtraictz largement ‖ Aux
orpheures et gentilz tapissiers ‖ A ieunes
gens aussi semblablement ‖ ... On les
vend a Lyon, par Pierre de ‖ Saincte
Lucie, en la maison du deffunct ‖
Prince pres Nostre Dame de Confort.
— Au f. EE rº : Sensuyēt les Pa ‖ trons
de messire Antoine Belin, Reclus de
Sainct ‖ Marcial de Lyon. ‖ Item plusieurs aultres beaulx Patrons nou‖ueaulx,
q꜀ ont este inuētez par frere Jehan
Mayol, ‖ carme de Lyon (marque de P.
de Ste-Lucie). Imprime a Lyon par
Pierre de Saincte ‖ Lucie dict le Prince.
S. d., vers 1545, 2 part. en un vol., pet.
in-4, goth., de 28 ff., sign. A.A — G.G.,
deux titres et 54 pl. grav. sur bois; les
sign. se suivent.

Cette édition diffère de celle qu'indique M. Brunet,
et qui figure au catalogue Yéméniz, sous le nº 1104
(vendue 610 fr.).

— GLEN (Iean Baptiste de), docteur en
théologie. Du debvoir des filles... Item
plusieurs patrons d'ouvrages pour toutes
sortes de lingerie. Liége, Iean de Glen,
1597, 2 parties en un vol. in-8 oblong,
fig., 87 ff.

——— Les singuliers et nouveaux pourtraits pour toutes sortes de lingerie.
Liége, Iean de Glen, 1597, in-8 obl.,
de 25 ff., fig.

Le premier ouvrage a 20 planches de broderies,
et le second 19.

En lisant la description que donne M. Brunet on
doit croire que les deux volumes ci-dessus ne forment qu'un même ouvrage; que le second (les Singuliers pourtraits) est censé constituer la seconde
partie, qui est réellement formée par « le Traicté
de la Virginité », et que les 39 planches appartenant
à deux ouvrages divers, et placées en deux endroits
parfaitement distincts, sont données comme se suivant et ne faisant qu'un.

£ 16, Libri, 1862.

— GUIAGHI (Isabeau de). Les nouveaux et
singuliers pourtraicts, mis en lumière, de
toutes façons d'ouvrage de lingerie et
tapezeries. A Basle, Ludw. König,
1600, in-4. (Foires de Francfort.)

— RECHAMI (Libro secondo de), ꝑ elquale
se impara in diuersi modi ordine e il
modo de recamare, causa nō niai piu
satta(sic)ne stata mōstrata. P. Alex. Pag.
Benacenses, F. Bena. V. V. (Tuscu-
lani, Alex. Paganinus, circa 1525).
Pet. in-4 de 18 ff.; le titre est en car.
ronds, dans une bordure gravée en bois;
le texte des deux pages suiv. est imprimé
avec les car. singuliers de Paganini; la
4e p. contient 2 grav., à 2 compart. cha-

cune, où l'on voit les brodeuses au travail ; les ff. suivants contiennent des modèles de broderies gravés sur bois.

C'est le plus rare et le plus ancien livre de broderie que nous connaissons ; il n'a été vendu que 190 fr. en 1865 pour le Musée de Vienne ; 200 fr. en 1867, et vaut plus cher ; le titre indique une première partie qui doit exister, mais qui a échappé à nos recherches.

— VAVASORE (*Fiorio*). Esemplario di Lauori : che insegna alle doñe il modo ♀ ordine di Lauorare : cusire : ♀ racàmare : ♀ finalmēte far tutte q̃lle opere degne di memoria : le quale pōȝ fare vna donna virtuosa cō laco in mano. Et vno documento c̀hè insegna al cōpratore accio sia ben seruito. Fiorio Vauasore fecit. (A la fin :) *Stampata in Vineggia per Giouanni Andrea Vauassore detto Guadagnino, ne li anni del Signore* M.D.XXX. *A di* XXII *Nouembrio*, pet. in-4, de 26 ff., fig. en bois, titre rouge et noir.

Première édition, infiniment rare, d'un des plus précieux recueils de broderies qui existe, 500 fr. (Tross, 1867).

— ESEMPLARIO di Lavori che insegna alle donne il modo e ordine di lavorare, cusire e racamare, et finalmente far tutte quelle opere degne di memoria. (A la fin :) *Stampata in Veneggia per Giov. Andrea Vavassore detto Guadagnino.* M.D.XXXI. *Adi* X *marzo*, pet. in-4, de 24 ff., sign. A. — AXiij. Au bas de la grav. sur b. qui entoure le titre, on lit : *Fiorio Vavassore fecit.*

Un exemplaire incomplet de 4 ff. 60 fr. Potier, revendu 35 fr. en 1872 ; un exemplaire complet vaudrait au moins 250 fr.

— ESEMPLARIO di Lauori : che insegna alle donne il modo et ordine di lauorare : cusire : et raccamare : e finalmēte far tutte quelle opere degne di memoria : le quale po fare una donna virtuosa con lago in mano. Et uno secunto che insegna al cōpratore accio sia bē seruito. Fiorio Vauasore fecit. *Stampato in Vineggia per Giovanni Andrea Valuassore detto Guadagnino*, 1552, in-4, de 26 ff., fig. s. b. sign.

Ce beau livre est d'une extrême rareté ; il contient 47 planches ; il est cité dans la bibliographie consacrée aux ouvrages de guipures et de broderies par le marquis d'Adda, et dans un catal. de M. Tross en 1867, où il est porté au prix de 400 fr.

— VAVASSORE. Libro secondo de bellissime ℮ variate mostre intitulato fior de gli Essempli. *Nouamente stampato per Giovanni Andrea Vauassore, detto Guadagnino et Florio fratello.* S. d., in-4 obl., avec planches gr. sur b. de points coupés et guipures d'un beau style.

En *mar.* de Trautz, 650 fr. Yéméniz.

— ORNAMENTO delle belle ed virtuose donne. Opera noua nella quale trouuari varie sorte de frisi, cō liquali si potra ciascūa dōna, ed ogni lettra, cō ponti tagliati, pōti grosposi, e ogn'altra sorte di pōti per far tutte le belle opere che si appertēgono alle virtuose ed lodeuoli Fanciulle. *In Venetia, per Mathio Pagano, in Frezzaria, all' Insegna della Fede,* 1554, pet. in-4, titre, préface, 45 pl. et une p. pour la souscription.

400 fr. catal. Tross en 1867.

— POMPE (Le). Opera nova nella quale si ritrovano varie, e diuerse sorti di mostre, per poter far Cordelle ouer Bindelle, d'Oro, di Seta, di Fillo, ouero di altra cosa. Doue le belle e virtuose donne potrano fare ogni sorte di lauore, cioe Merli di diuersi sorte, Cauezzi, Colari, Manghetti, etc. *In Venetia,* 1558, pet. in-4, sans nom d'imprimeur.

Volume fort rare ; l'exemplaire que nous avons vu n'était composé que d'un titre, 26 planches gravées sur bois, et 1 f. blanc : il ne portait ni chiffres ni signat. ; il nous est démontré que ce livre n'est pas complet avec ces 28 pages.

OSTAUS (*Giovanni*). La vera perfettione del disegno di varie sorti de ricami..... *In Venetia, app. Fr. di Franceschi Senese,* 1591, in-4 obl., de 40 ff., sign. A. E. par 8 ff., dessins ital. d'un goût exquis.

La première planche de ce charmant livre est signée de Jos. Salari ; au verso du dernier feuillet est le registre, la figure de la Paix, et au-dessous : *In Venetia,* MDXC.

Un bel exemplaire de 0ᵐ133 de haut., dans une bonne reliure de Trautz, a été porté au prix élevé de 1,130 fr. chez M. Yéméniz.

— FIORINI (*Matteo*). Gioiello della Corona per le nobili e virtuose donne... nuovi bellissimi disegni di tutte sorte di Mostre di Punte in Aria, punte tagliati..... etc. *Fiorenza, Francesco Tosi,* 1594, in-8 obl., £ II Libri.

Ce recueil de broderies se compose de deux feuillets imprimés, suivis de 23 planches gravées sur bois, et à la fin d'une grande planche pliée, qui représente une broderie ombrée sur un fond clair quadrillé.

— FIORI di Ricami nuouamente posti in luce, nei quali sono varii, et diuersi disegni di lavori, come Merli, Bauatri, Manichetti, etc. *In Fiorenza,* 1596, pet. in-4 obl., planches de broderies gravées sur bois.

490 fr. Yéméniz.

— VINCIOLO. Les ‖ singuliers ‖ et nouveaux pour ‖ traicts du seigneur Federic ‖ de Vinciolo Venitien, pour toutes ‖ sortes d'ouurages de lingerie. ‖ Dedié à la Royne. ‖ Derechef et pour la ‖ troisiesme fois Augmentez ‖ outre le reseau premier et le point couppé et lacis.....

*A Paris, par Iean le Clerc le jeune,
rue Chartière, au chef Sainct Denis...*
|| 1587. || In-4, sign. A.-T. par 4, dont le
dernier blanc. [10264]

L'exemplaire porté au catal. Fontaine, au prix
énorme de 1,600 fr., était relié par Trautz en *mar.*,
mais incomplet du deuxième feuillet, Aij, qui porte
les armes de France. M. Brunet dit qu'un exemplaire complet doit avoir deux parties, formant 70 ff.;
il y a une erreur, c'est 76 ff. dont 4 lim., soit 77 planches au lieu de 66.

— Les Singuliers et nouveaux Pourtraicts du seigneur Fédéric de Vinciolo, venitien, pour toutes
sortes d'ouvrages de lingerie, dédié à la Royne.
Derechef et pour la troisième fois augmentez,
outre le reseau premier et le point couppé et
lacis, de plusieurs beaux et différents portrais de
reseau de point côté, auec le nombre des mailles,
chose non encore veue ni inuentée. *A Paris, chez
Jean Le Clerc*, 1594, in-4. [10264]

Troisième édition, fort rare et très-précieuse d'un
recueil bien connu ; elle est ornée de grandes planches pliées et de nombreux modèles de dentelles et
de travaux d'aiguille ; le titre l'indique comme plus
complète que les précédentes. Un exemplaire assez
beau, mais dont le deuxième feuillet, qui contient
les armes de France, était refait en fac-simile, a été
vendu par M. Tross 480 fr. en 1869.

— Les Singuliers et nouveaux Povrtraictz... *Imprimé à Basle par Louis Roy*, 1599, pet. in-4 obl.,
de 48 pp., 220 fr. Yéméniz.

— Les Singuliers et nouveaux Pourtraicts... *A
Paris, par Jean Le Clerc*, 1601, in-4 obl.

Un exemplaire de cette réimpression, quoique
ayant quelques défauts, est porté à 450 fr. au 3e catalogue Tross de 1869.

— Les Singuliers et nouveaux Pourtraicts. *A Lyon,
par Leonard Odet*, MDC III, 2 parties en 1 vol.
in-4.

Le bel exemplaire Yéméniz, haut de 0m212 et relié
par Trautz, 660 fr.

— La seconde édition des Singuliers et nouveaux
Pourtraicts, de *Paris, Jean Le Clerc*, 1588, 2 parties en 1 vol. in-4, a été vendue chez M. Potier en
1870, 470 fr., malgré 3 ff. refaits par Pilinski.

— Un exemplaire de l'édition de *Paris, pour Jean
Le Clerc*, 1612, 2 parties en 1 vol. in-4, en *mar.* de
Chambolle, 300 fr. baron Pichon.

— Les Secondes œuvres et subtiles inventions de
lingerie du seigneur Federic de Vinciolo, Venitien, nouuellement augmentées de plusieurs carrez
de point de rebord. *Paris, par Jean Le Clerc*,
1613, in-4.

C'est l'édition la plus complète de ces secondes
œuvres ; le bel exemplaire du baron Pichon, en *mar.*
de Chambolle, a été vendu 250 fr., et un exemplaire
défectueux, 360 fr. Yéméniz.

— Vecellio (*Ces.*). Corona delle nobili et
virtuose donne, nel quale si dimostra in
varij dissegni : tutti le sorti de Mostre di
punti tagliati, punti in aria, punti a Reticello, e ogni altre sorte, così per Freggi,
come per Merli, et Rosette, che con laco
si usano hoggidi per tutta l'Europa. *Venetia, appresso Cesare Vecellio*, 1597,
3 part. — Gioiello della Corona per le
nobili e virtuose donne. *Venetia, Cesare Vecellio*, 1596, 4 parties en un vol.,
pet. in-4 obl., fig. s. bois., 1re part. sign.
A-G.; 2e part. sign. AA-FF. (24 ff.);

3e part. sign. A-G.; 4e part. sign. Aaaa-
Hhhh. (32 ff.) [10266]

Édition fort belle et fort rare, dont un exemplaire
complet est porté au prix excessif de 1,000 fr. dans
un catal. de M. Tross.

—— Corona delle nobile e virtuose donne,
libro primo (e secondo) nel qual si demostra in varij Dissegni, tutte le sorti di
Mostre di punti tagliati, punti in aria,
punti a Reticello, e d'ogni altra sorte, così
per Freggi, come per Merli, et Rosette,
che con l'Aco (*sic*) si usano hoggidi per
tutta l'Europa. Aggiuntoui in questa
Quarta Impressione molti bellissimi Dissegni non più veduti. *In Venetia, appresso Cesare Vecellio, in Frezzaria
nelle case de' Preti*, 1598.— Corona...
Libro terzo... con alcune altre nuoue
inuentioni di Bauari all' usanza Venetiana. Opera nuoua, e non più data in
luce. *In Venetia.....* 1598. — Gioiello
della Corona per le nobili e virtuose
donne, Libro quarto. Nel quale si dimostra altri nuoui bellissimi dissegni di
tutte le sorte di Mostre... per Opere a
Mazzette. *In Venetia...* 1598, in-4 obl.

1re partie : 28 ff. et 26 pl.; les deux premiers comprennent le titre et l'épître Alla Sa Viena Vendra-
mina Nani, signée C. Vecellio, et datée de *Venetia,
il 28 gennaro 1591*, sign. A-G par 4 ff.

2e partie : A-GG par 4 ff., aux deux premiers
feuillets le titre et l'épître de C. Vecellio, puis
26 planches. Celle du dernier feuillet représente une
figure avec le mot : Vesta.

3e partie : Aaa-Ggg, le titre et l'épître aux deux
premiers feuillets, 26 pl.; la dernière contient un
emblème du *Renard et de la Beauté*, avec un sixain
au milieu.

4e partie : Aaaa-Gggg, par 4 ff., sauf Ffff qui est
de 6, ce qui donne 2 ff. pour le titre et l'épître, et
28 planches.

Le bel exemplaire Yéméniz, en *mar.* de Trautz,
1,260 fr.

— Prima parte de' Fiori, e disegni di varie sorti
de' ricami moderni, come Merli, Bauari, Manichetti ed altri nobili lauori (da Giouanbattista
Ciotti). *In Venetia, appresso Francesco di Franceschi Senese*, 1591, in-4 obl., de 2 ff. lim., 14 ff.
de dessins de broderie, paginés III à XVI.

225 fr. Yéméniz.

— Gargano (*Luc.*). Pretiosa gemma delle
virtuose Donne, dove si vedouo bellissimi lavori di punto in aria, reticella, di
Maglia, e piombini, disegnati da Isabella
Catanea Parasole, e di nuovo dati in luce
da Lucchino Gargano. *Venetia, Lucch.
Gargano*, 1600, in-4 obl., de 33 planches.

Patrons de broderie et de lingerie.

— Ciampoli (*C.*). Adornamenti di Gioie
inventi, disegnati e intagliati. *Napoli*,
1712, pet. in-fol. obl.

25 planches d'ornements.

— Moetdelboch (En newe Kunstlich) alle

Kunstner ‖ zo branchen, fur snyczeller, wapensticker, pertensticker, etc. Vnnd ouch fur Jonferen vnd ‖ frauwē, nstlich *(sic)* vff das neuwes gefondē, allen den genē di vpſſ kunste verstāt habē. ‖ *Gedruckt zu Cöllen durch Peter Quentel. Im iair* M.D.XXIX, pet. in-4, de 28 ff. sign. A.F., titre, 54 pl. de modèles de broderie, et sur la dernière page les armes de la ville de Cologne, avec la souscription : O. FŒLIX. COLONIA.

C'est l'un des plus anciens modèles de broderie datés que nous connaissions; il a été vendu £ 12, Sh. 15, Libri (1862).

— MODELBUCH, ‖ von erhabener vnnd ‖ flacher Arba it, Auſſ ‖ der Ramen, Laden, ‖ vnd nach der Zale. *Getruct zu Franckfort, Bei Christi-‖an Egenolffs Erben,* pet. in-4 de 32 ff., avec 62 grav. en bois, sign. aa-hh. Titre imprimé en rouge et noir.

— Nüw Modelbuch, ‖ Allerley gattungen Däntelschnur, so diser, ‖ zyt in hoch Tütschlanden geng und brüchig sind, zu ‖ vnderricht jren Leertöchteren vnnd allen Anderen ‖ schurwürkeren zu Zürych vnd wo die sind, ‖ yetz nüwlich zubereit, vnd estmals in ‖ Truck verfergket *(sic)* durch R. M. *S. l. n. d.* *(Zurich,* vers 1530), pet. in-4, de 24 ff. sign. A. Fiij.

Très-rare; sorti probablement des presses de Chr. Froschover. Les 2 ff. lim. contiennent le titre avec une grande gravure, représentant deux dames faisant de la dentelle, et la préface; les feuillets I à XIX, chiffrés, contiennent de nombreux modèles gravés sur bois, et les trois derniers feuillets la table; porté à 450 fr. au catal. Tross en 1870.

— MODELBUCH. Ein new Kunstlich Model ‖ buch daïryn meir dan Sechszhundert figuren, monster ader stalen befondenn ‖ wie man na der rechter art, Perleustic ‖ kers, Lauffer werck, Spansche stiche, mit der naelen, wort up den Ramen, und ‖ up der laden, baerden wircken sal..... etc. Ung Nouiau liure auer *(sic)* pluseurs sciences et patrons qui nont poinct estes encor imprimes. *Gedruckt tzo Coellen up dem Doemhoff durch Peter Quentell, Im ‖ jair* M.D.XLV, pet. in-4 de 32 ff. sign. A. H. 63 pl. sur bois. 420 fr. cat. Tross, 1867.

L'exemplaire de M. Firmin-Didot, décrit au *Catal. raisonné* de sa bibliothèque (n° 40), est, croyons-nous, annoncé à tort comme ayant 52 ff.

— MODELBUCH. Furm oder Modelbüchlein ‖ darin zu lernen vnnd gantz Leüchtlich zu be ‖ greyffen die recht und war kunst auch die ausz tey ‖ lung, aller Hand gewirck in der ram in der ladē ‖ und mit der Hand ausz zu Nehen ganntz Ney gemarcht. *Gedruckt zu Augspurg,* D.

H. S. (vers 1550), in-4, titre et 12 ff., sign. A. C., avec 24 planches sur bois. Modèles de tapisserie.

120 fr. au catal. Tross, 1867.

— MODELBUCH ‖ Welscher, Ober ‖ vnd Niderlaen ‖ discher Arbait. *Gedruckt zu Franckfort,* s. d. (1550), pet. in-4, titre et 39 pl.; la signat. D. est double, mais les modèles ne sont pas les mêmes.

360 fr. catal. Tross, 1867.

— MODELBUCH (New), (Nouveau livre des Modèles de Dentelles et de Broderies). *Montbéliard, J. Foillet,* 1598, pet. in-4 obl., qui contient, outre les ff. prélim., 79 gr. planches gr. sur bois.

Fort rare, 180 fr. (1865).

— SIEBMACHER (J.). Newes Modelbuch zu Kupper gebracht. (Le Nouveau livre de Modèles de dentelles et de travaux à l'aiguille et au crochet.) *Nurnberg,* 1601, in-4 oblong.

Ce volume fort rare et bien exécuté se compose d'un titre, de 4 ff. de texte allemand, de 50 planches sign. A.-ZZ, de 10 ff. sign. AAA-E², de 35 planches chiffrées et de 4 ff. de canevas.

385 fr. (1865).

—MODELBUCH (Newes) in Kupffer gemacht. Darinen allerhand Arth newer Model von Dün, Mittel und Dick auszgeschnidener Arbeit auch andern Küntslichen nehwerck zu gebrauchen, mit Vleisz in Druck verfertigt. *Nurnberg,* 1604, in-4 obl., composé de 9 ff. prél., dont 2 front. gravés, et de 58 pl. chiffrées, chacune à 2 compart.; les grav. sur cuivre sont de J. Siebmacher.

Volume fort rare et fort bien gravé. 505 fr. (vente à Bruxelles, 1866); 200 fr. vente Tross, mai 1866.

— MODELBUCH (Das Neüe), von Schoenen Naedereyen, Ladenge würck und Paterleins-Arbeit. *Nürnberg, bey Paulus Fürsten* (vers 1650), 2 part. en 1 vol., pet. in-4 obl., 1ʳᵉ partie : titre gravé et 49 planches chiffrées 2 à 50.

— *Model Buchs Driter theil :* titre gravé et 42 planches chiffrées 2-43, grav. sur bois.

90 fr., 1867.º

— FÜRSTINN (R. H.). Das neue Modelebuch von Schoenen Ladengewurk, Nädereyen, vnd Paterleins arbeit (Erster Theil) — (Ander Theil). — Le nouveau livre de modèles de travaux à l'aiguille, au crochet et de broderies, par Rosina Helena Fürstinn. *Nurnberg, bey Paulus Fursten* (1666), 2 tomes en un vol. in-4 obl., 100 planches gravées en taille-douce et 2 beaux frontispices.

£ 14. Libri (1862); une seule partie de 50 planches, et 3 ff. de texte, 100 fr. (1865).

— WOL-ANSTÄNDIGE und Nutzen-bringende Frauenzimmer-Ergoetzüng, c'est-à-dire : l'amusement des dames, par A. Beer. *Nurnberg, Weigel*, s. d., in-fol. oblong.

50 planches de broderie, en taille-douce, numérotées 1 à 50; une grande partie des planches est de double grandeur, et repliée.

En demi-rel. de Trautz, 200 fr. Yéméniz.

— ZIEGLER (*Marx*) d'Ulm. Weber Kunst und Bild Buch. (Livre de point coupé et dessins de Broderie.) *Augsburg, Koppmeyer*, 1677, in-4 obl. sign. A-J. par 4 ff., planches gr. s. bois.

Un exemplaire non rogné, 205 fr. Yéméniz.

Nous signalons les prix des principaux ouvrages de broderie et de dentelles, adjugés à la vente célèbre de M. Yéméniz, en renvoyant au *Manuel* pour la description.

— GLEN (*Jean-Baptiste* de). Du Debuoir des filles. *Liège*, 1597, in-8 obl.

En mar. anc., 400 fr.

— MIGNERAK (*Matthias*). La Pratique de l'Aiguille industrieuse. *Paris, J. Le Clerc*, 1605, in-4.

En mar. de Trautz, 700 fr. seulement; un très-bel exemplaire, 1,110 fr. baron Pichon.

— BELYN (*Anthoine*). Livre nouueau dict patrōs de lingerie... *Lyon, Claude Nourry*, s. d., 28 ff. — Sensuyët les patrōs de Messire Anth. Belyn..., etc., 16 ff., 2 part. en 1 vol., pet. in-4, goth.

En mar. de Trautz, 610 fr.

— NOUUEAUX povrtraictz de point covpé. *Montbelliard, J. Foillet*, cIɔIɔXCIIX (1598), in-4, 390 fr.

— VINCIOLO. Singuliers et nouveaux pourtraicts. *Basle, L. Roy*, 1599, in-4 obl., de 48 ff., 220 fr.

— LE MÊME. Édition de *Lyon*, 1603; très-bel exemplaire, 660 fr.

— VINCIOLO. Les secondes OEuvres. *Paris, J. Le Clerc*, 1613, in-4.

Exemplaire défectueux, vendu cependant 360 fr.

— TAGLIENTE (*Giov. Ant.*). Opera nuoua che insegna alle Donne a cuscire... *S. l.*, 1528, in-4, de 26 ff.

En mar. de Trautz, 650 fr.

— BELLEZZE di Recami. *Venetia*, 1558, in-8 obl., 300 fr.

— VECELLIO (C.). Corona delle nobili et virtvose donne. *Venetia, appresso Giorgio Angelieri, à Istantia di C. Vecellio*, 1591, in-4 obl.

Les deux premières parties seulement, en mar. de Trautz, 412 fr.

— SERENA. Opera nova di recami. *Venetia*, app. D. de Franceschi, 1564, in-4 obl., 1 f. lim., et 15 ff. de dessins de tapisserie, dont 14 remplis au recto et au verso. 210 fr.

— CIOTTI (*Giouanbat.*). Prima parte de' fiori e disegni d' varie sorti de' ricami. *Venetia*, app. *Fr. di Franceschi Senese*, 1591, in-4 obl., de 2 ff. lim., et 14 ff. de broderies, 225 fr.

DENTICE. Due dialoghi della Musica del sig. Luigi Dentice, gentil' huomo Napolitano; delli quali l'uno tratta della Theorica et l'altro della Pratica. *In Roma, appresso Vincenzo Lucrino*, 1553, in-4, fig., avec musique notée et diagrammes. [10146]

C'est cette édition que citent Martini et Fétis, sous la fausse date de 1653.

30 fr. Gancia (1868).

DENYAU (*Rob.*). Histoire de sainct Clair et les questions clarianes, historiques et morales meslées de belles curiositez et de rares antiquitez, par Robert Denyau, prestre, curé de Gisors. *Rouen, Raph. Malassis*, 1645, in-8, gr. s. b.

Volume rare, que l'on rencontre plus souvent avec un autre titre : l'Histoire de la vie, Martyre et Miracles de Saint-Clair, prestre et hermite au pays de Vexin... *Rouen, Raph. Malassis*, 1646, in-8.

Un exemplaire, qui portait ces deux titres, a été vendu 195 fr. Luzarche, relié en mar. par Capé.

L'original latin avait paru à Paris, en 1633, in-4.

DENYS (*Nicolas*), gouverneur de l'Acadie et propriétaire des terres et isles qui sont depuis le cap de Campseaux, jusques au cap de Roziers. — Description géographique et historique des costes de l'Amérique Septentrionale. Avec l'Histoire naturelle du Païs. *Paris, L. Billaine*, 1672, 2 vol. in-12, carte et 2 fig. [28504]

Ouvrage que Charlevoix cite comme très-véridique; il est fort rare, surtout avec la grande carte du tome Iᵉʳ et les deux figures du tome II, concernant la pêche de la morue.

150 fr. Taschereau; cet exemplaire était parfaitement complet.

DEPLANCHES (*Jean*). Les OEuvres poëtiques de Jean Deplanches, sieur de Chastelier et de la Bastonnerie (prieur de Comblé et sous-chantre de Sainte-Radegonde de Poitiers). *Poictiers, Julian Thoreau*, 1612, pet. in-12.

Ce petit volume, fort rare, est cité par M. Brunet (*Man.* II, 645); il est longuement décrit par M. Viollet le Duc dans sa *Bibl. poétique;* l'exemplaire qu'il possédait est le seul que nous ayons vu passer en vente; relié en *veau* par Thouvenin, il fut acquis par M. Turquety, à la vente duquel il atteignit le prix de 60 fr.

DÉPLORATION sur la mort et trespas de deffunct de bonne mémoire frère Jehan de Ham, religieux de l'ordre des Minimes. *Paris, Claude Blihart*, 1562, pet. in-8.

Pièce rare. 12 à 15 fr.

Claude Blihart est cité par Lottin comme n'ayant été reçu libraire qu'en 1563.

DÉPOUILLE (La) d'OEgipte ou Larcin glorieux des plus beaux airs de cour, appliqués à la musique du sanctuaire. *Paris*, 1629, in-8.

Vendu vingt sous chez Gersaint en 1750, et depuis nous n'avons point rencontré ce volume dans les catalogues.

DÉROUTE (La) des Prétieuses. Mascarade. *A Paris, chez Alexandre Lesselin*, 1659, in-4, de 7 pp.

Pièce rare et assez intéressante. 25 à 30 fr.

DESAFIO (El) de los Reyes de Francia y Inglaterra. Al Imperador y Rey Nrͦ

Señor con sus respuestas. *Burgos, por Iuan de Iunta, A Xiiij dias del mes de Febrero año de* M.D.XXVIII, in-4, goth. de 24 ff. non paginés, sign. A.C. par 8 ; le dernier f. est blanc.

Pièce historique très-importante; elle est bien décrite à l'*Ensayo* (1-642) et au catalogue Salvá, n° 2912.

DESAUGIERS. Le terme d'un règne ou le Règne d'un Terme, relation véridique ; écrite en forme de pot-pourri, sous la dictée de Cadet Buteux. *Paris, Rosa,* 1815, in-8.

Chanson satirique sur les Cent-jours; elle a été vendue, reliée en *mar.* par Trautz, avec un portrait caricature de Napoléon, et la copie manuscrite de la chanson sur la retraite de Russie, 91 fr. II. Bordes (1873).

Un exemplaire ordinaire vaut de 4 à 5 fr.

DES AUTELZ (*Guillaume*). Traité touchant l'ancien orthographe. etc. [10979]

Il y a une autre édition de ce curieux traité, sous ce titre :

— TRAICTÉ de l'ancienne escriture de la langue françoyse et de sa poësie, contre l'orthographe des Meygretistes. *Lyon,* s. d., in-16.

— LA SUYTE du Repos de plus grand travail. *A Lyon, par Jean de Tovrnes,* s. d. (avant 1550), pet. in-8.

Cette édition séparée n'est citée que par les catal. des Foires de Francfort.

— Le Moys de May de Guilelme Deshaultelz (*sic*) de Montcenis en Bourgoigne. *Deus scit. S. l. n. d.* (*Lyon, Ollivier Arnoullet, vers* 1544), pet. in-8, goth., de 16 ff. [13771]

On trouve dans ce rarissime recueil une complainte sur la mort de Clément Marot, arrivée en 1544, qui peut donner la date approximative de l'impression de cette pièce si rare. (Catal. Cigongne.)

— RÉPLIQUE de Guillaume des Autelz aux furieuses défenses de Louis Meigret, auec la suite du Repos de lautheur. *A Lyon, par Jean de Tournes et Guill. Gazeau,* MDL. In-8, car. ital. La *Suite du Repos du plus grand travail* commence à la p. 75. [10981]

Cette édition n'était pas connue de M. Brunet, qui ne cite que celle de 1551.

En *mar.* de Trautz-Bauzonnet, 155 fr. Yéméniz.

L'édition de 1551, décrite au *Manuel*, est ornée d'une belle gravure sur bois au titre.

Voici quelques prix d'adjudication, obtenus depuis la publication du *Manuel.*

-- REPOS de plus grand travail. *Lyon, J. de Tournes et G. Gazeau,* 1550, in-8, caract. ital. [13772]. L'exemplaire Nodier, en *mar.* de Thouvenin, 380 fr. Yéméniz ; un second exemplaire plus grand, mais raccommodé, 155 fr. même vente ; un exemplaire en anc. rel. *mar.*, 460 fr. W. Martin ; un exemplaire médiocre, en anc. rel., 17 fr. Turquety.

— Amoureux repos de Guillaume des Au-

telz. *Lyon, J. Temporal,* 1553, in-8, portr. gr. s. b. [13773]

Les portraits de Guil. des Autelz et de sa maîtresse, sont placés en regard, au verso du premier et au recto du deuxième feuillet ; le volume se termine par 8 ff., contenant une *Elégie à la toute divine de Pontus de Tyard* et des Epigrammes; ces 8 ff. manquent à certains exemplaires.

L'exemplaire Nodier, en *mar.* de Bauzonnet, 405 fr. Yéméniz ; l'exemplaire Audenet, 320 fr. W. Martin ; l'exemplaire Chaponay, en *mar.* de Trautz, vendu 250 fr., a été revendu 310 fr. Huillard.

DESBARREAUX-BERNARD (Le Dr). Etablissement de l'imprimerie dans la province du Languedoc. *Toulouse, Edouard Privat, édit.* 1876, in-8, de 432 pp.; fac-simile.

Cette monographie est aussi intéressante que savante; elle résume et condense les nombreux opuscules bibliographiques du docteur érudit; les 12 planches de fac-simile sont remarquablement exécutées.

Il y avait eu une première édition en 1875.

— La Chasse aux Incunables. *Toulouse, Chauvin,* 1864, in-8.

DESBARRES (*Antoine*). Relation curieuse de l'estat présent de la Russie, traduite d'un auteur anglois qui a esté neuf ans à la cour du grand Czar. Avec l'histoire des révolutions arrivées sous l'usurpation de Boris, et l'imposture de Démétrius, dernier empereur de Moscovie. *Paris, L. Billaine,* 1679, in-12, fig. s. b.

Volume rare et fort curieux. (Voy. DEMETRIUS.)

DESCAMPS (*Anton Ignaci*). Llibre de la Congregacio y Germandat de la Sma Verge del Socorro, fundada en los collegios de la Compañia de Jesus de la ciutat de Santa Fe del nou Regne de Granada, y de la fidelissima vila de Perpinya. *En Perpinya, Joan Bovde,* 1666, in-4.

Ce volume, en dialecte catalan, est un des livres les plus rares qui aient été publiés sur l'Amérique espagnole; la mission de Notre-Dame de Secours était sous la juridiction de la ville de San-Gil, dans la Nouvelle-Grenade. 30 à 40 fr. au moins.

DES CARTES (*René*). Notæ in programma quoddam sub finem anni 1647 in Belgio editum cum hoc titulo : Explicatio mentis humanæ sive animæ rationalis, ubi explicatur quid sit et quid esse possit. *Amstelodami, ex off. Ludovici Elzevirii,* 1648, in-12, de 63 pp.

Pièce elzevirienne fort rare, que M. Pieters ne découvrit que postérieurement à la publication de ses *Annales;* elle eut un certain retentissement, puisque cinq ans après, le professeur Tobias Andrea essaya de réfuter cet ouvrage dans une réplique : *Replicatio pro notis Cartesii. Amst. Lud. Elzev.,* 1653, in-12 (Voy. *Annales Elzev.,* p. 270). 18 fr. Pieters.

— Les Passions de l'âme, par René Des Cartes. *A Amsterdam, chez Loys El-*

zevier, 1649, pet. in-8, de 24 ff. lim. et 286 pp. [3794]

Belle édition, imprimée en gros caractères.

En *mar.* de Capé, 70 fr. Taschereau ; 131 fr. Leb. de Montgermont ; 101 fr. La Villestreux.

— LES PASSIONS... *Paris, Henry Legras*, 1649, pet. in-8.

Même édition que la précédente, également en gros caractères ; le titre même, avec le nom de Henry Legras, a été imprimé en Hollande.

En *mar.* de Capé, 50 fr. Taschereau.

— LES PASSIONS.., *A Amsterdam, par Louys Elze-vier et se vendent à Paris, chez Henri Legras*, 1650, pet. in-8.

Même édition, avec une nouvelle date.

En *mar.* de Capé, 50 fr. Taschereau.

— LES PASSIONS... *Paris, Gervais Alliot*, 1650, pet. in-8.

Même observation que pour la précédente édition ; toutes ces éditions, pet. in-8, ont précédé la véri-table édition elzevirienne de 1650, pet. in-12, de 24 ff. lim., y compris le titre, 272 ff. et 7 ff. de table, en plus gros caractères que l'elzevirien ordinaire. 19 fr. Pieters ; 31 fr. Gancia ; 29 fr. Delasize.

— LES PASSIONS... *A Amsterdam, et se vendent à Paris, chez Thomas Joly*, 1651, pet. in-8.

C'est encore l'édition de 1649, mais cette fois le titre a été réimprimé à Paris ; elle est sans valeur, 5 fr. 50 c. Taschereau.

Il se trouve des exemplaires avec le nom de *Courbé*. 2 fr. Luzarche.

— PASSIONES Animæ... Lat. Civitate donatæ ab H. D. M. *Amstel., apud Lud. Elzev.*, 1650, pet. in-12.

Un exemplaire non rogné, 30 fr. Potier.

DES CAURRES (*Jean*). OEuvres morales et diversifiées. *Paris, Guillaume Chaudière*, 1575, pet. in-8. [19058]

Compilation curieuse faite sur l'Anthologie de Breslay ; on y trouve un sonnet de Ronsard qui n'a pas été recueilli dans les œuvres de ce poëte, et que reproduit E. Castaigne dans les notes de sa réim-pression du *Discours sur la mode*, 1610.

Cette compilation de Des Caurres a été réimprimée en 1584 ; cette seconde édition n'est pas moins rare que la première.

DESCHAMPS. Voyage de la Terre Sainte et du Levant, par P. F. Barthélemy des Champs, Recollet de la Province de Flandres. *Liége, P. Danthez* (1678), pet. in-8.

Volume extrêmement rare. 25 à 30 fr. ; vendu avec un titre refait, 16 fr. de Saulcy.

DESCHAMPS (*Gilles*). Les meilleures et plus pures phrases, ensemble les plus insignes sentences contenues ez six come-dies de Terence, qu'il a aussi illustré des scholies tant grecques que latines. *A Paris, chez Jean Hulpeau*, 1571, in-8.

DESCLOT (*Bernardo*). Historia de Cata-luña, de las Emprezas hechas por el rey de Aragon hasta la muerte de D. Pedro el grande, traducida de su original len-gua Cataluna en romance Castellano, por Raphael Cervera. *Barcelona, Sebas-*

tian de Cormellas, 1616, in-4, de IV-243 ff. et v ff. de table. [26185]

C'est la seule édition qui existe de cet ouvrage ; elle est fort rare ; le texte original n'a pas été publié en entier, mais D. Josè Maria Quadrado dans son *Historia de la Conquista de Mallorca, Cronicas ineditas de Marsilio y Desclot* (*Palma*, 1850, in-8) a reproduit ce qui, dans l'*Historia de Cata-luña*, concerne la prise de cette île.

DES COLES. L'enfer ‖ de ‖ Cvpido, ‖ par ‖ Le Seigneur des Coles. ‖ Première im-pression. ‖ *A Lyon,* ‖ *Par Mace Bon-homme.* ‖ 1555. ‖ *Avec privilege du Roy pour dix ans.* ‖ Pet. in-8, 24 fig. s. b. [13681].

En *mar.* de Trautz, grand de marges, mais avec des raccommodages à la fin, 345 fr. Benzon, et 500 fr. au catal. à prix marqué du libraire Fon-taine ; un exemplaire un peu moins grand et sur-tout moins *surmené*, n'avait été vendu en 1872 que 30 fr. chez le Dr Danyau.

DESCOURTILZ. Ornithologie brésilienne, ou Histoire des Oiseaux du Brésil. *Rio Janeiro*, 1859, 4 parties très-gr. in-fol., avec 48 planches.

Ouvrage magnifique, rare et cher en Europe ; les oiseaux y sont représentés de grandeur naturelle.

DESCRIPCION de las Fiestas. Voy. CAS-TRO (*Bermudez* de).

DESCRIPTION de la ville de Paris, en vers burlesques (par Berthaud). *Jouxte la co-pie à Paris, chez la vefue Guillaume Loyson, au Paulais* (sic), 1654, pet. in-12, de 62 pp. (14244].

Charmante édition, qui sort probablement des presses de Foppens, et s'annexe à la collection elze-virienne ; l'exemplaire Nodier, Millot et van Gob-belschroy, assez court de marges, n'a été vendu que 89 fr. chez M. Pieters ; mais M. de la Villestreux en avait découvert un plus beau (H. 0m127), qui, à sa vente, atteignit le prix remarquable de 601 fr.

DESCRIPTION des raretés typographi-ques de la Bibliothèque impériale publi-que de S. Pétersbourg. Editions du XVe siècle en langues étrangères. Première (et unique) série. *St.-Pétersbourg, impri-merie de L'Académie*, 1853, gr. in-4, avec 7 planches et fac-sim.

Livre précieux, qui n'a été tiré qu'à deux exem-plaires : le premier, destiné à l'empereur Nicolas, ne lui fut pas offert, parce qu'on s'aperçut d'une faute typographique, deux ss indiquant « *premiers essais* » ; cet exemplaire fut alors cédé au regret-table S. Sobolewski, à la vente duquel (14 juillet 1873 et jours suivants) il fut payé 16 thalers.

DESCRIPTION (A New and exact) of Moscovy. The whole containing all that is necessary to be known concerning that vast empire. *London*, 1698, in-4.

Nous ne trouvons pas dans Lowndes ce rare volume, que désigne ainsi sommairement le très-médiocre catal. de la bibl. Sobolewski ; vendu 8 thal.

DESCRIPTION (La totale et vraie) de to' ‖ les passaiges lieues (sic) et destroictz par

les quelz ‖ on peut passer et ētrer des Gaules es Ytalies ‖ et signāment par ou pas-
serēt Hanibal Ju ‖ lius Cesar et les tres-
chrestiēs magnanimes ‖ et trespuissans
roys de France Charlemai ‖ gne Charles
VIII° Louis XII° Et le tres illustre roy
Françoys ‖ a presant regnant premier
de ce nom. *Paris, Toussaint Denis,*
1515, pet. in-4, goth.

On doit trouver après le feuillet XIII une grande
carte, gravée en bois « *La carte Ditalie* ».

— Voy. au *Manuel* : TOTALE DESCRIPTION.

DESCRIPTION (La) du merueilleux cō-
flict ‖ et tres cruelle Bataille faicte entre
les ‖ deux plus grands princes de la region
‖ Bufatique appelez Caresme (꜀ Char꜀ ‖
naige. *S. l. n. d. (Paris,* v. 1530), in-8,
goth. de 8 ff., de 20 lignes à la p. pleine,
sign. A. B. Le titre ne contient que les 5
lignes ci-dessus, le reste est blanc ainsi
que le v° du 1ᵉʳ f.

Cette pièce fort curieuse, en vers de dix syllabes,
a été réimprimée par MM. de Montaiglon et Rothschild, dans le X° vol. des *Poésies des XV° et XVI° s.*,
publié par Paul Daffis, à Paris en 1875, d'après un
exemplaire unique conservé à la Bibl. de la Sorbonne (L.-F., page I-II). Barbazan en avait publié
une rédaction du XIII° s. dans sa collection des
Fabliaux et Contes des Poëtes françois; et Legrand
d'Aussy en avait donné un résumé en prose, dans
ses *Fabliaux et Contes, Paris, Renouard,* 1829,
tome III.

Il existe plusieurs éditions d'une imitation de
ce petit poëme en italien, que nous citerons d'après
MM. de Montaiglon et de Rothschild.

— EL CONTRASTO ouero battaglia delo ‖ Carnouale
(꜀ de la Quaresima. — *Finisce lo Contrasto ‖ del
Carnouale* (꜀ *de-* ‖ *la Quaresima. S. l. n. d. (Venezia,* 1515 ?), in-4, de VI ff., de 32 lignes à la page,
impr. à 2 col., titre en caract. goth., texte en
lettres rondes; sur le titre un sujet grav. s. b.
(bibl. du baron J. de Rothschild.)

— EL CONTRASTO di Carnesciale e la Quaresima. —
*Finito el Contrasto del Carnesciale et della
Quaresima. S. l. n. d. (Firenze,* 1520 ?), in-4, de
VIII ff., à 2 col., en lettres rondes, fig. s. b., au
titre et au verso du dernier feuillet sign. a.

·80 fr. Libri, 1847, pour le British-Museum.

— EL CONTRASTO di Carneuale et di Quaresima.
Firenze, appresso alle Scale di Badia. S. d.
(1530 ?), in-4.

— EL CONTRASTO... *Firenze et Lucca, per il Paci,*
1571, in-4, de 6 ff., fig. s. b. au titre, etc.

DESCRIPTION du Sacre et du Couronnement de LL. MM. II. Alexandre II et de
l'Impératrice Marie Alexandrowna, en
1856. *S. l. (St.-Pétersbourg),* 1856, gr.
in-fol., fig. s. b. et chromolith.

Splendide publication dans laquelle la lithochro-
mie joue un rôle important; les 16 grandes planches
qui représentent les épisodes du couronnement sont
dues à un lithographe d'une célébrité européenne,
M. Lemercier, de Paris; le texte, en gros caractères, sort des presses de l'Académie des sciences
de Saint-Pétersbourg.

[Vinet, *Bibliogr. des beaux-arts,* 782].

DESCRIPTION en vers bourguignons de

l'ordre tenv en l'Infanterie Dijonnoise
pour la mascarade par elle représentée à
Monseigneur de Bellegarde, grand escuyer de France, Récité par vn vigneron
à un sien compère. Reuue et corrigé par
l'auteur. *Dijon, Jean des Planches.*
M.DC.X, in-12 de 32 pp.

Opuscule fort rare et d'un certain intérêt, à cause
du minutieux détail avec lequel il décrit les fêtes de
l'infanterie dijonnaise; il est attribué à Pierre Mal-
poix, avocat au conseil de Dijon.

DESCRIPTION (La) et ordre du camp, et
fiestiemͭ et joustes des trescrestiens et
trespuissās Roys de France et Dangleterre. Lā mil cccc° et vingt au moys de
Juing. *S. l. n. d.,* in-4, de 8 ff., goth.

La réimpression de ce très-précieux opuscule,
dont le seul exemplaire connu fut légué par Thomas
Grenville au British-Museum, est due aux soins de
notre collaborateur et ami, M. G. Brunet; elle a été
exécutée avec le plus grand soin par le libraire
Aug. Aubry; cette réimpression forme une plaquette de VIII ff. lim., 23 pp. plus 1 f.; elle n'a été
tirée qu'à 75 exemplaires, dont 10 sur papier de
couleur, le tout a été aussitôt enlevé par les bibliophiles.

DESCRIPTION poétique. Voy. HABERT
(*François*).

DESCRITTIONE de gli apparati fatti in
Bologna per la venuta di N. S. Papa Clemente VIII. *Bologna, V. Benacci,* 1599,
in-4, avec **7** eaux-fortes gravées par
Guido Reni. (Bartsch, 24-32.)

DESCRIZIONE (Della) nel regale apparato
fatto nella nobile Città di Firenze, per la
venuta e per le nozze della serenissima
madame Cristina di Loreno, moglie del
Seren. Don Fernando Medici, terzo gran
duca di Toscana. Libro secondo, Descritto, e di figure adornato da Rafael
Gualterotti, gentil'huomo Fiorentino. *In
Firenze, appresso Antonio Paduani,*
1589, in-fol., front. gr.

Nous ne connaissons que ce *Libro Secondo,* que
M. Tross a qualifié d'*Unico,* nous ignorons en vertu
de quelle donnée; le volume contient 176 pp. et
67 eaux-fortes, dont 8 de double grandeur; les noms
des architectes et des peintres sont mentionnés dans
le texte qui accompagne les gravures; M. Tross,
qui possédait un bon exemplaire de ce rare volume,
en demandait 360 fr.; un bel exemplaire avait été
vendu 800 fr. Ruggieri; celui du marquis d'Adda,
à Milan, possède une 68° planche; c'est un grand
tableau à 21 compartiments, signé : FR. GEFFELS
Del. et Sc., mais cette planche ne semble pas faire
partie intégrante du volume.

DESFONTAINES. La vraye suitte du Cid.
Paris, Anth. de Sommaville, 1638,
in-16, avec privilége, et à la fin : *Achevé
d'imprimer pour la première fois
le 1ᵉʳ jour de décembre* 1637. 6 à 8 fr.
[16426]

DES GOYS (*Ant.*). Extraictz d'aucuns
anciens registres et autres enseignemens

trouvez tant au viel chasteau de Grimon
que en la thresorerie de Poligny et ailleurs, touchant les roix, princes et autres
sainctes personnes yssuz de la tresnoble
et victorieuse maison de Bourgongne.
(Signé: Antoine Des Goys.) — *Anvers,
chez A. des Goys*, 1543, in-8, goth.

Pièce fort rare, 40 à 50 fr.

DESHAYES (*Louis*). Voyage du Levant...
A Paris, chez Taupinart, 1632, in-4,
fig. [19944]

Cette édition est la copie de celle de 1629, et porte
également : *2e édition*, bien qu'elle ne soit que la
troisième.

DES HOULIÈRES (Madame). Poésies de
madame Des Houlières. *Paris, v° de
Séb. Mabre-Cramoisy*, 1688, in-8.
[14043]

En *bas.* 3 fr. d'Ortigue, et 7 fr. Chedeau ; en *mar.*
de Hardy, 50 fr. Voisin (1875) ; en *mar.* de
Thibaron, 200 fr. Benzon ; avec la seconde partie
de 1695, reliée en 1 vol. in-8, en *mar. anc.*, aux
armes de Mme de Chamillart, 1,620 fr. baron Pichon ;
en *mar.* de Thibaron, 118 fr. Leb. de Montger-
mont.

Il y a sous la date de 1688 deux contrefaçons de
la première édition de Mme Des Houlières.

L'une est reconnaissable au premier coup d'œil, en
ce qu'elle ne porte pas sur le titre la marque de
Cramoisy, *les Cigognes*.

On lit, page 33, Mlle de *la Charge*, au lieu de
la Charce.

Page 111, ligne 2, ces *amaus* fières pour ces *âmes*.

Enfin, le privilège est tout entier au verso du dernier feuillet, et il y a 7 articles au lieu de 2 au recto.

Dans l'autre contrefaçon on trouve sur le titre la
marque de Cramoisy, mais la signat. A n'a que 3 ff,
et le 3e est paginé 7-8, le titre étant compris dans la
pagination.

Il y a un certain nombre de grands fleurons qui
n'ont jamais été employés dans l'imprimerie parisienne, et qui étaient au contraire fort usités dans
les imprimeries du Midi.

Comme dans l'autre contrefaçon, le privilège est
contenu au verso du dernier feuillet, et il se termine ainsi : — Achevé d'imprimer pour la première
fois le 30 janvier 1690. Ce doit être là la vraie date
de cette édition, énoncée par distraction ou intentionnellement.

Quelques exemplaires de la seconde édition de
1694, portent la date de 1693.

Nous citerons encore quelques adjudications :

~ POÉSIES de Mme Des Houlières. *Paris, J. Vil-
lette*, 1694, 2 part. en 1 vol. in-8.

L'exemplaire du duc de La Vallière et de J.-J. De
Bure, 465 fr. baron Pichon.

— ŒUVRES de Mme et Mlle Des Houlières. *Paris,
libr. associés*, 1764, 2 vol. pet. in-12, portr.

En *mar.* de Mouillié, l'élève et souvent l'émule de
Derome, 20 fr. Salmon ; revendu 14 fr. de Chaponay,
et enfin porté à 200 fr. Leb. de Montgermont.

— ŒUVRES... *Paris, Desray*, an VII, 2 vol. in-8.

En *mar.* de Bozérian, l'un des 25 exemplaires en
grand papier *vélin*, 81 fr. La Bédoyère ; 51 fr. Em.
Gautier.

— ŒUVRES choisies. *Paris, Didot*, 1795, in-18.

En grand papier *vélin*, relié en *mar.* par Capé,
mais orné de trois dessins originaux de Marillier,

avec les gravures avant la lettre ; d'un dessin de
Monsiau, qui n'a pas été gravé ; d'un dessin de Chas-
selat avec la gravure, et de plusieurs portraits et
gravures ajoutés, 135 fr. La Bédoyère, et revendu
1,100 fr. Leb. de Montgermont.

DÉSIRÉ (*A.*). Les Batailles et victoires du
chevalier Céleste contre le cheualier Terrestre..... Auec le terrible et merueilleulx
assault donné contre la Saincte cité de
Ierusalem, figuree a nostre mere Saincte
Eglise enuironnee des Ennemys de la
foy (par Arthus Désiré). *A Paris, chez
Magdaleine Boursette, en la rue
Sainct Iacques à l'enseigne de l'Eléphant*, 1553, in-16, de 175 ff. avec 29 vignettes sur bois ; celle du f. 120 porte le
monogr. D. H. [13749]

— Le grand chemin céleste de la maison
de Dieu..... *A Paris, chez Thibault
Bessault*, 1565, in-8. [13747]

L'édition sans date, sortie des mêmes presses, doit
être antérieure de quelques années.

— LE DÉSORDRE et Scandale de la France..... *Paris,
Guil. Jullien*, 1574, pet. in-8.

Le catal. de M. Potier (1872, n° 1077) indique une
édition sortie des mêmes presses en 1577, dont un
bel exemplaire, en *mar.* de Trautz, a été vendu
200 fr. Benzon.

Quelques prix :

— LES BATAILLES et Victoires du chevalier Céleste...
Rouen, Louys du Mesnil, s. d., pet. in-8.

En *mar.* de Koëhler, 100 fr. Yéméniz.

— L'édition de *Paris, Jeh. Ruelle*, 1570, in-16, fig.
s. b. 82 fr. *même vente.*

— L'édition de *Paris, Estienne Groulcau*, 1562,
in-16. 27 fr. *même vente.*

— L'édition de *Paris, veufe J. Ruelle*, 1586, in-16.
En *mar.* de Trautz, 100 fr. W. Martin.

— LE CONTRE-POISON des cinquante-deux chansons
de Clément Marot, faussement intitulées par luy
Psalmes de David. *Paris, Pierre Gaultier*, 1562,
in-8.

50 fr. W. Martin.

— LE CONTRE-POISON... *Imprime en Avignon, par
Pierre Roux*, 1562, pet. in-8.

C'est, croyons-nous, la seconde édition, tandis que
celle de *Paris* à la même date, n'est que la troisième. En *mar.* de Niédrée, 52 fr.Yéméniz.

— LE CONTRE-POISON... *Paris, P. Gaultier*, 1562.
In-8. 50 fr. W. Martin.

— LE DEFFENSOIRE de la foy crestienne. *Lyon, Thibauld Payen*, 1552, impr. par *Jean Pullon, dit
de Trin*, in-16.

En *mar.* de Bauzonnet (exemplaire court), 130 fr.
Yéméniz.

— LES DISPUTES de Guillot le Porcher et de la Bergère de Saint-Denys, en France, contre Jean
Caloin. *Paris, Pierre Meunier*, s. d. (vers 1559),
in-16.

En *mar.* de Niédrée, 130 fr. baron Pichon ; à la
même vente figurait un recueil précieux :

— LES REGRETS et Complainctes de Passepartout.
Paris, Pierre Gaultier, 1557, pet. in-8.

— LES REGRETS, Complainctes et Lamentations d'une
demoiselle, laquelle s'estoit retirée à Genesve.....
Paris, idem, 1558, in-8.

— LA COMPLAINCTE de Paix et de son ami Bon-

temps. Paris , Hier. de Gourmont, 1558, pet. in-8.

Ces trois pièces de poésie, reliées en *mar.* par Derome, exemplaire de Nodier et de Pixérécourt, 225 fr. baron Pichon.

— LA SINGERIE des Huguenots... *Paris, Guil. Iullien*, 1574, pet. in-8.

En *mar.* de Capé, 100 fr. W. Martin.

A la même vente :

— LES COMBATS du fidelle papiste... *Rouen, Rob. et Jeh. Dugort frères*, 1552, in-16, fig. s. b. 36 fr.

— LES ARTICLES du traicté de la paix entre Dieu et les hommes, atticulez (*sic*) par A. Désiré. *Selon la copie, impr. à Paris*, 1563, pet. in-8.

Exemplaire Ch. Nodier, 50 fr.

— LE GRAND chemin céleste de la maison de Dieu... *Paris, Thibault Bessand*, 1565, in-8. 25 fr.

— LE DÉSORDRE et Scandale de France. *Paris, Guil. Iulien*, 1574, in-8. 11 fr.

DES LYONS (*J.*). L'enlèvement de la Vierge par les anges, homélie preschée, le jour de son Assomption, à l'église cathédrale de Senlis, par J. Deslyons, docteur de Sorbonne. *Paris, Ch. du Mesnil*, 1647, pet. in-12.

Livre rare; ce sermon fut censuré par l'évêque de Senlis, Nic. Sanguin ; Deslyons en appela ; après de longues discussions, les parties s'accordèrent, et Deslyons publia comme éclaircissements : *Défense de la véritable dévotion envers la sainte Vierge... Paris*, 1651, in-4, pièce non moins rare que la précédente. (*Catal. L'Escalopier.*)

DESMAREST (*Armand*), sʳ de St. Sorlin. Livre de touttes sortes de chiffres par alphabets redoublés désignés (*sic*) par A. Desmarest. *Paris, chez le Blond. Aueq priuilege du Roy. Charpentier sculp.*, 1695, in-8.

Ce livre rare et charmant est composé d'un titre gravé; de 20 planches de grandes lettres couronnées; de 31 planches, numérotées 21 à 51 ; contenant 62 grandes lettres entrelacées, doubles, triples et quadruples; suivent 50 autres planches, contenant 300 lettres. 30 à 40 fr.

— Le Jeu de cartes des Reines renommées. *Paris, H. Legras*, 1644, 52 cartes gravées par Est. de la Belle, avec l'explication en un feuillet in-fol. [9562]

Le *Manuel* porte le premier tirage à la date de 1645. 26 fr. Potier (1870).

— JEUX historiques des Rois de France, Reines renommées , Géographie et Métamorphose, par J. Desmaretz, et gravez par de la Bella (*sic*). *Paris, Nic. Leclerc*, 1698, 4 part. en 1 vol. pet. in-8.

En *mar. citron* (exemplaire Leber), 300 fr. Brunet.

— LES QUATRE livres de l'Imitation de Jésus-Christ, traduits en vers, par J. Desmarets. *Paris, P. le Petit et H. Legras*, s. d. (1654), in-12, fig.

Première édition. En anc. rel. *mar. doublé*, 90 fr. Potier (1870).

— OUVERTURE du théâtre de la grande salle du Palais Cardinal. Mirame , tragi-comédie. *Paris, H. Le Gras*, 1641, pet. in-12.

Édition imprimée en même temps que l'originale, in-fol.; en *mar.* de Chambolle, 96 fr. Leb. de Montgermont.

— La même. *Jouxte la copie imprimée à Paris*, 1642, pet. in-12.

Jolie édition sortie des presses des Elzevirs de Leyde; en *mar.* de Bauzonnet, 280 fr. Chedeau.

— LES VISIONNAIRES, comédie, dernière édition. *Suivant la copie impr. à Paris*, 1648, pet. in-12.

Jolie édition, imprimée par les Elzevirs de Leyde ; en *mar.* de Chambolle, 42 fr. Potier (1870), et 41 fr. Bordes (1873); en *mar.* de Trautz, 56 fr. Leb. de Montgermont.

— EUROPE, comédie héroïque. *Paris, H. Le Gras*, 1648, in-4, fig., de IV-102 pp. plus 1 f. pour la clef.

— La même. *Paris, chez Ch. de Sercy*, 1661, pet. in-12.

Quoique portant le nom de Paris, cette jolie édition sort des presses de Foppens, à Bruxelles, et porte les fleurons et les caractères de cet imprimeur; en *mar.* de Trautz, 36 fr. Leb. de Montgermont.

— L'ARIANE. *Paris, Mathieu Guillemot*, 1639, in-4, front. et 15 figures gravés par Abr. Bosse, d'après C. Vignon.

Un exemplaire en *mar.*, aux armes de Mᵐᵉ de Verrue, 300 fr. baron Pichon.

DESMARINS DE MASAN (*Bertrand*). Le Procès des ‖ deulx amās plaidyant en la court ‖ de Cupido la grace de leur Dame ‖ faїct par Bertrand desmarins de ‖ Masan. *S. l. n. d.*, pet. in-8, goth., de 16 ff., fig. s. b.

Cette pièce est d'une extrême rareté; nous n'en connaissons qu'un seul exemplaire, conservé dans la très-précieuse bibl. de M. de Lignerolles; c'est cet exemplaire, gracieusement prêté par son propriétaire à MM. de Montaiglon et James de Rothschild, qui a été reproduit dans le 10ᵉ volume des *Poésies françoises des XVᵉ et XVIᵉ siècles*, publié en 1875 chez Daffis.

L'exemplaire du *Rousier des Dames* [13398] acheté 255 fr. Veinant, en 1860, a été revendu 321 fr. Chedeau, en 1865, et serait payé le double aujourd'hui ; ce livre rare, bien décrit au *Manuel*, doit avoir une figure sur bois au titre. L'exemplaire Veinant-Chedeau provenait d'un recueil de pièces portant le nº 256 du catal. du baron d'Heiss.

DESPAIGNE (*Ch.*). Table méthodique et fort sommaire de tous les muscles du corps humain, de leurs insertions, origines et actions d'iceux. Ensemble une Table de la conjonction des os et noms des joinctures pour l'aide et mémoire des aspirants à la chirurgie, par Charles Despaigne..... *Tours, Z. Griveau*, 1608, in-4. 8 à 10 fr.

Pièce rare ; la table de la conjonction des os porte un titre particulier.

DES PÉRIERS (*Bonaventure*). Recueil des œuvres. *Lyon , J. de Tournes*, 1544, pet. in-8. [13404]

En *mar.* 120 fr. de Chaponay ; un bel exemplaire en ancienne reliure *mar. doublé* de Boyet, aux armes du comte d'Hoym, et provenant de Pixérécourt, 1,600 fr. baron Pichon, acquis par M. de Lacarelle; en *mar. r.* de Bauzonnet-Trautz (exemplaire A. Bertin), 350 fr. Double; racheté par ce bibliophile, qui en a fait hommage au critique Jules Janin; en *mar.* de Koehler, exemplaire médiocre avec titre mal raccommodé, 36 fr. seulement Yémé=

niz; en *mar.* de Bauzonnet-Trautz, 680 fr. Sainte-Beuve; c'était l'exemplaire du marquis de Coislin; en *mar.* de Niédrée, bel exemplaire, 700 fr. Leb. de Montgermont.

— LES NOUVELLES Récréations et Joyeux devis. *Lyon, impr. de Rob. Granjon,* 1558, pet. in-4, caract. de civilité, VI ff. lim., sign. A-Z, A-E par 4 ff. [17334]

En reliure anglaise de Clarke et Bedford, 445 fr. Chedeau; en *mar.* de Trautz, 700 fr. Yéméniz; en *mar.* de Bauzonnet-Trautz, 605 fr. baron Pichon; en *mar.* de Duru, 900 fr. Leb. de Montgermont; acheté par les libraires Morgand et Fatout, qui en demandent 1,200 fr.; c'était, croyons-nous, l'exemplaire Solar, qui n'avait été vendu que 250 fr.; il avait un léger défaut au titre, qui avait été fort bien réparé par M. Farrenc.

— Les Nouvelles récréations et joyeux deuis de Bon Aventure (*sic*) des Périers, reuëus et augmentées oultre toutes les précédentes impressions. *Paris, par Galeot* (sic) *du Pré.* S. d., in-16 de 296 ff., plus un cahier, signé Pp, de 8 ff., contenant un sonnet, la table et un f. blanc; les ff. sont chiffrés jusqu'à 294, mais comme, entre les ff. 159 et 160, il se trouve 2 ff. chiffrés par erreur 107 et 159, et qui pourraient manquer sans qu'on s'en aperçût, il est bon de les signaler, ils complètent le chiffre de 296 ff.

Deux exemplaires de cette édition rare ont figuré dans la vente Libri de 1862; l'un, fort laid, n'a été vendu que 3 guinées; un autre, plus beau et recouvert d'une jolie reliure du temps, a été porté à 9 guinées pour le British-Museum.

Un autre exemplaire en ancienne reliure a été vendu 155 fr. Double.

— LES NOUVELLES Récréations... *Lyon, G. Rouillé,* 1561, in-4.

En *mar.* de Trautz (exemplaire A. Bertin, Clinchamp, Solar), 820 fr. Yéméniz.

— LES NOUVELLES Récréations... *Paris, Nic. Bonfons,* 1572, in-16.

45 fr. Auvillain.

— LES NOUVELLES Récréations... *Lyon, pour Pierre Prunier,* 1597, pet. in-8.

En *mar.* de Hardy, 97 fr. même vente.

— LES CONTES, ou les Nouvelles Récréations et Joyeux devis... avec des notes... par M. de la Monnoye. *Amsterdam, chez Z. Chatelain,* 1735, 3 vol. pet. in-12.

En *mar.* de Derome, bel exemplaire de Pixérécourt et de Ch. Nodier, 1,000 fr. Leb. de Montgermont.

— Les Joyeuses Aventures et Nouvelles Récréations contenant plusieurs comtes (*sic*) et facétieux devis. *Lyon, Benoist Rigaud,* 1582, in-16.

Ce volume rare contient cent *devis,* en partie tirés des Contes de des Périers.

En *mar.* de Duru, 171 fr. Desq; en *mar.* de Chambolle, 56 fr. Morel, de Lyon.

— DISCOURS non plus mélancoliques que divers de choses mesmement qui appartiennent à nostre France: Et à la fin, la manière de bien et justetement entoucher les lucs et guiternes. *Poictiers, Enguilbert de Marnef,* 1557, in-4.

Livre rare, attribué à Bonav. des Périers; en *mar.* de Thouvenin, exemplaire Nodier, 140 fr. de Chaponay.

— Cymbalum mundi, en francoys. *Paris,* 1537, pet. in-8. [18400-18622]

Loin de nous la pensée de revenir sur les discussions violentes qu'a suscitées ce livre à jamais célèbre; Catherinot, dans ses *Annales typographiques de Bourges,* soutient que la première édition en a été donnée dans cette ville en 1537; Vogt, Aug. Bayer, Bauer, Freytag, enregistrent cette assertion sans apporter de preuves à l'appui; pour nous, jusqu'à preuve contraire, cette édition restera apocryphe; mais nous voulons seulement citer quelques mots de H. Estienne, qui ne permettent pas que l'on puisse refuser la paternité de l'ouvrage à Bonaventure des Périers:

« Je n'oublieray pas Bonaventure des Périers, dit-il, l'auteur du délectable livre, intitulé *Cymbalum Mundi,* qui, nonobstant la peine qu'on prenait à le garder (à cause qu'on le voyait estre désespéré, et en délibération de se deffaire), fut trouvé s'estant tellement enferré de son espée sur laquelle il s'estoit ietté, l'ayant appuyée le pommeau contre terre, que la pointe entrée par l'estomach sortait par l'eschine. »

DESPERTADOR de peccadores. *En Medina del Campo, en casa de Pedro Touans.* M.D.XXXiiij, in-4, goth., de 16 ff., signés A et B.

En vers; opuscule inconnu aux bibliographes, et que décrit longuement le catal. Salvá, n° 561.

D'ESPINELLE. Les Muses r'alliées. *Paris, Matthieu Guillemot,* s. d., in-12, ou *Lyon, Thomas Ancelin,* s. d., in-16. [13645]

La première édition est ainsi formée: 1re partie, précédée d'un titre gravé par Léonard Gaultier, 341 ff.; les vers funèbres, 121 ff.; la table, le privilège et un avertissement au lecteur, suivi de plusieurs pièces corrigées par l'auteur, et publiées à Paris.

20 fr. Potier, 1872.

La seconde édition est composée de 521 ff. et 7 ff. pour la table.

10 fr. Favart.

— L'édition de *Lyon, Barthélemy Ancelin,* 1609, in-16, titre gravé.

En *mar.* de Duru, 36 fr. W. Martin.

— Voy. PARNASSE.

DESPONTS (*Claude*). Les Transactions d'Imbert, dauphin de Viennois, prince du Briançonnais... avec les syndics et procureurs des communautés de la principauté du Briançonnais... contenant les franchises, libertés et privilèges desdits Briançonnais, les transports dudit Dauphiné aux rois de France pour leur fils aîné, les confirmations des rois et arrêts en suite obtenus. Le tout recueilli par Claude Desponts, conseiller et procureur du roi audit Briançonnais... *Grenoble, C. Bureau,* 1644, in-fol. 30 à 40 fr.

Ce volume important a été réimprimé l'année suivante, sans indication de lieu, avec cette variante au titre:

« Le tout recueilli par les syndics, commis et députés de ladite principauté. »

DES PORTES (*Philippe*). Les Œuvres.
[13899]

Aux très-nombreuses éditions, citées au *Manuel*, nous ajouterons :

— LES PREMIÈRES ŒUvres de Philippe Desportes. *Paris, de l'imprimerie de Robert Estienne, pour Mamert Patisson*, 1576, in-4, de IV-226 ff., et 3 ff. pour la table.

C'est une réimpression, mais fort belle, de l'édition de 1575.

— LES ŒUVRES revues, corrigées et de beaucoup augmentées, outre les précédentes impressions. *Lyon, Rigaud*, 1593, in-12.

Jolie édition en lettres italiques; elle est portée à 90 fr. au VIᵉ catal. Tross, de 1865.

Voici quelques-uns des prix obtenus dans ces dernières années :

— LES PREMIÈRES ŒUvres... *A Paris, Robert Estienne*, 1573, in-4.

Un exemplaire à grandes marges (H. 0ᵐ246, L. 0ᵐ170), dans une belle reliure ancienne, un peu restaurée, au chiffre répété C M (Catherine de Médicis ?), 905 fr. Luzarche; en *basane*, 152 fr. Sainte-Beuve; en *mar.*, 126 fr. Turquety.

— LES PREMIÈRES ŒUvres... *Paris, pour Robert le Mangnier*, 1575, pet. in-4.

En *mar.*, aux armes de la comtesse de Verrue, 128 fr. H. Bordes (1873).

— LES PREMIÈRES ŒUvres... *Paris, id.*, 1577, in-12.

En *mar.* de Capé, 60 fr. Potier.

— Les mêmes. *Ibid, id.*, 1578, in-12.

En *mar.* de Trautz, bel exemplaire, 150 fr. même vente.

— Les mêmes. *Paris, Mamert Patisson*, 1579, in-4.

En *mar.* de Lortic, 112 fr. W. Martin; en *mar.* de David, 170 fr. Benzon.

— Les mêmes. *Paris, R. le Mangnier*, 1581, in-12.

En *mar.* de Hardy, 85 fr. Potier.

— Les mêmes. *Ibid, id.*, 1583, pet. in-12.

En *mar. br.* à compart. (rel. du temps), 70 fr. baron Pichon; rev. 100 fr. Potier; en *mar.* de Duru, 77 fr. H. Bordes; en *mar.* de Trautz, 125 fr. Gancia.

— Les mêmes. *Paris, Robert Estienne*, 1587, in-12.

En *mar.* de Duru, 39 fr. de Chaponay ; rev. 30 fr. Danyau.

— Les mêmes. *Anvers, Arnould Coninx*, 1591, pet. in-12.

En *mar.* de Trautz, 80 fr. H. Bordes.

— LES PREMIÈRES ŒUvres. *Paris, Mamert Patisson*, 1600, in-8.

En *mar.* de Trautz-Bauzonnet, 467 fr. Solar, pour M. Ratier; un bel exemplaire en ancienne reliure du XVIᵉ s., mais dont le dos paraissait avoir été refait au XVIIIᵉ s., 320 fr. Brunet; un exemplaire à grandes marges, dans une belle reliure ancienne, semée de *marguerites* frappées en or, ce qui a fait supposer qu'il avait appartenu à la *reine Margot*, 650 fr. Double, et revendu 1,620 fr. chez M. Leb. de Montgermont, en 1876; en *mar.* de Duru, 120 fr. Cailhava; en *mar.* de Lortic, 200 fr. Chedeau; *mar. vert*, aux armes de De Thou (168 fr. Coulon; 180 fr. Ch. Nodier), 820 fr. baron Pichon, et vaudrait plus cher aujourd'hui; en ancienne reliure, *mar. à compart.*, 305 fr. Yéméniz; en *veau f.*, 155 fr. Sainte-Beuve; en ancienne reliure *mar.* (exemplaire Pixérécourt et Nodier), 152 fr. Turquety; il avait été payé 180 fr. chez Nodier; en *mar.* de Lortic, 215 fr. Desq; en *mar.* de Thompson, bel exemplaire Veinant (80 fr.), 395 fr. Potier (1870).

— ŒUVRES... *Rouen, Raph. du Petit-Val*, 1607, pet. in-12.

En *mar.* de Bauzonnet-Trautz, bel exemplaire, 110 fr. Desq; en *mar.* de Trautz, bel exemplaire à toutes marges, 112 fr. Voisin (1876).

— ŒUVRES... *Rouen, Raph. du Petit-Val*, 1611, in-12, front. grav. par Léonard Gaultier.

En *mar.* de Duru, 100 fr. Cailhava; rev. 150 fr. Benzon; un exempl. médiocre, 24 fr. Turquety; en *mar.* de Duru, 100 fr. Leb. de Montgermont; en *mar.* de Chambolle, 95 fr. Potier.

DESPREZ (*François*). Recueil de la diversité des habits, qui sont de présent usage, tant ès-pays d'Europe, Asie, Affrique et Illes sauvages, le tout fait après le naturel, par Françoys Desprez. — *Paris, Desprez*, 1564, pet. in-8, fig. s. b.

Très-joli recueil de costumes, finement gravés sur bois ; il est d'une certaine rareté et vaut assez cher. (Collect. Destailleur.)

DESTAILLEUR (*Hippol.*). Recueil d'Estampes relatives à l'ornementation des appartemens aux XVIᵉ, XVIIᵉ et XVIIIᵉ siècles, publiées sous la direction et avec un texte explicatif; gravées en fac-simile par MM. Pfnor, Carresse et Riester, d'après les compositions d'Androuet du Cerceau, Lepautre, Bérain, Daniel Marot, Meissonier, Lalonde, Salembier, etc. *Paris, Rapilly*, s. d. (1862-1871), ou 1873-76, 2 vol. in-fol. comprenant 72 pl. par volume. 150 fr.

Très-beau livre, imprimé par la maison L. Perrin, de Lyon, et d'une remarquable exécution artistique.

Il en a été extrait 1 vol. in-8 :

— NOTICES sur quelques artistes français : architectes, dessinateurs, graveurs, du XVIᵉ au XVIIIᵉ s. *Paris, Rapilly* (*Lyon, Perrin*), 1873, 8 fr.

DESTERNOD. L'Espadon satyrique, par le sieur de Franchère, gentilhomme Franc-Comtois. *Lyon, Jean L'Autret*, 1619, in-12. [14196]

Un exemplaire en *mar.* de Trautz, payé 71 fr. chez Arm. Bertin, 66 fr. Desq, a été revendu 130 fr. Auvillain.

— L'ESPADON satyrique, par le sieur de Franchère, gentilhomme franc-comtois. *Rouen, Jacques Besongue*, 1619, in-12.

Publiée la même année que l'édition originale de Lyon; cette édition de Rouen se compose de X ff. lim., et de 422 pp. chif.; un exemplaire rogné, 7 fr. Danyau, un autre assez médiocre également, 39 fr. Auvillain.

— L'ESPADON satyrique, par le sieur Desternod. *Lyon, Jean L'Autret*, 1621, in-12, fig. de l'Espadon au titre, et à la fin sur un feuillet séparé.

Cette édition porte : *seconde édition;* elle contient 16 satires; un exemplaire, payé 26 fr. chez Montmerqué, 50 fr. Chaponay; un très-joli exemplaire en *mar.* de Trautz, 280 fr. Leb. de Montgermont.

Il faut remarquer que la 16ᵉ satire « *contre l'apostat Léandre, autrement dit Constance Guénar, à MM. les Pères réformés du Lac Léman* », que contient cette édition, n'est pas reproduite dans l'édition elzevirienne de 1680.

— L'Espadon satyrique, par le Sʳ Desternod, reveu et augmenté de nouveau.

Lyon, Jean Lautret, 1623, in-12, fig. s. b. au titre.

En *mar.* de Chambolle, 80 fr. Potier.

Ce recueil a paru sous un autre titre :

— Le Pàrnasse satyrique des vers de Théophile, sur les affaires de ce temps. *S. l. n. d.*, pet. in-12.

Ce volume contient les XVI satires de Cl. Desternod, et n'a aucun rapport avec le livre célèbre dont il usurpe le nom, 40 fr. Potier.

La plus jolie édition de ce recueil est celle de 1680 (*Holl.*, *Jean d'Escrimerie*), que l'on rattache à la collection des Elzevirs; en *mar. citr.*, 45 fr. Chaponay; un exemplaire plus beau, en *mar.* de Thouvenin, 180 fr. Auvillain, et un double 78 fr.; l'exemplaire La Bédoyère a été vendu 155 fr. chez M. Brunet.

M. Auvillain possédait cinq ou six éditions différentes de ce rare volume; malheureusement cet amateur n'était pas très-difficile sur le choix de ses exemplaires, et les prix de sa curieuse collection se sont ressentis de cette blâmable négligence.

L'*Espadon satyrique* a été réimprimé en 1863, par les soins de M. Gay; cette édition, tirée à 100 exemplaires, est depuis longtemps épuisée.

DESTRÉE (ou d'Estrée) *(Jehan)*. Quatre livres de danseries, mises en notes de musique. *A Paris, Nicolas du Chemin*, 1564, in-4.

Volume que nous ne trouvons porté qu'au *catal. des foires de Francfort;* il est resté inconnu aux bibliographes spéciaux.

DESTRUCTION (La) auec la désolation de poures filles de Huleu : ⁊ de Darnetail. *S. l. n. d.*, pet. in-8, goth., de 4 ff., en vers. [13467]

Cette pièce, que M. Brunet croit avoir été composée *vers l'an* 1520, a été publiée à l'occasion d'un événement qui n'a eu lieu qu'en 1565; on trouve encore quelquefois, à cette date avancée, traces d'impressions en lettres gothiques, particulièrement en province.

DÉTAIL général de toutes les raretez et varietez qu'on trouve chez André Béaque, marchand, demeurant dans la maison qui fait le coin des petites Halles, où pend pour enseigne l'acteur Romain, sur la petite Place, à Lille en Flandre. *Lille*, 1755, in-12.

Volume curieux, qui donne les plus minutieux détails sur l'intérieur et le fouillis du marchand de bric à brac au siècle dernier. La devise de l'honnête brocanteur est : « *Oculis sit licentia, pax manibus.* »

Vendu, malgré une note piquante de M. Claudin, 12 fr., seulement, Luzarche.

DEUX consolations pour M. Jean de Rouen, aux deux très-sages et très-vertueuses dames de Bréauté, mère et femme, sur l'assassin fait nouuellement de sang froid à leur fils et mari, le jeune seigneur de Bréauté, en Flandres. *Paris, Philippe du Pré*, 1600, pet. in-8 de 60 pp.

C'est le récit d'un combat à cheval entre le sieur de Bréauté, gentilhomme normand, et le lieutenant

du gouverneur de Bois-le-Duc; le premier, s'étant rendu la vie sauve, fut massacré après le combat.

DEVAISNES. Recueil de Pièces. (*Paris*, 1799), in-8.

Ce recueil, composé de 40 pièces, dont la plupart sont de M. Devaisnes, n'a été tiré qu'à 14 exemplaires, d'après une note autographe signée de M. Devaisnes lui-même.

Parmi ces pièces quelques-unes sont piquantes; nous citerons : — *Les Tuileries*. Aventure arrivée au vicomte de la Rochefoucault avec une fille qui l'avait *raccroché* sur la terrasse des Tuileries et conduit chez elle, 1774; — *Lettres de la comtesse de ** au chevalier de ** contre les révolutionnaires*, 30 may 1789; – *La Religieuse*, de Diderot, 6 brumaire an V. Ce roman de l'auteur des *Bijoux Indiscrets* a trouvé grâce aux yeux de l'auteur, qui en fait un grand éloge, etc., etc.

DEVISE (La) des armes des chevaliers de la Table ronde, qui estoient du temps du tresrenome et uertueux Artvs, roy de la Grant Bretaigne. Auec la description de leurs armoiries. *A Paris, chez Barbe Regnault*, 1559, in-12, blasons gr. s. bois. [17009]

Nous ne pouvons donner la description de cette édition inconnue d'un petit livre assez recherché, parce que nous empruntons ce titre au catalogue assez mal rédigé de la vente Sobolewski, où il fut vendu 35 thalers à Westermann, de New-York; l'exemplaire était à peu près aussi laid que possible.

L'édition de *Lyon*, 1590, in-16, dans une jolie reliure ancienne, a été vendue 60 fr. baron Pichon, et revendue seulement 40 fr. Potier.

DEUOTE contemplation : ‖ sur le Mistère de nostre redemption. (A la fin :) *Chy fine che present traictie in ‖ titvle : Deuote cōtēplation Nou ‖ ellement ĩpresse a Hesdin le XVIII. iour de Decebre an de grace. ‖ Mil. cincq cēs XVIII. par Bauldrain Dac ‖ quin demourant audict lieu a l'hy ‖ mage sainct Jehan leuãgeliste en ‖ la rue sainct Martin*, pet. in-8, goth., de 144 ff., sign. A. S.

Le titre de cette pièce diffère essentiellement de celui que le *Manuel* cite au nom du chanoine Jehan de Lacu; il en est de même de la suivante, dont un bel exemplaire est conservé à la Bibl. royale de Bruxelles :

— DEUOTE contemplation exitant (*sic*) a la crainte de Dieu moult vtile et propice a vng chacvn peschevr voulant passer (*sic*) de son salut Laquelle chantent les filles repenties a Paris par deuotion. ‖ — *Ci Finit la deuote contemplation nouuellemen ĩcomposée a Paris A la requeste des filles Rendues Imprimee par Maistre Guillaume Guerson de Villelongue demourant deuant le colliege de reins en lostel qui faict le coing du coste saincte Geneuiefve et la on les trouuera ‖ auec plusieurs beaulx liures nouueaux tant en latin quen francois de diuerses sciences et facultes. ‖ S. d.* (vers 1532 ou 1535), in-16, goth.

Avec frontispice gravé sur bois et ornement à chaque page; la marque de l'imprimeur est *David en prière;* un ange tient en haut, dans ses mains étendues une épée, une flèche et une verge; au-dessous : *Magister Guillernvs Guer ‖ soni de Villalonga.* ‖

La 8ᵉ page ne contient que les trois dernières

lignes de la souscription, le reste est occupé par neuf petits sujets gravés.

DEUOTE meditatione sopra la passiõe del nostro signore Jesu Christo. *Impressa in Venetia per Matheo da Parma, ad instantia de Mestro Luchantonio de Zõtà*, 1492, in-4 de 34 ff., car. ronds, et 15 grav. sur bois d'une exécution remarquable. 40 à 50 fr.

DÉVOTION (De la) des sauvages du Canada envers la sainte Vierge, honorée en l'église de Chartres. *Chartres, vve E. Massot,* 1700, in-8. 6 à 8 fr.

DEVOTISSIME Meditati || ones de vita : benefici || is : et passiõe salua || toris Jesu Chrĩ || cũ gratiarũ || actione. (A la fin :) *Ex officina excusoria Sigismũdi Grim : Medeciñ. Doctoris : ac Marci Wyrsung, Auguste Vindelico*♄, 1520, pet. in-8, goth., de 84 ff., avec le titre imp. en rouge ; il est orné de 31 planches gravées d'après Burgkmaier, la plupart entourées de bord. sur bois. Panzer cite ce vol. sous le format in-4, ce qui est erroné. [1518]

50 fr. Tross.

DEZOBRY (*Ch.*). Rome au siècle d'Auguste, ou Voyage d'un Gaulois à Rome à l'époque du règne d'Auguste, et pendant une partie du règne de Tibère ; nouvelle édition, revue, augmentée et ornée d'un grand plan et de vues de Rome antique. *Paris,* 1835. 4 vol. in-8. fig. sur acier et plan. [22952]

Livre aussi intéressant qu'érudit ; il est devenu rare, et a été réimprimé en 1846-47.

L'excellent travail de J.-J. Ampère, l'*Histoire romaine à Rome. Paris,* 1863,4 vol. in-8, monument d'érudition et de style tout aussi recommandable que le livre de Dezobry, est tout aussi rare ; il a été réimprimé en 1870-71, 4 vol. in-8, planches et cartes, 20 à 30 fr.

DIAGO (*Francisco*). Anales del regno de Valencia. Tomo primero qui corre desde la poblacion despues del diluuio hasta la muerte del Rey Don Iayme el conquistador. *Valencia, Pedro Patricio Mey,* MDCXIII, in-fol. de VIII-392 ff. et XIV ff. de table.

— Historia de la provincia de Aragon de la orden de predicadores, desde su origen y principio hasta el año de mil y seicientos. Diuidida in dos libros. *Barcelona, Iayme Cendrat, Año de M.D.XC.IX,* in-fol. de x-294 ff. et v de table.

— Historia de los victoriosissimos antiqvos condes de Barcelona. *Barcelona, en casa de Seb. de Cormellas,* 1603, in-fol. de VIII-318 ff. et x pour l'index.

Tous ces volumes, et particulièrement le dernier, sont rares et recherchés.

DIALOGUE (ou plutôt Monologue) de Gabrielle d'Estrées revenue de l'Enfer. *S. l.* n. d., in-8 de 5 pages, en vers. [13953]

Cette pièce rare, qui commence par ce vers, assez peu respectueux pour la mémoire de la belle Gabrielle :

Des eaux d'Enfer où mon âme est gesnée.....

est sortie, sans aucun doute, d'une imprimerie particulière de province ; c'est une sanglante satire.

Un exemplaire, accompagné d'une réimpression de la même pièce, corrigée sur un manuscrit de la Bibl. nation., 30 fr. Taschereau.

DIALOGUE de l'Amour et de l'Amitié. *Paris, Est. Loyson,* 1660, pet. in-12 de 16 ff. prél., 74 pp. et 2 ff. non chiff. qui contiennent une pièce de vers : *L'Amour charlatan qui se trouve dans une compagnie avec Godenot.* 8 à 10 fr.

DIALOGUE et vng merueilleux parlement faict pas loing de Trient, sur le cheming de Rome, dung abbé curtisan et du Dyable allencòntre le bon pape Adrian. *S. l.,* 1522, in-4, goth., de 4 ff., avec gr. s. b. au titre. [18622]

Pièce fort rare, ainsi que le dit M. Brunet, mais qui est loin de valoir les 800 fr. auxquels elle a été poussée au catal. de Morante ; elle était, il est vrai, annoncée comme pièce unique et entièrement inconnue ; l'exemplaire de M. de Morante était celui qui était porté au catal. de Techener, 4e série, n° 1483 ; un autre exemplaire figurait au prix de £ 2. sh. 12 d. 6 au catal. Bohn, de 1841, où l'on dit également : « *This curious tract is supposed to be unique* ».

DIALOGUE des Creatures. *Chy fine ce present liure... commencie et finy || par la grace de Dieu par Gerart Lyon, demourant || en la ville de Gouwe* (Gouda) *en Hollande, le xxe iour da||uril Lan Mil CCCC.LXXXij...* in-fol., fig. s. bois, 102 ff., dont le dernier blanc, car. goth., 35 lignes long.; sign. Aij-Miiij ; sans ch. ni récl. [16943]

Les deux exemplaires connus de ce livre, célèbre par le nom du traducteur Colard Mansion, étaient celui de la Bibl. nation. et celui des Archives communales de Cologne ; M. Yéméniz eut le bonheur en 1849 de payer 2,000 fr., prix qu'il appelle fabuleux, un troisième exemplaire qui fut vendu à Gand ; il le fit recouvrir par notre grand artiste Trautz d'une splendide reliure en *mar. doublé,* qui lui coûta 1,000 fr., et lui présenté à la vente des livres de cet amateur, atteignit facilement le prix de 6,000 fr., et serait vendu plus cher aujourd'hui.

Dans la même vente, l'édition latine de Conrad de Hombosch, 1481, in-fol. de 62 ff., à 2 col., de 44 lig., sans ch., récl. ni sign. (édit. sans fig.), en *mar.* de Trautz, 400 fr.

Un très-bel exemplaire de l'édition de Gérard de Leeu, à Anvers, en 1486, en *mar.* de Duru, 650 fr.

DIALOGUES en quatre langues, Françoise, Espagnole, Italienne et Flamande. Par P. Garnier, M. Fernandez, L. Donati et J. H. Glasemaker. *Amsterdam, Louys et Daniel Elzevier,* 1656, pet. in-8. 25 fr. Maisonneuve.

M. Pieters, d'après le catal. des Elzevirs en grand

format, publié par Motteley, signale une édition françoise où l'*allemand* est substitué à la langue latine; ce n'est pas celle-ci, qui se trouve également indiquée au catal. de Daniel Elzevir, de 1675; voici la description des trois éditions :

La 1re comprend le latin, le françois, l'italien et l'allemand ;

La 2e comprend l'italien, l'espagnol, le françois et l'allemand ;

La 3e est celle que nous venons de décrire.

DIALOGUES galans ‖ comiques et divertissans ‖ pour égayer la compagnie ‖ Qui s'endort ou s'ennuie ‖, et pour plaire au grand, au petit, ‖ à toute personne ‖ Qui raisonne ‖ comme ayant de l'esprit. *S. l.* (*Hollande*), 1735, pet. in-12 de 8 ff. lim., dont le 1er blanc, 96 pp.

C'est un jeu de société, composé de 142 petits dialogues, en vers, entre un *Monsieur et une Dame*. M. Potier croit pouvoir assigner l'impression de ce petit volume à la fin du xviie s.; 137 fr. Potier.

DYALOGUS Salomonis et Marcolphi. *S. l. n. d.* (*Lyon*, vers 1515), pet. in-8, goth., de 12 ff. à 32 lig. à la page, avec la marque de J. Frellon sur le titre ; édit. non citée au *Manuel*.

DIARIO y Derrotero de lo caminado, visto, y observado en el discurso de la visita general de Presidios, situados en las Provincias Ynternas de Nueva-España, que de orden de su Magestad executo D. Pedro de Rivero, haviendo transitado por los Reinos del Nuevo-Toledo, el de la Nueva Galicia, el de la N. Vizcaya, el de la N. Mexico, el de la N. Estremadura... etc. *Impresso en Guathemala, S. de Arebalo*, 1736, in-fol. de 39 ff.

Pièce fort rare, 80 fr. 1870.

— DIARIO de todo lo ocurrido en la expugnacion de los fuertes de Boca-Chica, y sitio dela ciudad de Cartagena de las Indias. *Mexico*, *Hogal*, 1741, pet. in-4, de 12 pp.

— Réimpr. *S. l.*, 1743, in-4, de 23 pp.

DIAZ (*Manuel*). Tractat fet per lo magnifich mossen Manuel Diaz, lo qual tractat es profetos e mult necessari per : qualseuol cauallar ho gentil home ho p qualseuol altra p̄sona que te cauall ho mula ho qualseuol altre animal de cella... *Barcelona, D. Bellestar y Ivan Giglo, a.* xviij *del mes d'Juny d'l any* Mil D.xxiii, in-4, goth., de cix ff. chiffrés.

Cette édition, ainsi que celle qui précède : *Barcelona, Johan Rosenbach*, 1515, indiquée par Fuster, qui ne la décrit point, sont d'une excessive rareté.

Le *prologo* nous apprend que cette rédaction en langue limousine est une traduction de l'espagnol.

DIAZ del Castillo (*Bern*.). Historia verdadera de la conquista de la Nueva España por Fern. Cortes. *Madrid, en la Imprenta del Reyno*, 1632, in-fol. [28595]

Il y a, comme le dit M. Brunet, deux éditions soûs

la même date; la première est de v ff. lim., 254 ff. chif., et 6 ff. de table; c'est celle-ci.

La seconde est un in-folio, de x pp., 256 ff.; titre gravé par de Courbes. Elle a un chapitre numéroté ccxxii au lieu de ccxii, en tête duquel il est dit qu'on a oublié de l'insérer dans la première édition.

DIAZ DE YSLA (*Ruy*). Tractado cõtra el mal ‖ Serpentino : que vulgarmen ‖ te en España es llamado bubas q̃ fue ordenado ‖ en el ospital (*sic*) de todos ‖ los santos, d'Lisbo ‖ na : fecho por Ruy Diaz de Ysla. — *Fue impresso en la* ‖ *muy noble z̃ muy leal ciudad de Se* ‖ *uilla en casa de Dominico de* ‖ *Robertis impressor de li* ‖ *bros. Acabose a ve* ‖ *ynte y siete de* ‖ *setiẽbre, año* ‖ *de* M.D. ‖ xxxjx, in-fol., goth., fig. s. b., 54 ff. dont le titre gr. sur bois.

— Réimpr. en 1542, à Séville, par « *Andres de Burgos vezino de Granada estãte en Sevilla Impressor de libros* », in-fol., goth., à 2 col., 82 ff. chif. et 2 ff. non chif. (*Ensayo de una Bibl. Española*, 11.)

DICÆARCHIÆ Henrici (secundi) regis... Progymnasmata. *S. l. n. d.*, petit in-8. [2625]

Ce rare volume est parfaitement décrit au *Manuel* ; un des exemplaires de la Bibl. nation. (acheté 32 fr. à la seconde vente du fonds De Bure, en 1835) avait appartenu à M. de Sainte-Marthe, conseiller en la cour des Aydes en 1556; il porte de la main de ce magistrat un assez grand nombre de notes intéressantes.

Ce livre de l'avocat Raoul Spifame est toujours recherché, mais surtout en raison de sa provenance et de sa condition extérieure.

Un joli exemplaire en *v. f.*, ayant appartenu à Rasse des Neus, chirurgien de Charles IX et grand bibliophile, et portant sa signature, 80 fr. Chedeau; en *mar.* de Trautz, 120 fr. Potier (1870) ; en *veau*, exemplaire médiocre, 30 fr. de Morante. On classe ce volume tantôt à l'histoire de France, tantôt à la politique, tantôt enfin à la jurisprudence; c'est à cette dernière classe qu'il appartient sans aucun doute, et c'est là que M. Brunet n'a pas manqué de le placer.

DICÆI (*Gerardi*) Lucensis, Progymnaston Libellus. *Impressum Luce, per Salvatorem Sucham Florentinum*, 1523, pet. in-4, lettres rondes. [12681]

Volume rare, dans lequel se trouvent des poésies plus qu'érotiques; 10 à 12 fr.

Il y a un rapprochement singulier entre ce titre et celui du titre précédent.

DICCIONARIO universal de historia y de geografia. Obra dada a luz en España, y refundida y aumentada considerablemente para sa publicacion en Mexico con noticias historicas, geograficas..... sobre las Americas en general y especialmente sobre la republica Mexicana. *Mexico*, 1853-56, 7 vol. gr. in-8 et 3 vol. d'*appendice*.

Publication d'une grande importance; un bel exemplaire 61 thal. à la vente Andrade (1869).

DICTIONNAIRE, colloques ou dialogues

en quatre langues, Flamen, Espagnol et Italien : auec les coniugaisons et instructions, contenantes la manière de bien prononcer et lire les langues susdites. *A Amsterdam, chez Corneille Nicolas, s. d.* (vers 1580), in-16 oblong.

20 fr. catal. Tross.

DICTIONNAIRE de l'Académie des Beaux-Arts, contenant les mots qui appartiennent à l'enseignement, à la pratique, à l'histoire des Beaux-Arts, etc., avec des grav. sur bois et sur acier ; ouvrage publié par l'Académie des Beaux-Arts. — *Paris, Didot*, 1858-1876.

Chaque livraison, format grand in-8 jésus, se compose de 112 pp. à 2 col., chaque volume contient 4 livraisons; au moment où nous écrivons ces lignes, 11 livraisons ont paru ; chaque volume 16 fr.

DICTIONNAIRE de l'Académie russe. *St.-Pétersbourg*, 1789-94, 6 vol. in-4. [11420]

1re édition. 24 thal. Weigel; 35 fr. seulement, Maisonneuve.

La 2e édition de 1806-23, 6 vol. in-4, vaut de 100 à 120 fr.

DICTIONNAIRE de Géographie ancienne et moderne, à l'usage du libraire et de l'amateur de livres, supplément au *Manuel du Libraire*, par un bibliophile. *Paris, Didot*, 1866-70. 1 fort vol. gr. in-8 à 2 col., publié en 25 livraisons. 37 fr. 50 c. Quelques exempl. ont été tirés sur grand papier vergé de Hollande, format in-4, au prix de 75 fr.

Ce volume, qui représente une somme de travail considérable, donne quelques indications utiles et intéressantes au point de vue bibliographique, mais présente un assez bon nombre d'inexactitudes géographiques.

DICTIONNAIRE des ennoblissements, ou Recueil des Lettres de noblesse, depuis leur origine, tiré de la Chambre des Comptes et de la Cour des Aides de Paris. *Paris*, 1788, 2 tom. en un vol. in-8. [28844]

Ouvrage important pour l'histoire de la noblesse française, 35 fr. Yeméniz.

DICTIONNAIRE Français-Polonais et Polonais-Français. *Berlin*, 1863, gr. in-8 à 2 col. 30 fr.

Publié par l'émigration polonaise; c'est le meilleur Dictionnaire polonais que nous ayons.

DICTIONARIUS sex Linguarum. Vocabulaire en six Languages, Latin, Francês, Espaignol, Italian, Anglois et Aleman. — A Vocabulary in six languages, etc. *Augustæ Vindelicorum, Ph. Vlhardus excudebat*, s. d. (vers 1530), pet. in-8, goth., de 98 ff. non chiff., dont les 2 derniers blancs, sign. A. M.v.

L'une des plus anciennes polyglottes connues, 100 fr. en 1869.

DICTIONARIUS ‖ trium linguarum : Latine : ‖ Teutonice et Polonice, potiora vocabula ‖ continens nunc denuo pluribus in lo ‖ cis auctus in titulis per seriem alpha ‖ beti concinnatus, tum peregrinanti ‖ bus tum domi desidentibus et qui ‖ buslibet tribus loqui linguis ‖ cupientibus maxime ne ‖ cessarius et utilis ‖ simus. *Impressum Craccovie per Hieron. Victorem*, 1541, pet. in-8 de 48 ff., goth. [10883]

85 fr. catal. Tross (1866).

DIDEROT (*Denis*).

— Contes moraux et Nouvelles idylles de D..... et Sal. Gessner. *Zurich, chez l'auteur*, 1773, in-4, titre et fig. grav. par Gessner.

Un exemplaire aux armes de Mme du Barry, dédié à cette dame par Meister, traducteur des Idylles de Gessner, avec 3 portr. ajoutés, 620 fr. baron Pichon.

— LETTRES sur les aveugles, à l'usage de ceux qui voyent. *Londres (Paris)*, 1749, in-12.

Édition originale ; en ancienne reliure *mar.*, 38 fr. Potier.

— PENSÉES philosophiques. *La Haye, aux dépens de la Compagnie*, 1746, pet. in-12.

En *mar.* ancienne reliure, aux armes du comte d'Eu, 100 fr. Potier. C'est l'édition originale.

— OEUVRES complètes, revues sur les éditions originales et complétées d'après les manuscrits de la bibliothèque de l'Ermitage, avec notices, notes et une étude sur Diderot, par J. Assézat. *Paris, Garnier frères*, 1875, 15 vol. in-8, à 6 fr.; 100 exemplaires sur papier de Hollande, à 15 fr. le vol. [19128]

DIDOT (*Ambroise-Firmin*).

Le 22 février 1876, les amis des lettres et des livres ont fait, en la personne respectée de M. Ambroise Firmin-Didot, la perte la plus sensible; il s'est éteint plein de jours et plein d'honneurs; sa longue existence avait été tout entière consacrée au perfectionnement de la typographie, en même temps qu'au culte élevé des lettres et des arts, et sa perte a été douloureusement ressentie par l'Europe littéraire.

Qu'il nous soit permis, à nous ses vieux amis, ses confrères affectionnés, de consacrer ces quelques lignes à sa mémoire vénérée, et de donner ici la liste bien complète de ses nombreux et excellents travaux, liste que son secrétaire bibliothécaire, M. G. Pawlowski, a publiée dans le *Polybiblion, Revue bibliographique universelle* (avril 1876).

— SOUSCRIPTION française en faveur des Grecs. (Appel.) 3 pp. in-8, signées A. F. D., *s. l. n. d.* (*Paris*, 1820), in-8.

— NOTES d'un voyage fait dans le Levant en 1816 et 1817 (anonyme). *Paris*, 1826, in-8.

Une seconde partie de cet ouvrage est restée inédite, sauf quelques fragments insérés dans le *Voyage dans la Grèce*, de Pouqueville (*Paris*, 1820-22, 5 vol. in-8, et 1826-27, 6 vol. in-8).

— RÉPONSES aux questions soumises par MM. les membres de la chambre de commerce de Paris à M. Ambroise Firmin-Didot, sur la situation de la librairie, de l'imprimerie, de la fonderie de caractères et de la papeterie. Mars 1831, sans titre, in-8, de 30 pp.

— INTRODUCTION, mise en tête du *Thesaurus graecae linguae*, de H. Estienne. *Paris*, 1831, in-fol.

— THUCYDIDE. *Histoire de la guerre du Péloponèse*, traduction française par Ambroise Firmin-Didot, avec le texte en regard. *Paris*, 1833, 4 vol. in-8.

— 2e édition, en 3 vol. *Ibid*, 1872, tome 1er (tome II et III en cours de publication).

— QUESTION des primes de librairie. (Discours prononcé le 13 janvier 1836 dans la séance générale des conseils du commerce, de l'agriculture et des manufactures.) S. l. (*Paris*, 1836), in-8, de 15 pp.

— NOTE sur la propriété littéraire et sur la répression des contrefaçons faites à l'étranger. *S. l. n. d.* (*Paris*, 1836), in-8, de 15 pp.

— AVIS de l'éditeur sur la publication du *Corpus Inscriptionum latinarum* (Extrait du procès-verbal d'une commission établie à cet effet; séance du 10 juillet 1843). In-8, de 4 pp.

— DISCOURS prononcé le 5 décembre 1849 au banquet offert aux membres du cercle de la librairie, etc., qui ont obtenu des récompenses à l'Exposition de 1849. In-8, 8 pp.

— ESSAI sur la typographie. (Extrait de l'*Encyclopédie moderne*.) *Paris*, 1852, in-8, de 405 pp., à 2 col.

— L'IMPRIMERIE, la librairie et la papeterie (à l'Exposition universelle de 1851 à Londres). Rapport du jury. *Paris*, 1853, in-8.

— 2e édition. *Ibid*, 1854, in-8.

— COMPTE rendu de l'ouvrage d'Aug. Bernard : *De l'Origine et des débuts de l'imprimerie en Europe*. (Dans l'*Athenaeum français* du 9 juillet 1853 ; la valeur de 20 pp. in-8.)

— DISCOURS prononcé sur la tombe de Pierre Didot, le 2 janvier 1854. (Extrait du *Journal de la librairie*.) In-8, 2 pp.

— DU DROIT d'octroi sur le papier. Considérations présentées au conseil municipal dans la séance du 25 janvier 1855. Sans titre, in-8, de 20 pp.

— SOUVENIR d'une excursion à Boulogne-sur-Mer, les 10 et 11 juin 1855. (*Paris*, 1855.) In-8, de 7 pp. (contient le discours prononcé par M. Didot à l'arrivée du lord-maire de Londres.)

— DISCOURS prononcé à la cérémonie de la pose de la première pierre pour la reconstruction de la Sorbonne. (*Moniteur universel*, du 14 août 1855.)

— LES ESTIENNE. (Extrait de la *Biographie générale*.) In-8, de 41 pp., à 2 col.

— SUR LE PRIX du papier dans l'antiquité. Lettre à M. Egger. (Extrait de la *Revue contemporaine* et de l'*Athenaeum français*, du 15 septembre 1856.) *Paris*, 1857, in-8, de 22 pp.

— FUNÉRAILLES de M. Adolphe Maréchal (médecin à Dreux). Discours prononcé le 18 août 1858. In-8, 3 pp.

— DISSERTATIONS sur la vie et les travaux de Jean sire de Joinville (en tête de l'édition des *Mémoires* de Joinville, donnée par M. Francisque Michel). *Paris*, 1858-1871 (quatre éditions), in-12.

Ces *Dissertations*, refondues en partie pour l'édition de 1871, avaient d'abord paru à part sous le titre d'*Études*. *Paris*, 1870, in-12, de 252 pp., avec gravures.

— GUTENBERG (article dans la *Biographie générale*, 1858, in-8), 25 col.

— LES ALDE MANUCE. (Extrait de la *Biographie générale*). In-8, de 15 pp., à 2 col.

— LE MISSEL de Jacques Juvénal des Ursins. *Paris*, 1861, in-8, de 56 pp.

— OBSERVATIONS présentées à la commission de la propriété littéraire et artistique. *Paris*, 1862, in-8, de 16 pp.

— ESSAI typographique et bibliographique sur l'histoire de la gravure sur bois. *Ibid*, 1863, in-8, de 315 col. Étude remarquable.

— NOTICE sur Anacréon. *Ibid*, 1864, in-8, de 62 pp.

— ODES d'Anacréon, avec LIV compositions par Girodet. Traduction d'Ambroise Firmin-Didot. *Ibid*, 1864, in-16.

En tête, se trouve reproduite la *notice* ci-dessus, mais avec l'omission des notes et de quelques passages.

— THUCYDIDE (article dans la *Biographie générale*, 1866, in-8), 33 col.

— SOCIÉTÉ des correcteurs. Assemblée générale du 1er novembre 1866. Discours de M. Didot, président honoraire. *Paris*, 1866, in-8, de 27 pp.

— DISCOURS prononcé sur la tombe de A. Noël des Vergers, le 9 janvier 1867. In-8, 7 pp.

— CATALOGUE raisonné des livres de la bibliothèque de M. Ambroise Firmin-Didot. 1re livraison : Livres à figures, sur bois. Solennités. Romans de chevalerie. *Paris*, 1867, in-8.

La 2e livraison, qui terminera le volume, est en cours de publication.

— OBSERVATIONS sur l'orthographe française, suivies d'un exposé historique des opinions et systèmes sur ce sujet, depuis 1527. *Ibid*, 1867, in-8.

— 2e édition, revue et considérablement augmentée. *Ibid*, 1868, in-8.

— Résumé des observations sur l'orthographe, présentées à l'Académie française. *S. l. n. d.*, in-8, de 16 pp.

— L'IMPRIMERIE à Paris (article dans *Paris-Guide*). *Paris*, 1867, 2 vol. in-12, tome 1er.

— SOCIÉTÉ des correcteurs. Discours prononcé le 19 avril 1868. In-8, de 23 pp.

— DISCOURS prononcé à la distribution des prix du collège Rollin. *Paris*, 1868, in-8, de 15 pp.

— DISTRIBUTION de prix d'encouragement aux apprentis de la papeterie. Discours. (Extrait de l'*Union nationale du commerce et de l'industrie*, du 9 février 1870.) In-8, de 20 pp.

— CREDO de Joinville. Fac-simile d'un manuscrit unique, précédé d'une dissertation. *Paris*, 1870, pet. in-8.

— ESSAI de classification méthodique et synoptique des romans de chevalerie inédits et publiés. *Ibid*, 1870, in-8.

— DES APOCALYPSES figurées, manuscrites et xylographiques. *Ibid*, 1870, in-8.

— OBSERVACIONS sur l'écrit intitulé : *Programme oficial de la nouvèle ortografe*, adoptée en 1870 par le comité santral de la Société néografique suisse. *Ibid*, 1871, pet. in-12, de 25 pp.

— REMARQUES sur la Réforme de l'ortografie française. *Ibid*, 1872, in-8.

— ÉTUDE sur Jean Cousin, suivie de notices sur Jean Le Clerc et Pierre Woeiriot. *Ibid*, 1872, in-8, portraits.

— RECUEIL des œuvres choisies de Jean Cousin, contenant 41 planches, dont 3 en couleur. *Ibid*, 1873, in-fol.

Splendide publication, tirée à petit nombre ; les fac-simile gravés ou chromolithographiés, dus à MM. Adam, Pilinski, Aug. Racinet, etc., sont d'une admirable exécution.

— BANQUET offert le 20 mars 1873 à M. Ambroise Firmin-Didot, à l'occasion de sa réception à l'Institut. Discours de M. Didot. In-8, de 22 pp.

— ALDE MANUCE et l'Hellénisme à Venise. *Ibid*, 1875, in-8, portr. et fac-simile.

Travail d'une haute importance et de la plus saine érudition.

— Vient de paraître : les *Drevet* (Pierre, Pierre-Imbert et Claude). Catalogue raisonné de leur œuvre, précédé d'une introduction. *Ibid*, 1876, in-8, portr.

— LES GRAVEURS de portraits en France. Catalogue raisonné des portraits de l'Ecole française faisant partie de la collection de M. Didot. *Ibid*, 1877, 2 vol. in-8.

— En cours de publication : *Opuscules et mélanges littéraires*, in-8.

— HOLBEIN et ses gravures sur bois. 1 vol. in-4 avec des fac-simile.

Il est juste de mentionner ici quelques-unes des importantes publications auxquelles Ambroise Firmin-Didot a attaché son nom, telles que : la *Bibliothèque grecque-latine*, en 63 vol., gr. in-8 ; — le *Glossarium mediae et infimae latinitatis*, de Du Cange, en 7 vol. in-4 ; — le *Thesaurus grœcae linguae*, de H. Estienne, en 9 vol. in-fol. ; — la *Biographie universelle*, en 46 vol. in-8 ; — l'*Encyclopédie moderne*, en 44 .vol., in-8 ; — le *Manuel du libraire*, de Brunet, en 6 vol. in-8 ; — le *Dictionnaire de la conversation*, en 16 vol., gr. in-8, et supplément, tome I à IV ; — l'*Encyclopédie d'histoire naturelle*, en 31 vol., in-4 ; — l'*Univers pittoresque*, en 67 vol., in-8.

DIÉREVILLE. Relation du voyage du Port-Royal de l'Acadie, ou de la Nouvelle-France, dans laquelle on voit un détail des divers mouvemens de la mer ; la description du païs, les occupations des François qui y sont établis, les manières des différentes nations sauvages, leurs superstitions et leurs chasses..... Ensuite de la relation, on a ajouté le détail d'un combat donné entre les François et les Acadiens, contre les Anglois. *Rouen, J.-B. Besongne*, 1708, in-12 de IV-236 pp., 1 f. blanc et 7 pp. pour la « *Relation du combat.* »

Il y a une édition d'*Amsterdam*, 1710, in-12, fig.; elle offre la même justification. 8 fr. 50. Maisonneuve.

DIEZ (*Juan*). Sumario cõpẽdioso de las quẽtas ‖ de plata y oro q̃ en los reynos del Piru son necessarias a ‖ los mercaderes : y todo genero de tratantes. Cõ algunas ‖ reglas tocanta al arithmetica. ‖ Fecho por Iuan Diez freyle. (Al fin :) *Ahonrra y gloria de N. S. J. C... fue impresso en la muy grande ysigne y muy leal ciudad de Mexico, en casa de Juan Pablos Bressano... Acabose de impmir : a veynte y nueue dias del mes de Mayo. Año d'l nacimiẽto de ñro Señor Jesu Christo, d' 1556 años*, in-4, goth., 103 pp., front. gr.

DIEZ (Mosen *Fernando*). Comença la obra de la Sacratissima Cõceptio d' la intemerada mare de Deu, examinada e dignamẽt appuada p molts mestres en Sacra Theologia, diuulgada e publicada en la īsigne ciutat d' Ualẽtia... En lo any... Mil. CCCC.LXXXVj. jorn de la sua purissima ℄ceptio. A instãtia d'l noble Mosz Ferrando diẽç... in-4 de 72 ff. goth., sans chiffres ni récl., avec sign. A-i par 8.

En vers ; très-rare et très-précieux volume, dont l'imprimeur s'appelait Lamberto Palmar; on lui doit encore l'impression d'un autre livre de Fernando Diez, intitulé : « *Oraciones latinas* ». (*Ensayo*, 11. col. 793-797.)

DIO CASSIUS. Histoire Romaine, trad. du grec par M. Gros, anc. inspecteur de l'Université, et M. V. Boissée, avec des notes et le texte en regard. *Paris, Didot...* 10 vol. in-8. 100 fr. [22899]

Excellente traduction ; le texte grec a été collationné sur les meilleures éditions et sur les manuscrits de Rome, Florence, Venise, Naples, Turin, Munich, Heidelberg, Tours et Besançon.

Un bel exemplaire de la meilleure édition du célèbre historien, *Hamburgi, Herold*, 1750-52, 2 vol. in-fol., 32 fr. seulement, Brunet; et un bel exemplaire en anc. *mar.* de l'édition d'*H. Estienne*, 1592, in-fol., 30 fr. Yéméniz.

DIO CHRYSOSTOMUS. Orationes LXXX (Grœce). *Venetiis, apud Feder. Turrisanum*, s. d. (circa 1551). in-8. [12108]

Un superbe exemplaire de cette édition princeps, à peu près non rogné, et dans une riche reliure de Bozérian, 39 fr. Yéméniz; l'hellénisme n'est plus de mode.

« Plusieurs bibliographes, dit M. Brunet, indiquent une édition grecque de *Milan*, 1476, in-4, qui n'existe pas ». M. Saxius, entre autres, dans son *Hist. litt. sacra*, cite cette édition comme étant restée inconnue à tous les bibliographes; ce savant en fait un grand éloge, et déclare qu'à la fin d'un exemplaire conservé à Londres dans la bibl. du comte de Pembroke, on lit la souscription suivante : *Mediolani, impressum per Magistrum Dionysium Patavisinum a° Dñi millesimo cccc° LXXVI die XXX Januarii.*

— LOUANGE de la loy, traduite sur l'original grec de Dion Bouchedor, par Fed. Morel, interprète du Roy. *A Paris, chez Fed. Morel, imprimeur ordinaire du Roy.* M.D. IIC (1598), in-8.

Cette traduction rare est citée par Maittaire; nous n'en pouvons citer d'adjudication.

DIODORUS SICULUS. Historiæ. [22810]

L'édition d'*Amstelodami, Westenius*, 1746, 2 vol. in-fol., en *mar.* de Derome, 169 fr. Solar; c'était l'exemplaire Parison, il avait été payé 202 fr.; en *v. f.*, 38 fr. Brunet; seulement 3 fr. Costa de Beauregard; 20 fr. de Chaponay, et 20 fr. Yéméniz.

— DIODORI SICULI historici clarissimi Bibliothecæ, seu rerum antiquarum tum fabulosarum tum verarum historiæ, Poggio Florentino interprete. *Parisiis, Sim. Colinaeus*, 1531, in-8.

Cette traduction est admirablement imprimée, comme la plupart des produits des presses de Simon de Colines; un bel exemplaire, relié par Capé, n'a été vendu que 24 fr. Cailhava.

— LES TROIS premiers livres de Diodore Sicilien... translatez de latin en françoys, par maistre Anthoine Macault, notaire, secrétaire et valet de chambre du roy..... *Paris....., au Pot Cassé (chez G. Tory)*, 1535, in-4.

L'admirable exemplaire sur *vélin*, relié aux armes de François de Bourbon, duc d'Estouteville, avec un frontispice gravé par Geoffroy Tory, qui avait appartenu à Mac-Carthy et à Chardin, était passé en Allemagne; il y fut racheté par le baron Jérôme Pichon, et à la vente de ce bibliophile, payé 2,750 fr.; il est aujourd'hui en Angleterre.

L'édition du même livre, donnée à *Paris par les Angeliers*, en 1541; exemplaire en *v. f.*, avec un *dauphin sur les plats*, 70 fr. Potier.

— HISTOIRE de Diodore Sicilien, traduite de grec en françois : les (3) premiers livres par Robert Macault, et les (7) autres par J. Amyot; reveuë et enrichie de table et annotations en marge, par M. Loys Le Roy dit Regius. *Paris, Gilles Beys*, 1585, in-fol.

Un exemplaire aux armes du cardinal de Bourbon (Charles X), ayant appartenu depuis à Du Fay et au comte d'Hoym, qui y a fait apposer ses armes, 500 fr. baron Pichon.

— HISTOIRE de Diodore de Sicile, trad. par Amyot. *Paris, Vascosan*, 1554, in-fol.

Dans une belle reliure ancienne, aux armes du duc d'Urbino, 300 fr. Gancia.

— DIODORE Siculo. *Venetia, G. Iolito da Ferrara*, 1542, pet. in-8.

Un exemplaire, dans une riche reliure, à la marque du médecin Canevarius, 595 fr. Solar; revendu 1,200 fr. Double.

DIOGENIS, Bruti, Yppocratis medici epistole. (A la fin :) *Florentix, facta est harum epistolarum impressio per Antonium Francisci Venetum anno dñi* MCCCCLXXXVII, in-4. [18654]

L'exemplaire Coste, Riva, Solar, à la reliure de Grolier, cité au *Manuel*, n'a été revendu que 885 fr. à la vente des livres de M. Jos. Techener, faite en 1865; il a été acquis par M. Leb. de Montgermont, et à la vente de ce bibliophile, faite en 1876, il a atteint le prix respectable de 2,050 fr.

DIOSCORIDES. La première édition de la traduction latine imprimée à *Colle* en 1478 (*Man.* II, col. 734) est un petit infol. de 104 ff., dont le premier blanc. [5528]

La première édition de Dioscorides, *Venetiis, Aldus*, M. ID., in-fol.; bel exemplaire en *mar.* de Trautz, avec les 10 ff. de scolies, 110 fr. Yéméniz; et la traduction française de Martin Mathée (*Lyon, chez Thibault Payan*, 1559, in-4, fig. s. b.), 50 fr. même vente.

DIRECTORIŨ Cõcubinarũ saluberrimũ quo quedã stupēda et quasi inaudita pericula ꝗ apertissime resoluũtur nedũ clercis aut etiaʒ laicis hoc crimine pollutis necessariũ. *Colonix, P. Quentel*, 1508, in-4 de 41 ff. chiff. et un f. bl.

A la fin un poëme : *Gualteri Tangerii Busciduceñ carmen ad quemcumque Cõcubinarium.*

Pièce fort rare et peu connue. 5 thal., en 1866.

DISCIPLES (Les) et Amys de Marot (Bonav. des Periers, Ch. Fontaine, Calvi de la Fontaine), contre Sagon, la Hueterie et leurs adhérents. *Paris, en la boutique de Jehan Morin*, 1537, pet. in-8. [13408]

Édition originale d'une pièce rare, plusieurs fois réimprimée. En *mar.* de Chambolle, 67 fr. Potier. (Voy. PLUSIEURS traités.)

DISCOR joyou de rejouissance de lai velle de Dijon, en rime borguignôte su lai naissance de note Duc. Iouée po Iouée. *Dijon, Anthone Farjo*, 1682, in-8.

Opuscule rare et curieux, décrivant les 24 journées de fêtes consécutives, célébrées à Dijon pour la naissance du duc de Bourgogne, fils du Dauphin. (Mignard, *Histoire de l'Idiome bourguignon*, pages 256-264.)

DISCORSO Brevissimo in stanze, sopra i dieci comandaméti di Dio, et l'Oratione insegna taci da Giesu Christo et in simbolo detto de gli Apostoli con una simplice intelligentia. (*Basilex*) *dalla stampa di Giacomo Parco*, 1550, pet. in-8 de 8 ff.

Pièce protestante, en ottava rima; 61 fr., en 1867.

DISCOURS adirables (*sic*) du Diable, lequel pensant avoir trompé un marchand de Tholose, se trouva luy mesme desceu par la Prouidence divine. *Paris, Ant. Gaillard.* S. d., pet. in-8.

Pièce curieuse.

DISCOURS au vray de ce qui s'est passé en la réduction de la ville de Vienne en Daulphiné soubz l'obeissance du Roy, entre les mains de Mgr le duc de Montmorency, pair et connestable de France, le 24e d'avril 1595 ; ensemble la défaite des troupes du duc de Nemours. *Paris, Pierre Hury*, M.D.XCV, pet. in-4.

Pièce rare, et qui sort d'une imprimerie bien peu connue; Pierre Hury, libraire-imprimeur, fut reçu en 1585.

DISCOURS au vray de la cruauté plus que barbare exercée par le capitaine La Noue, lequel tenoit logis entre Bayonne et Bourdeaux, et égorgeoit misérablement les marchands qui y venoient loger, lui, sa femme, ses deux fils, et sa fille, et son valet. Auec leur prinse et lamentable défaicte à Bourdeaux, le 7 juin 1610. *Poictiers, par P. La Fosse, jouxte la copie imprimée à Bourdeaux*, s. d. (1610), in-8. 8 à 10 fr.

DISCOURS de ce qu'a fait en France le Herault d'Angleterre et de la response que luy a faict le Roy. Auec privilége. *A Paris, par Anne Briere, pour luy et Claude de Larche*, 1557, pet. in-8; l'avant dernier f. est occupé par le privilége, et le dernier ne contient qu'une grav. en b. représentant une rose couronnée, au milieu les lettres I. H. S., également couronnées.

Pièce non citée; 50 fr. 1870.

DISCOURS de ce qui s'est passé en l'armée du Roy, depuis le 13e du mois d'avril dernier jusqu'au 2 du mois de may (occupation de la ville de Montereau). *Tours, Jamet Mettayer*, 1590, pet. in-8.

Pièce fort rare, dit un catalogue, mais qui ne vaut certes pas le prix auquel elle a été portée à la vente Luzarche, 100 fr.

DISCOURS de deux belles deffaictes des ennemis, exécutées en Champagne et en Bourgogne par les sieurs d'Hautefort, de Feruaques, de Gionuelle *(sic)* et autres capitaines, le 23e iour d'auril 1589. *Prins sur la copie imprimée à Paris*, s. d. (1589), pet. in-8 de 16 pp. 6 à 8 fr.

DISCOURS de Jacophile du Japon, envoyé à Limne de Ximen, son ami… [17323]

Il existe de ce livre rare une seconde édition, *s. l.*, 1609, in-8, de VIII-500 pp.

Oradour, le château de M. de Salignac, est dans la Haute-Vienne.

Il existe une autre pièce où sont reproduits ces noms de personnages assez singuliers : — *Les Hermaphrodites, discours de Jacophile, à Limne;* divers écrivains en ont attribué la paternité à Estienne Tabourot ou à Artus Thomas, sieur d'Embry; Le Duchat (*Ducatiana*, page 67) en fait hommage au cardinal Du Perron.

DISCOURS de la cruauté des cruautez commise sur la frontière de Liége par vingt flibuts ou voleurs exécutez à mort au mesme pays le 20 octobre 1606. *S. l.,* 1606, in-8 de XII ff.

DISCOURS de la defaicte du duc de Savoye, faicte par le sieur Desdiguières *(sic)* en la plaine de Pont-Charra, près le chasteau de Bayard, vallée de Grésivodan… *Tours, Jamet Mettayer*, 1591, pet. in-8.

43 fr. Luzarche.

DISCOURS de la Deffence de messieurs les habitants de Paris… contre le Roy de Navarre, qui vouloit loger son armée au faubourg Sainct-Martin, pour battre la ville, où fut blessé à mort le sieur de la Noüe. *Lyon, Pillehotte*, 1590, in-8 de 14 pp. 8 à 10 fr.

DISCOURS de la dignité et précellence des Fleurs de lys et des armes des roys de France (par Jean Gosselin, de Vire, garde de la librairie des roys Charles IX et Henri III, et mathématicien). *Melun (Ménissel)*, 1593, in-8 [22827]

Quelques bibliographes, dit le P. Lelong, attribuent cette pièce curieuse à Henri Laisné; nous la croyons de Gosselin; une édition parut la même année à *Tours, chez Métayer*, et une autre en 1615 à *Nantes;* c'est celle que cite le *Manuel.*

DISCOVRS ‖ de la fin ‖ dv monde ‖ selon que les prophetes ‖ en ont escrit, contre les ‖ athées de ce temps. ‖ *A Paris,* ‖ *par Nicolas Alexandre,*‖M.DC.XXIII. ‖ *Prins sur la coppie imprimée à*

Lyon, ‖ *auec approbation,* in-8 de 16 pp.

Pièce rare, mais de peu d'importance.

DISCOURS de la mort et exécution de Gabriel comte de Montgommery, par arrest de la court, pour la conspiration et menees par luy commises contre le roy et son Estat, qui fut à Paris, le 26e de juing 1574. *Paris, par M. Buffet,* 1574, in-8.

Pièce fort rare, réimprimée à Lyon la même année, par B. Rigaud, in-8. 15 à 20 fr.

DISCOURS de l'antiquité, excellence et prérogatives de la pelleterie et fourrures. *Paris,* 1634, in-8.

Nous empruntons à un catalogue anonyme du siècle dernier, où il a été payé 2 livres 19 sous, ce titre de livre, qui nous semble curieux et rare, et qui doit intéresser l'Amérique du Nord et le Canada; malheureusement nous ne pouvons donner de détail sur son contenu.

DISCOURS de la prinse de Callais, faitte par monseigneur de Guise. *A Paris, chez Guillaume le Bé,* 1558, pet. in-8 de 10 ff. 15 fr. 1870.

DISCOURS de l'Assemblée générale des Estatz tenuz en la ville de Bloys, commencez le jeudi sixiesme iour de décembre 1576. *Lyon, Benoist Rigaud*, 1576, in-8 de 13 pp.

Vendu, relié avec la pièce suivante, le tout relié en *mar.* de Duru, 51 fr. Ruggieri.

— RECUEIL de tout ce qui s'est négocié en la compagnie du tiers estat de France, en l'assemblée des trois estats, assignez par le roy en la ville de Bloys, au XV novembre 1576. *S. l.,* 1577, in-8.

Une autre édition de la première pièce, augmentée de «la harangue du Roy, prononcée par Sa Majesté,» *Paris, Jean de Lastre,* 1576, in-8, de 16 pp., 10 fr.

DISCOURS (Le) de la venue des princes Japponois en Europe, tiré d'un aduis venu de Rome. Auquel est contenue la description de leurs pays, coustumes et manières de viure, etc., traduict nouvellement d'italien en françoys. *Paris, Morel,* 1586, pet. in-8 de 40 pp. 6 à 7 fr.

26 pfen. Sobolewski.

DISCOURS de l'origine, des mœurs, fraudes et impostures des ciarlatans *(sic),* avec leur descouverture. Dédié à Tabarin et à Desiderio de Combes. Par J. D. P. M. O. D. R. (Jean de Gorris). *Paris, D. Langlois,* 1622, in-8 de 16 pp.

Volume recherché. 20 fr. baron Pichon.

DISCOURS demonstrant sans feinte
Comme maints Pions font leur plainte,
Et les tauernes desbauchez
Parquoy Taverniers sont faschez.

A Rouen ‖ *Au portail des libraires, pour Iehan du Gort* ‖ *Et Iaspar de*

Remortier. (A la fin) : *Imprime a Rouen par* ‖ *Iacque Aubin.* S. d. (vers 1556), pet. in-8 de 8 ff. à 23 lig., en lettres rondes, sign. A-B. [13472]

Au titre, un petit bois représentant une figure grotesque, le verso du titre et celui du dernier feuillet blanc.

Charles Nodier a parlé de cette pièce curieuse dans un article inséré, en 1835, au *Bulletin du bibliophile*, sous le titre d'*Echantillons curieux de statistique*. Son exemplaire, vendu 64 fr. en 1844, provenait de Dibdin ; il passa dans la bibliothèque normande de M. d'Auffay, à la vente duquel il fut payé 299 fr. par M. Desq ; 200 fr. chez celui-ci pour M. William Martin ; et à cette dernière vente il atteignit le prix de 235 fr. ; il fait aujourd'hui partie de la collection de M. de la Roche La Carelle.

Cette pièce de poésie donne la liste des enseignes des cabarets de Rouen ; elle a été plusieurs fois reproduite.

M. W. Martin l'avait mise à la disposition de la Société des bibliophiles normands, qui en donna en 1867 une réimpression très-soignée, réservée exclusivement à ses membres et précédée d'une savante introduction de M. de Beaurepaire, archiviste du département de la Seine-Inférieure.

Des analogies frappantes de style et des bizarreries d'expression ont amené M. de Beaurepaire à attribuer cette pièce à l'auteur du *Plaisant Quaquet et Resiouyssance des femmes* [13971], pièce réimprimée au 3e volume de la collection des *Joyeusetez* (Techener) et au 6e volume du recueil Montaiglon.

Voici la liste des réimpressions normandes :

— LES TAVERNES de Rouen au XVIe siècle. Publié d'après un opuscule rarissime de l'époque, avec une introduction par Ch. de Robillard de Beaurepaire. *Rouen, impr. de Boissel,* M.DCCC.LXVII, pet. in-4, de IV ff., 28 pp. et VIII ff., tiré à 60 exemplaires.

— LES CABARETS de Rouen en 1556, 3e édition, réimprimée sur les deux premières, et accompagnée d'un avant-propos par un bibliophile du quartier Martainville (M. Cohen). *A Rouen, chez tous les débitants (Vincent Bona, imprimeur à Turin),* 1870, in-16, de VIII et 19 pp., tiré à 100 exemplaires numérotés, dont 4 sur papier de Chine.

Cette réimpression fait partie de la collection J. Gay et fils.

Enfin cette pièce a été réimprimée en 1876 par MM. de Montaiglon et Rothschild dans le XIe *volume des Poésies françoises des XVe et XVIe siècles,* publié chez P. Daffis.

DISCOURS des choses mémorables advenues à Caors et païs de Quercy en l'an M.CCCC.XXVIII, extraict des annales consulaires dudict Caors, dédié à MM. les consuls de ladicte ville. *A Caors, par Jacques Rousseau, imprimeur,* 1586, in-8.

En patois de Cahors ; c'est l'un des premiers livres imprimés dans cette ville ; 55 fr. Luzarche.

DISCOURS des droits appartenants à la Maison de Nevers ès duchez de Brabant, Lembourg et ville d'Anvers ; avec une table de la généalogie de la dicte maison... *Paris,* 1581, in-4.

Livre précieux et rare. 30 à 40 fr.

DISCOVRS ‖ des troubles ‖ nouuellement aduenuz au ‖ Royaume d'Angle ‖ terre, au moys ‖ d'octobre ‖ 1569. ‖ Auec vne déclaration, faicte par le comte de Nortvm ‖ berland et aultres grans sei ‖ gneurs d'Angleterre. ‖ *A Paris,* ‖ *chez Nicolas Chesneau,* ‖ *rue Sainct* ‖ *Iaques, au Chesne verd.* ‖ 1570. ‖ pet. in-8 de 12 ff.

Pièce intéressante, qui est presque entièrement consacrée à Marie Stuart et à la réception qui lui fut faite en Angleterre, après la bataille de Langside, en 1568.

51 fr. baron Pichon ; 80 fr. catal. Tross.

DISCOURS d'une merveilleuse et véritable copie du grand déluge, entre Douvres et Calais. *Paris,* 1580, in-8.

Les cataclysmes physiques ont de tout temp donné lieu à la publication de nombreux opuscules, discours, récits, complaintes, *vulgò* canards, etc. Quelques-unes de ces pièces sont intéressantes, mais le plus grand nombre est insipide et ne mérite pas d'être relevé.

Les *pluies de sang, les pluies de crapauds,* les débordements des fleuves, nous fourniraient facilement la matière d'un demi-volume.

DISCOURS d'un fidèle suiet du Roy touchant l'establissement d'une compagnie françoise pour le commerce des Indes Orientales. *A Paris (Amsterdam),* 1665, in-12, de 60 pp.

Pièce rare et intéressante, imprimée avec les caractères des Elzevirs.

DISCOURS (Le) du voyage de Constantinople (par le sr de la Borderie), envoyé dudict lieu à une Damoyselle Françoise. *On les vend à Lyon, en rue Merciere, par Pierre de Tours,* 1542, pet. in-8 de 64 pp. [13910]

220 fr. cat. Tross, 1867.

L'auteur de cette relation ne s'est pas nommé dans cette première édition, qui est fort rare, et que M. Brunet décrit succinctement. (Voy. au *Manuel,* LA BORDERIE.)

DISCOURS et congratulation à la France sur l'arrivée des R. P. Capucins en la terre du Brésil. *Paris,* 1613, in-8 (en vers).

DISCOURS joyeux des Friponniers. *Rouen, Richard Aubert,* s. d., in-8, de 4 ff., 26 lignes à la page. [17838]

On ne connaît jusqu'à présent que cette édition ; ce petit poëme, après avoir subi des retranchements et des altérations sensibles, a été inséré dans le *Recueil de poésies récréatives,* ajouté aux Œuvres de Coquillart, volume payé 82 fr. Lair, en 1819 ; 400 fr. Chateaugiron ; 409 fr. 50 c. de Soleinne, aujourd'hui chez M. Dutuit.

Le *Discours joyeux* a été réimprimé dans le *Recueil de pièces rares et facétieuses. Paris, Barrault,* 1873, tome III.

DISCOURS mémorable de la prise du chasteau d'Allières, faicte par M. de Gordes, gouverneur du Dauphiné, près de la ville de Grenoble, que tenoit un nommé Pontasfa, enfant natif de la dicte ville, et le capitaine Perrouse... avec les regretz (ou complainte en vers) dudict Pontasfa estant mené à la mort. *Lyon, Ben. Rigaud*, 1577, pet. in-8.

Pièce rare ; 29 fr. Luzarche.

DISCOURS merveilleux d'un acte remarcable (*sic*) et deplorable, advenu le 16ᵉ jour de septembre dernier 1578, au village de Bescourt, chemin de Beauvais en Picardie, par l'effort luxurieux d'un capitaine françois. *A Verdun, par Pierre Pédie*, 1578, in-8 de 7 ff.

M. Brunet cite, d'après le catal. Méon (nᵒ 4051), une édition de cette pièce rare, imprimée à Paris. M. Beaupré n'en parle pas.

DISCOURS (Le) merveilleux d'une lettre escripte en lettre d'or, qui a esté trouuée à un vilage nommé Maton, près la ville de Loudun. *Paris, pour L. du Coudret*, 1587, in-8.

Quelques exemplaires de cette pièce singulière portent : *Paris, pour J. Coquerel*, in-8.

DISCOURS miraculeux, très-admirable, prodigieux et véritable, d'un de la religion prétendue réformée, de la Coste-Sainct-André en Dauphiné, lequel, pour avoir blasphémé contre le sainct Sacrement, a esté misérablement mangé des rats, avec l'attestation du R. P. Gardien des religieux Saincte-Coulombe. *Chambéri, pour Guillaume Brossart*, 1620, in-12.

Vendu avec deux autres pièces, 91 fr. baron Pichon.

DISCOURS miraculeux et veritable advenu nouvellement en la personne d'une fille nommée Anne Belthumier, servante en l'hostellerie du Pot d'Estain, en la ville de Montfort, entre Nantes et Rennes en Bretagne, laquelle a été pendue trois jours et trois nuicts sans mourir. *Douay, Bogart, selon la cop. impr. à Paris par Geoffroy du Pont*, 1589, 15 pp. in-8.

Avec une autre pièce, 10 fr. Costa de Beauregard.

DISCOURS monstrant que les Jésuites sont meurtriers de nos Roys et du prince d'Orange Guillaume de Nassau, etc. *S. l. (La Haye)*, 1639, pet. in-8. 6 à 8 fr.

DISCOURS nompareil et véritable de ce qui est advenu en la duché de Guienne, près la ville de Bordeaux... d'un hoste qui voulut faire accroire à un marchand, logé en son logis, qu'il l'avoit volé, lequel marchand, pour ce faict, fut condamné d'estre pendu et estranglé ; et comme le marchand fut sauvé, et le diable emporta l'hoste... P. X. D. B. *Lyon, suyuant la copie impr. à Bordeaux et à Paris*, 1584, pet. in-8 de 14 pp.

20 fr. baron J. Pichon.

DISCOURS prodigieux de ce qui est arrivé en la comté d'Avignon, contenant tant le déluge, dégât des eaux et feu tombé du ciel, que les ruines du pont de Sergues, Béderide et Aubainien, et aultres prodiges estranges arrivés auxdicts lieux, le dimanche XXIᵉ jour d'août 1616. *Paris, N. Roussel*, 1616, in-8.

Pièce rare, dont on trouve quelques exemplaires imprimés à l'adresse de : *T. Arnaud, à Avignon*.

DISCOURS prodigieux et espouvantable de trois Espagnols et une Espagnolle, magiciens et sorciers qui se faisoient porter par les diables de ville en ville, avec leurs déclarations d'avoir fait mourir plusieurs personnes et bestail par leurs sorcilléges, et aussi d'auoir fait plusieurs dégats aux biens de la terre. *Paris*, s. d. (vers 1622), pet. in-8 de 4 ff.

22 fr. Desq ; 40 fr. baron J. Pichon.

DISCOURS prodigieux et espouuantable du Thrésorier et Banquier du diable, qui ont esté bruslez à Vezouz en la Franche-Comté, le 18 janvier 1610, après avoir confessé une infinité de maléfices et sorcelleries par eux commises, ensemble le moyen comme ils ne furent descouvers, auec la copie de l'arrest du parlement de Dôle. *A Lyon pour Jean Doret*, 1610, pet. in-8.

Cette pièce rare, dont on ne connaît guère qu'un exemplaire, conservé à la Bibl. nation., a été réimprimée à Dôle en 1871 ; cette édition fac-simile, tirée à petit nombre, est très-soignée.

DISCOURS sommier des iustes causes et raisons qui ont contrainct les Estats généraux des Païs Bas de pourveoir à leur deffence contre le Seigneur Don Jehan d'Austrice. Avec plusieurs lettres missives interceptes. *Anvers, Guil. Sylvius*, 1577, in-4 de 120 pp. chiff., 1 f. d'errata et 96 pp. non chiff.

D'après le catal. Conod, une réimpression de ce volume intéressant aurait été donnée sous la même date, pet. in-8, de 198 pp. chiff.

DISCOURS sur ce qui s'est passé à Francfort sur le Mayn, ès mois de may et juin 1612, en l'Election et couronnement de l'archiduc Mathias d'Austriche, roy de Hongrie et de Bohème en l'Empire, comme aussi de l'impératrice, espouse de Sa Majesté..... *Rouen, Jean Osmont*, 1612, pet. in-8.

En mar., 35 fr. Ruggieri.

DISCOURS sur la vie et la mort de Jean Fontanier, natif de Montpellier, bruslé en la place de Greue, par arrest de la cour du Parlement de Paris, le 10 décembre 1621, pour auoir enseigné la fausse religion. *Paris, Is. Mesnier,* 1621, pet. in-8 de 8 pp. 10 à 12 fr.

DISCOURS sur le subject du feu artificiel, lequel doit estre posé et faire jouer la veille de S. Jean-B^te, en la place de Grève. *Paris, Jacq. Trichard,* 1619, pet. in-8 de 4 ff.

Pièce rare et curieuse, mais qui ne valait certainement pas, malgré une reliure en *mar.* plain de Masson et Debonnelle, le prix de 140 fr. qu'elle a atteint à la vente Ruggieri.

DISCOURS sur le sujet de la mort du seigneur Struard (*sic*), Escossois, décapité devant le chasteau du Louure, à Paris. *Paris, Ant. du Breuil,* 1617, in-8 de 4 ff.

Rare et curieux. 12 à 15 fr.

DISCOURS sur le tremblement de terre advenu en la ville de Rouen le 6 apuril 1580. — Le moyen d'obvier et éviter tous tremblements de terre. *Rouen, Rob. Mallard,* 1580, pet. in-8.

Cette pièce rare, non mentionnée par M. Frère, a été vendue chez M. d'Auffay; elle se trouvait réunie à la pièce suivante :

— DISCOURS merveilleux et effroyable du grand tremblement de terre advenu ès villes de Rouen, Beauvais, Pontoise, Poicy, Saint-Germain en Laye, Calais et autres endroicts de ce royaume. *Paris, J. Coquerel,* 1580, pet. in-8.

Ni l'une ni l'autre ne sont citées par M. Frère.

DISCOURS sur les causes et l'exécution faite ès persónnes de ceux qui avoient conjuré contre le Roy et son Estat. *Paris,* 1572, in-8 de 19 ff. et un f. blanc.

39 fr. (1869), sans avoir cette valeur.

DISCOURS sur les causes de l'extrême cherté qui est aujourd'huy en France et sur les moyens d'y remédier. *Paris, à l'Olivier de Pierre l'Huillier,* 1574, pet. in-8 de 80 pp.

Pièce rare et curieuse. 60 fr. baron Pichon.

DISCOURS sur l'inondation arrivée aux faux-bourg Saint-Marcel lez Paris, par la rivière de Bièvre, le lendemain de la Pentecoste 1625. Plus autre advis pour l'establissement des tueries, tanneries et mégisseries, par le moyen du détour de lad. rivière. *Paris,* 1625, pet. in-8 de 16 pp.

Relié en *mar.* par Chambolle-Duru, avec une autre pièce insignifiante, 45 fr. Le Roux de Lincy.

DISCOURS très-merveilleux, et espovventable adveny en la ville de Zélande dix lieües de la ville d'Enuers, de trois Enfans lesquels ont parlé tost après leur natiuité, & dit chose meruelleuse, puis à l'instant trespassèrent, com e voirez cy-

après. *A Bovrdeavx. Par Pierre Ladime, suyuant la copie Imprimée à Paris,* 1587, pet. in-8.

Cette curieuse facétie en vers, dont un exemplaire est conservé dans la Bibl. de la ville de Toulouse, a été réimprimée par Ed. Privat, en 1875, à 54 exemplaires numérotés; le respectable et savant docteur Desbarreaux-Bernard a jugé cette pièce digne de résurrection, et les bibliophiles lui en ont su gré.

DISCOURS très véritable de deux meurtres et massacres merveilleux advenus depuis n'aguères en deux et divers mariages. *Jouxte la copie imprimée à Langres par Jean des Preys imprimeur du Roy.* M.DC.III, in-8, de VIII ff.

DISCOURS très-véritable d'un indigne voleur qui contre-faisoit le diable, lequel fut pris et pendu à Bayonne au mois de décembre dernier mil six cens huict. *S. l. Jouxte la copie imprimée à Bayonne et à Troyes chez J. Oudot,* 1609, in-8. 10 à 12 fr.

DISCOURS véritable de ce qui est arrivé en divers lieux de la province de Poitou le 23 juillet 1623; ensemble plusieurs vers tombés du ciel dans la ville d'Angers, ayant apparence de visage d'enfant. *Paris, vve A. Saugrain,* 1623, in-8. 6 à 8 fr.

DISCOURS véritable de ce qui est advenu à trois blasphémateurs ordinaires du nom de Dieu, jouans aux cartes dans un cabaret, distant de quatre lieues de Perrigueux sur le grand chemin de Bordeaux. *Engoulesme, Ollivier de Minière,* 1600, in-8 de VIII pp.

21 fr. Costa de Beauregard.

DISCOURS véritable (Le) de ce qui s'est passé au voyage de la Royne (Marie de Médicis) depuis son département de Florence jusques à son arrivée en la ville de Marseille, auecq les magnificences faites à l'entrée de Sa Majesté. *Paris, pour Benoist Chalonneau et Silvestre Moreau,* 1600, in-8 de 6 ff.

En *mar.* d'Andrieux, 80 fr. Ruggieri.

DISCOURS véritable de la crüauté commise par la nourrice de la comtesse de Fayolle en Piedmont, laquelle estant descouverte en adultère par ladite maistresse, tua par despit l'enfant qu'elle nourrissoit... *Orléans, suivant la coppie impr. à Troyes, chez Jean Oudot,* 1607, in-8 de 8 pp.

18 fr. 50 c. Costa de Beauregard.

Ce catalogue intéressant renfermait en grand nombre les pièces de ce genre; nous citerons encore :

— DISCOURS sur la mort et condemnation de Charles de Franchillon, baron de Chenevières, exécuté en place de Grève..... pour crime de sortilège..... *Paris, Mettayer*, 1626, in-8, de 7 ff., vendu 16 fr. 50 c.

— Discours et execrable forfaict, commis par un garçon de la ville de Constance, en Normandie, lequel a misérablement pendu et estranglé sa propre mère..... *Troyes, J. Oudot*, s. d., in-8, de 13 pp., vendu 15 fr.

DISCOURS véritable de la mort du sieur de la Valette, tué au siège de Rocquebrunette en Provence, avec une lettre du sieur de Ramefort au roy de Navarre, où sont contenues les particuloritez de la dicte mort. *Lyon, J. Patrasson*, 1592, pet. in-8 de 12 pp.

DISCOURS véritable de l'estrange et subite mort de Henry de Valois, aduenuë par permission divine, luy estant à S. Clou... le mardy premier jour d'aoust 1589, par un religieux de l'ordre des Jacobins. *Paris, Didier Millot*, 1589, in-8.

DISCOURS véritable de l'exécution faicte de cinquante, tant sorciers, que sorcières, exécutez en la ville de Doué. *Paris, Jullian Pillon, iouxte la copie imprimée à Mont-en-Hénault*, 1606, in-8.

DISCOURS véritable des cérémonies, feux de joye, solemnitez et autres resjouissances publiques faictes en la ville de Tholose sur sa réduction à l'obéissance du très-chrestien Henry IIII, roy de France et de Navarre. *Lyon, Thibaut Ancelin*, 1596, 11 ff.

En mar. de Masson, 70 fr. Ruggieri.

DISCOURS veritable des cruautez qui se sont exercez pres la ville de Bar-sur-Aube et aultres lieux de ce royaume, depuis un moys en ça, par N. D. L. S. G. *Paris, J. Moreau*, 1598, in-8.

DISCOURS véritable des derniers propos qu'a tenus Henry de Valois à Jean d'Espernon, auec les regrets et doléances dudict d'Espernon sur la mort de son maître. *Paris, Ant. du Breuil*, 1589, in-8, fig. s. bois.

DISCOURS véritable des deux dernières conspirations et attentats sur la personne de la Royne d'Angleterre; le tout par les moyens des agents d'Espagne et induction des Jésuites. *Paris, G. Auvray*, 1595, pet. in-8.

78 fr. baron Pichon.

DISCOURS véritable d'un sorcier nommé Gimel Truc, natif de Leon en Bretaigne, surprins en ses charmes et sorcelleries au pays de Vivarois; ensemble la recepte pour guarir le bestail, que par sa sub-

tille poison avoit mis sur les champs en l'année 1609. *Paris, iouxte la coppie imprimée à Lyon, par H. Botet*, 1609, in-8.

Pièce fort rare.

DISCOURS véritable d'un usurier de Remilly en Savoye, lequel c'est (*sic*) pendu et estranglé, avec le licol de sa iument, le 15 may 1604, avec sa complainte en rime savoyarde. *S. l.*, 1604, pet. in-8, fig. s. b. au titre.

Pièce curieuse, en patois savoisien, vendue 60 fr. Luzarche.

Dans la même vente figurait, au numéro précédent du catalogue, une pièce du même genre, en vers savoisiens :

— LE PLAISANT discours d'un médecin Savoyart, emprisonné pour avoir donné advis au duc de Savoye, de ne croire son devin. *S. l.*, 1600, petit in-8, 30 fr. Luzarche.

DISCOURS véritable d'un usurier, lequel miraculeusement a esté mangé des rats, à Charret, proche la ville d'Aix-en-Provence, le deuxiesme août 1606. *Suivant la copie imprimée à Lyon par Léger Bon-Homme*, 1606, in-8.

DISPUTATIONES de argumentis quibus efficitur Christum prius fuisse quam in utero Beatæ Virginis secundum carnem conciperetur, in Academia Salmuriensi variis temporibus habitæ, præsidio Josue Placei. *Salmurii*, 1660, pet. in-4.

Volume rare et curieux, 41 fr. vente Conod.

DISTELMAIR (*Cleopham*). Icones sanctorum. In singulos anni dies, cum Elogiis et indice chronologico, per Cleopham Distelmair, cathedralis ecclesiæ Augustannæ ceremoniarum ministrū in lucem datæ. *Mauritius Mittnach excud. Augustæ Vindelicorū*, 1610, pet. in-4, fig.

DICTZ DES BESTES (Les). *S. l. n. d.*, in-4, goth., de 4 ff. [13476]

En mar. de Duru, 315 fr. Yéméniz.

Un autre exemplaire, avec la marque de l'imprimeur au titre; cette marque M. H. est celle de Martin Havard, imprimeur lyonnais de la fin du XVᵉ s.; l'exemplaire Nodier, 115 fr. Yéméniz.

— Les Dictz des Bestes et aussi des Oyseaulx. *Nouvellement imprimé a Paris en la rue Neufue Nostre Dame a lescu de France. S. d. (vers 1535), pet. in-4, goth., de 12 ff., avec 49 fig. gr. s. bois.

En mar. de Niédrée, 155 fr. Yéméniz; cette pièce avait été payée 49 fr. chez Huzard, et reliée aux frais de l'amateur lyonnais.

— DICTZ (Les) ioyeux des oiseaulx. *S. l. n. d.*, in-4, goth., de 6 ff. (et non pas 5.)

En mar. de Duru, 225 fr. Yéméniz. Cette pièce est imprimée avec le même caractère que le *Livre des quatre choses*, édition lyonnaise de la fin du XVᵉ s., attribuée à Pierre Mareschal, et dont un bel exemplaire complet a été porté à 1,200 fr. dans la vente ci-dessus citée.

DICTZ moraux des philosophes et sentences poetiques collegez en Franchois et
bas Aleman. *F. T'Antwerpen, ghe-
druckt by Heyndrick Alssens.* S. d.
(privilége de 1549, accordé à Martyn
Nuyts, imprimeur d'Anvers), in-8 de
64 ff. n. ch., sign. A-Iiiij. [3668]

Fort rare.

DIVERSES lettres interceptées du cardinal de Granvelle à divers personnages
du party des Malcontens. Item deux du
président Foncq. *Anvers, chez François
de Ravelenghien,* M.D.LXXX, *par ordonnance des Supérieurs,* pet. in-4 de
26 ff. 25 à 30 fr.

L'auteur des *Annales plantiniennes* (page 220,
n° 25) croit cette curieuse pièce sortie des presses
de Christ. Plantin.

DIVERTISSEMENTS curieux (Les). *Lyon,
Jean Huguetan,* 1650 (aussi 1654), pet.
in-8 de 352 pp., plus le titre, un front.
gr., et 10 ff. de table. [17868]

Un exemplaire à la date de 1654, 30 fr. Potier.

DIVERTISSEMENTS de Sceaux (Les). *A
Trévoux, et se vendent à Paris, chez
Estienne Ganeau,* 1712, in-12.

— SUITE des divertissements de Sceaux,
contenant des chansons, des cantates...
avec la description des nuits qui s'y sont
données. *A Paris, chez Etienne Ganeau,* 1725, in-12. [19421]

Recueil de pièces en prose et vers, par Nicolas de
Malézieux et les familiers de la duchesse Du Maine;
le 2e volume n'est pas cité au *Manuel.* Ces deux
volumes, dont le second est rare, sont portés à
120 fr. au catal. Morgand et Fatout.

DIVISION (La grande) arrivée ces derniers
jours entre les femmes et les filles de
Montpellier, avec le sujet de leurs querelles. *Paris,* 1622, in-8.

Cette pièce, qui figurait au catal. La Vallière, a
été réimprimée par M. Ed. Fournier dans les *Variétés
historiques et littéraires,* tome VII.

Le sujet de la *Grande division,* c'est qu'une dame
signale les jours caniculaires comme néfastes, assertion contestée; il faut ajouter qu'il s'agit des exercices amoureux.

DIVIZIO da Bibiena (*Bern.*). Comedia nobilissima et ridicolosa, tratta dallo originale del proprio autore. La Calandra.
M.D.XXVI. *Stampata in Vinegia per
Zuanantonio et fratelli da Sabio,*
in-12, car. ital., fig. s. b. [16626]

Édition non citée par Gamba. 10 fr. Yéméniz.

A la même vente figurait l'édition sous la même
date, et provenant de la même typographie, *la Flo-
riana* [16643], que nous croyons également de Bern.
da Bibiena, vendue 12 fr.

— LA CALANDRA, 1533, pet. in-8, de 48 ff. chif.,
sign. A-F par 8 (Voy. *Gamba, série dei testi,*
n° 614).

180 fr. vente Gradenigo; Sh. 38 Gancia.

DIVORCE royal (Le) ou Guerre civile dans
la famille du grand Alcandre. *S. l. n. d.,*
in-4, de 8 ff. [17288]

Édition originale d'une pièce assez rare, dont la
seconde édition est de format elzevirien; celle-ci a
dû certainement être exécutée également hors de
France; elle donne de curieux détails sur les démêlés entre les favorites, Mmes de Montespan et de
Maintenon.

DIXAINS catholiques (Les), tirez d'anciens
lieux communs de la Saincte Escriture et
consolans les fidèles. *Basle, Bernardin
Wilmach,* 1561, pet. in-8.

Poète rare, mais assez peu récréatif; la première
pièce est adressée à Mme de Falais par Jacques
Estauge; d'autres poésies portent les noms de
G. Guéroult, de P. Bordier. 16 fr. Favart.

DOCTRINA cristia ‖ na : en que en suma
se cõtiene todo lo pnci ‖ pal y necessario
q̃ el cristiano deue saber y obrar y es
verda ‖ derõ cathecismo pa los adultos
q̃ se han d'baptizar... (Al fin): *Laus deo
‖ A gloria y alabãça de dios ñro se-
nor y ‖ de su bendita madre fue impresa esta doctrina cathotica en ‖
Mexico por mãdado del reuerẽdissimo
señor don fray Iuã çu ‖ marraga :
primero obispo de la misma ciudad :
pa utilidad co ‖ mun : especial de los
Indios...* sine anno, in-4 de 75 ff. divisés en 52 chap.

M. Harrisse, qui cite ce livre fort rare, d'après
l'exemplaire de la *Bibl. provincial* de Tolède, avoue
qu'il ne renferme aucune marque appréciable qui
lui permette de préciser la date de son exécution;
il a été publié par ordre de l'évêque de Mexico,
mort en 1548; mais des volumes exécutés postérieurement portent encore : « *fue impresso... por
mãdado d'l reverend. señor dõ fray Juã çumarraga* ».

DOCTRINA christiana ‖ en lẽgua Española
y Mexicana : hecha por ‖ los religios de
la orden de Sc̃to Domingo. ‖ Agora nue-
uamẽte corregida y ennedada. Año 1550.
(A la fin) : *Acabose de Imprimir a ‖
xij. dias del mes de hebrero. Año d' ‖
M. D. L. ños ‖ La q̃l, ha fido agora
nueuamente corregida y emẽdada.*
In-4, goth., titre imprimé en rouge et en
noir; le texte commence au f. †; huit ff.
lim. non paginés sont marqués de cette
croix ; puis viennent 147 ff. numérotés;
le texte est à deux colonnes, l'une pour
l'espagnol, l'autre pour la traduction
mexicaine; au r° du 1er f. l'écusson de
l'ordre de S. Dominique.

Ce livre est-il une réimpression avec traduction
mexicaine de la *Doctrina christiana* de Çumarraga ? nous le croyons; le rédacteur du catalogue
Fischer l'a classé sous ce nom; l'exemplaire décrit
par MM. Puttick et Simpson, incomplet du titre et
de plusieurs des feuillets préliminaires, n'a été
vendu que 5 guinées.

M. Harrisse nous dit que deux exemplaires, au
moins, sont conservés dans des collections particulières à Washington et à Mexico.

DOCTRINA CHRISTIANA. Todo fiel christiano deue saber las cosas siguientes para se confessar, regir y saluar. Los mandamientos y sacramentos de la sancta Madre yglesia... *Impressa en casa de Juan Soler en Carogoça*, s. d., in-fol., goth., à 2 col., avec une petite grav. sur bois au milieu.

Feuille volante. 25 fr., 1870.

DOVCTRINO (La) crestiano meso en rimos, per poude éstre cantado sur dibérses ayres : é per atal ajuda la Memorio del popple de Toulouso. *Tovlovso, Arnaud Coulomiés*, 1641, pet. in-12. [14380]

Dédié à l'archevêque de Toulouse; la musique occupe les pages 176-188.

C'est la première édition d'un diure fort rare; vendu, incomplet de 2 ff., 4 fr. seulement, Burgaud des Marets.

Dans la seconde édition de 1642, citée au *Manuel*, la musique occupe les pages 224-236.

DOCTRINAL (Le) des femmes mariees. *S. l. n. d.*, pet. in-4, goth., de 6 ff. [13481]

L'exemplaire Bruyères-Chalabre a été revendu 375 fr. Yéméniz.

DOCTRINAL DES FILLES. Sensuit le doctrinal des filles || vtile et proffitable. — Cy finist le doctrinal des filles. *S. l. n. d.* (*Lyon*, vers 1490). In-4, goth., de 4 ff. [13479]

Cette édition est portée au catal. de M. Asher, en 1865, où, réunie à la *Doctrine du père au filz* (voy. ce nom), elle a été vendue 450 fr.

DOCTRINAL (Le) des filles pour apprendre à estre bien saiges. *S. l. n. d.*, pet. in-12, goth., de 4 ff. avec 2 fig. s. b.

Le texte commence ainsi :

    Fille pour faire bon trésor
    Craite ayez deuat les yeulx.

230 fr. Yéméniz.

— LE MÊME. *S. l. n. d.*, pet. in-4 de 6 ff. goth., avec une fig. s. b.

Le texte débute :

    Fille pour faire bon tresor
    Crainte ayes devat vos yeulx
    Car en fille crainte siet mieux
    Que le rubis ne fait en or.

525 fr. Yéméniz.

DOCTRINE du père au filz. (M)on enfant se tu veulx biē viure || En ce monde honnestement || Retien en ton entendement || ce qui est escript en ce liure. || — Cy fine la doctrine || du pere au filz. || *S. l. n. d.* (*Lyon, vers* 1500), in-4, goth., de 6 ff., dont le premier doit être blanc; 22 lig. à la page entière. [13485]

Cette pièce, fort rare, est attribuée par les catalogues des Foires de Francfort à Symphorien Champier.

Un bel exemplaire, mais incomplet du premier feuillet, est porté au catal. Asher de 1865 au prix de 450 fr., relié en *mar.* par Trautz, et réuni au *Doctrinal des Filles*.

— LA DOCTRINE du père au filz..... *nouuellement impr. a Paris*, s. d., pet. in-8, goth., de 4 ff., fig. s. b. L'exemplaire Audenet, 290 fr. Yéméniz.

Un autre exemplaire de la même édition faisait partie du très-précieux recueil de pièces gothiques, venant de La Vallière, et vendu chez le baron Pichon 3,900 fr. (n° 485 du catal.)

DODSLEY (*Robert*). A select collection of old English plays, originally published by Robert Dodsley, in the year 1744. Fourth edition. Now first chronologically arranged, revised and enlarged. With the notes of all the commentators and new notes, by W. Career Hazlitt. *London, Rives and Turner*, 1874, 5 vol. in-8. [16353]

Très-intéressante collection, dont la première édit. fut donnée à Londres en 1744, 12 vol. in-12.

DOISY. Tons et manières de sonner à la chasse, avec des fanfares à une et deux parties, pour servir de diuertissement; suivis d'un dictionnaire à l'usage des chasseurs, et contenant tous les termes, explications et expressions relatives à la vénerie, à la fauconnerie, etc., par Doisy. *Paris*, 1804, in-4 obl., 55 pp. grav. 8 à 10 fr.

DOLET (*Estienne*). Les Gestes de François de Valois, roy de France. *A Lyon, chez Estienne Dolet*, 1540, in-4. [12859]

Vendu avec l'édition latine de 1539, le *Genethliacum* de 1540, et l'*Avant naissance de Claude Dolet* de 1539, en ancienne reliure *mar.* 500 fr. Yéméniz.

— LES GESTES de Françoys de Valois..... *A Lyon, chez Estienne Dolet*, 1543, in-8.

En riche reliure de Duru, 380 fr. même vente; en *mar.* de Trautz, 220 fr. Bordes; 215 fr. Benzon.

— FRANCISCI Valesii... fata..... *Lugduni, Dolet*, 1539, in-4.

50 fr. Cailhava.

— LA MANIÈRE de bien traduire d'une langue en aultre... *A Lyon, chés Dolet mesme*, 1541, in-4. [10999]

L'exemplaire Coste a été revendu 141 fr. Cailhava.

— STEPH. DOLETI Orationes duæ in Tholosam..... *S. l. n. d.* (*Lugduni, ap. Seb. Gryphium*, c⁴ 1533, pet. in-8. [12161]

24 fr. Solar; en *mar.* de Hardy, 64 fr. Cailhava.

DONATUS. Artes oratoïs quot sūt || Octo que Nomen : pro || nomen : verbū : aduerbi || um : participiū : coniun || ctio : prepositio : interie || ctio, etc. A la fin : Dum Supinis Caret Unū participi || um habet quod est volens. *S. l. n. d.*, in-4 de 32 ff., dont le dernier blanc, 20 lign. à la page, sans ch., récl. ni sign.

Donat, très-ancien, d'origine allemande, imprimé en petits caractères de missel.

— DONATUS de octo partibus orationis. Deux feuillets de l'édition xylographique de *Ulm, Conrad Dinckmut* (vers 1475); pet. in-fol., ont été vendus 70 thal. Weigel.

— Édition typographique ; 2 ff. sur *vélin* de l'édition in-4, décrite par M. Holtrop (*monuments typographiques*, 5e livr. no 26), édition dite « *Harlemensis prima* », exécutée vers 1470, 26 thal. Weigel.

— 2 ff. sur *vélin* d'une édition in-4, appartenant aux premiers temps de la typographie, 37 thal. même vente.

— Deux fragments sur papier, trouvés dans de vieilles couvertures, d'éditions typographiques in-4, très-anciennes et non décrites, ont été vendus dans la même vente : l'un, 19 thal. 10 ; l'autre, 30 thal. 10.

DONEAU. La Cocue imaginaire, comédie (en un acte et en vers, par le sieur Doneau). *Paris, Jean Ribou*, 1662, pet. in-12 de VI-et 35 pp.

Cette pièce est rare ; c'est le seul éloge qu'on en puisse faire, mais l'avis au lecteur est un document précieux pour l'histoire de Molière et de la pièce du *Cocu imaginaire*.

On a lieu de supposer, dit M. Paul Lacroix, qu'une première édition, publiée sous le titre des *Amours d'Alcippe et de Céphise*, a été supprimée, sans doute à la requête de Molière, car on lit au-dessous du privilége : « Achevé d'imprimer pour la seconde fois le 27 mai 1662 ».

Bien que la dédicace soit signée des initiales F. D. (François Donneau ou Doneau), il y a lieu de croire que la pièce est de Jean Donneau de Visé.

Réimprimée à Amsterdam par Wolfgang : *suivant la copie imprimée à Paris*, 1662, pet. in-12 de V ff. lim. et 26 pp.

Cette pièce a été réimprimée par J. Gay, en 1870, avec une notice de Paul Lacroix, pet. in-12 de x-58 pp.; elle fait partie de la collection moliéresque, tirée à 100 exemplaires.

DONI (*Ant.-Fr.*). **Dialoghi della musica.** *Vinegia, Girol. Scotto*, 1544, 2 part. en un vol. in-4, musique notée. [10143]

La première partie seule (de 48 ff.) 100 fr. catal. Tross, (prix exagéré.)

— LA LIBRERIA. *Vinegia, Giolito*, 1550, in-12 [18347]

Ce charmant livre a été imprimé deux fois sous la même date, dit M. Brunet ; la bonne édition se reconnaît à une lettre libre gravée sur bois à la page A ij ; elle a 72 ff. ; la réimpression, qui a une planche chaste, n'en compte que 71.

— LA SECONDA LIBRERIA. *Vinegia, Marcolini*, 1551, in-12, a 112 ff. chiffrés, plus 6 pour la table et la belle marque du typographe.

— La Zucca del Doni en español. *In Venetia, per Francesco Marcolini, il mese d'ottobre* MDLI, fig. et titre gr. s. b., in-8, de 166 pp. (titre compris) et 5 ff. [17890]

Ce vol. est imprimé en caract. cursifs, et orné de 16 belles planches gravées sur bois ; cette édition est dédiée à Juan Battista de Diuici, abbad de Bibbiena y de San Juan in Venere. 50 fr. Maisonneuve ; 36 fr. Gancia, et en *mar.* de Lortic, 23 fr. Potier.

— SOPRA l'Effigie di Cesare fatta per M. Enea Vico di Parma, dichiaratione. *Venetia* (1556), in-4.

Une réimpression fac-simile de cet opuscule rarissime a été publiée à Londres en 1868, petit in-fol., par les soins de Sir William Stirling Maxwell; cette réimpression, à 50 exemplaires, est très-soignée; l'éditeur l'a enrichie d'une notice intéressante : *Cesare*, cela va sans dire, c'est Charles Quint.

DORAT (*Cl.-Jos.*). [13922]

La fastidieuse collection des poésies de cet élégant écrivain, grâce aux charmantes illustrations d'Eisen et de Marillier, a pris une grande valeur aujourd'hui. Un exemplaire des Œuvres complètes en vers et en prose (1766-1780), réunies en 4 vol. gr. in-8, et reliées en *mar.* à petits fers très-riches, par Lortic, 1,900 fr. Grésy (1869).

— LES BAISERS. *La Haye et Paris, Lambert et Delalain*, 1770, in-8, 1 fig. par Eisen, gravée par Longueil, 23 vignettes, 1 fleuron au titre et 22 culs-de-lampe par Eisen, gravés par Aliamet, Longueil, Massard, etc.

Il y a deux tirages ; le plus recherché est celui qui présente des fautes de pagination non corrigées dans les premiers feuillets du poëme du *Mois de Mai*, et est privé des *imitations des poètes latins* qui enrichissent le second tirage.

Les exemplaires tirés en grand papier de Hollande, avec les titres en rouge, sont fort recherchés ; quand ils sont dans une fraîche reliure ancienne de Derome, ou imitée de Derome, ils sont poursuivis avec frénésie par les néo-bibliophiles.

En grand papier de Hollande et en *mar.* de Trautz, 410 fr. Potier ; en ancienne reliure et papier de Hollande, 1,035 fr. Benzon ; en *mar.* de Belz-Niédrée, 1,150 fr. Fontaine (1877).

En papier de Hollande, mais exemplaire du second tirage, dans une riche reliure de Capé, 460 fr. Capé ; revendu 1,050 fr. Leb. de Montgermont (1876).

Nous connaissons de ce livre, aujourd'hui précieux, un exemplaire du premier tirage et en papier de Hollande, recouvert d'une bonne rel. en *mar.* à compartiments de Derome ; cet exemplaire provient de la reine Marie-Antoinette, dont il porte les armes sur les plats ; il fait partie de la nouvelle bibliothèque que forme, à petit bruit, un amateur bien connu, M. Léopold D., qui veut, à l'instar de plusieurs bibliophiles célèbres, rééditer le monument qu'il a jeté par terre, et qui, nous l'espérons, y parviendra.

— LES FABLES nouvelles. *La Haye, Paris, Delalain*, 1773, 2 vol., in-8, dont la pagination se suit ; frontispice gravé, 1 fig. par Marillier, gravée par Delaunay, répétée aux 2 vol., 99 vignettes et 99 culs-de-lampe de Marillier. (C'est le chef-d'œuvre de cet habile artiste.)

En grand papier de Hollande et reliure en *mar.* par Trautz, 530 fr. Potier (1870) ; un second exemplaire en *mar.* de Duru, 205 fr. même vente ; en riche reliure de Lortic, 455 fr. Grésy, et dans une belle reliure de Derome, en grand papier, jusqu'à 1,600 fr. Benzon ; en *mar.* de Capé, ex non rogné, 400 fr. Leb. de Montgermont.

Nous renvoyons, pour la description détaillée des illustrations qui décorent les œuvres insipides de Dorat, au *Guide de l'Amateur de livres à figures et à vignettes du* XVIIIe *siècle*, de M. Henry Cohen (3e édition, revue par M. Ch. Mehl). *Paris, Rouquette*, 1876, in-8.

DORAT (*Jean*). **Magnificentissimi Spectaculi, a Regina Regum matre in hortis suburbanis editi, in Henrici regis Poloniæ inuictissimi nuper renunciati gratulationem descriptio, Io. Aurato poeta regio auctore.** *Parisiis, ex officina Federici Morelli*, MDLXXIII, in-4, fig. s. bois.

Ce volume doit prendre place parmi les *solennités* ; il contient une pièce de vers de Ronsard et une autre d'Am. Jamyn, en outre du poëme latin de Dorat; les gravures sur bois sont de l'école de J. Cousin. 125 fr. Yéméniz ; le très-bel exemplaire de M. Ruggieri, 360 fr.; un bon exemplaire était offert en 1875 à 150 fr. chez Tross.

— NOVEM CANTICA... neuf cantiques ou sonets de la paix. *Lutetiæ, in aedibus Joannis Aurati*, 1570;

in-4, de 12 ff.; au recto du 10ᵉ feuillet se trouve une curieuse gravure sur bois.

DORAT (*Jacques*). La Nymphe Rémoise au Roy. Présenté par la Pucelle, en son entrée en la ville de Reims. *A Paris, iouxte la coppie imprimee à Reims par Simon de Foigny*, 1610, pet. in-8 de 32 pp. [13922]

Réimpression de l'édition originale, non citée au *Manuel*. 19 fr. (nov. 1866.)

DORÉ (*Pierre*). La Passe solitaire, à tous amateurs de Dieu, et vie spirituelle ou contemplative donnée pour instruction. *Paris, Jehan de Broilly*, 1547, in-16.

L'un des plus rares traités de l'auteur, célébré par Rabelais. (*Pantagruel*, liv. II, chap. 22.)

M. Brunet dit (11, col. 819) : « Une autre édition du *Dyalogue instructoire*... se trouve quelquefois réunie au *Collège de Sapience*, édition de 1539 »; elle en fait partie intégrante, et se trouve indiquée au premier titre.

— L'IMAGE de vertu demonstrant la perfection et saincte vie de la bienheureuse Vierge Marie... Autheur P. P. Doré, docteur en théologie, et de l'ordre des Frères prescheurs. (A la fin :) *Imprime pour Jehan de Broilly, demourant en la rue Sainct Jehan de Beauluoys. A lenseigne Saincte Geneuiefue*, s. d. (vers 1545), in-8, composé du titre, xi ff. lim., ccccxvi ff. chif., 4 ff. non chiffrés pour l'*Epistre aux lecteurs*.

Ce petit volume est certainement l'un des plus curieux qui soit échappé à l'ascétisme déréglé de l'auteur; cette édition n'était pas citée; l'exemplaire que nous en avons vu chez M. Tross était recouvert d'une de ces charmantes reliures aux armes de France, au chiffre et à la devise de François Iᵉʳ; il a été vendu 300 fr., et a figuré au prix de 1,200 fr. au catalogue de 1873 du libraire Fontaine; un exemplaire ordinaire ne vaudrait pas plus de 30 à 40 fr.

— LE COLLÈGE de Sapience, fondé en l'Université de Vertu. Avec le dialogue de la Foy. *Paris, Anth. Bonnemère*, 1539, 2 part. en 1 vol., pet. in-8. caract. ronds; 1ʳᵉ partie, clxviii ff. chif., 8 ff. non chif.; 2ᵉ partie, cvi ff. chif. et 2 ff. non chif.

Les innombrables élucubrations, diatribes, satires, etc., du fécond polémiste, conservent avec peine les prix antérieurs; ce sont de ces pièces qui ne se vendent qu'en raison de leur condition.

DOREMET (*J.*). Polymnie du vray amour, et de la mort. Auec quelques Stances et Quatrains spirituelz, par Iaques Doremet, Vandômois. *A Paris, chez Nicolas Gilles...* 1596, in-12.

En *mar.* de Hardy, 80 fr. au catal. du libraire Fontaine; en *veau*, 21 fr. Turquety.

J. Doremet se convertit au catholicisme, et fut attaché comme prêtre à l'église de Saint-Malo.

DORN (*Gérard*). La Monarchie du ternaire en union, contre la Monarchie du binaire en confusion, par Gérard Dorn, docteur physicien. *S. l.*, 1587, in-8 de 8 ff., fig. géométriques.

Pièce singulière en vers; la dédicace à François de Valois, duc d'Anjou, est datée de Basle, où, sans doute, elle a été imprimée. 4 fr. Potier (1872).

DORREGARAY. Historia de las Ordenes de caballeria y de las condecorationes españolas. Publicala Don Jose Gil Dorregaray. *Madrid, en la imprenta de Tomas Rey*, 1864-65, 3 vol. in-fol., avec de nombreuses planches coloriées représentant des costumes, des portraits, etc.

Belle publication, 150 fr.

DORTA. Coloquios dos simples e drogas he cousas medeçinais da India, e assi dalgūas frutas achadas nella onde se tratam algūas cousas tocantes a mediçina, pratica e outras cousas boas, pera saber cōpostos pello Doutor garcia Dorta. *Impresso em Goa, por Joannes de endem as x dias de Abril de* 1563 *annos*, in-4.

Ce livre fort rare, légué par Th. Grenville au British-Museum, a passé longtemps pour être le premier produit de la typographie aux Indes orientales; on en a, depuis quelques années, découvert un qui remonte à 1561 (voy. COMPENDIO); ce qui prouve bien, du reste, l'inexpérience des compositeurs qui ont imprimé ce livre de Dorta, c'est la longueur des *errata*, qui ne comprennent pas moins de 20 pages.

Ce qui donne encore du prix à ce volume, c'est qu'il renferme une pièce de vers du grand Camoëns.

Voici la description du livre : viii ff. lim., dont le premier blanc, 249 ff. chiffrés (sign. A-Z et Aa-Iih), plus 1 f. blanc; enfin un *colloquio* supplémentaire, sign. Ii, contenant 8 ff., chiffrés par erreur 210-217; en tout 266 ff. Ce livre est cité par erreur au mot *Orta*, au *Manuel;* et M. Brunet dit aussi que les vers de Camoëns sont inconnus, tandis que ces vers, adressés au comte de Radondo, se trouvent dans la plupart des éditions du grand poëte, entre autres au 2ᵉ volume de celle de 1782.

Ce livre rare vaut de 100 à 120 fr.

DOUBDAN. Le voyage de la terre-sainte, contenant une véritable description des lieux plus considérables que N. S. a sanctifiés de sa présence; l'estat de la ville de Jérusalem, etc., par M. J. D. P. (Doubdan, Parisien). *Paris, Fr. Clousier*, 1657, in-4, fig. [20651]

Première édition, non citée par M. Brunet, qui a vu cependant ce livre rare passer en vente (2ᵉ vente De Bure, 1835, 1 fr. 45 c.); en 1872, à la vente de M. de Sauley, un exemplaire médiocre a été payé 6 fr.; 20 fr. au catal. Tross (viᵉ 1873).

La seconde édition est de *Paris, Clousier*, 1661, in-4, fig.; 7 fr. de Sauley; 72 fr. Yéméniz.

DOUBLE (Le) Cocu. [17189]

— Réimprimé à *Turin, chez J. Gay*, 1870, à 100 exemplaires, dont 4 sur papier de Chine, vi et 83 pp.; l'avant-propos est de 2 pp.

On connaît cinq ou six éditions de cette historiette libre; la réimpression de Gay a été faite sur celle d'Amsterdam, 1679.

Un exemplaire de l'édition intitulée : *Le Vice Roy*, 1679, est conservé à la Bibl. de l'Arsenal.

DOUBLE (Le) des let||tres des verdz galans. Auec les || ditz de chascun. — *Finis. S. l. n. d.* (*Paris, vers* 1530?), pet. in-8 de 4 ff. de 21 lignes à la page, sign. A., impr. en lettres de forme.

Cette pièce de poésie, fort rare, est extraite de la célèbre *Danse Macabre;* elle a été reproduite par MM. de Montaiglon et de Rothschild au xᵉ livre des

Poësies françoises des xv° *et* xvi° *siècles*, et les savants éditeurs ont fait précéder cette reproduction d'une excellente notice bibliographique; ils font remarquer avec raison que les deux bois qui sont gravés au titre et au verso du dernier feuillet se retrouvent spécialement dans les édions données par Pierre Sergent. (Bibl. royale de Dresde. *Libri rom. et ital.*, M. 55, q. 189.)

DOUBLET (*J.*). Elegies ‖ (et Epigrammes) de Ian Dovblet ‖ Dieppoys. ‖ Auec priuilege. ‖ *A Paris, pour Charles Langelier, libraire ‖ iuré de l'Uniuersité de Paris* ‖ ... 1559, in-4 de 55 ff. chiffrés, et 2 non chiffrés; le v° du 56° est occupé par le privilége, et le r° du 57° par la marque du libraire; les 3 premières pages contiennent la préface; sign. A-Oij. [13702]

Un bel exemplaire, en *mar.* de Trautz, provenant de M. d'Auffay (450 fr.) a été revendu 805 fr. Turquety, et 1,500 fr. Leb. de Montgermont (1876).

Un autre exemplaire a passé à la vente de la Bibl. du château de Saint-Ylie, faite par M. Labitte, et a atteint le prix de 1,365 fr.

Il existe quelques exemplaires de ce poëte, fort rare et fort intéressant, dans les bibliothèques publiques, entre autres à la Nationale, à l'Arsenal (fonds La Vallière) et à la Bibl. de Bordeaux.

M. de Gaillon a consacré au poëte Dieppois un article fort bien fait dans le *Bulletin du bibliophile*, année 1856, pages 739-756.

— Il en a été fait en 1873, chez Willem, à Paris, une réimpression fac-simile, in-8, avec préface, notes et index; il en a été tiré quelques exemplaires sur papier de Chine et sur papier Wathman.

DOUJAT (*Jean*). Mémoire de l'Etat ancien et moderne de la Lorraine... où l'on voit les droits de la couronne de France sur la Lorraine, et les justes raisons qui ont obligé les Roys très-chretiens Louis XIII et Louis XIV de s'assurer des Etats du duc Charles. Tiré de la Géographie historique et politique de M. J. D., professeur du roi en droit et historiographe de Sa Majesté. *S. l.*, 1673, in-4.

Le P. Lelong nous donne le nom de l'auteur de cette pièce intéressante.

DOUX (Le) et gracieux traictement des partisans du roy de Nauarre a l'endroict des catholiques, c'est à dire le cruel assassinat, ou plustost, si j'ose dire, glorieux martyre de deux jésuites, commis par iceux en la ville d'Aubenas, le 8° jour de febvrier de ceste année 1593..... *Paris, chez Robert Nivelle*, MDXCIII, in-8.

Cette pièce, assez peu intéressante, a cependant été jugée digne de l'honneur d'une réimpression fac-simile, exécutée par Rousseau Leroy, à Arras, en 1864.

DOYEN. L'Histoire de N.-D.-des-Ermites, composée en vers françois, par messire Cl. Fr. Doyen, prestre-curé de Trévillers, au comté de Bourgogne. *Einsidlen*, 1701, in-12, 3 fig.

Volume curieux, imprimé au monastère bénédictin d'Einsiedeln, en Suisse, 10 à 12 fr.

DRACONI. L'heureuse conversion de cent cinquante personnes notables de la religion prétendue réformée, tant en la ville du Havre, que des environs, lesquels se sont convertis à la religion catholique, le 10° jour de mars 1613, par les prédications du R. P. Draconi, Capuchin. *Paris, Claude Percheron; iouxte la copie imprimée à Rouen par Est. Malassis* (1613), pet. in-8 de 22 pp.

12 à 15 fr.

DRAKE (sir *Francis*). Expeditio Francisci Draki equitis Angli in Indias Occidentales. A. 1585, quâ Urbes, Fanum D. Jacobi, D. Dominici, D. Augustini et Carthagena, captæ fuere. Additis passim regionum locorumque omnium tabulis Geographicis quàm accuratissimis. *Leydæ, apud Fr. Raphelengium*, 1588, in-4, portrait. [20949]

C'est la plus ancienne navigation du célèbre marin anglais; ce livre est rare et précieux quand les quatre cartes, gravées sur bois, s'y trouvent.

— A SUMMARIE and true discourse of sir Francis Drake West Indian Voyage. Wherein were taken, the townes of S. Iago, S. Domingo, Cartagena and S. Augustine. *London, by Richard Field*, 1589, in-4, avec quatre cartes et une dédicace à lord Essex, un des officiers de l'expédition; et en outre avec le portrait de Fr. Drake.

Ce volume est encore plus rare que le précédent; il vaut de 200 à 300 fr.

— NARRATIONES Duæ admodum memorabiles quarum prima continet Diarium expeditionis Francisci Draki, equitis Angli, in Indias occidentales susceptæ emendatius quam antea editæ, additis insuper tabulis geographicis accuratissimis. *Norimbergæ*, MD.XC, in-4, avec 4 cartes.

Un exemplaire, sans cartes, de cette rare édition est porté à 4 guinées au catal. anglais de Russell Smith (1865).

— LE VOYAGE curieux autour du monde, par François Drach, amiral d'Angleterre, augmenté de la seconde partie. *A Paris, chez Robinot*, 1641, in-8, de IV ff. lim., 230 pp. et 1 f. blanc. 120 fr. catal. Tross.

Édition intéressante; elle doit être accompagnée d'une grande planche, gravée sur cuivre, portant ce titre : *La heroïke entreprinse faict par le seigneur Dräeck d'auoir cirquit toute la terre.*

Il va sans dire que cette gravure et son intitulé viennent de Hollande.

DREWS (*J.*). Methodus peregrinationis Menstruæ Marianæ ad imagines Deiparæ Virginis per ditiones regni Poloniæ et ducatus Litvaniæ miraculis celebriores. Cum fig. æneis. *Vilnæ*, 1684, in-4, avec 13 grav. sur cuivre.

Petit volume rare, dont le titre plus que singulier fait le principal mérite, 10 à 12 fr.

DROITZ nouueaulx establis sur les femmes [13487]

L'édition citée au *Manuel* comme ayant 8 ff., pet. in-4, goth., à 26 lignes à la page, porte : *Imprime à Rouen pour Ichan Burges le jeune.*

Un exemplaire de l'édition, in-8, de 4 ff. à 2 col., de 33 lignes, est décrit au catal. Cigongne (n° 667).

Ce petit poëme, emprunté à la pièce des *Droitz nouueaulx*, de Coquillart, est évidemment de provenance parisienne ; il y est question des églises des Billettes et de Sainte-Croix et du Champ-Gaillard.

Il a été réimprimé dans le *Recueil de pièces rares et facétieuses*. (*Paris, Barraud*, 1863, tome III.)

DROUHET. La Moirie de Sen-Moixont o lez veverdé de tretoute lez autres. Dediee à madame la duchesse Mazarin. Par Jean Drovhet, apoticaire audit lieu. Ensomble la Mizaille a Tavni..... *Poictiers, P. Amassard*, 1661, pet. in-4. [14363]

La première pièce a 2 ff. lim. et 11 pp. ; la *Mizaille à Tavni* a été réimprimée l'année suivante ; cette édition est augmentée des arguments en français avec une explication des mots *poictevins difficiles à sçauoir*. C'est un pet. in-4, de IV ff. lim. et 60 pp.

L'exemplaire Burgaud des Maretz, en *mar.* de Trautz, a été vendu 105 fr. ; il contenait encore une pièce citée au *Manuel* : Les bon et bea prepov du hovn-home Bretav... 7 pp.

DRUSIANO dal Leone. El qual tratta delle battaglie da poi la morte di Paladini. *Venetia, Alessandro di Vian*, 1583, in-8, goth., de 48 ff. à 2 col. (sign. A. F.); le dernier f. est blanc; le titre, sur lequel est une pl. gr. s. bois, est en car. rouges et noirs. [14819]

£ 2, sh. 18 Libri.

— DRUSIAN dal Leone, el qual tratta de battaglie dapoi la morte di Paladini. *In Milano, app. Valerio da Meda*, 1575, in-4, à 2 col., £ 1. sh. 13, même vente.

Cette édition, ainsi que la précédente, n'ont été citées ni par Melzi ni par M. Brunet.

DRYANDER (*Johannes*). Cosmo || graphiæ intro || dvctio, cvm qvibusdam Geometriæ ac Astro || nomiæ principiis, ad eam rem || necessariis. || *Coloniæ, Hæredes Gymnici excude* || *bant, Anno* M.D.XLIIII, in-4, titre 1 f., 5 pp. non numér. pour l'Épître dédic., 23 ff. non chiffrés; au r° du dernier f. se lit un chap. intit. : *Americæ Descriptio.*

DU BEC (*Jean*). Histoire du grand empereur Tamerlanes, où sont descrits rencontres, escarmouches, batailles..... que ce grand et renommé guerrier a conduites et mises à fin... tirée des monuments antiques des Arabes, par messire Jehan Du Bec, abbé de Mortemer. A Henri IIII tres chrestien et tres victorieux roi de France et de Navarre. *Rouen, Richart L'Allemand*, 1595, in-8. [28265]

C'est la plus ancienne édition connue de ce livre rare, et vraisemblablement la première; en *mar.* de Capé, 66 fr. Delasize (1862); revendu 50 fr. Potier.

— La même. *Paris, D. Guillemot*, 1612, in-12.

— La même. *Rouen*, 1614, in-12.

— La même, trad. en anglais. *London*, 1597, in-4, de 265 pp.

— DISCOURS de l'Antagonie du chien et du lièvre. *S. l.*, 1593, in-8. [10428]

Un des deux exemplaires sur *vélin*, de la réimpression de Crapelet, en *mar.* de Duru, 40 fr. baron J. Pichon.

DUBOIS-Hus. Le Prince illustre, ou la bataille de Rocroy et la prise de Thionville; poëme. *Paris, Jean Pasle*, 1645, in-4. 1 fr. 2° vte De Bure. 1835.

Ce poëme, à la louange du prince de Condé, est tombé dans un oubli à peu près complet, dont il ne mérite guère de sortir ; son auteur avait été déjà cité dans la *Bibl. poétique* de M. Viollet le Duc.

— LA NUICT des Nuits, le Jour des Jours..... *A Paris, Jean Pasle*, 1641, in-12.

Avec une dédicace au cardinal de Richelieu, signée Dubois-Hus ; ce malheureux poëte famélique faisait le misérable métier de quêter quelques aumônes auprès des puissants du jour, à l'aide de rapsodies fastidieuses; il est sans doute mort à la peine, et l'histoire n'a gardé aucune trace de son nom.

Les victoires du prince de Condé ont valu au héros bon nombre de coups d'encensoir du même genre; nous citerons encore :

— DU BRETON. Les glorieux succès des armes du roy, sous la conduite du duc d'Anguien, en Flandre. *Paris*, 1646, in-4.

DUBOSC de Montandré. Suite historique des ducs de la basse Lorraine, et, en passant, l'histoire généalogique de la maison de Godefroy de Bouillon, où on verra l'establissement du royaume d'Austrasie, son changement de nom en celuy de Lorraine... Le tout dédié au Roy. Par le sieur Dubosc de Montandré. *Paris, Nic. Boisset*, 1662, in-4.

Réimprimé chez le même libraire, l'année suivante, sous un nouveau titre :

— L'INTRIGUE de la Maison Lorraine, qui a fait perdre cette couronne de Lorraine à celle de France, et les prétentions imprescriptibles que la France y peut et doit encore fonder.

Ces deux éditions sont également rares ; la triste guerre de 1870, qui nous a ravi cette chère province, leur donne un regain d'actualité, qui les ferait certainement payer cher s'ils passaient en vente.

Ces deux volumes sont à la Bibl. nationale.

DU BOULLAY (*Emond*). Le tres excellent Enterrement du tres hault et tres illustre prince Claude de Lorraine, duc de Guyse et d'Aumale... Auquel sont déclarées toutes les cérémonies de la chambre d'honneur, du transport du corps... *Paris, Gilles Corrozet*, 1550, in-8, blason gr.

16 shel. Bohn (1841); vaut aujourd'hui dix fois ce prix.

Première édition, fort rare; elle a été partagée entre deux libraires, et un certain nombre d'exemplaires portent : *Paris, Arn. l'Angelier*, 1550; in-8.

Le même fait s'est représenté pour la réimpression de 1551, citée au *Manuel*, dont on trouve des exemplaires aux noms de Gilles Corrozet ou d'Arnoul l'Angelier.

— LE CATHOLIQUE enterrement de feu M. le rév. cardinal de Lorraine, archeuesque de Narbonne:

Paris, Jehan Dallier, 1550, pet. in-8, se trouve aussi sous la rubrique de *Paris, Lazare Grenet*, 1550, pet. in-8. [23480]

Même observation que pour la pièce précédente.

— Le Combat de la chair et de l'esprit. *Paris, G. Corrozet*, 1549, in-8.

En ancienne reliure *mar.*, 100 fr. Double.

DU BOURG *(Anne)*. Oraison au sénat de Paris pour la cause des chrestiens, à la consolation d'iceulx. *S. l.*, 1560, in-8.

— Confession sur les principaux poincts de la religion chrestienne, présentée à la cour du parlement de Paris, par Anne du Bourg, conseiller de la ditte cour, estant pour lors prisonnier pour la defence de la parolle de Dieu. Plus l'histoyre de la mort et martyre du mesme seigneur Du Bourg, par lequel il a signé de son sang la susdite confession. *S. l. n. d.*, in-4.

Ces pièces rares doivent, à juste titre, être recherchées des amateurs et de tous ceux qui se souviennent que leur auteur fut l'une des plus nobles victimes du fanatisme religieux au XVI⁢ᵉ siècle.

DU BREUIL *(Jacq.)*. Le théâtre des Antiquitez de Paris. *Paris, Cl. de Latour* (ou *P. Chevalier*), 1612, in-4.

Avec le supplément latin de 1614, et le supplément français de 1639, relié en 2 vol., in-4, *mar. r.* de Du Seuil, 150 fr. La Bédoyère, en 1862; en anc. rel. *veau*, 36 fr. Luzarche; un exemplaire médiocre, 17 fr. Leroux de Lincy, et le supplément de 1639, 15 fr.

DUBUISSON *(P. P.)*. Armorial. *Paris*, 1757, 2 vol. in-12. [28854]

Ces deux volumes sont toujours recherchés, et cependant il y a un ralentissement dans la hausse extraordinaire qu'ils ont obtenue depuis quelques années; en anc. rel. *mar.*, aux armes du contrôleur général J. de Boullongne, 395 fr. Brunet; en *mar.* de Trautz, exemplaire de Jamet avec sa sign., et ses notes curieuses, 255 fr. baron Pichon; un exemplaire ordinaire 90 fr. Yéméniz; en *mar. v.* de Petit, 165 fr. Potier; en *mar.* de David, 200 fr. catal. à prix marqués de Fontaine; un autre exemplaire figurant dans le même catalogue de 1876, en anc. rel. *mar.*, est porté au prix extraordinaire de 1,200 fr., parce qu'il est dit que cet exemplaire *doit* avoir été relié par Dubuisson lui-même.

Un bon exemplaire vaut aujourd'hui 70 à 80 fr.

Dubuisson était en même temps relieur et graveur du roy; un *almanach* de 1759, relié en *mar.* richement orné, aux armes du comte de Saint-Florentin, portait collée sur le feuillet de garde l'adresse de Dubuisson « *relieur et doreur du roy* »; cette particularité a fait vendre ce volume 54 fr. à la vente du baron Pichon; un exemplaire des *Amours pastorales de Daphnis et Chloé* de 1718, aujourd'hui chez le baron de la Roche la Carelle, porte également dans un cartouche gravé par Eisen l'adresse de Dubuisson « *dessinateur d'armoiries et doreur* ».

DU BUYS *(Guil.)*. L'oreille du Prince... *Paris, Jean Feburier*, 1582, in-8. [13844]

Le *Manuel* donne, sous cette date, l'édition de *Claude Monstr'OEil.* Celle-ci est la même avec un autre titre... 38 fr. W. Martin.

— Les OEuvres. *A Paris, pour J. Feburier*, 1583, in-12.

En *mar.* de Duru, 172 fr. Yéméniz; dans cet exemplaire, le feuillet 199, qui, dans la plupart des exemplaires est rogné à la lettre, était dans toutes ses marges; en *mar.* de Thompson, 100 fr. Solar 120 fr. Chaponay.

— Les OEuvres de Guillaume du Buys, Quercinois. *Paris, Guillaume Bichon*, 1585, in-12.

En *mar.* de Duru, avec la copie faite de la main de Sainte-Beuve, d'une ode adressée par Ol. de Magny à Guil. du Buys, 216 fr. Sainte-Beuve; en *vélin*, 90 fr. Luzarche.

DU CERCEAU *(Jacques* Androüet, dit).

M. Hippol. Destailleur, architecte du gouvernement, a consacré une longue notice bio-bibliographique à cet illustre architecte dans une notice intitulé : *Notice sur quelques artistes français du XVI⁢ᵉ au XVIII⁢ᵉ siècle. (Paris, Rapilly*, 1863, in-8. Nous empruntons à ce remarquable travail les détails qui suivent, en laissant de côté les notes iconographiques consacrées à la description des pièces isolées, cartes, gravures, etc.

— Arcs. — *Iacobus Androuetius du Cerceau lectoribus suis. En vobis, Candidi lectores & architecturae studiosi, quinque et vigenti exempla arcuum..... Aureliae*, 1549, pet. in-fol.

Dans un piédestal d'architecture se trouve une table renfoncée, sur laquelle est gravé le titre latin dont les premières lignes sont reproduites ci-dessus; les 25 planches sont sans numéro.

Au catal. Hurtault (n° 332) figure une autre édition plus complète :

— Jac. Androuetii du Cerceau, XXX exempla arcuum, partim ab ipso inventa, partim ex veterum sumpta monumentis. *Aureliae*, 1549, in-fol., 29 planches numérotées à la main.

— Grotesques *(1⁢ʳᵉ édition)*.

Le frontispice se compose de motifs arabesques, paraissant former un arc, la hauteur de l'imposte et de la base est occupée par deux frises, entre lesquelles on lit : *Iacobus Androuetius du Cerceau, lectoribus S. Nihil aliud semper cogitanti et molienti mihi..... Valete & nostra scripta vestris ponderibus benevole examinate. Aureliae*, 1550, pet. in-fol.

Il est à peu près impossible de déterminer d'une façon définitive le nombre des planches qui composent ce précieux recueil; Mariette, dans ses notes, le fixe à 54.

Une seconde édition paraît douze ans plus tard.

— Le frontispice est encadré : *Lectori, en nostrum tibi denuo prodit opus de ludicro picturae genere, quod varias rerum commiscet species (grotescham vulgó dicunt), multis figuris auctum et complectatum. Vale et fruere. Lutetiae, anno Domini*, 1562. I. A. D. C.; pet. in-fol., de 60 planches.

Les planches de la première édition ont 0⁢ᵐ105 mill. de hauteur sur 0⁢ᵐ67 mill. de largeur; de la seconde 0⁢ᵐ100 mill. de hauteur sur 0⁢ᵐ62 mill. de largeur.

Mariette possédait les cuivres de l'édition de 1562, et il en fit tirer un grand nombre d'exemplaires sans le titre; ils passèrent ensuite dans les mains de Jombert, qui en publia un nouveau tirage en 1752.

Les *Grotesques* ont été copiés en 1594 par Jean Siebmacher, de Nuremberg, qui prit pour modèle l'édition de 1562; la gravure en est maigre et manque de sentiment, dit M. Destailleur; les planches ont 0⁢ᵐ101 mill. de hauteur sur 0⁢ᵐ05 mill. de largeur.

— Temples. — *Iacobus Androuetius du Cerceau lectoribus suis. Quoniam apud veteres alio structurae genere Templa fuerunt aedificata, quam ea quae nostra aetate passim conspiciuntur..... Aureliae*, 1550, in-4.

Le titre est gravé sur le dé d'un piédestal; 35 planches et le titre; 0m95 mill. de hauteur sur 0m135 de largeur.

Il existe de cette suite une copie dont M. Destailleur ignore le titre; 17 des planches qui la composent ont seules leur désignation gravée en petits caractères en marge.

— FRAGMENTS antiques. — *Iacobus Androvetius du Cerceau lectoribus suis. Cum nactus essem duodecim fragmenta structurae veteris commendata monumentis a Leonardo Theodorico..... Valete. Aureliae,* 1550, in-4.

Ce titre est gravé sur une table encadrée; 13 pièces avec le titre compris, hauteur 0m157 mill. sur 0m97 de largeur.

Il existe une réimpression datée de 1565; les caractères du titre sont plus forts, la gravure des planches plus fine, mais dans un sentiment différent; elles ont 0m155 mill. sur 0m96 de largeur.

Virgile Solis en a gravé une copie en sens contraire.

— VUES D'OPTIQUE. — *Iacobvs Androvetivs lectoribus suis. Veteri consvetvdine institvtoque nostro nouos subinde..... Valete, Avreliae,* 1551, pet. in-fol.

Bien que le titre n'indique que 20 pièces, cette suite se compose de 21; il y a deux états; les planches du premier ont, en moyenne, 0m178 de hauteur, tandis que dans le second elles n'ont plus que 0m168.

C'est à l'ouvrage de Michel Crecchi : *Prospectiva et Antichità di Roma,* que du Cerceau a emprunté cette suite.

— LIVRE d'architecture de Jacques Androuet du Cerceau, contenant les plans et dessaings de cinquante bastiments tous différents, etc. *Imprimé à Paris, par Benoist Prévost, rue Frémentel,* 1559, in-fol., titre et dédicace au roy Henri II; 14 pp. de texte non numérotées, et 171 pièces sur 69 planches; cet ouvrage a paru en même temps en latin et en français. [9799]

— 2e édition. *Paris,* 1582, in-fol., de 26 ff. de texte, et 52 ff. de planches.

— 3e édition. *Paris, chez Jean Berton, imprimeur-libraire,* 1611, in-fol.

— ARCS et Monuments antiques d'Italie et de France. — *Iacobi Androvetii du Cerceau liber novus, complectens multas et varias omnis ordinis, tam antiquorum quam modernorum fabricas, jam recens editus anno* M.DLX, in-fol.

18 planches; M. Destailleur signale deux états : le premier avec les planches au trait, sans les fonds et sans les numéros; le second avec les planches ombrées; mais, de celles-ci, l'éminent bibliographe n'attribue que 6 planches à du Cerceau; ce sont celles qui portent les nos 7, 8, 9, 11, 12 et 13.

— SECOND livre d'architecture, par Jacques Androuet du Cerceau, contenant plusieurs et diverses ordonnances de cheminées, lucarnes, portes, fontaines, puits et pavillons, pour enrichir tant le dedans que le dehors de tous édifices; avec des dessins de dix sujets différentes. *A Paris, de l'imprimerie d'André Wechel,* 1561, in-fol., de 68 ff., dont 2 de texte.

L'ouvrage est en latin et en français; il a paru deux éditions, dont la seconde ne diffère que par la disposition du titre; au milieu se trouve un fleuron, et on lit au-dessous : *Imprimé pour Iacques Androvet du Cerceau.*

Voici le détail des planches : 20 ordonnances de cheminées, plus une coupe; 12 manières de lucarne; 14 portes; 6 fontaines; 6 pavillons; 10 sépultures.

— LIVRE DE GROTESQUES. *Paris, Wechel,* 1566, in-fol., de 2 ff. de texte et 35 planches.

Il y a trois tirages; le meilleur est le premier, dans

lequel les ombres et les fonds sont d'un travail très-sobre et d'une grande transparence.

— LIVRE D'ARCHITECTURE de Jacques Androuet du Cerceau, auquel sont contenues diverses ordonnances de plans et élévations de bastiments pour seigneurs, gentilhommes et autres qui voudront bastir aux champs. *A Paris, pour Jacques Androuet du Cerceau,* 1572, in-fol., titre et dédicace au Roy Henri III; 26 pp. de texte numérotées et 38 ff. présentant 118 sujets gravés.

Cette dédicace à Henry III, qui ne monte sur le trône qu'en 1574, semble prouver que la publication de l'ouvrage est postérieure à sa date.

— 2e édition, 1582, 26 pp. de texte et 52 ff. de planches.

— 3e édition, 1615.

— 4e édition, *chez la veuve François Langlois dit Ciartres,* 1648.

— LEÇONS DE PERSPECTIVE positive, par Jacques Androuet du Cerceau, architecte. *A Paris, par Mamert Patisson, imprimeur,* 1576, 11 ff. de texte et 60 planches, in-4.

Il y a une seconde édition de *Paris,* 1676, qui renferme les mêmes planches.

— LE 1er VOLUME des plus excellents bastiments de France, auquel sont désignés les plans de quinze bastiments et de leur contenu, ensemble les élévations et singularités d'un chacun, par Jacques Androuet du Cerceau, M.D.LXXVI, in-fol., titre et texte, VIII ff. [9912]

Maisons royales : 1. Le Louvre, 10 pièces sur 9 planches; — 2. Vincennes, 2 pièces sur 2 planches; — 3. Chambord, 3 pièces sur 3 planches; — 4. Boulogne dit Madrid, 10 pièces sur 9 planches; — 5. Creil, 2 pièces sur 1 planche; — 6. Coussy, 7 pièces sur 4 planches; — Folembray dit le Pavillon, 2 pièces sur 2 planches; — 8 Montargis, 5 pièces sur 4 planches; — 9. Saint-Germain, 7 pièces sur 5 planches; — 10. La Muette, 2 pièces sur 2 planches.

Maisons particulières : 1. Vallery, 5 pièces sur 5 planches; — 2. Verneuil, 10 pièces sur 10 planches; — 3. Aussy-le-Franc, 3 pièces sur 3 planches; — 4. Gaillon, 9 pièces sur 7 planches; — Maune, 2 pièces sur 2 planches.

En tout 81 pièces sur 68 planches.

— LE 11e VOLUME des plus beaux bastiments de France, auquel sont désignés les plans de quinze bastiments et de leur contenu..... *A Paris,* M.D.LXXIX, in-fol.

— Il y a un autre tirage avec le même titre, mais à l'adresse suivante : *A Paris, chez Gilles Beys, libraire Iuré, rue Saint-Jacques, à l'enseigne du Lis blanc,* M.D.LXXIX.

Le titre et le texte, VII ff.

Maisons royales : 1. Blois, 5 pièces sur 5 planches; — 2. Amboise, 3 pièces sur 3 planches; — 3. Fontainebleau, 7 pièces sur 7 planches; — 4. Villiers-Costerets, 3 pièces sur 3 planches; — 5. Charleval, 5 pièces sur 5 planches; — 6. Les Thuileries, 4 pièces sur 3 planches; — 7. Sainct-Maur, 3 pièces sur 3 planches; — 8. Chenonceau, 4 pièces sur 4 planches.

Maisons particulières : 1. Chantilly, 9 pièces sur 7 planches; — 2. Anet, 10 pièces sur 7 planches; — 3. Escouan, 5 pièces sur 7 planches; — 4. Dampierre, 4 pièces sur 4 planches; — 5. Challuau, 5 pièces sur 2 planches; — 6. Beauregard, 3 pièces sur 3 planches; — 7. Bury, 4 pièces sur 3 planches.

En tout, 72 pièces sur 66 planches.

— Seconde édition. *Paris,* 1607, in-fol.

— Troisième édition : Livre d'architecture de Jacques Androuet du Cerceau. *A Paris, chez P. Mariette, rue Saint-Jacques, à l'Espérance,* M.D.C. XLVIII, in-fol.

Le *Manuel* parle d'estampes, relatives au Luxembourg, comme ajoutées à cette édition ; ces planches, que M. Brunet avait rencontrées jointes à l'exemplaire qu'il avait sous les yeux, ne font pas partie de l'édition ; elles sont de Jean Marot, et portent, avec l'adresse d'Israël Silvestre, la date de 1661.

— PETIT TRAITÉ des cinq ordres de colonnes, par Iacques Androuet du Cerceau. Au lecteur : Encor que plusieurs excellents personnaiges ayent par cy deuant traité de cette matière..... *A Paris, pour Jacques Androuet du Cerceau*, 1583, petit in-fol., de XIV ff., dont 2 de texte.

— LIVRE des édifices antiques Romains, contenant les ordonnances et desseings des plus signalés & principaux bastiments qui se trouuoient à Rome du temps qu'elle était en sa plus belle fleur ; partie desquels bastiments se voit encore à présent, le reste aïant esté ou du tout ou en partie ruiné. *Par Jacques Androuet du Cerceau*, MDLXXXIIII, in-fol., de 48 ff., contenant 105 pièces sur 98 planches.

Il y a deux éditions de cet ouvrage ; voici les remarques de M. Destailleur pour distinguer le second tirage : le cuivre de la planche qui représente le *Theatrum Palatinum* manque totalement à gauche ; la planche, *Collis hortulorum*, a été refaite avec modifications ; on a supprimé à droite et à gauche, dans le haut, deux cours plantées d'arbres avec portiques à l'entour. La gravure est en outre très-pâteuse.

— PLAN DE PARIS.

Ce plan, exécuté vers 1560, se compose de IV feuilles ; les deux du haut ont environ 0m41 cent. sur 0m39 ; celles du bas, plus étroites, 0m41 sur 0m29.

« Ce plan, dit M. Bonnardot, est levé à vol d'oiseau... à chaque coin est un Vent qui souffle. Les noms des rues (noms qui ne sont pas toujours identiques à ceux inscrits au plan dit *de Tapisserie*) sont tracés, au milieu de ces rues, en écriture fine ou en petites majuscules, selon leur largeur. Au sommet de la carte est le titre inscrit sur un ruban qui flotte : *La Ville, Cité & Université de Paris*. A gauche, l'écusson de France avec la couronne ouverte ; à droite, le blason de la ville. Au bas, trois cartouches carrés, avec ornement sur les côtés, renferment plusieurs distiques latins en petites majuscules. »

L'exemplaire payé 2,350 fr. à la vente Gilbert, par la ville de Paris, a malheureusement disparu dans l'incendie de l'hôtel de ville, en 1871 ; un autre exemplaire, qu'avait rencontré M. Tross, en Allemagne, a été vendu par ce libraire 4,000 fr. en 1874.

Parmi les pièces isolées, ou les suites gravées sans texte, dont le détail appartient à l'iconographie, et que M. Destailleur a soigneusement relevées, nous citerons :

— BIJOUX, agrafes, bagues, broches, pendeloques, bracelets, colliers, 33 pièces avec un seul filet d'encadrement ; 14 avec 4 filets.

— CARTOUCHES, 36 pièces.

— DIX FONDS de coupes.

— FLEURONS, 12 pièces.

— MARQUETERIE pour incrustation de meubles ou dessins pour carrelages en marbre, 26 pièces sur 26 feuillets, pet. in-fol., 2 états sans numéros, avec numéros.

— MÉDAILLONS, 23 pièces.

— MEUBLES : cabinets, dressoirs, 21 pièces sur 20 feuillets ; tables, 24 pièces sur 11 feuillets ; lits, 8 pièces sur 6 feuillets, deux gaines et un panneau, 3 pièces sur 1 feuillet ; gaines ou scabellons, 8 pièces sur 2 feuillets, etc. 71 pièces sur 45 feuillets, de 0m14 cent. sur 0m19.

— BORDURES dites petits Nielles, 38 pièces.

— NIELLES, 3 suites : la 1re, 101 pièces sur 20 plan-ches ; la 2e, 12 pièces sur 12 planches, 0m113 mill. sur 0m04 cent. ; la 3e de 128 pièces sur 44 planches, 0m075 sur 0m04.

— DÉTAILS d'ordres d'architecture.

1re suite : gr. in-fol., 30 planches, ayant 23 cent. de largeur sur 30 cent. de hauteur.

2e suite : pet. in-fol., 111 pièces sur 30 planches de 0m20 de hauteur sur 0m16 de largeur.

— ORNEMENTS au trait. La collection de la bibl. Sainte-Geneviève comprend 101 pièces sur 46 feuilles.

— SERRURERIE, 65 pièces sur 20 feuilles, 16 cent. de hauteur sur 10 cent. de largeur ; il y a deux états, le premier sans titre ni texte ; le second avec le nom de Mariette au bas des planches.

— THERMES, 36 pièces sur 12 feuilles de 0m10 de hauteur sur 0m11 de largeur.

— GRANDS TROPHÉES d'armes, 2 pièces.

— PETITS TROPHÉES d'armes, 40 pièces sur 21 planches.

— VASES, 67 pièces sur 30 feuilles.

Pour les planches isolées, pour les suites ou pièces anonymes, nous renvoyons le lecteur au consciencieux travail de M. Destailleur, dont nous avons extrait à peu près tout ce qui précède.

DU CHASTEL (Fr. *Anselme*). Recueil des plus notables sentences de la Bible par quatrains en manière de prouerbes, à la consolation des deuots esprits... Ensemble dix sonnets sur le triomphe de la vérité. *Paris, Mamert Patisson*, 1577, in-4.

— La sainte Poësie par centuries, traitant des principaux devoirs de l'homme chrestien durant cette vie... *A Paris, chez Guil. Chaudière*, 1590, in-8, dédié au prés. de Blancmesnil ; on y trouve un sonnet d'Isaac Habert. En *mar.*, mais raccommodé, 21 fr. Turquety.

Ces deux volumes constituent le bagage littéraire du frère Célestin Ans. du Chastel ; ils sont cités par Goujet, mais n'ont qu'une valeur bien mince à tous points de vue.

DUCHAT (Y.). Histoire de la guerre saincte faite par les François et autres chrestiens pour la délivrance de la Judée et du S. Sépulcre, composée en grec et en françois par Yues Duchat, Troyen. *Paris, J. Petitpas*, 1620, in-8.

Volume devenu fort rare (catal. l'Escalopier).

DU CHESNE (*André*), Tourangeau, géographe du Roy. Histoyre des Roys, ducs, comtes de Bourgongne et d'Arles, extraicte de diverses chartes et chroniques anciennes et diuisée en IV liures. *A Paris, chez Séb. Cramoisy*, 1619, in-4.

Volume de peu d'importance, mais qui complète la bibliographie du célèbre annaliste Tourangeau.

DUCHESNE (*Légier*). Plaincte sur la mort d'Anne de Montmorency, trad. de latin par P. Sorel. *Paris, Th. Richard*, 1568, in-4.

— Remonstrances aux Princes françois de

ne traicter accord, ny faire paix avec les séditieux et rebelles, trad. du latin de L. Duchesne, par Fr. de Belleforest. *A Paris, chez Vincent Sertenas*, 1561, in-8.

Ces deux pièces sont rares, mais fort peu importantes et d'un prix minime.

DU CHOUL (*Guil.*). Discorso sopra la castrametatione et disciplina militare de Romani, composto per il Sr Gugl. Chovl, gentilhomo Lionese..... con i bagni..... trad. in lingua toscana, per M. G. Symeoni. *In Lione, apud Gugl. Rovillio*, 1559, in-fol. [12639]

— DISCORSO DELLA religione antica de Romani, trad. dall'me des. *Ibid., id.*, 1559. 2 part. in-fol. avec le privilége en français ; frontispice et très-belles planches gravées sur bois.

Édition tout aussi belle que la française; la première partie est dédiée à Henry II ; la seconde à la reine Catherine de Médicis, et l'entourage de cette dédicace est richement orné avec tous les emblèmes de Diane de Poitiers : les croissants, le chien, le cerf, les arcs, les flèches et les D entrelacés.

On connaît encore de Guil. Du Choul une pièce assez rare :

— ÉPISTRE consolatoire à Mme de Cheurières sur la mort de Marie sa fille. *A Lyon, par Jean Temporal*, 1555, in-4.

DUCKETT (*M. W.*). Dictionnaire de la conversation et de la lecture, par une société de savants et de gens de lettres, sous la direction de M. W. Duckett. 2e édit. *Paris, Didot,* 1873-77, 16 vol. gr. in-8 à 2 col., de 800 pp. chacun. 200 fr.

Cette publication est la plus complète, la plus actuelle des Encyclopédies ; plus de 80,000 articles alphabétiquement classés y représentent l'universalité des sciences ; cette seconde édition est enrichie de plus de 20,000 articles nouveaux, donnant le résumé impartial des faits historiques et des découvertes scientifiques depuis la Restauration jusqu'à nos jours.

— SUPPLÉMENT au Dictionnaire de la conversation, offrant le résumé des faits et des idées de notre temps. *Paris, Didot*, 1868-76, 5 vol., gr. in-8, à 2 col.; prix du vol. 12 fr. 50 c.

DU CROZET. L'amour de la beauté du sr du Crozet, Forésien, divisé en IV livres où sont introduits six bergers maistrisez de l'amour de six pucelles, lesquelles après plusieurs discours... récitent quatre histoires convenables à ce temps,plus une églogue (*sic*) qui exprime naïfvement et les misères de la guerre et la force de l'amour. *Rouen, Raph. du Petit-Val*, 1600, in-12.

A la fin, les *Mélanges poétiques* de Du Crozet. L'exemplaire du comte de Toulouse, payé 15 fr. 50 c. à la vente du roi Louis Philippe, a été revendu 200 fr. Luzarche.

DUDINCK (*Josse* a). Palatinum Apollinis et Palladis, hoc est, designatio præcipuarum Bibliothecarum mundi veteris

novique sæculi. *Coloniæ, apud Iodocum Kalkouen,* 1643, in-8.

Petit volume rare et curieux, qui a précédé les dissertations du P. Jacob, de Le Gallois, de Lomeier et autres bibliographes.

DU FOUR (*Gabriel*), conseiller du roy en l'élection de Caors. Poëme sur la passion de Jésus-Christ, divisé en 7 livres. *A Caors, par André Rousseau, imprimeur ordinaire du Roy, de la ville et Université,* 1550, in-8, front. grav.

Peu intéressant, mais fort rare, 6 à 8 fr. à Paris ; beaucoup plus cher à Cahors.

DU FOUR (*Sylvestre*). Instruction morale d'un père à son fils qui part pour un long voyage, ou manière aisée de former un jeune homme à toutes sortes de vertus. *A Amsterdam, chez Abr. Wolgang (au Quærendo),* 1679, pet. in-8, front. gr.

De la collection elzevirienne ; en *veau* de Vogel, 17 fr. Pieters.

— La même, *suiv. la copie, à Amsterdam, chez Abr. Wolgang*, 1685, pet. in-12.

Un exemplaire non rogné, en *mar.* de Capé, 51 fr, La Villestreux.

DU GAULT. Palinodie chimique, où les erreurs de cet art sont refutez (en vers). *Paris*, 1588, in-4.

Ce poëme singulier est fort rare; mais il est peu recherché; et nous ne pensons pas qu'il soit aujourd'hui payé beaucoup plus cher qu'à la deuxième vente De Bure de 1835, où, réuni à la *Légende de Pierre Faifeu* de 1723, il a atteint le prix de : un franc.

DU GUESCLIN. Les Prouesses et Vaillances ‖ du preux et vaillant chevalier, Bertrand du Guesclin, jadis ‖ connestable de France. ‖ Nouuellement imprime a Paris. ‖ (A la fin) : ❡ *Cy finist le liure des faictz de messire Bertrand* ‖ *du Guesclin, cheualier, iadis connestable de France et* ‖ *seigneur de Longueville. Imprime nouuellement à* ‖ *Paris par Michel le Noir, libraire iure en luniuersite* ‖ *le vingt huitiesme jour de mars lan mil* V. c. XXI, in-4, goth., de 78 fl., sign. A-E par 6, F. par 4, G-H par 6, I par 4, K-L par 6, M par 4, N et O par 6, fig. en bois. [23380]

Un exemplaire relié sur brochure en *mar.* est porté au catal. Fontaine au prix de 1,500 fr. Brunet avait cité cette édition sans l'avoir vue.

— Cy finist le livre des faiz de messire Bertrand du Guesclin, cheualier, iadis connestable de France..... *S. l. n. d. (Lyon, vers 1490),* in-fol., goth., fig. en bois, sign. A. de 8; B-N par 6, et O de 8 ff.

L'exemplaire A. Bertin, incomplet du dernier feuillet, refait par Gobert, en *mar. doublé* de Bauzonnet, 855 fr. à la vente des livres de Jos. Teche-ner en 1865.

Un exemplaire à grandes marges, recouvert d'une très-riche reliure de Bauzonnet-Trautz, 3,300 fr. Yéméniz.

— *Paris, Bonfons*, s. d., in-4, goth.

L'exemplaire Solar, 350 fr. Desq.

DU LORENS (*Jacq.*). La Calotte. *S. l.* M.DCXIX, in-8.

Cet opuscule de 4 feuillets, y compris le titre, sans privilège et sans lieu d'impression, n'a pas été réimprimé avec les *satires* de l'auteur; l'édition originale est d'une extrême rareté; il a été publié dans le *Bibliophile fantaisiste*, n° 9 (1869), pages 385-389.

— LES SATYRES du sieur du Lorens. *Paris, Jacques Villery*, 1624, in-8. [14197]

En *mar.* de Petit, 160 fr. Auvillain; 200 fr. Huil-lard; revendu 85 fr. Dr Danyau; en *veau*, aux armes du comte de Toulouse, 50 fr. Turquety; 205 fr. W. Martin.

— LES ‖ SATYRES ‖ de M^r Du Lorens, ‖ President de Châteauneuf. ‖ *Paris, Anth. de Sommaville*, 1646, in-4, IV ff. lim., 206 pp. et 1 f. pour le privilége.

En *mar.* de Hardy, 260 fr. Auvillain; en *mar.* de Chambolle, jusqu'à 465 fr. Benzon (annoncé in-8); l'exemplaire de M. de Chaponay, en *mar.* de Duru, vendu 230 fr., a été porté à 380 fr. à la vente Leb. de Montgermont; un bel exemplaire, richement relié, figure au prix de 50 fr. au catal. Fontaine de 1875.

— LES SATIRES de Du Lorens. Edition de 1646, publiée par D. Jouaust, et précédée d'une notice littéraire par E. Villemin. *A Paris, chez D. Jouaust*, 1869, in-12, portr.

Jolie édition, très-soignée; 15 exemplaires ont été tirés sur papier de Chine, à 25 fr.

DU MESNIL. Armorial historique de Bresse, Bugey, Dombes, Pays de Gex, Valromay et Franc-Lyonnois... avec les remarques critiques de Ph. Collet, par Edm. Révérend du Mesnil. *Lyon*, 1873-74. 2 vol. gr. in-4, titre rouge et noir, blasons gr. s. bois dans le texte.

Publié à 60 fr., ce prix ne se soutient pas; 40 fr. Claudin (1875).

DU MOULIN (*Pierre*). [2071]

M. Brunet n'a voulu citer aucun des nombreux traités du célèbre pasteur protestant; ils sont assez recherchés aujourd'hui, comme on a pu le voir à la vente de Morante.

— DÉFENSE de la Foy catholique contenue au livre de très puissant....., roy Jacques I, roy de la Grand'Bretagne et d'Irlande, contre la responce de E.-N. Coeffeteau. *S. l.*, 1610, in-8. Dédicace au roy Jacques.

En anc. rel. *mar.*, 44 fr. de Lassize.

— ACCOMPLISSEMENT des Prophéties. Troisième partie du liure de la Défense de la Foy du Sér. Roy, Jacques I, roy de la Grande-Bretagne. Où est montré que les prophéties de saint Paul et de l'Apocalypse, et de Daniel, touchant les combats de l'Eglise, sont accomplies. *Sedan, J. Jannon*, 1621, pet. in-8, de 406 pp. chiff. et 1 p. d'errata.

Ce petit volume a été publié à Sedan par le célèbre imprimeur J. Jannon, l'année même où il lançait ses *Epreuues des caractères nouuellement taillez*, que, vingt ans après, le cardinal de Richelieu confisquait à son profit.

— ACCROISSEMENT des eaux de Siloë pour esteindre

le feu du Purgatoire, et noyer les satisfactions humaines et les indulgences papales. *Genève*, 1624, in-8. 100 fr. 2e vente de Morante.

— DU LANGAGE incogneu tant ès prières des parti-culiers qu'au service public, par Pierre du Moulin, ministre de la parole de Dieu en l'église de Sedan, et professeur en théologie. *Genève*, 1629, in-8. 85 fr. même vente.

DUNLOP (*Will.*). History of the rise and progress of the arts of design in the Uni-ted States. *New-York*, 1834, 2 vol. in-8. [9114]

Ouvrage important et recherché. 15 fr. Binda, et vaudrait plus cher aujourd'hui.

DUOMO (Il) di Milano, rappresentato in 60 tavole e illustrato da cenni storici e descrittivi. *Milano*, 1863, in-fol., com-prenant 60 pl. divisées en 5 parties; la première (pl. 1-12) donne l'idée générale du dôme; la 2e (13-24), les détails du bas de l'édifice à l'extérieur; la 3e (25-43), les détails de l'intérieur; la 4e (44-46), les cryptes; la 5e (47-60), les détails du haut de l'édifice à l'extérieur.

Publication intéressante et d'une belle exécution. 50 fr.

DU PETIT BOYS. Discours satyric de la mort, par le sieur du Petit Boys, Poite-uin, gentilhomme seruant du Roy de Nauarre. *La Rochelle, P. Haultin*, 1577, pet. in-8 de 16 ff.

Pièce en vers assez rare. En *mar.* de Hardy, 67 fr. W. Martin.

DU PEYRAT (*Guillaume*). Les Essais poétiques de Guill. de Peyrat, gentil-homme Lyonnois, à très-illustre seigneur Anne d'Anglure, baron de Givry. *Tours, Jamet Mettayer*, 1593, pet. in-12. [13913]

L'auteur fit imprimer ces poésies pendant un séjour qu'il fit en Touraine; elles sont devenues fort rares.

L'exemplaire Nodier 36 fr., et Salmon 59 fr., en *mar.* de Koehler, 200 fr. Chaponay, 345 fr. Tur-quety, retombe à 295 chez M. Leb. de Montger-mont; en *mar.* de Masson-Debonnelle, mais avec le haut et le bas du titre refaits, 100 fr. Taschereau

DUPONT-AUBERVILLE. L'Ornement des tissus, recueil historique et pratique. Dessins par Kreutzberger; lithographie par Régamey. Cent planches en couleur, or et argent, contenant les plus beaux motifs, d'après les planches originales de l'art ancien, du moyen âge, de la Re-naissance et des XVIIe et XVIIIe siècles. *Paris, H. Cagnon; libraire*, 1874, in-fol.

Ce bel ouvrage sera publié en 10 livraisons au prix de 150 fr.; les premières livraisons sont d'une exécution remarquable.

DU PRADEL (*Abraham*). Le livre com-mode, contenant les adresses de la ville de Paris... *Paris, chez la veuve de Denis Nion*, 1691 ou 1692, pet. in-8. [24154]

Voici les prix actuels de ce livre rare et curieux : un bel exemplaire en *mar.* de Trautz, de la bonne édition, c'est-à-dire de la seconde (1692), est porté à 1,200 fr. au catal. à prix marqués du libraire Fontaine (1875) ; cette édition se compose de VI ff. lim. et de 136 pp. Guil. du Pradel n'était autre qu'un pharmacien, nommé Blégny fils, qui recommandait, de la façon la plus amusante, ses recettes et ses drogues dans sa publication.

Il existe au moins 10 ou 11 exemplaires de ce curieux volume à la Bibl. nation.

Nous trouvons au *Code de la Librairie* (p. 33), qu'un Sieur de Blégny, maître chirurgien, qui *se mêlait d'avoir boutique de librairie*, fut condamné, par sentence du 21 août 1682, à la confiscation de tous les livres saisis dans sa boutique.

C'était peut-être notre pseudo Du Pradel.

DUPRÉ (*Christ.*). Les Larmes funèbres de Christofle du Pré, Parisien, sieur de Passy. *A Paris, par Mamert Patisson, au logis de Robert Estienne.* 1577, in-4. (13825]

Un exemplaire taché, 49 fr. W. Martin.

DU PUISET (*Ant.* Picot). Les OEuvres spirituelles d'Antoine Picot, baron du Puiset. *Paris, P. Targa*, 1641, pet. in-12.

« Ce poëte n'est pas cité dans la bibl. de Goujet, dit M. Turquety », et nous pouvons ajouter que san doute il méritait peu cet honneur, puisque l'exemplaire que possédait cet aimable bibliophile n'a été porté, lors de sa vente faite en 1868, qu'au prix de... un franc.

DUPUYS (*Rémy*). Les Exeques et pompe funérale de feu... don Fernande, roy catholique, faicte et accomplie en lesglise Saincte-Goule a Brusselles, le vendredy XIII de mars quinze cens et quinze... redigee en escript par maistre Remy Du Puy... *S. l. n. d.*, petit in-fol. de 22 ff. [25062]

Un bel exemplaire, dans une riche reliure de Chambolle, 601 fr. Ruggieri.

DVRAN (P. *Nicolao*). Litteræ annvæ Provinciæ Paraquariæ Soc. Jesu (Ann. 1626-1627). Ad admodum P. P. Mvtium Vitellescvm eiusdem Soc. præpositum generalem, Eius nomine ac iussu scriptæ a P. Jacobo Rançonier belgä eiusdem Soc. *Antuerpiæ, Ioannes Meursius*, 1636, in-8 de 168 pp. [21591]

Le *Manuel* ne cite pas cette édition originale.

35 fr. Maisonneuve.

DURAND (*Guillaume*), évêque de Mende (1286-1296) ; son neveu, du même nom, occupa le même siège épiscopal.

— RATIONARIUM divinorum officiorum. *S. l. n. d.* (*Argentorati, Mentelin*, c⁴ 1470), in-fol. de 226 ff., à 2 col. de 56 lignes. [653]

Dans une belle reliure du XVᵉ s., ornée de dessins estampés, 410 fr. Potier ; l'exemplaire venait de Quatremère.

— LE RACIONAL des diuins offices... *Paris, Anth. Vérard*, 1503, in-fol., goth. (*Man.* 11-906), 150 fr. Germeau.

DURANT (*F. M. A.*). La Magdaliade, ou Esguillon spirituel, pour exciter les âmes pécheresses à quitter leurs vanitez et faire pénitence à l'exemple de la très saincte pénitente Magdeleine, par F. M. A. Durant, chartreux. *A Tours, chez Marc Nyon, rue des Cousteliers*, 1622, pet. in-8 de VIII ff. lim., 68 ff. chiff. et 3 non chiff. [13906]

71 fr. Taschereau.

DÜRER (*Albrecht*). Stellarium corone benedicte virginis Marie in laudem eius p singulis predicationibus elegantissime coaptatum. (A la fin) : *Impressum denuo per prouidum virum Ioannẽ Stuchs, sumptibus honesti viri Anthoni Kobergers ciuibus Nurenbergeñ. Anno... millesimo quingentesimo decimo octavo die ꝓo vigesima quinta Mensis Decembris*, in-fol., goth., à 2 col. de CIX ff. ch. et 4 ff. non chiffrés.

C'est un des rares spécimens d'ornementation typographique, exécuté par Alb. Dürer pour un éditeur ; le titre présente un très-bel encadrement formé de quatre planches réunies. (Collection A. F. Didot.)

— CHAR DE TRIOMPHE. Excogitatus et depictus est currus iste Nurembergæ, impressus vero per Albertum Dürer anno M.D.XXIII. *Anno autem* D.M.D. LXXXVIII. *Jacobus Chiniy Germanus tabulas hasce ab hæredibus Alberti Dureri ære proprio emptas, iterum Venetiis divulgandas curavil* (avec texte et car. mobiles), 8 ff. in-fol.

300 fr. catal. Tross, 1873, 250 fr. l'année suivante.

DURET (*Jean*). Traicté des peines et amendes tant pour les matières criminelles que civiles... accompagné de la practique françoise. *Lyon*, 1603, in-12.

Édition peu connue ; 32 fr. Morante.

DU RIT (*Michel*). La vie d'Antragues, le bon François, ou de la foy des Gaulois, trad. du latin de Mᵉ Michel du Rit... *Paris, Rolin Thierry*, 1589, pet. in-8. [23582]

En *mar.* de Derome, 66 fr. baron J. Pichon.

DU ROC Sort Manne. Nouveaux récits, ou Comptes moralisez, joinct a chascun le sens moral, par Du Roc Sort Manne. *Paris, Nicolas Bonfons*, 1574, in-16. [17341]

Le catalogue de la bibliothèque du château de Rambouillet, appartenant au comte de Toulouse, écrit : Du Rocsort Manne. L'exemplaire provenant de cette bibliothèque a été vendu 78 fr. baron Pichon.

DURVAL (*J. G.*). Les travaux d'Ulysse, tragi-comédie tirée d'Homère. *Paris, Menard,* 1631, in-8 de 8 ff. lim. et 190 pp.; à la fin du vol., 24 pp. contiennent les poésies de l'auteur.

Aussi peu intéressant que rare.

DU RYER (*Isaac*). Le temps perdu d'Isaac du Ryer, reveu et augmenté par l'autheur. *Paris, Toussainct du Bray,* 1610, in-8. [16404]

En *mar.* de Lortic, 95 fr. W. Martin.

Goujet cite de ce poëme une édition de 1609, qui porte le titre de *deuxième édition;* il ignore à quelle date remonte la première.

DU SAIX (*Antoine*). Lesperon ‖ de discipline, 1532. *S. l.,* in-4, goth.; 2 parties contenant 426 ff. non chiffrés, dont XIV limin., 208 pour la première partie et 204 pour la seconde. [13718]

Les charmantes bordures sur bois, qui encadrent chaque page, ont été bien certainement exécutées pour l'ouvrage, car le nom de l'auteur F. A. DV SAIX. et ses armoiries s'y rencontrent fréquemment; sur le titre particulier de chaque partie du volume se voit un fleuron avec l'écu de Savoie; cette même marque, fait remarquer M. Potier, se retrouve sur les deux éditions du *Doctrinal de Court,* de Pierre Michault, imprimées à Genève par J. Vivian, l'une en 1522, l'autre sans date, et permet de supposer que cette édition de l'*Esperon de discipline* sort des mêmes presses; cependant, comme le livre est dédié au duc Charles de Savoie, on peut admettre également que ces armes ne se trouvent là qu'à titre d'hommage.

Le bel exemplaire sur *vélin,* acheté chez Cailhava 2,160 fr. pour M. Yéméniz, a été revendu 6,000 fr. lors de la dispersion des livres de cet illustre bibliophile; un exemplaire en *mar.* de Bauzonnet n'avait été vendu que 201 fr. Chaponay; il a été reporté à 1,100 fr. à la vente de M. Leb. de Montgermont en 1876; en 1872, un exemplaire en *mar.* de Hardy était porté à 350 fr. au catal. Fontaine, et au catal. du même libraire en 1875, il figure encore dans les rangs à 450 fr.

— PETIT FATRAS d'ung apprentis, surnommé Lesperonnier de discipline. *On les vend chez Simon de collines, rue Sainct Iehan de Beauluais.* M. D. XXXVII, pet. in-4, de 40 ff., en lettres rondes; le frontispice de ce rare volume porte la croix de Lorraine, et est dessiné par Geoffroy Tory. [13719]

En *mar.* de Trautz, 360 fr. Chaponay; revendu 920 fr. Leb. de Montgermont; un bon exemplaire, en *mar.,* 151 fr. seulement, Desq.

— PETIT FATRAS d'ung apprentis... *Lyon, Cl. Arnoullet,* 1538, in-8.

L'exemplaire Audenet, court de marges, 120 fr. Yéméniz.

— Une édition. *S. l. n. d.* (*Paris, D. Janot,* 1536 ?), pet. in-8. 102 fr. de Chaponay.

— LA TOUCHE naïfue pour esprouver l'amy et le flatteur, inventée par Plutarque, taillée par Erasme, et mise à l'usage françois, par noble homme Antoine du Saix..... *Paris, Simon de Collines,* 1537, in-4. [3689]

Le titre et le feuillet suivant, qui contient une dédicace à François Ier, sont entourés d'ornements finement gravés dans le genre de G. Tory, avec l'F couronnée. 90 fr. de Chaponay.

Une édition in-8, *s. l. n. d.* (*Paris, D. Janot,* 1537 ?), 53 fr. même vente.

Le *Manuel* signale une 3e édition.

DU SAIX. Lopiate de sobriété composé en Quaresme pour conserver au cloistre la saincte religion (en vers). *Lyon,* 1553, in-8.

Petit volume de poésie que son titre bizarre fait remarquer; il est cité par Du Verdier et Goujet; nous attribuons cette fade élucubration non pas à Antoine Du Saix, l'*Esperonnier de discipline,* mais à un religieux de l'abbaye de la Trinité, à Vendôme, du nom de Jehan du Saix.

DUSAULX. Lettres et réflexions sur la fureur du jeu, auxquelles on a joint une autre lettre morale. *Paris, Lacombe,* 1775, in-8. [3802]

Un exemplaire en papier de Hollande, dans une charmante reliure de Derome, en *mar.,* a été vendu 251 fr. Em. Gautier; un exemplaire ordinaire vaut environ 5 fr.

DU TERTRE (Le P.). Histoire générale des isles Christophe, de la Guadeloupe, de la Martinique et autres de l'Amérique; où l'on verra l'établissement des colonies françoises dans ces isles, leurs guerres civiles et étrangères, et tout ce qui se passe dans le voyage et le retour des Indes. *Paris,* 1654, in-4; à la fin se trouvent quelques prières traduites du caraïbe. [28624]

Le grand ouvrage du dominicain Du Tertre, en 4 vol., in-4, n'est que l'amplification de celui-ci; il vaut aujourd'hui de 100 à 120 fr.

DU THOUM. Le tremble-terre où sont contenus ses causes, signes, effets et remèdes, par Louys du Thoum. A Monseigneur Louys de la Valette, archeuesque de Tolose. (*A Bourdeaux, par Gilbert Vernoy*), 1616, in-8.

L'auteur, à la page 198, se nomme *Thaoum* et se dit « *de la conté de Nice* ». 25 fr. Yéméniz.

DU TILLET (*J.*). Recueil des guerres et traitez d'entre les roys de France et d'Angleterre, par maistre Jehan du Tillet, sieur de la Bussière... *Paris, Jaques du Puys,* 1588, in-fol.

Ce livre a été omis par M. Brunet, bien qu'il fût cité par le P. Lelong, ce qui prouve le peu d'importance qu'y attachait notre bibliographe; nous ne le mentionnons ici que parce qu'un exemplaire, dans une splendide reliure à compartiments du XVIe siècle, a été porté au prix de 765 fr. vente Bordes (Potier, 1873).

DU TRONCHET (*Estienne*). Lettres Missives et familières. Auec le Monologue de la Providence divine, au peuple François. Augmentee de plusieurs lettres amoureuses. *Paris, A. L'Angelier,* 1587, in-16 de XVI-404 ff. chiff.

Jolie édition; 12 à 15 fr. [18814]

DUVAL (*Pierre*). De la grandeur de Dieu et de la cognoissance qu'on peult auoir de luy par ses œuvres. *En Anuers. De l'imprimerie de Christophle Plantin,*

près la Bourse neuue, auec priuilége,
1555, 1 vol. pet. in-8 de 15 ff. non chiff.;
sign. Aij-Biiij, plus un f. contenant le titre et au v° l'Epistre dédicat. au roy
très chrestien Henry II, signée P. du Val,.
E. de Sées. Sur le titre la marque au Vigneron ; 4° production des presses du célèbre imprimeur.

C'est un poëme en vers décasyllabiques, divisés
par quatrains. 15 à 20 fr.

M. Brunet en décrit plusieurs éditions. [13765]

DUVAUX (*Laz.*). Livre-journal de Lazare
Duvaux, marchand bijoutier ordin. du
roy (1748-1758), précédé d'une Etude sur
le goût et sur le commerce des objets
d'art au milieu du XVIIIe siècle, publ. par
L. Courajod. *Paris,* 1873, 2 forts vol. in-8
jésus sur papier vergé fort, *titres gravés, reproductions par Gaucherel de
l'adresse de Gersaint par Boucher,
et une vignette d'Hédouin, d'après
Saint-Aubin, représentant le cabinet
de Randon de Boisset.*

Publication fort intéressante ; elle n'a été tirée
qu'à un nombre restreint d'exemplaires, et au prix
de 35 fr.

DUYLSTEL (*P.*). Sensuyt la uraye teneur
des lettres contenant des lamentables
inondations et eleuations des eaux tant
de mer que des riuieres doulces, au pays
de Flandres, Brabant et Hollande, aussi
aux isles de Zélandes, auec plus des gros
dômaiges aduenuz le cinquiesme iour de

Nouembre, par ycelles. *Escript le dixiesme iour de nouembre par le tout vostre
frere et compagnon en la cite et bonne
ville de Bruxelles, Pierre Duylstel.
S. l. n. d.,* in-4, goth., de 4 ff.

20 à 30 fr.

DYABLERIE (La petite) dont Lucifer est
le chef, et les membres sont tous les
joueurs iniques et pcheurs (*sic*) reprouvez, intitulee Leglise des mauvais. (Au r°
du dernier f.) : Le present traicte ont fait
imprimer deux venerables docteurs de la
faculté de Théologie à Paris, maistre
Thomas Varnet, cure de Sainct Nicolas
des Champs, et maistre Nouel Beda,
principal du tres reigle college de Montagu. *Imprime a Paris, par la veufue
Jehan Trepperel, demourant en la rue
neufue Nostre Dame... S. d.,* pet. in-8,
goth., avec 3 fig. s. b., de 52 ff. non chiff.,
signés A-G. [13489]

M. Brunet signale une édition de ce rare volume,
imprimée par Alain Lotrian, et qui se trouve à la
Bibl. nation. ; elle est aussi sans date ; le caractère
est le même que celui de Trepperel, et elle reproduit assez exactement cette édition, mais les figures
sont différentes.

Quant à l'édition postérieure de *Lyon, Ol. Arnoullet,* 1541, in-16, elle n'est citée que par Du Verdier, d'après le *Catalogue des Foires de Francfort,*
et nous ne la connaissons pas.

Un bel exemplaire de l'édition de la veuve Trepperel a été vendu 720 fr. à la vente du baron Pichon, mais l'exemplaire était orné d'une splendide
reliure de Chambolle-Duru ; il provenait de Borluut
de Noortdonck.

E

EBELMANN et Guckeisen (menuisiers à
Strasbourg). Senlenbuch, darinnen der-
selben Grunt, Theilung, Zieradt vnd
gantze Volkomenheit vorgebildet wirdt.
*Cöllen, bey Johan Buchsemacher. S.
d.* (circa 1595), 25 pl. mal chiffrées,
titre compris; gr. in-fol.

Première et rare édition d'ornements qui rappellent le faire de Dietterlin, mais avec plus de finesse.
250 fr. catal. Tross.

— SCHWEVFBUCH. Le livre de marqueterie
et de sculpture pour les menuisiers. *Coloniæ, sumptibus Jani Bussemachere,*
1599, 25 pl, titre compris. gr.in-fol.

Suite d'ornements très-fins, et d'une grande rareté.
500 fr. catal. Tross.

ECCLÉSIASTE (Le Livre de l'), aultrement appelé la Sapience de Jésus, fils de
Syrach, livre très utile pour l'instruction

d'un chacun. *Anvers, de l'impr. de
Christ. Plantin,* 1564, pet. in-8.

Volume fort rare, imprimé en caractères de civilité; il est cité dans les *Annales plantiniennes,*
d'après le catal. Lammens (11-59); un bon exemplaire, en condition ordinaire, serait certainement
payé de 60 à 80 fr.

ECHAVE y Assu (*Francesco* de). La Es-
trella de Lima convertida en sol sobre
sus tres coronas, el B. Toribio Alfonso
Mogrobexo, su segundo arzobispo : cele-
brado con epitalamios sacros, y solemnes
cultos, por su esposa la Santa Iglesia
Metropolitana de Lima... *Amberes, Verdussen,* 1688, in-fol. avec plans de Lima
et fig. gr. s. cuivre.

100 fr. de Morante.

ÉCOLE (L') des filles. *Liége et se trouve
dans toutes les bibliothèques des reli-*

qieux et religieuses de tout l'univers. S. d., in-12. [18021]

Édition non citée d'un livre licencieux, attribué à Hélot.

Il en a été fait, il y a quelques années, une réimpression à Bruxelles.

La première édition de *Paris*, 1655, a complétement disparu, et nous ne pensons pas qu'on puisse en citer un seul exemplaire; les autres éditions de *Fribourg*, 1668, in-12, titre gravé; de *Villefranche*, 1686, in-12, sont citées au *Manuel;* toutes ces éditions figuraient à la vente Auvillain, mais n'ont pas été vendues, du moins en public.

ÉCOLE (L') des maris jaloux. [17209]

Il a été fait en 1874, de cette pièce fort rare, une réimpression sur l'édition de *Neufchâtel*, 1698, avec une notice bibliographique; *San Remo, J. Gay et fils*, 1872, in-12, de VIII-132 pp., tiré à 200 exemplaires.

ÉCOLE (L') des Ragouts, ou le chef-d'œuvre du cuisinier, du patissier et du confiturier, où est enseignée la manière d'apprêter toute sorte de viandes, de faire toutes sortes de patisseries et des confitures. *A Lyon, chez Jacques Canier*, MDCLXXXVIII, in-12.

Livre de cuisine fort rare; il a été vendu 39 fr. chez M. Yéméniz.

ÉCOLE pour Rire (L') ou la manière d'apprendre le françois en riant, etc. *Leide*, 1683, pet. in-12. [17872]

25 fr. (Tross, 1862), M. Brunet ne cite pas d'édition plus ancienne que celle de 1688.

EDEN (*Richarde*). The || History of Trauayle || in the || West and East Indies and other || countreys lying eyther Way || towardes the fruitfull and ryche || Moluccaes. || As || Moscovia, Persia, Arabia, Syria, Ægypt, || Æthiopia, Guinea, China in Cathayo and || Giapan. With a Discourse of || the northwest pas || sage... Newly set in Order, augmented and finished by Richarde Willes. || *Imprinted at London*, || *by Richarde Lugge*, 1577. *Cum Privilegio*, pet. in-4, de 10 ff. prélim., 466 ff. ch. et 6 ff. pour l'*errata* et la table. [20031]

Cette compilation rare et chère est prise pour la première partie aux *Décades du Nouveau-Monde*, de Pierre Martyr; Willes ajoute de son fait une traduction d'une partie de la IV* Décade, qui s'arrête au feuillet 173; les feuillets 183 à 236 renferment des extraits d'Oviedo et d'autres historiens; le reste du volume ne contient rien qui soit relatif à l'Amérique.

— Treatise of the New India, with other Newfoundlandes and Islands...; translated out of latin into english. *Imprented at London, in Lumbarde* Street, by *Edward Sutton*, 1553, in-4, goth.

Lowndes, et d'après lui M. Brunet, ont imprimé « 1533 », ce qui est une erreur.

EDICT du roy sur la création des officiers establiz sur le recouurement de ses droitz d'Imposition Foraine... *Paris*, 1550, in-8.

Cette pièce a été souvent réunie à celle dont suit le titre :

— EXTRAICTS de certains articles de l'édict sur le payement de l'imposition foraine, avecq la modération des pris de toutes denrées et marchandises, etc. *Paris*, 1550, in-8,

Cette dernière pièce est fort intéressante; elle réunit de curieux détails au point de vue de la statistique commerciale, et donne les prix courants des denrées de toute sorte.

— EDICT du roy tant sur l'estat des habitz de son royaulme, que sur la valeur des escuz au soleil. *S. l.*, 1543, in-16, goth., de 4 ff.

En *mar.* de Duru-Chambolle, 43 fr, Desq.

Citons également :

— DÉCLARATION du Roy, portant défenses de porter aucunes découpures, broderies de fil, soye, capiton, ou or argent..... et à tous marchands lingers de trafiquer desdits ouvrages, ny les exposer en vente. *Paris*, 1633, in-8.

— REMONSTRANCE au Roy sur la réformation des habits..... 1633, in-8.

— CONSOLATION aux dames sur la deffense des passemens, poincts-coupez et dentelles (en vers)..... in-8.

— DÉCLARATION du Roy, portant règlement général sur la réformation des habits. 1634, in-8.

Ces quatre pièces en 1 vol., *v. f.* de Bauzonnet, 35 fr. Leroux de Lincy,

— EDITS et Ordonnances de la cité de Genève sur les crimes de paillardise et adultères, faits et passez par nos tres-honorez seigneurs Syndiques (*sic*), petit et grand conseil des deux cens et général, le mercredi dix-septième iour d'auril mil cinq cens soixante & six. *Genève, Francois Perrin*, 1566, pet. in-8.

En *mar.* de Duru-Chambolle, 48 fr. Potier.

EDIFICHATION (La) de molti palazzi e tempii ed altri grádissimi edificii di Roma : come staueno nel tū || po de'Romani : e quanto dei : et dei loro adorauens || e come erano nominate e p̄ che furono chiamati || dei e che cossa si le offeriua e deue hora si troua || de molti zimetieri nei qual le reliquie sancta || e quane giexie soño ī roma, e como sono appelate || Et q̄le trade e ponti di pierra principale ī Roma... (In fine) : *Finis.* || M.CCCC.LXXX. *In Venezia*, in-4 de 12 ff. en car. ronds, sign. A. B.

Pièce fort rare, assez semblable aux *Mirabilia urbis Romœ*, mais antérieure à cet opuscule, dont elle n'offre pas d'ailleurs l'intérêt; elle est portée à 200 fr. au catal. de M. Tross (1874).

ÉDUCATION des Enfans (De l'), et particulièrement de celle des princes, où il est montré de quelle importance sont les sept premières années de la vie. *Amster-*

dam, Daniel Elzevier, 1679, pet. in-8 de ɪv ff. lim. et 262 pp.

7 fr. en reliure anglaise, Pieters; en *mar.* de Capé, 25 fr. La Villestreux.

EFFECTS espouventables de l'excommunication de Henry de Valois et de Henry de Navarre, où est contenu au vray l'histoire de la mort de Henry de Valois, et que Henry de Navarre est incapable de la couronne de France. *Paris, Nicolas Nivelle*, 1589, in-8. 15 à 20 fr.

Cette pièce assez rare faisait partie d'un précieux recueil de pièces qui provenait de la bibl. Bellanger (*Paris*, 1740, n° 2,938). Ce recueil formé de 16 à 17 pièces, dont quelques-unes précieuses, dans une bonne reliure ancienne, en *mar. r.*, a été vendu 800 fr. baron Pichon; il avait été payé 30 fr. à la vente de 1740, où cependant sa description ne comprenait pas moins de 3 pages.

EFFROYABLES Pactions faites entre le diable et les prétendus invisibles. *S. l.*, 1623, in-8.

Pièce curieuse et recherchée, comme toutes ces vieilles reliques de la crédulité et de l'ignorance du bon vieux temps.

EGINHART. La vie du roy et empereur Charlemaigne, Composée iadis en langage latin par Eginhart son chancelier, et maintenant trâslatée en francoys par Helie Vinet. *Poictiers, a l'enseigne du Pelican*, 1546, pet. in-8, en lettres ital. [23350]

En *mar.* de Duru, 185 fr. Solar.

EGNATII (*Joannis Baptistæ*) Veneti de Cæsaribus, Libri III. a dictatore Cæsare ad Constantinum Palaeologum, hinc a Carolo Magno ad Maximilianum Cæsarem... addita in calce Heliogabali principis ad Meretrices elegantissima oratio non ante impressa. *Venetiis, in ædibus Aldi Romani*, 1516, in-8, 108 ff. non chiffrés pour l'ouvrage d'Ignatio; la 2ᵉ partie est de 296 ff. ch., dont le dernier porte la souscription et l'*Index*.

Nous ne citons ce volume, peu commun d'ailleurs, qu'à cause de la pièce plus que singulière (expressions de Renouard), attribuée à Léon. Aretin (voy. *Melzi*, *Anon.* 11, page 2). C'est le discours d'Héliogabale *ad Meretrices*, discours digne du Meursio, et qui se retrouve dans la réimpr. aldine de 1519. [Voy. *Manuel*, 11, col. 952]

EHINGEN (*Georg.* von). Itinerarium..... *Augspurg, bey Johann Schultes*, 1600, pet. in-fol. de 20 ff., avec 10 portraits gravés par Custodis. [19937]

C'est un voyage chevaleresque fait de 1455 à 1457; l'auteur, d'une noble famille de Souabe, cherche les aventures, et parait aux cours des Rois Ladislas de Hongrie, Charles de France, Henry de Castille, Henry d'Angleterre, Alphonse de Portugal, Philippe de Chypre, René de Sicile, Jean de Navarre, Jacques d'Ecosse, enfin de l'empereur Frédéric IV; ce sont les portraits de ces souverains que Custodis a gravés. en taille-douce.

Ce rare volume a été vendu 140 fr. en 1870.

EJERCITATORIO de la vida spiritual. (Al fin): *Fué impreso el presente tractado llamado Ejercitatorio de la vida espiritual en la muy noble z muy leal cibdad de Sevilla por Juan Cromberger, año del señor de mil z quinientos z treinta z quatro à veinte y siete dias del mes de Junio*, in-8, goth., de 127 ff., plus 4 pour la table.

Volume précieux et d'une extrême rareté.

ELEGIA adversus hujus temporis impios avitæ fidei prophanatores ac temeratores Iconoclastas, hæreticos, Lutheranos, Zwinglianos, deformatos Calvinistas, Anabaptistas, Confusionistas, in inferiori Germania passim tyrannice grassantes, qui se mendico et scabioso nominant vocabulo: *Vive le Geusz* (sic)... *S. l. n. d.*, très-pet. in-8 de 4 ff.

Chanson populaire qui courait en Allemagne, à la fin du XVIᵉ s., avec ces mots pour refrain: *Vive le Geuse* (sic); les républicains des provinces-unies portaient haut en Europe à cette époque la bannière des *Gueux*, 17 fr. De Lassize.

ELIS (*Ch.*). Les OEuvres du sieur (Ch.) Elis (de Bons), de la ville de Falaise. *Rouen, Jacques Cailloué*, 1626, in-8.

La plupart de ces poésies médiocres sont adressées à de grands personnages de la province; ce recueil dut avoir cependant un certain succès, puisque le même libraire le réimprima au bout de deux ans; cette édition de 1628, reliée en *mar.* par Duru-Chambolle, a été porté à 150 fr. à la vente de M. Potier en 1870, et en *mar.* de Hardy à 200 fr. à la vente W. Martin.

On a du même auteur:

— LE PARANYMPHE de la cour, où sont dépeintes les vertus héroïques du Roy, de plusieurs princes, seigneurs et dames de la France, avec l'antiquité de leur maison. Et quelques particularitez de ce qui s'est passé tant à l'Isle de Ré, que devant la Rochelle, par le sieur Elis, de Falaize. *Rouen, Jacques Cailloué*, 1628, in-8.

L'exemplaire de ce livre rare, qui appartenait à M. d'Auffay, a été porté à 210 fr. à la vente W. Martin; l'exemplaire de M. Turquety, avec le titre doublé, a été vendu 150 fr.

ELLAIN (*Nicolas*). Les Sonnets de Nicolas Ellain, Parisien. *Paris, pour Vincent Sertenas*, 1561, in-8, car. ital., sign. A.-G.iiii. (13759)

Ce volume est d'une extrême rareté; une réimpression a été donnée à Paris par Ach. Genty. *Paris, Poulet-Malassis*, 1861, in-16; elle est épuisée depuis longtemps.

ÉLOGE de la Pudeur. *Paris, Sébastien Cramoisy*, 1640, in-4.

En vers. 8 fr. W. Martin.

ELOGES et discours sur la triumphante réception du roy en sa ville de Paris, après la réduction de la Rochelle (par J. B. Marchand, jésuite). *Paris, Pierre*

Rocolet, 1629, in-fol., ·fig. d'Abr. Bosse, etc. [23687]

Un très-bel exemplaire, dans une riche reliure, 530 fr. Ruggieri.

EMANUEL (Re). Copia de vna littera del Re de Portugallo mādata ‖ al Re de Castella del viaggio ꝗ succèsso de India. ‖ (In fine) : ❰ *Impresso in Roma per maestro Joanni de Besicken*. ‖ *nel anno* M.CCCCCV. *a di* xxiij. *de Octobre*, in-4 de 8 ff. sans chiff., avec sign. a-b ij. [27956]

Première édition que M. Harrisse signale dans ses additions.à la *Bibl. americana;* il ne connaît que deux exemplaires, l'un à la Colombina de Séville, l'autre à la Marciana de Venise.

EMANVELIS Regis Lusitaniæ : Al Garbior : Africæ, Æthiopiæ, Arabiæ, Persiæ, Indiæ Regis inuictissimi ꝏbedientia. *S. l. n. d.* (c^a 1505), in-4 de 8 ff.

Édition, peut-être la plus ancienne, de cette pièce bien connue ; elle est portée à 125 fr. au catal. Asher de 1865.

EMMANUEL. Epistola ‖ Potentissimi, ac inuictissimi Ema ‖ nuelis Regis Portugaliæ et Algarbiorum ‖ etc. De Victoriis habitis in India ꝗ Et Malacha. Ad S. in Christo Patrem et ‖ Dñm nostrum Dñm Leonem X. ‖ Pont. Maximum. (In fine) : Datum in Vrbe nostra Olisipone 8 idus ‖ Iunias anno Dñi M.D.XIII. ‖ *Romæ, impressa per Iacobum* ‖ *Mazochium, 9 Augusti*, in-4 de 6 ff. [27957]

C'est la première édition de cette pièce rare et intéressante ; sur le titre sont les armes de Portugal, gravées en bois, 50 à 60 fr.; 50 fr. Tross (1867).

— La même. *Viennae, impressa per Hieronymū Victorē et Joannem Singrenium.XVI. Kalendas octobris* (s. d.), pet. in-4 de 4 ff.

EMERY (D'). Recueil de curiositez rares et nouvelles des plus admirables effects de la nature, avec de beaux secrets gallans, recherchées par le sieur d'Emery. *Paris, Louis Vendosme*, 1674, pet. in-12.

Secrets de tous genres en fait de médecine, de cuisine, de parfumerie, etc. En *mar.* de Lortic, 26 fr. Desq.

EMILIANE (*Gabr.* d'). Histoire des tromperies des prêtres et des moines... *Rotterdam*, 1693, 2 tom. en 1 vol. pet. in-8. [21723]

Le nom de l'auteur est donné au 3e feuillet. — Il y a une autre édition de ce livre assez rare, publiée à *Rotterdam, chez Ab. Acher*, en 1712, 2 tomes en 1 vol. in-12.

EMOND. Le Pédagogue d'armes, pour instruire un prince chrestien à bien entreprendre et heureusement achever une bonne guerre, pour estre victorieux de tous les ennemis de son Estat, et de l'Es-

glise catholique... par M. Emond... *Paris, G. Nivelle*, 1574, in-8.

Volume rare, que ne cite pas le P. Lelong, et que possède la Bibl. nation.

EMPRISONNEMENT (L') de Christoffle Fabri et Olivier Bouk fait à Anvers. *Leyde*, 1614, in-8.

Pièce rare, que nous ne rencontrons qu'au catal. Heinsius ; un bon exemplaire pourrait valoir de 6 à 7 fr.

ENCINA (*Juan* del). Cancionero de las obras de Juan del Encina. (Al fin) : *Deo gracias. Fué impresso en Salamanca, à veynte dias del mes de Junio de Mill. CCCC. ꝛ XCVj. años*, in-fol., goth., de 196 ff. à 2 col., plus 2 ff. lim. pour le titre et la *Tabla de las obras*. [13103]

Volume infiniment précieux qui n'a, croyons-nous, jamais figuré dans une vente publique, et dont l'*Ensayo* nous donne une bonne description.

— CANCIONERO de todas las obras de juā del enzina, cō otras añadidas. (au folio 99) : *Fué empremida esta presente obra en la muy noble ꝛ Muy leal cibdad de Burgos, por Andrès de Burgos..... La qual se acabó à xiij. dias de Febrero en el año del Señor mil y quinientos y cinco.* (Suivent l'écusson, la marque et la devise de l'impr.) In-fol., goth., de 101 ff., à 2 et 3 col.

Édition presque aussi rare que celle de 1496; on n'en connaît qu'un seul exemplaire, et MM. Zarco del Valle et S. Rayon, qui le décrivent, ne paraissent pas absolument convaincus qu'il soit bien complet.

— CANCIONERO de todas las obras de Juan de Enzina...:. (au verso du feuillet 91) : *Fué esta presente obra emprimada por Hans Gysser aleman d' Silgēstat en la muy noble y leal ciudad de Salamanca. La qual acabóse a V. de enero del año de mill ꝛ quinientos ꝛ siete (1507)*, in-fol., de 97 ff., avec une gravure sur bois au frontispice.

— CANCIONERO de todas las obras de Juan de Encina, con las Coplas de Zambardo, ꝛ con el Auto del Repelon..... *Fué esta presente obra emprimida por Hans Gysser, aleman de Silgenstat, en..... Salamanca..... a 7 del mes de Agosto del año de 1509*, in-fol., goth., de 104 ff., sign, a-n. par 4.

Toutes ces éditions du célèbre *Cancionero* de Encina sont à peu près introuvables, et toutes atteindraient un prix considérable.

ENCISO (*Martin Fernandez* de). Suma de geographia ꝗ ‖ trata de todas las partidas ꝗ prouin ‖ cias del mundo : en especial de las indi- ‖ as. ꝛ trata largamēte del arte del mare ‖ ar...·*Fue impressa en la nobilissima ꝗ muy leal ciudad de Seuilla por Ja* ‖ *cobo crōberger Alemã en el año d' la encarnacion de Nuestro Señor.* ‖ *de mil ꝗ quinientos ꝗ diez ꝗ nueue.* ‖ in⸗fol., goth., de 66 ff. non chiff. [19605]

Ce volume rare et précieux est bien décrit sous le n° 97 de la *Bibl. americana*, de M. Harrisse.

ENCYCLOPÉDIE pratique de l'agriculteur, par MM. Moll, professeur d'agriculture au Conservatoire des arts et métiers, et Eug. Gayot, ancien directeur de l'administration des Haras, avec le concours d'un grand nombre de savants (MM. Alkan, Boussingault, Payen, Peligot, Trélat, Wolowski, etc.). *Paris, Didot*, 1859-71, 13 vol. in-8 à 2 col., avec de nombreuses grav. sur bois; prix de publication, le vol. 7 fr. 50.

ENFANT (L') blasphémant Dieu, lequel morut povrement. *S. l. n. d.*, pet. in-8, goth., de 4 ff., titre encadré.

Cet opuscule fut imprimé dans les premières années du XVIᵉ siècle; le sujet est tiré des dialogues de Saint-Grégoire. 235 fr. Potier; l'exemplaire était relié en *mar.* par Duru.

ENFANT (L') prodigue par personnaiges, nouuellement translaté de latin en Francoys, et luy bailla son pere sa part laqlle il despendit meschamment auec folles femmes. *Paris*, s. d., pet. in-4, goth., de 20 ff. [16253]

Cette édition est introuvable; elle ne s'est pas montrée en vente depuis 1783; l'exemplaire du duc de La Vallière (n° 3312 du catal.), relié avec deux autres pièces, ne fut payé que 42 livres par le marquis de Méjanes; il doit encore faire aujourd'hui partie de la Bibl. d'Aix.

L'édition de *Lyon, Benoist Chaussard*, que cite Du Verdier, a complétement disparu.

M. de Soleinne n'avait pu se procurer de cette précieuse moralité que l'édition de *Rouen, Aubert*, s. d., et celle de *Lyon, P. Marniolles*, 1616.

Les frères Parfait ont donné une analyse de cette pièce dans leur *Histoire du théâtre françois*, tome III, pages 39-44.

ENFER Burlesque. Réimpr. à *Genève, J. Gay et fils*, 1868, in-18 de XX et 99 pp., tiré à 100 exempl. et 2 sur vélin. [14250]

Il y a dans cette pièce satirique 130 vers relatifs à Molière, offrant quelques particularités dont les biographes n'ont pas assez fait usage.

L'auteur anonyme (M. P. Lacroix l'appelle Jaulnay) tenait à l'église; il était doyen et chantre de Saint-Rieule, à Senlis; ce fut un de ces pamphlétaires de bas étage que les dévots déchaînèrent contre Molière.

Il y a deux éditions antérieures à celle de 1677, que cite M. Brunet; l'une est intitulée les *Horreurs sans Horreur. Paris, J.-B.* Loyson, 1671, in-12. (Voy. JAULNAY.)

L'autre est intitulée : *l'Enfer burlesque*, tiré des visions de dom F. de Quevedo, par M. C. l. (*sans nom de lieu ni de libraire*), 1668, pet. in-12, de 81 pp., non compris le titre.

C'est l'édition de Cologne qui est la plus complète.

ENIGMES joyeuses pour les bons esprits. *S. l. n. d.* (fin du XVIᵉ siècle), in-fol. de 10 ff., ayant chacun une jolie gravure en tête; au bas de la première se trouve le nom du graveur : *Halbeeck F.*

Cette pièce est fort rare, et la beauté des costumes fort bien gravés la rend précieuse.

Un bel exemplaire n'a été vendu que 62 fr. Auvillain; il serait plus cher aujourd'hui.

ENRIQUE. Historia de Enrrique hijo de la infante doña Oliua, Rey de Iherousalem y Emperador de Constantinopla. *Imprimida en la ciudad de Seuilla : por Stanislao polono, en el año de M. & d. i. a.* xiij. *dias del mes de Julio*, in-4, goth., de 40 ff., sign. A-E par 8. [17535]

Le catal. Salvá (n° 1595) décrit, d'après un exemplaire incomplet du 1ᵉʳ feuillet, cette édition restée inconnue à tous les bibliographes.

L'édition de *Sevilla, Juan Cromberger*, 1533, in-4, sign. A-D par 8, offre un texte qui diffère de celui des premières éditions de 1498 et de 1501.

Salvá possédait aussi une édition in-4, de 28 ff., mais elle est incomplète du premier et dernier feuillets, ce qui fait que toutes les indications bibliographiques font défaut.

ENRIQUEZ de Ribera (D. *Fadrique*). Este libro es de el Viaje que hice à Jerusalem, de todas las cosas que en él me pasaron, desde que sali de mi casa de Bornos, miércoles 24 Noviembre de 518, hasta 20 de Octubre de 520, que entré en Sevilla. Yo D. Fadrique Enriquez de Rivera, Marqués de Tarifa. *Impreso en Lisboa, con licencia y privilegio de la Santa Inquisicion. En casa de Antonio Alvarez. Año de* 1608, in-4 de 237 pp., y compris le front. et 3 liminaires.

ENRIQUEZ de Valderravano. Libro de mvsica ‖ de vihvela, intitolado Silva de ‖ Sirenas. En el qual se hallara toda diuersidad de musica. Compuesto por Enrriq3 ‖ de Valderrauano. *Fue ‖ impresso en Valladolid ‖ Pincia otro tiempo llamada ‖ por Francisco Fernandez de Cordova ‖ impresor, Junto a las Escuelas Mayores. Acabose a ‖ veynte y ocho dias del mes de Iulio ‖ Deste Año de* 1547, in-fol. de 113 ff., sign. A-O; le cahier F est de 10, et le cahier O de 4; portr. gravé sur bois.

Livre fort rare et précieux, longuement décrit dans l'*Ensayo* (n° 2078).

ENS. Rerum Danicarum Frederico IIII. terra marique gestarum historia, bella Ditmarsicum et Suecicum complectens, cum brevi recensione eorum etiam quæ in vitam et mortem prædicti regis inciderunt. Studio et opera Gasp. Ens, Lorchensis. *Francofurti, impensis P. Fischeri*, 1591, in-fol., avec le portrait de Christian IV et les armes de Danemark, grav. sur cuivre par Wierix, plus 15 planches pliées, gravées par F. Hoghenberg. 40 à 50 fr.

ENSEÑAMIENTO. Del enseñamien ‖ to

del coraçon. *Impresso en Salamanca a. xxx. de Julio del año de mil. CCCC. τ XCViij*, in-4, goth., de 120 ff., sans récl. ni pagination, avec sign. jusqu'à la lettre P.

Réimprimé sous le titre suivant :

— Libro del enseñamiento de los religiosos,.. *E fue imprimido por maestro Arnauld Guillen demorãt en Pamplona... Año de ñro Señor mill quatrocientos nouẽta τ nueve.* In-fol., goth., à 2 col., de 96 ff., et 2 de *tabla* à la fin.

ENSUYT lordre ex ‖ quis triũphät ꝗ admirable ‖ tenu au sainct et sacre bap ‖ tesme du tres desire et appelle Monsi ‖ eur le Dauphin de France lequel fust ‖ fait et celebre a Amboyse a Sainct Fleu ‖ rentin. Le. xxv. iour de apuril. a neuf ‖ heures de soir. (A la fin) : *Cy finist lordre ꝗ a este tenue au bap ‖ tesme de monsieur le daulphin de frãce ‖ auec deulx ballades lugne de la royne ‖ et laultre de mond' sieur le daulphĩ ‖ Et les vent on a la. Rue de la Seille ‖ cheulx. Jehan du Moulin* ∴ Pet. in-8, en gros car. goth. [23449]

Édition originale d'une pièce fort rare, imprimée à Tours à la fin de 1516 ou au commencement de 1517. 150 fr. au catal. Tross de 1866 ; revendue 200 fr. Taschereau.

ENTKRIST (Der) und die fünfzehn zeichen. *S. l. n. d.*, pet. in-fol 22 ff. [1257]

Première édition typographique de *l'Antechrist*; elle fut exécutée à *Ulm* ou à *Nuremberg* vers 1480.

Un exemplaire assez bien conservé, mais colorié, 235 thal. Weigel.

ENTKRIST (Der). *Getrückt zü Strassburg, von Matthis Hüpfuff. S. d.* Pet. in-4 de 22 ff., sign. A. D.

Seconde édition typographique. En *mar.*, 100 thalers Weigel.

Voyez au *Manuel* ANTICHRISTO (Liber de).

ENTRÉES.

ENTREE (L) du roy nostre sire ‖ en la ville et cite de Paris. ‖ Le huitieme iour de Juillet ‖ mil quatre cens quatre vingz quatre ‖ De paris me partis seullet ‖ Au matin pour aller esbatre ‖ La porte passay sans debater ‖ Pour aller au deuant du Roy ‖ Lequel apres son digne sacre ‖ Approchoit a moult noble arroy.‖ — Cestoit pour faire son entree ‖ En sa grant ville de Paris... etc. (A la fin) : *Cy fine le sacre du roy ‖ Nostre Sire a Rains. ‖ S. l. n. d.*, in-4, goth.; en strophes de vers de 8 syllabes ; avec sign. A. B. par 6.

Cette entrée de Charles VIII à Paris est la plus ancienne connue ; elle a été réimprimée dans la collection des bibliophiles Rémois; l'exemplaire que nous avons eu sous les yeux était malheureusement incomplet d'un feuillet.

— Entrée et couronnement du roy nostre

sire en sa ville de Napples, faicte le xxii° iour de Feurier mil CCCC IIIIXX et XIIII. *S. l. n. d.*, in-4, goth., de 4 ff.

Cet opuscule se trouvait avec plusieurs autres, également relatifs à l'expédition de Charles-VIII en Italie, dans un recueil qui a été payé 2,099 fr. à la vente Coste ; ce recueil, composé de 11 pièces, avait fait partie de la bibl. de Richard Heber (tome II, n° 1,362); il a été acquis à la vente Coste pour la Bibl. nation.

— Entrée (L') du Roy de France, tres chrestien Loys douziesme de ce nom a sa bonne ville de Paris... *S. l. n. d.* (*Paris*, 1498), in-4, goth., de vi ff. non chiffrés.

Cette *entrée* sort de la même imprimerie que le sacre du Roy Loys douze, à Reims, et la figure qui se trouve sur le titre de *l'Entrée à Paris*, se retrouve à la fin de la pièce du *Sacre*.

Cette pièce précieuse manquait à la collection Ruggieri, à la vente duquel elle a été vendue 300 fr.:

— L'Entrée du Roi à Millan. *Lyon, de par Nouel Abrahã*, s. d., in-4, goth., de 4 pp., avec gr. s. b. au titre.

C'est de cette édition qu'il a été fait une réimpression par le procédé Dupont.

Sous le même roi :

— Le Pas des armes de l'arc triũphal.... *Paris, Galliot du Pré*, 1514, pet. in-4, goth.

Pièce précieuse, signalée au *Manuel*, et relative aux Joutes qui eurent lieu à Paris, à l'hôtel des Tournelles, pour célébrer le mariage de Louis XII avec Marie d'Angleterre, 1,620 fr. Yéméniz, en mar. de Trautz; c'était l'exemplaire à peu près unique qui provenait d'Aimé-Martin et de Tripier; il était parfaitement décrit au *Manuel* (11, col. 993), ce qui empêche le rédacteur du catal. Yéméniz de dire « que cette relation n'est pas indiquée dans les meilleurs catalogues relatifs à notre histoire; que le P. Lelong et M. Brunet indiquent une pièce qui paraît complétement différente, etc. »

Il y a là quelque chose de fondé, car M. Brunet, qui a eu le livre en main, l'a décrit avec une minutieuse exactitude, et il se serait bien gardé, comme le rédacteur anonyme du catal. Yéméniz, de porter cette pièce relative au troisième mariage de Louis XII, à l'année 1524 ! c'est-à-dire à la dixième année du règne de son successeur.

— Entrée. Euvre nouuellement translatée de Italienne rime en rime Francoyse : contenant ladvenement du tres crestien roy de France Loys XII de ce nom a Millan et sa triumphante entrée audict Millan auec grande compaignie de noblesse estant auec luy. Et de la dolente prinse de Rivolte sur les Venitiens. Aussy cõment il a vaincu et rué jus l'armée vénitienne et prins prinsonnier le seigneur Bartholomy Davigliano. Et comment il fut mené à Millan : et de la joye desdictz Millãnoys et autres : de la dicte victoire nouuellement audict tres crestien et illustre roy donnée. (A la fin) : *Ce present liure nouuellement comme est dict trãslaté d'italien en rime françoyse a este soubz congié et licence imprime a Lyon le IX° iour de iuing lan mil cinq cens et neuf*, in-4, goth., de 8 ff.

Pièce fort rare, dans laquelle est racontée la bataille d'Aignadel, du 14 mai 1509. En *mar.* de Trautz, 500 fr. Benzon.

— ENTRÉE du tres crestien et chevaleureux roy de France, Francoys de Valloys, premier de ce nom, et de la tres noble royne, en leur bonne et notable ville et cité Dangiers, antique clef de France, le VIᵉ iour de iuing lan mil V cens XVIII. *S. l. n. d.*, pet. in-8, goth.

Pièce d'une grande rareté, 200 à 300 fr.; la Bibl. nation. en conserve un précieux exemplaire, imprimé sur *vélin.*

— ENTRÉE (L) de la Royne et de Nosseigneurs les enffas de France en la ville ? cite Dãgoulesme. *S. l. n. d.* (1530), pet. in-8, goth., de 4 ff. avec fig. en bois sur le titre.

C'est l'entrée de la Royne Éléonore (Alienor) d'Autriche, femme de François Iᵉʳ, le 23 juillet 1530.

En *mar.* de Chambolle, 250 fr. Ruggieri.

A la même vente :

- - LE GRANT TRIUMPHE faict du noble prince M. le Dauphin et le noble duc d'Orléans, et de la royne madame Alienor, en la noble cité de Lyon. *S. l. n. d.*, vers 1530, pet. in-8, goth.

En *mar.*, très-grand de marges, 395 fr.

— MAGNIFICENCE (La) de la superbe et triumphante entrée de la noble et antique cité de Lyon faicte au très-chrestien Roy de France Henry deuxiesme de ce nom, et à la royne Catherine son espouse, le 23 de septembre 1548. *Lyon, Guillaume Roville*, 1549, pet. in-4 de 44 ff., fig. s. b. du petit Bernard.

L'exemplaire Cailhava, qui contenait 15 planches gravées sur bois, non comprise la belle marque de Rouillé, qui se trouve au titre, a été vendu 270 fr. Ruggieri.

A la même vente, un très-bel exemplaire de la traduction italienne, splendidement relié par Lortic, a atteint le prix de 250 fr.

— L'exemplaire Yéméniz, de l'édition française, en *mar.* de Duru, 235 fr.

— ENTRÉE de Henry II, Roy de France, à Rouen, au mois d'octobre 1550. Imprimé pour la première fois d'après un manuscrit de la Biblioth. de Rouen, orné de 10 pl. gravées à l'eau-forte par Louis de Merval, accompagné de notes bibliographiques et historiques par S. de Merval. *Rouen*, 1869, gr. in-4 obl.

Tiré à 100 exemplaires numérotés à la presse : prix 40 fr.

— C'EST LA DÉDVCTION du somptveux ordre... (Entrée de Henry II et de Catherine à Rouen.) *On les vend à Rouen, chez Robert le Hoy, Robert et Jehan dictz du Gord*, 1551, in-4, fig. s. b. et 2 pp. de musique à la fin.

Ce beau livre, si précieux, est bien décrit au

Manuel (tome II, col. 998-99); M. Brunet aurait cependant dû indiquer le IVᵉ feuillet, qui est blanc, et dire que les exemplaires complets doivent avoir le feuillet H 5, sans la figure du Dauphin, et le carton qui le remplace, avec cette figure, ce qui fait 69 feuillets.

En *mar.* de Chambolle-Duru, 1525 fr. Ruggieri.

— LES GRANDES triumphes faictes à l'entrée du tres chrestien Roy Henry second de ce nom en sa noble ville, cité et université de Paris. *Imprimé à Rouen, par Jehan le Prest, demourant en la rue des Telliers. S. d.*, pet. in-16 de 16 ff., goth.

L'exemplaire Coste, incomplet de 2 ff., fut acquis par Le Roux de Lincy, puis par M. Ruggieri, qui fit refaire les 2 ff. par Vignat, relier le volume en *mar.* par les successeurs de Capé; et le volume ainsi rhabillé fut vendu 110 fr.

A la même vente Ruggieri, l'Entrée de Henry II à Paris... (Voy. *Man.* II, 997.) *Paris*, 1549, in-4, fig., de 38 ff. chif. jusqu'à 37, splendide exemplaire avec l'adresse de Jehan Dallier, indiqué comme édition originale par M. Ruggieri, qui fait valoir comme preuve la fraîcheur des planches de son exemplaire, tandis que le *Manuel*, moins affirmatif, cite l'édition avec le nom de Jacques Roffet sur la même ligne que celle de Jehan Dallier, sans vouloir affirmer la priorité de l'une ou de l'autre (l'édition, suivant les usages, ayant été probablement divisée entre les deux libraires); quoi qu'il en soit, ce fort bel exemplaire a été poussé jusqu'à 1,530 fr.

L'exemplaire Yéméniz. qui venait de Nodier, avait également l'adresse de Jehan Dallier; il n'a été vendu que 710 fr.; mais M. Yéméniz avait un double de ce beau livre à l'adresse de Jacques Roffet; l'exemplaire était moins beau, 17 millimètres de moins, et le titre rallongé par le bas; il n'a été vendu que 280 fr.

L'exemplaire Germeau, à l'adresse de J. Dallier, malgré quelques défectuosités, 500 fr.

— LES TRIOMPHES faicts à l'entrée du Roy (François II) à Chenonceau, le dymanche dernier jour de mars (1559). *Tours, par Guillaume Bourgeat*, 1559, in-4 de 16 ff., dont le dernier blanc.

Cette relation est adressée à la *Royne mère, Catherine de Médicis*, par le Plessis; elle est d'une extrême rareté et ne figure pas dans la riche collection de M. Ruggieri.

En *mar.* de Capé, 1,400 fr. Taschereau.

Il y a deux réimpressions de cette pièce précieuse : l'une, faite par le prince Galitzin, a été publiée chez Techener, en 1857, in-8 de 27 pp.; l'autre, exécutée à Versailles par Beau jeune, imprimeur, est un pet. in-fol., de 23 pp., sur papier *vergé* fort; elle a été tirée à petit nombre et vendue 34 fr. chez M. Taschereau.

— LES ORDRES tenuz à la réception et entrée du Roy tres chrestien François II et de la Roine en la ville d'Orléans. Description des arcs triumphaux, magnificences et théâtres faictz en icelle ville pour la dicte reception et entrée. *Paris, par G. Nyverd* (1560), in-8 de 16 feuillets.

— RECUEIL de choses notables qui ont esté faictes à Bayonne, à l'entrée du roy...

Charles neufièmè... et la royne... *Paris, Vascosan*, 1566, in-4.

En mar. de Chambolle-Duru, 750 fr. Germeau, pour M. Didot; 600 fr. Ruggieri.

— CÉLÈBRE et magnifique entrée de Charles neufiesme, Roy de France, faicte en sa ville et cité de Metz. *Paris, par Jean Dallier*, 1569, in-8 de 11 ff.

En mar. 205 fr. Ruggieri.

— ORDRE de la réception et entrée de Henry de Valois, très chrestien Roy de France et de Pologne, en la riche & florissante ville de Venise. *A Lyon, Benoist Rigaud*, 1574, pet. in-8 de 4 ff.

En mar. de Masson, 62 fr. Ruggieri; cette pièce, assez rare, était reliée avec la suivante, qui l'est encore plus :

— EXTRAICT d'un chant d'allégresse de Nohé Zambon, Vénitien, sur la somptueuse et très-magnifique entrée de Henry III, roy de France, à Venise, à son retour de Pologne en France. *A Lyon, chez Benoist Rigaud*, 1574, pet. in-8.

— DISCOURS du magnifique et somptueux appareil de l'illustrissime seigneurie de Venise, pour la réception du valeureux Henry de Valois... Roy de France et de Pologne à son retour dudict royaume de Pologne. *Lyon, Jean Patrasson*, 1574, pet. in-8 de 11 pp.

En mar. d'Andrieux, 100 fr. Ruggieri.

Cette relation est extraite d'une description italienne plus détaillée :

— IL GLORIOSISSIMO Apparato fatto dalla ser. Republica Venetiana, per la venuta del Christianissimo Enrico III, composto per l'Ecc. dottore Manzini. *In Venetia*, 1574, in-4.

47 fr. Ruggieri.

Pour ces fêtes on composa de nombreuses odes, tragédies, etc.; nous citerons :

— TRAGEDIA del S. Cornelio Frangipani (di Castello) al Christianiss. et invittissimo Henrico III, recitata nel gran consiglio di Venetia. *In Venetia*, 1574, in-4.

— ORDRE (L') tenu à l'arrivée du très-chrestien roy de France et de Pologne, Henry de Valois, troisiesme de ce nom, faicte à Lyon, le sixieme jour de septembre mille cinq cens septante quatre. *Lyon, par Benoist Rigaud*, 1574, in-8 de 7 ff.

Sur le titre, à la place de la marque d'imprimeur, se trouvent un H et deux D entrelacés, surmontés de la couronne royale. En mar., 60 fr. Ruggieri.

— DISCOURS de l'ordre tenu par les habitans de la ville de Rouen à l'entrée du Roy nostre sire, auec les deux harangues. *Lyon, Jean Pillehotte, prins sur la copie imprimée à Paris*, 1588, pet. in-8.

Copie qui n'est pas moins rare que l'édition de *Paris*, citée par M. Brunet; un exemplaire de l'édition *du Lyon*, relié en mar. par Masson et Débonnelle, 320 fr. Ruggieri; l'édition de *Lyon*, en mar. a les mêmes relieurs, 355 fr.

TOME 1.

— DISCOURS de la ioyeuse et triomphante entrée de... Henri IIII... en sa ville de Rouen... *Rouen, Raphael du Petit-Val*, 1599, in-4.

Un bel exemplaire avec la planche double, gravée par Custodis, qui manque souvent, et un précieux portrait de Henry IV, dans une riche reliure de Lortic, a été porté au prix excessif de 2,020 fr. à la vente Ruggieri.

Quelques exemplaires portent l'adresse du libraire Jean Crevel, qui a partagé l'édition avec Raph. du Petit-Val.

— ORDRE (L') tenu à la réception du Roy et de la Royne en leur bonne ville de Paris, le lundi seiziesme de May. *Paris, Ant. du Breuil*, 1616, pet. in-8 de 8 pp.

En mar. fleurdelisé de Masson et Debonnelle, et réuni à une autre pièce, 75 fr. Ruggieri.

— LA ROYALLE entrée du Roy et de la Royne, en la ville de Chartres; avec les magnificences et cérémonies qui s'y sont observées le jeudi 26 septembre. *Paris, pour Jozué Chemin*, 1619 (*Chartres, Garnier*, 1864), pet. in-8 de 11 pp.

Réimpression figurée à 50 exemplaires, dont 40 sur papier *vergé* et 10 sur papier *azuré*.

— ENTRÉE royale faicte au Roy en la ville de S. Jean d'Angely, le unziesme septembre mil six cens vingt, ensemble quels ont esté les portiques, amphithéatre, tableaux, devises et emblesmes en icelle cérémonie..... *Paris, Isaac Mesnier*, 1620, in-8 de 14 pp.

En mar., 41 fr. Ruggieri.

Une autre relation de la même entrée. *Ibid., id.*, 1620, in-8, 15 fr.

— RÉDUCTION et Triomphante entrée du Roy en sa ville de Montpellier. *Paris, Paul Mausan*, 1622, in-8, de 8 ff., 12 à 15 fr.

— L'ENTRÉE du Roy à Tolose (par Alard). *Tolose, Raimond Colomiez*, 1622, in-8, de vi ff. lim., 146 pp., et 1 f. à la fin pour l'*Avis aux lecteurs*.

Livre curieux; c'est la relation de l'entrée de Louis XIII, le 15 novembre 1622; l'auteur se nomme à la fin des deux épîtres dédic., et indique comme ses collaborateurs les sieurs de Castel, du Four et Boissière.

En mar. de Masson, 92 fr. Ruggieri.

— ENTRÉE de Louis XIII, Roy de France et de Navarre, dans sa ville d'Arles, le XXIX octobre MDCXXII. *En Avignon*, 1623, in-fol., portr. et 8 pl. grav.

Un bel exemplaire dans sa première reliure en *vélin*, 228 fr. Ruggieri.

— ENTRÉE (La solennelle) du Roy dans la ville d'Avignon, le mercredy 16 de novembre 1622, ensemble l'entrevue de S. M. avec le Duc de Savoye, qui arriva le lendemain... *Paris, ve Abraham Saugrain*, 1623, pet. in-8 de 8 pp.

En mar. de Masson et Debonnelle, 100 fr. Ruggieri.

— ENTRÉE (L') du Roy et de la Royne en la

ville de Lyon, faite le dimanche 11 décembre 1622. Avec l'ordre et cérémonies qui y furent observées sur ce sujet. *Paris, vefue Abraham Saugrain*, 1622, pet. in-8 de 4 ff.

En *mar. fleurdelisé*, 80 fr. Ruggieri.

Une relation de cette même entrée, qualifiée au catal. Ruggieri, de « *beaucoup plus rare que la précédente* », également de 8 pp., et impr. *à Paris* par le même typogr., mais *sans reliure*, n'a été vendue que 7 fr.

Nous trouvons encore relat. à cette cérémonie :

— ENTRÉE (L') du Roy et de la Royne en la ville de Lyon, où le Soleil au signe de Lyon. Ensemble un sommaire-récit de tout ce qui s'est passé dans la ville de Lyon le 11 décembre 1622. *Lyon, J. Jullieron*, 1624, in-fol., 14 pl. grav. par Audran, Mallery, Huet et autres.

— ENTRÉE (La triomphante) du Roy dans sa ville de Troyes, ensemble la description des tableaux et magnificences dressez pour icelle, par J. S. T. *Paris, Jacques Dugast*, 1629, pet. in-8.

En *mar.* de Masson, 89 fr. Ruggieri.

— RÉCEPTION Royale faicte à l'entrée de la Reyne dans la ville de la Rochelle, avec la harangue à elle faicte par le sr de L'Escale, lieutenant-criminel et juge de la police de lad. ville. *Aix, Estienne David*, 1633, pet, in-8 de 8 pp.

Curieuse pièce, qui relate l'entrée d'Anne d'Autriche dans les murs ruinés de la Rochelle. En riche reliure *mar.*, 99 fr. Ruggieri.

— ENTRATA (La Triomphale) di Carlo V, imperadore Augusto ī la inclita città di Napoli & di Messina, con il significato delli Archi Triomphali, 2 de le Figure antiche in prosa 2 versi Latini. (A la fin) : *Data in Messina, a di* XXX *d'ottobre* M.D.XXXV. *S. l.* (*Roma, Blado*, 1535), pet. in-4 de 12 ff., car. ital.; sur le titre goth., les armes de l'empire gr. s. b.

Plaquette fort rare. 30 fr. catal. Tross.

— DÉCLARATION des Triumphantz honneurs et Recoeul faictz a la Maiesté Imperialle a sa ioyeuse et premiere entrée. Ensemble aux Illustres princes de France, Messieurs le Daulphin et duc Dorleans en la cite et duche de Cambray en lan de grace mil cinq cēts et XXXIX, ou moys de Januyer. le XXe Iour dudict Moys. (Cum privilegio reuerendissimi Domini nostri Cameracēñ.) *Imprimez a Cambray, par Bonaventure Brassard, libraire demourant a la rue Tauneau*, in-4 de 20 ff., goth., non chiffrés; les ff. 15, 16, 17 et 18, en musique imprimée, contiennent un motet de Courtois à 4 parties, sur les paroles : *Venite, populi terræ.*

Nous ne connaissons de ce livret précieux qu'un seul exemplaire que nous avons vu longtemps dans la bibl. de M. Farrenc; à sa vente (avril 1866) il a été adjugé au prix de 530 fr., et revendu chez M. Ruggieri 600 fr.

— LA TRIUMPHANTE et magnificque entree de lempereur Charles tousjours Auguste, cinquiesme de ce nom, accompaigne de Messeigneurs le Daulphin de France et duc d'Orleans en la ville de Valentiennes. MDXXXIX. (A la fin) : *Imprime a Rouen par Jehan Lhomme le vingtiesme jour de Mars mil cinq cens trente neuf*, in-8, goth.

Un exemplaire de cette pièce fort rare, en bon état de conservation, vaudrait certainement de 200 à 300 fr.

— LA REGALE et trionfante Entrata, in Spagna, nella nobil città di Toledo, della Ser. Regina Isabella, figlia del Ser. Henrico Secondo Re di Francia... con li apparati et superbissimi archi trionfali... Scritta per il Dr M. Oliueri Capello da Toledo alli II di Marzo 1560. *Milano, Francesco Moscheni*, 1560, in-4 de 12 ff., portraits de Philippe et d'Isabelle, gr. s. b. au titre.

50 fr. Tross.

— LA TRIUMPHANTE et magnifique Entree faicte par le reverendissime prelat et tres vertueux seigneur monseigneur le leguat et grant chancellier de France en la noble ville, cite et Universite de Paris, le mardi XXe iour de decembre lan mil cinq cens trente (par François Nau). *S. l. n. d.* (*Paris*), in-8 de 4 ff. non chif., car. goth.

Pièce fort rare. 200 à 250 fr.

— ANTREE (L) Du legat Dedans la ville ‖ Damyäs auecq; la triüphe De La Ville ‖ C'est la declaration signification 3 de ‖ môstrance des cinq theatres 2 spectacles ‖ faictz a lětree du cardinal dyort (*sic*) ambas ‖ sadeur dägleterre en la ville 2 Cite Da ‖ myens le dimēche III. iour Daouste (1527), *S. l. n. d.*, pet. in-8, goth., de 4 ff., impr. en gros caractères.

200 fr. (Tross, 1866.)

— LA MAGNIFIQUE Entrée du reverendissime et très illustre seigneur Monseigneur Alexandre, cardinal de Farnez, vichancelier (*sic*) du sainct Siége apostolique, et legat de la ville et cité d'Avignon, faicte en icelle le XVI mars 1553. *Et se vent en la boutique de Macé Bonhomme aux changes d'Avignon*, 1553, in-4, fig. s. b.

— ENTRÉE de Monseigneur le duc de Pastrana, ambassadeur extraordinaire de S. M. catholique, faicté à Paris, le 13 d'aoust, pour l'accomplissement du mariage de madame Elisabeth de France, sœur du Roy, et de Philippes Dominique Victor, fils aîné d'Espagne... par Jean Baudoin. *Paris, Ant° du Breuil*, 1612, pet. in-8 de 14 pp.

En *mar.* de Dupré, 40 fr. Ruggieri.

Élisabeth de France fut échangée, sur la Bidassoa, avec l'infante Anne-Marie d'Autriche, fiancée au roi Louis XIII; les fêtes somptueuses, données à cette occasion, amenèrent la publication d'un nombre infini de pièces de vers, descriptions, récits, qui tous ont une certaine valeur historique et sont devenus rares; nous citerons :

— Discours sur ce qui s'est passé à l'arrivée de Monsieur le duc de Pastrana, ambassadeur d'Espagne..... avec l'explication d'une prophétie de *Nostradamus* sur le même subject, par le sieur D. S. A. *Paris, veuve Pierre Bertrand*, 1612, pet. in-8, de 15 pp.

En *mar.*, 45 fr. Ruggieri.

— Réception (La) faicte dans le Louvre à M. le duc de Pastrana. *Paris, Jean Nigaud*, 1612, pet. in-8, de 14 pp.

En *mar.*, 51 fr. Ruggieri.

— Bal (Le Grand) de la Reine Marguerite, faict devant le Roy, la Reine et Madame, le dimanche 26 aoust, en faveur de M. le duc de Pastrana..... *Paris, Jean Nigaud*, 1612, pet. in-8, de 14 pp.

C'est la description de l'un des plus anciens ballets à spectacle, donné à la cour de France.

En *mar.* de Dupré, 75 fr. Ruggieri.

ENTRÉE, estat ou répertoire des deniers et marchandises estrangères. — Sortie, estat... des marchandises qui se peuvent tirer et transporter hors le royaume. *Calais, Abraham le Maire*, 1582, 2 part. en 1 vol. in-4.

Nous croyons ce rare volume le premier produit des presses de Calais.

ENTREMESES nueuos de diversos Autores. *Con licencia, en Zaragoza por Pedro Lanaja y Lamarca..... año* 1640, in-8 de 250 pp. et un f. de table.

Ce volume, fort rare, contient 22 pièces, dont l'*Ensayo de una bibl. Española* donne la liste, et plusieurs autres collections du même genre y sont indiquées.

— Laurel de entremeses varios, repartido en diez y nueve entremeses nuevos, escojidos de los mejores ingenios de España. *Zaragoza por Juan de Ibar, año* 1660, in-8, de 160 pp., et IV ff. liminaires.

Fort mal imprimé.

— Rasgos del ocio en diferentes Bailes, Entremeses, y loas, de diversos Autores... *En Madrid, por Joséf Fernandez de Buendia, año de* 1661, in-8, de 263 pp., contenant 27 pièces.

— Floresta de Entremeses... *Madrid, por la Viuda de J.-F. de Buendia*, 1680, in-8, de 207 pp.

ENTREPRISE descouverte des Huguenots et politiques de Lyon par les Catholiques de la dite ville, avec la défaicte de ceux qui tenaient le party de Henry de Valois. *Paris, Michel Jouin*, 1589, avec un quatrain signé: *Cl. Vial, Lyonnois*.

En *mar.* de Niédrée, 41 fr. La Roche La Carelle.

ENTRETIENS (Les) de quatre femmes à la sortie du temple de Charenton, le 1er dimanche du mois, avec la harangue qu'elles ont faict à leurs ministres. *S. l. n. d. (Paris, vers 1650)*, pet. in-4 de 8 pp.

Pièce rare et curieuse. 5 à 6 fr.

ENTRETIENS (Les) galands d'Aristipe et d'Axiane, contenant le langage des Tetons, le dialogue du Fard et des Mouches, etc. *S. l. n. d. (Hollande, 1665)*, pet. in-12 de 2 ff. lim. et 162 pp. 8 à 10 fr.

L'édition *de Paris* est citée par M. Brunet (11-1009); celle de Hollande peut être rattachée à la collection elzevirienne.

EPIPHANII, episcopi Constantiæ Cypri, contra octoginta hæreses opus et alia opuscula. Græce. *Basileæ, J. Hervagius*, 1544, in-fol. [911]

L'exemplaire relié en *mar. citr.*, aux armes et aux chiffres de Henry II et de Diane de Poitiers, payé £ 80 chez Libri en 1859, a été revendu 2,725 fr. chez M. Double en 1863, et 3,700 fr. à la vente du libraire Techener en 1865.

EPISTOLLE (L) des ‖ prisonniers de Paris A madame Alie- ‖ nor Royne de France conte- ‖ nant le confort de sa desi- ‖ rable entree. *S. l. n. d. (Paris, 1530)*, pet. in-8, göth., de 8 ff. de 19 lignes à la p., sign. A-B. [13491]

Au titre, un bois représentant un prélat qui unit un Roi et une Reine ; au recto du 7e feuillet se trouvent les deux dernières lignes de texte, imprimées en gothique, puis une petite pièce latine, en italique ; le verso contient une planche gravée sur bois. (*Bibl. nation.* Y 4457. A (1) Rés.)

Cette édition est sans doute celle qu'a décrite M. Brunet, et à laquelle il donne 11 feuillets, ce qui est d'autant plus évidemment une erreur, qu'à la fin de l'article le bibliographe suppose que l'*Epistolle* est la même pièce que le *Venite*, et que cette dernière pièce, qui, par parenthèse, est toute différente, n'a que 8 feuillets.

La Bibl. nation. possède une seconde édition de l'*Epistolle*.

— L'Épistole des pri- ‖ sonniers de Paris à madame Alienor ‖ royne de France, contenant le confort ‖ de sa désirable entrée. — *Finis, s. l. n. d. (Paris*, 1530), pet. in-8, göth., de 4 ff. de 25 lignes à la page, impr. en lettres de forme.

Sans aucun bois ; l'éditeur a serré le texte et omis deux strophes pour faire tenir la pièce en 4 ff. (*Bibl. nation.* Y. 4457. A. (2) Rés.)

Cette pièce importante a été réimprimée par MM. de Montaiglon et J. de Rothschild, au tome XI des *Poésies françoises des XVe et XVIe siècles* ; ils l'ont fait précéder des deux pièces décrites au *Manuel*, *Lepistre de la venue de la Royne Alienor* et le *Venite* [13614] ; ces reproductions sont précédées, accompagnées et suivies d'excellentes et savantes notes historiques et bibliographiques, que nous mettons à contribution sans scrupule.

EPISTOLOGRAPHES grecs ; recueil complet publié par M. Hercher. *Paris, Didot*, 1870, un vol. in-8 de LXXXVI et 843 pp. 15 fr.

EPISTRE du bon fre- ‖ re qui rend les armes ‖ damours a sa seur da-. ‖ moyselle en Syonnoys. ‖ — Et le dit des pays. — (A la fin) : *Amen. S. l. n. d.* (*Paris, vers* 1525), pet. in-8, goth., de 8 ff. de 28 lignes à la page, impr. en lettres de forme.

Le *Dit des Pays* commence au verso du 6ᵉ feuillet et s'arrête au milieu du recto du 8ᵉ, le verso de ce feuillet est blanc.

Pièce de vers fort rare, que possède la Bibl. nation. (Y, non porté); elle a été reproduite au tome XI des *Poésies françoises des* xvᵉ *et* xvɪᵉ *siècles;* le *Dit des Pays* était déjà compris dans le tome V de cet excellent recueil.

EPISTRE Dung ‖ Amant habandonne ‖ Enuoyee a ‖ sa Dame par maniere de Reproche. *S. l. n. d.* (*vers* 1530), pet. in-8, goth., de 8 ff. de 23 lignes à la page,·sign. A.

Au titre, un grand E gothique sur un fond en manière criblée, orné de rinceaux ; sur le titre et au verso du dernier feuillet sont deux petits bois souvent employés dans les productions de l'époque.

Le seul exemplaire connu de cette pièce précieuse est conservé au Musée britannique

MM. de Montaiglon et de Rothschild l'ont insérée au xɪᵉ volume des *Poésies françoises des* xvᵉ *et* xvɪᵉ *siècles.*

EPISTRE du seigneur de Brusquet aux syndics et conseil de Genève. *Lyon,* (*Saugrain*), 1559, in-8 de 4 ff.

Pièce curieuse. 101 fr. (1869).

EPISTRE envoyée au tigre de la France. *S. l. n. d.,* in-8. [23504]

Cette pièce, dont M. Brunet possédait un bel exemplaire, considéré comme unique, a été, croyons-nous, exécutée avec les caractères de Jacques Estauge (ou Estange), imprimeur à Bâle et à Strasbourg ; on n'a donc pendu Martin l'Homme que comme détenteur de quelques exemplaires.

Vendu 1,400 fr. Brunet, et acheté pour le musée historique de la ville de Paris.

M. Ch. Read en a publié en 1875 une réimpression fac-simile, avec introduction et notes.

EPISTRE (L) et ordonnance du camp de Monseigneur d'Alençon, ayant la charge du roy nostre[sire. Et aussi les nōs des capitaines estant en la cōpagnie du dict seigneur. (En vers de 10 syllabes.) *S. l. n. d.*. in-4, goth., de 4 ff. [13493]

Il faut une figure sur bois à la fin ; cette pièce fort rare faisait partie d'un précieux recueil, qui du duc de La Vallière était arrivé dans le cabinet du baron Jérôme Pichon ; ce recueil, formé de 18 pièces gothiques, introuvables, fut vendu 3,900 fr. ; il fait aujourd'hui partie de l'admirable collection de M. de Lign.....

EPITAPHE *anagrammatique de Daniel Chamier*, gros et gras, ministre de Montauban. *Montauban, P. Gaston,* 1621, in-8.

Satire en vers. 15 à 18 fr.

EPITAPHES et regrets sur le Trépas de M. Timoleon de Cossé, comte de Brissac.

Paris, Gabriel Buon, 1569, in-4 de 10 ff.

Les pièces qui composent ce recueil sont de J. Dorat, de Baïf, d'Amadis Jamyn, etc. 9 fr. 50 c Potier (1872).

La même année avait paru :

— DÉPLORATION de la France sur la mort de Timoléon de Cossé, comte de Brissac, par François de Belleforest. *Paris, J. Hulpeau,* 1569, in-4. 5 fr. 50 c. Potier.

EPITAPHES, mort et dernières paroles de Pierre de Ronsart... ensemble les excellens vers chrestiens qu'il a faict six heures auant que mourir ; plus le dernier à Dieu qu'il a donne a ses amis et la belle remonstrance qu'il leur fit en mourant. *Paris, Louys du Coudret,* 1584, in-8.

Pièce précieuse et fort rare. 50 à 60 fr.

— ORAISON funèbre sur la mort de M. de Ronsard, par F.-D. Perron. *Paris, Federic. Morel,* 1586, in-8. Réimp. à *Paris,* 1611, in-fol.

— Voy. BINET (Cl.).

ERASME (*D.*). Les Apo ‖ phthegmes. C'est a ‖ dire promptz sub ‖ tilz et sentētieulx ditz de plusieurs ‖ʃ Royz : chefz d'armee : philosophes ‖ et autres grans person ‖ naiges tant Grecz que Latins. ‖ Translatez de Latin ‖ en francoys par lesleu Macauet notaire, secret ‖ aire et vallet de la chambre du Roy. *On les vend à Paris au Soleil d'Or, en* ‖ *la rue Saint Iacques* (*chez Claude Chevallon*), 1539, pet. in-8 de 296 ff., dont le dernier blanc, sign. a-z et A-N., avec privilége en date du 11 octobre 1538 ; l'édition est dédiée à François Iᵉʳ, et contient quelques pièces de vers de Cl. Marot. [18450]

1ʳᵉ édition, que nous avions déjà trouvée aux *Catal. des Foires de Francfort,* et dont M. Tross rencontra un bel exemplaire qu'il vendit 280 fr.

— LES MÊMES. *On les vend à Paris au Soleil d'Or, en la rue Saint-Jacques,* 1545, in-16, de 370 ff. chiff., dont le premier blanc, 3 ff. de table et 1 f. contenant un huitain de Cl. Marot. 25 à 30 fr.

— LES MÊMES, sous la même date, avec l'adresse de *Nicolas du Chemin,* 1545, in-16, de 374 ff. chif. et 4 non chif. avec deux pièces de vers de Marot.

— APOPHTEGMES (Les)..... translatez de latin en francoys, par l'Esleu Macault..... *Paris, Pierre Gaultier, demourant à la rue Sainct Iacques à l'enseigne de la Vigne,* 1556, in-12. 25 fr. Asher, 1865.

— Moriæ Encomium. *Argentorati,* 1511, in-4. [18390]

Un bel exemplaire, conservé à la Bibl. nation., porte la date de M. D. XII.

Cette première édition avec date est décrite au *Manuel.*

— STULTITIÆ laus, libellus vere aureus, nuper et ipsius autoris archetypis diligentissime restitutus, tum Gerardi Listerii... commentariis explanatus. *Basileae, Jo. Frobenius,* 1515, in-4, de xxxɪɪ-84 ff., avec une bordure au titre portant le monogr. d'Urse Graaf.

Première édition avec les commentaires de Lister.

— Le Vray moyen de bien et catholiquement se confesser, traduict du latin d'Erasme, par Estienne Dolet. *Lyon*, *Est. Dolet*, 1542, in-16.

Traduction fort rare, que nous ne trouvons citée que dans les *Catal. des Foires de Francfort*.

— Le Sermon de Iesus Enfant, traduict par l'Amoureux de Vertu. *A Lyon*, *Thibaud Payen*, 1543, in-16.

M. Brunet ne cite pas cette traduction.

— Virginis Matris apud Lauretum cultæ Liturgia. *Basileae, Frobenius*, 1523, in-4, de 4ff.

— Les Paraphrases divisées en deux tomes, dont le premier contient l'exposition des quatre Évangélistes et des actes des Apôtres, etc. (A très-chrestien roy de France· Charles Neufiesme de ce nom les translateurs.) *Basle, de l'imprimerie de Froben*, 1563, in-fol., x ff. lim., 954 pp. et 1 f. pour la souscription et la marque de l'imprimeur. 89 fr., en 1872.

— Colloqvii || famigliari di Era || smo Roterodamo ad || ogni qualità di parlare || e specialmente à co || se pietose accò || modati. Tradotti di latino in italiano, per || M. Pietro Lauro Modonese. *In Vinegia, — Appresso Vicenzo Vaugris a'l segno d'Erasmo*, 1545, pet. in-8, 205 ff. chiffrés et 1 blanc.

49 fr. en 1867; c'est un des très-rares volumes où les célèbres imprimeurs français, établis à Venise, les *Valgrisi*, reprennent leur nom français de *Vaugris*.

— I Ragionamenti, overo Colloquii famigliari di Desiderio Erasmo Roterodamo. *Vinegia, Valgrisi*, 1549, pet. in-8, de 547 pp., sans compter les feuillets liminaires.

Cette traduction est de Pietro Lauro de Modène. 41 fr. 1867.

— Les Colloques d'Erasme, nouvellement traduits par Victor Develay, et ornés de vignettes gravées à l'eau-forte par Chauvet. *Paris, Jouaust*, 1875-76, 3 vol. in-8, 60 fr.

Un très-bel exemplaire de l'édition *Variorum* des *Colloquia Erasmi* (*Lugd. Batav.*, 1664, in-8), en mar. doublé de Boyet, a atteint le prix de 740 fr. à la vente de M. (Labitte, 1876.)

— Aparejo de bien morir, compuesto por el excellentissime y famoso doctor Erasmo Roterodamo. *En Envers, en casa de Juan Grauio*, 1549, in-16, de 96 ff.

31 fr., 1867.

— Declaracion del Pater : q̃ hizo el excelente doctor Erasmo Roterodamo. Traduzido nuevamente de latin en castellano. Otro Tratado de la gran misericordia de Dios. *Impresso en la florentissima ciudad de Enuers, en casa de Juan Grauio*, 1549, 2 tomes en 1 vol. in-16, de 60 et 138 ff.

36 fr., 1867.

— Silenos de Alcibiades, de latin en lengua castellana, traducidos por Bernardo Perez. *Anvers, M. Nucio*, 1555, pet. in-8, de 20 ff. chif.

20 fr., 1867.

— Della Institutione de fanciulli come di evona hora si debbono ammaesīrare alla virtù et alle lettere, tradotto in lingua volgare per M. Steph. Penello. *Vinegia, G. Giolito*, 1547, pet. in-8, 43 ff., plus 1 f. pour la marque de Giolito.

45 fr., 1867.

ERCILLA y Zuñiga (*D. Alonso* de). La Arauca || na de Don || Alonso de Erzilla || y Çuñiga, Gentil Hombre || de su Magestad, y de la boca de los Se || renissimos Principes de Vngria || Dirigida a la

|| S. C. R. M. del Rey Don Phelippe || nuestro Señor. (Al fin) : *Impresso con li* || *cencia en Caragoca en casa de* || *Iuan Soler Impressor de* || *libros, Año de* || 1577, in-8 de 176 ff. sign. I-A-X.

Cette rare édition est, comme la première de *Madrid*, 1569, revêtue des pièces suivantes : Real licencia al autor, *Madrid*, 23 *decembre* 1568; — Privilegio por diez años. *Madrid*, 27 *marzo* 1569, etc.

— Primera y segvn || da parte de la Araveana. *Acabose de Imprimir la pri* || *mera y segunda parte de la Araveana en Ma* || *drid en casa de Pierres Cosin. Año* || *mil y quinientos setenta* || *y ocho*, in-4, de 376 ff., sign. A-Cc. A-Y.

Cette seconde partie du poëme mexicain fut réimprimée la même année à Saragosse, par Juan Soler, in-8 ; la *Licencia* est du 22 *agosto* 1578, tandis que le privilége de l'édition in-4, de *Madrid*, est du 4 *marzo* 1578, et le *Privilegio exclusivo al autor por diez años, para la impresion y venta de su obra en las Indias,. islas y tierra firme del mar occeano*, est du 29 *julio*; cette dernière pièce est fort intéressante.

Une des plus belles éditions des trois parties de ce livre célèbre est celle de *Madrid, Juan de la Cuesta*, 1610 ; c'est un in-8 de 487 ff.

ERMAN et Reclam. Mémoires pour servir à l'histoire des Réfugiés français dans les Etats du Roi. *Berlin*, 1782-1800, 9 vol. gr. in-8, portr.

Ouvrage rare et fort important pour l'histoire des protestants français, proscrits par l'impolitique révocation de l'édit de Nantes, 80 à 90 fr.; 135 fr. en 1872.

ERRARD (*Jean*), ingénieur du très chrestien Roy de France et de Navarre. La Fortification demonstrée et reduicte en art. *A Paris*, 1604, in-fol., fig.

— La même. Seconde édition, augmentée de plusieurs desseins déclarez par belles figures, entaillées en cuyure. *A Oppenheim, chez Ian Theod. de Bry*, 1617, in-fol.

— La même. Troisième édition, reveue et augmentée par Alexis Errard, neveu de l'autheur. *Paris, Abraham Pacard*, 1620, in-fol., fig.

ERREURS amoureuses (de Pontus de Thyard ?). *A Paris, par Charles L'Angelier*, 1553, pet. in-8 de 40 ff., dédié à Maurice Scève.

Édition précieuse, ornée de deux portraits de femme en médaillon, gravés sur bois.

Ces poésies sont attribuées à Pontus de Thyard, et réimprimées sous son nom dans les œuvres de ce poète.

La *Continuation des Erreurs amoureuses*, attribuée à Du Moulin, semble devoir être du même auteur :

— Continuation des Erreurs amoureuses, avec un chant en faveur de quelques excellents poëtes de ce temps. *Paris, par Charles l'Angelier*, 1553, in-8, de 36 ff., dont le dernier ne contient que la marque de Ch. l'Angelier; cette partie est également ornée de deux portraits de femme, gravés sur bois en médaillon.

— Les Erreurs amovrevses, augmentées d'une tierce partie, plus un liure de vers liriques *A Lyon, par Ian de Tournes*, MDLV, in-8, portrait de femme gravé sur bois au verso du titre.

En mar. de Duru, 205 fr. Yéméniz.

ERUDITORUM penitentiale. *S. l. n. d.*, in-4, goth., 76 ff., avec 17 fig. gr. s. b. [1312]

En *mar.* de Trautz, 161 fr. de Morante.

ESCHENBACH. Tyturell, von Wolfram von Eschenbach. *S. l. (Strasbourg)*, 1477, in-fol., goth., de 308 ff., à 2 col. de 40 lig., dont le dernier blanc.

Les caractères de ce livre fort rare, ainsi que ceux qui ont servi à l'impression du *Parcival*, autre poëme chevaleresque du même auteur, semblent être ceux d'Eggesteyn, et non point de Mentelin, comme le dit M. Brunet à l'article : ESCHENBACH.

ESEMPLARIO di Lavori che insegna alle donne il modo e ordine di lavorare, cusire et racamare. *Veneggia, per Giov. Andrea Vavassore,* M.D.XXXI, pet. in-4 de 26 ff., fig. s. b.

120 à 150 fr.

ESIOUISSANCE des François et bons citoyens de Paris, sur l'élection du roy de Pologne. Auec une epistre narratiue de la procession generale et des triomphes et largesses faictes à Paris le 7 juin 1573. *Lyon, B. Rigaud,* 1573, pet. in-8 de 8 ff., avec les armes de Pologne au dernier.

Plaquette rare, qui contient plusieurs pièces de vers, 10 à 15 fr.

ESLAUA (*A.* de). Parte ‖ primera, del ‖ libro intitvlado ‖ Noches de Inuierno. ‖ Compuesto por Antonio de Eslaua, natural de ‖ la villa de Sanguessa. ‖ Dedicado a don Miguel de Nauarra y Mauleon,‖ Marques de Cortes, y señor de Rada ‖ y Traybuenos. *En Pamplona.* ‖ *Impresso : Por Carlos de Labayen,* 1609, pet. in-8 de 12 ff. prél., 239 ff. chif. et un f. blanc. [17644].

L'*Ensayo de una bibl. española* cite sous la même date une édition de *Barcelona, en casa de Hieronymo Margarit*, in-8. de 236 ff., sign. ✝. A-Ff.

L'édition de 1609 a été vendue 40 fr. en 1870.

ESLITE (L') ou Recueil des chansons amoureuses, recueillies des plus excellents poëtes de ce temps, augmenté de plusieurs airs de cour non encore ueuz ny imprimez. *Rouen, Jacques Besongne,* 1623, pet. in-12 de 264 pp.

140 fr. Potier.

ESPEJO de Cauallerias. [1715]

— LIBRO SEGUNDO de Espejo de cauallerias. In-fol., goth., à 2 col., sans indication de lieu et sans date.

— LE MÈME. *Sevilla, Jacobo Cromberger. Acabose a onze dias de março, año de mil y quinientos y cincuenta.* In-fol., goth., de 109 ff., à 2 col.

— EL TERCERO LIBRO del Espejo de cauallerias..... 1585, in-fol., goth., à 2 col.

Un exemplaire dans la bibl. Grenvilliana.

A la fin de la troisième partie, Pedro de Reynosa

mentionne une continuation que nul bibliographe n'a signalée ; et dans la liste des livres que le duc de Calabre légua en 1534 au monastère de San Miguel de los Reyes, à Valence, figurent : *Los cuatro libros del Espejo de cauallerias.*

ESPERIT (L) trouble. Le ioyeulx devis recreatif de lesperit trouble. Contenant plusieurs ballades, epistres, chansons, complainctes, rescritz, dizains, huyctains, epitaphes, rondeaulx. Et aultres nouuelletez. Nouuellement reveu et corrige, depuis la premiere impression. *On les vend a Lyon aupres de Nostre Dame de Confort cheulx Olivier Arnoullet,* s. d. (vers 1540), pet. in-8, goth., de 72 ff., sign. A-I.

Cette édition est faite sur celle de 1538, décrite au *Manuel* (III, col. 590). 1,400 fr. Potier.

M. Potier, auquel appartenait le rare et précieux volume que nous décrivons, croit pouvoir en attribuer la paternité à François Gomain, l'auteur d'un petit traité du même genre : *Histoire ioyeuse, contenant les passions et angoisses d'un martyr amoureux d'une dame (Man.* II, 1654) ; son nom, dans le volume ci-dessus décrit, se lit en tête d'un quatrain latin adressé au lecteur.

ESPINETTE (L) du ieune prince Conquerant le royaulme de bonne renommee. *Paris, Anth. Verard,* 1508, in-fol. de 124 ff., sign. A-V. par 6 ff., X de 4 ff. [13299]

En *mar.* de Derome, 560 fr. Yéméniz.

L'édition de 1514, *Paris, Michel Lenoir*, in-fol., a été vendue 500 fr. chez M. Desq ; la reliure de l'exemplaire était en *mar. doublé* de Lortic.

ESPINOSA (*J. F.* de). El peregrino septentrional Atlante, delineado en la vida del padre Antonio Margil de Jesus, prefecto de las missiones de Propaganda Fide en todas las Indias occidentales. *Mexico,* 1747, pet. in-4 de XX ff. prél., 456 pp. et 2 ff. pour l'index ; avec un portrait assez singulier de Margil, gr. sur cuivre.

12 thal. Andrade.

Le volume était relié avec une pièce non moins rare du même auteur :

— NUEUAS IMPRESAS del peregrino americano septentrional Atlante. *Ibid ,* 1747, pet. in-4, de XII ff. lim. et 46 pp.

ESPINOSA (*Is. Fr.* de) y ARRICIVITA (*J.D.*). Chronica apostolica, y seráphica de todos los colegios de propaganda fide de la Nueva España, de missioneros Franciscanos observantes. *Mexico,* 1746-1792. 2 vol. in-fol. Vol. Iᵉʳ, 50 ff. prél., 590 pp. et 12 ff. d'index ; vol. II, 10 ff. lim., 606 pp. et 4 ff. d'index.

71 thal. Andrade.

ESPINOSA (*Tomas* de). Heroicos hechos y vidas de varones ilvstres asi griegos como romanos, resvmidos en breue compendio. *Paris, Francisco de Prado, en la calle de Montorguello*, 1576, in-4. Jolies gravures sur bois.

Volume rare et intéressant à cause de son origine parisienne. Il s'y trouve 52 vies de grands hommes; la première est celle de Thésée, la dernière celle d'Othon. L'auteur était un franciscain, et il dédie son livre à Don Diego de Zuñiga, ambassadeur d'Espagne auprès du Roi très chrestien.

ESPLANDIAN. Voy. AMADIS.

ESPOUVANTABLE (L') et prodigieuse Vision des fantosmes, au nombre de douze mille, advenus au pays d'Angoulmois, et veuz par les habitants de là, en grande admiration. *Paris, Heureux Blanvillain*, 1608, *iouxte la copie imprimée à Périgueux*, pet. in-8 de 4 ff.

Les, récits de miracles et prodiges, plus connus aujourd'hui sous le nom de *canards*, sont généralement devenus rares et ont toujours été recherchés.

ESSAI historique sur la colonie de Surinam, sa fondation, ses révolutions, ses progrès, depuis son origine jusqu'à nos jours, avec la description de l'état actuel de la colonie, et l'histoire de la nation juive portugaise et allemande y établie... etc.; le tout rédigé... et mis en ordre par les régens et représentans de la dicte nation juive portugaise. *A Paramaribo*, 1788, 2 vol. in-8, dont le 1er est de I-XXXVIII et 192 pp., et le second, 197 pp.

C'est le plus ancien livre connu imprimé à Paramaribo; cependant M. Ternaux, qui le cite, ne le regarde pas comme imprimé à Paramaribo même. 26 fr. Maisonneuve.

ESTABLISSEMENT de l'Académie royale de peinture et sculpture par lettres patentes du roy vérifiées en parlement, 1646-76. *Paris, Coignard*, 1693, in-4; réimpr. en 1783.

La première édition est rare et assez recherchée, 30 à 35 fr.

ESTAT (L) du Lendit. *S. l. n. d.*, pet. in-8 de 8 ff. en lettres rondes; fig. sur bois au titre.

Pièce en vers sur la célèbre foire du *Lendit*, qui se tenait près de Saint-Denis; un bel exemplaire provenant d'un recueil (n° 2621 de la bibl. Rich. Heber), qui fut divisé et relié depuis, 300 fr. baron Pichon.

ESTAT ‖ present ‖ de l'Eglise ‖ et de la ‖ colonie Françoise ‖ dans la nouvelle ‖ France. ‖ Par M. l'Evêque de Québec. ‖ — *A Paris, ‖ chez Robert Pepie, ruë S. Jacques, ‖ à l'image S. Basile, au dessus de la Fontaine S. Séverin.* ‖ M.DC.LXXXVIII. ‖ *Avec Privilége du Roy.* A la fin de la p. 267 : *A Paris, de l'imprimerie de la veuve Denis Langlois*, 1688.

In-8, titre 1 feuillet; texte 1 à 267 pp., plus une page pour le *privilège*.

Volume fort rare, 40 à 50 fr. au moins; c'est un récit du voyage de M. de Saint-Valier, nommé à l'évêché de Québec, vacant par suite de la démission de M. de Laval; ce voyage eut lieu en 1685-86.

ESTAVA (*Fernan Gonzalez* de). Coloquios Espirituales y sacramentales y Canciones divinas, compuestos por el Divino Poeta Fernan Gonzalez de Estava, clerigo Presbytero, recopilados por el Fernando Vello de Bustamente; de la Orden de S. Austin. *En Mexico, por Diego Lopez Daualos*, 1610, in-8.

C'est le recueil des poésies sacrées d'un des plus anciens poëtes mexicains. 12 guinées Fischer.

ESTE (*Hier.* d'). Questo e el castello de este elquale an ‖ ticamente si chiamana ateste : 9 era cit ‖ tade grāda assai e populosa ‖ (per miser prē Hieronymo d'Este). *S. l. n. d.* (*Venezia*, cⁿ 1490), pet. in-4, goth., de 12 ff., dont le dernier blanc; grav. s. b. au titre.

Pièce fort rare, 25 à 30 fr.

ESTERNOD (D'). Voy. DESTERNOD.

ESTIENNE (*Henry*). Thesaurus Græcæ Linguæ, ouvrage entièrement revu d'après l'édit. anglaise, enrichi d'additions considérables et disposé suivant l'ordre alphab., par MM. C.-B. Hase, Guil. et Louis Dindorf, conformément au plan approuvé par l'Académie des inscriptions. *Paris, Didot.....*, 9 vol. in-fol., 550 fr. sur pap. ord.; 900 fr., sur grand papier. [10702]

Immense et admirable travail, dont le succès est européen; véritable monument littéraire, indispensable aux philologues et aux savants.

— L'Introduction au traité de la conformité des merveilles anciennes avec les modernes... L'an MDLXVI, pet. in-8 de XVI et 572 pp. [18402]

Un exemplaire avec l'*Avertissement* [*Man.* II, 1076], 300 fr. vente Potier; revendu 415 fr. Leb. de Montgermont.

Cet Avertissement a été réimprimé *à Londres, chez Wittingham et Wilkins*, 1860, pet. in-8, de 26 ff., aux frais et par les soins de M. Turner, et tiré à 50 exemplaires, qui n'ont pas été mis en vente. 47 fr. Brunet.

Un bel exemplaire de l'édition de 1566, sans l'*Avertissement*, a été vendu en mar. de Niédrée 80 fr. Yéméniz, ce qui est trop cher; un autre, moins beau, 39 fr. Luzarche, ce qui est également trop cher.

— L'INTRODUCTION au traité de la conformité des merveilles anciennes avec les modernes. *En Anvers*, 1567, in-8.

7 fr. 50 c. Auvillain.

— Une autre édition. *S. l.*, 1579, in-8.

20 fr. même vente.

— Une autre... *S. l.* de l'imprimerie de Guillaume des Marescs, 1580, pet. in-8.

En mar. de Hardy, 60 fr. même vente.

Toutes ces éditions, non citées par M. Brunet, sont à peu près sans valeur, parce que le chapitre du

C..... y est tronqué; cependant le livre est d'une importance trop sérieuse pour que nous ayons pu nous permettre de les passer sous silence.

— APOLOGIE pour Hérodote..... avec les remarques de Le Duchat. *La Haye*, 1735, 3 vol. in-8, frontispice gravé.

En mar., anc. rel. de Mouillé, 91 fr. Yéméniz, et revendu 150 fr. Danyau; en *v. f.*, 70 fr. Brunet; en *mar. r.*, aux armes de Mme de Pompadour, 565 fr. Morel, de Lyon (1873) : ce joli exemplaire, après diverses stations dans les cabinets de marchands-amateurs, a été acquis par le libraire Fontaine, qui le porte au prix rond de 1,200 fr., dans un de ses catalogues de 1875; un exemplaire relié sur brochure, en mar., par Duru et Chambolle, a été vendu 170 fr. Leb. de Montgermont.

— TRAICTÉ de la conformité du langage françois avec le grec. *S. l. n. d.* (Genève, 1565 ?), in-8. [10922]

Édition originale, recherchée à cause de certains passages qui ont été supprimés dans l'édition de 1569, notamment au XIVe feuillet liminaire, où il est parlé du pape avec peu de révérence, et au mot *acariastre*, page 140, où il est traité de l'étymologie de quelques noms de saints.

En ancienne reliure mar., 110 fr. Brunet; en mar. de Duru, 50 fr. Yéméniz; en *mar.* de Capé, 140 fr. Potier; la reliure, d'un goût douteux, était du moins fort riche; en *veau*, 26 fr. Voisin (1876); en *mar.* de Hardy, 95 fr. Leb. de Montgermont.

— LE MÊME. *Paris, Rob. Estienne*, 1569, in-8.

En mar. de Thompson, 31 fr. Germeau; en *mar.* de Trautz, exemplaire non rogné (H. 0^m185 mill.) 102 fr. Yéméniz; en *mar.* de Trautz, 120 fr. baron Pichon; même reliure, 60 fr. Potier; en *mar.* de Chambolle, 50 fr. H. Bordes; en *mar.* de Capé, 90 fr. Luzarche; en *mar.* de Duru, 57 fr. Leb. de Montgermont.

— PROIECT du Liure ‖ intitulé ‖ de la Precellence ‖ du langage françois. ‖ *Paris* ‖, par *Mamert Patisson*. ‖ 1579, in-8, de XVI ff. lim. et 295 pp. [10913]

Ouvrage composé sur l'invitation du roi Henri III, pendant le séjour forcé qu'Estienne fit à Paris, à la suite de sa publication des *Dialogues du nouveau langage françois italianizé* (voir Renouard, *Annales des Estienne*).

En mar. de Derome, 130 fr. Brunet; en *vélin*, 30 fr. Yéméniz; en *mar.* de Niédrée, 79 fr. Chedeau; le bel exemplaire *La Bédoyère*, sur papier fort, à peu près non rogné, 120 fr. baron Pichon; en mar. de Capé, 96 fr. Potier (1870); en *mar.* de Bauzonnet, 100 fr. librairie Fontaine; bel exemplaire, en *mar.* de Trautz, 80 fr. seulement, Leb. de Montgermont.

— DEUX Dialogues du nouveau langage françois italianizé..... *S. l. n. d.* (Genève, 1578), in-8. [10992]

Cet ouvrage, un des plus attrayants d'Henri Estienne, lui attira une sorte de persécution ou tout au moins de vifs désagréments de la part du conseil et du consistoire de Genève.·

En mar. de Duru, 57 fr. Yéméniz; en *mar.* de Trautz, 250 fr. Potier (1870); l'exemplaire Yéméniz a été revendu le même prix chez M. Leb. de Montgermont.

— LES MÊMES. *A Enuers, par Guillaume Niergue*, 1579, in-16.

En mar. de Bauzonnet-Purgold, 30 fr. Yéméniz.

— LES PRÉMICES, ou le Ier liure des Prouerbes epigrâmatisez. *S. l.* (Genève), 1594, in-8. [18462]

L'exemplaire de ce très rare volume, acheté 140 fr. par M. Yéméniz, chez M. Gratet-Duplessis, fut porté à 775 fr. à la vente de ce célèbre amateur.

ESTIENNE (*Robert*). Les Larmes de S. Pierre et autres vers chrestiens sur la Passion. *Paris, Mamert - Patisson*, 1595, in-12. [13905]

Cette première édition n'est citée ni par M. Renouard ni par M. Brunet; en *mar.* de Capé, 25 fr. Solar.

ESTIENNE (*Ch.*). La Guide des chemins de France, ·reveue et augmentée, les fleuves du royaume de France, aussi augmentez. *Paris, pour la veufue François Regnault*, 1554, in-16. [23129]

Cette édition contient de plus que les deux premières, imprimées en 1552, *les fleuues de France*, qui avaient été d'abord imprimés séparément en 1552.

Un bel exemplaire, dans une reliure de Trautz, 175 fr. baron Pichon; un exemplaire de l'édition de 1553, *Paris, Ch. Estienne*, également avec les *fleuues de France*, en mar. de Capé, 85 fr. Potier.

·En mar. de Koehler, 48 fr. Yéméniz.

— LES MOTZ françois selon l'ordre des lettres, ainsi que les fault escrire, tournez en latin pour les enfants. *Paris, Charles Estienne*, 1557, pet. in-4, de 168 pp., à 2 col.

20 à 25 fr.

— PARADOXES... *Paris, Ch. Estienne*, 1554, petit in-8.

En mar. de Trautz, 60 fr. Potier.

ESTIENNE (*F. Ant.*). Remonstrance charitable aux dames et damoyselles de France sur leurs ornements dissolus, pour les induire à laisser l'habit du paganisme, et prendre celuy de la femme pudique et chrestienne. *A Paris, chez Sebastien Niuelle*, 1572, in-8. [1349]

Ceci est la première édition, que M. Brunet soupçonnait être de 1570 ou 1571.

— LA MÊME. Nouvelle édition, donnée à *Paris, par Seb. Niuelle*, en 1581, pet. in-8 (cat. l'Escalopier).

ESTRADA y Bocaneyra (*Cristobal* de). Triunfo de la fe, poema Heroico al catolico vencimiento de la Cruz que en el trato general celebre el Religioso y santo Tribunal de la Inquisicion de Cuenca, el Festiuo dia de las mas firmas colunas de la Iglesia, los Gloriosos Apostolos S. Pedro y S. Pablo. *Cuenca*, 1654, in-4 de 56 ff.

L'auteur était *Mayordomo* de la ville de Cuença, et chirurgien de l'hôpital de Santiago. Son poème est remarquable au point de vue de l'opinion religieuse en Espagne au XVIIe siècle.

ESTRANGE (L') et véritable Accident arrivé en la ville de ·Tours, où la Royne couroit grand danger, sans le marquis de Rouillac et monsieur de Vignerolles, le vendredi 29 janvier 1616..... *Jouxte la coppie imprimée à Paris, chez Guill. Marette*, 1616, in-8 de 7 pp.

10 à 12 fr.

ETRANGES (Les) et épouvantables

Amours d'un diable, en forme d'un gentilhomme et d'une damoyselle de Bretagne, arrivés près la ville de Rennes, le 5, 6 et 7e janvier dernier. Ensemble tout ce qui s'y est passé a ce sujet. *Paris, jouxte la copie impr. à Rennes, par J. Courtois*, 1620, in-8.

Pièce curieuse et fort rare. 12 à 15 fr.

ETAT des cures du diocèse de Paris, divisé en archidiaconés, archiprêtrés et doyennés, avec les noms des saincts patrons des Eglises... imprimé par ordre de Mgr le Clerc de Juigné, archevêque de Paris. *Paris, de l'imprimerie de Cl. Simon*, 1782, in-fol.

Volume rare, 40 à 50 fr.

ETAT général des revenus fixes de l'archevêché de Paris. *A Paris, chez Pierre Simon, imprimeur de Mgr l'archevêque*, 1729, in-fol. de 77 pp.

Pièce intéressante et fort rare ; le total des revenus monte à 80,832 liv., 18 sols, 1 den.

ETCHERRI (*Jean* d'). Manval Devotionezcoa, edo ezperen, oren oro escvetan errabilitceco liburutchoa. Escarazco versutan eguiña, eta guztia bi partetan berecia. *Bordelen, I. Mongeron - Millanges*, 1669, in-8 de 2 ff. pour les approb.; texte, pp. 3-137.— *Bi-garren libvria*, 213 pp.

Cet ouvrage est divisé en deux parties : la première renferme, en vers octosyllabiques, les principaux mystères de la vie de Jésus-Christ; la seconde, également consacrée à des sujets de piété, est en grands vers de quatorze syllabes.

M. Maisonneuve nous apprend qu'il existe de ce livre rare une première édition, également imprimée à Bordeaux en 1627.

L'exemplaire de l'édition de 1669, en *mar.* de Trautz, a atteint le prix de 85 fr. à la vente Burgaud des Marets.

ESTREINE de Pierrot à Margot. *Artibus Prudens fecit.*

> N'acheptez plus de pain d'espice
> Ny d'eau de vie, ny de liqueur;
> Acheptez-moy, car plus propice
> Je suis à resiouir le cœur.

Paris, P. Ménier, 1614 ou 1615, in-8 de 16 ff. [13960]

Cette facétie piquante a été réimprimée à Troyes en 1638, in-12; une nouvelle édition, très-soignée, en a été donnée à Genève, en 1868, par les soins et avec une curieuse notice de M. Paul Lacroix; c'est un petit in-12, de 36 pp., tiré à 100 exemplaires.

ETRENNES aux bibliographes, ou Notice abrégée des Livres les plus rares avec les prix. *Paris*, 1760, pet. in-24.

Petit volume fort rare et assez curieux, dont l'auteur est l'abbé Leclerc de Montlinot.

31 fr. en 1867.

EUGIPPIUS. Historia ante annos circiter

M. C. scripta, qua tempora quæ Attilæ mortem consequta sunt, occasione vitæ S. Severini illustrantur. *Augustæ Vindel., ad insigne Pinus*, 1595, in-4.

Volume rare, sorti de l'imprimerie particulière des Welser, 6 à 8 fr.

EUIA (*Fr.* de). Libro llamado Thesoro de Angelés compuesto por el padre fray Francisco de Euia, predicador de la orden de los flayres (*sic*) menores de sant Francisco de obseruancia. ❰ *Fue impressa esta* || *obra de los angeles en la muy noble ? insigne* || *ciudad de Astorga de las mas antiguas de* || *España. E acabose de imprimir a co* || *sta ? por industria del hórrado va* || *ron Agostin de paz impressor* || *de libros. A cinco dias de* || *Enero, año de* || M.D.XLVII, || pet. in-4, goth., de 2 ff., 181 ff. chiffrés, 1 f. pour les *Errata* et la souscription; à la fin la marque de l'imprimeur.

Ce volume, fort bien imprimé, prouve que la typographie existait à Astorga dès l'année 1547, ce qui n'avait pas été signalé jusqu'ici.

EUSEBIUS. Eusebii Cesariensis Chronicon, ad quem et Prosper. M. M. Palmerii, demum Joannes Multiuallis, complura quæ ad hæc usque tempora subsecuta sunt adjecere. *Parisiis, apud Henricum Stephanum et Iod. Badium*, 1512, in-4, impr. en rouge et en noir. [21200]

Volume d'une très-belle exécution typographique, que nous citons à cause d'un passage important qu'on lit à la date de 1457 : « *Quantû litterarû studiosi Germanis debeât nullo satis dicêdi genere exprimi posset. Nãŭ a Joanne Gutenberg Zũtungê* (Zum Jungen) *equite Magûtie rheni solerti igenio librož imprimêdož ratio 1440 inuenta* (sic), etc. » Dans la continuation de la *Chronique* d'Eusèbe, on lit à la date de 1509 la description de l'arrivée de sept Brésiliens en la ville de Rouen; sous la date de 1500, Multivallis parle du voyage de Cadamosto. 100 à 120 fr.

EUSTACHE. Les derniers abboys du jésuite Fichet, par Eustache, minime de Montpellier. *Orange*, 1640, in-8.

Volume rare. 15 à 25 fr.

EUTHYMII monachi Zigabeni Commentationes in omnes psalmos. *Veronæ, per Stephanum Nicolinum Sabiensem et fratres*, M.D.XXX, in-fol. [482]

L'exemplaire Quatremère et Solar, relié en mar. vert à compartiments au nom et à la devise de Grolier, n'a été revendu que 900 fr. chez M. Jos. Techener en 1865.

EVANGELIA. Te Evanelia na Luka, Frithia ei paran Tahiti. *Moorea : Neneihia i te nenei raa no te missionaries*, 1818, in-12 de 120 pp.

Cet opuscule est le premier ouvrage connu, imprimé aux îles de la Société; il n'est pas cité dans le

catal. de sir G. Grey, ni par M. Cotton. 25 fr. Maisonneuve (1866).

EVANGELIAIRE slave, dit Texte du sa-
cre, de la bibliothèque de Reims, fac-
similé par J.-B. Silvestre, trad. lat. par
feu Kopitar, biblioth. de l'empereur
d'Autriche. Notice française et éclaircissements historiques par Louis Paris. *Paris*, 1852, in-4.

1re partie : Texte cyrillien , autographe de saint
Procope, du XIe siècle, avec la traduction latine en
regard ; initiales et fleurons coloriés ; 32 planches
gravées par Girault.

2e partie : Texte glagolitique, exécuté par ordre
de l'empereur Charles IV, pour le monastère de
saint Jérôme , en Hongrie, au XIVe siècle, avec traduction latine en regard ; initiales et fleurons historiés, coloriés et rehaussés d'or ; 62 planches
gravées par Girault. Titre et alphabets slaves historiés et gravés.

Très-beau et précieux volume, tiré à petit nombre.

EVANGELIORUM dominicalium summa-
ria sanctorumque historiæ, paucissimis
verbis expressa, juxta kalendarium romanum. Cum iconibus ære incisis. —
Sanctorum calendarii romani, juxta Concilium Tridentini restituti, imagines
in ære excisæ. *Antverpiæ, ex officina
Chr. Plantini*, 1584, 2 part. en un vol.
in-24.

Ce volume est décoré de 25 planches pour la première partie, de 230 pour la seconde, gravées par
Van der Borcht ; suite rare et précieuse. 120 fr.
catal. Tross, relié en *mar.* par Hardy, ce qui n'ajoute
que peu de prix à la valeur réelle du livre.

EVANGILES de S. Jean en japonais, con-
servés à la bibliothèque impériale de
Paris. Spécimen, suivi de l'alphabet ja-
ponais Katakana, avec lequel le texte est
imprimé, par L. de Rosny. *Paris, B.
Duprat*, 1853, in-8, imprimé sur papier
de Chine.

Ce spécimen d'une traduction rare et singulière,
attribuée à Gützlaff, n'a été tiré qu'à 22 exemplaires, dont 6 seulement sur papier de Chine, avec titre
imprimé en typographie ; une imitation défectueuse
de cette petite pièce a été imprimée ultérieurement
à 45 exemplaires, de format pet. in-4.

EVANGILES (Les) des dimanches et fêtes
de l'année, suivis de prières à la Sainte
Vierge et aux saints ; texte revu par
l'abbé Delaunay.*Paris, L. Curmer*, 1864,
3 part. en 2 vol. in-4, fig. et riches encadrements.

Publication splendide, reproduisant par la chromolithographie, en or et couleurs, les plus riches
miniatures du moyen âge et de la renaissance ; les
encadrements sont variés et d'une grande richesse
d'exécution.

En *mar.* de David, 410 fr. marquis de B. de M.
(1869) ; en *mar. à compartiments en mosaïque*,
420 fr. Curmer.

EVANGILES (Les Saints), traduction tirée
des œuvres de Bossuet, par M. H. Wal-

lon, enrichis de 128 grandes compositions gravées à l'eau-forte, d'après les
dessins de Bida. *Paris, Hachette*, 1873,
2 vol. gr. in-fol., avec encadrements et
titre impr. en rouge.

Cet ouvrage, qui a obtenu le grand diplôme
d'honneur à l'Exposition internationale de Vienne,
a été tiré à 150 exemplaires numérotés, sur grand
papier de Hollande, et à un nombre plus considérable sur papier *vélin*.

Grand papier de Hollande, 1,000 fr. pour les premiers souscripteurs ; les derniers exemplaires ont
été portés à 2,000 fr.

Prix des exemplaires sur papier *vélin*, 500 fr.

Ces grands prix sont justifiés par les énormes dépenses dans lesquelles ont été entraînés les éditeurs ; nous ignorons s'ils se soutiendront aux
enchères publiques : M. Fontaine, dans son catal. de
1875, porte un exemplaire en grand papier de Hollande, relié en *mar.* plain par Chambolle-Duru, au
prix de 2,400 fr. ; un second exemplaire, en feuilles,
à 1,600 fr. ; un exemplaire en papier *vélin*, en *mar.*
de Chambolle, à 1,000 fr., et un second exemplaire,
en feuilles, à 450 fr.

EUÂGELIOS : Epistolas : Leciones : y
prophecias q̃ la sancta Yglesia cãta en la
missa por todo el año. Nuevamente hystoriados. Va al principio una spiritual
consideracion en los passos de la missa y
significaciones de los mysterios della.
Cõ los sietes psalmos : y la missa de
Nuestra Señora. *En Burgos, en casa de
Iuã de Iũta, anno* 1555, pet. in-8, goth.,
fig. s. b. ; au r° du dernier f. un fleuron,
avec la devise : *Nichil sine causa*.

Les bibliographes espagnols ne citent pas ce
volume, vendu 81 fr. Yéméniz.

EVANGILES des quenoilles. Le liure des
Connoilles. (A la fin) : Cy finissent les
euangiles des connoilles | les ‖ quelles
traictent de plusieurs choses ioyeuses. ‖
S. l. n. d. (Lyon, vers 1480), in-4, goth.,
de 31 long. lignes, à la page entière, avec
fig. s. b., sans ch. ni récl., mais avec
sign. A-D-v. Les trois premiers cahiers
par 8, et la lettre D par 10, avec le dernier f. blanc ; en tout 34 ff. Le caractère
doit être celui de Math. Husz. [17814]

Cette édition, très-ancienne, semble différer de
celle que M. Brunet indique comme sortie des presses de Math. Husz, et qui a aussi 31 lignes. Malheureusement l'exemplaire sur lequel nous décrivons
cette édition précieuse est incomplet des deux premiers feuillets.

— LE LIURE des Conoilles. (A la fin :) *Cy finissent
les evãgiles des conoilles lesq̃lles traictent de
plusieurs choses ioyeuses. S. l. n. d. (Lyon, vers*
1480), pet. in-4, goth., de 38 ff. non chiffrés, de
25 lignes à la page.

L'exemplaire Cailhava, relié splendidement par
Duru en *mar. doublé*, a été porté à 1,500 fr. à la
vente de M. Yéméniz.

— LE LIURE des Quenoilles (fig. s. b. au titre). *Cy
finist le Liure des Quenoilles, lequel traicte de
plusieurs choses ioyeuses. S. l. n. d.*, pet. in-8,
goth.

L'exemplaire Yéméniz de cette édition fort rare,
vendu 150 fr., a été porté à 230 fr. chez M. Leb. de

Montgermont en 1876; il venait de R. Heber et de Nodier.

Dans la même vente, un exemplaire sur papier de Chine de l'excellente édition donnée par Jannet en 1855 a été payé 20 fr.

ÉVÉNEMENT des plus rares, ou l'Histoire du sieur abbé comte de Buquoy, singulièrement son évasion du For-L'Evêque et de la Bastille (en françois et en allemand)... Avec plusieurs de ses ouvrages, vers et prose. et particulièrement la game des femmes. *Et se vend chez Jean de la Franchise, rue de la Réforme, A l'Espérance, à Bonnefoy*, 1719, pet. in-12, fig. de *l'Enfer des Vivants*, c'est-à-dire de la Bastille.

Ce petit livre rare, que l'excellent Gérard de Nerval a tant cherché (voy. les *Filles de Feu*), et qu'il paya 66 fr. à la vente Motteley, n'a été vendu que 30 fr. à la vente Potier de 1870.

EVRARD (*Alfred*), ingénieur. Les moyens de transport appliqués dans les mines, les usines et les travaux publics. Organisation et matériel. *Paris, Baudry*, 1872-77, 2 vol. in-8 et atlas de 125 planches in-fol. de dessins cotés pouvant servir immédiatement à la construction du matériel. 100 fr.

Ouvrage très-important, qui fait honneur à la maison Baudry.

EXCELLENT (Le) et plus divin que humain voyage entreprins et faict par plus que illustrissime prince Charles César tousiours Auguste empereur des Roumains et Allemaïgne, roy trés catholicque des Espaïgnes... pour son couronnement, entrée as Itales, Embarquement, Triumphe de Gennes, sa receue aux pays d'Italie et du duc de Ferrare, auec le recueil que luy a faict nostre Sainct-Père le Pape à Bologne-la-Grasse, et de l'entrée en icelle. *S. l. n. d.*, in-4, goth., fig. sur bois. — Le Triumphant et Magnifique estat en sompteuse ceremonie bien obseruée au trés-heureux couronnement de tres noble et victorieux Charles César Auguste roy des Hespaignes et Empereur Quint de ce nom, par Clément pape VIIe, en la tres renommee cite de Boulongne-la-Grace, en grande Majesté trés illustrement couronne le jour Sainct-Mathias M.D.XXX, pet. in-4, goth.

La première de ces deux pièces est de 4 ff.; la seconde, qui forme la seconde partie de la première, puisque les signatures (A-E iiij) se suivent, comprend 16 ff.

Ce précieux volume a figuré pour la première fois en 1869 à la vente des livres du château de Saint-Ylie, faite par M. Labitte, et, grâce à la poursuite acharnée d'un amateur bien connu, a été porté au chiffre exorbitant de 1,550 fr., c'est-à-dire avec les frais à 1,700 fr., et adjugé à M. Ruggieri; cet heureux vainqueur a fait exécuter par M. Lortic une magnifique reliure en *mar. doublé*, à riches

compartiments et mosaïque, qui n'a pas coûté moins de 500 fr., et à la vente de 1873,. le volume ainsi rhabillé a été payé 1,200 fr. par le concurrent de la première vente.

EXCLAMATION des os sainct Innocent. [13502]

Nous ne connaissons guère cette pièce que par la réimpression qu'en a faite M. de Montaiglon au tome IXe des *Anciennes poësies françoises*, et par la belle reproduction fac-simile exécutée par M. Pilinski; c'est un in-8, goth., de 8 ff., à 29 lignes à la page, et divisé par stances de 9 vers; on y trouve trois petits bois empruntés à d'anciens livres d'Heures. Un exemplaire sur *vélin*, de la reproduction Pilinski, a été payé 20 fr. à la vente du relieur Capé.

Ce n'est qu'une suite de lieux communs; le titre a une sorte d'étrangeté qui peut exciter la curiosité; malheureusement le texte n'est qu'une plate variation sur le thème de la Comédie de la mort.

EXCOMMUNICATION des ecclésiastiques, principalement des évesques, abbez et docteurs, qui ont assisté au service divin sciemment et volontairement avec Henry de Vallois, après le massacre du cardinal de Guyse. *Paris, Gilles Gourbin*, 1589, pet. in-8 de iv et 60 pp.

Rare et curieux.

EXÉCUTION faicte à Londres, le 22 aoust 1651, de la personne du sieur Loué, ministre presbyterien, pour s'estre opposé et auoir presché contre les nouueaux religionnaires et auoir sousteuu que l'on deuoit tenir le conuenant faict auec les Escossois. *Quevilly (Rouen), Jacques Cailloué*, 1651, pet. in-8.

18 fr. (1867).

EXEMPLA sacre scriptvre ex vtroq̃ testaměto... *In sole aureo anno a natiuitate Domini nostri Jesu Christi*. M.CCCC.LXXVII, in-4. [276]

Cette édition, donnée par Ulrich Gering, Mart. Krantz et Mich. Friburger, forme un pet. in-4, de 82 ff., à 34 lignes à la page entière; c'est un volume fort rare.

EXEMPLAIRE punition du violement et assassinat commis par François de la Motte, lieutenant du sieur de Montestruc, en la garnison de Mets en Lorraine, à la fille d'un bourgeois de la dite ville, et exécuté à Paris le 5 décembre 1607. *S. l. (Paris)*, 1607, in-8.

Pièce rare, 8 à 10 fr.

EXERCITIUM super Pater Noster, in-fol. [390]

Ouvrage extrêmement curieux, c'est l'expression de Sotheby; il est composé de 10 ff.; chacun contient une planche gravée, coloriée, et présentant un verset de l'Oraison dominicale; en bas, en haut de la planche, ou sur des bandes enroulées, ce verset est gravé, et au bas de chaque planche se trouve une explication manuscrite en ancien flamand, de 10, 11 ou 12 lignes.

La Bibliothèque nationale possède deux éditions différentes de ce précieux monument xylographique;

celle qui paraît la plus ancienne semble incomplète de deux planches.

S. Leigh Sotheby, qui a examiné avec soin les xylographies de notre bibliothèque (seulement après la publication de son grand ouvrage), pense que celle-ci est une production néerlandaise, très-archaïque, et pouvant remonter jusqu'à Van-Eyck, mort en 1441 ; les costumes sont évidemment hollandais et du XVe siècle, particulièrement celui des trois femmes dans la planche 7 (les *Trois vierges folles*) : cette planche est fort belle ; un *Frat ? iobediês* est à table avec les *Vierges folles*, et les devises : *Corone' nos rosis... Coena' t bibaɔ... ɔcupia oculoɥ*, indiquent suffisamment le sujet : une vierge tient un hanap, l'autre un plat, la troisième un tambour de basque ; l'artiste a voulu personnifier les vices monacaux, qu'il a pris soin de désigner : *Supbia, Gula, Auaricia* ; il n'a oublié que *Luxuria*. La Mort vient par derrière poser la main sur l'épaule du *Frater inobediens*, qui se retourne épouvanté ; le Diable va l'entraîner, et Jésus, au sommet de l'estampe à gauche, fait à l'aspect de cette scène un geste de suprême pitié.

Dans la seconde édition, les costumes de cette belle planche ont subi d'importantes modifications, et le bonnet à forme droite, avec le voile rabattu, a remplacé le bonnet à larges ailes de la première édition.

Chaque planche, dans la première édition, a 0m205 de hauteur sur 0m198 de largeur ; elles sont donc à peu près carrées, et toutes à peu de chose près de mêmes dimensions ; la hauteur totale du volume est de 0m277 sur 0m200.

Dans la seconde édition, les inscriptions manuscrites sont en latin.

Le papier très-fort, à larges filigranes, est certainement hollandais ; la marque du papier de la première édition est l'arbalète dans un cercle ; celle de la seconde est une ancre.

Voici la disposition des deux éditions :

1re planche : *Pater Noster qui es*
2e — *In celis sâctifice noīm tuū*
3e — *Adueniat regnū tuum*
4e — *Fiat volūtas tua siēt*
5e — *In celo et in terra* (manque)
6e — *Panem N. cot' da nobē*
7e — *Dimitte nob' debita ñra*
8e — *Et ne nos inducā ī temp'*
9e — *Sed libera nos a malo* (manque)
10e — *Amen.*

La deuxième planche est assez curieuse : le Seigneur est au centre, avec cinq personnages à gauche et trois à droite ; la sainte Vierge présente au cénacle une jeune fille nue, dont elle tient à la main la couronne virginale.

La première planche, dans la plus ancienne édition, porte le titre : *Exercitium super Pater Noster* ; un Ange enseigne cette prière à un frère, qui dit : *Domine doce me orare*, et l'Ange répond : *Veni docebo te Pater Noster.*

Dans la seconde édition :

1re planche : l'Ange enseigne la prière à un frère ; en haut : *Exercitiū super Pater Noster.*

2e planche : *Pater Noster qui es*
3e — *In celis sanctificetur nomen tuum*
4e — *Adueniat regnam tuum*
5e — *Fiat voluntas tua sicut in celo et in terra*
6e — *Panem nostrum cotidianum da nobis hodie*
7e — *Et dimitte nobis debita nostra sicut et nos*

Le verset est interrompu, mais il se continue sur un ruban : *Dimittimus debitoribus nostris.*

8e planche : *Et ne nos inducas in temptacionē*
9e — *Sed libera nos a malo.*

Cette planche curieuse, qui manque à l'édition précédente, représente un frère et un ange en oraison devant le Très-Haut, pendant que tout autour les diables entraînent pécheurs et pécheresses ; dans la grande cuve du côté droit de la planche, sont brûlés pêle-mêle neuf personnages, dont un pape avec sa tiare, un cardinal avec le chapeau, un évêque avec la mitre, un moine avec la tonsure ; cette planche satirique doit manquer à bien des exemplaires, si tant est qu'on en connaisse une autre.

10e planche : *Amen.*

Le juste, présenté par l'*obediencia*, l'*oracio* et la *bona conscientia*, est accueilli par le Christ au séjour divin, au son des trompettes des archanges et de l'orgue de sainte Cécile.

La hauteur des planches est de 0m184 sur 0m192 de largeur.

La légende de 4 lignes, ajoutée et contre-collée à la planche, a 0m40 millim. carrés.

En résumé, les planches de ces monuments xylographiques sont d'un remarquable caractère, mais nous ne les croyons pas aussi anciennes que le dit Sotheby, et la naïveté touchante des planches de l'*Ars moriendi*, particulièrement de l'édition flamande, assure à cette belle xylographie une importance artistique infiniment plus considérable.

EXHORTATION aux catholiques pour attaquer promptement Henry de Valois, avant qu'il puisse avoir secours d'aucuns estrangers hérétiques, avec une complainte des laboureurs à Echo, qui habite ès forests, contre Henry de Valois. (*A Paris*), *chez Didier Millot, près la porte S. Jacques*, s. d. (1589), pet. in-8 de 8 ff.

Pièce en vers, rare et curieuse. 15 à 18 fr.

EXPLICATION de ce qui est le plus remarquable dans l'église de Notre-Dame de Paris, et des tableaux, suivant leur arrangement. *Paris, P. Delormes,* 1728, in-12.

Pièce rare et qui offre un certain intérêt. 8 à 10 fr.

EXPOSITION (L) de leuangille MISSUS EST, de nouueau faicte et imprimee, contenant le mystère de la réparation de la nature humaine (par G. Merlin). *On les vend à Paris (chez Jehan Petit)*, 1538, in-8, fig. s. b.

Ces pièces liturgiques sont de fort peu de valeur ; cependant, l'homélie dont nous citons une édition assez peu ancienne, a été vendue 50 fr. chez M. Yéméniz ; l'exemplaire piqué était relié en *mar.* par Koehler.

— L'EXPOSITION de l'évangille *Missus est.* — *Cy finissent six homélies... imprimées à Paris par Joland Bonhomme*, 1539, in-8, goth., fig. s. b.

16 fr. Capé.

EXPOSITIONS (Les) des Evangilles en françois. — *Cy finist les expositions des Évangilles en francoys. S. l. n. d.*, pet. in-fol., goth., à 2 col., fig. s. b. sign. A-Kij. [1413]

Édition imprimée *à Lyon*, de 1480 à 1485, avec les caractères de Guillaume Leroy.

EXPRESSION (L') de la joie publique de la ville d'Agen, et les magnificences de la cour présidiale d'Agenois pour la nomination de monseigneur le prince de Condé au gouvernement de la province de Guyenne. Ensemble le récit du ballet qui fut dansé publiquement le premier jour de juin, avec les stances et explications des figures et emblèmes. (Signé : Les habitants d'Agen.) *Agen, imprimerie de J. Fumadères*, 1651, in-4, fig. s. b.

Pièce rare. 18 à 20 fr.

EXTRAICT de l'inventaire qvi c'est (*sic*) trouué dans les coffres de mosieur le cheuallier de Guise par mademoiselle d'Antraige (*sic*) et mis en lumière par monsieur de Bassompierre. *S. l.*, M.D.C.XV, in-8 de 15 pp.

Pièce satirique, rare et curieuse, publiée dans le recueil Montaiglon; un exemplaire broché est porté par Tross à 35 fr. en 1869.

EXTRAICT de plusieurs sainctz docteurs, propositions, dictz et sentences, contenant les grâces, fruictz, profitz, utilitez, louanges du tressainct et digne sacrement de l'autel. *Imprime a Paris pour Pierre Corbault, demeurant sur le pont Nostre Dame, au Dauphin.* | *Mil.* V.C.IIII (1604), pet. in-8 de 40 ff. non chiff., sign. A-E, en gros car. goth., titre et portr. gr. sur bois.

L'emploi du caractère gothique à Paris, à une date aussi récente, est une particularité curieuse; mais l'authenticité de cette date est-elle démontrée ? Nous ne pouvons l'affirmer, n'ayant pas vu le volume ; le libraire ne figure pas au catal. de Lottin, mais l'exactitude bien connue de M. Potier, qui garantit le fait, doit suffire à la constatation de cette circonstance bizarre.

Nous connaissons du reste une édition plus ancienne de cette pièce aussi rare que peu intéressante.

— **EXTRAICT** de plusieurs sainctz docteurs, propositions, dictz et sentences..... *Paris, Guillaume de La Noue,* s. d., pet. in-8, goth.

Guillaume de La Noue, que cite Lottin, fut reçu libraire en 1573 et mourut en 1601.

EXTRAICT du procès-criminel faict à Pierre Barrière, dict la Barre... accusé de l'horrible et exécrable parricide et assassinat par luy entrepris et attenté contre la personne du Roy. *Melun,* 1593, in-8.

Le P. Lelong cite plusieurs pièces relatives à cet attentat, qui toutes offrent un certain intérêt, sans avoir une grande valeur.

EXTRAICT et recueil des ordonnances, conclusions et reces (*sic*) du sainct Empire, touchant la contribution collecté du commun denier pour la defense de la foy et resistence contre les Turcs. *Imprime a Traict sur Meuse au mandement et ordonnance du tres révérend pere en Dieu leuesque de Liége, en la maison de Jacques Bathen,* M.D.LII, au moys de decembre, in-4. goth., de 23 ff. non chiffrés.

L'un des premiers livres imprimés à Maestricht; le seul exemplaire connu de ce vol. assez précieux se conserve à la Bibl. royale de Bruxelles.

EZANVILLE. Invention nouvelle des éperviers et globes de guerre du grand chiffre indéchiffrable, et d'une salière qui ne verse point, plus quatre vingtz quatrains sentencieux servant de préceptes à l'utilité d'un chacun. Cent vers dediez aux filles légères et d'autres choses qu'on peut veoir en la page suivante, par le s^r Ezanville Langrois, premier homme de chambre de Mgr le duc d'Elbeuf. *Paris, de Monstr'œil,* 1610, pet. in-12. [13918]

110 fr. baron Pichon ; 92 fr. W. Martin, en *mar.* de Duru.

F

FABER (*Dion.*). Fratris Fa ‖ bri Vindocinensis Celestini, de purissimo ‖ Marie virginis conceptu : versibus inter ‖ calariis liber unus distinctus. (In fine, v° f. 28) : *Impressum Trecis in edibus* ‖ *Johannis Lecoq : in vico Diue Marie commorañ,* pet. in-4, goth., de 28 ff., avec la grande marque de l'imprimeur gr. s. b. et une grande pl. gravée s. b. au titre, représentant la Vierge dans un jardin. [12865]

L'éditeur est Jacques d'Aulnai, chanoine et médecin à Troyes. 45 fr. en 1873.

FABER (*Petrus*). Ad Petri Carpenterii, famelici rabulæ, sævum de retinendis armis et pace repudianda consilium, Petri Fabri responsio. Ad V. C. Lomanium Terridæ et Sereniaci baronem. *Neustadii,* 1575, in-8.

Réplique à l'apologie de la Saint-Barthélémy, du jurisconsulte Charpentier, protestant converti; l'original latin est à bas prix, mais la traduction française est assez recherchée :

— **RESPONSE** au cruel et pernicieux conseil de Pierre Charpentier, chiquaneur, tendant à fin d'empescher la paix, et nous laisser la guerre, traitté duquel on apprendra en quel cas il est permis à l'homme chrestien de porter les armes, par Pierre Fabre. *S. l.*, 1575, pet. in-8, de 114 pp. (12 fr., catal. Claudin.)

Réimprimé l'année suivante :

— TRAITTÉ duquel on peut apprendre en quel cas il est permis à l'homme chrestien de porter les armes, et par lequel est respondu à Pierre Charpentier, tendant à fin d'empescher la paix et nous laisser la guerre. *S. l.*, 1576, pet. in-8.

En *mar.*, 90 fr. de Morante.

FABER Stapulensis. Musica libris quatuor demonstrata (per Jacobum Fabrum Stap.). *Parisiis, Guil. Cauellat*, 1551, pet. in-4 de 44 ff., impr. en car. ital. 15 à 20 fr.

Pièce rare et curieuse, dédiée « *ad clarissimum virum Nicolaum de Haqueville, inquisitorium præsidentem.* »

Une édition de ce traité de musique, sous le titre de *Elementa musicalia, Parisiis*, 1528, in-fol., est portée à 20 fr. au catal. Libri de 1857, n° 2412.

[Voy. *Man.* III, col. 566, art. JORDANUS nemorarius].

FABERT (*Abraham*). Combat d'honneur concerté par les IIII elemens sur l'heureuse entrée de madame la' duchesse de la Valette en la ville de Metz, ensemble la resiouyssance publicque... etc. *S. l. n. d.* (*Metz*, 1624), in-fol. [24876]

Beau livre, orné de 23 gravures; un bel exemplaire a été payé 167 fr. à la vente Raifé, par M. Ruggieri; il a été porté à 179 fr. à la vente du célèbre artificier.

FABIAN y Fuero (D. *Francisco*). Coleccion de providencias diocesanas dadas por D. Fr. Fabian y Fuero, obispo que fue de la Puebla de los Angeles, y actual arzobispo de Valencia. *Valencia, Benito Montfort*, 1792-93, 2 vol. in-fol.

1er volume, 1 f., XX et 610 pp.; 2e volume, VI et 591 pp.

Ouvrage important pour l'histoire ecclésiastique du diocèse de Puebla; il est remarquablement exécuté. 40 fr. Maisonneuve (1867).

FABLIAUX. Recueil général et complet des Fabliaux des XIIIe et XIVe siècles, imprimés ou inédits, publiés d'après les mss., par Anat. de Montaiglon. *Paris*, 1872, in-8, de XXI-332 pp.

Un article détaillé est consacré à cette publication dans la *Revue critique* du 25 janvier 1873; critique assez violente : il n'y a aucune note, et les textes laissent parfois à désirer.

— FABLIAUX et Contes des poëtes français des XIe, XIIe, XIIIe, XIVe et XVe siècles, publiés par Barbazan; nouvelle édition revue par Méon. *Paris*, 1808, 4 vol., gr. in-8.

— NOUVEAU recueil de fabliaux et contes inédits des poëtes français des XIIe, XIIIe, XIVe et XVe siècles, publié par Méon. *Paris*, 1823, 2 vol., gr. in-8. [13174]

Le bel exemplaire de Coislin de ces 6 volumes, en grand papier de Hollande, avec triples figures et demi-reliure de Purgold, a été porté à 400 fr. à la vente Leb. de Montgermont.

— FABLIAUX ou Contes, Fables ou Romans du XIIe et

XIIIe siècle, trad. ou extraits par Legrand d'Aussy. *Paris*, 1829, 5 vol. in-8. [13175]

Un bel exemplaire, en grand papier *vélin*, avec triples figures, en *mar.* de Duru, 255 fr. La Bédoyère.

FABRI. De Montisferrati Ducatu contra Sereniss. Ducem Mantuæ, pro Seren. Duce Sabaudiæ consultatio. *Lugduni, apud Iacobum Roussin*, 1617, in-4.

Pièce assez peu digne d'intérêt, mais dont un exemplaire aux armes de Victor-Amédée, duc de Savoie, en *mar.* à riches compartiments de couleur, reliure attribuée à Le Gascon, a été vendu 300 fr. Gancia (1872).

FABRI (*Alex.*). Diversarum nationum ornatus cum suis iconibus in æs incisis. *S. l. n. d.*, pet. in-8, titre et 104 pl. gravées en taille-douce. [9618]

Cette édition, dont presque toutes les planches sont avant les numéros, est antérieure à celle que M. Brunet cite sous la date de 1593.

50 fr. en 1873.

FABRI (*Claude*) de Dijon. Paradoxes de la cure de Peste par une Méthode succincte, par Cl. Fabri, médecin. *Paris, Nicolas Chesneau*, 1568, pet. in-8. 8 à 10 fr.

FABRICIUS (*Otho*). Forsög til en forbedret Grönlandsk Grammatica. *Kiobenhavn, C. Friderich Schubart*, 1791, in-8, de VIII et 322 pp., plus 4 tableaux des verbes groënlandais.

— La seconde édition, donnée par le même typographe, est de *Copenhague*, 1801, in-12, de 388 pp. et 4 tableaux de conjugaisons.

Le *Manuel* cite le dictionnaire groënlandais de cet écrivain, VIII-795 pp.

FABRITII (*Aloyse Cynthio* degli). Libro dell' origine delli volgari Proverbij. *Vinegia*, 1526, in-fol. [18479]

Nous n'avons vu passer en vente, depuis la vente Renouard, que l'exemplaire Chenest, qui venait de Farrenc, lequel l'avait payé 575 fr. chez Libri en 1847; cet exemplaire était beau, mais des traces de provenance avaient été assez mal dissimulées; il fut acquis par M. de Chaponay, au prix de 670 fr.; revendu 605 fr. pour M. Chedeau, et cédé à l'amiable en 1864.

Voici la description de ce rare volume.

Au recto du premier feuillet :

ADY

TVMIGNA

VIS

PROCVL

HINC

ABESTE

PROFANI.

—

ALLI LETTORI.

Jo son vn libro Lettor mio diletto
Che d'ognvn come il specchio represento...

Et 15 autres vers.

Au verso est l'*indice de gli Prouerbi che contiene lo libro;* au 2e feuillet est la dédicace d'Aloyse Cinthio au pape Clément VII. Cette préface a 4 pages.

Puis vient :

Alli lettori del libro excusatione del autore.

Puis :

Alli blatteratori et scridatori del libro et dello autore
[morditori].

Puis :

Allo sopra detto delli inclyti signori de Medici
Clemente. VII. l'autore humilmente alli santi piedi
Prostrato.

Au verso du dernier des feuillets liminaires, on lit
en capit. :

IN
ANIMI
DOTES
IVS
FORTVNA
NONHA
BET
NEC IN
AMICORVM
DONIS
IMPERIUM.

Et en caractères moyens :

Allo sopradetto
Clemente. VII°.....

Suivent 17 vers.

Le texte commence au feuillet signé A — Le livre
a cxciv feuillets signés a-*c*. iiij, plus 2 feuillets
blancs.

Chacun des proverbes est divisé en *tre cantice*, ou
3 chants.

Le volume est imprimé sur 2 colonnes, en gros
caractères italiques ; il est divisé comme l'in-8 ; il est
à remarquer que tous les points sont faits en forme
de croix.

FACETUS. *Imprimé à Rouen par Richard Goupil, demourant au Lion
dor près les Augustins. S. d.*, in-12,
goth. [12599]

Petit poëme latin en vers hexamètres, attribué à
Jean de Garlande, dont un exemplaire, sans autre
description, figure au catal. de Morante, où il atteignit le prix de 100 fr., grâce à une belle reliure de
Capé.

FAGOT de Myerre. (Cy commëce le liure
intitule le) presche en lesglise Saincte
Croix en la cite dAngiers. *Angiers, par
Richard Picquenot*, 1525, pet. in-8,
goth. [1559]

C'est la première édition de cette pièce ascétique,
dont M. Brunet, avec sa sagacité bien connue, soupçonnait l'existence ; voici le titre exact de l'édition
parisienne de même date, qu'il a citée :
— Cy cōmence le liure intitule le Fagot de Myerre,
presche en leglise de Sainte-Croix, en la cite
Dangiers. Mil cinq cens xxv. *Imprime à Paris
pour Yolād bōhōe veuf de feu Thielman Keruer.*
S. d., pet. in-8, goth.

FAICTZ (Sensuyuent les) du chien insatiable du sang crétien qu'il se nomme
Lempereur de turquie. Lesquels luy ʒ les
siens ont faictz après qu'il auoit gaigne
la bataille, le xxviii° iour du moys
daoust dernierement passe : aux ñres
freres chrestiens ; au pays dungrye ʒ
tout inhumainement et encore faict tous
les iours ; nouvellement translate dalle-

mant en françoys. *A Gēn. (Genève)*,
1526, pet. in-4, goth., de 4 ff.

505 fr. vente du château de Saint-Ylie, sans avoir,
à beaucoup près, cette valeur.

FAIGUET. Mémoire pour la suppression
des festes. *S. l. n. d. (vers 1750)*, in-12
de 2 ff. lim. et 170 pp. sans front.
[4107]

FAIL (*Noël* du). Baliverneries... *Paris,
Guillaume Nyverd*, 1549, in-16 de
48 ff., lett. rondes. [17818]

C'est la même édition que celle de Pierre de
Tours, *à Lyon*, divisée entre les deux libraires ; elle
est au moins aussi rare, c'est-à-dire à peu près
introuvable.

La jolie réimpression de l'édition de 1548, faite par
M. Singer, *A Chiswick, de l'imprimerie de Wittingham*, en 1815, et tirée à 100 exemplaires, se
vend encore de 15 à 20 fr. ; l'exemplaire Nodier,
31 fr. baron Pichon ; 25 fr. en *mar. citr.*, Danyau ;
27 fr. de M*** (1876) ; en *mar.* de Capé, 43 fr. Leb.
de Montgermont.

— Propos rustiques de maistre Leon Ladulfi. *Lyon, J. de Tournes*, 1547, pet.
in-8. [17817]

Dans une riche reliure de Bauzonnet, 900 fr.
baron Pichon, pour M. de la Roche la Carelle.

Le bel exemplaire d'après lequel M. Brunet avait
décrit ce rare volume était relié avec une autre
pièce moins importante, mais presque aussi rare,
aux deuxièmes armes de J.-A. de Thou, en *mar. v.* ;
aussi ce livre désirable a-t-il été payé 2,005 fr. à la
vente du vénérable bibliographe, lequel s'était bien
gardé de dire au *Manuel* à quel prix dérisoire il
avait eu ce bijou chez R. Heber.

A la vente Brunet figurait également une réimpression fort rare de ce volume, publiée sous un
autre titre :
— Les Ruses et Finesses de Ragot, etc. *Paris, pour
J. Ruelle*, 1576, in-16. (V. au *Manuel*.)

200 fr. Brunet.

— Les contes et discours d'Eutrapel. *Rennes, Noel Glamet*, 1585, in-8. [17336]

En *mar.* de Derome, 255 fr. Radziwill ; en *mar.* de
Koehler, 135 fr. Yéméniz ; en *mar.* de Chambolle,
41 fr. seulement Morel (de Lyon) ; en *mar.* de Trautz,
410 fr. Leb. de Montgermont.

— Les contes et discours d'Eutrapel. *Rennes, Noel Glamet*, 1597, in-8.

En *mar.* de Duru, 76 fr. W. Martin ; en *veau*,
41 fr. Auvillain.

— Les contes et discours d'Eutrapel. *Rennes, Noel Glamet*, 1603, in-8.

En *mar.* de Bauzonnet, 42 fr. Chedeau ; revendu
111 fr. Potier (1870).

FAIOLLE. Chansons en l'honneur des
dames du Mans. *Au Mans, chez Hierosme Olliuier*, 1568, in-8.

Volume d'une extrême rareté, qui atteindrait un
haut prix en vente publique ; Faiolle (on trouve
aussi Tayole) était natif de Nantes et servait comme
fourrier dans la compagnie de M. de la Trémoille.

C'est malheureusement un livre à classer parmi
les *Livres perdus.*

FAITZ de Virgile. Cy commencent les

Faitz merueilleux de Virgile. (A la fin) :
A Paris par Jehan Trepperel, li-
braire demourant rue Neufue Nostre
Dame a lenseigne de lescu de France,
s. d., in-4, goth., de 10 ff. [17079]

L'exemplaire de M. Yéméniz, haut de 179 millim., et relié en *mar.* par Bauzonnet, a été porté à 1,320 fr.

Un exemplaire de l'édition *de Lyon, Barnabe Chaussard,* s. d., in-8, goth., de 20 ff., a été vendu 130 fr. même vente.

Un exemplaire sur *vélin,* de l'édition fac-simile, donnée par Techener en 1831 d'après celle de Guill. Nyverd, a été porté dans la même vente au prix excessif de 300 fr.; l'exemplaire Audenet de cette réimpression, également sur *vélin,* dans une riche reliure doublée de Kœhler, n'a pas dépassé 82 fr. chez W. Martin.

FALKNERKLEE.... Le Trèfle de la Fau-
connerie, comprenant trois ouvrages
inédits sur la Fauconnerie, traduits du
turc en allemand. *Vienne,* 1840, in-8,
fig.

Belle édition, tirée à 300 exemplaires; un exemplaire en grand papier *vélin,* contenant le texte turc, relié en *mar.* plain, 32 fr. Louis Philippe; revendu 50 fr. baron Pichon, pour le *British-Museum.*

FAMEUSE Comédienne (La), ou histoire
de la Guérin, auparavant femme et
veuve de Molière. *Francfort, Frans*
Rottenberg, 1688, pet. in-12. [30604]

« Ce livre, dit M. Soleirol [*Molière et sa troupe,* page 122], qui doit renfermer des méchancetés inventées, parait être néanmoins une histoire véridique, tout au moins pour le fond; il y est parlé d'une femme Chateauneuf, dont le mari était en 1668 concierge du théâtre Guénégaud. Cette femme avait été la confidente de Mlle de Molière, qui l'aurait prise avec elle après la mort de son mari. Puis elles se brouillèrent, et ce fut alors que parut la *Fameuse Comédienne.* Il est évident que ce libelle fut une vengeance de la Chateauneuf qui, n'ayant pas assez de talent pour le faire elle-même, l'avait dicté à une de ses amies, nommée Boudin, comédienne de campagne. »

Ceci ne nous parait pas le moins du monde avéré, mais au moins y a-t-il quelque vraisemblance dans ces hypothèses, tandis que les attributions à Blot, connu par quelques mazarinades, mort en 1655; à Mlle Guyot, actrice de la troupe de Molière; à la Fontaine, à Racine même, ne reposent que sur des conjectures par trop hypothétiques.

Que ce libelle soit écrit avec un venimeux esprit, qu'il y ait au fond de ces exécrables calomnies une rancune de femme jalouse, le fait est probable, mais ce factum, tout autant que la vie de Molière par Grimarest, qui n'est guères autre chose qu'un pamphlet écrit sous la dictée de Baron, ce factum, disons-nous, contient de nombreux détails biographiques qui, bien qu'imprégnés du fiel de la calomnie, conservent une certaine valeur aux yeux des biographes, et peuvent servir à éclaircir les *points obscurs de la vie de Molière;* il faut lire à ce sujet une remarquable et importante étude de M. Jules Loiseleur, biblioth. de la ville d'Orléans, qui, avec infiniment de tact et de discernement, est parvenu à élucider bien des faits contestés, bien des détails laissés dans l'ombre.

M. Louis Moland, dans la belle édition de Molière qu'il a donnée chez Garnier en 1863-64 (7 vol. in-8), étudie longuement ce célèbre libelle.

Une réimpression de *la Fameuse Comédienne,* faite sur l'édition *de Francfort,* 1688, a été publiée à *Genève* par J. Gay et fils, en 1868; c'est un in-18 de XII et 67 pp., tiré à 100 exemplaires sur papier *vergé,* et 2 exemplaires sur *vélin.* Cette réimpression est précédée d'une notice bibliographique de M. P. L. (Paul Lacroix); d'après cet ingénieux écrivain, les conclusions de la note de Beffara et celles de M. Bonnassies sont inadmissibles, et M. Paul Lacroix pense, avec Lancelot, Jamet et le président Bouhier, que cette sanglante satire doit être attribuée à notre bon la Fontaine, lequel aurait tenu certains détails des plus intimes de Du Boullay.

Ce libelle est incontestablement écrit d'une plume exercée; la grâce des détails et la finesse des traits indiquent une main habile: aussi n'élèverons-nous contre cette assertion qu'une objection de sentiment; il nous est impossible d'attribuer à notre grand et excellent fabuliste une diatribe outrageante pour la mémoire de Molière.

La réimpression qui a été donnée sous la rubrique de *Dombes,* 1690, n'a subi aucune coupure, mais le style en a été remanié d'une façon absolument malheureuse.

Une charmante réimpression vient d'en être donnée par M. Ch. Livet :

— Les Intrigues de Molière et celles de sa femme, ou la Fameuse Comédienne, histoire de la Guérin; réimpression conforme à l'édition *s. l. n. d.,* avec préface et notes par Ch. L. Livet. *Paris, Isid. Liseux,* 1876, in-12, de XXIV-236 pp.

Tiré à 550 exemplaires, 6 fr.

FAMILLE ridicule (La), comédie messine
(par Ch. Fétig, avocat à Metz). *Berlin,*
chez Jean Toller, 1720, pet. in-8.
[16597]

En *mar.* de Duru, 23 fr. Potier; c'est à tort que cette pièce a été attribuée à Le Duchat.

FANTI (Sig.). Theorica et practica pers-
picacissimi Sigismundi de Fantis Ferrariensis in artem mathematicam pro-
fessoris de modo scribendi fabricandiq̃
omnes litterarum species. *Veneliis, Joh.*
Rubeus, M.D.XIV, in-4 avec cinq bordures sur bois, texte en italien, VIII ff.
lim., et 68 ff. non chiffrés. [*Man.* II,
1178.]

Ce livre n'est nullement un premier essai du *Tesoro de' Scrittori,* décrit au *Manuel* au nom d'Ugo da Carpi.

FARÇA a manera d' tragedia como passo
de hecho en amores : de vn cavallero y
vna dama... *Fve imprimida la pre-*
sente tragedia en la muy noble ciu-
dad de Valencia. Año de Mil y qui-
nientos treinta y siete (1537), in-4,
goth., de 12 ff. à 2 col.

Tragédie en cinq actes et en vers de huit syllabes. (*Ensayo,* I, 742.)

FARCE nouuelle des cinq sens de lhomme,
moralisee et fort ioyeuse... et est a sept
personnaiges. Cestassauoir lhomme, la
bouche, les mains, les yeux, les pieds,
louye et le cul. *Imprime nouuellement*
a Lyon, en la maison de feu Barnabe
Chaussard... lan M.D.XLV, in-4 allongé, de 8 ff. goth., fig. s. bois.

Le seul exemplaire connu de cette pièce fait partie du célèbre recueil acheté par le Musée britannique, à Berlin, en 1846 ; cette farce a été réimprimée dans l'*ancien Théâtre François*, qui fait partie de la *Bibl. elzevirienne* de Jannet.

FAREL (*Guillaume*). Epistre envoyee aux reliques de la dissipation horrible de l'Antechrist, par Guillaume Farel, prescheur de l'Euangile de Jésus-Christ. *S. l. (Genève, J. Gérard)*, 1544, pet. in-8 de 8 ff.

230 fr. en 1867.

— LIVRET au quel sans s'arrester à toutes les aultres disputes et differens, est demandée seulement la réformation dans la liturgie, pour pouvoir prier Dieu tous ensemble et parvenir peu à peu à une réconciliation. *S. l. (Genève)*, 1536, in-16 ; pièce célèbre, attribuée à Farel par le *Syllabus aliquot synodorum et colloquiorum*, 1628.

— LA DISPUTE tenue à Genève l'an 1534.— *Genève, Jacques de la Pierre*, 1544, in-8, de 139 pp. [1917]

Les lecteurs du *Manuel* auront corrigé l'erreur typographique de la date (*Man.* II, 1182).

M. Michel Nicolas, dans l'excellent article qu'il consacre à ce célèbre réformateur, au tome XVII de la *Biographie générale* (*Paris, Didot*), donne une liste bibliographique aussi complète que possible des nombreux écrits du G. Farel ; voyez aussi dans ce supplément CÈNE et VÉRITÉ CACHÉE.

FAREN. La Pratique de soy bien cõ‖fesser selon la doctrine de ‖ frere Anthoine Faren do ‖ cteur en théologie, de l'or ‖ dre des frères Mineurs. *S. l. n. d.* (*Paris, vers* 1510), in-4, goth., de VIII ff. à 30 lignes.

60 fr. Tross, en 1870.

FARFAN (*Agostin*). Obras medicinales. *Mexico, en casa de Antonio Ricardo*, 1579, in-4, portr. gr. s. b.

£ 3. sh. 3 Fischer.

Voilà évidemment le premier livre de médecine imprimé en Amérique ; nous regrettons de ne pouvoir en donner le titre que d'après le catalogue fort incorrect du jésuite Fischer, confesseur de l'infortuné Maximilien.

FARIA y Sousa. (*Manuel* de). Divinas y hvmanas Flores. Primera y segunda parte. *Madrid, Diego Flamenco*, 1624, in-8 de 168 ff.

Volume rare et recherché.

FARNÈSE (*Oct.*). Quæstiones definitæ. Ex triplici philosophia, rationali, naturali, morali, in Parmensi Academia publice disputatæ, ab Octavo Farnesio... ad Pavlvm V. P. O. M. *Parmæ, Anteius Viothus*, 1613, in-fol. [3452]

Ce volume est décrit par Brunet, mais sa description veut un complément : un frontispice gravé, une très-grande planche pliée, dédicace au pape Paul V, et Avis au lecteur 3 ff. ; 374 pp., plus 1 f. d'errata, 1 f. de table, 1 f. de souscription et 1 f. blanc.

FARNEX (*Nic.*). La vie du bien heureux sainct Bernard de Menton en Savoye, tirée de divers autheurs, particulièrement du dévot seigneur messire Richard de la Val d'Isère, successeur de saint Bernard en l'archidiaconat, par Nicolas Farnex, bourgeoys de Bonne et de Tonon. *Imprime à Tonon, par Marc de la Rue*, 1612, pet. in-8, avec une approbation de S. François de Sales, évêque de Genève.

C'est un des premiers livres imprimés dans la petite ville de Thonon ; en *mar.* de Chambolle, 120 fr. Potier.

FARRIOL. La liberté glorieuse de Monaco, ou Discours historique de la dignité de ses princes, de leur succession et de leurs exploicts, de sa situation, de son esclavage sous le joug de la Castille, et de sa parfaite franchise sous la protection de Louys le Juste... par le sieur de Vanasque Farriol. *Paris, Cardin Besongne*, 1643, in-8.

Volume curieux au point de vue du cérémonial, des formalités de l'élévation à la pairie, etc.; 30 fr. Ruggieri.

FARSA d'el Rey David ahora nuevamente impresa. *S. l. n. d.*, in-4 de 4 ff. à 2 col. de 34 vers, caractères goth., fig. s. b.

Cet opuscule, fort rare, est *in extenso* réimprimé dans l'*Ensayo de una Bibl. espan.* 1, 718-726.

FARSA de el Sordo... En la cual se introducen las personas siguientes : Un pastor y una moza, y Bartolomé, el loco, un hermitaño, y un galan, y un page, y un viejo Sordo, un Bobo... *Impreso... en Valladolid en casa de Bernardino de Sancto Domingo, s. d.*, in-4, goth., de VIII ff., fig. s. b.

Il existe deux autres éditions de cette pièce de vers curieuse : l'une de *Sevilla, viuda de Trujillo, s. d.*; l'autre de *Alcala (Sebastian Martinez)*, 1568, in-4, de 8 ff., goth., fig. s. b.

L'*Ensayo de una Bibl. española* reproduit *in extenso* cette *farsa*, que certains bibliographes attribuent à Lope de Rueda.

FASCICULUS Temporum (Auctore Wernero Rolewinck). [21278]

La troisième édition *s. d.*, portée au *Manuel* (tome II, col. 1186), est inexactement décrite. Voici la description :

— Impr. à longues lignes, le prologue et la table seuls sont à 2 col.; 282 pp. (la dernière est chiffrée CCLXXXII); 1 f. blanc et 35 ff. de table ; entre les pages 2 et 3, 1 f. non chiffré qui contient au recto, en bas, la marque de Nicolas Gotz, *gravée sur métal*; ce volume doit être imprimé vers 1474; le dernier fait cité étant à la date de 1473.

80 fr. Tross (1873).

Voici le titre de l'édition de 1478, indiquée au *Manuel* (II, 1187) :

— FASCICULUS temporum ‖ a Carthusiense cõpilatũ ‖ in formā cronicis figu ‖ ratũ vsqʒ In annum ‖ 1478 *A me Nicolao Gotz* ‖ *de Sletztat impssum.* ‖

— FASCICULUS temporum. *Coloniae, H. Quentel*, 1480, in-fol., goth.

La note sur l'invention de la typographie existe dans cette édition ; mais elle a été corrigée et augmentée par le moine de Cluny ; c'est dans l'édition de *Strasbourg*, *J. Pryss*, 1488, in-fol., goth., de VI-90 ff. chiff., qu'elle est complète.

— CHRONICA die hiet Fasciculus Temporum... *Hier cyndet... bij my volmaect Ian Veldenaer Woennende...t'Utrecht, int jaer ons heeren* MCCCCLXXX *op sinte Valentijns dach op die Vastelauònt*, in-fol., fig. s. b.

C'est, croyons-nous, dans ce livre qu'on trouve les premières figures d'armoiries gravées dans le texte. (Voy. Camphel, n° 1479.)

FAUQUEL (*Anth.*). Le discours du testament de la prise de la ville de Guines, composé par maistrie (*sic*) Anthoine Fauquel prebstre natif de la ville et cité d'Amiens. Auec deux chansons nouuelles faicts sur la prinse de la dicte ville de Guines. *A Paris, de l'imprimerie d'Oliuier de Harsy*, 1558, pet. in-8 de 8 ff.

Pièce de vers reproduite dans le recueil Montaiglon; les deux *chansons nouuelles*, placées à la suite du *discours du Testament* sont intitulées, l'une : *Chanson nouuelle sur la Prise de Guines*, sur le chant : « *Laissez la verde couleur* », par M. J. P. (Jacques Pierre) dict Chasteau Gaillard, et l'autre : *Chanson nouuelle sur la Prinse de Guines*, faicte par le dict Chasteau Gaillard, sur le chant de : « *Tremblez, haulte Boullongne* ». 60 fr. Tross, 1870, et vaudrait plus du double aujourd'hui.

FAURE (*Ant.*). Les Entretiens spirituels d'Antoine Favre, P. D. G. (Président du Genevois), divisés en trois centuries de sonetz, avec une centurie de quatrains, dédiés à madame Marguerite, princesse de Savoye. *A Turin, par Laurens Valin*, 1601, in-8, fig. s. b. (13913)

En *mar.* de Capé, 91 fr. Luzarche.

FAUSTO de Cuevas (R. P. F. *Jose Maria*). Arte nuevo de la lengua Ybanag, compuesto por el R. P. Fausto de Cuevas, vicario del pueblo de S. Pablo apostol de Cabagan. *Impreso con las licencias necesarias en la Imprenta de Sto. Thomas de Manila por Vidal Clavdio*, 1826, in-8, de 541 pp. et 3 ff.

Volume rare; c'est la grammaire du dialecte parlé dans la province de Cagayan ; la pagination saute de 400 à 411 ; 45 fr. Maisonneuve (1867).

FAUSTUS de influencia syderum et quærela Parrhisiensis pavimenti. *S. l. n. d.* (*Parisiis, ap. Den. Roce, c*^{a} 1500), pet. in-4, goth.

On y trouve dans ce volume fort rare une « *Complainte du pavé de Paris* », pièce remarquable et fort curieuse. 8 à 10 fr.

FAVEREAU. La France consolée, épithalame pour les nopces du très-chrestien Louys XIII, roy de France et de Navarre, et d'Anne d'Autriche, infante d'Espagne. *Paris, chez Jean Petit-Pas*, s. d. (1625), in-8, titre gr., 20 ff. lim. y compris le titre, 98 pp. et 1 f. de privilége ; le titre et les planches du texte sont gr. par Crispin de Passe.

Un exemplaire en grand papier, dans une riche reliure en *mar.*, 160 fr. Ruggieri.

FAVOLIUS (*Hugo*). Theatri orbis terrarum enchiridion, minoribus tabulis per Phil. Gallæum exaratum et carmine heroico illustratum. *Antverpiæ, excud. Philippo Gallæo Christ. Plantinus*, 1585, pet. in-4 de 4 ff. prél., 170 pp. et 1 f. de table ; planches gravées, cartes et mappemonde (à la date de 1574).

Une partie de ce curieux volume traite de l'Amérique.

FAVIER (*Claude*). L'Adonis de la cour, divisé par douze nymphes. Dédié à Monseigneur, frère du Roy, par Claude Favier. *A Paris, chez Antoine de Sommaville*, 1624, in-12.

Petit vol. d'une certaine rareté et qui n'est pas sans mérite.

FAVYER (*Nicolas*), conseiller du roy et général de ses monnoyes... Figure et exposition des pourtraictz et dictons contenuz ès medailles de la conspiration des rebelles en France... *Paris, par Jean Dallier*, 1572, pet. in-8 de 6 ff. [23522]

On y trouve dans cette pièce, décrite au *Manuel*, l'explication et la gravure des deux médailles frappées en mémoire de la Saint-Barthélemy, l'une où Charles IX est représenté sur son trône, foulant à ses pieds les cadavres des victimes, avec la légende : *Virtus in rebelles;* et l'autre avec l'effigie du roi et ces mots : *Domptcur des rebelles;* le revers représente Hercule brûlant les têtes de l'hydre de Lerne.

« Ces monnaies ont été frappées à la Monnaie des Étuves. Aubin Olivier, maître ouvrier, conducteur de cette monnaie, reçut 45 livres pour 15 épreuves de la première médaille, distribuées aux prévost des marchands, échevins, procureurs, etc. »

Nous reproduisons cette note intéressante du baron J. Pichon, à la vente duquel cette pièce fort rare, rel. en *mar.* par Chambolle-Duru, fut vendue 300 fr.

FEBRER (Mosen *Jaime*). Trobes. *Valencia*, 1796, in-4, de XXIV ff. lim., 260 de texte et 14 planches avec 588 blasons. [15328]

Réimpr. à *Palma, J. Gelabert*, 1848, in-4, lithogr. avec le titre suivant : Trovas de Mossen Jaime Febrer que tratan de los conquistadores de Valencia, nueva edicion, ilustrada con notas por Don J. M. Bover.

On a mis en doute l'authenticité de cet ouvrage, attribué à un auteur du XIIIe siècle, et il est certain que tout au moins le texte a été rajeuni, car on y trouve beaucoup d'expressions modernes.

[*Catal. Salvá*, 605].

FEDERMANN. Indianische historia. ‖ Ein schöne Kurtz- ‖ weilige Historia Niclaus Fe ‖ dermanns des Jungern von Ulm erster raise so er von Hispania vñ ‖ Andalosia ausz in Indias des Ocea- ‖ nischen Mörs gethan hat vnd ‖ was ihm allda ist begegnet biss auff sein ‖ widerkunfft in Hispaniam, auffs ‖ kurzest beschriben, gantz lustig zu lesen. ‖

M.D.LVII ‖ (A la fin) : *Getruckt zu Hagenaw bei Sigmund Bund, rõ,* pet. in-4, goth., de 64 ff., dont le dernier blanc.

Précieux volume, dont M. Ternaux a donné une traduction française ; il contient le récit d'une expédition dans l'Amérique du Sud, opérée dans les années 1529 à 1532, sous la direction du capitaine Federmann, agent des Welser d'Augsbourg ; un bel exemplaire vaut de 400 à 500 fr.

FÉLIBIEN (*André*). Noms des peintres les plus célèbres et les plus connus, anciens et modernes. *A Paris,* . 1679, in-12.

Volume assez rare et qui renferme de bonnes notes biographiques, mais ne vaut pas les 31 fr. auxquels il a été porté à la vente P. D. (1864).

FELIX MAGNO. Los quatro libros del valerosissimo cauallero Felix Magno..... *Barcelona, por Carlos Amoros,* 1531, in-fol., goth. [17552]

On n'a pas découvert de nouvel exemplaire depuis celui de la vente de Du Fay (n° 2399), vendu, réuni à un autre roman tout aussi précieux, 10 liv. 10 s. D'après le *Prologo,* adressé à Don Fadrique de Portugal, évêque de Siguenza et vice-roi de Catalogne, ce roman fut composé à Barcelone par une personne attachée au service du vice-roi, qui fit les frais de l'impression.

Gayangos signale, d'après une indication assez vague de Ferd. Wolf, de Vienne, une édition de *Sevilla, Sebastian Trujillo,* 1543, dont l'existence est fort douteuse.

L'édition de 1549, que décrit le *Manuel,* est un livre rare et précieux, dont on connaît bien peu d'exemplaires ; il nous faut signaler d'après la description donnée par l'*Ensayo de una Biblioteca españ.,* une particularité assez intéressante dans la souscription ; le *Manuel,* d'après l'exemplaire de Rich. Heber, dit : *Acabosse Miercoles, a quatro dias del mes de Julio,* et l'exemplaire de Jose Salamanca, sur lequel D. Sancho Rayon et Zarco del Valle copient leur description, porte : *Acabose postrero dia del mes de Abril.*

FELIXMARTE de Hircania. [17553]

Il existe des exemplaires de l'édition de 1556 dont le titre diffère :

— PRIMERA parte de la grande historia del muy ‖ animoso y esforçado principe Felixmarte de Yrcania, y de su estraño nascimiento ‖ to. En la qual se tratan las grandes hazañas del valeroso principe Flosaran de Mi ‖ sia, su padre. Dirigido al Illustre señor Juan Vasquez de Molina del consejo de ‖ estado de su Magestad y su secretario, Comēdador de Guadalcaual, Treze de la orden de Sanctiago. ‖ Con priuilegio, en este año 1556. (*Al fin :*) *Acabose el presente libro en la muy noble y leal villa* ‖ *de Valladolid (Pincia otro tiempo llamada) en la officina de Francisco* ‖ *Fernandez de Cordoua, impressor de la Magestad real. A ve* ‖ *ynte dias del mes de Agosto. Año de mil·y* ‖ *quinientos y cinquenta y seys Años.*

Une édition de *Sevilla,* 1549, 2 vol. in-fol., est décrite en détail au catal. Salvá, tome II, page 59. Gayangos n'avait vu et ne connaissait que le tome 1er, comprenant le premier et le second livre. Le seul exemplaire complet connu est celui que possédait M. Salamanca.

Le *Prologo* ou *Dedicatoria* à D. Fadrique de Portugal, vice-roy de Catalogne, nous apprend que le livre a été écrit à Barcelone, mais ne fournit aucune donnée au sujet du nom de l'auteur.

FEME (La) moc ‖ ῇ resse mocquée. *S. l. n. d. (Paris, vers* 1525), pet. in-8, goth., de 4 ff.

Au titre, le bois bien connu de l'homme tenant la main sur la garde de son épée, et parlant à une femme.

Pièce de poésie, dont le seul exemplaire connu fait partie de la riche bibliothèque de M. de Lignerolles ; elle a été reproduite au tome X des *Poésies françoises des XVe et XVIe siècles (Paris, Daffis).*

FÉNELON (*François* de Salignac, de la Motte).

Nous donnons les principaux prix qu'ont atteints dans les ventes, depuis quinze ans, les divers ouvrages de l'illustre archevêque de Cambray :

— EXPLICATION des maximes des saints sur la vie intérieure. *Paris, P. Aubouin,* 1697, in-12. [1683]

Nota. — Il faut, pour que le volume soit complet, un feuillet d'*errata* à la fin, qui manque souvent.

En *mar.* 38 fr. Capé ; revendu 39 fr. Potier ; en *mar.* de Chambolle, 41 fr. H. Bordes ; en *mar. r.,* ancienne reliure, aux armes de Mme de Montespan, 260 fr. Chedeau, et se vendrait aujourd'hui plus de 500 fr. ; en *mar.* de Duru, 41 fr. Voisin ; un exemplaire en *mar.* de Capé, 55 fr. Leb. de Montgermont.

Un exemplaire en anc. *mar.,* aux armes de l'évêque de Chartres, Godet des Marais, couvert de notes de la main de ce prélat, qui fut avec le cardinal de Noailles et Bossuet, l'un des censeurs du livre, 490 fr. Tufton ; ce volume précieux, acheté par le libraire Fontaine, figure dans son beau catalogue à prix marqué de 1875, au prix relativement modéré de 650 fr. ; un second exemplaire, en anc. rel. *mar.,* n'est porté dans le même catalogue qu'à 45 fr. ; au VIe catal. des libraires Morgand et Fatout figure un bon exemplaire en *mar.* de Trautz, dont on demande 250 fr.

— ŒUVRES spirituelles. *Amsterdam, l'Honoré (Paris),* 1731, 5 vol. in-12. [1575]

En anc. rel. *mar.*; 95 fr. Brunet.

— LES MÊMES. *Rotterdam, Jean Hofhout,* 1738, 2 vol., gr. in-4.

Tirés en grand papier in-fol. et couverts d'une bonne rel. anc. en *mar.,* ces 2 vol. ont été portés à 200 fr. à la vente du baron Pichon.

— DÉMONSTRATION de l'existence de Dieu. *Paris, Jacques Estienne,* 1713, in-12. [1767]

Édition originale. 31 fr. Chedeau ; en *mar.* de Duru-Chambolle, 30 fr. Voisin.

— ŒUVRES philosophiques. Démonstration de l'existence de Dieu. *Paris, Vve Estienne,* 1739, 2 part. en 1 vol. in-12.

30 fr. Potier.

— ŒUVRES philosophiques. Démonstration de l'existence de Dieu. *Paris, les frères Estienne,* 1764, in-12.

Un exemplaire ordinaire vaudrait 3 fr. ; l'exemplaire du baron J. Pichon, en *mar.,* aux armes de Marie-Antoinette, a été vendu 640 fr.

— LETTRES de M. l'archevêque de Cambray au P. Quesnel. *S. l.,* 1711, in-12.

Édition originale ; un exemplaire broché non rogné, 48 fr. Voisin (1876).

— TRAITÉ du ministère des pasteurs. *Paris, Aubouin, Emery et Clousier,* 1688, in-12.

Édition originale. En *mar.* de Duru, mais avec 1 f. raccommodé, 21 fr. Voisin (1876).

— ORDONNANCE et Instruction pastorale de Mgr l'archevêque de Cambray, au clergé et au peuple de son diocèse, portant condamnation d'un imprimé intitulé : *Cas de conscience*, proposé par un confesseur de province touchant un ecclésiastique qui est sous sa conduite. *Paris, P. Aubouin et P. Emery*, 1704, in-12.

Édition originale d'une pièce rare. 6 à 8 fr.

— ÉDUCATION des filles. *A Paris, chez Pierre Aubouin, Pierre Emery et Charles Clousier*, 1687, in-12, de VI-275 pp., plus IV ff. pour le privilége et l'*errata* (*de l'imprimerie d'Antoine Lambin*). [3910]

En *mar.* de Hardy, 120 fr. vente Techener (d'avril 1865); en anc. rel., 37 fr. Chedeau; en *mar.* de Capé, 101 fr. Capé; en *mar.* de Chambolle, 65 fr. Potier; en *mar.* de Hardy, 95 fr. H. Bordes; en *mar.* de Chambolle, 100 fr. catal. Fontaine; en *mar.* de Duru, 72 fr. Voisin; en *mar.* de Thibaron, 140 fr. Leb. de Montgermont.

Ce livre, l'un des plus charmants qu'ait produit la langue française, a été réimprimé avec beaucoup de soin par Léon Techener en 1869; l'éditeur fut M. Silvestre de Sacy; un bel exemplaire de cette réimpression, en *mar.* de Belz-Niédrée, 50 fr. au catal. Fontaine.

— DIALOGUES des Morts, composez pour l'éducation d'un prince. *Paris, E. Delaune*, 1712, in-12. [18629]

Édition originale. En *mar.* de Thibaron, 40 fr. Potier; revendu 80 fr. Leb. de Montgermont; en *vélin*, 18 fr. Voisin.

— LETTRES sur divers sujets concernant la religion et la métaphysique, par feu messire François de Salignac de la Mothe Fénelon. *Paris, Jacques Estienne*, 1718, in-12.

Édition originale. En *mar.* de Trautz, 151 fr. H. Bordes; en *mar.* de Thibaron, 63 fr. Leb. de Montgermont.

— RÉFLEXIONS sur la grammaire, la rhétorique, la poétique et l'histoire. *Paris, J.-B. Coignard*, 1716, in-12. [12666]

Édition originale. En *mar.* de Chambolle, 45 fr. Potier; en *mar.* de Hardy, 15 fr. seulement, Voisin; en *mar.* de Chambolle-Duru, 49 fr. Leb. de Montgermont.

— DIALOGUES sur l'éloquence en général et sur celle de la chaire en particulier. *Paris, Jacques Estienne*, 1718, in-12.

Édition originale; elle contient, à la suite des *Dialogues*, l'ouvrage qui précède, sous le titre : *Lettre à l'Académie françoise*.

En *mar.* de Thibaron, 65 fr. Potier, et 62 fr. Leb. de Montgermont.

— TÉLÉMAQUE. Suite du quatriesme livre ‖ de l'Odyssée ‖ d'Homère, ‖ ov ‖ les Avantures ‖ de ‖ Télémaque ‖ fils d'Ulysse. ‖ *A Paris, chez la veuve de Claude Barbin, au Palais... M. DC. XCIX. Avec Privilége du Roy*, in-12, de IV ff. limin, et 208 pp. [17140]

C'est le fragment bien connu, cité au *Manuel*, et auquel Nodier a consacré un si charmant article dans sa *Description raisonnée;* relié en *mar.*, doublé de *mar.*, par le grand artiste Trautz; ce petit volume précieux est porté à 800 fr. au catal. à prix marqué du libraire Fontaine en 1875.

Nous connaissons au moins quatre éditions différentes de ce fragment; mais il nous paraît bien difficile et bien·téméraire de vouloir déterminer la genèse de ces éditions; une monographie spéciale, consacrée à Fénelon, éclaircira probablement dans un avenir prochain ces petits mystères bibliographiques.

Un exemplaire de l'une de ces éditions de IV-208 pp., en *mar.* de Capé, 200 fr. Yéméniz; en 1862, un autre exemplaire, dans son ancienne reliure en *v. mar.*, avait été payé 82 fr. chez M. d'Ortigue.

— TÉLÉMAQUE. *Suiv. la copie de Paris. A la Haye, chez Adr. Moetjens*, 1699, in-12.

En *mar.* 80 fr. Yéméniz.

Il existe également un grand nombre de réimpressions de cette édition hollandaise; la plus intéressante et la mieux exécutée est celle dont le premier volume (2 ff., 208 pp.) porte : *Troisième édition;* la première est celle dont le premier volume est de 160 pp., y compris les 2 ff. limin. : « On m'obligeroit sensiblement, dit l'éditeur, si l'on avoit une copie plus ample ou plus correcte, de me la communiquer pour être employée dans la seconde édition que j'espère d'en faire bientôt (*sic*). »

Toutes ces réimpressions ou contrefaçons ont, en somme, fort peu de valeur.

— TÉLÉMAQUE. *Paris, Fl. Delaulne*, 1717, 2 vol. in-12.

En *mar. bleu* de Padeloup, aux insignes de Longepierre; ce précieux exemplaire, payé par M. Brunet 1,785 fr. à la vente Parison, a été porté à 2,200 fr. à la vente de notre bibliographe; le libraire Aug. Fontaine, acquéreur de ce charmant livre, le remit en vente en 1871 au prix respectable de 4,000 fr.; Parison l'avait, dans les temps heureux pour les bibliophiles, payé 30 fr.

En *mar.* de Capé, 365 fr. Chedeau; en *v. fauve*, ancienne reliure, 230 fr. baron Pichon; en *vélin*, 150 fr. Germeau; en *mar.* de Duru, 350 fr. Voisin; en ancienne reliure *mar.*, 475 fr. Leb. de Montgermont. Un exemplaire très-richement relié par Trautz, en *mar. doublé*, est porté à 1,200 fr. au catal. Aug. Fontaine de 1875; trois ou quatre autres exemplaires de la même édition figurent dans ce riche et très-intéressant catalogue, et les prix demandés varient entre 300 et 650 fr.; un autre bel exemplaire, également relié par Trautz, figure au VIe catal. des libraires Morgand et Fatout, qui en demandent 1,000 fr.

On sait qu'il existe une seconde édition du *Télémaque*, sous cette même date de 1717; elle porte le nom du libraire Jacques Estienne; en *mar.* de Chambolle, 88 fr. vente H. Bordes.

— LES AVANTURES de Télémaque, etc. *A Hambourg, de l'imprimerie de A. Vandenhoeck, libraire à Londres*, 1732, 2 tomes en 1 vol., in-12, fig.

Cette édition, fort rare, est assez jolie.

— TÉLÉMAQUE. *Amsterdam, Wetstein*, 1734, in-fol.

Édition luxueuse tirée à 150 exemplaires.

En anc. rel. *mar.*, très-bel exemplaire, 425 fr. baron Pichon; en anc. *mar.* de Boyet, exemplaire de d'Hangard, 190 fr. Radziwill; en anc. rel. *mar.* 86 fr. seulement, Potier; en *veau*, 30 fr. de Morante.

— TÉLÉMAQUE. *Paris, Didot*, 1781, 2 vol., in-12, portr. et fig., de la collection du comte d'Artois.

En *mar.* de Capé, 105 fr. Capé; en *mar.* de Bozérian, avec figures ajoutées, 100 fr. Yéméniz; en *mar.* de Thibaron, 75 fr. Potier.

— · TÉLÉMAQUE. *Paris, Didot*, 1783, 2 vol., gr. in-4, impr. pour l'éducation du Dauphin.

En *mar.* de Bozérian, avec figures ajoutées, 135 fr. Potier: en ancienne et riche reliure de Derome, avec la suite des figures gravées par J.-B. Tilliard, d'après les dessins de Monnet, le très-bel exemplaire de M. Leb. de Montgermont a été porté à 1,410 fr. à la vente du mois de mars 1876.

— TÉLÉMAQUE. *Paris, Didot*, 1783, 4 vol. in-18, de la petite collection du Dauphin.

En *mar.* 62 fr. Capé.

— TÉLÉMAQUE. *Paris, Didot*, 1784, 2 vol., in-8, de la collection in-8 du Dauphin.

En riche reliure de Simier, portrait, figures et eaux-fortes ajoutées, 190 fr. Yéméniz; en *mar.* dit de Derome, 61 fr. Potier; en ancienne reliure *mar.*, portrait ajouté, 100 fr. H. Bordes.

— TÉLÉMAQUE. *Paris, de l'impr. de Monsieur* (*Didot*), 1785, 2 vol., in-4, fig. de Monnet, grav. par Tilliard.

Un des quatre exemplaires sur *vélin*, avec dessins originaux et en *mar.* de Bozérian, 1,100 fr. Germeau; porté à 5,000 fr. au catal. Bachelin (1876); sur papier, en anc. rel. *mar.*, 80 fr. Radziwill.

— TÉLÉMAQUE. *Paris, impr. de Monsieur (Didot jeune)*, 1790, 2 vol., in-8.

En grand papier *vélin*, figures avant la lettre et en *mar.* de Bozérian, 122 fr. Potier.

FÈRE (*Jehan*). Passion Davitique du benoist et tresdoulx Iesuchrist composée par Reuerend pere en Dieu Iehan Fère abbé de la Noë au diocese Deureux. *On les vend a Paris par Jehan Petit libraire iure en luniuersite : demourant en la grant rue Sainct Jacques : a lenseigne de la fleur de Lys.* (A la fin) : *Imprime a Paris par maistre Pierre Vidoue, pour... Jehan Petit... le* XVII *iour de Mars lan mil cinq centz vingt et troys*, in-4, goth., fig. s. b.; les signatures sont ainsi disposées : *a,* 6 ff.; *b, c, d,* 8 ff.; *e* et *f,* 4 ff.; *G-y,* par 8 et 4 ff.

2° vente De Bure (1835) 8 fr. 50 c.; un exemplaire peut-être le même?), relié par Duru en *mar.*, fut adjugé à 150 fr. à la vente Yéméniz; il figurait peu après, porté au chiffre de 220 fr. dans un catal. à prix marqué du libraire Bachelin.

FERMANEL. Observations curieuses sur le voyage du Levant fait en 1630 par Mess. Fermanel, Fauvel, Baudouïn, sieur de Launay, etc. *Rouen, vefve Ant. Ferrand,* 1668 ; in-4 de 6 ff. lim. et 882 pp.

— LE VOYAGE d'Italie et du Levant de Fermanel, Fauvel, Baudouin de Launay et de Stochove. *Rouen, A. Maurry,* 1670, in-12.

Quelques exemplaires de la même édition portent e nom du libraire J. Hérault.

— LE MÊME. *Rouen, chez la veuve de Louis Behourt,* 1687, in-12 (non cité par Ternaux).

Le voyage du sieur de Stochové avait été publié à part en 1649, in-12; réimpr. en 1650, *Bruxelles, Velpius,* pet. in-8, front. gr.; en 1662, *Bruxelles, Velpius,* pet. in-8; et en flamand, à *Brugge, Joos van der Meulen,* 1680-81, 2 part. en 1 vol., pet. in-8, fig. en taille-douce.

FERNAN (*Gonzalez*). La Cronica del noble cauallero el conde Fernan Gonçalez : Con la muerte de los siete infantes de Lara. *Seuilla, por Jacobo Cromberger, á 8 de Março de* 1509, in-4, goth. [26037-26038, et non pas 2609]

Cette première édition n'est citée qu'au catalogue de la biblioteca Colon ; c'est dire qu'elle est fort douteuse et aujourd'hui perdue.

L'édition de 1516, décrite au *Manuel,* n'a que 16 ff., in-4, goth. ; en voici le colophon : *Acábose aqui esta hystoria del conde Fernan Gonçalez et de los siete infantes de Lara. La qual se imprimio en la muy leal cibdad de Burgos por maestre Fadrique aleman de Basilea. Año de* M.DXVI.

L'erreur de M. Brunet, sur le nombre de feuillets, provient de l'indication du catal. de la *Grenvilliana,* qui donne 20 ff. à son exemplaire, mais en y comprenant une pièce de 4 ff. goth., intitulée : *Como un rustico labrador astucioso con consejo de su muger engaño a unos mercaderes;* cette pièce est presque inconnue.

— LA CRÓNICA del noble cauallero..... *Burgos, por Juan de Junta,* 1530, in-4, goth.

Sans autre description à l'*Ensayo.*

L'édition de 1537, que MM. Brunet et Graesse disent être un livre différent, est décrite minutieusement à l'*Ensayo,* qui donne le nom de l'auteur : *El bachiller Garcia Moreno, clerigo.*

— CRÓNICA del noble caua || llero el conde Fernan || Gonçalez..... *La qual se empri || mió en la muy noble e muy leal cibdad de Seuilla por Domínico de Robertis. Año de mil e quinientos y XLII,* in-4, goth., de 20 ff. non paginés, sign. a-10 (X) et 10 ff. blancs.

Un exemplaire de cette rare édition fait partie de la bibl. de R. S. Turner.

L'exemplaire Heber de l'édition de *Sevilla,* 1545, in-4, goth., acquis par Sir Th. Grenville, fait aujourd'hui partie du Musée britannique.

L'*Ensayo* indique encore des éditions de *Alcala de Henares,* en casa de Seb. *Martinez,* 1562, in-fol., goth., à 2 col.; de *Tóledo, en casa de Miguel Ferrer,* 1566, in-4, goth., de 20 ff. non chiffrés.

L'édition de *Bruxellas, Juan Mommaerte,* 1588, in-16, est décrite au catal. Salvá, ainsi que celle de *Madrid, Fr. Sanz,* s. d. (vers 1700), in-4, de 20 ff., et de *Sevilla, M. N. Vasquez,* s. d. (vers 1710), in-4, de 20 ff.

Un volume publié sans date, vers 1750, *Cordoba, Iuan Rodriguez de la Torre,* in-4, de 48 ff., sous le titre de *Historias verdaderas del Conde Fernan Gonzalez,* est un livre tout différent; c'est une rédaction nouvelle de la *Crónica popular,* entremêlée de faits et récits empruntés à la *Crónica general.*

L'*Ensayo* cite et transcrit un précieux manuscrit en vers de l'*Historia del Conde F. Gonzalez,* du XVe siècle ; ce manuscrit est conservé à la bibl. de l'Escurial.

FERNANDEZ (P. *Juan Patricio*). Relacion historial de las missiones de los Indios, que llaman Chiquitos que están á cargo de los Padres de la Compañia de Jesus de la provincia del Paraguay. Sacada á luz por el P. Geronimo Herran, procurador general de la misma provincia. *Madrid, Manuel Fernandez,* 1726, in-4 de IX-452 pp. et 2 ff.

Ouvrage important pour l'histoire des Chiquitos et des Indiens des provinces voisines; il a été publié longtemps après le décès de l'auteur, qui mourut le 4 août 1672; l'ouvrage fut traduit et publié en italien (*Roma,* 1729), en allemand (*Wien,* 1729) et en latin (*Vienne,* 1733).

20 fr. Maisonneuve (1867) ; la traduction italienne de v-233 pp. et 5 ff., 11 fr. même vente ; la traduction latine de XIX-276 pp. et IX ff., 20 fr. même vente.

FERNANDEZ de Andrada (*Pedro*). De la naturaleza del caballo. En que estan recopiladas todas sus grandezas. *Seuilla, por Fernando de Diaz,* 1580, in-4 de XX et 152 ff.

Première édition inconnue à l'auteur de la *Biblioteca militar,* qui en mentionne deux autres également imprimées à *Sevilla* en 1598 et en 1616; cette première édition est décrite au catal. Salvá, n° 2620.

FERNANDEZ de Eyzaguirre (*Sebastian*). Libro de || Arithmetica, || con vn Tratado || de las quatro for || mas de es qvadrones || mas acostumbradas en la

|| milicia. *En Brusellas*, ||.*En casa de Iuan Mōmarte*. Año 1608, in-4, de 248 ff., sign. A-Gg.

— LA JOYA, en conceptos morales, por Sebastian Fernandez de Eyzaguirre. *En Bruselas, por Huberto Antonio, año de 1616*, in-8, de 16 et 123 pp.

Volume fort rare.

FERNANDEZ Ferreira (*Diogo*). Arte || da caça da || altaneria || composta por Diogvo || Fernandez Ferreira, || moço da camara del Rey... Repartida em seis partes. || Na primera trata da criacão dos Gauiães & sua caça. || Na segvnda dos Assores & sua caça. || Na terceira dos Falcões & sua caça. || Na quarta de suas doenças & meznihas. || Na quinta das Armadilhas. || Na sexta da passagem & peregrinação das aues. *Em Lisboa*, || *Na officina de Iorge Rodriguez. Anno de* || M.DCXVI. || *Con preuilegio Real por dez annos*, in-4, de 127 ff., sign. A-Gg.

Livre aussi rare que précieux.

FERNANDEZ (*Geronimo*). Don Belianis de Grecia. [17528]

L'édition de 1547, que M. Brunet confond avec celle de *Burgos*, 1587, est parfaitement distincte; elle est longuement décrite au second catal. Salvá, tome II, page 24; les auteurs de l'*Ensayo*, qui ne connaissaient.pas l'exemplaire Salvá, disent seulement : « Esta de 1547, que debe de ser la primera, y de la cual no hallo más noticias que las muy vagas dadas por el erudito comentador del Quijote (Clemencin), debe contener las dos primeras partes ».

Cette édition est imprimée à Burgos par Martin Muñoz ; la première partie se compose d'un frontispice, d'un feuillet pour le *Prologo*, et de 108 ff. pour le texte (1 à CVIII); la seconde, achevée le VIII novembre, se compose de 2 ff. lim. et de CCXXII ff. de texte.

— LIBRO primero del valero || so e inuencible principe don || Belianis, de Grecia, hijo del emperador don || Belianis, de Grecia... (Al fin :) *A loor y gloria de la Sancta Trinidad..... Esta obra fue traduzida de Griego por un hijo del virtuoso varon Toribio Fernandez. Fue impressa en la muy noble ciudad de Stella, por Adrian de Anvers. Año de* M.D.LXIII, in-fol., lettres rondes, à 2 col., fig. s. b.

Cette édition semble devoir être la même que celle que Quadrio signale comme imprimée à Anvers en 1564 ; un exemplaire est conservé dans la bibl. du banquier Salamanca.

— LIBRO primero || del valeroso y || inuēcible principe don Belianis de Grecia..... *En Çaragoca*, || *en casa de Domingo de Portonariis y Vrsino, Impresor* || *de la S. C. R. Magestad y del Rey* || *no de Aragon*. M.D.LXXX, in-fol. de 267 ff., à à 2 col., 129 pour la première et 137 pour la seconde partie, lettres rondes, plus un f. de titre.

— TERCERA y quarta parte del inbencible (*sic*) principe... *Impresso en Burgos por Pedro de Santillana*, 1579, in-fol., lettres rondes, à 2 col.

— TERCERA y quarta parte..... *Burgos, Alonso y Estevan Rodriguez*, 1587, in-fol., à 2 col., en lettres rondes.

Ces deux parties forment le complément de l'édition des deux premières, exécutée par ces deux imprimeurs et citée au *Manuel*.

FERNANDEZ (*Lucas*). Farsas y Eglogas al modo y estilo pastoril : y castella || no Fechas. *Fue impressa la presente obra en Sala* || *manca por... Lorē* || *co de Liom dedei. a.* X. *dias del mes de noui* || *bre de M. quinientos ξ quatorze años,* in-fol., goth., de 30 ff. non chiffrés, fig. s. b.

On trouve d'amples extraits de cette pièce fort rare dans l'*Ensayo* (n° 2195) ; on ne connaît qu'un seul exemplaire de ce précieux recueil de vers, et il fait partie de la bibl. du duc d'Ossuna, mais il a été réimprimé par les soins de D. Manuel Cañete. Une de ces *Farsas* avait été insérée dans le n° 7 du *Criticon*, publication périodique dirigée avec talent par B. Gallardo.

FERNANDEZ (*Márcos*). Olla podrida || á la Española, || compuesta i saçonada en la || descripcion de Munster en Ves || falia con Salsa Sarracena i Africana. Por || ser esta ciudad mas á proposito que otra || para olla podrida... *En Amberes*, || *Por Felipe van Eyck*, || *en la calle de Wermoes, en los qua* || *tro Euangelistas*. Ann. 1655, in-12, de 168 ff., sign. A-O.

Livre rare et peu connu.

FERNANDEZ Moratin (*Nicolas*). Carta historica sobre el origen y progresso de las fiestas de toros en España. *Madrid, Pantaleon Aznat*, 1777, in-8.

Rare et curieux (*Catal. Salvá*, n° 2623).

FERNANDEZ de Palencia (*Alfonso* de). Comiença el prologo dirigido al virtuoso varo alfonso || de herrera por alfonso de palēcia cronista : ξ secretario del || rey nuestro señor satisfaziendo a sus ruegos sobre el Ro || mançar de la guerra ξ batalla campal que los perros cōtra || los lobos auida conpuso. *S. l. n. d.*, in-4, goth., de 25 ff. non chiffrés, sign. *a* (8 ff.), *b* (8 ff.), *c* (6 ff.) *d* (3 ff.).

Livre dont on ne connaît qu'un seul exemplaire, qui a fait partie de la bibl. du savant Mayans. D. José Amador de los Rios, dans son *Historia critica de la literatura española*, signale cette pièce curieuse, en ajoutant qu'il ignore si elle a été imprimée.

L'*Ensayo* décrit un assez grand nombre de travaux dus à don Fernandez de Palencia, entre autres un : *Vocabulario universal en latin ξ en romance*, imprimé à Séville en 1490, par Paul de Cologne, in-fol., goth., de 549 pp.

FERNANDO el Católico. Estas son las altas e || muy riquissimas honrras || que se hizieron en Flādes || por el rey don Fernando q̃ || aya sancta gloria. E de co || mo alçaron por Rey Despaña al principe don Carlos nuestro señor. *S. l. n. d. (Anvers, 1516)*, in-fol. goth. de 3 ff., signés A, titre gr. sur bois, portant l'écusson des armes royales d'Espagne.

Pièce des plus rares et des plus intéressantes.

FERRAND (*Jacques*). De la maladie d'amour. [7304]

M. Desbarreaux-Bernard, le docte bibliographe toulousain, a publié dans le *Bulletin du bibliophile* de septembre 1860, pages 377 à 400, une notice intéressante sur cet ouvrage; antérieurement une analyse remarquable et spirituelle en avait été donnée par le docteur Letourneau, dans l'*Union médicale* du 2 juillet 1863.

Il existe deux éditions : la première de *Toulouse*, 1610, in-12, de VIII ff., 222 pp. de texte et 1 f. pour les *fautes*; la seconde, dont le titre est un peu modifié, est de *Paris, Denis Moreau*, 1623, pet. in-8, de XX pp. limin., 270 pp. de texte, et V ff. contenant les noms des *Authenticitez*; un exemplaire de cette édition a été vendu 26 fr. Auvillain, et serait payé plus cher aujourd'hui.

L'édition de *Toulouse* n'a pas de privilège; elle contient 29 chapitres; dans l'édition de *Paris* le nombre des auteurs cités est de 322.

M. Desbarreaux-Bernard transcrit les sentences rendues par l'autorité ecclésiastique, qui, le 16 juillet 1620, condamne le livre de Ferrand comme très-pernicieux, impie et entaché d'astrologie judiciaire.

Il y a de l'érudition et beaucoup de verve dans ce curieux ouvrage; l'édition de *Toulouse*, 1610, est très-différente de la seconde; elle est beaucoup plus rare et a été moins consultée; celle de *Paris*, qui ne se donne en aucune façon comme étant une seconde édition, a été très-fortement remaniée au point de vue de la décence et de l'orthodoxie théologique, ce qui explique suffisamment qu'au point de vue de la curiosité, la première soit infiniment préférable.

FERRARIENSIS FRAN. (*Jo.*) ord. seraph. Capp. Diœ (*sic*) Isab. Mantue. March. Hoc. Dedit. Principium et ars tocus (*sic*) Musice. *In Roma, per Antonio Strambi, s. d.*, in-fol. plano, en gros car. goth., musique notée; placard entièrement xylographique de 46 cent. de haut, sur 33 cent. de largeur.

On remarque, au milieu de cette feuille destinée aux études élémentaires de la musique, une main gravée; pièce inconnue et décrite pour la première fois par M. Tross, qui la porte à 150 fr., et donne en même temps la description d'une seconde que nous rapportons ici :

— COME se ha d'accordare il Lauto. La prova da veder quando il Lauto a accordato, etc. *In Roma, per Antonio Strambi*, caract. ital., avec fig. en bois et musique.

Placard xylographique avec quelques passages imprimés en caractères mobiles, hauteur 0m34 sur 0m50 de largeur. On y a figuré le luth presque de sa grandeur; cette pièce non citée doit avoir été exécutée à Rome pour les Écoles de musique dans les premières années du XVIe s.; 120 fr.

FERREIRA de la Cerda (Doña *Bernarda*). Soledades || de Buçaco. || *Em Lisboa, per Mathias Rodrigues, año de* 1634, in-8, de 136 ff.

Ce volume de vers est fort rare; il est analysé par Ticknor (trad. franç., III, 439).

Les deux volumes in-4 de la *Hespaña Libertada*, cités au *Manuel*, ont, le premier : IV pp. lim. et 183 pp. de texte; le second, qui n'a été publié qu'en 1673 par la fille de l'auteur, doña Maria Clara de Menezes, et impr. : *Lisboa, en la officina de Ivan de la Costa*, forme un vol. de 200 ff.

FERRER (*Geron.*). Quatre dels vltims tractats de la selva de sentencijs del Canonge Geronym Ferrer de Grissona. *Barcelona, Sebastian*, 1623, in-8, de v-35 ff.

Volume rare, indiqué par Salvá (*Catal.* II, p. 195).

FERRER (*Jaime*). Sentencias || catholicas || del Divi Poeta || Dant Floren || tĩ compilades per lo pru || dentissimo Mossen Iau || me Ferrer de Blanes. M.D.XLV. (En fine) :... Cõpilat per || so criat Raphel Ferrer coll : *Estampat en la in- || signe ciutat de Barcelona per Carles amoros* || *Procusal. a* XIX. *dies del Mes de desembre* || *Any de* M. D. XXXXV, pet. in-8; un f. pour le titre avec un bois gravé, et 63 ff. non chiffrés.

Ce volume excessivement rare, cité par Antonio, par Amat, par Navarette, est décrit pour la première fois par M. Harrisse, d'après un exemplaire que cet infatigable bibliographe a découvert à Barcelone.

FERRI (*A.*). Alfonsi Ferri || Neapolitani artium & medecinæ doctoris || De Ligni sancti multiplici || medicina || et vini exhibitione || cum gratia & Privilegio. || (In fine) : *Impressum Romæ apud Antonium* || *Bladum Asulanum, In Campo* || *Floræ,* || M.D.XXXVII, in-4, 58 ff. non paginés; sur le titre, les armes de Paul III, gr. sur b. [7678]

Cette édition latine du livre du célèbre médecin de Paul III (mort en 1575), est beaucoup moins recherchée que la traduction française :

— DE L'ADMINISTRA || TION du Sainct Boys, en diuerses for || mes et manières, contenues en qua || tre traictez. Ensemble la forme || de ministrer du vin, faict par || Alfonse Ferrier, Neapo || litain, docte medecin, || & premier chirurgi || en du pape Paule || tiers. Traduict de latin en françoys, par messi || re Nicolas Michel, docteur & doyen en la || faculté de medecine à Poictiers. M.D.XL.— *Imprimé à Poictiers par Iehan & Enguil* || *bert de Marnef freres; demourans à len* || *seigne du Pelican.* || In-8 de 219 ff. numérotés et VI ff. non chiffrés pour la table et l'*Errata*.

Recherché par les collectionneurs de livres relatifs à l'Amérique.

— L'édition imprimée chez les mêmes libraires, en 1546, et citée au *Manuel*, est in-12, de 495 ff., plus VII ff. non paginés.

— L'édition latine « De Ligni sancti multiplici medicina », fut réimpr. à *Paris, chez Vincent Gaultherot*, en 1542; mais elle est jointe à la *Syphilis* de Jérôme Fracastor; le tout forme 1 vol. petit in-12, de 201 ff. chiffrés; 17 pp. non chiffrées, et 27 ff. non chif. pour le poëme *de Morbo Gallico*.

Cet Alfonso Ferri, célèbre professeur et médecin napolitain, mort en 1575, n'a absolument rien de commun, pas même le nom, avec le Augier Ferrier, de Toulouse; et cependant on a trouvé le moyen de confondre les deux personnages.

FERRIER (*Augier*). Augerii Ferrerii Tolosatis medici de Pudendagra lue Hispanica libri II. Extraict desdits livres en francoys pour les chirurgiens. *Tolose, Colomiès*, 1553, pet. in-8, en lett. rondes; la seconde partie est en français. [7268]

Le *Manuel* ne cite de ce volume rare qu'une édition de 1564.

— REMÈDES préservatifs et curatifs de la peste. *Paris, chez Guillaume Jullien*, 1562, in-16. [7195]

Édition à peu près aussi rare que celle de 1548.

— HENRICI II, Gallorum regis christianiss. Epitaphia. Julii Cæsaris Scaligeri funus. Mellini Sangelasii epicedium, auctore Auger. Fererio, Tolosæ medico. *Parisiis, apud Fed. Morellum*, 1559, petit in-4.

Pièce rare, qui figurait dans un recueil vendu chez le baron Pichon et chez M. Potier.

FERRIÈRE (*Cl.* de). Des droits de patronage, de présentation aux bénéfices, de préséance des patrons, des seigneurs et autres, des droits honorifiques, des titres, ceintures funèbres, des bancs et des sépultures dans les églises. *Paris, Le Gras*, 1686, in-4.

Bon ouvrage, 6 à 8 fr.; en anc. rel. *mar.* 27 fr. (1866.)

FERTIAULT (*F.*). Les amoureux du livre. *Paris, Claudin*, 1876, grand in-8, de 444 pp., sur pap. vergé, imprimé par la maison Perrin de Lyon, titre rouge et noir, 16 eaux-fortes de J. Chevrier.

Préface du bibliophile Jacob (P. Lacroix), sonnets d'un bibliophile, fantaisies d'un bibliomane, commandements du bibliophile, bibliophiliana, notes et anecdotes, tables et index analytiques.

500 exemplaires à 30 fr.; quelques exemplaires exceptionnels sur Chine ou en grand papier, à 180 et 100 fr., avec tirage des épreuves sur papier du Japon.

FÉTIS (*F.-J.*). Biographie universelle des Musiciens, et Bibliographie générale de la musique, 2ᵉ édition entièrement refondue et considérablement augmentée, par M. F.-J. Fétis, directeur du Conservatoire royal de musique de Bruxelles. *Paris, Didot*, 1875, 8 vol. gr. in-8 de 500 pp. à 2 col. 64 fr.

— HISTOIRE générale de la musique depuis les temps les plus anciens jusqu'à nos jours. *Paris, Didot*, 1869-76, 5 vol., gr. in-8.

Cet important ouvrage, résumé de cinquante années de recherches assidues, vient d'être interrompu par la mort du célèbre et regrettable écrivain; le dernier volume paru, publié par M. Édouard Fétis, conservateur à la Bibl. royale de Bruxelles, va jusqu'au milieu du XVᵉ siècle.

La précieuse bibliothèque de M. Fétis a été acquise par le gouvernement belge, qui en a fait publier le catalogue; c'est un volume du plus grand intérêt, de près de 1,000 pages, qui donne la description de plus de 7,300 ouvrages.

FEYJOO de Sosa (El dᵣ D. *Miguel*). Relacion descriptiva de la ciudad, y provincia de Truxillo del Peru, con noticias exactas de su estado politico, segun el real orden dirigido al Exc. señor Virrey conde de Super-Vnda. *Madrid, imprenta del real y supremo Consejo de las Indias*, 1763, in-fol. [28693]

IV fl., 164 pp.; portrait de Charles III; perspective du territoire de Truxillo, imp. en bleu; carte topographique de la province de Truxillo; plan de la ville.

Ouvrage important, tiré à petit nombre. 32 fr. Maisonneuve (1867).

FIALETTI (*Od.*). Il uero modo et ordine per disegnar tutte le parti e membra del corpo humano. *Venetia, appresso l'Sadeler*, 1608. — Tutte le parti del corpo humano. Inuentate, delineate, et intagliate da Odoardo Fialetti Bolognese, pittore. 2 front. gr., 1 pl. représ. une école de dessin et 32 eaux-fortes chiffrées en un vol. pet. in-4 oblong.

30 fr. catal. Tross.

FICORONI. Le Maschere sceniche..... *Roma*, 1736, in-4 avec 84 fig. [20217]

Winckelmann, dans ses *Monumenti antichi* (vol. II, page 59), dit que le véritable auteur des *Maschere* est le P. Contucci, jésuite, directeur du *Museum antiquitatum* de Rome.

Cicognara ne conteste pas l'attribution à Ficoroni.

FIELD'S. Essay towards an Indian Bibliography, being a Catalogue of Books relating to the History, Antiquities, Languages, Customs, Religion, Wars, Literature and Origine of the American Indians, in the library of Thomas W. Field, with Bibliographical and Historical notes. *New-York*, 1873, gr. in-8, de IV-430 pp. 18 fr.

Excellente bibliographie, comprenant et décrivant environ 1,800 numéros; c'est un livre utile et bien fait.

FIER A BRAS (Le roman de) le Géant... *Lyon, Guillaume Le Roy*, 1486, in-fol., goth., à longues lignes et fig. s. b., sans ch. ni récl.; *a* à 8 ff., dont le 1ᵉʳ blanc, *b-n* par 8, *o* et *p* par 6. Le texte commence au vᵒ du v1ᵉ f. *a*. Le f. *i iiii* est signé *l* iiii. La souscription se lit au vᵒ du 5ᵉ f. *p*. Le dernier f. est blanc, avec une fig. au rᵒ. [17042]

En *mar.* de Trautz, 2,950 fr. Yéméniz.

— LE MÊME. *Lyon, Jacques Maillet*, 1489, in-fol., goth., fig. s. b., sans chiff. ni récl., avec sign. A K par 8 ff.; L de 6, dont le dernier blanc, avec fig. s. b. au rᵒ; l'exemplaire Bourdillon (855 fr.), 1,700 fr. Yéméniz.

— LA DESTRUCTION de Rome. Première branche de la chanson de geste de Fierabras.

Poëme inédit, dont le manuscrit faisait partie de la Bibl. de Hanovre, où il figurait sous le nᵒ 578; c'est un in-8 sur *vélin*, de la fin du XIVᵉ siècle; il a été exécuté en Angleterre. Le texte, défiguré par de nombreux anglicanismes, était primitivement en dialecte picard.

— LA DESTRUCTION et la *Chanson de Fierabras* paraissent être du même auteur.

Ce poëme de 1,507 vers a été publié par G. Gröber. (*Romania*, tome II [1873], page 1-48.)

— FIER A BRAS.

Voyez L. Gautier, *Épopées françaises*, nᵒ 306.

On connaît cinq manuscrits de ce célèbre roman

de geste : 2 à la Bibl. nation. de Paris, 1 au Musée britannique, 1 au Vatican et le dernier chez M. A.-F. Didot; celui-ci est le plus ancien de tous, malheureusement la langue en est mauvaise et il renferme de considérables lacunes.

Ce fut le premier des *Romans* français qui eut les honneurs de l'impression. (*Genève*, 1478.)

— FIER à BRAS, par Mary Lafon, avec 12 gravures de G. Doré. *Paris*, in-8.

Livre d'étrennes.

FIEVRES (Les) de la Pavlette, & ses Re-grets. *Paris, Abraham Saugrain,* 1617, in-8 de 16 pp.

Pièce rare, 30 fr. catal. Morgand et Fatout.

— A LA MÉMOIRE de la Pavlette. *S. l.*, 1618, in-8 de 7 pp., caract. ital.

Pièce tout aussi rare que la précédente; elle est attribuée au sieur Isaac de Laffemas, qui devint en 1638 lieutenant civil de Paris. 30 fr. catal. Morgan.

FIGUEIRA (P. *Luiz*) Arte da grammatica da Lingua do Brasil. Quarta impressaõ. *Lisboa, na officina Patriarcal,* 1795, in-4 de 1 f. et 103 pp. [11993]

La première édition très-précieuse est de 1681, (Ludewig), réimpr. en 1687, 1754 et 1795. Le jésuite L. Figueira, né en 1573, fut massacré en juillet 1643 à l'embouchure de la rivière des Amazones. 25 fr. Maisonneuve.

FIGUEROA (*Chr*. Mosquera de). Com-mentario en breve compendio de disci-plina militar, en que se escrive la jor-nada de las islas de los Açores. *Madrid,* 1596, in-4, pl. gr. s. bois, IV-186 ff.

6 thal. 10 ngs Sobolewski.

FIGUEROA (Fr. *Francisco* de). Tratado breve del dvlcissimo nombre de Maria, repartido en cincuenta discursos; com-puesto por el R. P. F. F. de Figueroa, difinidor de la prouincia de San Juan Bautista del Perù de la orden de Predi-cadores... *Impresso en Lima, por Josef de Contreras*, 1642, in-4 de VII-334 pp. et 14 ff.; au v° du titre une image de la Vierge gravée s. b. dans un ovale.

Volume fort rare, qui n'est pas cité dans la bi-bliothèque de II. Marracci, et dont nous empruntons la description à l'excellent catal. de M. Maisonneuve (1867), où il ne s'est vendu que 16 fr.

FIGUEROA (*G.* de Silva). L'ambassade de Perse, contenant la politique de ce grand empire... traduit de l'espagnol, par Wicquefort. *Paris*, 1667, in-4.

Livre assez rare, mais de peu de valeur.

FIGUEROA (*Christ*. Suarez de). Historia y anal relacion de las cosas que hizieron los Padres de la Compania de Jesus por las partes de Oriente y otras, en la pro-pagacion del Santo Evangelio, los anos pasados de | 607 | y 608... por Christ. Suarez de Figueroa. *Madrid, Imprenta real,* 1614, in-4 de IV ff. prél. et 566 pp.

L'un des rares volumes de la collection jésuitique. 25 fr. catal. Tross.

FIGUR (Die) anzaigt uns das volck und Insel die gefunden ist durch den chris-tenlichen Künig zü Portugal... (La figure nous montre le peuple et l'île découverts par le roy chrétien de Portugal, etc.) *S. l. n. d.* (*Augsburg*, c^a 1500), in-fol., goth.

C'est le seul monument xylographique, relatif à l'Amérique, qui soit cité; c'est une grande gravure sur bois représentant des naturels du Brésil dans leurs costumes et avec leurs armes; entre deux arbres on voit les restes d'un corps humain que l'on fait griller; à l'horizon, la mer avec deux navi-res européens; au-dessous de la planche se lit, en gros caractères gothiques, une inscription allemande en caractères de forme.

£ 30, sh. 10 Libri (1862).

FIGURES (Les trente-six) contenant tous les jeux qui se peurent jamais inventer et représenter par les enfans tant gar-sons que filles, depuis le berceau iusques en l'aage viril, avec les amples significa-tions desdites figures, mises au pied de chacune d'icelles, en vers françois, le tout nouuellement mis en lumière et di-rigé par ordre. *Paris, par Nicolas Prevost,* 1589, in-4 obl., titre gravé, 18 ff. ou 36 pl. sur bois, avec encadr.; au bas de chacune un sixain explicatif.

Rare et curieux recueil, dont un exemplaire relié en mar. par Trautz a été porté au prix excessif de 600 fr. à la vente du baron Pichon.

FIGURES de la Bible. *Anvers, chez J. Fr. Lucas,* 1718, pet. in-8, obl.

Suite de 146 estampes gravées sur cuivre, et assez finement exécutées par H.-F. Diamer. 18 à 20 fr.

FIGURES (Les) et pourtraicts des parties du corps humain. *Paris, Jacques Ker-ver,* 1575, in-fol., fig. s. b.

Volume rare, qui a été traduict par Fialetti et publié en italien en 1608.

FIGURES historiques, représentant en abrégé la vie de N. S. Jésus-Christ; les Actes des Apôtres, l'Apocalypse, tirés du Nouveau Testament, par I. C. (Jean Carteron). *A Lyon, chés Iean Carteron,* MDCLXXII, in-12, fig. s. b., fort bien et finement gravées.

Un exemplaire non rogné, relié par Simier, 170 fr. Yéméniz.

FILHOL (*François*). L'Oracle poétique. Fait par F. F. *A Tolose, par Iean Maffré,* 1619, pet. in-4, de 76 pp., y compris les liminaires.

L'auteur était né à Mongiscart, en Languedoc; ce volume de vers est presque inconnu et à peu près introuvable.

FILIPPINI (*A.-P.*). Historia di Corsica insino el anno 1594. *Turnone, nella stamperia di Claudio Michaeli,* 1594, in-4 de 10 ff. lim., 563 pp. et 8 ff. pour la table, portr. de l'auteur au v° du titre. [25877]

FILLE DE JOIE (La). Ouvrage quintessencié de L'Anglois (History of a Woman of Pleasure). *A Lampsaque*, 1751, in-12.

« C'est, dit Winckelmann, le livre le plus obscène qu'il y ait, je crois, au monde; mais il faut avouer qu'il est de main de maître, et par un génie plein d'idées agréables et élevées ».

C'est, croyons-nous, la première fois qu'un écrivain sérieux a osé apprécier, en pareils termes, la littérature sotadique.

Ce petit volume est d'une excessive rareté.

FINARENSIS (*David*) ou de Finale. De la Nuysance que le vin aigre porte au corps humain. *S. l. n. d.*, in-12. [7062]

C'est le même livre qui est indiqué au *Manuel*, à l'article CAVIGIOLLES (*des*).

FINE (*Oronce*). La Theorique des cielz..... *Paris, Simon du Bois*, 1528, in-fol. (Bien décrit au *Manuel* sous le n° 8223.)

C'est un livre fort rare, et le premier traité d'astronomie qui ait été publié en français. 180 fr. au catal. Desq.

L'exemplaire du catal. Libri (1861) avait été payé 305 fr. à une vente faite à Paris en 1852.

Le privilège du Roy, daté de juin 1528, porte : « Veue par nous l'humble supplication de Jean Pierre, marchant, demourant à Paris, par laquelle nous a remonstré que puis un certain temps à l'utilité de tous gentilz hommes, et aultres gens de sçauoir, lesquelz n'ont l'usage de la langue latine, il a fait rédiger et traduyre de latin en françoys, ung liure intitulé *les Théoriques des Planètes*, etc. »

FINESCHI (P. *Vinc.*), domenicano. Notizie storiche sopra la stamperia di Ripoli. *Firenze*, 1781, in-8 de VIII-59 pp. 5 à 6 fr.

Bon livre de bibliographie.

FIORI di recami. Voy. DENTELLES.

FIRENZUOLA (*Agnolo*). Discorso de gli animali di Angelo Firenzuola Fiorentino. *S. l.*, MDCXX, in-8.

Ce livre n'est pas le même que le livre des *Consigli de gli Animali*; cette édition, publiée sans nom de lieu, d'imprimeur ni de libraire, est fort rare, mais elle a subi le contre-coup de la dépréciation, qui atteint depuis quelques années les livres italiens, et n'a été vendue que 5 fr. Méméniz, qui l'avait payée beaucoup plus cher à la vente Huzard; il en a été de même des deux éditions (1604 et 1622) des *Consigli de gli Animali*, vendues 11 fr. et 20 fr., après avoir été achetées 39 et 31 fr. 50 c.

FLACIUS ILLYRICUS.

Bien que la valeur des innombrables traités du célèbre dissident, Mathias Francowitz, autrefois si recherchés, ait singulièrement baissé, nous croyons devoir compléter la nomenclature donnée par M. Brunet :

-- DISPUTATIO de originali peccato, et libero arbitrio, inter Mathiam Flacium Illyricum et Victorinum Strigelium. *Bremae*, 1562, in-4 (18 liv., *Jésuites de Clermont*).

C'est le premier livre imprimé à Brême, qui nous soit connu.

— BULLA antichristi de retrahendo populo Dei in ferream Ægyptiacæ servitutis fornacem. *S. l* (*Magdebourg*), 1549, pet. in-8. de 16 ff.

32 fr., 1867.

— CLARISSIMÆ quædam notæ veræ ac falsæ religionis atque adeo ipsius Antechristi..... *Magdeburgi, M. Lotther*, 1549, pet. in-8, de 60 ff.

19 fr., 1867.

— AMICA humilis et devota admonitio ad gentem sanctam regaleque Antichristi sacerdotium de corrigendo sacrosancto canone missæ. *Magdeburgi, M. Lotther*, 1550, pet. in-8, de 8 ff.

7 fr. 50 c., 1867 ; 30 fr., 1872.

— PIA quædam vetustissima poemata, *ibid., id.*, 1552, pet. in-8, de 32 ff.

30 fr., 1867 ; 26 fr., 1872.

Placcius attribue une partie de ces poésies à Hildebert, évêque du Mans, mort en 1136.

— CLAVIS S. Scripturæ, seu de sermone S. Literarum pars prima, in qua singularum vocum atqp locutionum S. Scripturæ usus et ratio alphabetico ordine explicatur. *Basileae, J. Oporinus*, 1567, pet. in-fol. — *Pars altera, ibid., id.*, 1567.

— DE ESSENTIA originalis iustitiæ seu imaginis DEI ac contrariæ. *Basileae, per Petrum Pernam*, 1568, pet. in-8.

— CONTRE la Principauté de l'euesque romain, trad. du latin de Matthias Flaccie Illyrien. *A Lyon, Claude Rauot*, 1564, in-8.

Rare et précieux. 25 à 40 fr.

— QUOD HOC tempore nulla penitus mutatio in Religione sit in gratiam impiorum facienda, contra quoddam scriptum incerti autoris, in quo suadetur mutatio piarum cæremoniarum in Papisticas, per Hermannum primatem. *S. l.*, 1549, pet. in-8.

96 fr. 2e vente de Morante.

— QUOD LOCUS Lucæ VII : Dico tibi remissa sunt ei peccata multa nam dilexit multum..... *Magadaburgi* (sic), 1549, in-8.

100 fr. de Morante.

— INDULGENTIA plenaria pro pace conservanda, hæresibus extirpandis... Ex impresso Romæ recusum. *S. l. n. d.*, 1560, in-4.

100 fr. de Morante, avec un envoi autographe de Francowitz.

— REFUTATIO sophismatum et elusionum, quæ pro sacramentario errore contra sacro sanctum Testamenti Christi afferri solent. *S. l.*, 1567, in-12.

90 fr. de Morante.

— HISTORIA certaminum inter romanos episcopos, etc. *Basileae*, 1554, pet. in-8, de 214 pp. et 15 ff. de table, dont le dernier blanc (porté au *Manuel*).

160 fr. de Morante.

— ANTILOGIA Papæ... *Basileae, Oporinus*, 1555, in-8, de XII ff. lim., 788 pp., 5 ff. d'index et 1 f. pour la souscription.

135 fr. de Morante (inexact. décrit au *Manuel*).

— VARIA doctorum piorumque virorum de corrupto ecclesiæ statu poemata... *Basileae, L. Lucius* (1557), pet. in-8.

120 fr. de Morante.

FLACOURT (De). Petit Catéchisme avec la prière du matin et du soir, que les missionnaires font et enseignent aux néophytes et cathécumènes de de(*sic*) l'isle de Madagascar. Le tout en françois et en cette langue (malgache). Contenant trente instructions. *Paris, Georges Josse*, 1657, in-8.

28 fr. Maisonneuve; 13 fr. en 1861.

FLAMANT (*Est.*). Discours de l'origine et proprietez de la fontaine minérale de Pougues, par Est. Flamant. *Paris, Pierre Durand*, 1633, pet. in-8.

3 à 4 fr.

On trouve quelques exemplaires de ce rare volume avec la souscription de : *Nevers, J. Millot*, 1633, in-8.

FLAMINII (*Io. Antonii*) Forocornelien-sis episto ‖ la ad Paulum III. Pont. Max. initio Pontificatus. ‖ Eiusdem Belli recentis Aphricani ‖ descriptio ad' ampliss. P. Antonium ‖ Puccium Sanctorum qua ‖ tuor cardinalem. ‖ Eiusdem de quibusdam memorabi ‖ libus noui Orbis nuper ad nos transmissis ‖ ad eundem. ‖ Eiusdem conflictus ille Pannoni ‖ cus cum Turcis, in quo Pannoniæ rex ‖ interiit. (In fine) : *Bononiæ apud Vincentiũ Bonardum ‖ parmeñ et Marcũ Antoniũ Carpeñ. ‖ socios, anno salutis.* M.D.XXXVI. ‖ *Mensis Martij.* In-4 de 20 ff. non numérotés, texte en italique.

La partie consacrée à l'Amérique rend cette pièce aussi intéressante qu'elle est rare; l'exemplaire vendu 32 fr. Maisonneuve, en 1867, était annoncé comme complet en 19 ff.

FLAMMARION. La Pluralité des mondes habités, études où l'on expose les conditions d'habitabilité des terres célestes discutées au point de vue de l'astronomie, de la physiologie et de la philosophie naturelle, par Camille Flammarion. 4e *édition. Paris, Didot*, 1864, in-4 de VIII-459 p. et pl.

— LES TERRES du ciel. *Paris, Didier*, 1876, gr. in-8.

Volume illustré de vues télescopiques, de photographies, etc., 10 fr.

FLÉCHIER (*Esprit*). Oraisons funèbres. [12191]

— De Mᵐᵉ Julie-Lucie d'Angennes de Rambouillet, duchesse de Montausier. *Paris, Séb. Mabre-Cramoisy*, 1672, in-4.

— De Mᵐᵉ Marie de Wignerod, duchesse d'Aiguillon. *Ibid., id.*, 1675, in-4.

En *mar.* de Trautz, 80 fr. Potier; non relié, 15 fr. en 1874.

— De... Henri de la Tour d'Auvergne, vicomte de Turenne. *Ibid., id.*, 1676, in-4.

En *mar.* de Chambolle, 51 fr. baron Pichon; en *mar.* de Trautz, 92 fr. Potier; un exemplaire en *mar.* du même célèbre relieur, peut-être celui de la vente Potier, est porté à 350 fr. au catalogue à prix marqué du libraire Fontaine, et un autre exemplaire, en *mar.* de Chambolle, sans doute celui de la vente Pichon ? au prix plus modeste de 120 fr.; un exemplaire non relié, mais à grandes marges, 100 fr. en 1874.

— De M. le premier président de Lamoignon. *Ibid., id.*, 1679, in-4.

En *mar.* de Chambolle, 51 fr. baron Pichon; en *mar.* de Trautz, 80 fr. Potier; 25 fr. non relié, en 1874.

— De Marie-Thérèse d'Austriche, infante d'Espagne, reine de France. *Ibid., id.*, 1684, in-4.

— De messire Michel le Tellier, chancelier de France. *Ibid., id.*, 1686, in-4.

Cart., 87 fr. Voisin (1876); 39 fr. non relié, en 1874.

— De M. Charles de Sainte-Maure, duc de Montausier. *Paris, Ant. Dezallier*, 1690, in-4.

— De Marie-Anne Christine de Bavière, Dauphine de France. *Ibid., id.*, 1690, in-4.

Ces huit oraisons funèbres, avec quelques notes de Sainte-Beuve, n'ont été vendues que 60 fr. à la vente de l'illustre critique en 1870; il est vrai que les exemplaires étaient plus que médiocres.

Mais un recueil de sept de ces oraisons funèbres (manquait celle de Michel le Tellier), relié en *mar.* par Duru, et formé de beaux exemplaires, a été payé 335 fr. à la vente Leb. de Montgermont; c'était l'exemplaire Giraud et Solar (180 et 151 fr.).

— — ORAISONS funèbres. *Paris, Ant. Dezallier*, 1691, 2 tomes en 1 vol. in-12, portr. d'Edelinck.

3e édition, et la première complète.

En *mar.* de Chambolle-Duru, 42 fr. Potier; en *mar.* de Capé, 41 fr. à la vente de ce relieur; en *mar.* de Hardy, 72 fr. Voisin (1876).

— LES MÊMES. *Paris, Du Puis*, 1699, in-12.

Un bel exemplaire, excellemment relié par Boyet, 250 fr. Brunet; un exemplaire ordinaire vaudrait 5 à 6 fr.

— SERMONS de morale, prêchez devant le Roy, avec ses discours synodaux. *Paris, Raymond Mazières*, 1713, 3 vol. in-12.

On trouve également ces 3 volumes à l'adresse suivante : *Paris, en la boutique d'Elie Josset, chez Guillaume Cavelier*.

Édition originale; en *mar.* de Hardy-Mesnil, un exemplaire à la première adresse, 70 fr. Potier.

— PANÉGYRIQUES et autres sermons... *Paris, Cl. Rigaud*, 1711, 2 vol. in-12. [1447]

Édition originale.

Ces 2 volumes, avec les 3 volumes de *Sermons de morale*, à l'adresse du second libraire, dans une bonne reliure en *mar.* de Boyet, 410 fr. baron Pichon.

— ŒUVRES mêlées...... contenant ses harangues, compliments, discours, poésies françoises, etc. *Paris, Jacques Estienne*, 1712.

En anc. rel. *mar.*, 20 fr. Potier.

— HISTOIRE de Théodose le Grand, pour Mᵍʳ le Dauphin. *Paris, Séb. Mabre-Cramoisy*, 1679, in-4. [22983]

En anc. rel. en *veau*, mais ayant appartenu à Mᵐᵉ de Sévigné? dont la signature autographe? était apposée sur le premier feuillet de garde, 200 fr. Gonzalez (catal. à prix marqué du libr. Bachelin).

— LA MÊME. *Paris*, 1682, pet. in-8.

En *mar.*, anc. rel., aux armes de Marguerite de Gondy, duchesse de Retz, 100 fr. J. Techener (1865).

— HISTOIRE du cardinal Ximénès. *Paris, Jean Anisson*, 1693, in-4, portr.

Édition originale; un exemplaire avec envoi autographe de l'auteur, 60 fr. catal. Gonzalez (1876).

FLETCHER (*Giles*). Of the Rvsse Common Wealth. Or Maner of Gouernment by the Russe Emperour (commonly called the Emperour of Moskouia), with the manners, and fashions of the people of that countrey. *At London, printed by T. D. for Thomas Charde*, 1591, pet. in-8 composé d'un titre, de 2 ff. de dédic. à la reine Elisabeth, et de 116 ff. chiffrés. [27729]

Édition supprimée par ordre d'Élisabeth, comme blessante pour un prince ami de l'Angleterre.

M. Brunet et Lowndes ont dit à tort que ce très-rare volume avait 116 pp.; de plus, Brunet le donne comme in-12, et Lowndes comme in-18; il est bel et bien in-8. 65 thal. Sobolewski.

Cette édition originale fut réimprimée à Moscou en 1848, in-4, mais l'édition fut confisquée et détruite par ordre du gouvernement russe; M. Sobolewski avait pu s'en procurer un exemplaire de bonnes feuilles, sauf la dernière qu'il ne put *conquérir* qu'en épreuves; le titre ne fut jamais réimprimé; à sa vente, ce volume fut vendu 21 thalers.

FLEUR DE DÉVOTION (La). Sensuyt le prologue de ce present livre intitulé la Fleur de Dévotion. Adresse de cueur ardent a cueur contemplatif. Et a toutes creatures raisonnables aymant Dieu..... *On les vend a Paris en la rue Neufue Nostre Dame... Cy finist le liure intitule la Fleur de devotion... imprime nouuellement à Paris par Alain Lotrian... a lenseigne de lescu de France*, s. d. (v. 1540), pet. in-4, goth., fig. sur bois.

Volume de peu d'importance, mais qui, revêtu d'une reliure en *mar.*, *doublé de mar.* par Chambolle-Duru, a atteint le prix de 325 fr. à la vente Benzon.

FLEUR (La) des chansons amoureuses où sont comprins tous les airs de court. Recueillis aux cabinets des plus rares poëtes de ce temps. *A Rouen, Adr. de Launay, devant le palais au Compas d'or*. M.D.C. Avec privilége du roy. In-12. [14283]

Une jolie réimpression de ce rare volume a été publiée par *A. Mertens et fils, à Bruxelles*, en 1866, pet. in-12, 106 exemplaires numérotés.

FLEUR (La) de toutes joyeusetez. *Lyon. Barnabé Chaussard*, 1546, pet. in-8, goth. [13634]

En *mar.* de Bauzonnet, 500 fr. Brunet.

FLEURY (*Edouard*). Les Mss. à miniatures de la bibliothèque de Laon, étudiés au point de vue de leur illustration. 1re partie; VIIe, VIIIe, IXe, Xe, XIe et XIIe siècles, avec 25 planches lithographiées et 35 lettres gravées dans le texte. Texte et dessins par Ed. Fleury, président de la Société académique de Laon, in-4 de 130 pp. — 2e partie : XIIIe, XIVe, XVe et XVIe siècles, avec 22 pl. lithogr. et 50 lettres gravées dans le texte. 146 pp. in-4. *Laon, impr. Fleury, Paris, Dumoulin*, 1864.

— LES MANUSCRITS à miniatures de la bibl. de Soissons, étudiés au point de vue de leur illustration...,

texte et dessins par Edouard Fleury. *Paris, Dumoulin*, 1865, gr. in-4, fig.

32 fr. vente H. Bordes.

FLINT. Ornements. (*Nuremberg*, ca 1580), in-fol., pl. gr. sur métal.

Flint était un de ces merveilleux artistes de Nuremberg, orfèvres ou ciseleurs, tels que Wechter, Zahn, etc., qui nous ont laissé les plus délicieux modèles de l'orfévrerie allemande aux XVe et XVIe siècles; les ornements de Flint, comme presque tous ceux de ses rivaux, représentent des calices, des vidrecomes, des cannettes, et quelquefois des bijoux; il faut, croyons-nous, à ce précieux recueil 34 planches avec un titre encore plus rare que les planches elles-mêmes. M. Destailleur en possède un exemplaire bien complet et fort beau d'épreuves; un second exemplaire, de 32 planches seulement, a été vendu par le libraire Baillieu en 1862.

FLISCUS (*Stephanus*). Synonyma. — Opusculum Domini Gasparini Pergamensis de eloquentia congrue dictum. *Impressum Parisiis in Campo Gaillardo a Magistro Guidone Mercatore*, 1498, in-4, goth. [12054]

Édition avec les exemples de synonymes en français. 60 fr. de Morante.

FLOQUET. Études sur la vie de Bossuet, depuis sa naissance jusqu'à l'époque où il entra en fonctions en qualité de précepteur du Dauphin (1627-1670). *Paris, Didot*, 1855, 3 vol. in-8. 20 fr.

Ouvrage couronné par l'Institut; on trouve au tome II un travail inédit de Bossuet sur le style et la lecture des écrivains et des pères de l'Eglise, destinés à former un orateur.

— BOSSUET, précepteur du Dauphin, et évêque à la cour (1670-1682). *Ibid., id.*, in-8.

Complément de l'ouvrage précédent.

FLOR de las meiores doce comedias de los maiores Ingenios de España, sacada de sus verdaderos originales. *Madrid, Diego Diaz de la Carrera*. 1652, in-4 de IV ff. et 264 pp.

Volume d'une excessive rareté, dont Salvá décrit un exemplaire au nº 1180 de son catalogue; le bibliographe A. Duran n'avait pu s'en procurer qu'un fragment.

FLOR de ‖ varios ‖ Romances ‖ nueuos. Primera, segunda, y tercera ‖ parte. Agora nueuamente Recopilados ‖ puestos por su orden : y añadidos muchos Romāces que se han can ‖ tado despues de la primera impres ‖ sion. Y corregidos por el Bachiller ‖ Pedro de Moncayo, natural ‖ de Borja. Con licencia. ‖ *En Madrid, ‖ por la viuda de P. ‖ Madrigal*, 1595, ‖ *a costa de Miguel Martinez* : esta tassado a cinco blancas el pliego... in-16, format d'agenda, de VI ff. lim. pour le titre, l'errata, le privilége et la table, et 240 ff.

500 fr. catal. Tross.

FLORAMBEL de Lucea. [17457]

Antonio indique une édition in-fol., *s. l. n. d.*; il

ne dit pas de combien de parties elle se compose; peut-être bien est-ce l'édition de *Sevilla, Ant. Alvarez*, 1548, in-fol., goth., de cxc ff., à 2 col.

L'*Ensayo* signale de cette rare édition un exemplaire auquel manque le frontispice; un autre, imparfait des premiers et derniers feuillets, faisait partie de la bibl. Salamanca.

LA QUARTA parte, *Valladolid, Nicolas Tierri, en veynte y tres* (et non 25) *de setiembre de* M.D. XXXII, est indiquée, et non décrite à l'*Ensayo*, mais nous en trouvons le détail au tome II, page 65 du catal. Salva; c'est un in-fol. de 356 ff. (VI et 200 pour la première partie, IV et 146 pour la seconde.)

L'exemplaire Heber de la Quarta (y Quinta) parte... *Sevilla, Andres de Burgos*, 1548, indiqué mais non décrit dans l'*Ensayo*, a passé dans la riche collection de sir Thomas Phillips, à Middle-Hill.

Florambel est un des plus rares romans de chevalerie qui existent; le prologue de la première partie indique l'ouvrage comme traduit *de la langua ynglesa en la nuestra castellana; y agora nuevamente fue trasladado, corregido y emendado por Enciso criado del illustrissimo señor don Pedro Aluarez Osorio marqués de Astorga*. On ignore quel est cet Enciso, qui paraît tout autre que deux écrivains du même nom cités par Antonio. Salvá pense que l'ouvrage, bien qu'annoncé comme traduit de l'anglais, a été purement et simplement composé en espagnol par un auteur espagnol.

FLORANDO || de Castilla lauro de caualleros, compue || sto en octaua rima por el Licenciado Hierony || mo de Guerta natural de Escalona. || Dirigido a Doña Maria de || Porres y Zuñiga... || *Impresso en Alcala de Henares, en casa de Juan Gracian que sea en gloria.* Año de || M.D.LXXXVIII. *A costa de Juan Garcia Callejas mercader de libros,* in-4 de VIII et 168 ff.

Volume rare et précieux.

FLORANDO de Inglatera. [17546]

On ignore le nom de l'auteur de ce roman de chevalerie fort rare, mais le *Prologo* nous apprend qu'il était Portugais; un exemplaire de l'édition décrite au *Manuel* (et c'est la seule qui ait été publiée), faisait partie de la bibl. Salamanca; Salvá ne la possédait pas.

FLORE des serres et des jardins de l'Europe, ou description des plantes les plus rares et les plus méritantes nouvellement introduites sur le continent ou en Angleterre... Ouvrage enrichi de notices historiques, scientifiques, étymologiques, synonymiques, horticulturales, etc., et rédigé par Ch. Lemaire, Schneidweiler et L. Van Houtte. *Gand,* 1845-1857, 12 vol. gr. in-8.

Il a été tiré de ce bel ouvrage une édition grand in-8, avec figures coloriées (300 fr. en nov. 1874), et une édition pet. in-8 avec fig. noires.

FLORENCIA (*Fr.* de). Historia de la provincia de la Compañia de Jesus de Nueva España. Vol. I (et unique). *Mexico,* 1694, in-fol. de IX ff. prél., 409 pp. à 2 col. et 10 ff. d'index, non chiffrés, avec front. gravé.

62 thal. 15 gr. Andrade.

— MILAGROSA (La) invencion de un Tesoro escondido en un campo..... De los remedios en su admirable Imagen de N. Señora de Mexico..... *Mexico,* 1685, in-4, avec une planche gravée sur bois, représentant *la Purissima.*

35 fr. Tross, 1869.

FLORENT ♀ Lyon, Enfans de || lempereur de Romme. || (A la fin): ❬ *Cy finist lhistoire de* || *Florent* ♀ *Lyon nouuellement* || *imprimee a Paris en la rue Neufue* || *Nostre Dame a lenseigne de lescu* || *de France (chez Alain Lotrian),* s. d. (vers 1540), in-4, goth., à 2 col., fig. s. b., avec sign. A-Iiiiij. [17084]

— FLORENT et Lyon. *Paris, Nicolas Bonfons.* S. d., in-4.

En mar. de Niédrée, 385 fr. Yéméniz.

FLORES (*Juan* de). La déplourable fin de flamete... *Lyon, Fr. Juste,* 1535, pet. in-8, goth. [17569]

En mar. de Duru, 150 fr. Yéméniz.

— HISTORIA di Aurelio e Isabella Figliula del Re di Scotia, meglio che iñazi corretta. L'histoire d'Aurelio et d'Isabella, fille du Roy d'Escoce, mieux corrigée que par cy deuant. — Fin de l'histoire d'Aurelio et d'Isabella, en laquelle il est disputé lequel donne plus d'occasion de pêcher, l'homme à la femme, ou la femme à l'homme. *A Lyon, par Eustace Barricat,* 1552, in-16. [17568]

En mar. de Koehler, 61 fr. Yéméniz.

FLORES y Blanca Flor. *S. l. n. d.* (vers 1530), in-4, goth., de 28 ff. à 34 lignes à la page entière; sign. A XIV et 14 ff. sans signat. [17565]

Le seul exemplaire connu de cette édition appartient à M. Turner, de Londres.

— FLORES y Blancaflor... *S. l. n. d.,* in-4, goth.

Édition qui diffère de la précédente, et que l'on peut attribuer aux presses de Cromberger, de Séville; l'*Ensayo* ne peut en citer qu'un exemplaire qui fait partie du Musée britannique.

— LA HISTORIA de Flores y Blancaflor, y sus desgracias y amores y cuantos peligros pasaron, siendo Flores moro y Blancaflor cristiana. *Impreso en Sevilla, por Lucas Martin Hermosilla,* año de 1601, in-4, front. gr., sans pagination jusqu'à la sign. G IV.

Ce roman a été souvent réimprimé au XVIIIe siècle, mais ces éditions sont de peu d'importance.

FLORES musice omnis cātus Gregoriani. *Argentine, ꝑ Johañem Prysz, anno* MCCCCLXXXVIII, pet. in-4, goth., de 99 ff., dont le dernier blanc, avec musique gravée; les exempl. ne sont complets que lorsqu'ils possèdent un grand tableau plié entre la signat. D 2 et D 3. [10113]

46 fr. (vente du 3 mai 1866).

FLORET en franc || oys. — *Cy finist floret en franczoys* || *imprime a Rennes Lan de grace* || *Mil quatre cens quatre vingts et v,* pet. in-4, goth., sign. Ai-E viij. Les cinq cahiers sont signés: 1er f.

A ; 2ᵉ f. blanc ; 3ᵉ f. A 2, et les cinq au-tres blancs ; cette singularité se retrouve dans les cinq cahiers.

Ce précieux volume est imprimé en un très-joli caractère gothique ; l'exemplaire de la Bibl. nation. a les capitales rubriquées à la main.

L'écusson de Bretagne est au verso du titre, lequel forme dans l'exemplaire de la Bibl. nation. le 14ᵉ feuillet, et n'est pas cité par M. Brunet.

Le livre commence ainsi :

Vous qui prenez plaisir à lire
Les romans darmes et damours
Leissez les et veilles eslire
Cieulx qui enseignët bonnes meurs.

Le chapitre de la luxure est au moins curieux.

L'exemplaire de la Bibl. nation. vient de l'abbaye Saint-Germain des Prés ; il est admirable.

Un exemplaire de la seconde édition de *Floret*, *en françois*. *S. l. n. d.*, pet. in-8, goth., en anc. rel. *mar.*, 61 fr. Yéméniz.

FLORETUS sine commento. *Imprime a Rouen par Jamet Loys pour Jacques le Forestier demourant audict lieu près Nostre Dame a lenseigne de la fleur de Lys*, pet. in-8, goth. [12481]

C'est sans autre description que figure au catal. de Morante ce petit poëme latin, attribué à Jean de Garlande, dont un exemplaire non rogné, dans une reliure en *mar.* de Capé, a été vendu 116 fr.

FLORIMONT. Hystoire et excellente cro-nicque de lexcellent roy Florimont, filz du noble Mataquas... *Paris, J. Longis,* 1528, in-4, goth., fig. s. b. [17102]

L'exemplaire Morel Vindé avait été acquis par M. De Bure, et à la vente de cet excellent libraire il a été payé 455 fr. par M. Yéméniz ; à la vente de celui-ci, le volume a été porté au prix de 1,500 fr.

FLORIO (*Michel-Angelo*). Historia de la vita et de la morte de..... Giovanna Graia, già regina eletta e publicata d'In-ghilterra : e de le cose acadute in quel Regno dopo la morte del Re Edoardo VI. Con l'aggiunta d'una dottissima disputa theologica fatta in Ossonio l'anno 1554. *Stampato impresso Richardo Pittore*, 1607, pet. in-8 de 4 ff. lim., 378 pp. et 15 ff. non chiff.

Ce livre est fort rare et fort recherché en Angle-terre. 8 £. 8 sh. Gough ; 40 fr. en 1872.

FLORIOT (*C.*). Poësies diverses du sieur C. Floriot, avocat en Parlement. *A Pa-ris, chez François Mauger,* 1664, in-12. Le privilége est du 30 octobre 1663.

Ces poésies ne sont pas sans mérite ; le volume est fort rare, sans cependant avoir un grand prix.

FLORIUS Florentinus (*Fr.*). De amore Ca-milli et Emilie Aretinorum. [16992]

Une édition de 50 ff., à 24 lignes par page, en lettres rondes, pet. in-4, est indiquée au catalogue d'A. Aubry (1870) sous le n° 339.

FLORUS (*Luc. Annæus*). Romana histo-ria. (*Absque nota.*) In-4 ·de 48 ff. à 36 lig. à la p. entière, en car. rom. [22882]

Cette édition était désignée au *Manuel* sous le format in-fol. ; un bel exemplaire a passé en vente chez M. Edwin Tross, qui en a demandé et trouvé 250 fr.

FLORY (*Jehan*). Elégies ou déplorations sur le trespas de monsieur Philibert de . Rye, prince et évesque de Genève ; et de très illustre seigneur René de Châlon, prince d'Orenge et seigneur de Noze-ret, etc. Auec celle du trespas de trés-vertveuse dame Antonyne de Montmar-tin... par Frère Iehan Flory. *S. l. n. d.,* pet. in-8.

En vers. 90 fr. vente du château de Saint-Ylie.

FLUEGEL (*G.*). Lexicon Bibliographicum et encyclopædicum a Mustapha Ben Abdallah Katib Jelebi dicto et nomine HAJI KHALFA celebrato compositum. Ad cod. Vindobonensium, Parisiensium et Berolinensis fidem primum edidit, la-tine vertit et commentario indicibusque instruxit Gust. Fluegel. *Lipsiæ,* 1835-59, 7 vol. in-4.

Le prix fort de cette importante publication était de 300 fr. ; il ne s'est pas soutenu ; les 7 volumes se vendent aujourd'hui de 120 à 140 fr.

FLURHEYM (*Christ.*). Alle Kirchenge-sang, und gebeth des gantzen iars, von der heyligen christlichen kirchen ange-nommen, und bissher ym löblichen Brauch erhalten, von *Introït* der mess biss auff die complent... durch Christo-phorum Flurheym von Kytzingen. *Leipzigk, Jacob Thanner,* 1529, 2 vol. in-8, de 356 ff. et 224 ff. chiff. 100 à 120 fr.

Paraphrase en vers du *Bréviaire*, ornée de plus de 300 gravures sur bois ; l'auteur dit, dans sa préface, qu'il a fait cette traduction rhythmée pour remplacer les cantiques allemands que l'on chantait chez les Protestants, et il la dédie au comte Ernest de Mansfeld, parce qu'il est sûr que lui et les siens res-teront fidèles au catholicisme.

FODERÉ (*J.*). Narration historique et to-pographique des couvens de l'ordre de S. François et monastère Sᵗᵉ Claire, erigez en la province anciennement appelée de Bourgogne, à present de S. Bonaven-ture, enrichie de singularitez les plus remarquables des villes et lieux où les-dictz couvents sont situez... par Jacques Foderé, religieux dudict ordre. *Lyon, Rigaud,* 1619, in-4.

Gros volume rempli de renseignements intéres-sants ; l'auteur est appelé par erreur *Fonderé* par le P. Lelong.

103 fr. vente Randin et Rostain ; cet exemplaire était défectueux ; le bel exemplaire de M. de La Ca-relle, a été vendu 250 fr. ; 121 fr. vente du château de Saint-Ylie.

FOE (De). Voy. DEFOE.

FOENISECA. Opera Joannis Foenisecæ...
*Impressa Augustæ Vindelicorum...
per Erhardum Oglin... anno* M.D.XV,
in-4 de 20 ff., fig. s. b., avec un grand
tableau plié. [3443]

FOERSTEMANN (*Ernst*). Altdeusches
Namenbuch. I. Personennamen. II. Orts-
namen. *Nordhausen,* 1856-59, 2 vol.
in-4.

50 fr.

FOLENGO (*J.-B.*). Joan. Baptistæ Folen-
gii Commentaria in primam D. Joannis
epistolam. *Venetiis, apud Aldi filios,*
M.D.LIX, in-8.

Volume non cité par Renouard. £ 2, sh. 5 Libri
(1859).

FONDATION (La) || faicte par Messei ||
gneur et Dame les Duc et || Duchesse de
Niuernois... (Ludovic de Gonzague et
Henriette de Clèves), pour marier dores-
nauant par chascun an à perpétuité en
leurs terres et seigneuries jusques au
nombre de soixante pauvres filles desti-
tuées de toutes facultez et moyens. *S. l.,*
1579, in-4, de 65 pp. chif., en car. romains ; sign. A-Iiij. Au v° du titre une
planche gravée sur bois.

Ce volume assez rare a été réimprimé en 1588 et
en 1663.

FONSECA (*Fabian* de) y D. Carlos Ur-
ruita. Historia general de Real Ha-
cienda, escrita por orden del Vicerey
conde de Revillagigedo. *Mexico,* 1845-
53, 6 vol. in-8.

Cet ouvrage contient de très-intéressants documents statistiques sur l'État du Mexique pendant la
domination espagnole ; il n'a été livré à l'impression
que longtemps après la déclaration de l'Indépendance. £ 4, sh. 15 Fischer.

FONTAINE. (La) || de vie, || avec cette
épigraphe : Qui a soif, vienne à moy et
boiue. Iean. || — *A Anvers,* || *de l'Im-
primerie de Christophle Plantin.* ||
M.D.LXIIII. || *Avec privilége.* In-16,
carré, de 128 pp., la dernière est chiffrée 126. [1626]

C'est un des plus rares volumes qui aient été imprimés en *caractères de civilité;* c'est de plus un
curieux livre protestant, et il n'est pas indiqué dans
les *Annales plantiniennes.* 60 à 80 fr.

FONTAINE (*Charles*).

Les *Catalogues des Foires de Francfort* portent, à
l'actif de Charles Fontaine, plusieurs pièces que ne
mentionne pas M. Brunet.

— EPISTRE à Sagon et à la Hueterie, en défense de
Marot. Auec la complaincte et testament de Francoys Sagouyn dict Sagon, envoyé à Frippelipes
Valet de Marot. *A Lyon, Pierre de Sainte-Lucie,*
pet. in-8, lettres rondes.

— RESPONCE à l'encontre d'un petit liure intitulé :
La Victoire et Triomphe d'Argent contre Cupido,

dieu d'amours, n'aguières vaincu dans Paris. *A
Lyon, chez François Juste,* 1537, pet. in-8.

— LA CONTR'AMYE de Court. *Lyon, S. Sabon, pour
Ant. Constantin,* 1543, pet. in-8.

100 fr. Chedeau.

— LES DICTS des sept sages ; ensemble plusieurs
aultres sentences latines, extraites de divers bons
et anciens auteurs, avec leur exposicion fran-
coise par Charles Fontaine, parisien. *Lyon, Jean
Citoys,* 1557, pet. in-8, de 79 pp.

En mar. de Duru-Chambolle, 70 fr. Potier.

— SENSUYUENT les Ruisseaux de Fontaines. *A Lyon,
par Thibaut Payan,* 1555, in-8.

En anc. rel. *mar.,* 205 fr. Yéméniz.

FONTAINE (*Jean*). Petit jardin pour les
enfans et profitable pour aprendre le
latin, distingué par chapitres et selon
l'ordre alphabétique, commençant par
les vocables françois, par Jean Fontaine.
A Lion, Charles Pesnot, 1581, in-8
de 104 pp. [10813]

10 à 12 fr.

L'édition de 1598 citée au *Manuel,* en mar. de
Capé, 40 fr. Morante.

FONTANA (*Julio*). La Vida de nuestra
bendita señora Maria Virgen, en la qual
tambien se contienen el nascimento, passion y muerte de nuestro Dios y Saluador Jesu Christo. Obra di Julio Fontana,
pintor y vezino de la muy noble civdad
de Verona. *Venetia,* 1569, gr. in-4, fig.
en taille-douce.

Volume qui n'est cité ni par Cicognara, ni par les
auteurs de l'*Ensayo de una bibl. española;* il contient, outre un frontispice gravé, 39 planches en
taille-douce, avec texte imprimé en vers; ces gravures, d'une belle exécution, sont l'œuvre du pein-
tre-auteur. 120 fr. catal. Tross, 1872.

FONTANE (*Marius*). Voyage pittoresque
à travers l'isthme de Suez, orné de vingt-
cinq aquarelles d'après nature, par Riou,
lithogr. en couleur par Eug. Cicéri. *Paris, Claye, imprimeur,* s. d. (1870),
in-fol. max.

Tiré à 500 exemplaires.

De ce volume, si splendidement illustré, un exemplaire devait être offert par le khédive d'Egypte à
chacun des personnages qui avaient assisté, sur son
invitation, à l'inauguration du canal. 200 exemplaires du premier tirage furent en conséquence
réservés pour le vice-roi; mais Ismaïl Pacha, adop-
tant l'avis d'officieux empressés à lui faire la cour,
trouva que l'auteur avait eu le tort grave d'attribuer à M. Ferd. de Lesseps le mérite d'avoir mené à
bonne fin cette colossale entreprise ; il ordonna donc
que ces 200 exemplaires subissent quelques légères
modifications ; le portrait de M. de Lesseps dut céder
la place à celui du Pacha ; le récit de l'inauguration fut supprimé ; une préface spéciale, glorifiant
à outrance le Khédive, fut ajoutée ; et l'auteur du
texte primitif, qui naturellement ne fut pas consulté, passa à l'état de « courtisan involontaire ».

Les 300 exemplaires, qui ne furent point expur-
gés, sont depuis longtemps épuisés et ne se rencontrent guère dans le commerce.

FORCADEL (*Estienne*). Poësies. *A Lyon,*

par Jean de Tournes, 1551, in-8. [13777]

En *mar.* de Duru, 175 fr. Yéméniz; en *mar.* de Bauzonnet, 400 fr. Brunet; un exemplaire très-rogné, 39 fr. Turquety.

— CUPIDO Jurisperitus, cum epistola ad calumniatores. *Lugduni, apud J. Tornæsium*, 1553, in-4.

En *mar.* de Trautz, riche reliure, 155 fr. Double.

Du Verdier cite une édition du *Chant des Seraines* que mentionne sommairement M. Brunet; la voici, telle qu'elle se trouve relatée aux *Catalogues des Foires de Francfort* :

— RIMES de l'amour. *A Tholose, chez Guyon Boudeville*, 1574, pet. in-8.

Nous ignorons où Du Verdier a pris cette édition de 1548, que nous ne trouvons citée nulle part et dont ne parle pas Goujet. Voici le titre que donne Du Verdier :

— RIMES de l'amour, contenant cent vingt dizains, chants royaux et autres compositions. *Tholose, G. Boudeville*, 1548, in-16.

— OEUVRES poétiques de Estienne Forcadel. *Paris, Guillaume Chaudière*, 1579, in-8.

L'exemplaire Nodier, payé 50 fr. Baudelocque. a été revendu 270 fr. de Chaponay, puis 820 fr. Leb. de Montgermont, enfin il est porté à 1,000 fr. au 5e cat. des libraires Morgand et Fatout; l'exemplaire Sebastiani, 100 fr. Desq.

— MONTMORENCY gaulois. Opuscule dédié à M. d'Anville, mareschal de France, vis roy (*sic*) en plusieurs provinces, sur l'excellence de son origine et autres gestes des François. *S. l.* (*Lyon, impr. de Jean de Tournes*), 1571, in-4.

Pièce fort rare, que M. Brunet cite d'après Du Verdier.

FORGEAIS (*A.*). Numismatique des corporations Parisiennes, métiers, etc., d'après les plombs historiés trouvés dans la Seine. *Paris*, 1873, 1 vol. gr. in-8, avec nombreux dessins dans le texte. 15 fr.

Les trois volumes in-8 des *Plombs historiés*, du même auteur (*Paris, Aubry*, 1862-1863-64), se vendent à bas prix. 10 fr. 50 c. Costa de Beauregard.

FORGET (*Pierre*). Les sentiments de messire Pierre Forget, sieur de la Picardière, conseiller du Roy en son conseil d'Estat, et maistre d'hostel ordinaire de sa maison. *Paris, Guillaume Citerne*, 1630, in-4, de VIII-148 pp.

Ce poëte, fort peu intéressant du reste, est demeuré inconnu à Du Verdier et à Goujet.

Un exemplaire, annoncé en grand papier, est porté à 45 fr. au catal. Techener; un autre, 11 fr. W. Martin.

FORMA inquisitionis Hispanicæ instituta in inferiori Germania anno 1550. *Magdeburgæ, Mich. Lotter*, 1550, pet. in-8 de 16 ff., dont le dernier blanc.

Pièce curieuse, vendue 21 fr. Tross, en 1867.

FORMULARIUM Latino-Gallicum ex optimis quibusque authoribus in gratiam atque vtilitatem puerorum selectum. Æditio postrema multo locupletior. *Parisiis, ex officina Lud. Grādini, e*

regione Gymnasii Mariani in signo Galli, 1548, in-8.

En *mar.* de Duru, 48 fr. Gancia; les livres imprimés par ce typographe peu connu sont fort rares; Louis Grandin fut reçu imprimeur-libraire en 1542.

FORNERIUS (*Ant.*). Dyalogus de peccato originali et conceptione intemeratæ Virginis Mariæ. *Parisiis, Ant. Denidel*, (sur le titre, *Jehan Petit*), s. d., pet. in-8, goth.

Volume rare et curieux, 12 à 15 fr.

FORTALICIUM fidei (per Alphonsum de Spina). [1759] ()abula fortalicii fidei ‖ Incipit... (Au v° du dernier f.) : *Anno incarnatōis dñice.* M.CCCCLXXXVij. ‖ *die* XXij *mensis Maij*, in-fol., goth., à 2 col. de 51 lignes, sans nom de lieu ni d'imprimeur (*Toulouse, Jean Parix et Estevan Clebat?*); ce vol. n'a ni chiffres, ni réclames, mais les sign. *a-liiij*; il est formé de 31 cahiers de 8 ff. chacun, à l'exception de K, S, T, O, qui n'en ont que 6; le tout forme 240 ff. et non 248 comme le dit Hain; le premier et le dernier f. sont blancs.

Nous attribuons cette édition aux ateliers des deux imprimeurs Parix et Clébat, qui, nous apprend M. Desbarreaux-Bernard, firent rouler leurs presses dans la ville de Toulouse jusqu'à l'an 1489.

Une traduction italienne fut imprimée à Carmagnola en 1522; c'est un in-4 de peu de valeur.

FORTIN (*Fr.*). Voy. RUSES INNOCENTES.

FORTIN de la Hoguette (*Pierre*). Testament, ou conseils fidèles d'un bon père à ses enfants... *Leyde, J. Sambix* (*Jean Elsevier*), 1665, pet. in-12.

Jolie édition elzevirienne; un exemplaire non rogné, mais piqué de vers, 72 fr. La Villestreux; un autre exemplaire en *cuir de Russie*, laid et sale, 6 fr. Pieters; revendu 9 fr. La Villestreux.

FOSI. Chefs-d'œuvre de la sculpture religieuse à l'époque de la Renaissance, dessinés par le chevalier Fosi et décrits par M. X. Barbier de Montault. *Rome, Spithover*, 1872, in-fol.

2e édition (1re française); 14 livraisons de 10 planches, à 10 fr.

FOSSETIER (*Julien*). De la glorieuse victoire diuinemēt ‖ obtenue deuāt Pauie, par Lēmpereur Char- ‖ les quint de ce nom. Des Isles et lieus q̄il posses- ‖ se (*sic*) en aphricque. Chant royal a la loēge d̄ycelluyz. (A la fin) :

Ung irant a la fossette hier
Perdi par trop grandt vent ses noi (*sic*).
Ce fut nostre acteur Fossetier,
Viele sans force et sans (*sic*) tournois.

S. l. n. d. (*Anvers*, 1525), pet. in-8, goth., de 8 ff. non chiffrés; sur le titre les armes de Charles-Quint, et à la dernière page les armes d'Anvers.

L'auteur, natif d'Ath en Belgique, parle dans ses vers de Christophe Colomb, de Fernand Cortez, du Yucathan et des îles *Canibules* (sic); le seul exemplaire connu de cette pièce curieuse est porté au n° 1252 des catalogues à prix marqués du libraire Tross, en 1867, au prix de 750 fr.

— LA MÊME. In-4, goth., réimpression exécutée avec des caractères du XVᵉ siècle, par Jean Enschedé et fils, à Harlem, et tirée seulement à 20 exemplaires, tous sur *vélin*, publiés au prix de 64 fr.

— CONSEIL de volentier morir. *Anvers*, 1532, petit in-8, goth. [13343]

Ce dialogue entre le corps et l'âme est d'une grande rareté, comme le dit le *Manuel*; il faut rétablir l'orthographe des vers cités par M. Brunet:

> Je Jullien Fossetier, prebstre indigne
> Qui en Henault ay eu Dath origene
> Anchien de quattre vingz ans et plus...

En *mar.* de Trautz, 320 fr. W. Martin.

FOUCQUÉ (*Michel*). Les faictz, passion, mort...de Nostre-Seigneur-Jésus-Christ... par Michel Foucqué, vicaire de Sainct-Martin de Tours. *Paris, chez Jean Bien-Né*, 1574, in-8 de 514 pp. et 7 ff. de table. [13795]

15 fr. Favart; en *mar.* de Capé, malgré un cachet de bibliothèque gratté, 101 fr. Taschereau; en *mar.* de Chambolle, 105 fr. Pichon.

FOUCQUET (*Jehan*). Heures de maistre Estienne Chevalier, texte restitué par M. l'abbé Delaunay. *Paris, L. Curmer*, 1866, 2 vol. in-4, fig. et ornements.

Splendide publication reproduisant par la chromolithographie, en or et couleur, les miniatures de Jehan Foucquet, au XVᵉ siècle; le texte est entouré de riches et élégants ornements du même style en or, argent et couleurs.

Un magnifique exemplaire en *mar. doublé*, 410 fr. vente Curmer; en *mar.* de Bertrand, 500 fr. catal. Fontaine; en demi-rel., 280 fr. marquis de B. de M. (1869); en *mar.* de Belz-Niédrée, 406 fr. Danyau; 375 fr. Guntzberger; en *mar. br.*, 291 fr. vente Bachelin du 9 novembre 1874.

FOUET (*Claude*). Le secret des bains et eaux minérales de Vichy en Bourbonnais, découvert par Cl. Fouet. *Paris, veuve d'Olivier de Varennes*, 1679, in-12.

Petit volume assez rare, 8 fr. Payen; il a été réimprimé en 1686, *Paris, Laurent-d'Houry*, in-12.

Du même auteur, le docteur Payen avait encore:

— NOUVEAU système des bains et eaux minérales de Vichy. *Paris, Rob. Pépie*, 1686, in-12.

FOUILLOUX (*Jaques* du). La Venerie de Jaques du Fouilloux, gentilhomme, seigneur dudit lieu, pays de Gastine en Poictou, dédiée au Roy treschrestien, Charles Neufiesme de ce nom, auec plusieurs receptes et remèdes pour guérir les chiens de diuerses maladies, plus l'adolescence de l'autheur. *A Poictiers, par les de Marnefz et Bouchetz*

frères, s. d., in-4, lettr. ital., fig. s. b. [10417]

Voici la description de cette édition, que nous ne connaissons que par la description qu'en a donnée M. Claudin, au catal. Luzarche: IV feuillets liminaires non chiffrés; au premier, le titre; au verso, une grande gravure sur bois représente l'auteur offrant son livre au roi; au recto du deuxième feuillet, la dédicace; au verso, l'extrait du privilège, daté comme l'édition in-fol., du 23 décembre 1560; les feuillets 3 et 4 contiennent la table des chapitres en lettres rondes; le texte se compose de 295 pages chiffrées; le verso du dernier feuillet est blanc.

Cette édition a-t-elle paru avant ou après l'édition sans date, in-fol.? N'y a-t-il pas là quelque corrélation avec l'édition in-4, de 1562, également en lettres italiques? Il serait bien téméraire de prétendre élucider ces petits mystères bibliographiques, qui, du reste, n'ont qu'une importance relative.

L'exemplaire in-4, de la vente Luzarche, a été vendu 280 fr., et revendu 301 fr. Guntzberger, en 1872.

— LA VENERIE de Jaques du Fouilloux. *Poictiers, par les de Marnefz et Bouchetz frères*, s. d.

En *mar.* doublé de Trautz, 1,950 fr. baron Pichon; en *mar.* doublé de Capé, 1,820 fr. Potier.

Le baron Pichon possédait un exemplaire infiniment précieux de cette édition; il était imprimé sur *vélin*, avec les figures miniaturées, et, bien qu'il fût incomplet de six feuillets, il n'en a pas moins été vendu 3,000 fr. au libraire anglais Boone.

— LA VENERIE de Jaques du Fouilloux, escuyer. *Ibid.*, id., 1561, in-fol.

En *mar.* de Hardy, mais avec un raccommodage au titre, 740 fr. Potier.

— LA VENERIE de Jaques du Fouilloux. *Ibid.*, id., 1562, in-4, caract. ital., fig. s. b.

280 fr. Yéméniz; en *mar.* de Hardy, 190 fr. Potier.

Deux autres éditions figuraient à la vente Yéméniz: l'une de *Paris, Félix le Mangnier*, 1575, 2 vol. in-4, 105 fr.; l'autre de *Paris, veuve Abel L'Angelier*, 1614, avec le *Franchières* de 1618, 2 part. en 1 vol. in-4, 170 fr.

— LA VENERIE de Jaques du Fouilloux... *Poictiers, par les De Marnefz et Bouchetz*, s. d. — La Fauconnerie de F. Jean des Franchières... *Poictiers, Marnefz et Bouchetz frères*, 1567, in-4.

Le Du Fouilloux, sans date, dit M. Potier, doit être de 1567. C'est une induction que nous enregistrons sans scrupule, sous l'autorité de l'éminent libraire; un bel exemplaire de ces deux parties, en *mar.* de Bauzonnet, 925 fr. baron Pichon.

— LA VENERIE de Jaques du Fouilloux. *Poictiers, Marnefz*, 1568, in-4.

En *mar.* de Hardy, 135 fr. Desq; en *mar.* de Lortic, avec le titre réemmargé, 140 fr. Potier; en *mar.* doublé de Bauzonnet-Trautz, 500 fr. baron Pichon.

— LA VENERIE et Fauconnerie de J. du Fouilloux, Jean de Franchières et autres..... corrigées et augmentées par J. D. S. Gentilhomme (Jean de Sansicquet, Poitevin). *Paris, A. L'Angelier* (ou *Le Mangnier*), 1585, 2 part. en 1 vol. in-4, fig. s. b.

En *mar.* de Duru, 380 fr. baron Pichon; revendu 535 fr. Potier; la planche de dédicace n'était pas tirée au verso du titre.

Un exemplaire de la même édition, avec le nom de Le Mangnier à la place de celui d'Abel L'Angelier, et la planche de dédicace à Charles IX, tirée au verso du titre; bel exemplaire, en *mar.* de Niédrée, 500 fr. même vente Potier.

— LA VENERIE de J. du Fouilloux. *Paris, Abel L'Angelier*, 1606, in-4.

Édition qui comprend la Fauconnerie de J. de Franchières. *Ibid., id.*, 1607.

En *vélin*, 92 fr. Tufton; un bel exemplaire, 141 fr. Desq.

FOULLON (*Abel*). Usaige et Description de l'holometre. Pour scauoir mesurer toutes choses qui sont soubs l'estandue de l'œil... Invente par Abel Foullon, vallet de chambre du Roy. *Paris*, 1555, in-4 de 36 ff., dont le dernier blanc, sign. A-Iiii par 4; numération inexacte en tête des pp.

Cette belle édition, qui doit être la première de cet opuscule, n'a pas de nom d'imprimeur, mais nous la croyons exécutée avec les beaux caractères de Vascosan; les grandes lettres ornées, en manière criblée, sont extrêmement remarquables.

Ce volume est à plusieurs points fort intéressant; d'abord parce que les plans et figures sur bois, entre autres les deux grandes planches répétées, peuvent être en toute sécurité attribuées à Jean Cousin.

Ensuite parce que, dans sa préface au lecteur, Foullon nous apprend qu'il est l'auteur d'une traduction de Vitruve, qui lui a été volée et a été réimprimée avec le nom du voleur; nous citons textuellement : « J'ay crainct aussi que quelqu'vn ne m'en « fist, cōme par cy deuant m'a fait vn autre: qui « apres m'estre tant fié en luy, que lui cōmuniquer « la traduction françoise du Vitruue, et luy auoir « faict part du labeur que j'auoys pris pour sçavoir » vser en icelle, des propres mots, desquels ordi-« nairement vsent les maçons, et autres ouuriers, « chacvn en son art & ouurâge, me fist soustraire « par L'imprimeur qui lors m'auoit mis en beson-« gne, les huit premiers liures dudit Vitruue, soubz « faintise d'vne entière amitié : tellement que ie fus « frustré par l'vn, de l'honneur : et par l'autre, du « sallaire que mon labeur pouuoit mériter....: »

C'est évidemment la traduction de Vitruve par Jan Martin (1547) que veut parler Abel Foullon.

Enfin ce volume est précieux, parce que le privilège contient une particularité fort intéressante pour l'histoire de la typographie :

« Henry..... salut. Cōme ces iours passez, après « auoir veu certains artifices et ouurages, inuentez « par nostre cher et bien aimé varlet de chambre, « ABEL FOVLLON, pour réduire en cuyure, argent « ou autre métal solide, les caractères, lettres, et « planches, que les fondeurs, tailleurs, et aultres « artisans, ont accoustumé faire en plomb, estain, « et bois..... »

(Cat. F. Didot, n° 648 bis).

Abel Foullon était le père de Benjamin Foullon, qui fut avec Pierre et Cosme du Monstier, peintre de la Reyne mère, Catherine de Médicis.

FOURGERON. Chant triomphal sur le bienheureux sacre de M. Jaques de Nuchese, evesque de Chaalons. *Paris*, 1625, pet. in-8 de 38 pp.

Pièce de vers peu intéressante, mais fort rare. 15 fr. Tross, 1870.

FOURIER (*Ch.*). Traité de l'association domestique agricole, par Charles Fourier. *Paris, Bossange*, 1822, 2 vol. in-8. [3960]

Cette édition originale, du plus important ouvrage du célèbre chef d'école, est devenue fort rare; un bel exemplaire, relié en *mar. plein* par Trautz, avec le feuillet contenant l'ordre de lecture, a été vendu

62 fr. chez M. Potier en 1872; il avait été payé 34 fr. chez M. De Lassize en 1867.

— THÉORIE des quatre mouvements et destinées générales. Prospectus et annonce de la découverte. *A Leipzig*, 1808, in-8, avec un tableau.

Édition originale. En mar. de Trautz, 34 fr. De Lassize.

— Réimpr. en 1841, in-8.

— LE NOUVEAU monde industriel et sociétaire, ou inventaire du procédé d'industrie attrayante et naturelle, distribuée en séries passionnées. *Paris, Bossange père*, 1829, in-8, de XVI-576 pp.

9 fr. De Lassize.

— LA FAUSSE industrie morcelée, répugnante, mensongère, et l'antidote, l'industrie naturelle, combinée, attrayante, véridique, donnant quadruple produit. *Paris, Bossange*, 1835-36, 2 vol. in-8.

19 fr. De Lassize.

FOURNEL (*Victor*). Les contemporains de Molière, recueil des comédies rares et peu connues, jouées de 1650 à 1680, sur les théâtres de la cour, de l'hôtel de Bourgogne, du Marais, du Palais-Royal, etc. *Paris, Didot*, 1863-1875, 2 vol. in-8. 24 fr.

FOURNIER (*Edouard*). L'Art de la reliure en France aux siècles derniers, par Edouard Fournier. *Paris, J. Gay*, 1864, in-12.

Tiré à 300 exempl.; ce livre, qui est épuisé depuis longtemps, n'est pas sans valeur; certaines parties sont intéressantes, mais ce n'est pas le dernier mot.

FOURNIER (*Henri*). Traité de la typographie. *Tours, Alfred Mame et fils*, 1870, gr. in-8. 5 fr.

Cinquante exempl. ont été tirés sur papier de Hollande. 10 fr.

FRACASTOR (*H.*). Hieronymi Fracastorii ‖ Syphilis ‖ sive morbvs ‖ Gallievs. ‖ *Veronæ*, MDXXX. *Mense Augusto.* ‖ *non sine Privilegio, mucltaq' pecuniaria, & excō* ‖ *municationis pœna : pro ut in Priuilegiis continetur*, in-4 de 36 ff. non chiffrés. [12694]

Déjà indiqué, mais non décrit au *Manuel*, ce poème rare est d'une certaine importance; il est dédié à Pietro Bembo » *Leonis X. Pont. Max. tunc a secretis* », ce qui prouve qu'il a été composé avant 1521, date de la mort de ce pape; les passages relatifs à l'Amérique sont importants.

— H. FRACA ‖ STORII Syphilis sive ‖ morbvs Gallicvs. ‖ *Parisiis* ‖ *Apud Ludouicum Cyaneum, è regione* ‖ *Collegii Cameracensis.* ‖ 1531. In-16 de 26 ff. chiffrés.

— La même année paraît à Rome une troisième édition : *Romae, M.D.XXXI, Mense septembri, apud Antonium Bladum Asulanum*, in-4, de 10 feuillets non paginés et 1 feuillet pour les *Emendanda.*

En 1536 cet opuscule est réimprimé à Bâle, in-16 de 28 ff.; sur le titre la marque de l'imprimeur Bebel.

FRANC (*Martin*). Le Champion des Da-

mes. *S. l. n. d.* (*Lyon*, vers 1485), in-fol.
[13243]

Le bel exemplaire de M. de Clinchamp, qui avait passé par la bibl. Solar, a été revendu 1,550 fr. à la troisième vente des livres du libraire Techener, en avril 1865; un bon exemplaire, dans une très-riche et très-parfaite imitation de reliure ancienne, 415 fr. vente H. D. M. (1867).

Un exemplaire en *mar. v.* de Derome, 1,050 fr. Double; l'exemplaire venait de la famille de Montaynard, et avait été acheté sans titre et incomplet du feuillet blanc de la fin; en *mar.* de Duru, 1,000 fr. Yéméniz; revendu 850 fr. Benzon.

— LE CHAMPION des Dames. *Paris, Galliot du Pré*, 1530, pet. in-8, lettres rondes.

En *mar.* de Lortic, 360 fr. Double (pour M. William Martin); et à la vente de celui-ci 420 fr., en 1869; en *mar.* de Derome, 305 fr. Cailhava; en *mar.* de Trautz, bel exemplaire annoncé en papier fort, 800 fr. Yéméniz; revendu 1,325 fr. Danyau, et 1,350 fr. Benzon; en *mar.* de Derome, exemplaire très-pur, 1,450 fr. J.-C. Brunet; en *mar.* de Thouvenin, 900 fr. vente H. B. (1873), prix énorme pour un exemplaire très-ordinaire; en anc. rel. *mar.*, 430 fr. Desq; revendu 470 fr. Leb. de Montgermont.

Le plus bel exempl. connu appartient au marquis de Ganay; il a 0 m. 146 mil. de hauteur, ce qui est une grandeur exceptionnelle et est revêtu d'une charmante reliure en *mar. doublé* de Bauzonnet-Trautz.

— L'ESTRIF de Fortune. *S. l. n. d.* (*Bruges, Colard Mansion, vers* 1478), in-fol., goth. [13244]

Édition extraordinairement précieuse et rare; le bel exemplaire Rich. Heber et prince d'Essling, a été vendu 7,000 fr. chez M. Yéméniz.

FRANCESCO da Bologna. La letera ‖ Mandata dal R. Padre frate Francesco da Bo ‖ logna, dal India, ouer noua Spagna : & dalla ‖ Città di Mexico al R. P. frate Clemēte da Mo ‖ nelia, Ministro della Prouincia di Bologna, ‖ ..... Doue si narra la moltitu ‖ dine de le persone che sono cō ‖ uertite et che si conuertano ‖ alla fede..... *In Venetia per Paulo Danza*, s. d. (1534), in-4 de VIII ff. non chif., dont le dernier blanc. [*Manuel*, II, 1371.]

Le titre *in extenso* de cette pièce, aussi intéressante que peu commune, est donné par M. Harrisse (*Bibl. amér.*, 185), qui lui attribue la date de 1534 sur l'autorité d'Orlandi. Paolo Danza imprimait à Venise en 1526 et en 1534, suivant Panzer. Ternaux a publié une traduction française de cette pièce, que nous trouvons portée au catal. de Rich. (*Supplément*, page 1.)

FRANCIA y Acosta (*Francisco* de). Jardin de Apolo. *Madrid, Juan Gonzalez*, 1624, *à costa de Alonso Perez, mercader de libros*. (Sur le dernier f.) : *En Madrid, por Juan Gonzalez, año* 1624, in-8 de 51 pp., avec 2 ff. lim.

Une curieuse approbation de Lope de Vega fait l'éloge de ces poésies; elles se composent de 20 *sonetos*, 5 *silvas*, un poëme en *octavas* : *El Peñasco de las lagrimas*, 14 *romances* et 13 *epigramas*.

Ce volume fort rare, dont l'*Ensayo* donne de longs extraits, a été réimprimé à *Coimbra*, par *Manuel Diaz*, en 1657, in-8, de 55 ff.

FRANCISCO de los Santos. Descripcion del real monasterio de S. Lorenzo del Escorial, unica Maravilla del Mondo. *Madrid*, 1681, in-fol., pl. gr.

Volume rare et intéressant.

FRANCISCO (Padre fray) de S. Joseph. Arte y reglas de la lengua Tagala. *En el partida de Batan, por Thomas Piupin, Tagalo, año de* 1610, in-4.

Livre rare; c'est la plus ancienne impression, exécutée dans le couvent de Bataan, dans l'île de Luçon.

Un exemplaire avait passé chez Rich. Heber un autre a été vendu par M. Tross en 1856.

FRANCISCUS. Van sinte Franciscus Wyngaert (le Jardin ou la Vigne de S. François). *S. l. n. d.* et sans nom d'impr., in-fol., goth., de 8 ff. prélim. et 402 ff. chif., à 2 col. de 41 lig.

Cet incunable néerlandais n'est cité ni par Hain ni par Holtrop. 200 fr. Tross (1867).

FRANCK (*Seb.*), van Word. Chronica, tytboeck en geschietbibel, van a en begin der warelt tot op 1536, mitsgarders het wereltboeck. *S. l.*, 1583, in-fol., goth.

Rare et curieux. 20 florins Meerman.

FRANCO (*Giac.*). Il Franco modo di scriver Cancellaresco moderno, raccolto da gli essemplari de più famosi scrittori de' nostri tempi, intagliato et pubblicato dà Giacomo Franco : 1595. *In Venetia*, in-4, obl.

Beaux modèles d'écriture, fort rares, 280 fr. Yéméniz. L'artiste est connu par les belles planches dont il a illustré les éditions des *Métamorphoses d'Ovide*, données par les Juntes à Venise, en 1584 et 1592; il a également gravé deux volumes de costumes, signalés au *Manuel*. [tom. II, col. 1378]

FRANEAU (*J.*), sieur de Lestocquoy. Jardin d'hyver, ou Cabinet des Fleurs..... *Douai, P. Borremans*, 1616, in-4. [13924]

L'exemplaire de la 3e vente De Bure (1835), payé 8 fr. et relié par Thouvenin pour Nodier, est porté à 400 fr. au catal. à prix marqués du libraire Fontaine, en 1872.

FRANGIDELPHE. Histoire de la Mappe-Monde papistique auquel est déclairé tout ce qui est contenu et pourtraict en la grande table, ou carte de la Mappe-Monde : composée par M. Frangidelphe Escorche-Messes. *Imprimé en la ville de Luce Nouvelles, par Brifaud Chasse-Diables*, 1566, pet. in-4 de VI ff. lim.; non chif., 190 pp. et 1 f. blanc. [2100]

Description exacte de la première édition de cette satire célèbre, attribuée à Viret ou à Th. de Bèze; nous disons *première*, puisqu'il y en a une de 1567, indiquée par M. Brunet, qui ne lui donne que 4 ff. préliminaires; n'est-ce pas la même avec un titre réimprimé?

L'exemplaire Gaignat et Pixérécourt, de l'édition de 1566, a été vendu 150 fr. chez M. de Morante; il figure dans un catal. de Tros de 1874, à 200 fr.

FRASSUS (D. Petrus). De regio Patronatu Indiarum. Quæstiones aliquæ desumptæ et disputatæ, in alia quinquaginta capita partitæ. *Matriti, Blasii Roman*, 1775, 2 vol. in-fol.

Volume I, xc et 328 pages; volume II, cxiv et 384 pages.

Un exemplaire de condition médiocre, 31 fr. Maisonneuve (1867).

FRATREL. La cire alliée avec l'huile, ou la peinture à l'huile-cire trouvée à Manheim par M. Charles baron de Taubenheim, expérimentée, décrite et dédiée à l'Electeur, par le sr Joseph Fratrel, ci-devant peintre ordinaire en mignature de feüe S. M. le roi de Pologne. *A Manheim*, 1770, in-8, en gros car.

En tête de ce volume curieux est gravé l'écusson de l'auteur; il est intéressant de rapprocher ce livre peu connu de celui de Diderot. 6 à 8 fr.

FREEMAN and Johns. A Dictionary of the Malagasy language. *An-Tananarivo*, 1835, 2 vol. in-8.

L'imprimerie fut introduite à Madagascar en novembre 1826 par la *London Missionary Society*.

Le dictionnaire précité est l'un des plus importants produits des presses de ces zélés missionnaires; les collaborateurs de Freeman et de Johns furent des naturels, assistants missionnaires, dont le catal. de sir G. Grey nous donne les noms : Raharo, Ramorotafikia et Rasatranabo.

Le premier volume comprend le dictionnaire anglo-malgache, et le second est la contre-partie malgache-anglaise.

80 à 120 fr.

FRÉGEVILLE (J. de). La Chronologie de J. de Frégeville, de la maison du Gaut, natif de Realmont, en Albigeois, contenant la durée générale du monde, démonstrée par la parolle de Dieu. *Paris, chez Abraham Dauvel*, 1582, in-4.

Volume assez rare, mais peu intéressant. 10 à 12 fr.

FRENAIZIE (La) fantastique françoise, sur la nouvelle mode des nouveaux courtisans bottez de ce temps, par l'antique chevalier Amadis des Gaules.

C'est un gentil exercice
Aux courtisans de porter
La botte, qu'est un délice
Pour des souliers épargner.

S. l., 1623, pet. in-8 de 16 pp.

Pièce facétieuse fort rare; un exemplaire relié sur brochure par Hardy-Mennil, en *mar. à compart.*, 50 fr. Desq.

FRESCHOT (C.). Li Pregi || della || Nobiltà Veneta || Abbozzati in vn || Givoco d'arme || Di tutte le Famiglie. || Presentato || Al Serenissimo || Principe, || Et Excellentissimo Senato || Da D. Casimiro

Freschot B. || *In Venetzia*, M. DC. LXXXII. || *Appresso Andrea Poletti*,|| pet. in-12, fig. s. b.

100 fr. au catal. à prix marqués d'Aug. Fontaine.

FREUND (Dr Guil.). Grand Dictionnaire de la langue latine; trad. en français par N. Theil. *Paris, Didot*, 1869, 3 vol. gr. in-4, à 3 col. 80 fr.

Excellent travail, comprenant les mots de la basse latinité, les termes techniques des arts et des sciences, et les noms de lieux; cette partie géographique est traitée avec un soin particulier; en demi-rel., 68 fr. de Lescoet.

FREYRE (Ant.). Piratas de la America, y Luz a la defensa de las costas de Indias Occidentales, trad. de la lengua Flamenca por D. Alfonso de Buena-Maison. *Colonia Agrippina, Lor. Struickmann*, 1681, pet. in-4, grav. s. cuivre.

Rare et recherché.

FRICCIUS (Valent.). Indianischer Religionstandt der gantzen newen Welt, beider Indien gegen Auff vnd Nidergang der Sonnen. Schleinigister Form ausz gründtlichen Historien, Sonderbar desz Hochwirdigen Vatters Francisci Gonzagen Barfüsserischē Ordens croniken..... Durch F. Valentinium Fricium, Barfüsser Ordens, F. D. Matthiassen Ertz Hertzogen in OEsterreich... *Getruckt zu Ingolstadt, durch Wolffgang Eder*, 1588, in-8 de XIII ff., 200 pp.

Ouvrage rare, que n'a pas connu Ternaux, et que Pinelo cite sous la date de 1688; c'est en partie une traduction de l'ouvrage de François de Gonzague, *de Origine Seraphicae religionis Franciscanae... Romae*, 1587, et de celui de Valades, *Rhetorica christiana. Perusiae*, 1579; nous empruntons cette note à l'excellent catal. Maisonneuve de 1867, où ce volume rare s'est vendu 32 fr.

FRIQVASSEE (La) crotestyllonnee, des antiqves modernes chansons jeux, & menu fretel des petits enfants de Rouen, tant ieunes que vieux, que grands, que longs, que gros greslés de tous estats, & plusieurs autres, mis et remis en beau desordre, par vne grande herchelée des plus memoriaulx et ingenieux cerueaux de nostre annee... *Rouen, chez Abraham le Cousturier, libraire, pres la porte du Palais, au Sacrifice d'Abraham*, 1604, pet. in-8 de 16 ff., dont le dernier blanc. [14286]

L'exemplaire Méon et Morel de Vindé, en *mar.* de Kochler, a été vendu 366 fr. d'Auffay; nous ne connaissons que 4 exemplaires de ce curieux recueil de proverbes normands et de dictons populaires.

Deux réimpr. ont été données, l'une par la *Soc. des bibl. normands* en 1864, in-8, de XVI-32 pp., avec introd. d'A. Pottier; l'autre, in-18, par Jules Gay.

FROEHNER (W.). Les Musées de France, recueil de monuments antiques des collections publiques et privées, reproductions en chromolithographie, eaux-fortes, grav. s. bois, etc., accompagnées d'un texte explicatif par W. Froehner, conservateur du Louvre. *Paris, Rothschild*, 1872, in-4.

Ce bel ouvrage est en cours de publication. 10 livraisons paraissent chaque année au prix de 100 fr.; elles sont ornées de 40 gravures.

— LA COLONNE Trajane, reproduite en phototypographie par G. Arosa, 220 pl. impr. en couleur, avec un texte explicatif par W. Froehner. *Paris, Rothschild*, 1871-72 et années suiv., 1 vol. de texte et 4 vol. de grav., gr. in-fol., 600 fr.

FROISSART (*Jehan*). Chroniques de France. *Paris, Anth. Vérard*, s. d. (*sur le pont Nostre-Dame*, vers 1495), 3 vol. gr. in-fol. en gros car. goth., fig. s. b., à 2 col. [23341]

En mar. de Duru, bel exemplaire, 4,500 fr. Double; l'exemplaire avait été payé 2,440 fr.

— *Paris, Anth. Vérard* (*devant la rue Neufve Nostre-Dame*), s. d., 4 tom. en 3 vol. in-fol., goth., à 2 col.

En mar. de Duru, le tome Ier de la 2e édition de Vérard, les tomes II, III et IV de la première, 1,499 fr. Germeau.

— *Paris, Michel Le Noir*, 1505, 4 tomes en 3 vol. pet. in-fol., goth., à 2 vol.

En mar. de Duru, bel exemplaire, avec le *Monstrelet* de 1512, à la même reliure, 3,100 fr. Bordes (1873); en mar. de Capé, mais avec quelques raccommodages, et le tome II de l'édition de J. Petit. S. d., 300 fr. Labitte (juin 1876).

— *Paris, Anth. Vérard* (1518), 4 part. en 3 vol. in-fol., goth., à 2 col.; la date est à la fin du IVe volume.

En mar. de Capé, 500 fr. Solar.

— *Paris*, 1518, *pour Jean Petit* (ou *François Regnault*), 4 part. en 3 vol., pet. in-fol. goth., à 2 col.

En mar. de Duru-Chambolle, 910 fr. Potier; en rélin, 235 fr. Tufton.

— *Paris, Anth. Couteau* (pour *François Regnault et Jehan Petit*), 1530, 4 part. en 3 vol. in-fol., goth., à 2 col.

Un exemplaire grand de marges, 2,900 fr. Germeau; un exemplaire médiocre, 201 fr. Costa de Beauregard.

— *Paris, Galiot du Pré*, 1530 (le second, tiers et quart vol. de l'édition de *Paris, Guillaume Eustace*, 1514), 3 vol. in-fol., goth.

Un exemplaire en ancienne reliure, mais un peu piqué, 139 fr. seulement, Potier (1872).

— *Paris, Guillaume Eustace*. S. d., 4 tom. en 3 vol. in-fol., goth., à 2 col.

En mar. de Chambolle, 1,010 fr. Potier (1870); l'exemplaire figure au catalogue à prix marqués de Fontaine, en 1872, au prix de 1,500 fr.

— HISTOIRE ‖et chroniqve ‖ memorable de mes ‖ sire Iehan Froissard. ‖ Reveu et corrigé..... par Denis Sauuage, de Fontenailles en Brie..... *A Paris*, ‖ *chez Gervais Mallot, rve Sainct* ‖ *Iacqves, a l'Aigle-d'Or* ‖ M. D. LXXIIII, 4 tom. en 2 vol. in-fol.

Très-bonne édition. En ancienne reliure molle, en mar., 105 fr. Solar; en mar. de Chambolle-Duru, 400 fr. Fontaine.

— Les Chroniques de sire Jehan Froissart..... avec notes, etc., par J.-A.-C. Buchon. *Paris, F. Wattelier*, 1867, 3 vol. gr. in-8, 30 fr.

— FROISSART'S chronicles of Englande, Fraunce, Spayne, etc. Translated by Lorde Berners. *London*,

Myddylton and Pynson, 1525, 2 vol. in-fol., goth.

En mar. de Roger Payne, très-bel exemplaire de Stanley et de sir Mark Masterman Sykes. £ 96. 0.0. Perkins.

— FROISSART'S chronicles. Translated and edited by Col. Iohnes. *Hafod Press*, 1803-9, 8 vol. in-fol.

Avec la chronique de Monstrelet; un exemplaire en grand papier, avec les figures en or et couleur, non rogné (fort rare dans cette condition), £ 50,0.0. même vente.

FROMENT (*Ant.*). Essais d'Antoine Froment, avocat au Parlement du Dauphiné, sur l'incendie de sa patrie, les singularités des Alpes en la principauté du Briançonois; avec plusieurs autres curieuses remarques sur le passage du Roi aux Italies, ravages des loups, pestes, famines, avalanches..... *Grenoble, par P. Verdier*, 1639, in-4.

Volume intéressant et recherché par les bibliophiles dauphinois.

FRY (*Francis*). A Description of the Great Bible, 1539, and the six editions of Cranmer's Bible, 1540 and 1541, printed by Grafton and Whitchurch; also of the editions, in large fol., of the autorized version of the holy scriptures, printed in the years 1611, 1613, 1617, 1634, 1640. Illustrated with titles and with passages from the editions, the genealogies, and the maps copied in fac-simile, on 51 plates. Together with an original leaf of each of the editions described. *London*, 1867, in-fol., £ 6.

Ce curieux traité bibliographique conserve encore un assez grand prix, 100 fr. environ; c'est, croyons-nous, la première fois qu'un auteur donne aux acquéreurs des *feuillets originaux* des ouvrages qu'il décrit; il va de soi que ce beau livre n'a été tiré qu'à très-petit nombre.

FUCHS (*L.*). Methode ou brieve instruction pour parvenir à la congnoissance de la vraye et solide medecine..... trad. en français par M. Guil. Paradin. *Lyon, J. de Tournes et G. Gazeau*, 1552, in-16.

Un exemplaire annoncé comme annoté par François Rabelais, fait intéressant qui n'a pas été suffisamment établi, a été porté à 60 fr. à la vente des livres de la bibliothèque de l'Abbaye de Six-en-Faucigny (1865).

FVENLLANA (*Miguel* de). Libro de mvsica para Vihvela, intitvlado Orphenica lyra. *Sevilla, Martin de Montesdvca*, s. d., in-fol. de x ff. et 173 pp.

Volume fort rare; il contient des poésies qu'on chercherait vainement dans les *Cancioneros* et les *Romanceros* (catal. Salvá, n° 2515). Antonio donne par erreur, à cette édition, la date de 1557.

FVENTE. De lo bveno lo mejor, govierno espiritval politico. Por el capitan Francisco de la Fvente, sindico apostolico general de las conuersiones de la serafica orden en este reyno del Perù, y natural de el. *Lima, Joseph de Contreras y Alvarado*, 1693, 2 vol. in-fol.

Livre rare et important, que ne citent ni Ternaux, ni Antonio, ni Salvá. Le premier volume est de v ff., 693 pp. et 19 ff. ; le second de IV-657 pp. et 15 ff.

En *vélin*, bel exemplaire, 126 fr. Maisonneuve.

FUEROS de Aragon. Incipiunt fori editi per dominum Jacobum regem Aragonum... *Impressum in inclyta ciuitate Cæsaraugustana, arte Gregorii Coci.* M.D.XVIj, in-fol., goth., à 2 colonnes. [2988].

Voy. au *Manuel*, au mot OPUS.

Un exemplaire de cette édition fort rare est mentionné au catal. Salvá, n° 3676; ce même catalogue (tom. II, pag. 703) décrit deux autres éditions, l'une de *Paulus Harus*, M.CCCC. xcvj, et l'autre de la *Vidua Petri Harduyn*, 1543, toutes deux in-fol., goth., à 2 col.

Le numéro 3676 signale une édition de : Fori et observantie regni Aragonum, *Cesarauguste*, apud *Petrum Bernuz*, 1552, in-fol., goth., à 2 col. ; il décrit également en détail une édition de *Zaragoza, Gabriel Dixar*, 1576, in-fol., et mentionne en outre deux éditions espagnoles de 1626 et 1627, et deux latines, datées de 1626, toutes in-fol. et toutes imprimées à Saragosse.

FUGGER (*Marx*), seigneur de Kirchberg. Wie vnd wa (*sic*) man ein Gestüt von gutten edlen Kriegssrossen auffrichten, vnderhalten, die jungen von einem jar zu dem andern... etc. *S. l.*, 1578, gr. in-4 de VIII-160 ff.

Volume qui traite de l'éducation du cheval et des haras; il a été imprimé dans une typographie particulière. 6 flor. Busch.

— Von der Gestüterey, etc. *Franckfurt am Mayn, Feyerabend*, 1584, in-fol., avec 42 fig. en bois de J. Amman, VIII-129 ff.

10 flor. Klang; en *mar.* de Hardy-Mennil, 150 fr. au catal. Aug. Fontaine (1877).

FUNÉRAILLES (Les) || de la Ligue de Nor- || mandie, dédiées à Mon || sieur de Villards || Admiral de || France. || M. D. LXXXXIIII. *S. l.*, in-8 de 8 pp. à 24 lignes, en car. ital.

Le verso du titre est blanc.

Historique en vers, dont le seul exemplaire connu est conservé à la Bibl. nation. Y non porté ; la pièce doit être également portée à PL (*Hist. de France*); elle n'est pas citée par le P. Lelong. Réimpr. au tome XI des *Poésies françoises des* XV° *et* XVI° *siècles*. (*Paris, Daffis*, in-18.)

FUNÉRAILLES (Les) du pape Gré-

goire XIII faictes le 22 août 1585, avec les cérémonies observées, trad. d'italien en françois par Francisque de Montagnat. *Paris, Michel Buffet*, 1585, pet. in-8.

En *mar.*, 39 fr. Ruggieri.

FURIEUSE Rencontre et cru || elle Escarmouche doñée par Mōseigneur le duc du || Mayne côtre le prince de Côde aupres S. Ieã d'An || gely sur le chãt : Las q̃ dict on en Frãce de M. (essieurs) de paris. — *Fin. S. l. n. d.* (*Paris*, 1577). Placard in-4, impr. à 2 col., et dont le verso est blanc.

Bibl. nation. Y non porté.

Cette pièce, dont il n'est resté probablement que ce seul exemplaire, a été reproduite au tome XI des *Poésies françoises des* XV° *et* XVI° *siècles*. (*Paris, Daffis*, in-18.)

FURS et ordinations fetes per los gloriosos reys de Arago als regnicols del regne de Valencia. *Valencia, Lambert Palmar, M. quatre cents huytantados* (1482), in-fol., goth., à 2 col., sign. *a-kk* par 8, sauf le dernier cahier, qui est de 10.

Volume extrêmement rare, très-bien imprimé sur papier fort; il figure au catal. Salvá sous le n° 3679, et ce catalogue décrit (tom. II, pag. 706-710) quatorze autres recueils des *Furs* ou Priviléges du royaume de Valence.

FUSTEL de Coulanges. Histoire des institutions politiques de l'ancienne France. *Paris, Hachette*, 1875, in-8.

Œuvre de patience attentive et d'érudition sérieuse; ce premier volume comprend, après la conquête des Gaules, l'étude de l'Empire romain, de l'invasion germanique et l'établissement de l'Empire franc; l'auteur annonce une seconde partie qui embrassera l'ensemble du *Régime féodal*.

FYENS (*Thomas*), d'Anvers. De præcipuis Artis chirurgicæ Controversiis, lib. XII. *Francofurti*, 1649, in-4.

Ouvrage savant et d'une haute importance, qu'oublie de signaler M. Pauly, qui n'a pas même nommé son auteur, le célèbre professeur de l'Université de Louvain.

FYOT de la Marche (*Claude*). Histoire de l'église abbatiale et collégiale de Saint-Etienne de Dijon ; avec les preuves et le pouillé des bénéfices dépendant de cette abbaye. (Signé : l'abbé Fyot). *Dijon, J. Ressayre*, 1696, in-fol.

Volume assez important et fort recherché des bibliophiles bourguignons.

G

GABELMANNI (*Nicolaï*). Monomachiæ Hungaroturcicæ Carminum libri VIII. *Patavij, apud Paulum Meiettum*, 1590, in-4.

Volume rare, qui mérite d'être tiré de l'oubli, où

nous laissons volontiers une si énorme quantité de poëtes latins du moyen âge et de la renaissance.

GABRIELI (*Andrea*), organista della Serenissima Signoria di Venetia in S. Marco.

Il primo, secondo e terzo libro de Madrigali a cinque voci. Con uno dialogo a otto. *Venetia, Angelo Gardano*, 1587-1589, 15 part. en 3 vol. in-4.

Un bel exemplaire de ce rare recueil, 100 fr. pour M. Fétis, à la vente de Tross de mai 1866.

— CENTO concerti di Andrea et di Giov. Gabrieli, continenti musica di chiesa, madrigali et altri, per voci et instrumenti musicali, a 6, 7, 8, 10, 12 et 16. Libro 1 et 2. *In Venetia, Aug. Gardano*, in-4, obl.

— ANDREÆ Gabrielis Sereniss. Reip. Venetorum in templo S. Marci organistæ, ecclesiasticarum cantionum quatuor vocum liber primus, omnibus sanctorum solennitatibus deservientium. *Venetiis*, 1576, in-4, obl.

GACHI de Cluses (Fr. *Jehan*). Trialogue nouueau contenant l'expression des erreurs de Martin Luther... — Cy se termine le present Trialogue, a l'honneur gloire de la triūphante diuinité, a lexaltation de la saincte foy Catholique ? a la repressiō de la temerite des modernes heretiɋs. *Faict lan mil cinq cens et xxiiij*, pet. in-4, goth., fig. s. b. A la fin se trouve une épître de l'auteur à Charles de Montbrun, sieur de Previgny, etc... datée de *Cluse, le centre des Allobroges*... [1832]

Ce volume rare est présenté au catal. Yéméniz comme exemplaire unique, inconnu à Brunet; il est loin d'être unique et est cité au *Manuel*, ii, col. 1,431. L'exemplaire Yéméniz, court de marges, relié en *mar. à compartiments fleurdelisés*, n'a été vendu que 103 fr.; l'exemplaire de Morante, acheté 41 fr. chez Audenet, a été porté au prix exagéré de 545 fr.

GAGE (*Thomas*). Nouvelle description des Indes Occidentales. *Paris*, 1676, 4 tom. en 2 vol. in-12. [21062]

C'est la première édition de la traduction française d'un ouvrage peu fidèle, dont M. Brunet annonce les trois éditions anglaises de 1648, in-fol., 1655, in-fol., et 1677, in-8.

L'édition française de 1676 a été réimprimée à Amsterdam en 1680, 1695, 1699, 1720, 1721 et 1722.

Celle de 1676, seule, a quelque prix, 10 à 12 fr., à cause de la : Briefve instruction pour apprendre la langue indienne, appelée *Poconchi Pocoman*; elle n'est portée qu'à 6 sh. au catalogue Russell Smith.

GAGUIN (*Robert*). Adversus Vincentium de Castronovo de conceptu et mundicia Marie Virginis dicertatio, cum cōmentario Caroli Fernādi. *Parisiis*, Mcccc *nono* (sic), (1489), 2 part. en un vol. pet. in-4. 1ʳᵉ partie : 16 ff., dont le premier blanc, sign. a-b iiii ; 2ᵉ pàrt. : 30 ff., sign. a-d iii. La préface est datée : *Ex Ædibus nostris apud S. Maturinum*, 1488.

Première édition de ce traité singulier. 20 à 30 fr.

— Voy. MIROUER HISTORIAL.

— LES CRONIQUES de France, excellens faictz et gestes des tres chrestiens roys et princes qui ont resgne au dict pays depuis l'exidion de Troye la grande jusques au regne du tres chrestien... roy Françoys premier..... composées en latin par frère Robert Gaguin... et depuis lan mil cinq cens et quatorze, translatees en nostre vulgaire françoys (par Desrey). — *Cy finissent les croniques... Et ont este imprimees a Paris par Francois Regnault et Jehan Frellon*. S. d. (vers 1515), in-fol., goth., de xii ff. prél. et 244 ff. chif., avec fig. s. b. [23230]

20 fr. seulement, vente H. Bordes (1872); l'exemplaire était piqué dans la marge; il a été revendu 45 fr. Labitte (1874).

— LES GRANDES Croniques..... *Paris, Poncet le Preux*, 1514, pet. in-fol., goth., fig. s. b., première édition de la traduction des chroniques de Gaguin.

180 fr. Potier.

— C'EST LE SOMMAIRE historial de France... nouuellement reduict en forme de promptuaire ou epitome..... *Paris, Philippe Le Noir*, s. d., petit in-fol., goth., fig. s. b.

C'est un abrégé des chroniques de Gaguin. 84 fr. Chedeau ; 129 fr. Potier.

— LA MER des cronicques et Myrouer hystorial..... *Paris, Nicolle de la Barre* (1518), in-fol., goth., fig. s. b.

38 fr. Chedeau ; 30 fr. Labitte (1876).

— LA MER des cronicques..... *Paris, maistre Nicolle de la Barre*, 1528, in-fol., goth.

Un exemplaire inc. d'un feuillet de la table, 23 fr. Morel, de Lyon.

— LA MER des cronicques..... *Paris, J. Nyverd, pour Fr. Regnault*... S. d. (vers 1532), le ccviiiᵉ f. porte la marque de Jacques Nyverd, et non celle de Guillaume.

En *mar.* de Trautz, 300 fr. au catal. de Fontaine.

— LA MER des chroniques..... *Paris*, 1536, pet. in-fol., goth.

En *mar.* de Thibaron-Joly, 250 fr. catal. à prix marqués Gonzalez (Bachelin, 1876).

GAILHABAUD (*Jules*). Monuments anciens et modernes, collection formant une histoire de l'architecture des différents peuples à toutes les époques. *Paris, F. Didot*, 1870, 4 vol. in-4 avec planches. 300 fr.

GAILLARD (*Ant.*). OEuvres du sieur Gaillard. *Paris, Dugast*, 1634, 2 part. en un vol. in-8. [1401]

Ce volume rare est bien décrit au *Manuel*; il est certain qu'Antoine Gaillard, sieur de la Porteneille, auteur de *la Carline*, est un personnage différent de notre poëte, qui se présente au lecteur sous la livrée de Laquais de Mᵍʳ de Vic, archevêque d'Auch. Le volume est divisé en deux parties : la première est un recueil de lettres qui ne va que jusqu'à la page 25 ; la seconde comprend *la furieuse monomachie de Gaillard et Bracquemard*, son compère ; cette seconde partie va de la page 26 à 74; il y a un *rébus* gravé sur bois à la page 22 ; le titre est orné d'une jolie gravure sur métal, représentant Gaillard debout et jouant de la flûte.

Ce curieux volume s'est vendu 2 livres chez Gersaint en 1750, et relié en *mar.* par Trautz, 290 fr. J.cb. de Montgermont.

Un exemplaire également en *mar.* de Trautz, mais avec 4 feuillets raccommodés dans la marge du bas, 50 fr. seulement, Labitte (janvier 1877).

GAILLARD (*Augié*). Las Obros de Augié

Gaillard, natif de Rabastens, en Albiez.
— A noble François de Caumont, seigneur et baron de Monbeton, Massugnié
et autres lieux. — *A Bourdeaux, par
Iaques Oliuier*, M.D.LXXIX, in-16 de
175 pp., sign. A-L.

Décrit d'après le bel exemplaire de la Bibl. nation.
Y. +. 6197.

— Lov banqvet e plesen discovrs d'Avgie Gaillard,
rovdié de Rabastens en Albiges. Reueu, corrigé et
augmenté de nouueau. *A Lyon, jouxte la coppie
imprimée à Paris, par Francois Audebert*, 1619,
in-12, portr. grav. s. b. [14372]

En mar. de Trautz, 235 fr. Burgaud des Marets.

— Description du château de Pau.

Livre perdu, dont on n'a découvert aucun exemplaire, malgré les recherches les plus actives.

— Le Cinquiesme liure d'Augié Gaillard, Rodier de
Rabastens en Albigez, auquel toutes manières de
gens pourront prendre grand plaisir et profit.
Dédié à Monsieur de Bénac. *Imprimé nouuellement.* M. D. XCIII. Au verso du titre le portrait
de l'auteur, gr. s. b.

L'existence de ce volume, ignoré jusqu'ici, est
signalée dans une lettre de M. C.-B. de Lagreze, insérée dans la *Revue de Gascogne* (Auch, avril 1875,
tome XVI, pages 174-185).

GAILLARD (*Th.*). Le traictié contemplatif de Marie-Magdeleine, des quatre
degrez d'amour et charité violente. —
Traicté de parler de lame a un createur
autrement dit : le Manuel de Monseigneur Sainct Augustin. — Sensuict le
sermon des douze fruictz et prerogatives
de Monseigneur Sainct Jehan leuangeliste... *Icy est la fin de ce present
liure... compose par maistre Thomas
Gaillard bachelier forme en theologie... Et tout imprime au champ
Gaillard : aux despens de honnorable
homme Jehan Petit libraire... Lan
mil cinq cens et sept, le xxvj de feurier*, in-8, goth., de 107 ff., sign. a-o.
[1631]

60 fr. au catal. Tross (1867).

GAILLON. *Rouen, de l'impr. de l'Ar-
chevesché, par Laur. Maurry*, 1648,
in-4 de 10 ff.

Description en vers, signée : *Lebrun*, du château
de Gaillon, bâti pour le cardinal d'Amboise, et qui
servait de maison de plaisance aux archevêques de
Rouen; ce petit poëme est dédié à François de Harlay, archevêque titulaire.

En demi-reliure de Capé, 35 fr. Taschereau.

GAIUS. Titi Gaii institutionum commentarii... *Berolini*, 1820, in-8. [2456]

Ce fut en 1817 que la découverte d'une partie
notable des œuvres de ce célèbre jurisconsulte vint
imprimer à la science du droit une impulsion nouvelle. Niebuhr eut la gloire de cette découverte.
Nommé ambassadeur à Rome, il ne se séparait
qu'avec regret de cette université de Berlin qu'il
avait fondée, et, lorsqu'il prit congé du célèbre professeur Frédéric-Charles de Savigny, causant familièrement des richesses littéraires enfouies dans les
bibliothèques d'Italie, il lui promit de lui déterrer
quelque ancien jurisconsulte, perdu dans les Cata-

combes. Quelques jours après, il visitait à Vérone
les anciens manuscrits que contient la bibliothèque
de cette ville, et l'un des premiers qui lui tomba
sous la main fut un Saint-Jérôme du XIe siècle, sous
l'écriture duquel il crut apercevoir des fragments de
jurisprudence romaine. Il se hâta d'adresser à son ami
Savigny ces précieuses reliques, qu'il attribuait à
Ulpien; mais Savigny, sans hésiter, reconnut le
style de Gaïus, écrivain du 3e siècle, dont Justinien a
mutilé les commentaires pour en faire ses *Institutes*.
Berlin, grâce au mouvement scientifique auquel
Savigny avait imprimé une si vive impulsion, s'em-
para aussitôt de cette découverte; l'Académie des
sciences envoya de Berlin à Vérone les professeurs
Becker et Göschen pour déchiffrer le précieux
palimpseste; M. Bethmann-Hollwegg se joignit à ces
deux savants; et le concours des trois doctes professeurs permit de publier en 1820 la première édition, qui devait provoquer une véritable révolution
dans l'histoire du droit romain, portée si loin depuis
par M. Mommsen.

GALATINUS (*Petr.*). De Arcanis catholicæ veritatis. *Barii*, M. D. XVI, in-fol.
[403]

C'est le premier livre imprimé à Bari, et en même
temps la première édition du livre, ou tout au moins
la première qui nous soit connue.

GALENI extra ordinem classium libri latine. *Venetiis, apud hæredes L. A.
Juntæ*, 1541, in-fol., front. grav. s. bois.
[6557]

Un bel exemplaire en mar. vert, relié pour Demetrio Canevari, médecin du pape Urbain VIII, 1,110 fr.
Techener, en 1865; il avait été payé £ 42 chez Libri
en 1859, et revendu 1,600 fr. chez M. Léopold Double en 1863.

— De la raison de curer par évacuation de
sang, autheur Galien, traduict de grec en
latin et de latin en françoys (par P. To-
let). *Lyon, Est. Dolet*, 1542, pet. in-8,
lett. rondes.

C'est le titre exact d'une pièce rare que M. Brunet
ne cite que d'après Du Verdier; en mar. de Lortic,
20 fr. Desq, et 15 fr. Potier (1870).

— Galen, svr la facvlte dez simples me-
dicamans auec l'addiction de Fucse en
son herbier, de Siluius, et de plvsievrs
autres, Declayree l'analogie et potissime
sinnifie si plusieurs en a le simple. Et
quels par affinité de facultez sont anti-
ballomenes, c'est-à-dire surrogeables que
l'on appelle *quid pro quo*, le tout mis
en langage françoys (?) par studieux hôme
maystre Erve Fayard, natif de Perigueux.
*A Limoges, cheux Guillaume de la
Noalhe*, 1548, 1 vol. pet. in-8, portr.
gr. au 5e f.

60 à 70 fr.

— Le deusiesme liure de Claude Gallien,
intulé : L'Art curatoire à Glaucon, auquel est spécialement traicte des differences d'inflammation et de leur cure.
Lyon, chez Guillaume de Guelques
(1538 ou 39), pet. in-8 de 34 ff. (car. de
J. Barbou).

Opuscule rare, vendu chez M. Potier en 1872,

45 fr.; il était accompagné des pièces suivantes :

— Le III⁰, IIII⁰, V⁰, VI⁰, XIII⁰ livre de la Thérapeutique ou Méthode curatoire de Claude Galien, translate au vray par Philiatros. *A Lyon, par Jehan Barbou (pour Guillaume de Guelques)*, 1539, pet. in-8, de 127 ff. chif., en petits caract. ronds.

— Le quatorziesme livre de la Méthode thérapeutique de Claude Galien. *Lugduni, apud Guglielmum de Guelques, anno* 1538 (car. de J. Barbou), pet. in-8, de 24 ff. non chiffrés.

GALIEN Rethore. *Paris, Nicolas Bonfons*, s. d., in-4, goth., à 2 col., fig. s. b. [17044]

L'exemplaire Crozet de cette édition, absolument insignifiante, comme la plupart des romans de chevalerie qui sortent de l'imprimerie des Bonfons, a été revendu 570 fr. Yéméniz.

— HISTOIRE des nobles prouesses et vaillances de Galien Restaure, filz du noble Oliuier le Marquis et de la belle Jaqueline, fille du roy Hugon, empereur de Constantinoble, avec les figures mises de nouueau soubs chascun chapitre. *A Lyon, par les héritiers de François Didier, à l'enseigne du Phénix*. MDLXXXVI, in-4, fig. s. b., lett. rondes.

En mar. de Trautz, 380 fr. Yéméniz.

Un admirable exemplaire de la première édition de Vérard, en riche reliure de *mar. doublé*, exécutée par Trautz, faisait partie de la collection de M. Cigongne; il est entré dans la riche bibliothèque du duc d'Aumale.

GALILEI (*Galileo*). Difesa di Galileo Galilei, nobile Fiorentino, lettore delle Matematiche nello studio di Padoua contro alle calumnie & imposture di Baldessar Capra Milanese. *In Venetia, societate Veneta*, 1607, in-4.

Volume fort rare.

GALILEI (*Vinc.*) Il Fronimo, dialogo di Vincentio Galilei Fiorentino, nel quale si contengono le vere e necessarie regole del intauolare la musica nel Lutto. *In Venetia*, 1569, in-fol., fig. sur bois. [10080]

C'est là cette première édition dont parle M. Brunet; elle ne vaut certes pas celle de 1584, mais elle est infiniment plus rare; celle de 1584 est imprimée : *Venezia, app. gli heredi di Giralomo Scotto*.

— DIALOGO della musica antica e moderna di Vincentio Galilei, nobile Fiorentino, contro Iosepho Zarlino. *In Fiorenza, Soc. Veneta*, 1603, in-fol.

Édition presque aussi rare que celle de 1581.

GALLAND (*Pierre*). Oraison sur le trespas du Roy François, faicte par Monsieur Galland... et par luy prononcée en l'Vniuersité de Paris, le VII. iour de May M.D.XLVII. Traduitte du latin en françois, par Ian Martin... *Imprimée a Paris, par Michel de Vascosan*, s. d. (1547), in-4.

L'original latin, imprimé également par Vascosan, est une pièce in-4, de 24 ff. chif.; les deux éditions sont conservées à la Bibl. nation.

GALLIA Christiana. Recueil commencé par les Bénédictins de la congrégation de Saint-Maur, et continué depuis le tome XIV, par M. B. Hauréau, de l'Institut. *Paris, Didot*, 1856-1865, tome XIV : *Province de Tours*, tome XV. *Province de Besancon*, tome XVI. *Province de Vienne*, 3 vol. in-fol. Chaque vol. 50 fr.

Cette admirable et savante publication, élément indispensable de toutes les recherches historiques, est aujourd'hui complètement terminée.

GALLUS (*Cornelius*). Quæ recolligi potuere fragmenta. *Parisiis, in prælo J. B. Ascensii*, M.D.III, in-4, goth., avec la marque de Jehan Petit. [12527]

Première édition française, non moins rare et tout aussi précieuse que celle de *Venise*, 1501.

GALTHERUS (*Phil.*) Episcopus Insulanus. Alexandri Magni vita, heroïco carmine elegantissime scripta. *Renatus Beck civis Argentinensis impressit Anno* 1513, in-4, goth. [12872]

Frontispice gravé sur bois et imprimé en camaïeu à deux teintes; nous ne connaissons pas de plus ancien spécimen de ce procédé.

C'est aussi dans cette *Alexandréide* de Ph. Gaultier que se trouve le vers si connu :

« *Incidis in Scyllam, cupiens vitare Charybdin*, »

dont on a longtemps ignoré la provenance.

Shakespeare cite ce vers dans son *Merchant of Venice* (acte III, sc. V).

Philippe Gaultier, de Châtillon, né à la fin du XII⁰ siècle, devint évêque de Maguelonne.

GAMBARA (*Lorenzo*), Bresciano. De navigatione Christophori Columbi, libri quatuor. Ad Ant. Perenotivm Card. Granvellanum. *Romæ, typis Barth. Bonfadini, et Titi Diani*, 1583, in-4 de 2 ff. lim. (Au v⁰ du dernier une fig. de la Vierge, gr. s. cuivre, répétée au v⁰ du f. 63); texte : ff. 4-64. Le v⁰ du 5⁰ f. est occupé par une carte des découvertes de Colomb.

Seconde édition, non citée, vendue avec deux autres pièces de poésie insignifiante du même auteur, 32 fr. Solar, pour la Bibl. nation.; 43 fr. Maisonneuve.

— LAURENTII Gambarae Brixiani poemata. *Antverpiae, ex offic. Plantini* : cIↃ. IↃ. LXIX (1569), cum privilegio, in-8, de 170 pp. et 3 ff.

Curieuse approbation : « *Carmina haec imprimi poterunt* (sic) *quia nihil aliud tractant quam laudes quorundam illustrium virorum, hortorum et fontium. Actum Brucellae hac* 23. *Augusti. Metsius.*

La même typographie a donné encore du même auteur en 1572 : *Precationes ad Deum*, in-4, volume dans lequel on trouve diverses poésies d'autres auteurs que Gambara, et en 1577 : *Rerum sacrarum liber*, in-4, déjà cité au *Manuel*; ce beau livre est orné de 55 gravures d'après les dessins de Bern. Passaro; une seule planche, à la page 88, est signée de Jér. Wierix.

GARASSE. Responce ‖ de ‖ Garasse ‖ avx Medisans. ‖ *S. l.*, MDC.XXIV, in-8 de 16 pp.

6 à 8 fr.

GARCIA (*Fr.*). Vida y martyrio de el vener. padre Diego L. de Sanvitores, primer Apostol de las islas Marianas y sucessos des estas islas desde el año de 1668 asta el de 1681. *Madrid*, 1683, in-4, de 598 pp.

4 thal. 20 ngs. Sobolewski.

— Istoria della conversione alla nostra santa Fede dell' Isole Mariane, dette prima de' Ladroni, nella vita..... di D. S. Sanvitores, e d'altri suoi compagni della Compagnia di Giesu. Trad. con l'accrescim. di notitie dal P. A. Ortiz. *Napoli*, 1688, in-4, de xii ff. lim. et 664 pp.

Cette traduction italienne n'est pas moins rare que l'original espagnol. 8 à 10 fr.

GARCIA de la Leña (*Cecilio*). Convenaciones historicas Malagueñas, o materiales de noticias seguras para formar la historia civil, natural y eclesiastica de la M. I. Civdad de Malaga. *Malaga, Luis Carrera*, 1789-92, 4 vol. in-4, fig.

Le nom de l'auteur est Christobal Medina Conde, que Salvá (catal. n° 2952) signale comme ayant été frappé par les tribunaux pour avoir pris part aux *famosas falsificaciones de la Alabanza de Granada*. L'ouvrage est d'une certaine importance historique.

GARCIA de Palacio (*Diego*). Instrvction navthica, para el bven Vso y regimiento de los Navs, su traça y gouierno conforme a la altura de Mexico. *Mexico, Pedro Ocharte*, 1587, in-4 de iv et 156 ff., avec grav. s. b. [8493]

Livre fort rare, écrit en *dialogos;* il n'est pas mentionné dans la liste fort détaillée des impressions mexicaines, jointe à l'ouvrage intitulé : *Historia de la Ciudad de Mexico y sus abrededores. Mexico*, 1857, in-4.

GARCIA de la Conception (fray *Joseph*), de el orden de San Francisco. Historia Bethlehemitica. Vida exemplar y admirable del ven. siervo de Dios, y padre Pedro de S. Joseph Betancvr, fundador de el regular institvto de Bethlehen en las Indias Occidentales. *Sevilla, por Juan de la Puerta*, 1723, in-fol. de xix ff.-216, 203, 173 et 39 pp. et xv ff.

20 fr. Maisonneuve.

GARCIA de la Huerta. Voy. L'Escluse (*Ch.* de).

GARCILASO de la Vega (el Ynca). Primera parte de los commentarios reales, qve tratan del origen de los Yncas, reyes qve fveron del Perv, de sv idolatria, leyes, y gouierno en paz y en guerra..... antes que los Españoles passaron a el. *En Lisboa, en la officina de Pedro Crasbeeck*, 1609 (à la fin 1608), pet. in-fol., de x ff. lim., dont l'un porte les armes de l'auteur, et 264 ff. à 2 côl. [28687]

32 fr. Maisonneuve (1867).

— Historia general del Perv. Trata el descvbrimiento del; y como lo ganaron los Españoles. Las guerras ciuiles que huuo entre Piçarros, y Almagros, sobre la partija de la tierra... *Cordoua, por la Viuda de Andres Barrera*, 1617, in-fol. de vii-300 ff. à 2 col. et vi ff. pour l'index.

Le format de ce second volume est plus grand que celui du premier, 54 fr. Maisonneuve; les deux parties reliées en un volume *mar.* sont portées au prix exagéré de 600 fr. au catalogue à prix marqués Gonzalez (1870).

— Le Commentaire royal, ou l'Histoire des Yncas, roys dv Perv, contenant leur origine depuis le premier Ynca Manco Capac... fidellement traduitte sur la version espagnolle, par J. Bavdoin. *Paris, Augustin Courbé*, 1633, in-4.

Cette édition originale d'une assez mauvaise traduction forme un énorme volume de xxii ff., 1,319 pages, et 17 ff. avec un titre gravé.

L'édition de 1737 (*Amsterdam*, *Fr. Bernard*) donne une traduction nouvelle de P. Richelet, plus estimée.

— Histoire des guerres civiles des Espagnols dans les Indes, causées par les soulèvements des Piçarres et des Almagres..... mise en franç. par J. Bavdoin. *Paris, J. de la Caille*, 1672, in-4, de xiv ff., 631 pp., 17 ff. et un front. gr.

— Svitte des gverres civiles des Espagnols dans le Perv, iusques à la mort tragique du prince Tvpac Amarv, héritier de cet empire..... *Paris, Siméon Piget*, 1658, in-4, de 555 pp. et xx ff.

Édition originale de cette traduction. 30 fr. Maisonneuve (1867).

GARCILASSO de la Vega. Obras de excellente poeta Garcilasso de la Vega. *En Neapoles*, 1605, pet. in-12. [15114]

Édition fort rare, 15 à 18 fr.

GARCIN de Tassy. Histoire de la littérature hindouie et hindoustanie. 2° édit. *Paris*, 1870, 3 vol. in-8. 36 fr.

Cette édition, qui forme trois volumes de plus de 600 pages chacun, est augmentée d'une introduction, offrant un tableau développé de la littérature ancienne et moderne des Hindous, puis d'un catalogue alphabétique des auteurs et de leurs ouvrages, qui comprend plus de 3,000 numéros.

GARÇON et fille hermaphrodites, vus et dessinés d'après nature, par un des plus célèbres artistes et gravés avec tout le soin possible pour l'utilité des studieux. *Paris*, s. d. (1773), in-8.

13 pages de texte gravées; au bas du titre on lit : *Beaublé scrips*. Deux figures finement gravées.

120 fr. au catal. Fontaine de 1875.

GARDINER (Captain). An account of the expedition to the West Indies, against Martinico, with the reduction of Guadelupe, and other the Leeward islands, subject to the French King, 1759. *Birmingham, John Baskerville*, 1762, in-4, de i-91 pp. avec 4 pl.

Cette pièce rare a été publiée presque simultanément en français : « Relation de l'expédition aux Indes occidentales, contre la Martinique, avec la réduction de la Guadeloupe et autres îles sous le vent. *Birmingham, J. Baskerville*, 1762, in-4, de 1-92 pp.

L'original et la traduction sont l'un et l'autre d'admirables produits des célèbres presses de Birmingham.

Les deux pièces réunies, 52 fr. Maisonneuve.

GARNIER (*Claude*). Le ‖ Bovqvet ‖ dv lys ‖ et de la Rose ‖ au nom de l'Alliance de France ‖ et d'Angleterre, ‖ dédié à Monseigneur ‖ le Prince de la Grand Bretaigne. ‖ *A Paris*, ‖ M.DC.XXIV, in-8 de 16 pp.

Pièce de vers fort rare ; elle est précédée d'un sonnet : « *A Monseigneur le duc de Boquingham* », et de deux épîtres en prose : « *A Monseigneur le Prince de la Grande-Bretaigne* et *A Madame.* »

Les deux épîtres sont signées ainsi que *le Bouquet* et un sonnet « *sur le portraict de Madame* », qui termine la pièce.

(Catal. des libr. Morgand et Fatout).

— Les Royales couches, ou les Naissances de Monsieur le Dauphin et de Madame. *Paris, Abel l'Angelier*, 1604, pet. in-8. [13931]

En *mar*. de Duru, 125 fr. Double.

GARNIER (*Francis*). Voyage d'exploration en Indo-Chine, effectué par une commission française, présidée par le commandant Doudart de Lagrée. *Paris, Hachette*, 1873, 2 vol. in-4, contenant 158 grav. s. b. d'après les croquis de M. Delaporte, et un atlas in-fol., contenant 12 cartes et 10 plans, 2 eaux-fortes, 10 chromolithographies, 4 lithographies à 3 teintes et 31 lithographies à 2 teintes. Prix : 200 fr.

Le voyageur, dont la mort récente a si douloureusement affecté la France, n'a pu voir terminé ce monument, destiné à perpétuer son glorieux souvenir.

GARNIER (*Jean*). Confession de la foy chrestienne, faicte et declaree en l'Eglise françoise de Strasbourg. *A Strasbourg, chez Jaques Poullain & René Hauldouyn*, 1555, pet. in-8. [1933]

Édition tout aussi rare que celle de 1552 citée au *Manuel*.

GARNIER (*Robert*). Plaintes amoureuses de R. Garnier, contenant Elegies, Sonnets, Epîtres, Chansons, plus deux Eg'ogues, la première apprêtée pour reciter devant le Roy, & la seconde récitée en la ville de Toulouse devant la Majesté du Roy. *Toulouse*, 1565, in-4.

Volume fort rare, cité par Niceron ; ce sont les poésies qu'il composa pendant son séjour à Toulouse, alors qu'il étudiait le droit à l'université de cette ville, et qu'il y remporta aux jeux Floraux le prix de l'églantine.

— TRAGÉDIES. *Paris, Mamert Patisson*, 1580, petit in-12. [16305]

En *mar*., de Duru, 60 fr. Chedeau.

— LES MÊMES. *S. l. n. d.*, pet. in-12. Édition qui contient *Bradamante* et *les Juifves*, que ne renferment pas les précédentes ; en anc. rel. *mar*. doublé, 62 fr. Chedeau.

— LES MÊMES. *Paris, Mamert Patisson*, 1585, in-12.

L'une des meilleures éditions du poëte. En *veau* de Padeloup, 105 fr. Brunet ; en *mar*. de Trautz, le bel exemplaire d'Ourches, 570 fr. baron Pichon ; en *mar*. de Bozérian, 50 fr. Bordes ; en *mar*. de Koehler, 60 fr. Leb. de Montgermont.

— LES MÊMES. *Tholose, par Pierre Jagourt*, 1588, pet. in-12.

En *mar*. de Koehler, avec portrait ajouté, 113 fr. Callhava.

— LES MÊMES. *Lyon, Paul Frellon*, 1592, in-12.

En *mar*. de Duru, 50 fr. Potier.

— LES MÊMES. *Rouen, Th. Reinsart*, 1604, in-12, titre gravé par Léon. Gaultier.

En *mar*. de Duru, 40 fr. Bordes.

— LES MÊMES. *Rouen, Raph. du Petit-Val*, 1605, in-12.

Édition de 646 pp., en anc. rel. *mar*., aux armes de Charles-Victor-Amédée de Savoie, 140 fr. Double ; cet exemplaire, reconnu incomplet de deux feuillets, 40 fr. Potier (1872) ; en *mar*., rel. du temps, 41 fr. Sainte-Beuve.

GARNIER (*Sébastien*). A Monsieur de Sovvré ‖ govverneur de Monsei ‖ gnevr le Davfin. *S. l. n. d.* (*Paris, vers* 1606), in-8, de 4 ff. non chiff. de 30 lignes à la page, en car. ital.

Ode de 23 dixains ; elle n'a qu'un simple titre de départ, et est signée GARNIER ; Robert Garnier étant mort en 1590, cette pièce, disent avec raison les libraires Morgand et Fatout, doit être attribuée à Séb. Garnier. 20 fr. en 1877.

GARRIDO de Villena. El Verdadero successo de la famosa batalla de Roncesvalles. *Valencia*, 1555, in-4, fig. s. b. [15159]

Un exemplaire de cette édition si rare est décrit au catal. Salvá (tome II, page 70) ; il nous faut ajouter à la description du *Manuel* qu'un exemplaire complet doit avoir IV ff. lim. et CLXXXVI ff. chif.

GASSEN de Plantin (*Pierre*). Abregé des eaues d'Encausse. *Paris, Christ. Beys*, 1601, pet. in-12.

Rare, 6 fr. 50 c. Payen (l'exemplaire était piqué).

— Réimpr. en 1611, sous le titre : Discours abrégé de la vertu et propriété des eaux d'Encausse., par Pierre Gassen de Plantin. *Tolose, Hélie Mareschal*, 1611, in-12.

19 fr. même vente.

GASTÉ (*A.*). Chansons Normandes du XVe siècle, publiées pour la première fois sur les Mss. de Bayeux et de Vire, avec notes et introduction. *Caen, Legost-Clérisse*, 1866, gr. in-8.

Jolie publication, tirée à 12 exemplaires sur papier de Chine et 180 sur papier vergé. 12 fr. pour le premier, et 6 fr. pour le second ; épuisé.

GASTELU (*Ant. Vasquez*). Arte de lengua Mexicana, corregido segun su original por el Fr. D. Ant. de Olmedo y Torre. *Puebla, por Fernandez de Leon en la imprenta de F. X. de Morales*, 1726, pet. in-4, de 2 ff. prélim. et 54 ff. chif.

10 thal. 25 gr. Andrade ; 50 fr. catal. Tross.

La première édition de cette rare grammaire porte : Arte, Confessionario y catécismo de la lengua mexicana. *Puebla de los Angeles, Diego Fernandez de Leon*, 1689, pet. in-4, de 4 ff. prél. et 53 ff. chif. ; l'exemplaire de la vente Andrade, incomplet du titre et de 2 ff. prél., 11 thal. 15 gr.

Ludewig (*Bibl. Glottica*, page 114) signale cette première édition ; elle a été de nouveau réimprimée en 1693 et 1716 ; l'édition de 1726 n'est donc que la quatrième.

GASTIUS (*Johannes*). De Virginitatis custodia, stupri vindicta, uxorum in viros pietate et perfidia, de scortationis scelere, et ejus pœna, de moribus ac virtutibus variarum gentium, libri IV. *Basilex*, 1544, in-12.

Livre fort curieux. 10 à 15 fr.

GASTOLDI (*Giacomo*). Baletti à 5 voci, con li suoi versi per cantare, sonare et ballare, con vna Mascherata di cacciatori à 6 voci, & vn concerto di pastori à otto, di Gioan Giacomo Gastoldi da Carauaggio. *In Anversa*, 1596, in-4, obl.

Rare et curieux recueil, dont on cite encore une édition de *Noribergae*, 1600, in-4.

GASTON (*Jean*). Les OEuvres chrestiennes du sieur Jean Gaston, dédié à M. le Mareschal de la Force. *Orthez, par Jacques Rouyer, et se vendent à Rouen, chez Jacques Cailloué*, 1639, in-8.

Volume rare ; à la suite doivent se trouver des poésies sacrées du même auteur, formant 58 pages, avec pagination séparée.

100 fr. Turquety.

GATTI. La Caccia d'Alessandro Gatti, poema heroico ; nel qual si tratta pienamente della natura e gli affetti d'ogni sorte di Fieri. Col modo di cacciarle e prenderle. *In Londra, appresso Gio. Billio*, 1619, pet. in-8 de 4 ff. lim., 129 pp. et 1 f. blanc. Dédié à Jacques Ier ; sur le titre, les armes d'Angleterre.

10 fr. J. Pichon ; un bel exemplaire en mar., anc. rel., est porté à 60 fr. au catal. Tross, en 1870.

GAUCHET (*Claude*). Le plaisir des champs, divisé en qvatre parties selon les quatre saisons de l'année, par Cl. Gavchet Dampmartinois, ausmonier du Roy. Ov est traicté de la chasse, & de tout autre exercice recreatif, honneste & vertueux. A Monseignevr de Ioyevse, Admiral de France, & Gouuerneur de la Normandie... *A Paris, chez Nicolas Chesneau*, 1583. in 4 [13901].

Un bel exemplaire de cette première édition, en

mar. de Bauzonnet-Trautz, avec figures ajoutées, 350 fr. baron Pichon ; en *mar.*, 150 fr. Chedeau ; revendu 250 fr. W. Martin ; en *mar.* de Trautz-Bauzonnet, 250 fr. au catal. Fontaine de 1875. L'exemplaire du baron Pichon figure en novembre 1876 au catal. à prix marqués de M. Gonzalès (Bachelin) au prix de 600 fr.

— Le Plaisir des champs : divisé en quatre liures, selon les quatre saisons de l'année. Par Claude Gavchet, Dampmartinois, aumosnier ordinaire du Roy. Reveu, corrigé et avgmenté d'vn deuis d'entre le Chasseur et le Citadin : par lequel on cognoist tout ce qui apartient tant au mesnage du Gentilhomme champestre, que du Paisant. Auec l'instruction de la venerie, volerie & pescherie, & tout honneste exercice qui se peut prendre aux champs. Dédié à Monseigneur le dvc de Montbazon, grand veneur de France. *A Paris, chez Abel L'Angelier*..... 1604, in-4.

31 fr. Morel, de Lyon (exemplaire médiocre) ; 85 fr. Potier ; 230 fr. baron Pichon ; en *mar.* de Duru, 225 fr. au catal. Fontaine de 1874 ; un exemplaire médiocre, 120 fr. au catal. du même libraire en 1875.

— Histoire des pastorales et bocagères amours de Daphnis et Chloé, traduite de grec en françoys, par Iacques Amyot... dernière édition, augmentée de qvelqves gayetez champestres du sieur Gauchet. *Paris, Ant. du Breuil*, 1609, in-12, fig. s. b., en rel. angl. mar., 60 fr. Potier.

Ces *Gayetez champestres* sont extraites du *Plaisir des champs*. (Au *Manuel*, voy. LONGUS.)

— LE PLAISIR des champs. Édition revue et corrigée par Prosper Blanchemain. *Paris, Franck*, 1869, in-8, de XXII et 376 pp.

Pages 361-376, un *Vocabulaire des mots, dictons et manières de parler en l'art de la Vénerie, avec une briefve interprétation d'iceux*. Il ne se trouve que dans l'édition de 1583 ; Gauchet l'a emprunté à la Vénerie de J. du Fouilloux ; il est d'ailleurs fort incomplet et assez mal en ordre.

Le Verrier de la Conterie, dans son *Éloge de la chasse*, a donné une longue et éiogieuse analyse de ce poëme ; le baron Dunoyer de Novimont n'a pas négligé cette curieuse individualité de Claude Gauchet, dans son histoire de la chasse en France.

Des passages intéressants sur la guerre civile ne se trouvent que dans la première édition ; mais de curieux récits ont été ajoutés à la seconde ; la description d'une fête de village au 1er chant est reproduite dans un livret fort rare : le *Sandrin ou Vert-Galand*. *Paris*, 1609, in-12.

Colletet signale, de Claude Gauchet, un *Recueil de cantiques spirituels*, publié à Paris en 1609. Ce volume semble tout à fait disparu aujourd'hui, mais la Muse de la poésie n'a pas lieu de déplorer considérablement cette perte, si l'on en juge par les vers qu'a conservés Colletet.

GAUDRAU. Recueil de dance de Bal et celle du Ballet, contenant un très grand nombre des meilleures entrées de ballet de la composition de M. Pecour, tant pour hommes que pour femmes, qui ont été dancées à l'Opéra, recueillies par M. Gaudrau, maître de dance. *Paris, s. d.* (vers 1712), in-4.

Volume rare et curieux, entièrement gravé.

GAUFRIDI. Histoire de Provence, par messire Jean François de Gaufridi..... *Aix, C. David,* 1694, 2 vol. in-fol. 30 à 40 fr.

— LA MÊME. *Imprimé à Aix, et se vend à Paris chez C. Osmont,* 1723, 2 vol. in-fol.

Cet ouvrage considérable a été achevé et publié par l'abbé Gaufridi, fils de l'auteur, qui était mort en 1689.

GAULT de Saint-Germain. Vie de Nicolas Poussin, considéré comme chef de l'Ecole française. *Paris, Didot et Renouard,* 1806, gr. in-8, avec 38 fig.

Bon livre, tiré à petit nombre; quelques exemplaires ont été imprimés sur grand papier de Hollande, à 50 fr., prix qui ne se conserve pas. 8 fr. vente P. D.

GAULTHEROT. L'Anastase de Lengres tirée du tombeau de son antiquité, par M. Denis Gaultherot, docteur ez droictz, advocat au bailliage et présidial d'icelle. *A Lengres, Jean Bovdrot,* 1649, in-4 de VIII ff. lim., dont le premier blanc, 551 pp. (chiffrées par erreur 561), 8 ff. de table et 1 f. d'errata. [24512]

Volume intéressant et rare, cité à la table méthod. du *Manuel.* 25 à 30 fr.

GAULTHIERES (*D. N.* de). Les grandes et effroiables Merveilles veues le 1er jour du mois de juin près la ville de Authun... De la Caverne nommée aux Fées, et la declaration de la dite Caverne, tant des Fées, seraines, geans et aultres espritz. Le tout veu par le seigneur Dom Nicole de Gaulthieres... traduite d'espagnol en françois par le seigneur de Ravieres, Angoumois. *Suyuant la coppie imprimee à Rouen, chés Richard L'Allement,* 1582, in-8.

Pièce rare et recherchée, que M. Brunet n'a fait qu'indiquer. [24563]

L'édition originale de *Rouen, Richard L'Allemant,* doit être également de 1582; mais le seul exemplaire connu qui a figuré à la vente du baron Pichon, où il a atteint le prix de 155 fr., avait une date surchargée à la main (1620).

Cet exemplaire fait aujourd'hui partie de la charmante collection du marquis de Ganay.

Si cette édition a été traduite de l'espagnol, comme le dit le titre, elle a pu donner à Cervantes l'idée de la Caverne de Montesinos.

GAULTIER - Garguilles (*Hugues Guéru,* ou *Fléchelles,* dit). Chansons. *Paris, F. Targa,* 1636, pet. in-12, titre gravé par Michel Lasne. [14314]

Le bel exemplaire de M. De Bure, portant la date de 1632 au frontispice gravé, relié en *mar.* par Bauzonnet, 460 fr. Chedeau; l'exemplaire Ch. Nodier, 145 fr. Desq; en *cuir de Russie,* 45 fr. Auvillain.

— Nouvelles Chansons. *Paris, Jehan Promé,* 1643, pet. in-12, titre gravé.

En *mar.* de Trautz, 75 fr. seulement, Potier.

Cette édition est, croyons-nous, la même que celle qui est décrite au catal. Luzarche, avec un colophon différent; celle-ci porte comme nom de ville, *Rouen,* et comme nom de libraire, *David Ferrand;* elle a un frontispice gravé sur bois. Cet exemplaire, assez médiocre, a été vendu 56 fr.

Les beaux exemplaires de la réimpression faite au siècle dernier sous la rubrique : *Londres,* 1658, obtiennent d'assez bons prix dans les ventes; les exemplaires ordinaires valent 5 à 6 fr.

En *mar.,* non rogné, 38 fr. Auvillain ; en *mar.* de Trautz, 45 fr. Double; revendu 90 fr. Leb. de Montgermont.

— Testament de feu Gaultier Garguille. *Paris,* 1634, in-8 de 14 pp.

Pièce rare; en *mar.* anc., mais court de marges, 53 fr. en 1864.

— Les Révélations de l'ombre de Gaultier-Garguille, nouuellement apparue au Gros-Guillaume, son bon ami, sur le théâtre de l'hôtel de Bourgogne, contenant toutes les affaires de l'autre monde. *Paris,* 1634, in-8.

Pièce encore plus rare que la précédente.

GAUTIER (*Léon*). Les Epopées françaises, étude sur les origines et l'histoire de la littérature nationale. *Paris, Victor Palmé,* 1865, in-8.

Ouvrage intéressant et rempli d'érudition, qui prouve l'origine franco-germanique des Epopées carolingiennes; l'ouvrage complet formera 3 volumes.

GAYA. Traité des armes, des machines de guerre, des feux d'artifice, des enseignes et des instruments militaires anciens et modernes... par le sr de Gaya, cy-devant capitaine dans le régiment de Champagne. *A Paris, Seb. Cramoisy,* 1678, front. gravé, fig. s. b.

En *mar.,* 31 fr. Yéméniz.

GAYA (*Louis* de). Les huit barons ou fieffés de l'abbaye royale S. Corneille de Compiègne, par L. de Gaya, sr de Tréville. *Noyon, L. Mauroy,* 1686, in-12.

Petit volume rare, 12 à 15 fr.

— Histoire généalogique et chronologique des Dauphins de Viennois, depuis Guigues I jusques à Louis V, fils du roy Louis le Grand, embellie d'arbres généalogiques et de blasons (par Louis Gaya, sieur de Tréville). *Paris, Michallet,* 1683, in-12. [24848]

Volume recherché à cause des cartes et des blasons qu'il renferme. 30 fr. Favart; 50 fr. en *mar.* Yéméniz.

GAYFFIER (*E.* de), Inspecteur général des Forêts. Herbier forestier de France. Reproduction par la photographie, d'après nature et de grandeur naturelle, de toutes les plantes ligneuses qui croissent spontanément en forêt. 200 photogra-

phies in-fol., 106 pp. et 20 pl. *Paris,
Rothschild*, 1873, in-fol.

500 fr. en papier ordinaire ; il a été tiré de ce beau
livre quelques exemplaires en papier de Hollande,
au prix de 800 fr.

GAZULL (*Jaime*). La vida de Santa Magdalena en coblas. *Valencia, Ioan Iofre*,
M.D. *e cinch* (1505), in-4, goth., de
62 ff.

Ni Antonio, ni Ximenez, ni Fuster n'ont connu cet
ouvrage en vers. Le *Manuel* l'indique peu exactement d'après le catal. Crofts. Salvá en parle avec détails (n° 630) et déclare ne connaître d'autre exemplaire que le sien.

GELLI (*Giov. Bapt.*). La Circée de
M. Giovan. Baptista Gello, academic
florentin, nouv. mise en françoys par le
seigneur du Parc (Denys Sauvage), Champenois. *Lyon, Guillaume Rouillé*, 1550,
in-8, car. ital. [17382]

Ce volume tranche une question qui depuis longtemps était discutée par les bibliophiles ; le libraire
qui l'a édité doit-il être appelé *Roville* ou *Rouillé*;
l'e final du nom ayant au titre et au privilège de ce
livre un accent aigu, c'est bien *Rouillé* ou *Le Rouillé*
qu'il faut dire.

En *mar.*, anc. rel., 80 fr. Yéméniz, et le même
41 fr. H. Bordes (1873) ; en *mar. r.* de David, 20 fr.
Desq ; revendu 29 fr. Potier.

GELLIBERT des Séguins (*E.*). Le Trésor
des pièces Angoumoisines inédites ou
rares. *Paris*, 1863, pet. in-8, pap. de
Hollande.

Publication intéressante, tirée à petit nombre,
20 fr.

GELLIUS (*Aulus*). Auli Gellii Noctes at-
ticæ. *Impressum Venetiis per And ream
Jacobi Catharensem*, 1477, in-fol.
[18150]

En *mar.* de Hardy, 150 fr. Techener, 1865.

GEMMA phry ‖ sivs de principiis astrono-
‖ miæ et cosmographiæ, Deq' vsv Globi
ab eodem ‖ editi. Item de Orbis diuisione,
& Insu ‖ lis, rebusq' super inuentis. —
Væneunt cum globis Louanii apud Ser-
uatium Zaffenum, & ‖ Antuerpiæ apud
Gregorium Bontium sub scuto Basiliensi.
(In fine) : *Joan. Graphevs* ‖ *typis excudebat anno* ‖ M.D.XXX. ‖ *mense
octob.* ‖ in-4, de 42 ff. non chif.; au titre
et au verso du dernier f., une pl. grav.
s. bois.

M. Brunet avait signalé cette première édition sous
la date de 1540. [7368]

Ce livre a été réimprimé à Paris, *apud Thomam
Ricardum*, en 1548, in-8, de 180 pp.

GEMMULA vocabu- ‖ lorum cum addito :
‖ diligenter reuisa et ‖ emendata. ‖ (A la
fin :) *Finem hic accipit vocabuloℤ gē-
mula* ‖ ... *In mercuriali oppido An-
twerpieñ* | *loco fa* ‖ *matissimo im-
pressa : p̄ me Gerardū leeu* ‖ *die*

xxiij. *Augusti Anni* LXXXVj (1486).
in-4, sans ch. ni récl., sign. A 3-P 3 de
236 ff.

Le premier feuillet, contenant le titre et le prologue, manquait à l'exemplaire Borluut, décrit par
M. Brunet, ainsi qu'à l'exemplaire de la Bibl. royale
de la Haye, décrit par M. Campbell ; un exemplaire
complet a figuré au catal. de J. de Meyer sous le
n° 328.

GÉNÉALOGIE des comtes et ducs de Bar,
jusques à Henry duc de Lorraine et de
Bar, l'an 1608, recueillie de plusieurs
titres et histoires anciennes. *Paris,
impr. de E. Martin*, 1627, in-4.

Ce volume rare est attribué par le P. Lelong à
Théodore Godefroy ; on doit trouver après la page 52 :
« *Lettres d'Antoine, duc de Lorraine et de Bar, et
de son fils Francois, depuis duc de Lorraine et de
Bar, par lesquelles ils avouent estre hommes liges
et vassaux du roy François Ier..... »*

GÉNÉBRARD (*Gilbert*). Psalmi Davidis,
vulgata editione, calendario hebræo,
syro, græco, latino, argumentis et commentariis instructi. *Parisiis, P. Lhuillier*, 1582, in-8.

La première édition des *Pseaumes de David*, commentés par Génébrard, est de 1580 ; celle-ci est la
seconde ; ni l'une ni l'autre n'ont de valeur ; cependant un exemplaire de dédicace, recouvert d'une
reliure molle en *mar. br.*, avec ornements à froid,
les emblèmes et la devise du roi Henri III, a été
porté à 340 fr. à la vente Techener de 1865.

Nous connaissons de cet auteur ecclésiastique une
grande quantité de productions ; entre autres sa
Chronographia, dont les diverses éditions de *Paris,
Martin le jeune*, 1580, in-fol., de *Michel Sonnius*,
1585, in-fol., etc., ont peu de valeur.

Notons, en passant, que M. Brunet imprime *Gené-
braud*, on ne sait pourquoi ; Gilbert Génébrard, né
à Riom, bénédictin, devenu archevêque d'Aix, le
fidèle disciple de Pierre Danès, est assez mêlé à
l'histoire de son diocèse, pour qu'un érudit comme
notre bibliographe n'estropie pas son nom.

Niceron donne le catalogue de ses productions, qui
atteignent le chiffre de 31.

GENGENBACH (*Pamphile*). Nouella. War
iemandtz der new mär begärt, ‖ der
wirt in disem büchlin gwärt. ‖ (Celui
qui veut des nouvelles légendes en trouvera dans ce petit volume.) *S. l. n. d.*;
in-4, goth., de 18 ff. non chif., sign.
A-D.

Petit poème allemand, dirigé contre Thomas Mür-
ner ; il doit avoir été imprimé à Francfort vers 1525,
il est orné de bordures et gravures sur bois, très-
intéressantes.

GENTILLET (*François*). Discours de la
court. *Paris, Phil. Danfrie et Rich.
Breton*, 1558, pet. in-8 de 39 ff. (en car.
de civilité).

M. Desbarreaux-Bernard, le savant bibliographe
toulousain, a publié dans le *Bulletin du bibliophile*
(août 1871) un article intéressant, par lequel il
prouve que le véritable auteur du *Discours de la
court* est François Habert, d'Issoudun.

Le bel exemplaire de Coulon, du prince d'Essling
et de M. Taylor, a été vendu 45 fr. baron Pichon.

GEOFFROY a la grant dent. — Sensuyt les faits (° gestes des nobles conquestes de Geoffroy a la grant dent, seigneur de Lusignan (° siziesme filz de Raymondin côte dudict lieu (° de Melusine. (À la fin) : *Imprime a Lyon sur le Rosne... par Olliuier Arnoullet le xxv de octobre Mil CCCCCXLIX*, in-4, goth., fig. s. b. au titre et v° du dernier f. [17096]

L'exemplaire Yéméniz, dans une bonne reliure anglaise, aux armes du duc de Marlborough, venant de R. Heber, a été payé 1,720 fr.

L'exemplaire du prince d'Essling, incomplet du titre et du dernier feuillet, a été poussé jusqu'à 11 fr. à la vente Morel, de Lyon.

GEORGES. Traicté s'il faut manger de la chair en Caresme, par Georges l'Apostre. *A Caen, par Benedic Macé, imprimeur du Roy*, 1597, in-16, de iv ff. lim. et 156 pp.

Édition originale d'une pièce rare; l'épître dédic. à dame Magdeleine de Montmorency, abbesse de Sainte-Trinité de Caen, est datée de Caen, ce 2 mars 1597.

10 fr. 50 c. De Lassize.

GEORGES d'Esclavonie. Le Chasteau de Virginité (par G. d'Esclavonie, maistre ès-arts, docteur en théologie, chanoine et pénitencier de l'église de Tours). *Paris, Vérard*, 1505, in-4, goth., de 62 ff., fig. s. b. [1556]

Grâce à une note très-piquante de M. Potier, un bel exemplaire de ce livre, aussi rare que curieux, a été vendu 1,155 fr. Taschereau, mais, après la vente, il fut rendu et revendu, à cause de raccommodages, 1,000 fr. ; il a été réimprimé sous un titre différent que n'enregistre pas le *Manuel* :

— LA VIERGE Sacrée. Ce très-dévot et très-substantieux livre est intitulé *Vierge Sacrée*, et est très-utile et profitable à vertueuses religieuses pour ce que en iceluy est déclarée et démonstrée la très-noble excellence... et prééminence de la pure Vierge, laquelle est adossée d'humilité et parée de toute vertu et perfection, lequel a esté composé par scientifique docteur en théologie maistre George de Esclavonie, chanoine et pénitencier. *Nouuellement imprime pour Simon Vostre, libraire... à l'enseigne Sainct Jehan l'euangeliste*. S. d., pet. in-8, goth., fig. s. b.

C'est le même ouvrage que le précédent sous un titre différent.

GEORGI (*B.*). Epitome Principum Venetorum, Bernardo Georgio auctore. *Venetiis, Aldus*, 1547, in-4.

En vers latins et dédié au doge Francesco Donato.

L'exemplaire de dédicace, imprimé sur vélin, dans une reliure en mar., signée de Derome, après avoir appartenu à Pinelli et à Mac-Carthy, était passé en Angleterre ; il a reparu en France à la vente du regrettable M. Niel, où il atteignit le prix de 250 fr.

GERALDINUS (*Alexander*). Itinerarivm ad Regiones svb æquinoctiali plaga constitvtas. Opvs Antiqvitates, Ritus, Mores et Religiones Populorū Æthiopie, Africæ, Atlantici Oceani, Indicarumque Re-

gionum complectens... *Romæ, typis G. Facciotti*, 1631, in-8. [20003]

Deux titres dont l'un gravé, xviii ff. limin., 284 pp. et xviii ff. à la fin ; vendu £ 3, sh. 13, d. 6. Smith ; 69 fr. Maisonneuve.

GÉRARD d'Euphrate. Le premier liure de l'histoire et ancienne chronique de Gérard d'Euphrate, duc de Bourgogne. *Paris, Est. Groulleau*, 1549, in-fol., fig. s. b., lett. rondes. [17039]

Un bel exemplaire en mar. à compart., 205 fr. Yéméniz, et en mar. de Duru, 105 fr. Morel, de Lyon.

— GÉRARD d'Euphrate. *Lyon, Ben. Rigaud*, 1580, in-16. En mar. de Koehler, 80 fr. Yéméniz ; ce qui est au moins 40 fr. trop cher.

GÉRARD, comte de Neuers. (° Lhistoire de tres noble et cheualeureux prince Gerad (*sic*) comte de Neuers... (° *Cy fine lhistoire... nouuellemēt iprime a Paris le xxiij° de may M.CCCCC.XX. pour Hemon le feure*, in-4, goth. (Trad. de rime de Gibert de Montreuil en prose.) [17082]

Les mots *nouuellement imprimé* indiquent une édition antérieure, qui a échappé à toutes nos recherches.

Un magnifique exemplaire, rempli de témoins et fort richement relié par Chambolle-Duru, n'a pas été vendu moins de 4,050 fr. Costa de Beauregard.

— LA MÊME histoire..... *Paris, Philippe Le Noir*, 1520, pet. in-4, goth., à longues lignes, avec fig. s. b., attribuées à Jean Cousin.

Un exemplaire très-pur, en mar. de Duru, 1,400 fr. Yéméniz ; un autre exemplaire qualifié d'admirable comme conservation, et richement relié par le même Duru, a été porté à 1,750 fr. à la vente Morel, de Lyon.

GÉRARD de Roussillon. Sensuyt lhistoire de Monseigneur Gerard de Roussillon, jadis duc et comte de Bourgongne et Dacquitaine. (A la fin) : *Imprime nouuellement a Lyon p' Olivier Arnoullet le x de juillet mil CCCCC.XLVI*, in-4, goth., de 35 ff. à longues lignes, sign. A-I. [17085]

Le seul exemplaire connu de cette rare édition a été vendu 610 fr. Costa de Beauregard ; il était imparfait, la moitié du titre manquait et plusieurs trous emportant du texte existaient au dernier feuillet ; malgré tout, ce livre, que nous ne connaissons que par le manuscrit de Grenoble et par la réimpression donnée par M. de Terrebasse, chez L. Perrin, de Lyon, en 1856, était infiniment précieux et valait certes beaucoup plus cher.

GERARDUS (*Petr.*). Poëmata varia in fœdus et victoriam contra Turcas, iuxta Sinum Corinthiacum Non. Octob. anno 1571, partā, Petri Gerardij Burgensis studio et diligentia conquisita ac disposita. *Venetiis*, 1572, in-8.

Relatif à la bataille de Lépante.

GERHARDT (*Ch.*). Traité de chimie organique. *Paris, Didot*, 1853-1856, 4 vol. in-8, avec grav. [4401]

Excellent ouvrage divisé en cinq parties ; il se vend 40 fr.

GERLACH (*Stephan* von). D. Stephan Gerlachii Knittlingénsis, qui Constantinopoli in Aula Legati Imperii Romani complures annos Ecclesiasta fuit, Biduum Tubingense. Auctore Martino Crusio. *Tubingæ, excudebat Georgius Gruppēbachius*, 1581, in-4.

Livre rare et recherché en Allemagne ; il serait peut-être mieux placé à l'article CRUSIUS.

GERMAIN (Fr. *Mich.*). Histoire de l'abbaye royale de Nostre-Dame de Soissons de l'ordre de S. Benoist, divisée en quatre liures ; avec les preuves et plusieurs titres tirés des archives de cette abbaye. Composée par un religieux bénédictin de la Congr. de St-Maur (signé : Fr. Michel Germain). *Paris, J.-B. Coignard*, 1675, in-4.

Volume important. 20 à 25 fr.

GERMAIN (*Pierre*). Eléments d'Orfévrerie divisés en deux parties de cinquante feuilles chacune. Composez par Pierre Germain, marchand orfèvre joaillier à Paris. *Se vendent à Paris, chez l'auteur, place du Carrousel, à l'Orfévrerie du Roy*, M.DCCXLVIII, 4 ff. prél., 100 planches et un titre pour la seconde partie.

Charmant recueil de gravures d'ornement en fait d'orfévrerie ; il est aussi rare que précieux. 500 fr. au catal. Aug. Fontaine (1877).

GERMANUS (*Jean*). Historia brevissima Caroli Quinti imperatoris à provincialibus paysanis triumphanter fugati et desbifati. *Marseille, V. Boy*, 1866, in-8. [13133]

Édition conforme à celle de 1536, et ornée d'un fac-simile ; elle est précédée d'une notice par Dumase Arbaud, et n'a été tirée qu'à 100 exempl. ; une autre réimpression, également à petit nombre, a paru à Bordeaux en 1866.

GERSON (*Johannes*). Tractatus Johannis de Gerson can ‖ cellarii Parisiensis, de regulis mandato𝔷 qui strin ‖ git cōclusionū pcessu fere totā theologiā practicā ‖ et moralem : incipit feliciter. *S. l. n. d.*, pet. in-4, goth., de 28 ff., dont le premier blanc.

Opuscule non décrit, mais de peu de valeur ; il semble avoir été exécuté vers 1480, et nous le croyons imprimé à Lyon.

— INCIPIT tractatus perutilis venerabilis ‖ doctoris Mḡri Johannis Gerson, cancel ‖ larii Parisiensis, de trahendis paruulis ‖ ad Xp̄m. Et continet quatuor considerationes. *S. l. n. d.* (*Zwolle, par Johannem de Vollenhove*, c^a 1479), pet. in-8, goth., de 28 ff., à 19 lignes à la page entière.

Les caractères sont ceux qu'employait J. de Vollenhove, pour le *Bonaventura opus de tempore et*

sanctis, imprimé à Zwolle en 1479 (Voy. Holtrop, *Monumenta*, pl. 77).

— ALPHABETUM divini amoris. *S. l., a. et typ. nom.*, très-pet. in-16, goth., de 80 ff., signé a-k. le dernier feuillet est blanc.

Non cité par Hain ; édition allemande de la fin du XVe s. 5 fr. De Lassize.

— LA DOCTRINE de bien vivre en ce monde.— *Explicit cest euure compile par maistre Jehan de Gerson. S. l. n. d.*, in-fol., goth., de 43 ff., à 23 lignes à la page entière ; le dernier feuillet blanc ; la marque du papier est une main ouverte sortant d'une croix ; l'exemplaire de ce rarissime volume, que l'on conserve à la Bibl. nation., est suivi d'une autre pièce, dont la marque de papier est le P gothique ; tous deux sont imprimés par Colard Mansion. (*Manuel*, tome II, col. 1,559.)

— CY COMMENCE un petit traittie intitulé le Denat espirituel..... *Imprime a Bruges par Colard Mansion. S. d.*, pet. in-fol., de 18 ff. [1524]

C'est le seul volume, imprimé par Colard Mansion, qui manque à la Bibl. nation.

— HARENGUE faicte deuāt le roy Charles sisiesme et tout le conseil contenant les remonstrances touchant le gouuernement du roy et du royaulme moult vtile et proufitable, faict par maistre Jehan Gerson de par luniuersité de Paris. *S. l. n. d.* (marque de Durand Gerlier, et au v^o une fig. s. b.), sans ch. ni récl., sign. a-F vj, une fig. s. b. au v^o de l'avant-dernier feuillet ; le dernier est blanc, avec le colophon au v^o, pet. in-fol. goth. [23380]

51 fr. Yéméniz.

— HARENGUE faicte au nom de l'Université de Paris, devant le roy Charles sixiesme et tout le conseil, contenant les remonstrances touchant le gouvernement du roy et du royaume. Avec les protestations du très-chrestien roy de France, Charles VII, sur la détermination du Concile de Basle. *Paris, Gilles Corrozet*, 1561, in-8.

En *mar.*, aux 2es armes de J.-Aug. de Thou, et relié avec une autre pièce peu importante, 160 fr. baron J. Pichon.

— LE CONFESSIONAL ou Directoire des confesseurs. *A Paris, chez Poncet le Preux*, 1539, in-8, goth.

Première édition d'une pièce rare dont le *Manuel* n'enregistre qu'une réimpression de 1547.

— LE LIURE du Thresor de Sapience, composé par maistre Jehan Gerson. *A Tholose, chez Iacques Colomiez*, 1564, in-8. [1334]

Édition fort rare.

— TRIPARTITO del christianissimo..... doctor Iuan Gerson..... El qual se imprimio en la grā ciudad de Tenuchtitlan Mexico desta Nueua España en casa de Iuā Cröberger..... Año de M.D. XL iiij. pet. in-4, goth., de 28 ff. non chiffrés, sign. a-b-c par 8, d par 4 ; colophon au v^o du dernier feuillet, grande marque sur bois au v^o du titre. [1380]

300 thal. 5 gr. Andrade.

— DE IMITATIONE Christi et de Contemptu Mundi in vulgari sermone. (A la fin :) Fine della deuotα operetta de Ioanne Gerson..... *Impressa in Venetia per Matheo di Codeca da Parma ad instātia de mestro Luca Antonio Florentino nel anno del Signor MCCCCLXXXVIIII, adi XXVI de nouembrio regnante lo inclyto principe Augusto Barbarico*, in-4, lettres rondes, sans chif. ni récl., avec sign. A-K VII.

70 fr. Yéméniz.

Haym (p. 606) cite :

— DE IMITATIONE Christi et de Contemptu Mundi in vulgari sermone... *Venezia, pel Zani*, 1471, in-4, et une nouvelle édition en 1491, *per lo stesso Zani*.

— DE L'IMITATION de Jésus-Christ, trad. d'après un manuscrit de 1440, par l'abbé Delaunay. *Paris, Edw. Tross*, 1869, gr. in-8, fig. et bord. s. b.

Jolie édition, tirée à petit nombre; un exemplaire sur *vélin*, 199 fr. Gautier.

Voyez : IMITATIONE (de).

GERSONIDES. Levi Ben Gerson, commentarius in Pentateuchum, Hebraice. *Mantux.* S. d. (vers 1476), *per Abraham Conath, Salomonis filium, et Abraham Jedidia Coloniensem,* 2 part. en un vol. in-fol., de 408 ff. à 2 col. [393]

Incomplétement décrit au *Manuel;* un bel exemplaire a été vendu 450 fr. en 1867.

GESTA Romanorum. Le Violier ‖ des Hystoires ‖ Rommaines : ‖ moraliseez sur les nobles Gestes ‖ faictz vertueulx et anciēnes Cro ‖ niques de toutes natiõs de gēs fort ‖ recreatif et moral. (A la fin) : *Cy finist le viollier des hystoires Rommai-* ‖ *nes Moraliseez nouuelle- ment translate de latin* ‖ *en Fran- coys : et Imprime par Philippe le Noir* ‖ *lung des Relieurs iurez en Lu- niversité de Paris* ‖ *demourant en la Rue Saint Iacques a lenseigne* ‖ *de la Rose blanche couronnee Et fut acheue le* ‖ *vingtiesme iour de Septembre Lan Mil cinq* ‖ *cens et.* XXV. ‖ In-4, goth., de IV.ff. lim. et CXL ff.; titre encadré; au rº du dernier f. la marque de Ph. le Noir, fig. s. b. [16986]

Édition que M. Brunet annonce sans date, et sans la décrire; en *mar.* de Chambolle-Duru, 500 fr. au catal. du libraire Aug. Fontaine (1877); un exemplaire en condition ordinaire ne saurait valoir plus de 50 à 60 fr.

GEYMULLER (Baron *Henry* de), architecte. Les Projets primitifs pour la basilique de Saint-Pierre de Rome, par Bramante, Raphaël Sanzio, Fra-Giocondo, les Sangallo, etc., publiés pour la première fois en fac-simile, avec des restitutions nombreuses et un texte. *Paris, Baudry,* 1875, 1 vol. gr. in-4, de texte allemand et français, sur pap. de Holl.; atlas de 50 pl. gr. in-fol. 100 fr.

Publication intéressante, faite avec soin et fidélité d'après les dessins originaux, conservés à la galerie des *Uffizzi,* à Florence.

GHEYLOVEN (*Arnold*). Gnotosolitos. (In fine) : *Presens hoc speculum cons- ciē qd gnotosoli* ‖ *tos dicitur.....* *arte ipsso* ‖ *ria multiplicatū et quantum huāna suffecit idustria* ‖ *salz sollert' elaboratū. bruxelle opido brabāci* ‖ τ *finitū ē felicit' Anno dñi* Mº CCCCº LXXVIº XXV ‖ *menz maii.* (Ce colophon est en 19 lignes.) In-fol. d'environ mille pp. à 2 col. de 50 lignes, sans ch., récl. ni sign. [1306]

Premier livre imprimé à Bruxelles; il est sorti des presses des Frères de la vie commune; la souscription diffère dans quelques exemplaires; M. Holtrop

TOME I.

reproduit, dans son grand ouvrage les deux colophons, l'un d'après un exemplaire de la Bibl. royale de Bruxelles, l'autre d'après l'exemplaire du Museum Meermanno-Westreenianum, à La Haye.

Ce volume est précieux, mais plus recherché en Belgique qu'en France. 245 fr. vente Techener (1865).

GHISTELE. (T' voyage van *Mhr van*).... *Te Ghendt, bij Henric van den Keere,* 1557, in-4, goth. [19905]

Volume fort rare, qui décrit un voyage fait en Palestine en 1481. 40 à 50 fr.; l'édi.ion de 1572, décrite au *Manuel,* est un in-4, et non pas un petit in-fol.

GIARDINI (*Giov.*). Disegni diversi inventati e delineati da Giovanni Giardini da Forli, Argentiere del Palazzo apostolico. Intagliati in Roma da M. G. Limpech de Praga. *Roma,* 1714, 2 tom. en un vol. in-fol. composés de 2 titres, 2 faux titres et 100 planches gravées. [10240]

Modèles d'argenterie sacrée, fort rares. 80 à 100 fr.

GIGLAN (Lhystoire de), filz de Messire Gauuain qui fut roy de Galles... *On les vend a Lyon en Rue Merchière..... Imprime nouuellement a Lyon par Gilles et Iaques Huguetan freres le second iour de huing Lan de grace Mil* VC XXXIX, in-4, goth., fig. s. b. de 76 ff. non chiffrés à 43 longues lignes à la page entière, A J par 8, K et L de 4. [17020]

En *mar. doublé* de Trautz, 1,100 fr. vente du libraire Joseph Techener en 1865; en *mar. doublé* de Bauzonnet, 720 fr. Yéméniz; c'était l'exemplaire Guyon de Sardière, et il avait été acheté 700 fr. par M. Yéméniz, à la vente Crozet de 1841.

GIGLI (*Cesare*). La Pittura Trionfante scritta in IV capitoli, e consecrata al molto illustre e generosissimo signore il sig. Daniel Niis. *In Venezia,* 1615, *da Giov. Alberti,* in-4, planches, front. et portr. gr.

Cet opuscule de 20 ff. est l'un des livres les mieux faits et les plus rares qui soient consacrés à l'Ecole italienne. 50 à 60 fr.

GILBERTI (*Fr. Maturino*). Vocabulario de la Lengua Tarasca de Mechoacan, dirigido al D. Vasco de Quiroga, primero obispo de aquella provincia. *Mexico,* 1559, in-4; 2 part. en Tarasca et en Espagnol, puis en Espagnol-Tarasca. [11981]

Un exemplaire très-incomplet a été vendu £ 19 Fischer.

Le même missionnaire a publié à *Mexico,* en 1558, un :

— VOCABULARIO para la lengua mechuacan, ou plutôt une grammaire, dont quelques fragments seulement ont été retrouvés et vendus £ 3, sh. 10 Fischer; malheureusement ces fragments n'ont pas de titre, et celui qui a été donné au catalogue de ce jésuite est des plus obscurs; le voici :

18

— ARTE en Lengua Mechuacan..... y tambien podra seruir para los Indios de Mechuacan para aprender la lengua Castellana.

GILLES (*Nicole*). Les très élégantes, très véridiques et copieuses Annales des tres preux, très nobles, tres chrestiens et tres excellents moderateurs des belliqueuses Gaulles... compillées par feu Nicole Gilles. (A la fin) : *Acheué d'imprimer lan mil cinq cens vingt et huyt par Guillaume Bossozel, pour Iehan Petit*, 2 tom. en un vol. in-fol., goth., fig. s. b. [23228]

50 fr. Labitte (juin 1876). ·

— LES MÊMES... *On les vend a Paris en la rue Sainct-Iacques a lenseigne de l'Elephant, deuant les Mathurins.* M. D. XXXVI. 2 tomes en 1 vol. in-fol., goth., fig. s. b., avec la marque de François Regnault.

Cette édition est la même que celle qu'indique M. Brunet avec le nom de Jehan Longis ; c'est un tirage divisé entre plusieurs libraires.

En *mar.* de Capé, 300 fr. au catalogue à prix marqués du libraire Fontaine ; un bon exemplaire en *veau* ou en parchemin vaudrait de 30 à 40 fr.

— LES MÊMES. *Paris, Galliot du Pré* (1549). 2 tom. en 1 vol. in-fol., goth., fig. s. b. ·

40 fr. au catal. du libraire Baur.

GILLET de la Tessonnerie. Le Desniaisé, comédie. *Nice, Gay*, 1873, in-8 de VIII et 134 pp. [16443]

Gillet de la Tessonnerie est né en 1620 ; on n'a peut-être pas apprécié cet auteur à sa juste valeur. Molière, né la même année, l'a parfois imité, particulièrement dans le *Dépit amoureux*, où le pédant Métaphraste est la copie du savant Pancrace du *Desniaisé* (acte 1, sc. IV).

GILLOT. Nouveaux dessins d'habillements à l'usage des balets, opéras et comédies, inventez par M. Gillot et gravez par Joullain. *Se vend à Paris*, 1726, in-8.

Recueil précieux ; les dessins de Gillot, le maître de Watteau, sont pleins de grâce et d'esprit ; un exemplaire en *mar.*, vendu 153 fr. Rigaud, a été vendu comme incomplet d'une planche et imparfait de la table, et revendu 101 fr.

GIORGI (*Fr.*). Libro di M. Frederico Giorgi, del modo di conoscere i buoni falconi, astori e sparuieri, di esercitarli e farli perfetti, di gouernarli, e di medicarli. *Vinegia, G. Giolito*, 1568, in-8 de 111 pp.

Ce livre se trouve souvent réuni aux « Tre Libri de gli uccelli da rappina di M. Fr. Sforzino » (voyez ce nom au *Manuel*) ; un exemplaire ordinaire des deux volumes réunis, 24 fr. Tross, 1870 ; mais l'exemplaire relié en *vélin*, aux armes de J.-A. de Thou, payé un prix minime à la vente Huzard, a atteint le chiffre de 320 fr. à la vente du baron J. Pichon.

GIOSEPPE (Padre F. *Giov.*). Historia delle guerre del regno del Brasile accadute tra la corona di Portogallo e la Republica di Olanda, composta ed offerta al re di Portogallo Pietro secondo. *Roma,*

1698, 2 vol. in-fol. avec 25 cartes et fig.

Cet ouvrage important s'étend jusqu'à l'an 1654. 80 fr. Tross (1873).

GIOVANELLI (*Pietro*). Novi Thesauri musici liber 1, 2, 3, 4, 5, quo selectissime planeque novæ nec unquam in luce editæ cantiones sacræ (quas vulgo motetas vocat) continentur, octo, septem, sex, quinque ac quatuor vocum, a præstantissimis ac huius ætatis precipuis symphoniacis compositæ, etc. (Chaque livre est divisé en six parties : *Cantus, Altus, Tenor, Bassus, Quintus, Sextus;* la 7e et la 8e voix se trouvent dans le Quintus et Sextus.) *Venetiis, Ant. Gardanus,* 1586, 30 parties en 6 vol. pet. in-fol.

Cette grande collection, fort rare, des meilleures compositions de l'époque, contient 247 morceaux, dont 52 à 4, 92 à 5, 72 à 6, 6 à 7, 21 à 8 et 4 à 12 voix ; les auteurs sont J. des Brouche, Mich. des Buissons, J. Castiletti, J. Chaynée, J. de Cleve, Ant. de la Court, Henri de la Court, Michel Deiss, J. Deslins, Hollander, Josquin des Prés, Roland de Lattre, Ad. de Ponte, Sim. de Roy, etc. (Voy., pour plus de détails, l'ouvrage de Schmid sur Petrucci, pages 139-142.) Un exemplaire complet £ 11 Libri.

GIRALDI Cinthio (*Giov. Bat.*). Les cent excellentes nouvelles... mis d'italien en françois par Gabriel Chappuys, Tourangeau. *Paris, pour Abel L'Angelier,* 1583 ou 1584, 2 vol. in-8. [17442]

Sous la date de 1583, en *mar.* de Derome, exemplaire Pixérécourt et Nodier, 375 fr. Morel, de Lyon.

Sous la date de 1584, 380 fr. Germeau ; en *mar.* de Duru, 300 fr. Taschereau ; c'était l'exemplaire du comte de Toulouse, acheté 119 fr. Louis-Philippe.

Un exemplaire de l'édition italienne de 1574, relié en *mar.*, aux armes de Henry III (France et Pologne), 150 fr. Potier.

GIRALDI (*Giuliano*). Esequie d'Arrigo quarto, re di Francia et di Navarra, celebrate in Firenze... *Firenze, Bart. Sermartelli,* 1610, pet. in-fol. [23639]

Les 26 planches qui décorent ce livre, sont gravées à l'eau-forte par A. Rosaccio ; il y a de plus 24 planches dans le texte, gravées au burin, et représentant les principales actions de Henri IV.

En demi-rel., 36 fr. Ruggieri.

GIRARD (*Bernard* de), seigneur du Haillan. L'Histoire de France. *Paris, L'Huillier,* 1576, 2 vol. in-fol. [23238]

Première édition, dont un exemplaire en grand papier, et relié en quatre volumes in-fol., *mar.* doublé de *mar.*, anc. rel., a été porté à 305 fr. à la vente des livres du libraire Techener, en avril 1863.

Les exemplaires en condition ordinaire sont à bas prix.

Citons de cet auteur un volume que n'indique pas le *Manuel :*

— TRAICTÉ des Devoirs (imité du *de Officiis* de M. T. C.). *Bloys, Jean L'Angelier,* 1560, in-16. 5 à 6 fr.

GIRARD (*H.*). Traité des applications tactiques de la Fortification. *Paris, Dumaine*, 1875, 2 vol. in-8 et atlas, tirés à 200 exempl. Prix : 20 fr., avec l'atlas.

GIRARD (*J.*). Nouveau Traité de la perfection sur le fait des armes. *Paris, Moëtte*, 1736, in-4, obl., planches gr.

En mar., 100 fr. Rigaud.

GIRARDELLI (*Corn.*). Compendio della Cefalogia Fisionomica, nella quale si contiene cento Sonetti di diversi eccellenti poeti sopra cento teste humane di C. Girardelli. *Bologna*, 1673, in-8.

Volume fort curieux, qui contient 100 têtes d'hommes et femmes, gravées sur bois, avec des sonnets explicatifs.

GIRAULT (*François*). Le moyen de ‖ soy enrichir pfi- ‖ table et vtile a toutes gens compose ‖ par maistre Françoys Girault. ‖ *On les vēd a Paris en la rue Neu-* ‖ *fue* ‖ *Nostre Dame a lenseigne de sainct Nicolas*, s. d., pet. in-8, goth., de 4 ff. de 34 lig. à la page pleine; au r° du premier f. le bois du jeune homme debout faisant face à un clerc. [13379]

Un assez grand nombre de libraires ou d'imprimeurs, demeuraient et exerçaient à cette enseigne : Pierre Sergent, Jehan Saint-Denys, Pierre Forget et tous les Bonfons; les deux derniers signent leurs livres : *à Lymaige sainct Nicolas*. La différence est légère, mais elle suffit pour les écarter; restent les deux premiers.

Jehan Saint-Denys fut reçu libraire en 1521, dit Lottin; nous croyons cependant qu'il exerçait dès 1517. Pierre Sergent figure seulement comme imprimeur-libraire en 1531, toujours d'après Lottin. C'est donc à l'un de ces deux libraires que s'appliquerait l'adresse ci-dessus et l'exécution de cette pièce de poésie si rare; mais comme Jehan Saint-Denys n'a jamais imprimé, que nous sachions, c'est à Pierre Sergent qu'il nous faut l'attribuer, et son exécution ne peut être que postérieure à 1530.

— La Maniere da ‖ uoir de largent ‖ tres vtile a toutes gens : et ‖ pour viure vertueusement. *S. l. n. d.*, pet. in-8, goth., de 4 ff., de 24 lig. à la page.

Cette édition, beaucoup moins correcte, ne renferme aucun bois; comme les pages contiennent 10 lignes de moins que la précédente, il a fallu supprimer des strophes, et à la fin faire tenir 4 vers en 2 lignes.

Les deux exemplaires de ces précieuses éditions, qui appartenaient à M. Kaminski, de Londres, font aujourd'hui partie de la bibl. de M. James de Rothschild.

La pièce a été reproduite au 10e volume des *Poésies françoises des xve et xvie siècles*. (*Paris, Daffis*, ancienne collection Jannet.)

GIRAVA (*Hieronimo*). La Cosmographia y geographia, en la qual se contiene la descripcion de todo el mondo, e particularmente de las Yndias, y Tierra Nueva. *Venetia, per Jordan Zileti, y sus companeros*, 1570, in-4 de 3 ff. lim., 271 pp., 4 ff. et 1 f. avec une vignette, fig. s. b. dans le texte, et une mappemonde pliée gr. sur bois. [19522]

Cette édition est la même que celle de *Milano*, 1556, seulement le titre et les liminaires ont été réimprimés. 60 fr. Maisonneuve.

GISSEY (Le P. *Odo* de). Discours de la très anc. dévotion à N. D. du Puy. *A Tolose, par R. Colomiez*, 1627, in-12. Seconde édition. 8 à 10 fr. [24642].

GIUCCI (*G.*). Iconografia storica degli ordini religiosi e cavallereschi. *Roma*, 1836-47, 9 vol. in-fol., fig.

Ouvrage important et très-complet; les costumes sont gravés au trait.

GIUSTINIANI (*Agostino*). Castigatissimi annali della... republica di Genoa. *Genoa, per Antonio Bellono Taurinese*, 1537, in-fol. de xiii ff. lim., et cclxxxii ff. chiffrés. [25329]

Cet Agost. Giustiniani est l'éditeur du célèbre *Psautier* polyglotte de 1516, où se trouve en marge du feuillet 249 une notice sur Christ. Colomb.

GLANVILLA (*Bartholomæus* de) Engelsmans. Dat boeck vanden proprieteyten der dinghen. (A la fin) : *Hier eyndet dat boeck... inden jaer O. H. 1485 opten heylighen kersauent. Ende is gheprint... te Haerlem in Hollant... Van mi Meester Jacop Bellaert gheboren van Zericzee*, in-fol., goth., de 466 ff., à 2 col., grav. s. b., sans chif. ni récl., avec sign.; le premier f. est blanc. [3841]

Nous citons cette très-rare édition hollandaise, parce que c'est la seule production de l'imprimerie de Jacob Bellaert, à Harlem, sur laquelle ce typographe ait mis son nom; sa marque typographique est à la suite du colophon ci-dessus énoncé. Les gravures sur bois, de la grandeur des pages, sont remarquables : « L'exécution générale des planches, dit M. Renouvier, démontre une filiation directe du *Livre des pauvres*. On y trouve les bonnes habitudes et les procédés de l'Ecole hollandaise, le dessin pur, la taille sobre, la disposition par compartiments, les impressions d'un seul côté et jusqu'à l'enluminure à teintes jaunes, vertes et violettes. »

Panzer, Maittaire, Hain, Jansen, etc., citent une autre édition hollandaise de 1470, qui ne porte aucune indication autre que le millésime; M. Campbell, le savant bibliothécaire de la Haye, la considère comme apocryphe.

— Le Proprietaire en francoys. (Au v° du 1er f.) : Cy commence ung tres excellent liure nomme le proprietaire des ‖ choses translate de latin en frācoys... (A la fin) : *Cestuy liure des pprietez des choses* ‖ *fut trāslate de latin en frācoys lan de* ‖ *grace Mil. CCC. LXXij. Par le cōmādemēt de trespuissant : et noble prince* ‖ *Charles Qvint... Et imprime* ‖ *audict lieu de Lyon par honnorable homme maistre* ‖ *Mathieu husz : maistre en lart de impression le. xv. iour de mars. Lan mil. CCCC.*

LXXXXI, in-fol., goth., à 2 col., avec figures sur bois.

Cette édition est suffisamment décrite au *Manuel;* mais un exemplaire, porté dans un catal. à prix marqués du libraire Aug. Fontaine, à 250 fr., présentait d'assez notables différences qui doivent être relevées : il a VIII ff. limin., dont un blanc; les feuillets de texte sont à 55 lignes; le dernier feuillet porte au recto le *registre des feuilles,* et commence par A || *Primum album.*

— LE PROPRIÉTAIRE des choses tres vtille et proffitable aux corps humains... Cestuy liure des proprietez des choses fut translate de latin en frãcoys lan'de grace Mil. CCC. LXXII. par le cõmãdement du tres crestien Roy de France Charles le Quint... Et le translata son petit et humble chapellain frere Iehan Corbichon, de lordre Sainct Augustin. *S. l. n. d. (Paris, vers* 1500), in-fol., goth., à 2 col., avec fig. s. b.

Cette édition n'était pas portée au *Manuel;* un exemplaire, somptueusement relié, provenant de Libri, a été vendu £ 8 0.0. Asher (1865).

— LE PROPRIÉTAIRE des choses... *Lyon, Mathieu Husz,* 1485, in-fol., goth.

Un exemplaire, conforme à la description du *Manuel,* 300 fr. Yéméniz.

— LE MÊME. *Lyon, Jehan Cyber,* s. d., in-fol., goth., avec le premier feuillet blanc.

En anc. rel. mar., 300 fr. Yéméniz; un exemplaire, taché et raccommodé aux premiers feuillets, 150 fr. Asher.

— LE MÊME. *Paris, Estienne Groulleau,* 1556, in-fol.

100 fr. même vente.

— EL LIBRO de propietatibus (*sic*) rerum. Ce titre est placé au recto du premier feuillet au-dessous d'un écusson aux armes d'Espagne, surmonté d'un aigle couronné. (À la fin:) Fenece el libro de las propiedades de las cosas, trasladado de latin en romance por el reverendo padre fray Vincente de Burgos. *Emprimido en la noble ciuddad* (sic) *de Tholosa por Henrique Mayer d'Alemana... E al prouecho de muchos rudos e yñorantes, acabose en el año del Señor de mil e quatro cientos e nouenta quatro a diez e ocho del mes de setiembre* (18 septembre 1494); au-dessous le monogramme de l'imprimeur. In-fol. goth. de 320 ff. à 2 col. de 47 lignes, sans chif. ni récl., avec sign. a-o, A-M., aa-pp, fig. s. b.

Ce livre, que possèdent à Paris les bibliothèques nationale et de l'Arsenal, est bien décrit par M. Desbarreaux-Bernard, dans l'*Etablissement de l'imprimerie en Languedoc.* Toulouse, 1876, in-8.

GLAREANI (*Henrici*) Dodecachordon. *Basileæ, Henr. Petri,* 1547, pet. in-fol. de X ff. lim., 470 pp. et 3 ff. d'errata, fig. s. b. et musique notée. [10130]

— D. Hen || rici Glareani || poetæ Lavrea || ti de geogra || phia liber || vnvs. || ❡ *Basileæ, anno* || M. D. XXVII. || — (À la fin): *Basileæ, anno* || M.D.XXVII. *Excvdebat Ionnes fa* || *ber Emmers*

Iuliacensis, pet. in-4, 1 f. pour Je titre et 34 ff. chiffrés. [19522]

Première édition d'une pièce dans laquelle est mentionnée la découverte de l'Amérique; Henri Loritz de Glaris est un des plus savants cosmographes de son temps; cette pièce a été fort souvent réimprimée.

La seconde édition fut donnée à Bâle l'année suivante, 1528, par le même typographe, qui avait encore un autre établissement à Fribourg, en Brisgaw; c'est un petit in-4, de 32 ff. chiff.; les feuillets 31 et 32 sont imprimés d'un seul côté, et les parties laissées en blanc contenaient les passages relatifs à la découverte de l'Amérique, qui ont été supprimés on ne sait pourquoi.

Cette édition est beaucoup plus rare que la précédente; elle existe à la *Bibl. de l'Atheneum,* de Boston.

L'année suivante 1529, la Géographie de Loritz de Glaris est réimprimée à Fribourg, en Brisgaw, toujours par le même typographe; c'est un in-4, de 36 ff. chif., dont 1 f. blanc avec un bois gravé au verso.

Une nouvelle édition est donnée dans la même ville et par le même typographe en 1533; c'est un in-4, de 35 ff., avec pl. gr. s. b.

Puis en 1534, à Venise. Voici le colophon : *Venetiis, apud Ioan. Ant. de Nicolinis de Sabio* || *Sumptu et requisitione D. Melchioris Sessæ. Anno Domini* M. D. XXXIIII. || *Mense Augusto,* in-8, de 46 ff., plus 1 f. non chif. pour le titre, avec la marque de Sessa, gravure en bois.

Ces dernières éditions ont peu de valeur.

GLISSENTI (*Fabio*). Discorsi morali contra il dispiacer del morire, detto Athanatophilia. Divisi in cinque dialoghi... Et un molto curioso trattato della pietra de' filosofi. *Venetia,* 1596, 2 vol. in-4.

Première édition d'un ouvrage peu connu; c'est une sorte de tragédie de la vie humaine en cinq tableaux, dans lesquels sont comprises 29 nouvelles, bien que le titre (*in extenso*) en indique 30; ce livre est orné de 380 planches gravées sur bois, conçues dans le style et le sentiment des *Danses des Morts* de Holbein; le *Manuel* indique une réimpression de 1609, beaucoup moins ornée; celle-ci a de plus cinq portraits de l'auteur; les planches sont encadrées dans des cartouches ornés d'un grand style. 48 fr. vente (Pseudo) Brunck (1853).

GLORIAS (Las) de la pintura. Coleccion de los mas preciosos cuadros de las galerias de Munich, Dresde, Berlin y otras, obra de los grandes maestros del arte, enriquecida con magnificos articulos sobre religion, moral, filosofia, etc., por una Sociedad de literatos. *Barcelona,* 1861, 2 vol. in-4, fig. sur acier.

Belle publication, qui vaut aujourd'hui de 50 à 60 fr.

GLORIE (Le) de gli Incogniti. *Venetia, app. Francesco Valuasense,* 1647, in-4, de VIII ff. lim. et 432 pp., fig. et très-nombreux portr. grav. sur bois. 8 à 10 fr.

GLORIOSORUM Christi confessoꝝ Udalrici et Symperti : necnon beatissime martyris Aphre historie. *Augustæ, imprimebat Silvanus Otmar*, 1516, 2 tom. en 1 vol. in-4.

Légende dont la seconde partie est imprimée en gothique, et ornée de 5 belles planches gravées sur bois par ou d'après Burgkmaier.

GOBEO de Vitoria (*Pedro*). Naufragio y peregrinacion de Pedro Gobeo de Vitoria, natural de Sevilla, escrito por él mismo. Dedicado à la Excelentissima señora Doña Juana de Sandoval, condesa de Niebla. *En Sevilla por Clemente Hidalgo. En el año de* 1510, in-8, titre, 1 f.; 6 ff. pour le privilége en faveur d'Isabel de Mena, la mère de l'auteur; la dédicace et l'épître au lecteur; texte, 160 ff.

Le livre est divisé en huit parties : la première raconte le voyage d'Espagne à Panama ; la seconde celui de Panama à la côte du Pérou.

Ce volume est précieux et fort rare ; il fut traduit en latin, sous ce titre : ARGONAUTICON americanum, sive Historiæ periculorum Petri de Victoria. *Monaci*, 1647, pet. in-12 ; puis *Amstelodami, Æg. Jansson a Waesberge*, 1698, in-12.

GOBINEAU (*Esprit*). La Royale Thémis, qui contient lés Effects de la justice divine, humaine et morale, l'Établissement de la cour de parlement à Metz, et les Acrostichs (*sic*) sur les noms de Nosseigneurs de la dicte cour, par Esprit Gobineau, sieur de Mont-Luisant, Chartrain. *Metz, Cl. Felix*, 1634, 2 part. en un vol. pet. in-4; 1re partie : 4 ff. lim., 41 pp.; 2e partie : titre et 58 pp.

22 fr. Favart.

GODEFROY de Bouillon. La Généalogie auecques les gestes et notables faitz d'armes... *Imprime a Paris par Michel le Noir*, 1511, in-fol., goth., fig. s. b. [17057]

Un bel exemplaire en *mar.* de Trautz, 2,000 fr. Yéméniz.

— LES FAITZ et gestes du preux Godefroy de Boulion et de ses chevaleureux frères Baudouin et Eustache. (A la fin :) Cy finent les faitz de Godeffroy de Boulion. *Nouuellement imprimez a Paris, par Jehan Bouffon* (sic). S. d., in-4, goth., à long. lig., fig. s. b.

Un exemplaire en *mar.* doublé, reliure de Purgold, 550 fr. Yéméniz ; l'exemplaire de Roxburghe, Hanrott, Rich. Heber et prince d'Essling, en *mar.* doublé de Bauzonnet, 1,200 fr. vente Labitte de juin 1876.

GODEFROY (*Théod.*). Histoire de Charles VIII, roy de France, et des choses mémorables advenues de son règne, depuis l'an 1483 jusques à 1498, par Guil. de Jaligny..... André de la Vigne..... et autres. (Publiée par Théod. Godefroy.) — *Paris, H. Pacard*, 1617, in-4. [23408]

C'est l'édition originale; l'édition de 1684, donnée par Denys Godefroy, est citée au *Manuel*.

GOEUROT (*Jehan*). Lentretenement de la vie... Item un regime singulier contre la peste, summairement compose par maistre Iehan Goevrot, medecin du Roy François premier. *Imprime a Lyon, par Claude Veycellier*, s. d. (vers 1530), pet. in-8, goth., de 75 ff., imprimés en car. rouges et noirs, et de v ff. de table. [7016]

Cette édition doit être à peu près de la même époque que celle que cite le *Manuel*; elle présente une singularité peu commune, c'est que toutes les pages sont encadrées d'un filet noir.

48 fr. en 1869.

GOGUETTES (Les) parisiennes, ou l'Almanach jovial, dansant, chantant et même buvant, orné de jolies gravures. *Paris, Janet* (1793), in-24.

Les gravures et miniatures dont ce charmant petit almanach est orné, reproduisent fidèlement les costumes du temps; c'est un produit assez significatif de la Terreur.

90 fr. comte de L. (1873).

GOLLUT (*Louis*). Les Mémoires historiques de la republique sequanoise et des princes de la Franche-Comté de Bourgongne ; avec un sommaire de l'histoire des catholiques Rois de Castille et Portugal, de la maison desdicts princes de Bourgongne. *Dole, A. Dominique*, 1592, in-fol. [24572]

M. Brunet ne cite de ce livre important qu'une édition de 1595.

L'édition renouvelée de 1647 porte : *Dijon, P. Palliot*.

GOLTZ (*Hubert*). [29694]

— C. JULIUS Cæsar, sive Historiæ imperatorum Cæsarumque romanorum ex antiquis numismatibus restitutæ. *Brugis, ap. H. Goltzium*, in-fol., front. gr., 54 pl. de médailles.

— FASTI magistratuum et triumphorum romanorum. *Ibid.*, *id.*, 1566, in-fol., front. gr. et 234 pl.

— CÆSAR Augustus, sive Historiæ imperatorum Cæsarumque romanorum... Liber secundus. *Ibid.*, *id.*, 1574, in-fol., front. gr. et 83 pl. de médailles.

— SICILIA et Magna Græcia, sive Historiæ urbium et populorum Græciæ... *Ibid.*, *id.*, 1576, in-fol., front. gr., 2 portr. de Goltz et 37 pl. de médailles.

— ICONES imperatorum romanorum... illustratæ. Accessit imp. romano-austriacorum series, opera G. Gevartii. *Autverpiae, ex off. Plantiniana*, 1645, front. gr. par C. Galle, d'après Rubens, 160 grands médaillons. — Græciæ ejusque insularum et Asiæ minoris numismata, Lud. Nonnii comment. illustrata. *Ibid.*, *id.*, 1644, front. gr. par Michel Lasne, 66 pl. de médailles, 2 part. en 1 vol. in-fol.

Ces 5 volumes in-fol., reliés en *mar. rouge*, aux armes du comte d'Hoym, sont cités au *Manuel;* ils ont passé en vente en 1865, lors de la dispersion de la librairie Techener, et ont atteint les prix suivants : 100 fr., 45 fr., 110 fr., 45 fr. et 100 fr.; ensemble 400 fr.

GOMAIN (*Francois*). Voy. ESPERIT (L) trouble.

GOMARA (*Fr. Lopez* de). La Historia general de las Indias, y todo lo acaescido en ellas dende que se ganaron hasta agora. *Anuers, Martin Nucio*, 1554, pet. in-8, de 300 ff. [28486]

40 fr. Maisonneuve.

— Historia de Mexico, con el descubrimiento de la Nueua España. Añadiose de la nueuo (*sic*) descripcion y traça de todas las Indias. *Anuers, por Iuan Bellero*, 1554, in-8, de 2 ff., 349 ff. et 23 pour l'*Index*. 50 fr. Maisonneuve.

Il y a des exemplaires avec le nom de *Juan Steelsio*; l'imprimeur, *Juan Lacio*, a mis son nom à la fin de l'*Indice*.

— La Historia general de las Indias y del nueuo Mundo, con mas la conquista del Peru. *Caragoça, en casa de Miguel de capila. Año de* 1555, in-fol., goth., fig. s. b.

Titre rouge et noir portant les armes d'Espagne, gravées sur bois, cxxij ff. de texte à 2 col.

— Histoire générale des Indes Occidentales et terres neuves, qui jusqu'à présent ont esté découvertes, traduite en françoys (de l'espagnol de François de Gomara) par Martin Fumée, sieur de Marly le Châtel (et sieur de Genillé). *Paris, Michel Sonnius*, 1568, in-8. [28486]

Cette première édition est exactement la même que celle de Bern. Turrisan, 1569, citée au *Manuel*; le titre seul est changé.

En v. f. de Capé, 58 fr. Taschereau.

— Réimpr. par le même *Michel Sonnius* en 1578 et en 1587, in-8; la première de v-355 ff. et 15 ff. d'*Index*; la seconde de 3 ff. limin., 485 ff. et 19 d'Index, 56 et 27 fr. Maisonneuve; la seconde 30 fr. Tross (1873).

— VOYAGES et conquestes dv capitaine Ferdinand Courtois. Voy. CORTEZ.

Cette traduction est celle de la seconde partie de l'histoire des Indes de Gomara, qui traite de la conquête du Mexique par Cortez.

GOMER (*Juan*). Trihumpho (*sic*) de la immaculata Concepcion de nuestra Señora. *S. l. n. d.*, in-4, goth., sign. A-Avj.

Ce petit poëme, où l'on reconnaît les types de l'imprimeur Francisco Diaz Romano de Valencia, a dû être exécuté vers 1530; il est resté ignoré de tous les bibliographes et a été découvert par Salvá (*Catal.* n° 638).

GOMEZ (*Alvar*). El Vellocino dorado y la historia de la ordē del Tuson, que primero compusó en verso latino Alvar Gomez señor d'Pioz. Traduzido en muy elegante prosa castillana por el Bachiller Iuan Brauo. *Toledo, Iuan de Ayala, á* XX. *y iiij de nouiembre : año de mill y quinientos y quaranta y seis años*, in-4, goth., fig. s. b. [12952]

Volume d'une extrême rareté; Salvá, qui le décrit en détail, au n° 2962 de son catalogue, dit n'en avoir jamais rencontré d'autre exemplaire que le

sien; il faut toujours se défier un peu de ces exagérations de bibliophile-propriétaire; mais la rareté de ce vol. est hors de toute discussion; Antonio n'en parle pas; le *Manuel* cite une édit. latine de 1540.

GOMMER (*P.* de). L'Avtovrsserie de P. de Gommer, seigneur de Lusancy, assisté de F. de Gommer, seigneur du Breuil, son frère. Au seigneur de Forges. *A Chaalons (sur Marne) chez Claude Guyot, imprimeur du Roy*, 1594, in-8, de VIII-40 ff., fig. s. bois. (*Bibl. nation.*, S. 877.)

Édition originale; l'un des livres les plus rares qui aient été imprimés à Châlons au XVIe siècle; en mar. de Bauzonnet, 300 fr. baron Pichon; en vélin, 310 fr. Yéméniz.

GOMPARST (*God.*). Ung Liuret du Cōpte contenant plusieurs simples exemples questions et demandes a la Reigle de Troix (*sic*) et Practique duysantes conuenables et prouffitables a la Marchandise, par Godefroy de Gomparst. *Anuers, Symon Cocq*, s. d. (vers 1535), in-24 obl., goth., sign. A-S par huit, comprenant le titre et la préface « *Au beniuolent lecteur* »; cette préface curieuse est terminée par un sonnet.

25 à 30 fr.

GONGORA y Torreblanca (*Garcia*). Historia apologetica y Descripcion del reyno de Nauarra y de su mucha antigvedad, nobleza y calidades. *Pamplona, Carlos de Labayen*, 1628, in-fol., de VI-116 ff. et 2 de *tabla*.

Le véritable nom de l'auteur est Juan de Sada. La *Deputacion* du royaume de Navarre demanda en 1629 la suppression de ce livre comme étant « *confuso, indocto, temerario, fabuloso y perjudicial* ».

Voilà bien des qualités pour en faire un livre curieux et recherché aujourd'hui.

GONTARD (*A.*). Essais poetiques d'Anselme Gontard, Clairmontois, dediez à ses amis. *Orléans, vefue Gilles Hottot*, 1638, pet. in-8, 6 ff. lim. et 148 pp.

21 fr. (Favart); le même exemplaire, relié depuis en mar. par Chambolle, 132 fr. Potier.

GONZAGA (F. *Fr.*). De origine Seraphicæ religionis Frāciscanæ || eiusqȝ progressibus, de Regularis || Obseruāciæ institutione, forma ad || ministrationis ac legibus... || F. Francisci Gonzagæ || eiusdem Religionis Ministri Gñalis. || Ad || S. D. N. Sixtvm V. || (In fine): *Romæ, || ex typographia Dominici Basæ*, || M.D.LXXXVII, in-fol. de IV-ff. lim., 1364 pp. chiff. et XII ff. pour l'index et le registre. [21817]

Nous décrivons ce volume, qui a peu de valeur, à cause de la multitude de planches sur cuivre, de la grandeur des pages dont il est orné; planches d'une exécution médiocre, mais dont les encadrements variés, dans le plus pur style italien de la renaissance, sont extrêmement intéressants.

GONZALEZ. Navegacion especulativa, y practica... por el almirante D. Jose Gonzalez. *Impresa en Manila en el convento de Nuestra Señora de los Angeles de la Orden de San Francisco,* 1734, in-fol. de x ff. lim., 392 pp,, 2 ff. à la fin, 13 pl. et vign. grav. par Nicolao de la Cruz-Bagay, Indien Tagal ; le vol. est imprimé sur papier de riz. [8496].

100 fr. en *vélin*, Maisonneuve.

GONZALEZ Davila (*Gil*). Historia de las antiguedades de la civdad de Salamanca, vidas de sus obispos, y cosas sucedidas en sus tiempos. *Salamanca, en casa de Artus Taberniel,* 1606, in-4, de iv ff. lim., 554 pp., une d'*errata,* et vi d'*indice.* (Cat. Salvá, nº 2969.)

— Historia de la vida y de los hechos del Rey Don Henrique tercero de Castilla. *Madrid, Francisco Martinez,* 1688, in-fol., de iv ff., 723 pp. de texte et 3 ff. d'*indice.*

Catalogue Salvá, nº 2970.

— Teatro de las grandezas de la villa de Madrid. *Madrid, Tomas Iunti,* 1623, in-fol. de iv ff. y compris le frontispice, 523 pp. et iv ff. de *Tabla,* avec nombreux portraits intercalés dans le texte, et frontispice, habilement gravés par Schorguens.

Catalogue Salvá, nº 2971.

GONZALEZ de Cunedo (*Miguel*). Monstruo español. Poema allegorico. *Origuela, J. V. Franco,* M.D.CXXVII, in-8, de iv ff. lim., 87 ff. de texte et un feuillet contenant deux sonnets apologétiques.

Poème allégorique chevaleresque, en *ottavas;* il est divisé en onze chants. Ce volume est très-rare ; Antonio ne le cite pas parmi les ouvrages de l'auteur. Barrera dit n'en avoir rencontré qu'un seul exemplaire, celui de la *Biblioteca nacional,* incomplet du frontispice ; un autre exemplaire, indiqué comme complet et fort beau,fig. au cat. Salvá, nº 1615.

GORIS (*Gérard*). Les délices de la campagne à l'entour de la ville de Leide, qui contiennent un abrégé historique des anciens Bataves... depuis Claude Civil jusques à nos temps. *Leide, Théod. Haak,* 1712, pet. in-8.

Volume orné de jolies figures de J. Lamevelt. Vendu *non rogné,* 31 fr. La Villestreux.

GOSSELIN (*Jean*) de Vire, garde de la librairie des roys Charles IX et Henry III. — La main harmonique ou les principes de musique antique et moderne : et les proprietez que la moderne reçoit des sept Planètes. *A Paris, chez Nicolas du Chemin,* 1571, in-fol.

Volume très-bizarre et fort rare, que cite M. Frère, II, page 32. (Voy. pour un autre ouvrage de J. Gosselin, Discours de la noblesse et precellence...)

GOUDELIN (*Pierre*). Le Ramelet Moundi. [14377]

L'édition de 1027 contient plusieurs pièces que ne reproduisent pas les éditions postérieures.

Le *Dictionnaire,* rédigé par Doujat, apparaît pour la première fois dans l'édition de 1631, puis dans la belle édition de 1638 ; il est sans pagination, et complète toutes les éditions suivantes ; nous ne l'avons jamais vu figurer dans un seul exemplaire de l'édition de 1627 et parfois il manque à celle de 1637.

A la vente Burgaud des Marets figurait un exemplaire de l'édition de 1637, un peu piqué, il ne s'est vendu que 19 fr. ; mais un bel exemplaire de 1638, en *mar.* de Trautz, a été porté à 140 fr., et un second en demi-rel. de Capé, à 41 fr.

L'édition de 1678, in-12, débute par une lettre de La Faille, l'annaliste de Toulouse, sur Goudelin ; c'est la seule biographie ancienne que l'on possède de ce poëte ; en *vélin,* 6 fr. Burgaud des Marets.

L'édition de *Toulouse, J. & G. Pech,* 1693, in-12, n'est pas indiquée au *Manuel;* elle est rare et M. Burgaud des Marets ne la possédait pas.

Celle de 1694 en est la reproduction pure et simple ; elle donne, pour la première fois, la chanson dite *La Bertat,* qui contient le récit des exploits de Du Guesclin en Espagne, lors de son expédition en faveur de Henry de Transtamare.

Voici quelques-unes des éditions suivantes :

— *Amsterdam, D. Pain,* 1700, in-12 (c'est-à-dire *Montpellier, Daniel Puech*).

— *Toulouse, Le Camus,* 1713, in-12.

— *Ibid., id.,* 1716, in-12.

— *Ibid., B. Pijon,* 1769, in-12.

— *Ibid., id.,* 1774, in-12.

— *Ibid., Caunes,* 1811, in-12.

— *Ibid., id.,* 1831, in-12 ; édition incomplète et incorrecte.

L'édition de *Toulouse,* 1843, in-8, est défectueuse sous tous les rapports ; le texte est fautif, la traduction infidèle et incomplète ; les dessins, jusqu'au portrait, sont de pure fantaisie.

Mais le libraire de Toulouse, *P. Abadie,* en a donné en 1862 une très-belle et très-bonne édition in-12, qui n'a été tirée qu'à 40 exemplaires numérotés ; le nº 24, en *demi-rel.* de Trautz, a été porté à 70 fr. à la vente Burgaud des Marets.

GOULARD. Les Contes facétieux du sieur Gaulard (*sic*), gentil-homme de la franche-comté Bourguignotte. *Rouen, Loys de Mesnil,* 1640, in-8.

Ces contes n'ont rien de commun avec Simon Goulard ; ils sont réunis ordinairement à Tabourot. Voy. ce nom.

65 fr. Asher, 1865.

GOULARD (*Simon*). Thrésor d'Histoires admirables et mémorables de notre temps. *Paris,* 1600, 2 vol. in-12.

1re édition, citée par le P. Niceron ; ne serait-ce pas, avec une erreur de chiffre, l'éd. de *Paris,* 1606 ?

En anc. rel. *veau f.,* 34 fr. Potier ; en *vélin,* 7 fr. seulement, Auvillain.

A cette dernière vente figurait également :

— Histoires admirables et mémorables de nostre temps, recueillies de plusieurs auteurs, par Simon Goulart. *Paris, Jean Houzé,* 1606, 2 vol. in-12.

GOURMELEN (*Estienne*). Advertissement et conseil à Messieurs de Paris, tant pour se préserver de la Peste, comme aussi pour nettoyer la ville et les maisons infectées. *A Paris, chez Nicolas Chesneau,* 1581, in-8.

Volume intéressant et fort rare ; on connaît de Gourmelen un autre ouvrage spécial, qui n'est guère plus commun :

— La Sommaire de toute la chirurgie, contenant

six liures, traduite de latin par André Malézieu. *Paris, Nic. Chesneau*, 1571, in-8.

GOURNAY (*Marie de Jars*, Dem^lle de). Proumenoir de M. de Montaigne par sa fille d'alliance. *Edition troisiesme* (cinquième) *plus correcte et plus ample que les précédentes. A Rouen, par Roland Chambaret*, 1607, pet. in-12, de 5 ff. lim. et 219 pp. [19068]

60 fr. en 1861.

Parmi les opuscules de la demoiselle de Gournay, omis au *Manuel*, nous citerons :

— EXCLAMATION sur le Parricide déplorable de l'année 1610, escrit la mesme année par Marie de Jars, demoyselle de Gournay.

— PRIÈRES pour l'âme du mesme Roy, escrite soudain après sa mort.

M. Payen avait indiqué la pièce suivante, à laquelle il convient de restituer son titre :

— ADIEU de l'âme du Roy, avec la défense des PP. Jésuites, par la demoiselle de G. *Lyon, Poyet*, 1610, in-8.

— VERSIONS de quelques pièces de Virgile, Tacite et Salluste (en vers), avec l'institution de Monseigneur, frère unique du roy (en prose), par la damoiselle de Gournay. *Paris, Fleury Bourriquant*, 1619, in-8.

12 à 15 fr.

Ce qui rend cette pièce assez précieuse, ou tout au moins fort intéressante, c'est une préface dans laquelle mademoiselle de Gournay, glorifiant Ronsard et la Pléiade, attaque vigoureusement Malherbe et l'Ecole du *bon sens*.

GOURY de Champgrand. Traité de vénerie et de chasse. *Paris, Hérissant*, 1762, 2 part. en un volume in-4, fig. [10424]

En *mar.*, 91 fr. Rigaud.

GOYA (*François*). Etude sur Francisco Goya, sa vie et ses travaux. Notice biographique et artistique, accompagnée de photographies d'après la composition de ce maître, par M. G. Brunet. *Paris, Aubry*, 1865, in-4, portr. et fig. [9491]

Excellente monographie. 18 fr. marquis de Lescoet.

— ESSAI d'un catalogue raisonné de l'OEuvre de Goya, par Paul Lefort. *Paris*, 1867, in-4.

Tirage à part de la *Gazette des beaux-arts*.

— GOYA..... par Ch. Yriarte. *Paris, Plon*, 1867, fig. et portr.

GRAAF (*R. de*). Histoire anatomique des parties génitales de l'homme et de la femme qui servent à la génération; avec un traité du suc pancréatique, des clystères et de l'usage du syphon. Composée en latin par M. Graaf... et traduite en françois par M. N. P., D. M. Enrichie de quarante et une planches en taille-douce. *Bâle, E. G. König*, etc. M. DC. LXCIX (*sic*, pour 1679), in-8. [6820]

Deux éditions latines avaient paru en 1677 et 1678.

GRACES et Louanges düës a Dieu pour la iustice faicte du cruel tyran et ennemy capital de France. *Paris, pour Anthoine Le Riche*, 1589, in-8.

Apologie de Jacques Clément. 8 à 10 fr.

GRACIE. Le Grant routier ⁊ pilota ‖ ge ⁊ enseignemēt pour an ‖ crer tant es portz, haures ‖ q̃ autres lieux de la mer. Fait par ‖ Pierre Gracie, dit Ferrāde, tāt des parties de Frāce, ‖ Bre ‖ taigne, Angleterre, etc. Au r° du f. T² : *Faict de XV. iour de iuillet. Mil cinq cens XXXI. Imprime a Rouen pour Jehan burges.* ‖ *libraire audit lieu pres le pont de robec au moulin saīt Ouen.* ‖ *Finis.* Au v° du f. T⁶ : *On en trouuera a Rouen ‖ chez Jehan* (sic) *burges, libraire demourāt au pout* (sic) *de robec* ‖ *pres le moulin Sainct Ouen.* Puis la marque de J. Burges. Pet. in-4, goth., fig. sur bois, titre impr. en rouge et noir (conforme pour le reste à la description de M. Brunet). [8491]

360 fr. (catal. Tross, 1866).

Signalons également une édition moins précieuse de ce volume rare, mais qui aurait encore une certaine valeur :

— LE GRANT Routier, etc. *Rouen, Jehan Petit*, 1557, in-4, goth., fig., avec cette inscription : *Imprimé à Rouen par Jehan le Prest.* MDLII (sic).

L'édition de *Poitiers*, 1520, in-4, citée par M. Brunet, d'après Du Verdier, figure également aux *Catalogues des Foires de Francfort*.

GRADUALE iuxta ritū ecclesie Augusteñ. nuper accuratissime emēdatū. *Impressum Basilee, arte et industria magistri Jacobi de Pfortzheim. Impensis Christofori Thum*, 1511, in-fol.

Livre important comme notation musicale; il est imprimé en caractères rouges et noirs; le texte est en gros caractères gothiques. 180 fr. Tross, 1870.

GRAESSE (*Joh. Georg. Theod.*) Orbis Latinus, oder Verzeichniss der Lateinischen Benennungen. *Dresden*, 1861, in-8.

Petit dictionnaire de géographie ancienne et moderne, extrait du grand ouvrage de Forbiger.

GRAFFET (*Antoine*), sieur de la Brifardière. Nouveau Traité de vénerie, contenant la chasse du cerf, du chevreuil, du sanglier, du loup, du lièvre, du renard, etc., par un gentilhomme de la vénerie du roy. *S. l. n. d.*, in-8, avec pl. sur b. et musique gravée.

Volume fort rare, que ne possédaient ni Huzard ni le baron Pichon.

GRAMAYE (*J.-B. de*) Anversanus. Andromede Belgica. *Lovanii, apud L. Kellam*, 1600, in-8.

— SPECIMEN litterarum et linguarum universi orbis, in quo centum fere alphabeta diversa sunt adumbrata. *Athi, J. Marsius*, s. d. (1662), in-8.

Ces deux ouvrages sont d'une grande rareté ; Reiffenberg leur a consacré un article dans le *Bulletin du bibliophile Belge*, 1, 466, et M. F. Nève a fait du second ouvrage l'objet d'un travail intéressant publié dans le *Messager des sciences de Gand*, 1834, page 108.

GRAMMAIRE (La) Françoise, selon qu'elle se prononce et escrit ès cours de France, etc. *Rouen, Adam Malassis*, 1603, in-8.

Goujet ne cite pas ce livre dans sa *Bibl. françoise* ; il a été vendu 25 fr. Soleil.

GRAN (La) conquista de ultra mar. *Salamanca, Hans Giesser*, 1503, in-fol., goth. [23048]

Une table qui commence au verso du frontispice arrive jusqu'au feuillet 18 ; les préliminaires occupent les signat. *a* et *b* de 8 et 10 feuillets. Vient ensuite un nouveau frontispice, exacte reproduction du premier ; au verso se trouve *el noble prologo*, écrit par don Alphonse le Sage ; l'ouvrage commence au feuillet A ij et s'étend jusqu'au feuillet CCXXIIII, comprenant ainsi les deux premiers livres. Une pagination nouvelle recommence pour le 3e et le 4e livre, et arrive au feuillet CCXX. Le volume ne contient en réalité que 458 feuillets au lieu de 462, parce que, dans la première partie, la pagination saute du feuillet XL au feuillet XLV, quoiqu'il ne manque rien au texte, et cette erreur se continue jusqu'à la fin de cette partie.

Salvá (tome II, page 72) décrit longuement ce volume ; il dit n'avoir jamais vu d'autre exemplaire complet que le sien ; cependant, d'après le témoignage de Jovellanos, la *Bibliotheca de l'Instituto Asturiano* en possède un second exemplaire.

GRANADOS y Galves (*Fr. Jos*). Tardes americanas. *Mexico, Zuñiga y Ontiveros*, 1778, pet. in-4 de XXXV ff. lim., 540 pp., 3 planches, dont l'une représente les descendans des Toltèques et des Chichimèques, et les autres le calendrier mexicain.

En *vélin*, 55 fr. Maisonneuve.

GRANATE (*Loys* de). Le Memorial de la vie chretienne. *Chambéry, Loys Pomar*, 1582, in-16. [1611]

Nous ne citons ce petit livre, qui, en condition ordinaire, vaudrait bien 2 fr., que parce qu'un joli exemplaire à la reliure de Henry III et avec sa devise : « *Spes mea Deus* », est porté à 250 fr. au 2e catal. Tross de 1870, et que ce prix aujourd'hui n'a rien d'exagéré.

GRAND (Le) Courrier, ou le célèbre défenseur du mardi-gras, & son dialogue avec le gros Guillaume, le Dodelu & Frippe-Sauce. *Paris, Pelé*, 1650, pet. in-4.

Bibl. nationale.

GRAND (Le) pardon de pleniere remission pour toutes personnes, durant à toujours. *Imprime à Geneue par Adam et Iehan Rivery*, 1550, in-8.

Volume fort rare ; il est compris au nombre des livres censurés par la Faculté de théologie de l'Université de Paris. (*Catal. des livres examinez et censurez... Paris*, 1551, pet. in-8.)

GRANDE (El) y muy sumptuoso recibimiento que hizieron en la gran cibdad de Paris : Al Inuictissimo Emperador y rey nuestro señor. *S. l. n. d.* (1539), in-4, goth., de 4 ff.

C'est incontestablement l'une des pièces les plus rares qui ait été imprimée pour célébrer les *triomphes* de l'entrée de Charles Quint à Paris.

GRANDE (La) cruauté du massacre arrivé depuis naguéres en la ville du Mans, par une femme qui a esgorgé deux de ses fils, laquelle a esté bruslée en la place au lait devant S. Julien, le 15 octobre 1609. *Lyon, François de Laye*, 1610, in-8.

Bibl. nationale.

GRANDE (La) cruauté et tyrannie exercée en la ville d'Arras ce 18 may 1618, par un jeune Gentilhomme et une Demoiselle frère et sœur, lesquels ont commis inceste. Ensemble ce qui s'est passé durant leurs impudiques amours. *Paris, veuve Jean du Cauroy*, 1618, in-8.

Bibl. nationale.

GRANDE (La) meschanceté descouverte des sorciers et sorcières, avec le nombre de celles qui ont esté pendues et bruslées dans la place de Salin tant à Toulouse qu'ez villes de Foix, Pamiers, Bannières (*sic*)..... *Iouxte la copie imprimée à Toulouse*, 1644, pet. in-8, de VIII pp.

D'après cette relation, le nombre des sorcières pendues, brûlées et fouettées à mort, s'éleva à près de 100.

En mar. de Hardy-Mennil, 55 fr. Desq.

GRANDE (La) victoire du roy de Poloine (*sic*) contre Dayevode (*sic*) duc de Muldavie. *Paris, a l'escu de Basle*, M. D. XXXI, in-4, goth., de 4 ff.

Pièce fort rare, qui faisait partie d'un recueil de pièces gothiques, qui n'a été vendu que 161 fr. chez M. De Bure en 1834 (no 2665).

GRANDES et récréatives prognostications... par Astrophile le Roupieux. *Paris, J. Martin*, s. d., pet. in-8. [17830]

Une réimpression à 100 exemplaires (plus 2 sur vélin et 4 sur papier de Chine), *Bruxelles, A. Mertens et fils*, 1863, pet. in-18, de 58 pp. et 1 f. A partir de la page 45, une série de notes signées Philomneste Junior (Gust. Brunet).

GRANDIER (*Urbain*), curé de Loudun. Interrogatoire ‖ de ‖ maistre ‖ Vrbain Grandier, ‖ Prestre, Curé de S. Pierre du mar- ‖ ché de Loudun, & Chanoyne de ‖ l'Eglise Saincte-Croix dudit lieu. ‖ Auec les confrontations des Religieuses ‖ possédées contre ledit Grandier. ‖ Ensemble la liste et les noms des Iuges ‖ députez par Sa Majesté. ‖ *A Paris*, ‖ *chez Estienne Hébert, & Iacques Poul-*

|| lard, ruë des Sept Voyes, || M. DC.
XXXIV. || Auec Permission, in-8 de
12 pp. (*Bibl, nat..*)

Pièce rare; ce procès fameux a donné lieu à de
nombreuses publications, parmi lesquelles on peut
citer :

— Récit véritable de ce qui s'est passé à Londun,
contre maistre Vrbain Grandier, prestre-curé de
l'église de Saint-Pierre de Loudun, attaint et
conuaincu du crime de magie, malefice et possession..... *Paris, Pierre Targa,* 1634, in-8, de
15 pp.

— Véritable relation des lustes procédures observées au fait de la possession des Vrsulines de
Loudun, et au procès de Grandier. Par le R. P.
Tr. R. C. *Paris, Jean Martin,* 1634, in-8, de
32 pp. (le Rév. Père Tranquille, religieux capucin).

— Arest de condemnation de mort, contre maistre
Vrbain Grandier, prestre-curé de l'église Sainct-
Pierre du Marché de Loudun, et l'un des chanoines de l'église Saincte-Croix dudit lieu, attaint et
conuaincu du crime de magie, & autres cas mentionnés au procès. *Paris, Estienne Hebert et
I. Poullard,* 1634, in-8, de 7 pp.

On pourrait joindre aussi à cette collection une
pièce plus rare encore et surtout plus importante :

— Lettre de la cordonnière de la Reine-Mère, à
M, de Barradas. *Paris,* 1634, in-8.

Le *Véritable Père Joseph* (tom. II, pag. 118-146)
donne les titres des pièces précédentes et de beaucoup d'autres, qui offrent aujourd'hui un assez
médiocre intérêt ; voyez aussi le Père Lelong (4834-
4854).

— Traicté du célibat des prestres. *Paris, Pincebourde,* 1866. in-18, 38 pp. Les 16 premières contiennent une Notice de R. Luzarche.

Ce traité a été publié d'après une copie faite en
1774 par Jamet, d'après un manuscrit de la Bibl.
royale, provenant de Lancelot, et trouvé dans ses
papiers. — La copie de Lancelot a disparu, à moins
qu'elle ne repose dans quelque carton ignoré. Le
style offre de frappantes analogies avec celui de la
Factum publié par Grandier pour sa défense et de la
lettre qu'il adressa à Louis XIII pendant l'instruction
de son procès. Même clarté dans la forme, même
logique et même causticité dans l'argumentation.
(Cette lettre, conservée à la Bibl. nationale, a été
publiée pour la première fois vers 1840, avec d'autres pièces relatives à Grandier.

GRANS (Les) et || merueilleux faictz du
seigneur || Nemo | auec les priuilleges ||
qu'il a || Ⅎ la puissance quil peult || auoir
depuis le cōmecemeut || du monde ius-
ques a la fin. — Laus deo. — *S. l. n.
d.* (*vers* 1530), in-4, goth., de 2 ff. de
50 lignes à la page, impr. à 2 col. en
lettres de forme, sans ch., récl. ni sign.
[13509]

Le titre est placé en tête de la première colonne
de la première page, sans que l'imprimeur ait ménagé de blanc. (*Bibl. nation.* Y. 6133, D 2 + a.)

Cette pièce de vers est attribuée par Du Verdier à
Jehan d'Abundance, d'après les *Catalogues des Foires de Francfort;* Ulrich de Hutten avait publié en
1512 une petite pièce de vers en distiques sur le
même sujet, mais le poëme français provient évidemment du texte latin de la vie de *saint Nemo,*
facétie dont le point de départ est l'*Odyssée* et le
Personne d'Ulysse ; M. Wattenbach a publié ce texte
latin d'après un manuscrit du XVᵉ siècle, conservé à
la Bibl. d'Heidelberg ; M. P. Meyer en a retrouvé
un autre texte du XIIIᵉ siècle à la *Bodléienne,* et ce
texte a été joint par MM. Anat. de Montaiglon et
J. de Rothschild, à la reproduction du poëme fran-
cais qu'ils donnent dans le XIᵉ volume des *Poésies
françoises des* XVᵉ *et* XVIᵉ *siècles.* (*Paris, Daffis,*
1876.)

Voici les autres éditions de ce poëme français :

— Les grans ec || merueilleux faitz du
segūr || Nemo | auec les priuilleges || quil
a [et la puissance q̄l peult || auoir depuis
le commence || ment du mōde iusques
a la || fin. — *S. l. n. d.* (*Paris? vers*
1530). Pet. in-8, goth., de 8 ff. de 20 lig.
à la p., sans sign.

Le titre, en grosses lettres de forme, est orné du
bois bien connu, représentant un clerc et un page
ou étudiant, avec pourpoint à longues manches.

Le recto du dernier feuillet ne contient que
8 vers sans colophon ; le verso est blanc.

L'exemplaire du Musée britannique provient de la
vente Vernon Utterson.

— Les grās Ⅎ mer || ueilleux faitz du segūr
Nemo .auec preui || leges q̄l a | et la puis-
sance quil peut auoir De || puis le cō-
mencement du monde iusq̄s a la fin. —
Finis. S. l. n. d. (*vers* 1530), pet. in-8,
goth., de 8 ff. de 22 lignes à la page,
sign. A.

Cette édition n'a qu'un titre de départ, de sorte
que la première page contient 18 lignes de texte.

Catalogue La Vallière, nᵒ 2975 ; cet exemplaire est
conservé à la Bibl. municipale de Versailles,
E. 472. c.

Les *Catalogues* des *Foires de Francfort* citent :

— Les grands et merueilleux faicts de Nemo,
auec les Priuilleges qu'il a et la puissance
qu'il auoit depuis le commencement du
monde iusques à la fin. *A Lyon, Pierre
de Saincte Lucie,* s. d. (*vers* 1530), in-16.

Du Verdier cite encore :

— Les grands et merveilleux Faits de Nemo imités en partie des vers latins de
Hutten, et augmentés par P. S. A. *Lyon,
Macé Bonhomme, s. d.* (*vers* 1550),
in-8.

« Comme le nom d'Ulr. de Hutten figure ici sur le
titre, font remarquer MM. de Montaiglon et Rothschild, il est probable que ce n'est plus ici une imitation de Jean d'Abundance et que le texte doit être
différent. »

Les bibliographes anglais citent, sans autres détails, une pièce qui semble être une traduction ou
une imitation de l'une des vies de *Nemo* que nous
avons mentionnées :

— A Treatise entituled : Nobody is my name. *London, by R. Waldegrave, s. d.* (*vers* 1580), in-8.

GRANDS (Les) jours du parlement de Dieu,
publiez par monsieur S. Matthieu. Où
tous chrestiens sont adiournez à compa-
roistre en personne, pour respondre sur
les grands blasphemes, tromperies, et
déceptions du regne qui court, qui sont
les signes de l'Antechrist. *A Paris, par
René Ruelle, demourant rue S. Jac-*

ques, à l'enseigne S. Nicolas, 1615, in-12, fig. s. b. dans le texte.

En mar. de Simler, 51 fr, Yéméniz.

GRANS pardons (Les) 2 indulgences ‖ le tres grand Jubile de plainiere remission... *Novvellement imprime a Gand par Pieter van Winghen...* pet. in-8, goth., de 15 ff., à longues lignes, avec fig. sur bois.

Pièce fort rare qui faisait partie d'un recueil vendu au catal. La Vallière, sous le n° 905, et qui n'a point été décrite au catalogue.

GRANGIER (*I.*). Pastorales sur le baptesme de Monseigneur Charles Emmanuel, prince de Piedmont, par J. Grangier, Lorrain. Auecque un recueil de quelques odes et sonnetz faitz par le mesme austeur. *Imprimé à Chambery, par frãçoys Pomar l'ayné, avec Privilège,* 1568, in-8 de 164 pp. (les 2 dernières non chiffrées), sign. A-Z. A la fin : « *En ma peine, repoz !* » *Acheué d'imprimer le 2e jour du moys d'octobre* 1568.

GRANOLLACHS (*Bernard* de). De la nobilissima arte e scientia de astrologia e stato tracto lo presente sumario per lo egregio e sapientissimo astrologo maistro Bernardo de Granollachs de la inclita cita de Barcelona... del anno presente che cõtano. M.CCCC.LXXXV, fino al anno Mille cinquocento et cinquanto. S. l. (*Romæ*, 1485), in-4, goth. [8380]

Première édition non citée. Hain, qui n'avait jamais vu cette édition, dit en mentionnant une édition espagnole de 1488 : « *Extat etiam versio italica.* » Ce livre est précédé d'une grande planche sur bois représentant l'auteur et son clerc traçant des figures astrologiques.

150 fr. Asher, 1865.

— AD INVENIENDAM novam Lunam et festa mobilia liber perutilis. — Incipit tractatus multum utilis per circumspectum virum dūm Bernardum de Grainolachs Barchinonensem..... absq. *nota* (sed Bacinonae, c° 1494), pet. in-4, goth.

Almanach fort rare, calculé sur le méridien de Barcelone, allant de 1494 à 1550.

GRASSI Romano (*B.*). Dei veri ritratti degl'habiti di tutte le parti del mondo, intagliati in rame per opera di Bartolomeo Grassi Romano. Libro primo (ed unico). *In Roma,* 1585, in-fol. obl.

Cinquante planches gravées en taille-douce, donnant environ 180 gravures de costumes, presque tous de femmes. 180 fr. Tross, 1871.

GRASSIS. Forma pevratorij edita p spectabilem et ‖ supegregiv dñm iohañem de grassis utrivsq ‖ ivris monarchaӡ ac ordinariv almi stvdij pa ‖ piensis. (A la fin) : Recollecta' vo pme i stvdio papie i uacan ‖ ciis natiuitatis saluatoris. Anno 1468. *S. l. n. d.,* pet. in-fol., goth.

de 16 ff. à 2 col., sans ch., récl ni sign., impr. avant 1470, en caract. mal gravés et mal ajustés, et rempli d'abréviations difficiles.

Ce livre est extrêmement rare et est fort recherché en Italie.

GRAVEROL (*Fr.*). Notice ou Abrégé historique de vingt-deux villes, chefs des diocèses de la Province de Languedoc, par feu M° François Graverol... *Toulouse, G. L. Colomiez,* 1696, in-fol.

Volume recherché, 15 à 25 fr.

GREGORIUS Naziancenus. Gregoire Nasienzene euesque. Discours contre les dissolutions des femmes fardées, & trop pompeusement attiffées; traduits du grec par Samuel du Lys. *A Genève,* 1574, in-8.

Volume rare et curieux ; le nom du traducteur est un pseudonyme, sous lequel se dissimulait Simon Goulard.

GREENLANDISCH Folklore. Récits et Légendes populaires, recueillis et publiés par des habitants natifs du Groënland. Texte Esquimau original, avec la traduction danoise. *Godthaab, Groënland (Greenland),* 1859-1861, 3 vol. in-8.

Collection intéressante au point de vue ethnologique et philologique. 100 à 120 fr.

GRENOBLO Malhérou, poésies en patois du Dauphiné, par Blanc dit la Goutte, avec une préface par G. Sand. *Grenoble,* 1865, un vol. in-4, pap. vélin, avec de nombreux bois gravés d'après Rahoult, par Dardelet.

Beau livre, tiré à petit nombre. 40 fr.

GRETSCH (*Nic.*). Grammaire raisonnée de la langue russe, précédée d'une introduction sur l'histoire de cet idiome et de son alphabet, par Ch.-Ph. Reiff. *Saint-Pétersbourg,* 1828-29. 2 vol. gr. in-8.

Ouvrage important et très-recherché. 30 à 40 fr.

GREVIN (*Jacques*). Le Théâtre de Jacques Grevin, de Clermont en Beauvoisis. A très illustre princesse Madame Claude de France, duchesse de Lorraine. Ensemble la seconde partie de l'Olympe et de la Gelodacrye. *Paris, Vincent Sertenas,* 1562, in-8. [16285]

L'exemplaire de Ch. Nodier, en mar. de Thouvenin, payé par M. Double 130 fr., fut acheté par M. Leb. de Montgermont, 280 fr., et revendu en 1876, 580 fr. Ce joli volume figure au prix de 1,000 fr. au catal. des libraires Morgand et Fatout, de mai 1876.

GREY (Sir *George*). Ko nga moteatea, me nga hakirara o nga Maori. He mea kohikohi mai na sir G. Grey. *New-Zealand,* 1853, in-8 de 432 pp. — He korero

apiti ano no nga Waiata nei. cxii pp. —
Index et Errata, 20 pp.

Collection de poésies, traditions et chants populaires des Maoris; le manuscrit de ce très-rare
volume avait été déposé par Sir G. Grey dans la
Bibl. du *Wellington Athenacum*, à la Nouvelle-Zé-
lande (*sir G. Gray's catal.*, vol. II, part. IV, n° 125).

GRIGUETTE (*Benigne*). La Mort de Germanique Cæsar, tragédie par Griguette,
advocat au parlement de Dijon. *Dijon,
P. Palliot*, 1646, in-4 de 6 ff. lim., et
116 pp.

Pièce rare, la seule que l'on connaisse de l'auteur.
4 fr. de Soleinne; 13 fr. Favart.

GRIJALVA (*Joan* de). Cronica de la orden de N. P. S. Augustin en las prouincias de la Nueua España, en quatro
decades desde el año de 1533 hasta el de
1592. *Mexico, en el convento de S.
Augustin. y emprenta de Joan Ruyz*,
1624, in-fol. à 2 col. de 4 ff. prélim. (y
compris le titré gravé), 218 ff. chif. et
6 ff. non chif. [21593]

Sommairement désigné au *Manuel*. 145 thalers
Andrade; porté à 600 fr. au catal. Tross; £ 13. sh. 15
Fischer.

GRILLET. La beauté des plus belles dames de la cour, les actions héroyques des
plus vaillants hommes de ce temps, avec
la rime heureusement rencontrée sur
toutes sortes de noms, et plusieurs autres pieces sur divers sujets gaillards et
sérieux. *Paris, Robert Denain*, 1648,
in-4 de vii ff. lim., 283 pp. de texte et
4 ff. pour la table et le privilége.

L'auteur était émailleur ordinaire de la reine; son
livre est dédié au maréchal de Schomberg; il est
fort rare, car nous ne pouvons citer que deux adjudications; l'une de 1750, à la vente Gersaint, 4 l. 5 s.;
et nous devons faire remarquer que l'exemplaire du
célèbre expert est daté de 1647; l'autre, en 1872, à la
vente de M. Martial Millet, où l'exemplaire est
payé 66 fr.

GRILLOT (Le P. J.). Lyon affligé de con-
tagion, ou Narré de ce qui s'est passé de
plus mémorable en ceste ville, depuis le
mois d'aoust de l'an 1628 iusques au mois
d'octobre de l'an 1629, par le P. Jean
Grillot. *Lyon, F. de la Bottière*, 1629,
pet. in-8.

En *mar.* de Capé, 40 fr. Desq.

GRINGORE (*Pierre*). Notables enseignements ‖ Adages et Prouerbes ‖ faictz et
cōposez par Pierre Gringore dict Vaul-
demont, ‖ herault darmes de hault et
puissant seigneur monsieur le duc de
Lorraine, nouuellement reueuz et corrigez, auec plusieurs aultres adioustez oultre la precedente impression. (A la fin) :
*On les uēd a Paris en la gallerie par
ou on va a la chācellerie, en la boutiq̄
Guillaume Boñemere*, s. d., in-16,

goth., de 104 ff. non chiffrés, sign. *a-n*
par 8, titre rouge et noir, avec encadrement gr. s. b. [13326]

Édition rare, citée mais non décrite au *Manuel*;
un exemplaire très-court, 100 fr. W. Martin.

Voici quelques prix obtenus depuis quinze ans pa
les divers ouvrages de ce poëte célèbre :

— ‚NOTABLES enseignemens. *Paris, Simon du Boys*
(pour *Galliot du Pré*), 1527, pet. in-8, goth.
En *mar.* de Capé, mais avec le titre raccommodé,
71 fr. Desq; en mar. de Simier, 200 fr. Yéméniz,

— LES MÊMES. *Paris, Nicolas Cousteau* (pour *G. du
Pré*), 1528, in-8, goth., fig. s. b.
En *mar.* de Trautz, 605 fr. W. Martin; en anc.
rel., 195 fr. de Chaponay.

— NOTABLES enseignemens, adages et proverbes,
faitz et composez par Pierre Gringore dit Vaul-
demont..... *Imprimez a Lyon par Olivier Arnoullet, le xviij de mars. Lan mil cccc. xxxiij*, petit
in-8, goth.
En *mar.* de Trautz, 290 fr. Double, pour M. Leb.
de Montgermont; et à la vente de celui-ci, en 1876,
porté à 760 fr., puis à 850 fr. au catal. Morgand et
Fatout.

— LES ABUZ du monde. *Paris, Pierre le Duc*, 1509,
pet. in-8, goth., fig. s. b. [13317]
En *mar.* de Trautz, 340 fr. Yéméniz; à la vente
de cette célèbre collection, un manuscrit des *Abus
du monde*, qui avait été payé 620 fr. par M.Yéméniz,
chez Nodier, en 1844, a été revendu 4,100 fr.

— LES ABUS du ‖ mōde. *Nouuel* ‖ *lement Imprimez a Paris*. S. d., pet. in-8, goth., de 72 ff.
En *mar.* de Koehler, mais avec un coin de feuillet
refait, 300 fr. catal. Fontaine de 1875.

— LE CHASTEAU de labour. *Lyon, Claude Nourry*,
1529, pet. in-8, fig. s. b., goth. [13314]
300 fr. Yéméniz.

— LE CHASTE ‖ AU de la- ‖ bour..... *Cy finist le
Chasteau de labour. ‖ A Lyon, imprime par
Barnabe ‖ Chaussard*. Xp̄o laus (? gl‿ia. ‖ S. d.
Petit in-8, goth., sign. a-g.
En *mar.* de Derome, 500 fr. au catal. Fontaine.

— LE MÊME. *Paris, pour Galliot du Pré, par Anthoine Augereau*, 1532, pet. in-8, lettres rondes.
Un exemplaire grand de marges, mais taché, en
mar. de Duru-Chambolle, 131 fr. Desq; en anc. rel.
mar., exemplaire Girardot de Préfond et La Vallière, 906 fr. Brunet, et l'exemplaire Desq a été
revendu 410 fr. W. Martin; un très-bel exemplaire,
en *mar. doublé* de Bauzonnet, a été porté au prix
extraordinaire de 3,020 fr. à la vente du baron Pichon; il était acquis par un notable commerçant,
qui le cédait quelques semaines après la vente, à
son libraire Aug. Fontaine, et celui-ci, dans son
catal. à prix marqués, en demandait 4,200 fr. et en
trouvait 4,000.

— LES FOLLES entreprises. *Paris, Pierre le Dru,*
s. d. (*vers 1505*), pet. in-8, goth.
Un exemplaire imprimé sur *vélin*, décoré de
22 miniatures et de lettres initiales peintes, mais
avec le 8e feuillet du cahier C refait à la plume, en
anc. rel. *mar.*, venant du duc de La Vallière et de
Richard Heber, 1,050 fr. Brunet.

— LES MÊMES. *Paris, au Pellican (Marnef)*, 1510,
in-8, goth., fig. s. b.
En *mar.* de Thouvenin, mais avec quelques défauts signalés au catalogue, 210 fr. Yéméniz.

— LES MÊMES. *Imprime nouuellement a Paris,*
s. d. (*Trepperel, vers 1518*), in-8, goth., fig. s. b.
315 fr. W. Martin.

— CONTREDICTZ de Songecreux..... *Imprimez a*

Paris par Nicolas Couteau, imprimeur pour Galliot du Pré, libraire... 1530, pet. in-8, goth., avec une fig. s. b. et la marque du libraire à la fin. [13329]

Première édition, en *mar. doublé* de Bauzonnet, 1,150 fr. baron Pichon; l'exemplaire nous avait paru un peu blanc, c'est-à-dire fortement lavé; mais probablement nous nous étions trompé, puisqu'il a été revendu en 1876 1,450 fr., chez M. Leb. de Montgermont; l'exemplaire Solar, venant de la vente Utterson, 229 fr., a été revendu 210 fr. de Chaponay.

— LES MENUS PROPOS de Mere-Sotte. *Paris, Gilles Couteau,* 1,521, gr. in-8, goth., fig. s. b. [13322]

En *mar.* de Bauzonnet, 460 fr. Double.

— LES MÊMES. *Paris, Phil. Le Noir,* 1525, pet. in-8, goth., fig. s. b.

En *mar.* de Koehler, 205 fr. Yéméniz, porté à 400 fr. au catal. du libraire Fontaine.

— LES MÊMES. *Ibid., id.,* 1528, pet. in-8, goth., fig. s. b.

100 fr. Chedeau, pour M. W. Martin, et revendu le même prix chez celui-ci.

— LES MÊMES. *Ibid., id.,* s. d., in-4, goth., avec 36 fig. grav. s. b.

Un exemplaire raccommodé, 160 fr. Huillard, qui l'avait payé 245 fr. à la vente Chaponay.

— LES FAINTISES du monde. *Lyon, Barnabé Chaussard,* s. d., pet. in-8, goth., de 19 ff. [13323]

En *mar.* de Trautz, 370 fr. Double, pour M. Didot.

— RONDEAULX nouveaulx jusques au nombre de cent et troys..... *Paris... en la rue Neuve Nostre-Dame a l'enseigne Sainct-Nicolas;* s. d. (vers 1515), pet. in-8, goth.

En *mar.* de Trautz, 460 fr. Double.

Le bel exemplaire de M. Double venait de Solar; il avait été acheté 299 fr. par Techener, qui l'avait cédé à M. Double, moyennant 365 fr.; il fait aujourd'hui partie de la bibl. Firmin-Didot; c'est un livre *sans id,* c'est-à-dire parfait, comme disait Nodier.

Nous portons ce volume à l'actif de Pierre Gringore, parce que ces 103 rondeaux sont imprimés dans le recueil suivant, dont les bibliographes ont, d'un commun accord, attribué la paternité à notre poète.

— RONDEAULX en nombre troy cens cinquante, singuliers et à tous propos. *Imprime nouuellement a Paris pour Alain Lotrian,* s. d. (vers 1530), pet. in-8, goth. [13328]

En anc. rel. *mar.,* mais court de marges, 70 fr. Chedeau.

— HEURES de Nostre-Dame... *Paris, J. Petit,* s. d. (privilège de 1527, et calendrier de 1534 à 1549), in-4, goth., caractères rouges et noirs, 20 figures sur bois.

En *mar.* de Duru (exempl. Audenet), 330 fr. Yéméniz; 680 fr. Tufton; en *mar.* de Niédrée, 1,060 fr. Em. Gautier; cet exemplaire, fort beau du reste, est porté au catalogue à prix marqués du libraire Fontaine, en 1875, au prix de 1,500 fr.

— HEURES de Nostre-Dame. *Paris, Pierre Regnault,* s. d. (1540), pet. in-8, fig. s. b., en caractères ronds, rouges et noirs; on trouve à la fin de cette jolie édition les *Chants Royaux.*

En *mar.* de Bauzonnet, 250 fr. Yéméniz; en *mar.* de Trautz, 410 fr. W. Martin.

— LA CRONIQUE des Lutheriens et oultre-cuidance d'iceux, depuis Simon Magus jusques a Calvin, et ses complices et fauteurs huguenotz, ennemis de la Foy divine et humaine. *Paris, Christofle Rouer,* 1585, in-8, de 20 ff.

Cet ouvrage, dit le *Manuel* (I, col. 1,863), n'est autre que le *Blason des hérétiques,* de P. Gringore,

avec quelques changements et une addition à la fin.

100 fr. baron Pichon.

— LA CHASSE du Cerf des Cerfs. *S. l. n. d.,* pet. in-8, goth., fig. s. b.

Un des deux exemplaires sur *vélin,* de la réimpression en *mar. doublé* de Koehler, 200 fr. W. Martin; c'était l'exemplaire d'Audenet.

— LE CASTEAU d'Amours. *Paris, Crapelet,* 1830, in-8, goth., de 10 ff.

Réimprimé à petit nombre; un exemplaire sur *vélin,* 15 fr. Huillard.

— LA COMPLAINCTE de la cité chrestienne. *A Paris, chez Pierre Bige,* s. d., in-16, goth.

Il a été découvert à la Bibl. nation., dans une doublure de vieux livres, un exemplaire de cette pièce presque inconnue, tirée en placard in-fol. plano.

L'édition in-16 n'est citée que par les divers *Catalogues des Foires de Francfort,* et d'après ces catalogues par Du Verdier; elle peut être hardiment classée parmi les livres perdus.

— ÉPISTRE de Clerinnde la Romayne. Voyez VILLEBRESME (*Macé* de).

GRISEL (*J.*). Les Premières œuvres poétiques de Jehan Grisel, Rovennois. A tres-chrestien Roy de France et de Nauarre Henry III. *Roven, de l'imprimerie de Raphaël du Petit-Val,* 1599, pet. in-12, de IV ff. lim. et 136 pp., car. italiques. [13888]

M. Brunet et M. Frère (*Man. du bibliographe Normand*), en donnant la description de ce rare volume, disent qu'il est divisé en IV parties : *Les Martiales Visions,* dans lesquelles l'auteur chante les hauts faits du roi Henri IV; *les Vœux, les Amours* et *le Bouquet poétique;* ils en donnent le nombre de pages, mais ils ne font pas mention de 4 feuillets non chiffrés, qui doivent se trouver entre les pages 96 et 97, et dont la présence est indispensable pour que le volume soit complet, attendu qu'ils contiennent les quatre premières pièces (numérotées) de la 4ᵉ partie, intitulée *le Bouquet poétique.*

Ces quatre feuillets manquaient à l'exemplaire d'Auffay, vendu en 1863 250 fr.; à celui de M. W. Martin, vendu en *mar.* de Trautz, 220 fr., et porté à 350 fr. au catal. Leb. de Montgermont; ils manquaient également à celui de M. Turquety, payé en 1869 185 fr.

Ils ont été signalés par M. Potier dans l'exemplaire de la vente de l'amateur bordelais, H. Bordes, en 1873; comme ces feuillets avaient été tirés in-8, d'un format plus grand par conséquent que l'in-12, ils se trouvaient, dans l'exemplaire mis en vente, rognés bien près du texte, mais sans que la lettre fût atteinte.

L'exemplaire, dans une riche reliure en *mar. doublé* de Lortic, a été vendu 800 fr.; ce volume précieux figure au premier catal. à prix marqués des libraires Morgand et Fatout, au prix un peu exagéré de 1,200 fr.

GROSE (*Fr.*). An Antiquarian Repertory, a miscellaneous assemblage of topography, history, biography, customs and manners chifly compiled by and under the direction of Fr. Grose, esq. *London, Jeffery,* s. d., 4 vol. in-4, fig.

Un exemplaire en grand papier et en *v. f.,* 97 fr. Solar.

GROTIUS (*Hugo*). De Origine gentium Americanarum dissertatio. *Parisiis*, 1643, pet. in-8: 5 à 6 fr.

— LA VÉRITÉ de la religion chrestienne, ouvrage traduit du latin de Grottius (*sic*) (par Mezeray). *Paris, de l'Imprimerie des nouveaux caractères inventez par Pierre Moreau*, s. d., in-8. Traduction fort rare. En *mar.* de David, 150 fr. au catal. à prix marqués de Gonzalez (Bachelin, 1876).

GROTTE (*Nicolas* de la). Airs et chansons à 3, 4, 5 et 6 parties. *A Paris, chez Jean Cavellat*, 1583, in-12, obl.

Volume qui doit être aussi intéressant qu'il est rare, ce qui n'est pas peu dire, puisque malheureusement nous ne le trouvons porté qu'aux divers *Catalogues des Foires de Francfort.*

GRUAU (*L.*). Nouvelle invention de chasse pour prendre et oster les loups de la France..... *Paris, P. Chevalier* ou *L. Sonnius*, 1613 ou 1614, pet.in-8. [10440]

L'exemplaire Huzard a été revendu 200 fr. Solar; l'exemplaire de Yéméniz, de 1613 et avec le nom de *Sonnius*, en *mar.* de Capé, 300 fr.; l'exemplaire du baron Pichon, relié par Koehler (1613, *Chevalier*), 160 fr., mais racheté par M. Potier, et à sa vente porté à 185 fr.

GRÜNPECKS (*Joseph*). Pronostication commençant lan XXXII et dure iusques en lan M.D.XL. et contient en soy beaucoupt dhystoires a venir. *Imprime et translate dallemant en cestuy Language a Genesue, par Wygant Köhn*, s. d., in-4, goth., de 4 ff. [9022]

Vendu 9 fr. 95 c. libr. De Bure, en 1835, et serait beaucoup plus cher aujourd'hui.

— SPIEGEL der Natürlichen, himmlischen und prophetischen Sehungen aller Trübsalen, Augst üu not, die... in Kurtzen Tagen geen werden. *Legpzyk, Wolfgang Stockel*, 1522, in-4, de 24 ff., dont le dernier blanc; 13 curieuses gravures sur bois, la planche du titre représente le Pape et son Eglise, figurée par un navire, qui s'engloutit dans les flots. 40 fr. catal. Tross.

— COMOEDIE utilissime,omnë latini sermonis elegantiam cötinentes, e quibus quisque optimus latinus euadere potest. — Acta a Xpi saluatoris nostri nataliciis diebus anno 1497 sexto Kalendas decembris. *S. l. n. d. (Augsbourg, Froschauer, c* 1497)*, in-4, goth., de 30 ff., dont le dernier blanc (manquait à la collection de Soleinne). [16123]. 15 à 20 fr.

GUADALAJARA y Xauier (F. *Marco* de). Memorable Expvlsion y ivstissimo destierro de los Moriscos de España. *Pamplona, Nicolas de Assiayn*, 1613, in-4. [26221]

Ce volume rare est cité par M. Brunet, mais, pour qu'il soit complet, il doit être suivi de l'ouvrage suivant :

RIPOL (Ivan). Dialogo de consvelo por la expvlsion de los Moriscos de España. *Pamplona, N. de Assiayn*, 1613, in-4. La table du premier ouvrage fait corps avec le second.

GUALTEROTTI (*Raffael*). Della Descri-

zione del regale apparato fatto nella nobile città di Firenze, per la venuta e per le nozze della serenissima madama Cristina di Lorena, moglie del seren. Don Ferdinando Medici terzo, gran duca di Toscana. Libro primo (e secundo) descritto e di figure adornato da Raffael Gualterotti, gentil'huomo Fiorentino. *In Firenze, appreszo Antonio Paduani*, 1589, in-fol. [25542]

Livre d'une admirable exécution, dont on ne connaît que deux ou trois exemplaires complets; la première partie est composée d'un frontispice gravé, de 52 feuillets chiffrés et de 2 feuillets non chiffrés, donnant la description des costumes; elle doit avoir de plus les portraits de Ferdinand et de Christine de Médicis. La seconde partie contient 88 feuillets chiffrés, et entre les pages 128 et 129, 2 feuillets non paginés, sign. Cc. 3, intitulés : *Ornamento fatto dentro nel duomo*. Cette partie est ornée de 67 belles eaux-fortes, dont 8 de double grandeur.

Le marquis d'Adda, à Milan, possédait un exemplaire de ce précieux volume, qui contient de plus une 68e planche gravée; c'est un tableau en 21 compartiments, sign. Fr. Geffels.

M. Tross a mis en vente un exemplaire de la seconde partie sans la 68e planche, au prix de 180 fr.

L'exemplaire Ruggieri, relié en *mar.* par Masson et Debonnelle, mais n'ayant que 63 gravures pour la seconde partie, a été vendu 800 fr.

La relation en français des fêtes nuptiales de Ferdinand de Médicis et de Christine de Lorraine a été publiée la même année.

— DISCOURS de la magnifique réception et triomphante entrée de la grande-duchesse de Toscane en la ville de Florence, avec les cérémonies de son couronnement et espousailles, les théâtres, tournois, musiques, etc. *Lyon, Benoist Rigaud*, 1589, pet. in-8. En *mar.* de Masson et Debonnelle, 101 fr. même vente Ruggieri.

Plusieurs pièces italiennes ont été publiées à l'occasion de ces noces célèbres :

— DESCRIZIONE del apparato e degli intermedi fatti per la commedia rapprezentata in Firenze nelle nozze de' ser. D. Ferdinando Medici e madama Cristina di Lorena. *Firenze*, 1589, in-8.

— VENUTA della ser. Cristina de Lorena, da Nicola de' Cardi, 1589. *Firenze*, 1590, in-8 (en vers), etc.

GUALTHERUS. L'Antechrist de Raoul Gualthere, ministre en l'Eglise de Surich (*sic*). C'est à dire cinq homélies ou sermons, par lesquels il prouue le pape de Rome estre le vray Antechrist. *S. l. (Genève), par Nicolas Barbier et Thomas Courteau*, 1599, pet. in-8. [2105]

100 fr. (1866).

M. Brunet ne cite que l'original latin et la traduction italienne.

GUARINI (*Battista*). Le Berger fidèle, pastorale, de l'italien du seigneur Baptisto Guarini, chevalier. *Paris, P. Mettayer*, 1598, in-12, fig. s. b. [16709]

Suivant toutes les probabilités; ce serait la première traduction française de ce poëme célèbre. 6 à 8 fr.

GUARINO-GUARINI (P. *D. Pedro*). Del

modo di misurare le fabbriche. *Torino,*
1674, in-8, fig. s. b.

— Disegni d' architettura civile e ecclesiastica.
Torino, 1668, in-fol., planches gravées sur bois.

— Architettura civile, opera postuma dedicata a
S. R. Maestà. *Torino, 1737,* 2 vol. in-fol., fig. s. b.
Tous ces livres, sans être aujourd'hui très-recher-
chés, ont cependant conservé de la valeur.

GUAZZO (*Marco*). Historie di tvt ‖ te le
cose degne di memoria ‖ qval del anno.
M.D.XXIIII. sino a' ‖ questo presente
sono occorse nella Italia, nella Prouenza,
nella Fran ‖ za, nella Piccardia, nella
Fiandra..... & altri luoghi, cosi per ‖
terra come per mare, col nome di molto
huo ‖ mini scientiati. Opera noua et no ‖
uamente con la sua Ta ‖ uola stampata.
‖ *In Venetia.* M.D.XL. (In fine) : *In*
Venetia per Nicolo d'Aristotele detto
il Zoppino. Con ‖ licenza del auttore.
Nel anno del Nostro Signore. ‖ M. D.
XL. *Adi.* VIII. *di aprile,* in-8 de VII ff.
lim., et 225 ff. numérotés.

Livre intéressant et qu'un chapitre consacré à
l'aventurier Pizarre recommande aux amateurs de
livres sur l'Amérique; un exemplaire sur papier
bleu ne fut vendu que 13 fr. (vente De Bure, 1835) ;
il serait certainement payé aujourd'hui dix fois
ce prix.

— Historia di ‖ M. Marco Guazzo ‖ di tvtti i fatti...
In Vinegia, app. Gabriel Giolito de Ferrari,
1546, in-12, de VIII ff. limin. et 375 ff. chiffrés.
[23422]

GUEDRON (*Pierre*). Airs de court, à quatre et cinq parties, par Pierre Guedron,
musicien et compositeur de la musique
de la chambre du Roy. *A Paris, par*
Pierre Ballard, 1608, in-16, oblong.
[14313]

1er livre. 74 feuillets, plus 2 feuillets de table et
privilége.

2e livre. *Paris,* 1612, IV-38 feuillets, plus 2 feuillets de table et privilége.

3e livre. *Ibid.,* 1617, IV-26 feuillets, plus 2 feuillets dont 1 blanc.

4e livre. *Ibid.,* 1618, 14 feuillets, plus 1 pour la
table et 1 feuillet blanc.

5e Livre. *Ibid.,* 1620, II-17 feuillets, plus 1 feuillet non paginé.

GUEFFIER (*C. P.*). Curiosités de l'Eglise
de Notre-Dame de Paris, avec l'explication des tableaux qui ont été donnés par
le corps des orfèvres. *Paris, C. P.*
Gueffier, 1753, in-12.

Réimprimé sous le titre de : Description historique des curiosités de l'église de Paris..... par
M. C.-P. G. (Gueffier), orné de figures. *Paris,*
C.-P. Gueffier père, 1763, in-12, fig. s. b.
Ces deux volets sont rares et recherchés; le
second, en anc. mar., aux armes du Dauphin, a été
vendu 82 fr. Le Roux de Lincy.

GVEGVEN (*Ivon*). Confessional ‖ d'astv-
met ‖ eves an doctoret ‖ catholic apos-
tolic ‖ hac Romain. ‖ Pé en henny è

caflo pep guir Christen ha par- ‖ fet catholic, an manier, da rëtaff è en eff pur
‖ ha net, ves à viez ha pechet. ‖ Composet ha laquet en goulou, gant Evzen ‖
Guegven, Bellec ves à Dioces Querneau.
‖ *E Naffnet (Nantes),* ‖ *gant Pezron*
Doriov, Imprimer ‖ *d'an Roué.* M. DC.
XII, in-12 de 19 ff. lim., 86 ff. de texte
et 2 ff. suppl.

Volume fort rare, imprimé à Nantes; l'auteur est
un prêtre du diocèse de Quimper, nommé Yvon
Guéguen. En mar. de Trautz, 250 fr. Burgaud des
Marets.

GUEMES (D. *Pedro Gonçalez* de). De-
fensas de vn ministro afligido, al rey
nvestro señor. Por el doctor Don Pedro
Gonçalez de Guemes. Oydor del Nueuo
Reyno de Granada. *S. l. (Madrid ?),*
Año de mil y seiscientos y cinquanta
y tres (1653), in-4, de XIII-214 ff.

Volume fort rare; un exemplaire piqué, 50 fr.
Maisonneuve.

GVÉNOIS. Recveil des ordonnances
royaux..... par Gvénois : revu et augmenté de nouvelles ordonnances et de
plusieurs passages de divers auteurs
françois... par M. Etienne Deluart, conseiller au bailliage de Bourg. *Bourg-en-*
Bresse, Jean Tainturier, 1625, in-4.

C'est le premier livre imprimé à Bourg; ce volume est important pour l'histoire de la Bresse et
du Bugey; cette édition de 1625 est citée au catal.
Coste (*Bibl. lyonnaise*), et son existence est admise
par M. Sirand (*Bibl. de l'Ain*).

GUERAU (*Francisco*). Poema harmonico,
compvesto de varias cifras por el templo
de la guitarra española. *Madrid,*
Manuel Ruyz de Murga, 1694,
in-fol., de VII ff. et 54 pp. de musique
gravée.

Livre très-rare et dédié à Charles II, l'*Ensorcelé*,
par un de ses chapelains ; il contient néanmoins bon
nombre d'airs profanes.

[Catal. Salvá, n° 2519].

GUERIN de Montglave. Sensvyt la tres ‖
plaisante histoi ‖ re du preux et ‖ vaillant Guerin de Monglaue : Lequel fist ‖
en son têps plusieurs tresnobles et illustres ‖ faicts en armes. Et aussi parle des
terribles ‖ et merueilleux faictz que
firent Robastre et ‖ Perdigon pour secourir ledict Guerin ç ses enfants. XXI.
(A la fin) : ❧ *Cy fine la plaisan* ‖ *te*
hystoire de Gueri de Môtglaue. Nou ‖
uellemēt imprimee a Paris pour
Iehā Trepperel, marchant et libraire
demou ‖ *rant en la rue Neufue Nostre*
Dame a len ‖ *seigne de Lescu dé*
France. ‖ S. d., pet. in-4, goth., à longues lignes, fig. en bois, IV ff. lim. et
94 ff. chiffrés, sign. A et *a* viij; titre

imprimé en lettres rouges et noires. [17038]

Cette précieuse édition, découverte par M. Tross, est certainement plus ancienne que celle que M. Brunet donne, comme la première, avec la date de 1518 et le nom de Michel Le Noir; Jehan Trepperel, reçu imprimeur en 1494, dit Lottin (peut-être même en 1492, croyons-nous), meurt en 1511 et sa veuve lui succède; de plus, l'édition que nous décrivons est à longues lignes, ce qui semble communément indiquer l'antériorité sur les éditions à 2 colonnes.

Un bel exemplaire de ce précieux roman de chevalerie vaudrait certainement aujourd'hui de 1,200 à 1,500 fr.

— L'HISTOIRE du preux et vaillant chevalier Guérin de Montglave. *Paris, Jehan Bonfons*, s. d., in-4, goth.

Édition peu intéressante, comme toutes celles des romans de chevalerie imprimées par les Bonfons. En *mar.* de Duru, 500 fr. Yéméniz; an anc. rel. *mar.* (exempl. d'Essling), 240 fr. Morel, de Lyon.

GUERINO Meschino. Le premier liure de Guerin Mesquin... *Cy finist... Achevé de Imprimer le* XVIᵉ *de apuril.* M. CCCCC. *et* XXX *par Ol. Arnoullet. Lyon.* Gr. in-4, goth. [17371]

L'exemplaire Solar, payé 400 fr. par M. Double, a été vendu 1,700 fr. chez celui-ci; c'était l'exemplaire du duc de La Vallière, qui avait passé par la bibl. d'un M. de Montaynard; il est aujourd'hui chez M. Didot.

L'exemplaire vendu chez M. Morel, de Lyon, 101 fr., était annoncé comme venant du duc de La Vallière, et relié depuis la vente; ce qui est absolument impossible.

— GUARINO Mesquino. Cronica d'l noble cauallero Guarino Mes ‖ quino. En la qual trata de las Haza ‖ ñas y auenturas... (Al fin) : *Acabose la famosa historia d'l valiēte y muy vir ‖ tuoso cauallero Guarino llamado Mesquino... la ‖l se impmio ē la muy ‖ noble ? muy leal cibdad de Seuilla ‖ en casa de Andres de Burgos. ‖ En el año de n̄tro Señor Je ‖ su X̄po d'mil ? q̄ñetos ? XLVIII á di ‖ es dias de ‖ mayo,* in-fol., goth., de 2 ff. pour le titre et les limin., et de 128 ff. à 2 col., fig. s. b. au titre.

L'épître-dédicace nous apprend que cet ouvrage fut traduit du toscan en espagnol par Alonço Hernandez, *Aleman, vecino de Seuilla*, à la demande de D. Pedro Ponce de Léon, fils du maréchal Juan Ramirez de Guzman, señor de Teba y Hardales.

Il doit avoir existé une édition antérieure, aujourd'hui perdue, puisqu'on lit dans le catalogue de *La bibl. Colombina* : Guarino Mesquino. *Sévilla*, 1512, in-fol.

GVERO ‖ bi partelan ‖ Partitva eta Berecia, ‖ Lebenhi cicoan ‖ emaitenda, aditcera, ‖ cenbat calte eguiten duen, luça ‖ mendutan ibiltceac, eguitecoen ‖ gueroco utzteac. ‖ Bigarrenean q̃uidatcenda, eta aitcinatcen, luça ‖ menduac vtciric, bere hala, bere eguin bi- ‖ deari, lothu nahi caicana. ‖ Escritura Saindutic, Eliçaco

Doctor etaric- ‖ eta liburu debocinozco etaric. AXULAR sa, ‖ raco errotorac vildua, ‖ N̄e tardes conuerti ad Dominum, et ne differas ‖ de die in diem. *Eccl.* 5. | *Bordelen,* ‖ *G. Millanges Erregueren Imprima-* ‖ *caillea baithan.* ‖ M.DC.XLIII, in-8 de x ff. pour la dédicace, les approb. et l'avant-propos; texte pp. 21-621; table VIII pp.

Ce célèbre ouvrage du curé de Sare, Pierre d'Axular, est dédié à Bertrand d'Echaus, archevêque de Toulouse; il est connu sous le nom de *Gueroco guero*; M. Maisonneuve nous apprend, dans son excellent catalogue du regretté Burgaud des Marets, que l'on n'en connaît que deux exemplaires, dont l'un fait partie de la collection de Louis-Lucien Bonaparte, et l'autre, qui appartenait à M. Burgaud des Marets, a atteint, relié en *mar.* par Trautz, le prix élevé de 420 fr.

La seconde édition, imprimée également chez Millanges, n'a pas de date, elle est composée de 623 pages et de VIII pages supplémentaires; elle est presque aussi rare que la première. En *mar.* de Capé, 65 fr. seulement, même vente.

GUÉROULT (*Guillaume*). Description philosophale de la nature et condition des animaux, tant raisonnables que brutz... (premier et second livre), en vers. *A Paris, par Magdeleine Boursette, rue S. Jacques, à l'Enseigne de l'Eléphant deuant les Mathurins*, 1554, 2 part. en un vol., pet. in-8, fig. s. b., de 70 ff.

En *mar.* de Niédrée, l'exemplaire de Huzard, 220 fr. Yéméniz.

Une édition de *Lyon, Jean d'Ogerolles*, 1568, in-16. 51 fr. même vente.

— HYMNES du temps et de ses parties. *A Lyon, par Jean de Tournes*, 1560, in-4, fig. de Bernard Salomon, caractères italiques. [13755]

Volume précieux, dont M. Brunet ne cite pas d'adjudication. En *mar.* de Trautz, 550 fr. Yéméniz.

— ÉPITOME de la corographie d'Europe, illustré des pourtraitz des Villes plus renommées d'icelle. Mis en françoys par Guillaume Guéroult. *A Lyon, chez Balthazar Arnoullet*, 1553, in-fol., fig. sur bois, que l'on attribue à Bernard Salomon, dit le petit Bernard; les vues des villes sont finement gravées.

95 fr. seulement Yéméniz.

La première édition est de *Lyon, Balthazar Arnoullet*, 1552, in-fol. C'est un livre de toute rareté.

— LE PREMIER livre des Emblemes. Composé par Guillaume Guéroult. *A Lyon, chez Balthazar Arnoullet*, MDXXXXV, in-8, de 72 pp. — Second Liure de la Description des Animaux, contenant le Blason des Oyseaux, composé par Guillaume Gueroult. *A Lyon, par Balthazar Arnoullet*, MDXXXXV, in-8, de 72 pp., pour les deux parties, fig. s. b. finement gravées. [18596]

L'exemplaire Huzard, en *mar.* de Niédrée, 265 fr. Yéméniz, a été revendu 615 fr. Leb. de Montgermont; le premier livre des Emblemes, seul, dans une bonne reliure de Bauzonnet-Trautz, avait été vendu 110 fr. Chaponay, pour M. Didot. Ce livre des Emblemes (sign. A-D, par 8, E ce 4 ff.) est orné de 29 jolies figures sur bois. Le second livre porte les mêmes signatures, mais la pagination est fort inexacte pour les premiers feuillets.

GUERRA (*Fr. Joan.*). Arte de la Lengua Mexicana segun la acostumbran hablar

los Indios en todo el Obispado de Guadalajara, parte del de Guadiana, y del de
Mechoacan ; dispueto por orden y mandato de Fr. Joseph de Alcarás. *Con licencia, en Mexico, por la viuda de
Francisco Rodriguez Lupercio, en
la puente de Palacio, año de* 1692.

Nous citons ce volume rare d'après le catal. Fischer (£ 2, sh. 9) ; malheureusement les rédacteurs
de ce catalogue assez inexact ont omis de nous donner le format du volume, que nous croyons in-8.

GUERRA de Ferrara (La). *S. .l. n. d.
(Venezia,* v. 1485), in-4, goth., à 2 col.,
fig. s. b. — Petit poëme fort rare en *ottava rima* de 81 *ottave.*

22 fr. W. Martin.

La guerre de 1482, entre Ferrare et la République
de Venise, a donné lieu à un échange de lettres
importantes entre le Pape Sixte IV et le Doge Mocenigo. Nous parlons des lettres du Souverain-Pontife
à l'article CAXTON.

GUERRA (La) del Turcho a p̄se de Mo-
dono de la tornata del signor Lodovico.
S. l. n. d. (vers 1520), in-4 de 4 ff. à
40 lign. par page.

In ottava rima. 40 fr. Tross.

GUERRE (La) et Controverse des Colonnois, contre le Sainct Siége Apostolique,
publiée par la bulle de N. S. P. Paul III,
sur la confiscation de Ascaigne, et Marc-
Anthoine Colonnois. *Paris, P. Gaul-
lier,* 1556, pet. in-8 de 7 ff.

Pièce fort rare. En mar. de Hardy, 18 fr. Labitte
(1872).

GUERREIRO (P. *Bertholamev*), da Companhia de Jesu. Gloriosa Coroa d'esfor-
çados religiosos da Companhia de Jesu.
Mortos polla fe catholica nas Conquistas
dos Reinos da Coroa de Portugal. *Em Lisboa, por Antonio Aluarez,* 1642, in-fol.

Titre et 1 feuillet gravé pour les armes de Portugal, VI ff. limin., 736 pp. et 1 f. pour la marque de
l'imprimeur, plus VI ff. d'*Indice.*

Ce Martyrologe est divisé en 4 parties, qui comprennent l'histoire des missions de l'Afrique et des
Indes orientales, du Brésil et du Japon.

80 fr. Maisonneuve.

GUERRERO (*Fr.*). El viage de Hierusalem
que hizo Franc. Guerrero, racionerǫ y
maestro de capella de la S. Yglesia de
Sevilla. *Valencia, Joan Novarro,* 1590,
pet. in-8. [20553]

La première relation de ce voyage avait été écrite
en portugais par Victor Joze de Costa ; elle a été
publiée à Lisbonne en 1734, in-4 : Itinerario da via-
gem que fez a Jerusalem. *Lisboa,* 1734.

L'édition de *Sevilla,* 1596, est un petit in-8, exécuté « en casa de Juan de Leon ».

GUETE (*Jayme* de). Comedia intitulada
Tesorina : la materia de laqual es vnos
amores de vn penado per vna señora y
otras personas adherentes. *S. l. n. d.*

(v. 1530), in-4, goth., de 16 ff. non chif.,
sign. a-b. [16763]

Pièce en vers, divisée en cinq *jornadas;* elle est
signalée dans le VIᵉ catal. de R. Heber (nᵒ 2818), où,
par une faute d'impression, l'auteur est appelé
Guerte; Schenck (1-195), Ticknor (1-140) et Moratin, qui cite cette pièce d'après l'*Indice expurga-
torio* de 1531, appellent l'auteur *Huete;* ce nom est
répété dans l'*Indice* de 1559 et dans celui de 1583 ;
et cette version est adoptée par M. Brunet.

Salvá, qui possédait un bel exemplaire de cette
pièce fort rare (nᵒ 1279), en donne de longs
extraits.

— COMEDIA llamada Vidriana, en la qual se recitan
los amores de un cauallero y de una señora de
Aragon. *S. l. n. d.,* in-4, goth., de 18 ff., sign.
a et b, ce dernier cahier de 10 ff.

Cette seconde pièce faisait également partie du
précieux recueil signalé au catal. Rich. Heber
(VI-2818), et l'auteur y est dénommé *Jayme de
Gueta.*

M. Ternaux en possédait un exemplaire qui a
passé dans les mains de Salvá, et ce bibliophile a
décrit longuement dans son dernier catal. nᵒ 1280.

GUEVARA (*Antonio*). Marco-Aurelio.
[3739]

Le catal. Salvá (nᵒ 1840) décrit une édition qu'Antonio n'a point connue :

— MARCO AURELIO cõ el Relox de principes. *Seuilla,
Iuan Cröberger, Año de* M. D. XXXj, in-fol. goth.

Cette édition, ainsi que celle de *Barcelona,* 1532,
citée au *Manuel,* sont plus complètes que celles de
1529 ; l'une et l'autre contiennent de plus les chapitres 58 à 73 du troisième livre.

Il existe aussi une édition de *Lerida, Pedro de
Robles,* 1569, in-12.

Salvá croit que l'édition de *Steels* d'Anvers, indiquée au *Manuel* avec la date de 1539, doit être re-
portée à 1559 ; c'est une erreur, la date de 1539 est
exacte.

GUICCIARDINI (*L.*). L'Hore di recrea-
tione di Messer Ludovico Guicciardini,
Patricio Florentino, Verdeutscht durch
Gaspar Ens. *Cöln, bey Mattheis Schmidt,*
1609, in-8. [17899]

Volume assez rare.

GUICHARD (*Claude*). Funérailles et diverses manières d'ensevelir des Romains,
Grecs... *Lyon, Jean de Tournes,* 1581,
in-4, fig. s. b. [28781]

La figure de la page 179 porte : CRVCHE INV. Ce
Cruche en latin (!) se dit : *P. Eskrichaeus.* En mar.
de Trautz, 110 fr. Yéméniz.

— LES QUATRAINS de la vanité du monde. *Paris,
J. Nigaud,* 1612, pet. in-8.

Pièce fort rare, faite à l'imitation des quatrains du
sieur de Pybrac.

GUICHARD (*Ed.*). Les Tapisseries déco-
ratives du Garde-Meuble (mobilier national); choix des plus beaux motifs par
Ed. Guichard, architecte décorateur,
texte par Alfred Darcel. *Paris, Baudry,*
1876, in-fol.; 100 planches gravées en
couleur et en or. 150 fr.

Très-bel ouvrage, d'une exécution remarquable,
en cours de publication.

GUICHENON (*Sam.*). Histoire de Bresse et de Bugey. *Lyon, J. A. Huguetan et M. A. Ravaud*, 1650, in-fol., avec 172 blasons. [24617]

Vaut aujourd'hui 150 fr. au moins.

Ce volume précieux et recherché a été précédé par une pièce encore plus rare :

— PROJET de l'histoire de Bresse et de Bugey, de Samuel Guichenon..... *S. l. (Lyon)*, 1645, in-4.

GUIDE (Nouvelle) des chemins pour aller et venir par tous les pays et contrées du royaume de France, Lorraine, parties d'Allemaigne, Savoye & Italie, plus le chemin de Hiérusalem, Rome, et aultres lieux de la terre sainte. *Paris, Nicolas Bonfons*, 1599, in-16. [23129]

Rare et curieux. 15 à 20 fr.

GUIDE des corps des marchands et des communautés. *Paris, Duchesne*, 1766, in-12.

Volume curieux et donnant d'utiles renseignements. 17 fr. Le Roux de Lincy.

GUIDO. Voy. PESTE.

GUIDON (Le) des parens en l'instruction et direction de leurs enfans. Aultrement appelle Francoys Philelphe (*sic*), de la maniere de nourrir, instruire & conduire jeunes enfans. *On les vend a Paris... en la maison de Gilles Gourmont* (avec la marque sur le titre), s. d., in-8, goth., 2 fig. s. b.

Ce livre est annoncé sommairement par M. Brunet (voy. VEGIUS).

100 fr. Yéméniz ; 79 fr. J. Pichon.

GUIET (*Th.*). Convi de resiouissance au peuple de Paris sur le retour du Roy, de la défaite et route des reistres et de leurs alliez... par Thomas Guiet, maistre boulanger à Paris. *Paris, Iaques du Puis*, 1588, in-8.

— Harangue (La) qui doit estre faicte à l'assemblée des Estats de Bloys... par Th. Guyet, M° boulanger, natif de Berry. *Paris, Hubert-Velu*, 1588, in-8.

Ces deux pièces de vers sont fort rares. 20 fr. baron Pichon.

GUIFFREY (*G.*) La Propriété littéraire au XVIIIᵉ siècle, recueil de pièces et de documents, en collaboration d'Ed. Laboulaye. *Paris, Hachette*, 1859, in-8, de XXVIII-629 pp.

—. LETTRES inédites de Dianne de Poytiers, publiées d'après les manuscrits de la Bibl. impériale. *Paris, veuve Jules Renouard*, 1866, in-8, de XCIV-274 pp., grav. hors texte.

30 fr.

Ce beau livre, imprimé par Louis Perrin, à Lyon, sur papier teinté, est orné de fac-simile et de portraits sur papier de Chine ; il est depuis longtemps épuisé.

— PROCÈS criminel de Jehan de Poytiers, seigneur de Saint-Vallier, publié d'après les manuscrits originaux, avec introduction et notes. *Paris, Lemerre (Claye, imprimeur)*, in-8, de CIX-224 pp., grav. hors texte.

30 fr., épuisé.

— CHRONIQUE du Roy Françoys premier de ce nom, publiée pour la première fois d'après un manuscrit de la Bibl. impériale, avec une introduction et notes par G. Guiffrey. *Paris*, 1860, gr. in-8.

Volume tiré à petit nombre et devenu rare. 25 fr. au catal. Detaille, en 1875.

— ÉPISTRE de Clériande. Voyez VILLEBRESME (*Macé* de).

— POÈME inédit de Jehan Marot. Voyez MAROT (*Jehan*).

— LES ŒUVRES de Clément Marot. Voyez MAROT (*Clément*).

GUIGUES (*C.*). Topographie historique du département de l'Ain, ou Notices sur les communes, les hameaux, les paroisses, les abbayes, les prieurés, les monastères, les terres titrées, etc..., depuis les temps les plus reculés jusqu'à la révolution. *Bourg-en-Bresse*, 1873, in-4 à 2 col., titre rouge et noir, pap. vélin ; avec le recueil des inscriptions gallo-romaines.

Ce livre est un véritable monument d'érudition patiente. 30 fr.

GUILLAUD (*Claude*). Oraison funèbre déclaratiue des gestes, meurs, vie et trespas de Claude de Lorraine, duc de Guise et d'Aumale, etc. *A Paris, chez Iean Dallier*, 1550, in-8.

Pièce fort rare.

GUILLAUME (duc). Sensuit le Romant du duc Guillaume, lequel en son vivant fut roy d'Angleterre et aussi duc de Normandie, dont il tint paisiblement son peuple. *Imprime nouvellement a Paris. Cy finist la vie du roy Guillaume, roy d'Angleterre et duc de Normandie.* S. d. (vers 1530), in-4, goth., de 14 ff. à 2 col., et 37 lignes à la colonne. [13582]

L'exemplaire de M. Morel, de Lyon, de ce précieux roman de chevalerie, passait pour être le seul complet ; il était bien conservé, sauf une déchirure emportant quelques mots de texte. Il a été vendu 1,750 fr., ce qui, au taux actuel, est loin d'être exagéré.

Le catalogue donnait, par erreur, au volume 30 lignes à la colonne ; la description du *Manuel* est exacte.

— GUILLERMO, Rey de Inglaterra. — Chronica del rey don Guillermo, rey de Inglaterra ꝛ dvque de Angeos : e de la reyna dona Beta su Muger : ꝛ de como por reuelacion de un angel fue mandado que dexasse el regno e ducado e anduuiesse desterrado... Agora nueuamente impresso. (Al fin :) *Deo gracias. Fue impressa la presente chronica del Rey don Guillermo..... En la imperial ciudad de Toledo A XXIII dias del mes de setiembre de mil e quinientos e XXVI años.* In-fol., goth., de 35 ff., à 2 col., fig. s. b. au titre.

— LA CORÓNICA del Rey ‖ dõ Guillermo, rey de

Inglater ‖ ra z Duque de Angeos..... *Fue impressa..... En la muy noble y leal ‖ ciudad de Sevilla. En casa de Dominico ‖ ‖ d' Robertis ꝗ sācta gloria aya. A VII dias ‖ del mes de agosto año M.D. LIII*, in-fol., goth., de 28 ff., à 2 col., et 1 f. de table non chiffré.

GUILLAUME de Palerne. L'Histoire du noble preux et vaillant chevalier Guillaume de Palerne (*sic*) et de la belle Melior... *Paris, Nic. Bonfons, s. d.*, in-4, goth., à 2 col., fig. s. b. [17074]

En *mar*. de Bauzonnet-Trautz, 560 fr. Yéméniz; en *mar*. de Kochler, 225 fr. Morel, de Lyon.

— L'HYSTOIRE du noble et vaillant chevalier Guillaume de Palerne (*sic*) et de la belle Melior... *Lyon, Olivier Arnoullet*, 1552, pet, in-4, goth., fig. s. b.

En *mar*. de Duru-Chambolle, mais avec le titre refait par M. Pilinski, 110 fr. Desq.

GUILLEMEAU (*Iaques*). De l'Heureux accouchement des Femmes grosses, où il est traicté du Gouuernement de la femme enceinte durant les neuf mois de sa grossesse, etc. Le tout faict et diuisé en trois liures, par Iaques Guillaumé, chirurgien ordinaire du Roy. *A Paris, chez Nicolas Bvon*, 1609, in-8. [7471]

— DE LA NOURRITURE et Gouuernement des enfans dès le commencement de leur naissance, et le moyen de les secourir et garentir des maladies. *Ibib.*, id., 1609, in-8.

Ces ouvrages, rares en éditions originales, ont été réimprimés dans les *OEuvres de chirurgie* de 1612.

GUILLERMUS (Episcopus Parisiensis). Postilla Guillermi super Epistolas et Evangelia de tempore et sanctis. *Impressum est hoc opus Parisius per magistrum Ulricū Gering, anno M.CCCC.LXXVIII. Penultima (die) octobris*, pet. in-4 de 138 ff., sign. A-Z et A-G. Car. ronds, avec la place des capitales réservée pour l'enluminure; premier et dernier ff. blancs.

Inconnu à Hain.

GUILLET (*Pernette* du). Les Rymes de gentille et vertueuse dame D. Pernette du Guillet, Lyonnoise. *Lyon, par Iean de Tournes*, 1545, in-8. [13648]

L'exemplaire non rogné, acheté 1,005 fr. à la vente Aimé Martin, par M. Yéméniz, a été porté à 2,900 fr. à la vente de ce bibliophile.

— LES RITHMES et Poésies de gentile et vertueuse dame D. Pernette...*. Paris, Jeanne de Marnef*, 1546, in-16, lettres italiques; 79 ff. (et non 79 pp).

Cette édition est tout aussi rare que la première; un exemplaire, rogné plus qu'à la lettre, a été vendu 100 fr. chez le baron Pichon, et certes il ne les valait pas.

L'édition de 1552 est peut-être la plus rare, et certainement la plus complète qui existe; M. de Ganay en possède un exemplaire dont parle le *Manuel*; c'est peut-être celui qui a été vendu 4 liv. 19 s. chez Gersaint en 1750.

— RYMES de gentile et vertueuse dame D. Pernette du Guillet, Lyonnoise. *Lyon, de l'impr. de Louis*

Perrin; Nicolas Scheuring, éditeur, 1864, petit in-8.

Réimpression très-soignée, tirée à petit nombre; un exemplaire en *mar*. de Capé-Masson-Debonnelle, 36 fr. Leb. de Montgermont.

L'édition de 1856, également imprimée par Perrin, à 125 exemplaires, est tout aussi jolie et plus rare.

— DÉPLORATION de Vénus sur la mort du bel Adonis, augmentée de plusieurs chansons non jamais encore imprimées. *A Lyon, par Ian de Tournes*, 1556, pet. in-8, de 20 ff.

Recueil édité par Antoine Dumoulin; la *Déploration de Vénus* est de Pernette du Guillet; elle occupe 7 pages (catal. Cigongne, n° 787).

GUILLET (*Scipion*), advocat au Parlement du Dauphiné. Le Renouuellement des anciennes alliances et confédérations des maisons et couronnes de France et de Savoye, en la pacification des troubles d'Italie et au Mariage du sérénissime Victor-Amédée avec Madame Chrestienne, sœur de Sa Majesté. *Paris, Moreau*, 1619, in-4.

Ce volume intéressant est orné d'un titre gravé sur cuivre, par Matheus, dans lequel se trouvent les portraits des ducs et duchesses de Savoie.

GUILLEVILLE (*Guillaume* de). Le Romant des trois Pelerinaiges. *S. l.* (*Paris, Barthole et Iehan Petit*), s. d. (vers 1500). Pet. in-4, goth. [13222]

Ce volume est ainsi composé: x ff. limin., a-l par 8 ff., m de 4, n-z, A et B par 8 et C de 10; sur le titre est la marque avec les initiales B. B. et B. Rembolt.

L'exemplaire Solar, en *mar*. de Padeloup, venant de Guyon de Sardière, a été vendu 825 fr. chez ff. Double, pour M. Chedeau de Saumur, à la vente duquel il n'a été payé que 556 fr,; l'exemplaire Yéméniz, en *mar*. doublé de Lebrun, a été vendu 600 fr.

— LE PÈLERINAGE de lhomme ‖. *Nouuellemēt imprime a Paris ‖ le quatriesme iour dauril mil cinq cens et unze denāt pas ‖ ques Pour Anthoine Verard demourant en ladicte ville Et ‖ a le roy nostre sire donne audit Verard lectres de priuilege et ‖ terme de trois ans pour vendre et distribuer sesditz liures af- ‖ fin destre rembourse de ses fraiz et mises... ‖ Cum puillegio regis. (A la fin :) Cy fine le premier pelerinaige qui est de la vie humaine. Imprime ‖ nouuellemēt a Paris pour Anthoi- ‖ ne Verard, libraire marchāt, demou ‖ rāt en ladicte ville deuant la rue ‖ neufue fire dame a lenseigne sainct ‖ iehan leuangeliste. Ou au palais ‖ au premier pillier deuant la chap- ‖ pelle ou lon chante la messe de mes ‖ seigneurs les presidens.* ‖ In-fol, goth., à 2 col., fig. s. b., 2 ff. limin. et 106 ff. chiff.

En *mar*. de Koehler, 910 fr. W. Martin; en *mar*. de Bauzonnet, 520 fr. Yéméniz; en *mar*. de Niédrée, 800 fr. au catalogue à prix marqués du libraire Aug. Fontaine.

— EL PELEGRINAGE de la vida humana..... *En Tolosa, por Henrico Aleman*, 1490, in-fol., caract. goth. assez gros, à longues lignes, sans chiffres ni réclames, avec sign. A-N par 8.

Salvá (tom. II, p. 71) décrit un exemplaire qu'il possède, et qui est incomplet du feuillet a-ij; c'est le seul qu'il ait jamais vu. Il reconnaît d'ailleurs que l'ouvrage a été imprimé à Toulouse, et non à Tolosa d'Espagne; Mendez, dans sa *tipografia española*, soutient l'opinion contraire, et signale deux autres exemplaires, l'un « *en la real Biblioteca* », l'autre « *en la del colegio de N. P. S. Augustin de Alcala* ».

M. Desbarreaux-Bernard ne connait pas ce rare incunable toulousain, qu'il ne cite que sous une forme dubitative.

GUILLOT (I.). La suite de la Franciade de P. de Ronsard, livre sixiesme, par Iaques Guillot, P. chanoine en l'Eglise de Bourges. *Bourges, Maurice Levez,* 1615, in-8.

Poëme rare, mais peu intéressant. 19 fr. Turquety.

GUISAN. Traité sur les terres noyées de la Guiane, appelées communément Terres-Basses, sur leur dessèchement, leur défrichement, leur culture et l'exploitation de leurs productions, avec des réflexions sur la régie des esclaves et autres objets, par M. Guisan, capitaine d'infanterie. *A Cayenne, de l'imprimerie du Roy,* 1788, in-4, de VIII et 348 pp.

L'un des premiers produits de l'imprimerie à Cayenne. 18 fr. Luzarche.

GUY DE ROYE. Le Doctrinal de Sapience (traduit du latin de Guy de Roye, archeuesque de Sens, par un moine de Cluny). *Cy finist le doctrinal de Sapience. S. l. n. d.,* in-fol., goth., de 81 ff. à longues lignes, au nombre de 36 à la p. entière; sign. A-K v, le premier f. est blanc au r°, et au v° se trouve une grande pl. en bois représentant le Christ en croix.

Le volume est imprimé avec les caractères de Guillaume le Roy, de Lyon, qui a donné une édition du même livre, en 1485, décrite au *Manuel.* 500 fr. vente Potier.

GUY DE TOURS. Les premières œuvres poétiques et souspirs amoureux. *Paris, Nic. de Louvain,* 1598, pet. in-12, de 6 ff. et 244 ff. chiffrés, lett. italiques. [13884]

Ces poésies, fort rares, sont divisées en 7 livres; M. Potier, qui excellait à la rédaction des notes piquantes, a donné en quelques mots la description de ce poëte : « Cinq livres, dit-il, sont consacrés à chanter les amours de Guy de Tours, pour ses quatre maitresses, son *Ente,* son *Anne,* sa *Nérée* et sa *Claude;* amours qui n'étaient rien moins que platoniques, ajoutait le bon Viollet-le-Duc. Dans le premier livre on remarque surtout deux pièces très-vives, l'une intitulée *la Puce* et l'autre le portrait de son *Ente;* dans le second il donne, en 29 sonnets, une description de toutes les parties du corps de cette même beauté. »

Jugez si les amateurs peuvent résister à une note aussi affriolante; aussi l'exemplaire, en *mar.* de Chambolle-Duru de la vente H. B. (1873), est-il vendu 350 fr., tandis que l'exemplaire W. Martin n'est vendu que 62 fr.; et en 1876, l'exemplaire de

M. Leb. de Montgermont, en *mar.* de Trautz, atteint le chiffre rond de 400 fr.

GUY DE WARVICH (Cy commence) chevalier Dāgleterre. *Imprime à Paris par Anthoine Couteau pour Francoys Regnault, libraire,* 1525, in-fol., goth., à 2 col., fig. s. b. [17101].

Le très-bel exemplaire de M. Yéméniz, relié en *mar. doublé,* par Bauzonnet, a été porté à 5,000 fr.; il avait été payé 1,550 fr. chez le prince d'Essling.

M. Cigongne en possédait un exemplaire aussi beau que celui de M. Yéméniz, et également relié en *mar. doublé* par Bauzonnet; il est aujourd'hui chez le duc d'Aumale.

GUYON (*Loys*). Les Diverses leçons de Loys Guyon, Dôlois, sieur de la Nauche, suyvans celles de Pierre Messie et du sieur de Vauprivaz. *Lyon, Claude Morillon,* 1610, 3 vol. in-12. 12 à 15 fr.

Pierre Messie, trad. du castillan en françois, par Claude Gruget, voit ses *diverses leçons* continuées par Antoine du Verdier, lequel, à son tour, est imité par Loys Guyon, lequel, heureusement, n'est imité par personne.

GUYOT (J.). Chronique d'une ancienne ville royale, Dourdan, capitale du Hurepoix. *Paris, Aubry,* 1869, gr. in-8, titre rouge et noir, eaux-fortes, plan et cartes. 12 fr.

GUZMAN (*Diego* de Galdo), professeur des langues Mexicaine et Otomi, en l'Université de Mexico. Arte Mexicana, ò Grammatica de la lengua Mexicana. *En Mexico, por la viuda de Bernardo Calderon,* 1642, in-8 [11972].

Quelques exemplaires portent la date de 1643, que donne le *Manuel;* c'est exactement la même édition; avec la date de 1642, un exemplaire imparfait a été porté au prix d'environ 4 guinées Fischer.

GYRON le Courtoys. *Paris, Ant. Vérard,* s. d. (vers 1501), gr. in-fol., goth., à 2 col., avec fig. sur bois. [17021]

En *mar.* de Chambolle-Duru, 2,550 fr. Chedeau; en *mar. rouge,* anc. rel. de Padeloup, splendide exemplaire de Girardot de Préfond et du duc de Roxburghe, 5,850 fr. Yéméniz; en *mar.* de Bradel, exemplaire Rich. Heber, piqué et sale, 1,500 fr. vente faite par M. Labitte le 17 juin 1876; l'exemplaire de M. Cigongne, aujourd'hui chez le duc d'Aumale, est fort beau; il est relié en *mar. doublé* par Bauzonnet.

— *Paris, le* xxviij *iour daoust lan mil cinq cens dix neuf, par Michel Le Noir,* in-fol., goth., à 2 col.

En *mar.* de Thouvenin, exemplaire du prince d'Essling, 2,000 fr. Morel, de Lyon.

H

HABERT (*François*) d'Issoudun. Les Epistres Héroïdes pour servir d'exemple aux chrestiens, reueues et amplifiées

depuis la première impression, et depuis présentées à madame la duchesse d'Etouteville, comtesse de Saint-Paul, par François Habert de Berry. *Paris, Michel Fe-zandat*, 1559, pet. in-8. [13739]

Édition fort rare, qui diffère des premières. En *mar.* de Capé, 205 fr. W. Martin ; ce prix est assez considérable, si l'on veut remarquer que le bel exemplaire Solar de la première édition de 1550 n'a été vendu que 100 fr., et qu'un assez bon exemplaire venant de Viollet-le-Duc n'a été porté qu'à 40 fr. Turquety.

— LES ÉPISTRES héroïdes... *Paris, Michel Fezandat et Rob. Granjon*, 1551, in-8.

En *mar.* de Thompson, 121 fr. Germeau.

— LES ÉPISTRES héroïdes... *Paris, Michel Fezandat*, 1560, pet. in-8.

Réimpression de l'édition de 1559 ; l'exemplaire La Vallière, en anc. rel. *mar.*, 50 fr. baron Pichon ; revendu 115 fr. Potier.

— DÉPLORATION poétique de feu M. Antoine du Prat. *Lyon, Jean de Tournes*, 1547, in-8.

115 fr. Germeau.

— LES QUATRE liures de Caton pour la doctrine des mœurs, traduitz de vers latins en rithme françoise, par François Habert, avec les épigrammes moralisez et plusieurs aultres petites œuures, reueu et diligemment corrigé. *A Thurin, par Iean l'Espieier* (sic), 1550, in-16.

50 fr. baron Pichon, et 62 fr. Potier (1870).

— LES QUATRE livres de Caton... *Paris, Ph. Danfrie et R. Breton*, 1559, in-8, caract. de civilité.

En *mar.* de Chambolle, 105 fr. baron Pichon.

— LES TROIS nouvelles déesses... *Paris, Jeanne de Marnef*, 1546, in-16, jolies fig. s. b. [13730]

En *mar.* de Capé, 106 fr. Germeau.

— LA NOUVELLE IVNO, presente a Ma Dame la Dauphine, par François Habert d'Issouldun, en Berry. Auec l'Estrene donne a la dicte Dame le premier jour de l'An. Aussi l'Estrenne au petit Duc, filz de Monseigneur le Dauphin. *A Lyon, par Iean de Tournes*, 1545, in-8, de 63 pp. (et non 63 ff.).

115 fr. W. Martin ; l'exemplaire Ch. Nodier, 190 fr. Yéméniz ; revendu 225 fr. Germeau ; un second exemplaire relié avec *la Nouvelle Pallas. Ibid.*, id., 1545, 215 fr. même vente]Yéméniz ; revendu 195 fr. Germeau.

— LA NOUVELLE Pallas. Item la Naissance de Monseigneur le Duc de Bretagne, fils de M. le Daulphin, aussi le Cantique du pécheur converti à Dieu. *Lyon, Jean de Tournes*, 1545, in-8.

En *mar.* de Koehler, 60 fr. Potier (1872).

Un second exemplaire, relié avec la *Nouvelle Juno*, de 1547, mais en assez médiocre état, 35 fr. seulement, même vente.

— LES MÉTAMORPHOSES de Cupido. *Paris, pour Jacques Kerver*, 1561, in-8.

En *mar.*, 167 fr. Germeau ; et un second exemplaire, moins beau, en *mar.* de Duru, 45 fr. même vente.

— LE COMBAT de Cupido et de la Mort. *Paris, Alain Lotrian*, s. d., in-8, fig. s. b. [13733]

En *mar.* de Bauzonnet, 390 fr. Yéméniz, et revendu 300 fr. Germeau.

— L'HISTOIRE de Titus et Gisippus, et aultres petits œuvres de Beroalde Latin... *Paris, Mich. Fezandat et R. Granjon*, 1551, in-8.

En *mar.* de Trautz, 165 fr. Germeau ; en *mar.* de Koehler, 155 fr. W. Martin.

— L'INSTITUTION de libéralité chrestienne avec la

misère et calamité de l'homme naissant en ce monde. *Paris, pour Guil. Thybout*, 1551, pet. in-8.

En *mar.* de Chambolle, 57 fr. Germeau.

— LES DICTS des Sept sages de Grece, traduits du grec en vers latins par le poëte Ausone, et depuis mis en rithme françoise, par François Habert... *Lyon, George Poncet*, 1554, in-16.

Édition non citée au *Manuel* ; en *mar.* de Chambolle-Duru, 70 fr. baron Pichon, et revendu 60 fr. Potier (1870) ; racheté encore par cet excellent libraire pour M. Bordes, et à la vente de 1873 atteignant le prix de 165 fr., digne récompense de la persistance.

L'édition de *Lyon*, 1586, in-16, exemplaire Ch. Nodier, 200 fr. W. Martin.

— DESCRIPTION poétique de l'histoire du Beau Narcissus (par François Habert). *Lyon, Balth. Arnoullet*, 1550, pet. in-8, de 20 ff. [13664]

En riche reliure de Niédrée, 305 fr. Yéméniz.

— LE TEMPLE de chasteté. *Paris, Mich. Fezandat*, 1549, in-8. [13737]

L'exemplaire La Vallière, en ancienne reliure *mar.*, 200 fr. baron Pichon ; en *mar.* de Trautz, 300 fr. Germeau, malgré 4 feuillets réemmargés en bas, et ce même exemplaire figure en 1876 au catal. à prix marqués Gonzalez, au prix de 800 fr.

— LA JEUNESSE du Banny de Lyesse, escollier, estudiant à Tholose. *On les vend a Paris..... par Denys Janot*, 1541, pet. in-8, fig. s. b. [13731]

Avec la *Suytte du Banny de Liesse. Ibid.*, id., 1541, in-8, en *mar.* de Capé, 350 fr. Germeau.

Le bel exemplaire Solar, qui venait de Méon, est aujourd'hui chez le duc d'Aumale ; il avait été payé 10 fr. 50 c. chez Méon ; 331 fr. chez Solar, et se vendrait le double aujourd'hui.

— LES TROIS livres de la Chrysopée..... *Paris, V. Gaultherot*, 1549, in-8.

95 fr. Germeau.

— LES SERMONS satiriques du sententieux poëte Horace..... *Paris, Mich. Fezandat et Rob. Granjon*, 1551, in-8.

108 fr. Germeau.

Voici les différentes pièces du poëte berrichon que cite Du Verdier, d'après les divers *Catalogues des Foires de Francfort* ; on peut les classer pour la plupart au nombre des livres perdus :

— LA CONTROUERSE de Vénus et de Pallas appellans du Royal berger Paris... *A Paris, chez Denys Ianot*, 1542, in-8.

— LA MANIÈRE de trouuer la Pierre Philosophale. Auec le Credo de l'Eglise Catholique. *Ibid.*, id., 1542, in-8.

— LE VOYAGE de l'homme riche. *A Troyes, Nicolas Paris*, 1543, in-8.

— LA LOUANGE et Vitupere de Pécune, auec plusieurs autres épigrammes. *A Paris*, 1555, in-8.

— L'EXALTATION de vraye et parfaicte Noblesse, etc. *A Paris, Mich. Fezandat et Rob. Granjon*, 1551, in-8.

— LES AMOURS coniugales d'Emanuel Philibert, duc de Sauoye, et Marguerite de Valois. *A Paris, Pierre Gautier*, 1559, in-8.

— LA PREMIÈRE monarchie et origine des Romains. *A Lyon, Jean Saugrain*, 1559, in-16.

— Voy. GENTILLET.

HABERT (*Germain*). La Vie du cardinal de Bérulle, instituteur et premier supérieur général de la congrégation de l'Oratoire. *Paris, veuve Camusat et Pierre le Petit*, 1646, in-4, front. gr.

Livre qui vaut 3 à 4 fr. en condition ordinaire, et qui, en grand papier réglé, dans une belle reliure ancienne en *mar.*, a été vendu 115 fr. Labitte (janvier 1877).

HABERT (*Pierre*), maistre écrivain. Le Chemin de bien vivre et Miroir de vertu, contenant plusieurs belles histoires et sentences moralles par quatrains et distiques. L'instruction de l'art de l'escriture, contenant la manière de bien tailler la plume et la choisir, avec autres excellens secrets dudict art (en vers), avec le stille de composer toutes sortes de lettres missives, etc. *Paris, Claude Micard*, 1571, in-12, de iii+ff. lim.,. 164 ff. chif. et 1 f. pour le privilége. [13745]

25 à 30 fr.

— LE MIROIR de Vertu et Chemin de bien vivre, mis et disposé partie en prose, partie par quatrains moraux, selon l'ordre de l'alphabet, par Pierre Habert (conseiller du Roy, secrétaire de sa chambre, etc.). *Paris, Claude Micard*, 1597, in-12, de 80 ff. non chiff.

Édition rare, imprimée en caractères de civilité. 50 fr. en 1867.

— LE MÊME. *Rouen, Theod. Reinsart*, s. d. (*vers* 1580), 2 part. en 1 vol. in-12.

82 fr. Germeau.

Nous trouvons aux *Catalogues des Foires de Francfort* :

— LE SOULAGEMENT d'Esprit, plus le Miroir de Vertu. *A Paris, Jean Caueiller*, 1559, in-16. [13745]

— INSTRUCTION de l'Art d'Escripture, etc. *A Paris, Claude Micard*, 1569, in-16.

HAESTENS (*Henry* van). La nouvelle Troye, ou mémorable Histoire du siège d'Ostende, le plus signalé qu'on ait veu en Europe. En laquelle sont descripts et naïfvement représentés en diverses figures, les assauts, deffenses, inventions de guerre, etc. Recueillie des plus assurés mémoires. J. De le Heye (*sic*), ministre de la parole de Dieu. (Vignettes en taille douce.) *A Leyde, chez Loys Elsevir*, l'an 1615, in-4, de iv ff. lim. et 293 pp., plus 14 pl., sans compter le portrait de Maurice de Nassau.

L'original avait paru en flamand, chez le même Elzevier en 1613; le ministre De Le Heye (De La Haye) n'en fut que le traducteur.

Le très-bel exemplaire de l'édition française, appartenant à M. Pieters, fut vendu 50 fr. pour le bourgmestre d'Ostende.

Nous pouvons encore citer un volume assez rare, qui est consacré au même événement :

— HISTOIRE remarquable et véritable de ce qui s'est passé par chacun jour au siège de la ville d'Ostende, de part et d'autre, jusqu'à présent (par Jérémie Perier). *Paris, Perier*, 1604, pet. in-8.

Un bel exemplaire en *mar.*, aux armes de Mme de Pompadour, provenant de M. de Saint-Mauris, a été payé 44 fr. par M. Van Balen à la vente Pieters.

HAGEN (*Johannes*). Incipit tractatvs de diuersis grauamib' (*sic* pour *gravami-*

nibus) reli‖giosōrū edit' p frēm Johāne; hagn̄ priore car ‖ thusien̄ : Capittulo primo. ‖ De origine religionū.... ‖ (A la fin :) *Explicit tractatus de regimine religiosorū* ‖ *Editus per fratrē Iohānem de hagen pri‖orēm carthusiensis* (sic) *circa festū Simoniū* (sic) *2 Iu‖de apostolorū año dn̄i* M.CCCC.LXV.

A la suite de ce traité on trouve :

— COPIA bulle de interdicto. (Colophon :) *Datū Mogūtie anno domini millesimo quadrigētesimo quinquagesimo primo die ultima mensis nouēbris pontificatus sanctissimi in Xp̄o patris 2 dn̄i noī Nycolai diuina prouidētia pape quinti año quinto. S. l. (Moguntiae),* in-4, gorh., de 54 ff., à 20 et 30 longues lignes à la page entière; la date de 1451 est celle de la promulgation de la bulle. (Hain, 9168.)

L'interdit en question fut sans aucun doute lancé immédiatement à la suite du concile de Mayence, tenu en 1451 par le cardinal de Cusa; mais la *Vita Nicolai quinti*, de Dominique Georgius, n'en fait aucune mention.

Ce volume est rare et assez précieux.

HAITZE. Les Curiosités les plus remarquables de la ville d'Aix, par Pierre-Joseph de Haitze. *Aix, C. David*, 1679, in-8. [24805]

Volume intéressant. 15 à 18 fr.

HALDORSEN (*Biörn*). Lexicon islandico-latino-danicum. Ex mss. Legati Arnamagnaeani cura R. K. Raskii editum, praefatus est P. E. Müller. *Havniæ*, 1814, 2 tom. en 1 vol., in-4.

Rare et recherché. 45 fr. Maisonneuve.

HALES (*Alex.*). Ordinatio ecclesiæ seu ministerii ecclesiastici, in florentissimo regno Angliæ, conscripta sermone patrio, et in latinam linguam bona fide conuersa.... edita ab Alex. Alesio Scoto. *Lipsiæ, in offic. W. Guntheri*, 1551, in-4, de viii-66 ff. chiff.

46 fr., 1867.

Lowndes donne une longue liste des élucubrations de cet infatigable et fécond théologien écossais du xvie siècle; nous citerons encore :

— OMNES disputationes D. Alex. Alesii de tota epistola ad Romanos diversis temporibus propositæ ab ipso. Cum præfat. Ph. Melanchthonis. *S. l. (Lipsiæ)*, 1553, pet. in-8, de 204 ff. chiff., dont le dernier blanc.

40 fr. en 1872.

— COMMENTARIUS in Evangelium Joannis prælectus in celebri Academia Lipsiensi ab Al. Alesio. *Basileae, Oporinus*, 1553, pet. in-8, de 637 pp. chiff. et 41 pp. non chiff.

40 fr. en 1872.

HALIFAX (marquis d'). Conseils d'un homme de qualité à sa fille. *Londres, Matthew Gillystower*, 1697, pet. in-8, front. gr. [3912]

Ce volume est si rare, que l'édition anglaise fut traduite en 1756, sans que l'on sût que l'auteur avait écrit lui-même et publié son ouvrage en français.

104 fr. J. Pichon.

HALPHEN (*E.*). Journal inédit du règne de Henry IV (1598-1662), par Pierre de l'Estoile, publié d'après le manuscrit de la Bibliothèque nationale. *Paris, A. Aubry*, in-8, de XX-292 pp. sur pap. de Holl. 10 fr.

— LETTRES inédites du roi Henry IV à M. de Sillery, ambassadeur à Rome. *Paris, Aubry*, 1866, in-8.

A 250 exemplaires, 4 fr..

— LETTRES inédites du roi Henry IV au chancelier de Bellièvre (1581-1601), publiées d'après les manuscrits de la Bibl. nation. *Paris, Aubry*, in-8, de 340 pp. sur papier *vergé*.

Tiré à 248 exemplaires, 8 fr.

HALSSGERICHTS ordenüg Bambergische (le Droit criminel de Bamberg). *Bamberg, Hans Pfeyll*, 1507, in-fol. de 86 ff. avec 23 grav. sur bois. [3036]

C'est un code criminel, rédigé par J. Von Schwarzenberg; les figures, finement gravées et fort curieuses, représentent les séances du tribunal, les tortures, supplices, etc.

Ce volume est rare et recherché.

— HALSGERICHTS. Ordnung Bambergische. *Mainz, Joh. Schoeffer*, 1531, in-fol., de 6 ff. limin., 43 ff. chiff. (dont le dernier, par erreur, est porté 44), et 1 f. blanc.

Cette édition est moins recherchée que la première, mais le nom de l'imprimeur, le petit-fils de l'ancien rival de Gutenberg, la rend assez précieuse.

HAMILTON (*Antoine*). Mémoires de la vie du comte de Grammont. *Cologne, chez P. Marteau*, 1713, in-12. [17217]

Il existe une contrefaçon sous la même date, qui nous est signalée par un éminent bibliophile, M. le baron J. Pichon; le papier en est moins beau et l'impression moins soignée; voici en outre des points de repère qui serviront à la faire reconnaître.

Avis au lecteur. La ligne 3 commence par *ce* volume, au lieu de *volume*.

Page 1, le *c* du mot *comme* est dans un espace laissé blanc dans l'original, et dans la contrefaçon a été imprimé par-dessus les ornements d'un fleuron.

Page 277, la ligne 17 commence par *blaffarde* dans la contrefaçon, et par *union* dans l'original.

Page 360, la ligne 7 commence par *service*, et dans l'original par *ger à son service*.

Voici les dernières adjudications de ce livre charmant :

Édition de 1713, en *mar.* de Trautz, 260 fr. Potier (1870); en *mar.* de Thibaron, 60 fr. H. Bordes; en *veau* 23 fr. Voisin (1876); en *mar.* de Trautz, 320 fr. Leb. de Montgermont; c'était, croyons-nous, l'exemplaire de M. Potier.

Édition de 1792, in-4, avec 72 portraits, et les notes et éclaircissements en 77 pages; l'exemplaire La Bédoyère, en grand papier et reliure anglaise en *mar.*, 535 fr. en 1862, a été revendu 850 fr. Leb. de Montgermont en 1876; un bel exemplaire en reliure anglaise également, 250 fr. en 1870; la même année un autre exemplaire en ancienne reliure n'avait été vendu que 104 fr. Huillard.

— LES ŒUVRES du comte Hamilton. *Paris, Renouard*, 1812, 5 vol. in-8.

L'exemplaire en grand papier *vélin*, avec les figures et portraits avant la lettre, et les eaux-fortes,

vendu 200 fr. chez M. de La Bédoyère en 1862, a été porté au prix de 1,000 fr. en 1876 à la vente Leb. de Montgermont; il avait été recouvert, il est vrai, d'une excellente reliure de Trautz en *mar. rouge*.

L'exemplaire Chateaugiron et Arm. Bertin était dans les mêmes conditions, mais il était relié en *mar.* par Lefebvre, et, bien qu'il fût en papier *vélin*, avec les premiers états des figures et portraits de Moreau, il n'atteignit que le prix de 200 fr. à la vente Huillard, en 1870.

Les Mémoires du comte de Grammont viennent d'être réimprimés à *Paris, chez Jules Bonassies*, en 1876, pet. in-8, avec une préface et des notes par B. Pifteau, frontispice gr. et 6 eaux-fortes par Chauvet.

Ce beau volume, imprimé avec soin sur papier dit de Hollande, est coté 20 fr.

HAMON (*Pierre*) Blesien. Alphabet de l'invention des lettres en diverses écritures. *Paris, par Jean de Royer*, 1561, in-4, oblong, de 24 ff. [9052]

Première édition d'un livre rare et bien exécuté; il y a au commencement un sonnet de Ronsard, qui n'a jamais été réimprimé, que nous sachions.

M. Brunet ne cite que l'édition de 1567; il n'a pas connu non plus celles qui suivent :

— ALPHABET de l'invention et vtilité des lettres et charactères en diverses escritures. *A Paris, Lucas Breyer*, 1577, in-4.

— ALPHABET de l'invention et utilité des letres et karacteres en diuerses escritures, par P. Hamond, maistre de la Plume d'or, à Paris, secrétaire de la chambre du roy. Reueu, corrigé et de nouveau augmenté par luy-mesme. *Lyon, pour Loys Cloquemin*, 1580, pet. in-4 obl.

Vendu, avec deux pièces moins importantes, 200 fr. baron Pichon.

Cette édition est annoncée comme : « *de nouveau augmentée par l'auteur* », ce qui ne s'accorde guère avec le trépas tragique de P. Hamond, pendu le 7 mars 1569 comme faussaire, dit Dom Liron; comme huguenot, dit Le Clerc (*Remarques sur Moréri*).

HANICELIUS. Oratio de ortu, vita et obitu Ioannis Oporini typographorum Germaniæ principis, recitata Argentinæ à Ioan. Henrico Hanicelio Augustano. *Argentinæ, typis Theod. Rihel*, 1569, in-8.

Pièce intéressante et fort rare.

HANNEMANN (J. L.). Curiosum scrutinium nigridinis posteriorum Cham, id est Æthiopum. *Kilonii*, 1677, in-4.

Volume fort curieux. 8 à 10 fr.

HARANEDER (*J. de*). Philotea edo devocioneraco bide erakusceillea J. Franses Salescoac, Genevaco aphespicu eta princeac, Visitationeco ordenaren Fundatcailleac Eguina. M. Iohannes de Haraneder, Donibaneco Iaun Apphecac Berriro Escararat itçulia. *Tolosan, Ioannes Franses Robert*, 1749, in-8, de XIV pp. lim. pour l'avis au lecteur, la préface de S. François de Sales, et l'approbation de Guillaume d'Arche, évêque de Bayonne, datée du VIII° juin 1748 (cette approb. est en français), 562 pp. de texte, table comprise.

C'est l'édition originale fort rare de la traduction en langue basque de l'*Introduction à la vie dévote de saint François de Sales*, faite par l'abbé Jean de Haraneder.

Ce livre, fort estimé des Basques, nous dit M. Maisonneuve, est connu dans le pays sous la seule dénomination de *Philotea*.

En *mar.* de Trautz, 60 fr. Burgaud des Marets.

HARANGUE (La) au roy Charles IX°, à l'entrée de la ville de Rheims par le cardinal de Lorraine. *Lyon, Rigaud*, 1561, in-8, de 4 ff. (non cité par Lelong).

35 fr. (1869).

HARANGUE (La) de M. l'illustrissime et reverendissime cardinal de Lorraine, faicte en l'assemblée du concile général de Trente : après avoir présenté aux Pères les lettres du roy très-chrestien Charles IX... avec la responce dudict concile. *Paris, Jacques Macé*, 1564, pet. in-8, de 28 ff.

En *mar.* de Hardy, 25 fr. comte de L. (1873).

HARANGUE (La) de Turlupin le soufreteux. *S. l.*, 1615, pet. in-8, de 24 pp.

En *mar.* de Lortic, 39 fr. Desq.

HARANGUE en forme de deffy prononcée en la présence du grand Turc, par le grand ambassadeur du Preste Iean, grand roy d'Ethiopie et des Abyssins, auec l'estrange cruauté qui fut exercée envers luy et environ 25 ou 30 gentilhommes qui estoient en sa compagnie, traduict de l'arabe en latin et depuis de latin en françoys par L. D. B. D. et M. *A Lyon, par Martin Corbin*, 1610, pet. in-8.

Pièce fort rare.

HARENGUE de Monseigneur de Lodeue. Voy. Briçonnet (*Guillaume*).

HARIOT (*Thomas*). Merveilleux et estrange ‖ Rapport, toutesfois fidele, des ‖ commoditez qui se trouvent en ‖ Virginia, des façons des naturels habi‖tans d'icelle, laquelle a esté nouvelle‖ment descouverte par les Anglois que Me‖sire Richard Greinville, chevalier, y mena ‖ en colonie l'an 1585, à la charge princi‖pale ‖ de Messire Walter Raleigh, chevalier surinten‖dant des mines d'estain, favorisé par la royne ‖ d'Angleterre, et autorisé par ‖ ses lettres patentes. ‖ Par Thomas Hariot, serviteur dv svsdit ‖ Messire Walter, l'un de ceux de la dite colo‖nie, qui y a esté employé ‖ à descovvrir. Traduit nouuellement d'anglois ē fraçois. ‖ Auec grace & privilége de la Maieste imperiale pour quatre Ans. (Cette

mention du privilége est impr. en car. romains et collée sur la planche ; le titre ci-dessus est en majuscules.) *Francofurti ad Moenum* ‖ *typis Ioannis Wecheli, sumtibus* (sic) *vero Theodori de Bry, anno* CIƆIƆXC. ‖ *Venales reperivntvr in officina Sigismvndi Feirabendii*. In-fol., titre gravé dans un frontispice gravé, le même que celui de l'édit. latine, fig. en taille douce.

Ce précieux volume est bien décrit au *Manuel* [19813] ; il faut ajouter que, pour être complet, il doit posséder 2 feuillets blancs, l'un après la planche XXIII, l'autre à la fin ; M. Sobolewski possédait 2 exemplaires, tous deux fort beaux et bien complets ; le premier, haut. 0m33 et 1/2, avec les planches noires, a été vendu 416 thal., soit 1,560 fr. ; le second, de 0m33, avec les planches bien coloriées, 300 thal., soit 1,125 fr.

M. Sobolewski ne connaissait que 13 exemplaires de ce volume, dont bien peu complets.

HARMONIA Confessionum fidei, orthodoxarum et Reformatarum Ecclesiarum, quæ in præcipuis quibusque Europæ Regnis, Nationibus et Provinciis, sacram Evangelii doctrinam pure profitentur.... Additæ sunt ad calcem brevissimæ observationes.... *Genevæ, apud Petrum Santandreanum*, 1581, in-4, de XII ff. lim., 1 grand tableau plié, 224 et 298 pp., et 26 ff. non chiff., contenant le Catalogue des confessions, etc.

Édition originale, rare, d'un ouvrage important.

La préface est composée au nom des Églises réformées de France et des Pays-Bas, et indique le but de l'ouvrage. Les Confessions n'y sont pas entières ; on a tiré de chaque Confession les articles qui concernent la matière annoncée à la tête de chaque section (19), et par ce moyen le lecteur peut voir d'un coup d'œil ce que les Églises séparées de Rome font profession de croire et de confesser. C'est la traduction latine de l'ouvrage intitulé : *Harmonie des confessions de foi, composé par Salnar, ministre de l'église de Castre*.

Les observations sont de Simon Goulard.

Cette note est extraite du catal. de Lassize, où l'exemplaire a été vendu 50 fr.

HARMONIE Euã‖gelicæ libri quatu‖or, in quibus Euangelica ‖ historia ex quatuor Euangelistis ita in ‖ unum est contexta, ut nullius verbum ‖ ullum omissum, nihil alienum immi‖xtum , nullius ordo turbatus..., etc. *Parisiis, ex officina Dionysii Ianoti typographi regii*, 1544, *cum privilegio*, pet. in-8, de IV ff. lim. et 160 ff. chif., gravures sur b. d'un beau caractère, au nombre de 97.

Volume rare et précieux, dont M. Didot n'hésite pas à attribuer l'ornementation à l'illustre Jean Cousin lui-même. (Voy. *Catal. raisonné*, n° 638, et *Etude sur J. Cousin*, page 149.)

Il a été vendu 125 fr. Yéméniz, avec une belle reliure de Bauzonnet-Trautz.

HARO (*Alonzo Lopez* de). Nobiliario genealogico de los reyes y titvlos de España. *Madrid, Luis Sanchez*, 1622, 2 vol.

in-fol., ornés de blasons et de fig. d'arbres généalogiques.

Ouvrage important et recherché. 120 fr. Maisonneuve.

— ARBOL de los Veras ; dado a la estampa, y dividido para poder imprimirse con aduertancias para su mejor intelligencia. Y algunos elogios, y otros arboles de diuersas lineas de ascendientes del conde de la Roca. Por Don J. Mogrovejo de la Cerda. En Milan, 1636, gr. in-fol., titre et 2 ff. limin., 5 ff., puis 60 tableaux d'arbres généalogiques de la noblesse espagnole ; à la suite : « Elogios de cinco principes insignes en virtud, y valor..... por I. Mogrovejo de la Cerda. V ff. limin, 12 tableaux généalogiques et 7 ff.

Ce volume est important pour l'histoire héraldique espagnole. 25 à 30 fr.

HARO (Fr. *Damian Lopez* de). Constitvciones Sinodales, hechas por el ill. y reuer. Señor Don fray Damian Lopez de Haro, Obispo de la ciudad de San Iuã de Puerto-Rico, Islas de Barlouento, prouincia de Cumana, y demas anexas à ella. *En Madrid, por Catalina de Barrio y Angulo,* 1647, in-fol., de 2 ff. lim. et 128 ff. de texte ; au vº du dernier se lit la date de 1646.

Constitutions diocésaines, fort rares en Europe. 50 fr. Leclerc (1867).

HARREBOMÉE (P. J.). Spreekwoordenboek der Nederlandsche Taal. *Utrecht,* 1858-70, 3 vol. gr. in-8.

Ouvrage remarquable, qui traite de la parémiologie néerlandaise. 60 fr.

HARRIET. Gramatica escuaraz eta francesez, composatua Francez nitzcunça ikhasi nahi dutenen faboretan, M.M. Harriet, notari Errëïalac. *Bayonan, Fauvet,* 1741, in-8.

Harriet avait divisé son ouvrage en quatre tomes ; il n'a paru que cette grammaire, qui renferme un dictionnaire basque-français de plus de 1,600 mots, et la contre-partie française-basque de 3,000 mots. Les trois autres parties sont restées manuscrites et sont probablement perdues.

M. Francisque Michel dit de cette grammaire d'Harriet, que c'est le meilleur travail qui ait été consacré au didactique basque.

29 fr. Burgaud des Marets.

HARRISSE (*Henry*). Bibliotheca Americana vetustissima. A description of works relating to America published between the years 1492 and 1551. *New-York, G. P. Philes,* 1866, gr. in-8.

Ouvrage important et admirable d'exécution typographique ; il a été tiré à 400 exemplaires sur papier, royal in-8, et 99 exemplaires sur papier de Hollande, in-4.

— BIBL. AMERICANA vetustissima. Additions. (1492-1551.) *Paris, librairie Tross,* 1872, gr. in-8.

Supplément indispensable.

Ces deux beaux volumes ont été tirés sur papier teinté et sur grand papier in-4 ; les prix étaient pour le premier de 80 fr. et de 160 fr. ; pour le second, de 48 et 96 fr. ; ils se soutiennent assez bien.

— NOTES pour servir à l'histoire, à la bibliographie

et à la cartographie de la nouvelle France. (1545-1700.) *Paris, Tross,* 1872, in-8, de xx ff. limin., 367 pp. chiff. et 2 ff.

Charmant livre, imprimé par W. Drugulin, à Leipzig. 15, 20 et 25 fr. suivant le papier.

— FERNAND Colomb, sa vie et ses œuvres. *Paris, Tross,* 1872, gr. in-8, pap. de Hollande.

Tiré à 250 exemplaires numérotés. 20 fr.

HARVEY (*William*). De Motu cordis. *Francofurti,* 1628, in-4. [6836]

Édition originale de cet immortel ouvrage.

— GUILIELMI Harveii exercitationes anatomicæ de Motu cordis et sanguinis circulatione. Quibus accesserunt Io. Walæi de Motu chyli et sanguinis epistolæ duo ; itemque Dissertatio de corde Jac. de Back... *Londini, ex officina R. Danielis,* 1660, in-12.

Édition fort rare ; la première édition du traité de J. de Back est de 1649, in-12 ; réimpr. à Rotterdam en 1654, in-12.

HARVEY (*Ged.*). Gedeonis Harvæi ars curandi morbos expectatione : accessit liber de vanitatibus, dolis et mendaciis medicorum. *Amstelodami, juxta exemplar Londinense,* 1695, in-12, front. gravé. [7126]

Un exemplaire en mar., aux armes du comte d'Hoym. 40 fr. Gancia (1872).

— THE VANITIES of Philosophy and Physik. *London,* 1699, in-8.

Dans ce pamphlet, le médecin qui servit tour à tour Charles II et Guillaume III, s'attache à prouver que la médecine est une utopie, et que l'hygiène seule est une vérité.

HASIUS (*J.*). Prefatio laudatoria in artem chiromanticam (auctore J. Hasio). (A la fin :) *Impressum Augustæ per Ioannem Effordianum, anno Domini* MDXVIIII, in-4, goth., sign. A-G par 4 ff. ; fig. s. b.

Dans la préface en vers, l'auteur est qualifié de : *Princeps Chyromanciae.* 60 fr. Yéméniz.

HASTE CIVRY. Discovrs ‖ memorable, sur la ‖ Naissance, Vie et Trespas ‖ de Très-Illustre et Prudent Monsei-‖gneur Messire Anthoine Séguier, vi-‖uant Conseiller du Roy en ses Con-‖seils d'Estat Priué, second Pré-‖sident au Parlement de Paris, ‖ par le sieur Haste Ciury. ‖ *A Paris, ‖ chez Bertrand Martin, rue Saint Iac-‖ques, à la Vingne d'Or fin, deuant ‖ les Mathurins.‖* M.D.C.XXIIII, in-8, de 8 pp.

Pièce en vers [Bibl. J. de Rothschild].

HATIN (*Eugène*). Histoire politique et littéraire de la presse en France, avec une introduction sur les origines du journal et de la bibliographie des journaux. *Paris, Didot,* 1859-1861, 8 vol. in-8. 40 fr.

L'éditeur a publié une édition en 8 volumes in-18, prix 28 fr. [31799]

— BIBLIOGRAPHIE historique et critique de la presse périodique française. *Ibid., id.*, 1866. Un fort volume grand in-8, à 2 col., avec portrait de Renaudot et figures. 20 fr.

Il a été tiré quelques exemplaires sur grand papier *vergé* de Hollande. 40 fr.

HAUENDO deliberato il Reuerēdissimo in Christo Patre e ‖ signore. S. Messer Goro Gherio dignissimo Epo di Fano ‖ della Città di Bologna Vicelegato, insieme con li Magnifici ‖ e possenti S. S. Antiani Consoli e Gonfalonieri di Iustitia ‖ del Populo e Commune di essa Città de Bologna. *Bononiæ*, 1525, pet. in-4, de 2 ff.

Pièce extrêmement rare, qui fut vendue à Paris · en 1808 ; c'est un avis et règlement pour une joute et tournoi qui eurent lieu à Bologne en 1525.

HAUG (*M.*). Essays on the sacred language; writings and religion of the Parsees. *Bombay*, 1862, in-8. Contents : I. (pp. 1-41) History of the Researches into the sacred writings and religion of the Parsees from the earliest times down to the present. II. (pp. 42-119). Outline of a grammar of the Zend language. III. (pp. 120-224) the Zend Avesta, or the Scripture of the Parsees. IV. (pp. 225-268). Origin and developpement of the Zoroastrian religion.

32 fr. Maisonneuve.

Quelques exemplaires de l'*Outline of the grammar* ont été tirés à part.

HAULT. Le Voyage de Hierusalem ' fait l'an mil cinq cens quatre vingts treize, contenant l'ordre, despence et remarquables notes en iceluy par Nicolas de Hault, chevalier du Saint-Sépulchre, à Chaumont-en-Bassigny. *Rouen,* ⸗ *Th. Reinsart,* 1601, pet. in-12.

M. Brunet ne décrit pas ce rare volume, et le donne, d'après le catal. Guyon de Sardière, comme imprimé à Chaumont-en-Bassigny ; nous ne croyons pas qu'il existe d'autre édition que celle de *Rouen* et celle de *Paris, Saugrain*, 1601, in-16, qui est la même sous un autre titre.

Vendu 37 fr. de Saulcy.

HAUVILLE (*A.* de). La Lyre chrestienne, auec la Monomachie de David et Goliath, et plusieurs aultres chansons spirituelles, nouuellement mises en musique par A. de Hauville. *Lyon, impr. de Simon Gorlier,* 1560, in-8, de 71 pp.

La musique à 4 parties est imprimée et placée en tête de chaque pièce, sur le verso, superius, tenor, sur le recto en face, altus, basis.

Volume d'une grande rareté.

HAWKINS (*Henry*), e soc. Iesu. Partheneia sacra, or the mysterious and delicious garden of sacred Parthenes, symbolically set forth and enriched with pious devises and emblemes by H. A.

S. l. (*Paris*), *Iohn Cousturier,* 1633, in-8, grav. en taille-douce.

Livre rare et finement illustré. 60 à 80 fr.

HAYE (Le P. *Jean*). De rebvs Japonicis, Indicis et Pervanis epistolæ recentiores. A Ioan. Hayo Dalgattiensi Scoto Soc. Jesu, in librum vnum coaceruatæ. *Antverpiæ, ex off. Martinj Nutij,* 1605, in-8, de 968 pp. et XXVI ff.

Ce volume renferme 40 mémoires des PP. Jésuites, sur leurs missions dans les Indes, la Chine, le Japon..... La partie relative au Pérou occupe les pages 935 à 943 ; les feuillets 944 à la fin contiennent la relation du P. Mart. Pérez sur la mission de la province de Cinaloa, et une relation des missions des Philippines.

Ternaux cite ce rare volume dans sa *Bibl. asiatique et africaine*, et le P. Carayon, dans sa *Bibliographie*, n° 766, le décrit minutieusement.

L'auteur, John Haye, né à Dalgatty en Écosse, mourut à Pont-à-Mousson en 1607.

HAYTON (Fr.). Les Fleurs des hystoires de la terre Dorient cōpillées par frere Hayton, seigneur du Cort et cousin-germain du Roy Darmenie, par le cōmandemēt du pape. Et sōt diuisees en V pties... On les vend a Paris en la rue Neufue Nostre Dame, a lēseigne de Lescu de Frāce. *Cy finist l'hystoire de Tamburlan. Nouuellement imprime a Paris* (*chez Alain Lotrian*). S. d., pet. in-4, goth., à 2 col. et fig. s. b. (28256)

Un exemplaire figure au catal. l'Escalopier ; un autre en *mar.* a été vendu 152 fr. Solar.

HEAUVILLE (d'). Catéchisme en vers, dédié à Mgr le Dauphin par M. d'Heauville, abbé de Chantemerle. *A Paris, chez Fréd. Léonard,* 1669, in-12.

5 à 6 fr. ; un exemplaire en *mar.* de Chambolle-Duru est porté à 70 fr. au VIe catal. des libraires Morgand et Fatout.

HÉBERT. Almanach pittoresque, historique et alphabétique des riches monuments que renferme la ville de Paris, avec la description de ce qui est relatif aux beaux-arts. *Paris*, 1779, in-12.

Volume curieux. 20 fr. Le Roux de Lincy (1868) ; 14 fr. en 1865.

— DICTIONNAIRE pittoresque et historique des monuments de Paris, Versailles, etc. *Paris, Claude Hérissant,* 1766, 2 vol. in-12.

14 fr. Le Roux de Lincy.

HECQUET (*Adr.* du). Orphéide. OEuvre excellent et singulier, contenant plusieurs Chantz royaux, Ballades, notables inventions et matières d'honneur et vertu. Autheur frère Adrien du Hecquet, de l'ordre des Carmes du couvent d'Arras. *A Anvers, de l'imprimerie d'Amé Tavernier,* s. d. (1562), in-8, portr. [13759].

111 fr. Turquety..

Ce théologien catholique a publié un grand nombre de traités mystiques, homélies, diâtribes, etc., parmi lesquels nous citerons, en raison de son titre singulier :

— LE CHARIOT de l'année, fondé sur quatre roues, qui sont les quatre saisons : le printemps, l'esté, l'automne et l'hyuer, contenant tant la propriété desdites saisons que des histoires et matières de toutes les festes de l'an. *A Louvain, chez Iean de Winghe*, 1555, in-12.

HEERBRANDT (*Jacq.*). Refutatio Tractatus Gregorii de Valentia Hispani, Iesuitæ Ingolstad, impü, de prophana, abominanda et execrata, verbo¾ſq̃ Dei damnanda Missa Pontificia. *Authore Iacobo Heerbrandto, S. S. Theol. D. et profess. Tubingæ, apud Alexandrum Hockium*, 1581, in-4.

Monument éloquent de la virulente polémique religieuse du XVIe siècle ; ce volume est fort rare.

La même année Heerbrandt clôt la discussion :

— APOLOGIA explicationis causarum, cur cum Gregorio à Valentia Hispano, etc., non fit amplius disputandum... *Tubingae, ex officina Alexandri Hockij*, 1581, in-4.

HEERMANNUS (*Ioan.*). Flores ex odorifero annuorum Evangeliorum vireto, ad fontes Israelis, pietatis pollice excerpti, et in usum tenellulæ pueritiæ, in illustri Bregeo Musis sacra facientis, filo poetico contexti, a Ioanne Heermanno, ex Silesiis Rautenate, Poeta lauru-coronato Caes. *Olsnæ Silesiorum, in calcographia Bossemesseriana*, 1609, in-12.

Petit poëme rare, imprimé à Lissa, bourg de Silésie, où l'auteur s'était retiré et où il mourut.

Vendu avec d'autres pièces reliées en 2 volumes, 85 fr. de Morante ; n'ayant pas vu le vol., nous donnons le titre, tel quel, d'après le Catal. (no 1102), c'est-à-dire sans le garantir.

HEFNER-Altenck (*M. I. H.* de). Serrurerie ou les ouvrages en fer forgé du Moyen-Age et de la Renaissance (en Allemagne), par M. de Hefner-Alteneck, directeur du Musée national de Bavière à Munich. Édition française ; texte traduit par M. Daniel Ramée, orné de 84 pl. gr. en taille-douce, représentant plus de 400 objets (empruntés sans exception à l'art allemand). *Paris, Edwin Tross*, 1870, gr. in-4.

Bel et consciencieux ouvrage ; l'édition a été tirée à 350 exemplaires, dont 300 sur papier *vélin* et 50 sur grand papier Whatman (in-4, sic) ; les premiers étaient cotés 84 fr. ; les seconds 120 fr.

Un seul exemplaire a été tiré sur *vélin* ; M. Tross en demandait 700 fr.

M. Brunet n'indique de l'auteur que son livre sur les *Costumes du moyen âge. Francfort, Keller*, 1840, 4 vol. in-fol. avec 420 planches, publié au prix de plus de 1,500 fr. Ce grand ouvrage se vend à peine le tiers aujourd'hui.

Un exempl. de l'édition en 3 vol. in-4, avec 418 pl., n'a été vendu que 175 fr. Chasles (1871).

HEIDER et Eitelberger. Mittelalterliche Kunstdenkmale des Oesterreichischen kaiserstaates. (Monuments des arts au moyen âge dans l'empire d'Autriche). *Stuttgard*, 1858-60, 2 vol. gr. in-4, 72 planches noires et coloriées hors texte, et 261 grav. s. bois dans le texte.

Publié à 25 thalers ; vaut aujourd'hui à peu près 50 fr.

HÉLAINE de Constantinople (Le Romant de la belle)... *A Paris, chez Simon Caluarin, rue Sainct Iacques, a lenseigne de la Rose Blanche couronnée, s. d.*, in-4, goth. [17089]

Un exemplaire de 0m183 millim. de haut., relié par Trautz, annoncé *très-pur*, n'a été vendu que 40 fr. Yéméniz ; il était probablement incomplet, autrement ce prix serait inexplicable.

HELIODORI Æthiopicæ historiæ libri X... Stan. Warschewiczki polono interprete. *Basileæ, J. Oporinus*, 1552, in-fol. [16975]

L'exemplaire à la reliure de Grolier, vendu £ 110 Libri (1859, no 1214) ; « *The most superb specimen of Grolier binding* », puis 3,500 fr. chez M. Double en 1863, a été revendu 2,900 fr. Jos. Techener, en 1865.

— Histoire Æthiopique d'Héliodore, contenant dix livres, traitant des loyales et pudiques amours de Théagènes Thessalin et Chariclea Æthiopienne, nouvellement traduicte en grec en françoys (par J. Amyot). *Paris, pour Vincent Sertenas*, 1553, in-8.

Cette édition ne diffère de la première in-fol. que par la date et par des vers de Claude Colet, de Rumilly, en Champagne, faits en l'honneur de l'illustre traducteur.

Un exemplaire de ce volume assez rare, dans une belle reliure lyonnaise à compartiments de couleurs, est porté au prix énorme de 500 fr. au catal. Gonzalez (Bachelin-Deflorenne).

HENNEPIN (Le P. *L.*). Description ‖ de la ‖ Louisiane, ‖ nouuellement decouverte ‖ au Sud Oüest de la Nouvelle France, ‖... Auec la carte du Pays... par le R. P. Louis Hennepin... *A Paris, ‖ chez la veuve Sebastien Huré, rüe ‖ S. Jacques...* 1683, in-12 de vi ff. limin., 312 pp. de texte, 107 pp. chif. séparément pour les *Mœurs des sauvages*, une *Carte de la nouvelle France et de la Louisiane*. [21027]

— Réimpr. textuellement : *A Paris, chez Amable Auroy*, 1688, in-12, 6 ff. limin. -1-312-1-107- carte. Le privilège porte : *Achevé d'imprimer pour la seconde fois, le 10 mars 1688, de l'imprimerie de Laurent Rondet.*

— DESCRIZIONE ‖ della ‖ Lvigiana ‖..... tradotta dal Francese (per Casimiro Freschot). *In Bologna, per Giacomo Monti*, 1686, in-12, de vi ff. limin. et 396 pp. avec une carte.

— ONTDEKKING van.‖ Louisiana ‖ Door den Vader L. Hennepin. *'T Amsterdam bij Jan ten Hoorn*, 1688, 2 part. en 1 vol. in-4, III ff. limin., 158 pp., 3 ff. non chiff. pour l'*Index*; carte et 4 planches ;

2ᵉ partie, 2 ff. limin., 200 pp., 2 ff. non chiff. pour l'*Index*, 2 pl. grav.

— BESCHREIBUNG der Landschaft Louisiana... *Nürnberg, Andreas Otto*, 1689, in-18, 427 pp. avec une carte.

— NEUE ENTDECKUNGEN vieler sehr grossen Landschaften in America, zwischen New-Mexico und dem Eis-Meer gelegen, übersetzt von J. G. Langen. *Bremen*, 1690, in-12, fig. (*Ternaux*, n° 1049).

— NOUVELLE Descouverte ‖ d'un tres grand ‖ Pays ‖ situé dans l'Amerique. ‖ Par R. P. Louis de Hennepin. ‖ *A Utrec ‖ chez Guillaume Broedelet*. ‖ (Ce frontispice gravé est suivi du titre) :

— Nouvelle ‖ decouverte..... Avec les cartes et les figures nécessaires... Le tout dedié à S. M. Britannique Guillaume III, par le R. P. Louis Hennepin. *A Utrecht, chez Guill. Broedelet*. M.DCXCVII, in-12 de XXXV ff. lim., texte 1-506 pp. (La p. 313 est répétée 11 fois et forme un carton de 5 ff., 2 fig. et deux cartes.)

Un exemplaire *broché non rogné*, 25 fr. Maisonneuve.

— LA MÊME. *A Amsterdam, chez Abraham van Someren*, MDCXCVIII, in-12, de XXXVI ff. limin., texte 1-506 pp., avec le même carton de 5 ff., signalé dans l'édition précédente ; fig. et carte.

— Réimpr. chez le même typographe, 1699, in-4.

— RELACION de un païs que nuevamente se ha descubierto en la America septentrional... trad. por D. Seb. Fernandez de Medrano. *Brussela, Lamberto Marchant*, 1699, in-12.

— NOUVELLE découverte d'un très-grand pays, situé dans l'Amérique, entre le nouveau Mexique et la mer Glaciale. Avec un voyage qui contient une relation exacte de l'origine, mœurs, coutumes, religion, guerre et voyages des Caraïbes. Ecrite par le sieur de La Borde, tirée du cabinet de M. Blondel. *Amsterdam, Adriaan Braakman*, 1704, pet. in-8, de XVI ff. limin., 604 pp. et XVI ff. à la fin, front. grav., 2 cartes, 6 planches.

La relation du sieur de La Borde avait été publiée déjà dans le recueil de Ligon.

30 fr. Maisonneuve.

— NOUVEAU voyage d'un païs plus grand que l'Europe. Avec les réflections des entreprises du sr de la Salle, sur les Mines de Stᵉ Barbe... enrichi de la carte, de figures expressives... par le R. P. Louis Hennepin... *A Utrecht, chez Antoine Schouten*, 1698, in-12, de 35 ff. lim., un f. blanc et 389 pp. de texte, avec 4 pl. sur bois et une *carte du Nouveau monde*.

Continuation de l'ouvrage précédent.

— Trad. en hollandais... *Utrecht, Schouten*, 1698, in-12.

— Trad. en allemand... *Bremen, Phil. Gottfried Saurmans*, 1698, in-8. — Aussi, 1699, in-12.

— Trad. en anglais... *London, for M. Bentley and others*, 1698, in-8, 2 vol. — Aussi 1699.

HENNEQUIN (*Hierosme*). Regrets sur les misères aduenues à la France par les guerres ciuiles. *A Paris, chez Denys du Pré*, 1569, in-4.

Pièce de poésie fort rare.

HENRICUS VIII. Advertio septem sacramentorum adv. Mart. Lutherum.....

London, Pynson, 1521, in-4 de 78 ff. (*Manuel*, III, 100.)

L'exemplaire que possédait M. Yéméniz avait la signature du royal auteur au commencement et à la fin du volume ; sur le titre on lisait : « *Collegii Anglicani ex dono Illᵐⁱ Guilielmi Alani cardinalis Angliae*, an. 1521. » La reliure était restaurée, mais on avait conservé les anciens plats, sur lesquels étaient frappées les armes d'Angleterre et la Rose.

À la vente du célèbre bibliophile lyonnais, ce beau livre a été porté à 5,600 fr. pour l'Angleterre.

HENRY, tailleur. Livre de dessins de chamarure, pour les habits, vestes, etc. *Paris*, 1741, in-4, fig. s. b.

Vendu 3 fr. 60 c. à la seconde vente de la librairie De Bure en 1835, ce livre fort rare vaudrait aujourd'hui dix ou quinze fois ce prix.

HENRY (*Jean*). Le Liure de Réformation, vtile pour toutes religieuses desirans mener vie vertueuse. *A Paris, chez Iean Petit*, s. d., in-16, goth.

Pièce fort rare, mais de peu d'intérêt.

HERBARIUS in latino cum figuris. (Sans indic. de lieu, de typogr., ni de date : *Culembourg, Jean Veldener*, cª 1484.) In-4, goth., de 174 ff., à 27, 28, 29 et 30 lignes longues, sans ch., sign. ni récl., avec grav. xylogr. [4925]

— LE MÊME (sans indication de lieu, de typogr. ni de date ; *Louvain, J. Veldener*, 1484 ou 1485), in-4, de 174 ff. à 29 lignes longues, sans récl., mais avec sign., chiffres et grav. xylogr. — (*Cat. J. de Meyer*, 1869.)

— HERBARIUS of kruidboeck in dietsche, in-4, *s. l. n. d.*, car. goth., avec 130 fig. de plantes.

Cet herbier est imprimé à Anvers, vers 1482, par Mathias Goes, dit le catal. de J. de Meyer (1869). Les planches, avec texte latin et flamand, sont semblables à celles employées dans l'herbier de J. Veldener, en 1484 ; celles de l'édit. de Mayence, attribuée à Ulrich Zell, sont placées en sens contraire.

115 fr. en 1830.

HERBEN (*Matth.*). Lamentabile excidium christianorum, in insula Græciæ Euboya ab infidelissimis Turchis. *S. l. n. d.*, in-4, goth. (Hain.)

Pièce rare et intéressante. 12 à 18 fr.

HERBERAY (*Nic. de*). Don Flores de Grèce. *Paris, Est. Groulleau, pour Jan Longis et Vincent Sertenas* (1552), in-fol., belles fig. s. b. [17060]

En mar. de Kœhler, 255 fr. Yéméniz. — Avec la traduction d'Héliodore, par Amyot, 79 fr. seulement, Morel de Lyon. Un bel exemplaire est passé de la bibliothèque de M. Cigongne dans celle du duc d'Aumale.

— LE MÊME. *Anvers, J. Waetberghe*, 1561, in-4, à 2 col., fig. s. b. En mar., 95 fr. Morel de Lyon.

— LE MÊME. *Lyon, Benoist Rigaud*, 1572, in-16.

100 fr. Yéméniz.

— LE « PETIT DISCOURS d'un chapitre du livre de Primaleon, dit le *Manuel* cité à la première édition de 1549, a été réimprimé à Paris l'année suivante, 1550, pet. in-8, de 12 ff., par le même imprimeur Vincent Sertenas.

HERCULES. Les proesses et vaillances du preux Hercules. *Paris, veufue Jehan Trepperel*, s. d., in-4, fig. s. b. [17069]

En *mar.* de Duru, mais assez court, 600 fr. Yéméniz.

L'exempl. du prince d'Essling de l'édition d'*Alain Lotrian*, s. d., en *mar. v.* de Duru, est passé de la bibliothèque de M. Cigongne chez le duc d'Aumale.

Les éditions de Michel Le Noir, 1500 et 1508, sont des livres à peu près perdus, et qui atteindraient aujourd'hui des prix considérables.

HERE is a good boke to lerne to speke French. Vecy vng bon liure a apprendre a parler Fraunchoys, etc. *S. l. (London). Per me Ricardum Pinson*, s. d., in-4 de XI ff., goth., sign. A-C.

Pièce d'une excessive rareté, dont on ne connaît d'autre exemplaire que celui du British Museum; ces onze feuillets contiennent quelques courtes phrases en anglais et en français; trois dialogues intit. : «*Other maner of speche in frenche;—Other maner speche to bye and selle; — For to aske the wey.*» Suit un court vocabulaire; ensuite : « *Here followethe the boke of curtesye...* etc.

— HERE begynneth a lytell treatyse for to lerne Engylssche and Frensshe. *Empruted at Westmynster by my* (sic) *Wynken de Worde*, s. d., in-4, goth., de 12 ff. Sur le titre un bois représentant un maître avec ses trois disciples. (Biblioth. Grenville.)

HERNANDES (*Alonso*). Historia Parthenopea. *Ympresso en Roma por Maestro Stephano Guilleri de lo Reno* (sic) *año del Nuestro Redentor de Mil y quinientos.* XVI. *a los diez y ocho de setienbre*, in-fol., lett. rondes, de IV-162 ff. chiffrés. A la fin du vol. le privilége de Léon X, accordé à Louis de Gibraleon, qui a fait imprimer le vol. à ses frais.

HERNANDEZ (*Francisco*). Quatro libros de la naturaleza y virtudes de las plantas y animales que estan recividos en el vso de Medicina en la Nueua España, traduzidos y aumentados por F. Francisco de Ximenez. *En Mexico, en casa de la viuda de Diego Lopez Davalos, año de* 1615, in-4. [4544]

£ 6, Fischer.

HÉROARD (*Jean*). Journal sur les règnes de Henry IV et de Louis XIII, publié par MM. Eud. Soulié et Ed. de Barthélemy. *Paris, Didot*, 1868, 2 vol. in-8. 12 fr.

Ces mémoires sont extrêmement curieux; ils racontent bien des faits ignorés et expliquent des caractères et des points historiques laissés dans l'obscurité.

HERODIANI (*Ælii*) Historici græci libri octo, Angelo Politiano interprete. *Colmariæ, ex ædibus Amandi Farcallii, mense decembri* M.D.XXIII, in-8.

Cat. Crevenna, n° 6155. Cat. Labitte, 30 fr.

Premier livre imprimé à Colmar, disent Falkenstein et Cotton; il est assez présumable que le premier produit des presses de cette ville n'a pas été consacré à la reproduction de la traduction d'un texte grec par Ange Politien, et que l'impression de coutumiers ou de livres liturgiques a précédé.

— Herodiani Technicæ reliquiæ, collegit, emendavit A. Lentz. *Lipsiæ*, 1867-68-70, 3 vol. in-8. T. I, CCXXVII-564 pp.; tome II, (1) 611 et (2) VI-612 pp.; tome III, 1264 pp. [12028]

Lentz n'a publié que le premier volume et la première partie du second; le complément a été donné après sa mort.

Un article détaillé est consacré à cette importante publication dans la *Revue des sociétés savantes*, du 22 juin 1872.

HERODOTUS (The History of). A new English translation with copious notes and appendices, by G. Rawlinson. *London*, 1858-60, 4 vol. in-8. [22791]

Cette remarquable traduction a été l'objet de trois articles de M. Maury, insérés au *Journal des Savants* en 1872.

HEROGUELLE (*Fr.* de). La vraye panacée présentée à Louys le Grand, avec la vraye anatomie des eaux minérales de S. Amand, nouuellement descouvertes... et un discours apologétique contre ceux qui les profanent, blâment et calomnient... par le Sr de Heroguelle. *Tournay, J. Coulon*, 1685, pet. in-8.

8 fr. Payen.

— LA FONTAINE minérale lez-Saint-Amand, triomphante par les arcanes ou les plus rares secrets de la médecine..., par Fr. de Heroguelle. *Valenciennes, Gabr.-Fr. Henry*, 1691, pet. in-8.

9 fr. même vente.

HEROLT (*Joh.*). Sermones discipuli de tempore et de sanctis... cum casibus papalibus et episcopalibus... *Venundantur Lugduni, in edibus Martini Bouillon... impressum sumptu Joan. Huguelan per Jac. Myt*, 1517, 2 vol. in-4, goth., fig. s. b. [*Man.* III-128]

L'un des *libres prêcheurs* les plus pittoresques; l'auteur fait jouer à la Vierge un rôle plus qu'équivoque.

43 fr. bibl. de l'abb. de Six (1865).

HERRERA (*Dionysio* Alsedo y). Memorial information, que pusieron en las reales manos del Rey nuestro señor el tribunal del consulado de la ciudad de los Reyes y la Junta general del comercio de las provincias del Peru, sobre diferentes puntos tocantes al estado de la real azienda, y del comercio, etc. *Lima*, 1720, in-fol.

40 fr. Tross (1873).

HERRERA (*Gabriel Alonso* de). Obra de Agricultura. [6301]

Salvá (*Cat.* nos 2573-2580) décrit plusieurs éditions de cet ouvrage estimé; il cite celle de *Toledo*, 1531; *Medina del Campo*, 1569; de *Madrid*, 1598 (deux éditions sous cette date); de *Pamplona*, 1605, in-fol.

(Inconnue à Antonio); de *Madrid*, 1620, in-fol., etc. Ces dernières éditions ont assez peu de valeur.

HERRERA Maldonado (Fr. de). Nouvelle histoire de la Chine ou la mort de la reyne mere du roy, les cérémonies et les sacrifices qui se firent à ses funérailles. Avec le commencement et le progrez que les PP. de la Compagnie de Jesus ont fait faire à la religion en ce pays là. Trad. de l'espagnol par J. J. Bellefleur, Percheron. *Paris*, 1622, pet. in-8.

Vendu 2 thal. Sobolewski.

HERRERA (Fray *Pedro* de). Ang pagcadapat y biguin si Jesus nang manga calelovang tinobós niyá. Ang may catha nitó ang Padre Letor Fray Pedro de Herrera Padre sa S. Agustin at Prior sa Tanbobong. *Impresso cõ licencia en Manila en el Colegio de S. Thomas por Luis Beltran Año de* 1639, in-18, sur papier de riz.

Titre avec la marque de l'imprimeur, IX ff. pour les approbations, licences, etc.; « *Poesia del autor en metro Tagalo*, » 9 pp.; texte, 217 ff.; *Decimas del autor*, 1 f.

Traité de l'amour de Dieu en langue Tagale, indiqué par Pinelo, qui n'en donne pas la date; il est extraordinairement rare; fray Pedro de Herrera a fait encore imprimer à Manille, dans la même langue, un *Confessionario* en 1636.

En *vélin*, bel exemplaire, 200 fr. Maisonneuve.

HERRON (*L.*). La Liesse de Louys Herron, curé de Pranzay. *Poictiers, par la veuve d'Antoine Mesnier*, 1636, in-8.

Poésies rares, mais d'un intérêt médiocre; 6 fr. Turquety.

HERTFELDER (*B.*). Basilica SS. Vdalrici et Afræ, historia descripta atque æneis figuris illustrata. *Augustæ Vindelicorum*, 1627, in-fol.

Planches d'ornements finement gravés; elles reproduisent les précieux reliquaires qui ornaient l'église de Saint-Ulrich et de Sainte-Affre à Augsbourg; la plupart des intéressants objets existent encore.

40 fr. au cat. Tross, de 1869.

HERTSLET (*Edward*). The Map of Europe by treaty, showing the various Political and territorial changes which have taken place since the general Peace of 1814. *London, Buttersworths*, 1875, 3 vol. in-8.

Ces trois énormes volumes donnent la traduction d'une foule de traités et documents diplomatiques, accompagnés de cartes et complétés par des notes claires et substantielles.

HERVEY (Chevalier d'). L'Exil amoureux du chevalier infortuné, histoire véritable, divisée en trois parties, par le chevᵣ d'Hervey, commandeur de Valcanville. *Paris, chez Cardin Besongne*, 1632, in-12.

6 à 8 fr.

HERXEN (*Thierry* de). Stimulus amoris domini Ancelmi, de passione dominica, cum quibusdam devotis et motivis exercitiis eiusdem passionis, secundum articulos distinctis, per venerabilem patrem dominum Theodoricum de Herxen compilatis. *S. l. n. d.*, très-petit in-8, goth.

Cet incunable n'a jamais été décrit, de *visu* par aucun bibliographe; un exemplaire qui figurait à la vente Luzarche a permis à M. Claudin d'en donner une exacte description; c'est un très-petit in-8 ou plutôt un in-16, dont la justification typographique ne mesure que 0ᵐ64 millim. de haut sur 0ᵐ45 de large; le volume se compose de 72 ff. non chiff., de 20 lignes à la page entière; le titre est formé de 8 longues lignes, exécutées en gros caractère gothique carré, qui se rencontre fréquemment dans les éditions néerlandaises du XVᵉ siècle; le verso du dernier feuillet est blanc.

19 fr. Luzarche.

HÉRY (*Th.* de). La Méthode curatoire de la maladie vénérienne, vulgairement appelée grosse vairole, et de la diversité de ses symptômes. Composée par Thierry de Héry, lieutenant général du premier barbier chirurgien du Roy. *Paris, Matth. Duval et Arnoul l'Angelier*, 1552, in-8, de VIII ff. lim., 273 pp. et 15 ff. pour la table et l'errata. [7269]

Ce volume est curieux par le sujet qu'il traite, par son exécution typographique, les emblèmes de Diane de Poitiers et de Henry II qui décorent son titre, et par la singulière qualification que s'attribue l'auteur.

Un bel exemplaire n'a pourtant été vendu que 69 fr. à une vente faite par Tross en mars 1870, et il était relié avec un autre volume plus célèbre, le remarquable traité d'Ambroise Paré : — La Manière de traicter les playes faictes tant par hacquebutes, que par flèches et les accidents d'icelles..... *Paris, Arn. Langelié*, 1552, in-8, de 7 ff. limin., 1 feuillet blanc, 80 ff. et 10 ff. de table, avec fig. en bois.

L'exemplaire sur *vélin* de la Bibl. nation. n'a été payé que 200 fr. à la vente du libraire Cussac, en 1809.

L'édition de 1560, que cite le *Manuel*, a été donnée à *Paris, par Gilles Gourbin*, in-8.

HERZOG (*M. B.*). Chronicon Alsatiæ. Edelsasse Kronick...(Chronique d'Alsace et description exacte de la basse Alsace sur les bords du Rhin, avec les principales villes, telles que Strasbourg, Sélestadt... L'histoire des comtes et évêques qui ont possédé le comté et l'évêché de Strasbourg... jusqu'à l'année courante 1592..... composée et publiée par..... M. Bernard Herzog..... *Strasbourg, impr. de B. Jobin*, 1592, in-fol.

Volume important au point de vue historique.

HESE. Itinerarius Johañis de Hese ‖ presbiteri a Jhrl'm p diuersas mũdi ptes ‖ Tractatus de decē nationibus christianorū ‖ Epla Johañis soldani ad Pium papā scdz ē cum epla rñsoria eusdē Pii ad soldanum. ‖ *S. l. n. d. (Coloniæ; cᵈ*

1480), pet. in-4, goth., de 12 ff. à 37 lignes à la page entière, sign. A-Biij.

150 fr. au catal. Tross.

Ce voyage eut lieu en 1389 et non en 1489, comme semble l'indiquer le *Manuel* à l'article HESE. [20533]

— ITINERARIUS Joänis de || Hese presbiteri a Hie-rusalē describēs dispōnes || terrarū insularū mon-tiū ε aquarū : ac etiā qdam || mirabilia ε pericula p̄ diuersas p̄tes mūdi cōtin || gētia lucidissime enarrans || Tractatus de X. Natōib' ε sectis Chris-tianorum || Epl'a Joänis soldani ad Piū papam sed'm || Epl'a respōsoria Pij pape ad soldanum. || Joänis presbiteri maximi || Indorū ε Ethiopū christianorum Impatoris ε pa || triarche Epl'a ad Emanuelem Rhome guberna || torē de ritu ε mo-ribus indorū. deq̄s eius potētia ε diuitiis ε excel-lentia ||..... (au feuillet 21, v° :) ❧ *Expliciūt duo tractaculi* (sic) *de mira* || *pilibus rerum totius India ac p̄ncipe* || *eorū presbitero Joanne.* || in-4, de 22 ff., caract. demi-goth. de deux gran-deurs, à 37 longues lignes, sans chiff. ni récl., avec sign.; le 22° feuillet est blanc.

Cette édition fort rare a été exécutée à Deventer, par Jacq. de Bréda, vers 1500, dit M. Campbell, qui n'en cite qu'un exemplaire conservé à la Bibl. de l'Athénée, à Deventer.

Le bibliographe hollandais cite encore une autre édition-de ce précieux livret, exécutée à peu près à la même époque avec les caractères de Godefridus Bac, à Anvers; c'est un in-4 de 22 ff., goth., à 36 longues lignes, sans chiff. ni récl., avec signat. a3 - d.

Un exemplaire est signalé comme appartenant à M. Vergauwen, sénateur, à Gand.

— ITINERARIUS Joannes de || Hese presbyter a Hie-rusalem describens dispōnens (sic) || terrarum in-sularum montium et aquarum... *Impressum Da-ventrie per M. Richardum Pafraet,* 1505, XXVI aprilis, pet. in-4, goth., de 18 ff., à 39 lignes.

80 fr. (Tross, 1867).

Édition non décrite au *Manuel.*

HESIODI Opera et dies (Græce). *Parisiis, ex officina Federici Morelli*, 1581, in-4.

Cette édition est correcte et estimée; nous la citons comme le premier livre imprimé par le second Frédéric Morel.

— HESIODI quæ supersunt... Edid. Th. Robinson. *Oxonii, e Theatro Sheldoniano,* 1737, in-4.

On a tiré cette édition, jadis si célèbre, aujour-d'hui si négligée, sur trois papiers différents; in-4, papier ordinaire; in-4, grand papier et petit in-fol. vente Lolliée (1790), 1,599 l. 19 s.; il est dit au catal. Gouttard, qu'il n'en a été tiré que 6 exem-plaires in-fol. pour le recteur et les professeurs de l'Université d'Oxford.

L'exemplaire de ce catalogue a été vendu 490 l. 19 s.

L'exempl. du duc de Grafton, payé £ 100 en 1815, figuré au catal. de la Grenvilliana; lord Vernon paya son exempl. 120 guinées.

— LIBER Georgicorum, per Nicolaum de Valla e græco conversus. (A la fin :) ❧ Liber Georgicorum Nicolai de Valle finit feliciter: || *Impressus Da-uentrie per me Jacobum de Breda* / *Anno.* M. CCCC. xcij, in-4, de 16 ff., à 29 et 30 lig., sans chiff. ni récl.; avec sign. Aiij-Ci.

— LE MÊME. *Dauentriae, Jacobus de Breda,* 1497; 16 ff. in-4, caract. semi-goth., à 30 lig. long.; avec sign., sans chiff. ni récl. (Campbell, *Ann. de la typ. néerl.*)

— LES BESOGNES et les Jours. *Paris, Est. Preuos-teau,* 1586, pet. in-8.

30 fr. Yéméniz.

— LES LIVRES d'Hesiode... intitulés *les OEuvres et les Iours,* trad. par Richard le Blanc. *Lyon, Jean de Tournes,* 1547, in-8.

Jolie édition en caractères italiques. En mar. de Trautz, 210 fr. Yéméniz.

HEURES.

Nous n'avons pas cru devoir rejeter à la fin du *Supplément* le travail consacré à la description des livres d'Heures qui ont été retrouvés depuis la publication de la v° édi-tion du *Manuel.*

Ces Heures sont ici classées par ordre chronologique et par libraires :

Simon Vostre,
Vérard,
les Kerver,
les Hardouin,
et Divers.

SIMON VOSTRE.

HEURES (Les presentes) a lusaige de Rome acheuees le IIII° iour de novembre, lan 1487. *Pour Simon Vostre libraire demourant a la rue Neufue Nostre Dame a lenseigne Sainct Jehan Leuan-geliste*, in-4, goth., de 68 ff., avec 18 grandes fig. sur bois y compris le fron-tispice, l'homme anatomique et le sainct Graal.

Les signatures sont par 8, excepté la dernière I, qui est de 6; le *Manuel* ne donne que 4 feuillets à ce dernier cahier; l'almanach est de 1488 à 1508.

Un exemplaire sur *vélin*, très-grand et très-pur (H. 0m230, L. 0m150), avec les capitales peintes en or et couleurs, mais les grandes planches en noir, 1,339 fr. Gancia (1872).

HEURES (Ces presētes) a lusage de Rome furēt acheues || le XVII iour de septembre lan mil cccc.iiij.xx. et || XVI. pour Simon Vostre demourāt a Paris en || la rue neuue n̄tre dame a l̄seigne saīct Iehan leuāgeliste, || in-4, goth., de 70 ff., sign. *a-h* par 8 et *i* par 6.

Sur le titre la marque de Ph. Pigouchet; le ca-lendrier va de 1488 à 1508; 17 grandes fig.; y com-pris l'homme anatomique, 31 petites; la danse des morts est figurée sur 17 pages.

Un exempl. annoncé superbe, en mar. de Duru, est porté à 1200 fr. au 7° cat. Morgand et Fatout.

HEURES a lusaige de Romme. *Ces pre-sentes heures furent acheuees le* XXV *iour de feburier lan* M.CCCC.IIII.XX *et dix sept pour Simon Vostre,* pet. in-8, goth., fig. et bord. en bois. Mar-que de Pigouchet.

HEURES (Ces présentes) a lusaige de Rome furent ache || uees lē XVII. iour de Auril. Lan. M.CCCC. iiii.XX et || XVII. pour Simon vostre demourāt en la rue neu || ue a l'enseigne Sainct Jehan leuangeliste. (A la fin :)... *Acheuées le* XX. *iour de mars lan* M.CCCC.iiii.XX.

el XVII. *pour Simon Vostre*, in-8, goth., fig. et bordures avec la danse des morts grav. sur bois, 88 ff. sign. A-I par 8.

450 fr. sur papier, mais dans une curieuse reliure, Tross (1874).

Panzer, qui cite ce volume, lui donne la date du 28 mars et 96 ff.; il paraît parfaitement complet en 88 ff., et il est certainement à la date du 20 mars.

HORE intemerate virginis Marie secūdum Romane curie (usum). (Ce titre est au bas du 15ᵉ f.) — *Ces p̄sentes heures a lusaige de Rōme furēt acheuees le* IX. *iour de Juin Lan Mil CCCC quatre vingtz el* XVII *pour Simon vostre libraire demourant a Paris a la rue Neufue Nostre Dame a limage Sainct Jehan leuangeliste.* (Marque de Phil. Pigouchet au f. *a* i.)

Petit in-4 de 82 ff., à 27 lignes par page, sign. *a-k*, par 8, à l'exception de la dernière sign., qui est de 10. Suivent 8 ff. sign. *a* iiii, également à 27 lignes, qui portent : *Sensuiuent les sept pseaulmes en françois, translatez au plus pres du latin.* Au verso du titre se trouve la figure de *l'homme anatomique*, avec des sentences en français; le second feuillet contient l'almanach pour 21 ans, de 1488 à 1508; au verso le *saint Graal*, 14 grandes figures et riches bordures gravées sur bois, dont *la Danse des Morts*, en 60 sujets.

HEURES a lusaige de Nantes. *Paris, Phil. Pigouchet*, 1500, in-8, goth., fig. sur bois, avec la *Danse des Morts*.

Un exemplaire sur *vélin*, 13 guinées, Perkins. Le catalogue ne dit pas pour quel libraire ces heures ont été imprimées; tout porte à croire que c'est pour Simon Vostre.

HEURES (Ces presentes) a lusage de Chartres au long sans requerir furent acheueez le x iour de aoust lan mil cinq cent et ung *pour Simon Vostre libraire demourant a la rue Neuve Nostre Dame*, in-8, goth., avec 18 grandes fig. s. b., sans compter l'homme anatomique, avec encadrements variés, parmi lesquels se trouve la danse des morts.

Un exemplaire sur *vélin*, dans une belle reliure ornementée du XVIᵉ siècle, mais avec les figures enluminées, 1,600 fr. Leb. de Montgermont.

HEURES (Ces) a lusaige de Eureux *ont esté faictes pour Simon Vostre libraire : demourant a Paris a la rue Neuve Nostre Dame a lenseigne de Sainct Jehan leuangeliste.* Almanach pour 20 ans de 1501 à 1520, avec bordures et 16 grandes pl. gravées s. bois. Marque de Phil. Pigouchet sur le titre. In-8 de 136 ff., sign. *a-s*; par 8, à l'exception des cahiers *d* et *s*, qui sont de 4.

Un exemplaire imprimé sur *vélin* est porté à 750 fr. au premier catal. Tross de 1868.

HEURES (Ces presentes) a lvsaige de Bourges sont au long sans requerir. *S. l.*

n. d. (Paris, marque de Simon Vostre au titre); almanach de 1502 à 1520, in-8, goth., avec 20 grandes planches gr. sur bois, hors texte; un grand nombre de petites dans le texte et encadrements gr. sur bois.

Un exemplaire avec les figures coloriées, 800 fr. vente Germeau (1869), mais l'exemplaire était dans une belle reliure du XVIᵉ siècle.

HEURES à lusaige de Soissons. *Paris, Simon Vostre* (calendrier de 1502 à 1520), in-8, goth., bord. et fig. sur b.; on y remarque la danse des morts et les sujets accoutumés.

Un exemplaire sur *vélin*, 295 fr. vente Soleil.

HEURES (Ces presentes) a lusaige de Besenson furent ache ‖ uees lan mil cinq cens et quatre le v. iour de Aoust, *pour* ‖ *Symon Vostre libraire demourāt a Paris a la rue neufue* ‖ *Nostre Dame.* (Almanach de 1502 à 1520.) In-8, goth., fig. et bordures s. b.; marque de Pigouchet.

HEURES (Ces presentes) a l'usaige de Rōme sōt au lōg sās reqrir ℈ *ont este faictes pour Symō Vostre, libraire, demourant a Paris, a la rue Neuue Nostre Dame a lenseigne Sainct Jehan leuangeliste par Philippe Pigouchet* (Almanach de 1502 à 1530), in-4, goth., de 98 ff. à 30 lign., sign. A-L par 8 et M par 10. 24 fig. et l'homme anatomique; un grand nombre des encadrements sont formés d'arabesques à fond criblé; la danse des morts en 66 sujets commence au rᵒ du f. *h* ij.

Sur papier, mais en mar. de Trautz, ce beau livre est porté à 800 fr. au catal. Fontaine.

HORE Virginis Marie secundū vsū ordinis Premōstra ‖ tensis. *Parisius impresse fuerūt expensis Simonis Vostre :* ‖ *mora trahēt ī vico nouo n̄re dn̄e sub ītersignio diui iohīs* ‖ *euāgeliste, Anno quīḡetesimo* VI. *die vero* XXVI *Martii.* ‖ In-8, goth., de 128 ff., avec de nombreuses fig. sur b.

Un exemplaire de ces Heures est porté à 350 fr. dans un catal. de M. Tross.

HORE beate marie secundū vsum Romanum cum illius ‖ miraculis vna cum figuris apocalipsis post biblie figu ‖ ras insertis (au-dessus la marque de Simon Vostre, avec le monogr. dans l'écusson). Au vᵒ du dernier f. : Eīnit (*sic*) officiū bt̄e Marie Virginis scdm vsū Romanū cū missa eiusdē : et septē psalmis penitētialib' : cū officio mortuorū... *Imp̄ssū parisiis Anno dn̄i millesimo quiḡetesimo septimo. vltima die mēsis Junii. Opera Symonis Vostre ad intersigniū Sc̄ti*

Iohīs euāgeliste in nuouo vico nostre dūe, in-8, de 102 ff., sign. *a-i* par 8, *k* par 4, *l-n* par 8, 26 lignes à la p., fig. et bordures s. b. Almanach de 1507 à 1527.

Ce volume est précieux d'abord parce qu'il est orné de 15 grandes gravures, non compris la marque et l'*Homme anatomique*, de plusieurs petites et de remarquables bordures, où se trouvent l'histoire du Vieux et Nouveau-Testament et *la Danse des Morts*, mais surtout par la souscription, qui prouve d'une manière évidente la part que prenait Simon Vostre à l'exécution des Heures qu'il publiait ; le volume est de plus imprimé en lettres rondes, ce qui est fort rare à cette date.

Sur *vélin*, chez M. Didot, vaut certainement 700 ou 800 fr.

HEURES a l'usage de Rennes. Les presentes Heures à lusaige de Renee (*sic*) au long sans requerir ont este faictes *pour Simon Vostre, libraire, demourant a Paris en la rue Neuue*, s. d. (Almanach de 1507-1527.) Pet. in-8, goth., fig. s. b. et bordures ; ce vol., composé de 126 ff., contient 22 grandes grav. s. b. et un grand nombre de petites ; dans les bordures on trouve les sujets de la *Danse des morts*, des sujets de chasse, les armes de France, etc. Dans le corps du volume on rencontre un bon nombre de petites pièces de vers français d'une extrême naïveté.

Un exemplaire sur *vélin*, mais de médiocre conservation, est porté par M. Tross à 300 fr., en 1867 et 1868 ; un bel exempl., dans une bonne reliure ancienne, a été porté à 525 fr., en 1870.

HEURES (Ces presētes a lusaige de Cābrai au lōg sans ‖ requerir auec les hystoires de lapocalipse et les miracles ‖ Nostre Dame et plusieurs aultres hystoires faictes a lātiq̄. ‖ *ont este imprimees pour Symon Vostre libraire*. (Almanach de 1507 à 1528.) In-8, goth., sign. *a-p* par 8 (les cah. *d* et *e* par 6, et la première lettre *e* de ce cahier est par erreur imprimée au 6ᵉ f. du cah. *d*) ; le cahier *p* en a 12, et *ē, ī* et ✝ par 8 ; avec 21 grandes grav. et encad. variés.

Le seul exemplaire connu jusqu'ici de cette édition a appartenu à M. Dinaux ; il est imprimé sur *vélin* ; aujourd'hui, chez M. Didot.

HORE beate Marie Vḡinis secundū usū roma ‖ num cū illius miraculis una cū figuris apocal ‖ ipsis post biblie figuris insertis. *Au titre la marque et le nom de Simon Vostre*, et au vᵒ le calendrier de 1508 à 1528, in-4, goth., fig. s. bois et bordures, de 90 ff. sign. *a-b* par 8, *c* par 4 ; *d, e, f, g, h* et *i* par 8, *k* par 6, *ū* et *ē* par 8.

Ces Heures sont portées au *Manuel* comme complètes en 88 ff. ; l'exemplaire sur *vélin*, porté au catal. Fontaine de 1875 au prix excessif de 1,500 fr.,

en contient 90 ; elles sont décorées de 20 grandes planches, non compris le frontispice et l'*Homme anatomique*.

HEURES (Ces presentes) à l'usage de Limoges sont tout au long sans rien requérir : avec les miracles Nostre Dame, et les figures de l'apocalipse ꝑ de la Bible, ꝑ des triumphes de Cesar. *S. l. n. d.* (*Paris, Simon Vostre*, calendrier de 1508 à 1528), pet. in-8, goth., fig. et bordures sur bois ; signat. irrégulières *a. b. e.* à *q.*, avec l'indication L i ou L au bas des pages ; viennent ensuite les sign. M. et N., avec l'indication N.

Un exemplaire sur papier conforme à cette description est porté complet au IXᵉ catal. Tross de 1866, au prix de 480 fr.

HEURES (Ces presentes) a lusage Dangiers sont au long sans requerir. (*Almanach* de 1510 à 1530.) In-8, goth., de 132 ff., avec 23 grandes fig. et bordures en bois. Marque de Simon Vostre.

HEURES (Ces p̄sentes) a lusaige de Tournay au long sans req̄ ‖ rir auec les figures de lapocalipse : la vie de tobie les hystoi ‖ res de Judic : les accidēs de lhôme ; le triūphe de Cesar : les ‖ miracles de Nostre Dame : ꝯ plusieurs aultres hy ‖ stoires : *ont este faictes a Paris : pour Simon ‖ Vostre demourāt en la rue neufue Nr̄e Dame*. ‖ Calendrier de 1512 à 1530. In-8, goth., de 144 ff., avec 20 grandes grav. et 30 petites, non compris celles de l'almanach ; la *Danse macabre* est figurée tout au long dans les bordures.

Sur *vélin*, 451 fr. Van de Velde (1833) ; a été revendu chez J. de Meyer (1869).

HEURES (Les p̄sentes) a lusaige de Sens au long sans requerir, auec les figures de l'apocalypse : la vie de Tobie et les hystoires de Judic : les accidēs de Lhôme : le triūphe de Cesar : les miracles de Nostre Dame ꝑ plusieurs aultres hystoires : *ont este faictes a Paris, pour Simon Vostre demourāt en la rue Neupve Nr̄e Dame*, s. d. (Calendrier de 1512 à 1530.) In-8, goth., de 128 ff., les cahiers sont de 8, à l'exception de *d* et *m*, qui en ont 4, *h* qui en a 6 et *p* 10.

Cette belle édition, ornée de figures sur bois et de jolies bordures, contient deux suites de *la Danse des Morts*, dont l'une en manière criblée.

HEURES (Ces presentes) a lusaige de Metz, tou ‖ tes au long sans req̄rir : Auec les figures ꝑ signes ‖ de lapocalypse : la vie du sainct hôme thobie et de ‖ la bône dame iudic les accidēs de lhôme le triū ‖ phe de cesar ‖ les miracles nr̄e dame. *Ont este faictes ‖ a Paris pour*

Symō Vostre libraire : demourant ‖ *a la rue neufue : pres la grant esglise.* ‖ Calendrier de 1513 à 1530. Gr. in-8 de 104 ff., sign. *a-b* par 8, *c* par 4, *d-i* par 8, *k* par 6, *ā ē ī* par 8 et *ō* par 6 ; avec 21 gr. fig., et riches entourages ; les 14 derniers ff. contiennent l'*Office de N. D. de Pitié;* la table se trouve au dernier f., r° et v°, du cahier *e*.

En anc. *mar.,* 1,950 fr. Labitte, 1877 ; en *mar.* de Du Seuil, sur *vélin,* 2,300 fr. Benzon.

HEURES (Ces présentes) a lusaige de Reins, tou ‖ tes au long sans reqrir, auec les figures (° signes ‖ de lapocalipse, la vie du sainct hôme Thobie et de ‖ la bōne dame Iudic, les accidēs de lhôme, le triū ‖ phe de Cesar, les miracles nře dame, *ont este faictes* ‖ *a Paris pour Symō Vostre, libraire, demourant* ‖ *a la rue neufue, pres la grande esglise.* ‖ Almanach de 1513 à 1530. In-8, de 106 ff., sign. A-B par 8, *c* par 4, D à K, *ā, ē, ī* par 8, et *ō* par 6 ff., fig. s. b.

Un exemplaire sur papier, relié en *mar.* par Trautz, est porté à 1,500 fr. au catal. à prix marqués du libraire Fontaine ; nous ignorons ce qui motive ce prix extraordinaire, très-probablement c'est la reliure.

HEURES (Ces présentes) à lusaige de Rōme, toutes au long sans requerir : auec les figures et signes de lapocalipse : la vie de Thobie et de Iudic, les accidens de lhomme, le triumphe de Cesar, les miracles Nostre Dame : *Ont este faictes a Paris pour Symon Vostre libraire demourant en la rue Neufue Nostre Dame a lenseigne Sainct Iehan leuangeliste.* Calendrier de 1520 à 1536. In-8, goth., de 140 ff., orné de 21 grandes gr. sur bois et des belles bordures de S. Vostre, contenant une *Danse des morts* en 90 sujets.

Un bel exemplaire, mais avec 19 grandes gravures sur bois seulement, 750 fr. Asher (1865) ; un autre exemplaire sur *vélin* a figuré à la vente Enschedé.

HEURES (Ces présentes) a lusaige de Rouen sont au long sans requerir (*Almanach de 1523 à 1533*). *Paris, Simon Vostre?* In-8, goth., fig. et encadrements gr. s. b.

L'exemplaire de ce rare volume, qui a passé à la vente Chedeau, avait le monogramme et le nom du libraire grattés sur le titre, et remplacés à la main par le chiffre et le nom de Germain Baillehache ; mais, les entourages de la marque faisaient reconnaître celle de Simon Vostre.

D'après la date du calendrier, ces *Heures* ont dû être imprimées par la veuve Nicole Vostre, Simon étant mort vers 1518.

Les grandes figures et les bordures des *Heures* de Simon Vostre, fait remarquer M. Potier, se retrouvent en partie dans ce volume, mais avec quelques planches d'un style tout différent, dont trois (*l'Annonciation aux bergers, l'Adoration des Mages* et *la Circoncision*) portent la double croix de

G. Tory, ce qui a déjà été remarqué par M. Bernard dans plusieurs volumes de Simon Vostre ; à la suite de l'ancienne *Danse des Morts,* on en trouve une nouvelle de 26 planches, où sont représentées toutes sortes de *morts* accidentelles, supplices, etc.

L'exemplaire de ce livre d'Heures, qui figurait à la vente Chedeau, a été vendu 375 fr.

HORAS (Las) de nuestra señora ‖ con muchos otros oficios y oraciones. *Impressas en Paris,* s. d. et sans nom d'imprimeur, pet. in-8, goth., fig. s. b. et bordures à chaque page ; sur le titre les armes d'Espagne, et dans l'intérieur 15 grandes grav. et 34 petites. On remarque plusieurs fois dans les bordures le chiffre G. G. (Guillaume Godard?) et celui G. E. F. brochant sur un grand L (peut-être Edmond Le Fèvre?)

Un bel exemplaire est porté à 1,200 fr. dans le premier catalogue Tross, de 1874.

Malgré quelques différences, nous croyons cette rare édition des Heures espagnoles, imprimée à *Paris,* identique à celle qui suit, ou tout au moins celle-ci est-elle un second tirage avec nom d'imprimeur.

HORAS (Las) de Nuestra Señora con muchos ‖ otros oficios y oraciones impressas en Paris. A la fin : *Fenescen las horas de Nuestra Señora* ‖ *Impressas en Paris por Nicolas* ‖ *Higma por el Simon Voe*‖*stre* (sic) *librero, qui biue en* ‖ *Paris : a la calle de* ‖ *Nuestra Señora,* pet. in-8, goth., impr. en rouge et noir, bordures et fig. sur b. finement gravées ; 120 ff. sign. A. P. ; sur le titre les armes d'Espagne, et dans l'intérieur 16 grandes grav. sur b. et beaucoup de petites. Chaque p. est entourée d'une bordure sur b. représ. des animaux et sujets de fantaisie ; il n'y a pas de *Danse des morts.* Le texte est entièrement espagnol. Sans calendrier. (Impr. vers 1510.)

Un exemplaire est porté à 500 fr. (Catal. Tross, 1865.)

HEURES à l'usage de Soissons, toutes au long sans rien requerir. *Paris, Nicole Vostre.* (Almanach de 1525 à 1541.) In-8, goth., fig. s. b. et bordures.

Ce volume est désigné comme absolument inconnu, au catal. Lauer (Tross, 1867, n° 12).

VÉRARD.

HEURES. A la louenge de Dieu, de sa tressaincte et glorieuse Mere... *furent commencees ces presentes heures pour Anthoyne Verard, libraire, demourant sur le Pont Nostre Dame, a lymage Sainct Jehan leuangeliste...* (Almanach de 1488 à 1508.) Gr. in-8, goth., de 112 ff., sign. *a-n* et *a* par 8 ff., à 33 lig. à la p. entière.

On y compte 16 grandes figures (non compris celle de l'*Homme* et le *Saint-Graal* placé au verso) et 37 petites dans le texte, indépendamment des

compartiments, des bordures sur bois, dont beaucoup sont des portraits de saints ou des sujets de
l'Écriture sainte. La marque de Vérard est au verso
du cahier N; beaucoup de prières sont en français,
quelques-unes en vers.

Ces Heures diffèrent de celles décrites par M. Brunet sous les nos 120, 121 et 122.

Un exemplaire sur *vélin*, mais incomplet du frontispice, 295 fr. Chedeau.

Les *grandes Heures de Vérard* (1488-1508), décrites au *Manuel* sous le no 118, ont passé en vente
à Paris en 1875, à la vente Benzon :

Un exemplaire imprimé sur *vélin*, dans une belle
reliure ancienne, provenant de la vente Perkins, où
il avait été payé 8,000 fr., a été revendu 6,000 fr.

Un second exemplaire sur papier, contenant les
deux parties de 84 et 78 ff., avec 13 grandes figures
gr. sur bois, et les lettres initiales rubriquées au
pinceau, dans une riche reliure de Capé, 4,100 fr.

Nous pensons que c'était l'exemplaire Le Prévost,
dont parle M. Brunet, repassé, réparé par Vignat, et
rhabillé par Capé ; de 190 à 4,100 fr., il y a une large
marge pour les frais de restauration.

Un autre exemplaire des *Heures* de 1488, sur
vélin, a été vendu 75 livres sterling en décembre
1874, mais le catalogue ne nous donne pas de détails
sur l'édition.

HEURES.

Lamour de Dieu chascun bon crestien
Doit acquerir en son cõmencement
En desirãt pseueŕer en biē
Affin quil puisse acquerir sauuement
Et appliquer doit son entendement
A le seruir au soir et au matin
En recordant ses heures dignement
Translatees sont au plus près du latin.

Heures de nostre dame en Francoys et
en latin imprimees a Paris nouuellement.
(A la fin) : — *Cy finient les heures en
francoys imprimees a Paris pour
Anthoine Verard libraire demourant
sur le põt nostre Dame a lymage de
Sainct Iehan leuangeliste ou au palays au pmier pilier deuant la chapelle la ou on chante la messe de Messeigneurs les présidens*, s. d. (XVᵉ
siècle), pet. in-8, fig. s. b., sans chiffres
ni récl., sign. A-O par 8 ff., c'est-à-dire
de 112 ff.

Très-beau et très-précieux livre d'Heures, dont
nous rapportons le titre *in extenso* d'après le catalogue de M. Yéméniz ; le bel exemplaire de ce bibliophile, revêtu d'une splendide reliure de Trautz-Bauzonnet, a atteint à sa vente le prix de 1,125 fr.

HORE intemeratæ Virginis Mariæ secun-
dvm vsvm romanvm. (A la fin) : *Ces
presentes heures furent acheuees le xx
iour doctobre M.CCCC. quatre vingt
neuf, par Anthoyne Verard*, in-8,
goth., fig. et bord. s. b.; au premier f.
la figure de l'*Homme anatomique*. Le
titre ci-dessus est au bas du vᵒ du 12ᵉ f.;
dans les encadrements sur b. on remarque des enfants jouant à divers jeux.

Un exemplaire sur *vélin*, mais taché et rogné,
78 fr. (vente Soleil).

HEURES (Les) a lusaige de Metz | toutes
au long || sãs reqŕir : auec les figures de
lApocalipse, la vie || de thobie c iudic |
les accidés de lhõe : le triũphe de Cesar...
Ces presentes heures a lusaige || *de
Paris furent acheuees le* xxii. || *iour
d'aoust mil cinq cens 2 six.* || *pour
Anthoine Verard libraire*, in-8, goth.,
sign. irrégulières, avec de belles gravures
et bordures gr. sur bois.

HEURES (Les) nostre dame a lu || saige
de Rõme nouuellement || translatees de
latin en frãcoys || et imprimees a Paris ||
cum priuilegio. (Au rᵒ du dernier f.) :
Ce present ouuraige a este acheue le ||
xiiij. *iour de Iuillet. Lan mil cinq
cẽs* || *c huit. par Anthoine Verad*
(sic) *libraire d* || *Paris. Demourant a
lymaige Sainct* || *Iehan leuangeliste
deuãt la rue Neuf* || *ue Nostre Dame*,etc.,
in-8, goth.

Édition imprimée en gros caractères et sans encadrements ; l'exemplaire que possède M. Didot, et que
nous croyons le seul connu, est incomplet d'un
grand nombre de feuillets, sur lesquels étaient probablement les grandes figures gravées sur bois, dont
il ne reste qu'une seule, celle de *Bethsabé* ; c'est
aussi l'un des plus anciens livres sur lequel on
puisse constater l'impression d'un privilége.

HORE beate marie virginis scdm || vsum
Romanũ sine require. *Paris, Anth.
Vérard*, 1508. Almanach de 1503 à
1520, pet. in-4, goth. (Voir au *Manuel,
Heures goth.*, nᵒ 144.)

Il existe de ces belles Heures un *tirage* avec encadrements gravés sur bois, dont M. Didot possède un
exemplaire incomplet.

KERVER.

HORE intemerate virginis marie secũdum
|| vsum Romanũ totaliter ad longũ sine
reqŕe : || cum pluribus oratiõibus in gallico
et latino. (Au-dessous de ce titre, le nom
et la marque de Thielman Kerver, et 4
vers ; au vᵒ du dernier f. la marque et le
nom de l'éditeur Guil. Eustace, et la
souscription :) *Ces p̃sentes heures a lu-
saige de Rôme fu* || *rent acheuees le*.
xiiii. *iour de Nouembre. Par* || *Thiel-
mã Keruer pour Guillaume Eustace...*
pet. in-4, goth., de 96 ff., sign. *a-m*,
par 8. (Almanach de 1497 à 1520); avec
14 grandes grav. et plusieurs petites ; les
pages sans gravures n'ont pas d'encadrements.

HORE intemerate secundũ vsum Romanũ.
(A la fin) : *Ces p̃sẽtes heures a iusage
de Romme furent acheuees le* xxvi
iour dauril. Lan M.CCCC.iiii. xx. *et*
XIX, *p̃ maistre George Wolf et Thielman Keruer*, in-8, goth., de 120 ff. Sur
le titre la marque de Kerver ; au vᵒ le

calendrier commençant en 1497 et finissant en 1520. L'*Homme anatomique* est au r° du f. 2; au bas sont des vers français, ainsi qu'à chaque p. du calendrier. 16 grandes pl. gr. sur b.; riches bordures, mais qui ne comprennent pas la *Danse des morts*.

Un exemplaire sur *vélin*, mais très-rogné; 300 fr. Maisonneuve.

HEURES (Ces presentes) a lusaige de Paris ‖ sont toutes au long sans riës requerir aueq ‖ les heures saincte geneuiefue et la comemo ‖ ration saint Marcel et de saint Germain. (Au-dessous du titre le nom et la marque de Guill. Eustace, et au v° du dernier f.) : *Ces p̃sentes heures a lusaige de Paris fu ‖ rent acheuees le* xx. *iour de iuing Lan Mil.* ‖ CCCCC. *Par Thielman Keruer pour Guil ‖ laume eustace tenant sa boutique dedens ‖ la grant salle du palais du coste de la chapelle ‖ de Messeigneurs les presidẽs ou sur les grãs ‖ degrez du coste de la conciergerie a lymaige ‖ sainct Iehan Leuangeliste*, pet. in-4, goth., de 96 ff., sign. *a-m*, par 8. (Almanach pour 24 ans de 1497 à 1520.) 17 grandes grav. dans une bordure d'un goût parfait; les autres ff. n'ont pas de bordure.

Le bel exemplaire sur *vélin*, qui est chez M. Didot, a 197 mill. de hauteur.

HORE intemerate virginis Marie secundum usum romanum. (A la fin :) *Ces presentes heures furent acheuees le* xviie *iour de iuillet lan* MCCCCC *et ung par Thielman Keruer, pour Gillet Remacle*, gr. in-8, goth., fig. et bordures gravées s. b.

HORE diue virginis Marie, scd̃m verum vsum Romanum... characteribus suis impresse per Th. Keruer... *finit*... *impressum Parisiis, anno dñi millesimo q̃ngentesimo primo*, in-8, fig. s. b., car. ronds, rouges et noirs; de 104 ff. non chiff., à 26 lignes à la p. entière. Le cahier A n'est pas signé; sign. B i-Miiij. Almanach pour 24 ans, commençant en 1497.

HORAS (Las) de Nuestra Señora con muchos ‖ otros oficios y oraciones. ‖ (A la fin :) *Fenescen las horas de nuestra Se ‖ ñora Impresas en paris por Thielmam* (sic) *Keruer alemã A* xxx. *de Abril del año ‖ del Señor de mill et cinco.* ♃. ij. *años.* (1502), pet. in-8, goth., imprimé en car. rouges et noirs, fig. et bord. sur bois.

Ce charmant livre d'Heures est composé de 136 ff.

signés *a-riiij*; sur la 2e page sont les armes d'Espagne gravées sur bois.

Un bel exemplaire sur papier, 600 fr. Tross.

HORE dive Virginis Marie secundum verum usum Romanum... una cum figuris Apocalipsis post figuras Bibliæ recenter insertis. *Impressum Parisiis, anno Domini Millesimo quingentesimo quinto* (1505), XII *Kalendas Februarii, opera Thielmanni Kerver, venaleque est supra pontem sancti Michaelis in intersignio Unicornis*, in-8, lettres rondes et semi-goth., car. rouges et noirs, fig. s. bois, bord. historiées à chaque page.

Sur vélin, 450 fr. Claudin.

Le *Manuel* cite deux éditions des Heures de Kerver, à la même date, imprimées l'une en janvier, l'autre en octobre.

HORE dive Virginis Marie secundum verum usum Romanum... *Impressum Parisiis anno dñi millesimo quingentesimo quinto.* XI. *Kalendas Maii, opera Thielmanni Kerver, venaleque est supra pontem Scti Michaelis in intersignio Unicornis*, in-8, lettres rondes et semi-goth., car. rouges et noirs, fig. s. bois et bordures richement historiées.

HORAS (Las) de Nuestra Señora cõ mu ‖ chos otros oficios y oraciones. ‖ *Impressas en Paris.* ‖ M. d. XXIX. ‖ (A la fin :) *Fenescẽ las horas de Nuestra Seño ‖ ra Impressas en paris por Thielman ‖ keruer. A* xxiiij *de Otubre del año del ‖ señor de mill y quinientos y* XXIX, in-8, de 136 ff., sign. A-R par 8, avec 16 grandes fig. s. b. et des encadrements, parmi lesquels la *Danse des morts;* car. rouges et noirs.

Annoncé (non décrit) au *Manuel*, d'après l'exemplaire Rich. Héber (201 du *catal.*); ces Heures sont copiées sur l'exemplaire des Heures espagnoles de 1502 décrit ci-dessus.

Un exemplaire, un peu piqué, a été vendu 435 fr. Bolly.

HEURES (Ces presentes) a lusaige de Rôme toutes au long sans riens requerir, nouuellement imprimees a Paris, auec plusieurs belles hystoires, tant au Kalendrier, aux heures Nostre Dame, aux heures de la croix, aux heures du saĩt esperit, aux sept pseaulmes penitentiales, que aux vigiles des trespassez. — (A la fin) : *Ex alma parisiorum academia, opera et impensis Yolande bonhom̃e̅ vidue spectabilis viri Thielmani Keruer, in vico sãcti Jacobi ad signũ Vnicornis, Anno dñi* MDXXXIII *die* xv *ianuarii*, in-8 allongé, impr. en rouge et noir, fig. s. b. hors texte, au-dessous desquelles est un quatrain en français ; encadrements, lettres ornées.

Sur papier, 360 fr. Yéméniz.

HORÆ in laudem beatissimæ virginis Marie ad usum romanum. *Parisiis, apud Thielmannum Kerver*, 1566, gr. in-12, impr. en car. rouges et noirs.

Ce rare volume, cité par M. Bernard dans sa dernière édition de la *Bibliographie* de Geoffroy Tory, contient les figures et bordures attribuées à ce célèbre artiste ; on remarque comme toujours, dans ces bordures, au milieu d'élégants entrelaœ de fleurs et d'insectes, les F couronnées, les armes de France et de Savoie, les I. couronnées, les salamandres, etc.

Un très-bel exemplaire dans une riche reliure à compart. du XVIᵉ siècle, 960 fr. Tross, 1862.

Ce volume doit être suivi d'une seconde partie de 48 ff. signés A-Dvj. (citée par M. Bernard) : *Ensuit le moyen de se preparer pour deuotemët receuoir le sainct sacremēt*, in-8, avec bordures, de G. Tory, en bois ; cette partie a la même justification que la première.

HARDOUIN.

HEURES de Nostre Dame a lusaige de Rome au long sans rien requerir. (A la fin :) *Ces presentes heures a lusaige de Romme ont este achevees le v iour de octobre par Anthoine Chappiel, imprimeur demourant a Paris, pour Germain Hardouyn libraire.* (Almanach de 1497 à 1520.) Gr. in-8, goth., avec 17 grandes fig. et plusieurs petites gr. s. bois.

Premières Heures publiées par Hardouin ; elles n'ont pas d'encadrements.

Nous en donnons ici le titre détaillé, bien qu'elles soient succinctement indiquées au *Manuel*.

Un exemplaire avec quelques défauts, 105 fr. Chedeau.

HEURES a lusaige de Romme tout au long sans riens requerir. Auec les figures de la vie de lhomme : et la destruction de Hierusalem. | Tout pour le mieulx. | (A la fin) : *Ces presentes heures a lusaige de Rōme tout au long sans rien requerir, ont este acheuees a Paris le huitiesme iour de Mars lan mil cinq cēs et neuf, par Gillet hardouyn imprimeur demourant au bout du pont au change a lenseige* (sic) *de la Rose, au dessoubz de la belle ymage*, gr. in-8, de 92 ff. avec 20 fig. sur bois de la grandeur des pages, des encadrements et des lettres initiales d'une grande richesse d'ornementation.

Ces belles Heures sont longuement décrites dans le catalogue des livres à gravures sur bois de M. Didot. 805 fr. Yéméniz.

(H)ORE intemerate virginis dei genitricis Marie secūduꝫ vsuꝫ eccl'ie Romane : totaliter ad lōgũ sine reꝗre... *Parisi' nouit' impꝫssis p Egidiũ hardouyn cōmorātē*

ĩ cēfinio pōtis ñre Dñe : ad ītersigniũ *Rose deaurate*, pet. in-8 de XII ff. pour le titre et le calendrier, et 108 ff., goth., fig. s. b. au nombre de 36 ; almanach pour 10 ans de 1515 à 1525.

A L'HONNEUR de Dieu et de la glo || rieuse vierge Marie de Monseigñr || sainct Iehan leuangeliste et de tou || te la court de Paradis. Les presen || tes heures a lusaige de Rouen tout || au long sans riēs requerir auec les || figures de lapocalipse : ꝫ plusieurs || autres tant de lancien que du nou || ueau testament : auec les grans suf || frages. *Ont este nouuellement im || primees a Paris par Gillet har || douyn demourant au bout du pont || Nostre Dame deuãt sainct Denis || de la chartre a lenseigne de la Rose. || pour Philippot Coste Pierre lignãs || Raoulin Gaultier et Louys bonnet || libraires demourans a Rouen. || « Tout pour le mieulx. » ||* In-8, goth., fig. s. b. et bordures, avec beaucoup de sujets de chasse, mais pas de *Danse des morts* ; almanach de 1510 à 1530. [*Man.*, nº 236.]

HEURES a lusaige de Rome tout au long sans rien requerir. *Nouuellement imprimées à Paris pour Germain Hardouin, demourant entre les deux portes du Palais, a lenseigne de Saincte Marguerite*, s. d. (Almanach de 1516 à 1538.) In-16, format d'agenda, goth., sign. A-F de 12 ff. au cahier, avec 14 miniatures et 37 lignes à la page.

Un exempl. sur *vélin*, relié en *mar.* par Trautz, 63 fr. Gancia, c'est-à-dire beaucoup moins que le prix de la reliure.

HEURES. *Paris, Gilles Hardoyn*, 1520, gr. in-8, de 88 ff. avec 14 grandes grav. sur b., goth.

Un exemplaire sur pap. en *mar.*, 71 thal. Weigel (1872).

HEURES a lusaige de Rome. *Paris, G. Hardouyn*, 1520, in-8, goth., avec 36 gr. s. bois.

Un exemplaire sur *vélin*, mais colorié, £ 20, sh. 5 Perkins.

HORE in laudem gloriosissime virginis Marie secundum usum Romanum, totaliter ad longum sine require ; cum multis suffragiis. *Empresse Parisius per Germanum Hardouyn*, s. d. (Almanach de 1532 à 1545.) Pet. in-8 de 104 ff., orné de 17 grandes figures dans le texte, et de 13 petites pour les saints et les saintes, gravées sur bois et tirées dans des médaillons ovales, inscrits dans des rectangles. Cette édit. n'a pas de bordures.

Un exemplaire sur *vélin*, avec figures coloriées,

mais dans une belle reliure ancienne, 361 fr. Danyau ; 500 fr. au catal. Aug. Fontaine.

HORE divine virginis Marie secundum
usum romanum. (A la fin) : *Parisiis
noviter impressum pro Germano Hardouyn librario*, 1533, in-8, lettres
rondes ; fig. s. b., mais sans encadrements.

Un bel exemplaire sur *vélin*, avec les bordures
miniaturées et une riche reliure, 305 fr. Chedeau.

HEURES a lusaige de Rome. *Paris*, *G.
Hardouyn*, 1538, in-8, avec 15 pet. grav.
s. b.

Ces Heures sont portées au *Manuel* sans adjudication ; l'exemplaire Perkins, sur *vélin*, a été vendu
£ 8 sh. 15 en 1873.

HORE intemerate virginis Marie se || cun-
dum vsum Parisiensis ecclesie tota || liter
ad ongum (*sic* pour *longum*) sine require
cum multis || suffragiis ? orationibus no-
uiter additis. *Parisijs impresse, per G.
Hardouyn | in || ter duas ianuas Pa-
latij | commorān. ad || signum diue
Margarete.* M.V.XL. (1540), pet. in-8,
sign. A-O, fig. et encadr. s. b.

Les gravures et ornements sont les mêmes que
ceux du livre d'Heures décrit au *Manuel* sous le
n° 278.

HORÆ beatæ Marie secundum usum Romanum, totaliter ad longum sine require
et cum officio conceptionis beate Marie
Virginis..... *Parisiis, in officina G.
Hardouyn*, 1541, pet. in-8, goth., fig.
sur bois.

Un exemplaire sur papier, en *mar.* doublé de
Lortic, 230 fr. Benzon.

HORE beate Marie Virginis || secundum
vsum Romanum to || taliter ad longum
sine require || impresse Parsius (*sic*).
A la fin : *In Laudē beatæ Virginis..,
finiunt hore ad vsum Romanū impresse
Parisius ex officina Honesti viri Io-
hanis Hardouyn*, comorantem inter
duas portas Palatij, ad intersignium
diue margarete. (Calendrier de 1546 à
1562.) In-16, fig. s. b., sign. A M VIII.

DIVERS.

HORE Sanctissime Dei genitricis virginis
Marie, ad vsvm Romanæ curie. *Parisiis, E. G. de Marnef.* (Calendrier de
1489 à 1508.) Gr. in-8, fig. et bord. s.
bois.

Sur le titre se trouve la marque de Geofroy de
Marnef, et au-dessous seulement les mots : *Ad vsum
Romane curie.* C'est au bas du verso du xv° feuillet
que se lit le titre que nous avons mis plus haut.
Le verso du dernier feuillet est occupé par la marque
de l'imprimeur Ph. Pigouchet Le volume se compose
de 92 ff., sign. A-Miiij ; on y compte 19 grandes planches gravées sur bois.

Un bel exemplaire sur *vélin* de ce livre précieux
s'est vendu 390 fr. Soleil.

HORÆ in laudem beatissimæ virginis Mariæ, secundum Romanæ curiæ consuetudinem, additis mortuorum vigiliis. *Parisiis, apud Hieronymum de Marnef,
et viduam Gulielmi Cauellat*, 1580,
in-16, fig. s. b. assez médiocres.

HORES de la Setmana sancta segons lo vs
del ar || chibisbat de Valēcia començant
a les matines del || dumenge de Rams.
(Al fin :) *Impressum Valentie impensis.
d. Jacobi de Villa || die. xxj. mensis
februarij.* M.CCCC.LXXXXiiij, in-4,
goth., de 192 ff., sans récl. ni registre,
mais avec chiffres, car. rouges et noirs ;
il y a de plus un calendrier latin de VIII
ff. en tête du volume.

· Ces Heures, en dialecte de Valence, sont d'une
extrême rareté, et nous ne les trouvons décrites qu'à
l'*Ensayo*.

HORE beate Marie virginis ad vsum Parisiensem totaliter ad longum sine require.
(A la fin) : *Impressum Parisiis... opera
Udalrici Gering et mag. Berchtoldi
Rembolt sociorum. Anno dom.* 1502.
die 20 Maij, in-8, de 150 ff. en latin et
en français ; d'une belle exécution typographique, avec 12 miniatures de la
grandeur du livre.

HORÆ. Hye nach volget der Crusz vnd
ampt || der heiligē iūgfrawē vn mutter
got || tes Marie... (A la fin) : *Getruck zu
cleinē troya da man || zalte von der
geburt cristi*, 1. 4. 9. 1, pet. in-8, goth.,
impr. en car. rouges et noirs, fig. en b.
et bordures à chaque page.

Heures en allemand, impr. à Troyes ; on remarque dans les bordures la *Danse macabre*.

Un exemplaire incomplet, 150 fr. Tross.

HORE virginis intemerate secūdum vsum
Romane ecclesie. — *Apud Parrhisios
per Guillermū le Rouge*, s. d., pet.
in-8, de 112 ff., avec sign., lettres ital.
rouges et noires, avec 64 fig. gr. sur b.,
dont 12 pour le calendrier, représentant
les diverses phases de la vie humaine de
six ans en six ans ; chaque mois est expliqué par un quatrain français et un
distique latin.

HORÆ intemerate dei genitricis || virginis
Marie, secundum usum || Romane ecclesi-
æ. || *Nicolas Viuien*, || *Parisiis*.
MDXI, in-8, goth., de 128 ff., car. rouges et noirs.

Les pages sont entourées de bordures variées qui
représentent beaucoup de sujets que l'on trouve rarement dans ces livres à cette époque ; outre les
nombreuses petites figures en bois qui décorent ce

beau livre, on en remarque seize de la grandeur des pages.

Sur *vélin*, 600 fr. Tross.

HEURES a lusaege (*sic*) de Rome. *A Paris imprime par Jehan de la roche, Lan* 1514, *pour Guillaume Eustace*, in-8, goth., avec sign. A-D.; le volume a 18 grandes gravures sur bois; le livre est, en partie, écrit en français et contient des poésies françaises; à chaque mois, au calendrier, on trouve deux quatrains en vers français.

20 guinées Libri, 1862.

HEURES de Nostre Dame... *Paris, Guil. Godard*. (Alm. de 1515 à 1530.) In-4, goth. [*Man.*, n° 305]

L'exemplaire sur lequel M. Brunet a donné la description de ce livre d'Heures, était incomplet d'un cahier de 8 ff. signé M et intitulé : *Sensuivent les sept pseaulmes en françoys...*

HORE bīe Marie Virginis secvndvȝ vsvȝ Hiérosolymitanvȝ. — (A la fin): — Expliciunt hore secundum ordīñe frīñ gloriose virgīs Marie de Mōte Carmeli : excerpte (̃ extractē de approbato vsv dñici sepulchri Hierosolymitani sancte ecclesie. In cuius finibus dictorū fratrū Religio sumpsit exordium. *Impresse Lugduni anno domini* MCCCCCXVI° *die* XVIII *mensis Maii*, pet. in-8 de 96 ff., goth., impr. en car. rouges et noirs; sans chiffres ni récl., avec sign. a-m en tête des pages; il commence par un calendrier, et contient 16 grandes pl. gravées s. b., 192 moins grandes et 578 petites. Au v° du dernier feuillet est la marque de l'impr. et les lettres S. B. *Gorgoninus Heros* (St. Busignan Gorgoni).

Un exemplaire sur papier, mais avec une reliure médiocre, aux emblèmes de Henri III; 300 fr. Yéméniz.

HORÆ ad usum ecclesiæ Corisopitensis. *S. l. n. d.* (*Nantes*, 1518?) 3 parties en un vol. pet. in-8, goth., fig. en b., impr. en car. rouges et noirs, avec 63 grandes et d'innombrables pet. gravures sur b. 1re partie : A*a-ee*, 36 ff.; 2° part., sign. *a-i*, 72 ff. chif.; 3° part., sign. A-I, 65 ff. chif. et 3 ff. non ch.; le cahier I complet en 4 ff.

Un exemplaire sur *vélin* incomplet du titre : 500 fr. catal. Tross; on ne connaît pas d'autre exemplaire des *Heures* de Quimper-Corentin; celui-ci a été acquis par la Bibl. nation.

HORE ad vsum Romanum totaliter ad longum. (A la fin:) *Ces presentes heures a lusaige de Romme sont imprimees nouuellement a Paris, par maistre Pierre Vidoue pour Jehan de Brye*, s. d. (Almanach de 1520 à 1531.) In-16,

goth. allongé, fig. s. b., impr. en petits caract. rouges et noirs, avec bordure à chaque p.; sur le titre la marque de J. de Brie, et le rébus qui figure au *Manuel* (tom. V, col. 1670).

180 fr. sur papier (1867).

HORE deipare Virginis Marie secūdum vsum Ro || manum, plerisqȝ figuris, nouisqȝ effigiebus adorna || te, vt intuenti videre licebit. *Impresse Parisiis sum* || *ptibus Iohannis de Brie, commorañ. in vico di* || *ui Jacobi, Sub signo* | *Gallice* | *de la Lymace*. (Almanach pour 17 ans, partant de 1522.) (A la fin, après une prière en grec :) Finiunt hore semper benedicte virgi || nis Marie secundum vsum Romanum, || peruenustis figuris circumsepte, & imagi || nibus exornate. Vna cum alphabeto greco. Oratione dominicali : Salutatione angelice, Symbolo Aposto., & Salue regi || na, *typis ac caracteribus Grecis nouiter* || *Parisijs exarate arte industrij Bibliogra* || *phi magistri Petri Vidoue, impressoris* || *peritissimi, ere ac impendio honesti viri* || *Iohānis de Brie. Anno a partu Virgineo* || *Millesimo.* CCCC.XXII, in-8, sans chiffres ni signat., impr. en car. ronds, rouges et noirs de 13 ff.; pl. gravées sur bois et encadrements curieux, souvent grotesques.

Acheté 400 fr. par M. Didot, à la vente Germeau; l'exemplaire était dans une belle reliure du temps.

HEURES a lusaige de Romme tout au long sans riens requerir, auecques les apparissions de la resurrection de N. S. J. C. et plusieurs histoires de lapocalypse, *Imprimees a Paris par Nicolas Hygman, imprimeur, pour Jehan de Brie*. (Almanach de 1521 à 1536.) In-4, goth., de 92 ff., avec 14 grandes figures, encadrements variés.

L'exemplaire Pieters, sur papier, 290 fr.; Chedeau, 310 fr.; Potier, 360 fr.; relié après la vente de 1870, en mar. de Trautz, a été vendu 730 fr. Leb. de Montgermont.

HEURES (Ces presentes) a lusaige de Rōme || toutes au long sans requérir : auec aucūs des || miracles de Nostre Dame | et de la creation du || monde | et du soleil et de la lune | et plusieurs aultres belles hystoires | Nouuellemēt impri || mees a paris par Nicōlas hygman | pour la || veufue Iehā de brie demourāt en la rue saīct Iacqs pres saīct Yues a lēseigne de la limaec (*sic*). — La souscription est au v° du dernier f. : *Ces presētes heures a lusaige de Rōme ont* || *este nouuellemēt ĩprimees u Pa-*

ris *p Nicolas hyg* ‖ *man* ǀ *pour Loys royer libraire demourant audit* ‖ *lieu en la rue Sainct Iacques pres sainct yues a* ‖ *lenseigne de la Lymace*, s. d. (Almanach de 1523 à 1533.) In-4, goth., sign. *a-b* par 8, *c* par 4, *d-i* par .8, *k* par 6 et *ā, ē, ī* par 8, *õ* par 6, c'est-à-dire 104 ff.; sur le titre la marque de Jehan de Brie, avec 18 grandes fig. sur bois, et bord. à chaque page peu variées.

Le bel exemplaire sur papier, que possède M. Didot, a 234 millimètres de hauteur.

HEURES (Ces présentes) a lusage de Rōme tout au long sans requerir : auec avcvs des miracles de Nostre Dame, et de la creation du monde, et du soleil, et de la lune, et plusieurs belles hystoires. *Nouellemēt imprimees a Paris par Nicolas Hygman, pour la veufue Jehā de Brie demourāt en la rue Saīct Iacqs pres saīct yues a lēseigne de la limace.* (A la fin :) *Ces presētes heures a. lusaige de Rōme ont este nouuellemēt īprimees a Paris p Nicolas higman, pour Loys royer, libraire demourant audict lieu en la rue Sainct Iacques pres Sainct Yues a lenseigne de la Limace*, s. d. (Almanach de 1523 à 1533.) Gr. in-8, fig. et encadrements gr. sur b. Au-dessus du titre est la marque de J. de Brie.

Un exemplaire sur papier, 395 fr. Yéméniz.

HEURES (Ces presentes) a lusaige de Tours, au long sans requerir, auec les figures de lapocalipse, la vie de Thobie, les hystoires de Judic, les accidens de lhomme, le triumphe de Cesar, les miracles de Nostre Dame, et plusieurs aultres hystoirés. *Imprimees a Paris pour Simon Hadrot...* (Calendrier de 1527 à 1543.) In-8, fig. et encadr. s. bois.

Aux sujets des bordures mentionnées sur le titre, il faut ajouter les 26 planches de la *Danse des Morts*, relevées pour la première fois dans les *Heures à l'usaige de Rouen*, décrites sous le n° 76.

La marque de S. Hadrot ne diffère de celle de Simon Vostre et de Pierre Roffet que par le monogramme et par le nom placé au bas de la marque. On pourrait déduire de ce fait que S. Hadrot a succédé à Nicole Vostre, et a eu lui-même pour successeur P. Roffet.

HEVRES. A l'honneur de Dieu et de la glorieuse Vierge Marie et de Monsieur Sainct Romain..... Cy commencent les Heures de Nostre-Dame a lusaige de Roven..... *Nouuellement imprimees a Rouen par Robert Valentin.* (A la fin) : *Et furent achevees le viij iour de mars 1533*, in-8, goth., fig. s. b.

Heures qui ont échappé aux recherches de M. Frère.

Un exemplaire sur papier, 135 fr. Soleil.

HORÆ in laudem beatissimæ virginis Mariæ, secundum consuetudinem Romanæ Curiæ. Additis mortuorum Vigiliis. Græce et latine. *Parisiis, Jacobus du Puys*, 1549, in-16, de 184 ff., plus 8 ff. non chiff., car. rouges et noirs.

Les 8 feuillets non chiffrés contiennent l'opuscule de Jean Damascène : *De Resurrectione*. Cette édition précieuse, dit M. Firmin-Didot, est ornée de cinq magnifiques gravures sur bois, exécutées au trait par Jean Cousin, pour l'imprimeur Jacques du Puy, qui, comme on sait, a mis au jour plusieurs belles compositions du maître, telles que la *Samaritaine*, etc.; le grand style de ces vignettes ne laisse aucun doute sur leur origine.

HEURES de Nostre-Dame, a lusaige de Romme, en latin et en françoys, nouvellement imprimees à Paris. *Cy finissent ces presentes heures a lusaige de Romme... nouuellement imprimées a Paris par Estienne Mesuière demourant a lhostel de Vendosme, devant le college de Boncourd, pour Madeleine Boursette, a lenseigne de l'Elephāt, a la rue Sainct Jacques*, 1550, in-16.

Ce petit volume, imprimé en caractères rouges et noirs, est orné de 17 grandes figures sur bois, dont 9 portent la marque de Geofroy Tory; il a été décrit par M. Aug. Bernard dans la dernière édition de sa *Monographie*.

En riche reliure de Capé, 270 fr. Luzarche.

HORÆ in laudē beatis- ‖ simæ viginis (*sic*) Marie ad ‖ vsum Romanum. Anno domini millesimo ‖ quingētesimo, tricesimo ‖ octavo fuerunt excusæ. ‖ Au v° du f. 152 : *Imprime a Paris par M.* ‖ *Oliuier Maillard libraire ?* ‖ *Imprimeur du Roy. Pour Jehan Petit Librai-* ‖ *reiure en Luniuer* ‖ *site de Paris.* Sequuntur Vespere per omnes ferias. 2 part. en un vol. pet. in-8, de 152 et 24 ff., impr. en car. goth. carrés, rouges et noirs, fig. et bord. s.bois.

C'est la première édition des Heures avec ornements « à la moderne », c'est-à-dire avec les bois de Geofroy Tory, qu'ait donnée Olivier Maillard; non cité par M. Bernard ; un bel exemplaire de ce livre rare et charmant est porté à 450 fr. au 2° catal. Tross de 1870.

HEURES en Latin et ‖ en Frācoys a lusaige de Rō ‖ me nouuellemēt imprimees ‖ auec plusieurs oraisons. *A Paris. En limprimerie de O. Maillard Imprimeur du Roy*, 1543, in-8, lettres rondes, sign. A-X par 8, à l'exception du cahier S, qui est par 4, avec 15 petites vignettes sur bois gravées presque au trait dans un encadrement en forme de portique ; 2 de ces gravures figuraient dans les Heures attribuées à G. Tory ; les autres sont dessinées dans le même style.

Ces Heures assez rares ne figurent pas dans la dernière édition du *Geofroy Tory*, de M. A. Bernard.

HORÆ in laudem beatissimæ virginis Mariæ, secundum consuetudinem Romanæ Curiæ (græce et latine). *Parisiis, Guil. Merlin*, 1554, in-16, avec 6 grav. sur bois de Geofroy Tory; la 5ᵉ porte sa marque.

Ces jolies Heures, non citées par M. Bernard, valent de 200 à 300 fr.

HORÆ in ‖ laudem Dei, ac beatissimæ Virginis ‖ Mariæ, ad usum Romanum to ‖ taliter ad longum. *Parisiis, apud Guillermum Merlin, in ponte Teloneorum*, 1555, pet. in-8, de 168 ff. non chif., sign. A-X par 8, car. ronds, impression rouge et noire. On lit à la fin: *Nouiter impressum per Ioannem Bridier typographum pro Guillermo Merlin, in ponte Trapezitarum*, 1555. Les vignettes sont au nombre de 14, et la première porte la double croix de Lorraine; les charmants encadrements des pages sont les mêmes que ceux des *Heures* de Simon de Collines de 1543 (*Manuel*, nᵒ 331).

Ces Heures de Guillaume Merlin sont fort rares et fort belles, et le splendide exemplaire que nous avons vu chez M. Didot vaut bien 400 ou 500 fr.; il a été payé 233 fr. en novembre 1866.

HORÆ in laudē beatissimæ virginis Mariæ ad usum Romanum. *A Paris, pour Charles Angelier*, 1560. (A la fin): *A Paris, pour Charles Angelier*. Ensuit le moyen de se préparer pour deuotement recevoir le Saint-Sacrement. — La vie de Madame Sainte Marguerite. — La doctrine des chrestiens, s. l. n. d., 3 parties en 1 vol. in-8, car. rouges et noirs, avec les signat. suivantes: A-D (B et C par 4). AA-FF. — AAA-DDD. — AAAA-CCCC. — A-D. — AA-BB.

Ces Heures sont ornées, à la façon de celles de G. Tory, de gravures en bois, moins finement exécutées; les pages sont entourées d'une bordure de fleurs, de fruits et d'animaux; on remarque dans ces encadrements les armes de France et des H couronnés, 160 fr. (Tross); et un second exemplaire dans une belle reliure ancienne, 700 fr.

HORÆ Beatissimæ Virginis Mariæ, ad usum Romanum. *Antverpiæ, ex officina Christophori Plantini*, 1565, in-8, impr. en car. rouges et noirs, avec jolies pl. gravées sur b. et de riches bordures à chaque page; VIII ff. lim., 345 pp. et 1 f. d'errata.

190 fr. (Tross, 1867); 100 fr. 1872, mais le premier exemplaire était dans une charmante reliure ancienne à compartiments.

HEURES de Nostre Dame, Latin et François, à l'vsage de Rome. Nouuellement reueuës, corrigées et augmentées. *A Rouen, chez Robert Mallard*, 1584, pet. in-8, bordures gravées sur bois à chaque page.

Volume curieux, non cité par M. Frère; les bordures sont formées en partie d'ornements originaux; mais on est surpris d'y rencontrer les encadrements un peu libres, qui ont servi à l'*Ovide*, imprimé à *Lyon* par Jean de Tournes. 160 fr. en *mar*. (Tross, 1868).

HEURES (Cy finissent les) a lusaige de Roven, hystoriees et toutes au long, sans rien requerir. *Nouvellement imprimees à Roven par Jehan des Noyers. On les vend a Roven, chez Jehan Crevel*, s. d. (fin du XVIᵉ s.), 3 parties en 1 vol. in-8, goth.

Ces Heures, commençant par le calendrier, n'ayant pas et ne devant pas avoir de titre, sont conformes à la description qu'en a donnée M. Frère; mais l'exemplaire qu'il a vu ne possédait que les deux premières parties; il en faut une troisième de 53 ff. chiff. et 19 ff. non chiff., et qui contient: *les Grands suffraiges des Saints et Sainctes*, les Vespres et autres pièces en vers et en prose.

Un exemplaire sur papier, 33 fr. Soleil.

HORÆ (Græce) in laudem beatissimæ Virginis secundum consuetudinem Romanæ curiæ. *Tubingæ, apud Thomam Anselmum*, 1514, pet. in-16, 112 ff., impr. en rouge et noir. 60 à 80 fr. et plus, sur vélin.

Copié sur les rares éditions aldines; M. Brunet cite une édition donnée par le même imprimeur à *Hagueneau*.

HORÆ in Laudem beatissimæ Virginis secundum consuetudinem Romanæ curie. Septem psalmi pœnit., etc. (Græce.) *Lutetiæ, in edibus Ægidii Gormontii*, 1528, in-32, car. rouges et noirs, 107 ff. chif. et 1 f. blanc; la dernière page contient la marque de l'imprimeur.

Réimpression de la célèbre édition aldine de 1497.

HORÆ in lavdem Beatissimæ Virginis, secundū consuetudinem Romanæ curiæ; Septem Psalmi Pœnitentiales cum Letanijs & orationibus... *Antuerpiæ, apud Martinum Cæsarem*. Anno M. D. XXVIII, in-16.

Livre d'Heures en grec, caractères rouges et noirs.

HORÆ in ‖ laudem beatis ‖ simæ virginis Mariæ ad ‖ usum Ro ‖ manum. ‖ *Venetijs in ædibus here ‖ dum Aldi Manutii Ro ‖ mani, & Andree Asulani ‖ soceri, mense Octobri* M ‖ DXXIX, *cum priuilegio se ‖ renissime Reipublice Vene ‖ te, Doge A. Gritti, Clemen ‖ te VII & Carolo V Imp.*, in-16, lett. rondes, de 158 ff. ch. et 2 ff. pour l'Index; impression rouge et noire, comme la célèbre édition de 1497; encadrements d'un beau style et des armoiries au milieu du titre; orné de 14 charmantes compositions gravées sur bois et entourées d'encadrements d'une grande élégance.

M. Didot a consacré à la description de ce rare et précieux petit volume une longue et intéressante description à laquelle nous renvoyons le lecteur (voy. *Catal. raisonné*, n° 890).

Un très-bel exemplaire des *Horae B. V.* de 1497 (Græce), in-16, avait été vendu 900 fr. pour l'Angleterre, à la vente Costabili, en 1858.

HEURES de la Sainte Vierge, avec le Catalogue des saints de toutes sortes d'Etats et de conditions. *Paris*, 1657, in-12, fig.

Livre véritablement curieux et fort rare; il n'a été vendu que 4 liv. 10 s. en 1750, à la vente de l'expert Gersaint.

HEURES particulières à l'usage des femmes enceintes (par de Lagravette). *S. l. n. d. (Paris*, vers 1660), pet. in-8, front. et 13 planches gravées sur cuivre par Montcornet, J. Isaac et autres. Dédiées à la surintendante Fouquet.

En *mar*. de Trautz, 92 fr. Cailhava. Cet exemplaire figure dans le catal. à prix marqués du libraire A. Fontaine, au prix de 200 fr.

HEURES (Nouvelles) ‖ gravées au burin ‖ Dédiées ‖ Av Roy ‖ par ‖ N. Duval ‖ secretaire ordinaire de sa chambre ‖ et M° Ecrivain Juré à Paris ‖ demeurant à Versailles... où ils se vendent *et a Paris chez M. Langlois*. S. d. (vers 1660), pet. in-12, vignettes, sujets et lettres ornées. Livre entièrement gravé et l'un des plus élégamment décorés que l'on connaisse.

HORE della gloriosa Vergine Maria Regina de' Cieli, tradotte semplicemente in versi sciolti, dal R. Francesco da Trivigi, carmelitano. *In Vinegia, app. G. Giolito de' Ferrari*, 1570, in-12, figures sur bois, chaque page est entourée de vignettes.

En ancienne reliure *mar*. (Padeloup), 200 fr. Yéméniz.

HEYNS (*Pierre*). Instruction de la lecture Françoise et du fondement de l'Arithmétique : ensemble les prieres et exercices ordinaires des escoliers; de nouueau reueu, corrigé et augmenté par C. Offerman. *A Ambsterdam, chez Zach. Heyns*, 1597, in-16.

— LE MIROIR du monde, réduict en rithme brabançone et tourné en prose françoise. *A Anuers*, 1579, pet. in-4.

Fort rare.

HIDALGO (*G. L.*). Dialogos de apacible reteniemento, que contiene unas Carnestolendas de Castilla; diuidido en las tres noches, del Domingo, Lunes y Martes de Antruexo ; compuesto por Gaspar Lucas Hidalgo. *En Brusselas, por Roger Velpio*, 1610, pet. in-12, de 2-135 ff., plus 1 f. pour le privilége.

En vers et en prose.

HIENACH volget das ernnst ‖ lich vnd gewalltig erobern ‖ unnd cinnemen, der löblischen vnnd reychen ‖ hochbrümbten vn vesten statt Pressa (*sic*) ‖ mitsampt dem closten, so daruor ‖ gelegen, Welches auch mit ‖ gewallt gestürmt ‖ vnd gewunnen ‖ worden ist. *Datum Bern*, 1512, in-4, goth., 8 ff., gr. sur b. sur le titre, imprimé en gros & singuliers caract. goth.

Pièce inconnue et que nous ne citons que parce qu'elle intéresse la France; c'est le récit de la prise de Brescia par le duc de Nemours.

HIEROCLES grammaticus. Hieroclis synecdemus (sive enumeratio provinciarum LXIV et Urbium DCCCCXXXV, quae Constantino imperatori subsunt.) Græce et Latine. *Parisiis*, 1641, in-fol.

Première édition de ce géographe; elle est peu estimée comme texte; l'édition publiée à *Amsterdam* en 1735, in-4, avec l'*Itinéraire d'Antonin*, est bonne, mais la meilleure a été donnée à *Berlin* par G. Parthey en 1866, in-8 de XIV-385 pages; le texte, revu sur plusieurs manuscrits, est accompagné de notes savantes.

HIERONYMUS. La reigle de deuotion des epistres de mōseigneur ‖ sainct Ierosme a ses seurs fraternelles en religion : en latin et en françoys. — Et sont a vendre au pellican deuant sainct Yuez ‖ a Paris : et a bourges en la grant rue a la dicte en‖seigne du pellican... (A la fin :) Cy finist la reigle.... nouuellemēt translatee de latin en françois par... dam (*sic*) Guy iuuenal profes en la regle saīt Benoist. *Imprime a Paris pour Geoffroy de Marnef, libraire*, s. d. (vers 1500), pet. in-4, goth., de 54 ff. non chif., avec signat. A-I iij. [1002]

— LIBER vita⚭ patrū sancti Hieronimi... S'm alphabeti ordeinē (*sic*) bene registratus. *Impressus per Iohannē Zainer in opido Vlm. finiunt feliciter*, S. d. (c° 1474), pet. in-fol., goth., de X ff. de table non paginés, 375 ff. de texte, à 40 lignes, sans capit. gravées, et sans titre, la table commençant au v° du 1er f. et le r° étant blanc. [22048]

— LA VIE des Pères tant d'Égypte que de Sirie et de plusieurs aultres pays, composée par sainct Hierosme. *Imprime nouuellement a Paris*, s. d. (vers 1500, marque de J. Petit), in-fol., goth., à 2 col., fig. s. b., 222 ff. chiff. et 5 ff. non chiff.

50 fr. Soleil.

HIERONYMUS et Gennadius de viris illustribus.... Libri IV de imitatione Christi.... *Augustæ Ginther Zainer*,

s. d. (1470), in-fol., goth. (*Man.* III, col. 164).

L'exemplaire vendu 42 fr. chez Quatremère a été porté à 400 fr. chez Solar, parce que le rédacteur du catalogue a eu soin d'attirer l'attention des amateurs sur ce fait, que ce recueil contenait le premier texte imprimé de l'*Imitation de Jésus-Christ*.

HIERRO (*Baltasar* del). Libro y primera parte de los victoriosos hechos del muy valoroso cauallero don Alvaro de Baçam, capitan general del mar Oceano. *Granada, Rene Rabut*, M.D.LXI, in-8, goth., sign. A. I., de 8 ff.

Poëme en six chants; livre fort rare, que ne mentionnent ni Antonio ni les autres bibliographes; Salvá déclare n'en avoir jamais vu d'autre exemplaire que le sien, qu'il décrit avec d'amples détails.

HILLEMACHER (*Frédéric*). Galerie historique des portraits des comédiens de la troupe de Molière, gravés à l'eau-forte, sur des documents authentiques, avec des détails biographiques succincts, relatifs à chacun d'eux. *Lyon, impr. de Louis Perrin*, 1858, in-8.

Charmante publication, ornée de 32 spirituelles eaux-fortes; elle a été tirée à 106 exemplaires, qui sont depuis longtemps épuisés; en *mar.* de Hardy, 250 fr. catal. Fontaine (l'exemplaire contenait en outre une rare épreuve du portrait de Molière, par Chenavard, gravé par Hopwood); un autre exemplaire en *veau*, 150 fr.; en *mar.* de Capé, 135 fr. Leb. de Montgermont; *broché*, 105 fr. Capé; en demi-rel., 105 fr. Soleil.

Il a été fait de ce joli volume une réimpression en 1869. *Lyon, Nic. Scheuring (impr. L. Perrin)*, in-8.

Cette seconde édition a été tirée à 250 exemplaires. 40 fr.

Un exemplaire sur *vélin*, en feuilles, 500 fr. au catal. Fontaine de 1875; il avait été payé 299 fr. Em. Gautier, en février 1873.

— GALERIE historique des portraits des comédiens de la troupe de Voltaire, gravés à l'eau-forte, avec des détails biographiques inédits, recueillis sur chacun d'eux par E. D. de Manne. *Lyon, Nic. Scheuring (impr. L. Perrin)*, 1861, in-8.

41 portraits; tiré à 250 exemplaires. En *mar.* de Capé, 118 fr. à la vente de ce relieur, et un exemplaire broché 42 fr.; un 3e exemplaire, avec les portraits en doubles épreuves, 91 fr.; en *mar.* de Capé-Masson-Debonnelle, 75 fr. Fontaine; en *mar.* de Capé, 140 fr. Leb. de Montgermont; en *mar.* de Cuzin, 126 fr. Labitte (janvier 1877).

— GALERIE historique des comédiens de la troupe de Talma, avec des portraits gravés à l'eau-forte par Fr. Hillemacher. *Lyon, Scheuring*, 1866, in-8.

En *mar.* de Cuzin, 64 fr. Labitte (janvier 1877).

— GALERIE historique des comédiens de la troupe de Nicolet, par E. de Manne et Ch. Ménétrier, avec des portraits gravés à l'eau-forte par Hillemacher. *Lyon*, 1869, in-8, papier teinté.

Les dessins originaux, suite précieuse de 166 pièces, composés par Hillemacher pour l'illustration de l'édition de Molière donnée à *Lyon* par Scheuring et imprimée par *Perrin*, ont été vendus en janvier 1877, 3,500 fr. par M. Labitte; cette suite n'était pas complète, car l'artiste a composé 184 dessins pour cette charmante édition, et de plus 22 vignettes pour l'édition de Molière, donnée par Hachette en 1866.

La collection des 184 vignettes sur chine volant en 1875, 300 fr. au catal. Fontaine.

58 dessins originaux, faits par Hillemacher, pour l'illustration des Œuvres de Racine, et gravés à l'eau-forte pour l'édition de Jouaust, figurent au VIe catal. des libraires Morgand et Fatout, qui en demandent 2,500 fr.

HIPPEAU (*C.*). Dictionnaire de la langue française aux XIIe et XIIIe siècles. *Paris, A. Aubry*, 1866-72, 2 part. en un vol. in-8. 12 fr.

Travail intéressant.

M. Hippeau publie chez le même éditeur une collection des poëtes français du moyen âge, dont 8 volumes ont paru et sont presque tous épuisés; nous renvoyons pour le détail de cette suite intéressante au catal. de fonds de l'éditeur du *Bulletin du bouquiniste*, bonne et modeste publication, qui se continue sans interruption depuis 20 ans, et contient d'excellentes notes signées P. Blanchemain, Hiver de Beauvoir, Paul Lacroix, baron J. Pichon, de Longpérier, etc.

La publication, soutenue régulièrement pendant tant d'années, de cette feuille bibliographique, fait honneur à son excellent éditeur.

HIPPOCRATES. Les trois premiers livres de la Chirurgie, illustrez de commentaires de Vidus Vidius, et traduicts de latin par François le Fèure. *A Paris, chez Iaques Keruer*, 1555, in-8.

— LE MÉDECIN chirurgien, avec le commentaire de Galen, traduict par le mesme. *Ibid.*, 1560, in-16.

Ces deux petits volumes sont fort rares; les traductions suivantes ne le sont guères moins :

— DE LA GENITURE de l'homme, traduict du grec, par Guillaume Chrestian. *A Paris, chez Guillaume Morel*, 1559, in-8.

— DE LA NATURE de l'enfant au ventre de la mère, traduict du grec par Guil. Chrestian. *A Rheins, chez Nicolas Bacquenois*, 1553, in-8.

Tout cela n'offre d'intérêt qu'au point de vue de la curiosité; il en est de même du volume suivant :

— ÉPISTRE à Damagete, par laquelle est expliquée la cause morale du ris du philosophe Démocrite, traduicte du grec par Iean Guichard. *A Paris, chez Nicolas Chesneau*, 1570, in-8.

HIPPOLYTUS redivivus, id est remedium contemnendi sexum muliebrem. *S. l.*, 1644, in-24, de 96 pp., et un feuillet d'*errata* adressé *ad Benignum Lectorem*. [18070]

HISPANUS (*Andreas*). Modus confitendi compositus per || R. episcopum dominum Andream Hispa||num sancte R. Ecclesie penitentiorum ||. (In fine) : *Deo gratias*. *S. l. n. d.*, pet. in-8, carré, en car. goth., de 16 ff., à 18 lignes à la page pleine.

Opuscule précieux que M. Claudin a signalé le premier dans le catal. Luzarche, où il a été vendu 115 fr.; il a été exécuté à *Louvain* vers 1479, avec les caractères singuliers de Conrad de Westphalie; on ne connaissait que deux productions de cet imprimeur, que M. Holtrop suppose avoir été le frère du célèbre Jean de Westphalie; le fac-simile (n° 123) que donne M. Holtrop dans ses *Monuments typographiques des Pays-Bas*, mis en regard du fragment du *Modus confitendi*, que M. Claudin a fait graver à la fin du catal. Luzarche, est identique;

l'assertion de ce libraire érudit est donc absolument exacte.

Cet opuscule a été fréquemment réimprimé au XVIᵉ siècle.

HISTOIRE admirable arrivée en la personne d'un chirurgien, qui fut condamné par justice, il y a environ quatre mois, comme homicide de soy-mesme. *Paris*, 1649, pet. in-4, de 7 pp.

Pièce intéressante. 10 à 12 fr.

HISTOIRE admirable de la possession et conversion d'une pénitente séduite par un magicien, la faisant sorcière et princesse des sorciers au païs de Provence, conduite à la saincte Baume, pour y estre exorcizée l'an 1610, au mois de novembre, soubz l'authorité du R. P. F. Sebastien Michaelis, prieur du couvent royal de la Saincte-Magdaleine à S. Maximin,... ensemble la Pneumologie, ou discours des esprits·du susdit P. Michaelis. *Lyon, et se vendent à Paris, chez Ch. Chastelain*, 1614, in-8.

Édition bien complète.

Moncornet a gravé le portrait du R. P. F. Michaelis.

HISTOIRE admirable du Juif-errant..... avec la description de la sentence ou arrest des sanguinaires Juifs contre Iesus-Christ... et comme ledit Juif est encores vivant errant par le monde. *Anvers, d'Armosin*, s. d., pet. in-8, de 16 pp.

En mar. de Hardy-Mennil, 20 fr. Desq.

HISTOIRE admirable d'un gentilhomme portugais, lequel s'étant mis en un hermitage fut transformé en sanglier par l'artifice des sorciers, et mis en quartiers par ses propres compagnons, puis au bout de trois jours fut trouvé sain et entier, qui s'alla du depuis rendre capucin avec ses compagnons. Translaté d'espagnol en françois. *Lyon, Nic. Heudier*, 1614, pet. in-8, de 13 pp.

12 fr. Desq.

HISTOIRE admirable et véritable d'une fille champestre du pays d'Anjou...., par P. R. S. D. F. G. A. *Paris*, 1586, in-8 (*Man.* III, col. 181).

Traduisez les initiales : *Pascal Robin, sieur du Faour, gentilhomme angevin.*

HISTOIRE admirable, nouuellement advenue en la ville de Thoulouse, d'un gentilhomme, qui s'est apparu par plusieurs fois à sa femme, deux ans après sa mort. *Paris, Jacques le Roy*, 1609, pet. in-8, de 8 ff. 12 à 15 fr.

M. Brunet ne semble point avoir eu sous les yeux ce petit volume, quand il l'a décrit.

HISTOIRE autant véritable que merveil-

leuse de l'apparition de deux Anges en Silésie, province d'Allemagne, près de la cité de Droppe, dez le 12 d'apuril, iusques au 15, l'an 1593, qui après avoir exhorte le peuple à une saincte conuersion et vraye pénitence, ont prédict plusieurs choses aduenir dez la dicte année 1593, iusques à l'an 1600. Publiee premierement par Iehn de Bohème, et *imprimee à Prague, par Iean Schneider*, 1593, et trad. d'allemand en françois. *Lyon, pour Benoist Rigaud*, 1594, in-8.

Pièce rare ; avec deux *canards* à peu près *ejusdem farinae*, 91 fr. baron Pichon.

HISTOIRE (La tres ioyeuse, plaisante et recreative), composee par le loyal seruiteur, des faiz, gestes, triumphes et prouesses du bon cheualier sans paour et sans reprouche le gentil seigneur de Bayart..... *Paris, Nic. Cousteau pour Galliot du Pré....* 1527, in-4, goth., de IV-98 ff. [23461]

L'exemplaire Solar avait été cédé par M. de La Roche La Carelle ; il fut racheté à l'amiable par ce bibliophile au prix de 500 fr., après avoir été revêtu d'une excellente reliure par Trautz ; c'était un livre parfait, qui valait beaucoup plus.

L'exemplaire Yéméniz, très-court (0ᵐ218), fut vendu 1,540 fr.

Un exemplaire beaucoup plus grand (0ᵐ242), mais avec 4 feuillets refaits, en mar. de Trautz, 1,000 fr. Potier.

— HISTOIRE du chevalier Bayard et de plusieurs choses mémorables advenuës sous le règne de Charles VIII, Louis XII et François Iᵉʳ (par le loyal serviteur), avec son supplément par messire Ch. Expilly, et les annot. de Th. Godefroy, augmentées par Louis Videl (ou plutôt par le président de Boissieu). *Grenoble, J. Nicolas*, 1650, in-8.

En mar. de Thibaron, 120 fr. Leb. de Montgermont.

HISTOIRE curieuse de la vie, de la conduite et des vrais sentimens du sr Jean de Labadie (d'abord jésuite et enfin chef de la secte des Labadistes). *La Haye, Theod. Duurcant*, 1670, in-12.

Édition elzevirienne, qui a échappé aux recherches de M. Pieters ; un exemplaire non rogné, 60 fr. Chedeau ; a été revendu 30 fr. chez M. de la Villestreux.

HISTOIRE de ce qui s'est passé av royavme dv Japon, es années 1625, 1626 et 1627. Tiré des lettres adressées au R. P. Mvtio Viteleschi, general de la Compagnie de Jesvs. Traduite d'italien en françois, par un Père de la mesme Compagnie (Jean Vireau). *Paris, Sebast. Cramoisy*, 1633, in-8, de 3 ff. et 485 p.

Les pages 474-485 (chif. 465) contiennent la « *Rela-*

tion de la glorieuse mort des PP. Roch Gonzalez, Alph. Rodriguez et Jean de Castillo... occis pour la saincte foy par les Indiens de la province d'Vrnay, appartenant au Paraguay, en l'année 1628.

Volume rare et assez précieux.

HISTOIRE de ce qui s'est passé dans la chapelle des Augustins déchaussez du faubourg Martainville de Rouen, depuis le vendredi de la semaine de la Passion, jusqu'au mardi d'après la résurrection en l'année 1677. Écrite en vers libres. *Orléans, Elzéar Bonne-foy*, 1678, in-4, de 19 pp.

Pièce satirique, dirigée contre les Augustins, qui, dans leur chapelle, avaient érigé un théâtre sur lequel les scènes de la Passion étaient représentées par des marionnettes.

HISTOIRE de la colonie française au Canada (par l'abbé Faillon). *Villemarie*, 1865, 3 vol. grand in-8, cartes.

Bon ouvrage, rare en Europe. 50 fr. Tross (1873).

HISTOIRE de la persécution de deux saints évêques par les Jésuites : l'un Dom Bernardin de Cardenas, évêque du Paraguay dans l'Amérique méridionale ; l'autre Dom Philippe Pardo, archevêque de l'Eglise de Manile (*sic*) metropolitaine des isles Philippines. *S. l. (Hollande)*, 1691, in-12, de 503 pp. et 1 f.

Ce petit volume a été publié d'après les pièces originales conservées à Madrid, qui depuis ont été imprimées dans cette ville (en 1768-70) sous le titre de *Coleccion general de documentos*.

HISTOIRE de l'Église angélique de Notre-Dame du Puy. *Au Puy, Antoine Delagarde*, 1693, in-8.

D'après Dom Brial, l'auteur de ce livre rare serait frère Théodore Bochard de Sarron, de Champigny. 45 fr. catal. Claudin.

HISTOIRE des insignes faulsetez et suppositions de F. Favin, médecin italien, extraicte de son procez. *Paris*, 1608, in-8.

Volume fort rare et assez curieux. 10 à 12 fr.

HISTOIRE épouvantable et véritable arrivée en la ville de Soliers en Provence, d'un homme qui s'était voué pour estre d'Eglise, et qui n'ayant accompli son vœu, le Diable lui a coupé les parties honteuses, etc. *Paris, Alexandre*, 1619, in-8.

Pièce rare, que la bizarrerie du titre ferait vendre assez cher ; nous ne connaissons que l'exemplaire de la Bibl. nation.

HISTOIRE du pays nommé Spitzberghe, monstrant comment qu'il est trouvée (*sic*), son naturel et ses animauls, auecques la triste racompte des maux que noz pescheurs tant Basques que Flamans ont eu à souffrir des Anglois, en l'esté passée l'an de grace 1613. Escrit

par G. A. (Hessel Gerritz de Assum). *Amsterdam, à l'enseigne du Carte Nautiq* (sic), 1613, in-4, de 32 pp., avec 2 cartes. [20993]

Cette pièce fort rare a été reproduite en fac-simile, *Réimpr. par Mess. J. Enschedé et fils, à Harlem, pour M. Frédérik Muller à Amsterdam*, 1872, in-4.

HISTOIRE du temps, ou Relation du royaume de Coquetterie, extraite du dernier voyage des Hollandois aux Indes du Levant. (Par l'abbé Hédelin d'Aubignac). *Paris, Ch. de Sercy*, 1654, pet. in-12.

Volume rare, plusieurs fois réimprimé, entre autres par Mercier de Compiègne, en 1793, avec le nom de l'auteur et le titre : *Voyage au pays de Coquetterie*.

HISTOIRE et discours au vray du siége qui fut mis devant la ville d'Orléans par les Anglois, le mardy XIIe jour d'octobre 1428... *Orléans, chez Laurens Hotot*, 1621, in-12, portrait de la Pucelle. [22387]

En *vélin*, 38 fr. en 1872.

— HEROINÆ nobilissimæ Joannæ d'Arc Lotharingæ, vulgo Aurelianensis puellæ historia..... ejusdem mavortiæ virginis innocentia a calumniis vindicata authore Joanne Hordal..... *Ponti-Mussi, apud Melchiorem Bernardum*, 1612, in-8, fig. et front. gr. par Léon. Gaultier.

30 fr. catal. Herluison (1868).

Nous citerons également :

· · ORIGINE e gesta di Giovanna Darco, del professor G. B. Crollalanza, da Fermo. *Narni, Gattamelata. Orléans, H. Herluison*, 1862, in-8, fig.

— LE MISTÈRE ou Siége d'Orléans, publié pour la première fois d'après le manuscrit unique, conservé à la bibl. du Vatican, par MM. F. Guessard et de Certain. *Paris, Impr. impériale*, 1862, in-4.

— JEANNE D'ARC, chronique rimée, par Christine de Pisan, XVe siècle. *Orléans, Herluison*, 1865, in-32.

Tiré à 100 exemplaires ; l'un des cinq sur *vélin*, 30 fr. Herluison (1868).

— SIÈGES d'Orléans et autres villes de l'Orléanais, chronique métrique relative à Jeanne d'Arc, par Martial de Paris (XVe siècle). *Orléans, Herluison*, 1860, in-12.

HISTOIRE et discours véritable de ce qui s'est passé au combat, faict le samedi Ve jour de febvrier, l'an 1600, aux environs de la ville de Boisleduc en Brabant, entre le sr de Bréauté, gentilhomme François, et vingt-ung de ses compagnons, estant au service des Hollandois, d'une part ; et Girard Abrahams, lieutenant du seigneur de Grobbendoncq, capitaine de cuirasses, au service de Leurs Altezes Sermes, aussi avec vingt-ung de ses compagnons, d'autre part. — *S. l.*, 1600, in-8.

Pièce intéressante. 12 à 15 fr.

HISTOIRE (L') et les Amours du Duc de Guise, surnommé le Balafré. *A Paris*, *chez la veuve Mabre-Cramoisy*, 1695, in-16, front. gr.

Édition imprimée en gros caractères. 5 à 6 fr.

HISTOIRE et vray discours des guerres civiles ès pays de Poictou, Aulnis, aultrement dict Rochelois, Xainctonge et Angoumois, depuis l'an 1574 jusqu'à l'édict de pacification de 1576 (par Pierre Brisson). *Paris, Jac. du Puys*, 1578, in-8, de 115 ff. non chif. [23542]

36 fr. en 1867.

HISTOIRE galante de Monsieur le comte de Guiche et de Madame. *Iouxte la copie à Paris* (*Amsterdam*, vers 1667), pet. in-12.

S'annexe à la collection des Elsevirs. 6 à 7 fr.

HISTOIRE générale des Larrons, par F. D. C. *Rouen*, 1636, in-8 (*Man.* III, col. 204).

L'auteur est François de Calvi.

HISTOIRE géographique, naturelle, ecclésiastique et civile du diocèse d'Embrun, par M***, bachelier en droit canonique (le curé Albert). *S. l.* (*Embrun, impr. de P. Fr. Moyse*), 1783, 2 vol. in-8.

Ouvrage important et fort rare. 60 fr. vente à Grenoble, novembre 1867.

HISTOIRE héroïque et universelle de la noblesse de Provence, avec huit grandes cartes armoriales (gr. par Cousin). *Avignon*, 1757-1759, 2 vol. in-4.

L'épître dédicatoire est signée Artefeuil; on a découvert sous ce pseudonyme le nom de Louis Ventre, sieur de la Touloubre, auteur estimé de traités juridiques.

Ouvrage rare et recherché. 120 fr. au catal. à prix marqués Bachelin de 1866.

HISTOIRE horrible et effroyable d'un homme plus qu'enragé, qui a égorgé et mangé sept enfants dans la ville de Chaalons en Champagne ; ensemble l'exécution mémorable qui s'en est suivie. *Paris, Nic. Alexandre*, 1619, in-8.

Cette pièce *effroyable* a été réimprimée à *Paris* en 1637, in-8; l'une et l'autre édition sont recherchées et fort rares; la première édition, venant de La Vallière, est à la Bibl. nation.

HISTOIRE joyeuse et plaisante de M. de Basseville et d'une jeune damoiselle, fille du ministre de Saint-Lô, laquelle fut prise et emportée subtilement de la maison de son père par un verrier dans sa raffe. Ensemble le bien qui en est provenu.... — *Prins sur la copie imprimée à Rouen, par J. de la Place*, 1611, in-8.

Pièce facétieuse, fort rare.

HISTOIRE lamentable de la mort piteuse

du marquis de Kruncheurt (*sic*), de sa femme et de sa suite, par un naufrage, le long de la coste d'Escosse. *Lyon*, 1610, in-8.

Pièce fort rare.

HISTOIRE mémorable de la conversion de Iean Guy, parricide, natif de Chastillon-sur-Loing,. exécuté audict lieu. *A Orléans, par Eloy Gibier*, 1567, in-8.

Pièce fort rare. 12 à 15 fr.

HISTOIRE mémorable de la persécution... du peuple de Mérindol et Cabrières.... *S. l.*, 1556, pet. in-8, de IV ff. lim., et 135 pp. [22401]

Cette édition n'est pas moins rare que celle de 1555.

HISTOIRE merveilleuse et espouuantable d'un monstre engendré dans le corps d'un homme nommé Ferdinand de la Febue, au marquisat de la Cenete en Espagne... *Paris, chez Thibault du Val*, 1622, pet. in-8, de 12 pp.

12 fr. 50 c. en 1874.

HISTOIRE miraculeuse des Eaux rouges comme sang, tombées dans la ville de Sens et ès environs, le jour de la grand feste Dieu dernière, 1617 ; extraicte d'une lettre de maistre. Thomas Mont-Sainct, M. Chirurgien en ladite ville. *Iouxte la coppie imprimée à Paris, chez Sylvestre Moreau*, 1617, pet. in-8, de 7 pp.

L'édition originale existe et ne vaut guère plus que celle-ci. 6 à 8 fr.

HISTOIRE miraculeuse de trois soldats punis diuinement pour les forfaits, violences, irrévérences et indignitez par eux commis avec blasphèmes exécrables contre l'image de M. St. Antoine, à Soulcv près Chastillon-sur-Seine, le 21 juin dernier passé. *Paris, chez Guil. Merlin*, 1576, in-8.

Bibl. nationale.

HISTOIRE miraculeuse et très-certaine envoyée à D. frère André de Ste-Marie, évêque de Cochin, en laquelle est rapporté qu'es Indes de Portugal, se trouve un homme marié agé de 380 ans, lequel a été marié huit fois : à qui par deux fois les dents sont tombées et après revenues. Traduit d'italien en françois, par le sieur François de Vezelize. *Paris, Estienne Perrin*, 1613, in-8.

Bibliothèque nationale.

HISTOIRE naturelle et morale des Isles Antilles de l'Amérique... (par L. de

Poincy & C. de Rochefort). *Rotterdam*, 1658, in-4. [28623]

Il faut, pour que ce volume soit complet, un portrait de messire Jacques Amproux, auquel le livre est dédié.

HISTOIRE pitoyable sur la mort d'une jeune damoyselle agée de dix-sept ans, exécutée dans la ville de Mets, le sixiesme iour du présent mois de novembre mil six cent vingt trois, quelle a faicte tant à son père qu'au public, estant sur l'eschaffaud. *Paris, Lescuyer*, 1623, pet. in-8.

10 fr. 1861.

HISTOIRE prodigieuse de l'Assassinat commis en la personne d'un jeune advocat, aduenuë dans Tholose par la conspiration de sa femme, d'un conseiller de la court et d'un religieux docteur Augustin ; ensemble le procez qui en a esté faict.... *Rouen, Pierre de la Motte*, 1609, pet. in-8.

6 à 8 fr.

HISTOIRE prodigieuse et espouvantable d'un Esprit incube, lequel a abusé une jeune Demoiselle Espagnolle, native de la ville de Salamanque. Ensemble les signes merveilleux apparus au Ciel sur la dicte ville, le dimanche 8 juillet 1617. *Paris, Abraham Saugrain*, 1617, in-8.

Bibl. nationale.

HISTOIRE prodigieuse et pitoyable d'un jeune homme qui tué (*sic*) et bruslé sa propre mère au village de Nogent-sur-Marne, pres Paris, auec la punition qui en a esté faicte ; ensemble l'arrest de la court de Parlement (signé : N. D. P.). — *Paris, N. Rousset*, MDXI (*sic* pour 1611), in-8.

Pièce fort rare.

— Réimpr. *Lyon, par J. Poyet, prins sur la copie imprimée à Paris*, 1611, in-8.

HISTOIRE prodigieuse et punition de Dieu espouuantable, naguères arrivée auprès de la ville Denduse (Anduze) au païs de Ievosdan (*sic*), d'un homme de la religion pretenduë qui voulait travailler et faire travailler ses serviteurs le jour de la Feste-Dieu dernièrement passée. *Paris, Abr. Saugrain*, 1618, in-8.

Pièce rare. En mar. de Duru-Chambolle, 40 fr. Morel, de Lyon.

HISTOIRE remarquable d'une femme décédée depuis cinq ans en ça, laquelle est revenue trouver son mary, et parler à luy aux fauxbourgs S. Marcel lez Paris, le mardi 11 décembre 1618. *Lyon*, 1619, 13 pp. pet. in-8.

En mar., 40 fr. Morel, de Lyon, et relié en mar. de Duru et Chambolle, 75 fr. catal. Fontaine.

HISTOIRE tragique et prodigieuse de deux jeunes filles qui ont fait tuer leur propre père, avec la Justice qui en a esté faicte le 6 mai 1614. *Iouxte la coppie imprimee à Paris...*, s. d., in-8.

Cette pièce rare faisait partie de la bibl. de M. Cigongne, aujourd'hui chez le duc d'Aumale ; elle était reliée avec celle-ci, qui n'est guère moins rare :

— LE VRAY discours d'une cruauté exercée par une damoyselle envers son mari, son père, sa sœur et deux de ses nepveux. *Poitiers*, 1599, in-8.

HISTOIRE tragique, véritable et mémorable de nostre temps, des occurrences et actes notables advenus, et precedez l'assassinat et meurtre commis en la personne de feu messire Guillaume de Nassau, prince d'Orange, comte dudit Nassau, etc., en la ville de Delft, païs d'Hollande, par Balthazar Gérard, se disant François Guion, natif de Dillanfans en la Franche-Comté de Bourgongne, exécuté en ladicte ville de Delft et puny le 10 juillet 1584, compilé nouuellement en faveur de tous esprits curieux des mémoires tant latines, alemandes que flamandes, par I. S. L. A. L.... (avocat lyonnais). *A Lyon, pour Paul Vernet, demeurant à Aix en Provence*, 1585, pet. in-8 de 24 pp. Trois curieuses pl. gr. sur bois, sur le titre, représentant l'assassinat et les supplices ; ces pl. à compartiments sont reproduites à la p. 22.

29 fr. 50 c. vente Randin et Rostain ; M. Claudin, l'érudit et sagace libraire, qui a rédigé ce catalogue, croit pouvoir traduire les initiales du nom d'auteur par : *Jean Stratins, libraire à Lyon*.

HISTOIRE véritable de ce qui s'est passé entre les François et les Portugais, en l'Isle de Maragnan. *Paris*, 1616, in-8.

HISTOIRE véritable de la guarison admirable aduenuë à l'endroict d'vne femme de Vrevin, de longtemps privée de la veuë, à l'attouchement du chef de St Iean Baptiste, en l'Eglise d'Amiens. *Paris*, 1578, in-4, avec une très gr. pl. pliée, gr. sur bois.

HISTOIRE veritable de la plus saine partie de la vie de Henry de Valois, jadis roy de France. *Paris, Ch. Michel*, 1589, pet. in-8 de 48 pp.

65 fr. baron Pichon ; 170 fr. Potier.

Le titre de cette satire porte : *Hist. de la plus saine partie* ; et on lit à l'en tête du texte : *Hist. de la plus saincte* ; elle est du reste citée par le P. Lelong.

HISTOIRE véritable de l'antiquité et prééminence du vicariat de Pontoise et du Vexin François, servant de réponse à l'histoire supposée de son origine et fondation.... (Par l'abbé H. Ferret, de Pon-

toise, curé de St-Nicolas du Chardonnet,
mort en 1677). *Paris, J. de la Varenne*,
1637, in-4, de IV ff. lim., 160 pp., ou
Paris, P. Chevalier, 1637, in-4.

Ce livre a été publié en réponse à :

— HISTOIRE de l'origine et fondation du
Vicariat de Pontoise (par Guy Bretonneau). *Paris, Targa*, 1636, in-4, de IV
et 84 pp.

HISTOIRE véritable des crimes horribles
commis à Boulogne par deux Moines,
deux gentilhommes, & Demoiselles, sur
le St. Sacrement de l'autel, qu'ils ont
fait consommer à une chèvre et à une
oye, et sur trois enfans qu'ils ont fait
distiler par l'alambique (*sic*). *S. l.*, 1651.
in-8.

Bibl. nationale.

HISTOIRE véritable des dernières guerres
advenuës en Barbarie, et du succès pitoyable de Don Sébastien, Roy de Portugal, traduit de l'Espagnol. *Paris*,
1579, in-8.

HISTOIRE véritable d'une femme qui a
tué son Mary, laquelle après exerça des
cruautez inouïes sur son corps,... exécutée à Soyran en Bourgongne, en 1625.
Lyon, 1625, in-8.

HISTOIRE véritable du Procès judiciaire
de Martin du Voisin, Passementier, et
jadis Bourgeois à Basle, décapité et
brus!é à Surseceau (*sic*), pays de Suisse,
pour la vérité de l'Evangile. *A Franc-
kenthal, par Roland Pape*, 1609, in-8.

10 à 12 fr.

HISTOIRE véritable et digne de Mémoire
de quatre Iacopins de Berne, traduit de
l'Allemand. 1542.

L'original est de Stumpf, historien zuricois; la
traduction est de l'illustre Bonnivard; c'est le seul
des écrits de Bonnivard qui ait été imprimé de son
vivant :

— Réimpr. en 1867 par les soins de M. Revilliod,
chez Fick, à Genève, 38 pp., in-4.

Ces *Jacopins* furent brûlés un peu avant la
Réforme.

HISTOIRE véritable et mémorable de la
grande cruauté & tyrannie faicte et exercée par un colonel signalé de l'armée
de Galas, lequel a tué, pillé et violé plusieurs paysans et paysanes, qui a esté
emporté et mangé visiblement par les
Diables, & à la veuë de beaucoup de
personnes du pays d'Allemagne. *Jouxte
la coppie imprimee à Aix-en-Alle-
magne*, 1637, pet. in-8.

HISTOIRES comiques, ou entretiens facétieux, de l'invention d'un des plus beaux

esprits de ce temps (par du Souhait).
Troyes et Paris, Toussaincts du Bray,
1612, pet. in-12.

Ce livre, assez rare, comprend neuf histoires; à
la fin une pièce de vers intitulée : *Discours de la
Sobrette et de la Recommanderesse* (entremet-
teuse), qui rappelle la *Macette* de Régnier.

Un exemplaire non rogné, 40 fr. La Villestreux.

HISTOIRES épouuantables de deux Magiciens qui ont este estranglés par le Diable
dans Paris la semaine sainte. (Signé :
F. L. M. B. P. D. S.) [16 avril 1615].
Paris, C. Percheron (s. d.), in-8.

HISTOIRES galantes de diverses personnes
qui se sont rendues illustres par leur savoir ou par leur bravoure. *Amsterdam,
Estienne Roger*, 1609, in-12, front. gr.

Un exemplaire non rogné, en *mar.* de Capé, 40 fr.
La Villestreux.

HISTORIA admirable del principe Fili-
berto de España. *S. l. n. d.*, in-4,
goth.

On ne connaît qu'un seul exemplaire de ce précieux livret; il est conservé à la Bibl. impériale de
Vienne.

HISTORIA Beatæ Mariæ Virginis, pet. in-
folio [370]

Guillaume-François De Bure, Heinecken, Sotheby
et la plupart des bibliographes, ont décoré de cette
singulière appellation une des plus adorables conceptions de l'art mystique au XVe siècle; ce chef-
d'œuvre de l'imprimerie tabellaire n'est autre que le
Cantique des Cantiques.

Ces planches, gravées avec un sentiment si élevé,
si pur, qu'elles rappellent le faire exquis du Beato
Angelico da Fiesole, comprennent 16 feuillets, dont
chacun se compose de deux sujets par page, imprimés d'un seul côté; chaque sujet est orné de ban-
deroles, sur lesquelles sont inscrits des versets de
l'hymne sublime de la Sulamite.

Il y a de cette xylographie plusieurs tirages avec
corrections et différences; il y a de plus trois éditions bien distinctes; Heinecken, Sotheby, Weigel,
se sont tout naturellement trouvés en désaccord
sur l'ordre à imposer à ces éditions et à ces tirages,
c'est-à-dire que, le premier ayant émis une opinion
raisonnée, le second a dû, pour ne pas paraître
copier et pour dire quelque chose de nouveau,
émettre un avis contraire, et le troisième et tous les
autres ont procédé exactement de la même manière.

Ce qu'il y a de plus clair dans tous ces classements
arbitraires des xylographies, c'est qu'ils ne reposent sur aucune donnée scientifique, et qu'ils sont
toujours le résultat d'hypothèses, c'est-à-dire abandonnés à la fantaisie ou au sentiment du classi-
ficateur.

Nous donnons, nous, purement et simplement la
description minutieuse des admirables exemplaires
de la bibliothèque impériale.

Les classera qui saura et qui osera.

— CANTICA Canticorum. 16 ff., pet. in-fol., imprimés
d'un seul côté, offrant chacun deux sujets en
hauteur, entourés d'un simple filet noir; hauteur
du feuillet 0^m288 sur 0^m204 de largeur; hauteur
de chaque sujet, entre filets, 0^m124 sur 0^m184 de
largeur.

Nous donnons la liste des 32 sujets, avec le clas-
sement biblique :

1. Osculet᾽ me osculo oris sui. [Cap. ı, § ı.]
2. Caput tuū ut Carmel. [Cap. v, § 5.]
3. Qualis est dilectus tuus. [Cap. v, § 9.]
4. Adiuro vos filie Ihrm (Hierusalem). [Cap. v, § 8.]
5. Qvis mī det te frēm meū (quis mihi det te fratrem meum. [Cap. vııı. § 1.]
6. Fauus distillās labia tua. [Cap. ıv, § 11.]
7. Mille clypei pendēt. [Cap. ıv, § 4.]
8. Ego dormio et cor meū vigilat. [Cap. v, § 2.]
9. Dilect᾽ me᾽ uīet (veniet). [Cap. v, § 1.]
10. Pulchᵉe sūt gene tue. [Cap. ı, § 9.]
11. Descēdi ī ortū. [Cap. v, § 1.]
12. Aperi m̄ soror mea. [Cap. v, § 2.]
13. Ecce dilecto meo (meo). [Cap. vı, § 2.]
14. Quam pulchre st gress᾽ tue (pulchri sunt gressus tui). [Cap. vıı, § 1.]
15. Surgā et circuibo ciuitatē. [Cap. ııı, § 2.]
16. Comedite amici et bibite. [Cap. v, § 1.]
17. Tota pulchra es amica mea. [Cap. ıv, § 7.]
18. Ecce pulchra es amica mea. [Cap. vı, § 3.]
19. Dilecte mi egrediaiñ (egrediamur) in agrū. [Cap. vıı, § 2.]
20. Faciculᵘ mirre dilēus me᾽ (fasciculus myrrhæ dilectus meus). [Cap. ı, § 12.]
21. Indicąm quē diligit aīa mea (Indica mihi, quem diligit anima mea). [Cap. ı, § 6.]
22. Anima mea liq̄fū est (liquefacta est). [Cap. v, § 6.]
23. Que habitas inortis amici auscultāt (quæ habitas in ortis, amici auscultant). [Cap. vııı, § 13.]
24. Quo abiit dilectus tu᾽ pulcherrima mulierum. [Cap. v, § 17.)
25. Pone me ut signaculū sup cor tuum. [Cap. vııı, § 6.]
26. Spēs ei᾽ ut Lyban᾽ (species ejus ut Lybani). [Cap. v, § 15.]
27. Si dederit homo verā substantiā suā. [Cap. vııı, § 7.]
28. Que ū ista q̄ ascendit de serto (de deserto). [Cap. vııı, § 5.]
29. Erv̄t verba (sic pour ubera) tua sicut. [Cap. vıı, § 8.)
30. Orcus (sic pour Ortus) conclusus est soror mea. [Cap. ıv, § 12.]
31. Trahe me post te currem (curremus). [Cap. ı, § 3.]
32. En diltus me᾽ lōqt᾽ (en dilectus meus loquitur. [Cap. ıı, § 10.]

On voit que l'ordre des chapitres et des versets est très-capricieusement suivi ; mais il y a eu des transpositions évidentes, du fait du relieur, qui n'était guidé ni par les signatures ni par les réclames.

La marque du papier est la grande tête de bœuf à l'extrémité d'une croix, sur le bois de laquelle serpente une banderole.

Ce n'est pas là la première édition, suivant Heinecken, puisque, d'après ses remarques, le troupeau de la 12ᵉ planche est de trois brebis, et que la première édition doit n'en avoir que 2 ; et nous ne trouvons pas de suivantes derrière la reine, à la planche 7 (cette dernière remarque est de M. Sotheby).

L'exemplaire de la Bibl. nation. est fort beau et très-pur ; il est bien relié en mar. vert par Hamfin, le relieur de Loménie de Brienne ; ce n'est pas l'exemplaire décrit au nᵒ 3 du catal. de Lair, lequel était relié en mar. rouge.

— Cantica canticorum.

1ʳᵉ édition d'après Sotheby (vol. 1, pages 77-82). 10 ff. contrecollés, papier à l'ancre, surmonté d'une ligne blanche.

Sur chaque page deux sujets en largeur, encadrés dans un filet noir ; hauteur entre filets, 0ᵐ256 sur 0ᵐ185 de large. Chaque sujet a 0ᵐ128 sur 0ᵐ185.

Les légendes sont les mêmes, mais la disposition des feuillets diffère, ainsi :

1ᵉʳ Osculetur me osculo oris sui...
2ᵉ Trahe me post te...
3ᵉ Qualis est dilectus tuus..,
4ᵉ Erunt verba (pour ubera) tua...
5ᵉ Dilectus meus... (7ᵉ de Heinecken)...
6ᵉ Que habitas in ortis amici (8ᵉ de Heinecken), etc...

Cette édition est beaucoup plus avancée comme fini et comme dessin que la précédente ; la taille est plus régulière ; les ombres sont beaucoup mieux accusées. Dans certaines planches, où des blancs avaient été ménagés dans l'édition précédente, ces blancs ici sont remplis ; ainsi dans la planche XI : Ecce dilecto meo (7ᵉ feuillet de la précédente), à droite de l'estampe inférieure se trouve un pin à deux rameaux, le second est surélevé de plus de 2 centimètres, pour remplir le blanc ménagé dans l'édition antérieure ; de même dans la 2ᵉ planche : Qualis est dilectus (2ᵉ feuillet de la précédente), au sommet de la planche supérieure se trouve un moulin à vent, qui remplit le blanc de l'édition précédente.

Le bel exemplaire de la Bibl. nation., en mar. bl., dent., tr. dorée, vient de Gaignat (351 liv. 19 s.) et de Mac-Carthy (1,560 fr.) ; il n'a jamais appartenu à Girardot de Préfond, comme l'ont dit certains bibliographes.

Un exemplaire de cette édition, annoncé très-beau, a été vendu 1,502 thal. Weigel.

— Cantica canticorum.

3ᵉ édition, d'après Sotheby (Principia typogr., vol. 1, pages 83-87), semblable à l'exemplaire de la Bodléienne ; marque du papier, un croissant ou une fleur de houblon ; nous avons observé cette marque du croissant sur le papier de la 1ʳᵉ édition de la Biblia Pauperum ; quant à la fleur de houblon, elle indique le papier du sud de la Bavière.

Cette édition, classée la troisième, nous paraît très-ancienne, et nous la croyons antérieure aux éditions que nous venons de décrire.

Dans la planche Descendi in ortum (6ᵉ de l'édition précédente, ici la 7ᵉ), sont une sainte femme et une reine ; derrière s'étend une campagne nue avec un seul arbre ; dans les autres éditions, deux suivantes derrière la reine ; les quatre personnages dans un berceau de treillage, curieusement ouvragé ; de plus, trois arbres chargés de fruits.

Dans la planche suivante : Indica mihi quem, le troupeau est de deux moutons et d'une chèvre ; dans la planche correspondante (XIᵉ de l'édition 1, VIIIᵉ de la 2ᵉ) le troupeau est de trois moutons, plus la chèvre, et le travail de gravure est infiniment plus fin, comme le dessin est meilleur.

La hauteur entre filets est de 0ᵐ253, la largeur de 0ᵐ183.

L'exemplaire de la Bibl. nation. est dans une charmante reliure en mar. vert, dent., tr. dorées, signée de Derome.

HISTORIA de Enrique fi de Oliva, rey de Iherusalem. Emperador de Constantinopla. (Al fin :) Acabose la presente historia de Enrique fi de Oliva... Fue emprimida en la muy noble e muy leal cibdad de Sevilla por tres alemanes oompañeros en el año de Mill e quatrocientos e nouentas y ocho años, a

21

veynte dias del mes de octubre. In-4,
goth., de 43 ff. [17535]

A la Bibl. impér. de Vienne.

Une autre édition in-4, gothique, est citée à
l'*Ensayo*, comme faisant partie de la même collection
impériale; elle fut exécutée·en 1533 à Séville, par
Juan Cromberger.

Une autre de *Sevilla, Dominico de Robertis*, 1545,
in-4, goth., de 32 ff. non chiff., fait partie de la bibl.
de R. S. Turner, de Londres, et de la Bibl. nation.
de Paris.

HISTORIA (la) dell' impresa di Tripoli di
Barberia, della presa del pegnon di Velez
della Gomera in Africa, et del successo
della potentissima armata Turchesca venuta sopra l'isola di Malta l'anno 1565.
S. l. (*Vinegia*), 1566, pet. in-4, 10 ff.
lim., 87 ff. ch. et 1 f. non ch., avec un
plan en taille-douce de l'*Isola delle
Zerbe.* 48 fr. (1867).

L'avis au lecteur est signé G.-B. Tebaldi. C'est
dans ce rare volume que se trouve la mention, faite
par l'éditeur Alphonso Ulloa, « *de la copiosissima
libraria che a nostri di mise insieme, et lascio in
Seniglia, per beneficio commune, Don Fernando
Colombo, figlinolo del gran Christoforo Colombo,
scopritore del mondo nouo.* »

HISTORIA del virtuoso caua‖llero dō Tungano : y de las grādes cosas y espā‖tosas
q̃ vido en el infierno : y en el purgatorio :
y ‖ en el Parayso. Y va de nueuo añadido
un ro ‖ māce cō su glosa de quādo nuestro señor anda ‖ ua por la tierra con sus
discipulos predicando nuestra santa fe.
(Al fin :) *Fue impressa la presente obra
en la Imperial ciudad d'To‖ledo por
Remon de Petras. A tres dias del mes
de Iu‖lio. Año de mil z̃ quinientos y
veynte y seys Años,* in-4, goth., de 12 ff.
non paginés, gr. s b. au titre; sign. A.

Salvá décrit longuement l'exemplaire de cette
pièce qui lui appartient, et qu'il déclare le seul
connu; l'*Ensayo* le cite également; une édition
antérieure est inscrite au catal. de la *Colombina;*
en voici le titre :

-- LIBRO del caballero D. Comgano (sic) y de las
cosas que en el Infierno, y Purgatorio y el Paraíso
vido... *Impresso en Sevilla, por Iacobo Cromberger, año* 1508, in-4, goth.; il est ajouté au
titre : *Trasladado de lengua italiana en romance
castellano;* cette édition du célèbre typographe
Sévillan a disparu.

Cette pièce est un dialogue entre l'âme du roi
Tungano et l'ange qui la conduit en enfer et en
paradis; cet écrit, si peu connu, offre un intérêt
qui a cela de particulier, c'est qu'il amène aussitôt
un rapprochement avec la *Divina Commedia;* il est
bien probable que l'auteur s'est inspiré de l'immortel ouvrage du grand Florentin.

HISTORIA ‖ (La) ‖ delos dos ‖ verdaderos
amigos ‖ Dirigida al Señor Baron ‖ de
Chenoyse. ‖ Por el Señor de M. ‖ *En
Rousillone.* ‖ *Con licentia de los superiores.* ‖ M.DC.XXV, in-12, 276 pp.
y compris les deux pp. de front. et les 4
de dédic., qui ne sont pas chiffrées.

HISTORIA de ‖ la dōzella Theo‖dor. (Al
fin) : *Fué impresso el presente tratado
en la insigne ciu‖dad de Çaragoça :
por Iuana Millan, biuda de ‖ Pedro
Hardoyn. A quinze dias del mes de ‖
Mayo : año de* M.D.XXXX, in-4, goth.,
de 16 ff., avec fig. s. b. intercalées dans
le texte. [17572]

Cette édition est inexactement décrite au *Manuel.*

Le catal. Colon indique deux éditions sans date,
mais antérieures à 1539, date de la mort de Fernando Colon; l'une d'elles doit avoir été imprimée au
plus tard en 1521, puisque ce personnage dit l'avoir
achetée le 19 novembre de cette année, à Medina
del Campo, pour six maravédis.

Une autre édition du 4 septembre 1543 est indiquée à l'*Ensayo;* elle est imprimée à Tolède, « *en casa
de Fernando de sancta Cathalina* ». C'est un in-4,
goth., de 16 ff., sans récl. ni sign., avec figures en
bois intercalées.

HISTORIA de papa Alexandro e de Fe ‖
derico Barbarossa Imperatore. ‖ (In ottava rima.) *S. l.* (*Venetia*), *per Mattio
Pagan in Frizzaria* ‖ *a l'insegno.della
Fede* (vers 1520), pet. in-4, car. semi-
goth., à 3 col., fig. s. b., 4 ff.

60 fr. Tross, 1871.

HISTORIA Jeschuæ Nazareni a Judæis
blaspheme corrupta, hebraice et latine.
Notis illustrata a Jac. Huldrichio. *Lugd.
Batav.*, 1705, in-8.

Ce rare volume contient une vie de Jésus, écrite
par un vieux rabbin; elle est farcie d'absurdités.
Joseph enlève Miriam, femme de Papus, en la faisant descendre par la croisée à l'aide d'une échelle,
et tous deux s'enfuient à Bethléem; plus tard Jésus
contraint sa mère à confesser qu'il n'est qu'un
« *spurius* », c'est-à-dire « *ortus ex coïtu illegitimo* »,
et il tue son père Joseph, etc.

25 fr. catal. Tross.

HISTORIA mirabilis ‖ quattuor heresiar-
charum ordi‖nis Predicatorum de obser‖
vatia apud Berneñ combustorum. ‖ Anno
M.D.IX. *S. l.* Cum figuris. Pet. in-4 de
18 ff., orné de 13 figures en bois fort
curieuses; le dernier feuillet est blanc.
[22410]

75 fr. catal. Tross, 1865.

HISTORIÆ Augustæ scriptores. Suetonius
de XII Cesaribus... *informatum est hoc
opus per magistrum Philippum de
Lauagna, anno...* MᵒCCCCᵒLXXVᵒ...
Mediolani, 3 tom. en 1 vol. in-fol.

C'est cette édition rarissime, qu'un grand nombre
de bibliographes, Fabricius, Saxius, Saumaise, etc.,
font remonter à l'année 1465, parce que certains
exemplaires portent un X de moins à la date. (Voy.
à ce sujet *Fabricius, Bibl. lat., edit. Ernesti,* tome
III; voy. aussi la longue note du *catal. Rewiczky,*
part. III, pages 123-124).

HITA (Perez de). Historia de los vandos
de los Zegries y Abencerrages, caballeros
moros de Granada... *Valencia, P. Pa-*

tricio, 1597, pet. in-8 de IV-264 ff.
chif. [26214]

Seconde édition de cette histoire romanesque.
15 à 20 fr.

HODIC (*Charles* de). L'Adresse du fornoye
captif, deuisant de lestrif entre amour et
fourtune...... *Paris, Jehan Longis*, 1532,
in-8, goth.

Cette édition n'est indiquée que dans le *Catal. des
Foires de Francfort.* (*Man.* III, col. 243.)

HOFFER (*Joh.*). Icones catecheseos et virtutum ac vitiorum illustratæ numeris Johannis Hofferi Coburgensis. *Vitebergæ, ex-*
cusæ apud hæredes Georgii Rhaw,
1557, in-8 de 36 ff., avec 53 figures sur
bois. La planche qui représente Joseph
aux prises avec la femme de Putiphar
est signée du monogramme D. B. 1557.

Le *Manuel* cite une seconde suite de 25 planches
à la date de 1560.

36 fr. De Lassize;' en *mar.* de Trautz, 150 fr.
Leb. de Montgermont.

Les figures de la suite de 1560 ont servi l'année
suivante à l'illustration d'un autre traité de théologie scolastique peu connu :

— SIMILITUDINES accommodatæ ad necessarias et
præcipuas partes doctrinæ cœlestis... in ordinem
redactæ a Johanne Coglero doctore. *Vitebergae*
(*apud haeredes Georgii Rhaw*), 1561, in-8, avec
19 figures gravées sur bois.

HOGENBERG (*Franc.*). Typus Pompæ funebris habitæ Roeschildii in exequiis D.
Friderici II, Daniæ, Norvegiæ, etc., regis,
opera et consilio Henrici Rantzovii, D.
Christiano IV dedicatus a Francisco Ho-
genbergio et Simone Novellano. *S. l.*
1588, in-fol., beau et précieux recueil
composé d'un front. gr. et de 21 planches doubles gravées sur étain, représ.
les funérailles de Frédéric II.

M. Vinet évalue ce livre à 160 fr. et plus, ce qui
nous parait exagéré.

HOGENBERG (*Nic.*). Représentation de
la cavalcade et des réjouissances qui eurent lieu à Bologne le 24 mars 1530, à
l'occasion du couronnement de Charles-
Quint comme empereur des Romains,
par le Pape Clément VII, in-fol. *Anvers*,
s. d. [25633]

Impr. sur *vélin*, 4,000 fr. Ruggieri.

M. Ruggieri, propriétaire du seul exemplaire
connu de cette précieuse édition originale, en a,
dans son catalogue, donné la description qui suit :

Cet ouvrage se compose de 38 planches et de deux
tableaux, contenant, l'un une dédicace en vers
latins à l'empereur; l'autre une exposition, également en vers, de la cavalcade ; le tout gravé par
Nicolas Hogenberg.

Les planches portent les signatures A. B. C. G. F.
(sic) F. G. H. I. K. L. M. N. O. P. Q. R. S. T. V.
X. Y. Z. AA. BB. CC. DD. EE.; au-dessous de la
signature se trouve, en petites capitales, le nom de
l'auteur : NICOLAUS HOGENBERGUS, MONACHENSIS. F.,
puis suivent onze autres planches sans signatures.

Ce beau travail, au point de vue de la composition
et surtout de la gravure, a été reproduit vers la fin
du XVIe siècle, par un artiste flamand ou hollandais,
peut-être Schrenck, qui a chargé l'œuvre de Hogenberg de tableaux descriptifs, encadrés de cartouches
dans le style de ceux que faisait graver Plantin vers 1565, ce qui permet de supposer qu'il est
l'éditeur de cette reproduction.

Henri Hondius, graveur de la Haye, en fit une
seconde reproduction très-inférieure à la première;
elle est aussi beaucoup moins rare; c'est un exemplaire de cette reproduction qui se trouve à la bibl.
du prince d'Arenberg, et que le catal. de Paelinck
indique comme étant du premier tirage.

Enfin un autre graveur la reproduisit une troisième fois, et cette reproduction diffère des précédentes par ce détail que le graveur anonyme a
imaginé de mettre une tête à l'un des trois com-
battants de la dernière planche, qui, dans l'OEuvre
d'Hagenberg n'en a pas, le haut du corps se trouvant en dehors de la planche; il a mis des nuages
aux ciels, etc.

Un exemplaire de cette dernière édition figurait
également à la vente Ruggieri, et fut vendu 230 fr

HOLBEIN (*Hans*). Historiarum veteris
Instrumenti icones ad viuum expressæ... *Lugduni, sub scuto coloniensi,*
M.D.XXXVIII. (A la fin :) *Excude-*
bant Lugduni Melchior et Gaspar
Trechsel fratres. 1538. Pet. in-4 de
92 pl., y compris 4 planches empruntées aux *Simulachres de la mort;* à la
fin se trouve une dernière pl. représ. les
IV évangélistes. [333]

700 fr. Yéméniz ; 700 fr. de Morante ; en *mar.* de
Hardy, 790 fr. Leb. de Montgermont.

— HISTORIARUM veteris Testamenti icones,.. *Ibid.,*
id., 1539, pet. in-4.

Le dernier f. porte seulement au r° la marque
des frères Trechsel et le v° est blanc; cette édition
contient 94 pl., c'est-à-dire deux de plus que la précédente, l'une au r° du f. G, l'autre au v° du f. L.
(*La Lamentation d'Isaïe.*)

200 fr. Desq; 200 fr. Yéméniz ; 260 fr. Potier ;
271 fr. Tufton.

— HISTORIARUM veteris Testamenti, etc. *Lugduni,*
sub scuto coloniensi, apud Johannem et Fran-
ciscum Frellonios fratres, 1543, in-4, 92 pl.

Première édition donnée par les frères Frellon ;
M. Ambroise Firmin-Didot ne lui donne que 92 pl.,
tandis que le *Manuel* en compte 94 ; l'exempl. que
nous avons sous les yeux n'en a que 92.

— RETRATOS o tablas de las Historias del Testamento viejo, hechas y dibuxadas por un muy
primo y sotil artifice. Iuntamente con una muy
breue y clara exposicion y de la racion de cada
una dellas en latin, con las quotas de los lugares
de la sagrada Scritura de donde se tomaron, y la
mesma en lengua castellana, para que todos go-
zen dellas. *En Lion de Francia, so el escudo de*
Colonia, año de 1543, apud Io. et Franc. Frel-
lonios, fratres, 1543, in-4, fig. s. b.

Premier tirage de l'édition espagnole donnée par
les frères Frellon ; l'exempl. de M. Yéméniz présentait une particularité signalée au catalogue : au
r° du IVe f. du cah. II, on n'a pas tiré la figure de
1539 et de 1547, et on a répété celle qui est au v°
du f. de ces éditions, de sorte que dans cette édition
de 1543 la figure de *Salomon bénissant le peuple* est
répétée au r° et au v° ; ce fait ne se représente pas
dans l'édition espagnole de 1549.

En *mar.* de Niédrée, 580 fr. Yéméniz.

— Icones ‖ historia‖rum Veteris ‖ Testamenti ‖ ad viuum expressæ extremaque diligentia emenda‖tiores factæ, Gallicis in expositione homoeo ‖ teleutis, ac versuum ordinibus (qui prius ‖ turbati, ac impares) suo nu‖mero restitutis. ‖ *Lugduni, apud Ioannem Frellonium*, 1547, pet. in-4, fig. s. b.

Il faut remarquer que les quatre dernières planches de cette édition, qui sont répétées dans l'édition française de même date, publiée sous le format pet. in-8, bien que remarquables comme exécution, n'ont aucune corrélation avec les précédentes, et n'ont été ajoutées après coup que pour faire nombre.

Il existe de ce beau livre une réimpression, tirée en 1621 sur les bois originaux ; elle n'est pas, ainsi que le second tirage de 1547, obtenue à l'aide de clichés; l'exempl. de Mme de Pompadour, qui figure à son catalogue, sous le n° 14, avec cette date, (vendu : 25 sous,) a reparu à la vente Potier de 1870, et a atteint le prix de 112 fr.

Notons que les exemplaires du second tirage, signalé par M. Tross, sont infiniment plus rares que ceux du premier.

Un exempl. de ce premier tirage, 265 fr. de Chaponay, qui l'avait payé 186 fr. chez Veinant ; un autre, 140 fr. Chedeau et 400 fr. Soleil ; un bon exempl., 350 fr. Yéméniz ; un autre, 175 fr. Potier ; un exempl. très-grand (H. 0^m,190), dans sa première rel. en vélin, 340 fr. Niel ; enfin un exempl., toujours du premier tirage, en *mar.* de Trautz, 610 fr. Leb. de Montgermont ; un exempl. cartonné, £ 22, William Tite ; en *mar.* doublé de Chambolle-Duru, 730 fr. au cat. Aug. Fontaine de 1877.

— Retratos o Tablas de las Historias... *Lugduni excudebat Joannes Frellonius*, 1549, pet. in-4. 280 fr. Cailhava, 1862.

— The Images of the old Testament... *Printed at Lyon, by John Frellon*, 1549, pet. in-4, de 3 ff. lim. et 49 ff. non chiffrés.

350 fr. Tross en 1870 ; un bel exempl., en *mar.* de Trautz, n'a été porté qu'à 291 fr. à la vente faite par M. Labitte en décembre 1872.

— Historiarū Veteris Testamenti icones, ad viuum expressæ. *Parisiis, apud Petrum Regnauld, sub tribus coronis Coloniae, via ad diuum Jacobum*, 1544, pet. in-4, de 56 ff., avec 99 planches sur bois, qui diffèrent essentiellement de celles d'Holbein, que cependant l'éditeur a eu l'intention de reproduire ou tout au moins de contrefaire ; elles sont signées des monogr. P. R. et I. F. (Pierre Regnault et Jehan Frellon).

Cette contrefaçon n'est qu'une réimpression ; la première édition, beaucoup plus rare encore, a été donnée en 1538 :

— Historiarum Veteris Testamenti et Apocalypsis icones ad vivum expressæ. *Parisiis, sub signo Elephantis* (*P. Regnault*), 1538, pet. in-4.

Voy. Ambr. Firmin-Didot, *Essai sur la gravure sur bois*, col. 71.

— Les simulachres et historiées faces de la mort. *Lyon, Trechsel*, 1538, pet. in-4. Texte français et latin ; 41 pl. gravées s. b. [9587]

M. Ambr. Firmin-Didot a consacré à ce précieux monument une très-intéressante étude (*Essai sur la gravure sur bois*, col. 47-70) à laquelle nous renvoyons le lecteur ; il décrit trois éditions ou tout au moins trois états des planches qu'il croit antérieurs à la célèbre édition de 1538.

Le premier et le second tirage, *imprimés à Bâle*,

chez Froben, s. d., avec une seule ligne en tête de chaque sujet, en allemand, le premier en car. goth. droits, le second en car. ital. demi-penchés ; de 40 et 41 planches, tirées d'un seul côté du papier.

Le troisième état est sans aucune indication, et sans titre, 41 planches.

Nous faisons quelques réserves à propos de cette classification, qui nous semble quelque peu arbitraire ; nous avons eu l'occasion de voir chez M. Tross deux de ces suites sans texte et sans numéros, que cet habile libraire donnait comme épreuves du premier état, avant toutes remarques ; nous devons avouer en toute humilité que ces épreuves nous paraissaient en général si faibles et si fatiguées, que nous avions tout d'abord supposé un tirage postérieur à l'édition de Trechsel, fait par un second propriétaire des bois de Holbein ; quant aux exempl. conservés à la Bibliothèque nationale, ils sont incontestablement fort beaux, mais quelques planches sont inégales, et en somme il est, pensons-nous, bien difficile d'établir avec autorité l'antériorité de leur impression.

Voici les prix récents des bons exempl. de la célèbre édition donnée par Trechsel en 1538 :

En *mar.* de Capé (H. 0,185), 610 fr. Yéméniz ; un exempl. payé 600 fr. Germeau, ne fut revendu que 400 fr. chez M. Chedeau ; un bel exempl. en *mar.* de Chambolle, 855 fr. Danyau ; en *mar.* de Thibaron, 660 fr. Labitte (1872); en *mar.* de Duru, 1,020 fr. Potier (1870); en *mar.* de Thibaron, 660 fr. en décembre 1872; en janvier 1876, un exemplaire de 0^m,182 de h., portant la signature de Jac. Avg. de Thou, annoncé : « *le plus bel exempl. connu* », ce qui, dans le style des rédacteurs de catalogues, n'est pas d'une autorité absolue, est porté à 1,650 fr. au catal. à prix marqués des libraires Morgand et Fatout.

Un splendide exempl., dans une très-riche rel. de Trautz, en *mar. citron, doublé de mar. noir*, avec les *emblèmes de la Mort* gravés sur le dos et sur les plats, 2,150 fr. Leb. de Montgermont.

Un des plus beaux exempl. que nous connaissions, le plus beau peut-être, appartient à M. Guyot de Villeneuve ; il a 0^m,186 de h. sur 0^m,127 de l.; il est sans défauts, rempli de témoins et admirablement relié en *mar. doublé* par Trautz.

— Les Images de la Mort... *Lyon, J. Frellon*, 1547, pet. in-8, 53 fig. s. b.

En *mar.* de Hardy, 200 fr. Desq ; en *mar.* de Trautz, et avec 57 pl., 261 fr. Em. Gautier ; les quatre planches supplémentaires n'ont aucun rapport avec le sujet ; elles sont, du reste, fort belles, très-bien gravées, et on les trouve jointes à un certain nombre d'exemplaires, sans que cependant on puisse les exiger pour le complément du livre.

— Simolachri..... *In Lyone, app. Giov. Frellone*, 1549, pet. in-4 (53 *planches*).

305 fr. Yéméniz ; en *mar.* de Kœhler, 50 fr. Chedeau.

— Icones mortis..... *Basileae*, 1554, pet. in-8. 205 f. Yéméniz.

La XIIIe édition de *Lyon, Jean Frellon*, 1562, in-8, texte français, 53 planches, est la dernière où l'on ait fait usage des bois originaux.

M. Didot a signalé 48 éditions de copies gravées sur bois ; 43 éditions de copies gravées en taille-douce sur cuivre ; il néglige les éditions gravées dans ces derniers temps sur pierre.

« Les planches gravées sur cuivre par Hollar, à Londres, d'après le recueil des dessins originaux d'Holbein, appartenant alors à la collection d'Arundel, parurent d'abord à Londres en 1647, et passèrent ensuite en Hollande, où Diepenbecke y ajouta des encadrements ; cette édition parut en 1651, sous ce titre : *Mortalium nobilitas iconibus ab Holbenio delineatis et a W. Hollar exculptis, expressa ab Abraham a Diepenbecke.* »

HOLTZWART (*Mathias*). Emblematum Tyrocinia, sive Picta poesis Latino Germanica.... (en allemand, avec une préface par Fischart sur l'origine et l'usage des emblèmes). *Strassburg, Jobin*, 1581, in-8, de 112 ff. et 71 fig. gr. s. b.

25 à 30 fr.

HOME (*David*). La Sauvegarde des Roys, exposée en un sermon, au jour de la publication de la paix à Gergeau, par David Home, ministre de la parole de Dieu. *A Gergeau, par Quentin Mareschal, imprimeur et libraire*, 1616, pet. in-8 de IV ff. lim. et 162 pp. chiffrées.

Vol. rare, qui, si l'indication de lieu n'est pas supposée, serait le premier produit de la typographie dans cette bourgade de l'Orléanais, qu'on appelle auj. Jargeau ; il nous a été communiqué par M. A. Voisin, libraire.

HOMERI opera, græce. *Florentiæ, sumptibus Bern. et Nerii Nerliorum*, 1488, 2 vol. in-fol. de 42 ff. lim., dont le dernier blanc, 208 et 189 ff. [12307]

Le bel exempl. acheté par M. Yéméniz 1,500 fr. en 1855, a été payé 2,420 fr. à la vente de cet éminent bibliophile.

En 1856, le libraire anglais Jos. Lilly annonçait, au prix de £ 84, un exempl. de dédicace à Pierre de Médicis ; nous ignorons ce qu'il est devenu.

En 1874, le libraire Labitte vendait 260 fr. un exempl. incomplet de 2 ff. des lim., et de plus taché et fort sale.

Nous ne voulons pas compulser les innombrables catalogues de ces dernières années, pour y relever les prix souvent dérisoires qu'atteignent les diverses éditions grecques, et les traductions du *Prince des poètes ;* il n'est peut-être plus en France aujourd'hui un seul bibliophile, depuis le regrettable M. Firmin-Didot, qui daigne rechercher un poëte grec, se préoccupe de la correction du texte, des notes, des scolies, etc. Mais il en est encore qui consentent à se rendre acquéreurs d'un Homère, d'un Eschyle, d'un Aristophane, quand par bonheur le volume est imprimé sur vélin, lorsqu'il est relié par Padeloup, Derome ou Trautz, quand surtout il provient de François Ier, de Diane de Poitiers, de J. Aug. de Thou, ou même du comte d'Hoym ou de Longepierre.

Aussi, quand M. Brunet écrivait, en citant l'édition donnée par les Aldes en 1517, ou par Luc. Ant. Junte en 1537 : « Belle édition, rare et fort recherchée », c'était déjà une vieille formule, usée depuis longues années, et à laquelle le goût du jour donne le plus absolu démenti.

L'Homère des Aldes de 1504, seul ou presque seul, échapperait à cette indifférence dédaigneuse, et encore faudrait-il qu'il fût pur, grand et surtout bien relié.

Un bel exempl. imprimé sur *vélin* de cette précieuse édition, a fait partie, hélas ! pendant quelques jours, trop courts, de la belle collection Ambroise Firmin-Didot ; il avait été volé par l'abbé Chavin de Malan, et vendu après la mort de ce trop ardent conservateur-amateur ; M. Didot s'empressa de rendre ce charmant livre à la bibliothèque de Sainte-Geneviève, où il est probablement encore.

Parmi les traductions, nous citerons en première ligne celle de Mme Dacier :

— L'ILIADE et l'Odyssée. *Paris, Rigaud*, 1711 et 1716, dont les 6 vol. in-12, reliés par Boyet en

mar. doublé de mar., ont été vendus 1,010 fr. baron Pichon, et achetés par un amateur de passage à Paris, qui les céda bien vite au libraire Aug. Fontaine, lequel en demandait et en trouva 1,400 fr.; M. de Coislin avait payé ce charmant spécimen de la reliure de Boyet 400 fr. à la vente Nodier de 1844.

En mar. de Bozérian, 110 fr. Yéméniz.

— L'édition hollandaise, *Amsterdam*, 1712-1717, avec un supplément contenant la vie d'Homère par Mme Dacier. *Amst., Wetstein et Smith*, 1731, front. gr. et fig., ensemble 7 vol. in-12; en anc. rel. mar., 260 fr. Potier (1870).

La deuxième édition de cette célèbre traduction, *Paris, Rigaud*, 1719, 3 vol. in-12, avec la première de l'Odyssée, ibid., id., 1716, 3 vol. in-12, en anc. rel. mar. avec les fig. de Bern. Picart, bel exempl. en papier fin de la bibl. de d'Hangard, 141 fr. Radziwill, et 500 fr. Leb. de Montgermont.

— L'ILIADE et l'Odyssée d'Homère, nouvelle traduction (par La Valterie). *Suivant la copie impr. à Paris, chez Claude Barbin* (Hollande), 1682, 4 part. en 3 vol. pet. in-12, fig. de Schoonebeck.

En mar. de Derome, 125 fr. prince Radziwill; en 2 vol. in-12, mar. de Capé, 183 fr. la Villestreux, et 135 fr. Leb. de Montgermont.

— LES MÊMES, suiv. la copie (Holl.), 1713, 4 vol. pet. in-12, fig.

En anc. mar., 70 fr. Potier.

— ILIADE, traduite par Leconte de Lisle. *Paris, Lemerre*, 1867, in-8. — Odyssée, Batrachomyomachie, par le même, ibid., id., 1868, in-8.

Travail fort intéressant.

— ILIADE, trad. en vers français par Barthélemy Saint-Hilaire. *Paris, Didier*, 1868, 2 vol. in-8, avec une introduction de plus de cent pages.

Le savant académicien a traduit vers pour vers, avec autant d'élégance que de précision.

— ILIADE, texte grec, avec introduction et commentaires par Alexis Pierron. *Paris, Hachette*, 1869, in-8.

L'introduction raconte avec d'amples détails l'historique du texte d'Homère ; il y a de bons emprunts à faire dans l'ouvrage de Mistriotis : Histoire des Poëmes d'Homère, *Leipzig*, 1867, in-8 (en grec moderne).

— L'ODYSSÉE d'Homère, ou les Aventures d'Ulysse en vers burlesques (par Picou). *Leyde, Jean Sambix* (à la Sphère), 1653, pet. in-12.

Imprimé par Jean et Daniel Elzevier. L'exempl. Bignon, très-court (0m,116) n'a été payé que 16 fr. Pieters, parce qu'il a été reconnu que le titre était refait à la main ; celui de M. de la Villestreux, de 0,127 et 1/2, a été porté à 599 fr.

— HOMÈRE travesti, ou l'Iliade en vers burlesques (par M. Carlet de Marivaux). *Paris, Pierre Prault*, 1716, 2 vol. in-12.

— BATRACHOMYOMACHIE en vers burlesques. *Paris*, 1658, in-12.

On croit que le traducteur est l'abbé Regnier Desmarets.

— HOMERI Ilias (en grec moderne). *Venetia, Joann. Pinelli*, 1640, in-4.

Traduction curieuse et rare ; elle a 120 fig. sur bois, dont 3 sont de la grandeur des pp.
30 à 40 fr.

— HOMERI Batrachomyomachia a Demetrio Zeno Zacinthio in vulgarem linguam græcam rhythmice conversa. *Altdorf, Jod. Guil. Kohles*, 1707, in-4. £ 2, sh. 18, en mar. de Bedford, vente Libri.

— IL PRIMO libro de l'Iliade d'Homero, tradotta di Greco in volgare per M. Francesco Gussano. *In*

Venetia, per Comin da Trino di Monferrato l'anno MDXLIII, in-8.

« In versi sciolti. »

— IL PRIMO libro... trad. da Luigi Croto Cieco d'Hadria. *In Venezia, app. Simone Rocca*, 1570, in-8.

« In ottava rima. »

— L'ILIADE volgare di Franc. Nevizano. *In Torino, appr. Martin Cravotto nell'anno* 1572, in-4.

« In versi sciolti. »

— L'ILIADE Giocosa del Sig. G. Franc. Loredano, nobile Veneto. Publicata da Henrico Giblet Cavalier. *Venetia*, M.DC.LIII, *appresso li Guerigli. Con licentia...* in-12.

Réimp. en 1654, 1662 et 1680, in-12.

— L'ILIADE e l'Odyssea d'Homero trad. in vulgare Fiorentino da M. Girolamo Baccelli. Con licenzia. (In fine) : *In Firenze, nella stamperia de' Sermartelli*, 1581, aussi 1582, in-8.

Réimpr. en 1805.

— DE LA ULYXEA XIII Libros, traduzidos de griego en romance castellano por Gonçalo Perez. *Anvers, en la casa de Juan Steelsio,* 1550, pet. in-8, car. ital. (3 ff. blancs à la fin.) Cette trad. en vers, citée par Ebert et par Hoffmann, n'avait point été signalée par M. Brunet.

— TEN BOOKS of Homers Iliades (*in verse alexandrine*) translated out of French. By Arthur Hall Esq., of Grantham, a member of Parliament. *London, printed by Ralph Newbery. Cum privilegio*, 1581, in-4, de 188 pp., avec titre et dédicace à sir Thomas Cecill.

C'est la plus ancienne traduction anglaise ; Hall avoue avec simplicité que, ne sachant pas le grec, il a suivi textuellement une trad. française.

Lowndes cite plusieurs adjudications de ce livre rare ; elles varient entre £ 2 sh. 17 et £ 11.

— SEAVEN Bookes of the Iliades of Homere, Prince of Poetes, translated according to the Greeke, in judgement of his best commentaries, by George Chapman, gentl. *London*, 1598, in-4.

135 et 12 pp.

George Chapman a traduit les 12 premiers livres en 1600 et l'Iliade et l'Odyssée en 1603-1614, in-fol. de 572 pp.

— HOMER a-la-mode (*sic*). A mock Poem upon the first and second Books of Homer's Iliads, by James Scudamore. *Oxford,* 1664, in-8.

— HOMER a-la-mode, the second part, in English burlesque ; or a mock Poem upon the ninth Book of Iliads. Invented for the meridian of Cambridge, where the Pole of wit is hanged by several degress. *London, printed for D. Newman, at the King's Arms in the Poultrey*, 1681, in-8.

Ces pièces sont d'une excessive rareté.

HOMME (L) juste et lhomme mondain, nouuellement compose et imprime a Paris. *Paris, Anth. Vérard*, 1508, in-4, goth., à 2 col. [16250]

L'exempl. Solar de ce mystère si rare venait de Gaignat, de Saint-Mauris et de M. Giraud ; il avait été absolument complété lors de la vente de 1860 ; seulement les ff., empruntés à un autre exempl., étaient un peu plus courts que le reste du vol.; il ne fut vendu que 1,005 fr. et vaudrait aujourd'hui plus du double.

M. Cigongne possédait un superbe exempl. qui venait de Mac-Carthy ; il est entré chez M. le duc d'Aumale.

Enfin l'exempl. Yéméniz, haut de 0ᵐ,210, sur 0ᵐ,150 de largeur, venait de M. de Coislin, qui avait malheureusement fait appliquer ses armes sur une reliure en *mar. doublé de Derome ;* il a été vendu 2,000 fr.

HOMME (L) pescheur, par personnages, ioué en la ville de Tours. (A la fin) : *Imprime a Paris par Maistre Pierre le Dru, imprimeur, demourant en la rue des Maturins , a lenseigne du Cornet, lan mil cinq cens et huyt, le IXᵉ iour de Juing*, in-fol., goth. [16220]

Le bel exempl. Bertin et Solar est passé chez M. Cailhava, et a été vendu 3,750 fr. à sa seconde vente de 1862 ; racheté par le libraire Techener, il a été adjugé à 3,000 fr. à la 3ᵉ vente des livres de ce libraire, faite en avril 1865.

M. Taschereau, notre regrettable administrateur de la Bibliothèque nationale, en possédait un second exemplaire fort beau, mais incomplet de deux ff. qui avaient été refaits par M. Pilinski avec sa perfection ordinaire ; il a été vendu, revêtu d'une trop riche reliure à mosaïque de Capé, 2,700 fr. en 1875.

HONDIUS (*Henri*). Pourtraicture vraye des Pacificateurs des Pays-Bas. *S. l.*, 1608, in-4, avec 86 planches. 18 à 25 fr.

— Voy. HOGENBERG (*Nic.*).

HONESTETÉ (La civile) pour les enfans. Avec la manière d'aprendre à bien lire, prononcer et escrire, qu'avons mise au commencement. (Dédié à Monseigneur Liénor d'Orléans, duc de Longueville, par C. de Calviac). *Paris, de l'imprimerie de Phil. Danfrie et Richard Breton*, 1559, in-8 de 32 ff.

Nous avions signalé cette édition d'après les *Cat. des Foires de Francfort ;* un exemplaire est décrit par M. Potier au charmant catal. du marquis de Ganay.

— Voy. CIVILE HONESTETÉ.

HONNEUR (L) ou le Besze du sieur de Chalas à Messire Philippe de Mornay (en vers), avec quelques stances et sonnets sur le trespas de M. de Besze (par Chandieu et Christophe de Gamon). *S. l. (Genève, par Gabriel Cartier,* 1606, in-4 de 22 ff.

En *mar.* de Lortic, 31 fr. De Lassize (1802).

HONTERUS (*Joannes*). Rvdimentorum Cosmographicorum Joan. Honteri Coronensis libri III, cvm Tabellis Geographicis. *Tiguri, apud Froschovervm,* 1546, in-8, avec cartes gr. s. b. (en vers).

Ce petit vol. renferme une relation abrégée des navigations des Espagnols et des Portugais, sous ce titre : De Nvper svb Castillæ ac Portvgalliæ Regibus Serenissimis repertis insvlis ac regionibus, Ioannis Shoner Charolipolitani epistola et Globus geographicus... iv et 14 ff. occupés par les cartes, dont l'une, datée de 1546, porte le nom de « *America* ».

— RUDIMEN ‖ TORUM cosmographico ‖ rum Ioan. Honteri Coronensis Libri III cum ‖ tabellis Geographicis elegantissimis. ‖ De variarum rerum nomenclaturis per ‖ classes, Liber I. — *Tiguri, apud Froscho ‖ uerum. Anno* M.D.XLVIII, in-8, une page pour le titre , 29 pp. sans numéros ; 2 pp. blanches ; puis au second titre : Circvli

Sphæræ ‖ cum V Zonis. » 1 f. et 25 pp. pour treize cartes.

— LES MÊMES. *Tiguri, apud Froschouerum*, 1549, in-8, cartes gr. s. b.

Non cité par Harrisse. 9 fr. 50 c. Maisonneuve.

HOOGSTRATEN (*Jac.*). Erronee assertiones in oculari speculo Jo. Reuchlin verbatim posite et conclusiones per magistrum Jacobum de Alta platea eisdem objecte anno 1517. *S. l. n. d.*, in-4 de 8 ff.

Pièce rare; c'est une réponse du dominicain Hoogstraten, fougueux adversaire de la réformamation, au célèbre Jean Reuchlin. 50 fr. de Morante.

Presque tous les livres de ce dominicain furent dirigés contre Reuchlin; ils sont aujourd'hui fort peu recherchés, et ne vaudraient certes pas plus de 5 à 6 fr.; nous citerons :

— APOLOGIA contra dialogum... in causa J. Reuchlin ascriptum plurihusque erroribus scatentem... *Coloniae*, 1518, in-4.

— APOLOGIA secunda contra defensionem quamdam in fauorem J. Reuchlin editam. *Coloniae*, 1518, in-4.

— CONTRA Reuchlinum de Cabala an toleranda. *Coloniae*, 1519, in-4.

— DE PURGATORIO. *Antverpiae*, 1525, in-4.

— CATHOLICÆ aliquot disputationes contra Lutheranos. *S. l.*, 1526, in-4, etc.

HORARIUM beate Marie Virginis, cum multis ac variis orationibus. *Impressum est Antverpiæ per me Adrianum de Liesvelt*, 1495, xij. jdus Junii, pet. in-8, goth., de 152 ff. à 21 lig., orné de charmantes et nombreuses pl. grav. sur bois. (Holtrop, *Bibl. de la Haye*, n° 601).

250 fr. catal. Tross de 1866.

HORATIUS (*Quintus*) Flaccus. [12504]

Nous ne voulons pas entrer dans de nouveaux détails bibliographiques sur les innombrables éditions consacrées par l'admiration des siècles au grand poète, ami d'Auguste. Notre savant ami, M. Paul Lacroix, prépare d'ailleurs une *Bibliographie horatienne*, devant laquelle nous faisons comme Horace à Philippes, nous jetons nos armes.

Voici les prix obtenus par diverses éditions depuis une quinzaine d'années :

— HORATII Opera. *Mediolani, Ph. Lavagnia*, 1477, pet. in-fol.

En *mar.* doublé, 151 fr. de Morante.

— HORATIUS. *Venetiis, apud Aldum Romanum, mense Maio*, 1501, in-8.

En *mar.* de Trautz, mais avec de graves défauts, 190 fr. Gancia (1872); revendu 195 fr. Labitte (1876); le bel exemplaire Bearzi, payé 1,000 fr., avait été acheté par M. Niel; il n'a point figuré à la vente de cet amateur original et distingué.

L'exemplaire Costabili-Solar avait 154 millimètres de hauteur; il était très-pur, non lavé, dans sa reliure du temps, mais avec une piqûre peu grave dans la marge du fond; payé 700 fr., il ne fut vendu que 445.

— HORATIUS. *Venetiis, apud Aldum Rom.*, 1509, in-8.

En *mar.* de Capé, 100 fr. de Morante; en *mar.* de Lewis, 130 fr. Potier; l'exemplaire Colbert, avec le dos refait, en anc. *mar.*, 80 fr. Labitte (1876).

— HORATIUS. *Venetiis, Aldus*, 1519, in-8.

En *mar.* de Hardy, 52 fr. de Morante; en reliure anglaise *mar.*, 49 fr. Labitte (1876).

— HORATII (Q.) Flacci opera diligentissime impressa et excultissime Ascencianis asteriscis illustrata. (A la fin :) *Finis... in aedibus Ascensianis ad tertium idus Januarii*, MDV, pet. in-8.

Édition fort rare, que M. Brunet ne cite que d'après Maittaire; un exemplaire, en assez mauvais état, 60 fr. Labitte (1876).

— HORATIUS Flaccus. *Antverpiae, ex off. Plantiniana*, 1566, in-16.

Dans une curieuse reliure ancienne, bien conservée, 180 fr. Double.

— HORATII Flacci sapientia, sive Odæ selectæ, quibus Satyræ quædam et Epistolæ, imprimis autem de Arte poetica accedit, in usum scholarum editæ. *Lugd. Batav., ex offic. Bonaventurae et Abrahami Elzeviriorum*, 1626, in-8.

Volume de 110 pages, en caractères italiques, fort beau; il est d'une extrême rareté.

— HORATII (Q.) Flacci opera. *Sedani, ex typogr. et typis novissimis Joan. Jannoni*, 1627, in-32.

Charmante petite édition, imprimée avec les caractères *nouvellement taillez* par Jean Jannon (en 1621), caractères qui prirent le nom typographique de *petite sédanoise*.

En *ancienne reliure*, 51 fr. Chaponay; 19 fr. Chedeau.

— HORATIUS (Q.). Daniel Heinsius ex emendatissimis editionibus expressit, et repræsentavit. *Lugduni Batav., ex offic. Elzev.*, 1628, in-12, de 239 pp.

Voyez la note du *Manuel*; on sait que ce titre a été fait spécialement pour les exemplaires tirés antérieurement à l'impression des deux autres parties, réunies à l'édition de l'année suivante; c'est pour cette première partie, qui ne s'était pas écoulée, et dont, 24 ans après, Jean et Daniel retrouvèrent un grand nombre d'exemplaires en magasin, qu'ils firent tirer un nouveau titre imprimé en rouge et noir, avec les mots : *Editio nova*, et la date de 1653.

Le volume de 1628 est devenu rare. En anc. *mar.*, 100 fr. de Morante.

— HORATIUS (Q.) Flaccus. Accedunt nunc Dan. Heinsii de Satyra Horatiana libri duo... Cum ejusdem... animadversionibus. *Lugd. Batav., ex offic. Elzev.*, 1629, 3 vol. in-16.

M. Pieters distingue deux sortes d'exemplaires; ceux que ce bibliographe croit être de premier tirage n'ont pas de titre gravé, mais trois titres imprimés au *non solus* (indépendamment du faux titre pour les deux livres de *Satyra Horat.*); ceux du second tirage ont un titre gravé qui remplace le premier titre imprimé, dont il reproduit exactement le contenu, et seulement deux titres avec le *non solus*, et ce titre gravé a les pontuseaux horizontalement placés, et fait corps avec le feuillet correspondant.

Ceci est très-bien et très-admissible; mais l'exempl. de M. Pieters, en anc. *mar.*, dit de Padeloup (il n'a été vendu que 52 fr.), offrait une nouvelle singularité : il contenait le titre gravé et les trois titres imprimés; pour ne pas constater un *troisième état*, notre elzeviriographe met cette singularité au dos d'un ancien propriétaire fantaisiste, ou même il veut croire que les Elzevirs eux-mêmes auraient orné quelques exemplaires qui leur restaient, d'un frontispice tiré à part; du reste, ce frontispice est en dehors de la pagination, sur un papier plus fort, et ses pontuseaux sont en sens inverse du reste du volume.

En anc. *mar.* et bel exemplaire, 130 fr. Brunet; en anc. *mar.*, mais court de marges, 30 fr. de Morante; 70 fr. Potier; en anc. *mar.* et relié en 2 vol., 135 fr. baron Pichon.

— HORATIUS. *Lugd. Batav., ex off. Hackiana,* 1670, in-8.

En anc. *mar.* de Du Seuil, 100 fr. Brunet; relié en 2 vol., en anc. *mar.*, exemplaire de Longepierre, avec les insignes, c'est-à-dire la *Toison d'or* sur le dos et aux angles des plats, 910 fr. Potier.

— HORATII Fl. poemata. *Amstel., D. Elzevir,* 1676, in-12.

Un exemplaire non rogné faisait partie de la charmante bibl. Cigongne, aujourd'hui chez le duc d'Aumale; l'acquéreur céda au libraire Techener un double exemplaire avec témoins, un cahier entier non rogné; il a été vendu, en *mar.* de Bozérian, 89 fr. 1re vente Techener (1865); le catalogue annonçait à tort cet exemplaire comme étant celui de Renouard.

Haut. 0m134, en anc. rel. *mar.*, 83 fr. de Chaponay; un second exemplaire, 100 fr. même vente; de 0m133, 80 fr. de Morante; de 0m132, 92 fr. Germeau; de 0m132, en *mar.* de Simier, 45 fr. Pieters; de 0m137, 24 fr. seulement, à la vente Tross de novembre 1866; de 0m135, en *chagrin noir*, avec agrafes d'argent, 135 fr. Brunet; de 0m137, en anc. *mar.*, exemplaire de d'Hangard, 100 fr. Radziwill; de 0m134, en *mar.* de Trautz, 105 fr. Gancia; de 0m137, en anc. rel. *mar.* (les feuillets 75, 78, non fendus), exemplaire de Du Roure, de Caillard et de M. de Montesson, 400 fr. Potier; de 0m135, anc. *mar.*, 125 fr. même vente; de 0m135, en *mar.* de Duru, 131 fr. Bordes; de 0m138, en *mar. doublé* de Duru, exemplaire rempli de témoins, 300 fr. même vente; de 0m136, en *mar.* de Duru, 205 fr. Leb. de Montgermont.

— HORATIUS, cum notis Heinsii. *Lugd. Batav., ex off. Elzev.,* 1676, in-16.

Jolie et rare édition de 213 pages, y compris le titre gravé. 24 fr. Pieters.

— HORATII (Q.) Fl. Opera. *Londini, Tonson,* 1715, in-12.

En anc. rel. *mar.*, 15 fr. Radziwill; un joli exemplaire, relié par Padeloup, en *mar.*, aux armes du comte d'Hoym, 370 fr. baron Pichon.

— HORATII (Q.) Fl. Opera. *Londini, J. Pine,* 1733-1737, 2 vol. gr. in-8, fig.

Du premier tirage, en *mar.* de Padeloup, 295 fr. Double; un splendide exemplaire, dans une trop riche reliure de Derome, à compartiments de couleur, 2,180 fr. Brunet; en anc. *mar.*, 335 fr. même vente; en *veau*, 105 fr. Potier: dans une riche reliure à fleurs en mosaïque de Derome, 385 fr. Pieters; en reliure anglaise, 136 fr. de Chaponay; en *mar.* d'Anguerran, 370 fr. Leb. de Montgermont; 2 exemplaires en anc. *mar.* à 400 fr. au catal. Aug. Fontaine; un autre à 450 fr. au catal. Gonzalez.

Du second tirage, en anc. *mar.*, 106 fr. Chaponay; en anc. *mar.*, bel exemplaire, 145 fr. Bordes; en anc. *mar.*, 142 fr. Rigaud.

— HORATIUS (Q.) Flaccus. *Birminghamiae, typ. Joan. Baskerville,* 1770, in-4, front. gr., fig. de Gravelot.

En rel. anc., en *mar.*, 76 fr. Radziwill; en anc. *mar.*, 100 fr. d'Haubersaert; en *mar.* de Derome (ou soi-disant tel), 50 fr. Labitte (1870); un exemplaire broché, non rogné, 5 fr. 50 c. de Lescoet.

On voit que pour cette édition, comme pour tant d'autres livres, la reliure entre pour une bonne part dans les prix du jour.

— HORACE (Q.-F.). Première partie, par le sieur J. (Jobé). *Rouen, veuve d'Ant. Maury,* 1686, pet. in-12, de 84 pp.

Traduction en vers de 12 pieds des 18 premières Odes.

Le traducteur est auteur d'une comédie assez rare, dont le *Manuel* estropie le titre :

— LE BATTEAU de Bouille (aujourd'hui *la Bouille*), comédie dédiée à M. le marquis de Bonneval (un acte en vers). *Rouen, J.-B. Besongne, s. d. (vers 1660),* pet. in-12, de 42 pp.

— HORACE. Traduction en vers francois (par l'abbé Salmon). *Paris, Nyon,* 1752, 5 vol. in-12.

Un joli exemplaire sur papier fort de cette traduction archimédiocre, mais en *mar.* très-frais de Derome, 400 fr. Labitte (1876).

— HORACE (Œuvres d'). Traduction nouvelle par Jules Janin. *Paris, L. Hachette,* 1860, in-16. (Imprimé par Lahure.)

Jolie édition; c'est plutôt une imitation qu'une traduction fidèle du poëte d'Auguste; nous avons vu un exemplaire sur chine, qui portait sur le feuillet de garde ce vers d'une si rare exactitude :

    Jules Janin, seconde édition d'Horace.

Ce charmant livre a été réimprimé l'année suivante par le même éditeur; l'édition offre de nombreuses corrections; il en a été tiré, comme pour la première, un certain nombre sur papier de Chine et sur grand papier de Hollande.

— HORACE (Œuvres d'). Trad. nouvelle par Leconte de Lisle, avec le texte latin. *Paris, Lemerre,* 1873, 2 vol. in-12.

Tirage à petit nombre; quelques exemplaires sur papier de Chine et sur papier Whatman.

— HORACE. Traduction en vers par le comte Siméon. *Paris, Jouaust,* 1873-1874, 3 vol. in-8, vignettes en tête, gravées à l'eau-forte.

Belle édition. 41 fr. Labitte (1876).

— HORACE (Les Odes d') en vers burlesques (par H. de Picou). *Leyde, Jean Sambix (Elzev.),* 1653, in-12.

Édition rare, dont les beaux exemplaires sont fort recherchés; un exemplaire broché, mais avec deux cassures et le titre sali, 160 fr. Pieters, revendu 500 fr. La Villestreux; l'exemplaire A. Bertin, également non rogné, en *mar.* de Bauzonnet (140 fr. Bertin), revendu 450 fr. chez le marquis de Morante, a été porté au prix excessif de 1,201 fr. à la vente Benzon.

Un exemplaire court (H. 0m122), en *mar.* de Duru, n'avait été payé que 68 fr. Chaponay, pour la Bibl. nation.; un autre, plus rogné encore, laid, sale, défectueux, a été vendu 6 fr. Morel, de Lyon. Un joli exemplaire, en bonne rel. anc., haut. 0m127, est porté à 500 fr. au catal. Fontaine de 1877; un autre de 0m131, en *mar.* de Trautz, à 800 fr. au catal. à prix marqués des libraires Morgand et Fatout.

HOROLOGIUM deuotionis. [1653]

Nous ne connaissons pas, non plus que M. Brunet, cette édition de 1480, que Panzer, et après lui Hain, indiquent comme imprimée à Augsbourg par Ant. Sorg, pet. in-8; nous croyons qu'il y a là simple confusion de chiffre, et que cette édition de 80 est celle de 89, décrite au catal. Yéméniz.

— HOROLOGIUM deuotionis circa vitam Christi. Orationes siue collecte illius preclarissime virginis beate Brigide, quas dicebat ante Ymaginem Ihesu crucifixi. Oratio pulcra de sancta Veronica. *Auguste in Anth. Sorg officina impressum anno domi* MCCCCLXXXIX, pet. in-8, fig. s. b., sign. a-n par 8 et o par 10; 0m136 de haut. En *mar.* de Niédrée, 200 fr. Yéméniz.

M. Tross en décrit deux éditions *s. d.*, qu'il croit plus anciennes; ce sont également de très-petits in-8, et les incunables de ce format sont fort rares:

— HOROLOGIUM devotionis..... (A la fin :) *Explicit Horologium deuotionis per me Johannem Landen, Colonie infra sedecim domos Emorantem, s. d.,* pet. in-8, carré, goth., orné de 28 gravures sur métal, en manière hachée et criblée, et 8 gravures sur bois. Les premières, connues sous le nom de « *Passion de Cologne en manière criblée* », ont dû être exécutées vers 1470 ; le volume a 66 ff. 80 fr. Tross (1866).

— HORALOGIÛ (*sic*) devocionis. — De vita et beneficiis Jesu Christi. — Tractatus de spiritualibus ascensionibus. *Impressum Coloniae apud Lyskirchen*, s. d. (cᵃ 1485), 3 part. en 1 vol. in-16 (ou très-petit in-8), goth. ; le premier ouvrage a 122 ff., sign. A.,Pv, et il est orné de 38 gravures de la grandeur des pages ; 14 sont gravées sur métal en manière criblée, et appartiennent aux incunables de la gravure. 2ᵉ ouvrage, sign. A-Q ; 3ᵉ ouvrage, sign. *aa-pp*.

Enfin le catal. Yéméniz nous fournit encore une autre édition :

— HOROLOGIUM deuotionis circa vitam Christi. *Explicit Horologiû devotionis*, *s. l. n. d.*, sans ch. ni récl., sign. A-G viij, plus 1 f., pet. in-8, fig. s. b. 45 fr., sans avoir cette valeur.

HORTINUS. Opera Misericordiæ ad corpus pertinentia, figuris et iconibus in aes incisis expressa et repræsentata, cum selectis sententiis. Præmissis Julii Roscii Hortini brevibus explicationibus : A Johanne Theodoro et Israele De Bry, fratribus, in-aes incisa, eorumque sumptibus excusa. *Venalia extant Francofurti in officina Theodori de Bry*. *Impressum Mombelgarti*, 1596, in-fol. de 31 ff., plus un titre gravé, 2 ff. de texte, plus 8 grandes planches à compartiments.

Volume rare et fort recherché à cause des belles planches des frères de Bry ; il présente un intérêt bibliographique particulier : les frères de Bry, dont les ateliers étaient probablement encombrés, empruntant la typographie protestante de Jacques Foyllet, l'imprimeur de Montbéliard.

HORTULUS animæ. *Moguntiæ, Johannes Schöffer*, 1514, pet. in-8, goth., fig. s. bois. [752]

Les bordures, gravées sur bois, sont fort originales et souvent grotesques.

HORTULUS Cytharæ, in duos distinctus libros, quorum prior cantiones musicas, ad vsum vulgaris Cytharæ ; Posterior Cantiones musicas Italicæ Cytharæ conuenientes continet. Inserta sunt etiam Carmina pulsanda tribus Cytharis. Item, Isagoge qua quis suo marte artem pulsandæ Cytharæ addiscere possit. *Louanii*, 1570, in-4 oblong.

Volume fort rare et fort curieux.

HORTUS sanitatis. Le Jardin de santé, translaté de latin en françois (par Jean de Cuba). *Imprimé à Paris par Philippe le Noir, libraire...* S. d. (1529), 2 part. en un vol. in-fol., goth., à 2 col., fig. s. b. [4471]

La première partie a 246 ff., non compris la table ; la seconde est de 149 ff., plus 12 ff. *pour le Traité des urines* et la table.

M. Brunet indique cette édition, mais sa description est incomplète.

Le second volume de l'édition française, de Vérard, s. d. (*vers* 1501), imprimé sur *vélin*, avec 538 miniatures, a été vendu £ 145 (3,625 fr.) Perkins.

HOSPITAL (*Michel de l'*). De Meti urbe capta et ab hostium ingenti obsidione liberata. *Parisiis, Fr. Morellus*, 1560, pet. in-4 de 4 ff. 10 à 12 fr.

— HARANGUE contenant la remonstrance faicte deuant le Roy Charles IX, tenant ses grands estats en la ville d'Orléans. *A Bloys, chez Iulian Angelier*, 1561, in-8.

HOSPITAL damour [13241]

L'édition que M. Brunet cite, d'après Du Verdier, comme imprimée à Paris en 1482, a été donnée par Pierre Levet ; c'est un petit in-4, de 26 ff., à 28 lignes à la page entière ; Du Verdier avait emprunté son indication aux *Catal. des Foires de Francfort*.

M. Yéméniz possédait un exemplaire de l'édition de 34 ff., in-4, citée la première au *Manuel ;* ce bibliophile l'attribue à Guill. le Roy, et M. Brunet la donne à Pierre Mareschal ; cette édition a une très-curieuse gravure sur bois au verso du titre ; l'exemplaire en question, en *mar. citr.*, a été vendu 250 fr.

HOUDENC (*Raoul* de). Merangis de Portlesguez, roman de la Table-Ronde, publié par H. Michelant d'après les mss. de Vienne et de Turin, avec illustrations représentant les miniatures des mss. de Vienne. *Paris, Tross*, 1869, gr. in-8, avec 19 gr. en bois, par Léon le Maire, impr. par Jouaust.

Belle publication, tirée à petit nombre ; les exemplaires sur papier *vergé*, 25 fr. ; sur papier Whatman à la cuve, 40 fr. ; l'exemplaire unique, tiré sur beau *vélin*, 450 fr.

HOUDOY (*J.*). Histoire de la Céramique lilloise, précédée de documents inédits constatant la fabrication des carreaux peints et émaillés en Flandre et en Artois au XIVᵉ s. *Paris, Aubry*, 1869, gr. in-8 pap. de Holl., avec 4 pl. en couleurs.

Nouvelle édition, augmentée et tirée à 200 exemplaires, 18 fr.

Cet écrivain a consacré, depuis cette époque, à l'industrie et à l'histoire de Lille une série de monographies, dont quelques-unes sont intéressantes et pour lesquelles nous renvoyons au catalogue des livres de fonds du libraire A. Aubry.

HOUPPEVILLE (de). La Génération de l'homme par le moyen des œufs, et la production des tumeurs impures par l'action des sels. *Rouen, Jacq. Lucas*, 1676, in-12, de 10 ff. lim. et 207 pp.

Ce curieux volume, que n'a pas cité M. Frère, est une réponse à un mémoire insultant dirigé contre le médecin Houppeville, à l'occasion de la lettre sur la génération de l'homme ; il n'a été vendu que 3 fr. 50 c. De Lassize.

HOUTMAN (*C.*). Prima pars descriptionis itineris navalis in Indiam orientalem, earumque rerum que navibus Batavis occurrerunt ; una cum particulari enarratione conditionum, morum, œconomiæ populorum, quos adnavigarunt.

Præterea de numismatis, aromatibus, speciebus et mercibus ibidem venalibus, eorumque pretio....... Una cum incolarum ad vivum delineatione; cuncta diversis tabulis illustrata, etc. Authore G. M. A. W. L. C., cum figuris æneis et mappis geogr. *Amstelodami, Corn. Nicolai*, 1598, in-fol. de 52 ff. num. ; première édit. latine, réimpr. à la troisième partie des *Petits Voyages* de de Bry.

L'exemplaire, vendu 3 th. 5 ngs. chez M. Sobolewski, avait la grande planche du Bazar, qui ne se trouve pas dans l'édition française, bien que le texte au verso soit en français.

HOZIE (*Stanislas*), évêque de Varme en Pouloigne (*sic*). Des Sectes et Hérésies de nostre temps. *Paris, Michel Vascosan*, 1561, in-12.

Petit volume rare et curieux; en *mar.* de Hardy, 70 fr. Labitte (1872).

HOZIER (*Louis-Pierre* d') et d'Hozier de Sérigny, juges d'armes de France. Armorial général de la France. (Réimpression textuelle et page pour page de l'édition publiée de 1738 à 1768.) *Paris, Didot* (1865-1867), 10 vol. in-4. 330 fr.

— COMPLÉMENT (Registre septième, renfermant la continuation des généalogies de d'Hozier et des notices inédites de familles reconnues par les juges d'armes). *Ibid., id.*, 1868-73, 2 vol. divisés en 5 livraisons (dont 3 de publiées). Prix de chacune : 20 fr.

Ce supplément, dont les matériaux sont fournis par les feuilles elles-mêmes, est scrupuleusement contrôlé sous l'autorité de MM. Firmin-Didot. Le caractère sérieux de cette œuvre lui a valu un véritable succès.

— GÉNÉALOGIE et alliances de la maison des sieurs de Larbour, dits depuis de Gombauld. *Paris*, 1629, in-4, blasons gravés.

Un exemplaire piqué de ce volume rare a été vendu 25 fr. Asher (1865).

— INDICATEUR du grand Armorial général de France, publié sous la direction de M. Louis Paris. *Paris, Bachelin-Deflorenne*, 1865, 2 vol. in-8. 20 fr.

HUARTE (*Juan*). Examen de Ingenios. *Amsterdam*, 1662, in-12. [3652]

Lessing en donna sous le titre de *Prüsung der Kopfe* une traduction, qui eut une seconde édition à Wittemberg, en 1785, in-8.

HUBBARD (*W.*), Minister of Ipswich (United-States). A Narrative of the troubles with the Indians in New-England, from the first planting thereof in the year 1607, to this present year 1677. But chiefly of the late troubles in the two last years 1675 and 1676; to which is added a Discourse about the warre with the Pequods in the year 1637. Published by authority. *Boston*, 1677, in-4, titre, dédicace, etc., 6 pp., texte 132 pp., carte (c'est, dit-on, la première qui ait paru en Amérique), description de la carte, 14 pp., et *Postscript*. 1-88.

Volume précieux qui ne s'est vendu que £ 1 sh. 6.

Roxburghe, et 12 sh. Inglis, et qui vaut aujourd'hui plus du double.

— NARRATIVE of the Indian war in New England, 1607 to 1677. *London*, 1803, in-8.

— THE HAPPINESS of a people in the wisdom of their rulers directing, and in the obedience of their brethren attending unto what Israel ought to do, recommended in a sermon (I. Chron. 12. 12.). *Boston*, 1676, in-4.

HUBIN (*Nic.*). La Fontaine de Jouvence de la France..., par Nic. Hubin, sieur du Rosbie. *Paris, P. Louys Feburier*, 1617, pet. in-8. 13 fr. 50 c. Payen.

La fontaine de Jouvence était située au village d'Hébécrèvon, près Saint-Gille, dans le Cotentin (Manche). Cette note est extraite du catal. Payen; cependant nous empruntons au même catalogue le titre suivant :

— RECUEIL de la vertu de la fontaine médicinale de Saint-Éloy, dicte de Jouvence, trouvée au pays de Bray, village de Forges... mis en lumière par maistre Pierre de Gousset. *Paris, Pierre Vitray*, 1607, pet. in-8.

Nous ne nous chargeons pas de trancher la difficulté; ce n'est pas trop de deux fontaines de Jouvence pour rajeunir un pauvre vieux pays comme le nôtre.

HUGHES (*William*), de la Soc. roy. de Géographie de Londres. Grand Atlas universel, 51 cartes représentant toutes les parties du monde. 2° édit., précédée d'une introduction par E. Cortambert. *Paris, Rothschild*, 1876, 1 vol. gr. in-fol., avec 51 cartes (0^m,55 sur 0^m,70) grav. sur acier et imprimée en couleur. 100 fr.

HUGO. ❡ Incipit Tractatus excelentissimi domini Hugonis, primi Cardinalis ord. prædic., qui nuncupatur speculum Ecclesiæ, de numero, ordine et significatione sacerdotalium vestium...... explicit speculum sacerdotum. *S. l. n. d.*, pet. in-4, goth., de 20 ff. à l. l., 25 à la p. entière, imprimé vers 1480, en gros cart. un peu carrés; tourneures rubriquées (inconnu à Hain).

HUGUENOTS. Factum d'un missionnaire qui travaille à la conversion des Hérétiques, pour être consulté. A Messieurs les docteurs de Sorbonne. *Fait à Paris, l'an* 1681, in-4, de 44 pp.

Pièce intéressante et qui fut rigoureusement supprimée, car on n'en trouve trace nulle part. Nous empruntons à M. Potier l'excellente note dont il étayait la mise aux enchères de ce curieux volume :

« Ce factum est écrit en faveur des protestants convertis, dont un grand nombre mouraient de faim, dit l'auteur, étant abandonnés de leurs anciens coreligionnaires et n'étant pas secourus par les catholiques. Le bon missionnaire pensait qu'on pouvait ramener les calvinistes par la douceur et les bienfaits; il indique divers moyens à employer pour leur conversion et pour subvenir aux besoins des convertis. Il recommande les quêtes et les aumônes. A propos des aumônes, « qui diminuent à me-

sure que le luxe augmente, » il entre dans les détails les plus intéressants sur les folles dépenses qui
se faisaient alors en France, en vaisselle d'or et
d'argent, en pierreries, tapisseries, etc. Il dit que,
rien que pour les perruques, il se dépense plus de
6 à 7 millions par an à Paris. « Elles sont fort chè-
res, les belles coûtent de 30 à 40 escus, et il en faut
deux ou trois par an pour être bien coiffé... De-
mandez à ces têtes emperruquées s'ils donnent aux
pauvres la valeur d'une de ces perruques, ornement
prétendu, inconnu à nos pères. » .

Cette pièce intéressante figurait à la vente de
M. Potier, mais elle n'y fut pas vendue; elle aurait
certainement atteint le prix de 100 à 150 fr.

HUME. Essays moral, political and litte-
rary, edited with preliminary dissertations and notes, by Thomas Hill Green
and Thomas Hodge Grose. *London*,
Murray, 1874, 2 vol. in-8.

— HUME. Treatise of Human nature and dialogues
concerning natural religion. By the same editors.
London, Murray, 1874, 2 vol. in-8.

HUMPHREY (*N.*). A History of the art
of printing from its invention to its wide,
spread development in the middle of the
16th century; preceded by a short account of the origine of the alphabet, by
H. Noel Humphrey. With 100 illustrations produced in photo-lithography.
London, Bern. Quaritch, 1867, in-fol.
à 300 exempl. 80 fr.

Beau livre, dont les fac-simile sont en général supérieurement exécutés, à l'exception de quelques
planches (la 31e, par exemple); on doit rechercher
tout particulièrement les exemplaires du premier
tirage.

Les autres ouvrages du regrettable Noël Humphrey conservent à peu près leur valeur ; nous devons citer cependant *The Illuminated Books of
the Middle Ages*, dont un bel exemplaire n'a été
payé que 76 fr. à la vente Raifé.

HUNOLSTEIN. Correspondance inédite de
Marie-Antoinette, publiée sur les documents originaux, par le comte Paul Vogt
d'Hunolstein, édit. revue et augmentée
d'un portr. gr. par Flameng. *Paris*,
1868, in-8. Fac-simile.

Très-intéressant volume, qui a donné lieu à une
polémique animée. 8 à 10 fr.
En *mar.* de Petit, 45 fr. Gonzalez.

HUON de Bordeaux. Les Prouesses et
faictz merveilleux du noble Huon de
Bordeaulx, per de France.... *Nouuellement imprime a Paris, le* xxiiij° *iour
de décembre* 1516, *par Michel le Noir*,
in-fol., goth., à 2 col., fig. s. b. [17043]

1,350 fr. vente de la partie réservée des livres du
libraire Techener, faite en 1865.

— LES PROUESSES et faictz du tres preulz noble et
vaillant Huon de Bordeaux. *Lyon*, *Ollivier Arnoullet*, s. d., in-4, goth., à l. l., fig. sur bois.

En *mar.* doublé de Kœhler, 1,000 fr. Yéméniz.

HURTADO (*Juan*). Arte de escrivir
y contar. — Tratado de Arithmetica
donde se continen las Reglas mas neces-

sarias, con algunas otras curiosas y prouechosas. *En Milan, por Jacomo Lan-
tonio*, 1618, in-4, obl., fig. en bois.

M. de Morgan ne cite même pas le nom de l'auteur de ce traité d'arithmétique ; les modèles d'écriture sont au nombre de 52 ; ils sont entourés de jolies bordures sur bois.
£ 3. sh. 15. Asher, 1865.

HURTADO de Mendoza (*Juan*). Buen
plazer trobado en treze discātes de
quarta rima castellana segvn imitacion
de Trobas Franceses, compuesto por
don Juan Hurtado de Mendoça. Au v°
du f. XLVII : *Fue impresso en la muy
noble Villa y florentissima Vniversi-
dad de Alcala en casa de Jvan de
Brocar, á ocho dias dal mes de Mayo,
Año del nascimiento de nuestre Saluador Jesu Cristo...* M D L. A la fin, la
grande marque. de Brocar. In-8, goth.,
de VIII ff. lim. et 47 ff., plus un 48° avec
l'écusson.

Salvá, qui cite ce volume, déclare qu'il considère
son bel exemplaire comme absolument unique.

HURTADO (*Luis*). — Voy. PALMERIN
d'Angleterre.

HUS (*J.*). Processus consistorialis martyrii Jo. Huss, cum correspondentia legis
gratiæ, ad ius Papisticum, in simoniacos
et fornicatores Papistas. Et de victoria
Christi, deque Antichristi degradatione,
ac depositione. Ad uetustatis typum excusum. *S. l. n. d. (circa* 1525). In-4, de
22 ff., dont le dernier blanc, avec 31 curieuses gr. s. b. 40 fr. 1867.

HUS (*Jo.*) et Hieronymi Pragensis confes-
sorum Christi historia et monumenta,
partim annis superioribus publicata, partim nunc demum in lucem prolata et
edita, cum scriptis et testimoniis multo-
rum nobilitate, eruditione atque pietate
præstantium, qui sanctorum martyrum
doctrina præclare instituti, tandem trac-
tationum omnium in synodo Constan-
tiensi conscii et crudelium atque indignis-
simorum suppliciorum spectatores fuerunt. *Noribergæ, in officina Jo. Montani et Ulr. Neuberi*, 1558, 2 parties en
un vol. in-fol., fig. sur bois; 1re part.
VIII-471 ff. chiff., plus un f. blanc;
2e part.: II-366 ff. chiff. et un f. pour la
souscription.

Cette collection fort rare a repris une certaine
valeur, 70 à 80 fr.

HUSSON (*Mathieu*). Le simple Crayon,
utile et curieux, de la noblesse des duchés de Lorraine et Bar, et des évêchés
de Metz, Toul et Verdun ; avec les armes,
blasons, filiations et alliances de plusieurs
maisons considérables, tant éteintes que
modernes, desdits pays. Ensemble la

description sommaire desdits duchés; et les priviléges de l'ancienne chevalerie, pairs fiefvés, gentilshommes et nobles de Lorraine. Par le sieur Mathieu Husson, l'Ecossais... *S. l. (Paris)*, 1674, in-fol., de 527 pp., dont 259 pour l'*histoire et blasons des familles.*

Volume rare, précieux et fort recherché; 700 fr. vente Jadioux, 1864; — un exemplaire de 260 ff. seulement: 450 fr. catalogue Porquet, 1870; — un exemplaire de 246 ff. est porté à 450 fr. à un catalogue à prix marqués de 1866.

— En 1858 a paru : Mathieu Husson, l'Écossais. Tableau des noms contenus dans le simple Crayon de la noblesse des duchés de Lorraine, de Bar et des trois évêchés. (Par Jean Cayon, d'après les textes les plus complets). — *S. Nicolas-du-Port*, *impr. de P. Trenel*, in-fol., obl. — Pièce tirée à petit nombre.

HUTTEN (*Ulricus* ab). Dialogus viri cujuspiam eruditissimi, festivus sane ac elegans, quo Julius II. P. M. post mortem cœli fores pulsando, ab Janitore illo D. Pedro intromitti nequiverit. *S. l. n. d.*, pet. in-8 de 36 ff., dont le dernier blanc.

Pièce fort rare; elle n'a été payée que 5 fr. à la 3e vente de la librairie de Bure, en 1835; 62 fr. de Morante.

La traduction française de ce dialogue satirique :

— LA VIE du pape Jules second, grand ennemy du bon roy Louys douziesme, roy de France et des François... *S. l.*, 1615, in-12. En *mar.* de Bizíaux, exemplaire de Renouard (21 fr.) 120 fr. même vente de Morante.

HUTTICHIUS (*Joan.*) Collectanea antiquitatum in urbe atque agro Moguntino repertarum. *Moguntiæ, Schœffer*, 1520, in-fol. [*Man.* III, 391]

Ce recueil n'est pas anonyme; la dédicace à Th.

Zobel est signée : *Io. Huttichius*, 1517. L'auteur dit qu'il veut marcher sur les traces de Peutinger, dont le travail archéologique « *In Augusta Vindelicorum et ejus diœcesi*, » est ordinairement réuni à celui-ci; c'est une pièce in-fol., de 20 ff., signés A-E.

HYGINI (*C. Julii*) Augusti liberti fabularum liber.... *Basileæ, apud Joan. Hervagium, anno* 1535, pet. in-fol. [12569]

Le bel exemplaire à la reliure de Demetrio Canevari, vendu 1,700 fr. chez M. Solar, en 1860, a été porté à 1,850 fr. à la vente du libraire Jos. Techener, en 1865.

HYLARET (*F.*). Deux traictez ou opuscules, l'un en forme de remonstrance, *de non conveniendo cum hæreticis*, l'autre par forme de cōseil et aduis, *de non ineundo cum muliere hæretica à viro catholico coniuge...*, par F. Maurice Hylaret, Engoulmoisin, C. T. Préd. ord. audit lieu (d'Orléans). *A Orléans, chez Ollivier Boynard*, 1587, in-8.

En *mar.* de Hardy, 60 fr. au catalogue Fontaine.

Ces deux traités sont fort rares, et Niceron, qui les cite d'après Dupin, dans sa *Table des auteurs ecclésiastiques*, dit ne les avoir jamais rencontrés.

HYMNES des vertus, representées au vif par belles et délicates figures. *Lyon, Jean de Tournes*, 1605, in-8, fig. s. b. dues au burin du petit Bernard ou d'un de ses élèves, et qui semblent antérieures à la date du vol.

Le bel exemplaire Yéméniz, en *mar.* de Trautz, 315 fr.

HYSTOIRE. Voy. HISTOIRE.

I

IBN-KHALDOUN. [28404]

Les 3 vol. du texte forment les premières parties des tom. XVI, XVII, XVIII des *Notices et extraits des Mss.*; les 3 vol. de la traduction forment les premières parties des tom. XIX, XX et XXI. Il existe un tirage à part des 6 vol.

Le texte arabe publié par Quatremère laisse beaucoup à désirer ; M. de Slane l'a corrigé avec un soin minutieux en collationnant tous les mss. et l'édition de Boulak.

Cet ouvrage extraordinaire donne la plus haute idée des écoles musulmanes du Mogreb au XIVe siècle.

Seul en Europe, M. de Slane était capable de lutter avec les difficultés d'un pareil travail et d'en triompher. Sa traduction est un chef-d'œuvre d'exactitude et d'érudition.

(Voy. Renan, *Journal Asiatique*, tom. XVI, 1870.)

— Ibn-Khalikan. Biographical Dictionary translated from the Arabic by M. G. de Slane. *Paris*, 1842-1871, 4 vol. in-4.

ICAZBALCETA. Coleccion de documentos para la historia de Mexico. Vol. I. con laminas. *Mexico*, 1864, in-4, de CLIII et 544 pp.

Collection intéressante, qui contient les dissertations suivantes : Noticias de la vida y escritos de fray Torribio de Motolinia. — Vida de Hern. Cortès, etc.

7 thal. Andrade.

ICONES Catecheseos. Voy. HOFFER.

ICONES historicæ... figures du Vieux et du Nouveau Testament, accompagnées de quadrains en Latin et en François (par Sam. Chappuzeau). *Genevæ, Sam. de Tournes*, 1681, 2 part. en 1 vol. in-8, fig. s. b.

Ce sont les bois qui ont servi à illustrer les éditions du XVIe siècle des *Quadrins historiques de la Bible*; conservés dans la famille des de Tournes, ils ont pu, sans être retouchés, donner à la fin du XVIIᵉ s. des épreuves satisfaisantes.

Les curieux détails donnés dans la préface de cette édition sur le graveur Salomon Bernard, dit le petit Bernard, lui valent d'être recherchée par les amateurs intelligents.

28 fr. Soleil.

ICONES operum misericordiæ cum Iulii Roscii Hortini sententiis et explicationibus. Pars prior eorum quæ ad corpus pertinent; pars posterior, eorum quæ ad animum referuntur. *Impensis Barthol. Grassii, Rom. Bibliopolæ, incidebat Romæ Marius Cartarius*, 1586, in-fol.; nombreuses figures sur cuivre.

En anc. mar., 36 fr. de Morante.

ICONES virorum nostra patrumque memoria illustrium, quorum opera cum literarum studia, tum vera religio fuit restaurata, ab Henrico Hondio sculptæ, æneisque typis excusæ. *S. l.* 1599, in-4, titre, 34 portr. et une gravure emblématique.

Il existe des exempl. de premier état, avant le texte. Portraits de Wicleft Huss, Jérôme de Prague, Luther, Melanchthon, Farel, Knox, etc.

Un exempl. avant le texte, 70 fr. Tross (1792).

— Icones illustrium et clarorum virorum, quorum præcipue opera litteræ humaniores et pura Religio restauratæ sunt. Accessit Iconum index juxta ordinem temporum, gentis, et vitæ institutum digestus. *Genevæ, sumptibus Petri Chouet*, 1673, in-4.

Ce vol. renferme 150 portraits, gravés sur bois, des plus célèbres apôtres de la Réforme; nous citerons : Jean Huss, Wiclef, Jérôme de Prague, Savonarole, Luther, Melanchthon, Zwingle, Calvin, Viret, Théodore de Bèze, etc.; puis Louis, prince de Condé, Coligny, Jeanne de Navarre, Robert Estienne, Marguerite de Navarre, Clément Marot, etc.

Un bel exempl. a atteint le prix de 160 fr. à la première vente de Morante.

IGNACE de Jesus-Maria, carme déchaussé, né Jacques Sanson. Histoire ecclésiastique de la ville d'Abbeville. *Paris*, 1646, in-4. 12 à 15 fr.

(Voy. au Man. : HIST. GÉNÉAL. des Comtes de Ponthieu.)

IGNACE (Les Maximes de S.), fondateur de la Compagnie de Jésus. Avec les sentimens de S. François Xavier, de la même compagnie. *Lyon, Louis Perrin*, 1862, in-16.

Ce petit volume n'a pas été mis dans le commerce; un des deux exempl. tirés sur vélin, 50 fr. Tross (1865).

IMITATIONE (de) Christi, libri Quatuor. [1520]

— Cy comance le liure tressalutaire de la Ymitacion de Jhesù Christ... (A la fin :) *Cy finist... imprime a Tholose par* maistre Henric Mayer alamã, lan de grace M. CCCC. LXXXviij ₰ le xxviij iour de may, in-4, goth.

Bien que cette première édition de la traduction française de l'*Imitation* soit suffisamment décrite au *Manuel*, on nous permettra d'emprunter quelques détails nouveaux à M. Desbarreaux-Bernard; le livre est assez important pour que cette insistance soit justifiée.

Le vol. a 152 ff., chiffrés au milieu de la page, au recto seulement; les cahiers sont de VIII, signés a-p pour les trois premiers livres, et A-D pour le quatrième; dans chaque cahier le 1ᵉʳ et le 3ᵉ f. sont seuls chiffrés, et ce dernier porte invariablement après la signature le chiffre romain II.

Le nombre des lignes aux feuillets varie singulièrement; on trouve 21, 22, 23, 25, 26 et 27 lignes.

En tête du vol. se trouve la figure du Christ portant sa croix, et le chrétien qui suit ses traces s'écrie :

> Riens ie ne puys Seigneur sans toy
> Penser parler de (sic) bien ouvrer
> Pourtant apres toy tire moy,
> Et t'en suivray sans point errer.

Jésus répond :

> Si tu veux venir apres moy
> Charge ta croix toi desnyant
> Tes concupiscences et toy
> Mensuyuras en mortifiant.

Le papier est fort, sonore, d'un blanc légèrement fauve; il a pour filigranes la *Main qui bénit* et le *P oncial bifurqué*; les caractères goth. de H. Mayer sont d'une grande élégance; ceux du texte ont 16 points, et ceux des têtes de chapitres, en lettres de forme, en ont presque le double.

M. Desbarreaux-Bernard, comparant ces types à ceux qu'avaient employés les prototypographes de Toulouse, Jean Parix et Estevan Clébat, constate les grandes améliorations qu'ils ont subies, comme gravure de poinçons et fonte de caractères.

Il cite cinq exempl. de ce livre précieux : -

Celui de M. Bouchet-Doumenc, de Montpellier, d'une irréprochable conservation; celui de la Bibl. nat.; celui du docteur Teilleux; celui de M. Richard, de Vabre, qui, réparé par Vigna et relié par Trautz, fait aujourd'hui partie de la Bibl. de Toulouse; enfin celui de M. Vésy, biblioth. de Rodez, qui a servi à la description donnée par M. Brunet; ce bel exempl. est imprimé sur *vélin*.

« Quoique l'édition de Toulouse soit la plus ancienne de toutes celles que nous connaissons, dit en terminant M. Desbarreaux-Bernard, il ne nous est pas démontré qu'elle soit là première. »

Il se peut que ce soit une copie ou une contrefaçon d'une édition parisienne antérieure, faite sur le manuscrit de Charles d'Orléans, mais jusqu'à ce qu'un heureux hasard fasse revivre cette édition princeps, celle de Toulouse a la priorité, et cette priorité est incontestable.

— DE IMITATIONE Christi, ‖ translaté de latin en francoys. (A la fin :) ❡ *Cy finist le liure de Imitatione Christi et de contemptu mundi. Translate de latin en francois. Et imprime a Paris par Iehan Lambert, le XVI. iour de nouembre. Mil* CCCC. *quatre vigs* (sic) *et treze*, in-4, goth., fig. s. b.

M. Brunet décrit cette seconde édition de la traduction de l'*Imitation*, mais l'exemplaire qu'il avait eu entre les mains était sans titre; nous avons, depuis la dernière édition du *Manuel*, vu passer en vente un exempl. complet.

Le recto du 1er feuillet est occupé par le titre ci-dessus, en deux lignes, avec la marque de Jehan Lambert; au v° se trouve une figure sur bois représentant le Christ portant sa croix, suivi du chrétien qui marche sur ses traces ; on lit les mêmes vers que dans l'édit. précédente, avec quelques différences :

> « Rien ie ne puis, Seigneur, sans toy,
> Penser, parler, ne bien ouurer.
> Pourtant apres toy tyre moy,
> Et tensuyuraiy sans point errer. »

> — « Se tu veulx venir apres moy,
> Charge ta croix incontinant :
> Tes concupiscences et toy
> M'ensuyuras en mortifiant. «

Le texte est chiffré de III à CX et suivi de 4 ff. de table.

L'exempl. de la vente Germeau (1869), incomplet des feuillets de table, mais possédant le titre, a été vendu 340 fr.

— LE LIURE tressalutaire de limitation de Nostre Seigneur Jhesucrist et parfait contennement de se (sic) miserable monde nomme en latin de limitatione cristi et de contemtu mundi, et se commence *Qui sequitur me non ambulat in tenebris.* (À la fin, avant la table :) *Cy finist le liure de imitatione Christi… translate de latin en francois et imprime a Paris par Iehan Trepperel, demourant sur le pont Nostre Dame, a lymaige Saint Laurens,* s. d., in-4, goth., une fig. sur bois et la marque de I. Trepperel sur le titre; 104 ff. chif. et IV ff. de table, sign. A-N iij.

Édition tout aussi rare que la précédente, et qui a dû être exécutée vers 1495.

Le v° du titre reproduit la gravure de l'édit. précédente, avec les mêmes vers.

L'exemplaire, sur lequel M. Brunet avait donné sa description était également incomplet du titre; celui qu'il reproduit : *Cy commence le liure salutaire…* se trouve en tête du deuxième feuillet.

Le très-bel exempl. du baron Pichon a été adjugé à 800 fr. à M. Giraud de Savine.

— IMITATION. Traduction nouvelle de l'Imitation de Jésus-Christ, divisée en quatre livres composez par Thomas à Kempis. *Paris, P. Variquet,* 1677, in-8.

Cette traduction anonyme, nous dit M. Taschereau, se fait reconnaitre entre toutes les autres, parce qu'elle est précédée d'une dédicace : « *Au sage inconnu auteur du livre de l'Imitation de J.-C.* »; elle est de René de Voyer, seigneur d'Argenson, auteur d'un *Traité de la Sagesse chrétienne* (*Paris, Huré,* 1651, in-8). Il l'écrivit, ainsi que ce dernier traité, pendant les six mois de détention qu'il subit à Milan, ayant été fait prisonnier de guerre, alors qu'il était intendant de l'armée française en Italie.

Cette traduction a eu plusieurs éditions à la fin du XVIIe siècle.

45 fr. Taschereau.

Elle a été réimprimée : *Paris, Charles Fossel,* 1682, in-32.

Barbier ne l'a pas connue.

N'oublions pas de signaler la traduction de l'abbé de Bellegarde. *Paris, Collombat,* 1698, in-12, fig., réimprimée l'année suivante dans le même format

et avec les mêmes figures, *A Bruxelles, par Fr. Serstevens.*

— LES QUATRE livres de l'Imitation de J.-C., par Thomas à Kempis, chanoine régulier, trad. en françois du latin, pris sur le manuscrit original de l'auteur de 1441. *Imprimé sur la copie d'Anvers. A Paris, chez Claude Groult, rue S. Jacques, à la Résurrection,* 1657, in-32.

Petite édition fort rare; un exempl., dans une admirable mosaïque du Gascon, a été vendu 950 fr. Benzon ; ce joli et précieux volume provenait, dit-on, de Mlle de la Vallière.

— KEMPIS commun, ou les quatre livres de l'Imitation de Jésus-Christ, partie traduits, partie paraphrasés, selon le sens intérieur et mystique. (par P. Poiret, ministre protestant). *Amsterdam, Henry Wetstein,* 1683, pet. in 12, front. et fig.

Première édition de la version protestante de l'*Imitation.* En mar. de Duru, 51 fr. H. Bordes, 1873. En *mar.* de Thibaron, 60 fr. catal. Morgand et Fatout.

— IMITATION (L') || de || Jesus Christ. || Traduite en vers François par P. Corneille. *A Rouen, chez Laurens Maurry, près le Palais,* M.DC.LI. Auec Priuilege du Roy. *Et se vendent A Paris, Chez Charles de Sercy, au Palais, dans la Salle Dauphine, à la bonne Foy Couronnée;* (ou *Imprimé à Rouen, Et se vendent A Paris, Chez Pierre le Petit, Imprimeur et Libraire ordinaire du Roy, ruë S. Iacques à la Croix d'Or*). M.DC.LI. Auec Priuilege du Roy. In-12 de V ff. non chif., et 56 ff. chiffrés.

Le front. gr., représentant un écusson soutenu par deux anges, est tiré sur un f. séparé, qui ne fait pas partie du premier cahier.

Cette première édition ne renferme que les 20 premiers chapitres du livre 1er; le texte latin occupe le v° des ff. et la traduction est au r° du f. correspondant.

M. Picot, dans sa *Bibliographie cornélienne,* consacre à cette première édition un long article, fort bien fait.

En *mar.* de Trautz, 110 fr. Solar; revendu 76 fr. Potier (1870).

— L'IMITATION || De || Jesvs-Christ. || Traduite en vers françois. *Imprimé à Rouen, Et se vendent A Paris, Chez Pierre le Petit, Imprimeur Et libraire ordinaire du Roy.* (Aussi *chez Ch. de Sercy.*) || M. DC. LI. Auec Priuilege du Roy. In-12, de VI ff. non chif., 107 ff. chif. et 1 f. non chiffré.

Cette édition contient le premier livre entier, soit 25 chap. On lit à la fin : *Achevé d'imprimer pour la première fois, le 31 d'Octobre* 1652.

Il existe deux autres éditions sous cette même date de 1651, mais elles sont en réalité postérieures.

— L'IMITATION de Iesvs-Christ. *Rouen, Laurens Maurry,* M.DC.LI. *Et se vendent à Paris chez Charles de Sercy* (ou *P. le Petit*), in-12 de V ff. non chif., et 60 ff. chif.

1er livre et les 6 premiers chap. du second, avec le texte impr. en regard; *l'achevé d'imprimer* du 31 oct. 1652.

— L'IMITATION de Iesvs-Christ. *Rouen et Paris, P. Le Petit,* M.DC.LI, in-12, de VI-66 ff.

Texte latin en regard de la trad.; contient les

12 premiers chap. du livre JI ; l'*achevé d'imprimer* est du 30 de juin 1653.

— L'IMITATION de Jesvs-Christ. Seconde partie. *Roüen, de l'imprim. de L. Maurry* (ou *Imprimé à Rouen, et se vend à Paris, chez Charles de Sercy*), M.DC.LII, in-12, de VI ff. lim. et 60 ff. chif.

Renferme les chap. XXI-XXV du livre Ier et les 6 premiers du livre II, texte latin en regard ; *achevé d'imprimer* du 31 oct. 1652.

131 fr. Solar.

— L'IMITATION de Jesvs-Christ... Enrichie de figures de taille-douce sur chaque chapitre. *Impr. à Roüen, et se vend à Paris chez Ch. de Sercy* (ou *chez P. le Petit*), M.DC.LIII, in-12, de VI ff. lim., et 191 pp.

1er livre et 6 chap. du tome II ; les vignettes, en tête des chap., sont signées R. du Clos et David ; une seule l'est de Le Brun. L'*achevé d'imprimer* est du 31 oct. 1652.

7 fr. seulement Potier (1872).

— LA MÊME. *Roüen, de l'Impr. de L. Maurry* (ou *Impr. à Roüen, & se vend A Paris, Chez Ch. de Sercy*, ou *Chez Aug. Courbé*, ou *Chez Guil. de Luyne*), M.DC.LIII, in-12, de VI ff. lim., 239 pp. avec 37 fig.

Trad. des deux premiers livres sans texte latin ; l'*achevé d'imprimer* est du 30 de juin 1653 ; les 31 premières fig. sont répétées de l'édit. précédente.

— LA MÊME. *Imprimé à Rouen, & se vend à Paris, chez P. le Petit* (ou *Ch. de Sercy*, ou *Aug. Courbé*), M.DC.LIII, 2 vol. in-12.

Tome Ier, VI ff. lim., dont un front. gravé, 107 ff. chiff. et 1 f.

Tome IIe, de V ff. lim. et 66 ff. chiffrés.

31 fr. Luzarche.

— LA MÊME. *Imprimé à Roüen, & se vend à Paris, chez Charles de Sercy* (ou *chez Pierre le Petit*), M.DC.LIIII, 2 vol. in-12.

Texte latin en face de la traduction ; pas de figures.

Tome 1er, VI-107 ff. et 1 f.

Tome 2e, VI-66 ff. chiffrés.

— LA MÊME. Livre troisième. *A Paris, chez Robert Ballard, seul imprimeur de la musique du Roy*, M.DC.LIIII. Avec privilège du Roy. In-12, de VI ff. lim. et 132 ff. chiffrés.

Cette édition, où le texte latin est en regard, renferme les 30 premiers chap. du livre IIIe.

Le privilège est daté du 30 décembre 1653, et l'*achevé d'imprimer, par Laurens Maurry*, du dernier d'aoust 1654.

— LA MÊME. Enrichie de fig. en taille-douce. Livre troisième. *Paris, Ballard*, M.DC.LIII, in-12, de VI ff., 180 pp.

Les 30 fig. qui sont signées H. David sont placées en tête des 30 premiers chap. du livre IIIe.

L'*achevé d'imprimer* est du dernier d'aoust 1654.

— LA MÊME. *Impr. à Roüen par L. Maurry, pour R. Ballard*, M.DC.LVI, in-12, de XII ff. et 239 pp.

MM. Picot et Marty-Laveaux ne connaissent de cette édition que la première partie, qui comprend le 1er livre et les 12 premiers chap. du second.

— LA MÊME. *Ibid., id.*, M.DC.LVI, in-12, de XII ff. et 420 pp., etc.

Cette édition comprend les deux premiers livres et les 30 premiers chap. du 3e ; elle contient un nouveau tirage des planches précédemment signalées.

— LA MÊME... Dernière partie. *Imprimée à Roüen par L. Maurry, Pour Robert Ballard...* (ou

Chez Pierre Rocolet... ou *Chez Antoine de Sommaville*, aussi *Chez André Soubron*), M.DC.LVI. In-12, de VI ff., 306 pp. et 3 ff. non chiff. pour la table.

Ce vol., qui contient la fin de la traduction de l'*Imitation*, est enrichi de fig. en taille-douce en tête de chaque chapitre, gravées par David, d'après Chauveau et Campion ; la première est en tête du 31e ch. du livre III. L'*achevé d'imprimer* est du dernier jour de mars 1656.

— L'IMITATION ‖ De ‖ Iesvs-Christ. ‖ Traduite et paraphrasée en Vers François. Par P. Corneille. *Imprimé à Roüen par L. Maurry, pour Robert Ballard,* (ou *A Paris, Chez Pierre Rocolet... ou Chez Anthoine de Sommaville... ou Chez André Soubron*). M.DC.LVI, in-4, de IX ff. lim., 551 pp. et 4 ff., fig. en taille-douce, signées Chauveau.

Première édit. collective des quatre livres réunis. L'*achevé d'imprimer* est du dernier jour de mars 1656.

En *mar.* de Hardy, avec un dessin orginal de Marillier, 122 fr. Huillard ; 25 fr. Tross (1866) ; 40 fr. Chedeau ; 100 fr. de Lassize ; en *mar.* de Hardy, 140 fr. W. Martin ; 150 fr. Voisin ; en *mar.* de Chambolle, 100 fr. Potier ; en *mar.*, rel. anc., 250 fr. baron Pichon ; en *mar.* de Capé, 105 fr. Danyau ; en *mar.* de Trautz, 505 fr. Benzon ; en anc. *mar.*, 265 fr. Leb. de Montgermont.

— LA MÊME. *Imprimé à Roüen par L. Maurry, pour R. Ballard*, M.DC.LVI, très-pet. in-12, de VIII ff., 507 pp. et 2 ff. de privilège.

Réimpression en petit format plus portatif de l'édition précédente, avec les figures réduites ; elle est fort rare.

Un exempl. chez le comte de Lurde, auj. chez son neveu, M. le baron de Ruble ; un autre chez M. Potier ; le 3e, vendu, en *mar.* de Trautz, 301 fr. Pasquier, pour M. Bocher.

— L'IMITATION ‖ De ‖ Iesvs-Christ... *Imprimée à Roüen, par L. Maurry, pour Robert Ballard* (ou *A Paris, Chez Pierre Rocolet, ou... Anthoine de Sommaville, ou... André Soubron*), M. DC. LVIII, in-4, de XI ff. lim., et 531 pp., fig. de Chauveau, répétées de l'édit. de 1656.

En *mar.* de Hardy, 66 fr. Soleil ; en anc. rel. *mar. doublé*, bel exempl., 270 fr. De Lassize ; un exempl. ordinaire, 19 fr., 2e vente De Lassize ; en *mar. doublé* de Du Seuil, 275 fr. Desq, rev. 650 fr. Potier ; exempl. ordin., 36 fr. Luzarche ; en *mar.* de Duru, 69 fr. Bordes.

— LA MÊME. *Rouen, par L. Maurry, pour Ballard* (ou *Paris, P. Rocolet ; ou Ant. de Sommaville ; ou André Soubron*), M. DC. LIX, 2 vol. in-12, fig.

Les deux parties 17 fr. 50 c. Desq.

— LA MÊME. *Ibid., id.*, M.DC.LIX, in-12, de XII ff., 554 pp. et V ff. pour la *table* et le *privilège*, fig.

Sous la même date, M. Picot signale deux éditions qui ne diffèrent absolument que par les fleurons et quelques détails d'orthographe ; nous renvoyons à la *Bibliographie cornélienne*.

D'autres éditions, aux dates de 1662, 1665 (en *mar.* de Duru, 40 fr. Bordes), 1670, 1673 et 1675, sont encore indiquées.

ÉDITIONS DE PROVINCE ET DE HOLLANDE.

— L'IMITATION de Jesvs-Christ. Traduite en vers françois, par P. Corneille. *Sur l'imprimé à Paris, chez Charles de Sercy, au Palais*, 1651, in-12.

Édition citée par M. Marty-Laveaux.

— L'IMITATION de Jesvs-Christ. *Iouxte la copie imprimée, A Rouen, chez Laurens Maurry*, 1652...

Et se vendent à Paris chez Ch. de Sercy. Petit
in-8, de 3 ff. et 112 pp.

Contrefaçon exécutée en province; texte en regard ; seulement les 20 premiers chapitres du premier
livre.

Les mots : « *Iouxte la copie imprimée* », sont
dissimulés dans les ornements du fleuron.
— LA MÊME. *A Leyde, chez Jean Sambix*, CIƆ. IƆC.
LII (1652), in-12, de 71 pp.

Première édition, donnée par les Elzevirs, de
Leyde; elle est jolie et assez rare.

110 fr. W. Martin; 112 fr. Huillard; 105 fr. Pieters (H. 0^m124 1/2), et revendu 305 fr. La Villestreux; l'exemplaire était en *mar.* de Duru; dans
une riche reliure de Capé, 325 fr. à la vente de ce
relieur, et revendu 365 fr. Leb. de Montgermont.

— L'IMITATION de Jesus-Christ. *Sur l'imprimé à
Rouen, et se vend à Paris*, M. DC. LIII, 2 vol.
pet. in-12.

Vente faite par M. Claudin (mai 1875).
— LA MÊME. *Iouxte la copie imprimée à Paris*,
M. DC. LIV et M. DC. LV, 3 vol. in-12.

Les mots : *Iouxte la copie*, dissimulés sous les
ornements d'un fleuron, ne se voient qu'aux titres
des deux premières parties.

Édition citée par M. Marty-Laveaux.
— LA MÊME. *A Leyde, chez Iean Sambix*, M.DC.LVII,
2 vol. in-12.

Texte en regard ; M. Pieters cite cette édition
comme rare et assez jolie, mais la considère comme
un faux Sambix, et la croit imprimée en France;
elle est sans réclames, et le privilége annoncé au
titre fait défaut.

En *mar.* de Hardy, 20 fr. Soleil.
— LA MÊME. *Bruxelles, Fr. Foppens*, 1657, in-12,
de VI ff. limin., 495 pp., IV ff. non chiffrés et
4 fig.

2 fr. 25 c. Pieters ; 22 fr. Luzarche.
— LA MÊME. *A Francheford* (sic), *chez Nicolas
Hulst, A l'Escu de France*, M.DC.LVIII, petit
in-8, de VI ff. et 160 pp. pour les deux premiers
livres, 302 pp. et 1 f. blanc pour les deux derniers.

— L'IMITATION de Jésus-Christ, traduite et paraphrasée en vers françois, par P. Corneille. *A
Leyde* (à la Sphère), *chez Jean Sambix*, 1660,
2 tomes en 1 vol. in-12.

Ce n'est pas une contrefaçon française, mais bien
une véritable édition de Hollande que n'a pas citée
M. Pieters; dans une jolie reliure ancienne, 52 fr.
Martial Millet.

— LA MÊME. *A Bruxelles, chez Fr. Foppens*,
M. DC. LXV, in-12, de XII ff., 495 pp. et IV ff. pour
la table, plus 4 fig.

Réimpression, ligne pour ligne, de l'édition de
1657; c'est celle que M. Bérard donne comme étant
incontestablement sortie des presses de Daniel Elsevier; il en possédait un bel exemplaire, qui fait
partie aujourd'hui de la collection Cigongne-d'Aumale.

Foppens donne encore une jolie édition de l'*Imitation*, en 1684.

— LES QUATRE livres de l'Imitation de
J. C., traduits en vers par J. Desmaretz.
Paris, Pierre le Petit et H. Le Gras,
s. d., in-12, titre gravé et fig. de Claude
Mellan à chaque livre.

Cette édition est citée par M. Brunet; elle porte :
*Achevé d'imprimer pour la première fois le 6 juil-
let* 1654; le format est in-12 et non petit in-8. Voici
la description du volume : Titre gravé, *advertissement* et figure du premier livre, en tout IV ff.

limin. non chiffrés; 275 pp. pour la traduction de
l'*Imitation*, plus VII pp. non chiffrés pour la table,
l'approbation et l'extrait de privilége.

En *vélin* 15 fr. Luzarche; un bel exemplaire, en
reliure ancienne, 90 fr. Potier.

— LES QUATRE livres de l'Imitation de Jésus-Christ,
traduits en vers par J. Desmarets. *Paris, Pierre
Le Petit et Henry Le Gras*, s. d., pet. in-8, front.
grav., c'est celui de l'édition précédente.

Cette édition était inconnue avant la vente Luzarche; M. Claudin l'a décrite avec soin.

Après le titre gravé vient l'*Advertissement* en
3 pages, l'*Approbation* des docteurs et l'*Extrait
du Privilége du Roy*, chacun sur une page séparée; on lit à la fin du Privilége : *Achevé d'imprimer pour la seconde fois le 6 octobre* 1654, le
verso de ce IVe feuillet est blanc; l'*Imitation* est
comprise en 211 pages chiffrées ; la table commence
au verso du dernier feuillet et comprend 5 pages non
chiffrées. Le format est bien in-8, bien que le papier
soit plus petit que celui de l'édition précédente ;
chaque cahier est de 8 feuillets. Le caractère
très-fin, très-net, avec lequel a été exécutée cette
charmante édition, est bien celui qui a été fourni
à l'imprimerie particulière du Château de Richelieu,
par le grand imprimeur et fondeur de Sedan, Jean
Jeannon.

Le joli exemplaire de la vente Luzarche, relié en
mar. par Capé, avec le *Combat spirituel* de Desmarets, exécuté avec les mêmes caractères, a été
vendu 100 fr.

Un bel exemplaire de l'édition de 1662, en *mar.*
de Trautz, 81 fr. Cailhava.

— Jesu Christoren Imitacionea d'Aram-
billaga apheçac escaraz emana. Hirv
Garren librvrva. Doctrinen Approbacio-
neequiñ. *Bayonan, Antonio Fauvet,*
M.D.C.LXXXIV, in-8, de V ff. limin.,
234 pp. et V ff., avec 3 fig. hors texte.

Cette traduction du 3e livre de l'*Imitation*, en
basque, est citée par Barbier; elle est d'une extrême
rareté; l'auteur, D'Arambillague, était prêtre de
Ciboure, en Labourd.

Un bel exemplaire, relié en *mar.* par Trautz, a
été vendu 220 fr. Burgaud des Marets.

— Jesus-Christoren Imitacionea. M. Chourio Donibaneco Erretorac escararat itçulia. *Bordelen, Guillaume Boudé Boé
imprimatçaille*, 1720, pet. in-8 de 1 f.,
426 pp. et 6 ff. à la fin.

Cette première édition de la traduction de l'*Imitation*, en langue basque, par Michel Chourio, curé
de Saint-Jean-de-Luz, est fort rare; un exemplaire
en *mar.* de Trautz a été vendu 100 fr. Burgaud des
Marets.

Il existe une seconde édition sous la même date;
elle est également imprimée à Bordeaux par G. Boudé,
mais le format n'est pas le même ; il est in-12, le
fleuron du titre de l'édition in-8 représente un ange
et deux cornes d'abondance; dans la seconde c'est
un panier de fleurs avec entourage, de plus le dernier mot du texte à la seconde est *tuzcoac*
(page 426), et dans la première : *ran, eta expli-
catuzcoac.*

Toutes deux sont évidemment contemporaines,
mais l'impression de l'édition in-8 est plus nette.

En *mar.* de Capé, 89 fr. vente Burgaud des
Marets.

On a souvent confondu avec la traduction de
Michel Chourio celle qui suit :

— Jesu-Kristen Imitacionia Cuberouaco uscarala,

Herri beraurtaco apheç bateç, Berç jaun apheççu-
piaren baimentouareki utçulia. *Pauben, G. Dugué
eta J. Desbaratz*, 1757, in-12, de XXII pp. limin.,
v ff. et 405 pp.

Ce volume fort rare, en dialecte souletin, est d'un
auteur inconnu; il est dédié à Franç. de Revol,
évêque d'Oloron.

En *mar.* de Trautz, 75 fr. Burgaud des Marets.

— IMITATION (l') de Jésus-Christ. Texte
latin, suivi de la traduction de P. Corneille. *Paris, Imprimerie impériale*,
1855, in-fol., fig. en miniature, vignettes,
culs-de-lampe, ornements, etc.

Édition de luxe tirée à 103 exemplaires; c'est un
des plus beaux livres qui soient sortis de nos presses nationales.

Un exemplaire, dans une riche reliure, est porté
au prix de 2,500 fr. dans un des récents catalogues
des libraires Morgand et Fatout; à 3,000 fr. au
catal. Fontaine de 1877; et à 3,500 fr., dans une
riche reliure de Lortic, au catal. Gonzalez; du reste
l'exemplaire Leb. de Montgermont, en *mar. doublé*
de Capé, avait été vendu 2,000 fr.

— IMITATION de Jésus-Christ, chromolith. de Lemercier, typographie de J. Claye. *Paris, L. Curmer*, 1856-58, 2 vol. in-4.

Belle publication; dans une riche reliure, 250 fr.
Bachelin (1874); 315 fr. Curmer; 205 fr. Labitte,
1874; en *mar.* de David, 275 fr. Labitte (1877).

— L'IMITATION de Jésus-Christ, traduction de Michel
de Marillac. Edition revue et corrigée par M. S. de
Sacy. *Paris, Techener*, 1860, in-18.

Un exemplaire sur *vélin*, en *mar.* de Hardy, 125 fr.
Em. Gautier, et 250 fr. au catal. Fontaine; un exemplaire sur papier, relié en *mar.*, 12 fr. 50 c. Bachelin (1874).

— L'IMITATION de Jésus-Christ, traduite et paraphrasée en vers français par P. Corneille; édition
nouvelle, augmentée d'un Avant-Propos et suivie
d'un Appendice. *Paris, Jules Gay*, 1862, in-12,
5 fr.

Jolie édition, tirée à petit nombre par un éditeur
assez peu habitué à des publications aussi ortho-
doxes; un exemplaire sur *vélin*, en 2 volumes,
reliés en *mar.* par Masson-Debonnelle, 150 fr. Fontaine.

— L'IMITATION de Jésus-Christ, traduction nouvelle
avec des réflexions à la fin de chaque chapitre,
par l'abbé de La Mennais. *Tours, A. Mame et
fils*, 1867, grand in-8, fig.

Belle édition, dont il a été tiré 10 exemplaires sur
papier de Chine, à 100 fr., et 150 exemplaires sur
grand papier *vergé*.

Un de ces derniers, 20 fr. Em. Gautier; un autre,
avec 54 vignettes ou figures ajoutées, est porté à
250 fr. au VIIe catal. Morgand et Fatout; un exemplaire sur papier de Chine, 120 fr. Fontaine (1872);
en grand papier *vergé*, relié en *mar.*, 120 fr. au
même catalogue, et 60 fr. *broché*.

— L'IMITATION de J. C. *Tours, Alfr. Mame et fils*,
1870. in-32 jésus.

Même traduction. En *mar.* de Masson-Debonnelle,
30 fr. Fontaine.

— IMITATIONE (de) Christi Libri quatuor. *Londini,
apud Mac Millan et Soc.*, 1867, pet. in-4.

Belle édition avec bordures historiées et gravées
sur bois, à l'imitation des anciens manuscrits. 31 fr.
3e vente de Morante.

— L'IMITATION de Jésus-Christ, traduite d'après un
manuscrit de 1440, par l'abbé de Delaunay. *Paris,
Edwin Tross*, 1869, grand in-8, fig. sur bois et
bordures copiées des livres d'Heures et d'anciens
manuscrits.

TOME I.

Un exemplaire sur *vélin*, 199 fr. Em. Gautier.

— L'IMITATION de Jésus-Christ, traduction inédite du
XVIIe siècle, avec le texte latin en regard; édition
illustrée par Claudius Ciappori, d'après les dessins originaux de Simon Voüet, de Le Brun, Mignard et Coypel. *Paris, Ad. Leclère et Cie*, 1869,
in-8, fig.; édition publiée par M. Hatzfeld.

Un exemplaire en grand papier, en *mar.* de Allô,
90 fr. au catal. Fontaine.

— LES QUATRE livres de l'Imitation de Jésus-Christ,
traduction de Michel de Marillac, publiée par les
soins de D. Jouaust. Préface par M. E. Caro; dessins hors-texte par Henry Lévy, gravés à l'eau-
forte par Waltner; ornements par H. Giacomelli.
Paris, Librairie des bibliophiles, 1875, in-8, fig.

Charmante édition, tirée à petit nombre, 30 fr.

Nous donnons quelques prix obtenus depuis quelques années par diverses éditions précieuses de
l'IMITATION :

— DE IMITATIONE Christi.., *per Guntherum Zainer
ex Reutlingen (Augustae Vindelicorum, circa
1471)*, in-fol.

Édition princeps du texte latin; l'exemplaire Solar,
vendu 405 fr., est passé en Angleterre; un exemplaire, qui avait été détaché du précieux recueil
décrit au *Manuel* à l'article HIERONYMUS, 162 fr.
Cailhava (1864).

— INCIPIŪT ammonicōnes ad spiritualē uitā utiles.
Ca. primū de imitacōe. — *Impresse in citate
Metensi ǀǀ per fratrem Iohannē Colini... Et
Gerhardum de noua citate. Anno domini Mille°
cccc° Lxxxij°.*

Premier livre de l'Imitation, et premier livre imprimé à Metz; la Bibl. nation. en possède deux
exemplaires. En *mar.* de Duru, 380 fr. Cailhava
(1862).

— INCIPIT liber primus J. Gerson... de Imitatione
Christi... *Impressum Venetiis impensis Francisci
de Madiis*, 1486, pet. in-8, goth., à 2 col., init.
rubriculées.

26 fr. De Lassize; 21 fr. Soleil.

— GERSON de ymitatione cristi... *per Joh.
Zeiner Ulmensem. Anno LXXXVII
(1487)*, pet. in-8 de VIII-182 ff. chiffrés,
sans sign. ni récl.

21 fr. Soleil; en *mar.* de Trautz, 126 fr. Yéméniz;
revendu 145 fr. Huillard.

— IOANNES Gerson de Imitatione Christi et de Contemptu Mundi in vulgari sermone. (A la fin :)
*Impressa in Venetia per Matheo di Codeca da
Parma ad instātia de M. Luca Antonio Florentino...* 1489, in-4, lettres rondes, sign. a-Kvij, sans
chif. ni récl.

En ancienne reliure *mar.*, 70 fr. Yéméniz.

— DE IMITATIONE Christi. *Paris, De Marnef*, 1492,
in-8.

Avec un autre traité, 64 fr. Pieters.

— THOMAS A. Kempis. De Imitatione Christi. *Lune-
borch, Joh. Luce*, 1493, pet. in-8, goth., de VI ff.
limin., dont le dernier blanc, texte signé A-X par
8 feuillets.

Premier livre imprimé à Lunebourg. 55 fr. Yéméniz.

— JEAN GERSON. De l'Imitation de Jésus-Christ,
livres IIII. *Douay, J. Bogart*, 1589, in-16.

En *mar.* de Petit; cette édition rare n'a été vendue
que 17 fr. 50 c. Soleil.

— L'IMITATION de Jésus-Christ en IIII livres (trad.
par Michel de Marillac). *Paris, de l'imprimerie
et des nouveaux caractères de P. Moreau*, 1643,
pet. in-8.

En ancienne reliure *mar.*, 21 fr. Soleil.

22

— LA MÊME traduction. *Paris, Imprimerie royale*, 1652, in-8, figures gravées par Audran et Daret, d'après Errard.

40 fr. Soleil.

— L'IMITATION de Jésus-Christ, communément attribuée à Thomas à Kempis, trad. exactement du latin en françoys par Philippe Chifflet. *Anvers, en l'imprimerie Plantinienne*, 1644, in-8, front. gr. et fig. de Corn. Galle.

Jolie édition, fort rare. En *mar.* de Hardy, 51 fr. Soleil.

— THOMÆ a Kempis... de Imitatione Christi libri quatuor, ex recensione P. Joan. Frontonis..... *Parisiis, Sebast. et Gabr. Cramoisy*, 1649, in-8.

En *mar.* ancien, reliure de Du Seuil, ou à son imitation, 100 fr. Bordes.

ÉDITIONS ELZEVIRIENNES.

— THOMÆ à Kempis. De Imitatione Christi, libri quatuor. *apud Joh. et Dan. Elzevirios*, s. d. (vers 1653), in-12, front. gr.

En *mar.* de Duru, 52 fr. d'Ortigue; de 0ᵐ129, 210 fr. Brunet; de même taille, en *mar.* de Duru, 84 fr. Chedeau; en *mar.* de Trautz, mais de très-petite taille (0ᵐ123 1/2), 50 fr. Potier (1872); en *mar.* de Thibaron, de 0ᵐ130, 24 fr. seulement (1872); un exemplaire médiocre, en ancienne reliure, 150 fr. Fontaine; en ancienne reliure *mar.* de Boyet, *doublé* de *mar.*, 500 fr. chez le même libraire en 1875; de 0ᵐ128, 100 fr. Soleil; en ancien *mar.*, de 0ᵐ126, 73 fr. Danyau; en ancien *mar.*, 80 fr. d'Haubersart; en *mar.*, de 0ᵐ128 1/2, exemplaire de Coulon, 160 fr. Labitte (1870); en ancienne reliure *mar.*, mais de 0ᵐ125, 92 fr. Bordes; de 0ᵐ131, c'est-à-dire l'un des plus grands exemplaires connus, dans une ravissante reliure de Trautz, en *mar. doublé*, exemplaire de M. de Montesson, 1,420 fr. Potier (1870); de même grandeur, riche reliure doublée de Lortic, 1,050 fr. Benzon; en *mar.* de Duru, de 0ᵐ126, 150 fr. Leb. de Montgermont; en *mar.* de Trautz, 0ᵐ128, 320 fr. Labitte (juin 1876).

Le très-bel exemplaire Mac-Carthy (120 fr.), décrit par Renouard au *Catalogue de la bibliothèque d'un amateur*, fut acquis par M. Cigongne; il fait aujourd'hui partie de la bibl. du duc d'Aumale.

On ne connaît pas, de ce charmant livre, d'exemplaire non rogné.

— La même. *Lugduni Batav., ex offic. Elzeviriana*, 1658, in-12, front. gr.

24 fr. Pieters; de 0ᵐ128 1/2, en *mar.* de Bozérian, 31 fr. Bordes; en *mar. doublé*, reliure ancienne, 58 fr. Soleil; en *mar.*, aux armes de Le Normand d'Étioles, 250 fr. Radziwill; en *mar.* de Simier, 90 fr. Fontaine (1875); en *mar.* de Chambolle, 120 fr. même catalogue.

— La même. *Amstelodami, ex offic. Elzeviriana*, 1679, in-12, front. gr.

28 fr. Pieters; en *mar.* de Duru, de 0ᵐ130, 32 fr. Bordes; en *mar.* de Hardy, 67 fr. Garde; un charmant exemplaire, merveilleusement relié par Padeloup, 1,400 fr. Potier (1870); ce joli volume, qui venait de Pixérécourt, de Millot et de M. de Montesson, a figuré au catal. à prix marqués de M. Aug. Fontaine, au prix de 2,000 fr.; un bel exemplaire en *mar.* de Du Seuil, haut. 0ᵐ131, 370 fr. Leb. de Montgermont.

— THOMÆ à Kempis. De Imitatione Christi libri quatuor. *Leidae, et veneunt Parisiis apud C. Angot, via Jacobea*, s. d. (vers 1660), in-32, de 573 pp. avec l'Index, titre gravé.

Édition rare, que M. Claudin affirme être un véritable elzevir de Leyde. 40 fr. Luzarche.

— DE IMITATIONE Christi libri quatuor. *Bruxellis*,

ex typ. Fr. Foppens, 1660, pet. in-12, titre gravé, IV ff. limin., 262 pp.

Volume imprimé par Foppens avec ses caractères pseudo-elzeviriens; il n'est pas signalé par M. Pieters; en ancienne reliure *mar.*, 30 fr. Huillard; c'était l'exemplaire de Millot; revendu 29 fr. Potier, en 1872; il était un peu taché.

— L'IMITATION... traduction du Sʳ de Beüil (Is. Le Maistre de Sacy). *Paris, Charles Savreux*, 1662, in-12.

En ancienne reliure, *mar. doublé*, aux armes de Lambert de Thorigny, 280 fr. baron Pichon; un second exemplaire, en *mar. doublé* de Boyet, charmant livre venant de Bonnemet, de La Vallière et de M. De Bure, 410 fr. même vente.

— LA MÊME. *Ibid., id.*, 1663, in-8, front. gravé.

En *mar.* dit de Du Seuil, 250 fr. au catal. à prix marqués Gonzalez (Bachelin, 1877).

— LA MÊME... (trad. de Le Maistre de Sacy). *Paris, Desprez*, 1690, in-8, fig.

En *mar. doublé* de Du Seuil, le splendide exemplaire en grand papier, venant de La Vallière, payé 500 fr. chez M. De Bure, par M. Brunet, a été revendu 1,500 fr. en 1868.

— L'IMITATION, trad. par l'abbé de Choisy. *Paris*, 1692, in-12, avec la grav. *Audi, Filia.*

Un exemplaire en *veau*, avec envoi autogr. de Mᵐᵉ de Maintenon, et provenant de Saint-Cyr, 232 fr. Double; revendu 400 fr. Huillard, et porté à 1,000 fr. chez Benzon; l'exemplaire de M. Brunet, en reliure de Bozérian, 205 fr., prix que ne justifiait ni la condition du volume, ni le nom du relieur; revendu 208 fr. Guntzberger; avec envoi de Mᵐᵉ de Maintenon, 305 fr. Yéméniz; en *mar.* de Capé, 298 fr. Soleil; en *mar. doublé* de Trautz, 400 fr. baron Pichon.

— DE L'IMITATION de Jésus-Christ, trad. nouvelle, par le sieur de Beuil (Is. Le Maistre de Sacy). *Paris, G. Desprez*, 1708, in-12, fig.

En *mar. doublé* de Boyet, 136 fr. Radziwill.

— DE IMITATIONE Christi libri IV... ex recensione Jos. Valart, *Parisiis, J. Barbou*, 1758, in-12.

Dans une jolie reliure ancienne, 100 fr. Tufton.

— LA MÊME. *Ibid., id.*, 1766, front. et fig. de Marillier. 18 fr. Curmer.

— LIBRI IV de Imitatione Christi. *Parisiis, e typ. fratris Regis natu proximi (P. F. Didot junior)*, 1789, gr. in-4.

En *mar.* de Derome, superbe exemplaire, 155 fr. Radziwill; avec la date de 1788, en *mar.*, 34 fr. Costa de Beauregard.

IMPARTIAL history of the war in America between Great Britain and her colonies, from its commencement to the end of the year 1779. *Boston*, 1780, gros in-8, avec carte et 12 portraits, plus une grav. représ. *A Real American Rifle Man.*

Bon livre qui devient de plus en plus rare et ne vaut pas moins d'une guinée.

IMPERATORUM Romanorum omnium verissimæ imagines ex antiquis numismatis quam fidelissime delineatæ. *Tiguri, ex offic. Andr. Gessneri*, 1559, gr. in-fol.

Ce volume contient un grand nombre de portraits gravés sur bois et datés en général de 1546; il est orné au verso de portraits, de beaux dessins de nielles et d'arabesques, qui ont servi plus tard à Androuet du Cerceau ; une des plus remarquables, parmi ces gravures, est celle qui se trouve au verso du feuillet 50, elle est signée P. F. (Paul Floetner), et porte la date de 1546.

80 à 100 fr.

INCUNABELN (Xylographische und Typographische) der königlichen Öffentlichen bibliothek zu Hannover. Beschrieben von Eduard Bodemann. *Hannover,* 1866. *Hahn'sche Hofbuch-Handlung. Druck von J. C. König und Ebhart.* In-fol., avec 41 pl. de xylographies et 16 pl. de filigranes.

Très-bel ouvrage, dont les fac-simile sont d'une remarquable exactitude et d'une excellente exécution.

INDEX Codicum bibliothecæ Alcobatiæ, in quo non tantum codices recensentur, sed etiam quot tractatus, epistolas..... singuli codices contineant, exponitur aliaque animadvertuntur notatu digna. *Olissiponi, ex typographia Regia,* 1775, in-fol., fac-simile.

Catalogue raisonné et fort rare, de la plus importante collection de documents historiques qui soit conservée en Portugal ; cette abbaye d'Alcobaça, des Bénédictins de la réforme de Cîteaux, était le *Simancas* des rois de Portugal.

24 fr. Conod.

INDEX. Librorum prohibitorum index, ex mandato regiæ catholicæ Majestatis, et Ill. Ducis Albani, consiliique Regii Decreto confectus et editus. *Antverpiæ, ex officina Christophori Plantini.* CIↃ. IↃ. LXIX (1569), in-16, titre, index (40 ff. non chiff.).

Cet Index, le premier qui soit sorti des presses de Plantin, est devenu fort rare.

60 fr. cat. Tross, 1874. Il est divisé en trois parties.

— INDEX Librorum prohibitorum... cum appendice in Belgio. *Antverpiæ, ex off. Chr. Plantini,* M.D.LXX, in-8, titre, 1 f., præfationes, regulæ, index (pp. 3-108), plus un f. blanc.

30 fr. Tross.

— INDEX expurgatorius librorum qui hoc seculo prodierunt vel doctrinæ sanæ erroribus inspersis, vel inutilis et offensivæ maledicentiæ fellibus permixtis, juxta sacri Concilii Tridentini decretum... *Antverpiæ, ex off. Chr. Plantini, prototypographi Regii,* M.D.LXXI, in-4, composé d'un titre, Duc. Alb. Decretum (1 f.). — *By den Coninck* (Placart). — Reg. Conc. Trid... (3 ff.). — B. Ariæ Montani præfatio (4 ff.). — Index expurg. (pp. 1-104). — Index (2 ff.). — Dans l'*Index expurg.* il y a 4 ff. en plus, chiffrés 46, 44, 45, 49, 55, 56, 49, 51 ; ils se suivent après la p. 50.

Volume que les *Annales Plantiniennes* qualifient de très-précieux, et dont la rareté est expliquée par le décret du duc d'Albe, qui en a interdit la vente, et a réservé les exempl. aux commissaires chargés de poursuivre ; on cite un exempl. payé par le cardinal d'Alsace, dans une vente, au prix de 100 florins.

Un bel exempl. 70 fr. Tross.

— INDEX librorum prohibitorum, cum regulis con-

fectis per patres a tridentina Synodo delectos... cum appendice in Belgio... *Antverpiæ, ex offic. Chr. Plantini,* 1590, in-8, de 119 pp. et 2 ff. blancs.

Édition non citée dans les *Annales Plantiniennes ;* l'édit s'y trouve réimprimé. 35 fr. Tross. 1874.

INDICATEUR du Mercure de France (1672-1789), contenant par ordre alphabétique les noms des personnes sur lesquelles on trouve dans cette collection des Notices biographiques et bibliographiques, par Joannis Guigard. *Paris, Bachelin-Deflorenne,* 1860, pet. in-8, de 162 pp.

INDIVIDUAL y verdadera relacion de la extrema ruyna que padeció la Ciudad de los Reyes Lima, Capital del Reyno del Perú, con el horrible Tremblòr de Tierra acaecido en ella la noche del dia 28. de Octubre de 1746. Y de la total asolacion del presidio y puerto del Callao, por la violenta irrupcion del Mar, que ocasionó en aquella bahia. *Lima, en la Imprenta que estaba en la Calle de los Mercadores,* 1746, in-4, de 13 ff.

C'est la relation originale du tremblement de terre de 1746, qui détruisit Lima ; elle est rare.

23 fr. Maisonneuve.

INFAILLIBILITÉ (L') de l'Église représentative détruite, avec démonstration que les pontifes romains ne sont pas héritiers de la primauté prétendue de St Pierre. *Cologne, Pierre Marteau,* 1720, titre rouge et noir, in-12.

Petit vol. assez rare, auquel les prétentions de la cour de Rome donnent un véritable intérêt d'actualité.

INFORMACIONES (Dos) muy utiles : la una dirigida a la Magestad del Emperador Carlo quinto, y la otra a los estados del Imperio. Y agora presentadas al Catholico Rey don Philipe, su hijo. Que contiene muy necessarios auisos para ser instruydo todo Principe Christiano en la causa del Euangelio. Con una suplicacion a la Magestad del Rey. *Fue impresso,* 1559, pet. in-8, de 17 ff. lim. et 208 pp. chiff.

90 fr. 1867.

INFORMATIO Puerorum (Libellus qui) appellatur cum modico apparatu nouiter compilatus. (*Londini*) *Emprynted by Richarde Pynson.* S. d., in-4, de 19 ff.

Pièce d'une extraordinaire rareté ; on lit à la fin : « Here endeth the Accidence made at the instaunce of George Chastelayn and John Bars. »

INGOLD. Hie hebt sich das buch an, das man nent dz guldin spil, under dem begriffen seind siben spil.... (A la fin :) *Getruckt von ginthero zeimer* (Gunther Zayner) *geborn ausz reutlingen an dem achten tag Sant Jacobs des Merern*.... 1472, in-fol., goth, sans ch., récl. ni sign., de 48 ff. à 35 lig., avec 12 grav. s. b., représ. les jeux d'échecs, de trictrac, dé dés et de cartes (allemandes et franç.), la danse, le tir et la musique. [1617]

200 fr. cat. Tross, 1865 (auj. chez M. Didot).

INHUMANITEZ (Des) et Cruautez de l'armée du roy de Navarre en Poictou, conduitte par le seigneur de la Trimouille. *S. l.*, 1588, pet. in-8 de VIII ff. dont 1 blanc.

5 à 6 fr.

IN LAUDEM Hispaniæ. (au f. 3 r°) : ℭ In Laudem Fernãdi : q̃ Emanue ‖ lis, Hispaniæ regum... *S. l. n. d. (Romæ circa* 1505), pet. in-4 de 4 ff. en car. ronds.

Cette pièce à peu près inconnue contient divers passages qui concernent l'Amérique..... « Inventa tellus est nova, non auis audita nostris, nunc maria inuia emigrata et nationes Vltimo in Oceano repertæ. »

140 fr. au cat. de M. Tross.

INNOCENTIA victrix, sive sententia comitiorum imperii sinici pro christiana religione.... *In Quamchen metropoli provinciæ Quantum in regno Sinorum.* 1671, pet. in-fol. de 87 ff. chiffrés en chiffres romains et imprimés en car. chinois. [21579].

125 fr. Asher en 1865.

INSAURRALDE (P. *Joseph*). Ara poru aguiyey haba : conico, quatia poromboe ha marãngãtu. *Tabucu Madrid è hape Joachin Ibarra*, 1759-60, 2 vol. pet. in-8.

Vol. I, XI ff.-464 pp.; vol. II, VI ff., 368 pp.

La traduction espagnole de ce titre, en langue guarani, est ainsi indiquée dans les licences : « *Buen uso del tiempo.* »

Ouvrage important et rare, entièrement imprimé en langue guarani ; les PP. de Backer ne signalent que le second volume ; il a été publié sur le ms. de l'auteur, par le P. Luis de Luque, jésuite.

En *vélin*, 71 fr. Maisonneuve.

INSCRIPTIONS de la France, du v° siècle au XVIII°, recueillies et publiées par M. de Guilhermy, membre du comité des travaux historiques, tome I. Ancien diocèse de Paris. (Ouvrage faisant partie de la *Collection des documents inédits sur l'histoire de France*, publiée par les soins du Ministre de l'Instruction publique). *Paris, Imprim. nationale,* 1873, in-4.

INSIGNIA sacræ Cæsareæ maiestatis, voy. (au *Manuel*) AMMAN (*Jost*).

Un bon exempl. de cette belle suite, de 136 ff. non chiffrés, en *mar*. de Niédrée, 205 fr. Yéméniz.

INSTITOR (*Henr.*). Malleus maleficarum. *S. l. n. d. (Argentorati, Joh. Pryss,* c° 1480), in-fol., goth., de 129 ff. à 2 col. de 48 lignes. (Hain. 9238).

Nous citons cet incunable, parce que le *Manuel* donne l'édition de 1507 comme la première, et que le *Répert.* d'Hain cite 9 éditions antérieures.

— Sancte Romane ecclesie fidei defensionis Clippeus adversus Waldensium... heresim..... *In Olomucz Marchionatu Moraviæ per magistrum Conr. Baumgarthen... Anno* 1501, in-fol., goth., de 128 ff. chiff. à 2 col., avec fig. s. b. au 1er f. [1823]

61 fr. en 1867.

INSTITUTION de la communauté des frères cordonniers des SS. Crespin et Crespinien (fondée en 1645, par Henry Michel Buch). *S. l. (Paris)*, 1693, in-4, de 30 pp., avec le portrait de M. Buch.

Ce Buch, né à Arlon (Luxembourg) en 1600, était cordonnier ; c'est, croyons-nous, le premier organisateur d'une société coopérative régulière que l'on puisse citer. Aidé du baron de Renty, un gentilhomme philanthrope, il fonda plusieurs associations de ce genre, composées d'ouvriers cordonniers ou tailleurs ; ces sociétés empruntaient nécessairement aux idées de l'époque un caractère religieux ; tous les bénéfices formaient une caisse commune, à l'aide de laquelle on secourait les pauvres compagnons.

INSTRUCTION à la ieunesse pour se conduire en l'art de l'escriture , sçauoir tailler la plume , gouuerner l'encre , choisir le papier, etc. *Imprimé à Paris, chez Matthieu du Boys*, 1582, in-16.

Petit livre d'une extrême rareté ; Lottin ne cite pas ce nom de libraire.

INSTRUCTION. Cy commence une petite instruction et maniere de viure pour une femme seculiere. — Sensuyt une deuote meditation sur la mort et la passion de J. C., et le voyage et oraisons du Mont de Calvaire. *Imprime à Troyes par Noel Moreau dit le Coq. S. d.* (vers 1516), 2 part. en un vol. pet. in-8, goth. Sign. A. M., fig. s. bois. [1746]

Ce vol. contient le récit du voyage au Mont du Calvaire de Romans en Dauphiné ; deux religieux, les PP. Linx et Morelle, de retour de Jérusalem, ayant ouï la renommée du simulacre du Calvaire érigé à Romans, sont venus en cette présente année 1516 et « certifient la dicte ville de Romans estre. semblable à Hierusalem, plus que toute aultre où ils aient esté. »

85 fr. en 1869.

Une édition de *Guillaume Merlin, Paris, s. d.,* in-8, goth., fig. s. b., 20 fr. Yéméniz.

INSTRUCTION. (Briefue) pour tous estats, en laquelle est sommairement déclairé comme chacun en son estat, se doit gouuerner et viure selon Dieu. *Paris, de l'imprimerie de Philippe Danfrie et Richard Breton*, 1558, in-4.

La Croix du Maine attribue avec raison cet ou-

.vrage à Girard Corlieu d'Angoulême ; l'*Epistre dédi-catoire* de cette édition est signée : *Vellroc*, c'est-à-dire *Corlieu* retourné.

185 fr. Potier (1870).

INSTRUCTION (L') des Curez pour ins-truire le simple peuple. Il est enioinct a tous les curez, vicaires, maistres des es-colles, dospitaulx : et aultres p tout le-uesche de Paris dauoir auec eulx ce pre-sent liure : et en lire souuent. Et y a grands pardons en ce faisant. *Imprime à Paris par Nicolas Higmā pour Simon Vostre.* S. d. (1510?), pet. in-4, goth., fig. s. b.

1er catéchisme à l'usage de Paris, publié avec l'approb.: « *d'Estiene par la miseratiō de Dieu euesque de Paris.* »

— INSTRUCTION (L.) des curez pour ĭstruire le simple peuple. Il est enioĭt a tous les curez, vicaires, chapellains, maistres des escolles, d'hospitaulx et aultres par tout l'euesche du Mans : dauoir auec eulx ce present liure τ en lyre souuent. Et il y a grans pardons en se faisāt. *S. l. n. d.*, in-8, goth.,· de 80 ff., sign. A-K par 8.

En *mar.* de Duru, 78 fr. Yéméniz.

INSTRUCTION sur les dispositions qu'on doit apporter aux sacremens de péni-tence et d'Eucharistie (par l'abbé Treuvé). *Paris, G. Desprez,* 1709, in-12.

Un exempl. ord. de ce petit livre vaudrait bien trente sous ; une reliure de Boyet, doublée de *mar.*, faite pour le marchand de soies Bonnemet, a fait payer 220 fr. l'exempl, de la Vallière à la vente du baron Pichon.

INSTRUTTIONE Christiana. *Sans aucune indic. de lieu, d'imprimeur ni de date.* In-12 de 67 pp.

Le titre est imprimé en rouge, ainsi que les notes et les titres des chapitres. Le corps du livre est en car. italiques.

Ce catéchisme protestant paraît avoir été exécuté vers 1560.

Il est indiqué comme absolument inconnu aux bibliographes dans un catal. de Ellis et White de Londres.

INTERIANO (*P.*). Ristretto delle historie Genovesi di Paolo Interiano. *In Lucca, per il Busdrago,* 1551, pet. in-24, de 234 feuillets, dont le dernier est chif-fré par erreur 233, frontispice gravé sur métal.

Au f. 227 il est fait mention de Christ. Colomb et de ses expéditions.

30 fr. cat. Tross.

INTERNELLE Consolation. Le Liure inti-tvle Internelle Consolation. (Au r° du 85e f. :) *Cy finist le liure... Imprime par Michel Le Noir, demourant a Paris sur le pont Sainct-Michel.* (Au r° du dernier f. :) *Cy finist la° table de ce present liure, lequel fut acheue et parfaict le xe iour de decembre lan Mil cinq cens,* pet. in-4, goth., de 88 ff.,

avec la marqué de Michel Le Noir au v° du dernier, fig. s. bois. [1523]

L'exempl. Bergeret, en *mar.* de Trautz-Bauzonnet, 1,350 fr. Leb. de Montgermont, et 1,800 fr. au cat. Aug. Fontaine.

— LE LIURE intitulé Internelle consolation. On le vend a Paris en la rue Sainct-Iacques, à l'enseigne du Lyon d'argent. *Nouuellement imprime à Paris par Iehan du Pré, pour Pierre Viart,* libraire iuré de l'Université de Paris, lan mil cinq cens vingt et deux, pet. in-8, goth., fig. sur bois.

100 fr. Costa de Beauregard.

— INTERNELLE consolation. Ce liure intitulé Inter-nelle consolation, nouuellement corrige. (A la fin): *Cy fine le liure de Linternelle consolation nouuellement imprime a Paris par Yolande Bōhome demourant a la rue Sainct Jaqs a len-seigne de la Licorne pres des Maturis. Et fust acheue lan MDXXX, le xxx de may,* pet. in-4, goth., fig. en b., avec la marque de Thielman Kerver à la fin.

60 à 80 fr.; en *mar.* de Trautz, 400 fr. catal. à prix marqués d'Aug. Fontaine.

— INTERNELLE consolation (Le liure de l), nouuelle-ment reçeu et diligemment corrige. MDXL. *On les vend a Lyon, chez François Juste, deuāt Nostre Dame de Cōfort,* in-16, goth.

60 fr. Yéméniz; le même ex. 90 fr. au catal. du libraire Bachelin.

— Une édit. de *Lyon, Jean de Tournes,* 1543, in-16, lett. rondes, en *mar.* de Trautz, 200 fr. Yéméniz.

— Une autre de *Paris, Ioland* (sic) *bonhomme,* 1554, in-8, goth., avec la marque de Thielman Kerver à la fin ; en *mar.* de Trautz, 210 fr. même vente.

INTRAS (*Jean* d'). Le lict d'honneur de Chariclée. *Paris, Rob. Fouet,* 1609, pet. in-12, avec une jolie grav. sur métal au titre.

— LE PORTRAICT de la vraye amante... *Paris, Rob. Fouet,* 1609, in-12, front. gr.

— LE DUEL de Tithamante. Histoire gasconne, *Ibid.,* 1609, in-12.

— LE MARTYRE de la Fidélité. *Paris,* 1609, in-12, grav. au titre ; à la fin quelques poésies de l'au-teur.

Toutes ces nouvelles sont détestables et n'ont un peu de valeur que lorsqu'elles se trouvent dans une condition de reliure exceptionnelle.

INTRODUCTIO qdam vtilissima, siue Vocabularius quattuor linguarum latine, italice, gallice et alamanice, per mundum versari cupientibus valde vtilis. Einfie-rung latein, wälsch, frantzesisch vn teutsch. *Getruckt in Augspurg, durch Erhart Oeglin,* 1516, pet. in-4, goth., de 48 ff. à 4 col.

Vocabulaire polyglotte d'une extrême rareté; le titre, rouge et noir, est encadré dans une bordure gravée d'après Burgkmaier.

100 fr. Tross (1874).

INTRODUCTION to learne, and rede, and speake French, compyled for the Right excellent Lady Marye of England. *S. l. Imprynted for Waley.* S. d., in-4.

Pièce fort rare ; 17 guinées Bindley.

INTRODUCTORIUM iuvenum. ‖ (Suit une fig. s. b,; au vº du 2ᵉʳ f.): Introductoriũ iuuenũ in artem grãmaticã pueri ‖ lia cũcta breuiter utiliter q₃ ꝏplectẽs Incipit feliciter. Au rº du f. 18 : DEO GRATIAS. ‖ ❡ *Diligentia Richardi Pafraet* ‖ *Istud opusculum Finitur. S. l. n. d.* (*Deventer, c*ᵃ 1492), in-4 de 18 ff., à 39 longues lignes, car. goth. et semi-goth., sans ch. ni récl., avec sign.

Cette édition est fort rare, mais elle offre cette particularité d'indiquer, en 9 vers latins, une édit. antérieure exécutée par Arnold Cæsaris à Gand en 1485, et dont il n'existe plus d'exempl.; cette particularité a été signalée par M. Campbell, dans le *Biblioph. belge* de 1872.

INTRODVCTORIUM nuperrime editum cui Titulus est Corona Preciosa, ad erudiendum unum quemque legere, scribere, intelligere ac loqui Græce, Latine et Italice. *Venetiis, per Joan. Antonium et Fratres de Sabio impensis Andreæ de Turresanis de Asula*, 1527, in-8.

L'un des rares vol. de la collection Aldine; il est disposé en quatre colonnes, en italien vulgaire, en grec vulgaire, en latin et en grec ancien, et chaque idiome est représenté par ses propres car.; le vol. est dédié au doge Andrea Gritti; au vº du f. contenant le colophon est le privilége en italien.

£ 1, sh. 11, Libri.

INVEGES (*Agostino*). La Carthagine Siciliana, divisa in dve libri. *Palermo, Giuseppe Bisagni*, 1661, in-4, orné de fig. d'anciennes médailles et de blasons. [25853]

Ce livre offre un certain intérêt; il est de quelque importance pour l'histoire de la noblesse française; la seconde partie est intitulée : « *Si riporta la descendenza di XIV nobilissime famiglie Normanne, Francese, e Spagnvole*, etc. »

INVENTAIRE général des plus curieuses recherches du royaume d'Espagne. *Paris, Toussaint du Bray*, 1615, pet. in-8, de IV-178 ff. chiff., plus 64 pp. pour la Guide des chemins d'Espagne, et 2 ff. de privilége.

INVENTAIRE de tous les meubles du cardinal Mazarin, dressé en 1653, et publié d'après l'original conservé dans les archives de Condé (par le duc d'Aumale). *Londres, Wittingham et Wilkins*, 1861, in-8.

Vol. intéressant, publié par la Société des *Philobiblion* et non mis dans le commerce.

En mar. de Belz-Niédrée, 150 fr. d'Haubersaert.

ISAMBERT (*Anselme*). Eclogue (*sic*) de deux bergers de France... sur l'excellence et immortalité de l'Ame raisonnable. *A Paris, chez Denys du Pré*, 1577, in-8.

Pièce que nous ne trouvons citée qu'aux *Catal. des Foires de Francfort*.

ISENBERG (Rev. *Ch. Will.*). Dictionary of the Amharic lenguage, in two parts.... *London*, 1841, in-4. [11940]

55 fr. Maisonneuve.

ISLE (The) of Pines, or a Late discovery of a fourth Island in Terra Australis, incognita, being a true relation of english persons, who in the dayes of Queen Elizabeth, making a voyage to the East India, were cast away... *London*, 1668, in-4, de 10 pp., dont 1 pour le titre.

Pièce rare et recherchée en Angleterre.

ISMENIAS, ou l'ebolation de Tailan. *Dijon, C. Guyot*, M.DCIX, in-12 de 16 pp.

On ne connaît qu'un seul exempl. de cette pièce en patois bourguignon, lequel a été réimprimé dans les *Mémoires de la commission des Antiquités de la Côte-d'Or*, en 1852, et dont quelques exempl. ont été tirés à part; elle est attribuée à Richard père et fils, avocats à Dijon.

— RESIOVISSEMAN de lay demantelure de Tailan. *Dijon*, 1611, in-12.

Pièce encore plus rare que la précédente, si cela est possible; elle est attribuée à Benigne Perard et à Estienne Bréchillet; réimprimée dans le même recueil.

Quelques bibliographes indiquent une autre édit. de la première pièce, sous le titre d'*Ebolement de Tailan*; on n'en cite pas d'exemplaires dans les bibliothèques.

Voy. Mignard, *Hist. de l'Idiome bourguignon*, p. 235.

ISOCRATES (Les OEuvres de), traduites en français par le duc de Clermont-Tonnerre. *Paris*, 1864, 3 vol. gr. in-8.

Le noble traducteur avait 85 ans lorsqu'il s'est décidé à laisser paraître cette traduction, qui est remarquable.

— ISOCRATES. La royale oraison, prononcée par le roy de Salamine, en l'assemblée de ses subiects, auec les iustes et sainctes loyz par luy faictes, traduictes du grec par Guy de la Garde. *A Lyon, chez Thibauld Payen*, 1559, in-8. (*Catal. des foires de Francfort*.)

— L'ORAISON d'Isocrates, du regne, au roy Nicocles : Le Symmachique ou le Nicocles d'Isocrates : Enseignemens militaires de Cambyses à Cyrus son filz, extraictz du premier liure de la Cyropedie de Xenophon : traduictz de Grec en François par Loys Le Roy de Costentin, avec notes. *A Paris, par Vascosan, imprimeur du Roy*, 1568, in-4.

Belle exécution typographique.

— ENSEIGNEMENS d'Isocrate et de Xenophon : viz. le Demonique : Nicocle et Symmachique d'Isocrate : et Cambyses a Cyrus du premier livre de la Paëdie de Xenophon, traduicts par Loys le Roy. *A Paris, chez Federic Morel*, 1579, in-8.

— DISCOURS de la paix, par Isocrates, traduict par Phil. Robert. *Paris, Jean Parent*, 1579, pet. in-8.

— ISOCRATE. De la louange d'Helene et de Busire. *Paris, veuve Jean Camusat*, 1640, in-8.

— GNOMOLOGIÆ ex omnibus Isocratis operibus collectæ Latine, per Hieronymum Wolfium. *Lugduni, Iohannes Tornæsius*, 1552, in-16.

ITINERARIO del magnifico ♃ clarissimo messer Ambrosio Contarini : dignissimo orator della illustrissima signoria de Venetia mandado nel anno 1472 ad Ysun-cassan re de Persia : chiamado moder-namente Sophi, nel qual brevemente se côtien tutte le citta..... 1. Alemania, 2. Pollonia, 3. Lituania, 4. Rossia bassa, 5. Rossia biancha, 6. Tartaria Deuropa, 7. Mengralia, 8. Zorzania, 9. Armenia, 10. Persia, 11. Media, 12. Tartaria de Asia, 13. Mar de bacha, 14. Mar Mazor. *Stampato nella inclita citta di Vineg-gia per francesco Bindoni et Mapheo Pasini Compagnie. Nel anno 1524. A di primo del Mese di Octobre*, pet. in-4, de 23 ff.

Pièce rare et précieuse ; 60 à 80 fr.

ITINERARIUM seu peregrinarium béate marie virginis. (Commence au f. A. 11): (S) Ubsequens oracio de be‖ata Virgine et dei genitri‖ce Maria. (A la fin): Finis Itinerarii seu peregrinarii ‖ beate Marie virginis. *Impressum per Leonhardum Ysenhut*, s. d., in-8 de 106 ff., sig. A 2 à O 2, fig. s. b. au nombre de 30, et de la grandeur des pages ; ces planches, exécutées à Bâle où était établi Ysenhut à la fin du XVᵉ siècle, n'ont pas de rap-port avec celles qui ornent l'édit. donnée par Reger à Ulm ; elles sont remarqua-bles. (1672)

Hain cite cette édition de Bâle, mais sans en don-ner la description.
100 à 120 fr.

— ITINERARIUS (*sic*) siue pere ‖ grinarius Beatis-sime ‖ Virginis Marie. — A la fin (rº de O ij) : Finis Itinerarij, seu peregrinarii ‖ Beate Marie virginis. *Impressum* ‖ *per Leonardum Ysenhut.* ‖ *S. l. n. d.* (*Basileae*, cᵃ 1488), pet. in-8, goth., de 107 ff., avec 58 grav. en b. de la grandeur des pages, plus l'image de la Vierge immaculée au vº du f. O iij. Cette édit. diffère de la précédente.

240 fr. cat. Tross.

— ITINERARIUM. (Au rº du f. A ij) : « Prefacio in iti-nerarium seu peregrinatio ‖ nem : beate Virginis et dei genitricis Marie. » (A la fin, au vº du f. e iiij) : « Finis itinerarij seu peregrinatio ‖ nis beatæ Ma-rie virginis. » *S. l. n. d.* (*Memmingae, Albert Kunne de Duderstadt, circa* 1485). Pet. in-4. goth., de 36 ff. à 32 lig. à la page entière ; orné de 19 grav. en bois, de la grandeur des pages, dont 18, à 3 compartiments, représentent 54 évé-nements de la vie de la Vierge ; le premier f., blanc au rº, ne contient au vº que le portrait de la mère du Christ.

Ce vol. est précieux et vaut de 100 à 150 fr. Il est cité, mais non décrit par Hain. L'ex. Yéméniz, 200 fr.

Un bel exempl. 200 fr. Tross (1867) et 300 fr. en 1873.

ITINERARIUM, das ist : Historische Bes-chreibung weylund Hern Georgen von Ehingen raisens nach der Ritterschafft, vor 150 jaren, in X. underschidliche Königreich verbracht. *Augspurg*, 1600, in-fol.

51 fr. (1861).

Voyage chevaleresque d'une rareté telle que la Société des biblioph. de Stuttgard l'a fait réimpr.; il contient 10 portr. gr. par Custodis, d'après les miniatures du ms. original, qui des Fugger d'Augs-bourg est passé à la Bibl. roy. de Munich.

J

JACOB (*P. L.*), bibliophile. Voy. LACROIX (*Paul*).

JACOBUS de Theramo, Belial. *Bamberg, Albrecht Pfister*, in-fol., goth., sans date, signat. ni récl. [1310]

Un exemplaire incomplet de ce livre célèbre a été porté à 2,520 thal. à la vente Weigel de 1872 ; il comprenait 91 ff. ; le coin inférieur du 24ᵉ était dé-chiré, emportant le texte de 10 lignes ; c'était le seul exemplaire connu possédant le premier feuil-let ; nous ne pourrions citer que deux autres exem-plaires de ce livre, dont l'un, faisant partie de la bibl. de lord Spencer, a été décrit par Dibdin ; tous deux sont incomplets.

Ce livre si rare a été exécuté avec les types em-ployés pour la Bible de 36 lignes ; mais ces types sont déjà usés, ce qui prouve que le métal dont le grand inventeur se servait pour l'impression de ses premiers produits n'offrait pas une résistance suffisante.

L'édition d'*Augsbourg*, 1472, a été vendue 500 fr. Yéméniz ; nous donnons le colophon exact d'après le supplément allemand aux Annales de Panzer :

— *Deo gracias. Gedruckt von mir Cinthero* (sic) *Zeiner geboren ausz* ‖ *Reutlingen, Am freytag nach sant Johans tag dem touffer, Als* ‖ *man*

zalt von der geburt Cristi Tausent vierhunndert vnd inn dem ‖ *czwey vnd sibenczigsten iar.* »

Le volume in-fol. est sans chiffres, réclames ni signatures, il est orné de figures sur bois et est composé de 86 feuillets.

—— SENSUYT la cosolatiõ des pecheurs autrement dit Belial, procureur infernal..... *Paris*, s. d. et sans nom d'imprimeur, in-4, goth., à 2 col.

A de 8 ff., B-E par 4, F de 8, G-Z, AA-CC par 4, font bien les 112 ff. indiqués au *Manuel*. 110 fr. Yéméniz.

—— BELIAL en francoys tresutile (? Prouffitable a tous praticiens Et consolatif aux pouures pecheurs

(A la fin :) *Cỹ finist le liure nõme la consolation des pouures pecheurs nouuellement translate de latin en francoys par..... frere Pierre Ferget, docteur en theologie de lordre des augustins de Lyon, et a este imprime a Lyon sur le rosne, par honorable maistre Mathieu Husz, Lan de grace* Mccccc (? ii, *et le* xxvi *iour de septèbre a este fini ce present liure*, in-4, goth., sans ch. ni récl., avec sign. a-n par 8 ff., o et p. par 6, fig. s. b., archaïques et singulières.

Un exemplaire, relié en *mar.* par Bauzonnet-Trautz, mais un peu court, 340 fr. Yéméniz.

JACOBUS Gandensis. Correctoriū Biblie cum difficiliū quarūdā dictionū luculēta interpretatione. *In Colonia per Jo. Quentell, in mille et tricenta exemplaria transcriptum*, 1508, pet. in-4, goth.

Volume que cette mention du tirage à 1,300 exemplaires rend intéressant.

Les bibliographes allemands citent du même auteur :

— ERRARIUM Aureum poetarum omnibus latinæ linguæ cuiuscunque etiam facultatis fuerint professoribus accomodatum... (In fine:) *Ad laudem—dei — Erarium (sic) aureum exaratum Coloniae in officina salubris memorie Henrici Quentell Anno :* M. CCCCC. II. *Calendas Januarias*, in-4, goth.

— PASSIO magistralis Dni nostri Jesu Xsti ex diversis sanctorum Ecclesie doctorum sententiis postillata, cum glossa.... *Coloniae in penatibus bone recordationis Henrici Quentell, Anno* M. D. V°, in-4, fig. s. b.

JACQUELIN (*Jean*), notaire, bourgeoys de Pourrentruy. Propugnacle de l'Europe, ample et véritable description de la célèbre et tres renommée Isle Africaine de Malte. Traduict de la langue Allemande en Françoys. *Francfort*, 1612, in-12.

Volume que nous ne trouvons cité qu'aux *Catalogues des Foires de Francfort;* l'original allemand de Jérôme Megiser, a été imprimé à Leipzig par Henning Grossen en 1609, in-8.

JACQUEMARS-Giélée (de Lille). Renart-le-Nouvel. Roman satirique composé au XIIIᵉ siècle. Précédé d'une introduction historique et illustré d'un *fac-simile* d'après le ms. la Vallière, de la Bibliothèque nationale, par J. Houdoy. *Paris*, 1875, un vol. grand in-8, titre rouge et noir.

Tiré à 250 exemplaires sur papier des Vosges. 10 fr.

JACQUEMART (*Albert*) et Le Blant (Edmond). Histoire artistique, industrielle et commerciale de la porcelaine, accompagnée de recherches sur les sujets et emblèmes qui la décorent, sur les marques et inscriptions qui font reconnaître les fabriques d'où elle sort, les variations de prix et les collections, enrichie de 26 pl. à l'eau-forte. *Paris, Techener (Louis Perrin)*,1861-62,pet. in-fol. pap. vergé de Holl., de 690 pp. [10249]

En *mar.*, 50 fr. Mⁱˢ de B. de M. (1869); en *mar.* de Belz-Niédrée, 89 fr. Danyau; en demi-rel., 42 fr. Curmer, ce qui constitue la valeur réelle actuelle du livre. Les catalogues à prix marqués demandent 160 et 150 fr. d'exemplaires reliés en *maroquin*.

— HISTOIRE de la Céramique. Étude descriptive et raisonnée des poteries de tous les temps et de tous les peuples, par Albert Jacquemart. *Paris, Hachette*, 1873, grand in-8, planches gravées à l'eau-forte, hors texte, et nombreuses figures gravées sur bois, dans le texte.

Bonne publication, qui résume les différentes et nombreuses monographies consacrées à la céra-

mique, et donne l'opinion personnelle raisonnée de l'auteur, dont la compétence est indéniable.

— HISTOIRE du mobilier, recherches et notes sur les objets d'art, qui peuvent composer l'ameublement et les collections de l'homme du monde et du curieux, par Albert Jacquemart. Avec une notice sur l'auteur par M. H. Barbet de Jouy. Ouvrage contenant plus de 200 eaux-fortes typographiques (procédé Gillot), par Jules Jacquemart. *Paris, Hachette et Cie*, 1876, gr. in-8, fig.

En papier ordinaire, 30 fr.; sur papier de Chine, 80 fr.

JACQUES (*Jacques*). Le Faut Mourir. *Rouen, J. Herault*, 1661, in-12.

Les diverses élucubrations poétiques du chanoine d'Embrun continuent à être assez peu recherchées; cependant, à la vente W. Martin, un exemplaire de l'*Ami sans fard, Lyon, A. Besson*, s. d. (1664), grâce au *mar.* de Hardy, a été vendu 41 fr., et le *Faut-Mourir* de Lyon, *Michel Goy*, 1669, in-12, de VI-470 pp., a été porté à 25 fr.

JACQUES Iᵉʳ, roi d'Angleterre. [3989]

Nous complétons l'article consacré à ce pieux et triste monarque par M. Brunet :

— MÉDITATION sur l'Oraison dominicale, traduitte de l'anglois du serenissime Roy de la Grand'Bretagne. *Et se vendent à Charenton, par Jehan-Anthoine Joallin*, 1620, pet. in-8, de 48 pp. (inconnu à Lowndes).

— JACOB triomphant ou les Trophées du Roy Jacques Iᵉʳ. *Eleutherès*, 1609, pet. in-8 (attribué par Lowndes à Geo. Marcelline).

JACQUINOT. IVsaige de lastrolabe. ‖ auec vn traicte de la Sphère, par ‖ Dominicq' Iacquinot ‖ Champenois. ‖ *Paris, Impr. de Jehan Barbé... On le vend par Iacques Gazeau*, 1545, pet. in-4, fig. s. b. [8367]

Un exemplaire complet doit posséder une grande planche mobile, qui se place après le 4ᵉ feuillet et qui manque souvent.

JAL (*A.*) Dictionnaire critique de Biographie et d'Histoire, errata et supplément pour tous les dictionnaires historiques, d'après des documents authentiques inédits. *Paris, Plon*, 1867, gr. in-8, à 2 col., de 2-1326 pp.

Excellent livre, indispensable aux vrais bibliophiles.

JAMAIN (*H.*) et E. Forney. Les Roses, histoire, culture, greffe, etc. Préface par Ch. Naudin. *Paris, Rothschild*, 1873, in-8 jésus, de 275 pp., avec 60 chromolithogr. et 60 grav.

Charmante monographie, 30 fr.

La même librairie a publié quelques beaux ouvrages du même genre, parmi lesquels nous citerons :

— LES PLANTES à feuillage coloré... servant à la décoration des jardins, parcs, serres, etc. *Paris*, 1872, 2 vol. gr. in-8, 120 chromotyp. et 121 gravures sur bois.

60 fr.

— LES PLANTES alpines, par B. Verlot. *Paris*, 1873, 1 vol. gr. in-8, de 325 pp., avec 50 chromotyp. et 78 vignettes sur bois.

30 fr.

JAMES (*Henry*). Facsimiles of national manuscripts from William the Conqueror to Queen Anne, selected under the direction of the Master of the Rolls, and photozincographed by command of Queen Victoria. *London*, 1865-68, 4 vol. in-fol. 200 fr.

Splendide publication, faite avec le plus grand soin ; elle est accompagnée de notes et transcription des manuscrits ou autographes reproduits.

JAMYN (*Amadis*). Les OEuvres ‖ poétiques ‖ d'Amadis ‖ Iamyn. ‖ Av Roy de France ‖ et de Pologne. ‖ *A Paris*, ‖ *De l'Imprimerie de Robert Estienne*, ‖ *Par Mamert Patisson* ‖, (ou *Pour Robert le Mangnier*), M. D. LXXV. *Avec privilége du roy*. In-4.

L'exemplaire Solar, 200 fr. Chedeau (1865) ; 150 fr. Desq (1866) ; en *mar.* de Trautz, bel exemplaire, 282 fr. de Chaponay ; revendu 1,700 fr. Leb. de Montgermont ; 150 fr. Asher (1865) ; en riche reliure de Capé, 710 fr. W. Martin, porté à 1,200 fr. au catal. à prix marqués Gonzalez ; en *vélin*, bel exemplaire, 405 fr. Sainte-Beuve ; en *mar.* de Trautz, fort beau, 900 fr. Potier ; en *mar.* du même relieur, mais avec le haut du titre réparé, 600 fr. Benzon ; en *mar.* de Capé, exemplaire très-grand, 0m242, 600 fr. Fontaine (1875-1877).

— LES MÊMES... reueuës, corrigées et augmentées... *Paris, Robert le Mangnier*, 1577, pet. in-12.

En *mar.* de Trautz, 216 fr. Gancia ; en *mar.* de la veuve Niédrée, 60 fr. W. Martin ; en *veau*, 45 fr. catal. Fontaine.

— LES MÊMES... *Paris, Mamert Patisson*, 1579, pet. in-12.

Premier volume ; en *mar.* de Chambolle-Duru, 100 fr. baron Pichon ; en ancienne reliure *mar.*, 82 fr. Soleil.

— LE SECOND volume des OEuvres d'Amadis Jamyn. *Paris, Félix le Mangnier*, 1584, pet. in-12.

Cette seconde partie complète l'édition précédente de la première, et doit y être réunie.

Les deux volumes, en *mar.* de Trautz, 225 fr. de Chaponay ; l'exemplaire Solar, en *mar.* de Duru, 500 fr. Huillard ; en *mar.* de Duru, 240 fr. Double ; en *mar.* de Lortic, 260 fr. Desq ; en *mar.* de Trautz, 625 fr. Leb. de Montgermont.

— ÉTUDE sur Amadis Jamyn, poëte du XVIe siècle, né à Chaource, près Troyes, son temps, sa vie, ses œuvres, par É. Berthelin. *Troyes*, 1859, in-8, pl. de fac-simile.

Tiré à petit nombre. 10 fr. 50 c. Luzarche.

JANIN (*Jules*). L'Amour des livres. *Paris, J. Miard*, 1866, in-12.

Tiré à 204 exemplaires et devenu rare ; en *mar.* de Cuzin, 150 fr. Benzon ; 60 fr. au catal. Morgand et Fatout ; un bel exemplaire en *mar. doublé* de Cuzin, a été porté, à une vente faite par M. Labitte en mars 1877, au prix excessif de 206 fr. ; un exemplaire vendu 2 thal. 21 Sobolewski, est porté par MM. Morgand et Fatout à 45 fr.

— LE LIVRE, par Jules Janin. *Paris, H. Plon*, 1870, in-8, tiré à un petit nombre d'exemplaires numérotés.

3 thal. 1 Sobolewski ; en *mar.* de Chambolle, 80 fr. Morgand et Fatout ; en demi-rel., 12 fr. Fontaine ; l'exemplaire unique sur *vélin* est porté par ce libraire au prix considérable de 1,200 fr.

— OEUVRES diverses, publiées sous la di-

rection d'A. de la Fizelière. *Paris, Librairie des Bibliophiles* (*Imprimerie Jouaust*), 1876, 12 vol. in-18 jésus.

Édition très-soignée, dont il est tiré 300 exemplaires sur papier de Hollande, à 7 fr. 50 c. le volume ; 25 exemplaires sur papier Whatman à 15 fr., et 25 exemplaires sur chine à 15 fr.

Chaque volume de ce tirage réservé est orné d'une gravure à l'eau-forte par Hédouin.

JANUA (*Joh.* de). Incipit svmma quæ vocatur Catholicon... *Moguntiæ*, 1460, in-fol. [10850]

Le splendide exemplaire sur *vélin* de la vente Solar, double de la Bibl. de Munich, est passé en Angleterre, où il fait partie de la bibl. de lord Stanley.

Le second exemplaire, sur papier, qui venait de la vente Giraud, a été racheté par M. Jos. Techener, et à la 3e vente de ce libraire faite en 1865, il a été porté à 1,520·fr. ; il était très-grand mais horriblement piqué.

Giovanni Balbi, des frères prescheurs, est désigné par les Bénédictins sous le nom de Jacques de Gênes (voy. 2e *Voyage littéraire*, page 100).

M. Yéméniz possédait deux éditions du *Catholicon* :

L'une, in-fol. goth., de 392 ff., à 2 col., de 58 lignes, sans indication de lieu ni de date, sans chiffres, réclames ni signatures, sauf le 2e et 3e ff. qui sont signés b. c. ; édition exécutée, suivant des probabilités qui sont devenues des certitudes, par Mentelin de Strasbourg ; l'exemplaire, exceptionnellement beau, dans une riche et excellente reliure du grand relieur anglais Clarke, n'a été vendu que 150 fr.

L'autre était celle de *Lyon, Mathieu Hus*, 1493, in-fol., goth., à 2 col. ; l'exemplaire, dans son ancienne reliure avec fermoirs, rempli de témoins, en un mot fort beau, a atteint le prix dérisoire de 23 fr.

La mode n'est plus aux incunables.

JARDIN (Lou) deys musos provençalos, ou Recueil de plusieurs pessos, en vers provençaus. Recuillidos deys obros deys plus doctes poëtos da quest pays. S. l., (*Marseille, Claude Garcin*), 1665, pet. in-12. [14396]

Recueil fort rare, qu'il faut bien se garder de confondre avec le *Jardin deys Musos provensalos per Claude Brueys;* il offre assez d'intérêt et atteint dans les ventes un assez haut prix, pour que l'on nous permette d'en donner la description :

1. Comedie a sept persounagis (par Claude Brueys), pages 1-84 ; — 2. Cocqvalani, ou discours à baston romput (par le même), pages 85-96 ; — 3. Leis amovrs dou Bergié Florizeo, et de la Bergiero Olliuo (par David Le Sage, de Montpellier), pages 97-106, figure au premier feuillet ; — 4. Lov crebo-cover, d'vn Paysan su la moüert de soun Ay (par Louis de Briançon de Reynier, d'Aix), pages 107-122, figure au premier feuillet ; — 5. L'Embarqvament, leis conquestos et l'huroux viagi de Caramantran (par David Le Sage), pages 123-148, figure à la première page ; — 6. Leis statvts de seng l'eire. Que tous leis confraires deuon gardar et obseruar selon sa formo et tenour (par François de Begue, de Marseille), pages 149-169, figure sur bois à la première page ; — 7. Comedie de l'interez, ou de la Ressemblanço. A huech persounagis (par Ch. Feau, prêtre de l'Oratoire de Marseille), pages 171-318, pièce assez licencieuse ; — 8. La farço de Jvan dov Grav, à seis persounagis (par François de Begue), pages 319-386.

A plusieurs exemplaires se trouve réunie : *La*

Bugado provençalo... recueil de proverbes par François de Begue, 96 pages.

C'est ce dernier poëte qui est l'éditeur de cet intéressant recueil.

L'édition de 1666 n'est pas la réimpression pure et simple de celle-ci ; l'ordre des pièces a été interverti, et la 7ᵉ pièce, sans doute considérée comme trop libre, a été retranchée et remplacée par sept petites pièces.

Un exemplaire assez médiocre de 1665 en *mar.* de Duru, avait été vendu 101 fr. chez M. d'Ortigue, en 1862 ; le bel exemplaire de M. Burgaud des Marets, en *mar.* de Trautz, a atteint le prix de 240 fr. et figure au catal. Aug. Fontaine de 1875, au prix de 350 fr.

L'édition de 1666 a été vendue 135 fr. chez M. d'Ortigue ; c'était le charmant exemplaire de M. de Soleinne, en *mar.* de Bradel-Derome ; il a reparu à la vente de M. Potier en 1870, où il a été payé 215 fr.

Quant au *Jardin deys Musos provensalos*, de Claude Brueys (*Aix*, *Est. David*, 1628), un exemplaire en *mar.* de Duru, mais avec les trois derniers feuillets refaits, a été vendu 84 fr. chez M. d'Ortigue ; un bel exemplaire en *mar.* de Trautz, 155 fr. à la vente Potier de 1870.

JARDIN (le) des receptes, ou sont plantez divers arbrisseaux et odorantes fleurs du creu de philosophie naturelle... contenant deux parties. La première traictera des remèdes pour les maladies survenantes au corps humain, la seconde de plusieurs ioyeusetez a faire en toute honneste compaignie. Item. Recettes pour faire poudre à canon, traduict de langue italicque en françois. *Imprime a Poictiers, par Jacques Bouchet, s. d.*, pet. in-8, goth., de 20 ff.

100 fr. Potier.

— **JARDIN** (Le) des Receptes, cultivé par médeçins très experts en physique, traduict d'italien. *A Lyon, chez Iean de Tournes*, 1546, in-16.

Édition que citent les *Catalogues des Foires de Francfort*.

JARDINET (le) du Cistre vulgaire, contenant fantasies excellentes, et chansons mélodieuses auec des passomezes conuenablement changées en plusieurs tons : Paduanas, Galliardas, Amandes, Bransles, Voltes et Courantes : et autres choses plaisantes : réduites en tabulature du subdit Cistre nouuellement imprimées. *En Anuers, Jean Bellère*, 1592, in-4, oblong.

Recueil fort rare et infiniment précieux.

JARGON (Le) ou langage de l'argot réformé, comme il est à présent en usage parmy les bons pauvres. Tiré et recueilly des plus fameux argotiers de ce temps, composé par un pillier de boutanche qui maquille en mollanche en la vergne de Tours ; augmenté de nouveau. *Lyon, jouxte la copie imprimée à Troyes, par Nic. Oudot*, 1630, in-12, de 60 pp. [11474]

La première édition citée au *Manuel* est de 1634 ;

celle-ci n'est que la réimpression d'une édition de Troyes ; et peut-être cette dernière est-elle précédée par une édition donnée *à Tours par Olivier Cherreau*, dont le nom se trouve dans un acrostiche de sa façon, *à la louange de l'Argot*, placé en tête du volume. Quoi qu'il en soit, dit M. Potier, la première édition n'a pu paraître plus tôt, puisqu'à la fin du volume se trouve une pièce de vers sur la prise de la Rochelle, qui eut lieu le 28 octobre 1628.

En *mar.* de Capé, 50 fr. Taschereau ; revendu 96 fr. Leb. de Montgermont.

JARRY (*Nicolas*).

Nous donnons quelques prix, atteints dans les ventes de ces dernières années, par les exquises productions de la plume du célèbre calligraphe :

— **PETIT OFFICE** de la Vierge, accompagné de plusieurs autres prières. *Escrites par Nic. Jarry*, 1650, in-24.

Manuscrit sur *vélin*, écrit partie en lettres romaines et partie en bâtardes ; 159 ff. entourés de bordures d'or ; le titre est décoré d'un joli frontispice miniaturé et de 6 petites vignettes représentant des fleurs.

350 fr. Duriez, revendu 1650 fr. Brunet, pour l'Angleterre.

— **ADONIS**, poëme (par la Fontaine). *Nic. Jarry Parisiis scribebat*, 1658, pet. in-fol. (décrit au *Manuel*).

Ce merveilleux manuscrit, l'un des plus parfaits que l'on connaisse, a reparu à la vente du comte de la Bédoyère faite en 1862 ; il a été payé 9025 fr., et fait aujourd'hui partie du merveilleux cabinet de M. Dutuit, de Rouen.

— **OFFICE** de la Vierge, accompagné de plusieurs autres prières. *Escrites par Nicolas Jarry. Paris*, 1651, pet. in-8.

Très-beau manuscrit, écrit, partie en lettres bâtardes et partie en romain, avec capitales en or, initiales en couleur, vignettes et fleurons délicatement peints en or et couleur. Tous les ff. sont encadrés de filets d'or. Le titre, en or et couleur, est dans un joli frontispice de forme ovale, orné de fleurs et surmonté d'armoiries.

Ce manuscrit, un des plus jolis qui soient sortis de la plume de Jarry, a été fait pour Andrée de Vivonne, dame de la Chataigneraye, femme de François V de la Rochefoucauld, l'auteur des *Maximes*.

Les armes accolées de la Rochefoucauld et de Vivonne sont peintes sur le frontispice.

La reliure, en *mar. doublé* du Gascon, est d'une exécution merveilleuse.

Ce bijou fait partie du précieux cabinet du marquis de Ganay.

— **LES SEPT OFFICES** de la semaine. *Escritz par Nicolas Jarry*, 1665, in-32, sur vélin.

135 pp. écrites en bâtarde, avec encadrement en or, lettres initiales, fleurons, vignettes en or et couleur.

Dans une belle rel. anc., 273 fr. d'Ortigue, et 510 fr. Potier.

— **PREPARATIO** ad Missam. (A la fin :) *N. Jarry fecit*, 1633, pet. in-8, de 64 ff., sur vélin.

M. Brunet signale ce ms., inférieur aux productions ordinaires du célèbre calligraphe, et ajoute : « Si la date en était authentique, ce serait la plus ancienne production de Jarry ; » ce serait donc là le coup d'essai de l'artiste, et son infériorité relative serait expliquée.

En *mar.* aux armes de Séguier, évêque de Meaux, 800 fr. vente de la duchesse de Berry, en 1864, et 845 fr. Potier.

— **LIVRE DE PRIÈRES**. *Nic. Jarry scribebat*, 1649-1650-1651, in-16, sur vélin.

Ce livre, un des plus parfaits qui soient sortis de la plume de Jarry, est écrit en lettres romaines et bâtardes de diverses couleurs. Le titre, en or, est encadré de fleurs peintes en miniature ; toutes les pages sont dans des encadrements de filets d'or. Divers fleurons, capitales, majuscules, etc., en or et couleur, ornent le texte. La signature de Jarry est répétée après chacune des trois dates.

Ce manuscrit semble avoir été fait pour la grande Mademoiselle ; la reliure est un des chefs-d'œuvre du Gascon.

5,000 fr. Potier (1870).

— L'EXERCICE de la Messe et l'Office de la Vierge. *Ecrits par N. Jarry, escrivain et notteur de la musique du Roy.* 1662, in-24. (*Brunet*, t. III, col. 515.)

2750 fr. Yéméniz.

— OFFICIUM Conceptionis B. Mariæ. *N. Jarry Paris. scripsit anno* 1645, pet. in-12, de 80 pp. encadrées d'un filet d'or ; les initiales peintes en or et bleu.

En *mar.* de Trautz, 750 fr. Yéméniz, rev. 1400 fr. Leb. de Montgermont.

— LE TEMPLE de la Gloire. *N. Jarry Paris., scripsit*, 1646, pet. in-8. [*Manuel*, III, col. 513.]

3,200 fr. Yéméniz.

— PETITS OFFICES de la sainte Trinité et de la Vierge Marie. *Nic. Jarry scrib. Paris.*, 1653, in-16, sur *vélin*, avec 4 miniatures.

£ 75, vente faite à Londres en décembre 1874.

— OFFICE de la sainte Vierge et de sainte Anne. *N. Jarry Parisinus scribebat*, 1660, in-32, sur *vélin*, avec 4 miniatures. [*Manuel*, III, col. 514.]

£ 181.0.0. Perkins.

— L'OFFICE de la Vierge Marie. *Nic. Jarry*, 1644, pet. in-16, de 174 pp., avec 10 miniatures et un titre peints par A. du Guernier, dont le nom est indiqué, sur le titre, de la main même de Jarry.

Sur le titre, au-dessous d'une couronne de marquise, se trouve le monogramme entrelacé : ADÈLE.

Dans une excellente reliure de Trautz, au pointillé, ce joli manuscrit est porté au prix, quelque peu fantaisiste, de 10,000 fr. au catal. Morgand et Fatout.

— LA GUIRLANDE de Julie. *Jarry*, 1641, in-8.

Ce célèbre manuscrit, le chef-d'œuvre de l'artiste, est aujourd'hui chez le duc d'Uzès, descendant de la belle Julie d'Angennes.

Voici, au XVIIIᵉ siècle, les diverses étapes de cette merveille de la galanterie.

En 1726, il figure au *Catal. librorum viri nobilis D. equitis D. B.... Parisiis*, 1726, p. 70, nᵒ 785 ; il est acheté par l'abbé d'Orléans de Rothelin, qui en fait hommage à M. de Boze.

Il figure au catal. de Boze sous le nᵒ 1120 ; cette collection ayant été achetée en bloc par trois amateurs, MM. Boutin, Gaignat et de Cotte ; ce fut à ce dernier qu'elle échut ; il l'avait portée à 300 livres, et son offre l'avait emporté sur celles de ses associés ; M. Gaignat l'achetia à la première vente de Cotte ; enfin, à la vente Gaignat, la *Guirlande* passa dans la célèbre collection du duc de la Vallière, où elle fut payée 14,110 fr. par madame de Chatillon, nièce du duc.

JARY (*Fr.*). Description de l'origine & première fondation de l'ordre sacré des Chartreux, naïfuement pourtraicte au Cloistre des Chartreux de Paris ; traduite par V. P. Frère François Jary, prieur de Nostre Dame la Prée lez Troyes. *Paris, Guill. Chaudière*, 1578, in-4.

40 fr. baron Pichon.

Le poëme latin original, avec la même date, doit se trouver à la suite ; il porte ce titre :

— ANAGRAPHE de origine Carthusiani Ordinis, versibus descripta in minore claustro Carthusiæ Parisiensis. *Parisiis*, 1578, in-4.

JAULNAY (*C.*). Les Horreurs sans horreur, poëme comique, tiré des visions de D. F. Quevedo, avec plusieurs satires et pièces galantes, par M. Jaulnay. *Paris, J. B. Loyson*, 1671, in-12 de 3 ff. lim., 66 et 46 pp. (Voy. *Enfer burlesque*).

Traduction fort libre de la *Vision de l'enfer*, de Quevedo, agrémentée de quelques traits satiriques, décochés contre Molière ; l'auteur était d'Eglise, et de plus l'un des poëtes les plus détestables qu'on puisse imaginer.

Ce volume a été décrit par M. Viollet-le-Duc, dans la *Bibl. poétique* ; un exemplaire avait été vendu 4 fr. dans la 2ᵉ vente du libraire De Bure, 1835, nᵒ 1711 ; il vaudrait aujourd'hui quinze ou vingt fois cette somme.

— L'ENFER burlesque, le Mariage de Belphégor et les Epitaphes de Molière. *Cologne, chez Jean le Blanc*, 1677, pet. in-12, de 112 pp., non compris 3 ff. limin., avec un front. gravé représentant Molière aux Enfers.

Cette troisième édition de l'*Enfer burlesque*, contient de plus que les précédentes 4 vers injurieux sur la mort de Molière.

C'est sur cette édition qu'a été faite, par M. Gay, la réimpression de 1868.

JEAN, pape XXII de nom. L'Elixir des Philosophes, autrement l'Art transmutatoire des métaux, translaté de latin. *A Lyon, chez Macé-Bonhomme*, 1557, in-8.

Volume que nous ne trouvons cité qu'aux *Catalogues des Foires de Francfort*.

JEAN (Frère). Extrait de l'histoire des Vie et Mœurs de Geofroy, comte d'Anjou, Touraine et le Maine, qui fut depuis duc de Normandie, lequel vivoit sous Louis VII... Compose en latin par frère Jean, religieux de Mairemoustier, qui vivoit au mesme temps. *Paris, Heureux-Blanvillain*, 1623, in-8 de 27 pp.

Volume curieux et rare ; vendu, dans une charmante reliure ancienne, en *vélin* fleurdelisé, 160 fr. Taschereau.

JEAN (Prestre). [28092, 28420].

Les Portugais ont baptisé les premiers ce roi fabuleux de l'Ethiopie, du nom de *Preto Joam, Jean le Noir*, et, par onomatopée, au moyen âge, on en a fait *le prestre Jean*.

Une rédaction grecque de la prétendue lettre adressée par ce personnage à l'empereur d'Orient est aujourd'hui perdue, mais le texte latin en est conservé (le *Manuel* en décrit diverses éditions (tom. III, col. 546).

Un poëte florentin, Giuliano Dati, prit cette lettre pour base d'un poëme en 59 octaves : *La gran Magnificentia del Prete Janni*, s. d., in-4, de IV ff. (*Manuel*, tom. II, col. 529) ; Molini en cite une autre édition :

— QUIUI si nomiã tutte le richeze e cose triumphale cõ tucte le prouintie e regni e citae luochi e custumi e gesti del patriarcha ouer Pontefice prete Ianni dindia major. Suiuent deux figures gravées

sur bois; au verso commence le texte en *ottave*
à cinq par page, à 2 col. (A la fin :) *Finito e
questo tractato del massimo prete Janni pôtefice,
et imperatore de Lindia et della Ethiopia, côposto
in versi volgari per Misser Giuliano Dati Fiorentino allaude della Celestiale corte et exalta-
tione della Christiana religione. Amen. S. l. n. d.,*
in-4, goth., de 4 ff. signés A ; un bois au verso du
dernier feuillet.

— Nouvelles de la terre du Prestre Iehan. *S. l.
n. d.,* in-4, de XIV ff.

Bien décrit au *Manuel.*

— Fo A Y PRestre Jehan Par la grace ‖ de dieu Roy
tout puyssant sur ‖ tous les roys chrestiens.
Mã ‖ dons salut a lempereur de rom ‖ me, Et au
Roy de france noz ‖ amys. Nous vo' faisons sca ‖
noir de nouset (*sic*) de nostre estat et ‖ du gou-
uernemēt de nostre ter-‖re. Cestassauoir de noz
gens et de noz manie ‖ res de bestes. (A la fin,
feuillet 12, recto, ligne 5 :) Donne en nostre saint
palaix. Lan de nost ‖ re natiuite. Cinq cens et
sept. ‖ Cy finist Prestre Jehan. *S. l. n. d.,* petit
in-4, goth., de 12 ff., sign. a ij-a vj ; titre gravé
sur bois.

Cette édition précieuse, vraisemblablement la première, a été décrite pour la première fois par
M. Tross en 1868, sous le n° 4143 de ses intéressants catalogues à prix marqués ; le titre ne se
compose que d'un grand P historié et des mots
Restre Jehan ; M. Tross demandait 600 fr. de cette
pièce intéressante.

Il existe une *Lettera inedita del Prete Giovanni
al imperatore Carlo IV (Lucca, Rocchi,* 1857,
in-8). Nous n'avons pas eu l'occasion de voir cet
opuscule, tiré à 75 exemplaires, et nous ignorons
quelle somme d'authenticité on peut accorder à
cette lettre inédite.

On lit dans les anciennes éditions de Rabelais
(*Liv.* II, chap. XXXIV), « que Pantagruel espousa la
fille du roy d'Inde nommée *Presthan* » ; la bonne
leçon est évidemment : « la fille du roi d'Inde nommé *Prestre Jehan* » ; cette rectification est indiquée
pour la première fois dans une notice de M. G. Brunet, sur *une édition inconnue de Rabelais (Paris,*
1844, in-8).

Voy. Hese (*Johannes* de).

JEHAN D'ARRAS. Melusine. *Imprime
a Lyon par maistre Gaspard Or-
twin et Pierre Schenck, imprimeurs
de liures.* S. d. Pet. in-fol., goth., à longues lignes, 35 à la page, fig. en bois de
la grandeur des pp., sign. A-Y. [17094]

On ne connaît pas d'exemplaire complet de cette
édition infiniment précieuse, que M. Brunet ne cite
que d'après Du Verdier, sans en indiquer le format ;
l'exemplaire incomplet que nous avons vu portait
la souscription au verso du feuillet Y ; ce livre doit
être antérieur à la date de 1500, que donne M. Brunet un peu au hasard ; un exemplaire complet de
cette édition vaudrait certainement aujourd'hui de
3 à 4,000 fr. tout au moins.

— La Melusine... *Cy finist lhistoire de Melusine
imprime a Lyon par maistre Mathieu Husz,
imprimeur, s. d.,* in-fol., à longues lignes, sans
chiff. ni récl., avec signat., *a* de 8 ff., *b-x* de 6,
le dernier feuillet est blanc, fig. s. b.

En *mar. doublé* de Bauzonnet, le très-bel exemplaire vendu 1,999 fr. chez le prince d'Essling, a
atteint le chiffre de 5,700 fr. à la vente de M. Yéméniz.

— La Mélusine. *Imprimé à Paris par maistre
Thomas du Guernier pour Jehan Petit, s. d.*
(vers 1500), pet in-fol., goth., à longues lignes.

En *mar. doublé* de Trautz, le bel exemplaire de

M. Double a été vendu 3,500 fr. ; racheté par
Techener, il a figuré à la 3ᵉ vente de ce libraire en
1865, où il n'a plus été payé que 2,410 fr.

— Melusine, nouuellemēt imprimee a Paris. (A la
fin :) *Cy finist lhystoire de Melusine nouuellement
imprime a Paris. Et fut acheuee le XIIII iour
daous. Lan mil cinq cens et XVII. Par Michel
Le Noir,* pet. in-4, goth., à longues lignes.

Édition fort rare, mais peu importante, que n'a
pas connue M. Brunet. 210 fr. (vente Tross, novembre 1865).

— Historie der Melusina. *S. l. n. d.,* in-fol., goth.,
de 64 ff., dont le dernier blanc, sign. A ij-Hiiij,
avec 76 figures sur bois fort curieuses.

Édition qui paraît avoir été imprimée avant 1480 ;
elle n'est pas signalée par Hain ; un exemplaire sans
reliure, 850 fr. Chedeau.

— Historie der Melusine. *S. l. n. d.* Pet. in-fol.,
goth,, avec 67 fig. sur bois.

Un exemplaire, incomplet du premier feuillet, qui
devait contenir le titre, 180 fr. Tufton.

— Historia de la linda Melosina de Juan
de Arras. (Al fin :) *Fenesce la ystoria
de Melosina empremida en Tholosa
por los honorables e discretos maestros Juan parix e Esteuan clebat alemanes que con grand diligencia la
hizieron pasar de frances en castellano. E despues de muy emendada la
mandaron imprimir. En el año del
señor de mill e quatrocientos e ochenta
e nueue años a XIIII dias del mes de
Julio.* In-fol., goth.

Mendez, Galardo, et l'*Ensayo de una Biblioteca
española* nous donnent le titre de ce précieux volume, sans en fournir la description ; M. Desbarreaux-Bernard avoue ne l'avoir jamais vu, et nous
n'avons pas été plus heureux.

— La Historia de Melosina. *Valencia,* 1512, *à 18 de
Marzo,* in-fol., goth., à 2 col., fig. s. b.

Édition disparue, et qui ne se trouve portée qu'au
catal. de la Biblioteca Colon, de Séville.

— Hier beghint een schoen historie ‖
sprekende van eenre vrouwen ghe ‖ hee-
ten meluzine ‖ van haren kinde ‖ ren en
haren geslachte ‖ en van ha-‖ren won-
derlike wercken ‖ T Er eeren gods ons
he ‖ rē ‖ etc. (Au vᵒ du F. 138, ligne 13 :)
❡ *Hier es voleyndt die wond'like
vreëde en schône historie vã melusynē
‖ en vã harē geslachte. Geprêt tātwerpē
bi my Geraert leeu.* M. CCCC. en XCI.
‖ den IX *dach fe-‖bruarij.* Suyt la
grande marque de l'imprimeur. In-fol.
de 138 ff., goth., à 2 col., 38 et 39 lignes,
avec sign. a ij — et chiffres irréguliers,
sans réclames ; 46 fig. s. bois.

Le seul exemplaire connu de cette édition précieuse a figuré aux ventes Kloss et Canazar (Libri,
1835) ; il était incomplet des feuillets 1, 10, 106, 135
et 136 ; de la vente Libri-Canazar il est entré dans
la collection La Ferté-Sénectère, où il fut acquis par
M. Olivier, libraire à Bruxelles, qui le céda à
M. Serrure, et il figura au catalogue de la 2ᵉ partie
de cette bibliothèque importante.

Nous venons de citer la vente Canazar, et, suivant

une tradition accréditée, nous avons substitué à ce pseudonyme le nom trop célèbre de Libri ; mais nous tenons à dire que certains bibliophiles ne sont pas de cet avis, et sous le nom de Canazar, lisent H. Ternaux-Compans, lequel avait l'habitude de déguiser son nom sous toutes sortes de pseudonymes, Raetzel, Trübwasser, etc. Ce dernier est transparent.

— ESSAI sur la légende de Mélusine, par E. B., membre de la société Asiatique. *Paris, A. Parent,* 1872, in-8, de 40 pp.

JEHAN de Saintre (lhystoire et plaisante cronicque du petit). [17083].

Nous n'avons point vu passer d'exemplaire de la première édition, depuis le charmant exemplaire La Vallière (24 fr.), et Solar (3,455 fr.), qui a disparu, enfoui probablement dans une bibliothèque mystérieuse et inaccessible.

Un exemplaire de l'édition de *Paris, Jeh. Trepperel,* s. d., en ancienne reliure *mar.,* venant de Guyon de Sardière, et haut de 0m175, 1,205 fr. Yéméniz.

Un second plus grand, mais en *mar.* de Capé, 2,350 fr. J. Taschereau.

Un exemplaire de l'édition, peu importante, de *Boufons, Paris,* 1533, pet. in-4, 188 fr. Chedeau.

JEFFERSON (*Thomas*). Notes on the state of Virginia. *Philadelphia, Prichard and Hall,* 1788, in-8, de 1 f., 244 pp., 2 ff. et un tableau entre les pp. 100 et 101.

Ces notes du troisième président de la grande République sont extrêmement intéressantes, et cette édition est rare.

Jefferson avait écrit ces notes en Virginie, en 1781, au milieu des complications de la politique ; M. de Marbois, secrétaire de la légation française aux Etats-Unis, lui avait adressé une série de questions sur la géographie, l'histoire, la statistique de la Virginie, auxquelles complaisamment Jefferson avait répondu ; il avait fait imprimer ces réponses en 1782 à un très-petit nombre d'exempl., destinés à ses amis ; M. de Marbois traduisit ces notes et fit imprimer en France cette version française ; ce fut d'après un exempl. de cette traduction qu'une nouvelle traduction en anglais fut publiée à Londres en 1787, in-8, avec une carte ; cette traduction était tellement remplie d'incorrections et d'inexactitudes, que l'auteur se décida à son tour à faire imprimer à Philadelphie une édition définitive de l'œuvre originale ; elle fut réimpr. en 1801 au même lieu.

Ce petit volume est célèbre à juste titre aux Etats-Unis ; les mœurs indiennes, les renseignements historiques, y sont tracés avec autant de simplicité que d'éloquence ; « il n'est rien, dit un historien, qui surpasse la beauté pathétique du célèbre discours de Logan ».

L'édit. de 1788 a été vendue 10 fr. Maisonneuve.

L'édition de 1787 a été vendue sh. 7. Stockdale; sh. 7 Rich.

— MEMOIRS of Thom. Jefferson, containing a concise history of the States from the acknowledgement of their Independence. *S. l. (Philadelphia), printed for the Purchasers,* 1809, 2 vol. in-8.

JÉSUITES (Les) de la maison professe de Paris en belle humeur. [17302]

Indépendamment de l'édition peu ancienne de *Cologne,* 1725, que cite le *Manuel,* il existe un certain nombre d'éditions antérieures ou plus récentes de ce livret satirique ; nous citerons celle de *Pam-*

pelune, *Colin Maillard (Hollande),* 1696, pet. in-12; celle de *Leyde (Lyon),* 1696; pet. in-12; celle de *Cologne, Pierre Marteau,* s. d., in-12, titre gravé, 5 fr. 50 Auvillain ; de *Lions, chez Jean Montos (Hollande),* 1760 (aussi 1761), in-12, 8 fr. 50 Auvillain ; en *mar.* de Duru, 85 fr. Chaponay.

Une réimpression à 100 exempl., dont 2 sur pap. de Chine, a paru en 1874, à *San Remo, J. Gay et fils,* pet. in-18, de VIII-125 pp.; elle est précédée d'une notice bibliographique, signée J. B. D. N.

Il y a aussi quelques réimpressions anciennes, avec additions empruntées à un autre ouvrage : *Le Jésuite sécularisé. Cologne, Jacq. Vilebard (Hollande),* 1683, pet. in-12, front. gr.

D'autres emprunts ont été faits à une pièce du même ordre, bien connue, intitulée : *Le Moine sécularisé,* dont la meilleure édition est celle de *Cologne (Amsterdam),* 1675, in-12, qui est non tronquée.

JEUX (Les) de Mathilde d'Aguilar, histoire espagnole et françoise, véritable et galante, par M. D. S. (Mad. de Scudéry). *Villefranche (Paris), chez François Fidèle,* 1704, pet. in-8.

Assez curieux roman, qui traite de philosophie galante ; il est divisé en 3 parties ; un exempl. en *mar.* de Hardy-Mennil, 40 fr. en 1874.

JÈZE. Etat de Paris, contenant sa distribution par quartiers, ses gouvernements civil et militaire, l'Estat ecclésiastique, ses institutions pour les sciences et arts libéraux, la finance, le commerce, les manufactures, arts et métiers, les voitures publiques, etc. (Par Jèze). *Paris, C. Hérissant fils,* 1757, in-8.

Vol. rare, dont la première édition avait paru en 1754, sous le titre de : Journal du Citoyen. *Lahaye,* 1754, in-8 ; ces deux éditions donnent des détails intéressants sur les collections d'art des principaux amateurs de la ville de Paris, et valent de 15 à 20 fr.; 12 fr. seulement Le Roux de Lincy.

— — TABLEAU de Paris pour l'année 1759 (par le même). *Paris, C. Hérissant,* 1759, in-12.

— *Id.* pour l'année 1760. *Paris, Prault père,* in-8.

— *Id.* pour l'année 1761. *Ibid.*   *id.*   in-8.

— *Id.* pour l'année 1765. *Ibid.*   *id.*   in-8.

JOAN BAPTISTA. Voy. BAPTISTA.

JOANNIS, Archiepiscopi Cantuariensis, Perspectiva communis, ed. L. Gauricus. *Venetiis, B. Sessa,* 1504, in-fol. de 20 ff., fig. s. b. [8421]

Edit. non citée; elle est fort bien exécutée, comme en général tous les livres qui sortent des presses des Sessa.

JOHANNES III. Serenissimi atque invictissimi Portugalliæ et Algarbiorum Regis Literae ad S. D. N. Paulum III. Pont. Max. super insigni victoria, rebusque foeliciter in Oriente gestis. *Datæ Eboræ* DIE XX *Julij. An. D.* 1536. *S. l. n. d.,* pet. in-4 de 8 ff., dont le dernier ne contient qu'une marque d'imprimeur. 20 à 25 fr.

JOANNES Chrysostomus. Discours du de-

voir des Roys, Gouuerneurs, Prelats &
Magistrats, traduict du grec de S. Jean
Chrysostome, ou Bouche-d'Or. *Paris,
Fédéric Morel*, 1593, pet. in-8.

— DISCOURS de S. Jean Bouche-d'Or sur la création des animaux, & de la dignité de l'homme,
traduict du grec par Fédéric Morel. *Paris, Fé-
deric Morel*, 1594, in-8.

— DISCOURS de l'Arbre de science..... (Au *Manuel*.)

— DISCOURS de la vérité du S. Sacrement de l'autel, traduict sur l'original grec du sermon de S.
Jean Chrysostome, sur.le XXVI. chap. de S. Matthieu, par Federic Morel. *Paris, Fed. Morel*,
1596, pet. in-8.

— LE MIROIR et la boëte de Ste Magdalene, tiré du
cabinet de S. Jean Bouche-d'Or, et traduict par
Federic Morel. *Paris, Fed. Morel*, 1599, in-8.

Toutes ces pièces sont assez rares ; la dernière
est particulièrement recherchée.

JOANNES Damascenus. Liber Barlaam et
Josaphat. *S. l. n. d.*, in-fol., goth. [955].

Il faut à ce livre précieux et fort rare 78 ff.,
parce que le premier f., laissé en blanc, complète
le premier cahier A.

JOANNES J....., maistre de pension et des
Ecoles de Croüy-sur-Oureq, diocèse de
Meaux. Règles contenant les principes
de l'orthographe et de la langue françoise, d'une méthode si facile qu'une
personne la peut apprendre en un jour,
avec un dictionnaire tout en françois
pour l'usage de ceux qui n'étudient pas
la langue latine. *A Soissons, et se vend
chez l'auteur à Croüy-sur-Oureq et à
Meaux, chez la veuve Charles*, 1691,
in-4.

Ce volume curieux doit posséder quelques cartons
contenant des corrections et des *errata*; il est fort
rare, et sa dédicace à Mgr J.-B. Bossuet, évêque de
Meaux, le fait rechercher.

JOB. Exemplo de la Paciencia de Job. *En
Leon, en casa de Sebastian Grypho,
año de* M. D. L., pet. in-8, avec 4 ff.
blancs à la fin.

65 fr. 1867.

JODELLE (*Estienne*). Les OEvvres ‖ &
meslanges poétiques ‖ d'Estienne Iodelle.
‖ sieur dv Lymodin. ‖ Premier volume.
‖ *A Paris, chez Nicolas Chesneau*,...
1574, in-4. [16281]

85 fr. Luzarche ; en *mar*. de Duru, 280 fr. d'Haubersaert; dans une très-riche rel. du XVIe siècle,
avec les armes et le chiffre de Marguerite de Valois,
3,325 fr. Double; ce beau livre avait été payé
2,250 fr. par M. Double ; l'exempl. Potier, très-pur,
en *mar*. de Trautz, vendu 1,600 fr., a atteint le
prix de 2,005 fr. à la vente Benzon ; en *mar*. doublé de Chambolle-Duru, bel exempl. de 0m,231,
900 fr. cat. Fontaine (1875-1877).

— LES MÊMES OEUVRES, reueuës et augmentées.....
Paris, Nicolas Chesneau et Mamert Patisson
(aussi *Robert le Fizelier*), 1583, pet. in-12.

En *mar*. de Bauzonnet-Trautz, 150 fr. Cailhava
(1864); en *mar*. de Capé, 119 fr. Cailhava (1862),
rev. 160 fr., Huillard ; 73 fr. Labitte (1869); en *mar*.
de Petit, 100 fr. Chedeau ; en *veau fauve* de Pade-

loup, 305 fr. Brunet; en *mar*. de Trautz, 230 fr.
Turquety ; un second exempl. médiocre, 56 fr.
même vente; un bel exempl. très-grand, 180 fr. Labitte (1870).

— LES MÊMES OEUVRES. *Lyon, Benoist Rigaud*,
1597, in-12.

L'exempl. Ch. Nodier, 128 fr. de Chaponay, rev.
111 fr. Desq; en anc. *mar*., 280 fr. Brunet, pour
M. Didot ; en *mar*. de Derome, 220 Yéméniz ; en
mar. de Bauzonnet, 300 fr. W. Martin ; en *mar*.
de Trautz, 420 fr. Leb. de Montgermont; en *veau*,
56 fr. Boilly.

— RECUEIL des inscriptions, figures, devises, etc...
Paris, André Wechel, 1558, in-4. [13787]

83 fr. W. Martin ; en *mar*. de Chambolle-Duru,
82 fr. Potier ; en *mar*. de Trautz, 200 fr. Ruggieri ;
en dem.-rel. 180 fr. vente du château de Saint-
Ylie.

— LES OEUVRES et Mélanges poëtiques d'Estienne
Jodelle, sieur du Lymodin, avec une notice biographique et des notes par Ch. Marty-Lavaux.
Paris, Alphonse Lemerre, 1868-1870, 2 vol. pet.
in-8.

Charmante édition, tirée à petit nombre, et depuis
longtemps épuisée; il en a été tiré quelques exemplaires sur papier de Chine et sur pap. de Hollande,
100 et 50 fr.

JOINVILLE. L'histoire et chronique du
tres chrestien roy S. Loys IX du nom...
escripte par feu messire Jehan, sire, seigneur de Jonville (*sic*) et seneschal de
Champaigne... et maintenant mise en
lumière par Anthoine-Pierre de Rieux.
On les vend à Poictiers... M.D.XLVII.
(A la fin :) *Imprimee a Poictiers, par
Jehan et Enguilbert de Marnef frères...
Et fut achevée d'Imprimer le* XV *de
mars* M.D.XLVI, pet. in-4. [23363]

Un exempl. incomplet du dernier feuillet, 15 fr.
seulement Luzarche ; en *mar*. de Duru, très-bel
exempl., 335 fr. Potier; en *mar*. de Capé, 160 fr.
cat. Fontaine.

— HISTOIRE de St. Loys... nouuellement mise en
lumière par Cl. Ménard. *Paris, Cramoisy*, 1617,
in-4, avec les portraits de St. Louis et de Louis XII
finement gravés par Léonard Gaultier.

29 fr. Chedeau.

— HISTOIRE de St. Loys... *Paris*, 1668, in-fol. XIV ff.
lim., dont un portrait, 407 pp. et 2 ff. de table ;
3e partie, IV-191, plus 4 ff. pour la table et le privilége.

Edition donnée par Du Cange.

En anc. rel. *mar*., 155 fr. Potier; en *veau*, aux
armes de Turgot, 41 fr. Yéméniz; en *vélin*, 101 fr.
de Chaponay ; en *mar*., aux armes de J.-B. Colbert,
510 fr. Brunet; ce beau livre figure au catal. du
libraire Aug. Fontaine de 1872, au prix de 825 fr. et
au cat. Morgand et Fatout de 1876, à 750 fr.

— MÉMOIRES de Jean, sire, seigneur de Jonville...
Paris, Fr. Mauger, 1666, in-12.

En anc. *mar*. de Derome, 86 fr. Solar; en *mar*.
de Duru, 40 fr. Huillard.

— HISTOIRE de St. Louis. (Edit. donnée par Mellot,
Caperonnier et Sallier.) *Paris, imprimerie Royale*,
1761, in-fol., fig.

Un exempl. en *veau*, 28 fr. Costa de Beauregard;
30 fr. Yéméniz ; en anc. rel. *mar*., 350 fr. au cat.
Fontaine ; en *mar*. de Hardy, 300 fr. au cat. à prix
marqués Gonzalez.

— MÉMOIRES de Jean, sire de Joinville, ou histoire
et chronique du très-chrétien roi Saint Louis, pu-

bliés par M. Fr. Michel. Précédés de dissertations par M. Ambr. Firmin-Didot, et d'une notice sur le manuscrit du sire de Joinville par M. Paulin-Paris. *Paris, Firmin-Didot*, 1867, in-12, fig. sur acier.

Cinquième édition ; 5 fr.

— HISTOIRE de Saint Louis, Credo et lettre à Louis X, texte original, accompagné d'une traduction par M. Natalis de Wailly. *Paris, Firmin-Didot et Cie*, 1874, gr. in-8.

Édition définitive du bon sénéchal; 325 exempl. ont été tirés en gr. papier à la forme, et sont vendus 50 fr.

JOLY (*A.*). La Vraye Histoire de Triboulet, et autres poesies inédites, récréatives, morales et historiques des XVe et XVIe siècles, recueillies et mises en ordre par A. Joly. *Lyon, N. Scheuring*, 1867, in-8.

Tiré à petit nombre ; l'un des 3 exempl. sur vélin, dans une rel. en *mar.* de Chambolle, 159 fr. Gautier, et 130 fr. Benzon ; un autre exempl. sur vélin, dans une riche rel. italienne, 50 fr. Martial Millet.

JOLY (*Ant. François*). Projet d'un nouveau cérémonial françois, augmenté d'un grand nombre de pièces qui n'ont pas été publiées par M. Godefroy. *Paris, de l'impr. de Prault père*, 1746, in-4.

Indispensable pour le complément du *Cérémonial français. Paris*, 1649, 2 vol. in-fol. Le vol. est rare et vaut de 40 à 50 fr.

JOLY (*Hector*). Traité de la chambre des comptes de Dijon, son antiquité et establissement, les honneurs, priviléges et prérogatives.... par Hector Joly. *Dijon, Pierre Palliot*, 1653, in-fol.

Vol. rare et recherché.

35 fr. en juin 1874.

JONES (*J. Taylor*). Brief grammatical notice, of the Siamese language; with an appendice. *Bangkok, printed at the Mission press*, 1842, in-8, de 92 pp.

Peut-être le premier livre imprimé au royaume de Siam par les Européens ; il est d'une grande utilité pour les philologues, assez clair-semés, qui veulent étudier la langue Thaï.

50 fr. Maisonneuve.

JORDAN (*Joannes Christophorus* de). De Originibus Slavicis... *Vindobonæ, Jahn & Kurtzböck*, 1745, in-fol. [26543]

40 fr. en 1870.

JORDAN (*S.*). Album du cours de métallurgie professé à l'école centrale des Arts et manufactures. *Paris, Baudry*, 1875, 140 planches in-fol., cotées et à l'échelle, et un vol. de texte, in-8. 80 fr.

Combustibles, 13 pl.; *Fabrication de la fonte*, 43 pl.; *Fabrication du fer*, 71 pl.; *Fabrication de l'acier*, 13 pl.

Ouvrage très-important et d'une exécution supérieure.

JORDANUS de Quedlinburg. Meditationes

de vita et passione Jesu Christi. *In mercuriali oppido Antwerpiensis, Gerardus Leeu*, 1487, 25 *d.* mensis Julij, in-16, car. semi-goth., 112 ff., avec sign. *a-o*, sans chiff. ni récl., avec 75 fig. sur bois. [1653]

Le vo du 112e f. est blanc ; M. Campbell (*Ann. de la typogr. néerlandaise*) en signalant cette rare édition qu'a omise M. Brunet, raconte ce qui suit : Ce charmant petit livre, relié derrière un *Psalterium* exécuté par P. van Os à Zwolle, a été cause que le rédacteur du cat. J. Le Long (1744), no 1671, a créé un titre composé du titre de ce *Psalterium* et du colophon des *Jordani Meditationes*. Denis, Panzer, Jansen et Hain ont recueilli ce renseignement, et fidèlement enregistré un livre qui n'a jamais existé.

La même année, le v janvier, Gerard Leeu avait publié dans la même ville une édition hollandaise de ces *Meditacien*, in-8, fig. s. b., de 144 ff.

JOSEPHI (*Fl.*). Antiquitatum Judaicarum libri XX. Adiuncta est simul Josephi Vita ab ipso literis mandata. Omnia a Sigismundo Gelenio e Græco in sermonem Latinum conuersa. De bello Judaico libri VII. Græcorum codicum collatione per Sig. Gelenium castigatissimi facti. Contra Apionem libri II, etc. *Lugduni, apud hæredes Iacobi Iunctæ*, 1566, in-fol. de VI ff. lim., 702 pp. chiffrées et XIV ff. d'index, fig. s. b. [22721]

Cette précieuse édition est restée inconnue aux bibliographes; Hoffman, si complet et si exact, n'en a point eu connaissance ; le seul exempl. qui ait échappé aux ravages du temps a été découvert par M. Olivier Barbier, et par lui cédé à M. Ambr. F.-Didot ; nous empruntons à la note substantielle que ce grand bibliophile a consacrée à ce volume si intéressant, les quelques détails qui vont suivre.

Sig. Ghelen, né à Prague en 1477, appartint pendant plusieurs années, en qualité de correcteur, à l'imprimerie de Froben, à Bâle, à qui l'avait adressé le grand Erasme, son ami. Il fit une trad. latine des œuvres de Josèphe, que nous croyons avoir été publiée d'abord sans nom d'auteur chez Froben en 1540 (in-fol. de X ff. lim., 839 pp.); puis avec le nom d'auteur en 1554, toujours chez Froben (IV ff. lim., 886 pp. et XVII ff.): dans l'une et dans l'autre, Erasme avait revu le livre des Machabées.

Dix ans plus tard, à la mort de l'auteur de cette traduction, A. Morghæsius revit avec soin l'œuvre de Ghelen, à laquelle on reprochait quelque peu de fantaisie d'interprétation, et la publia à Lyon chez les héritiers de Jacques Junta, le grand imprimeur de Venise, fixé à Lyon depuis 1537. Cette édition est extrêmement intéressante au point de vue de l'ornementation. On peut expliquer son incompréhensible rareté par ce fait que, l'année qui suivit sa publication, des troubles religieux d'une extrême violence éclatèrent à Lyon ; plusieurs imprimeries furent saccagées, et l'édition du Josèphe de Ghelen et d'Erasme fut probablement sacrifiée au fanatisme ultramontain.

« Cette édition se recommande à l'attention des iconophiles par la présence dans les premiers chapitres des *Antiquités judaïques* de 32 vignettes sur bois, très-précieuses, ayant fait partie d'une suite exécutée à Nancy par Pierre Woëiriot, de Bouzey, élève de Jean Cousin, et dont on ne cite pas d'autres gravures sur bois qu'un frontispice de livre. 11 d'entre elles portent le monogr. de l'artiste ⚓,

et les 21 autres sont évidemment de même facture.
M. de Beaupré (*Nouv. Recherches de bibliographie Lorraine*, 1856, in-8) a extrait du *Trésor des Chartes* de Nancy le passage suivant : « 1560-1561. A
« Pierre Woeiriot, dit de Bouzey, 100 francs pour
« subvenir et fournir aux frais à faire mettre en
« lumière les histoires de la sainte Bible. » — « Il
« s'agit ici, dit M. Beaupré, selon toutes les proba-
« bilités, d'une suite presque introuvable aujour-
« d'hui de figures de la Bible, dont M. Robert-Du-
« mesnil a décrit 18 pièces au tome VII, pp. 52-56,
« du *Peintre graveur français*. »

Ces pièces, dont M. R. Dumesnil n'avait pu voir que sept, portaient primitivement comme légendes quatre vers français. Quatre ou cinq seulement des 18 pièces décrites se trouvent dans la de Jèsèphe des Juntes. Malheureusement ces éditeurs ont eu l'idée de remplacer les pièces manquantes, pour compléter cette belle suite. Ces vignettes sont du même format, mais le dessin en est inférieur, et leur exécution inhabile et grossière contraste singulièrement avec la beauté des planches de l'artiste lorrain. On les distingue en outre par le double filet du cadre qui les entoure, tandis que les 32 gravures de Woëiriot ne portent qu'un filet simple. De ces 32 planches, 11 seulement portent la marque de Pierre Woëiriot, mais l'examen des autres prouve évidemment qu'elles sont du même artiste. Les caractères du dessin et de la gravure sont identiques. Les grandes initiales ornées du livre, empruntées à des sujets mythologiques, sont dans le genre de l'alphabet de Jean Cousin et bien composées.

JOUBERT (*Laurent*). La Pharmacopée de maistre Laurent Joubert, chancelier en l'Université de Montpellier, ensemble les Annotations de Jean Paul Zangmaisterus, conseiller de ladite Université, mises en marge, le tout mis de nouveau en françois. *Lyon, chez Anthoyne de Harsy*, 1588, in-8.

La première édition de ce traité fort rare est de *Lyon, Ant. de Hardy*, 1581, in-8.

La première édition du *Traicté du Ris, Lyon, Jean de Tournes*, 1560, pet. in-8, forme un vol. de IV ff. lim. non chiffrés, 102 pp., plus un f. d'*errata*. [6904]

Un bel exempl. de l'édit. de *Paris, Nicolas Chesneau*, 1579, pet. in-8, en *mar.* de Derome, 200 fr. Brunet ; un autre, venant de Nodier, en *mar.* de Simier, 73 fr. Yéméniz ; enfin un troisième, en *mar.* de Du Seuil, 40 fr. baron J. Pichon.

— DIALOGUE sur la Cacographie françoise, avec annotations sur son orthographie, par Me Laurens Joubert. *A Paris, chez Nicolas Chesneau*, 1579, in-8.

Cette pièce fort-intéressante, qui fait partie du recueil dont nous venons de citer des adjudications, et qui fait suite au *Traicté du Ris*, a été tirée à part, et publiée à Paris la même année, avec signatures et paginations particulières ; cette édition est d'une grande rareté. [Bibl. nationale.]

La première édition du *Traicté des Arcbusades* est de *Paris, à l'Olivier de Pierre L'Huillier*, 1570, pet. in-8. [7576]

En *veau fauve* de Simier, 40 fr. Yéméniz.

La première édition des *Erreurs populaires au faict de la médecine et régime de la santé*, est de *Bourdeaus, par Simon Millanges*, 1578, in-8.

Un bel exempl. de l'édition de *Bourdeaus, S. Millanges*, 1579, avec la seconde partie de *Paris, Abel L'Angelier*, 1580, in-8, portr. de l'auteur gr. s. bois, 80 fr. Yéméniz.

Un second exempl. de la même édition, avec la seconde partie de *Paris, L'Angelier*, 1579, sans le portrait, 73 fr. même vente.

Un très-joli exempl. de l'édition de *Lyon, P. Rigavd*, 1602, 2 vol. in-16, en riche reliure anc. en *mar. doublé*, avec les fers gravés pour la dentelle des livres ayant été reliés pour le duc de la Vieuville, des couronnes, des fleurs de lis, des cerfs et des levriers, etc., 170 fr. baron J. Pichon ; ces jolis volumes avaient été payés 28 fr. chez Richard Heber et 69 fr. chez M. De Bure.

JOURDAN (*Adrien*). Histoire de France et l'origine de la Maison royale. *Paris*, 1679, 3 vol. in-4, front. gravé.

Livre médiocre, que M. Brunet n'a pas daigné enregistrer, et que nous croyons devoir mentionner, parce qu'un exempl. en *mar. r.*, aux armes du grand Condé, a été vendu 170 fr. Techener (1865).

JOURNAL. Le second liure-journal ou comptoir, contenant la vraye narration du Voyage faict par les huict nauires d'Amsterdam, au mois de mars l'an 1598, soubs la conduicte de l'amiral Iaques Corneille, et du vice-amiral Wibrant de Warwicq. *Amsterdam*, 1600, in-fol.

(*Catal. des Foires de Francfort.*)

JOURNAL de la marche du marquis de Tracy contre les Iroquois de la nouvelle France. *Paris*, 1667, in-4.

Ce récit de la malheureuse expédition du vieux marquis de Tracy au Canada est cité par Faribault, d'après le P. Le Long ; M. Harrisse, qui n'a pu en rencontrer d'exemplaire, est porté à croire que le P. Le Long n'a eu en vue que la *Relation des jésuites* parue en l'année 1666.

JOURNAL des Savants (Table méthodique et analytique du), de 1816 à 1858 inclusivement, précédée d'une notice historique sur ce journal, par H. Cocheris. *Paris*, 1860, in-4, LXXXII-309 et 58 pp.

Travail aussi consciencieux qu'utile.

JOURNAL DU CITOYEN. V. JÈZE.

JOURNAL d'un voyage à Paris en 1657-1658, publié par A. P. Faugère. *Paris, Benjamin Duprat*, 1862, in-8.

Volume fort intéressant; en grand pap. de Hollande, 23 fr. Le Roux de Lincy.

JOURNAL du voyage de Vasco de Gama en MCCCCXCVII, traduit du portugais par Arthur Morelet, membre correspondant de l'Académie des sciences de Lisbonne. *Lyon, Perrin*, 1864, in-4, de XXXII-146 pp., avec carte et portrait.

JOURNAL historique de tout ce qui s'est passé depuis les premiers jours de la maladie de Louis XIV jusqu'au jour de son service à St-Denis, avec une relation exacte de l'avénement de Louis XV à la couronne de France. *Paris, D. Jollet*, 1715, in-12.

Curieux et rare ; 50 fr. Ruggieri.

JOURNAL (a) of the late actions of the French at Canada, with the manner of their being repuls'd by Benjamin Fletcher. Impartially related by N. Beyard and Ch. Lodowick. *London, Baldwin,* 1693, in-8.

Nous ne connaissons cette pièce infiniment rare que par la réimpression à 175 exemplaires qui en a été exécutée à *New-York, par Sabin, en* 1868, in-4. 10 sh.

JOURNÉE du Chrétien, sanctifiée par la prière et la méditation, dédiée à Mesdames de France (par l'abbé Clément). *Paris, H. L. Guerin et Delatour,* 1754, in-12.

Rien de moins rare et de moins extraordinaire que ce petit volume dont les éditions se sont succédé à l'infini: mais nous le citons pour raconter les pérégrinations variées d'un exemplaire intéressant.

Relié en *mar. bleu,* aux armes de Mᵐᵉ de Pompadour, ce qui ne laisse pas de constituer une antithèse assez piquante, cette *Journée du chrétien* a figuré dans le catalogue des livres de la mondaine marquise, et a été vendue 4 liv. 4 sous ; achetée par le marchand de soie, Bonnemet, elle passa avec la charmante collection de cet amateur délicat, dans la vaste bibl. du duc de La Vallière ; à la grande vente de 1783, le volume fut payé 11 livres par De Bure pour le prince Radziwill, et, après être resté enseveli pendant plus de trois quarts de siècle dans la bibliothèque de cette famille, il reparut à la vente faite par M. Potier en 1865 ; là il est acheté par le baron Pichon, moyennant 421 fr. ; puis en 1869, il est revendu 605 fr., et acquis par le baron de la Roche La Carelle, chez lequel il est... peut-être encore.

JOUSSE (*Mathurin*). La Fidelle Ouverture de l'Art de Serrurier, où l'on void les principaulx preceptes, desseings et figures touchant les expériences et operations manuelles dudict art. Ensemble un petit traicté de diverses trempes. Le tout faict et composé par Mathurin Iousse de la Flèche. *A la Flèche, chez Georges Griueau, imprimeur ordinaire dv Roy,* 1625. *Avec privilége dv Roy.* In-fol. de 152 pp. numérotées, plus le titre, un feuillet de dédicace aux PP. de la Compagnie de Jésus et deux feuillets de table. [10059]

On trouve des exemplaires avec la date de 1627 ; ce sont les mêmes dont l'éditeur a rafraîchi le titre.

Ce volume est intéressant et rare, mais il est bien loin, à notre humble avis, de valoir les 1,200 fr. auxquels les libraires Morgand et Fatout portent un exemplaire relié en *maroquin* par Thibaron-Joly.

— LE THÉATRE de l'Art de Charpentier, enrichi de diverses figures avec l'interprétation d'icelles, faict et dressé par Mathvrin Jovsse de la Flèche. *A la Flèche, chez Georges Griveav, Imprimeur du Roy, avec privilége,* 1627, in-fol., un titre, un f. de dédicace au

marquis de la Varennes, et 176 pp. chiffrées, y compris la table.

M. Destailleur fait observer qu'on trouve ordinairement, à la fin du volume, un *bref traité des cinq ordres de colonnes,* de 14 pages chiffrées.

— L'ART de Charpenterie (2ᵐᵉ édition). *La Flèche,* 1692, in-fol.
Édition postérieure à la mort de Math. Jousse.

— LE MÊME (3ᵉ édition), corrigé et augmenté par de La Hire. *Paris,* 1751, in-fol.

— LE MÊME. Augmenté de l'art de serrurerie (4ᵉ édition.) *Paris,* 1751, in-fol.
Édition donnée par Jombert.

— LE SECRET d'architecture, découvrant fidèlement les traits géométriques, coupes et dérobements nécessaires dans les bàtiments. Enrichi d'un grand nombre de figures adjoustées sur chaque discours pour l'explication d'iceux, par Mathurin Jousse, de la ville de la Flèche. *Par Georges Griveau, imprimeur ordinaire du Roy et du Collége royal,* MDCXLII, *avec privilége de Sa Majesté.* In-fol. de 227 pp. chiffrées, comprenant le titre, la dédicace au marquis Urban de Maillé-Brézé, le texte et la table. [9766]

JOUTEL. Journal historique du dernier voyage que feu M. de la Salle fit dans le golfe de Mexique, pour trouver l'embouchure et le cours de la rivière de Missicipi (*sic*), nommée à présent la rivière de St-Louis, qui traverse la Louisiane. Où l'on voit l'histoire tragique de sa mort, et plusieurs choses curieuses du nouveau monde ; rédigé et mis en ordre par M. de Michel. *Paris, Et. Robinot,* 1713, in-12, de XXXIV et 386 pp. avec une carte.

Cette relation curieuse du malheureux voyage de M. de La Salle a été écrite par l'un de ses compagnons d'infortunes ; elle complète le récit de l'expédition fait par le frère du voyageur (voy. LA SALLE).

30 fr. Maisonneuve.

JOUY (Barbet de). Musée impérial du Louvre. Les gemmes et joyaux de la couronne, publiés et expliqués, dessinés et gravés à l'eau-forte par Jules Jacquemart. *Paris, Impr. impér.,* 1865, gr. in-fol. avec 30 pl. finement gravées, sur pap. de Chine.

112 fr. Gancia.

JOVELLANOS (D. *Gaspar* de). A sus compatriotas. Memoria en que se rebaten las calumnias divulgadas contra los individuos de la Junta central. Y se dá razon de la conducta y opiniones del autor desde que recobró su libertad. Con notas y appendices. *Coruña. En la oficina de D. Franc. Candido Perez Prieto,* 1811, 2 vol. pet. in-4.

Volume 1ᵉʳ, IX ff., 131 et 156 pp. et 2 ff. ; vol. II 204 pp. ; fort rare. £ 5, Salvá ; 50 fr. Maisonneuve.

JOVIUS (*P.*). Pauli Iovii ‖ Nouocomensis libellus de lega‖tione Basilii Magni Principis Mo‖schoviæ ad Clementē VII. Pont. ‖ Max. in qua situs Regionis anti‖quis incognitus, religio gentis, mores, et causæ legationis fidelissime referuntur.... (In fine) : *Romæ, ex ædibus ‖ Francisci ‖ Minutii Calvi ‖ anno* M.D.XXV. ‖ In-4 de 20 ff., bordure s. b. au titre ; le dernier f. ne contient que la déclaration : « *Quisquis es, siue impressor, siue Bibliopola, caue libellum hunc...* »

Édition originale d'une pièce dont l'importance est connue. 60 à 80 fr.

— BENEDICTI Jovii Novocomensis de Venetis Gallicum Trophæum. *S. l. n. d.* (1509), in-4, de 6 ff.

Pièce rare, en vers latins, relative à la bataille d'Agnadel, gagnée par Louis XII sur les Vénitiens ; ce document historique offre quelque intérêt, mais les amateurs apprécient peu son mérite et sa rareté, puisque l'exemplaire de M. Potier a été donné pour *un* franc à sa vente de 1872.

— JOVII (Pauli) comensis medici, de Romanis piscibus Libellus... ad Ludovicum Borbonium Cardin. *Basileae, ex offic. Frobeniana*, 1535, in-8, de 144 pp. [5856]

L'exemplaire à la reliure de Grolier, en *v. f.*, compartiments, dont M. Brunet décrit les pérégrinations, a été vendu 550 fr. chez M. Jos. Techener en 1865, et 605 fr. Potier ; le dos était refait.

— ILLUSTRIUM virorum vitæ. *Florentiae, ex offic. Laurentii Torrentini*, 1549, in-fol. [30391]

Un exemplaire en *veau brun*, à compartiments, à la reliure avec la devise de Grolier, très-pur et très-frais, 2,500 fr. à la vente de Jos. Techener en 1865.

— DE VITA Leonis decimi Pont. Max. Lib. IV. *Florentiae, Torrentino*, 1549, in-fol. [21647]

Un très-bel exemplaire, en *veau*, à compartiments, à la reliure de Grolier, 1,700 fr. vente de J. Techener en 1865.

— PAULI JOVII Novocomensis, episcopi Nucerini, historiarum sui temporis (ab a. 1494, ad a. 1553), Libri XLV. *Lutetiae, Paris., ex offic. M. Vascosani*, 1553, 2 tomes en 1 vol. in-fol. [23066]

L'admirable exemplaire de M. Solar, recouvert d'une splendide reliure portant, répété cinq fois sur chaque plat, un médaillon en relief représentant Henri II, vendu 1,420 fr., a été exposé une seconde fois aux enchères en 1865, lors de la vente des livres du libraire Techener, et porté 3,110 fr.; il fait aujourd'hui partie de l'admirable collection d'un bibliophile et iconophile rouennais bien connu, M. Dutuit.

JOYEUSES (Les) aduentures et nouuelles recreations contenans plusieurs comptes (*sic*) et facétieux devis. *A Paris, chez P. Menier, portier de la porte S. Victor*, 1598, in-16, titre avec bordure gr. s. b.; 124 ff. chif. pour le texte, y compris l'*épistre aux lecteurs ;* la table commence au f. E chiffré 125 ; les trois ff. suiv., qui complètent la table, sont non chiffrés. [17342]

Édition rare ; un exemplaire court de marges, 35 fr. catal. Claudin.

JOYEUSES NARRATIONS (Les) aduenues de nostre temps, contenans choses diverses pour la récréation de ceux qui désirent sçauoir choses honnestes. *Lyon, Benoist Rigaud (de l'Impr. de P. Michel)*, 1596, in-16. [17339]

Édition que ne cite pas le *Manuel ;* ce petit livre rare renferme 25 nouvelles fort joyeuses ; l'une d'elles : « *D'un mari qui enferma une nuict sa femme hors de sa maison...* » a pu donner à Molière l'idée du dénoûment de *George Dandin*.

En *mar.* de Hardy, 270 fr. Leb. de Montgermont.

JUAN DE LA ANNUNCIACION, de la orden de S. Agostin. Sermonario en lengua Mexicana, donde se contiene (por el orden del Missal nuevo Romano), dos sermones en todas las Dominicas y Festividades principales de todo el año, y otro en las Fiestas de los sanctos, con sus vidas y comunes. Con un catecismo en lengua mexicana y española, con el Calendario. *Mexico, Antonio Ricardo*, 1577, in-4, de VIII-272 ff. mal chiffrés.

Volume fort rare, qu'a fait connaître le catal. Andrade, 112 thal. 20 gr. à cette vente ; M. Tross portait, en 1870, à 90 fr. seulement, un exemplaire mal conservé.

— DOCTRINA christiana muy complida, donde se contiene la exposicion de todo lo necesario para doctrinar á los Indios y administrarles los sacramentos. Compuesta en lengua castellana y mexicana. *Mexico, Ant. Ricardo*, 1575, in-4, de 6 ff. limin., 287 pp. chiff., plus 2 ff. d'errata ; la partie espagnole est imprimée en italique ; le mexicain en caractères ronds ; quelques lignes en caractères gothiques.

JUAN DE LA CONCEPCION (P. Fr. Recoleto Agustino Descalzo, ecc.). Historia general de Philippinas. Conqvistas espiritvales y temporales de estos españoles dominios, establecimientos, progresos, y decadencias, con noticias universales geographicas, hidrographicas, de historia natural, de politica, de costumbres y de religiones, ecc. *En Man(ila). Impr. del Seminario Concil. y Real de S. Carlos : Por Agustin de la Rosa y Balagtas, 1788, y en el Conv. de Nra. Sra. de Loreto del Pueblo de Sampaloc : Por el hermano Balthasar Mariano, Donado Franciscano*, 1788-92, 14 vol. in-4. [28224]

Ce livre est d'une haute importance pour l'histoire des colonies espagnoles en Asie et en Amérique ; il a été publié, après la mort de l'auteur, par le P. Joachim de la Virgen de Sopetran, provincial de la province de San Nicolas, à Manille.

10 guinées Fischer ; 110 fr. Maisonneuve (1867); £ 15 Quaritch; 200 fr. Maisonneuve.

JUARROS (Don *Domingo*). Compendio de la Historia de la ciudad de Guatemala. Edicion del Museo Guatemalteco. *Guatemala, imprenta de Luna*, 1857, 2 tom. en un vol. in-8. [28677]

Tome 1er, 374 pp. et 1 f.; tome 2e, 384 pp.

35 fr. Maisonneuve (1867).

Dans la même vente figurait un exemplaire de l'édition originale de 1808-1818, 2 vol. in-4, 1ᵉʳ vol. II-385 ; 2ᵉ vol. xv-361 pp. ; il avait été adjugé à 160 fr., mais rendu à cause d'une piqûre au 1ᵉʳ vol., il fut revendu 100 fr.

Ce livre a été traduit en anglais par Baily, et imprimé *à Londres en* 1823, in-8.

JUGEMENT (Le) de Paris (par N. Renouard). *A Paris, chez Mathieu Gvillemot.* M.DC.X, in-8, de iv-48 pp., dédicace à la princesse de Conti.

Un charmant frontispice, gravé par Léonard Gaultier, donne un certain prix à cette jolie pièce. 8 à 10 fr.

JUGES (Les) jugés se justifiant, ou Récit de ce qui s'est passé en la condamnation et exécution de quelques-uns des juges du dernier roy d'Angleterre (Charles Iᵉʳ), le temps de leur mort, les discours qu'ils ont tenus. *Iouxte la copie imprimée à Londres (Hollande),* 1668, in-12.

Petit volume fort rare. 8 à 10 fr.

JULIAN (*Anselme*), docteur en médecine. De l'Art et iugement des songes et visions nocturnes. *A Lyon, chez Barthol. Vincent,* 1619, in-12. 6 à 8 fr.

JULIAN (D. *Antonio*). La perla de la America, provincia de Santa Marta, reconocida, observada, y expuesta en discursos historicos. *Madrid, D. Antonio de Sancha,* 1787, in-4, de xxx-280 pp., avec le plan de Santa Marta.

Cet ouvrage est divisé en trois parties : la première traite du commerce et de la richesse de la province ; la seconde, de la langue *Guagira* et des mœurs des Indiens du pays ; la troisième, des ports et rivières.

25 fr. Maisonneuve.

JULYOT (*Ferry*). Elégies de la belle-fille lamentant sa virginité perduë…. *Bezanson,* 1557, in-8. [13690]

Le seul exempl. connu complet de ce livret si curieux était celui de Nodier, qui avait été payé 200 fr. par M. Yéméniz ; à la vente de ce bibliophile célèbre il a été poussé à 635 fr. et il serait payé plus cher aujourd'hui.

Le second exempl. connu est celui de la biblioth. de Besançon ; il est incomplet du titre et des pp. 7 et 8.

Une nouvelle édit., avec introduction et notes par E. Courbet, a été donnée à Paris par A. Lemerre, en 1868 ; c'est un pet. in-12 de 100 pp. ; introduction, 1-42 ; texte, 43-88 ; appendice, 89-100. Elle est fort bien exécutée et depuis longtemps épuisée ; un exempl., en *mar.*, de Petit, est porté à 70 fr. au catal. Morgand et Fatout.

JUNII (*Hadriani*) medici Emblemata. Eiusdem Ænigmatum libellus. *Antverpiæ, ex offic. Chr. Plantini,* 1565, 2 part. in-8, 152 pp. et viii ff. ; 58 fig. s. b., sur le titre la marque au compas. [18566]

Charmant recueil d'emblèmes ; c'est le volume le plus élégant que les presses de Plantin aient produit

à cette époque. Chaque page des *Emblemata* porte un encadrement de bon goût, et les pp. 7-64, qui renferment les 68 emblèmes, ont toutes, au milieu de l'encadrement, une jolie vignette sur bois ; sous chacune sont quatre vers latins de différents mètres. Les grav. sont signées du monogr. G. (Hubert Goltzius ?) ; elles semblent d'origine italienne, et M. Vinet fait remarquer qu'elles ont dû être exécutées pour un ouvrage italien inconnu, car plusieurs portent une légende gr. en cette langue.

Cette première édition latine a été réimprimée à *Anvers, par Plantin en* 1566 (in-8 et in-16), 1569 (in-16), et *à Leyden* (où Plantin avait transporté ses presses l'année précédente), 1585, in-32, avec 4 vignettes ajoutées d'une exécution très-médiocre.

De toutes ces éditions, la première est naturellement la plus recherchée et vaut de 40 à 50 fr.

— LES EMBLESMES de Adrian Lejeune, faicts François et sommairement expliqués. *Anvers, Christophe Plantin,* 1567, in-16.

— LES MÊMES, trad. par Jacques Grévin… *Ibid., id.,* 1568, pet. in-8, de 78 pp. et 57 fig. s. b.

— LES MÊMES… *Ibid., id.,* 1575, in-16, fig. s. b.

Ces trois éditions françaises ont une certaine valeur ; la première vaut de 30 à 40 fr.

JUSSIE (*Jeanne* de). Le Levain du Calvinisme, ou commencement de l'hérésie à Genève, faict par révérende sœur Jeanne de Jussie, lors religieuse à Saincte-Claire de Genève, et après sa sortie abbesse au couvent d'Anyssi. *Chambéry, Geofroy Du Four, s. d.* (1649), pet. in-12. [22428]

En *mar.* de Chambolle, 80 fr. Potier.

JUSTIFICATION de Don Antonio, roi de Portugal, touchant la guerre qu'il faict à Philippe, Roi de Castille, ses subiects et adherens, pour estre remis en son Roiaume. Auec vne histoire sommaire de tout ce qui s'est passé à cette mesme occasion, iusques en l'an 1583. *Leyde, Christophle Plantin,* 1585, in-4.

Pièce fort rare que ne citent pas MM. Ruelens et de Baker, et dont nous empruntons le titre à l'un des excellents catal. de M. Maisonneuve, qui la porte à 16 fr.

JUSTIN (Les OEuvres de St.), philosophe et martyr, mises du grec en langage françois, par Jan de Maumont. *Paris, Michel de Vascosan,* 1559, in-fol. [856]

Un exempl. de ce livre, qui, en condition ordinaire, ne vaut pas 20 fr., recouvert d'une admirable et très-riche reliure, pour Louys de Saincte-Maure, marquis de Nesle, a été porté à 2,500 fr. à la vente du libraire Techener en 1865.

JUSTINIEN. C'est le liure des institutions des droitz appelle Institute, translate de latin (*sic*) en francois ⁊ corrige en diligence p̃ plusieurs docteurs et souuerains legistes. *S. l. n. d.* (*Lyon, vers* 1490). Pet. in-fol., goth., à 2 col., de 109 ff., dont le premier blanc.

L'exempl. Gaignat et Meerman, en anc. *mar.*, n'a été vendu que 80 fr. Tross (1865).

Il était porté comme provenant de la Vallière ; il figure en effet au catal. de la vente de 1773, où, réuni à deux autres vol. in-fol., dont une édition latine de *Justinien* de 1506, il a été vendu 21 sols.

JUSTINELLI (*Pierre*) de la Compagnie de Jésus. Triomphe de la Chasteté contre le vice de l'incontinence. *A Paris, chez Sebastien Cramoisy*, 1621, in-8.

Ce livre entre dans des détails assez scabreux ; il est devenu fort rare.

JUSTINUS. In Trogi Pompeii Historias exordium. *Impressum Mediolani per Chr. Valdarfer*, 1476, in-fol. [22688]

En *mar.*, 140 fr. Techner (1865).

JUSTITIA (de) Britannica sive Anglica ; quæ contra Christi Martyres continenter exercetur. *Ingolstadii, ex officina D. Sartorii*, 1584, pet. in-8, de 8 ff. lim., (cont. le titre, l'avis du libraire et une épître de Rich. Barrett, alors recteur du collége de Reims), 92 pp. et 1 f. non chiff.

19 fr. en 1867.

A cette diatribe Nic. Sanders opposa la réponse suivante :

— **Ad Persecutores** Anglos pro catholicis domi forisque persecutionem sufferentibus; contra falsum, seditiosum et contumeliosum libellum inscriptum : *Justitia Britannica*, vera, sincera et modesta responsio, qua ostenditur quam injuste Protestantes Angli Catholicis perduellionem obliciant. *S. l. n. d.* (*Ingolstadt*, 1585), pet. in-8, de VIII ff. lim., 285 pp. chiff. et 10 pp. non chiff. pour la table et les errata. 17 fr. en 1867.

Ces deux volumes sont inconnus à Lowndes.

JUSTO. Qui comincia el libro de sācto Iusto Paladino de Frāza de la sua vita e come a elo li aparve la fortuna del mōdo e como parlava cō essa : e come lo fu intemptato dal demonio de diversi modi dela nostra fede cristiana. *Qui finisce la vita de Justo Paladino de Franza a di cinque de feveraro del mile quattro cento et ottantacinque in Vicenza. Deo gratias. Amen.* In-4 de 2 cahiers de 6 ; le premier et le dernier f. sont blancs ; les autres sont à 2 col. avec sign. a-b. iij. Sans nom d'imprimeur, sans chiff. — (Bibl. Trivultiana.)

JUVENALIS. Juvenalis et Persii Satyræ (absque nota). *S. l. n. d.* (*Paris, Gering*, cⁱ 1472), in-fol. de 73 ff., dont le 62ᵉ est blanc ; sans ch., récl. ni sign., 31 l. à la page entière. [12545]

M. Brunet cite quatre vers du colophon ; il aurait pu donner les trois derniers, qui sont importants :

Persius ! arte nova impressus : et ingenue
Fœlices igit; alemannos : arte magistra
Qui studio ornantes fertis in astra gradum.

Un très-bel exempl., en *mar.* de Hardy-Mennil, est porté à 1,200 fr. au premer catal. Tross de 1868. « C'est, disait avec raison M. Tross, le volume le plus rare qui soit sorti des presses des prototypographes parisiens ; c'est en même temps le premier poëte classique imprimé en France. »

— **Juvenalis** et Persii Satyræ, cum commentariis Dom. Calderini. *S. l. n. d.* (XVᵉ s.), pet. in-fol.

Dans cette édition précieuse, le commentaire, impr. à longues lignes, forme une partie indépendante du texte. Le *Juvénal* occupe 60 ff., dont le premier est blanc, avec des sign. a-h, et 33 lignes à la page. Il commence par les mots : *Junii Juvenalis Aquinatis Satyra prima*, et finit au vᵒ du 60ᵉ f. par ce colophon en petites majuscules : *Explicit Juvenalis Aquinatis feliciter emendatum per M. M. A. S. M.* (*per Marcum Antonium Sabellicum*, traduit Panzer). Le *Perse* commence au 61ᵉ f., avec de nouvelles signat. a-h, 32 lig. à la p., sauf la dernière qui en a 34 ; il finit au 71ᵉ f., dont le vᵒ contient le registre ; le 72ᵉ f. blanc.

Les commentaires de Calderini forment une partie séparée de 70 ff., dont le premier blanc ; 42 lig. à la p. (*Hain*, 4,238).

Un bel exempl. dans une riche rel. de Trautz, 820 fr. Techener (1865).

Nous citerons encore :

— **Juvenalis.** Persius. *Venetiis, in ædibus Aldi*, 1535, in-8.

Un exempl. en *veau fauve*, à compartiments très-élégants, à la reliure, au chiffre et avec la devise de Grolier, est porté au prix de 3,000 fr. au cat. Gonzalez (Bachelin, 1877) ; c'est sans doute l'exempl. signalé comme vendu en Angleterre 575 fr. en 1857.

— **La dixiesme** ‖ Satyre de Iv ‖ uenal. Traduycte nouuelle- ‖ ment de Latin, en Rithme ‖ Frācoyse, par Michel d'Am ‖ boyse. Escuyer seigneur de ‖ Chenillon. ‖ *On les vend a Poictiers, a l'en* ‖ *seigne du Pelican. S. d.* (vers 1540), in-8 de 24 ff., dont le dernier blanc.

Cette traduction, séparée de la 10ᵉ satire, n'est pas indiquée par M. Brunet, qui cite les quatre satires (VIIIᵉ, Xᵉ, XIᵉ et XIIIᵉ) traduites par Michel d'Amboyse. *Paris, V. Sertenas*, 1544, in-8.

Un exempl. en *mar.* de Capé est porté au prix excessif de 300 fr. au cat. du libraire Fontaine ; il avait été payé 151 fr. chez M. Taschereau.

JUVENCUS (*Caius Vestius Aquilinus*). Presbyter. Opera. *Antverpiæ, sans nom d'imprimeur*, 1498, in-4. [12579]

Cette édition, que nous croyons pouvoir déclarer apocryphe, ne figure que dans le catal. des livres des ci-devant jésuites de Tournai, nᵒ 160.

— **Quatuor** Evangelia, hexametris versibus. *S. l. n. d.* (*Deventer. Jacq. de Breda*, vers 1500), in-4, de 62 ff., car. goth. de 3 grandeurs, sans ch. ni récl., avec sign. Aij-Kiiij.

Cette édition, citée par M. Campbell (*Ann. de la typogr. néerlandaise*), est au moins aussi rare que celle de Deventer, exécutée par Rich. Paffroet, vers 1497, et qu'enregistre le *Manuel*.

K

KAETSPEL. Dat caetspeel ghemoraliseert in ‖ gheestelike eñ waerliken iusticien ‖ (Jeu de paume moralisé, traduit du fran- çais en hollandais par Jan Van den Berghe). *Delf in Hollant, In den gulden pot, Heynrick Eckert van Hom-*

berck, 1498, 9 *Januarii,* in-4, de 82 ff., goth., à 30 et 31 longues lignes, avec sign. a ij-o iij, sans chiff. ni récl. [3851]

Décrit par M. Campbell d'après l'exemplaire de M. Serrure; l'erreur de date commise par Panzer et par Jansen, vient du catal. Van Damme, 1764, nº 2506, dont l'exemplaire est annoncé, par suite d'une erreur typographique, sous la date de 1493.

KAKASCH von Zalon Kemeny und Georg Tectander. Iter persicum durch Polen, Littaw, Reussen, Moscaw, Tartarey, Cassaner und Astracaner Land, anno 1605. *Altenburg, Henning Gross,* 1609, pet. in-8, avec 6 planch. gravées en taille-douce.

Volume rare et curieux. 25 à 30 fr.

KALADLIT Okalluktualliait. Kalãdlisut kablunãtudlo. *Noungme,* 1859-60-61, 3 vol. in-8, avec musique notée.

Collection de chants populaires et légendes des Groenlandais; texte original avec une traduction danoise en regard; ce recueil est précieux; il est orné de planches gravées par des naturels et a été imprimé au Groenland.

Un exemplaire complet vaut 80 à 100 fr.; le premier et troisième volume ont été vendus 30 fr. Maisonneuve.

KALA SANKALITA. A Collection of memoirs on the various modes according to which the nations of the Southern parts of India divide time, by John Waren. *Madras,* 1825, in-4.

Ouvrage important et rare, porté sous le nº 5675 du catal. Maisonneuve de 1866, au prix de 90 fr.; ce même catal. donne le détail exact du contenu de cette collection intéressante.

KALAUIDOVITCH (*K.*). Drevniga rossiiskiya stikhotvoreñiya sobranniya.... Recueil d'anciennes poésies russes, avec musique notée. *Moscou,* 1818, in-4.

Rare et curieux. 15 à 20 fr.

KALENDARION gregorianon. Calendrier grégorien en grec vulgaire. *Romæ, Fr. Zanetti,* 1573, in-4.

£ 2. Libri.

KALENDER (Ein) mitt sinem nüwen vñ stundẽ us des hochgelerten doctor iohannis Kungspergers, practic vnnd sunst vil subtiler sachẽ mit vil figuren als mã am nechsten blatt lütrer meldung findt. (A la fin): *Getruckt in der keiserlichen statt Zürich durch Hansen am wasen, am sampstag nach Sant Lux tag des iars do man Zalt Tusent fünff hundert vnd acht iar* (1508), in-4, de 19 pp., fig. sur bois.

Pièce fort rare, dont les planches sur bois sont remarquables.

KALENDRERA ‖ Bazco noiz daten, ‖ Ilhargvi berriaren ‖ eta letra Dominicalaren eça ‖ gutzeco manera- ‖ requin.

Besta deitzen direnetaric-ere batzu eçarri içan-‖dira, ez Igandeaz berce egun Sanctificatzeco-‖ ric delacotz, baina ferieta-co...... *Rochellan.* ‖ *Pierre Hautin, imprimiçale.* ‖ 1571. ‖ Pet. in-12.

Livre de premier ordre; c'est le premier ouvrage basque, contenant une liturgie protestante; il a été publié par Jean de Leiçarraga, de Briscous, le traducteur du célèbre *Nouveau-Testament* protestant, fait par ordre de la reine Jeanne, mère du roi Henri IV, et imprimé la même année et postérieurement chez le même P. Hautlin.

M. Maisonneuve fait de ce livre précieux, dans le catal. Burgaud des Marets, une description minutieuse, dont nous donnerons quelques extraits.

Le volume comprend deux ouvrages distincts, qui sans doute ont été imprimés pour être vendus ensemble : le premier est un calendrier de VIII ff., sign. A, avec un petit entourage gravé sur bois en tête de chaque mois, représentant un signe particulier du zodiaque; le second de 88 ff., sign. A-L, n'est autre que la traduction du *Catéchisme* de Calvin.

Ce volume a été acheté, relié en *vélin,* 10 fr. à la vente Renouard de 1854, par M. Burgaud des Marets; relié depuis en *mar.* par Capé, ce qui ne changeait guère sa valeur, il a été porté au prix considérable de 900 fr. à la vente de cet amateur, qui eut lieu en 1873.

KALENDRIER des festes de la saincte Vierge... et des saints canonisez qui lui ont esté devosts, etc. (par le P. Cyrille le Pennec, carme). *A Morlaix, chez Nicolas du Brayet et Roberte Drillet, sa compagne,* 1647, in-32.

— Réimpr. *à Vannes, chez Jacq. de Heuqueville,* 1694, 2 vol. in-16.

Ces deux éditions, et particulièrement la première, sont rares et recherchées en Bretagne.

KANE (*Paul*). Wanderings of an Artist among the Indians of North America, from Canada to Vancouver's island and Oregon, through the Hudson's bay Company's territory and back again. *London,* 1859, in-8, avec carte, illustrations dans le texte et 8 planches en couleur, exécutées sur les dessins de l'auteur. £ 1.

KARADZIC (*Vuk Stephanovic*). Srpske narodne pjesme. Chants populaires du peuple serbe. *Belchù* (*Vienne*), 1841-45-62, 4 vol. in-8.

Collection importante et rare, qui vaut de 50 à 60 fr.

— SERBISCH-Deutsch-Lateinisches Wörterbuch. *Wien,* 1818, in-8. 20 fr.

— LEXICON-serbico-germanico-latinum. *Vindobonae,* 1852, gr. in-8. 25 fr. [11451]

KARGEN (*Sixt.*). Renouata Cythara, hoc est, Noui et commodissimi exercendæ Cytharæ modi, constantes cantionibus musicis, Passomazo, Padoanis, Gaillardis, Alemanicis & alijs eiusmodi pulchris exemplis, ad Tabularam commune redactis. Quibus accessit dilucida in Cytharam Isagoge, quo suo marte quilibet eam ludere discat. *Moguntiæ*, 1569, in-fol. obl.

— Réimpr. *Argentorati*, 1575, in-fol. obl.

KASEMANN (*Roger*). Liure d'Architecture, contenant plusieurs beaux ornemens, balustres, colonnes, frises, cornices (*sic*), thermes et autres pièces appartenant audict art, curieusement recherche et pourtraict sur les plus rares antiques tant de Rome que de Cologne et autres lieux ou l'architecture a le plus flory. Par Roger Kaseman Aleman. — *A Paris, chez Iean Messager, rue Sainct Iacques, a lenseigne de lesperãce*, MDCXXII, in-fol.

Voici la description de ce rare volume : un titre gravé dans un beau portail d'architecture, surmonté des armes royales (France et Navarre); IV pp. de texte; 23 ff. de pl. gr. d'un seul côté, avec sign. de A à BB; les planches C et P ne se trouvent pas et ne doivent pas se trouver au volume, car elles ne sont pas indiquées au texte explicatif. 100 à 120 fr.

KATALOG der Privat-Bibliothek S. M. des Königs von Hannover. (Catalogue de la bibliothèque privée de S. M. le roi de Hanovre). *Hannover*, 1858-63, 2 vol. in-8.

12 fr.

KAZIMIRSKI (*A.* de Biberstein). Dictionnaire arabe-français, contenant toutes les racines, leurs dérivés dans les idiomes vulgaire et littéral, dialectes d'Alger et du Maroc. *Paris*, 1860, 2 vol. gr. in-8.

100 fr.

KELLERHOVEN (*F.*). Reproduction par la chromolithographie des chefs-d'œuvre des grands maîtres, avec un texte explicatif. *Paris, Didot*, 1868, 6 tableaux format gr. in-folio. Prix cartonné, 200 fr. Chaque tableau avec texte explicatif: 30 fr.

— LA LÉGENDE de sainte Ursule, princesse britannique, et de ses onze mille vierges, d'après les tableaux de l'église de Sainte-Ursule, à Cologne, reproduits en chromolithographie, publiée par F. Kellerhoven; texte par J.-B. Dutrou. *Paris, chez l'auteur*, s. d., in-4. 80 fr.

KELLISON (M.). Examen reformationis novæ præsertim Calvinianæ in quo Synagoga et doctrina Calvini, sicut et reliquorum huius temporis novatorum tota fere ex suis principiis refutatur, aut. Math. Kellisono, collegii Duaceni Anglorum præside. *Duaci, P. Avroi*, 1616, in-8, de XVI ff. lim., 774 pp. et XVI ff. non chiff.

Volume rare, qui a échappé aux recherches de Lowndes.

KELSIEF (*V.*). Shornik pravitelistvennikh svyédenii o Raskolinikakh. Recueil de documents officiels sur les dissidents (Raskols) russes. *Londres*, 1860-62, 3 vol. in-8.

On a exécuté, pour illustrer cet ouvrage, douze photographies curieuses, représentant les images, les réunions, le portrait du fondateur, l'initiation, etc., des Raskols; ainsi complet, cet ouvrage vaut environ 60 fr.

KEMENERUS (Timannus). De arte grammatica q̄ttuor ‖ partiniu (*sic*) Alexandri medulla ‖ aurea iam emendata ℨ verissimorum vocabulorum ‖ interpretatione adaucta.... Prima pars. *S. l. n. d.* (*Déventer, Richard Paffroet, circà* 1498), in-4, de 156 ff., goth. et demi-goth., sans ch. ni récl., avec sign.

— MEDULLA aurea in diasin ‖ tecticam Alexandri iam emendata : et faciliori ‖ disposita ordine; cum multis alijs notabilibus ‖ in priori medulla omissa... Pars secunda. *S. l. n. d.* (*Deventer, R. Paffroet, circà* 1498), in-4, de 56 ff., goth. et demi-goth., sans chiff. ni récl., avec signatures.

KEMPIS (*Thomas* a). Suite de l'*Imitation de J. C.*, ou les opuscules de Thomas a Kempis, traduits du latin d'Horstius par l'abbé de Bellegarde, dédiée à madame la duchesse de Bourgogne. *Paris, J. Collombat*, 1700, pet. in-12, front. et portrait.

Ce petit livre a peu de valeur, bien qu'il possède en tête de l'épitre-dédicace à la duchesse de Bourgogne, un charmant portrait de cette princesse, gravé par Desrochers.

Un exemplaire en *mar. doublé*, ancienne reliure, a été cependant payé 57 fr. baron Pichon.

KENDALL (*John*). Litteræ Indulgenciarum. Frater Iohannes Kendall Turcipelerius Rhodi. (A la fin): *Dated* (la date, laissée en blanc, a été remplie à la main : « *Ultimo die Mēsis marcii.* ») *Anno domini Millesimo quadringentesimo Octogesimo.* (1480.) *S. l. n. d.* (*London, W. Caxton*), in-4.

Cette pièce, à peu près unique, est conservée au British-Museum; la lettre d'indulgence, imprimée sur *vélin* « *in forma patenti* », comprend 19 longues lignes, dans lesquelles sont laissés en blanc les espaces pour les noms des donateurs.

Il est très-difficile de dire à quel prix pourrait monter en Angleterre un second exemplaire de cette pièce infiniment précieuse.

KENNETT (Bishop *White*). Bibliothecæ Americanæ Primordia. An attempt, towards laying the foundation of an American library, in several books, papers and writings, humbly given to the Society for Propagation of the Gospel in foreign parts... by a member of the said society. *London, printed for J. Churchill, at the Black Swan in Paternoster Row.* 1713, in-4, titre et 16 pp. lim., 276 pp. chiff. et 112 ff. non chiff. pour la table.

Ce livre est fort rare et recherché en Amérique et en Angleterre; les ouvrages, dont les titres sont portés au catalogue avaient été légués à la Société évangélique ; malheureusement le plus grand nombre, parmi les plus précieux, a disparu par suite de la singulière négligence des missionnaires, qui les prêtèrent un peu au hasard.

KERDANET (Miorcec de). Notices chronologiques sur les théologiens, jurisconsultes, philosophes, artistes, littérateurs, poëtes... et historiens de la Bretagne. *A Brest, de l'impr. de G. M. F. Michel,* 1818, in-8, de IV-504 pp.

Bon livre. 6 à 8 fr.

KERLE (*Jacobi* de). Sex missæ, partim quatuor, partim quinque vocibus concinendæ, magna forma 'et charactere ad vsum Ecclesiarum excusæ. *Venetiis,* 1562, in-fol., oblong.

L'œuvre de ce *maestro di capella* est considérable; nous citerons :

— PRECES speciales pro salubri concili generalis successu Musicis figuris et modis ornatæ. *Venetiis,* 1569, in-4 obl.

— SELECTÆ quædam Cantiones sacræ, modis musicis quinque et sex vocum recens compositæ. *Noribergæ, Theod. Gerlatzem,* 1571, in-4 (et *Venetiis,* 1571, in-4), obl.

— LIBER modulorum sacrorum quinis et senis vocibus, quibus addita est recens Cantio de sacro fœdere contra Turchas. *Monachii,* 1572, in-4 (cité par M. Fétis).

— LIBER mutetorum quatuor et quinque vocum, adiuncto in fine : Te Deum laudamus, sex vocum. *Monachii,* 1573, in-4.

— LE MÊME. Recueil de motets à 4 et 2 voix. *Ibid., id.,* in-4, obl.

— SACRÆ cantiones, quas muteta vocant, 5 et 6 vocum, quibus adiuncti sunt ecclesiastici Hymni de Resurrectione et Ascensione Domini et de B. Maria Virgine. *Monachii,* 1575, in-4, obl.

— IL PRIMO libro capitolo del triumpho d'Amore, del Petrarcha posto in musica per Iacobo de Kerle. V. vocum. *In Venetia,* 1570, in-4, obl.

Tous ces recueils, ainsi que les messes à IV et V voix du même auteur, sont devenus fort rares, et seraient payés un très-haut prix ; un exemplaire des six parties du recueil des *Selectae Cantiones,* de Nuremberg, 1571, £ 3, sh. 15 Libri (1862).

KHALIL IBN ISH'AK'. Précis de jurisprudence musulmane civile et religieuse, selon le rite malékite, traduit de l'arabe par Perron. *Paris,* 1848, 7 vol. gr. in-8.

95 fr. Maisonneuve.

KHISEL (*Jac.*). Il primo libro de Madrigali & Motetti, a 4 & 5 voci, composti dal Giovanni Giacomo Khisel. *In Venetia,* 1591, in-4, obl.

Catalogue des Foires de Francfort.

KIENER et Fischer. Species général et iconographique des coquilles vivantes, comprenant la collection du Museum d'histoire naturelle de Paris. *Paris, J. B. Baillière,* gr. in-8. [6126]

Magnifique ouvrage, commencé en 1834. Les livraisons 139 et 140 ont paru en septembre 1873. Prix des 140 livraisons : 840 fr.

KIEWITCH (*Jan*). Sravnitelnyi Slovar (vocabulaire comparatif de toutes les langues et dialectes de tous les peuples soumis à la Russie et des différentes langues du monde, y compris celles de l'Afrique ; par les soins de Th. Jan Kiewitch). *St-Pétersbourg,* 1790-91, 4 vol. in-4. 120 fr.

Cet ouvrage est une répétition de celui de Pallas (cité au *Manuel*), exécuté par l'ordre de Catherine II ; il en diffère en ce sens qu'il donne les mots similaires des langues, rangés par ordre alphabétique et accompagnés de la traduction russe ; de plus il contient les dialectes de l'Afrique, qui manquent au recueil composé par Pallas.

KILIAN (*Luc.*). ABC Buechlein des Herr Lucas Kilian des Raths inventirt von Regina Hertlerin, eines schreiners tochter gestochen (l'Alphabeth de L. Kilian, gravé par Regina Hertler, fille d'un menuisier). *Nurenberg,* 1632, pet. in-fol.

Alphabet très-orné et très-bien gravé sur cuivre ; il existe quelques exemplaires du même tirage qui portent *Augsbourg* comme lieu d'impression.

— REIPUBLICÆ Augustanæ Vindelicorum ab anno 1548 præfecti, a Luca Kiliano formis expressi. *Aug. Vindel.,* 1624, in-fol., orné de 13 portraits gravés sur bois. (20 à 25 fr.)

KILIAN (*Wolfg.*). Pinacotheca Fuggerorum. Editio nova, multis imaginibus aucta. *Ulmæ, J. Fred. Gaum,* 1754, in-4, avec 130 portraits par et d'après W. Kilian.

KIMBER (*Edward*) and Johnson, R. The Baronetage of England ; also a List of all the Baronets who have been advanced to that dignity, from the first Institution thereof. To which is added an Account of such Nova-Scotia Baronets as are of english families ; and a Dictionary of Heraldry. *London,* 1771, 3 vol. in-8, ornés de nombreux blasons.

16 *sh.* Edwards ; 1 *l.* 6 *sh.* Hibbert.

— THE PEERAGES of England, of Scotland, and of Ireland. *London,* 1766-68, 3 vol. in-12.

Peu de valeur.

KING (*T. H.*), architecte à Bruges. Orfévrerie et ouvrages en métal du moyen âge mesurés et dessinés d'après les anciens modèles. (*Liége*), *Claessen,* 1874, in-fol. 100 fr. [10076]

KIRANI Kiranides. [8972]

Le texte grec des livres kyranides existe en manuscrit. La traduction latine, dans l'édition publiée par A. Bashmama (en latin *Rivinus*) porte un titre aussi long que bizarre. Après la préface de l'éditeur vient celle de l'ancien traducteur latin.

Ces livres semblent avoir été primitivement écrits en grec ; les érudits ne se sont pas mis d'accord sur leur auteur, et tantôt en attribuent la paternité à l'Hermès Egyptien, tantôt à un roi (Κοίρανος) de Perse. On trouve pour la première fois la mention des livres kyranides, dans l'historien Olympiodore le Thébain, qui vivait au Ve siècle, ou plutôt dans les extraits qu'en a laissés Photius ; c'étaient des livres de médecine, de superstition et d'alchimie ; il ne reste rien qui concerne la physique ni la chimie, et la partie astronomique que l'on croit avoir existé ne nous est pas parvenue.

M. Th. H. Martin a consacré un article intéressant à ces curieux monuments dans les *Mém. des Sav. étrangers*, VIII, 366.

KIRCHENGESAENGE, darinnen die Hauptartikel des Christlichen Glaubens. *S. l. (Brunnæ)*, 1606, in-4 de 8 ff. lim., 527 pp., LVI ff. chiff. et 2 ff. non chiff., avec musique.

C'est le recueil des *Cantiques des Frères moraves;* il est fort rare. 120 fr. (1869).

KIRCHEN-GESCHMUCK. Les Ornements des églises, ou brève description des objets servant à l'ornement des églises, par J. Muller (en allem.). *München, Ad. Berg*, 1599, in-4.

Livre assez rare, orné d'un très-grand nombre de grav. s. bois, représentant des ciboires, ostensoirs, orfèvreries, etc.; une grande planche pliée manque à beaucoup d'exempl. (20 fr. 1865.)

KICHMEYER. V. NAOGEORGUS.

KIRWAN (*C.* de). Flore forestière illustrée, arbres et arbustes du centre de l'Europe, par C. de Kirwan, sous-inspecteur des forêts. *Paris, Rothschild*, 1872, 1 vol. gr. in-fol., orné d'environ 350 fig. en couleur. 60 fr.

KLUYSKENS (*Hipp.*). Des hommes célèbres dans les sciences et les arts, et des médailles qui consacrent leur souvenir. *Gand*, 1859, 2 vol. in-8, avec médaillons.

Ouvrage assez médiocre. 10 fr. de Morante.

KNEFEL (*Johann*).Dulcississimæ (*sic*) quædam Cantiones (n° 32) quinque, sex, septem vocum, ita factæ, vt tam humanæ voci, quàm musicis instrumentis aptæ esse possint. *Noribergæ*, 1571, in-4, oblong.

— CANTUS choralis Musicis quinque vocum inclusus, eo ordine, quo totum Anni curriculum præcipuis diebus festis in Ecclesia cantari solet. *Noribergae*, 1575, in-4, oblong.

Ces recueils sont d'une grande rareté.

KNIEZKA tato gest o gruntu wiery obecne Krestianske 2 gistymi duowody proti odporō antykristowy wydana od bratrij. Anno MDXXV. (In fine) : *Oliuecensis*. — Spis welmi vzitecui a potrebuy u stawn swobodnē a manzelskem pocina se sstiast ne. (In fine) : *Anno Christi millesimo quingentesimo vigesimo secundo feria iij post lucie finit quā festiue hora xiiij : et impressū circa ferias pasce anno* xxiij. *Oliwecensis*, pet. in-8, en deux parties, la première, de 24 ff.,

sign. I-XXIV, et la seconde, de 14 ff., sign. A-O, lett. goth.

Livres de prières à l'usage des Frères Moraves, imprimés *à Leutomischl* (en Moravie) en 1523 et 1524.

Le seul exempl. connu a figuré à la vente de M. Sobolewski et a atteint le prix de 50 thal.; il était fort beau.

Sur le f. de garde de cet exempl., on lisait une note autogr. du bibliophile M. M. Jankovich de Pesth : « Libelli hi nullatenus sunt producta typographiæ Moravicæ, vel Bohemicæ, speciatim Leutomischlensis, ubi Paulus Olivecensis typographus fuit. Johannes Olivecensis autem in Moravia typographiam habuit. Quemadmodum me edocuit harum rerum gnarissimus Josephus Bartsch, Pragensis eruditus, Litteris 5. Dec. 1794 ad me datis, »

KNOX. (Captain *John*). Historical Journal of the Campaigns in North America, 1757-60, particularly of the two sieges of Quebec. *London*, 1769, 2 vol. in-4.

Très-intéressant récit de cette triste campagne, qui coûta le Canada à la France; mais la partialité d'une plume anglaise ne peut entamer la gloire sans tache du héros des plaines d'Abraham, du marquis de Montcalm.

Ces deux vol. sont recherchés. £ 2 sh. 15. J. R. Smith.

KOHL (*J. G.*). Die beiden ältesten Generalkarten von Amerika, ausgeführt in den Jahren 1527 u. 1529, auf Befehl Kaiser Karl's V. erläutert. *Weimar*, 1860, in-fol.

Livre intéressant, vendu 3 thal. Sobolewski.

KOLLER (*Jos.*). Historia episcopatus Quinqueecclesiarium. *Posonii et Pestini*, 1782-1801, 5 vol. in-4. — Prolegomena in historiam episcopatus Quinqueecclesiarium. *Posonii*, 1804, in-4, 19 planches.

60 fr. Tross (1872).

KOLLIN (*Conradus* Ulmensis). Eversio Lutherani Epithalamii Summarium operis. Martinus Lutherus, in lascivo suo Epithalamio... virginitatem Pauli, patrias Alemaniæ leges ac Christianitatem, religionum famam, continentiæ apud Deum fructum et aureolam... Cleri celibatum ac bigamiam corrupit, et per hoc Germaniam scōrtatoribus apostatis, meretricibus impudicis implevit, etc. *S. l. (Coloniæ)*, 1527, in-4, goth., de VI ff. lim., 232 ff. chiffrés et 2 ff. de table.

Virulente diatribe catholique; le titre donne un excellent spécimen de l'urbanité qui préside à la rédaction, 11 fr. 50 c. en 1867.

KÖNING (*Jacques*) d'Amsterdam. Dissertation sur l'origine, l'invention et le perfectionnement de l'imprimerie... Couronnée par la Société hollandoise des sciences à Harlem, au mois de mai 1816. Trad. du hollandois. *Amsterdam*, 1819, in-8.

Pièce assez rare, *ad Laudem o Costeri*. La première édit., en hollandais, avait été publiée *à Amsterdam en* 1816.

KOPISCH (*A.*). Agrumi. Volksthümliche poesicen aus alten mundarten Italiens und seiner inseln. *Berlin*, 1838, in-8.

Collection de chants populaires en dialectes italiens, avec une traduction allemande; ce vol., qui n'a pas été mis dans le commerce, est assez rare. 18 à 20 fr.

KORT BERÄTTELSE om Wäst-Indien eller Amerika, som elliest kallas Nÿa Werlden. *S. l.* (*Wisingsborg*), *anno* M.DC.LXXV, in-4, titre et 42 pp.

Pièce fort rare, sortie de l'imprimerie particulière du comte *Pierre de Brahé*, seigneur de l'île de Wisingsoe (Suède mérid.). Portée à 350 fr. au bulletin du libraire Tross.

KOSWICK. (*M.*). Compendiaria ‖ Musice artis æditio, cuncta q̃ ad practicam attinēt ‖ mira quadam breuitate complectens. ‖ Cum quibusdam nouis additionibus. *Lipsi impressit Vuolffgangus Monaceñ*, 1516, pet. in-4, goth., de 12 ff., titre impr. en rouge et noir, avec une grav. en bois, musique.

Précieuse édit. non citée, avec une dédicace : « *Dño Balthasari, cœnobii Dobruliceñ Koswick, artium maḡr* ». 120 fr. (1870).

KRAFFT (*J. L.*). La Passion de N. S. Jésus-Christ, tragédie saincte, ornée de musique et de tous ses spectacles, tirée des quatre Evangélistes, par J. L. Krafft, représentée pour la première fois au grand théâtre de Bruxelles le 8 d'auril 1727, devant S. A. S. Marie Elisabeth, archiduchesse d'Autriche..., et pour la seconde fois le 6 d'avril 1732. *Bruxelles, chez Simon T'Serstevens*, 1736, in-8.

Pièce fort rare ; M. Cigongne en possédait un bel exemplaire.

KRAMERS. Nouveau dictionnaire français-hollandais. *Gouda*, 1859, gr. in-8, de 1968 pp.

20 fr.

KRAMMER (*G.*). Architectura von den funf Seulen sambt iren Ornamenten und Zierden (Architecture des cinq ordres de colonnes, avec leurs ornements, par Gabriel Krammer de Zurich , ébéniste et fifre de la garde de S. M. I.). *Praq*, 1600, gr. in-fol., front. gravé, 5 ff. de texte et 28 pl. en taille-douce.

Ouvrage qui rappelle le grand livre de Dietterlin, mais beaucoup plus rare encore. 150 fr. 1869.

KREIHING (*Joan.*), Soc. Jesu. Emblemata Ethicopolitica carmine explicata. *Antverpiæ, apud Jacobum Meursium*, 1661, in-12, fig.

160 fig. gravées sur cuivre, avec explication en vers latins ; les gravures ne valent guère mieux que les vers.

35 fr. 2e vente de Morante.

KRENGEL (*Gregory*). Tabulatura nova, continens selectissimas quasque Cantiones, vt sunt Madrigalia, Mutetæ, Padanæ & Villanellæ, testudini sic aptas, vt quilibet singulas duplici modo ludere et concinere possit, iam recens edita. *Francofurti ad Viadrum*, 1584, in-fol. obl.

Edition fort rare d'un précieux recueil.

KUCHEN meisteri (*sic*). *S. l. n. d.*, pet. in-4, goth. Sur le titre se trouve, à la suite des deux mots ci-dessus, une planche gr. sur b. représ. l'intérieur d'une cuisine au xve siècle. Au f. A² ro : Die vorred ‖ vil menschen seind bun ‖ derlich und nit vnbillichen geneygt ‖... Au ro du f. B i : Das erst Teyl ‖ Das erst Teyl ist von Fastenspeysz ‖ vnd es hebt an an (*sic*) fisch sieden ‖...

C'est le premier livre de cuisine impr. en allemand ; Hain (no 9798) cite une autre édition. 60 fr. Tross (1862).

KUEN (*Mich.*). Collectio scriptorum rerum historico-monastico-ecclesiasticarum variorum religiosorum ordinum, curante R. P. D. Michaele Kuen. *Ulmæ et Gunzburgi ad Danubium*, 1755-65, 6 tomes in-fol. [21705]

Ce qui prouve que le dernier vol. de cet important ouvrage est daté de 1765 et non de 1768, c'est qu'il a été réimpr. sous le titre de:

WENGA, sive informatio historica de exempti Collegii S. Michaelis ad insulas Wengenses. *Vlmae*, 1766, in-fol.

Michel Kuen était abbé du monastère de Wengen, à Ulm.

KÜNSTLICHE und wolgerissene figuren der fürnembsten Euangelien durchs gantze Jar sampt den Passion und Zwölff Aposteln, der gleichen vor nie in druck auszgangen..... durch Ivst Amman Burgern zu Nürenberg. (In fine) : *Impressum Francofurti ad Mœnum, per Petrum Fabricium, impensis Sigismundi Feyerabendii*, 1579, in-4, de 44 ff.

Charmant livre orné de 80 bois (et non 78, comme le dit M. Becker, p. 17), très-finement exécutés ; c'est l'une des plus gracieuses productions du maître.

KURTZ anzeygung etlicher puncten und artickel der vereynigung und püntnisz Switschen dem Bapst vnd dem König dom Franckenreyk münlich gemacht vnd vff gericht. *Sans indic. de lieu ni de date* (1524), in-4, de 4 ff., goth., titre entouré d'une bordure grav. s. b.

Pièce originale, relative au traité de neutralité conclu entre Clément VII et François Ier, en 1524. 25 à 30 fr.

KURTZE doch gegründte Beschreibung des Herrn Wilhelmen, Pfalzgrauen bey

Rhein Hochzeitlichen Ehren Fests und dann was fur herliche Ritterspil zu Ross und Fuers mit Thurnieren in der Fürstlichen Hauptstat Munchen gehalten Worden sein. *Gedruckt in München bey Adam Berg,* s. d. (1568), gr. in-fol. avec 15 grandes planches grav. sur cuivre par N. Solis.

C'est la relation des fêtes qui ont été célébrées à Munich à l'occasion des noces de Renée de Lorraine et de Guillaume de Bavière. 197 fr. Ruggieri; 315 fr. vente Tross, mai 1868.

— HOCHZEIT des Herzogs Wilhelm von Bayern mit Renata von Lothringen (par H. Wirre). *Augspurg, Ph. Ulhart,* 1568, in-fol., avec grav. s. bois et une grande pl. pliée; texte en vers. C'est une seconde relation fort rare de la même cérémonie.

85 fr. Tross, même vente.

KYRIOLÈS ou Cantiques qui sont chantés à l'église de Mesdames de Remiremont par de jeunes filles de différentes paroisses (*sic*) des villages voisins.... qui sont obligés d'y venir en procession le lendemain de la Pentecôte. *Remiremont, Cl. N. E. Laurent,* 1773, in-8, avec 4 gr. s. b.

Poésies en vers français mêlés de patois lorrain; 25 shellings (Libri, 1862).

KYSEL (*Melchior*). Icones Biblicæ veteris et novi Testamenti. Figuren Biblischer Historien alten und neuen Testaments. Proprio aere incisæ et venales expositæ a Melchiore Kysel. *Augustæ Vind.,* 1679, in-4. [348] — *Vieux Testam.,* 1re partie : front. gr., titre gr., 4 ff. impr. en car. mobiles, dont 2 ff. de texte en allemand, *au lecteur,* et 2 ff. de dédicace au duc Maximilien de Bavière, 51 pl.; 2e part. : front. gr. et 51 planches; 3e part. : front. gr., 50 planches, plus un fleuron sur un f. séparé. — *Nouveau Testam.* : front. gr., titre gr., 47 planches; — front. gr., 42 planches, plus un fleuron sur un f. séparé.

130 fr. Solar, mais seulement 20 fr. (nov. 1866).

L

LA BARRE (Le Febvre de). Description de la France Eqvinoxale, cy-deuant appelée Gvyanne, et par les Espagnols, El Dorado. Nouuellement remise sous l'obéissance du Roy, par le sieur Le Febvre de la Barre, son lieutenant-général dans ce païs. *Paris, Jean Ribov,* 1666, in-4, de 52 pp. [28887]

Il faut une carte dressée sur les Mémoires de la Barre, et gravée par Mel, qui manque souvent.

Ce volume complet vaut aujourd'hui de 40 à 50 fr.; il a été vendu 45 fr. Maisonneuve.

LABARTE (*Jules*). Histoire des arts industriels au moyen âge, et à l'époque de la Renaissance, par Jules Labarte. *Paris, A. Morel & Cie,* 1864-66, 4 vol. gr. in-8, de 600 pp. environ, avec grav. sur bois, et deux albums in-4, de 150 pl. chromolithographiées, gravées sur métal, etc.

Consciencieux travail, d'une belle exécution ; le prix de l'exemplaire ordinaire était fixé à 360 fr., et celui de 100 exemplaires, tirés sur papier exceptionnel, avec épreuves de premier tirage sur papier de Chine, était de 500 fr.

Un de ces derniers exemplaires a été porté à 800 fr. à l'un des catalogues, à prix marqués, du libraire Aug. Fontaine ; un autre, relié en *mar. plain,* par Chambolle-Duru, était offert au prix de 1,800 fr. en 1872; un exemplaire en papier vélin (n° 3), 449 fr. Labitte (10 décembre 1874); 515 fr., broché, Chasles (janvier 1872).

Les exemplaires en papier ordinaire valent aujourd'hui, dans les ventes, de 250 à 280 fr.

En 2 vol., gr. in-4, demi-rel., tr. supér. dorée, non rogné, 350 fr. Curmer; en 6 vol., demi-rel., 260 fr Labitte (décembre 1874).

Ce grand ouvrage a été réimprimé à *Paris, chez la veuve Morel,* en 1871; cette seconde édition forme 3 vol. in-4; les planches sont nécessairement moins bonnes que celles du premier tirage.

— RECHERCHES sur la peinture en émail dans l'antiquité et au moyen âge. *Paris, V. Didron,* 1856, in-4, fig. coloriées. [9280]

30 à 40 fr.; en demi-rel., 33 fr. Huillard.

LA BASSECOUR. Sermons de piété pour réveiller l'âme à son salut, par Fabrice de la Bassecour, ministre de l'Église françoise, à Amsterdam. *Amsterdam, Louys Elzevier,* 1645, pet. in-12, de VIII ff. et 312 pp.

Un des rares volumes de la collection elzevirienne; en *mar.* de Hardy, 130 fr. Potier.

Louis Elsevier a réimprimé ces sermons en 1652; cette édition est peut-être encore plus rare, et l'on peut classer parmi les livres perdus un autre ouvrage du même auteur : *Piété de l'âme fidèle,* in-12, *Amst.,* 1649. que citent les catalogues officinaux de D. Elsevier de 1674 et de 1681.

LABAT (R. P.). Nouveau voyage aux isles de l'Amérique. Contenant l'histoire naturelle de ces pays, l'origine, les mœurs, la religion et le gouvernement des habitans anciens et modernes; les guerres et les événemens singuliers qui y sont arrivez pendant le long séjour que l'auteur y a fait : le commerce et les manufactures qui y sont établies, et les moyens de les augmenter. *La Haye, P. Husson,*

E. Johnson, etc., 1724, 2 vol. in-4. [21074]

Volume Ier, vi ff. lim., 168 et 360 pp.; table de la première partie, vii pp., chif. 169-175, 47 planches et cartes. — Volume IIe, 2 ff., 520 pp., x ff. pour la table, 19 planches et cartes.

Édition originale.

Celle de 1742, citée sommairement au *Manuel*, a été partagée entre deux libraires, J. de Nully et Guillaume Cavelier.

LABÉ (*Louise* Charly dite). Evvres de Louise Labé Lionnoize. *A Lion par Ian de Tovrnes.* M.D.LV, pet. in-8. [13761]

Un bon exemplaire de cette première édition fort rare, recouvert d'une très-riche reliure en *mar.* doublé, par Trautz, a été cédé à l'amiable par un bibliophile spéculateur au baron de R., moyennant environ 15,000 fr.; nous disons « *environ* », parce que ce volume faisait partie d'un lot de livres assez précieux, cédé pour un prix très-élevé au plus fougueux de nos bibliophiles, mais le chiffre de 15,000 fr. est certainement plutôt au-dessous qu'au-dessus du prix d'estimation, défalqué du total.

— LES MÊMES OEvvres. *A Lyon, par Jan de Tournes*, 1556, pet. in-16, de 87 ff. non chiffrés, en caract. ronds.

Fort rare, contrefaçon de l'édition de 1555. Un exemplaire en *mar.* de Allô, de 0^m123 mill. de haut., 300 fr. Guntzberger.

— LES MÊMES. *Lyon, J. de Tournes*, 1556, in-8.

L'exemplaire Solar (1,175 fr.) avait été payé 1,000 fr. à M. de La R. La C., qui lui-même l'avait acheté 750 fr. en 1847; il fut revendu 1,480 fr. Double; et l'acquéreur, croyons-nous, est le même M. de La R. La C.

En *mar.* doublé de Thibaron, 750 fr. Desq.

En *mar.* de Duru, 1,000 fr. Chedeau.

L'exemplaire La Vallière, très-rogné, 136 fr. Cailhava; revendu 82 fr. Huillard, et 200 fr. Benzon.

L'exemplaire Ch. Nodier, 1,020 fr. Yéméniz; revendu 2,700 fr. Leb. de Montgermont (1876), est porté à 3,500 fr. au catal. Morgand et Fatout.

L'exemplaire de Soleinne, admirablement relié en *mar.* doublé par Trautz, 1,800 fr. baron Jér. Pichon, pour un de nos amateurs les plus délicats, M. Defresne.

— LES MÊMES. *A Rouen, par Ian Garou*, 1556, in-16.

En *mar.* de Bauzonnet-Trautz; exemplaire de Coislin et A. Bertin, charmant mais imparfait, 230 fr. Turquety.

Son propriétaire soutenait que le 81e feuillet, manquant, avait été si admirablement refait à la main, que cette perfection calligraphique ajoutait du prix à son exemplaire; et dans un petit catalogue à prix marqués, qu'il distribua vers 1860, il en demandait 300 fr.

Le plus bel exemplaire connu, bien complet, appartenait à M. Cigongne; il est aujourd'hui chez le duc d'Aumale.

— LES MÊMES... *A Lyon, chez les frères Duplain*, 1762, in-8, front. et vign. dessinés par Nonnotte, gr. par Daullé; c'est le dernier travail de cet artiste, qui mourut l'année suivante.

Édition tirée à 500 exemplaires sur papier ordinaire et 25 sur grand papier fin de Hollande, dont 12 ont les culs-de-lampe et les vignettes tirés en camaïeu.

Un de ces derniers, relié en *mar.* par Derome, 100 fr. Yéméniz; un autre, en *mar.* de Niédrée, 162 fr. Cailhava (1862), revendu 130 fr. Desq, et 79 fr. seulement Em. Gautier.; en *mar.* de Ginain,

60 fr. catal. Fontaine; en papier ordinaire, 15 fr. Pieters, revendu 31 fr. Huillard; en *mar.*, exemplaire non rogné, 39 fr. Van der Helle, revendu 40 fr. Grésy; en *mar.* de Capé, 50 fr. Leb. de Montgermont.

— LES MÊMES. *Lyon, Durand et Perrin*, 1824, in-8.

Un exemplaire, couvert de notes au crayon, de la main de Sainte-Beuve, 90 fr. à la vente du célèbre écrivain; un exemplaire ordinaire, 16 fr. Cailhava; un exemplaire en papier *vélin fort*, 22 fr. Potier; 29 fr. Chaponay; 15 fr. Brunet.

— LES MÊMES. *Paris, impr. par Simon Raçon et Cie*, 1853, in-8.

Cette édition, publiée par M. de Montfalcon, a été tirée à 120 exemplaires numérotés à la presse, plus 2 sur *vélin*; l'un de ces derniers, revêtu d'une charmante reliure de Duru, orné de 6 titres en or et couleurs, de 3 médaillons, des armes de Lyon également peintes en or et couleurs, a été porté à 1,200 à la 2e vente Cailhava; il est aujourd'hui chez le duc d'Aumale; le second, en *mar.* de Niédrée, avec 4 titres en or et couleurs, et 4 pages manuscrites sur *vélin*, ajoutées par l'éditeur, 300 fr. Em. Gautier, en 1872.

Un exemplaire sur papier, 25 fr. Bordes; un autre, en *mar.* de Capé, 82 fr. Lebeuf (1876); un autre, en demi-rel., 21 fr. vente Voisin (1876).

— EUVRES de Louîze Labé... *Lyon, Scheuring, impr. de L. Perrin*, 1862, in-8, papier *vergé teinté*, titre gr., vign. et fleurons, tiré à 209 exemplaires.

Charmante édition, 13 fr. Sainte-Beuve; en *mar.*, 32 fr. W. Martin; 6 fr. Em. Gautier; un exemplaire sur papier de Chine, en *mar.* de Capé-Masson-Debonnelle, 150 fr. catal. Fontaine (1875).

— OEUVRES de Lovîze Labé. Nouvelle édition, publiée par Edwin Tross, et imprimée en caractères dits de civilité (*par MM. Jean Enschedé et fils, à Harlem. Paris*, 1871, in-8.

Les caractères qui ont servi à l'impression de cette charmante édition ont été gravés vers 1550 par Amet Tavernier de Bailleul; ils ont été conservés dans l'établissement célèbre des Enschedé; cette édition de Louise Labé n'a été tirée qu'à 150 exemplaires, depuis longtemps épuisés; les prix étaient, sur papier *vergé*, 15 fr.; sur papier Whatman, 20 fr.; sur *vélin* (2 exempl.) 240 fr.

— Voy. LONGUS.

LA BÉDOYÈRE. Les Souffrances du jeune Werther, traduites de l'allemand par le comte Henri de la B... *Paris, impr. de Crapelet*, 1845, gr. in-8.

Nous plaçons, au nom du traducteur, le roman de l'illustre Goethe, que nous n'avons pas eu l'occasion de citer dans ce supplément.

L'exemplaire unique de cette traduction, imprimé sur *vélin*, avec les 4 dessins originaux de Tony Johannot, eaux-fortes et triples épreuves des figures, etc., en *mar.* de Trautz, 420 fr. La Bédoyère; revendu 500 fr. Desq.

L'exemplaire unique sur vélin, de l'édition de 1809, avec trois dessins originaux de Moreau, etc., en *mar.* de Bozérian, 500 fr. La Bédoyère.

— JOURNAL d'un voyage en Savoie en 1804 et 1805. *Paris (Crapelet)*, 1849, gr. in-8.

Seconde édition qui n'a pas été mise dans le commerce; elle a été augmentée de notes, d'une gravure en taille-douce d'après Moreau jeune et d'un appendice.

L'exemplaire de M. de La Bédoyère, l'un des 10 en papier de Hollande, en *mar.* de Trautz, avec le dessin original de Moreau, et 19 vignettes ajoutées, 68 fr. seulement, La Bédoyère, et revendu 131 fr. Danyau.

LA BELLAVDIERE (*Louis* de). Obros et Rimos Provvenssalos de Loys de la Bellavdiero.... *Marseille, Pierre Mascaron*, 1595, in-4. [14397]

En *mar.* de Duru, 365 fr. d'Ortigue; en *mar.* de Niédrée, 395 fr. Desq; en *mar.* de Duru-Chambolle, très-bel exemplaire, 500 fr. Potier; un exemplaire, incomplet du titre, n'a été vendu que 60 fr. Burgaud des Marets.

— Louis Bellaud de la Bellaudière, poëte provençal du xvie siècle. Etude historique et littéraire par A. Fabre. *Marseille, Boy*, 1861, in-12.

Tiré à 150 exemplaires sur papier *vergé fort.*

LA BÉRAUDIÈRE (*Marc* de). Traicté des || Cérémonies et Or||donnances appartenans || a gage de Bataille, et || Combats en camp-clos. Selon les institutions de Philippes de France, donné au Roy par Paul Demont-Bourcher, sieur de la Rivaudière. *A Paris, chez Guil. Marette*, 1608, in-8, de 38 ff. [28748]

C'est une édition, sous un autre titre, du livre bien connu de Marc de La Béraudière; l'exemplaire, sur lequel nous prenons le titre ci-dessus, a figuré dans l'une des ventes Richard Héber.

L'édition d'*Abel L'Angelier*, 1608, in-4, a été vendue 112 fr. chez M. Yéméniz; en *mar.* de Thibaron, 80 fr. Potier; en *mar.* de Chambolle-Duru, 130 fr. Morgand et Fatout.

LA BERGERIE (*Gilles* Durant, Sr de). Les OEuvres poétiques du Sr de la Bergerie, avec les imitations tirées du latin de J. Bonnefons. *Paris, Abel L'Angelier*, 1594, in-12. [13868].

Édition rare; un exemplaire auquel manquaient *les Imitations de Bonnefons* n'en a pas moins été vendu 59 fr. Turquety.

— Imitations du latin de J. Bonnefons, avec autres gayetez amoureuses... *Paris, Ant. Du Breuil*, 1610, pet. in-8.

En anc. *mar.*, 23 fr. seulement, Techener (1865).

LA BOÉTIE (*Est.* de). Vers françois de feu Estienne de la Boétie.... *Paris, Fédéric Morel*, 1572, in-8, de 8 ff., dont le dernier blanc.

Pièce de vers adressée à *Marguerite de Carle sur la traduction des plaintes de Bradamant, au XXXIIe chant de Loys Arioste;* elle est précédée d'une épître de Michel de Montaigne, qui s'en fit l'éditeur; ces vers étaient annoncés dès 1571 dans le *Recueil des Opuscules*, publié chez F. Morel, mais ils ne s'y trouvent pas; et l'année suivante, Montaigne, en les publiant isolément et les dédiant à M. de Foix, lui dit qu'il n'avait pas osé les publier l'année précédente « parce que par delà (c'est-à-dire au centre de la France) on ne les trouvoit pas assez limez pour estre mis en lumière. »

Outre la traduction partielle de l'Arioste, on y trouve 25 sonnets, qui diffèrent des 29 insérés au xxixe chap. du 1er livre des *Essais*, aux premières éditions.

Cette pièce est fort rare et nous sommes étonnés qu'elle n'ait été payée que 50 fr. à la vente H. Bordes, où cependant les livres ont atteint des prix inusités; en *mar.* de Duru, 125 fr. W. Martin; en *mar.* de Duru, 200 fr. Benzon.

— Historique description du solitaire et sauvage pays du Médoc (dans le Bourde-lois), par feu M. de la Boétie, conseiller du Roy en sa court de Parlement à Bourdeaux.... *Bourdeaux, S.-Millanges*, 1593, in-12.

Lelong, qui cite ce volume, ajoute : « On a joint à cette description quelques vers du même auteur, qui ne se trouvent pas dans l'édition qu'avait donnée de ses œuvres Michel de Montaigne. »

MM. Beuchot et Payen ont fait toutes les recherches imaginables pour découvrir un exemplaire de cet ouvrage; ils n'ont pu y réussir; M. Weiss, qui le mentionne dans la *Biographie univ.*, ne l'a pas rencontré davantage.

Il est permis de croire que le P. Lelong s'est trompé, et que, si cette *historique description* a existé en manuscrit, elle n'a du moins jamais été imprimée.

Tout au moins devons-nous la ranger parmi les *livres perdus*, au grand dommage des amis des lettres et des livres.

— La Mesnagerie. Voy. Xénophon.

LA BORDE (de). Recueil de divers voyages faits en Afrique et en Amérique (Hist. des Barbades; extrait de l'histoire d'Ethiopie de Tellis; relation des Caraïbes par La Borde; description de l'empire du Prestre-Jean, de la Jamaïque, et relation du voyage fait sur les côtes d'Afrique en 1670 et 1671). *Paris*, 1674, in-4, figures.

Cette compilation pourrait être placée au mot Recueil.

LA BORDE (*François* de Signac, sieur de). Voy. Signac.

LA BORDE (*Jean-Benjamin* de). Choix || de chansons || mises en musique || par M. de La Borde, || premier valet de chambre ordinaire du Roi, || gouverneur du Louvre. || Ornées d'estampes || par J. M. Moreau ||, dédiées || à Mme la Dauphine. || *Paris, de Lormel*, 1773-74, 4 vol., gr. in-8, fig. [14300]

C'est l'un des plus charmants livres du xviiie siècle, l'un des plus élégants et l'un des plus recherchés aujourd'hui.

1 titre avec fleuron composé par Moreau, 4 frontispices par Moreau, Le Bouteux et Le Barbier, gravés par Masquelier et Née, et 100 figures par Moreau, Le Barbier, Le Bouteux et Saint-Quentin, gravées par Moreau, Masquelier et Née.

Quelques exemplaires seulement ont de plus le portrait de M. de La Borde, qu'on appelle le *Portrait à la Lyre.*

Un exemplaire extrêmement précieux de cette charmante collection a figuré, il y a quelques années, au catalogue du prince Radziwill, nous allons le décrire :

Cet exemplaire unique, imprimé sur *vélin*, était orné des dessins originaux de Moreau, de Le Bouteux et de Le Barbier; suivant une tradition très-mement acceptable, il aurait appartenu à Marie-Antoinette, à laquelle La Borde avait dédié son livre; il était relié en *mar. dent.* par Derome, mais sans armoiries.

M. Potier a fait remarquer quelques différences entre les dessins et les gravures; nous renvoyons le lecteur au ·catalogue Radziwill, qui doit être dans les mains de tous les bibliophiles.

Ce beau livre a été vendu 7,050 fr.; il est certain que ce prix, qui nous parut alors si élevé, serait aujourd'hui bien dépassé.

Un second exemplaire ordinaire, en *veau fauve*, figurait dans la même bibliothèque; il a été vendu 360 fr.; puis 215 fr. Germeau, pour le libraire Rouquette; un exemplaire ordinaire, 140 fr. Desq; en *anc. mar.*, 505 fr. La Villestreux; l'exemplaire Yéméniz, relié en *mar. vert dent.* par Derome, a été payé 805 fr. par M. Leb. de Montgermont, à la vente duquel il est monté au prix énorme de 4,250 fr., en 1876; un exemplaire ordinaire, en *mar.* de Hardy-Mennil, 595 fr. Guntzberger; un autre, annoncé superbe par le libraire chargé de la vente, relié en 2 volumes par le même relieur, 700 fr. Grésy; en belle reliure ancienne, 400 fr. seulement, Tross (1866); cet exemplaire reparaît à la vente J. Janin, et tombe aux libraires Morgand et Fatout, qui en demandent... 3,500 fr. (avril 1877); en *veau*, 60 fr. de L'Espine (1868); un bon exemplaire, en *mar.* de Thibaron, 580 fr. L. Potier (1870); un exemplaire, presque non rogné et beau d'épreuves, mais sans reliure, 1,280 fr. Curmer; un autre, relié en 4 volumes par Derome, en *mar. vert*, 1,555 fr. Benzon; il avait le portrait dit *à la Lyre;* ·cet exemplaire a figuré depuis la vente au catalogue du libraire Fontaine de 1875, au prix de 2,400 fr., et nous retrouvons là deux autres exemplaires: l'un relié en *mar.* par Trautz, avec le portrait *à la Lyre*, est porté à 3,000 fr.; l'autre en *anc. mar.* de Derome, venant de Pixérécourt, à 2,400 fr.; à la vente Van der Helle, un bel exemplaire pour le libraire Bachelin en 1868, un bel exemplaire en *mar.* du temps, n'avait été poussé que jusqu'à 456 fr.; à la vente Rigaud, un exemplaire taché, relié en *veau* était payé 900 fr.; en 1874, un bel exemplaire en *veau*, était porté à 669 fr. à une vente faite par M. Bachelin, et revendu 649 fr. seulement à une vente faite par M. Labitte, en mai de la même année; en *mar.* de Petit, 1,080 fr. Labitte (janvier 1877).

A la vente faite par le même libraire, en mars de la même année, figurait un exemplaire assez médiocre, en *mar.* de Chambolle; le portrait *à la Lyre* avait été emprunté à un autre exemplaire et avait dû être récemmargé; il n'en a pas moins été porté à 1,765 fr.

Tous ces prix excessifs sont encore dépassés depuis quelques mois; cette *furia* durera-t-elle? Nous ne le croyons guère. Une vogue extraordinaire s'attache aux illustrations du XVIIIᵉ siècle; cette vogue peut durer quelques années, mais elle ne repose que sur un charme tout de convention; et si le livre par lui-même n'a aucune valeur, s'il est le plus souvent d'une nullité absolue comme fond, et n'a pas même ce vulgaire attrait de la grande rareté, ce livre ne peut conserver longtemps cette valeur de mode; et tôt ou tard le goût des vrais amateurs sera ramené aux saines traditions du bibliophile éclairé, à la recherche des véritables raretés et à l'amour des belles éditions princeps de nos classiques, poëtes, historiens ou romanciers.

— Essai sur la musique ancienne et moderne (par J.-B. de La Borde et l'abbé Roussier). *Paris, Pierres*, 1780, 4 vol. in-4, figures et musique gravées.

En grand papier et *mar.* de Derome, très-beau livre, 250 fr. Radziwill, et serait payé beaucoup plus cher aujourd'hui.

LA BORDERIE. Discours du voyage de Constantinople, envoyé audict lieu à une damoyselle françoise. *Lyon, Pierre de Tours*, 1542, pet. in-8, de 64 pp. [13910]

Rare et recherché; 78 fr. en 1862.

LA BORIE (*Franc.*). Anti Drusac, ou

Livret contre Drusac, fait à l'honneur des femmes nobles, bonnes & honnestes, par manière de dialogue. Interlocuteurs: *Euphrates* et *Gynimisus. Imprimé à Tholose, par Jac. Colomiés*, 1564, in-8.

C'est une réponse aux *Controuerses des sexes masculin et féminin* de G. Dupont, sieur de Drusac, dans laquelle l'auteur proclame le triomphe du sexe faible; La Borie était de Valons, en Vivarais, et non pas de Valois, comme l'écrit Duverdier.

LABOULAYE (*Édouard*). Histoire du droit de propriété foncière en Occident. *Paris*, 1839, in-8.

— Recherches sur la condition civile et politique des femmes depuis les Romains jusqu'à nos jours. *Paris*, 1843, in-8.

Ces deux volumes sont rares·et assez recherchés; ils valent chacun de 15 à 20 fr.

LA BROUE (*Salomon* de). Préceptes principaux que les bons cavalerisses doivent exactement obseruer en leurs escoles, tant pour bien dresser les cheuaux aux exercices de la guerre et de la carrière, que pour les bien emboucher. *La Rochelle*, 1593-94, 3 tomes en 1 vol., in-fol., fig. [10326]

Première édition, fort belle, mais moins complète que les suivantes.

57 fr. Château de Saint-Ylie.

— Le Cavalerice françois... contenant les préceptes principaux qu'il faut observer exactement pour bien dresser les chevaux... *Paris, Abel L'Angelier*, 1602, 3 part. en 1 vol. in-fol., titre gr. par de Mallery, fig. [10326]

La plupart des exemplaires de cette seconde édition, plus complète que la première, n'ont pas le feuillet de poésies (4); les vignettes qui sont en tête de chaque livre manquent aussi souvent; l'exemplaire de M. Huzard, en *mar.*, aux secondes armes de J. Aug. de Thou, 305 fr. baron Pichon; on y trouvait à la fin, après le privilège, un petit traité de 23 pp., avec pagination séparée: « *Avis au Sr de La Broue, sur les devoirs de l'Escuyer de grande escuyrie.* »

— Le même. *Paris, Charles Dumesnil*, 1646, in-fol., titre et fig. gr. s. b.

43 fr. Martial Millet.

LA BROUSSE (Bernier de). Les ‖ OEvvres‖ Poetiqves ‖ Du Sieur ‖ Bernier ‖ de la ‖ Brousse. ‖ *A Poictiers* ‖ *Par Ivlian* ‖ *Thoreau: Imprimeur* ‖ *Dv Roy & de* ‖ *l'Uniuersité.* ‖ 1617 (aussi 1618). *Auec Priuilege du Roy.* ‖ In-12, de IX ff. limin. non chiffrés et de 362 ff. chiffrés, front. gravé. [13926]

Ces poésies sont d'une certaine rareté, et recherchées uniquement en raison de cette rareté, car leur intérêt est mince; elles comprennent cinq parties: *les Amours, les Odes, les Bergeries, deux tragédies* (*l'Embryon romain et les Heureuses infortunes*) *et les Meslanges.* Le privilège est daté du 10 octobre 1617.

En *anc. mar.*, exemplaire de Soleinne, 123 fr. Cailhava; revendu 150 fr. Huillard; avec le titre refait, 30 fr. Luzarche; en anc. rel. *mar.*, 275 fr.

Potier; l'exemplaire avait été payé 87 fr. Turquety;
en *mar.* de Chambolle-Duru, 132 fr. Labitte (mai
1874); un exemplaire en *mar.* de Niédrée, double de
M. Cigongne, a été porté à 400 fr. au catal. Leb. de
Montgermont, et acquis par MM. Morgand et
Fatout, qui en demandent 500 fr.

On sait que Joachim Bernier de la Brousse avait
été l'éditeur des poésies ordurières de son oncle
Jean de Planches. (Voyez ce nom.)

LA BRUYÈRE (*Jean* de). Les Caracteres
de Théophraste, traduits du grec. Avec
les Caractères ou les Mœurs de ce siècle.
A Paris, chez Estienne Michallet,
1688, in-12. [3717]

Cette édition originale a été vendue :

En *mar.* de Duru, 106 fr. J. d'Ortigue, revendu
705 fr. L. de Montgermont (1876), et porté à 1,000 fr.
au catal. Morgand et Fatout; en *mar.* de Bauzonnet, 240 fr. Yéméniz; en *mar.* de Trautz, bel exemplaire, 275 fr. Potier; revendu 680 fr. Benzon;
200 fr. Luzarche; 200 fr. catal. Morgand et Fatout;
en anc. rel. *mar.*, 925 fr. L. de M. (Voisin, 1876);
en *mar.* de Chambolle-Duru, 400 fr. Labitte (janvier 1877).

Il y a deux éditions sous la même date : la première a 1 feuillet d'*errata*; la seconde n'en a pas
et les fautes ont été corrigées; c'est à proprement
parler un second tirage après correction.

— LES MÊMES. *Paris, Estienne Michallet; se vend
à Bruxelles, chez J. Léonard,* 1688, in-12.

Cette édition, copiée sur la première, ne reproduit pas l'*errata*, bien que les fautes aient été
scrupuleusement réimprimées par le typographe
belge.

50 fr. Sainte-Beuve.

— LES MÊMES..... Seconde édition. *A Paris, chez
Estienne Michallet,* 1688, in-12.

En *veau ant.*, 50 fr. Luzarche; 55 fr. Danyau; en
mar. de Capé, 135 fr. Potier; en *mar.* de Chambolle-Duru, 205 fr. Benzon, et 200 fr. catal. Fontaine.

Il existe encore, non pas une contrefaçon, mais
un second tirage; la première édition se reconnaît
à l'enseigne du libraire, désignée au titre : « à
l'Image de Saint-Paul, » au lieu de « à *l'Enseigne
de Saint-Paul* », et à la page 3 des *Caractères de
Théophraste,* ligne 1, on lit : « *Il leur apprend à
faire le discernement* », tandis que la réimp. porte :
« *Il leur apprenda......* »; de plus l'*errata* se trouve
au IIᵉ feuillet du dernier cahier, dans la première,
et le privilège au 12ᵉ; dans la seconde, les fautes
sont corrigées, le privilège remplace l'*errata* et le
12ᵉ feuillet est blanc.

Un exemplaire de ce second tirage est porté à
200 fr. sans reliure au catal. Morgand et Fatout, ce
qui est évidemment exagéré.

— LES MÊMES... *Paris, Estienne Michallet,* 1688,
in-12, ou *Lyon, Thomas Amaulry,* 1688, in-12,
de XXX ff. limin. non chiffrés, dont le premier est
blanc, et 308 pp., plus une pour le privilège.

Cette troisième édition est une des plus rares de la
série; c'est purement et simplement la réimpression
de la seconde.

En *veau br.*, 122 fr. Danyau; 7 fr. d'Ortigue;
300 fr. au catal. Morgand et Fatout.

— LES MÊMES... Quatrième édition, corrigée et augmentée. *Paris, Estienne Michallet,* 1689, in-12.

Cette édition est importante; elle contient 340 caractères nouveaux, entre autres la touchante histoire d'Émire; le privilège est accordé à Michallet et
à Amaulry, de Lyon, « chargés d'éditer et de vendre, suivant l'accord fait entre eux ».

En *veau brun,* 14 fr. d'Ortigue; 10 fr. Luzarche;
en *mar.* de Hardy, 39 fr. Gancia; en *mar.* de Capé,

54 fr. Cailhava; en *veau f.,* 250 fr. Potier, joli
exemplaire provenant d'un amateur délicat, le Rév.
P. Le Roy, auquel M. Potier a consacré une note
intéressante; en *mar.* de David, 180 fr. Fontaine, et
un second exemplaire en *basane,* 140 fr.; en *mar.*
de Chambolle, 61 fr. Labitte (1877).

— LES MÊMES... *Paris, Estienne Michallet,* 1690,
in-12.

Cinquième édition, qui contient 163 caractères
nouveaux et des augmentations notables à quelques
autres. Il faut remarquer que, parmi les nouveaux
caractères, il en est deux qui, réimprimés dans la
6ᵉ et la 7ᵉ édition, ont été supprimés dans les éditions postérieures.

100 fr. Luzarche; 2 fr. 25 c. d'Ortigue; 30 fr.
Danyau; en *mar.* de Chambolle-Duru, 155 fr. Potier,
et 175 fr. Benzon; en *mar.* de David, 120 fr. catal.
Fontaine.

— LES MÊMES... Sixième édition. *A Paris, Estienne
Michallet,* 1691, in-12.

La Bruyère, dans l'édition précédente avait dit : «
« Comme l'on pourroit craindre que le progrès de
ses caractères n'allât à l'infini... il ajoute une promesse sincère de ne plus rien hazarder en ce
genre »... Malgré cette promesse sincère, il ajoute
72 caractères nouveaux, et pour dissimuler l'accroissement du volume, il fait imprimer les *Caract. de
Théophraste* en caractères très-fins. Parmi ces
nouveaux *caractères,* on remarque ceux du riche
et du pauvre, du distrait, de l'hypocrite; ceux de la
Fontaine, de Corneille, etc.; mais il supprime au
10ᵉ chap. (*du Souverain ou de la République*) celui
du favori disgracié, composé de deux paragraphes,
dont le premier, qui figurait dans la première édition, avait été réimprimé avec le second dans les
4ᵉ et 5ᵉ (note de M. A. Destailleur).

4 fr. d'Ortigue; 26 fr. Danyau; 42 fr. Luzarche;
en *veau,* reliure de Simier, exemplaire de Walckenaer, 145 fr. Potier; en *mar.* de Duru, 120 fr. catal.
Fontaine; en *mar.* de Thibaron, 120 fr. Leb. de
Montgermont.

— LES MÊMES... Septième édition. Reveüe et corrigée. *A Paris, chez Est. Michallet,* 1692, in-12.

A la fin du volume, une table incomplète indique
les additions : *Émile,* ou l'Homme de guerre; *Ros-
cius,* ou les Hommes publics, etc. 1,073 caractères,
c'est-à-dire 70 de plus. L'auteur avait supprimé un
des anciens, celui du vrai dévot (chap. de la Mode)
et en avait reporté une partie à l'article du faux
dévot (note de M. A. Destailleur).

51 fr. Luzarche, revendu 60 fr. Benzon; 2 fr. 50 c.
d'Ortigue; l'exemplaire Walckenaer, en *veau f.,* de
Simier, 145 fr. Potier; en *mar.* de David, 100 fr.
Fontaine; en *basane,* 60 fr. même catal.; 30 fr.
rogné, catal. Morgand et Fatout.

— LES MÊMES... Huitième édition. Reveüe, corrigée
et augmentée. *A Paris, chez Est. Michallet,* 1694,
in-12.

46 caractères nouveaux, et le discours de réception à l'Académie française, accompagné d'une longue préface apologétique. Une main figurée en
marge indiquait les nouveaux articles, et au-dessous
de la première main on lisait : *Marque que l'on a
exigée de moi pendant le cours de cette édition;
on,* c'était la censure.

52 fr. d'Ortigue; 17 fr. Gancia; 49 fr. et 21 fr.
Luzarche; 40 fr. Danyau; 55 fr. baron Pichon; en
veau, avec des dauphins gravés sur le dos du vol.,
130 fr. Potier; et un second exemplaire aux armes
d'un duc de Montmorency, en *mar. anc.,* 610 fr.; en
mar. de Chambolle, 41 fr. Benzon, et en *mar.* de
Hardy, 48 fr. même vente; en *mar.* de David, 100 fr.
Fontaine; en *mar.* de Chambolle, 100 fr. même
catal.; en *mar.* de Hardy, 80 fr. Morgand; en anc.
rel. *mar.*, 65 fr. vente Voisin (1876); en anc. rel.
mar., 55 fr. seulement, Rigaud.

— LES MÊMES... Neuvième édition. Revüe et corrigée. *A Paris, chez Est. Michallet*, MDC.CXVI (*sic* pour 1606), in-12.

Cette édition parut peu de jours avant la mort de La Bruyère, qui put encore en voir les épreuves ; elle ne diffère de la 8ᵉ que par de légères variantes, mais elle n'a pas d'additions ; La Bruyère avait érigé son monument.

13 fr. d'Ortigue ; en *mar.* de Duru, 57 fr. Desq ; en *mar.*, 101 fr. Luzarche ; en *mar.* de Duru, 61 fr. Danyau ; en *mar.* de la veuve Niédrée, 70 fr. H. Bordes ; en *veau* de Thouvenin, portr. ajouté, 28 fr. Cailhava ; en *mar.* de Capé, 135 fr. Potier ; en *mar.* de Chambolle, 100 fr. Fontaine, et 70 fr. en *basane*, même catal. ; 150 fr., en *mar.*, au catal. Morgand et Fatout ; 285 fr., en *mar.* de Trautz, au catalogue Leb. de Montgermont.

Il existe de cette neuvième édition une contrefaçon exécutée certainement en province, et sans doute à Rouen ; elle est sur mauvais papier cotonneux ; les types sont plus petits et l'impression est défectueuse.

Le titre rouge et noir est la copie de celui de l'édition par Michallet ; le monogramme de l'éditeur E M est remplacé par un fleuron ; le *Discours sur Théophraste* n'a que 8 ff. dans la contrefaçon ; il en a 15 dans l'édition originale ; les *Caractères de Théophraste* ont 52 pp. numérotées dans la bonne, 60 dans la mauvaise ; les *caractères* ont 662 pages dans l'édition originale, et 460 seulement dans la mauvaise ; le *Discours prononcé dans l'Académie*, qui est de XLIV pages dans la bonne édition, n'a que XXIX pages, imprimées en petits caractères dans la mauvaise : — la *Table* a 4 pages dans la bonne et 2 dans la mauvaise ; enfin, l'*extrait du Privilége* forme 1 page et 8 lignes dans l'édition originale, et est contenu dans un seule page dans la contrefaçon.

(Description communiquée par M. Aug. Aubry).

— LES MÊMES... *Paris, Est. Michallet*, 1699, in-12. Dixième édition, qui reproduit purement et simplement le texte de 1696.

2 fr. 50 c. d'Ortigue ; 60 fr. et 49 fr. Luzarche ; 40 fr. et 20 fr. catal. Morgand.

Ces dix premières éditions sont, nous venons de le voir, toutes recherchées ; M. Fontaine, qui les a réunies en beaux exemplaires, a fait richement et uniformément relier par Trautz, et porte les dix volumes dans son catalogue de 1875, à 4,000 fr.

— LES MÊMES... Édition augmentée de notes et de la défense de La Bruyère, par M. Coste. *Paris, Mich. Est. David*, 1740, 2 vol. in-12.

Excellente édition ; en anc. rel. *mar.* de Derome, 410 fr. Potier ; en un seul vol., anc. rel. *mar.*, 65 fr. seulement, Danyau.

— LES MÊMES... *Amsterdam*, 1743, 2 vol. in-12, front. gr. et portr. par Folkéma.

En *mar.* de Padeloup, exemplaire La Bédoyère, 550 fr. Brunet, pour M. Dutuit.

— LES MÊMES... Nouvelle édition, collationnée sur les éditions données par l'auteur, avec toutes les variantes, une lettre inédite de La Bruyère, une notice nouvelle, et des notes littéraires et historiques par Adrien Destailleur. *Paris, Librairie nouvelle*, 1861, 2 vol. in-12.

Excellente édition ; M. Adr. Destailleur, l'érudit philologue, auquel on devait déjà une charmante édition de La Bruyère, publiée en 1854 par Jannet, a fait une étude approfondie des diverses éditions du moraliste ; son travail est d'un grand intérêt.

— LES MÊMES... Édition augmentée de morceaux inédits... par M. G. Servois. *Paris, Hachette*, 1865, 2 vol. gr. in-8.

Édition de la collection des grands écrivains de France, publiée sous la direction de M. Régnier ; il en a été tiré 150 exemplaires sur papier *vélin*, 22 fr. Danyau ; 13 fr. Sainte-Beuve (pap. ord.).

— LES MÊMES... avec dix-huit gravures à l'eau-forte, et un portrait, par V. Foulquier. *Tours, Alfred Mame et fils*, 1867 et 1868, gr. in-8.

Très-belle édition, dont il a été tiré 10 exemplaires sur papier de Chine ; 200 sur grand papier *vergé*, et le surplus sur papier *vélin glacé*.

En *mar.* de Belz-Niédrée, 70 fr. Danyau ; en *mar.* 60 fr. Curmer ; sur papier de Chine, 300 fr. catal. Fontaine ; et sur gr. pap. vergé, en *mar.* de David, 200 fr., en demi-rel. 160 et 150 fr. même catal. à prix marqués ; un exemplaire sur ce même papier, en *mar.* de Belz-Niédrée, 180 fr. catal. Morgand et Fatout ; un exemplaire sur papier *vergé*, en *mar.*, 150 fr. Rigaud ; un autre, en *mar.* de Chambolle-Duru, 180 fr. Labitte (mars 1877) ; enfin, en *mar.* *doublé*, richement doré, de Hardy-Mennil, 400 fr. Labitte (janvier 1877).

— LES MÊMES... Premier texte, publié par D. Jouaust. *Paris*, 1868, in-12.

C'est la première publication de la collection du Cabinet des bibliophiles ; il en a été tiré 15 exemplaires sur papier de Chine.

— LES MÊMES... Texte revu sur la neuvième édition de 1696, avec notice et des notes par Ch. Asselineau. *Paris, A. Lemerre*, 1872, 2 vol. in-8. portrait.

Charmante édition imprimée par Jouaust, dont il a été tiré 25 exemplaires sur papier de Chine, 26 sur papier Whatman, et le reste sur papier dit de Hollande ; un de ces derniers, portant le nº 121, avec double épreuve du portrait, 34 fr. Labitte (1877).

— **Discours prononcez dans l'Académie françoise, à la réception de M. l'abbé Bignon et de M. de la Bruyère, le lundi 15 juin 1693.** *Paris, veuve de J.-B. Coignard*, 1693, in-4.

Édition originale du discours de La Bruyère ; en *mar.* de Hardy, 150 fr. vente Voisin (1876).

LABUTTE (*A.*). Histoire des rois d'Yvetot. *Paris, Willem*, 1871, in-12.

Tiré à 300 exemplaires ; épuisé.

LABYRINTH (Le) de Fortune. Voy. BOUCHET (*Jehan*).

LABYRINTHE de récréation. Le Premier (le second, le troisième) liure du Labyrinthe de récréation, recerché (*sic*) des plus beaux esprits de ce temps. *Rouen, Claude Le Villain*, 1602, 3 parties, in-24. [12220]

Quelques exemplaires portent la date de 1603.

C'est la première édition d'un recueil fort rare ; le bel exemplaire de M. de Clinchamp, en anc. *mar.*, n'a été vendu que 49 fr. Solar.

— LE LABYRINTHE d'Amour, ou Suite des Muses folastres, recerchée (*sic*) des plus beaux esprits de ce temps, par H. F. S. D. C. *Rouen, Claude le Villain*, 1610, 3 part. en 1 vol. in-12.

C'est la seconde édition du même livre, sous un autre titre ; un bel exemplaire a été vendu 115 fr. Ch. Blanc ; un autre 205 fr. W. Martin.

L'édition de *Lyon, Th. Ancelin*, 1611, pet. in-12, a été vendue 140 fr. Chedeau.

— LE PREMIER (second et troisième) livres du Labyrinthe d'amour, ou Suite des Muses folastres. *Rouen*, 1615, 3 part. en 1 vol. in-32.

Le charmant exemplaire Nodier et Pixérécourt, en anc. *mar.*, 275 fr. Auvillain.

Cette édition a servi de texte à une jolie réimpr. à 100 exemplaires, dont 4 sur papier de Chine.

LABYRINTHE royal de l'Hercule gaulois triomphant.... *Avignon, J. Bramereau. S. d.*, gr. in-4, fig. et portraits. [24834]

Vendu 145 fr. Ruggieri.

Une édition, vendue 45 fr. Cailhava, est indiquée pet. in-fol., et porte la date de 1600.

LA CAILLE (*Jean* de). Histoire de l'Imprimerie et de la Librairie. *Paris, J. de La Caille*, 1689, in-4. [31228]

En *veau*, exemplaire précieux dans lequel se trouvent les additions détaillées au *Manuel*, 200 fr. Le Roux de Lincy (1870); un second exemplaire, couvert de notes de l'abbé Mercier de Saint-Léger, en *mar.* de Duru, 250 fr. même vente.

LA CALPRENÈDE (*Gautier* de Coste de). Cassandre. *Paris, Sommaville*, 1643-45, 10 vol. in-8, fig. de Chauveau.

En anc. *mar.*, 115 fr. La Bédoyère.

— FARAMOND (par de La Calprenède et P. d'Ortigue de Vaumorière). *Paris*, 1661-70, 12 vol. in-8, fig. de Chauveau.

En anc. *mar.*, 105 fr. La Bédoyère; en *mar.*, aux armes de la duchesse de Grammont-Choiseul, 100 fr. Radziwill.

— LA CLÉOPATRE... suivant la copie impr. à *Paris*, 1648, 12 part. en 6 vol., pet. in-8. [17174]

Jolie édition impr. par les Elsevier; les parties II à XII portent : *Leyde, Jean Sambix*, 1657, 1653, 1654, 1661 et 1658.

En *veau* de Niédrée, 60 fr. Chedeau, prix qui couvre à peu près les frais de la reliure; revendu 62 fr. Potier; en *vélin*, 32 fr. Voisin.

— CLÉOPATRE. *Paris, L. Billaine*, 1663, 12 vol. in-8.

En *mar.*, aux armes, 32 fr. Radziwill; la reliure était mal conservée.

— LES NOUVELLES, ou les Divertissements de la princesse Alcidiane. *Paris, de Sercy*, 1661, in-8.

Roman que La Calprenède a fait paraître sous le nom de sa femme; un exemplaire, non rogné, 26 fr. Luzarche.

LACAVALLERIA. Dictionnaire espagnol-françois-catalan. *Barcelona*, 1647, in-4, oblong. 65 fr. Asher.

M. Brunet a cité le *Dict. latin-catalan, de Barcelona*, 1696.

LA CHAMBRE (*Marin* Cureau de). Recueil des épistres, lettres et préfaces de monsieur de la Chambre. *Paris, Cl. Barbin*, 1664, in-12, front. gr. [3796]

On trouve dans ce volume posthume (janvier 1664) une lettre fort curieuse, adressée à Papin, à propos de son livre de la *Raison des forces mouvantes*; un exemplaire dans une riche reliure, en *mar.* à *compart.*, aux armes de Colbert, a été porté à 200 fr. au catal. du baron J. Pichon.

— LES CHARACTÈRES des passions. *Paris, P. Rocolet*, 1648, in-4.

Un très-bel exemplaire en *mar.* à *compart.*, du Gascon, aux armes de Charles de l'Aubespine, marquis de Chasteauneuf, 500 fr. Bordes.

Cette première partie de l'ouvrage philosophique de La Chambre avait été impr. pour la première fois en 1640, in-4, chez Rocolet, et cette édition originale, en *anc. mar.*, au chiffre de Gaston d'Orléans, n'avait été vendue que 66 fr. Solar, pour M. Cousin.

— LES CHARACTÈRES des passions. *Amsterdam, Ant. Michiels*, 1658-63, 4 vol., pet. in-12.

En *mar.*, 30 fr. Chedeau; avec l'*Art de connaître les hommes*, 26 fr. Pieters, mais l'exemplaire était incomplet; en *mar.* de Capé, en 5 vol., 140 fr. La Villestreux, et revendu 156 fr. Leb. de Montgermont; en *mar.* de Ducastin (en 5 vol.) 61 fr. Labitte, 1874.

— L'ART de connoistre les hommes. *Amsterdam, J. le Jeune* (*D. Elsevier*), 1660, pet. in-12.

Se vend ordinairement de 6 à 10 fr.; en *mar.* de Capé, exemplaire non rogné, 81 fr. La Villestreux.

Les 5 vol., en *mar.* de Bozérian, 55 fr. Yéméniz.

LA CHAPELLE. Les Amours de Catulle, par le sieur D. L. C. *Suivant la copie impr. à Paris, chez Cl. Barbin.* (*Amsterdam, Dan. Elsevier*), 1680, pet. in-12.

Cette édition est marquée d'un astérisque au catal. officinal de D. Elsevier, en 1681.

En *mar.* de Trautz, 39 fr. La Bédoyère.

— CLÉOPATRE. Tragédie par le sieur de La Chapelle. *La Haye, Moëtjens*, 1683, pet. in-12.

Pièce assez rare.

— ŒUVRES du sieur de La Chapelle (Amours de Catulle et théâtre). *Paris, Jean Anisson*, 1700, 2 vol. in-12.

En *mar. anc.*, charmant exemplaire aux armes de Mme de Chamillart, 305 fr. seulement, Radziwill; se vendrait aujourd'hui plus de 500 fr.; en *mar.* de Boyet, joli exemplaire, 200 fr. Huillard.

LA CHARNAYS (*Pierre* de Cotignon, Sr de). Ouvrage poëtique du Sr de la Charnays, gentilhomme Nivernois, dédié à Messeigneurs les Ducs de Rethelois et de Mayenne. *Paris, Ch. Hulpeau*, 1626, in-12, front. gr. et titre impr. [13994]

Recueil intéressant qui se compose de sonnets, rondeaux, chansons, et comprend 118 énigmes et 81 épigrammes assez piquantes. Pour que l'exemplaire soit complet, il faut qu'il ait le second titre gravé, qui manque souvent, qui porte : *les Vers satyriques et énigmatiques du nouveau Théophile*; de plus il faut qu'il s'y trouve 2 ff. contenant l'*explication des 118 Enigmes*, gravée à l'envers; il faut la lire à l'aide d'un miroir, ainsi que l'auteur l'annonce dans son avertissement.

Un exemplaire complet en *mar.* de Trautz, 150 fr. de Chaponay; revendu 440 fr. Leb. de Montgermont; l'exemplaire de M. Brunet était fort beau, mais il n'avait pas le second titre gravé; il a été porté à 430 fr.

— VERS du sieur de la Charnays, dediez à Monseigneur l'éminentissime cardinal de Lyon. *Paris, Toussaincts du Bray et André Soubron*, 1632, in-8.

En *mar.* de Duru, 45 fr. W. Martin; malgré quelques raccommodages, 30 fr. Bordes.

— LES TRAVAUX de Jésus, poëme composé par Pierre Cotignon de la Charnays. *Paris*, 1638, in-8, front. et fig. s. b.

15 fr. Turquety; 20 fr. Desq.

Cette pièce n'a pas été citée par Goujet.

LA CHESNAYE-des-Bois (*Fr.-Alex.* Aubert de). Dictionnaire de la Noblesse, contenant les généalogies, l'histoire et la chronologie des familles nobles de France, l'explication de leurs armes..., etc. 3e édi-

tion, publiée avec un Armorial. *Paris,
Schlesinger*, 1863 et ann. suiv., 17 vol.
in-8, à 40 fr. le vol. [28837]

Cette nouvelle édition a eu pour résultat de faire
baisser considérablement le prix si élevé de la rare
édition de 1770-1786, en 15 vol. in-4; en 1865, un
exemplaire complet, en *veau*, n'était déjà plus vendu
que 605 fr. Chedeau, et 620 fr. Techener (1865); il
est encore tombé depuis cette date; et l'exemplaire
Solar, payé l'énorme prix de 1,855 fr., n'a été revendu
que 500 fr. Leb. de Montgermont; cependant un
bel exemplaire en *mar.* de Masson et Debonnelle a
été vendu 1,400 fr. Labitte (1872).

Les 12 premiers volumes, exemplaire de Soubise,
en *veau fauve*, 260 fr. Radziwill; 210 fr. Costa de
Beauregard.

LACLOS (Choderlos de). Les Liaisons dangereuses, lettres recueillies dans une société et publiées pour l'instruction de
quelques autres, par C*** de L***. *Londres (Paris)*, 1796, 2 vol. in-8, fig.

C'est l'édition recherchée; un exemplaire en
papier *vélin*, avec les suites de figures et d'eaux-
fortes de Le Barbier, etc., et de plus avec
7 jolis dessins originaux, 650 fr. Solar; il avait été
payé 300 fr. au libraire Durand jeune.

Un exemplaire en *mar.* de Belz-Niédrée, 250 fr.
d'Haubersaert (1868); en papier *vélin*, fig. avant la
lettre, 145 fr. Labitte (1877); en *mar.* de Belz-Niédrée, 250 fr. d'Haubersaert.

— LES MÊMES. *Paris, Maradan, an II*, 4 vol.
in-18, fig. de Le Barbier.

150 fr. Potier.

LA COSTE. La decente (*sic*) genealogique
depuis St-Louis, de la royale maison de
Bourbon; enrichie de l'histoire sommaire
des faits, vies et morts de tous les des-
cendents jusques à présent... par Henry
de Montagu, sieur de la Coste. *Paris,
C. Rigaud*, 1609, in-12.

Volume assez curieux. 6 à 8 fr.

LA COSTE (*Pierre* de). De la création,
ordre et excellence des Anges, et du ministère auquel ils sont ordonnez pour le
secours et tuition de l'Eglise en général
et de chaque fidèle en particulier, contre
l'opinion des Hérétiques. *Paris*, 1581,
pet. in-8.

Rare, mais terriblement fastidieux.

15 fr. 50, pasteur Conod

— TRAICTÉ des peintures et images érigés (*sic*) es
saincts temples et églises des chrestiens... avec
réfutation des erreurs des hérétiques de ce temps
touchant cette matière, par Pierre de La Coste,
Condomois, prieur à Agen. *Paris, G. Chaudière*,
1581, pet. in-8 [1837].

30 fr. pasteur Conod

Réimpr. l'année suivante par le même libraire.

LACOUR (*Louis*). Chansons et saluts d'a-
mour de Guillaume de Ferrières, dit le
Vidame de Chartres, la plupart inédites,
réunies pour la première fois avec les
variantes de tous les mss., précédées
d'une notice sur l'auteur, par Louis

Lacour. *Paris, A. Aubry*, 1856, pet.
in-8.

L'un des deux exemplaires sur *vélin*, en *mar.* de
Capé, 80 fr. W. Martin.

LACROIX. (*Paul*), bibliophile Jacob.

Nous avons donné un développement assez considérable à la notice bibliographique consacrée à un
écrivain, qui, depuis plus d'un demi-siècle, met au
service des recherches philologiques, trois qualités
puissantes : érudition, sagacité, persévérance.

— ICONOGRAPHIE MOLIÉRESQUE. Seconde
édition, revue, corrigée et considérablement augmentée. *Paris, Aug. Fontaine*,
1876, in-8 carré, pap. de Hollande, XLIV
et 392 pp., fac-simile d'un reçu autogr.
de Molière et portr. gravé à l'eau-forte,
par Fréd. Hillemacher, d'après l'ancienne
gravure de Simonin, 25 fr.

Tiré à 500 exemplaires, numérotés sur ce papier.
Il a été tiré, en outre, 50 exemplaires numérotés sur
papier whatman, avec le portrait sur chine et sur
whatman.

La première édition, qui diffère absolument de ce
grand ouvrage, a été publiée *à Nice, chez J. Gay et
fils, en* 1872, à 100 exemplaires numérotés, dont
50 in-8 carré et 50 format elsevirien, papier *vélin*.

— BIBLIOTHÈQUE de la reine Marie-Antoinette au
Petit-Trianon, d'après l'inventaire original dressé
par ordre de la Convention. Catalogue avec des
notes inédites du marquis de Paulmy, mis en ordre
et publié par Paul Lacroix, conservateur de la
bibliothèque de l'Arsenal. *Paris, Jules Gay*, 1863,
in-16, XXVIII et 128 pages. 12 fr. (épuisé).

Tiré à 317 exemplaires numérotés : 2 sur *vélin*;
15 sur papier de Chine; 300 sur papier de Hollande.
Le manuscrit, dans lequel M. Paul Lacroix a trouvé
les documents qui lui ont permis de rétablir biblio-
graphiquement le catalogue de la Bibliothèque du
Petit-Trianon, existe à la Bibliothèque de l'Arsenal;
les notes inédites du marquis de Paulmy sont empruntées au grand catalogue manuscrit de sa bibliothèque, qu'il avait cédée au comte d'Artois, et qui a
formé le noyau principal de la bibliothèque de l'Arsenal, dans laquelle est conservé ce curieux catalogue annoté, en 12 ou 15 volumes in-fol.

— CATALOGUE des livres de Mme Du Barry, avec les
prix, à Versailles, 1771. Reproduction du catalogue
manuscrit original avec des notes et une préface,
par P.-L. Jacob, bibliophile. *Paris, Aug. Fontaine*, 1874, in-16, papier *vergé*, XVI et 150 pages.
20 fr.

Tiré à 100 exemplaires numérotés. Le manuscrit
original, d'où cette publication est tirée, existe en
double exemplaire à la bibliothèque de l'Arsenal.

— LA VÉRITABLE édition originale des Œuvres de
Molière, étude bibliographique. *Paris, Aug. Fontaine*, 1873, in-18 jésus, 88 pages, caractères else-
viriens, papier de Hollande.

Tiré à 200 exemplaires numérotés; épuisé.

— BALLETS et Mascarades de cour sous Henri IV et
Louis XIII (de 1581 à 1652). Recueillis et publiés
d'après les éditions originales, la plupart introuvables aujourd'hui, par Paul Lacroix. *Genève et
Turin, J. Gay et fils*, 1868-1870, 6 vol. in-16, pap.
de Hollande. 20 fr. le volume.

Tiré à 95 exemplaires sur ce papier, plus 4 sur
chine et 2 sur peau vélin. Il a été tiré, en outre,
20 exemplaires dans le format petit in-8, papier de
Hollande, au prix de 30 fr. le volume.

— HISTOIRE de la vie et du règne de Nicolas Ier, empereur de Russie. *Paris, L. Hachette*, 1864-1875,
8 vol. gr. in-8.

24

Il a été tiré, pour présents, 10 exemplaires sur grand papier *vélin*. L'ouvrage aura 12 volumes. Les premiers volumes étant épuisés, on avait commencé la publication d'une grande édition in-12, qui devait avoir 24 volumes; il n'en a paru que 5, chez *Amyot*, 1869-72.

— HISTOIRE de l'orfévrerie-joaillerie et des anciennes communautés et confréries d'orfèvres-joailliers de la France et de la Belgique. Édition illustrée de 4 miniatures, de 18 grandes planches imprimées à part, et de gravures dans le texte, formant ensemble 450 monuments historiques. *Paris, librairie historique et archéologique de Seré*, 1850, gr. in-8.

Cet ouvrage, qui fait partie du *Livre d'or des métiers*, est le seul que M. Paul Lacroix ait écrit en entier, dans la grande collection qu'il se proposait de publier avec Ferdinand Seré, et dont il n'a paru que 6 volumes ou fascicules, y compris celui-ci, qui est le plus rare et le plus recherché; les autres parties de la collection, qui portent aussi le nom de M. Paul Lacroix, sont l'Histoire des cordonniers, par Alph. Duchesne; l'Histoire de la coiffure, par Alph. Duchesne; l'Histoire de la charpenterie, par Emile Bégin, et l'Histoire de l'imprimerie, par Edouard Fournier.

— ROMANS relatifs à l'Histoire de France aux XVe et XVIe siècles, par P.-L. Jacob, bibliophile : *la Danse macabre*, 1438; *les Francs-Taupins*, 1440; *le Roi des Ribauds*, 1514; *les Deux Fous*, 1525. *Paris, Delloye et Lecou*, 1838, gr. in-8, à 2 col. 10 fr.

Cette édition, qui fut imprimée pour faire partie du *Panthéon littéraire*, et qui, n'ayant pas été clichée comme les autres volumes, est épuisée depuis longtemps, renferme les romans historiques les plus importants que M. Paul Lacroix ait publiés et qui ont été réimprimés en différents formats. On n'a pas encore réuni, dans une édition de bibliothèque, les nombreux romans du bibliophile Jacob. L'édition des Œuvres complètes que le libraire Gustave Barba avait annoncée en 1838, s'est arrêtée après le 32e volume in-12; il en eût fallu encore plus de 100 pour l'achever. Une autre édition, in-8, avec gravures sur acier, commençait à paraître, chez Delloye, en 1838; *on n'en a publié que deux volumes, les Deux Fous, avec des notes et des dissertations historiques.*

— DISSERTATIONS bibliographiques. *Paris, Jules Gay*, 1864, in-12, papier *vergé*. 10 fr.

Tiré à 250 sur ce papier et à 10 sur papier de Chine. On remarque, dans ce recueil, une curieuse dissertation sur la bibliothèque de Molière, pages 277-364.

— ÉNIGMES et Découvertes bibliographiques. *Paris, Ad. Laîné*, 1866, in-12, papier *vergé*. 10 fr.

Tiré à 250 exemplaires sur ce papier et à 10 sur papier de Chine.

— MÉLANGES bibliographiques. *Paris, Librairie des bibliophiles*, 1871, in-12, papier *vergé*. 10 fr.

Tiré à 300 exemplaires sur ce papier et à 10 sur papier de Chine.

— LES ARTS au moyen âge et à l'époque de la renaissance. Ouvrage illustré de 19 planches chromolithographiques, exécutées par F. Kellerhoven, et de 400 gravures sur bois. *Paris, Firmin Didot frères, fils et Cie*, 1868, in-4. 25 fr.

2e édition en 1869; 3e en 1871; 4e en 1874; 5e, 1875; 6e, 1877. Cette édition est augmentée du chapitre : *Musique*. Le prix du volume a été porté à 30 fr. en janvier 1877.

— MOEURS, Usages et costumes au moyen âge et à l'époque de la renaissance. Ouvrage illustré de 15 planches chromolithographiques, exécutées par F. Kellerhoven, et de 440 gravures. *Paris, Firmin-Didot frères, fils et Cie*, 1871, in-8. 25 fr.

2e édition 1872; 3e, 1874; 4e, 1876. Le prix du volume a été porté à 30 fr. en janvier 1877.

— VIE militaire et religieuse au moyen âge et à l'époque de la renaissance. Ouvrage illustré de 14 chromolithographies, exécutées par F. Kellerhoven, Régamey et L. Allard, et de 409 figures sur bois, gravées par Huyot père et fils. *Paris, Firmin-Didot frères, fils et Cie*, 1873, in-4. 25 fr.

2e édition 1873; 3e, 1875. Le prix du volume a été porté à 30 fr. en janvier 1877.

— SCIENCES et Lettres au moyen âge et à l'époque de la renaissance. Ouvrage illustré de 13 chromolithographies, exécutées par Compère, Daumont, Pralin et Werner, et de 400 gravures sur bois. *Paris, Firmin-Didot et Cie*, 1877, in-4. 25 fr.

2e édition, 1877. Le prix du volume a été porté à 30 fr. en janvier 1877.

Il a été fait un tirage à part de 100 exemplaires sur papier de Hollande de la dernière édition des *Arts* (1877); des *Mœurs* (1876); de la *Vie militaire et religieuse* (1875), et de la première édition des *Sciences et Lettres* (1877). Ces 4 volumes en papier de Hollande ont été vendus ensemble, au mois de décembre 1876, au prix de 50 fr. le volume, et sont épuisés.

Il existe une traduction anglaise des 4 volumes précédents, publiée à *Londres, chez Chapman*, avec les chromolithographies et les gravures sur bois de l'édition française; mais le 4e volume, traduit par M. C.-P. Pitman, n'a pas encore paru. Le volume the *Arts* a été publié en 1873 et réimprimé en 1875; le volume *Manners, Customs and Dress*, publié en 1874; le volume *Military and religious Life*, en 1874.

— XVIIIe SIÈCLE. Institutions, usages et costumes. France, 1700-1789. Ouvrage illustré de 21 chromolithographies et de 350 gravures sur bois, d'après Watteau, Vanloo, Rigaud, Boucher, Lancret, J. Vernet, Chardin, Jeaurat, Bouchardon, Saint-Aubin, Eisen, Gravelot, Moreau, Cochin, Wille, Debucourt, etc. *Paris, Firmin-Didot frères, fils et Cie*, 1874, in-4. 30 fr.

2e édition 1875. Il a été tiré 100 exemplaires sur grand papier de Hollande et quelques-uns sur papier de Chine. Cet ouvrage a été traduit en anglais et publié avec les chromolithographies et les gravures de l'édition française, *The XVIIIe Century, its Institutions, Customs and Costumes. London, Chapman*, 1876, in-4.

La maison Firmin-Didot annonce la publication prochaine du second volume du *XVIIIe siècle, Lettres, sciences et arts*, avec 14 chromolithographies et 220 gravures sur bois.

— CONTES du bibliophile Jacob à ses petits-enfants sur l'Histoire de France. Avec 11 grandes gravures d'après les dessins de H. Philippoteaux, et une chromolithographie d'après Emile Wattier. *Paris, Firmin-Didot frères, fils et Cie*, 1874, gr. in-8, papier *vélin*. 12 fr.

Une seconde édition, formant un volume moins compact, a paru en 1875.

— BIBLIOGRAPHIE et iconographie de tous les ouvrages de Restif de la Bretonne, comprenant la description raisonnée des éditions originales, des réimpressions, des contrefaçons, des traductions, des imitations, etc., y compris le détail des estampes et la notice sur la vie et les ouvrages de l'auteur, par son ami Cubières Palmézeaux, avec des notes historiques, critiques et littéraires. *Paris, Aug. Fontaine*, 1875, in-8, carré, pap. de Hollande, XV et 512 pp., portr. gravé par Loizelet, d'après Binet ; tiré à 500 exemplaires numérotés sur ce papier. 25 fr.

Il a été tiré, en outre, 50 exemplaires numérotés sur papier whatman, avec le portrait avant la lettre et eau-forte. 50 fr.

— BIBLIOGRAPHIE moliéresque. Seconde édition, revue, corrigée et considérablement augmentée. *Paris, Aug. Fontaine*, 1875, in-8 carré, papier de Hollande, xx et 412 pages, portrait gravé à l'eau-forte par Lalauze, d'après un tableau attribué à Lebrun. 25 fr.

Tiré à 500 exemplaires numérotés sur ce papier. Il a été tiré, en outre, 50 exemplaires numérotés sur papier whatman, avec le portrait sur chine, et sur whatman avant la lettre, 50 fr.

La première édition, qui n'est qu'un essai très-différent de l'ouvrage publié comme une seconde édition, a paru en 1872 à *Turin, chez J. Gay et fils*, 204 exemplaires numérotés, dont 150 in-8 carré, papier *vélin*; 50, format in-12 d'écu, papier *vergé*, et 4 même format, papier de Chine.

LA CROIX DU MAINE. Desseins ou projets du sieur de la Croix du Maine, présentés à Henry III, pour dresser une bibliothèque parfaite en tous points, pour remplir cent buffets, chacun d'iceux contenant cent volumes. *Paris*, 1683, in-4 de 27 pp.

Pièce curieuse et rare. 19 fr. (1869). « Le but de ce charlatan, nous dit Nicéron, était de s'attirer les libéralités du roy Henri III, et de lui vendre chèrement les livres et les manuscrits qu'il avoit comme quelque chose de précieux; mais ce prince ne donna pas dans le panneau..... »

LA CROIX-MARON. La Muse catholique du sieur de la Croix-Maron, sur la sainte Eucharistie. *Bourdeaux, S. Millanges*, 1607, pet. in-4.

Poëme en huit chants, dédié à Antoinette de Pons, dame de Miossens.

En *mar*. de Chambolle, 120 fr. Potier.

Cette édition est fort rare, et Goujet ne la signale que d'après Colletet; en voici une autre qui ne l'est guère moins :

—LA MUSE catholique du sieur de La Croix Maron, divisée en deux parties : la première est du libéral Arbitre; la seconde est de la sainte Eucharistie. *A Bourdeaux, par Jacques Marcan*, 1614, in-8.

Dédicace générale à M. le duc d'Epernon; l'approbation est du 24 septembre 1607, et la permission d'imprimer du 25.

LACTANTII Firmiani Opera. (A la fin :) Conradus Sweynheym, Arnoldus Pannartzque, Magistri Romæ, impresserunt talia multa simul, Petrus cum fratre Francisco Maximus ambo huic opera aptatum contribuere domum. Anno..... MCCCCLXX, in-fol. [979]

Belle édition, imprimée dans le palais des princes Massimi, qui se déclarèrent les patrons de la typographie à Rome.

Relié en *vélin*, avec les armes des Strozzi peintes au premier feuillet, 135 fr. Gancia.

— LACTANTII Firmiani Opera. *S. l. (Venetiis), Adam*, 1471, in-fol.

Reproduction, ligne pour ligne, de l'édition de 1468.

150 fr. de Morante.

— LACTANTII Firmiani de Divinis Institutionibus adversus gentes. *Venetiis, Johannes de Colonia*, 1478, pet. in-fol.

En *mar*. *doublé*, 150 fr. même vente.

— Lactance Firmian des Diuines Institutions contre les Gentilz et Idolatres, nouuellement imprimé auec histoires. Traduict de Latin en Françoys, dedie au... Roy de France, par René Fame, notaire et secrétaire dudit seigneur. *Paris, Jehan Ruelle, demourant en la rue Sainct Jacques à l'enseigne de la Queue de Regnard*, 1548, in-16, de XVI ff. prél. et 744 pp., avec 179 pl. sur bois, dont quelques-unes, d'après Papillon, peuvent être attribuées à Jean Cousin.

Cette édition diffère de celle décrite au *Manuel*, qui porte le nom de Groulleau.

Les éditions de *Lyon, Ian de Tournes* et *G. Gazeau*, 1555, in-16, et de *Paris, Est. Groulleau*, 1555, in-16, fig. s. b., ont été vendues : la première 10 fr.; la seconde, en *mar*. de Derome, 61 fr. Yéméniz.

LA ESCOSSURA. España artística y monumental. Vistas y descripcion de los sitios y monumentos mas notables de España, obra dirigida por don Genaro Perez, texto redactado por don Patricio de la Escossura. *Paris*, 1842. Un vol. de texte et 2 atlas in-fol.

Beau livre, orné de 147 lithographies; texte en espagnol et français. 101 fr. Chasles (1871).

LAET. La grät prenostication ‖ de Louuain de Maistre ‖ Jaspart-Laet pour lan ‖ mil cinq cens 2 huit. *S. l. n. d.*, 8 ff. pet. in-4, goth. (vraisemblablement imprimé à *Louuain*, en 1507). [9021]

40 fr. Tross (1868).

LAET (*Joannes* de). Novus orbis seu descriptio Indiæ Occidentalis libri XVIII. Novis tabulis geographicis et variis animantium, plantarum fructuumque iconibus illustrati. *Lugduni - Batavorum, apud Elzevirios*, 1633, in-fol. de XVI ff. lim., 690 pp. et IX ff. d'index, 14 cartes et fig. dans le texte; le titre est gravé [28462]

C'est la traduction latine d'éditions flamandes données à *Leyde*, par *Isaac Elsevir*, en 1625, gr. in-fol., et par *Bonaventure et Abraham*, en 1630, in-fol.

20 fr. Tross (1873).

— L'histoire du Nouveau Monde ou description des Indes Occidentales, contenant dix-huit liures. *A Leyde, chez Bonaventure et Abraham Elseuiers*, 1640, in-fol., de XIII ff. lim.; 632 pp. et VI ff. d'index, fig. dans le texte et 14 cartes.

La description donnée de cette traduction française au catalogue Maisonneuve diffère de celle de M. Pieters, qui omet les préliminaires et ne compte que 3 ff. de table.

Deux exemplaires figuraient à la vente Maisonneuve, ils ont été vendus 36 et 30 fr.; un autre 30 fr. Tross (1873).

20 fr. vente du château de Saint-Ylie.

— Notæ ad dissertationem Hugonis Grotii de Origine gentium Americanarum, et Observationes aliquot ad meliorem indaginem difficillimæ illius Quæstionis. *Amstel.*, *Lud. Elzev.*, 1643, in-4, de 223 pp.

On trouve, pages 139-151, des vocabulaires comparés des langues irlandaise, galloise, islandaise, huronne, souriquoise, mexicaine, etc.

16 fr. Maisonneuve.

Cette dissertation est ordinairement jointe à la pièce suivante, et la table est commune :

— Ejusdem Responsio ad dissertationem secundam Hug. Grotii, de Origine gentium Americanarum, cum indice ad utrumque Libellum. *Ibid.*, *id.*, 1644, de 2 ff., 116 pp. et 7 pp. de table suivies d'un errata.

Les dissertations de Grotius avaient été imprimées à *Paris*.

LA FAYE. Catalogue complet des *Républiques*, imprimées en Hollande, in-24, avec des remarques sur les diverses éditions, par de La Faye. Nouvelle édition, revue, corrigée et augmentée par J. Chenu. *Paris, L. Potier*, 1854, pet. in-12, de 52 pp.

Jolie impression et tirage à petit nombre; l'un des deux exemplaires sur *vélin*, en *mar.* de Duru, 100 fr. Techener (1865).

L'un des deux exemplaires, tirés sur vrai papier ancien de Hollande, 14 fr. 1861.

LA FAYETTE (*Marie* de la Vergne, comtesse de). La *Princesse de Montpensier*. *Paris, Louis Billaine* (ou *Charles de Sercy*), 1662, pet. in-8. [17196]

En *mar.* de Hardy, 80 fr. Chedeau; en *mar.* de Capé, 320 fr. Luzarche; en *mar.* de Boyet, exemplaire Nodier, un peu court, 700 fr. baron Pichon; en *mar.* de Duru, 150 fr. Huillard; en *mar.* de Trautz, 400 fr. Benzon; en *veau*, aux armes de Mme de Verrue, exemplaire court de marges, 94 fr. Voisin; en *mar.* de Trautz, 570 fr. Leb. de Montgermont; en *mar.* de Hardy-Mennil, 145 fr. Soleil; en *mar.* de Trautz, 800 fr. au catal. Morgand et Fatout.

— Zayde, || histoire || espagnole, || par monsieur || de Segrais. || Avec vn traitté || de l'Origine des Romans, || par Monsieur Hvet. || *A Paris,* || *Chez Clavde Barbin,* || *au Palais,* || *sur le second Perron de la Sainte* || *Chappelle.* || M.DC.LXX (et 1671). || *Avec privilége du Roy,* 2 vol. in-8. [17195]

Il faut remarquer que les deux volumes ont été imprimés avec une justification différente; le premier volume est beaucoup plus grand; un très-bel exemplaire, vendu en 1876 par les libraires Morgand et Fatout, présentait les dimensions suivantes : 1er volume, 0^m168 mill.; 2e volume, 0^m161 mill., et ce dernier était rempli de témoins, c'est-à-dire atteignait son maximum de hauteur.

En *mar.* de Trautz, 540 fr. Labitte (1870); en *mar.* de Lortic, mais avec un titre refait, 96 fr. Chedeau; en *mar. citron* de Padeloup, aux armes du comte d'Hoym, 2,050 fr. prince Radziwill; en *mar.* de Duru, 300 fr. Germeau, c'était l'exemplaire Solar; il fut revendu 340 fr. Huillard; en anc. rel. *mar. doublé* de *mar.*, mais très-rogné, 125 fr. baron Pichon; en *mar.* de Trautz, très-bel exemplaire, 1,060 fr. Benzon; en *mar.* de Hardy, avec quelques raccommodages, 300 fr. Voisin; en *mar.* de Duru,

650 fr. catal. à prix marqués du libraire Fontaine; en *mar.* de Thibaron, 600 fr. même catal.; en *mar.* de Trautz, 980 fr. Leb. de Montgermont; en *mar.* de Lortic, 100 fr. Soleil.

— La || Princesse || De || Cleves. || *A Paris,* || *Chez Clavde Barbin, au Palais,* || *sur le second Perron de la Sainte Chapelle.* || M.DC.LXXVIII. || *Avec privilége du Roy,* || 4 tomes in-12, habituellement reliés en 2 vol.

Édition originale, dont les beaux exemplaires doivent avoir plus de 150 millimètres de hauteur.

En *mar.* de la veuve Niédrée, 171 fr. Chedeau; en *mar.* de Chambolle-Duru, avec deux volumes ajoutés de *lettres et conversations* sur la princesse de Clèves, 500 fr. baron Pichon; porté à 800 fr. au catal. Morgand et Fatout; en *mar.* de Lortic, 406 fr. Luzarche; en *mar.* de Hardy-Mennil, 430 fr. Huillard; en *mar.* de Trautz, bel exemplaire, 920 fr. H. Bordes; en *mar.* de Hardy, relié en 4 vol., 445 fr. vente Voisin (1876); en *mar. citron* de Trautz, très-bel exemplaire, 1,050 fr. Benzon; en *mar.* de Trautz, 1,325 fr. Leb. de Montgermont; en *mar. doublé* de Trautz, 1,800 fr., puis 2,000 fr. au catal. Aug. Fontaine (bel exemplaire de 0^m155); en *mar. doublé* de Chambolle-Duru, 1,000 fr. même catal. à prix marqués; reporté à 1,350 fr. au catal. de Morgand et Fatout; en *mar.* de Trautz, 1,800 fr. catal. Morgand et Fatout.

— La princesse de Clèves. *A Paris, chez Claude Barbin*, 1678, 4 parties pet. in-12.

Contrefaçon fort rare, probablement exécutée en province, et médiocrement imprimée; en voici la description d'après un exemplaire provenant du libraire Tross : Tome I, 2 ff. lim., 87 pp. et 2 ff. blancs; tome II, titre, 84 pp. et 1 f. blanc; tome III, titre, 80 pp. et 1 f. blanc; tome IV, 83 pp. (la dernière chiffrée par erreur 69) et 1 f. blanc.

En *mar.* de Fixon, 40 fr. Desq.

Ce n'est pas la même contrefaçon que la suivante :

— La princesse de Clèves. *Paris, Cl. Barbin*, 1678, 4 tomes en 1 vol., pet. in-12, front. gr.

Cette jolie édition a le même nombre de pages que l'édition originale; les lettres ornées et le fleuron à la tête de buffle indiquent la typographie des Elsevirs; M. Pieters ne l'a pas connue.

M. Claudin fait remarquer que les caractères sont identiques avec ceux employés dans le *Traité de la politique de France*, de Paul Hay du Chastelet, et du *Scaligerana*, qui sont désignés sous la rubrique d'*Utrecht, Pierre Elsevir*.

En *vélin*, 40 fr. Luzarche; en *mar.* de Chambolle, 112 fr. Potier.

— La princesse de Clèves. *S. l. n. d.* (*Holl.*, *Elsev.*), 4 parties, pet. in-12.

2 feuillets, y compris le titre gravé et 203 pages pour les deux premières parties; 197 pages pour les deux dernières, plus 3 ff. pour le privilége du roy en faveur de Barbin, à la fin duquel on lit : *Achevé d'imprimer pour la première fois*, le 8 mars 1678.

Le cul-de-lampe à la tête de Méduse, les fleurons, et surtout les lettres grises, dit M. Pieters, indiquent la provenance elseviricnne.

En *mar.* de Du Seuil (exempl. Nodier, de 0^m135), 55 fr. Pieters; 38 fr. Chedeau.

— Histoire de Madame Henriette d'Angleterre, première femme de Philippe de France, duc d'Orléans. *Amsterdam, Mich. Ch. Le Cene*, 1720, pet. in-8, portr.

Édition originale.

Un exemplaire broché, non rogné, 59 fr. La Bédoyère.

Un très-bel exemplaire, en *mar.* de Trautz, 265 fr. Leb. de Montgermont, et 450 fr. au catal. Aug. Fontaine de 1877 ; au même catal. figure un second exemplaire en *mar.*, au prix de 100 fr. ; un exemplaire taché, 41 fr. vente Voisin de 1876 ; un bel exemplaire en *mar.* d'Anguerran, 277 fr. baron Pichon ; un exemplaire, relié aux armes de Mesdames, avec les *Mémoires de la cour de France*, de 1742, 121 fr. H. Bordes ; en *mar.* de Lortic, 150 fr. catal. Morgand et Fatout.

— HISTOIRE de Madame Henriette d'Angleterre..... publiée par feu A. Bazin. *Paris, Techener*, 1853, in-12, portr.

Jolie édition ; en *mar.* de Hardy, 35 fr. au catal. Fontaine.

— MÉMOIRES de Hollande. *Sur l'imprimé à Paris, chez Est. Michallet*, 1678, pet. in-12, de 2 ff. et 244 pp.

Ce roman est attribué à Mᵐᵉ de Lafayette, dans une nouvelle édition publiée par M. A.-T. Barbier en 1856. Cette attribution est très-contestable.

21 fr. Chedeau ; un exemplaire non rogné, en *mar.* de Capé, 130 fr. La Villestreux ; revendu 255 fr. Leb. de Montgermont.

— MÉMOIRES de la cour de France pour les années 1688 et 1689. *Amsterdam, J.-F. Bernard*, 1731, in-12, front. gravé.

Édition originale.

29 fr. vente Voisin (1876) ; relié sur brochure, en *mar.* de Trautz, 325 fr. Leb. de Montgermont.

LA FERRIÈRE-PERCY (Le comte de). Marguerite de Valois, son livre de dépenses (1540-49). Étude sur ses dernières années. *Paris, Aubry*, 1865, pet. in-8, de 236 pp., pap. vergé, et portrait de la reine.

8 fr., et sur papier vélin 12 fr.

— LES chasses de François Iᵉʳ, racontées par Louis de Brézé, précédées de la chasse sous les Valois. *Paris*, 1869, pet. in-8, papier vergé. 7 fr. 50 c.

LAFFEMAS (B.). Les Moyens de chasser la gueuserie, contraindre fainéants, faire vivre et employer les pauvres..... faict par Barthélemy Laffemas. *Paris*, 1600, in-12, portr. de l'auteur.

— LE QUATRIÈME avertissement du commerce faict sur le debvoir de l'aumosne des pauvres... faict par Laffemas... qui représente sur ce l'abbus des tavernes et cabarets. *Paris*, 1600, in-12, également avec un portr. de l'auteur.

Ces deux pièces en 1 vol. rel. par Duru, en *veau fauve*, 61 fr. Leroux de Lincy.

LAFFEMAS (*Is.* de). A la ǁ Memoire ǁ de la ǁ Pavlette. ǁ M.DC.XVIII. *S. l.*, in-8, de 7 pp., car. ital.

Petit poëme en vers de huit pieds, attribué à Isaac de Laffemas. 30 fr. au catal. Morgand et Fatout.

LA FONS (*Jacques* de), Angevin. Le Dauphin. *Paris, Claude Morel*, 1609, pet. in-8, titre grav. et portrait par Léon. Gaultier.

Un exemplaire de dédicace au Dauphin (Louis XIII), avec ses armes, malgré de fortes taches, 200 fr. Labitte (1872).

— LE PRINCE. *Tours, J. Mettayer*, 1592, pet. in-8. 40 fr. W. Martin.

LA FONTAINE (*Jean* de). La Fontaine des Amoureux ǁ Nouuellement imprimee a Paris... *Cy fine... Imprime a Paris par iehan Ianot...* pet. in-4, goth. [13221]

Cette édition contient le *Dialogue de Narcissus, d'Echo et du Fol,* avec quelques ballades et complaintes.

Ce poëme a été réimprimé au tome III du *Roman de la Rose, Paris*, 1735, in-12, édition de Lenglet du Fresnoy, et dans toutes les éditions données par ce savant abbé.

Goujet dit expressément à propos de cet ouvrage :

« Il ne faut pas confondre *la Fontaine des amoureux de science* avec un autre poëme ancien, qui roule néanmoins sur la même matière et qui est intitulé *la Fontaine des Amoureux*. Je ne sçai de qui est ce second poëme ; il est ancien, et presque aussi peu intelligible dans ce qu'il contient que celui de Jean de la Fontaine. L'édition que j'en ai vue a été faite à *Paris, chez Jehan Janot,* in-4, en caract. goth. » ....

M. Brunet n'a pas tenu compte de cette observation.

En *mar.* de Niédrée, 150 fr. marquis de B. de M.

— LA FONTAINE des amoureux de science..... reveuë et mise en son entier avec les figures, par Ant. du Moulin, Masconnois. *Lyon, J. de Tournes*, 1571, in-8.

En *mar.* de Bradel, 66 fr. Danyau.

— DE LA TRANSFORMATION métallique. *A Paris, chez Guillaume Ruillard*, 1561, in-8.

C'est la même édition que celle désignée au *Manuel* avec les noms de Guillaume et Amaury Warancore.

LA FONTAINE (*Jean* de). OEuvres. *Anvers, J. et H. Sauvage (Paris)*, 1726, 3 tomes en 5 vol. in-4, texte encadré. [19083]

Un bel exempl., en *mar.* de Padeloup, avec les figures de Rom. de Hooghe et celles de Causse ajoutées, provenant du duc d'Aumont, avec ses armes, 365 Radziwill ; et se vendrait plus cher aujourd'hui.

— OEUVRES complètes de J. de la Fontaine. *Paris, Lefèvre*, 1814, 6 vol. gr. in-8, fig. (*De l'impr. de Crapelet*).

L'un des deux exempl. sur vélin, avec le portrait de l'éditeur, M. Auger, à la sépia sur vélin, les eaux-fortes sur papier et les épreuves terminées sur vélin, a été vendu 1,400 fr. W. Martin ; le second exempl. avec une triple suite de figures, 1,335 fr. Em. Gautier.

Un exempl. ordinaire, pap. vél., avec les fig. de Moreau avant la lettre, et les vignettes de Johannot, 65 fr. seulement de Chaponay. Un autre 105 fr. Germeau ; un exempl. avec les deux vol. supplémentaires, en *mar.* de Bozérian, et beaucoup de fig. ajoutées, 240 fr. Cailhava.

Sur pap. rose, relié par Thouvenin, 200 fr. au cat. Fontaine de 1875.

— OEUVRES... nouvelle édition revue et accompagnée de notes par Walckenaer. *Paris, Lefèvre*, 1822-23, 6 tomes en 7 vol., in-8.

Un très bel exempl., en grand pap. vélin, orné de 400 pièces, dont quatre dessins originaux de

Desenne, deux de Lafitte, les suites en triples épreuves de Moreau, de Marillier, d'Eisen, etc. 607 fr. Chedeau ; et serait vendu le double aujourd'hui.

— LES MÊMES. *Paris, Sautelet*, 1826, gr. in-8. (Edit. publiée par Balzac).

En *mar.* de Trautz, bel exempl. sur pap. de Chine, 125 fr. seulement Cailhava (1862).

— LES MÊMES. Nouvelle édition, revue, mise en ordre et accompagnée de notes par C.-A. Walckenaer. *Paris, Lefèvre*, 1827, 6 vol. gr. in-8.

De la collection des classiques français.

En *veau* de Bauzonnet, 61 fr. Dʳ Danyau ; en demi-rel., 100 fr. au cat. Fontaine de 1872 ; en grand pap. jésus vélin, avec nombreuses fig. ajoutées et en *mar.* de David, 900 fr. au cat. Morgand et Fatout ; sur le même papier en demi-rel. de Purgold, avec une immense quantité d'eaux-fortes, de fig. sur chine avant la lettre, et de dessins originaux, 1,200 fr. chez les mêmes libraires.

— FABLES choisies mises en vers. *Paris, Denys Thierry*, 1668, in-4, fig. de Chauveau dans le texte. [14163].

En *mar.* de Trautz, 855 fr. Double ; cet exempl., qui n'était pas des plus beaux, avait été payé 380 fr.; en *mar.* de Duru, 495 fr. Chedeau ; en *mar.* de Trautz, fort beau, 1,360 fr. baron Pichon, revendu 2,050 fr. Benzon ; enfin, en *mar. doublé* de Trautz, un exempl. de toute beauté, est porté à 2,800 fr. au catal. Morgand et Fatout.

— FABLES choisies mises en vers par M. de la Fontaine. *A Paris, chez Denys Thierry*, 1668, 2 vol. in-12, fig.

Réimpr. de l'édition in-4, après corrections faites; il faut 30 ff. prélim., *a* par 12, *e* par 12, *i* par 5, plus un f. blanc.

En *mar.* de Thibaron, 127 fr. Huillard ; en *mar.* de Hardy, 400 fr. au catal. Morgand et Fatout.

— FABLES || choisies, || mises en vers. || Par M. de la Fontaine. || *A Paris,* || *chez Claude Barbin...* 1669, in-12, de 36 ff. lim., 142 pp. et 1 f. pour l'*extrait du Privilège*, daté du 6 juin 1667 , et suivi d'un rappel de l'achevé d'imprimer au 31 mars 1668.

Cette édition est une réimpression de la belle édition in-4 de 1668 ; bien qu'elle ait les fleurons de Barbin, quelques amateurs croient qu'elle a été exécutée en province ; elle est imprimée en très-petits caractères.

Somme toute, elle est de médiocre importance, bien que l'exempl. de la vente Benzon, relié en *mar. doublé* de Chambolle, ait atteint le prix de 205 fr. et que le libraire Fontaine, son acquéreur, le reporte à 350 fr.; un autre exempl. en *mar.* de Hardy, 125 fr. Voisin (1876).

— FABLES nouvelles et autres poésies.*Paris,Claude Barbin* (ou *Denys Thierry*), 1671, in-12, fig. de Chauveau, dédicace à Mgr le duc de Guyse.

En *mar.* de Duru, 31 fr. Chedeau ; en *mar.* de Capé, 36 fr. Huillard ; en *mar.* de Trautz, 350 fr. H. Bordes ; en *mar.* de Hardy, 99 fr. Voisin. En *mar.* de Trautz (avec le nom de *Denys Thierry*), 220 fr. Benzon.

— FABLES choisies, mises en vers, par M. de la Fontaine, et par lui reveues, corrigées et augmentées. *A Paris, chez Denys Thierry et Claude Barbin,* 1678-1694, 5 vol. in-12, fig. à mi-pages.

Cette précieuse et célèbre édition est parfaitement décrite au *Manuel;* il nous faut seulement faire mention d'un carton, qui doit se trouver à la page 101 du tome III, dont M. Brunet n'a point eu connaissance ; le premier carton du tome IV est à

la page 20, et M. Potier en a signalé un second à la page 115.

Il est bien rare de trouver un exempl. de ces cinq volumes qui soit uniformément de premier tirage ; celui de la vente Solar était très-pur, mais, autant qu'il nous en souvienne, les cartons des tomes III et IV manquaient ; une reliure médiocre de Thompson l'a empêché de dépasser le prix de 500 fr., ce qui, du reste, était déjà un bon prix pour l'époque, et ce qui, d'ailleurs, le prouve surabondamment, c'est que cet exemplaire a figuré de nouveau à la vente de Benzon, où il n'a été porté qu'à 505 fr.

L'exempl. de M. d'Ortigue était formé d'un premier vol. de l'édition de 1668 (in-12), le tome II, de la première édition de 1678, le tome V du premier tirage de 1694 ; il a été vendu 265 fr., 360 fr. Desq, puis 500 fr. Chedeau, 550 fr. Huillard, enfin 775 fr. Aug. Fontaine (1872).

L'exempl. Yéméniz était de premier tirage ; le tome V portait l'adresse de Claude Barbin seul ; relié en *mar.* par Bozérian, il a été vendu 800 fr.

L'exempl. de Bure, qu'avait payé 600 fr. M. Brunet, à cause de son excellente reliure de Boyet, est décrit au *Manuel;* il a été porté à 1,330 fr. à la vente de l'illustre bibliographe, et au prix extraordinaire de 3,450 fr. à la vente Leb. de Montgermont, en 1876.

Un assez bon exempl., en *mar.* de Chambolle, avec le tome II de la réimpr. de 1692, 350 fr. Germeau ; l'exemplaire du baron Pichon, en *mar.* de Duru-Chambolle, avait les cartons des tomes III et IV ; mais le tome V était de second tirage ; il a été porté à 425 fr., et revendu, nous ne savons pourquoi, 195 fr. seulement à la seconde vente Potier de 1872 ; à la première vente de ce libraire, en 1870, figurait un bon exempl. en *mar.* de Chambolle-Duru ; tous les volumes étaient de bonnes dates et des premiers tirages, 610 fr.; cet exempl. figure au catal. à prix marqués du libraire Fontaine à 800 fr., ce qui n'est point exagéré.

Un exempl. avec le premier vol. de la réimpression de 1692, le second de la première édit. in-12 de 1668, et le Vᵉ du troisième tirage, en *mar.* de Trautz, 445 fr. H. Bordes ; un bon exempl., avec les cinq vol. de bonne date, mais sans les cartons, en *mar.* de Hardy, 520 fr. A. Voisin (1876); acquis par les libraires Morgand et Fatout, il figure dans leur intéressant catal. au prix de 1,200 fr.; un second exempl., en *mar.* du même relieur, est indiqué au même catal., à 1,300 fr.; les cartons ne sont point signalés, mais tous les volumes sont du premier tirage.

Un exempl., en *mar.* de Thibaron, est porté au prix remarquable de 2,400 fr. au catal. Fontaine ; cet exempl. n'avait pas les cartons des tomes III et IV, mais les volumes étaient de premier tirage.

Un exemplaire dit de bonne date, dans une charmante reliure ancienne dite de Padeloup, n'a été vendu que 216 fr. Gancia (1868); il y avait sans doute là quelque vice redhibitoire, dont le signalement avait été omis au catalogue.

— FABLES choisies mises en vers.,.... *suivant la copie imprimée à Paris, et se vendent à la Haye, chez Henry van Bulderen*, 1688-94. 5 parties in-8, fig. de H. Causse ; la 5ᵉ partie a été publiée isolément en 1694.

En *veau*, mais avec la fable *le Pot de fer et le Pot de terre*, de la main de la Fontaine, ajoutée, 162 fr. seulement d'Ortigue, et se vendrait aujourd'hui plus du double ; en *mar.* de Derome, relié en 2 vol., 295 fr. Double ; l'exempl. du prince Radziwill, relié par Derome en *mar.* en 2 vol., acheté par M. Leb. de Montgermont 325 fr. en 1865, n'a pas été vendu moins de 2,000 fr. en mars 1876, et figure à 2,400 fr. au cat. Morgand et Fatout.

L'admirable exempl. de Charles Nodier, dans une fraîche et charmante rel. de Boyet, en *mar. doublé*, avait été acheté 110 fr. par M. Cigongne ; il doit faire aujourd'hui partie de la bibl. du duc d'Aumale.

— FABLES choisies... avec de petites notes pour en faciliter l'intelligence. *Hambourg, Vandenhoeck,* 1731, 2 tom. en un vol. in-12.

L'exempl. Ch. Nodier, 20 fr. cat. Potier, 61 fr. de Chaponay.

— LES CONTES de la même édition, en *veau* de Simier, 17 fr. de Chaponay.

Les quatre tomes réunis en un vol. in-12, en anc. rel. *mar.*, de la bibl. d'Hangard, n'ont été vendus que 32 fr. Radziwill.

— FABLES choisies... avec un nouveau Commentaire par M. Coste. *Paris,* 1743, front. grav., 2 vol. in-12.

En *mar.* de Padeloup, exempl. Nodier, 235 fr. baron Pichon.

— LES FABLES... *Paris, Desaint et Saillant,* 1755-1759, 4 vol. in-fol., fig. d'Oudry.

Les prix de ce beau livre ont suivi la marche ascendante, c'est-à-dire ont au moins triplé depuis 15 ans.

En pap. ordinaire et en *veau,* incomplet d'un portrait, 220 fr. Desq ; en gr. pap. et en *veau,* 305 fr. Radziwill ; même condition, 500 fr. Huillard ; en moyen pap. de Holl. et anc. rel. *mar.,* 450 fr. de Chaponay ; en gr. pap. de Holl. et en *veau,* 450 fr. ; vente faite à Grenoble en novembre 1867 ; en pap. ordin., non rogné, 140 fr. Luzarche ; en *mar.* de Petit, 385 fr. d'Haubersaert (1868) ; en moyen pap. de Holl. et en *veau,* 251 fr. B. de M. (1869) ; en *mar.* de Hardy, très-grand papier, 1,100 fr. Grésy ; même condition, mais avec des raccommodages, 610 fr. Curmer ; en pap. ord. et en *veau,* 305 fr. Van der Helle ; en *mar.,* 305 fr. Bachelin (1874) ; en grand pap. de Holl., *mar. vert* aux armes de Montmorency-Luxembourg, superbe exemplaire, 6,100 fr. Benzon, est porté au cat. à prix marqués du libraire A. Fontaine, à 8,000 fr.

Plusieurs exempl. ont figuré aux divers et riches catalogues de ce libraire, variant, suivant la condition et la reliure, de 2,500 fr. à 400 fr.

Un bel exempl., en gr. papier et *mar.*, dit Derome, 1,505 fr. Martial Millet (1872).

Un bon exempl., en anc. rel. *mar.*, 1,450 fr. Labitte (mars 1874) ; en gr. pap. de Hollande, et dans une rel. ancienne en *mar.*, 2,000 fr. Leb. de Montgermont.

Trois exempl. sont portés aux divers catal. Morgand et Fatout de 1876 ; l'un, annoncé gr. pap. de Hollande et rel. anc. en *mar.*, est porté à 4,500 fr. ; le second, en gr. pap. et en *mar.* de David, est de 2,500 fr. ; enfin le troisième, en petit pap. de Holl., relié par Petit, est de 1,500 fr. ; ce sont des prix excessifs.

Il a été fait de cette belle édition une réimpression que ne cite pas le *Manuel ;* elle est fort rare.

— FABLES ‖ choisies, ‖ mises en vers ‖ par J. de la Fontaine. ‖ *A Paris,* ‖ *de l'Imprimerie de Valade,* ‖ *Et se trouve* ‖ *chez Belin, libraire, rue Saint-Jacques, près Saint Yves.* ‖ M.DCC.LXXXIII. 2 vol. in-fol., de XLVIII ff. lim. et 164 pp. pour le premier vol., et de III-252 pp. pour le second, avec 276 figures.

— FABLES choisies, nouvelle édit., fig. de Fessard. *Paris,* 1765-1775, 6 vol. in-8. Édition entièrement gravée.

En anc. rel. *mar.*, 152 fr. d'Haubersaert (1868).

En anc. rel. *mar.* de Derome, 530 fr. Bordes ; cet exempl. avait été payé 255 fr. chez le baron J. Pichon ; un exempl. en *mar.* de Derome, 720 fr. à la vente L. de M. (Voisin, mars 1876).

— FABLES... *A Paris, de l'Impr. de Didot l'aîné,* 1782. 2 vol. in-18. (Collection du comte d'Artois.)

En *mar.* de Bozérian, avec portr. ajouté, 50 fr. Yéméniz ; en anc. *mar.*, 22 fr. Germeau.

— FABLES... avec les fig. de Simon et Coiny. *Paris, Didot l'aîné,* 1787, 6 vol. in-18.

En *mar.* de Bozérian, exempl. d'Ourches et Pixérécourt, 141 fr. La Bédoyère ; rev. 145 fr. Potier ; 80 fr. de Chaponay.

En anc. *mar.*, 155 fr. Grésy ; 92 fr. Curmer ; en anc. *mar.*, 130 fr. Bordes.

— FABLES... impr. par ordre du Roi pour l'éducation de Mgr le Dauphin. *Paris, Didot l'aîné,* 1789, 4 vol. in-8.

En *mar.* de Bozérian, portr. ajouté, 200 fr. Yéméniz ; en anc. *mar.*, en 2 vol., deux exempl. à la vente Radziwill, 55 et 54 fr.

— FABLES... avec les fig. gravées par Simon et Coiny. *Paris, Bossange,* 1796, 6 vol. in-18.

40 fr. Chedeau ; en *mar.* de Bozérian, 140 fr. Grésy.

— FABLES de la Fontaine. *A Paris, de l'imprim. de Pierre Didot l'aîné,* 1802, 2 tomes en 1 vol. in-fol., vignettes en tête de chaque livre par Percier, gr. par Girardet.

Un des 100 exempl. tirés sur pap. vélin, avec les vignettes avant la lettre, dans une riche reliure en *mar. doublé* de Capé, 820 fr. Leb. de Montgermont.

— FABLES, avec les dessins de G. Doré. *Paris, Hachette,* 1867, 2 tomes en un vol. gr. in-fol.

Réimpr. l'année suivante.

Il a été tiré de cette édition incommode quelques exempl. sur pap. de Chine.

En *mar.* de Chambolle-Duru, exempl. sur chine, du premier tirage, 280 fr. B. de M. (1869), et 600 fr. au catal. Aug. Fontaine de 1872.

— FABLES choisies... notés par Alph. Pauly. — Contes et Nouvelles en vers, publiés par le même. *Paris, A. Lemerre,* 1868, 4 vol. pet. in-12.

20 exempl. de cette jolie édit. ont été tirés sur pap. de Chine ; un de ces exempl. en *mar.* de Hardy, 200 fr. Aug. Fontaine.

— FABLES... publiées par D. Jouaust, ornées de 12 dessins originaux de Bodmer, J. L. Brown, F. Daubigny, Detaille, Gérôme, etc. *Paris, libr. des Bibliophiles,* 1873, 2 vol. gr. in-8. 40 fr.

Jolie édit. tirée à petit nombre ; on l'a surnommée l'*Edition des 12 peintres ;* un exempl. en gr. pap. vergé, avec planches en double et triple état, 200 fr. au cat. Morgand et Fatout.

— LA FONTAINAREN , aleghia-berheziak , neurthitzez franzesetik uskarara itzuliak , J. B. Archu. *La Reolen, Pasquieren,* 1848, in-8.

Traduction en dialecte souletin et en vers, de 49 fables de la Fontaine, avec le français en regard, précédée d'une grammaire et suivie d'un dictionnaire basque français.

— FABLEAC edo aleguiac Lafontenetaric berechiz hartuac, eta Goyhetche aphecac franxesetic escoarara berxutan itçuliac. *Bayonan, Forec eta Lasserrec,* 1852, in-18.

Traduction en dialecte labourdin, par Goyhetche.

16 fr. Burgaud des Marets.

— FABLES choisies de la Fontaine, traduites en vers bretons par de Goësbriand. *Morlaix, Guilmer,* 1836, in-8.

On prononce Guébriand.

10 fr. Burgaud des Marets.

— FABLES causides de la Fontaine en bers gascouns. *Bayoune, P. Fauvet Duhard,* 1776, in-8, portr. de la Fontaine, gr. par Le Mire, d'après Moreau, titre gravé.

Le nom du traducteur est inconnu, ou plutôt

on attribue le mérite de cette traduction à quatre
traducteurs au moins.

En *mar.* de Capé, 35 fr. Potier ; en demi-rel. de
Trautz, 25 fr. Burgaud des Marets ; en *veau*, 40 fr.
cat. Morgand et Fatout.

— FABLOS caousidos de Lafountaino libromen tra-
duitos en patouès pyrénéen et enrichidos dous
éléments de la grammairo d'aquéro lengo, per
Jules Portes (de Nestier). *Bagnères de Bigorre,
P. Plassot*, 1857, in-8.

18 fr. Burgaud des Marets.

— FABLES choisies de la Fontaine, mises en vers
gascons par Bergeret. *Paris , Michaud , 1816*,
in-12.

6 à 8 fr.

— QUELQUES Fables choisies de la Fontaine, mises
en vers limousins par J. Foucaud, avec le fran-
çaiŝ à côté. *Limoges, Bargeas*, 1809, 2 vol. in-12.

— FABLES choisies, mises en vers patois limousin
par J. Foucaud. *Ibid.*, id., 1835, in-8.

— LES BAMBOUS. Fables de la Fontaine travesties
en patois créole par un vieux commandeur
(Bourdillon). *Fort-Royal-Martinique, E. Ruelle
et Ch. Arnaud*, 1846, in-8 de 11 et 140 pp.

Traduction curieuse et bien peu connue. 10 fr.
Maisonneuve.

— NOUVELLES en vers, tirée (*sic*) de Boccace et de l'Arioste, par M. de L. F.
Paris, Cl. Barbin, 1665, pet. in-12,
composé d'un titre, avertissement, *Le
Cocu battu et content*, ensemble 12 pp.,
y compris le privilége à la date du 10 décembre 1664 ; *Joconde* et *la Matrone
d'Ephèse* (trad. en prose par Saint-Evre-
mond), 60 pp. (voy. *Man.* III, col. 756).

2,850 fr. Potier en 1870 ; ce petit volume est d'une
extrême rareté.

— CONTES et nouvelles en vers de M. de la Fontaine. *Paris, Claude Barbin*, 1665.

Nous n'avons pas vu passer en vente d'exempl. de
cette précieuse édition originale, depuis la vente
Solar, où deux exempl. ont figuré ; le premier a été
acquis par la Biblioth. nationale.

— LA DEUXIESME partie des Contes et Nouvelles en
vers de M. de la Fontaine. *Paris , Louis Billaine*, 1646 (sic), in-12, de XI pp. lim. pour le
titre et la préface, de 160 pp. pour le texte et de
2 ff. pour le privilége.

Les deux exempl. Solar de l'édit. de 1665 contenaient également cette édition originale de la seconde partie ; le second exempl., en *mar.* de Duru,
venant de Giraud (260 fr.), ne fut vendu que 250 fr.;
acquis par M. Cousin, il fait aujourd'hui partie de la
bibl. de la Sorbonne.

— CONTES et Nouvelles en vers. *Paris, Louis Billaine*, 1667. 2 part. en un vol. in-12. (Seconde
édition.)

En *mar.* de Simier, 330 fr. Potier (1870) ; l'exempl.,
qui provenait de Walckenaer, n'avait été payé que
100 fr. à la vente Desq ; en *mar.* de Trautz, 1,020 fr.
Lebeuf de Montgermont, et 1,500 fr. au cat. Morgand et Fatout.

L'exempl. de M. Solar, en *mar.* de Duru, acheté
101 fr. chez M. Giraud, a été vendu 93 fr. Il était
tout aussi beau que celui de M. Walckenaer.

L'exempl. de M. Ch. Nodier (vente de 1844) a reparu en 1877 au cat. Morgand et Fatout ; le prix
n'est pas indiqué.

— CONTES et Nouvelles en vers. *Paris, Louis Billaine*, 1669, pet. in-12.

L'un des exemplaires fort rares, qui ont à la page
119 les deux vers obscènes qui terminent la *Servante*

justifiée, 54 fr. Luzarche ; un exempl., offrant la
même particularité, en *mar.* de Lortic, 450 fr. au
cat. Morgand et Fatout.

— CONTES et Nouvelles. *Leyde, J. Sambix*, 1668 et
1669, in-12.

En *mar.* de Niédrée, 44 fr. Cailhava, rev. 32 fr.
Chedeau ; en *mar.* de Hardy-Mennil, 101 fr. A. Rigaud.

— RECUEIL des Contes de la Fontaine. Les Satyres
de Boileau et autres pièces curieuses. *Amsterdam,
J. Verhoeven*, 1668 (aussi 1669), pet. in-12.

Cette édition, ainsi que la précédente, sont, au
dire de M. Motteley, imprimées par *Foppens, à
Bruxelles.*

Avec la date de 1668, 21 fr. Germeau ; de 1669,
en *mar.* de Trautz, 120 fr. Potier ; 380 fr. Leb. de
Montgermont ; en *mar.* de Duru, 118 fr. La Villestreux.

— CONTES et Nouvelles en vers de M. de la Fontaine.
Lyon, Cl. Bourgeat, 1672, 2 part. — Contes et
Nouvelles en vers de M. de la Fontaine, troisième
partie. *Paris, Cl. Barbin*, 1671, in-12.

Cette édition *de Lyon* est peu connue ; elle a figuré
pour la première fois à la vente du baron Pichon,
où l'exemplaire, relié en *vélin*, a atteint le prix de
290 fr.

C'est là la véritable première édition de la troisième partie ; elle a 211 pages, il en existe une
contrefaçon ; l'achevé d'imprimer est du 27e jour de
janvier 1671.

— CONTES ‖ et ‖ Nouvelles ‖ en vers, ‖ de M. de ‖
la Fontaine. ‖ Troisiesme partie. ‖ *A Paris, chez
Claude Barbin, au Palais, ["] sur le Perron de la
Sainte Chapelle.* ‖ M.DC.LXXI. ‖ *Avec Privilége du Roy.* ‖ In-12, de 191 pp. ; la p. 192, non
chiffrée, contient le privilége et cette note : Achevé
d'imprimer pour la première fois, le 27e jour de
janvier 1671.

Réimpression de l'édit. de 211 pp.

Un exempl., paraissant incomplet de la p. 192,
n'a été vendu, avec les deux premières parties citées
ci-dessus, que 60 fr. Potier (1872).

— NOUVEAUX Contes de M. de la Fontaine. *Mons,
chez Gaspard Migeon, imprimeur*, 1674, pet.
in-8, de 168 pp.

Première édition de la 4e partie ; l'impression en
ayant été interdite, le volume parut clandestinement,
probablement exécuté dans quelque ville de province ; c'est contre ce recueil que fut rendue, en
avril 1675, la sentence prohibitive du lieutenant de
police La Reynie. 150 fr. Potier (1870).

On connaît des exemplaires, toujours au nom de
Gaspard Migeon, qui portent comme lieu d'im-
pression « *Amsterdam* » au lieu de « *Mons* ».
Un de ces exempl. existe à la Biblioth. nationale,
Y. 5292.

B

C'est dans cette édition que se trouve la pièce célèbre de Janot et Colin, en 8 stances, « composée en
vieil stile, à la manière du Blazon des fausses
amours, et de celuy des Folles amours, dont l'auteur
est inconnu ; il y en a qui les attribuënt à l'un des
Saint-Gelais. Je ne suis point de leur sentiment et
je crois qu'ils sont de Crétin. »

On sait que le Blason des Faulses amours est de
Guillaume Alexis, prieur de Bury.

— Une seconde édition, ou plutôt une réimpression
de cette quatrième partie, porte : *Amsterdam,
Jans Zwol*, 1676, in-8, fig.

16 fr. Chedeau ; 37 fr. en 1869.

— CONTES et Nouvelles en vers, par M. de la Fontaine. *Lyon*, 1679, 3 part. en un vol. in-12.

Contrefaçon grossièrement exécutée. 10 fr. Auvillain.

— CONTES et Nouvelles en vers... *Amsterdam, H.*

Desbordes, 1685, 2 vol. pet. in-8, fig. de Romain de Hooghe.

Les exempl. de la première édition ont été vendus en *mar.* de Duru, 142 fr. La Bédoyère ; 130 fr. Cailhava ; en *mar.* de Capé, 205 fr. Double ; en *mar.* de Thouvenin, 150 fr. de Chaponay ; rev. 224 fr. Gautier ; en *mar.* de Simier, 200 fr. Chedeau ; en *mar.* de Lortie, 93 fr. Desq; en *mar.* de Derome, bel exempl.,430 fr. Radziwill ; en *mar.*, 145 fr. Huillard ; en rel. anglaise, 160 fr. Potier ; en *mar.* de Duru, 290 fr. Germeau ; en *mar.* de Trautz, 499 fr. Benzon ; en *mar.* de Bauzonnet-Trautz, 510 fr. Leb. de Montgermont ; en *mar.* de Thompson, mais trop court, 70 fr. Rigaud.

Quelques exempl. du premier et du second tirage figurent aux divers cat. à prix marqués des libraires de Paris, particulièrement aux riches catalogues d'Aug. Fontaine et de Morgand et Fatout.

L'exempl. Leb. de Montgermont reparaît en 1877 au cat. du premier de ces libraires au prix de 700 fr.; en *cuir de Russie*, 250 fr. Morgand-Fatout ; des exemplaires du second tirage aux prix de 100, 80 ou 60 fr.

— CONTES et Nouvelles... Nouvelle édit. enrichie de tailles-douces. *Amsterdam*, *Pierre Brunel*, 1695 (aussi 1696), 2 vol. pet. in-8, fig. à mi-page.

Figures gr. d'après celles de Romain de Hooghe. L'édit. contient de plus les quatre contes qui avaient paru dans le recueil de Maucroix.

80 à 100 fr.; en *mar.* de Capé, 100 fr. Aug. Fontaine.

Cette édition de Pierre Brunel a été réimpr. à *Amsterdam en* 1699, sans aucun changement, en 2 vol. pet. in-8, fig.

— CONTES et Nouvelles. *Amsterdam*, 1732, 2 vol. pet. in-8.

En *veau f.*, charmant exempl. du prince de Soubise, 50 fr. Cailhava. En anc. mar., 49 fr. Grésy.

— CONTES et nouvelles en vers de la Fontaine. *Amsterdam* (*Paris*), 1745, 2 vol., pet. in-8, front. grav. et fig. à mi-page.

Cette édition se recommande par de jolies figures placées en tête de chaque conte ; elles sont, dit M. Potier, moins finement gravées que celles des *Fermiers généraux*, mais présentent peut-être plus d'originalité; l'exempl. de cet éminent libraire a été vendu 120 fr. en 1872. Un exempl. en *mar.* de Allô avait été vendu 80 fr. Grésy, en 1869; en anc. rel. *mar.*,125 fr. Germeau ; en *mar.* de Thibaron, 205 fr. Lebeuf; c'était l'exempl. de M. Potier ; en *mar.* de Chambolle, 135 fr. baron Pichon.

— CONTES et Nouvelles en vers. *Amsterdam* (*Paris*, *Barbou*), 1762, 2 vol. in-8.

Cette édition est trop célèbre et trop connue pour que nous ayons à nous en occuper; l'excellente description qu'en a donnée M. Brunet nous dispense d'entrer dans des détails qui seraient pour la plupart des redites.

Ce gracieux monument de la galanterie française au XVIIIᵉ siècle fut exécuté sous la direction et par les soins de Seroux-d'Agincourt, qui fut chargé spécialement du travail par les Fermiers généraux, qui faisaient les frais de l'édition.

Eisen prit la direction de l'ornementation artistique, et Mérard de Saint-Just nous apprend qu'il fut autorisé à choisir, en guise de gratification, deux exemplaires des *Contes*, et ceux-là, on peut bien s'en rapporter à lui, n'étaient pas des dernières épreuves. La collection des 80 estampes, y compris les portraits de la Fontaine et d'Eisen, se vendait 72 livres, et le texte, orné des vignettes et des délicieux culs-de-lampe de Choffard, était donné gratis aux souscripteurs.

Les dessins originaux d'Eisen, à la mine de plomb,

ont été conservés, et les planches originales existaient encore il y a quelques années, et nous en avons vu tirer de nouvelles épreuves, mais, hélas! ces cuivres n'existent plus.

M. Auguste Barraud, éditeur, voulut, en 1874, donner une nouvelle édition des *Contes ;* il fit tirer de nouvelles épreuves des gravures sur les planches originales de 1762 qu'il avait retrouvées. En août 1874, il avait pris la précaution de se munir d'une autorisation régulière du ministère de l'intérieur pour le tirage du premier volume, autorisation confirmée pour le second par une lettre du 2 janvier 1875 ; M. Barraud tirait à 750 cette nouvelle édition fort bien exécutée ; le prix de chaque vol. était fixé à 40 fr.

Mais, sur la dénonciation d'un pieux journal, et sous prétexte que M. Barraud avait vendu quelques gravures, hors texte, aux amateurs qui désiraient avoir un tirage en couleur des planches qu'ils recevaient en noir, le Tribunal : « Attendu que Barraud poursuivait une affaire lucrative en ajoutant à un livre d'une lecture déjà mondaine l'attrait de gravures licencieuses... », condamna Barraud en 500 fr. d'amende, Ch. Delatre, l'imprimeur en taille-douce, en 50 fr., et, ce qui déchira le cœur des bibliophiles de tous les pays,... *ordonna la destruction des planches saisies.*

Lugete, Veneres...

Nous avons vu figurer les dessins originaux d'Eisen, sur vélin, à la mine de plomb, à la vente Double (n° 39 du Catal.); ils étaient réunis à un exempl. de l'édition donnée par Didot l'aîné en 1795, et reliés en 4 vol. in-8, que Thouvenin avait recouverts d'une riche reliure; cet exempl. avait été formé en très-grand papier, par le sacrifice de quatre exempl. de grand papier de cette édition (note de M. De Bure); il aurait été peut-être de meilleur goût de les laisser dans leur ancienne reliure, ou tout au moins de les réunir au texte des Fermiers généraux.

Ces dessins avaient été soigneusement mis à part et conservés par Seroux-d'Agincourt, qui les céda à d'Hangard ; celui-ci les fit relier en un vol. in-8, *mar. vert, doublé de tabis*, fermant à secret; ce précieux volume figure à la vente de cet amateur (n° 99 du *suppl.* au Catal.), et fut adjugé moyennant le prix énorme de 1,530 livres à Anisson-Duperron, et à la vente de celui-ci, en janvier 1796, portés à 77,000 livres... en assignats. Un certain comte d'Ussy, dit-on, s'en rendit acquéreur, mais les céda bientôt à M. Baroud, qui eut cette idée de les joindre à l'édition de 1795, et la mit à exécution avec l'aide de Thouvenin ; à la vente Baroud (novembre 1821), achetés 719 fr. 95ᵉ par le prince d'Essling, et en 1839, rev. 380 fr.

Ces charmants dessins sur *vélin*, un peu effacés peut-être, étaient devenus la propriété d'une actrice à la mode, qui les céda au libraire Aug. Fontaine, auquel M. Double les paya 4,000 fr.; lors de la vente de ce bibliophile en 1863, ils furent adjugés au libraire Porquet, moyennant 3,520 fr.; payés depuis à Londres £ 180 par le duc d'Aumale.

Il existe chez M. le comte de Sᵗ-A..... un autre exempl. de cette édition des Fermiers généraux, qui est également infiniment précieux; il a encore été formé par Seroux-d'Agincourt, et relié également en 4 volumes; il réunit non-seulement les différents états, y compris les eaux-fortes, des gravures d'Eisen et de Choffard, mais toutes les planches rejetées par la censure comme trop libres, ou retouchées et remaniées par les artistes; il est impossible d'évaluer, même approximativement, le prix qu'atteindrait de nos jours cette charmante collection de plusieurs centaines de pièces précieuses et presque inconnues.

L'exemplaire avait appartenu jadis à M. Colot, directeur de la Monnaie, il y a une quarantaine d'années.

Le très-bel exempl. de M. Brunet, relié par Derome en *mar. citron* avec compart. en mosaïque de couleurs variées représentant des fleurs et des fruits, l'un des plus beaux spécimens de la reliure au XVIIIᵉ siècle, fut payé 7,200 fr. par le libraire Fontaine, qui avait inculqué le goût des livres à un très-riche industriel de ses voisins; mais cette passion ne fut qu'une fantaisie de *passage*, et ce bibliophile *malgré lui* se hâta de se défaire de ce goût dispendieux; rachetés par le même libraire, ces splendides volumes ont été revendus 10,000 fr. sur catalogue à prix marqués.

L'acquéreur, M. Bordes, de Bordeaux, les céda à M. Benzon; et à la mort de ce dernier amateur, ils furent revendus 13,000 fr.

Il est impossible de dire où cette progression s'arrêtera; mais il est peut-être bon de signaler les étapes anciennes des deux volumes.

Bonnemet, marchand de soieries, fut l'un des premiers souscripteurs de Seroux-d'Agincourt; il déboursa donc ses 72 livres; ce brave homme avait la manie de la reliure; il confia ses deux volumes à Derome, auquel il paya 272 livres pour la reliure; ces deux merveilleux volumes passèrent en 1771, avec toute la bibliothèque de « feu M. Bonnemet », au duc de la Vallière, qui en fit l'acquisition en bloc; à la vente de cet illustre collectionneur, ils furent payés 337 livres par le libraire De Bure pour Naigeon, l'athée, qui les céda à M. Firmin-Didot, le père de notre vénérable et regretté éditeur; à la vente Didot, 266 fr. à Goujon, pour M. de La Bédoyère, qui les conserva jusqu'en 1837 : ils furent payés là, par M. Brunet, 625 fr.

De 625 à 13,000, il y a loin ! en trente ans, on fait du chemin.

Nous voyons passer fréquemment sous nos yeux, et livrer aux hasards des enchères, des exemplaires de cette édition à la mode ; jadis, cela valait de 60 à 200 fr., suivant la condition ; voici les prix du jour:

En ancien *mar.*, 295 fr. Double ; en *mar.* signé *Derome*, avec un grand nombre d'épreuves doubles, et particulièrement le portrait de la Fontaine, gravé par Ficquet d'après Rigaud, en sept états différents, très-bel exempl. un peu vicié par l'application, après coup, de l'écusson doré du marquis de Coislin, 790 fr. La Bédoyère (1862), acheté par le relieur Capé, et à la vente de celui-ci porté à 1,370 fr. (en 1868); depuis figure au catal. à prix marqués des libraires Morgand et Fatout, qui ont la discrétion de dissimuler le prix demandé.

En anc. rel. *mar.* de Derome, exempl. Renouard, 410 fr. Techener (1865) ; 300 fr. Cailhava ; 335 fr. Chedeau ; — en anc. rel. *mar. dent.*, avec un dessin d'Eisen ajouté, 440 fr. Huillard, et un second exemplaire en *mar.* de Trautz, 475 fr.; en *mar.* de Bradel, 400 fr. d'Haubersaert (1868) ; deux exempl. ordinaires en *mar.* ont été vendus l'un 350 et l'autre 315 fr. Grésy ; en *mar.* de Hardy, 330 fr. Desq; 2 exempl. en *mar.* de Derome, 300 fr, et 200 fr. de Chaponay ; en *mar.* de Capé, riche reliure, 580 fr. Capé; en *mar.* de Duru, 610 fr. Danyau ; en *anc. mar. doublé*, 680 fr. marquis de M. (1669) ; 2 exemplaires en bonne rel. *anc. mar.*, 600 et 300 fr. Curmer; en *veau éc.*, 340 fr. Radziwill ; en *anc. mar.*, 410 fr. Germeau ; en *mar.* de Hardy-Mennil, 400 fr. Potier ; en *mar.* de Derome, 805 fr. Tufton ; en *mar.* de Capé, 620 fr. Bordes ; en *mar.* de Derome, 1,000 fr. A. Rigaud ; 485 fr. Labitte (mars 1877); 970 fr. Leb. de Montgermont ; 461 fr. Bachelin (1874).

Plusieurs exempl. figurent aux divers catalogues Aug. Fontaine à 500, 800 ou 1,000 fr.

En *mar. rouge*, signé *Derome*, bel ex. de M. de la Carelle, 2,400 fr. au cat. des libraires Morgand et Fatout, qui en portent un autre exempl. en *anc. mar.*, à 900 fr.; au même prix, un exempl. relié par Chambolle, et à 500 fr. un exempl. en *veau fauve*.

— LES MÊMES. *Amsterdam*, 1762, 2 vol. in-8.

Cette contrefaçon, qui porte la rubrique d'Amsterdam, comme l'édition originale, a été imprimée à Paris, chez *Plassan*, en 1792 ; ce n'est qu'un chiffre renversé.

Ces exempl. sont parfois ornés des figures des Fermiers généraux, tirées sur copies, c'est-à-dire à l'envers ; mais quelquefois on y a joint les planches originales, dont le nombre tiré avait excédé le chiffre des exemplaires des volumes.

Ainsi ornées, ces contrefaçons ont encore de la valeur.

— LES MÊMES. *S. l.* 1777, 2 vol., in-8.

Un exempl. de cette contrefaçon des Fermiers généraux, relié en *mar.* par Petit, sur brochure, avec les épreuves de l'édit. de 1762, celles de Desenne, de Coiny et de Duplessis-Bertaux, n'a pas été vendu moins de 310 fr. à la vente Grésy.

— CONTES et nouvelles en vers. *Londres (Paris, Cazin)*, 1778, 2 vol. in-18, fig. à mi-page.

60 exempl. de cette jolie édition ont été tirés à part et mis en vente avant la publication des tomes III et IV, contenant les contes de Voltaire, Vergier, Grécourt, etc. Ce premier tirage se reconnaît à la transposition des vignettes aux pages 105 et 119.

Un de ces exempl. en *mar.* de Lortic, 100 fr. Grésy.

— CONTES et nouvelles en vers. *Paris, P. Didot*, 1795, 2 vol., pet. in-8.

En *mar.* de Bradel-Derome, et avec la suite des Fermiers généraux ajoutée, 101 fr. Cailhava ; en *mar. doublé* de Petit, 285 fr. Desq; l'exempl. venait de M. de La Bédoyère, et avait été relié après la vente de 1862 ; il avait la suite d'Eisen et les eaux-fortes et gravures de Fragonard.

Nous avons cité plus haut l'exempl. de M. Double, vendu 3,520 fr. avec les dessins originaux d'Eisen.

— LES MÊMES contes (avec la notice de Diderot). *Paris, P. Didot l'ainé*, 1795, 2 vol., gr. in-4, pap. vélin, fig. de Fragonard.

Avec 20 des eaux-fortes de Fragonard, 620 fr. Huillard ; non relié, 171 fr. Rigaud; en demi-rel., 101 fr. d'Haubersaert ; un exempl. en *mar.* enrichi de plusieurs centaines de gravures, 1,200 fr. catal. Morgand-Fatout.

— LES MÊMES. *Paris, P. Didot l'ainé*, 1795. 2 vol. in-18.

En *mar.* anc., 30 fr. Potier ; 21 fr. Germeau ; en *mar.* de Bozérian. 110 fr. Grésy; l'un des deux exempl. sur vélin, avec fig. sur chine, en anc. *mar.* 205 fr. Em. Gautier.

— CONTES et nouvelles en vers. *Paris, Leclère*, 1861, 2 vol, en un tom. in-12, vign. à mi-page, de Duplessis-Bertaux.

Jolie édition tirée à 200; un des 20 exempl. sur pap. de Chine, en *mar.* de Capé, 145 fr. vente du mⁱˢ de B. de M. (1869).

Avec les deux vol. des contes de Voltaire, Vergier, etc., de 1862 ; l'un des 20 ex. sur chine, 140 fr. Gautier; les 4 vol. sur pap. vélin, en *mar.* de Raparlier, 101 fr. Danyau.

— CONTES et nouvelles en vers, de M. de la Fontaine, texte original avec notes, par Alph. Pauly. *Paris, Alph. Lemerre*, 1868, 2 vol. pet. in-12.

Jolie édition, dont les exempl. se rencontrent rarement et sont recherchés; il en a été tiré 20 sur pap. de Chine.

— ADONIS poëme. [14122].

Le splendide manuscrit sur *vélin*, exécuté par Nicolas Jarry en 1658, a été vendu en 1862 chez M. de La Bédoyère, 9,025 fr.; il fait aujourd'hui partie du cabinet Dutuit, de Rouen; M. de La Bédoyère l'avait payé 2,900 fr. en 1825.

Nous renvoyons pour la description de l'un des

plus merveilleux monuments de l'art décoratif et de la calligraphie du grand siècle, à l'excellent catalogue La Bédoyère, rédigé par M. Potier (voir le n° 1023).

— LES AMOURS ‖ de ‖ Psyché ‖ et de ‖ Cupidon ‖ (et à la suite Adonis, poëme). *A Paris, ‖ chez Claude Barbin, ‖* 1669. ‖ *Avec privilége du Roy,* in-8, de XIV ff. lim. et 500 pp. numérotées.

En *v. f.* de Du Seuil, avec figures ajoutées, 1,000 fr. Brunet, puis 1,400 fr. chez M. Aug. Fontaine; en demi-rel., 51 fr. Chedeau; en *mar.* de Padeloup, aux armes du comte d'Hoym, 1,201 fr. Double; ce beau livre avait été payé 796 fr. Libri, en 1859; en *mar.* de Hardy-Mennil, 285 fr. Huillard; en *mar.* de Chambolle-Duru, 202 fr. Potier; en *mar.* de Niédrée, 300 fr. Bordes; en *mar. doublé* de Hardy, 551 fr. vente Voisin de 1876; en *mar.* de Chambolle, 120 fr. Labitte (vente du 17 mars 1877).

— LES AMOURS de Psyché... figures de Moreau. *Paris, Didot jeune,* an III, in-4.

En anc. rel. *mar.* et grand papier *vélin,* 57 fr. Radziwill; en *mar.* de Bozérian, 146 fr. Potier; en *mar.,* aux armes du roi Louis-Philippe, 100 fr. Aug. Fontaine.

— LES MÊMES. *Paris, Dufart,* 1791, in-12, fig.

En anc. rel. *mar.,* 25 f. Grésy.

— LES AMOURS de Psyché et de Cupidon, suivies d'Adonis. *Paris, Didot l'aîné,* 1797, gr. in-4.

En *mar.* de Thouvenin, avec les figures de Moreau ajoutées, etc., 86 fr. La Bédoyère; en demi-rel., 45 fr. Huillard; 40 fr. Grésy; 51 fr. Curmer.

— LES MÊMES. *Paris, Saugrain,* an V, 1797, 2 vol. in-18, portr., fig.

En *mar.,* 25 fr. Huillard; 59 fr. Potier; 38 fr. Grésy.

— OUVRAGES de prose et de poésie par les sieurs de Maucroy (*sic*) et de la Fontaine. *Paris, Barbin,* 1685, 2 vol. in-12.

Ordinairement 12 à 15 fr.

En *mar.* de Simier, 50 fr. Potier; 60 fr. Voisin (1876).

— POËME du Quinquina et autres ouvrages en vers. *Paris, D. Thierry et Cl. Barbin,* 1682, in-12; édition originale.

16 fr. Luzarche; en *mar.* de Chambolle, 62 fr. Potier; en *mar.* de Hardy, 110 fr. vente Voisin (1876); un exemplaire avec envoi autographe de la-Fontaine, 11 fr. seulement, Favart; en *mar.* de Hardy, 125 fr. Morgand et Fatout.

— LES ŒUVRES posthumes de M. de la Fontaine, publiées par Mme Ulrich. *Paris, P. Pohier* (ou *Guillaume de Luyne,* ou *Cl. Barbin,* ou *Lyon, Amaury*), 1696, in-12, de XII ff. lim. et 276 pp.

5 fr. Favart; en *mar.* de Hardy, 39 fr. Voisin (1876); revendu 75 fr. Morgand et Fatout.

La plus rare de ces éditions, partagées en un si grand nombre de libraires, est celle qui porte: *A Bordeaux, chez Simon Boé, Nicolas de Lacourt et Simon de Lacourt,* 1696, in-12.

15 fr. A. Aubry.

— POËME de la captivité de saint Malc. *Paris, Cl. Barbin,* in-12, de IV ff. lim., et 50 pp.

Nous n'avons point vu d'exemplaire de ce petit poëme passer en vente, depuis celui de M. Solar, ce qui prouve son extrême rareté.

— RECUEIL de poésies chrestiennes et diverses, dédié à Mgr le prince de Conty, par M. de la Fontaine. *Paris, Pierre Le Petit,* 1671, 3 vol. in-12, front. gr.

En *veau,* 59 fr. Voisin (1876).

— ŒUVRES choisies de Jean de la Fontaine, pour servir de suite à ses fables. *A Copenhague, chez les frères C. et A. Philibert, et à Genève chez les mêmes,* 1763, 3 parties en 1 vol. in-8.

Fort rare; ce volume est remarquablement imprimé; le titre fait supposer un premier volume comprenant *les Fables.*

— L'EUNUQUE, comédie. *Paris, Courbé,* 1654, in-4. Édition originale.

Un bel exemplaire vaut aujourd'hui de 150 à 200 fr.

Un exemplaire très-rogné. 16 fr. Voisin (1876).

— JE VOUS PRENS ‖ sans verd, ‖ comédie, ‖ par la Fontaine ‖ (et Champmeslé). *A Paris, ‖ chez Pierre Ribou,* 1699, in-12, de 24 pp. Édition originale.

Un exemplaire, absolument non rogné, relié en *mar.* par Hardy, 101 fr. Voisin (1876), et 160 fr, Morgand et Fatout; un autre, également non rogné, 120 fr. catal. Fontaine de 1875.

— ASTRÉE, tragédie, par M. de la Fontaine, représentée par l'Académie royale de musique. *Suivant la copie imprimée à Paris,* 1692, in-12, fig. Au *Quaerendo.*

On a rétabli dans cette édition hollandaise 22 vers du prologue, qui avaient été supprimés dans les éditions de *Paris;* M. Pieters n'a pas cité cette édition, du reste assez rare.

En *mar.* de Thibaron, 120 fr. au catal. Morgand et Fatout.

LA FORCE (Mlle de). Les Jeux d'esprit, ou la Promenade de la princesse de Conti à Eu, par mademoiselle de la Force, publiés pour la première fois avec une introduction par M. le marquis de la Grange. *Paris, A. Aubry,* 1862, pet. in-8.

L'un des trois exempl. imprimés sur *vélin,* en *mar.* de Capé, 160 fr. W. Martin; un autre figure au même prix au catal. Fontaine de 1875.

LA FOREST (P. de). Liure de Medecine contre la Pierre et la Gravelle, tres excellent et bien approuue de plusieurs notables aucteurs en medecine, translate de latin en francoys par maistre Pierre de la Forest medecin a Montpellier natif de Neuers. 1537. *On les vend a Paris, en la rue Neufue nostre Dame, a l'enseigne de l'Escu de France (chez Alain Lotrian),* pet. in-8, goth., de 20 pp. [7561]

En *mar.* de Trautz-Bauzonnet, 100 fr. Yéméniz.

LA FOSSE. Cours d'Hippiatrique, ou Traité complet de la médecine des chevaux. *Paris, Edme,* 1772, gr. in-fol., 65 fig. [7727]

Un exemplaire grand papier, en anc. *mar.,* avec les 65 figures coloriées, 100 fr. Radziwill.

LA FOSSE (*Jean* de). Recueil de fontaines, frontispices, cartouches, dessus de portes, bordures, médaillons, trophées, vases, frises, lutrins, pendules, etc., par J. de La Fosse. *Amsterdam, Roos,* s. d., 2 vol. in-fol.

Recueil rare et précieux; un exemplaire composé

de 103 planches, en belles épreuves, 60 fr. Tross (1873).

LA FRAMBOISIÈRE (*Abraham,* sieur de). OEuvres divisées en VII tomes, où sont méthodiquement descrites l'histoire du monde, la médecine et la chirurgie, etc. *Paris,* 1624, in-fol., front. gr. et portr. [6622]

Un bel exemplaire, en *mar.*, aux armes d'Anne d'Autriche, 60 fr. seulement, Martial Millet.

LA FRESNAIE Vauquelin. Voy. VAU-QUELIN.

LAGACÉ (*M. P.*). Les Chants d'église en usage dans la province ecclésiastique de Québec, harmonisés pour l'orgue suivant les principes de la tonalité grégorienne. *Paris,* 1861, in-fol.

Ce livre, d'une belle exécution, a été publié sous la direction de l'abbé Pilote, principal du collège de Sainte-Anne de la Pocatière (Bas-Canada).

27 fr. Tross (1873).

LA GIRAUDIÈRE. Les Joyeux épigrammes. *Paris, Salomon de la Fosse,* 1634, in-8 [14212]

En *mar.*, 44 fr. Auvillain.

LAGO (*Giov.* del). Breve introduttione di musica misurata, composta per Giovanni del Lago. *Venetiis, ex præelo Brandini et Octauiani Scoti fratrum,* 1540, pet. in-4, de 22 ff., fig. s. b. et musique notée. 70 fr. 1872.

Cette pièce, fort rare, manque à la collection de M. Fétis; l'exemplaire vendu en 1872 avait appartenu à M. Farrenc.

LA GOUDE (Frère *Gerard* de). L'Interpretation et Signification de la messe. (Une figure sur bois.) ℂ Icy commenche vng tres deuot ℰ tres proffitable liuret a tous bons catholicques ascauoir cōment on oira deuotement messe..... Compose ℰ ordonne par frere Gerard de la Goude frere mineur de lordre des obseruans. — Icy fine le tresdeuot liuret de la messe à lhonneur de Dieu ℰ de Marie sa benoiste mère... *Imprime en Anvers par moy Guillamme* (sic)*Vorsterman, demourant hors de la porte de la chambre a la licorne dor, lan* MCCCCC *et* XXIX. (Au v° les armes de l'empire.) In-8, goth., fig. s. b.

Le titre, imprimé en rouge et en noir, occupe le recto et le verso du premier feuillet; suit le calendrier également en caractères rouges et noirs; viennent ensuite le prologue et la table; le texte commence au feuillet C i.

72 fr. Yéméniz.

LA GOUTTE (Blanc, dit). Poésies en patois du Dauphiné. Grenoblo malhérou. Dessins de D. Rahoult, gravures de E. Dardelet. Préface par George Sand. *Grenoble, Rahoult et Dardelet,* 1864, in-4, fig. s. b.

Ce volume est recherché à cause de ses figures sur bois, qui sont d'une exécution remarquable.

En demi-rel., 50 fr. W. Martin.

LA GRANGE (*Cl.* de). Briefue ‖ Histoire ‖ de la guerre ‖ faite contre l'Isle et les ‖ Chevaliers de Malte, en ‖ l'an 1565, par le ‖ grand turc Solyman. ‖ Escrits en latin par Cl. de la Grāge de Bour ‖ ges, de nouveau mise en françois ‖ par G. M. N. S. l. (Genève), par Gabriel Cartier, 1582, in-8 de 100 pp.; au titre, la marque de Cartier.

Volume inconnu au P. Lelong, et dont Lenglet du Fresnoy, dans son *Catalogue des historiens,* ne cite que l'original latin; l'auteur était professeur d'éloquence à Montauban.

Un exemplaire, avec une grande carte du siège de Malte, ajoutée, 135 fr. Potier.

LA GRANGE. Registre de La Grange, 1658-1685, précédé d'une notice biographique. Publié par les soins de la Comédie française, janvier 1876. *Paris, J. Claye,* in-4.

Précieux recueil, tiré des *Archives de la Comédie française;* il a été tiré à 1,000 exemplaires sur papier de Hollande, dont 500 ont été mis en vente à 50 fr.

On place en tête de ce livre un portrait de Varlet de la Grange, gravé à l'eau-forte par Fr. Hillemacher; les épreuves sur chine, in-4, 5 fr.; sur papier vergé, 4 fr.

LAGRANGE-CHANCEL. OEuvres choisies. *Paris, Didot,* 1810, in-12. [16502].

Un exemplaire, imprimé sur *vélin,* 80 fr. Techener (1865).

LAGRAVETE (De). Heures particulières à l'usage des femmes enceintes, ou Souffrir, ou Mourir, dédiées à madame la surintendante Fouquet. *S. l. n. d.* (*Paris,* vers 1660), pet. in-8, fig.

18 à 20 fr. Un exemplaire, relié par Trautz, est porté à 200 fr. au catal. à prix marqués du libraire Fontaine.

LA GUÉRINIÈRE. Ecole de cavalerie, contenant la connoissance, l'instruction et la conservation du cheval. *Paris, J. Collombat,* 1733, gr. in-fol., front. et fig. gr. sur les dessins de Parrocel. [10346]

En *mar.* de Chambolle-Duru, 196 fr. J. Pichon; en *veau,* 30 fr. Le Métayer-Masselin.

L'édition de *Paris,* 1732, gr. in-fol., fig., 35 fr. vente du château de Saint-Ylie.

— ÉCOLE de cavalerie, contenant la connoissance, l'instruction et la conservation du cheval, avec figures en taille-douce. *Paris, Huart,* 1751, in-fol.

Dans une riche reliure ancienne, 150 fr. Radziwill; en *veau,* 37 fr. Martial Millet.

LA GUETTE (Mme de). Mémoires de madame de la Guette. *La Haye, Adrian*

Moetjens, 1681, pet. in-12. [23752].

67 fr. Chedeau.

— MÉMOIRES de Mme de La Guette ; nouvelle édition, revue et annotée par M. Moreau. *Paris, Pierre Jannet*, 1856, in-16.

Sur papier de Chine, 19 fr. Leb. de Montgermont.

LA GUETTE (*Estienne* de). Élégie sur la calamité de nostre temps, et la mort du comte de Brissac (en vers). *A Paris, chez Guillaume Nyuerd*, 1569, in-4.

Pièce d'une grande rareté.

LA HARPE. Tangu et Félime, poëme en 4 chants. *Paris, Pissot*, 1780, pet. in-8.

Poëme au-dessous du médiocre, que les néobibliophiles recherchent parce qu'il est orné d'un titre et de 4 jolies planches gravées par ou d'après Marillier.

10 fr. Grésy, et vaut plus cher aujourd'hui.

35 fr. catal. Claudin, relié avec les *Poésies érotiques* de Parny, 1778, in-8.

LA HAYE (De). La Politique civile et militaire des Vénitiens. *Cologne, P. Michel,* 1666, pet. in-12, de XII ff., 154 pp.

M. Pieters donne ce joli volume aux presses de Blaeu.

En *mar.*, relié sur brochure, 100 fr. La Bédoyère.

Ce petit volume a été réimprimé deux ans après à *Paris, chez Ch. de Sercy*, pet. in-12.

LA HAYE (*H.* de). De la présence du corps du Christ en la cène. *S. l.*, 1564, in-12.

Volume fort rare (hétérodoxe); en *mar.* de Hardy, 59 fr. décembre 1872.

LA HAYE (*Maclou* de). Les OEuvres de Maclou de la Haye, Piccard, valet de chambre du roy, a sçauoir : Chant de paix, Chant d'amour, Cinq blasons des cinq contentemens en amour, Sonnetz d'amour. Vingt vœux des vingt beaultez de s'Amye, Epigrammes et Stanses. *A Paris, de l'imprimerie d'Estienne Groulleau*, 1553, pet. in-8, car. ital., 59 ff. chiffrés, plus un feuillet, dont le r° contient un errata et le v° la marque de l'imprimeur. [13671]

Un exemplaire avec quelques défauts, 80 fr. Turquety; c'était l'exemplaire Tripier, en *mar.* de Niédrée, que mentionne le *Manuel*; un bel exemplaire se vendrait beaucoup plus cher aujourd'hui; c'est l'un des plus rares parmi les poëtes français du XVIe siècle.

LA HOGUE (*Jacques* de). Le Liure de Facet. — Comploration sur le trespas de deffuncte madame la Régente, mère du roy Françoys premier. Champ royal... etc. *Ce* (sic) *uend par Galliot du Pré.* (A la fin :) *Imprime a Paris, par maistre Pierre Vidoue, par Galliot du Pré*, 1535, pet. in-8, lettres rondes ; 21 et 9 ff., dont le dernier, blanc, ne porte que la marque de Vidoue. [13389]

Avant le prologue on lit : *Le liure de Facet translate de latin en francoys et mys en forme de rhetorique, par Jaques de la Hogue, sergent a cheval au chastellet de Paris.*

Ce livre, dont la première partie est une imitation en vers français du *Liber Faceti*, de Jehan de Garlande, est fort rare.

L'exemplaire Veinant (224 fr.), Solar (240 fr.), a été revendu 405 fr., W. Martin, et 720 fr. Potier.

LA HOGUETTE (*Fortin*, sieur de). Testament ou conseils fidèles d'un bon père à ses enfants. *A Leide, chez Jean Sambix*, 1653, pet. in-12.

Véritable elsevier de Leyde, que Jean réimprima en 1655, *chez J. Sambix*, pet. in-12, avec la Sphère, de XVI ff. lim., et 320 pp.

L'édition de 1653, 32 fr. Chedeau.

Un exemplaire de 1655, non rogné, mais avec quelques défauts, 72 fr. La Villestreux ; un autre exemplaire, court, laid, sale, 6 fr. Pieters ; 9 fr. La Villestreux.

LA HONTAN (Baron de). Dialogue de monsieur le baron de Lahontan et d'un sauvage dans l'Amérique. Contenant une description exacte des mœurs et des coutumes de ces temps sauvages. Avec les Voyages du même en Portugal... le tout enrichi de cartes et de figures. *A Amsterdam, chez la veuve de Boeteman et se vend à Londres, chez David Mortier, libraire dans le Strand à l'enseigne d'Erasme*, 1704, in-18 de VIII ff. lim., 103 pp. et une fig.; plans, cartes et fig. s. b. 18 à 20 fr.

LAINÉ. Archives généalogiques et historiques de la noblesse de France, ou Recueil de preuves, mémoires, et notes généalogiques. *Paris*, 1828-50, 11 vol. in-8. [28842]

En demi-rel., 276 fr. de la Roche la Carelle.

LA JESSÉE. Le tombeau de feu tres noble seigneur Henri de Foix, comte de Candale... n'aguière occis au siége de la ville de Somière en Languedoc... le tout compris sous une déploration des misères de la France..... *Paris*, 1573, in-8. [13843]

Pièce rare, impr. *au clos Bruneau, à l'enseigne St-Catherine*, vendue, avec l'original en latin, 100 fr. de Morante.

— LES PREMIÈRES œuvres françoises. *Anvers, Plantin*, 1583, 4 tomes en 1 vol. in-4, de 1,503 pp., plus la table; le tome Ier contient *VI livres des Jeunesses de J. de la Jessée*; le tome II, les *Mélanges*, VII livres; le tome III, *les Amours*, *IV livres de Marguerite*, *III livres de Sévère*, *II livres de Graesinde*; le tome IV, les *Discours poétiques*, II livres.

En *mar.* de Bauzonnet, bel exemplaire, 150 fr. La Bédoyère, serait plus cher aujourd'hui; en *mar.* de Niédrée, 205 fr. W. Martin.

— La ‖ philosophie ‖- morale et civile, ‖ Du sieur de la Iessée. ‖ Première édition. ‖ *A Paris,* ‖ *Par Frédéric Morel, imprimeur* ‖ *ordinaire du Roy.* ‖ M. D. XCV. ‖ *Auec Priuilege de sa Majesté,* in-8, de 40 pp. en vers.

Le volume est divisé en deux parties, contenant chacune 101 quatrains; cette seconde partie n'avait été signalée par aucun bibliographe; c'est à MM. Morgand et Fatout, qui portent à 200 fr. ce rare volume, que nous devons cette révélation de 101 quatrains inconnus jusque alors.

La première partie porte : *Première édition;* on doit ajouter : *Première et unique,* car elle n'a été, que nous sachions, jamais réimprimée.

— Larmes et regrets sur la maladie et trespas de Monseigneur François de France, filz et frère de Roys; plus quelques lettres funèbres par J. de la Jessée. *Paris, Féd. Morel,* 1584, in-4.

Dans une curieuse reliure du temps, 130 fr. Double; un bel exemplaire a figuré dans un recueil de pièces de poésies de la même époque, relié en *mar.* par Duru, vendu 100 fr. seulement, baron Pichon, et porté à 255 fr. à la vente Potier de 1870.

— La Grasinde de Jean de la Gessée. *Paris, Galliot Corrozet,* 1578, in-4.

Première édition d'un mauvais poëme réimprimé dans le recueil des œuvres de 1583.

44 fr. Turquety.

LA LANDE (*Mathieu* de). Manuel des Abuz de l'homme ingrat..... *Impr. à Metz par Jehan Palier,* 1544. (A la fin :) *On les vend à Paris, par J. Palier,* 1544, pet. in-4. [1337]

Le *Manuel* décrit ce livre rare, sans en citer d'adjudication; un bel exemplaire, en anc. *mar.,* a été vendu 102 fr. Desq.

A la fin se trouvait une pièce de vers intitulée : *La complainte de la parole de Dieu en forme de chant royal,* datée de Metz, le 17 février 1542.

L'ALLEMANT (Le P. *Ch.*). Lettre ‖ dv Pere ‖ Charles ‖ L'Allemant ‖ svperievr de la Mis ‖ sion de Canadas ; de la Com- ‖ pagnie de Iesvs. ‖ Enuoyee au P. Hierosme L'Allemant ‖ son frere, de la mesme Compagnie. ‖ Où sont contenus les mœurs & façons de vi ‖ ure des sauuages habitans de ce païs là ; ‖ & comme ils se comportent auec ‖ les chrestiens françois qui y demeurent. ‖ Ensemble la description des villes de ceste contrée. ‖ *A Paris.* ‖ *Par Jean Boucher, ruë des Amandiers,* ‖ *à la Vérité Royale.* ‖ 1627. ‖ In-8, 1 f. de titre; le texte pp. 1 à 16. La lettre est datée de Québec, le 1er d'aoust 1626; elle avait été d'abord publiée dans le *Mercure François* (vol. XIII, p. 1.)

Nous empruntons la description de cette pièce fort rare à l'intéressante publication de M. Harrisse : *Notes sur la Nouvelle France.*

LAMANTACIONS. Voy. Lamentations.

LA MARCHE (*Olivier* de). Le Chevaliër delibere. (A la fin :)

( )t traittie fut parfait lan mil
Quatrecens quatre vings et trois
Ainsi que sur la fin davril
Que lyver est en son exil
Et que leste fait ses explois
Au bien soit pris en tous endrois
De ceulx a qui il est offert
Par celuy qui tant a souffert.

       La Marche.

Petit in-fol., goth., de 34 ff., dont le dernier blanc ; à 24 et 32 lignes, avec sign. aiij-fij, sans ch. ni récl., avec 16 grav. sur bois. [13261]

Il n'existe qu'un seul exemplaire de cette édition célèbre ; c'est celui qui a appartenu à Colbert (il figure au catal., sous la rubrique : *Paris,* 1495, in-4); acquis par Du Fay, il passa chez le comte d'Hoym ; il fait aujourd'hui l'honneur du cabinet précieux de M. le marquis de Ganay.

Le regrettable M. Holtrop a consacré à ce livre si intéressant une notice considérable, dont nous croyons devoir extraire quelques passages.

« L'auteur du « Chevalier délibéré » est Olivier de la Marche, dont le nom et la devise « *tant a souffert* » se trouvent à la fin de ce poëme allégorique. La Caille (*Hist. de l'Impr.,* p. 64) cite une édition de ce poëme sous le titre : « Le Chevalier délibéré ou la Mort du duc de Bourgogne, qui mourut à Nancy. *Paris, Michel le Noir,* 1489, in-4. » Et Maittaire (*Annales typ.,* 1, p. 741) donne, d'après le catal. Bigot, le titre d'une autre édition : « Le Chevalier délibéré, ou la Vie et la Mort de Charles, duc de Bourgogne, qui trépassa devant Nancy, en rimes françoises, par Georges Chastelain. *Paris,* 1500, in-8. » Mais je doute que ces éditions existent, du moins sous ces titres..... Le catal. Bigot dit simplement : le « Chevalier delibere, in-4. *Paris,* 1500. » Je crois aussi que les additions à ce simple intitulé ont été faites par des personnes qui ne connaissaient pas le contenu de ce poëme. Georges Chastelain ne saurait en être l'auteur, puisqu'il mourut le 20 mars 1474, et qu'Olivier de la Marche dit : « Que son traittie fut parfait lan mil quatre vings et trois sur la fin dauril » ; ensuite le poëte ne chante pas l'histoire de Charles le Hardi : dans la quatrième partie il raconte seulement comment « Debile » vainquit le duc Philippe et comment « Accident » combattit le duc Charles de Bourgogne et la duchesse d'Autriche (Marie), qui mourut des suites d'une chute de cheval. Il fait surtout un grand éloge des vertus et des hautes qualités de cette princesse. Je crois qu'Olivier de la Marche a composé son poëme peu de temps après la mort funeste de Marie pour la consolation de son époux, l'archiduc Maximilien, et pour l'instruction de son jeune fils, Philippe le Bel, à qui il montre, sous une forme allégorique, le chemin pour devenir un chevalier accompli. Son œuvre jouit d'une grande vogue, et fut bientôt imprimée *à Gouda* et *à Schiedam* avec un grand luxe de gravures sur bois. De l'édition de Gouda on ne connaît plus qu'un seul exemplaire ; de celle de Schiedam il en reste deux. Les noms des imprimeurs et des graveurs sont inconnus. »

Ici nous interrompons M. Holtrop.

M. Henry Bradshaw, conservateur de l'Université de Cambridge, avait communiqué à M. Holtrop la description d'un incunable néerlandais absolument inconnu : « Opusculum Quintupartitum grammaticale pro pueris in lingua latina breviter erudiendis », lequel porte la souscription suivante : *Impressum Gouda Per Me Gotfridum de Os,* etc. *Anno Millesimo Quadringentesimo octuagesimo sexto. Mensis nouēbris tercio decimo.* M. Holtrop avait enregistré ce nouveau nom d'un typographe inconnu, à la page 77 de son grand ouvrage, et avait donné plusieurs fac-simile de l'incunable à la planche 73.

En 1877, notre excellent libraire et ami M. Potier, publiant le charmant catalogue de la précieuse petite collection (267 numéros) du marquis de Ganay, joignit à la description qu'il fit du *Chevalier délibéré* de Gouda, une communication qui lui venait d'un bibliographe hollandais, M. J.-H. Hassels; cette communication était .d'une extrême importance; on va en juger.

M. Hassels commence par expliquer le mystère des lettres capitales ⑮. 𝕯., qui se trouvent au-dessus de la marque *à l'Éléphant*; il les traduit ainsi G (ou) D (a); très-bien, mais M. Ch. de Brou, dans les *Annales du bibliophile belge et hollandais* (1865, n° 4, pp. 71 et suiv.), avait déjà dit la même chose, déclarant toutefois « qu'il n'émettait qu'une simple présomption ! »

Ceci aurait peu d'importance, mais voici qui est plus grave : M. Hassels, citant l'*Opusculum Quintupartitum* de Cambridge, dit que ce livre « est imprimé avec les mêmes caractères qui ont été employés dans notre édition du *Chevalier délibéré*»; et tout de suite cette conclusion s'impose : « il est donc évident d'après cela que ce livre est sorti des presses de *Gotfried van Os, de Goude*, et que l'on en peut faire remonter l'impression jusque vers 1486, c'est-à-dire peut-être avant celle de l'édition de Vérard, de 1488 ».

Nous avons sous les yeux et nous examinons à la loupe et minutieusement les beaux fac-simile des ouvrages donnés par M. Holtrop dans ses *Monuments typogr. des Pays-Bas*.

Il est incontestable que les deux lignes finales de l'opuscule précité « *Explicit opusculū...* » offrent des rapports, qui ressemblent à de l'identité, avec les caractères de notre « *Chevalier délibéré* », bien que ceux-ci soient plus maigres; quelques lettres présentent cependant des différences assez notables; mais, tout en reconnaissant ce fait de quasi-identité, nous croyons devoir faire certaines réserves.

L'E, capitale gothique de Gotfried de Os, est le même que celui du *Chevalier délibéré;* c'est vrai, mais cet E se représente également dans l'édition du *Chevalier délibéré* de Schiedam, dont l'imprimeur est également inconnu; le caractère est du même corps et sensiblement pareil; plusieurs des capitales offrent des différences, plusieurs sont identiques; de plus, cet E gothique se retrouve absolument pareil dans les rares impressions de Johannes Andreas de Harlem. (Voy. Holtrop, *Monuments typogr.*, pl. 12 et 128.)

L'A (capit. goth.) est le même que celui qu'emploie le célèbre G. de Leeu à Gouda, et un grand nombre des caractères du même corps, dont se sert ce grand typographe, sont identiques avec ceux du *Chevalier délibéré*, notamment x, g, et les doubles consonnes ff, ss et st.

Quant aux quatre lettres G V OS (Gotfried van Os), que M. Hassels a trouvé le moyen d'apercevoir,.au milieu des pierres des feuilles éparses, sous la trompe de l'éléphant, à la marque finale, nous avons bien, avec les yeux de la foi, cru découvrir quelque chose, mais, à notre grande confusion, il nous a été impossible de déterminer ce que nous avions cru voir. La découverte de M. Hassels dénote une telle puissance de perspicacité, que le monde savant n'hésitera pas à lui accorder le pas sur le déchiffrement des hiéroglyphes et des caractères cunéiformes.,

En résumé, malgré l'affirmation absolue du bibliographe hollandais, et, bien que cette affirmation soit corroborée par l'assentiment de M. Potier, il nous est impossible d'accepter sans réserve cette version nouvelle, et, sans vouloir entamer une discussion intempestive, nous fermons cette trop longue parenthèse en répétant avec M. Holtrop : « Espérons qu'un heureux hasard fera découvrir un jour un autre livre sorti des presses de l'imprimeur à l'Eléphant, qui nous révélera le nom de cet artiste. »

— CY COMMENCE ung excellent et tres proufitable livre pour toute creature humaine apelle le Miroer de la Mort. *S. l. n. d.*, pet. in-fol. de 16 ff. [13267]

Ce petit poëme fut traduit en vers bretons par Christophe de Cheffontaines (Penfeuntcunyou), et imprimé sous le titre de : « *les Quatre fins de l'homme* », en 1570 et 1573, dans un couvent situé au bas de la rivière de Morlaix, appelé Saint-François Cuburien; il s'en conserve un exemplaire chez M. de Kerdanet, à Lesneven.

Voy. CHEFFONTAINES.

LA MARRE (De). Les Chansons pour danser et pour boire du sieur de la Marre. *Paris, Robert Ballard*, 1650, in-8.

C'est sans autres détails que ce précieux volume est inscrit au catal. Fétis.

.LA MARTONNELLE (*Arphaxad* de). Le Picque-Bœuf des hérétiques, eschauffé par une remonstrance charitable adressée à B. de Rohan, sieur de Soubize. *Lyon*, 1621, in-8.

Volume fort rare, mais dont le titre singulier fait à peu près tout le mérite.

6 à 8 fr.

LAMBERT. Airs à une, deux, trois et quatre parties avec la basse continue, composez par monsieur Lambert, maistre de la musique de la chambre du Roy. *Paris, Christophe Ballard*, 1689, in-fol.

Catal. Fétis.

— NOUVEAU livre d'airs, par Lambert, gravez par Richer. *Paris, chez Charles de Sercy*, 1661, in-8, oblong.

Ce volume contient les airs de Lambert, beau-père de Lully, et célèbre maitre de chant sous les règnes de Louis XIII et de Louis XIV; on y voit les ornements du chant (*diminutions*) qu'il enseignait à ses élèves. Ce renseignement est fourni par Christophe Ballard, à la suite du deuxième livre des *Meslanges de chansons et d'airs sérieux et à boire. Paris*, 1674. L'épître dédicatoire à Madame, duchesse de Bourgogne, est signée à la plume LB (Lambert).

[Note du catal. Fétis.]

LAMBERT (d'Avignon). Sôme ‖ chrestienne ‖ a tresuictorieux Em ‖ pereur Charles, de ce ‖ nom le cinquiesme, ‖ composee par Fran. ‖ Lamb. Dauignon. ‖ A Marburg, 1529. ‖ A la fin : *Imprime a ‖ Marpurg, Lan de Gra ‖ ce, M. D. XXIX. ‖ Le xvij. iour de ‖ Mars.* Pet. in-8, goth. de 40 ff., dont le dernier blanc, sign. Aij-Ev. Bordure grav. au titre.

Pièce composée par ordre du landgrave Philippe de Hesse, pour intéresser Charles V à la religion protestante. Le seul exemplaire connu est porté à 240 fr. dans un catal. de 1871, de M. Tross.

Le *Manuel* parle de ce François Lambert, ex-cordelier d'Avignon, qui se fit luthérien en 1522 et se maria en 1524.

LAMBERT (*Josse*), taillieur (*sio*) de lettres, les monnoyes d'or et d'argent non valuées de plusieurs Royaulmes, Pays

et Villes. *Gand,* 1544, in-8, oblong, fig. s. bois.

Petit recueil bien gravé, en français et en flamand; il est imprimé tantôt en gothique et tantôt en caractères romains; comme galerie de portraits et comme collection de blasons, il offre de l'intérêt; de plus il est fort rare. Son auteur est déjà cité au *Manuel.*

18 shel. Libri (1862).

LAMBERT (*Philibert*). L'Amour intéressé et l'amour d'aujourd'hui. *Autun, Jean Guillemin,* 1690, in-12, de 188 pp.

En prose et vers; volume en patois bourguignon, indiqué, sans autres détails, par M. Mignard, à la page 286 de l'*Histoire de l'idiome bourguignon.*

LAMBERTI (Divi) episcopi Traiectensis, Martyris et magni apud Friburgenses Brisgoicos Patroni uita, Philippo Engelbrechto Engentino autore. Epistola ad Hieronymum Husærum Pludentinum quæ Friburgum summatim complectitur, autore eodem. (A la fin :) *Basileæ, apud Joannem Frobenium, mense Aprili, anno dñ* M.D.XIX, pet. in-4, de 48 ff. chiff., titre encadré en bois, avec le monogramme G et V, en vers.

Première édition d'une pièce rare. 20 fr. Van Alstein.

LAMBILLOTTE (Le R. P.). Antiphonaire de S. Grégoire, fac-simile du manuscrit de Saint-Gall, copie authentique de l'autographe écrit vers l'an 790, accompagné d'une notice historique, d'une dissertation donnant la clef du chant grégorien, etc., par le R. P. Lambilotte, de la Cie de Jésus (150 pl.). *Bruxelles. Greuze,* 1867, gr. in-4, mis en vente au prix de 60 fr.

Ce prix est loin de s'être soutenu; ce très-savant in-4 ne se vend plus que 20 à 25 fr.

LAMBRON de Lignim (*Henry*). Armorial des maires de la ville de Tours. *Tours, impr. de Lecesne,* 1847, in-4, de 84 pp.

Tiré à 36 exemplaires.

En demi-rel., 57 fr. Taschereau.

— ARMORIAL des archevêques de Tours. *Tours, impr. Ladevèze,* 1854, gr. in-8, de 14 pp., avec 2 pl. de blasons.

3 fr. même vente.

— RECHERCHES sur l'origine du théâtre en Touraine. *Tours, impr. Lecesne,* 1848, in-8, de 55 pp.

Tiré à 100 exemplaires.

40 fr. même vente.

LAMENNAIS. Paroles d'un croyant, 1833. *Paris, Eug. Renduel,* 1834, in-8, de 2 ff. lim., 237 pp. et un f. blanc.

Édition originale; en *mar.* de Duru, avec envoi autographe de Lamennais, et le chapitre sur le pape terminé de sa main, 100 fr. d'Ortigue.

Un exemplaire ordinaire, 6 à 8 fr.

LAMENTATIO || nuper defuncte mis || se,

apud Christianos || carmine Dithy || rambico inscripta. *Impressum Constancie, per Georgium Spitzenbergium,* s. d. (circa 1530), pet. in-8, goth., de 6 ff., plus 2 ff. blancs.

Poésie protestante d'une grande rareté; elle commence ainsi :

> Oue, Oue, Oue, Oue
> Sitis tristes Oue Oue
> Missatores miseri
> Oue Oue
> In fletum soluti toti
> Vestra scorta vestra nothi
> Totaque familia
> Oue Oue.

75 fr. en 1872.

— LAMENTATIO Missæ, ejusdemque deplorabilis sepultura, antehac in lucem non edita, nunc recenter carmine descripta. *S. l.,* 1546, in-8.

Diatribe luthérienne fort rare, mais qui ne vaut pas les 100 fr., prix auquel elle a été portée à la 2e vente de Morante.

LAMENTATION & Complaincte d'vn prince d'Albanie à l'encontre d'Amour et sa dame, etc. *A Lyon, Jean Saugrain,* 1559, in-16.

Pièce qui a disparu; elle ne figure qu'aux *Catalogues des Foires de Francfort.*

LAMĀTACIONS (Les) ọ craītes du iugement. *S. l. n. d.* (*Paris, P. Levet,* vers 1490), 6 ff., pet. in-8, sans ch. ni récl.; le feuillet Aiij est le seul signé; au vo du titre est une grande planche sur bois, copiée sur les anciennes xylographies.

60 à 80 fr.

LAMENTO de lo sfortunato Reame de Napoli. *S. l. n. d.* (*Venetia?* 1501), pet. in-4, goth., de 4 ff. à 2 col., fig. s. b.

Pièce *in ottava rima,* non citée; elle a trait à la prise de Naples par le roi Louis XII.

LAMENTO (El) del Valentino (in terza rima). *S. l.* (*Vinegia*) *fece stāpare Barth. de Math. Castelli* (v. 1500), pet. in-4, car. ronds, à 2 col., grav. s. b. au commencement, 2 ff.

Pièce portée, comme unique, à 80 fr. au catalogue Tross.

LAMENTO (Il lachrimoso) che fa el gran Maestro || de Rodi con gli suoi cauallieri a tutti gli || principi della Christianita nella sua || partita, Con la presa de Rodi. || (A la fin :) *Stampata in Roma in Campo di || Fiore per Antonio Bla- || do Dasola.* S. d. (1523), 4 ff., in-4, car. ronds, à 2 col., en ottava rima; le titre et la souscription en car. goth.; sur le titre une grande grav. en b. représentant le siége de Rhodes.

25 à 30 fr.

— LAMENTO (Il Lagrimoso) che fa il gran

maestro de Rodi con i suoi caualieri, a tutti i principi christiani, dove leggendo intenderete la presa di Rodi. *In Firenze, alle scale di Badia*, s. d., in-4, de VI ff. à 2 col., avec fig. s. bois.

Pièce rare. 46 fr. Gancia.

LA MESCHINIÈRE (*Pierre-Énoc* de). La · Céocyre de Pierre de la Meschinière, à Messire Jacques de la Fin (gouverneur et lieutenant général ez pays et duché de Touraine). *Lyon, par Barthélemy Honorat*, 1578, in-4. [13806]

Poésies fort rares, dont un bel exemplaire a été porté, à la vente Taschereau, au prix de 620 fr. Pierre de la Meschinière était Genevois, suivant La Monnoye, qui s'appuie, pour établir ce fait insuffisamment justifié, sur les vers :

Dans le coin reculé d'un petit bois plaisant,
Où l'Arve impétueuse au Rhône se marie,
Je mène... une fort triste vie, etc. (p. 52).

— SONNETS du seigneur Pierre de la Meschinière, mis en musique nouvellement par Jean Castro, le tout à III parties. *Douay, J. Bogarst*, 1611, in-4.

La partie de ténor, seule, de ce recueil fort rare, formant 27 pages, a été vendue 145 fr. Taschereau.

LAMO (*Alessandro*). Discorso di Aless. Lamo intorno alla scoltura e pittura, dove raggiona della vita e opera in molti luoghi et a diversi prencipi et personaggi fatte dall' eccell. et nobile pittore Cremonense M. Bernardino Campo. *Cremona*, 1584, pet. in-4, portr. et fig. sur bois. [9160]

Il faut 5 ff. lim., savoir : un titre avec la marque de l'imprimeur; dédicace de G. Bat. Trotto pittore, sopranomato il Malosso, 2 ff.; 1 f. blanc, 1 f. pour le portrait; 118 pp. numérotées et 6 ff. pour le *parer sopra la Pittura*.

10 à 12 fr.

LA MONNOYE (*Bernard* de). Epôlôgie dé Noei de lai boulôté et du tillô, pièce de La Monnoye en patois bourguignon, publiée avec une traduction interlinéaire et une lettre inédite de l'auteur, d'après un manuscrit de la Biblioth. impér., par M. Burgaud des Marets. *Paris, Dumoulin*, 1853, pet. in-8.

Cet opuscule n'a été imprimé qu'à 25 exempl., dont un sur *vélin* et 24 sur pap. de Chine.

L'exempl. unique sur *vélin*, en mar. de Trautz, a été vendu 52 fr. Burgaud des Marets; un exempl. sur chine, 13 fr. même vente.

LA MORLIÈRE (Le Chevalier de). Angola, histoire indienne. *Paris*, 1746, in-12.

Première édition d'un ouvrage licencieux, que l'on attribue tantôt à La Morlière, tantôt au duc de la Trémouille (voy. Barbier). M. Brunet a négligé avec raison, selon nous, d'énumérer ces fades productions du XVIIIe siècle, mais la mode et le goût du jour les ont fait monter à un prix si élevé, que nous sommes bien obligés d'en tenir compte.

— ANGOLA, histoire indienne, nouvelle édition. *A Agra (Paris), avec le privilège du Grand-Mogol.*

(lisez : *l'autorisation de Crébillon fils, censeur royal*), 1751, 2 vol., pet. in-12, figures et vignettes d'Eisen.

Il y a eu deux éditions sous cette date ; la première se reconnaît aux deux petites vignettes d'Eisen placées en tête de la première page de chacune des deux parties ; la seconde de ces vignettes représente un carosse dans lequel sont les deux amants.

En *mar*. de Padeloup, l'exempl. Pixérécourt (annoncé au catal. comme relié par Du Seuil (Du Seuil, né vers 1673, reliait-il encore en 1751?), et vendu 40 fr. 50 c.), a été porté à 500 fr. à la vente du baron Pichon ; un exempl. ordinaire, 27 fr. La Villestreux ; en *mar*. de Raparlier, 102 fr. Bordes, avec cette note ms. : « Cet ingénieux roman, que s'est faussement attribué M. le chevr de la Morlière, a été trouvé manuscrit dans les papiers de M. le duc de la Trémoille, qu'on a bien des raisons d'en croire être l'auteur. »

LA MOTHE-LE-VAYER. Hexaméron rustique, ou les six Journées passées à la campagne entre des personnes studieuses. *Amsterdam, Jaques le Jeune*, 1671, pet. in-12, de 176 pp., y compris le titre avec la sphère et une p. de table. [19076]

Jolie édition, sans fleurons, que l'on s'accorde à reconnaître comme sortant des presses de Daniel Elsevier.

L'exempl. Nodier, 100 fr. La Villestreux ; en *veau*, 11 fr. Soleil.

LA MOTTE (*Gilles* Chesneau, Sr de). Actions de réjouissance faictes en la ville de Vitré, à la naissance de Monseigneur le prince de Talmond, par les nobles bourgeois et habitans et tout le corps de la justice de laditte ville de Vitré, dédiées à... Sr de la Trimouille,... par Gilles Chesneau, seigneur de la Motte, Angeuin. *A Rennes, chez Tite Haran*, 1621, in-8.

Vol. rare; en *mar*. de Chambolle-Duru, 145 fr. Gancia (1872), sans avoir cette valeur.

LA MOTTE (Houdard de). OEuvres. *Paris, Prault*, 1753-1754, 10 tom. in-12, qui se relient ordinairement en 11 vol. [19093]

M. Brunet indiquait cet ouvrage comme étant à très-bas prix, même en grand papier et en ancienne reliure ; son exempl., excellemment relié par Padeloup en *mar*., a cependant été vendu 330 fr. ; en grand pap., *mar. anc.*, exempl. de d'Hangard, 100 fr. seulement Radziwill, et en *mar. vert* de Bozérian, 200 fr. Leb. de Montgermont ; en grand pap. 120 fr. Labitte (1877) ; 125 et 150 fr. au cat. Morgand et Fatout.

— FABLES nouvelles. *Paris, Grégoire Dupuis*, 1719, in-12, 90 fig. de Coypel et de Gillot, gravées à l'eauforte, portr.

Deux jolis exempl. à la vente Radziwill ; l'un en anc. *mar.*, 65 fr. ; l'autre, charmant exempl. relié en *mar*. par Derome, avec la suite rare des 100 eauxfortes de Gillot, publiée sous ce titre : *Nouveau Recueil d'estampes faites pour l'édition in-12 des Fables de M. de la Motte. Paris, chez Huquier*, s. d., 200 fr.

En *veau f.*, ex. Soubise, 44 fr. Potier ; en gr. pap., 30 fr. Luzarche, et un second exempl. en *anc. mar.*, 100 fr.; en *anc. mar.* et gr. pap., 222 fr. Benzon ; en *mar*. de Padeloup, 160 fr. Grésy.

25

LA MOTTE LE NOBLE. Les Sexes des esprits, par M. de la Motte le Noble. *Rouen, Antoine Maury*, 1676, in-8, de v ff. lim. et 90 pages.

En prose mêlée de vers. Un ex., relié par Duru en *mar.*, 31 fr. d'Auffay.

LA MOTTE-MESSEMÉ (*François* de Poulchre, seigneur de), chevalier, capitaine de cinquante hommes d'armes des ordonnances de Sa Majesté. Les Sept livres des honnêtes loisirs.... *Paris*, *Marc Orry*. 1587, pet. in-12. [13879]

C'est une sorte de chronique rimée, dans laquelle l'auteur raconte et passe en revue ses amours et ses faits d'armes, ainsi que les faits advenus de son temps, c'est-à-dire de 1540 à 1570; il naquit vers 1545, dit Goujet; le docte abbé se trompe; l'auteur naquit au château de Messemé, près de Mont-de-Marsan, le 28 avril 1541, et mourut probablement en 1596.

En *mar.* de Capé, 100 fr. de Chaponay, revendu 129 fr. W. Martin; un exempl. affreux, piqué et raccommodé, 3 fr. Turquety; un bon exempl., 49 fr., Chedeau; en *mar.* de Capé, bel exempl., 191 fr. Sainte-Beuve; en anc. *mar.*, 125 fr. catal. Claudin (1877).

— LE PASSETEMPS de monsieur de la Motte-Messemé, dédié aux amis de la vertu, plus un songe faict à l'antique, dédié à M. Ayrault. *Paris, Jean le Blanc*, 1595, in-8; fort rare.

M. Brunet ne cite que la seconde édition de 1597, publiée après la mort de l'auteur, qui vivait encore lors de l'apparition de la première.

En *mar.* de Duru, 60 fr. de Chaponay, pour la Biblioth. nationale; en *veau*, bel exempl., 55 fr. Morel, de Lyon.

LAMOUR (*Antoine*). Oraison funèbre de Thomas Bonzi (ou Bōnsi). *Béziers, par Jean Martel*, 1620, in-4.

C'est, croyons-nous, le premier livre imprimé par ce typographe à Béziers.

LAMPADIUS Luneburgensis. Compendium musices, tam figurati quam plani cantus, ad formam dialogi, in usum ingenuæ pubis ex eruditissimis musicorum scriptis accurate congestum, quale antehac nunquam visum, et iam recens publicatum. *Bernæ, Matthias Apiarius*, 1539, in-8. Musique notée.

37 fr. vente de S. Ylie. 1869.

Walther en cite une édition de 1537, in-12, qui ne nous est pas connue et dont Forkel met en doute l'existence.

LA MURE (*Jean-Marie* de). Les Antiquités du dévot prieuré des dames Religieuses de Beaulieu en Roannais de l'Ordre de Fontevrauld, recueillies par Messire Jean-Marie de La Mure. *S. l.* (*Lyon*), 1654, in-12.

Petit vol. recherché, 15 à 18 fr.

HISTOIRE ecclésiastique du diocèse de Lyon.... avec les plus mémorables antiquités de la très-illustre église cathédrale, de toutes les collégiales, abbayes et prieurés.... enrichie du catal. général des bénéfices dudit diocèse..... *A Lyon, chez Marcelin Gautherin*, MDCLXXI, in-4.

62 fr. Yéméniz; 50 fr. Costa de Beauregard; 98 fr de La Roche la Carelle.

— HISTOIRE des ducs de Bourbon et des comtes de Forez, en forme d'Annales sur preuves authentiques, servant d'augmentation à l'Histoire du pays de Forez, et d'illustration à celle des pays Lyonnois, Beaujolois, Bourbonnois, Dauphiné et Auvergne, et aux généalogies tant de la maison Royale que des plus illustres maisons du Royaume, par J. M. de La Mure. Publiée pour la première fois (par M. Régis de Chantelauze) d'après un manuscrit de la Bibl. de Montbrison, portant la date de 1675. *Lyon, de l'imprimerie de Louis Perrin. Paris, Potier, Lyon, A. Brun*, 1860-1868, 3 vol in-4.

— Tome Ier, LXXVIII pp., 3 ff. non chiff. et 535 pp.; tome II, 1868, XXII pp., 2 ff. et 763 pp.; tome III, 1868, 2 ff. lim. et 332 pp.

Ce dernier vol. contient : « Preuves fondamentales rassemblées par l'auteur et l'éditeur, suivies de pièces supplémentaires et documents inédits recueillis par l'éditeur. »

M. Porquet vend aujourd'hui ces trois vol. 150 fr pour M. de Chantelauze.

Un exempl. du 1er vol., sur pap. vergé teinté (tiré à 50 ex.), a été vendu 50 fr. catal. Yéméniz.

Un exempl. de ce premier vol., sur ce pap., e relié en *mar.*, avait été porté à 67 fr. au cat. Costa de Beauregard; 100 fr. Bachelin (1874); 35 fr., vente du château de Saint-Ylie.

— L'HISTOIRE universelle, civile et ecclésiastique du Forez. *Lyon, Compagnon & Taillandier*, 1674, in-4.

En *mar.*, 140 fr. Costa de Beauregard; un autre, 125 fr. de La Roche La Carelle; 90 fr. vente du château de St-Ylie.

Un bel exempl. de l'*Histoire ecclésiastique de Lyon*, 1671, in-4, avait été porté à 62 fr. chez M. Yéméniz.

— Description sommaire du rare cabinet d'estude et de piété, orné de curiositez de messire Jean-Marie de la Mure, chanoine de l'église collégiale de Montbrison. *Lyon, Gautherin*, 1670, in-12.

Pet. vol. fort rare. 30 à 40 fr.

LAMY (*Bernard*). Nouvelles Réflexions sur l'art poétique, dans lesquelles, en expliquant quelles sont les causes du plaisir que donne la poësie, et quels sont les fondemens de toutes les règles de cet art, on fait connaître en même temps le danger qu'il y a dans la lecture des poëtes (par le P. Bernard Lamy, du Mans). *Paris, André Pralard*, 1668, in-12.

Profondément ennuyeux.

En *veau* de Thouvenin, 6 fr. 60^c Nodier (1829), 27 fr. W. Martin.

LAMY (*Thomas*). Le Tableau des éminentes vertus de madame de Sacy, religieuse de l'ordre de S. Benoist, dans l'abbaye de Vignals, en Normandie, exposé au jour par Thomas Lamy. *Caen, Joach. Massienne*, 1659, in-8, portr.

En *mar.* de Hardy, 51 fr. Potier. En *mar.* de Chambolle-Duru, 50 fr. baron Pichon; l'exempl. de M. Pichon avait le rare portrait, et celui de M. Potier ne le possédait pas.

LANCELOT DU LAC. Romant fait et

compose a la perpetuation des vertueux faits et gestes... specialement a la louenge du tres vaillant chevalier Lancelot du Lac. (A la fin) : *Ce present et premier volume a este imprime a Rouen en lostel de Gaillard le bourgeois, lan 1488... par Jehan le Bourgeois.* 2 part. en un vol. in-fol., goth., à 2 col. [17018]

Le tome Ier, seulement, très-piqué, 318 fr. Solar ; et incomplet de la figure du roi Artus, qui sert de frontispice, 490 fr. Potier (1870). On sait que le tome II est impr. *à Paris, par Jehan du Pré.*

LANCELOT DU LAC. Les Merveilleux Faicts et Gestes du noble et puissant Lancelot du Lac, compaignon de la Table Ronde.... *Paris, Anthoine Verard..., demourant a Paris deuant la rue Neufue Nostre Dame (après septembre* 1503), 3 vol. in-fol., goth., à 2 col. de 45 lignes, fig. s. b.

En *mar.* doublé de Duru, 3,200 fr. Double, rev. 3,415 fr. Techener (1865), et un bel exempl. en rel. angl., 4,400 fr. Yéméniz.

— LANCELOT du Lac..... *Paris, Philippe le Noir,* 1533, 3 tom. en 1 vol. in-fol.

Un exempl. très-grand, mais incomplet de 6 ff., 360 fr. La Bédoyère ; en *v. m.* (exempl. de Mme de Pompadour, qui figurait à une vente faite par Teche-ner, en mai 1864), a été revendu par le même li-braire, 400 fr. en 1865 ; en *mar.* de Duru (ex. Giraud et Solar), 600 fr. Desq ; un bel exempl. rempli de *témoins*, 630 fr. Tross (1865) ; 700 fr. Chedeau, pour M. Giraud de Savines. Un double de M. Cigongne, 710 fr. Potier (1870). — L'exempl. Guyon de Sar-dière, avec un f. remonté, 500 fr. Morel de Lyon ; un bel exempl. dans son anc. reliure, 3,100 fr. Tufton.

—LANCELOT. Ghenoechlicke ende amoreeze Historie van den edelen Lantsloct ende die scone Sandryn (la plaisante et amoureuse histoire du noble Lan-celot et de la belle Sandrin). *Dit boec is voleynt bi mi Govert van ‖ Ghemen ten Goude in hollant.* s. d. (avant 1489), pet. in-4, de 20 ff. à 29 lign. à la page ent., sans chiffres ni réclames, mais avec si-gnatures.

Précieux vol. dont le seul exempl. connu est con-servé à la Bibl. communale de Lubeck ; l'impri-meur, Govert van Ghemen, se transporta à Copen-hague vers 1490, et on l'y voit travailler jusqu'en 1510 ; M. Holtrop nous apprend que, par suite de l'as-similation des caractères, il est fondé à croire que Godfried de Os et Govert van Ghemen ne sont qu'une seule et même personne ; Godfridus est la traduction latine du nom de Govert ; et, en admettant le nom de Ghemen comme nom de famille, celle-ci pourrait être originaire du bourg de Os, dans le Brabant septentrional, et l'imprimeur de Gouda s'appellerait Godfried van Ghemen van Os.

C'est ce même typographe qui a donné un livre dont on ne connaît que deux exemplaires complets, l'un à Cambridge, l'autre à Copenhague.

En voici la souscription exacte, d'après l'exempl. de l'université de Cambridge :

—OPUSCULUM quintupertitum grammaticale pro pue-ris in lingua latina breviter erudiendis. *Impres-sum per me Gotfridum de Os.... Anno Mille-simo quadringentesimo octuagesimo sexto. Men-sis nouëmbris tercio decimo.* In-4, grav. sur bois au titre, représentant un maître d'école avec ses trois disciples ; les types se rapprochent beaucoup de ceux de J. Veldener.

Maittaire et, d'après lui, Jansen et Lambinet avaient cité ce livre sous le titre de : EXERCITIUM Puerorum grammaticale. *Goudae*, 1486, in-4.

Quelques bibliographes attribuent encore à Govert van Ghemen l'exécution de la célèbre édition du *Chevalier délibéré*, imprimée *à Gouda*, et non pas à

Anvers, comme le supposait M. Brunet (III, col. 781). Voy. LA MARCHE.

LANCINUS. Lancini Curtii Epigramma-ton, libri decem. *Mediolani, impressor Philippus Foyol*, 1521, 2 vol. in-fol.

Ces épigrammes sont pour la plupart fort libres, et quelques-unes sont d'une grossièreté dont la lan-gue latine seule peut braver la responsabilité. 40 fr. Auvillain.

LANCLUSE (*Pierre* de). Antithèse de Jé-sus-Christ et du Pape de Rome, dédiée aux champions et domestiques de la foi. *S. l.*, 1619, in-8.

Première édition d'un hétérodoxe fort rare ; 5 livres 19^s Girardot de Préfond ; 7 fr. 50^c 2e vente de la li-brairie de Bure (1834).

— LA MÊME. *S. l.*, 1620, in-8, 2 pl. gr. sur bois. Ces deux éditions valent aujourd'hui de 50 à 60 fr.

LANDES (*Louis* de). Glossaire érotique de la langue française depuis son origine jusqu'à nos jours, contenant l'explication de tous les mots consacrés à l'amour. *Bruxelles*, 1861, in-8.

Ce n'est guère que la reproduction du *Glossaire érotique*, que M. de l'Aulnaye a joint à son édition de Rabelais. 26 fr. de Morante.

LANDI (*Ortensio*). Voy. PARADOXES.

LANDREY (*J.*) Hydrologie ou discours de l'Eaue, auquel est amplement déclarée la vertu et puissance des eaues medicinales, principalement de celles de Villeconte, près Billon, et de Sainct-Mealupe, près Rion, en Auvergne, par Jehan Landrey, Parisien. *Orléans, Fabian Hotot*, 1614, pet. in-12.

Petit vol. fort rare ; deux exempl. à la vente du Dr Payen, 5 fr. 50^c et 6 fr.; en *mar.* de Chambolle, 30 fr. Potier.

LANE (*Ch.*). A dictionary English and Bur-mese. The whole of the Burmese Portion carefully revised by his highness the prince of Mekhara, uncle to His then reigning king of Burmah. *Calcutta*, 1841, in-4. 50 fr.

LA NEUVILLE. Relation curieuse et nou-velle de Moscovie. Contenant l'état pré-sent de cet empire. Les Expéditions des Moscovites en Crimée, en 1689. Les causes des dernières révolutions. Leurs mœurs et leur religion. Le récit d'un voyage de Spatarus, par terre, à la Chine. *A Paris, chez Pierre Aubouyn*, 1698, in-12.

Ce petit vol. intéressant et rare a été reproduit l'année suivante en Hollande (*La Haye*, 1699, in-12.) 10 à 12 fr., et plus.

LANGELIER. Escript de l'Euesque de Saint-Brieu, contenant les raisons qui l'ont retenu en l'union des Catholiques contre la partialité des hérétiques et schismatiques, leurs associez et fauteurs. A Monsieur L'Euesque du Mans. *A Dinan, par Julien Aubinière, imprimeur, demeurant en la rue des Châges*, 1593, in-8, de 578 pp. (*Bibl. nat.*).

C'est le premier livre imprimé à Dinan (Côtes-du-Nord).

LANGROGNET aux Enfers. *Imprimé à Antiboine*, 1760, in-12, 6 fig. [14157]

En *mar.* de Trautz, 60 fr. Chedeau ; l'exemplaire Nodier, 105 fr. Leb. de Montgermont.

LANGUET (*J.-J.*). La Vie de la vénérable mère Marguerite-Marie (Alacoque), religieuse de la Visitation Ste-Marie, du monastère de Paray-le-Monial en Charolois, par Mgr J.-J. Languet, évêque de Soissons. *Paris*, 1729, in-4, front. gr.

Un exempl. en condition ordinaire vaut bien 5 à 6 fr. au plus ; un exempl. en grand papier, réglé, en anc. rel. *mar.* aux armes du cardinal Fleury, 300 fr. Labitte (janvier 1877].

LANNEL (*Jean* de), escuyer, seigneur de Chaintreau et du Chambort. Le Roman satyrique. *Paris, Du Bray*, 1624, in-8. [17160]

VIII ff. lim., 1115 pp. et 1 page de privilège.

— LE ROMANT des Indes. *Paris*, 1625, in-8. 1 fr. 95 c. Aimé-Martin.

Ces élucubrations, quelque peu indigestes, n'ont point encore trouvé leur heure de succès.

LA NOUE (*Odet* de). Poésies chrestiennes de messire Odet de la Noue, gouverneur pour Sa Majesté au fort de Gournay-sur-Marne, nouvellement mises en lumière par le sieur de la Violette (Joseph du Chesne). *S. l.* (*Genève*), *pour les héritiers d'Eustache Vignon*, 1594, pet. in-8. [13854]

L'auteur était fils du grand La Noue, dit Bras-de-fer, l'illustre défenseur de la Rochelle ; cette édition des *Poésies chrestiennes* donne la réimpression du vol. imprimé par Haultin, à la Rochelle, en 1588 : *Paradoxe que les aduersitez sont plus nécessaires que les prosperitez, et qu'entre toutes l'estat d'une estroite prison est le plus doux et le plus proffitable.*

Cette édition de 1594, 205 fr. Desq.

LANQUER (*Rich.*), gentilhomme d'Amiens. Le Naufrage sans péril, ou l'Invention d'une machine qu'on peut porter à la poche, qui nous fait passer les rivières tous vestus, et estre plusieurs jours sur la mer sans aucun péril pour nostre vie, et sans mouiller nos armes ny nos habits. *Paris, Blageart*, 1675, pet. in-8, de 54 pp. et un f. blanc, figures.

Pièce curieuse et d'une grande rareté ; un exempl. sans les figures est porté à 20 fr, au *Bulletin* de Tross de 1869 ; un autre exempl. avait figuré au cat. De Lassize de 1867, mais avait été retiré.

LA PALME. Voy. PALMA Cayet.

LA PERRIÈRE (*Guillaume* de). Le Théâ-

tre des bons Engins, auxquelz sont contenuz cent emblesmes. *Fut mis a fin nostre present Theatre lan* 1536. In-8. [18595]

Cette première édition, sans gravures, est imprimée à Lyon en caractères ronds ; elle porte à la fois la marque d'Icare et la devise de Dolet ; l'impression est très-soignée.

En *mar.* de Trautz, 46 fr. seulement Solar ; en anc. *mar.*, 100 fr. de Morante ; en *mar.* de Capé, 46 fr. Chedeau.

— LE THÉATRE des bons engins, auquel sont contenuz cent emblesmes moraulx. Compose par Guillaume de la Perriere, tolosain : et nouuellement par iceluy limé, reueu et corrigé. *Auec priuilége. S. l.* (*Paris*), *de l'imprimerie de Denys Janot, imprimeur et libraire. S. d.* (*Privilége du dernier jour de janvier* 1539), in-8, de 106 ff., sign. A-O, 100 fig. s. b.

Cette édition, ou plutôt ce tirage exceptionnel de l'édition de D. Janot, 1539, est décrite dans le catal. Ambr. Firmin-Didot, no 623 ; elle diffère de celle qu'enregistre le *Manuel*, en ce que le titre, de la 3e à la 8e ligne, est composé en car. romain, et que, dans la marque de Denys Janot, les mots : « *Nul ne s'y frote* », sont en italique, tandis qu'ils sont en romain dans la seconde ; les emblèmes, au nombre de 100, sont mieux tirés que dans la seconde édition, et les encadrements présentent des différences ; à la fin, la devise de Dolet : *Deliure-moy, Seigneur, des calumnies des hommes ;* la fig. 66 est une copie des *Simulachres* d'Holbein.

— LE THÉATRE des bons Engsn (*sic*).... (*Paris*), *de l'imprimerie de Denys Janot*, Avecq¹ Privilége (ces deux mots en car. romains). *S. d.* (dernier janvier 1539), pet. in-8.

La faute ci-dessus *Engsn* pour *Engins* a été corrigée pendant le tirage, et on trouve indifféremment des exempl. de cette seconde édition avant ou après la correction.

Cette édition diffère de la première en ce que les mots de la 3e à la 8e ligne du titre sont en romain, et dans la marque de Janot les mots *nul ne s'y frote* sont en romain, tandis qu'ils sont en italique dans la première ; le texte est en italique.

— Il y a un 3e tirage tout entier en lettres rondes ; cette édition a 101 figures ; le privilége est toujours donné à Denys Janot, et du dernier janvier 1539.

Cette troisième édition, 95 fr. Yéméniz. L'exempl. avait souffert au lavage.

Quant aux deux premiers tirages, les catalogues ne les distinguent pas.

Un exempl. médiocre, 60 fr. Van-der-Helle ; un bel exempl. en *mar.* de Trautz, 130 fr. de Chaponay, rev. 175 fr. Huillard ; en *veau*, 21 fr. Chedeau ; en *mar.* de Trautz, 255 fr. Yéméniz, rev. 400 fr. Leb. de Montgermont.

— LE THÉATRE des bons Engins... *Lyon, Jean de Tournes*, 1545, in-16, 100 fig.

111 fr. Desq.

— LE THÉATRE des bons Engins... Reveu et corrigé de nouueau. *A Paris, de l'imprimerie d'Estienne Groulleau*, 1550, in-16, de 56 ff.

Cette édition, de plus petit format, contient également 101 planches, mais n'a pas les entourages de Janot.

En *mar.* de Koehler, 56 fr. (1865).

— LE THÉATRE des ‖ bons Engins, au ‖ quel sont contenuz cent ‖ emblemes moraux. ‖ ... *A Paris,* ‖ *par Estienne Groulleau,* ‖ 1554, in-16, de 56 ff.

non chiff., en lettres rondes, orné de 101 jolies fig. sur b.

Réimpr. de la précéd. édition.

En anc. mar., exempl. de Girardot de Préfond, 150 fr. cat. Morgand et Fatout.

— LE THÉATRE des bons Engins... *Lyon, Jean de Tournes,* 1583, in-16 ; 100 fig.

En anc. mar., 9 fr. Viollet-le-Duc, rev. 40 fr. de Chaponay.

— LES CENT Considérations d'amour. MDXLIII. *A Lyon, par Françoys Juste et Pierre de Tours,* in-16, fig. s. b. [13667]

L'exempl. Duplessis, 255 fr. Yéméniz.

— LES CONSIDÉRATIONS des quatre mondes,. à scauoir est : Divin, angélique, céleste et sensible... *A Lyon, Macé-Bonhomme. A ·Toulouse, chez Iean Perrin,* 1552, in-8, portr. et encadr. gr. sur bois. [13668]

C'est la même édition que celle qu'indique le *Manuel,* avec un autre nom de libraire toulousain.

En mar. de Duru, 125 fr. W. Martin ; en *veau,* 50 fr. Asher (1865).

— L'édition citée au *Manuel* « *Lyon, Macé Bonhomme, Tolose, Jean Moulnier,* 1552, pet. in-8, gr. s. b.

En mar. de Duru, 160 fr. de Chaponay ; en anc. rel., 141 fr. Double ; 61 fr. Desq.

˙— LES CONSIDÉRATIONS des quatre mondes... *Rouen, Bonaventure Belis,* 1553, in-16.

L'exempl. Veinant, en mar. de Koehler, 40 fr. Chedeau ; puis 61 fr. Potier ; cette édition est fort rare.

— LA MOROSOPHIE..... contenant cent emblesmes moraux réduits en autant de quatrains françois. *Lyon, par Macé Bonhomme,* 1553, in-8, fig. et encadr. sur bois.

Un joli exemplaire, en anc. rel., 79 fr. Cailhava ; en mar. de Thibaron, 125 fr. Desq ; un exemplaire raccommodé, 11 fr. Chedeau ; en anc. rel., 315 fr.; Tufton, 47 470 fr. Leb. de Montgermont ; deux exemplaires à la vente Van der Helle (1868), 37 et 55 fr.; en mar. de Koehler, un peu court, 81 fr. Yéméniz.

— LE MIROIR politique. *Lyon, Macé Bonhomme,* 1555, in-fol., fig. s. b. [3950]

En mar. de Capé, 90 fr. de Morante, à peu près le prix de la reliure.

— LES ANNALES de Foix, joinctz à ycelles les cas et faietz dignes de perpétuelle récordation advenuz, tant aulx pays de Bearn, Commynge, Bigorre, Armygnac, Nauarre, que lieux circumvoysins..... *Tholose, Nic. Vieillard,* 1539, in-4, portr. gr. s. b. [24770]

En mar. de Duru-Chambolle, bel exemplaire, 220 fr. Desq.

LA PÉRUSE (*Jean* de). Les OEuvres de Jan de la Peruse, avec quelques autres diverses poesies de Cl. Binet B (eauvoisin). *Lyon, B. Rigaud,* 1577, in-16. [13686]

La *Médée* figure dans ce recueil de poésies.

37 fr. Turquety ; en mar. de Simier, 135 fr. baron Pichon.

— LA MÉDÉE, tragédie et autres diverses poésies, par Jean de la Péruse. *Rouen, Raphael du Petit-Val,* s. d. (1598), 2 parties en 1 vol., pet. in-12, 48 et 96 pp.

La première partie est sans date, mais la seconde, qui porte le titre de : *Diverses poésies de feu J. de la Péruse,* est datée de 1598.

En *vélin,* 30 fr. De Lassize (1862) ; en mar. de Trautz, 480 fr. Leb. de Montgermont.

— LA MÉDÉE, tragédie, et autres diverses poésies, par J. de la Péruse. *Poitiers, les De Marnef et Bouchetz,* s. d., in-4.

Un exemplaire de cette édition relié aux armes de J. Aug. de Thou, fils de l'historien et de Marie Picardet, sa femme, avec deux autres pièces fort rares, 340 fr. baron Pichon, et 485 fr. Potier.

Les deux autres pièces du recueil, étaient : *Philanire, trag. de Cl. Roillet. Paris, Th. Richard,* 1553, et la *Tragédie d'Agamemnon,* par Ch. Toustain. *Paris, Martin le Jeune,* 1556, in-4.

Cette dernière est d'une extrême rareté.

Ces trois pièces n'avaient été vendues que 25 fr. chez M. de Soleinne : fata libellorum ; il est vrai que le recueil est annoncé comme relié aux armes de Soubise.

LA PICARDIÈRE (*Pierre* Forget, sieur de). Hymne à la Reyne régente, mère du roy (Louis XIII), par le sieur de la Picardière Forget. *Paris, Toussainct du Bray,* 1613, in-4, de 30 pp.

En demi-rel., 41 fr. Taschereau.

Ce poëme a été réimprimé dans les *Délices de la poésie françoise. Paris, T. du Bray,* 1620, in-4.

— LES SENTIMENS de messire Pierre Forget, sieur de Beauvais et de la Picardière, conseiller du roy en ses conseils d'Estat et privé, et l'un de ses maistres d'hôtel ordinaires. *A Paris, chez Guillaume Citerne,* 1630, in-4, de VIII-148 pp.

Première édition ; c'est un recueil, assez rare, de 1,042 quatrains moraux ; Goujet cite, sous la même date, une édition de *Lyon,* in-8, que nous ne connaissons pas ; mais il doit s'être trompé, et donne comme lieu d'impression la ville d'où le poëte date son *Avis au lecteur,* qui est de Lyon, 15 février 1630.

En *vélin,* bel exemplaire, 59 fr. Taschereau ; 45 fr. catal. Techener ; 11 fr. W. Martin.

Les trois éditions qui suivent figurent au même catalogue Taschereau.

— LES SENTIMENS... contenant le recueil de ses opinions, conceues sur les mouvemens principaux de l'esprit. *Paris, G. Citerne,* 1631, in-4. 7 fr.

Cette édition est restée inconnue à Goujet.

— LES MÊMES... *Paris, Toussainct du Bray,* 1636, in-4. 7 fr. 50 c.

— LES MÊMES... quatriesme édition. *Paris, Ant. de Sommaville,* 1646, pet. in-12. 20 fr., et un second exemplaire, 9 fr.

Nous avions cité ce poëte au mot FORGET, et avions dit à tort qu'il était inconnu à Goujet ; quant à Du Verdier, dont la première édition est de 1585, il est assez naturel qu'il n'ait pu citer un poëte du XVIIᵉ siècle.

LA PISE (*Jos.* de). Tableau de l'histoire des princes et princesses d'Orange, divisé en quatre parties, selon les quatre races qui y ont régné souverainement depuis l'an 793, commençant à Guillaume au Cornet, premier prince d'Orange, jusques à Frédérich Henry de Nassau, à présent régnant. Illvstré de ses généalogies et enrichi de plusieurs belles antiquitez auec leurs tailles-douces. (Signé : Jos. de la Pise.) — *La Haye, impr. d*

Thomas Maire, 1639, in-fol., fig. s. b. et sur cuivre. [24837]

Volume important (30 à 50 fr.), quelques exemplaires portent la date de 1640. 26 fr. vente du Château de Saint-Ylie.

LA PLACE (*Pierre* de), premier président en la cour des aydes, à Paris. Du droict Usage de la Philosophie morale. *Leyde, J. Elsevier,* 1658, pet. in-12, de VI ff. lim., 206 pp. de texte et 7 pp. de table. [3769]

Volume rare ; il est imprimé en gros caractères.

Un exemplaire non rogné, en *mar.* de Duru, 40 fr. Chedeau ; revendu 100 fr. La Villestreux ; un exemplaire en *mar.*, 18 fr. Pieters ; bel exemplaire, 100 fr. Luzarche.

LA POPELINIÈRE (*Lancelot* du Voësin, sieur de). L'histoire de France.... depuis l'an 1550 jusques à ces temps. *S. l.* (*La Rochelle*), *De l'imprimerie. Par Abraham H.* (*Haultin*), 1581, 2 vol. in-fol. [23478]

31 fr. de Morante ; un très-bel exemplaire, en *mar. ancien,* avec un écureuil sur le dos de la reliure, ce qui a fait supposer qu'il avait pu appartenir à Fouquet, 420 fr. Bordes ; en *anc. mar.,* 110 fr. Garde.

— L'Histoire des histoires, avec l'idée de l'histoire accomplie. Plus le dessein de l'histoire nouvelle des François. *Paris, Houzé* (ou *Orry*), 1599, pet. in-8, 4 ff. prél., 456 pp. chif. et 4 ff. d'errata.

C'est l'un des plus rares volumes de cet auteur fécond, célèbre par son impartialité. 12 à 15 fr. ; en *mar.,* 17 fr. seulement, de Morante.

— LA MÊME. *S. l.,* 1582, 4 vol. in-8.

En *vélin,* 50 fr. Tross (1867) ; en *mar.* de Hardy, 81 fr. Labitte (décembre 1872).

— Histoire de la conqueste du pays de Bresse et de Savoye par le roy très-chrestien. A monseigneur de Rosny, par le sieur de la Popellinière. *Paris, par Cl. de Monstroeil et Jean Richer,* 1601, in-8, de 67 ff. [24618].

Fort rare ; 48 fr. Costa de Beauregard.

— LES TROIS mondes. *A Paris, A l'Olivier de Pierre l'Huillier, rue S. Jacques,* 1582, 3 parties en 1 vol. in-8. [27945]

XXVII ff. lim., 1er livre, 55 ff. ; 2e livre, 56 ff. ; 3e livre, 50 fl., 1 f. de table.

L'extrait du privilège, donné le 6 avril 1552, porte : « *Achevé d'imprimer pour la seconde édition en septembre* 1582. »

Un exemplaire, incomplet d'une carte indispensable, a été vendu néanmoins 33 fr. Maisonneuve ; un autre « *Schön und gross* », 18 thal. 20 Sobolewski.

LA POPELINIÈRE (Le Riche de). Tableau des Mœurs du temps dans les différens âges de la vie.

Nous complétons la note consacrée par M. Brunet à ce monument d'un art si charmant et d'un si effroyable dévergondage ; le livre figura en 1844 dans la vente J. G. (Jules Gallois) ; il fut mis sur table à 5,000 fr. et retiré faute d'enchères ; on disait alors que le propriétaire était M. de Soyecourt ; plus tard le baron P. se rendit acquéreur, et depuis il fut cédé à l'amiable à un gentleman-anglais, tout à fait *spécial,* M. H....y.

Il en a été publié une réimpression, tirée à très-

petit nombre, et qui, bien entendu, n'a pas été mise dans le commerce ; elle porte comme souscription : *Paris, de l'imprimerie des ci-devant fermiers-généraux.* (*Bruxelles.*) *S. d.,* 2 vol. pet. in-8.

— DAÏRA, histoire orientale, en quatre parties. *Paris, impr. de Cl. Fr. Simon,* 1760, gr. in-8.

Tiré pour l'auteur à un petit nombre d'exemplaires ; en anc. rel. *mar.,* 30 fr. baron Pichon ; revendu 50 fr. Potier.

LA PORTE (de). Les Epithetes de M. de la Porte, Parisien. *Paris, Gabriel Buon,* 1571, pet. in-8. [10995]

En *mar. doublé* de Niédrée, 145 fr. W. Martin.

Nous avons vu passer en vente un grand nombre d'exemplaires des diverses éditions de ce livre bien connu ; les prix varient de 20 à 80 fr.

LA PORTILLA (*Francisco* de). Regla de la orden y cavalleria de la Espada. *En Anveres, en la imprenta Plantiniana,* 1598, gr. in-8, vign. au titre.

En *veau,* aux deuxièmes armes de J.-A. de Thou, 42 fr. Techener (1865).

LA PRIMAUDAYE. Cent quatrains consolatoires. *A Lyon, par Benoist Rigaud,* 1582, in-8. [13850]

En *mar.* de Koehler, haut. 0m156, 120 fr. Yéméniz.

LA PUJADE (*Ant.*). Les OEuvres chrestiennes d'Anthoine la Pujade (d'Agen), conseiller et secretaire des finances de la Reyne Marguerite, contenant les trois livres de la Christiade et autres poëmes et vers chrestiens. *Paris, Rob. Fouët,* 1604, in-12, front. gravé par de Mallery. [13906]

Parmi ces poésies se trouve un poëme intitulé : *la Louange des femmes ;* en *mar.* de Capé, 36 fr. Turquety, revendu 202 fr. Potier (1870) ; 48 fr. Soleil.

LA QUINTINYE (*Jean* de). Instrvction pour les Jardins fruytiers et potagers.... *Amsterdam,* 1692, 2 vol. in-4, avec fig. et dessins de jardins. [6468]

C'est la réimpression pure et simple de l'édition de 1690 ; elle est tout aussi bien exécutée et beaucoup plus rare.

LARA (D. *Gasp. Augusto* de). Obelisco funebre Piramide funesta, que construia á la immortal memoria de D. Pedro Calderon de la Barca. *Madrid,* 1684, in-4.

Poëme dithyrambique fort rare.

95 fr. de Morante.

LARA GALAN (*J.* de). Relacion cierta y autentica de un milagro que la div. Magestad se dignó de obrar con el capitan D. Pedro de Tapia y Peralta, vezino de la ciudad de Cuzco mudo y paralitico por tiempo de mas de dos años por la intercession de la SS. Virgen S. Maria y de la milagrosa imagen de N. S. de la Purification o candelaria del Pueblo de Chatacaco. *Lima,* 1692, in-4, de 11 ff.

Curieux document qui prouve à quel degré

d'abrutissement était tombée la population Péruvienne sous la domination cléricale. 48 fr. Tross, 1869.

LA RAMÉE. Voyez RAMUS.

LARCHEY (*Lorédan*). Dictionnaire historique, étymologique et anecdotique de l'argot parisien. Avec illustrations par J. Férat, Ryckebush et Sahib. *Paris*, 1873, un vol. gr. in-8.

Volume intéressant, tiré à petit nombre ; 100 exemplaires sur papier de Hollande. 20 fr.

LARIVEY (*Pierre* de). Les six premieres comedies facecieuses... *Paris*, *Abel l'Angelier*, 1579, in-12, de VIII ff. lim., 329 pp. chiffrées et 1 f. pour l'errata. [16313]

Nous citons ce titre en abrégé pour rectifier une faute d'impression au *Manuel*.

Le premier volume du théâtre de Larivey, comprenant les six premières pièces, est assez commun, puisqu'il en existe cinq éditions ; le second volume, au contraire, comprenant les trois dernières pièces, est extrêmement rare ; il n'en existe qu'une seule édition de *Troyes*, *Pierre Chevillot*, M.DC.XI.

Deux beaux exemplaires de l'édition du premier livre de *Lyon*, *Benoist Rigaud*, 1597, in-12, figuraient à la vente Auvillain : l'un très-grand, en *vélin*, 31 fr. ; l'autre, en *mar.* de Thompson, 50 fr.

— Un exemplaire de l'édition de 1579 (médiocre, avec le titre et 6 ff. refaits à la main), mais avec le rare volume de *Troyes*, 1611, complet et en bon état, quoique un peu court, 121 fr. Sainte-Beuve.

— Un exemplaire du premier volume de *Rouen*, *Raph. du Petit-Val*, 1611, in-12, 32 fr. Auvillain.

— Un exemplaire complet des deux volumes : le premier de *Rouen*, *Raph. du Petit-Val*, 1601 ; le second de *Troyes*, 1611, d'une conservation assez médiocre, 195 fr. Chedeau.

— Un exemplaire des deux volumes de 1611, *Rouen et Troyes*, en rel. angl., 290 fr. H. Bordes ; un très-bel exemplaire des mêmes éditions, en *mar.* de Niédrée, 1,100 fr. Leb. de Montgermont.

LARMES (Les) de joye de madame la princesse. *Paris*, 1651, in-4, de 6 pp.

A la fin, on lit : Par B. E. S. D. P. B. (Boyer, écuyer, sieur du Petit-Buy).

LARMES de Tristesse, renouvelées au retour du jour qui ravit le roy Henry le Grand ; Larmes de Joye, publiées à la proclamation du roy très-chrestien Louys XIII, son fils, par M. D. S. G. V. *Paris*, *Jean Nigaud*, 1611, pet. in-8, de 56 pp. En vers.

En *mar.* fleurdelisé, 50 fr. Ruggieri.

LA ROCHE (*Estienne*) dict Ville-Franche. Larismetique et geometrie. *On les vend a Lyon a lenseigne de la Sphaere, cheulx Gilles et Iaques Huguetan freres*, 1538. 2 part. en un vol. in-fol., goth., les deux titres en lettres rondes, fig. s. b. [7867]

L'exemplaire acheté par M. Yéméniz 5 fr., à la 4e vente de M. De Bure, en 1835, a été revendu 150 fr. en 1867 ; un autre exemplaire, 61 fr. Potier.

LA ROCHEFOUCAULD (*François*, duc de). — Réflexions ‖ ov ‖ Sentences ‖ tet‖ Maximes ‖ morales ‖ *A Paris*, ‖ *chez Clavde Barbin*, *vis-à-vis* ‖ *le portail de la Sainte-Chapelle*, ‖ *au signe de la Croix*. ‖ M. DC. LXV, ‖ auec privilége du Roy. ‖ Pet. in-12, de XXIV ff. lim., sign. *a* et *e* par 12, dont le premier blanc ; 135 pp. et 4 ff., sign. A-F par 12 ff. à 22 lignes à la page, sans front. gravé. [3716]

Édition originale, suivant M. Brunet ; au feuillet 135, le fleuron avec l'écusson au milieu duquel est le monogr. L. P. entrelacés (Le Petit).

En *mar.* *doublé* de Trautz, mais paraissant incomplet d'un feuillet liminaire, 155 fr. Chedeau ; en *mar.* de Duru-Chambolle, 85 fr. Voisin (1876) ; en *mar.* de Hardy, 126 fr. Rigaud ; en *mar.* de Trautz, bel exempl., 790 fr. Labitte (juin 1876).

— LA ROCHEFOUCAULD. Réflexions ou Sentences et maximes morales. *Paris*, *Claude Barbin*, 1665, in-12, de XXIV ff. lim., y compris le titre et le front. gr., 150 pp. chif., à 23 lignes, plus 5 ff. pour la table et le privilége.

M. Claudin (catal. Luzarche, n° 987) donne la priorité à cette édition, et appuie son assertion de raisons sérieuses ; suivant lui, l'édition signalée par M. Brunet, est une contrefaçon exécutée par le libraire Pierre Le Petit, dont l'impression est toujours plus soignée que celle de Barbin ; jamais ce dernier libraire n'a employé ce fleuron au monogr. L. P.; nous sommes de l'avis de M. Claudin ; cependant nous permettra d'ajouter que Cl. Barbin n'étant pas imprimeur, a pu se servir du matériel de Le Petit, lequel aurait été parfaitement en droit d'apposer son monogramme.

En *mar.* de Simier, 67 fr. d'Ortigue ; en *mar.* de Hardy, 100 fr. Desq ; deux exemplaires de cette édition figuraient à la vente Luzarche ; le premier en anc. rel. *mar.* (H. 0m148), a été vendu 102 fr. ; le second, à très-grandes marges (H. 0m155), atteignit le prix de 155 fr. ; en *mar.* de Trautz, 375 fr. Potier ; en *mar.* de Bauzonnet, exempl. Nodier, 355 fr. Tuftion ; en *mar.* *doublé* de Du Seuil, 358 fr. seulement, baron Pichon ; en *mar.* de Hardy, 191 fr. Voisin (1876) ; un très-bel exempl. au catalogue du comte de Lurde,

— LES MÊMES. *Paris*, *Claude Barbin*, 1671, avec frontispice ; 3e édition.

Avec la seconde partie des Réflexions de 1678, en *mar.* de Duru, 40 fr. d'Ortigue.

— LES MÊMES. *Paris*, *Cl. Barbin*, 1675, in-12 ; 4e édition.

En *mar.* de Duru, 44 fr. d'Ortigue.

— RÉFLEXIONS, ou Sentences et maximes morales ; 5e édition. *Paris*, *Cl. Barbin*, 1678, in-12 ; dernière édition publiée du vivant de l'auteur.

En *mar.* de Duru, 98 fr. d'Ortigue ; en *mar.* de David, 70 fr. Voisin (1876) ; en *mar.* de Trautz, 595 fr. Labitte (17 juin 1876) ; en *mar.* de Chambolle, 260 fr. Labitte (mars 1877) ; ce sont là les prix du jour ; il y a vingt ans, ce livre se serait vendu 25 fr. ; en *mar.*, 150 et 250 fr. aux catalogues Morgand et Fatout.

— NOUVELLES Réflexions, ou Sentences et Maximes morales ; seconde partie. *Paris*, *Cl. Barbin*, 1678, in-12.

Cette seconde partie a été publiée comme complément des éditions antérieures à celle de 1678.

— RÉFLEXIONS, ou Sentences et Maximes morales. *Suivant la copie impr. à Paris*, 1679, in-12.

Un exemplaire *non rogné*, en *mar.* de Capé, 195 fr. La Villestreux.

— RÉFLEXIONS, ou Sentences et Maximes morales ; 6ᵉ édition. *Toulouse, Marin Fouchar et Guil. Bely,* 1688, in-12.

Édition assez rare, qui contient un *Avis au lecteur,* dans lequel on justifie la Rochefoucauld d'avoir fait de nos mauvais penchants le principe de nos actions et de nos vertus mêmes, parce qu'*il n'a considéré les hommes que dans cet état déplorable de la nature corrompue par le péché.*

L'exemplaire Aimé-Martin, 20 fr. d'Ortigue.

— RÉFLEXIONS, ou Sentences et Maximes morales de la Rochefoucauld ; édition Louis Lacour, impr. par *D. Jouaust. Paris, Académie des bibliophiles,* 1868, in-8.

Édition publiée sur le texte de la 5ᵉ édition de 1678 ; elle est fort bien exécutée.

2 exemplaires sur *vélin,* dont l'un est porté par M. Aug. Fontaine au prix de 350 fr.; le tirage total a été de 525 exemplaires en papier vergé.

— LE PREMIER texte de La Rochefoucauld, publié par F. de Marescot. *A Paris, chez D. Jouaust,* 1869, in-12.

Jolie édition, fort bien imprimée et tirée à petit nombre ; on en a donné 3 exemplaires sur parchemin ; 15 sur papier de Chine, à 15 fr., et 15 sur papier whatman, à 15 fr.

— RÉFLEXIONS ou Sentences et Maximes morales. Textes de 1665 et 1678, revus par Charles Royer. *Paris, A. Lemerre,* 1870, in-12.

Il a été tiré de cette jolie édition 50 exemplaires sur papier de Chine.

— ŒUVRES de Larochefoucauld. Nouvelle édition, revue sur les plus anciennes impressions et les autographes, et augmentée de morceaux inédits, de variantes, et notices, de notes, de tables particulières pour les Maximes et pour les Mémoires, d'un lexique des mots et locutions remarquables, d'un portrait, de fac-simile, etc. Par M. D.-L. Gilbert et J. Gourdault. *Paris, Hachette et Cⁱᵉ,* 1868-74, 2 vol. in-8.

LA ROCHEFOUCAULD-Liancourt (le duc *Sosthènes* de). Cent Fables en vers. *Paris, Goujon et Desenne,* s. d. (vers 1800), in-18, fig. de Marillier.

Ce livre, tiré à petit nombre, est de quelque prix, non point à cause des Fables, fort innocentes, mais à l'occasion d'une très-curieuse préface, devenue célèbre ; le noble auteur fit rechercher avec soin les exemplaires de son livre pour les détruire ; il est devenu fort rare.

30 fr. Cailhava ; en *mar.* de Purgold, 28 fr. La Bédoyère ; l'exemplaire Pixérécourt, 40 fr. Guntzberger.

— RELATION de la deuxième maladie de Louis XV. *Paris, Fournier,* s. d. (1832), 23 pp. in-8.

Cette relation curieuse, écrite par le duc François de La Rochefoucauld-Liancourt, qui précédent, alors grand maître de la garde-robe du roi, devait paraître dans la *Revue des Deux-Mondes* ; mais des circonstances particulières empêchèrent l'insertion, et le tirage fut restreint à quelques exemplaires (note de M. Sainte-Beuve).

LA ROQUE (Sʳ de), de Clairmont en Beauvoisis. Ses œuvres, de nouueau reueues, corrigees et augmentees, etc. *Paris, Robert Micard* (ou *G. Robinet*), 1597, pet. in-12. [13906]

En *mar.* de Duru, 105 fr. W. Martin ; en *mar.* de Niédrée, 100 fr. Leb. de Montgermont.

— LES PREMIÈRES Œuvres du Sʳ de La Roque, de Clermont-en-Beauvoisis. *Rouen, Raph. du Petit-Val.* 1596, pet. in-12.

— LES AMOURS de Caristée. *Rouen,* 1595, pet. in-12.

— CONTINUATION de l'Angelique d'Arioste. *Rouen,* 1595, pet. in-12.

— LES HEUREUSES amours de Cloridan. *Rouen,* 1594, pet. in-12.

Ces diverses pièces, imprimées séparément, sont indiquées sommairement au *Manuel* ; réunies, elles ont été vendues 48 fr. Turquety.

— LES PREMIÈRES ŒUvres... reueues et augmentées par l'auteur. *Rouen, Raph. du Petit-Val,* 1600, 6 part. en 1 vol., pet. in-12.

En *mar.* de Chambolle-Duru, 240 fr. Potier ; l'exemplaire avait été payé 80 fr. baron Pichon.

— LES ŒUVRES du sieur de La Roque, de Clermont-en-Beauvoisis. *Paris, veuve Claude de Monstr'oeil,* 1609, in-12.

Cette édition n'est pas signalée au *Manuel,* c'est la même que celle de 1608, avec un nouveau titre, 17 fr. Turquety ; en *mar.* de Lortic, 90 fr. Desq.

LA ROQUE (*Gilles-André* de). Histoire généalogique de la maison de Harcourt... *Paris, Cramoisy,* 1662, 4 vol. in-fol. [28883]

400 fr. Costa de Beauregard ; 500 fr. cat. Bachelin.

LA ROQUE (L. de) et Ed. de Barthélemy.

CATALOGUE des gentilshommes qui ont pris part ou envoyé leur procuration aux assemblées de la noblesse pour l'élection des députés aux Etats-généraux de 1789, publié d'après les procès-verbaux officiels. *Paris,* 1864-1868, in-8.

Chaque province forme une ou deux brochures que les libraires vendent séparément au prix de 2 fr.

LA ROVÈRE (*Jérôme* de). Les deux Sermōs Fvǁnebres es Obseqves ǁ & enterrement dv fev Roy treschrestien Henri ǁ devxiesme de ce nom, faicts & prononcez par ǁ Messire Ierome de la Rouere, esleu Euesque de ǁ Tholon : l'vn a Nostre Dame de Paris, ǁ l'autre à ǁ Sainct Denis en France. ǁ *A Paris,* ǁ *De l'imprimerie de Robert Estienne.* ǁ M.D.LIX. ǁ *Par commandement & Priuilége dv Roy,* in-4, de 30 ff. non chif., dont le dernier bl., sign. A-G. par 4, H par 2, au titre la marque de R. Estienne. [12187]

Le 2ᵉ feuillet est occupé au recto par 9 distiques latins de Joachim du Bellay, et au verso par un sonnet français du même auteur.

150 fr. catal. Morgand et Fatout.

— SERMON funèbre es obseques du feu Treschrestien Roy François deuxiesme de ce nom, surnommé Esperance de Vertu. Faict et prononcé par R. Messire Hierosme de la Rouere, Euesque de Tolon à Sainct Denys en France, le cinquiesme de Decembre. *Paris, P. Dallier,* 1561, in-8.

Cette pièce est encore plus rare que la précédente.

LARRAMENDI (el P. *Manuel* de). De la Antiguedad, y universalidad del Bascuenze en España : De sus perfecciones y ventajas sobre otras muchas Lenguas, demonstracion previa al Arte que se dará a luz desta lengua. Su author M.D.L. *Salamanca, A. Joseph Villargodo, s. d.*, pet. in-8, de 4 ff. lim. et 184 pp., les armes de la province de Guipuscoa occupent le iv° f. [11189]

Cette édition sans date a échappé aux recherches de M. Brunet; elle est antérieure à celle de 1728.

En mar. de Trautz, 49 fr. Burgaud des Marets.

— EL MISMO libro. *Salamanca, E. García de Honorato,* 1728, pet. in-8, de v ff. et 170 pp.

. En mar. de Capé, 39 fr. même vente.

LARROGUE (*Matthieu*), ministre de Vitré. Histoire de l'Eucharistie, divisée en 3 parties. *Amsterdam, Dan. Elsevier,* 1669, in-4, de viii ff., 585 pp. et 10 ff. d'index et d'errata. [1943]

— LA MÊME. Seconde édition, revue et corrigée. *Ibid., id.,* 1671, pet. in-8, de xii ff. lim., 900 pp. de texte, et 11 pp. non chiffrées de table.

Un exemplaire en *veau,* aux armes du prince Eugène de Savoie, 54 fr. de Morante.

LA RUE (Le P. *Charles* de). Idyllia. *Rothomagi, typis Maurianis,* 1669, pet. in-12, avec cinq fig. d'emblèmes héroïques finement gr. sur cuivre.

En mar. de Duru, 50 fr. Van der Helle.

LA RUE (*Jaques* de). Alphabet de dissemblables sortes de lettres : en vers alexandrins, par Jaques de la Rue, escrivain. *A Paris, rue Saint-Iaques, deuant le Plessis.* 21 ff.

— Libellus valde doctus, elegans et utilis, multa et varia scribendarum litterarum genera complectens. A-O par 4 ff. in-4, oblong.

Ces deux ouvrages, qui se suivent, sont remarquables par la variété des ornements gravés sur bois et par leur belle exécution.

100 fr. Yéméniz.

LA SABLIÈRE (*Antoine* de Rambouillet, sieur de). Les Madrigaux de M. D. L. S. *Paris, Claude Barbin,* 1680, in-12. [14216]

En mar. de Niédrée, 55 fr. Cailhava; le joli exemplaire de Pixérécourt, en carton, en mar. de Purgold, 138 fr. W. Martin; en mar. de Belz-Niédrée, 40 fr. Danyau; un exemplaire, avec les pages 7 et 8, et le carton destiné à les remplacer, en mar. de Trautz, 215 fr. Bordes, et 235 fr. Benzon; en mar. de Hardy, 32 fr. Voisin (1876); en mar. de Belz-Niédrée, 26 fr. Labitte (mai 1870); en mar. de Belz-Niédrée, 250 fr. catal. Morgand et Fatout.

— LES MÊMES. *Suivant la copie impr. à Paris, chez Cl. Barbin* (Holl., à la Sphère), 1680, in-12, de 78 pp.

Jolie édition, que n'a pas connue M. Pieters; il ne parle que de celle au *Quaerendo.*

En mar. de Trautz, 19 fr. seulement, Cailhava; en mar. de Duru (H. 0m128), 120 fr. de La Villestreux; en mar. de Trautz, 135 fr. Leb. de Montgermont.

LA SALE. Voy. PERROT.

LA SALLE (*Ant.* de). Voy. SAINTRÉ Jehan (de) et SALADE (La).

LA SALLE (Cavellier de). Dernières || Decouvertes || dans. || l'Amerique Septentrionale || de M. de la Salle; || Mises au jour par M. le Chevalier || Tonti, Gouverneur du Fort Saint || Loüis, aux Islinois. || *A Paris, au Palais, || chez Jean Guignard, à l'entrée de la Grand-Salle, à l'Image Saint Jean.* || M.DC.LXXXXVII. || Avec Privilege du Roy. In-12, de 2 ff. lim., 333 pp. et 7 ff. et demi pour la table; il faut de plus une carte d'une excessive rareté. [21025]

Sans la carte, 40 fr. au catal. Tross.

Bien que M. Harrisse prouve que ce livre ne doit pas être attribué au chevalier de Tonty, il apprécie favorablement la véracité de l'auteur.

— RELATION du voyage entrepris par feu M. Robert Cavelier, sieur de la Salle, pour découvrir dans le golfe du Mexique l'embouchure du fleuve de Mississipy. *A Manate, de la Presse Cramoisy de Jean-Marie Shea,* 1858, in-8, de 54 pp.

L'auteur de cette intéressante relation était le frère de M. de La Salle, et l'un de ses compagnons d'aventures; ce volume a été publié à 100 exemplaires par les soins de J. Shea, sur le manuscrit original appartenant à M. Fr. Parkman de Boston; l'impression, en caractères imitant l'ancien, est fort soignée.

Cette publication complète la série des relations consacrées à cette expédition.

15 fr. Maisonneuve.

On doit à ces presses de M. Shea, à New-York, un assez grand nombre de reproductions de pièces relatives à l'Amérique; toutes sont en général tirées à 100 exemplaires, et fort bien exécutées en caractères anciens; nous en citerons quelques-unes :

— CHAUMONOT (Le P. P. J. M.). Sa vie, écrite par lui-même, par ordre de son supérieur, en 1688. *Nouvelle-York, isle de Manate, à la presse Cramoisy de J. M. Shea,* 1858, in-8, de 108 pp.

Cette pièce est publiée d'après le manuscrit original conservé à l'hôtel-Dieu de Québec; les pages 105-106 « *Appendice* », contiennent un « Vœu à la sainte Vierge de la nation des Hurons, en langue huronne, envoyé au chapitre de Chartres en 1678 ».

— CHAUMONOT. Suite de la vie du R. P. Pierre-Joseph-Marie Chaumonot, de la Compagnie de Jésus, par un Père de la même compagnie, avec la manière d'oraison du vénérable Père, écrite par lui même. *Nouvelle-York, isle de Manate, à la presse Cramoisy de J.-M. Shea,* 1858, in-8, de 66 pp.

L'éditeur attribue cette *suite* au P. Sébast. Rale.

— JOGUES (R. P. *Isaac*), de la Compagnie de Jésus. Nouum Belgium, description de Nieuw Netherland et notice sur René Goupil. *A New-York, dans l'ancien New-Netherland, presse Cramoisy de J. M. Shea,* 1862, in-8, de 44 pp., à 100 exemplaires.

— MILLET (Le P. *Pierre*), de la Compagnie de Jésus. Relation de la captivité parmi les Onneiouts en 1690 et 1691. *Nouvelle-York, presse Cramoisy de J.-M. Shea,* 1864, in-8, de 56 pp., tiré à 100 exemplaires.

— MONTIGNY (de), Saint-Cosme (de) et Thaumur de

la Source. Relation de la mission du Missisipi, du séminaire de Québec, en 1700. *Nouvelle-York, à la presse Cramoisy de J.-M. Shea,* 1861, in-8, de 66 pp., à 100 exemplaires.

— TRANCHEPAIN (La Rév. Mère Saint-Augustin de), supérieure. Relation du voyage des premières Ursulines à la Nouvelle-Orléans et de leur établissement en cette ville. Avec les lettres circulaires de quelques-unes de ses sœurs et de ladite mère. *Nouvelle-York, isle de Manate, de la presse Cramoisy de Jean-Marie Shea,* 1859, in-8, caractères et fleurons elzev., tiré à 100 exemplaires.

— RELATIONS diverses sur la bataille du Malan gueulé, gagnée le 9 juillet 1775, par les François, sous M. de Beaujeu, commandant du fort du Quesne, sur les Anglois, sous M. Braddock, général en chef des troupes angloises. *Nouvelle-York, de la presse Cramoisy,* 1860, in-8, de XV pp., texte ff. 9-51, portrait.

Cet engagement, connu sous le nom de « La déroute de Braddock », est un des plus glorieux faits d'armes remportés par nos Français canadiens sur les Anglais.

15 fr. Maisonneuve.

— JOHN GILMARY. Dictionnaire françois-onontagué, édité d'après un manuscrit du XVIIe siècle. *Nouvelle-York, à la presse Cramoisy,* 1859, gr. in-8, de 2 ff. lim. et 103 pp., tiré à 100 exemplaires.

Le dictionnaire a été imprimé sur la copie d'un manuscrit conservé à la bibliothèque Mazarine.

LAS CASAS (*Bartholomeo* de). Las Obras. (8 parties) :

— BREUISSIMA relacion de la destruycion de las Indias (1552). A la fin : *Seuilla, Sebastian Trugillo...* M.D.Lij. — 50 ff., titre compris. — Lo QUE se sigue es un pedaço de vna carta y relacion que escriuio cierto hombre. In-4, 4 ff.

— Trad. en italien : ISTORIA, o relazione della distruzzione dell' Indie occidentali di Barth. dalle Case, trad. dallo spagnuolo in ital. da Giac. Castellani. *Venezia, pel Marco Ginammi,* 1630, in-4.

— AQUI se contiene vna disputa o controuersia entra el obispo B. de las Casas... y el doctor Gines de Sepulveda... sobre q̃ el doctor contendia q̃ las conquistas de las Indias contra los Indios eran licitas : y el obispo por el cotrario defendio y affirmo aver sido y ser Ipossible no serlo : tiránicas, injustas é iniquas. 1552. (A la fin :) *Seuilla... Sebastian Trugillo...* año de mil y quinientos y cincuenta y dos, in-4, 62 ff. titre compris ; le dernier blanc.

— AQUI se cōtiene treynta proposiciones muy juridicas en las quales sumaria y succintamente se tocā muchas cosas pertenecīetes al derecho q̃ la Yglesia y los principes christianos tienen o puedē tener sobre los infideles de qualquier especie que sean...... 1552, 10 ff. titre compris ; on lit au bas du dernier feuillet : *Seuilta... Sebastiā Trugillo.*

— ESTE es vn tratado... sobra la materia de los Yndios que se han hecho en ellas esclauos, 1552. (A la fin :) *Seuilla... Sebastian Trugillo,* 1552, 36 ff. titre compris.

— Los REMEDIOS que el obispo refirió por mandado del Rey en los ajuntamientos que mandó hacer su Majestad de Prelados, y Letrados, y personas graves en Valladolid el año de MDXLII, para reformacion de las Indias.....(A la fin :) *Seuilla, Jacome Cröberger,* 1552, 53 ff. titre compris, et un dernier feuillet blanc.

— Trad. en italien, sous ce titre : *Il Suppliee*

Schiavo indiano, trad. da Ant. Marco Ginammi *Vinegia, Marco Ginammi,* 1636, in-4.

— AQUI se cōtienē vnos auisos y reglas para los confessores de las Indias... 1552 (A la fin :) *Seuilla, Sebastian Trugillo,* in-4, de 16 ff. titre compris.

— PRINCIPIA quedā ex quibus procedendum est in disputatione ad manifestandam et defendendam iusticiam Yndorum, per B. A. Casaus... collecta, 10 ff. à 2 col. On lit au bas du dernier feuillet : *Impressum Hispali in edibus Sebastiani Trugilli.*

— TRATADO cōprobatorio del Imperio soberano y principado vniuersal que los Reyes de Castilla y Leon tienen sobre las Indias. 1552. (A la fin :) *Fue impressa... en Sevilla en casa d' Sebastiā Trugillo....* 1553, 80 ff. titre compris.

Ces huit parties in-4, sont imprimées en grands caractères gothiques ; la réunion de ces pièces, en éditions originales, est extrêmement rare et parvient à d'assez hauts prix ; un bon exemplaire, dans une reliure fatiguée, 510 fr. Maisonneuve ; l'exemplaire Andrade, bien complet, a été vendu 140 thalers, c'est-à-dire 525 fr. environ.

LA SERRE (*Jean* Puget, Sr de). Le Secrétaire à la mode, ou Méthode facile d'escrire selon le temps diverses lettres de compliment, amoureuses et morales... Augmenté des complimens et des élégances françoises accommodées au langage du temps. *Jouxte la copie imprimée à Paris,* 1641, 3 part. en un vol. in-12, front. gr. ; la 3e part. porte : *Amsterdam, Louys Elzevier,* 1641 ; cette troisième partie a 72 pp. [18809]

Cette édition n'a absolument rien d'elzevirien ; les vignettes, le caractère, la disposition typographique n'ont rien de commun avec les célèbres imprimeries de Leyde et d'Amsterdam.

En mar. de Capé, un exemplaire très-court, a été vendu 50 fr. La Villestreux.

— LE SECRÉTAIRE à la mode, augmenté d'une instruction d'escrire des lettres, cy-deuant non imprimée... *A Amsterdam, chez Louys Elsevier,* 1645, pet. in-12, de 48, 323 et 86 pp., y compris 3 titres, plus 4 ff. de table.

En mar. de Purgold, 52 fr. Labitte (déc. 1874) ; 13 fr. Pieters ; revendu 18 fr. La Villestreux.

Les *Complimens de la langue française,* contrairement à l'énoncé des titres ci-dessus, avaient été plusieurs fois imprimés déjà :

— LES COMPLIMENS de la langue françoise, par N. N. ; seconde édition, reveue et corrigée. (A la Sphère). *Amst., L. Elsev.,* 1644, pet. in-12, de 86 pp.

Louis Elsevier a réimprimé le *Secrétaire à la mode,* l'année suivante, 1646, puis en 1650, pet. in-12, de 412 pp., y compris les titres et IV pp. de table, toujours avec *les Complimens.*

En mar. de Duru, 35 fr. Potier ; en veau de Koehler, très-court, 16 fr. Leb. de Montgermont.

Louis et Daniel en ont aussi donné 3 éditions. En 1655, en 1657 et la 3e en 1662, petit in-12. Cette dernière porte 1663 au titre gravé, et elle compte comme celle de 1650, 412 pp., titre compris, et 4 ff. de table.

Un exemplaire non rogné, 30 fr. La Bédoyère ; revendu 81 fr. La Villestreux.

— Une contrefaçon elzevirienne a été publiée en 1665 ; elle porte : *A Leyde, chez Bonaventure Elsevier,* 1665, pet. in-24, de 428 pp., y compris deux titres, et 4 pp. non cotées à la fin.

Cette production misérable n'a rien d'elzevirien.

— Le Secrétaire à la mode... *A Narbonne, par D. Le Curot, imprimeur ordinaire de la ville et du diocèse*, 1655, pet. in-12.

Cette édition, assez bien exécutée, est fort rare.

— Thomas Morus, ou le Triomphe de la Foy et de la Constance, tragédie en prose par M. de la Serre. *Paris, Augustin Courbé*, 1642, in-4, titre gravé.

Pièce rare.

En *mar.* de Capé, 35 fr. De Lassize.

— Le même. *Suivant la copie imprimée à Paris*, 1678, pet. in-12.

Édition fort rare, que ne possédait pas M. de Soleinne, et que ne cite pas M. Pieters.

En *mar.* de Trautz, 40 fr. Leb. de Montgermont.

— Histoire de l'Entrée de la reine-mère du roy... dans les provinces-unies du Pays-Bas... par le sieur de la Serre. *A Londres, par Jean Raworth, pour George Thomason*, 1639, in-fol., de 53 ff., 2 front. et 14 planches bien gravées, dont deux sont les portraits du prince et de la princesse d'Orange; l'une des autres planches, fort grande, porte la signature de W. Hollar.

Un exemplaire, qui n'avait pas le portrait de la princesse d'Orange, 50 fr. Ruggieri.

— Histoire de l'entrée de la reine-mère du roy, très-chrestien, dans la Grande-Bretagne..... par le sieur de La Serre. *Londres, par Jean Raworth, pour George Thomason et Octavian Pullen*, 1639, in-fol., avec 14 belles planches gravées, y compris le front., et une grande planche représentant l'entrée dans la ville de Londres.

39 fr. Ruggieri; les deux pièces réunies et reliées en *mar.* par Thompson, 130 fr. Tufton.

— Mausolée érigé à la mémoire de T. H., T. P. et T. A. princesse Isabelle-Claire-Eugénie d'Autriche, infante d'Espagne, par le sieur de La Serre. *Bruxelles*, 1634, in-fol., titre gr. et 2 gr. planches grav. par S. de Jode et C. Galle.

7 fr. 50 c. Ruggieri.

— Les Merveilles de l'amour divin. *Bruxelles, Fr. Vivien* (1633), in-4, fig. de C. Galle; frontispice gravé.

En *veau* de Duru, 50 fr. Leb. de Montgermont.

— L'Entretien des bons esprits sur les vanitez du monde. *A Bruxelles, chez Fr. Vivien*, 1629, in-8, front. gr., vignette sur le titre, 2 fig. et 2 portr. en taille-douce.

En *veau* de Koehler, 55 fr. Leb. de Montgermont.

— Le Réveil-matin des dames, par le sieur de La Serre. *Bruxelles*, 1671, in-12.

Petit volume assez rare, que l'on rattache à la collection elzevirienne; en *mar.* de Niédrée, 26 fr. Techener (1865).

LASPHRISE. Les premières œuvres poétiques du capitaine Lasphrise, reveues et augmentées par l'auteur. *Paris, J. Gesselin*, 1599, in-12, de xvi ff. lim. et 683 pp., portr. gr. par Th. de Leu. [13889]

L'exempl. que possédait M. Taschereau présentait une particularité; voici la note rectifiée donnée par M. Potier :

« Le portrait qui se voit, dit M. Brunet, au verso de la page 439 (c'est-à-dire à la page 440), est dans cet exemplaire tiré à part, en tête des poésies, au recto d'un feuillet dont le verso est occupé par deux quatrains. Ce feuillet est suivi d'un f. blanc, ce qui donne 18 ff. limin. au lieu de 16 annoncés par le *Manuel*. »

Il y a donc des exempl. de xvi ff. lim., comme ceux qu'a vus M. Brunet, et de xviii, comme celui de M. Taschereau; tous deux ont le même nombre de pages (683).

Remarquons que la page 439, quand le portrait ne s'y trouve pas, n'est pas entièrement blanche; il y reste un quatrain français et un distique latin destinés à accompagner le portrait; c'est ce qui se présente du moins dans l'exempl. Taschereau, lequel, bien qu'incomplet des pp. 677 à 683, refaites par Pilinski, a été porté au prix de 279 fr.

M. Brunet signale de ce poëte rare des adjudications de 12 et de 44 fr.; en voici de nouvelles; l'exempl. de Soleinne, incomplet, a été revendu 80 fr. de Chaponay.

L'exempl. vendu 150 fr. Auvillain, avait, comme celui de M. Taschereau, le portrait tiré à part; et pareillement la page 439 ne contenait que les deux pièces de poésie destinées à accompagner le portrait.

Un exempl. de la première édition, incomplet des 2 ff. d'*errata*, 102 fr. Turquety (1868).

— Les Gaillardes poésies du capitaine Lasphrise, publiées d'après les éditions de 1597 et 1599. *Turin, J. Gay*, 1870, in-12.

Jolie édition à 104 exempl., dont 4 sur papier de Chine.

On n'a pas reproduit dans cette réimpression *la Nouvelle inconnue*, récit d'une entrevue entre Herosfleur et Cardiane, dans une grotte du parc d'*Aimans-Rut* (Saint-Maur); il faudrait soulever les masques, c'est-à-dire interpréter les inexplicables anagrammes qui enveloppent les noms, et c'est ce qu'aucun travailleur ne perdra son temps à faire.

LASSALLE (*Alexandre* de). Histoire et politique de la famille d'Orléans. — Révélations sur la mort du prince de Condé, etc. *Paris*, 1853, in-8, de 524 pp.

Pamphlet devenu fort rare; les documents dont l'auteur s'est servi furent trouvés au pillage des Tuileries en 1848 ; un second vol. était annoncé, il n'a jamais paru.

20 fr. catal. Aug. Aubry.

LASSAY (*Jean* Chaumeau, seigneur de), de Bourges. Histoire du Berry, contenant l'origine, antiquité, gestes, etc., des Berruyers, avec particulière description du païs, le tout recueilly par Jean Chaumeau, seigneur de Lassay, de Bourges. *Lyon, Antoine Gryphius*, 1566, in-fol., fig. s. b., avec un grand plan de la ville de Bourges, qui manque souvent. [24482]

Volume rare et estimé.

Un exemplaire en anc. rel. *molle* en *mar.*, relié avec les *Annales de Bourgogne* de Paradin, n'a été vendu que 100 fr. Potier.

LASSO DE LA VEGA (*Gabriele*). Primera parte de Cortes valoroso, y la Mexicana. *En Madrid, en la casa de Pedro Madrigal*, 1588, pet. in-4, de viii ff. limin., dont 2 portraits sur bois de Cortès et de G. Lasso ; dedicace à D. Fern. Cortès, *Nieto del Conquistador*, 193 ff. chiff. et 7 ff. d'*indice*. [15214]

200 fr. au catal. Tross.

LASSUS ou Lasso (*Roland* de Lattre, dit *Orlando* di). Mélange d'Orlande de Lassus, contenant plusieurs chansons tant en vers latins qu'en ryme françoise à quatre, cinq, six, huit, dix parties. *Paris, Adrian le Roy et Robert Ballard*, 1570, superius, tenor, contra tenor, bassus, quinta et sexta pars. — Livre des chansons nouvelles à cinc parties d'Orlande de Lassus. *Paris, id.*, 1571, 5 vol., pet. in-4, oblong.

Ces deux précieux recueils réunis, bien complets et bien conservés, ont été vendus 890 fr. Chedeau.

— PATROCINIUM Musices.

Les œuvres d'Église d'Orl. di Lasso, magnifiquement imprimées aux frais du duc de Bavière, ont été inexactement décrites au *Manuel* : voici les titres d'après Fétis, qui possédait, en 7 vol. gr. in-fol., le plus bel exempl. connu de cette suite si rare.

— PATROCINIUM musices. Orlandi de Lasso Cantionum quas Mutetas vocant, opus novum. Pars prima. Illustr. Principis D. Guilhelmi, comitis Palatini Rheni, utriusque Bavariæ ducis liberalitate in lucem editum. *Monachii, Adamus Berg*, 1573, in-fol. max., portr.

— PATROCINIUM Musices. Orlandi de Lasso Missæ aliquot quinque vocum. Secunda pars... *Monachii, Ad. Berg*, 1574, in-fol. max., port.

— PATROCINIUM Musices. Orlandi de Lasso Officia aliquot de præcipuis festis anni 5 vocum. Nunc primum in lucem edita. Tertia pars..., *ibid., id.*, 1580, in-fol. max.

— PATROCINIUM Musices. Orlandi de Lasso Passio quinque vocum : idem lectiones Job, et lectiones matutinæ de Nativitate Christi, IV vocum. Quarta pars, *ibid., id.*, 1575, in-fol. max.

— PATROCINIUM Musices. O. de Lasso Magnificat aliquot, quatuor, quinque, sex et octo vocum. Quinta pars. *Monachii, Ad. Berg*, 1576, in-fol. max.

— PATROCINIUM Musices. Missæ aliquot quinque vocum Orl. de Lasso. (Sexta pars), *ibid., id.*, 1589, in-fol. max.

— ORLANDI de Lasso Belgæ Missæ posthumæ ritu veteri romano catholico, in modis qua senos, qua octouos temperatae. Hactenus ineditæ; et omnium, quas edidit, lectissimæ : vulgatæ demum affectu, studio, sanctis superstitis filii Rudolphi de Lasso. *Monaci, ex typ. Nic. Henrici*, 1610, in-fol. max.

— SACRÆ lectiones novem e propheta Job, IV vocum, autore Orlando di Lasso. Discantus, altus, tenor, bassus. *Noribergae, apud Theodoricum Gerlatzenum*, 1567, 4 parties, in-4, obl.

50 fr. Tross (1866), pour la Bibl. de Berlin.

— PSALMI Dauidis pœnitentiales, modis musicis redditi, atque antehac nunquam in lucem editi. His accessit psalmus : *Laudate Dominum de cœlis*. Quinque vocum. Auctore Orlando de Lasso. (Discantus, altus, tenor, bassus, quinta vox). *Monachii, excudebat Adamus Berg*, 1584, 5 parties, in-4, obl.

Cet ouvrage est considéré comme le chef-d'œuvre du maître; il est aussi important que rare.

— MAGNIFICAT octo tonorum, sex, quinque et quatuor vocum, nunc primum excusa et per Orlandum di Lasso composita. (Discantus, altus, tenor, bassus, vagans, sexta vox). *Noribergae, apud Theod. Gerlatzenum, in off. Jos. Montani*, 1567. 6 parties, in-4, obl.

Première édition (catal. Fétis); ce bel exempl. a

été payé 50 fr. à une vente faite par M. Tross en mai 1866.

— PRIMUS liber (secundus, tertius) modulorum quinis vocibus constantium. *Lutetiae Parisi., apud Adr. Le Roy et Rob. Ballard*, 1571-1573. — Moduli quinis vocibus nunquam hactenus editi. *Ibid., id.*, 1571. — Moduli quatuor et octo vocum. *Ibid., id.*, 1572. — Moduli sex, septem et duodecim vocum. *Ibid., id.*, 1573. — Moduli quatuor, V, VI, VII, VIII et novem vocum. *Ibid., id.*, 1577. — Novem quiritationes divi Job, quaternis vocibus ab Orl. de Lassus modulatæ. *Ibid., id.*, 1572, in-4, oblong.

Un exempl. de cette collection précieuse, relié en 4 vol. mar., comprenant les parties : *Superius, contra-tenor, Bassus* et *Quinta pars*, 150 fr. Coussemaker.

— SELECTISSIMÆ Cantiones, quas vulgo motetas vocant, partim nusquam in Germania excusæ, quinque et quatuor vocibus, compositæ per excel. Orl. di Lassus. Discantus, altus, tenor, bassus, vagans. *Noribergae, apud Theod. Gerlatzenum*, 1568, 5 vol., in-4.

51 pièces; un bel exempl. bien complet, 61 fr. Tross (1866).

— SELECTISSIMÆ Cantiones.... sex et pluribus vocibus compositæ... Discantus, altus, tenor, bassus, quinta, sexta vox. *Ibid., id.*, 1568, 6 vol., in-4, obl.

Collection toute différente, 46 pièces; toutes les parties, 51 fr. Tross (1866).

— CANTIONES aliquot quinque vocum, tum viva voce, tum omnis generis instrumentis cantatu commodissimæ. Discantus, altus, tenor, bassus, quinta vox. *Monaci, excud. Ad. Berg*, 1569, 5 part., in-4, obl.

23 pièces; 61 fr. Tross, pour la Bibl. impériale de Berlin.

— SELECTARUM aliquot Cantionum sacrarum, sex vocum, fasciculus, adjunctis in fine tribus dialogis octo vocum, quorum nihil adhuc in lucem est editum. Authore Orlando di Lassus. Discantus, altus, tenor, bassus, quinta et sexta vox. *Monachii, excud. Ad. Berg*, 1570, 6 part., in-4, obl.

Complet; 51 fr. Tross (1866).

— VINGENTI (*sic*) quinque sacræ Cantiones, quinque vocum, tum viva voce, tum omnis generis instrumentis, commodissimæ... Discantus, altus, tenor, bassus, quinta vox. *Noribergae, ap. Th. Gerlatzenum*, 1570, 5 part., in-4, obl.

Complet; 56 fr. Tross (1866).

— NEWE Teutsche Liedlein mit fünff Stimmen, welche gantz liebich zu singen, und auff allerley Instrumenten zu gebraushen. Von Orlando di Lassus. Discant, Alt, Tenor, Bass, V. stimm. *München, bey Adam Berg*, 1569, 5 part., in-4, obl.

Un exempl. complet, 86 fr. Tross, pour la Biblioth. de Berlin.

— ORLANDI Lassi teutsche Lieder mit fünff Stimmen, zuvor unterschiedlich, jetzund aber mit des Hern. Authoris Bewilligung in ein Opus zusammen gedruckt. Discant, Tenor, Alt, Bass, Vte Stimme. *Gedruckt zu Nürnberg durch Catharinae Gerlachin erben*, 1593, 5 part., in-4, oblong.

83 fr. Tross, pour la Biblioth. de Berlin.

Ces deux recueils contiennent en général des chansons, dont quelques-unes fort libres.

LA SUZE (comtesse de). Recueil de Pièces galantes en prose et en vers... (*A la Sphère.*) *Sur la copie à Paris, chez Gabriel Quinet*, 1678, 3 part. en 1 vol. in-12. [19077]

Nodier et Bérard ont attribué l'exécution de ce

volume aux Elseviers ; c'est une erreur absolue.
M. Pieters n'admet pas même qu'il ait été imprimé
en Hollande ; il y manque de plus la 4e partie de
204 pp., qu'on peut prendre à l'édition de Paris.

Le vol., *à la Sphère*, a 617 pp., non compris les
faux-titres de la 2e et de la 3e partie; la 618e page,
qui n'est pas cotée, porte l'extrait du privilège.

L'exempl. Pixérécourt, non rogné, 45 fr. La Bédoyère ; en *mar.* de Simier, 40 fr. Huillard, revendu
51 fr. Danyau ; l'exempl. Nodier (58 fr.), 81 fr.
Pieters, et 95 fr. La Villestreux ; un second exempl.
non rogné, moins 2 ff. qui ont été pris dans un ex.
rogné, 85 fr., même vente; relié depuis en *mar.* par
Trautz, 275 fr. Bordes, et 240 fr. Benzon ; en *mar.*
de Niédrée, 105 fr. Leb. de Montgermont.

— RECUEIL de pièces galantes en prose et
en vers, de Mad. la comtesse de la Suze
et de M. Pelisson. Augmenté de plusieurs
pièces nouvelles de divers auteurs. *Paris,
au Palais, chez Guillaume Cavelier*,
1698, 4 tom. en 2 vol. in-12.

Tome Ier, titre, 286 pp. ; tome II, titre, 240 pp. ;
tome III, titre, 264 pp.; tome IV, titre, 326 pp., plus
un f. pour le permis d'imprimer.

Édition beaucoup plus complète ; il s'y trouve
quelques pièces libres, entre autres un *madrigal*
(IVe p., p. 268).

— POÉSIES de Madame la comtesse de la Suze. *Paris, Charles de Sercy*, 1666, in-12.

Première édition.

L'exempl. Solar, avec les *Maximes d'amour* et
l'*Almanach d'amour*, attribués à Bussy-Rabutin,
32 fr. Chedeau ; 20 fr. Huillard ; en *mar.* de Duru,
105 fr. Danyau ; en *mar.* de Thibaron-Joly, 95 fr.
Leb. de Montgermont.

LA TAILLE (*J.* de). Le Blason des Pierres
precieuses, contenant leurs vertuz et
proprietez, par Iehan de la Taille de
Bondaroy ; à très-illustre Dame Marie de
Clèues, princesse de Condé. *Paris, Lucas
Breyer*, 1574, in-4, portrait. [8932]

Un bel exempl., 155 fr. W. Martin.

— LES ŒUVRES poétiques de Jean et Jacques de la
Taille. *Paris, Féd. Morel*, 1572-1574, 5 part. en
un vol. in-8.

L'exempl. la Vallière, en *v. marb.*, bien complet,
380 fr. Cailhava ; 360 fr. Chedeau.

Dans un catal. de quelques feuilles, distribué par
M. Turquety en 1858, cet amateur demandait 300 fr.
d'un très-bel exempl. relié en *mar.* par Trautz ;
après sa mort, le recueil a atteint le prix de 480 fr.
Voici le détail de cet exemplaire :

— Saül le Furieux, tragédie, plus une remonstrance
faicte pour le Roy Charles IX, avec hymnes, cartels,
épitaphes, anagrammatismes et autres œuvres du
même autheur. *Paris, F. Morel*, 1572. — La Famine ou les Gabéonites, tragédie, ensemble plusieurs autres œuvres poétiques de Jehan de la
Taille de Bondaroy, gentilhomme du pays de
Beauce, et de feu Jaques de la Taille, son frère.
Ibid., id., 1574. — Daire, tragédie de feu Jacques
de la Taille. *Ibid., id.*, 1574. — Alexandre, tragédie de Jacques de la Taille. *Ibid., id.*, 1573. — La
Manière de faire des vers en françois, comme en
grec et en latin, par feu Jaques de la Taille.
Ibid., id., 1573, in-8.

Cette dernière pièce est particulièrement rare ;
étant un peu courte de marge, elle avait dû être
remontée dans l'exempl. de M. Turquety, pour atteindre la hauteur des autres pièces.

Un autre exempl. formé de cinq pièces en *mar.*
de Trautz, mais avec quelques raccommodages,
335 fr. Potier.

— REMONSTRANCE pour le roy à tous ses sujets qui
ont prins les armes contre Sa Majesté, par Jean
de la Taille. *Paris, Féd. Morel*, 1570, in-8.

Pièce rare; en *mar.* de Duru, 30 fr. Potier ; en
mar. de Masson-Debonnelle, 11 fr. seulement (vente
Bachelin, novembre 1874).

LA TAPIE D'AURILLAC (*Jacques* de).
Préceptes nuptiaux de Plutarque... nouuellement traduictz et faictz en rithme
françoise, par Jacques de la Tapie d'Aurillac, dediez à la Royne Daulphine (Marie Stuart). *Paris, de l'imprimerie de
Richard Breton*, 1559, in-8.

Un bel exempl. de ce livre rare, imprimé en *caractères de civilité*, et relié en *mar.* par Duru, a été
porté à 201 fr. à la vente de M. Chedeau ; un autre
en *mar.* de Lortic, 190 fr. Luzarche.

Rétablissons le titre d'un opuscule cité au *Manuel :*

— CHANTS Royaulx sur les triumphes du Mariage
du Roy Daulphin et de la Royne Daulphine. *Paris,
Oliuier de Harsy*, 1558, pet. in-8. [13694]

LA TEYSSONNIÈRE. Le Compost Arith-
metical de Guillaume de la Teyssonnière,
gentilhomme Domboys, lequel montre à
trouver promptement par la plume, le
nombre d'or, l'épacte.... à très-illustre
contesse du Pont de Veyle. *A Crèche*,
1567, in-4, de 53 pp. chif., y compris le
titre, plus un f. blanc, signat. A-G.
par 4.

M. Brunet ne cite pas cette édition, qui, très-
probablement, est la première. Ce lieu d'impression
est-il supposé (ce qui est probable)? Est-ce le nom
d'une résidence de l'auteur, qui aurait fait imprimer
sous ses yeux son œuvre par des ouvriers appelés
d'une ville voisine, Lyon, par exemple? Voilà ce qu'il
nous est impossible de déterminer ; cependant la
marque de l'imprimeur, Paul Millaret, de Lyon,
nous fait pencher pour la seconde hypothèse ; Crèche est un village de Saône-et-Loire, près de Mâcon,
qu'habitait sans doute l'auteur.

50 à 60 fr. Vendu avec deux autres pièces et relié
en *maroquin*, 180 fr., cat. à prix marqués d'Adolphe
Labitte ; c'était l'exempl. Potier, vendu en 1870,
150 fr.; on avait réuni deux autres pièces rares :
Calendrier historial. Lyon, *Ch. Pesnot*, 1563, fig.
s. bois. — *Perpétuelle pronostication... inventée par
les bons peres anciens... avec un tres necessaire
régime pour toutes gens. Lyon, B. Rigaud*, s. d.
(en vers et en prose).

— SOURDINE royale, sonnant le bouteselle, l'ache-
ual, et à l'estandart... *Paris, Féd. Morel*, 1569,
in-8. [13704]

En mar. de Trautz, 145 fr. W. Martin.

— LES AMOUREUSES occupations de Guillaume de la
Teyssonnière, D. de Chanein... *A Lyon, par Guillaume Rouille*, 1556, in-8, front. gr. sur bois.
[13703]

Un exempl. médiocre, avec nombreux raccomm.,
10 fr. seulement, Turquety.

LA TIGERIE (*B.* Prévost, Sr de). Le Ca-
vesson François, recherché et mis en
usage par Baltasar Prevost, sieur de la

Tigerie, gentilhomme Poictevin, dédié à M. le Grand Escuyer de France. *A Poictiers, par Charles Pignon et Catherin Courtois, imprimeurs*, 1610, pet. in-4, front. et fig. gr. en taille-douce.

Volume rare ; en *mar.*, 100 fr. Luzarche.

LATIMERI Hugonis, Anglicani pontificis, oratio, apud totum Ecclesiasticorum conventum, antequam consultatio publica iniretur, de Regni Statu per Evangelium reformando, regni Inuictissimi Regis Henrici VIII anno vigesimo octavo habita. *Basileæ, Rob. Winter*, 1537, pet. in-8, de 51 pp., plus un feuillet pour la marque de l'imprimeur.

Cette pièce du célèbre évêque de Worcester, dont Lowndes ne cite que des éditions postérieures, est fort rare.

9 fr. Tross (1807).

LATINUS (*Joannes*). De fœlicissima Sereniss. Ferdinandi principis nativitate, epigrammatum liber. Deque Sanctiss. Pii Quinti, Romanæ Ecclesiæ Pontificis summi, rebus ; et affectibus erga Philippum Regem Christianissimum liber unus. Austrias carmen, de Excellent. Dom. D. Joannis ab Austria, Caroli Quinti filii, ac Philippi invictissimi fratris, re bene gesta, in victoria mirabili ejusdem Philippi adversus perfidos Turcas parta libri duo. *Granatæ*, 1573, in-4.

Poésies rares, imprimées *à Grenade ;* elles chantent la victoire de Lépante.

135 fr. de Morante.

LA TOUR. Diverses poesies françoises, latines et provensales, présentées av Roy av retour de ses armees de Flandres. Par le sieur De la Tovr. Seconde Edition augmentée et reveüe par l'Autheur. *Paris, Theodore Girard*, 1677, in-8, de v ff. lim. et 44 pp. pour la première partie ; IV ff. pour la dédicace à la comtesse de Northumberland, texte : pp. 11-84 (les pp. 75-84 chiff. 19-28) pour la seconde. Chacune des pièces qui composent ce rare vol. est dédiée à un des grands seigneurs de la cour.

Le privilége du Roy, imprimé à la fin de la première partie, est daté du 15 novembre 1638 ; l'auteur y est nommé : *Anthoine Geoffroy, sieur de la Tour, conseiller en nostre siége de Digne.*

Il doit exister une première édition à cette date du privilége, mais le titre, ainsi que l'indiquent les mots : *présentées au Roy, au retour de ses armées de Flandres,* a dû être renouvelé.

En *mar.* de Trautz, 120 fr. Burgaud des Marets.

LA TOUR d'Albenas. L'Amie des Amies, imitation d'Arioste (en vers françois), divisée en quatre livres par Bérenger de la Tour d'Albenas en Vivarez, dédié à N. Albert, seigneur de Saint-Alban. *A*

Lyon, de l'imprimerie de Robert Granjon, mil D. LVIII, in-8. [13695]

L'un des plus rares parmi les volumes imprimés en caractères de civilité ; outre l'*Imitation d'Arioste*, il contient beaucoup d'autres poésies et un poëme du même Bérenger de la Tour d'Albenas, intitulé : *La Moschéide*, tiré du poème macaronique de Folengo. Beaux exempl. chez M. Cigongne et chez M. de Lurde.

20 fr. Chedeau ; 151 fr. Luzarche ; l'exempl. Yéméniz (200 fr.) était relié avec une autre pièce fort rare : *l'Amie rustique. Lyon, R. Granjon*, 1558, in-8, également en caract. de civilité ; il a été revendu 301 fr. Bordes.

— L'AMIE RUSTIQUE et autres vers divers. *Lyon, de l'impr. de Robert Granjon,* 1558, pet. in-8, en car. de civilité ; 39 feuillets.

En *mar.* de Bauzonnet, 265 fr. baron Pichon, rev. 356 fr. Potier.

— CHORÉIDE, aultrement Louange du Bal : Aux Dames, par B. *Lyon, Jean de Tournes*, 1556, in-8. [13696]

125 fr. Chedeau, rev. 205 fr. W. Martin ; 300 fr. J.-C. Brunet.

— LE SIÈCLE D'OR et autres vers divers. *A Lyon, par I. de Tournes et G. Gazeau*, MDLI, pet. in-8. [13695]

Le bel exempl. de M. Yéméniz, haut de 0ᵐ,168 mill. et relié par Trautz, 300 fr. ; un exempl., préparé pour la reliure, 47 fr. Turquety.

LA TOUR D'AUVERGNE - Corret. Nouvelles Recherches sur la langue, l'origine et les antiquités des Bretons, pour servir à l'histoire de ce peuple ; par M. L. T. D. C., capitaine au 30ᵉ régiment d'infanterie. *Bayonne, P. Fauvet*, 1792, pet. in-8.

Édition originale, fort rare.

En garnison à Bayonne, le *Premier Grenadier de France* fit paraître cette première édition des *Origines gauloises*, qu'il composa en collaboration avec le Brigant ; plus tard, l'illustre Breton racheta tous les exemplaires qu'il put rencontrer, et les détruisit.

24 fr. Burgaud des Marets.

La seconde édition fut publiée en 1795 ; enfin la troisième parut sous ce titre :

— ORIGINES gauloises, celles des plus anciens peuples de l'Europe, puisées dans leur vraie source, ou Recherches sur la langue, l'origine et les antiquités des Celto-Bretons de l'Armorique, pour servir à l'histoire ancienne et moderne de ce peuple et à celle des Français. *Hambourg, impr. Fauche*, 1802, in-8.

Cette édition définitive était posthume ; la Tour d'Auvergne était *mort au champ d'honneur* d'Oberhausen, en 1800.

LAUDES beate Ma‖rie Virginis. A la fin : *In Mercuriali oppido Hamborgensi loco famosissimo impresse. Per me Iohannē ʔ thomā borchard. Anno dñi M.cccc.xci*, in-fol., goth., à 2 col.

Premier livre impr. à Hambourg. (Voy. PANZER et notre *Dictionnaire*). 300 fr. Tross, 1869.

LAUDONNIERE. Voy. Le MOYNE (*Jacq.*).

LAUJON (de). Les A-propos de Société, ou Chansons de M. L. S. l. (*Paris*),

1776, 2 vol. in-8, fig. de Moreau. [14321]

Encore un de ces livres que M. Brunet ne daignait citer qu'à sa table *raisonnée*, et avec lesquels il nous faut compter, aujourd'hui que les fig. de Moreau le font vendre de 100 à 200 fr.

Un exempl. en grand papier, avec : *Les A-propos de la Folie, ou Chansons grotesques grivoises, et annonces de Parades*. (*Paris*), 1776, in-8, fig. et front. de Moreau, musique ; les trois volumes préparés pour la reliure, 300 fr. au catal. Morgand et Fatout.

LAUNOY (*Mathieu* de). Défense de Mathieu de Launoy et d'Henry Pennetier, naguères ministres de la prétendue religion réformée, retournés au giron de l'Eglise catholique, contre les fausses accusations des ministres de Paris, Sedan et autres. *Paris, Guillaume de la Noue*, 1578, in-12.

Vol. rare, qui, en décembre 1872, a été vendu par M. Labitte 41 fr.

— MATHIEU de Launoy et Henry Pennetier, naguères ministres de la prétendue religion réformée. La déclaration et réfutation des fausses suppositions et perverses applications d'aucunes sentences des sainctes Escritures. *Paris, Guil. de la Noue*, 1578, in-12.

En *mar.* de Hardy, 49 fr. même vente.

LAUREL de entremeses varios, repartido en diez y nueve entremeses nuevos, escogidos de los mejores ingenios de España. *Zaragosa, Iuan de Ibar*, 1660, in-8, de 2 ff. et 160 pp.

Recueil curieux, dont l'impression est fort incorrecte ; malgré l'indication du titre, il renferme vingt *Entremeses ;* 17 sont anonymes.

LAURENCE (chev^r de). Plus de maris ! plus de pères ! ou le Paradis des enfants de Dieu. *Paris*, 1838, 2 vol. in-8.

Ouvrage où l'on rencontre des idées au moins singulières, pour ne pas dire extravagantes, sur les femmes, le mariage et la morale.
6 à 8 fr.

LAURENT. Abrégé de l'histoire de Laon, fait par le sieur Laurent... *Paris, D. Béchet*, 1645, in-4.

Pièce rare. (Bibl. nation.)

LAURETUS (*B.*). Casus in quibus judex secularis potest manus in personas clericorum sine metu excommunicationis imponere. *Parisiis, Anthonius Denidel et Nic. de Barra.* S. d. (vers 1500), pet. in-8, goth.

Fort rare.

LAURIERS (Les) du roi, contre les foudres pratiquez par l'Espagnol. *Tours, Mettayer*, 1590, pet. in-8.

Volume d'assez peu de valeur, mais dont un charmant exemplaire, relié en *vélin* blanc, aux armes du roi Henry IV, a été vendu 315 fr. Double.

LAVAL (*Antoine* de). Desseins de professions nobles et publiques, contenant

plusieurs traités divers et rares sur l'histoire de France. *Paris*, 1605, in-4. [23311]

Première édition fort rare ; 14 fr. Aimé-Martin (1825).

L'édition de 1612 a paru également avec la date de 1613 ; l'une et l'autre portent le titre de seconde. Voici la description : XVI ff. lim.; au verso du XIIIe, le portrait sur cuivre d'Antoine de Laval, gravé dans le genre de Thomas de Leu ; 460 ff. de texte, et 22 ff. de table, plus un dernier pour le privilège ; il faut en outre un portrait de Henry IV en pied et une planche de blason, le tout gravé par Th. de Leu ; avec la date de 1613, 40 fr. Luzarche.

LAVAL (S^r de). Sentences, prières et instructions chrestiennes tirées de l'Ancien et du Nouveau Testament, par le Sr de Laval (L. Ch. d'Albert, duc de Luynes). *Paris, Pierre le Petit*, 1676, in-12.

L'auteur est ce duc de Luynes, que Saint-Simon appelle grand homme de bien et d'honneur, qui fut le père de la comtesse de Verrue, de galante mémoire.

Le petit livre que nous venons de citer n'a aucune valeur, mais un exemplaire en *mar. doublé* de Du Seuil, a été vendu 90 fr. prince Radziwill.

— SENTENCES et Instructions chrestiennes, tirées des anciens Pères de l'Église, par le sieur de Laval. *Paris, Pierre le Petit*, 1680, 2 vol. in-12.

Dans la même condition de reliure que le volume précédent, 121 fr. Radziwill.

LA VALLÉE (*Étienne* de) Poussin. Nella venuta in Roma di Madama Le Comte e dei Signori Wattelet e Copette. (Figures de Stephano della Vallée-Poussin). *S. l. (Roma)*, 1764, in-4.

Livre charmant, fait en l'honneur de la jolie et galante maltresse de Watelet, Mme Lecomte, *la Meunière du Moulin Joli*, par quelques jeunes artistes pensionnaires de Rome en 1764. Etienne de La Vallée Poussin, né à Rome en 1722, mort à Paris en 1808, est le principal auteur de ce recueil, dont il a gravé les planches avec Fr. Weiroter, Durameau, H. Roberti, Radel, etc. Mme Marguerite Lecomte, femme d'un procureur au Châtelet, était née à Paris en 1719 ; elle fut remarquable par sa beauté, par son esprit et par son amour pour les beaux-arts.

C'était le siècle où toutes les femmes étaient galantes, et où toutes les femmes galantes savaient charmer.

Voyez, au sujet de ce livre, une note de M. Dinaux, dans son premier catalogue, n° 1457 ; son exemplaire a été payé 43 fr. par M. Giraud de Savine, et atteindrait un prix plus élevé aujourd'hui.

LA VALLIÈRE (*Louise-Françoise* de la Baume Leblanc, duchesse de). Réflexions ‖ sur ‖ la miséricorde ‖ de Dieu, ‖ par une Dame pénitente. ‖ *A Paris,* ‖ *chez Antoine Dezallier, ruë* ‖ *S. Jacques, à la Couronne d'or,* ‖ M. DC. LXXX, ‖ Avec approbation et privilège, pet. in-12, de VIII ff. lim. et 139 pp. [1727]

Édition originale ; en *mar.* de Duru, 56 fr. d'Ortigue ; en *mar.* de Belz-Niédrée, 48 fr. Cailhava ;

en *mar.* de Capé, 403 fr. Taschereau, porté à 600 fr. au catalogue Fontaine.

Il y a une contrefaçon de cette première édition, tout aussi rare que l'original; elle nous est signalée par M. Potier, qui ne la distingue que par l'absence au titre du chiffre du libraire Antoine Dezallier; en anc. rel. *mar.*, 70 fr. Yéméniz.

— RÉFLEXIONS..... seconde édition. *Paris, Antoine Dezallier*, 1680, pet. in-12, de VIII ff. lim. et 139 pp.

En demi-rel., 75 fr. Taschereau; 180 fr. catalogue Fontaine.

Cette édition est calquée sur la précédente et ne présente que quelques différences typographiques très-légères; ainsi dans l'*Approbation des docteurs*, placée à la suite de la table, et avant les *Réflexions*, le mot *véritable* qui termine la 19ᵉ ligne, est entier dans la première édition et coupé dans la seconde, la syllabe *ble* se trouvant portée à la 20ᵉ ligne; on pourrait multiplier les différences, mais les mots *seconde édition* indiquent suffisamment qu'il ne s'agit pas ici d'une première.

— RÉFLEXIONS ‖ sur la ‖ miséricorde ‖ de Dieu, par une dame pénitente. ‖ Troisième édition. *Suivant la copie de Paris.* ‖ *A la Haye,* ‖ *chez Adrian Moetjens, marchand* ‖ *libraire, prez de la Cour, à la* ‖ *Librairie françoise.* ‖ 1681. ‖ pet. in-12, de VII ff. lim., 101 pp. et 2 ff. non chif., portrait de Mˡˡᵉ de La Vallière en habit de carmélite, exécuté spécialement pour cette édition.

Cette édition, que l'on rattache à la collection elzevirienne, est surtout importante, parce que l'imprimeur, dans son *Avis au lecteur*, dit expressément que le livre est de Mᵐᵉ de La Vallière; c'est un argument formidable que ne peuvent combattre ceux qui, dans ces derniers temps, voulaient enlever la paternité de ce livre charmant à l'*illustre pénitente*.

L'exemplaire Ch. Nodier, relié par Purgold, a été revendu 90 fr. chez M. Pieters; 135 fr. chez M. de la Villestreux, et 220 fr. chez Taschereau; il est porté au catalogue du libraire Fontaine de 1875, au prix respectable de 450 fr.

— LES MÊMES. Troisième édition. *A Paris, chez Antoine Dezallier*, 1682, pet. in-12, de VIII ff. lim. et 139 pp., 21 fr. Taschereau; 50 fr. catalogue Fontaine.

Cette édition a une contrefaçon; le titre de cette dernière ne porte que le chiffre du libraire Dezallier; le caractère de l'impression diffère, le nombre des pages n'est pas le même; enfin la mention d'enregistrement au dernier feuillet ne porte pas, comme dans la précédente, la signature du syndic Angot; cette contrefaçon est sans valeur. 5 fr. Taschereau; 15 fr. Fontaine.

Le catalogue de M. Taschereau donne la collection absolument complète des éditions successives des *Réflexions sur la miséricorde de Dieu;* ces éditions n'ont que peu ou point d'importance, nous ne les mentionnerons pas.

Le charmant exemplaire Solar, de l'édition de *Paris, Antoine Dezallier*, 1712, in-12, revêtu des insignes de Longepierre, a été revendu 995 fr. à la vente du baron Pichon.

Cette édition offre un intérêt particulier; en voici la description : 12 ff. lim., les *Réflexions* occupent 130 pp.; les *Prières*, 48; puis vient le *Récit abrégé de la vie pénitente et de la sainte mort de Mᵐᵉ la duchesse de La Vallière, religieuse carmélite, continuè depuis sa retraite sous le nom de sœur Louise de la Miséricorde*, qui comprend 62 pages.

Ce récit, que l'on sait que la paraphrase d'*une lettre circulaire* de la sœur Magdeleine du Saint-Esprit, dont nous parlons plus bas, publié presque aussitôt après la mort de l'*illustre pénitente*, prouve sura-

bondamment que l'auteur des *Réflexions* est bien Mˡˡᵉ de La Vallière.

Cette édition de 1712, vendue 80 fr. Taschereau, est portée à 150 fr. au catalogue Fontaine.

— RÉFLEXIONS sur la Miséricorde de Dieu, par la duchesse de La Vallière, suivies de ses lettres et des sermons pour la vêture et sa profession..... nouvelle édition, revue, annotée d'une étude biographique, par Pierre Clément. *Paris, Techener*, 1860, 2 vol. pet. in-8, portrait.

Un bel exemplaire sur *vélin*, orné du dessin original, à la sépia, du portrait de Mˡˡᵉ de La Vallière, et avec ses armes peintes en or et en couleurs sur le titre, dans une belle reliure en *mar.* doublé de Hardy-Mennil, 480 fr. Desq; en 1875 il est reporté au catalogue Fontaine au prix de 800 fr.; un second exempl. également sur *vélin*, en *mar.*, de Hardy, 400 fr. vente Em. Gautier.

Un exemplaire en papier de Hollande, relié en *mar.* par Capé, 82 fr. Germeau; en *mar.* de Hardy, 100 fr. Fontaine.

La Bibliothèque nationale possède un certain nombre de pièces rares, consacrées à l'illustre pénitente; la plupart ont figuré dans la vente Taschereau.

— HISTOIRE du Palais-Royal (attribuée à Bussy-Rabutin). *S. l. n. d. (Hollande*, vers 1667), petit in-12, de 96 pp. (édit. originale).

En *mar.* de Capé, 128 fr. Taschereau.

— LA VIE de la duchesse de La Vallière, où l'on voit une relation curieuse de ses amours et de sa pénitence, par ***. *Cologne (Hollande), chez Jean de la Vérité*, 1695, pet. in-12.

En *mar.*, 39 fr. Taschereau.

— Réimpr. *Cologne, Jean de la Vérité*, 1757, petit in-12.

En demi-rel., 33 fr. Taschereau.

— LE PORTRAIT de Mˡˡᵉ D. L. V. Adjoutés (*sic*) les devises sur les armes de M. Colbert. *Fribourg, P. Metsker*, s. d., in-12.

Ces deux volumes, imprimés en Hollande, sont d'une extrême rareté.

— L'AMANTE convertie, ou l'Éloge d'une illustre pénitente. Présenté à Basilisse, par Eusèbe, docteur en théologie. *Mons*, 1678, in-12.

— L'AMANTE convertie, ou l'Illustre pénitente, seconde édition, revue, corrigée et augmentée de moitié, par M. B. P. *Lyon, Cl. Martin*, 1690, pet. in-12.

Cette seconde édition est encore fort rare; il est curieux qu'une véritable satire des amours du Roi et de la Duchesse ait pu être, à cette date, autorisée en France. 41 fr. Taschereau.

— L'AMANTE convertie... *Lyon, Esprit Vitalis*, 1695, pet. in-12.

Il faut rectifier la date, qui est de 1685; cette édition, antérieure à celle de 1690, porte également : *seconde édition, augmentée de moitié*. 51 fr. Taschereau.

— ABRÉGÉ de la vie et de la mort de Mᵐᵉ la duchesse de La Vallière... (signé : Sœur Magdeleine du Saint-Esprit). *S. l.*, 1710, in-8.

Fort rare.

Cette pièce avait été imprimée dans la collection des lettres circulaires des Carmélites de la rue Saint-Jacques, in-4.

— PRISE d'habit de Mᵐᵉ La Vallière (*sic*), par M. F*** (l'abbé de Fromentières, depuis évêque d'Aire). *S. l.*, 1675, pet. in-12, de 57 pp.

Édition originale d'une pièce très-rare; en *mar.* de Duru, 160 fr. Taschereau.

— SERMON de M. de Fromentière, évêque de Daire (*sic*), à la gloire de la vêture de l'habit qu'a pris Mme la duchesse de La Vallière, au grand couvent des religieuses carmélites déchaussées du faubourg Saint-Jacques, à Paris, le 30 juin 1674. *S. l.* (1675), pet. in-8, de 35 pp.

Autre édition presque aussi rare.

En *mar.* de Capé, 99 fr. Taschereau.

— SERMON prononcé à la profession de Mme la duchesse de La Vallière, en présence de la Reine, par M. J.-B. Bossuet, évêque de Meaux. *Paris, Delusseux*, 1732, in-12.

Édition rare; en demi-rel., 150 fr. Taschereau.

— LETTRE circulaire, écrite aux supérieures des divers couvents des carmélites de France, sur la vie et la mort de Mme de La Vallière, religieuse carmélite. *S. l.* (*Paris*). *De nostre premier couvent de l'Incarnation, le 6e juin* 1710, in-4, de 4.

Pièce d'une extrême rareté; elle commence ainsi : « JÉSUS MARIA. *Ma révérende et très-chère Mère, paix en Jésus-Christ* », et se termine par la signature de : « *Sœur Magdeleine du Saint-Esprit* », religieuse carmélite. 90 fr. Taschereau.

Cette pièce fut réimpr. la même année, avec *approbation signée Pastel et permission d'imprimer,* 14 *juillet* 1710, *signée Voyer d'Argenson*, pet. in-8, de 8 pp.

LA VALLETTRYE (De). Les OEuvres poétiques du Sr de la Vallettrye, à Mgr. de Rosny, avec Privilége du 2 octobre 1602. *Paris, Est. Vallet,* 1602, in-12. [13892].

Ces poésies sont assez recherchées, en raison de leur liberté de figures et de langue.

Voici, concernant ce poëte si peu connu, une opinion que nous empruntons à un *journal* ms. contemporain; il semblait acquis, à l'époque, que le poëte de la Vallettrye n'était autre qu'Estienne Vallet, le libraire-éditeur, qui, croyant donner plus de relief et de retentissement à ses élucubrations, les avait placées sous l'appui d'une particule et d'une savonnette à villain; nous donnons cette légende pour ce qu'elle vaut; il nous est impossible d'en vérifier l'authenticité.

60 fr. Turquety; 31 fr. Auvillain (l'exemplaire était court de marges).

— EPISEMANIE à monseigneur le duc de Guyse, premier pair et grand maistre de France, par le sieur de La Vallettrie. *Paris, Marc Orry,* 1588, in-4, de 10 ff., portr. du duc de Guyse. [18893]

L'exemplaire sur *vélin*, des ventes Gaignat, La Vallière, Mac-Carthy, 520 fr. baron Pichon.

LAVANHA. Viagem da Cath. R. Magestad del Rey D. Felipe II, as reyno de Portugal, e rellaçâo do solene recibimento que nelle se lhe fez S. M., por J. B. Lavanha. *Madrid, Th. Junti,* 1622, in-fol., titre gr., et 15 planches par Chorquens, d'après D. Vieira.

(Voy. au *Manuel*, LAVAÑA).

LAVARDENS (Dugay de). Recueil de toutes les pieces gasconnes et françoises qui ont été récitées à l'Académie des Jeux Floraux dans l'hôtel de ville de Toulouse. Par Me Dominique Dugay de Lavardens. *Toulouse, Antoine Colo-*

miez, 1612 (*sic* pour 1692), in-8 de 39 pp.

Pièce rare; elle a été vendue avec une seconde pièce, dont le titre suit, 45 fr. Burgaud des Marets.

— Le Triomphe de l'églantine, avec les pièces gasconnes qui ont été récitées dans l'Académie des Jeux Floraux les années précédentes. Par Me Dominique Dvgay de Lavardens. *Toulouse, A. Colomiez,* 1693, in-8, de 39 pp.

Le *Triomphe de l'Églantine* doit, d'après Pierquin de Gembloux, se composer de trois séries imprimées successivement en 1683, 1691 et 1693; cette 3e série a été réimprimée sous la même date et par le même imprimeur; elle forme un in-8 de 24 pp.; l'édition de 39 pp., 47 fr. Burgaud des Marets.

LAVARDIN (*Jacques* de). Voy. CÉLESTINE (La).

LAVARDIN (J. de). Histoire de Georges Castriot, surnommé Scanderberg, roy d'Albanie, contenant ses illustres faicts d'armes et memorables victoires à l'encontre des Turcs, pour la foy de Iesus Christ; le tout en douze livres, par Iaques de Lavardin, seigneur du Plessis-Bourrot. *A la Rochelle, chez Hierosme Haultin,* 1593, pet. in-8 de VI ff. prél., 462 ff. chif., plus 17 ff. de table et un f. blanc. 25 à 30 fr. [27915]

Édition presque aussi précieuse et tout aussi rare que celle de 1576, citée au *Manuel.*

LAVARDIN (*Jean* de). Le retour d'un gentilhomme à la religion catholique, par Jean de Lavardin, abbé de l'Estoille. *Paris, Robert le Fizellier,* 1582, pet. in-8.

En *mar.* de Hardy, 40 fr. en décembre 1872.

LA VARENNE. Le Cuisinier françois, enseignant la manière de bien apprester et assaisonner toutes sortes de viandes... légumes, pastisseries... par le Sr de la Varenne. *La Haye, Ad. Vlacq,* 1656, pet. in-12, front. gravé. [10286]

En *mar.* de Chambolle-Duru, 156 fr. Potier; *cart.,* 20 fr. Chedeau; incomplet du front. gravé, relié par Bauzonnet, 100 fr. La Villestreux; un bel exemplaire, en *mar. doublé* de Duru, a été porté au prix extraordinaire de 510 fr. à la vente Van der Helle.

— LE MÊME. *Ibid., id.,* 1664, in-12.

Un exemplaire de cette édition figure au catalogue Yéméniz, où il n'a pas été vendu; en *mar.* de Capé, avec le front. gravé, 240 fr. La Villestreux; l'exemplaire Pieters (115 fr.) a été revendu 335 fr. Benzon.

— LE CUISIGNIER (*sic*) françois, ou l'École des ragouts... par le sieur de la Varenne, écuyer de cuisine de M. le marquis d'Uxelles. *A Lyon, chez François Sarrazin,* 1699, pet. in-12.

En *mar.* de Capé, 49 fr. Yéméniz.

— LE VRAY cuisinier françois, enseignant la manière de bien apprester et assaisonner toutes sortes de viandes..... *Paris, Ribou,* 1682, in-12,

Cette édition du *Vray cuisinier* a une seconde partie, dont les signatures se suivent; elle est intitulée le *Nouveau Confiturier*, de 73 pp. et vi pp. de table.

LA VEGA (*Gabriel* Lasso de). Manojuelo de Romances Nuevos, y otras obras de Gabriel Lasso de la Vega. *Impressa en Barcelona*, 1601, in-16, format d'agenda.

Rare et très-curieux volume.

160 fr. Morel, de Lyon.

— Lasso de la Vega, contino elegios en loor de los tres famosos varones don Iayme, Rey de Aragon, don Fernando Cortez, marques del Valle, y don Alvaro de Bacan, marques de Santacruz. *En Zaragoza, por Alonzo Rodriguez*, 1601, in-8, fig. et portraits.

En *vélin*, **200 fr.** Gancia (1868).

LA VEGA (*Garci* Lasso de). Voy. GARCILASSO.

— Obras ‖ del exce- ‖ lente poe- ‖ ta Garci Lasso de ‖ la Vega. ‖ Con anotaciones ‖ y enmiendas del Maestro Francisco ‖ Sanchez catedratico de Reto- ‖ rica de Salamanca. ‖ Con Licencia. ‖ *En Madrid, Por Luis Sanchez.* ‖ Año 1600. ‖ *Vendese en casa de Francisco Lopez.* ‖ In-16, format d'agenda, de xii ff. lim. et 119 ff., plus un dernier f. blanc, sur lequel on lit : *En Madrid.* ‖ *Por Luys Sāchez.* ‖ Año M.DC.

Petit volume d'une grande rareté et d'une remarquable exécution.

— OBRAS. *Salamanca, por Diego Lopez y Pedro de Adurca*, 1589, pet. in-12.

100 fr. Gancia.

LA VERA (*Pedro* Hurtado de). La Doleria del Sueño del Mundo. Comedia tratada por via de philosophia moral. Juntamente van aqui los proverbios morales hechos por Al. Guajardo Fajardo, Caballero Cordovese. *En Paris, en casa de Juan Fouet*, 1614, in-12.

Fort rare; **85 fr.** de Morante.

LA VIEUXVILLE (*Guil.* de). Guiristinoen doctrina laburra, haur gaztei irakhasteco, Piarres de la Vieuxville, Bayonaco Jaun Aphezpicuaren Manuz imprimatua... *Bayonan, Paul Fauvet*, s. d. (1731), pet. in-8, de 128 pp. [1394]

C'est l'édition originale du catéchisme de P. G. de la Vieuxville; la date de 1731 se lit au bas du mandement imprimé en tête du volume; cette édition est d'une extrême rareté; il en existe deux réimpressions anciennes, exécutées en 1760 et en 1788, et plusieurs modernes; l'une, sans doute, imprimée à *Bayonne, par Bouzom*, in-12, a été vendue 16 fr. Burgaud des Marets.

En *mar.* de Trautz, **80 fr.** Burgaud des Marets.

— BAYONACO diocesana bi-garren catichima, lehenbicico comunionea eguitera preparatcen diren haurrençat. P. Guillaume de la Vieuxville Bayonaco Jaun Aphezpicuaren manuz imprimatua. *Bayonan, P. Fauvet*, 1733, in-12, de ix ff., 467 pp.

C'est l'unique édition du second *Catéchisme* de la Vieuxville, connu sous le nom de *Catéchisme double*; en *mar.* de Trautz, **39 fr.** Burgaud des Marets.

LA VIGNE (*André* de). Le Libelle des cinq villes Dytallye contre Venise. *S. l. n. d.*, in-4, goth., de 8 ff., fig. sur b., titre rouge et noir, avec les armes de France mi-parties de Bretagne. (*Manuel*, III, 889.).

140 fr. Yéméniz; cet opuscule était signalé au catalogue, comme non cité par M. Brunet.

— LES BALLADES de bruyt commun... auec le tremblement de Vényse. *S. l. n. d.*, pet. in-4, goth., de 4 ff., grav. s. b. à la fin, titre rouge et noir avec les armes de France et Bretagne [13297]

Pièce également non citée, toujours d'après le catalogue Yéméniz, où, reliée en *mar.* par Niédrée, elle a été vendue 195 fr.

André de la Vigne est l'un des auteurs du *Vergier d'honneur*. Voy. Oct. de SAINCT-GELAIS.

LA VILLATE (*B.* de). Songe et son interprétation avec un hermitage chrestien, par Benjamin de la Villate, chanoine en l'église collégiale de Sainct Martin de Champeaux en Brie. *Paris, Jean Laquehay*, 1626, in-8.

Volume rare et assez peu intéressant; *l'Hermitage chrestien* est un poëme en 10 livres ; **20 fr.** Turquety, relié depuis par Thibaron, et revendu **91 fr.** Potier.

LA VILLE-Marie-Toullier (Le Sr de). Prêtre. La Vie de M. Buisson, prêtre. *Rennes, Mathurin Denys, imprimeur du collége*, 1679, in-8.

Un exemplaire de dédicace, aux armes du pape Innocent XI, en *mar. anc.*, **300 fr.** Luzarche; un exemplaire en *basane* ou en vieux *vélin* vaudrait tout au plus 1 fr.

LAVOISIER (OEuvres de), publiées par les soins du ministre de l'instr. publique et des cultes. *Paris, impr. impériale*, 1864, in-4.

Édition définitive.

LA VOYE-Mignot (Le sieur de). Traité de musique pour bien et facilement apprendre à chanter et composer, tant pour les voix que pour les instruments. *Paris, Robert Ballard*, 1656, in-4.

Volume presque introuvable, dit M. Fétis, et que cependant possédait M. Farrenc.

Fétis avait la seconde édition :

— TRAITÉ de musique, reveu et augmenté de nouveau d'une quatriesme partie, laquelle (outre tous les exemples des principales règles pratiquées par les plus excellents autheurs), contient de plus la manière de composer à deux, à trois, à quatre et à cinq parties, etc., par le sieur de la Voye Mignot. Seconde édition. *Paris, Ballard*, 1666, in-4.

LAY de paix ‖ (Le). ‖ — Cy finist le Lay de paix. ‖ *S. l. n. d.* (*Paris*, vers 1490), pet. in-4, goth. [13522]

viii ff. non chiffrés, avec sign. *a* ij, *a* iij, *a* iiij. Les pages entières ont 22, 23 et 24 lignes. Cette pièce commence au 2e feuillet par une invocation à la paix de 16 vers décasyllabiques ; suit *le Lay*, dont les vers sont de mesure irrégulière ; se termine au recto du 8e feuillet par 16 vers décasyllabiques ; il n'y a aucune ponctuation.

Bibl. nation. Y. 6156. B.

Un exemplaire d'une édition que nous pensons être la même que celle décrite ci-dessus a été vendu 125 fr. W. Martin.

LAYOLLE (*Aleman*). Chansons & voix de ville. *A Lyon, chez Simon Gourlier, 1561*, in-8.

Volume certainement précieux, mais que nous croyons perdu ; il ne figure qu'aux *Catalogues des Foires de Francfort* ; son titre fournit une étymologie du mot *vaudeville*, qui vaut bien celle des *vaux de Vire*.

LAZARO. Incomincia el libro di Lazaro et Marta et Magdalena. *S. l. n. d.* (*Vinegia*, ca 1490), pet. in-4, car. ronds, de 64 ff., orné de 3 grav. sur bois au trait, d'une exécution remarquable. 40 à 50 fr.

LE BAILLIF (*Roch*). Sommaire traicté et apologétic (*sic*) aux calomnies que les docteurs en faculté de médecine à Paris luy ont imposé, déduysant les principes des choses, auec préceptes de médecine, etc... *Paris, L'Angelier*, 1578, in-8.

LE BAUD (*Pierre*). Histoire de Bretagne, avec les chroniques des maisons de Vitré et de Laval, par Pierre Le Baud, chantre de l'église de N. D. de Laval. *Paris*, 1638, in-fol. [24443]

60 fr. marquis de B. de M.

Voici comment cet exemplaire était divisé : La pagination recommençait avec les chroniques, formant en quelque sorte une seconde partie ; en tête se trouvaient les blasons des 16 quartiers du baron de Molac, et à la fin des chroniques le Bréviaire des Bretons et la généalogie de la reine Anne de Bretagne, par Disarnoez Penguern.

LE BEAU (Sr *C.*). Avantures du Sr C. Le Beau, avocat en parlement, ou Voyage | curieux et nouveau, | Parmi les sauvages de l'Amérique septentrionale. | Dans lequel | On trouvera une Description du Canada... Ouvrage enrichi d'une carte et des figures nécessaires. *A Amsterdam, chez Herman Uytwerf*, 1738, 2 vol. in-16. 1er vol. vii-ff. lim., 370 pp., 6 pp., 1 carte et 3 planches ; 2e vol. 1 f. titre, 430 pp., 6 pp. de table, 3 planches.

15 à 20 fr. aujourd'hui.

LEBEUF (L'abbé). Histoire de la ville et de tout le diocèse de Paris, par l'abbé Lebeuf. *Paris, Prault*, 1754-1758, 15 v. in-12. [24129]

M. Brunet, dans la dernière édition du *Manuel*, annonçait qu'une nouvelle édition de cet excellent ouvrage était en préparation ; les trois premiers volumes de cette réimpression ont paru chez le libraire Durand en 1863 ; ils sont annotés avec beaucoup de soin par M. Cocheris, le savant bibliothécaire de la Mazarine ; ces 3 volumes in-8 ont été vendus 20 fr. Le Roux de Lincy (1870) ; dans la même vente un bel exemplaire de l'édition originale, relié en *veau*, aux armes de Soubise, a été porté à 150 fr. ; un second exemplaire, médiocre, à 72 fr.

Les prix de cet excellent livre se sont relevés depuis quelque temps ; un bel exemplaire ne se donne pas à moins de 120 à 130 fr.

LE BIGOT |*Jean*). La prise de Fontenay par le duc de Montpensier. *Paris, Denys du Pré*, 1574, in-4.

— LARMES sur le trespas de Bastien de Luxembourg, duc de Penthièvre, etc. *Ibid., id.*, 1569, in-4.

— VOEU et action de graces au cardinal Charles de Bourbon, de ce qu'il luy a pleu prendre soubs sa protection et sauuegarde les droits, libertez et priviléges de l'Vniuersité de Paris. *Ibid., id.*, 1570, in-4.

Toutes ces pièces sont rares, et la dernière est particulièrement intéressante.

LE BLANC (*Didier*). Airs sur aulcunes poésies de Bayf, Belleau, du Bellay, Jamin, Desportes, en quatre parties musiquées. *A Paris, chez Adrien le Roy et Rob. Ballard*, 1579, in-8, oblong.

Précieux volume, dont il ne nous est pas possible de citer d'adjudication.

— SECOND livre d'airs, des plus excelants (*sic*) musiciens de nostre temps. Réduiz à quatre parties, par M. Di. Le Blanc. *Ibid., id.*, 1579, in-8, obl.

Ces deux volumes font partie de la bibliothèque de M. Fétis.

LE BLANC (*Guil.*). Discours de R. P. en Dieu, Messire Guillaume Le Blanc, évêque de Grasse et de Vance à ses diocésins (*sic*) touchant l'affliction qu'ils endurent des Loups en leur personne... *Lyon*, M.D.XVIII (*sic* pour 1598), pet. in-8, de 221 pp. [1444]

L'édition de *Paris, Jean Richer*, 1599, in-12, en *mar.* de Duru, 66 fr. baron Pichon.

LE BLANC (*Guillaume*), Évesque de Tholon. Recherches et discours sur les poincts principaux de la religion catholique qui sont aujourd'huy en controverse entre les chrestiens. *Paris, Nic. Chesneau*, 1579, in-8.

40 fr. Luzarche.

LE BLANC (*Hubert*). Défense de la basse de viole contre les entreprises du violon et la prétention du violoncel (*sic*). *Amsterdam, Pierre Mortier*, 1740, in-12.

Petit volume rare et d'un certain intérêt, 8 à 10 fr.

En mar. de Trautz, 36 fr. Van der Helle.

LE BLANC (*Jean*). L'Olivier. *Paris*, 1609, in-8, de 10 ff.

Pièce en vers.

— LE PARANYMPHE des Muses. *Paris*, 1628, in-8, de 8 ff. (en vers).

— ESSAIS de poësie dediez à Henry le Grand ou plustôt (*sic*) à sa statue de bronze de Paris. *Ibid.*, 1623, in-8, de 7 ff.

Ces trois pièces sont fort rares.

— LA NÉOTEMACHIE. *Paris, Julliot*, 1610, in-4. [13923]

21 fr. Turquety.

LE BLANC (*Pierre*). Le Catéchisme royal en vers, par Pierre le Blanc, prestre chanoine de Billon en Auvergne ; 3° édition, reveuë, corrigée et augmentée par l'autheur. *A Paris, Lovis Bovlanger*, 1652, in-8.

5 à 6 fr. ; en *mar.* de Petit, 26 fr. Em. Gautier ; c'est-à-dire à peu près le prix de la reliure ; en *vélin*, 4 fr. Turquety.

Les deux premières éditions sont encore plus rares, mais tout aussi dépréciées.

LEBLOND (*Jehan*). Le Printemps de l'humble esperant, aultrement dict Jehan Leblond, seigneur de Branville, ou sont comprins plusieurs petitz œuvres, semez de fleurs, fruicts et verdure, qu'il a composez en son jeune aage fort recreatifz... *On les vend a la grant salle du Palles* (sic)... *en la boutieque de Arnoul Langelier*, 1536, pet. in-8, lettres rondes. [13646]

L'exemplaire, vendu 110 fr. chez Nodier, a été porté à 650 fr. à la vente du baron Pichon.

LE BRETON (*François*). La Fontaine d'honneur et de vertu... etc., traduict de latin. *A Lyon, chez Jean de Tournes*, 1556, très-petit in-8.

Volume qui n'est pas moins rare que la *Remonstrance aux trois Estats*, citée au *Manuel.* [23560]

LE BRETON (*Hector*). Onze chapitres des sacrez proverbes de Salomon, paraphrasés en rime françoise, par M. Hector le Breton, sieur de la Doynetrie et de la Chesnaye... roy d'armes de France, au titre de Montjoye S. Denys. *Paris, J. du Bray*, 1644, in-8.

L'exemplaire de l'auteur, avec son nom et ses armes, gravés en or sur les plats de la reliure, 145 fr. Taschereau.

LE BRETON (*J.*). Les Amours de J. Le Breton, escuier, sieur de Pontmeau et des Touches. *S. l.*, 1613, in-8.

Poëte non cité, mais qui mérite l'oubli dans lequel il est tombé.

16 fr. Turquety.

LE BRIGANT. Notions générales ou encyclopédiques par le Brigant. *Avranches, Le Court*, 1791, in-12.

Volume fort rare et très-peu· connu, sur les étymologies celtiques.

19 fr. Burgaud des Marets.

LE BRIS (*Charles*). Pedennou har instructionou christen, evit servichout da heuriou brezonec e faver ar bopl. *Brest, A. Malassis*, 1712, in-8, de 12 ff. lim., XXIV et 439 pp., plus 11 ff. de table.

Volume rare ; c'est un recueil de prières et d'instructions à l'usage du peuple, composé par un prêtre du Léon ; l'exemplaire de M. Burgaud des Marets, relié en *mar.* par Trautz, n'a été vendu que 25 fr., ce qui n'est pas le prix de la reliure.

— RÉFLEXIONOU profitabl var ar finvezou diveza eus an den evit instruction ar bopl, par Charles Le Bris, prêtre. *Quemper, Simon Mari Périer*, 1746, in-12. 30 fr. même vente.

Première édition.

Ce livre a été souvent réimprimé.

LE BRUN (*Adrien*). Les Chansons spirituelles. [*Douay, B. Bellere*, 1607, pet. in-12. [14342]

L'exemplaire de ce rare volume, qui venait de M. Veinant, a été vendu 50 fr. Chedeau, et seulement 36 fr. chez M. W. Martin.

LE BRUN (*L.*). Virgilius ‖ Christianus ‖ Eclogæ XII. ‖ ... Auctore P. Laurentio Le Brun. ‖ Armorico Nannetensis Soc.‖ Jesu. ‖ *Parisiis*, ‖ *apud Simonem Piget, Bibliopolam* ‖ ... M.DC.LXI, in-8 de VIII ff. prél., 218 et 521 pp., plus 7 pp. non signées pour la table et l'errata, avec 12 pl. gravées en taille-douce ; les pp. 455-502 contiennent : *De Ponto Occidentali sive de Barbaria Canadensi Franciados libri duo.*

C'est, croyons-nous, la première édition de ce livre rare (40 fr. catal. Tross), que M. Harrisse omet dans sa *Bibliographie* canadienne ; il a été réimpr. plusieurs fois, et toutes les éditions sont devenues rares et sont assez recherchées.

LE CAMUS (*Pierre*). Le Desbauché converty, ou l'Yurogne repenty, dans lequel sont representez tous les malheurs advenus par le vin, tant és sainctes Escritures et Homélies des anciens pères, comme aussi des escrits des Payens, tant poëtes que orateurs, par Pierre le Camus, peintre Yssoldunois. *Paris, imprimé aux despens de l'autheur, chez Jean Martin*, 1631, in-8. [14004].

L'exemplaire vendu par M. Potier 20 fr. à M. Turquety a été porté au prix de 85 fr. à la vente de cet amateur ; il était annoncé comme le seul connu ; ces poésies n'ont d'autre mérite que leur extrême rareté, et cette rareté est surabondamment expliquée par leur peu de mérite.

LE CARON (*Louis*) dit Charondas. La Poësie de Loys le Caron, Parisien. *Paris, Vincent Sertenas* (ou *G. Robinot*), 1554, pet. in-8 (*impr. par Mich. Vascosan*). [13680]

En *mar.* de Thouvenin, exempl. Nodier, 160 fr. De Lassize (1863) ; revendu 325 fr. Huillard ; 155 fr. de Chaponay, c'était l'exemplaire Baudelocque (50 fr.), relié en *mar.* par Bauzonnet ; acheté par M. Turquety, il a été revendu 300 fr. en 1868.

Bien que moins recherchés des curieux, les nombreux et savants travaux de ce grand jurisconsulte méritent peut-être d'être cités, du moins en partie :

— COMMENTAIRE sur l'édict des secondes nopces faict par le roy Françoys II. *Paris, Galliot du Pré*, 1560, in-8.

— LE DROICT civil, ou Coustume réformée et rédigée par escrit de la ville, Viconté et Prevosté de Paris. Auec annotations et un Auant-propos au Sénat et peuple parisien. *A Paris, chez Pierre L'Huillier*, 1582, in-8.

— RESPONCES du Droict françois, confirmée par arrestz des cours souueraines de France. Auec un avant-propos contenant plusieurs grands discours, de la prudence civile et histoire françoise. *A Paris, chez Vincent Normand*, 1576, in-8.

— LIVRE deuxiesme. *Ibid., id.*, 1577, in-8.

— LIVRE troisiesme des Responses. Auec une response politique sur les moyens pour empescher ou appaiser les troubles et séditions. *A Paris, ibid., id.*, 1577, in-8.

— LIURE quatriesme. *Ibid., id.*, 1582, in-8.

— LIVRE cinquiesme. *Ibid., id.*, 1584, in-8.

— LA PHILOSOPHIE. *A Paris, chez Jehan Longis*, 1555, in-4.

— LES DIALOGUES. *Ibid., id.*, 1556, in-8.

— PANÉGYRIQUE de louange au Roy Charles IXᵉ. *Ibid., Robert Estienne*, 1566, in-8.

— PANÉGYRIQUE second, ou de l'Amour du prince, et l'obéissance du peuple enuers luy. *Ibid., id.*, 1567, in-8.

— PANÉGYRIQUE III, du Deuoir des magistrats. *Ibid., id.*, 1567, in-8.

LE CHARRON. Histoire généalogique des Rois de France... enrichie de leurs portraits ; le tout extrait de l'histoire uniuerselle de Jacques le Charron. *Paris, Th. Blaise*, 1629, in-8, avec 152 portraits gravés sur métal et tirés dans le texte.

46 fr. Van der Helle.

LECHNER (*Léonard*). Harmoniæ miscellæ cantionum sacrarum ab exquisitissimis ætatis nostræ musicis cum v et VI vocibus concinnatæ,.... editæ studio L. Lechneri Athesini. (Cantus, altus, tenor, bassus, quinta et sexta vox.) *Noribergæ, typis Gerlachianis*, 1583, 6 part. in-4, obl.

Précieux recueil : 42 pièces d'Orl. di Lasso, P. di Monte, Cypr. de Rore, Ant. Paduan, etc.

80 fr. Tross (1873) pour M. Fétis.

— LIBER Missarum sex et quinque vocum, autore Leonardo Lechnero Athesino. Adjunctis aliquot Introitibus in præcipua festa , ab adventu Domini usque ad festum S. S. Trinitatis, iisque sex et quinque vocum, eod. autore. (Cantus, altus, tenor, basis, quinta et sexta vox.) *Norimbergæ, typ. Gerlachianis*, 1584, 5 part., in-4, obl.

Précieux et rare ; un exemplaire complet chez M. Fétis.

LECHUGA. Discurso del capitan Christoval Lechuga, en que trata del cargo de Maestro de campo general, y de todo lo que de derecho le toca en el exercito. *En Milan, por Pandolfo Malatesta*,

1603, in-4, avec les armoiries d'Espagne et de Milan au titre.

A la fin de l'approb., on lit : *Faict à Bruxelles, le quatre jour d'octobre mill quiniente quatre vingtz quatorze. Roue. Par mon dict seigneur Roue Mont.*

Livre fort rare ; 39 fr. Gancia.

LE CLERC. La Virginie romaine, tragédie, suivant la copie imprimée à Paris, 1645, pet. in-12 de 63 pp. [16463]

Véritable Elsevier de Leyde; l'exempl. Pieters en *mar.* de Bauzonnet (38 fr.), a été revendu 60 fr. Leb. de Montgermont; un second exempl., très-court, n'avait été vendu que 6 fr. Pieters.

LE CLERC (*Ant.*). Stations faictes pour l'entrée de la Royne à Paris après son couronnement, par Antoine Le Clerc. *Paris*, 1611, in-8, 23 ff.

Sacre de Marie de Médicis. 110 fr. Ruggieri.

LE CLERC (*Jacques*). Uranie pénitente (ou la vie et la pénitence de la Magdeleine), à Monseigneur le cardinal de Bentivole, abbé du monastere des religieux Benedictins en la ville de S. Vallery sur Somme. Par M. Jacques le Clerc, curé et official dudit lieu. *A Rouen, chez Raph. du Petit-Val*, 1628, in-12.

10 à 12 fr.

LE CLERCQ (*Le P. Chr.*). Premier Establissement ‖ de la Foy ‖ dans la Nouvelle France, ‖ contenant la publication de l'Evangile, l'Histoire des colonies françoises, & les fameuses découvertes depuis ‖ le fleuve de Saint Laurent, La Louisiane, ‖ & le fleuve Colbert jusqu'au Golphe ‖ Mexique, achevées sous la conduite de ‖ feu Monsieur de La Salle... dédié à M. le comte de Frontenac, ‖ Gouverneur... Par le Pere Chrestien Le Clercq, Missionaire ‖ Recollet de la province de S. Antoine de Pade ‖ en Arthois, gardien des Recollets de Lens. ‖ *A Paris, ‖ chez Amable Auroy ruë S. Jacques, ‖ attenant la Fontaine S. Severin à l'image ‖ saint Jérôme.* ‖ M.DC.XCI. *avec Privilége du Roy.* [21589]

2 vol. pet. in-8 : le 1ᵉʳ de XIV ff. lim. et 559 pp.; le second vol. contient en sus du titre 454 pp., chiff. par erreur 458. Ouvrage fort recherché, dont M. Harrisse donne une analyse intéressante dans ses *Notes sur la Nouvelle-France;* vendu 205 fr. Maisonneuve, et un bel exempl. jusqu'à 150 thalers, Sobolewski ; 410 fr. Tross (1873).

— NOUVELLE ‖ relation ‖ de la ‖ Gaspésie, ‖ qui contient ‖ les mœurs et la religion des sau‖vages gaspésiens Porte-Croix, ‖ adorateurs du soleil, & d'autres ‖ peuples de l'Amérique septen‖trionale, dite Canada. ‖ Dédiée à Madame la ‖ Princesse d'Epinoy, ‖ par le Pere Chrestien le Clercq, ‖ missionnaire Recollect de la province de ‖ Saint-Antoine de Pade en Artois & ‖ gardien du couvent de Lens. ‖ *A Paris, ‖ chez Amable Auroy, ruë Saint ‖ Jacques, à l'image S. Jérôme, attenant* ‖

la Fontaine S. Severin. ‖ M.DC.XCI. ‖ Avec privilége du Roy. ‖ In-12, de XIV ff. non chiffrés, pour le titre, l'épître et le privilége; plus 572 pp. 8 thal. Sobolewski; rev. 35 fr. Tross (1873).

LÉCLUSE (*Fleury*). Manuel de la langue basque. *Toulouse, Douladoure,* 1826, in-8. [1194]

Bon livre, devenu rare; 20 fr. Burgaud des Marets.

LECOMTE (*H.*). Costumes de divers pays. *Paris* (*Delpech*), s. d., gr. in-4.

94 planches coloriées à la main, complément des *Costumes civils et militaires.* [8619]

46 fr. Bachelin (1874).

— COSTUMES de théâtre de 1600 à 1820, dédiés à M. le baron de Laferté, intendant des théâtres royaux. *Paris, Delpech,* s. d. (1824), in-4.

104 pl. coloriées à la main.

75 fr. Bachelin (1873).

LE COMTE (*Michel*). Le Calvaire de la Vierge Marie, contenant les pitoyables élégies de sa douleur sur la mort de son fils, composé par le R. P. frère Michel le Comte, prieur des frères Hiéronymites de Fumay. *A Charleville, par Hubert Raoult, imprimeur de Son Altesse,* 1630, pet. in-8, de XVI-520 pp.

Vol. rare; c'est un des premiers produits typographiques de Charleville. 22 fr. Luzarche.

LE COMTE (Le P.). L'Echo du Mont de Sion, pour la prospérité des armes du roy, au subject des guerres de ce temps. *Paris,* 1627, pet. in-8.

Ces vers, composés à l'occasion de la victoire remportée par le maréchal de Toyras sur les Anglais, sont dédiés à la Reine mère, Marie de Médicis.

16 fr. 50 Cailhava.

LECOQ (*Henri*). Le Monde des Fleurs. Botanique Pittoresque en 26 tableaux. *Paris, Rothschild,* 1870, in-8, avec 480 vignettes et grav. sur acier. 25 fr.

LECOQ-Kerneven, Traité de la composition et de la lecture de toutes inscriptions monétaires, monogrammes, symboles et emblèmes, depuis l'époque Mérovingienne jusqu'à l'apparition des Armoiries. *Rennes,* 1869, un vol. gr. in-8, accompagné de plusieurs tableaux et enrichi de 12 planches de médailles. 30 fr.

LEDESMA (*Alonso* de). Tercera parte de Conceptos espirituales. Con las obras hechas a la beatificacion del glorioso (?) patriarca Ignacio de Loyola, fundador de la Cía de Iesus, para el colegio de la ciudad de Segouia. *En Lerida, por Luys Manescal,* 1612, in-8, de VI ff. lim., 1 f. blanc, avec une grav. au v°, 154 ff. de texte, et 14 pour la table.

Cette édition de la 3ᵉ partie des *Conoeptos* de Le⸗

desma, qui contient le *Cancionero,* est restée inconnue à Antonio et à Salvá. 40 fr. Maisonneuve.

— L'édition des premières parties des *Conceptos espirituales,* donnée « *Em Lisboa. Impresso con licentia de la sancta Inquisicion : Por Antonio Aluarez.* Año. 1605, » (citée au *Manuel*), est composée de XVI ff. lim. non chiffrés, 258 ff. et 13 pp. non chiffrées pour la table.

— CONCEPTOS espirituales de Alonso de Ledesma, natural de Segovia. *Madrid, por Iulian de Paredes,* 1660, in-8.

66 fr. Gancia.

LEDESME (Le P. *Jacques*). Doctrine chrestienne du R. P. Ledesme de la Compagnie de Jésus, traduite en langage canadois pour la conversion des habitans dudict païs. Par un Père de la mesme compagnie. *Rouen, Richard L'Allement,* 1630, in-12, de 26 pp. (*Bibla Browniana,* n° 265.)

C'est la traduction du P. Brebeuf, qui se trouve reproduite dans l'édition de Champlain de 1632; M. Brunet a commis une erreur en donnant à cette pièce la date de 1610. Elle contient le texte français et la traduction canadienne sur 2 col.

150 fr. Asher (1865).

LEDIGNAN (L'abbé de). La Muse héroïque, ou le Portrait des actions les plus memorables de Son Eminence, avec diverses pièces sur différents sujets, par M. l'abbé de Ledignan. *Paris, Charles de Sercy,* 1659, in-12.

On trouve dans ce recueil de vers, faits à la louange du cardinal Mazarin, nous dit le rédacteur du catal. Turquety, deux pièces assez singulières (pp. 27 et 30), dans lesquelles le cardinal et la Reine sont assez clairement désignés sous les noms de Tircis et de Silvie. *Tircis* y est présenté comme l'époux secret de *Silvie.*

16 fr. Cailhava; 20 fr. Turquety; 38 fr. W. Martin.

LE DIGNE (*Nicolas*). Le Prélude des Cantiques de la Bible, en forme de paraphrase, par Nic. le Digne, sieur de Condé et (prieur) de l'Enfourcheure. *Paris, Martin Vérac,* 1605, in-4.

Volume de poésie que cite Goujet; en mar. de Thibaron, 102 fr. Potier.

— LES FLEURETTES du premier mellange (*sic*) de N. le Digne, Sʳ de l'Espine-Fontenay, rassemblées par A. de la Forest de l'Espine-Fontenay, escuyer, Sʳ du Plessis. *Paris, Jérémie Périer,* 1601, in-12. [13907]

L'exempl. Duplessis a été revendu 100 fr. de Chaponay et 102 fr. Turquety.

— Une édition des *Soupirs amoureux de Beroalde de Verville* (*Paris, Tim. Jouan,* 1584, pet. in-12), contient une pièce rare de Nicolas le Digne : *Discours satyrique de ceux qui escrivent d'amour.*

L'exempl. de M. de Chaponay a été vendu 38 fr., il provenait de M. de Montmerqué.

LE DUC. Proverbes en rimes, ou Rimes en proverbes. *Paris, G. Quinet,* 1665, 2 tomes en 1 vol. in-12. [18470]

En mar. de Trautz, 60 fr. marquis de B. de M.; 61 fr. Gancia (1868), et ordinairement de 12 à 15 fr.

LE FAULT (*Guillaume*). Petit traicté contre l'abominable vice de paillardise et adultère, qui est aujourdhuy en coustume. *La Haye*, 1629, pet. in-8.

12 à 15 fr.

LEFEBVRE. Liure de Fleurs et de feuillées pour servir à l'art de l'Orféurerie, inventé par François Lefebvre, maistre Orféure à Paris. *A Paris, chez Mariette le fils*, 1635, in-4, fig.

Livre intéressant et précieux; il est fort rare; une seconde édition en a été donnée en 1661 :

— Liure de feuilles et de fleurs, utile aux orfebvres et autres arts, inventé par Fr. Lefebvre. Balthazart Moncornet fecit. *A Paris*, 1661, in-4, fig. de Moncornet.

LE FEBVRE (*Isaac*). Nombre des Églises qui sont dans l'enclos et dépendance de la ville de Lyon, avec une exacte recherche du temps, et par qui elles y ont été fondées. Le tout curieusement recherché sur les anciennes archives... d'icelles, par I. L. F. Lyonnais. *Lyon, par J. Jacquemetton*, 1627, in-8. 25 à 30 fr.

LE FÉRON (*Iean*). Catalogve des noms, svrnoms, faits et vies des connestables, chanceliers, grands-maistres, admiraux et mareschaux de France; ensemble des preuosts de Paris... OEuvre première ment composé et mis en lumière par Iean le Féron, et depuis reueu, corrigé et augmenté en ceste présente édition (par C. Morel). Auec la figure et le blason de leurs armoiries. *Paris, Fréd. Morel*, 1598, in-fol.

Blasons gr. s. b.; édition rare d'un livre asrez important. 25 à 30 fr.

LEFEVRE (*Jehan*). Dictionnaire des rymes françoises de feu M. Jeh. Lefevre, dijonnois... (publ. par Est. Tabourot, neveu de l'auteur). *Paris, G. du Pré*, 1572, pet. in-8. [13165]

100 fr. Yéméniz ; 78 fr. Potier.

LE FEVRE (*Raoul*). Cy commence le volume Intitule le recueil des histoires ‖ de troyes Compose par venerable homme raoul le feure ‖ prestre chappelain de mon tres redoubte Seigneur Monsei ‖ gneur le Duc Phelippe de bourgoingne En lan de grace. ‖ Mil. CCCC.LXiiii. : . *S. l. n. d.*, pet. in-fol., goth., de 286 ff., dont 2 blancs, à 31 lignes à la page entière ; les cahiers sont de cinq feuillets. [17071]

Le papier de ce livre, infiniment précieux, présente dans son filigrane l'écusson fleurdelisé de la couronne de France, ou le P gothique, dont le sommet est surmonté d'une sorte de fleur à quatre feuilles, et dont la haste se termine dans le bas en forme de fourche, marque qu'employaient les imprimeurs de Munster en Argau.

La ville où fut imprimé ce célèbre livre n'est point

encore déterminée d'une façon absolue; mais les opinions les plus autorisées donnent *Cologne* comme lieu d'impression, et fixent la date de l'exécution à l'année 1466. Qui l'a imprimé? L'Anglais Dibdin dit : Will. Caxton ; Auguste Bernard dit : Ulrich Zel ; enfin , suivant M. Blades , c'est Colard Mansion , à Bruges.

M. Madden, le savant et sagace bibliographe auquel nous devons l'élucidation de tant de mystères prototypographiques , a consacré à cette importante question une lettre fort curieuse, dont nous donnerons quelques extraits et la conclusion :

A quelle date faire remonter l'exécution typographique du précieux volume? M. Madden s'attache à démontrer qu'il a dû être exécuté entre 1464, date de l'achèvement du manuscrit, et 1467, date de la mort de Philippe le Bon ; et en effet, les paroles de Raoul le Fèvre, toutes empreintes d'actualité, sont textuellement reproduites par le typographe, qui aurait certes mentionné la mort du duc, si son impression avait été postérieure : « Quand ie considère et poise le très crémeu command de Icellui tres redoubté prince qui est cause de cest œuvre.... » On ne parle ainsi que d'un souverain vivant.

Le lieu d'impression est indiscutable ; c'est à la ville sainte de *Cologne*, dans le couvent de Weidenbach, chez les Frères de la vie commune, qui avaient accueilli l'importateur de la typographie à Cologne, Ulrich Zel, qu'il faut attribuer l'honneur de l'exécution du premier livre français imprimé.

On a nommé Caxton et Mansion, mais il est prouvé que ces deux grands artistes n'ont exercé la typographie qu'à partir de 1474 ; en outre, tous les ouvrages sortis des presses de Mansion sont composés de quaternions, tandis que celui-ci est formé de cahiers de cinq feuilles.

« De plus, dit M. Madden, le premier livre du *Recueil* contient 120 ff., dont le dernier est blanc, et le second finit par un cahier de 6 ff., au lieu de 10 qu'ont presque tous les autres. Il est invraisemblable qu'on ait eu par là l'intention de mettre le relieur à même de faire un vol. de chacune des trois parties du *Recueil*; 120, et surtout 86 et 80 ff. sont bien peu pour fournir un vol. d'épaisseur convenable. Il est beaucoup plus probable que ces trois divisions de l'ouvrage se composaient et s'imprimaient simultanément. Caxton ou Mansion auraient-ils débuté dans la carrière d'imprimeur avec le grand nombre d'ouvriers que supposent les faits que nous constatons ? et cette rapide exécution n'était-elle pas beaucoup plus praticable chez les frères de la vie commune de Weidenbach ?

Nous nous inclinons devant les savantes inductions de M. Madden, et demandons seulement à ajouter ceci : Si ce livre français a paru dès 1466, comment expliquer que, pendant les dix années qui suivent, aucune impression française n'ait vu le jour?

— Le Recueil des Histoires troyennes contenant troys liures. *Imprime a Lyon le dixiesme iour doctobre lan mil quatre cens quatre vingt et six*. (suit la marque des imprimeurs Michel Topie et Jacques Herenberck). In-4, goth., fig. s. b.

En mar. de Bauzonnet-Trautz, 1,510 fr. Yéméniz.

— LE RECVEIL des histoires troiennes contenant troys livres. Au premier est contenu la genealogie de Saturne et de Jupiter sō filz, auecques leurs faictz et gestes. Au second est contenu des faictz et des prouesses du vaillāt Herculés. Cōmēt il détruisit Troyes deux fois dessoubz le roy Laomedō et l'occist. Au tiers est contenue la reedification de ladicte Troye faicte par le roy Priant et generalle destruction d'icelle faicte par les Gregeoys, auecques plusieurs aultres belles et plaisantes matières. — *Finist le Recueil des histoires de Troie... Imprime a Paris, par Antoine Verard libraire, demourant sur le pont Nostre Dame...* S. d., in-fol., goth., fig. s. b.

Trois exempl. sur *vélin* de ce livre précieux sont connus ; la Bibl. nationale en possède deux ; le troisième, appartenant à M. Cigongne, est aujourd'hui chez le duc d'Aumale ; il est orné de 97 miniatures ; il a successivement passé chez Randon de Boisset, le baron d'Heiss, Mac-Carthy et Hibbert.

M. Brunet dit , en parlant de cet exempl., qu'il renferme deux ff. mss. ; cette assertion est exacte, mais il faut ajouter, dit M. Potier, qui a rédigé le beau catal. de M. Cigongne, que les deux ff. imprimés que remplacent les deux ff. mss., ne manquent pas pour cela ; ils ont été seulement recouverts par deux des grandes miniatures.

— LE RECUEIL des Histoires troyennes. *Lyon*, *Jacques Maillet*, 1494, in-fol., goth., à long. lig., fig. s. b. et belles capitales gravées.

910 fr. Vente des livres de J. Techener en 1865.

— LE RECUEIL des Hystoires de Troyes. *Imprime a Paris, par Phelippe le Noir*, s. d., pet. in-fol., goth.

Édition non mentionnée, mais dont nous ne pouvons signaler qu'un exempl. malheureusement incomplet du titre ; vendu 50 fr. Chedeau.

— LE RECUEIL des Hystoires et singularitez de Troye la Grande... *Lyon, Anthoyne du Ry*, 1529, pet. in-fol., goth., fig. s. b.

En mar. de Duru, 450 fr. Desq.

— LE RECUEIL des Hystoires troyennes... *Paris, Denys Janot*, 1532, in-fol., goth., fig. s. b.

En mar. de Duru, 235 fr. Yéméniz.

— THE RECUYELL of the Historyes of Troye. (h) ere begynneth the volume intituled and named ‖ the recuyell of the historyes of Troye, composed ‖ and drawen out of dyuerce bookes of latyn in to frensshe by the ryght venerable persone and wor ‖ shipfull man. Raoul le ffeure (*sic*)..... And translated ‖ and drawen out of frensche in to englisshe by Willyam ‖ Caxton Mercer of ye cyte of London... *S. l. n. d.*, in-fol., goth.

Bien des mystères planent encore sur le lieu et la date de l'impression de ce livre infiniment précieux ; M. Madden a consacré à l'élucidation de ces ténèbres un chapitre fort intéressant, auquel nous emprunterons quelques détails.

S'appuyant avec autorité sur les dates et les faits acquis à l'histoire, M. Madden nous fait le récit des pérégrinations de l'apprenti mercier de Londres, depuis son arrivée en Flandre en 1464, comme chargé par le roi Édouard IV de renouveler auprès du duc Philippe le Bon un traité de commerce à la veille d'expirer ; il nous montre, quinze mois après la mort du duc, Caxton signant ce traité de commerce avec le duc Charles en octobre 1468. Sa mission diplomatique terminée, Caxton se met à lire le *Recueil des histoires de Troye*, sans doute dans un exemplaire de l'édition nouvellement imprimée à *Cologne* ; puis il se met à la traduire ; mais cette traduction, qui lui donne beaucoup de mal, est interrompue pendant deux ans, quand Édouard IV, obligé de fuir, vient demander asile au duc Charles, son beau - frère. Caxton, sur la prière de la duchesse Marguerite, met la dernière main à son travail ; mais sa traduction, qu'il achève à Cologne, n'est terminée que le 19 septembre 1471.

Il présente le manuscrit de son travail à sa protectrice, et se résout à apprendre l'art nouveau de la typographie, pour satisfaire aux nombreuses sollicitations de tous ses compatriotes, alors réfugiés en Bourgogne.

« Se trouvant à Cologne, il s'adresse à la maison qui avait imprimé l'édition française du *Recueil*, aux frères de la Vie commune de Weidenbach. La traduction de Caxton est en effet imprimée avec le même caractère que le texte français ; même nombre de lignes, 31 ; même nombre de ff au cahier, 5 ; même inégalité dans la longueur des lignes ; le livre, qui se divise de même typographiquement en trois parties, contient 352 feuillets, dont le premier est blanc. »

L'année 1474 est la date la plus probable de l'impression du livre, dit encore M. Madden, qui, analysant les travaux auxquels a dû se livrer Caxton depuis le 19 septembre 1471, époque où il nous apprend lui-même qu'il termina sa traduction à Cologne, arrive à démontrer qu'il lui fut à peu près impossible de mener à bonne fin cette entreprise considérable avant le printemps de 1474.

La marque que Caxton fit graver depuis arrive encore à l'appui de cette hypothèse :

s   W   74   C   c

WILLIAM CAXTON, 1474, ceci n'a jamais fait doute pour personne ; l'S initiale et le C final ont embarrassé les bibliographes. M. Madden lit : *Sancta Colonia* ; en effet, Cologne est la ville sainte, *Heiligen Cöln'*, *the holy cyte of Colen*, dit lui-même Caxton, la ville aux trois couronnes des Rois Mages ; l'hypothèse est ingénieuse et très-vraisemblable. Mais cette date de 1474 n'est-elle pas déterminante, et M. Will. Blades, l'apologiste de Caxton, dit aussi : « La date signalée de cette manière fait allusion à un fait important de la carrière typographique, et ce doit être la date de l'impression du *Recuyell*, » et il ajoute avec raison que cette même date de 1474 intéressait d'autant plus Caxton qu'elle rappelait, non-seulement ses débuts comme typographe, mais encore sa première traduction et le premier des livres imprimés en langue anglaise.

Nous croyons donc pouvoir conclure, avec M. Madden, que le « *Recuyell of the historyes of Troye* », traduit par Caxton et terminé le 19 septembre 1471, a été imprimé par Caxton lui-même (« I have practysed and lerned at my grete charge and dispense to ordeyne this said book *in prynte* after the maner and forme as ye may here see » ; il a été exécuté dans le couvent des Frères de la vie commune à Cologne, sous les yeux du maître, Ulric Zel, et terminé au commencement de 1474.

On ne connaît que deux exemplaires parfaits de ce livre précieux, celui du British-Museum et celui du marquis de Bath ; le dernier exemplaire que nous nous souvenons d'avoir vu passer en vente (c'était en 1847) avait 6 ff. refaits en fac-similé ; il fut adjugé à 165 livres sterling, soit 4,125 fr. Un exempl. complet vaudrait certainement un millier de guinées.

— The Recuyles of garderinge to gyder of ye hystories of Troye how is was destroyed and brent twyes by ye puyssaunt Hercules and ye thyrde and general by ye grekes. *Enprinted in London in Flete strete at the sygne of the sonne by Wynken de Worde. The yere of our lorde god* M.CCCCC. and IIIJ. (1503), puis la marque de l'imprimeur, in-fol., goth., de IV ff. prélim., 198 ff., sign. Ai à Kiij, fig. s. bois.

M. Brunet ne décrit pas cette édition, qu'il ne fait que mentionner ; elle est infiniment précieuse, et un bel exempl. que possédait M. Tross, porté à £ 300 (7,500 fr.), fut vendu tout de suite.

LEFEVRE (*Théotiste*). Guide du compositeur typographe, par Théotiste Lefevre. *Paris, Firmin Didot,* 1855-1872, 2 vol. in-8 raisin, fig. sur bois. 23 fr.

Cet excellent traité de l'éminent chef de l'imprimerie Firmin-Didot est justement renommé; il donne aux auteurs aussi bien qu'aux libraires la facilité de diriger eux-mêmes l'impression de leurs ouvrages.

En *demi-rel.*, le tome Iᵉʳ, 18 fr. Yéméniz.

LE FÈVRE de la Boderie (*Guy*). Confusion de la secte de Muhamed; livre composé en langue espagnole par Jean André, jadis More et alfaqui, natif de la cité de Sciativia, et depuis faict chrestien; trad. d'italien en françois. *Paris, Martin Lejeune,* 1574, in-12.

Lottin ne cite pas Martin Lejeune, mais bien Mathieu le Jeune, reçu libraire en 1568.

Un exemplaire grand de marges, mais avec de forts raccommodages au dernier feuillet, en *mar.* de Hardy, 28 fr. Labitte, 1872; un exemplaire, avec la date de 1584, qui nous paraît erronée, avait été vendu chez M. Desq.

— TRAICTÉ du nouveau comete et du lieu où ils se font et comme ils sont loin de la terre; composé premièrement en espagnol par M. Hieronyme Mugnos, trad. en françoys par G. de la Boderie; plus un cantique sur la dicte estoile ou apparence lumineuse. *Paris,* s. d. (1572), in-12.

En *mar.* de Trautz, 46 fr. Desq.

— L'encyclie des secrets de l'Éternité. A Monseigneur le duc d'Allençon frere du roy Charles neuviesme, par Guy Lefevre de la Boderie. *Anvers, Christophe Plantin,* s. d. (1570), in-4, de 344 pp., plus 2 ff. non chiffrés. [13845]

A la suite de l'*Encyclie* et au milieu d'autres poésies, se trouvent plusieurs pièces curieuses, entre autres quelques-unes sur Chr. Plantin et ses impressions.

En *mar.* de Capé, 160 fr. W. Martin; en *veau fauve* de Koehler, 102 fr. Taschereau; en anc. *mar.*, 101 fr. Potier.

— DIVERSES (*sic*) mélanges poétiques, par Guy le Fevre de la Boderie. *Paris, R. le Mangnier,* 1579, in-16.

M. Brunet ne cite que l'édition de 1582.

— LA GALLIADE, ou de la Révolution des arts et sciences. *A Paris, chez Guillaume Chaudière,* 1578, in-4.

Première édition; en *mar.* de Duru, annoncé grand papier, mais avec 2 ff. remontés, non signalés au catal., 166 fr. Double; en *mar.* de Niédrée, 200 fr. Yéméniz; en *mar.* de Chambolle, 75 fr. Potier; revendu 100 fr. Leb. de Montgermont; en *mar.* de Hardy, 110 fr. Potier (1872); en *veau*, bel exemplaire, 115 fr. W. Martin.

— LA GALLIADE... *Paris, G. Chaudière,* 1582, in-4. 23 fr. Turquety.

La réimpr. de 1583, *ibid., id.,* in-4, en *mar.,* 50 fr. Cailhava; en *mar.* de Chambolle, 75 fr. Potier.

— HYMNES ecclésiastiques. Cantiques spirituelz et autres meslanges poëtiques, au très chrestien Henry troisiesme... par Guy le Feure de la Boderie, secrétaire de monseigneur frere unique du Roy et son interprete aux langues étrangères. *Paris, Robert le Mangnier,* 1578-79, 2 part. en 1 vol. in-16.

En *mar.* de Capé, 100 fr. W. Martin; en *mar.* de

Hardy, 50 fr. Chedeau, avec les *Mélanges poétiques* de 1579; en anc. rel., 86 fr, Potier (1872).

LE FOURNIER (*André*). La décoration d'humaine Nature et aornement des dames.... *Paris, Pierre le Ber (pour J. St. Denys et J. Longis),* 1530, pet. in-8, goth., titre rouge et noir, VII ff. pour le titre, le privil., la dédicace et le prologue, 56 ff. chiffrés et v ff. pour la table; 2 grav. s. bois au rᵒ du 2ᵉ et du 7ᵉ f. [7074]

Cette première édition contient de plus que les suivantes la requête de l'auteur au bailli de Paris, Jehan Morin, à l'effet d'obtenir le privilège de faire imprimer son livre, et une dédicace en latin audit bailli, laquelle est suivie du fac-simile de la signature d'André le Fournier; on y trouve aussi deux figures sur bois qui ne sont pas répétées dans les éditions postérieures.

Un exemplaire en *mar.*, aux armes du pape Paul IV, 53 fr. Techener, en 1865; en *mar.* de Niédrée (exemplaire Nodier), 230 fr. Yéméniz; en *mar. doublé* de Chambolle-Duru, 405 fr. Dʳ Danyau.

— LA DÉCORATION Dhumaine nature... 1536. *On le vend a Lyon en la maison de François Juste,* in-16 allongé.

Charmante édition, imprimée avec le caractère semi-goth. de Fr. Juste.

80 fr. seulement, Brunet; les deux derniers feuillets étaient raccommodés; revendu 92 fr. Bordes, et porté à 150 fr. au catal. Morgand et Fatout.

— LA DÉCORATION d'humaine nature... *Lyon, Thib. Payen,* 1537, pet. in-8, goth.

En *mar.* de Duru, 145 fr. Yéméniz; en *mar.* anc. rel., et relié avec « *l'Entretenement de vie de J. Goeurot* », 70 fr. baron J. Pichon, et revendu le même prix, Potier, 1870.

— LA DÉCORATION d'humaine nature... *On les vend à Lyon chez Gilles et Jacques Huguetan,* 1541, in-16.

L'exemplaire de Méon, 31 fr. Desq.

LE FRANCQ (*J.-B.*). Antioche (Antiochus) tragédie (en 5 actes) traittant le martyre de sept enfans Machabéens, dédiée à M. Adam Leermans, receveur général de la ville d'Anvers. *Anvers, Hierosme Verdussen,* 1635, in-8. [16406].

Pièce en vers aussi naïve que rare, ce qui n'est pas peu dire; quand Antiochus tombe sous la roue de son char, *Justice* apparaît et s'écrie :

C'est assés enduré : Meure, meure, Mastin.

En *mar.* de Thouvenin, l'exemplaire de Soleinne, 82 fr. Leb. de Montgermont.

LE FRÈRE (*Jean*), natif de Laval. Le Charidême, ou le mépris de la mort, avec plusieurs vers chrétiens. *Paris, Nicolas Chesneau,* 1579, pet. in-8. [13812]

On y trouve des vers de Jean Dorat, de Baïf, de Le Masle l'Angevin, etc.

18 fr. en 1863, et 75 fr. Turquety.

— LA VRAYE et entière histoire des troubles et guerres civiles advenues de nostre temps pour le faict de la religion.... *Paris,* 1575, in-8.

30 fr. Luzarche.

LÉGARÉ (*Gilles*). Liure des Ouvrages

d'Orféurerie fait par maitre Gilles Légaré, Orfèure du Roy. *S. l.*, 1663,
12 pl. in-4, gr. sur métal.

Recueil d'une très-grande rareté et d'une précieuse exécution ; il n'a été vendu que 100 fr.
Hope, en 1855.

Nous ignorons si 12 planches constituent le
recueil complet.

LEGATI (*Lorenzo*). La biblioteca Apro-
siana, Passatempo autunnale di Cornelio
Aspasio Antivigilmi, trà vagabondi di
Tabbia detto l'Aggirato. *In Bologna,
per li Manolessi*, 1673, pet. in-12,
front. gr., LX-733 pp.

Petit volume qui donne quelques renseignements bibliographiques intéressants, que l'on ne
trouve que là. 6 à 7 fr.

LE GAUFFRE. Récit véritable de ce qui
s'est fait et passé aux exorcismes de
plusieurs religieuses de la ville de Louviers. *Paris*, 1643, in-8 (non cité par
M. Frère).

Nous ajouterons les pièces suivantes qui ont trait
à cet événement :

— EXAMEN de la possession des religieuses de
Louviers. *Paris*, 1643, in-4.

— PROCÈS-verbal du pénitentier d'Évreux, de ce
qui lui est arrivé dans la prison, interrogeant et
consolant Magdelaine Bavent, magicienne, à une
heureuse conversion. *Paris*, 1643, in-4.

— RESPONCE à l'examen de la possession des religieuses de Louviers. *Evreux*, 1643, in-4.

— CENSURE de l'examen de la possession...... *S. l.*,
1643, in-4.

— APOLOGIE pour l'autheur de l'examen de la possession. *Paris*, 1643, in-4.

3e vente De Bure, n° 2102, 10 fr.

Toutes, ces pièces sont recherchées par les bibliophiles normands.

— HISTOIRE de Magdelaine Bavent, religieuse du
monastère de Saint-Louis de Louviers, avec sa
confession générale et testamentaire. Ensemble
l'arrêt donné contre Mathurin Picard, Thomas
Boullé et ladite Bavent, tous convaincus du crime
de magie... *Paris, J. le Gentil*, 1652, in-4.

LEGENDA (Incipit) sancti Wolfgangi episcopi Ratisponensis. *Impressum in opido Burgdorf, anno Domini* M. CCCC.
LXXV, in-fol., goth.

Volume rare imprimé probablement *à Burgdorf*,
ville de Hanovre, bien que M. Gaullieur opine pour
Burgdorf, en Suisse ; l'imprimeur se servait d'une
lettre singulière, ce n'est point la lettre S, comme
nous l'avons dit au *Dict. de Géogr.*, mais bien la
lettre Q qui ressemble à un S couché. M. Brunet
(tome II, col. 112) estropie le titre du volume.

LEGENDA sancte Dympne... *Antverpiæ,
per Godf. Back*, 1496, in-4, goth., de
VI ff., avec deux grav., au r° et au v° du
titre. [22158]

Un bel exemplaire, en *mar.* de Lortic, 142 fr.
De Lassize.

LEGENDE (Ensuyt la) de Monseigneur
Sainct Hyldeuert, Euesque de Meaulx en

Brie. *On les vend a Rouen, par Richard l'Allemāt, libraire : tenant sa
boutique au portail des libraires*,
s. d., pet. in-8, de 16 ff., dont le dernier blanc, avec une fig. sur bois au
titre, répétée dans le corps de l'ouvrage
et au v° du dernier f. [13965]

En anc. rel. *mar.*, 90 fr. Yéméniz.

LÉGENDE (La) dez Flamens, artisiens et
hainuyers. Ou autremēt leur cronique
abregee. *Nouuellement imprime a Paris (chez Fr. Regnault)*, 1522, in-4,
fig. s. b., goth. [24990]

100 fr. Yéméniz ; un bel exemplaire, 485 fr.
vente Labitte du 17 Juin 1876.

— LA LÉGENDE des Flamens. Chronique abregee...
*On les vend à Paris... en la boutique de Galliot
du Pré*, 1558, in-8.

L'exemplaire du comte d'Hoym, en *veau faure*,
vendu 70 fr. chez Parison, a été porté à 110 fr. chez
M. Yéméniz ; en *mar.* de Duru-Chambolle, 40 fr.
Potier ; en *vélin*, 39 fr. Em. Gautier ; en *mar.* de
Lortic, 160 fr. Morgand et Fatout.

LÉGENDE dorée. *Voy.* VORAGINE.

LE GENDRE (*J.*). Epithalame pour le mariage de tres hault, tres puissant et tres
excellent prince Philippes, catholicque
Roy des Espagnes et tres excellente Ysa-
bel, premiere fille de France. *Paris, vef-
fue Nic. Buffet*, 1559, in-8, de 4 ff. non
chiffrés, lettres rondes.

Pièce dont on ne connaît que l'exemplaire de
la bibl. de l'Arsenal ; elle a été reproduite par
M. E. Tricotel au *Bulletin du bibliophile*, 1874,
page 454.

Cet événement considérable a donné naissance à
un déluge de pièces en vers et en prose, dont nous
citerons quelques-unes :

— DISCOURS des triomphes du mariage du roy
catholicque d'Espagne, et de Mme Elisabeth, fille
du roy tres chrestien, Henry II, de ce nom. *Paris,
impr. d'Ol. de Harsy*, 1559, in-8.

Cette pièce, ainsi que les suivantes, fait partie
des collections de la Bibl. nation.

— LA PUBLICATION des Emprises du Tournoy, qui
doibt estre faict a Paris, ville capitale du royaume
de France, pour la solennité des tres heureux
mariages du roy catholique auec Mme Elizabeth,
fille aisnée du Roy Treschrestien. Et du Duc de
Sauoye, auec Mme Marguerite de France... *Paris,
pour J. Corrozet et J. Dallier*, 1559, in-4.

— ÉGLOGUE pastorale sur l'Union nuptialle... *Voy.*
HABERT, de Berry.

— ÉPITHALAME sur les nopces du treshaut et tres
puissant Prince, monseigneur Philibert Emanuel
de Sauoye, et de madame Marguerite..... Par
François de Belleforest Comingeois. *Paris, R. de
Gourmont*, 1559, in-8.

— CHANT DE LIESSE au Roy. Voy. RONSARD.

LEGES et Statuta reipublicæ Veronensis.
(Au f. A ij :) In noïe domini nostri Iesu
Christi. Prohemium duodecim et quinquaginta Reip. Veronensis præsiden-
tium in statuta civitatis Verone. *Impressio accuratissime facta est in urbe*

pcara Vicentie p Hermanuʒ Leuila-
pidē Coloniēseʒ anno Dñi M. CCCC.
LXXV. Die vero Mercurii xx *mensis*
decembris, in-fol., car. ronds.

Livre rare et admirablement exécuté. 60 à 80 fr.

LE GOBIEN (*Ch.*). Histoire des îles Ma-
rianes, nouvellement converties à la
religion chrestienne ; et de la mort glorieuse des premiers missionnaires qui y
ont prêché la foy ; avec cartes. *Paris,*
1700, pet. in-8. [28230]

Volume rare que M. Brunet indique à sa *table
raisonnée.*

Un exemplaire en anc. *mar.,* reliure armoriée, a
été vendu 19 thal. Sobolewski.

LE GORLIER (*Jacques*). Le Juvénal françois composé par Jacques le Gorlier
(gentilhomme champenois), escuyer Sr
de la Grand Court. *Paris, Cl. Collet,*
1624, in-8, front. grav. par Melchior
Tavernier, portr. de l'auteur.

Satires en vers : contre les cocus volontaires ;
contre les dineurs excessifs ; équipage de chasse des
dames d'amour ; raillerie contre un jeune homme
qui contente les lubriques désirs d'une vieille ; misère de ces bons maris qui croient que leurs femmes les encornent par nécessité, etc., etc.

Volume rare, détestable comme poésie, mais fort
curieux comme peinture de mœurs au temps de
Louis XIII. 38 fr. Luzarche.

LEGOUVÉ (*Gabriel*). Le Mérite des femmes et autres poésies. *Paris, Ant.-Aug.
Renouard,* an xii-1804, gr. in-18, fig.

L'exemplaire unique, imprimé sur *vélin,* avec les
figures de Moreau, de Coiny et de Guérin, sur
chine, avant toute lettre, quelques eaux-fortes et
deux portr. ajoutés, 420 fr. Pieters, et seulement
255 fr. Germeau ; cet exemplaire, malgré les assertions des catalogues, n'a pas figuré à la vente
Renouard.

— LE MÊME. *Paris, Renouard,* 1809, in-12.

En *mar.* de Bozérian, sur *vélin,* 169 fr. Em. Gautier.

— LE MÊME. *Paris, A.-A. Renouard,* 1818, in-18,
de 36 pp., fig. de Moreau.

Édition rare en très-petits caractères (*nonpareille*);
un très-joli exemplaire (quintuple, sur papier blanc,
rose, bleu, jaune et sur vélin), avec grav. avant la
lettre et eaux-fortes, en *mar.* de Purgold, 135 fr.
Van der Hell ; il avait été vendu 46 fr. chez Renouard.

— LA MORT de Henri IV, trag. *Paris, A.-A. Renouard,* 1806, gr. in-8, portr.

On a tiré de cette pièce en cinq actes et en vers
un exemplaire, lequel, avec de nombreuses planches
ajoutées, et le dessin original du portr. de Marie de
Médicis, par Saint-Aubin, a été vendu 305 fr. Huillard, il avait été payé 59 fr. chez Renouard.

LE GOUX. Copie d'une lettre envoyée de
Dieppe, sur la rencontre des armées
d'Espaigne et d'Angleterre, et de la victoire obtenue par les Espagnols. A *Paris, iouxte la coppie de Guillaume
Chaudière,* 1588, in-12, de vi ff.

Pièce rare.

En *mar.* de Chambolle-Duru, 100 fr. catal. Morgand et Fatout.

LEGRAND ou Legrant (*Jacques*). Voy.
MAGNUS.

LEGRAND d'Aussy. Fabliaux ou Contes,
fables et romans du xiie et du xiiie siècle... 3e édition. *Paris, J. Renouard,*
1829, 5 vol. gr. in-8, fig. [13175]

Un exemplaire unique sur papier de Chine, avec
une triple suite des figures, eaux-fortes, épreuves
avant et avec la lettre, plus quelques pièces publiées
en Angleterre, 500 fr. vente Em. Gautier.

LEGROS. L'Art de la coëffure des dames
françoises... par le sieur Le Gros, coëf-
feur des dames. *Paris, Ant. Boudet,*
1768, pet. in-4. [10270]

Livre fort curieux, contenant 38 planches coloriées ; le texte est au moins singulier : Legros dit
« qu'il ne tient pas son art de la science des hommes, mais de la grâce du grand Etre suprême, etc. »

Une note de M. Potier a fait vendre ce rare vol.
190 fr. baron Pichon.

LE GUILLARD (*Pierre*). L'Enopogone-
ritree, ou louange des Barbes rouges.
Caen, Pierre le Chandelier, s. d.,
in-4.

Pièce fort rare.

LE HÉRICHER. Histoire et glossaire du
normand, de l'anglais et de la langue
française d'après la méthode historique,
naturelle et étymologique. *Avranches,
Auvray,* s. d., 3 vol. in-8.

Bon livre.

39 fr. Burgaud des Marets.

LEIBNITZ (*God. Guil.* de).

— ŒUVRES complètes publiées pour la
première fois d'après les mss. originaux,
avec notes et introduction par M. Fou-
cher de Careil. *Paris, Didot,* 1859-1865,
20 vol. in-8. Chaque vol. 8 fr.

Cette édition, véritable monument élevé à la mémoire de l'illustre philosophe, est en cours de
publication.

LE JAU (*Jean*). Cabinet royal de l'es-
poux, meublé par son espouse, avec le
Jardin spirituel, en faveur des belles
ames qui cherchent le royaume de Dieu
et qui logent en luy leur cœur et leurs
délices, par Jean le Jau, doyen en l'é-
glise cathédrale d'Evreux. *Evreux, Nicolas Hamilton, imprimeur,* 1631,
in-8.

Pièce rare, qui, réunie à l'oraison funèbre prononcée aux obsèques de ce vicaire général d'Evreux, a
été vendue 33 fr. Luzarche.

Le Jau a publié divers opuscules, entre lesquels
nous citerons :

— RECUEIL de plusieurs cantiques spirituels, propres pour entretenir l'âme en Dieu, par J. L. J.
P. E. C. D. E. (Jean le Jau, prêtre et chanoine
d'Evreux). *Evreux, Le Marié,* 1613, in-12.

Réimpr. avec une seconde partie de Daniel Adnet. *Paris, Nic. Rousset,* 1627, pet. in-12.

LEJEUNE. Traité pratique de la coupe des pierres. *Paris, Baudry,* 1870, in-8 de 600 pp. et atlas in-4 de 59 pl., contenant 381 fig. 40 fr.

Ouvrage essentiellement pratique et remarquable par la clarté des explications et par le choix des figures.

LE JEUNE (*Claude*). Le Printemps, à 2, 3, 4, 6, 7 et 8 parties. *Paris, veuve R. Ballard,* s. d., in-4, obl.

— MESLANGES de la musique de Cl. le Jeune, à 4, 5, 6, 8 et 10 parties. (Dessus, haute-contre, taille, basse, cinquiesme, sixiesme.) *Paris, Pierre Ballard,* 1607, 6 parties in-4, obl.

Quand il y a plus de six parties, celles qui excèdent ce nombre, sont placées en regard des premières; ce recueil renferme 27 chansons françaises, à 4, 5, 6 et 8 voix, 36 *canzonette* italiennes à 4, 5 et 6 voix, et 7 motets latins, à 5, 6, 8 et 10 voix. L'exemplaire de la vente de M. Libri, en 1862, a été payé 5 guinées pour M. Fétis.

LE JEUNE (Le P. *Jean*). Pierreries spirituelles du Vase Eucharistique. *Paris, M. Mauperlier,* 1619, pet. in-12.

Traité mystique du prédicateur dit l'*Aveugle*, parce qu'il perdit la vue en prêchant le carême à Rouen, à l'âge de 35 ans; nous le citons à cause de son titre bizarre, mais, malgré sa rareté incontestable, nous ne lui assignons qu'une valeur médiocre.

LE JEUNE (Le P. *Paul*). Voy. RELATIONS.

LE JOLLE (*Pierre*). Description de la ville d'Amsterdam en vers burlesques. *Amsterdam, Jacques le Curieux (Elsevier),* 1666, pet. in-12, de VIII ff. lim. et 317 pp. [14246]

Quand M. Brunet citait comme prix extraordinaire celui de 49 fr., atteint par l'exemplaire non rogné de M. Solar, il ne soupçonnait pas la hausse de la bourse des livres.

Un exemplaire médiocre a été vendu 38 fr. Pieters; l'exemplaire de M. de Chaponay, en *mar.* de Trautz, de 0m129, 80 fr.; il avait été payé 33 fr., vente Salmon, et ne fut revendu que 46 fr. Desq; un exemplaire en *mar.* de Thouvenin, 31 fr. Chedeau; en *mar.* de Thompson, 20 fr. Huillard; en *mar.* de Trautz, 109 fr. Potier; l'exemplaire non rogné La Villestreux, venant de Solar, 60 fr. seulement; un autre exemplaire, non rogné, avait été vendu 66 fr. La Bédoyère, et revendu 70 fr. Tufton; en *mar.* de Duru, 49 fr. Leb. de Montgermont; 31 fr. Bordes.

Malgré tout, un bon exemplaire de ce joli elsevier ne vaut guère que 15 à 18 fr.

LE LABOUREUR (*Claude*). Les Mazures de l'abbaye royale de l'isle Barbe lez Lyon, ou Recueil historique de tout ce qui s'est fait de plus mémorable en cette église... *Paris, Jean Couterot,* 1681-82, 2 vol. pet. in-4. [24611]

Un exemplaire très-complet avec cartons, pièces et figures ajoutées, a été vendu 380 fr. en 1862, chez M. Cailhava; il portait en tête une note dont nous extrayons ce qui suit :

« On signale deux éditions de *Lyon, Claude Gal-*

bit, 1665, l'une au titre avec le vase de fleurs, l'autre avec le masque orné; plus celle de *Couterot de Paris,* en 1681, avec le titre à la vignette de S. Pierre avec son coq.

Voici l'explication de ces différentes remarques : Le libraire Couterot achète de Cl. Galbit le tome 1er de l'édition de 1665, dont il change le titre et la date, substitue un z à l's de *Mazures,* et change la vignette de ce titre; réimprime la page 316, chiffrée par erreur 516 dans l'édition de 1665, et profite de ce carton pour faire subir, sous la direction de l'auteur lui-même, qui était alors à Paris, quelques remaniements au dernier paragraphe de cette page, mais il ne reproduit pas les 5 feuillets contenant la liste de quelques moines de l'île, ni les additions et corrections en forme d'errata, sans pagination, ni la réclame du bas de la page 316; en revanche, il donne le projet de la 2e partie des Mazures et une table, en 32 pages, des Maisons nobles qui ont fourni des religieux au monastère; il forme ainsi son premier volume de 1681, et publie le second en même temps.

L'exemplaire Cailhava renfermait les pièces à l'appui de cette théorie :

1° Les trois titres au vase de fleurs et au masque, de 1665, et celui de 1681 à S. Pierre, plus un 4e de Paris, 1682, sans tomaison;

2° La feuille 516, réimpr. 316, avec les modifications;

3° La liste de quelques moines;

4° Le projet de la 2e partie, la table des Maisons nobles.

Cet exemplaire avait de plus le supplément, publié en 1846 par le libraire Rivoire, avec les notes de M. de Terrebasse, et quatre vues de l'île Barbe à différentes époques.

Ce bel exemplaire a été revendu 330 fr. Techener, en 1865. — Avec ce même supplément de 1846, en *mar.* de Duru, 255 fr. Costa de Beauregard; un exemplaire non rogné, 295 fr. Yéméniz; à la même vente, un exemplaire de l'édition de 1665 n'a été vendu que 31 fr.; le bel exemplaire de M. de la Roche La Carelle, à la date de 1682, en *mar.* de Bruyère, 240 fr.; en *mar.* du même relieur, aux dates de 1665-1681, 260 fr. Desq; 145 fr. vente du château de Saint-Ylie, et le supplément de 1846, à part, 11 fr. 50 c.

— HISTOIRE généalogique de la maison de Sainte-Colombe, et autres maisons alliées, par C. L. L. A. P. de l'isle B. *A Lyon, chez Claude Galbit,* 1681, in-8, blasons.

Un exemplaire, avec le feuillet des pages 23 et 24 double, avec des différences , 40 fr. Yéméniz; 25 fr. Costa de Beauregard.

LE LABOUREUR (*Jean*). Histoire et Relation du voyage de la Royne de Pologne et du retour de madame la mareschalle de Guébrian, ambassadrice extraordinaire et surintendante de sa conduitte, par la Hongrie, l'Autriche, Styrie, Carinthie, le Frioul et l'Italie... par Jean le Laboureur, Sr de Bleranval. *Paris, Rob. Denain,* 1647 (aussi 1648), 3 parties en un vol. in-4, avec un tableau généalogique.

Livre intéressant, qui donne le détail des fêtes qui accueillirent la reine et sa compagne pendant leurs longues pérégrinations.

80 fr. catal. Tross; 68 fr. Ruggieri ; avec la date de 1648 et un volume peu important ajouté, 71 fr. vente du château de Saint-Ylie.

— RECUEIL des tombeaux des personnes illustres dont les sépultures sont dans l'église des Célestins de Paris, avec leurs éloges, généalogies, armes, etc. *Paris, Le Bouc*, 1642, in-fol. [24154]

XIII feuillets préliminaires, comprenant un beau frontispice gravé en taille-douce, dédicace au cardinal de Richelieu ; pièce de vers au même ; préface, par Louis le Laboureur, frère de l'auteur ; le libraire au lecteur, 3 pièces de vers, table et Table généalogique de la Maison d'Orléans ; texte, 1-330, puis 2 feuillets d'additions et corrections, et au verso du dernier le privilége.

Les planches sont bien gravées par Pierre Nolin.

Quelques exemplaires portent une bande de papier imprimé, contre-collée sur le nom du libraire ; c'est la nouvelle adresse du libraire de Paris, auquel Le Bouc a cédé ce qui lui restait de l'édition. *A Paris, chez Antoine Warin, rüe Saint-Jacques... M. DC. XCIII.*

LE LABOUREUR (*Louis*). La Promenade de S. Germain, à Mlle de Scudéry. *Paris, G. de Luynes*, 1669, in-12, avec une vignette de Sébastien Leclerc. 5 à 6 fr.

L'auteur fort médiocre du *Poëme de Charlemagne* a publié encore :

— LES VICTOIRES du duc d'Anguien en trois divers poëmes. *Paris*, 1647, in-4.

Ce volume est à juste titre fort peu recherché, mais, s'il était recouvert d'une reliure aux armes de Mme de Chamillart, de Longepierre, ou même du comte d'Hoym, les amateurs le payeraient au poids de l'or, tout in-4 qu'il est.

LE LIÈVRE (*Jean*). Histoire de l'Antiquité et Saincteté de la cité de Vienne en la Gaule Celtique. *A Vienne, par Jean Poyet*, 1623, in-8. [24856]

20 fr. Yéméniz.

LE LOYER. Les ‖ OEuvres et ‖ Meslanges poeti ‖ qves de Pierre ‖ le Loyer ‖ Angevin. ‖ Ensemble, ‖ La Comedie Nephelococugie, ou la Nuée ‖ des Cocus, non moins docte ‖ que facétieuse. ‖ *A Paris, ‖ Pour Jehan Poupy, rue S. Iacques ‖ a la Bible d'Or.* ‖ M. D. LXXIX. ‖ Auec Priuilege du Roy. In-12, de 8 ff. lim. et 256 ff. chif., plus 5 ff. non chif. Le dernier f. contient le texte du privilége accordé pour 6 ans à l'auteur et cédé à J. Poupy. L'achevé d'imprimer est du 9 septembre 1578. [13812]

En mar. de Derome, 170 fr. de Chaponay ; revendu 300 fr. Turquety ; le titre étant doublé ; en mar. de Bauzonnet, bel exemplaire de 0^m140, 1,000 fr. baron Pichon ; en mar. de Trauz, 500 fr. catal. Morgand et Fatout.

— DISCOURS et histoires des spectres, visions et apparitions... *Paris, Nic. Buon*, 1605, in-8, de plus de 1,000 pp. [8880]

40 fr. Luzarche.

— EROTOPÉGNIE, ou Passe-temps d'amour, ensemble une comédie du Muet insensé. *Paris, Abel L'Angelier*, 1576, in-8. [13811]

Un exemplaire, fort beau, en mar. de Trautz, 215 fr. Benzon.

LE MAIRE (*C.*). Paris ancien et nouveau... avec une Description de tout ce qu'il y a de plus remarquable dans tou-

tes les Eglises, Communautés, Palais, Rues, Places, etc. *Paris, Girard* (ou *Michel Vaugon*), 1685, 3 vol. in-12.

Bien que copiés en grande partie des *Antiquités* du père Du Breul, ces trois volumes, qui n'ont pour eux d'autre mérite qu'une certaine rareté, ont été vendus 37 fr. Le Roux de Lincy (1870), et 25 fr. Luzarche.

— LE MÊME. *Paris, chez Nic. Le Clerc*, 1698, 3 vol. in-12.

LE MAIRE de Belges. La legende des Venetiens. ‖ Ou autrement leur cronicque abbrégee. Par la quelle est ‖ demonstre le tres juste fondement de la guerre contreeulx. ‖ La plainte du desire. ‖ Cestadire la deploration du trespas de feu monseigneur ‖ le comte de Ligny. ‖ Les regretz de la dame infortunée. ‖ (gravure sur bois, avec écusson). *Cum priuilegio Regio ‖ amplissimo.* ‖ *S. l. n. d.* (*Paris, Geoffroy de Marnef vers* 1512), in-4, goth., de 18 ff. non chiffrés, fig. s. b. [25456]

Au verso du titre le privilége royal, daté de Lyon, 20 juillet 1509 ; au bas de ce privilége, on lit en trois lignes : *Lacteur nomme es lettres royaux dessus ecriptes a faict imprimer ceste sienne œuvre par Geoffroy de Marnef, libraire jure de l'université de Paris* ; le recto du second feuillet est occupé par une gravure sur bois, donnant les armes de Louis XII et d'Anne de Bretagne ; au verso du dernier feuillet la marque de Marnef.

Cette pièce est ordinairement réunie au : *traicte... de la différence des scismes, de Paris,* 1512.

Cette édition, longuement décrite par M. Helbig, ne porte pas les signatures *aa-cc* qu'indique le *Manuel* ; le premier feuillet n'est pas signé ; on y voit les signatures *bb* i—ddiiij.

— L'édition de *Jehan de Vingles*, s. d. (1509). 150 fr. W. Martin.

— LES ILLUSTRATIONS de Gaule et singularitez de Troye... Auec les deux epistres de Lamant Vert. Composees par Ian le Maire de Belges. *Imprime a Lyon par Estienne Baland:... et se uendent audit lieu, et chez maitre Jehan Richier de Paris. Le second livre porte : Imprime a Paris au moys de janvier lan Mil Vc et XII, par Geoffroy de Marnef...* in-4, goth. [23157]

Première édition, dont le catal. Yéméniz donne une minutieuse et fort obscure description ; elle ne contient pas le 3e livre ; l'exemplaire de ce bibliophile, venant d'Audenet, a été vendu 300 fr ; en mar. de Niédrée, 100 fr. A. Rigaud.

— LES MÊMES. *Imprimé à Paris par François Regnault*, s. d. (vers 1518), in-4, goth.

Un exemplaire, fort laid, 24 fr. marquis de B. de M. (1869).

— LES ILLUSTRATIONS de Gaule, et Singularitez de Troye. — Épistres du roy à Hector de Troye. — La Description du temple de Vénus. — Plainte sur les trespas de feu Guillaume de Bissipat, etc. *On les vend a Paris par Philippe Le Noir*, s. d. (vers 1520), 5 part. en 1 vol., pet. in-fol., goth., fig. i. b.

100 fr. Tross, 1865.

— LES ILLUSTRATIONS de Gaule et Singularitez de

Troy (*sic*), contenant trois parties auec lepistre du roy Hector de Troye (le Temple de Vénus et autres poésies). Le traicte de la différence des scismes et des concilles, la vraye hystoire et non fabuleuse du prince Syach Ismael dict Sophy, etc. *Imprimees nouuellement a Lyon par Iacques Mareschal, Lan de grace mil cccc. vingtz et quatre.* Cinq parties en 1 vol. gr. in-4, goth., fig. s. b.

En *mar.* de Capé, 75 fr. Desq; un très-bel exemplaire, en *mar. doublé* de Hardy-Mennil, 301 fr. Tross (1868).

— LES ILLUSTRATIONS de Gaule : Ⅎ Singularitez de Troye, contenāt troys pties. Auec Lepistre du Roy a Hector de Troye, Le traictie de la différēce des scismes Ⅎ des cōcilles, La vraye Hystoire Ⅎ nō fabuleuse du Prīce Syach Ysmail dict Sophy. *Imprimees nouuellemēt a Lyō par Antoyne du Ry. Lā de grace. Mil cccc vingt et huit,* in-4, goth., à 2 col., fig. s. b. 1ʳᵉ partie, sign. a-l, de 83 ff., plus 1 f. à la fin pour 2 pl. sur bois. La 2ᵉ partie contient 56 ff., sign. A. G. La 3ᵉ partie sign. *aa-gg.* La 4ᵉ signée AA par 8 et BB par 10; enfin la dernière partie, *le Traictie des scismes,* est signée Aa-Ee. (Bibl. Ambr. F. Didot.)

On trouve également cette édition avec le nom de *Franc. Regnault,* 27 fr. Luzarche.

— LES TROYS livres des Illustrations de Gaule et Singularitez de Troye, nouuellement reueues et corrigées oultre les précédentes impressions. *Paris, Galliot du Pré (impr. par Pierre Vidoue),* 3 part. en 1 vol., pet. in-8, lettres rondes, fig. s. b.

Édition fort recherchée; entre le premier et le second livre se trouvent *les Epistres de l'Amant Vert* à Marguerite d'Autriche.

En *mar.* de Duru, 200 fr. Double; c'est, croyons-nous, l'exemplaire qui a figuré à la vente Potier de 1870, 175 fr.; en *mar.* de Trautz, 171 fr. Germeau.

— LES ILLUSTRATIONS de Gaule... *Paris, Guil. Le Bret,* 1540, 5 part. en 1 vol. in-8.

En anc. rel. à la Du Seuil, 54 fr. Brunet; le front. de la première partie était refait en fac-simile; ce volume n'était pas digne de l'admirable collection du célèbre bibliographe.

— – LES ILLUSTRATIONS de Gaule... Auec la couronne margaritique... le tout reveu par Antoine du Moulin, Masconnois... *Lyon, Jean de Tournes,* 1549, in-fol.

Cette édition est la seule qui renferme la *couronne margaritique* et les trois ¢ontes de *Cupidon et d'Atropos.*

En *mar.* de Padeloup, 100 fr. Yéméniz; en demi-rel. 62 fr. Danyau; en *mar.* de Duru, 130 fr. Costa de Beauregard; en *mar.* de Duru, bel exemplaire, 450 fr. Leb. de Montgermont; en *mar.* dit de Padeloup, 72 fr. seulement, marquis de B. de M.

— LES MÊMES. *Paris, Jehan Longis,* 1548-49, 5 parties en 1 vol. in-4, lettres rondes.

40 fr. Soleil.

— LE TRAICTIÉ intitule de la Difference des scismes et des conciles de l'Eglise. *Imprime a Lyon au moys de may lan MDXj, par Estiene Baland,* in-4, goth.

Première édition de cette partie; à la suite : *l'Histoire moderne du prince Syach Ysmail et le Sauf-Conduit donne par le Souldan aux subiects du Roy tres chrestien...*

En *mar.* de Trautz, 99 fr. Cailhava.

— LE TRAICTIE de la différence des scismes..... *Imprime a Paris au moys de Nouembre, mil cinq cens et dize sept* (sic) *pour Englebert et Jehan de Marnef et pour Pierre Viart...* in-4, goth., de 38 ff. non chiffrés.

En *mar.* de Capé, 38 fr. De Lassize; en *mar.* de Lortic, 59 fr. marquis de B. de M. (1869).

— LE PROMPTUAIRE des conciles de leclise (*sic*) catholicque, auec les scismes et la différence diceux, faict par Jehan Le Maire de Belges. *S. l. n. d.,* pet. in-8, de 96 ff., plus deux pour la table; fig. s. bois. On trouve au f. 92 : *Sauf conduict donné par le Sōudan aux subjects du Roy tres-crestien pour aller en pelerinage au Sainct-Sepulcre, etc.*

Catalogue l'Escalopier.

— LE PROMPTUAIRE des conciles... *A Lyon, par Iean de Tournes,* 1547, in-16, lettres rondes.

A la suite : Histoire moderne du prince Syach Ysmaïl dict Sophy; le Sauf-Conduit donné... aux sujets du Roy tres chrestien, etc.

Joli volume, dans sa reliure du XVIᵉ siècle, 41 fr. Cailhava.

— LE TEMPLE dhonneur et de vertus, composé par Jehan Le Maistre (*sic*), discipse (*sic*) de Molinet... *Imprime à Paris le VIᵉ iour dauril mil cinq cens et quatre, par Michel Le Noir,* in-4, goth. [13335]

Seconde édition; l'exemplaire du baron d'Heiss, en anc. mar., 305 fr. baron Pichon.

— LE TEMPLE dhoneur Ⅎ de vertus : auquel sont contenus les chans des bōs Ⅎ uertueux bergiers suppotz de Pan... *On les vend a Paris en la rue neufue Nostre Dame a lenseigne de lescu de France.* (A la fin :) *Imprime a Paris par Alain Lotrian : et Denys Ianot,* s. d., in-16, goth., fig. s. b.

L'exemplaire Audenet, un peu court, 130 fr. Yéméniz.

— LE TEMPLE dhonneur et de vertus, composé par Jehan Le Maistre (*sic*), disciple de Molinet. A lhonneur de feu monseigneur de Boubon (*sic*). *S. l. n. d.,* in-4, goth. (en prose et en vers).

En *mar.* de Duru, 136 fr. W. Martin.

La première édition de cette pièce fort rare est celle de *Paris, Michel Le Noir,* 1503, in-4; c'est le premier ouvrage du poëte; on y lit un éloge de Pierre second, fils de Charles premier, duc de Bourbon, et comme une apothéose de ce prince. Le Maire fait entendre qu'il n'aurait pas eu la témérité d'entreprendre cet ouvrage s'il n'y eût été excité par «Jehan de Paris, paintre du Roy, qui, par le bénéfice de sa main heureuse a mérité envers les Roys et Princes, estre estimé ung second Appelles en Painčture».

— LA COURONNE margaritique, composée par Iean Le Maire, iudiciaire et historiographe de Mᵐᵉ Marguerite d'Austriche et de Bourgongne, duchesse de Savoye, etc. *Lyon (Jean de Tournes),* 1549, in-fol., à 2 col.

Fragment de l'édit. des *Illustrations des Gaules,* citée ci-dessus.

85 fr. W. Martin.

— Les *Epitres de l'Amant-Vert* sont réimpr. dans ce volume.

Rien ¦de plus confus et de plus difficile à établir que la bibliogr. de Le Maire de Belges; les traités in-4, que généralement on décrit comme formant les publications particulières, dépendent des 3 *livres des Illustrations des Gaules;* les petites éditions in-16 ou pet. in-8 ont seules été imprimées à part.

LE MAISTRE (*Rodolphe*). Le Preservatif des fiévres malignes, et pestilentes de ce

temps. *A Lyon, chez Jean Jullieron*, 1628, in-8.

Un exemplaire, relié avec le *Trespas de la Peste*, avec portrait, 25 fr. Yéméniz.

LE MAOUT (*Emm.*) et J. Decaisne. Traité général de botanique descriptive et analytique, contenant 5,500 fig. dessinées par MM. L. Steinheil et A. Riocreux. *Paris, Didot*, 1876, 1 vol. in-4. 30 fr.

Cet ouvrage est divisé en deux parties. La première comprend l'organographie, l'anatomie et la physiologie. La seconde renferme ce qui a trait à l'iconographie, à la description et à l'histoire des familles.

410 figures environ, gravées pour la *Botanique* publiée par Curmer en 1842, dans les *Trois Règnes de la nature*, épreuves sur chine, ou autres, 29 fr. Curmer ; et 340 pièces, environ, gravées pour l'*Histoire naturelle des oiseaux*, publiée dans la même maison, 49 fr. même vente.

LE MASLE. Les Nouvelles Recréations poétiques de Jean Le Masle, Angevin.... *Paris, pour Jean Poupy*, 1580, pet. in-12. [13813]

Imprimé avec les mêmes caractères que les *Œuvres de Pierre Le Loyer*, de 1579 ; un bel exemplaire, en mar. de Bauzonnet (H. 0ᵐ140), 400 fr. baron Pichon.

LEMBORCH (*Gilbert*). Des Fontaines acides de la Forest d'Ardenne, et principalement de celle qui se trouve à Spa, par Mᵉ Gilbert Lemborch, medecin. *A Liége, chez Gualthier Morberius*, M. D. LXXVII, *avec consentement*, pet. in-4, de 16 ff. non chiffrés, sign. Aij-Diij.

Seconde édition, fort rare, d'une pièce curieuse; la première est celle d'*Anvers, Jehan Bellière*, 1559, in-4, de 14 pp. ; on en connait trois ou quatre exemplaires, dont un seul est enrichi de deux curieuses gravures sur bois.

L'auteur s'appelait Gilbert Fusch, dit Limbourg ou Lemborch.

Ces deux éditions sont longuement décrites par M. Helbig, dans un opuscule intitulé : *Notices sur quelques livres rares du XVIᵉ siècle. Gand, Hebbelynck*, 1864, in-8.

LE MERCIER. Dveil ‖ sur la mort ‖ de Henri le Grand ‖ Roy de France & de ‖ Nauarre. ‖ Mis en vers françois par Timothée ‖ Le Mercier escuyer Sʳ de la Herodiere,... tirez de ‖ la prose du sieur de l'Hostal, vice ‖ chancelier de Nauarre. ‖ *A Sedan*, ‖ *de l'Imprimerie de Ian Iannon*, ‖ M. DC. XVI, in-12, de 92 ff. chiffrés. [13923]

Rare volume imprimé en *petite sédanoise*; MM. Morgand et Fatout, qui demandent 400 fr. d'un bel exemplaire dans sa première reliure en *vélin*, signalent un carton entre les feuillets 10 et 11, qui n'est compris ni dans la pagination ni dans les signatures.

LEMNE (*Levin*). Les Occultes Merveilles et Secretz de nature, avec plusieurs enseignemens des choses diuerses tant par raison probable que par coniecture artificielle, par Levin Lemne Medecin Zirizéeu, trad. de latin en françois par I. G. P. (Jacques Gohorry Parisien). *A Paris, par Pierre du Pré*, 1567, in-8. [4532]

Première édition de la traduction française; un exemplaire, relié avec le *Discours admirable de la nature des eaux et Fontaines*, de Bernard Palissy, *Paris, Martin le Jeune*, 1580, in-8, a été vendu 42 fr. Yéméniz.

— SIMILITUDINUM ac Parabolarum quæ in Bibliis ex herbis atque arboribus desumuntur dilucida explicatio. *Francofurti, ex offic. Paltheniana*, 1596, in-16.

Livre assez rare, d'une érudition un peu confuse, mais offrant quelque intérêt.

L'exemplaire de J. A. de Thou, en mar., 30 fr. Luzarche.

LE MOYNE (*J.*). L'instruction de bien et parfaitement escrire, tailler la plume, et plusieurs autres beaux secrets bien nécessaires pour se gouverner en l'art d'escriture, par Jehan le Moyne, escriuain, en l'université de Paris .. *Paris, Jehan Ruelle le jeune*, 1568, in-12, de 72 ff. 15 à 20 fr.

Cette instruction est en vers.

— L'INSTRUCTION de bien et parfaitement escrire, tailler la plume... *Paris, Barbe Regnault*, s. d., in-16.

Édition qui doit précéder celle de 1568 ; l'exemplaire Nodier, relié en mar. par Bauzonnet, avec une pièce de Dolet, de 1560, 155 fr. baron Pichon.

LE MOYNE (Le P. *Pierre*). La Galerie des femmes fortes. *Leyden, Jean Elsevier*, 1660, pet. in-12, front. et fig. [30399]

XXXVI feuillets lim., y compris les titres gravés e imprimés et la première gravure du texte, 452 pp de texte, qui comprennent 19 autres gravures, et 12 feuillets de table non chiffrés.

L'exemplaire Nodier (H. 0ᵐ133), 90 fr. Pieters : revendu 220 fr. La Villestreux ; en mar. de Hardy, mêmes dimensions, 170 fr. Huillard ; en mar. de Bauzonnet-Trautz (H. 0ᵐ130 et 1/2), 121 fr. Tufton ; H. 0ᵐ131, 61 fr. de Morante; en mar. de Duru, 0ᵐ130, 175 fr. Leb. de Montgermont; 70 fr., en mar. de Duru, Gancia ; en vélin, grandes marges, 120 fr. Soleil.

LE MUET (*Pierre*). Maniere de bastir pour toutes sortes de personnes, par P. Le Muet, architecte ordinaire du roy. *A Paris, chez Melchior Tavernier*, 1623, in-fol., pl. gr. s. b.

— MANIÈRE de bien bastir pour toutes sortes de personnes. *A Paris, chez Fr. Langlois, dict Chartres*, 1647, in-fol., pl.

En mar., 50 fr. Solar ; revendu 120 fr. Techener (1865).

Cette édition renferme une seconde partie :

— AUGMENTATION de nouveaux bastiments faicts en France, par les ordres et desseins du sieur Le Muet. *Paris, Fr. Langlois dict Chartres*, 1647, in-fol., fig.

— TRAITÉ des cinq ordres d'architecture desquels se sont servy les anciens. Traduit du Palladio, augmenté de nouvelles inventions pour l'art de bien bastir, par le sieur Le Muet. *A Paris, chez Fr. Langlois, dit Chartres, marchand libraire, rue Saint-Jacques, aux Colonnes d'Hercule, proche le Lion d'Argent, avec privilege du Roy.* M.DC.XLV, in-8, fig.

Les planches de l'ouvrage ont été gravées par Jean Marot.

LENFANT (*Jacques*). Histoire du concile de Pise. *Amsterdam, P. Humbert*, 1724, 2 vol. in-4, portr. [21689]

— HISTOIRE du concile de Constance. *Ibid., id.*, 1727, 2 vol. in-4, port. [21690]

— HISTOIRE de la guerre des Hussites et du concile de Basle. *Ibid., id.*, 1731, 2 vol. in-4, fig.

Ces 6 volumes en grand papier, dans une excellente reliure en *mar.* d'Anguerran, exemplaire de de Boze et de d'Hangard, 530 fr. Radziwill.

LE NOBLE. Contes et fables, avec le sens moral. *Jouxte la copie, à Paris, chez Michel Brunet (Amsterdam)*, 1699, 2 vol. pet. in-8, front. et fig. de Vianen.

En *mar.* de Derome, 61 fr. Radziwill; revendu 180 fr. Huillard.

— Réimpr. l'année suivante, 2 tomes en 1 vol., pet. in-8, front. et fig. à mi-page. 20 fr. même vente.

LENOIR (*Martin*). La franche acception du deffy faict à frère Martin Lenoir, docteur en théologie de la faculté de Paris et prieur des Augustins de Rouen, par certain calomniateur anonyme; où est contredict un sermon prétendu excellent de Gerson... *A Paris, chez Me Rémond Faucher, Pr Sindic des Augustins. S. d.* (1622), in-8, de IX ff. lim., 100 pp. et 7 ff. non chiffrés.

Satire pleine d'érudition, dirigée contre le curé David, auteur de la *Résolution de la sanctification du saint Dimanche;* on y rencontre quelques anecdotes curieuses concernant la ville et le diocèse de Rouen.

13 fr. 50 c. De Lassize.

LEO AFRICANUS. A geographical historie of Africa, writen in arabicke and italian... Before which, out of the best ancient and moderne writers, is prefixed a general description of Africa, and also a particular treatise of all the maine lands and isles vndescribed by John Leo. Translated and collected by John Pory. *Londini, impensis Georgii Bishop*, 1600, pet. in-fol. de 3 ff. lim., 60 et 420 pp. avec carte.

Les diverses adjudications, citées par Lowndes, en portent le prix de 25 à 40 fr.

— HISTORIALE description de l'Afrique, tierce partie du monde, escrite de nostre temps par Iean Leon, Africain.., plus cinq Nauigations au païs des Noirs... *A Lyon, par Iean Temporal*, 1556, 2 vol. in-fol., fig. s. b. [20780]

95 fr. Yéméniz ; 36 fr. Potier.

LEO Magnus (*S.*). Enchiridion Leonis Papæ. *Lugduni*, 1584, in-24. [8858]

Cette édition non mutilée, *integra*, est fort rare;

M. Brunet aurait pu la citer d'après la vente de Girardot de Préfond, où un exemplaire en *mar.* a été porté à 27 liv. 19 s.

LEON (*Fr.*). La Politesse de la langue françoise, pour parler puremant et écrire nettemant, par N. Fr. Leon, carme, predicateur et aumosnier du roy. *A Lyon, chez Pierre Conpagnon*, 1668, pet. in-12.

En *mar.* de Trautz, 55 fr. Yéméniz.

LEON (Don *Francisco* Ruez de). Hernandia... poema heroico, Conquesta de Mexico... proezas de Hernan Cortes, etc. *Madrid, viuda de Manuel Fernandes*, 1755, in-4.

Poëme relatif à la conquête du Mexique, écrit par un Mexicain; en *mar.* de Bedford, £ 1, sh. 13, Libri (1862).

LEON (*Martin* de) *de la Orden de Predicadores de N. P. Santo Domingo*. Primera parte del Sermonario del tiempo de todo el año, duplicado en lengua mexicana. *En Mexico, emprenta de la viuda de Diego Lopez Davalos*, 1614, in-4. £ 13 sh. 5. Fischer. (L'exempl. était piqué et taché.)

— CAMINO del Cielo, en lengua mexicana. Con todos los requisitos necessarios para conseguir este fin, cõ todo lo que vn Xpano deue creer, saber y obrar, desde el punto que tiene vso de razon, hasta que muero. *En Mexico, en la emprenta de Diego Lopez Davalos, y a costa de Diego Perez de los Rios, año de* 1611, in-4.

Ce très-rare volume contient :

— *Cathechismo en lengua mexicana. — Simbolo de la Fe de S. Athanasio. — Calendario mexicano. — Confesionario en lengua mexicana y castellana. — Testamento en forma. — Arte de ben morir*, etc.

Un exemplaire piqué £ 13, sh. 5 Fischer.

Ce précieux volume était inexactement indiqué par Ternaux (*Bibl. améric.*, 338); l'exemplaire que nous avons vu chez M. Tross était incomplet de la partie du titre, où se trouve consigné le nom de l'imprimeur; il a été vendu 96 fr. en 1862.

On connaît encore de ce dominicain :

— MANUAL breve y forma de administrar los Sacramentos a los Indios. *Mexico, viuda de D. L. Davaloz*, 1617, in-8.

— Réimpr. en 1640, *Mexico, en la emprenta de Francesco Robledo*, in-8. £ 2, sh. 2 Fischer.

— Et une dernière édition en est donnée en 1669, *Franç. Rodriguez Lupercio*, in-8, sh. 18 Fischer.

On connaît encore, suivant Antonio :

— MODO de enseñar la doctrina christiana a los Indios. *Mexico*, 1614, in-8.

Il ne faut pas confondre ce Fr. Martin de Leon avec un moine Augustin du même nom, qui convertissait le Pérou, et qui mourut évêque de Pouzzoles, dans le Napolitain, en 1655; on connaît de celui-ci :

— RELACION de las exequias que el excelentisimo señor D. Juan de Mendoza y Luna, marques de Montesclaros, Virrey del Piru, hizo en las Honras de la Reina D. Margarita de Austria, *En Lima, en la emprenta de Pedro Merchan*, 1612, in-4.

Volume aussi rare que précieux.

LEON PINELO (*Antonio* de). Epitome de la Biblioteca Oriental i Occidental, Nautica i Geografica. *Madrid, Juan Gonzalez*, 1629, in-4. [31784]

XLIII feuillets lim.; *Biblioteca oriental*, pp. 1-60; *Bibl. occidental*, 61-136; *Bibl. nautica; Geográfica*, 137-186; *Appendice*, xij pp., plus 1 feuillet; le titre est gravé par J. de Courbes.

C'est l'édition originale de la première *Bibliographie américaine*, qui ait été imprimée; elle est rare. 31 fr. Maisonneuve; 30 fr. de Morante.

— EPITOME de la Biblioteca oriental, y occidental, nautica, y geográfica, añadido, y enmendado nuevamente, en que se contienen los escritores de las Indias orientales, y occidentales, y reinos convecinos China, Tartaria, Japon, Persia, Armenia, Etiopia, y otras partes. *Madrid, Francisco Martinez Abad*, 1737-38, 3 vol. in fol.

Volume I, xx ff., 536 pp.: *Appendice*, pp. 537-561, 2 ff.; *Catálogo de los autores*, XLVII ff.; *Autores omitidos*, IV ff. — Vol. II, 1 feuillet, pp. 561-1191; *Appendice*, ff. MCXCII-MCCXXXVIII. — Vol. III, 1 f., pp. 1200-1729; *Catalogo de los autores*, 133 pp.; le tout fort mal paginé.

Cette nouvelle édition est l'ouvrage le plus important que nous possédions sur la *Bibliographie américaine;* elle a été publiée par D. Gonsalez de Barcia, et est généralement connue sous le nom de *Bibliographie de Pinelo;* ce dernier nom est un surnom qui avait été accepté par Antonio de Leon.

L'édition de 1629 est citée par Antonio, qui donne la nomenclature d'un grand nombre d'ouvrages de Pinelo, dont plusieurs imprimés à Lima; les éditeurs qui donnèrent, à la fin du siècle dernier, l'édition définitive du célèbre bibliographe espagnol, ont eu le tort de ne pas mentionner la grande édition de Pinelo de 1737.

Ce livre important et rare a été vendu 70 thal. Andrade; £ 3, sh. 5 Fischer, et 100 fr. Maisonneuve.

— QUESTION moral si el Chocolate quebranta el ayuno ecclesiástico. Tratase de varias bebidas y confecciones, que se usan en varias provincias, por el licenciado Antonio de Leon Pinelo. *Madrid, por la viuda de Juan Gonzalez*, 1636, in-4.

Livre rare, 6 liv. 13 s. Lauraguais; en *mar.*, 60 fr. 2e vente de Morante.

— TRATADO de Confirmaciones Reales de Encomiendas, oficios i casos, en que se requieren para las Indias occidentales. *Madrid, Juan Gonzalez*, 1630, in-4.

XV ff. lim., 173 ff., 17 pour la *tabla*, titre gravé par J. de Courbes.

Ouvrage qualifié très-important, au catalogue Maisonneuve, 22 fr.

LEON Pinelo (*Diego* de). Hypomnema apologeticvm pro regali Academia Limensi in Lipsianam periodvm. Accedvnt dissertationcvlæ gymnasticæ Palæstricæ, canonicolegales, aut promiscuæ: partim ex-

temporaneæ, expolitæ, et vtiles; ceu res ipsa ostendet. *Limæ, Jvliani de los Santos & Saldaña*, 1646, in-4, de XIV ff. lim., 155 ff., et XIX ff.; front. grav., titre impr. en rouge et noir; entre les ff. 22-23 se trouvent 16 ff., paginés A-Q.

L'auteur est le frère d'Antonio de Leon; tous deux étaient Péruviens.

Le volume, dont le titre précède, n'est pas cité par Ternaux; il a été vendu 39 fr. 50 c. Maisonneuve.

LEON y Gama (*Antonio* de). Descripcion histórica y cronológica de las dos piedras, que con ocasion del nuevo empedrado que se está formando en la plaza principal de México, se hallaron en ella el año de 1790. Explicáse el sistema de los Calendarios de los Indios, etc. *México, F. de Zuñiga y Ontiveros*, 1792, in-4, de 2 ff., 116 pp., 1 f., 3 planches.

Ouvrage intéressant au point de vue archéologique. 20 fr. Maisonneuve.

— Réimpr. en 1832. *México, Al. Valdés*, in-4.

Cette édition doit être préférée à cause des notes dont elle est accompagnée. 42 fr. Quatremère; 20 fr. Maisonneuve.

LÉONARD. Œuvres. 4e édition. *Paris, Prault*, 1787, 2 vol. in-12.

L'exemplaire Renouard (20 fr.), en papier *vélin*, avec plus de 60 pièces ajoutées, de Moreau, Marillier, etc., avant ou avec la lettre, 30 fr. La Bédoyère.

LEONE [Abarbanel] hébreu. [17890]

La traduction des Dialogues de l'amour, *imprimée à Lyon par Jean de Tournes*, 1551, 2 vol. in-8, est ainsi composée:

Tome Ier, IV ff. lim., 300 pp. et 2 ff. *d'errata;* tome II, IV ff., 418 pp. et 3 ff. *d'errata*.

Un exemplaire de l'édition de *Lyon, Benoist Rigaud*, 1595, in-12, en *mar.* de Trautz, 50 fr. Yéméniz.

LÉOPARD (*Charles*). Le Glaive du géant Goliath Philistin et ennemy de l'Eglise de Dieu. C'est un recueil de quelques certains passages par lequel il sera aisé à tous fidèles qui le liront de connoistre que le Pape ha (*sic*) la gorge couppée de son propre glaive. *S. l. (Basle)*, 1561, pet. in-8. [2106]

Livre rare et curieux, 13 fr. 50 c. vente Stengel, 1861; mais 120 et 140 fr. aux catalogues du libraire Tross, et jusqu'à 210 fr. première vente de Morante; racheté par le libraire, et revendu 200 fr. à la seconde.

L'exemplaire de M. Brunet, venant de M. de La Bédoyère, 180 fr.

LEPAUTRE (*Anthoine*). Dessins de plusieurs palais, plans et élévations en perspective géométrique, ensemble les profils élevés sur les plans; le tout dessiné et inventé par Anthoine Lepautre, architecte & ingénieur ordinaire des basti-

ments du Roy. *Paris*, 1652, in-fol.,
oblong.

30 planches, plus 2 feuillets de texte, contenant
une dédicace au cardinal Mazarin et un avertissement au lecteur.

Mariette dit que la gravure des œuvres d'Ant.
Lepautre est de J. Marot, pour les plans, et de
J. Lepautre pour les élévations et les ornements.

— DESSINS d'architecture d'Anthoine Lepautre, représentant les plans et élévations de l'hôtel de
Fontenay-Mareuil. *S. l. n. d.,*, in-fol., obl.; 23 planches, plus un frontispice et un feuillet contenant
la dédicace.

— PLANS et élévations du corps de l'église de Port-
Royal, bâtie au fort Saint-Jacques de Paris. Dédiée
à S. A. Mlle de Longueville. (On lit plus bas dans
un piédestal :) Ces dessins ont été inventés par
Anth. Le Paultre, architecte et ingénieur ordinaire
des bâtiments du Roy, et se vendent chez lui avec
privilége du Roy. 6 pièces in-fol. obl.

Les trois suites, ci-dessus, furent publiées plus
tard avec un texte par Daviler; Jombert en donna
une troisième édition sans date, vers le milieu du
XVIIIe siècle.

LEPAUTRE (*Jean*). [9915]

Sans vouloir entrer dans le détail des nombreuses
planches gravées par ce célèbre artiste, nous pensons que la description succincte des suites principales, formant recueil ou volume, rentrera dans le
cadre du *Manuel*.

Nous empruntons pour la plupart les renseignements qui suivent à l'excellent ouvrage de M. H. Destailleur du gouvernement, *Notices sur
quelques artistes français du* XVIe *au* XVIIIe *siècle.*
Paris, Rapilly, 1863, in-8.

Jombert, qui prit le fonds de Mariette au XVIIIe siècle, rechercha toutes les planches éparses dans ce
fonds, les fit retoucher, compléta les suites et publia
un recueil dont voici le titre :

OEuvres d'architecture de Jean Lepautre,
dessinateur des bâtiments du Roy. *A Paris, rue Dauphine, chez Charles-An-
toine Jombert, libraire du roy, pour
l'artillerie & le genie, à l'Image de
Notre-Dame,* 1731. 3 vol in-fol., contenant chacun 260 planches.

— ÉTUDES et Griffonnis. 54 pièces in-4.

L'un des premiers essais de gravures de Lepautre,
est, dit M. Destailleur, ce qu'il a gravé de plus remarquable.

— DESSINS de plusieurs palais, plans et élévations
en perspective géométrique. V. *Anth.* LEPAUTRE.

— L'ENTRÉE triomphante de Leurs Majestez
Louis XIV, roy de France et de Navarre, & de
Marie-Thérèse d'Austriche, son épouse, dans la
ville de Paris. *Paris*, 1662, in-fol.

Les exemplaires se vendent : *Chez Pierre Lepetit,
imprimeur du Roy, rue St-Jacques, à la Croix-
d'Or.* — *Thomas Jolly, dans la petite salle des
Merciers, aux armes de Hollande & à la Palme.*
— *Louis Billaine, au second pilier de la grande
salle, au Grand César et à la Palme.* 8 planches de
Lepautre, mais elles sont avant le nom de Lepautre;
aussi l'exempl., vendu 33 fr. chez M. Ruggieri, porte-
t-il simplement : *figures de Chauveau et de Jean
Marot.*

Il y a une seconde édit. avec les mêmes planches
et un texte abrégé; celle-là porte le nom de Lepautre; elle parut en 1665, chez Van Merlen.

— MÉTAMORPHOSES d'Ovide. Voy. OVIDE.

— FRISES ou montants à la moderne, servant pour

l'utilité des lambris ; inventez et gravez par Jean
Lepautre. 1657, 12 pièces en 6 ff. in-fol.

C'est la première suite d'ornements gravés par
Lepautre, qui porte une date.

— LIVRE de Serurerie (*sic*) inventé par Jean Lepautre et gravé par Jacques Lepautre. *Se vend
à Paris, sous les charniers des Innocents, avec
privilége du Roy.* 45 pièces sur 12 pl. in-fol.

— ESCUSSONS, ou Entrées de cerures (*sic*) et autres
ornements servants à embelir la cerurie (*sic*), inventez et gravez par J. Lepautre. *A Paris, chez
Pierre Mariette, avec privilége du Roy.* 66 pièces
sur 6 pl. numérotées, in-fol.

— NOUVEAUX dessins pour orner et embellir les
carrosses & chaises roulantes, inventez et gravez
par J. Lepautre. *A Paris, chez P. Mariette, rue
St-Jacques, à l'Espérance, avec privilége du roy.*
32 pièces sur 6 pl., in-fol. oblong.

— LIVRE de divers morceaux d'orfévrerie pour enrichir les ornements d'autels, nouvellement inventez et gravez par Jean Lepautre. *Se vend à Paris,
sous les charniers des Saints-Innocents, avec
privilége du Roy. Lepautre, exc.* 25 pièces sur 6
feuilles in-fol.

— DIFFÉRENTS morceaux d'ornements à la romaine,
pour servir aux frises et corniches, inventez et
gravez par J. Lepautre. *Paris, Mariette, s. d.,
avec privilége du Roy.* 31 pièces sur VI ff. in-fol.

— DIFFÉRENTS morceaux d'ornements pour servir
aux frises, corniches et architraves, inventez et
gravez de nouveau par J. Lepautre. *Paris, Mariette, avec privilége, s. d.* 47 pièces sur VI ff.
in-fol. (numérotés à gauche.)

— ORNEMENTS pour embellir les chapiteaux, architraves, frises et corniches, nouvellement inventez
et gravez par J. Lepautre. *Paris, Mariette, avec
privilége du roy.* 21 pièces sur 6 ff. numérotées,
in-fol.

— SUITE de sujets empruntés à la mythologie, sans
titre. (Sur une des planches :) *Chez Leblond, rue
St-Jacques, à la Cloche d'argent.* 22 pl. grand
in-fol., obl.

On trouve souvent en tête de cette suite, dit M. Destailleur, le portrait de Lepautre, en buste entouré de
fleurs.

— SUITE de sujets tirés de la Fable, sans titre. *P. Mariette exc.* 24 pièces numérotées au bas à droite.
In-fol., obl.

Dans le premier tirage, les cinq dernières planches sont sans numéros.

Mariette avait réuni 1,440 pièces de Jean Lepautre ;
ce lot a été vendu 260 fr. en 1775; le marchand
Buldet, acquéreur, a dû faire une assez profitable
affaire. Le catal. bibliographique donné par M. Destailleur décrit environ 2,400 pièces, dessinées et
gravées, ou seulement gravées par le grand artiste.

Un recueil d'environ 900 pièces, relié en 4 vol.,
portant des titres imprimés en car. mobiles : *A Paris, chez Jean Mariette, rue Saint-Jacques, aux
Colonnes-d'Hercule,* a été porté à 1,210 fr. à une
vente faite par M. Tross en mai 1868.

LE PENNEC (R. P. *Cyrille*), carme. Ka-
lendrier des festes de la Ste Vierge mère
de Dieu... *Morlaix, chez Nicolas du
Brayet et Roberte Drillet, sa compagne,* 1647, in-32.

— Réimpr. à *Vannes, chez Jacq. de Heuqueville,*
1694, in-16, 2 vol.

La première édition est particulièrement rare,
sans être pour cela beaucoup plus recherchée.

LE PETIT (*Claude*). La Chronique scan-
daleuse, ou Paris ridicule. *Cologne,*

Pierre de la Place (*Holl.*), 1668, pet. in-12, de 47 pp. [14245]

Rare et piquant, mais très-médiocrement imprimé et sur méchant papier ; il est impossible de rattacher cette détestable production typographique à l'admirable collection elzevirienne.

De 0ᵐ130, 180 fr. de Chaponay ; l'exempl. Coste, très-court, 38 fr. Pieters ; un exempl. sale, mais à grandes marges, 41 fr. Auvillain : en *mar.* de Chambolle, II. 0ᵐ131, 130 fr. baron Pichon ; deux exempl. chez M. de laVillestreux, l'un de 0ᵐ128, 20 fr. ; l'autre, de 0ᵐ126, mais en *mar.* de Capé, 49 fr. ; en *mar.* de Trautz, de 0ᵐ127 1/2, 400 fr. Leb. de Montgermont, et reporté à 600 fr. au cat. Aug. Fontaine.

A la belle vente de M. Potier, en 1870, figure une seconde édition de ce rare volume, que n'avait pas connue M. Pieters ; le titre est identiquement le même :

— LA CHRONIQUE scandaleuse, ou Paris ridicule, par Cl. le Petit. *Cologne, Pierre de la Place*, 1668, pet. in-12.

Mais le vol. a 50 pp. au lieu de 47, et l'impression est meilleure, sans être digne des presses elzeviriennes.

En *mar.* de Thibaron, 131 fr. Potier.

— LA CRONIQUE scandaleuse, ou Paris ridicule de C. le Petit. *S. l.*, 1671, pet. in-12.

Édition fort rare, exécutée en province, et, croyons-nous, *à Rouen* ; un second titre porte : *Paris ridicule, de Monsieur de Bussy-Rabutin*, 1671.

En *vélin*, 35 fr. Le Roux de Lincy.

Une nouvelle contrefaçon paraît en 1672 :

— PARIS RIDICULE par Petit, où il y a cent vingt-six dizains, c'est-à-dire 1,260 vers ; pièce satirique. *S. l.*, 1672, petit in-12.

Malgré son extrême rareté, ce volume, que M. Chedeau avait payé 50 fr., n'a été vendu que 9 fr. en 1865.

— L'HEURE du berger, par Cl. le Petit, demy-roman comique, ou Roman demy-comique. *Paris, And. Robinet*, 1662, pet. in-12.

16 sous au cat. Gersaint de 1750 ; vaut aujourd'hui de 40 à 50 fr. ; un bel exempl. figurait à la vente Auvillain ; il a été retiré par ordre.

— L'HEURE du berger, par C. le Petit, seconde édition. *Paris, Jean Ribou*, 1662, pet. in-12.

En *vélin*, 50 fr. Chedeau ; retiré de la vente Auvillain.

— L'HEURE du berger. *Paris, Jean Ribou*, 1664, in-12.

Une jolie réimpression a été donnée par Gay :

— L'HEURE du berger, roman de Cl. le Petit, nouvelle édition avec un avant-propos, par Philomneste Junior (M. Gust. Brunet). *Paris*, 1862, in-12.

Tiré à 100 exempl., dont 4 sur papier de Chine ; depuis longtemps épuisé.

La censure impériale, essentiellement morale, a encore interdit la vente de cette réimpression, chez M. Auvillain.

— L'ESCOLE de l'intérêt. Voy. PIEDRABUENA.

— CLAUDE le Petit, sa fin tragique en place de Grève, à Paris, et ses ouvrages, par Ed. Tricotel. *Paris*, 1863, in-8.

Volume intéressant et curieux.

LE PICARD (*Matth.*). L'Arsenac (*sic*) de l'ame, d'où elle tire trois sortes d'armes

pour triompher plainement de ses communs ennemis par L. P., curé du Mesnil-Jourdain. *Rouen*, 1626, in-12.

Ce curé, nommé Mathurin le Picard, qui avait transformé en sérail le couvent des religieuses de Louviers, fut condamné à être brûlé vif ; il échappa au supplice, c'est-à-dire qu'avec l'aide de quelques âmes charitables, il put mourir un peu avant l'exécution de l'arrêt ; son cadavre seul figura au bûcher. (Voy. au *Manuel*, l'art. FOUET des Paillards, et au *Man. du Bibl. normand* de M. Frère, l'art. BAVENT, tome I.)

Le petit volume, d'un mysticisme outré, que nous citons plus haut, est d'une exagération qui touche à l'extravagance ; c'est évidemment ce qui lui donne un certain prix aux yeux des amateurs sensibles à ce genre d'élucubrations.

LE PLESSIS. Voy. TRIOMPHES.

LEPOLEMO. Cronica de Lepolemo llamado el Cauallero de la † hijo del emperador de Alemania, compuesta en arabigo por Xarton, y trasladada en castellano por Alonso de Salazar. *Valencia*, 1521, *à* 10 *de abril*. Sans indic. de format.

Cette première édition, qui paraît perdue, ne figure qu'au cat. de la biblioteca Colon, conservé à Séville ; elle nous donne le nom du premier traducteur.

Les éditions qui suivent, du premier et du second livre, sont correctement indiquées au *Manuel* et bien conformes aux descriptions données par l'*Ensayo*.

LEPOREUS (*G.*). Ars memorativa Gulielmi Leporei Aualloneñ. (Guil. Lelièvre d'Avallon). *Veneunt in chalcographia Joannis Fabri : s. l.* (*Tolosæ*) *in vico Dagulheres : cuius anima in pace requiescit.* (A la fin) : Epistola Iodocii Badii Gulielmo Lepori, datée de 1523, 17 Kalē. octobris, in-4, fig. s. bois.

L'un des plus rares traités de mnémonique qui existent. 61 fr. Yéméniz.

LEPRINCE (*N. Th.*). Essai historique sur la bibliothèque du Roi, et sur chacun des dépôts qui la composent. *Paris, Belin*, 1782, in-12.

Ce petit volume intéressant est devenu assez rare pour qu'un libraire ait cru devoir le réimprimer.

Un exempl. de l'édition originale, couvert de notes de Mercier de St-Léger, a été vendu 62 fr. le Roux de Lincy (1870) ; un bon exempl. en condition ordinaire vaut de 6 à 8 fr. ; ce prix modeste rendait-il indispensable le luxe d'une réimpression ?

LE ROUGE. Théâtre de la guerre en Allemagne, contenant toutes les opérations militaires de 1733, 34 et 35, les plans des sièges et des camps. *Paris*, 1741, in-4, obl.

Volume entièrement gravé ; 12 à 15 fr.

LEROUX (*Cl.*). La Tourterelle gémissante sur Hierusalem, par Cl. Leroux, Lyonnois. *Paris, Regnaud Chaudière*, 1631, pet. in-8.

Volume curieux par son exaltation mystique. 6 à 8 fr.

LE ROUX de Lincy. Vie de la reine Anne de Bretagne, femme des rois de France Charles VIII et Louis XII, suivie de lettres inédites et de documents originaux. *Paris, L. Curmer*, 1860-61, 4 vol. in-8, avec photographies.

Belle et intéressante publication imprimée à *Lyon par Louis Perrin.*

En *mar.* de Hardy, belle reliure. 120 fr. Curmer.

Il a été tiré quelques exempl. in-4 sur pap. de Hollande ; en *mar. doublé* de Petit, 365 fr. Le Roux de Lincy, rev. 220 fr. Aubry (1872).

— RECHERCHES sur Jean Grolier, sur sa vie et sa bibliothèque, suivies d'un catal. des livres qui lui ont appartenu. *Paris, Potier*, 1866, gr. in-8, fig. 25 fr.

Curieuses recherches ; il en a été tiré 100 exempl. en gr. pap. de Hollande. Ce beau vol. est accompagné d'un atlas in-fol., contenant 8 planches de fac-simile de reliures et d'écriture. En *mar.* de Petit, 100 fr. Le Roux de Lincy ; sur ce même pap., 29 fr. Sainte-Beuve.

LEROY (*Alph.*). Collection des dessins originaux de grands maîtres, gravés en fac-simile par Alphonse Leroy, avec texte explicatif par MM. Reiset et Villot, conservateurs du musée du Louvre. 32 dessins de Pérugin, Raphaël, J. Romain, fra Bartholomeo, Michel-Ange, Mantegna, Leonard de Vinci, Luini, etc. *Paris, Rapilly*, 1860, in-fol. max., 30 planches et texte dans un portefeuille. 90 fr.

LE ROY. Dissertation sur l'origine de l'hostel de ville de Paris, prouvée par l'autorité des chartes. *Paris, Guillaume Desprez*, 1725, in-fol.

Vol. rare et curieux ; 46 fr. Le Roux de Lincy.

LE ROY (*Françoys*). Voy. SIÉGE DE PAVIE.

LÉRY (*Jean* de), natif de la Margelle, terre de Sainct-Sene, au Duché de Bourgogne. Histoire d'un voyage faict en la terre du Brésil, autrement dite Amérique... *S. l. (Genève). Pour Antoine Chuppin*, 1585, in-8, fig. s. b. [21094]

Il faut, pour que cette troisième édition soit complète, une grande planche pliée, représentant un combat de naturels du Brésil, Topinamboux et Margajats.

Antoine Chuppin avait imprimé la première édition de ce voyage à *la Rochelle en* 1578, et s'était retiré à Genève l'année suivante, pour fuir la persécution religieuse.

L'édition de *Rouen*, 1578, citée par Ternaux, nous est absolument inconnue, et nous ne pouvons admettre son existence.

L'édit. de 1585 a été vendue, en *mar.* de Lortic, 75 fr. Chedeau ; en *mar.* de Hardy, 305 fr. Yéméniz, et 410 fr. Potier ; en *mar.*, aux secondes armes de J.-A. de Thou, 400 fr. Radziwill, et 420 fr. baron Pichon, pour M. Giraud de Savine ; 50 fr. Asher, 1865 ; 50 fr. Tross (1873).

— La seconde édit., de 1580, à *Genève, pour Ant. Chuppin*, in-8, fig., 35 fr. Mart. Millet ; l'exempl. était de condition plus que médiocre ; en *mar.* de Lortic, bon exempl., 300 fr. cat. Morgand et Fatout.

— LA MÊME. *S. l. (Genève). Pour les héritiers d'E. Vignon*, 1594, in-8, fig. s. b.

Il faut également à cette édition la grande planche du combat entre les Margajats et les Topinamboux.

En *mar.* de Hardy-Mennil, 150 fr. Soleil.

LE SAGE. Les Folies du sieur Le Sage, dédiées à Mr Valat, gouuerneur du Chasteau de Monferran. *Montpellier, par Jean Pech*, 1636, in-8, avec VIII ff. limin. [14386]

Cette édition originale d'un ouvrage intéressant, dû aux presses d'un des plus grands imprimeurs du Languedoc, est d'une extrême rareté ; nous l'avons vu figurer à la vente H. D. M. en 1867, mais l'exemplaire était incomplet ; il ne comprenait, en outre des VIII ff. lim., que 160 pp., et au bas de la dernière se trouvait une réclame : *A Mes*, qui semblait indiquer tout au moins un cahier complémentaire.

— LAS FOVLIES dav Sage de Movnpelie. Reuistos e augmentados de diuersos piesses de l'autur. Embé son testament obro tant desirado. *S. l.*, M.DC.LI, . in-8, de 208 pp.

Édition fort rare, qui contient plusieurs pièces qui n'ont pas été reproduites dans l'édition d'*Amsterdam, D. Pain* (Montpellier, *Dan. Puech*, selon la *Revue des Langues Romanes*), 1700, in-12. Le *Manuel* la traite d'édition originale, ce qui ne paraît pas se concilier avec les déclarations du titre, et ce que dément l'édition de 1636 ; elle est, comme celle-ci, dédiée à M. Valat, gouverneur du château de Monferran. Un exempl. qualifié de très-beau a été vendu 49 fr. chez Burgaud des Marets.

LE SAGE (*Alain René*), né à Sarzeau dans la presqu'île de Rhuys (Morbihan), mort en 1747.

— LE THÉATRE espagnol, ou les meilleures comédies des plus fameux auteurs espagnols, traduites en françois. *Paris, Moreau* (aussi, *chez Jacques Christophe Remy*), 1700, in-12.

Édition originale ; en *mar.* de Hardy, 99 fr. vente Voisin (1876), reporté à 150 fr. au catal. Morgand et Fatout ; les mêmes libraires demandent 120 fr. d'un exempl. en *veau brun.*

— LE DIABLE boiteux. *A Paris, chez la veuve Barbin*, 1707, in-12, front. gr. ; l'approbation et le privilége sont à la fin, au vo de la table des matières, 3 pp.

Édition originale de 314 pp. [17616]

En *veau*, 260 fr. Chedeau ; en *mar.* de Masson et Debonnelle, 381 fr. Ruggieri ; porté à 600 fr. au catal. Morgand et Fatout ; en *mar.* de Lortic, 400 fr. Luzarche ; en *mar.* de Chambolle-Duru, bel exempl., 580 fr. Labitte (janvier 1877) ; c'était l'exempl. Germeau, payé 405 fr. en 1869 ; en *mar.* de Chambolle, 545 fr. Leb. de Montgermont ; en *mar.* de Trautz, 700 fr. au catal. Fontaine de 1875.

Un bel exemplaire en *mar.* de Trautz, chez M. de Lurde.

— LE DIABLE boiteux, seconde édition. *A Paris, chez la veuve Barbin*, 1707, in-12, fig., 318 pp. front. gravé.

Le privilége est ici en tête après l'approbation, 4 pp.

En *mar.* de Lortic, 90 fr. Luzarche ; 120 fr. au cat. Fontaine ; en *mar.* de Chambolle, 75 fr. catal. Morgand et Fatout.

Il y a vingt ans, cette édition ne valait pas cinq francs.

Ces deux premières éditions diffèrent sensiblement de l'édition définitive, donnée par Le Sage en 1737.

— LE MÊME, troisième édition. *A Lyon, chez Antoine Briasson*, 1707, in-12.

Jolie édition, ornée d'une figure gravée sur métal.

39 fr. Bachelin (1873) ; l'exempl. était relié en *mar.* par Belz-Niédrée.

— LE MÊME. *Amsterdam, Desbordes*, 1707, in-12, figures.

Copie de l'édition originale.

En *mar.* de Niédrée, 58 fr. Techener (1865).

— LE DIABLE boiteux, par M. Le Sage. *A Paris, chez la veuve Barbin*, 1727, 2 tomes en un vol. in-12.

En *mar.* de Brany, 52 fr. Labitte (1877).

— LE MÊME. *Paris, Damonneville*, 1736, 3 tomes, pet. in-12, front. gr. et fig.

En *mar.*, 35 fr. Grésy.

— LE DIABLE boiteux... avec les entretiens sérieux et comiques des cheminées de Madrid, et les béquilles du dit diable (par Bordelon). *A Paris, chez Prault père*, 1737, 2 vol. in-12, fig.

1er vol., XVI ff. lim., 332 pp. et 2 ff. pour l'approbation et le privilége ; 2e vol., 2 ff. lim., 350 pp. et 1 f. pour l'approb. et le privilége.

Édition en gros car.; c'est l'édition définitive.

En *mar.* de Hardy, 105 fr. vente Voisin (1876).

— LE DIABLE boiteux. *A Amsterdam, chez Pierre Mortier*, 1739, 2 vol., in-12.

1er vol., v ff. lim., 237 pp., plus la table et in f. blanc ; 2e vol., 2 ff. lim., y compris la grav. *des tombeaux*, 220 pp., un f. pour la table et 1 f. blanc.

25 fr. cat. Fontaine ; en *mar.* de Belz-Niédrée, 190 fr. Benzon.

— LE MÊME. *Amsterdam, P. Mortier*, 1747, 2 vol., in-12, fig.

17 fr. Luzarche.

— LE DIABLE boiteux, nouvelle édition, augmentée d'une Journée des Parques. *Paris, Damonneville*, 1756, 3 vol., in-12, fig.

Édition de peu de valeur ; 35 fr. cat. Fontaine ; 40 fr. Luzarche ; un bel exempl. en *mar.* ancien, aux armes de la comtesse d'Artois, 260 fr. baron Pichon, rev. 400 fr. Leb. de Montgermont ; en grand pap. de Hollande, *mar.*, aux armes de Mme de Pompadour, 1,800 fr. prince Radziwill ; l'exempl. Nodier, en *mar.* de Bauzonnet, et en papier de Hollande, faisait partie de la collection Cigongne.

— LE DIABLE boiteux. *Paris, Musier fils*, 1765, 3 vol., pet. in-12, fig.

En *mar.* aux armes de la comtesse du Barry (reliure un peu fanée), 205 fr. Double, rev. 905 fr. Potier ; puis 700 fr. Leb. de Montgermont.

— LE MÊME, illustré par Tony Johannot. *Paris, E. Bourdin*, 1840, gr. in-8.

Charmante édition ; sur pap. de Chine, 48 fr. Em. Gautier ; en *mar.* de Petit, 120 fr. cat. Morgand et Fatout.

— LE DIABLE boiteux, par Le Sage. *Paris, D. Jouaust*, 1868, in-8.

De la collection des romans classiques publiés par MM. G. d'Heilly et F. Steenackers ; édition fort bien imprimée, tirée à 340 exempl., dont 2 sur *vélin*, 20 sur pap. de Chine, 20 sur pap. Whatman, et 300 sur papier vergé.

Sur chine et sur Whatman, 30 fr. (cat. Fontaine), sur pap. vergé, 12 fr.

Un exempl. sur pap. Whatman, en *mar.* de Brany, 80 fr. Labitte (1877) ; un autre sur pap. de Chine, en

mar. de Chambolle, 57 fr. même vente, et 29 fr. marquis de B. de M.

Sur *vélin*, 105 fr. Em. Gautier ; enfin sur pap. de Chine, en *mar. doublé* de Hardy-Mennil, 300 fr. au catal. Morgand et Fatout.

— CRISPIN rival de son maître, comédie en un acte et en prose. *Paris, P. Ribou*, 1707, in-12 (sans nom d'auteur).

Édition originale, fort rare.

— TURCARET, comédie, (avec la critique par le Diable boiteux), par Le Sage. *Paris, P. Ribou*, 1709, in-12, de IV ff. lim., 166 pp. de texte et 5 ff. non chiffrés pour le privilége et *la critique de Turcaret par le Diable boiteux*.

Édit. originale.

En *mar.* de Chambolle, 200 fr. Leb. de Montgermont ; en *mar.* de Hardy, 30 fr. seulement, Voisin (1876) ; 72 fr., malgré un titre taché, Labitte (mai 1876).

Quérard donne le détail des pièces moins connues du célèbre écrivain.

— HISTOIRE || de || Gil Blas || de Santillanne. || Par M. Le Sage. ||. Dernière édition, revue et corrigée. || *A Paris.* || *Par les Libraires associés.* || M. DCC. XLVII. || *Avec Approbation ç Privilége du Roy,* || 4 vol. in-12, fig. [17219]

Édition définitive du chef-d'œuvre de Le Sage, publiée l'année même où il mourut à Boulogne-sur-Mer ; elle n'est pas rare, mais jolie et très-recherchée.

En *mar.* de Duru, 125 fr. d'Ortigue (1862) ; en *mar.* de Simier, 101 fr. Yéméniz, rev. 280 fr. Huillard, et 340 fr. vente Labitte du 17 mars 1877 ; en *mar.* de Chambolle, 300 fr. baron Pichon ; un exemplaire non rogné, rel. en *mar.* par Belz-Niédrée, 600 fr. d'Haubersaert et 640 fr. Grésy ; un second exemplaire en *mar.* de Hardy, 305 fr. même vente ; en *mar.* de Chambolle, 380 fr. Potier ; en *veau fauve*, excellente reliure de Padeloup, qui valait tous les maroquins du monde, 1,050 fr. Brunet ; en rel. moderne, 260 fr. A. Rigaud ; en *veau*, 305 fr. Bordes ; en *mar.* de Capé, 300 fr. Sainte-Beuve, et 750 fr. Benzon ; en *mar.* de Hardy, 265 fr. vente Voisin (1876) ; en *mar.* de Trautz, 1,120 ff. Leb. de Montgermont, porté à 1,650 francs au catal. Aug. Fontaine ; en *mar.* de Hardy-Mennil, 650 fr. Morgand et Fatout ; chez les mêmes libraires, l'exempl. Benzon figure, au prix de la vente, à 700 fr. ; un bel exempl., en *mar.* de Trautz, figure au catalogue du comte de Lurde.

Les premières éditions de ce livre célèbre sont moins bonnes, moins complètes et surtout moins recherchées que celle-ci ; en voici la liste succincte :

— HISTOIRE de Gil Blas de Santillane, histoire espagnole. *Paris, Ribov*, 1715, 2 vol., in-12.

Édition originale des deux premiers volumes.

— LA MÊME. *Amsterdam*, 1715, 3 vol., in-12.

— LA MÊME. *Rouen*, 1721, 3 vol., in-12.

— LA MÊME. *Paris, Ribou*, 1724, 3 vol. in-12.

— LA MÊME. *Amsterdam*, 1725, 3 vol., in-12.

— LA MÊME (sous le titre d'*Aventures*). *Amsterdam, Hermann Wittwerf*, 1729 (aussi 1733), 3 vol., in-12.

— LA MÊME. *Paris, Ribou*, 1735, 4 vol., in-12.

Première édition collective, beaucoup moins jolie, mais beaucoup plus rare que celle de 1747.

— LA MÊME. *Amsterdam*, 1735, 4 vol., in-12.

— LES AVENTURES de Gil Blas de Santillane, par M. Le Sage. *Amsterdam, H. Wytwerf*, 1747, 4 vol., pet. in-12.

Copie de l'édition de Paris, publiée sous la même date; elle est rare et assez jolie.

52 fr. A. Rigaud.

— LES AVANTURES de Gil Blas de Santillane. *Amsterdam et Leipzig, Arkstée et Merkus*, 1767, 4 tomes en 2 vol., in-12, très-jolies fig.

En *mar.* de Capé, 62 fr. Desq; en 4 vol., reliés en *mar.* par Derome, 421 fr. Soleil.

— HISTOIRE de Gil Blas. *Paris, Janet*, an III, 4 vol. in-8, fig.

En *mar.* de Chambolle-Duru, 149 fr. Grésy.

— LA MÊME. *Paris, Chaigneau aîné*, an IV-IX, 4 vol., in-8, fig.

En pap. *vélin*, 52 fr. Grésy.

— HISTOIRE de Gil Blas de Santillane, vignettes par Jean Gigoux, *Paris, Paulin*, 1835, gr. in-8.

En demi-rel., 20 fr. marquis de B. de M.

— LA MÊME, avec les principales remarques des principaux annotateurs, précédée d'une notice par M. Sainte-Beuve, des jugements et témoignages sur Le Sage et sur Gil Blas, suivie de *Turcaret et de Crispin rival de son maître*, *Paris*, 1864, 2 vol., in-8, fig. et portr.

Jolie édition; les exempl. sur gr. pap. de Hollande se vendent environ 30 fr.

— GIL BLAS, réimpression de l'édition de 1747, avec une introduction par F. Sarcey. *Paris, Jouaust*, 1873, 2 vol., in-8, de xx-822 pp.

Charmante édition, comme tout ce qui sort des presses de cet éditeur plein de goût; 500 exempl., dont 20 sur pap. de Chine.

Hidalgo (p. 73) donne de longs détails sur les traductions espagnoles de Gil Blas; la traduction classique de Jose Fr. Isla a été plusieurs fois réimprimée dans ces temps derniers; l'édition de *Madrid*, 1852, in-fol. avec 44 gravures, renferme des notes nombreuses et intéressantes de Adolfo de Castro, qui sont fort utiles pour l'étude de cette question si controversée de l'originalité de l'œuvre de Le Sage.

Voici quelques-unes des réimpressions : *Madrid*, 1840, in-4, 4 vol., 78 figures; *Madrid*, 1842, in-4, 100 grav. originales; *Madrid*, 1852, in-4, 15 grav. sur bois, etc.

Quelques éditions ont une continuation en 5 chapitres, qui mène à la mort de Gil Blas; d'autres ajoutent 4 livres aux 12 de l'œuvre originale de Le Sage.

La continuation fut d'abord publiée en langue italienne par le chanoine Monti en 1735; elle est au-dessous du médiocre. Il en existe une autre, encore inférieure, de D. Bernardo Maria de Calzada, publiée à *Madrid*, en 2 petits volumes in-4 : *Genealogia de Gil Blas*, etc.; elle est indiquée au *Manuel*.

La longue et fastidieuse continuation du chanoine Monti fut aussi traduite en espagnol par Isla. La théorie de Llorente a été exposée dans un article de la *North-American Review* (octobre 1827), et dans ses *Essais de critique et mélanges*. *Boston*, 1845.

Voir aussi le livret intéressant d'Adolfo de Castro : *Poesias de Calderon y plagios de Le Sage. Cadiz*, 1845, et le 4e livre du *Conte Duque d'Olivarez* par le même auteur. *Cadiz*, 1846, in-4.

— HISTOIRE de Guzman d'Alfarache, nouvellement traduite (de Math. Alaman) et purgée des moralités superflues. *Paris, Ganeau*, 1732, 2 volumes in-12.

Édition originale de cette imitation de l'ouvrage d'Alaman, dont elle a fait oublier les traductions antérieures.

En *mar.* de Cuzin, 250 fr. catal. Morgand et Fatout.

— LES AVANTURES de M. Robert Chevalier, dit de Beauchêne, capitaine de flibustiers dans la Nouvelle-France. *Amsterdam, aux dépens de la Compagnie*, 1733, 2 vol., in-12, fig. de Bonnard.

Vol. I, 3 ff., 199 pp., 3 fig.; vol. II, 2 ff., 187 pp., 3 fig.

12 à 15 fr.

Une traduction anglaise a été faite à *Londres* en 1745, 2 vol., in-12.

— La première édition a été donnée à *Paris*, *Est. Ganeau*, 1732, 2 vol., in-12.

— HISTOIRE d'Estevanille Gonzalez, surnommé le Garçon de bonne humeur, tirée de l'espagnol par Monsieur Le Sage. *Paris, chez Prault*, 1734, 2 vol., in-12.

Édit. originale.

En *mar.* de Chambolle, 160 fr. Leb. de Montgermont; en *mar.* de Thibaron, 67 fr. Potier; en *veau*, 11 fr. Luzarche.

— LA MÊME. *Paris, Prault*, 1754, 2 vol., in-12.

39 fr. A. Rigaud.

— UNE JOURNÉE des Parques, divisée en deux séances. *Paris, Ribou*, 1734, in-12.

— LA VALISE trouvée. *Paris*, 1740, 2 part. en 1 vol., in-12.

— LE BACHELIER de Salamanque, ou Mémoires de D. Cherubin de la Ronda, par M. Le Sage. *Paris, Valleyre fils & Gissey*, 1736; et *La Haye (Paris)*, *P. Gosse*, 1738, 2 vol., in-12, fig.

Édition originale; le second volume est beaucoup plus rare que le premier.

Le premier vol., 10 fr. Luzarche; un bel exempl. du même, 100 fr. Bordes, et 305 fr. Benzon; les deux vol., en *veau*, 162 fr. Chedeau; en *mar.* de Hardy, 105 fr. vente Voisin (1876); un bel exempl. des deux vol., en *mar.* de Trautz, 500 fr. Leb. de Montgermont, porté à 750 fr. au cat. Fontaine; un second exempl. en *veau*, 300 fr. au cat. du même libraire (1877); en *mar.* de Cuzin, 250 fr. cat. Morgand et Fatout.

— RECUEIL ‖ des pièces ‖ mises au Théâtre-François. ‖ *A Paris, chez Jacques Barois fils*, 1739, 2 vol., in-12.

Première édition collective.

Le premier volume, 2 ff. lim. et 420 pp., contient le *Traître puni*, comédie en 5 actes; *Don Felix de Mendoce*, comédie de Lope de Vega, 5 actes; le *Point d'honneur*, comédie en 3 actes; la *Tontine*, comédie en un acte.

Cette dernière pièce, jouée à la cour le 20 mars 1732, était ainsi montée : M. *Trousse-Galant*, Duchemin; M. *Bolus*, Dangeville, *Marianne*, Mlle Gaupin; *Frosine*, Mlle Dangeville cadette; *Crispin*, Poisson, et *Ambroise*, Armand.

Le second volume, 2 ff. lim., 389 pp. et 3 pp. pour l'approb. et le privilège, contient : *D. César Ursin*, comédie en 5 actes; *Crispin rival de son maître*, comédie en un acte; *Turcaret*, comédie en 5 actes; critique de la comédie de *Turcaret*, par le Diable boiteux.

En *mar.* de Hardy, 89 fr. vente Voisin (1876); en *mar.* de Chambolle-Duru, 180 fr. cat. Morgand, et un second exempl. en *mar.* de Cuzin, 250 fr. même catal.; un bon exempl. cartonné, 150 fr. Fontaine (1875).

— MESLANGE amusant des saillies d'esprit et des traits historiques les plus frappans. *Paris, Pierre Prault*, 1743, in-12.

Édit. originale; en *veau*, 26 fr. Labitte (1877).

Une réunion de plusieurs ouvrages de Le Sage, en éditions originales, reliés en *mar.* par Hardy, a été vendue 850 fr, Morel, de Lyon ; cette collection comprenait :

— GUZMAN d'Alfarache. *Paris*, 1732, 2 vol., in-12, figures.

— AVENTURES de Robert, chevalier de Beauchesne. *Ibid.*, 1733, 2 vol., in-12, fig. de Bonnart.

— HISTOIRE d'Estevanille Gonzalez. *Ibid.*, 1734-41, 4 tomes en 2 vol., in-12.

— LE BACHELIER de Salamanque. *Ibid.*, 1736-38, 2 vol., in-12, fig.

— LE DIABLE boiteux. *Ibid.*, 1737, 2 vol., in-12, figures.

— HISTOIRE de Gil Blas. *Ibid.*, 1747, 4 vol. in-12, figures.

— RECUEIL des pièces mises au Théâtre-François. *Ibid.*, 1739, 2 vol. in-12.

LE SAIGE (*Jacques*). Chy sensuyuent les gistres (*sic*) répaistres et despēs : que moy Jasque Le Saige, marchand de draps de soye, demourant a Douay : ay faict de Douay a Romme, Nostre Dame de Lorette, a Venise, et de la en la saincte cite de Hierusalem, fleuve Jourdain et autres lieux, iusques au retour dudict Douay. *Imprime nouuellement a Cambray, par Bonauenture Brassart, au despens dudict Jasques*, s. d. (avant 1523), pet. in-4, goth., de 108 ff., signés A-EF. [20538]

A la fin :

Che present liure a faict Jacque Le Saige
Lequel est bien sarpilit de languaige
Grant crocheteur de boutelles et de flacquon
Je prie a Dieu quy luy fache pardon.
Amen.

Le *Manuel* signale l'extrême rareté de ce précieux volume ; un bon exemplaire, habilement raccommodé, a été vendu 1,005 fr. Bigant, de Douai, pour M. Chedeau ; il fut porté chez M. S. G., en 1869, à 1,000 fr., puis, l'année suivante, revendu 800 fr. seulement, chez M. Potier.

Un bel exemplaire de l'édition de 1523, tout aussi rare que la première, est conservé à la Bibliothèque de Tournai.

L'ESCALE (Chevalier de). Alphabet de l'excellence et perfection des femmes, contre l'infâme alphabet de leur imperfection et malice. *Paris, Nicolas de la Vigne*, 1631, in-12. [18051]

Même édition que celle qui porte le nom du libraire Billaine.

En mar. de Duru, 35 fr. Chedeau.

Dans la même vente figurait un livre apologétique du sexe féminin, tout aussi rare que celui-ci :

— LES DAMES illustres, où, par bonnes et fortes raisons, il se prouve que le sexe féminin surpasse, en toute sorte de genres, le sexe masculin, par damoiselle J. Guillaume. *Paris, Thomas Jolly*, 1665, in-12.

En mar. de la veuve Niédrée, 26 fr. même vente.

— LE CHAMPION des femmes qui soustient qu'elles sont plus nobles, plus parfaites et en tout plus vertueuses que les hommes... *Paris, Vᵉ M. Guillemot*, 1618, pet. in-12,

24 fr. Potier.

LESCARBOT (*Marc*). Histoire ‖ de la novuelle ‖ France ‖ contenant les navigations, découvertes, & habi ‖ tations faites par les François ès Indes Occiden ‖ tales, & Nouvelle-France souz l'avoeu & autho ‖ rité de noz Rois Tres-Chrestiens, & les diverses ‖ fortunes d'iceux en l'exécution de ces choses, ‖ ‖ depuis cent ans jusques à hui. ‖ En quoy est comprise l'Histoire Morale, Naturele, & Geo ‖ graphique de ladite Province : Avec les Tables & ‖ Figures d'icelle. ‖ Par Marc Lescarbot Aduocat en Parlement, ‖ Témoin oculaire d'vne partie des choses ici récitées. ‖ Multa renascentur quæ iam cecidere cadentque. ‖ *A Paris*, ‖ *chez Iean Milot, tenant sa boutique sur les degrez* ‖ *de la grand'salle du Palais.* ‖ M. DC. IX. ‖ *Avec Priuilége du Roy* (du 27 novembre 1608), in-8, de XXIV ff. lim. et 444 ff. chiff.; à la page 207 doit se trouver la : *Figvre dv port de Ganabara av Brésil* ; à la p. 236 : *Figvre de la terre nevve, Grande Riviere de Canada, et côtes de l'Ocean en la Novvelle France* ; à la p. 480 : *Figvre de Port Royal en la Novvelle France. Par Marc Lescarbot*, 1609. (*Jan Swelinck sculp., J. Millot excudit.*)

Puis vient une seconde partie, avec titre spécial et pagination distincte :

— LES MUSES ‖ de la Novvelle ‖ France. ‖ A Monseigneur ‖ le Chancellier. ‖ ... *A Paris* ‖ *chez Iean Millot, sur les degrez de* ‖ *la grand'salle du Palais.* ‖ M. DC. IX. *Auec priuilége du Roy*, in-8, de 3 ff. lim., et 66 p. chiffrées.

Première édition fort rare et tout aussi recherchée en Europe qu'en Amérique.

En mar. de Hardy-Mennil, avec 2 cartes de la réimpression, 505 fr. Soleil ; 200 fr., sans cartes, vente du château de Saint-Ylie ; bien complet, haut de 0ᵐ169, 560 fr. Labitte (juin 1876).

La seconde édition, 1611, de l'*Histoire de la nouvelle France*, a un intitulé identique à celui de la première ; elle forme un vol., pet. in-8, de X ff. lim., 877 pp. de texte, XIV ff. non chiffrés pour le sommaire, avec la seconde partie :

— LES MVSES ‖ de la Novvelle ‖ France. ‖ *A Paris*, ‖ *chez Iean Millot, devant S. Barthelemy, aux trois* ‖ *coronnes, Et en sa boutique sur les degrez de la* ‖ *grand'salle du Palais.* ‖ M. DC. XI, ‖ 4 ff. pour l'épître à Nicolas Brulart, 77 pp. de texte.

Les cartes de cette seconde édition sont au nombre de 4, aux pp. 62, 182, 208 et 428 ; la première porte : *Figure et Description de la Terre reconue* (sic) *et habitée par les François en la Floride et au deça ; gisante par les 30, 31 et 32 Degrez. De la main de M. Marc-Lescarbot.*

Au verso du dernier feuillet des *Muses de la Nouvelle France*, une table de 45 errata.

Un bel exemplaire avec 3 cartes, 425 fr. Morel, de Lyon ; également avec 3 cartes originales, 579 fr. Tross (1873).

La réimpression de cette seconde édition de 1611,

qui porte la date de 1612, est identique; elle se reconnaît d'abord à cette date de 1612, à ce que la table d'*errata* manque et que toutes les fautes ont été corrigées.

La troisième édition de 1618, citée au *Manuel*, est ainsi composée : 1 vol. in-8, titre, 1 f.; 3 ff. chiff. pour *Epître au Roy*; 2 ff. pour *Epître au président Jeannin*; 4 ff. pour *Dédicace à la France*; 16 ff. pour *sommaires*; 1 f. pour *Advis au lecteur*; texte, pp. 1-970 : 1 f. pour *Errata*; suivent les *Muses de la Nouvelle France*, de 76 pp.; l'édition a les cartes de 1612. Un bel exemplaire a été vendu 295 fr. Potier, 1870; un autre, incomplet des cartes, 251 fr. Maisonneuve.

Le Père Le Long indique une édition de 1617 que nous ne connaissons pas.

— NOVA FRANCIA : ‖ Or the ‖ Description ‖ of that part of ‖ New France, ‖ which is one continent with ‖ Virginia.‖ Described in the three late Voyages and Plantation made by ‖ Monsieur de Monts, Monsieur de Pont-Graué, and ‖ Monsieur de Poutrincourt, into the countries ‖ called by the Frenchmen La Cadie, ‖ lying to the southwest of ‖ Cape Breton. ‖ Together with an excellent generall Treatie of all the commodities ‖ of the said countries, and maners of the naturall ‖ inhabitants of the same. ‖ Translated out of French into English by ‖ P. E. ‖ *Londini*, ‖ *impensis Georgii Bishop*. ‖ 1609 ‖.

In-4, IX ff. lim., 307 pp. de texte et une carte.

Cette paraphrase de la première édition de l'*Histoire de la Nouvelle France*, de Lescarbot, a été faite à la requête de Richard Hackluyt, par un ministre protestant, d'origine française, du nom de Pierre Erondelle; le nom de Marc Lescarbot n'est pas mentionné (Lowndes, Harrisse).

— NOVA FRANCIA. Gründliche History von Erfündung der grossen Landschafft Nova Francia oder New Franckreich genannt. Ausz einem zu Parisz gedruckten Französischen Buch..... ims Teutsch gebracht. *Augspurg, Chrysostomes Dabertzhofer*, 1613, in-4, de IV ff. lim. et 86 pp. de texte.

— LA CONVERSION des sauvages qui ont été baptizés en la Nouvelle-France, cette année 1610... *Paris, J. Millot*, s. d., pet. in-8. [28510]

v pages liminaires, 44 pages chiffrées et 1 feuillet non chiffré.

— LA DEFAITE ‖ des savvages Armov ‖ chiquois par le Sagamos ‖‖ Membertou & ses alliez sauuages, en ‖ la Novvelle France, au mois de Juillet ‖ dernier, 1607. ‖ Où se peuvent recognoistre les ruses de guerre ‖ desdits Sauvages, leurs actes funèbres, ‖ les noms de plusieurs d'entre eux, ‖ & la maniere de guerir ‖ leurs blessez. ‖ — *A Paris* ‖ *chez Jeremie Perier*, s. d. (1609), pet. in-8, un f. pour le titre et l'avis au lecteur et 12 ff. chiffrés; la pièce de vers qui suit les deux ff. en prose, est signée Lescarbot.

Cette pièce doit être d'une extrême rareté; M. Harrisse, à qui nous empruntons ce titre, n'en

cite pas d'adjudication; elle est reproduite dans les *Muses de la Nouvelle France*.

— HISTOIRE de la Nouuelle-France, contenant les nauigations, découuertes et habitations faites par les François ès Indes occidentales et Nouuelle-France. Auec les Mœurs de la Nouuelle-France. Par Marc Lescarbot. Nouvelle édition, publiée par Edwin Tross. *Paris*, 1866, 3 vol., pet. in-8, avec quatre cartes.

Belle reproduction, tirée à petit nombre ; sur papier vélin, 36 fr.; sur papier de Hollande, 60 fr.; ces prix ne se maintiennent pas (sur pap. de Holl., 26 fr. Soleil), mais nous pensons qu'ils tendent à remonter.

— LES MUSES de la Nouvelle-France. *Paris, Edw. Tross*, 1866, pet. in-8, 15 fr.

Tiré à 40 exemplaires sur papier *vergé*, en caractères imitant les anciens.

Cette partie, qui manque souvent aux éditions anciennes, était destinée par l'éditeur à les compléter; elle est remarquablement exécutée.

— LES BAINS de Fewer (vulgairement Feffers) en Suisse, imitation d'un poëme latin, et description d'iceux, par Marc Lescarbot. *S. l. (Genève), par Jean de Tournes*, 1613, in-4, de 4 ff.

Pièce fort rare sur les eaux de Pfeffers; un exemplaire broché non coupé, 7 fr. 50 c. Payen.

— Il en existe une édition antérieure. *S. l. (Genève, de Tournes)*, 1609, pet. in-4, de 4 ff. également, avec front. gr. s. b.

— HARANGUE d'action de grâces pour la paix, prononcée en la ville de Vervin, le dernier jour de May 1598, par devant le... cardinal de Florence, Légat de Nostre S. P. en France, par M. Marc Lescarbot, avec poëmes sur la paix du mesme autheur. *Paris, Fed. Morel*, 1598, pet. in-8, de 37 pp., avec deux cartouches finement gravés.

Fort rare.

— LE TABLEAU de la Suisse et autres alliés de la France ès Hautes Allemagnes, en prose et en vers. *Paris, Périer*, 1618, in-4. [13925]

C'est le récit, en vers et en prose, d'un voyage que l'auteur fit avec Pierre de Castille, ambassadeur en Suisse; ce volume offre un véritable intérêt.

51 fr. Techener (1865) ; en *mar.* de Chambolle, 160 fr. Morgand et Fatout.

LESCLACHE. (*Louis* de). La Philosophie morale divisée en 5 parties. *A Paris, chez l'Autheur et Laurent Rondet*, 1665, 4 vol. in-12. [3328]

Un joli exemplaire, en *mar. ancien*, au chiffre couronné de Victor Amédée de Savoye, 42 fr. seulement, Solar.

— L'ORDRE des principales choses dont il est parlé dans la philosophie. *Paris, Laur. Rondet*, 1666, in-12.

— LES AVANTAGES que les femmes peuvent recevoir de la philosophie et principalement de la morale, ou l'Abrégé de cette science. *Ibid., id.*, 1667, in-12.

Un joli exemplaire de ces deux pièces, réunies en 1 vol. *mar. anc.*, aux armes de J.-B. Colbert, 100 fr. Huillard.

LES ESCOUTEAUX. Les Infortunées et chastes amours de Filiris et Isolia, par le sieur des Escouteaux, gentilhomme Loudunois. *Paris, Jean Corrozet*, 1607, in-12, de 345 pp. avec une préface signée : *Les Escouteaux*.

45 fr., en *mar.*, Tross.

L'auteur, qui s'est rendu coupable de bien d'au-

tres méchants romans, est appelé : DES ESCU-
TEAUX, par Lenglet Dufresnoy.

LESLEUS (*Joannes*). De Origine, mori-
bvs, et rebvs gestis Scotorum libri X.
Accessit noua et accurata regionum et
insularum Scotiæ, cum vera eiusdem
tabula topographica, descriptio. *Romæ,
in ædibus populi Romani*, 1578, in-4.
[27392]

Édition originale, citée par Brunet; mais il ne
mentionne pas, non plus que Lowndes, deux planches qui doivent se trouver au verso des pages 259
et 339; la première est l'arbre généalogique de la
famille des Stuarts; la seconde représente l'arbre
généalogique du roi Henry VII et de la reine Élizabeth; en haut de cette planche est le portrait du roi
Henry VII et son blason.

Vendu complet, 50 fr. Maisonneuve.

Le portrait de Marie Stuart est aussi bien souvent
enlevé à ce volume assez rare, et il est bon, en
collationnant le livre, de s'assurer de sa présence.

L'exemplaire de M. Libri, vendu en 1859 £ 4, sh. 6,
était relié avec deux autres pièces, dont l'une au
moins est assez précieuse :

— UBERTI Folietæ Conjuratio Joannis Ludovici
Flisci (Fiesque). Tumultus Neapolitani et cædes
Petri Ludovici Farnesii Placentiæ ducis. *Neapoli*,
1571, in-4.

— FOLIETÆ opuscula nonnulla. *Romae*, 1574, in-4.

— Du DROICT et titre de la serenissime
princesse Marie, royne d'Escosse, et de
tres illustre prince Jaques VI, roy d'Escosse son fils, à la succession du royaume
d'Angleterre ; avec la généalogie des roys
ayans regné depuis cinq cens ans, premierement composé en latin et anglois,
par R. P. en Dieu M. Jean de Lesselie,
evesque de Rosse, Escossois... et nouuellement mis en françois par le mesme
autheur. *Rouen, George Loyselet*, s. d.
in-8, avec un grand tableau généalogique.

Cette édition, sans date, n'est citée ni par Lowndes
ni par M. Brunet; en *mar.* de Duru, 155 fr. baron
Pichon.

— PIÆ afflicti animi Consolationes, et tranquilli
animi munimentum, ad D. Mariam Scotorum
Reginam. *Paris*, 1574, pet. in-8.

Sh. 15, Bright.

LESNÉ. La Reliure, poëme didactique en
six chants. *Paris*, 1827, gr. in-8, 2e édit.

Nous ne citerions certainement pas cette pauvre
élucubration d'un pauvre poëte, encore plus pauvre
relieur, si nous n'avions à mentionner un prix
extraordinaire : un exemplaire relié par Capé, avec
un luxe excessif, c'est-à-dire en *mar. à compartiment à mosaïque de mar. noir, doublé de mar. vert,
avec filets, étui*, etc., etc., n'a pas été vendu moins
de 210 fr.

La première édition de 1820 avait été vendue 17 fr.
Capé, en demi-rel.

L'ESPERONNIÈRE. Voy. ANGOT.

LESPINE (*Charles* de). OEuvres. *In Torino, Ubertino Meruli*, 1627, in-4, de
271 pp. [19009]

Avec la tragédie de la *Descente d'Orphée aux*

Enfers, 40 fr. Costa de Beauregard; en *mar.* de
Trautz, 400 fr. Leb. de Montgermont.

— LA DESCENTE d'Orphée aux Enfers, par Charles
de l'Espine, Parisien. *Lovanii, typis Ph. Dor-
malii*, 1614, pet. in-8, de VII ff. et 62 pp., titre
gravé.

En *mar.* de Thouvenin, et malgré quelques défauts, 40 fr. Leb. de Montgermont.

LESPINE (*Jean* de). Discours du vray
sacrifice et du vray sacrificateur.....
Lyon, J. Saugrain, 1563, in-8, de 24
pp. [2069]

L'exemplaire Gaignat et La Vallière, cité au
Manuel, a passé chez M. Renouard, où il a été vendu
81 fr., et de là chez le marquis de Morante, à la vente
duquel il a atteint le prix excessif de 415 fr.

LESPINE (*Jean* de) du Pont-Alletz.

Le catalogue des libraires Morgand et Fatout
(mai 1876, n° 2229) tranche hardiment, sous la
garantie de la signature de M. Picot, une question
longtemps et fréquemment controversée; il s'agit
de l'attribution à Pierre Gringore, d'un livre bien
connu : *les Contredictz de Songe Creux*, dont la
première édition a été donnée à *Paris, par Galiot
du Pré*, en 1530, in-8. Lacroix du Maine, Du Verdier, La Monnoye, Goujet, ont accepté la paternité de Pierre Gringore; le P. Niceron enregistre,
sans se prononcer, et M. Guiffrey (*Epistre de Clo-
rinde la Romaine*, page 6, en note) conclut dans le
même sens.

M. Picot s'appuie, pour démolir cet échafaudage,
sur une pièce découverte aux archives, un acquit au
comptant datant du règne de François Ier. « A Jehan
de l'Espine du Pontalletz, dict *Songecreux*, qui a par
cy-devant suivy ledict seigneur avec sa bende et
joué plusieurs farces devant luy »...

Et M. Picot déclare que « non-seulement il ne
pense pas que l'attribution des *Contredictz*, à Gringore, puisse être soutenue, mais qu'il croit que
Jehan de l'Espine s'est proposé, au contraire, de répondre aux *Abuz du monde*, publiés par Gringore
en 1509 »...

Et *le Songecreux* de la prénostication, dont parle
si bien Henry Estienne « Un certain bon compagnon
qui a escrit (il y a longtemps) vn liuret contenant
la prognostication de la venue du bon temps... »; et
cet autre Albert Songe-Creux, Bisscain ou Biscayen,
dont nous avons sous les yeux une nouvelle *Prénostication*, spirituelle et fine critique de tous les
astrologues présents et passés, ceux-là aussi n'auraient-ils pas quelques titres littéraires à faire
valoir à la revendication de l'œuvre en litige ? Mais
nous ne devons pas sortir de notre rôle et prendre
part à ces joutes littéraires, bien qu'en poésie la
recherche de la paternité soit loin d'être interdite, et
qu'en bibliographie elle s'impose comme un devoir.

LESPLEIGNEY (*Thib.*). Promptuaire des
médecines simples en rithme joyeuse,
avec les vertuz et qualitez dicelles.....
Compose par Thibault Lespleigney, ap-
poticaire à Tours, natif de la ville de
Vendosme. M. D. XXXVIII. (A la fin :)
*Cy fine ce present liure de medecine
intitule Promptuaire imprime a tours
par Mathieu Chercelé, demourant en
la rue de la Sellerie deuant les Cordeliers. Et fut acheve le XXe iour
d'aoust mil cinq cens XXXvij.* Petit
in-8, goth., de 84 ff. [13302]

Première édition ; en *mar.* de Capé, 435 fr. Taschereau.

— La seconde édition donnée *à Paris, en la rue Neufue nostre dame, par Pierre Sergent*, 1544, pet. in-8, est imprimée en lettres rondes, et non en caractères gothiques.

En *mar.* de Duru, 299 fr. Taschereau; l'exemplaire avait été payé 80 fr. Salmon; un bel exemplaire, en *mar.* de Duru, n'avait été vendu que 70 fr. De Chaponay.

— DÉCLARATION des abuz et tromperies que font les apothicaires, fort utile et nécessaire a un chacun studieux et curieux de sa santé; *composée par maistre Lisset Benancio. Lyon, Michel Joue*, 1557, pet. in-12.

Volume rare et vraiment curieux, publié par Lespleigney, sous le pseudonyme de Lisset Benancio.

32 fr. Soleil.

LESSEPS (*Ferdinand* de). Lettres, journal et documents pour servir à l'histoire du canal de Suez. *Paris, Librairie académique, Didier et Cie*, 1875-1877, 3 vol. in-8.

« C'est icy un livre de bonne foy », aurait pu écrire, en guise d'épigraphe, l'illustre auteur; simple, sans phrases et sans emphase, clairement ordonné, vivant, ce livre s'impose à l'admiration des partisans de M. de Lesseps, au respect même de ses adversaires.

On annonce 5 volumes.

L'ESTOCART (*Paschal* de). Cent vingt et six quatrains du sieur de Pibrac, conseiller du conseil privé du roy, mis en musique, à 1, 2, 3, 4, 5 et 6 parties. *Lyon*, 1582, in-4, obl.

(*Catalogue des Foires de Francfort.*)

LETAROUILLY, architecte. Edifices de Rome moderne, ou Recueil des palais, maisons, églises, couvents, etc. *Paris, Bance*, 1825-57. Un vol. de texte in-4, et 3 vol. de pl. in-fol. [9689]

199 fr. vente Labitte du 10 décembre 1874.

LETTER (A) from a Gentleman of the Lord Ambassador Howard retinue, dated at Fez, Nov. I. 1669, wherein he gives a relation of the most remarkable passages in their voyage and of the state of the country of Morocco. *London*, 1670, in-4.

Pièce fort rare, inconnue à Lowndes. 12 fr. 50 c. vente De Bure (1834).

Elle était reliée avec un récit tout aussi rare, mais que cite la bibliographie de Lowndes :

— PHELPS (*Thomas*). A True account of his captivity at Machaness in Barbary. *Ibid.*, 1685, in-4.

Il va sans dire que ces deux pièces atteindraient aujourd'hui un prix plus élevé.

LETTER (A) of a Catolike man beyond the seas, written to his friend in England : including another of Peter Coton priest of the Society of Jesus to the Queene Regent of France. Touching the imputation of the death of Henry the IIII,

late King of France to priests, Jesuites or catholike doctrine..... *S. l. (Douai)*, 1610, pet. in-8, de 47 pp.

Pièce fort rare, imprimée par ordre des RR. PP. du collége de Saint-Omer, vraisemblablement à *Douai;* elle est portée à 60 fr. au catalogue Tross de 1869 (nº 4491). La signature de l'auteur est T. A., peut-être Thomas Abernethy ?

LETTERA de ‖ La nobil Citta nuouamente ‖ ritrouata alle Indie con li ‖ suoi costumi ɔ̃ modi del ‖ suo Re ꝑ soi popoli ‖ Li modi del suo adorare con la ‖ bella vsanza delle donne loro. ‖ Et de le due persone ermafrodite ‖ donate da quel Real Capi- ‖ tano della Armata.‖ (grav. s. bois.) A la fin : *Data in Zhaual.* Adi. XXV. di Settembre. ‖ M. D. XXXV. ‖ in-4, de 4 ff.; le texte commence au vº du titre, qui est imprimé en goth., tandis que le texte est en italique.

Le seul exemplaire connu de cette pièce précieuse appartenait à Sir Thom. Grenville; il est aujourd'hui conservé au British-Museum.

La réimpression qui en a été faite vaut aujourd'hui une guinée; Thom. Grenville avait acheté l'original 12 fr. en 1842.

— Lettera de la nobil Citta nuouamẽte ritrouata alle Indie conli suoi costumi ɔ̃ ‖ modi del suo Re ꝑ soi popoli. ‖ Li modi del suo adorare con la bella vsanza delle donne loro. ‖ Et delle due persone Ermafrodite donate da quel ‖ Re al capitano della Armata. ‖ *S. l. n. d.*, pet. in-4, de 2 ff. non chiffrés, impr. en car. ronds.

Cette pièce est datée du « *XXX di settembre*, M.D.XXXIX »; une édition antérieure est citée au *Manuel* (III, col. 1021).

LETTRE au P. Castel, au sujet du pays de Kamtchatka et de Jeço, et réponse du P. Castel. *S. l.*, 1737, in-12, avec une carte.

LETTRE de (Louis) Froidoux, Grand-Maître des Eaux et Forêts de Toulouse, contenant la relation et la description des travaux qui se font en Languedoc, pour la communication des deux mers. *Toulouse*, 1672, in-8, cartes et fig.

Ce grand événement de l'achèvement du canal du Languedoc a donné lieu à de nombreuses publications; nous empruntons les titres de quelques-unes à M. Desbarreaux-Bernard :

— RELATION de ce qui s'est passé au départ des barques à Castelnaudary, pour la navigation générale du canal royal du Languedoc. Contenu dans une lettre écrite par une personne de qualité à un de ses amis en cour. *A Toulouse, par Jean Boude*, 1681, 4 ff., in-4.

— L'ACOUMPLISSOMEN del canal, ou las Nossos de l'Océan, E' de la Mediteraneo, faitos à Castelnaudary, lo 19 may 1681, par Clarac. *A Toulouso, par Jean Boude*, 1681, 4 ff., in-4.

— LA PREMIÈRE navigation sur le canal du Languedoc, fait par ordre du Roy, pour la jonction des deux mers, depuis Toulouse jusques au port de Cete (*sic*). *Ibid., id.*, 1681, 6 ff., in-4.

— RELATION de la seconde navigation solennelle du canal royal... que monsieur Daguesseau... a faite au commencement du mois d'avril 1683, par ordre de Sa Majesté... *Ibid., id.*, 1683, 14 ff., in-4.

Toutes ces pièces sont rares, et, sans être autrement précieuses, méritent l'honneur d'une reliure.

LETTRE des chevaliers de Malte au prince de Condé pour dissiper l'entreprise du Turc contre la chretienté. *Paris*, 1615, in-8.

— LETTRE du grand Sophy de Perse à M. le Prince. *Paris*, 1615, in-8.

Parodie de la pièce précédente, encore plus rare.

LETTRE des R. P. Capucins nouvellement establis à Constantinople. *Paris*, 1677, in-8.

Bibl. nationale.

LETTRE d'un docteur de Sorbonne (Jean Gerbais) à une dame de qualité touchant les dorures des habits des femmes. *Paris, Fr. Léonard*, 1696, pet. in-12. 6 à 8 fr.

LETTRE d'un gentilhomme françois, escrite à Tours, le 29 avril 1589, envoyée à ung seigneur catholique de la ville de Paris, contenant, au vray, l'estat et succès des entreprinses de Henry de Valois contre l'Eglise catholique, et la tyrannie par lui exercée sur les catholiques de Tours pour servir d'exemple aux villes qui le recevront. *Paris, Rolin Thierry*, 1589, pet. in-8.

Fougueuse diatribe d'un zélé ligueur. 8 à 10 fr.

LETTRE d'un maistre janséniste à un bon Père Feuillant, touchant un sermon célèbre contre les nuditez et les portraicts lascifs. *Paris*. 1652, pet. in-4 de 12 pp.

Cette lettre, signée A. A. (Ant. Arnauld?), a pour but de démontrer que les tableaux de nudités contre lesquels avait prêché un Feuillant, et qu'on trouvait, disait le prédicateur, dans les chambres des jansénistes réformés, étaient plus innocents et plus chastes que les images qui décorent les cloîtres et les cellules des moines.

Cette pièce polémique n'est pas très-édifiante, mais elle est certainement instructive.

LETTRE du Roy à Monsieur le président de Granague, sur la reddition de la Rochelle ; avec les articles qu'il a plu à Sa Majesté leur accorder, leur pardonnant leur rébellion. *A Beziers, par Iean Martel, imprimeur & libraire*, 1628, 4 ff. in-8.

LETTRE du Sr de la Miltière au jeune Montbrun (sur la descente des Anglais dans l'île de Ré), trouvée parmi ses papiers, le jour qu'il a été mis à la Bastille. *S. l.*, 1627, pet. in-8.

Pièce rare, 25 fr. Luzarche.

LETTRE écrite à Monsieur *** qui m'avoit demandé mon sentiment sur un grand ouvrage que monsieur Jouvenet a peint depuis peu, et ce que représente ce tableau. *S. l. n. d.* (*Rouen*, 1715), in-12, 23 pp., sign. a1-b 2.

Pièce rare ; l'exemplaire de la Bibl. nation. vient de la collection Falconet. Ce tableau, de 7 mètres de haut sur 5 mètres de large, représente le *Triomphe de la Justice ;* il a été peint de la main gauche, à la suite de l'attaque de paralysie qui priva Jouvenet, en 1713, de l'usage de la main droite ; il fut placé dans la seconde chambre des enquêtes du Parlement de Rouen.

LETTRE en vers sur les Mariages de Mlle de Rohan avec M. de Chabot, de Mlle de Rambovillet avec M. de Montavsier, et de Mlle de Brissac avec Sabatier, 1645. *Paris, A. Aubry*, 1862, in-12.

En *mar.* de Chambolle-Duru, un des 3 exemplaires sur *vélin*, 74 fr. Em. Gautier.

LETTRE escripte (d'Oyron) par le Sr de Dampière, gentilhomme suyvant M. le duc de Rouanois, grand escuyer de France, à mad. la duchesse sa femme ; par laquelle il se voit la façon dont le grand escuyer a esté pillé, prins et emmené de la maison, par ceux qui portent les armes contre le Roy. *Paris*, 1568, pet. in-8.

Pièce intéressante, 31 fr. Luzarche.

LETTRE héroïque et morale sur le temps et sur l'inconstance des choses humaines. *Paris, Aug. Courbé*, 1657, in-4.

Pièce en vers, qui a trait à la disgrâce de M. de Pomponne.

LETTRE missive envoïée de Rome par un chevalier de Malte, ou est déclaré les discordes entre le grand Turc et le Sophy, roy de Perse. *Paris*, 1589, in-8.

Curieux et rare. 10 à 12 fr.

LETTRE pour la défense et la conservation des parties les plus essentielles à l'homme et à l'Etat. *Genève, Bomm*, 1750, in-8.

Livre de médecine des plus curieux ; il est à la bibl. de l'Arsenal.

LETTRE sur ce qui s'est passé dans l'affaire de l'empoisonnement arrivé à la cour de Danemarck, le 27 mars 1699. *Cologne, Pierre Marteau* (à la Sphère), 1700, in-12.

Pièce fort rare, qui a échappé aux recherches de M. Pieters.

LETTRES à Emilie sur la Mythologie, par Demoustier. *Paris, Renouard*, 1809, 3 vol. in-8.

Ce livre devrait être placé à l'art. DEMOUSTIER, mais, *notre siège étant fait*, nous avions pris la résolution d'omettre la plupart de ces fades élucubrations du XVIIIe siècle et de l'empire; il nous faut cependant donner les prix du jour.

Un exemplaire en papier *vélin*, relié par Bozérian, en *mar. citron*, avec les figures de Moreau avant la lettre et les eaux-fortes, n'a pas été vendu moins de 2,200 fr. en janvier 1877.

LETTRES (S'ensuit la vraye teneur des) contenant des lamentables inondations et élévations des eaux tant de mer que des rivières doulces, au pays de Flandres, Brabant et Hollande, aussi aux îles de Zélandes, auec plus des gros domaiges advenus, le 5e iour de nouembre, par icelles. *Escript le 10me iour de Nouembre par le tout votre frère et compagnon en la cité et bonne ville de Bruxelles, Pierre Duylstel. S. l. n. d.*, in-4, goth., de 4 ff.

Pièce fort rare, vendue 60 fr. (catal. Saint-Ylie, 1869).

LETTRES d'auertissement à la noblesse et autres deputez des Estats-Generaux des Pays-Bas, escrites par un serviteur de Don Jehan d'Austrice (*sic*). *Francfort*, 1578, in-4.

LETTRES de la vénérable Mère Marie de l'Incarnation première supérieure des Ursulines de la nouvelle France divisées en deux parties. *Paris, Louis Billaine*, 1681, in-4, v ff. lim., 675 pp. de texte; 1 f. de privilège; portr. grav. par Edelinck.

Vol. intéressant et rare; il a été réimpr. à *Clermont-Ferrand en* 1857, in-12. Ces lettres, dit Charlevoix, contiennent plusieurs faits historiques arrivés pendant les 32 années que Marie de l'Incarnation (Marie Guyard, veuve de Cl. Joseph Martin) a vécu au Canada, où elle prit terre en 1640.

L'édit. originale, 70 fr. Taschereau.

LETTRES (Les) de par Monsieur le grant seneschal de Normendie. Enuoyees a messieurs de la ville de rouen. Datees du XXIX. iour de May (1510). *S. l. n. d.*, in-4, goth., de 22 ff. non chiffrés.

Pièce de toute rareté (Bibl. nation.) ; la plupart de ces *nouvelles* politiques sont imprimées à *Lyon*, chez Noël Abraham.

LETTRES d'Emilie. *S. l.*, 1675, in-4, de 249 pp. et 3 ff. prélim.

Lettres en vers et en prose, entremêlées de quelques petites nouvelles ; elles ne sont citées par aucun bibliographe, et l'on ne sait même à qui les attribuer ; une excellente note de M. Potier a fait vendre ce petit livre, en 1872, 15 fr., et le dernier f. était en partie arraché.

LETTRES de la Royne régente, Mère du Roy, escrites à Orléans, le 16 juillet

1614, à Messieurs de la Court de parlement, à Rouen. *Caen, Jacques le Bas*, S. d. (1614), in-8, de 16 pp. 20 à 25 fr.

A la suite de cette pièce se trouve une seconde pièce qui va des pp. 9 à 16 : *Brief discours de la terre du Brésil, avec la description des mœurs des sauvages.*

LETTRES d'Héloïse et d'Abailard, traduction nouvelle avec le texte latin à côté. Edition ornée de 8 fig. d'après les dessins de Moreau le jeune. *Paris, impr. de Didot le jeune, an II de la République*, 3 vol. in-4. [18725]

L'exempl. unique de Renouard, avec bon nombre de pl. ajoutées et quatre des dessins originaux de Moreau, 1,405 fr. Van der Helle. Un exempl. ordinaire, 30 fr. Aubry, janvier 1872.

LETTRES douces pleines de désirs et d'imaginations d'amour. *Lyon, J. Frellon*, 1596, pet. in-12.

LETTRES du duc de Mayenne, envoyées au sénéchal de Lyon, ou son lieutenant, pour choisir et eslire deputez, pour se trouver à l'assemblée générale des estatz de ce royaume, assignez à Melun le troisiesme jour du mois de février prochain. *Lyon*, 1590, in-8, de 16 pp.

Manœuvre électorale de la dernière heure ; pièce rare et intéressante ; 14 fr. 50 c. Martial Millet.

LETTRES dv || Jappon, Perv, et Brasil, || enuoyees au R. P. General || de la société de Jésus, par ceux de la- || dicte société qui s'employent en ces || Regions, à la conuersion des Gentils. || *Paris, Th. Brumen*, 1578, pet. in-8, de 110 pp. et 1 f. pour le privilège.

Fort rare ; 25 à 30 fr. au moins.

LETTRES d'un gentilhomme allemant, contenant l'exécution et la mort du baron d'Aune, chef des dernieres troupes des Reistres descenduz en France. *Iouxte l'exemplaire imprimé à Paris*, 1588, pet. in-8, de 8 ff., dont 2 blancs. Pièce rare.

LETTRES du Roy, contenant les moyens de la detestable Coniuration et Conspiration, entreprinse contre Sa Maiesté, tendant a la subuersion du Royaulme (31 mars). *Poitiers, impr. de N. Pelletier*, 1560, in-8.

Pièce rare, qui a trait au *Tumulte d'Amboise*; le catal. de la Bibl. nation. nous donne le titre d'une autre édition de la même pièce :

— LETTRES du Roy, contenant le succinct du fait de la conspiration entreprinse contre Sa Maiesté, et les moyens proposés par icelle pour empescher le chemin de telles entreprinses. *Lyon, P. Merant*, 1560, in-8.

LETTRES (Les) du Roy de Hongrie en-uoyees a Leon pape dixiesme de ce nom. *Escript a Budes par nous Loys roy de Hongrie le deuxiesme iour de juillet lan mil cinq cens vingt et un* (en prose). *S. l. n. d.*, pet. in-8, goth., de 3 ff.

Pièce d'une extrême rareté; 120 à 150 fr.; un exempl., venant du duc de la Vallière, a figuré dans un précieux recueil de 18 pièces goth., vendu 3,900 francs, baron Pichon.

LETTRES (Les) et poésies de madame la comtesse de B. (Brégy). *Leyde, Antoine du Val*, 1666, pet. in-12, de 155 pp. [14033]

Pieters, d'après Motteley, attribue cette jolie édition aux presses de *Foppens*, ainsi que les *OEuvres galantes de Mad. la* [comtesse de *B.*, qui sont le même livre sous un autre titre.

En mar. de Duru, 51 fr. Caillhava; en mar. de Thibaron, 40 fr. Leb. de Montgermont.

Il existe une nouvelle édition de ce recueil, à la date de 1668, et portant le nom de Jean Sambix; elle est citée au *Manuel*.

LETTRES interceptes (*sic*) du Contador Alonso de Curiel au prince de Parme. Par lesquelles on peult manifestement descouvrir (*sic*) les faulx et doubles traits, dont l'Espagnol tasche d'abuser ceux de pardeça, pour les armer contre leur patrie. *A Anvers, de l'imprimerie de Christofle Plantin, imprimeur du Roy*. M.D.LXXIX, pet. in-4, titre, privil. et 15 pp.

Bibl. roy. de Bruxelles; cette pièce est fort rare.

— LETTRES interceptes (*sic*) du Cardinal de Granvelle et autres. *A Anvers, de l'imprimerie de Chr. Plantin*, M.D.LXXXII, in-4, titre, privil. du duc d'Anjou, 1 f.; texte, 28 ff. non chiff.

Bibl. roy. de Bruxelles.

LETTRES galantes et philosophiques de deux nones, publiées par un apôtre du libertinage, avec des notes. *Au Paraclet*, 1777, in-8.

22 fr. Auvillain.

Il a été tiré de ce volume deux exemplaires sur *vélin*, dont l'un a figuré à l'un des catalogues du libraire Chardin.

LETTRES missives du Roy Henry deux-siesme (*sic*) sur le payement de la gen-darmerie, et est deffendu a tous hommes de ne séjourner au logis plus d'une nuict, et ne molester le bon Homme, etc. *Paris, v° Jacques Nyuerd*, 1548, in-8, goth.

12 à 15 fr.

— LETTRES missives du Roy Henry deuxiesme, enioignant à tous ceulx estans des estats d'office royaux de faire confirmer leurs lettres, etc. *Paris, veuve Jacques Nyuerd*, 1550, in-8, goth.

LETTRES nouuelles contenant forme de provision : concedees et octroyees ius-

qu'à cent et un an, à tous ceux qui desirent estre maries deux fois, datees du penultieme iour d'auril mil cinq cens trente-six. *S. l. n. d.*, pet. in-8, goth., de 4 ff.

Sur le titre :

Seigneurs, marchands et gens d'église,
Qui liré ce petit liuret,
Aioustez foy à ma tolye,
Pour courroucer les femmes lay faict.

A la fin du dernier feuillet : Ainsi signé « *Piroton, conseiller des amoureux* ». Le mot *Finis*, au v° du dernier f., est précédé de la complainte du jeune marié :

Dauoir deux femmes ie nay pas grant enuie,
Car la mienne a trop mauuaise teste,
Toujours sans fin apres moy noise et crie :
Ie la crains plus que fouldre ni tempeste.

Un exempl., en *mar.* de Trautz, est porté au prix respectable de 1,200 fr., au catal. à prix marqués de M. Quentin-Bauchard.

LETTRES patentes qui approuvent et confirment les nouveaux statuts de la communauté des peintres et sculpteurs de l'Académie de Saint-Luc. *Paris, Lamesle*, 1738, in-4, de IV-76 pp.

29 fr. vente P. D. (1864).

Cette première édition des Statuts de l'Acad. de Saint-Luc a été réimpr. à *Paris, d'Houry père*, 1753, in-4, de 2 ff. lim. et 184 pp. Cette édition est beaucoup plus complète; le détail en est donné par M. Vinet. (*Bibliogr. des Beaux-Arts*, n° 400.)

LETTRES significatives des magnificences faictes et ceremonies observees à l'enterrement et sepulture de feu Mgr Anne de Montmorency... escrittes à Paris, le XXVI° jour de novembre 1567. *A Lyon, Michel Joue*, 1567, in-8. 8 à 10 fr.

LE VASSEUR (*Guillaume*), sieur de Beauplan. Description de l'Ukrainie, qui sont plusieurs provinces du royaume de Pologne... ensemble les mœurs de ce païs. *Rouen*, 1660, in-4, fig. et carte. [27860]

7 thal. 20. Sobolewski.

Il existe de ce volume rare une réimpression sous la même date, également de *Rouen*, pet. in-12; elle est encore moins commune.

LE VASSEUR (*Jacques*). Antithèses ou Contrepointes du Ciel et de la Terre. — Le Bocage de Iossigny, où est compris le Verger des Vierges et plusieurs autres sainctes, tant en vers qu'en prose par Iacques le Vasseur, archidiacre de Noyon. *Paris, Fleury Bourriquant*, 1608, 2 tomes en un vol. in-8.

Les poésies sont de la dernière médiocrité, mais le volume est rare; l'auteur était né à Vismes, près d'Abbeville.

En mar. de David, 100 fr. W. Martin.

LEVASSEUR. Ouvrages poétiques de M. Levasseur, secretaire du mareschal de Grammont. *Paris, Charles de Sercy*, 1655, pet. in-12.

Pauvres poésies ; un exempl. en ancien *mar.* a été vendu 22 fr. Labitte (décembre 1872) ; en *mar.* de Capé, même prix, Soleil.

LE VAYER de Boutigny. Tarsis et Zélie. *A Paris, chez Musier fils*, 1774, 3 vol. gr. in-8, front. gravé, fleurons, vignettes et figures.

Les figures d'Eisen, Cochin et Moreau sont charmantes.

Les exempl. de ce détestable roman, en papier de Hollande, sont recherchés.

En demi-reliure, 44 fr. Labitte (décembre 1874) ; 50 fr. au catal. Aug. Fontaine ; 106 fr. vente Labitte (mars 1877) ; 90 fr. catal. Morgand et Fatout ; en 1862, l'exempl. La Bédoyère, en *mar.* de Bozérian, 64 fr. ; un autre, en *basane*, 32 fr. Radziwill, a été revendu 76 fr. Potier ; 19 fr. Techener (1865).

— La première édition avait paru *à Paris, chez Jolly*, 1665-16, en 6 parties in-8, sous le nom de *Le Revay*, anagramme transparent de le Vayer.

— Une autre édition, fort médiocre, a été donnée à *La Haye, chez Adrien Moetjens*, 1720, 6 part, en 3 vol., pet. in-8, fig.

8 fr. Grésy.

LÉVÊQUE. Études de philosophie grecque et latine, par M. Charles Lévêque, professeur au collège de France. *Paris, Durand*, 1864, in-8, de xx-416 pp.

LEVINIUS Apollonius, Gandobruganus, Mittelbvrgensis, de Peruuiæ Regionis, inter noui orbis prouincias celeberrimæ inuentiones ; et de rebus in eadem gestis. Libri V. *Antuerpiæ*, 1566, in-8, de 236 ff. et une carte.

Dans le premier livre, l'auteur décrit l'isthme de Panama et fait sommairement le récit de la découverte de l'Amérique, des premières expéditions de Pizarre et d'Almagro ; enfin raconte son retour en Espagne, .où il est nommé vice-roy des terres nouvelles ; le second est consacré aux combats de Pizarre (et au siège de Cuzco ; les derniers livres racontent l'arrivée d'Alvarado, sa jonction avec Almagro et leurs différends avec Pizarre.

30 fr. Tross (1873).

LEVY et Capronnier. Histoire de la peinture sur verre en Europe et particulièrement en Belgique. *Bruxelles*, 1860, in-4, avec 37 planches coloriées. 120 fr.

LEYES y ordenancas nueuamête hechas ‖ por su Magestad pa la gouernacion de las Indias y buen trata ‖ miento y conseruacion de los Indios : que se han de guardar en el ‖ consejo y audiëcias reales q en ellas residen : y por todos los otros ‖ gouernadores | juezes y personas particulare dellas. ‖ Con priuilegio Imperial. *Las presentes Leyes, in nue- uas ‖ ordenanzas y declaracion... Fueron in ‖ presas por mandado de ‖ los señores : presidête, y del consejo de las In ‖ dias : en la villa ‖ de Alcala ‖ de ‖ Henares : en casa de Joan ‖*

de Brocar à ocho dias del ‖ mes de Julio del año ‖ de ñro saluador ‖ Jesu Cris ‖ to ‖ M.D.XLIII, in-fol. ; titre, un f., 13 ff. numérotés pour le texte, car. goth. [3144]

M. Harrisse (*Bibl. Americana*, n° 247) consacre à cette pièce, fort rare et fort curieuse, un article très-développé, auquel nous renvoyons le lecteur. C'est là la première édition de ces ordonnances destinées à améliorer le sort des pauvres « Indios », ordonnances qui restèrent si bien à l'état de lettres mortes, qu'on fut obligé de les réimprimer deux fois dans un demi-siècle.

— LEYES y ordenanças nueuas, hechas por su Magestad, para la gouernacion de las Indias, i buen tratamiento de los Indios... *En Madrid*, 1585, *en casa de Francisco Sanchez*, in-fol. [Pinelo-Barcia, vol. II, col. 828.]

— LEYES y ordenanças, nueuamente hechas por su Magestad, para la gouernaciõ de los Indios, y buen tratamiento y conseruacion de los Indios... *En Valladolid. En la Imprenta del Licenciado Varez - de Castro. Año de* M. DCIII, in-fol., titre 1 f., 13 ff. numér. pour le texte, et 1 f. blanc.

Voy. PHILIPPUS.

LEZAY-MARNEZIA (*Cl.-Fr.-Ad.*), citoyen de la Pensylvanie. Lettres écrites des rives de l'Ohio. *Au Fort-Pitt, Et se trouvent à Paris, chez Prault*, an IX, in-8, de VIII-144 pp.

Ouvrage intéressant et peu connu ; le marquis de Marnézia mourut à Besançon, quelques mois avant la publication de ses lettres.

27 fr. Maisonneuve.

L'HERMITE (*François*, dit *Tristan*). [16432]

Nous pensons que tous les bibliophiles qui consultent le *Manuel* ont, à la première lecture, rectifié sur leur exemplaire l'erreur commise par les compositeurs, erreur dont la véritable responsabilité incombe aux correcteurs du livre ; la transposition d'un paquet a fait attribuer au pauvre poëte dramatique l'*Inventaire de l'histoire généalogique de la noblesse de Touraine* [28856], dont la paternité doit être rendue à Jean-Baptiste l'Hermite de Soliers.

L'HERMITE Souliers (*Jean-Baptiste* de). Inventaire de l'histoire généalogique de la noblesse de Touraine et pays circonvoisins, enrichie des armes en taille-douce de chaque famille et de plusieurs portraits des plus illustres qui en sont sortis. *Paris, veuve Alliot*, 1669, in-fol. Blasons. [28856]

140 fr. Taschereau.

LIANCOURT (Le S^r de). Le Maistre d'armes, ou l'Exercice de l'Espée seulle dans sa perfection, dédiée à monseigneur le duc de Bourgongne. *Paris, chez l'auteur*, 1686, fig. de Pérelle, in-4, oblong.

Vol. rare ; 40 fr. Labitte (janvier 1877).

LIBELLUS de regimine rusticorum qui etiam ‖ ualde utilis est curatis, capellanis, drossatis, scultetis ‖·ac aliis officiariis eisdem in utroq̃ statu presidêtibus. *S. l. n. d. (Hollande, vers 1490).* Pet. in-4, goth., sans ch., ni récl., mais avec sign., de 60 ff. à 30 lignes à la page.

20 fr. (1868).

LIBELLUS de venerabili sacra ‖ mento et valore Missa℣. A la fin (r° du f. d viii) : Libellus de venerabili sacra-mēto et ‖ valore missa℣ finit feliciter. *S. l. n. d. (Parisiis, U. Gering,* c^a 1480), pet. in-4, car. ronds, 31 ff. à 20 lig. à la p., sign. A ii - D iiii.

Nous mentionnons cet incunable, parce qu'il a échappé aux consciencieuses recherches de Hain, et surtout à cause de la provenance typographique. 12 à 15 fr.

LIBELLUS supplex imperatoriæ Maiestati, cæterisque Sacri Imperii Electoribus, Principibus atque Ordinibus, nomine Belgarum ex inferiori Germania, Euangelicæ religionis causa, per Albani Ducis tyrannidem eiectorum in comitijs Spirensibus exhibitus. *S. l. (Trajecti ad Rh.),* 1570, pet. in-8, de 8 ff. et 88 pp.

Doléance des États à propos des horribles persécutions du duc d'Albe.

10 à 15 fr.

LIBER antiphonalis per circulum anni. Proprium de tempore. — Proprium de sanctis. Commune Sanctorum. Invitatorium et Te Deum... *S. l. n. d.,* gr. in-fol. de 393 ff.; impr. en caractères goth. rouges et noirs, avec musique en noir sur des portées rouges. Le vol. commence au r° du 1er f. par : Dñica prima in ad ‖ uentus Domini Sab ‖ bato ad v̄s Respon. ‖ Les ff. 375-389 contiennent le pseaume : « *Venite, exultemus* » mis en musique par dix compositeurs différents.

Ce précieux volume semble être sorti des presses *de Bamberg,* parce qu'il contient plusieurs pièces qui ont rapport à la liturgie de ce diocèse, cependant M. Tross admet qu'il pourrait provenir de *G. Stuchs de Nuremberg.*

250 fr. Tross, 1869.

LIBER de sacramentorum administratione quam vulgo Baptisarium vel ordinarium vocant. Ad consuetudinem sancte Narbonensis ecclesie metropolitane... denuo excussus et auctus expensisque venerabilis capituli dicte ecclesie. *Ex prælo Jacobi Colomies,* 1554, in-4.

Volume rare, dont un exemplaire sur *vélin* est conservé à la bibl. de l'Arsenal.

Nous demandons la parole pour un fait personnel : nous avions, dans un autre livre, nommé G. Besse et Dom. Le Cuyrot, comme les prototypographes de Narbonne, et fait remonter à 1650 environ l'introduction de l'imprimerie dans cette ville.

L'excellent bibliographe toulousain M. Desbarreaux-Bernard, parlant, avec son indulgence accoutumée de notre allégation, ajoute :

« Ce qui nous fait douter que ces deux ouvrages (par nous cités) soient les premiers livres imprimés

à Narbonne, c'est que, près d'un siècle auparavant, en 1554, — comme l'avait fait en 1513 Jean de Guerlins, pour Carcassonne, — Jacques Colomiez imprimait à Toulouse l'*Ordinaire* à l'usage de l'Église métropolitaine de Narbonne... »

Comment un livre imprimé à Toulouse en 1554, aux frais du chapitre de Narbonne, peut-il entrer en ligne comme argument pour ou contre l'introduction de la typographie dans cette ville en 1650 ? Voilà ce que nous supplions M. Desbarreaux-Bernard de vouloir bien démontrer à ses nombreux et sympathiques lecteurs.

LIBER Diurnus, ou Recueil des formules usitées par la chancellerie romaine, pontificale, du ve au xie siècle, publié d'après le Ms. des archives du Vatican, par E. de Rozière. *Paris,* 1869, in-8, de ccxxxiii et 431 pp.

La *Bibliothèque de l'École des chartes* (année 1869, p. 693) signale cette importante publication.

L. Holstein en prépara à Rome une édition qui devait paraître en 1650, et qui fut imprimée en grande partie, mais le pape la supprima. Le jésuite Garnier en donna une édition en 1679; ces réimpressions ont eu lieu, notamment dans la *Patrologie* de Migne. Baluze avait préparé une nouvelle édition, dont le manuscrit est conservé *in integro* à la Bibl. nation.

LIBER ecclesiasticorum carminum, cum aliis hymnis et prosis exquisitissimis, a sanctis Orthodoxæ fidei patribus, in usum piorum mentium compositus. *Basileæ, B. Westhemerus,* pet. in-8, de 152 ff.

Volume rare; il est précédé d'une introduction de Henr. Glareanus; deux exemplaires ont été vendus en 1867, l'un 15 fr., l'autre 21 fr.

LIBER Margarita Davitica nuncupatus. *(Sans aucune indication.)* In-fol., goth., de 122 ff. chiffrés, à 34 longues lignes.

Ce livre est donné par le rédacteur du catalogue Benzon comme imprimé *à Augsbourg, par Gunther Zainer, vers* 1471.

En mar., 125 fr. Benzon.

LIBER (Incipit) olla patella. Explicit vocabularius Olla patella. *S. l. n. d.,* pet. in-8, goth., de 4 ff.

Opuscule fort rare; c'est une sorte de nomenclature en vers latins, dans le genre des *Racines grecques,* avec la trad. française interlinéaire.

En mar. de Trautz, 40 fr. Yéméniz, c'est-à-dire à peu près le prix de la reliure.

LIBER Statutorum civitatis Castelli. (In fine :) *Impressum in civitate Castelli, que ab antiquis Tifernum Tyberinum appellatur, sub anno Domini* M. D. XXXVIII, *die* vi *mensis Junii, per Magistrum Antonium de Mazocchis Cremonensem, et Nicolaum et Bartolomeum fratres de Guccis de Cortona,* gr. in-fol.

Premier livre imprimé à *Città di Castello;* l'exemplaire de ce rare volume, que possède la Magliabecchiana, renferme plusieurs statuts des magistrats inférieurs de la même localité, imprimés sous la même date, par les mêmes imprimeurs.

Le *Dictionnaire de géographie* destiné à faire suite au *Manuel* donnait, comme premier livre imprimé dans cette ville, une traduction du second livre de l'*Énéide*; mais, par suite d'une singulière erreur, cette traduction est attribuée au Frugoni, poëte qui florissait au XVIIIe siècle (mort en 1768); Haym nous apprend le nom du traducteur, qui est le cardinal Ippolito de Medici.

LIBER super deuotissimo tracta ‖ tu corone mistice dei genitricis ‖ semper Virginis . Marie. ‖ Iu fine : Explicit Corona Mistica beate ‖ virginis Marie ad laudem ei. *S. l. n. d.* (c^a 1480), pet. in-4, goth., de 33 ff. à 29 lignes par page ; le titre est orné au vo d'une grande grav. sur bois.

Cette pièce semble avoir été imprimée en Belgique ou dans le nord de la France.

80 fr. catal. Tross.

LIBERATI (*Antimo*). Lettera scritta in risposta ad una del signor Ovidio Persapegi... *Roma, Mascardi*, 1685, in-4 de 63 pp., sans titre ni faux titre, mais simplement un titre de départ. La lettre est datée du 15 octobre 1684.

Pièce excessivement rare, écrite à l'occasion du concours pour la place de maître de chapelle de la métropolitaine de Milan.

LIBRE de la benauen ‖ tura vinguda d'l Empera ‖ dor y Rey dō Carlos en la ‖ sua ciuta d' Mallorques ‖ y del recebiment que ‖ li fonch fet. Junta ‖ ment ab lo que ‖ mes succhi ‖ fins al dia ‖ que parti de aquella, per ‖ la conquesta de Alger. ‖ (A la fin) : *Fonch estampado la present hystoria en la* ‖ *insigne ciutat de Mallorques* (*Palma* ‖ *anomenada*) *per Mestre Ferrando de Cansoles Estampador na* ‖ *tural de la vila de Hamusco* ‖ *de la diocesis de Palécia : Acabus a trenta dies* ‖ *del mes de Jener :* ‖ *del any* M. D.‖ XXXXII. In-4, goth., fig. en bois, 24 ff.

330 fr., VIe catal. Tross de 1873.

LIBRI-CARUCCI (*Guill.*). Lettres sur le clergé et sur la liberté d'enseignement. *Paris, Paulin*, 1844, in-8. [7752]

Volume rare, dont il a été tiré quelques exemplaires sur grand papier *vélin*. 12 à 15 fr.

Nous complétons la longue nomenclature des ventes faites par ce grand bibliopole :

— CATALOGUE d'une belle collection de livres rares et curieux. *Paris, Franck*, 1848, in-8.

M. Libri porte, à prix marqués, joints à d'autres articles appartenant au libraire, les livres qu'il a fait racheter dans la grande vente italienne de 1847.

— CATALOGUE of the valuable Library of an eminent collector. *London, Leigh Sotheby & Co, march* 1847, in-8.

2,676 numéros; une partie seulement de cette bibliothèque appartenait à M. Libri; un exemplaire de l'*Apocalypse* xylographique, incomplet du

45e feuillet, 47 livres; la *Bible des Pauvres*, xylographe allemand de *Nördlingen*, 1470, 110 livres; la *Bible* de 42 lignes, dite Mazarine, sur papier, 500 livres; la *Bible* de Gering, *Paris*, 1476, 50 livres; un *Psalterium Davidis*, beau manuscrit sur *vélin*, 210 livres; les *Officia Ciceronis* de 1465, sur *vélin*, 300 livres à S. Th. Philipps; le *Recuyell of the Histories of Troye*, de Caxton (*Cologne*), 1471, 165 livres; le *Rommant de la Rose*, de Vérard, *s. d.* (1496), sur *vélin*, mais avec 2 feuillets fac-simile, 101 livres; la première édition de *Shakespeare*, 1623, complète avec le portrait et le feuillet original des vers de Ben Johnson, 155 livres, *etc.*

— CATALOGUE of the extensive, curious and valuable Library of a well known and eminent collector. *London, Puttick and Simpson*, 1850, in-8.

1,848 numéros; quelques livres, rachetés dans la vente précédente, entre autres le *Cicéron* de 1465, sur *vélin*; l'*Apocalypse*, xylographique; le *Lactance*, de Subiaco, 1465; le *Lancelot du Lac*, de *Paris*, 1494, sur *vélin*, etc.

— CATALOGUE de la partie réservée et la plus précieuse de ‖la collection Libri. *Londres, S. Leigh Sotheby & John Wilkinson, juillet* 1862, gr. in-8.

713 numéros.

Nous retrouvons là quelques-uns des beaux livres des ventes précédentes : le *Cicéron* de 1465, sur *vélin*, 145 livres; *The fayt of arms and Chivalry*, imprimé par Caxton, 1489, complet, 1255 livres; ce beau et précieux volume venait du chanteur Mario de Candia, qui l'avait cédé à M. Libri; le *Tewrdannecke* de 1517, sur *vélin*, 125 livres; quelques manuscrits splendides et des reliures précieuses, dont quelques-unes, bien que de l'ordre composite, c'est-à-dire faites de fragments d'ivoire sculpté, d'émaux et de cuivre repoussé de divers siècles, habilement rapportés, ont atteint des prix fort élevés.

Le catalogue a été publié simultanément en anglais et en français.

— CATALOGUE of an extremely interesting collection of rare and valuable books... *London, Puttick and Simpson*, décembre 1864, in-8.

1,536 numéros.

Bien que moins riche que les précédents catalogues, celui-ci présente encore quelques précieux articles, dont quelques-uns figurèrent dans les ventes antérieures, entre autres un bel exemplaire du *Giosefo, delle Antichità giudaiche*, de *Vinegia*, 1544, in-8, dans une délicieuse reliure de Demetrio Canevari.

— CATALOGUE of M. Guglielmo Libri's magnificent collection of splendid objects of art and vertu, illuminated precious manuscripts, admirable drawings, etc. *London, Sotheby, Wilkinson and Hodge*, 1864, in-4.

153 numéros, et XV feuillets de fac-simile, gravés en lithographie avec beaucoup de finesse.

Nous pensons qu'il ne sera pas sans intérêt de trouver ici la liste à peu près complète des pièces qu'ont engendrées les ardeurs de la polémique, engagée à l'occasion du procès et de la condamnation de M. Libri; ces pièces, ou tout au moins quelques-unes, sont aujourd'hui assez recherchées :

— ACTE D'ACCUSATION contre Libri-Carrucci. *Paris, Panckoucke*, 1850, in-8, de 62 pp.

Tirage à part, à 202 exemplaires, d'après les *suppléments* n° 3 et 4 au *Moniteur* du 3 août 1850.

Ce tirage spécial, achevé le 6 août, était déjà épuisé dans la journée du 7. MM. Lucas et Chenu, éditeurs, ont fait tirer pour chacun d'eux un exemplaire sur papier vert.

— LETTRE de M. Libri à M. le ministre de la justice à Paris; (signée) G. Libri. *Londres*, 30 avril 1850, 3 pp. in-4.

Pièce rare, qui a été pliée et distribuée sous forme de lettre; elle est imprimée en très-petits caractères compactes.

— LETTRE de M. Libri à M. Barthélemy Saint-Hilaire, administrateur du Collége de France. *Londres, Barthès et Lowell*, 1850, in-8, XVI-31 pp.

— LETTRE à M. de Falloux, ministre de l'instruction publique et des cultes, par G. Libri. *Paris, Paulin*, 1848, in-8, 327 pp. in-8.

Deux éditions.

— LETTRE à M. Libri, au sujet de quelques passages de sa lettre à M. de Falloux, ministre, etc., par J. Naudet, administrateur général de la Bibl. nationale. *Paris, Crapelet*, 1849, in-8, 41 pp.

— LETTRE à M. Naudet... en réponse à quelques passages de sa lettre à M. Libri, par A. C. Cretaine. *Paris, Durand*, 1849, in-8, de 8 pp.

— RECTIFICATION d'un passage de ma réponse à M. Libri; signé Naudet. *Paris, Crapelet*, s. d., in-8, de 3 pp.

— LETTRES à M. Hatton, juge d'instruction, au sujet de l'incroyable accusation intentée contre M. Libri, par M. Paul Lacroix. *Paris, Paulin*, 1849, in-8, de 64 pp.

— LETTRE au bibliophile Jacob, au sujet de l'étrange accusation intentée contre M. Libri... par G. Brunet. *Paris, Paulin*, 1849, in-8, de 32 pp.

— LETTRE à M. Paul Lacroix... contenant un curieux épisode de l'histoire des bibliothèques publiques, avec quelques faits nouveaux relatifs à M. Libri et à l'odieuse persécution dont il est l'objet, par Achille Jubinal. *Paris, Paulin*, 1849, in-8, de 14 pp.

— RAPPORT adressé à M. le garde des sceaux par le procureur du roi Boucly. *Paris, Panckoucke*, 1850, in-8, 14 pp.

Ce rapport est daté du 4 février 1848.

— ARRÊTS, décrets et ordonnances relatifs à l'affaire Libri. *Paris, Panckoucke*, 1851, in-8.

Un titre, 4 pages pour une pièce intitulée : *Affaire Libri*, qui avait paru précédemment et doit être réunie à celle-ci, plus 10 pages pour les arrêts.

— RÉPONSE de M. Libri au rapport de M. Boucly, publié dans le *Moniteur universel* du 19 mars 1848. *Paris, chez tous les libraires (Plon, impr.)*, 1848, in-8, de 115 pp.

— LETTRE de M. Libri à M. le président de l'Institut de France. *Londres, Barthès et Lowell*, 1850, in-8, 72 pp.

— AUX LECTEURS du Bulletin scientifique du *National*, article de M. Terrien, en réponse à plusieurs assertions de M. Libri (extr. du *National*, n° du 18.mai 1849). *Paris, Panckoucke*, 1850, in-8, de 12 pp.

— M. LIBRI, le *National* et le *Moniteur*, article extrait du journal *l'Assemblée nationale*, numéro du 14 septembre 1849, suivi d'une lettre, de M. Libri au rédacteur en chef de *l'Assemblée nationale*. *Paris, Panckoucke*, 1850, in-8, de 11 pp.

— MÉMOIRE sur la persécution qu'on fait souffrir en France à M. Libri, par M. Ranieri Lamporecchi, président de l'ordre des avocats toscans, etc. *Londres, Barthès et Lowell*, 1850, in-8, de 77 pp.

La dernière page, contenant les « *Adhésions* pures et simples », manque souvent.

— Bibliothèque de M. Guillaume Libri, membre de l'Institut (par M. de Reiffenberg). *Paris, Panckoucke*, s. d. (1849), in-8, de 4 pp.

Cet article, publié au *Bulletin du bibliophile belge*, tome VI, page 219, fut réimprimé à Paris par les soins de M. Libri.

— LES CENT ET UNE lettres bibliographiques à

M. l'administrateur général de la Bibl. nation., par M. Paul Lacroix. *Paris, Paulin*, 1849, in-8, de 156 pp.

46 lettres fort curieuses; nous les rattachons à la collection, le nom et l'affaire Libri étant souvent rappelés dans le cours du volume.

Sur ces entrefaites survint l'affaire de l'autographe de Montaigne, et le nom de M. Libri se trouve fréquemment mêlé à la polémique qui s'engage à ce sujet.

— UNE LETTRE inédite de Montaigne, suivie de l'indication détaillée d'un grand nombre de soustractions et mutilations qu'a subies depuis un certain nombre d'années le département des manuscrits de la Bibl. nation., par A. Jubinal. *Paris, Didron*, 1850, in-8, de 116 pp., plus 3 fl. de fac-simile.

— BIBLIOTHÈQUE NATIONALE. Observations du conservatoire au ministre de l'instruction publique sur une brochure de M. Libri, relative à un autographe de Montaigne, avec une réponse de M. Paulin Pâris. *Paris, Panckoucke,* 1850, in-8, de 11 pp.

— RÉPONSE de M. Ach. Jubinal aux observations du conservatoire de la Bibl. nation. *Paris, Panckoucke*, 1850, in-8, de 8 pp.

Tiré à 300 exemplaires.

— ENCORE une lettre inédite de Montaigne, accompagnée d'une lettre à M. Jubinal, par Fr. Lepelle de Bois-Callais, avec un fac-simile. *Londres, Barthès et Lowell*, 1850, in-8, de 32 pp.

— UN NOUVEL épisode de l'affaire Libri, par Ach. Jubinal. *Paris, Didron*, 1851, in-8, de 8 pp.

C'est une lettre de M. Jubinal au directeur de *l'Athenaeum*; elle est datée de *Londres*, 3 juin 1851.

— LETTRE de faire part. *Londres*, 14 avril 1851, in-8, de 4 pp. (deux éditions).

Dans cette pièce fort rare, M. Libri fait part de l'heureuse découverte qui vient d'être faite à la *Mazarine* d'un certain nombre de livres précieux que l'acte d'accusation déclarait avoir été volés par lui ; « ces livres se trouvent encore à leur place... où chacun peut aller les voir. »

— M. LIBRI et les journaux anglais. *Paris, Panckoucke*, 1851, in-8, de 8 pp.

Bien que portant l'adresse de Panckoucke, cette pièce, assez rare, est imprimée en Angleterre.

— THE CASE of M. Libri, reprinted from « *Bentley's Miscellany*, july 1852 ». *London, Rich. Bentley*, 1852, in-8, de 12 pp.

— DICTIONNAIRE de pièces autographes volées aux bibliothèques publiques de la France ; par Lud. Lalanne et H. Bordier. *Paris, Panckoucke*, 1851, in-8, de 316 pp.

Ce volume, devenu rare, vaut aujourd'hui de 15 à 20 fr.

— CATALOGUE raisonné des manuscrits rassemblés par M. G. Libri, et possédés aujourd'hui par lord Ashburnham... par Paul Lacroix. 1 vol. in-8, prix : 1 fr. 50 c.

Ce catalogue a été imprimé dans le *Nouveau Bulletin du bibliophile belge* (*Bruxelles, Olivier*), qui a cessé de paraître.

Étaient annoncés, mais n'ont point paru, que nous sachions :

— LETTRE d'un bibliophile étranger à M. Libri, contenant de nouveaux *testimonia* en faveur de ce savant odieusement calomnié. In-8.

— COURS de bibliographie légale, en douze leçons, à l'usage des magistrats, des experts, etc., par M. Libri.

Chaque leçon devait être publiée séparément.

— PÉTITION adressée au Sénat sur l'affaire de M. Libri, avec une note à l'appui signée par

MM. Guizot, marquis d'Audiffret, Mérimée, Laboulaye, etc. *Paris, Lahure*, 1861, in-8, de 8 pp.

— RAPPORT de M. Bonjean. Sénat, séance du 4 juin 1861. *Paris, Impr. impér.*, 1861, in-4, de 98 pp., plus une page d'*errata*.

Tirage à part, à très-petit nombre, du compte rendu officiel.

— LE MÊME. *Paris, Lahure*, 1861, in-8, de 292 pp.

— SUPPLÉMENT au rapport de M. Bonjean... Ce supplément est rédigé à l'aide des opinions manifestées par MM. Guizot, Delangle, Chaix-d'Est-Ange, lord Brougham, etc., et avec des extraits du *Times*, de l'*Examiner*, du *Daily-News*, etc. *Londres*, in-8, de 15 pp.

Trois éditions; la 3e, *Londres*, 1861, corrigée et augmentée, est in-8 de 20 pp.

— MÉMOIRE sur les irrégularités de la procédure criminelle suivie contre M. Libri, par Me Henry Celliez. *Paris, Lainé*, 1861, in-8, de 92 pp.

— SUPPLÉMENT au Mémoire sur les irrégularités de la procédure, etc., par Me Henry Celliez, avec adhésion de M. Ed. Laboulaye. *Paris, Lainé*, 1861, in-8, de 16 pp.

— M. LIBRI n'est pas contumax. Consultation de Me H. Celliez, suivie de l'adhésion de M. Ed. Laboulaye, et d'une adresse des députés au parlement italien, *Paris, Lainé*, 1861, in-8, de 14 pp.

— DOUZE MOTS aux magistrats français. Premier mot. *Londres, W. Jeffs*, 1862, in-8, de 9 pp.

Pièce rare; M. Libri a pris cette épigraphe de Mme de Staël : « L'étranger, c'est la postérité contemporaine. »

Nous ne pensons pas que ce « Premier mot » ait été suivi des onze autres.

— A MONSIEUR Chasles, membre de l'Institut de Paris. *Londres*, 7 septembre 1867. Lettre signée G. Libri. *S. l. n. d.*, in-64, de 3 pp.

Cette pièce microscopique, imprimée en caractères minuscules, est la plus rare de la collection, bien qu'elle soit de date récente; elle contient, outre la lettre de M. Libri à M. Chasles, une lettre d'un illustre savant, mathématicien et bibliographe anglais, M. A. de Morgan, à M. Libri.

— MONUMENTS inédits ou peu connus, faisant partie du cabinet de Guillaume Libri, et qui se rapportent à l'histoire de l'ornementation chez différents peuples. *Londres*, 1862 (aussi 1864), gr. in-fol., 60 belles planches en chromo-lith., or et couleurs, contenant de splendides fac-simile. £ 4. » ».

50 fr. Curmer; premier tirage de 1862, en demi-rel. 150 fr. marquis de B. de M.

LIBRO de Cetreria de caça de açor, en el qual por differente stilo del que tienen los antiguos, que estan hechos, veran (los que a esta caça fueren afficionados), el arte que se ha de tener en el conoscimiento y caça destas aves, y sus curas, y remedios... (Por D. Federique de Çuniga.) *En Salamanca, en casa de Juan de Canova*, 1565, pet. in-4. [10454]

Traité de fauconnerie, fort rare; en *mar.* de Duru, 450 fr. baron Pichon.

LIBRO de doctrina Xpiana con vna exposicion sobra ella que la declara muy altamente : instituyda nuecamente en Roma. *Sevilla, Año de* M. d. XXXij *en el mes de iunio*, in-fol.; goth., de 56 ff.

Livre à peu près perdu; nous ne le trouvons

indiqué que dans le catal. de la *Biblioteca Colombina; Fern.* Colomb l'avait payé 56 maravédis à Valladolid, le 20 septembre 1526.

Cette note est consignée à l'*Ensayo de vna bibl. española* (I. n° 596); nous demanderons humblement à MM. Zarco del Valle et Sancho Rayon, comment Fernand Colomb a fait pour acheter, le 20 septembre 1526, un livre imprimé en 1532.

LIBRO de la emendatione et correctione del stato Christiano. *S. l.*, 1533, pet. in-8, de 113 ff., plus un f. blanc; bordure sur bois au titre.

25 fr. Quatremère; 45 fr., 1867.

LIBRO de la Monteria. Voy. MOLINA (Argote de).

LIBRO del Antichristo. Epistolas de Rabi Samuel. *Caragoça*, 1496, in-fol., goth., fig. sur bois.

Ce précieux volume espagnol, compilé sur le xylographe allemand, *Liber de Antichristo*, a été signalé pour la première fois dans une vente faite par M. Libri, à Londres, en 1850; il est composé de 83 feuillets numérotés, à l'exception d'un seul; un feuillet blanc, entre les feuillets 67 et 68, sépare le *Libro del Antichristo* des *Epistolas*, imprimées à 2 colonnes; ce singulier volume est orné de très-curieuses gravures sur bois.

LIBRO della natura delli caualli. *Impressum Venetiis per Melchiorem Sessam*, MDVIII, *die 24 mensis martii*, in-4, de 44 ff., dont le dernier porte en tête la date de l'impression et la marque de l'imprimeur. [7737].

M. Brunet connaissait cette édition, mais n'avait pas voulu la décrire, parce que l'exemplaire qu'il avait vu vendre 20 fr. chez Huzard était incomplet du titre; ce même livre, exactement dans la même condition, n'en a pas moins été porté au prix inexplicable de 505 fr. à la vente Yéméniz.

LIBRO del juego de las Suertes. Agora de nueuo reconicido y emendado, & mudada la cuenta Dalguarismo en cuenta llana porque mas facilmente entender se pueda. *Valencia, en casa de Juan de Joffre*, M. D. XXViij, in-fol., goth., de 38 ff.

Volume extrêmement rare, orné d'un fort grand nombre de gravures sur bois. Il est décrit au catal. Salvá, lequel en cite quelques passages assez singuliers. Le *Registro de la biblioteca Columbina* indique une édition de *Milan*, 1502, qui a disparu; l'ouvrage est une imitation de l'italien.

LIBRO llamado instrucion de la muger christiana, el qual contiene como se ha de criar una virgen hasta casarla, y despues de casada como ha regir su casa... traduzido aora nueuamente d' latin en romance, por Juan Justiniano, criado del señor duque de Calabria. *Fue acabado el presente libro... por Jorge Costilla, en la metropolitana y. coronada ciudad de Valencia, acabose seys de março año de Mil y D. et

XX y VIII, in-4, goth., à 2 col., de 100 ff. chiff., plus IV ff. lim.

Ce livre rare est divisé en 3 parties, ornées chacune d'une pl. grav. s. bois; au titre, l'écusson royal d'Espagne.

30 fr. Martial Millet.

LIBRO secondo de rechami. Voy. DEN-TELLES.

LIBRO sotilissimo y prouechoso para deprēder a escreuir y cōtar el qual lleua la misma ordē que lleua un maestro con su discipulo en que estan puestas las cinco reglas mas principales de guarismo, y otras cosas sotiles y prouechosas. Dirigido al muy ilustre señor : el señor dō Diego de los Cobos. Año MDLV, *s. l.*, in-4, de 15 ff., sign. A.D. iiij, lettres rondes, titre en rouge et noir avec encadrement, figures, alphabet gr. sur bois, dont les sujets sont empruntés à la Bible.

Cette édition ne paraît pas concorder avec celle dont M. Brunet emprunte la description au détestable catal. Rich. Heber; nous croyons cependant que c'est cet exemplaire qui est passé dans les mains de M. Yéméniz, à la vente duquel, relié en *mar.* par Duru, il a été porté à 200 fr.

LIBURNIO. Les tres elegantes sentences et belles authoritez de plusieurs sages, princes, roys et philosophes grecs et latins. *Paris, Gilles Corrozet*, 1546, pet. in-8. [11066].

Texte français en lettres rondes ; l'italien en italique.

LICHIARDUS. Cagasanga Reistrosuysso-Lausqnettorum. Per Magistrum Joannem Baptistam Lichiardum Recatholicatum Spaliporcinum poëtam. *Parisiis, apud Joannem Richerium*, 1588, pet. in-8, de 12 ff., dont le dernier blanc. [13137]

Nous donnons ce titre, qui, au *Manuel*, a été assez inexactement reproduit; on remarque aux ff. 6 et suiv. de cette Macaronée : *Oratio Hugonotorum*, et à la fin : *Chant sur la deffaite des Reitres*, à l'imitation du psaume : « *Quand Israël*, » par *F. B. Auxonnois*.

Un bel exempl., sans reliure, a été vendu 29 fr. en 1867, et revendu 135 fr. Huillard, en 1870.

LIDAMOR. Libro primero del valiente ƺ invēcible caualle ‖ ro Lidamor hijo del esforçado Rey Liciman Desco ‖ cia : en el qual se tratā sus vēturosas hazañas. Diri ‖ gido al ilustrisimo señor Don Hernā dalvarez de Toledo Duque Dalva.., nueuamente compuesto por maese ‖ Joan de Cordoua vezino de Salamanca. (Al fin :) *Aqui se acaba la ꝑsente obra del muy ‖ valiente y esforçado cauallero Lydamor de Escocia : la qual fue cō ‖ ꝓuesta por maestre Juan de Cordoua y fue impressa à su costa ‖ en*

la muy noble y leal ciudad de Sala-mā̃ca : y acabose la ‖ vispera de san pedro de Junio año de mil y quini ‖ entos y XXX y iiii. años. In-fol., goth., à 2 col., 112 ff.

Ce roman de chevalerie est d'une extrème rareté; l'*Essayo* le décrit d'après un superbe exempl. que possédait l'ambassadeur de Russie à Madrid ; cet exempl. fait aujourd'hui partie de la biblioth. impériale de Saint-Pétersbourg.

Quant à l'édition de *Salamanca*, 1539, que citent l'anglais Ritson et Lenglet-Dufresnoy, elle paraît être apocryphe.

LIEBAUT (*Jean*), Dr médecin à Paris. Trois livres de l'Embellissement et Ornement du corps humain, pris du latin... *A Lyon, par B. Rigaud*, MDXCV, in-16. [7074]

En mar. de Trautz, 92 fr. Yéméniz ; c'était l'exemplaire de M. de Montmerqué.

LIEBLEIN (*J.*). Dictionnaire des noms hiéroglyphiques en ordre généalogique et alphabétique. *Leipsig, Heinrichs*, 1871, in-8, 555 pp.-186.

60 fr.

LIED (Ein schön) in der heiligen schrifft gegründt, wie die Jugent, zur Gottes forcht, eer, und erbarkeit, auch gehorsam jren Vätter und Eltern gewisen, und aufferzogen solt werden. In des Thonawsers Thon. *S. l. n. d. (avant* 1525), pet. in-8, de 8 ff.

Pièce inconnue à Weller, le bibliographe de la réforme; 20 fr. Tross (1872).

LIEDER eines Malers mit Randzeichnungen biner Freunde. *Düsseldorf, gedruckt... von C. Schulgen-Bettendorf*, 1838, in-fol., fig. au burin et à l'eau-forte.

Avec beaucoup de planches ajoutées, 79 fr. Curmer.

LIÈVRE (*Édouard*). Les Collections célèbres d'œuvres d'art, dessinées et gravées d'après les originaux, par Edouard Lièvre. *Paris, Goupil*, 1866, 2 vol. in-fol., fig.

100 fr. Bachelin (1874); 143 fr. vente Labitte (décembre 1874).

— Voy. SAUZAY.

LIFE (the) and death of Mr Edmund Geninges, priest, crowned with martyrdome at London... *At St. Omers, by Charles Boscard*, 1614, pet. in-4., fig. [22296]

Outre le frontispice gravé, il faut un portrait pour que ce livre soit complet. 310 fr. Arth. Dinaux; £ 16, sh. 16 Gordonstonn; £ 12, sh. 5 Nassau.

LIGER. Le Voyageur fidèle, ou le Guide des Etrangers dans la ville de Paris, qui enseigne tout ce qu'il y a de plus curieux à voir... Avec une relation, en forme de voyage, des plus belles maisons qui sont aux environs de Paris. Par le sieur Liger. *Paris, Ribou*, 1715, in-12. 10 à 12 fr.

LIGNEVILLE (*Jean* de). La Meutte et Venerie pour le chevreuil, de haut et puissant seigneur messire Jean de Ligneville, chevalier comte de Bey, etc.... *Nancy, par Anthoine Charlot*, 1655, in-4. [10439]

Le très-bel exempl. Solar a été vendu 430 fr. pour M. de la Motte, en Champagne ; l'exempl. du baron Pichon a été adjugé à M. Defresne au prix de 460 fr.

LIGNY (Le P. de). Histoire de la vie de Jésus-Christ. *Paris, Crapelet*, 1804, 2 vol. in-4, fig. [308]

L'exempl. Pixérécourt (150 fr.), la Bédoyère (325 fr.), Huilard (535 fr.), figure au catal. à prix marqués du libraire Aug. Fontaine, à 750 fr. ; il était en grand pap. vélin, l'un des dix avec les fig. avant la lettre, sur chine, et sur papier blanc et les eaux-fortes ; on y avait joint un joli dessin à l'encre de Chine, représentant la Vierge. Plusieurs exempl. ont figuré aux divers catal. Fontaine, et les prix varient, suivant les reliures, de 60 à 300 fr.

L'exempl. Saint-Mauris, 65 fr., n'a été vendu que 150 fr. de Chaponay ; sa provenance renseigne suffisamment sur sa condition.

L'exempl. relié en *mar.* de Capé, qui fut vendu 670 fr. à la vente de ce bibliophile, avait appartenu au dessinateur Le Barbier, qui le signalait comme formé d'épreuves de graveur ; un autre, assez ordinaire, 100 fr. marquis de B. de M. (1869).

LIMONADE (Le comte de), secrétaire du roy. Relation des glorieux événements qui ont porté leurs Majestés Royales sur le trône d'Hayti, suivie de l'histoire du couronnement et du sacre du roi Henri Ier et de la reine Marie-Louise. *Cap-Henry*, 1811, in-8, de 200 pp.

Très-curieux vol., fort rare en France ; il donne un récit exact de l'établissement de la monarchie éphémère de Henri Christophe à Saint-Domingue, en 1810.

29 fr. Tross (1873).

LINAN Y CISNEROS (*Melch.* de), arzobispo de Lima. Carta pastoral a sus amades obejas a causa del lamentable suceso en la destruccion de los lugares Riombamba, Ambato y la Tacunga del reyno de Quito, con la rebontazon de vn volcan que los destroyo. *S. l. n. d.* (*Lima*, 1699), in-4, de 38 ff. ; 4 th. 15 gr. Andrade ; 35 fr. Tross, 1870.

LINDENIUS renovatus, sive Joh. Ant. van der Linden, de scriptis medicis libri duo..... *Amstelodami*, 1662, in-4. [31725]

Première édition.

LINDNER (*Friedrich*). Sacræ Cantiones, cum quinque, sex et pluribus vocibus, de festibus præcipuis totius anni, a

præstantissimis Italiæ musicis nuperrime concinnatæ. Opera Fr. Lindneri. (Discantus, altus, tenor, bassus, quinta et sexta vox.) *Noriberga, ex off. Catharinæ Gerlachiæ*, 1585, 6 vol. in-4, obl.

41 pièces de Palestrina, Prænestini, Cornetti, Zallamella, Ferabosco, etc.

75 fr. Tross (1873), pour M. Fétis.

— CONTINUATIO cantionum sacrarum, quatuor, quinque, sex, septem, octo et plurium vocum, de festis præcipuis anni, a præstantissimis Italiæ musicis nuperrime concinnatarum. Opera Fr. Lindneri. Cantus, altus, tenor, bassus, quinta et sexta vox. *Noribergae, ex off. Cath. Gerlachiae*, 1588, 6 part. in-4, obl.

56 pièces, de J. et A. Gabrieli, Porta, de Mel, V. Ruffi, etc.

90 fr. même vente.

— COROLLARIUM cantionum sacrarum, quinque, sex, septem, octo et plurimum vocum de festis præcipui anni. Quarum quædam ante in Italia editæ sunt, quædam vero nuperrime concinnatæ, nec uspiam typis excusæ, et nunc in unum quasi corpus redactæ, opera Fr. Lindneri. (Cantus, altus, tenor, bassus, quinta et sexta vox.) *Noribergae, ex off. Cath. Gerlachiae*, 1590, 6 part. in-4, obl.

69 pièces d'Orlando di Lasso, Ph. de Monte, Klingenstein, J. Corsini, R. de Mel, J. Florio, P. Aloysius, etc.

80 fr. même vente ; cet exempl. avait été vendu le même prix chez M. Tross en 1866 ; les deux recueils qui précèdent ont été acquis par M. Fétis, qui fait remarquer qu'on ne connaît que deux autres exemplaires complets des trois recueils de Lindner, lesquels se trouvent dans les bibl. royales de Berlin et de Munich.

LINTHAUT. Commentaires de Henry Linthaut, sieur de Mont-Lion, sur le Trésor des Trésors de Christofle de Gamon. *Lyon, Claude Morillon*, 1610, in-12.

En vers ; 7 fr. Turquety.

LIPSII (*Justi*) Opera omnia, septem tomis distincta, postremum aucta et recognita. *Antuerpiæ, ex officina Plantiniana*, 1610-1629, 8 vol. in-4. [19017]

Un bon exempl. de cette édition fort belle, comme tout ce qui sort des presses de Plantin, ornée d'un grand nombre de planches gravées par C. Galle, et du portrait de Lipse, 300 fr. de Morante ; l'exempl. était dans une belle reliure anc. *mar. à comp.*, attribuée à Le Gascon, et de plus possédait un neuvième volume.

— LE PRINCE parfait et ses qualités les plus éminentes, par J. Lipse, trad. par J. Baudouin. *Paris*, 1650, in-4.

— OPERA omnia, postremum ab ipso aucta et recensita, nunc primum copioso rerum indice illustrata. *Antuerpiae, ex off. Plantiniana Balt. Moreti*, 1637, 5 vol. in-fol., portr. et fig.

En grand pap. et reliure en *vélin* aux armes du prince Ferdinand d'Autriche, bel exempl., 135 fr. de Morante.

— Lipsii de Cruce Libri tres, ad sacram profanamque historiam utiles, una cum notis. *Antverpiæ, ex off. Plantiniana*, 1593, in-4, fig.

Belles planches grav. sur cuivre, représentant

des supplices ; dans une rel. anc., et réuni à un ouvrage de Henry Dupuy, 37 fr. de Morante.

— LIPSE (Juste). Les Politiques, ou Doctrine civile de Justus Lipsius, où il est discouru de ce qui appartient à la principauté. Avec le Traité de la Constance (trad. du latin en français par Charles le Ber, sieur de Malassis de Mante). *Tours, pour Claude Montreul et pour Sébastien Molin, et Math. Guillemot*, 1594, 2 part. en un vol., in-12.

Un exempl. de cette trad. rare, en une très-belle rel. du XVIᵉ s., 145 fr. H. Bordes. (*Potier*, 1873) ; mais un bel exempl. en *vélin* n'a été vendu que 25 fr. de Morante; et un autre en demi-rel. de Capé, 3 fr. 50 c. seulement Taschereau.

LIS CHRISTI et Belial. Voy. THERAMO (De).

LISDAM (*H. du*). L'esclavage du brave chevalier François de Vintimille, des comtes de Marseille et Olieule, à présent commandeur du Planté et Cadillan, où l'on peut voir plusieurs rencontres de guerre dignes de remarque, par Henry du Lisdam. *Lyon, Cl. Morillon*, 1608, pet. in-12.

33 fr. Morel, de Lyon (1873).

LISTE (La) de tous les noms des Églises, Chappelles, Rües, Hostels des Princes et Grands Seigneurs, auec les noms des Ponts, Fontaines, de la dite Ville et Fauxbourgs. Plus un brief estat de la despense que chaque personne peut faire par iour. Auec les antiquités des Maires de Paris (de François Colletet ?) *A Paris, chez Nicolas Bessire*, M.D.C. LXXII, in-12, de 28 pp.

40 fr. Yéméniz.

Cette mince brochure est, croyons-nous, le premier essai de l'auteur, *crotté jusqu'à l'échine*, auquel on doit la description de Paris, publiée en 1689, chez Ant. Raffle.

LISTE des noms des ci-devant Nobles, Nobles de race, Robins, Financiers, Intrigans, et de tous les aspirans à la noblesse, ou escrocs d'icelle, avec des notes sur leurs familles. *Paris, Garnery, l'an second de la liberté* (1792-1793), 3 part. in-8.

L'un des plus rares ouvrages de l'historien Dulaure et l'un des moins recommandables. En *mar.* aux armes de Mornay-Soult, 100 fr. au catal. Aug. Fontaine.

LISTE générale des dénonciateurs et des dénoncés tant de la ville de Lyon que des communes voisines et de celles de divers départements. *Lausanne*, 1793, in-4, de 108 pp.

Fort rare ; 155 fr. La Roche la Carelle.

— LISTE générale des contre-révolutionnaires mis à mort à Commune-Affranchie, d'après les jugements rendus par le tribunal de justice populaire, la commission militaire et la commission révolutionnaire. *Commune affranchie (Lyon)*, an II, in-8, de 128 pp.

On trouve souvent des noms raturés sur cette pièce rare ; un bel exempl., intact, 100 fr. la Roche la Carelle, 56 fr. marquis de B. de M.

LISTE générale et très-exacte des noms, âges, qualités et demeures de tous les conspirateurs qui ont été condamnés à mort par le tribunal révolutionnaire établi à Paris par la loi du 17 août 1792, et par le second tribunal établi à Paris par la loi du 20 mars 1793, pour juger tous les ennemis de la patrie. *Paris, 1794, l'an deuxième de la République, une, indivisible et impérissable*, in-8, fig., 12 numéros.

Cette suite est rare ; un exempl. de 11 numéros, 55 fr. de Morante; 27 fr. Luzarche ; 13 fr. Costa de Beauregard ; un exempl. bien complet, 45 fr. d'Haubersart.

LISTE générale par ordre alphab. des émigrés de toute la République... *Paris, imprimerie de l'administration des domaines nationaux, an II*, in-fol.

40 fr. Costa de Beauregard.

LIT (Le) de Noce, ou les nuits du docteur Pyrico-Proto-Patouflet, livre comique et cependant medico-philosophique. *S. l.*, 1791, in-8.

Facétie rare ; 15 fr. 50 c. La Bédoyère.

LITES ac res gestæ inter Polonos ordinemque Cruciferorum. *Posnanii*, 1850-56, 3 vol. gr. in-4, avec de nombreuses planches et gravures sur bois.

D'une haute importance historique.

31 thalers, Sobolewski.

LITORUM magistratum et primorum figuræ quæ a Germanis, Brugis constant qui adesse consecrationi Imperatoris debent, et sic forma et ordo postulat. *Basilex, ex officina Oporiniana*, 1562, in-fol. avec 148 pl. gr. sur bois.

Cette relation du couronnement de Maximilien II est divisée en 4 parties ; on attribue l'exécution ferme et hardie des belles grav. s. b., qui décorent ce rare vol., à Jost Amman.

LITTERA mādata della Insula de Cu ‖ ba de India in laquale se côntie ‖ ne de le Insule citta gente ‖ et animali nouamente trouate de Ianno. ‖ M.D.XIX. p li ‖ Spagnoli. *S. l. n. d. (Venetia ? 1520)*, in-4, de 8 ff. non chiffrés. Le titre, gothique, comprenant le 1ᵉʳ f., porte une grav. sur bois assez grossière ; le texte est imprimé en caractères romains.

Cette pièce, fort rare, est consacrée au récit de l'expédition de Grijalva dans le Yucatan ; elle diffère essentiellement de la narration donnée par Juan Diaz.

LITTERARUM latinarum, quas italicas cursariasque vocant, scribendarum ratio.

Lovanii, ex off. Rutgeri Rescii, 1540, in-4, fig. s. b.

Modèles d'écriture assez rares, 11 fr. de Morante.

LITTRÉ (*E.*). Auguste Comte et la philosophie positive. *Paris, Hachette*, 1864, 2ᵉ édit., in-8 de XI-691 pp.

— PAROLES de philosophie positive. 2ᵉ édit. *Paris, libr. Ladrange*, 1864, in-18 jésus, de 102 pp.

— DICTIONNAIRE de la langue française, par E. Littré, de l'Académie française. *Paris, Hachette et Cie, typogr. Lahure*, 1873, 4 vol. in-4, à 3 colonnes.

Le 1ᵉʳ vol., divisé en deux tomes, forme 2,080 pp.; le second, formant également deux volumes, contient 2,608 pp. 100 fr.

Ce noble livre, représentant le travail d'une vie tout entière, est, de tous les monuments élevés à notre langue, le plus savant, le plus clair et le plus complet.

— SUPPLÉMENT au dictionnaire de la langue française. *Paris, Hachette & Cᵉ*, 1877, 1 vol. in-4.

— LA VÉRITÉ sur la mort d'Alexandre le Grand, par E. Littré. — La mort de Jules César, par Nicolas de Damas. *Paris, R. Pincebourde*, 1865, front. avec portraits à l'eau-forte. 5 fr.

Il a été tiré 15 exempl. sur pap. chamois, 8 fr.

LIVIUS (*Titus*) Patavinus. Historiarum libri ex recognitione Jo. Ant. Campani. (*Romæ*), *Udalrichus Gallus*. S. d. (1469), 2 vol. in-fol. [22880]

En mar., 110 fr. de Morante.

— TITI LIVII Decades.... *Mediolani, Udalr. Sinzenzeler impensis A. Minutiani*, 25 maii 1495, in-fol.

En mar. de Belz-Niédrée, 205 fr. Benzon.

— Ex XIIII Titi Livii Decadibus prima, tertia, quarta..... Epitome... index. *Venetiis, in aedibus Aldi et Andreae soceri*, 1518-1521, et *in aedibus hæredum Aldi*, 1533, 5 vol., in-8.

Collection Aldine; les cinq volumes en mar. de Duru, 175 fr. de Morante.

— EJUSDEM Titi Livii historiæ..... etc. *Lutetiae Parisiorum, Vascosan*, 1552, in-fol.

L'exempl. du comte d'Hoym, en mar. *bleu*, a été vendu 235 fr. de Morante.

— TITI LIVII Patavini Historiæ principis decades. *Apud Seb. Gryphium, Lugduni*, 1554, 4 volumes in-16.

Dans une jolie rel. anc., en *veau*, à comp. d'or et de couleur, 350 fr. Gancia.

— TITI LIVII Romanæ historiæ... XXXV libri. *Lugduni, sumtibus Th. Soubrae (ex typogr. P. Marniolles)*, 1621, in-4.

Édition fort ordinaire, dont un exempl. à la reliure du roi Louis XIII, a été vendu 115 fr. Tufton.

— TITI LIVII Historiarum ex recensione Heinsiana. *Lugduni Batavorum, ex officina Elzeviriana*, 1634, 3 vol., in-12.

Un charmant exempl., relié par Boyet en 6 vol., mar. *doublé de mar.*, avec les insignes de la Toison d'or sur le dos, les plats et à l'intérieur, provenant authentiquement de Longepierre, 2,020 fr. Germeau; acheté par M. Potier pour M. Leb. de Montgermont, et à la vente de celui-ci, porté au prix énorme de 5,800 fr.; l'exempl. n'était pas grand, 0ᵐ124.

Un exempl. ordinaire, en 4 vol. reliés par Simier, en mar., 25 fr. seulement d'Ortigue; en anc. mar., 27 fr. Radziwill; en mar., dit de Boyet, mais exempl.

court, 80 fr. de Morante. Deux exempl. à la vente Gancia de 1864, l'un en anc. rel. à comp., 55 fr.; l'autre en mar. *doublé*, de Boyet, 42 fr. seulement.

— TITI LIVII Historiarum libri ex recensione Gronovii. *Lugd. Batavorum, ex off. Elzeviriana*, 1644-45, 3 vol. in-12.

Haut. 0ᵐ132, en anc. mar., aux armes de Caumartin Saint-Ange, 89 fr. de Chaponay; avec les notes de Gronovius, en anc. mar., 32 fr. Radziwill; en 4 vol., mar. de Bozérian, grand de marges, 141 fr. de Morante; en mar. de Duru, h. 0ᵐ131, 140 fr. Bordes. Un exempl. presque broché, en partie non fendu, h. 0ᵐ135, 46 fr. pasteur Conod.

— TITI LIVII Historiarum quod extat ex recensione Gronovii. *Amstelodami, Dan. Elzev.*, 1678, in-12.

Hauteur 144 mill., 21 fr. de Chaponay; en mar. *doublé* de Corfmat, 36 fr. d'Ortigue; en ;mar. de Trautz, 72 fr. Cailhava; de 0ᵐ145, 29 fr. Soleil; 21 fr. Chedeau; en mar. de Niédrée, 29 fr. De Lassize; en mar. de Simier, haut. 0ᵐ150 1/2, 98 fr. Brunet; revendu 80 fr. Huillard; 0ᵐ148, en anc. mar., 90 fr. Radziwill, l'exemplaire de d'Hangard, de 0ᵐ146, en anc. mar., 48 fr. même vente; en mar. de Simier, 41 fr. Potier.

Le plus grand exemplaire connu (H. 0ᵐ152mm 1/2), 151 fr. Tufton; à la même vente, un exemplaire de 0ᵐ147, n'a été vendu que 27 fr; en mar. de Duru, 0ᵐ143, 61 fr. Danyau; en mar. *doublé* de Du Seuil, mais un peu court, 290 fr. baron Pichon; en mar., 80 fr. de Morante; en mar. de Trautz, 107 fr. H. Bordes, et 195 fr. Leb. de Montgermont; en mar. de Lortic, H. 0ᵐ145, 31 fr. Gancia.

— LES DECADES de Tite-Live, translatées en françoys (par Pierre Bercheure). Cy finist le dixiesme liure et le dernier de la première decade de Titus Livius. *Imprime a Paris (par Jehan du Pré), en la grant rue Sainct Jacques le XXVII novembre mil.* CCCC. *quatre vingtz et six.* — La seconde décade : *Cy fine le dixiesme et derrenier liure de la seconde décade de Titus Livius imprime a Paris..... mil* CCCC. *iiiixx et sept.* — La troisième décade : *Cy fine le neufiesme et derrenier livre de la tierce decade de Titus Livius.* — La Guerre punique, traduict du latin de Léonard Aretin (par Iean le Vesgne). S. l. n. d., quatre parties en 3 vol., in-fol., goth., à 2 col.

Un exemplaire incomplet, 61 fr. seulement, Germeau.

— LE PREMIER (le second et le tiers) volume des grans décades de Tytus Livius, translatées de latin en françoys, nouuellement corrigées et amendées, et ensuyuant les faictz des grands historiographes, si comme Orose, Saluste, Suétone et Lucain. (A la fin :) *Imprime a Paris le vingt-septiesme iour de iuing mil cinq cens et trente, par Nicolas Sauetier, imprimeur, a l'enseigne de l'homme Sauuaige, pour Philippe Le Noir,* 3 vol., in-fol., à 2 col., fig. sur bois, titres encadrés, marque de Phil. Le Noir.

M. Brunet indique une édition d'Ambr. Girault sous la même date.

Un bel exemplaire de celle-ci, 200 fr. Aubry (1867).

— LES GESTES romaines nouuellement imprimez a Paris. Cy finist les gestes romaines et les statutz et ordonnances des heraulx darmes, translatez de latin en françoys par maistre Robert Gaguin. *Imprime a Paris pour Anthoine Verard (par Gilles Couteau), demourant deuant Nostre Dame de Paris.* S. d., in-fol., goth., à 2 col., fig. s. b.

C'est la traduction de la troisième décade, avec addition des *statutz et ordonnances;* les figures sur bois sont fort remarquables.

80 fr. Chedeau.

— LE PREMIER livre de la première décade de Tite-

Livre de Padoue... traduit de latin en françois, par Jaques Gohori, Parisien. *Paris, Arnoult L'Angelier*, 1548, in-4, 15 fig. et capit. gr. s. b.

En *mar.* de Lortic, 31 fr. De Lassize.

— LE XXXIIIe LIVRE de Tite-Live, nouvellement trouvé à Bamberg, en Allemagne, traduict par le sieur de Malherbe.,. *Paris, T. du Bray*, 1621, in-12.

Première édition, en gros caractères ; en *mar.* de Duru, 65 fr. Bordes.

— LIVIUS (TITUS). Römische historien uss Tito Liuio gezogen. *Mentz, J. Schöffer*, 6 märz 1505, in-fol., de VII-410 ff., fig. en bois.

M. Brunet a cité cette édition de la traduction ou plutôt de la paraphrase de l'historien romain ; mais nous voulons compléter sa note : on trouve dans la dédicace du volume de curieux renseignements sur la découverte de l'imprimerie, dont on attribue tout l'honneur à Gutenberg.

LIURE artificieux, et tresprouffittable pour pointres (*sic*), tailleurs des imaiges et Dantiques, Orfeubvres, et plusieurs aultres gens ingenieuses ; nouuellement imprimes. Lan 1540. *On les vend à Anuers en la rue de Chambre a lenseigne du Soleil Dor, par Jehan Richard*, pet. in-4, de 28 ff., gr. sur bois des deux côtés, sans texte [9212]

Livre d'art des plus curieux, il renferme un grand nombre de têtes, de coiffures, casques, armures, etc.

LIBRO artificioso para todos los Pintores. y Entalladores. Plateros. Empedradores. Debuchadores. muy provechoso, y nueviamente añadido. *S. l. (Amberes)*, 1541, pet. in-4, de 28 ff.

Entièrement gravé sur bois, sauf le titre, qui est en caractères mobiles. C'est la traduction espagnole du LIVRE ARTIFICIEUX.

LIURE (Le) de la chasse du grant seneschal de Normendie, Et les dictz du bon chien Soulliart, qui fut au roy Loys de France, XI. de ce nom. (A la fin :) ¶ Cy finist le liure de la chasse du grant seneschal Et les dictz du bon chien Souillart. (puis les lettres P C.) *S. l. n. d. (Paris, Pierre le Caron, vers* 1505), pet. in-4, goth., à longues lignes, sans chif. ni récl., avec sign., la marque de Pierre le Caron sur le titre, et au-dessous le mot : *Franboys*, 12 ff. [13527]

L'exemplaire du duc de La Vallière, acheté par Laujon, a passé chez Aimé-Martin, Nodier et Heber ; il a été vendu 2,005 fr. chez le baron Pichon.

LIURE (Le) de honneste volupté. Contenant la maniere d'habiller toutes sortes de viandes, tant chair que poisson et de servir en banquets et festes. Auec un memoire pour faire escriteau pour un bancquet. *A Lyon, pour Pierre Rigaud*, 1602, in-16.

51 fr. Yéméniz.

LIVRE (Le) de nouvel imprime faisant mention des sept parolles que nostre

benoist saulueur Jesus Christ dist en larbre de la croix... M.D.XXXViij. *On les vend a Paris, au Mont St. Hilaire, par Jean Masse, imprimées par Estienne Caveiller*, in-8, goth., de 95 ff., fig. s. b. [1661].

En *mar.* de Hardy, 65 fr. Potier ; l'exemplaire avait été acheté 48 fr. chez M. Desq.

LIURE (Le) de paix et grâce en Jésus-Christ, *s. l. n. d. (marque d'Anthoine Vérard à la fin)*, in-8, goth., de 32 ff.

Petit traité inconnu jusqu'à la publication du catalogue du baron Pichon, à la vente duquel il a été adjugé au prix de 60 fr.

LIURE (Le) de plusieurs pièces, c'est-à-dire, faict et recueilly de divers autheurs, comme de Clément Marot et autres. *Lyon, pour Thibault Payen (impr. par Nic. Bacquenois)*, ·1548, in-16. [13833]

Un joli exemplaire, 100 fr. Germeau.

LIURE (Le) ‖ de Saigesse. Suyuant les auctoritez des anciens Phi ‖ losophes. Distinguät ? plät ‖ des vices ? des vertus, dont ‖ Ion peult estre prise ou despri ‖ se. Ensemble la maniere de ‖ toviours bien et saigement ‖ parler a' toutes gës de quel ‖ que estat qu'ilz soient. ‖ (A la fin) : *Nouuellement imprime a Paris par Alain Lotrian*, s. d., pet. in-8, carré, goth., de 52 ff., avec 25 grav. s. b.

300 fr. catal. Tross (1874).

— Cy commence le prologue des Vertus et Vices. (A la fin) : Cy finist le liure de Sagesse, selon les dictz des anciens Philosophes. *Imprime nouuellemët chez Iehan Lecoq : demourant a Troyes deuät nostre dame. S. d.*, pet. in-8, car. semi-goth., fig. s. bois, sans chiff. ni récl., avec sign. a-h par 8 ; le dernier f. porte au r° le Christ en croix, et au v° la marque de Jean Lecoq.

60 fr. Yéméniz, et l'exemplaire était en *mar.* de Niédrée.

Il est assez difficile de déterminer quelle est la plus ancienne de ces éditions que nous venons de citer ; nous pencherions cependant pour accorder l'antériorité à celle de Jean Lecoq, qui exerça à Troyes de 1509 à 1533.

Le catalogue de M. Yéméniz indiquait, non-seulement l'édition, mais aussi le livre comme inconnu à M. Brunet (text. : non cité au *Manuel*) ; nous prions le savant rédacteur de ce catalogue de vouloir bien vérifier la 1,123^e col. du liv. III.

— DIS IST das büch des Zvyszheit der alten Zuyzen... (le Livre de la sagesse des anciens sages)... *Strassburgh, Grüninger*, Mccccci, in-fol., goth., de 116 ff., chiffrés, fig. s. b., avec sign. A de 4 ff., B-S de 6, T de 4 et V de 6 ff.

Les figures sur bois sont d'une exécution remarquable.

En *mar.* de Duru, 185 fr. Yéméniz.

LIVRE de secrets pour faire la peinture. *S. l.*, 1682, pet. in-12.

Curieuse brochure de quelques pages; **18 fr.** Emeric David.

LIURE (Le) de vraye et parfaicte oraison. *Paris, imprime par Jehan Kerbriant, pour Chrestien Wechel*, M. D. XXX, pet. in-8, de VIII et 133 ff., fig. s. bois.

Cette édition diffère de celle que cite le *Manuel*, III-1123.

LIURE (Le) des cent meditations de la passion du benoist Jesus, compose par un devot religieux de l'ordre des freres prescheurs, auec ung petit traicte nomme linstruction et contemplation de la vie contemplative faict sur les sept heures du iour sur la passion de N. S. J. C. *Nouuellement imprime a Paris pour Simon Vostre*, 1507, pet. in-8, goth., fig. s. bois.

En *mar.* de Hardy, **50 fr.** Chedeau.

LIURE (Le) des ballades; soixante ballades choisies. *Paris, Alphonse Lemerre*, 1876, in-8.

Jolie publication, tirée à petit nombre; le texte, en caract. ital., est encadré d'un filet rouge. **8 à 10 fr.**

LIURE (Le) des sonnets, dix dizains de sonnets choisis. *Paris, Alph. Lemerre*, 1874, in-8.

Sur papier de Chine, tiré à 50 exemplaires, **70 fr.** Morgand et Fatout.

LIURE des Getz (Le) grandement proffitable pour tous marchans et aultres. *S. l. n. d.*, in-4, goth., de 6 ff., fig. s. b. au titre et au dernier f.

Traité d'arithmétique à l'usage des marchands « qui ne savent ni lire ni escrire »; il a été imprimé à *Lyon* vers 1520.

L'auteur dit qu'avec sa méthode on peut compter avec des *getz* (jetons) aussi bien qu'avec la plume.

52 fr. Germeau.

LIURE (Le) des marchans, fort vtile a toutes gens pour cognoistre de quelles marchādises on doit se garder destre trompe... *Acheue de Imprimer le penultieme iour du moys de decembre* 1534. *On les vend a Paris*; in-8, à longues lignes, car. goth., avec sign., contenant 48 ff.

On lit au verso du titre un *Avis au lecteur* de Céphas Geranius, l'éditeur (évidemment pseudonyme).

LIURE (Le) des marchans fort utile à toutes gens pour cognoistre de quelles marchandises on doit se donner d'estre déçeu. *S. l.* (*Genève*), *De l'imprimerie de Jr. Jāquy, Antoine Davodeau et*

Jacques Bourgeois. S. d. (vers 1558), in-16, de 40 ff.

En *mar.* moderne, **180 fr.** H. Bordes.

LIVRE (Le) des métiers. Voy. MICHELANT.

LIURE (Le) des Quenouilles. Voy. ÉVANGILES.

LIVRE d'Heures d'Anne de Bretagne, traduit du latin, et accompagné de notices inédites, par l'abbé Delaunay. *Paris, L. Curmer*, 1841, 2 vol. gr. in-4.

A la vente Curmer de 1874 a figuré le manuscrit copié sur l'original (à la Bibl. nation.) par J. Chrétien Schultz; ce travail, merveilleusement réussi, présentait de grandes difficultés; l'original était sous verre et enfermé à clef; l'artiste a mis cinq années à exécuter ce chef-d'œuvre de patience, et les dépenses consacrées à cette reproduction ont dépassé 45,000 fr.

Cet incomparable manuscrit est illustré de 49 grandes miniatures, de 332 encadrements et d'innombrables lettres et ornements en or et en couleurs.

Il a été adjugé au prix de 10,000 fr.

Dans la même vente, un très-bel exemplaire de la reproduction par le procédé chromo-lithographique, dans une très-riche reliure, a été vendu 565 fr.; un autre exemplaire en *mar.* de Niédrée, 800 fr. Benzon; en *mar.* doublé de Lortic, 1,500 fr. au catalogue à prix marqués d'Aug. Fontaine (1877).

LIURE (Sensuy le) du resolu en mariage traictant et demōtrant la grant proesse et resistance q̄ ont eu et ont de present les femmes contre les hommes... *Cy finist le resolu en mariage imprime nouuellement a Paris par la reufue feu Jehan Trepperel.....* S. d. (vers 1525), in-4, goth., de 30 ff. [13266]

— Voy. REBOURS de Matheolus.

— LE RÉSOLU en mariage. (A la fin :) *Cy finist le Resolu en mariage imprime par Anthoyne Verard... demourant a Paris deuant la rue Neufue Nostre Dame, ou au Palais...* S. l. d., in-8, goth., de 80 ff., sign. A-Oiiij par 6 ff., sauf N et O, qui sont par 4, 32 fig. s. bois.

On ne connaît qu'un seul exempl. de cette édition précieuse; il est sur *vélin*, et appartient à M. de La Roche La Carelle; ce beau livre, avec les figures peintes en miniature, a été payé 3,000 fr. à une vente faite par M. Potier en 1864.

Il est utile de dire ici que le RÉSOLU EN MARIAGE est antérieur au *Livre du Resolu*, qui n'est autre que le *Rebours de Matheolus*.

LIURE (Cy est le) et ordōnance de la deuote confrairie du psaultier de la glorieuse vierge Marie tresdigne mère de Dieu, nostre Sauueur Jesu Christ. (A la fin) : *Cy finist le liure... Imprime a Lyō sur le Rosne par Janon Carcain libraire... lan de grace* M. CCCC. LXXXVIII, in-8, de VIII ff. à 2 col., car. goth., sans ch. ni récl.

62 fr. en *mar.* de Chambolle, Le Roux de Lincy; revendu **100 fr.** marquis de B. de M. (1869).

Cette confrérie a été fondée à Lyon par la reine Anne de Bretagne, pendant un séjour qu'elle fit dans cette ville, lors des expéditions de Charles VIII en Italie.

LIVRE jaune (Le), contenant quelques conversations sur les logomachies (attribué à Gros de Boze). *Bâle*, 1748, in-8. [10791]

En *mar.* de Derome, 95 fr. Brunet, pour M. Didot.

LIURE merveilleux, faisant mention de tous les faits de l'Eglise universelle, comme des tribulations qui doivent advenir en l'Eglise de Rome, et d'un temps auquel on ostera et tollira aux gens d'Eglise leurs biens temporels, tellement qu'on ne leur laissera que leur vivre et habit nécessaire. *Paris, J. Bessault*, 1571, in-12. [9010]

Ce livre rare, dont le *Manuel* cite diverses éditions, est attribué au Fr. Théolofre, ermite; cette édition de 1571 a été vendue 24 livres en mars 1786; le vol. faisait partie d'une collection de livres rares, fort intéressante, qui appartenait au sieur Harbié, marchand peaussier, qui affectionnait les reliures de fantaisie, et fournissait les matières premières aux relieurs; aussi voit-on des *maroquins* de toutes couleurs, des *veaux* roses, des *basanes* blanches, des *moutons* multicolores; le catal. a été rédigé avec soin par Née de la Rochelle, il comprenait 1,466 numéros.

LIVRET de Folastries. Voy. RONSARD.

LLIBRE de Privilegis, vsos, stils, y ordinacions de consvlat de mar de la fidelissima villa de Perpinya. *Perpinya, Esteue Bartau*, 1651, in-4, de 200 pp. et x ff. pour la table.

Ce livre a été imprimé en vertu d'une décision du conseil de la ville, du 2 août 1650; à la suite de la table, doit se trouver une pièce, qui se continue sous les signat. du volume :

— CRIDES, y edictes, fets per lo excelentissim senyor Don Jvan Sentis, bisbe de Barcelona... sobre la erectio de Fires, y Cambis, en la vila de Perpinya. *Perpinya, Est. Bartau*, 1651, in-8, de x ff.

Cette pièce avait été imprimée pour la première fois en 1624.

En *vélin*, 19 fr. Burgaud des Marets.

LOARTE (*Gaspardo*). Les Méditations de la passion de Nostre Seigneur Jésus-Christ, avec l'art de méditer, trad. de l'espagnol, dédiées au Roy. *Paris, Th. Brumen*, 1578, in-16, 19 fig. s. bois, vignettes et fleurons.

Livre curieux; l'exemplaire de dédicace au roi Henry III, sur *vélin*, en mar. aux armes et au chiffre du destinataire, fort belle reliure, 320 fr. Techener (1865); un feuillet de la dédicace manquait.

Gaspardo Loarte, jésuite espagnol, mourut en 1578.

— **Le Reconfort des affligez, livre singulier, auquel est traicté des fruits et remèdes des tribulations... Nouvellement composé en italien par le R. P. G. Loart,**

et mis en françois par G. B. P. P. *Paris, Brumen*, 1579, in-16.

8 à 10 fr.

LOBO (*Francisco Rodrigues*). [19280]

Voici, d'après la *Bibliotheca Lusitana*, le détail des différentes éditions de cet écrivain, célèbre en Portugal.

— CORTE na Aldea e noites de Inverno. *Em Lisboa*, 1630, in-4; em *Castelhano Montilha*, 1632, in-8, et *Lisboa*, 1649, in-8.

— PRIMAVERA. *Lisboa*, 1601, in-4 (M. Brunet dit 1604, c'est une erreur d'impression); réimpr. au même lieu, en 1619, in-4; 1633, in-16; 1635, in-32; 1650 et 1651, in-8; et *Em Castelhano Montilha*, 1629, in-8.

— PASTOR peregrino. *Lisboa*, 1608, in-4; 1618, in-4, et 1651, in-8.

— O DEZENGANADO. *Lisboa*, 1614, in-4; et 1651, in-8.

— O CONDESTABRE. *Lisboa*, 1610, in-4; et 1627, in-4.

— EGLOGAS. *Lisboa*, 1605, in-4.

— ROMANCES. 2 part. *Coimbra*, 1596, in-16; et *Lisboa*, 1654, in-8.

— LA JORNADA del Rey Filippe a Portugal, etc. *Lisboa, P. Craesbeck*, 1623, in-4.

27 fr. Ruggieri.

— CANTO elegiaco pelo roubo do santissimo sacramento do Porto. *Lisboa*, 1614, in-8.

La plupart de ces poëmes sont imprimés par Craesbeck; le *Manuel* cite les éditions collectives de 1723, in-fol., et de 1774, 4 vol., in-8.

LOBWASSER (*Ambr.*). Fängelse schola, eens wållborn herres och tapper Hieltes, etc. — Schola captivitatis illustris et generosi cuiusdam herois, pro patria charissima, vi et jussu regis Poloniæ in arctissima custodia ibid. detenti... continens I. Dogmatum quorundam papisticorum succinctam refutationem; II. Psalmorum aliquot tum davidicorum ex Ambrosio Lobwasser è Germanico in suæcicum idioma translatorum... *Holmiæ, J. Meurer*, 1644, in-8.

En suédois et en latin; ce livre singulier est d'une grande rareté.

Le catal. Fétis donne les titres de plusieurs des psaumes et des chants protestants publiés par Ambr. Lobwasser.

LOCHER (*Joan.*). In hoc libello Jacobi Locher, Philomusi, Suevi, infrascripta poemata continentur : Epicedion de morte Plutonis et Dæmonum. Encomium paupertatis heroicum, etc. *Silvanus Othmar impressit Augustæ, apud ædem divæ Ursulæ ad Lichum*, 1513, in-4.

Poëme rare, que cite Panzer; 100 fr. de Morante.

LOCKE (*John*). An Essay concerning human Understanding, in four books, by John Locke. *Printed by Eliz. Holt, for Thomas Basset*, 1690, in-fol. [3468]

Première édition, qui avait été précédée d'un *Epitome* anonyme, publié en 1688.

28 fr. De Lassize.

— La seconde édition de ce livre illustre a été publiée à *Londres* « with large additions and an Index », en 1694, in-fol., portr.

Quelques exempl. portent : 1695.

La 24e édition est de Londres, 1823, et non pas 1833, comme dit le *Manuel*.

— DE L'ÉDUCATION des enfans, trad. de l'anglois, par M. Coste. *Amsterdam, Steenhouwer et Vlytwerf*, 1721, in-12, portr. gr. par B. Picart.

En *mar.* de Padeloup, aux armes et au chiffre du comte d'Hoym, 530 fr. baron Pichon.

LODI (*Giacinte*). Amore prigioniero in Delo, torneo fatto da signori academici Torbidi in Bologna li 20 di marzo, 1628. *In Bologna, per gli heredi di Vittorio Benacci*, s. d., in-fol.

15 grandes pl. signées *Il Coriolani F*. 41 fr. Ruggieri.

LOISY (*Pierre* de). Voy. WARIN (*Thomas*).

LOMAS. Las Obras de Hieronimo de Lomas Cantoral. *En Madrid, en casa de Pierres Cozin*, 1578, in-8. [15155]

Cancionero rare et curieux, que M. Brunet n'a daigné citer qu'à sa table raisonnée.

En *vélin*, 190 fr. Gancia.

LOMAZZO (*Paolo*). Rabisch dra academiglia dor compa Zavargua, nabad dra vall d'Bregn. *Milano, Gio. Battesta Bidelli*, 1627, in-12.

Recueil de poésies en patois de Bregno, composé par le célèbre auteur du traité de la Peinture; il est terminé par un vocabulaire; il s'y trouve des pièces grecques, latines, espagnoles, génoises, en argot et en latin macaronique. £ 5. sh. 5. Libri, pour sir Th. Philipps.

LOMME pecheur. Voy. HOMME.

LONGUEIL (*Christophe* de). Longolii (Chr.) Lucubrationes. — Orationes tres. Epistolarum libri quatuor. *Lvgdvni, Apud Sebast. Gryphium*, 1542, in-8. [18973]

Un bel exempl., relié en *mar. à compart.*, portant les emblèmes de Demetrio Canevari, imprimés en or sur les plats, 380 fr. de Morante.

LONGUS. Λογγοῦ Ποιμενικῶν τῶν κατὰ Δάφνιν καὶ Χλόην βιβλία τέσσαρα. Longi Pastoralium de Daphnide et Chloë Libri quatuor (*græce*). Ex bibliotheca Aloisii Alamanni (edidit Raph. Colombani). *Florentiæ, apud Phil. Junctam*. MDXCVIII, in-4, de IV ff. lim., 98 pp. et un f. [16974]

Édition princeps ; elle a été publiée sur un manuscrit qui portait en marges différentes leçons, lesquelles ont été soigneusement relevées ; et Fulvio Orsini, l'un des savants philologes auxquels on doit cette intéressante exhumation, y a ajouté les variantes de trois manuscrits qu'il avait découverts.

Cette édition est fort rare, quoi que dise M. Brunet ; elle ne faisait pas partie de la bibliothèque Yéméniz, si riche en classiques grecs.

— HISTOIRE et Amovrs pastoralles de Daphnis et de Chloé escrite premierement en grec par Longus et maintenant mise en françois. Ensemble un débat iudiciel de Folie et d'Amour, fait par dame L. L. L. (Louise Labé Lyonnoise). Plus quelques vers françois, lesquels ne sont pas moins plaisans que recreatifs, par M. D. R., Poictevine (mademoiselle des Roches). *A Paris, chez Jean Parent*, 1578, in-16, IV-132 ff. chiffrés.

155 fr. Yéméniz, rev. 75 fr. Potier.

— LES AMOURS pastorales de Daphnis et Chloé (trad. de Longus par J. Amyot). *S. l.* (*Paris*), 1718, pet. in-8, fig., 164 pp. de texte.

Édition dite du *Régent*, ornée des figures d'Audran, gravées sur métal ; elle est jolie mais assez commune. A la mort de M. de Cangé de Billy, en 1781, il se trouva 52 exemplaires brochés oubliés dans un garde-meubles ; ils furent reliés et rognés depuis lors, car on n'a vu passer en vente que celui de M. Charles Nodier, dans cet état exceptionnel de brochure.

En *mar.* de Trautz, 132 fr. Gancia, rev. 240 fr. de Chaponay ; en *mar.* de Padeloup, second exempl. de Pixérécourt, 200 fr. Double, rev. 150 fr. Potier, et porté à 500 fr. au catal. Aug. Fontaine de 1875 ; le premier exempl. de Pixérécourt (no 1171), en *mar.* de Bozérian, provenant de Chastre de Cangé, longuement décrit au *Manuel* et plus longuement encore au catal. Morgand et Fatout, a été cédé en 1877 par ces très-habiles libraires au duc d'Aumale ; en *mar.* de Bozérian, 65 fr. Cailhava ; un charmant exempl., en *mar.* de Padeloup, à mosaïque de couleur, 1,210 fr. La Bédoyère ; un second exempl. en *mar.* de Bozérian, 260 fr.; ce même exempl., délicieusement relié en *mar. doublé* par le grand artiste Trautz, a été porté au prix excessif de 2,600 fr. à la vente Leb. de Montgermont.

Nous disons *excessif*, et les furieux amateurs de reliures modernes, à tous prix, jetteront les hauts cris ; mais ce qui constitue pour nous la beauté d'un livre dans le sens absolu du mot, c'est l'ensemble et à la fois l'homogénéité des qualités ; c'est cet ensemble seul qui fait la perfection, le *sans si*, comme disait familièrement Nodier ; la pureté d'un papier qui n'a pas été blanchi par le lavage, la grandeur des marges, la fraîcheur et l'éclat du tirage des gravures, quand gravures il y a, sont les qualités premières, mais le bon goût et la fraîcheur d'une première reliure, sobre ou éclatante, suivant la nature du livre, en sont le complément obligé. Ainsi nous ne comprenons pas les *Contes* de la Fontaine, édition des *fermiers généraux*, reliés par un autre que par Derome, pas plus que nous ne voudrions des *Amours de Daphnis et Chloé*, édition du *Régent*, s'ils étaient habillés par un autre que Padeloup.

En *mar.* de Padeloup, 190 fr. Desq; en anc. *mar.*, 100 fr. De Lassize (1862); même condition, 100 fr. Van der Helle ; même condition, et de plus annoncé magnifique, 310 fr. marquis de B. de M.

En *mar. citron*, à *riches comp. de couleur*, chef-d'œuvre de reliure de Padeloup, l'exemplaire de M. Brunet a atteint le prix prodigieux de 6,000 fr.; cette reliure était d'une inconcevable fraîcheur ; le dessin en était un peu chargé pour un aussi petit format ; le vol. a été reporté à 8,000 fr. au catalogue Aug. Fontaine de 1872.

Un second exempl., encore fort beau, toujours en *mar.* de Padeloup, 820 fr., et revendu 850 fr. Grésy en 1869 ; en anc. *mar.* 192 fr. Huillard ; en *mar.* de Trautz, 200 fr. Potier ; en *mar.*, aux armes de Villeroy, 142 fr. Tross (1873); aux armes du duc de Richelieu, 315 fr. La Villestreux ; en anc. *mar.*, mais avec le titre taché, 265 fr. Bordes; sans la ligure des *petits pieds*, mais dans une fraîche rel. *mar.*, 345 fr. Labitte (décembre 1874); en anc. *mar.*, 400 fr. A. Rigaud.

— LES MÊMES (édition donnée par Falconet). *S. l.* (*Paris, Coustelier*), 1731, pet. in-8, fig.

Un exempl. sur *vélin*, dans une belle reliure ancienne, 1,100 fr. Guntzberger (1872); cet exempl. avait été payé 240 fr. en 1862, à la première vente De Lassize; en *anc. mar.*, 90 fr. Curmer; en *mar.*, 80 fr. Grésy.

— LES MÊMES (avec les notes de Lancelot). *S. l.* (*Paris*), 1745, pet. in-8, de 159 pp. de texte, fig. d'Audran.

Il a été tiré de cette édition tout au moins autant d'exempl. in-4 qu'in-8.

En *anc. mar.*, 70 fr. de Chaponay ; un bel exemplaire, venant de l'abbé d'Orléans de Rothelin et de la duchesse de Berry, dans une reliure originale attribuée à Padeloup, 255 fr. Guntzberger ; en *mar.* de David, 68 fr. Desq ; en *anc. mar.*, 53 fr. De Lassize (1862); 80 fr. Potier; en *veau éc.*, 32 fr. Luzarche, et un second exempl., pet in-8, en *mar.*, 29 fr.; en *anc. mar.*, in-4, 80 fr. La Villestreux ; in-8, en *mar.* de Derome, 135 fr. H. Bordes ; et 399 fr. Benzon ; en *mar.* de Hardy, 46 fr. Grésy ; 102 fr. A. Rigaud.

— DAPHNIS et Chloé. *A Paris, imprimés pour les curieux*, 1757, in-4, fig.

26 fr. Chedeau ; 100 fr. Grésy ; et un second exemplaire, relié, disait-on, par Padeloup, 96 fr.; 70 fr. Labitte, janvier 1877; 60 fr. Potier ; en *anc. mar.*, 50 fr. Benzon ; 62 fr. Morel, de Lyon ; 23 fr. marquis de B. de M., et en *mar.* de Padeloup, 85 fr. même vente (1869); en *mar.* de Derome, 51 fr. Van der Helle; en *anc. mar.*, 250 fr., Morgand et Fatout.

— LES AMOURS pastorales de Daphnis et Chloé. *A Paris, chez Lamy, de l'impr. de Monsieur*, 1787, 2 vol. gr. in-4. [16974]

Un exempl. sur *vélin* (il y en a eu 12), avec les 29 dessins originaux à la plume de Martini, provenant de la vente Renouard, très-richement relié depuis en *mar. doublé*, par M. Lortic, et orné de 29 miniatures d'après les estampes attribuées au Régent, a été porté en 1868, à la vente Gancia, au prix singulièrement exagéré de 6,950 fr.; ce qui n'empêche que, quatre ans après, ce même exemplaire figure au catal. à prix marqués de M. Aug. Fontaine, à 9,000 fr.; et en 1875 il redescend à 8,000 fr., conservant ce prix *réduit* au catal. de 1877 ; un autre exempl. sur *vélin*, venant du prince d'Essling, en *mar. doublé* de Thouvenin, 1,050 fr. Garde.

— LES MÊMES. *Paris, Didot l'aîné, an VIII*, in-4, fig. d'après Gérard et Prudhon.

Un exempl. sur *vélin* en *mar.*, fig. avant la lettre, 290 fr. Desq, et 200 fr. Benzon ; en papier vélin, fig. av. la lettre et en *mar.* de Capé, 220 fr. Leb. de Montgermont ; 17 fr. marquis de B. de M.; en *mar.* de Capé, fig. avant la lettre, 200 fr. Grésy ; fig. av. la lettre, 62 fr. Labitte (1877); en *mar.* de Capé, 220 fr. d'Haubersart ; 150 fr. Guntzberger.

— LES MÊMES. *Paris, A. A. Renouard*, 1803, gr. in-12.

Le bel exempl. Renouard, sur *vélin* (110 fr.), avec les grav. de Prudhon avant la lettre, tirées sur satin, sur chine, à l'eau-forte, les planches du Régent ajoutées, les portr. d'Amyot, dessin original de Saint-Aubin, etc., 900 fr. Van der Helle.

— LES AMOURS pastorales de Daphnis et Chloé, trad. par J. Amyot, texte de 1559, suivies de la traduction revue par P. L. Courrier. *Paris, Alphonse Lemerre*, 1872, in-12, fig. et portr.

Jolie édition de bibliophile ; il en a été tiré 35 exempl. sur pap. de Chine (80 fr. au cat. Fontaine de 1877), et 120 sur pap. Whatman (40 fr. au même catal.).

— DAPHNIS et Chloé, traduction d'Amyot. *Paris, Jouaust*, 1872, in 12.

Cette jolie édition, admirablement imprimée, est ornée de 4 compositions d'Em. Levy, gravée à l'eau-forte par Flameng, et de dessins de Giacomelli, gr. s. bois par Rouget et Sargent.

Un exempl. sur *vélin* est porté à 250 fr. aux cat. Fontaine de 1875 et 1877 ; un bel exempl., dans une très-riche reliure doublée de Thibaron, avec les eaux-fortes de Flameng, en double suite, 150 fr. Labitte (1877); 50 exempl. ont été tirés sur pap. de Chine; l'un d'eux, cartonné, 49 fr. même vente Labitte (1877).

LOOS (*Corn.*). Duellum fidei & rationis : Si in Eucharistiæ sacramento, verè sit corpus Christi. Cornelio Loos Callidio auctore. *Moguntiæ, excudebat Casparus Behem*, 1581, in-8.

Livre curieux et rare ; il a été bien souvent mis à contribution par les dialecticiens et controversistes du XVIIe siècle.

LOOSBUCH, zu ehren der Römischen, Ungerischen und Böhemischen Künigin (par Paul Pambst). *Straszburg, Balthassar Beck*, 1546, in-fol., goth., fig. s. bois.

Ce « Livre de fortune en l'honneur de la reine de la Romains, des Hongrois et des Bohémiens, » est rempli de belles gravures sur bois, dont quelques-unes avec des inscriptions xylogr.; il est de plus en vers, ce qui n'ajoute pas grand'chose à sa valeur.

Un bel exempl., dans une curieuse rel. allemande du temps, £ 6. sh. 2. d. 6. Libri.

LOPEZ (*Fernand*). Histoire des Indes du Portugal, traduicte de langage portugais par Nicolas de Grouchy. *A Paris, chez Michel Vascosan*, 1553, in-4.

Réimpr. l'année suivante *à Anvers*, par Jean Steels, in-8.

Voici le titre de l'original portugais :

FERNAM Lopes de Castanheda. Historia do descubrimento da India pelos Portuguezes. *Coimbra*, 1551, in-4, divisé en 10 parties.

La traduction française est un livre de la plus grande rareté.

LOPEZ (Fray *Francisco*). Compendio, y methodo de la svma de las reglas del Arte del ydioma Ylocano, que à los principios del siglo passado, compuso el M. R. P. fray Francisco Lopez, del orden de S. Augustin, etc. (Au verso du titre): *Con las licencias necesarias en la Imprenta de N. S. de Loreto del Pueblo de Sampaloc. Por el hermano Balthasar Mariano. Año de 1792*, in-8, sur papier de riz. [11920]

— *Compendio*, 238 pp. et 2 ff.; *Confessionarios y platicas del Manual Toledano... compvestos por Fernando Rey*, 494 pp.

Seconde édition d'une grammaire fort rare, 51 fr. Maisonneuve.

M. Brunet cite, d'après Ebert, la première édition, absolument introuvable, de *Manilla*, 1617; elle est incorrectement désignée (*itoca*, pour *yloca*).

LOPEZ (*Greg.*) Lettera annua della pro-

vincia delle Filippine dell' anno 1608. *Roma*, 1611, pet. in-8.

8 thal. Sobolewski.

LOPEZ (*Iñigo*). Refranes. (*Manuel*, III, 1163]

Salvá (*Catal.*, n° 2099) décrit une édition *s. l. n. d.*, in-4, de 12 ff., qu'il fait remonter au XV° siècle; il signale, avec de longs détails, celle de *Valladolid, en casa de Francisco Fernandez de Cordova*, 1541, in-8, goth., sign. *a-e*, la première où se rencontre la *Glosa*.

Sanchez en indique une autre de *Toledo, Juan de Ayala*, 1537, in-4; Mayans a réimprimé cet ouvrage dans ses *Origines de la Lengua Española*, tome II, mais sans la *Glosa*; il a suivi l'édition de *Sevilla*, 1508.

LOQUE (*Bertrand* de), Dauphinois. Les principaux Abus de la Messe, où sont descouverts et refutez les plus remarquables erreurs de l'Église Romaine touchant la doctrine. *A la Rochelle, par Hierosme Haultin*, 1597, in-8.

L'exempl. de la Bibl. nationale, cité au *Manuel*, porte la date de 1596; cette édition est sans doute la même, avec un titre nouveau. 100 fr. 2° vente de Morante.

LORENZO da Bergamo. Trattato della dispositione che si ricerca a receuer la grazia del Spiritu santo. *Venetia, al segno della Speranza*, 1550, in-16, de 64 ff. chiffrés, fig. s. bois au titre.

Petit vol. fort rare; en *vélin*, 19 fr. (1867).

LORET (*Jean*). La Muze historique. Nouvelle édition revue sur les manuscrits et les éditions originales, augmentée d'une introduction, de notes, d'un glossaire et d'une table générale alphabétique des noms propres et des matières, par Ch. L. Livet. *Paris*, 1875-77, 3 vol. gr. in-8, à 2 col., sur papier vergé; les deux premiers vol. ont paru, à 15 fr. le vol. [14021]

M. Brunet a donné de nombreuses adjudications des trois volumes originaux; en voici une assez singulière; un bon exempl., relié en *veau brun*, a été vendu 12 livres 2 sols, Jolyot de Crébillon, en 1777.

L'exempl. de M™ de Pompadour, relié en *mar. rouge*, et divisé en 8 vol. pet. in-fol., a été porté à 4,100 fr. à la vente du baron Pichon; il s'y trouvait réunie une pièce de Loret, fort rare et non citée :

— ADIEUX aux filles de ma connoissance du quartier St.-Honoré, 2 ff.

— LA PREMIÈRE partie de la *Muse historique*, publiée en 1656, *à Paris, par Charles Chesneau*, in-4, titre gr., portrait, en *mar.*, aux armes du cardinal Mazarin, 750 fr. Benzon.

— L'ENTRÉE de la Reyne (en vers), présentée à Leurs Majestés le 26 août 1660, par le sieur Loret. *Paris*, 1660, in-4.

Cette Entrée a donné lieu à un véritable déluge de pièces en prose et en vers, dont la collection Ruggieri donne une partie.

Une réunion de quatorze de ces pièces a été vendue 54 fr. Martial Millet, et une autre de seize, 300 fr. Ruggieri.

Nous citerons quelques-unes des pièces consacrées à cette solennité :

— LA VILLE de Paris en triomphe pour l'entrée de Leurs Majestez, où les peintures et tableaux de tous les portiques sont expliqués en vers françois par M. Canu. *Paris*, 1660, in-4.

— REQUESTE présentée au Prévost des Marchands, par cent mille provinciaux qui se ruinent en attendant l'entrée (en vers). — *Ibid.*, 1660, in-4.

— EXPLICATION des devises générales et particulières des tableaux, figures en relief, plates peintures et médailles, qui sont aux portes et portiques des arcs de triomphe, élevez à la gloire de Louis XIV et de Marie-Thérèse d'Autriche. *Paris, Baptiste Loyson*, 1660, in-4.

58 fr. Martial Millet, quoique piqué.

— DESCRIPTION des arcs de triomphe eslevés dans les places publiques pour l'entrée de la reyne... *Ibid.*, 1660, in-4.

40 fr. même vente; l'exempl., annoncé en *mar.*, n'était que cartonné et de plus fortement piqué.

— LA MUSE en belle humeur, contenant la magnifique entrée de Leurs Majestez dans la ville de Paris. *Paris*, 1660, in-4, fig. gravée par Ladame.

Pièce précieuse.

— Voy. ROBINET.

LORIS. Le thrésor des parterres de l'univers contenant les figures et pourtraits des plus beaux compartiments, cabanes et labyrinthes des jardinages, tant à l'allemande qu'à la françoise... descripts en latin, françois, allemand et anglois. *Genève, par Estienne Gamonet*, 1620, in-4, de 13 ff. pour la description et 200 planches de la grandeur des pages.

40 à 50 fr.

LORME (*Philibert* de). Nouvelles inventions pour bien bastir et à petits frais, trouvées naguères par Philibert de Lorme, Lyonnois, architecte, conseiller, & aulmosnier ordinaire du feu Roy Henry et abbé de Saint-Eloy-Lez-Noyon. *A Paris, de l'imprimerie de Frédéric Morel, rue Saint-Jean-de-Beauvais, au Franc-Meurier*. M. D. L. X. I. Pet. in-fol., avec privilége du Roy & dédicace au tres-chrestien et trespuissant Roy de France, Charles, neuviesme de ce nom. [9765]

La deuxième édit. est de 1568; la 3° de 1578; celle-ci est ornée du portrait de Phil. de Lorme.

A l'avant-dernier f. se trouvent les noms de *Hier. de Marnef* et de *G. Cavellat*, avec la date de 1576, ce qui, dit M. Destailleur, indiquerait une autre édition; cette édition est citée au *Manuel*.

— L'ARCHITECTURE (tome I°r), de Philibert de Lorme, conseiller & aulmosnier ordinaire du Roy & abbé de Saint-Serge-Lez-Angiers. *A Paris, chez Frédéric Morel, rue Saint-Jean de Beauvais*, 1567. *Avec privilége du Roy. Achevé d'imprimer le* XXIX° *jour de Novembre* 1567. In-fol. Épître dédica-

toire à madame Catherine, Royne de
France, mère du Roy tres-chrestien
Charles IXe de ce nom.

— LA MÊME. *Paris, H. de Marnef,* 1576, in-fol.

C'est purement et simplement une réimpression.

— L'ARCHITECTURE de Phil. de Lorme...
OEuvre entière contenant onze livres,
augmentée de deux, & autres figures non
encore veuës, tant pour desseins qu'ornements de maisons ; avec une belle invention pour bien bastir et à petits
frais, très-utile pour tous architectes &
maistres jurez audit art, usant de la règle et du compas ; dédiée au Roy. *A
Paris, chez Regnault Chauldière, rue
Saint-Jacques, à l'Escu de Florence.*
M.D.C.XXVI. In-fol., fig. s. bois.

La dédicace est la même que celle des *Nouvelles
Inventions,* qui sont réimpr. et forment les tomes
X et XI de l'œuvre.

C'est l'édition la plus complète ; M. Hippolyte
Destailleur, dans la notice bio-bibliogr. qu'il a consacrée au grand architecte de la renaissance, donne
le détail des pièces qui paraissent pour la première
fois ici ; on y remarque un certain nombre de
planches relatives au château d'Anet.

L'édition de *Rouen, David Ferrand,* 1648, in-fol.,
est la réimpression de celle-ci, sans aucune différence.

LORME (*T.* de). La Muse nouuelle, ou les
agréables divertissemens du Parnasse,
par T. de Lorme, A. E. P. *Lyon, Benoist
Coral,* 1665, in-12, portr. et front.
gravé en taille-douce.

En *mar.* de Duru, 79 fr. W. Martin ; en *mar.* de
Thibaron, 30 fr. Desq.

LORRAINE (Cardinal de). L'Oraison...
faicte en l'assemblée de Poyssi, le Roy y
estant present, le 16 septembre M. D.
LXI. *Paris, Gellorel,* 1561, pet. in-8
(in-12, dit à tort le P. Le Long). 10 à
12 fr.

Pièce d'une certaine importance ; c'est la réponse
à la célèbre harangue de Théod. de Bèze, prononcée
au *colloque de Poissy.*

LORRIS (*Guillaume* de). Le Rommant
de la rose (commencé par Guil. de Lorris et terminé par Jehan de Meung). *S. l.
n. d.* (*Lyon, Guillaume Leroy,* vers
1485), in-fol., goth., de 150 ff. non
chif., à 2 col. de 41 lignes, fig. s. bois.
[13217]

Les feuillets n'ont ni chiffres, ni récl., mais ont
des signatures, et on a réservé des blancs avec des
lettres minuscules, pour la place destinée aux lettres tourneures ; le premier feuillet, qui manque à
la plupart des exemplaires, ne contient qu'une
ligne :

Le Rommant de la rose,

Et le texte commence au 2e feuillet :

Cy cōmance le rōmant de la rose
Ou tout lart damours est enclose.

Au bas de la 2e col. du r⁰ du 150e feuillet, on
lit :

Cest la fin du rōmant de la rose
Ou tout lard (*sic*) damour est enclose.

L'exempl. de M. Solar, provenant de M. de Clinchamp, était revêtu d'une excellente reliure de
Trautz-Bauzonnet, en *mar. doublé* ; il a été payé
1,620 fr. par M. Léopold Double ; revendu 2,950 fr.,
il fut racheté par Techener, et porté à 2,200 fr. à la
vente de ce libraire en 1865 ; ce fut l'Anglais Tufton
qui se rendit acquéreur de ce beau livre ; après sa
mort, il fut, en 1873, revendu 3,500 fr. à M. Aug.
Fontaine, pour M. Benzon ; enfin, à la vente de ce
dernier, en 1875, il fut porté définitivement à
4,600 fr. En *mar.* de Koehler, avec le titre refait,
680 fr. Techener, en 1864 ; en *mar.* de Duru, également avec le titre refait en fac-similé, 935 fr.
Desq.

Dans une splendide reliure de Niédrée, 1,530 fr.
Yéméniz ; en *mar. doublé* de Duru, 1,650 fr. baron
J. Pichon.

A la vente de l'Anglais Perkins, un beau manuscrit sur *vélin,* avec 74 miniatures, du XVe siècle,
annoncé comme provenant de d'Urfé, a été porté à
£ 90. 0. 0.

— L'exempl. sur *vélin* de la seconde édition de Vérard, signalé au *Manuel* (III, col. 1173) comme
vendu 16 guinées en 1829, a reparu à la vente Rodd
(*Londres,* 1847), où il a été porté à £ 101.

— LE ROMMANT de la Rose, imprimé à
Paris.

Cest fin du Rommant de la rose
Ou lart damours est toute enclose.

(Une figure sur bois.) *Nouuellement
imprime a Paris,* s. d. (vers 1495),
pet. in-fol., goth., à 2 col., avec 87 fig.
sur bois.

142 ff. à 43 lignes, sign. A-Ziiij, sans chiffres ni
réclames. Cette édition est imprimée avec les caractères de Vérard ; elle est conforme à la première des
éditions du célèbre imprimeur décrite au *Manuel,*
mais ne porte pas sa marque ni au premier ni au
dernier feuillet.

Un exempl., venant de Beaumarchais, avec sa signature, 115 fr. Huillard.

— LE ROMANT de la rose, *Imprime nouuellement a
Paris* (marque d'Ant. Vérard au titre). S. d., in-fol.,
goth., à 2 col.

Première édition de Vérard.

En *mar.* doublé de Hardy-Mesnil, 800 fr. Germeau.

— LE ROMANT de la rose. *Nouuellement imprime a
Paris.* (Marque de Vérard sur un feuillet blanc à
la fin.) S. d., in-4, goth., de 148 et 42 ff. à 2 col.
de 41 lignes, fig. s. bois.

C'est, d'après le *Manuel,* la dernière édition donnée par Vérard. En *mar.* de Niédrée, 490 fr. Yéméniz ; l'exempl. de M. Baudeloque, fort beau, 500 fr.
Labitte (juin 1876), figure à 800 fr. au catal. Aug.
Fontaine de 1877.

— LE ROMMANT de la Rose. Cest fin du rommant de
la rose ou lart damour est toute enclose. *S. l. n.
d.* (*Paris, Jehan Dupré,* avant 1495). In-fol.,
goth., de 150 ff. à 2 col., fig. s. b.

Un exempl. payé 150 fr. vente Raifé (1863),
relié en *mar.* par Thibaron-Echaubard, 420 fr. Potier (1870).

— LE ROMANT de la Rose. *Nouuellemment imprimé
à Paris.* S. d. (*chez Jeh. Petit,* vers 1505), in-fol.,
goth., fig. s. b.

En *mar.* de Duru, 393 fr. vente Techener (1864).

— LE ROMMANT de la rose. *Nouuellement imprime a Paris pour Jehan
Ponce demourant au Clou Breneau
(sic) a lymage Nostre Dame.* (A la
fin :) *Imprime nouuellement a Paris
par Nicolas des prez* || *imprimeur de-
mourant en la rue sainct Estienne* ||
a lenseigne du Mirouer, s. d. (vers
1505), in-fol., goth., à 2 col., fig. sur
bois.

Même édition que celle qui porte le nom du
libraire Jehan Petit (*Manuel*, III, 1173).

Un exempl., avec fig. coloriées, 100 fr. Potier
(1870).

— LE ROMANT de la Rose... *Paris, Jehan Jehannot,
s. d.* (commencement du XVIᵉ s.), pet. in-4 goth.,
fig. s. b. à 2 col. de 41 lignes.

En *mar.*, 91 fr. Cailhava (1862) ; en *mar.* de
Capé, 200 fr. cat. d'Aug. Fontaine.

— SENSUYT le rommant de la rose | aultrement dit
le songe du vergier... *On les vend a Paris, en la
rue Neufue Nostre Dame, a lenseigne de l'escu
de France, pour Alain Lotrian, s. d.*, pet. in-4,
goth., à 2 col.

En *mar.* de Koehler, 120 fr. marquis de B. de M.
(1869).

— CY EST le romāt de la roze... *Paris... Galliot du
Pré* (1526), pet. in-fol., goth., à 2 col., fig. s. b.

En *mar.* de Capé, 100 fr. Raifé (1863).

— LE ROMMANT de la Rose. Nou || uelle-
ment reueu et corrige || oultre les prece-
dentes || impressions. || *On le vend a
Paris par Galliot du pre li* || *braire
iure ayant sa boutieque* || *au premier
pillier de la* || *grant salle du* || *Pal-
lays*, || 1529. || (A la fin :) *Fin du Rom-
mant de la rose veu & || corrige oul-
tre les precedentes impressions, Et
imprime a Paris, par maistre* ||
*Pierre vidoue, Pour Galliot du pre,
li* || *braire iure, tenant sa boutieque
au pa-* || *lays, au premier pillier.
Au moys de* || *Mars, mil cinq centz*
XXIX, *auant pas-* || *ques.* Pet. in-8,
lettres rondes, fig. s. bois.

En *mar.* de Bauzonnet-Trautz, 1,000 fr. Double ;
l'exempl. avait été payé 350 fr. à M. Potier, et ne
valait guère plus ; en *mar.* de Bauzonnet, 850 fr.
de Chaponay ; l'exempl. était rempli de témoins ;
en anc. rel. *mar.*, 410 fr. Chedeau, pour M. Didot ;
en *mar.* de Hardy, bel exempl., 590 fr. Desq ; le
bel exempl. Renouard, en *mar.* de Padeloup,
1,500 fr. Brunet ; en *mar.* de Koehler, 470 fr. Germeau, et un second exempl., en anc. rel., 420 fr. ;
en anc. rel. *mar. doublé*, mais assez court, 460 fr.
Yéméniz ; en anc. rel. *mar.*,. le bel exempl. F. Didot, la Bédoyère, prince d'Essling, 1,500 fr. Huillard, figure au catal. à prix marqués Gonzalez-Bachelin, à 2,500 fr.; 875 fr. vente Tross du 17 décembre 1867 ; en *mar.* de Trautz, 270 fr. Gancia ;
court de marges (134 mill.), 105 fr. Labitte, en déc.
1874 ; 265 fr. même libraire, en mars 1877 ; en *mar.
doublé* de Capé (138 mill.), 1,000 fr. au cat. A. Fontaine de 1872 ; un autre en *mar. doublé* de Koehler,
800 fr. au cat. du même libraire de 1877 ; en *mar.*
de Thompson, 500 fr. Bordes ; en *mar.* de Chambolle-Duru, 1,000 fr. au catal. des libraires Morgand
et Fatout ; en anc. *mar.*, 500 fr. Leb. de Montgermont.

En *mar. doublé* de Padeloup, aux armes du
comte d'Hoym, précieux exemplaire un peu court,
4,700 fr. baron Pichon ; nous pensons que ce livre a
repris sa place sur les mêmes tablettes.

L'exempl. de M. de Ganay a 0,143 m. de hauteur et
est merveilleusement relié par Trautz en *mar.
doublé*, mais le titre est raccommodé.

Le plus bel exempl. connu est peut-être celui du
comte de Lurdes. H. 0ᵐ,145, L. 0,092) ; il est relié
en *mar. doublé* par Trautz-Bauzonnet.

Un exempl., annoncé *grand papier*, figure au
catal. raisonné de M. Hallée, secrétaire du roi, en
1730 ; la vente de cette collection ne fut faite qu'en
février 1742 ; le volume atteignit le prix de 31 livres,
assez considérable pour cet heureux temps. Serait-
ce cet exempl., qui, après de longues vicissitudes,
serait venu trouver le repos dans le précieux cabinet du comte de Lurde ?

— CY EST le Rommant || de la roze. ||
Ou tout lart Damour est enclose
Hystoires et auctoritez
Et maintz beaulx propos usitez
Qui a este nouuellement
Corrige suffisantement
Et cotte bien a lauantaige
Com on voit en chascune page.

*On les vend a Paris en la rue Saint
Iaques* || *en la bouticgne de Jehan pe-
tit Libraire iure de luni* || *versite
a lenseigne de lafleur de lys dor.* ||
Mil. V. CXXXI. || (A la fin :) *Fin du
Rommant de la rose* || *veu et corrige
et nouuellement* || *imprime a Paris le*
IXᵉ *iour de* || *iuing lan mil* Vᶜ. XXXi.
In fol., goth., à 2 col., fig. sur bois,
IV ff. lim. pour le titre, le prologue et
la table, et 131 ff. chiffrés à 45 lignes ;
la marque de l'imprimeur est à la fin sur
un f. séparé.

C'est exactement la même édition que celle qui
est décrite au *Manuel* sous le nom de Galliot du
Pré à cette date ; elle n'en diffère que par le nom
de l'imprimeur.

Quoique fort rare, cette édition a peu d'importance ; un exempl. très-grand, en *mar. doublé* de
Duru, n'en est pas moins porté à 1,350 fr. au cat.
Fontaine de 1877 ; il aurait été payé, il est vrai,
1,020 fr. chez M. Benzon ; l'exempl. de M. de Bure,
assez laid, avec le titre en mauvais état, 121 fr.
seulement Tufton.

— LA MÊME édition, avec le nom de Galiot du Pré,
en *mar.* de Bauzonnet, 175 fr. De Lassize.

— LE ROMMANT de la rose, nouuellement
reueu et corrige oultre les precedentes
impressions. *On les vend a Paris en la
rue neufue Notre Dame a l'enseigne
Sainct Nicolas.* (A la fin :) *Fin du Rom-
māt de la rose veu et corrige oultre
les precedētes ipressions et imprime
nouuellement a Paris. Lan mil cinq
cens* XXXVII, in-8, goth., de VIII ff.
lim., et 404 ff. chiffrés, dont le dernier,
blanc au rᵒ, porte au vᵒ la marque de
Jehan St.-Denys, ou celle de Jehan Longis, ou encore celle de Jehan Morin.

Cette édition est exactement la même que celle

de 1538, citée au *Manuel*. Dans l'une et dans l'autre, l'avant-dernier feuillet est coté par erreur ccciii au lieu de cccciii, ce qui a induit M. Brunet en erreur ; 200 fr. Yéméniz ; avec la marque de Jehan Longis ; 350 fr. au catal. Fontaine, avec la marque de Jehan Sainct-Denys.

— LE ROMMANT de la rose. *Paris, Jehan Longis* (ou *J. St. Denys*, ou *J. Morin*), 1538, pet. in-8, goth, fig. s. b. ,

viii ff. lim., cccciii, ff. chiffrés, dont le dernier par erreur paginé cccii, plus un f. blanc au r°, portant au v° la marque de l'imprimeur.

En *mar.* de Capé, 99 fr. Chedeau ; en *mar.* de Hardy, 130 fr. W. Martin ; en *mar.* de Lortic, 80 fr. Dr Danyau ; en *mar.* de Thompson, 265 fr. Labitte (mars 1877).

Le colophon des exempl., au nom de Morin, offre certaines différences :

On les vend a Paris en la rue Sainct Jacqs (sic) *en la bouticque de Jehan Morin*. M. D. XXXVIII.

En *mar.* de Duru, 375 fr. Fontaine (1872).

— LE ROMAN de la rose, par Guillaume de Lorris et Jehan de Meung, nouvelle édition publiée par Méon. *Paris, Didot l'aîné*, 1813 (aussi 1814), 4 vol. gr. in-8.

Un exempl. sur *vélin* en *mar. doublé* de Koehler a été porté au prix de 1,200 fr. à la vente de M. Em. Gautier ; il avait été payé 1,000 fr. à la vente Cailhava ; l'acquéreur, M. le baron Pichon, y joignit quelques dessins originaux, dont deux d'Aug. Flandrin, et l'exempl. atteignit, à la vente de ce célèbre bibliophile, le prix de 2,600 fr.

En grand papier de Hollande, dont il n'y eut que cinq exempl. tirés, 150 fr. Leb. de Montgermont ; l'exempl. payé 285 fr. chez M. de La Bédoyère a été revendu 245 fr. seulement chez M. Potier en 1870.

En grand pap. *vélin*, 40 fr. de Chaponay ; 75 fr. Cailhava ; 97 fr. Brunet ; 80 fr. Bordes, et en *mar.* de Capé, 400 fr. au cat. Fontaine.

— C'EST le roman de la rose
Moralise cler et net
Träslate de rime en prose
Par vostre hûble molinet.

Imprime a Lyon lan 1503 *par Guillaume Balsarin*, in-4, goth., à 2 col., fig. s. b.

Le *Manuel* dit à tort : in-fol.

En *mar.* de Trautz, 380 fr. Yéméniz, rev. 295 fr. Huillard, puis 900 fr. Benzon ; en *mar. doublé* de Chambolle-Duru, 1,000 fr. au catal. à prix marqués Gonzalez-Bachelin.

— LE ROMANT de la rose
Moralise cler et net
Translate de rime en prose
Par vostre humble Molinet.

(A la fin :) *Cy finist le romant de la rose, nouuellement imprime par la veufue feu Michel le Noir. Mil cinq cens vingt & ung*, pet. in-fol., goth., à 2 col., fig. sur bois, 126 ff. y compris le titre, plus 2 ff. de table.

En *mar.* de Bauzonnet, 525 fr. Double ; en *mar.* de Capé, 178 fr. Desq, revendu 290 Potier (1870) et porté à 450 fr. au catal. Fontaine de 1875 ; en anc. rel. *mar.*, 161 fr. Turquety (1868) ; avec le dernier feuillet doublé, 112 fr. marquis de B. de M. (1869).

LORTIGUE (*Annibal* de). Les Poëmes divers du sieur Annibal de Lortigue, Provençal, où il est traicté de guerre, d'amour, gayetez, poincts de controverses, hymnes, sonnets et autres poësies. *Paris, J. Gesselin*, 1617, in-12. [13936]

En *mar.* de Petit, 135 fr. de Chaponay, revendu

142 fr. Turquety ; en anc. mar., fleurdelisé, aux armes de Marie de Médicis, 450 fr. Bordes ; et 1750 fr. Leb. de Montgermont.

LOSKIEL (*J.-J.*). Liturgias Jeb ; Slawas-Dseesmas un Luhgschanas, Peesaukschanas un Aistuhgschanas. *Barby Drikketas*, 1797, in-12, de 172 pp. 30 fr. Maisonneuve.

Livre presque inconnu ; c'est une collection de cantiques, prières et chants religieux, publiés pour les missions des Frères moraves, en langue lette avec la musique ; ce vol. est imprimé à *Barby*, bourg de la Saxe, sur l'Elbe.

LOSSIUS (*Lucas*). Historia passionis, mortis, sepulturæ et resurrectionis Iesu Christi, interrogationibus et obiectionibus explicata et iconibus artificiose expressa. In gratiam et usum Scholarum... Luca Lossio Luneburgensi autore. *Francof., apud Chr. Egenolphum*. (A la fin :) M.D.LIII, in-8, fig. s. b. [320]

Les planches, dont plusieurs sont gravées d'après H. Schaufelein et Burgmaier, sont remarquables.

En *mar.* de Niédrée, 145 fr. Gancia ; en *mar.* de Hardy-Mennil, 60 fr. Soleil.

LOSTELNEAU. Le Maréchal de bataille... *Paris, Est. Michon*, 1647, in-fol., fig. [8608]

Le *Manuel* écrit LOSTELMAN.

LOUENGE (La) des femmes, invention extraite du commentaire de Pantagruel sur l'Androgyne de Platon. *Imprimé à Lyon, par Jean de Tournes*, 1551, in-8. [13996]

En *mar. doublé* de Koehler, 59 fr. marquis de B. de M.; 100 fr. Yéméniz.

Ce livret a été réimprimé à *Bruxelles* en 1863, in-18, à 104 exempl. de 63 pp.; M. Paul Lacroix y a joint une notice, dans laquelle il exprime l'opinion que Rabelais pourrait bien être l'auteur de cette satire.

LOUENGE (La) et beauté des dames. *S. l. n. d.*, pet. in-4, goth., de 10 ff., non chiff., avec sign. Av. [13534]

La figure sur bois, au r° du titre, se trouve répétée au v°; l'exemplaire cité au *Manuel* avait figuré à la vente Crozet de 1841, il avait été retiré et cédé à l'amiable à Ch. Nodier.

— LA LOUENGE des dames. *S. l. n. d.*, in-4, goth., de 7 ff., fig. s. bois (première édition).

L'exempl. De Bure (110 fr.) a été vendu 305 fr. Yéméniz.

— CY COMMENSCE (sic) la louange des dames. (A la fin :) *Explicit la beaulte des femmes de troys en troys. S. l. n. d.*, très-pet. in-4, goth., de 8 ff.

Cette édition, dit M. Potier, paraît avoir été donnée dans les dernières années du xve, ou dans les premières du xvie siècle ; l'ouvrage se divise en deux parties : la première, en vers octosyllabiques, contient *la Louange des dames* ; la seconde, en prose, commence par : *Sensuit la beaulte des dames* ; là sont énumérées les perfections qu'exige la féminine beauté, divisées comme dans plusieurs pièces latines et italiennes du même genre, trois par trois ; rien n'est omis.

L'exempl. de la vente de Chaponay, en *mar.* de Trautz, a été porté à 400 fr., et serait payé plus cher aujourd'hui.

LOUENGE (La) des roys de France. (A la fin :) Cy fine la louange des roys de France. *Imprimee a paris depar Eustace de brie demourât au sabot derriere la Magdaleine. Et luy a doñe la court de parlement & procureur du roy ung an de temps a vendre les ditz liures. Et ont este faictes deffenses et inhibitions a tous librayres et imprimeurs et a tous aultres de non imprimer le dit liure iusques a ung an prochain uenant du commencement du xvij iour de Juing mil cinq cens et sept et. finissant audit iour mil cinq cens et huyt,* in-8, goth., fig. s. b. [13298]

L'exempl. de M. Yéméniz, en *mar.* de Koehler, a été acheté 195 fr. par M. Huillard, et à la vente de celui-ci porté à 200 fr.; il venait de R. Heber.

M. Potier fait remarquer, dans une note insérée à ce dernier catalogue, que l'auteur a trouvé moyen de faire entrer dans son livre un opuscule en prose, intitulé *les Troys Grans* (c'est à sçavoir Alexandre, Pompée et Charlemagne), qu'il a mis en vers. (Voy. ce titre.)

LOUIS XIII. Parva Christianæ pietatis officia, per Christianissimum regem Ludovicum XIII ordinata. *Parisiis, e Typographia Regia,* 1642, in-16, titre gr., fig.

Ce volume de prières a été non pas composé, mais ordonné et imprimé sous la direction du roi, qui, à son lit de mort, voulut que le Père Dinet, son confesseur, lui en fît lecture (Voir *l'Idée d'une belle mort dans le récit de la mort de Louis XIII, par le Père Girard. Paris,* 1656, in-fol.

Un exempl. de ce vol. assez rare, dans une riche rel. anc., 125 fr. Potier.

LOUIS XIV et ses amours, galerie historique. *Paris, Renouard,* 1824, in-4.

— Louis XIV et ses principaux ministres, *ibid.,* id., 1823, pet. in-4. [23744]

Un des deux exempl. sur *vélin,* avec nombre de pièces et figures ajoutées, 525 fr. Van der Helle.

LOUIS XV. Cours des principaux fleuves et rivières de l'Europe. *Paris, de l'imprim. du cabinet de Sa Majesté, dirigée par J. Colombat,* 1718, pet. in-4. [19628]

Le bel exempl. Brunet, avec le portrait du jeune roi par Audran, 165 fr.; en demi-rel., avec le portr., 15 fr. Huillard.

LOUPS ravissans (Les), dict le Doctrinal moral, contenant douze chapitres, ou chascun pourra facilement congnoistre que cest de bien, et fuyr mal (par Robert Gobin). *On les vend a Paris (chez Phil. le Noir, vers* 1525), pet. in-4, goth., fig. s. b. [13293]

Un bel exempl., dans une riche reliure de Koeh-

ler, a été porté au prix exagéré de 3,050 fr. Brunet, c'est-à-dire à peu près six fois autant que l'exempl. de la précieuse édition de 1503, vendu 565 fr. chez M. Solar pour l'Angleterre ; ce dernier exempl. avait été payé 700 fr. chez Libri.

LOURDAUT (Le) de Champagne rencontré par l'esprit de la cour, à la monstre qui se faisoit au Pré aux Clercs près de Paris, mis en dialogue par A. C. *Paris,* 1614, in-8.

En *mar.* de Duru, 38 fr. La Bédoyère.

LOUVET (*Pierre*), avocat, maistre des requêtes de la Reine Marguerite. Coustumes des divers bailliages observées en Beauvoisis. *Beauvais,* 1615, in-4.

— HISTOIRE de la Ville et Cité de Beauvais et des Antiquitez du pays de Beauvoisis. *Rouen,* 1609, in-8. — Aussi : *Et se vendent à Beauvais chez Godefroy Vallet,* 1614, et *Rouen, Manassez de Préaulx,* 1613, 4 livres en 1 vol. in-8.

Fort rare.

— HISTOIRE et antiquités du pays de Beauvoisis. *Beauvais, v° Vallet,* 1631-35. 2 vol. pet. in-8. [24206]

Amplification de l'ouvrage précédent, avec addition de nombreux emprunts faits aux travaux de Loisiel, qui se plaignit amèrement du sans-façon avec lequel l'auteur l'avait mis à contribution.

Les 3 vol. 30 fr. Ruggieri (ex. médiocre).

LOUVET (*Pierre*). Histoire des troubles de Provence, depuis son retour à la couronne jusqu'à la paix de Vervins, en 1598 ; première et seconde parties, par M. Pierre Louvet de Beauvais. — Additions et Illustrations sur les deux tomes de l'histoire des Troubles de Provence, par le même ; 1re et 2e parties. *Aix, Ch. David,* 1679-1680, 4 vol. in-12. [24787]

21 fr. d'Ortigue, et vaudrait plus cher aujourd'hui.

Quelques exemplaires portent : *Sisteron, J. P. Louvet,* 1680.

Le P. Le Long attribue au médecin Pierre Louvet, dont le fils était établi à Sisteron, un très-grand nombre de livres ou d'opuscules consacrés à l'histoire du Beaujolais, d'Aquitaine, de Villefranche, Montpellier, Sisteron, etc.

Nous croyons qu'il faut distinguer le Dr Pierre Louvet, médecin, de son homonyme Pierre Louvet, avocat au Parlement, l'historien du Beauvoisis ; ces deux écrivains étaient parents, contemporains, et tous deux natifs de Beauvais ou de ses environs.

Nous citerons encore du médecin :

TRAITÉ en forme d'abrégé de l'histoire d'Aquitaine, Guyenne et Gascogne. *Bourdeaux, impr. de G. de la Court,* 1659, in-4.

Lourd et diffus ; 8 à 10 fr.; 52 fr. marquis de B. de M.

— ABRÉGÉ de l'histoire de la Franche-Comté, de la situation du pays et des seigneurs qui y ont dominé jusqu'à présent. *Lyon, E. Barilel,* 1675, in-12.

— PROJET de l'histoire du pays de Beaujolois, par Pierre Louvet, docteur en médecine et historiographe. *Villefranche, Ant. Beaudrand,* 1669, pet. in-4.

Pièce fort rare et précieuse ; c'est l'un des premiers produits de la typographie à Villefranche; on trouve encore à la même date :

— Règles et statuts de l'Hostel-Dieu de Villefranche, capitale de la province de Beaujollois. *Villefranche, Beaudrand*, 1669, in-fol.

Un manuscrit de l'*Histoire du Beaujolois*, de la fin du XVIIe siècle, manuscrit inédit mentionné par le P. Le Long, comme se trouvant chez le fils de l'auteur, à Sisteron, faisait partie de la belle collection de M. de Chaponay; il n'a été vendu que 80 fr.; il y est fait mention du *Projet de l'histoire du pays de Beaujolois*, décrit ci-dessus.

Voyez au P. LE LONG la nomenclature détaillée des nombreuses élucubrations de cet écrivain.

LOUVET de Couvray (*Jean-Bapt.*). Les Amours du chevalier de Faublas. *Paris, Ambr. Tardieu,* 1821, 4 vol. in-8, fig. [17241]

Un bel exempl. en pap. vélin, avec fig. et eaux-fortes figure au catal. de La Bédoyère, mais il n'a pas été vendu.

Les huit dessins originaux de Colin, à la sépia, qui furent gravés pour cette édition, furent vendus 260 fr. à cette même vente La Bédoyère; et neuf dessins inédits de Le Vasseur, également à la sépia, 149 fr.

— LA TROISIÈME édition de ce célèbre roman (*se vend à Paris chez l'auteur, an IV*), 4 vol. in-8, 27 fig. de Marillier.

Avec les fig. avant la lettre, en *veau f.* de Bozérian, 235 fr. Grésy, et 150 fr. Potier; en *veau*, 175 fr. A. Rigaud.

— LES AMOURS du chevalier de Faublas. *Paris, Tardieu*, 1825, 4 vol. in-8.

Un exempl. en pap. vélin, avec les huit planches de Colin avant la lettre, et beaucoup d'autres grav. ajoutées, en *mar.*, 501 fr. Solar; cet exempl. avait été payé 200 fr. au libraire Durand jeune.

— LES MÊMES, édit. illustrée de 300 dessins, par Baron, Français, et Célestin Nanteuil. *Paris*, 1842, 2 vol. gr. in-8.

En riche rel. de Petit, avec un grand nombre de gravures sur chine et eaux-fortes ajoutées, 350 fr. Em. Gautier.

LOY salicque (La) qui est la première loy de Frācoys faicte par le Roy Pharamon premier Roy de Frāce, faisant mencion de plusieurs droictz, cronicques et histoires desdictz Roys de France imprime nouvellement. *Imprime a Paris par Michel le Noir, libraire, lan mil cinq cens et sept*, in-4, goth., à longues lignes.

Solar, 94 fr. Le même exemplaire, Potier, 265 fr.

LOYOLA (*Ignatius* de). Exercices spirituels de S. Ignace de Loyola. *Lille, P. de Rache*, 1614, in-8, fig.

Édition rare d'un livre tristement célèbre; le texte est imprimé seulement au vo, et le ro du f. suivant reste blanc. 12 à 15 fr.

— AITA san Ignacioren egercicioen gañean afectoac, beren Egemplo, ta Doctrinaquin: edo Egercicioen II en partea: Jaincoaren ministro celosoai Jesusen compañaco Aita Agustin Cardaberaz ec esquefitcen, ta dedicatcendiena. *Iruñean, Antonio Castillaren*, 1761, in-8, de 392 pp. et 2 ff.

Édition originale d'un livre rare; ce sont des méditations basques sur les exercices d'Ignace de

Loyola; d'après l'auteur de la *Noticia de las obras Vasgongadas*, cet ouvrage doit avoir 4 vol.

En *mar.* de Trautz, 70 fr. Burgaud des Marets.

La seconde édition de *Tolosan*, 1790, in-12, 16 fr., même vente.

(Voy. CARDAVERAZ.)

LOYAULTE (La grād) des femmes. *S. l. n. d. (Lyon, vers* 1530), pet. in-8, goth., de 4 ff. [13535]

Nous ignorons si cette édition est la même que celle que cite le *Manuel*, le catal. que nous consultons ne donnant que ce titre succinct, sans description bibliogr.

En *mar.* de Trautz, mais avec les ff. réemmargés en tête, 105 fr. Yéméniz, et revendu 80 fr. marquis de B. de M. (1869).

LOYS d'Orléans. Cantique de victoire, par lequel on peut remarquer la vengeance que Dieu a prise de ceux qui vouloient ruyner son Église et la France, par Loys d'Orléans. *Paris, Robert le Mangnier*, 1569, in-8.

Pièce de vers, qui a trait à la bataille de Jarnac; 26 fr. Potier.

LOZANO (*P. Pedro*). Carta del P. Lozano, de la Compañía de Jesus, de la Provincia del Paraguay, escrita al P. Bruno Morales, de la misma Compañía, existente en esta Corte de Madrid. (*Madrid,* 1747), in-4.

Pièce inconnue aux PP. de Backer; elle est datée de Cordova de Thucuman, 1º marzo 1747; elle contient la relation du tremblement de terre qui détruisit à peu près Lima en 1746.

20 fr. cat. Maisonneuve.

— DESCRIPCION chorographica del terreno, rios, arboles, y animales de las dilatadissimas Provincias del Gran Chaco, Gualamba. Y de los innumerables Naciones barbaras, e infieles, que la habitan. *Cordoba, en el Colegio de la Assumpcion, por Joseph Santos Balbas*, 1733, in-4. [28715]

IX ff. lim., 485 pp., 5 pp. et une carte, qui manque souvent.

Ce livre, rare et précieux a été vendu 60 fr. Maisonneuve, et même prix Gancia.

— HISTORIA de la compañía de Jesus en la provincia del Paraguay. *Madrid*, 1754-55, 2 vol. in-fol. [21890]

24 thal. Sobolewski.

LÜBKE (*Wilhelm*), History of Sculpture from the earliest period to the present time, translated by F. E. Bunnett, with 377 illustrations. *London, Smith elder et Co*, 1872-1874, 2 vol. in-8.

Sh. 42.

LUCA (*J.-B.* de). Le Cavalier et la Dame, ou les entretiens familiers de Mgr. Jean-Baptiste de Luca, auditeur du pape Innocent XI... sur plusieurs choses qui regardent les cavaliers et les dames, suivant la Loy écrite et celle de la bienséance, trad. de l'italien. *Lyon, Matth. Liberal*, 1680, in-4. (Le traduc-

teur est l'abbé de Fleury, l'auteur de l'*Histoire ecclésiastique*.)

Livre peu commun. 28 fr. baron Pichon.

LUCANUS (*M. Annæus*). Pharsalia. *S. l.* (*Venetiis, per Juvenem Guerinum*), 1477, in-fol. [12536]

Edit. en car. romains ; 140 fr. de Morante.

— M. ANNEI Lucani civilis belli libri X. *Venetiis, apud Aldum, mense aprili* MDII, in-8, de 140 ff.

En *mar.* de David, 60 fr. Tufton ; en *mar.* dit de Derome, 49 fr. de Morante; en *mar.* de Capé, 57 fr. Leb. de Montgermont ; en *mar.* de Chambolle (H., 164 m.; L. 98 m.), 45 fr. Gancia, et un second exemplaire, moins grand, mais dans une riche rel. vénitienne, 62 fr.

— PHARSALIA, cum familiari atque perlucida annotat. Petri de Ponte, cæci Brugensis. *Parrhisiis elaboratum*, 1512, *per G. Le Rouge,... expensis vero Dion. Roce*, in-8.

Édit. dont tous les vers commencent par une capitale ornée. 130 fr. de Morante.

— EADEM. *Venetiis, in aedibus Aldi*, 1515, pet. in-8.

Dans une jolie reliure anc., 375 fr. Double ; en *mar.* de Duru, 50 fr. Tufton ; en belle rel. anc., 52 fr. de Morante.

— DE BELLO civili libri decem. *Lugduni, apud Seb. Gryphium*, 1546, in-12.

Un exempl., dans une riche rel. à comp. de couleur, avec les croissants, les fleurs de lis et les H couronnés sur le dos, mais le tout défiguré par des restaurations assez maladroites, 127 fr. Gancia ; un autre exempl. en *mar.*, aux armes du cardinal Torregiani, 31 fr. même vente.

— PHARSALIA, ex optimis exempl. emendata. *Parisiis, studio et impensis A. A. Renouard, typis P. Didot*, 1795, gr. in-fol.

Un des cinq exempl., impr. sur *vélin*, 100 fr. Em. Gautier.

— ORATIO Th. Guichardi Rhodii in Lucani Pharsalia. Celeberrimo scholasticorum apud Tholosates conventu perorata. *Tolosae* (sic), *J. de Guerlins*, 1599, in-4.

Bibl. de Bordeaux. Catal. n° 2413.

Incunable toulousain cité par M. Desbarreaux-Bernard.

LUCAN Suetoine (° Saluste en francoys. Cy finist Lucan... *Imprime a Paris le xviij iour de septembre milcinq cẽs pour Anthoine Verard marchand libraire*, in-4, goth., à 2 col., fig. s. b.

Grand de marge, mais avec piqûres de vers, 195 fr. Yéméniz ; 265 fr. Labitte (1876).

— LES OEUVRES de Lucain, mises en prose, par M. de Marolles, abbé de Bogerais (sic). *Paris, de l'impr. de Fr. Huby*, 1624, in-8, front. grav. et portr. de Lucain et de Louis XIII, gr. par Léonard Gaultier.

C'est le premier ouvrage de l'abbé de Marolles, qui a à peu près écrit de *omne re scibili*, et qui ne cessa de tenir la plume que 57 ans plus tard, en 1681, l'année de sa mort ; il n'était encore en 1624 qu'abbé de Baugerais.

En *mar.* de Capé, 21 fr. Taschereau.

— LA PHARSALE de Lucain, ou les Guerres civiles de César et de Pompée, en vers françois par M. de Brébœuf. *Leide, Jean Elsevier*, 1658 ; in-12.

En *mar.* de Simier, 0,131 m., 54 fr. de Chaponay ; en *mar.* de Muller, 32 fr. W. Martin ; en *mar.* de Purgold, 82 fr. Huillard ; en *mar.* de Thouvenin,

H., 0,128 m., 120 fr. Yéméniz : en *mar.* de Bozérian, 41 fr. Potier ; en *mar.* de David, 42 fr. Danyau ; en *mar.* doublé de Thouvenin, H., 0,131 m., 100 fr. baron Pichon ; en *mar.* de Trautz, H., 0,127 m., 146 fr. Leb. de Montgermont, et 250 fr. au catal. Morgand et Fatout.

Un exempl. vendu 95 fr. chez M. H. Bordes (*Potier*, 1873) offrait cette particularité d'un second frontispice gravé, différent du premier et portant aussi le nom de J. Elzevier et la date de 1658 ; cette particularité n'avait point été signalée par M. Pieters.

Un exempl. ordinaire et court, mais relié en *mar.* par Derome, avait atteint à cette même vente le prix de 66 fr.; un autre, 34 fr. de Morante; de 0,128 m., 45 fr. La Villestreux, et en *mar.* de Niédrée, H., 0,131 m., 100 fr. même vente ; en *mar.* de Duru, assez court, 175 fr. Benzon ; en *mar.* de Lortic, 49 fr. Soleil.

— LA PHARSALE de Lucain... en vers françois, par M. de Brébeuf. *Imprimé à Rouen, et se vend à Paris, chez Ant. de Sommaville*, 1657, in-12, fig.

6 à 8 fr.

En *mar.* de Du Seuil, 70 fr. Brunet, rev. 30 fr. Bordes.

— LA MÊME. *La Haye, A. Leers*, 1683, pet. in-12.

Un exempl. non rogné, 21 fr. La Bédoyère, rev. 25 fr. Tufton ; un autre, 21 fr. pasteur Conod.

L'édition de 1658 (au *Non Solus*). *A Leyde, chez Jean Elsevier*, est un petit in-12, de 417 pp., plus un f. pour le titre, front. gravé; c'est un chef-d'œuvre d'impression,

En *mar.* de David, 40 fr. Desq ; 39 fr. Chedeau.

— L'édition de 1662, *A Leyde, chez Jean Elsevier*, 1662, in-12, est imprimée par Louis Maurry, de Rouen, si l'on en croit M. Motteley.

— Celle de 1664, *Amsterdam, chez Louys Daniel Elzevier* (sic), pet. in-12, est ignoble (c'est l'expression de Motteley); heureusement pour le renom des presses françaises, elle est fort rare.

— LUCAIN travesty, ou les guerres civiles de César et de Pompée, en vers eniouëz. *Imprimé à Rouen, par L. Maury, pour Ant. de Sommaville*, 1656, pet. in-8.

20 fr. Yéméniz.

LUCAS de Millan. La Confession, petit traictié pour donner la façon aux gens simples & confesser ses péchés. *S. l. n. d.* (*Lyon, vers* 1490), in-4, goth., de 10 ff.

Fort rare, mais de peu d'importance.

LUCENA (*J. de*). Historia da vida do P. Fr. de Xavier e do que fizeram na India os Religiozos da Companhia de Jesu. *Lisboa*, 1600, in-fol.

Cet ouvrage du frère Joaõ de Lucena est cité au cat. Sobolewski comme inconnu aux bibliographes, tandis qu'il est décrit par tous les bibliographes portugais ; il a été réimpr. en 1787, en 4 vol. in-8 ; trad. en italien et impr. à *Rome*, en 1613, in-4 ; traduit en espagnol et impr. à *Séville*, en 1619, in-4.

16 thalers, Sobolewski ; bel exemplaire.

LUCIA. Robigna Gaspedina Haniballa Lucia huar Schoga vlastelina. *Venetia, Ambrosio Mazolletto detto Garbin,*

LUCIANUS — LUCYFAR

1585, pet. in-8, de 60 ff., bordure gr. s. b. au titre.

C'est la première édition d'un drame en langue illyrienne, en 3 actes et en vers, avec quelques chansons érotiques, la traduction d'une *héroïde* d'Ovide, etc.; Safarik cite comme première édition de ce drame celle de 1638.

60 fr. Tross. 1874.

LUCIANUS. Opera Luciani, philosophi loculentissimi, de variis narrationibus; de Asino, philosophorum · vite. Tyrannus, etc. *Venetiis, per Iohannem Baptistam Sessa.* M.D. *die vero* XXXI (sic) *Iunii,* in-4, de 68 ff. à 39 lignes à la page; marque de Sessa au titre. [18930]

15 fr. Gancia.

— LUCIANI viri q̃ disertissimi cōpluria opuscula longe festiuissima ab Erasmo Roterodamo & Thoma Moro interpretibus optimis in latinorum linguam traducta hac sequentur serie. — Ex Erasmi interpretatione Toxaris siue de amicitia Luciani dialogus. Alexander qui & Pseudomantis eiusdem. Gallus siue Somnium eiusdem quoq̃... Ex ædibus Ascensianis. (In fine:) *Ex officina Ascensiana ad Idus Nouemb¹.* MDVI. *(Basileae),* in-fol., 1 f. non chif., LXI ff. paginés, avec sign. Aai-LLI; 17 non num., sign. AAa-CCc, et un f. blanc.

Première édition de la célèbre traduction d'Érasme et de Thomas Morus, qui a servi de base à toutes les traductions, à toutes les scolies du XVIᵉ et du XVIIᵉ siècle; elle valait au moins l'honneur d'une citation.

— LUCIANI. Dialogi et alia multa opera, quorum Index est in proximis paginis. Imagines Philostrati. Eiusdem Heroica, etc. *Venetiis, in ædibus Aldi et Andreae Asulani soceri.* MDXXII. *Mense octobri,* in-fol.

Un très-bel exempl. en *mar.* de Simier, haut de 0,319 m. 250 fr. Yéméniz.

— LUCIEN, de la traduction de Perrot d'Ablancourt, *Paris, Aug. Courbé,* 1654, 2 vol. in-8.

C'est cette traduction célèbre que Ménage et le président de Lamoignon appelaient: *la Belle infidèle.* Elle a été réimprimée en 1660 (60 fr. Luzarche), 1664, 1683, 1688, 1697, 1707, 1709 et 1712.

L'édition la plus recherchée est celle de 1709.

En demi-rel., 12 fr. La Bédoyère.

En *mar.* de Derome, 180 fr. Germeau ; en anc. *mar.,* 57 fr. Radziwill ; en *mar.* de Derome, 68 fr. Danyau ; en *mar.* de Boyet, l'édit. de 1697, *Amsterdam, Mortier,* 181 fr. Brunet, pour M. Didot ; 46 fr. de Morante.

En *mar.,* de Derome, l'édit. de 1712, 69 fr. Cailhava ; en *mar.* de Thouvenin, exempl. non rogné, 52 fr. Potier, et un second exempl., en *mar.* d'Anguerran, 200 fr.; dans une excellente rel. en *mar.* *doublé* de Boyet, 800 fr. baron Pichon.

— LUGIEN. De ceux qui servent à gaiges... *On les vend à Lyon, chez François Juste,* 1536, in-16, lett. rondes.

L'exempl. de M. Brunet, qui lui a servi pour la description qu'il a donnée de ce petit volume fort rare, a été vendu 200 fr.; il venait de M. Coste.

— LE MENTEUR, ou l'incrédule de Lucian, trad. du grec en frācoys par Louis Meigret Liones, auecq une escriture q'adrant à la prolacion Francocze : e les rezons. *A Paris, chés Chréstian Wechel,* 1548, pet. in-4.

En *mar.* de Kochler, 40 fr. Yéméniz.

— COPPIES de Lucien, et la Métamorphose de Daphné, ou la Pudeur triomphante, dialogue en vers par M. J. Serin Ludo. Nouv. édit. *A Paris, chez Edme Couterot,* 1696, in-12, *avec privil. du roy.*

Par Julien, conseiller prevost du sous-bailly de Poissy ; la première édition est de *Paris, Denis Thierry,* 1682, in-12.

En *mar.* de Kochler, 35 fr. Yéméniz.

LUCIDAIRE (Le) en françoys. *S. l. n. d.* (*Toulouse, vers* 1500.) Pet. in-4, goth., à longues lignes, 33 ff. non chiffrés, ayant 24 lignes aux pp. pleines, sign. A-F. par 6, excepté le cahier A, qui est de 8.

M. Desbarreaux-Bernard consacre à ce rare volume une description substantielle, dont nous extrairons quelques passages ; l'autorité de ce respectable et savant bibliographe est assez considérable pour que nous acceptions sans conteste son attribution de cet incunable aux presses toulousaines.

Le titre est placé au rᵒ du premier feuillet, au-dessus d'une grande vignette sur bois de 0,135 m. de h., représentant debout, au centre d'un portique, un docteur en robe, appuyé sur un bâton, autour duquel flotte une banderole; cette planche est reproduite au vᵒ du titre; M. Desbarreaux-Bernard en donne le fac-simile.

Le livre finit au bas du rᵒ du 32ᵉ f., dont le vᵒ est blanc ; le papier est fort, un peu gris, et a pour filigrane un grand B, marque qui se retrouve sur un grand nombre d'incunables toulousains.

M. de Castellane a découvert une traduction patoise du volume précédent ; il en donne le titre dans son *Essai de Catal. chronologique,* p. 25 :

Al present litre apelat Lucidari. Dona a entendre plusors causas mervilhosas et subtilas, lasquallas demanda l'enfant a son mestre...

Malheureusement M. de Castellane n'a trouvé qu'un fragment de quelques feuillets de ce curieux volume, et il ne donne aucun détail bibliographique.

— LUCIDAIRE. Au present liure dessus nōme est cōtenu diuerses matieres subtilles et merueilleuses en manière d'interrogation. — Cy finist Lucidaire tres vtile. *Imprime a Lyon sur le Rosne par Claude Nourry,* in-4, goth., à l. lignes, sans ch. ni réel., avec sign. A-F par 4 ff., le dernier blanc.

Première édition portant un nom d'imprimeur, 96 fr. Yéméniz.

A la même vente figurait une des quatre éditions lyonnaises, sans nom de lieu ni d'impr. et sans date ; 32 ff. in-4, goth., à longues lignes ; c'est la 4ᵉ décrite au *Manuel.*

En *mar.,* 65 fr.

LUCIDANTE de Tracia. Libro primero de la cronica del valeroso caballero D. Lucidante de Tracia, en español. *Salamanca,* 1534, in-fol.

Roman de chevalerie qui a totalement disparu ; nous empruntons ce titre au *Catalogo de la biblioteca Colon,* dont l'original est à Séville, et dont l'*Ensayo* donne la copie.

LUCYFAR prýn au baytan, pa J. B. F. D. L. C. (Foulon de la Chaume, chanoine de Saint Etienne à Dijon.) *Dijon, Jean Grangier,* 1606, in-12.

C'est un recueil de Noëls bourguignons d'une

rareté extrême. M. Fertiault en a reproduit un dans son édition des Noëls de La Monnoie, p. 232.

LUCRETIUS. *Venetiis,* *Aldus,* 1515, pet. in-8. [†2489]

Dans une jolie reliure anc., à comp. à la Grolier, 300 fr. Double ; n'a été revendu que 145 fr. Potier; l'exempl. de M. Brunet, également relié en *mar. à comp.*, et fort beau, n'a atteint que le prix de 200 fr.; en *mar.* de Bauzonnet, 100 fr. Em. Gautier; en *mar.* de Capé, 59 fr. Leb. de Montgermont.

— DE NATURA rerum libri VI.*Apud Seb. Gryphium, Lugduni,* 1546, pet. in-12.

Deux exempl., dans une jolie reliure ancienne à compart. d'or et couleurs, ont figuré à la vente Gancia de 1868 ; le premier a été porté à 71 fr., le second vendu 33 fr.

— DE RERUM natura libros sex interpretatione et notis illustr. Thomas · Creech. *Londini,* 1717, in-8.

En *mar.*, aux armes du comte d'Hoym, 122 fr. de Morante.

— TITI LUCRETII Cari de Rerum natura libri sex. *Lutetiae Paris., sumpt. Ant. Coustelier,* 1744, 2 vol. in-12, front. et fig. de Mieris.

Sur vélin, dans une charmante reliure de Derome (Jacques-Antoine), 300 fr. baron Pichon.

— T. LUCRETII Cari de rerum natura. *Birminghamiae, typ. J. Baskerville,* 1772, gr. in-4.

14 fr. Em. Gautier; en *mar.*, rel. angl., 31 fr., marquis de B. de M.

— DE RERUM natura libri sex. *Cameraci, sumptibus et typis A. F. Hurez,* 1821, in-12.

Sur vélin, 54 fr. Em. Gautier.

— LUCRÈCE, trad. nouvelle, avec des notes par M. L. G. (La Grange). *Paris, Bleuet,* 1768, 2 vol. gr. in-8.

En grand pap. de Hollande, bien relié en *mar.* par Bradel, neveu et successeur du dernier Derome, 175 fr. Brunet ; en *mar.* de Derome, 145 fr. marquis de B. de M. (1869).

— LE MÊME. *Paris, Bleuet, de l'impr. de Didot le jeune, an* II, 2 vol. in-4, fig. de Monnet.

En *mar.* 100 fr. Labitte (décembre 1874).

50 exempl. ont été tirés pet. in-fol., pap. vélin ort, fig. avant la lettre ; 90 fr. Claudin.

– – LES ŒUVRES de Lucrèce... trad. en françois par M. le baron de Coutures. *Paris, Th. Guillain,* 1692, 2 vol. in-12.

En *mar.*, aux armes de Mᵐᵉ de Pompadour, 210 fr. Huillard, et 201 fr. Bordes.

LUDOLPHUS de Saxonia. Le grand Vita Christi en francoys (titre en tête du premier f., dont le reste est blanc). Cy finist le tresbel et proffitable liure des meditaciōs sur la vie de Iehu Crist prins sur les quatre euangelistes. Et compouse par venerable pere Ludolphe religieux de lordre des Chartreux et translate de latin en francoys par venerable... frere Guillaume Lemenand maistre en theologie de lordre de monseigneur sainct Francoys... *Imprime en la cite de Lyon sur le Rosne par maistre Iacques Buyer bachelier en chescun droyt citoyen, et Mathieu Hus de la nacion dallemaigne·impresseur ha-*

bitant dudict Lyon, lan mil quatre cens quatre vingtz et sept et le septiesme iour de iuillet, in-fol., goth., fig. s. b.

Nous donnons, d'après M. Yéméniz, la description détaillée de ce précieux incunable :

L'exempl. de ce grand bibliophile, le seul complet qui fût connu, était divisé en deux volumes ; le 1ᵉʳ, deux parties de 150 et 168 ff., signés A-tʸ par 8 ff., et v de 6, dont le dernier blanc; aa-xx par 8 ; au vᵒ du VIIIᵉ f. du cahier xx : Cy finissent les trois tables de ceste partie. 2ᵉ vol. 324 ff., signés A-N par 8, puis 3 cahiers, qui semblent avoir été imprimés après la fin de l'ouvrage, ils sont signés *i* de 8, *ii* de 6 et § de 6 ; O-Z par 8 (les deux col. rᵒ du 6ᵉ f. de ce cahier Z ont l'une 4 lignes, l'autre 5 lignes de moins que la justification du volume); AA-MM par 8 ; NN de 6, et O de 10 ff.; en tête du vᵒ du 8ᵉ f. de ce cahier O est la souscription donnée ci-dessus.

Le bel exempl. Yéméniz, en *mar.* de Trautz, 1,855 fr.

— Dans la même vente, un bon exempl. de l'édition impr. *à Paris par Guillaume de Bossozel,* s. d., in-fol., goth., à 2 col., 405 fr.

— **Lo PRIMER de Cartoxa...** Acaba la primera part d'l Cartoxa en la vida de iesus deu hi senyor nostre : Trellada la de lati en valēciana lēgua : per magnifich hi reverend mestre Joan roie de Corella... *Stampat en la insigne ciutat de Valēcia : a tretze de abril : any de la salut nostra* M.CCCCLXXXXVI, pet. in-fol., goth., de 133 ff. et de 2 ff. non chiffrés pour la table et la *Vie de la vierge Marie,* en vers. (500 fr. Tross.)

M. Brunet avait cité ce rare vol. d'après Caballero et Mendez sous la date de 1495.

Le second vol. de cette traduction de la *Grant Vita Christi* est de 1500 ; le 3ᵉ sans indic. de lieu ni de date est imprimé à Valence à la fin du XVᵉ siècle; le 4ᵉ (cité au *Manuel*) est de Valence 1495 (réimpr. la même année, le 6 novembre).

LUDOLPHUS von Suchen. De Terra Sancta et Jherosolomitano et de Statu eius et alijs mira ‖ bilibus, que in mari conspiciūtur videlicet mediterraneo. ‖ — *Finit feliciter libellus. S. l. n. d. (Argentorati, H. Eggesteyn, circa* 1470.) In-fol. de 34 ff., à 41 et 42 lignes. [20527]

£ 10. sh. 15. White Knight; 100 fr. de Saulcy, rev. 200 fr. Tross ; 250 fr. Asher (1865).

LUDOVICO Vicentino. Voy. VICENTINO.

LUDUS Scacchiæ : ‖ Chesse-play. ‖ A Game, both pleasant, ‖ wittie, and politicke : with ‖ certain briefe instructions there- ‖ vnto belonging : Translated out of ‖ the Italian into the English ‖ Tongue. ‖ ... Written by G. B. ‖ *Printed at London by H. Iackson, dwelling beneath the conduite in Fleetstreet,* 1597, in-4.

Une réimpression très-soignée de cette pièce rare

a été donnée par Triphook à Londres; elle est imprimée par Harding et Wright, et tirée à petit nombre; 12 à 15 fr.

LULLUS (*Raymundus*). Obras rimadas de Ramon Lull, escritas en idioma catalan-provenzal, publicadas por primera vez y seguidas de un Glosario de voces anticuadas, por G. Rosselló. *Palma, J. Gelabert*, 1859, gr. in-8.

20 fr. Burgaud des Marets.

LUNE (*Pierre* de). Le Nouveau et parfait maistre d'Hostel royal. Le tout représenté par un grand nombre de figures. *Paris*, 1662, in-8, fig. s. bois.

Volume rare et fort curieux ; 30 à 40 fr.

LUNETTES des Princes (Les). Voy. MESCHINOT.

LUPANIE, histoire amoureuse de ce temps. Voy. BLESSEBOIS.

LUPI Mascherati. *S. l. n. d.*, in-12. Virulente satire contre les Jésuites ; elle fut imprimée à Rome, en 1761, par le libraire Pagliarini, qui fut condamné pour ce fait à sept années de galères ; il obtint sa grâce en se jetant aux pieds du pape.

Cette pièce est à peu près introuvable aujourd'hui.

LUPO. Codex diplomaticus civitatis et ecclesiæ Bergomatis, a Mario Lupo digestus. *Bergomi*, 1784, in-fol. — Vol. secundum, editum et comm. auctum a Jos. Ronchetti. — *Ibid.*, 1799, in-fol. [25397]

Ouvrage d'une haute importance historique ; l'auteur du premier volume, et après sa mort le continuateur de ce grand travail, ont transcrit fidèlement plus de 500 chartes intéressant la péninsule.

LUQUE (*Gonc. Gomez* de). Libro primero ‖ de los famosos hechos dèl principe ‖ Celidon de Iberia. ‖ Compvesto en estancias, por ‖ Gonçalo Gomez de Luque, natural de la ciudad de Cordoua. *En Alcala* ‖ *En casa de Juan Iñiguez de Lequerica.* ‖ Año de M.D.LXXXIII. ‖ In-4 de 201 ff., signés, à partir du 5ᵉ, A-B b.

LURBE (*Gabriel* de). Chronique Bourdeloise, composée cy-devant en latin par Gabriel de Lurbe... et par luy de nouveau augmentée et traduite en francoys. *Bourdeaus, Sim. Millanges*, 1619, in-4. [24678]

— SUPPLÉMENT des choniques de la noble ville et cité de Bourdeaux, par Jean Darnal. *Ibid., id.*, 1620, in-4.

— ANCIENS et nouveaux statuts de la ville et cité de Bourdeaus. *Bourdeaus*, 1612, in-4.

· 1ʳᵉ partie : 68 ff., dont le dernier blanc.

2ᵉ partie : 105 ff., plus 8 ff. pour les *Remarques de Fronton du Duc.*

3ᵉ partie : IV ff. lim., et 342 pp.

LUSINGE (*René* de), sieur des Alymes. De la naissance, durée et chutes des Estats, où sont traittées plusieurs notables questions sur l'establissement des empires et monarchies... *Paris, Marc Orry*, 1588, in-8.

Assez rare ; l'auteur était ambassadeur du duc de Savoie en France.

10 fr. Ruggieri.

— LA MANIÈRE de lire l'histoire. *Paris, Jacques de Sanlecque*, 1614, in-8.

Ce livre, qui a précédé de plus d'un siècle la *Méthode d'étudier l'histoire* de Lenglet-Dufresnoy, n'est pas sans mérite.

20 fr. de Morante.

LUSUS sancti Jacobi ; fragment de mystère provençal découvert et publié par Camille Arnaud. *Marseille*, 1858, in-16, XIV et 32 pp., publié à 143 ex., en pap. de Hollande.

Cette pièce s'est trouvée à Manosque, dans l'étude d'un notaire ; la fin manque ; il est probable qu'elle fut jouée à Manosque en 1496 ; le copiste était peu versé dans la connaissance de la langue provençale.

LUTHER (*Martin*). Declaration entière des fondemens de la doctrine chrestienne, sur l'epistre de saint Paul aux Galatiens, en laquelle est contenue une vraye et parfaicte exposition de la justification, qui est par la foy en Jésus-Christ. *Anvers, Coninx*, 1584, in-4.

Vol. fort rare, 80 à 100 fr.; et vendu jusqu'à 185 fr. dans une vente de livres sur la réforme faite par M. Tross en 1872.

— SEPTUAGINTA propositiones disputandæ, de tribus hierarchiis, ecclesiastica, politica, œconomica, et quod Papa sub nulla istarum sit omnium publicus hostis, D. Martinus Lutherus. *S. l.* (*Wittebergæ*), *anno* 1546, in-8.

Dernière élucubration de l'illustre réformateur ; elle ne figure pas dans ses œuvres complètes ; le vol. est fort rare.

30 fr. de Morante.

— DE SERVO arbitrio ad D. Erasmum Roterodamum. *Norembergae, Jo. Petreius*, 1526, pet. in-8 de 158 ff., bordure sur bois au titre.

30 fr. Tross (1867).

— ENARRATIONES Martini Lutheri in Epistolas de Petri duas et Judae unam, in quibus quidquid omnino ad Christianismum pertinet, consummatissime digestum leges. *S. l.* (*Wittebergae*), 1525, in-8, front. gravé, car. ital.

La traduction latine est de Bucer; 26 fr. 2ᵉ vente de Morante.

— DEUDSCH (*sic*) Catechismus. Gemehret mit einer newen unterricht und vermanung zu der Beicht. Mart. Luth. *Wittemberg, G. Rhaw*, 1529, pet. in-8, bordure au titre.

Cette seconde édition, la première qui soit illustrée de figures sur bois, est rare et précieuse le gravures, au nombre de 24, sont attribuées à Lucas Cranach. 110 fr. Tross (1867).

Nous donnons les titres de quelques pièces allemandes qui n'ont que fort peu de valeur, mais qui offrent un certain intérêt, celui d'être restées inconnues au conscencieux bibliographe luthérien Weller.

— AIN SERMON von dem Eelichen Stand. *Augspurg, Siluanus Ottmar*, 1520, in-4, de VI ff., dont le dernier blanc.

— AIN MISSIUE so D. M. L. nach seym abschyd zu Worms, aim gebornen Grauffen seinem verdrauten und lieb gehabten zugeschriben hat. *S. L*, 1521, in-4, de IV ff. dont le dernier blanc, bordure et grav. sur bois au titre.

— BULLA cene domini, das ist die Bulla vom Abentfressen des allerheyligsten herren des Bapsts, dem allerheyligsten Römischen Stuel zu dem newen Jare. *Wittenbergk*, 1522, in-4 de 16 ff.

Édition non citée par Weller.

— AIN Christlicher sermon von gewalt Sant Peters. *S. l. n. d. (Witemberg*, 1522), in-4 de 4 ff.

Il y a deux éditions sous la même date ; le caractère, les capitales, le nombre de lignes à la feuille pleine diffèrent ; Weller n'en a connu qu'une.

— EIN SERMON von der Trostung des heyligengeists yn verfolgung. *S. l.*, 1522, in-4 de 4 ff., grav. sur bois au titre.

— DIE WEISE der Mess, un geniessung des hochwürdigen Sacraments, für die Christliche gemain verteutscht. *Wittemberg*, 1523, in-4 de 12 ff. dont le dernier blanc, bordure au titre.

— OFFENBARUNG des Endtchrists, ausz dem Propheten Daniel, wider Catharinum. *Wittemberg*, 1524, in-4 de 88 ff., dont le dern. blanc, bordure au titre.

— AIN SERMON, gepredigt vonn dem Evangelium Jhesus wardt vom gaist yn dye Wüsten gefyert, etc. *S. l.*, 1524, in-4 de 3 ff.

— AIN SERMON von der frucht und nutzbarkait des hayligen Sacraments. *Wittemberg*, 1524, in-4 de 4 ff., bordure sur bois au titre.

— WIDER das blinde unnd Toll verdamnusz der Syben zehen Artickel, von der Ellenden Schendrlichen Universitet zu Ingolstat aussgangen. *Wittemberg*, 1514, in-4 de 22 ff., dont le dernier blanc, bordure au titre.

— AIN SERMON von der hochsten gottslesterung, die papisten täglich brauchen, so sy leesen den Antechristlichen Canon in jren Messen. *S. l. (Wittemberg)*, 1525, in-4 de VIII ff., bordure au titre.

— WIDER die himelischen Propheten, von den bildern und Sacrament. *S. l.*, 1525, in-4 de 36 ff., bordure au titre.

Ces deux dernières pièces sont connues de Weller, mais les éditions ne sont pas citées.

— ABECEDARIUM, vnd der gancze catechismus, one auszlegung, in der Crobatischen Sprach. *Tubingæ*, 1561, pet. in-8, de 12 ff. 160 fr. cat. Tross.

Catéchisme de Luther en langue croate ; il est imprimé en caractères glagolitiques et a été tiré à 2,000 exempl.

En 1561 un grand propriétaire de la Carinthie, Hans Ungnad, baron de Sonneg, obligé de quitter sa patrie, pour avoir embrassé le parti de la réforme, avait établi à Tubingue une imprimerie en caract. glagolitiques avec l'aide et l'appui de Maximilien II ; il plaça cet établissement sous la direction de Primus Truber, de la Rastzhitz, de Stephan, consul de Pinguent, et du Dalmate Antonius ab Alexandro. Les poinçons des car. glagoli

tiques furent gravés à Nuremberg par Jos. Hartwach, et les caractères fondus dans la même ville par Simon Aner. L'année suivante, les mêmes artistes exécutèrent à Urach, en trois mois, les car. cyrilliques.

De cette imprimerie sortirent en trois ans (156163) dix-huit ouvrages, auj. fort rares, dont Schnurrer (*Slavischer Bücherdruck in Würtenberg*) donne la liste.

Le baron protestant mourut subitement le 27 décembre 1564 à Wintritz en Bohême, et l'imprimerie fut fermée. Les volumes imprimés furent envoyés en Autriche, saisis et déposés à la forteresse de Neustadt, où probablement ils furent anéantis. Quant aux caractères, ils allèrent à Rome au siècle suivant et furent donnés à l'imprimerie de la *Congregatio de Propaganda fide*.

— ABECEDARIUM, vnd der gancze Catechismus, one auszlegung in der Syruischen sprach. *Vtibingi*, 1561, pet. in-8 de 12 ff., dont le dernier blanc.

Catéchisme de Luther en langue serbe, et en car. cyrilliques.

165 fr. cat. Tross.

— LUTTERI catechismus, Öfwersatt på American-Virginiske Språket. *Stockholm, Tryckt vthithet af Kongl. Maytt. privileg. Burchardi Tryckeri, af J. J. Genath, f. Anno* 1696, in-8, de VII-132 pp. « *Vocabularium Barbaro-Virgineorum* », pages 133-160, front. gr.

Traduction faite par Th. Campanius, l'historien de la nouvelle Suède ; elle est rare et précieuse ; un exemplaire aux armes et au chiffre de Charles XI, de Suède. £ 1, sh. 16 Libri (1862) ; revendu 110 fr. Maisonneuve, en 1867.

Nous donnons ici, d'après le catal. de M. Fétis, les titres de quelques *Manuels de chant luthérien*, possédés par le savant musicographe ; ce sont des volumes d'une grande rareté et dont quelques-uns offrent un intérêt considérable.

— ENCHIRIDION oder eyn Handbuchlein, eynem y etzlichen Christen fast nutzlich bey sich zuhaben, zur stetter Ubung unnd Trachtung geystlicher Gesenge, und Psalmen, rechtschaffen unnd kunstlich vertheutsch. MCCCCCXXIIII. (In fine :) *Gedruckt zu Erffordt zcum Schwartzen Hornn, bey der Kremer-Brucken*. M.D.XXiiij. *Jar*. — Teutsch Kirchen Ampt mit Lobgsengen und götlichen Psalmen, wie es die gemein zu Strassburg singt und halt mit mer gantz christlichen Gebetten, das vorgetruckt. *Getruckt by Wolff Köpphel. S. l. n. d.*, in-8.

Le seul exemplaire connu de ce premier livre de chant luthérien appartenait à la bibliothèque publique de Strasbourg ; il a eu, hélas ! le sort de tous ces précieux incunables, de ces intéressans monuments de la prototypographie, que l'incendie allumé par les bombes prussiennes a détruits ; il en avait été fait heureusement, par la photo-lithographie, une réimpression fac-simile, exécutée à l'imprimerie lithographique de Gérard, à Erfurt.

— ETLICH christlich lider Lobgesang, vñ Psalm, dem rainen wort Gottes gemess, auss der heyligē schrift, durch mancherley hochgelerter gemach, in der Kirchen zu singen, wie es dann zum tayl berayt zu Wittenberg in übung ist. *Wittenberg*, 1524, in-4, avec la musique notée.

Première édition des *cantiques* ; elle est fort rare, mais on pourrait en citer quatre ou cinq exemplaires.

190 fr. Aşher (1865).

— GANTZ newe geystliche teutsche Hymnus und Gesang, von eynem yeden Fest yber das gantz Jar, auch denselben geschichten unnd Propheceyen, in der Kirchen oder Sünsten, andachtlich, bequemlich und besserlich zusingen, unnd alles inn Klarer götlicher Schrieefft gegründet. *S. l.*, 1527. (In fine :) *Jobst Gutknecht*, pet. in-8.

Ce volume, dit M. Fétis, est vraisemblablement unique ; il n'existe dans aucune des grandes bibliothèques de l'Europe ; il est resté inconnu à Winterfeld, à Ed.-Emile Koch et à Kunz, qui ne citent aucune édition du chant luthérien entre les livres originaux de 1524 et de 1529.

— ENCHIRIDION geistlicher Gesenge und Psalmen fur die Leien, mit viel andern, denn zuvor gebessert, Sampt der Vesper, Metten, Complet und Messen. *Leipzig, gedruckt durch Mich. Blum.* S. d. (vers 1532), pet. in-8.

Ce petit volume est intéressant, dit M. Fétis, car cette édition de l'*Enchiridion* est si rare, qu'aucun des historiens du chant luthérien ne l'a connue. Nous venons de voir la première édition de l'*Enchiridion* de 1524, et l'on considère généralement celle de 1535 comme la 3ᵉ ; or celle-ci est intermédiaire. Elle est postérieure à 1530, puisqu'on y trouve le cantique *Ein Feste Burg ist unser Gott*, qui date de cette année, mais elle est antérieure à 1533, puisque l'on n'y trouve pas le cantique *Hern Gott, dich loben wir*, composé par Luther à cette date.

Les premières mélodies, composées pour le nouveau culte, par Hans Sachs, Agricola et Speratus, se trouvent là avec quelques-unes de celles qu'on attribue à Luther, mais on y rencontre également un grand nombre de chants de l'Eglise romaine ; Luther n'avait pas encore rompu avec les formes du culte catholique, et l'on trouve dans l'*Enchiridion* la messe allemande, telle qu'elle se chante encore dans la campagne de la Basse-Autriche, dans la Souabe, en Bavière, etc., ainsi que les vêpres, complies et litanies.

Nous renvoyons aux bibliographes spéciaux pour la suite des innombrables éditions de l'*Enchiridion*, en allemand et dans les divers dialectes ; mais voici encore un livre précieux, dont nous empruntons le titre à M. Fétis, qui l'a payé 300 fr. au libraire Tross :

— KIRCHENGESENG darinnen die Heubtarticket des christlichen Glaubens kurtz gefasset und ausgeleget sind : jtzt vonn newen durchsehen, gemehret, etc. (Kirchengeseng von Joh. Huss). *S. l. n. d.* (1566), in-4, portr. de Jean Huss, front. gr. avec les armes de l'empire.

Ce livre de chant des Hussites et des frères Moraves est de la plus excessive rareté. L'édition de 1581, bien moins rare, est portée au catalogue de Stergardt, de Berlin, en 1853, à 30 thalers, quoique l'exemplaire, mal conservé, eût plusieurs feuillets endommagés.

LUTHÉRANISME (Le) abjuré par Madame la princesse Marie-Élisabeth-Louise Palatine de Deux-Ponts, dans l'église des Prêtres de l'Oratoire de Paris, le 4 may 1700. *A Paris, de l'impr. Royale*, 1700, in-12.

En anc. rel. mar., aux armes d'Orléans, 85 fr. vente Voisin (1876), reporté à 150 fr. au catal. Mor. gand et Fatout.

LUTZENBURGER (*Bern.*). Catalogus hereticorum, qui ad hæc usque tempora passim literarum monumentis proditi sunt. *S. l.* (*Coloniæ*), 1526, pet. in-8, goth., fig. s. bois.

11 fr. 50 c. en 1872.

LÜTZOW et Tischler, architectes. Architecture moderne de Vienne. *Paris, Baudry*, 1875, in-fol., de 96 planches et texte. 120 fr.

LUX bella de canto llano corregida : emendada y emendado : puesta a orden y estile muy breue. *Salamanca*, 1498, in-4, goth.

Volume très-rare que décrit le catalogue Salvá, tome II, page 348.

LUXEMBOURG (*Jehan* de). Voy. ROYER (*Colin*).

LUYNES (*L. Ch.* d'Albert, duc de). Voy. LAVAL.

LUYNES (*Charles-Philippe* d'Albert de). Mémoires sur la cour de Louis XV, 1735-1758, publiés par MM. L. Dussieux et Eud. Soulié. *Paris, Firmin-Didot*, 1860-65, 17 vol. in-8, à 6 fr. le volume. [22036]

63 fr. Sainte-Beuve ; 175 fr. d'Haubersart.

LYCOPHRONIS Chalcidensis Alexandra, poëma obscurum (gr. lat.). Joannes Meursius recensuit... Josephi Scaligeri versio centum locis emendatior. *Lugduni Bat., ex off. Lud. Elzevirii*, anno CIƆIƆIC (1599), in-8. [12381]

En mar. de Bozérian, 102 fr. Yéméniz.

LYDEN ende die passi (Hier beghint dat) ons Héerem ihesu Christi, ende die teykenen ende die miraculen die Hij dede, etc. (A la fin :) *Dit Bouck is voleyndet tot Haerlem in Hollant* anno 1483, *den* 18 *dach in decembri*, in-4, de 86 ff.

Voici la note du catalogue Enschedé :

Premier livre avec date imprimé *à Haarlem*, dont cet exemplaire est le seul connu. Les caractères sont ceux de Jacob Bellaert, dont la marque typographique se trouve au verso du dernier feuillet, signat. (a) — Liiij. le 1ᵉʳ feuillet est blanc au recto, et contient au verso une gravure sur bois. Les 32 planches gravées sur bois qui ornent ce livre, proviennent de G. Leeu, qui venait de les faire graver à Gouda, pour sa *Passion* de 1482 (Holtrop, 419) ; en 1488 Claes Leeu à Anvers a employé ces mêmes planches, ainsi que les 34 autres qui avaient orné la *Passion* de 1482. En 1490 Peter van Os à Zwolle, se sert de trois de ces planches, et en 1496 les frères conférenciers (*Collacie-Brœders*) de Gouda emploient les 66 planches de Gouda. « Il est digne de remarque, dit M. Enschedé qui avait signalé tous ces détails, que Gérart Leeu s'est servi depuis 1484 des caractères qu'avait employés le premier Jacob Bellaert, ils ont donc été probablement gravés et fondus à Haarlem. » M. Holtrop, dans la 9ᵉ livraison de ses *Monum. typogr.* donne un fac-simile de ce rarissime volume, qui a atteint à la vente Enschedé le prix de 650 florins.

LYÈGE. Raison de vivre pour toutes fievres cognues, premièrement par leurs differences, causes, signes et symptomes, avec les prognostiques d'icelles. Par

maistre Jehan Lyege, médecin. *Paris,
de l'Imprimerie de M. de Vascosan,*
1557, in-8 de 72 ff., dédié à tres illustre
et tres uertueuse princesse madame An-
thoînette de Bourbon, douairière de
Guyse... *a Bar sur Aulbe par... Jehan
Lyege.* 36 fr. cat. Tross.

Ce Jehan Lyege de Bar-sur-Aube est-il parent du
Marnef, qui se faisait appeler de ce même nom ?
Voy. *Dict. de géogr.,* art. *Turoni,* suppl.)

LYENARD (*Claude*). La Pratique civile,
en V livres, contenant, par ordre, Ru-
briques les plus excellentes et quotidianes
decisions... faicte par Me Claude Lyenard, d'Esparnay, licencié ès loix, advocat à Reims. *Lyon, Ben. Rigaud,*
1572, in-16.

Dédié au cardinal de Lorraine, archevêque de
Reims.
34 fr. Luzarche.

LYRA (*Nicolaus* de). Ingeniosissimi cla-
rissimique sacre theologie doctoris Magistri N. de Lyra in hebraica latinaque
lingua ad modum limati Veteris ac Novi
Testamenti... (In fine :) *Impressus Rothomagi per solertissimum artis impressorie opificem magistrum Martinum Morin : iuxta divi Laudi li-
mina residentem.* S. d. (*vers* 1515),
in-8, goth., de 95 ff. numér., à 2 col.,
et un dernier f. avec la marque de Mart.
Morin.

31 fr. De Lassize.

— POSTILLE venerabilis Nicholai de Lyra ordinis
minoꝝ super epistolas et euangelia... Necnon et
questionibus fratris Anthonii Betontini eiusdem
ordinis : et doctoris... Alexandri de Ales : que
antea pluribus in locis depravate fuere : vigilanti
studio revise emendateque. *Iussu et impensis
magistri Martini Morin, impresse Rothomagi
anno Domini* 1497, pet. in-8, carré, goth., de
248 ff., y compris celui qui porte la marque du
libraire Jean Richard. [407. Hain, 10380]

Édition fort rare; un exemplaire, incomplet du
titre, qui se trouve répété à la fin, en *mar.* de Lortic, 112 fr. De Lassize.

— VENERABILIS fratris Nicholai de Lyra ordinis
seraphici Francisci preceptorum sive expositio
triplaria brevis et utilis in decalogum legis divine
incipit feliciter. *S. l. n. d.* (*Rouen, Guil. le Talleur*), pet. in-8, goth. de 80 ff.

La marque de Guillaume le Talleur occupe le
premier feuillet.

110 fr. De Lassize.

LYRE d'Apollon (La) en poésies meslées,
et les mieux choisies de ce temps, composées par un Zélandois...*Middelbourg,
Pieter van Goetthem,* 1657, in-16, obl.
de 432 pp. [13984]

En *mar.* de Capé, 50 fr. seulement de Chaponay,
et en *vélin,* 40 fr. Potier, qui l'avait payé le même
prix à la vente Pichon.

LYRE d'Orphée (La), ou l'entretien curieux de tous les plus beaux airs de cour
à dancer, et autres chansons musicales
et pastorales, tant anciennes que modernes, tirées des plus célèbres autheurs
qui ont écrit sur matière d'amour jusques
à présent. *Paris, Nicolas Boisset,* s. d.
(*vers* 1650), pet. in-12 de 240 pp.

On ne connaît qu'un seul exemplaire de ce
curieux recueil de chansons anciennes; il a été successivement vendu chez Méon, avec *le Nouveau
entretien des bonnes compagnies* (*Paris,* 1635),
1 fr. 95 c.; chez Bignon, 10 fr.; Farrenc, 102 fr.;
52 fr. Germeau, et 40 fr. Potier (1870), puis 30 fr.
seulement à la seconde vente de ce libraire
en 1872.

LYRE gaillarde, ou nouveau recueil d'a-
musements. *Aux Porcherons,* 1776
(aussi 1777), in-12.

Recueil de pièces grivoises; la seconde édition est
la plus complète.

L'édition de 1776, en *mar.* de Duru, 23 fr. Auvillain; la seconde édition, 15 fr.; de 1776, en *mar.,*
101 fr. Danyau; de 1777, avec défectuosités, 9 fr.
Gancia.

M

MABILLE (*Em.*). Choix de Farces, soties
et moralités des XVe et XVIe siècles, recueillies sur les manuscrits originaux.
Nice, 1873, 2 vol. pet. in-16. 40 fr.

Publication faite avec soin; elle a été tirée à
100 exemplaires numérotés.

30 fr. catal. Claudin (1875).

MABILLON (*Jean*). Acta sanctorum ordinis S. Benedicti... collegit D. Lucas
d'Achery ; ediderunt D. Mabillon et D.
Ruinart. *Lutetiæ - Parisiorum, Bil-*

laine, 1668-1701, 9 vol. in fol. [21739]

Les volumes portent les dates suivantes : 1668,
1669, 1672, 1677, 1680, 1685 et 1701; le 10e volume,
qui était absolument préparé pour l'impression, à
l'époque de la mort de D. Mabillon, est resté malheureusement inédit. (Voy. *Mémoires de l'Acad.
des Inscr.,* tom. I, p. 357.)

Voy. BERNARDI (S.) Opera.

MABRIAN. La Cronicque et Hystoire singulière et fort récreatiue des conquestes
et faictz belliqueux du preux : vaillant ꝫ
Le nompareil cheualier Mabrian... —

Fin de la Cronicque... *et fut acheue de imprimer a Paris le* XX. *iour de ianuier lan mil cinq cens* XXX· *pour lacques Nyuerd, imprimeur,* in-fol., goth., à 2 col., fig. s. b. [17035]

L'exemplaire La Vallière, d'Essling, Giraud, Solar (735 fr.), en anc. *mar.*, a été revendu 1,650 fr. Double.

— LES PROESSES (⸓ vaillances du redoute Mabrian. *Nouuellemēt imprime a Paris; pour Iehan Bonfons,* s. d., in-4, goth., à 2 col.

En *mar.* de Trautz, 700 fr. Yéméniz.

— LES PROUESSES et vaillances du redoute Mabrian... *Paris, veuue Jean Bonfons,* s. d., in-4, goth., à 2 col.

Édition de peu d'importance, comme sont la plupart des éditions de romans de chevalerie, données par les Bonfons.

En *mar.* de Duru, 225 fr. Chedeau.

— MABRIAN... Cy fine la cronicque et excellente hystoire du preulx et vaillant chevalier Mabrian... *Nouuellement imprime a Lyon, par Olivier Arnoullet, le 25 de septembre* 1549, in-4, goth., à longues lignes, fig. s. b.

Le seul exemplaire connu est incomplet, dit M. Brunet, et c'est le titre qui lui manque; aussi n'a-t-il été vendu que 40 fr. Morel, de Lyon.

MACARONÆA. ARÈNE (*Anthoine*).

Antonius Aréna n'est pas un nom d'emprunt, comme l'ont cru un grand nombre de bibliographes; M. Robert Reboul, dans un excellent article inséré au *Bulletin du bouquiniste* du 1er Janvier 1877, rétablit son état civil.

Antoine Arène naquit à Solliès-Pont (Var), vers la fin du XVe s., ou au commencement du XVIe; il mourut à Saint-Rémy en 1544.

— ANTONIUS de Arena provincialis, de bragardissima villa de Soleris , ad suos compagnones studiantes... *S. l. n. d.,* pet. in-8 [13131]

Le catal. de la bibl. de M. de Régis de la Colombière (*Marseille, Lebon,* 1873, n° 425) mentionne une édition inconnue, in-16, de 66 pp., 1,527 vers, titre rouge et noir, avec un écusson renfermant 3 soleils, et la devise en provençal : *Souliès pert tout* (Solliés partout). Nous regrettons, avec M. Reboul, que le rédacteur du catalogue n'ait pas donné une description plus complète de cette édition curieuse.

— ARTICLES de lestil et instructions nouuellement faictz par la souueraine court de Parlement de Prouence, à la requeste de MM. les gens du Roy, sur l'abbreuiation des proces et playderies..... On les vend à Aix, à la grand salle du Palays, par Vas Cavallis. (A la fin :) *Nouuellement imprimés à Lyon, chez Le Prince, pres Nostre-Dame de Confort, le* XVIIIe *d'apuril* 1542, gr. in-4, de 15 ff., portr. du roy Saint-Louys, gr. sur bois au verso du titre.

Cette pièce rare a été reproduite dans la réimpression de « *Meygra entrepriza...* »

— S'ENSUYVENT les taux moderations sallaires et emoluments des greffiers du parlement des advocatz, procureurs et greffiers... Auec les chasteaux de Prouence. — Auec privilège en faveur de Dominique de Portunaire, libraire à Aix, daté du 4 mars 1539. (A la fin :) *Imprimez à Lyon, le 2u may* 1540, gr. in-4, goth., de 18 ff. non chiffrés.

Nous ferons remarquer à M. Reboul, en finissant cette note, que M. Brunet ne doit pas être compris parmi les bibliographes qui ont mis en doute l'identité d'Ant. Arena; voici ses propres expressions

« Arena est bien le nom de l'auteur de ces Macaronées, et non point la traduction du mot *Sable* ou *de La Sable,* comme l'ont dit plusieurs bibliographes. »

M. Aug. Fabre a publié une Étude historique et littéraire sur Antonius Arena (*Marseille, Roy,* 1860, pet. in-8); c'est un travail substantiel qui donne sur la personnalité du poëte provençal des détails intéressants et sérieux.

MACARONIS FORZA. Comedie macaronique de Bernardino Stefonio, publiée pour la première fois par M. Edel. du Méril. *Paris, Didier,* 1869, in-8, de 94 pp.

Publiée d'après deux copies que renferme le manuscrit latin, n° 8366, de la Bibl. nation., et précédée d'une préface intéressante.

MACCHELLI (*Nicolai*). Tractatus de morbo gallico. Scriptus in gratiam Medicorum primorum almi collegii Mutinensis. *Venetiis, apud Andream Arrivabenum,* 1555, in-8.

Un exemplaire, couvert des notes de Guy-Patin, 30 fr. de Morante.

MACCII (*P.*). Emblemata moralia, ære incisa et versibus italicis explicata. *Bononiæ, Ferronius,* · 1628 , in-4. [18581]

Ce joli volume ne renferme pas deux suites d'emblèmes et de figures, comme l'a cru M. Brunet; les deux tables s'appliquent à la même suite de 81 emblèmes, gravés sur métal par Corio.

En *veau* de Koehler, 42 fr. Van der Helle.

MACE (*Thomas*). Musick's Monument; or a remembrancer of the best practical Musick both Divine and Civil, divided into three parts (on Psalms, on the Lute, on the Viol). *London,* 1676, pet. in-fol., portr. gr. par Faithorne, et musique gravée pour le Luth.

La deuxième partie est accompagnée de la figure du Diphone, ou double-Luth, inventé par Th. Mace.

38 fr. Coussemaker.

MACÉ (*Denys*). Recueil des chansons à danser et à boire. *Paris, Robert Ballard,* 1643, 1 vol. in-8.

Rare et précieux; M. Fétis possédait un bel exemplaire de ce recueil.

MACÉ de Villebresme. Epistre de Clorinde la Romayne a Rheginus. *S. l. n. d.,* pet. in-8, goth.

Goujet, et après lui M. Brunet, attribuent cette pièce de vers à Gringore; l'auteur, dans un rondeau qui précède l'*Epistre,* se nommant *le Songe-Creux.* M. G. Guiffrey restitue cette poésie à son auteur, Macé de Villebresme. On ne connaît qu'un seul exemplaire de l'ancienne édition; il appartient à la Bibl. nation.

— ÉPISTRE de Cleriande la Romayne à Reginus son concitoïen, translatée de latin en françoys par Macé de Villebresme, l'ung des gentilz hommes de la chambre du Roy. D'après les manuscrits et l'édition gothique de la Bibl. nation., avec des notes par G. Guiffrey. *Paris, J. Claye*, s. d. (1875), in-8.

Édition tirée à 175 exemplaires.

MACER Floridus, de viribus herbarum. *S. l. n. d.*, pet. in-4, goth., de 48 ff. à 33 lignes, fig. grav. sur bois au simple trait.

Cette édition doit avoir été exécutée en Allemagne vers 1500.

— HERBARŪ vires macer tibi carmē dicet... (A la fin :) Habetis iuuenes studiosissimi Macri floridi ǁ de viribus herbarū opusculum ab omnı Mēda casti ǁ gatissĭm unañ cū interpretatĩculis luce meridia ǁ na lōge clarissimis. ǁ Finis. *S. l. n. d.*, pet. in-8, goth. de 158 ff., dont le dernier blanc ; fig. sur bois.

Cette édition, avec le commentaire de C. Guéroult, a sans doute été imprimée dans une ville de province vers 1510 ; elle est restée inconnue à M. Brunet.

20 à 25 fr.

MACHADO (*Symaõ*). Comedias portuguezas, feitas pello excellente poeta Symaõ Machado... *Em Lisboa, por Antonio Alvares*, 1631, in-4 de 3 ff. limin., 94 ff. chiffrés et 12 ff. non chiff. [16810]

32 fr. Favart.

MACHAUT (*Guillaume* de). Le Livre du Voir-dit, où sont contées les amours de messire Guillaume Machaut et de Peronnelle dame d'Armentières. Avec les lettres et les responses, les ballades, lais et rondeaux...., publié sur 3 mss. du XIVᵉ siècle, avec notice sur le *Voir-dit*, notes et glossaire par M. P. Paris. *Paris, Aubry*, 1875, in-8, de XXXVI et 408 pp., pap. vergé, titre rouge et noir, orné de deux pl. gr. et d'un air noté, 15 fr.

Charmante publication de la Société des bibliophiles.

MACHIN (*Fr.*). Defensio sanctitatis beati Luciferi, archiepiscopi Calaritani, Sardiniæ et Corsicæ primatis, et aliorum sanctorum quos colit Calaritana ecclesia. *Calari, ex typographia doctoris Antonii Galcerin*, 1639, in-fol., front. gr., titre, XVI ff. limin., 244 pp., 16 ff. de tablę ; liv. 2 : 244 pp., 20 ff. de table et 7 ff. de suppl. datés de 1640.

L'un des plus rares volumes de l'hagiographie. 15 à 18 fr.

MACHIAVELLI (*Nicolo*). Opere, coll' agiunta delle inedite. *Londra, si trova in Parigi, appresso Prault*, 1768, 8 vol. pet. in-12, [19197]

En papier de Hollande, portrait et titre gravés d'après Moreau, et en *mar.* de Derome, 165 fr. Brunet ; revendu 365 fr. Bordes.

— OPERE complete, nuova editione, per cura di Pietro Fanfani. *Firenze*, 1873, in-8.

— LIBRO dell' Arte della Guerra. *Vinegia, Aldo*, 1540, in-8.

Un exemplaire à la reliure de Grolier, très-beau et très-pur, 3,750 fr. Libri (1859) ; revendu 3,050 fr. Double ; ce charmant volume a été acquis par le British Museum, qui possédait déjà : *Storie Fiorentine di Nicolo Machiavelli. Venezia, app. Aldo*, 1540, in-8, exemplaire venant du comte d'Hoym et de Du Fay, et qui vraisemblablement s'est encore rendu acquéreur à la vente de M. Yéméniz du 3ᵉ volume de Machiavel, connu comme provenant de Grolier : *Discorsi di N. Machiavelli. Vinegia, Aldo*, 1540, in-8, vendu 4,150 fr. ; ces trois charmants livres avaient appartenu à ce fin connaisseur du XVIIᵉ siècle, l'académicien Ballesdens, qui les avait tous trois signés de sa belle et régulière écriture.

Il manque à cette collection le 4ᵉ vol., *Il Principe*, que certes n'a pas dû négliger Grolier, mais son exemplaire a disparu.

Ces quatre volumes, en bons exemplaires, n'ont été vendus que 40 fr. Chedeau.

Un exemplaire de l'*Arte della guerra*, de 1540, en *mar.* 65 fr. Potier.

— LE PREMIER livre des discours de l'Estat de paix et de guerre, de messire Nicolas Macchiavel, sur la premiere decade de Tite-Live. *Paris, D. Janot*, 1544, in-fol.

Un précieux exemplaire, aux armes, chiffre et emblèmes de François 1ᵉʳ, avec une dédicace en 10 vers du traducteur, J. Gohory, au connétable de Montmorency, 5,000 fr. Brunet.

— L'ART de la guerre, composé par Nicolas Machiavelli, citoïen et secrétaire de Florence... trad. par Jehan Charrier. *Paris, Iehan Barbé*, 1546, infol., fig. s. b. au titre et lettres ornées.

En grand papier, belle édition, 75 fr. Gancia.

— LE PRINCE de Nicolas Macchiavelli... trad. d'ital. en françois (par Gaspard d'Auvergne). *Poictiers, Enguilbert de Marnef*, 1553, in-4.

On lit à la fin du livre du *Prince*, feuillet 94, cette note impr. : « Les annotations que trouverez es feuillets 4, 49 et 62, ont este mises par le depputez (sic) a visiter les liures a imprimer, affin que telz endroitz soient leus avec discretion et jugement. » (Note de M. Brunet.)

En *mar.* de Duru-Chambolle, 82 fr. Potier.

— DISCOURS de Nicolas Macchiavel sur la première décade de Tite-Live, reveu, corrigé, et mis en meilleur françois que dans les impressions précédentes. *Rouen et Paris*, 1664, pet. in-12.

— L'ART de la guerre, reveu, corrigé, et purgé, en cette dernière édition, de toutes les anciennes phrases gauloises qui s'étoient glissées dans les impressions précédentes. *Rouen et Paris*, 1664, pet. in-12.

— LE PRINCE de Macchiavel, reveu, corrigé, etc. *Rouen et Paris*, 1664, in-12.

Ces trois pièces, reliées en 2 vol. in-12, *anc. mar.*, 34 fr. De Lassize.

La traduction de l'*Art de la guerre* est celle de Jean Charrier, d'Apt en Provence (*Paris*, 1546), absolument rajeunie, c'est-à-dire défigurée par le nouvel éditeur.

— SONETTI inediti di Nic. Machiavelli. *Firenze*, 1860, in-12.

Intéressante publication.

MACHO (*Julien*). Voy. SPECULUM.

MACHONI (P. *Antonio*), de la Cⁱᵃ de Jesus. Arte, y Vocabulario de la lenguà Lute, y Tonocote. *Madrid, Juan Gar-*

cia Infanzon, 1732, pet. in-8, de VII ff., 97 et 135 pp. « *Catecismo y doctrina Christiana.* » 17 pp. [11984]

Livre de la plus grande rareté, que M.Brunet indique à sa table méthodique, et dont un exemplaire est coté 500 fr. au catal. Maisonneuve de 1878.

Cette langue est parlée par une puissante tribu de l'Amérique du Sud, qui habite les Pampas du Chaco, sur les bords du Pilcomayo et du rio Vermejo (note du catal.).

MACROBII expositio in Somnium Scipionis et Saturnaliorum libri VII. *Impressi Venetiis, opera et impensa Nicolai Jenson, Gallici*, 1472, in-fol., lettres rom. [18151]

Édition princeps, 165 fr. Luzarche.

— MACROBII... in Somnium Scipionis, libri II... *Lugduni, apud haeredes S. Gryphii*, 1560, in-16.

Dans une jolie reliure du XVIᵉ s., 205 fr. Double; revendu 195 fr. Huillard.

— MACROBII opera. (Cum notis Gronovii, etc.) *Londini*, 1694, in-8.

En *mar.* de Derome, 60 fr. Brunet; revendu 45 fr. Potier.

MADIEN (*Philippe* de). Lhystoire et conqueste de Gréce, faicte par Philippe de Madien, aultrement dit le chevalier a lEsparuier blanc, lequel par ses vertveuses œuvres fut covronne roy de sept royaulmes (par Perrinet du Pin). *Paris, pour Jehan Bonfons, libraire, s. l. n. d.*, in-4, goth., à 2 col. [17097]

Cette édition, infiniment moins précieuse que celle de J. Nyverd, 1527, est encore fort rare; l'exemplaire Guyon de Sardière, court et raccommodé, a été vendu 170 fr. Morel, de Lyon.

MADIOU (*Thomas*). Histoire d'Haïti. *Port-au-Prince, J. Courtois*, 1847-48, 3 vol. gr. in-8.

C'est la meilleure histoire de notre ancienne colonie; elle donne surtout avec précision les faits relatifs à la période d'affranchissement, de 1789 à 1807.

50 à 60 fr.

MADONNES. Le liure blanc de Madonnes de Tholose. *Imprime a tholose par Guy Boudeuille*, s. d., in-8.

Nous ne connaissons ce volume que par les *Catalogues des Foires de Francfort*.

MADRIL (*Alphonse* de). Le Miroir de servir à Dieu, auec le Miroir des personnes illustres. *Duaci, Bellère*, 1599, in-12.

Petit volume d'un médiocre intérêt, mais d'une grande rareté.

MAERLANT (*Jacob* van). Harau Martins (en vers). Sans indication de lieu, de typogr. ni de date (mais impr. à *Bruges, par Joh. Britoen*, entre 1477 et 1481), in-4, de 36 ff., à 26 longues lignes, avec sign. et récl., sans chiffres, caract. semi-goth.

Au f. 1 (rᵒ) : h Arau Martin pour dieu di moy ‖

Se ce monde en tel desroy ‖ Pourra longuement durer ‖ Verite + Raison + Justice + et foy ‖ Se partent' dolant + et Je croy ‖ etc. Au f. 28 vᵒ, dernière ligne : Auecq le nouuel testament + ‖ (dans la marge inférieure et intérieure de cette page :.) Combien que je c ‖

Il n'existe qu'un seul exemplaire de cette singulière pièce; il a été découvert en 1851, aux archives de Bruges, par M. Bossaert, archiviste; et nous empruntons cette description à l'excellent livre de M. Campbell.

MAFFEI Volaterrano (*Rafaello*). Ad Julium. II. Orbis Romæ ‖ episcopum sanctiss. Sum ‖ mumque pon. R. Volaterranvs ‖ proemium. ‖ Au rᵒ du 1ᵉʳ f. num. : R. Volaterrani Commentariorvm Vrbanorum. ‖ Liber .II. Segmentorvm cœlestium breuis explicatio. (In fine) : *Impressum Romæ per Joannem Besicken Ale ‖ manum. Anno domini.* MDVI, in-fol. de XVIII ff. lim., 547 ff. numér., et 12 ff. non paginés.

Dans ces *Commentaires urbains* R. Maffei apprécie les découvertes des Espagnols et des Portugais, au point de vue du christianisme (livr. XII, *Loca* (sic) *nuper reperta*); ce passage est fort curieux.

Ce livre fort rare est précieux et cher; mais nous ne pouvons en citer d'adjudication.

— Les *Commentaires Urbains* furent réimprimés en 1511, *Parrhisiis in via Jacobea ab Joanne Parvo t. Jodoco Badio Ascensio*, in-fol. de XXVI ff. limin. et 414 ff. numérotés.

MAGGIO. Le tremblement de terre en forme de dialogue. *Paris, Denys du Val*, 1575, pet. in-8. [4251]

Il faut, pour que ce rare volume soit complet, qu'il contienne une grande carte gravée sur bois.

MAGNA charta. *Impressa in civitate Londonensi per Richardum Pynson, regis impressorem* (1514), in-12 allongé, goth., de XV ff. lim., 3 ff. blancs et 155 ff., dont le dernier n'est pas chiffré. [27039]

On sait l'excessive rareté de ce précieux monument, si recherché, à juste titre, en Angleterre; un exemplaire en *mar.* de Trautz, a été vendu 305 fr. Labitte (1876). Lowndes n'en cite pas d'adjudication.

MAGNIFICENCE (La) des triumphes faictz à Rome, pour la nativité de Mgʳ le duc d'Orléans, second filz du roy tres-chrestien Henry deuxiesme de ce nom... *Paris, on les vend en la rue de la Calandre, a lenseigne de la Boule, chèz Jehan André... et chez Gilles Corrozet*, 1549, pet. in-4, de 8 ff. [16445]

Il s'agit ici de la naissance d'un second fils de Henri II, nommé Louis, « dont les pronostiqueurs en prédirent merveilles, et pourtant il ne vescut que deux ans ». Rabelais a raconté les merveilles de ces fêtes dans la *Sciomachie*. 50 fr. Ruggieri.

MAGNIFICENCES (Les) faictes en la ville de Bourdeaux à l'entrée du roy, le mercredi 7 de ce mois. *A Paris, impr.*

d'Anthoine du Breuil, 1615, in-8, de
VIII ff.

Pièce rare. 66 fr. Ruggieri.

MAGNIFIQUE (La) réception en Espagne
de Charles-Emanuel, duc de Savoye,
prince de Piedmont, depuis son arrivée
à Barcelone, sa conduite jusques à S. M.
rencontrée hors de la ville de Saragosse,
le dimanche 10 mars, ses fiançailles, etc.
Lyon, Benoist Rigaud, 1585, pet. in-8,
de 12 pp.

Pièce rare, qui célèbre les fêtes du mariage de
Charles-Emanuel Ier avec la fille de Philippe II.

15 fr. Ruggieri.

MAGNINUS. Regimen sanitatis Magnini
Mediolanensis, Medici famosissimi Attre-
batensi episcopo directum feliciter incipit. *Impressum Parisius per magistrum udalricum Gering*, 1483, in-4,
caract. ronds, 116 ff., dont le premier
blanc.

20 à 25 fr.

Volume décrit par Hain; nous le citons parce
qu'il provient des presses du premier typographe
parisien.

MAGNON (*Jean*). Heures du chrestien, en
vers et en prose. *Paris*, 1654, in-8. [16445]

Rare, mais peu intéressant. Le catal. de Soleinne
nous a donné les titres des pièces de théâtre de ce
poëte assez peu connu.

MAGNUS (*M.-Ant.*). Oratio in fvnere ‖
Regis catholici. ‖ (Au recto du 2e f.) :
M. Antonii Magni Oratio ‖ habita Nea-
poli in fvnere ‖ Ferdinandi Hispaniarvm
‖ Regis catholici ‖ calendis Martii MDXVI.
‖ *Neapoli, in ædibus Sigismundi
Mayr* ‖ *Germani. An.* MDXVI. ‖ In-4,
de 12 ff. non chiffrés.

Il se trouve dans cette pièce, signalée par M. Harrisse, un passage intéressant, relatif à la découverte
de l'Amérique.

MAGNUS (*Jacobus*). Sophologium, ex
antiquorum poetarum, oratorum atque
philosophorum gravibus sententiis collectum. *Anno domini mille* CCCCLXXV
*die prima mensis Junii impressum
fuit istud Sophologium Parisius, per
Mart. Crantz, Udalricum Gering et
Mich. Friburger*, in-fol. goth. [3694]

83 fr. de Morante.

— LE TRÉSOR de Sapience, et fleur de toute
bonté, remply de plusieurs bonnes authoritez des saiges philosophes, lequel
enseigne la voye que l'homme doibt tenir
en ce monde. *Lyon, Romain Morin*. (A
la fin) : *Imprimé par Denys de Harsy*,
M.D.XXX, pet. in-8, lettres rondes, fig.
sur bois.

C'est la traduction du *Sophologium lib. III*, de
Jacques le Grand.

Relié avec un traité des *Mot: dorez de Sénèque*, de
1530, 68 fr. Soleil.

— LE LIVRE intitule de bōnes meurs. *S. l.
n. d.* (*Lyon*, vers 1490), in-fol. goth. à
longues lignes. [3695].

En mar. de Trautz, 241 fr. Cailhava; un exemplaire, incomplet du dernier feuillet, qui contient le
colophon, 25 fr. Chedeau; en *mar.* de Trautz, 550 fr.
W. Martin.

— LE LIVRE de bonnes meurs, *Paris, Iehan Trepperel*, 1499, in-8.

En *mar.* de Hardy, à grandes marges, 135 fr.
Yéméniz.

— LE LIVRE de bonnes meurs. (A la fin :) *Cy fine
le liure intitule de bonnes meurs, cōpile par
frere Jacques le Grant, de l'ordre Sainct
Augustin, imprime a Paris par Jehan Treperel
lan mil cinq cens et trois*, in-4, goth., de 60 ff.

50 fr. Chedeau; 41 fr. Potier (1872).

MAGNY (*Olivier* de). Les Amours d'Olivier de Magny, Quercinois, et quelques
odes de luy. Ensemble un recueil d'aucunes œuvres de Monsieur Salel... *Paris, Vincent Sertenas* (aussi *Longis*)...
A la fin : *Imprimé à Paris par Estienne Groulleau*, 1553, pet. in-8, avec
un portrait au second feuillet, représentant la *Castianire* du poëte. [13770]

En *mar.* de Trautz, 365 fr. de Chaponay, pour
M. de Béhague; en *mar.* de Bauzonnet-Trautz, bel
exemplaire, 1,000 fr. baron Pichon, pour M. Defresne.

— LES AMOVRS Doliuier (*sic*) de Magny, Quercinois,
et quelqves Odes de luy. Ensemble vn recveil
d'avcunes œuvres de Monsieur Salel, abbé de
Saint-Cheron, non encore veuës. *Lyon, Benoist
Rigaud*, 1572, in-16.

Petit volume d'une extrême rareté, dont un exemplaire n'a été vendu que 16 fr. à la malheureuse
vente du baron Taylor, en octobre 1848; ce livre
vaudrait vingt ou trente fois ce prix aujourd'hui.

— LES GAYETEZ d'Olivier de Magny, à
Pierre Paschal, gentilhomme du bas païs
du Languedoc. *Paris, Jean Dallier*,
1554, pet. in-8. [13708]

Eu *mar. doublé* de Bauzonnet-Trautz, 1,300 fr.
baron Pichon, à M. Defresne.

— LES MÊMES. Avec notice par E. Courbet. *Paris,
Lemerre*, 1875, in-12.

5 fr. et 7 fr. 50 c. sur papier de Hollande.

Jolie réimpression épuisée.

— LES SOUPIRS d'Olivier de Magny. *Paris, Jean Dallier*, 1557, pet. in-8.
[13709]

En *mar.* de Bauzonnet-Trautz, 1,275 fr. baron
Pichon, à M. Defresne.

— LES ODES d'Olivier de Magny, de Cahors en Quercy. *Paris, André Wechel*,
1559, pet. in-8. [13710].

En *mar.* de Trautz, bel exemplaire, 355 fr. De
Chaponay, pour M. de Béhague; en *mar.* de Trautz,
755 fr. Turquety; en *mar. doublé* de Trautz, très-bel
exemplaire, jusqu'à 1,500 fr. Benzon; en *mar.* du
même relieur, 1,500 fr. Leb. de Montgermont.

— ODES, avec une introduction de M. P. Blanchemain. *Lyon, N. Scheuring (Impr. Perrin et Marinet)*, 1876, in-8. 25 fr.

Il a été tiré quelques exemplaires en papier de Chine, 80 fr., et en papier de Hollande, 50 fr.

— ODES. *Paris, Lemerre*, 1876, 2 vol. in-12, XXXVIII et 163 pp., 251 pp.

Jolie réimpression; une publication périodique, dont les appréciations sont habituellement sévères, la *Revue critique*, dans le numéro du 9 décembre 1876, fait l'éloge de cette édition.

MAHABHARATA (The), an epic poem written by the celebrated Veda Vyasa Rishi, edited by the learned Pandits attached to the establishement of the education committee. *Calcutta*, 1834, 5 vol. in-4, dont un d'index.

85 fr. Burnouf; 176 fr. Cardin, de Poitiers.

— MAHABHARAT. The Muhabharat, translated into Bengalee verse, by Kasee Dass; revised and collated with various manuscripts, by Joy Gopal Turkulunkar. *Serampore*, 1836, 2 vol., in-8.

Traduction fort rare en vers bengalis du célèbre poëme du Máhabhárat. 50 fr. Maisonneuve.

— MAHABHARATA, traduit par H. Fauche. *Paris*, 1863-65.

M. Barthélemy Saint-Hilaire a consacré, dans le *Journal des savants* (1865-1869), douze articles à cette grande épopée indienne; elle contient plus de 200,000 vers, et le *Shah-Nameh* de Ferdousi en compte à peu près 120,000, tandis qu'on n'en trouve que 15,659 dans l'*Iliade*, et 12,111 dans l'*Odyssée*.

MAHIEU, de Gand. Livre de Lamentacions de mariage et de Bigamie, composé en latin par maistre Mahieu de Gand, et translaté en poésie françoise, par Me Jehan Lefèvre. *Lyon, Olivier Arnoullet*, s. d., in-4, goth.

Le nom du translateur est cité au f. 143 : « et suis appelés Jehan Lefèvre. »

Il existe de ce livre presque inconnu un très-beau ms. du XVe siècle, à la biblioth. de l'École de médecine de Montpellier.

MAHMOUD Rayf Effendi. Tableau des nouveaux reglemens de l'empire ottoman. *Imprimé dans la nouvelle Imprimerie du Génie, sous la direction d'Abdurrahman Effendi, professeur de géométrie et d'algèbre. A Constantinople*, 1798, in-fol.

Vol. fort rare et remarquablement exécuté; encadrements à chaque page, 27 grandes planches, dont plusieurs doubles, gravées sur cuivre.

60 fr. au catal. Maisonneuve (1878).

MAICHELII (*Danielis*). Introductio ad historiam literariam de præcipuis bibliothecis Parisiensibus. *Cantabrigiæ*, 1721, in-12. [31142]

Un exempl. couvert de notes de la main de l'abbé Mercier de Saint-Léger, 50 fr. Le Roux de Lincy.

MAIER (*Michael*). Atalanta Fugiens, hoc est emblemata nova... *Oppenheimij, sumptibus Theod. de Bry*, 1618, in-4,

50 fig. sur cuivre à mi-page, et musique notée. [8965]

L'admirable exempl. de Girardot de Prefond, vendu 635 fr. Solar, est aujourd'hui chez M. de Rothschild.

Un exempl. en *vélin*, assez court, 46 fr. Van der Helle; le bel exemplaire de Du Fay, portant les armes du comte d'Hoym, frappées sur une belle reliure en *mar.* de Boyet, 620 fr. baron Pichon ; un exempl. non rogné, en *mar.* de Thibaron, 61 fr., seulement, Potier.

MAIGNET. Rejetons sacrés pullulants de la palme triomphante des premiers martyrs de l'ordre dit des freres Erémites de S. Augustin, par F. G. Maignet-Bullionoy, prieur du même ordre. *A Liége, chez Christ. Ouwerx*, 1612, in-12.

Livre rare, que l'on recherche à cause des planches gravées sur cuivre par Ad. Collaert; il y en a 27, et un très-beau titre.

36 fr. Van der Helle.

MAILLARD (F. *Oliv*.). La Confession de frere Olivier Maillart. (A la fin) : *Cy fine la confession imprimee a Geneve*, s. d. (fin du XVe s.), in-4, goth., de 10 ff., fig. s. bois; au vo du titre, une grande fig. s. bois représ. la Vierge, S. Pierre et deux moines. On remarque dans cette gravure trois écussons, deux en haut et le troisième en bas ; l'un, à la croix de Savoie, surmontée d'une petite croix ; l'autre, portant deux clefs en sautoir ; le troisième est la marque de Louis Cruse, *alias* Guerbin, célèbre imprimeur de Genève. [1299]

Ce livre est resté inconnu aux bibliogr. de Genève.

150 fr. au catal. Potier de 1863 ; 167 fr. Chedeau.

— LA CONFESSION de frère Ol. Maillard. *S. l. n. d.*, in-4, goth., de 16 ff. à 36 lignes longues à la page.

Sur le titre, la marque indiquée par Silvestre sous le no 253.

(Bibl. Cigongne).

— LA COFESSION generale de frere Oliuier Maillard... *Imprimee a Lyon sus le Rosne, par Claude Nourry dit le Price, lan mil cinq cens vingt et six*, pet. in-8, goth., de 12 ff., fig. s. b.

32 fr. Yéméniz, rev. 36 fr. Potier.

— LA CONFESSION generala de fraire Olivier Maillhart (sic) en lenguatge de Tholosa. *S. l. n. d. (Toulouse, Jean de Guerlins, vers 1502)*, in-8, goth., de 12 ff., avec la marque de l'imprimeur sur le titre.

Première édition d'une traduction fort rare, que décrit le Dr Desbarreaux-Bernard, d'après un exemplaire à lui appartenant.

— LA MÊME. *S. l. n. d. (Toulouse, Guerlins)*, in-8, goth., de 16 ff.

Sur le titre, la marque de J. de Guerlins. On trouve à la fin de cette seconde édition : *Cinq orations compresas sus la* (sic) *cinq lettras de Ave Maria*, qui n'existent pas dans la première.

Même provenance.

Ol. Maillard, de l'ordre des Frères mineurs, chassé de Paris, se réfugia à Toulouse en 1499, et y mourut en 1502.

M. Desbarreaux-Bernard nous dit qu'il faut bien

se garder de confondre, comme M. Brunet l'a fait,
la Confession générale de frère Olivier Maillard,
avec un opuscule portant un titre presque identique, et impr. pour la première fois, à Paris, en
1481; voici ce titre : *La Confession de Frère Ol.
Maillard, de l'ordre des frères Mineurs.*

Ce dernier est un *Examen de conscience* qui roule
sur les commandements de Dieu, tandis que l'autre
décrit la manière de procéder à la confession, en indiquant les divers péchés que l'homme peut commettre à l'aide de ses cinq sens.

Ce sont deux livres parfaitement distincts ; le premier, petit in-4, *s. l. n. d.,* de 8 ff., goth., à long.
lignes, sans ch. ni récl., avec sign. et grav. s. b. au
titre, commence ainsi : « Qui bien se veult confesser, il doit premièrement penser aux péchez, etc. »

L'autre, de la *veufve Trepperel,* s. d. (vers 1518),
pet. in-8, à long. lignes, de 20 ff., goth., sans ch. ni
récl., avec sign., grav. s. b. au titre, commence :
« Toute personne qui désire estre sauluee, de neces-
site conuient quelle soit en la grace de Dieu... »

— ŒUVRES françaises d'Olivier Maillard, sermons
et poésies... publiées par A. de la Borderie. *Nantes,
Soc. des Bibliophiles bretons,* 1877, in-8, portr.

Tiré à 150 exempl. numérotés sur papier vergé.

Études intéressantes, 10 fr.

— L'ÉPITAPHE de frère Olivier Maillard (en vers).
S. l. n. d., in-16, goth., fig. s. b.

Réimpr. faite en 1857, par les soins de Veinant, et
tirée à 62 exempl, dont IV sur *vélin.*

Un de ces derniers, en *mar.* de Chambolle, 33 fr.
Em. Gautier.

MAILLART (*Pierre*). Les Tons, ou Discovrs svr les modes de mvsique, et les
tons de l'Eglise et la distinction entre
iceux, de Pierre Maillart, Valencenois,
chantre et chanoine de l'église cathédrale de Tournay. *A Tournay, chez
Charles Martin,* 1610, in-4, de 380 pp.,
X ff. lim., et 6 ff. de table.

48 fr. Coussemaker.

MAILLET (*Marc* de), Bordelais. Poësies,
à la louange de la reyne Marguerite,
augmentées en ceste seconde édition et
dédiées à Sa Majesté. *Paris, Jean Herault,* 1612, in-8. [13930]

85 fr. W. Martin ; en *mar. doublé* de Chambolle,
199 fr. Bordes.

— LES POESIES de M. de Mailliet, dédiées à madame
de Jehan. *Bourdeaus, S. Millanges,* 1616, in-8.

3e édition ; 31 fr. Turquety.

— LES ‖ EPIGRAMMES ‖ de M. de Mailliet, ‖ dédiées ‖ à ‖ Monseigneur le duc
‖ de Luynes... *Paris,* 1620, in-8, de IV ff.
lim. et 112 pp. chiffrées.

360 épigrammes fort libres.

En *mar.* de Duru, 122 fr. W. Martin ; 300 fr. Morgand et Fatout ; en *mar.* de Duru, 195 fr. Bordes, et
200 fr. Benzon.

— LES ÉPIGRAMMES de M. de Maillet , Périgordin.
Paris, 1627, in-8.

Édition rare d'un livre recherché, parce qu'il est
libre, quoique inepte.

26 fr. Auvillain.

Un exemplaire de l'édition de 1622, un peu rogné,
14 fr. seulement, même vente.

MAILLY (Le chev^r de). Les Entretiens des
cafés de Paris et les différens qui y sur-
viennent. *A Trévoux, Ganeau,* 1702,
in-12.

Petit vol. assez rare et qui offre un certain intérêt ; 5 à 6 fr.

— MAXIMES , sentences et réflexions morales et politiques. *Paris, du Castin,* 1687, in-12. [3716]

L'épitre dédic. est signée L. C. de M.; Gabriel
Martin a attribué ce petit ouvrage au chevalier de
Méré ; il ne serait pas impossible qu'il fût du chevalier de Mailly, bien que l'autorité de G. Martin, contemporain, soit sérieuse.

MAILLY (*Nicolle* de). La Perfection d'honorable viduité. *A Rouen, Claude Le
Roy,* 1548, in-8.

— LA PERFECTION de la vie humaine. *A
Rouen, Nic. de Bourges,* 1544, in-16.

Ces petits traités mystiques sont tout aussi rares
et moins recherchés que *la Divine cognoissance,
Paris, G. du Pré,* 1541, in-8, citée au *Manuel.*
[13745]

MAINARDO (*A.*). Trattato dell' unica e
perfetta satisfattione di Christo, nel qual
si dichiara, e manifestamente per le pa-
roli da Dio si proua, che sol Christo ha
satisfatto per gli peccati del mondo, ne
quanto à Dio c'è altra satisfattione ne
che la sua, o sia per la colpa, o sia per
la pena, composto par M. Agostino Mainardo Piamontese. *S. l.* (*Basilea*),1551,
pet. in-8, de 270 pp. chiff., et 1 feuillet
blanc.

95 fr. 1867.

MAINFRAY (*Pierre*). La Rhodienne ou la
cruauté de Soliman, tragédie. *Rouen,
David du Petit-Val,* 1618, in-12, de
44 pp., plus 2 ff. blancs (réimpr. en
1621).

— CYRUS triomphant ou la Fureur d'As-
tiges, roy de Mède, tragédie. *Rouen, David du Petit-Val,* 1618, in-12, de 48 pp.
[16394]

Les deux pièces, 32 fr. Favart.

MAINO (*Ambr. Jason* de). De jure em-
phiteotico Rubrica. *Finit Tholose.
Anno Christi* M.CCCC.LXXIX. In-fol.,
goth., de 61 ff., plus un f. blanc au commencement pour équilibrer le premier
cahier, à 2 col. de 68 lignes ; les ff. sont
irrégulièrement chiffrés ; signat. A-G₁
le dernier cahier, contenant les VIII ff.
de table, ne porte ni chiffres ni signat.
[2543]

Voy. Hain, nos 10939-10979.

MAINTENON (Madame de). Mémoires (par
La Beaumelle). *Amsterdam,* 1755-56,
6 vol. in-12. — Lettres de Mme de Maintenon à diverses personnes et à M. d'Au-

bigné, son frère, et lettres qui lui sont adressées. *Amsterdam*, 1756, 9 vol. in-12. [23815]

Ces quinze vol., en *mar.* de Derome, ont été vendus 500 fr. Radziwill; rev. 480 fr. Leb. de Montgermont; un autre exempl., également en *mar.* de Derome, aux armes de Blondel d'Azincourt, 450 fr. au catal. Fontaine de 1872; en *veau* de Thouvenin, exempl. en pap. de Holl., rare sur ce papier, 55 fr. seulement H. D. M. (1867). En *basane* et en *veau*, les 15 vol. sont ordinairement payés de 15 à 20 fr.

MAINTENUE et defense des princes souverains et eglises chrestiennes contre les attentats, usurpations et excommunication des papes de Rome. *S. l.*, 1592, in-8, de 12 ff. lim., dont le dernier blanc, et de 357 pp. chiffrées.

Ce vol. rare est attribué à Denis Godefroy ; on en cite une édition sous la même date de *Genève, P. de St-André*, et une autre de 1594.

C'est un livre de perpétuelle actualité.

MAIOLUS (*Laur.*). De gradibus medicinarum. *Venetiis*, 1497, petit in-4. [6616]

Le *Manuel* annonce, d'après Renouard, que cette pièce, incontestablement due aux presses des Aldes, réunie aux opuscules d'Averroës, *Epiphyllides in Dialecticis*, citée au tome Ier, col. 582, doit avoir 55 ff. plus un f. blanc; il y a là, croyons-nous, une erreur de chiffres; l'exempl. que nous avons sous les yeux n'a que 53 ff.; le 54e est blanc, et il n'y manque rien, croyons-nous.

MAISTRE d'hostel (Le), qui apprend l'ordre de bien servir sur table et d'y ranger les services. Ensemble le sommelier, qui enseigne la manière de bien plier le linge en plusieurs figures ; et à faire toutes sortes de confitures... *Paris, Pierre David*, 1659, in-8.

En *mar.* de Chambolle, 125 fr. baron Pichon.

MAITRESSES de toute qualité à louer. *S. l. n. d. (Paris*, 1716), in-12, de XI pp., sign. A i-A 3.

Facétie fort piquante et d'une excessive rareté; nous ne connaissons que l'exempl. de la Biblioth. nationale (Recueil Clairambault).

MALAPART. La prise d'vn ‖ seigneur ecossois ‖ et de ses gens qui pilloient ‖ les Nauires pescheurs de France ‖ ensemble du Razement de leur Fort, ‖ et l'establissement d'un autre pour le seruice du Roy, & l'assurance ‖ des Pescheurs François en la nouuelle France ‖ Par Monsieur Daniel de Dieppe, capitaine pour le Roy en la marine, et général de ‖ la Flotte en la Nouuelle France.‖ Dédié à Monsieur le président de Lauzon, intendant ‖ de la compagnie dudit païs. ‖ Par le sieur Malapart Parisien, soldat dudit sieur Daniel. ‖ — *A Rouen, chez Iean le Bovllenger, rue* ‖ *des PP. Jesuites*. ‖ M.D.C.XXX. *avec permis-*

sion, in-12, 1 f. de titre et 22 pp. de texte.

Cette expédition du capitaine Daniel est relatée dans le grand ouvrage de Champlain ; mais cette édition originale est curieuse et d'une extrême rareté (Harrisse, *Notes sur la Nouvelle France*).

MALDONAT (P.). Traicté des anges et des démons, du R. P. Maldonat, jésuite, mis en françois par Me Franc. de la Borie, chanoine à Périgueux. *Rouen, Louis Loudet*, 1619, pet. in-12.

Trad. d'un ouvrage manuscrit du célèbre jésuite Maldonat, qui n'a point été publié en latin; il est rare et curieux.

MALEBRANCHE (*Nicolas*). De la recherche de la vérité où l'on traite de la nature de l'esprit de l'homme et de l'usage qu'il en doit faire pour éviter l'erreur dans les sciences. *Paris, André Pralard*, 1674, pet. in-8. [3579]

Édition originale; un bel exempl., relié par Trautz, est dans la biblioth. du comte de Lurde; le catal. donne cette édition comme pet. in-8, c'est, croyons-nous, sous le format in-12 qu'on doit le désigner.

En *mar.* de Duru, 40 fr. d'Ortigue, rev. 71 fr. Leb. de Montgermont; 35 fr. Voisin.

— DE LA RECHERCHE de la vérité, *suiv. la copie impr. à Paris, chez André Pralard* (*Hollande*), 1678, 3 tomes en 1 vol., pet. in-12.

19 fr. Germeau.

— DE LA RECHERCHE de la vérité. *Paris, Michel David*, 1712, 2 vol. in-4.

Dernière édition donnée par l'auteur.

En *veau* de Padeloup, 72 fr. Radziwill; en grand pap., 40 fr. Brunet.

— TRAITÉ de la nature et de la grâce, par M. Malebranche, de l'Oratoire. *Amsterdam, chez Daniel Elzevier*, 1680, in-12, de 3 ff. lim., plus un f. blanc en tête, et 268 pp.

Impr. en gros car. sur pap. plus grand que l'in-12 elzevirien ordinaire.

En *mar.* de Duru, 32 fr. Soleil.

— ESCLAIRCISSEMENT, ou la Suite du traité de la nature et de la grâce, par M. Malebranche, de l'Oratoire. *A Amsterdam, chez la veuve Daniel Elsevir*, 1681, pet. in-12, de 68 pp.

Les deux parties ont comme fleuron la *Minerve*.

Réunies, et en *mar.* de Duru, 53 fr. Cailhava, rev. 129 fr. Leb. de Montgermont; 25 fr. Pieters; et un second exempl. non rogné, en *mar.* de Duru, 80 fr. même vente, revendu en 1872, 195 fr. La Villestreux; en *mar.* de Hardy, les deux part. reliées en 1 vol., 42 fr. Huillard; en *veau* f. de Simier, 71 fr. Tufton; en *mar.* de Duru, 75 fr. Bordes ; en *mar.*, 35 fr. Labitte (1870).

— TRAITÉ de morale. *Cologne, Balthasar d'Egmond*, 1683, in-12.

— LETTRE du P. Malebranche, contenant une réponse générale aux lettres que le P. Lami lui a adressées. *S. l. n. d.*, in-12.

— AVIS touchant l'entretien d'un philosophe chrétien et d'un philosophe chinois sur l'existence et la nature de Dieu, par l'auteur de *la Recherche de la vérité*. *Paris, Michel David*, 1708, in-12.

Toutes ces éditions originales sont de fort peu de valeur.

MALETTI (*Jean* de). Les Amours de Ronsard, mises en musique, à quatre parties. *A Paris, chez Adrian Le Roy & Robert Ballard*, 1578, in-4, oblong.

Catalogue des Foires de Francfort.

MALFILATRE. Narcisse dans l'ile de Vénus, poëme en quatre chants. *Paris, Lejay*, s. d. (1769), in-8, titre par Eisen, gravé par de Ghendt, et 4 fig. de Saint-Aubin. [14058]

Un exempl. en grand pap. de Hollande, 49 fr. Grésy, et 160 fr. au catal. Aug. Fontaine de 1875; en gr. pap. et en *mar.* de Derome, 205 fr. Em. Gautier; un exemp. en pap. ordin., mais en *mar.* de Chambolle, 150 fr. au catal. Morgand et Fatout.

Mérard de Saint-Just signale, dans son petit catal. de 1783, un exempl. en pap. de Hollande, relié en *mar.* par Derome le jeune, et ajoute : « Les épreuves des gravures de cet exempl. ont été retouchées avec soin à la plume et à l'encre de Chine, par Gabrielle (*sic*) de Saint-Aubin, le dessinateur, ce qu'il a signé. »

— NARCISSE dans l'ile de Vénus. *Paris*, 1795, petit in-8.

La notice sur Malfilâtre est de M. de Fontanes.

MALHERBE. Les œuvres de François de Malherbe (avec un discours sur ses œuvres par Ant. Godeau). *Paris, Ch. Chappelain*, 1630, in-4, portrait.

Il existe, nous apprend M. Potier, deux éditions de Malherbe sous cette même date; avec même privilège et même achevé d'imprimer du 22 déc. 1629; elles sortent de la même imprimerie et ont même nombre de pages (XXIV ff. lim., y compris le portrait, et 228 pages). Les différences consistent en corrections ou modifications dans le *Discours sur les œuvres de Malherbe.* « L'édition que je considère comme la seconde, dit M. Potier, est sur papier inférieur; mais elle contient au f. Liiij du *Discours* un passage en 18 lignes, que ne contient pas la première, et qui commence ainsi : « *J'avoue que ses autres lettres n'ont pas les grâces...* »

Si Antoine Godeau, l'auteur du *Discours* et l'éditeur des *Œuvres*, s'est aperçu au tirage de l'omission des 18 lignes, en homme qui tient fortement à sa prose, il aura pu exiger un carton ; mais qu'il ait provoqué, pour ce péché véniel, une composition nouvelle, une seconde édition, voilà qui nous paraît bien improbable.

Cependant, comme il y a d'autres modifications assez considérables dans la rédaction du *Discours*, ces remaniements indiquent évidemment une réimpression corrigée et augmentée ; c'est l'opinion réfléchie de M. Potier, et nous lui en donnons acte bien volontiers.

Le bel exempl. de cet excellent libraire, du premier tirage sur pap. supérieur, avant les 18 lignes, a été vendu 265 fr. en 1870. Un exempl. du second tirage, mais piqué, 40 fr. à sa vente de 1872 ; en *mar.* de Koehler, 81 fr. Desq ; en *mar. anc.*, aux armes de madame de Verrue, 250 fr. Sainte-Beuve ; un trèsbel exempl., en *vélin*, 300 fr. Huillard ; cet exempl. avait été payé 150 fr. à la vente du marquis Le Ver ; 350 fr. au catal. Fontaine de 1875.

— LES ŒUVRES... *Paris, Ch. Chapelain*, 1631, in-4, portrait.

Réimpr. identique de la première édition. En *mar.* de Hardy, 112 fr. Gancia. En *vélin*, 27 fr. Gancia (1872) ; incomplet du portrait, 120 fr. Morgand et Fatout.

— POÉSIES, avec les observations de Ménage. *Paris, L. Billaine*, 1666, in-8.

Première édition donnée par Ménage.

En *mar.* de Hardy-Mennil, 58 fr. Tross (1868); en *mar.* de Lortic, 120 fr. W. Martin.

— ŒUVRES. Troisième édition. *A Troyes, chez Nicolas Oudot*, 1641, in-8.

Cette édition, qui prend le titre de *troisième*, est, en réalité, tout au moins la sixième; elle est d'une certaine rareté.

— LES POÉSIES de Malherbe, avec les observations de Ménage, seconde édition. *Paris, chez Claude Barbin*, 1689, avec priv., pet. in-8.

L'exempl. de Longepierre, en *mar. doublé* de Padeloup, provenant des collections Bignon et de Clinchamp, fait aujourd'hui partie de la collection du comte de Lurde (haut. 0^{m}168, larg. 0^{m}092); en *mar.* de Boyet, 550 fr. Brunet ; en *mar.* de Duru-Chambolle, mais incomplet du portrait, 40 fr. de B. de M.

— POÉSIES, avec la vie de l'auteur et de courtes notes, par A. G. M. Q. (Meusnier de Querlon). *Paris, J. Barbou*, 1776, in-8, portr.

Un exempl. provenant de M. Tenant de Latour, couvert de notes autogr. d'André Chénier, 1,500 fr. Potier (1870), et revendu le même prix chez M. Benzon.

— ŒUVRES complètes, recueillies et annotées par M. Ludovic Lalanne. Nouvelle édition, revue sur les autographes et augmentée de notices. *Paris, L. Hachette*, 1862-1869, 5 vol. gr. in-8, 40 fr.

On joint à cette excellente édition un album in-8, contenant un portr. de Malherbe, dessiné par Sandoz, d'après celui de Dumoustier ; une vue de la maison de Malherbe, ses armoiries coloriées, et plusieurs fac-simile d'autographes.

Les quatre premiers vol., en gr. pap. de Hollande, 46 fr. Tross (1865) ; les cinq vol. sur même papier, avec l'album, 126 fr. Sainte-Beuve.

— VERS du sieur de Malherbe à la reine. *Paris*, 1611, in-8.

Édition originale d'une pièce assez rare.

20 fr. Turquety ; en *mar.* de Capé, 30 fr. Voisin, rev. 90 fr. Fontaine (1177).

MALINGRE (*Cl.*). Entrée magnifique du Roy, faicte en sa ville d'Orléans, le mardy huictiesme juillet 1614, avec l'ordre et cérémonies observées en icelle, par Claude Malingre. *Paris, Melchior Mondière*, 1614, pet. in-8, de 12 pp.

En *mar.* relié avec : LE TRIOMPHE DE LA FLEUR DE LYS. *Paris*, 1610, pet. in-8, de 15 pp., 60 fr. Rugieri.

MALINGRE (*Matthieu*). Moralité de la maladie de chretiête a xiij personnages... *Paris, Pierre de Vignolle, demourant en la rue de la Sorbonne*, 1533, pet. in-8. [16261]

Quelques bibliographes ont pensé que cette indication était une supercherie, et que Pierre de Vignolle était l'anagramme, peu exact il est vrai, du célèbre imprimeur protestant, Pierre de Wingle ; mais comment cet imprimeur, dont les ateliers étaient à Neufchatel, imprimait-il et mettait-il en vente à Paris ?

Le nom de Pierre de Vignolle manque à la liste de Lottin.

— L'ÉPISTRE de M. Malingre, envoyée à Clément Marot : en laquelle est demandée la cause de son département de France. Auec la responce dudit Marot. ¶ Iey trouuerez vne louenge de France et des Bernoys, auec vn noble rolle d'aucuns Françoys habitans en Sauoye, et deux epitaphes de Clement Marot. *Nouuellement imprimé à Basle, par Iaq. Estauge, ce* 20. *d'octobre* 1546, pet. in-8, de 12 ff., avec quelques fig. en bois.

Le seul exempl. connu de cette pièce est porté par M. Tross à 350 fr. dans un catal. à prix marqués de 1868 ; ce libraire en a fait exécuter une charmante réimpression à 90 exempl., avec des caract. anciens que possédait la célèbre maison Enschedé et fils de Harlem ; les vers de Clément Marot ne se retrouvent dans aucune des innombrables édit. des œuvres de ce poëte.

MALLARA. Joannis Mallaræ, Hispalensis, in syntaxin scholia, ad excellentissimum Ducem Medinæ Sidoniæ. *Hispali, apud Alfonsum Escribanum,* 1567, in-12.

En *mar.*, 65 fr. de Morante.

— LA FILOSOFIA vulgar de Juan de Mallara, vecino de Sevilla en mil refranes glosados. *Madrid, Juan de la Cuesta,* 1618, in-4.

Relié avec un vol. de Blasco de Garay, 42 fr. de Morante.

— RECEBIMIENTO que hizo la muy noble ciudad de Seuilla á la C. R. M. del Rey D. Philipe, compuesto por Juan de Mal Lara. *En Sevilla,* 1570, pet. in 8, fig. s. b.

C'est le récit des fêtes données à Philippe II, à son entrée à Séville ; les fig. sur bois sont curieuses, elles représentent l'entrée, les arcs de triomphe, statues, etc.

En *vélin,* 122 fr. Ruggieri.

MALLET. Histoire des saincts, papes, cardinaux, patriarches, archevesques, évesques, docteurs de toutes facultez de l'Université de Paris, par F. Ant. Mallet. *Paris, J. Branchu,* 1633, in-8.

33 fr. Le Roux de Lincy.

MALLET (*Allain* Manesson). La description de l'univers. *Paris, Den. Thierry,* 1683, 5 vol. in-4, fig. [19629]

Ouvrage suranné, dit M. Brunet, qui l'indique in-8 ; il est aujourd'hui assez recherché à cause de ses innombrables figures.

MALLEVILLE. Poésies du sieur de Malleville. *Paris, Aug. Courbé,* 1649, in-4. [14000]

Bel exempl. en *vélin,* 40 fr. Favart ; en *mar.* de Petit, 80 fr. W. Martin ; en *r. f.,* aux armes du comte d'Hoym, 50 fr. baron Pichon ; en *mar.* de David, 41 fr. Bordes ; en *mar.* de Capé, 80 fr. Leb. de Montgermont.

— LES MÊMES. *Paris, Nic. Bessin,* 1659, in-12.

En *mar.* de Niédrée, 25 fr. Huillard.

MALORY (*Thomas*). The lyf and acts of the king Arthur... *Westminster, Caxton,* 1485, pet. in-fol., goth. [17716].

Il a été donné à Londres, en 1869, une édition nouvelle de cet infiniment précieux incunable, avec quelques suppressions ; cette édition très-soignée forme un vol. in-8, de 520 pp.; elle est accompagnée d'une introduction par sir Edward Stanley ; l'orthographe ancienne n'a pas été conservée.

MALTEBRUN (*V. A.*). Histoire de Mar-

coussis, de ses seigneurs et de son monastère. *Paris, A. Aubry,* 1867, pet. in-8, de XII-419 pp., avec une carte et des planches, 12 fr., et sur pap. vergé, 18 fr.

— MONTLHÉRY, son château et ses seigneurs, notice historique et archéologique. *Paris,* 1870, pet. in-8, de 120 pp., avec 4 pl. lithogr., un plan et les armes de la ville gr. s. b. 5 fr.

MALTOTE (La) des cuisinières, ou la Manière de bien ferrer la mule. *Paris, G. Valleyre,* 1713, in-12.

Pièce curieuse.

En *mar.* de David, avec une fig. ajoutée, 22 fr. Desq, et rev. 82 fr. baron Pichon.

MALVASIA (*C. C.*). Felsina pittrice, vite de' Pittori bolognesi. *In Bologna,* 1678, 2 vol. in-4, fig. [31036]

Le carton que signale M. Brunet se trouve placé non pas au second volume, mais à la page 471 du premier.

Felsina, on le sait, est l'ancien nom étrusque de Bologne.

Vendu 65 fr. Ch. Blanc ; un très-bel exempl., avec *supplément de Roma,* 1769, in-4, 46 fr. seulement, P. D.

MAMERANUS (*Nic.* et *Pet.*). Epithalamia duo Ill. Dñ. Alexandri Farnesii et Ill... Mariæ de Portugallia... Additum præterea de navigatione in Portugalliam : de ingressu sponsæ Bruxellam, et de genealogia Regum Portugalliæ. *Antverpiæ, ex officina Christophori Plantini,* 1566, pet. in-4, de 16 ff.

Cette pièce est intéressante et tellement rare qu'elle a échappé aux consciencieuses recherches de l'auteur des *Annales plantiniennes.* 18 à 20 fr.

MAMIANI (*P. Luis Vincentio*), da Companhia da Jesu. Arte de grammatica da lingua brasilica de Naçam kiriri. *Lisboa, Miguel Deslandes,* 1699, pet. in-8, de VII ff. lim. et 124 pp.

Volume d'une extrême rareté et d'une haute importance ; son catéchisme de la langue brésilienne, impr. en 1698, est cité au *Mamiel.*

Ce livre précieux est coté 500 fr. au beau catal. de M. Maisonneuve (1878).

MANCINUS (*Dominicus*). De passione Domini nostri Jesu Christi liber incipit. *Finis. Exaratum Daventriæ p Richardum Paffraed. Quod magis recognitum ceteris iampridē impressis.* S. d. (vers 1492), in-4, de 20 ff., goth., à 31 longues lignes, sans ch. ni récl., avec sign. Aij-Ciiij. [12893]

— IDEM OPUS. *S. l. n. d.,* in-4.

Édition citée par Denis, Panzer, Hain, et attribuée par Kloss aux presses néerlandaises.

M. Campbell (*Ann. de la typogr. néerlandaise*) signale encore deux éditions données par R. Paffroet, à Deventer, vers l'an 1500 ; toutes deux in-4, goth., l'une de 20, l'autre de 16 ff.; l'une avec sign. Aij-Ciiij, l'autre signée Ai-biiij, toutes deux sans ch. ni récl.

MANDEMENT de lemperiale Maieste faict lan de Nostre Seigneur mille cincq cens quarante sept. — *Imprime a Gand par moy Pierre Cesar... Mil cinq cens quarante sept*, in-4, goth., de 4 ff.

Pièce fort rare; 25 à 30 fr.

MANDER (*Karel* van). De gulden Harpe (of Schriftuerljicke Liedekins), vermeerdert met't Broothuis en verscheyden Liedekens ende Ghedichten. *Tot Rotterdam, by J. W. Vleyser*, 1656, pet. in-8, goth., portrait.

20 fr. Coussemaker.

— Nieuw Geestelijck Lied-Boecxhen gedicht van J.-V. Medicijn. *'t Alckmaar*, 1662. — Nieuw Liedtboecxken genaemt Jeughts-Vermaeck. *Rotterdam, Wleyser*, 1662. 2 part. en un vol. obl., d'un format que le catal. Coussemaker qualifie de trèspetit, sans autrement le déterminer.

30 fr. même vente.

MANDEVILLE (*Joh.*). Ch. Otto von diemeringen ein ‖ Thumherre zu Metz in Lothoringen han dises buch verwandelt vsz ‖ welschz vnd vsz latin zu tütsch durch das die tütschen lüte ouch moegent ‖ dar inne lesen von menigen wunderlichen sachen die dor inne geschribē ‖ sind... (Le fo vi *recto* est occupé par une gravure en bois de la grandeur de la page ; le texte commence au *verso*) : (D) O ich Johann ‖ von Montavill ‖ ein Ritter geborn vsz Engelant von ‖ einer stat die heisset sant Alban... (Au vo du f. ci, ligne 7) : Vnd das selbe bitte ‖ ouch ich Johans von Montavil Doctor in der artznye vnd Ritter ge ‖ born vsz Engelland von der stat heisset sant Alban der des ersten disz buch ‖ got zu lob gemacht hat. ‖ Hie hat ein end das. v. buch. (Puis vient une grande grav. s. bois.) *S. l. n. d. (Bâle? vers* 1475). Infol., goth., sans ch., récl. ni signat., 102 ff., dont le premier blanc, à 38 et 42 lignes à la page entière, avec 139 gr. sur bois. [20001]

Cette édition très-ancienne peut être considérée comme la première, ainsi que le croyait M. Tross, qui la découvrit, et demandait 600 fr. d'un exempl. incomplet des ff. 89 et 90 ; ce qui nous a fait mettre au colophon le nom de Bâle, c'est que les armes de la ville figurent au milieu d'un édifice gravé au feuillet 43.

— ITINERARIUS. Au vo du f. 62 : Explicit Itinerarius a terra anglie, ī ptes ierosolimitanas et in vlteriores transmarinas editus p̄mo in lingua gallicana a domino iohanne de mandeuille milite suo auctore. Anno incarnacionis dn̄i M CCCLV. in ciuitate leodiensi z̄ paulo post in eadē ciuitate trāslatus in dictā formā latinā. Quod opus vbi inceptū simul et cōpletū sit ipā clementa seu singularū seorsū caracteres lfarum. Quibus impressū vides venetica monstrant manifeste. *S. l. n. d. (Anvers, Gérard Leeu, vers* 1485), in-4, goth., de 62 ff. à 33 lignes longues, sans ch. ni récl., avec sign. a 3–ll 3.

Panzer, Hain, le *Manuel* citent cette édition pré-

cieuse ; nous en donnons la description exacte d'après M. Campbell (*Ann. de la typ. néerlandaise*).

M. Brunet conclut des mots : *Quibus impressum vides venetica...*, que ce livre a été imprimé à Venise, ce qui est péremptoire, mais peu fondé ; Panzer et après lui M. Van Iseghen raisonnent autrement : « Le seul imprimeur du xve siècle qui ait donné la qualification de *lettres vénitiennes* à ses caractères gothiques, est l'illustre Thierry Martens d'Alost. La parfaite ressemblance, sauf la grandeur, des lettres de l'*Itinerarius*, avec les caractères de Martens, etc., démontre que ce livre ne peut être attribué à un autre imprimeur... » Mais M. Campbell, d'accord avec Sir Th. Grenville et M. Van der Meersch, le donne, sans hésiter, au moins illustre imprimeur Gérard Leew, et fixe la date de l'impression à la première année du séjour de ce typographe à Anvers, après son départ de Gouda.

— ITINERARIUM. *Zwollis, anno* 1483, in-4.

Sans nom d'imprimeur ; cette édition est citée par Maittaire, Panzer, Jansen, Freytag, Vogt, Bauer, et même Hain, qui ajoute : *Forte Belgice*, et, malgré tout ce cortège d'autorités, nous la considérons comme fort douteuse, pour ne pas dire apocryphe.

— REYSEN int heilighe lant. *Sans indic. de lieu, de typogr. ni de date*, in-fol. de 110 ff., goth., à 2 col., à 30 lignes, sans ch., récl. ni sign.

Les ff. 1 et 110 sont blancs ; au f. 2, ro : Dit is die tafel van ‖ desen boecke ‖ (D) at eerste capittel..., au f. 109, vo, 26e ligne : regneert in allen tiden ‖ AMEN ‖ ❰ *Laus deo in altissimo.* ‖

Seul ouvrage cité, dit M. Campbell, d'une imprimerie néerlandaise, dont on ne connaît ni l'adresse ni le propriétaire ; l'exécution typogr. dénote une enfance de l'art relative ou locale ; la date de cette rare édition (deux exempl. seulement sont connus) doit remonter au moins à 1470.

— ITINERARIUS. ‖ Johannis de monte vil ‖ la Itinerarius in partes ‖ Jherosolimitanas. Et in ‖ vlteriores trāsmarinas. Au f. 3 : Incipit Itinerarius Johañis de Montevilla a terra ‖ Anglie in ptes Jherosolimitanas et in vlteriores transmarinas, etc., *s. l. n. d.* (cᵃ 1485), in-4, goth.

Cette édition, non décrite, ne correspond à aucune de celles indiquées par Hain, Dibdin, et autres bibliographes.

Un exempl. fig. au petit catal. anglais de M. Asher en 1865, et est porté, réuni à d'autres pièces moins importantes, à 150 fr.

— ITINERARIUS domini Johañis de Mādeville militis. (In fine :) Explicit itinerarius domini Johannis de Mandeville militis. *S. l. n. d.*, in-4, goth., à 2 col.

En mar. anc., 135 fr. Yéméniz.

— MONTEVILLE cōpose par ‖ messire Iehā de Mōte ‖ ville, cheualier natif dangleter‖re, de la ville de Saint-Alain. le q̄l ‖ parle de la terre de promission, de hierusalem ‖ ❰ de plusieurs pays... Im‖prime a Lyon, par Barnabe Chaussart, s. d., in-4, goth., fig. s. b.

En mar. de Koehler, exempl. médiocre, 370 fr. Yéméniz, revendu 401 fr. Potier, et 255 fr. seulement Benzon.

— **MANDAUILLA** (*Juan* de). Libro de las maravillas del mundo y del viaje de la terra sancta de Jerl̃n y todas las prouincias y ciubdades de las Indias y de todos los ombres monstruos q̃ hay por el mundo. *En Valencia, en casa de Jorge*

Costilla, año de mill y Quinientos y XXI (1521), in-fol., goth., à 2 col., de LXIII ff., signés a-h par 8, le 64e feuillet blanc, fig. s. bois.

Aucun bibliographe n'a mentionné cette édition qui figure au cat. 'Salvá, n° 3782, lequel reproduit quelques-unes des singulières figures sur bois qui décorent ce volume. Barcia ne signale que deux éditions de *Valencia*, 1515, in-4, et 1540, in-fol.; Salvá ne les a jamais vues ni l'une ni l'autre, et il révoque en doute l'existence de la première; Antonio mentionne la seconde comme ayant été imprimée par Juan Navarro.

— TRACTATO dele piu maravegliose cose e piu notabile che si trouano ĩ le parte del mondo... dal strenuissimo cavalier... Iohañe de Mandauilla anglico nato nela cita de Sc̄to Albano... *Impssuȝ bõn*. (*Bononiae*) *per Ugonẽ Rugeriũ anno dñi* MCCCC LXXXVIII, in-4, goth.

Fort rare.

En *mar.*, rel. anglaise, 230 fr. Yéméniz.

— MANDAVILLA. Tractato dele piu miravigliose cose et piu notabile che si trovano in le parte del mondo... *Venetia, Nicolo de li Ferrari de Pralormo, Piemontese, nel año* 1491, in-4, goth., à 2 col.

Porté à 12 liv. st. dans l'*Omnium* publié à Londres en 1863; en *mar.* de Trautz, mais avec un raccommodage, *bien réussi*, 115 fr. Gancia (1868).

— IL MEDESIMO. *Milano, Udalr. Scinzenzeler*, 1496, in-4, goth., à 2 col.

En *mar.* de Hardy-Mennil, 105 fr. Gancia.

— LE LAPIDAIRE en françois, cõpose par messire Jehan de Mandeuille, cheualier. *S. l. n. d.*, sans ch., récl. ni sign., pet. in-8, goth., fig. s. b. au r° et au v° des premier et dernier ff.

40 fr. Yéméniz.

— LE LAPIDAIRE du XIVe siècle; description des pierres précieuses, d'après le lapidaire de Mandeville, avec notes par L. del Soto. *Wien*, 1874, in-4, de XV ff. lim. et 213 pp.

MANGIN (*Arthur*). Les Jardins, histoire et description, dessins par Anastasi, Daubigny, Français, etc. *Tours, Mame*, 1867, in-fol., fig., pap. teinté, 60 fr.

Dans une rel. en *mar.* plein de Chambolle-Duru, 400 fr. au catal. Bachelin-Gonzalès; cart., 50 fr. vente Chasles, janvier 1872; sur pap. de Chine, en *mar.* de Capé-Masson-Debonnelle, 450 fr. au catal. Fontaine de 1872, et un second exempl., en feuilles, 300 fr.; sur pap. chamois, en *mar.* de David, 230 fr., en feuilles, 200 fr.

— LE DÉSERT et le Monde sauvage. *Tours, Mame*, 1866, in-8, fig.

MANIÈRE (La) de ‖ enter plãter ‖ en iardins ‖ plusieurs choses bien estranges. ‖ *S. l. n. d. et sans nom d'imprimeur* (*Paris, Anth. Vérard, vers* 1486), in-4, goth., de VI ff. [6345]

Impr. en beaux caract. goth. presque droits; sign. Aij - Aiij. 1er f. le titre avec l'L cap. de Vérard, bien gravée; le v° blanc; 2e f., 21 lignes, au r°, 22 l., au v°; 3e f., 21 lig. au r° et au v°; 4e f., 21 l. r°, 29 l. au v°; 5e f., 22 lig. au r° et au v°; 6° f., 22 lig. au r°, le v° blanc (Bibl. nation., Y-B 6156.

— LA MANIÈRE denter ‖ et planter arbres. *S. l.n.d.*, in-4, goth., de 12 ff., dont le dernier blanc; sans ch. ni récl., avec sign. A.-B. iij; 24 lignes à la page.

1er f. le titre, v° blanc; 2e f. : Cy cõmence ung petit liure extraict par moy ‖ Nicole du Mesnil prins

sur Palladius Galien Ariz ‖ stote et autres maistres expers en la sciẽce den- ‖ ter planter nourrir et garder fruitz vignes poires ‖ põmes et autres en pluse' ȝ diuerses manieres. ‖

Finit au v° du XIe f. par : *Cy finist la maniere* ‖ *denter et planter arbres.* ‖

(Bibl. nat., même n°.)

— MANIÈRE (la) de enter et planter, nourrir et garder fruitz, vignes, pommes, poires et autres fruitz en plusieurs et diuerses manieres. *Cy finist la maniere de enter et planter, imprimee a Paris par Pierre le Caron*. S. d., pet. in-4, goth., de 6 ff., fig. sur b. au titre, marque de l'impr. au v° du dernier f.

Le v° du 2e f. contient ce second titre : Cy commence ung petit liure extraict par moy Nicole du Mesnil prins sur Palladius, Gallien, etc.

M. Brunet ne cite qu'une édition postérieure. (Voy. DU MESNIL.)

95 fr. baron Pichon.

— MANIÈRE (la) d'enter et planter en jardins. *S. l. n. d.*, pet. in-8, goth., de 4 ff., 2 fig. s. b. 20 fr. Yéméniz et 90 fr. Potier.

C'est sur le seul exempl. connu de cette édition qu'a été faite une réimpression par M. Pilinski, dont un exempl. sur *vélin* a été vendu 9 fr. Potier.

MANIFEST des Erzbischofs Adolphe von Nassau gegen Diether von Isenburg. *S. l. n. d. (Mayence, c^a 1462). Un feuille in-fol., de 58 lignes, imprimé avec les types du *Durandi Rationale*.

L'initiale W est .laissée en blanc ; cette pièce commence ainsi : (W) *yr haben vernõmẽ das Diether von Isenberg der sich Eklicke...* et finit : *Als wir* ‖ *des czu uch besunder getruwen haben*.

Cette pièce, aussi intéressante au point de vue de l'histoire qu'à celui de la typographie, a été vendue 180 thalers 10 ng. Weigel ; nous doutons qu'on puisse en citer un autre exemplaire.

MANIFESTE de Sa Majesté Czarienne, traduit sur l'original en langue russienne. Avec la lettre et le serment du czarewitz Alexei, son fils. Et le formulaire du serment de tous ses sujets. *Paris, C.-L. Thiboust*, 1718, in-8, titre, 16 pp. et 1 f. blanc. 10 à 12 fr.

MANOLESSO (*E. M.*), La fausta Elettione in Re di Polonia de Henrico di Valois, Fratello di Carlo IX°, re di Francia. *Venetia*, 1573, in-4.

6 à 8 fr.

MANTE (D^r). L'Entelechie des eaux chaudes du bourg de Bains, pres du Mont-d'Or, appellez par le vulgaire les bains de Murat, et des eaus froides de Vic en Charladois... precieux presant (*sic*) que J. Mante, D^r en médecine, faict aux valétudinaires et amateurs de santé. *A Tulle, par F. Alvitre*, 1616, 2 part. en 1 vol. in-16.

Fort rare; nous ne connaissons pas de plus ancien spécimen de la typographie à Tulle.

33 fr. Payen.

MANTELLI (*Girolamo*). Raccolta di disegni incisi da Gir. Mantelli, sugli Originali essistenti nella Biblioteca Ambrosiana di Milano di Leonardo da Vinci e da suoi scolari Lombardi. *Milano*, 1785, in-fol.

25 planches, dont 16 d'après Léonard.

MANTUANUS (*B.*). Opera noua Ba || ptistæ Mantuani Carmelitæ. || Georgius.|| Cœcilia. || Brixia. || Siluarum Libri duo. || Exhortatio regū Christianorū vt ducant in bar || baros. (Marque gr. s. b.). *Venundantur sub Pelicano & a Badio*. (In fine) : ❡ *Ex edib' Ascēsianis Ad nonas Januarias* || *Anni* M.D.IX. *ad calculū Romanū*, in-8, de 115 ff. num., plus un f. sans pagin.

Ce petit volume mérite d'être signalé à cause des vers de la page 85, consacrés à Christophe Colomb.

— OPERA omnia. *Parisiis, J. Petit*, 1513, 2 vol. in-4.

En *mar.*, aux armes du prince Eugène de Savoie, 40 fr. de Morante.

— AD LUDOVICUM Fuscararium Parthenices Commendatio. — Parthenice. — Ad B. Virginem votum. *Daventrix, in platea Episcopi* (*Rich. Paffroet*), 1491, *decima Februarii*, in-4 de 62 ff., goth., à 37 et 31 long. lign., sans ch. ni récl., avec sign. [12725]

M. Campbell ne cite d'autre exemplaire de cette précieuse édition que celui de la Bibl. de l'Athénée grand-ducal de Luxembourg.

— AD LUDOVICUM Fuscararium Parthenices commendatio. *S. l. n. d.* et sans indice de typogr. (mais *impr. à Deventer par Rich. Paffraet*, avant 1494), in-4, de 12 ff., goth., à 37 longues lignes, sans ch. ni récl., avec signe Aij-Biij.

On ne connaît d'exemplaire complet que celui de la Bibl. nation. de Paris.

— DE MUNDI calamitatibus. Contra poetas impudice loquentes. *Daventriae, Rich. Paffroet*, 1497, 22 novembris, in-4.

— DE PATIENTIA libri tres. *Daventriae, Rich. Pafraet*, 1498, die 20 octobris, in-4, de 70 ff., caract. goth. de deux grandeurs, 39 longues lignes, sans ch. ni récl., avec sign. aij-Miiij.

— LA MÊME. *Brixiae*, 1496, in-4.

— DE VITA beata libellus. *Alosti, Martinus Theodoricus*, 1474, *die sancti Remigii*, in-4, de 28 ff., caract. semi-goth., 29 et 30 lignes longues, sans ch., récl. ni sign.

Édition précieuse.

Nous renvoyons aux bibliographes spéciaux Hain, Panzer, Campbell, etc., pour la longue nomenclature des nombreux traités, poëmes, etc., de ce célèbre poëte espagnol.

— LA PARTHENICE Mariane de Baptiste Mantuan... träslatée de latin en fräcoys par Iacques de Mortières, de Chaalons sur Saône, dédiée à Marguerite de France, duchesse d'Alençon... *Lyon, Cl. Nourry et Iehan Besson*, 1523, pet. in-fol., goth., de IV ff. limin., comprenant le titre, le privilége, la table et la

dédicace, 86 ff. chiffrés et 3 ff. non chiff.; fig. s. bois. [12725]

£ 5. »» Guaritch ; en *mar.* de Duru, 195 fr. Cailhava, pour M. Didot ; en *mar.* de Koehler, 150 fr. Desq ; revendu 130 fr. Potier, et 150 fr. Danyau ; en anc. rel., 92 fr. Yéméniz.

— LES ÉGLOGUES de J.-B. Mantuan, traduites nouuellement de latin en françoys... par Laurent de la Grauière. *A Lyon, par Iean Temporal*, 1558, in-8.

En *mar.* de Capé, joli exemplaire, 66 fr. Yéméniz ; en *mar.* de Duru, 65 fr. de Morante.

— ÉLÉGIE de Baptiste Mantuan contre les poëtes lascifz, traduicte de latin en françois, par Nicolas Bonyer, Diionnois. *Paris, Simon Caluarin*, 1562, pet. in-4.

En *mar.* de Duru, et relié avec une pièce de Passerat, 55 fr. Cailhava, et revendu 62 fr. W. Martin ; cet exemplaire venait de M. Veinant.

— LA VIE de la vierge Marie, ou la Parthenice Mariane de R. P. Baptiste Mantuan, religieux carme italien, trad. de ses carmes latins en vers françois, par frère Nicolas Didier, religieux du même ordre, au couvent de Ploermel en Bretagne. *Rennes, Tite Haran, imprimeur et libraire*, 1613, pet. in-8.

20 fr. Turquety.

MANTZ (*Paul*). Les chefs-d'œuvre de la peinture italienne, ouvrage contenant 20 planches chromo - lithographiques, exécutées par F. Kellerhoven, 30 grav. sur bois et 40 culs-de-lampe et lettres ornées. *Paris, Didot*, 1869, pet. in-fol. 100 fr.

Il a été tiré à part 270 exemplaires numérotés, sur papier *vélin*, fabriqué à la forme et collé : prix 200 fr.

MANUAL Devotionezcoa. Voy. ETCHERRI (*Jean* d').

MANUALE secundum usum alme Ecclesie Mexicane ; summa diligentia novissime recognitum in multisqȝ locupletatum. *Mexici, in edibus Johañis Pauli impressoris*, A.D.M.D.LX, in-4, goth., car. rouges et noirs, avec musique notée ; pagination irrégulière.

Volume d'une extrême rareté, dont un exemplaire très-imparfait a été payé £ 8 sh. 5 Fischer.

MANUALE (Incipit) ad usum Tharentasieñ. || Omnibus rectoribus ecclesiarum parochialium necessarie requisitum. Et primo sequitur ordo benedictionis || aque... *Finit manuale ad usum Tharentasiensem editum* || *et ordinatum per Reverendissimum in Xpo presulem* || *Dominum Claudium de Castro veteri archiepiscopum* || *Tharentasiensem*... || *Anno domini millesimo quingentesimo octavo* || *decima quinta octobris.* J. B. Pet. in-4, goth., caract. rouges et noirs, de 50 ff. non chiffrés, à long. lignes, au nombre de 26 sans le titre courant, à la page entière, avec sign. *a-f.*

Le diocèse de Tarentaise a pour chef-lieu Moutiers en Savoie, jadis siége d'un archevêché. Aucune autre édition d'un *Rituel de Tarentaise* n'est citée, et celle-ci a paru pour la première fois à la vente Luzarche; les initiales J. B. désignent Jean Belot, imprimeur à Genève en 1508, qui avait exercé à Lausanne et à Grenoble.

260 fr. Luzarche.

MANUEL de la grande Phrairie des bourgeois et bourgeoises de Paris... *Le present Manuel a este acheue de imprimer a Paris, le* XIIe *iour de decembre lan mil cinq cens trente quatre, et se recouvre es mains de maistre Pierre du Pin, prestre et a present clerc de la grant phrairie au bourgeoys et bourgeoyses de la dicte ville,* in-8, goth., fig. s. bois.

400 fr. Morel (de Lyon).

MANUEL (Le) des Dames. — *Cy fine le Manuel... Imprime a Paris pour Anthoine Verard, marchāt libraire demourāt a Paris deuant la rue neufue ̄nre Dame...* S. d., in-8, goth., fig. sur bois. [1744]

L'exemplaire Audenet, 400 fr. Yéméniz.

MANUTIUS (*Aldus*), Pauli filius. Vita di Cosimo di Medici, primo gran duca di Toscana, descritta da Aldo Manucci. *In Bologna*, 1585, in-fol.

M. Renouard dit avec infiniment de raison qu'il n'est pas possible de rencontrer d'exemplaire de ce volume à la date de 1585, puisque la préface est datée du 25 mars 1586; mais cette observation judicieuse ne tient pas devant le fait absolument avéré d'exempl. qui ont passé en vente, portant, sans aucune trace de lavage ou de grattage : M.D.LXXXV; tel l'exemplaire Crevenna, tel l'exemplaire Ruggieri.

Le frontispice gravé, qui contient le titre, a été dessiné par Aug. Carrache, nous apprend la *Felsina Pittrice;* il est charmant et digne du grand Bolonais.

Ce volume renferme une particularité, signalée pour la première fois au catal. Ruggieri; c'est le spécimen de la traduction latine du livre, traduction qui vraisemblablement n'a jamais vu le jour : *Vita Cosmi Medicis primi... Magn. Ducis, ab Aldo Manucio italice descripta et ab eodem latine reddita.*

Le bel exemplaire de la vente Ruggieri a été porté à 305 fr.

MANUTIUS (*Paulus*). De gli elementi, e di molti loro notabili affetti. *Venetia, Aldus,* 1557, pet. in-4, de 34 ff.

Opuscule anonyme de Paul Manuce, dit M. Brunet; le nom de l'auteur se trouve en tête de la dédicace à l'abbé de Sant'Andrea di Bosco.

MAPPE Romaine (La), contenant cinq traitez representez en ceste figure, savoir : la Fournaise romaine ou le Nabuchodonosor romain; l'Edom romain... *Genève, J. de la Cerise,* 1623, in-8, front. gravé. [2103]

85 fr. de Morante; un exemplaire raccommodé, en mar. de Duru, 19 fr. Labitte (1872).

MARAIS (*Matthieu*), avocat au parlement

de Paris. Journal et Mémoires sur la Régence et le règne de Louis XV (1715-1737), publiés avec une introduction et des notes par M. de Lescure. *Paris, Didot,* 1863-68, 4 vol. in-8.

24 fr.

MARANZAKINIANA... *De l'impr. du Vourst, l'an* 1730....., petit in-24. [18550]

En mar. de Koehler, 111 fr. Chedeau; revendu 150 fr. La Villestreux, et 270 fr. Taschereau.

— MARANZAKINIANA. Édition nouvelle, conforme à l'original, précédée d'une notice par Philomneste Junior (G. Brunet). *Paris, Librairie des bibliophiles,* 1875, in-12.

Édition tirée à 150 exemplaires, dont 100 sur papier de Hollande et 50 sur papier whatman.

MARAT. Découvertes de M. Marat, docteur en médecine et médecin des gardes du corps de M. le comte d'Artois, sur le feu, l'électricité et la lumière. *Paris, Clousier,* 1779, in-8.

En *mar.* de Derome, aux armes du comte d'Artois, 160 fr. Voisin (Galuzki).

— L'AMI du peuple.

Le bel exemplaire de Marat lui-même, cédé à M. Solar par la vieille sœur du célèbre tribun, a été acquis à la vente Solar par le prince Napoléon.

Le prospectus de ce journal, en 4 pp. in-12, est une pièce fort rare et fort curieuse; il porte la devise de Marat, *Vitam impendere vero...* « Le prix d'abonnement pour ce journal de 8 pp. in-8, et quelquefois plus, qui paraît tous les jours, est de 12 livres pour 3 mois, franc de port par la poste, pour tout le royaume. »

Le permis à la poste de faire circuler le journal, rédigé par M. Marat, intit. « l'*Ami du peuple* », est daté du 8 septembre 1789.

Ce prospectus est imprimé par la veuve Hérissant.

— MARAT, dit l'Ami du peuple, notice sur sa vie et ses ouvrages, par Charles Brunet. *Paris, Poulet-Malassis,* 1862, pet. in-8.

Un exemplaire sur *vélin,* 44 fr. Labitte (1877).

MARAVILLES (Les) de Rôme... *Imprimées à Rome par maistre Ant. de Bladi de Asula et Estienne de Loregne lan* M.D.XVIIII. *le* XVIIe *iour du moyes* (sic) *doguste* (sic), in-8, goth., fig. s. b. [22316]

Édition précieuse, dont un exemplaire en *mar.* de Trautz a été vendu 396 fr. Cailhava; M. Techener avait pris un V pour un X, et l'avait indiqué au catal. sous la date de 1524.

De bons exemplaires de l'édition de 1524 ont été vendus :

225 fr. catal. Tross (1866); 185 fr. Chedeau.

Voici encore une autre édition du même ouvrage :

— LES MERVEILLES de Rome, pèlerinages, etc. *Paris, Geoffroy de Marnef,* s. d., in-8, goth., de 72 ff. (catal. Taylor, 1849, n° 165).

Brunet en cite une autre édition au mot MERVEILLES.

MARBAN (*Pedro*). Arte de la lengua Moxa, con su vocabulario y catecismo, por el P. Marban, superior de las Missiones en Perv y las regiones de los Indios Moxos y Chiquitos. *Lima*, 1701, 2 tomes en 1 vol. in-8.

1ᵉʳ tome, VIII-664 pp. numérotées; 2ᵉ tome, 202 pp. numérotées, plus 1 feuillet d'*Indice*.

110 fr. Tross; £ 3 sh. 10 Libri; 180 fr. Tross, 1862; £ 2 sh. 18 Fischer; 150 fr. Maisonneuve.

Quelques exemplaires portent la date de 1702; c'est-à-dire un titre rafraîchi; l'édition est identique.

MARBECK'S book of common prayer, for voices in unison, arranged for modern use, with an ad-libitum organ bass accompaniment by Rob. Janes. *London, R. Cocks and C°*, 1847, in-4.

Réimpression du premier livre de chant anglican, qui fut imprimé à *Londres, par Rich. Grafton* en 1550, in-4. Cette édition originale est d'une extrême rareté; un exemplaire avait été porté à 10 guinées à la vente Hibbert, et M. Chapell en a vendu un second à Londres en 1847, pour la somme de 18 guinées.

MARBEUF. Recueil des vers de M. de Marbeuf, chevalier, sieur de Sahurs. *Rouen, David du Petit-Val*, 1628, pet. in-8. [13998]

En *mar*. de Capé, 66 fr. Desq; avec le titre doublé, 66 fr. Turquety; en *mar*. de Capé, 150 fr. W. Martin.

MARC-AURÈLE. Libro Aureo || de Marco || Aurelio empe || rador, elo || quentissimo || Orador. || Enel qual cotlenen (*sic*) mu || chas cosas hasta aq̄ en || ningū otro impressas. || 1532. (En fine) : *E stampado en la ynclita ciudad de Venecia hizo* || *lo estampar miser Juan Baptista Pedrezano merca* || *der de libros*... 1532, pet. in-8, goth., de VIII ff. prél., dont le dernier blanc, et 208 ff. chiff., fig. s. b.

C'est l'ouvrage de Guévara, mais sans indication du nom de l'auteur.

Un très-bel exemplaire est porté au prix exagéré de 300 fr. dans un catal. de libraire en 1874.

MARCA (*Pierre* de). Histoire de Bearn, contenant l'origine des rois de Navarre, etc. *Paris, chez la veuve Camusat*, 1640, in-fol. [24694]

En *veau*, 115 fr. Costa de Beauregard; en *vélin*, 101 fr. Le Ver.

MARCASSUS (*Pierre*). Le Timandre. *Paris, Toussainct du Bray*, 1628, in-8, front. gr. par Crispin de Pas.

Dédié à Monsieur, frère du roy (Gaston d'Orléans).

En *mar*., 30 fr. Cailhava.

MARCELLI (*P.*). De vita, moribus et rebus gestis omnium ducum venetorum qui iam inde a constituta ipsorum república usque ad nostram ætatem imperio præfuerunt historia, auct. Petro Marcello, etc.

(In fine) : *Impressum Francofurti ad Mœnum apud Paulum Reffeler, impensis Sig. Feyerabent*, 1574, in-8, de 218 ff., avec 83 portraits de doges, et leurs écussons, grav. sur bois; ces planches sont dessinées par Jost Amman.

Cette édition est citée, mais non décrite par M. Becker.

MARCH (*Ausias*). Las obras del famosissimo || philosofo y poeta Mossen Osias Marco cauallero Valē || ciano de nacion Catalan, traduzidas por don Baltasar || de Romani, y diuididas en quatro canticas : es a saber : || Cantica de amor, Cantica moral, Cātica de muerte, || y Cantica spiritual. Derigidas al excellentissimo señor || el duque de Calabria. *Ha sido impressa la presente obra en la muy noble ciudad de Valencia por Juan Nauarro. Acabosse a diez del mes de Marco, Año* 1539, in-fol., goth., de 119 ff. [15333]

450 fr. au catal. Tross (1864), n° 264.

— LAS OBRAS del excelentissimo poeta Mossen Ausias March, cauallero Valenciano,-traduzidas de lengua Lemosina en Castellana por Jorge de Montemayor. Dirigidas al ill. señor Don Juan Ximénez de Vrrea. *En Caragoza, en casa de la bivda de Bartholde Nagera*, 1562, pet. in-8, de VIII-172 ff. chif.

Édition fort rare; les *Canticas* sont de la traduction de Balt. de Romani.

Le *Manuel* cite cette édition comme exécutée par Pedro de Naxera, ce qui doit être inexact.

50 à 60 fr.

MARCHAIS (*A.*). Description de l'estat présent de la France, assavoir celui de la présente année 1654, par Antoine Marchais. *A Blois, Th. de la Savgère*, 1654, in-24.

En *mar*. de Masson et Debonnelle, 32 fr. Ruggieri; M. Brunet avait cité l'année 1652. Le P. Lelong cite ce volume comme *seconde édition*, mais au n° 27296 (2ᵉ vol.) il donne 2 éditions de Blois (in-12) et de Paris (in-8), plus une édition de 1653, in-8.

MARCHANDISE spirituelle. *Paris*, s. d., pet. in-4. [1629]

Le nom de l'imprimeur est estropié au *Manuel*; lisez : *Pierre Ratoyne*.

MARCHI (*Fr*. de). Della architettura militare, libri tre...*Brescia*,1599, in-fol., fig. [8644]

Le P. Orlandi indique une édition de Venise, 1577, dont Haym fait également mention; les deux bibliogr. italiens signalent également une édition donnée dans la même ville, en 1600.

Vauban, disent-ils, possédait ces deux éditions ainsi que celle de 1599.

Mais Apostolo Zeno (*Bibl. Fontanini*, p. 396 et suiv.) prouve qu'Haym et Orlandi se sont trompés et qu'il n'existe que l'édition de Brescia; seulement les planches avaient été mises séparément en vente en 1577.

MARCO Polo. Libro del famoso Marco ‖ Polo, Veneciano, de las cosas maravi ‖ ⸵ llosas q̃ vido en las partes orien ‖ tales: conuiene saber, en las ‖ Indias, Armenia, Ara ‖ bia, Persia, y Tartaria. E del poderio ‖ del Gran Kan y ‖ otros Reyes, etc. *Logroño, en casa de Miguel de Eguia*, 1529, in-fol.; goth., de IV et 32 ff.

Titres encadrés, lettres initiales ornées; édition précieuse et rare.

210 florins, vente des doubles de Munich; 400 fr. de Morante.

— LA DESCRIPTION géographique des provinces et villes plus fameuses de l'Inde orientale, meurs, loix et coustumes... par Marc Paule, gentilhomme Vénitien... *A Paris, pour Vincent Sertenas*, 1556, in-4.

En *mar.*, dit de Du Seuil, mais un peu roux, 95 fr. Yéméniz, et 85 fr. Potier.

— La même édition, mais avec le nom d'*Estienne Groulleau* comme libraire, en *mar.* de Hardy, 105 fr. Benzon.

— MARCO POLO, Venetiano, in cui si tratta le maravigliose cose del mondo... *Venetia, Math. Pagan, in Frezzaria*, 1555, in-8.

En *mar.* de Hardy-Mennil, 55 fr. Gancia.

— LE LIVRE de Marco Polo, citoyen de Venise, conseiller privé et commissaire impérial de Koubilaï-Khaan, rédigé en françois sous sa dictée en 1298, par Rusticien de Pise, publié pour la première fois par M. G. Pauthier. *Paris, F. Didot, frères,* 1865, 2 vol., gr. in-8.

Bonne édition. 37 fr. Soleil.

MARCOLINO (*Francesco*). Le Sorti. *Venetia, Fr. Marcolino da Forli*, 1540, pet. in-fol. à 2 col., car. ital., fig. s. b. [8933]

Le bel exemplaire de M. Yéméniz, en *mar.* de Trautz, a été porté au prix considérable de 340 fr.

MARCONVILLE (*Jean* de). La manière de bien policer la Republique chrestienne (selon Dieu, raison et vertu) contenant l'estat et office des magistrats. *Paris, Jean Vallier*, 1562, in-8.

— TRAICTE de la bonne et mauvaise langue. *Paris, J. Dallier,* 1571, in-8.

— DE LA DIGNITÉ et utilité du sel, et de la grande charté et presque famine d'icelluy en l'an présent, 1574. *Paris, veuve J. Dallier,* s. d. (1574), in-8.

Opuscules rares, mais assez peu recherchés.

— DE LA BONTÉ et Mauvaisté des femmes, par Jean de Marconville, gentilhomme percheron. *A Rouen, pour Bonav. Betis,* 1572, in-16, figure sur le titre.

Un exemplaire raccommodé, 18 fr. Gancia.

— DE L'HEUR et malheur de mariage... *Paris, J. Dallier,* 1564, in-4. [18047]

En *mar.* de Thibaron, 40 fr. Desq.

— DE L'HEUR et malheur du mariage, ensemble les loix connubiales de Plutarque, trad. en françois, par J. de Marconville, gentilhomme percheron. *Paris, Pierre Rigaud,* 1602, in-16.

En *mar.* de Bauzonnet, exemplaire De Bure, 38 fr. Chedeau.

Un recueil de dix pièces de J. de Marconville, reliées par H. Duru en 2 vol., in-8, *mar.*, 60 fr. baron Pichon.

Parmi ces divers traités se trouvait une pièce rare :

— RECUEIL mémorable d'aucuns cas merveilleux advenuz de nos ans, et d'aucunes choses étranges et monstrueuses advenuës es siècles passez. *Paris, pour Jehan Dallier,* 1563, in-8.

.MARCOURT (*M. Anth.*). Declaration de la messe, le fruit d'icelle, la cause, le moyen, pourquoi et comment on la doibt maintenir. Nouuellement revue et augmentée par son premier autheur, M. Anthoine Marcourt. *S. l.*, 1544, pet. in-8.

Traité violent contre la messe, et l'un des premiers volumes de controverse que les réformés aient fait imprimer en France. M. Brunet indique une édition où l'auteur n'est point nommé; mais celle-ci ne lui était pas connue.

305 fr. vente Pichon.

MARÉCHAL. Traicté des droits honorifiques des seigneurs dans les eglises. *Paris, J. Guignard,* 1696, in-12, 10° édition.

Cette édition d'un livre parfaitement suranné est la seule qui offre quelque intérêt; elle a été revue et corrigée avec soin, et de plus elle est augmentée du *Traité des droits de patronage, de la présentation aux bénéfices,* composé par M. Simon.

Peu de valeur; cependant un exemplaire en *mar.*, aux armes du duc de la Vauguyon, a été vendu 66 fr. en 1863.

MARÉCHAL (*Sylvain*). Le Panthéon, ou les Figures de la Fable, dessinées par MM. Gois et Le Barbier aîné, avec leurs historiques par M. Sylvain Maréchal. *S. l. (Paris)*, 1789, in-4, pap. vélin, fig.

Ce volume est fort rare.

L'exemplaire Renouard, en *mar.* de Bozérian, avec nombreuses figures ajoutées, 100 fr. La Bédoyère.

— VOYAGES de Pythagore en Égypte... *Paris, Déterville,* 1799, 6 vol. in-8, fig. et carte. [22715]

Un très-bel exemplaire, en *mar.* de Purgold, papier *vélin,* avec dessins originaux de Maréchal et de Monnet ajoutés, 120 fr. La Bédoyère.

MARENZIO (*L.*). Di Luca Marenzio il primo, secondo, terzo, quatro e sesto libro di Madrigali a cinque voci. *Canto, Alto, Tenore, Basso, Quinto.* Vol. I, II, III et VI. *Venetia, Angelo Gardano.* Vol. IV. *Venetia, G. Vincenti,* 1582-1594. 25 part. en 5 vol. in-4, obl.

Un exemplaire de ce rare recueil, possédant toutes les voix, mais incomplet du V° volume, 100 fr. Tross (mai 1866), pour M. Fétis.

— DI LUCA Marenzio il quinto libro di Madrigali a cinque voci, novamente ristampato. *Venetia, Ang. Gardano,* 1594, 5 parties en 1 vol., in-4, obl.

— DI LUCA Marenzio il settimo libro di Madrigali a

cinque voci, novamente composto e dato in luce. *Venetia, Aug. Gardano*, 1595, 5 part. en 1 vol., in-4, obl.

— Di Luca Marenzio l'ottavo libro de Madrigali... *Ibid.*, id., 1598, 5 part. in-4, obl.

M. Fétis possédait un exemplaire bien complet de ces 8 volumes, rares et précieux.

— Il Primo (secondo, terzo, quarto e quinto) libro delle Villanelle a tre voci di Luca Marenzio. *In Venetia, presso Giacomo Vincenzi, e Ricciardo Amadino*, 1585, in-8. 116 pièces avec musique notée.

Les cinq parties ont un titre séparé; les quatre dernières sont datées de 1587; la dernière, *Con una a quattro voci, raccolta da Attilio Gualterio*, est imprimée en caract. ital. par le successeur de Girolamo Scotto et porte sa belle marque.

En *mar.* de Petit, 28 fr. seulement, Gancia (1868).

MARGERET (Capitaine). Estat de l'empire de Russie et grande duché de Moscovie. *Paris*, 1607, pet. in-8. [27766]
Première édition fort rare. 91 thal. Sobolewski.

— Estat de l'empire de Russie et grand duché de Moscovie, avec ce qui s'y est passé de plus mémorable et tragique pendant le règne de quatre empereurs; à sçavoir depuis l'an 1590 jusques en l'an 1606 en septembre. *Paris, Langlois*, 1669, pet. in-8.

Seconde édition, fort rare également. 15 thalers Sobolewski.

MARGRY (*Pierre*). Les Navigations françaises et la révolution maritime du XIVᵉ au XVIᵉ siècle, d'après les documents inédits tirés de France, d'Angleterre, d'Espagne et d'Italie. *Paris, Tross*, 1867, in-8, avec deux grandes pl., 15 fr.; pap. de Hollande, 20 fr.

Ouvrage intéressant, tiré à petit nombre; l'une des planches représente les *bas-reliefs de l'église de Saint-Jacques à Dieppe;* l'autre reproduit un *dessin de la main de Christophe Colomb.*

MARGUERITE. Le Miroir de tres chrestienne princesse Marguerite de France, royne de Navarre, duchesse d'Alençon et de Berry, au quel elle voit et son neât et son tout. *S. l. n. d.*, in-8, [13651]

Cette édition d'une pièce célèbre que nous trouvons portée sans description au catal. Yéméniz (265 fr.), est-elle antérieure ou postérieure à celle de 1533, *Ant. Augereau*, qui porte le même titre? nous l'ignorons, n'ayant pu voir le volume; n'était-ce pas plutôt la 2ᵉ partie du Recueil cité par M. Brunet en bas de la col. 1,412, tom. III?

— Margverites || De La || Margverite || des princesses, || tres illustre || royne || de || Navarre. (Publiées par G. Sylvius, dit de La Haye.) *A Lyon, || par Iean de Tournes*, || M. D. XLVII. || *Auec privilége pour six ans.* || 2 vol. pet. in-8, fig. s. bois.

Le deuxième volume porte:

— Suyte des || Marguerites || de la Marguerite || des princesses, || tres illustre || royne || de || Navarre. || *A Lyon*, || par

Iean de Tournes, M.D.XLVII. || *Auec privilége pour six ans.* [13652]

Le bel exemplaire du comte de Lurde, relié en *mar. doublé*, par Trautz, a 175 millimètres de hauteur et 0ᵐ108 de largeur; il a appartenu à MM. de Soleinne (230 fr.), Baudelocque (640 fr.) et de Clinchamp.

En anc. rel. *mar.*, 621 fr. Double; rev. 1,955 fr. Potier (1870); ce bel exemplaire figure, au prix de 2,500 fr., au catal. du libraire A. Fontaine de 1872; en *mar.* de Thouvenin, relié en 2 vol., 231 fr. Cailhava; revendu 360 fr. Desq; à la vente Cailhava de 1864, un second exemplaire 110 fr.; en *mar.* de Thompson, exemplaire du prince d'Essling, 435 fr. de Chaponay; revendu 580 fr. Huillard, et 423 fr. Danyau; en *mar.* de Hardy-Mennil, 180 fr. H. D. M. (1867); en *mar. doublé* de Niédrée, bel exemplaire 650 fr. Chedeau; en *mar.* de Duru, 405 fr. W. Martin; en *mar.* de Bauzonnet, bel exemplaire, de Ch. Nodier, 830 fr. Yéméniz; un exemplaire médiocre, 180 fr. Turquety (1868); un très-bel exemplaire, dans une riche reliure ancienne en *mar., à compartiments de couleurs,* habilement restaurée, 1,460 fr. Brunet; en *mar.* de Bauzonnet, exemplaire très-pur et à grandes marges, 1,700 fr., baron Pichon; un exemplaire, en mauvaise condition, 100 fr. Soleil; dans une très-riche reliure de Trautz, couverte de marguerites alternant avec des fleurs de lis, 2,100 fr. Leb. de Montgermont, portée à 3,000 fr. au catal. Morgand et Fatout; un bel exemplaire, haut. 0ᵐ164, dans une riche reliure en *mar. doublé* de Chambolle-Duru, 1,155 fr. Benzon; et dans la même condition de reliure, 1,000 fr. au catal. Morgand et Fatout; en *mar.* de Duru, 700 fr. au catal. Fontaine de 1875, et deux autres exemplaires, avec quelques défauts, 500 et 450 fr.

- - Marguerites de la Marguerite... *Lyon, Pierre de Tours*, 1549, un tome en 2 vol., in-16, fig.

M. Brunet annonce 816 pp., plus VIII ff. préliminaires; l'exemplaire de M. de Soleinne était, incomplet du titre et des VII autres feuillets limin.; le volume commençait par le titre : *Le Miroir de l'âme pécheresse*, qui est celui du premier traité contenu dans ce recueil; quoique imparfait, cet ouvrage s'est vendu 180 fr. Yéméniz.

— Marguerites de la Marguerite... *Paris, Jehan Ruelle*, 1552, 2 tomes en 1 vol. in-16.

Un exemplaire en anc. rel. du XVIᵉ siècle, mais avec le titre remonté, 210 fr. Brunet.

Un exemplaire avec le nom de : *Arnoul Langelier*, dans une rel. du XVIᵉ siècle, payé 165 fr. chez Solar, a été revendu 300 fr. Tufton.

— Marguerites (Les) de la Marguerite des princesses. *Paris, par la vefue Fr. Regnauld*, 1554, in-16, de 398 ff. chif., plus 2 ff. non chiffrés.

En *mar.* de Trautz, 132 fr. Cailhava (1862); avec l'adresse de *Jean Cauallier, demeurant en la rue Frementel, prez le cloz Bruneau*, en *mar.* de Bauzonnet, 305 fr. Yéméniz; en anc. *veau*, 131 fr. Sainte-Beuve; 80 fr. Potier (1872); un exemplaire en *mar.* de Derome, relié en 2 vol., mais en assez médiocre état, 100 fr. vente Labitte (janvier 1877).

— Margue || rites (Les) de la Mar || guerite des Prin || cesses, très illustre || Royne de Na || uarre. *A Paris, || par Iehan Ruelle, libraire, demourant en la rue Sainct Iacques, a l'enseigne || Sainct Nicolas.* || 1558. — Suite des || Margue || rites de la || Marguerite || des Princes || ses, tres il || lustre Royne || de || Nauarre ||. pet. in-12, de 400 ff. dont la pagination se suit pour les deux parties.

Cette édition reproduit le texte de l'édition de 1547, donnée par Jean de La Haye, valet de chambre de la reine de Navarre; elle est imprimée, comme l'édition de 1554, en lettres italiques.

Un exemplaire, relié en *mar.* par Chambolle-

Duru, est porté à 450 fr. au catal. Morgand et Fatout, en février 1876; en rel. *anc.*, exemplaire du duc de Richelieu, 49 fr. Soleil.

— HISTOIRES des amans Fortunez, dédiées à très illustre princesse madame Marguerite de Bourbon, duchesse de Niuernois. *Paris, Gilles Gilles* (ou *Jean Caveiller*, ou *Gilles Robinot*), avec privilége, in-4. [17335]

Édition originale, fort rare et précieuse, des *Contes de la reine de Navarre*, publ. par Pierre Boaistuau, dit Launay; elle se compose de 20 ff. lim., non chiffrés, dont un blanc, et de 184 ff. chiffrés; le privilége est daté du 31 août 1558.

Les feuillets liminaires contiennent, outre le titre et le privilége, une dédicace de Boaistuau, un sonnet de Berad de Girard, Bordelois, à la duchesse de Nevers, un sonnet de L. du Lys, et un autre de Gabriel de Lyuene au sieur de Launay; une ode latine de Paul Villemore, une ode en françois au sieur de Launay, Breton, par Fr. de Belléforest, Comingeois, une adresse de P. Boaistuau au lecteur, un *errata*, une table et le prologue; aucune de ces pièces de vers ni des deux dédicaces n'a été reproduite dans les éditions subséquentes.

Cette édition comprend seulement 67 nouvelles.

L'exemplaire de M. Solar, en reliure molle de *vélin blanc*, était d'une pureté, d'une grandeur et d'une conservation parfaites; nous ne connaissons d'aussi bel exemplaire que celui de M. de Lignerolles; l'exemplaire de M. de Lurde, en *mar. doublé* de Trautz, autant qu'il nous en souvienne, n'est pas moins grand de marges.

— L'HEPTAMERON ‖ des nouuel ‖ les de tres illvstre ‖ et tres excellente prin ‖ cesse Marguerite de Valois, royne de ‖ Nauarre ‖ ... *A Paris, ‖ Par ‖ Benoist Preuost, ‖* 1559, ‖ in-4, de VII ff. lim., 212 ff. chiffrés, et 2 ff. non chiffrés.

Première édition donnée par Claude Gruget, et la première renfermant les 72 nouvelles.

Un exemplaire, avec un grand nombre de feuillets récemmargés, 255 fr. Benzon, et 500 fr. Fontaine (catal. de 1875).

— L'HEPTAMÉRON... *Paris, Gilles Gilles,* 1560, impr. par *Benoist Preuost,* in-4.

. En *mar.* de Bauzonnet, 400 fr. Brunet; en *veau marbré* (exemplaire de Longepierre, venant de Solar), 180 fr. Huillard; en anc. rel. *mar.*, 180 fr. baron Pichon.

— L'HEPTAMERON.., *S. l.,* 1560, in-16.

En anc. rel. de *mar.* doublé, 18 fr. 50 c. Chedeau.

— L'HEPTAMERON... *Lyon, Guill. Rouille,* 1561, in-16.

En *mar.* de Trautz, 160 fr. Potier (1870), et 250 fr. au catal. Morgand et Fatout.

— L'HEPTAMÉRON... *Paris, Gilles Gilles,* 1561, in-16.

C'est, avec un titre renouvelé, la même édition que celle donnée par le même libraire en 1560.

En *mar.* de Bauzonnet, 135 fr. Sainte-Beuve.

— L'HEPTAMÉRON... *Paris, Gilles Gilles,* 1567, in-16.

En *mar.* de Bauzonnet, mais avec des raccommodages, 111 fr. Soleil.

— L'HEPTAMÉRON des nouvelles. *Lyon, Louys Cloquemin,* 1572, in-16, de 812 pp., 7 ff. de table et IV ff. blancs.

— LE MÊME. *Paris, Michel de Roigny,* 1574, in-16.

En anc. *mar.*, 60 fr. Brunet; en anc. *mar.* doublé. 43 fr. Morel, de Lyon; en *mar.* de Trautz, 250 fr, Leb. de Montgermont, porté à 350 fr. au catal. Morgand et Fatout.

— LE MÊME. *Lyon, Loys Cloquemin,* 1581, in-16.

En *mar.* de Hardy, 23 fr. Labitte (1872).

— L'HEPTAMERON... *Rouen, Jean Osmont,* 1598, in-12.

En *mar.*, 46 fr. Auvillain.

— CONTES et nouvelles de Marguerite de Valois, reine de Navarre. *Amsterdam, George Gallet,* 1698, 2 vol. pet. in-8.

Première édition avec les figures de Romain de Hooghe.

En *mar.* de Bozérian, 154 fr. de Chaponay; en *mar.* de Kœhler, 140 fr. Chedeau; en *vélin,* 124 fr. Van der Helle; en *mar. citron,* reliure ancienne, aux armes du comte d'Hoym, 610 fr. baron Pichon; revendu 805 fr. Benzon, et porté à 1,500 fr. au premier catal. des libraires Morgand et Fatout; en anc. *mar.* de Derome, 141 fr. Radziwill, et en *veau,* 70 fr. même vente; en *vélin,* 21 fr. Favart; avec la date de 1699, exemplaire Renouard, 120 fr. Huillard; en *mar.* de Trautz, 510 fr. Leb. de Montgermont, porté à 700 fr. au catal. Morgand et Fatout.

— CONTES et nouvelles. *Amsterdam, G. Gallet,* 1700, 2 vol., pet. in-8, fig.

40 fr. Chedeau; 60 fr. vente Labitte, mai 1874; en *mar.*, exemp. de A. Rigaud; en anc. rel., exemplaire de Courtanveaux, fort beau, 306 fr. Van der Helle.

— LES MÊMES. *Ibid., id.,* 1701, 2 vol., pet. in-8, fig. En anc. *mar.*, avec fig. dans le texte, 90 fr. H. D. M. (1867).

— LES MÊMES. *Ibid., id.,* 1708, 2 vol., pet. in-8.

Première édition avec les figures d'Harrewin.

42 fr. Chedeau et 56 fr. Potier; en *mar.*, mais taché, 45 fr. A. Rigaud; en *mar.* de Derome, exemplaire Nodier, 500 fr. Grésy, et 700 fr. au catal. Fontaine de 1872; non rogné et en *mar.* de Capé, 206 fr. Labitte (1872).

— HEPTAMÉRON. *Berne,* 1780-81, 3 vol. in-8, fig. de Freudenberg.

En anc. rel. *veau fauve,* 174 fr. de Chaponay; 163 fr. Desq; en *mar. violet* de Derome, bel exemplaire avec papier de même qualité pour les 3 vol., 450 fr. Radziwill; revendu 1,020 fr. Benzon; en *veau éc.,* 100 fr. Chedeau; en *mar.* de Capé, 290 fr. H. D. M. (1867); en *mar.* de Bozérian, 520 fr. Brunet; en *mar.* de Chambolle, 402 fr. Germeau; en *mar.* de Petit, bel exemplaire non rogné, 520 fr. Huillard; en *mar.* de Hardy-Mennil, 200 fr. marquis de B. de M.; en *mar.* de Bozérian, 515 fr. Grésy; en *veau,* 312 fr. Danyau; en *mar.* de Hardy-Mennil, 500 fr. La Villestreux; en *mar.* de Petit, 399 fr. Curmer; en *mar.* de Capé, 720 fr. Leb. de Montgermont; en *mar.* de Capé, 750 fr. Labitte (1877); en anc. *mar.*, pap. de Holl., 500 fr. A. Rigaud; en *mar.* de Derome, 396 fr. Van der Helle; en *mar.* de Thibaron, 1,200 fr. catal. Morgand et Fatout; 2 exempl. en *mar.* de Capé, 450 fr. au catal. Fontaine de 1872; en *mar.* de Trautz, bel exempl. relié sur brochure, fig. avant les numéros, 2,000 fr. au catal. Fontaine de 1875; en *mar.* de Capé, 600 fr. au même catalogue.

— LES MÊMES. *Berne,* 1792, 3 vol. in-8, réimpr. de l'édition précédente avec les mêmes figures, nécessairement un peu fatiguées.

Cartonné, 88 fr. Tross (nov. 1865); 75 fr. Tross (1866); en riche rel. *mar.* de Chambolle-Duru, 750 fr.; en *mar.* de Lortic, 750 fr., et en *mar.* de Masson-Debonnelle, 550 fr. au catal. Morgand et Fatout; enfin en *mar.* de Courteval, 800 fr. à un autre catal. des mêmes libraires.

— L'HEPTAMÉRON des nouvelles de très-haute et très-illustre princesse Marguerite d'Angoulême, reine de Navarre... Nouvelle édition... *Paris, imprimé avec les caractères de la Société des bibliophiles françois*, 1853-1854, 3 vol., gr. in-8, portr. et fig.

Il a été tiré 30 exemplaires sur grand papier de Hollande pour les membres de la Société des bibliophiles.

Un de ces exemplaires, en demi-reliure de Bauzonnet-Trautz, avec l'épreuve du portrait de Marguerite d'après Clouet, tirée en rouge, et diverses pièces ajoutées, 61 fr. La Bédoyère; un autre, en papier de Hollande (destiné au commerce), 43 fr. même vente; en *mar.* de Trautz, exemplaire de la Société des bibliophiles, 370 fr. Yéméniz; en papier de Hollande, et *mar.* de Petit, 180 fr. Le Roux de Lincy; en demi-rel., 100 fr. Soleil; en papier ordinaire, 78 fr. Sainte-Beuve; en grand papier, *mar.* de Capé, 395 fr. Capé; revendu 295 fr. Danyau; en *mar.* de la veuve Niédrée, fig. de Freudenberg ajoutées, 130 fr. H. D. M.; en papier *vergé, mar.* de Hardy, fig. de Freudenberg ajoutées, 236 fr. Curmer; la reliure, trop riche, avait dû coûter plus cher; 300 fr. au catal. Morgand et Fatout; en *mar.* de Chambolle-Duru, avec les fig. de Freudenberg ajoutées, 400 fr. Em. Fontaine (1872).

— LES MARGUE ‖ RITES. Les Sept Journées de la Reine de Navarre, suivies de la Huitième (édition de Claude Gruget, 1559). Notice et notes par Paul Lacroix; index et glossaire. Planches à l'eau-forte par Flameng. *Paris, Librairie des bibliophiles (D. Jouaust, impr.)*, 1872, 8 part. en 4 vol., in-8.

Il a été tiré de cette charmante édition 10 exemplaires sur papier Whatman, 25 sur papier de Chine et 100 exemplaires sur papier de Hollande.

Un exemplaire sur papier de Chine, en *mar.* de Hardy, 350 fr. au catal. des libraires Morgand et Fatout; sur papier Whatman, et en *mar. doublé* de Chambolle-Duru, 500 fr. Labitte (janvier 1877); sur papier de Chine, non relié, 161 fr. même vente; 160 fr. M. L. C. R. (Labitte 1874); sur grand papier de Hollande, en *vélin*, relié en 4 vol., 160 fr. A. Rigaud; sur papier de Hollande, fig. de Freudenberg ajoutées, et en *mar.* de Chambolle, 600 fr. catal. A. Fontaine de 1875; sur papier Whatman brochés, 250 fr. au catal. du même libraire de 1877.

— LA RUELLE mal assortie, ou entretiens amoureux d'une dame éloquente avec un cavalier gascon, plus beau de corps que d'esprit, par Marguerite de Valois. *Paris, Aubry*, 1855, pet. in-8.

En *mar.* de Duru, exemplaire sur *vélin*, 58 fr. Em. Gautier.

MARGUERITE de Valois, reine de France.

Les mémoires de la reine Marguerite. *Paris, Charles Chappelain*, 1628, in-8. [23648]

L'édition originale se reconnaît de la réimpression, page pour page, que signale le *Manuel*, à certaines fautes ou coquilles grossières qu'a laissé passer l'éditeur. Ainsi à la IVe page, on lit : « Lorsque vous me parlez de ma *peau* et de mon *visage* de France », et l'on a corrigé dans la réimpression : « Lorsque vous me parlez de *Pau* et de mon *voyage* de France. » Du reste cette édition est parfaitement reconnaissable au feuillet des *errata*.

Un exemplaire, splendidement relié, de l'édition originale, 105 fr. Capé; en anc. *mar.* doré à petits fers par le Gascon, 1,500 fr. Brunet; un exemplaire de la seconde édition, en *mar.* de Hardy, 36 fr. Desq, et rev. 49 fr. Guntzberger; 60 fr. A. Rigaud; en *mar.* de Padeloup, 200 fr. Fontaine (1875).

— LES MÉMOIRES... *A Govde, imprimez chez Guill. de Hoeve*, 1649, pet. in-12.

En *mar.* de Thouvenin, 35 fr. Labitte (1874);

19 fr. Guntzberger; en *mar.* de Niédrée, mais avec une cassure au titre, 45 fr. Labitte (mai 1870); en *mar.* de Trautz, 150 fr. Morgand et Fatout; 45 fr. Fontaine.

— LES MÊMES. Nouvelle édition plus correcte. *Paris*, 1658, pet. in-12.

En *mar.* de Hardy, reliure trop riche, 120 fr. au catal. Aug. Fontaine de 1872.

— MEMORIAS traducidas de francés en español. Por don Jacinto de Herrera Sotomayor. *Madrid, Diego Diaz de la Carrera*, 1646, in-8, de VI et 160 ff.

Nous signalons cette traduction que possédait Salvá, parce qu'elle est si rare qu'Antonio et les autres bibliographes ne l'ont point connue, et parce qu'elle renferme une intéressante introduction du traducteur, lequel s'efforce de combattre les accusations dirigées par Duplessis-Mornay et par d'Aubigné contre la pauvre reine de Navarre.

MARGUES (*Nic.*). Description du monde desguisé, par Nicolas Margues. *Paris, de l'imprimerie de Th. Richard*, 1563, in-4, de 8 ff.

Quatre satires contre les mœurs et modes du temps, fort piquantes et au gros sel; l'auteur parle des *hauts-de-chausses* :

Il semble à voir que les vents d'Æolus
Soient maintenant dans les chausses perclus;
De toute part il se fait regarder,
Chausses bouffantes, pour se mieux bragarder
Ayant le cul plus gros et plus enflé
Qu'un tabourin, ou qu'un bœuf boursoufflé.

Goujet ni Du Verdier ne citent ce prédécesseur de Régnier.

Un exemplaire en *mar.* de Chambolle, 101 fr. H. Bordes (*Potier*, 1873).

MARIA (*Joan.*). Intabolatura de Lauto di recercari Canzon francese, Motetti, Madrigali, Padoane e Saltarelli, composti per Jo. Maria da Crema, ristampata e corretta. Libro primo. *In Venetia, apresso Antonio Gardane*, 1546, in-4, oblong, de 40 ff., musique notée.

Recueil fort rare, non cité par M. Fétis; un exemplaire taché, 95 fr. Coussemaker.

— INTABOLATURA de lauto di Dominico Bianchini detto Rossetto. Libro primo. *In Venetia, apresso di Ant. Gardane*, 1546, in-4, oblong, de 20 ff., musique notée.

Seule partie publiée (Fétis, I, 406).

115 fr. Coussemaker.

— INTABOLATURA de Lauto di Francesco da Milano. *In Venetia, apresso di Ant. Gardane*, 1546, 2 part. en 1 vol., in-4, oblong, musique notée.

Édition non citée par M. Fétis.

155 fr. Coussemaker.

MARIAGE (Le) de Belfegor. Nouvelle italienne. (Trad. de Machiavel par Tanneguy le Fèvre.) *S. l.* M.DC.LXIV, in-12, de 67 pp. et un f. blanc.

Cette traduction est rare et amusante par sa naïveté; le traducteur est enchanté de son œuvre : « pour parler plus nettement, dit-il en terminant, mais suis pourtant me flatter beaucoup, je croy que le françois vaut bien l'italien... pour le moins. »

MARIANA (*Jo.*). Joannis Marianæ de rege

et regis institutione libri III. *Toleti,
apud P. Rodericum, s. d. (1599), in-4,*
[3990]　　○

Édition originale d'un livre tristement célèbre,
condamné au feu par le Parlement de Paris, et supprimé en Espagne.

35 fr. Radziwill; en *mar.* de Padeloup, exemplaire
Girardot de Préfond, 40 fr. de Morante.

— HISTORIÆ de rebus Hispaniæ libri XXV. *Toleti,
typ. Petri Roderici,* 1592. — Historiæ Hispanicæ
appendix...... *Francofurti, apud Cl. Marnium,*
1606, 2 vol., in-fol.

Première édition ; en *mar.*, 60 fr. de Morante.

MARIANUS (R. P. F.) ord. S. Franc.
Gloriosus Franciscus redivivus, sive
chronica observantiæ strictioris... eius-
demque... extentio. Distincta VI libris,
et 28 figuris æneis ornata. *Ingolstadii,
ex officina Wilhelmi Ederi,* 1625,
in-4, XXVI ff. limin., 852 pp., VI ff.,
26 grav. sur cuivre de la grandeur des
pp. et 2 titres gravés.

Cet ouvrage, divisé en VI livres, renferme l'histoire complète des missions des Franciscains en
Chine, au Japon et en Amérique ; on y trouve accu-
mulés un grand nombre de documents biographiques, historiques et ethnographiques d'un vif
intérêt.

100 fr. catal. à prix marqués Leclerc (Maisonneuve).

MARIE de Stuart. Méditation faicte par la
royne d'Escoce, douairière de France,
recueillie d'vn liure des Consolations diuines composé en latin par l'euesque de
Ross, & mise en rime françoise. *A Paris, Pierre l'Huillier,* 1574, in-8.

Volume qui atteindrait un haut prix, mais que
nous ne trouvons malheureusement cité qu'aux
Catalogues des Foires de Francfort.

MARIETTI (*P.*). Oratio dominica in CCL.
linguas versa et CLXXX characterum
formis vel nostratibus vel peregrinis expressa, curante Pietro Marietti. *Romæ,*
1870, in-4, avec encadrements rouges à
chaque page, 30 fr.

MARIGNY. Lettres de M. de Marigny.'*La
Haye, Ant. Lafaille (à la Sphère),*
1655, pet. in-12, de 54 pp.

Jolie impression de Foppens à Bruxelles ; elle a la
Sphère et le fleuron à la tête de buffle.

En *mar.* de Duru, 50 fr. La Villestreux ; *cart.*
50 fr. Morgand et Fatout.

MARINELLO (*Giovanni*). Gli Ornamenti
delle donne, tratti dalle scritture d'una
reina greca, et divisi in quattro libri.
*Venetia, appresso Fr. de Franceschi,
Senese,* 1562, pet. in-8. [7074]

— LES MALADIES des femmes et remèdes d'ycelles,
en troys liures. De M. Iean Marinello de Formie,
docte médecin italien. Traduictz en françois et
amplifiés par M. Jean Liebaud, médecin à Paris.
Et en ceste dernière édition reueus, corrigés et
augmentés du tiers. Par Lazare. Pe. Dédiés aux

dames. *A Paris, chez I. Berjon,* 1609, in-8,
titre gr.

Rare et curieux ; en *mar.* de Hardy, 60 fr. Fontaine ; l'exemplaire avait été vendu 34 fr. Auvillain ; et dans cette même vente, un autre exemplaire, très-laid, n'avait été porté qu'à 3 fr.

MARINEUS (*Lucius*). Cronica daragon.
Auctor Marineus. A gloria y loos de la
Santissima Trinidad... *Fue impressa la
presente Cronica en la ciudad de
Valencia : ē la casa y oficina dicha
Almoli de la Rouella por ĩdustria
del experto y ē onesta arte asaz docto
Juan Jofre señor y maestro, ē la casa
sobre dicha. Acabose a IX. de Junio
de ñra reparaciõ,* 1524, in-fol., goth.,
fig. s. b. [26165]

Le bel exemplaire de M. Solar (195 fr.) a été
revendu 180 fr. Cailhava (1862) ; 105 fr. de Morante.

La première édition de *Saragosse,* 1509, 76 fr.
de Morante.

— OBRA compuesta por Lucio Marineo Sìculo, coronista de Sus Majestades, de las cosas memorables
de España. *Alcalà de Henares, Juan de Brocar,*
1539, in-fol.

En *mar.*, 75 fr. de Morante ; en demi-rel., 65 fr.
Gancia (1872).

— MARINEI (L.) Si ‖ cvli ‖ Regii historiographi opus
de rebus Hispaniæ memorabili ‖ bus modo castigatum atq' Cæsareæ maie ‖ statis iussu in lucem
æditum. Cum priuilegio Cesareo. (In fine :) *Impres ‖ sum Compluti per Michaelem de Eguia
Absolutaq' ‖ est mense Maij. Anno ab orbe
redempto.* ‖ MD. XXXIII, in-fol., de 1 f. pour le
titre et 128 ff. numérotés ; le titre est entouré
d'une bordure sur bois, caract. ronds.

Cette traduction latine de l'édition originale
espagnole de 1530 était portée au *Manuel;* mais la
rédaction de la note laissait croire à une nouvelle
édition espagnole ; c'est que l'ouvrage que se
trouve le plus ancien vocabulaire basque qui soit
connu, feuillet XXI « *de veterum Hispanorum lingua.* »

En *vélin,* 75 fr. catal. Maisonneuve.

MARINO (*Fabrizio*) de Gaëta. Airs mis
en musique à quatre parties par Fabrice
Marin Caietain, sur les poësies de P. de
Ronsard, et autres excelens poëtes. Pre-
mier livre. *Paris, Adrian Le Roy et
Robert Ballard,* 1578, in-8, obl.

— Second livre d'airs, chansons, villa-
nelles napolitaines mis en musique à
quatre parties par Fabrice Marin Caietain. *Ibid., id.,* 1578, in-8, obl.

Rare et très-précieux ; ce musicien était attaché
au service du duc de Guise.

M. Fétis ne possédait que la partie de *Bassus* de
cet intéressant recueil.

MARIVAUX (*Pierre* Carlet de). Ses OEuvres. *Paris, chez la veuve Duchesne*
1781-82, 12 tomes en 23 vol. in-8.
[19111]

Un exemplaire, dans une fraîche reliure de
rome, en *mar. rouge,* est porté à 1,650 fr. au catal.
Fontaine de 1875 ; le bel exemplaire de M.
La Bédoyère, en papier de Hollande, mais seulemen

en *veau fauve* de Bozérian, n'avait été vendu que 192 fr. en 1862, et l'exemplaire Renouard également en papier de Hollande, 90 fr. à la même vente; en *veau*, sur papier ordinaire, 60 fr. prince Radziwill.

— MARIANE, ou la Nouvelle Paméla, histoire véritable, trad. de l'anglois, enrichie de figures en taille-douce. *Rotterdam, H. Beman*, 1765, 2 vol. in-12, avec 4 jolies figures par Schley.

— LA VIE de Marianne ou les Aventures de Mme la comtesse de ***. *Paris, Prault*, 1734-1745, 12 part. en 3 vol., in-12.

En *mar.* de Hardy, 220 fr. Voisin; en *mar.* de Brany, relié en 2 vol., 250 fr. au catal. Bachelin-Gonzalès.

— LA MÊME. *Londres (Paris, Cazin)*, 1782, 4 vol., in-8, avec 4 front., gravés par Duponchel.

En *mar.* de Capé, relié en 2 vol., 45 fr. Cailhava; en *mar.* de Belz-Niédrée, 27 fr. seulement, Desq; 34 fr. Labitte, en 1874.

Un exemplaire de l'édition d'*Amsterdam, Van Harrevelt*, 1778, 2 vol., in-12, non rognés, 40 fr. La Bédoyère.

— BIBLIOGRAPHIE du théâtre de Marivaux, par A. P. Malassis. *Paris*, 1876, pet. in-8.

Publication à 106 exemplaires sur papier vergé, 6 fr.

MARIZ (*Pedro* de). Dialogo de varia historia, emque se referem muytas cousas antiguas de Hespanha, e todas as mais notavees que em Portugal a contecerao em suas gloriosas conquistas... com os retratos de todos os reys de Portugal, autor Pedro de Mariz. *Em Coimbra, por Antonio de Mariz*, 1594, petit in-8, de IX ff. lim., 244 ff. chiff., 6 ff. non chiff. pour la table et 1 f. d'errata; avec 19 portraits gravés en taille-douce.

Première édition d'un volume assez précieux, qui donne les premiers portraits connus des rois de Portugal; Salvá, qui ne connaissait pas cette édition de 1594, donne celle de 1598 comme la première, et la porte à 3 guinées; il a pu commettre cette erreur, parce que l'édition de 1599 porte : « *Acabouse de imprimir a secunda vez* ».

L'exemplaire Riva a été vendu 92 fr. pour l'Angleterre.

MARKAM. Le nouveau et sçavant mareschal, qui enseigne à connoistre toutes les maladies des chevaux... Ensemble un nouveau traité des haras... le tout enrichi de figures. (Trad. en franç. par le sr Foubert, escuyer du roy.) *Paris*, 1666, in-4, front. gr. et fig.

39 fr. de La Roche la Carelle.

MARLIANO. Topographia antiquæ Romæ. J. Bartholemæo Marliano patritio Mediolanensi auctore. *Apud Seb. Gryphium, Lugduni*, 1534, *kal' septembris*, in-8. [25574]

Recherché à cause de la préface latine de Rabelais en 4 pp.; M. Brunet ne cite pas d'adjudication.

En *mar.* de Capé, 52 fr. Taschereau.

MARLOT (D. *Guil.*). Le Théâtre d'honneur et de magnificence, préparé au sacre des roys... par Dom Guillaume Marlot. *Reims, Franç. Bernard*, 1643, pet. in-4, de 760 pp.

Un bel exemplaire aux armes de Mesdames, 80 fr. Ruggieri; et l'exemplaire de dédicace au cardinal d'Estampes, en grand papier, *mar.*, mais avec le dos de la reliure enlevé, 9 fr. 50 c. seulement.

— LE TOMBEAU du grand Saint-Remy, ses translations miraculeuses, etc., par G. Marlot. *Reims, Bernard*, 1647, pet. in-8.

Ce volume de Guillaume Marlot, l'historien de la cathédrale de Reims, méritait d'être signalé, bien qu'il n'ait qu'une valeur de 5 à 6 fr.

MARMOL Caravajal (*Luys* del). Primera parte de la descripcion general de Affrica, con todos los successos de guerras que a auido entre los Infieles y el pueblo christiano, y entre ellos mesmos... con privilegio real. *En Granada en casa de Rene Rabut. Año de* 1573, *y Malaga, Juan Rene*, 1599, 3 vol. in-fol. [28340]

Voici la description que donne de ce rare volume M. Maisonneuve :

Primera parte, libro primero y segundo. Titulo, privilegio, 1 f.; errata, 1 f.; aprobacion del rey, 1 f.; dedicacion al rey, 1 f.; prologo al lector, 3 ff., plus des armes de l'auteur sur 1 f. blanc; texto, 294 ff.; tabla de capitulos de volumen primero, 1 f.; tabla de nombres proprios del volumen primero, 15 fl., au verso du dernier les armes de l'auteur. — *Segundo volumen, libro tercero y sexto*. Titulo : Aprobacion del rey, 1 f.; texto, 308 ff.; tabla de los reynos, 3 ff.; tabla de nombres, 4 ff., plus 1 f. blanc avec les armes de l'auteur. — *Segunda parte, libro septimo y onzeno*. Titulo, aprobacion del rey, 1 f.; texto, CXVII ff., au verso du dernier les armes de l'auteur.

6 guinées Salvá; 125 fr. Maisonneuve.

MARMONTEL. Œuvres complètes. *Paris, Verdière*, 1818-1820, 19 vol., in-8, fig. [19143]

En *mar.* de Thouvenin, avec fig. de Moreau et de Gravelot ajoutées, 210 fr. La Bédoyère; également avec addition de nombreuses pièces, eaux-fortes, épreuves de gravures, etc., l'exemplaire Renouard, *broché*, 105 fr. seulement.

— CONTES moraux, suivis d'une apologie du théâtre. *Paris, L'Esclapart*, 1761, 2 vol. in-12, fig. de Gravelot.

En papier de Hollande et *mar.*, 76 fr. A. Rigaud.

— CONTES moraux. *Paris, J. Merlin*, 1765, 3 vol. in-8.

Portrait par Cochin, gravé par Saint-Aubin; titre par Gravelot, et 23 fig. du même charmant artiste, gravées par divers.

M. Cohen (*livres à vignettes*) fait remarquer que la gravure du *Curieux* existe de deux façons différentes.

Il a été tiré des exemplaires en grand papier.

Un de ceux-ci, en *mar.*, aux armes du comte de Maurepas, 241 fr. Techener (1865); en anc. *mar.*, 107 fr. Radziwill; en *mar.*, 62 fr. Desq; en anc. *mar.*, 173 fr. H. Grésy; en anc. *mar.*, 41 fr. Bordes; en papier de Hollande, 150 fr. catal. Fontaine (1877); en anc. *mar.*, 230 fr. d'Haubersaert; en *mar.* de Derome, mais taché, 127 fr. A. Rigaud; *v. mar.*, 35 fr. M. de B. (1874); en papier de Hollande et *mar.* de David, 400 fr. catal. Morgand et Fatout.

— LA BERGÈRE des Alpes, pastorale en trois actes.

Paris, Merlin, 1766, in-8, une figure de Gravelot.

— BÉLISAIRE. *Id., ibid.*, 1777, in-8, front. et 2 fig. médiocres de Gravelot.

— LES INCAS ou la Destruction de l'empire du Pérou. *Paris, Lacombe*, 1777, 2 vol., in-8 ; 10 fig. par Moreau, gr. par Duclos, etc.

Il existe des exemplaires avec les figures avant la lettre.

Les amateurs qui payent ce roman un grand prix méritent d'être condamnés à le lire.

En anc. rel. *mar.*, 100 fr. Voisin ; mais également en *mar. anc.*, 8 fr. 50 c. A. Rigaud.

— CHEFS-D'OEUVRE dramatiques, ou Recueil des meilleures pièces du théâtre françois, avec des discours préliminaires. *Paris, Grangé*, 1773, in-4.

Il n'a paru que ce volume, qui contient Sophonisbe, Scévole et Venceslas ; 3 figures, 15 vignettes et 10 culs-de-lampe par Eisen, gr. par de Launay, Masquelier, etc.

Ces illustrations sont charmantes.

MARMORA Oxoniensia, gr. et lat..... Nova edit., cum præfatione Nic. Chandler. *Oxonii, e typogr. Clarendoniana,* 1763, in-fol. max., fig. [29951]

Un exemplaire, enrichi des dessins originaux, en *mar.* de Derome, 1,000 fr. au catal. Fontaine de 1872.

MARNIX (*Philippe* de). Traicté du sacrement de la sainte Cène du Seigneur, par Ph. de Marnix, seigneur du Mont-Saincte-Aldegonde. *Leyden, J. Paers,* 1599, pet. in-8, portrait gravé par de Gheyn.

Dédié à la princesse Catherine de Navarre.

32 fr. De Lassize.

— HET BOECK der psalmen Davids. Wt de Hebreische spraecke in nederduytschen dichte, op de gewoonlijke fransoische wyse overghesett, door Philips van Marnix, Heere van St.-Aldegonde... *Antwerpen, Gillis Van den Rade,* 1580, in-8.

Première édition fort rare des psaumes, traduits en vers flamands par Philippe de Marnix.

La seconde édition plus correcte, mais moins rare, a été imprimée à *Middelburgh,* par *Richard Schilders,* en 1591, in-8.

Ces deux éditions renferment l'une et l'autre une seconde partie : *Catechismus... ghecorrigeert door Gasparum Van der Heyden.*

Elles font toutes deux partie de la bibliothèque de M. Fétis, cédée au gouvernement belge.

MAROIS (Le P.). Le Gentilhomme parfaict, ou Tableau des excellences de la vraye noblesse, avec un traicté des armes, armoiries, ensemble les alliances de plusieurs familles de France, non encore imprimées, par L. P. M. *Troyes,* 1631, in-8, de 717 pp.

18 à 20 fr.

MAROLLES (L'abbé *Michel* de). Les Histoires des anciens comtes d'Anjou et de la construction d'Amboise, avec des remarques sur chaque ouvrage. *Paris, J. Langlois,* 1681, in-4. [24114]

L'auteur a ajouté, comme seconde partie, les

généalogies des maisons d'Amboise, de Sainte-Maure, de Montbazon, de Montrésor, de Palluau, de Bléré, etc.

L'abbé de Marolles dit, à la page 10 de la préface, n'avoir fait tirer ce livre qu'à un très-petit nombre d'exemplaires ; c'est ce qui explique son extrême rareté.

Un exemplaire en *mar.* de Capé, avec un portrait de l'auteur par Nanteuil, ajouté, 181 fr. Taschereau.

— CATALOGUE des livres d'estampes et de figures en taille-douce, avec un dénombrement des pièces qui y sont contenues, fait en l'année 1666 par M. de Marolles, abbé de Villeloin. *Paris, Fréd. Léonard,* 1666, in-8, de 167 pp. chiffrées et 15 non paginées. [9548]

Cette précieuse collection, acquise en bloc par Colbert, constitua le premier fonds du cabinet des estampes de la Bibl. nation.

40 fr. P. D. ; 60 fr. Taschereau.

— CATALOGUE de livres d'estampes et de figures en taille-douce, avec un dénombrement des pièces qui y sont contenues, fait en l'année 1672, par M. de Marolles. *Paris, J. Langlois,* 1672, pet. in-12. [9549]

Plus rare encore que le précédent. 80 fr. P. D. ; 141 fr. Taschereau ; l'exemplaire Girardot de Préfond, en *veau,* 200 fr. catal. Morgand et Fatout, puis 245 fr. aux catal. suivants.

— LA FAMILLE de Marolles, qui est celle de l'autheur de cet écrit (en vers) et de tant d'autres qu'il a faits jusques ici en prose et en vers. *S. l.* (*Paris*), le 30 d'avril 1677, gr. in-4, de 4 fl.

Pièce rare. 20 fr. Taschereau.

— TABLEAUX du temple des Muses, tirez du cabinet de M. Favereau, et gravez en taille-douce par les meilleurs maistres de son temps... avec les descriptions, remarques et annotations composées par Mich. de Marolles. *Paris, Ant. de Sommaville,* 1655, in-fol., fig. gr. par Blömaert, d'après Diepenbecke. [22567]

Première édition.

Avec l'estampe originale de Salmacis et Hermaphrodite, par Poilly, 65 fr. Taschereau ; en *mar.* de Hardy, 600 fr. aux catal. Fontaine de 1872 et de 1875.

— LES MÊMES. *Amsterdam, Abr. Wolfgang,* 1676, in-4, front. gr., et 58 fig. en taille-douce.

Un bel exemplaire en *mar.* de Du Seuil, 201 fr. Taschereau.

— LES MÉMOIRES de Michel de Marolles, abbé de Villeloin... depuis 1600... et les généalogies de quelques familles alliées dans la sienne, avec une description de la maison de Mantoué et de Nevers. *Paris, Ant. de Sommaville,* 1656. — Suite des Mémoires. *Paris,* 1657, ensemble 2 vol. in-fol. [23724]

L'exemplaire du comte de Toulouse, avec les trois portraits gravés par Cl. Mellan, 89 fr. Taschereau ; en *mar.* de Capé, 96 fr. de Morante, avec le portrait gravé par Nanteuil.

— PARIS, ou la Description succincte et néantmoins assez ample de cette grande ville, par un certain nombre d'épigrammes de quatre vers chacune, sur divers sujets (les palais, les hôtels, les monastères, les hôpitaux, l'université, l'académie, les bibliothèques, les foires, les peintres et sculpteurs, logés dans le Louvre, etc.) par M. de Marolles, abbé de Villeloin. *S. l.* (*Paris*), le 30 juin 1677, gr. in-4, de 88 pp.

Opuscule de la plus grande rareté et présentant un vif intérêt.

En *mar.* de Capé, 400 fr. Taschereau ; un bon exemplaire, réuni à *la Famille de Marolles* n'avait été vendu que 38 fr. Favart.

Le recueil de M. Walckenaer, contenant 10 pièces tirées à petit nombre, acheté par M. Taschereau 50 fr., a été porté à 345 fr. à la vente de l'excellent administrateur de la Bibl. nation.; parmi ces pièces on doit citer l'une d'elles, qui présente un vif intérêt : *Le livre des peintres et graveurs de figures en taille-douce, au burin, à l'eau-forte et en taille de bois, lesquels ont fleuri en France depuis* 1600 ; on sait que cette pièce précieuse et fort rare a été réimprimée en 1855 chez Jannet, par les soins de M. Gr. Duplessis ; 12 exemplaires ont été tirés sur papier de Chine.

MAROT (*Jean*). Ian Marot de Caen, sur les deux heureux voyages de Gênes et Venise... (A la fin) : *Ce present liure fut acheué d'imprimer le* XXIIe *iour de Ianuier* MDXXXII. *pour Pierre Roffet, dict le Faulcheur, par Maistre Geufroy Tory, de Bourges, Imprimeur du Roy*, in-8, lett. rondes. [13405]

En anc. rel. *mar. doublé*, peut-être de Boyet, 200 fr. Double ; revendu 221 fr. Techener (avril 1865), et 305 fr. Huillard ; puis 300 fr. Bordes ; 580 fr. Benzon; après ces étapes, cet exemplaire figure au catalogue de février 1876 des libraires Morgand et Fatout, où il est annoncé vendu ; en anc. rel., bien réellement de Boyet, *mar. doublé*, réuni au : *Recueil Iehan Marot de Caen, poëte et escripuain de la magnanime royne Anne de Bretaigne. — On les vend à Paris a l'enseigne du Faulcheur.* S. d., pet. in-8 (pièce fort rare et d'une justification plus petite), 950 fr. Brunet ; revendu 1,100 fr. Labitte (1876).

Un exemplaire médiocre, 150 fr. Luzarche ; un bel exemplaire, 400 fr. W. Martin ; en *mar.* de Niédrée, bon exemplaire, 370 fr. Chedeau ; revendu 145 fr. seulement, Desq, et 500 fr. Leb. de Montgermont.

— LE RECUEIL Iehan Marot de Caen... *Paris, a l'enseigne du Faulcheur.* S. d., pet. in-8, de 85 ff. chiff., lettres rondes.

Cette pièce rare, dont nous venons de citer l'exemplaire Brunet, a été vendue 145 fr. W. Martin.

— RECUEIL des œuures Iehan Marot, illustre poëte françoys, contenant rondeaulx, epistres, vers espars, chants diuers. M. D. xxxiiii. *On les vend a Lyon en la maison de Fraçoys Iuste, demourant deuant Nostre Dame de Confort*, pet. in-8, goth. ou semi-goth., de format allongé, 42 ff., dont le dernier ne porte que la marque de Fr. Juste.

Édition infiniment plus rare que celle de 1532, et qui peut se joindre, et peut-être doit se joindre au Clément Marot, goth., de même date et de même format ; elle a été citée pour la première fois par M. Potier en 1859.

En *mar.* de Bauzonnet-Trautz, 120 fr. Desq ; en *mar.* de Bauzonnet, 510 fr. Yéméniz ; revendu 455 fr. Bordes, et 620 fr. Benzon.

Pour diverses éditions de J. Marot (*Boulle, Fr. Juste*, etc.), voy. MAROT (*Clément*).

— IAN MAROT de Caen sur les deux voyages de Gênes et Venise. MDXXXVII. *On les vend à Lyon chez Fraçoys Iuste*, in-16, fig. s. b.

200 fr. Yéméniz.

— ŒUVRES de Jean Marot. *Paris, Coustelier*, 1723, 2 part. en 1 vol. in-8.

Relié en *anc. mar.*, et impr. sur *vélin*, 225 fr. Double ; les deux parties étaient divisées en deux volumes ; revendu 405 fr. Em. Gautier.

M. Double avait acquis de M. Potier 7 volumes de la collection Coustelier, sur *vélin*, venant de l'abbé de Rothelin ; il lui manquait le *Racan*.

— POÈME inédit de Iehan Marot, publié d'après un manuscrit de la Bibl. impér., avec une introduction et des notes, par Georges Guiffrey. *Paris, veuve J. Renouard, impr. Perrin, à Lyon*, 1860, gr. in-8, papier *vergé* teinté, front. gr.

Belle publication tirée à petit nombre.

MAROT (*Clément*). [13406]

Jusqu'à présent, l'*Adolescence Clémentine*, imprimée par Geoffroy Tory pour Pierre Roffet, le XII août 1532, in-8, lett. rondes, reste la première édition de Clément Marot.

Le bel exempl. de M. Solar, provenant de M. Coppinger, acquis pour la Bibliothèque nationale, ne fut payé que 990 fr.; ce livre, aussi précieux que charmant, atteindrait à notre époque, où la bibliophilie arrive à l'état de manie dangereuse, un prix tout au moins double ou triple, et si jamais exagération a été justifiable, ce serait en pareil cas ; car il est difficile de rencontrer un volume à la fois plus intéressant et plus rare.

L'édition du XII août 1530, signalée par Lenglet Dufresnoy, reste toujours à l'état de problème ; et pour nous elle est absolument apocryphe ; nous ne pouvons nous décider à admettre cette singulière coïncidence de date, 12 août 1530, 12 août 1532, et nous aimons mieux croire que les deux unités qui terminent le chiffre de M.D.xxij avaient été grattées sur l'exempl. vu par ce savant bibliographe.

Le catal. de la vente Hallée de 1742 nous donne un exempl. sans autre désignation : *L'Adolescence Clémentine. Paris*, 1532, in-8, *mar. bleu*, 6 liv. 5 sols ; un autre exempl. en *v. brun*, n'a été payé que trente-cinq sols à la première vente du duc de La Vallière en 1767, et, chose bizarre, c'est que le noble duc n'en avait pas un double exempl. , ainsi qu'en font foi ses divers catal. de 1772, 1777, 1783 et 1784.

La seconde édition donnée par le même typogr. le 13 novembre, et la première édition de *la Suite de l'Adolescence*, également du même G. Tory pour Pierre Roffet, ont figuré au catal. Solar, et ont été acquises au prix de 620 et 500 fr. pour la Biblioth. nationale.

Nous donnons une description minutieuse de quelques éditions précieuses du grand poëte, qui compléteront le travail de M. Brunet.

— L'ADOLESCENCE || clementine. || Autremēt, les œuvres de Clement Marot, de || Cahors en Quercy, valet de chambre du Roy, || composees en l'aage de son Adolescence, Auec || la complaincte sur le trespas de feu Messire Flo || rimond Robertet. Et plusieurs autres œuvres fai || ctes par ledict Marot depuis l'aage de sa dicte ado || lescēce. Le tout reueu, corrigé, & mis en bō ordre || auec certains Accens notez, Cest assauoir sur le e || Masculin different du Feminin, sur les dictions || ioinctes ensemble par Synalephes, Et soubz le c || quand il tient de la prononciation de le S. Ce qui || par cy deuant par faulte d'aduis n'a este faict au || langaige François, combien qu'il y fust & soyt || tresnecessaire. || *On les vend a Paris deuant l'église saincte || Geneuiefue des Ardēs, Rue neufue || nostre Dame, A l'enseigne du || Faulcheur || Auec privilege pour trois Ans.* || In-8, de 262 pp., plus 1 ff. non

chiff., au vᵒ duquel on lit : *Imprimé
par Maistre Loys Cyaneus ‖ demourant en la Rue Sainct Iaques ‖ aux
deux cochetz, pour la veufue ‖ de feu
Pierre Roffet, dict le Faul ‖ cheur,
L'an MDXXXIIII ‖ le VII. iour de
mars ‖ (marque de Roffet), sign. A-Q
par 8 ff., et R par 4. — La suite de l'A-
do ‖ lescence Clementine, Dont le ‖ contenu pourrez veoir a ‖ l'austre costé de
ce ‖ fueillet. ‖ (Marque de P. Roffet.)
On la vend a Paris en la rue neufue
Nostre Dame ‖ deuant l'Eglise Saincte
Geneuiefue des Ardens, ‖ a l'enseigne
du Faulcheur. ‖ Auec priuilege pour
trois ans. ‖ In-8, de 146 pp. et 1 f.
portant au vᵒ la marque de Roffet, sign.
A-I par 8 et K par 4 ff. — Le premier livre
de ‖ la metamorphose ‖ d'Ovide, translate ‖ de latin en françois ‖ par Clement Marot de Ca ‖ hors en Quercy,
Val ‖ let de chambre du ‖ Roy. ‖ On
le vend a Paris, sur le Pont Sainct
Mi ‖ chel, Chez Estiene Roffet dict le
Faulcheur, ‖ a l'enseigne de la Rose
Blanche. ‖ Auec priuilege. ‖ 1534. ‖
In-8. de 65 pp., sign. a-d par 8 ff.,
e par 4. Ensemble 3 parties en 1 vol. in-8.

M. Aug. Fontaine, qui décrit cette précieuse édition dans son excellent catal. de 1875, et demande
5,500 fr. d'un très-bel exemplaire recouvert d'une
splendide reliure en *mar.* doublé du grand artiste,
Trautz-Bauzonnet, fait suivre cette description d'une
note intéressante dont nous transcrivons quelques
passages :

Aucune des éditions de Pierre Roffet, indiquées au
Manuel, ne correspond à celle-ci. L'édition de l'*Adolescence*, imprimée par Geofroy Tory en 1533, est
d'un format plus grand et n'a que 119 ff. Les éditions
de la *Suite de l'Adolescence* citées au *Manuel* se
rapprochent plus de celle que contient notre recueil,
sans pourtant se confondre avec elle. L'une, qui
porte de même la marque de P. Roffet, tandis que le
privilége est accordé à sa veuve, n'a que 4 ff. lim.
et 125 pp.; une autre, avec la marque et le nom de
P. Roffet au titre, a 4 ff. lim. et 152 pp.

Les trois pièces qui composent ce recueil ont dû
être imprimées par Louis Blaublom (*sic*, Lottin) ou
Cyanëus, reçu imprimeur en 1529, et dont les productions sont fort rares. Aucune d'elles n'existe à la
Bibl. nationale, et l'*Adolescence* seule est à l'Arsenal.

M. Potier a décrit au catal. Chedeau, nᵒ 461, un
exempl. des trois parties, qui ressemblait au nôtre,
sans appartenir à la même édition; cet exempl., payé
100 fr., est aujourd'hui chez le duc d'Aumale.

Voici le titre succinct de cette dernière édition :

— L'ADOLESCENCE Clémentine autrement les œuvres
de Clement Marot... faictes en son adolescence
avec autres œuvres... reveues et corrigées selon
sa dernière recongnoissance. Et ne sont en ce present liure autres meschantes œuvres mal composées, qu'on impose estre dudict auteur, lesquelles
il reprouve et desavoue comme il appert par le
privilege par luy obtenu pour cette presente impression, l'an M.D.XXXIV. — *On les vend a Paris,
devant l'église Saincte-Geneuiefue des Ardens.* —
La Suite de l'Adolescence. — Le premier livre de
la *Métamorphose d'Ovide*, translate de latin en
françois par Cl. Marot... Item certaines œuvres

qu'il feit en prison non encore imprimez. *On les
vend a Paris, sur le pont Sainct-Michel...* (A la
fin :) Lan M.D.XXXIII, 3 part. en un vol., pet. in-8.

Le privilége de l'*Adolescence* donné au nom de
P. Roffet, celui de la *Suyte* à sa veuve, et celui de
la *Métamorphose* à Est. Roffet, ainsi qu'à l'édition de
M. Aug. Fontaine.

Mais ce qui constitue la différence radicale des
deux éditions, c'est que l'une est imprimée par Cyaneus, et que celle-ci l'est par G. Tory, ainsi que le
constatent quelques vers latins au lecteur qui sont
au vᵒ du premier titre.

— L'ADOLESCENCE Clementine. Ce sont les œuvres
de Clement Marot, nouuellement imprimees.
M.D.XXXIIII. *On les vend a Lyon en la maison de
Françoys Juste.* — La Suyte de l'Adolescence
Clementine, augmentee de plusieurs dictez, qui
nestoient encore imprimees. La mort ny mord.
MDXXXIIII. *On les vend a Lyon en la maison dë
Françoys Juste.* Pet. in-8, goth., format allongé.

Cette édition n'est ni moins précieuse ni moins
rare que celle de Pierre et d'Estienne Roffet.

Un exempl. comprenant les deux premières parties ci-dessus, en riche rel. de Duru, 805 fr. Desq;
un exempl. réunissant les quatre parties se vendrait
aujourd'hui 3,000 fr.

Nous connaissons déjà le Jean Marot de la même
édition et du même format d'agenda; il ne manque
donc, pour faire l'édition complète, que le premier
livre de la *Métamorphose d'Ovide*.

— L'ADOLESCENCE Clementine. Aultrement les Œuvres de Clement Marot, de Cahors en Quercy. —
*On les vend à Lyon, a la Fleur de Lys d'or, en
la Boutique de Guil. Boulle, libraire en la rue
Merciere,* 1534, lett. rondes, in-16, de 152 ff., dont
le dernier, blanc, porte au vᵒ la marque du libraire. — La Suite de Ladolescence Clementine....
Ibid., id., 1534, in-16, goth., de VIII ff. lim. et
175 pp., sign. A. et *a-l* par 8 ff., avec la marque
de Boulle au vᵒ du dernier f. — Recueil des Œuvres de Jehan Marot. M.D.XXXIIII. *S. l.,* in-16, de
56 ff. (*a-g* par 8), lettres rondes, fig. sur bois,
3 part.

Dans une splendide reliure en *mar.* doublé de
Bauzonnet-Trautz, et séparé en 2 vol., l'un des
deux exempl. connus a été vendu 1,800 fr. Yéméniz.

— L'ADOLESCENCE Clémentine. Ce sont
les œuvres de Clément Marot... M. D.
XXXV. *On les vend a Lyon, en la
maison de Françoys Juste, demourant deuant Nostre dame de Confort.*
(A la fin :) *Acheue d'imprimer le
sixiesme jour de feburier par Francoys Juste...* 1535. — La suyte de ladolescence Clementine augmentee de
plusieurs dictez...*Ibid., id.*, M.D.XXXV.
— Le premier livre de la Metamorphose
d'Ovide... M. D. XXXIIII. *On les vend
a Lyon en la maison de Françoys Juste.*
— Recueil des œuvres de Jean Marot.....
M.D.XXXV. *On les vend a Lyon en la
maison de F. Juste.* 4 part. en 1 vol.,
pet. in-8, allongé, car. semi-goth.

En *mar.* doublé de Trautz, 3,600 fr. baron Pichon.

— L'ADOLE ‖ SCENCE Clementine, ‖ aultrement ‖ les
Œuures de Clement Marot, de Cahors en ‖ Quercy,
valet de chambre du Roy, faites en son ‖ adolescence, auec aultres œuures par luy compo- ‖ sees
depuis sa dicte Adolescence. ‖ Reueuës & corrigees selon sa derniere recongnois- ‖ sance oultre

toutes autres impressions contrefai-‖ctes aus-quelles a son grand deshonneur ont este ad-‖ious-tees aulcunes œuures scandaleuses.... a desauoue les dictes œuures ‖ ainsi qu'on voirra par le con-tenu du liure. ‖ *On les vend a Paris, a Lhostel Dalebret, deuant ‖ Sainct Hylaire.* ‖ M.D.XXXVI, pet. in-8, de 129 ff. chiffrés. — La Sui‖te de lado-lescence ‖ Clementine ‖ .... *On les vend a Paris, deuant Sainct Hilayre* ‖ *a Lhostel Dalebret par Anthoine Bon‖nemere.* ‖ M.D.XXXVI, in-8, de 72 ff. non chiff., sign. A-l iiij. — Le pre‖mier liure de la ‖ Metamorphose d'Ovide.... ‖ M.D.XXXVI, in-8, de 32 ff. non chif., sign. a A-dD iiij. — Le Re‖cveil Jehan Marot ‖ de Caen, poete et es-‖ cripuain de la Magnanime Royne A ‖ ne de Bre-taigne, & de puys Valet ‖ de chambre de Tres-crestien ‖ Roy ‖ Françoys premier de ‖ ce nom. ‖... *On les vend a Paris, deuant Sainct Hilaire, a* ‖ *Lhostel Dalebret, par Anthoine Bonnemere.* ‖ M.D.XXXVI., 43 ff. non chiffrés, in-8, sign. aa-ffiiii, le dernier cahier par iii ; il faut évidemment un f. blanc pour équilibrer.

Impr. en lettres rondes ; M. Potier signale à pro-pos de cette édition, qui diffère essentiellement de celle décrite au *Manuel* sous la même date, un dé-tail qu'il est bon d'enregistrer :

Le cahier B , par inadvertance de l'imprimeur, contient au commencement une répétition de quel-ques vers de la dernière page du cahier A, et, par contre, il existe une lacune dans le sens à la fin de ce deuxième cahier.

En *mar.* de Thibaron-Échaubard, 1,500 fr. au cat. Aug. Fontaine ; cet exempl. provenait de la vente Potier de 1872, où il fut payé 245 fr. ; il reparut à la vente Bordes, où M. Fontaine l'acheta 335 fr. ; M. Potier l'avait acquis au prix de 180 fr. à la vente Huillard.

— L'Adolescence Clementine, autrement les œuvres de Clement Marot, faictes en son adolescence. Avec le résidu despuys faict. *S. l.,* 1537. — La Suyte de l'Adolescence Clementine. *S. l.,* 1537. — Recueil des Œuvres de Jehan Marot. *S. l.,* 1537. — Le premier livre de la Métamorphose d'Ovide... *S. l.,* 1537, 4 part. en 1 vol. in-16, lettres rondes, fig. s. bois.

Édition rare, que l'on dit avoir été imprimée par Denis Janot, ce qui n'est pas impossible.

En *mar.* de Lortic, 210 fr. Desq ; en anc. *mar.,* 455 fr. Germeau.

— Œuvres... *On les vend a Lyon, chez Gryphius,* (1538), in-8, goth.

Cette édition fort rare est exactement la même que celle de Dolet, 1538 ; les deux libraires se sont partagé le tirage.

L'exempl. Coulon (1829), Bignon (1834) et Veinant a reparu chez M. de Chaponay en 1863 ; il a été acheté 830 fr. par M. de La Carelle ; cet exemplaire était incomparablement plus beau que celui de M. Solar, acquis de M. Le Roux de Lincy, qui l'avait acheté à la vente Bertin ; le bel exempl. de M. de Chaponay n'avait été payé que 248 fr. à la première vente Veinant ; un exempl. médiocre, en *mar. doublé,* 104 fr. seulement Desq.

— Les Œuvres de Clement Marot, de Cahors.... le tout songneusement par luy mesmes reueu et mieulx ordonné. *A Lyon, au Logis de Monsieur Dolet,* M.D.XXXVIII, pet. in-8, goth.

Nous n'avons pas à signaler d'adjudication de cette très-précieuse édition, la première d'Est. Dolet, de-puis la vente Solar, dont l'admirable exempl., pro-venant de M. de Clinchamp, fut payé 1,320 fr. par la Biblioth. nationale.

— L'Adolescence Clémentine, aultrement les Œu-vres de Clément Marot, vallet de chambre du Roy. *Paris, Denys Janot,* 1538. — La Suyte de l'Ado-lescence Clémentine, 1538. — La Métamorphose d'Ovide, translatée par Cl. Marot, 1538. — Recueil

des Œuvres de Jehan Marot, illustre poëte fran-çoys. *Paris, Denis Janot,* 1538, 4 parties en un vol., in-16, fig. s. b., à mi-page, lettres rondes.

Les grav. s. b. sont assez remarquables pour avoir été attribuées par un libraire érudit et sagace, M. Claudin, à l'illustre Jehan Cousin.

En *mar.* de Niédrée, 205 fr. Yéméniz ; incomplet du titre de l'*Adolescence,* 31 fr. Germeau.

— L'Adolescence ‖ Clementine. Aultrement ‖ les Œuvres de Clement Ma‖rot, de Cahors.... *On les vent à Anvers* ‖ *en la maison de Iehan* ‖ *Steels a l'escu de Bourgongne.* ‖ M.D.XXXIX, pet. in-8, de 120 pp. — La suite ‖ de l'Adolescen‖ce Clementi‖ne, reueue.... — La Mort n'y mord ‖ M.D.XXXIX. — ‖ — Recueil ‖ des Œuvres de Ie‖han Marot, illus‖tre poete fran-‖çoys ‖ ... M.D.XXXIX. ‖ — Ian Ma ‖ rot, de Caen, sur ‖ les deux heureux voyages ‖ de Genes et Venise... M.D.XXXIX. (A la fin :) *Imprimé en Anvers, par Guillaume du Mont,* ‖ *l'an apres la Natiuité de Jesus Christ.*‖ M.D.XXXIX, pet. in-8, de 200 ff.

Un joli exempl., payé 149 fr .à la première vente Veinant, 300 fr. Solar, pour la Biblioth. nationale ; il était relié en *mar. citron* par Duru ; l'exemplaire A. Bertin, en 2 vol., *mar.* de Kochler, 380 fr. de Chaponay, et revendu 500 fr. Benzon ; en *mar.* de Trautz, 260 fr. Gancia ; en *mar.* de Trautz, 550 fr. Potier, rev. 665 fr. Bordes. Un exemplaire, annoncé superbe, en *mar. doublé* de Trautz, 1,500 fr. catal. Morgand et Fatout ; un bel exempl., haut. 0ᵐ144, en *mar.* de Bauzonnet, chez M. de Lurde ; un autre, encore plus précieux, en *mar. doublé* de Du Seuil, fait partie du cabinet de M. de Ganay.

— Œuvres... *Imprimé à Lyon par Jehan Barbou, on les vend chez Françoys Juste,* 1539, très-pet. in-8, goth.

L'exempl. Nodier, en *mar. doublé* de Thouvenin, 405 fr. Double ; rev. 605 fr. Huillard, et porté au prix de 1,000 fr. au cat. Gonzalès-Bachelin ; un bon exempl., 222 fr. de Chaponay ; en *mar. doublé* de Trautz, bel exempl., de 0ᵐ119 de haut., 710 fr. Yé-méniz ; en *mar.* de Bauzonnet-Trautz, très-bel ex. de M. de Montesson, 1,380 fr. Potier (1870).

— Les Œuvres... *Paris,* 1539, petit in-16, lettres rondes, fig. s. b.

Cette édition, fort peu connue, n'est indiquée au *Manuel* que d'après le catalogue Dufay et comte d'Hoym.

M. Potier a cru la retrouver ; nous transcrivons la note dont il accompagne l'exempl. malheureusement sans titre, qui a été vendu 20 fr. en 1872.

« Cette édition rare, qui n'a pas été décrite par M. Brunet, ne peut être postérieure à 1539, puis-qu'on n'y trouve pas les *Cantiques de la paix,* im-primés cette année pour la première fois. Elle nous paraît être celle de 1539, indiquée dans le *Manuel,* mais seulement comme sé trouvant chez Dufay et le comte d'Hoym. Elle contient quatre parties : l'*Ado-lescence,* 95 ff. ; — la *Suite,* 103 ff. ; — les *Epi-grammes,* 32 ff. ; — le premier livre de la *Méta-morphose,* 60 ff. ; à la fin se trouve une *églogue* en 4 ff. »

Nous ajouterons que nous ne connaissons d'édition imprimée à Paris en 1539, que celle d'Anthoine Bon-nemère, que cite l'abbé Goujet, et qui serait la qua-trième donnée par cet habile imprimeur.

— Les Œuvres... *On les vend à Lyon, chez Gry-phius,* s. d., pet. in-8, goth.

Cette édition fort rare est bien décrite au *Manuel :* un exempl. en *veau* avait été vendu 260 fr. Solar ; un autre, en *mar.* de Trautz, mais avec un rac-comm., a été porté au prix excessif de 1,140 fr. à la vente Labitte, du 16 juin 1876.

— Les Œuvres de Clement Marot ‖ Valet de chambre du Roy, ‖ Desquelles le Contenu sen-suyt. ‖ L'Adolescence Clementine. ‖ — La Suyte de l'Adolescence, 1540. ‖ Deux liures des epi-grammes. ‖ — Le premier liure de la Me-‖tamorphose de Ouide. ‖ Vne Eglogue. ‖ — bien augmentés. ‖ — Le tout par luy aultrement & mieux ordonné. ‖ que par cy-deuant. ‖ LA MORT NY MORT. ‖ *Imprimé a Paris par Iean Bignon,* ‖ *imprimeur demourant en la* ‖ *rue Iudas.* ‖ S. d., pet. in-8, fig. s. bois, de C., 112, 63 et 28 ff. pour les quatre parties.

Cette édition rare est souvent jointe à une édition de Villon, donnée par Marot.

— LES OEUVRES ‖ De Françoys Villon ‖ de Paris, reveus et ‖ remises en leur entier par ‖ Clement Marot.... *On les vent a Paris, en la rue Sainct-Iacques, a lenseigne de Lelephant* ‖ *Chez Francoys Regnault.* ‖ S. d., pet. in-8, de 55 ff.

L'exemplaire acheté 26 fr. Lassus et revendu 90 fr. Solar, n'avait pas le *Villon;* en mar. de Bauzonnet, l'exempl. de Ch. Nodier (49 fr.), a été revendu 300 fr. de Chaponay; un bel exempl., en *mar. doublé* de Duru, 1,060 fr. Benzon, porté à 2,500 fr. au cat. A. Fontaine.

— LES OEUVRES. *Paris, Iean Ruelle, libraire, en la rue S. Jacques, à l'enseigne S. Nicholas,* 1541, in-16.

En mar. de Chambolle, 75 fr. Gancia.

— LES OEUVRES. *Imprimé a Paris par Iehan Bignon,* MDXLII, in-16, réglé, fig. s. b.

En mar. *doublé* de Du Seuil, l'exemplaire Nodier, 510 fr. Yéméniz.

— LES OEUURES de ‖ Clément Ma‖rot de Cahors, ‖ Valet de chambre ‖ du Roy. ‖ Augmentées d'ung grand nombre de ses ‖ compositions nouuelles, par cy ‖ deuant non imprimées. ‖ Le tout songneusement par luy mesmes, ‖ reueu, &·mieulx ordonné, comme ‖ lon uoyrra cy apres. ‖ *A Lyon,* ‖ *Chés Estienne Dolet.* ‖ 1542. ‖ *Auec priuilége du Roy, pour dix ans,* ‖ pet. in-8, de 324 ff., en lettres rondes.

Ce qui donne du prix et une grande valeur littéraire à cette seconde édition d'Estienne Dolet, ce sont les *Compositions nouuelles* qui y ont été ajoutées par le poëte; elles commencent au f. 281, et vont jusqu'au 324ᵉ et dernier.

Un bel exempl., en ancienne reliure, 760 fr. Tross (nov. 1865), relié depuis en *mar. à comp.,* à mosaïque de couleurs, par Hardy-Mennil, reliure payée 400 fr., et revendu par le même libraire 820 fr. seulement en mai 1868; en *mar.* de Capé-Masson, mais court de marges, 275 fr. Potier (1872); et porté à 400 fr. au cat. Fontaine; en *mar. doublé* de Bauzonnet-Trautz, 900 fr. Double; en mar. de Trautz, annoncé bel exemp., 715 fr. Morel, de Lyon; en *mar. doublé* de Trautz, 900 fr. Labitte (1877).

— OEUVRES. *Lyon, Est. Dolet,* 1543, in-8.

3ᵉ édition de Dolet, tout aussi rare que les précédentes; les *additions* forment une partie nouvelle de 76 ff.; au vᵒ du 76ᵉ se trouve la marque de Dolet.

En anc. mar., 399 fr. de Chaponay; avec le dernier f. refait, en *mar.* de Duru, 121 fr. Desq; un bel exempl., haut. 0ᵐ151 1/2, 345 fr. Yéméniz.

— LES OEUVRES de Clément Marot, valet de chambre du Roy. *Paris, Denys Janot,* 1544-47, in-16, fig. sur bois.

— LES OEUURES de Clément Marot, plus amples et en meilleur ordre que paravant. *A Lyon, à l'Enseigne du Rocher (chez S. Sabon),* 1544 (aussi 1545), in-8.

Édition précieuse, dans laquelle les poésies de Marot sont pour la première fois classées méthodiquement « *Soubs la correction et bon iugement de l'autheur.* »

Un très-bel exempl., en *mar.* de Biziaux, acheté 300 fr. chez M. Renouard, a été porté à 850 fr. à la vente de M. de Chaponay, et acheté par M. de Béhague, croyons-nous; en *mar. doublé* de Duru, avec la date de 1545, 520 fr. Double, revendu 1,550 fr. Leb. de Montgermont, et porté à 2,000 fr. au catal. Morgand et Fatout; en *veau brun,* 400 fr. Huillard; en mar. *doublé* de Du Seuil, 1,710 fr. Brunet; dans la même condition de reliure, exempl. presque aussi beau que le précédent, 1510 fr. Sainte-Beuve.

— LES OEUVRES de Clément Marot, de Cahors, valet de chambre du Roy. *Paris, Nicolas du Chemin,* 1545, in-16.

En mar. de Lortic, 92 fr. Turquety.

— LES OEUURES... *Paris, J. Bogard,* 1546, in-16, car. italiques.

Édition fort rare; elle comprend *les OEuures,* 379 ff. chiffrés et une table; *l'Enfer de Clément Marot,* XVI ff.; 52 *Pseaumes de Dauid en françois,* 79 ff.; ces deux dernières parties ont une pagination particulière.

— LES OEUURES... *Lyon, J. de Tournes,* 1546, in-16, lettres rondes.

C'est la première des dix éditions données par Jean de Tournes; il en existe sous la même date une édition en lettres italiques, avec le nom de Jean de Tournes.

En mar. de Niédrée, 75 fr. Desq.

— OEUVRES... *A Paris, on les vend au clos Bruneau, à l'enseigne de la Corne de Cerf, par Guillaume Le Bret,* 1547, pet. in-12.

49 fr. Mart. Millet.

— LES OEUURES. *A Lyon, par Iean de Tournes,* 1549, in-16, fig. s. b.

Cette édition renferme un certain nombre de pièces inédites.

En anc. mar., exempl. de La Vallière, 101 fr. Potier (1865).

En mar. de Trautz, 230 fr. Yéméniz; relié en 2 vol., anc. mar., 70 fr. Potier (1872).

Le bel exempl. Crozet, haut. 0ᵐ,121, en mar. de Trautz, fait partie de la collection de Lurde.

— LES OEUURES... *Paris, Jehan Ruelle,* 1550, in-16.

280 ff. chiffrés, plus 16 ff. pour *l'Enfer.* L'imprimeur annonce dans une épître au lecteur : « ... Entre lesquelz œuvres en trouueras aussi plusieurs autres dudict Marot qui n'ont iusques à present esté imprimez... »

— LES ‖ OEUURES de ‖ Clément Ma-‖rot, de Cahors, ‖ vallet ‖ de chambre ‖ du Roy. ‖ Plus amples, & en meilleur or-‖dre que paravant. ‖ *A Paris, chez la veufue Maurice de la Porte, au clos Bruneau, à l'enseigne S. Claude.* ‖ 1552, in-16, de 372 ff. chiffrés et 12 ff. de table non chiffrés. ‖ — Cinqvan‖te deux pse-‖aumes de Dauid. ‖ ·Traduictz en rithme Françoyse ‖ ... Auec plusieurs autres compositions tant ‖ dudict Autheur que d'autres, non iamais encore ·imprimées. ‖ *A Paris,* ‖ *Chez Guillaume Thibout, demourant rue* ‖ *Alexandre L'Angloys, a l'ensei‖gne du Paon,* 1550, in-16, de 88 ff. chif. pour *l'Enfer,* et *du Coq à l'Asne. Lyon, Jamet,* lvrs-pet. in-8, lettres italiques.

— OEUURES... *Paris, Vivant Gaulterot,* 1551 (impr. *par Est. Mesvière),* pet. in-16, de 372 ff. et 12 de table; plus XVI et 43 ff. pour les pièces complémentaires, *l'Enfer,* etc.

En petits car. romains; cette édition est mentionnée par M. Brunet sous les noms de Mesvière, de Vᵉ Fr. Regnault et de Jehan Ruelle.

En mar. de Chambolle-Duru, 205 fr. Potier; 41 fr. Le Ver.

— Avec le nom de la *vefve François Regnault,* à *l'enseigne de l'Eléphant,* 1551, en mar. *doublé* dit de Boyet, 96 fr. de Morante.

— Nous connaissons encore un autre tirage, dont la souscription est : *Au cloz Bruneau, à l'Enseigne Saint-Claude*, c'est-à-dire chez *Maurice de la Porte* (IV et 276 ff. chiffrés).

90 fr. marquis Le Ver (1866].

— Enfin nous trouvons chez M. le marquis de Ganay :

— Les Œuvres de Clement Marot... *Paris, chez Pierre Gaultier*, 1551, un tome en 2 vol., in-16, lettres rondes.

En *mar. doublé* de Du Seuil, exempl. Coulon, de Bruyères-Chalabre et Pixérécourt.

— Les Œuvres. *Paris, veufve Maurice de la Porte*, 1552, in-16.

Un exempl. relié avec : Cinquante-deux pseaumes de Marot. *Paris, Guil, Thibout*, 1550, et l'*Enfer* de Cl. Marot, *s. l. n. d.*, 16 ff., relié en mar. par Capé, 200 fr. Potier.

— Les Œuvres... *Paris, Oudin Petit*, 1553, in-16, lettres italiques.

Un exempl. avec l'*Enfer et cinquante-deux Pseaumes. Paris, Guil. Thibout*, 1552, in-16, en anc. mar., 62 fr. Huillard.

— Les Œuvres. *Lyon, Guil. Rouille*, 1553. (A la fin :) *Imprime a Lyon, chez Ian Ansoult.* 2 part. en un vol., in-16, fig. s. b. à la seconde partie.

En *mar.* de Niédrée, 155 fr. Yéméniz.

— Les mêmes. *Lyon, Ian de Tournes*, 1553, 2 part. en 1 vol., in-16, fig. s. b.

En *mar.* de Bauzonnet, 230 fr. W. Martin.

— Œuvres. *Paris, J. Ruelle*, 1557, in-16.

En *mar.* de Niédrée, 90 fr. de Chaponay.

— Œuvres. *A Paris, chez Magdalaine Boursette*, 1556, 2 part. en 1 vol., in-16.

En *mar.* de Trautz, 170 fr. W. Martin.

— Œuvres. *Lyon, Jean de Tournes*, 1558, 2 vol., in-16.

En anc. mar., 18 fr. d'Ortigue ; 61 fr. de Chaponay, rev. 39 fr. Huillard ; en *mar.* de Capé, 106 fr. Luzarche ; 30 fr. Turquety.

— Les mêmes... *Lyon, Guil. Roville*, 1558, 2 part. en 1 vol. in-16.

C'est la même édition avec un nouveau nom de libraire.

En *mar.*, 61 fr. Auvillain ; en *mar.* de Trautz, 182 fr. Gancia, et un double, en anc. reliure à compart., mais avec le dos refait, 120 fr. ; l'exemplaire Nodier, en *mar. doublé* de Koehler, 500 fr. au catal. Fontaine de 1875.

— Œuvres. *Paris, par la vefue de Jean Ruelle*, 1571, in-16.

Lettres italiques.

En *mar.* de Brany, 50 fr. Fontaine (1872).

— Les ‖ Œuvres ‖ de Clemént ‖ Marot. ‖ De Cahors en Quercy... *A Paris ‖ Pour Claude Gautier, libraire...* ‖ 1571. ‖ très-petit in-16, de cxxxiv ff. lim., dont un blanc, 941 pp. et 3 ff. pour la table des psaumes.

En anc. mar., 200 fr. au cat. Fontaine de 1875.

— Les Œuvres... *Paris, Gabriel Buon*, 1568, in-16. car. ital.

80 fr. cat. Tross.

— Les Œuvres... *A Paris, chez Galiot Corrozet*, 1579, in-16, de 596 et 304 pp., non compris les ff. lim.

C'est, avec un nouveau nom de libraire, l'édition que le *Manuel* signale à l'adresse de Th. Belot.

— Œuvres... *Lyon, Jean de Tournes*, 1573, in-16.

Édition en lettres rondes, avec le portrait de Clément Marot au titre.

Dans une belle rel. anc. en *mar. doublé*, attribuée au Gascon, 190 fr. Cailhava.

— Œuvres... *Lyon, par Jean de Tournes*, 1579, in-16.

20 fr. Mart. Millet.

— Œuvres. *Paris, Jean Feburier*, 1579, in-16.

En *mar.* de Capé, avec raccomm., 51 fr. A. Rigaud.

— Œuvres... *Rouen, par Guil. Pavie*, 1583, in-16, lettres ital., portr. au titre.

10 fr. Bordes.

— Œuvres... plus quelques œuvres de Michel Marot, fils dudict Marot. *Niort, Thomas Portau*, 1596, in-16.

Excellente édition, publiée par le médecin Mizière, de Poitiers.

En *mar.* de Du Seuil, 85 fr. Cailhava ; en *mar.* de Bauzonnet, 105 fr. de Chaponay ; en *mar.* de Du Seuil, 155 fr. Brunet, rev. 165 fr. Potier ; et encore une fois en 1872, 75 fr. seulement ; l'exempl. avait quelques défauts ; en *mar.* de Trautz, 416 fr. Leb. de Montgermont.

— Œuvres. *Lyon, Jean Gauthier*, 1597, in-16.

52 fr. Chedeau ; en *mar.* de Duru, 53 fr. Bordes ; en *mar.* de Hardy, 120 fr. Morgand et Fatout.

— Œuvres. *La Haye, Adr. Moëtjens*, 1700, 2 vol., pet. in-12.

Un exempl. non rogné, dont le second vol. n'était pas même coupé, 250 fr. La Bédoyère. Le duc d'Aumale en possède un second exempl., également non rogné, qui provient de M. Cigongne ; en *mar.* de Derome, exempl. Veinant, 0m,135, 197 fr. De Lassize, rev. 295 fr. La Villestreux ; en *mar.* de Simier, 140 fr. Pieters ; de 0m,134, 25 fr. seulement de Chaponay ; en *mar.* de Bozérian, 75 fr. Yéméniz ; en *mar.* de Duru, 91 fr. Luzarche ; en *mar. doublé* de Boyet, exempl. Gaignat, 760 fr. Brunet (0m,137 de haut.) ; haut. 0m,135, 56 fr. W. Martin ; en anc. mar., 110 fr. Potier ; en *mar.* de Padeloup, aux armes du comte d'Hoym, 1,500 fr. baron Pichon, et serait vendu plus cher aujourd'hui ; le bel exempl. Solar, 120 fr. Huillard ; en *mar.* de Lortic, 110 fr. Soleil ; 41 fr. Danyau ; en *mar.* de Trautz, 122 fr. Gancia (1872) ; en anc. *mar.*, exemplaires très-présentables, 55 et 42 fr. Potier (1872) ; en *mar.* de Hardy, 102 fr. Labitte (1872) ; en *mar.* de Bradel, mais de 0m,129 seulement, 250 fr. Bordes ; et un second exemplaire en *veau*, 90 fr. ; en *maroquin* de Trautz, exemplaire grand de marges, annoncé sur papier fort, 705 fr. Benzon ; et un second exempl. en *mar.* de Hardy-Mennil, 200 fr. même vente ; en *mar.* de Derome, 200 fr. Labitte, janvier 1877 ; en *mar.* de Padeloup, haut. 0m,129, 330 fr. Leb. de Montgermont ; 250 fr. en *mar.* de Capé, catal. Gonzalès ; en anc. mar., 96 fr. Rigaud ; en *mar.* de Bauzonnet, mais taché de rousseur, 120 fr. Labitte (1870) ; en *mar.* de Bauzonnet, 200 fr. au catal. Morgand et Fatout, et en *mar.* de relieurs di secondo cartello, deux exempl. à 180 fr. au même cat. ; en *mar.* de Trautz, 400 fr. cat. Fontaine de 1872. Nous citerons encore un délicieux exempl., relié en *mar. doublé*, par Padeloup, haut. 0m,134, qui fait partie du cabinet de M. de Ganay.

— Œuvres de Clément Marot, annotées, revues sur les éditions et précédées de la vie de Clément Marot, par Charles d'Héricault. *Paris, Garnier*, 1867, in-8, portr.

Il y a eu de cette édition un certain nombre d'exempl. tirés sur grand papier de Hollande.

Un de ces derniers, 14 fr. Sainte-Beuve.

— Œuvres de Clement Marot, de Cahors. *Lyon, N. Scheuring* (impr. *Perrin*), 1869, 2 vol., petit in-8, portr.

10 exempl. ont été tirés sur pap. de Chine, 100 sur

pap. Whatman, et 150 sur pap. teinté. — En demi-rel., 116 fr. Garde, sur pap. de Chine.

Sur pap. Whatman, broché, 59 fr. de Lescoet, et sur pap. ord., 35 fr. même vente; sur pap. Whatman, en *mar.* de Chambolle, 300 fr. Fontaine, et sur pap. teinté, en *mar.* du même relieur, 150 fr. au même cat. de 1875.

— Œuvres de Clément Marot, revues et annotées par Georges Guiffrey. *Paris, Morgand et Fatout,* 1877, 6 vol. in-8 (*imprimés par A. Quantin, succ. de Claye*), fig. et ornements.

Cette édition définitive est exécutée avec un soin et un goût parfaits; le papier, fabriqué par la maison Van Gelder, d'Amsterdam, porte la devise de Marot et le chiffre de G. Guiffrey, qui fait à ses risques et périls cette belle publication.

Les tomes II et III ont paru; le tome Ier, qui contiendra la biographie et la bibliographie, paraîtra malheureusement ‹ le dernier ; malheureusement pour nous, qui aurions profité des savantes recherches de M. Guiffrey.

Les prix sont élevés : 500 exempl. sont tirés sur pap. de Hollande, à [50 fr. le vol. ; 25 exempl. sur pap. de Chine à 100 fr., et 25 exempl. sur Whatman également à 100 fr.

— L'Enfer de Clement Marot de Cahors en Quercy, valet de chambre du Roy. *Item* aulcunes Ballades, et Rondeaulx appartenans à largument. Et en oultre plusieurs aultres compositions dudict Marot, par cy-deuant non imprimees. *A Lyon, chés Estienne Dolet*, 1542, pet. in-8.

Le bel exempl. de Ch. Nodier, plein de témoins, 0m,153 de haut., 570 fr. Yéméniz.

— Le Dieu Gard de Clement Marot. *Imprime par Iehan Lhomme le IX iour de may mil cinq centz XXXVii*, pet. in-8, goth., de 4 ff.

Édition originale d'une pièce intéressante, réimpr. avec *les traictez du différent de Marot, Sagon,* etc.

Elle est fort rare; un bel exempl., relié par Trautz, faisait partie de la biblioth. Cigongne.

— Notices biographiques sur les Trois Marot, par G. Colletet..., publiées pour la première fois par G. Guiffrey. *Paris, Lemerre,* 1875, in-12, 5 fr.

PSEAUMES.

— Cinquante Pseaumes (compris le canticque de Symeon), en Françoys, par Clement Marot. *Item* une epistre par luy nagueres envoyee aux Dames de France, une epistre au roy, les Commandements de Dieu, les articles de la foy, l'Oraison dominicale, la Salutation angélique, deux prières, l'une avant l'aultre après le repas. Le tout en ryme Françoyse par ledict autheur. *S. l. (Paris)*, 1543, pet. in-4.

Un bel exempl. de ce livre rare figurait à la vente Offor; nous ignorons s'il a disparu dans l'incendie qui a dévoré une grande partie de cette belle collection.

Un bel exempl. en anc. rel. à comp., 300 fr. marquis de B. de M.

— Pseaulmes cinquante de Dauid, mis en vers Françoys, par Clement Marot.

Lyon, Godefroy et Marcellin Beringen, 1549, pet. in-8. musique.

200 fr., cat. à prix marqués de M. Tross.

— Cinquante Psalmes de Dauid. Traduitz en Rhitme françoise selon la vérité Hébraïque, par Cl. Marot. *A Mons, on les vend en la rue de Sampson, par Jehan Monsieur, L'an* 1554, in-16 de 138 pp. et 3 ff. non chif., sign. A. Iiiiij. (*Imprimez en Anuers chez Jean Verwithager, Imprimeur juré, l'an M. D.,Liiii.*) La seconde partie du volume dédiée au cardinal de Lorraine, archevêque de Reims, est intit. : Cent Psalmes de Dauid qui restoient a traduire en Rhitme Françoise, traduictz par maistre Jeã Poictevin, chantre de Sainte Radegonde de Poictiers. *A Mons,* 1554. (5 ff. lim., 305 pages et 1 f. blanc). Le privilège est aux noms de Martin Nuyts et Lambert Lenfant. 80 à 100 fr.

— Pseaumes (les) de Dauid, mis en rime françoise par Cl. Marot et Th. de Besze. Ausquels avons mis a l'opposite de la rime les vers en prose de la traduct. de feu M. Lois Bude. *S. l.,* 1561, in-16 de 8 ff. lim., 248 pp. et un f. pour la table. Musique. 31 fr. (nov. 1866).

L'exempl., que nous avons vu passer en vente, contenait en outre à la suite : *Calendrier, ou Almanach historial. S. l.,* 1561, 8 ff.. — *La Forme des prières,* 16 ff. — *Le Catéchisme, S. l.,* 1561, 45 ff. — *Prières et confession de foy faicte d'un commun accord par les François qui désirent vivre suivant la pureté de l'Évangile. S. l.,* 1561, III et 13 ff.

— Les ‖ Pseaumes de ‖ David, mis en ‖ rime fran-‖ çoise : ‖ Par Clement Marot & Theodore de Besze. ‖ *A Caen, ‖ de l'imprimerie de Simon Mangeant, M. D. LXII,* in-8, lettres rondes, de VIII ff. lim. et 383 pp. chif., avec musique notée; suit une partie, avec sign. et pagination séparées : *La forme des prières ecclésiastiques,* de 168 pp.

Cette édition est fort belle et surtout fort rare. 20 à 30 fr.

— Les Pseaumes mis en rime Françoise, par Cl. Marot et Theod. de Bèze. *A Lyon, par Ian de Tournes, pour Antoine Vincent,* MDLXIII, signat. A-Z, aa-pp. de 8 ff. — La forme des prières ecclésiastiques.... *Id., ibid.,* 1563, sign. a-q, 12 ff., fig. s. b., musique et privilège du roi Charles IX. Le vol. commence par un *Calendrier historial,* impr. en rouge et en noir, avec une fig. gr. s. b. en tête de chaque mois. Jean de Tournes a employé pour les bordures le bois légèrement obscènes qui servaient à l'ornementation des *Métamorphoses d'Ovide;* le vol. est publié avec un privilège du roi Charles IX.

370 fr. en nov. 1865, pour M. F. Didot ; 435 fr. Yéméniz.

— Les Pseaumes de David, mis en rime Françoise par Clément Marot et Théodore de Bèze. Ensemble la prose correspondante verset pour verset, avec brèves annotations reveuës et augmentées de nouveau.... *Saint-Lô, Th. Bouchard et J. Le Bas,* 1565, in-8.

Ce livre serait le premier livre imprimé à Saint-Lô, si l'on pouvait prouver l'authenticité de l'attribution ; déjà le catal. Offor avait signalé un *Kalendrier historial,* de *Saint-Lô,* 1567, in-16 ; ce volume des *Pseaumes* de 1565, dont M. Fétis possédait un exempl., viendrait à l'appui de la thèse soutenue par M. Cotton.

— Les Pseaumes, mis en rime Françoise, par Clément Marot et Théodore de Bèze, mis en musique à quatre parties par Claude Goudimel. *S. l. (Lyon),* par les héritiers de Fr. Jaqui, 1565, in-12.

Fort rare; les quatre voix sont imprimées en regard; un bon exempl., acheté chez M. Tross, figure au catal. Fétis, n° 1448.

— Les Pseaumes mis en rime françoise par Clément Marot et Theodore de Bèze. *S. l. (Genève),* par

Thomas Courteau, pour Anthoyne Vincent, M.D.LXVI, pet. in-12.

Ce joli vol. est imprimé en caract. de civilité ; il comprend la musique notée des Pseaumes , est précédé d'un *Kalendrier ou Almanach historial*, de 24 pp., et se termine par *la forme des prières ecclésiastiques*.

26 fr. en 1867; en *mar.* de Duru , 105 fr. Bordes ; 200 fr. au cat. Fontaine de 1875.

— PSEAUMES de David, mis en rime françoise, par Cl. Marot et Th. de Beze. *A Leyden, chez Lowis Elsevier*, 1600, pet. in-8, ou plutôt in-16, frontispice gr.; les 4 ff. supplém. contiennent une épître en vers de de Bèze et la table.

Fort rare; c'est le premier livre français qui porte le nom d'Elsevier.

52 fr. Pieters; en *mar.* de Capé, 155 fr. La Villestreux.

— LES CL PSEAUMES de David, mis en rime françoise par Cl. Marot et Théod. de Bèze. *A Middelbourg, par Symon Moulert*, 1616, in-48, musique notée.

Petite édition rare, qui n'a que 59 mill. de haut.

Dans une très-charmante reliure du Gascon à mille points, véritable bijou de délicatesse, 545 fr. La Villestreux.

MAROT (*Jean*). [9913]

Nous empruntons à l'ouvrage de M. Destailleur (*Notices sur quelques artistes français du XVIe au XVIIIe siècle*) quelques détails bibliographiques sur Jean et Daniel Marot.

— RECUEIL de plusieurs portes des principaux hostels et maisons de la ville de Paris, ensemble le retable des plus considerables autels des églises; nouvellement faict et mis en lumière par J. Marot. *A Paris, chez l'autheur, demeurant au faubourg S. Germain, en la rue Princesse. S. d.*, in-fol.

Ce recueil se compose des portes des hôtels de Soissons, de la Vrillière, de Senecterre, de Bautru, etc., puis des façades de l'église des Filles Sainte-Élisabeth et du Val-de-Grâce, de divers retables, d'un tabernacle et de la *graute du Lusambour* (sic).

Pièces supérieurement gravées; la première édition se compose de 16 pièces, compris le titre; sur la planche représentant la porte de l'hôtel de Soissons, on lit, gravée à l'eau-forte, la date de 1644.

4 éditions sont signalées par M. Destailleur.

— RECUEIL des plus beaux édifices et frontispices des églises de Paris, dédié à... Henry de Harlay, baron de Pallemor et de Sancy... par son tres humble serviteur van Merlen. Dessignées et gravées selon leur mesure par Jean Marot, gr. par J. Lepautre.

Ce recueil intéressant comprend 3 suites, de XI, XII et XIII pièces; voir au livre de M. Destailleur le détail des pièces.

Il y a quatre tirages; le second est édité par P. Mariette, et le troisième par Jombert en 1753.

— LE MAGNIFIQUE chasteau de Richelieu, en général et en particulier, ou les plans, les élévations et profils généraux & particuliers dudit chasteau... 19 planches in-fol., obl.

Au titre, une dédicace et un avis au lecteur.

— ARCHITECTURE française de Jean Marot. — 195 planches sans titre, mais avec une tête de laquelle on lit : *Table du Recueil cy-dessus des planches des sieurs Marot père et fils*. In-fol.

Mariette a fait plusieurs tirages de ces planches et Jombert en a donné une dernière édition détestable.

— RECUEIL des plans, profils et élévations de plusieurs palais, chasteaux, églises, sépultures, grottes et hostels, bastis dans Paris et aux environs.., dessignés, mesurés et gravés par Jean Marot, architecte parisien. 112 planches, plus le titre.

2e édition donnée par Mariette.

3e édition donnée par Jombert.

— LIVRE nouveau de l'art d'architecture des cinq ordres, de plusieurs recueils de cette science... desseignés correctement d'après Vitruve, Scamozzi, Palladio, Vignole et de Lorme, par le Sr de Lavergne, architecte du roy... trouvé dans son cabinet après son décès, et reveu par Jean Marot... *A Paris, chez P. Bertrand... avec Privilége. J. Marot fecit.* 43 pl. in-fol.

— RECUEIL de diverses pièces modernes d'architecture et nouvelles inventions de portes, cheminées, ornemans (sic) et autres. *I. Marot fecit. A Paris, chez Langlois, dit Chartres, avec priv.*

22 planches numérotées, compris le titre.

— 2e édit. chez Mariette; 3e édit. chez Jombert, compris au *Petit œuvre d'architecture de J. Marot. Paris*, 1764, in-fol.

Pièces séparées pour mausolées, frises, cheminées, alcôves, etc.

Voir le détail à l'intéressant ouvrage de M. Destailleur.

MAROT (*Daniel*), fils de Jean.

M. Destailleur nous donne le détail des pièces gravées en France avant 1685; après la révocation de l'édit de Nantes, Daniel Marot se retire en Hollande, puis en Angleterre.

— ŒUVRES du sieur D. Marot, architecte de Guillaume III, roy de la Grande-Bretagne, contenant plusieurs pensées utiles aux architectes, peintres, sculpteurs, orfévres, jardiniers & autres ; le tout en faveur de ceux qui s'appliquent aux beaux-arts. *A Amsterdam. Se vend chez l'autheur, avec privilége de nos seigneurs les Etats Généraux des Provinces-Unies de Hollande et de West-Frisse* (sic). MDCCXII. 260 pl. in-fol.

Paysages, perspectives, parterres, statues, fontaines, etc.

Il y a une seconde édition dont le titre est changé; nous le donnons textuellement :

— ŒUVRES du sieur D. Marot, architecte de Guillaume III, roi de la Grande-Bretagne, contenant plusieurs penssez utile aux architectes, peintres, sculpteurs, orfévres & jardiniers, & autres; le toutes en faveur de ceux qui s'appliquèrent aux beaux-arts. *A la Haye, Chez Pierre Husson.*

marchand libraire sur le coin du Speny, prait le Capelbrugh, avec privilége des Etats-Généraux des Provinces-Unies & d'Hollande & de West-Frisse, in-fol., s. d.

Il existe une autre copie avec titre latin et hollandais, et des copies allemandes.

MARQUARD (*Johannes*). Tractatus politico-juridicus de jure mercatorum et commerciorum singulari..... libri IV. *Francoforti. Ex offic. Thomæ Matthiæ Götzii*, 1662, in-fol. de v ff. lim., 744 pp., 69 ff., titre gravé.

Ouvrage d'une haute importance pour l'histoire du droit commercial international, il renferme de précieux documents sur la colonisation des Suédois en Amérique.

100 fr. au catal. Leclerc (Maisonneuve), 1878.

MARQUEZ (D^r *don Joseph Micheli*). Tesoro militar de cavalleria antigvo y moderno modo de armar cavalleros, y professor, segvn las ceremonias de qualquier orden militar... *Madrid, D. Dias de la Carrera*, 1642, in-fol. de v ff. lim. et 118 ff., fig. s. bois, représentant des costumes et des décorations des ordres religieux et militaires.

C'est un des livres les plus rares qui aient été consacrés à l'histoire des ordres religieux ; les exemplaires offrent une particularité ; les uns ont un titre, avec les armes de Nicolas Cordona, maître des requêtes de Philippe III, avec une dédicace à son nom ; d'autres sont dédiés au cardinal Perès de Guzman, patriarche des Indes, dont les armes remplacent au titre celles de Nic. Cordona.

30 à 40 fr.

MARQUILLES. Commentaria Jac. de Marquilles super usaticis barchiñ. *S. l. n. d. (Barchinonæ*, 1505), in-fol., goth., à 2 col.

L'exemplaire imprimé sur *vélin*, dont parle M. Brunet, à l'art. 3000, a été vendu 480 fr. à la vente du bibliographe.

MARRACCI (*P. H.*). Bibliotheca Mariana alphabetico ordine digesta et in duas partes divisa, qua auctores qui de Maria Deiparente virgine scripsere, cum recensione operum, continentur, auct. P. Hipp. Marraccio. *Romæ, Caballus*, 1648, pet. in-8, 2 vol.

Ouvrage fort rare, où l'on trouve la liste biographique et le catal. bibliographique de plus de 3,000 auteurs qui ont consacré leurs loisirs à la célébration des vertus mystiques de la Vierge.

Cet Ippolito Marracci a publié un grand nombre de volumes, tous fort rares et fort peu précieux, à la louange de la mère de Dieu.

MARTEAU (*Martin*). Le Paradis délicieux de la Touraine, qui comprend dans une briefve chronologie ses raretés admirables... le tout divisé en quatre parterres, qui font IV parties. La 1. traite des beautez... de la royalle ville et duché de Touraine. La 2. des archevesques de Tour. La 3. de l'état ecclésias-

tique. La 4. des vies des saints et saintes, par le P. Martin Marteau, religieux carme tourangeau. *Paris, P. Dupont et L. de la Fosse*, 1660-61, 2 tomes en 1 vol. in-4. [24403]

Le P. Marteau dit, dans le dernier chapitre : « Cette première impression n'étant que comme un essay... je n'en ay fait tirer que fort peu d'exemplaires, pour mettre à la censure d'un chacun... » Elle est rare en effet.

Voici ce que nous communique M. Potier :

Il existe à la date de 1660, *Paris, P. Dupont*, des exempl. qui ont IV ff. lim., contenant une épitre-dédicace à Fouquet, une autre épitre aux maire et échevins de Tours, des stances sur le *Paris délicieux* par Lebas, et la permission des supérieurs de l'auteur. D'autres exempl., à la date de 1661, *Paris, L. de la Fosse*, ont VII ff. lim., contenant une épitre dédic. à V. Le Bouteillier, archevêque de Tours, deux pièces de vers sur cet archevêque par Marteau, un anagramme sur le nom de l'auteur, 5 pp. de table et 1 feuillet pour les stances de Lebas et la permission des supérieurs.

Le titre à la date de 1660, et les ff. lim. contenant la dédicace à Fouquet, etc., furent supprimés sans doute par suite de la disgrâce du surintendant, qui survint en 1661.

En *vélin*, 120 fr. Luzarche ; en *veau*, 45 fr. Le Ver ; en *mar*. de Capé, 215 fr. Taschereau, et 400 fr. au catal. Fontaine de 1875.

MARTIAL. Paris intime. Notes et eaux-fortes. *Paris*, 1874, in-fol.

Ce volume, tiré à 240 exemplaires sur papier *vergé*, et 60 sur papier de Chine, renferme 30 grandes planches gravées à l'eau-forte, et un grand nombre de vignettes, 60 à 75 fr.

MARTIAL (Dumas) de Brive. Les OEuvres poétiques et sainctes du R. P. Martial de Brive. *Lyon, Al. Fumeux*, 1655, in-4. [14019]

40 fr. Desq ; 32 fr. W. Martin ; 30 fr. Mart. Millet.

— LE PARNASSE séraphique et les derniers soupirs de la muse du R. P. Martial de Brives, capucin. *Lyon, Franc. Demasso*, 1660, in-8, front. et 4 gravures.

En *mar*. de Chambolle, 212 fr. Potier, prix évidemment exagéré ; l'exemplaire de Nodier, en *mar*. de Koehler, n'avait été vendu que 50 fr. Huillard ; 180 fr. Leb. de Montgermont.

MARTIAL de Paris, dit d'Auvergne. Aresta Amorvm. Cum ervdita Benedicti Curtii Symphoriani explanatione. *Lugduni, apud Seb. Gryphium*, 1533, in-4. [17995]

Le 4e feuillet des préliminaires est blanc, avec la marque de Gryphe au verso ; le français est imprimé en romain et le latin en italique.

En *mar*. de Niédrée, exemplaire d'A. Bertin, 60 fr. Yéméniz ; en *mar*. de Thompson, 36 fr. Potier (1872).

— ARESTA amorum, cum erudita... explanatione. *Lugduni, apud Seb. Gryphium*, 1538, pet. in-4, de VI ff. lim., 309 pp. de texte, plus 12 ff. d'index, et 1 f. avec la marque.

Édition rare qui ne renferme, comme la première de 1533, que 51 arrêts.

39 fr. marques de B. de M.

— Déclamations (Les), procédures et arrestz d'amour, donnez en la cour et parquet de Cupido, à cause d'aucuns différens entendus sur ceste police. *Paris, Nicolas Chrestien*, 1555, in-16, fig. s. b.

En *mar.* de Thibaron-Échaubard, 22 fr. Desq.

— Aresta amorum LII, accuratissimis Ben. Curtii Symphoriani commentariis. *Parisiis, apud Guil. Nigrum, in vico Jacobaeo, sub insigne Rosae Albae coronatae*, 1556, in-16, de 889 pp. et xiv non chiff. pour la table; texte en latin et français.

Édition rare et bien imprimée; le 52e arrêt sur les maris ombrageux, avec l'ordonnance sur le faict des masques, fait partie de l'édition; un exemplaire en *mar.* de Capé est porté à 50 fr. au *Bulletin* d'A. Aubry.

— LIII Arrests d'amours... *Rouen, Raphaël du Petit-Val*, 1587, in-16.

En *mar.* de Trautz, 37 fr. Desq.

— Droictz nouveaux et arretz d'amours publiez par Messieurs les Sénateurs du parlement de Cupidon, sur l'estat et police Damour pour avoir entendu le différant de plusieurs amoureux et amoureuses. *On les vend à Paris en la rue Neufue Nostre-Dame, par Alain Lotrian, à l'enseigne de l'Escu de France*, 1541, in-8, lettres rondes, de 119 ff. [17995]

Cette édition, ornée de figures sur bois, renferme 52 arrêts, plus l'ordonnance contre les masques; en *mar.*, 75 fr. catal. Gonzalez (à prix marqués).

— Les Arrêts d'amours... édition de Lenglet du Fresnoy. *Amsterdam*, 1731, 2 vol. in-12.

En *mar.* de Derome, exemplaire Pixérécourt, 410 fr. Brunet.

— L'Amant rendu cordelier à l'observance damour. *S. l. n. d. (marque de Guil. Nyverd)*, pet. in-8.

Rel. en *anc. mar.*, avec 3 autres pièces fort rares (no 1853 du catal. La Vallière), 1,520 fr. Brunet, pour M. de Lignerolles, croyons-nous.

— Les presentes deuotes louanges a la vierge Marie ont este imprimees pour Symon Vostre... *Achevees le* xvii *iour de aoust* 1509 *pour Symon Vostre libraire*, in-8, goth. [13271]

En *mar.* de Trautz, double de la bibl. Cigongne, 275 fr. Chedeau.

— Mattines en francoys... Cy finêt les matines en frācoys nouellement faites sur la genealogie et vie nostre dame. *S. l. n. d.*, in-4, goth.

La note, donnée par M. Brunet, a besoin d'être remaniée.

Le savant bibliographe dit que le livre est le même que celui qu'il décrit, et dont nous parlons nous-même, sous le titre de : Les Louanges de la Vierge, et que cette édition n'est pas moins ancienne que celle de 1492, car le caractère qui a servi à son impression ressemble beaucoup à celui de l'*Abusé en court* et du *Doctrinal de court* (lisez *du temps présent*)... et par conséquent le livre doit appartenir à l'imprimerie Lyonnaise de la fin du xve siècle, ce qui est trop vague.

Ce n'est pas assez de dire que cette édition n'est pas moins ancienne que celle de 1492; il est d'une évidence absolue qu'elle est plus ancienne; en effet, la forme des *Mattines* est incontestablement celle que l'auteur a choisie de prime abord; il l'a modifiée dans l'édition de 1492, et c'est ce dernier texte

et cette dernière forme qui ont été suivis dans les éditions de 1494, de 1498 et de 1509.

M. Brunet dit que c'est le caractère de l'*Abusé en court* et du *Doctrinal du temps présent*, pièces qui ont été imprimées suivant lui vers 1480; alors on peut légitimement conclure du fait, sinon que les *Mattines* sont de la même époque, tout au moins qu'elles sont antérieures à 1492.

Le seul exemplaire connu complet a été cédé par M. Potier à M. de Rothschild.

L'exemplaire La Vallière, incomplet du titre, a été acheté à la vente Monmerqué par la Bibl. nation.

— Sensuivent les vigilles de la mort du feu roy Charles septiesme... contenant la cronique et les faitz aduenuz dvrant la vie du dict feu Roy, composees par maistre marcial de paris dit dauuergne. *Imprime a Paris pour Iehan du pre*, 1493, in-fol., goth., à 2 col., fig. s. b. [13271]

Le bel exemplaire A. Bertin, avec le titre, en une ligne, reproduit avec perfection, en *mar.* de Trautz, 300 fr. Chedeau.

— Les mêmes. *Impr. à Paris par Pierre le Caron*, s. d., in-fol., goth., à 2 col., fig. s. b.

En *mar.* de Duru-Chambolle, 420 fr. Desq; revendu 640 fr. Potier.

— Les Vigilles ‖ de la mort du roi Charles septieme a neuf pseaul ‖ mes et neuf leçons contenans la cronique et les faictz ‖ aduenuz durant la vie du dict feu Roy, cōposees par ‖ maistre Marcial de Paris, dict dauuergne ‖ en parlement. ‖. (A la fin :) *Imprime a Paris, par Robert Bouchier... en l'enseigne de l'escu au soleil*, s d. (après 1500), in-fol., goth., à 2 col., de 94 ff., fig. s. b.

On lit à la fin :

Den achater chascun ‖ son devoir face ‖ dedans le pallays les ‖ vent Guillaume Eustace.

Sur le titre, quelques exemplaires portent la marque de Durand Gerlier.

Un bel exemplaire de l'édition de Guil. Eustace, en *mar. double* de Niédrée, 350 fr. Danyau ; revendu 700 fr. Benzon.

— Les Poësies de Martial de Paris, dit d'Auvergne, *Paris, Coustelier*, 1724, 2 vol., in-12.

En *mar.* anc., un exemplaire imprimé sur *vélin*, aux armes de l'abbé d'Orléans de Rothelin, 205 fr. Double; revendu 200 fr. Desq, et 211 fr. Em. Gautier.

MARTIALIS (*M. Val.*). Epigrammata. *Romæ, Sweynheym et Pannartz*, 1473, in-fol., sans ch., récl. ni sign. [12549]

Belle édition dont l'importance et la rareté sont bien connues.

300 fr. de Morante.

— Martialis epigrammatum opus. *Impressum Venetiis, impensis Joh. de Colonia, sociique eius Ioh. Manthen de Gherretzen*, 1475, in-fol.

65 fr. de Morante.

— Martialis epigrammata. *S. l. n. d.*, in-4, goth., sign. A-S.

Édition fort rare, imprimée par Vindelin de Spire, avec les caractères dont il s'est servi pour le *Dante* de 1477.

En *mar.* de Derome, 170 fr. de Morante.

— Marci Valerii Martialis Hispani Xenia et Apophoreta. (*In fine :*) *Impressa Lipczik per Jacobum*

Thanner herbipolensem anno domini M. cccc. xcviij, in-4, goth., de 36 ff.

Édition rare et bien exécutée.

20 fr. De Lassize.

— MARTIALIS. *Venetiis, in aedibus Aldi, mense decembri* M. DI, pet. in-8.

Deux exemplaires sur *vélin* sont à la Bibl. nation., l'un d'eux, en *mar. vert*, orné seulement d'un double filet d'or, a appartenu à Grolier; ses armes (d'azur à trois besans d'or, surmontés chacun d'une étoile) sont délicatement peintes en or et couleur à la première page, et sur le feuillet de garde, en *vélin*, on lit : « *Mei Jo. Grolier* (sic). *Lugdun. et amicorum.* »

Grolier possédait un grand nombre de beaux exemplaires de cette charmante et rare édition des Aldes; M. Le Roux de Lincy en signale six.

Un exemplaire médiocre de cette édition, 26 fr. de Morante, prix de la reliure en *mar.* de Capé, dont il était recouvert; un bel exemplaire en *mar.* de Trautz, 120 fr. Leb. de Montgermont.

— MARTIALIS (M. V.) Poete venustissimi... epigrammatum libri... *Lugduni, excusi in edibus Johannis Moylin, al's de Cambray, sumptu honesti viri Romani Morin, bibliopole,* 1522, in-fol., goth., fig. s. b.

Édition rare, qui prouve des relations commerciales, établies au commencement du XVIe siècle, entre ces deux grandes villes d'imprimeurs : Rouen et Lyon.

En *mar.* de Duru, 90 fr. de Morante.

— MARTIALIS Epigrammata. *Parisiis, apud Simonem Colinaeum,* 1540, pet in-16.

Dans une charmante reliure de l'époque, en *veau fauve,* à compart., d'une simplicité pleine d'élégance, avec cette devise : *Tu tibi ipse sis fortuna.* 340 fr. Double.

— EPIGRAMMATON libri XIIII. *Apud Seb. Gryphium, Lugduni,* 1546, in-16.

Dans une jolie reliure italienne, 40 fr. Gancia; en *anc. mar.,* 65 fr. de Morante.

— MARTIALIS Epigrammata, interpr. et notis illustravit Vinc. Collesso, ad usum Delphini. *Parisiis,* 1680, in-4.

Un bel exemplaire, en *mar.* de Du Seuil, 33 fr. seulement, de Chaponay.

— MARTIALIS Epigrammata. *Londini, Tonson et J. Watts,* 1716, in-16.

Belle et bonne édition donnée par Michel Maittaire, le bibliographe.

Un exemplaire en *mar.,* aux armes du prince Eugène de Savoie, 90 fr. de Morante.

— TUTTI li Epigrammi fedelmente trad. in Italiano da Giuspanio Graglia, Torinense... *Londra, Giorgio Scott,* 1782-1791, 2 vol. gr. in-8.

Frontispice gravé par Bartolozzi, d'après Cipriani; le texte latin est accompagné de la trad. littérale, et de longues notes; c'est la version la plus complète qui existe de Martial.

— MARTIAL. The Index expurgatorius of Martial, literally translated, comprising all the épigramms.. omitted by English translators... Printed for the private circulation. *London,* 1868, in-8, de 140 pp., dont la dernière non chiffrée pour l'*errata*.

150 exemplaires, dont 30 sur grand papier.

MARTILLOGE (Le) des faulces lengues, tenu au temple de Denger. *Paris, Jehan Lambert,* 1493, pet. in-4, goth.

Pièce fort rare; l'exemplaire du baron Pichon, vendu 405 fr., provenait d'un recueil qui, de Colbert (no 11711), est passé chez le comte d'Hoym no 2249), et de là en Angleterre, où il a été divisé.

MARTIN (*Alexis*). Étude sur les Ex-Dono et Dédicaces autographes, avec 8 planches de fac-simile d'autographes modernes. *Paris,* 1877, gr. in-8, de 40 pp. et 8 pl.

200 exemplaires sur papier *vergé,* à 6 fr.; 21 exemplaires sur papier Whatman, à 12 fr.; 4 exemplaires sur papier de Chine, à 15 fr.

Étude qui demande un complément; l'auteur aurait dû étendre ses recherches à partir de la découverte de l'imprimerie, et passer en revue les plus célèbres *Libros Amicorum.*

MARTIN (*Claude*). La vie de la vénérable mère Marie de l'Incarnation (Marie Guyard, veuve de Claude Joseph Martin), première supérieure des Ursulines de la Nouvelle France, tirée de ses lettres et de ses écrits (par le R. P. Cl. Martin, son fils, Bénédictin). *Paris, Louis Billaine,* 1677, in-4, portr., XVII ff. lim., 757 pp., VI pp. à la fin.

La mère Marie de l'Incarnation, née à Tours en 1599, mourut à Québec en 1672.

68 fr. Taschereau; et un second exemplaire, avec le portrait rogné, 58 fr. même vente; un bel exemplaire, 102 fr. Tross (janvier 1873); un exemplaire, qui paraît incomplet du portrait, est porté au prix considérable de 200 fr. au catal. Maisonneuve (1878).

La vie de cette vénérable supérieure fut encore écrite par le P. Xavier Charlevoix.

— Une édition de *Paris, Cl. Briasson,* 1724, pet. in-8, portrait, 26 fr. Taschereau, et une autre de *Paris, P.-G. Le Mercier,* 1735, in-8, 30 fr. même vente.

— LETTRES de la vénérable mère Marie de l'Incarnation. Voy. LETTRES.

— RETRAITES de la vénérable mère Marie de l'Incarnation, religieuse ursuline. Avec une exposition succincte du cantique des cantiques. *Paris, veuve L. Billaine,* 1682, in-12, de XVIII ff. lim., et 248 pp.

Ce rare volume, publié par Dom Claude Martin, manquait à la collection Taschereau; il est coté 60 fr. au catal. Maisonneuve.

La Vie de la mère Marie de l'Incarnation, vient d'être publiée à nouveau, et sur des documents originaux, par M. l'abbé Casgrain, du diocèse de Québec. *Québec,* 1855, in-8, portr. et deux gravures.

MARTIN (*Cornille*). Généalogies des forestiers & comtes de Flandres avec briève histoire de leurs vies : recueillies par Cornille Martin : ornées des vrais pourtraicts et habits à la façon de leur temps, tirés des anciens tableaux par Pierre Balthasar. *Anvers, Plantin* (1612), *imprimé par Robert Bruneau pour Baptiste Vrient,* 1608, in-fol., fig. [28891]

Ce livre, imprimé dès 1608, ne fut, à cause du retard apporté par la gravure et le tirage, vendu qu'en 1612; ce volume est « curieux à cause de ses antiquitez, tirées des pièces et monumens authentiques, par le soin de l'industrieux Jean-Bapt. Vrients, et gravées par Pierre Balthasar, connu sous le nom de *Battens* et par la marque de P. B., qu'on voit sur plusieurs curieux morceaux de sa façon. Le susdit

J.-B. Vrients détaille fort savamment le véritable usage des portraits. »

Cette note est extraite du catal. de Pierre Foppens, dont le fond de librairie et la bibliothèque furent vendus à Bruxelles en 1752, et où se trouvaient 6 exemplaires du livre ci-dessus.

Ce catalogue intéressant forme un volume in-4 de 4,460 numéros; il est rare avec les prix d'adjudication.

MARTIN (*Daniel*). Parlement nouveau, ou Centurie interlinaire de deuis facetieusement sérieux et sérieusement facetieux... parsemé de discours, histoires, sentences et proverbes (en françois et en allemand), par Daniel Martin. *Strasbourg, héritiers de feu Lazarus Zeizner*, 1637, in-8. |11236]

Cette édition rare est à peine indiquée au *Manuel;* ce qui donne à ce volume quelque intérêt, c'est qu'il s'y trouve, à la page 277, un passage vraiment curieux sur Tabarin et sa fin tragique.

12 fr. Veinant, et serait plus cher aujourd'hui.

MARTIN (*David*). Voy. TESTAMENT.

MARTIN (*Henri*). Histoire de France, depuis les temps les plus reculés jusqu'en 1789. *Paris, Furne, Jouvet et Cie,* 1865, 17 vol. in-8, portr. et fig.

Cet excellent ouvrage est un véritable monument national, élevé à la France; il est constamment réimprimé.

Les beaux exemplaires, en demi-rel., se vendent de 120 à 150 fr. au moins; un exemplaire, enrichi de 587 portraits de Fiquet, Savart, Marcenay, Desrochers, Odieuvre, etc., 800 fr. au catal. Fontaine de 1872; et au même catal. un autre exemplaire, avec 356 portr. et planches ajoutées, 550 fr.

MARTIN (*J.*). Le Paradis terrestre, óu Emblemes sacrez de la solitude, dediez av saint ordre des Chartreux. Auec un recueil des plus beaux vers latins et françois sur la solitude... *Paris, J. Henault,* 1655, pet. in-8, front. et 20 emblèmes, finement gravés par Nicolas Cochin.

Un exemplaire incomplet de 2 ff., 20 fr. Maisonneuve.

MARTIN (*D. Jacq.*). Histoire des Gaules et des conquêtes des Gaulois, depuis leur origine jusqu'à la fondation de la monarchie françoise. *Paris, Le Breton,* 1752, 2 vol. in-4, cartes. [23179]

En *mar.*, aux armes de Mme de Pompadour, 140 fr. Desq.

MARTIN (*Jean*). La Police et Règlement du grand bureau des pauures de la ville et fauxbourgs de Paris. Auec un petit traicté de l'aumosne, ensemble la complaincte de charité malade aux riches Terriens, *A Paris, chez Gervais Mallot,* 1580, in-16.

Livre rare, et présentant un assez grand intérêt pour l'histoire de la ville de Paris; il ne nous est pas possible d'en citer d'adjudication; M. Brunet en

parle d'après La Croix du Maine, à l'art. G. Montaigne.

MARTIN (*Pierre*). Osteologie historiale, ou description des os du corps humain par histoire, dans laquelle se voit au vray l'administration parfaite d'une monarchie au rapport de l'union des os du corps humain, par maistre Pierre Martin, docteur en médecine, demeurant à Chinon. *Saumur, René Hernault,*1619, in-8.

Livre rare et singulier; un exemplaire vendu par Jannet, 18 fr. en 1853; relié depuis par Capé, a été porté à 81 fr. à la vente Taschereau.

MARTIN d'Orchesino. Triumphe de haulte et puissante dame Vérole. Nouvelle édition complète avec une préface et un glossaire par Anatole de Montaiglon, et le fac-simile des bois du *Triumphe* par Adam Pilinski. *Paris, Willem*, 1874, in-12, de 12 ff.

Charmante édition, tirée à petit nombre et aussitôt épuisée.

MARTIN de Vitré (*Fr.*). Description du premier uoyage faict aux Indes-Orientales par les François (marchands de St. Malo, Vitré et Laval || en 1603 || par Fr. Martin de Vitré. *Paris, Sonnius,* 1604, in-8. [20663]

Volume intéressant et rare, dont une édition de 1609, *ibid., id.*, est citée par M. Brunet à sa table méthodique.

Cette dernière édition est portée par M. Tross, à 40 fr., dans un de ses catalogues de 1874.

MARTIN. Le maistre d'ames ou l'abrégé de l'exercice de l'épée. *Strasbourg, chez l'auteur,* 1737, 1 vol. in-12, fig.

MARTIN de Nantes. Voy. RELATION.

MARTINEAU (*Clarey*). Tableaux chronologiques de l'histoire de la Touraine, publiés sous les auspices de la Société archéologique et avec le concours de plusieurs de ses membres. *Tours et Paris, Clarey,* 1841, in-fol., nombreuses fig.

Un exemplaire, venant de M. de Champoiseau, l'un des auteurs, avec un grand nombre de pièces manuscrites ou imprimées, portraits, vues, etc., ajoutés, 44 fr. Taschereau.

MARTINET. Emblèmes royales à Louis-le-Grand, par le sieur Martinet, aide des cérémonies de France. *Paris, Claude Barbin,* 1673, in-12, 100 gravures en taille-douce.

Quatre exemplaires de ce rare et joli volume figuraient à la vente Van der Helle; le premier, venant d'Audenet, 38 fr.; le second, en *mar.* de Kœhler, 23 fr. seulement; le premier avait les eaux-fortes du graveur.

Les deux autres étaient incomplets. 16 et 11 fr.

MARTINET. Description historique de

Paris et ses plus beaux monuments, gravés en taille-douce par F. N. Martinet, ing^r et graveur du cabinet du roy, pour servir d'introduction à l'histoire de Paris et de la France, par M. Béguillet. *Paris*, 1789, 3 vol. in-4, avec 56 pl. et 1 vignette, dessinées et gravées par Martinet. [24135]

Volume assez recherché aujourd'hui.

MARTINEZ (*Gonçalo*) de Bizcargui. Arte de canto llano y contrapunto y canto de organo con proporciones y modos breuamente compuesto. *Çaragoça (marque de Coci)*, M.DL, in-8, goth.

Volume rare, porté au catal. Salvá.

Antonio signale une édition antérieure de *Zaragoza*, 1512, in-8, qui semble avoir disparu.

MARTINI (Fr. *Giambat.*). Storia della Musica. *In Bologna, Lelio dalla Volpe*, 1757-1781, 3 vol. in-4, pl. et musique.

M. Brunet ne donne pas d'adjudication de ce savant ouvrage; un bon exemplaire a été lvendu 42 fr. Coussemaker (1877); le manuscrit du 4e volume, nous apprend M. Fétis, est conservé à Bologne au couvent des grands cordeliers ou mineurs conventuels.

Il a été tiré de cette édition d'un ouvrage célèbre quelques exemplaires in-fol., avec de riches encadrements à toutes les pages; ces exemplaires étaient destinés à toutes têtes couronnées; M. Fétis en possédait un fort beau.

MARTINUS (*Johannes*). Joannis Martini de usu Astrolabi compendium. *Parisiis, Henr. Stephanus (primus), e regione Scholæ decretorum*, s. d., in-4, front. gr., fig. de géométrie; le titre est imprimé dans un encadrement gravé sur bois.

Ce livre rare, qui date des premières années du XVIe siècle, est resté inconnu à M. Renouard.

MARTINUS Polonus. Incipit crōica sūmoʒ̃ pōtificū Impratoʒ̃qʒ... *Taurini, Joannes Fabri*, 1477, in-4, de 90 ff. à 25 lignes en lettres rondes. (21279)

Voici les six lignes du colophon :

Cronica Martini finit : Diuo philiberto : ‖ ac Sabaudorum sub duce magnanimo ‖ Taurini : forîs hãc pressit : ⳨ aere : Iohaēs ‖ fabri : quem ciuem lingonis alta tulit. ‖ Anno. M. CCCC. LXXVII. Die uero. xxiii. augusti. ‖ Pōtificat' eiusdē Sixti Anno sexto. ‖

Le bel exemplaire La Vallière fait aujourd'hui partie de la Bibl. impér. de Vienne.

En mar., 100 fr. Yéméniz.

MARTINUS Polonus. La Cronique martiniane de tous les papes... *Imprime a Paris, pour Anth. Verard*, s. d. (vers 1503), in-fol., goth., à 2 colonnes, de 46 lignes.

L'exemplaire de M. Solar, vendu 900 fr., en mar. de Duru, a été revendu 1,100 fr. Chedeau, en 1865;

il était parfaitement beau; un exemplaire tout aussi beau, en *mar. doublé* de Hardy, 1,450 fr. Double; revendu 1,099 fr. Desq; un exemplaire, assez médiocre, venant de la bibl. du duc de Sussex, n'a été vendu que 200 fr. Labitte (juin 1876); en *mar.* de Chambolle-Duru, 1,200 fr. catal. Fontaine (1875).

MARTYR (*Pierre*) de Anghiera. Voy. ANGLERIUS.

L'exemplaire Yéméniz de la rare traduction française de l'*Extraict ou Recueil des Isles nouuellement trouuees en la Grand Mer Oceane*, de *Paris, S. de Collines*, 1532, in-4, de VIII ff. lim., 207 ff. chiff. et 1 f. blanc (Harrisse, n° 167), a été vendu 300 fr.; un très-bel exemplaire en *vélin*, 999 fr. Soleil, et relié en *mar.* de Trautz, 2,000 fr. catal. Fontaine (1875).

MARTYR (*Pierre*) Vermilien. Discorso di M. Pietro Martire Vermiglii Fiorentino, fatto ne l'honoratissima scuola Ossoniëse in Inghilterra intorno al sacramento de l'Eucharistia. *Geneva, J. Burgese, A. Dauodeo et F. Jacchi*, 1557, in-16, 361 pp. chiff. et 7 pp. de table non chiff.

Ce volume n'a pas été cité par Lowndes. 20 à 25 fr.

MARTYR (Le) de frere Jacques Clément, de l'ordre de S. Dominicque (par Ch. Pinselet). *Paris, chez Robert le Fixelier*, 1589, pet. in-8, fig. s. b. [23591].

Il faut bien s'attacher à observer si les exemplaires de ce volume sont contiennent le feuillet contenant le passage relatif aux religieux de Saint-Germain des Prés, supprimé par arrêt du parlement de Paris.

Un très-bel exemplaire, en *mar. rouge*, aux armes de Mme de Pompadour, et fort bien relié, ce qui n'arrive pas souvent aux livres de cette provenance, ayant fait partie des collections Letellier de Courtanvaux, Bourdillon et Montesson, vendu par M. Potier 350 fr. à M. Double, a été porté à la vente de ce dernier à 540 fr.; il fait aujourd'hui partie du cabinet de M. le marquis de Ganay.

Un autre exemplaire, contenant également le passage relatif aux Bénédictins, réuni à deux pièces fort rares, en *mar. anc.*, très-beau livre, 108 fr. Lemarié; revendu 355 fr. La Bédoyère (1862), et serait plus cher aujourd'hui; la 3e pièce de ce précieux recueil est d'une excessive rareté : *Le cymetière préparé pour Henry de Valois, jadis roy et Tyran de la France, avec son tombeau et épitaphe. Paris, pour A. du Breuil* (1589). C'est un placard in-fol., plié in-8, avec une figure représentant Henry III, étendu, avec le couteau de J. Clément au flanc; le *Tombeau*, pièce de vers imprimée sous la figure, commence ainsi :

Contemple ici Henry
En son viuant pourry
D'avoir eû la v......

MARTYRE de la royne d'Ecosse, avec son oraison funebre prononcee en l'eglise N. D. de Paris. *A Edimbourg, chez Iean Nafeild*, 1588, in-8. [27454]

En *mar.* de Bauzonnet, avec une gravure ajoutée, 168 fr. Yéméniz.

MARTYRE (Le) souffert par un archiprestre et curé en Valteline, pays des Grisons, au récit du père Estienne de Lu-

ques, capucin. *Paris, Nicolas Rousset,*
1619, pet. in-8, de 14 pp.

En *mar.* de Hardy, 20 fr. comte de L. (1873).

MARTYROLOGE des fondations de l'église
cathédrale de Boulogne. *A Boulogne,
chez P. Battu,* 1694, pet. in-fol.

Volume rare et curieux pour l'histoire ecclésiastique de la ville et de la province.

62 fr. Le Ver.

MARTYROLOGIUM secondum morem
romane curie. Pro peculiari vsu fratrũ
ordinis minimorum Sancti Francisci de
Paula, MDXL, VIII aprilis post pascha.
(A la fin) : *Explicit martyrologium nõ
nisi emẽdate de multis alijs marty-
rologiis simul collectum... nuper impressum expensis fratrum cõventus
nyjeonensis ordinis minimorũ ẽcti frã-
cisci de paula ñre dñe totius ore vul-
gariter nũcupati : per fratrem hu-
gonẽ de Vareña. Terminatũ est inq.
hoc martyrologium hac luce vigesi-
matercia mẽsis decembris : Anni domini millesimi quĩgẽtesimi quadra-
gesimi,* in-4, goth., de 66 ff., impr. en
rouge et noir; avec deux grandes pl.
gr. s. b. aux premier et dern. feuillet.

C'est l'un des trois ou quatre volumes, dus à la
typographie particulière du couvent de Nygeon (*couvent des Bons-hommes*), qui occupait au XVIᵉ siècle
une partie de l'emplacement de Passy près Paris;
M. Brunet, à l'art : *Regula fratrum ordinis minimorum,* décrit deux autres volumes dus à cette imprimerie conventuelle, et non moins rares que
celui-ci, dont un bel exemplaire a été adjugé au
prix de 115 fr. dans une vente faite par Tross
en mars 1870.

MARULLUS (*Michael*) Tarchaniota. Michaelis Marulli Tarchaniotæ seu Tarca-
gnotæ Epigrammata ad Laurentium Me-
dicen Petri Francisci filium. *Romæ, per
Eucharium Silber, alias Franck,*
MCCCCXC, in-4. [12730]

Première édition fort rare; elle avait été précédée, au dire de Hain, de la publication du premier
livre, *s. l. n. d.,* in-4, de 28 ff., mais rien ne nous
prouve l'antériorité de cette édition partielle.

— HYMNI et Epigrammata ‖ Marvli... *Impressit
Florentiae societas Colubris,* 1497, in-4, de 96 ff.,
à 25 lignes.

Les produits typographiques sortis des presses de
cette singulière association *de la Couleuvre,* sont
fort rares; M. Brunet, qui cite un exemplaire sur
vélin, de cette édition, aurait dû parler d'un exemplaire à la reliure de Grolier, dont il a eu connaissance; voici ce que nous lisons dans les notes du
bibliographe : en 1835 M. Payne, de Londres, envoya
à M. Brunet la note de quelques volumes précieux,
avec les prix qu'il en demandait; parmi eux se
trouvait un Marullus (*Florentiae,* 1497, in-4) ayant
appartenu à Grolier, portant son nom et sa devise;
Payne en demandait 24 livres sterling, M. Brunet en
offrit 150 fr., et le livre resta en Angleterre.

Un exemplaire sur papier, 22 fr. de Morante.

MASAN. Voy. DESMARINS.

— LES CINQ parcelles d'amours. *A Paris, Denys
Ianot,* 1539, in-16.

Cette pièce, que cite Du Verdier, et qu'on n'a
pas retrouvée, est indiquée pour la première fois
dans les anciens *Catal. des Foires de Francfort;*
c'est à cette mine si riche que ce bibliographe médiocre a puisé, du reste, les deux tiers de ses renseignements.

MASCARENHAS (Don *Jorge*). Carta que
o visorrey do Brasil dom Iorge Mascarenhas Marquez de Montaluâo ao Excel-
lentissimo Conde de Nassau, general dos
Olãdeses em Perñabuco. *Lisboa, Jorge
Rodriguez,* 1641, in-4, de 3 pp.

Pièce presque inconnue, datée de Bahia, 2 mars
1641; le vice-roi du Brésil fait part au comte Maurice de l'avènement de son suzerain, Don Ioão IV.

100 fr. Maisonneuve (1878).

MASCARON (*J.*). Recueil des Oraisons
funèbres prononcées par messire Jules
Mascaron. *Paris, Grégoire du Puis,*
1704, in-12. [12192]

Édition originale.

En *mar.* de Duru, avec un portrait d'Edelinck
ajouté, 80 fr. Potier; en *mar.* de Thibaron; 60 fr.
Potier (1872); revendu 103 fr. Leb. de Montgermont.

— ORAISON funèbre de... Henry de la Tour-d'Auvergne, vicomte de Turenne... *Paris, veuve Dupuis,* 1676, in-4.

En *mar.* de Trautz, 75 fr. Potier; en *mar. doublé*
de Gruel, 43 fr. Huillard.

MASCULI (*Joan. Bapt.*) Neapolitani
lyricorum sive odarum libri XV. *Duaci,
typis Barth. Belleri,* 1634, in-12.

Petit volume rare, sans être d'un grand prix.

MAS-LATRIE (*L.* de). Histoire de l'île de
Chypre sous le règne des princes de la
maison de Lusignan. *Paris, de l'imprimerie impériale,* 3 vol. gr. in-8,
avec cartes. Cet ouvrage n'a été tiré
qu'à 200 exempl.; prix : 54 fr.

MASQUE (Le) confus de Caresme-Prenant; son emprisonnement, sa condamnation et le chastiment de ses complices.
Paris, 1650, in-8, de 8 pp.

Un exemplaire non rogné, vendu 19 fr. 50 c., à la
première vente Veinant, a été relié par Trautz, et
fait aujourd'hui partie de la collection de M. de
Ruble, neveu du comte de Lurde.

MASSA (*Bapt.*). Opusculum de fructibus
nescendis. (A la fin) : Die XV. Junii M.
CCCC. LXXI. *Finis. S. l. (Ferrariæ,
Andreas Bellefortis),* pet. in-4, de 48 ff.
à 26 lignes, en beaux car. ronds. Pièce
rare et curieuse, sortie des ateliers du
premier imprimeur Ferrarais, André
Beaufort.

120 fr. catal. Tross (1865).

MASSÆ Gallesii (*Antonii*) civis romani,
De exercitatione Jurisperitorum libri
tres. *Romæ, apud Val. et Aloys. Do-*

ricos fratres Brixienses, s. d. (vers 1545), in-4.

Dans une belle reliure, aux armes du pape Jules III, 185 fr. de Morante.

MASSÆ (*N.*) Veneti, artium et medicinæ doctoris, liber de Morbo Gallico. *Venetiis, in ædibus Fr. Bindoni ac Maph. Pasini,* 1507, pet. in-4, car. ronds, de 44 ff., titre en goth.

12 à 15 fr.

MASSAINO (*Tiburtio*). Il terzo libro de Madrigali a cinque voci di Tiburtio Massaino. *Venetia, Angelo Gardano,* 1587, 5 part. in-4, obl.

Un bel exemplaire, avec toutes les voix, 60 fr. Tross (mai 1866), pour la bibl. de Berlin.

MASSÉ (*Pierre*) du Mans. De l'Imposture et tromperie des diables, devins, enchanteurs... *Paris, Jean Poupy,* 1579, in-8. [8897]

C'est la même édition que celle de Cottereau, citée au *Manuel;* le tirage a été partagé entre les deux libraires.
Un exemplaire en rel. *anc.*, mais un peu rogné, de l'édit. de J. Poupy, 36 fr. baron Pichon.

MASSIEUX (*Jehan*), prestre de Mantes. La doulce Mouelle et saulce friande des saincts et savoureux os de l'Avent. *Paris, Michel le Duc,* 1578, pet. in-8, de XVI ff. [13801]

En vers alexandrins; ce poëme, qui n'offre d'autre intérêt que celui d'un titre absurde, serait aujourd'hui recherché; un exemplaire, à la vente La Vallière, fut vendu 7 fr. 19 s. pour M. Bonnier, et à la vente de ce ministre plénipotentiaire, en l'an VIII, payé seulement 6 livres.

MASSILLON (*J.-Bapt.*). Petit Carême de M. Massillon, évêque de Clermont. *Paris, veuve Estienne,* 1745, in-12.

Édition originale.
En mar. de Thibaron, 42 fr. vente Labitte de mai 1874.

— LE MÊME. *Paris, Didot l'aîné,* 1789, in-4, de la collection du Dauphin.

En mar. doublé de Capé, 350 fr. au catal. à prix marqués Gonzalès-Bachelin.

— ORAISON funèbre de... François Louis de Bourbon, prince de Conty. *Paris, Raymond Mazières,* 1709, in-4, portr.

Édition originale.
En mar. noir, aux armes du prince de Conty, 105 fr. Huillard; cartonné, 22 fr. Voisin; en mar. de Trautz, 350 fr. au catal. Fontaine de 1875.
Cette édition parut la même année, de format in-12.

MASSON (*David*). The life of John Milton narrated in connexion with the political, Ecclesiastical and Literary History of his time. *London, Mac-Millan,* 1859-1873, in-8.

Très-intéressante étude dont 3 volumes ont déjà paru; M. D. Masson est, on le sait, l'éditeur de la dernière édition de l'illustre poëte. Ce travail a été fortement mis à profit par un auteur allemand qui, du reste, a loyalement reconnu tout ce qu'il devait à l'écrivain anglais :

— ALFRED STERNE. Milton und seine Zeit. 1re partie, 2 vol. in-8. *Leipzig, Duncker und Humblot,* 1877.

Cette première partie, et particulièrement le tableau des mœurs et des idées contemporaines, sont fort remarquables et ont été fort remarqués.

MASTERPIECES of the Pitti palace and other Picture Galleries of Florença, with some Account of the artists and their paintings. *London, Simpson,* 1874, in-4. 20 planches.

£ 13. sh. 13. »

MATEOS (*Juan*). Origen y dignidad de la Caça al Exc. S. D. Gaspar de Gusman, conde duque de S. Lucar, por Juan Mateos, Ballestero. *En Madrid, por fr. Martinez,* 1634, in-4, titre gr., portr. et planches. [10391]

Ce volume est orné de 8 jolies figures, y compris le frontispice et le portrait de Philippe IV, gravés par P. Perete d'après Fr. Collantes.
Le bel exemplaire Huzard, payé 25 fr. par le baron Pichon, et relié par Duru en mar. depuis la vente, a été porté au prix extraordinaire de 1,500 fr. en 1869; il a été acquis par M. de Gonzalès, et porté par M. Bachelin-Deflorenne au prix de 2,000 fr.

MATERIAUX en grande partie inédits pour la biographie future du comte Théodore Rostopchine, rassemblés par son fils (le comte André Rostopchine). *Bruxelles, J. M. Poots,* 1864, pet. in-4, de 528 pp.

Tiré à 12 exemplaires.
Cet ouvrage intéressant figure au catal. Ouvaroff, par Ladrange.

MATEROT (*L.*). OEuvres de Lucas Materot, bourguignon françois, citoyen d'Avignon, où l'on comprendra facilement la manière de bien et proprement escrire toute sorte de lettre italienne, selon l'usage de ce siècle. *En Avignon, par I. Bramereau,* 1608, in-4, obl., de 44 ff. (?) dont 4, qui contiennent des poésies françaises, sont imprimés en caractères mobiles, et 40 gravés en taille-douce par Greuter et Roux, d'après les dessins de Materot; l'ouvrage est dédié à la reine Marguerite, première femme du roi Henri IV. [9057]

Ce volume précieux est d'une remarquable exécution et richement orné; M. Brunet annonce 52 ff.; l'exempl. vendu 3 guinées chez Libri n'en avait que 44; il devait être incomplet.

MATHER (*Increase*). The Mystery of Israel's salvation. *Boston,* 1669, in-12. £. 2. Sotheby, 1860.

— A BRIEF History of the war with the Indians in New-England, from June 1675 to Aug. 1676. *London,* 1676, in-4. Sh. 17, Heber (8e catal.); un exemplaire broché, £ 5 Puttick, 1859.

— De ‖ successu Evangelii ‖ Apud ‖ Indios ‖ occidentales, ‖ In Noua Anglia; ‖ Épistola. ‖.... A
Crescentio Mathero ‖ Apud Bostonienses V. D. M.
nec non Collegii ‖ Harvardini quod est Canta-
brigia Nov.-Anglorum Rectore. ‖ *Londini, typis
J. G.*, 1688, in-12. Sh. 10 (1854).

Cette pièce occupe 6 pp. et elle est signée *Cres-
centius (Increase) Matherus, Bostoniae, Nov.-
Angl.*, 1687.

15 à 18 fr.

— *Idem.* Tertia editio. *Ultrajecti,* ‖ *Apud Wilhel-
mum Broedeleth.* ‖ *Anno* 1699, in-24, de 16 pp.

La seconde édition de cette pièce rare avait été
donnée à Londres en 1697.

Lowndes et surtout l'*Indian Bibliography* de
Th. W. Field nous donnent la liste d'un très-grand
nombre d'opuscules du Rév. Mather, relatifs à
l'Amérique du Nord ; nous ne pouvons que renvoyer
le lecteur à ces sources autorisées, en le prémunis-
sant contre le danger de confondre notre écrivain
avec son homonyme Cotton Mather.

MATTHIEU (*Pierre*). Heroyk life and
deplorable death of the most christian
king Henry IV, addressed to his immortal
memory, translated by Ed. Grimeston
(Grimston). *London*, 1612, in-4, portr.

A la fin sont imprimés des vers intitulés : The
Trophey of the life and tragœdie of the death of
that vertuous and victorious prince Henry the
Great, late of France and Navarre, transl. and dedi-
cated to the lord viscount Crauborn by John
Sylvester.

S. M. M. Sykes. 12 sh. ; White Knights, sh. 16.

Plusieurs traductions anglaises de ce fécond
historien sont indiquées par Lowndes.

— L'ENTRÉE de... Henry IIII... en la ville de Lyon.
Lyon, Pierre Michel, s. d., in-4, a été vendue, en
mar. de Chambolle-Duru, 120 fr. Ruggieri ; mais
la grande planche semblait manquer.

Un bel exemplaire de ce livre rare, en *mouton
vert,* aux armes de de Thou, n'avait été payé que
30 fr. 50 c. à la 2e vente de la librairie De Bure,
en 1835.

— LES DEUX plus grandes... resjouissances de la
ville de Lyon ; la première pour l'entrée... de
Henry IIII..., la seconde pour la publication de la
paix... *Lyon, Thibaud Ancelin,* 1598, in-4, avec
le portrait du roi, la grande planche de l'Entrée
et la gravure du feu de joie sur la Saône.

En *mar.* de Masson et Debonnelle, 155 fr. Ruggieri.

— L'ENTRÉE de... Marie de Médicis... en la ville de
Lyon. *Rouen, Theod. Reinsart,* 1601, in-12.

En *mar.* de Trautz-Bauzonnet, 100 fr. Ruggieri.

— HISTOIRE de France sous les règnes de François Ier, Henry II, etc. *Paris, vefue Nic. Bonfons,*
1631, 2 vol. in-fol. [23070]

En *mar. à compart.*, provenant de la biblioth.
de J.-A. de Thou, bel exemplaire en grand papier,
350 fr. Potier.

— TABLETTES ou quatrains de la vie et de la mort.
Poictiers, par Iean de Marnef, s. d. (vers 1550),
2 part. en 1 vol., pet. in-12, oblong, de 56 ff. non
chiffrés.

Jean de Marnef a imprimé seul, puis associé avec
son frère Enguilbert, à Poitiers, de 1532 à 1555.

£ 4. Sh. 6 Libri, 1862.

— ESTHER, tragédie. *Lyon, pour Iean Stratius,*
1585, pet. in-12 [16326]

Cette pièce est précédée et suivie de pièces de
vers apologétiques, adressées à l'auteur par ses
amis, ses écoliers, et même par son père.

En *mar.* de Capé, 95 fr. Cailhava.

— AMAN, seconde tragédie de P. Mathieu. *Lyon,
Ben. Rigaud,* 1589, pet. in-12.

Extrait de la tragédie d'Esther.

En *mar.* de Duru, 37 fr. Cailhava ; en *mar.* de
Capé, 25 fr. Yéméniz.

— WASTHI, tragédie... De la souueraine puissance
d'un monarque... *A Lyon, par Benoist Rigaud,*
1589, in-12.

En *mar.* de Capé, 16 fr. Yéméniz ; un autre
exemplaire en anc. rel. *mar.*, réuni à *Aman* et à
Clytemnestre, de 1589, 25 fr. seulement, même
vente, 45 fr. Potier (1870), et 22 fr. seulement à la
vente de 1872 ; en *mar.* de Trautz, mais avec des
feuillets réemmargés, 115 fr. Leb. de Montgermont.

— CLYTEMNESTRE, tragédie. De la vengeance des
iniures perdurable à la postérité des offencez...
Lyon, B. Rigaud, 1589, in-12.

En *mar.* de Capé, 26 fr. Yéméniz.

MATTHÆUS de Cracovia. Tractatus Ra-
tionis et conscientiæ. *S. l. n. d.*, in-4,
de 22 ff. [1271]

Imprimé avec les caractères du *Catholicon* de
1460, et attribué à Gutenberg.

305 fr. Tufton.

MATTHEWS (*W.*). Grammar and dictionary of the Language of the Hidatsa
(Minnetarees, Grosventres of the Mis-
souri), with an Introductory sketch of
the Tribe. *New-York, Cramoisy Press,*
1873, in-8, de 148 pp.

De la collection de linguistique, publiée par
M. J. M. Shea à 100 exemplaires.

30 fr. catal. Maisonneuve.

MAUGIST d'Aigremont (Lhistoire de) et
de Viuian son frère. En laquelle est contenu comme Maugist, a layde de Oriande
la Fée samye, alla en lisle de Boucaut,
ou il se habilla en diable... *A Paris,
pour la veufue Jean Bonfons,* s. d.,
in-4, goth. [17037]

Édition absolument insignifiante, dont un exemplaire, en *mar.* de Derome, a été vendu, on ne sait
pourquoi, 1,000 fr. Yéméniz.

MAUNOIR (*Julien*). Le sacré college de
Jesvs divisé en cinq classes, ov l'on enseigne en langue armorique, les leçons
chrestiennes auec les 3 clefs pour y entrer, vn Dictiõnaire, vne Grammaire et
Syntaxe en même langue. Composé par
le R. P. Jvlien Mavnoir de la Compagnie
de Jesus. *Quimper - Corentin, Jean
Hardovyn,* 1659, in-8. [11205]

Collation : Titre et introduction, pages 1-40 ; doctrine chrétienne, 41-130 ; permission du R. P. Renaud, 1 page ; dictionnaire franc.-breton et bret.-
françois, 174 pages ; grammaire, 77 pages, plus un
tableau des déclinaisons, plié, lequel manque souvent.

En *mar.* de Trautz, bel exemplaire, bien complet,
171 fr. Burgaud des Marets.

Dans la même vente figuraient les **réimpressions**
des autres ouvrages de Maunoir.

— CANTICON spirituel da zisqui an hent da vont d'ar Barados. *Quemper, Derrien*, s. d. (vers 1795), in-8.

En *mar.*, 41 fr. Burgaud des Marets.

— TEMPL consacret da bassion Jésus-Christ. *Quemper, Derrien*, s. d., in-8.

Le privilège est de 1686, mais cette réimpression est de la fin du siècle dernier.

6 fr. Burgaud des Marets.

MAUPAS (*Charles*) Blaisois. Grammaire françoise... *A Bloys, par Philippe Cottereau*, MDCVII, in-12. [10947]

En *v. f.* de Duru, 59 fr. marquis de B. de M. ; en *mar.* du même relieur, 70 fr. Yéméniz.

— GRAMMAIRE françoise, contenant reigles tres certaines... *A Rouen*, 1638, in-12.

On a imprimé à la suite de cette édition peu commune :

— PRÆCEPTA Gallici sermonis per Phil. Garnerium Aurelianensem. *Rothomagi*, 1638, in-12.

—. LES DESGUISEZ. Voy. TOURNEBU (*Odet de*).

MAUPERTUY (De). Histoire de la sainte Eglise de Vienne, contenant la vie des 106 archevêques qui en ont tenu le siége, de l'an 62 à la présente année 1708. *Lyon, J. Crète*, 1708, in-4.

Livre recherché en Dauphiné, 16 fr. Costa de Beauregard ; 28 fr. vente faite à Grenoble.

MAURAULT (L'abbé *J. A.*). Histoire des Abenakis, depuis 1605 jusqu'à nos jours. (*Québec*) *Atelier typographique de la Gazette de Sorel*, 1866, in-8.

C'est l'histoire d'une vaillante tribu canadienne, qui a aujourd'hui presque totalement disparu, et qui, pendant plus d'un siècle, combattit bravement et fidèlement à côté de nos soldats.

25 fr. au catal. Maisonneuve.

MAUREPAS (Recueil dit de). *Leyde*, 1865. 6 vol. in-12.

Choix fait avec goût dans cet immense amas de vers satiriques, sotadiques et orduriers.

Tiré à 116 exemplaires, dont 4 sur chine.

Un exemplaire sur papier de Chine, 165 fr. Guntzberger ; un exemplaire sur *vélin* (il n'y en eut que deux de tirés), relié en *mar.* par Chambolle, 505 fr. Labitte (vente du 17 mars 1877) ; un exemplaire, non rogné, dans une reliure ultra-magnifique de Hardy, 600 fr. Curmer, c'est-à-dire d'après l'assertion du catalogue, la moitié du prix de la reliure.

MAUREUS. De apparatu nuptiarum optimorum maximorum Sigismundi secundi Augusti, Poloniæ regis, atque reginæ Elisabes, Ferdinandi Romanorum regis filiæ, de adventuque ipsius Reginæ ad nuptias, carmen, Petro Royzio Maureo... interprete. *Crac.* (*Cracoviæ*), 1543, in-4.

Volume fort rare, 62 fr. Ruggieri.

MAVRILE de S. Michel. Voyage des isles Camercanes en l'Amérique, qvi font partie des Indes Occidentales, et vne relation diversifiée de plusieurs pen-

sées pieuses, et d'agréables remarques tant de toute l'Amérique que des autres païs. Avec l'establissement des RR. Pères Carmes réformez de la province de Touraine esdites isles, et un discours de leur ordre. Composé par F. Mavrile de S. Michel, religieux carme de la mesme province. Partie pendant son voyage, partie depuis son retour. *Le Mans*, 1652, in-8, de 42 pp. non foliotées et de 434 pp. de texte. [28624]

299 fr. Tross (janvier 1873) ; avec la date de 1653, édition de 310 pages, 50 fr. Taschereau.

— VOYAGE des Isles Amériques qui font partie des Indes occidentales, et l'establissement des RR. PP. Carmes de la province de Touraine en icelles. *Le Mans*, 1654, in-8, de 310 pages.

Cette édition, dont le texte diffère, ne contient pas la préface, et la dernière partie des pages 311 à 343 a été supprimée.

Elle est encore plus rare que la précédente.

Un bon exemplaire a également atteint le prix commissionné de 299 fr. à la vente de M. Tross, de janvier 1873.

MAURO (*M.*). Sphera volgare novamente || tradotta con molte notande || additioni di Geometria, Cosmo || graphia, || Arte Navigatoria, et Stereometria, Proportioni, et || quantita delli elementi, distan || ze, grandeze, et movimenti di || tutti li corpi celesti, cose certamente rare e maravigliose.||Authore M. Mauro Fiorentino || Phonasco et Philoponareto... (A la fin) : *Impresso in Venetia per Bartholomeo Zanetti ad instantia e requisitione || di M. Giouann' Orthega de Carion Burgensi Hispano comoranti in Firenze*, 1537, *mense Octobri*, in-4, de 55 ff., fig. en bois.

Ce rare volume, cité dans la *Bibl. americana Vetus* de M. Harrisse, a été porté par M. Tross à 80 fr. en 1872.

MAUROLYCUS (*Franc.*). Cosmographia in tres dialogos distincta. *Venetiis, apud hæredes Lucæ Antonii Juntæ*, 1543, pet. in-4, fig.

Volume rare, qui renferme plusieurs passages relatifs à l'Amérique (HARRISSE, *addit.*, pp. 144-145). Après la marque de l'imprimeur se trouve un feuillet blanc, suivi de quatre autres imprimés en caractères gothiques, signé ✠, *ad Lectorem*, cont. des tables astronomiques signées à la fin : « *Franciscus Maurolycus hec scribebat in freto siculo nonis decembris* M. D. XXXII. »

MAURUS. Joannis Mauri Constantiani in Chiliades Adagiorum. D. Erasmi Rot. familiaris et mire compendiosa Expositio, cum indicatione figurarum Prouerbialium in unumquemque Adagiorem (*sic*). Hoc opus Prouerbiorum in Epitomen siue compendium (vt vides) redactum, multis Adagiorum centurijs editioni Anni M.D.XXVJ. ·ab Erasmo additis auctum Lector inter legendum deprehendet. *Venale prostat floridum hoc Adagiorum Enchiridion Monsalbani, in ædibus M. Gilberti Grosseti, & Tolosæ in ædibus Antonij Maurin* (sic) *cum privilegio,* s. d., in-8, goth., de VIII ff. lim., 176 ff. chiffrés au r°, et 2 ff. de table non chiffrés.

Le privilége est daté du 2 mars 1526.

Ce livre est imprimé par demi-feuilles, et chaque cahier est de IV ff.

M. Desbarreaux-Bernard, qui cite ce rare volume et le suivant dans son *Etablissement de l'imprimerie en Languedoc*, en tire cette conclusion qui s'impose, de l'intimité des rapports existants entre les imprimeurs de la métropole du Languedoc et ceux des principales villes de la province.

— J. MAURI Constantiani de Compositionibus et Derivationibus linguæ latinæ duo commentarii.... *Venundantur Mons Albani in aedibus Magistri Gilberti Grosseti. Et Tholosae in aedibus Antonii Morin* (sic), s. d., in-8, goth., de IV ff. lim., et d'environ 76 ff. chiff. au recto; l'exemplaire sur lequel M. Desbarreaux-Bernard a rédigé sa note était incomplet des derniers feuillets.

Dans la dédicace à Jean Fournier, Maurus constate que ce livre est une nouvelle édition; le *Manuel* nous donne le titre de la première, imprimée à La Réole (tome III, col. 1547).

— DISTICHA P. Fausti Andrelini tum allusionibus et familiaribus commentariis Joannis Mauri. *Tolosae, in aed. Jac. Colomies,* 1530, in-8 (bibl. Desbarreaux-Bernard).

On ne sait presque rien de la vie de Jean Maurus; notre docte et vénérable confrère de Toulouse, en lisant avec soin les ouvrages de ce grammairien, qu'il possède, nous apprend que, jeune encore, il publia en 1517, et peut-être imprima lui-même la première édition de la grammaire latine à La Réole; que, plus tard, il devint recteur du collége de Lectoure, et qu'il vint enfin se fixer à Toulouse, où il surveillait l'impression de ses livres.

MAVELOT (*Charles*). [9182]

La bibliographie de ce gracieux artiste est difficile à *mettre au point*; nous allons tâcher cependant de faire de l'*obscur* du *clair*, avec l'aide de nos excellents correspondants, MM. Jérôme Pichon et H. Destailleur.

La plupart des productions dues au burin de Mavelot ne portent pas de date, et cependant nous adopterons l'ordre chronologique basé sur les titres qu'il met en avant, de graveur de Madame la Dauphine, morte le 20 avril 1690, puis de graveur de S. A. R. Mademoiselle, morte le 5 avril 1693, bien que, longtemps avant la mort de la première, il prenne le second titre.

— NOUVEAU livre de chiffres gravé par Charles Mavelot, graveur ordinaire de S. A. R. Mademoiselle, dédié à Monseigneur le Dauphin. *Se vend à Paris chez l'autheur, cour neuve du Palais, aux armes de Madame la Dauphine,* M.DC.LXXX, in-4.

3 ff. pour le titre ci-dessus et une dédicace au Dauphin imprimée en italique, 58 ff. numérotés pour les chiffres (feuillets gravés), et 2 ff. imprimés pour la table des chiffres et le privilége du 20 février 1679, enregistré le 16 avril 1680; 31 fr. en 1861.

M. Brunet cite des exempl. avec la date de 1684, il confond, croyons-nous, avec un autre ouvrage que nous citons.

Il y a de ce livre un autre tirage assez grand in-4, sans date au titre, ayant la dédicace et la table des chiffres gravées, au lieu et place de l'impression de l'édition précédente; M. Pichon croit cette seconde édition exécutée vers 1696; nous la pensons un peu antérieure; c'est, croyons-nous, sous le titre suivant que paraît cette seconde édition :

— LIVRE DE CHIFFRES a double (sic) traits où l'on trouve les noms et surnoms, utile aux peintres, sculpteurs et autres, dédié à Monseigneur le Dauphin, dessiné et gravé par Ch. Mavelot, valet de chambre et graveur de feue Mme la Dauphine. *A Paris, place Dauphine, aux armes de Mademoiselle.* S. d., *avec privilége,* in-4, un titre, 1 f. de texte, 58 ff. de chiffres, gravés; il semble manquer à l'exempl. sur lequel nous prenons cette description, les 2 ff. complémentaires.

— NOUVEAU LIVRE de chiffres par Alphabets à simples traits, dédié à S. A. R. Mademoiselle, par C. Mavelot, graveur ordinaire de S. A. R. Mademoiselle. *Paris, cour neuve du Palais,* in-16 carré. (Privilége du 2 juillet 1684.)

V ff. pour le titre, la dédicace à Mademoiselle et le privilége; le titre est gravé, mais les IV ff. lim. qui suivent sont imprimés; 37 ff. de chiffres, plus 2 autres, l'un pour le chiffre de Mademoiselle, et l'autre pour un chiffre de toutes les lettres de l'alphabet; ces deux derniers ff. se trouvent indifféremment au commencement ou à la fin du vol.; ces 39 ff. sont gravés.

Nouveau tirage du recueil sous le titre suivant :

— LIVRE de chiffres à simples traits par M., valet de chambre et graveur de feue Mad. la Dauphine. *A Paris, place Dauphine, aux armes de Mademoiselle.* Même format.

Le nombre des lim. est réduit à deux pour le titre et la dédicace, qui est ici gravée et non imprimée; pas de privilége.

La Dauphine étant morte le 20 avril 1690, ce tirage, où elle est appelée *feue Madame la D.*, est postérieur à cette date.

— LIVRE de différens cartouches fort recherchez..., par C. Mavelot, graveur de S. A. R. Mademoiselle, dédié à.... M. le Prince. *Chez l'auteur, cour neuve du Palais,* in-16 carré.

2 ff. limin. gravés, pour le titre et la dédicace, et 30 ff. de cartouches.

Dans sa dédicace, Mavelot dit qu'il a déjà présenté deux livres à M. le Prince; si, par *présenter,* il entendait *dédier,* il en résulterait qu'il y aurait deux onvrages de lui que nous ne connaîtrions pas. Mais pourquoi les priviléges de ces ouvrages ne seraient-ils pas mentionnés dans le privilége de 1686, dont nous allons parler, comme le sont ceux de 1680, 1684 et 1685?

Cet ouvrage diffère du suivant, contrairement à l'allégation de M. Brunet. A l'exception d'un seul, les cartouches sont sans supports; ils en ont tous dans le vol. suivant, et les formats sont différents.

— NOUVEAU livre de différents cartouches, couronnes, casques, etc., dessignez et gravez par C. Mavelot, graveur ordinaire de S. A. R. Mademoiselle, dédié à Mgr le duc de Saint-Aignan. *Chez Mavelot, cour neuve du Palais,* pet. in-8, oblong; avec privilége du 9 juillet 1685.

Un exempl. incomplet, dont le baron Pichon nous donne la description, contient IV ff. lim. pour le titre, le titre de la dédicace, dédicace en vers au duc de Saint-Aignan, et son chiffre entouré d'emblèmes,, plus 43 pl. numérotées.

— NOUVEAUX DESSEINS, pour la pratique de l'art héraldique, de plusieurs armes des premiers de l'Etat, ornée de leurs couronnes, suppots (*sic*), casques et l'Embrequins (*sic*) et cartouches avec leurs chiffres fleuronnez... plusieurs devises latines dans des cartouches de nouvelle invention, avec quelques planches de devises françoises, le tout inventé, dessiné et gravé par Ch. Mavelot, valet de chambre et graveur de feue Madame la Dauphine. Ouvrages tres utiles aux peintres, graveurs, sculpteurs, orfèures, dédié à S. A. Monseigneur le duc du Maine. *A Paris, chez l'auteur, place Dauphine, aux armes de Mademoiselle. Et vend plusieurs autres livres concernant l'art de graveure, auec Privilége du Roy* (du 23 septembre 1686), gr. in-4.

IV ff. lim., pour le titre, la dédicace gravée et la gravure de dédicace au duc du Maine, une table des chiffres, 52 ff. d'armoiries, chiffres et devises, 1 f. pour le privilége et 1 f. blanc.

La plupart des rares exempl. de ce volume diffèrent, ainsi c'est sur trois exempl. dissemblables que nous donnons cette description.

Malgré la date du privilége, ce volume semble n'avoir paru qu'en 1696, car à la suite du privilége il y a : « Fourny les exemplaires et signifié à tous les graveurs le 20 may 1696. »

On voit dans ce privilége que Mavelot avait obtenu des priviléges antérieurs pour ses publications de 1680, 1684 et 1685.

Il y a de ce livre un 2e tirage, auquel manque le privilége.

On trouve parfois ajoutées à ce dernier ouvrage 2 planches des armes et chiffre de M. d'Argenson, lieut. général de police : M. d'Argenson n'ayant occupé cette position que le 29 janvier 1697, ces deux planches sont postérieures au premier tirage de 1696.

Tous ces volumes sont rares et recherchés ; le plus beau peut-être, c'est le dernier que nous venons de décrire, et il est fort rare ; M. Brunet ne le cite que d'après le cat. Falconet; les petits vol., qui ont beaucoup moins d'importance, sont plus rares encore, mais ils n'ont qu'un prix relativement peu élevé ; ainsi, par exception, *le livre de Cartouches*, de 1685, a été porté à 205 fr. à la vente Bertin ; il a été donné au prix plus normal de 85 fr. à la vente Solar.

M. J. Pichon ajoute à ces notes, que nous avons mises à large contribution : « Je n'ai jamais trouvé joint à ses ouvrages le beau portrait de Mavelot, gravé par Pittau d'après Lucas; par son format, il semble cependant avoir été fait pour être joint à ?un des recueils in-4 décrits ci-dessus. »

M. de Fontette, dans sa liste de portraits, ne cite pas une très-bonne reproduction de celui-ci faite par Desrochers.

L'*Adresse* de Mavelot a été gravée par Lepautre ; c'est une charmante pièce d'une grande rareté, elle porte :

    Aux armes de Mademoiselle,
        Mavelot,
        graveur ordinaire.

MAXIMIEN. Laduocat des ‖ dames de Paris. Touchāt les ‖ pardons sainct Trotet. *S. l. n. d. (Paris, vers* 1500), pet.

in-8, goth., de 12 ff. de 32 lignes, sign. A-B par 8 et 4. [13412]

L'exemplaire de la vente La Vallière est à la Bibl. nation., Y. 4402. A. Réserve.

— LADUOCAT des ‖ dames de Pa- ‖ ris. Touchant le Patron ‖ sainct Trotet. — *Finis. S. l. n. d.*, pet. in-8, goth., de 15 ff. de 26 lignes à la page pleine, sign. A-B.

(Bib.. nat. Y. 1299. B 2. Rés.)

Un feuillet blanc, qui manque à l'exempl. de la Bibl. nation., doit vraisemblablement compléter le cah. B.

Cette pièce est reproduite par MM. de Montaiglon et James de Rothschild au tome XII du *Recueil des Poésies françoises des xve et xvie siècles.*

— LE DÉBAT ‖ Des dames de Paris ℭ de Rouen, sur len- ‖ tree du Roy. *S. l. n. d. (Paris, Guil. Nyverd,* 1508), pet. in-8, goth., de 8 ff. de 22 lignes à la p., sans chiff., récl. ni sign.

Au titre, deux bois se faisant face; au vo du 8e f., la marque de G. Nyverd.

Le *Débat* est signé comme l'*Advocat des dames* de la devise de Maximien : *De bien en mieulx.*

Cette pièce de poésie, dont on ne connaît que l'ex. de la Bibl. nation. (Y non porté. Rés.), a trait à l'entrée du roi Louis XII à Rouen en 1508; elle est, comme l'*Advocat*, reproduite au XIIe vol. du *Recueil des Poésies françoises des xve et xvie s.*, et précédée d'une intéressante notice des savants éditeurs.

MAXIMILIEN. Images des saints et saintes issus de la famille de l'empereur Maximilien Ier, d'après les dessins de Hans Burgkmajer.

Nous décrivons ce très-précieux recueil d'après l'exempl. qui, de M. Tross, a passé dans la biblioth. de M. Chedeau ; cet exempl. est le seul connu avec celui de la Bibl. impériale de Vienne.

Ce recueil se compose de 87 grandes planches gravées sur bois dans les années 1517 et 1518, par H. Frank, C. Liefrink, A. Lindt, J. de Negker, W. Resch, H. et G. Tabérith, N. Seeman et autres, d'après les dessins de Burgkmaier.

Ce premier tirage original n'est cité par aucun des iconographes ; Graesse, Passavant, C. Weigel, M. Didot lui-même, n'en ont point eu connaissance.

Ad. Bartsch, seul, au tome VII du *Peintre-graveur*, nous apprend que la bibl. de Vienne conserve un exempl. de ces estampes, qui, suivant les apparences, ont été imprimées du vivant de Maximilien.

Nous renvoyons pour de plus amples détails au no 336 du catal. Chedeau.

L'exempl. de cet amateur, vendu 699 fr., racheté par M. Tross, comprenait 87 planches; un autre ex., contenant seulement 69 planches, a été vendu 435 fr. Tross en 1868.

Un tirage des 119 planches, capables de supporter l'impression, a été fait à Vienne, en 1799, in-fol., d'après les bois originaux conservés à la Bibliothèque impériale ; cette édition elle-même n'est pas commune et vaut de 50 à 80 fr.; elle est d'une exécution médiocre, et les bois apparaissent presque partout vermoulus et souvent brisés.

— DER WEISS Kúnig : eine Erzählung von dem thaten Kaiser Maximilian Ier (Relation des actions de l'empereur Maximilien Ier, écrite sous la dictée et publiée sur les mss. de la Biblioth. impériale de Vienne). *Wien, Jos. Kurzboeck,* 1775, in-fol.

Tiré à petit nombre, ce beau livre renferme 237 estampes gravées sur bois d'après les dessins de Hans Burgkmaier.

MAY (*Pierre* de). Les Triomphes du baptesme de Charles Emanuel, duc de Sauoye, auec annotations. *A Paris, chez Thomas Richard*, 1567, in-8.

Volume fort rare; 18 à 20 fr.

MAYERNE (*Théodore* de) Turquet. Summaire description de la France, Allemagne, Italie et Espagne, avec la gvide des chemins pour aller et venir par les provinces, et aux villes, plus renommées de ces quatre régions. Aquoy est adiousté vn recueil des foires plus celebres presque de toute l'Europe, et un traicté des monnoyes et leur valleur, esdicts pays, prouinces et villes... *S. l. (Liége). Imprimé par Jacob Stoer*, 1592, pet. in-12. 10 à 12 fr.

L'épître dédicatoire est signée : *Théod. de Mayerne Turquet.*

MAYNARD. OEuvres. *Paris, Aug. Courbé*, 1646, in-4, portr. gravé par Daret. [13999]

En *mar.* de Duru, 66 fr. de Chaponay, revendu 88 fr. Leb. de Montgermont; sans reliure, 33 fr. Auvillain; 25 fr. Turquety; en *veau f.*, exempl. du marquis de Seignelay, mais incomplet du portrait, 20 fr. baron Pichon; en *mar.* de Hardy, 104 fr. Morel, de Lyon; en *vélin*, 50 fr. Voisin; en *mar.* de David, 120 fr. Morgand et Fatout.

— OEUVRES poétiques... enrichies de variantes et annotées par Prosper Blanchemain. *Paris*, 1864, in-12.

Tiré à 108 exempl.

— RÉIMPR. *Genève*, 1867, in-12.

— LE PHILANDRE, poëme pastoral, par Fr. de Maynard, précédé d'une notice par G. Colletet, complétée par Pr. Blanchemain, *Genève, J. Gay*, 1867, in-12.

— PRIAPÉES de Maynard, publiées pour la première fois d'après les mss., et suivies de quelques pièces analogues du même auteur, extraites de différents recueils. *Freetown (Bruxelles), imprimerie de la Bibliomaniac Society (J. Gay)*, 1864, in-12, de 2 ff., 69 pp. et 1 f. de table.

A 100 exempl., 12 fr.

Jolie et curieuse publication, depuis longtemps épuisée.

MAYRE (*P. Jacob*). Liladamus ultimus Rhodiorum primusque Melitensium equitum Magnus Magister, seu Melita, poëma heroicum. *Avenione*, 1686, in-8.

Ce poëme, en l'honneur du grand maître Villiers de l'Ile-Adam, est fort rare ; l'auteur était natif de Salins, dans le Jura.

100 fr. de Morante.

MAYRON (*Franc.*). Subtilissimi doctoris patris Francisci Maronis de ordine Minorum aditiones in cathegorias Porphiri et predicamenta Aristotelis. *Impressione dedit Magister Henricus Mayer Theutonicus in civitate Tholosana,* anno incarnationis Christi M. CCCC. LXXXX, *die vero* XX *mensis septembris,* pet. in-4, goth., à 2 colonnes, avec signat.; à la fin la marque d'Henry Mayer.

Non-seulement cette édition, mais le traité luimême, sont restés ineonnus à Hain.

— SERMONES de tempore... r° du f. 329 : Et in hoc sermone primum volumen de tempore finitur et explicit. *S. l. n. d. (Bruxelles, Frères de la vie commune, vers* 1484), in-fol., goth., de 330 ff., à 40 lignes et à 2 col., sans ch. ni récl., avec sign. A 1 - D 3, *a* 2-115 ; premier et dernier ff. blancs.

Outre le car. ordinaire des frères de la Vie commune, ce livre en contient un, beaucoup plus fort, qui sert à indiquer le nombre des sermons en haut des pp.; ce dernier type n'a été reproduit ni par M. Holtrop, ni par M. Bradshaw, et ce livre est le seul où M. Campbell l'ait rencontré.

MAYSONNEUVE (*Jean* de la). L'Adieu des IX. Muses, aux Roys, Princes et Princesses de France à leur département du festin nuptial de François de Valois, etc. Roy Daulphin, etc. *A Paris, chez Martin l'Homme,* 1558, in-8.

Pièce en vers d'une grande rareté, composée à l'occasion des fêtes du mariage du Dauphin avec Marie Stuart.

MÉDAILLE (La) curieuse, où sont gravez les deux principaux écuëils de tous les jeunes cœurs, nouvelle manière de Roman. *Paris*, 1672, in-12.

Profondément ennuyeux, mais fort rare (Bibl. de l'Arsenal).

MÉDAILLES sur les principaux événements du règne de Louis le Grand. *Paris, impr. royale,* 1723, in-fol. [23739]

Un exempl., avec la préface, en anc. *mar.*, 200 fr. prince Radziwill.

MEDECIN (Le) cour ‖ tizan, ‖ ou ‖ la nouvelle et plus ‖ courte manière de parvenir à la vraye et solide ‖ medecine. ‖ A ‖ Messere Dorbuno. ‖

Vis, Dorbune, brevi medicinam discere cursu;
Hæc, Dorbune, tibi pagina monstrat iter.

A Paris, ‖ Pour Guillaume Barbé ‖ MDLIX. ‖ *Avec Privilége*, in-4, de 4 ff. non ch., de 31 lig. à la p., en car. ital.. sign. A.

Le seul exempl. de cette pièce de vers qui soit connu, appartient à M. le duc de la Trémouille, qui a bien voulu le communiquer à MM. de Montaiglon et Rothschild, lesquels l'ont compris dans le X° vol. des *Poésies françoises des* XV° *et* XVI° *s.*, publié à Paris chez Daffis, en 1875.

« Messer Dorbuno », nous apprend M. de Montaiglon, fut un célèbre médecin italien, qui professait à l'école de Pavie au temps de François I°° ; il s'appelait Giorgio Dordono, et, dans les catal. allemands du XVI° s., on le nomme « *Dardano, medico*

Placentino »; il avait en effet été reçu médecin à Plaisance, sa ville natale.

Les savants éditeurs des *Poésies françoises des* xvᵉ *et* xvɪᵉ *s.* ne sont pas éloignés d'attribuer la paternité de cette pièce de vers remarquable à l'illustre Joachim du Bellay.

MEDER (*Joannes*). Ord. Fr. Minorum. Qvadragesimale ‖ nouum editū ac predicatū a quo- ‖ dam fratre minore de obser- uantia ‖ in inclita ciuitate Basiliēn de filio ‖ prodigo... *Explicit... Impressum Basi ‖ lee per Michaelem Furter Ciuē Ba ‖ siliē. Anno...* M. ‖ CCCC. XCV, in-8, de 231 ff. à 2 col. de 34 lignes, 18 fig. s. bois. [1419]

20 fr. Potier (1872).

Réimp. par le même typogr. en 1497, également in-8, de 231 ff.

L'auteur est nommé Meder ou Melder par les bibliographes, n'est-ce pas également le Johannes Melber de Hain?

— QUADRAGESIMALE novum editum ac predicâtum a quodam fratre minore de observantia in inclita civitate Basilicnsi de filio prodigo et de Angeli ipsius ammonitione salubris per sermones divisum. *Basileae, Mich. Furter*, 1497, pet. in-8, goth., avec 18 grav. s. b. (publié par Séb. Brant).

L'édit. de 1510, annoncée dans le cat. Solar comme livre inconnu, est exactement décrite par Panzer (tom. IX, p. 392).

L'édit. de 1497 est portée à 70 fr. par M. Tross en 1862.

— PARABOLA filii glutonis profusi atque prodigi, nedum venuste rerum etiam utiliter et devote per venerandum patrem Joannem Meder concinnata... *Explicit... impressum Basileae per Michaelē Furter ciuē Basiliēn aº* M. CCCCC. X, in-8, carré, goth., à 2 col., fig. s. b.

Paraphrase de l'histoire de l'Enfant prodigue, en sermons; les planches sont très-remarquables; ce livre n'est autre chose que la 3ᵉ édition du *Quadragesimale novum*, fait observer avec raison M. Potier dans son catal. de 1870.

En mar. de Capé, 167 fr. Solar, et 112 fr. Potier (1870).

— LA MÊME. *Basileae, Mich. Furter*, 1523, pet. in-8, fig. s. b.

40 fr. de Morante.

MEDICI (*Lorenzo* de). Poesie volgari. *Venegia, in casa de' figliuoli di Aldo*, 1554, in-8. [14475]

L'exempl. de M. Solar, en *mar.* de Capé, a été revendu 170 fr. Cailhava.

MEDIEVAL Greek Texts, being a collection of the earliest composition in vulgar greek prior to the year 1500. Edited with prolegomena and critical notes by W. Wagner. Part. 1., cont. 7 poems, 3 of which appear for the first time, with an essay on the greek version of Apollonius of Tyre, by A. Ch. Gidel. *London*, 1870, xxɪv et 270 pp. in-8.

MEDINA (*Christoval* Gutierrez de). Viage de tierra, y mar, feliz por mar, y tierra, que hizo el... marques de Villena mi señor, yendo por virrey, y capitan general de la Nueua España en la flota que embió su M. este año de 1640, siendo General della Roque Centeno, y Ordoñez : su Almirante Juan de Campos. *Mexico, Juan Ruyz*, 1640, in-4.

Nous donnons la description minutieuse de ce très-intéressant recueil, d'après le cat. américain, de M. Maisonneuve (1878), qui cote ce rare vol. 150 fr.

« Rédigé en partie par le chapelain du vice-roi, ce livre peut être classé dans la série des fêtes et solennités : il relate les fêtes de la réception de ce personnage à Mexico. »

La collation en est irrégulière et compliquée.

Avant le titre ci-dessus, se trouve un f. contenant le blason du vice-roi; suit la relation, écrite par Gut. de Medina, du voyage et de l'entrée à Mexico, en prose et vers, 39 ff. — « *Razon de la fabrica allegorica* », c'est la description de l'arc de triomphe avec l'explication des allégories, qui commence au f. 2 et finit au 19ᵉ; le premier f. est peut-être blanc, le f. 40 vient ensuite. — *Zodiaco regio. Templo politico... Compuesta por un reliogioso del Cōpaña de Jesus. Mexico, Franc. Robledo*, 1640, 12 ff. — *Loa famosa, que se le recitó al marques de Villena, duque de Escalona, à la entrada del Arco Triunfal de la Cathedral de Mexico* (4 ff.), 41-45. — *Addicion a los festexos, que en la ciudad de Mexico, se hizieron al Marques... Mexico, B. Calderon*, 1640, 4 ff. — *Redondillas de un reliogioso de San Francisco en alabança del author*, f. 45. — *Festin hecho por las morenas criollas de Mexico.... compuesto por Nicolas de Torres. Mexico, Fr. Robledo*, 1640, 3 ff. — *Relacion escrita por doña Maria de Estrada Medinilla, à una reliogiosa Monja prima suya.., 6 ff.*

Ces deux dernières pièces, en vers, ne font pas partie du volume, mais elles complètent le détail des fêtes.

MEDINA (*Pedro* de). Libro de grandezas y cosas memora ‖ bles de España Agora de nueuo fecho y copilado por el Maestro Pedro ‖ de Medina Vezino de Seuilla. Dirigido al Serenissimo y muy esclarecido ‖ señor. Don Filipe principe de España ꝛc. Nuestro Señor. ‖ M.D.XLViij. *S. l.* In-fol., vɪɪɪ ff. lim. non chiffrés, y compris le titre; texte 1-cʟxxxij ff. au vº du f. ʟxɪɪɪ, une grande carte portant le titre de *Nueuo Mundo.*

Le titre de cette précieuse édition, conservée à la Biblioth. nationale, semble indiquer une édition précédente, qui reste inconnue, puisque l'affirmation d'Antonio, d'une édition de 1543, est battue en brèche par tous les bibliographes américanistes, et semble ne pouvoir se soutenir.

— ARTE de nauegar ‖ en que se contienen todas las Reglas, Declaraciones, Secretos, y Auisos, q̃ a la buena nauegaciõ son necessarios, y se deuẽ saber, hecha por el maestro Pedro de Medina... *Imprimio se en la dicha villa (de Valladolid), en casa de Francisco Fernandez de Cordoua impressor, iunto a las Escuelas Mayores : Acabose primero dia del mes de Octubre. Año del Nascimiento de Nuestro Señor Iesu Christo de* M. *y quinientos y quarenta y cinco años...* In-fol., de vɪ ff.

lim., y compris le titre, 100 ff. chiffrés, et un f. pour le colophon ; au r° du f. XXII, une carte de l'isthme de Panama, de la Floride et du Pérou.

Traduit en françois par Nic. de Nicolay, en 1553 ; en italien, par Vic. Palentino de Corzula, en 1555 ; en allemand, par Michael Coignet, en 1576, et en anglais, par J. Frampton, en 1581.

— REGIMIENTO de nauegatiō contiene las Cosas que los pilotos hã de saber para bien nauegar. Y los remedios y auisos que hã de tener para los peligros que nauegando les pueden succeder. (Au bas du f. 77) : *A gloria de Dios... Imprimiose en la dicha cibdad (Sevilla) en las casas de Simon Carpentero, año...* M.D.LxiiJ. *Y de la edad del auctor setenta años.* In-4, goth.

Titre rouge et noir avec une vignette en bois, LXXVIII ff. de texte, fig. en b.; la « *Carta de Marear* », tirée en rouge et noir, occupe le v° du f. VII et le r° du f. VIII ; le *Nueuo Mundo* occupe la moitié de la carte.

C'est le même ouvrage que le précédent, avec un autre titre ; cette édition est d'une grande rareté ; ce titre a le mérite de nous donner l'année de la naissance de Pedro de Medina.

Un bon exempl. est porté à 350 fr. au très-intéressant catal. américain de M. Maisonneuve, 1878.

MEDINA (*B.* de). Chronica de la S. Provincia de San Diego de Mexico. *Mexico, J. de Ribera,* 1682, in-fol., de XIV-259 ff. chif. et 8 ff. de table.

Livre important et fort rare ; un exemplaire sans titre et avec les derniers ff. en manuscrit, a été vendu 44 thal. Andrade.

MEDINA Rincon (*Joan* de). Thesoro spiritual de Pobres, en lengua Michuacan. *Mexico, Antonio Spinosa,* 1575, pet. in-4. (?)

Antonio (*Bibl. Hisp.*) nous donne une notice biographique sur ce moine augustin de Ségovie, qui devint évêque du Michuacan, mais il ne donne pas le titre de ses ouvrages ; il dit seulement : « *Scripsit quosdam spirituales tractatus,et res ab illustribus sui ordinis viris gestas* » ; il est fâcheux que la bibliographie que les rédacteurs du cat. Fischer, où figurait ce livre très-rare, n'en aient donné que le titre succinct que nous avons reproduit et n'en aient pas même indiqué le format ; l'exempl. Fischer, très-piqué, a été vendu £ 21, sh. 10.

MEDITATIONES (Deuotissime) de vita : beneficiis : et passiōe Saluatoris Jesu Chr̄i cū gratiarū actione. *In offic. excusoria Sigismūdi Grim : Medecine doctoris : ac Marcii Wyrsung : Auguste Vindelicorum quinta die Aprilis,* anno DDDXX (1520), pet. in-8, fig. s. bois de Hans Schaufelein.

En *vélin,* 105 fr. Yéméniz.

MEDRANO (*Sebast.* de). Tratado de geographia que contiene la descripcion del Rio de las Amazonas (y noticia de algunas islas de America), etc., por el general de batalla Don Sebastian de Medrano, Director de la Academia real y militar de el exercito de los Payses-Baxos.

Brusselas, L. Marchant, 1700, in-12, carte.

Vol. assez rare ; 40 fr. Tross (1869).

MEERBECK. (*Adriaen* van). Théatre funèbre où sont représentées les funérailles de plusieurs princes et la vie, trespas et magnifiques obsèques de Albert le Pie... archiduc d'Austrice, duc de Bourgoigne, Brabant, etc... faicts à Bruxelles le 12 mars 1622, par Adrian de Meerbeck. *Bruxelles, Ferd. de `Hoy-Maecker,* 1622, in-8, fig.

Traduction française d'une relation dont l'édition originale est en hollandais. En hollandais, 15 fr. Ruggieri ; la trad. franç., 39 fr. même vente.

MEGARENSIS episcopus (*Andreas* de Escobar, Hispanus). Modus confitendi cōpositus p ‖ Reūm dominū Andreā ‖ Hispa ‖ nū sancte R. ecclesie penitētiarium ‖ (Q) Voniaȝ omni cōfitenti ne ‖ cessarium est... A la fin (f. 16)... Amen Deo grãs ‖. Pet. in-8? carré, goth., de 16 ff. à 18 lignes à la page entière, imp. sans aucune indication, *a Louvain, par Cōnrad de Westphalie,* vers 1476.

Pièce précieuse et rare, citée par M. Campbell (*Ann. de la typ. néerl.*), d'après un exempl. rubriqué en 1479, qui a été vendu chez M. V. Luzarche en 1869.

MEGISERUS (*Hier.*). Dictionarium quatuor linguarum, videlicet, Germanicæ, Latinæ, Illyricæ (quæ vulgò Sclavonica appellatur) et Italicæ, sive Hetruscæ. *Impressum Græcii Styrix, a Johanne Fabro,* 1592, in-8.

Vol. rare, 15 à 20 fr. La langue illyrienne, annoncée par le titre, est du slovène.

MEIBOMIUS. Essais bibliographiques sur deux ouvrages intitulés *de l'Utilité de la Flagellation,* par Meibonius, et *Traité du fouet,* par F. A. Doppet. *Paris, H. Vaton,* 1875, in-18.

150 exempl., dont 5 sur pap. d'album jaune, 20 pet. in-8, et 1 sur parchemin.

M. Brunet s'est trompé en disant que le *Médecin de l'Amour* de Doppet (qu'une faute d'impression fait appeler *Coppet*), n'est guère qu'une traduction du *Tractatus* de Meibomius. C'est une véritable histoire médico-romanesque qui n'a aucun rapport avec le *de Flagrorum usu.*

MEIGRET (*Aimé*). Sermon presché à Grenoble le iour St. Marc Euangeliste. *A Lyon,* 1524, in-4, goth. [1438]

Il nous faut apporter ici une rectification au *Manuel,* qui donne ce livre en ajoutant que ni La Croix du Maine ni Du Verdier n'en ont parlé ; ce dernier (1-176, édit. de Rigolet de Juvigny) cite cette pièce, et ajoute qu'elle est réunie à une épître latine du même auteur, adressée à Messieurs du Sénat de Grenoble :

— *Lutherique. — Quaestiones fratris Amadei Maigreti, Lugdunensis ordinis praedicatorum, in libros de cœlo et mundo Aristotelis. Parisiis, apud de Marnef,* 1514, in-fol.

Et La Monnoye ajoute : Le mot *Lutherique*, marqué ici par apostille, donne à entendre que le sermon du P. Meigret contenoit des propositions jugées luthériennes par la Sorbonne.

MEIGRET (*Loys*). Traité touchāt ‖ le commvn vsa ‖ ge de l'Escritvre ‖ Fran-çoise, faict par ‖ Loys Meigret, Lyonnois... ‖ 1545. ‖ *A Paris.* ‖ *On les vend au Palais... es bouticques de* ‖ *Iean Longis & Vincēt Sertenas libraires.* (Aussi *Jeanne de Marnef, vefue de feu Denys Iannot*), in-8, de 64 ff., non chiffrés, de 25 lignes à la page, impr. en caractères italiques, sign. A-H. [10978]

Seconde édition, plus complète que celle de 1542.

En *mar.* de Bauzonnet-Trautz, 105 fr. Yéméniz ; 118 fr. de B. de M.; relié avec le *Paradoxe contre les lettres, Lyon, de Tournes,* 1545, pet. in-8, 115 fr, Brunet ; enfin, *dérelié,* 150 fr. Morgand et Fatout.

— LE TRETTÉ de la Grammere Francoeze, fet par Louis Meigret Lionoes. *Paris, Wechel,* 1550, pet. in-4.

Un bel exempl., réuni à plusieurs pièces intéressantes, en *mar.* de Trautz, 200 fr. Yéméniz.

MEISNER (*Dan.*). Thesaurus philo-politicus, hoc est emblemata... figuris æneis incisa... *Francofurti ad Mœnum,* 1624-26, in-4, obl., fig. s. métal. [18575]

En *mar.*, bel exempl., 200 fr. de Morante.

MEISSONNIER (*J.-A.*). OEuvre de Just-Aurèle Meissonnier, peintre, sculpteur, architecte, etc., dessinateur de la chambre et cabinet du roy. Première partie exécutée sous la conduite de l'auteur. (Ce titre est gravé au milieu d'un motif d'architecture d'une grande richesse.) *A Paris, chez Huguier, rue Saint-Jacques, au coin des Mathurins,* 72 pl. gr. in-fol.

Diverses pièces sont datées 1723, 1727, 1728, 1733, 1734.

M. Destailleur donne le détail minutieux de cette précieuse suite ; les 72 planches portent des nᵒˢ de 1 à 118; ainsi la 9ᵉ feuille donne 6 planches et le titre suivant : *Livre de légumes inventés et dessinés par J. Meissonier,* etc. Elles portent en haut et à droite les nᵒˢ 13, 14, 15, 16, 17, 18, 19, et à gauche la lettre C.

M. Destailleur fait remarquer, d'après son exemplaire, que les numéros se suivent de 1 à 26, 27 manque, mais les deux coupes de la *Maison du Sʳ Brethous* ne sont pas numérotées; de 27 à 108 il n'y a pas de lacune, il y a un nᵒ 105 double ; enfin de 108 à 118, les nᵒˢ 109 et 117 manquent.

54 planches n'ont été vendues que 56 fr. Schlesinger (1867), et seraient payées beaucoup plus cher aujourd'hui.

MEISTER Schule. Sammlung von Lithographien nach original Zeichnungen in der Sammlung Sr. K. H. des Erzherzog Albrechts in Wien. *Wien,* 1863, grand in-fol.

Dessins d'après Rubens, Van-Dyck, etc.

Belle publication.

MELANCHTON (*Ph.*). Confession de la Foy presentee a Tres inuictissime Empereur Charles V à la iournée d'Auspurg, composee en latin par Philippe Melanchton, et depuis translatée en francoys par Jehan Dalichamps. *Imprime nouuellement,* M.D.XLII. (A la fin) : *Acheué d'imprimer le* IX *de ianvier Mil cinq Cent* XLIII. *Strasbourg.* in-8, titre avec encadr. grav. sur bois. 500 fr. Soleil.

C'est la première édition française connue de la célèbre *Confession d'Augsbourg,* mais nous pensons qu'il doit en exister de plus anciennes qui seront découvertes un jour.

— CONFESSIO fidei exhibita invict. imp. Carolo Vᵒ, in comiciis Augustæ, anno 1530. Addita est Apologia confessionis. *Witebergae, Georg. Rhau,* 1531, pet. in-8, titre gravé.

Suiv. David Clément, cette édition a paru quatre mois après l'édit. in-4, avec laquelle elle offre des différences; cette édition in-4 a 170 ff.

36 fr. De Lassize.

— LA MÊME. *Ibid., id.,* 1542, pet. in-8, de 64 ff. non chif., 187 ff. ch. et 1 blanc, titre gr,

32 fr. De Lassize; l'exempl. portait un autographe en grec de la main de Melanchton.

-- CATECHESIS puerilis, recognita a Ph. Melanchtone. *Viteberge, Joan. Crato,* 1558, pet. in-8, de 80 ff., portr. au titre.

Édition rare; 12 fr. De Lassize.

— IN EVANGELIA : quae usitato more in diebus Dominicis et Festis proponuntur. Annotationes Phil Melanchtonis. *Vuitebergae, Petrus Seitz,* 1544, petit in-8.

Un précieux exempl., couvert de notes de la main de Melanchton, 132 fr. De Lassize.

— DE ANIMA commentarius. *Parisiis, apud Jac. Kerver, sub duobus Gallis in via ad D. Jacobum,* 1540, in-8.

Un exempl. couvert de notes manuscrites attribuées à Rabelais, 180 fr. de Morante.

— LIBER de anima, recognitus ab autore Ph. Melanchtone. *Vitebergae, Joan. Crato,* 1567, in-8.

30 fr. De Lassize.

— ORATIO in funere Rev. viri D. Martini Lutheri recitata a Ph. Melanchtone. *Vittebergae,* 1546, in-8, de 8 ff.

6 fr. De Lassize.

— PH. MELANCHTONIS epistolarum liber continens præclara multa cum ecclesiastica tum politica et historica, cognitione dignissima ante hac nunquam editus. *Lugduni Batav., ex off. Bonav. et Abrahami Elzeviriorum,* 1647, pet. in-8.

28 fr. Luzarche.

— ALTER libellus epistolarum Ph. Melanchtonis, editus. *Witebergae, Ch. Schleich et Ant. Schone,* 1570, pet. in-8, de VIII ff. lim., dont 2 blancs et 591 pp.

Avec un remarquable portrait sur le premier plat de la reliure, datée de 1570, 60 fr. De Lassize.

— EPIGRAMMATUM Ph. Melanchtonis libri VI. *Witebergae, haeredes J. Cratonis,* 1579, pet. in-8.

En *mar.*, aux premières armes de J. A. de Thou, relié avec les *Poemata G. Sabini, Lipsiae,* 1558, 100 fr. Brunet.

— EPIGRAMMATA selectiora.... *Francofurti ad Mœnum,* 1583, pet. in-4, fig. sur bois.

Édition recherchée à cause des jolies planches de Jost Amman.

60 fr. de Morante.

MESLANGES poëtiques, tragiques, comiques et autres diverses de l'invention de L. D. L. F. à la France. *Lyon, Ambr. Travers*, 1624, in-8.

Recueil assez rare, attribué par M. Claudin à Louis de la Faille? (quel est ce Louis de la Faille?) et vendu 17 fr. Luzarche; 40 fr. Potier.

L'abbé Goujet donne le détail minutieux de ce volume, dont il fait l'historique, et il paraît difficile après lui, après M. Brunet, après M. Potier (cat. de 1870), de contester le droit de Jean Godard, Parisien, à revendiquer la paternité du susdit recueil.

MÉLANGES, publiés par la Société des bibliophiles français. *Paris, Firmin Didot*, 1820-29, 6 vol. in-8, gr. papier vélin [19431]

En *demi-rel.* de Bauzonnet, le bel exemplaire de M. de La Bédoyère a été vendu 490 fr. pour l'Amérique; en pap. *vélin*, 425 fr. Cailhava (1862), pour M. Didot; 255 fr. de Chaponay.

MELENDEZ (*Juan*). Tesoros verdaderos de las Yndias, en la Historia de la gran provincia de S. Juan Baptista del Perù. *Roma, Nicolas Angel Tinassio*, 1681-1682, 3 vol. in-fol. [21595]

60 thal. Andrade; 350 fr. au cat. Maissonneuve de 1878, et l'exempl. est très-imparfait.

MELGAR (Don *Estevan Sancho* de). Arte de la lengva general del ynga llamada Qquechua. *Lima, Diego de Lyra*, 1691, pet. in-8, de XI ff. lim., 53 ff. (chiffrés 50), 2 ff. contenant la fin de la traduction de l'Évangile de S. Luc, chap. 21, avec les notes.

Volume fort rare; l'auteur, nous dit M. Maisonneuve, né à Lima, était professeur de Quichua à l'archevêché de cette ville.

250 fr. catal. Maisonneuve (1878).

MELIADVS ‖ De leonnoys. ‖ ¶ Ou present volume sont contenus les nobles faictz ‖ darmes du vaillant roy Meliadus de Leonnoys : ‖ Ensemble plusieurs autres nobles proesses de ‖ Cheualerie | faictes tant par le roy Artus | ‖ Palamedes... ‖ Histoire singuliere et re- ‖ creatiue | nouvelle- ‖ ment Imprimee ‖ a Paris. ‖ ¶ Auec priuilege du ‖ Roy nostre sire. ‖ ¶ *On les vend a Paris en la grand salle du Palais* ‖ ... *en la boutique de Galliot du Pre*... (A la fin) : *Ce present volume des faitz ⁊ gestes du no* ‖ *ble roy Meliadus de Leonnoys fut acheue* ‖ *d'imprimer a Paris le* xxve *iour du moys* ‖ *de Nouembre. Lan mil cinq cens.* XXVIII. In-fol., goth., de VI ff. lim. et CXCIX ff. chiff., impr. à 2 col., plus 1 f. pour la marque de Galiot du Pré, titre encadré, en car. rouges et noirs, fig. s. b. [17022]

En *mar.* de Kochler, bel exemplaire, 1,410 fr.

Yéméniz; en anc. rel., bel exemplaire, 1,720 fr. Tufton; en *mar.* de Bauzonnet, 1,680 fr. Morel, de Lyon; un autre exemplaire, incomplet du titre et du feuillet suiv., 65 fr. seulement, même vente; un exemplaire dans sa première reliure, naturellement qualifié d'admirable, 3,000 fr. au catal. à prix marqués des libraires Morgand et Fatout.

— LE MÊME. *Paris, Denys Janot*, 1532, in-fol., goth., à 2 col., de VI ff. lim. et 232 ff. chiff.

En *mar.* de Niédrée, 770 fr. vente Techener (1865); en anc. rel. *mar.*, exemplaire Roxburghe, 1,210 fr. Desq; en *mar.* de Hardy-Mennil, 580 fr. Tross (1868).

— LA PLAISANTE et triomphante histoire des hauts et chevalereux faits d'armes du très-puissant et très-magnanime et très-victorieux prince Meliadus, dict le chevalier de la Croix, le tout mis en françois par le chevalier du Clergé. *Lyon, Benoist Rigaud*, 1581, in-8.

100 fr. Tross, 1868.

MÉLIGLOSSE. La Rodomontade, Mort de Roger, tragédies et amours de Catherine. *Paris, Clovis Eve, relieur ordinaire du Roy*, 1605, in-8, front. gr. par Léonard Gaultier. [16371]

En *mar.* de Biziaux, exemplaire de Soleinne, 40 fr. Turquety.

MELLE (*Renaud* de). Il Quinto libro de Madrigali a cinque voci di Rinaldo del Mel, gentil'huomo Flamengo. *Venetia, Ang. Gardano*, 1594, 5 part. pet. in-4, obl.

Un exemplaire complet, 85 fr. Tross (mai 1866) pour M. Fétis.

MELODIÆ in odas Horatii et quædam alia carminum genera. Earundem argumenta, genus ac ratio : unà cum insignioribus et odis et sententiis. (Tenor, discantus, bassus, altus.) *Francofordiæ, apud Christ. Egenolphum*, 1532, 4 parties en 1 vol. pet. in-8.

C'est la reproduction des chants à quatre voix du célèbre recueil de Tritonius, imprimé par Erhard Oglin, en 1507; le titre ne se trouve qu'à la partie de ténor; le front. du *discantus* et du *bassus* a simplement *Odarum Horatii concentus*, et à l'*altus* on lit : *Carminum Horatii*; au front. de la partie de *tenor*, on voit une planche gravée sur bois, représentant un joueur de basse de viole.

Ce livre est à peu près inconnu; l'exemplaire que décrit M. Fétis a appartenu à Mercier de Saint-Léger.

M. Fétis affirme (d'après Falkenstein) que Chr. Egenolf fut le premier introducteur de la typographie à Francfort en 1513; il s'est glissé dans Falkenstein une erreur de typographie, 1513 pour 1531; Egenolf était né en 1502, la date de 1531 est justifiée par ce seul fait.

MELODEYEN Gesangbuch, darinn D. Luthers und ander Christen gebreuchlichsten Gesenge, ihren gewöhnlichen Melodeyen nach. durch Hier. Praetorium, Joach. Deckerum, etc. *Hamburg, durch Sam. Rüdinger*, 1604, in-8.

Précieux recueil de musique protestante, porté à 42 thal. au catal. List et Francke de Leipzig (1867).

MELZI (*Gaet.*). Note bibliografiche del fu D. Gaetano Melzi. *Milano*, 1863, in-8, de 62 pp.

Curieuse brochure publiée par le marquis d'Adda, célèbre *bibliofilo milanese*, elle a été tirée à petit nombre.

MELZO (*Lodov.*). Regole militari sopra il governo e servitio particolare della cavalleria di Fr. Lod. Melzo. *Anvers, Gioachino Troguasia*, 1611, in-fol., titre impr. dans un bel encadrement gravé, fig., vignettes, fleurons, etc.

Un bel exemplaire de ce volume, richement décoré, dans une belle rel. anc., 19 fr. Gancia (1872).

MENINSKI (*Fr.*). Lexicon Arabico-Persico-Turcicum... *Viennæ*, 1740 et ann. suiv., 4 vol. in-fol. [11626]

Un exemplaire en grand papier, réuni au premier ouvrage cité au *Manuel* : Linguarum orientalium... Institutiones... *Viennæ*, 1680, in-fol., est porté à 200 fr. au catal. Maisonneuve de 1866.

MÉMOIRE des magnifiques emmeublements (*sic*), et la valeur des pierreries et bijoux dont le duc de Lorraine a fait présent à Mademoiselle d'Orléans, son épouse. Extrait d'une lettre écrite de Nancy. *Paris, P. Huberson*, s. d. (1698), in-4.

Pièce curieuse. 10 à 12 fr.

MÉMOIRE du procès extraordinaire contre Me de Brinvilliers et de la Chaussée, valet de M. Sainte-Croix, pour raison des empoisonnements... avec la défension et l'arrest de la Cour... du 16 juillet 1676. *Suivant la copie de Paris, à Amsterdam, chez H. et Th. Boom*, 1676, pet. in-12, de 140 pp., avec deux titres. Petit volume que l'on peut rattacher à la collection des Elzeviers. 12 à 15 fr.

MÉMOIRE lamentable sur le trespas de tres illustre et tres magnanime prince, messire Françoys de Lorraine, duc de Guise... auec propos mémorables de ce bon prince sur l'heure de son trespas. *Paris, Barbe Regnault*, s. d. (ou *Douay, J. Boscard*, 1563), pet. in-4.

Pièce fort rare. A l'adresse de Paris, et en *mar.* de Capé, 40 fr. W. Martin.

L'assassinat du duc de Guise a donné naissance à de nombreuses pièces dithyrambiques.

— MONODIE sur le trespas de tresuertueux prince François de Lorraine, duc de Guise, par Pascal Robin, Angeuin. *Paris, Thomas Richard*, 1563, in-4.

— DÉPLORATION de la France sur la mort de Monsieur de Guise. *Ibid., id.*, 1563, in-4.

— REGRET sur le décès de tres illustre, tres magnanime et tres catholique prince François de Lorraine, duc de Guise, pair et grand chambellam (*sic*) de France. *Ibid., id.*, 1563, in-4.

Ces trois pièces, en *mar.* de Capé, 85 fr. W. Martin.

Le père Le Long et le catal. de la Bibl. nation. nous donnent les titres de pièces nombreuses, publiées à l'occasion de la mort du grand *Balafré*, et nous sommes forcés de les négliger.

Un recueil de 10 de ces pièces, en vers, relié en *mar.* par Trautz, a été vendu 305 fr. Huillard.

MÉMOIRE pour Melchior Tavernier, graveur-imprimeur en taille-douce, dont le père, Gabriel Tavernier, avait apporté l'art de la taille-douce à Paris, en 1573, etc. *S. l. n. d.*, in-4.

Nous donnons textuellement le titre d'une « pièce rare et curieuse pour l'histoire de l'art », tel qu'il se trouve porté au catal. du cit. Mercier, ci-devant abbé de Saint-Léger et ancien bibliothécaire de Sainte-Geneviève.

Ce catalogue rare et intéressant est rédigé par Guil. De Bure l'aîné ; la vente eut lieu le 24 frimaire an VIII et jours suivants, en la maison du défunt, rue du faubourg Saint-Jacques.

Cette pièce fut vendue 5 fr. 20 c.

MÉMOIRE sur la Guadeloupe, ses isles dépendantes, son sol, ses productions et généralement sur toutes les parties, tant militaires que d'administration. Par M. B. de S. *Aux Isles du Vent*, s. d., in-4, de IV et 44 pp.

Ce mémoire, présenté au roi, demandait la séparation commerciale de la Martinique et de la Guadeloupe ; il a dû être imprimé vers 1770.

C'est une des plus rares productions de la typographie des Antilles, mais son importance intrinsèque n'est pas en raison de sa rareté.

Nous ne nous expliquons pas le prix de 100 fr. demandé par M. Maisonneuve en 1878.

MÉMOIRE touchant la seigneurie du Pré aux Clercs, appartenant à l'Université de Paris. (*Paris*), 1694, in-4, avec plan gr. s. b.

Pièce rare, 16 fr. Le Roux de Lincy ; un exemplaire couvert de corrections, et notes intéressantes, 31 fr. même vente.

MÉMOIRE touchant l'établissement des Pères Jésuites dans les Indes d'Espagne. *S. l.*, 1712, pet. in-12, de 47 pp.

Pièce fort rare, relative aux missions de Paraguay, écrite contre les PP. Jésuites ; elle a été réimprimée à la suite du voyage de Frézier.

30 fr. catal. Maisonneuve.

MÉMOIRE touchant l'etablissement d'une mission chrestienne dans le troisième monde, autrement appelé la Terre Australe... *Paris, Cramoisy*, 1663, pet. in-8. [21590]

L'exemplaire de M. Sobolewski, vendu 56 thal., différait comme collation de la description du *Manuel* ; il avait XII ff. limin., 215 pp. et le privilége ; il faut en outre une carte.

L'auteur, arrière-petit-fils du navigateur, s'appelait comme lui Binot Paulmier de Gonneville, abbé et chanoine de Lisieux.

MÉMOIRES contenans ce qu'il y a de plus remarquable dans Villefranche, capitale du Beaujolois (par le P. de Bussières, jésuite). *Villefranche, Ant. Baudran,* 1671, in-4, fig.

34 fr de Chaponay.

MÉMOIRES curieux envoyez de Madrid, sur les festes ou combats de taureaux, sur le serment de fidélité... sur le mariage des infantes... etc. *Paris, Fréd. Léonard,* 1670, pet. in-12.

En mar. de Dupré, 60 fr. Ruggieri.

MÉMOIRES (Quelques) de ce qui s'est passé aus nopces des infantes de Sauoye. *Turin, chez les Cavalleris frères,* 1608, in-8.

Réimprimé à Paris, mais avec de notables changements, sous ce titre :

— DISCOURS de ce qui s'est passé aux nopces des Infantes de Savoye ; avec les courses et tournois faits à la barrière, tant à pied que à cheval. Par L. S. D. P. *Paris, M. Guillemot,* 1608, in-8, fig. sur bois.

MÉMOIRES de la guerre de Transilvanie et de Hongrie, entre l'empereur Léopold Ier et le grand seigneur Méhémet IV, Georges Ragotski... *Amsterdam, Dan. Elsevier,* 1680, 2 tomes en 1 vol. pet. in-12.

Un exemplaire non rogné, 92 fr. La Bédoyère ; revendu 62 fr. La Villestreux.

MÉMOIRES de la Régence de S. A. R. le duc d'Orléans (par le chevalier de Piossens). *La Haye, van Duren,* 1736, 3 vol. in-12, fig. [23885]

En mar. de Derome, bel exemplaire, 335 fr. prince Radziwill.

MÉMOIRES de la vie de Messire Claude de Letouf, chevalier, baron de Sirot, lieutenant général des camps et armées du Roy sous les règnes des rois Henri IV, Louis XIII et Louis XIV. *Paris, Cl. Barbin,* 1683, 2 vol. in-12.

Mémoires authentiques, publiés, dit la préface, par la comtesse de Pradines, fille du baron de Sirot.

29 fr. Luzarche ; en mar. de Hardy, 150 fr. catal. Gonzalès-Bachelin.

MÉMOIRES de la vie de Henriette-Sylvie de Molière. *Paris, Cl. Barbin,* 1672-78, 6 tomes en 3 vol. in-12.

Ces mémoires sont d'un sieur Subligny, comédien, père de la demoiselle Subligny, danseuse de l'Opéra ; l'héroïne de cette histoire romanesque n'a rien de commun avec l'illustre homonyme.

Dans une charmante reliure ancienne, en mar. à compart., relié en 3 vol., 222 fr. Favart ; ordinairement de 15 à 20 fr.

MÉMOIRES D. M. L. D. M. (Hortense de Mancini), duchesse de Mazarin (attribués à St.-Réal). *Cologne, Pierre du Marteau,* 1675, pet. in-12, 222 et 22 pp., plus un f. d'errata.

Édition en gros caractères, qui doit être la pre-

mière ; l'exemplaire Nodier, en mar. de Duru, 118 fr. La Villestreux.

— LES MÊMES. *Cologne, P. Marteau (Hollande, Elsev.),* 1676. pet. in-12.

Un exemplaire non rogné, en mar. de Trautz, 201 fr. baron Pichon ; en mar. de Capé, 27 fr. La Villestreux.

MÉMOIRES de Pierre-François Prodrez de Beragrem, marquis d'Almacheu, contenant ses voyages et tout ce qui luy est arrivé de plus remarquable dans sa vie, le tout fait par luy-même. *Amsterdam (à la Sphère), chez Léonard le Jeune,* 1677, 2 tom. en 1 vol. pet. in-12.

Ce petit volume est imprimé à *Amsterdam,* par *Dan. Elsevier* ; M. Pieters le signale comme tel ; le 1er volume a IV ff. lim. et 266 pp. ; le 2e, 164 pp.

Bérard voyait dans *Beragrem* l'anagramme d'*Aremberg,* mais ce dernier nom s'écrit avec un *n* ; Lancelot, dans son catalogue, dit qu'*Almacheu* est l'anagramme de *La Chaume,* et ceci est exact ; mais qu'est-ce que ce La Chaume ?

25 fr. Luzarche.

MÉMOIRES du duc de Luynes sur la cour de Louis XV, 1735-1758, publiés par MM. L. Dussieux et Eudore Soulié. *Paris, F. Didot,* 1860-1865, 17 vol. in-8.

En demi-rel, 175 fr. d'Haubersaert.

MÉMOIRES du marquis de Chouppes, lieut. gén. des armées du roi, suivis des Mémoires du duc de Navailles et de la Valette (1630-1682), revus, annotés... par M. Célestin Moreau. *Paris, Techener,* 1862, in-8.

100 exemplaires sur papier vergé, 12 fr. ; 50 exemplaires sur grand papier de Hollande, 20 fr. ; sur papier ordinaire, 7 fr. 50 c.

MÉMOIRES d'un ministre du trésor public (Mollien), 1780-1815. *Paris, H. Fournier,* 1845, 4 vol. in-8.

Ces mémoires n'ont pas été destinés au commerce.

68 fr. d'Haubersaert.

MÉMOIRES et instructions pour servir dans les négociations et affaires concernant les droits du roy de France. *A Amsterdam, chez Ant. Michel (A la Sphère),* 1665, pet. in-12.

Édition rare, que M. Pieters et M. Brunet croyaient imprimée par Foppens, de Bruxelles, et que M. Claudin affirme être sortie des presses de Dan. Elzevier, à Amsterdam.

En vélin, 35 fr. Luzarche.

MÉMOIRES (Les) et parlementements de la paix entre le roy de France, le roy de Navarre et le prince de Condé, ensemble celles du Dauphiné, révolté contre la maiesté du roy, auec l'arbregé (*sic*) et premier crayon des articles de pacification ; plus un chant à l'honneur de Monseigneur Mandelot. *Lyon, Antoine du Prat*, 1581, pet. in-4.

10 à 12 fr.

MÉMOIRES historiques sur Raoul de Coucy. On y a joint le recueil de ses chansons en vieux langage, avec la trad. (par de La Borde). *Paris, Pierres*, 1781, 2 vol. in-18. [30577]

Un exemplaire sur beau *vélin*, tiré pet. in-8, dans une fraîche rel. *mar.* de Derome, 615 fr. Double ; l'exemplaire de M. Renouard (63 fr.) également sur *vélin*, 111 fr. Danyau et 245 fr. Desq.

MÉMOIRES pour un sermon sur les hantises de la campagne. Lettre de l'auteur à un curé de ses amis. *Lille, J.-B. Henry*, s. d. (18e siècle), pet. in-12.

Singulier traité de morale, à classer parmi les livres érotiques.

MÉMOIRES secrets de la cour de France, contenant les intrigues du cabinet pendant la minorité de Louis XIV (par Rustaing de Sainct-Jory). *Amsterdam, Girardi*, 1733, 3 vol. in-12.

En *mar.* de Hardy-Mennil, 51 fr. Tross (1868), c'est-à-dire moins cher que la reliure.

MÉMOIRES secrets de la République des lettres, ou le Théâtre de la vérité. *Amsterdam, Jacques Desbordes*, 1737, in-12.

N'est-ce pas le premier volume des *Mémoires secrets*, etc., du marquis d'Argens ?

En *mar.* de Chambolle, 50 fr. Gancia.

MEMORABILIS et perinde stupenda de crudeli Moscovitorum expeditione narratio e germanico in latinum conversa. *Duaci, ex typogr. Jacobi Boscardi*, 1563, pet. in-8.

Pièce d'une grande rareté, qui vient d'être reproduite à 25 exemplaires par le procédé Pilinski. 10 fr.

MEMORABLE (La) bataille nouuellement donnee entre les chrestiens et les Turcs, avec un récit véritable de ce qui s'est passé à la pitoyable et constante mort du marquis de Beaurepaire, Provençal. *Paris, impr. de Mathieu Colombet*, 1633, in-8.

Pièce rare.

MEMORIAL de lo sucedido en la ciudad de Mexico, desde el dia primera de Noviembre, de 1623, hasta quinze de Enero de 1624. (*Mexico*, 1624), in-fol., de 28 ff.

— RELACION sumaria y puntual del tumulto y sedicion que huuo en Mexico a los 15. de Enero de 1624 y de las cosas mas notables que le precedieron, y despues se ha seguido hasta los 6 de Março del dicho año. *S. l. n. d. (Mexico,* 1624), in-fol., 18 ff.

Pièces restées inconnues jusqu'à la vente Sobolewski, où elles ont été vendues 21 thal. 15.

MÉMORIAL présenté au roy d'Espagne pour la deffense de l'illustrissime Dom Bernardino de Cardenas, euesque de Paraguay dans les Indes, contre les religieux de la Compagnie de Jésus, et pour répondre aux mémoriaux présentés à Sa dite Majesté, par le P. Julien de Pedraça, procureur général des Jésuites dans les Indes. Traduit fidellement sur l'imprimé espagnol. *S. l.*, 1662, in-12, de 322 pp.

Encoré un curieux document qui prouve jusqu'à l'évidence quels dangers peut faire courir aux Etats l'esprit d'envahissement et l'audace impérieuse de la Compagnie de Jésus ; on y trouve le récit de la guerre qu'ils firent à l'évêque, la prise de la ville de l'Assomption par leur armée d'Indiens *Mansos* fanatisés, etc. 15 à 18 fr.

MEMORIAL que presente a Su Magestad J. Ortiz de Cervantes, abogado y procurador general del reyno del Piru y encomenderos sobre pedir remedio del daño, y diminucion de los Indios : y propone ser medio eficaz, la perpetuydad de Ecomiendas. *S. l. (Mexico)*, 1619, in-fol., 19 ff.

Pièce extrêmement rare. 8 thal. Sobolewski.

MEMORIALE pro pueris. *S. l. n. d.*, in-12, goth.

Cette curieuse grammaire, à l'usage des enfants, est rare ; mais nous ignorons à quel propos l'éditeur du catal. de Morante annonce ce petit volume, comme imprimé à Rouen, vers 1517? l'exemplaire a été vendu 100 fr.

MENA (*Juan* de). Las CCC con XVjjjj coplas agora nuevamente añadidas del famosissimo poeta Juan de Mena... *Zaragoza, por industria y costa de Georgi Coci, aleman.*, 1509, in-fol., goth. [15091]

200 fr. de Morante.

— COPILACION de todas las obras del famosissimo poeta Juan de Mena. Cõuiene saber las CCC. con otras XXIV coplas... año M.V. XLVIII. *Toledo, Fern. de Sancta Catalina...* 2 part., en 1 vol., in-fol., goth. : 1re partie, 104 ff. ; 2e, 26.

Un exemplaire en *mar.* de Thibaron est porté au prix incompréhensible de 1,500 fr. au catal. Bachelin-Gonzalès.

MÉNAGE (*Gilles*). Poésies françoises. *Paris, Aug. Courbé (Hollande)*, 1656, pet. in-12, de 40 pp., lettres italiques. [14042]

Certainement imprimé par Foppens, à Bruxelles ; ce sont les caractères italiques dont il s'est servi pour l'impr. des *OEuures burlesques de Scarron (Bruxelles*, 1655).

En *rel. molle*, 201 fr. Chedeau ; en *mar.* de Trautz, 500 fr. Potier ; en cuir de Russie, 300 fr. La Villestréux ; en *mar.* de Trautz, 600 fr. Leb. de Montgermont.

— MENAGII poemata. *Amstelodami, ex offic. Elzeviriana*, 1663, pet. in-12, de IV ff., y compris le titre rouge et noir, et 327 pp., dont les deux dernières ne sont pas chiffrées. [12896]

Un exemplaire non rogné, en *mar. doublé* de Duru, 190 fr. Cailhava; 21 fr. Sainte-Beuve; 39 fr. de Morante; haut. 0m137, 150 fr. Fontaine (1877).

— ÆGIDII Menagii Miscellanea. *Parisiis, apud Aug. Courbé*, 1652, in-4, portr. par Nanteuil et une figure.

Édition originale, qui renferme un certain nombre de pièces françaises, entre autres *la Pompe funèbre de Voiture*, par Sarazin; *la Requeste des Dictionnaires à MM. de l'Académie*, etc.

En *vélin*, 14 fr. Huillard; en *mar.* de Capé, avec un portrait de Nanteuil ajouté, 50 fr. de Morante.

MENANTEL (*F.* de). Les chastes et pudiques amours du marquis de Cœlidor et de la belle Almée, par F. de Menantel, Sr de S. Denis, gentilhomme Picard. *Paris*, 1612, pet. in-12.

Dédicace à dame Marguerite de Rohan, marquise d'Espinay.

En *veau* de Simier, 24 fr. Cailhava.

MENDIBURUC. Jesus-en Compañiaco A. Sebastian Mendiburuc Euscaraz eracusten duen Jesus-en bihotza-ren Devocioa. *Iruñean, Pedro Joseph Ezquerro*, 1751, in-8, de VII ff. lim., 393 pp., et 3 pp.

Le basque employé dans ce livre de *Dévotion au Sacré-Cœur de Jésus* est du guipuzcoan mêlé de navarrais; le volume est rare.

En *mar.* de Trautz, 34 fr. Burgaud des Marets.

On cite du même auteur:

MODÈLES de Prières. *Pampelune*, 1760, in-4.

MENDICITÉ (La) spirituelle, les Méditations de l'âme, le Consolatif de tristesse. *Paris, Michel Le Noir*, 1500, in-4, goth.

6 fr. 15 s., vente De Bure (1834).

MENDOZA (Hurtado de). Vida de Lazarillo de Tormes, corregida y emendada por Juan de Luna. *Paris, Rolet Boulonné*, 1520 (sic *pour* 1620). — Secunda parte de la Vida de Lazarillo de Tormes. por J. de Luna. *Ibid., id.*, 1620, 2 parties en 1 vol. pet. in-12, front. gr.

Première édition, avec les corrections de J. de Luna et avec la deuxième partie, composée par le même J. de Luna.

En *vélin*, 510 fr. Gancia (1868); en *mar.* de Trautz, 158 fr. Potier.

— VIDA de Lazarillo de Tormes. *En Milan, ad instantia de Antonio de Antoni*, 1587, in-8.

En *mar.* de Duru, 50 fr. Gancia.

— LA MISMA. *Amberes, en la oficina Plantiniana*, 1595, in-8.

En *mar.* de Lortic, 80 fr. Gancia.

— LA MISMA. *En Zaragoça, por Pedro Destar*, 1620, in-8.

En *mar.* de Duru, 75 fr. Gancia.

— LA VIE de Lazarille de Tormes... trad. en vers françois par le sieur de B... *Paris, Chamhoudry*, 1653, in-4.

31 fr. Potier.

— Voy. HURTADO.

MENDOZA (Fr. *Joan. Gonçalez* de). Historia de las cosas mas notables, ritos y costumbres del gran reyno de la China... *Roma, Accolti*, 1585, pet. in-8. [28272]

Scaliger avait cette première édition fort rare, et son exemplaire, enrichi de notes autographes, figure au catalogue Heinsius (deuxième partie, page 215); cet exemplaire appartient aujourd'hui à la Bibl. royale de la Haye.

— HISTORIA de las cosas... *En Madrid, en casa de Pedro Madrigal*, 1586, 2 part. en 1 vol., in-8.

Seconde édition. 51 fr. Gancia.

La première traduction française, de 1588 (*Paris, Jérémie Périer*), est un in-8, de XI ff. limin., précédés d'un feuillet blanc, de 323 ff. et de 25 ff.; l'*Itinéraire du Nouveau Monde* et le *Voyage du P. Martin* occupent les feuillets 240 à la fin; l'exemplaire Veinant a été revendu 52 fr. Yéméniz.

MENDOZA (*Lopez* de), marques de Santillana. Los Proverbios. [15090]

Salvá dit qu'il existe au moins 25 éditions de cet ouvrage bien connu; il cite celles de *Toledo, Gaspar de Avila*, 1525, in-fol.; de *Sevilla, Cromberger*, 1533, in-fol.; de *Toledo*, 1552, et *Sevilla*, même année; de *Madrid, Alonso Gomez y Pierres Cosin*, 1566, etc.

MENESTRIER (*Claude-François*). Éloge historique de la ville de Lyon et sa grandeur consulaire sous les Romains et sous nos rois. *Lyon, Ben. Coral*, 1669, gr. in-4. [24590]

Les exemplaires, pour être complets, doivent posséder le frontispice gravé à l'eau-forte, à la suite des armoiries des prévôts des marchands et échevins, deux feuillets gravés avec les armoiries de Gaspard Groller, de Th. de Moulceau, de Jean Beneon et de Louis de Trellon; la série des blasons formant 86 feuillets, plus un supplément de 44 pages comprenant les blasons des échevins de 1669 à 1789.

Un bel exemplaire bien complet, avec les blasons coloriés, et en *mar.* de Duru, 155 fr. Cailhava; revendu 92 fr. Desq; un exempl. moins complet, 16 fr. Yéméniz.

— HISTOIRE civile ou consulaire de la ville de Lyon, justifiée par chartres, titres, chroniques, etc. *A Lyon, chez J. B. et Nic. Deville*, 1696, in-fol. avec privilège, XIII ff. limin., 42, 548, 64, 136 pp. et IV ff. [24592]

L'exemplaire de M. Yéméniz contenait deux cartons, l'un pour le feuillet 127-128, l'autre pour le feuillet 153-154, et en outre entre les pages 38 et 39, deux planches pliées; entre les pages 40 et 41, la grande carte de la ville de Lyon; entre 68 et 69, une planche pliée; entre 200 et 201, l'horloge de la Saint-Jean; entre 220 et 221, un feuillet portant deux grands médaillons au recto; cet exemplaire non rogné n'a été vendu que 255 fr.

Un très-bel exemplaire, avec plusieurs pièces ajoutées, en *mar.* de Koehler, 325 fr. Cailhava, n'a été revendu que 191 fr. Desq; un autre, 55 fr. Costa de Beauregard.

— CLAUDII Menestrii Symbolica, Dianæ Ephesiæ statua. *Romæ*, 1657, in-4.

Cette dissertation du P. Ménétrier n'a pas été signalée par M. Allut; elle figure au catal. Imbert de Cangé, page 432.

— TRAITÉ des tournois, joustes et carrousels, et autres spectacles publics. *Lyon, Muguet*, 1669, in-4, fig.

En grand papier, 50 fr. Radziwill ; 45 fr. Yéméniz, et un second exemplaire, avec des différences détaillées au catalogue, prouvant un second tirage, 85 fr.

— DISSERTATION sur l'usage de se faire porter la queue. *Paris, J. Boudot*, 1704, in-12.

Édition originale ; en *v. f.* de Derome, 30 fr. Radziwill ; 19 fr. Yéméniz.

— LA SCIENCE ou l'Art des devises, dressez sur de nouvelles règles... *A Paris, chez Robert J. B. de la Caille*, 1686, pet. in-8.

En *mar. anc.*, aux armes de Harlay de Chanvallon, archev. de Paris. 205 fr. Yéméniz.

— DÉCORATIONS faites dans la ville de Grenoble, pour la réception de Mgr le duc de Berry. *A Grenoble, chez Antoine Fremon*, 1701, in-fol.

155 fr. en *mar.*, chez M. Yéméniz.

— LES REIOUISSANCES de la paix faites dans la ville de Lyon le 20 mars 1660. *A Lyon, chez Guil. Barbier*, 1660, in-fol. fig.

125 fr. Yéméniz ; 20 fr. Ruggieri.

— LES MÊMES. *Lyon, Benoist Coral*, 1660, in-8, fig.

C'est la même relation des fêtes données à Lyon, en mars 1660, à l'occasion de la paix ; et c'est la même édition, tirée in-8 ; ce vol. a 19 planches gravées, quoique M. Brunet n'en indique que 18.

En *mar.* de Dupré, 72 fr. Ruggieri.

MENHER (*Val.*). Practique pour brievement apprendre à ciffrer et tenir livres de comptes,... par M. V. Menher alleman. *Anvers*, M.D.LXV, *impr. par Ægidius Diest*, 1565, fig. sur le titre.
— Practique. des triangles sphériques, des distances sur le globe, des horologes... composée et calculée par M. Valentin Menher de Kempten. *Anvers*, 1564, *impr. par Gillis Copenius de Diest*, in-8.

Livre rare. 26 fr. Soleil.

MENOU (*René* de). La pratique du cavalier, ou l'exercice de monter à cheval, qui enseigne la méthode de réduire les chevaux dans l'obéissance des plus beaux airs et maneiges, par messire René de Menou... ensemble un traité des moyens d'empescher les duels et bannir les vices qui les causent. *Paris, Guil. Loyson*, 1650, in-4, front., portr. gr. par Chauveau et 4 planches. [10334]

40 fr. Taschereau ; 31 fr. Chedeau.

— LA MÊME. *Paris, G. Loyson*, 1651, in-4, front., port. et fig.

61 fr. Taschereau.

MENSA philosophica. Incipit tabula in librum qui dicitur Mensa philosophica. (A la fin) : Presens liber quē mensam philosophicā vocat unicuique putilis compēdiose ptractās in primis q̄d in cōuiuiis p cibis et potibus sumendū est... feliciter explicit. (Auct. Theobaldo Anguilberto, Hiberno). *S. l. n. d.* (cᵃ 1475), pet. in-4, goth., de 96 ff., dont le premier est blanc, 27 lignes à la page entière, avec les capit. laissés en blanc,

sign. *a-r*, car. de Guldenschaaf, de Cologne.

Hain décrit exactement cette édition, mais l'exemplaire que nous avons vu a bien 27 lignes et non 26 à la page. £ 8 chez Quaritch.

MENTELI (*Jacobi*) Patricii Castro-Theodoricensis, de vera typographiæ origine paroenesis *Parisiis, ex off. Rob. Ballard*, 1650, in-4, de VI-119 pp. [31172]

Ouvrage d'assez peu de valeur, et que les travaux modernes ont singulièrement laissé en arrière, mais qui conserve toujours, aux yeux du bibliographe sérieux, une certaine autorité.

MENTELIN (*Johann*). Johann Mentelin's Anzeige über die aus seiner Druckerei gegen 1470 erschienene Ausgabe von Joannis Astexani de Ast Summa de Casibus Conscientiæ. (Avis de Jean Mentelin sur son édition parue vers 1470, de l'ouvrage intitulé « *Joannis Astexani de Ast Summa de casibus conscientiæ.* » *S. l. n. d.* (*Argentorati, Mentelin*, 1470 ?) un f. in-fol.

Cette pièce précieuse, dont on ne connaît qu'un seul exemplaire, a été vendue 100 thal. chez Weigel, en 1872, pour la Bibl. de Berlin.

MENTRIDA (Fr. *Alonso* de), de la orden de S. Augustin. Bocabvlario de lengua Bisaia Hiligvoyna, y Haraia de la Isla de Panai y Sugbu, y para las de mas Islas... Añadido E impresso, por Fr. Martin Clauer Religiosso (*sic*) de la misma orden, y prior del Conuento de nuestra Madre Santa Monica de Panay... (marque de l'imprimeur, un Cœur percé de deux flèches, surmonté d'un chapeau de cardinal); sur le côté : *Año* 1637. (Audessous) : *Con licencia. Manila en el Colegio de S. Thomas de Aquino por Luis Beltran, y Andres de Belen impressores de Libros*, in-4. [11917]

Collation : titre, approbation, licence, etc., 4 ff.; *dédicace à la reine des anges*, 1 f.; *errata*, 1 f.; *prologo*, VI ff.; *Bocabvlario*, primera parte, 1 f., 175 pp.; segvnda parte, 2 ff., 754 pp.

Imprimé sur papier de riz ; le texte, à la page 327, est irrégulièrement disposé, par suite d'erreur d'imposition.

Le *Manuel* a signalé l'excessive rareté de ce volume ; on ne connaît guère qu'un seul exemplaire qui de la collection Dalrymple a passé chez Rich. Heber, puis chez M. Marcel, et enfin a été vendu 410 fr. Maisonneuve, en 1867.

— ARTE de la lengua Bisaya-Hiliguayna de la Isla de Panay. *Manila, Imprenta de D. Manuel Memije, por D. Anastacio Gonzaga*, 1818, in-4, sur papier de riz, de 1 f., 247 pp.

61 fr. même vente.

On croit que cette édition d'une curieuse grammaire doit avoir été réimprimée sur une édition du XVIIᵉ siècle qui a disparu.

— DICCIONARIO de la lengua Bisaya, Hiligucina y Haraya de la Isla de Panay.

(Manila). En la Imprenta de D. Manuel y Felis Dayot, 1841, pet. in-fol. de 460 pp.]11917]

— DICCIONARIO hispano - bisaya. Compuesto por el P. F. Julian Martin, cura del Pueblo de Tigbauan en la Provincia de Yloilo. *Manila, D. Manuel y D. Felis Dayot,* 1842, in-fol., pp. 461-827.

Les deux parties, 125 fr. au catal. Maisonneuve. (1878).

La première partie contient la réimpression du *Bocabulario* de 1637.

MENUDIER (*Jean*). Complimens sur divers sujets, où les étrangers trouveront de quoi fournir à une conversation sérieuse et galante, et où ils pourront apprendre en peu de temps par règles et par exemples les difficultés de notre prononciation et de notre construction. *Jène, Bauhofer,* 1672, pet. in-8.

En *mar.* de Lortic, 25 fr. Desq; c'est-à-dire le prix de la reliure.

— LE SECRET d'apprendre la langue françoise en riant... (allem. franç.). *Jena,* 1684, pet. in-12 de plus de 700 pp., front. gr. [10973]

8 fr. catal. Claudin.

MENUS (Les) Propos. [13541]

Cette pièce importante a été réimprimée par MM. Anat. de Montaiglon et James de Rothschild, au tome XI du *Recueil des poésies françoises des* XVᵉ et XVIᵉ *siècles,* commencé par Jannet et dont l'éditeur actuel est M. Daffis.

MM. de Montaiglon et Rothschild ont fait précéder d'un avant-propos fort curieux et d'une saine critique la reproduction de cette pièce aussi intéressante que rare; ils prouvent que l'attribution, que la similitude du titre avec les *Menus Propos de Mère-Sotte* a provoquée n'a pas même de commencement de preuve, et que Gringore était à peine né quand les *Menus Propos* ont été écrits et joués; c'est à l'année 1460 ou 1461 qn'ils font remonter la composition de cette *sottie;* son origine normande ne fait aucun doute, et, suivant les probabilités les plus sérieuses, c'est à Rouen qu'elle fut *montée* pour la première fois.

La date de sa première impression est beaucoup plus douteuse, mais on peut la faire remonter aux dernières années du règne de Charles VIII.

MM. de Montaiglon et Rothschild, qui joignent à leur avant-propos historique et philologique une partie bibliographique d'une grande exactitude, n'ont pas découvert et ne peuvent signaler d'autre édition que celles que décrit déjà M. Brunet; nous nous bornerons donc à donner quelques prix d'adjudication,

— LES MENUS PROPOS. *Cy finent les Menus Propos. S. l. n. d. (Caen, Robinet Macé, vers* 1500), pet. in-4, goth., de 12 ff. de 36 lignes à la page, sign. A. B.

L'exemplaire du baron Pichon, qui faisait partie du n° 2904 du catal. La Valtière, en *mar.* de Bauzonnet, 751 fr., aujourd'hui chez M. James de Rothschild.

Le bel exemplaire Crozet, de l'édition de Trepperel, en 12 ff., en *mar.* de Bauzonnet-Trautz, fait aujourd'hui partie de la charmante collection du comte de Lurde.

MER (La) des Histoires. (A la fin du tome II): *Ce present volume fust acheue au moys de feurier pour Vincent Commin... et imprime par maistre Pierre le Rouge, imprimeur du Roy (à Paris)... lan mil CCCC. iiiixx et viii* (1488), 2 vol. gr. in-fol., goth., à 2 col., fig. s. b. [21277]

En *mar.* de Chambolle-Duru, bel exemplaire, 1,200 fr. Germeau; revendu 925 fr. Potier.

— LA MÊME. *Paris, Anguilbert de Marnef et Francoys Regnault, libraires,* s. d., 2 tomes en 1 vol., in-fol., goth., fig. s. b.

53 fr. Costa de Beauregard.

— LA MÊME. *Paris, Nicolas Couteau,* 1543, in-fol., goth., fig. s. b.

En *mar.* de Hardy-Mennil, 200 fr. marquis de B. de M.

MÉRARD de Saint-Just. L'occasion et le moment, ou les petits riens d'un amateur. *Paris, Didot l'aîné,* 1782, 4 part. en 2 vol. in-18.

Mérard de Saint-Just estimait singulièrement ce petit livre; il en avait fait tirer un exemplaire unique sur *vélin,* pour sa bibliothèque; dans le catalogue de 1783, qu'il publia lui-même, catalogue que l'on croit être plutôt celui de ses *desiderata* que celui de ses livres en état de *présence réelle,* figure cet exemplaire sur *vélin,* relié par Derome le jeune, en *maroquin,* et en 4 vol., in-18; il le porte à 600 livres.

— POÉSIES de M. Mérard de Saint-Just. *A Parme,* 1770, 3 part. en 1 vol., gr. in-8.

Un exemplaire figure au catalogue de 1783, il est annoncé *unique,* tiré sur papier de Hollande, en *mar.* vert de Derome le jeune.

— LAURETTE, conte de Marmontel, mis en scènes et en ariettes, par M. Mérard de Saint-Just. *Paris,* 1765, in-8, papier de Hollande.

— CONTES très-mogols, par M. Mérard de Saint-Just. *Paris,* 1769, in-12, pap. de Holl.

— MAINTENANT on peut nous juger. *Paris,* 1779, in-18, pap. de Holl.

Opuscule tiré à 6 exemplaires, dit Mérard de Saint-Just.

— MON JOURNAL d'un an, ou Mémoire de Mᶫᶫᵉ de Rozadelle - Saint-Ophelle, suivi de poésies fugitives, d'une anecdote cachemirienne et d'un conte pastoral. *Parme, et à Paris, pour tous les temps,* s. d. *(après* 1783), in-12.

Tiré à petit nombre; en demi-rel. de Bauzonnet, 40 fr. La Bédoyère.

— ESPIÉGLERIES, joyeusetés, bons mots, folies, des vérités (ou œuvres de la marquise de Palmarèze), par Mérard Saint-Just. *Partout et pour tous les temps* (1789), 3 vol. in-18, avec le portrait de l'auteur en médaillon.

Tiré à très-petit nombre, 167 fr. La Bédoyère; en *mar.* de Derome, exemplaire de l'auteur, préparé pour une seconde édition, 370 fr. Desq.

— LE MÊME. *Khell, de l'imprimerie de Chanson,* 1789, in-18.

En papier *vélin* ort, non rogné, 125 fr. de Chaponay.

Nous renvoyons au catal. de la vente de M. de La Bédoyère, de 1837, n° 1201, et au *supplément* du petit catal. de 1783, où se trouvent consignées un assez grand nombre d'élucubrations *ejusdem farinae.*

MERAUD (*Bernard*). Les Points principaux des trois vertus théologales, Foy,
Espérance et Charité, en quatrains. *A
Tholose, chez G. Boudevillé*, 1558,
in-8.

Vol. fort rare.

MÉRAY (*A.*). Les libres prêcheurs devanciers de Luther et de Rabelais. *Paris,
Claudin*, 1860, in-16, titre rouge et
noir.

Il a été tiré de cet excellent livre quelques exemplaires sur grand papier de Hollande, sur papier de
Chine et sur papier *vélin*.

Un de ces derniers, en *mar.* de Thibaron, 37 fr.
Desq; un exemplaire sur papier de Chine, 8 fr.
De Lassize.

— LA VIE au temps des cours d'amour,
croyances, usages et mœurs intimes des
XIᵉ, XIIᵉ et XIIIᵉ siècles, d'après les
chroniques, gestes et fabliaux. *Paris,
Claudin*, 1876, in-8.

Bon livre tiré à petit nombre; 20 exemplaires ont
été imprimés sur papier de Chine.

MERCATOR (*Gerardus*). Atlas. [19638]

La première édition de la célèbre Cosmographie
de Mercator fut exécutée à Duisburg, sous sa direction, par un imprimeur qu'il avait décidé à venir
s'établir dans cette ville.

— GALLIÆ tabulæ geographicæ. *Duysburgi Clyuo-
rum*, 1585, in-fol.

— GALLIÆ totius· geographica descriptio appositis
gradibus longitudinis et latitudinis. *Ibid.,* 1586,
in-fol.

— GERMANIÆ totius descriptio geographica, appositis gradibus longit.· et latitudinis. *Ibid., typis
aeneis*, 1586, in-fol.

— COSMOGRAPHI ducis Juliæ, Italiæ, Slauoniæ et
Græcæ tabulæ geogr. *Ibid.*, 1589, in-fol.

La première édition collective du célèbre géographe est exécutée également dans cette petite
ville, s. d. (mais en 1595); c'est un in-fol. comprenant deux parties.

En voici la description : VIII ff., 31 pp. chiffrées; Pars.altera, v ff. at 29 cartes de double format; 4 ff. de table; Galliæ tabulæ geogr., front. gr.,
v ff. limin., 16 cartes pliées, 2 ff. de table; Belgii
inferioris geogr. tabulæ, front. gr., 3 ff. limin.,
dont 1 blanc, 9 pl. pliées; Germania, front. gr.,
5 fl. limin., 24 cartes, 4 ff. de table; Italia, Sclavo-
nia, Græcia, front. gr., 1 f. de table, 22 cartes, 6 ff.
de table.

Gérard Mercator est encore l'auteur d'un traité
théologique bien ignoré, que cite Le Long :

— HARMONIA quatuor evangelistarum. *Duisburgi
Clivorum*, 1592, in-4.

On lui attribue encore :

— LITERARUM latinarum quas italicas cursoriasque
vocant scribendarum ratio. *Lovanit, R. Rescius*,
1540, petit in-4, de 27 ff. avec fig. s. b.

C'est bien là réellement le premier modèle d'écriture cursive publié en Flandre; M. Brunet ne décrit
qu'une édition postérieure de 17 ans; Mercator aurait eu 28 ans à l'époque de cette première publication.

MERCERII (*Jo. I. C.*). Emblemata. *S. l.
(Bourges)*, 1592. Pet. in-4, de 56 ff., y
compris les limin., contenant un titre

gravé, un blason et 2 ff. de dédicace ;
« *Ludovico Castræo baroni Domofor-
tiano* » et 50 assez jolies pl. gravées
sur cuivre, dont la première est signée :
« *Queyr sculps.* »

Ces emblèmes doivent avoir été gravés et imprimés à Bourges, quoique le baron de Girardot ne
mentionne pas le nom de Queyr parmi les artistes
originaires de la ville. 28 fr. Tross (1867); avait été
payé 5 fr. à la vente Raifé.

MERCIER (*Nic.*). Nicolai Mercerii de
conscribendo epigrammate partes duæ.
Parisiis, J. de la Caille, 1652, in-8,
front. et portr. grav. par Michel L'Asne.
[12453]

En mar., au chiffre de Gaston d'Orléans, rel. du
Gascon, 195 fr. Brunet.

MERCLIUS (*Franç.*). Disticha de pietatis
studio ac bonis moribus, in commodum
puerorum, per Franciscum Merclium.
*Budissinæ, excudebat Nicolaus Wol-
rab*, 1555, pet. in-8, de 24 ff.

Premier livre imprimé à Bautzen; nous avons
donné 1556 comme date de l'introduction de l'art
typographique dans cette ville.

MERCURE (Le) espagnol, apportant quelques mémoires et nouvelles curieuses de
Madrid, sur les Festes ou Combats de
taureaux. Sur le serment de fidélité
qu'on preste solennellement aux successeurs de la couronne d'Espagne. Sur le
mariage des Infantes... *Suivant la copie
imprimée à Paris (Holl.)*, M.DC.LXX,
pet. in-12, de 132 pp.

En mar. de Dupré, 25 fr. Ruggieri, et 50 fr. au
catal. Fontaine.

MERIAN (*Matth.*). Topographia Provinciarum Austriacarū Austriæ, Styriæ,
Carinthiæ, Carniolæ, Tyroli, etc. Dast
ist Beschreibung und Abbildung der
fürnembsten stätt vnd Platz in den
Osterreichischen Landen under vnd ober
Osterreich, Steyer, Karndten, Crain,
und Tyrol. *Antaggegeben und verlegt
durch Matthaum Merian In Franckfurt am Mayn*, 1649, in-fol., fig.,
cartes et plans.

En anc. rel., aux armes du cardinal de Grammont, 350 fr. catal. Fontaine, 1875.

MERLIN (Le premier et le second vol..
avec les prophéties de). *Cy finissent les
Prophecies Merlin. Nouuellement imprime a Paris lan mil iiii, cccc. iiii. xx.
xviij* (1498), *pour Anthoine Vérard*,
3 part. en 2 vol. pet. in-fol., goth., à
2 col., fig. s. b. [17016]

La collection de M. Solar présentait en ligne un
bel exemplaire de cette première et précieuse édition, malheureusement incomplet des 4 derniers
feuillets des *Prophecies*, qui avaient été refaits à la
main; il n'a été vendu que 610 fr. pour M. Quaritch,
de Londres.

Un autre exemplaire bien conservé, mais incomplet de 2 feuillets de table, du feuillet 207 du 1er volume, et des VI feuillets liminaires du tome second, 505 fr. Morel, de Lyon.

— SENSUYT le premier volume de Merlin, qui est le premier liure de la table ronde. — Le second volume de Merlin... — Les Prophéties de Merlin... Cy finent les Propheties de Merlin. *Nouuellement imprimees a Paris par la veufue feu Jehan Trepperel et Iehan jehannot, s. d., 3 part., pet. in-4, goth., à 2 col.*

L'exemplaire Audenet, en anc. *mar.,* avec quelques feuillets plus courts que les autres, 900 fr. Yéméniz.

— LA VITA di Merlino et de le sue prophetie, historia de che lui fece, tractano de le cose che anno a venire. *Venetia,* 1507, in-4, à longues lignes, figures sur bois.

Annoncé seul exemplaire connu, 76 fr. Gancia.

— LA VITA de Merlino. *Stampata in Venetia del* M. CCCCC.XVI. a di. XX. *Zenaro,* in-4, de XII ff. lim., et 130 ff. chif., lettres rondes, fig. s. h. [17367]

Volume incorrectement décrit au *Manuel.*

MERMET (*Claude*), de Saint-Rambert en Savoye. La Consolation des mal mariés par quatrains. *A Lyon, Léonard Odet,* 1583, in-8.

Volume excessivement rare, dont nous ne pouvons citer d'adjudication récente.

— LA TRAGÉDIE de Sophonisbe... *Lyon,, Léonard Odet,* 1584, in-8. [16636]

· L'exemplaire Solar, 200 fr. Cailhava ; en *mar.* de Derome, 50 fr. Yéméniz.

— LA BOUTIQUE des usuriers, avec le recouvrement... des bleds et vins, composé par Cl. Mermet, notaire ducal de Saint-Rambert, en Savoye. *Paris, pour Noël le Coq,* 1575, *jouxte la copie impr. à Lyon,* pet. in-8, de 16 pp.

En tête de cet opuscule fort rare se trouve une *Complainte de l'auteur, ayant demeuré cinq jours à Lyon pour faire imprimer cecy, sur ce que le dit Lyon a avallé tout son argent en un petit morceau.*

En *mar.* de Duru, 95 fr. baron Pichon.

MERSENNE (*Marin*). Traité de l'Harmonie universelle, où est contenue la musique théorique et pratique des anciens et des modernes, avec les causes de ses effets, enrichie de raisons prises de la philosophie et des mathématiques, par le Sr de Sermes (Mersenne). *A Paris, pour Guillaume Baudry,* 1627, in-8, de XVI ff. limin., comprenant l'épistre, préface et table, et 308 pp. — Livre second de l'harmonie universelle où l'harmonie de toutes les parties du monde est expliquée, tant en général qu'en particulier, par le Sr de Sermes. *Paris, G. Baudry,* 1627, in-8, de X ff. limin., épître dédicatoire à M. Coutel, conseiller du roy, préface, table, et paginé 305 à 477, plus 2 pp. d'*errata* et de privilége. [10159].

Première édition, ou plutôt premier essai d'un

livre célèbre ; le père Mersenne, condisciple et ami de Descartes, était né au hameau de la Soultière, près d'Oizay, commune d'Indre-et-Loire, le 8 septembre 1588, et mourut à Paris le 1er septembre 1648.

40 fr. Coussemaker,

— HARMONIE universelle. *Paris, .Cramoisy,* 1636-37, 2 tomes en 1 vol. in-fol.

. C. *Traité des consonnances.*

La seconde partie, commençant à la page 283, est ainsi chiffrée : 283-290, 191-222, 323-332, 133-140, 341-442 ; c'est-à-dire que les pages se suivent avec une série d'erreurs de numération.

Les pages 359-362 sont également mal chiffrées, ainsi que le *Manuel* l'indique.

Le livre contient de plus une partie qui n'est pas indiquée par M. Brunet :

Table des propositions des dix-neuf Liures de l'Harmonie Vniuerselle, 16 ff. non chiffrés, signés ¶ — ¶¶¶¶.

Pour tout le reste, le livre est conforme à la description du *Manuel,* communiquée par le regrettable M. Richard, de la Bibl. nationale.

Un bel exemplaire, 330 fr. Coussemaker.

— LES PRÉLUDES de l'harmonie universelle, ou questions curieuses, composées par L. P. M. M. *Paris, chez H. Guenon,* 1634, in-8.

18 fr. Coussemaker.

MERVEILLES (Les) du mõde. C'est le secret de lhystoire naturelle contenant les merueilles ⅌ choses memorables du monde, ⅌ signãtement les choses monstrvevses qui sont trouuees en nature humaine selon la diuersite des pays, contrees et regiõs, ensemble de toutes manieres de bestes terrestres, riuieres ⅌ ingenieux laberintz... *On les vend a Lyon aupres de nõstre dame de confort cheulz Oliuier Arnoullet.* Mil. ccccc. XXXiiij, pet. in-4, goth.

65 fr. Yéméniz.

MERVEILLES (Les Grands) veues es parties Orientalles par les patrons des Gallees. Nouuellement imprimees. *S. l. n. d.,* in-16, goth., de 8 ff., fig. s. b.

C'est sans autres détails que cette pièce figure au catal. Yéméniz, où elle a atteint le prix de 80 fr.

MESA (*Sebast.* de). Jornada de Africa por el rey D. Sebastian, y union del reino de Portugal á la corona de Castilla. *Barcelona, por Pedro Lacavalleria,* 1630, in-4.

Fort rare. 50 fr. de Morante.

MESCHINOT (*Jehan*). Les Lunettes des princes cõposees p̃ noble homme Jehã Meschinot escuier en son viuant grand maistre dhostel de la royne de France. *S. l. n. d. (Paris, Jehan Dupré, avant* 1495), in-4, goth., sign. A. I. par 8 ff., au v° du 1er f. une fig. s. b. représentant le *Crucifiement.* [13263]

En *mar.* de Bauzonnet, 850 fr. Yéméniz.

— LES MÊMES. *S. l. n. d.,* pet. in-4, goth., figure sur bois.

Sur le titre les lettres M. H., initiales d'un nom de libraire, qui reste inconnu.

L'exemplaire du prince d'Essling (79 fr.) a été revendu 515 fr. Labitte (1876).

— LES LUNETTES des princes. *Paris, Ph. Pigouchet pour Simon Vostre*, 1499, in-8, goth.

En *mar. citr.*, exemplaire La Vallière, d'Heiss, etc., 880 fr. Brunet, pour M. Giraud de Savine; en *mar.* de Trautz, 225 fr. seulement, Yéméniz.

— LES LUNETTES des princes. *Lyon, Oliv. Arnoullet*, s. d., pet. in-8, goth.

En *mar. doublé* de Trautz, 600 fr. Double; revendu 710 fr. W. Martin; en *mar.* de Duru, 720 fr. Leb. de Montgermont.

— LES LUNETTES des princes. *Paris, Jeh. Trepperel*, 1504, in-4, goth., fig. s. b.

176 fr. vente Techener (mai 1864).

— LES LUNETTES des princes, auec aulcunes balades & additions nouuellement côposees par noble homme Jehan Meschinot, escuier, en son viuant Grant maistre dhostel de la Royne de France. (A la fin:) *Imprimees a Paris par la veufve feu Iehan Trepperel et Iehan Iehannot*, s. d. (de 1511 à 1520). Pet. in-8, goth., fig. s. b. sur le titre et au verso.

Jehan Trepperel mourut en 1511, et sa veuve fut associée de J. Jannot jusqu'en 1520. Cette édition fort rare fait partie de la charmante collection du marquis de Ganay.

— LES LUNETTES des princes. *Paris, Galliot du Pré*, 1528, pet. in-8, lettres rondes.

En *mar.* de Padeloup, exemplaire d'Essling et Solar, 605 fr. Techener (avril 1865); en *mar.* de Bauzonnet-Trautz, 161 fr. de Chaponay.

— LES LUNETTES des princes. *Rouen, Michel Angier, libraire à Caen*, 1530, pet. in-8, goth.

Un exemplaire rogné et mouillé, 100 fr. Brunet.

— LES MÊMES. *Paris, Gilles Corrozet*. (A la fin): *Imprimees à Paris par Jehan Bignon*, 1539, in-16, lettres rondes.

En *mar.* de Bauzonnet, 150 fr. De Bure; revendu 180 fr. Chedeau, 200 fr. Desq; enfin 520 fr. Potier, en 1870, et porté à 700 fr. au catal. Fontaine de 1875.

MESSAIGE (Le) du herault dengleterre faict au treschrestien roi de France. (A la fin): *Imprime a Rouen*, s. d., in-8, goth., de 4 ff. chiffrés.

Pièce fort rare dont nous ne connaissons que deux exemplaires, dont l'un fait partie de la Bibl. nationale.

MESSAIGIER (Le) damours. *S. l. n. d.* (vers 1490), in-4, goth., de 16 ff. de 27 lignes, sign. *a-b*. [13542]

Nous donnons la nomenclature des éditions de cette pièce, telle que la présentent les éditeurs du *Recueil des poésies françoises des xve et xvie siècles*, MM. de Montaiglon et J. de Rothschild; cette classification diffère peu de celle du *Manuel*.

La première édition ci-dessus est classée à la Bibl. nationale sous le n° Y-6143, Rés.; elle est ornée au recto et au verso du premier feuillet, ainsi qu'au verso du dernier, d'un bois représentant *l'amant et sa mie* debout, dans un jardin, près des murs d'un château.

— LE MESSAGIER damours. *S. l. n. d.* (*Paris?* vers 1500), in-4, goth., de 14 ff. à 32 lignes, sign. *a* par 8, *b* par 6.

Au titre, une figure en bois à mi-page, représentant un personnage nu, assis sur un banc près d'une dame; il est pourvu de grandes ailes et tient en main une flèche; la dame porte une coiffe relevée de chaque côté, un corsage serré et une longue jupe; auprès de ces personnages emblématiques se tiennent les deux amoureux; la figure est répétée au verso du titre.

Le texte commence au recto du 2e feuillet, en tête duquel se trouve un titre de départ ainsi conçu: *Le Petit Messagier damours;* il se termine au recto du 13e feuillet (recto qui contient 13 lignes); le verso est blanc, ainsi que le 14e feuillet.

Les feuillets *a*iij et *b*iij sont signés par erreur *a*ij et *b*ij.

L'exemplaire Solar de cette édition a été acheté 260 fr. par M. de La Roche la Carelle; il n'est pas impossible que cette jolie plaquette figure encore sur les rayons de cet amateur difficile.

— LE MESSAGIER damours. *S. l. n. d.* (?), in-4, goth., de 16 ff., de 25 lignes à la page entière, sign. *a i* — B. iiij.; le titre manque à cet exemplaire. (Bibl. nation., Y. 6156 B. Rés.)

Au bas du recto du 14e feuillet (15e?). *Cy fine le Petit Messagier ‖ damours*.

Nous croyons cette édition imprimée à Lyon vers la fin du xve siècle; au commencement la place, laissée en blanc pour une capitale gravée, est remplie par une minuscule.

— LE MESSAGIER damours. *S. l. n. d.*, in-4, goth. de 16 ff., dont le dernier blanc.

Catal. Cigongne, n° 691.

Cette édition diffère de la précédente, qui ne se termine pas par un feuillet blanc.

— LE MESSAGIER damours. *Imprime nouuellement a Paris*, s. d. (vers 1530), pet. in-8, goth., de 16 ff.

Un exemplaire de cette édition, ayant appartenu à Guyon de Sardière, La Vallière, Hibbert et R. Heber, a été vendu 400 fr. Brunet.

— EN ENSUI ‖ UANT le iugement ‖ Damours ‖ Icy commence ‖ Le Messagier Damours. ‖ *On les vend a Paris, Au mont ‖ Sainct Hylaire, A lhostel Dalbret ‖ Par Anthoyne Bonne mere*, s. d. (vers 1535), in-16, de 20 ff. non chiffrés, de 23 lignes, sign. *a-c*, lettres rondes.

Cette édition, qui reproduit le texte de celle que nous donnons la première, forme la seconde partie d'un volume qui commence par *le Jugement damour* (de Juan de Flores).

Elle est bien décrite au *Manuel*.

Les doctes éditeurs du *Recueil des poésies françoises des xve et xvie siècles*, en rappelant que l'acrostiche final de petit poëme donne le nom de Pilvelin, constatent que ce nom est resté inconnu à Lacroix du Maine, à Du Verdier et autres bibliographes; procédant par insinuation, ils constatent une certaine analogie entre le *Messager d'amours* et certains poëmes de Bertrand des Marins de Masan, réimprimés par eux.

Ceci est affaire de philologues.

MESSIER. Rev. patris fr. Rob. Messier... Sermones. *Parisiis, Cl. Chevallon*, 1524, in-8, goth.

Un des plus hardis prédicateurs du xvie siècle; plusieurs de ses sermons sont entremêlés de mots, d'objurgations, de citations françaises. M. Meray (*Libres prêcheurs*) n'en a point eu connaissance.

9 fr. vente des livres de l'abbaye de Six-en-Faucigny.

MESSISBUGO. Banchetti, compositioni di vivande, et apparecchio generale, di Christoforo Messisbugo. *In Ferrara, per Giovanni de Buglhat et Antonio*

Hucher compagni, nell' anno 1549, in-4, portr., fig. s. b. [10284]

Les 39 premières pages de ce livre rare, dû à la plume du superintendant des cuisines du duc de Ferrare, contiennent le *menu* des plus célèbres banquets donnés par ou pour le prince, pendant l'exercice de ses fonctions culinaires.

Ce livre est rare et fort curieux ; il n'a été vendu que 25 fr. en 1868, et vaut davantage ; il est porté au catal. Gancia comme non cité.

— LIBRO novo nel qual s'insegna a far d'ogni sorte di uiuanda secondo la diversità de i tempi, cosi di carne come di pesce', e il modo d'ordinar banchetti, apparecchiar tavole, fornir palazzi, e ornar camere per ogni gran principe. Opera assai bella, e molto bisogneuole a maestri di casa, à scalchi, à credenzieri et à cuochi, composta per M. Ch. Messisbugo. *Venetia, ad instantia di Giovanni della chiesa Pauese,* 1556, pet. in-8.

En mar. de Hardy, 20 fr. seulement, Gancia, et 60 fr. au catal. Tross en 1869.

MESTREZAT (*Jean*), pasteur. Exposition de l'epistre aux Hébreux, en sermons prononcez à Charenton. *Genève,* 1655, 5 vol., pet. in-8.

23 fr. Conod (1863).

— EXPOSITION des epistres de S. Jean, en sermons prononcez a Charenton. *Genève, Chouët,* 1651, 2 vol., pet. in-8.

18 fr. pasteur Conod.

— L'ESCRIPTURE saincte, où est montré la certitude et plénitude de la foy, et son indépendance de l'authorité de l'Eglise. *Genève,* 1633, pet. in-8.

100 fr. Conod.

— DE LA COMMUNION à J.-C. au sacrement de l'Eucharistie. *Sedan, Janon,* 1615, pet. in-8.

18 fr. Conod.

— TRAITTÉ de l'Eglise. *Genève, Chouët,* 1649, pet. in-4.

23 fr. Conod.

Nous n'avons point à enregistrer ici les innombrables productions de ce pasteur protestant, aussi éloquent que convaincu ; le curieux catal. du pasteur Conod (*Tross,* 1863, 1017 numéros) donne un grand nombre de titres de volumes ou pièces de polémique ou de parénétique, dus à cette plume ardente.

MÉTAMORPHOSE (La) des rebelles en papillons. Dédié au roy. — Movet hæc cornicula risum. — *A Beziers, par Jean Pech, imprimeur du Roy et de la dite ville. Jouxte la copie imprimée à Bordeaux par Simon Millanges,* s. d. (1622), in-12, de 16 pp., signés A-B ; deux cahiers de 4 ff.

Cette pièce rare, signalée par M. Desbarreaux-Bernard (*Origines de l'imprim. en Languedoc*), est une satire violente, mais fort originale contre les protestants. Voy. le *Mercure françois,* tom. VIII, page 827, année 1622.

Un mot de réponse, au sujet de Jean Pech, au respectable et savant bibliographe toulousain, dont nous venons de citer le nom.

M. Desbarreaux-Bernard dit que l'imprimeur Jean Pech n'apparait à Toulouse qu'en 1651, où il continue à imprimer jusqu'en 1699 ; mais il constate qu'il avait exécuté à Béziers, en 1617, l'*Antiquité et l'excellence du Languedoc, par Jacques Cusson ;* et il ajoute : « Il y a peut-être eu deux Jean Pech. »

il nous semble, en toute humilité, que les dates ci-dessus signalées prouvent le fait surabondamment, 1617-1699 ? 82 ans d'exercice typographique, ce serait là un fait prodigieux dans les annales de l'imprimerie.

METASTASE. Opere del signor abbate Metastasio. *In Parigi, la vedova Herissant,* 1780-1782, 12 vol. in-4, portr., fig.

En papier de Hollande, figures avant et après la lettre, bel exemplaire de la duchesse de Raguse, relié en *mar.* par Bradel-Derome, 400 fr. Huillard ; l'exemplaire de Renouard, avec les 38 dessins originaux de Cipriani, Moreau, Cochin, etc., et des planches ajoutées, 2,000 fr. Capé (1868), et revendu 1,000 fr. Em. Gautier.

MÉTHODE admirable pour aymer, seruir et honnorer la glorieuse Vierge Marie. *A St. Mihiel, chez Francois et Jean du Bois,* 1624, in-8.

Volume fort rare, que n'a pas cité M. Beaupré.

MÉTHODE pour assaisonner et mettre en divers ragouts les huistres à l'escaille, qui ne se vendront à l'auenir que six deniers pièce dans les rües, suivant le traitté fait auec MM. de l'hostel de ville de Paris. *Paris,* 1657, pet. in-4 de 4 pp. à 2 col.

Placard en vers fort rare et non cité, qui se distribuait dans les rues de Paris.

METHODIUS primum Olympiade, et post ea Tyri ciuitatum episcopus... multa edidit documenta et presertim de mundi creatione eidem in carcere revelata. *Basilee, Mich. Furter,* 1498, in-4, de 68 ff., avec soixante et une curieuses fig. sur bois. [9008]

Livre précieux et recherché par les iconophiles.

En mar. de Lortic, 255 fr. Danyau.

MEUN (*Jehan* de). Le Codicille et testament de maistre Jehã de Meun. *S. l. n. d. (Paris,* cᵃ 1510), in-4, goth., fig. s. b., de 30 ff., dont la dernière page occupée par une pl. gr. sur bois.

En mar. de Niédrée, 200 fr. Libri (Asher, 1865).

— Une édition, *S. l. n. d.,* in-4, de 30 ff., à 37 et 38 longues lignes par page, sign. *a-e,* figure au prix de dix guinées à l'*Omnium,* nᵒ 376.

— LA DESTRUCTION de Troye la Grande. Le rauissement d'Heleine faict par Paris Alexandre, composee en Rithme françoyse par maistre Iehan de Mehun... MDXLIII. (A la fin) : *Imprime a Lyon, par Denys de Harsy.* In-fol., à 2 col., lettres rondes, fig. s. bois. A-Z, Aa-Hh, par 6 ff., dont le dernier blanc, avec une fig. sur bois. [16213]

Ce mystère, divisé en quatre journées, est attribué par certains bibliographes à Jacques Millet.

Un très-bel exemplaire fait partie du cabinet de M. de Ganay.

En mar. de Derome, 175 fr. Yéméniz.

— LA MÉTALLIQUE transformation, contenant trois anciens traictez en rithme françoise... *A Lyon, chez Pierre Rigaud*, 1618, in-16.

En *mar.* de Derome, charmant exemplaire de Ch. Nodier, 131 fr. Potier.

— Voy. au *Manuel*, LA FONTAINE, et voy. plus haut LORRIS.

MEURIER (*Gabriel*). Le Perroquet mignon des petits enfants, françois-flameng. *Rotterdam*, 1609, in-12.

Cette édition d'un opuscule fort rare est tout aussi précieuse que celle d'*Anvers*, 1580, citée au *Manuel*.

— LA GUIRLANDE des jeunes filles, traduicte en flamand, par Abraham des Mans d'Aix, *Cologne, Gerhaert Greuenbruch*, 1597, in-8.

— LA GUIRLANDE des jeunes filles bastie et composée par Gabriel Meurier, et translatée en hault alleman par Abraham des Mans. *A Cologne, par Gérard Greuenbruch*, 1617, in-8, franç.-allemand.

Ce traducteur Abraham des Mans, ou plutôt de Mans, a publié chez le même libraire un livre tout aussi rare :

— GRAMMATICE françoise touchant la lecture, déclarations, etc. *A Cologne, chez G. Grauenbruch*, 1599, in-4 et in-8.

Catal. des Foires de Francfort.

— LA FLEUR de lis. *S. l.* (*Anvers, chez Jean Waesberghe*), anno 1580, pet. in-8, en caract. de civilité.

En *mar.* de Duru, relié avec une pièce peu importante, 40 fr. baron Pichon.

MEURSIUS (*J.*). Aloisiæ Sigeæ Toletanæ satyra sotadica de arcanis amoris et Veneris. Aloisia hispanice scripsit, lat. don. Joan. Meursius. *S. l. n. d.* (*Holl., vers* 1685), in-12, de VI ff. lim., 245 pp., *errata* VI pp.; part. II, 3 ff. limin., III pp.

25 fr. Libri (*Asher*, 1865).

— Le bel exemplaire Randon de Boisset, Pixérécourt et Nodier, d'une édition annoncée petit in-8, *s. l. n. d.*, sans description, relié en *mar.* par Derome, a été revendu 139 fr. de Morante.

— ALOISIÆ Sigeæ toletanæ satyra sotadica de arcanis Amoris et Veneris. *Amstelodami*, 1678, in-12.

Édition tout aussi rare que les précédentes; en *mar.* de Trautz, 58 fr. de Morante.

— ELEGANTIÆ latini sermonis. *S. l. n. d.* (*Amsterdam*, 1690), pet. in-12, composé de deux parties de 153 et 227 pp.; un exemplaire broché, 60 fr. Tross, 1865; 22 fr. Auvillain; en anc. *mar.*, 35 fr. Potier.

— J. MEURSII elegantiæ latini sermonis... Aloisiæ Sigeæ Toletanæ satyræ sotadicæ... *S. l. n. d.* (1700), 2 part. en 1 vol., pet. in-12.

L'exemplaire Monmerqué (20 fr.), en anc. *mar.*, 24 fr. de Chaponay.

— ELEGANTIÆ latini sermonis... *S. l. n. d.*, in-12, de 238 pp.

Édition hollandaise de 1680, décrite au *Manuel*, au bas de la col. 1685 du tome III; un exemplaire en *mar.* de Capé, 75 fr. de Morante.

— JOANNIS Meursii elegantiæ latini sermonis, seu Aloïsia Sigæa Toletanà, de Arcanis Amoris et Veneris (Auct. N. Chorier). *Lugd. Batav., ex typis Elzevirianis* (*Paris, Barbou*), 1757, 2 tom. en 1 vol., pet. in-8.

En papier de Hollande (fort rare) et en mar. de

Padeloup, 102 fr. La Bédoyère ; en même condition, 74 fr. Cailhava ; 25 fr. de Chaponay, et en *anc. mar.*, 50 fr. même vente; avec la date de 1758, en *anc. mar.*, 65 fr. Auvillain ; en anc. *mar.*, 58 fr. Brunet ; revendu 75 fr. Huillard ; 30 fr. Gancia ; en anc. *mar.*, 50 fr. Potier ; en *mar.* de Duru, exemplaire Solar, 50 fr. Huillard ; 32 fr. de Morante; 45 et 52 fr. Potier (1872) ; 55 fr. Bordes ; 41 fr. Tross (1866).

— LE MÊME. *Birminghamiae, ex typis Nonnullius*, 1770, 2 vol. in-12.

Un exemplaire non rogné, en *v. f.* de Niédrée, 26 fr. de Chaponay ; 20 fr. Auvillain ; non rogné, 15 fr. de Morante.

— J. MEURSII Elegantiæ latini sermonis... *Lugd. Batav., ex typ. Elsev.* (*Paris, Barbou*), 1774, 2 tom. en 1 vol., in-8, fig.

En anc. *mar.*, 35 fr. De Lassize ; même condition, 34 fr. de Chaponay ; en anc. *mar.*, 42 fr. Auvillain ; 26 fr. de Morante ; en *mar.*, 40 fr. Danyau ; en anc. *mar.*, 50 fr. Potier (1872) ; 39 fr. de Lescoët.

— LE MÊME. *Londini* (*Paris, Cazin*), 1781, 2 vol. in-24.

Volumes rares de la collection Cazin.

En *anc. mar.*, 24 fr. Chaponay ; serait plus cher aujourd'hui.

MEURVIN. Lhistoire du preux Meurvin, filz de Oger le Dannoys... nouuellement imprime a Paris. — *Cy fine lHistoire Meuruin, filz de Oger le dannoys. Imprime nouuellement a Paris le vingtiesme iour de ianuier mil cinq cens quarante par Estienne Caueiller imprimeur pour Iehan Longis et Pierre Sergent, libraires*, in-8, fig. s. bois. [17041]

Le charmant exemplaire du duc de La Vallière, dans une fraîche reliure en *mar. bleu* de Padeloup, sans aucun défaut, a été vendu 600 fr. Solar; il serait aujourd'hui payé trois fois ce prix.

— HISTOIRE du preux et vaillant chevalier Mevrvin, fils d'Ogier le Danois... *A Paris, par Nicolas Bonfons*, s. d., in-4, lettres rondes, à 2 col., fig. sur bois.

Édition absolument insignifiante, dont un bel exemplaire a été. vendu, on ne sait pourquoi, 1,310 fr. chez M. Yéméniz.

MEXIA (*Pedro*). Libro llamado Sil ‖ ua d' varia leciõ dirigido ‖ a la S. C. C. M. d'l Empe ‖ rador y rey ñtro Señor dõ ‖ Carlos Quinto deste nom ‖ bre. Cõpuesto por un ca ‖ uallero de Seuilla llama ‖ do Pero Mexia... con preuilegio imperial. M.D.XL. (A la fin) : *Deo gratias.* ‖ *fue imprimido el presente libro en la muy noble y muy leal ciudad de* ‖ *Seuilla por Dominico de Robertis impressor, con licencia y facul* ‖ *tad de los muy reuerendos señores el señor licēciado del corro* ‖ *inquisidor apostolico y canonigo y el señor licēciado Fes* ‖ *miño prouisor general y canonigo d'sta dicha ciudad* ‖ *auiendo sido examinado por su comission y mã* ‖ *dado : por los muy reuerendos padres* ‖ *Rec‖tor y colegia-*

les del colegio de Santo ‖ Thomas de la ordē de Santo Do ‖ mingo de la dicha ciudad. aca ‖ bosse en el mes d'Julio ‖ de mil y quinientos ‖ y q̃renta años. In-fol., goth., de VIII ff. lim. et CXXXVj ff. chiffrés.

Cette édition, la plus ancienne connue, est citée par M. Harrisse dans ses *Add.* à la *Bibl. americ.*; ce doit être la première édition, puisque nous trouvons sous la même date de 1540, mais du mois de décembre, une autre édition qualifiée de seconde :

— SILUA de varia le ‖ cion cōpuesta por ‖ un cauallero de ‖ Seuilla llamado ‖ Pero Mexia segū ‖ da vez impressa y ‖ añadida por el mismo auctor. M.D.XL. (A la fin): *Fue impresso el presente libro en la muy ‖ noble y muy leal ciudad de Seuilla en las casas de Juan Crōber ‖ ger, con licencia... año de mill y ‖ quinientos y quarenta ‖ A.* XXij *dias d' ‖ deziēbre.* In fol., goth., de VIII ff. limin. et 141 ff. chiff., avec une bordure s. bois au titre.

Ces deux éditions, dont nous ne pouvons citer de prix d'adjudication, seraient payées fort cher.

— SILVA de varia Lecion... *Impresso en Anuers, por Martin Nucio,* 1555, pet. in-8, de XVI ff. limin. et 367 ff. chif., titre imprimé au milieu d'un encadrement gravé sur bois.

L'exemplaire Solar, porté au prix *absurde* de 240 fr. (c'est le mot de M. Brunet), a été revendu 210 fr. Cailhava.

La furieuse indignation du vénérable bibliographe a produit son effet.

— SILVA de varia Lecion... *Leon de Francia, por los herederos de Iacobo de Iunta,* 1556, gr. in-8.

31 fr. Gancia, et en *mar.* de Petit, 80 fr. catal. Gonzalès.

— LES ‖ DIVERSES ‖ leçons de ‖ Pierre Messie. ‖ Gentilhomme de ‖ Seuile ‖. Mises de castillan en ‖ françois, par Claude Gruget, Parisien. ‖ Avec sept dialogues de ‖ l'autheur, dont les quatre derniers ont ‖ esté de nouveau traduits en ceste ‖ quatriesme édition. ‖... *A Lion, ‖ Par Claude Michel.* ‖ M.D. XXVI (sic), in-4, VIII ff. limin. pour le titre, l'épître et la première table, texte 1,032 pp., 7 ff. non chif.

Il y a là une erreur évidente de date; l'imprimeur a omis un L (M.D.LXXVI).

Mais un fait singulier, c'est que cette édition lyonnaise avait été partagée avec un libraire rouennais, qui a fait tirer un titre à son nom; les rapports de librairie et de commerce, entre deux villes aussi éloignées, sont dignes d'être remarqués.

La faute de date fut également soigneusement conservée lors de la réimpression du titre; voici le colophon :

— *A Rouen, ‖ De l'imprimerie, ‖ de Jean Roger, rüe Mars-Partus.* — M.D.XXVI.

Ces deux tirages sont conservés l'un et l'autre à la Bibl. nation.

— LES DIVERSES leçons... augmentées du 4e livre. *Paris, Vinc. Sertenas,* 1556, in-8.

En jolie rel. anc. *mar.,* 105 fr. Brunet.

— LES DIVERSES leçons de Pierre Messie... mises en françois par Cl. Gruget. *Lyon, Gabriel Cotier,* 1563, in-8, de 946 pp. et IX ff. de table.

En *mar.* de Duru, 30 fr. de Chaponay.

— LES DIVERSES leçons de Pierre Messie... mises en françois par Claude Gruget. *Paris,* 1572, in-16.

En *mar. anc.,* exempl. aux chiffres entrelacés de Louis XIII et d'Anne d'Autriche, 180 fr. Double, revendu 800 fr. Huillard, et porté à 1,250 fr. au catal. Morgand et Fatout ; en *mar.* de Trautz, 50 fr. Desq.

— Coloquios o ‖ Dialogos nuevamente cō ‖ puestos por el Magnifico ‖ Cauallero Pedro Mexia ‖ Uezino de Seuilla en los ‖ quales se disputan y tratā ‖ varias y diuersas cosas d' ‖ mucha erudicion y doctri‖na.... M.D.XLVII. *Fueron impre ‖ ssos los p̃esentes Dialogos en la ‖ muy noble y muy leal Ciudad ‖ de Seuilla por Dominico d' Robertis, A siete dias del mes de Abril de mil ‖ z quinientos y qua ‖ rēta y siete años,* in-12, goth., titre impr. en rouge & noir dans une bordure gravée, texte II-CLXXIIj ff. chiffrés, le vo du dernier est blanc, et le feuillet suivant également blanc pour l'équilibre du cahier. [18649]

Première édition.

— HISTORIA imperial Cesarea : en la qual en summa se contienen las vidas de todos los Cesares emperadores de Roma, desde Julio Cesar hasta el emperador Maximiliano. *En Basilea, en casa de Ioan Oporino,* 1547, in-fol.

Le *Manuel* mentionne, sous la même date, une édition latine exécutée par le même imprimeur.

L'édition espagnole est portée à 30 fr. au catal. Tross.

MEYER (*Jac.*). Bellum quod Philippus, Francorum rex, cum Othone Augusto Anglis Flandrisque gessit, annos abhinc CCCC. conscriptum, etc. *Antuerpiæ, M. Caesar,* 1534, in-8.

Meyer n'est ici que l'éditeur d'un fragment du poëme de G. Brito, concernant la guerre de 1214 et la bataille de Bouvines.

Parmi les poésies latines de J. Meyer, on doit signaler une pièce dirigée « *in malos typographos* », qui mériterait l'honneur d'une réimpression.

MEYÈRE (*Léon* de). Poëme. Aduis pour la paix de la Belgique. *Anvers,* 1598, in-4.

Pièce fort rare, à laquelle a été faite une réponse plus rare encore :

— THÉOPHILE. Responce au poëme d'Aduis pour la paix Belgique. *Hors de Rome, sans privilége du pape pour six ans, sauf demi-quart,* in-4.

MEYGRA entreprisa catoliqui imperatoris... per A. Arenam bastifausata... *Finis. Imprime Avinione millo* CCCCC. XXVII, pet. in-8, goth.

En *mar. doublé* de Bauzonnet, l'exempl. Nodier et de Montesson a été vendu 540 fr. Potier.

— Voy. ARENA.

MEYNRHADUS (*S.*). Incipit passio sancti Meynrhadi martyris et heremite. *S. l. (Basileæ, Mich. Furter),* 1496, pet. in-4, goth., fig. s. b.

14 ff. contenant 21 gravures sur bois curieuses, représentant la vie et la mort de S. Meynhard ou Meynrard; au bas du dernier f., on lit un sixain de Seb. Brant au lecteur, qui fait connaître la date, le lieu de l'impression et le nom du typographe; voici les deux derniers vers :

Hunc sibi suscepit Furter Michaelque laborem
Me duce : pro nobis, vir venerande, roga.
         XII kal. octobris, anno ƏC. XCVI.

70 fr. Chedeau, rev. 77 fr. Potier.

MEZERAY (*Franç. Eudes* de). Histoire de France depuis Faramond jusqu'à maintenant (1598). *Paris, Mathieu Guillemot*, 1643-1651, 3 vol. in-fol, fig. et portr. [23245]

Un exempl. avec les cartons, conforme à la description donnée par M. Brunet, 151 fr. de Chaponay; 140 fr. Radziwill; en *veau*, 37 fr. Soleil; en *mar.* de Padeloup, 1,000 fr. cat. Fontaine de 1875; et un second exempl., aux armes de Mme Sophie de France, 700 fr.

Il y a des exempl. qui portent au titre les noms de Mathieu et de Pierre Guillemot.

— ABRÉGÉ chronologique de l'histoire de France, par Mezeray. *Amsterdam, Abr. Wolfgang*, 1673.
— Histoire de France avant Clovis. *Ibid., ib.*, 1688, 7 vol., gr. in-12, portr.

Les beaux exempl. de cette jolie édition, qu'on rattache à la collection elzevirienne, doivent avoir au moins 0^m,156 de haut. sur 0^m,094 de larg.

En *mar.* de Muller, exempl. de Coislin, 320 fr. Pieters; en anc. *mar.*, avec les trois vol. de l'*Abrégé de l'Histoire de Louis XIII et Louis XIV*, par de Limiers, ajoutés, 155 fr. Radziwill; l'exempl. Pixérécourt en *mar. doublé* de Du Seuil, annoncé le plus bel exempl. connu, a été vendu 2,000 fr. baron Pichon; en *mar.* de Thompson, 118 fr. Huillard; en *mar.* de Petit, 135 fr. Soleil, revendu 165 fr. Bordes; en *mar.* de Capé, 230 fr. la Villestreux; un exempl. très-ordinaire, 84 fr. Dr Danyau; en mauvaise rel. moderne, 141 fr. H. D. M. (1867); un très-bel exemplaire (malgré un feuillet plus court), en *mar.* de Trautz, 400 fr. Labitte (1872); en *mar.* de Hardy, 250 fr. Voisin; 300 fr. Leb. de Montgermont; en *mar.* de Trautz, mais avec cassures raccomm., et le portrait de Louis XIV manquant, 300 fr. comte de L. (Labitte, 1873); en *mar.*, 100 fr. Bachelin (1874); en *mar.* de Trautz, annoncé très-bel exempl. 1,500 fr. catal. Morgand et Fatout.

MICALIA (*Jacobi*). Blago jezika slovinskoga illi slovnik z Komu izgorarajuse rjeci Slovinske latinski, i Diacki. Thesaurus lingvæ Illyricæ, sive dictionarium Illyricum. In quo verba Illyrica Italicè et Latinè redduntur. *Laureti, apud Paulum et J. Baptistam Seraphinum*, 1649, in-8. 30 à 40 fr.

7 ff. lim. « Grammatika talianska u kratho illi kratak nauk za naucitti Latinski jezik. *U Loretu yo Paulu, i Ivanu Batisti Serafinu.*» 1649, 46 pp.; suit le dictionnaire, comprenant 863 pp. à 2 col. Au bas de la dernière : « *In Ancona, per Ottavio Beltrano*, 1651.» La grammaire est celle du dialecte dalmate; le dictionnaire est celui du dialecte bosniaque.

J. Micalia (ou Mikaglia), né à Pescia, en 1600, jésuite en 1628, missionnaire à Temeswar, devint pénitencier à Lorette, où il composa et fit imprimer son livre; il y mourut en 1654.

MICHAULT (*Pierre*). Cy commence le doctrinal du temps present compile par || maistre pierre michault, secretaire du tres puissant duc charles || de Bourgoignè ƏC. oquel il traitte des xij. principaux vi- || ces tant es cours et consaulx des peines comme entre le menu

|| pueple (*sic*) chascun en droit soy comme il apperra ou proces dudit || traittie.

Au v° du f. 108, les quatre vers indiquant la date de l'année qui vit terminer l'ouvrage, 1466, puis : *Cy fine le doctrinal du temps present || Imprime par Colart Mansion, à Bruges.* Suit la marque de l'imprimeur. *S. d.* (vers 1479), in-fol., de 108 ff., goth., à 32 long. lignes, sans ch., récl. ni sign.[13258]

— LE DOCTRINAL du temps present. *S. l. n. d.* (*Lyon, vers* 1480), pet. in-fol., goth., fig. s. b., 148 ff., sans ch. ni récl., avec sign.

Le bel exempl. de Rich. Heber et du prince d'Essling, en anc. *mar.*, 2,795 fr. Yéméniz; ce livre avait été racheté à Londres env. 600 fr. par M. Yéméniz.

— LE DOCTRINAL de court, diuise en douze chapitres... *Imprime nouuellement a Genesue*, s. d., in-4, goth., fig. s. b.

Cette édition est indiquée par M. Brunet, qui n'a pas fait observer que la marque de Jacques Vivian, avec l'Écu de Savoie, se trouvait sur le titre.

Un exempl. en *mar.* de Thouvenin, avec de nombreux raccommodages, a été vendu 290 fr. de M. (Labitte, 1876).

— PIETER MICHEL. Doctrinael des tyts. Au v° du f. 125 : *Amen || Dit boec is volendt tot haerlem in hollãt int jaer || ons heren dusent vierhondert ses eñ tachtich op || ten vier eñ twintichsten dach in iulio.* Au f. 126 la marque du typographe, le v° blanc. In-4, goth., de 126 ff., à 28 lignes longues, gr. s. bois, avec sign., sans ch. ni réclames.

Imprimé à Haerlem, par Jacq. Bellaert, en 1486. (Campbell, *Ann. de la typogr. néerlandaise.*)

— LA DANCE des Aueugles. *Cy finist la Dance aux Aueugles, imprime a Lion*, s. d., in-4, goth., de 44 ff.

Les imprimeurs de cette précieuse édition sont évidemment Barnabé Chaussart et Pierre Mareschal, dont la marque est sur le titre. Les deux exempl. qui figuraient à la vente Solar offraient quelques différences qui pouvaient faire croire à un double tirage successif.

Le plus beau, acheté à Caen chez M. Legost-Clerisse à un prix modéré, relié en *mar.* par Trautz, a été vendu 855 fr. Il fait aujourd'hui partie de la bibliothèque de M. de Lignerolles; c'est un exempl. d'une pureté parfaite, et relié à peu près sur brochure.

Le second, en *mar. vert* de Duru, payé 405 fr. à la vente Bertin, pour M. de Clinchamp, a été vendu 730 fr. Solar pour M. Double, à la vente duquel il fut racheté par Techener, 1,550 fr.

— LA MÊME. *A Lyon, imprime par Pierre Maréchal et Bernabé Chaussard*, s. d. (vers 1500), in-4, goth., fig.

En *mar. doublé* de Bauzonnet, 1,600 fr. Brunet.

— LA DANCE des Aueugles. — *Cy finist la Danse des Aveugles, imprimee a Lyon*, s. d., in-4, goth., fig. s. b.

Cette édition, dont le catal. Yéméniz ne nous donne ni le nombre de pages ni celui des lignes, est indiquée comme ayant échappé aux recherches de l'auteur du *Manuel;* nous ne pouvons contrôler cette assertion, l'exemplaire n'ayant pu nous être montré; relié par Bauzonnet, il a atteint à cette vente le prix exagéré de 1,000 fr.

— VAN DEN die Blinden Dansen. *Gouda, bij Gheraert Leeu*, 1482, in-4.

33

Bibl. roy. de Copenhague; cité par Panzer, Jansen et Van der Meersch.

MICHAULT (de Troyes). Sensuyt le de- ‖ bat de vraye charité a lencontre de orgueil q̃ ‖ sont deux choses fort cõtraires. Et sur la fin ‖ le testament dudict Orgueil. Ausquelles cho ‖ ses pourront les humains prendre bonnes ex ‖ emples si a eulx ne tient. ‖ Compose par maistre Michault demourant a ‖ Troyes en Champaigne. — *Finis. S. l. n. d.* (*vers* 1530). Pet. in-8, goth., de 8 ff. de 28 lignes à la page, sign. A.

La pièce n'a qu'un titre de départ; la première page contenant 15 lignes de texte (*Bibl. nat.*) Y² 601, *Rés.*).

Cette pièce ne peut être attribuée au célèbre Pierre Michault, secrétaire du comte de Charolais, l'auteur du *Doctrinal de Court, de la Dance aux Aveugles*, etc. Il y est question des luthériens, et Pierre Michault était mort plus de quarante ans avant la venue de Luther; MM. de Montaiglon et J. de Rothschild l'ont reproduite au tome XI des *Poésies françoises des XVᵉ et XVIᵉ siècles*.

MICHEL d'Amboise. Voy. AMBOISE, JUVÉNAL et OVIDE.

Ajoutons quelques prix :

Un bel exempl. du *Guidon des gens de guerre. Paris, G. du Pré*, 1543, pet. in-8, lettres rondes, en *mar.* de Hardy-Mennil, 122 fr. Mornay-Soult, revendu 220 fr. Taschereau.

— LES ÉPISTRES vénériennes de l'Esclave Fortune. *Paris, Jehan Longis et D. Janot*, 1534, in-8.

L'exemplaire Guyon de Sardière, rogné en tête, 250 fr. Taschereau.

— LES ÉPISTRES veneriennes. — Les Fantaisies | les complaintes | Regretz | et epitaphes, avec XXXV rondeaulx et cinq ballades d'amours. *Paris, Alain Lotrian et Denys Janot*, s. d. (vers 1535), in-8, goth.

120 fr. W. Martin.

— LE BABILON, aultrement la confusion de l'Esclave Fortune. *Lyon, Ol. Arnoullet* (1535), in-8.

En *mar.* de Capé, 151 fr. Taschereau.

— LE RIS de Democrite et le Pleur de Heraclite. *Paris, pour Arnoul L'Angelier*, 1547, in-8.

En *mar.* de Duru, 259 fr. Taschereau ; en *mar.* de Trautz, 70 fr. Chedeau (1865) ; en *mar.* de Bedford, 85 fr. Desq ; 30 fr. W. Martin ; en *mar.* de Trautz, 295 fr. Danyau.

— LE RIS de Démocrite et le Pleur de Heraclite, philosophes, sur les follies et misères de ce monde. *Rouen, par Robert et Jean du Gort*, 1550, in-16, de 96 ff., non numérotés, sign. A-M, car. ital., fig. s. b. 20 à 30 fr.

— LES CENT Épigrammes, auecques la vision, la cõplainte de vertu... *Paris, Alain Lotrian et Jehan Longis*, 1532, in-8, goth., fig. s. b.

En *mar.* de Koehler, 130 fr. W. Martin.

— LES CÕTREPISTRES d'Ouide, nouuellement inuentees et composees par Michel d'Amboyse, dict l'Esclave Fortune.... *A Paris, chez Denys Ianot*, 1541, pet. in-8, fig. s. b.

En anc. *mar.*, 103 fr. Tross (1865), 195 fr. W. Martin (exempl. Nodier).

— LE SECRET d'amours, composé par Michel d'Amboyse... *Paris, Arnoul et Charles les Angeliers frères*, 1542, in-8, lettr. rondes.

En *mar.* exempl. Nodier, 225 fr. W. Martin.

MICHEL dit de Tours (*Guillaume*). La Forest de conscience, contenant la chasse des princes spirituelle. (A la fin) : — *Cy fine la forest de conscience... nouuellement composee par Guillaume Michel, dit de Tours, et imprimee par Michel le Noir, libraire iuré... le dernier iour de septembre lan mil cinq cens et seize*, in-8, goth., fig. sur bois. [13342]

Édition originale.

L'exempl. Solar, en *mar.* brun, 185 fr. Cailhava, revendu 105 fr. Germeau, et 150 fr. Huillard ; en *veau*, rel. anc., exempl. piqué dans la marge du fond, 280 fr. Taschereau.

— LA FOREST de conscience. — *Cy fine la forest de conscience... imprime par Michel le Noir, le dernier iour daoust mil cinq cens et vingt*, in-8, fig. s. b.

En *mar.* de Trautz, 205 fr. Chedeau, pour M. Didot; en anc. *mar.*, 150 fr. Yéméniz ; 345 fr. Taschereau.

— LE SIECLE doré, contenant le temps de paix, amour et concorde... *Fin du siecle dore, composé par Guillaume Michel dit de Tours, et imprime par Guillaume Fezandad* (sic). *Acheue le XXᵉ iour de feburier, pour Hemon le Febure, demourant en la rue Sainct Jacques, a lenseigne du Croissant.* S. d. [13343]

Privilége de 1521.

En *mar.* de Capé, 410 fr. Taschereau ; en *mar.* de Duru, haut. 0ᵐ,246, 400 fr. Yéméniz.

— LE PENSER de royal memoire. *Nouuellement imprime a Paris par Jehan de la Garde et Pierre le brodeur, tenant leurs boutiques au palaiz.* S. d. (1518), in-4, goth. [13341]

En *mar.* de Bauzonnet, 425 fr. Yéméniz.

— DE LA JUSTICE et de ses espèces, livre très-profitable pour tous ceux qui désirent connoistre le moyen de vivre heureusement et paisiblement entre les hommes, composé par feu Guillaume Michel (de Tours). *Paris, Jacq. Kerver*, (1556, in-8.

Ouvrage posthume, publié par G. Aubert, avocat au parlement de Poitiers, et dédié par lui à *M. de Beauffremont*.

32 fr. Luzarche.

MICHEL (*Jehan*). Le Mistere de la resurrection de nostre seigneur iesuscrist Imprime a paris. Cy finist le mystere de la resurrectiõ... Compose par maistre iehan michel, et ioue a Angiers triũphãment deuãt le roy de cecile. *Imprime a paris pour Anthoine Verard, libraire,* s. d., in-fol., goth., à 2 col., fig. s. bois, 136 ff., non chiffrés.

En *mar.* de Padeloup, exempl. de Boze et Girardot de Préfond, mais piqué dans la marge supérieure, 900 fr. Yéméniz.

— Voyez MYSTÈRE.

MICHELANT (*H.*). Blancandin et l'Orgueilleuse d'amour, roman d'aventures, publié pour la première fois par H. Michelant. *Paris, Edwin Tross*, 1867, in-8.

Beau volume, tiré à petit nombre ; 12 fr. sur pap. vergé, 20 fr. sur papier de Hollande.

— La CLEF d'amour. Poëme publié d'après un ms. du xive siècle, par M. Edw. Tross, avec une introduction par M. H. Michelant. *Paris*, 1866, in-8.

Charmant livre impr. par Louis Perrin, de Lyon ; 12 fr. sur papier vergé ; 20 fr. sur papier de Hollande.

— Le LIVRE des Mestiers, dialogues françois-flamands, composés au xive siècle, publié par H. Michelant. *Paris*, 1874, in-4, impr. par *J. Enschedé et fils, à Harlem*.

70 exempl. sur papier de Hollande, et 10 sur pap. Whatman.

— MERAUGIS de Portlesguez. Roman de la Table ronde, par Raoul de Houdenc, publié par H. Michelant d'après les mss. de Vienne et de Turin. Avec illustrations reprds. les miniatures du ms. de Vienne. *Paris, Tross*, 1869, 1 fort vol. grand in-8, avec 19 grav. s. bois exécutées par Léon le Maire.

Sur pap. de Hollande, 25 fr. ; sur pap. Whatman, 40 fr. ; sur vélin, un seul exempl., 450 fr.

— Voy. CARTIER.

MIECHOW. Excellētissimi viri Mā ‖ thie de Michow artiū ꝗ medicine ‖ doctoris contra seuam pestem regimen accuratissi ‖ mū. Ac primum ad diuos Sebastianū ꝗ Rochum ‖ deuote premittunt Orationes. (A la fin) : *Collectū ꝗ impressuꝫ Cracouie anno* M.CCCC.viij. In-4 de 6 ff., impr. en gros car. goth. Pièce fort rare.

48 fr. Tross, 1867.

MIELLE (*Charles* de). Recognoissance d'Obbe Philippe, par laquelle il confesse que luy et ceux qui ont enseigné et enseignent entre les Anababtistes n'ont nulle vocation legitime. Auec ung discours des faicts execrables du nouueau Roy des Anababtistes Ioan Wilhelms et de ses complices, exécutés à Wesel en aultres lieux l'an 1580, par Charles de Mielles. *A Leyde, chez Anthoine Maire*, 1595, in-8.

Diatribe papistique fort rare.

MIGNARD. Histoire de l'idiome bourguignon et de la littérature propre ou philologie comparée de cet idiome, suivie de quelques poésies françaises inédites de Bertrand de la Monnoye. *Dijon, Lamarche et Drouelle*, 1856, in-8. [11056]

Bon livre renfermant un glossaire, une grammaire comparée, une bibliographie bourguignonne, etc.

En demi-reliure de Trautz, 15 fr. Burgaud des Marets.

MIGNERAK (*Mathias*). Pratique de l'aiguille industrieuse du tres excellent milour Matthias Mignerak, Anglois... *Paris, Jean Leclerc*, 1605, in-4. [10267]

M. Brunet avait décrit ce très-précieux volume sur un exempl. incomplet ; le bel exempl. porté au catalogue de 1874 (n° 1590) du libraire Aug. Fontaine, et qui fait aujourd'hui partie de la riche bibliothèque du baron James de Rothschild, possédait le cahier T

complet, c'est-à-dire de IV ff., tandis que tous les exempl. connus jusqu'ici ne comprenaient que les ff. T i et T ij.

Nous avons déjà cité, à l'art. DENTELLES, deux adjudications de ce livre précieux ; le bel exempl. Yéméniz, en *mar.* de Trautz, n'a été vendu que 700 fr. ; un autre, en *mar.* de Chambolle-Duru, 1,110 fr. baron Pichon, adjugé à M. Lesoufacher ; un exempl. incomplet des ff. B iiii et D ii, 395 fr. en décembre 1872 ; M. Aug. Fontaine porte à 1,200 fr. un bon exempl. en *mar. doublé* de David, avec les ff. T iij et T iv en fac-similé et ce prix n'est point exagéré.

Voy. DENTELLES.

MIJANGOS (el P. Fr. *Joan*). Espejo divino en lengua mexicana, en que pueden verse los Padres, y tomar documento para acertar á doctrinar bien á sus hijos, y aficionados á las virtudes. *México, Diego Lopez d'Avalos*, 1607, in-4, de viii ff. lim., au v° du dernier une gravure s. bois, et 562 pp., fig. sur bois. Volume non cité ; il est composé en entier en mexicain.

£ 2. sh. 12 Fischer.

— SERMONARIO dominical y sanctoral en lengua mexicana. Parte I (unica). *Mexico*, 1624, in-4, de 9 ff. lim., 564 pp. et 46 ff. d'index. (122 th. 5 gr. Andrade).

MIKLOSICH (*Fr.*). Vergleichende Grammatik der Slavischen Sprachen. *Wien*, 1852-1868, 3 vol. in-8. 40 à 45 fr.

Il n'a paru de cette remarquable publication que les tomes Ier et IIIe, avec la première livraison du IVe. Le tome II n'a jamais été imprimé, ou du moins publié.

— LEXICON Palaeoslovenico-graeco-latinum. *Vindobonae*, 1866, in-8, de 1171 pp. à 2 col.

36 fr. Maisonneuve.

— ACTA et diplomata monasteriorum et ecclesiarum Orientis, edid. T. Miklosisch et J. Möller. *Wien*, 1871, gr. in-8.

Publication importante faite sous les auspices de l'Académie de Vienne, et dont rend compte la *Revue des questions historiques*, juillet 1871, p. 257.

MILAN (Don *Luys*). Libro de mvsica de Vihuela de mano : intitvlado *el Maestro*. El qual trahe el mesmo estilo y orden que vn maestro traheria con vn discipvlo principiante : mostrando le ordenadamente desde los principios toda cosa que podria ignorar ǀ para entender la presente obra. Compvesto por don Luys Milan, dirigido al muy alto y muy poderoso ẑ inuictissimo prĩcipe don Johan : por la gracia de Dios rey de Portvgal y de las Yslas. Año. M.D.XXXV. (A la fin) : *A Honor y gloria de dios todo poderoso y de la sacratissima virgen Maria madre suya y abogada nuestra. fue impres* ‖ *so el presente libro de musica de Vihuela de mano intitvlado el Maestro : por francisco Diaz romano. En la Metropolitana y Coronada Civdad de Valencia.* Aca-

bose a. IIII. *dias del mes de deziẽbre año de nuestra reparacion de mil y quinientos treynta y seys.* Pet. in-fol., goth., sans pagination, sign. A. ii-R. vj.

L'exempl. de ce livre aussi rare que précieux, que nous avons vu, était incomplet du premier feuillet, qui, suivant toutes les probabilités, devait être blanc; il a été vendu 400 fr.

MILIUS (*Abrah.*). De origine animalium et migratione populorum, scriptum Ab. Milii. Ubi inquiritur, quomodo quaque via Homines cæteraque Animalia Terrestria provenerint; et post Diluvium in omnes Orbis terrarum partes et regiones : Asiam, Europam, Africam; utramque Americam, et Terram Australem, sive Magellanicam, pervenerint. *Genevæ, apud Petrum Columesium,* 1667, pet. in-12, de 68 pp. [22678]

Une sphère sur le titre; pièce recherchée par les américanophiles. 50 fr. catal. Maisonneuve.

MILLE (les) et une nuits, contes arabes... *Paris, Galliot,* 1822, 6 vol. grand in-8, pap. vélin, fig. [17764]

En gr. pap., fig. avant la lettre, 150 fr. Pieters; l'exempl. avait quelques taches; en même condition, moins les taches, 125 fr. de Chaponay; en gr. pap. vélin, avec 96 pièces ajoutées, 180 fr. Desq.

MILLES et Amis. L'histoire des nobles et vaillans chevaliers nommes Milles et Amys... *Nouvellement imprime a Paris, pour Jean Bonnefons* (sic), s. d. (vers 1540), in-4, goth., à 2 col., fig. s. bois.

Édition de fort peu de valeur.

En *mar.* de Thouvenin, 400 fr. Chedeau, ce qui est trop cher; aussi l'exempl. n'a été revendu que 290 fr. Germeau, et 225 fr. Potier; en *mar.* de Bauzonnet, 700 fr. Yéméniz; en *mar.* de Thouvenin, double de M. Cigongne, 230 fr. Bordes, et 400 fr. au catal. Fontaine de 1872.

MILLET (*Jacques*). Sensuyt la destrvccion de Troye la grant par personnaiges faicte par les Grecz, auec les merueilleux faictz du preux Hector de Troye filz du grãt Roy Priam. (A la fin) : Cy finist lhistoire de la destruccion de Troye la grãt mise par persoñaiges par maistre iacques millet licencie en loix. *Et imprimee a paris par la veufue feu lehan trepperel et iehan lehannot,* s. d., pet. in-4, goth., de 214 ff. non chiffrés, une fig. s. bois au titre, et une autre au f. O iii. [16213]

En *mar.* doublé de Derome, exempl. Gaignat et de Boze, 2,020 fr. Yéméniz.

— Voy. MEUN (*Jehan* de).

MILLET (*Jean*). Pastorale et tragicomédie de Ianin, représentée dans la ville de Grenoble. *Grenoble, Richard Cocson,*

1633, pet. in-4, de 122 pp., sign. B. iij-P. iij. [16597]

L'exempl. Solar était, croyons-nous, parfaitement complet; la pagination est irrégulière, et, de plus, un cahier tout entier avait été mal assemblé; la Bibliothèque nation. l'a rendu, et il n'a été vendu que 40 fr.; depuis, nous l'avons revu.

Un bel exempl. en *mar.* de Duru-Chambolle, 165 fr. Potier.

Au catal. Lancelot de 1741, on trouve, sous le n° 5203, un certain nombre de pièces dauphinoises.

— PASTORALE de Ianin ou Lhauda, par Jean Millet, en patois de Grenoble. *Lyon, Servant,* 1692, in-8.

— LA BOURGEOISIE de Grenoble, comédie du même. *Grenoble, Charvys,* 1605, in-8.

(Le catal. nomme l'éditeur *Charoys,* ce qui est une erreur.)

— RECUEIL de diverses pièces faites à l'antien langage de Grenoble. Voy. RECUEIL.

— NOELS en même patois. In-8.

Tout cela est monté au prix modeste de 1 liv. 10 s.

MILLET (Le P. *Pierre*), de la Cie de Jésus. Relation de sa captivité parmi les Onneiouts en 1690-91. *Nouvelle-York, presse Cramoisy de J. M. Shea,* 1864, pet. in-8.

Tiré à 100 exempl.

Cette lettre est datée des : « *Onneiout au mois de juillet* 1691 »; l'original a été trouvé par M. Murphy, alors ministre des États-Unis à la Haye.

MILLIEI (*Antonii*) Lugdunensis, e Societate Jesu, Moyses viator, seu imago militantis ecclesiæ Mosaicis peregrinantiŝ Synagogæ typis adumbrata. *Lugduni, sumptibus Gabr. Buissat,* 1636, in-8.

Bien que cité par le commentateur de Boileau, ce poëte, du nom d'Antoine Millieu, n'aurait pas mérité de mention, si un exempl. de ses poésies, en anc. rel. *mar.,* n'avait été porté au prix excessif de 150 fr. au catalogue de Morante.

— LE MÊME. *Dilingae,* 1680, 2 tomes en un volume in-8.

21 fr. de Morante.

MILTON (*John*). The poetical works of John Milton, edited with introduction, notes and an essay on Milton's English, by David Masson. *London, Mac-Millan,* 1874, 3 vol. in-8.

Édition d'une exécution supérieure, philologiquement et typographiquement parlant.

On peut la nommer : *l'édition définitive.*

— LE PARADIS perdu, poëme, édit. en anglois et en françois, ornée de 12 estampes impr. en couleur d'après les tableaux de M. Schall. *Paris, Defer de Maisonneuve,* 1792, 2 vol. in-4.

En anc. *mar.,* 120 fr. vente Labitte (9 déc. 1874). 50 fr. de L'Espine (1868).

— MILTON's Paradise lost, illustrated by Gustave Doré, edited with notes and a life of Milton by Robert Vaughan. *London,* s. d., in-fol.

Belle édition, d'un format gênant.

Un exempl. en pap. vélin, avec les fig. sur chine avant la lettre, en *mar.* de Hardy-Mennil, 300 fr. au catal. Gonzalès (Bachelin).

— LE PARADIS perdu, trad. de Chateaubriand, précédé de réflexions sur la vie et les écrits de Milton,
par Lamartine. *Paris, Amable Rigaud et Furne,*
1855, gr. in-fol., portr. et fig.

Grande édition richement illustrée, mais fort incommode ; en *mar.* de Petit, avec les épreuves avant
la lettre, 300 fr. Gonzalès-Bachelin.

— LE PARADIS perdu... traduit de l'anglais (par
Dupré de Saint-Maur). *Paris, Knapen,* 1765, 4 vol.
petit in-12.

· En *mar.* de Derome, 200 fr. Brunet ; porté à 350 fr.
au catal. Gonzalès.

MINISTRESSE (La) Nicole, dialogue poictevin de Josué et de Jacot, ou l'histoire
au vray de ce qui arriva chez le ministre Dusou et dans le temple des ·hugue-
nots de Fontenay, le premier jour de
may 1665. *Poitiers,* 1846, in-12.

· Réimpression à 25 exempl. d'une pièce en patois,
dont on ne connaît qu'un seul exempl. 40 fr. Cardin, de Poitiers.

MINISTROPHTORIE (La) ou renverse-
ment des ministres en la réfutation d'un
imprimé fait par ceux de l'Eglise P. R.
de la ville de Grenoble. *Tournon,*
(*Geof. Linocier ?*), 1619, in-8, de
728 pp.

Livre rare, cité par M. Vaschalde (*Imprimerie
dans le Vivarais, Vienne,* 1877, in-8).

MINUT (*Gabriel* de). De la beauté, dis-
cours divers... Avec la Paulegraphie, ou
Description des beautez d'une dame
Tholosaine nommée la belle Paule, par
Gabriel de Minut. *Lyon, Barthélemy
Honorat,* 1587, in-8. [18050]

Livre fort recherché ; la seconde partie entre dans
les détails les plus minutieux sur les charmes apparents et mystérieux de la belle Paule de Viguier.
dame de Toulouse, si célèbre par sa beauté, que sa
vue seule, comme celle d'Hélène sur les murailles
de Troye, réjouissait le cœur des vieillards.

Ce volume est dédié à la reine mère, Catherine de
Médicis, par une pieuse abbesse, parente de l'auteur,
qui publia le livre.

L'exempl. La Vallière (18 fr.), Méon (27 fr. 95 c.),
Tripier (150 fr.), de La Carelle, Solar, 300 fr., vaudrait aujourd'hui plus du double.

L'exempl. Guyon de Sardière, Renouard (260 fr.),
de Chaponay (850 fr.) ; ces deux exempl. étaient l'un
et l'autre reliés en *mar. vert,* anc., d'une grande
fraîcheur de reliure et d'une égale beauté ; cependant l'exempl. Solar avait eu quelques piqûres rac-
commodées dans la marge supérieure ; un exempl.
en assez mauvais état, 170 fr. vente du château de
S. Ylie ; un malheureux livre, restauré avec soin et
relié en *mar.* par Raparlier, n'a atteint que le prix
de 69 fr. à la vente Danyau ; un très-bel exempl. en
mar. doublé de Trautz a été vendu 510 fr. Benzon,
et pourrait encore atteindre un prix plus élevé aujourd'hui.

— DE LA BEAUTÉ... par Gabriel de Minut. *Lyon, Ho-
noral,* 1587 (*Bruxelles, A. Martens et fils,* 1865),
in-12.

Jolie réimpression faite par M. Gay ; elle a été
tirée à 106 exempl., dont 4 sur papier de Chine et
2 sur *vélin ;* elle est depuis longtemps épuisée.

MIONNET (*T. E.*). De la rareté et du

prix des Médailles romaines (3° édit.
1847). *Paris, Aubry,* 1858, 2 vol. in-8,
nombreuses pl. de médailles.

M. A. Aubry, propriétaire des nombreuses et savantes publications du célèbre numismate, a fait
imprimer pour cette troisième édition un titre nouveau en 1858 ; c'est bien l'édition de 1847, beaucoup
plus complète que celle de 1827, qu'indique le *Manuel.* Les deux vol. se vendent chez Aubry, 30 fr.

— DESCRIPTION des médailles antiques grecques et
romaines. — Supplément. — 9 vol. in-8, avec pl.,
190 fr.; et le vol. de planches (136 pp. et 86 pl.)
. seul, 25 fr.

MIRABILIA urbis Romæ (en allemand)...
« Item in den puchlin stet geschriebē
wie Rom gepanet wart... Guide pour la
ville de Rome, les Eglises, les indulgences, etc. *S. l.* (*Romæ*), 1488, in-8,
goth., fig. s. b., de 56 ff., dont le premier est blanc ; sans ch. ni sign., mais
avec un registre à la fin. Plusieurs des
planches sont imitées de l'édit. xylographique qui est au British Museum, et dont
les *Ædes Althorpianæ* et M. Sotheby
donnent le fac-simile.

Cette première édition, en caractères mobiles, est
précieuse et fort rare. £ 11, sh. 5 Libri, 1862.

MIRACLE advenu à Andely, la veille de la
Pentecôte dernière, le second jour du
mois de juin 1618, par l'intercession de
saincte Clotilde, reyne de France, femme
de Clovis, premier Roy chrestien des
François. *A Rouen, chez Nic. le Prévost* (1618), pet. in-8.

Pièce fort rare.

Un bel exemplaire, 82 fr. Luzarche.

MIRACLE advenu près la ville de Bazas,
le jour et feste de l'invention de Saincte-
Croix, le 3° may mil six cents un, ou
sont montrez divers miracles arrivez aux diocèses de Bordeaux, Bazas
et Condom, avec apparition de sang et
figure de la croix. Par M. G. Du Puy...
avec le procès-verbal. — *Jouxte la copie impr. a Bordeaux par S. Milan-
ges, et se vendent à Paris chez D.
Binet,* s. d. (1601), in-8.

Les miracles n'étaient pas rares dans ce bon pays
du Bazadais ; à trente ans de distance nous en trouvons un nouveau, toujours avec pièces à l'appui : ·

— GRAND et signalé miracle et apparition d'une
croix sanglante, nouvellement arrivé aux environs de Bazas, près de la ville de Bordeaux, avec
le procès-verbal du lieutenant général dudict
Bazas... *Paris, M. Colombel,* 1633, in-8.

Ces pièces sont aussi rares que peu intéressantes,
ce qui n'empêcherait qu'elles pourraient bien arriver au prix de 6 à 7 fr.

Après les miracles, voici les sorciers :

— VÉRITABLE relation de l'effroyable mort de trois
sorciers et magiciens, exécutés dans la ville de
Bazas, près Bordeaux, le 11 février 1637, et des
horribles et épouvantables actions des diables et
démons, tant en l'air que sur terre, durant icelle

exécution... *Paris, par P. Mettayer*, 1637, in-8, 8 à 10 fr.

MIRACLE de Monseigneur Sainct Nicolas et dung Ivif qui presta cent écus a vng crestien, à XVIII personnages. *Lille*, 1869, in-12, de 92 pp. [16241]

Réimpr. tirée à 200 exemplaires, dont 10 sur papier de Chine et 2 sur vélin.

MIRACLE (Le grant) dernièrement aduenu par la voulente de Dieu en la ville de Morden, au pays de Frise, en Allemaigne, à la confusion de l'hérésie de Martin Leuther. *S. l. n. d.* (vers 1529), pet. in-8, de 4 ff., goth.

En *mar.*, 17 fr. 50 c. Wurtz et Audenet (1841); vaudrait peut-être dix fois ce prix aujourd'hui.

MIRACULEUX (Les) effects de l'eau de la fontaine de la Hacquinière, nouuellement descouverte proche S. Clerc, à six lieues de Paris. *Paris, Isaac Mesnier*, 1620, pet. in-8, de 15 pp.

8 fr. Payen.

MIRÆUS (*Avberthus*). De statu religionis christianæ, per Evropam, Asiam, Africam, et Orbem nouum. *Coloniæ Agripp., Bern. Gualtherus*, 1619, pet. in-8, de VII ff., 222 pp. et 3 ff.

Le livre IV, pp. 200-222, est consacré à l'Amérique, 8 à 10 fr.

MIRAMONDO (La), pastouralo en langatge d'Agen, par J. J. D. C. en V actes, en vers. *Agen, Gayan*, 1685, in-8.

— RAMOUNET, ou lou Paysan Agenez, tournat de la guerro, pastouralo en langatge d'Agen, par J. J. D. C. en V. actes, en vers. *Agen, Gayan*, 1684, in-8.

Ces deux pièces patoises fort rares figurent dans le catal. de La Vallière-Nyon, et font aujourd'hui partie de la bibl. de l'Arsenal.

L'auteur, d'après la nouvelle édition du *Dictionnaire des anonymes* de Barbier, est J. J. de Courtête.

MIROIR (Le) dor de lame pecheresse... *Cy fine le traictie nōme le mirouer dor de lame pecheresse trāslate en paris de latin en francoys et corrige audict lieu ainsi quil appert au comēcement diceluy. S. l. n. d.*, sans ch. ni récl., avec sign. *a-e* par 8 ff., in-4, goth., 2 fig. s. bois au vᵒ du premier et du dernier f. [1314]

M. Yéméniz ajoute à la note du *Manuel* les observations suivantes : Au recto du premier feuillet, et sous les deux lignes du titre, une grande marque d'imprimeur, qui serait celle d'Ant. Caillaut (*Paris, vers* 1492). À la fin du volume, qui est en prose, aux trois derniers feuillets, on trouve une ballade et *la déclaration des chapitres*, en vers.

Dans cette déclaration, en réunissant les initiales des vers, on trouve, pour le 1ᵉʳ chapitre, le nom d'Anthoine Cailleau; au 2ᵉ, Lois Martin Neau; au

3ᵉ, Hector Deschamps; aux 5ᵉ et 6ᵉ, Philippe Pigouchet; au 7ᵉ, Belartst.

En *mar.* de Trautz, le bel exemplaire Yéméniz, non rogné, a été vendu 305 fr.

— LE MÊME. *Imprimé nouuellement a Paris par Al. Lotrian et Denys Janot, s. d., pet. in-4, goth., fig. s. b.*

En *mar.* de Trautz, 150 fr. Em. Gautier; reporté à 300 fr. au catal. Fontaine de 1875.

MIROIR (Le) de l'Ecriture françoyse et italienne, représentant plusieurs distiques sententieux, utiles et nécessaires à la jeunesse pour apprendre à bien escrire. *A Paris, chez Jean Le Clerc, demeurant rue Saint-Jean de Latran à la Salamandre royale.* 1615, in-4, obl., frontispice gravé, 2 ff. de texte en car. mobiles, et 35 pl. non chif., gr. en taille-douce par Jean Leclerc.

80 fr. Tross.

MIROIR des alchimistes (Le), où l'on voit les erreurs qui se font en la recherche de la pierre philosophale. Avec instruction aux dames pour dorefnauant estre belles et en connalescence, sans plus user de leurs fards venimeux. Par le chevalier Imperial. *S. l.*, 1609, pet. in-12, front. gr.

Volume curieux, 15 à 18 fr. au moins.

MIROVER des fem ‖ mes vertvevses. Ensemble la patièce ‖ Griselidis par laquelle est demonstree ‖ lobedience des femmes vertveuses. ‖ Lhistoire admirable de Jehane ‖ pucelle, natiue de Vaucouleur. ‖ Laquelle par reuelation diuine : ℂ par ‖ grāt miracle fut cause de expulser les Angloys ‖ tant de France, Normandie que aultres lieux circonuoysins, ainsy ‖ que uous uerrez par ladicte hystoire ‖ extraicte de plusieurs cronicques ‖ de ce faisant mention. ‖ *On les vend a Lyon a la maison feu Barnabe Chaussard pres de Confort.* (A la fin): *Cy finist la patience Griselidis. Laquelle Griselidis fust fille dvng poure hōme appele Ianicolle. Et fust femme du marquis de Saluces. Imprime nouuellement a Lyon.* M. D. XLVI. Pet. in-8, goth., 3 petites grav. s. bois. [17133]

Il n'y eut que l'*Histoire de Jehanne pucelle* de reproduite dans la collection Silvestre; le texte de la *patience Griselidis*, qui fait également partie de cette collection, offre une rédaction absolument différente.

L'exemplaire Coste, le seul connu, en *mar. doublé* de Trautz, a été vendu 910 fr. chez M. Yéméniz, et serait aujourd'hui, sans doute, porté à un prix plus élevé.

MIROIR (Le) des prestres et religieuses personnes, fournissant l'entretien spirituel durant la sainte Messe. *Paris, J. Honervogt*, 1649, pet. in-8, titre gravé.

Petit volume sans valeur, qu'une jolie reliure ancienne a fait vendre 26 fr. Soleil.

MIROUER (Le) des vanitez et pompes du monde, prins et extraict des sermons . sainct Augustin et sainct Bernardin. *S. l. n. d.* (*Paris, J. Trepperel*, v. 1520), pet. in-4, goth.; au vᵒ du dernier f. est la marque de Trepperel ; la date peut être fixée approximativement par une ordonnance de François Iᵉʳ, donnée en 1517 « contre la superfluité et excès des estatz. »

Livre rare et curieux, dont un exemplaire très-rogné ne s'est vendu que 34 fr. chez M. Potier en 1872, et que cet excellent libraire a recommandé aux bibliophiles par une note substantielle et très-piquante à laquelle nous renvoyons le lecteur ; un bel exemplaire atteindrait et dépasserait le prix de 100 fr.

MIROUER (Le) du prince chrestien, posé sur les deux colonnes de piété et de justice. *Paris, Th. Bruneau* (*de l'impr. de Fleury Prévost*), 1566, pet. in-8.

Volume rare ; l'auteur, Jean Helvis, de Thillard en Beauvoisis, était précepteur de Charles d'Aumale, de la maison de Lorraine.

En *mar.* de Niédrée, 28 fr. Techener (1865).

MIROUER et exemple moralle des enfans ingratz... *S. l. n. d.*, in-8. [16252]

L'un des deux exemplaires, sur *vélin*, de la réimpression à 66 exemplaires, faite par *Pontier à Aix*, en 1836, venant de Nodier, et relié en *mar.* par Bauzonnet, a été porté à 260 fr. à la vente Van der Helle.

MIROUER historial de France (Le). *Imprime a Paris pour Galliot du Pré.* (A la fin) : Cy finist le Miróuer hystorial et Recueil des hystoires de France, extraict de plusieurs & divers volumes... contenant les faictz et gestes des tres chrestiens roys de France depuis l'exidion de Troyes la grand, iusques en lan mil cinq cens et seize. *Et a este acheue de imprimer... le xviij* iour de feb-urier mil cinq cens & seize, in-fol., goth., de VIII ff. lim., 185 ff. chiffrés et 1 feuillet pour la marque ; orné de belles fig. s. bois.

Ce livre a été attribué par M. Brunet à Gaguin ; c'est une erreur ; c'est une compilation de divers auteurs, dont la liste est donnée en tête des volumes, et parmi lesquels figure Gaguin lui-même.

Un exemplaire imparfait, 14 fr. M. L. (Labitte 1873)

MISANI (*A.*). Canzone al nobilissimo signor Giacopo Critonio Scozzeze, di Angelo Misani. *S. l.*, 1582, in-4, de 6 ff., dont le dernier ne contient qu'un blason, gr. s. bois.

La dédicace est datée de *Venise*, 25 mai 1582.

Cette poésie, à l'honneur de l'*admirable Ecossais*, Crichton, n'est pas citée par Lowndes. 60 fr. catal. Tross.

MISSA Gothica, seu Mozarabica et officium itidèm gothicum diligentèr ac dilucidè explanata ad usum per celebris Mozarabum Sacelli Toleti a... Cardinali Ximenio erecti. *Angelopoli, typis seminarii Palafoxiani*, 1770, in-fol., car. rouges et noirs et 3 grav. faites par Jos. Nava ; 3 ff. limin., 137 pp., *Horæ minores diurnæ*, 198 pp.

Cette liturgie mozarabe, publiée par les soins d'Ant. Lorenzana, archev. de Mexico, à Puebla de los Angeles, est d'une extrême rareté, 125 fr. catal. Maisonneuve, et en *mar.*, 130 fr. en 1878.

MISSALE ad vsvm ecclesie auxitañ. *S. l.* (*Lugduni*), 1491, pet. in-fol. de 294 ff.

Volume fort rare, décrit par M. Desbarreaux-Bernard, dans les *Mémoires de l'Académie des inscriptions de Toulouse*.

Un exemplaire est conservé au grand séminaire d'Auch.

MISSALE Carthusiense. *Ferrariæ*, MDIX, *absque typographi nomine*, in-fol.

Un exemplaire sur *vélin* est conservé à la chartreuse de Ferrare. (Zaccaria, *Bibl. ritualis*, III-310.)

MISSALE Cartvsiani ordinis. *Fauralii in Sabaudia, typis Ludovici Du Four*, 1679, in-fol., titre gravé, fig.

Ce missel, imprimé par ordre d'Innocent le Masson, prieur des chartreux, après le chapitre général tenu en 1677, fut exécuté dans un bourg de la Savoie.

C'est une véritable curiosité typographique, un peu grosse, il est vrai ; un exemplaire, un peu fatigué, mais richement relié, 70 fr. Maisonneuve.

MISSALE Cathalaunense, in lucem editum curis et sumptu N. Lanisson. *Parisiis, Jolanda Bonhomme*, 1543, in-fol., goth., à 2 col., car. rouges et noirs, de CXXX et 1 à XXXVI ff.; grav. s. b.

Un exemplaire sur *vélin* dans la bibl. de M. Ambr. Firmin-Didot.

MISSALE Cesaravgvstanvm. (A la fin) : *Typis deniq̃ Petri Bernuz chalcographi diligẽtissimi excusum Cesarauguste Idibus Augusti, anno domini* 1552, pet. in-fol. de XXII ff. limin., CCXLI pp., et 1 f. pour la marque typographique, impr. à 2 col. de car. rouges et noirs, avec musique impr.; le titre est gravé sur bois aux armes de Ferdinand d'Aragon, archev. de Saragosse.

Rare et beau missel.

300 fr. Maisonneuve.

MISSALE. Ad vsvm insignis Ecclesie ‖ Dyensis missale. (In fine) : Ad om̃ipotentis Dñi nostri iesu Christi intemerateq₂ virgĩs marie eius dignissime matris... iubẽte Reuerẽdo ‖ in Xp̃o p̃re (̃ dño ‖

dūo Johañe despī ‖ nay episcopatuū Va-
lētinēsis ℰ dȳē ‖ sis | epī ℰ comitis Adhi-
bita etiā per- ‖ uigili cura Reuerēdi p̄ris
dñi pe ‖ tri raboti | sācte sedis aposto-
lice, p ‖ thonotarii eccl'ie dieñ. decani :
Completū fuit ꝑ expeditū p̄sēs missale
‖ ad vsū huius modi eccl'ie ꝑ diocesis
‖ Dyensis | maxia diligētia correctū‖
ῑpressūqꝰ parisi' ῑpēsis ℰ sūptibus ‖
‖ magistri iohānis de prato ῑpresso ‖
ris atqꝰ librarii iurati alme m̄ris
‖ vniuersitatis parisieñ. Anno dñi ‖
Mᵒ CCCCᵒ *nonagesimo nono ‖ die vero*
penultima mēsis aprilis. In-fol., goth.,
à 2 col. de 38 lignes, car. rouges et noirs;
pl. gr. s. bois, sans chif. ni récl., avec
signatures.

Très-belle publication de Jean Dupré, l'illustre
typographe parisien ; les gravures sur bois sont
d'une remarquable exécution.

MISSALE Romanum. *Coloniæ Agrippi-*
næ, sumptibus Cornelii ab Egmondt,
1629. In-fol., impr. en car. rouges et
noirs, front. gr., grandes figures.

Cette édition a peu de valeur, mais un exemplaire dans une très-riche reliure, en *mar. doublé*,
à petits fers et compartiments, coins et fermoir en
argent, etc., le tout attribué au Gascon, a été vendu
400 fr. Curmer.

MISSALE Ecclesiæ Salisburgensis. *Nü-*
renberg, Georg. Stuchs, 1505, in-fol.,
goth., avec fig. s. bois, de 251 ff. chif.,
impr. en car. rouges et noirs, suivis
d'un f. pour la date, en outre 10 ff. lim.
pour le calendrier, et entre le f. 160 et
le f. 162 se trouvent 8 ff. non paginés,
impr. en car. tout à fait exceptionnels de
forme et de grandeur, sur le premier
desquels est une gr. s. bois de la cruci-
fixion ; les capitales en bois sont belles.
Il y a dans ce vol. beaucoup de musique
notée impr. en noir en car. mobiles sur
des portées tirées en rouge ; c'est le premier livre imprimé en Allemagne où la
musique soit impr. en car. mobiles.

Un exemplaire sur *vélin*, mais incomplet du dernier feuillet, £ 13 Libri.

MISSALE Romanum noviter impressum
ordine quodam miro ad facillime omnia,
quamvis pauca sint, que in ipso ad alias
paginas remittuntur invenienda. *Im-*
pressum Venetiis, in edibus Gregorii
de Gregoriis, 1513, in-fol., goth., à
2 col., car. rouges et noirs, avec bordures
et fig. gr. s. b., et musique notée, composé de VIII-288 ff. chiffrés ; le livre est
orné de 975 grav. sur bois, tant grandes
que petites, d'une belle exécution.

Un exemplaire imprimé sur parchemin, 1,200 fr.
(catal. Tross).

MISSALE secvndvm ritvm et ordinem sacri

ordinis præmonstratensis.*Parisiis, apvd*
Jacobvm Keruer,via Iacobea,sub signo
Vnicornis. M.D.LXXVIII. (A la fin) :
Parisiis, excudebat Carolus Roger,
anno Domini 1578, in-fol., à 2 col. de
x ff. lim., 222 et 63 ff. chiff., nombreuses lettres ornées, fig. s. bois assez remarquables.

MISSALE secundum ordinarium Trajec-
tensem. — *Explicit missale scd'm ple-*
narium ordinariū eccl'ie traiectēs' ex
multis libris emēdatū Impressū ꝛ
cōsūmatū in ꝑfesto assūpcionis marie
⁊ginis ῑ opido delffens' Ad laudē ꝑ
honorem dei omnipotentis ꝑ me cris-
tianū Snellaert, s. d. (vers 1495), in-
fol., de 270 ff., car. goth. de trois grandeurs, à 2 col., 17, 26 et 33 lignes, avec
chiffres et sign., sans réclames.

MISSALE mixtum secundum regulam
beati Isidori, dictum Mozarabes. *Toleti,*
per Petrum Hagembach Alemanum,
1500, in-fol., goth. [738]

Un exemplaire imparfait de ce précieux volume,
auquel manquaient les VIII ff. limin. et les deux
derniers de la table, 300 fr. catal. Maisonneuve
(1872) ; un exemplaire splendide, en *anc. mar.*,pro-
venant de Girardot de Préfond et de Mac-Carthy,
joint au *Breviarium secūdum regulam beati*
Ysidori, dictum mozarabes, studio Alf. Ortiz.
Ibid., id., 1502, in-fol., volume plus rare peut-être,
s'il est possible, que le *missel*, et de la même
provenance, Girardot de Préfond et Mac-Carthy,
£ 295. »». Perkins.

MISSALE secundum consuetudinem Romanæ curiæ. *Romæ, S. Planck,* 1496,
in-fol. de XII ff. lim., ff. 1 à 228.

Inconnu à Panzer et à Van Praet,

Sur *vélin*, £ 375 »» Perkins ; c'était l'exemplaire
de dédicace au pape Alexandre VI.

A cette vente importante ont aussi figuré :

— MISSALE secundum ritum Augustensis ecclesiæ :
mandato et impensis Rev. ac illustr. Principis, ac
domini Othonis titulo S. Sabine presbyteri.....
Dilingae, Sebaldus Mayer, 1555, in-fol., de
499 ff.

Inconnu à Van Praet.

L'exemplaire de dédicace sur *vélin*, £. 180 »».

— MISSALE ad usum ecclesiæ Sarisburiensis. *Pari-*
siis, Prévost, 1527, in-fol.

Bel exemplaire, mais incomplet des feuillets 73 et
155, et avec quelques raccommodages, £. 96 »». On
sait quel est le prix et l'excessive rareté de ce
missel de Salisbury.

— MISSALE secundum consuetudinem ordinis Val-
lisumbrosæ. *Venetiis, per nobilem et egregium*
virum dominum Lucam Antonium de Giunta
Florentinum , summa diligentia impressum.
M.CCCCCIII, in-fol., nombreuses fig. s. b.

Un splendide exemplaire de ce précieux et rare
volume, impr. sur *vélin*, magnifiquement décoré,
£ 240 » » Perkins.

MISSALE ad vsum insignis ecclesie Leo-
diēsis. *Parisiis, per Johannē Kaer-*
briand, siue huguelin, impressum ex-

pensis Michaelis Hilleníj in Rapo Antwerpie. Mil. CCCCC. XL, in-fol., goth., à 2 col., fig.

Missel rare, orné de figures sur bois intéressantes, et d'un grand nombre de lettres ornées.

MISSALE secundum usum Turonensem. *Impressum Turonis per Matheum Lateron... anno millesimo quingentesimo XVII septembris vero luce quarta,* in-fol., goth., caract. rouges et noirs, 2 grandes figures et vignettes sur bois, marque de Math. Latheron au titre.

1,000 fr. Germeau.

MISSALE (Incipit) secundum usum monasterii Majoris monasterii Turoñ. ordis scti Bñdicti... *Explicit missale... opera et cura pervigili ingeniosi viri et ī impressoria peritissimi magistri Mathei Lateron... ïpressum die XV mēsis februarii año dñi millesimo quīgētesimo octavo felici deo juvāte patratū,* in-fol., goth., fig. s. b., VIIIff. lim., 127 ff. signés A-Qiiij, 70 ff. signés A-Iiij, et 40 ff. signés aa–eeiiij ; le dernier feuillet est blanc, avec une figure sur bois au verso.

Il y a en outre, entre les pages cxxiij et cxxiiij, 2 feuillets avec deux grandes gravures sur bois, représentant le crucifiement et Dieu le père.

Dans l'exemplaire vendu 825 fr. Taschereau, ces 2 feuillets (le *Canon*) étaient impr. sur *vélin.*

La planche du feuillet 49 de la deuxième série porte la marque de Math. Latheron, ce qui permet de penser que cet imprimeur était aussi graveur.

MISSALE ad vsum insignis ecclesie Tvroneñ. peroptime ordinatum... *Veneunt Tvronis apud Johānē Richart coñorantē in vico que vulgo dicunt de la Sellerie... sub intersignio Iohannis evangeliste. Impressum Parisiis anno dñi M.D.XXXIII.* (A la fin) : *Impēsis equissimi bibliopole Johānis Richart civis Turoneñ. ac per Johānem Kerbriād al's Huquelin impressorē Parisiis in Jacobi vico sub craticule intersignio comorantē impressum missale finit. Anno domini millesimo quingētesimo XXXiij, XVij Kal' octobris,* in-fol., fig. s. b., de VIII ff. lim., 108 ff. sign. A–Riij ; 58 ff. sign. A-Gv, et de 42 ff. sign. A-Ev. Les ff. 95 et 96, où sont deux grav. représentent le crucifiement et Dieu le Père, étaient en vélin, dans l'exemplaire vendu 195 fr. Taschereau.

MISSALE Ucesiense. — (In fine) : *Explicit Missale secundum usum ecclesiæ Ucesiensis, impressum Lugduni per magistrum Johannem Numester* (sic) *de Maguncia, et Michaelem Topie.*

Anno domini M.CCCC.XCV, die vero septima mensis Augusti, in-fol.

Ce volume, découvert à Uzès par le savant bibliophile de Toulouse, M. Desbarreaux-Bernard, a été imprimé par ordre de l'évêque d'Uzès, Nicolas Maugras ; il établit un fait intéressant, c'est que le grand imprimeur de Mayence, Jean Numeister, le proto de Gutenberg, après avoir établi l'imprimerie à Foligno, où il resta de longues années, était revenu en France et s'était arrêté à Lyon à la fin du XVe siècle.

M. Desbarreaux-Bernard a consacré à l'élucidation de ce fait historique une brochure de 8 pp. in-8, publiée à Toulouse en 1874, et tirée à petit nombre.

MISTANGUET. Les plaisantes idées du sieur Mistanguet, docteur à la moderne, parent de Bruscambille ; ensemble la généalogie de Mistanguet et de Bruscambille, nouuellement composées et non encore veües. *Arras, par Antoine Berger,* 1617, in-12.

Édition plus rare encore que celle de 1615 que cite M. Brunet à l'art. *Bruscambille ;* un exemplaire en *mar.* de Lortic est porté au prix évidemment exagéré de 300 fr. au catal. à prix marqués Gonzalez (*Bachelin, libr.*)

MITCHELL (*Jonathan*). A discourse of the Glory To which God hath called Believers By Jesus Christ. Delivered in some Sermons out of the I. Pet. V, chap. 10 V. Together with an annexed Letter, Both, by that Eminent and worthy Minister of the Gospel, Mr. Jonathan Mitchel, late Pastor of the Church at Cambridge in the New-England. The second edition with a Preface by Increase Mather, D. D. *Boston : Reprinted by Barth. Green, for Benj. Eliot, and Sold at his Shop,* 1721, in-12, de VIII, 10 et 291 pp.

Rare et précieux volume ; l'édition n'est citée par aucun bibliographe.

La première édition est de *Londres,* 1677 (*Steevens, Hist. Nuggets,* n° 1917).

M. Leclerc (catal. Maisonneuve, 1878, n° 959) consacre à ce livre presque inconnu une note intéressante, et le porte à 400 fr.

MIZAULD (*Ant.*). Antonii Mizaldi Phænomena, sive aeriæ ephemerides... *Parisiis, ex officina Reginaldi Calderii,* 1546, in-8. [4286]

L'exemplaire de dédicace à François Ier, en mar., aux armes, chiffre et emblèmes du roi, 3,150 fr. Brunet, pour M. Dutuit.

— LE MIROUER de l'air, par bon ordre et breves sentences donnant a chascun veue... de toutes choses faictes et engendrées en l'air : comme sont pluyes, gresles, tonnoires, fouldres... le tout veu par l'autheur. *Paris, Regnauld Chaudière,* 1548, in-8.

Un exemplaire, réuni à 3 pièces latines du même auteur, relié en *mouton* vert, aux armes de De Thou, 48 fr. Potier.

— LES ÉPHÉMÉRIDES perpétuelles de l'air, par lesquelles on peut avoir vraie et assurée cognoissance de toutz changementz de temps. *Anvers, Chr. Plantin*, 1556, in-16.

En *mar.* de Petit, 20 fr. Soleil.

C'est un des premiers livres imprimés par le célèbre typographe d'Anvers.

— SINGULIERS secrets et secours contre la peste..... *Paris, pour Mathurin Breuille*, 1562, in-8.

En *mar.* de Niédrée, 40 fr. de Morante.

MODÈNE (Comte de). Histoire des révolutions de la ville et du royaume de Naples. *Paris*, 1665, in-12, front. gr.

M. Paul Lacroix attribue carrément ce petit livre à Molière ; l'amant de Madeleine Béjart, qui resta son ami et celui de Molière jusqu'à sa mort, qui, en cette même année 1665, tenait avec Madeleine une fille de Molière sur les fonts de baptême, le comte de Modène a dû soumettre son livre à son compère, et celui-ci n'aura marchandé ni les avis ni les corrections ; mais de là à la rédaction du mémoire, il y a loin, et à cette époque surtout, où le pauvre Molière aurait-il trouvé les loisirs nécessités par ce travail ?

En anc. *mar.*, 29 fr. Luzarche, et vaudrait plus cher aujourd'hui.

MODO di fare il vino alla Franceze, secundo l'vso de megliori paesi de Francia. *In Firenze, Bart. Sermartelli*, 1613, in-4, de 4 ff.

Curieux et rare, 6 à 8 fr.

MODONA (*Andrea* da). Canto harmonico in cinque parti diviso, col quale si può arriuare alla perfetta cognition del canto fermo, del R. F. Andrea di Modona. *In Modona, heredi Cassini*, 1690, 2 part. en un vol. in-4.

37 fr. (3 mai 1866).

MODUS. Le Liure du Roy Modus. — *Cy finist ce present liure intitule le liure de Modus et de la royne Racio. Imprime a Chambery par Anthoine Neyret lan de grace mil quatre cens ottante et six, le XXV° jour de octobre*, in-fol., goth., fig. s. b. [10402].

Le très-bel exemplaire Solar, venant de M. la Roche La Carelle, avait le dernier feuillet, avec la grande planche gravée sur bois, refait très-habilement par M. Vigna ; il figura au catal. Cailhava de 1862, mais il avait été, quelque temps auparavant, prêté par M. Techener à M. Costa de Beauregard, pour une exposition à Chambéry. À peine de retour, il alla en communication chez le duc d'Aumale en Angleterre, et il ne put rentrer en temps utile ; depuis il n'atteignit à la vente Techener. en 1865, que le prix de 2,790 fr. ; racheté par M. Potier, il fut porté au prix élevé de 5,000 fr. en 1870 ; il était recouvert d'une excellente reliure en *mar.* de Trautz-Bauzonnet.

L'exemplaire du baron Pichon venait du prince d'Essling, à la vente duquel il avait été payé 2,200 fr. Il était très-pur et très-complet, et recouvert d'une excellente reliure doublée de Bauzonnet ; il fut porté en 1869 à 10,000 fr. pour l'Angleterre, c'est-à-dire qu'il fut acheté par Boone pour le duc d'Aumale.

Un très-bel exemplaire, venant de M. le duc de Luynes, figure au catalogue de la précieuse collection du comte de Lurde.

M. Chassant, paléographe distingué, qui a consacré à ce livre deux articles insérés au *Bulletin du bouquiniste* (*Paris, Aubry*, 1869, nos 299-300), a prouvé que l'auteur du Roy Modus se nomme Henry de Ferrières, et le clerc, auteur du manuscrit sur lequel a été faite l'impression de Chambéry, Denys d'Hormes. Jusqu'ici cette thèse intéressante n'a pas trouvé de contradicteur.

— SENSUYT le liure du Roy Modus (̃ de la royne Racio qui parle du déduit de la chasse a toutes bestes sauuaiges co͂e cerfz, biches, dais, cheureulz, lieures, sangliers, loups, regnardz et loutres. Auec le stille de faulconnerie. Et aussi les subtillitez darcherie ; contenãt plusieurs manieres pour prẽdre toutes sortes doyseaulx ; tãt a la raitz a la tonnelle que a la pipee, et aultres nouuelles choses trouuees pour les prendre. (A la fin :) *Cy finist ce presẽt liure du Roy Modus... Imprime nouuellement a Paris par Iehan Trepperel, imprimeur et libraire, demourant en la Rue neufue nostre Dame a lenseigne de lescu de France*, s. d., pet. in-4, goth., fig. s. b.

L'exemplaire de M. Veinant (1855), en *mar.* doublé de Simier, a été revendu 500 fr. Yéméniz.

À cette même vente figurait l'exemplaire Huzard d'une édition signalée au *Manuel* ; elle est indiquée par le même Jeh. Trepperel, s. d., mêmes caractères, même format, mêmes gravures. Voici les différences signalées minutieusement au catal. Yéméniz, où elle a été portée à 800 fr.

La première édition présente au bas du titre, impr. en rouge et noir, et qui est différemment disposé dans les deux éditions, une petite vignette, tandis que la seconde en offre une plus grande, avec deux bandes de chaque côté. L'initiale du titre est plus grande et plus ornée dans la première ; au verso de la première page de l'édition, décrite ici sous le no 1, on voit une gravure représentant l'auteur ou le scribe dans sa librairie ; cette gravure n'est pas dans le no 2 ; celle-ci contient par contre, au verso du 4e feuillet, 7 lignes de texte, rouge et noir. suivies d'une figure, tandis que le no 1 n'a que les mots : *Sensuyt le prologue* et une gravure qu'on rencontre au verso du titre dans le no 2 ; la marque de Trepperel termine les deux éditions.

— SENSUYT le liure du Roy Modus..... *Cy finist ce presẽt liure intitulé le liure de Modus (̃ de la Royne Racio, nouuellement imprime a Paris, en la rue Sainct Iacq̃s, a lenseigne de la Roze blanche couronnee. Et fut acheue le Premier iour du moys de mars* 1526, pet. in-4, goth., fig. s. b.

4 feuillets pour le titre, la dédicace et la table, non chiffrés ; 20 cah. A-V, 3 cah. AA-cc, par 4, plus 2 ff. ; total 94 ff. chiffrés, et 98 avec les liminaires.

Cette édition, imprimée par Phil. Le Noir, est exécutée avec les mêmes caractères que ceux qu'employait Trepperel ; les figures diffèrent ; plusieurs de celles qu'on rencontre dans cette édition sont remarquables, notamment celles des feuillets 53, 65 et 92.

En anc. *mar.*, 660 fr. Yéméniz.

— LE ROY Modus des deduictz de la chace... *A Paris... en la boutique de Gilles Corrozet*, 1560, in-8, fig. s. b., lettres rondes.

En riche reliure de Bauzonnet-Trautz, 1,000 fr. baron Pichon ; en *mar.* de Thompson, 120 fr. Yéméniz.

MODUS legendi abbreviaturas in utroque Jure. Siue pcessus iuris. *Lovanii, per Iohannem de Westphalia*, s. d., in-fol., goth.

C'est le premier livre de paléographie que nous connaissions ; il est cité par Chevillier, page 110 ; Hain (nos 11460 et seq.) en décrit un grand nombre d'éditions du XVe siècle.

Voici la première, qui porte une date certaine :

— INCIPIT libȝ dās modū legendi abbreuiaturas in vtroqȝ iure ‖... au feuillet 48, col. 2, verso : *Explicit libellus docēs mo ‖ dum studēdi & legēdi Con ‖ tenta ac abbreuiata ‖ vtriȝ iuris Iam Canonici ȝs ‖ ciuilis in se continens titu- ‖ los siue rubricas eiusdeȝ iu ‖ ris per Fridericū Crewsner ‖ Opidi Nurembergensis ci- ‖ uem summa cum diligencia ‖ Anno domini, M. CCCC. ‖ LXXVj. die prima mēsis ‖ Septembris impressus.* In-fol., goth., de 48 ff., dont les uns sont à longues lignes (34 et 35), les autres à deux colonnes.

Cette édition est à la Bibl.· nation.; l'édition de *Paris, J. Petit*, 1498, in-8, est à la Bibl. de la Sorbonne.

MOINE (Le) sécularisé (par Dupré, prêtre de l'église de Lyon). *Villefranche(Hollande), chez J. Le Grand*, s. d., pet. in-12. [21726]

De nombreux extraits ont été empruntés à cette pièce satirique, pour la confection du livret intitulé : *Les Jésuites de la maison professe de Paris en belle humeur.*

En *mar.* de Vogel, 15 fr. de Chaponay; en *mar.* de Duru, 115 fr. Benzon.

— LE MÊME. *Cologne*, 1675, in-12.

C'est la seule édition qui soit non tronquée, et c'est en même temps la plus rare.

MOISANT de Brieux (*Jacques*). Hymni et gemitus seu paraphrasis psalmorum primi, octavi, vigesimi primi, quinquagesimi et centesimi sexti. *S. l. n. d.* (*Cadomi*, 1656), pet. in-4.

Une ode et deux sonnets en français terminent ce rare volume, auquel ils donnent un certain prix.

— LES ORIGINES de quelques coutumes anciennes et de plusieurs façons de parler triviales, avec un vieux manuscrit en vers, touchant l'origine des chevaliers bannerets de Bretagne. *Caen, Jean Cavelier*, 1672, pet. in-12. [10993 ou 18466]

L'*Origine des chevaliers bannerets* a été réimprimée à part, avec un glossaire, par M. Gratet-Duplessis, en 1824, à *Caen*, in-4, et au tom. XII du *Recueil de dissertations sur l'histoire de France*, de Leber.

L'exemplaire Solar de l'édition de 1672 a été vendu 52 fr., pour M. Didot; en *mar.* de Bauzonnet, 85 fr. de Chaponay; en *mar.* de Lebrun, 59 fr. Yéméniz; en *mar.*, 52 fr. H. D. M. (1867); en *mar.* de Lebrun, 51 fr. de B. de M.; un exemplaire raccommodé, 34 fr. Sainte-Beuve; en *mar.* de Bauzonnet-Trautz, exemplaire d'Auffay, 230 fr. Leb. de Montgermont.

Un fort bel exemplaire, relié par Trautz, fait partie du riche cabinet du comte de Lurde.

— ORIGINES de quelques coutumes anciennes... Avec une introduction biographique et littéraire, par T. de Beaurepaire, un commentaire et une table analytique par M. C. Garnier, et un portrait de l'auteur. *Caen, Legost-Clérisse*, 1875, 2 vol. in-8, 520 pp.

Tiré à 210 exemplaires, dont 10 sur papier de Chine, 1 sur vélin et 3 sur parchemin.

— JAC. MOSANTI Briosii poemata. *Cadomi, Joan. Cavelier*, 1663, in-8. [12899]

En *mar.* de Trautz, 59 fr. de Chaponay; en *mar.* de Duru, 20 fr. seulement, de Morante.

— POEMATUM pars altera : accedunt quædam de Cadomensium rerum epistolæ. *Cadomi, apud Joannem Cavelier*, 1669, pet. in-12, de 148 pp., dont les pages 101-148, contenant les épîtres de

Moisant à MM. Saint-Clair Turgot et Graindorge, sur la ville de Caen, sont en français.

En *mar.* de Trautz, 40 fr. de Chaponay; 27 fr. Sainte-Beuve; en *mar.* de Niédrée, 105 fr. de Morante.

— JAC. MOSANTII Briosii epistolæ. *Cadomi, J. Cavelier*, 1669, in-12.

Première édition; à la page 56 des *Divertissements* de 1672, Moisant de Brieux annonce un second volume d'*Epistolae*, qui n'a jamais paru.

— LES MÊMES. *Cadomi, J. Cavelier*, 1670, in-8. [18787]

En *mar.* de Trautz, 49 fr. de Chaponay.

— RECUEIL de pièces en prose et en vers. *Caen, J. Cavelier*, 1671, pet. in-12. [19078]

En *mar.* de Trautz, 80 fr. de Chaponay; en *mar.* de Duru, 200 fr. Brunet.

— LES DIVERTISSEMENTS D. M. D. B. *Ibid., id.*, 1673, pet. in-12. [19079]

En *mar.* de Trautz, 90 fr. de Chaponay; 195 fr. Brunet.

MOLÉON. Voyages liturgiques de France, ou Recherches faites en diverses villes du royaume, par le sieur de Moléon, contenant plusieurs particularitez touchant les rites et les usages des églises. *Paris, Florentin Delaulne*. 1718, in-8, fig. [708]

En *mar.* de Duru, 50 fr. Em. Gautier.

MOLESWORTH (*J. T.*) and Candy (George and Thomas). A Dictionary, Marathi and English. Second edition, revised and enlarged by J. T. Molesworth. *Bombay*, 1857, gr. in-4 de XXX et 920 pp. à 3 col. [11793]

Ouvrage important et rare en Europe. £ 6, 6 sh. Trubner; 130 fr. Maisonneuve.

La première édition a été donnée de *Bombay*, en 1831, in-4.

La contre-partie de ce dictionnaire, *English and Marathee Dictionary*, fut publiée également à Bombay, en 1847, in-4.

MOLIÈRE (*Jean-Baptiste* Poquelin). [16450]

A. — *OEuvres complètes.*

M. Paul Lacroix, dans son excellente *Bibliographie Moliéresque*, à laquelle nous faisons de larges emprunts, décrit, avec de grands détails, les exemplaires connus des recueils factices de pièces originales ou réimpressions contemporaines des chefs-d'œuvre de Molière, publiées par différents libraires, Jean Ribou, Guillaume de Luynes, Gabriel Quinet, Charles de Sercy, ou autres, antérieurement à la mort de l'auteur.

Outre les recueils et fragments qui figuraient au catal. de Soleinne, et que M. Brunet a déjà relevés, M. Lacroix signale :

— LES ŒUVRES de M. de Molière. *Paris, J. Ribou*, 1663-1670, 4 vol. in-12.

Le tome III (1668) et le tome IV (1669) se trouvaient chez M. de Soleinne.

— LES ŒUVRES de monsieur Molière. *Paris, Gabriel Quinet*. 1666, 2 volumes in-12.

Chaque pièce est précédée, comme dans l'édition

de 1674, d'un feuillet blanc, qui compte dans la pagination ; cette feuille blanche était bien probablement disposée pour recevoir une estampe, qui n'a pas été gravée.

C'est la première édition des *OEuvres* avec pagination suivie ; elle contient *le Remercîment au roy*, *les Précieuses ridicules*, *Sganarelle ou le Cocu imaginaire*, avec les arguments du sieur de Neuf-Villenaine, *l'Estourdy*, *le Dépit amoureux*, *les Fascheux*, *l'Escole des maris*, *l'Escole des femmes*, *la Critique* et *la Princesse d'Elide*, avec *les Plaisirs de l'isle enchantée*.

Le privilége du 6 mars 1666, donné à Gabr. Quinet, est suivi de l'achevé d'imprimer du 23 mars.

Il y a des exemplaires aux noms de Louis Billaine, d'Estienne Loyson, de Guillaume de Luynes, de Jean Ribou, de Claude Barbin, de Thomas Jolly, et peut-être encore d'autres libraires.

Cette édition est rare, et les frontispices gravés représentant, le premier le buste de Molière, près duquel sont accoudés Mascarille et Sganarelle, le second Molière et sa femme couronnés par Thalie, ont une importance historique que personne ne contestera, mais nous avouons ne pas comprendre le prix excessif auquel on porte ces deux volumes depuis quelques années ; nous donnons quelques-uns de ces prix extraordinaires.

Un exemplaire, avec les deux frontispices gravés, 155 fr. seulement, Techener (VIII° vente, 1865) ; un autre, au nom de L. Billaine, incomplet du titre gravé du tome Ier, 220 fr. Chedeau, pour M. Didot ; un bon exemplaire, complet, en *mar.* *doublé* de Chambolle, 1,550 fr. Dr Danyau ; en *mar.* de Trautz, très-bel exemplaire, 2,355 fr. Benzon ; en *mar.* *doublé* de Trautz, exemplaire provenant de M. Odiot, 5,700 fr. Lebeuf de Montgermont, porté à 7,600 fr. au catal. Morgand et Fatout (mai 1876) ; en *mar.* de Duru, avec 4 ff. du tome II, plus courts, 2,700 fr. Galuski (Voisin, 1876) ; en *mar.* de Trautz, avec les deux frontispices, bel exemplaire, 6,000 fr. catal. Morgand et Fatout (avril 1877) ; le tome Ier, seul, 1,500 fr. au catal. Gonzalès (1876).

— LES OEUVRES de monsieur de Molière. *Paris, Claude Barbin*, 1673, 7 vol. in-12.

M. P. Lacroix a consacré une longue et très-intéressante étude à cette édition ; les deux premiers volumes, qui sont la réimpression de l'édition de 1666, ont seuls une pagination suivie ; les cinq autres formés de pièces imprimées séparément, ont tous un feuillet préliminaire portant : *Pièces contenues en ce... tome.*

M. Lacroix décrit trois exemplaires de cette rare édition, celui de la Bibl. nation. (auquel manque le tome V, de M. de Crozet à Marseille, et le bel exemplaire de M. de Lignerolles, en ancien *mar.*, aux armes de J.-B. Colbert) ; les pièces séparées des cinq derniers tomes sont d'éditions variées, et aucun des trois exemplaires n'est semblable à l'autre.

L'exemplaire de M. de Lignerolles possède la rare édition de *Psyché*, avec le titre écrit : *Phisché ;* et celui de M. de Crozet a un VIII° vol., qui ne comprend que *le Malade imaginaire, de Cologne, Jean Sambix*, 1674.

Les deux premiers volumes, réimpression textuelle de l'édition de 1666, avec les mêmes frontispices, ont été vendus 1,025 fr. Benzon, et portés à 2,500 fr. au 2° catal. Morgand et Fatout (février 1876) ; ces libraires, observateurs et sagaces, font remarquer avec raison que ces deux volumes constituent une édition nouvelle, qui, si elle reproduit le texte de 1666, est imprimée avec des caractères différents ; ils citent à l'appui le J qui remplace partout l'I de l'édition précédente.

— OEUVRES de monsieur de Molière. *Pa-*

ris, Denys Thierry et Claude Barbin, 1674, 7 vol. in-12 ; le dernier est daté de 1675.

Cette édition précieuse a, depuis de bien longues années, été considérée par nous comme la véritable édition originale de Molière ; c'était là cette édition préparée par l'auteur lui-même, qui avait obtenu, le 18 mars 1671, un privilége pour l'édition qu'il désirait donner de ses œuvres complètes, et qui n'eut pas le bonheur de la voir paraître de son vivant ; elle est d'une importance capitale ; c'est là le véritable texte ; c'est l'orthographe de l'auteur, les jeux de scène y sont indiqués par lui-même, en un mot, c'est le *monument* érigé par Molière.

Deux exemplaires figuraient à la vente Solar ; l'un, relié par Trautz, a été porté à 910 fr., prix extraordinaire pour l'époque ; le second, très-pur et très-grand, ne fut vendu que 395 fr., il était, il est vrai, relié par Thompson ; le premier exemplaire venait de la collection de M. de Clinchamp, le second nous avait appartenu ; nous l'avions offert avec bonheur à cette bibliothèque, que nous avions formée si laborieusement, et que nous espérions compléter, épurer et mener à perfection, si les destins n'avaient brusquement interrompu nos recherches et paralysé nos efforts.

M. Paul Lacroix a consacré à cette précieuse édition une brochure spéciale, intitulée : *la Véritable Edition originale de Molière ;* cet opuscule décrit avec de longs détails le bel exemplaire en *anc. mar.*, appartenant à la seconde bibliothèque formée par un bibliophile bien connu, M. Léopold Double.

En *veau*, bon exemplaire, un peu court, 353 fr. d'Ortigue ; revendu 500 fr. Bordes ; en *mar.* de Trautz, bel exemplaire A. Bertin, 1,210 fr. Double ; dans sa première reliure, 257 fr. Techener (8° vente, 1865) ; le tome VIIe seul, de 1675, 90 fr. Luzarche ; en *mar.* de Trautz, 1,350 fr. Potier (1870) ; en *mar.* de Trautz, 1,535 fr. Benzon ; le bel exemplaire de Clinchamp-Solar reparaît en 1876, et fut porté à 3,350 fr. Leb. de Montgermont ; en *mar. doublé* de Thibaron et Joly, 2,500 fr. au 1er catalogue de Morgand et Fatout (janvier 1876) ; et en *mar. doublé* de Cuzin, 3,000 fr. un an après, au même catalogue.

— LES MÊMES. *Paris, Denys Thierry, Cl. Barbin et Pierre Trabouillet*, 1676, 7 vol. in-12.

Même édition que la précédente ; elle comprend les exemplaires, restés non vendus, et cédés par Thierry et Barbin à Pierre Trabouillet, qui fit imprimer de nouveaux titres.

Au 7e volume, *l'Ombre de Molière* est parfois placée en tête, au lieu de terminer le volume, comme dans l'édition de 1674.

En *mar.* de Duru et Chambolle, 775 fr. Chedeau.

— LES MÊMES. *Amsterdam, Jaque le Jeune (Elsevier, à la Sphère)*, 1675, 5 vol. pet. in-12.

Le bel exemplaire de M. Pieters, absolument non rogné, avec toutes les pièces de bonne date ou de dates antérieures à 1675, a été vendu en 1864 après la mort du célèbre elzeviriographe, et porté au prix de 4,700 fr. ; il était devenu la propriété d'un libraire de Bruxelles, M. Van Tright, qui n'a pas dû trouver facilement à s'en défaire à ce prix un peu exagéré.

Ce beau livre avait coûté 400 fr. à M. Pieters ; il fut mis sur table à 4,000 fr. à sa vente.

Le bel exemplaire de M. De Bure, haut. de 0m132, avec un 6e volume contenant *la Cocue imaginaire* de 1662, et *l'Elomire hypocondre* de 1671, 405 fr. Chedeau, pour M. Didot ; en *mar.* de Capé, jolie reliure, 635 fr. H. D. M. (Potier, 1867) ; en *mar.* de Trautz, 510 fr. Gancia (1868), et porté à 670 fr. à la vente de 1872 ; en *mar.* de Trautz, très-joli exemplaire de 0ᵐ131, avec le VIᵉ volume et toutes les pièces de bonne date, de la bibl. de M. de Montesson, 2,500 fr. Potier (1870), revendu 2,700 fr. Benzon ; en *mar*. de Capé, haut. 0ᵐ133, 1,305 fr., Huillard ; en *mar*. de Trautz, avec le VIᵉ volume, haut. 0ᵐ131, 2,520 fr. Leb. de Montgermont ; en *mar*. de Trautz, sans VIᵉ volume, 2,400 fr. Labitte (juin 1876).

— LES MÊMES. *Amsterdam, Jacques le Jeune* (à la Sphère), 1679, 5 vol. in-12.

Dans cette édition de 1679, *le Malade imaginaire* offre un meilleur texte que celui de l'édition précédente ; c'est celui de *Cologne*, 1674, ou de *Paris*, 1675.

On réunit à cette édition un VIᵉ volume, comprenant les œuvres posthumes, *Amsterdam, Jacques le Jeune* (à la Sphère).

Le très-bel exemplaire Bérard (151 fr.) et de Soleinne (125 fr.), a été revendu 160 fr. Pieters, puis 210 fr. La Villestreux ; l'exemplaire de M. de Montaran, avec plusieurs pièces de dates antérieures, et le VIᵉ volume des *œuvres posthumes* de 1689, 155 fr. Chedeau ; en VI volumes, reliés en *mar*. par Bauzonnet, haut. 0ᵐ131, 510 fr. Yéméniz ; 100 fr. Luzarche ; 115 fr. Gancia ; haut. 0ᵐ130, 182 fr. Germeau ; en *mar*. de Lortic, VI volumes, haut. 0ᵐ129, 355 fr. Soleil ; en *mar*. de Chambolle, avec le VIᵉ volume de 1689, 221 fr. Potier (1872), revendu 270 fr. Bordes ; en *mar*. de Chambolle-Duru, 370 fr. Gancia (1872) ; en *mar*. de Duru, 6 volumes, 600 fr. Morgand et Fatout.

En 1865, à la 4ᵉ partie des ventes du libraire Jos. Techener, 62 exemplaires de pièces diverses de Molière, à la date de 1679, annoncés en fort bon état, n'ont été vendus que 21 fr.

— LES MÊMES. *Paris, D. Thierry, Cl. Barbin et P. Trabouillet* (à la Sphère), 1681, 5 vol. in-12.

Cette édition est décrite par M. Lacroix (*Bibliogr. moliéresque*, nᵒ 273) ; elle présente une erreur de date singulière dans le privilège, qui est donné comme étant du 18 mars 1676.

Le texte de l'édition est calqué sur celui de 1674-1675.

On trouve parfois un sixième volume contenant les *œuvres posthumes*, mais il est imprimé postérieurement ; en *veau*, bel exemplaire, 52 fr. Techener (8ᵉ vente, 1865) ; l'exemplaire, vendu 51 fr. chez M. Potier, contenait le tome VI de l'édition de *Lyon, Jacques Lions*, 1690, et la parfaite conformité des caractères de ce volume avec ceux du 5ᵉ volume de l'édition de 1681, pourrait faire supposer, dit M. Potier, que les 5 volumes ont été aussi imprimés à Lyon, sans doute pour le compte de D. Thierry et de Barbin.

16 fr. 50 c. d'Ortigue ; 55 fr. Chedeau ; 51 fr. Potier.

Il existe de cette mauvaise édition de 1681 plusieurs contrefaçons encore plus détestables, que relève M. Lacroix ; l'une est imprimée à Paris, une autre à Lyon (13 fr. 50 c. Luzarche), une autre est indiquée sous la rubrique de Genève ; tout cela a peu de valeur.

— LES ŒUVRES de monsieur de Molière, reveues, corrigées et augmentées (par Vinot et La Grange) ; enrichies de fig. en taille douce. *Paris, Denys Thierry, Claude Barbin et Pierre Trabouillet*, 1682, in-12.

Cette édition est trop connue pour que nous ayons à y revenir.

L'exemplaire de La Reynie, non cartonné, qui avait été payé 1,210 fr. chez Armand Bertin, par M. de Montalivet, appartient aujourd'hui à M. de Villeneuve, son gendre ; un autre exemplaire, également non cartonné, a été acquis en 1867, par M. B. Delessert, à la vente Chaudé, au prix de 2,560 fr. Il a depuis été relié par Trautz.

Le charmant exemplaire de Longepierre, qui appartenait à M. de Lurde, est arrivé, par suite de la mort de cet excellent bibliophile, entre les mains de M. le comte de Ruble.

Voici les divers prix obtenus par cette édition dans les dernières années :

En *veau*, 167 fr. d'Ortigue ; en *mar*., 180 fr. De Lassize ; 92 fr. Techener (8ᵉ vente, 1865) ; en *veau*, 83 fr. pasteur Conod ; 250 fr. Asher (1865) ; en *mar*. de Duru, 480 fr. Chedeau ; en *mar*. de Hardy, 305 fr. Desq ; *cartonné*, 180 fr. Luzarche ; en *mar*. de Trautz, 620 fr. Gancia (1868) ; en *mar*., 235 fr. marquis de B. de M. (1869) ; en *mar*. *doublé* de Du Seuil, avec des dauphins couronnés dans les ornements du dos de la reliure, beau livre bien conservé, 4,610 fr. baron Pichon ; aujourd'hui chez M. de Rothschild ; en *mar*. de Capé-Masson et Debonnelle, 435 fr. Potier ; en *mar*. de Chambolle, 420 fr. Potier (1872) ; en *mar*. de Trautz, bel exemplaire, 1,800 fr. Benzon ; en *mar*. de Duru et Chambolle, 500 fr. Leb. de Montgermont ; en *mar*. de Hardy, 590 fr. Voisin (1876), porté à 900 fr. au catal. Morgand et Fatout ; en *veau fauve*, 305 fr. Labitte (janvier 1876) ; en *mar*. de Lortic, 1,350 fr. au catalogue Morgand et Fatout (avril 1877) ; un second exemplaire en *mar*. de Duru, 1,300 fr., et un 3ᵉ relié en 10 volumes, *mar*. de Brany, avec plusieurs pièces ajoutées, 1,000 fr. en 1876.

— LES MÊMES. *Paris, Denys Thierry*, 1682, 8 vol. in-12.

M. Paul Lacroix signale cette réimpression textuelle que nous ne connaissons pas ; elle a été faite après l'incendie des magasins de dépôt des libraires, qui se trouvaient au collège Montaigu ; on reconnaît cette réimpression à des différences de papier et de tirage ; le papier est moins fin, le tirage plus inégal et plus pâteux ; les gravures ont été retouchées.

On doit la reconnaître surtout au titre, où ne figure le nom que d'un seul des trois libraires.

Il est présumable que le seul dépôt des exemplaires de Denys Thierry et de Barbin avait été brûlé avec le collège de Montaigu, puisqu'on sait par le privilège de l'édition de 1692, qu'il restait en magasin un très-grand nombre des exemplaires de Trabouillet.

— LES MÊMES. *Amsterdam, Jacques le Jeune* (à la Sphère), 1684, 5 vol., pet. in-12, fig.

Cette édition, ainsi que celle de 1683-91, de 1691-93 et de 1698, est donnée par Henry Wetstein, qui, à la vente du fonds de librairie de Daniel Elsevier, faite publiquement en 1681, avait acquis le *Molière*, avec le droit de reproduction.

Il fit exécuter pour chaque pièce des gravures-frontispices nouvelles ; on doit réunir à l'édition de 1684 le VIᵉ volume des *œuvres posthumes*, publié séparément à la même date, avec les mêmes caractères, et avec les noms de H. Wetstein et de P. Mortier.

Plus tard, ce volume, étant épuisé, fut réimpr. par Wetstein, sous la rubrique : *Amsterdam, Guillaume le Jeune*, 1689.

Un exemplaire de 1691, 6 vol. in-12, en *mar*. de Koehler, 100 fr. Huillard ; l'exemplaire provenant d'Aimé-Martin et d'Arm. Bertin ; il fut revendu 210 fr. comte de L. (Labitte, 1873) ; en *veau*, 26 fr. La Villestreux ; l'exemplaire du *Festin de Pierre*, avec la scène du pauvre, manquait à ces six volumes ; M. de La Villestreux avait également un joli exemplaire du Molière (Wetstein) de 1684-89, 6 vol. in-12, qui n'a été vendu que 20 fr. ; un autre exemplaire de 1684, 41 fr. Garde ; 26 fr. Labitte (mars 1874).

— LES MÊMES. *Amsterdam, Henry Wetstein*, 1691, 4 vol. in-12, fig.

Cette édition est beaucoup plus rare que les précédentes, exécutées par le même libraire ; les pièces, imprimées séparément, sont ici réunies en 4 vol. au lieu de 6.

— LES ŒUVRES de Monsieur de Molière, revues, corrigées et augmentées du *Médecin vangé* (sic) et des Épitaphes les plus curieuses sur sa mort. Enrichies de figures en taille-douce à chaque pièce. *Lyon, Jacques Lions*, 1692, 8 vol. in-12, fig.

Réimpr. de l'édition de 1682, avec additions et corrections.

M. Lacroix décrit assez longuement cette édition, qui a son importance ; l'éditeur anonyme, que M. Lacroix croit être le comédien Marcel, « a rétabli un grand nombre de vers qui avaient été omis, et on a rempli le rôle de certains acteurs, qui n'étoit pas entier dans quelques pièces... On prie le lecteur d'examiner, au tome IVᵉ, *Amphitryon*, et au tome VIᵉ *les Fourberies de Scapin*, page 25, et au même tome *Psyché*, et de juger par là de toutes les autres pièces ».

Le premier volume se termine par le *Recueil des épitaphes les plus curieux* (sic), *faits sur la mort surprenante du fameux comédien le sieur Molière*. On a placé à la tête de ce recueil : *les Médecins vangez, ou la Suite funeste du Malade imaginaire*.

L'Ombre de Molière, de Brécourt, se trouve à la suite des Œuvres de Molière.

Les vers que l'on passait à la représentation sont ici désignés par des guillemets.

Plusieurs réimpressions (M. Lacroix dit en avoir reconnu plus de six, parmi lesquelles deux contrefaçons sur mauvais papier) de cette édition de 1692 ont été données successivement à Lyon, mais toujours avec cette même date de 1692.

Le portrait de Molière, qui est en tête, a été grossièrement gravé, sans nom d'artiste, et sur un original qui ne ressemble en rien aux portraits connus ; ce portrait manque souvent.

En outre de ces réimpressions, avec la date de 1692, une autre porte la date de 1694.

M. Lacroix signale cette édition comme mal imprimée et sur mauvais papier, mais les planches sont beaucoup mieux gravées.

Nous avons rencontré parfois le volume des œuvres posthumes. *Lyon, Jacques Lions*, 1690, in-12 ; ce volume fait-il partie d'une édition à cette date, qui a échappé aux recherches de M. Lacroix, ou a-t-il été imprimé isolément ? C'est un problème, dont les éléments de résolution nous manquent.

Un exemplaire relié en *mar. plein*, reliure pompeusement décrite au catal. Luzarche, a atteint le prix de 26 fr. ; M. Claudin ne dit pas à laquelle des contrefaçons on pouvait rattacher cette édition.

— LES MÊMES. *Brusselles, Georges de Backer*, 1694, 4 vol., pet. in-12, fig. gr. à l'eau-forte par Harrewin.

Les pièces qui composent ces quatre volumes ont été imprimées séparément, avec un titre particulier ; le *Festin de Pierre* a la scène du Pauvre *in extenso* ; cette dernière pièce seule a été vendue 40 fr. Solar ; l'exempl. avait la figure de *Don Garcie de Navarre* ; il fut rendu par la Bibl. nat., qui l'avait d'abord acquis moyennant 76 fr.

— HISTRIO Gallicus, comico-satiricus, sine exemplo, ou les Comédies de M. de Molière, comédien incomparable du roy de France. Divisées en trois tomes. *Nuremberg, J. Dan. Tauber*, 1695, 3 tomes en 4 vol., pet. in-8, mal imprimés sur papier détestable.

Nous avons possédé un bon exemplaire de cette édition rare et curieuse, qui fait aujourd'hui partie de la bibl. de M. B. Delessert ; il était relié en 3 volumes.

Cette édition ne contient que les pièces en prose ; elle est précédée d'un abrégé de la vie de Molière, très-intéressant.

En 2 vol. 19 fr. Techener, 8ᵉ vente, 1865.

Réimpr. en 1708, sous un nouveau titre :

— LES DIVERTISSEMENS pour grands et basses gens, c'est-à-dire les comédies sérieuses et comiques... par J. B. Pocquelin de Molière, comédien incomparable de France. *Nuremberg, Tauber*, 1708, 3 vol., pet. in-8, fig.

Cette édition ne comprend également que les pièces en prose.

20 fr. Techener (8ᵉ vente, 1865) ; en *vélin*, bon exemplaire, mais avec un nom écrit sur le titre, 165 fr. Soleil.

— LES MÊMES. *Paris, D. Thierry, Claude Barbin et Pierre Trabouillet*, 1697, 8 vol. in-12, fig.

Réimpression pure et simple de l'édition de 1682 ; un grand nombre d'exemplaires sont même complétés avec les deux derniers volumes des *œuvres posthumes* portant cette date.

15 fr. pasteur Conod ; 307 fr. Double ; ce charmant exemplaire, payé 200 fr. chez M. Solar, était relié par Du Seuil, aux armes du duc de La Vieuville, et cette reliure était remarquable de pureté : il a été revendu 230 fr. seulement, Techener (1865) ; à la 8ᵉ vente de ce libraire, deux exemplaires en *veau*, 16 fr. 50 c. et 16 fr. ; 18 fr. Auvillain ; en *mar.* plein, 40 fr. Luzarche ; le bel exemplaire de Soleinne, dans une reliure en *mar.* de Boyet, d'une grande fraîcheur, 520 fr. Brunet, pour M. Bocher ; 27 fr. Soleil ; en ancien *mar.*, 160 fr. H. Bordes ; annoncé bel exemplaire, 15 fr. Martial Millet.

— LES MÊMES. *Toulouse, Jean Dupuy, Dominique Desclassan et Caranove*, 1697, 8 vol. in-12, portraits.

Copie fort mal imprimée de l'édition de 1682, sur affreux papier, avec un portrait mal gravé, qui ne ressemble à aucun autre, pas même à celui de l'édition de *Lyon*, 1692.

Nous renvoyons à la *Bibliographie moliéresque* pour les détails du privilège, qui ont été relevés et commentés par M. Lacroix avec beaucoup de sagacité.

— LES MÊMES. *Toulouse, J. Fr. Caranove*, 1699, 8 vol. in-12, fig. gr. par Ertinger.

M. Lacroix dit que cette édition est beaucoup plus jolie que celle de 1697, et que les figures d'Ertinger sont charmantes ; nous demandons pardon à notre excellent confrère, mais les figures de l'exemplaire que nous avons sous les yeux sont fort grossièrement gravées, le tirage en est très-noir mais trèspâteux ; cette édition n'est qu'une affreuse copie, qui ne rappelle que de bien loin l'original de 1682.

— LES ŒUVRES de M. de Molière (au Quærendo). *Berlin, Robert Roger, imprimeur et libraire de S. S. Electorale*, 1700, 4 vol. in-8, portr. gravé.

Chaque volume porte au titre l'indication des pièces qu'il renferme ; ces pièces ont leur titre et leur pagination séparée, sous des dates variant de 1691 à 1700, avec : *Suivant la copie impr. à Paris, chez G. de Luynes* (à la Sphère).

La scène du pauvre est entière.

Le portrait procède de celui que nous avons déjà signalé aux éditions de Toulouse.

Nous renvoyons à la *Bibliographie moliéresque* de M. Lacroix, pour les éditions du XVIIIᵉ siècle, dont quelques-unes, comme celle de 1734, celle de 1773, etc., sont trop connues pour que nous ayons à nous en occuper.

Parmi ces innombrables éditions, décrites et analysées avec un soin respectueux qui fait honneur au moliérographe, M. Lacroix nous donne quelques détails qui permettent de sortir hors rang et de distinguer certaines de ces éditions ; nous nous contenterons de les mentionner, renvoyant pour la description à l'ouvrage précité :

— ŒUVRES. *Paris, Michel David*, 1710, 8 vol. in-12, fig.

— LES MÊMES. *Amsterdam*, 1725, 4 vol., pet. in-12, portr. et fig. gr. d'après G. Schouten.

Édition donnée par une association de trois libraires hollandais, Brunel et Wetstein, à Amsterdam, Husson à la Haye; on trouve des exemplaires au nom de chacun.

Bruzen de la Martinière a donné ses soins à cette édition, qui est extrêmement intéressante; il l'a fait précéder d'une vie de Molière, qui n'occupe pas moins de 109 pages en petit texte; ce morceau est excellent et bien supérieur au partial pamphlet de Grimarest, inspiré par la jalousie rancunière du comédien Baron.

Un bon exemplaire n'a été vendu que 15 fr. 50 c. La Villestreux.

— LES MÊMES. *Paris, de l'impr. de Prault*, 1734, 6 vol. in-4, portrait gr. par Lépicié d'après Coypel, 32 estampes, 198 vignettes et culs-de-lampe, gravés par Laurent Cars et Joullain, d'après les dessins de François Boucher, Oppenor et Blondel.

Édition parfaitement connue; elle a été donnée par Marc-Antoine Joly.

Un splendide exemplaire en *mar.* de Padeloup, 655 fr. Radziwill; en *mar.* de David, 600 fr. Grésy; en *mar.* de David, 505 fr. Germeau; en *mar. ancien*, 820 fr. La Villestreux; ce bel exemplaire avait cependant un coin enlevé; le très-bel exemplaire de M. Benzon a été porté à 10,000 fr.; il était orné de toutes les suites possibles de gravures, d'eaux-fortes, etc., de 4 dessins originaux de Moreau, de nombreux dessins de Geoffroi, d'une pièce signée (authentique) par Molière, d'une autre signée par sa veuve, etc.

En anc. *mar.*, aux armes de Mirabeau, 1,255 fr. A. Rigaud (1874); en *mar.* de Petit, successeur de Simier, 1,350 fr. catal. Morgand et Fatout (avril 1876); en *mar.* de Chambolle-Duru, 1,500 fr. au 1er catalogue des mêmes libraires.

MM. Morgand et Fatout ont remarqué, dans un exemplaire qui leur a appartenu, un carton au tome IV pour *le Sicilien*, où le nom de *Chimère, sœur d'Adraste*, est remplacé par *Zaïde, jeune esclave*; le fleuron en tête de la page 133 est différent.

Ils mettaient encore en vente un exemplaire en belle rel., anc. *mar.*, au prix de 1,500 fr., et en 1878, 3 exempl. aux prix de 2,000, 1,350 et 1,200 fr.

— LES MÊMES. *Paris, de l'impr. de Prault*, 1739, 8 vol., in-12, fig.

Édition donnée encore par M. A. Joly, qui y a inséré quelques pièces justificatives nouvelles, formant 82 pages en tête du premier volume; dans certains exemplaires ces pièces se trouvent reléguées à la fin du tome VIII.

On trouve des exemplaires de cette édition, avec les noms de 17 libraires différents de Paris.

— ŒUVRES... Nouvelle édition... augmentée d'une nouvelle vie de l'auteur et de la Princesse d'Elide, toute en vers. *Amsterdam*, 1741, 4 vol., pet. in-12.

Charmantes figures de Boucher, réduites et gravées par Punt (les dessins originaux de Punt, à la mine de plomb, avaient été vendus 1,000 fr. Solar).

En anc. *mar.*, 140 fr. Double.

— ŒUVRES. *Leipzig, Arkstée et Merkus*, 1750, 4 vol., pet. in-12, fig. gravées par Punt, réduites d'après celles de Boucher de 1734.

En bonne rel. de *mar. ancien*, 250 fr. Potier (1870); 510 fr. Leb. de Montgermont.

— ŒUVRES... avec les remarques de Voltaire. *Amsterdam, Arkstée et Merkus*, 1765, 6 vol., in-18, fig. de Punt, gravées à nouveau par Frankendael.

En *mar.* de Lortic, 265 fr. Grésy; en *mar.* de David, 70 fr. marquis de B. de M. (1869); relié sur brochure en *mar.* par Duru et Chambolle, 115 fr. Potier; 66 fr. Danyau; en demi-rel, 51 fr. La Villestreux; non rogné, 129 fr. Bordes; non rogné, 58 fr. Voisin (1876), porté à 120 fr. au catal. Morgand et Fatout; en *mar.* de Simier, aux armes de Mademoiselle, duchesse de Parme, 150 fr. catal. Gonzalès (1876).

— ŒUVRES. *Paris, veuve David*, 1768, 8 vol. in-12, fig. de Boucher, réduites par Punt.

En *mar.* de David, 600 fr. Benzon, prix absolument exagéré.

— ŒUVRES. *Paris, Compagnie des libraires associés*, 1773, 6 vol. in-8, portrait d'après Mignard, et fig. de Moreau.

Première édition avec les notes de Bret; c'est la plus charmante des éditions anciennes de Molière; les figures sont délicieuses; celles du *Médecin malgré lui*, du *Malade imaginaire*, etc., sont de purs chefs-d'œuvre; l'artiste a donné son propre portrait dans la gravure du Sicilien.

Cette édition se rencontre fréquemment, ce qui n'empêche que certains exemplaires, dans des conditions exceptionnelles, n'atteignent des prix également exceptionnels.

L'exemplaire de M. d'Ortigue, 68 fr.; un autre, non rogné, 182 fr. La Bédoyère; en *veau* éc., 68 fr. Tross (1865); en *veau*, bel exemplaire, 62 fr. seulement, Techener (1865); en anc. rel. *mar.*, 245 fr. prince Radziwill, et un second exemplaire en *veau*, 95 fr.; en *anc. mar.*, aux armes et au chiffre de l'empereur Alexandre Ier, de Russie, 635 fr. d'Haubersaert (1868); en *mar.* de Bozérian, 280 fr. Yéméniz, revendu 1,010 fr. Labitte (mars 1877); en *mar.* de Bozérian, 550 fr. Brunet; revendu l'année suivante, 530 fr. Grésy; en *mar.* de Thibaron, 530 fr. Potier; en *mar.* de Petit, 255 fr. Huillard; non rogné, 350 fr. Em. Gautier; en *veau fauve*, 150 fr. comte de L. (Labitte, 1873); en *mar.* de Belz-Niédrée, 445 fr. Benzon; en *mar.* de Thibaron, 700 fr. Leb. de Montgermont; en rel. angl., *mar.*, 250 fr. catal. Morgand et Fatout, en anc. rel. *mar.*, bel exemplaire, 900 fr. chez les mêmes libraires, qui, dans leur premier catal. de 1876, en portant encore deux autres exemplaires à 500 et 225 fr., et à leur premier catalogue de 1878, demandent 1,200 fr. d'un bel exemplaire en anc. *mar.*, et 900 fr. d'un autre en *mar.* de Cuzin; en *mar.*, aux armes de Paul Ier, empereur de Russie, 1,800 fr. au catalogue Gonzalez (1876).

— ŒUVRES, avec les remarques... de Bret. *Paris, Libraires associés*, 1788, 6 vol. in-8.

Avec deux suites de figures ajoutées, et le portrait gravé d'après Mignard, un exemplaire en anc. *mar.*, 150 fr. marquis de B. de M. (Bachelin, 1869), en *mar.*, avec deux suites de gravures ajoutées, 299 fr. A. Rigaud, 1874; £ 3, sh. 18 Perkins (1873).

— ŒUVRES. *Paris, Didot aîné*, 1791-1792, 6 vol. in-4, pap. vélin, portr. grav. par Saint-Aubin.

Superbe édition, tirée à 250 exemplaires; elle fait partie de la collection des classiques à l'usage du Dauphin.

C'est un chef-d'œuvre d'impression.

Un exemplaire non rogné, 150 fr. vente Tross du 8 mai 1865, avec un très-grand nombre de figures ajoutées, 205 fr. Labitte (1876); en anc. rel. *mar.*, 1,200 fr. catal. Morgand et Fatout (1876).

— OEuvres, avec un commentaire par Auger. *Paris, Desoer (impr. de Firmin Didot)*, 1819-25, 9 vol., gr. in-8, fig.

En demi-rel. de Bauzonnat, exemplaire en grand papier *vélin*, avec les figures avant la lettre sur chine et les eaux-fortes (très-rares), 305 fr. La Bédoyère; en *mar.* de Capé, grand papier *vélin*, figures avant la lettre, en doubles épreuves, eaux-fortes, suite de Moreau en doubles épreuves, et plusieurs portraits ajoutés, 770 fr. de Chaponay; en papier ordinaire, 34 fr. Favart; un bel exemplaire, venant de Renouard, en grand papier *vélin*, avec une foule d'eaux-fortes et de gravures ajoutées, 675 fr. Huillard; avec pl. ajoutées, en gr. pap. et *mar.* de Chambolle, 1,500 fr, Morgand et Fatout (1878).

Nous arrivons aux éditions récentes.

— **OEuvres complètes. Nouvelle édition collationnée sur les textes originaux, avec leurs variantes, précédée de la vie de Molière, par M. J. Taschereau.** *Paris, Furne*, 1863, 6 vol. in-8.

Il a été tiré de cette bonne édition 100 exemplaires, en grand papier *vergé* de Hollande, numérotés. Un de ces exemplaires, en *mar.* de Capé, avec une suite de figures de Moreau, ajoutées, 450 fr. marquis de B. de M. (1869); un autre exemplaire, dans la même condition, 1,505 fr. Capé, porté à 2000 fr. au 7e catal. Morgand et Fatout (1877); plusieurs de ces exemplaires en papier de Hollande, avec les figures de Moreau, avant et avec la lettre, figurent au catal. du libraire Fontaine, sous la mise à prix de 700 et 600 fr.

Un exemplaire en grand papier de Hollande, en demi-rel., illustré de 1,253 figures gravées et dessinées, parmi lesquelles un grand nombre de pièces rares, est porté au prix étonnant de 6,000 fr. au catal. Morgand et Fatout (avril 1877).

— **OEuvres complètes. Nouvelle édition très-soigneusement revue sur les textes originaux, avec notes, commentaires, etc., de Louis Moland.** *Paris, Garnier frères*, 1863, 7 vol. gr. in-8, fig.

Bonne édition, dont un critique autorisé, M. Sainte-Beuve, fait un excellent éloge dans ses *Causeries du lundi*.

107 fr. en papier de Hollande, vente du marquis de B. de M. (1869); en *mar.*, 102 fr. Labitte (20 mai 1874); 175 fr. au catal. du libraire Fontaine; et en papier ordinaire et demi-rel., plusieurs exemplaires à 95, 80 et 70 fr.; en gr. pap. de Holl., avec 285 pièces ajoutées, et en *mar.* de Chambolle-Duru, 1,500 fr. Morgand et Fatout (1878).

— **Théatre de J.-B. Poquelin de Molière, collationné minutieusement sur les premières éditions et sur celles des années 1666, 1674 et 1682, orné de vignettes gravées à l'eau-forte par Fr. Hillemacher.** *Lyon, N. Scheuring (impr. de Louis Perrin)*, 1864-73, 8 vol. pet. in-8.

Bonne et charmante édition, qui n'a été tirée qu'à 400 exemplaires, dont 150 numérotés, sur papier de Hollande.

Les 7 premiers volumes, en grand papier, 179 fr. Danyau; l'exemplaire unique, sur papier *vélin*, en feuilles (les 7 premiers volumes parus), a été vendu 1,880 fr. Em. Gautier; broché, 221 fr. Curmer; en papier de Hollande, 7 volumes seulement, 195 fr. Garde; les 6 premiers volumes, en papier teinté ordinaire, 195 fr. Guntzberger; en papier de Hollande, 7 volumes, 240 fr. Labitte (mai 1870); les 8 volumes, en *mar.* de Cuzin, 335 fr. Labitte (1876); divisé en 9 volumes avec deux parties ajoutées : *Receptio publica unius juvenis medici in academia burlesca J. B. Moliere... Editio troisiesma. F. Hillemacher editionavit et bonhommavit. Lugduni,*

Perrin, 1870, gr. in-8, fig., et la *Galerie historique des portraits des comédiens de la troupe de Molière. Lyon, Nic. Scheuring*, 1869, gr. in-8, fig., le tout relié en *mar.* par David, 1,000 fr. au catal. Morgand et Fatout, puis 1,650 au même catal., un an après.

Un bel exemplaire en papier de Hollande, broché, 425 fr. de Lescoet (1874); un autre, en papier ordinaire, mais avec *la Galerie des comédiens* et *la Cérémonie* ajoutées, 250 fr. seulement, A. Rigaud (1874).

— OEuvres, avec notes et variantes, par Pauly. *Paris, Alph. Lemerre (impr. Claye)*, 1872-74, 8 vol. pet. in-12, avec portrait-frontispice, gravé à l'eau-forte par Bracquemont.

35 exemplaires sur papier de Chine, et 120 exemplaires numérotés, sur papier de Hollande.

Cette jolie édition, faite avec un goût exquis, reproduit le texte des éditions originales publiées du vivant de Molière.

Un exemplaire, sur papier de Chine, est porté à 400 fr. au 2e catal. Morgand et Fatout de 1876.

— OEuvres, nouvelle édition, revue... par Eugène Despois. *Paris, Hachette*, 1873, in-8, tome 1er (il y aura 12 à 15 vol., dont 3 ont paru jusqu'à présent).

8 exemplaires sur chine, et 200 exemplaires numérotés en grand papier de Hollande.

Cette belle édition est destinée à la collection des grands écrivains de France, faite sous la direction de M. Ad. Régnier, de l'Institut; ces premiers volumes font le plus grand honneur à l'érudition et à la sagacité de M. Despois; malheureusement ce savant philologue et critique vient de mourir, laissant son monument inachevé.

B. — *Éditions originales et réimpressions classées suivant la date des privilèges.*

— **Les ǁ Précievses ǁ Ridicvles, ǁ comédie ǁ représentée ǁ au Petit-Bourbon. ǁ A Paris, chez Guillaume de Luyne (ou Claude Barbin, ou Charles de Sercy), M.DC.LX, in-12, de iv ff. lim., et 135 pp.**

L'extrait du privilège, daté du 19 janvier 1660, et accordé à G. de Luyne, est au verso du dernier feuillet.

Les éditions données par les libraires associés au privilège diffèrent de celle de Guill. de Luyne; un bibliographe distingué, M. Picot, l'auteur de la *Bibliographie cornélienne*, a fait un minutieux travail de comparaison sur les divers exemplaires de l'édition originale des *Précieuses*, qui existent dans les diverses bibliothèques publiques ou particulières de Paris; voici la conclusion de son intéressante dissertation : M. Picot distingue les trois éditions, ou les trois tirages de ces différents libraires par les remarques suivantes :

Dans la première, il signale plusieurs fautes d'impression : page 2, ligne 7, *Du Criosy*, au lieu de *Du Croisi*; page 43, *ceue* VIII, au lieu de *scène*; page 123, *Du Croicy*; pages 34 et 36, *les Precieuse*; de plus la première page de la préface a vingt lignes. Dans la seconde édition, la première page de la préface n'a plus que 19 lignes, et les fautes citées plus haut sont corrigées; la page 74 est chiffrée 87; la page 87, 55, et la page 98, 27. Dans la troisième, 19 lignes à la page première de la préface, mais on y remarque la suppression d'un membre de phrase important, suppression qui dénote l'intervention de l'auteur : « Outre quelque grand seigneur, que j'aurois esté prendre malgré luy, pour protecteur de mon ouvrage, et *dont j'aurois tenté la libéralité par une épître dédicatoire bien fleurie*, j'aurois taché... etc. »

Outre ces trois éditions, il y a diverses contre-façons peu dissimulées, entre autres celle-ci :

— LES PRÉCIEUSES ridicules, comédie. *Jouxte la copie imprimée à Paris, chez Guill. de Luyne,* 1660, pet. in-12.

42 fr. Chedeau.

Nous trouvons, dans nos notes prises depuis nombre d'années, l'indication d'un quatrième tirage au nom de Trabouillet ; nos souvenirs ne nous permettent pas de déterminer à quelle bibliothèque ou à quel catalogue nous avons emprunté cette indication ; nous trouvons à mentionner une nouvelle différence : le mot *connoissoit* se trouve écrit dans cette édition *coñoissoit.*

L'édition originale, 1,500 fr. en *vélin,* au catal. Fontaine (1875) ; et 1,650 fr., en *mar.* de Trautz, au même catalogue ; 1,500 fr. en *veau fauve* de Capé, au premier catal. Morgand et Fatout.

— LES PRÉCIEUSES ridicules, comédie. *Paris, Claude Barbin,* 1663, in-12, de IV ff. lim. et 84 pp.

En *mar.* de Capé, 250 fr. Morgand et Fatout (février 1876).

— LES PRÉCIEUSES ridicules. *Suiv. la copie imprimée à Paris, chez Charles de Sercy,* 1660, pet. in-12, de 63 pp.

Cette édition hollandaise contient, comme les éditions françaises, le privilége accordé à G. de Luyne.

— LES MÊMES. *Sur l'imprimé à Paris, Amsteldam* (sic), *Raphael Smith,* 1660, pet. in-12. de IV ff. lim., et 136 pp.

— LES MÊMES. *Suivant la copie imprimée à Paris (Holl., Elsevier, à la Sphère),* 1660, pet. in-12.

— Réimpr. par les Elseviers, 1674 (pet. in-12 de 48 pp.) et 1679, in-12.

— Réimpr. par Wetstein (*Amsterdam, Jacques le Jeune*), 1683, in-12, avec une fig., et *Amsterdam, Henry Wetstein,* 1692, in-12.

Comme toutes les éditions hollandaises de 3e ou 4e date, ces dernières ont fort peu de valeur.

— L'ESTOURDY ‖ ou les ‖ contre-temps. Comédie. ‖ représentée sur le ‖ théâtre du Palais-Royal. ‖ Par I. B. P. Molière. ‖ *Paris, Gabriel Quinet* (ou *Claude Barbin*), 1663, in-12, de VI ff. limin., dont le premier blanc, 118 pp., dont la dernière (privilége) n'est pas numérotée, et un f. blanc, nécessaire pour compléter le cahier.

Le privilége, du dernier jour de mai 1660, est accordé au sieur Molier (sic) ; l'achevé d'imprimer est du 21 novembre 1662.

450 fr. Huillard ; un bon exemplaire, incomplet de 4 ff. (pp. 75-82), 81 fr. Potier, 1872 ; non relié, 500 fr. Aguillon (1870), porté à 1,500 fr. au catal. Morgand et Fatout ; en *mar.* de Trautz, 1,000 fr. Leb. de Montgermont ; 1,200 fr. non relié, catal. Rouquette (1873) ; un exemplaire avec les feuillets liminaires mangés par les rats, 300 fr. au catal. Fontaine de 1877 ; en *mar.* de Trautz, 1,350 fr. catal. Morgand et Fatout (mai 1876), et 1,700 fr. au premier catalogue de 1878 des mêmes libraires ; en *mar.* de Trautz, catal. à prix marqués Gonzalez, 1,800 fr.

M. Paul Lacroix cite une contrefaçon de 105 pages, y compris le privilége, au nom de Quinet ; nous ne la connaissons pas.

Quant à l'édition in-4 de cette pièce, imprimée en 1658, que cite le chevalier de Mouhy, elle n'a probablement jamais existé que dans l'imagination de cet écrivain, ainsi que celle du *Dépit amoureux,* de même date et de même format, qu'il indique

également dans son *Abrégé de l'histoire du théâtre françois.*

— L'ESTOURDY, ou les Contre-temps. *Suivant la copie imprimée à Paris (Holl., Elsevier, à la Sphère),* 1663, pet. in-12, de 104 pp.

De 0m131, 8 fr. 50 c. Pieters.

— Réimpr. par les Elseviers en 1674 (pet. in-12 de 96 pp.) et 1679 ; puis par Wetstein (*Amsterdam, Jacques le Jeune*), 1683 et 1693, in-12, fig.

Ces dernières éditions sont sans valeur.

— DÉPIT ‖ AMOUREUX, ‖ comédie, ‖ Représentée sur le ‖ Théâtre du Palais Royal. ‖ De I. B. P. Molière. ‖ *A Paris, chez Gabriel Quinet* (ou *Claude Barbin*), *au Palais...* M.DC.LXIII. Avec Privilége du Roy, in-12, de IV ff. lim., et 135 pp.

Privilége au sieur Molier (sic) du dernier jour de mai 1660 : achevé d'imprimer le 24 novembre 1662. L'édition première n'a pas de préface ; les feuillets liminaires sont le titre, la dédicace à Monsieur Hourlier, 2 ff., et le privilége 1 f.

En *mar.* de Trautz, 425 fr. Germeau ; avec le titre refait et autres raccommodages, en *mar.* de Trautz, 320 fr. Huillard ; en *mar.* de Trautz, 1,550 fr. Leb. de Montgermont ; non relié, 530 fr. Aguillon (1870) ; 1,200 fr. non relié, Rouquette (catal. à prix marqués, 1873) ; en *mar.* de Trautz, 1,500 fr. Aug. Fontaine, et en *mar.* doublé du même relieur, 1,800 fr. même catal. de 1875 ; dérelié, haut. 0m144, 1,250 fr. au catal. Morgand et Fatout, et en *mar.* de Trautz, 1,500 fr. en 1878 ; en *mar.* de Trautz, mais avec le titre refait, 1,000 fr. catal. Gonzalez (Bachelin, 1876).

— LE DÉPIT amoureux. *Suivant la copie imprimée à Paris (Holl., Elsevier, à la Sphère),* 1663, pet. in-12 de 91 pp.

Réimpr. par les Elseviers en 1674 (pet. in-12 de 84 pp.) et en 1679 ; puis par Wetstein (*Amsterdam, Jacques le Jeune*), 1683, fig., par *Henri Wetstein, Amst.,* 1693, pet. in-12, et à *Bruxelles,* 1694, in-12.

— SGANARELLE ‖ ou ‖ le Cocu imaginaire. ‖ Avec les Argumens de chaque ‖ scene. ‖ *A Paris, chez Iean Ribou,* 1660, in-12, de IV ff. lim. et 59 pp.

Privilége accordé au sieur de Neuf-Villenaine, du 26 juillet 1660, au verso du dernier feuillet, c'est-à-dire à la page 60e, non chiffrée, et « achevé d'imprimer le 12 août 1660 ».

M. Paul Lacroix signale un second tirage, qui ne diffère du premier que par le fleuron du titre ; mais ce tirage a 6 feuillets liminaires au lieu de 4, parce que le sieur de Neuf-Villenaine y a joint une épître anonyme, adressée à M. Molier, chef de la troupe des comédiens de Monsieur ; cette épître est imprimée sur 4 pages, avec la signature *a,* et cette signature se trouve répétée aux deux feuillets limin. suivants, qui sont la réimpression pure et simple de ceux de l'édition originale ; ils ont donc été ajoutés après coup.

Un exemplaire découvert par M. Ch. Porquet, libraire, et cédé par lui à MM. Morgand et Fatout, a donné lieu à une confrontation intéressante, faite par ces libraires sagaces sur les divers exempl. connus de cette rare édition originale ; la dissertation qu'ils ont publiée est assez intéressante pour être ici reproduite à peu près *in extenso :*

Huit exemplaires ont été consultés :

A. Bibliothèque nationale. Y 5841. A. Rés.

A¹. Bibliothèque nationale. Y 5841. A. Rés.

A². Bibliothèque nationale. Y non porté Rés.

B. Collection Cousin (Sorbonne).

C.   M. de Ruble (cabinet du comte de Lurde).
D.   M. de Lignerolles.
E.   M. Piquet (de Caen).
F.   M. de Rothschild.

Titre : Fleuron, une tête avec feuillages enroulés, A. A¹. B. D. E. F., et fruits et feuillages surmontés d'un cordon à double gland, A², C. — Titre : après le mot *Imaginaire*, le point au-dessus de la ligne, A. A¹. B. D. E. F., et le point sur la ligne A². C. — Titre : après la rubrique *A Paris*, une virgule A. A¹. B. C. D. E. F., sans virgule A². C. — Épître *A Monsieur de Molier*, 4 pp., car. romains, A¹. C. D. E. F. — Le *Libraire au Lecteur*, 1 f., F. — *A un Amy*, 5 pp. en italiques, A. A¹. A². B. C. D. F.—Page 1, fleuron composé de cinq cadratins et demi, A. A¹. B. D. F. — Page 3, dans l'A majuscule tache d'imprimerie A. A¹. B. D. E. F.—Pages 6-7, le mot *promise* est divisé entre les deux pp., A. A². C. — Page 8, la manchette commence au-dessous de : *Ah! ne m'accable point*, A. A². C. — Page 23, *Qu'il en sçait bien la cause*, A. A¹. B. D. E. F. au lieu de *Qu'il en sçait bien la chause*, A². — Page 29, *Mais Se sensible outrage*, A¹. B. D. E. F. au lieu de *Mais Ce sensible outrage*, A. A². C. — *Lelie : Al femme*, A. A². au lieu de : *Lélie : La femme*, A¹. B. C. D. E. F. etc.

MM. Morgand et Fatout continuent jusqu'au privilége compris à la page 60, l'analyse des nombreuses différences que présentent les deux tirages, et *concluent* :

En résumé, les huit exemplaires dont nous venons de donner la description se rattachent à deux types : d'un côté A¹. B. D. E. F. et, de l'autre, A². C. — l'exemplaire A semble formé de feuillets empruntés aux deux éditions. Cependant on observe, dans l'édition A¹. B. D. E. F. de légères variantes qui peuvent tenir à des remaniements opérés pendant le tirage. F contient, en outre, une pièce qui manque aux sept autres exemplaires : l'avis du *Libraire au Lecteur*. Cet avis est un prospectus de Jean Ribou, où il annonce la *Cocue imaginaire*, comme pendant du *Cocu du Procez des Pretieuses*; la date de ce prospectus est du 14 août 1660, et la première édition du *Procez* est de cette même date.

Il nous semble que l'on peut conclure de cette minutieuse confrontation que la première édition ou du moins le premier tirage est celui de A¹. B. D. E. F., et que la seconde édition, avec les fautes corrigées, est A² et C,

— SGANARELLE ou le Cocu imaginaire, comédie, avec les argumens de chaque scène. *A Paris, chez Aug. Courbé, au Palais*, 1662, in-12, de VI ff. lim. et 59 pp.

En *mar.* de Trautz, 600 fr. au catal. Aug. Fontaine.

M. Lacroix fait suivre l'énoncé de cette édition des observations suivantes : le *Privilége*, du 26 juillet 1660, est au nom du Sr *de Molière*; on lit au-dessous : « Et ledit de Luyne en a fait part à Aug. Couré (*sic*) et à Est. Loyson. » Puis cette mention, qui ne s'accorde pas avec la date : « Achevé d'imprimer le 12 août 1660. »

Les *Documents inédits sur Molière*, publiés par M. Campardon, nous apprennent que Christ. Journel, imprimeur, aurait imprimé cette pièce à 1,250 exemplaires, en dépit du privilége accordé à J. Ribou; Molière intervint et mit en cause ledit Ribou, qui venait d'épuiser l'édition en 15 jours; ce procès se termina par un arrêt de saisie contre Journel.

M. Lacroix suppose que, Molière ayant gagné son procès contre Ribou en 1662, Aug. Courbé aura fait imprimer pour les exemplaires qui restaient en magasin un nouveau titre et un dernier feuillet, dans lequel il substituait au nom de Neuf-Villenaine celui de Molière.

— Il y a une contrefaçon exécutée en province, peut-être à Rouen, plus probablement à Lyon : *Sur l'imprimé à Paris, chez Jean Ribou*, 1661, pet. in-12, de VI ff. lim., 48 pp. La préface est

adressée à Monsieur de Molière, chef de la troupe de Monsieur, frère unique du Roy. 5 fr. Favart; 40 fr. Asher (1865).

— Voici une autre édition que ne cite pas M. Lacroix : *Paris, Est. Loyson*, 1663, in-12, de VI ff. lim. et 60 pp., dont la dernière, contenant le privilége, n'est pas chiffrée; il en existe des exempl. au nom d'Augustin Courbé; un de ces derniers est porté à 150 fr. au catal. Morgand et Fatout; avec le nom d'Est. Loyson; très-bel exempl. rempli de témoins, 8 fr. 50 c. Favart.

— Citons encore l'édition de *Paris, Est. Loyson*, 1665, in-12, de VI-59 pp., dont un exemplaire relié par Hardy, en *mar.* sur brochure, a été vendu 150 fr. Voisin (Galuski), 1876, et 300 fr. au catal. Fontaine de 1877.

— SGANARELLE ou le Cocu imaginaire, comédie par I. B. P. Molier (*sic*). *A Paris, chez Jean Ribou*, 1666, in-12, de 45 pp.

Édition que M. Paul Lacroix fait remarquer comme devant être l'édition originale donnée par Molière, qui en aurait écarté les commentaires du Sr de Neuf-Villenaine; il est assez extraordinaire que, dans ce cas, Molière eût permis qu'on estropiât son nom au titre; cette édition est fort rare, et M. de Soleinne ne la possédait pas.

En *mar.* de Trautz, 600 fr. au catal. Fontaine.

— SGANARELLE, ou le Cocu imaginaire. *Suiv. la copie impr. à Paris. (Amsterdam, Abr.Wolfgang, au Quaerendo)*, 1662, pet. in-12, de IV ff. lim. et 40 pp.

Jolie édition, en très-petits caractères, que l'éditeur fit suivre de *la Cocue imaginaire* de Donneau de Visé; elle contient l'Épitre à Molière, qui ne figurait pas dans les éditions précédentes.

— Réimpressions : *par les Elseviers, à la Sphère*, 1675, in-12 de V ff. lim. et 60 pp.; 1680, in-12, avec une figure.

— *Amsterdam, Henri Wetstein*, 1693, in-12.

— *Bruxelles*, 1694, in-12.

— L'ESCOLE ‖ des ‖ Maris. ‖ Comédie, ‖ de I. B. P. Molière. ‖ Représentée sur le ‖ théâtre du Palais Royal. *A Paris, chez Charles de Sercy*, 1661, in-12, de VI ff. lim., y compris une figure servant de frontispice, 65 pp. chiffrées, 5 pp. non chiffrées pour le privilége et 1 f. blanc, qui complète le dernier cahier.

« Achevé d'imprimer le 20 aoust 1661. »

Le privilége du 9 juillet 1661 rappelle les difficultés que Molière venait d'avoir avec divers libraires contrefacteurs et les procès qui s'en étaient suivis.

La figure représente Molière en Sganarelle, et le donne avec son véritable costume.

Il y a divers tirages de cette première édition, au nom des divers libraires auxquels Charles de Sercy avait rétrocédé le droit de vente, Guillaume de Luyne, Gabriel Quinet, Cl. Barbin, d'autres peut-être encore.

Cette édition, corrigée par Molière, donne la véritable orthographe adoptée par lui.

48 fr. d'Ortigue; l'exempl. était criblé de piqûres, et le bas du titre, comprenant le nom du libraire et la date, était enlevé; en *mar.* de Trautz, 1,700 fr. au catal. Morgand et Fatout (1878).

M. Lacroix cite plusieurs réimpressions faites du vivant de l'auteur.

— L'ESCOLE des Maris, comédie de J. B. P. Molière. *Paris, Claude Barbin (Hollande)*, 1662, pet. in-12, de 69 pp.

Quoique sous la rubrique de Paris, cette édition

paraît avoir été imprimée à Bruxelles par Foppens, dit M. Potier au catal. Chedeau, on y reconnaît les fleurons de cet imprimeur.

31 fr. Chedeau.

— L'ESCOLE des Maris. *Paris, Jean Guignard*, 1662, in-12 de IV ff., 65 pp. et 2 ff. pour le privilége.

— LA MÊME. *Ibid., Guil. de Luyne ou G. Quinet*, 1663, in-12 de V ff. lim., plus un premier f. blanc, 65 pp. et 3 ff. non chiffrés, dont 2 entièrement blancs.

20 fr. Giraud, en *mar*. de Capé ; 200 fr. au catal. Fontaine.

— LA MÊME. *Ibid., Guil. de Luyne, ou J. Guignard*, 1664, in-12 de IV ff. et 65 pp., plus 2 ff. pour le privilége.

10 fr. Chedeau.

— M. Lacroix considère comme une contrefaçon française l'édition à la rubrique : *Anvers, G. Colles*, 1662, pet. in-8, de III ff. lim. et 66 pp.

— LA MÊME. *Amsterdam, Jacques le Jeune (Elsevier)*, 1674, pet. in-12, de 60 pp.

— *Ibid*., 1679, in-12.

— *Ibid*., *Wetstein* (à la Sphère), 1684, 1689, avec une fig., et 1693, ces trois éditions in-12, et en jolis caractères elzeviriens.

— LES FASCHEUX. || Comédie,|| de I. B. P. Molière. || Représentée sur le théâtre du Palais Royal. || *A Paris*, || *chez Guillaume de Luyne*... M.DC.LXII. *Avec Privilége du Roy*, in-12.

Les six premiers ff., non chiffrés, contiennent le titre et la dédicace au Roy (10 pp., dont la dernière est blanche) ; ce premier cahier est signé *a*. Les six feuillets qui suivent renferment la préface, le prologue, le nom des personnages et le commencement de la pièce ; et le 6ᵉ f. est paginé, *seul*, 9 et 10, ce qui ne concorde pas avec la numération des cinq premiers ; ce second cahier est signé A ; après le 6ᵉ f. du cahier A chiffré irrégulièrement 9 et 10, la pagination reprend régulièrement au 3ᵉ cahier B par le chiffre 13, et continue sans anicroche jusqu'à la dernière page, chiffrée irrégulièrement 52 au lieu de 76.

Le privilége est du 5 février 1662, et l'achevé d'imprimer du 18 du même mois.

Suit un feuillet blanc, nécessaire pour le complément du cahier,

La pièce avait été représentée pour la première fois au château de Vaux le 16 août 1661, et au Palais-Royal le 4 novembre ; l'arrestation de Fouquet avait eu lieu entre ces deux dates ; de là, dit M. Paul Lacroix, nécessité probable de certains remaniements de la dédicace et de la préface, auxquels on peut et on doit attribuer ces irrégularités de pagination.

On rencontre des exempl. aux noms et adresses de Claude Barbin, de Quinet, de Guignard, de Charles de Sercy, etc., qui ont partagé le tirage de la première édition avec Guillaume de Luyne.

Cartonné, 40 fr. Tross (1866) ; 25 fr. Techener (8ᵉ vente, 1865) ; en *mar*., avec les ff. prélim. réemmargés, 256 fr. Chedeau, pour M. Didot ; en *mar*. de Trautz, 325 fr. Germeau ; au nom de Charles de Sercy, 38 fr. seulement Soleil ; un exempl. très-court, 145 fr. Benzon ; en *mar*. de Trautz, très-beau, 1,400 fr. Leb. de Montgermont ; au nom de Gabr. Quinet, à grandes marges, dérelié, 1,500 fr. catal. Morgand et Fatout ; un autre exempl. en *mar*. de Trautz, 1,800 fr. mêmes libraires (mai 1876), et 1,700 fr. (janvier 1878).

En *mar*. de Trautz, 1,500 fr. cat. Fontaine (1875), et un second exempl. au nom de Ch. de Sercy, mé-

diocre, 300 fr.; ce dernier reparaît seul au catal. de 1877.

— LES FASCHEUX, comédie, par J. B. P. Molière. *A Paris, par Ch. de Sercy*, 1662, in-12, de VIII ff. lim. et 67 pp.

Première réimpression.

En *vélin*, 300 fr. au cat. Fontaine.

— LES MÊMES. *Paris, J. Guignard*, 1662, in-12 de VI-67 pp.

3 fr. 50 c. Techener (1865).

— *Ibid*., *Gabriel Quinet* (ou *Th. Jolly*, ou *G. de Luyne*), 1663, in-12, de VI ff. lim. et 47 pp.

100 fr. au cat. Fontaine.

— LES FASCHEUX. *Suiv. la copie impr. à Paris* (*Holl., Elzev., à la Sphère*), 1662, pet. in-12, de VIII ff. lim. et 43 pp.

10 fr. Luzarche.

— Réimpr. *Elsevier*, 1676 (pet. in-12, de 60 pp.), et 1679, in-12.

— *Amsterdam, Jacques le Jeune (Wetstein)*, 1684, pet. in-12, de 60 pp., avec une fig.

— *Amsterdam, H. Wetstein*, 1693, in-12, 60 pp.

— L'ESCOLE || des || Femmes. || Comédie. || Par I. B. P. Molière. || *A Paris, chez Guillaume de Luyne*, M.DC.LXIII, in-12, de VI ff. lim., fig. gravée par Fr. Chauveau, titre, dédicace à Madame et préface ; 93 pp.

Il y a sous la même date deux éditions, l'une de 93 et l'autre de 95 pp.; celle de 93 pp. est la véritable première édition originale ; mais il faut, pour qu'elle soit complète, un carton paginé 73 et 74 en double, pour combler une lacune laissée à l'impression entre les pp. 74 et 75 (scène II du Vᵉ acte) ; ce carton existe à l'exempl. de la Biblioth. nationale.

L'édition de 95 pp. a été réimpr. presque aussitôt après la première sous les mêmes caractères ; cette réimpression a été motivée par l'omission du passage du Vᵉ acte, qui est naturellement rétabli dans celle-ci. M. Lacroix relève entre ces deux éditions quelques différences typographiques de peu d'importance, mais qui suffisent pour permettre d'assigner à l'édition de 95 p. la place de véritable seconde édition.

Il se rencontre, de l'une comme de l'autre, des exemplaires portant divers noms d'imprimeurs-libraires, Gabriel Quinet, Th. Jolly, Charles de Sercy, Louis Billaine, Est. Loyson, J. Guignard le fils, Cl. Barbin, etc.

La dédicace à Madame (Henriette d'Angleterre, première duchesse d'Orléans), manque à beaucoup d'exemplaires.

La gravure, qui donne les portraits de Molière et de sa femme, est d'une haute importance.

Un exempl. au nom d'Estienne Loyson, incomplet de la gravure-frontispice, 500 fr. Chedeau ; en *mar*. de David, également incomplet de la figure et sans le carton, 110 fr. Huillard ; 700 fr. Aguillon (1870) , 93 pp. avec le carton ; 93 pp., mais sans le carton, 176 fr. Potier (1872) ; en *mar*. de Trautz, 93 pp., avec le carton et la figure, 1,500 fr. au catal. Aug. Fontaine (1875).

Un exempl. de 95 pp., en *mar*., 305 fr. Solar ; 95 pp. et sans la figure, 1,000 fr. au catal. Rouquette de 1873 (prix exagéré) ; en *mar*. de Chambolle, exemplaire un peu court, 300 fr. Potier (1872), et 600 fr. au cat. Fontaine (1875).

En *mar*. de Duru, 820 fr. Labitte (juin 1876) ; 2,500 fr. en *mar*. de Trautz, au catal. Aug. Fontaine de 1875 et de 1877 ; un exemplaire dérelié, annoncé rempli de *témoins* et le plus beau connu, est coté 2,250 fr. au 1ᵉʳ catal. Morgand et Fatout (1876).

Un exempl. de l'édition de 95 pp., avec la gravure, 225 fr. Benzon ; un autre, très-beau, en *mar.* de Trautz, annoncé *édition originale*, malgré les 95 pp. et la réimpression du carton, 1,255 fr. Leb. de Montgermont, et 1,600 fr. au catal. Morgand et Fatout, puis 1,500 fr. en 1878.

— L'Escole des Femmes, comédie. *Sur l'imprimé à Paris, chez Jean Guignard*, 1663, in-12.

En *mar.* de Gruel, 130 fr. cat. Morgand et Fatout (1876).

— M. Lacroix signale une réimpression de *Paris, Thomas Jolly*, de 1663, in-12, de II ff. lim. et 93 pp., que nous ne connaissons pas.

— Une autre de *Gabriel Quinet*, 1665, in-12, de VI ff. et 95 pp., est déjà citée au *Manuel.*

— L'Escole des Femmes. *Suiv. la copie impr. à Paris (Holl., Elsevier, à la Sphère)*, 1663, petit in-12, de 88 pp.

En *mar.* de Masson-Debonnelle, 80 fr. Morgand et Fatout.

— Réimpressions. *Elsevir*, 1674 et 1679, pet. in-12, de 84 pp.

— *Amsterdam, Jacques le Jeune*, 1684, pet. in-12, de 84 pp.

— *Amsterdam, Guil. le Jeune* (à la Sphère), 1689, in-12.

— *Amsterdam, Henri Wetstein*, 1693, in-12, de 84 pp.

— *Bruxelles*, 1694, in-12, avec fig.

Toutes ces éditions sont à peu près sans valeur.

— LA ‖ CRITIQUE ‖ de l'Escole ‖ Des ‖ Femmes, ‖ comédie. ‖ Par I. B. P. Molière. ‖ *A Paris, chez Charles de Sercy.* M.DC.LXIII. *Avec Privilége du Roy*, in-12, de VI ff. lim., compris le f. blanc de tête, et 117 pp., plus un dern. f. blanc.

Le privilége, du 16 juin 1663, est au nom de Charles de Sercy.

On trouve des exempl. aux noms des libraires, qui se sont arrangés avec de Sercy, pour l'exploitation de cette pièce ; ce sont : Guil. de Luyne, Claude Barbin, Th. Jolly, Loyson, G. Quinet, Guignard, Cl. et Louis Billaine, etc.

« Achevé d'imprimer pour la première fois, le 7 aoust 1663. »

L'impression ayant été surveillée par Molière, son orthographe est intéressante ; ainsi, dit M. P. Lacroix, il écrit : la *plus-part, obcenité, soupé*, etc.

Avec le nom de Cl. Barbin, 343 fr. Favart ; au nom de Barbin, en *mar.* de Trautz, 500 fr. Huillard ; revendu 1,180 fr. Benzon ; 590 fr. non relié, Aguillon, 1870, revendu 1,000 fr., catal. à prix marqués, Rouquette (1873).

Avec le nom d'Est. Loyson, 470 fr. Germeau ; en *mar.* de Trautz, à grandes marges, 1,480 fr. Leb. de Montgermont.

1,000 fr. en *mar.* de Capé, catal. Fontaine (1874) ; en *mar.* de Trautz, 1,500 fr., au même cat. en 1875, et 2,000 fr., l'exempl. Leb. de Montgermont, en 1877 ; 1,000 fr. en *mar.* de Capé, avec le dernier f. refait, même catal.

— LA CRITIQUE de l'Escole des Femmes. *Suiv. la copie impr. à Paris (Holl., Elsevir)*, 1663, petit in-12, de 68 pp.

De 0m,132, 6 fr. 50 c. Pieters ; et 10 fr. La Villestreux.

Réimpressions :

— *Amsterdam, Elseviers*, 1674 (petit in-12, de 48 pp.), 1679 et 1680.

— *Amsterdam, Wetstein*, 1691, in-12, avec une fig. 48 pp.

— L'AMOUR ‖ medecin. ‖ Comédie, par I. B. P. Molière. *Paris, Pierre Trabouillet*, 1666, *avec privilége du Roy*, in-12, de VI ff., dont la figure qui sert de front., et 95 pp., dont la dernière est chiffrée 59, c'est-à-dire le chiffre déplacé.

Privilége du 30 décembre 1665, achevé d'imprimer le 15 janvier 1666.

600 fr., en *parchemin*, Dromont (1871).

— L'AMOUR ‖ medecin, ‖ Comédie, ‖ Par I. B. P. de Moliere ‖. *A Paris, chez Nicolas Le Gras*, 1666. *Avec privilége du Roy*, in-12, de VI ff. lim., dont le premier blanc, et 95 pp., également avec la dernière chiffrée 59.

Contrefaçon assez bien faite, sans doute exécutée en province ; on la reconnaît au fleuron du titre, dans lequel on lit : *Sur l'imprimé*, et à de nombreuses fautes d'impression ; ainsi la préface : *Au Lecter* (sic).

On remarquera que c'est dans cette contrefaçon, que se trouve pour la première fois le nom de Molière avec la particule. 100 fr. catal. Fontaine 1877.

— Réimpr. *Paris, Pierre Trabouillet*, 1669, in-12, de IV ff. lim. et 64 pp. On lit au-dessous du privilége : Achevé d'imprimer pour la seconde fois, le 20 novembre 1668.

3 fr. Techener (1865) ; 125 fr. en *mar.* de Hardy-Mennil, au catal. Morgand et Fatout.

— L'AMOUR Médecin. *Sur l'imprimé à Paris, et se vend à Amsterdam* (chez Abr. Wolfgang), 1666, pet. in-12, de 48 pp.

Réimpr. en 1673, pet. in-12, de 48 pp. Bien que portant les fleurons et les marques des Elzevirs d'Amsterdam, cette édition est imprimée en caractères assez forts qui ne ressemblent que fort peu à ceux des célèbres imprimeurs.

— En 1675 (*Amst., Elsev.*), in-12, de 36 pp.

— En 1679 et 1680, *Amst., Els.*, in-12.

— En 1693, *Amst., H. Wetstein*, pet. in-12, de 36 pp.

— LE MISANTROPE, ‖ comédie. ‖ Par I. B. P. de Molière. ‖ *A Paris, ‖ chez Jean Ribou. ‖* M.DC.LXVII. ‖ *Avec privilége du Roy, ‖* in-12, de 12 ff. lim., y compris la fig. gr. par Fr. Chauveau, qui sert de front., et 84 pp.

Après le privilége du 21 juin 1666, vient l'achevé d'imprimer pour la première fois du 24 décembre 1666.

Sans dédicace et sans préface, mais avec un *Avis du libraire au lecteur*, qui est évidemment de Molière ; parmi les préliminaires se trouve la lettre écrite sur *le Misanthrope*, par de Visé.

M. Paul Lacroix signale une contrefaçon sous la même date, en plus petits car. et sans fig. ; elle n'a que 10 ff. lim., à cause d'une lacune qui se trouve dans la lettre de Donneau de Visé.

35 fr. Luzarche ; 6 fr. Techener (1865).

L'édition originale a été vendue : en *veau*, 83 fr. Techener (1865) ; un exempl. incomplet des ff. liminaires, 5 fr. Favart, rev. 10 fr. Tross (1865) ; un bon exempl. en *mar.* de Trautz, 300 fr. Chedeau ; en *mar.* de Hardy, mais avec une figure substituée à la planche originale, 200 fr. H. D. M. (*Potier*, 1867) ; en *mar.* de Trautz, 500 fr. Germeau ; en *mar.* de Capé, 325 fr. Huillard ; non relié, 890 fr. Aguillon (1870) ; en *mar. doublé* de Chambolle, 995 fr. Benzon ; en *mar.* de Trautz, 1,700 fr. Leb. de Montgermont ; en *mar.* de Duru, 1,020 fr. Galuski (Voisin, 1876) ; en *mar. doublé* de Gruel, 1,250 fr. cat. Fontaine (1874) ; en *mar.* de Trautz, 1,500 fr., cat. du même libraire de 1875, et 1,600 fr. en 1877 ; l'exempl. Solar, incomplet de la figure, en *mar.* de Duru, 650 fr. au 1er cat. Morgand et Fatout ; en *mar.* de Trautz, 1,200 fr. au cat. Gonzalez (Bachelin, 1876), c'était l'exempl. Germeau.

— LE MISANTHROPE, comédie, par J. B. P. de Molière. *Suivant la copie imprimée à Paris (Holl., Elsev., à la Sphère*), 1674, pet. in-12, de 96 pp.

Réimpr. en 1679, et par *Henri Wetstein, Amsterdam,* 1693, in-12, de 96 pp., avec une figure.

— LE ‖ MEDECIN ‖ malgré luy. ‖ Comédie. ‖ Par J. B. P. de Molière. ‖ *A Paris, chez Jean Ribou,* M.DC.LXVII. *Avec privilége du Roy.* In-12, de 3 ff. limin., dont un blanc, front. gravé et 152 pp.

Privilége du 8 octobre 1666, accordé à « Jean-Baptiste Poquelin de Molière, comédien de la troupe du duc d'Orléans » ; achevé d'imprimer du 24 décembre 1666 ; le caractère change à la p. 145 et devient plus fin.

Il existe des exemplaires au nom de Nicolas Le Gras, de Pierre Trabouillet et de Théodore Girard, à qui Molière avait cédé son droit de privilége, en même temps qu'à Jean Ribou.

M. Paul Lacroix signale un fait assez curieux ; l'exempl. de M. Cousin, provenant de M. de Soleinne, aujourd'hui faisant partie de la bibl. de la Sorbonne, a tous les caractères de l'édition originale, mais on lit au-dessous du privilége : « Achevé d'imprimer pour la première fois le 2 décembre 1666. » Le chiffre 4 (de 24) aurait-il été gratté ?

Il y a une contrefaçon, avec le nom de Jean Ribou et la même date ; elle a 2 ff. lim., sans figure, et 115 pages ; le fleuron du titre renferme un petit écusson avec la lettre P ; la vignette, en tète de la comédie, représente un combat d'animaux fantastiques ; 100 fr. cat. Fontaine (1875) ; bel exempl., 220 fr. Techener (8e vente, 1865).

L'édition originale a été vendue 65 fr. Chedeau ; l'exempl. était sale et taché, le front. gravé était absent ; en *mar.* de Capé, bel exempl., 800 fr. Huillard au Dr Danyau, et à la vente de celui-ci revendu 1,005 fr. ; en *mar.* de Duru, incomplet du frontisp. gravé, 490 fr. Voisin (1876).

— LE MÉDECIN malgré luy, comédie. *Et se vend pour la veuve de l'autheur, à Paris, chez Henry Loyson,* 1673, in-12.

Privilége du 21 mars 1673.

20 fr. Techener (1865).

— LE MÉDECIN malgré luy, comédie. *Sur la copie imprimée à Paris (Holl., Elsev.*), 1667, pet. in-12.

— Réimpr. par les Elzeviers, en 1674, petit in-12, de 60 pp. ; en 1679, et *Amsterdam, veuve de Daniel Elzevier,* 1683, pet. in-12, avec une fig.

— Par *Wetstein, Amsterdam,* 1689, pet. in-12, et 1693, in-12, de 60 pp.

— LE ‖ SICILIEN ‖ ov ‖ l'Amour peintre. ‖ Comédie. ‖ Par I. B. P. de Molière. ‖ *A Paris, chez Jean Ribou,* 1668. *Avec Privilége du Roy.* In-12, de 2 ff. lim., 81 pp., 2 ff. pour la fin du privilége, qui commence au verso de la page 81, et un feuillet blanc.

Le privilége est du dernier jour d'octobre 1667 ; on lit au-dessous l'achevé d'imprimer pour la première fois le 9 novembre 1667.

3 fr. seulement, incomplet, d'Ortigue ; un exempl. non rogné, 305 fr. Chedeau ; 205 fr., bel exemplaire, Techener (1865) ; en *mar.* de Trautz, 500 fr. Germeau ; en *mar.* de Trautz, 405 fr. Huillard ; non relié, 565 fr. Danyau ; en *mar.* de Capé, 390 fr. Tufton, et 801 fr. Benzon ; en *mar.* de Trautz, 1,300 fr. Leb. de Montgermont ; en *mar. doublé* de Chambolle, exempl. non rogné ni coupé, 1,500 fr. Galuski (Voisin, 1876) ; reporté à 2,500 fr. au catal. Fontaine de 1877 ; en *mar.* de Trautz, 1,600 fr. Morgand et Fatout (mai 1876), et 1,500 fr. (janv. 1878).

Un exemplaire *dérelié* figurait au 1er catal. de ces libraires au prix de 1,200 fr. ; en *mar.* de Trautz, bel exempl. avec plusieurs ff. non coupés, 1,500 fr. cat. Gonzalès (1876).

— LE SICILIEN, comédie de Monsieur de Molière. *Sur l'imprimé. A Paris, chez Nicolas Pépingué,* 1668, in-12 de 60 pp.

On considère, dit M. Lacroix, cette réimpression comme une contrefaçon faite en province, sous le nom d'un libraire de Paris.

En *mar.* de Lortic, 10 fr. Gancia (1868) ; 8 fr. Techener (1865).

— LE SICILIEN, ou l'Amour peintre. *Suivant la copie imprimée pour l'auteur, à Paris (Holl., Elsev.), à la Sphère),* 1674, pet. in-12, de 36 pp.

Réimpr. par les Elsevirs en 1679 et 1680 ; puis par Wetstein (*Amsterdam, Guil. le Jeune*), 1689, petit in-12, de 36 pp., avec une figure.

— LE ‖ MARIAGE ‖ Forcé. ‖ Comédie, ‖ par I. B. P. de Molière. ‖ *A Paris, chez Jean Ribou,* M.DC.LXVIII, in-12, de 2 ff. pour le titre et l'extrait du privilége, et 91 pp.

On lit après le privil. du 20 février 1668 : « Achevé d'imprimer pour la première fois le 9 mars 1668. »

Il existe une réimpression, ou plutôt une contrefaçon sous la même date : l'impression diffère, et dans le fleuron du titre, on lit : *Sur l'imprimé* ; ceci suffit pleinement pour établir la distinction.

L'édition originale, 180 fr. Chedeau ; 51 fr. Techener (1845) ; en *mar.* de Trautz, 400 fr. Germeau ; en *mar.* de Trautz, à grandes marges, 1,000 fr. Huillard, et revendu le même prix, Dr Danyau ; un second exempl. figurait à cette dernière vente, il était non relié, mais à grandes marges, 800 fr. ; en *mar.* de Capé, 900 fr. Bordes ; en *mar. doublé* de Capé, 589 fr. Benzon ; deux exempl. au catal. Fontaine de 1875 ; l'un en *mar.* de Trautz, 1,500 fr. ; l'autre, en *mar.* de Capé (exempl. Bordes), 1,200 fr. ; en *mar.* de Thibaron, 1,500 fr. cat. Morgand et Fatout (mai 1876) ; un exempl. dérelié figurait au cat. de janvier 1876, chez les mêmes libraires, à 1,200 fr. ; en *mar.* de Trautz, 1,800 fr. au catal. Gonzalès (1876).

— LE MARIAGE forcé. *Suivant la copie imprimée à Paris. (Holl., Elsev., à la Sphère*), 1674, petit in-12, de 36 pp.

— Réimpr. par les Elsevirs en 1679, et par Wetstein (*Amsterdam, Guil. le Jeune, à la Sphère*), 1683, pet. in-12, de 36 pp., une fig. ; et avec le nom de *H. Wetstein, Amsterdam,* 1692, in-12, 36 pp.

M, Lacroix annonce une autre édition sous la rubrique : *Francfort,* 1691, in-12.

Tout cela a bien peu de valeur.

— AMPHITRYON. ‖ Comédie. ‖ Par I. B. P. de Molière. ‖ *A Paris, chez Jean Ribou,* M.DC.LXVIII, in-12, de IV ff. lim. et 88 pp.

Privilége du 20 février 1668, achevé d'imprimer le 5 mars 1668.

En *mar.* de Trautz, bel exempl., 405 fr. Chedeau ; 40 fr., bel exempl., Techener (1865) ; en *mar.* de

Trautz, 680 fr. Germeau, pour M. de Villeneuve ; en *mar.* de Capé, 1,060 fr. Il. Bordes, revendu 1,400 fr. Leh. de Montgermont; en *mar.* de Chambolle, 1,000 fr. Benzon ; 1,500 fr., en *mar. doublé* de Trautz, au catal. Fontaine de 1874 ; 1,500 fr. en *mar. janséniste,* du même relieur, au catal. de 1875, et l'exempl. en *mar. doublé* de Trautz, reporté à 1,800 fr. au cat. de 1877; dérelié, 1,200 fr. au 1er catalogue Morgand et Fatout.

— AMPHITRYON, comédie, par J. B. P. de Molière. *Paris, J. Ribou,* 1668, in-12, de 83 pp.

Contrefaçon exécutée en petits caractères.

En *mar.* de Niédrée, 10 fr. Gancia.

— AMPHITRYON, comédie. *Sur l'imprimé à Paris,* 1669, in-12.

Édition assez laide qui a dû être exécutée en province, dit M. Potier, rédacteur du cat. Giraud, où un exempl., en *mar. doublé* de Gruel, n'a été vendu que 18 fr.

— AMPHITRYON, comédie. *Sur l'imprimé à Paris, chez Jean Ribou,* 1670, pet. in-8.

Contrefaçon exécutée en province, peut-être à Rouen ; 12 fr., en *mar.* de Muller, au catal. Giraud (1855).

— AMPHITRYON, comédie. *Suivant la copie impr. à Paris (Holl., Elzev., à la Sphère),* 1669, pet. in-12, de 84 pp.

— Réimpr. elzevirienne en 1673 et 1679.

— Réimpr. par Wetstein, *Amsterdam, Jacques le Jeune,* 1684, pet. in-12, de 84 pp., avec une fig.; 1689, *Amsterdam,* et 1693, *Amst., H. Wetstein,* in-12, de 84 pp.

— L'AVARE, ‖ comédie. ‖ Par I. B. P. de Molière. ‖ *A Paris, chez Jean Ribou.* M.DC.LXIX. *Avec privilége du Roy.* In-12, de 2 ff. lim. et 150 pp. Le dernier cahier G doit se terminer par un f. blanc, qui reste en dehors de la pagination. (Note de M. Lacroix.)

Privilége du dernier jour de septembre 1668 ; achevé d'imprimer le 18 février 1669 ; le dernier acte est composé en car. plus petits que les quatre premiers.

Sans dédicace ni préface.

Dans le fleuron du titre, on remarque l'initiale M.

En *mar.* de Duru, bel exempl., 520 fr. Chedeau ; £ 39. *William Tite (London,* 1874); 1,500 fr. en *mar. doublé* de Trautz, au cat. Fontaine de 1874 ; deux exempl. en *mar.* de Trautz, à 1,500 fr. au cat. de ce libraire en 1877; en *mar.* de Trautz, bel exempl., 1,700 fr. catal. Morgand et Fatout (janvier 1878).

— L'AVARE, comédie. *Paris, J. Ribou,* 1669, in-12, de 2 ff. et 128 pp.

Contrefaçon en petits caractères.

5 fr. Germeau; l'exempl. était porté avec la date de 1668.

— L'AVARE, comédie. *Suivant la copie imprimée à Paris (Holl., Elz., à la Sphère),* 1669, petit in-12, de 108 pp.

Édition qu'a fait connaître M. Alph. Willems à M. P. Lacroix ; réimpr. par les Elzevirs en 1674 et 1679, et par Wetstein en 1683, petit in-12, et en 1693 (*Suivant la copie, à la Sphère*), pet. in-12, les deux éditions, de 108 pp., avec une figure.

Un exempl. de 1669, en *mar.* de Chambolle, 49 fr. Potier.

— GEORGE ‖ DANDIN, ‖ ou le ‖ mary confondu. ‖ Comédie. ‖ Par I. B. P. de Molière. ‖ *A Paris, chez Iean Ribou,*

au *Palais...* M.DC.LXIX. *Avec privilége du Roy.* Pet. in-12, de 2 ff. lim. et 152 pp. La pagination saute de 144 à 147, et la dernière page est chiffrée 155 par erreur.

Le privilége est daté, comme celui de l'*Avare,* du dernier jour de septembre 1668. Il n'y a pas d'achevé d'imprimer.

Les 4 derniers ff. sont imprimés en caract. plus petits ; la pagination se suit irrégulièrement; M. Lacroix a relevé avec soin les fautes de numération ; le f. 65 est numéroté 59 ; les chiffres 93 et 94 sont omis, et 96 et 98 sont répétés; 145 est chiffré 147, et l'erreur se continue jusqu'à l'avant-dernière page.

Il y a une contrefaçon française de cette édition originale; elle est en petits caractères, sans lieu d'impr. et sans nom d'imprimeur, 1669, in-12, de II ff. et 92 pp.; en *mar.* de Lortic, 10 fr. Gancia.

L'édition originale a été vendue, un bel exempl., 130 fr. Techener (1865) ; en *mar.* de Duru, bel exemplaire, 520 fr. Chedeau, pour M. Didot ; en *mar.* de Trautz, à grandes marges, 1,110 fr. Huillard ; en *mar. doublé* de Trautz, 1,500 fr., catal. Fontaine (1874) ; deux exempl. en *mar.* de Trautz, au catal. du même libraire de 1877, à 1,500 fr. chacun; en *mar.* de Trautz, 1,700 fr. au catal. Morgand et Fatout de janvier 1878.

—— GEORGE DANDIN, ou le Mary confondu, comédie. *Suivant la copie impr. à Paris (Holl., Elzev., à la Sphère),* 1669, pet. in-12, de 60 pp.

Cartonné, 6 fr. 50 c. Techener (1865) ; en *mar.* de Capé, 20 fr. Danyau.

— Réimpr. par les mêmes elsev., en 1675 et 1681 ; par Wetstein (*Amst., J. le Jeune*), 1684 et 1693, pet. in-12, de 60 pp., avec une figure.

— LE ‖ TARTUFFE, ‖ ou ‖ l'Imposteur. ‖ Comedie. ‖ Par I. B. P. de Molière. ‖ *Imprimé aux despens de l'Autheur, & se vend ‖ A Paris, ‖ chez Iean Ribou, au Palais...* M. DC. LXIX. *Auec Privilége du Roy.* ‖ In-12, de XII ff. lim., dont le premier blanc, et 96 pp.

Le privilége, daté du 15 mars 1669, est suivi de la mention : Achevé d'imprimer pour la première fois le 23 mars 1669. Les XI ff. lim. comprennent le titre, la préface et le privilége, avec le nom des acteurs au verso.

Cette édition originale est d'une extrême rareté; nous avons pu compléter la collection de la biblioth. nationale, en lui cédant un bel exempl. que nous avions acquis en 1863 chez le libraire Miard, au prix de 250 fr.

Il y a deux tirages de cette édition princeps, fait remarquer M. Lacroix, tous deux ornés des fleurons elzeviriens (*la Sirène, la tête de buffle*), mais les titres diffèrent : l'un est l'*Imposteur ou le Tartuffe,* l'autre, *le Tartuffe ov l'Imposteur*; le texte, la disposition, la justification sont, du reste, identiques.

Un bel exempl. en *mar.* de Duru, 880 fr. Chedeau ; un autre, 150 fr. Techener (1865) ; en *mar.* de Duru également, 2,250 fr. Leh. de Montgermont ; en *mar.* de Duru, un peu court de marges, 1,350 fr. Galuski (Voisin, 1876) ; £ 50. Will. Tite (*Londres,* 1874); en *mar.* de Trautz, 2,500 fr. au catal. Fontaine de 1875 et 1877.

Il existe plusieurs contrefaçons; l'une d'elles, bien exécutée, porte : *Suivant la copie imprimée pour l'auteur à Paris,* 1669, pet. in-12, de 84 pp.; M. Potier la croit exécutée en province, et non pas en Hollande, comme l'ont dit plusieurs bibliographes ; un exemplaire en *mar.* de Chambolle, 34 fr. Germeau.

M. Lacroix prend la peine d'indiquer plusieurs

différences qui servent à distinguer cette copie de l'original ; il nous semble que le signalement du titre suffit.

Il y a une autre contrefaçon sous la même date : *Sur l'imprimé à Paris chez Jean Ribou*, in-12, de 90 pp.

Enfin, nous en avons décrit nous-même une troisième au catal. Solar; conforme à la première, même titre, même nombre de pages, mais caractère plus petit et fleurons différents.

M. P. Lacroix dit : Nous pensons que cette contrefaçon est la suivante : *Sur l'imprimé aux dépens de l'autheur, à Paris, J. Ribou*, 1669, in-12, de VIII ff., 96 pp.; en *mar.* de Petit-Simier, 200 fr. Aug. Fontaine (1877).

Nous croyons cette assertion admissible; cependant le premier catal. Solar, le seul dont nous puissions garantir l'exactitude scrupuleuse, dit bien « même nombre de pages », ce qui entraîne 11 ou 12 ff. préliminaires.

Un exemplaire de cette édition, décrit au catal. Gancia de 1868, ne comporte que v ff. limin. et 96 pp.; le prix duquel, relié en *mar.* par Lortic (12 fr.), indique surabondamment qu'il était incomplet.

— LE ‖ TARTVFFE, ‖ ov ‖ l'Imposteur, ‖ comédie. ‖ Par I. B. P. de Molière. ‖ *A Paris, chez Iean Ribou...* M. DC. LXIX. *Avec privil. du Roy*, in-12, de 12 ff. limin., y compris la fig. et 96 pp.

L'achevé d'imprimer est du 6 juin 1669; la gravure n'existe pas dans l'édition originale; dans les feuillets liminaires se trouvent la préface de l'auteur, l'avis du libraire au lecteur, les trois placets au roi et le privilége.

Ces trois placets sont fort importants; ils ont trait au violent pamphlet du curé de Saint-Barthélemy (voy. ROULLÉ), qui avait réussi à faire interdire la représentation de *Tartuffe*.

250 fr. Chedeau ; 10 fr. Techener (1865) ; 10 fr. Huillard; en *mar.* de Trautz, 500 fr. au catal. Fontaine de 1877.

— L'IMPOSTEUR, ou le Tartuffe, comédie. *Suivant la copie imprimée à Paris (Holl., Elsev., à la Sphère)*, 1669, pet. in-12, de 84 pp.

En *mar.* de Chamholle, 49 fr. Potier.

Un bel exemplaire de cette jolie édition, réuni aux éditions elzev .de *Georges Dandin*, 1660 ; de *Sganarelle*, 1662 ; de *M. de Pourceaugnac*, 1670 ; du *Bourgeois gentilhomme*, 1671, et de *Psyché*, 1671, 135 fr. Gancia (1872).

— Réimpr. par les Elsevirs en 1671, 1674 (pet. in-12, de 96 pp., dont les XII premiers sans chiffres), et 1679.

— Il y a une autre réimpr., *Amsterdam, Henri Wetstein*, 1693, in-12, de 96 pp.

L'édition de Liége, 1706, in-12, que nous ne connaissons pas, est toute différente, suivant M. Lacroix.

— LE ‖ TARTUFFE, ‖ ou ‖ l'Imposteur, ‖ comédie. ‖ *A Paris, chez Claude Barbin*, 1673. Avec priv. du Roy. In-12, de XII ff. lim. et 96 pp.

Dernière édition, préparée par Molière, mais publiée, le 15 mars, après sa mort; elle offre quelques variantes intéressantes ; le privilége du 16 mars 1669 est répété, avec cette mention : « Cédé à Claude Barbin, suivant les actes passez par devant notaire. »

En demi-rel., 5 fr. Techener (1865) : un exemplaire, dans une bonne reliure du temps en *mar.* doublé, réuni au *Misanthrope* de 1675 et à *Amphitryon* de 1674, 195 fr. Germeau ; revendu 212 fr. Potier; 400 et 500 fr., suivant les conditions de reliure, aux divers catal. Aug. Fontaine.

— MONSIEUR ‖ DE POURCEAVGNAC, ‖ Co-

medie. ‖ Faite à Chambord, ‖ pour le Diuertissement du Roy. ‖ Par I. B. P. Molière. ‖ *A Paris, chez·Iean Ribou*, M.DC.LXX. *Avec Priuilége du Roy*. In-12, de IV ff. lim., et 136 pp.

Privilége daté du 20 février 1670, accordé à « J.-B. Pocquelin de Molière, l'un de nos comédiens » ; achevé d'imprimer le 3 mars 1670.

320 fr. Huillard; en *mar.* de Duru, 1,500 fr. Benzon; 1,500 fr. en *mar.* de Trautz, catal. Fontaine de 1875.

— MONSIEUR de Pourceaugnac. *Paris, Claude Barbin*, 1673, in-12, de III ff. limin. et 90 pp.

Dernière édition publiée du vivant de Molière, lorsque, après la rupture de son traité avec Jean Ribou, il traita pour l'édition de ses œuvres complètes avec Claude Barbin.

En *mar.* de Gruel, 40 fr. Giraud (1855) ; £ 10, Will. Tite, *Londres*, 1874 ; 5 fr. Tross (1865).

— MONSIEUR de Pourceaugnac, comédie faite à Chambord pour le divertissement du roy. *Suiv. la copie impr. à Paris (Holl., Elzevir, à la Sphère)*, 1670, pet. in-12, de 72 pp.

— Réimpr. par les Elzevirs en 1674 et 1679; plus tard par Wetstein *à Amsterdam*, en 1684 et 1693, in-12, de 72 pp.

— LE ‖ BOURGEOIS ‖ GENTILHOMME, ‖ comédie-ballet, ‖ faite à Chambord ‖ pour le Divertissement du Roy. ‖ Par I. B. P. Molière. *Et se vend pour l'autheur, à Paris, chez Pierre le Monnier*, M.DC.LXXI. *Auec Privilége du Roy*. In-12, de 2 ff. lim. et 164 pp.

Privilége du 31 décembre 1670 ; achevé d'imprimer du 18 mars 1671.

Le caractère de l'impression change et devient plus petit à la fin du IVe acte, à partir du commencement de l'intermède turc, page 140.

En *mar.* de Lortic, 1,285 fr. Aguillon (1870).

— Réimpr. *Paris, Claude Barbin*, 1673, in-12, de II ff. et 139 pp.

En *mar.* de Gruel, 30 fr. Ch. Giraud; *cartonné*, 10 fr. Techener (1865).

— LE BOURGEOIS gentilhomme, comédie-ballet. *Suivant la copie impr. à Paris (Holl., Elzev.)*, 1671, pet. in-12, de 108 pp.

— Réimpr. par les Elseviers en 1674 et 1680, puis par Wetstein, *Amsterdam*, 1688, pet. in-12, de 108 pp., avec une figure.

— PSYCHÉ. ‖ Tragédie-ballet. ‖ Par I. B. P. Molière. ‖ *Et se vend pour l'Autheur.* ‖ *A Paris, chez Pierre le Monnier, au Palais...* M.DC.LXXI. *Avec privilége du Roy*. In-12, de 2 ff. lim., 90 pp., et 1 feuillet pour le privilége, du 31 décembre 1670.

Achevé d'imprimer le 6 octobre 1671.

[*Bibl. cornélienne*, n° 95; *Bibl. moliéresque*, n° 21].

C'est, à notre avis, la plus rare des éditions originales de Molière; depuis les ventes de A. Bertin (22 fr.) et Giraud (100 fr.) nous ne pouvons en citer d'adjudication ; un exemplaire complet, mais bien loin d'être beau, en *mar.* de Trautz, figure au catal. Aug. Fontaine de 1877, au prix de 2,500 fr.

La tragédie-ballet de Psyché, dit M. P. Lacroix, fut réimprimée quatre fois au moins la même année.

— Une nouvelle édition en a été donnée en 1673, deux mois après la mort de Molière, ce qui permet de supposer que l'auteur avait pu en revoir les épreuves. *Paris, Claude Barbin*, 1673, in-12, de 11 ff. limin., 90 pp. et 1 f. pour le privilége; l'achevé d'imprimer, du 12 avril 1673.

On trouve quelquefois des exemplaires de cette édition avec le titre ainsi écrit : Phische, faute qui aura sans doute été corrigée pendant le tirage.

Le catal. Galuski (Voisin,1876) indique une édition avec l'achevé d'imprimer du 20 avril ; il doit y avoir eu là une erreur de chiffre lors de la composition typographique; l'exemplaire a été vendu 27 fr.

Il existe une contrefaçon de cette édition de Barbin, 1673, portant *sur l'imprimé à Paris, chez Claude Barbin*, 1673, in-12, de 94 pp., plus 1 f. pour l'extrait de privilége.

Un exemplaire, paraissant incomplet, puisqu'il ne comptait que 92 pp., plus le feuillet de privilége, n'a été vendu que 8 fr. Favart.

— PSICHÉ, tragédie-ballet. *Suivant la copie imprimée à Paris* (Holl., Elzev., à la Sphère), 1671, pet. in-12, de 82 pp.

— Réimpr. par les Elseviers en 1675. Pet. in-12, de 84 pp., et en 1680 par H. Wetstein, *Amsterdam*, 1684, pet. in-12, avec une figure; et 1693, in-12, de 84 pp.

— Dans le *Recueil des Opéra. Suiv. la copie de Paris, Amsterdam, Abr. Wolfgang*, 1684, in-12, fig., 1er vol., et dans une autre édition, portant le titre de : *Le Parnasse françois. Recueil des Opéra. Anvers, chez Henry van Dunwaldt*, 1688, in-12, 1er vol.

Cette dernière édition, à la Sphère, est charmante et digne des Elzevirs.

— LES FOURBERIES ‖ de ‖ Scapin. ‖Comedie. ‖ Par I. B. P. Molière. ‖ *Et se vend pour l'Autheur, à Paris, chez Pierre le Monnier, au Palais.* M. DC. LXXI. In-12, de 2 ff. dont le titre, 123 pp. et 2 ff. non chiffrés pour la fin du privilége.

A la suite du privilége, l'achevé d'imprimer du 18e jour d'aoust 1671.

C'était, il y a trente ans, la plus rare des pièces de Molière, et M. de Soleinne n'avait pu se la procurer ; la publication du catal. de ce célèbre collectionneur en fit surgir plusieurs exemplaires, qui se vendirent aussitôt de 100 à 150 fr.; le bel exemplaire de M. Solar, vendu 500 fr., avait coûté ce dernier prix, non compris la reliure.

2,500 fr., en *mar.* de Trautz, au catal. Auguste Fontaine de 1875 ; 2,000 fr., dérelié, au catal. Morgand et Fatout de 1877; un exemplaire encore plus beau, puisqu'il était annoncé *le plus beau connu*, figurait au prix de 2,250 fr. chez les mêmes libraires, dans un catalogue de l'année précédente ; un autre exempl. 2,000 fr. en 1877, et relié par Trautz, en *maroquin* 2,200 fr. en janvier 1878.

— LES FOURBERIES de Scapin, comédie. *Suivant la copie imprimée à Paris* (Holl., Elsev., à la Sphère), 1671, pet. in-12, de 82 pp.

En *mar.* de Masson-Debonnelle, 80 fr. au 1er catal. Morgand et Fatout (1876).

Il y a sous la même date, dit M. Lacroix, une réimpression elzevirienne de 108 pp.

— Réimpr. par les Elseviers en 1675, pet. in-12, de 84 pp., et en 1680; et par H. Wetstein (*Amsterdam, Jacques le Jeune*), 1684, pet. in-12, de 82 pp. avec une figure, et 1693, in-12 de 84 pp.

— LES ‖ FEMMES sçavantes. ‖ Comédie. ‖ Par I. B. P. Molière. ‖ *Et se vend pour*

l'autheur. A Paris, au Palais, et chez Pierre Promé. M. DC. LXXIII. *Avec privilége du Roy.* In-12, de 2 ff. lim. comprenant le titre et le privilége, et 92 pp.

Privilége du 21 décembre 1672 et achevé d'imprimer du 10 décembre 1672.

Sans dédicace ni préface.

Il existe, dit M. Lacroix, des exemplaires à la date de 1672, qui pourraient bien appartenir à un premier tirage de l'édition originale.

30 fr. seulement, d'Ortigue; en *vélin*, bel exemplaire, 425 fr. Chedeau; un bel exemplaire, 90 fr, seulement, 8e vente, Techener (1865); en *vélin*, 165 fr. Favart; en *mar.* de Trautz, bel exemplaire, 650 fr. Germeau, et un second exemplaire, en *mar.* de Thibaron, 400 fr. ; un exemplaire préparé pour la reliure, 155 fr. M. H. D. M. (Potier, 1867); l'exemplaire Huillard, qui n'a été vendu que 80 fr., était évidemment incomplet ou affreux ; il a été revendu le même prix chez M. Potier en 1872; un bel exemplaire, 450 fr, Danyau; en *mar.* de Chambolle-Duru, 555 fr. Benzon ; non relié, très-rogné, 105 fr. Voisin (1876); en *mar.* de Trautz, 2,500 fr. au catal. Fontaine de 1875 et de 1877; un second exemplaire, à ce dernier catal., en *mar.* de Chambolle, 1,000 fr., et un 3e, rogné à la lettre, lavé, maculé, affreux en un mot, sans valeur, 400 fr.; un exemplaire dérelié, annoncé grand de marges, sans aucun défaut, 2,000 fr. au catal. Morgand et Fatout de janvier 1877; et en *mar.* de Trautz, 2,200 fr. au catal. des mêmes libraires de janvier 1878.

— LES FEMMES sçavantes, comédie. *Suiv. la copie impr. à Paris* (Holl., Elzev., à la Sphère), 1674, pet. in-12, de 84 pp.

— Réimpr. par les Elzevirs en 1678, pet. in-12, avec une figure, et par H. Wetstein, en 1683 et 1692, également de 84 pp.

C. — *Comédies imprimées après la mort de Molière.*

— LE MALADE Imaginaire, comédie, meslée de musique et de dance, représentée sur le théâtre du Palais-Royal. Par feu de Molière. *Suivant la copie imprimée à Paris* (Holl., à la Sphère), 1673, pet. in-12, de 36 pp.

Édition citée au *Manuel;* elle ne donne que le prologue et les intermèdes.

— LE MÊME. *Suiv. la copie impr. à Paris* (Holl., Elzev., à la Sphère), 1674, pet. in-12, de 72 pp.

Cette édition au contraire, dans laquelle le texte est altéré, ne contient ni le prologue ni les intermèdes; elle semble faite pour compléter la précédente.

50 fr. au catalogue Morgand et Fatout.

— Réimpr. par les Elzeviers en 1679 avec le prologue et les intermèdes, pet. in-12, de 119 pp.

— Réimpr. encore par Wetstein, *Suiv. la copie imprimée à Paris*, 1690, pet. in-12, de 120 pp.

— LE MALADE Imaginaire, comédie meslée de musique et de dance, par M. de Molière. *Paris, Estienne Loyson*, 1674, in-8, de 112 pp.

Le seul exemplaire connu de cette édition, qui n'a point été décrite, appartient à M. James de Rothschild.

Nous empruntons au catalogue de cette bibliothèque, rédigé par M. Picot, les remarques qui suivent.

Bien que portant la rubrique de Paris et le nom de Loyson, cette édition est d'origine hollandaise. On y remarque, comme dans presque tous les livres dus aux presses de ce pays, des réclames en bas de chaque page. A-t-elle précédé ou suivi l'édition de J. Sambix, 1674, in-12, qui passe pour être la première édition ? c'est là un point difficile à résoudre.

Le texte est le même, moins l'indication d'un très-grand nombre de jeux de scène et quelques variantes légères; cette édition est d'ailleurs plus correcte que celle de Sambix, qui contient en plus les deux prologues. « Certains détails, ajoute M. Picot (qui n'indique pas quels sont ces détails), nous porteraient à croire que cette édition d'Est. Loyson est celle qui a servi à l'édition des OEuvres de 1674, et que l'éditeur de cette dernière s'est borné à y faire quelques corrections et additions. »

— LE MALADE imaginaire, comédie meslée de musique et de danses, par Monsieur de Molière. *S. l. n. d.*, in-12, de 151 pp.; le verso du dernier feuillet est blanc.

Édition qui fait suite aux 6 volumes de l'édition collective des *OEuvres*, publiée à Paris par Denys Thierry, en 1674, en vertu du privilége donné à Molière le 18 mars 1671.

— LE MALADE imaginaire, comédie en trois actes, melez de danses et de musique. *Amsterdam, Daniel Elzevier*, 1674, in-12, de 40 et 106 pp., plus 3 ff. non chiffrés.

Contrefaçon exécutée dans quelque ville de province et qui n'a rien absolument d'elzevirien; c'est une plate imitation de la pièce de Molière, rédigée par un spectateur, qui en avait retenu des fragments; on y joignit les vers de ballet et les intermèdes tirés du programme in-4, publié par Ballard.

— LE MALADE imaginaire, comédie en trois actes, meslée de danses et de musique. *Amsterdam, Dan. Elzevir*, 1674, in-12.

Cette contrefaçon figure dans un catal. Tross de 1855; elle a été donnée en France, et elle est signalée comme formée de 104 pp., et inconnue à tous les bibliographes.

— LE MALADE imaginaire, comédie meslée de musique et de dance, par M. de Molière. *A Cologne, Jean Sambix*, 1674, in-12, de XII ff. limin. et 130 pp.

Contrefaçon française, assez bien exécutée, et dont le texte, d'une exactitude relative, n'outrage en rien la mémoire de Molière; et pourtant, dit la préface, elle est due à un effort de la mémoire d'une personne qui en a vu plusieurs représentations; c'est de cette édition que M. Brunet dit que son texte ne présente pas de différence avec celui de 1675, et qu'elle a pu être faite sur une copie du manuscrit original de Molière.

En *mar.* de Belz-Niédrée, 325 fr. Guntzberger.

— LE MALADE imaginaire..... *Sur la copie imprimée à Cologne, Rouen, Ant. Maury*, 1680, pet. in-12. de 130 pp.

Contrefaçon rare, faite sur l'édition de Sambix, qui précède.

28 fr. Bordes.

— LE MÊME. *Brusselles, George de Backer*, 1694, in-12.

La préface de cette édition, dit Aimé-Martin, donne des détails fort curieux sur les efforts faits par la faculté pour empêcher les représentations de l'ouvrage; elle donne de plus des indications précieuses de costumes et de mise en scène.

— LE MÊME. *S. l. n. d.* (*Holl.*). in-12.

Édition indiquée, mais non décrite, par M. Lacroix.

— LA PRINCESSE D'ÉLIDE, comédie du sieur Mollière, ensemble les Plaisirs de l'Isle enchantée; Course de bague; Collation... *Suivant la copie imprimée à Paris (Holl., Elsev., à la Sphère)*, 1674, pet. in-12, de 108 pp.

Réimpr. par Elsevier en 1679, et à *Amsterdam, par Wetstein (Guillaume le Jeune)*, 1684 et 1689, avec une figure.

L'édition d'*Amsterdam*, 1693, in-12, de 108 pp., porte le nom même de Henri Wetstein.

— LE || FESTIN || de || Pierre, || comédie.|| Par || J. B. P. de Molière. || Édition nouvelle et toute différente de celle qui || a paru jusqu'à présent. || *A Amsterdam*, M.DC.LXXXIII, pet. in-12, de 2 ff. lim. et 72 pp., plus une fig. qui représente le festin.

Édition précieuse, qui contient la scène du pauvre *in integro*, ainsi que la scène qui précède, tronquée dans la plupart des éditions.

La première édition en avait été donnée par Vinot et Lagrange, dans l'édition de 1682, mais le texte de 1683 est plus complet et plus hardi.

Ordinairement 60 à 80 fr.; un exemplaire dans une belle reliure de Trautz, 250 fr. Double, ce qui avait paru alors un prix singulièrement élevé; depuis 300 fr. Yéméniz, en *mar. doublé* de Niédrée; en *mar.* de Duru, 320 fr. Germeau; de 0ᵐ133, 200 fr. La Villestreux; en *mar.* de Trautz, jusqu'à 780 fr. H. Bordes, et en *mar.* de Duru, 750 fr. Leb. de Montgermont; reporté à 950 fr. au catal. Morgand et Fatout (1876); en *mar.* de Trautz, 800 fr. Aug. Fontaine, 1877.

— LE FESTIN de Pierre, comédie de Molière; édition nouvelle et toute différente de celle qui a paru jusqu'à présent. *Brusselles, George de Backer*, 1694, in-12.

On y trouve la scène du pauvre et certaines variantes que ne donne pas l'édition de Wetstein.

50 fr. Soleil.

On sait que les Elzevirs, pour compléter leurs éditions de 1675 et de 1679, avaient donné : *Le Festin de Pierre ou l'Athée foudroyé* (de Dorimond). *Suiv. la copie*, 1674, pet. in-12, de 74 pp. Cette supercherie était indigne des Elzevirs, dit, avec raison, M. Lacroix.

— LES FRAGMENTS de Molière, comédie (par Champmeslé). *Paris, Jean Ribou*, 1682, in-12, de 58 pp., non compris le titre.

Première édition, sans privilège, imprimée probablement à Lyon.

Ce sont des fragments du *Festin de Pierre*, qui fut publié *in extenso* la même année, par Vinot et Lagrange; on y trouve quelques scènes qui ne se retrouvent plus dans la pièce publiée sur les manuscrits de l'auteur.

200 fr. au catal. Fontaine de 1875 et de 1877.

— LE MÊME. *La Haye, Adr. Moetjens*, 1682, in-12, de 41 pp.

Avec le nom de Brécourt, à la place de celui de Molière.

— DOM GARCIE de Navarre, ou le Prince jaloux, comédie héroïque. *Suivant la copie imprimée à Paris (Hollande, à la Sphère)*, 1684, pet. in-12.

La première édition de cette comédie, qui n'avait pas été imprimée séparément, parce qu'elle était restée fort peu de temps au répertoire, fut donnée pour la première fois par Vinot et Lagrange, avec les œuvres posthumes, dans la belle édition de 1682.

Elle a été réimpr. par Henri Wetstein, *à Amsterdam, Guil. le Jeune,* 1689 (à la Sphère), pet. in-12. de 71 pp., avec une figure.

— LA COMTESSE d'Escarbagnas, comédie. *Suivant la copie imprimée à Paris, Amsterdam, chez Guillaume le Jeune (Henri Wetstein, à la Sphère),* 1684 et 1689, pet. in-12, de 32 pp., avec une figure.

La première édition avait été donnée par Vinot et Lagrange, avec les œuvres posthumes, en 1682.

—- L'IMPROMPTU de Versailles, comédie. *Suivant la copie imprimée à Paris (Holl., à la Sphère),* 1684, pet. in-12, de 35 pp., avec une figure.

La première édition a été donnée par Vinot et Lagrange, dans le 7ᵉ volume de l'édition de 1682.

— Réimpr. à *Amsterdam, Guillaume le Jeune,* 1689, in-12, fig., 35 pp., la 36ᵉ est blanche.

Cette édition est donnée par H. Wetstein.

— MÉLICERTE, comédie pastorale héroïque. *Suivant la copie imprimée à Paris (Holl., à la Sphère),* 1684, pet. in-12, de 32 pp., avec une figure.

— *Amsterdam, Guillaume le Jeune (H. Wetstein),* 1689, pet. in-12, de 32 pp., une figure.

La première édition est donnée par Vinot et Lagrange, dans l'édition de 1682.

— MYRTIS et Mélicerte, pastorale héroïque. *Paris, P. Trabouillet,* 1699, in-12.

C'est la pièce de Molière, restée inachevée, dit M. Potier, à laquelle le comédien Guérin, fils de la veuve de Molière, a ajouté un troisième acte. Les deux premiers actes, qui étaient en grands vers, ont été mis par lui en vers irréguliers.

75 fr. Chedeau.

D. -- *Ballets et fêtes de la cour.*

— LES PLAISIRS de l'Isle enchantée. (Première journée : course de bague faite par le Roy à Versailles, le 6 may 1664 ; deuxième journée : la Princesse d'Elide, comédie de Molière ; troisième journée : le Ballet du palais d'Alcine et les entrées.) *Paris, Robert Ballard,* 1664, 3 parties in-4, de 24, 4 et 19 pp.

Première édition, qui ne comprend pas *la Princesse d'Elide ;* les vers de la relation sont de Benserade et du Président de Périgny ; la relation elle-même est de Charles Perrault.

31 fr. De Lassize ; 50 fr. Chedeau ; en *mar.* de Chambolle, 60 fr. baron Pichon.

On ajoute à ces trois parties des *Plaisirs de l'Isle enchantée* :

— LISTE du divertissement de Versailles et les noms de ceux qui y sont employez. *S. l. n. d.,* in-4, de 10 pp.

— LES PLAISIRS de l'Isle enchantée, course de bague, collation ornée de machines, comédie meslée de danse et de musique, ballet du palais d'Alcine, feu d'artifice : et autres festes galantes et magnifiques, faites par le Roy à Versailles, le 7 mars 1664. Et continuées plusieurs autres Iours. *A Paris, chez Robert Ballard,* 1664, in-fol., de 71 pp. chiffrées pour les deux premières journées, et 12 pp. non chiff. pour la troisième, avec 9 grandes gravures dessinées et grav. par Israel Silvestre, et 11 planch. in-fol.

de Le Pautre et Chauveau. — La seconde journée est l'édition originale de la *Princesse d'Elide,* complète avec ses intermèdes et ses arguments, sans lesquels elle a été réimprimée depuis dans la troisième journée, qui contient l'édit. originale du *Palais d'Alcine,* ballet dont les vers sont de Benserade ; on trouve au rᵒ du dernier f. le passage contenant un blâme adressé par le roi à la comédie du *Tartuffe.*

M. Didot possède de ce curieux volume un splendide exemplaire, aux armes de Colbert ; un autre bel exemplaire en *mar.,* aux armes de Louis XIV (rel. dite du Louvre), 205 fr. Potier (1870) ; est-ce le même qui figure au 1ᵉʳ catal. des libraires Morgand et Fatout au prix modéré de 250 fr. ?

— LES PLAISIRS de l'Ile enchantée : Course de bague, comédie de Mollière ; de la Princesse d'Elide, meslée de danse et de musique..... le 7 may 1664, etc. *Paris, chez Robert Ballard, Thomas Jolly, Guill. de Luyne et Louis Billaine,* 1665, in-12, de 132 pp., et 2 ff. pour le privilège du 7 janvier 1665.

Dans ce privilège, comme dans le cours du volume, le nom de Molière est écrit avec deux ll.

L'achevé d'imprimer est du dernier janvier 1665.

— Réimpr. en 1668, *Jean Guignard,* in-12, de 96 pp.

En *mar.* de Trautz, 500 fr. au catal. Fontaine.

— LA PRINCESSE d'Elide, comédie héroïque, par Molière, meslée de musique et d'entrée de ballet. *Paris, Robert Ballard,* 1669, in-4, de 17 pp., non compris le titre.

Ce ne sont que les intermèdes ; il y a, dit M. P. Lacroix, dans cette réimpression, quelques variantes à recueillir.

22 fr. Techener (1865).

— LES PLAISIRS de l'Isle enchantée... *Paris, Imprimerie royale,* 1673. -- Les Divertissements de Versailles, donnés par le roy à toute sa cour, en l'année 1676. *Paris, Impr. royale,* 1676, in-fol.

La première partie contient les 9 planches d'Israel Silvestre ; la seconde partie a 6 des XI planches de Lepautre et Chauveau.

Nous croyons que l'édition de la première partie est la même édition que celle de 1664, avec un nouveau titre et un nouveau tirage des planches.

120 fr. Huillard.

— LE MARIAGE forcé, ballet du Roy, dansé par Sa Majesté. *Paris, Rob. Ballard,* 1664, in-4, de 12 pp.

C'est seulement le livret du ballet ; on y trouve quelques vers de Molière.

5 fr. De Lassize ; 20 fr. Germeau ; 47 fr. Potier ; 400 fr. au catal. Morgand et Fatout.

— LE BALLET des Muses, dansé par Sa Majesté à son château de Saint-Germain-en-Laye, le 2 décembre 1666. *Paris, Robert Ballard,* 1666, in-4, de 80 pp., chiffrées 1 à 47, et 29 à 60.

15 entrées ; c'est dans la 3ᵉ que se trouve la *Pastorale comique,* en 15 scènes, que Molière jeta au feu plus tard ; on n'a ici que le programme et environ 120 vers qui avaient été mis en chant ; la comédie du *Sicilien* figurait aussi dans la XVᵉ entrée ; on a conservé le canevas et les deux scènes chantées par les Musiciens et les Esclaves Turcs.

Le volume se termine (pp. 29-60) par les vers de Benserade sur *la personne et le personnage de ceux qui dansaient au ballet*, le Roy, Madame, Mesdames de La Vallière et de Montespan.

Un exemplaire un peu rogné a été vendu 30 fr. Bordes.

— LE GRAND DIVERTISSEMENT royal de Versailles. *Paris, Rob. Ballard*, 1668, in-4, de 20 pp.

Programme, avec les intermèdes, de la comédie de *George Dandin*.

20 fr. H. Bordes.

— LES AMANS magnifiques, comédie meslée de musique et d'entrées de ballet. *Suivant la copie imprimée à Paris (Hollande, à la Sphère)*, 1684, in-12, de 72 pp.

— Réimpr. *à Amsterdam, chez Guil. le Jeune (H. Wetstein)*, 1689, pet. in-12, de 72 pp.

— LE DIVERTISSEMET de Chambord, meslé de comédie, de musique et d'entrée de ballet. *Blois, J. Hottot*, 1669, in-4, de 13 pp.

Intermèdes de *M. de Pourceaugnac*, c'est-à-dire la scène des Apothicaires et la consultation des deux Avocats.

Première édition.

47 fr. Bordes; en *mar.* de Chambolle, 130 fr. Germeau.

— LE DIVERTISSEMENT royal, meslé de comédies, de musique et d'entrée de ballet. *Paris, Robert Ballard*, 1670, in-4, de 43 pp.

Édition originale donnée par Molière, qui, dit M. Lacroix, n'a publié ici que les intermèdes des *Amans Magnifiques*, mis en musique par Lully. La pièce elle-même parut pour la première fois, avec les *OEuvres posthumes*, dans l'édition donnée par Vinot et Lagrange en 1682.

44 fr. Germeau.

— LE DIVERTISSEMENT royal. *Paris, Rob. Ballard*, 1670, in-4, de 30 pp. et 1 feuillet blanc.

A partir de la page 13, le texte de cette seconde édition diffère essentiellement de celui de la première.

400 fr. au catal. Fontaine de 1875.

— LE BOURGEOIS gentilhomme, comédie-ballet, donné par le roy à toute sa cour, dans le chasteau de Chambord, au mois d'octobre 1670. *Paris, Rob. Ballard*, 1670, in-4, de 26 pp., non compris le titre.

C'est le programme des intermèdes de la comédie; il fut réimprimé par Christ. Ballard, en 1681, in-4, pour une reprise de cette comédie-ballet au château de Saint-Germain.

— PSYCHÉ, tragi-comédie et ballet, dansé devant Sa Majesté, au mois (le 16) de janvier 1671. *Paris, Rob. Ballard*, 1671, in-4, de 44 pp.; dont la dernière blanche.

Il n'y a là que le programme de la pièce; Molière étant muni d'un privilège, Ballard ne put imprimer que ce programme, les vers du ballet de Quinault et

le premier intermède attribué, sans beaucoup de fondement, à Lully.

30 fr. Germeau.

Nous trouvons au catal. Favart une édition qui diffère de celle-ci; elle est également signalée par M. Lacroix.

— LE GRAND ballet de Psyché, dansé devant Sa Majesté. *Paris, R. Ballard*, 1671, in-4, de 40 pp.

L'exemplaire Favart, un peu rogné, fut vendu 61 fr.; en *mar.* de Chambolle-Duru, 50 fr. Germeau; 82 fr. Huillard.

Cette édition donne le programme, les vers de Quinault et l'intermède, mais avec de notables différences.

— BALLET des Ballets, dansé devant le Roy à Saint-Germain-en-Laye, au mois de décembre 1671. *Paris, Robert Ballard*, 1671, in-4, de 64 pp.

L'avant-propos nous apprend que, pour les fêtes du mariage de la princesse Palatine avec Monsieur, duc d'Orléans, le roi choisit lui-même les plus magnifiques divertissements qui avaient été représentés devant lui jusque alors, et chargea Molière du cadre dans lequel devaient être intercalés ces divers fragments.

On y trouve les divertissements du *Bourgeois gentilhomme*, de *la comtesse d'Escarbagnas* et la *Pastorale comique*, composée également par Molière, et dont malheureusement il n'est resté que la deuxième scène, qui est ici.

30 fr. H. Bordes.

— Le programme de ce *Ballet des Ballets* a été imprimé à part, *Paris, R. Ballard*, 1671, in-4; il contient quelques extraits de *la comtesse d'Escarbagnas*.

(Bibl. nationale).

— LES FÊTES de l'Amour et de Bacchus, pastorale, en trois actes et un prologue, représentée le 13 novembre 1672, par l'Académie royale de musique. *Paris, François Muguet*, 1672, in-4, de IV ff. lim., et 48 pp., avec fig.

M. Lacroix signale des exemplaires avec ce colophon : *On la vend à Paris, à l'entrée de la porte de l'Académie royale de musique, près Luxembourg, vis-à-vis Bel-Air*.

Cette pastorale a été réimpr. dans le premier volume du *Recueil des opéra, Suiv. la copie, Amst., Abr. Wolfgang*, 1684, in-12, fig., et dans le premier volume d'une jolie édition elzevirienne, qui porte le titre de : *Le Parnasse françois. Recueil des opéra. Anvers, H. van Dunwaldt*, 1688, in-12, 1er vol.

— L'IDYLLE et les Festes de l'Amour et de Bacchus, pastorale de Jean Racine, Philippe Quinault et Jean-Baptiste Pocquelin de Molière, et la musique de Lully, représentée par l'Académie de musique. *Paris, Christophe Ballard*, 1689, in-4.

(P. Lacroix, *Bibliogr. moliéresque*.)

— LE MALADE imaginaire, comédie-ballet, meslée de musique et de dance, représentée sur le théâtre du Palais-Royal, le 10 février 1673. *Paris, Christ. Ballard*, 1673, in-4, de 36 pp.

On ne trouve là que les intermèdes de la comédie, mis en musique par Charpentier.

— LE MÊME. *Paris, Guil. Adam*, 1674, in-4.

Ce sont les mêmes intermèdes de la comédie, mais avec des variantes.

M. Lacroix fait remarquer que cette édition, publiée en concurrence avec celle de Ballard, a dû être donnée avec l'aveu tacite de la veuve de Molière.

Un exemplaire très-rogné, 6 fr. 50 c. Germeau ; 21 fr. Potier ; 80 fr. II. Bordes.

— LE MÊME. *Suivant la copie impr. à Paris* (*Holl., Elsevier, à la Sphère*), 1675, pet. in-12, de 36 pp.

Cette édition hollandaise ne contient que le prologue et les trois intermèdes, bien que le titre promette davantage.

E. — *Poésies diverses.*

— LA GLOIRE du Val de Grace, par Jean-Baptiste Poquelin de Molière. *Paris, Pierre le Petit*, 1669, in-4, de 24 pp., avec vignettes et culs-de-lampe d'après Mignard.

Privilége du 5 décembre 1668.

M. Paul Lacroix signale deux sortes d'exemplaires, tous deux faisant partie de la Bibl. de M. de Lignerolles : dans les uns, le titre porte un sujet gravé, et le volume est orné de deux grandes gravures de Chauveau ; dans l'autre il n'y a qu'une gravure et le titre ne porte pas de sujet gravé.

— REMERCIMENT au Roy. *Paris, Guillaume de Luyne et Gabriel Quinet,* 1663, in-4, de 4 pp.

Édition originale d'une pièce réimpr. l'année suivante sous le format in-12, et mise, en guise de préface, en tête des recueils factices des pièces de Molière, publiées jusqu'en 1674.

Cette pièce est fort rare en édition originale ; M. de Lignerolles en possède un bel exemplaire ; celui de M. de Lurde fait aujourd'hui partie de la bibl. de M. de Ruble.

F. — *Pièces satiriques pour et contre Molière.*

— LA DÉROUTE des Prétieuses, mascarade. *Paris, Alexandre Lesselin*, 1659, in-4, de 8 pp.

M. P. Lacroix attribue cette pièce fort rare à T.-P. de Subligny, avocat et comédien, lequel rédigeait en vers, à la même époque, la *Muse de la cour*, publiée périodiquement par Al. Lesselin.

— LES VÉRITABLES Prétieuses, comédie (en vers, par Baudeau de Somaize). *Paris. Jean Ribou*, 1660, pet. in-12, de VI ff. limin. et 72 pp.

Privilége du 12 janvier 1660, et par conséquent antérieur à celui de G. de Luyne, avec ou sans l'assentiment de Molière, obtint pour l'impression des *Prétieuses ridicules*.

— LES MÊMES. *Paris, J. Ribou*, 1660, in-12, de VI-72 pp.

Cette seconde édition parut au mois de septembre ; l'auteur, menacé d'un procès par Molière, consentit à retrancher le passage de la tragédie de la *Mort de l'Eusses-tu-Cru, lapidé par les femmes*, qu'il remplaça par un *Dialogue de deux prétieuses* et un *Avis au lecteur*.

— Réimpr. en Hollande. *Suiv. la copie impr. à Paris*, 1660, pet in-12, de 56 pp.

— LES MÊMES. *Genève, J. Gay*, 1868, pet. in-12, de XII-56 pp.

100 exemplaires numérotés ; la réimpression est augmentée d'une notice bibliographique de M. Paul Lacroix.

— LE PROCEZ des Prétieuses, en vers burlesques,

comédie (par Somaize). *Paris, Jean Ribou*, 1660, in-12, de VIII ff. limin., 74 pp., et 3 ff. pour le privilége et l'errata.

Il y a des exemplaires à l'adresse d'Étienne Loyson et de Jean Guignard ; et une réimpression, en 1661, exécutée chez ce dernier libraire.

— RÉCIT, en prose et en vers, de la farce des Précieuses. *Paris, G. de Luyne* (ou *Cl. Barbin*), 1660, in-12, de 2 ff. limin. et 32 pp.

De Mlle des Jardins, depuis Mme de Villedieu.

— Réimpr. à *Anvers, chez Guillaume Colles*, 1666, pet. in-8.

— Réimpr. par M. Ed. Fournier, avec de bonnes notes, dans les *Variétés historiques et littéraires* de Jannet, t. IV, p. 285 et suiv.

— LA COCUE imaginaire (en 1 acte et en vers, par le sieur Doneau). *Paris, Jean Ribou*, 1662, pet. in-12, de VI ff. et 35 pp.

On a lieu de supposer, dit M. P. Lacroix, qu'une première édition, portant le titre des *Amours d'Alcippe et de Céphise*, a été supprimée, peut-être à la requête de Molière, car on lit au-dessous du privilége de celle-ci : Achevé d'imprimer, pour la seconde fois, le 27 mai 1662 ; cette première édition aurait totalement disparu.

Bien que la dédicace soit signée F. D., que l'on a traduit par François Donneau ou Doneau, il est à peu près acquis aujourd'hui que l'auteur de cette comédie satirique est Jean Donneau de Visé.

— Réimpr. à *Amsterdam par Abr. Wolfgang, suiv. la copie imprimée à Paris*, 1662, pet. in-12, de V ff. limin. et 26 pp.

— LA MÊME, avec une notice par M. P. Lacroix. *Turin, J. Gay*, 1870, in-12, de X et 48 pp.

Tiré à 100 exemplaires numérotés.

— PANÉGYRIQUE de l'École des femmes, ou la Conversation comique sur les OEuvres de M. de Molière, comédie en prose, en 1 acte (par Robinet). *Paris, Pépingué*, 1663, in-12, de IV ff. limin. et 97 pp.

L'indication du nom de l'auteur, dit M. Taschereau, est fournie par le registre de l'ancienne chambre syndicale des imprimeurs et libraires, contenant les priviléges.

— LE MÊME. *Paris, Ch. de Sercy*, 1664, pet. in-12.

40 fr. Chedeau.

— ZÉLINDE, comédie, ou la Véritable critique de l'Escole des femmes et la Critique de la Critique. *Paris, Guil. de Luyne* (ou *Claude Barbin*), 1663, pet. in-12, de 161 pp.

Privilége du 15 juillet 1663 ; achevé d'imprimer le 4 août.

11 fr. Potier.

— LA MÊME. *Amsterdam, Raphael Smith*, 1664, in-12.

Cette comédie est attribuée par plusieurs bibliographes à Donneau de Visé ; M. Lacroix la croit de Villiers, comédien de l'Hôtel de Bourgogne.

— LA MÊME, avec une notice par P. Lacroix. *Genève, J. Gay*, 1868, pet. in-12, de XI-71 pp.

100 exemplaires numérotés.

— LE PORTRAIT du peintre, ou la Contre-Critique de l'École des femmes, comédie en vers, en 1 acte, par le sieur Boursault. *Paris, Charles de Sercy* (ou *Jean Guignard*), 1663, in-12.

Privilége du 30 octobre 1664, achevé d'imprimer le 5 décembre.

Une édition elzevirienne de cette pièce avait été donnée à Amsterdam, *suivant la copie impr. à Paris* (à la Sphère), 1662, pet. in-12.

— LA GUERRE comique, ou la Défense de l'Escole des femmes, par le sieur de la Croix. *Paris,*

Pierre Bienfait, 1664, pet. in-12, de VI ff. limin. et 96 pp.

Privilége du 13 février 1664.

On croit que l'auteur de cette spirituelle *défense* est le romancier Preschac.

— LA MÊME, avec une notice bibliogr. par P. Lacroix. *Genève, J. Gay*, 1868, pet. in-12, de VIII-71 pp,

100 exemplaires numérotés.

— L'IMPROMPTU de l'Hostel de Condé, comédie en 1 acte, en vers, par A. J. de Montfleury. *Paris, Pépingué*, 1664, in-12, de II ff. limin., 28 pp. et 3 ff. non chiffrés.

Cette première édition d'une violente satire se termine par des pièces de vers sur la querelle des comédiens rivaux de l'Hôtel de Bourgogne et du Palais-Royal.

Réimpr. dans toutes les éditions de Montfleury.

— LA VENGEANCE des marquis, ou Réponse à l'Impromptu de Versailles, comédie. *Paris, Estienne Loyson*, 1664, pet. in-12.

L'auteur est J. de Villiers, de l'Hotel de Bourgogne.

Cette pièce n'a paru que dans un recueil intitulé : *Les Diversitez galantes, contenant les Soirées des Alberges* (sic). *Paris, Cl. Barbin* (ou *Gabriel Quinet*), 1664, in-12, pages 79-155.

— LA MÊME, avec une notice par M. Lacroix. *Turin, J. Gay*, 1869, pet. in-12, de VIII-35 pp.

100 exemplaires numérotés.

— LES AMOURS de Calotin, comédie (par Chevalier). *Paris, Gabr. Quinet*, 1664, in-12, de VI ff. limin. et 72 pp.

Le privilége, en date du 30 janvier 1664, est donné à Charles de Sercy; on trouve des exemplaires au nom de plusieurs autres libraires.

Il n'est question de Molière qu'au premier acte de cette comédie.

— LES MÊMES, avec une notice par M. P. Lacroix. *Turin, J. Gay*, 1870, in-12, de VIII-74 pp.

100 exemplaires numérotés.

— OBSERVATIONS sur une comédie de Molière, intitulée le Festin de Pierre (par le sieur de Rochemont, avocat). *Paris, Nic. Pépingué*, 1665, pet. in-12, de 48 pp., titre non compris.

Permis d'imprimer du 8 avril 1665.

Cette édition sans titre est considérée par M. Lacroix comme la première.

La seconde édition, semblable à la précédente, et publiée par Pépingué, est accompagnée d'un privilège du 10 mai 1665, dans lequel se trouve nommé l'auteur : B. A. sieur de Rochemont; elle a été vendue 5 fr. 50 c. Favart.

— OBSERVATIONS sur une comédie de Molière, intitulée le Festin de Pierre, par le sieur de Rochemont. *Sur l'imprimé à Paris, chez N. Pépingué*, 1665, pet. in-12, de 48 pp., titre non compris.

7 fr. 50 c. Favart; en *mar.* de Chambolle, 40 fr. Potier (1872); revendu 125 fr. Leb. de Montgermont, et 225 fr. au catal. Fontaine de 1877; en demi-rel., 10 fr. Garde.

Il y a encore une édition, qui porte au titre les seules initiales B. A. S. D. R.; elle est également à la date de 1665, et porte le nom de N. Pépingué. M. Lacroix n'a pas vu cette édition, que nous avons rencontrée, mais sans en prendre la description.

— OBSERVATIONS sur le Festin de Pierre, par de Rochemont, et Réponses aux observations; réimpr. textuelles... avec notices bibliogr. par le bibliophile Jacob. *Genève, J. Gay*, 1869, pet. in-12, de XI-65 pp., plus 1 f. de table.

100 exemplaires numérotés.

— RESPONSE aux observations touchant le Festin de Pierre de Monsieur Molière. *Paris, Gabriel Quinet*, 1665, pet. in-12, de 32 pp. avec permission.

— LETTRE sur les observations d'une comédie du sieur Molière, intitulée le Festin de Pierre. *Paris, Gabr. Quinet*, 1665, pet. in-12, de 58 pp.

Ces deux pièces, au style précis et nerveux, sont attribuées par M. Lacroix à Molière lui-même; et cette hypothèse est parfaitement admissible; la dernière a été vendue 15 fr. 50 c. Favart.

— LETTRE sur la comédie de l'Imposteur. *S. l.*, 1667, pet. in-12, de IV ff. limin. et 124 pp., plus 1 f. non chiffré, contenant un *errata*.

En *mar.* de Trautz, 90 fr. Chédeau.

— Réimpr. *S. l.*, 1668, pet. in-12, de IV ff. limin. et 75 pp.

31 fr. d'Ortigue; deux exempl. à la vente Favart, 21 et 17 fr. 50 c.; en *mar.* de Chambolle, 31 fr. Potier (1872); en *mar.* de Trautz (annoncé *première édition*), 175 fr. Leb. de Montgermont.

— RÉIMPR. *S. l.*, 1670, avec ce titre : *Observations sur la comédie de l'Imposteur*, in-12.

Grosley a cité une édition de 1667, *s. l.*, in-12, de 130 pp., qu'il considérait comme la première, et qui semble avoir disparu; nous avons cité l'édition *S. l.* de 1667, mais le nombre des pages ne concorde pas.

La plupart des bibliographes s'accordent à donner à Molière lui-même la paternité de cette pièce remarquable; au catal. de Pont-de-Vesle, en 1774, elle est désignée comme étant de Molière, « qui l'avoit donné (sic) pour faire connoître cette pièce lorsqu'il y avoit des oppositions à sa représentation. »

— RÉIMPR., avec une notice bibliogr. de M. Lacroix. *Turin, J. Gay*, 1870, pet. in-12, de XII-75 pp.

A 100 exempl. numérotés.

— LA CRITIQUE de Tartuffe, comédie en vers, en un acte. *Paris, Gabriel Quinet*, 1670, in-12, de IV ff. lim. et 52 pp.

Privilége du 19 novembre 1669; achevé d'imprimer le 19 décembre.

L'auteur est peut-être Le Boulanger de Chalussay, dit M. P. Lacroix.

Deux exempl. ont figuré à la vente Favart; ils ont, l'un et l'autre, été vendus 8 fr. 50 c.; un exemplaire en demi-rel., 150 fr. catal. Fontaine de 1877.

— LA MÊME, avec une notice bibliogr. de P. Lacroix. *Turin, J. Gay*, 1868, pet. in-12, de VII-49 pp.

A 100 exempl. numérotés.

— ORDONNANCES de Monseigneur l'archevesque de Paris (Hardouin de Péréfixe). *De l'imprimerie de François Muguet*, in-fol. plano.

Cette affiche, trouvée à la Bibl. nationale par le regrettable M. Richard, est dirigée par l'archevêque contre la représentation de *Tartuffe*; elle porte la date du 11 août 1667.

Elle a été réimprimée par M. Taschereau dans la 3e édit. de l'*Histoire de la vie et des ouvrages de Molière*. (*Paris, Hetzel*, 1844, in-12.)

— ELOMIRE hypocondre, ou les Medecins vengez, comédie (en cinq actes et en vers), par Le Boulanger de Chalussay. *Paris, Charles de Sercy*, 1670, in-12, de IV ff. lim., et 112 pp., fig. gravée par L. Weyen.

Privilége du premier jour de décembre 1669; achevé d'imprimer le 4 janvier 1670.

M. Fournier, dans son très-intéressant volume, intitulé *le Roman de Molière*, cite fréquemment cette pièce, dans laquelle il a puisé plus d'un détail précieux.

En laissant de côté les injures et les accusations calomnieuses qui abondent dans cette comédie, on y rencontre un grand nombre de faits intéressants et curieux, qui ont un caractère absolu d'authenticité.

On ne sait à peu près rien de l'auteur, l'implacable ennemi de Molière, si ce n'est qu'il avait fait imprimer en 1667 un misérable livret intitulé : *Morales galantes, ou l'art de bien aimer*, en prose et en vers.

L'édition de 1670 est fort rare; elle fut, dit-on, supprimée à la requête de Molière.

La charmante estampe, qui représente Molière prenant les leçons de Scaramouche, manque à la plupart des exemplaires qui ont survécu.

En mar. de Niédrée, 42 fr. Cailhava (1862); rev. 80 fr. Huillard; en mar. de Trautz, avec la figure, 390 fr. Leb. de Montgermont; rev. 650 fr. catal. Fontaine (1877).

— LE MÊME. *Suivant la copie imprimée à Paris* (*Holl.*, *Elsevier*, à la Sphère), 1671, pet. in-8, de III ff. lim. et 76 pp.

Un exempl. de 0,123 m., avec le titre un peu taché, 32 fr. Pieters; revendu 155 fr. La Villestreux.

— ÉLOMIRE, c'est-à-dire Molière, hypocondre, ou les Medecins vengez, comédie. *Suivant la copie imprimée à Paris*, 1672, in-12, de III ff. lim., 86 pp., et 1 f. non chiffré.

L'*Avis au lecteur*, qui termine le volume, est relatif au procès que Molière avait intenté à l'auteur d'*Elomire*.

Cette édition doit avoir été exécutée en province; elle ne possède pas la grav. de Weyen.

— LE MÊME, avec une notice de M. P. Lacroix. *Genève*, *J. Gay*,1867,pet. in-12, de XII et 110 pp., avec un fac-simile de la gravure.

100 exempl. numérotés.

— LE MARIAGE sans mariage, comédie (en cinq actes et en vers), par le sieur Marcel, comédien, représentée sur le théâtre du Marais. *Paris, Pierre le Monnier*, 1672, in-12, de V ff. lim. et 81 pp.

Privilége du 17 novembre 1671.

Une note de Beffara déclare que cette comédie est une satire contre Molière, qu'on y met en scène, comme mari impuissant, sous le nom d'Anselme ; ceci nous paraît difficile à admettre ; ce Marcel avait fait partie de la troupe de Molière ; il donna, après la mort du grand homme, tous ses soins à l'impression de plusieurs éditions de ses ouvrages; outrager ignominieusement le directeur d'une troupe dont on dépend, le poëte que l'on admire, le bienfaiteur que l'on vénère, nous paraît tellement monstrueux, à tous les points de vue, que l'autorité de Beffara, que l'autorité même de notre excellent ami M. Paul Lacroix, ne sauraient nous convaincre.

M. Jules Loiseleur, dans son remarquable livre sur Molière (voy. LOISELEUR), admettrait volontiers que Marcel et Vinot, le coéditeur de 1682, ne font qu'une seule et même personne ; mais sur quoi appuie-t-il cette induction ? M. Loiseleur ne le dit pas.

— LE MÊME. *Suivant la copie impr. à Paris* (*Holl.*, *Elsev.*, à la Sphère), 1671, pet. in-12, de III ff. lim. et 76 pp.

— LE MÊME, avec une notice de M. Paul Lacroix. *Turin*, *J. Gay*, 1869, pet. in-12, de XII-108 pp.

100 exemplaires numérotés.

— LE ROY GLORIEUX. Voy. ROULLÉ (*Pierre*).

— L'APOLLON François, ou l'Abrégé des règles de la poésie Françoise. Par L. I. L. B. G. N. (Les-Isles-Le-Bas, gentilhomme normand). *Rouen*, *Julien Courant*, 1674, in-12.

C'est dans ce petit livre rare que se trouve une poésie fort curieuse, signalée pour la première fois, en 1863, dans la 5ᵉ édition de l'*Histoire de la vie et des ouvrages de Molière*, par M. J. Taschereau :

— SONNET sur la sépulture de Jean-Baptiste Poclin (*sic*) dit Molieres (*sic*), comedien, au cimetiere des Mornés (*sic*), à Paris, par Les-Isles-Le-Bas.

— L'OMBRE de 'Molière et son Epitaphe (en vers, par Dassoucy). *Paris*, *J. B. Loyson*, 1673, in-4, de II ff. non chiffrés et 7 pp.

Pièce rare ; 8 fr. Techener (1865).

Cette pièce, qui parut après la mort de Molière, fut arrêtée par la police, et l'auteur fut emprisonné ; mais, relâché peu après, il fit paraître son opuscule sous ce nouveau titre :

— SUR LA MORT imaginaire et véritable de Molière. *Paris*, *Olivier Desvarennes*, 1673, in-4, de 8 pp., signé *Polimène*.

Il y eut plusieurs contrefaçons de cette seconde édition ; celle-ci, entre autres, que signale M. Lacroix :

— SUR LA MORT imaginaire, etc. *Metz*, *Jean Antoine*, 1673, in-4, de 4 pp.

— L'OMBRE de Molière, comédie (par Brécourt). *Paris*, *Claude Barbin*, 1674, in-12, de 98 pp.

Achevé d'imprimer le 2 mai 1674.

Cette petite comédie, qui ne fut représentée qu'une seule fois sur le théâtre de l'hôtel de Bourgogne, obtint un véritable succès en France ; elle fut réimprimée mainte et mainte fois et sert d'appendice obligé à toutes les anciennes éditions de Molière.

— RECUEIL des Epitaphes les plus curieuses, faites sur la mort surprenante du fameux comédien, le sieur de Molière. *S. l.*, 1689, in-12, et *Lyon*, 1689, in-12.

Cette collection fut publiée pour la première fois, en partie du moins, dans le *Mercure galant* de 1674.

G. — *Travaux récents sur Molière*.

— MOLIÈRE et sa troupe, par H. A. Soleirol. *Paris*, 1858, gr. in-8, portr.

5 fr.; 6 fr. Yéméniz.

— GALERIE historique des portraits des comédiens de la troupe de Molière. Voy. HILLEMACHER.

— RECHERCHES sur Molière et sur sa famille, par Eud. Soulié, conservateur adjoint des musées. *Paris*, *Hachette*, 1863, in-8, de 371 pp.

Excellent livre ; M. Soulié, dont les lettrés déplorent la perte récente, dépouilla les poudreuses archives des notaires de Paris, dans lesquelles il découvrit 65 documents intéressant Molière et sa famille.

— LES CONTEMPORAINS de Molière, recueil de comédies rares ou peu connues, jouées de 1650 à 1680, avec l'histoire de chaque théâtre (de Paris), des notes et notices biographiques, bibliographiques et critiques, par Victor Fournel. *Paris*, *Firmin Didot*, 1863-1866, 2 vol. in-8.

Cet excellent recueil, interrompu depuis trop longtemps, sera, nous l'espérons, continué.

7 fr. 50 c. Soleil ; 9 fr. 50 c. de Lescoet.

— LE ROMAN de Molière, suivi de fragments sur sa vie privée, d'après des documents nouveaux, par Ed. Fournier. *Paris*, *Dentu*, 1863, in-12, de VII-253 pp.

Vol. intéressant.

9 fr. Danyau.

— Les Origines du théâtre de Lyon... Molière, avec fac-simile, notes et documents, par C. Bronchoud. *Lyon, Scheuring*, 1865, in-8.

7 fr. Labitte. (nov. 1874.)

— Molière et sa troupe à Rouen (1658), par F. Bouquet. *Rouen*, 1865, broch. in-8.

Tiré à petit nombre.

7 fr. 50 c. Luzarche.

— Molière et la comédie italienne, par Louis Moland, illustré de vingt vignettes, représentant les principaux types du théâtre italien. *Paris, Didier*, 1867, in-8, fig.

6 fr.

— Documents inédits sur J. B. Poquelin-Molière, par Emile Campardon. *Paris, H. Plon*, 1871, pet. in-12, de 77 pp.

3 fr.

Pièces curieuses concernant Molière, découvertes dans la section judiciaire des Archives.

— Recherches sur le séjour de Molière dans l'ouest de la France, en 1648, par M. Benjamin Fillon. *Fontenay-le-Comte*, 1871, gr. in-8.

6 fr.

— Molière, sa vie et ses œuvres, par Jules Claretie. *Paris, Alph. Lemerre*, 1873, pet. in-12, de 197 pp.

Il a été tiré de cette ingénieuse étude 10 exempl. sur papier vergé, 20 sur papier de Chine et 20 sur whatman.

— Molière, sa vie et ses œuvres, par Jules Claretie. *Paris, Alph. Lemerre* (1874), pet. in-12, de 243 pp.

10 exempl. sur papier de Chine et 10 sur whatman.

La première édition de ce livre, publiée en 1873, n'était qu'une brillante et ingénieuse fantaisie ; celle-ci, revue, très-corrigée, très-augmentée, est devenue un bon livre de bibliothèque sérieuse.

— Rapport sur la découverte d'un autographe de Molière... par M. de la Pijardière. *Montpellier, C. Boulet*, 1873, in-8.

Tiré à 222 exempl. 6 fr.

— Bibliographie moliéresque. Voy. Lacroix (*Paul*).

— Iconographie moliéresque. Voy. Lacroix (*Paul*).

— Les Points obscurs de la vie de Molière. Voy. Loiseleur (*Jules*).

— Molière jugé par ses contemporains, avec notice et notes par A. Poulet-Malassis ; fac-simile des armoiries de Molière. *Paris, Liseux*, 1876, in-18.

4 fr.

— Le Tartuffe par ordre de Louis XIV... pièces inédites, par Louis Lacour. *Paris*, 1876, in-12, papier teinté, front. grav. d'après Romeyn de Hooghe.

Joli vol., bien imprimé par Motteroz, 7 fr. 50 c.

— Les Intrigues de Molière et celles de sa femme. Voy. Fameuse Comédienne (La).

MOLINA (*Alonso* de). Aqui comienza un Vocabulario de la Lengua Castellana y Mexicana. Compuesto ‖ por el muy reverendo padre fray Alonzo de ‖ Molina : Guardian del cõvento de sant Antonio d' ‖ Tetzenco d'la Orden de los Frayles Minores. ‖ *Imprimiose en la muy grande y insigne y muy leal ciudad de México, en casa de Juan Pablos.*.... *Acabose d'imprimir á q̃tro dias del mes de Mayo de 1555*, in-4, de VII ff.

lim., 259 ff. chiffrés et 1 f. pour le colophon.

Cette première édition est d'une extrême rareté ; Ternaux ne l'a pas connue, et d'ailleurs ce bibliographe n'a pas une autorité suffisante, mais Ludewig et M. Brunet en parlent, d'après Antonio, et croient qu'elle ne forme qu'un seul et même ouvrage avec le *Vocabulario de Olmos*, annexé à la *Grammaire* du même auteur.

En 1851, un exemplaire, alors le seul connu, fut vendu à Londres 50 livr. sterl., à la vente du comte Mondidier ; il doit aujourd'hui faire partie de la collection de M. Lenox, le célèbre bibliophile américain. Depuis la déplorable guerre du Mexique, plusieurs exemplaires sont arrivés en Europe, l'un d'eux a été porté à 1,430 fr. (frais compris) à Paris, le 4 novembre 1868, et il avait le titre refait en facsimile ; un second exemplaire, ayant le titre et le dernier feuillet refaits, 260 thal. Andrade ; acheté par M. Tross, il a été porté à 1,200 fr. par ce libraire, dans un de ses catalogues à prix marqués, et vendu aussitôt ; un troisième, encore plus défectueux, sans titre et incomplet des feuilles 250, 251, 252, 257, 258 et 259, et taché, et déchiré, a été porté à £ 20, sh. 10 à la vente du jesuite Fischer ; enfin, un dernier exemplaire incomplet du titre, des VII ff. limin., des trois derniers feuillets et du colophon, est porté à 750 fr. au catal. Maisonneuve de 1878.

Un exemplaire complet et parfait de ce livre précieux serait certainement susceptible d'atteindre le prix de 1,800 à 2,000 fr.

— Vocabvlario en lengua Castellana y Mexicana, compuesto por el muy Reuerendo Padre Fray Alonso de Molina, de la Orden del bienauenturado nuestro Padre sant Francisco. Dirigido al muy excelente Señor Don Martin Enriquez, Visorrey desta nueua España. *En Mexico, En Casa de Antonio de Spinosa*, 1571, in-fol.

Titre, epistola, prologo, avisos, IV ff., 121 ff. à 2 col., et 1 f., avec une planche en bois représentant un homme en prières ; au verso, la marque de l'imprimeur, avec cette devise : *« Virtus in infirmitate perficitur »*. — *« Vocabvlario en lengua Mexicana y Castellana*... 1571 ». Sur le titre le portrait de saint François, 1 f., 162 ff. à 2 col., au bas du dernier la marque de Spinosa et une souscription en mexicain ; au verso, une figure en bois.

Cette seconde édition, fort augmentée, a passé longtemps pour le premier livre imprimé en Amérique ; c'est encore un ouvrage très-précieux et de grande valeur ; et c'est aujourd'hui le seul livre à l'aide duquel on puisse étudier avec fruit la langue nahualt ou mexicaine. Déjà en 1835, dans une vente faite par M. G. Libri, sous la rubrique de : « Feu Canazar », un bel exemplaire avait été vendu 458 fr. ; un autre, incomplet du titre et du dernier feuillet de la seconde partie, bref tout à fait *défective*, a été vendu £ 15 »», jésuite Fischer ; un troisième, beaucoup plus beau, a été vendu 112 thalers Andrade ; il appartient aujourd'hui à M. Leclerc (Maisonneuve), qui en demande 1,200 fr. et les trouvera ; enfin un 4°, annoncé complet, mais avec quelques raccommodages, 320 fr. Maisonneuve (1867). Cet exemplaire est porté à 700 fr. au catalogue de 1878 du même libraire.

Un exemplaire, qui avait coûté £ 52. sh. 10 au feu lord Kingsborough, est porté, dans un catal. de Thorpe de 1846, à £ 28. »».

L'exemplaire, acheté 112 thal., 15 gr. chez Andrade, fut porté par M. Tross à 1,200 fr., et vendu de suite.

— Confessionario Mayor, en Lengva Mexicana y Castellana... *En Mexico, en casa de Antonio de Espinosa, impresor de libros, junto à la yglesia de Señor San Augustin, à quinze de Mayo Año de 1565.* — Confessionario breuue, en Lengua Mexicana y Castellana, compuesto por... Alonso de Molina de... Sant Francisco. *En Mexico, en casa de Antonio de Espinosa, Impresor de libros... Año de 1565*, 2 parties en 1 vol. in-4, goth., fig. s. b.

Ce volume est d'une prodigieuse rareté, et nous n'en connaissons pas d'exemplaire complet; celui qui a atteint le prix de £ 26. Sh. 10 à la vente Fischer, était, dit le catalogue, « *a little defective* », c'était un vénérable, mais véritable débris, auquel manquaient 10 à 12 feuillets.

— Confessionario Mayor, en la Lengua Mexicana y Castellana. *En Mexico, en casa de Pedro Balli, en el año de 1578.* — Confessionario Breue, en Lengua Mexicana y Castellana. *En Mexico, en casa de Pedro Balli... Año de 1577.* Deux parties en 1 vol. in-4, goth., curieuses figures sur bois.

Un exemplaire sale et taché, mais annoncé complet, £ 24 »». Fischer.

Antonio annonce une troisième édition de *Mexico*, 1606, in-4, dont nous ne pouvons citer d'adjudication.

— Arte de la lengva Mexicana y Castellana, compuesto por el muy Reuerendo padre Fray Alonso de Molina (aliàs Escalona) de la orden del señor San Francisco. *En Mexico, en casa de Pedro Ocharte... Año de 1571*, pet. in-8, goth., fig. en bois, représentant S. François sur le titre.

Première édition fort rare d'une célèbre grammaire de la langue nahuatl ou mexicaine; un exemplaire, en assez bon état, n'a été vendu que 96 thal. Andrade.

— Arte de la Lengua Mexicana y Castellana..... de nueuo en esta segvnda impression corregida, emendada y añadida, mas copiosa y clara que la primera. Dirigida al muy Excelente Señor Visorrey... *Mexico, en casa de Pedro Balli*, 1576, in-8.

Licencias, iii ff., epistola nuncupatoria, 4 ff., plus 1 f. blanc. Arte. Primera parte, 78 ff ; segvnda parte, feuillets 79 à 112. Sur le titre le portrait de S. Dominique.

Seconde édition, restée inconnue à Antonio, à Pinelo et à Ludewig.

Un exemplaire piqué, mais complet, 260 fr. Maisonneuve (1867); un autre, également piqué, et de plus incomplet des feuillets 1, 69 et 112, £ 28. »». Fischer.

Pinelo signale une édition de 1578, in-8.

— Doctrina christiana, en lengva Mexicana muy necessaria, en la qual se contienen todos los principales Misterios de nuestra Sancta Fee Catolica. compuesta en lengua Mexicana por... Fray Alonso de Molina... *En Mexico, en casa de Pedro Ocharte... Año de 1578*, in-4, goth., curieuses fig. s. b.

Tout aussi rare que les précédents volumes. £ 23. »». Fischer.

— Réimpr. à *Sevilla* en 1584.

MOLINA. (*Bartolomè* de). Arte de canto llano Lux *videntis* dicha: *Valladolid, en casa de Diego de Gumiel*, 1506, in-4, goth., 12 ff. et sign. *a* et *b*, par 8 et 4.

Volume fort rare, décrit au n° 2533 du catal. Salvá; l'auteur était de l'ordre des Frères Mineurs; Mariano Soriano Fuertes, dans son *Historia de la musica española*, parle de cet ouvrage, comme ayant été imprimé en 1509; il y a là peut-être une simple erreur de date, occasionnée par un chiffre retourné.

MOLINA. (*Gonzalo* de Argote y). El Conde Lucanor, compuesto por el principe don Juan Manuel, hijo del infante don Manuel, con advertancias y notas de Gonzalo de Argote y Molina. *Sevilla, en casa de Hernando Diaz*, 1575, in-4. [17638]

Première édition d'un livre rare, monument littéraire de la littérature espagnole du xv° siècle. Ce volume est précieux, mais bien loin de valoir les 1,500 fr. auxquels le porte un catalogue à prix marqués du libraire Bachelin; il convient cependant d'ajouter que ce même exemplaire avait été payé 1,060 fr. à la vente Potier de 1870.

— Voy. au *Manuel*, Manuel (don Juan).

— Libro de la monteria que mandó escrivir el muy alto y muy poderoso rey Don Alfonso de Castilla y de Leon, ultimo deste nombre. Acrecentado por Gonçalo Argote de Molina. *Impresso en Sevilla, por Andrea Pescioni, año de 1582*, 2 part. en 1 vol. in-fol., fig. en bois.

Première édition, fort rare, d'un livre précieux pour l'histoire de l'ancienne véneric espagnole.

Un bel exemplaire, 300 fr. baron Pichon; en *mar.* de Thibaron, mais avec le dernier feuillet, contenant la marque de l'imprimeur, refait par Pilinski, 165 fr. Potier (1870).

— Voy. au *Manuel* Argote.

MOLINET (*Jehan*). Les Faictz et dietz de feu de bõ- || ne memoire Maistre Jehan Molinet contenans plusieurs beaulx Traictez, Oraisons et Champs (*sic*) royaulx comme lon || pourra facilemẽt trouuer par la table qui sensuyt. || *Nouuellement imprimez a Paris Lan* || *Mil cinq cens trente et ung le* || *neufuiesme iour de* || *Decembre.* || *Auec privilege.* || *On les vend au Palais en la Gallerie par ou on va* || *a la Chancellerie. A la bouticque de Jehan Longis* || *et de la veufue Jehan Sainct Denis*, pet. in-fol., goth. [13286]

Première édition.

En *mar.* de Petit, 151 fr. Desq; en *mar.* de Duru, 295 fr. W. Martin, et en *mar.* de Bauzonnet, même prix Labitte (1876); 500 fr. au catal. Aug. Fontaine de 1875.

— Les Faictz et dietz de feu de bône mémoire maistre Iehan Molinet, contenant plusieurs beauls traictez..... *Nouuellement imprimez a Paris*, M.D. XXXVII. *On les vend a Paris en la rue sainct Jacques, a lenseigne des deux Cochetz (chez Loys Cyaneus*), in-8, goth., de IV ff. limin. et 250 ff. chiffrés.

Même édition que celle décrite au *Manuel*, qui fut divisée entre plusieurs libraires.

Ce Loys Cyaneus était un Allemand du nom de Blaublom (Blaubluhme ?), établi à Paris vers 1530.

Un exemplaire au nom de *Jehan Petit*, en *mar.* de Bauzonnet-Trautz, 185 fr. Double; en *mar.* de Niédrée, 60 fr. Desq; en *mar.* de Duru, 195 fr. Yéméniz; en anc. *mar.*, 240 fr. Bordes; en *mar.* de Derome, exemplaire de M. Berryer, 400 fr. Benzon.

— LES FAICTZ et dictz de feu de bonne mémoire maistre Iehan Molinet, contenans plusieurs beaulx traictez, oraisons et champs (sic) royaulx, comme lon pourra facillement trouver par la table qui sensuyt. *Nouuellement imprimez a Paris. On les vend a Paris en la rue sainct Iacques, a lenseigne de telephant (chez François Regnault.)* M.D. XL, in-8, lettres rondes.

40 fr. Turquety.

Même édition que celle de Denys Janot, décrite au *Manuel*, dont un exemplaire, en anc. *mar.*, a été vendu 195 fr. Brunet.

Il y en a une autre sous la même date, au nom d'Arnoul L'Angelier, également en lettres rondes; le joli exemplaire d'Armand Bertin, en *mar.* de Bauzonnet, a été vendu 145 fr. Solar; un autre, en *mar.* de Niédrée, 148 fr. Gancia.

— SENSIEUT (sic) le Temple de Mars. — *Cy fine le Temple de Mars. S. l. n. d.*, pet. in-fol., goth., de VIII ff., dont le premier est blanc. [13287]

Édition sans chiffres, récl. ni sign., imprimée dans les Pays-Bas ou à Cologne vers 1480.

L'exemplaire du prince d'Essling, décrit au catal. Cigongne, est aujourd'hui chez le duc d'Aumale.

— LE TEMPLE de Mars. ‖ ❡ Cy finist le temple de Mars Dieu des batailles. *Imprime ‖ a Paris. Par Iehã treperel, demourant sur le pont ‖ Nostre Dame a lymaige Sainct-Laurent*, s. d., in-8, goth., sign. Ai-Aviij, avec une fig. gr. sur bois.

41 stances de 8 vers octosyllabiques. Le nom de l'auteur se trouve à la fin du dernier vers :

Chascvn na pas son *Molin net*.

Bibl. nation. Y. 5035. 40 fr. 10 s. vente De Bure (1835).

— LA LOYAUTÉ des femmes, avec les neuf preux de gourmendise et une recepte pour guarir les yurongnes. *S. l. n. d.*, pet. in-8, goth., de 4 ff.

Cette pièce, dont parle M. Brunet, est indiquée par Du Verdier comme l'œuvre de Molinet; elle fait en effet partie des *Faictz et Dictz* de ce poëte, mais en vers de sept syllabes.

M. Brunet indique de cette pièce une édition en 5 ff., et une autre de 4 ff., sous le titre : *Léaulté*. M. Potier connaît deux éditions en IV ff., avec fig. sur bois au titre et à la fin; l'une, en plus gros caractères, porte sur le titre le mot *guerir*, et l'autre, en plus petits, où le mot est écrit : *guarir;* c'est celle dont nous venons de donner le titre.

— LE KALENDRIER mis par petis vers, compose par maistre Jehan Molinet.

Imprime a Paris par Nicolas Buffet pres le college de Reims, s. d., pet. in-8, goth., de 4 ff.

Du Verdier signale cette pièce au catal. des œuvres de Molinet, mais sans indiquer une édition spéciale; cette pièce est réimprimée au recueil des *Faictz et Dictz*.

Un exemplaire, à peu près unique, fait partie de la collection Cigongne, aujourd'hui chez le duc d'Aumale.

MOLITOR (*Ulr.*). De Lamiis et phitonicis mu ‖ lieribus ad illustrissimum principem dominũ Sigismundum ‖ archiducem Austrie tractatus pulcherrimus. (A la fin) : *Ex Constantia, anno domini* M.CCCC.LXXXIX : *Die ‖ decima mensis Januarii. ‖ S. l. n. d.*, pet. in-4, goth., de 22 ff. à 34 lignes ; curieuses figures sur bois, assez grossièrement gravées.

Cette édition, d'une pièce assez célèbre par l'excentricité des titres (Utrum diabolus in forma hominis apparere et cum hujusmodi mulieribus incubando possit commisceri, etc.), n'est citée ni par Hain ni par Brunet; elle est portée à 130 fr., en *mar.* de Petit, au 7e catal. Tross de 1873 (Bibl. A. F. Didot) ; cet exempl. avait été payé 14 fr. à la vente Potier de 1872.

MOLLIER (*L.*). Les chansons pour dancer de L. Mollier. *Paris, Robert Ballard*, 1640, in-8.

40 à 50 fr.

MOLNAR (*Albrecht*). Dictionarium Latino-Ungaricum, opus novum et hactenus nusquam editum... Item vice versa Dictionarium Ungarico-Latinum. *Norinbergæ*, 1604, 2 parties en un vol. in-8. [11460]

Première édition d'un livre dont M. Brunet cite une édition postérieure.

MOLTE (La) d'Ulufelne, ossia la Britulica liberata. *Genova*, MDCCCV, in-18.

Première édition d'un petit poëme fort libre, écrit dans le patois des portefaix de Livourne; elle est fort rare; en *mar.* de Duru, 25 fr. Burgaud des Marets.

MOLTZHEIM (*A.* de). L'artillerie française, costumes, uniformes, matériel, depuis le moyen âge jusqu'à nos jours. *Paris, Rothschild*, 1870, un vol. gr. in-fol., avec 64 planches en couleurs, tiré à 300 exempl., au prix de 150 fr.

MOMUS françois (Le), ou les Avantures divertissantes du duc de Roquelaure, suivant les mémoires que l'auteur a trouvés dans le cabinet du maréchal d'H., par le Sr L. R. (le Sr Ant. Le Roy). *Cologne, Pierre Marteau (Holl.)*, 1768, 2 part. en un vol. pet. in-12.

On en connaît une réimpression faite en 1781 et une autre en 1816.

MONARDES (*Nicol.*). Historia Medicinal

de las cosas que se traen de nuestras Indias Occidentales, que sirven en medicina..... *Sevilla, Alonso Escrivano*, 1574, pet. in-4, de v ff. lim., 206 ff., 1 f., fig. s. b. [7385]

En *anc. mar.*, exempl. Nodier, 50 fr. De Lassize.

Charles de L'Écluse, en latin Clusius, a traduit en latin ce livre rare, ainsi que l'*Historia natural* de J. de Acosta. Annibale Briganti en a donné une bonne et rare traduction en italien, *Venezia, Giordano Zilelti*, 1575, 2 part. en 1 vol., in-8.

30 fr. Maisonneuve,

MONCHARVILLE (*Julien* Brodeau de), Tourangeau. Preuve des existences et nouveau système de l'univers, ou idée d'une nouvelle philosophie. *Paris, Josse*, 1702, in-8, front. gr.

Ouvrage en vers, d'une certaine rareté. 35 fr. Taschereau.

MONCRIF (*Fr.-Aug.* de). OEuvres. Nouvelle édition. *Paris, veuve Regnard*, 1768, 4 vol. in-12, fig. [19105]

Cette édition, qui, il y a vingt ans à peine, se donnait à bas prix, est recherchée aujourd'hui; titre gravé, portrait de Moncrif, par Duclos; portrait de Stanislas, roi de Pologne, par Massé; 4 figures de De Sève, et 40 pl. de musique.

— ESSAIS sur la nécessité et sur les moyens de plaire. *Paris, Prault*, 1738, in-12, front. gr.

Livre des plus aimables. 5 à 6 fr.

— LES MÊMES. *Amsterdam, F. Changuion*, 1738, pet. in-12, fig.

6 fr. La Bédoyère.

— LES CHATS. *A Paris, chez Gabr.-Fr. Quillau*, 1727, in-8, 1 titre, 204 pp. et 8 ff. non chiff. pour la table et le privilége.

9 figures de Ch. Coypel, gravées très-légèrement, plus un grand tableau généalogique plié, et une 10e planche en errata, représentant le dieu Pet.

M. Cohen ne compte que 8 vignettes.

42 fr. H. Grésy; un exemplaire en *veau*, mais aux armes de Mme de Pompadour, 42 fr. Potier (1872); en anc. *mar.*, aux armes de Mesdames, relié avec *les Rats* (de Segrais), *Rotterdam*, s. d., 78 fr. Em. Gautier; 50 fr. Voisin; en anc. *mar.*, 48 fr. Van der Helle.

MONDE (Le) plein de fols, ou le Théâtre des Nains. *S. l. n. d.* (*Amsterd.*, vers 1720), in-fol. [18592]

Volume rare, orné de 76 planches grotesques fort bien gravées; les bordures surtout sont remarquables.

31 fr. seulement Raifé, mais 201 fr. Van der Helle.

MONDON Premier (et deuxiesme) livre de Pierreries pour la parure des dames. *Paris, Claude Duflos, s. d.* (vers 1680), pet. in-4, oblong, de 12 planches et titre gravé en taille-douce.

Opuscule précieux et fort rare, d'une grande délicatesse d'exécution, 50 à 80 fr.

Le premier volume, relié avec un ouvrage absolument insignifiant, 32 fr. baron Pichon.

MONIALISME (Le), histoire galante écrite par une ex-religieuse de l'abbaye où se sont passées les aventures. *Rome (Bruxelles)*, 1777, 2 part. en 1 vol. in-12.

Roman fort libre et fort rare; l'exemplaire de la vente Auvillain a été retiré par ordre.

MONITORIO della ‖ Eterna ‖ Maledictione ‖ fulminata contra ‖ chi dara aiuto ‖ o fauore alli ‖ Colonneri ‖ Rebelli : Heretici ‖ Schismatici : ‖ 2 Damnati da ‖ Papa Clemente. ‖ *Roma*, 1526, in-4, de 4 ff., en car. ronds; le titre imprimé en gros car. goth.

Pièce fort rare; c'est une excommunication lancée par Clément VII contre la famille Colonna, 25 à 30 fr.

MONNET (*J.*). Anthologie françoise, ou chansons choisies depuis le XIIIe siècle, jusqu'à présent. *S. l.* (*Paris*), 1765, 3 vol. pet. in-8. [14298]

1 portrait de Gravelot par Cochin, gravé par Saint-Aubin, et 3 front. par Gravelot, gravés par Lemire.

— Chansons joyeuses, mises au jour par un ane-onyme, onissime (Collé). Nouvelle édition, considérablement augmentée, et avec de grands changements qu'il faudroit encore changer. *A Paris, A Londres, et à Ispahan seulement, De l'imprimerie de l'Académie de Troyes.* VXL. CCD. M (1765). 2 part. en 1 vol., pet. in-8, le titre de la 2e partie gravé, airs notés.

Ce recueil des 4 vol., en condition ordinaire, vaut de 25 à 30 fr.; et beaucoup plus en belle reliure ancienne.

MONOLOGUE de Providence divine, parlant à la France, avec un cantique de la France, une chanson spirituelle, sur le chant du psaume 72, et une ode en manière d'ecco (*sic*). *Envers* (sic), 1561, pet. in-4, de 12 ff. sign. A-C.

Ce monologue est un poëme d'environ 300 vers, suivi de 3 chansons et d'un dialogue rimé entre Colin et Georget sur la méchanceté du Renard; et par *Renard* on désigne le cardinal de Lorraine.

Le *Chansonnier Huguenot* annonce une édition portant la souscription (déguisée) de *Reims*, M. D. LXI, 32 pp. in-8, avec chiffres.

MONOLOGUE (Le) des nouveaux sotz de la ioyeuse bande, faict et côpose nouvellement. *S. l. n. d.* (A la fin) : *Explicit. On les rend a Paris, au Palays, à la gallerie comme on va à la Chancellerie*, pet. in-8, de 4 ff. non chiff., en gros car. goth. [13547].

L'exemplaire de Solcinne, relié par Trautz, depuis la vente, qui est, croyons-nous avec M. Brunet, de Bordeaux, le seul connu, fait aujourd'hui partie de la bibl. du comte de Lurde.

MONOLOGUE ‖ dūg Clerc de ta ‖ uerne. *S. l. n. d.* (*Paris?* vers 1530). Pet.

in-8, goth., de 4 ff. à 23 lignes à la page, avec fig. s. b. au titre.

(Bibl. nation. Y. 6144 B. Rés.)

Réimpr. au tome XI° du *Recueil des poésies françoises*, publié par MM. de Montaiglon et J. de Rothschild.

MONOLOGUE || fort ioyeulx. Auquel sont introduyctz || deux aduocatz || et vng iuge. Deuant le || quel est plaidoye le biē ꝑ le mal des da || mes. *Imprime nouuellemēt a Paris.* — *Finis.* || *On les vēd a Paris En la rue neufue* || *nostre dame a Lēseigne Sainct Nycolas*, s. d. (vers 1530), pet. in-8, goth., de 8 ff. de 26 lignes à la page entière, sign. A, fig. s. bois.

Plusieurs libraires parisiens demeuraient en cette rue avec cette enseigne, Jehan Bonfons, Pierre Sergent, Jehan Saint-Denys, etc.; il est donc bien difficile de dire auquel de ces libraires il convient d'attribuer la pièce de poésie ci-dessus.

Cette pièce est conservée à la Bibl. nation., Y, non porté, rés.; elle a été reproduite par MM. de Montaiglon et de Rothschild au tome XI des *Poésies françoises des* xv° *et* xvi° *siècles*.

MONOLOGUE nouueau fort ioyeulx de la chambriere despourueue du mal damours. *Nouuellement imprime a Paris*, s. d., pet. in-12. [13549]

Opuscule en vers décasyllabiques, de 4 feuillets non chiffrés, à 22 lignes à la page pleine, imprimés en goth.; le texte commence au verso du titre; au recto est une gravure sur bois au-dessous du titre, et une seconde gravure au verso du iv° feuillet.

M. Brunet décrit une édition, à peu près semblable, mais à 24 lignes par page, et avec une seule figure sur bois.

Nous empruntons la description de celle qui précède au catal. de la bibl. du comte de Lurde.

— LE MÊME. *On les veut a Lion, pres les halles, par Pierre Preuost, ꝓ au palays a la Galerie de la chancellerie. S. d.*, pet. in-8, goth., de 4 ff., fig. s. b. au titre.

En mar. de Trautz, 250 fr. Yéméniz.

MONS (*Claude* de). Les chants oraculeux tant en acclamations d'honneurs et louanges pastorales qu'en dignes sujects qu'en libres déclamations..... sur les abus, vanitez et corruptions du monde, par essais de Claude de Môns, Amiénois, seigneur de Hédicourt. *Amiens, Jacq. Hubault*, 1608, pet. in-8.

Volume rare; c'est son seul titre à l'attention des bibliophiles.

Un exemplaire, en mauvais état, 17 fr. Turquety.

MONSERRATE (*Miguel* de). Contra dogmata papistarum. *En la Haya, Ludolpho Breeckevelt*, 1630, pet. in-8, de 56 ff. non chiff.

24 fr. *Vente de livres sur la réforme*, 1867, Ed. Tross.

— DE PAPA Antichristo, dedicado a su Altheza Ser. Federico Henrico, Principe de Orange. *En la Haya, L. Breeckevelt*, 1631, pet. in-8, de 40 ff. non chiffrés.

29 fr., 1867.

— LIBRO intitulado Aviso sobre los abusos de la Iglesia romana. *En la Haya, L. Breeckevelt*, 1633, pet. in-8, de 3 ff. limin., et 129 pp. chif.

37 fr., 1867.

Le volume de ce théologien hétérodoxe, que cite M. Brunet d'après le catal. Renouard, est composé de 60 ff. non chiffrés, dont le dernier blanc; c'est le *Libro intit. Coena Domini*; l'exemplaire, à la même vente Tross, a été adjugé à 23 fr.

MONSNIER (*R.*). Celeberrimæ S. Martini Turonensis ecclesiæ, ad romanam nullo medio pertinentis, jura propugnata, auctore Radulpho Monsnyer... *Parisiis, S. Pépingué*, 1663, in-8.

Ce volume est assez rare, mais infiniment moins que l'édition originale in-fol., ou plutôt que les fragments de l'édition originale, qui ont été impr. *s. l. n. d.*, et dont il n'a été exécuté que les titres, préface, et les pages 1-196, 201-206.

L'exemplaire de ce volume précieux, conservé à la Bibl. nation., a les pages 197-200 manuscrites.

MONSTRELET. Le premier (second et tiers) volume de Enguerrand de Monstrelet : Ensuyuāt Froissart... — *Imprimez par Anthoyne Verard, libraire, demourant a Petit Pont, à l'image Sainct Jehan leuangeliste ou au palais deuant la chappelle ou lon chante la messe de messieurs les presidens*, s. d., 3 vol. in-fol., goth., fig. s. b. [23342]

Première édition en gros caract. goth., à 2 col. de 47 lignes.

En mar. de Duru, 1,800 fr. Double.

— LE PREMIER (le second et le tiers) volume de Enguerran de Monstrellet, ensuyuant Froissart, naguères imprimés à Paris..... *Imprimez a Paris pour Anth. Verard, devant la rue neufue Nostre Dame...* S. d., 3 tomes en 2 vol. in-fol., goth., 2 col. à 45 lignes.

En mar. de Duru, très-bel exemplaire et riche reliure, 1,050 fr. Costa de Beauregard; en *peau de truie*, 265 fr. A. Rigaud; en mar. de Capé, 800 fr. Yéméniz, et 1,800 fr. au catal. Fontaine de 1875.

— LE PREMIER (le second et tiers) volume de Enguerran de Monstrelet... (avec additions jusqu'en 1498). *Paris, J. Petit et Michel Le Noir*, 1512, 3 vol., pet. in-fol., goth., à 2 col.

Un bon exemplaire, 209 fr. Potier (1872), et 295 fr. Labitte (juin 1876).

— LES MÊMES. *Paris*, 1518 ℭ *Ilz se vendent a Paris en la grant rue Sainct Jaques a lenseigne Sainct Claude (chez Françoys Regnault)*, 1518, 3 part. en 2 vol., in-fol.

1re part., VIII ff. limin.; 136 ff. chiffrés.

2e part., VI ff. limin., 143 ff. et 1 f. blanc.

3e part., VIII ff. limin. et 132 ff. chiffrés.

En mar. de Lortic, 1,800 fr. catal. Fontaine; un exemplaire médiocre avait été vendu 235 fr. Tufton, et en mar. de Chambolle-Duru, 1,050 fr. au catal. Fontaine de 1872.

— CHRONIQUES de France, d'Angleterre et de Bourgogne... Édition revue par Denys Sauvage. *Paris*, 1572, 3 tomes en 2 vol., in-fol.

En mar. de Derome, 245 fr. marquis de B. de M.

MONTAGNAC (*Elizé* de). Les Ardennes

(France et Belgique). *Paris, Rothschild*, 1874, 2 vol. gr. in-fol. de 600 pp. de texte ornées de 145 grav., dont 50 impr. hors texte.

Cette description des Ardennes avait été commencée avant la guerre de 1870 ; l'auteur a été obligé d'élargir son cadre, et une grande part est consacrée à cette terrible histoire dans son dernier volume.

L'exemplaire se vendait 120 fr.

MONTAIGNE (*Michel* de). [3710]

— Essais ‖ de Messire ‖ Michel Seigneur ‖ de Montaigne, ‖ chevalier de l'Ordre ‖ du Roy, & gentilhomme ordi- ‖ naire de sa Chambre. ‖ Livre premier ‖ (et second). ‖ *A Bovrdeavs*, ‖ *par S. Millanges, Imprimeur ordinaire du Roy.* ‖ M. D. LXXX. ‖ *Avec Privilége du Roy.* ‖ 2 vol. in-8.

IV ff. lim. et 496 pp. au tome Ier.

II ff. lim. et 650 pp. au tome second.

Au v^o de la dernière page commence l'*errata*, qui finit au r^o du feuillet suivant.

Édition originale.

Le premier vol. est imprimé en plus gros caract. que le second ; celui-ci offre une pagination très-défectueuse.

En tête des *Essais* est une préface qui commence ainsi : « *C'est ici un livre de bonne foy.* » Elle est datée du 1er mars.

— Un exemplaire grand de marges, mais avec les coins de 16 ff. raccommodés, 310 fr. d'Ortigue ; revendu 925 fr. II. Bordes ; un exempl. médiocre, en *vélin*, 80 fr., VIIIe vente Techener (1865) ; avec le tome II très-rogné, 150 fr. Chedeau ; en *mar.* de Derome, exempl. de d'Hangard, avec 6 ff. réemmargés, 2,060 fr. Radziwill ; a été revendu 1,910 fr. Leb. de Montgermont ; en *mar.* de Chambolle, bon exemplaire, 1,650 fr. Potier (1870) ; en *veau*, 1,420 fr. Benzon ; en *mar.*, haut de 0,155 m., 955 fr. Labitte (1876) ; en *mar.* de Duru, mais très-rogné, 500 fr. J. Janin.

Quelques exempl. ont figuré à de hauts prix sur certains catalogues de libraires, à prix *marqués*.

En *mar. doublé* de Chambolle-Duru, 1,500 fr. Fontaine (1872) ; l'exempl. était beau, mais le 4e f. de la table des matières ayant été par erreur imprimé sur le titre gravé, la page avait été transcrite à la main à la place qu'elle devait occuper.

Un bon exemplaire en *veau*, 2,400 fr. Fontaine (1875).

L'exempl. de d'Hangard, Radziwill, Leb. de Montgermont, 2,000 fr. catal. Morgand et Fatout ; en *mar.* de Duru, 1,500 fr., mêmes libraires (janvier 1877) ; un 3e exempl. annoncé superbe, en *mar. doublé* de Chambolle, figure au 1er catal. de ces libraires, sans indication de prix et avec la mention : *vendu.*

Enfin un exempl. en *mar.* de Duru, 1,500 fr. cat. Gonzalez (Bachelin, 1876) ; c'est, croyons-nous, le même exempl. qui figure au cat. Morgand et Fatout, au même prix.

Voilà des prix formidables, mais tout porte à croire qu'on les dépassera encore.

— Essais ‖ de messire Michel, seignevr ‖ de Montaigne ‖ chevalier de l'Ordre ‖ du Roy, & Gentilhomme or-‖dinaire de sa Chambre, ‖ Maire & Gouerneur ‖ de Bourdeaus. ‖ Edition seconde ‖ reueuë et augmentée. ‖ *A Bovrdeavs*, ‖ *par S. Millanges, Imprimeur ordinaire du Roy.* ‖

M. D. LXXXII, ‖ *auec priuilége du Roy*. ‖ In-8, de IV ff. lim., 806 pp. et un f. pour le privilége.

Cette édition, plus belle que la première, est en un seul vol. ; elle ne contient également que les deux premiers livres ; la pagination se suit, et il n'y a pas de frontispice pour le second.

En *mar.* de Duru, 150 fr. d'Ortigue, rev. 100 fr. Chedeau ; en *mar.* de Trautz, bel exempl., 590 fr. comte de L. (1873) ; même reliure, annoncé très-beau, 1,425 fr. Benzon ; en *mar.* de Duru, 710 fr. Leb. de Montgermont ; l'exempl. Benzon est porté à 2,000 fr. aux cat. Fontaine de 1875 et de 1877 ; et l'exempl. Leb. de Montgermont à 1,000 fr. au cat. Morgand et Fatout ; un second exempl., en *mar. br.* du même relieur, figure au même prix au 1er catal. de ces jeunes et hardis libraires ; en *mar.* de Duru, avec plusieurs ff. réemmargés, 400 fr. catal. Gonzalez (Bachelin, 1876).

— Essais de ‖ Messire ‖ Michel, Seignevr ‖ de Montaigne, ‖ Chevalier de l'Or‖dre du Roy, et Gentil-hom‖me ordinaire de sa Cham‖bre, reueus & augmentez. ‖ *A Paris*, ‖ *chez Iean Richer, ruë Sainct- ‖ Iean de Latran, à l'Arbre Verdoyant.*‖ M. D. LXXXVII. ‖ In-12, de IV ff. lim. et 1,075 pp. et un f. blanc.

Reproduction du texte de 1582.

En *mar.*, exempl. ordinaire, 50 fr. Chedeau ; en *mar.* de Trautz, bel exempl. avec témoins, 205 fr. Gancia (1868) ; rev. 460 fr. Potier (1870), et 525 fr. Benzon ; en *mar.* de Hardy, 600 fr. Voisin (1876) : c'est, croyons-nous, cet exempl. qui figure au catal. Morgand-Fatout au prix de 900 fr.; et M. Fontaine demande, en 1875 et 1877, 1,000 fr. de l'exemplaire Benzon.

— Essais ‖ de ‖ Michel, seigneur ‖ de Montaigne. ‖ Cinquiesme édition, augmen ‖ tee d'un troisiesme li ‖ ure et de six cens ‖ additions aux ‖ deux premiers. ‖ *A Paris*, ‖ *Chez Abel L'Angelier, Au premier pilier ‖ de la grand ‖ salle du Palais ‖ auec Priuilége du Roy.* ‖ 1588, in-4, de IV ff. limin. (titre gravé, *Au Lecteur* et Table), et 496 ff., dont le dernier chiffré par erreur 396.

La date est au bas du frontispice, quoique M. Brunet dise le contraire ; quand elle manque, c'est que le relieur-rogneur l'a enlevée ; elle est aussi au privilége daté du 4 juin 1588.

Comme le frontispice est beaucoup plus grand que la justification du livre, il s'ensuit que, dans la plupart des exempl., ce frontispice a été atteint par le ciseau du relieur ; ceux-là seuls sont à grandes marges et doivent être recherchés, dont le frontispice est resté *integer*, avec la date.

Cette édition n'est paginée qu'au r^o, le dernier feuillet est chiffré par erreur 396 ; la préface est datée du 12 juin 1588, mais il est à remarquer qu'elle ne diffère en rien de celle des trois éditions précédentes.

Le troisième livre, qui paraît ici pour la première fois, est formé de 13 chapitres.

On sait que c'est la dernière édition publiée du vivant de l'auteur ; c'est aussi l'édition dont Montaigne annota deux exempl., dont l'un fut communiqué par sa veuve à Mlle de Gournay pour l'édition de 1595, et l'autre, donné aux Feuillants de Bordeaux, est encore aujourd'hui conservé à la bibliothèque de cette ville.

Les beaux exempl. de cette belle édition ont toujours atteint des prix élevés.

En *veau*, aux armes de Madame de Pompadour, mais un peu court de marges, 350 fr. d'Ortigue ; revendu 1,055 fr. Voisin (1876), est porté par les libraires Morgand et Fatout, au prix de 1,500 fr.

En *mar.* doublé, belle reliure ancienne aux armes du comte d'Hoym, superbe livre acheté 800 fr. par M. Potier, en Angleterre, cédé par ce libraire à M. Double, et porté à 1,700 fr. seulement à la vente de cet amateur distingué ; cet exempl. est, croyons-nous, entré dans la biblioth. de M. Sosthènes de La Roche La Carelle.

Par contre, un exempl. très-médiocre n'est vendu que 41 fr., chez M. Techener, en 1865.

Un bon exempl. en anc. *mar.* n'est vendu que 290 fr. chez M. Chedeau ; il fait auj. partie de la bibl. Ambroise Firmin-Didot ; un autre à grandes marges, mais avec le titre doublé, 250 fr. H. D. M. (Potier, 1874).

En *mar.* de Trautz, bel exempl. avec témoins, 860 fr. Gancia (1868) ; cet exempl., en 1876, figure au cat. à prix marqués Gonzalez-Bachelin, et est porté à 2,000 fr.

En *mar.* de Du Seuil, très-pur et très-grand, avec la date au bas du titre, 3,050 fr. Brunet, pour M. Odiot ; cet admirable livre venait de Ch. Nodier ; il appartient aujourd'hui au baron James de Rothschild.

En *mar.* de David, exempl. raccommodé, 640 fr. comte de L. (1873).

En *mar.* de Du Seuil, très-bel exempl., tout aussi pur, mais un peu moins grand que celui de M. Brunet, 2,850 fr. Potier (1870) ; rev. 3,060 fr. Benzon ; puis 3,500 et 4,000 fr. aux cat. Fontaine de 1875 et de 1877.

En *mar.* de Thibaron, fort court, 705 fr. H. Bordes ; en *mar.* de Hardy-Mennil, bel exempl. avec le front. intact, 1,200 fr. La Villestreux ; en *mar.* de Trautz, bel exempl., 1,690 fr. Leb. de Montgermont.

Un assez bon exempl. en *mar.* de Chambolle-Duru, 1,200 fr. au cat. Fontaine de 1875 et 1877 ; et un bel exempl. en *mar.* de Trautz, figure au même catal. de 1875, à 3,500 fr.

En *mar.* de Du Seuil, très-bel exempl., peut-être celui de M. Potier et Benzon, au 1er cat. Morgand et Fatout (janvier 1876), 5,000 fr.

« C'est, dit le catal., un des plus beaux exempl. connus. » C'est aussi, jusqu'à cejourd'hui, le plus beau prix connu.

En janvier 1877, les mêmes libraires présentent un exempl. en *mar.* de Duru, déclaré très-beau, au prix modeste de 800 fr.

— LIVRE des Essais de Michel, seigneur de Montaigne. Divisé en deux parties. — Dernière édition, augmentée de deux tables très-amples, des choses plus mémorables contenues en icelle. *A Lyon, pour Gabriel La Grange, libraire Davignon,* M. D. XCIII, 2 part. en un vol. in-8.

La première partie comprend les deux premiers livres en 830 pp., et elle est précédée du titre ci-dessus : la deuxième, formée du troisième livre, est précédée du titre suivant : *Livre des Essais de Michel, seigneur de Montaigne. Deuxième partie. A Lyon,* etc.

En *mar.* de Duru, 75 fr. d'Ortigue, et rev. 73 fr. Desq; en *vélin,* 45 fr. Chedeau.

Aux catal. à prix marqués des libraires :

En *vélin,* 250 fr. Fontaine (1875) ; en *basane,* 160 fr. au même catalogue.

— LES ESSAIS de Michel, seigneur de Montaigne. Édition nouvelle trouvée après le deceds de l'autheur, reueue et augmentée par luy d'un tiers plus qu'aux précédentes impressions. *A Paris, Chez Abel L'Angelier* (aussi *Michel Sonnius,*

rue Saint-Jacques, à l'Escu de Basle), 1595, in-fol.

Le privilége, au verso du titre, est daté du 15 octobre 1594.

On sait que cette édition fut donnée par Mademoiselle de Gournay, « la fille d'alliance » du philosophe, d'après un exemplaire revu par l'auteur, et qui lui fut communiqué par sa veuve ; M. Payen a fort bien prouvé que cet exemplaire différait de celui qui resta dans la maison de Montaigne, et qui fut donné par la veuve aux Feuillants de Bordeaux ; ce dernier (édit. de 1588) fait encore aujourd'hui le plus considérable ornement de la bibliothèque de la ville de Bordeaux ; l'autre a disparu.

Mademoiselle de Gournay a fait précéder cette édition d'une préface apologétique de 18 pp.; on y lit à la fin quelques détails sur la mort de Montaigne, sur sa famille et sur les soins minutieux qu'elle a apportés à cette précieuse édition, qui est aussi remarquable par la perfection typographique que par sa correcte rédaction.

M. Brunet a parlé, dans la dernière édition du *Manuel,* du célèbre carton des pages 63 et 64, découvert par M. Potier, et de l'avertissement de Montaigne, commençant par : « *Cecy est un livre de bonne foy,* » qui se trouve sur quelques exempl., aussi bien au nom de Michel Sonnius qu'au nom de l'Angelier ; le carton de 22 lignes intéressantes, réimpr. par les soins de Mlle de Gournay, ne s'est jusqu'à présent rencontré que sur trois exempl., celui de M. de Clinchamp, vendu chez Solar 1,005 fr. pour la Bibliothèque nationale, celui que M. Potier consentit à céder au Dr Payen, et qui fait également aujourd'hui partie de la biblioth. de la rue Richelieu, par suite de l'acquisition faite, à la mort du docteur, du monument bibliographique élevé par ce fervent disciple à la gloire de son illustre maître ; enfin le troisième exemplaire a été trouvé à Rome par M. Guyot de Villeneuve.

Il est à remarquer que les trois exempl. cartonnés sont à l'adresse de l'Angelier.

Il faut également tenir compte d'une remarque faite par M. Payen ; la préface de l'édition des *Essais* de 1598, porte cette note de Marie de Gournay : « *Cette préface, corrigée de la dernière main de l'auteur, ayant esté esgarée en la première impression depuis sa mort* (c'est-à-dire lors de l'édition de 1595), *a naguère esté retrouvée.* » Cette préface est simplement le second avis « *Au lecteur bénévole, C'est icy un livre de bonne foy...* »; cet avis porte la date du 1er mars 1580 ; le plus grand nombre des exemplaires de 1595 ne le donnent pas ; cependant quelques-uns donnent ce texte de l'*avis* de 1580, avec deux variantes insignifiantes, et jusqu'à présent les exempl. qui présentent cette particularité sont presque tous à l'adresse de l'Angelier ; un exempl. de Sonnius, vendu chez M. Potier en 1870, possédait cependant cette préface, ou plutôt cet avis.

En somme, cette édition de 1595 ne possède, en fait de préface, que celle de l'éditeur, Mlle de Gournay, en 18 pages, et c'est de l'avis « *au lecteur bénévole* » qu'elle veut parler, quand elle dit que la *préface* avait été égarée dans l'impression ; il paraît même qu'elle fut retrouvée pendant le tirage, puisque certains exemplaires *le* ou *la* possèdent.

En *mar.* de Duru, 395 fr. d'Ortigue ; en *mar.* doublé de Duru, très-bel exempl., 925 fr. Double ; en *mar.* du même relieur, exempl. non cartonné, 575 fr. Cailhava (1862) ; en *veau,* 330 fr. Chedeau ; en anc. *mar.,* exempl. d'Hangard, un peu piqué, 195 fr. Radziwill ; en *mar.* de Duru-Chambolle, 665 fr. Potier (1870) ; un bel exempl., 389 fr. Guntzberger (1872) ; en anc. rel. *mar.,* fort bien conservée, 970 fr. Tufton ; en *mar.* doublé de Duru (ex. Double), 1,750 fr. Benzon ; en *mar.* de Trautz, 1,010 fr. Leb. de Montgermont.

Aux catal. à prix marqués des libraires :

En *mar.* doublé, de Trautz, 3,000 fr. Fontaine (1874, 1875 et 1877) ; en *mar.* de Chambolle-Duru, 1,000 fr. mêmes catal. de 1875 et 1877 ; en anc. rel. *mar.*, aux armes de Fouquet, exemplaire à moitié pourri par l'humidité, 500 fr. même catal.

En *mar.* de Chambolle-Duru, 1,600 fr. cat. Morgand et Fatout (janvier 1876) ; en *mar.* de Trautz, 2,000 fr. (janvier 1877).

— LES ESSAIS de Michel, seigneur de Montagne (*sic*), divisez en trois livres contenants un riche et rare thrésor de plusieurs beaux et notables discours couchez en un stile le plus pur et orné qu'il se trouve en nostre siècle, avec deux tables, l'une des chapitres, l'autre des choses plus mémorables contenues en iceux. CIƆ. IƆ. XCV. *Pour François Le Febure de Lyon.* In-12.

Cette édition a été faite d'après celle de 1588, et elle est beaucoup moins complète ; elle est d'une incorrection et d'une inexactitude honteuse ; et c'est incontestablement la plus mauvaise de toutes celles qui existent.

Nous croyons fortement qu'elle a été exécutée à Genève.

— LES ESSAIS de Michel, seigneur de Montaigne. Édition nouvelle, prise sur l'exemplaire trouvé après le décès de l'autheur, revue et augmentée d'un tiers plus qu'aux précédentes impressions. *Paris, Abel L'Angelier....* M. D. XCVIII, gr. in-8, front. gr., portant pour la première fois la devise : *Vires acquirit eundo,* que l'on retrouve ensuite sur la plupart des éditions jusqu'à celle de 1659 ; et cette devise est ajoutée de la main de Montaigne en tête de l'édition annotée de 1588, que l'on conserve à la biblioth. de Bordeaux.

IV ff. lim. et 1,154 pp.; l'édition a l'extrait du privilége, daté, comme celui de 1595, du 15 octobre 1594.

En anc. rel. en *vélin,* 125 fr. d'Ortigue ; en anc. *mar.*, 95 fr. Brunet ; en *mar.*, 53 fr. Bordes ; en *mar.* de Trautz, 300 fr. Potier (1870), rev. 360 fr. Benzon.

— LES ESSAIS.... Édition nouvelle... *Paris, Abel l'Angelier,* M.D.C., gr. in-8.

Préface et notes, privilége, épitaphe, front. gravé, les mêmes qu'à l'édition de 1598 ; 1,166 pp.

Bonne édition.

En *vélin,* 16 fr. 50 c. 1re vente Techener (1865).

M. Payen, dans sa curieuse notice bibliographique de 1837, décrit, presque sans omission, les innombrables éditions du grand moraliste qui se sont succédé pendant les XVIIe et XVIIIe siècles ; nous ne nous y arrêterons pas ; mais nous donnerons simplement les prix extraordinaires que certains exemplaires ont atteints depuis 15 ans.

— LES ESSAIS de Michel, seigneur de Montaigne. *Paris, François Gueffier,* 1611, in-8, titre gr. Édition insignifiante, dont un bel exempl. en *mar.* de Lortic, est arrivé au prix de 315 fr. à la vente Benzon.

— LES ESSAIS de Michel, seigneur de Montaigne... *Paris, Jean Camusat,* 1635, in-fol., portr., dédiée au card. de Richelieu.

En *mar.* de Hardy, un exempl. en grand papier, 500 fr. au catal. à prix marqués Gonzalez.

En anc. *mar.*, 155 fr. Potier ; en *basane,* 50 fr. Fontaine ; en *mar.* de Chambolle, un exempl. figure au catal. du même libraire, en 1877, au prix de 250 fr.

Nous connaissons de cette édition l'exempl. de dédicace, en *mar. rouge,* aux armes du cardinal de Richelieu.

— LES ‖ ESSAIS ‖ de Michel, seigneur ‖ de Montaigne. ‖ Novvelle édition. ‖ ... A *Bruxelles,* ‖

· *chez François Foppens, Libr. et Imprim.* ‖ M. DC. LIX (aussi : *Chez Anthoine Michiels*). 3 vol. in-12, front. gr.

Édition qu'on rattache, on ne sait pourquoi, à la collection elsevirienne ; elle est imprimée, et assez mal, par Fr. Foppens, et, de plus, elle est d'une incorrection notoire.

Avec le nom de Foppens :

En *vélin,* 55 fr. Luzarche ; en *mar.* de Simier, avec raccommodages, 175 fr. Guntzberger ; en *mar.*, 126 fr. Am. Rigaud ; en *mar.* de Duru, h., 0,149 m., 301 fr. Bordes ; en *mar.* de Capé, h., 0,156, 300 fr. Capé.

En *mar.* de Padeloup, aux insignes de Longepierre, c'est-à-dire avec la Toison d'or sur le dos et sur les plats, h., 0,155 m., charmant livre, d'une pureté admirable, 1,800 fr. Porquet, au comte de la Bér....., revendu 5,100 fr. Benzon ; c'était un bijou, et il a été payé au poids de l'or.

En anc. rel. *mar.*, h., 0,147 m., 800 fr. au catal. à prix marqués Gonzalez-Bachelin ; en anc. *mar.*, 450 fr. Fontaine (1875) ; en anc. rel. *mar.*, h., 0,154 m., 1,200 fr. au catal. Morgand et Fatout ; enfin en *mar.* anc., rel. signée de Padeloup, mais un peu court (h., 0,142 m.), 1,650 fr. au catal. des mêmes libraires (janvier 1877).

Avec le nom de Michiels :

En *cuir de Russie,* très-grand, 0,157 m., 320 fr. de Chaponay ; en *mar.* de Derome (0,152 m. 1|2), 190 fr. Desq ; en *mar.* de Chambolle, 135 fr., 4e vente Techener (1865), et en *v. br.*, 60 fr. même vente ; en *mar.* de Bozérian (0,153 m.), avec le portr. de Fiquet ajouté, 166 fr. Pieters ; en *mar.* de Thouvenin, 175 fr. De Lassize et rev. 130 fr. Guntzberger ; en *mar.* anc. (exempl. de d'Hangard), 151 fr. Radziwill ; un second exempl., en anc. *mar.*, 135 fr. même vente ; en *mar.* de Derome, 0,151 m., 305 fr. Yéméniz ; en rel. angl., 102 fr. Potier ; en *mar.* de Derome, 290 fr. Labitte (mai 1870) ; en *mar.* de Koehler, 157 fr. Soleil ; en *mar.* de Chambolle, 119 fr. Danyau ; en *vélin,* h., 0,154 m., 300 fr. Tufton ; en *mar.* de Trautz, 0,152 m., 460 fr. Bordes ; le second exempl. Radziwill a été revendu 365 fr. Voisin (1876) ; en *mar.* de Capé, 0,150 m., 465 fr. Leb. de Montgermont, prix que ne justifient ni la hauteur, ni le nom du relieur.

Aux divers catal. Aug. Fontaine nous trouvons, en 1872, un exempl. de 0,155 m., en *mar.* de Bozérian, à 500 fr. ; un exempl. très-grand, 0,156 m., en *mar.* de Capé, 450 fr. (celui-ci avec le nom de Foppens) ; et deux autres exempl. moins grands, à 250 fr. chacun ; en 1875, un exempl. en *mar.* de Trautz, de 0,152 m., est porté à 600 fr., et un autre de 0,155 m., en *mar.* de Hardy, à 500 fr. ; enfin en 1877, un exempl. en anc. rel. *mar.*, de 0,147 m., est porté à 450 fr.

— LES ESSAIS de Michel, seigneur de Montaigne. *Londres, Tonson,* 1724, 3 vol. in-4.

En anc. rel. *mar.*, très-bel exempl., 115 fr. Radziwill ; un second exempl., en anc. *mar.*, moins beau, 52 fr.

— LES ESSAIS de Michel, seigneur de Montaigne, avec des notes par P. Coste. *Paris, par la Société,* 1725, 3 vol. in-4, portr.

Un exempl. avec le supplément de *Londres,* 1740, in-4, ensemble 4 vol. in-4, en *mar.* de Padeloup, 600 fr. Bordes.

— LES MÊMES. *La Haye, Gosse et Néaulme,* 1727, 5 vol. in-12, portr.

En *mar.* de Derome, 151 fr. Soleil.

Le docteur Payen a relevé neuf éditions pour le XVIe siècle ; vingt-huit pour le XVIIe siècle et quinze pour le XVIIIe ; il nous serait facile d'en ajouter quelques-unes à ce nombre déjà fort respectable ; mais ces éditions ne présentent aucun intérêt philologique ou bibliographique de quelque importance, on nous permettra de ñe pas nous lancer dans cette longue et aride nomenclature. Nous mentionnerons seulement quelques-unes des dernières éditions et quelques traductions :

— ESSAIS de Michel de Montaigne. Nouvelle édition, avec les notes de tous les commentateurs, choisies et complétées par M. J.-V. Le Clerc. Précédée d'une nouvelle étude sur Montaigne par M. Prévost-Paradol. *Paris, Garnier frères*, 1865, 4 vol. in-8, portr. 32 fr.

Bonne édition, dont il a été tiré 150 exempl. sur grand papier de Hollande. 80 fr.

— ESSAIS de Michel de Montaigne, texte original de 1580, avec les variantes des éditions de 1582 et 1587. Publié par R. Dezeimeris et H. Barckausen. *Bordeaux, imprimerie de G. Gounouilhou*, 1870-1873, 2 vol. in-8. 12 fr.

Intéressante édition, très-soignée ; elle a été publiée exclusivement pour les membres de la Société des bibliophiles de Guyenne.

Il en a été tiré quelques exempl. en grand papier de Hollande, à 60 fr.

— LES ESSAIS de Montaigne, accompagnés d'une notice sur sa vie et ses ouvrages, d'une étude bibliographique, de variantes, de notes, de tables et d'un glossaire, par E. Courbet et Ch. Royer. *Paris, Alphonse Lemerre*, 1872-1874. 5 vol. in-8. 50 fr.

Les trois premiers volumes sont en vente ; il a été tiré 25 exempl. sur pap. de Chine, à 50 fr. le vol., et 150 exempl. sur pap. de Hollande, à 30 fr. le vol.

Charmante édition, très-soignée.

— LES ESSAIS de Montaigne, réimprimés sur l'édition originale de 1588, avec notes, glossaire et index, par MM. H. Motheau et D. Jouaust, et précédée d'une notice par M. J. de Sacy. Portrait. *Paris, librairie des Bibliophiles*, 1873-1874, 4 vol. in-8. 50 fr.

Belle édition, dont il n'a encore paru que les trois premiers vol.; il a été tiré quelques exempl. sur pap. de Chine, à 30 fr. le volume, et d'autres sur whatman, à 20 fr.

— THE ESSAYS of Michael, Lord of Montaigne, done into English by John Florio. Second edition. *London*, 1613, in-fol., avec un portr. de Florio par Hole.

M. Brunet, qui cite l'édition originale de cette traduction et celle de 1632, omet celle-ci.

— SAGGI di Michele signor de Montagne, trasportati dalla lingua francese in italiano, per opera di Marco Ginammi. *Venetia*, 1633, in-4.

— ALLE de Werken van den Heer Michel de Montaigne, vertalld door J. H. Glazemaker. *Amsterdam*, 1692, in-4.

Trad. hollandaise, fort rare.

MONTALVO (*Fr. A.* de). El Sol del Nuevo Mvndo ideado y compvesto en las esclarecidas operaciones del bienaventurado Toribio arçobispo de Lima. *Roma, Angel Bernabò*, 1683, in-fol., un titre gravé, deux titres imprimés et 7 ff. prélimin. Portrait de l'archevêque Toribio , 540 pp. de texte et 14 ff. d'addit. et d'index.

Ce livre est fort rare et fort important pour l'histoire du Pérou et de l'Amérique du Sud ; le bel exemplaire payé par M. Tross, chez Andrade, 15 thal. 15 gr., est porté dans son catal. à 125 fr., et à 200 fr. au catal. Maisonneuve de 1878 ; un autre exemplaire avait été vendu 51 fr. en 1867.

— VIDA admirable y muerte preciosa del ven. herm.

Pedro de S. Joseph Betancur, fundador de la Compañia Bethlemética en las Indias occid. *Roma, Angel Tinassi*, 1683, in-4. Titre gr. sur cuivre, XXVI ff. limin., un plan, double format, des îles Antilles, 192 ff. de texte et 20 ff. pour la table.

Livre fort rare.

Ce Betancourt ou Béthencourt est le fondateur de l'ordre de la Rose de Jericho : c'est peut-être le petit fils du conquérant des Canaries.

Un bel exemplaire, mais avec une déchirure emportant du texte, est coté 300 fr. au catal. Maisonneuve, de 1878.

— BREVE teatro de las acciones mas notables de la vida del bienaventvrado Toribio Arçobispo de Lima. *Roma, por el Tinasi. Ympr. Cam.*, 1683, in-4, 40 planches exécutées à Rome par Thiboust. 18 à 20 fr.

— CONCILIA Limana,constitutiones synodales, et alia vtilia monumenta : Quibus Beatus Toribius archiepisc. Limanus ecclesias Peruani imperii mirifice illustravit. *Romae, ex typogr. Josephi Vannaccij*, 1684, in-fol., de XVI ff. limin., 355 pp. et 2 portr.

150 fr. catal. Maisonneuve (1878).

MONTALVO (*Alfonso* Diaz de). Reverendissimo patri et domino petro gvndisalvo de Mendoza dignissimo ecclesie sagvntine episcopo... Alphonsus de Montaluo indign' canonum pphessor... (A la fin :) Explicit deo gracias.

Si petis artifices primos quos Ispalis olim
Vidit et ingenio ṗprio mostrante peritos.
Tres fueruṅt homines Martini Antoni' atqȝ
De portu Alphons' segura et Bartholome'.

M.CCCC.LXXVII.

In-fol., à 2 col., en pet. car. goth., sans chiffres ni récl., mais avec registre et sign. *a-y* par 8. [3178]

— EN el nonbre de dios trino en personas z vno en esencia. || Aqui comiença la Tabla delos libros z titulos desta cõpilaciõ || de leyes que mandaron fazer z cõpilar los muy || poderosos prȋcipes el Rey don fernando z la Reyna doña ysa|| bel ñros señores de todas las leyes z pragmaticas fechas z or || denadas por los rreyes de gloriosa memoria... (Al fin) : *Por mandado de los muy al || tos z muy poderosos sere || nisymos z cristianisymos || principes rrey dõ Fernan || do z rreyna doña ysabel nuestros se||ñores cõpuso este libro de leyes el doctor alfonso diaz de Montaluo oydor de || su audiencia z su rrefrendario z de su consejo z acabose de escreuir ēla cibdad || de huepte a onze dias del mes de no || uiẽbre dia de sā martȋ año dl nascimjento || del ñro saluador jhū xp̃o de mill z qua || trocientos z ochenta z quatro años. castiro.* In-fol., goth., à 2 col., avec sign.

Ce livre précieux, dont M. Brunet cite la seconde

édition [2993], est longuement décrit à l'*Ensayo*, ainsi que les éditions de *Zamora, por Anton de Centenera*, 1485, in-fol., goth., à 2 col., et de *Burgos, por maestro Fadrique Aleman*, 1488.

— REPERTORIŬ Montalui. (Al fin :) Ad laudem *z* gloriam omnipotentis dei... serenissimorum regum hyspanie una cum glosis et additionibus vtriusque iuris eximij doctoris Alfonsi de mõtaluo Regij consiliarij. *Impressum in ciuitate Hispalensi, cura z diligētia Meynardi hungut alemani et Stanislay polonij eius socii : bene emendatŭ iiii. ydus februarij. Anno salutis. Millesimo quadringentesimo nonagesimo sexto*, in-fol., de 134 ff., goth., à 2 col.

Au bas du titre, la marque des imprimeurs avec les initiales : M. S.

Tous ces précieux incunables de l'antique législation espagnole sont décrits avec d'amples et minutieux détails à l'*Ensayo de una*,*Bibl. española.*

MONTAND (*Nic.* de). Le Miroir des François, compris en trois livres... *S. l.*, 1582, pet. in-8. [24045]

Deux éditions sous la même date, dit M. Brunet ; il faut rétablir ainsi la description : la première a 736 pp. ; la seconde n'en a que 497, avec 7 ff. lim., et 1 f. blanc.

30 fr. de Chaponay ; avec 736 pp., en *mar.* de Duru, 41 fr. De Lassize.

MONTANOS (*Franç.* de). Arte de musica teorica y pratica, de ¡Francisco de Montanos, racionero en la iglesia mayor de Valladolid. *Impresso en Valladolid, en casa de Diego Fernandez de Cordova*, 1592, in-4.

Cet ouvrage rare est divisé en six traités : 1. *Arte de Canto llano ; 2. Canto de organo ; 3. Contrapunto ; 4. De Compostura ; 5. De Proportione ; 6. Tratado ultimo de los lugares comunes.*

MONTANUS (*Arnoldus*). Die Nieuwe en Onbekende Weereld : of Beschryving van America en't Zuid-land, Vervaetende d'Oorsprong der Americaenen en Zuid-Landers... *t'Amsterdam, bij Jacob Meurs*, 1671, in-fol.

La *Bibl. Americ.* de Trömel décrit ·parfaitement ce livre intéressant ; c'est un in-fol., composé d'un frontispice gravé, titre avec une gravure, 2 ff. limin., 585 pp. chiff., 28 pp. non chiff., 47 grandes planches, 7 portraits parmi lesquels on remarque ceux de Colomb, d'Am. Vespuce, de Magellan, etc. ; il y a en outre un grand nombre de figures imprimées dans le texte ; celle de la page 124 donne une vue du village qui depuis fut New-York.

40 fr., bien complet, Tross (janvier 1873).

MONTANUS (*R. G.*). De heylighe ·Spaensche Inquisitie, met haer loosheyt, valscheyt ende arghelisten ontdect, wtgestelt ende int licht gebracht... Alles door Reynaldo Gonsalvo Montañ. eerstelijk int Latijne gheschreven. Ende nu eerst in onser Nederlanske sprake door M. Mavlvmpertum Taphaea. *Ghedruct tot Londen, bij Jan Day*, 1569, pet. in-8, goth., de 208 ff., avec une grande pl. gravée sur bois. 200 fr. catal. Tross. 1868.

Ce volume est curieux et fort rare, comme tous

les livres hollandais imprimés en Angleterre ; il n'est pas cité par Lowndes.

MONTBRUN. Mémoires de M. le marquis de Montbrun. *Amsterdam, Tirel*, 1701, pet. in-12, portr., fig.

En *mar.*, 31 fr. Desq.

MONTCHRESTIEN, sieur de Vateville. Traité de l'œconomie politique dédié au Roy et à la Royne mère. *Rouen, J. Osmont*, 1614 (aussi · 1615), in-4. [4038]

C'est la première fois que l'on trouve imprimée cette locution : *Economie politique*, dont on a tant usé, voire même abusé depuis; c'est, du reste, moins un traité qu'une suite de dissertations assez décousues.

Un bon exemplaire de ce volume rare, en *mar.* de Hardy, 51 fr. en décembre 1872 ; un très-bel exemplaire de dédicace, en anc. rel. *mar.*, aux armes de Louis XIII, 305 fr. vente H. Bordes, 1873.

Un exemplaire de condition ordinaire ne vaudrait guère plus de 8 à 10 fr.

— LES TRAGÉDIES... plus une bergerie et un poëme de Susane. *Rouen, Jean Petit*, s. d. (vers 1602), in-8, front. gr. et portrait. [16387]

En *mar.*, 25 fr. Luzarche ; en *mar.* de Capé, 70 fr. W. Martin.

— LES MÊMES. *Rouen, J. Osmont*, 1604, in-12, titre gr. par Léonard Gaultier.

En *mar.* de Petit, 42 fr. Soleil.

— LES MÊMES. *Rouen, Martin de La Motte, rue aux Juifs* (ou *Pierre de la Motte, demeurant à la basse vieille-Tour*), 1627, in-8.

Cette édition renferme, de plus que les précédentes, le *Tombeau de Barbe Guiffard*, épouse d'un président au parlement.

Les frères de la Motte s'étant partagé l'édition, il n'y a aucune différence à faire entre les deux noms; en *mar.* de Hardy, 80 fr. Leb. de Montgermont.

En *mar.* de Duru, 66 fr. Germeau ; 19 fr. Sainte-Beuve ; en anc. rel., 44 fr. Potier ; en *mar.* de Chambolle, 58 fr. Potier (1872), et l'exempl. en anc. *mar.* de la vente de 1870, 35 fr. seulement ; en *mar.* de Chambolle-Duru, 75 fr. comte de L. (Labitte, 1873).

MONTE (*J.* de). Exultatio fratris Ioannis de Monte, Parisiensis Minoritæ, pro festu Claudiæ, illustrissimæ Francorum reginæ. Ad Simonem Sicaldum, Parisiensem incolam, de Mathematicis disciplinis benemeritum. *S. l. n. d.* (1518), in-12, lettres rondes ; vignette sur bois au titre, représentant les emblèmes de la Passion.

Ce poëme, de 126 vers, est une prophétie pour la naissance du Dauphin François, né le 23 février 1518 (N. S.), et il résulte des détails qu'il contient que cette *pronostication* ne peut avoir été écrite et imprimée que postérieurement à cette naissance.

Pièce annoncée pompeusement comme *unique* à la vente du marquis de Morante, et vendue 100 fr.

MONTE (*Philippe* de). Sonetz de Pierre Ronsard, mis en musique à 5, 6 et 7 parties par M. Philippe de Monte, Maistre de la chapelle de l'empereur. Superius, tenor, contra-tenor, bassus, quinta pars. *A Lovain, chez Pierre Phalese, imprimeur de Musique, et en Anvers, chez Jean Bellere,* 1575, 5 part. in-4.

Édition originale extrêmement rare; M. Brunet n'avait cité que des fragments de contrefaçons.

306 fr. Tross, 3 mai 1866.

— Di Filippo di Monte il quarto libro de madrigali a quattro voci da lui novamente composti e dati in luce. *Venetia, A. Gardano,* 1581, 4 part. en un vol. in-4, obl.

M. Fétis ne possédait que ce 4e vol., et encore incomplet de l'*alto.*

MONTEIL (*Alexis*). Promenades dans la Touraine (avec un avant-propos, par M. J. Taschereau). *Tours, A. Mame,* 1861, in-12.

Il n'a été tiré, de cette intéressante publication de la Société des bibliophiles de Touraine, que 180 exempl. sur papier, dont 60 sur pap. chamois, et 2 exempl. sur vélin, in-8.

L'un de ces derniers en *mar.* de Capé, 101 fr. Taschereau, et 200 fr. au catal. Fontaine; un exempl. sur pap. chamois, 24 fr. Taschereau.

MONTEMAGNO da Pistoia. Rime novellamente trovate e poste in luce de Buonacorso Montemagno da Pistoia. *Roma, Blado,* 1559. — Rime di M. Cino (Sigibuldo) da Pistoja. *Ibid., id.,* 1559, 2 vol. in-8. [14455]

La seconde partie a 2 ff. lim., 49 ff. et 1 f. de privilége.

Dans une belle reliure vénitienne de l'époque, 133 fr. Gancia.

MONTEMAJOR (*Jorge* de). La Diana. *En Venecia, por Jo. Comenzini,* 1574, in-12. [17576]

8 parties.

55 fr. Gancia.

— Sigueuenze los siete libros de la Diana... en que se contienen las Historias de Xarisa y Abindarraez de Alcida y Silvano, y la de Piramo y Tisue, con el Trionfo de amor. *Madrid, por Francisco de Sanchez a costa de Blas de Robles,* 1586, in-8.

Belle édition, la première avec les pièces mentionnées au titre.

105 fr. Gancia.

MONTEMAIOR de Cuença (*D. Juan Franc.*). Svmmaria Investigacion de el origen, y priuilegios, de los Ricos Hombres, o Nobles, Caballeros, Infanzones o HijosDalgo, y Señores de Vassallos de Aragon, y del absoluto poder que en ellos tienen. Parte primera. Escribiola Don Juan Francisco de Montemaior de Cuenca, del Consejo de su Magestad, su Gouernador, y capitan general (que fue) de la isla Española, y la Tortuga... *S. l. n. d.* (*Mexico,* 1664), in-4, de vi ff. lim., 135 ff., 12 pp., 321 ff. et 30 pp., titre gravé sur bois. [28917]

Première partie, la suite n'a pas été publiée en conséquence de la mort de l'auteur.

200 fr. au catal. Maisonneuve de 1878.

— Discvrso politico : Historico Juridico del derecho, y Repartimiento de presas, y despojos apprehendidos en justa guerra. Premios, y castigos de los soldados. Lo dedica, y offrece a la Grandeza, y proteccion del Ex.mo S.or D. F. Fernandez de la Cueva... D. J. Francisco de Montemaior de Cuenca, Oydor mas antiguo, q̃ fue de la Real Audiencia de Santo Domingo y como tal, presidente della, gouernador, y capitan general de la Isla Española, y de la Tortuga, y Oydor de la Real chancilleria de Mexico. *Con Licencia, en Mexico ; Por Ivan Rviz, Impressor. Año de* 1658, in-4, de xxvi ff. lim., 192 ff., et 20 ff. à la fin; titre gr.

Les 40 premiers ff. contiennent le récit de l'expulsion des Boucaniers (*d'al Enemigo Frances*) de l'île de la Tortue ; la carte qui se trouve avant le prem. feuillet représente l'attaque de l'île de la Tortue, le plan des îles de Saint-Domingue, de Cuba et de la Jamaïque.

Ce livre précieux et rare est porté à £ 6. »» au premier catal. de Salvá ; il a été vendu 102 fr. Maisonneuve, en 1867, et M. Leclerc en demande 300 fr. en 1878.

— Svmarios de las Cedvlas, Ordenes, y Provisiones Reales, que se han despachado por su Magestad, para la Nueva-España, y otras partes ; especialmente desde el año de 1628, en que se imprimieron los quatro libros, del primer tomo de la Recopilacion de Leyes de las Indias, hasta el año de 1677. *Mexico, viuda de Bernardo Calderon,* 1678, in-fol., de viii ff. lim., 276 ff., et deux autres parties de 62 et 71 ff., ces dern. chiffrés 60.

Ouvrage précieux que ne citent ni Pinelo ni Antonio ; c'est un important recueil des actes administratifs concernant la Nouvelle-Espagne.

250 fr. au catal. Maisonneuve de 1878.

— Pastor Bonus : Dominus Jesvs : Sacerdos in æternum, Christus, secundum ordinem Melchisedech ; exemplum dedit crucem suam baiulantibus (*sic*), illius vestigia sequentibus. Præsuli sanctissimo divo Nicolao, Myræ archiepiscopo ipsi ex corde addictvs servus D. D. Joannes Franciscus A Montemaior, etc.... *Mexici, ex typographia Francisci Rodriguez Lupercio,* 1676, pet. in-8.

Voici la description de ce volume plus rare encore que le précédent, puisqu'il a échappé aux recherches d'Antonio et de Brunet ; une fig. gravée représente le Christ portant un agneau, avec la légende : « *Ego svm pastor Bonvs* », un titre au v° duquel commence l'*avis au lecteur,* puis 15 ff. lim., « Pars prima », 67 ff.; « Pars secunda », 81 ff., « Pars tertia », 75 ff. Au v° du dernier on lit une souscription qui se termine ainsi : *Actum est, Mexicana in civitate imperiali, nobilissima Indiarum occidentalium metropoli, undecimo kalendas Decembris, Anni* 1675. Enfin 10 ff. pour le « Repertorium. »

29 fr. Maisonneuve (1867).

— Relacion de lo svcedido en las provincias de Nexapa, Yztepex, y la villa Alta. Inquietudes de los Indios sus Naturales. *Mexico,* 1662, pet. in-4.

100 fr. cat. Asher de 1865.

MONTENAY (*Georgette* de). Emblesmes ou Devises chrestiennes, composées par damoiselle G. de Montenay. *Lyon, Jean Marcorelle*, 1571, pet. in-4. [18594]

100 fig. gr. par Woeïriot.

40 fr. Desq; en *mar.* de Koehler, exempl. Nodier, 100 fr. Yéméniz; un exempl. piqué de vers, 40 fr. baron Pichon ; 95 fr. Van der Helle, et un second exempl., en *mar.* de Duru, mais avec quelques défauts, 55 fr. même vente.

— LES MÊMES. *A la Rochelle, Jean Dinet*, 1620, in-4, 100 fig.

Bonne édition dédiée à Jeanne d'Albret.

En *mar.* de Petit, 100 fr. de Morante.

— LIURE d'Armoiries en signe de Fraternité, cent comparaisons de vertus et emblesmes chrestiens, agencées et ornées de belles figures grauées en cuiure, premièrement descritte en François, mais à présent mis en vers Latins, Espagnols, Italiens, Allemans, Anglois et Flamands. *Francofurt, Iean Car. Vnckel*, 1619, in-8, fig.

Édition presque inconnue.

MONTEREGIO (*Johannes* Muller de). Calendarium Germanice. (*Nürnberg*, 1475), in-4, de 30 ff., fig. en bois.

Voici la première édition allemande de ce célèbre *Calendrier*; dans l'édition latine comme dans celle-ci, Monteregio a été forcé de faire écrire à la main les chiffres qu'il voulait avoir en rouge; seulement, dans certains cas, à la p. 0, par exemple, où les chiffres se trouvent sur la même ligne que le premier jour de mars, ils sont imprimés en noir. £ 7. Libri (1862) pour le British Museum.

MONTESINO (*Ambrosio*). Cancionero et diuersas obras de nueuo trobadas, todas cõpuestas y hechas, por el Reuer. fray Ambrosio Montesino obispo de Cerdena. *Impresso en la leal ciudad de Seuilla por Domenico de Robertis. Año de* 1537, in-4, goth. [15122]

Édition fort rare qui figure à un cat. du libraire Miard en 1863.

Nous devons ajouter à la note du *Manuel* qu'Antonio ne cite pas une première édition de ce *Cancionero* datée de 1508; il dit seulement que le livre a dû être composé à cette date.

MONTESQUIEU (*Charles* Secondat de). OEuvres. Nouvelle édition plus correcte et plus complète que les précédentes. *Paris, J. F. Bastien*, 1788, 5 vol. in-8. [19101]

En anc. *mar.*, avec les fig. avant toute lettre qui illustrent l'édit. du *Temple de Gnide* de 1772, et les eaux-fortes de ces figures, délicieusement gravées par Le Mire d'après Eisen, 2,400 fr. au catal. Morgand et Fatout.

— L'ÉDITION d'*Amsterdam et Leipsick*, *Akrstée et Merkus*, 1773, 6 vol. in-8, avec les *Lettres familières*. *Rome*, 1773, in-8; ensemble 7 vol., en *mar.*, aux armes de Grammont-Choiseul, 150 fr. Fontaine (1875).

— OEuvres complètes, avec les notes d'Helvétius sur l'*Esprit des lois* (publ. par La Roche). *Paris, Didot*, 1795, 12 vol. in-18.

En pap. *vélin*, et en *mar.* de Bozérian, 121 fr.

Radziwill ; rev. 195 fr. Bordes ; gr. pap. *vélin*, et en *mar.* de Bozérian, 265 fr. A. Rigaud.

— LES MÊMES. *Paris, Plassan*, an IV (1796), 5 vol. in-4, fig. de Moreau, Peyron, Chaudet, Vernet.

En gr. pap. *vélin*, et en *mar.* de Bradel-Derome, 130 fr. Radziwill ; rev. 170 fr. Huillard; en gr. pap. *vélin*, 80 fr. Grésy, et un second exempl. en pap. ord., 40 fr.; en *mar.* de Bozérian, 400 fr. au catal. Morgand et Fatout.

— OEuvres. *Paris, Dalibon*, 1822, 8 vol. in-8.

En gr. pap. *vélin*, avec portraits ajoutés, 75 fr. Pieters.

— OEuvres. *Paris, Lefèvre, impr. de Crapelet*, 1826, 6 vol. gr. in-8, portrait.

Édition estimée.

En gr. pap. *vélin*, et *mar.* de Simier, 95 fr. de Chaponay ; en pap. *vélin*, et demi-rel., 123 fr. Danyau ; en gr. pap. *vélin*, et *mar.* de Chambolle, 369 fr. Labitte (1877).

— OEuvres mêlées et posthumes de Montesquieu. *Paris, P. Didot l'aîné*, 1802, 2 vol. grand in-18.

L'un des deux exempl. impr. sur beau *vélin*, non rogné ni coupé, 85 fr. De Lassize; l'autre, avec plusieurs pièces ajoutées, 100 fr. Em. Gauthier.

— DE L'ESPRIT des loix. *A Genève, chez Barillot et fils* (1748), 2 vol. in-4.

Nous n'aurions pas cité cette édition originale d'un livre justement illustre, mais qui n'a que bien peu de prix, si nous n'avions à mentionner un exempl. relié en *mar.* par Trautz, et porté à 500 fr. au catal. Morgand et Fatout; 120 fr. au catal. Fontaine, et ordinairement de 15 à 18 fr.

— L'ESPRIT des lois. *Paris, P. Didot l'aîné*, an XII, 5 vol. gr. in-18.

L'un des deux exempl., impr. sur beau *vélin* blanc, non rogné ni coupé, 210 fr. De Lassize ; l'autre exempl., 200 fr. Em. Gautier (1872).

— LE TEMPLE de Gnide. Nouvelle édition, avec gravures, gravées par Lemire, d'après les dessins de Ch. Eisen, le texte gravé par Drouet. *Paris, Lemire*, 1772, gr. in-8, titre gravé, 1 front. portr., 9 fig. et 1 fleuron. [17113]

Il a été tiré de cette mauvaise édition quelques exempl. in-4.

Les bons exempl., avec les fig. avant la lettre et le front. et 3 fig. *découvertes*, ornés d'une belle reliure du grand artiste Trautz, se vendent aujourd'hui un prix fou, et cette folie douce est toute récente.

En *mar.* de Thouvenin, exempl. La Bédoyère, 44 fr. Pieters; en *mar.* de Derome, gr. pap., 265 fr. H. Grésy; revendu 550 fr. Bordes; en *mar.* de David, pap. de Holl., 290 fr. Guntzberger; en anc. *mar.*, mais incomplet de 2 ff., 75 fr. Rigaud; 50 fr. W. Martin; 43 fr. Potier; en gr. pap., 80 fr. Danyau ; en *mar.* de Derome, 220 fr. Gancia (1872); 300 fr. Curmer; en *veau*, 46 fr. Mart. Millet.

En *mar.* de Trautz, 600 fr. au catal. Fontaine, de 1875, et 1,000 fr. en 1877; au catal. Morgand et Fatout d'avril 1877, un exempl. en *mar.* doublé de Lortic, mais avec les fig. d'Eisen avant la lettre, est porté à 4,000 fr.

Enfin un exemplaire, avec les figures avant la lettre et *découvertes*, en *mar. rouge* de Derome, 7,900 fr. Emm. Martin, 1877.

L'exemplaire, possédant les dessins originaux de Moreau, a été vendu à l'amiable, dans ces derniers temps, 10,000 fr.

— LE MÊME. *Paris Didot le Jeune*, an III (1795), in-18. 1 titre avec le portrait de Montesquieu, gravé par Saint-Aubin, et 12 fig. de Regnault et de Lebarbier.

Il a été tiré des exempl. sur *vélin*, sur gr. pap. *vélin*, et sur pap. *vélin*.

Sur *vélin*, en *mar.* de Bozérian, avec eaux-fortes et dessins ajoutés, 300 fr. Double ; rev. 310 fr. Em. Gauthier ; sur gr. pap. *vélin*, 99 fr. A. Rigaud ; sur même pap., *mar.* de Bozérian, fig. ajoutées, 130 fr. Huillard.

— LE MÊME. *Paris, Didot*, 1796, gr. in-4, fig.

L'exempl. Renouard, Thibaudeau, orné des dessins originaux de Regnault, et de 2 dessins de Moreau, sur les plats de la reliure, 265 fr. Double, revendu 1,501 fr. Leb. de Montgermont, et les dessins de Moreau avaient été enlevés ; en ancien *mar.*, 49 fr. Am. Rigaud ; en gr. pap. *vélin* et *mar.* de Thibaron, 53 fr. Potier ; en pap. *vélin* et *mar.* de Bozérian, 32 fr. Danyau.

— L'édition originale de 1725 est peu recherchée.

En *mar.* de Thibaron, 81 fr. Leb. de Montgermont.

— Une traduction italienne par Vespasiano, porte : *Aux Molières ;* c'est un in-4, de 118 pp., imprimé en 1778.

— CONSIDÉRATIONS sur les causes de la grandeur des Romains et de leur décadence. *Amsterdam (Paris), Jacques Desbordes*, 1734, in-12. [22933]

Édition originale ; les bons exempl. ont les pp. 130 et 131 intactes ; elles sont souvent remplacées par des cartons qui contiennent la note et le paragraphe, supprimés comme étant la justification du suicide.

En anc. *mar.*, 56 fr. d'Ortigue ; en *veau*, 40 fr. Voisin.

— CONSIDÉRATIONS sur les causes.... *Paris, Pierre Michel Huart, Jacques Clousier*, 1735. Seconde édition. In-12, 2 ff., 277 pp. et 3 pp. de privilège.

Avec privilège du roi du 15 novembre 1734.

Approbation du 14 juillet 1734.

— CONSIDÉRATIONS sur les causes de la grandeur des Romains et de leur décadence, avec comment. et notes de Frédéric le Grand, édit. collationnée sur le texte de 1734. *Paris*, 1876, grand in-8, portr.

Édition très-soignée, tirée à petit nombre ; trois exempl. ont été imprimés sur *vélin*.

— LETTRES persanes. *Amsterdam, P. Brunel*, 1721, 2 vol. in-12.

Il existe plusieurs éditions sous la même date ; l'une a 277 et 307 pp. ; une autre, 311 et 347 pp.

En *mar.* de Thibaron, 140 fr. L. de Montgermont.

— LES MÊMES. *A Cologne, Pierre Marteau*, 1744, 2 vol. in-12, 172 et 196 pp., plus les deux titres.

Bonne édition.

On peut joindre à cette édition :

— LETTRES d'une Turque à Paris, écrites à sa sœur au serrail, pour servir de supplément aux lettres persanes. *Cologne, Pierre Marteau*, 1731, in-12, de 132 pp.

— LETTRES PERSANES. Édition donnée par Louis Lacour. Imprimée par D. Jouaust. *Paris, Académie des Bibliophiles*, 1869, in-12.

Sur *vélin*, 300 fr. cat. Fontaine, 1875.

— ŒUVRES érotiques de Montesquieu. *Paris, de l'impr. de Plassan*, 1798, gr. in-4.

En *mar.* de Bradel-Derome, exempl. unique impr. sur *vélin*, 580 fr. Double.

— LETTRES familières du président de Montesquieu, baron de la Brède, à divers amis d'Italie. *S. l.* (*Florence*), 1767, in-12.

D'après M. Louis Vian, auteur d'une *Bibliogr. des œuvres de Montesquieu*, deux éditions de cette correspondance, identiques comme texte, ont été

publiées en 1767, et on ne peut distinguer la première de la seconde. Ceci est inexact ; la première édition, impr. à Florence, par les soins de l'abbé de Guasco, contient trois lettres contre Mme Geoffrin, que celle-ci retrancha à la réimpression qu'elle fit exécuter tout exprès, sous la rubrique : *Florence et Paris, Vincent Durand Neveu*, 1767, in-12 ; et dans une contrefaçon exécutée à Paris, ces lettres ne se retrouvent pas. La véritable édition originale est donc celle qui contient (pp. 222-241) les trois lettres contre Mme Geoffrin.

MONTFAUCON. L'Antiquité expliquée. — Les Monuments de la monarchie françoise. *Paris, Delaulne*, 1719-33. 20 vol. gr. in-fol. [28960]

En grand papier, en *mar.* de Belz-Niédrée, 3,000 fr. Double ; sans *Les Monuments,* en veau, 300 fr. Costa de Beauregard ; en gr. pap., et *anc. mar.*, bel ex., 1,705 fr. Huillard ; 225 fr. de Lescoët.

— LES MONUMENTS. 1719-1733, 5 vol. in-fol.

320 fr. Desq ; 500 fr. Brunet ; en gr. pap. et relié en *cuir de Russie*, 605 fr. Huillard ; avec pièces ajoutées et gr. pap. 410 fr. Le Ver ; exempl. médiocre, 135 fr. de Lescoët.

— Les 20 vol. en gr. pap., reliés en *veau*, aux armes de Bernard de Rieux, 1,500 fr. au catal. Morgand et Fatout.

MONTFIQUET (*Raoul* de). Exposition de l'oraison dominicale. Pater noster. — Cy finist l'exposiciō... *Imprime a la rue saïct iaques aupres du petit pont par Pierre Leuet, lan mil quatre cens quatre vingtz et cinq. — Exposition de laue Maria. Cy finist lexposition de Aue Maria compilee par maistre Raoul de Montfiquet. — Declamacion faicte par frere Guillaume alexis Religieux de lire... sur leuangile missus est gabriel. — Impr. a Paris... par P. Leuet et Jehan alissot*, 1485, in-4, goth., fig. s. bois, sans chiff. ni récl. [501]

— 1re partie : sign. *a-g* par 8 ff.

— 2e partie : en vers, sign. *a-f* par 8 ff. ; *g-h* par 6.

En *mar.* de Duru, 510 fr. Yéméniz.

— L'EXPOSITION de l'oraison dominicale..,. *Imprime a la rue Saint Jacques aupres du petit Pont, par pierre Leuet, lan mil quatre cens quatre ving: et neuf.* In-4.

Marque de P. Levet au titre.

En *mar.* de Thibaron, 205 fr. Potier.

MONTGEON (*Jean*), sieur du Haut-Puy de Fleac, Angoumoisin. Alphabet de l'art militaire. Auec les ordonnances du Roy sur le Reiglement de l'infanterie. *A Saumur, par Thomas Portau*, 1615, in-8.

— Réimpr. *A Rouen, chez Claude Le Villain, Libraire et Relieur du Roy*, 1620, in-12, de 3 ff. non chiff., 53 pp. et 1 f. blanc.

Ce petit volume est fort rare et méritait l'honneur d'une charmante réimpression qu'en a faite

M. le comte Anatole de Brémond d'Ars. *Angoulême, Chasseignac et Cl, Nadaud impr.*, 1875, in-8, 2 ff. et 58 pp.; tiré à 100 exempl.; les notes qui suivent cette publication font honneur au savant éditeur.

M. de Brémond d'Ars a publié une brochure fort intéressante, concernant le chevalier de Méré, dans laquelle il prouve que le nom patronymique de cet écrivain si original était Gombaud, et non pas Brossier, comme l'ont répété tous les dictionnaires bibliographiques; c'est une bonne note à enregistrer.

MONTGRAND (G. de). Liste des gentils-hommes de Provence qui ont fait leurs preuves de noblesse pour avoir entrée aux Etats tenus à Aix de 1787 à 1789; publiée pour la première fois d'après les procès-verbaux officiels, par le comte Godefroy de Montgrand. *Marseille, impr. de veuve M. Olive*, 1860, in-8.

Volume intéressant, tiré à petit nombre.

MONTHOIS (*Rob.*). La noble et furieuse chasse du loup, composée par Robert Monthois, Arthisien. *A Ath, chez Jean Maes*, 1642, pet. in-4, avec une pl. sur bois.

Un exempl. incomplet de 3 des ff. lim., 230 fr. baron Pichon.

— LA NOBLE et furieuse chasse du loup.... *Paris, M*ᵐᵉ *Vᵉ Bouchard-Huzard*, 1863, gr. in-8, fig. sur bois.

Réimpr. figurée : l'un des deux exempl. tirés sur *vélin*, en mar. de Chambolle, 95 fr. baron Pichon.

— LA NOBLE.... *Suivant l'édition imprimée à Ath* (*Techener*, 1865), pet. in-8.

Autre édition d'une réimpression à 100 exempl., aussi soignée que la précédente; en mar. de Chambolle, sur *vélin*, 69 fr. Em. Gautier; en mar. de Belz-Niédrée, également exempl. sur *vélin*, 205 fr. Danyau.

MONTJOYE. Voy. ENTRÉES.

MONTLAUR. Dominus de Montelauro. Palladiæ Tolosæ Ludicra Apollineo Juveni consecrata, etc. *Ex Thesauro Tolosano*, 1675, in-12, fig. s. cuivre.

Recueil de poésies franco-latines, dont l'auteur, Toulousain, est absolument inconnu.

50 fr. de Morante, à cause des figures allégoriques dont ce vol. rare était orné.

MONTLUC (*Blaise* de). Lettre envoyée au Roy par M. de Montluc, en forme de complaincte, contenant plusieurs actes et prouesses faictes par ledict sieur de Montluc sur le faict des armes. *S. l.*, 1571, in-8.

— LETTRES de M. de Montluc,... escriptes au roy, touchant le gouvernement de la Guyenne; avec la responce de sa Majesté. *Lyon, par Michel Joue*, 1571, in-8.

Ces deux pièces sont rares, mais la première est particulièrement intéressante.

— REMONSTRANCES de M. de Montluc à la Majesté du Roy sur son gouvernement de Guyenne, où est contenu une grande partie de ses faits et de plusieurs autres seigneurs et capitaines de ce royaume, envoyées (comme il appert par la lec-

ture d'icelles) un peu après les derniers troubles. *S. l.*, 1570, in-8.

Bibl. nat.

— COMMENTAIRES de Blaise de Montluc. *A Bourdeaus, chez S. Millanges*, 1592, 2 vol., pet. in-8. [23485]

Édition imprimée en même temps que l'in-4.

Court de marges, 24 fr. Lahitte (1870).

— COMMENTAIRES ‖ de Messire ‖ Blaise de Mont‖luc, mareschal ‖ de France. ‖ *Paris, chez Adr. Beys*, 1607, 2 tom. en 1 vol. in-8.

En mar., aux armes du duc d'Angoulême, fils de Charles X et de Marie Touchet, 185 fr. Potier; rev. 220 fr. Benzon, et porté à 350 fr. au catalogue Fontaine.

— COMMENTAIRES de messire Blaise de Montluc, mareschal de France, où sont descris les combats, rencontres, escarmouches, etc. *Paris, Jean Méial*, 1617, in-8.

C'est la même édition, avec un autre nom de libraire, que celle portée au *Manuel* avec le nom de J. Berjon.

En anc. mar., 60 fr. Costa de Beauregard.

MONTLUC (*Jean* de). Sermons sur les articles de la foy, et sur l'Oraison dominicale... *Paris, Mich. Vascosan*, 1561, pet. in-8, de 92 pp. [1441]

15 fr. Tross (1876).

— CLERI Valentini et Dyensis Reformatio restitutioq₃, ex sacris Patrum Conciliis excerpta per R. D. Ioannem Monlucium, earum Diocesium episcopum. *Lutetiæ, Mich. Vascosan*, 1558, in-8.

Livre fort rare; un exemplaire de dédicace au cardinal de Lorraine, 140 fr. Gancia.

MONTMEJA. Poëmes chrestiens de B. du Montmeja... *S. l.* (*Genève*), 1574, in-8. [13641]

Poëte protestant; le vol. contient des vers de Th. de Bèze, de Simon Goulard, et autres poëtes *parpaillots*.

40 fr. Turquety; en anc. mar., 32 fr. Soleil.

MONTMORENCY. Deduction de l'innocence de messire Philippe, baron de Montmorency, conte de Hornes, admiral... et chevalier de la Thoison d'or, contre la malicieuse apprehension, indeüe detention, iniuste procedure, fausse accusation, iniques sentences et tyrannique execution en sa personne à grand tort, par voye de faict perpetrees. *S. l.*, *imprime au mois de septembre* 1568, pet. in-8, de VIII ff. limin., 573 pp. et 1 f. d'errata.

Volume rare et d'un grand intérêt pour l'histoire de Hollande et celle du protestantisme.

47 fr. Tross (1872).

MONTOYA (*Ant.* Ruyz de). Voy. RUYZ.

MONTRÉSOR (*Claude* de Bourdeille, comte de). Mémoires. Diverses pièces durant le ministère de M. le cardinal de Richelieu, etc... *Leyde, J. Sambix*

(*Bruxelles, Fr. Foppens*), 1663 (1664, 1665 ou 1667), 2 vol. pet. in-12.

Avec la date de 1665, en *mar.* de Derome, 125 fr. Taschereau ; en *mar.* de Lortic, 45 fr. Labitte (1870); en *mar.* de Derome, 250 fr. Labitte, 9 mai 1874.

Avec celle de 1667, en anc. *mar.*, 12 fr. Labitte (1874).

— LES MÊMES. *Cologne, J. Sambix* (*Holl.*), 1723, 2 vol. in-12.

En anc. *mar.*, aux armes de Mesdames, 100 fr. Leb. de Montgermont.

MONTREUX (*Nicolas* de). Les premières œuvres poétiques chrestiennes et spirituelles de Olenix du Mont-Sacré. *Paris, Gilles Beys,* 1587, pet. in-12. [13893]

En *mar.* de Trautz, 210 fr. Leb. de Montgermont.

— LES MÊMES. *Rouen, Thomas Mallard,* s. d., pet. in-12.

En *mar.* de Hardy, 57 fr. Potier.

— ATHLETTE, pastourelle.... par Ollenix du Mont-Sacré. *Lyon, Jean Veyrat,* 1592, in-8.

En *mar.* de Thibaron, 34 fr. Potier.

— LES CHASTES et délectables Jardins d'amour. *Paris, Adrien Périer,* 1579, pet. in-12.

En *mar.* de Thibaron, 39 fr. Labitte (1870).

— LE QUATRIESME livre des Bergeries de Juliette... ensemble la tragédie d'Isabelle. *Paris, Abraham Saugrain,* 1595, in-12.

Cette édition a le même nombre de pages et ne diffère en aucun point de celle que désigne le *Manuel* à l'adresse de *Guillaume des Rues.*

Les cinq parties in-12 des *Bergeries de Juliette,* n'ont été vendues, en *mar.* anc., que 65 fr. Taschereau, parce que la pastorale de Diane, du 3ᵉ vol., et la tragédie d'Isabelle, manquaient.

MONT-VERT (*Raoul* de). Les fleurs et secretz de medecines : contenant plusieurs remedes et receptes : a la conseruation de la sante du corps humain et contre toutes maladies... par maistre Raoult de Mont-Vert et presentement recogneu par maistre Ancelme Iuliani, docteur en médecine en luniuersite de Montpellier. *On les vend a Paris. — Nouuellement imprimez a Paris pour Pierre Sergent,* s. d. (*vers* 1536), pet. in-8, goth., fig. s. bois. [7677]

C'est la même édition que celle indiquée au *Manuel* sous la rubrique : *Lyon, Ol. Arnoullet,* s. d.

En *mar.* de Niédrée, 43 fr. Cailhava.

— LES FLEURS et secretz de Medecine... *Poitiers, chez Bouchet,* s. d. (*vers* 1540), pet. in-8, goth.

Cette édition n'est pas citée au *Manuel.*

20 fr. Chedeau.

— LES MÊMES. *Lyon, Olivier Arnoullet,* 1551, pet. in-8, goth.

En *mar.* de Lortic, 38 fr. Desq, rev. 50 fr. Potier.

— LES MÊMES. *Lyon, Ben. Rigaud,* 1586, in-16, fig.

En *mar.* de Chambolle, 40 fr. Gancia.

MONUMENT || (Le) || des François morts de || dans Luzignen du || rant le siége || A très illustre et très magnanime Prince || René viconte de Rohan, etc. || Par un gentilhomme de Poitou || blessé du-

rant le siége. || *A la Rochelle,* || *par P. Haultin,* 1576, in-8, de 8 ff. non chiffrés, dont chaque page contient un sonnet.

Le seul exempl. connu de cette pièce intéressante appartient au duc de la Trémoille, qui a bien voulu le communiquer aux savants éditeurs du *Recueil des Poésies françoises* (*Paris, Daffis*), MM. de Montaiglon et de Rothschild (tome X, p. 270).

Au tome VIᵉ de cet intéressant recueil avait été reproduite une pièce qui a trait au même siége de Lusignan.

— LES EFFORTS faicts et donnez à Lusignan, la vigille de Noël, par Monsieur le duc de Montpensier, prince et pair de France, lieutenant général au pais de Guienne, et soutenus par M. de Fontenay, prince de Bretagne. *S. l. Imprimez nouuellement,* 1575, in-8.

Une relation en prose du même siége a été publiée la même année.

MONUMENTS de l'histoire de l'ancien évêché de Bâle, recueillis et publiés par ordre de la république de Berne, par J. Trouillart. *Porentruy,* 1852-1861, 4 forts vol. gr. in-8.

Collection de chroniques et de chartes du Xᵉ au XVᵉ s., publiée aux frais du gouvernement fédéral ; elle est importante pour les départ. limitrophes français ; mais l'édition n'a pas été mise en vente.

56 fr. vente Conod.

MOQUIN-Tandon (*A.*). Carya Magalonensis, ou Noyer de Maguelone. Seconde édition avec la traduction en regard. *Montpellier, Bohem et Cie,* 1844, in-12.

Contrefaçon si parfaite de la langue romano-provençale, qu'elle parvint à tromper Raynouard lui-même.

Ce petit vol. rare, en demi-rel. de Trautz, a été vendu 16 fr. 50 c. Burgaud des Marets.

MORAES (*A. J.* de Mello). Brasil historico. *Rio de Janeiro,* 1866-1867, 2 vol. gr. in-4, fig.

Vol. 1ᵉʳ, 295 pp.; vol. II, 263 pp.

Bon ouvrage, rare en France ; 50 fr. au catalogue Maisonneuve.

MORALE (La) pratique des Jésuites, représentée en plusieurs histoires arrivées dans toutes les parties du monde (par Cambout de Pont-Château). *Cologne, chez Gervinus Quéntel* (*Amst., Dan. Elsevier*), 1669, pet. in-12, de XI ff. lim., 44 et 287 pp. de texte.

L'exempl. Pixérécourt, non rogné, 39 fr. La Bédoyère.

MORALITÉ de l'enfant de perdition, qui tua son père et pendit sa mère, & enfin se désespera. *A Lyon, Olivier Arnoullet,* s. d., in-16, goth.

Pièce que nous considérons comme perdue, et dont nous ne retrouvons le titre qu'aux divers catalogues des *Foires de Francfort.*

MORAN de Butron (*Jacinto*). La Azvcena

de Qvito, que broto en el florido campo de la Iglesia, en las Indias Occidentales, la venerable virgen Mariana de Jesus, Flores, y Paredes, admirable en Uirtudes, Milagros, y Profecias. *Lima, Joseph de Contreras*, 1702, in-4, de XIII-60 ff., front. gravé représentant le portrait de la sainte.

C'est un abrégé d'un livre, dont l'original a été publié par D. Manuel Guerrero de Salazar.

Non cité par Pinelo, et inconnu aux PP. de Backer, quoique l'auteur appartienne à la compagnie de Jésus.

80 fr. catal. Maisonneuve.

MORANTE (Marquis de). Nuevo Diccionario latino-español etimológico por D. Raym. de Miguel y el marqués de Morante. *Leipzig*, 1867, gr. in-4.

En gr. pap. *vélin* et relié en *mar.*, 20 fr. de Morante.

MORE (*Th.*). Thomæ Mori, Angli, omnia quæ hujusque (*sic*) ad manus nostras pervenerunt Latina opera, quorum aliqua nunc primum in lucem prodeunt... *Lovanii, apud Petrum Zangrium Tiletanum*, 1566, in-fol. [3955]

8 fr. 50 c. Potier.

L'*Utopia* fait partie intégrante de cette édition originale des œuvres de l'illustre philosophe anglais.

— OPUSCULUM vere aureũ Thomæ Mori de optimo Reipublicæ statu, deque noua Insvla Vtopia, etc. *Paris, Gilles de Gourmont*, s. d. (1516-1517), pet. in-8. [3955]

C'est l'édition décrite au catal. Grenville, indiquée par M. Brunet, soupçonnée par Lowndes; elle est sans date, mais la *Praefatio ad Lectorem* semble l'indiquer comme seconde édition.

100 fr. Libri (Asher, 1865).

— La première édition de *Louvain, Thierry Martens*, 1516, a été vendue 60 fr. De Lassize, et 140 fr. Luzarche.

— DE OPTIMO Reipublicæ statu deque noua insula Vtopia libellus... clarissimi... uiri Thomæ Mori pleraq̃ è Græcis uersa Epigrammata Desid. Erasmi Roterodami. *Basileæ, apud Ioannem Frobenium, mense Martio, anno* 1518, in-4, lettres rondes de 355 pp.

10 fr. Tross (1867); 20 fr. De Lassize, et un second exempl., 15 fr. 50 c.; en *vélin*, 52 fr. Potier.

La troisième partie, contenant les épigrammes d'Erasme, manque quelquefois; les frontispices, lettres ornées et fleurons ont été dessinés et gravés par Holbein, qui a signé l'encadrement de la p. 47 : HANS HOLB., et l'encadrement en tête des *Epigrammata Th. Mori*, IIII.

— DE OPTIMO Reipublicæ statu, deque nova insula Utopia.... Th. Mori, inclitæ civitatis Londinensis civis et vice-comitis. *Lovanii, Servatius Sassenius*, 1548, in-8; le dernier f. ne contient que la marque du libraire.

En anc. *mar.*, 21 fr. Gancia.

— LA DESCRIPTION de l'isle d'Utopie, où est comprins le miroir des respubliques du monde..... (trad. par Jehan Le Blond). *Paris, chez L'Ange-*

lier, 1550, pet. in-8, fig. s. b., IX ff. limin., 105 ff., plus VII ff. pour l'avis, la table et l'errata.

Première édition de cette traduction.

En *mar.* de Derome, 255 fr. Radziwill; en *mar.* de Trautz, 93 fr. De Lassize; en rich. rel. anc., aux chiffres de Louis XIII et d'Anne d'Autriche, exemplaire De Bure, 1,500 fr. Brunet; revendu 2,000 fr. Fontaine (1872), et 4,900 fr. Benzon; en *veau*, 60 fr. Germeau; en *mar.* de Duru et Chambolle, 200 fr baron Pichon; en *mar.* de Lortic, mais avec des feuillets remontés, 85 fr. Soleil; en *mar.* de Trautz, 425 fr. Leb. de Montgermont; porté à 650 fr. au catal. Fontaine; en *mar.* de Duru, 125 fr. Labitte (1870).

— L'UTOPIE de Thomas Morus, chancelier d'Angleterre, trad. par Samuel Sorbière. *Amsterdam, Jean Blaeu*, 1643, pet. in-12, de VIII ff. limin. et 210 pp.

En *mar.* de Trautz, 65 fr. Cailhava; 37 fr. De Lassize; en *mar.* de Bauzonnet, 145 fr. baron Pichon; 33 fr. de Morante; en *veau*, 160 fr. catal. Morgand et Fatout.

— IDÉE d'une république heureuse, ou l'Utopie de Th. Morus... trad. en françois par M. de Gueudeville, et enrichie de (16) figures en taille-douce. *Amsterdam, Fr. L'Honoré.* 1730, in-12.

En *mar.* de Derome, 46 fr. De Lassize.

— EPIGRAMMATA clarissimi dissertissimiq̃ uiri Thomæ Mori Britanni ad emendatũ exemplar ipsius autoris excusa. *Basileæ, apud Ioannem Frobenium mense decembri, anno* M.D.XX, pet. in-4, lettres rondes, front. gr. par Holbein et portant son monogramme.

Aux pages 75-76 de ce volume, nous dit le catal. Firmin-Didot, sont deux pièces de vers relatives au roi Jacques d'Ecosse, qui diffèrent de celles que donne l'édition de 1518; les pages 106 à 115 contiennent des pièces de vers qui ne se trouvent que dans l'édition précédente.

60 fr. de Morante, et un second exemplaire 30 fr.

— THOMÆ Mori V. C. Dissertatio epistolica (pro Erasmo) de aliquot sui temporis theologastrorum ineptiis; deque correctione translationis Vulgatæ Novi Testamenti : ad Martinum Dorpium Theologum Lovaniensem. *Lugd. Bat., ex offic. Elseviriana*, 1625, pet. in-12, de XIV ff. et 125 pp.

Sur le titre la marque du : « *Non solus.* »

MOREAU, le jeune. Monument du costume physique et moral de la fin du XVIIIe siècle, ou Tableau de la vie, orné de figures, dessinées et gravées par M. Moreau le jeune, dessinateur du cabinet de S. M. *A Neuwied, sur le Rhin*, 1789, gr. in-fol. [9622]

Le texte est attribué à Rétif de la Bretonne; les 26 figures de Moreau sont merveilleuses de finesse, d'esprit, on pourrait dire de coloris.

En *mar.* de Hardy, 225 fr. Double; *cartonné*, 121 fr. Favart; en *mar.* de Petit, 251 fr. H. D. M. (Potier, 1867); 205 fr. Desq; cart. non rogné, belles épreuves, mais une cassure à la première planche, et cependant 770 fr. Curmer; en *mar.* de Chambolle-Duru, 1,000 fr. catal. Morgand et Fatout.

M. Fontaine (catal. de 1872, nº 5293) avait mis en vente un admirable exemplaire complet des trois suites d'estampes de Moreau et Freudenberg, dont voici les titres :

— SUITE D'ESTAMPES, pour servir à l'histoire des mœurs et des costumes des François du XVIIIe siècle, année 1774. *A Paris, de l'imprimerie de*

Prault, imprimeur du roy, 1775. — Seconde suite d'estampes, pour servir à l'histoire des modes et du costume en France dans le XVIIIe siècle, année 1776. *Paris, Prault*, 1777. — Monument du costume physique... *Neuwied*, 1789, 3 part. en 1 vol., gr. in-fol., fig.

La plupart des délicieuses planches de ces trois séries étaient des trois états, eaux-fortes, avant et avec la lettre; cet ensemble constituait un livre à peu près unique, digne de rivaliser avec l'exemplaire de la Bibl. nation.; il était richement relié en *mar.*, à compart. et petits fers, reliure délicieusement exécutée par Chambolle; toutes ces conditions exceptionnelles réunies expliquent surabondamment le grand prix de 6,000 fr. demandé (et obtenu) par M. Fontaine.

— MONUMENT du costume physique et moral de la fin du XVIIIe siècle, ou Tableaux de la vie, ornés de 26 grandes planches en taille-douce d'après Moreau le jeune et Freudenberg; texte par Restif de la Bretonne, revu et corrigé par Charles Brunet, avec préface par Anatole de Montaiglon. *Paris, Wilhem*, 1874-76, pet. in-fol.

Publié en 16 livraisons et tiré à 500 exemplaires numérotés; savoir 370 sur papier. *vélin*, à 5 fr. la livraison; 100, papier de Hollande, gr. sur papier de Chine, 10 fr. la livraison; 30, papier de Hollande, gr. sur papier de Chine, en doubles épreuves, noires et bistrées, 16 fr. la livraison.

Cette nouvelle édition, bien exécutée, a été presque aussitôt épuisée.

— FIGURES de l'Histoire de France, dessinées par M. Moreau le jeune, et gravées sous sa direction, avec le discours de M. l'abbé Garnier. *A Paris, chez Moreau le jeune*, 1785, in-4.

En papier fort, figures du premier état, et bien complet, 200 fr. Em. Gautier; 200 fr. au catal. Fontaine de 1875.

MOREAU. Les Heures de la nouvelle imprimerie inventée par Pierre Moreau, dédiees à madame la marquise de Senecey, gouvernante du Roy. *Paris*, 1644, pet. in-12, front. et 23 fig. gravées sur cuivre. Les sept péchés capitaux sont représentés dans ce curieux petit livre sous les figures allégoriques de sept charmantes femmes.

En *mar.* de Trautz, 83 fr. Cailhava.

— LES SAINCTES prières de l'âme chrestienne, escrites et gravées après le naturel de la plume. 1632. *Et se vendent chez Moreau (à Paris)*, in-12, fig., encadr.

Première édition de ces jolies Heures, entièrement gravées; dans une jolie reliure ancienne,100 fr. Huillard; 60 fr. Van der Helle.

— LES SAINTES Prières de l'ame chrestienne, escrites et gravées après le naturel de la plume, par P. Moreau, M^e escrivain juré. *Paris, Jean Henault*, 1649, pet. in-8, texte gravé avec encadrements et figures.

Dans une merveilleuse reliure du Gascon, le bel exemplaire de ce petit volume, acheté 70 fr. par M. Brunet à la 3e vente Nodier, a été porté, lors de la dispersion des livres du célèbre bibliographe, au prix considérable de 1,500 fr.; et figure au prix de 2,750 fr. au catal. Fontaine de 1872; un exemplaire dans une reliure curieuse, mais qui malheureusement avait souffert, 18 fr. seulement, Soleil.

— LES MÊMES. *A Paris, chez P. Henault*, 1656, pet. in-8, fig. et encadr.

Dans une charmante reliure ancienne, attribuée au Gascon, 81 fr. Van der Helle.

MOREAU (*Philippe*). Le Tableau des armoiries de France, auquel sont représentées les origines et raisons des armoiries, héraults d'armes, pavillons, escus, tymbres, couronnes, ordres, supports, etc., par Ph. Moreau, Bordelois. *Paris*, 1630, pet. in-fol.

12 à 15 fr.

MOREAU (Le P. *Charles*). Le Zodiaque mystique ou parallèle de la ceinture du ciel avec celle du Patriarche S. Augustin. *Paris*, 1624, in-8.

Le titre donne l'avant-goût de l'amas de monstruosités mystiques, entassées dans cette élucubration indigeste.

MOREAU (*Pierre*), de Parray, en Charollois. Klare en waarachtige Beschryving van de Leste beroerten en afval der Portugezen in Brasil... (Claire et vraie description des derniers événements et défaite des Portugais au Brésil... avec le voyage du même auteur au Brésil, et les choses étranges qui lui sont arrivées, décrit par J. H. Glazemaker.) *Amsterdam, J. Hendriksz en J. Rieuwertsz*, 1652, in-4, goth., de 4 ff. prélimin. et 94 pp., avec une gravure au titre et 4 eaux-fortes dans le texte aux pp. 31, 42, 65 et 75.

Voy. RELATIONS véritables.

MOREAU (*Pierre*). Voy. PSELLUS.

MOREJON (*P.*), rector del colegio de la Compañia de Jesus de Macan. Relacion de la persecucion que vvo en la Yglesia de Iapon : y de los insignes martyres, que gloriosamente dieron su vida en defensa de Nra Santa Fe, el año de 1614 y 1615. Sacada de la Authentica que truxo el P. Pedro Morejon. *En Mexico, impresso por Ioan Ruyz*, 1616, pet. in-4, de IV ff. lim., et 96 pp.

200 fr. catal. Tross.

— RELACION de los martyres del Japon del año de 1627. Haze la imprimir el Padre Juan Lopez, procurador general de la misma Compañia de la Prouincia de Philipinas. *Mexico, Iuan Ruyz*, 1631, in-4, de VIII ff. limin. et 56 ff. de texte, chiffrés.

Non mentionné par Pinelo, mais les PP. de Backer donnent la liste complète des œuvres de l'auteur.

130 fr. catal. Maisonneuve (1878); 3 thal. 1. Sobolewski.

MOREL (De). Relation veritable des ceremonies obseruees par les habitans de la ville de Constances (*sic*, pour Coutances), à l'entree solennelle de Mgr l'illustr. et rever. Euesque dedit lieu, prenant possession de son évesché, le dimanche

15e jour de septembre, année 1647, ou le Triomphe de l'église cathedrale de Constances, par M. de Morel. *S. l.*, 1647, in-4.

Ce livre rare doit avoir été imprimé à Coutances, par Robert Coquerel, qui avait pris la suite des affaires de J. le Cartel; sur le titre se trouve une vue de la cathédrale, gravée sur bois.

En *mar.* de Chambolle, 114 fr. Ruggieri.

MOREL (*Fédéric*). Traicté de la guerre continuelle et perpétuel combat des chrestiens. *A Paris, chez ledict Morel*, 1564, in-8.

Le gendre de Michel Vascosan ne voulut pas se contenter d'être l'un des plus habiles imprimeurs de son temps; il voulut faire de la Théologie polémique; son livre, fort médiocre, est à peu près introuvable aujourd'hui.

MOREL de Vindé. Primerose, par M..el de V..dé. *Paris, Didot l'ainé*, 1797, in-18, avec 1 front. et 5 fig. de Lefèvre, gravées par Godefroy.

Il existe des exemplaires en papier *vélin* et en grand papier *vélin*, avec les figures avant la lettre et avant le nom des artistes.

En demi-rel., 20 fr. Brunet (pap. *vélin*); en *mar.* anc., 20 fr. Grésy.

— LE MÊME. *Paris, Leclerc*, 1863, in-12, fig.

Il a été tiré de cette jolie réimpression 100 exemplaires en grand papier *vélin*, avec les figures de Lefevre avant la lettre.

Relié en *veau*, 30 fr. Danyau.

— ZÉLOMIR, par Morel (de Vindé). *Paris, Didot l'ainé*, 1801, in-18; 6 planches, dessinées et gravées par Lefèvre et Godefroy.

Il existe également de cette élucubration des exemplaires en papier *vélin* et en grand papier *vélin*, avec les épreuves avant la lettre ou avec les eaux-fortes., (Cohen, *Guide de l'amateur des livres à vignettes*.)

En grand papier *vélin*, fig. avant la lettre et eaux-fortes, 13 fr. La Bédoyère; en grand papier, 25 fr. Cailhava.

MORENNE (*Claude* de). Oraisons ‖ fvnebres et ‖ Tombeaux ‖ Composez par messire Claude ‖ de Morenne Euesque de Seez. ‖ Dédié à Monsieur de Ville- ‖ roy... ‖ Auecques les Cantiques, Quatrains & autres Poëmes ‖ tant François que Latins du meme autheur.‖*A Paris, chez Pierre Bertault...* 1605. (*Impr. par Sebastien et Simon Aubray*.) In-8, de 108 ff. chiffrés. [13791]

2 épîtres en latin et en français; 7 oraisons funèbres; une autre *épistre consolatoire*; 16 tombeaux.

En *mar.* de Capé, 88 fr. W. Martin; en *mar.* de Cuzin, 225 fr. catal. Morgand et Fatout, qui donne une longue et minutieuse description de ce volume rare.

6 des pièces de l'édition originale ont été réimprimées par les soins de M. L. Duhamel. *Caen, Legost et Clérisse*, 1864, gr. in-18.

10 exemplaires sur papier de Chine, et 190 sur papier de Hollande.

MORESTEL (*Pierre*) de Tournus en Masconnois. Les secretz de nature, ou la pierre de touche des poëtes, en forme de dialogue, contenant presque tous les préceptes de la philosophie naturelle extraicte de toutes les fables anciennes. *Rouen, Romain de Beauvais*, 1607, pet. in-12.

En *mar.* de Capé, 46 fr. marquis de B. de M.

MORETUS (R. P. *Josephus*) Pampelonensis, e Soc. Jesu. De obsidione Fontirabiæ libri tres. *S. l. n. d.* (*vers* 1655), in-32, fig. s. cuivre.

Petit volume rare; cette relation du siége de Fontarabie est ornée de jolies planches, gravées sur métal.

21 fr. de Morante.

MORGA (*Antonio* de). Succesos de las Islas Filipinas, dirigido a Don Cristoval Gomez de Sandoval y Rojas, duque de Cea, por el doctor Ant. de Morga, alcade del crimen de la real audiencia de la Nueua-España. *Mexico, en casa de Geronymo Balli*, 1609, in-4. [28221]

La plus ancienne adjudication que nous puissions citer de ce livre, aussi rare que précieux, remonte à l'année 1725, 12 shel. au catal. de John Bridge, à Londres, n° 2529; au catal. Thorpe de 1846, £ 3. sh. 13. d. 6; £ 24. sh. 10, catal. Asher; 103 thal. Sobolewski.

MORGANT. Voy. PULCI.

MORICE (Dom) et Dom L. C. Taillandier. Histoire ecclésiastique et civile de Bretagne. *Paris, Delaguette*, 1750-1756, 2 vol. — Preuves, 3 vol.; ensemble 5 vol. in-fol. [24446]

En anc. *mar.*, 400 fr. Costa de Beauregard.

MORILLON. Le Pancraste d'Alcandre, ou le carrosel de monseigneur le duc de la Valette, faict en presence de monseigneur le duc d'Espernon, desdié à leurs Grandeurs par le sieur Morillon. *Bourdeaus, Pierre de la Court*, 1627, in-8. 100 fr. Ruggieri.

(Voy. pour une relation en vers : *Caillavet*.)

MORILLON (*Claude*). Pompe funèbre du tres-chrestien... prince Henry le Grand, roy de France et de Navarre, faicte à Paris et à S. Denys, les 29 et 30 jours du mois de juin, et le 1er et 3 juillet 1610, recueillie par C. Le J. D. M. L. D. D. M. *Lyon, par Claude Morillon*, 1610, in-8, de 32 pp.

Édition originale, 16 fr. Ruggieri (exemplaire médiocre).

— La seconde édition de *Rouen, Raphael du Petit-Val*, 1610, pet. in-8, de 31 pp. (titre compris).

En *mar.*, 85 fr. même vente.

MORILLON (D. *Julien Gatien* de). Joseph ou l'esclave fidèle, poëme. *Turin*, 1678, in-12. [14117]

Imprimé à Tours par Benoist Fleury (?).

Nous trouvons ce poëme porté à cette date au n° 2674 du premier catal. Dinaux; mais, malgré cette indication, nous pensons que l'édition de 1679 est la première.

Il existe deux éditions sous cette même date de 1679; c'est M. Potier qui, le premier, a signalé le fait au catal. Taschereau (n°ˢ 1526-1527).

Voici les notes de cet excellent libraire :

« La première édition a été supprimée par ordre des supérieurs de l'auteur, à cause de quelques passages un peu libres. Le fait paraissait douteux et était contesté, attendu le peu de rareté du livre ; mais c'est qu'on n'avait pas remarqué qu'il existait deux éditions sous la date de 1679, l'une rare, qui est celle-ci, et l'autre, plus commune, qui est la suivante. »

Cette première édition en *v. f.* de Capé, 21 fr. Taschereau.

— LE MÊME poëme. *Turin, Benoist Fleury*, 1679, in-12.

Édition tout à fait différente de la précédente même par le titre, qui est d'une autre impression. Elle a reparu avec un nouveau titre en 1711. »

En *v. f.* de Derome, exempl. du marquis du Roure, 14 fr. Taschereau.

Nous admettons parfaitement qu'il y ait eu deux éditions sous la même date : mais si les passages scabreux qui ont motivé la suppression de la première sont reproduits dans la seconde, nous déclarons ne pas comprendre comment et pourquoi celle-ci a pu voir le jour ; si au contraire cette seconde édition a été expurgée, pourquoi ne pas avoir signalé le fait au catalogue ?

— Réimpr. à *Bréda (Tours), Pierre, Jean, Jacques*, 1705, in-12, édit. en petits caractères ; et à *Turin* (toujours *Tours*), 1711, in-12.

C'est la même édition, moins l'*Avis au lecteur*, que la seconde de 1679.

— NOUVEAU recueil de poésies. *Turin (Tours), Benoist Fleury*, 1696, in-12.

Volume assez rare ; en *veau* de Capé, 20 fr. Taschereau.

Nous faisons grâce au lecteur des poëmes mystiques ou ascétiques du même auteur.

MORIN (Général) et Tresca, sous-directeur du Cōnservatoire des, arts et métiers. Dessins coloriés pour l'enseignement de la mécanique. 30 planches de 49 sur 65 centimètres. *Paris, Hachette*, 40 fr.

Ces planches comprennent 4 séries :

1. Organes de transmission de mouvement, 12 planches.

2. Roues hydrauliques et autres récepteurs, 6 planches.

3. Machines hydrauliques, 7 planches.

4. Machines à vapeur, 5 planches.

MORIN (Dom *Guillaume*). Histoire générale des pays de Gastinois, Senonois et Hurpois, composée par feu le R. Père dom Guillaume Morin, cy devant grand prieur de l'abbaye royale de Ferrieres en Gastinois. *Paris, veuve Pierre Chevalier*, 1630, in-4, frontispice gravé. [24270]

Un très-bel exemplaire en *mar.*, avec figures ajoutées, a été vendu 200 fr. Herluison (1868).

MORIN. La chasse du cerf, divertisse-

ment chanté devant Sa Majesté à Fontainebleau, le 25ᵉ jour d'aoust 1708, mis en musique par M. Morin. *Paris, Christophe Ballard*, 1709, in-4, oblong, musique.

En *mar.* de Chambolle, 115 fr. baron Pichon.

MORIN (*Simon*). Au nom du Père, du Fils et du Sainct-Esprit. Pensées de Morin, dédiées au Roy. Naïfue et simple déposition que Morin fait de ses pensées au pied de Dieu, les soubmettant au iugement de son Eglise tres-saincte, à laquelle il proteste tout respect et obeyssance, etc. *S. l.*, 1647, in-8, de 176 pp., les deux dernières chiffrées 174 et 175. [2179]

On sait que ce livre, rare et justement recherché, motiva la condamnation de l'auteur, qui fut brûlé à Paris en 1663.

Un exemplaire non rogné, 45 fr. vente Tross (1867).

MORISOT (*Cl. Barth.*). Peruviana. *Divione, Guyot*, 1644, 2 part. en 1 vol. in-4. [17001]

La première partie comprend x ff. limin. et 345 pp., plus 1 f. d'errata ; la seconde (*Conclusio operis*), 2 ff. limin. et 55 pp. ; cette seconde partie, comme le dit M. Brunet, est datée de 1646.

L'auteur a, sous des noms péruviens, raconté les démêlés du cardinal de Richelieu avec Marie de Médicis et Gaston d'Orléans ; il y a le conte de Mᵐᵉ Pragmatique, qui, dit le libraire Boudot, est le meilleur endroit du livre.

Réimpr. l'année suivante :

— Claudii Barthol. Morisot Peruviana. *Lugduni Batavorum*, 1645, in-4.

— ORBIS Maritimus... *Divioni, P. Palliot*, 1643, in-fol.

Ce paragraphe est transposé au *Manuel*, et donné à tort à Maurice Morison.

Claude-Barthélémy Morisot naquit à Dijon en 1592, et y mourut en 1661.

Son *Orbis Maritimus* forme un in-fol. de x ff., 725 pp., IX ff., titre gravé, fig. et cartes impr. dans le texte ; entre les pages 200-201, une grande planche pliée représentant des naumachies anciennes ; les pages 578-609 traitent spécialement des deux Amériques.

C'est à ce Morisot de Dijon que le libraire Courbé s'était adressé pour la direction de sa collection de voyages, publiée en 1651.

MORISSON (*F. J.*). Diverses inventions nouvelles de décorations, ornements et galanteries... dessinées par Frédéric-Jacob Morisson, gravées par J. A. Pfeffel, graveur de la cour impériale à Vienne (titre en allemand). *S. l. n. d.*, in-4, obl.

8 planches, gravées avec finesse, de pièces d'orfèvrerie et de bijouterie, etc.

46 fr. baron Pichon.

MORIZ Haupt. Franzœsische Volkslieder Zuzammen gestellt von Moriz Haupt, und aus seinem Nachlass herausgegeben. *Leipzig, Hirzel*, 1877, in-12.

Le célèbre philologue Moriz Haupt, dit M. G. Paris dans la *Revue critique*, avait, pendant 30 ans, réuni les matériaux d'un recueil d'anciennes chansons populaires françaises; il mourut avant d'avoir pu livrer à l'impression son manuscrit tout préparé; et l'éditeur de ce charmant volume fut M. Tobler; les chansons, tirées de recueils fort rares, et quelques-unes empruntées à la tradition orale, sont publiées avec l'indication exacte des sources.

Nous avons dû mettre cette indication au nom *Moriz*, quand sa véritable place était à la lettre H, le volume ayant paru dans l'intervalle de l'impression du *Supplément au Manuel*.

MORLAYE (*Guillaume*). Plusieurs livres de tabulature de guiterne. *A Paris, chez Michel Fezandat*, 1550, in-8, oblong.

(*Catal. des Foires de Francfort.*)

— Premier (second et troisiesme) livre de tabulature de leut (*sic*), contenant plusieurs chansons, fantasies, motetz, pavanes et gaillardes. Composées par maistre Guillaume Morlaye, et autres bons autheurs. *Paris, impr. de Michel Fezandat*, 1552-1558, in-4, obl.

Volume rare et précieux (catal. Fétis, 2385).

MORLINI. Contes et Nouvelles de Jerôme Morlini, traduits en français pour la première fois par M. W. *Naples, imprimé chez Pietro Fiorentini (Bruxelles)*, s. d., pet. in-8, de x et 206 pp. (épuisé).

Tiré à 500 exemplaires. Ce volume contient, indépendamment des 81 nouvelles du conteur Napolitain, la traduction des 19 nouvelles composées par de modernes imitateurs.

MORNAY (*Philippe* de). De l'institution, usage et doctrine du S. Sacrement de l'Eucharistie en l'Eglise ancienne. *La Rochelle, Hierosme Haultin*, 1598, in-4, de 956 pp.

Un admirable exemplaire de cette première édition, donné par *le Pape des Huguenots* à sa fille Marthe de Mornay, relié en *mar. rouge*, à compartiments, à son chiffre et à ses armes, 830 fr. Solar.

Sa devise (non pas celle de M. Solar, mais celle du grand-Mornay) est noble et simple :

Vitæ socia virtus, mortis comes gloria.

Un autre exemplaire, en *mar.*, avec les initiales de Phil. de Mornay et de Charlotte d'Arbaleste, sa femme, gravées sur les plats et le dos de la reliure, 300 fr. de Morante.

En *vélin*, 46 fr. Tross (1867).

— Advertissement du sieur du Plessis à Messieurs de l'Eglise romaine, sur l'escrit n'aguères publié par le sieur Evesque d'Eureux.

L'une des plus rares productions du grand Duplessis-Mornay. 135 fr. de Morante.

— Traicté de l'Eglise, auquel sont disputées les plus principales (*sic*) questions, qui ont esté menées sur ce point en nostre temps. *A Londres*, 1578, in-8.

Réimpr. *à Francofort* (sic), *Wechel*, 1582, in-8; *à*

Lausanne, 1588, in-16; *à Genève, Jean le Preux* 1599, in-8.

— De la vérité de la religion chrestienne, contre les Athées, Epicuriens, Payens, Juifs, Mahumétistes, & autres Infidèles. *Anvers* (*Antwerp*); *Plantin*, 1570, in-8. [1784]

Cette première édition, que n'indiquent ni la *Bibliographie plantinienne*, ni le *Manuel*, ne se trouve portée qu'aux divers *Catalogues des Foires de Francfort*; elle semble avoir disparu, ou plutôt elle n'a jamais existé, et le rédacteur a confondu avec l'édition de 1582; en effet, nous écrit M. Potier, il est facile de prouver la non-existence de cette édition : le privilège est du 8 mars 1581; une lettre du roi de Navarre, du 23 nov. 1581, remercie l'auteur de l'envoi de ce livre qui lui est dédié; Mornay avait 21 ans en 1570, c'était un âge un peu tendre pour un livre aussi sévère; il était alors en voyage pour compléter son éducation (1567-1572)... En voilà bien assez pour que nous nous hâtions de désavouer ces malencontreux *Catal. de Foires !*

— La même. S. l., *Jacob Stoer*, 1590, in-12.

35 fr. de Morante.

— Excellent discours de la vie et de la mort. *A Lausanne*, 1576, in-8. [1939]

— Réimpr. *A Paris, chez Charles Pesnot*, 1580, in-16.

Même édition que celle portée au *Manuel*, sous le nom de Th. Périer.

— Response pour le traité de l'Église, aux obiections proposées en vn liure intitulé : *les Trois Véritez*, l'auteur duquel maintient que la Romaine prétendue catholique est la seule vraye Eglise. *A Geneue, par Gabriel Cartier*, 1595, in-8.

— Le Mystère d'iniquité, c'est-à-dire l'histoire de la papauté, par quels progrez elle est montée à ce comble, et quelles oppositions les gens de bien lui ont faict de temps en temps. *Saumur, Th. Porteau*, 1611, in-fol., portr. gravé par Léonard Gaultier.

Ce volume, assez rare, contient une grande planche pliée qui manque quelquefois.

En *vélin*, 80 fr. Tross (1867); avec la planche raccommodée, 91 fr. de Morante.

— Le même. S. l., 1612, in-8, de 660 pp., front. gr. et fig.

En *mar.* de Petit, 50 fr. Leb. de Montgermont.

— Histoire de la vie de Philippe de Mornay, seigneur du Plessis Marly. *Leyde, B. et A. Elsevier*, 1647, in-4.

En anc. *mar.*, rel. pouvant sortir de l'atelier de Du Seuil, 350 fr. Brunet.

MORNAY de la Villetertre. Vies de plusieurs anciens seigneurs de la maison de Mornay, avec leur généalogie. *Paris, J.-B. Coignard*, 1689, in-4.

Volume fort rare, signé : René de Mornay (de la Villetertre); il n'a paru que la première partie et la table de la 2e.

MORRISON (Rev. *Robert*). Vocabulary of the Cantôn dialect, by R. Morrison. *Macao, East India Company's press*, 1828, 3 parties en 2 vol. in-8. [11877]

— Translations from the original Chinese, with notes. *Canton*, 1815, in-8.

12 à 15 fr.

MORT (La) du Diable, ou le Ministre travesti, qui, s'étant déguisé en diable, fut tué par son valet, Mathieu Jodelet. *Sallat*, in-12.

Nous donnons textuellement le titre d'une pièce facétieuse fort rare, tel que nous le trouvons porté au 2ᵉ catal. De Bure de 1835, nº 1774, où elle fut vendue 3 fr.

Que veut dire ce colophon *Sallat ?* Est-ce *Sarlat ?* comme lieu d'impression supposé? Est-ce un nom de libraire? Nous ignorons tout cela, n'ayant jamais eu le bonheur de voir cette pièce, qui doit être, croyons-nous, de la seconde moitié du xviiᵉ siècle.

MORT (La) d'un gentilhomme néapolitain, bruslé tout vif dans la ville de Genève, au mois d'avril 1648, de laquelle mort s'est ensuivie la conversion d'un des premiers ministres de cette république... *Paris, Th. Lozet*, 1648, pet. in-4, de 12 pp.

— LA CONVERSION d'un des anciens ministres de Genève, nommé M. Daniel.... *Paris*, 1648, pet. in-4, de 8 pp.

Ces deux pièces, de peu d'importance, mais fort rares, ont été vendues 26 fr. Luzarche.

MOSCHI Siculi et Bionis Smyrnæi Idyllia quæ quidem exstant omnia, hactenus non edita. Gr. et lat. *Brugis Flandrorum, excudebat Hubertus Goltzius*, 1565, pet. in-4.

Bonne édition, vendue 14 fr. Pieters.

MOSNIER (J.). Les véritables alliances du droict françois tant civil que canon et criminel, par J. Mosnier, lieutenant au baillage de Vivarais, de Villeneufve de Berc, coseigneur de S. Michel d'Ardèche, etc. *Tournon, Claude Michel*, 1618, in-4, de plus de 1200 pp., armoiries en taille-douce sur le titre.

Livre rare, cité aux *Archives du bibliophile* de M. Claudin (1872).

MOSSI (P. Fr. *Honorio*). Gramática y Ensayo sobre las escelencias y perfeccion del idioma llamado comunmente Quichua. *Sucre, Imprenta de Lopez*, 1857, in-4, de 1 f., 72 et 54 pp.

Grammaire devenue fort rare, même au Chili ; 120 fr. catal. Maisonneuve.

MOTETARUM liber primus a diversis musicis. (Altus, superius, tenor, bassus.) *Argentorati, apud Petrum Schœffer*, 1535, 4 parties en 1 volume pet. in-4, oblong.

Cette collection est d'une extrême rareté; la bibliothèque de Hanovre en conserve un bel exemplaire; M. Fétis en possédait un autre, auquel manque l'*Altus*.

MOTETTI. Liber primus cum quatuor vocibus. *Impressum Lugduni per Jacobum Modernum de Pinguento*, 1532, gr. in-4, obl.

Cet article est longuement décrit au *Manuel*

(III, 1927); il faut seulement lire partout pp. au lieu de ff.

Le premier livre de ce recueil de motets a été vendu £ 3. sh. 12. Libri.

MOTIS (*Joannes* de). Inuectiua cœtus feminei contra mares. (In fine): Quattuor sunt que mulieres summe cupiunt. ‖ A formosis amari iuuenibus ‖ Pollere filiis pluribus ‖ Ornari preciosis vestibus ‖ Et dominari pre ceteris in domibus. ‖ *S. l. n. d. (Riessinger, Neapoli)*, in-4. [12737]

— APOLOGIA mulierum in viros probosos Joannis de Motis... *Excussum in thermis Antoninis oppidi Badensis per Renatum Beck... Anno M.D.XI. Nono Kal. Januarii. Quãdo pestis preter solitam crudelitatem Argentorati incrudescebat.* In-4, 18 ff., lettres rondes. [12738]

Cette pièce diffère du tout au tout de la précédente; elle est écrite en distiques réguliers, et l'*Inuectiua* est en vers libres.

M. Claudin signale au cat. Luzarche une édition jusque-là inconnue du poëme de J. de Motis :

— INVECTIVA cetus feminei contra Mares (edita per magistrum Joh. Motis, Neapolitanensem, Sancte Sedis apostolice secretarium) cum tractatulo de remedio contra concubinas et conjuges (per modum abreviationis libri Matheoli a Petro de Corbolio archidiacono Senonensi et ejus sociis compilatum), *S. l. n. d. (Lugduni, cᵃ 1500)*, pet. in-8, goth., à long. lignes.

Le poëme de l'archidiacre de Sens, Pierre de Corbeil, est digne de rivaliser, comme crudité de pensées et de mots, avec ce que l'antiquité latine nous a laissé de plus cru.

40 fr. Luzarche.

MOULINIÉ (*Estienne*). Airs avec la tablature de Luth. Premier (second, troisiesme, quatriesme et cinquiesme) livre. *Paris, Pierre Ballard*, 1624-1635, in-4.

Chansons françaises pour une voix ; recueil rare et précieux.

Complet chez M. Fétis.

MOURAVIT. Le livre et la petite bibliothèque d'amateurs, essai de critique, d'histoire et de philosophie morale sur l'amour des livres, par Gustave Mouravit. *Paris, Aug. Aubry*, 1869, in-8.

Livre épuisé.

En *mar.* de Petit, exempl. en pap. de Hollande, 50 fr. au cat. à prix marqués Gonzalès.

MOURONVAL (*Jean* de). Bastiment de Receptes spirituelles contre les plus dangereuses maladies des humains. *A Paris, chez Guillaume Chaudière*, 1574, in-16.

L'auteur était curé de N. D. de Tournay ; c'est l'un des mystiques les plus étonnants qu'ait produits ce xviᵉ siècle, qui en produisit tant ; il y a là un chapitre : *Contre la puante haleine du charnel, représentée par Hydropisie*, dont l'absurdité est tout à fait réjouissante.

MOUSIN (J.). Discours de l'yuresse et yurongnerie... ensemble la manière de carousser... le tout pour le contentement des curieux. *Toul, Séb. Philippe*, 1612, in-8. [17954]

5 fr. Gersaint ; 1 l. 8 s. en 1773 ; 42 fr. Auvillain ; en *mar.* de Hardy-Mennil, 49 fr. Soleil.

MOYEN de parvenir (Le). Voy. BEROALDE de Verville.

MOYEN de parvenir (Le) à la cognoissance de Dieu et conséquemment au salut, avec allégation de plusieurs bons autheurs. *Lyon, Robert Granjon*, 1557, in-8.

L'un des premiers et des plus rares vol. imprimés en car. de civilité ; en *mar.* de Duru, 45 fr. seulement Chedeau, mais 230 fr. chez M. Potier en 1870.

MOYENS d'abus, entreprises et nullitez du rescrit et bulle du Pape Sixte V° de ce nom, en date du mois de septembre 1585, contre... Henry de Bourbon, roy de Navarre, et Henry de Bourbon... prince de Condé, par un Catholique, Apostolique, Romain, mais bon François et tres fidel subiect de la couronne de France (Pierre Belley). *S. l.*, *imprime nouuellement*, 1586, pet. in-8, de IV ff. limin., 451 pp. et 2 ff. blancs. [23556]

MOYENS pour monstrer que dès maintenant les François se peuvent passer des manufactures d'or, d'argent et de soyes estrangères, et de leurs soyes crües ou grèzes, au bout de douze ou quinze ans, et par ce moyen empescher le transport de plus de douze millions de livres hors du royaume, et attirer en iceluy la plus liquide richesse de l'Italie, partie de celle d'Espagne et du Levant. *S. l. n. d.* (*Lyon*, vers 1602), pet. in-8, de 26 pp.

Pièce remarquable et fort rare, attribuée par M. Claudin à Barth. de Laffémas ; 34 fr. Luzarche.

MOYENS (Les) || tres vtilles & necessaires, || pour rendre le monde paisi- || ble & faire en brief reuenir || le Bon-temps. || *A Paris* || *pour Anthoine du Breuil* || *le ieune.* || M.DC.XV, in-8, de 16 pp.

Réimpr. par M. Anat. de Montaiglon dans le tome IV du *Recueil des Poésies françaises*.

MOYSES. Tractatus (quatuor) Rabi Moysi quem domino et magnificho Soldano babilonie transmisit (de regimine sanitatis). *Impreæum* (sic) *Florentie, apud Sanctum Jacobum de Ripolis*, s. d. (c⁴ 1478). Pet. in-4, de 40 ff., 24 et 27 lignes par page, en beaux car. ronds ; pet. vol. fort rare, imprimé par les religieuses de Ripoli ; il est d'autant plus précieux qu'il n'est pas cité par Fossi,

dans son *Cat. des impressions* du monastère de Ripoli.

50 fr. cat. Tross, de 1865.

MOYSTARDIÈRES (*Abel Mathieu*, Sʳ des).Devis de la langue françoise à Jeanne d'Albret, royne de Nauarre, par Abel Mathieu, natif de Chartres. *Paris, de l'imprimerie de Richard Breton*, 1559. — Second Devis et principal propos de la langue Francoyse (par le même). *Paris, de l'impr. de Richard Breton*, 1560, 2 vol. in-8. [10945]

En car. de *civilité*.

Éditions originales de deux traités qu'on trouve rarement réunis.

Un bel exempl. en *mar.* de Trautz, 235 fr. Chedeau ; en *mar.* de Chambolle, 250 fr. au catal. Fontaine de 1875.

— DEVIS de la langue françoise... faitz et composez par A. M., sieur des Moystardières. *Paris, Jean de Bordeaux*, 1572, pet. in-8.

31 fr. Chedeau ; en *mar.* de Chambolle, 41 fr. Potier ; en *mar.* de Duru, 61 fr. baron Pichon.

MUGNOZ (*H.*). Traicté du nouveau comète, et du lieu où ils se font... Compose en espagnol par Hieronyme Mugnoz... et traduict en françois par Guy Le Fèvre de la Boderie. *Paris, Martin le jeune*, 1584, pet. in-8.

A la fin se trouve un *Cantique sur la nouuelle estoile ou apparence lumineuse qui s'est montrée au ciel depuis le 11 nouembre iusques à present 20 jannier 1574, par G. le Fèvre de la Boderie*, en 27 strophes de 16 vers.

En *mar.* de Trautz, 52 fr. Potier.

MULLER (*J.*). Kirchen-Geschmuck. (Les Ornements des Eglises, ou brève description des objets qui servent à orner les églises, avec texte en allemand.) *München, Ad. Berg*, 1599, in-4.

Beau livre, qui représente un grand nombre de ciboires, ostensoirs, reliquaires, etc., gravés sur bois ; il faut en outre une grande planche pliée, qui manque souvent.

20 fr. en 1865.

MUNDITIA (De) et castitate sacerdotum... (A la fin) : Opusculū qđ de mūdicia ɔtinentia ꝫ castitate sacerdotū intitulatur feliciter finit. *S. l. n. d.*, in-8, goth., de 39 ff. à 33 lignes.

Pièce rare que cite Hain ; nous croyons cette impression parisienne et datant de 1496 ou 1497.

Hain en cite une autre édition de Leipzig, imprimée par Conrad Kachelofen en 1498, in-4.

MUNK (*S.*). Le guide des égarés. Traité de théologie et de philosophie par Moïse ben Maimoun, dit Maïmonide, publié pour la première fois dans l'original arabe, et accompagné d'une trad. française, et de notes critiques. *Paris*, 1856-1866, 3 vol. in-8. (70 fr.)

Cette excellente traduction a été également publiée sans le texte arabe ; il ne restait à publier que les Prolégomènes ; la mort prématurée du savant traducteur a interrompu le cours de ces travaux, auxquels M. Franck consacrait quatre articles, dans le *Journal des Savants*, en 1862 et 1863.

MUNSTER. La declaration de l'instrument de Seb. Munster, pour cognoistre le cours du ciel jusqu'à l'an 1580. *Imprimee a Basle, par Jacques Estauge, aux despens de Jehan Mareschal,*1554, pet. in-4, fig. s. bois, 48 ff., sign. A-M. [8385]

— La Cos ‖ mogra ‖ phie univer ‖ selle contenant ‖ la situation de toutes les parties du monde ‖ auec leurs proprietez... par S. Munster... *Cy finist la chronicque universelle..... nouuellement translatee et achevee d'imprimer aux despens de Henry Pierre (à Basle)*, en l'an de grâce 1552, in-fol. à long. lignes, lettres rondes, vi ff. lim., 14 cartes géogr. sur double feuillet, et 1429 pp.

Bien que les planches de cette édition ne soient que des reproductions de l'édition allemande de 1550, celle-ci a plus de valeur.

— LA COSMOGRAPHIE universelle de tout le monde... par Seb. Munster, augmentée, ornée et enrichie, par François de Belle-Forest. *A Paris, chez Michel Sonnius,* MD.LXXV, 3 vol. in-fol, pl. et fig. sur bois.

En *anc. mar.*, à comp., 660 fr. Yéméniz, prix évidemment exagéré ; et cependant rev. 650 fr. Potier.

— COSMOGRAPHIA Vniversale, Nella quale secondo che n'hanno parlato i piu veraci Scrittori son designati i siti di tutti gli paësi. *Colonia, appresso gli heredi d'Arnoldo Byrckmanno,* 1575, in-fol., fig. s. b.

xi ff., 1237 pp., 14 cartes doubles ; les pp. 1178-1192 contiennent sous ce titre « *Delle Nvove Isole in qual modo et quando furono trouate* » une description de l'Amérique avec une carte et 14 petites fig. s. bois.

12 fr. Maisonneuve ; 40 fr. cat. Tross.

MURAT (*Julie-Henriette* de Castelnau, comtesse de). Contes des fées, dédiés à S. A. S. madame la princesse douairière de Conty, par la comtesse ***. *Paris, Cl. Barbin,* 1698, in-12. [17318]

Édit. originale.

— LES NOUVEAUX CONTES des Fées, par Mᵐᵉ de M***. *Paris, Cl. Barbin,* 1698, in-12.

Édition originale des *Nouveaux Contes ;* les deux vol. l'un en *mar.* de Capé, l'autre en *mar.* de Thibaron, 200 fr. Taschereau ; le second seul, 26 fr. Dr Danyau ; un autre exempl. des *Nouveaux Contes*, en *mar.* de Hardy, 64 fr. Cailhava ; en *mar.* de Hardy, 75 fr. Potier ; 40 fr. Labitte (1870).

Les *Nouveaux Contes* ont été réimpr. à *Paris, veuve Ricœur,* 1710, in-12, et avec les *Contes*, par les *libraires associés, à Paris,* 1724, 2 part. en un vol. in-12 ; en *mar.* de Hardy, 56 fr. Taschereau.

— LES LUTINS du château de Kernosy, nouvelle historique. *Paris, Jacques Le Febvre,* 1710, in-12. [17217]

Le plus joli roman de Mᵐᵉ de Murat ; c'est l'édit. originale ; en *veau* de Capé, 36 fr. Taschereau ; *mar.* de Niédrée, 65 fr. La Bédoyère.

— VOYAGE de Campagne, par madᵉ la comtesse de M. *La Haye, Van Dole,* 1700, 2 tomes en 1 vol. in-12.

Le second volume contient des *Comédies en proverbes.*

L'exempl. Renouard, relié par Thouvenin, 63 fr. La Bédoyère ; rev. 35 fr. Labitte (1877).

MURET (*Ant.*). Oraison pour Antoine et Jane, roy et royne de Navarre, au pape Pie quatriesme, prononcée par Marc Anthoine Muret (14 décembre 1560). *Lyon, par Michel Jove,* 1561, in-8. 12 à 15 fr.

Pièce rare, réimpr. à *Rouen, chez Martin le Mesgissier*, s. d., in-8.

Le trépas tragique du père de Henry IV, et la mort si extraordinaire de la reine de Navarre ont donné lieu à diverses publications, auj. fort rares. Nous citerons :

— DEPLORATION (La) des François et Navarrois sur le douloureux trespas de très hault et très illustre prince Anthoine de Bourbon, roy de Navarre, régent et lieutenant général en France. *Paris, par G. de Nyverd*. S. d., in-8.

— BRIEF discours sur la mort de la royne de Navarre, advenue à Paris le IXᵉ jour de juin 1572. *S. l. (Paris),* 1572, in-8.

— ORAISON funèbre faicte à Rome aux obsèques du Roy de France, Charles IXᵉ, traduicte du latin par Jean le Frere. *Imprimé à Lyon chez Benoist Rigaud,* 1574, in-4.

Les *Catal. des Foires de Francfort* nous donnent de Marc-Antoine Muret les titres de divers traités qui, malheureusement, ont disparu ; nous citerons entre autres :

— CHANSONS spirituelles, mises en musique par Claude Goudimel.*A Paris, chez Nicolas du Chemin,* 1555, in-8, oblong.

— COMMENTAIRES sur le premier livre des Amours de Pierre de Ronsard. *A Paris, chez Gabriel Buon,* s. d., in-4 et in-16.

MURET (*N.*). Cérémonies funèbres de toutes les nations. *Paris, Michel Le Petit,* 1675, in-12. [28983]

Première édition, que ne cite pas M. Brunet, nous ne pouvons deviner pourquoi, car il la connaissait bien certainement.

Deux exempl. en anc. rel. *mar.*, ont figuré à la vente Ruggieri ; l'un, aux armes de J.-B. Colbert, n'a été vendu que 35 fr. ; il est porté à 100 fr. au 1ᵉʳ cat. Morgand et Fatout ; l'autre, aux armes du célèbre lieutenant général de police de la Reynie, a atteint le prix considérable de 155 fr. ; ce dernier a été revendu 200 fr. Leb. de Montgermont.

MURILLO Velarde (P. *Pedro*). Historia de la provincia de Philipinas de la Compañia de Jesus. Segvnda parte. *Manila, en la Imprenta de la Compañia de Jesus, por D. Nicolas de la Cruz Bagay,* 1749, in-fol., xi ff. lim., 419 ff., vi ff. à la fin, carte et gr. s. b. [21585]

Ce volume rare, qui fait suite à celui du P. Colin, est imprimé sur pap. de riz ; il est divisé en quatre livres.

Le cat. Maisonneuve de 1867 en donne une ample description, d'après l'exempl. Rich. Heber, qui a, dans la vente faite par ce libraire, atteint le prix de 105 fr.; un autre exempl. est porté au catal. Maisonneuve de 1878, au prix de 180 fr.

MURIS (*Joh.* de). Epytoma ‖ Johannis ‖ de Muris ‖ In Musicam Boecii. In quo ‖ omnes cōclusiones musice p ut ‖ est inter septem Artes liberales ‖ primariamira celeritate Math ‖ ematico more demōstrantur. ‖ (Au vᵒ de l'avant-dernier f.) : *Explicit musica Magistri Iohannis de Muris nup ‖ per magistrū Ambrosium Lacher de Merspurck ‖ mathematicum diligenter revisa. Ordinarie lecta ‖ atqȝ impressa in studio novo Franckfordiano Año ‖ salutis 1508. Studii v̄o pfatiȝ. in die Sancti Gallȝ.* ‖ In-4, goth., de 22 ff., dont le dernier est intitulé : *Correctorium...*

Fétis, VI, p. 267; 217 fr. Coussemaker, pour la bibl. de Bruxelles.

MURMELL (*Johann*). Joannis Murmellii Ruremundensis Nuclei. *Impressum Daventriæ in officina litteratoria Alberti Pafraet, anno Christi* M.D.Xiiij. *mense octobri*, in-4, goth., fig. s. bois au titre et au vᵒ du dernier f. ·

Ce livre est une sorte de grammaire où les verbes latins sont comparés aux verbes hollandais.

En *mar.* de Trautz, 40 fr. Yéméniz.

MURNER (*Th.*). Defensio Christianorum ‖ de Cruce, id est. ‖ Lutherano ‖ rum. ‖ cum pia admonitione F. thomæ Murnar, Lutheromastigis, ‖ Ordinis Minorum, quo sibi temperet a conuiciis et stultis ‖ impugnationibus Martini Lutheri ‖ Mathæ Cnidii Augusteñ. ‖ Epistolæ item aliquot. ‖ Ad eruditos Germaniæ. ‖ Ad Martinum Lutherum. ‖ Ad Strenuissimum equitem Germ. Ulrichum Huttenum. ‖ Ad populum Germaniæ. *S. l. n. d.* (*St. Dié*, 1520 ?), in-4, de 12 ff., dont le dernier blanc.

Précieuse pièce imprimée avec les caractères de la *Cosmographiae introductio* de Saint-Dié; sur le titre, une nouvelle marque de Nicolas et Gauthier Lud, avec quelques changements dans les initiales. Au rᵒ du 10ᵉ f. se trouvent quelques vers allemands et une petite gravure sur b. tirée de la *Grammatica figurata* de Saint-Dié. Peut-être cette pièce rare aurait-elle été imprimée à Strasbourg par Schott, qui s'était, après la mort de Math. Ringmann, en 1511, rendu acquéreur du matériel typographique de Saint-Dié; voy. à ce sujet la longue note que le libraire Claudin a consacrée à cet opuscule au nᵒ 369 du cat. Luzarche.

42 fr. vente Conod; 145 fr. Luzarche.

— CHARTILUDIUM. Institute summarie... *Argentinae, per Joh. Pruss, impensis ac sumptibus J. Knoblouch*, 1518, in-4, goth., fig. s. b. [3518]

En *mar.* de Duru, 95 fr. de Morante.

MUSÆI opusculum de Herone et Leandro. *Venetiis, sumptibus et dexteri-*

tate Aldi Philellini et Romani. Deo gratia. S. d., in-4, de 22 ff. [12409]

Le bel exempl. de M. Solar, payé 620 fr., a été acquis par la Bibliothèque alors impériale; quelques jours après cette coûteuse conquête, on retrouva deux autres exempl. qui avaient passé inaperçus.

Un bel exempl., 535 fr. Yéméniz.

— MUSÆI opusculum de Herone et Leandro. *Venetiis, Aldus,* 1516, in-8. En *mar.*, 35 fr. Yéméniz.

— L'HISTOIRE de Leander et de Hero. Premierement faict en grec par Musæus... et depuis mis de latin en françois par Clement Marot. *Lugduni, apud Seb. Gryphium,* 1541, pet. in-12, 14 ff. dont un blanc.

Pièce fort rare.

En *mar.* de Bauzonnet, 305 fr. Yéméniz.

MUSCULUS (*A.*). Predicationes ex veteribus orthodoxis doctoribus : ex Ecclesiæ hymnis et canticis; ex psalmis denique Davidis coll., et nunc recens recognitæ et auctæ per Andr. Musculum. *Lipsiæ, typis Wægelianis,* 1575, pet. in-8.

Ce vol. ne vaut certainement pas plus de deux francs en condition ordinaire, mais il fut cependant jugé par l'illustre J.-Aug. de Thou digne d'être recouvert d'une de ces riches et élégantes reliures à rinceaux et volutes, dont les relieurs Clovis et Nicolas Eve avaient le secret; le fac-simile en fut donné au cat. A. Audenet, de 1839, et le livre vendu 50 fr., fut porté au cat. Brunet à 500 fr., chez M. Potier, en 1870, à 499, et enfin chez M. Bordes en 1873, à 795 fr.

Voilà de l'argent bien placé.

MUSE (La) chrestienne, qu recueil des poésies chrestiennes, tirées des principaux poëtes françois. *Paris, Gervais Malot,* 1582, pet. in-12. [13461]

L'exempl. de M. Brunet, aux armes, emblèmes et devise de Henry III, 1,800 fr. à sa vente; ce joli volume provenant de la vente Perrin de Sanson; l'exemplaire est porté à 2,400 fr. au catal. Fontaine de 1872; en anc. rel., 250 fr. Huillard.

MUSE (La) Coutançoise au XVIIᵉ siècle. Recueil de poésies françoises et latines dédiées à Jacques de Costentin. *Coutances,* 1874, pet. in-12, de VIII ff. et 27 pp.

Tiré à 53 exempl., dont 3 sur *vélin.*

MUSE folastre (La). [14219]

M. Brunet soupçonnait une édition antérieure à celle de *Rouen,* 1603, qui porte : *Nouvellement augmentée;* il en est jusqu'à trois que nous pouvons citer :

— MUSE FOLASTRE (La), recherchée des plus beaux esprits de ce temps (Iᵉʳ et IIᵉ livre). *A Rouen, chez Claude Morel,* 1600, in-12.

En *mar.* de Hardy, 225 fr. Libri (Asher, 1865); revendu 121 fr. Auvillain.

— MUSE FOLASTRE (la), recherchée des plus beaux esprits de ce temps (Iᵉʳ et IIᵉ livre). *Paris, Antoine du Brueil,* 1600, 2 part. en 1 vol., pet. in-12.

L'exempl. de cette rare édition, qui figure au prix de 150 fr. au cat. Tross de 1869, avait été payé 35 fr. seulement chez M. Germeau; il était relié en *mar.* par Lortic, et avait été complété avec une 3ᵉ partie de 1611.

— Enfin une 3ᵉ édition de *Tours*, 1600, pet. in-12, figure au cat. Stanley ; nous ne la connaissons pas.

Ces trois noms de villes et de libraires ne doivent constituer qu'une seule et même édition partagée entre plusieurs ; l'édition princeps est certainement celle de *Rouen*; la première édition de la 3ᵉ partie date de *Rouen*, 1603 ; voilà ce que nous considérons comme faits acquis.

Les *Folastreries* de Ronsard ont été reproduites dans le premier livre de la *Muse folastre*, d'après le texte des *Folastreries à Jannot* de 1553 ; le texte n'offre de différence que sous le rapport de l'orthographe ; l'éditeur du recueil a cependant recueilli une 9ᵉ *folastrerie* qui n'est pas attribuée à Ronsard.

— RECUEIL des trois livres de la *Muse folastre*, recherchée des plus beaux esprits de ce temps. *Paris, Jean Fuzy*, 1607, in-12.

Un exempl. en anc. *mar.*, quoique piqué de vers, relié avec *les Muses gaillardes* de 1609, 230 fr. Auvillain ; rev. 220 fr. Huillard, et 350 fr. Fontaine (1872).

— MUSE FOLASTRE (La). *Rouen, Claude le Villain*, 1609, 3 vol. in-32.

En anc. *mar.*, exempl. Solar, 205 fr. W. Martin ; également en vieille rel. *mar.*, 350 fr. au catal. Morgand et Fatout.

— LA MUSE folastre... *Lyon, Barth. Ancelin*, 1611. 3 part. en 1 vol. in-12.

135 fr. de Chaponay ; relié depuis par Trautz, rev. 420 fr. Leb. de Montgermont, et porté à 600 fr. au cat. Morgand et Fatout.

— MUSE folastre (Le premier, deuxième et troisième livre de la), recherchée des plus beaux esprits de ce temps. *Rouen, Nic. Angot*, 1612, 3 vol. in-24.

21 fr. seulement, Morel, de Lyon ; mais l'exempl., quoique relié en *mar.*, était très-médiocre.

— LA MÊME. *Rouen*, 1615, pet. in-16.

En anc. *mar.*, de condition médiocre, bien que provenant de Nodier, 22 fr. Auvillain.

— LE PREMIER (second et troisième) livre de la Muse folastre..... *A Jene, de l'imprimerie de Jean Beetmann*, 1617, pet. in-12.

En *mar.* de Trautz, exempl. Veinant, 220 fr. Auvillain, rev. 100 fr. Desq ; un exempl. médiocre, 23 fr. Luzarche.

— LA MUSE folastre... *Troyes, chez Nicolas Oudot*, 1624, pet. in-16.

Un exempl. rogné, 32 fr. Auvillain.

— LE PREMIER (Second et troisième) livre de la Muse folastre... *A Lyon, par B. Ancelin*, 1611, 3 part. en 1 vol. in-16.

Réimpr. faite à *Bruxelles*, par A. Mertens, en 1864 ; de la collection Gay, tirée à 100 exempl., plus 4 sur chine.

— LA SUITE des Muses folastres. Voy. LABYRINTHE d'amour.

MUSÉE (Le) du Louvre. Collection de 500 planches gravées au burin. *Paris, Felix Hermet*, 1877.

Publication par livraisons ; deux livraisons par mois, à 5 gravures, sur pap. de Chine, format raisin 12 fr. 50 c. la livraison.

MUSES (Les) gaillardes, recueillies des plus beaux esprits de ce temps, par A. D. B. (Anth. du Breuil). *Paris, Anth. du Breuil*, s. d., in-12, titre gravé, de

IV ff. limin., comprenant le titre, le frontispice et le privilége, et 134 ff. [14224]

Deux exempl. à la vente Auvillain ; le premier fort beau, en anc. *mar. doublé*, 315 fr.; le second, médiocre, 51 fr.

— LES MÊMES. *Paris, Ant. du Breuil*, 1609, in-12, titre gravé, IV ff. lim., 134 ff. chiffrés, et 68 ff. non chiffrés.

En *mar.* de Bauzonnet, double de M. Cigongne, 135 fr. de Chaponay ; et porté à 650 fr. au catal. Fontaine ; mais à la même vente figurait un exempl. beaucoup plus beau, et revêtu d'une charmante reliure de Trautz ; il a été porté à 400 fr.; et revendu 430 fr. Leb. de Montgermont.

En *mar.* de Mouillié, 180 fr. Brunet.

— La troisième édition, *ibid.*, *id.*, s. d. (vers 1620), est identique avec la seconde.

En anc. *mar.*, 37 fr. Morel, de Lyon.

— MUSES gaillardes (Les). *Bruxelles (J. Gay)*, 1864, in-18, de 316 pp.

100 exempl., plus 4 sur *chine* et 2 sur *vélin*.

Cette jolie réimpression a été faite sur l'édition de 1609 ; elle est épuisée, et un exempl., en *mar.* de Hardy, a été vendu 40 fr. Cuinner.

MUSICA. Teutsch, auf die Instrument dir grossen und kleinen Geygen,auch Lautten welcher massen die mit grund un Art jrer Cöposicion auss dem gesang in die Tabulatur zu ordnen un zuschen ist... durch Hans Gerle Lutinist zu Nurenberg, 1537. *Gedruckt zu Nuremberg, durch Jeronianum Formschneider*, in-4, obl.

Édition non citée d'un livre fort rare, qui aurait été mieux placé au mot GERLE; (Voy. FÉTIS, *Biogr. des Musiciens*, III, 460.)

Un exempl., avec 18 ff., y compris le titre, refaits à la plume, n'en a pas moins été vendu 125 fr. Coussemaker.

MUSICHE fatte nelle nozze dello illustrissimo duca di Firenze, il signor Cosimo di Medici, et della illustrissima consorte sua, Madama Leonora di Tolleto. *Venetia, appresso il Gardano*, M. D. XXXIX, *nel mese di Agosto*, pet. in-4, oblong.

C'est à l'occasion de ces fêtes somptueuses que fut exécuté l'opéra madrigalesque *Silène* ; et le livre extrêmement rare que nous venons de citer en contient la musique.

La biblioth. de Saint-Marc à Venise et celle de Vienne possèdent cet ouvrage.

MUSSET (*Alfred* de). Œuvres complètes et œuvres posthumes, avec lettres inédites, variantes, notes, index, fac-simile, notice biographique par son frère. *Paris, Charpentier*, 1865-1866, 10 vol. in-8, avec portrait et 28 fig. de Bida, grav. par Flameng.

Il a été tiré de cette édition, digne du poëte, un certain nombre d'exempl. sur grand pap. de Hollande, avec les 28 fig. de Bida sur pap. de Chine. avant la lettre.

Un de ces exempl. relié en *mar.* par David, est

porté à 800 fr. au catal. Fontaine ; un exempl. broché, 183 fr. II. D. M. 1867 ; un autre, en *mar.* de Raparlier, 500 fr. Danyau ; en demi-rel., 260 fr. marquis B. de M.; en pap. de Holl. et *mar.*, avec diverses pièces ajoutées, 623 fr. Curmer ; enfin en pap. de Holl., et *mar.* de Capé-Masson, 900 fr. au catal. Bachelin-Gouzalès, et 400 fr. comte de L. (Labitte, 1873).

Les éditions originales des œuvres d'Alfred de Musset, particulièrement celles de ses charmantes poésies, atteignent aujourd'hui des prix élevés dans les ventes publiques ; on trouvera ces prix tout au long dans les bibliographes de l'Ecole romantique.

MUTIO Sforza. Della institutione d'una fanciulla, del S. Mutio Sforza, libri tre. Opera utile alle persone che desiderano vivere in gratia di Dio. *Vinegia, presso Altobello Salicato*, 1589, in-8.

Dans une jolie rel. italienne, aux armes des Borghèse, 130 fr. Gancia.

MYCHONIUS (*Oswald,* Lucernanus). Ad Sacerdotes Heluetiæ, qui Tigurinis male loquuntur suasoria, ut male loqui desinant. *Tiguri, in ædibus Chr. Froschouer*, 1523, in-4, de 26 ff., bordure avec titre et grav. sur bois, au dernier feuillet.

Pièce rare ; 12 fr. Tross (1867).

MYRITIUS. Opusculum geographicum rarum, totius negotii rationem, mira industria et brevitate complectens, jam recens ex diversorum libris ac chartis collectum per Joannem Myritium Melitensem. *Ingolstadii, W. Eder*, 1590, in-fol. de 3 ff. prélim., 136 pp. et 1 f. pour la souscription et la marque de l'imprimeur. Entre les pp. 61-62 se trouve la grande mappemonde grav. s. bois ; les pp. 116 et suiv. traitent « *De America Spagnolla, Isabella et aliis insulis ab Hispanis inventis* » ; à l'avant-dernier f. est un beau portrait de l'auteur ; plusieurs grav. s. bois avec des parties mobiles.

20 à 25 fr.

MYRTHES (Les) funestes d'Iphis, où l'amour et la haine, l'espérance et le désespoir, la constance et l'inconstance font paroistre leur empire. Dédié à monseigneur le comte de Sault. *Grenoble, par Pierre Charvys*, 1624-1628, 2 parties en un vol. in-8 ; les dédicaces sont signées D. M. — Un sonnet nous donne comme anagramme du nom d'auteur les mots : L'AME EST EN DIEU.

MYSTÈRE des Actes des Apôtres… *Paris, pour G. Alabat (Anabat), par Nic. Couteau*, 1537, in-fol., goth., à 2 col., fig. s. bois. [16231]

En anc. rel., 300 fr., M. H. D. M. 1867 ; en *mar.* de Niédrée, très-bel exempl., 600 fr. Yéméniz ; en anc. rel. *mar. doublé*, exempl. avec quelques raccomm., 132 fr. Turquety ; en anc. *mar.*, bel exemplaire, 511 fr. W. Martin ; en *mar.* de Trautz, 121 fr. Potier ; l'exempl. Girardot de Préfond, et de Bure, avec l'*Apocalypse* de 1541 ajoutée, 380 fr. Tufton, pour M. Didot.

— LE PREMIER (et le second) volume du triomphant mystère des Actes des apostres… imprime nouuellement a Paris mil cinq cens quarante. — *Cy fine le neufuiesme et dernier liure… nouuellement imprime a Paris pour Arnoul et Charles les Angeliers…* 2 tomes en 1 vol. in-4, goth., à 2 col.

En *mar.* de Trautz, 455 fr. Chedeau ; en *mar.* de Bauzonnet, 600 fr. Yéméniz, rev. 420 fr. Huillard.

— LE PREMIER (et le second) volume des catholiques œuvres et Actes des apostres… *Paris, Ar. et Ch. les Angeliers*, 1541. — L'Apocalypse sainct Jehan Zebedee, 1541… 3 tomes en 1 vol. pet. in-fol., goth., à 2 col., fig. s. b.

Un très-bel exempl., mais auquel manquait l'Apocalypse, venant de M. Solar, 130 fr. Chedeau ; en *mar.* de Duru, complet et bel exempl., 341 fr. Giraud, rev. 380 fr. Double ; 420 fr. Desq, et 500 fr. Potier ; en *mar.* de Koehler, 395 fr. Yéméniz ; en anc. *mar.*, 1,250 fr. Brunet ; l'exempl. de Soleinne, dans une belle rel. du XVIᵉ s., à comp., 2,450 fr. baron Pichon.

MYSTÈRE (Sensuyt le) de Monseigneur Sainct-Pierre et Sainct-Paul par personnages. *Nouuellement imprime a paris par la veufue feu Iehan Trepperel et Iehan iehannot, libraire et imprimeur,* s. d., in-4, goth., à 2 colonnes. [16245]

Nous ne connaissons que deux exempl. de ce mystère ; M. Brunet les signale l'un et l'autre ; le premier, avec le titre refait, en anc. *mar.*, venant de La Vallière, a été vendu 461 fr. Solar, pour M. Didot ; le second, incomplet, M. Brunet dit de 18, le catal. dit seulement de 12 ff., relié avec un exempl. de la *Complainte douloureuse de l'âme dampnée. Paris, Trepperel,* s. d., a été adjugé à 150 fr. à la vente Yéméniz.

MISTERE (C'est le) de la Passion Jesucrist iouee a Paris et Angiers. — *Fin du mistere… Imprimee pour Anthoine Verard, demourant sur le pont Nostre Dame,* s. d. (1490). In-fol., goth., à 2 col. [16216]

En *mar.* de Koehler, avec les premiers ff. réparés, 1,000 fr. Chedeau, pour M. Didot ; l'exempl. provenait des doubles du duc d'Aumale, possesseur aujourd'hui de l'admirable exempl. sur *vélin*, provenant de M. Cigongne ; en *mar.* d'Anguerran, exempl. Girardot de Préfond, 1,050 fr. baron Pichon ; l'exempl. était malheureusement piqué.

— MISTÈRE (Le) de la Passion Notre Seigneur (par Jehan Michel). *Paris, Jehan Petit,* s. d. (vers 1498), pet. in-fol., goth., de 206 ff. à 2 col.

Bel exempl. Mac-Carthy et de Soleinne, en *mar.* de Bozérian, 500 fr. M. H. D. M. 1867.

— LE MISTÈRE de la Passion de Notre Seigneur… avec les additions faictes par maistre Jehan Michel… *Paris… Alain Lotrian*, 1539, in-4, goth., fig. s. b.

En *mar. doublé* de Thompson, 275 fr. M. H. D. M. 1867.

— MISTÈRE de la Passion. A lhōneur de Nostre Sei ‖ gneur Jesv ‖ Christ a este translatee de latin en ‖ françoys La benoiste passion et resurrectiō ‖ par le bon maistre Gamaliel et Nicodemus ‖ son nepeu : et le bon Cheualier Joseph Daba ‖ rimathie (*sic*), disciple de Jesu Crist. Auec le tres ‖ passement de Nostre Dame. ‖ ☾ *Cy finist la mort et* ‖ *passion et la resurrection* ‖ *de Nostre Seigneur Jesus-Christ. Imprime nouuellement a Pa* ‖ *ris, par la veufue feu Jehan Trepperel, demourant en la rue* ‖ *Neufue Nostre Dame, a lenseigne de lescu de France,* s. d., pet. in-4, goth., fig. s. b.

300 fr. catal. Tross (mai 1866); 300 fr. Sainte-Beuve.

— MISTERE de la passion (Sensuit le) de nostre Sauueur et redēpteur iesucrist auec les adiciōs faictes par... maistre iehan michel, leql mistere fut ioue a Angiers... et dernierement a paris lan mil cinq cens et sept. *Imprime a paris nouuellement par la veufue Iehan Trepperel et Iehan Iehannot imprimeur...* s. d., in-4, goth., à 2 col., fig. s. b.

Édition qui diffère de celle décrite plus bas avec le *Mystère de la Conception.*

En mar. de Bozérian, 280 fr. Yéméniz. En mar. doublé de Koehler, exempl. Audenet, trop lavé, 115 fr. Huillard.

— LE MÊME. *Nouuellement imprime a Paris par Alain lotrian Imprimeur et libraire...* s. d., pet. in-4, goth., à 2 col., fig. s. b.

En mar. de Bauzonnet, 355 fr. Yéméniz.

MYSTÈRE (Le) de la Conception et Natiuite de la glorieuse vierge Marie, auecques le mariage d'icelle... Joue a Paris lan de grace mil cinq cens et sept. *Imprime au dict lieu pour Iehan Petit, Geuffroy de Marnef et Michel le Noir,* s. d., in-fol., goth., de 352 ff. à 2 col. de 48 lignes.

En mar. de Derome, exempl. du duc de Roxburghe, 2,850 fr. Yéméniz.

— LE MISTERE de la Conception... *Imprime nouuellement a Paris, pour la veufue feu I. Trepperel* (☾ *Iehā Iehannot,* s. d. (av. 1520). — Sensuyt le mistere de la passiō Nostre Seignr Iesu-Crist... *Ibid.,* id., s. d. — La resurrection de Nostre Seigneur Ihesuschrist. *Ibid.,* id., s. d., in-4, goth.

En mar. doublé de Trautz, très-beau livre, 2,000 fr. Yéméniz.

— LE MYSTÈRE de la Conception... 1539. *Paris, Alain Lotrian.* — La Passion. — *Paris, Phil. Le Noir,* 1532. — La Resurrection. *Paris, Alain Lotrian,* s. d., 3 tomes en 1 vol. in-4, goth.

En mar. de Du Seuil, l'exempl. Roxburghe, Rich. Heber, et de Soleinne, acheté 520 fr. par M. Brunet, a été porté à 3,200 fr. à la vente du bibliographe.

MYSTÈRE (Le) de la Conception Natiuite Mariage. Et annonciation de la benoiste vierge Marie... *Imprime nouuellement a Paris par Alain Lotrian et Denis Ianot;* s. d., pet. in-fol., goth., à 2 col., fig. s. bois.

En mar. doublé de Derome, 305 fr. Yéméniz.

MYSTÈRE de Job. Voy. PATIENCE de Job.

MYSTÈRE (Le) du viel testament par personages joue a Paris... *Paris, P. Le Dru pour G. de Marnef,* s. d. (vers 1500), in-fol., goth. [16210]

Le bel exempl. de M. Brunet, venant de La Vallière, payé à la vente Soleinne 531 fr., est décrit au *Manuel,* avec cette note : *Il serait plus cher aujourd'hui;* il a été porté à 4,700 fr. à la vente du vénérable bibliographe.

— LE TRES EXCELLENT et sainct Mystere du vieil Testament par personnages... *Nouuellement imprime a Paris lan* 1542... *On les vend a Paris au palays... par Vincent Sertenas.* (A la fin) : *Imprime... par Jehan Real...* In-fol., goth., à 2 col., fig. s. b.

En mar. d'Anguerran, bel exempl. Girardot de Préfond, 2,500 fr. baron Pichon.

MYSTÈRE (Le) de la saincte Incarnation... par personnages. Par frere Henry Buschey, de l'ordre de S. François de l'Observance. *A Anvers, de l'Imprimerie de Christ. Plantin,* 1587, in-8, de 116 ff., plus 1 f. pour le privilége. [16328]

405 fr. de Soleinne ; 370 fr. Baudelocque, et rev. 400 fr. Potier (1870).

MYSTÈRE de St Sebastien, joué à Montvillard en Maurienne, au mois de mai 1567. Transcrit sur l'original et publié par F. Rabut. *Chambéry,* 1872, in-8, de 196 pp.

Tirage à part du tome XIII des *Mémoires et documents publiés par la Société savoisienne d'histoire et d'archéologie.*

FIN DU PREMIER VOLUME.

PARIS. — TYPOGRAPHIE FIRMIN-DIDOT, RUE JACOB, 56.